逃不开的经济周期

历史，理论与投资现实

BUSINESS CYCLES

HISTORY，THEORY AND INVESTMENT REALITY

[丹] 拉斯·特维德
著

董裕平
译

中信出版集团 | 北京

目录

序言

楚格州是瑞士最小的州。虽然面积很小，但充满了瑞士风情。放眼望去，山坡上散布着木质农舍，牧牛的铃声在山间飘荡。夏天的时候，许多房子旁边还会点缀上各种美丽的花。

它位于阿尔卑斯山麓，从这里向南可以远眺瑞吉山和皮拉图斯山的壮美。如果你置身其间，就可以看见西边耸立着秀美的少女峰和艾格峰。山谷中的河流汇入了当地的楚格湖。湖的东岸是古老的楚格镇，建于 11 世纪，镇上还保留着古老的木屋、狭窄的街道、富有浪漫气息的教堂，还有当年防御用的城墙和塔楼，人们还为湖上的船只建造了一个小小的码头。

岁月的洗礼极大地改变了这个地方。在漫长而暖和的夏天，生活变得纷扰忙乱。许多小小的户外咖啡馆挤满了欢乐的人群，这里有庆典、露天集市、音乐会，湖上偶尔还有壮观的焰火表演。预示着夏天快要结束的第一个信号是暴雨的到来。你会看见闪电划过远处的天空——不是几道闪光，而是几百道。闪电渐渐从远处逼近，轰隆隆的声音很快就打破了原来的寂静。当闪电出现在楚格镇上空的时候，几乎每道闪电都会击中湖面或者山坡。顷刻之间，风雨交加，而后又是一片明媚。秋天过后，会有一段阴暗多雾的天气。当雾散天青的时候，你就会看到白雪皑皑的山峰，此刻，冬天已经来了。

就在1998年年初一个晴朗而寒冷的冬日，我沿着苏黎世班霍夫街前行，准备去和朋友尤根·奇德克（也是自2005年以来我的合作伙伴）共进午餐。我们喜欢约在中央广场的餐馆见面，主要聊聊世界经济的状况与金融市场的前景。尤根是一位对冲基金经理，正在这个市场上努力打拼。像往常一样，我先点好午餐，然后问："情况怎么样？""还有好多没有处理完。这次将是一场巨大的崩溃。"他回答道，"俄罗斯的股票市场像滚落的石头一样下挫。尽管俄罗斯拥有1.5亿人口，但其经济规模比瑞士还要小一些。""比瑞士还要小？"

"是呀。俄罗斯整个股票市场的价值大约相当于美国一些互联网公司的市值。亚太地区则是一团糟，有一些地方看起来像要努力建设成为新的曼哈顿。而今，那里的建筑物虽然屹立不动，却早已是人去楼空。这就像古老的经济周期又发作了。"

我们一边享用着午餐，一般聊着危机的细节和经济周期的理论，喝完咖啡之后，我们便一起离开了餐馆。在外面互道再见的时候，我问他还有什么建议。"这是一次危机，你知道。而且这是一次很大的危机。不妨等等再看吧。"他回答道。户外寒冷刺骨，他说话时呼出的热气似乎都结成了冰霜。最后，他说完话，脸上竟然露出了很明显的喜色："不过天气很可爱。"而后我们相互咧嘴笑了笑就分手了。

当我看到他走向自己的办公室时，我觉得他刚才说过的那些话仿佛已经凝结成冰，正在班霍夫街上飘荡，而且带着令人心寒的消息："这是一次危机，你知道。而且这是一次很大的危机。"他所说的某个信息可能马上转过街角，进入瑞吉斯拉斯街，与其他所有忧心忡忡的商界人士所发表的言论混合在一起。或者它可能径直来到湖边，飘过湖面的小船，轻声向人们嘟囔着：“这是一次危机，你知道……不过天气很可爱。”

那天晚上，我回家的时候，没有脱外套就走进了花园，坐在树下的椅子上。这是一个异常漆黑的夜晚，雪花无声地飘落。我曾经非常喜欢这样寂静的冬夜，雪花在我身边轻盈曼舞。我抬头望得见远处皮拉图斯山顶上滑雪酒店的灯光，而在我的脚下，那些威严的游船亮着航行灯从湖面上划过。这真是一派非常神奇的景象。

我的思绪又回到了午餐时讨论经济周期的情景。我看到如此多的老练商人，因为不懂得经济衰退而变得身无分文。就连经济专家也感到这是一个难题——有多少人能说自己真正理解了这个问题呢？当出现暴跌的时候，许多人相信我们再也恢复不了了，而当出现繁荣的时候，有些人认为这种景象会永远持续。经济周期问题是非常复杂的。让我感到好奇的是，这种现象究竟是从什么时候开始出现的？在石器时代肯定不会有任何的经济周期。那么它们是从 1929 年大危机开始的吗？显然不是，时间比这可要早得多。有可能是亚当·斯密时代吗？也不是，我们还要往前追溯。于是，我认为很可能是在欧洲市场经济引入纸币的时候，经济周期现象就真正成了重要的问题。

把纸币引入欧洲的人是约翰·劳。这一举措刺激了一个非常巨大的信用市场的发展。信用市场对造成经济周期现象具有巨大的作用。因此，也许这就是经济周期现象真正成为重要问题的关键所在。

我深入地研究了约翰·劳。他是否真正理解自己引入的纸币呢？现在看来，他很可能没有理解。他怎么可能理解呢？我尽力想象着他的模样。他像我曾经看过的古老版画中的样子吗？他一定是高个子吧。在我的心里，他的一幅肖像已经渐渐浮现出来——轮廓修长的高个男子。在太阳王（路易十四）的时代，他的鞋子看上去有些女性化，上面满是各种装饰物。我闭上眼，静静地斜靠在椅子上，仿佛看见约翰·劳一副赌徒的模样。我似乎看见一个自信而傲慢的年轻人，站在早晨的阳光下。他肯定在一个公园里，因为旁边树木葱茏。隔着一段距离，一群人正望着他。他们都穿着同样颇为滑稽的文艺复兴风格的衣服。然而，约翰·劳只是站在一侧，陷入了沉思。现在，我已经把他看得清清楚楚，甚至注意到他脸上流淌的细小汗珠。他似乎并未察觉到，而只是一直牢牢地盯住某一个点。他如此固执盯着的是另一个人。他死死地盯着，然后我看到他迅速地伸手去拿一样东西……

第一篇

发现经济周期——繁荣与崩溃

第 1 章

密西西比泡沫

他站在那里，手里紧紧握着一把剑。即将要出现的一幕着实让人恐惧，他就要和一个 23 岁的年轻人进行一场决斗。这个年轻人名叫约翰·威尔逊，是这个镇上一个大家族的子弟。就在此刻，威尔逊的马车来了，除非威尔逊突然改变主意取消决斗，否则决斗已经无法避免。约翰·劳为什么要接受这样一场决斗呢？他为什么要冒失去自己年轻生命的危险呢？他真的很愚蠢吗？实际上，他只要原谅自己，就可以退出决斗，绕开这个麻烦，或者只要离开伦敦一段日子，所有事情也就随着时间的流逝被人忘却了。然而，约翰·劳不是那样的人，他遇到麻烦时，从来不会逃避，就像他一看见机会就要伸手抓上一把一样。于是，当约翰·威尔逊向他提出决斗的时候，劳就立刻准备直面这场挑战。

赌场上的数学天才

约翰·劳非常健谈，而且衣着讲究。尽管脸上有一些出水痘留下的疤痕，但看上去还是显得颇为睿智，况且他身材伟岸（有6英尺高，合1.8米），仪表堂堂，非常富有魅力。在故乡爱丁堡，姑娘们都知道他是“花花公子劳”。从14岁到17岁，他在父亲的会计行里学习银行业务，在此期间他展露出了超常的数学才华。1688年，他的父亲故去，留下这个17岁的儿子，还有银行与金匠业务的收入。在爱丁堡，约翰·劳几乎不曾错过任何一次机会，然而，他想要的实在太多，这个小城已经无法满足他的欲望。

于是，他决定离开苏格兰去伦敦。到了伦敦，刚刚安顿下来，他就开始频繁光顾赌场。在赌场里，他的数学才华可以派上大用场，没过多久，他就在赌桌上赢了相当可观的一笔钱。很快，这个英俊潇洒的苏格兰青年在伦敦出名了，而在一大群崇拜者中，女士们显得格外突出。这不禁让人感叹：生活真是太奇妙了！

但是，日子慢慢地过去，约翰·劳也在不知不觉之间变成了一个无可救药的赌徒。他在赌场上玩得越来越大，直到有一天，他受到了上天的惩罚：因为输得太惨，他只好抵押房产来还赌债。

屋漏偏逢连夜雨。也就在这一年，当威尔逊提出决斗时，他竟然愚蠢地接受了。可是，这样一场严肃的生死决斗，却仅仅是因为他和威尔逊女朋友的一次小小的调情。当时的约翰·劳虽然也只有26岁，但是似乎已经做好了赴死的打算。

逃亡

这场决斗因残酷的死亡戛然而止。威尔逊一下马车，便提着剑直奔约翰·劳而来。约翰·劳仅仅迅速地进行了防卫性突击，却意外地刺中了威尔逊。威尔逊受了致命伤，没过一会儿就倒在了地上。然而，就在这天晚上，警察逮捕了劳，随后他被指控犯有谋杀罪，他的案子是和其他26名被告一起进行听证审理的。在历时3天的听证审理过程中，法庭不允许他雇用辩护律师或者自己出庭作证，他唯一的辩护方式就是当庭宣读一份书面陈词。第三天，判决结果出来了。大部分被告——准确地说，是21名被告——由于犯有偷窃罪而被判处烙手印，一人被判处流放，其余5人则被判处绞刑。在这5人之中，有一个是强奸犯，还有3人是由于造假而犯罪，最后一个就是约翰·劳。

幸运的是，判决书上的谋杀罪名后来被改成了过失杀人，于是绞刑也被减轻为判处罚金。威尔逊的兄弟对此极为不满，提出了上诉，结果案子悬而未决，劳仍然被关在监狱里。但是，在上诉定谳之前，劳就已经做好了逃走的打算——至于他是如何逃走的，并没有明确的记载。当时的公报曾刊载过一则逮捕他的告示，对他做了这样的描述：

> 约翰·劳船长，男，苏格兰人，26岁，身材高挑瘦削，皮肤黝黑，6英尺高，脸上有明显的麻子，鼻子很大，谈吐不凡，说话嗓门很高。

由于这些描述和实际的情形相差太远，因此，我们可以推测，这张告示反而帮了他的忙，使他能够顺利逃亡。无论这个情况是真是假，但不争的事实是他的确设法从英格兰穿越海峡逃到了欧洲大陆。

新的货币

约翰·劳在欧洲大陆游历了多年，每到一个国家，上午的时间一般都用来研究该国的财政、贸易以及货币与银行方面的业务，晚上则泡在当地的赌场里。大概是1700年，他在29岁的时候返回了故乡爱丁堡。在爱丁堡，他开始推销自己早在欧洲大陆游历期间就逐渐形成的理念：国家要繁荣，就要发行纸币。他本人对此深信不疑，因为相比传统的金币或银币，纸币进行交易会带来极大的便利。1705年，他出版了《论货币和贸易：兼向国家供应货币的建议》。他在这本册子的开头写道：

有几种办法可以挽救处于货币严重短缺困境的国家。当然，要进行正确判断，而且要符合最安全、有利与可行的原则，就应该研究清楚以下问题：1. 要查明货币的性质以及为什么白银比其他物品更适合充当货币。2. 要研究贸易，以及货币对贸易所产生的深远影响。3. 要对已经采用的用于维护和增加货币供应量的办法以及现在所提到的这些问题加以检验。

这本册子的促销工作做得较好，许多地方都张贴了宣传海报，列出了他所提建议的要点。它的确写得很好，说理非常清楚，让人容易理解。例如，约翰·劳对价格与价值的区别做了这样的解释：

水的用处很大，但价值很小，因为我们拥有的水量远远大于需求量；钻石的用处很小，但价值很大，因为对钻石的需求量太大，远远超出了供应量。

再比如他对纸币的描述：

商品交换的目的不是获得货币，而是获得商品的价值。货币的用处就是购买商品，而白银作为货币并无更多的用处。

当时苏格兰的经济正处于不景气时期，劳相信自己看到了问题的症结所在：经济不景气与货币有关。这本册子还提出了一种从未有过的说法——“货币需求”。劳试图向读者说明，由于货币供给量太少，因此货币的利率就太高。解决的办法就是增加货币供给量。他声称，扩大货币供给量能够降低利率，而且，只要国家以全部生产能力运行，就不会导致通货膨胀。

他还提出了另外一项建议：在苏格兰建立一家“土地银行”。该银行可以发行银行券，但发行的银行券的价值绝不超过国家所拥有的土地的价值。持有银行券的人可以获得利息，并且有权选择在特定时间将银行券兑换成土地。这个新的方案有两方面的优点：

· 它将减轻国家的负担，即避免为了适应经济增长而购买越来越多的贵金属来铸造钱币。
· 它将使国家更容易管理流通中的货币量，以便适应国家需求的变化。

这个建议非常好，产生了很大的轰动效应，同时也引发了争议。批评者嘲弄这是一个“沙滩银行”，将会破坏国家的命脉。

但是，另外有一些人则支持劳的想法，最后，议会也对这个问题进行了严肃的辩论。然而，事情也就到此为止，大部分议员最终还是拒绝了这个方案。约翰·劳对此感到非常失望，再加上他又得不到英格兰法庭对他过失杀人罪的赦免（当时的英格兰与苏格兰是两个不同的国家），于是，他又回到欧洲大陆。这一次，他重操赌博的旧业。几年之后，他的赌技在各欧洲国家的首都已经闻名遐迩。他已经历练得很有城府，为人处世变得非常小心谨慎，并且已经拥有大量的财富。

约翰·劳就这样在佛兰德斯、荷兰、德国、匈牙利、意大利、法国等地度过了14个春秋。有许多地方的人认为劳给青年人带来了坏的影响，也正是这个原因，他被逐出了威尼斯和热那亚。他还树敌不少，一方面是由于他太精于算计，在赌桌上总是赢钱，另一方面是由于他总是喜欢和女人们厮混，而这些女人有时也与别的男人来往。有一次，他遇见一个叫凯瑟琳的女士，她虽然已经结婚了，但还是喜欢上了劳，最终她离开了丈夫，跟着劳私奔到意大利。后来，他们在一起生育了孩子。他还和一些有权势的上层人士来往，其中就有法国的奥尔良公爵。菲利普·奥尔良和约翰·劳一样，长得非常英俊，而且富甲天下，有权有势，很是迷人。与劳相比，在玩弄女人方面是有过之而无不及。

但在劳的心里，还一直挂念着有关纸币的想法。他确信欧洲的繁荣需要纸币信用。大约1708年，他在法国的法庭上向一位检察官提出了建立土地银行的计划。然而，这个建议再一次被拒绝。之后，他又在意大利做过尝试，结果同样被拒之门外。

要繁荣，就需要纸币

然而，历史往往又是滑稽的，有时正是某个非常奇怪的巧合决定了一个国家的命运。挥霍无度的“太阳王”路易十四在1715年死去，继承法国王位的国王年仅7岁。于是，劳的朋友菲利普·奥尔良有机会登上了历史的舞台，作为年幼国王的叔叔，他成了摄政王。奥尔良大公不像劳那样懂得银行与高级财政事务，他对此几乎一窍不通，但与欧洲其他国家的领导人不同，他开始认真考虑劳的设想。

大公要自己承担这样的责任并不是一件容易的事。由于路易十四对珠宝与宫殿的兴趣远大于预算平衡，在他挥霍无度之后，法国的财政已经摇摇欲坠。以下是关于这个国家的几个关键数字：

国家债务：	20亿里弗尔
年财政收入：	1.45亿里弗尔
付息之前的年支出：	1.42亿里弗尔
付息之前的盈余：	300万里弗尔

当一个国家的债务差不多达到每年财政收入的14倍时，日子就会特别不好过。法国20亿里弗尔的债务中大部分是从大约40个私人银行家那里借来的，这些银行家也负责收税。当时的情形实在已经糟糕透顶，因为每年需要支付的债务利息就高达9 000万里弗尔，相当于利率为4.5%。如果财政盈余在付息之前就只剩区区的300万里弗尔，那么你如何支付高达9 000万里弗

尔的债务利息呢？那时候，诺阿耶公爵被新任命为财政大臣顾问，他后来对当时的实际情况做了记载：

> 我们发现，加上王室的财产，国家的财政收入几乎被无比庞大的费用和巨额账单消耗光了。正常税收早就被提前吃完，而各种拖欠的债务还在逐年累积，各种债券、收费条例、预支摊派的名目如此繁多，把这些加起来几乎是一个天文数字。

圣·西蒙大公后来在他的回忆录中这样写道：

> 没人还有付款的能力，因为谁也拿不到薪金……

既然情况如此糟糕，那么奥尔良大公还能干些什么呢？按照古代欧洲的传统，他有以下5种选择：

- 宣布国家破产；
- 竭尽能事进行大规模征税；
- 使硬币缩水（收回所有的硬币，然后用含金量更低的新硬币替换）；
- 出售垄断特许权，例如，垄断某种商品或殖民地的全部贸易；
- 查抄腐败政府官员的财产。

奥尔良大公选择了两种方式：使硬币缩水与查抄官员财产。他下令将所有硬币回收到造币厂，并禁止使用旧币，而替换的新币含金量则只有旧币的80%。但是，这种做法非常不受欢迎。况且，所有硬币替换完成之后，对国家财政的贡献也仅仅是新增7 000万里弗尔。

大公还向公民承诺，如果有人举报腐败的政府官员，在其定罪后，这个人就可以获得罚没财产的20%。对那些长期受到压迫的人来说，出台这样的政策措施是令人高兴的，于是法庭很快就高速运转起来。政府查抄了1.8亿里弗尔，大公将其中的1亿里弗尔作为特别款项拨给了新的官员。因此，政府新获得的总收入是：

来自硬币缩水的收入：	7 000万里弗尔
来自查抄的收入：	8 000万里弗尔
=总收入	1.5亿里弗尔

虽然采用了上述两种办法，大公也只是填补了国家债务的7.5%，或者说还不到两年的利息支出。他自己绞尽脑汁，再也无计可施，事情已经到了既无办法解决也无精力应对（除了和女人在一起）的地步。另一方面，约翰·劳像一把锋利的刀子，而菲利普·奥尔良对他则早已知晓。在1716年，也就是大公开始摄政的第二年，大公接见了劳，和他讨论了施政的政策。这时的约翰·劳已经是一个44岁的大富豪，他再次重复了以前说过无数次的话：要繁荣，就需要纸币，而且这种纸币应该是硬通货，不贬值，不缩水。他提议设立一家银行来管理王室的收入，这家银行所发行的银行券要完全由贵金属或者土地作为支撑，换句话说，这是改良的“土地银行”。结果，大公高兴地同意了。

垃圾债券

1716年5月5日，一家名为劳氏公司（Law & Company）的银行创立了。银行从做担保业务开始，宣布所有税收都要用劳氏银行所发行的银行券缴纳，法国由此采用了纸币。

劳氏公司的资本为 600 万里弗尔，如果要购买其股份，需要用硬币支付其中 25%，其余 75% 用行政债券支付。这是非常聪明的一步棋。行政债券是路易十四为给其巨额花销进行融资而发行的债券，这些债券在刚发行的时候售价为 100 里弗尔，现在则只值 21.5 里弗尔，因此被认为是垃圾债券。表 1–1 显示了当时的情况。

表 1–1　1716 年法国政府的财政状况

从政府视角来看	
未偿的公债（名义价值）	20 亿里弗尔
利率	4.5%
每年应付利息	9 000 万里弗尔
从投资者视角来看	
未偿的公债（市场价值）	4.3 亿里弗尔
有效利率	18%
每年应收利息	9 000 万里弗尔

有效利率如此之高（债券的市场价值如此之低）的原因当然是人们担心国家破产。然而，有一个可能的解决办法就是，政府按照当前很低的市场价格回购债券。如果这样做，政府实际上就可以将债务从 20 亿里弗尔（按政府出售债券时的价格算）减少到 4.3 亿里弗尔（按当前的市价算）。这样做实际上没有伤害到任何人！而且，此举有助于恢复信心。从原则上讲，政府还可以

通过发行新的债券来支付债务利息——现在是按照 4.5% 的利率来计算 4.3 亿里弗尔债务的利息，可见利息负担已大为减轻，新的利息负担大约仅为每年 1 900 万里弗尔。

解开死结

现在的问题是，政府如何设法把 20 亿里弗尔的垃圾债券收回，并且不至于抬高其市场价格。如果人们真认为菲利普·奥尔良会从价格挤压中摆脱出来，他们肯定就会提高债券的报价，这样一来，他的图谋就会失败。约翰·劳劝说人们专门用行政债券购买劳氏公司股票的办法，也只能解决一小部分问题。

在这个阶段，劳的“债务–股权互换”部分仅占债务总额很小的比例，剩余的政府债务还有 18.5 亿里弗尔。发售劳氏公司的股票所购回的行政债券仅为 450 万里弗尔，即 600 万里弗尔的 75%——相比 20 亿里弗尔的债务总额，几乎可以忽略不计。但是，劳已经有了下一步的计划，他又做了下面的三件事情：

- 规定劳氏公司银行券可以“见票即付”。这就是说，无论何时，只要你愿意来到劳氏公司，出示持有的劳氏公司银行券，就可以足额兑换硬币。
- 规定其银行券可以兑换旧币。如果政府采用缩水硬币（之前常常如此），那么约翰·劳仍然会支付原始含金量的硬币。
- 他公开宣称，任何银行家在发行银行券时如果没有足够的储备作为支持，就应该“受死”。

他这样做的结果是：新的纸币作为硬通货被接受，而且一开始的交易价格为101里弗尔，也就是说，与相同名义价值的硬币相比，还有1%的溢价。这种可靠交易手段的出现，很快就刺激了贸易的发展：商业出现好转，对纸币的需求也与日俱增。不久，劳氏公司就在里昂、罗谢尔、图尔、亚眠和奥尔良开设了分支机构。一年之后，即1717年，劳氏公司的纸币价格用硬币计价已经上升到了115里弗尔。

与前两步棋相比，约翰·劳走的第三步棋则更加辉煌。他提议法国政府实施一项新的债务–股权互换计划，最终把剩余的行政债券全部吸收完毕。他建议奥尔良大公应该同意设立一家公司，这家公司获得与两个殖民地进行贸易的垄断权——这两个殖民地是1684年法国政府占领的密西西比河与路易斯安那州。在公司公开出售股权时，人们应该用行政债券购买，如此一来，国家的债务就消失了。大公对此提议非常兴奋，于是开始着手准备这个新的“密西西比计划”。

与此同时，大公的兴趣转到了劳的银行上。至此，它已经不再被看作一项实验，而是成功的典范。他决定采用若干特许权——包括冶炼金银的唯一特权——进一步支持银行。他甚至还同意了一件从一开始就不愿意做的事情：将银行命名为“皇家银行”。很显然，这时他已经掌控了这家银行，而且高兴怎么干就可以怎么干。他之所以这样胆大妄为，是因为看到了以下四个方面的问题：

·人们对纸币已经树立信心；

·纸币是政府借款的“无痛方法”；

·由于纸币处于溢价交易状态，很显然供给不足；

·纸币似乎带来了繁荣兴旺。

既然如此，为什么不多印发纸币呢？如果人们购买银行券来兑换硬币，大公就可以花费那些硬币！于是，他下令该银行印制 10 亿里弗尔的纸币——这超出了之前所印制纸币的 16 倍之多。这个命令遭到了大臣达古梭的反对，大公于是立即用更加听话的人取代了达古梭。约翰·劳对此感到了恐惧。

密西西比计划

此时的约翰·劳正在准备启动他的密西西比计划。1719 年年初，新的密西西比公司的特许权得以扩大，包括：

- 在密西西比河、路易斯安那州、中国、东印度和南美享有贸易专权；
- 为期 9 年的皇家造币权；
- 为期 9 年的国家税负征收权；
- 烟草专卖权。

除了这些，密西西比公司还获得了塞内加尔公司、中国公司的全部财产，以及部分法国东印度公司的财产。随着法国东印度公司被控制，人们期望这个新的巨人能够挑战全能的英国东印度公司。

由于拥有了这些特权，不难想象，这家公司会创造出巨额的利润。公司被命名为“印度公司”后，又宣布增发价值 2 500 万里弗尔的公众股票，从而使公司的总股本增加到了 1.25 亿里弗尔。约翰·劳对外宣称公司的预期红利能够达到 5 000 万里弗尔，这就意味着投资年收益率达到 40%。然而，由于投资者是用“太阳王”的垃圾债券来购买股票的，所以实际上获得的投资收益率比40% 要高得多。我们可以举一个例子来算一下，假如你购买价值100 万里弗尔的股票：

股票名义价格：　　100 万里
弗尔
预期年红利：　　40 万里
弗尔
用名义价值 100 万里弗尔的债券
（折现率为 0.2）购买的价格：　　20 万里
弗尔

因此，实际投资收益率竟然高达 200%！你当然会期望每年能够获得大约 200% 的投资回报！这是 200% 呀！！！顷刻之间，申购股票的投资者蜂拥而至，股票被超额认购。公司职员要花几个星期的时间来整理认购人的名单，约翰 · 劳在这段时间里也无法叫出这些股东的姓名。可是，就在这段等待的时间，出现了戏剧性的心理效应。一大早就有成群的人在坎康普瓦街集结，一直到很晚才离开，只是为了听到结果。没过多久，人数就增加到好几千，越来越多的人挤满了整个街道。这可不是一群普通的人，其中就有诸位公爵、伯爵和侯爵夫人，所有人都急切地想狠赚一笔。最终名单出来的时候，这次股票发行已经至少被超额认购 6 倍。而在自由市场上，股票价格急剧飙升到了每股 5 000 里弗尔，是发行认购价格的 10 倍。劳和奥尔良大公决定好好利用人们的这种激情，于是又增发价值 15 亿里弗尔的股票，这次的发行规模达到了前两次的 12 倍之多。

大泡沫

这次股票发行确实应该引起投资者的担忧。我们这样想一想：投资者投入的是垃圾债券，并没有新的资本——仅仅是利息——注入公司，但是，随着资本份额的扩大，相应的每股收益已经被大大稀释，仅为原来的 1/13。

然而，公众对此并不担忧，导致如此巨额的股票发行仍然有 3 倍的超额认购。于是，极为离奇的事情发生了。尽管 4 年前法国还陷在深深的绝望之中，但仅仅过了 4 年，整个国家又开始沸腾起来，到处充满了喜悦与幸福。所有的奢侈品价格都开始上涨，花边缎带、丝绸、宽布和天鹅绒的产量翻了几番。工匠的工资涨了 4 倍，失业率也下降了，到处都在忙着建造新的房屋。每个人都看到价格在不停地上涨，谁都想赶在价格进一步大幅上涨之前去抢购物品，抢着投资，抢着囤积。

在巴黎，经济比其他任何地方都要热。据估计，在此期间，巴黎的人口增加了 30.5 万。街道上常常塞满了新的马车，挤得谁也动弹不了。巴黎从世界各地进口了大量的工艺品、家具和装饰品，这种情形还从未有过，消费者也不再仅仅由贵族构成，还包括新兴的中产阶层。那些购买了股票的人突然发现，区区几千里弗尔居然可以增长到 100 多万里弗尔。很快，法语增加了一个新的词汇——“百万富翁”。不过，最大的受益者还是贵族阶层。这也包括约翰·劳，他是爱尔兰流亡者理查德·坎蒂隆的朋友，坎蒂隆当时是法国巴黎最成功的一位银行家。劳、坎蒂隆以及他的兄弟伯纳德一起在密西西比购买了16平方里格[1]的土地，并且招募了大约100位想淘金的移民到那里种植烟草。不久之后，伯纳德就和他的移民一起乘坐贩奴船起程了。当他到达那里的时候，才发现实际情况并不像先前在巴黎的沙龙里所描绘的那样，而是布满了荆棘与敌意——在接下来的4年里，他带来的人有3/4死于疾病或印第安人的袭击。

然而，这类故事需要经过一些时日才能传回故乡，所以巴黎的投机狂热并没有丝毫减轻的迹象。先前在萧条中受到残酷压榨的许多中产阶层人士，如今依靠对印度公司的股票投机得救了。波旁公爵就是其中之一，他在股票交易上赚了大笔的钱，这足够让他在尚蒂伊重建一座无比奢华的宅邸。他的投机还让他能够从英格兰进口150匹精心挑选的赛马以及购买一大片土地。其他许多中产阶层人士也都发了大财，但最大的玩家之一还是理查德·坎蒂隆，他是劳的朋友与投资合伙人，在股票价格还很高的时候，手里便累积了大量的股票。

偶尔的震颤

股票交易不会是只涨不跌的，即使最疯狂的牛市也会有下挫的情况。印度公司的股票的确也是如此。在几天时间里，印度公司的股价有时不止一次大幅下跌，这就足以消灭掉那些处于边际的交易者。在股价下跌的情况下，一位名叫希拉克的内科医生给

1. 里格是弃用的长度单位，1里格约等于3英里（海洋）或5公里（陆地）。——译者注

一位女士看病。希拉克自己也感觉不太好，因为他买的印度公司股票价格已经连着几天大幅下跌。当他给这位女士号脉时，他的心思还在股票市场上，他沉思着说道："不行了！不行了！天哪！快不行了！"那位女士非常恐慌，踉跄着去拿钟，还一边哭泣着："哦，希拉克先生，我就要死了！我就要死了！不行了！不行了！不行了！"

希拉克很是惊讶，问她到底在说些什么。"我的脉搏！我的脉搏！……"她回答道，"……我会死的！"幸运的是，希拉克先生的解释让她平静了下来，因为他刚才说的是印度公司的股价，而不是她的脉搏。

新的繁荣景象

随着牛市的继续，在劳位于坎康普瓦街的房子外发生了一些稀奇的事情：整条街都变成了股票交易场所，挤满了针对印度公司股价变化进行投机买卖的投机商。股票经纪人与中间商在这条街上到处租房子，租金比通常的价格高出 12~16 倍，而且连酒吧与餐馆也改成了股票交易场所。随着投机商和金钱而来的，还有小偷与骗子。所以，派一群士兵到坎康普瓦街来维持夜里的治安，已经是见怪不怪的事情了。

最后，劳实在受够了外面喧嚣的噪声与拥挤，于是在宽敞的凡登广场旁找了一个新的住处。但是，他不能从这些人当中搬走，因为在这些人的眼中，他是所有活动的中心。对他们来说，他比历史上任何国王都要伟大，是最伟大的金融天才，他独自创造了一个国家的繁荣新景象。贵族们用大笔金钱贿赂劳的仆人，就是为了能成为劳的听众。无论何时他驾车外出，皇家骑兵都要在前开道，为他挡开那些崇拜者。那些投机商与股票经纪人必须清楚地了解他的一举一动，就像圣·西蒙在他的回忆录中所写的那样：

> 劳被那些信徒与野心家紧紧围绕着，有的人把他的屋门挤坏了，有的人从他的花园翻窗而入，还有一些人从他办公室的烟囱上爬了下来。

奥尔良大公夫人也这样写道：

> 劳成天被人追逐着，不分白天与黑夜，没有间歇。有一位公爵夫人就在大庭广众之下亲吻了他的双手，而既然一位公爵夫人已经亲吻了他的双手，那么那些普通的女士又该亲吻他身上的什么地方呢？

因此，就像工蜂追随着蜂王一样，人们也紧紧跟随着约翰·劳。不久，他家门前的广场上又搭满了摊位与帐篷，凡登广场也变成了一个兴旺繁忙的集市，人们不仅在这里从事股票与债券的买卖，还做起了各种各样的生意。广场上一片喧嚣，这比先前在坎康普瓦街时还要糟糕。奥尔良大公听到了一些对这种乱七八糟的状况的抱怨，尤其是首席法官的抱怨。因为他主持的法庭正好也在凡登广场，外面的噪声已经让他听不清律师的讲话。约翰·劳决定再找个新的地方，于是买下了苏瓦松酒店，这个酒店的后面有一个大花园。就在同时，法庭发出了明文规定，除了这个花园，禁止在其他任何地方进行股票交易。于是人群再一次蜂拥着跟了过来，酒店的后面立即搭起了500多个大大小小的帐篷。这一次，巴黎的每一个人，不论男女老幼，几乎都在投机买卖印度公司的股票，而这只股票正处于加速的牛市行情。故事还在继续，当时清醒的阿贝·特诺松与和他同样清醒睿智的朋友拉莫特相互庆贺彼此都没有卷入这场全民的疯狂。然而，几天过后，拉莫特禁不住诱惑，跑去买了一些印度公司的股票。但是，当他走进苏瓦松酒店的时候，迎面碰见的从酒店里面出来的人是谁呢？当然是阿贝，他刚刚在市场上买进了股票。在这个插曲之后的很长时间里，他们在经常进行的哲学讨论中都避免谈及投机的话题。

与此同时，奥尔良大公还在通过皇家银行印发更多的纸币。为什么不呢？难道不是发行货币的做法使国家重新繁荣起来的吗？既然是这样，那么为什么不多印发一些货币呢？打个简单的比方，货币对于经济这部机器来说就像油一样，不是吗？油灌得越多，机器就会运转得越好！这对股票市场也同样有好处。印度公司的股票价格已经从初始的每股 150 里弗尔飙升到超过 8 000 里弗尔。就在这一天，一位生病的投机商听到如此令人难以置信的价格后，就打发他的用人去卖掉 250 股的股票。当用人来到市场，他看到价格实际上更高，卖出的价格不低于每股 10 000 里弗尔，这已是原始发行价的 67 倍了——股票价格已经令人惊异地飙升了 6 700%。他回来的时候，交给了主人 400 万里弗尔的预期收入。然后，他回到自己的屋子，收拾好东西，卷起剩下的 50 万里弗尔，迅速离开了这个国家。

但是接下来，在 1720 年年初的一天，非常奇怪的事情发生了。一个人拉着两马车的纸币来到皇家银行门前，他愤怒了，而且非常愤怒……

第 2 章

现金支付危局

孔代王子相信自己有充分的理由愤怒。他想购买一些印度公司的新股票，但是劳没有同意。这个傲慢的苏格兰杂种！踢开他！王子愤愤地骂道。于是，他拉着满满两车的纸币来到银行门前，径直走进了大门。“瞧，先生们！你们的纸币，所谓‘见票即付’的纸币。现在，你们瞧见了吗？那好，给我换成硬币吧！”银行随即把纸币换成了硬币，装了两马车。奥尔良大公听到这件事之后，显然大为震怒，立刻命令孔代把 2/3 的金属硬币退回了银行。事情仅此而已。后来公众便不喜欢孔代了，而且谴责他不合情理的做法。但是，这个事件仍然产生了重要的影响：

它在民众的心里播下了一点儿怀疑的种子。如果有更多人都拿着纸币要兑换，那么会是什么样子呢？如果所有人都拿着纸币去银行兑换呢？银行会有那么多的黄金吗？我自己是否要去兑换呢？

在随后的几个月里，一些机敏的投机商开始从股票市场抽身，卷走收益，而一些股票价格在短暂地摸高到每股 10 000 里弗尔的水平后便开始下滑。有一对兄弟，鲍登与拉·理查蒂埃尔，开始悄悄地拿着纸币到皇家银行去兑换，每一次兑换的数额都比较少。他们还开始尽量收购白银与珠宝，并且把白银、珠宝和硬币一起秘密地运到荷兰与英格兰。一位成功的股票交易商沃默雷特也卖掉了全部股票，把价值 100 万里弗尔的金属硬币装进了马车。他在上面覆盖了干草与牛粪，自己假装成农夫，驾着马车跑到了比利时。许多人离开了法国，剩下的人对纸币也越来越没有信心，并秘密储藏金属硬币。人们要么把硬币藏在床垫下，要么就把它们运到国外，这样一来，法国的货币流通速度慢了下来。

在这种情况下，大公采取的措施实在不够高明。首先，他把纸币兑硬币的兑换价调高了 5%。显然，他第一步是想恢复信心，但是这对资本外逃毫无效果，于是他把兑换价又调高了 5%，但还是不见效果。1720 年 2 月，他干脆禁止使用硬币。在法国，任何人财产中的硬币价值不得超过 500 里弗尔，否则就有被罚没充公的危险。他还禁止收购白银、珍贵宝石和其他珠宝。任何举报收购这类贵重物品的人，将会得到罚没财产价值的一半，当然这一半的价值是要用纸币支付的。最后，大公在 2 月 1 日到 5 月底的这段时间里，又印发了价值 15 亿里弗尔的纸币，纸币的总供应量已经达到了 26 亿里弗尔。很显然，公爵采取所有这些措施的目的，就是迫使人们继续使用纸币，然而，这些举措此时已经回天乏术，毫无效果。经济已经开始紧缩，人们心里充满了恐慌。法兰西的未来在哪里呢？这又该谴责谁呢？

约翰·劳。正是这个约翰·劳应该受到谴责。不是他最先编造了纸币的故事吗？他的密西西比计划又怎样了呢？人们在那边除了被蚊子咬死或被印第安人杀死，还能干些什么呢？印度公司的股票真的比皇家银行的纸币还值钱吗？难道不是这样吗？最好还是把这些东西统统卖掉吧！于是，股票价格很快崩溃了，大约超过 50 万人亏了本，成千上万的投资者破产了。那些在股票投机上亏本的人还不了别人的钱。面对这样一条残酷无情的反应链，需要采取一些补救的措施，以使印度公司的股东们相信公司实际上仍然运转良好。补救的办法很简单：把巴黎最穷的人与罪犯征召起来送到新奥尔良为公司挖黄金。有 6 000 多个“穷鬼”参加了这个计划，这支队伍熙熙攘攘地在巴黎的街道上游行，准备去码头，然后坐船到美洲去。起初，人们喜欢这个计划，因为 6 000 名工人已经是一支很大的队伍了。如果他们能找到金矿，那么公司当然会顺利运转。如果能用这些黄金铸造新的硬币，那甚至可以让法兰西再次振作和繁荣起来。于是，有一段短暂的时间，印度公司在股票市场上又重整旗鼓了。

黄金在哪里？

但是，古怪的事情发生了：那些在街上游行的人绝大部分根本没有离开这个国家。3 个人中就有两个把配发的新衣服与工具卖掉了，根本没上船，而是回到了家里。在巴黎忍受贫穷也比到新奥尔良挖黄金强。很明显，这个密西西比冒险计划已经不可能实现人们曾经寄托的希望了，于是劳和他的朋友理查德·坎蒂隆，这位23岁的超级银行家，也就放弃了从他们合伙购买的那块土地上挣钱的希望。然而，坎蒂隆对此显得很从容，因为他正在做着另外一桩挣钱的大买卖。当银行大量发行货币的时候，他的反应并不像其他人，实际上他早就看到了法国货币迟早是要贬值的，所以他收回了所有钉住法国货币的贷款，而把收益投在了英国货币上。劳听说了这种情况，于是来到坎蒂隆的办公室，告诉他：

> 如果是在英国，我们可以谈谈并能达成一个协议。但现在是在法国，你也知道我会告诉你什么——如果你不答应我在48小时之内离开这个国家，今晚你就会被送进巴士底狱。

这听上去是一个非常不错的建议。坎蒂隆卖光了全部资产，大约净赚了2 000万里弗尔，这确实是一笔巨大的财富。然后他火速离开了法国。

这时，印度公司的股价还在持续下跌，奥尔良大公变得绝望起来。很显然，他越是采取限制使用硬币的措施，人们越是想要持有硬币。他决定把皇家银行与印度公司合并起来，希望两者能够相互支撑。可是这也没有奏效。1720年5月初，他召集了一个约翰·劳和所有大臣都参加的紧急委员会会议。在会议的日程中，首要的便是处理正在流通的价值26亿里弗尔的纸币，而这每一张纸币都可以从官方兑换金币和银币。实际的硬币数额还不到一半，而且多数已经被民众藏在了床垫下面（法国人的这个习惯在此后几个世纪里已是臭名昭著）。会议决定将纸币贬值一半，从5月21日起生效。这对法国民众的打击简直太沉重了。由于社会动荡的不断升级和反抗的威胁，仅仅过了一个星期，即5月

27 日，原来的法令就被取消了。也正是在这一天，皇家银行暂停支付金属硬币，而约翰·劳也被解除了职务。

然而，这天晚上，大公派人去请劳，劳从一个密道进了王宫。大公竭尽所能地安抚劳，说劳这次成为众矢之的，被民众憎恨，是如何不公平。过了两天，他邀请劳去歌剧院看演出，劳还带着家人一起来，好让每个人都看到他们一家和大公在一起。但是，这对劳来讲，几乎是一个致命的错误。他的马车刚到家门口，民众就用石头进行袭击。车夫驾着车迅速躲进了大门，用人随即把门砰地关上，劳才免遭皮肉之苦。劳受了惊吓之后，大公派了一队瑞士卫兵日夜驻扎在劳的宅子里。即使这样，劳还是感觉不安全。很快，他搬进了王宫，和大公享受同样的保护。

大公现在完全隐退了。为了帮忙收拾混乱局面，他决定重新起用两年前被他解职的大臣达古梭。为了能够劝他回来救场，他派劳坐着邮政马车去面见达古梭。达古梭同意了，而且和劳一起回来了。很快，在 6 月 1 日，禁止自由持有硬币的法令被废除。也是在同一时间，价值 2 500 万里弗尔的新纸币得以发行，这些纸币是用巴黎的税收作为支持的。6 月 10 日，皇家银行重新开张，也做好了纸币兑换金属硬币的准备——但它们已经不全是以往的贵金属硬币，现在有一部分被换成了铜币！

沉重的金属

历史上，铜的价格经历了好多次牛市，但这一次更是独特。在接下来的几个月里，总有一群人聚集在银行门前，每个人都要把纸币兑换成一堆铜币。有几次聚集的人太多，以至有人被挤死。为了缓解压力，7 月 9 日，士兵封锁了大门，于是外面的人就开始投掷石块。一个士兵开枪还击，打死了 1 人，还伤了 1 人。8 天之后，又有 15 个人因挤压而毙命。人们被激怒了，他们用担架抬着 3 具尸体游行到了皇宫花园。在这里，他们发现了约翰·劳的马车，于是就把它砸得粉碎。

委员会不得不寻求新的解决之道。下一个紧急措施就是进一步扶持印度公司，公司贸易特权的范围将进一步扩大，以至垄断法国所有的海上贸易。这样做将使数千名独立的商人丢掉生意，于是议会收到了一封接一封满是怨言的请愿书。议会因此否决了这个方案。大公对此恼羞成怒，就把议会和所有议员驱逐到偏僻的蓬图瓦兹。

8 月 15 日，一道新的法令强加到了可怜的法国人身上。该法令规定，除了购买年金、存入银行账户或者购买分期付款的印度公司股票，不允许进行全部纸币价值合计 1 000~10 000 里弗尔的交易。10 月，印度公司的许多特权被拿掉了，纸币也贬值了。股东们被迫与公司一道持有股票，而且，那些已经同意购买公司新股票的人还被强迫按照几乎是当时市场估价 30 倍的价格购买。许多人试图离开这个国家，以逃避这恐怖的惩罚。于是，所有的边防哨所都接到了命令，要求扣留任何想出境的人，直到弄清楚他们是否认购了印度公司的股票。那些已经设法出境的人则要因缺席被判处死刑。

1720 年法国货币供给是如何下降的

法国有效货币供给下降有三个主要原因：

· 资本外逃。人们携带金币和银币离开法国。

- 货币流通（速度）下降。人们因不相信纸币而储藏硬币，随后可能由于对每个人持有硬币数额的限制，人们更是竭尽所能地保存硬币。
- 银行信用降低。法令强制规定，价值合计 1 000~10 000 里弗尔的所有纸币，只能用来购买债券、印度公司股票，或存入银行账户，这就减少了有效货币供给。

一位现代经济学家很可能建议放弃金本位制，鼓励增加借贷，降低利率，增加公共开支，减税，以及让银行发行更多的货币去购买债券。

约翰·劳现在整天生活在恐惧之中，他成了法国最遭憎恨的人。离开了皇家庇护所，他只能隐姓埋名，或者找一个强大的保护队伍。他请求搬到一个乡下庄园去，大公对此求之不得。几天后，他收到了大公的回信，大公在信中展现了仁慈，并且还允许他离开法国——如果他想离开的话。大公还同意送给他一笔钱，想要多少都可以，他恭敬地婉谢了大公的好意。随后，就在开启这场冒险旅程 5 年之后，他只带了一颗大钻石，离开了法国前往威尼斯，这一年他 49 岁。

约翰·劳在法国所见的现象是非常令人震惊的，但是这并不是法国独有的。最狂热的投机刚刚在法国上演完，一场场非常相似的闹剧正在英格兰的土地上酝酿着。诚如法国一样，英国政府也被不断增加的巨额公共债务紧紧地缠住，其解决问题的措施也与法国类似。“南海公司”接管了偿付政府债务的义务，作为回报，它被授权垄断与南美的贸易。公司发行的股票早被急切的公众一股脑儿买完了，虽然没有证据表明南海公司做过任何实物贸易（正如我们后面将要看到的，到它真正做的时候已经是90年之后的事情了），这些股票的价格还是涨到了名义价值的10倍（后来被称为“南海泡沫”）。其中一个早期的最大买家不是别人，正是理查德·坎蒂隆。1720年6月，南海公司的股价达到了历史顶峰（见图2–1），而在接下来的3个月里，股价下跌幅度达到了85%，

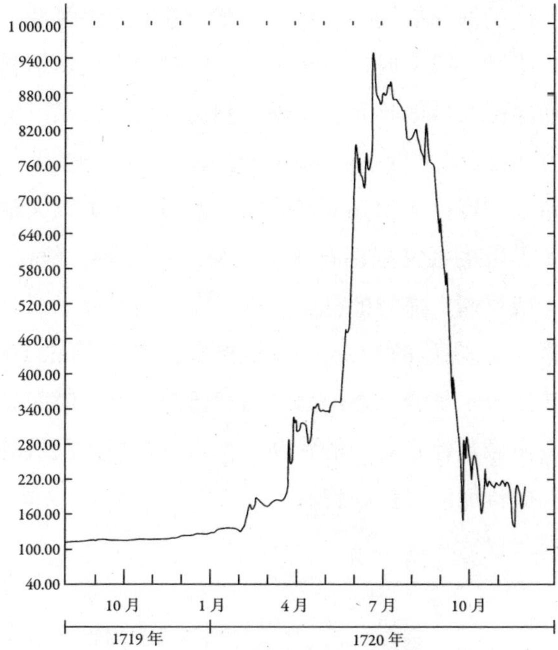

图2–1　1719—1720年南海公司的股票价格（以当时英国货币计）。在法国的印度公司崩溃之前，“南海泡沫”就已经开始了。当年的资料表明，正是法国的冒险者带着大量的资金进入英国，从而给这个新泡沫的后期阶段提供了支撑。理查德·坎蒂隆在这两个泡沫故事中，都是尽力早买并赶在股价崩溃之前卖空。

它也像法国的印度公司那样崩溃了。

许多投资南海公司的人是靠借钱来购买股票的，由于股票价格的崩溃，他们也失去了偿付债务的能力。于是造成银行倒闭的恐慌，结果拖累了很多金融机构的经营，导致了违约高潮的出现。

游戏的结尾

当英国的泡沫破裂的时候，约翰·劳作为法国纸币事件的策动者，正生活在威尼斯。他在很长一段时间里仍然抱着希望，盼着被召回法国并帮助政府重新创建稳固的信用体系。但是，奥尔良大公在1723年去世了，他的希望也随之彻底破灭。于是，他就依靠赌博来度过余生。有好几次，他当掉了那颗大钻石，但每次都赢了足够的钱又把钻石赎了回来。1729年，他在58岁的时候客死于威尼斯，那时他已经穷得身无分文。

英国南海公司的结局又怎么样呢？它最终在1855年解散，其股票转换成了债券。在南海公司存续的140年时间里，它从来没有在南海做过什么辉煌的贸易。坎蒂隆在股价很低的时候买进，而且赶在股价崩溃之前抛售。

第3章

经济危机——商业的苦恼

奥尔良大公去世的那一年，约翰·劳放弃了被召回法国的所有希望。也是在这一年，在离劳的故乡爱丁堡大约 15 公里的柯科迪小镇上，玛格丽特·斯密有了她的第一个孩子。她是一个单身妈妈，丈夫在孩子出生前几个月就已经死了。这是一个男孩，1723 年 6 月 5 日出生，名字叫亚当·斯密。他的童年生活很安宁，只是在两岁的时候发生过一个小插曲。一个吉卜赛罪犯把他拐骗了，但很快就没事了。孩子在一天天长大，玛格丽特·斯密注意到他对身边社会的情况有着强烈的兴趣。尽管柯科迪是一个只有 1 500 个居民的小镇，但还是有很多值得关注的地方。小镇有多种多样的商业贸易，来自许多地方的商船就停泊在房子旁边。小男孩喜欢坐在海边的峭壁上，远望着商船来来往往。

嬗变之年

那时候的英格兰不像法国，它已经建立了一套运转良好的纸币制度。支付手段不仅包括金币与银币，还包括英格兰银行和其他银行所发行的纸币，以及本票和境内票据。除了硬币、纸币与境内票据，还有像财政票据和东印度公司债券这样的附息票据，它们都可以流通，虽然周转率较低。造币厂的主管就是艾萨克·牛顿，他于 1696 年获得该项任命。牛顿在年轻的时候，就注意到不仅政府可以实行硬币“缩水”的做法，许多市民也可以这样做。一些人把一堆硬币放进一个袋子里，使劲地摇晃，然后把那些磨掉的粉末收集起来。有的人更加粗暴，直接在硬币的边上切下薄片，然后再拿去花掉。为了防止发生这样的事情，牛顿主张把硬币磨成光边，以便鉴别硬币是否曾被动过手脚。

那时，工业革命已经处于摇篮阶段，经济大繁荣的条件正在日益成熟。首先，英国的海军正在快速地征服新市场，为英国的产品打开销路。其次，乡村也已经启动了一场“农业革命”，农场正在扩大，产量也在提高。这个过程释放出了劳动力，越来越多的年轻人来到城市寻找工作、学习机会或者尝试一些新的冒险职业。这些人中的大多数来到伦敦，那时居住在伦敦的人口大约有 50 万 ~75 万。另外一些人选择去了英国第二大城市布里斯托，那里约有 4.3 万人居住。其余的人分别移居到了诺里奇（3.6 万居民）、利物浦（2.2 万居民）、曼彻斯特（2 万居民）、索尔福德

（2 万居民）、伯明翰（2 万居民）以及其他一些商业中心。

不凡的个性

再回到柯科迪小镇看看。我们这位年轻的朋友亚当·斯密在 17 岁那年完成了基础学校教育后，决定离开家乡。他告别了妈妈玛格丽特，跨上马，风尘仆仆地骑了 500 多公里的路程，来到了牛津，他已经被牛津大学录取了。17 岁的约翰·劳在前往伦敦赌场的时候，已经是一个有抱负的人了。而亚当·斯密却不是这样的。实际上，在牛津大学，他是那些表现得最心不在焉的学生中的一员。在喝茶的时候，他把黄油面包泡在茶壶里，然后却抱怨茶的味道不好，人们看到这些并不觉得奇怪。他浪漫地与一个姑娘相恋，但在聚会的时候居然没有发现这位姑娘也在场。而且，人们还经常看见他自言自语。就在亚当·斯密看起来似乎忘却周围一切的时候，他却并不是在发疯，而是正聚精会神地思考着某些问题。

他不仅能够专心致志，还有很强的表达能力。在参加社交聚会的时候，他可以整晚只想自己的问题。可是一旦有人引起他的注意，比如向他直接提问或者发表一些刺激性的观点，他会就此展开讨论，仿佛在发表一席演说。他在讨论问题的时候喜欢打破砂锅问到底，有时在一些具体的细节上不停地纠缠，使得人们都后悔不该和他争论，或者后悔不该碰见他。

亚当·斯密发现自己对牛津大学课堂上讲的东西并没有什么兴趣，他的大部分知识实际上来自他独立的学习和阅读。

1750 年，亚当·斯密完成在牛津大学的学业后回到了家乡，在格拉斯哥大学担任逻辑学教授。1752年，又担任道德哲学教授。这些年里，克莱德河沿岸的贸易逐渐发展起来，促进了当地新兴产业的发展。亚当·斯密怀着很大的兴趣跟踪商业的发展动态，而且在大学里的工作也让他感到非常愉快。

新伦理学，同情与私利

亚当·斯密有一颗雄心，那就是发展一套新的伦理学理论，这套理论以人的本能与情感为出发点，而不是从虚伪的教条中推演出来的。他相信，任何人都有一个基本的愿望，那就是被他人接受，并获得他人的"同情"。为了博得他人的同情，心怀私利的人将会尽力以一种受人尊敬与赞赏的方式行事。这样一来，就会培养出道德感，良心在转化为行动之前，就已经渗透在人们的思想之中。如果忽略了这一点，就不能唤起他人的同情心。因此，伦理学研究的并不是有关功利、仁慈或者道德教条的问题，而是实实在在的私利问题。

他还以同样的视角来考察社会经济的进步。他认为，正是追求私利的个人推动了经济的进步，而且，任何企图压制个人（私利）的行为，结果都会导致对整体经济活力的压制。1755年，他在一篇论文中做了这样的解释：

> 让一个国家从最低级的野蛮状态发展到最高水平的富裕状态，其实并不难，只要有和平的环境、较低的税收以及老百姓可以忍受的司法管理，其余的都是一个自然过程。然而，那些反对这个自然过程，强迫自然过程改变轨迹，或者在某个特别关键点上拼命阻碍社会进步的政府，都是不近人情的，而

且会被迫采用压迫与残暴的手段来维护自身的统治。

1759年，他出版了《道德情操论》，这是他的第一本著作，在苏格兰广为人知。这本书还使他成为巴克卢公爵的私人家庭教师，公爵不仅同意提供比大学薪水多一倍的报酬，还提供一项特别的礼遇：如果斯密愿意陪他一起到欧洲进行为期两年半的游学，那么公爵还愿意承担他的开销。斯密欣然同意了这个计划。1764年的一天，斯密乘船前往海峡对面的法国。

货币必须不停周转

在经历了奥尔良大公、约翰·劳与密西西比危机之后，法国又经过了很长时间才逐渐恢复，现在它正与英国争夺殖民地的控制权。这些年，法国一批知识精英已经成长起来。斯密来到法国后，乘机拜会了其中一些精英分子，包括时年29岁的魁奈。魁奈结交了很多有权有势的朋友，他自己实际上还是路易十五的私人内科医生，这个路易十五就是约翰·劳时期由菲利普·奥尔良摄政的那个年幼的国王。

魁奈的一部分灵感来自理查德·坎蒂隆。坎蒂隆死于1734年的火灾，他当时是个顶级富豪，在法国与英国金融市场上狠赚了几笔。在这个年仅37岁的百万富翁的遗产中，人们发现了一本书的手稿，后来将其出版，这就是《商业性质概论》，这本书对许多经济现象进行了分析。回过头来看，到目前为止，坎蒂隆最重要的贡献是有关货币供给、货币流通速度与资本市场的理论。坎蒂隆了解到如何影响有效的货币供给，他认为这不仅取决于发行多少货币，还取决于货币的流通速度，也就是货币在不同的人之间周转有多快：

> 在某种程度上，货币流通的加速度或者更高的速度，将会产生与增加货币供给（发行）相似的效果。

这两种途径都有效。诚如他在密西西比恐慌中亲眼所见的那样，如果人们开始储藏货币，其结果就等同于货币供给的下降。货币必须不停地周转，否则就不能给市场这部机器添加机油，萧条也会随之发生。

尽管魁奈受了坎蒂隆的启发，但他自己的开创性思想也为人类做出了贡献。他在历史上的确也留下了深深的足迹，以至200年之后，经济学家约瑟夫·熊彼特评价他是历史上最重要的四位经济学家之一。他的主要贡献之一就是所谓的“经济表”，这张表解释了注入社会中的一定数额的货币是如何转变成流量的。然而，货币不会永远流动，因为每一个收到钱的人在花费之前，通常都会储蓄一部分。他用这个方法来证明，向社会注入新的流动货币产生的影响要大于所有票面的数额。因此，重农学派认为，资本在本质上是一系列的预付，而社会收入是流动的，并且从某种意义上说，其数额在流动过程中会有所增加。人们都把魁奈看成“重农主义”运动的非正式领军人物。这场运动创造了一个流行口号：**自由放任**。

他们反对法国的重商主义传统，反对国家干预与保护主义，他们主张废除垄断、贸易壁垒和特权。他们还提倡个人主义与“自然法”概念，认为社会法律应该反映大自然的客观法则。实际上，这场运动的名称本身意味着“自然统治”。重农主义者还认为自己利益的最好看护者是个人，而不是政府。于是，他们到处宣讲私有财产应该受到完全的尊重。

为消磨时光而写成的巨著

斯密倾听着魁奈，心中有些怀疑，但还是很感兴趣。显然，他并不太忙，在到法国的第一年，他便开始写书来消磨时光。后来，他在谈到这件事的时候说，当时“写书就是为了消磨一下时光”。他在法国待到1766年，回苏格兰的时候，已经完成了这本书的第一部分手稿。他那时还不知道自己所写的这些内容后来会成为一部经典著作的一部分，这部著作受到了经济学家的称颂：

> “……不仅是所有关于经济学的著作中最为成功的，也是迄今为止所有科学著作中最为成功的，和达尔文的《物种起源》可以一较高下。”（J. 熊彼特，1954年）
>
> “……从最终的结果来看，很可能是所有著作中最重要的一部。”（T.H. 巴克勒，1872年）

但是，他知道，一定要利用这些手稿做非常彻底的研究。回到苏格兰的那一年，他43岁，在柯科迪的海滩边买下了一幢房子，打算在这里继续他的研究。

英国工业的起飞

18世纪50年代，越来越多的英格兰商人开始使用一些简单的机器。那时，许多小企业都散布在小山坡周边，以便利用溪流作为机器运转的动力，还有一些则利用矿物能源做动力。在斯密的家乡，就有煤矿、盐场和制钉厂。他的一位密友詹姆斯·奥斯瓦德就在城外开了一家制钉工厂，离斯密家也不算太远。制钉用的铁屑原料是从欧洲大陆进口的，而煤炭在工厂的门口就有。后来，斯密就运用这家小工厂的经验来解释产业进步的关键。他回来三年之后，英国诞生了两项重要的技术发明。一个是阿克莱特设计的“水力纺纱机”，它大大地提高了纺织业的生产效率。更为辉煌的还是第一台蒸汽机，它是斯密的一位好友詹姆斯·瓦特的专利发明。水力纺纱机与蒸汽机以及其他一些发明，加上煤炭生产，推动了英国工业的腾飞（见表 3-1）。

表 3-1　创新带来的工业革命

年份	技术创新	行业
1709	焦炭冶炼程序	钢铁业
1733	飞梭	纺织业
1761	曼彻斯特—沃斯勒运河	水路运输业
1764	珍妮纺纱机	纺织业
1769	蒸汽机	所有行业
1769	水力纺纱机	纺织业
1776	作物四道轮作技术	农业
1776	冶炼蒸汽鼓风机	钢铁业
1779	纺织骡机	纺织业
1784	搅铁法反射熔炉	钢铁业
1785	动力织布机	纺织业

资料来源：梅格，1987。

机器带来了两种戏剧性的效应。一是提高了单位资本投入的产量，另一个是在建立新工厂时，有必要预先制订深入的生产计划，这与以前向许多小家庭作坊订货的方式大不一样。当然，随着工厂潜在盈利能力的扩大，不确定性也增加了。在工厂建成投产之前，就可能面临市场需求变化的风险。没有人确切地知道这种发展对经济运行会造成怎样的影响，但肯定会有某种影响。

《国富论》

1766—1773 年，就在当地资本家忙着用新机器设立工厂的时候，已经回到英国的亚当·斯密却一直在专心致志地著书立说。最终完稿的时候，已不知不觉写就了鸿篇巨制。这部 5 卷本的《国民财富的性质和原因的研究》(一般简称《国富论》) 全面地向读者阐述了资本主义经济的运行机制。在第一卷，斯密阐述了劳动分工是一些国家经济产出增长的主要原因。他用劳动分工来解释劳动生产率大幅提高与各种机器的发明。关于理性人，斯密用亲自观察的实例来说明自己的观点，而不是从理论上给出假设（有一次，他在解释制革厂的劳动分工理论时，由于注意力太集中而跌到了制革的坑里）。但是，他在书中说明劳动分工的理论时，举的例子不是制革厂，而是他曾经考察过的制针厂。在这家制针厂，10 个工人一天总共生产出 48 000 根针。

> 但是，如果把他们全都分开并独立工作，而且他们之中没有人接受过这项业务的专业培训，那么每个人一天的产量肯定不到 20 根，甚至可能连一根针都生产不出来。

由于劳动分工是国民财富的基本源泉，他提倡通过自由贸易来促进国家之间的劳动分工。《国富论》接下来分析了价格机制，他认为市场价格围绕“自然”价格或“均衡”价格上下波动。该书的其他章节还研究了工资、利润、企业家承担的时间风险、利息、地租、资本与税收等问题。关于政府的作用，他建议应该最小化：

> 我从来都不知道那些人为了公共利益而进行政府干预会带来什么好处。

他认为，公共部门不应该干预市场，而应该致力于保护市民、建立司法公正，以及承担一些特定的工作，像发展教育、运输系统和监管票据信用等。

看不见的手

然而，斯密著作最重要的部分并不是他的局部分析（其中多数是正确的），而是一个至关重要的基本原理：自由是最有效率的经济模式。他在书中得出这样的结论，如果让每个人成为自己利益的守护者，而且依靠自私的力量，那么，资本主义经济就是最理想的：

> 他只是追求自己的利益，像在其他许多场合一样，他受一只看不见的手的指引，去尽力达到一个并非他本意要达到的目的。

而且：

我们与生俱来的追求优越富裕的生活的愿望，至死也不会改变。

他一遍又一遍不厌其烦地在书中重复着这样的话语：

我们的晚餐不是出自屠户、啤酒商或面包师的恩惠，而是出于他们自利的打算。我们不要向他们乞求怜悯，而要诉诸他们的自利之心；我们也决不向他们谈论自己的需要，而只谈论对他们的好处。

斯密如此强调这个原理，并不意味着他把市场经济想象成一个乌托邦式的天堂。他认为，雇主总是尽力压榨劳动工资，商家总是尽力消灭竞争，生产商总是尽力共谋提高价格，而工人们对此感到非常厌烦，有些人一辈子都处于穷困潦倒之中。但是，总体上看，经济体系会快速成长，而且那只“看不见的手”——市场的力量——将会迅速地对成长路径的任何偏离加以纠正。

这是一部经典之作。此前还从未有人像他那样深入地阐释经济的运行。这本巨著产生了极大的震撼力，连议会的议员们在演讲中都开始参考借鉴。1782 年，斯密的一位崇拜者谢尔本勋爵被选为首相。谢尔本在很多问题上都要寻求斯密的意见。他还曾经写道：

和斯密先生从爱丁堡到伦敦的一次旅行让我获益匪浅。在我人生最美好的岁月里，这份收获始终如影随形。

当斯密住在伦敦的时候，他经常和谢尔本在一起。而且，通过谢尔本和其他国会议员，他在当时辩论中的影响力仍在不断扩大，尽管他偶尔有些奇怪的举止，人们也会原谅他。例如，当要求在文件上签名的时候，正在聚精会神思考问题的斯密，可能会仔细模仿别人在上面已经签过的姓名，代替自己的签名。

18次经济危机

有一位崇拜斯密的议会议员，名叫亨利·桑顿，他是一个出色的人物，22岁时就被选为下院议员。

桑顿出生于1760年，18岁的时候就到父亲的会计室工作（就像93年前的约翰·劳那样）。这个男孩曾经好奇地看着父亲如何打理生意，那时，父亲经营小麦、烟草以及其他类似的商品贸易。由于缺少主营业务，亨利对那时的生意没有什么印象。然而，像任何一位有抱负的青年人一样，他对自己挣的工薪也不满意。24岁那年，他去了一家名为“道–福瑞”的银行工作。他在银行的工作很出色，于是，这位年轻的议员不久就受邀成为这家银行的合伙人，银行的名字也改成了“道–桑顿–福瑞”。

但在英格兰经营银行并非易事，业务经营上彼此竞争是很常见的现象。另一个严重的问题就是信用系统内部的沟通很差。如果某个地方的人嗅到经济的危险，他们就会带上票据到当地的“乡村银行”去兑换硬币。如果银行担心贵金属短缺，就要请伦敦的有关银行运送过来。如果没有及时送来足够数量的硬币，就会发生恐慌，人们就跑到其他地方的银行去兑换硬币，这些银行就会向伦敦要求运送更多的硬币，结果伦敦的银行也会感到是不是有什么地方不对劲儿，这样一来，恐慌有可能在首都蔓延开来，甚至会超出国界。

这种恐慌过程的开始可能仅仅是由于道路不通而引起的。当时的很多路都是黏土路面，一下雨就变得非常泥泞难行。春天冰雪融化之后，泥泞的路面有时要用多达 10 匹马拉着犁耙来弄平。由于经常运送煤炭和其他重的物件，很多地方的路面都坑坑洼洼。而那些运送物品的马车不仅轮子很重，而且没有弹簧，移动起来很笨拙。

派人去运送钱币的费用也很昂贵。在 1700—1750 年间，英国议会通过了 400 条交通立法，允许在公路上设站收费。那个时期，闻名遐迩的绅士强盗，像迪克·特平、克劳德·杜瓦尔、乔纳森·怀尔德与杰克·谢泼德等，常常潜藏在树林里袭击过路人，更不消说从伦敦某家银行送来的装满钱币的马车了。

商业的苦恼

作为一个银行家，桑顿已经注意到，无论哪个时期，在过了几年相对繁荣的好日子之后，经历一场恐慌似乎都是不可避免的。回顾他所处的那个世纪，他看到英格兰在以下年份经历了经济危机：1702 年、1705 年、1711—1712 年、1715—1716 年、1718—1721 年、1726—1727 年、1729 年、1734 年、1739—1741 年、1744—1745 年、1747 年、1752—1755 年、1762 年、1765—1769 年、1773—1774 年、1778—1781 年、1784 年和 1788—1791 年。在这 18 次经济危机中，每一次都是经济自我复苏，而且多数时候经济在复苏后都会上升到更高水平的稳定状态。但是，每一次复苏都只有几年时间，随后又会发生新的危机，并再次摧毁经济。

在 1788—1789 年发生危机之后的几年里，商业正处于繁荣状态。但是，过多新开设的乡村银行又发行了大量新的银行券，这造成了纸币发行量的大规模膨胀。1792 年，贸易与制造业达到了最高水平。11 月，股票市场发生了急剧下挫，货币也开始出现雪崩。次年 2 月，法国宣布对英国开战，3 月，许多头寸紧张的乡村银行派人急驰伦敦求援。但是，这一次伦敦的银行也被抽干了。桑顿的银行尽管已经发展成伦敦最大的银行之一，也没有逃脱厄运。后来，桑顿这样写道：

> 在 1793 年，经济非常糟糕的一个时期，我们所经历的困难比大多数银行要大得多，因为突然减少了一大笔头寸，这笔头寸是一些非常重要的银行所存放的利息。

当英格兰银行决定再发行 500 万英镑货币刺激经济时，危机才得以化解。在之前的 1784 年危机中，银行通过减少货币供给——限制票据信用的数量从而迫使利率上升的方法来阻止资本外逃。现在，事实证明，采取反向操作的方式可以避免内部的经济危机。显然，银行正从危机中不断学习。

自由放任——哦，不？

英格兰银行发行新货币之后，货币供给增加了，桑顿的银行也得救了。但可能正是这次危机使他开始研究信用理论。为什么会发生这么多次的金融危机？如何阻止危机的发生呢？是应该交给斯密教授的“看不见的手”，还是应该像英格兰银行那样进行干预呢？桑顿没有什么可以求助的文献。他的论证只能以常识与经验为基础。但是，当桑顿在思考有关不稳定的问题时，经济仍然在不断地发出挑战。就在上一次危机过去两年之后，新的危机又开始了，而这一次形势更为严峻。发生金融恐慌的原因，是英格兰银行的黄金储备突然从500万英镑下降到了125万英镑，而且，就在这一年的最后一天，英格兰银行决定对金属硬币采取限量供应。这造成了灾难性的后果。就在接下来的一个月里，恐慌进一步扩大蔓延，倒闭的商店与银行大幅增加。1797年2月26日，英格兰银行承认失败并宣告破产。毋庸置疑，这是一次严重的挫败。

货币供给

第二天，英国议会下院设立了一个委员会着手追查问题的起因，上院隔天也成立了一个类似的委员会进行调查。前一个委员会召集了19位证人，后者则召集了16位证人。亨利·桑顿似乎是作为伦敦私人银行家的唯一代表参加了这两个委员会的听证。

他提出的证据让人感到吃惊。他刚一开口，人们就觉得桑顿对银行的本质有着深刻理解。他清楚、详细地指出了英格兰银行的责任，并且对中央银行政策工具箱里应有的工具进行了仔细介绍。回想起来，我们知道至少有部分理由支持了他的证词。他开始利用夜晚与周末的时间写一本有关这个主题的书。这本书出版于1802年，书名为《大不列颠票据信用的性质和作用的探讨》（通常简称为《大不列颠的票据信用》），至今仍然被认为是经济学历史上一部伟大的经典著作。作为当时仅有的几本著作之一，它比同时代其他著作的水平要高得多。然而，起初并没有人重视它，因为它从未强调过其观点是多么新颖和具有原创性。实际上，这部著作的观点既新颖又具有原创性。直到如今，书中所解释的许多原理依然被看成信用（或者货币）理论的精髓。并且，桑顿在今天常常被称为“中央银行之父”——这正是约翰·劳曾经热切希望得到的头衔，遗憾的是菲利普·奥尔良把他的计划变成了人们的狂怒。

约翰·劳阐述了“货币需求”的概念，桑顿紧随其后，把所有不同的信用手段看成一个整体。今天，经济学家通常会谈到的“货币供给”，就被定义为一些货币手段的加总。例如“M2”，其构成包括“纸币与硬币，个人与企业的支票账户，以及较短时间的定期储蓄存款等其他账户”。但是在桑顿之前，习惯的做法是对各种流动性的来源进行单独分析。因此，桑顿创造了一个强大的分析工具，用来考察货币总量（流动性）、货币流通速度（由坎蒂隆提出）与利率之间的相互影响。下面是他的一些观察结果：

· 高利率可以防止资本外逃，甚至吸引国外的流动资金。
· 高利率可以吸引民众将部分现金存放到银行账户上。通过维持高利率，中央银行就可以降低流通速度，吸收货币，从而给经济活动降温。与此相反，低利率将会增加货币供给并且刺激经济活动。
· 公众对未来通货膨胀的预期会影响现在的利率水平。如果人们担心将来发生通货膨胀，现在的利率水平就会相应地提高。
· 非计划的信用收缩可能导致经济萧条。相反，信用的大幅扩张（通过增加借贷）可能导致经济过热。因此，如果经济已处于充分就业的状态，那么货币供给的增加将导致通货膨胀；如果还没有达到充分就业，那么，增加货币供给只会促进经济增长。

这对法国人民来说是颇为遗憾的，他们的统治者——奥尔良大公并不了解这些规则，因为他如果了解这些规则的话，就肯定不会印发过多纸币而毁掉约翰·劳的天才计划了。

信用陷阱

桑顿指出，如果增加货币供给，比如把利率降低到商业团体的预期盈利水平之下，就会导致借贷数额大幅上升，结果商业活动的水平也大幅提高（桑顿举了法国约翰·劳计划早期阶段的情形作为例子）。但是，他还进一步做了一项非常重要的考察：在特定的经济活动增长水平下，社会有能力吸收更多货币。每一次货币供给的增加，在后来似乎都被证明是合理的——只要之后的经济活动能够随之增长，直至达到充分就业的水平。问题的关键也就在这里，这种情况会导致中央银行在对危险毫无察觉之时过多地增加货币供给，而当它察觉的时候，已经太迟了。换句话说，信用体系是不稳定的——增加信用似乎（欺骗性地）证明了信用增加的合理性，相反，减少信用似乎也证明了信用减少的合理性。诚然，这种内在不稳定性的观点与斯密“看不见的手”的概念有着显著的差异，它表明，经济运行具有自我脱轨的能力（由于正向反馈），正像经济具有自我复轨的能力（由于负向反馈）一样。如此一来，看不见的手就不止一只了，而是有两只！如果要说桑顿的著作已经包含了世界上第一个经济周期理论，那是有争议的，而且多数人可能不会同意。但是，他的确已经接近了这块领地。

萨伊定律

就在那个时候，亚当·斯密的著作已经在英国之外传播开来。有一位名叫让·巴蒂斯特·萨伊的法国商人在1788年读到了斯密的书。萨伊在法国经营棉纺织业并在新技术上进行投资。由于业务太忙，他很少有时间著书立说，但在1803年，他最终还是出版了自己的著作《政治经济学概论》。这本书在许多方面把26年前斯密所写的问题进行了概括与澄清，但在结构与论证上更加清晰。此外，他还提出了某些新的观点，其中就有让他闻名遐迩的“市场法则”，也就是后人所说的“萨伊定律”。

什么是萨伊定律呢？萨伊自己是一位商人，他曾经和其他许多商人谈到这样一种现象：在商业活动中，最容易的就是生产产品，而比较困难的则是销售产品。因此，他提出一个非常合理的问题：我们为什么不创造一个总能卖出所有东西的社会呢？为什么不让人们有足够的钱去购买所有的产出呢？如果不能卖出我们所制造的所有东西，社会就不能公平地分给人们更多钱或者其他财物吗？这确实是个好问题！

遗憾的是，萨伊的答案并没有提供一个新的解决之道。他首先简单地假定供给能够创造自己的需求：

> 我们有必要注意到，某种产品一生产出来，从那个时刻起，就为其他产品提供了市场，这个市场是以该产品的自身价值为最大限度的。当生产商完成其产品的最后一道工序时，他最焦虑的就是要把产品立刻卖掉，唯恐产品的价值在他手上

> 会有所减少。当他销售产品获得货币时，又同样焦急地要把货币花出去，因为货币的价值也是容易改变的。而花费货币的唯一方法就是购买别的产品或者其他东西。因此，生产某种产品只不过是立即为其他产品打开了市场出口。

虽然这些话听起来颇合逻辑，但对于他的商业伙伴们感觉产品销售如此难的原因，他还是不能解释。然而，萨伊还是回答了这个问题：

> 如果太多的生产手段被用来生产某一种产品，而其他产品的生产却不足，就会发生供给过剩的问题。

这就是问题的答案。说得再清楚些，这意味着货币本身并不是问题。货币在交易中不过是霎时间的媒介，说到底，市场交易的实质还是产品与产品的交换。至少，他所见的情况就是如此。

萨伊定律具有非常重要的意义，它解释了通过刺激供给能够促进长期的经济增长，并且也说明了为什么用缩短每周工作时间来解决失业的办法从长远来看是行不通的。由于处在“政治光谱”两端的派别都可以采用萨伊定律作为自己政策论证的基础，因此，这个定律具有相当广泛的吸引力。右翼人士可能会说，让我们刺激需求吧，这样货币就会涓涓流出并创造供给。而处在另一端的左翼人士则可能会说，给我们的平民百姓多分些钱吧，这将会刺激供给。

到此为止，萨伊的解释都还不错。然而，萨伊定律在理解经济的不稳定性方面则有失偏颇，因为他在剔除一些长期的潜在未知因素的同时，又完全忽略了许多短期的复杂因素。由于这一点，甚至可能有人会简单地认为，如果没有萨伊，那么人们对经济波动的理解可能会进展得更快一步。

大卫·李嘉图

南美洲最终在1809年向英国商人敞开了大门，随即涌现出一股乐观主义的热潮（像90年前南海公司事件那样），这导致英国货币供给的大幅度增加。不久之后，货币相对于黄金的价格开始下滑，于是给英国带来了通货膨胀的问题。1809年8月—10月，有三篇批评英格兰银行政策的文章刊登在了《纪事报》上；稍后，又有一篇相关的文章发表在《爱丁堡评论》上，这篇文章的标题是《金银的高价格，银行票据贬值的证据》。文章的作者是桑顿的一个熟人，37岁的伦敦股票经纪人与金融家，大卫·李嘉图。

这是他在学术舞台上的初次登场。他在学校接受了非常基础的教育，14岁的时候就加入了父亲的股票经纪业务。从那时起，他就开展了自己的经纪业务，主要是买卖政府的证券。他的座右铭被成千上万的经纪人采用，那就是：**砍掉亏损，让利润增长**。遵循这个原则，他变成了富豪。在27岁之前，他从未想过自己应该花点时间研究经济理论。为什么要研究经济呢？现实中的经济不是运行得很好吗？但在1799年度假的时候，他无意中发现了《国富论》，而且读得入了迷。“某一天……”他曾经想着，“……我也要考虑加入进来。”1808年，他遇到了一位生活潦倒的记者，名叫詹姆斯·穆勒，与李嘉图一样，他也对一般经济学有兴趣。与李嘉图不同的是，穆勒在爱丁堡大学（斯密曾经在此校任教）受过正规的大学教育。从此，李嘉图与穆勒经常一起长途漫步，讨论着政治与经济方面的问题，后来穆勒建议李嘉图投稿。这就是李嘉图发表这篇文章时的情况。

李嘉图发表在《爱丁堡评论》上的文章的结论是，通货贬值的原因在于纸币的超额发行，以及农业收成不好与战争开销造成的进口数量不足。他建议英国应该立即恢复 1797 年废除的金本位制。为了澄清问题的根源，1810 年英国设立了“金块委员会”，桑顿是该委员会的成员，他同意了李嘉图的结论。让人感到奇怪的是，委员会发表的调查报告却差一点儿导致桑顿自己破产。在调查报告发表之后发生了一场金融恐慌，桑顿不得已向他的一位朋友透露：道，桑顿与福瑞银行的存款头寸快要耗尽了。幸运的是，他有许多忠诚的朋友，他们立即到他的银行存了足够多的钱，于是银行得救了。曾经饱受通货膨胀之苦的李嘉图则坚持认为恢复金本位制是有利的。

1816 年，辩论又重新开始，李嘉图发表了《有关经济与稳定通货的建议》，他在该文中再次建议英格兰恢复金本位制。但是，这个金本位制并不要求使用金币，而是要求英格兰银行能按照需求进行纸币与黄金的兑换——就像劳氏公司开始时所做的那样。他认为这样的货币体系具有自我稳定性，理由如下：

· 如果英格兰银行发行的纸币过多，那么它将不得不进口黄金储备来予以支持……

· ……这一过程本身能够自动减少货币供给，并且缩减英格兰银行发行新货币的潜能。

桑顿不同意这样的观点。他认为任何货币体系都不能实现自我稳定，因此，英格兰银行应该而且能够积极地管理货币供给，而且他相信货币供给的波动不仅会影响价格，还会影响经济活动的水平。1820 年，英格兰银行推出了一项与李嘉图的建议非常相似的计划进行试验。这导致了价格的急剧下滑和一场灾难性的衰退，于是计划很快就被废除了。显然，这场争论的赢家是桑顿，并不是李嘉图。这时离约翰·劳的计划失败正好是 100 周年，然而，经济似乎依然非常不稳定，而纸币似乎也不是造成经济不稳定的唯一原因。

经济学的梦幻团队

我们注意到一个非常有趣的现象，尽管用今天的标准来看，当时的交通运输非常落后，国际交流也非常少，但是早期经济学家之间的交往传承竟然如此顺畅。劳是坎蒂隆的一位生意伙伴，魁奈则像劳一样为法国王室工作，给奥尔良公爵的继任者当私人医生。而魁奈又遇到了斯密，斯密则是桑顿的朋友，桑顿又与李嘉图成了朋友。

在这些杰出的人物当中，约翰·劳、理查德·坎蒂隆、弗朗索瓦·魁奈和亨利·桑顿这四个人都致力于阐释大量有关货币与信用的问题。因此，听起来有点儿让人吃惊的是，我们有关货币的大量知识应该归功于这支梦幻团队，这个团队的成员竟然包括一位苏格兰的杀人犯、色鬼和赌徒，一位爱尔兰的核心投机分子，一位英国的银行家和一位法国的医生。正是这四位组成了一支经济学领域最伟大的梦幻团队。

他们主要因为以下的贡献而被铭记

本章所提到的一些名垂青史的经济学家是：

· 弗朗索瓦·魁奈："经济表"与"自由放任"的理念。

· 理查德·坎蒂隆：对"货币流通速度"效应的理解。

· 亚当·斯密：强调追求私利的重要意义与效率。所有形式的保护主义都具有破坏效应。

· 亨利·桑顿："中央银行之父"，总量货币供给波动的原因与影响。利息率如何推动储蓄率、货币供给、汇率以及国际间的资金流动。货币供给的变化如何具有初始的经济增长效应，以及随后的通货膨胀压力。中央银行的积极干预是有利的。为什么中央银行家可以让繁荣更加持久。

· 让·巴蒂斯特·萨伊：供给能够创造自己的需求。

· 大卫·李嘉图：强调在经济理论中计算边际效应的重要性。

第4章

1837年美国经济危机

李嘉图的密友詹姆斯·穆勒终其一生保持着对经济学的强烈兴趣。这两位好朋友和其他一些杰出人士创建了一个“政治经济学俱乐部”，经济学家杰文斯后来对此做了记载：

> （俱乐部）继续存在下去，是由于每个月精彩的晚宴——俱乐部似乎并没有去研究经济问题，也是由于每次晚宴之后的经济辩论，我并不想对此做出评判。

尽管詹姆斯·穆勒花了很多时间去发展李嘉图的观点，但他对经济理论与问题的研究也自有一套。他曾经提出一个重要而实际的问题，那就是要限制人口出生数量——他认为在食物供应有限的条件下，这个问题是一个主要的威胁。穆勒对这个问题可能确实有感而发：李嘉图的兄弟姐妹有 17 个，他排行老三，而穆勒本人则有 9 个孩子。

在詹姆斯的 9 个孩子中，有一个名叫约翰·斯图尔特·穆勒，出生于 1802 年。小穆勒在很小的时候就显露出超常的智力，而且詹姆斯认为他这时已经可以接受正规的教育了。就在这个小男孩刚满 3 岁的时候，詹姆斯便开始教他学习希腊语和算术，8 岁的时候让他学习拉丁语，随后不久他开始学习几何、代数、化学和物理。小穆勒 12 岁的时候开始学习逻辑学，一年之后，他被引领到政治经济学领域，詹姆斯认为这是最难的学科。詹姆斯给他讲授经济学的一种方式就是带着他散步（就像詹姆斯和李嘉图一起散步那样）。詹姆斯在路上给自己的儿子讲授了经济学各个方面的问题——主要还是李嘉图曾经描述过的那些东西。每天上午，小穆勒必须交出一份完整的书面报告，内容是父亲前一天所讲过的东西。这些报告后来成了《政治经济学要义》的草稿，该书在 1819 年出版。这本书是经过非常努力的思考得到的出色成果，而作者写下这些内容时年仅 13 岁。

就在该书出版之后，詹姆斯认为自己的工作已经完成，他儿子已经做好了进入社会的准备。这个 17 岁的男孩加入了东印度公司，这让他有了极好的机会去洞察私营企业与公共事务，而且，他在空余时间可以进行写作与学习。20 岁的时候，他已经发表了 7 篇有关经济学、政治学与法学的重要论文，并且编著了一本有关哲学的书籍。

约翰·斯图尔特·穆勒对经济理论的最大贡献是他在 23~24

岁时所写的内容，这些东西直到多年以后才得以出版，题目是《政治经济学若干未决问题》，其中有一篇论文分析了萨伊定律。穆勒称，在简单的物物交换经济中，萨伊概念中的供给自行创造需求是可行的，但是当货币作为交易的媒介时，结论就不一定成立了。因为人们可以把销售收入储存起来，所以供给并不总是创造等量的需求，普遍信心的改变能够引发供给与需求之间的不平衡。

为什么繁荣会走向完全脱轨

在接下来的几年里，他又发表了许多有关经济学的论文。1826年，他写了一篇题为《纸币与商业困境》的论文，在文中介绍了“竞争性投资”的概念。他的看法涉及技术发明可能造成市场突然扩大等问题。对于扩大的市场“馅饼”，商人们可能过高地估计了自己正常情况下能够得到的份额：

> 每一个期盼自己走在全部竞争对手之前的商人，都会向市场提供他认为起飞时自己所能获得的最大份额；这没有反映出其他对手的供给，而其他人的行为也像他这样，并且他们都没有预估到价格的下跌，而一旦增加的供给进入市场，就一定会发生价格下跌。这样一来，短缺很快就演变成了过剩。

在这种情况下，对某种物品的需求暂时过多可能很快就会演变成相反的一面：供给暂时过剩。在同一篇文章中，他还介绍了“职业交易商”和“投机者”之间的差别，前者的行为建立在长期经济分析的基础之上，而后者的行为基础则是对短期价格走向的分析：

> 那些试图观察未来供给与需求信号的少数人，一旦预估到价格会大幅上涨，就会大量买进。这种购买行为会立刻造成价格的明显上涨，结果反过来诱惑许多只是关注市场即时变化的人去购买，这些购买者期望价格仍然会有更大的上涨空间。

这就意味着一个恶性循环，它很容易解释为什么繁荣会走向完全脱轨，就像密西西比计划与南海公司的泡沫那样。而且就在穆勒的书出版10多年之后，类似的灾难再一次降临了。

1837年危机

发生在1837年的危机成了证明穆勒经济理论的一个绝佳例证，就好像人们想要验证一下他的经济理论似的，但实际上并没有人真想要那样做。在这个故事中，我们需要介绍五位杰出的美国人，他们在这场大戏中分别扮演了不同的角色：

· 安德鲁·杰克逊，在1828—1836年期间担任美国总统，是个极其不信任纸币的人。

· 马丁·范布伦，接替杰克逊担任美国总统（1836—1840年）。

· 尼古拉斯·比德尔，担任第二合众国银行总裁，任职到1836年。他是个极有天赋的人，但不是杰克逊总统的朋友。

· 菲利普·霍恩，一位投资者，在1837年之前相当富有，之后则变成了穷人。

· 詹姆斯·戈登·贝内特，《先驱报》的编辑，散文写得极好。

现在大戏开场了。安德鲁·杰克逊是这场大戏中的第一位总统，他是一位有着独裁倾向的辉煌政治家，固守原则，脾气很坏。然而，他还曾经是 1812 年的战争中一位叱咤风云的将军，他所领导的军队在新奥尔良击败了英军，这场胜利也为他踏上政治舞台奠定了基础。在政治舞台上，他的第一场斗争则是反对中央银行，也就是所谓的“第二合众国银行”。

这家银行的领导者是天才人物尼古拉斯·比德尔，他 13 岁的时候就在宾夕法尼亚大学获得了学位。这两位先生相互憎恨，彼此攻击，但是当杰克逊成为美国总统的时候，比德尔变得更加忧心忡忡。有一个很好的理由可以说明这一点。杰克逊任命了荷兰人马丁·范布伦担任副总统，并且告诉他：“那家银行正在设法置我于死地，但我会先干掉它！”后来，比德尔的银行被迫关闭。事情就是这么简单。

安德鲁·杰克逊为什么不喜欢比德尔和他的银行呢？一个主要的原因是他不喜欢纸币。在他看来，纸币是不真实的，而且造成了投机与各种各样的扭曲。就此而言，他确实击中了要害。看一下流通中的货币总量吧：1832 年仅有 5 900 万美元，到 1836 年已经疯长到了 1.4 亿美元——仅仅 4 年的时间竟然大幅上涨了 137%。这是一个非常吓人的数字，而当你透过表象深究实情的时候会更加忧虑。大量的流动资金是由新开业的银行创造出来的，可是这些银行的资本储备少得可怜，有的甚至根本就没有。问题是，所有这些钱流到了哪里呢？投资新兴产业了吗？这些钱并没有投资到新兴产业，其中的大部分都流进房地产业用于投机了。在此之前，美国有中央银行，而现在，它已经不复存在。

抛售、破产、恐慌

我们这场大戏中的第三位人物就是富有的投机者菲利普·霍恩先生。这位绅士般的投机者生活在纽约，他之所以成为我们关注的人物，不仅因为他成了那场危机的牺牲品，还因为他留下的日记至今依然保存着。那就让我们翻开他的日记，看看他在1836年3月12日的心境：

> 纽约所有东西的价格都高得离谱。下一年的房租已经上涨了50%。我为获得一大笔钱而卖掉了房子，这是真的，但我不知道该到哪里去住。离市政厅两英里左右的许多房子都涨到了8 000~10 000美元。就连第十一区那些朝向东河的房子，两三年前才卖2 000~3 000美元，如今也涨到了4 000~5 000美元。

他有理由发出这样的悲叹。房地产价格的快速飞涨并不限于纽约一个地方（见图4–1）；芝加哥的土地价值也已经从1833年的15.6万美元涨到了1836年的超过1 000万美元——3年之内令人难以置信地暴涨了6 400%。试想一下，暴涨6 400%，仅仅在3年之内！

由此可见，杰克逊总统完全有理由在7月签署法令，规定大多数购买土地的交易必须采用黄金或白银支付，禁止用纸币进行房地产投机！这时，他还要处理另外一个问题，那就是政府的财政盈余正在增加。当然，这个问题会让人觉得稍微愉快一些。杰克逊提议通过削减关税来恢复预算平衡，但国会表决的结果是把财政盈余分配给各个州。这样做意味着什么呢？根据国会的这项决议，从 1837 年 1 月 2 日开始，每隔 3 个月就要从纽约的主要银行提取 900 万美元，并把这些钱分配到各个州。诚然，纽约的主要银行很厌恶这样的做法。

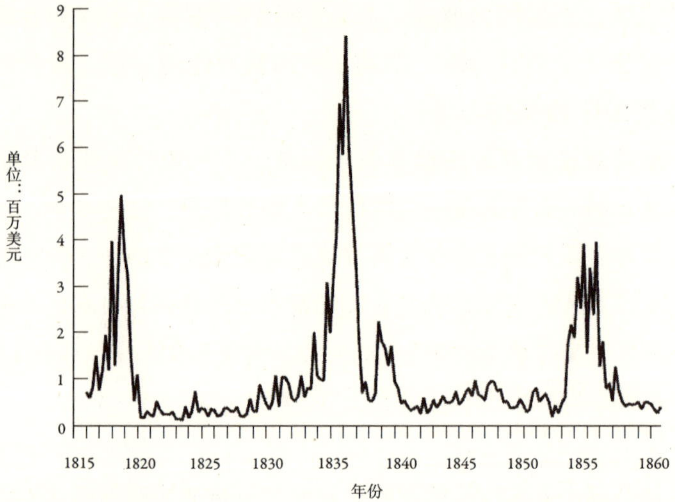

图 4-1　美国出售公有土地的收入，季度数据，1816—1860 年。此图显示出了非常强烈而缓慢的周期。

与此同时，我们的朋友霍恩先生则想方设法在百老汇与大琼斯街的转角处新买了一块地，花了 1.5 万美元。虽然这一点儿都不便宜，但他还能买得起。拿到土地后，他就开始在那块地上盖一座新房子，然后，自己便去了一趟欧洲。

或许本就不该他发财。当他从欧洲回来的时候，发现城市的气氛完全改变了，当然不是变得更热烈。以下摘自他 11 月 12 日的日记：

> 艰难岁月。货币紧缩的压力已经有一段时日了，现在情况还在继续变糟，我已经深受其害。股价已经跌得太多……房屋价格以及其他东西的价格虽然名义上没有下跌得太多，但基本上没有了交易，现在已经没有人还有钱买得起这些东西了，而且也没有人还愿意要那些不能换成现金的债券与抵押品了……

这还是发生在政府资金分配计划之前，但也已经够严重了。1837年1月2日，美国财政部从纽约的主要银行提取了900万美元。没过几天，恐慌与一系列的破产事件就发生了，街上也发生了骚乱。房地产市场进入了一个被迫抛售的恶性怪圈，大量银行破产，其他许多行业也是如此。3月4日，霍恩先生在日记中非常悲哀地写道：

> 这是我的家族历史上最黑暗而悲惨的一天。布朗与霍恩公司今天停止支付款项，并且召开了一个债权人会议。我的大儿子把我给他的资本全部赔光了，我也被牵扯进去，为他们背负了一大笔款项，数目真叫人胆战心惊。

就在此时，美国又完成了一次总统选举，人们开始期望新当选的总统马丁·范布伦会改变对待票据信用的态度，然而，这种期望很快就被击得粉碎。杰克逊总统在他的告别演说中强调："总之，我们不能依靠那些创造纸币的公司来保持流通媒介在数量上的统一。"然而，马丁·范布伦在他的就职演说中根本就没有提到这个话题。他对正在酿成的金融危机连一个字都没提到！

现在，房产根本卖不出去，除非打很低很低的折扣，而股票市场从1月到2月一直在急剧下挫。詹姆斯·戈登·贝内特，这位《先驱报》的编辑，以他的方式在1837年3月的一篇社论中这样写道：

美国从来不曾处于现在这样的危险境况。我们现在被商业恐慌包围着，这场恐慌正在发出巨大的威胁，它要破坏我们社会的一切——要毁灭我们整个国家，要把大片地区变成废墟，要把我们一半的银行机构从地面上抹掉，要点燃那些最浮躁的热情，并且制造突变，最终让国家停滞不前。

这听起来有些令人绝望，但那时人们的情绪的确如此。必须得有人采取行动。于是，霍恩和他的朋友们想了一个主意，便去和前中央银行总裁比德尔先生联络。比德尔来了，并召开了一个协调会议，提出了一些建议与意见。随后，货币便从各个地方冒了出来，人们看到了一丝希望的曙光。贝内特又写了一篇新的社论：

尼古拉斯·比德尔是金融业的拿破仑。他抵得上两个亨利·克莱，两个半丹尼尔·韦伯斯特，更抵得上八个马丁·范布伦。

当了解到自己的伟大仅仅是对手的1/8时，范布伦心情肯定不会愉快。因此，范布伦肯定不喜欢这句话。但是社论还是如此写道：

尼古拉斯·比德尔走在大街上，像个天堂里的精灵，他对这场商业飓风说“保持安静”，又对投机风暴说“停下来”。他就是这样一个天才，扮演抚平夏日早晨烦躁的角色。

尽管我们这位金融业的拿破仑曾经是个令人生畏的人物，但他如今不再经营中央银行，也不能去印钞票。他没有说服总统改变既定的路线。政府在 4 月 1 日仍然从纽约的主要银行里提取了 900 万美元的款项，于是，恐慌进一步蔓延开来。一些主要银行在 5 月初开始营业，到 5 月 10 日便宣布银行假期，以便给金融业一点儿喘息的机会。但是，这并没有起多大作用。随着泡沫的破裂，大量的破产还在继续，美国西北部的失业率已经超过了 20%。芝加哥的一块土地在 1836 年曾经卖到 1.1 万美元，如今持续下跌，到 1840 年只要花 100 美元就能够买到。由于地价的下跌，那些购买了大片土地并将其分成更小的地块囤积起来的投机者开始认识到再也没有后续的购买者了。最后，他们把那些分成小块的土地又集中起来，转成了农业用地，这样至少还能种点儿东西，有一点儿收入。到了 1842 年，也就是危机发生 5 年之后，全美国大部分地方的房产价格最终跌到了谷底。

同时期的伦敦

就在美国发生所有这一切的时候，我们的英国天才经济学家约翰·斯图尔特·穆勒正在他的东印度公司办公室里继续努力工作着。他在 1835 年被录用为《伦敦评论》的编辑，要写大量的文章，后来这些文章都编进了他的主要著作。也是在 1835 年，他的一位朋友，托马斯·卡莱尔，请他对一本长达 800 页的关于法国革命问题的手稿写一篇评论。一天晚上，穆勒刚读了一点儿就昏昏欲睡，随后便睡着了。他的女仆过来烧壁炉，不幸的是，她用卡莱尔的手稿来引火点着了炉子。后来，卡莱尔表面上原谅了穆勒，犹豫了一段时间之后又把整个书稿重写了一遍。卡莱尔的书在 1837 年出版，那时他又请穆勒公开发表了一篇评论，不出意外，穆勒对其“相当”肯定。

就在同一年，穆勒读了《归纳法哲学》，这是威廉·休厄尔的一本关于历史与哲学的重要著作，他还重读了著名天文学家维尔霍姆·赫歇尔的《自然哲学研究的基础》。这些著作中的知识给穆勒后来的写作带来了许多启迪与灵感。1845 年，他决定把一条条思路整理成一本著作，并将其命名为《政治经济学原理及其在社会哲学中的若干应用》。他对这个主题已经思考了多年，当决定写出来的时候，他的写作速度创了一项纪录。他完成这本长达 971 页的著作仅仅用了 18 个月的时间，其中的材料都有详细的考证，还有很多独到的分析。在这本书中，他把货币流通速度——坎蒂隆的老概念与一般增长及投机联系起来，这在国际上成了经典。

对于穆勒来说，1848 年是很有意义的一年，因为他的书出版了。而对于其他几位杰出的绅士来说，这一年也很有意义。例如，有一位奥弗斯通勋爵，是当时英格兰最成功的银行家，他思维清晰，认为经济危机是一种有着自身内在动力的重复发生的现象。有一天，他和《经济学人》杂志的主编沃尔特·巴奇霍特进行了一次谈话，后来，巴奇霍特引用奥弗斯通的话来描述繁荣－萧条周期的不同阶段：

> 静止，增长，信心，兴旺，激奋，发展过快，震荡，压力，停滞，再次进入静止而告终。

如果说桑顿差一点儿创造了最早的经济周期理论，那么可以公平地说，奥弗斯通差一点儿给出了最早的经济周期的定义。但是，他是个实干家，在相当长的一段时间内，他一直在关心英格兰银行遏止严重的银行危机与恐慌的能力。作为一位经验丰富的银行家，他密切跟踪市场动态并尽力预报存在的危险。1845 年秋天，他觉得局面正在逐渐变化，于是坐下来给好友 G. W. 诺曼写了一封信，谈到了这一点。奥弗斯通并不认为危机即将发生，但是，有一些早期的预警信号则是确切无疑的。“我们现在还没有危机……”他这样写道，“……仅有一些轻微的前兆迹象，就在我们脚下。”他是对的，1847 年，危机发生了——距离上一次危机整整 10 年。

中央银行如何增加货币供给

到 19 世纪中期，人们了解到中央银行有 3 种创造货币的重要途径：

- 购买债券（并支付货币）。这样做有一种直接效应（注入货币）和一种间接效应（债券价格上涨，所以利率会下降，这将鼓励更多的私人借贷）。
- 降低中央银行对私营银行的贷款利率（贴现率）。这将鼓励各银行从中央银行贷款，从而使各银行能够增加向私人放贷的业务。
- 降低私营银行的存款准备金率。减少存款准备金可以使私营银行增加放贷业务。

第5章

繁荣的终结

为什么在一段时期内的过量投资会导致经济危机，而不是一次平稳的纠正？对于这个问题，我们一直很难找到足够的理由来解释。然而，在英国1847年的危机中，采取分期付款的方式购买铁路股票似乎是导致危机发生的决定性因素。在那个时候，采取分期支付的办法购买股票很常见，购买者只要支付首期款项就可以了，然后，他可能希望按照可获得收益的价格在下一期付款之前将股票卖出。经过这样一系列的分期支付，1847年1月到期应付款的总额约为650万英镑。如果真要按期支付这些款项，许多人都有困难。于是，就在当年夏天，酝酿成熟的危机爆发了：8 月有 22 家英国公司破产，9 月增加到了 47 家，10 月则达到了 82 家。没过多久，危机就扩散到了荷兰、比利时、纽约和德国。

《资本论》

1847 年对于一位名叫卡尔·马克思的年轻人来说，是很有意义的一年。马克思 1818 年 5 月 5 日出生于普鲁士的一个小镇特里尔。他生活在一个传统的中产阶级家庭，后来依靠自己的努力进入著名的柏林大学学习。他在大学里的专业是哲学。离开柏林之后，他在耶拿大学获得了博士学位。1842 年他 24 岁的时候，被聘为《莱茵报》的编辑。然而，就在 5 个月之后，这份报纸被政府查封了。他在职业生涯遭遇这次挫折之后，举家搬到了巴黎，他在巴黎担任了多家杂志的记者，但两年之后又被法国政府驱逐出境。这就是在举世公认的名牌大学里研究哲学的年轻人的遭遇。当他想要表达自己思想的时候，社会却不允许。

后来，他加入了共产主义者同盟组织。作为资本主义和资本主义社会的激进批评家，卡尔·马克思的目标在于说明资本主义经济是不公平的，存在严重的缺陷，因此它应该被社会主义或共产主义制度代替。所以，应该尽可能地将工人动员起来，待到时机成熟之时，实施罢工并获得掌控权。

如何判定时机已成熟是个让人感到棘手的难题。从 1847 年的危机来看，当时应该是一个较为合适的时机，因为这场危机已经激化了矛盾，一些群情激愤的事件由此爆发。在欧洲的多个地方，一些共产主义者发动了起义，尽管这些起义都被镇压下去了，但它们确实给了马克思某些启发：很显然，正是经济危机导致了对革命的探索，因此，新的经济危机可能会点燃下一次革命的火种。于是，他有了一个雄心勃勃的规划，不仅要说明资本主义制度的腐朽和共产主义制度的美好，更要为实现这两种制度的转变提出明确的路线图。经常爆发的经济危机正是实现制度转变的一条导火索。因此，他决定剖析资本主义市场经济体制下发生有规律的经济危机的内在机理。

就在他深入思考这个问题的时候，经济再一次出现了过热现象。19 世纪 50 年代发生了对铁路股票的新一轮投机热潮，还有对小麦（英格兰）、土地（美国）和重工业（欧洲大陆）的投机。1857 年，距离上一次危机已整整 10 年，俄亥俄人寿保险信托公司的纽约分公司暂停营业。很快，出现了连锁反应，铁路股票价格像自由落体一样大幅下跌。

这次危机激发了卡尔·马克思的无限热情。它再一次发生了！他决定把自己的理论公开发表出来！在 6 个月的时间里，他写出了第一部书稿——《资本论》，这最终成了他的经典著作。在这部著作中，他把自己的理论称为现代政治经济学各个方面最重要的原理。他所描述的过程大致可以归纳为以下几个方面：

· 技术革新会经常创造经济的繁荣。
· 技术革新的效应指资本家在生产过程中使用更多的资本（机器等），雇用更少的劳动力（工人）。
· 只有劳动才能创造价值，但是由于劳动力与资本的比率下降，利润率也会随之下降。

他指出："利润率的下降不是因为工人被剥削的程度减轻了，

而是由于相对于所用的资本而言，雇用的工人总数减少了。”尽管后来的经验表明情况恰恰与此相反，但他还是继续阐述，利润率的下降导致了债务亏欠的增加，直到最终发生危机，于是共产主义者就可以实施接管。他后面的结论得到了验证。共产主义者的接管确实发生了，而且在随后一个世纪中的相当长时期里，世界上的大部分地方都由共产主义者统治着。

卡尔·马克思作为经济周期理论的贡献者，在今天依然被人们铭记，这不只是因为他有关周期的结论与预言，更是因为他分析处理问题的方法。他是最早尝试建构有关资本主义经济如何发生危机与萧条的系统性理论的学者之一。

危机导火索

1864 年，法国开始出现新的危机，两年之后就蔓延到了英格兰与意大利。这一次，投机者的目标是毛织品、船运业和各种新兴的企业。然而，与正在角落里徘徊等待的噩梦——19 世纪最具破坏性的国际大萧条相比，这次危机根本算不上什么。这场噩梦之前的一次金融危机发生在 1873 年，也就是约翰·斯图尔特·穆勒去世的那一年。

我们很难确认 1873 年危机的真正导火索是哪一个事件，但如果从 1869 年开始数，那么我们肯定不会遗漏这个让人相当困惑的故事的任何一部分。当时，在纽约证券交易所的黄金交易室里，市场交易非常活跃。交易商在这间交易室里买卖黄金，但由于黄金在性质上属于国际硬通货（当时欧洲的大部分国家都采用金本位制），所以实际上这里交易的只是美元：如果你购买黄金，就要用美元支付。如果以美元计价的黄金价格上涨，实际上就意味着美元的国际价格下跌。

黄金交易室里有两位最活跃的交易商，他们是杰伊·古尔德和吉姆·菲斯克。吉姆·菲斯克是一个胖子，有着开朗乐观的性格和迷人的气质，同时还是一位营销高手。他非常喜欢一家瓷器商店里摆放的一件公牛瓷器，经常光顾这家瓷器店。杰伊·古尔德是一位精明、谙熟世故的投机者，他在伊利铁路事件中受到了磨炼，也正是在那次事件中，他结识了吉姆·菲斯克。古尔德曾在繁荣一时的铁路股票上投入了很多钱（他仍然持有这些股票）。他并不是一个让人觉得很舒服的人。他曾经这样说："在共和党的领域，我是一个共和党人。在民主党的领域，我是一个民主党人。而在多疑者的领域，我就是一个多疑者。但是，我始终在为伊利铁路而奔波。"另一次，他又说道："我可以雇用一半的工人阶级去杀死另外一半。"

现在，他为了获取巨额的财富，决定倾尽全力执行一项让人难以置信的计划：他要尽可能地收购黄金，以打压美元的汇率。然而，这里的黄金可不是一点点，而是数量庞大。随着美元汇率的下跌，这样做能够推动美国出口的增长（这将为铁路带来更多业务），当然也会刺激美国的通货膨胀——由此可以减轻他所投资的铁路公司的债务负担。

在那个时候，美国大约有价值 1.15 亿美元的黄金，其中有 1 亿被锁在财政部的金库里。由于交易保证金要求非常低，古尔德自己只需要投入 50 000 美元就可以用期货合约购买价值 1 000 万美元的黄金，这种交易只要人们相信他大致具有这样的信用价值就可以进行了。但是，在行动之前，他还要高度警惕是否会发生某些意外情况。例如，只要格兰特总统决定把财政部的黄金出售一部分，就必然会压低黄金的市场价格。于是，他想出了一个办法，就是精心培养和格兰特总统以前的妹夫埃布尔·戈尔宾的友谊，而后，戈尔宾就可以把古尔德介绍给格兰特总统。最终，这一幕在菲斯克的轮船上发生了。在旅途中，古尔德试图弄清楚总统对于提高黄金价格持何种态度。然而，这次会面的结果并没有让古尔德感到完全满意，因为格兰特似乎并没有清楚地表明对于黄金狂热的看法。

9月16日，古尔德请戈尔宾给总统呈送一封信，在这封信中，他解释了在农作物出口之前卖出黄金为什么是错误的。信一写好，他就立即派了一位信使马不停蹄地赶往华盛顿。信使向总统呈上书信之后就问是否有回话。“没有，什么都没有。”总统这样答道，然后信使便返回匹兹堡并发出了一封简短的电报：“安全送达。”（Delivered all right.）

但是，电报在传送过程中出了一点儿差错，古尔德与戈尔宾收到了电报，但其所表达的意思很不一样。电报内容变成了：“送达。同意。”（Delivered. All right.）

一看到这封电报，古尔德就决定立即行动。他答应给戈尔宾一份价值150万美元的无保证金交易合同，然后就开始买进黄金。他在自由市场上以大约135美元的价格购买，而后价格开始逐渐小幅上升。9月22日，当菲斯克来到交易室的时候，收盘价涨到了141.5美元。那天晚上，古尔德拜访了戈尔宾，而戈尔宾收到了一个非常令人不安的消息。他刚刚接到了格兰特总统的来信，在信中，格兰特表达了他对美元汇率下跌的不满，这意味着他将命令财政部出售黄金。

通过戈尔宾的安排，古尔德再一次见到了总统，这一次是在一个公开聚会上，当时在场的每个人都看到他和总统在一起。古尔德试图说服总统，美元汇率的上升将会极大地损害出口，因此，即便要采取行动，至少也应该等到那些大额的、尚未明确的订单都确定下来。在这次简短的会面之后，他开始设法让其余的人都相信总统自始至终都是支持他的。然后，他长舒了一口气，就接着买进黄金。

幽灵黄金

古尔德把大部分交易都交给一位名叫亨利·史密斯的交易商，史密斯招募了其他许多交易商，这些交易商又招募了另外一些交易商，结果总共大约有五六十位交易商一起行动。他们一起买进黄金，直到把市场上的黄金几乎全部买完。当市场上已经没有黄金可卖的时候，他仍然利用远期合同继续买进黄金，最后，他手中持有价值 4 000 万美元的黄金合同，另外还有价值 1 500 万美元的黄金现货。在这个过程中，金价上涨到了 146 美元——这意味着他独自发力就已经迫使美元汇率下跌了 8%。

但是，后来发生了一些奇怪的事情。由于某些原因，金价卡在 146 美元，好像有其他人在这个价位上大量抛售黄金，抑或是有人已经知道财政部将要出售黄金。通过远期合同的交易，古尔德可以买进比市场上现存数量更多的黄金。然而，这是一个很难突破的价位，和古尔德的预期相互矛盾。因为当抛售方必须交割时，他们手中没有那么多的黄金，该到哪里去买黄金来交割呢？当然，他们要向古尔德购买，那时价格就要由古尔德来操纵了。

但是，既然如此，为什么黄金价格还是停留在146美元呢？难道是由于格兰特要出售黄金吗？

庆幸的是，没过多久，总统看望了戈尔宾。这一次，戈尔宾成功说服总统不再干预市场。受此鼓舞，古尔德告诉老朋友菲斯克，并邀请他参加这次最精彩的突袭——历史上最大的突袭行动之一，而且这次行动得到了从总统到国会门卫的所有人的支持。古尔德还让菲斯克负责购买黄金，并且负责把这些谣言传给黄金交易室的同僚。菲斯克踊跃加入了行动，而且开始用自己的账户购买远期的“幽灵黄金”合同——那些黄金实际上并不存在。抛售方一边卖空远期交割的黄金，一边希望财政部释放一些黄金，这样他们就能够以较低的价格来抢购。古尔德告诉菲斯克，格兰特想要看到黄金价格飙升至1 000美元，菲斯克很快就把这个谣言传给了其他交易商。

当公众都参与进来的时候，时机就成熟了（诚如约翰·斯图尔特·穆勒曾经预言的那样）。很快，牙科医生、店主，甚至全国各地的农民都在预期黄金价格还会进一步上涨，于是这些人也尽可能地买进黄金。这股抢购黄金的新热潮猛烈地冲击着那些专门做空的卖家，这些卖家要将合同平仓，就只好不惜血本地买进黄金，于是146美元的价格屏障崩溃了。此时，古尔德已经不再买进黄金。他知道机会稍纵即逝，于是开始出售黄金。菲斯克对此一无所知，他的账户还在继续买进黄金，实际上，他买进的黄金正是古尔德所卖出的。终于，情况开始出现变化。格兰特给戈尔宾写了封警告信，说财政部将要出售黄金。戈尔宾立刻要求古尔德结清账户，并把利润支付给他。古尔德同意了，条件是戈尔宾要对那封信保持缄默。他知道自己正处在灾难的边缘。他仍然有着一些黄金存货以及价值 3 500 万美元的远期合同——要想把这些都悄悄卖掉，无异于牵着一头大象经过餐馆而不想让人知晓一样。现在他仅有几天，甚至几个小时的时间去处理这件事情。

他首先决定撇下菲斯克。一头大象或许能够不被注意地潜行离开。而如果两头大象一起行动而不被发觉，那是万万不可能的。因此，第二天早晨，他鼓励菲斯克继续买进，而自己则以更快的速度秘密出售黄金。奇怪的是，黄金价格还在继续上涨，而公众也还在继续买进。巨大的交易量也很稳定，而且价格还在一美元一美元地提高。与此同时，古尔德一个劲儿地不断卖出，直到一点儿不剩。尽管如此，他还在不断卖出黄金，通过远期合同建立空头头寸，这个头寸也在持续增加。一位来自《纽约先驱报》的记者看出了其中的蹊跷，他在文章中做了这样的描述：

> 狂怒的印第安人发出复仇之战的呐喊，从疯人院里传出得意的狂叫，其激烈程度都比不了黄金交易室里那些投机者哭天喊地的哀号。

由于公众还在继续买进，黄金价格依然保持上涨趋势，但气氛开始变得凝重。价格最终真的会涨到 1 000 美元吗？格兰特是否参与了呢？财政部会卖出黄金吗？然而，就在 12 点零 7 分，当价格刚刚涨到 165 美元的时候，财政部发表了将要卖出黄金的公告。

据估计，古尔德在接下来的 14 分钟时间里赚了 150 万美元。就在这 14 分钟里，金价从 165 美元下跌到了 133 美元，于是，所有做多者的浮动收益被一扫而空。做空者从他们的压榨中得救了，而古尔德的计划也获得了成功。结果，古尔德成了华尔街最让人厌恶的家伙，菲斯克说他“除了一堆衣服和一双眼睛，便所剩无几”。

繁荣的终结

古尔德保持着对铁路股票的兴趣。此时，公众对铁路股票保持着一如既往的热情。然而，由于许多人都在拼命投资铁路以争夺市场份额（约翰·斯图尔特·穆勒所说的“竞争性投资”），实际的铁路运载能力已经过剩了。1868 年之后，每年新建的铁路里程快速大幅增长，铁路行业已经感觉到了生存的压力。古尔德控制着伊利铁路，这条铁路与范德比尔特的纽约中央铁路展开了激烈的竞争。为了夺回市场份额，范德比尔特刚把每车运费从 125 美元降到 100 美元，古尔德就决定把价格降到 75 美元。于是范德比尔特又把价格调到 50 美元，古尔德就跟着把价格降到了 25 美元。最后，范德比尔特干脆把价格降为一美元——这个价格远远低于成本。这样，范德比尔特就把所有的生意一网打尽。实际上，他所承揽的生意要比以往多得多，因为古尔德把布法罗的公牛全部买了下来，并用纽约中央铁路来运送。

价格战正是铁路运载能力出现过剩的征兆。繁荣已经持续了很长时间，人们在许多行业的大量投资已经收不回利息。1872 年，包括古尔德的伊利铁路在内的 89 家铁路公司的债券发生了违约现象。在 364 家上市铁路公司中，有 260 家公司无任何红利可分。到年底之前，越来越多的铁路公司股票交易量下滑，市场环境也变得更加谨慎。欧洲的情形与此非常相似。经过一些年大规模的投资建设，情况已经变得越来越不稳定，而且市场信心也开始跌落。

大崩溃

有时候，恐慌会肇始于最意想不到的地方。这一次，它起始于奥地利。1873 年 5 月 1 日维也纳国际展览开幕之后，恐惧的浪潮突然袭来。许多奥地利的银行都深陷在铁路股票的泥潭之中，由于投机者的失败而受到拖累。很快，恐慌蔓延到德国，而后又传到了比利时、意大利、瑞士与荷兰。1873 年 9 月 8 日，华尔街也受到了牵连。就在那一天，纽约仓库与证券公司违约了。此时，已没有人能够阻止这一切的发生：

9 月 13 日：肯永考克斯银行违约。

9 月 17 日：潘德莫钮门公司违约。

9 月 18 日：杰·库克公司违约。

9 月 19 日，局面开始平静下来，但就在这天下午，大多数的铁路公司股票突然开始下跌。有人怀疑这是杰伊·古尔德独自操纵的结果，人们认为他提前把持有的所有铁路股票都抛售出去了。下跌很快变成了彻底的恐慌，每个人都在绝望地挣扎着，希望能够找到一个买家来接手。第二天早上，证券交易所闭市，停止交易。总统召开紧急会议，与会者有财政部长和其他几位官员，还有商人，其中就包括范德比尔特。解决问题的办法只有一个，与 76 年前的英国金块委员会不同，这些人仅仅花了几个小时就做出了选择："增加货币供给！"

财政部通过购买政府债券的途径向市场注入了 1 300 万美元，

10天后，交易所复市了。但是，交易所复市的事实并不能说明危机已经结束。这次恐慌成为美国历史上罕见的大萧条的序曲。纽约的失业率达到了30%，然后是40%、50%，节节攀升。新建铁路里程也从1872年的5 870英里下降到1873年的4 097英里，到1874年进一步减少到2 117英里。1875年新建铁路里程降到谷底，仅有1 711英里。这又一次证明约翰·斯图尔特·穆勒所说的是正确的：信心很重要，因此投机也很重要。即使不受印发货币增加供应量的刺激，也不受到其他外部刺激，经济繁荣也会发生。如果人们减少储蓄，货币流通速度提高，或者存在竞争性投资，就可以出现经济繁荣的景象，而经济萧条作为对繁荣的一种反应也会出现。就在劳的计划遭遇失败154年之后，资本主义经济的不稳定性看起来似乎越来越成为其内在的一种性质。也许在经历一阵群体性的贪婪与恐惧之后，会有一只“看不见的手”来恢复平衡，这样的经济调整是客观需要，但毕竟是痛苦的：人性使然，如之奈何。

第 6 章

萧条的唯一原因就是繁荣

在刚刚走进大学校园的新生当中，一般总会有一两个表现得格外聪慧和富有创造性。在 1810 年剑桥大学三一学院录取的一批新生中，就出现了这样的情形。在这一群富有朝气的年轻人中，查尔斯 · 巴贝奇这个 19 岁的男生显得非常突出。他很擅长数学，实际上，他入学后没多久，就已经达到了很高的数学水平，以至他自认为对数学的理解已经超过了导师。

学习数学非常有趣，只要不去计算对数表。因为那个时候要想计算对数表，唯一的办法就是两个人分工，用手工方法来计算整个表格。一个人读自己的数字，另一个人就帮助检查核对。然而，有一天，巴贝奇正拿着一张这样的对数表，坐在他和朋友创办的组织——“解析社会”所使用的屋子里，另一位成员进来问他想干什么。巴贝奇抬起头看了看，然后给出了令人惊奇的回答：我正在考虑能否建造一台可以自动完成这种计算工作的机器。

计算机的发明

正是那个时刻改变了他的生活。有了这个想法，他就开始投入实现这个计划。不久，他造了一个非常简单的机械装置，这个东西可以帮助计算对数表。但是，当他在这台小小的机器上工作的时候，他的思想又开始漫游。我们可以走得更远吗？或许我们可以制造一种能够解决所有这类数学问题的机器，从而促进人类智慧的发展？或许人类有一天可以制造出能够思考的机器？

1822 年 6 月 14 日，他提交了一份关于运用机器计算数学表的观察报告。在这篇报告中，他描述了一种可以用蒸汽引擎来驱动并装有一套落锤的先进数学机器。这个想法引起了人们相当大的兴趣，第二年英国政府就提供最大规模的资助来推动实施这个项目。巴贝奇计划在两到三年之内造好这台机器。然而，后来的事实和他原先的估计落差太大。当工匠们制造机器的时候，查尔斯·巴贝奇则在研究制造机器的方案。他的工作团队只要一造好某一个部件，巴贝奇就会在设计上又提出改进。于是，整个齿轮机必须再次被拆开，所有的工作又要重来一遍。这样一遍又一遍地重复返工，几乎把团队中的每个人都快逼疯了。就这样折腾了 10 年之后，随着他的首席制造师退出了团队，这个项目最终被迫搁浅。

然而，巴贝奇并没有被这次失败击倒。他不但没有放弃，反而更加信心满满，又开始设计比以前的机器更复杂的计算机器。不过，这一次仅仅是在图纸上画画而已。按照他的设计，这部机器会是一个庞然大物。它由 6 台蒸汽机驱动，可以用穿孔卡片进行编程，而且能够每秒钟完成一次计算。

萧条的唯一原因就是繁荣

法国人克莱门特·朱格拉和魁奈一样，也是一位医生。但是，他在 29 岁的时候便开始研究社会问题。两年之后，他在《经济学人》杂志上发表了大量有关法国的出生率、结婚率和死亡率波动方面的研究文章。在写这些文章的过程中，他也调查了有关法国经济繁荣波动的情况，后来，他便醉心于研究这方面的问题。

1862 年对于克莱门特·朱格拉来说，是非同寻常的一年。就在这一年，已经 43 岁的朱格拉发表了他有关经济波动进程的研究成果——《论德、英、美三国经济危机及其发展周期》。尽管当时几乎没有什么人注意到这部著作，但它确实具有革命性的意义。

克莱门特·朱格拉揭示了古典经济学家遗漏的某些方面。桑顿提到货币过量供给的假象，穆勒则指出了竞争性投资问题，奥弗斯通曾经关注过商业波动的规律性问题，但没有去做更加深入的描绘与解释。早期的研究者发现了经济内在不稳定性的多个踪迹，同时也发现了带来经济稳定的多种内在因素。他们思索过货币因素，如货币供给、利率和流通速度，还有实际因素，包括随机扰动、投资、储蓄、消费（不足）和生产（过量）等。作为讲求实用性的商人，他们还总结出某些超现实的因素，像公众信心、愚蠢（非理性）和恐慌等。但是，很显然，这些巨匠中并没有一个人苦心思索一套连贯而统一的理论来解释经济周期。这是为什么呢？

令人惊奇的是，原因在于他们还没有发现经济周期。当你读到他们写的书或者文章的时候，你会发现他们中许多人都提到了"危机"这个说法。然而，尽管配第早在 1662 年出版的著作《赋税论》中就使用了"周期"这个说法，却没有人意识到，即使没有任何触发性的因素出现，这种周期性的现象也会发生。他们都曾经认为，经济的繁荣与危机是由一些特定现象引起的，例如外部冲击或失误。有的人，例如穆勒，还发现存在使经济从一个极端走向另一个极端的事件。遗憾的是，他们中没有一个人把这一连串的现象看成资本主义经济与生俱来的一种基本波浪式运动的不同阶段。正因为他们没有这样看问题，所以就没有一个人会尝试集中精力描绘和计算一种系统的动态变化规律。

克莱门特·朱格拉的新作完全不同于以往有关经济危机的文献。他比其他任何人都率先认识到，经常性的经济危机并不是一些简单的相互独立的事件，而是经济组织内在不稳定性、周期性重复发作的体现。意识到这一点之后，他进而对这种周期性运动的不同阶段进行了分类。他提出"上升"、"爆发"和"清算"等不同阶段，为了区分这些阶段，他收集了时间跨度尽可能长的时间序列统计数据加以分析。通过研究这些长时段的数据，他确信周期的平均长度为 9~10 年。朱格拉说明了他对经济内在不稳定性的理解，他写道："萧条的唯一原因就是繁荣。"

他认为，没有发生萧条正是由于某些方面出错了，而萧条的到来则说明经济处于正常的运行轨道。这个观点与当时占主流的看法迥然不同。当时的主流观点认为造成危机的原因是“失误”，例如不负责任地滥发纸币，存在垄断行为，滥用海关特权，存在贸易壁垒以及农业收成不好，等等。然而，朱格拉不同意这样的看法，他认为危机的发生就是由于繁荣。

朱格拉对他的著作进行了两次修订完善，并且终其一生都在研究经济周期问题。但他后来的成就再也没有超过第一本著作，他也从未把经济周期与信用周期更紧密地联系起来解释经济周期问题，但不管怎样，就一个人的贡献而言，他有这一点已经足够了。

虽然学者们曾经多次描述过某些重要的事实与概念，但他们并没有真正理解这些事实与概念所具有的重要意义，这在科学界是一种较为常见的情况。只有当某位学者充分认识到这类事实的全部意义时，我们才能说它们被真正地“发现”了。在朱格拉的著作出版之前，许多人都描述过经济不稳定的因素，但他们并没有真正理解周期的概念。而在克莱门特·朱格拉之后，经济学家可能很少会说他们在研究“危机”，他们要研究的是“经济周期”。这正如熊彼特后来所指出的那样：

> 他发现了新大陆，而在此之前，有些人只是发现了大陆附近的一些岛屿。

甚至在朱格拉于 86 岁高龄去世之前不久，我们看到他依然在埋头研究一堆统计数据。查尔斯·巴贝奇也是满腔热情地坚持到自己生命的终点。在 1862 年的展览之后，他又继续研究项目。就在临终的那一年，前来探望的人们发现他仍然热切地向别人夸耀他的工作室。像朱格拉一样，他了解自己工作的真正意义，而且直到生命的最后时刻，他依然相信人类终有一天会造出他所设想的计算机，改变科学运作的方式。然而，正是巴贝奇所设想的机器最终揭开了令人难以想象的经济周期的秘密。诚然，如果没有把相关的方程置入巴贝奇的机器之中，那么它对于经济学家来说也毫无用处。有了硬件，还需要相应的软件支撑，因而就需要有人发展出一套与经济行为相互耦合的数学表达式。

一般均衡

里昂·瓦尔拉斯是一位工程师，1834 年出生于法国诺曼底。他的父亲是一位经济学家，这种家教渊源使他对经济学有了更深的理解，把经济学看成研究效用最大化的学科。他想进入巴黎综合理工大学，但两次尝试都失败了，后来只好进入稍逊一筹的巴黎工程师学院，但没过多久就退学了。

对于一个人的学术生涯来说，这并不是一个好的前途的开端，但他决定过一种更加不拘一格的波希米亚式生活。他从事过文学创作，也当过新闻记者，还一直自学经济学。在某一个地方，他创作了一本浪漫小说，换一个地方，他当上了铁路公司的职员，后来又去做新闻记者，之后又成了讲师。他还写了两本有关哲学的书籍。1870 年，他申请了洛桑大学政治经济学的首席教职。在众多的候选人中，他并没有给人留下特别深刻的印象。尽管这位让人多少有点儿疑虑的人物最终获得了职位，但大学董事会的投票结果显示出他是以微弱优势获选的。

洛桑大学位于一个面向日内瓦湖的山坡上，在这里可以把瑞士与法国阿尔卑斯的美丽风光尽收眼底。瓦尔拉斯一定非常喜欢这个地方或者他的工作（或者两者都喜欢），因为他在此地生活和工作了22年之久，并且在他的人生旅途中第一次感受到了成功的喜悦。1874年，他写了一篇关于用数学方法解决经济问题的论文。瓦尔拉斯还和一些经济学家联系紧密，彼此常有书信往来。1889年，他出版了第一版《纯粹经济学要义》，后来又继续对这部著作加以修订与完善。在这本书的开始，他描述了纯粹经济学和应用经济学——一种艺术级别的表述。然后，他提出经济学必须要用数学术语来描述，于是就用到了边际分析方法。在该书后面的章节中，他详细说明了如何用数学原理来描述和分析经济问题。他的主要方法是描述一般均衡，在一般均衡状态下，所有市场参与者（"代理人"）的活动加总起来形成一种稳定状态。他慢慢向读者介绍了整个模型。首先，他介绍了一种非常简单的情形：只有两个代理人进行物物交换的经济。而后，他的论述扩大到有多人参与交换的情形，接下来是有多种物品进行交换的情形，然后涉及生产要素市场，之后又包括了储蓄、资本形成、货币，最后加入了信用因素。在几个简单化的假设基础上，完成了整个理论的构建。这些假设包括完全竞争、完全的可变性以及价格的完全灵活性。在每一种情形中，他都演示了均衡状态是如何达到的，不过他也确实提到过存在多种可选均衡的可能性。

瓦尔拉斯把数学方法运用到经济学的研究之中，似乎让人想起了某位物理学家模仿机器行为的方法。但这并不是巧合，瓦尔拉斯深受牛顿和法国大数学家皮埃尔-西蒙·拉普拉斯的影响。另外，路易斯·潘索的一本静态力学著作也给了他很大的启发——实际上，几十年来他一直把这本著作放在手边，足见它对他的影响有多么深远。

经济周期与太阳黑子

当瓦尔拉斯在用数学方法进行经济分析的时候，另外有一些人则开始试图对朱格拉的周期进行解释。威廉·斯坦利·杰文斯就是一个很好的例子。杰文斯的一生为经济思想贡献良多。1871 年，也就是大危机发生之前的一年，他出版了《政治经济学理论》一书。在书中，他对边际分析方法做了很好的说明，而且第一次对“理性人”做了描述——经济学构想出来的只会做出理性决策的人。他解释了理性消费者是如何努力将效用最大化的：当消费者在购买某种商品时，如果他们认为把下一笔钱花在其他方面能够获得更高的效用，那么他们不会再继续购买这种商品。

还有一个与太阳相关的问题。杰文斯从自己的亲身经历中深深体会到经济萧条所造成的痛苦，当他开始撰写一系列有关经济周期的文章（发表于 1875—1882 年）时，他很可能受到了 1873 年经济危机的激发。他的一个灵感之源就是穆勒的《政治经济学原理》。杰文斯注意到穆勒强调了公众情绪的变化，但在杰文斯看来，穆勒对重复发生的繁荣与萧条现象的解释很不充分，仅仅是发现了相对的规律性。哪一个过程可以解释人们为什么每隔一定时间就会变得贪婪和恐慌呢？穆勒根本没有解决这个问题。杰文斯于是把目光投向了经济体系之外，四处寻觅刺激经济发生大波动的因素。在研究了大量的统计数据之后，他做了一番认真的思考和推测。他得出的第一个基本结论是，农业（收成）是经济发展中一个非常重要的组成部分，因此农场里发生的某些事情也许能够解释经济波动的原因。然而，农场里会发生什么事情呢？是农作物病虫害吗？

杰文斯最后做出了自己的解释，他认为原因就在于太阳光炽热强度的波动——由“太阳黑子”（隔一段时间就会出现在太阳表面的大火球）现象的规律性造成。他的第一篇论文——与1875年的大危机巧合——试图说明1254—1400年间英国的谷物收成变化存在一个11.1年的周期，这与太阳黑子活动的周期非常吻合，当时的天文学家宣称太阳黑子的活动周期也是11.1年。太阳黑子活动的增加会造成阳光照射强度的提高，从而刺激作物的生长，于是农业收成就会高于平均水平。问题由此迎刃而解！

答案或许并非如此。不久，天文学家对太阳黑子周期的时长进行了修正，将其调整到10.45年，这意味着杰文斯的模型由于时间上的不一致而遭遇尴尬。于是他又把谷物收成的统计数据查看了一遍，得出的结论表明实际的周期长度也是10.45年，而不是他先前所说的11.1年。因此不必为此担心，理论还是站得住脚的。

然而，问题并未就此打住。英国新发布的谷物报告与他的模型并不符合，于是他被迫对模型进行修正。修正后他认为，太阳黑子造成了其他国家谷物收成的波动，从而间接影响了英国的贸易与制造业。这意味着太阳黑子与英国的经济周期之间并不存在严格、直接的因果关系，但有很强的间接影响。之所以存在这种间接效应，是因为农产品的价格、数量和生产的变化，还有商人在决策中加入了对太阳黑子爆发的预期（现在他的理论已被人知晓），即在计划决策时把太阳黑子的波动加以贴现。即使太阳黑子无论出于什么理由而在预期发生的时间没有发生，仅仅是对太阳黑子的这种预期就可能造成经济周期的出现。这样来解释理论预测和实际结果之间的不一致性，显示出了他的才华，也是真正的创新。但是，并没有人买他的账。在他同时代的人中，并没有多少人真正相信太阳黑子是商业波动的基本原因，或者两者具有相关性（时至今日也没有一位神志健全的科学家会相信这一点）。

杰文斯的太阳黑子理论留给我们的并不是其错误的结论，而是分析问题的方法。当代经济学家常常使用“太阳黑子”这个术语，他们所指的并不是太阳表面燃烧的火球，而是一种状态。在这种状态下存在某些现象，其本身不能对经济产生影响，但能够改变一般人的预期，从而间接地对经济产生影响。由此可见，杰文斯的方法留存下来了。

货币数量论

有一个理由让我们不能遗忘杰文斯，那就是他曾经与其他一些经济学家有过很多交流，而且得到很多评论。例如，他的《政治经济学理论》得到了著名天文学家西蒙·纽科姆的评论。纽科姆是天文学家，一位天文学家为什么要去评论一本经济学著作呢？

这是一个颇为奇怪的故事。当我们看到纽科姆先生实际上并不是科班出身的天文学家时，故事变得更加离奇了。按照西蒙·纽科姆所受的教育，他是要成为一名草药医生的。事情是这样的。纽科姆从未进过学校，而是在家接受父亲的教育。他16岁的时候和一位自称医生的“草药医生”一起工作，可是不久之后，纽科姆就发觉那个所谓的医生开出的药方竟毫无科学性可言。那些药方全都建立在任意假定和迷信的基础上，这个自称医生的家伙不过是一个江湖骗子。纽科姆最后决定辞职，所以他告了假就直接离开了。他走了190公里（120英里）到了加来港，说服了一位船长带他上船做一名水手，由此踏上了返回他父亲位于马萨诸塞州塞伦的家中。

纽科姆在塞伦当了一名教师，同时他利用业余时间学习各种科学文献。1856年，他21岁，在华盛顿找到了一份工作。工作的地方离图书馆很近，这样他可以读到更多的科学著作，他对数学方面的著作尤其钟爱。有一天，他在图书馆里借到了一本拉普拉斯的《天体力学》译本，但无法读懂，这让他非常受挫。于是他决定去找一份可以学到更多知识的工作。1903年，在《一位天文学家的回忆录》中，他这样写道：

> 在1857年1月的一个寒冷的早晨，我仿佛获得了新生，走进了一个美妙而明亮的世界。在马萨诸塞州剑桥市的“航海天文年历”办公室里，我面对着烧得很旺的炉火，坐在两位著名数学家中间。带着亨利教授和希尔达德先生的书信，我从华盛顿赶到这里，就是为了能够成为一名试用天文计算员。坐在我旁边的是项目管理人约瑟夫·温洛克教授，还有办公室资深助理约翰·D. 瑞克勒先生。我告诉他们自己曾经试图学习拉普拉斯的《天体力学》，但是由于当时的基础数学知识非常贫乏，又没有其他知识储备，因而完全读不懂。

> 就在 22 岁的那一年，我第一次看到有人对《天体力学》是那样的熟悉……而我自己在这方面连一个新手都算不上。但在几个星期之后，我还是成了试用计算员，月薪 30 美元。

他在这里找到了工作，还可以同时在哈佛大学读书，由此开始在学术领域里辉煌崛起。1862 年，西蒙·纽科姆成为海军天文台的数学和天文学教授。1877 年，他成为美国航海天文年历办公室主任、《美国数学杂志》编辑、美国天文学会的发起人和首任主席，后来又成为美国数学学会的主席。

直至今天，他还被认为是现代天文学的奠基人之一，他的工作越来越引人注目和受到尊重。实际上，他所获得的美国与国际的奖项以及各种荣誉会员的数量是如此之多，竟然要写满整整两页纸，由此可见他是多么受人器重。他还出版与发表了大量介绍天体位置的书籍与文章，讨论如何预测天体运动，以及进行这类计算和许多其他类似的计算所要求的数学能力。我们的故事讲到这里便有些离奇了，因为他所出版的大约 1/3 的著作与天文学或者理论数学毫不相干，在这部分著作中他讨论的是有关政治与经济的问题。

1885 年，西蒙·纽科姆出版了一本《政治经济学原理》，非常清晰地介绍了流量与存量之间的差别，并且对收入的圈流做了图解，他画出箭头把经济体中不同的人联系起来，展示了这些人相互之间如何进行支付。然而，这本书最重要的内容则是叙述了一个更为简明的关系。他称之为交易方程，该方程后来被欧文·费雪当作货币数量论重新介绍，这就是我们今天所知道的情况。这个方程是：

$$MV=PQ$$

其中：

M = 货币供给

V = 货币流通速度

P = 商品与服务的价格

Q = 商品与服务的数量

这个模型并不是解释经济动态变化的理论，但它说明了一个更为核心的关系，可以作为许多理论的参照基点。在本书后面的章节中，我们将多次详细说明这个模型，但在这里只需了解它的来源。

快乐原子

一台机器总是按照专门设定好的用途来运转，例如轮子的旋转，或者编织机纺锤的运转。这对于"经济机"来说也是同样的道理，它也应该有设定好的运转目标。与瓦尔拉斯同时代的一位学者对这些目标的设定做出了贡献，他就是弗朗西斯·伊西德罗·埃奇沃思。

埃奇沃思注意到，加入经济机中的人一般都被假定为将个人"效用"最大化的"理性人"。现在的问题是如何定义这个效用，以及如何将其细分成最小的可能单位。1881年，他提出了"快乐原子"这个术语来定义它。但要测度这些原子则不容易：

> 快乐原子不容易辨别，也不易看清楚；它比沙子紧密，比液体松散；就好像那些仅仅可以感知到的原子核，嵌在周围的

半意识里。

难怪人们觉得他的文章如此难读。

帕累托均衡

你可以说，瓦尔拉斯的经济机的用途就是把埃奇沃思的快乐原子的产量最大化，而且有相当多的人追随瓦尔拉斯的理念。瓦尔拉斯是一位先驱者——一个启迪他人的人，因此，当他1892年从洛桑大学退休的时候，重要的是找到一位继任者，能够跟随他的足迹并且继续启发和领导这场新的运动。学校选择了维弗雷多·帕累托，一位出生于巴黎而大多数时间居住在意大利的工程师。帕累托曾经在铁路公司任职，他从工程师升为两家公司的董事。1890年，在42岁的时候，他才开始学习经济学，1893年则接替了瓦尔拉斯在洛桑大学的教职。帕累托在洛桑大学工作了7年，后来继承了一笔财产便决定退休。但是，他仍然留在瑞士并且继续撰写经济学文章，直到1923年去世为止。

帕累托一个很大的优势是他所接受的工程师教育，而且他具有多年的技术工作经验。因此，他掌握很高深的数学知识，这些数学知识常常贯穿在他的著作之中。他的劣势则像埃奇沃思一样，写作风格很糟糕，就像一个喝得酩酊大醉的高智商的人那样。他常常在一张纸上同时阐述几个半成品理论，然后又去谈论别的事情，讲了很多之后才转回来把前面的半成品想法写完整。

今天，帕累托这个名字的使用频率很高，经济学家常常会提到“帕累托最优”或者“帕累托均衡”，这种状态表示经济系统生产出的埃奇沃思快乐原子达到了最大的可能数量。随着第一个经济周期理论的发展，人们将一遍又一遍地运用他和瓦尔拉斯所发展的方法。

他们最大的贡献

查尔斯·巴贝奇

·发明计算机。

·首创性的操作分析。

克莱门特·朱格拉

·最早使用时间序列数据，例如利息率、价格和中央银行的余额，系统完整地分析一个定义明确的经济问题。这种方法成为一般经济学和经济周期研究的标准。

·描述了经济周期的形态（周期阶段），这种方法后来经常被用到。

·最早清晰地理解萧条是对此前的繁荣所造成的经济状态的适应性调整。

里昂·瓦尔拉斯和维弗雷多·帕累托

·把经济问题进行数学模型化。

·一般均衡模型。

威廉·斯坦利·杰文斯

·由于“太阳黑子”效应，仅凭人们对太阳黑子发生变化的预期就会使经济/金融体系发生变化。

西蒙·纽科姆

·货币数量论，描述了货币与实体经济活动之间的关系。

弗朗西斯·伊西德罗·埃奇沃思

·快乐原子的概念。

第二篇

经济周期的规律

第 7 章

又到经济危机爆发的时间了吗

1876 年，即朱格拉的著作出版 14 年之后，查尔斯 · 巴贝奇离世 5 周年，由李嘉图和穆勒组建的“政治经济学俱乐部”举办了经济科学创建 100 周年庆典，因为亚当 · 斯密的《国富论》已面世整整 100 年。担任会议主席的是格拉德斯通先生、洛先生和时任法国财政大臣的里昂 · 萨伊。在一如往常的奢华晚宴过后，洛先生率先起身发表演讲。从他的演讲来看，他并不觉得政治经济学在将来还会有更大发展。他认为社会学方面的进展可能会对政治经济学有所裨益，但影响不大，因为政治经济学作为一门科学，其发展已达到顶峰。

这就是当时英国的经济学精神。自从《国富论》发表之后，发生了许多事情，桑顿、萨伊、李嘉图、穆勒、马克思、白哲特、杰文斯、朱格拉、埃奇沃思、瓦尔拉斯、帕累托以及其他许多经济学家都为经济学的发展做出了伟大的贡献。

为什么价格会波动

显然，洛先生错了。就在他发表演讲之后的一段时期内，经济学家在经济周期研究方面又提出了许多重要的概念，也正因为如此，我们把这段时期称为经济周期研究的黄金时代。在当时从事经济学研究的一批年轻才俊中间，阿尔弗雷德·马歇尔是一位佼佼者，他即将成为英国的大经济学家。

在洛先生发表演讲的时候，马歇尔 34 岁，在剑桥大学教授伦理学。他学习的专业是数学，最初到剑桥大学也是教授数学。但是他的兴趣非常广泛，对如何改变社会的贫困问题也感兴趣。可是，当他提出解决贫困问题的一些想法时，却遭到了同事与朋友们的嘲弄。他们认为“他没有资格讨论这个问题……”，“除非他受过一些商业或者政治经济学方面的基础训练”。于是他很不情愿地决定研读一些基础性经济学书籍。一开始，他读了约翰·斯图尔特·穆勒的《政治经济学原理》，而后又读了许多其他著作，其中包括李嘉图的著作。然而，他读书的方法却非同寻常：他手里拿着一支铅笔，把读到的每一个重要概念都转换成数学方程式。实际上，他这样做仅仅是为了方便自己，以确保能真正理解这些经济学概念。

他迷上了经济学，因而也开辟了自己职业生涯的一个崭新方向，他对经济学理论的发展将使洛先生的演说处于尴尬境地。由于阿尔弗雷德·马歇尔总在不断地追求完美，所以他倾向于推迟出版自己的著作，尽管如此，这些著作的出版还都是恰逢其时的。他的第一个贡献来自1879年出版的《经济学原理》，这本书探讨了有关经济周期的一个新理论。在书中，他对价格做了这样的阐述：

> 当价格有可能上涨时，人们就急急忙忙借钱并抢购物品，于是会推动价格上涨，商业出现膨胀，经营者也会变得鲁莽挥霍，通过借入的资本来经营所获得的回报比实际借入的资本还要少，而他们自己变得富有的代价就是牺牲了社会利益。随后，当信用波动出现的时候，价格也开始下滑，这时人人都想卖掉商品而持有货币。因为相对于商品而言，货币价值在快速增加，这又会加快信用下降的速度，而信用的进一步下降会导致信用本身更严重的收缩。于是，由于价格已经进入了下降通道，因此在长期内都会继续下跌。

正是因为他宣称价格下跌是因为价格已经进入下降通道，所以在《货币、信用与商业》（1923年）一书中，他也阐明了股票交易中存在着类似的效应：

> 一些投机者为了偿还债务而不得不出售股票，这种做法会阻止价格的上涨。看到价格上涨受阻，其他所有投机者都会焦虑，于是也都急于抛售。

马歇尔通过寻求经济学难题的答案来努力寻找自己的研究路径，但遭遇了以前许多并不正确的假设的羁绊。例如，1803年提出的萨伊定律，其非常美妙的简化形式是：供给等于需求。

这个定律肯定遗漏了一些重要的细节，因为任何一位经历过19世纪经济衰退的商人都会问："萨伊怎么会因为这样一句话而用自己的名字命名了该定律呢？这个定律根本不符合实际。只要发生了经济危机——通常是残酷血腥的，你就无法卖出那些该死的东西，而这才是残酷血腥的事实！"因此，在衰退期间，这个定律的形式更应该是：过多的供给，但哪里有需求呢？

萨伊定律对于长期的供求总量而言是可行的，但短期来看，供给与需求在衰退期间显然彼此偏离。

实际利率与自然利率

实际上，穆勒率先指出储蓄利率会发生波动，朱格拉把经济周期与信用周期二者联系起来。如果人们像萨伊所假设的那样把所挣的钱立即全部花完，那么信用周期怎么会发生呢？然而，瑞典经济学家克努特·魏克塞尔首次对这个问题做了阐释。克努特·魏克塞尔1851年出生于斯德哥尔摩的一个富裕的房地产经纪人之家。他15岁时失去双亲，继承了一大笔财富，并开始研习数学与物理学。几年之后，他的兴趣转向了社会科学与经济学，后来决定到乌普萨拉大学谋求一个教授经济学的职位。然而，他遇到了一些问题，因为当时经济学是在法学院讲授的，而法学院的所有教师都需要有法学学位——需要修读4年时间才能得到。或者按照标准，魏克塞尔至少要修读一个法学学位并在两年内完成。他很聪明，也有好斗的个性。他在非常年轻的时候就已具备了教授的资质，但是直到52岁时才成为教授。之所以如此，是因为他拒绝签署一份呈送国王的强制性申请，在申请中有一句“君王陛下最顺从的仆人”这样的话语。他并不是残暴君王的仆人！有一次，他因为在演讲中亵渎神明而蹲了两个月的监狱。

尽管受到许多以往思想者的启示，但魏克塞尔的最爱还是大卫·李嘉图。他特别喜欢读李嘉图的《金银的高价格》这本册子，这启发他做出了最重要的理论贡献，即提出“自然利率”的概念。他在 1898 年出版的《利息与价格》一书中阐述了自己的核心思想：

- 我们知道低利率会刺激商业活动，而高利率则会抑制商业活动。但问题是，多少才算“低”，多少才算“高”呢？
- 要回答这个问题，我们要考虑进行商业投资实际能够赚到多少钱。比如，如果一项新的投资能够获得 6% 的平均收益率，我们就称其为“自然利率”。
- 现在，我们假设可以按照 2% 的利率贷款，这个利率称为“实际利率”。在这种情况下，二者之间存在差异，贷款人获得 4% 的利润，所以会继续贷款进行投资。
- 但是，如果银行利率是 10%，那么贷款人要承担 4% 的损失，结果就会停止投资（除非他们很蠢）。而经济将会出现停滞或者收缩。

这里的“实际利率”与“自然利率”的概念非常简单，但直到今天仍然是许多理论的一块基石。

“需求不足”理论

既然萨伊定律是公开掠食，那么发起下一次攻击就不会间隔太久，这是约翰·霍布森的观点。他是一位校长，同时在牛津大学与伦敦大学任兼职讲师。他认为需求短缺是经济周期问题的关键，因为人们把收入的一部分储蓄起来，而后才投资到新的产能上。工薪族的储蓄可能并不多，但富裕的资本家有很多储蓄，这会导致投资过量。

在1889年出版的《产业生理学》一书中，他首次解释了这一点，并且一直到1910年，他仍然在其他一些著作中对此进行详细说明。他还提出了一个激进的解决方法：对公司课征重税或者进行国有化，用这些收益来提高需求。

这些观点在商业界与学术界都缺乏友好之声。1889年出版第一本著作后不久，他就丢掉了两个大学的教职，在《经济学杂志》上也经常受到嘲弄，而且基本上被禁止加入政治经济学俱乐部。这位可怜的先生再也没有获得任何学术性职位，但他确实成了所谓的“需求不足”理论的一位先锋人物。

自由资本的消耗

就在霍布森的第一本著作出版5年之后，出现了另一种截然不同的研究方法。乌克兰经济学家米哈伊尔·塔干－巴拉诺夫斯基在其著作《英国的产业危机》中也提出过，而他的理论建立在以下核心假设的基础之上：

·在获得货币收入与进行花费之间存在着长时间的滞

后期……

· 在货币的储蓄与投资之间也存在着长时间的滞后期。

巴拉诺夫斯基常常把经济与蒸汽机相比较。人们每天都会进行储蓄，他把这些储蓄称为“自由资本”，这些不断累积的储蓄就像是锅炉里的蒸汽。随着蒸汽的逐步累积，超过一定时间，活塞受到的压力会不断增加，直到最终产生运动。货币的道理也是如此，储蓄者都想获得好的回报，随着时间的推移，他们会失去耐心并寻求更高的收益率。于是，这些自由资本就会投入“固定资本”（机器、厂房等）。在这个过程中，整体经济会产生收入与财富。但是，在某个时点上，剩余的自由资本可能并不多（就像蒸汽机里的蒸汽跑掉了一样），因此固定资本的累积也会趋于平缓，而经济可能出现倒退，这时大量新投资的产能也会随之闲置浪费。

巴拉诺夫斯基基本质上是一位马克思主义者。然而，尽管他的分析基础是马克思主义的方法，但他并不同意马克思关于资本主义经济最终走向崩溃的结论。他认为资本主义经济只会不断地循环，而这个观点使他成了左派的敌人。

技术创新成为触发器

阿瑟·斯皮索夫是一位专门研究经济周期的德国教授，他同意巴拉诺夫斯基关于资本主义经济不断周期性循环的观点。然而在 1902 年和 1903 年出版的两本著作中，他聪明地指出巴拉诺夫斯基的模型中遗漏了对自由资本转换为固定资本时发生波动的解释。为什么不能平缓地完成这种转换呢？

对此，他声称答案在于新科技发展。科技创新创造了新的商业机会，正是由于追逐新的商业机会，先前闲置的货币才释放到经济中来。或者，引用魏克塞尔的专业术语来说，新科技把自然利率水平提高到实际利率水平之上，于是诱发了投资急速发展。而后，随着新的商业活动逐步展开，整个过程最终出现停滞并走向倒退，这和巴拉诺夫斯基所描述的情况很类似。

空前繁荣

当斯皮索夫的书出版之时，经济环境非常轻松愉快。实际上，当时的经济环境非常好，仿佛存在多年的经济周期已经终止，经济呈现一派风平浪静的景象。对美国读者来说，与重要的经济事件相比，他们对当地报刊的娱乐与体育版面更感兴趣。例如，铁路大亨杰伊·古尔德要离婚，他的妻子要求每年得到25万美元。这是多么精彩的八卦！然而，人们还是会关心金融版面，因为他们的股票价格正在连年快速上涨。

而且这还有一些较好的理由。美国经济自1897年以来一直在快速增长，仅仅偶尔受到一点儿小小的阻碍。到1907年，美国的出口在10年之内几乎翻了一番，货币供给也相应增长，金融机构的总资产从91亿美元增长到了210亿美元。这段时光的确非常美好，难怪罗斯福总统在1906年12月提交国会的报告中这样写道："我们仍然继续享有毫不夸张的空前繁荣。"然而，学习经济周期的学生们可能有一些理由担忧。还记得1816年的大危机吗？还有1826年、1837年、1847年、1857年、1866年的危机。

每次危机的间隔大约都是 10 年。从那之后危机要少一些，但 10 年的经济周期是否可能仍然存在？最近一次的衰退发生在 1895 年，当时的英国与欧洲大陆由于黄金与矿业股票发生危机。因此，是不是现在又到爆发危机的时间了？

1907 年经济危机

可能是因为利率出了一些问题，19 世纪后期，黄金的生产已经落后于经济的增长。由于人人都想借钱投资，于是货币开始紧缩。实际上货币紧缩得非常厉害。到 1906 年年底，英国的利率从 4% 提高到 6%，而美国的利率则出现了大幅波动——从 3% 升到超过 30%。现在有多个铁路大亨都开始觉察到这个问题，当他们试图把 1907 年年初的债务进行展期[1]的时候，他们发现根本不可能销售更长期限的债券，因而不得不改为发售 1~3 年期的债券。控制着大北方铁路公司的詹姆斯 · J. 希尔对此提出警告说，美国经济中，流通中的货币至少需要增加 10 亿美元，有了这样一个稳定的流通量，才可以避免“商业瘫痪”——他还没有看到商业瘫痪当时已经出现。

美国的牛市终于在 3 月 13 日崩溃了，股票像跌进一个巨大的气旋之中，许多蓝筹股下跌了 25% 以上，之后才有微弱的反弹。可是这个反弹并不真实，因为流动性的短缺正在逐步恶化，股票与商品的价格在整个春季和夏季都在下跌。5 月，衰退开始了。不只是在美国，日本的股票交易在 4 月下旬随着一系列违约

1. 展期即延期交割，减少浮亏。——编者注

事件的发生也大幅跳水。在欧洲，也出现了恐慌的迹象，因为法国与英国的买家从美国进口的黄金数量在增加，同时他们却抛售他们的股票。8月，波士顿市想发行一笔债券，但发行总额为400万美元的债券仅有20万美元的投标。而后，到1907年10月，所有事情都变得更加糟糕。两个鲁莽的赌徒奥托·海因泽和查尔斯·莫斯获得了许多小银行与信托公司的控制权，并且非法使用资金，企图对美国铜业公司操纵空头挤压。他们的计划是：买进具有决定性数量的股票和看涨期权，以逼迫空头以更高的价格买进股票来平仓。然而，这种空头挤压在脆弱的市场上不易控制，最后惨遭失败。就在10月，危机已经蔓延到了世界各地，海因泽与莫斯公司的那些紧张的客户开始撤回资金。这触发了反应链条，很快就波及了其他银行与信托公司。

救世主摩根

面临这样的恐慌，人们呼唤着救世主，而就在人们慌乱地奔向银行的4天之后，救世主出现了。自愿挑起这一重担的是一位70岁的老人，而且他刚刚患了严重的感冒，但是此人的性格非常坚强。如果说还有谁能够阻挡恐慌大潮的袭击，就应该是他——J.P. 摩根，一个庞大产业与金融帝国的主宰者。

他停下了原来的工作，在接下来几个星期里，摩根面临一次又一次的灾难性袭击，每一次他都必须快速采取果敢的行动——有的问题极为紧迫。就在10月23日那一天，林肯信托公司的存款在短短几个小时之内就损失了1 400万美元，美国信托公司简报在同一天报道了此事。下午1点钟，公司持有的现金头寸为120万美元，20分钟之后，头寸下降到80万美元，而到下午2点15分的时候，现金头寸便只剩下18万美元，这仅够支付几分钟。对此，摩根需要想办法解决。第二天，证券交易所的总裁急急忙忙跑进摩根的办公室，告诉摩根说，除非有人能够借钱给经纪商，否则将会发生大规模破产倒闭。摩根召集几家银行的总裁开了一个会，会议一开始，他就问交易所的代表，需要多少钱？他们回答说："2 500万美元。"时间期限呢？回答是"15分钟之内"。银行立刻遵照要求，在5分钟之内投放了2 700万美元。这一次，救火的人还是摩根。

他继续竭尽所能借钱给那些非常脆弱的机构，并且鼓励其他银行也这样做。他也一度找不到现金，于是设计出一种新的货币——"手写货币"，这种货币的发行人承诺会将其转换为真实货币。他还设法说服财政部将3 500万美元的政府资金存放到多家银行，再由这些银行把钱立刻转借给那些濒临破产的信托公司。10月28日，纽约市长来到摩根的办公室，告诉他纽约市政府也筹不到资金偿还债务了。摩根便安排清算行接受纽约市政府发行的债券，但用"手写货币"支付。市长就把政府的账簿移交给摩根，后来他便给纽约市当了一段时间的"监护人"。

最终，摩根的计划取得了效果：金融恐慌在年底之前就结束了，道琼斯工业平均指数从3月的顶点下降了39%，在10月21日触底后开始反弹。但是，1907年开始的衰退持续到了1908年，因为公司积压的产品没有市场需求，而且失业率也从3%提高到了10%，翻了两番还多。产品仍然堆积在那里，但是没有市场需求。人们还在继续储藏货币，此时此刻，无论是亚当·斯密的"看不见的手"，还是萨伊定律，都不灵了。

图 7–1　1907 年的危机。该图显示了道琼斯工业平均指数 1906—1909 年的表现。

高利率与经济衰退

美国发生 1907—1908 年的衰退之后，又在 1910—1912 年以及 1913—1914 年一再爆发经济危机。经济周期看上去似乎并没有走到尽头，人们还需要继续努力寻求问题的解决之道。这时，瑞典教授古斯塔夫·卡塞尔给人们带来了新的思想，在有关储蓄与投资相互作用，以及利率在经济周期中可能扮演重要角色的理论方面，他成了最为知名的经济学家：

· 我们不妨假设现在处于经济繁荣期，这可能是由于新技术造成的，正如斯皮索夫所说的那样。

· 不管怎样，随着繁荣时期的延续，我们会看到巴拉诺夫斯基所说的“自由资本”在不断转换为“固定资本”。

- 至此，情况已经非常清楚。但在这一阶段，我们发现投资所耗费的自由资本要多于人们新增的自由资本，这就出现了储蓄不足的问题。
- 接下来的关键是：储蓄不足导致了利率上升。
- 提高利率会改变许多商业项目的盈亏平衡点，原来看起来有利可图的项目，只是由于财务成本的增加便突然面临亏损。
- 这样一来，突然间，有些企业家便停止了投资活动，经济也就进入了螺旋下降通道。

因此，根据卡塞尔的观点，高利率常常是触发经济衰退的关键因素。

如何解决消费不足

有两位美国经济学家对此持有不同的看法。瓦蒂尔·卡钦斯和威廉·福斯特两人都毕业于哈佛大学，后来卡钦斯成了银行家，而福斯特则成为一所大学的行政官员。卡钦斯早就不满意哈佛大学所开设的经济学课程了，因为在他看来，这些课程过于偏重长期的问题，而对短期的经济波动问题鲜有涉及。因此，他梦想着能够支持和发展对于短期经济波动问题的研究。然而，要实现这个梦想，他首先就要发财致富。

当他40岁的时候，他确实成了富翁，所以决定把曾经的梦想变为现实。他辞去了工作，并创建了“波拉克经济研究基金会”。后来，他便与福斯特合作写了几本书。第一本就是 1923 年出版的《货币》。他们 1925 年又出版了《利润》，1927 年出版了《没有买家的生意》。他们所宣称的中心论点是，现代经济存在朝向消费不足偏离的系统性趋势，造成这个趋势的原因在于以下事实：

- 建造新机器、厂房等投资项目造成了经济的扩张，只要这类项目的建设还在继续，从事这类项目的雇员就要获得工资并进行消费。
- 然而，一旦计划的新产能建设完成，这些雇员也就失业了。
- 这个时点是很不幸的，因为新建产能投产后会生产出更多的新产品，而与此同时，那些建造这些新产能的人却失业了。因此，需求不能与新的供给相匹配。

在《丰裕之路》这本册子里，他们对此做了更为详细的说明：

> 为了让人们有能力购买现有设备所生产的产品，我们不得不去建造新的设备；而后，为了让人们有能力购买这些新设备所生产的产品，我们又不得不去建造更多的新设备。

因此，为了避免出现消费不足的问题，就必须按照某个固定的加速度来扩张产能，而事实上，这显然做不到。鉴于此，他们建议美联储的政策应该是维持货币供给每年以 4% 这样的速度增长，同时政府要设立一个理事会，认真负责跟踪经济的动态变化，一旦出现消费不足的迹象，即刻启动公共开支与投资计划。换句话说，就是采取消极的货币政策和积极的财政政策。

卡钦斯与福斯特对商业实践有着深刻的理解（或者至少卡钦斯是如此），并且用通俗易懂的话语表明他们的观点。他们还非常聪明地推销自己的想法：为了给《利润》这本书征求批评的意见，他们对最佳的批评者给予 5 000 美元的奖励。结果，至少 435 人给他们提出了意见，其中包括许多学术圈内的人士。这两位作者对那些有价值的批评做出了回应，而那些批驳他们基本假设的人则什么都没有。

心理因素驱动的周期

霍布森、巴拉诺夫斯基、斯皮索夫、卡钦斯和福斯特等人的经济周期理论有一个共同点：它们都相当机械。在他们的理论分析框架中，很难容纳非理性的行为。穆勒的方法则与此不同，他曾经强调人的感情因素。例如，他曾经谈到当价格上涨时，人们如何被迫去购买更多的物品。

阿瑟·塞西尔·庇古也强调心理因素。他 1877 年出生于英国怀特岛一个退役军官的家庭，曾经获得一所很有名气的公立学校的奖学金。1896 年，他 19 岁，进入剑桥大学。他是一个天才，刚毕业就留校任教。庇古不仅是一位优秀的教师，而且是一位高产的经济学者，在任教的前 5 年内，这位年轻人就出版了 3 本著作。他的研究主要得益于当时在同一大学任教的马歇尔，他经常对学生们说："马歇尔是集大成者。"然而，此时的马歇尔已经越来越老迈，并宣布要在 1908 年退休。这对庇古来说，是一个难得的机遇，但他知道自己仍然太年轻，而且没有经受过考验，他有可能接替马歇尔的职位吗？幸运的是，他的梦想实现了：他接过了马歇尔大师的光荣职位，此时的他只有 30 岁。

他最初 3 本著作确实还不够振奋人心，但他依然笔耕不辍，随后又出版了一些新作。他最优秀的著作是 1927 年出版的《工业波动》。在这本书中，他把经济周期和由真实因素、心理因素以及自主的经济因素造成的冲击联系起来。他认为，乐观主义的错误造成了随后的悲观主义错误。他还明确指出，破产很少毁灭资本（当一家公司倒闭的时候，其资本设备仅仅是被新的玩家接管而已，并没有被实际销毁），但会造成恐慌，而这才是重要的影响。虽然资本在机械的程序中被转手，但是，当人们目睹破产的惨状时，进行新资本投资的意愿自然不足。

他并不十分相信“看不见的手”能够使陷入困境的经济自动恢复均衡。原因就在于整个经济周期中的价格变化方式以及商业计划所遭受的巨大破坏。当商家努力维持原有的计划时，如果价格过于保持刚性，就会发生其他问题。这种价格刚性会阻碍市场的出清（阻碍交易以平滑的形态发生）。庇古曾经试图从数量上估算造成经济周期的重大因素，包括价格刚性因素。他认为每种因素对整个周期的影响大致如下：

农作物收成变化：1/2；

工资刚性：1/8；

价格刚性：1/16。

他还提出了恢复市场均衡所需要的多种措施。最重要的三个措施是提供更好的经济统计数据，稳定价格以及追求积极的货币政策。

庇古在剑桥大学遇到了另一位天才经济学家约翰·梅纳

德·凯恩斯。让庇古意想不到的是，他这位同事后来不仅曲解、嘲笑了自己的主张，同时还引用了他最好的想法。例如，凯恩斯会给人造成这样一种印象，即庇古建议应该把削减工资作为治理经济萧条的主要政策，而且庇古忽视了预期对造成失业的作用。实际上，这并不是庇古的真正思想。不仅如此，庇古所阐述的许多概念后来也被凯恩斯据为己有。不过，我们将会看到，凯恩斯的成就也确实非常显赫。

资本投资

经济周期理论中的一个最重要的发现就是“加速”的概念。它最早出现于美国经济学家约翰·M. 克拉克 1917 年的一篇题为《商业加速与需求法则》的文章。这个概念描述了投资支出如何变得不稳定，因为那些需要扩张产能的企业要订购资本设备，而订购资本设备本身就会增加市场需求，从而会诱导商家订购更多的资本设备。但是，一旦这种加速过程趋于平缓，就会导致经济出现暴跌。

克拉克、马歇尔、庇古以及我们所提到的其他经济学家同样伟大。但是，人们并没有把这些杰出的经济学家之中的任何一位看成这个领域的领头人。其实，那个时代的真正领袖人物是丹尼斯·罗伯逊。他在 1915 年出版了第一本专著《工业波动研究》，而后在 1922 年出版了《货币》，1926 年又出版了《银行政策与价格水平》。他的第一本著作是对经济周期研究的重要贡献。其中一个主要观点是，经济不稳定性的首要原因在于对资本货物需求的变化。他描述了以下情形：

· 由于设备更换或者技术创新导致资本投资的增加……

· 新的资本又导致投资回报的增加……

· 与此同时，货币的数量与流通速度提高，从而导致价格上涨，而价格上涨对企业具有吸引力，但不可能持久。

· 利率也会上涨，但存在时滞，因此不能快速对商家提出充分预警。

· 结果将会是一种累积性的扩张，扩张的程度远大于初始的推动。

· 当利率赶上来并且价格开始出现下跌时，这两个因素对于经济而言都是坏消息，于是经济扩张就会停止。

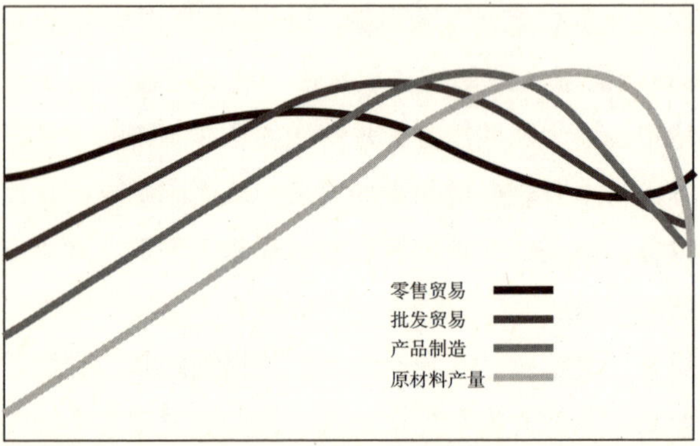

图 7-2　加速原理。由于加速原理，零售贸易的微小增幅导致了批发贸易、产品制造与原材料产量的很大增幅。

在罗伯逊看来，正是由于技术创新和设备更新再投资的浪潮造成魏克塞尔的自然利率出现了变化，从而导致了经济的不稳定。他认为，经济本身是不稳定的，伴有波动，而且波动的幅度被货币供给与流通速度的变化放大（但不是货币因素造成的）。在长达半个世纪的时间里，人们有充分的理由推崇他为经济周期领域的研究权威。在今天看来，资本投资、实际利率、价格、货币供给与利率仍然是关键要素。

投资过度与消费不足

为什么坎蒂隆、萨伊和魏克塞尔等人所描述的并不是真正的“经济周期理论”呢？这是因为他们遗漏了完整的循环过程。然而，马歇尔、霍布森、巴拉诺夫斯基、斯皮索夫、卡塞尔、卡钦斯、福斯特、庇古、克拉克和罗伯逊等人的模型则走得更远一些——其中有些描述了自始至终的各个循环阶段。这 10 位经济学家阐释了在短期内萨伊定律与斯密的“看不见的手”为什么失灵，以及为什么会造成周期性的波动，即在经济的繁荣期供给会出现短缺（可能导致通货膨胀），而在衰退期会出现需求不足（导致失业）的原因。

从这些经济学家的分析中，我们很难说有哪一个特别追究供给方面，又有哪一个特别追究需求方面，但就其所给出的政策建议来看，霍布森、卡钦斯与福斯特 3 位较为突出。在以上 10 位经济学家之中，正是这 3 位建议对需求进行干预，于是他们也就被划为“消费不足”学派。

其余 7 位经济学家则被划为“投资过度”学派。然而，有趣的是，尽管这 10 位经济学家的模型都强调了不同的方面，但总的来说，可以把它们相互叠加在一起，结果则是一个更为复杂而又相当连贯的整体。实际上，常常会有这样的情况：当你听到经济学家辩论时，可能你留下的印象会是经济学家的分歧其实没那么大。

投资过度与消费不足这两个学派都很重要，但就后来所出现的众多学派来看，它们也仅仅是其中的两个而已。第三个是“货币”学派，其先锋人物是一位绅士，他就在拥有大量货币的地方——伦敦城和英国财政部工作。他的名字就叫拉尔夫·乔治·霍特里。

货币观点

霍特里 1904 年进入英国财政部任职，并在 1913 年出版了第一本关于货币与经济周期的专著。这本名为《商业的盛衰》的著作基本上把经济周期归咎于货币供给的波动。在霍特里看来，常见的经济周期有两种不同的演变方式：

- 外部冲击。某些外部推动因素可以造成一连串涟漪式的反应，其影响会从一个行业蔓延到另一个行业。但是，在初始的冲击结束之后，这些波动就会减弱，或者会消失。这种波动就被称为“真实经济周期”。
- 内在的货币不稳定性。霍特里相信货币体系具有内在不稳定性，因为对于中央银行来说，要在稍长的一段时期内把实际利率标定在魏克塞尔所说的那个含混不清又变化无常的“自然利率”水平（或者是霍特里所说的“盈利率”）上，是极不可能的事情。

按照霍特里的解释，货币的不稳定性主要和银行储备的作用有关。金融监管部门要求各家银行按照其存款余额的既定比例持有金融储备。经济的持续繁荣能够创造市场信心并增加投资活动，这就意味着银行倾向于发放更多的贷款。但是，银行增加的贷款发放到一定阶段后，就会遇到最高放贷比例的限制。当银行达到这个阶段时，就开始提高利率以便吸收更多的存款，同时也会适当削减一些借贷活动。最终，这将迫使工业企业降低存货和生产。然而，企业做出调整并适应新的状态还需要一段时间，所以银行也会在这段时间内继续提高利率。这就意味着银行利率将继续大幅偏离原本使经济维持在稳定水平的较低利率。

霍特里最为关注的一种状态是他所说的“信用僵局”。在这种状态下，降低利率似乎不能刺激任何借贷活动。当采取过度收缩的信用政策致使大量企业崩溃的时候，这种状况就会发生。“你可以把马拉到水边，”诚如他们所说，“但你不能让马喝水。”一旦发生信用僵局的情况，唯一能做的事情就是通过各种渠道增加货币供给。

在20世纪20年代，霍特里被尊为经济周期理论中生产力与货币政策研究方面的领军人物，但他与其他10位思想者都存在一个共同的问题：当应该停止支出时，你不应花费时间思考经济会如何运转，而应当去看一看实际上要发生什么。坦白地讲，尽管经济周期理论在理论层面上已经有了较长期的发展，但在实践层面尚缺乏过硬事实的支撑。

黄金时代的新思想

关于价格与心理因素

·价格上涨会吸引投机者，而投机者又会推动价格进一步上

涨。（马歇尔）

· 当价格下跌时人人都想把东西卖掉。（马歇尔）

· 心理因素与价格的不稳定性起了主要作用。（庇古）

关于支出、储蓄与投资

· 资本家从经济扩张中受益最大，但他们的储蓄也最多。因为他们的储蓄过多，使得剩余支出不足以吸收新的生产能力所带来的产出。（霍布森）

关于生产能力建设

· 当自由资本转换成固定资本（生产力）时，经济扩张就发生了。反之，由于缺少更多的自由资本，扩张也就停止了。（塔干-巴拉诺夫斯基）

· 经济扩张的触发器是技术创新，它能够增加潜在的盈利。（斯皮索夫）

· 当生产力水平达到顶峰之时，大量从业人员被解雇。如此一来，原来设想的与生产能力相匹配的需求水平随之下降。（卡钦斯和福斯特）

· 在生产力建造期间，该行业的自我订购创造了一个暂时的需求高峰。（克拉克）

关于利率与货币

· 只有当利率等于新项目投资的平均机会收益率时，经济才会处于均衡状态。如果实际利率低于那个点，经济就会扩张。反之则收缩。（魏克塞尔）

· 繁荣期对自由资本的消耗推动了利率的上涨。更高的利率水平导致企业家原来预期的投资盈利减少，所以他们会停止投资。（卡塞尔）
· 繁荣创造出虚假的价格能量（它给予商家市场信心），但利率（它能对商家提出警示）赶不上价格上涨的速度。（罗伯逊）
· 在经济繁荣后期，银行的放贷将受到临界限制，这迫使银行提高利率。到了周期的后段，计划期更长的商业项目被迫寻求信用支持，因而利息率依然在较长时期内保持高水平。当然，在经济衰退时期，低利率也未必能够使经济受益，因为经济已经非常疲弱了，而且深受伤害。（霍特里）

第 8 章

究竟什么是经济周期

美国经济学家韦斯利·米切尔 1913 年出版了其著作《经济周期》。在书中，他一开始就对流行的经济周期理论做了简短的叙述。他在叙述这些理论时——诚如熊彼特后来所指出的——非常冷静客观，似乎所有这些理论彼此不分轩轾。米切尔对经济周期做了如下定义：

> 经济周期指由工商企业占主体的国家在整体经济活动中出现波动的现象。一个完整的经济周期由以下几个阶段组成：扩张阶段，此时大部分经济活动同时出现扩张，继而出现类似的普遍性衰退，然后是收缩，以及融入下一个周期扩张阶段

的复苏阶段；这个变化的序列重复发生，但不定期；经济周期的持续时间从超过 1 年到 10 年或者 12 年不等；它们不能被细分成更短以及与自身有近似波幅特性的周期。

在这个定义中，有两点特别重要。一是总量的振荡。无论是什么因素驱动了周期的发生，似乎都是在更加广泛的程度上对经济产生影响。二是周期并不是定期发生的。他之所以一再强调这个重要的发现，就是因为担心人们会夸大经济波动的规律性。

预测工具

1920 年，米切尔在纽约与人一起创办了研究国际经济周期的机构——美国国家经济研究局，或者简称“NBER”。经过多年的洗礼，他的研究团队受到了人们越来越多的尊敬，以至后来 NBER 成了受人景仰的研究经济周期问题的中心（今天依然如此）。

不久之后，NBER 的专家们就发现了许多经济与金融指标，这些指标可以分成三类：一类是“领先”于周期的指标，一类是与周期相“契合”的指标，另外一类是“滞后”性指标。举例来说，领先指标的上升趋势是在一般经济活动之前形成的，而下跌趋势也是在经济活动处于平台整理之前就出现的。这类指标能够经受时间的考验，在建立起来之后就保持可靠性，而且在检验其他经济活动时也很可靠。

在对经济周期做图解方面，美国人并不是唯一的贡献者。1923 年，德国科学家约瑟夫·基钦也发表了一篇文章，他在文章中分析了英国与美国31年的数据。基钦发现其中存在一个周期，但有趣的是，周期的波长不同于朱格拉周期——实际上二者截然不同。基钦发现的周期平均长度为40个月——比3年稍长一点儿：这比朱格拉所观察到的结果的一半还要短。虽然基钦没有在文章中对这个差异做出解释，但这个结果非常重要。一个可能的解释是经济行为已经发生了变化，而另一个解释则很滑稽：也许人类在行为上存在若干周期性的现象……

此时，该轮到西蒙·库兹涅茨出场了。如果说米切尔收集了大量的经济数据，那么相比较而言，库兹涅茨所收集的数据比米切尔还要多。他是米切尔的学生，在NBER的赞助下做了大量的研究工作。

库兹涅茨的一项主要工作就是测度国民收入。在开发出计算国民收入的方法之后，库兹涅茨又转向收入波动问题的研究。他也发现了周期现象的存在，而且，他比朱格拉与基钦曾经做过的研究还要深入透彻得多，他能够证实周期的出现。然而，滑稽的事情再一次出现了，库兹涅茨的周期波长既不同于基钦的40个月，也不同于朱格拉的10年，他所发现的周期平均长度大约为20年。这确实让人觉得非常奇怪！

或许，这可能还不值得我们大惊小怪。因为一个人在一堆散乱的时间序列中所发现的经济周期的数量，取决于他对样本进行筛选时的定义。如此看来，上述3位经济学家所发现的结果都是对的，但他们所确定的经济周期对应着不同的经济现象。基钦周期是存货周期，朱格拉周期则与丹尼斯·罗伯逊所说的资本投资周期相关。那么，库兹涅茨周期说明的又是什么现象呢？在他这个周期长度为20年的观点发表后不久，一位名叫霍默·霍伊特的绅士提供了一些有趣的数据，这些数据显示，房产价格波动的周期平均为 18 年。

当 NBER 的研究团队在对不同的时间序列进行调查研究的时候，他们发现，在 1885 年以前，朱格拉周期与库兹涅茨周期都表现得很明显，只有一些更短期的波动表现出了很大的特异性，以至看起来根本不像周期——而更像是对随机冲击的反应。然而，1885 年之后，它们的特异性显著缩小，于是便产生了基钦周期。

长周期理论

就像我们很难觉察一只蚂蚁从鞋子上爬过一样，置身于茫茫世界中，人们也会由于自身的渺小而无法认清“庐山真面目”。就在 1910 年，一名 18 岁的俄国学生指出了这个问题。这个学生名叫尼古拉·康德拉季耶夫，他研究了资本主义经济的行为，并确信自己发现了经济是以极低频率振荡的——其波长超过了 50 年。9 年之后，他对这个现象进行了科学研究。1924 年，他完成了一份长达 80 页的研究报告。在这份研究报告中，他宣称资本主义经济已经走过了两个长周期，周期平均长度为 53.3 年——而且正在进入第三个长周期。1926 年，他在德国的《社会经济学文献》杂志上发表了自己的研究结果，他这样写道：

> 我们所检测的从 18 世纪末到现在的时间序列所发生的变化，显示出了很长的周期。尽管对所选择的序列进行数理统计处理非常复杂，但所发现的周期现象并不能被看成这种处理方法所带来的偶然结果。

他检测了多个时间序列，其中有许多序列与周期理论相符，但也有一些不符合，而且还有一个序列与周期理论相反。或许，第一个周期开始于亚当·斯密的故乡苏格兰的山坡上，这个长长的周期是由工业革命，包括蒸汽机、水力织布机等技术发明孕育出来的。第二个周期则来自铁路业的繁荣，它开始于1843年，终结于1887年杰伊·古尔德的做空袭击。第三个周期从建造电厂开始，其后又受到自动化、钢铁、玻璃、公路以及纺织业发展的推波助澜。这个周期开始于1893年，在康德拉季耶夫1926年发表论文的时候，他设想这个周期已经接近高潮。

康德拉季耶夫也采用资本过度投入来解释经济的波动，过度投资会导致市场供给过多，然后便是衰退，直到有新的技术发明最终带来新一轮投资的井喷。然而，新的技术发明并不是这种上升的唯一驱动力，实际上，它仅仅是一个触发器：

> 如果我们想要得到关于技术发明的足够数量的观点，那么，按照设想，我们必须记住，技术发明的数量应足以点燃经济的繁荣之火。

他认为，点燃繁荣之火的条件，即导致经济起飞有以下几个因素：

- 高储蓄的倾向；
- 在较低利率水平上有相对大规模的流动性借贷资本供给；
- 这些累积的资本掌握在有能力的企业家与金融集团手中；
- 较低的价格水平。

NBER的经济学家有保留地接受了康德拉季耶夫的理论。实际上，康氏周期可能有助于从理论上解释克拉克的加速原理，或者资本货物生产部门的“自我订购”（资本物品生产部门依赖自身产出扩张产能）如何导致经济波动。但是，批评康德拉季耶夫的人则认为，他宣称经济经历了两个周期以及断言其正处于第三个周期的说法，理论证据极为贫乏，所以他的结论基本上也不切实际。

诺贝尔经济学奖

朱格拉发现了“新大陆”，而米切尔、伯恩斯、基钦、库兹涅茨以及康德拉季耶夫等人都对这个新大陆做了大量的早期阐释工作。米切尔因其著作和所创立的机构而赢得了崇高的荣誉与尊敬，朱格拉、基钦、库兹涅茨和康德拉季耶夫的名字都被用来给周期命名，而且在今天，朱格拉周期、基钦周期和库兹涅茨周期被很多经济学家认为是已经被证明的事实。伯恩斯在1969年被任命为美联储主席，而库兹涅茨在1971年荣膺诺贝尔经济学奖。

第9章

商业萧条与货币稳定

1898年，有着光明前程的美国经济学家欧文·费雪正值青春韶华，并且在耶鲁大学接受了良好的数学教育，享受着幸福的婚姻生活，美好的职业蓝图也刚刚展开。然而现在，医生诊断他患了肺结核，这实际上就等于宣判了他的死刑。难道欧文·费雪的人生画卷在刚刚打开的时候就要合上吗？

不！费雪准备接受这场命运的挑战，他决定进行当时唯一可能的治疗：呼吸新鲜空气和采取健康的生活方式。他搬到了科罗拉多，在那里有许多同样的病人也在接受治疗。在这些患者当中，有一位很有趣的青年，他就是年仅22岁的工程师罗杰·沃德·巴布森。费雪和巴布森很快就意识到，他们除了肺结核这个病，还有很多的共同点。他们都对经济学着迷，特别是对经济周期问题与货币部门的作用有着强烈的兴趣；他们都被股票市场及其灾难性事件深深地吸引；他们都富有创造力的特质，都想在各种各样的问题上给别人当顾问。而且有迹象表明，他们都发明出一种辅助治疗肺结核病的方法。费雪为肺结核病人设计了一种小帐篷，正是因为这项小发明，他后来获得了纽约医学会的奖励。巴布森的发明则是可用电加热的外套，以及一些小小的橡皮锤子，人们使用这种锤子可以在很冷的天气戴着手套打字。

经济周期的10个阶段

一段时间之后，巴布森开始对这种与其他病人一起生活的日子感到厌倦，于是决定搬回原先在马萨诸塞州的韦尔斯利山租住的房子。他在那里雇了一位秘书，还设了一间办公室，就在这间窗户常开的办公室里，他对经济周期及其对股票市场的影响进行了认真的分析。

1909年，罗杰·沃德·巴布森出版了有关经济周期问题的著作《货币累积的商业晴雨表》(第一版)，对历史上的经济危机进行了透彻的分析，他的主要观点是过度投资与增加货币供给一定会导致负面的反应。这本书的主要目的，正如其书名所暗示的，在于劝告股票市场上的投机者。在他给出的忠告里，着重强调了“标准的十阶段经济周期模型”：

1. 提高货币利率；2. 债券价格下跌；3. 股票价格下跌；4. 商品价格下跌；5. 房产价格下跌；6. 货币利率较低；7. 债券价

格上涨；8. 股票价格上涨；9. 商品价格上涨；10. 房产价格上涨。

巴布森的书很快就成了畅销书，而且这本书还促进了他的多篇投资通信的发布。这些投资通信建立在其经济周期模型基础上，例如，用来衡量多种经济指标的“波浪图形”。他的分析方法在本质上相当简单：首先对长期经济增长趋势进行估计，然后计算出围绕这一趋势所累积的偏差。在某一个方向上的每一个偏差，都将被其相反方向的相似量级的偏差抵消。实际上，对他来讲，分析经济周期已经成为一项重要的收入来源。

首要的是稳定价格

欧文·费雪的身体也在奇迹般地逐渐康复。1901 年，他的肺结核病竟然痊愈了。费雪选择了比巴布森更加学术化的职业生涯。就在他患病的头一年，他还是想把自己塑造成一位数学家。直到 1911 年，当他选择博士论文论题的时候，他最喜欢的教授威廉·萨姆纳问他：“你为什么不去研究数理经济学呢？”费雪回答道：“我还从来没有听说过呀。”

于是，威廉·萨姆纳向费雪介绍了瓦尔拉斯与帕累托在洛桑大学所发展的研究方法，费雪随即决定对此展开研究。1911 年，也就是巴布森发表其《货币累积的商业晴雨表》之后，费雪出版了自己的专著《货币的购买力》。该书主要论述了通货膨胀与货币供给波动所造成的不稳定效应。在书中，他还把天文学家、经济学家、数学大师西蒙·纽科姆 1885 年提出的方程式加以通俗化：

$$MV=PQ$$

这里的 M 是货币供给，V 是货币流通速度，P 为物价水平，Q 则是商品数量。在费雪对这个方程式的重要性做出解释（并命名为“货币数量论”）之前，这个方程式并没有被广泛接受。费雪的货币经济周期理论表明，货币供给的增加首先将会导致经通货膨胀调整的实际利率下降，由此刺激商品产量的增长（这本身是件好事），而后将会出现通货膨胀率与实际利率的上升（这是让人难受的事情）。换句话说，如果大量增加货币供给，那么首先会带来正面效应，而后则会发生极其糟糕的情况。谈到这一点，我们应该记得桑顿也曾提示过存在这种联系。

与费雪等人的经济理论相比较，一个更优的基本理论就是对银行实际功能的重新理解。直到 19 世纪末，大部分经济学家都倾向于把银行仅仅看成货币交易商。银行接收存款并向他人发放贷款，在此过程中，货币仅仅是在换手而已。但是现在，经济学家开始窥探到这些让人敬畏的机构的高墙大院内所藏匿的其他真相，这里所发生的一些非常重要的事情已经远远超出了政府或中央银行的控制范围。银行不仅从事货币的交易，还能够通过刺激货币流通速度来创造货币供给。如果了解到这一点，那么费雪经济周期理论中关键的内容大致可以表述如下：

· 经济周期的关键在于银行信贷，因为现代经济中的银行能够创造货币。
· 在增长的开始阶段，商家看到其存货大量减少，于是会增加订单。
· 这会导致生产的普遍增长，但是按照萨伊定律，它又会进一步刺激需求的增长……

· 这意味着，尽管订单增加了，但存货不会增加，于是，在一段时间内，商人们会继续增加订单。

· 由于生产商在满足这些不断增加的需求时遇到了麻烦，因此交货甚至会被限量，这种情形会鼓励商家把订单的数量增加到超出其实际所需要的水平。

· 在上述过程中，由于银行要为经济活动的扩张提供信贷支持，所以货币供给增加了。货币供给增加的初始效应是降低贴现率，这将导致经济活动的进一步扩张。

· 一些银行增加了信贷供给，这会造成其他银行的储备增长（资产价格上涨，人们储蓄更多的货币），从而刺激这些银行增强放贷的倾向。与此同时，由于商业活动启用原先闲置不用的储备，货币流通速度也会加快。

· 然而，萨伊定律并不是永动机。供给增长所产生的一些额外收入会被人们储存起来。在这个时点上，商家终于发现它们的存货数量已增加到正常水平之上，于是会减少订单……

· ……在这种情况下，商家开始偿还银行贷款。正是由于这种行为，货币供给开始收缩，随着收缩的不断累积，最终出现了暴跌。

· 随着货币供给的收缩，诸如房产之类的资产价格以及各种存货的价格都会开始下降，而且债务清算跟不上价格下跌的步伐，于是债务清算自身造成了失败。

· 这意味着如果每个人都试图减少债务，那么总体效果反而加重了负担，因为蜂拥清算债务所产生的集合效应导致一美元货币购买力的增长。

所以费雪认为货币体系是不稳定的，他这样写道：

债务人偿付的债务越多，他们所负担的债务就越沉重。经济航船越是歪斜，它就越趋向于倾覆。

在他看来，如果想要稳定经济（方程式中用Q表示），首要的事情就是集中精力稳定价格（方程式中用P表示）：

要停止或阻断这种萧条，在经济上总是有可能的：只需把价格重新提高到债务余额刚开始收缩时的平均水平，然后把价格维持在这个水平不变。

1920年，他出版了《稳定美元》。在发售这本书的时候，他还要求出版商在每本书中插入一张明信片，对创建一个稳定价格与货币供给的组织感兴趣的读者可以把明信片寄回。就在这一年的新年前夜，他举办了一个254人参加的宴会，在这场宴会上，他宣布已经有大约1 000人对此项工作感兴趣。随后，他决定组建一个“稳定货币联盟”。很显然，稳定价格有多种途径，例如，把货币转变成金属硬币（大卫·李嘉图的哲学），或者通过中央银行业务操作来稳定货币总量（亨利·桑顿的哲学）。另一个不太常见的方法，也是联盟中的一些成员所倾向的方法，是“美元补偿计划”。按照该计划，价格每上涨1%，美元也应该按照1%的幅度重新估值，而一旦价格下跌1%，美元也应随之贬值1%。

私营银行如何创造货币

假设费雪继承了10万美元（尽管他自己没有这些钱，

但他娶了一位富豪千金），他把这些钱存在当地的一家银行。把钱存在银行里当然不会改变他所拥有的钱的数额。但是，银行将会怎么做呢？假设银行业监管当局要求银行保有 10% 的准备金，银行就会把其余的 9 万美元立即贷给别人，这样可以保证利息收入的最大化。从银行贷款的人当然有自己的目的，他会把这笔钱花在某个项目上，例如支付给某个人。现在，这个“某个人”也会把所收到的钱存到银行——这家银行也会把其中的 90%（81 000 美元）用于放贷，以此类推，直到最初的 10 万美元存款最终增长到 100 万美元。换句话说，当银行收到费雪的 10 万美元存款的时候，银行系统就具备了创造出高达 90 万美元信贷的能力！信贷与货币是等同的，因为持有者都可以花费。由此可见，货币供给很大程度上掌握在私营银行手中，而不仅仅是掌握在中央银行的手中。

德国的恶性通货膨胀

费雪的下一本书是在 1922 年出版的《指数的编制》，尽管其内容读来相当冗长，但还是成了畅销书，连他自己都大为诧异。这本书出版之后，他动身前往欧洲，在伦敦经济学院讲授“商业萧条与货币稳定”，并且顺便研究了德国经济发展中的一些奇怪现象。第一次世界大战的前一年，在外汇交易中，官方要求的汇率是 4 德国马克兑换 1 美元。然而，就在战争爆发之前，大量的德国人蜂拥着要把手中的德国马克兑换成黄金，这使得德国不得不放弃金本位制。战争拖延的时间与花费远远超出了预期，为了筹措战争经费，德国政府开始首次发行短期债券，然而所有这一切都是徒劳；德国在 1918 年战败，并且被迫做出巨额战争赔偿。在战争期间，德国马克兑美元的汇率已经下跌了 50%，战后更是加速下跌——诚如桑顿曾经预言的那样。开始的时候，德国马克汇率比较温和地下跌，但随后下跌速度加快，最终德国马克在市场上被疯狂抛售，就像脱缰的野马一样失去了控制。1920 年 2 月，德国马克兑美元的汇率达到了 100∶1，是战争之前汇率的 1/25。而且，随着货币供给的继续增加，德国马克汇率还处于不断下跌的过程之中。众所周知，对于那些有储蓄的人来说，通货膨胀无疑是一场灾难。但在其他方面，加速通货膨胀也存在一些好处：德国的失业率大幅下降，1922 年春季的失业率已经低于 1%，到夏季差不多已经没有失业的人了。

总的来看，似乎是货币引发了大量的经济活动，但费雪和他的同事罗曼教授则发现，经济活动是建立在整体幻觉的基础之上的。对于费雪与罗曼来说，德国所有的东西都非常便宜，这是由于德国马克兑美元汇率太低造成的，但对于德国人来说，所有东西似乎都极为昂贵。这两位教授就高价格的问题询问了两家女性用品商店的老板，她们对此给出的答案是：盟军封锁，工会强制增加工资，运费上涨以及政府无能。但是，当费雪继续问她们这种情况是否由政府一直在印发太多的货币造成时，两位女性就摸不着头脑了。费雪由此得出了结论，即德国人认为商品与美元都在升值，但是德国马克始终没有变。于是，他把这种不顾本国货币总量变化而一如既往地信任本国货币的荒唐倾向称为“货币幻觉”。

到底是为什么……

德国马克汇率继续像自由落体一样下跌。到了 1923 年的春季，德国议会的一个委员会被要求调查为什么德国马克兑美元汇率在当年的头一个月便从 1.8 万德国马克下跌到了 3 万德国马克。然而，当该委员会在 6 月召开第一次会议的时候，这个问题又得重新措辞表述——现在得调查汇率为什么下跌到了 15.2 万德国马克。7 月，情况再一次改写为：

> 在过去的仅仅 6 个月的时间，为什么德国马克兑美元汇率从 1.8 万德国马克下跌到了 100 万德国马克呢？

这是否有可能，哪怕微乎其微，是由于在政府支出中，通过税收渠道获得的收入仅占 3%，而发行短期债券为政府筹措的收入占 97% 所造成的呢？

1923 年，鸡蛋的价格已经上涨到 1918 年战争结束时的 5 亿倍。也是在这一年，雇员要求每天支付两次报酬的情形已司空见惯。企业发工资时的场景常常是，一辆装满钞票的卡车开进工厂，出纳员爬到钞票堆上大声念着员工的姓名，然后把整捆的钞票扔给应答的人。员工们拿到钱之后就赶紧跑出去，购买任何想要得到的东西——像一份报纸要花 2 000 亿德国马克，一杯咖啡则更贵，诸如此类，还有什么值得计较吗？事情到了这种地步，已经不再是玩笑了。失业问题又回来了，街上也出现了骚乱。费雪所说的糟糕的效应露出其丑恶嘴脸。

第10章

病入膏肓的经济

犯错误和重复错误是不同的。奥地利学派经济学家路德维希·冯·米塞斯能够理解奥尔良大公曾经犯的错误，但让他感到奇怪的是：人们为什么没有从过去的历史中吸取教训？当出现多次经济衰退的时候，为什么政府或者中央银行没有一次能够辨识基本的错误，并采取有效措施以防重蹈覆辙？实际上，他对此有自己的解释，显然政治人物和银行家们受到了诱惑。

看不见的通货膨胀

在冯·米塞斯看来，周期的反复发生是由于政治人物与央行行长们倾向于在经济复苏时期把利率削减到魏克塞尔所说的“自然利率”水平以下，而商业银行则会增强流动性并扩张自己的业务。这就意味着它们一次又一次地放任投资的过度扩张，从而导致信用收缩乃至爆发经济危机。

然而，冯·米塞斯认为魏克塞尔也遗漏了非常重要的一点。米塞斯指出，向经济中注入流动性首先会导致资本货物行业的通货膨胀，而就在资本货物行业刚开始出现通货膨胀的时候，消费品价格则可能仍然在下降。在后来的过程中，价格变化会出现反转，当消费品价格上涨的时候，资本货物的价格则可能下跌。因此，如果没有注意到注入流动资金引起普遍的看不见的通货膨胀，而对通货膨胀做出反应又已经太迟，那么很有可能出现实际利率低于自然利率的情形。也就是说，米塞斯认为魏克塞尔与费雪的理论都过于简单化。

20世纪20年代，冯·米塞斯觉得这种现象正在发生。欧文·费雪认为20世纪20年代的经济扩张是可以持续的，因为它没有使消费品价格出现通货膨胀，但是冯·米塞斯认为，由于戏剧性的信用扩张或者信用膨胀，经济将会出现崩溃。从纽科姆方程式左边的变量来看，由于货币体系内在的不稳定性已经造成了疯狂，这种情况迫切需要得到纠正。当方程式左边开始被纠正的时候，方程式的右边就会被损害。或者，正如他所指出的：

由信用扩张带来的经济繁荣最终出现崩溃是无法避免的。只有两种选择，要么自愿放弃进一步扩张信用，使危机早一点

> 儿到来，要么推迟危机的发生，让整个货币体系都卷进来并最终爆发更大的灾难。

米塞斯自1924年起，每个星期三的下午都会与经济学家弗里茨·马克卢普见面，他们一起在维也纳的街头散步，而每次经过奥地利最大的银行时，他都会说同样的一句话："它将会遭遇一场大危机。"

"财政部观点"

这些年，英国一直在辩论政府是否应该在衰退时期刺激经济的问题。对此持反对意见的人占了多数，他们坚持所谓的"财政部观点"。1929年英国政府发表的白皮书就是一个例证。这份政策白皮书做了如下陈述：

> 政府资助公共事务领域的大规模计划除了会对金融产生影响，也会对普遍的产业定位产生干扰效应。如果该计划是长期的，且承诺相关人员工作具有持续性，它就会使这部分人员退出劳动市场，否则他们会在一般产业中另寻就业机会，尽管那样的就业机会缺少安全感和规律性。

因此，根据这种观点，增加政府支出没有益处。但是，如果面对失业率高企的经济状况，依据这种观点给出的答案就会暴露明显的弱点；情况越严重，政府的作用就越重要。在同一年，自由党发布了一份名为《劳合·乔治能做吗？》的政策建议，主张政府增加支出对抗失业。根据该政策建议，失业问题终将减轻：

当前大量失业人员重新获得工作，这将使其获得工资收入，而不再依靠失业救济金，这也就意味着有效购买力的增长，从而将刺激商业活动；再者，增加的商业活动又会促进商业活动本身进一步发展，从而有助于推动经济的繁荣；繁荣具有累积性效应，这也类似于商业萧条的反面累积情况。

接下来，该政策建议针对那些反对财政部观点的意见给出了如下的答案：

劳合·乔治先生的计划中所运用的储蓄将不会转移到其他资本设备上，而是：（1）部分用于对失业提供金融支持；（2）部分帮助运转那些由于缺少足够信贷而浪费的资源；（3）部分用于新政策所促进的繁荣；（4）余下部分将会用于削减对外债务。

换句话说，该政策建议认为，财政开支能够实现高度的自我融资，而且能够发挥比初始效应更大的刺激经济的作用。额外开支的一英镑不仅能够有效地治疗经济创伤，还具有部分自我融资的功能。

香槟与货币

这份政策建议的作者有两个人，一位是休伯特·亨德森，另一位就是大名鼎鼎的经济学家约翰·梅纳德·凯恩斯。凯恩斯确信，资本主义经济包含着一些内在的不稳定性，这个观点在大量新的经济周期研究文献中已经被普遍接受了。他还认为经济会朝着永久性失业均衡状态下滑，这种观点不同寻常。

当这个文件发布的时候，凯恩斯已经 46 岁了，是当时辩论的积极参与者。凯恩斯在伊顿公学和剑桥大学接受过良好的教育，曾经做过记者、讲师、保险公司的经理，还担任过英国财政部的高级官员。他给政府提出过很多政策建议，参加过第一次世界大战结束后与战败国德国的谈判，也算得上是罗斯福总统和温斯顿·丘吉尔的朋友。4 岁时，他就曾经对利息的意义感到好奇，6 岁的时候，他就在想自己的头脑是如何运转的。在学前班，他雇用了一位“奴隶”帮他拿书本，作为回报，凯恩斯则帮助那个小家伙做家庭作业。后来他上了伊顿公学，之后又上了剑桥大学，到剑桥不久，就与著名经济学家马歇尔经常共进早餐。而后他通过了公务员考试，在全部参加考试的学生中名列第二。在那次考试中，他的经济学成绩最好，后来他解释了原因：“对于经济学，我显然比主考官了解得更多。”

凯恩斯在音乐方面也是一个内行，他还与毕加索是朋友，而且是一位现代艺术品的收藏家。他创建了自己的剧院，还附设了一家餐馆，并对菜单的安排有着极大的兴趣。他还在好几家大型机构的董事会任职。像亚当·斯密一样，凯恩斯在遣词造句方面也是一位大师。他像劳一样，喜欢玩扑克牌和轮盘赌。他和桑顿的类似之处则是有许多可以信赖的好朋友。他与一位甜美而又风趣的俄罗斯芭蕾舞演员结了婚。如果所有这些信息还不足以让人了解凯恩斯的话，就再补充一点：他还非常喜欢喝香槟酒。

当然，我们还要谈到股票市场。像坎蒂隆一样，凯恩斯很喜欢投资股票、货币与商品，这些投资活动使他能够更好地理解经济的不稳定性。许多人都知道他喜欢早上躺在床上做出投资决定，但是，如果他的研究有了几分松懈，他的实际状态就很难说了：他的投资决策会表现得大胆激进。他热衷于货币市场，因为他相信自己在财政部的经历能够帮助他确立竞争优势。

然而，仅凭这些，我们还不能彻底了解凯恩斯。1920 年 4 月，也就是欧文·费雪着手研究德国恶性通货膨胀的前两年，凯恩斯已经嗅到了一个投资机会，于是他在货币市场采取做空策略。当他卖空的时候，价格的确是在下行，但很快就触底反弹，他为此损失了 13 125 英镑，他的投资伙伴也损失了 8 498 英镑。当接到经纪人要求追缴 7 000 英镑保证金的通知时，他已经无力支付了，依靠仅有的两笔贷款才免遭破产的厄运。然而，这次的经历并没有将他挫败。1924 年，他被任命为国王学院的首席会计师，并成功说服学院董事会设立一只由他管理的投资基金。

不同的意见

就在凯恩斯的观点获得普遍认可的时候，奥地利学派也崭露头角，一批从维也纳大学毕业的学生开始成长起来，并出任一些重要职务，使得该学派的信徒逐渐增多。费利克斯·索玛瑞就是其中的一位，他曾师从冯·米塞斯。作为冯·米塞斯的学生，他对经济周期理论特别感兴趣，在成为苏黎世的一名投资银行家之前，他写的一篇关于朱格拉周期与经济危机的论文在 1901 年获了奖。1926 年 9 月 10 日，他在维也纳大学发表演讲。一些聆听他演讲的人觉得他所讲的内容非常怪异，因为当时的经济正处于繁荣时期，而且周围所有的一切看上去都是那么美好。然而，费利克斯·索玛瑞却预言经济的繁荣景象将要以政府的破产和银行的崩溃告终。

1927 年，他与凯恩斯会面时，凯恩斯问他能给客户什么样的投资建议，索玛瑞回答道：“对即将到来的全球危机应该采取最好的保护措施，并且远离市场。”然而凯恩斯仍然显得非常牛气，并回应道：“我们这个时代将不会再发生任何危机。”然后他便向索玛瑞咨询了一些具体的股票情况，并且补充说：“我发现市场非常有趣，而且价格较低。所以哪有什么危机呢？”索玛瑞回答：“危机来自预期与现实之间的差异。我从来没有见过地平线上有如此浓密的乌云。”

然而，股票市场还在继续上扬。1928 年，凯恩斯对自己的投资业绩也不满意。因为英国的股票指数收益率达到了 7.9%，而他所管理的投资基金收益率却不到 3.4%。显然，如果他在下一年取得更好的业绩，那么他将更受欢迎。诸多迹象也显示，他在下一年可能会取得更好的业绩。首先，作为世界股票市场领头羊的华尔街一直处于牛市行情，而且股票价格自 1924 年以来一直在稳步上涨。其次，一直以来的经济行情让人印象深刻。在一定程度上，这应该归功于 NBER 的“考古学者”们，他们使凯恩斯能够查阅到一些相当好的统计报表。表 10–1 列出了部分关键数字。

在过去 7 年之中，工业生产增长了 40%，耐用消费品增长了 56%，而非耐用消费品增长了 17%。通货膨胀则处于最低水平，在最近两年里物价出现了下跌。约翰 · 福特忠实地实践了萨伊定律，他用自己的一些产品来支付工人的部分工资，纽约的股票经纪人也看到了资金总是流向那些最强大、最健康的企业。的确，股票交易从未像当前这样红火过。就在此前一年，自动收报机、报价板和经纪人服务都登上了远洋客轮，收音机也开始整天定时播报股票价格的信息。工厂为了取悦工人，就把股票价格信息每隔一小时张贴到黑板上。可以设想，一位繁忙的市场报务员曾经夸张地抱怨，自己为了能够好好吃顿饭而不得不在餐厅里装上自动收报机，他的用人不到股市收盘不会来上班，连华尔街的清洁工也只捡地上的财经类报纸。事实上，随着股票价格的节节上涨，人们认为股票交易是非常容易的事情，几乎不会有任何损失。当时有一则流行的笑话，说一位绅士给一家股票经纪行的经理打电话，他问道："威廉·琼斯在你这里开户了吗？""你有什么权力这么问？""我是律师，也是威廉·琼斯的监护人。他正在精神病院里。""他的账上有 180 000 美元的盈利。"

表 10–1　美国 1922—1928 年的关键数字（以 1922 年数据为基准，100）

年份	工业生产	耐用消费品	非耐用消费品	消费者价格指数
1922	100	100	100	100
1923	120	146	116	103
1924	113	130	102	100
1925	127	176	113	104
1926	133	143	116	104
1927	133	143	117	98
1928	140	156	117	99

因此，撇开笑话来看，如果有人怀疑资本主义经济的优点，那么对于绝大部分人而言，他们此时都会让步。如果人们像第一次世界大战之后的德国那样，或者像太阳王当政以及其后一段时

期的法国那样，粗暴地对待这个经济系统，你就会咽下失败的苦果。但是，如果人们能够按照经济自身的规则来操作的话，也就是像美国那样，那么经济将会运行良好。从一端的底特律到另一端的华尔街，资本主义大厦似乎比以前更加牢固地矗立着。所以，凯恩斯和费雪一样，都看好股票市场的牛市行情。对于经济的健康稳定，没有任何理由加以怀疑。

奥地利学派

奥地利经济学派倾向于反对任何形式的政府干预，包括对整体经济进行调整的任何企图。冯·米塞斯和他的学生弗里德利希·冯·哈耶克是这派哲学的领军人物。冯·哈耶克的大量著述都对冯·米塞斯的理论做了详细的阐释。在他看来，问题的根源在于金融部门对于货币需求增长的反应，它们提供了更多的信贷，而不是保持货币供给的稳定性和提高价格（利率）。下面列举了他的一些主要研究结论：

· 利率低于自然利率可能是不稳定性的种子，因此刺激经济繁荣是不可持续的……
· ……或者是新的商业机会提高了自然利率水平，而实际利率仍然停留在原来的水平上。
· 在繁荣时期，快速增长的货币供给没有造成任何初始的通货膨胀，但经济繁荣一停止就会出现通货膨胀。
· 而且，如果利率仍然处于过低的水平，那么相对于投资需求而言，储蓄就会不足。

换句话说，在经济繁荣时期，中央银行可能会错误地允许货币供给过快增长，因为没有立即出现任何警示的信号。因此，它们也就允许储蓄增长落后于投资需求，并且还会为后来的通货膨胀水平上升创造条件（实际上，桑顿早在 1802 年就已经得出了这个结论）。

冯·哈耶克所提出的奥地利学派经济周期理论的另外一个要点是，低利率会鼓励许多“庞大的投资计划”，或者会导致现代经济学家所说的“资本结构的深化”。最终，利率水平上升，使这类投资计划变得不再赢利而被放弃，从而造成了极大的成本浪费。在 20 世纪 20 年代末，冯·哈耶克越来越确信这个过程正在展开，一场经济危机也已不可避免。

对此，几乎每一个人都会赞同。当然，这里的“几乎每一个人”不包括韦尔斯利山的预言家罗杰·沃德·巴布森——他有一段时间曾经警告他的客户当心将至的崩溃。另外，当然还不包括一直持怀疑态度的奥地利人。其中一位就是我们的朋友费利克斯·索玛瑞，他在 1928 年与一群经济学家的谈话中，曾经警告他们关注利率与非常低的股票收益率之间存在的过大差距，他把这种情形称为“崩溃的明显征兆”。后来他说，很奇怪，在场的经济学家中竟然没有一位相信他的预测，尽管这些人所代表的各种理论纷繁芜杂。在奥地利经济研究所 2 月出刊的杂志中，冯·米塞斯也预测了美国经济即将发生危机。

虽然没有人愿意听取他们任何一位的意见，但就在索玛瑞 8 月底去西班牙度假路过法国的时候，他接到了维也纳的冯·莫特纳博士打来的紧急电话，他是为罗斯柴尔德男爵寻求咨询意见的。奥地利最大的金融机构土地抵押银行遇到了严重的问题，奥地利政府坚持要信贷银行对其兼并以挽救其破产的命运。于是，冯·莫特纳打电话询问索玛瑞应该怎么办。

“兼并将是毁灭信贷银行的最佳办法。”

“我也是这样想的，但奥地利政府坚持要兼并；如果我们不照做，那么在我们需要帮助的时候，政府也将不再帮助信贷银行。”

“把土地抵押银行的问题留给政府；当你需要以自身的生存为代价时，你就不能帮这个忙，而当你自身也正在遇到困难的时候尤其如此。”

1929 年夏天，信贷银行为冯·米塞斯安排了一个报酬非常优厚的工作，这使他的女友（后来的妻子）欣喜若狂。但是，让她更感惊奇的是，他根本不愿意接受这份诱惑。当女友问他为什么的时候，他回答道：“一场大危机即将爆发，而我不想让自己的名字与之有任何牵连。”

冯·米塞斯与索玛瑞都认为经济的某些方面出了问题。实际上，它已经病入膏肓……

第 11 章

大萧条

杰西·利弗莫尔在第五大道赫克谢尔大厦的顶层办公。他有一个精心选拔的团队，大约包括 20 名职员和 30 名统计员，他们帮助利弗莫尔收集和解读来自世界各地的市场情报。1929 年的夏天，助手们告知利弗莫尔，道琼斯工业平均指数（该指数是以少数大企业的股票为基础编制的）仍然表现良好，但他们所监测的 614 只股票（从 1 002 只股票中挑选出来）的表现，实际上从年初开始就在下跌。利弗莫尔把这种“缺少人气”的状况看成一个警示。是否应该准备大量抛售呢？他要寻找更多的线索。

决策，决策……

就在9月4日的下午，他找到了这类线索。一位职员提供了一则消息，有一位英格兰银行的高管在午餐时向同伴透露，“美国的泡沫已经破裂”，而英格兰银行的董事长蒙塔古·诺曼正在考虑月底之前提高利率。这天，利弗莫尔在办公室一直待到午夜，绞尽脑汁设想将要发生的事情。后来，他回家睡了几个小时。第二天一大早，在其他员工上班之前就赶回办公室。上午，他把能够想得到的人全部召集到办公室，一起商讨当前的形势。

早上8点钟，波士顿的一个电话提醒他，在下一个财政年度[1]的全美商业代表大会上发表演讲的人正是欧文·费雪的朋友罗杰·沃德·巴布森。利弗莫尔当然知道那意味着什么。根据巴布森的“波动图表”，自20世纪20年代初以来的经济繁荣已经大幅度偏离了经济增长的长期趋势。很多人都知道巴布森正在关注这个问题，而且他对利率的上升也非常担忧。直到最近，本杰明·斯特朗才掌握纽约联邦储备银行的决策权。他曾经强烈反对通过采取紧缩性货币政策来降低股票市场的收益，因为在他看来，紧缩性政策可能会对经济造成不必要的伤害。然而不幸的是，他在1928年死于肺结核，他的继任者则主张对股票市场采取紧缩政策。他们一上来便威胁给处于边际的投机者提供贷款的股票经纪人，但毫无效果，于是便在1928年开始提高利率，尽管此时的通货膨胀率还是略微为负，而且经济也刚刚从一轮小幅下降

1. 美国的财政年度是自上一年的10月1日开始，至次年9月30日结束。——译者注

中恢复过来。到了1929年3月，利率首次提高到14%，随后到了26日，利率进一步提高到20%。就在电子报告板刚刚显示出20%的利率时，仪器保险丝烧断了，在场的人群爆发出一阵笑声。虽然股票价格再次出现了反弹，但在巴布森看来，利率如此飙升则是另一个明显的警示。

利弗莫尔确信巴布森会在演讲中谈到对此问题的担忧。在他看来，巴布森的分析技术有多么高明并不重要，他所要关心的是人们对巴布森的讲话会有什么样的反应。利弗莫尔让一位秘书把有关巴布森的文件拿过来，看了一遍后就放在了一边。然后他要了一份报纸。他阅读报纸的方法与众不同，养成了一种对记者心理的特殊嗅觉。仿佛出于一种本能，他知道记者什么时候会对坚持同一种态度感到厌倦。一旦如此，他们就会突然跳到对立的观点，读者也会随波逐流。利弗莫尔感到记者们正在准备做这样的一种转变，因为此时已经没有什么新闻了，人们所传诵的都是发财致富的成功故事。新闻界很可能会把有关巴布森的报道做成封面故事，人们也很可能会去听他的演说。于是，利弗莫尔决定抛售30万美元的股票。

这一次他赌对了。在新闻发布会之前，记者们想找巴布森要一份演说摘要或提纲甚至都被他拒绝了，因此造成了一种颇为紧张的气氛。这使编辑们相信这将是一次重要的演讲，所以《先驱论坛报》的记者便给欧文·费雪打电话，以确认他能够对此演讲发表评论。9月5日的中午，美联社便发出了一条即时消息：

经济学家预测股票市场将会大跌60~80个点。

这则消息通过无线电与晚报传播出去，覆盖面很广。《先驱论坛报》给费雪打了电话，而费雪则否认股票市场即将崩溃。第二天，报纸的同一个版面上刊载了巴布森的演说和费雪的评论。与此同时，利弗莫尔让其经纪人增加了空头的头寸。

崩溃

1929年的大危机就这样开始了。尽管费雪在10月15日发表了股票市场会继续走牛的评论（“我预期未来几个月的市场交易状况会比今天更好”），但市场却不可避免地进入了下降通道。10月21日，当杰西·利弗莫尔读到《纽约时报》一则新闻的标题时，他感到怒不可遏：

> 据传利弗莫尔领衔打击高估价证券。

他的确在抛售股票，但这篇报道的其他内容几乎都不正确。他并没有因这篇报道直接攻击报社，而是决定将计就计。他打电话给《纽约时报》的一位记者，说马上要举行一个新闻发布会以澄清事实。除了这位记者，他没有邀请其他任何人参加新闻发布会，然而，他并没有把这个情况告诉这位记者。上午10点钟，这位记者来到了他的办公室。刚坐下来，他就忙着记录下他的观察：

> 行为怪异，看上去泰然自若却很古板……他抓起电话向左边斜靠着，用纤细的手指小心谨慎地捂着话筒，窃窃私语，似乎在下达某个市场指令，大概是财务上的事情。

利弗莫尔微笑着对这位记者的光临表示感谢。记者问利弗莫尔能否证实他正在牵头做空，利弗莫尔递给他一份书面声明，对此正式加以否认。后来，记者问他为什么股票价格正在下跌，利弗莫尔则回答说，那是因为股票交易价格已经有很长一段时间处于荒谬的高位。这位记者则提醒他，欧文·费雪认为股票价格仍然很低。利弗莫尔于是迅速地从椅子上站起来说：

一个教授对投机或者股票市场能够知道多少呢？他做过保证金交易吗？他往这些所谓便宜的泡沫里投过一分钱吗？对内幕消息——所有内幕消息——要小心。他怎么能依赖从课堂上得到的那些信息呢？而我要告诉你的是，市场从来不会消停，它像海水一样运动、变化，聚集成汹涌的波涛后又会分散开。

显然，他对欧文·费雪的这番评论有失公允，实际上，费雪在市场上有很多投资。但在10月24日，美国股票市场上爆发了恐慌，出现了从未有过的暴跌行情。

一位经纪公司的职员这样描述那天的情形：

接线员连着30~35个小时未合眼，一直不停地处理公司的外地业务。每隔两小时就有人送进来三明治与咖啡。在最糟糕的时候，没有一个业务员能够回家。我弟弟连续工作了27个小时没能合眼。他已经连着几个星期每天工作18个小时了，而他只是那数百名业务员中普通的一员。收款机旁的姑娘们和那些打字员都已经在岗位上累得晕倒了。一天下午，一家做股票零星买卖的商号中有34个职员由于精疲力竭而昏倒在地。在另一家，19个人被送回家……

一位在交易所的旁观者这样写道：

> 我看到成群的人忙着抛售股票。当客户下达指令的时候，我注意着他们的脸。我看到男人们的头发变白了，一位妇女昏死过去，他们冷漠地把她抬了出去。我还听见一位中年医生在喃喃自语："我儿子的学费完了。"

20世纪20年代，一些投资团体有组织地操纵股市是很平常的事情，利弗莫尔则是这些投资团体当中最有名的人物，他对做空交易有着独到的眼光。在1929年的大危机中，他操作精准，到1931年年初，他个人财富总值达到3 000万美元。但是，他后来失去了自律能力，可能是因为他发现自己酒鬼一样的妻子居然和一个被禁止从业的代理人有暧昧关系。1934年3月，他宣布申请破产。

危机已成事实，很快就蔓延到欧洲市场。这一年的英国股市尾盘下跌6.6%，凯恩斯所管理的基金在1929年的增值幅度则仅仅为0.8%。至于欧文·费雪，他损失了大约1 000万美元，也就是他在指数编制机和股票投资上的全部收入。

有谁见过"看不见的手"吗？

1929年股市崩溃仅仅拉开了一个序幕。在1930年春季短暂的反弹之后，市场再次出现了下跌的行情，而且陷入了恶性下跌的旋涡，到1933年，股票市值损失达到85%。有人在这个时候开玩笑说，如果有谁愿意买一股高盛的股票，那么他还会得到一支枪。或者，如果有人预订了酒店高层客房，服务员便会问客人是想睡觉还是想跳楼。随着股市的下挫，经济也跟着下滑。工业生产下跌的幅度不是5%，也不是10%，而是1/3。耐用品的消费则下跌了大约75%，居民住宅建造下降95%。支付给白领的薪水总额减少了40%，而支付给蓝领的工资总额则减少了60%。这些数据简直让人毛骨悚然。

在紧缩开始之时，许多家庭都努力保有资产，但随着局势的继续恶化，人们不得不卖出所有东西——只要能卖得出去，任何价格都可以接受。有一个例子可以说明当时的情形。1934年11月，切斯特·约翰逊美术馆因破产而需要出售资产。在这次资产出售中，毕加索的画作《超级派对》仅售400美元，而胡安·格里斯的一幅画作则只卖了17.50美元。然而，人们以不可思议的价格贱卖资产还不足以最形象地描述当时经济崩溃的惨状，最能说明其惨烈程度的则是非耐用品（例如食品）的销售额也减少了一半。

多数人都对银行不愿意增加发放贷款而加以谴责。公共部门的官员鼓励银行放松信贷政策，例如，阿特利·波莫林就在1932年11月指责那些不愿意放贷的银行家：

> 即便提供合适的抵押品，那些具有75%或者更高比例流动资金的银行仍然拒绝发放贷款。在目前这种状况下，那些银行已经成了我们社会的寄生虫。

然而，无论人们怎么批评，银行家们都不愿意放贷，尽管世界真的非常需要他们出手，可他们就是不去创造货币。已经有85 000桩生意失败了，还有900万个储蓄账户丢失。很快，压力开始转到银行家的身上。克利福德·里夫斯的批评则更为严厉，他在《美国信使》杂志中这样写道：

> 银行家这个头衔，以前在美国是一种受人尊敬的标志，如今则几乎沦落为耻辱的代名词……甚至有一天，骂一个人是银行家之子就相当于说他是个发动突袭和故意加害别人的坏蛋。

由于货币供给急剧减少，美联储已经束手无策，只能眼睁睁地看着银行倒闭，企业破产，大量的人处于饥寒交迫之中。到1932年，失业人数已经从150万急剧攀升到1 300万，大约25%的劳动力失去了工作。1933年，国民收入已从1929年的870亿美元下滑到了390亿美元——退回到20年前的水平之下。难道资本主义的末日真的降临了吗？有许多人的确是这么看的。广为人知的卡尔·马克思就曾经预言资本主义国家的衰退会一步步加剧，直到整个体系最终彻底崩溃。

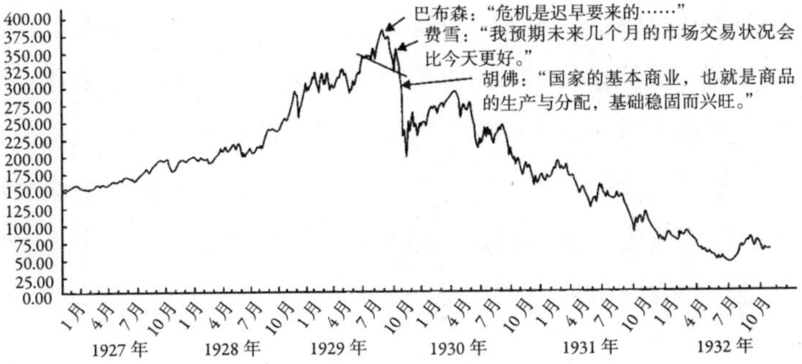

图11-1 1929—1932年的大危机。当罗杰·沃德·巴布森在1929年9月5日提出股票市场即将崩溃的警告时，大多数人都对此嗤之以鼻。但是，危机真的来了，而且比巴布森预言的还要严重。3年之内，股票市值损失了大约85%。该图显示了巴布森、费雪和美国总统胡佛做出评论的时间。

凯恩斯的回击

约翰·梅纳德·凯恩斯没有加入其中。他与费利克斯·索玛瑞的谈话清楚地说明他并未洞察到经济的萧条，但既然现在萧条已经发生，他就需要弄清楚原因。他认为政治人物在政策运作上存在着技术性的错误，这个错误应该可以得到纠正。然而，错误究竟在哪里呢？他开始对理论抽丝剥茧，以找出经济理论的假设前提可能存在的错误。为了搞清楚这个问题的答案，他付出了几年的心血。与此同时，他还是一位忙碌的教师，并且担任金融与产业麦克米伦委员会的委员，撰写了许多关于其他论题的文章。1936 年，艾萨克·牛顿所写的一些文稿被拿出来拍卖，凯恩斯便和他的兄弟一起把大部分文稿买下来。他仔细研究牛顿的这些文稿，这也为他撰写一篇有关牛顿的文章打好了基础。另外，他还忙着打理国王学院的基金。1930 年，这只基金损失了 32%，1931 年又损失了 25%。但适应了变化之后，这只基金在 1933 年赢利 45%，1934 年又赢利 35%。虽然凯恩斯的基金在那些年表现良好，但经济出现了危机，人们又一次陷入绝望的境地。难道这次危机没有终结吗？亚当·斯密的“看不见的手”什么时候才会使经济秩序得以恢复呢？这个经济体系到底出了什么毛病？毕竟这次大萧条已经持续了 4 年之久。表 11-1 列出了美国的一些关键经济数据。

虽然凯恩斯还没有构建出一套完整的理论，但他已经准备好表达自己的观点了。当时许多嘲笑过他的理论家如今不得不聆听他的理论！他安排了一次与罗斯福总统的会面，并要尽力说服罗斯福总统。然而，那次会面远谈不上成功。因此，凯恩斯回家后便继续研究和撰写文章。他安排好自己的工作，而且管理好基金，可喜的是，基金取得了连续赢利的好业绩——1935 年实现了 33% 的投资收益率，1936 年的收益率更高达 44%。

表 11-1　1928—1933 年美国的关键数据（以 1922 年的数据为基准，100）

年份	工业生产	耐用消费品	非耐用消费品	消费者价格指数	货币供给（M2）
1928	140	156	117	99	144
1929	153	185	119	98	145
1930	127	143	97	91	143
1931	100	86	78	80	137
1932	80	47	56	73	113
1933	100	50	60	73	101

解决之策

凯恩斯的著作终于在 1936 年面世，他确信这本书已经找到了问题的症结所在。这本《就业、利息和货币通论》(简称《通论》) 总共 400 页，笔调优雅而富有趣味，这足以证明凯恩斯也是一位散文大师。但是，这本书比较难读，一方面是由于它与以往的理论有很大的不同，另一方面是由于有些内容确实有点儿晦涩。然而，这本著作的诞生可谓正逢其时，因为当时正值资本主义经济分崩离析，而众人（除了奥地利人）又都束手无策的关键时刻。

这本著作主要因为以下三个方面的原因赢得了赞誉。一是它介绍了若干经济分析新方法。二是它对普遍认为经济能够自动纠正衰退的观点给予了正面的回击。正是在这一点上，凯恩斯认为古典经济学家犯了最严重的错误。三是它提出了政策建议，即通过积极运用政府预算，从稳定价格的政策转到直接稳定就业与总收入上来。这本书的主题可以概括如下：

- 如果把一国的投资与消费支出加总，就可以得到总的“国民收入”。如果劳动生产率的提升快于平均收入，就会出现失业问题。
- 国民收入中的消费部分随投资变化。如果投资上升，消费就会上升，因为投资的过程会增加就业岗位与薪金支付。这里面存在萨伊定律的元素。
- 然而，这种关系并不完全如此简单。那些用于投资的货币将会持续换手流通，每一个得到这些货币的人都会储蓄一部分，然后把剩余的部分花出去，这个过程一直持续到这些货币全部被储蓄起来为止。我们把增加一英镑投资所产生的放大倍数称为“乘数”。因此，投资与消费之间的关系是由该乘数的大小来决定的。
- 如果人们的储蓄超过了社会投资，经济体系就会出现不平衡。换句话说，收入、储蓄和投资之间的关系可能平衡，也可能不平衡。
- 假设现在的投资低于人们当前的储蓄水平，在这种情况下，收入将会出现下降，而且收入的下降也具有乘数效应。
- 由于消费者的收入在下降，他们会发现不能再按照以前的比例进行储蓄了。这意味着储蓄也会下降，而且会一直下降到与已经降低的投资水平再次相互匹配。
- 换句话说，社会落入了失业均衡……

……当企业努力减少存货水平的时候，失业均衡的状态将会持续多年，这是由现有生产设备（资本）的持久性与累积效应造成的。

在《通论》出版之后，经济学家们所写的著作几乎都与先前的文献有明显的不同。而在政策制定者看来，这本书最精华的部分就是弹性财政政策。在古典经济学中，节俭总是被当成一种美德来颂扬，但在凯恩斯的理论中，要把公共支出作为积极的稳定器加以运用，至此，财政也成为一种政策工具。相比较而言，桑顿则早在134年前就已经设计出了货币政策工具。然而，凯恩斯也并非没有遇到挑战，任何一位古典经济学家都会立即对他的理论加以反驳，他们之间的争论听起来可能会是这样的：

古典经济学家："结论部分完全错误。如果投资水平下降，那么将会有三种途径来结束衰退。"

凯恩斯："我愿意洗耳恭听。"

古典经济学家："第一，利率会下降，因为有太多的人在储蓄，而投资太少。低利率会鼓励新的投资并减少储蓄倾向，这是经济车轮再次高速旋转的一种途径。"

凯恩斯："对，你说的可能没错。"

古典经济学家："你同意了？好，我们继续讲。第二个稳定效应在于，工资水平在衰退期间也会下降，这使得一些新的商业冒险能够有利可图，同样也会刺激新投资。"

凯恩斯："你说的可能还是对的。"

古典经济学家："第三，房地产、消费品、资本货物等价格也会下降，这意味着现有货币的实际购买力增加了。最终，每个人又都会开始花钱。”

凯恩斯：“我对此可能也会表示同意。的确，有很多短暂的经济衰退在政府未加干预的情况下很快就结束了。这可能是你刚才所解释的那些情况。但是，在你看来，政府又应该扮演什么样的角色呢？”

古典经济学家：“只要简单地维持预算平衡以确保财政稳定，就可以保持信心，直到市场自动纠正，而情况往往会如此。”

凯恩斯：“在此你需要小心谨慎，因为当经济衰退已经到非常严重的程度时，经济动态可能会与你的预期大相径庭。”

古典经济学家：“或许复苏只是一个较长时间的问题呢？”

凯恩斯：“那会是很长很长的时间，然而，长期而言，我们也都不存在了。不说这个，让我来解释第一个问题——关于储蓄。你刚才预期衰退期间储蓄会增加。或许是这样的，但只要看一下美国1929年大萧条之后的情形就清楚了。公司会储蓄吗？不会，因为这些公司在1929年的税后净利润与股息之和达到26亿美元，而在1932年却亏损60亿美元。而且其中有85 000家公司已经破产，出现亏损或者破产的公司当然不会有储蓄。那么，消费者会储蓄吗？也不会。因为他们的总收入已经被削减了一半。统计数据显示，1932年和1933年，消费者的平均储蓄为零。他们根本没有任何储蓄！我猜测他们实际上会因为担心将来而进行储蓄，但是他们已是寅吃卯粮，实在没有多余的钱可存。股东们会储蓄吗？1929—1933年，他们除了面对股票价格下跌85%的烦心事，还不得不忍受股息也下降57%的痛苦。”

古典经济学家（现在听起来有点乖戾）：“因此，如果情况真的非常糟糕，那么你还认为储蓄不升反降吗？你还有什么其他重要的看法？”

凯恩斯：“就你刚才所说，如果经济出现了下滑，那么对企业家而言，他们可能更容易找到闲置的资金与劳动力，这也是投资的机会。而我在这里想要说的是，当局势像1929年大萧条以后那样糟糕时，企业家的反应是不同的。实际上，他们的反应恰恰相反。潜在的投资者已处于休克状态。人们的非理性占据上风——他们彻底害怕了，并且会猜测今后的趋势。他们不会尝试着在价格底部买进，因为每当他们认为应该触底时，市场都会无情地把这个底部击穿。就在你认为全部稳定因素应该能够起作用的时候，市场仍然无情地击穿此时的价格水平。因此，商业领域存在着我所说的‘流动性偏好’，因为人们认为资本的边际效率已经下降了。而统计数字也正好说明了这一点：1929—1932年，商业扩张活动减少了94%。并且请注意，在局势不确定的时期，储蓄的下降与恐惧感的上升共同迫使利率走高，而不是下降。”

古典经济学家：“不是这样的。利率在1929—1933年间是下降的，而这正是我们讨论的关键点。危机发生后，美联储在1929年11月1日把贴现率从大萧条刚爆发时的6%削减到5%，在1931年年中已经削减到1.5%。同时，5年期的公用事业债券的平均收益率也从1929年的10.1%降低到1930年的9.3%。”

凯恩斯：“而且这类债券的收益率到1931年又下降到8.9%，但在1932年上升到10%，1933年涨到11%。然而，让我们猜猜会发生什么：同期的消费价格下降大约25%。这使得经通货膨胀调整的实际商业利率变得很高，而且还在上涨，因此利率水平实际上并不低，也没有下降。这也解释了缺少储蓄的问题。鉴于这些情况，我认为经济进入了流动性陷阱，这是一种新的、可怕的，却又稳定的均衡状态。请注意，这也是均衡。让我们忘掉亚当·斯密的‘看不见的手’吧，因为经济一旦掉进了这个深深的黑洞，它就会相当稳定，这是更不幸的。”

《通论》最重要的创新

《通论》中的以下4个分析概念特别重要：

- 依赖于收入水平的“消费倾向”与“储蓄倾向”。
- “乘数”。
- 人的投资决策受“流动性偏好”、“动物精神”（凯恩斯所说的）以及不确定性的共同影响。
- 经济可能会进入“流动性陷阱”，此时无论注入多少货币，利率都不再下降，因为人们心里害怕，而且债券收益会下跌。

地上的窟窿

凯恩斯在这场辩论中占有一个很大的优势：经济已经崩溃，但人们并不知道为什么。如果亚当·斯密及其追随者是如此聪慧的话，那么美国人为什么不再富裕了呢？凯恩斯所开出的药方则与早前的霍布森、福斯特与卡钦斯曾经提出的办法很相似：增加政府支出来填补投资缺口。当然，这可以通过采取比较有意义的方式进行。针对经济下滑，我们可以采取以下更有意义的政策措施：

- 减税。
- 增加转移支付。
- 增加或加快公共投资并维持支出水平。

此外，凯恩斯还注意到，即使政府投资的项目完全不合理，他的这套哲学思想也能够发挥作用。政府可以找人把钱装在瓶子里，再把这些瓶子埋到土里，然后把发掘瓶子的权利卖给企业。由于乘数效应，这将引发就业的总量效应，它比就业的初始效应还要大得多。

凯恩斯的著作具有巨大的影响力。他强调短期经济管理，这与自由放任的概念针锋相对。同样重要的是，他以一种具有操作性且可证实的方式来进行总量分析。在他的理论中，有许多定理可以加以验证，参数也可以量化。我们来看一看消费的边际倾向。库兹涅茨用美国的数据计算出来的消费边际倾向大约为60%~70%。再比如说乘数，我们还是用库兹涅茨的数据来计算，它基本上稳定在2.5左右。

凯恩斯一定没有预料到人们会把他的书当成经济学的《圣经》，而他自己在阅读的时候还发现有许多地方需要加以完善。他也没有想到，他的思想会被人们不加批评地运用。他确信自己是一位伟大的经济学家，但他并不认为自己找到了最终的智慧。有一次，他在华盛顿和一群经济学家讨论了一整晚，他告诉他的朋友奥斯汀·罗宾逊："我发现自己是在场的人当中唯一的非凯恩斯主义者。"他相信，一个思想者不应该像阿尔弗雷德·马歇尔那样，总是推迟阐述自己的思想。更好的做法是先将其表达出来，这样他人就可以吸收这一思想并加以咀嚼。如果这就是他想要的东西，那么他也没有什么好抱怨的了。很少有学术著作被如此多地讨论与研究。经济学家们对待他的理论，就像一群拉雪橇的狗想要生肉那样，而马歇尔、庇古、罗伯逊和霍特里等人所出版的关于经济周期的大量著作似乎很快就被人们遗忘了。

第 12 章

创新与经济周期

时值 1935 年秋天，大萧条已经持续了 5 年之久，加拿大的毕业生罗伯特 · B. 布赖斯从伦敦来到了美国，他是带着凯恩斯在剑桥大学的讲义和笔记登上轮船的。当时虽然凯恩斯的书还没有正式发行，但许多经济学家至少已经了解了其中的一些内容。有一天，温司罗普宿舍举办了一个“凯恩斯研讨会”，布赖斯便在会上解释了一些新观点。参会者想要弄清楚这位凯恩斯先生究竟要说些什么，此时，他们正好有机会向年轻的布赖斯提问。尽管人们对凯恩斯普遍怀有热情，但是在场的人当中至少还有一位不喜欢布赖斯所说的东西。实际上，他根本就不喜欢凯恩斯那一套。

有雄心的人

这个人既非无名之辈，也不是什么重要人物。他曾经为自己的人生设立了3个目标：成为维也纳的最佳情人、欧洲最顶尖的马术师、世界上最优秀的经济学家。他的第一个目标可能失败了，而他的确已经实现了第二个目标。可是，如果他认为自己能实现第三个目标，这就意味着凯恩斯并不是最优秀的经济学家。在熊彼特看来，凯恩斯完全错了——他所得出的结论是错的，他的分析方法是错的，甚至连他对科学研究所抱持的态度也是错的。智商正常的人怎么会对凯恩斯这些东西着迷呢？

约瑟夫·熊彼特出生于维也纳，碰巧与凯恩斯同年。1901年，约瑟夫·熊彼特踏进维也纳的法律界。1906年2月16日，就在他23岁生日之后的一个星期，他获得了法律学位。他的样子看上去颇为轻松，但在实际工作中非常卖力。他经常连着几个小时在维也纳的咖啡店里与人高谈阔论，俨然一副无所事事的样子，但是一回到家里，他就会苦读到深夜，因为他对自己感兴趣的学科有着极强的求知欲望。这个学科正是经济学。

在对经济周期与资本主义的未来所做的分析中，熊彼特尤其强调企业家的作用。每一次经济从衰退走向复苏，都是企业家在其中发挥了重要的作用，其重要性超过其他任何要素。和卡尔·马克思相类似，熊彼特也曾经预言资本主义会发生崩溃，但他所依据的理由完全不同。在他看来，商业与国家都会不断变得越来越强大，随着这个过程的发生，企业家将会消失，而社会方面的革新也将随之而消失。

约瑟夫·熊彼特的第一份工作是在埃及负责一家制糖厂的合

理化事务。他工作干得非常出色，并且对技术革新如何提高企业盈利水平的问题做了认真的观察——这在他后来的理论形成中可能发挥了重要作用。他每天下班回家之后，还得继续干另一份工作。他决定写一本有关经济学的著作，而这只不过是把德语与英国古典经济学二者结合起来的问题。

他花了一年半的时间写完了这本长达 657 页的著作，并在 1908 年出版。熊彼特当时只有 25 岁，便决定退出商业圈，转而开启学术生涯。于是他回到了维也纳，并争取到在大学教授政治经济学的机会。1909 年 6 月，他在 26 岁的时候以“编外讲师”的职衔获得了“大学授课权”。那时，他除了那本著作，还发表了 22 篇书评和 9 篇杂志文章。由此可见，他已经为自己的学术生涯做好了充分的准备。

然而，学术界可能还没有准备好接纳他。人们发现这个年轻的熊彼特让人感到非常愤怒和不快。一个原因是，他把自己打扮得像一位伯爵，另一个原因则是他在公众场合的讲话方式。他像一位经验丰富的老教授一样，讲课从来不带手稿，而且总是流露出优雅的笑容与傲慢的态度。因此，当这位年轻而充满希望的小伙子获得第一份教职时，他就被派到了偏远的切尔诺维兹，那里通常是一些爱找麻烦的老教授待的地方。

切尔诺维兹的岁月

1909 年 9 月，熊彼特离开了维也纳。在到达切尔诺维兹之后不久，系主任主持召开了第一次教学会议。与会的教授们都穿着高领的黑色毛织西服套装，坐在那里等待接受教学任务。有一个空着的位子，留给了从维也纳来的年轻的新任教授。终于，屋子的门开了，熊彼特走了进来，他没有穿黑色的西服套装，而是穿着长靴、马裤和猎装夹克衫。他解释了迟到的原因：会议时间与他每天骑马训练的时间太接近了。对此，系主任是否有可能把下次会议的时间稍微推迟一点儿，好让他能赶得上呢？他们并没有把他遣送回去，熊彼特最终还是在切尔诺维兹交了许多朋友（包括一些女朋友）。他虽然只在切尔诺维兹生活了短短的两年时间，却给每一位同事留下了难忘的印象。还有哪一位年轻的教授，尽管身份卑微，却坚持在用餐时穿燕尾服呢？有一次，熊彼特对大学里一位图书管理员大为不悦，因为这位管理员不允许熊彼特的学生借阅有关政治经济学的图书。他们后来大吵了一架，最后这位图书管理员向他提出用决斗的方式解决。熊彼特接受了挑战，他们便让助手安排了这次决斗。熊彼特受过良好的剑术格斗训练，经过短暂的格斗，他轻轻地刺伤了管理员的肩头。助手们立即上来加以制止，于是决斗结束了。熊彼特为整个事件道歉，管理员也道歉了，而后熊彼特的学生们就可以借阅有关政治经济学的书籍了。

创新蜂聚与创造性毁灭

切尔诺维兹的岁月充满了乐趣与游戏，约瑟夫·熊彼特还在此完成了他的第二本著作——《经济发展理论》。在他回到维也纳之后，该书出版了，这一年他 29 岁。这本书中的一些原创性理论，虽然建立在斯皮索夫有关新技术作为经济繁荣触发器的概念基础之上，但熊彼特通过强调企业家的行为更加详尽地阐释了斯皮索夫的概念。他宣称，在资本主义经济中，创新的产生就像蜂聚一样，而这些创新蜂聚正好解释了经济周期。创新并不等同于发现新技术。创新是一个过程，在这个过程中，人们将所发现的技术不断转化为商业成果。许多人认为这听起来有点儿不可思议："为什么创新的发生就像蜂聚一样呢？为什么它不是一个稳定流呢？"他声称这是由促进创新的条件急剧萎缩造成的：

> 一个有利的环境，即每一个萧条阶段所酝酿、创造的各种事件的总体状态，我们应该特别记住，而且它也成了一直促进并解释经济繁荣的一个因素。众所周知，在萧条阶段，有大量的失业人口、堆积如山的原材料、许多闲置的机器与厂房设备等，这些因素造成了低廉的生产成本，以及比正常情况低得多的利率水平。

对于企业家而言，这种状况非常理想，他们只要把这些生产要素按照有利可图的新方式组合在一起进行生产，就可以开辟出新的市场。因此，在困难时期，会有更多的创新出现，这不仅能够引发一个地区的兴旺，更会带来普遍的繁荣。对此，发生在新企业中的创新提供了很好的解释：

> 大多数新的制成品并不是由老企业生产出来的，也不会立即取代老企业，而是像雨后春笋般一个接一个地冒出来，加入市场的竞争之中。

这意味着创新不仅会改变商业活动的性质，而且会提升商业活动的总体水平。第二，一旦企业家开辟了一条新路子，造成经济周期的创新活动会立即大量涌现出来：

一位企业家取得成功之后，并不是仅有几个企业家效仿，而是会有更多企业家跟进，在此过程中，会不断有企业家被淘汰。

第三，新兴产业的发展意味着对资本、原材料、服务以及新的配套产品等多方面需求的增加，因此这种派生需求会普遍溢出到其他产业之中。最终，由于创新造成的重要影响逐渐耗竭以及老企业因成本上升与竞争加剧而被迫退出，又会带来过度投资的苦恼。

在《经济发展理论》中，约瑟夫·熊彼特曾经使用过的一个术语后来非常流行。在说明为了向更有效率的新生产结构释放资源，必须摧毁老的生产结构的过程时，他用了“创造性毁灭”这个说法。当经济周期处于这种阶段时，那些有着更有效率的新想法的企业家能够运用信用来建立企业。一旦他们能够给市场带来新产品，那么很显然，就会给原有供应商造成竞争压力，结果便是越来越多跟不上变化的生产商被淘汰出局。这样一来，企业家就可以利用原来生产结构中的厂房、办公地点以及雇员。如果这种创造性毁灭的过程没有发生，经济就不会快速增长，或者根本就不会出现增长。

艰难岁月

1919年，社会主义拥护者在奥地利组建了一个新内阁，社民党的领导人奥托·迈耶当时正在寻找一位负责财政事务的国务秘书。他显然不知道熊彼特对自由放任的哲学极为赞同，于是，他建议熊彼特来担任国务秘书的职务。熊彼特接受了这个职务，上任后很快就开始推行他的新政策。他采取的政策包括：

· 通过征收一次性资本税来减少货币供给；

· 采取固定汇率政策；

· 建立一个独立的中央银行；

· 把重点放在间接税上；

· 促进自由贸易。

他在维也纳的华道夫酒店租了一个套间，并租了一个有马厩的乡间城堡——这些是他为自己生活所做的战斗准备。然而，他打不赢这场战斗，政府的其他成员都以一种完全异样的眼光看待熊彼特，他们要采取的第一步行动就是建立一个委员会，对一些产业进行国有化。熊彼特成功地阻止了大量的产业国有化行为，但在 6 个月之后，他被迫离开了政府。他们发现熊彼特根本就不是一个社会主义者。

经历此番失意之后，熊彼特又转入商界。一开始，熊彼特与一些保守派议员达成一项协议，根据该协议，熊彼特获得一张银行业务牌照。他便与比德曼银行联手，因为这家私营银行需要牌照准备上市。这家银行有货币资本，而熊彼特则握有银行牌照，于是他成了合伙人，担任银行行长，领取一份诱人的薪水，并享有一个很高的信用额度。因为急于把银行做大，他抓紧投资了许多行业，几年之后，他似乎变得非常富有了。但在 1924 年，奥地利遭遇了经济衰落，他以前所进行的几乎每一笔投资都变成了坏账资产。这一年还没过完，他便丢了工作，并且背负巨额债务。此时，他感到自己浪费了大量时间，于是决定离开商界。在波恩的大学里教了几年书之后，在1927年，他接受了哈佛大学的教职。为了买船票，他还借了不少钱。然而，7年之后，他居然坐在温司罗普宿舍里听这位年轻的加拿大学生讲述被认为极具才智的凯恩斯理论。

熊彼特觉得凯恩斯低估了资本主义内在的稳定性，他的错误就在于把经济衰退归咎于储蓄水平太高。而在熊彼特看来，正是因为有了这些储蓄，企业家才能够进行创新并创造新的经济增长。进一步而言，凯恩斯的错误之处正在于他对待经济学的态度。熊彼特相信，一位科学的经济学家应该坚持只进行经济分析，而远离与政治人物利益攸关的政策问题。在《通论》中，凯恩斯不仅给出了政策建议，而且在熊彼特看来，凯恩斯似乎是首先对这些政策建议有了判断，然后再发展出一套理论来为之辩护的。

整合理论

现在，我们知道了为什么熊彼特不认为凯恩斯有多高明，以及当他与布赖斯一起参加“凯恩斯研讨会”时又为什么会感到恼怒。当时，熊彼特自己正在撰写一本有关经济不稳定问题的书，其主题就是有关经济周期的整合理论。他在1933年开始着手写这个“框架”，原以为在1935年之前就能完成。但随着研究工作的进展，内容体系变得愈加庞大，此时有传闻说凯恩斯的著作已经成为1935年的关注焦点，而熊彼特自己的工作连一半都还没有完成。他又花费了好几年的时间继续这项研究工作，最终在1939年将其付梓——此时，任何非凯恩斯主义的理论几乎都被认为是不恰当的。

这本长达 1 095 页的巨著（两卷本）还是给人留下了深刻的印象。前面的 219 页是纯理论。首先，他根据均衡理论讨论了人的行为，然后便介绍了企业家为创新活动负责的概念——很像他在《经济发展理论》中所描述的那样。创新蜂聚推动形成了“第一波”——经济周期运动的最初阶段。接下来便是“第二波”，他这样写道：

> 这个第二波现象可能是，而且从质量上看也是，比初始的那一波现象更加重要的。由于这一波所覆盖的面更广，因此也更容易被观察到。实际上，它们早就在我们眼前闪耀，只是我们或许很难发现那点燃熊熊大火的火把，尤其当创新只是个别现象而并不显眼的时候。

因此，第二波把藏在我们眼皮底下的各种初始刺激加以放大。其他经济学家也曾描述过，有多种现象能够造成这种放大效应，例如债务紧缩、被迫清偿、群体决策等。在第一波刺激发生之后，少数具有企业家特质的人相信他们能够受益于企业家所创造的经济增长——从短期来看，这是一种自我实现的假象。然而，在更长的时期内，第二波阶段中的任何所得都会被消灭掉，而仅有第一波所创造的利润会被保留下来。因此，第一波是“演化”，或者是结构性架构，而第二波则是围绕这个演化的增长路径所发生的振荡。但是，这些振荡发生的时点，便是在创新显露出来的时候：第二波中的下降趋势为企业家创造了必要条件。因为有了第二波，初期的演化便按部就班地发生了。

同步的周期

他接下来介绍了几个同时发生的周期：

> 演化的周期性过程没有理由仅仅引起一次波浪式运动。相反，有很多理由可以预期，它会造成多次波浪式运动，这些波动会同时继续延伸，并且在此过程中相互干扰。

他一开始就相信单个周期的假说，但随着对问题的分析不断深入，他意识到在实际过程中存在着多个周期，因为创新有多种截然不同的传播方式。在现实经济中，存在着多个振动同时发生的现象，但是他把这个图景做了简化处理，只是设定出三种主要周期：康德拉季耶夫周期、朱格拉周期和基钦周期，所有这些周期的长度都非常不规则（见图 12–1）。

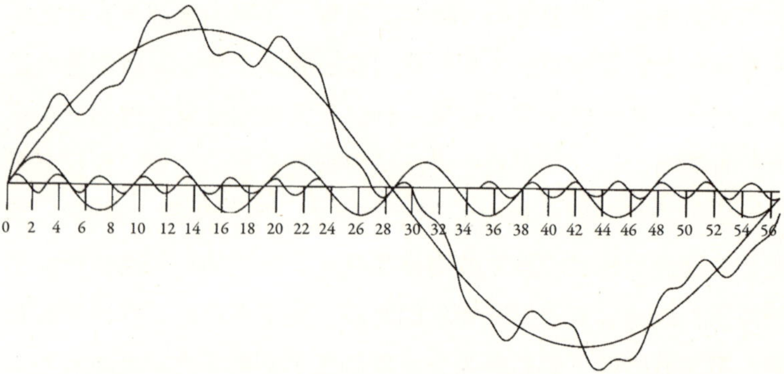

图 12–1　熊彼特的三周期模式。熊彼特相信经济存在多个振动同时发生的现象，其中有强有弱。他认为多个周期的下降阶段趋于一致的情况将会导致萧条。

这本书从第220页开始对经济周期理论进行了深刻的历史分析。虽然他把资本主义历史追溯到12世纪或者13世纪——那时人类社会首次出现了信用工具——但他分析的焦点则集中在最近的300年里，其中包括约翰·劳的时代。他认为劳是一位创造了自己信用的企业家。这种分析对偶然的深度衰退做出了理论上的解释：

> ……很显然，这三种周期的相应阶段在任何时间上的巧合都将产生非同寻常的力度，尤其是如果碰巧遇到繁荣与萧条这些阶段，就将表现出更加强烈的阶段性特点。在我们所掌握的资料范围内，3个跌幅最大且持续时间最长的萧条时期——1825—1830年、1873—1878年、1929—1934年——全都表现出了上述特征。

我们对这些情形做了一些调查。杰克逊总统与菲利普·霍恩在日记中讲述了1825—1830年的故事概况。1873—1878年的萧条是指铁路行业的崩溃，那是发生在杰伊·古尔德刚刚操控黄金袭击之后。1929—1934年的情形则被称为“大萧条”。这些情况，熊彼特认为是康德拉季耶夫周期、朱格拉周期和基钦周期的下降阶段在时间上的巧合造成的。而实际上，1929—1934年大萧条持续了相当长的时间，这就需要另外加以解释：为什么朱格拉周期不像1879年那样在1935年就把经济拉回正常轨道呢？

他对此做了解释，认为这是由反商业的政策累积效应造成的。第一，社会富裕群体的直接税收提高了。熊彼特相信，因为“在国家紧急时期需要做出牺牲”，所以人们能够广泛接受把增税作为中间措施，但在后来，它就成了抑制创造性的长期障碍。第二，政府对企业的未分配所得进行征税，从而迫使企业尽快将所得通过红利的形式分配出去，熊彼特则认为这种做法对企业发展与投资活动产生了普遍的阻碍效应。他相信企业更愿意持有留存收益，但现在却被迫将其分配掉：

> 私营企业具有效率的一个原因在于，和政治人物或者公共部门的官员不同，它需要为自己的错误承担损失。但是被迫采取上述措施会给不同状况的企业带来截然不同的结果，比如企业是用自有资本还是借入资金承担风险，或者某项损失仅仅是削减盈余还是直接侵蚀注册资本。

而后：

> 所有这一切，尽管都是真实的，但对于经济学家来说，一旦他把自己陷入总量分析的理论之中，这一切在他的头脑中便不复存在了。

第三，按照熊彼特的说法，经济复苏失败的原因还在于，被迫提高最低工资水平使得产业更难“修复其已经受到损害的财务结构”。第四个原因是来自国有企业的竞争，而第五点则是反垄断新政策。熊彼特确信，上述所有反商业的政策措施“显然倾向于相互强化”。就像他所说的：

> 可以肯定，经济学家不至于认识不到人类社会的行为与动物社会或者机械系统的行为之间的差别，因为人类社会对“干扰”不仅是做出简单的反应，而且要对其所做的（正确或错误）诊断加以解释和预期。

他相信，这些反商业的政策措施加起来对商业产生了灾难性的心理效应。它们不仅在客观上对商人构成了威胁，而且使他们在心理上也确实感到了这种威胁的存在。他继续写道：

> 唯一要深思的是，个人与国家之间关系的任何主要变化——包括国家在全部个人所得中所占份额的任何重要变化——都会涉及基本思维习惯、人生态度，以及那些直接受到政策影响的人的价值观的改变。

由于熊彼特把经济复苏的关键角色赋予了企业家而不是消费者支出，因此他认为在萧条时期提高工资显然不是明智之举。但是，通过提高税收来增加政府支出又会创造什么样的潜在正面效应呢？熊彼特在书中这样表述：

> ……笔者毫不怀疑，随着1938年400万美元预算赤字中的支出新计划在1938年秋季展开，经济将告别衰退而进入复苏阶段，但也要看到，支出的逐渐减少——根据其影响经济的方式——将会给经济带来再次衰退或萧条的征兆。这种情况让我们既嫉妒又感恩：嫉妒是因为我们的经济学家将会享受到其观点被验证的快乐；而感恩则是因为人们在其他领域——例如医学领域——不会如此理性，要不然我们现在就都成为吸食吗啡的人了。

当他的书出版时，熊彼特知道自己的行动已经太迟了。全世界的目光都转向了凯恩斯，而且这场游戏也已经被命名为财政稳定政策。熊彼特的这本书在首次面世后的18个月里，仅仅销售了1 075册。只有两位美国教授采用它作为教科书，而且也仅仅使用了一年。由此可见，学术界已经对熊彼特的微观经济学不感兴趣了。

在货币与经济周期方面观点被引用最多的宏观经济学家，1920—1939 年

一位经济学家成功与否可以根据其观点被其他经济学家引用的频率来衡量。帕特里克·多伊彻按照“总量、货币理论与周期”以及“货币、信用与银行”的分类标题对经济学杂志索引中的所有文献加以统计后得到表 12-1 中的数据。从该表可以看出，凯恩斯具有明显的优势，他的观点在此期间被引用的次数稳定增长（在 1920—1930 年间，费雪与米切尔的观点被引用的次数最多，凯恩斯排在第 10 位）。约瑟夫·熊彼特的同期排名则从第 17 位下降到第 18 位。

表 12-1　在货币与经济周期方面观点被引用最多的宏观经济学家，1920—1939 年

名次	姓名	被引用次数
1	凯恩斯	200
2	罗伯逊	104
3	费雪	73
4	庞古	72
5	霍特里	66
6	哈耶克	58
7	马歇尔	43

（续表）

名次	姓名	被引用次数
8	米切尔	42
9	卡塞尔	40
10	希克斯	35
11	哈罗德	35
12	哈伯勒	34
13	汉森	32
14	魏克塞尔	31
15	克拉克	25
16	杰文斯	23
17	斯奈德	22
18	熊彼特	22
19	罗宾森	20
20	库兹涅茨	19

资料来源：Deutscher，1990。

第 13 章

有关货币的问题

海曼·明斯基 1919 年出生于美国，他的父母都是社会主义者。他从小生活在父母身边，上学读书，并且遵循家庭传统加入社会主义党派。后来他就读于芝加哥大学，并获得了数学学士学位。但是，不久之后，他觉得自己的专业研究不能只停留在单纯的数学专业上，实际上，他对社会与经济有着更强烈的兴趣。1942 年，他报名进入哈佛大学利托尔公共行政学院学习，但仅仅一个学期之后，他因为要服兵役而不得不离开。1945 年年底，他被派出国；第一站到达英格兰的新港，而后又去了巴黎、法兰克福，最后到了柏林。明斯基在柏林的感触对他后来的研究产生了影响。

他当时在戴维·萨珀斯领导的人力部门的报告计划组工作。明斯基后来声称，与萨珀斯一起工作的经历使他认识到，尽管抽象模型有助于表述思想与分析问题，但那并不是最终的目标，最终的目标应该是在真实情况与事件的基础上推导出切实的结论。他认为，只有像约瑟夫·熊彼特那样对一般的制度体系以及相关的历史框架有了深刻理解，才能做得到。

明斯基在战争结束之后回到了美国，此时他决定不去芝加哥大学，而是要留在哈佛大学从事学习研究。然而，回到哈佛大学一段时间之后，他开始对所教授课程中的一些内容感到奇怪。其中之一是他的一位老师阿尔文·汉森（凯恩斯信徒中的一位领军人物）讲授财政政策的方式。明斯基发现，阿尔文·汉森运用非常正统的凯恩斯主义框架来讨论传统的规则与反周期的财政政策。此外，明斯基认为，汉森对凯恩斯主义的理解在方法上有点儿过于机械。汉森没有谈到不确定性，但是，在明斯基看来，这一点正是凯恩斯思想中的关键部分，而汉森教授实际上忽略了货币与金融市场。

直到 1949 年获得布朗大学的教职之前，明斯基一直在哈佛大学。1949—1955 年，他在布朗大学撰写博士论文。阿尔文·汉森希望明斯基能够和自己一起工作，但明斯基那时已经遇到了约瑟夫·熊彼特并且决定跟随他。明斯基准备探究的领域是市场结构、银行业、总需求的决定与经济周期之间的关系。他研究经济学的方法是朝着萨珀斯当初鼓励他的方向继续做进一步的深入发展：经济学必须讲究实用并符合现实，没有根基的单纯理论建构在现实世界中毫无意义。

明斯基的写作能力很强，而且著述颇丰。明斯基第一篇真正重要的文章是 1957 年发表的《中央银行与货币市场的变化》。在这篇文章中，他介绍了两个流动性概念的差异：

- 中央银行能够直接处理、控制的流动性，这部分是债券与货币市场；
- 驱动股票、房地产等其他资产市场的现金流。

他进一步讨论了两个层次的价格水平之间的差异：

- 当前产出（包括服务），像食品、汽车以及假期等价格广泛依赖于劳动力的成本；
- 资本与金融资产，像股票、债券以及艺术品等资产的价格，表现出不确定性并且依赖于投资收益。由于投资收益代表了未来现金流，所以其估值就依赖于未来时段内我们对收入的预期。

明斯基一直把凯恩斯的理论作为主要的理论参考，而且他具有里程碑意义的著作，正是出版于 1975 年的《约翰·梅纳德·凯恩斯》。但是，他并不苟同多数经济学家对凯恩斯的理解，而且在某种程度上也不同意凯恩斯本人曾经有过的一些想法。

内在的金融不稳定性

明斯基像凯恩斯（而不像新古典主义者）一样，假定资本主义存在着显著的内在不稳定性。他观察到，不稳定性主要存在于驱动经济增长的私人投资部分，这些投资的波动比经济中的其他部分大得多，因为投资依赖于投资者对未来的主观评价。凯恩斯在书中谈到投资者短期关注的焦点（“长期而言，我们都不存在了”)、他们的“动物精神”以及在衰退与萧条期间持有现金的倾向（“流动性偏好”）时，曾考虑了这些方面的问题。然而，明斯基发现，凯恩斯的大部分追随者忽略了这些方面。他认为，金融部门是资本主义经济不稳定的主要根源，因为刺激这个特殊部门的要素很多，并不只是技术和市场利率，而所有这些刺激因素都能导致不稳定性。他把自己看成“金融凯恩斯主义”的阐释者，而且用“华尔街观点”与“货币经理资本主义”来为强调金融部门问题的分析方法命名。他所描述的过程很普遍：

· 增加联邦债务的扩张性公共政策为受债务驱动的私人投资快速发展创造了基础条件，例如，增加低风险的私人股份金融资产，并降低私人企业资产负债表的风险暴露……

· ……而这将会导致经济繁荣与投资过度。

· 政府最终会进行干预，以避免可能出现的崩溃……

· ……而这种干预政策意味着，金融部门不会完全承担由先前不负责任的信用扩张造成的损失。

他断言，不负责任的金融行为得到政府挽救，将会导致经济周期的一再发生，这使得金融部门越来越脆弱。有关投资的决策是由董事会议确定的，决策时通常考虑的一个主要因素是获得融资的一般条件，而不是投资项目的基本健康状况。繁荣时期资产价格的上涨是投资者需要考虑的一个重要因素，因为资产可以用作贷款的抵押物。这就造成了非线性关系，而非线性关系将会造成相当程度的不稳定性：资产价格上涨有助于货币的创造（例如金融资产被用作贷款抵押的情况）。当每个人（代理人）都采取理性行动追求自身收益最优化，甚至可能被迫跟随普遍性趋势以求生存的时候，以上的一切情况都可能发生。他声称，经济周期的每个阶段都会造成金融环境的改变，这种改变又导致经济进入周期的下一个阶段。

明斯基的“华尔街模式”显著区别于众多经济学家所采用的主流的“物物交换模式”（忽略金融部门）。他宣布对新古典方法提出挑战，这主要基于以下3个脱离传统模式的命题：

- 坚持认为就业不能单由市场刚性来解释。假定衰退期间的工资水平就像新古典经济学家所期望的那样，确实下降了，其结果是物价水平也会下降，并且企业也会因此推迟投资。此外，人们还会受到债务服务成本增加的挤压（费雪的债务紧缩理论）。
- 金融市场的广泛波动是相关的。新古典经济学家忽略了金融部门，而假定它是有效率的。然而，金融部门并非如此。中央银行可以控制一些债券的价格与利率，但是不能直接控制其他任何投资资产的价格。
- 失业并不是由市场刚性造成的。它来自企业执行层对未来不确定性的预期，这种不确定性反映在投资的波动中。

因此，金融部门的无效率可能是造成像20世纪30年代大萧条那样的重大经济灾难的罪魁祸首。

查尔斯·金德尔伯格

查尔斯·金德尔伯格是明斯基的一位盟友，他在20世纪30

年代后期任职于纽约联邦储备银行，深知重新点燃微弱的经济之火是一项多么复杂艰巨的任务。金德尔伯格后来离开银行到美国国务院工作，参与过第二次世界大战之后的马歇尔计划。他 38 岁时转入学术界研究经济危机与恐慌问题，并最终出版了一套研究经济危机问题的系列丛书。在这套丛书中，他举了很多实例说明金融市场其实处于完全非理性的状态，而且紧随狂热之后的则是深度的萧条。他把围绕金融狂热的几个典型阶段总结为：

· 投机
· 财务困境
· 危机
· 恐慌
· 崩溃

金德尔伯格在 1986 年出版了《大萧条中的世界，1929—1939 年》，该书分析了他亲身经历的那些可怕事件。他认为，货币供给的崩溃并不能解释那次大萧条，因为货币供给的下降比价格的下降要慢得多。这也就是说，在 1929—1931 年间，货币的实际购买力其实是上升的。再者，他不同意任何把经济崩溃归咎于股票市场崩溃及其负面财富效应的理论——因为在股票市场崩溃之前，生产已经开始崩溃。为金德尔伯格赢得最高声誉的是 1978 年出版的《狂热、恐慌与崩溃》一书。这一经典著作采取了很妙的复古风格，整本书中差不多没有一个数学方程。下面是他在 2000 年的版本中所写的一段话：

> 一位同事曾经试图采用一个数学模型来为这项工作增色。对于某些读者而言，模型可能是有用的，但对我自己而言并不

适合。据说，灾难数学，即专门研究如何把危机这类事件处理成从高处跌落的情形，是这个学科的一个新的分支，而且已经展示出其逻辑的严密性与价值。不过，我还是等一等为好……我自己似乎已经陷入了辩论的泥沼，而且还要付出高昂的成本卷入超负荷的工作之中。

弗里德曼与芝加哥大学

另一位经济学家米尔顿·弗里德曼也把货币因素看成经济不稳定的关键根源。他在大学决定研习数学，目的是将来去当保险精算师，但是他在目睹大萧条的惨状之后，便逐渐对经济学产生了兴趣。因此，当他收到两份奖学金的通知时，他选择了到芝加哥大学学习经济学。弗里德曼在芝加哥大学的一位指导老师便是西蒙·库兹涅茨，后来他为弗里德曼的分析提供了大量的事实与数据。

在第二次世界大战期间，弗里德曼曾在多个政府部门工作过，这段经历使他对经济预测以及政府干预经济的效率长期抱持怀疑主义的态度，他的信念就是保持经济尽可能自由。例如，他这样写道：

> 关于自由市场的最重要的核心事实在于，除非交易双方都获得好处，否则交易根本不可能发生。

1948年，他加入了NBER，任务是继米切尔之后继续研究货币问题。在NBER，弗里德曼逐渐成了知名的理论家。而后，他在1976年获得了诺贝尔经济学奖，因为他是20世纪经济思想最重要的发展——“货币主义革命”的一位领军人物。

经济学的集成促进者

许多经济学家发展了重要的理论，但并未因此而闻名于世。另一些具有天资的经济学家，能够对思想进行集成，重新措辞表述、解释并加以提升。这些人是“集成促进者”，对社会产生了最大的影响，也收获了最高的荣誉。如果说费雪、凯恩斯、萨缪尔森与弗里德曼是20世纪最伟大的四位经济学集成促进者，恐怕没人会反对。虽然这四位大师都发展了原创性的新理论，但是他们也同样精熟于对既有的理论赋予新的理解，并且通过演说、出版、采访、杂志专栏，以及采取与高级政治人物会面等途径来创造经济学理论对社会的影响力。弗里德曼甚至还自己制作了电视节目。

自20世纪40年代以来，固定货币增长率的思想实际上已成为芝加哥大学的正统学说。但是过了这么多年，弗里德曼更加确信这一政策能够处理经济周期的问题：社会只要确保货币存量的固定增长，就可以管理经济周期问题。这边，积极干预政策的支持者与更加错综复杂的仿真模型纠缠不休，那边，弗里德曼则像欧文·费雪那样，把纽科姆的货币数量方程式挖掘出来：

$$MV=PQ$$

我们回忆一下，这个方程式的左边是货币供给与其流通速度的乘积，右边则是物品价格与数量的乘积。弗里德曼首先指出，通过运用积极的反周期措施来管理经济存在着令人难以置信的困难。一旦你意识到经济正在“跳水”，那么等财政政策生效就已经太晚了。而当这类政策最终起作用的时候，经济本身极有可能又已经开始回升了，因此，这类政策增加了不稳定性因素。除此之外，有明显的迹象表明，政府通过举债来增加额外开支的行为将会对私人举债产生挤出效应（老的“财政部观点”）。要点在于从方程式的两边都可以找到内在的不稳定性因素。左边（MV）的不稳定因素是内在的自我增强机制，这一机制是由诸如货币扩张时期利率的初始下降、银行部门的竞争等造成的。右边（PQ）的不稳定因素是存货效应（梅茨勒）、加速数（克拉克）、投资过度（穆勒）、创新蜂聚（熊彼特）等。而当这些因素合在一起时，货币与现实经济之间的正向反馈效应将会造成不稳定性的增强（明斯基）。但是，在任何方程式中，如果一边稳定了，那么整个方程式当然就稳定了。在此方程式中，稳定左边的货币供给部分要比稳定右边部分容易得多。

弗里德曼的假定获得了大量研究的支持，这些研究表明，在货币供给与经济周期之间的确存在很强的相关性——前者领先于后者。1963 年，他与安娜·J. 施瓦茨合著的《美国货币史（1867—1960 年）》出版了。他们的研究表明，从长期来看，货币增长完全反映在通货膨胀上，并没有反映在经济增长上。

至此，他们宣布通货膨胀是“纯粹的货币现象”，并且经常重复这个观点。但从短期来看，情况则不一样。短期而言，货币波动造成了经济周期。

自 1867 年以来，美国在每一次严重的经济紧缩之前，都出现了大幅度的货币紧缩。平均来看，货币增长幅度在经济顶峰出现之前的半年达到最大，而在经济衰退出现之前的一个季度就已经收缩。20 世纪 30 年代的大萧条就曾经伴随着货币供给的大幅紧缩——无论从哪一点来讲，美联储都应该能阻止这次货币紧缩，但美联储并没有这样做。在1929年出现崩溃之后，美国的利率跌到了极低水平，但不管怎样，货币供给还是减少了1/3之多——而当时的大多数观察者对此并未察觉。美联储曾经认为，在经济扩张阶段提高利率，而在衰退阶段降低利率，就足以保持经济稳定。然而，按照弗里德曼的观点，货币存量的加速增长刺激了支出，而人们一旦习惯了这种支出，就会变得不够谨慎，并且开始减少所持有的货币储备。股票经纪人很快就认识到这会推动通货膨胀水平上升，因此他们需要降低债券的价格。这意味着，恰恰在债券利率上升的时候，货币供给会保持扩张。换句话说，提高利率并不能阻止货币的过多增长。当然，相反的一面也可能发生，即利率与货币供给一起下降。为了解决这个问题，我们不得不从“I体制”（通过利率进行管理）转向“M体制”（通过货币供给进行管理）。管理货币供给包括但不限于对利率进行操控。

稳定经济体系

西蒙·纽科姆的方程式——$MV=PQ$——作为一个分析框架，适应于多种解决经济周期问题的建议。表13-1列举了解决问题的一些建议。

表13-1 稳定纽科姆方程式构成要素从而解决经济周期问题的建议

稳定对象	简要描述	早期建议者
PQ	运用中央银行的干预工具（MV）来稳定总产出	亨利·桑顿
P	采取金本位制以保证价格稳定	大卫·李嘉图

（续表）

稳定对象	简要描述	早期建议者
P	对通货重新估值或降低估值以稳定通货膨胀	欧文 · 费雪
Q	运用财政政策来增加或减少总产出	约翰 · 梅纳德 · 凯恩斯
MV	运用中央银行管理工具保证有效货币供给的稳定、适度增长；忽略总产出的波动	米尔顿 · 弗里德曼

对菲利普斯曲线的批评

1958 年，出生于新西兰的经济学家奥尔本 · 威廉 · 菲利普斯（他一生中的大部分时间在英国度过）发表了一篇论文（《英国 1861—1957 年失业和货币工资变动率之间的关系》），他在该文中描述了在通货膨胀水平较高的阶段，失业率是如何降到最低的。欧文 · 费雪曾提到这一点，奥尔良大公对此也有过亲身经历，他当时无成本地滥印钞票带来了短暂的经济繁荣。两位顶尖的经济学家，保罗 · 萨缪尔森和罗伯特 · 索洛对这个问题进行了挖掘，并将其纳入主流思想体系之中。这一结论被命名为"菲利普斯曲线"，而且在一段时间内还成了主流思想的一部分（见图 13-1）。

弗里德曼对这个理论持批评意见。他的确同意在基钦周期的时间范围内，失业与通货膨胀之间存在着这种关系，但这种关系仅仅在短期内成立：

· 社会存在一个自然失业水平，它取决于劳动与商品市场的结构性特征，如市场的不完美、有关职位空缺的信息收集

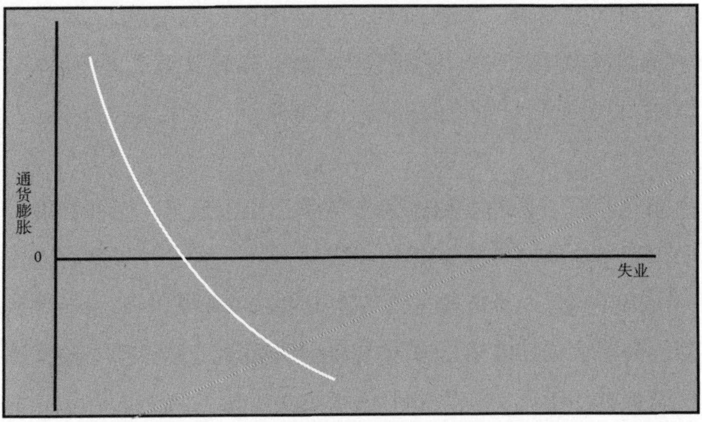

图 13-1 菲利普斯曲线。该图呈现的是菲利普斯曲线最初的形状。弗里德曼相信菲利普斯曲线实际上是垂直的。今天，大多数经济学家支持“加速”假说，即假定加速的通货膨胀能够减少失业，但是仅在通货膨胀水平最终停止上升之前有作用，最后的结果还是通货膨胀和失业。

成本、劳动力的可得性、迁移的成本等。当人们对任何特定的通货膨胀水平已经完全适应的时候，失业率就将朝着这个结构性水平变动。

· 把失业率压低到自然水平以下的唯一方法，就是使货币供给的增长快于预期的通货膨胀。然而，这个过程将会造成滞后的通货膨胀。
· 由于人们对所见所闻的学习，预期的通货膨胀将追随实际的通货膨胀。由于这一点，如果要把实际通货膨胀维持在预期水平以上，就不得不迫使货币供给变得越来越多。结果，如果坚持把失业率维持在自然水平之下，那么必将以增速日益加快的通货膨胀而告终……
· ……这一切直到经济在恶性通货膨胀中崩溃，或者（更有可能）直到某人最终决定踩下刹车为止。在这两种情形中，最终的结果是由于总需求开始下降而造成大规模的失业，同时，预期的通货膨胀水平也非常高。

理性预期

在20世纪70年代初，资本主义经济出现了一次非常严重的衰退，引发这次衰退的部分原因是石油危机。一些国家的政府为了应对衰退，增加货币供给来刺激经济增长（与一些货币主义者的建议相反）。然而，这一做法这次根本不起作用，并没有出现经济增长与低失业率，而是出现了通货膨胀与失业的继续。

这种情况需要一个理论加以解释。另一位来自芝加哥大学的经济学家罗伯特·E. 卢卡斯的理论对此给出的解释最受人们欢迎。卢卡斯的解释很简单，他假定货币供给将要加速的信息是广为人知的。政府官员利用机会正式宣布，增加货币供给对商业投资以及增加就业有益无害，因为在货币供给增加之后会有新的产出增长：

$$MV=PQ$$

然而，人们并不傻。他们了解以前的各种情况，并且知道货币供给的增加最终会导致通货膨胀。因此，公司会立即提高产品的价格，工会也将要求增加工资。所以，很遗憾最终得到的结果还是通货膨胀水平不断上升，却不是经济增长。

关于人们对政府刺激政策的适应可能使政策失败的主张被称为“理性预期”理论。对20世纪70年代发生的情况，与假定长期菲利普斯曲线存在的通货膨胀与失业相互替代的模型相比，弗里德曼和卢卡斯的两个模型则提供了更好的解释。

政治性经济周期

W. 诺德豪斯和 E.R. 塔夫特两人都提出了一个名为“政治性经济周期”的理论。诺德豪斯在 1975 年发表的论文《政治性经济周期》中表述了这一思想，塔夫特则在 1978 年出版了《经济的政治控制》。这两位作者都阐释了政治人物一到选举时就会刺激经济，目的是让自己更有可能再次当选。这就意味着，在选举之前会出现由政治刺激导致的经济繁荣，而在选举之后则会出现经济衰退。

第三篇

经济周期的隐藏决定力量

第 14 章

经济周期的图景

对于每位经济学家而言，最可怕的噩梦莫过于和其他人同时发表划时代的新理论。然而，这样的事情还是发生了。1930 年，亨利·舒尔茨、简·丁伯根、翁贝托·里奇这 3 位经济学家各自发表了后来所称的“蛛网理论”。这 3 位学者的理论都是用德文发表的，而且，丁伯根与里奇甚至在同一份杂志上发表了研究相同问题的论文！

蛛网

他们的思想其实很简单。设想有一群农民，要决定用多大比例的土地来种植马铃薯。如果某一年的马铃薯市场价格非常高，那么每一个农民都会抢着种植更多的马铃薯。但是到了第二年，当他们在市场上销售那些堆积如山的马铃薯时，过量供给将会大幅度压低价格。经历失望之后，他们便减少种植马铃薯，这样做的唯一结果是减少下一年的马铃薯供给，从而使其市场价格再一次上涨。这样，他们一直在努力地进行调整，却永远不能获得令人满意的结果。

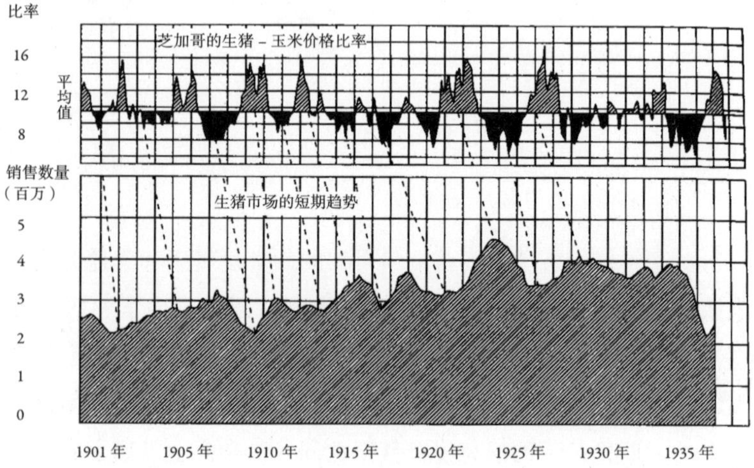

图 14–1　蛛网理论。该图显示，进入市场销售的生猪数量总是比生猪 – 玉米价格比率的增长滞后。这说明，贫困农户一再受到按当前条件决定将来产量这种模式的戏弄。

很清楚，对于亚当·斯密的“看不见的手”这一假说而言，这个蛛网设想造成了不止一次的扭曲。亚当·斯密假设商人能够很快判别有利的市场机会并获得收益，而这是正确的。但是，有两个因素会造成整个系统的震荡：一个是从投资到产出之间的时滞问题，另一个是制订竞争计划的信息是不完整的。显然，这两个条件都符合实际情况。

蛛网描述了商品市场的一种现象。然而，细想起来，它实际上与约翰·斯图尔特·穆勒1826年提出的一般经济理论非常相似。如果市场上存在太多对价格水平不满意的竞争者，他们同时决定削减各自的供应量，就会出现一个“经济蛛网”。或者，许多公司由于受到未料到的高价格刺激，比如说面对某个新市场，就决定对该市场进行生产设备投资。这种错误被称为“竞争性幻觉”（穆勒则称之为“竞争性过度投资”），那么它显然也会导致生产过剩。我们引入蛛网这个概念后，就可以这样说：当某个重要部门出现地方性的蛛网现象后，它可能会推动整个经济，使人们与各种产业在群体心理学的黏合作用下，一起陷入一个巨大的蛛网。甚至如奥地利学派的经济学家所提出，在中央银行努力对货币供应进行适当调整的过程中，也有可能出现在蛛网中挣扎的情形。

挪威的膨胀

蛛网理论的重要之处实际上并不是对信息不足的假设——毕竟，这个假设无足轻重，而且已经渗透到所有的经济周期理论之中。（如果每个人都对一切了如指掌，投机者就将通过套利交易立刻把周期消灭掉。）这个理论的重要之处在于它提出了时间滞后性。该理论表明，在一个非常简单的系统中，就连某些非常简单的时滞都会导致系统的明显波动。但是，蛛网并不是对这种内在不稳定性做出简单解释的唯一例子。另一个例子是所谓的“造船业周期”。1938年，挪威教授约翰·恩纳森发表了一篇论文,《挪威造船业的再投资周期及其证明》。在这篇经典文献中，他描述了所观察到的挪威造船业的一种现象：在船舶建造业出现一轮繁荣之后，每隔一段时间建造业水平似乎也表现出了明显的“回声”现象（见图14–2）。他选择对挪威产业进行调查是经过仔细考虑的：首先，该产业有很好的统计描述；其次，挪威的船队规模位居世界第三；再次，挪威在第一次世界大战中损失了大约一半的船只，而后在1920—1921年仅仅两年的时间里，又重新建造了大部分船只。他所得到的曲线表明：

> 存在一个明显的5年周期，其巅峰年份分别是1884年、1890年、1895年、1899年、1906年、1912年、1916年、1920年、1925年和1929年。

似乎有理由假设船只的修理或者销售造成了这些回声——在这两种情况下，时间间隔都取决于船只发生严重磨损与消耗的平均时间长度。为了弄清情况，他对那些刚刚出售旧船只而后又购买新船只的业主进行了调查。他把这类投资称为“置换”。在置换情形中，他发现存在一种很明显的模式，在初次购买之后的第9年达到高峰，并且到第19~20年再次出现——这与朱格拉周期和库兹涅茨周期的长度相同。换句话说，因为这些交叠置换回声，所以产生了5年周期现象。由此，在投资与再投资之间存在一个时滞，它和蛛网现象非常不同，但也能够导致系统性的波动。就像蛛网现象一样，这种时滞现象至少可以部分解释经济周期中的拐点。恩纳森写道：

> 在我看来，纯粹的再投资周期理论似乎很好地解释了拐点是如何发生的，以及它如何自动地发生。

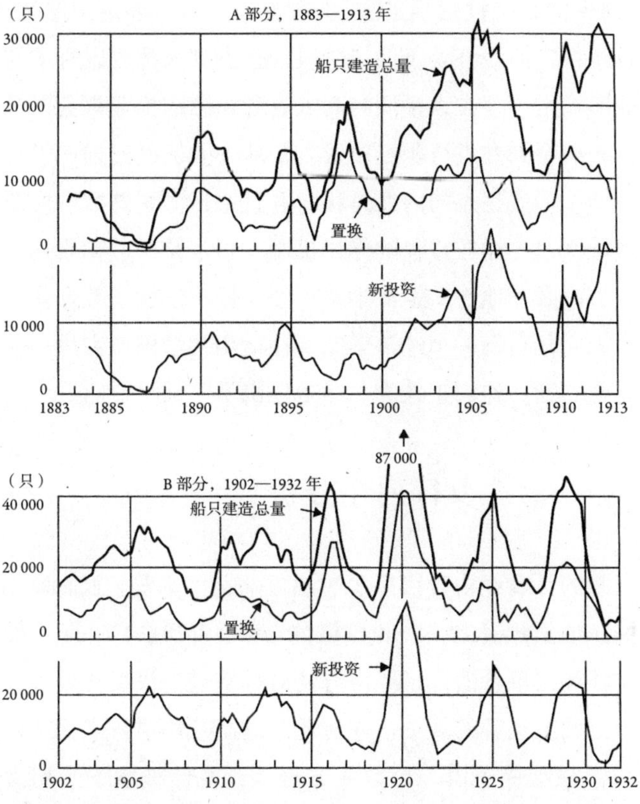

图 14–2　挪威造船业的回声现象。图形显示了挪威船主的所有船只建造、置换和新投资的情况。上图涵盖了 1883—1913 年的情况；下图则是 1902—1932 年的情况。在船只置换与建造上似乎存在一个明显的 5 年周期。

在经济周期的研究方法论开始转变的10年里，经济学家提出了蛛网理论与回声理论。此前，大多数经济学家都强调用米切尔式的“耗竭”来解释经济拐点问题。照此说法，经济增长遵从自我增强的趋势，直至出现某些耗竭机制的阻碍，经济增长才会停止。对经济处于高位阶段的拐点，可以通过资本匮乏（货币理论）、缺少储蓄（投资不足）、生产资源或需求不足（过度投资）等加以解释，而经济处于低位阶段的拐点则大都可以看成与之相反的情形。由于存在大量便利而且有利可图的投资机会以及各种创新，人们会到处进行积极投资。至此，人们已经描述了越来越多的有助于形成拐点的内在过程，并且通过简明的数学模拟就能最好地说明这些内在过程的作用机制。瓦尔拉斯、帕累托、马歇尔、费雪以及其他许多经济学家已经对经济学做了数理化的整合，但是今天，几乎每一个经济学家都在运用数学模拟方法——至少时不时会用到。他们正在为“计量经济学”铺平道路。

夜行列车分析

完整的计量经济学模拟思想通常与荷兰人简·丁伯根（蛛网理论的三位贡献者之一）和拉格纳·弗里希联系在一起。如果运用丁伯根和弗里希的计量经济方法对经济进行模型化处理，首先要努力把调节经济的规则描述清楚。这不能用语言来描述，而是把每一个规则描述成一个数学方程式，就像马歇尔当初为了加强自己对经济学的理解所做的那样。这种方程式都是“恒等式”，可以简单地定义其中某个变量的构成——例如，定义GNP，即国民生产总值。或者，它也可以是一种数量关系，比如GNP和消费之间的关系。我们可以列出关于 GNP 的方程式：

$$\text{GNP}=C+I+G+X-M$$

其中：

C= 个人消费

I= 私人投资

G= 政府采购

X= 出口

M= 进口

在这个方程式中，GNP 是恒等式。定义完这个方程式之后，下一步便是估计参数值。比如，可以从现有的信息来预测以下参数值：

私人投资（I）=1 000

政府采购（G）=1 200

出口（X）=800

当涉及消费和进口参数时，你会发现有点儿棘手，因为这些参数尤其依赖于 GNP——而 GNP 又恰恰是需要估算的。因此你可以定义这两个参数各自与 GNP 之间的关系，可以采用历年尽可能多的数据，或者找到相关数据的平均值来计量。这里我们假设你通过研究库兹涅茨和米切尔的美国历年数据，发现存在如下的历史相关性：

消费是 GNP 的 70%，或者 $C=\text{GNP}\times 0.70$

进口是 GNP 的 15%，或者 $M=\text{GNP}\times 0.15$

在此基础上，你总共得到 3 个方程式。为了解决这个问题，可以对其做简单合并后代入参数值。现在，这个方程式变成了下面的形式：

GNP=GNP × 0.70+1 000+1 200+800−GNP × 0.15

即 GNP=3 000+0.55GNP

计算得出 GNP=6 666.7

瞧，这有多棒！然而，现实情况当然要比这复杂得多。起初，重要的初始经济方程式的数据会很大，而且有些方程式中存在指数、平方根等等。不管怎样，当你掌握了全部的方程式后，就要一步一步地进行整合，直到最后剩下一个较大的方程式。这种消元的过程被称为“夜行列车分析”，因为你会经常发现此前在白天行进的列车上从未被注意到的相互关系，但这些关系一定是真实的。当你研究数学的时候，可能一开始会获得一些新的东西。有时候这些新东西非常好，可以把它们当作构建一个新理论的基础材料。

不管怎样，下一步的工作便是将模型动态化，可以通过构建微分方程来实现，也可以把未来条件下具有先导性、同步性和滞后性的各种元素彼此联系起来。最后一步工作是用统计数据来检验模型，力图发现某种模式。这就是经济模拟研究的两位先驱者之一拉格纳 · 弗里希的真正过人之处。

木棒与摇摆木马

拉格纳 · 弗里希 1895 年生于奥斯陆的一个金银匠家庭，父亲名叫安东 · 弗里希，母亲叫拉格纳。小弗里希最初打算子承父业，于是便在奥斯陆著名的大卫 · 安德森作坊里当学徒。但是很快，他的母亲就强烈感觉到这份工作不能满足他追根究底的喜好，所以坚持让他去读大学。他成了经济学家，后来又学习了数学，随后就开始沿着瓦尔拉斯与帕累托的路径整合经济学与数学这两门学科。他提出将这门混合学科称为“计量经济学”。

1930 年，他与熊彼特、费雪一起创建了一个计量经济学论坛，于是“计量经济学会”便诞生了。首要的问题就是寻找资金支持，但是，结果令人惊奇。有一位股票经纪人想要更好地理解经济市场的基本性质，这个人就是阿尔弗雷德·考尔斯。他不仅仅是一位股票经纪人，还是论坛报业公司的第二大股东，他已经连续多年发表关于股票市场预测的时事通讯。但在 1931 年的一天，他做了一件非比寻常的事情：他给订阅时事通讯的读者写了一封信，表示认为股市预测已经失灵，所以要停止这项服务。同时，他并不认为其他人可以做好市场预测的工作，在研究了其他时事通讯所预测的记录之后，他发现这些预测全都非常糟糕。因此，他决定投入到经济科学的发展上来。在对自己的市场模型的复杂性进行了一番深入研究之后，有一天，他拨通了在印第安纳大学工作的数学家哈罗德·戴维斯的电话，问了戴维斯一个不同寻常的问题：你能创造一个数学模型来描述包含 24 个不同变量的系统的行为吗？

戴维斯回答说，他不清楚为什么会有这么多人都想要这样一个模型，但是，原则上他可以帮这个忙。于是他们决定见面谈一谈，面谈的气氛非常融洽。他们商议的结果是，由富有的考尔斯为计量经济学会提供赞助。此外，考尔斯还提出赞助学会出版一份杂志，并且设立“考尔斯委员会”，以支持计量经济学方面的工作，组织安排各种科学研讨活动。他所赞助的杂志名为《计量经济学》，拉格纳·弗里希担任该杂志的编委。

第一期《计量经济学》杂志在 1933 年面世。弗里希撰写了编者按，说明该杂志的宗旨在于把抽象的理论与对实践的观察二者结合起来，这样理论才不至于脱离现实。他宣称，杂志将聚焦于一般的经济理论，也将涉及经济周期理论、统计理论与统计信息。其时，弗里希已经对引发经济周期问题的基本原因产生了强烈的兴趣，像之前的诸多经济学家一样，他专心钻研了以往商业波动的有关图表资料。从大多数的图表来看，经济周期实际上似乎表现出某种程度的规律性——虽然这种程度有限。当然，这种规律性尽管并不能用日期来准确预测，但还是比纯粹的随机现象更有规律性。因此，经济周期并不表现为纯粹的“噪声”；它们是独立的“事件”，是需要进行单独解释的现象。弗里希想要解决的问题就是弄清楚经济周期为什么呈现出相对的规律性。难道是因为存在造成周期重复发生的简单的内在动态，或者是因为经济过了一定间隔就会受到外部冲击（像杰文斯所提出的可疑的“太阳黑子”理论）？他虽然并不相信这些解释，但又该如何解释这种相对来说具有规律性的现象呢？他做了多个模型，直到他认为自己找到了问题的答案。因此，1933 年的一天，他坐下来开始撰写自己的论文。

刺激与传播

他的这篇题为《动态经济学中的传播问题与刺激问题》的论文，已经成为一篇研究经济周期理论的经典文献。这并不是因为其所论述的问题非常复杂或抽象（实际上并不复杂或抽象），而是因为他首次清楚地说明了一系列的随机冲击如何刺激经济出现看似有某种规律性的波动，换句话说，也就是经济如何从混乱中产生秩序。他请读者思考，假如用木棒随机敲击一个摇摆木马会发生什么样的情况。木棒敲击的动作快速利落，然而，随后的木马运动则完全不同。它是周期性的，而且会持续较长的时间。他后来继续提供了一些带有经济变量的简单数学模型，以说明经济冲击（“刺激”）是如何造成周期（“传播”）的。弗里希经常向他的学生们演示这个理论，他会教你如何把一系列完全随机的冲击添加到他的模型之中。结果则是随机冲击产生了周期性的运动，这种周期性的运动与引发它的冲击截然不同，而且更有结构化的特点。最有趣的观察结果则是：

· 周期性波动的振幅依赖于冲击的强度……

· ……但每次周期的时长又与内在的传播机制存在更为紧密的关联。

在经济是否稳定这个问题上，弗里希所持的意见几乎与同时代的其他任何经济学家都不相同。他相信经济自身是稳定的，当且仅当存在外部冲击时，摇摆木马才会出现摇摆。如果没有木棒的敲击，就意味着不会有周期，但在现实中，总是存在大量类似木棒敲击的情形；由于这些大量的外部冲击，摇摆木马也就总在以一种具有周期性但又复杂的模式摇摆。

计算尺与坐标纸

对于拉格纳·弗里希与简·丁伯根来说，运用数学模型方法有一些明确的理由：

· 它们能够揭示现有的理论是否完善；

· 它们将使经济学家对理论的阐述完全明晰；

· 它们为找出理论家之间的思想差异提供了一个很好的方法；

· 它们使得对任何理论的检验成为可能。

简 · 丁伯根运用他的方法对经济周期进行了模型化处理。如果他仍然运用瓦尔拉斯的原始方法，就需要大量的方程式（他的同事帕累托曾经估计，瓦尔拉斯在处理 100 个人交易 700 种商品时就使用了 70 699 个方程式）。丁伯根有一个优势：当时已经建立了一些相当确定的宏观经济关系——当然这也并不全是凯恩斯的功劳。因此，必需的方程式数量就大大减少了。

他首先试图处理本国的经济。准备好计算尺与坐标纸之后，他开始为荷兰经济建立一个数学模拟模型。他知道这项工作并不容易。首先，要运用魏克塞尔的阶段分析，就需要深刻理解经济动态关系。举例来说，如果消费依赖于收入，那么它依赖的是过去的收入、当前的收入还是预期的将来收入？其次，他不能只是运用一大堆方程式，即使这些方程式都是正确而且切题的。变量的个数必须等于方程式的个数，这样他就能够分离任何一个变量，并且检测其模拟现实的情况。然而，最大的挑战还在于其全盘思考的精髓，如果他在某个地方犯了一个明显的错误，哪怕是唯一的错误，那么全部的结果也将是一个彻底的错误。这就像把科学本身摆到了检查台上一样。经济学家是否理解经济系统的全部重要方面呢？计量经济学将会给出说明。

国际联盟的一个项目

对于子孙后代来说，很显然他们并不理解经济系统的全部重要方面。但是丁伯根发表于1936年的研究结果仍然是一座科学里程碑。他的经济系统包含24个方程式，其中有8个恒等式。把估计的参数值代入这些方程式之后，就可以估计整个系统的行为。这引起了国际联盟的注意，它有一个长期的研究项目，即在6年前就已经开始的研究解决经济周期问题的方案。国际联盟挑选了两位荷兰经济学家来承担该项研究任务。冯·哈伯勒负责调查与评价现有的全部经济周期理论，后来他在1937年结集出版了《繁荣与萧条》。后来，丁伯根负责运用统计数据来检验这些理论是否符合现实。丁伯根把全部现象进行了分组，然后检验围绕每一组的假设。1939年，他发表了两篇论文公布研究结果。得出的结论认为，到目前为止，在大多数部门中，对总投资波动最重要的解释是利润波动。

约翰·梅纳德·凯恩斯对丁伯根的第一篇论文做了评论。他很不愿意写评论，但一旦写出来，就能成为经济学史上被引用最多的文献之一。下面是一段摘录：

> 丁伯根教授显然不急于做过多的断言。只要他能够继续下去，他就有足够的准备而且很乐意去经历一段长长的路程，最终则会带着让人动容的谦逊姿态，承认其结果可能毫无价值。他最糟糕的地方就是过分沉迷于他所从事的工作，而不愿意花一点儿时间去判断这项工作本身是否值得努力。他喜欢算术胜过逻辑，这一点表现得如此鲜明，所以我请求他宽恕一个多年来对统计理论有体会的人从反面所做的批评。

他指出丁伯根的方法存在一些弱点，例如，必须要了解每一个重要的参数，识别隐藏在实际结构下面的虚假振荡。还有，丁伯根所做的线性假设也是不切实际的。他认为，从本质上讲，只有在假设受到其他外生周期推动的情况下，丁伯根的模型才能解释经济周期。要想解释经济内在的拐点，丁伯根还需要引入非线性的相互关系。凯恩斯总结道：

> 我有一种感觉，丁伯根教授可能会大体上同意我的评论，但是，他对此做出的反应则是雇用另外10位计算员，并在计算中淹没他的悲伤。

这正是他做的事。他雇用了若干计算员，并在1939年发表了分析美国1919—1932年经济波动的经济周期模型。这一次，他利用明斯基与金德尔伯格所提供的线索，在模型中加入了金融部门，用一系列方程式描述了有关债券、股票、货币利率与货币供给的行为。整个模型包含了48个方程式（是荷兰国家模型方程式数量的两倍），结果认为存在时长为4.8年的周期振荡，且只在连续的兴奋状态下才成立。但是，这个模型并没有受到多少人的关注。诚然，这个模型似乎也表现得很不理想，例如，它不能解释大萧条。

然而，凯恩斯并没有就此停止。当丁伯根在1940年发表对他的评论的回复时，凯恩斯对丁伯根做了一番礼貌性的评论，然后便对计量经济学进行了毫不留情的批评：

> 就人的才能所及而言，没有谁会把自身的安全托付给巫术。

事实上，凯恩斯所接受的经济学基础教育并不十分广博。他在剑桥大学的4年时间主要花在了数学和其他一些爱好上。相比之下，他自身的商业与货币管理的经历很可能比一般的学院式教育对他的影响要深得多。这些经历使他认为，现实太过复杂，以至用宏观经济方程式并不能正确地将其模型化。就在丁伯根公布他的美国经济模型的同一年，有一篇文章也郑重地提到了经济的复杂性。该文的作者是一位24岁的哈佛大学毕业生。

两个领域的融合

1939年，阿尔文·汉森已经是哈佛大学的一位老教授，他开始考虑一个重要的问题。汉森是美国凯恩斯主义的领军人物，他非常希望整合凯恩斯的思想和早前的古典经济学。因此，他问自己最出色的学生保罗·萨缪尔森，是否能够设计一个可将凯恩斯主义的乘数与古典经济学的加速原理进行整合的理论框架——加速原理是克拉克较早提出的，但也有斯皮索夫、罗伯逊、米切尔、阿夫塔里昂、庇古以及哈罗德等其他经济学家的功劳。

激起汉森和他学生兴趣的是这样一个事实：加速数与乘数在原则上是两个简单的概念，但是没有人研究过把这两个简单概念融合在一起可能会发生什么情况。合成矢量的动态学会表现出振幅减弱的周期吗？会加快增长吗？会出现完全不同的情形吗？会与所观察到的事实完全符合吗？因为如果不是这样的话，就真正遇到麻烦了！年轻的萨缪尔森于是设计了一个简单的表格，把模型中的这两种效应结合起来。他设定的一些规则如下：

· 政府支出每年固定在“1.00”；

· 消费总是等于上一年国民收入的一半（当时，经济学家发现“消费倾向”更多地受到过去收入的影响）；

· 投资总是等于当年消费较上一年消费的增加额的一半（这符合凯恩斯关于投资者使用后视镜而非望远镜的假设），这种消费增长与投资之间的关系用术语来表示，就是“加速数”；
· 总的国民收入等于政府支出、消费和投资之和。

表14-1说明了在这个简单的模型中所发生的情况。

表14-1 乘数与加速数的合成

时期	政府支出	消费	投资	国民收入
1	1.00	0.000 000 0	0.000 000 0	1.000 000
2	1.00	0.500 000 0	0.500 000 0	2.000 000
3	1.00	1.000 000 0	0.500 000 0	2.500 000
4	1.00	1.250 000 0	0.250 000 0	2.500 000
5	1.00	1.250 000 0	0.000 000 0	2.250 000
6	1.00	1.125 000 0	−0.125 000 0	2.000 000
7	1.00	1.000 000 0	−0.125 000 0	1.875 000
8	1.00	0.937 500 0	−0.062 500 0	1.875 000
9	1.00	0.937 500 0	0.000 000 0	1.937 500
10	1.00	0.968 750 0	0.031 250 0	2.000 000
11	1.00	1.000 000 0	0.031 250 0	2.031 250
12	1.00	1.015 625 0	0.015 625 0	2.031 250
13	1.00	1.015 625 0	0.000 000 0	2.015 625
14	1.00	1.007 812 5	0.007 812 5	2.000 000

这些是萨缪尔森计算的数字。第6、7、8期的投资为负数是因为边际效应，意味着每年政府额外支出1.00，将使投资在第6~8年比在政府从未试图刺激经济的情况下还要低。

该表用固定参数（消费倾向为 0.5；加速数为 1.0）表示了经济的时间进程。按照萨缪尔森设定的规则，该模型表明，如果受到持久的财政刺激，国民收入就会经历振幅减弱的周期（周期振幅减弱直至最终消失，这与蛛网系统的行为恰恰相反）。这些波动产生的基本原因是萨缪尔森在方程式中插入了时滞，即投资与消费依赖于过去的收入，而不是现在的收入。

然而，萨缪尔森并未就此止步。他用自己的参数值，即边际消费倾向与加速数，在这个模型中又进行了一系列实验，被称为"因子分析"，结果如图 14–3 所示。

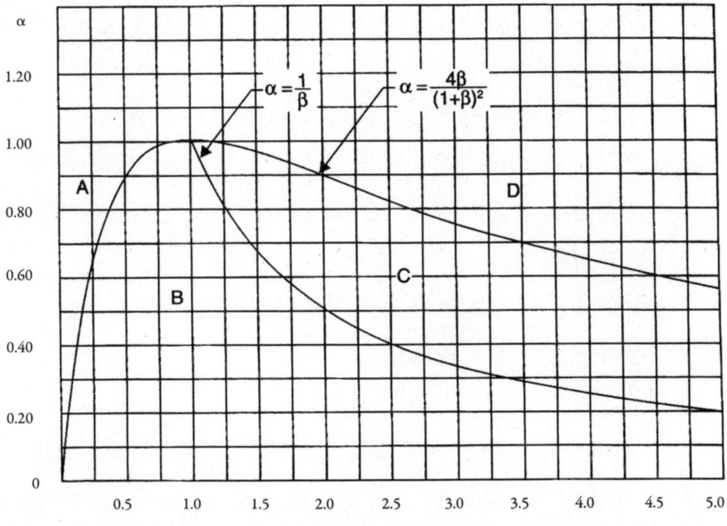

图 14–3　萨缪尔森对乘数与加速数模拟的因子分析。横轴表示加速数，纵轴表示消费倾向。图形显示了不同行为的因子合成的边界。A 区表示稳定，B 区表示振幅减弱的周期，C 区是爆炸性的周期，D 区则表示极端性的增长。

于是，这位年轻的毕业生找到了教授所提问题的答案——依赖两个参数的实际值，该模型中的收入表现出以下 4 种情形：

· 稳定

· 振幅减弱的周期

· 爆炸性的周期

· 极端性的增长

新古典综合

萨缪尔森的文章成为后来出现的“新古典综合”理论的滥觞。这是 20 世纪发展起来的一个新的思想脉络，它有 4 个基本的简单假设：

· 所有人（或者是所谓的“代理人”）始终是理性的；

· 建立经济行为模型的最佳方法是，对单个代理人如何最大化其自身收益进行模型化，然后把这些单个行为加总即可得到宏观模型；

· 自由市场机制为实现经济协调提供了最佳的解决之道；

· 自由市场通常本身较稳定。

新古典模型主要受到古典模型的启迪。理性人将其快乐原子最大化来创造一个达到自我平衡的系统（亚当·斯密的“看不见的手”）。从个体开始，经济被模型化：个体行为的总和创造了总量行为（瓦尔拉斯与帕累托）。

该理论在科学与实践上表现出了一些优点。一个明显的优点就在于其精妙的模型方法基础。任何以模拟最小个体行动为基础的模型，比起那些依赖宏观层面总量假设的模型，如凯恩斯和弗里德曼所建立的宏观模型，都可能更加准确，而且更富弹性。其次，该系统能够发现自身的均衡。可以改变模型中的任何参数，在经过一段过渡期之后，它就会达到一种新的均衡。这意味着，对任何问题都可以找出明确的答案，比如："如果我们把税率提高 3% 将会产生什么影响？"另一方面，其假设应该切实简明，这是为了使模型具有实用性。例如，它的基础假设包括人是理性的，市场是有效的——凯恩斯对此有些不赞同。新古典综合理论经过多年的发展，按照保罗·萨缪尔森（1955 年）的说法，"其大概的理论轮廓后来已经被经济学者广泛接受，除了大约 5% 的极端左翼和极端右翼"。

阿罗、德布鲁与新古典理论

诺贝尔奖得主肯尼斯·阿罗与杰勒德·德布鲁在 1954 年发表的著名论文《竞争经济中均衡的存在》，是新古典理论的一个里程碑。他们这篇论文证明了亚当·斯密所说的"看不见的手"是存在的。然而，许多经济学家都质疑这个假设的现实性，最后阿罗甚至也加入了他们的行列。

新古典理论家假设市场是理性和有效的，这一事实并不意味着他们假装经济周期是不存在的。他们做出有关市场有效性和理性人的假设，同时也观察到因为受到一系列的外部冲击而造成的经济周期，这些冲击就像拉格纳·弗里希的"木棒"敲击一样，它们彼此之间绝对是连贯的。最基本的假说是来自市场外部的冲击本身引起了波动。但是，新古典学者在解释这些波动时，认为冲击因素并不是自由市场经济运行的内在因素。

货币因素或真实因素?

像马歇尔、魏克塞尔与冯·哈耶克，早期的新古典理论家也假设经济周期主要是由货币供给变化造成的（然而，这个假设并没有使哈耶克也成为新古典经济学家，因为他不相信理性人与有效市场）。早期的新古典经济学家在解释经济周期时把焦点放在货币因素上，这包括以下两个途径：

- 假设存在相对价格的混淆。增加货币供给将提高所有产品的价格。然而，单个生产商可能错误地以为只是自己产品的价格在上涨并带来了利润（相对的价格上涨），而事实则是所有产品的价格都在上涨；
- 假设混淆了价格变化的“持久性–暂时性”。人们并不理解货币供给的变化，因此也不知道价格上涨是持久性的还是暂时性的。

然而，新古典学派解释经济周期的焦点渐渐地、越来越多地转向了“真实”因素（非货币因素）。

新古典理论背景下的“均衡”与经济周期

新古典理论研究经济周期的方法中包含初始的波动来源和传播机制，这个传播机制能够放大并将初始波动传递给经济的其余部分。若假设“货币因素”或“现实因素”是波动的主要来源，则该理论中的“均衡”概念指的是传播机制。

真实经济周期理论

真实经济周期的概念并不新奇。例如，杰文斯在其失败的“太阳黑子”经济周期理论中就曾经提出过这个概念，而且斯皮索夫与熊彼特的创新浪潮理论也是如此。

新古典学派的真实经济周期理论的基本假设是，经济周期主要是由真实因素冲击造成的，例如技术创新、习俗改变、战争、政治变革、自然因素等（主要关注供给方面的冲击——某些产出方面的变化）。这些模型并没有假设经济对于受到的冲击会做出相应的反应。其假设是，经济内在的传播机制能够把外部冲击效应转化成更有规律、重复发生的收缩与扩张运动。然而，它的理论方法则是新奇而古怪的：它认为经济总是处于均衡状态，甚至在经济处于很大波动的情况下也是均衡的！

该理论的解释非常简单：市场是有效的，而且总是在搜寻新的均衡点。我们所看到的是，经济时不时地受到冲击之后，每次都会沿着短期的路径变动，所有这些短期变动都代表了在那个时点上可能达到的最佳均衡位置。经济波动是简单平稳而且不断“循环”的，因为存在一个自然、平衡的传播机制来针对冲击做出反应。我们可以把真实经济周期称为“浮动的瓦尔拉斯均衡”。这种研究方法的吸引力在于它保持了新古典均衡模型及其微观经济学基础，而且仍然可以解释经济周期。

当代率先明确地试图描述真实经济周期理论的文章刊载于1982年11月的《计量经济学》杂志。这篇论文是芬恩·基德兰德和爱德华·普雷斯科特的合作成果，基德兰德在匹兹堡的卡内基－梅隆大学担任教授，普雷斯科特在明尼阿波利斯联邦储备银行研究部担任顾问，同时也是明尼苏达大学的经济学教授。这篇论文的标题是《置备资本的时间和总量波动》，它描述了所谓的“真实经济周期”模型——此前拉格纳·弗里希所介绍的木棒与摇摆木马模型，即经济周期是由外部冲击造成的，而经济的周期性运动是由内在的传播机制造成的，这种冲击效应受经济系统影响，产生一阵阵涟漪。

风中的摇摆

尽管真实经济周期模型无论从理论还是模型的视角来看都很完美，但它引起了异常多的批评。一个典型的例子是，普雷斯科特1986年提交了一篇有关真实经济周期理论的论文，哈佛大学的教授拉里·萨默斯随即撰写了回应文章《对真实经济周期理论的一些质疑》。后来萨默斯于1999年担任美国财政部部长——这可能是世界上最有权势的经济管理职位。萨默斯在回应文章中表达了与真实经济周期理论相反的观点：

> 这些理论否认了一些命题，但在许多学院派宏观经济学家以及所有对经济进行日常预测与控制的人看来，这些命题是不言自明的。他们断言，货币政策对实际经济活动没有作用，财政政策也仅仅通过刺激效应而产生影响，经济波动则完全是由供给方面而非需求方面的冲击造成的。

他还继续写道：

> 如果这些理论是正确的，就意味着紧随凯恩斯革命发展起来的宏观经济学应该被完整地封闭在历史的垃圾箱里。而且，

他们还表明，当代宏观经济学家的全部工作几乎都毫无意义，比占星术好不到哪儿去。

萨默斯还认为普雷斯科特模型中的参数也不正确：

普雷斯科特的经济增长模型并不是对现实的不可思议的表述。但要说明的是，其模型参数完全受制于经济增长，而且在我看来，其对微观经济的看法似乎也是一个粗糙的夸张说法。这让人觉得它就像松开的帐篷在风中摇摆一样。

除了认为其参数是错误的，他还指出，很难确定哪些外部冲击会造成人们所经历的实际经济周期。每一次经济增长和每一次崩溃或者衰退都应该有外部原因，但是这些外部原因却无处可寻。在绝大多数情况下，内部非线性因素似乎成了更显而易见的解释。他解释了真实经济周期的理论家们为何出错：

· 真实经济周期的支持者们会通过平均生产率的统计数据来测度技术创新……
· ……但是，以探访企业为基础的研究表明，经济下降期间的生产率出现了典型的下滑，这不是由于外部冲击造成的，而是因为企业选择留住员工，共同等待经济繁荣。

让萨默斯不能接受真实经济周期理论的另外一个原因是，这些理论家即使在没有引入价格数据的情况下，居然也宣称其理论经过了“检验”。价格数据将会显示是供给方面还是需求方面造成了冲击，但如果没有价格数据，就无法获知结论。最后，他认为有效市场出清的假设在萧条时期是极不现实的：

> 让我们看一下任何有关美国大萧条时期的生活情况的记录。企业生产出其想要销售的产品，工人们想要在市场上以劳动交换产品。但是，这些简单的交易却没有发生。在 1929—1933 年间科技水平下降的背景下，坚称这种情形是帕累托最优简直是荒唐的，尽管全要素生产率确实下降了。实际发生的情况是交易机制失灵了。

萨默斯的另一种解释是，有令人信服的证据表明某些机制的存在经常导致交易机制与信贷市场的崩溃。

真实经济周期理论的支持者们声称其理论方法的关键意义在于为经济周期的研究提供微观经济学基础，而且这个基础符合主流的新古典经济学。但是，像拉里·萨默斯这样的反对者则声称，这些理论家为了适合模型需要，不得不进行如此多且粗略的抽象与简化，从而使其结果与现实之间几乎毫无关联。他们要做的事情就是清除任何造成其模型内在不稳定的因素——任何正向反馈环等等，这些正向反馈环我们在研究实际问题时随处都会碰到。他们对造成大部分经济波动的大多数因素却视而不见。

均衡存在的问题

萨缪尔森只是把两个简单的现象整合在一起，并且说明了其共同行为是多么复杂。但是问题在于，迄今为止所提出的经济周期理论包含了对至少 5 种不同非线性的反馈现象的描述：

- 正向反馈环。这是一种恶性循环，在此循环中，某个特定事件会刺激另外一个事件，反过来，后一个事件又会刺激最初的事件。这种例子包括早期的动量贸易理论（穆勒、马歇尔），以及自我订购理论（像克拉克的加速数和梅茨勒的存货循环）。

· 回声效应。耐用资本货物（如轮船）或者消费品（如汽车）的投资聚集。恩纳森的轮船建造周期就是这种回声效应。

· 瀑布式反应。带有内嵌放大器效应的链条反应。这是典型的大众心理学理论，留待后面讨论。很显然，熊彼特就曾经谈到创新蜂聚的第二波效应要比初始的刺激强大得多。

· 时滞。这是一种当前行动或事件的效应将会在一段时间之后呈现出来的现象。这类现象的例子包括蛛网（丁伯根、里奇）和加速数（克拉克），还有许多消费不足与投资过度理论（霍布森、巴拉诺夫斯基、斯皮索夫、卡钦斯、福斯特、卡塞尔、罗伯逊、霍特里、费雪、凯恩斯、冯·米塞斯、冯·哈耶克）。

· 去抑制器。这是一种潜在的负向反馈过程被正向反馈过程暂时阻止的现象。有关动量贸易的心理学理论中有这类因素，自我订购现象（克拉克、梅茨勒）也有。

反馈概念

非线性反馈说明在过去与现在之间存在着复杂的统计相关性。一般所描述的许多反馈现象可以分成两类：“正向”与“负向”。正向反馈现象是推动经济系统偏离平稳趋势的运动。相反，负向反馈现象则拉动经济系统回到平稳趋势上来。亚当·斯密的“看不见的手”是一个负向反馈的概念，其他对经济周期拐点的明确解释也属于负向反馈的概念。

但是问题在于，我们所发现的反馈现象还只是冰山一角：那些似乎合理的理论与规则，其数量的迅速增长让人感到害怕。在复杂的合成动态学既定条件下，怎么可能发展一套理论来描绘包含全部行为的清晰图景——更不用说用它来进行预测了？难道是资本主义的选择过程创造了如此复杂的系统，以至没有人能够解决这个问题吗？试想一下，假设循环适合链条反应，其中有些反应被放大，形成了瀑布，所有反应又都受制于回声，而整个麻烦的事情又都附带许多时滞和去抑制器！这真是可恶至极！

我们对经济周期的理解在日益清晰，这并不是堆积越来越多的数学规则就可以解决的，需要有人穿透迷雾发现真理。像萨缪尔森的模型所展示的那样，还有更加新奇的世界潜藏在模拟程序的清晰逻辑背后——那是一个有待我们继续努力探究的世界。但是，就在丁伯根与萨缪尔森的两篇文章发表的同一年，第二次世界大战爆发了。越来越多优秀的科学家都被迫转向军事研究。

宏观经济模型

劳伦斯·克莱因在1946年发表的《宏观经济学与理性行为理论》一文中率先介绍了“宏观经济学”这个概念。克莱因介绍了建立宏观经济模型的团队工作方法：一大群科学家一起工作，共同创造出有着数百个或者数千个方程式的总量模拟模型。大规模的经济计量模型通常包含至少100个方程式，这些方程式代表了宏观经济行为的不同方面，还有一些被用来定义以及代表外部输入与约束的条件。它们有各种各样的形式，但是，典型的现代模型是非线性的，而且非常复杂，其典型做法是把新凯恩斯主义模型（假设市场是无效率的）与新古典模型（假设市场是有效的）进行合成。一些非常知名的研究经济周期的商业模型有：数据源公司的模型（DRI 模型），雷曼兄弟的模型，大通的计量经济学模型，沃顿计量经济学预测与联合模型（沃顿模型），以及劳伦斯·梅耶合伙模型（LHM&A 模型）。最为知名的公共模型包括 NBER 模型，以及把几个地方性模型联合起来创造一个国际性超级模型的 LINK 项目。LINK 项目发展得很快，早在 1987 年其所包含的方程式就已经超过了 2 000 个，代表了 79 个宏观经济模型。

第 15 章

三种周期模式

战争陷入了疯狂状态，费城大学摩尔学院的学生们也在谈论着这场战争。在一间封闭的屋子里，正在发生着奇怪的事情。每天都有相同的一批科学家与工程师通过特殊的安检，在以前的教室进进出出。他们正在那里干什么呢？

巴贝奇的机器

他们正在创造历史。首次进入的人们会发现里面的情况完全出乎意料：他们正在建造人类从未有过的东西。它体积庞大，而且样子奇怪。

它就是人造计算装置，是大约80年前查尔斯·巴贝奇所梦想的计算工具。现在之所以要建造这种机器，是因为已经到了非常必要的关键时刻。还记得巴贝奇和他的朋友们一道为对数表而奋斗的故事吗？如今，军队也需要类似的东西，而且需求量大，建造速度越快越好。其中一个问题就是要计算出大炮发射炮弹的可变弹道。要解决这个问题，就要模拟弹道路径，一次又一次地重复那些复杂的计算工作。

最初，他们考虑把它称为“电子数字积分器”，但后来又加上了“和计算器”，简称“ENIAC”。它被认为是第一台人工智能机，一个速度极快的多用途计算机，它的基础并不是蒸汽动力、齿轮箱等机械，而是比它们快得多也小得多的电子元件。第一个发起建造这种机器的人是费城附近的尤西纽斯学院的物理系主任约翰·V.莫奇里。1943年4月9日，这个项目得到了官方批准，于是在莫奇里和他的学生埃克特的领导下，一个50人的团队投入了这项任务。

从某些方面来看，他们要建造的机器不同于巴贝奇曾经想象过的东西。它不受机器自身的内部记忆装置控制，而是采用插入板来控制。通过电路板进行物理连接，机器就可以确定如何解决问题，它也能够更快地处理大量的指令。

1944年4月的一天，他们找来两名女士，用微分解析仪向她们展示ENIAC取得的突破性进展。他们各用500个电子管设立两个累加器，当莫奇里按下按钮时，第一个累加器的第50个氖灯亮了，几乎在同时，第二个累加器的第4个位格出现了数字“5”。这两位女士感到震惊：这就是重大的“突破”吗？难道一支如此声势浩大的科学家队伍经过埋头苦干，竟然只取得了这么一丁点儿成绩——仅仅把一个数字从一个单元传递到另一个单元？然而，这时团队的两位领头人做了解释。在第二个累加器的第 4 个位格出现的数字“5”实际上代表了“5 000”。这两个单元已经完成了 5 乘以 1 000 的运算。机器已经演示了它能够在 0.002 4 秒的时间内完成乘法运算。这已经比巴贝奇曾经梦想的机器快了 4 000 倍。

两个月以后，ENIAC 项目的一位工程师赫尔曼 · 戈尔茨坦认出了正在火车站台上等着去费城的约翰 · 冯 · 诺伊曼。诺伊曼是一个长得很敦实的矮个子。当时许多人认为诺伊曼是世界上最伟大的数学家。戈尔茨坦向诺伊曼说明他正在参与建造电子计算机的工作。不久，诺伊曼也决定要为 ENIAC 项目工作。

世界上最著名的数学家决定支持这个项目，这件事鼓舞了电子计算机项目的许多决策者，他们相信这个项目的潜在价值比他们以前预期的还要大。1945 年 12 月，这个团队完成了整个机器的组装工作。它几乎占据了整个房间，有 80 英尺长，8 英尺宽，3 英尺高。它总共有 40 个面板，4 000 个旋钮，还有 4 000 个红色的氖灯用来显示其内部各个构成部件的功能。这些构成部件包括 10 000 个电容器、6 000 个开关和 17 468 个电子管。后来，据说（尽管这可能不是真的）当这台巨型机器第一次打开的时候，费城整个城市的灯光都变暗了。

ENIAC 建成之后没过多长时间，人们就开始建造另一台更加复杂的计算机 EDVAC，这台机器大约有 4 000 个电子管和 10 000 个晶体二极管。

旋风项目

诺伊曼与埃克特差不多在同一时间接待了来自麻省理工学院的 27 岁的杰伊·福里斯特的访问。杰伊·福里斯特毕业于电子工程专业，他来这里访问是因为接到了一项艰巨的任务：负责建造一台实时的战斗仿真计算机。有关方面已经决定，这个战斗仿真系统要采用数字化技术，所以福里斯特正忙于参观所有使用数字计算处理技术的项目，以收集信息。1946 年 1 月，他名为“旋风”的项目得到了批准。这是 20 世纪 40 年代末到 50 年代初最大的计算机项目，团队有 175 名工作人员。1948 年，当中心框架建立起来的时候，它就占地 230 平方米（2 500 平方英尺）。它的改进目标要获得更快的运算速度和更短的停机时间（每天只有几个小时）。福里斯特的旋风项目取得了重大成功，这项技术后来被应用于更加复杂的空中防卫系统。

1956 年，杰伊·福里斯特与麻省理工学院的校长进行了接触，校长问他是否有兴趣回到麻省理工学院的斯隆管理学院工作。福里斯特欣然同意了，因为他看到这种新的计算机有着非常有趣的潜在用途，它可以用在许多科学领域——因为它所具有的强大能力可以用来做大量的实验模拟。计算机可以通过检查方程的结果是否合理来检验方程，而后可以稍微修改一下参数再做实验。他把这种新的领域命名为“系统动力学”。

梅茨勒与存货周期

福里斯特对经济周期问题也很感兴趣，不久他便和同事们开始建立一个存货周期模型。存货周期模型最基本的原则有以下几个方面：

情景一，一家汽车制造企业：经济正在增长，因此企业老板史密斯先生按照预期的销售增长而增加存货。然而，一段时间过后，他认为存货太多了，于是决定减少下一期的存货订单。

情景二，汽车零部件供应商：汽车零部件企业的老板琼斯先生正在等待史密斯先生打电话来下达新的订单，但是，他最近收到的订单数量比平常要少许多。

情景三，大学讲堂：经济领袖凯恩斯先生向他的学生们解释说，如果某个部门的消费下降，那么其影响将通过乘数效应而被放大。

情景四，史密斯先生的办公室：由于乘数效应，经济在慢慢下滑，因此史密斯先生突然间对自己的存货感到担忧，于是决定一段时间内不再订购任何存货。

情景五，琼斯先生的办公室：琼斯先生正在等待史密斯先生的电话，但是电话铃声一直没有响。所以琼斯先生决定解雇一部分员工，并决定认真查看一下自己的存货。最好能够削减一些……

在福里斯特和他的团队开始关注存货周期的时候，这方面的研究文献已经很多，其中包括劳埃德·梅茨勒的《存货周期的性质与稳定性》，这篇文章刊载于 1941 年的《经济学与统计学评论》杂志。梅茨勒的存货周期模型与萨缪尔森在 1939 年描述的加速数 / 乘数模型有许多相似之处。梅茨勒的模型表明，存货波动可能导致各种参数在一定范围内取舍：

· 单调性固定

· 单调性爆炸
· 振动式爆炸
· 振动式固定
· 振动式衰减

存货周期模型化

福里斯特曾经与通用电气的人讨论过。这家企业遇到的麻烦是，从前工厂采取一周 7 天的三班工作制，而在几年之后会有一半的工厂被关闭。于是他把所见到的情况用手工进行模拟，后来把它转化成冰箱制造业的一个桌面游戏。

福里斯特的这个桌面游戏后来又被赋予了新的使命，因为其他人把它转化成以啤酒为中心的棋类游戏，那些玩家采用了电子游戏板，这个游戏板上显示了啤酒业的 4 个部门：

· 啤酒厂
· 经销商
· 批发商
· 零售商

游戏典型的玩法涉及这 4 个玩家，有 3~8 支队伍，其中每个参与者只负责 4 个部门中的某一个部门。其各自存货管理的任务非常简单，谁都认为那不过是小菜一碟。

实际情况并非如此。这个游戏一开始只是在麻省理工学院的学生中间流传，但后来传到了其他国家的大学，成千上万的人——从高中生到大公司的首席执行官都在玩这个游戏。游戏经历总是相同的：人类行为造成了不稳定性。多年以后，麻省理工学院斯隆管理学院的斯特曼发布了跨越 4 年时间的 48 场游戏的结果。192 个参与者都是商业主管以及麻省理工学院毕业的 MBA 与博士研究生。在每场游戏中，他设定消费者需求完全相同，而且极其简单：第一个 4 周每周有 4 种情形，而最后的 36 周每周有 8 种情形。在全部 48 场试验中，都存在这种不稳定和振动。在第 20~25 周，35 种情形中，啤酒厂有一个平均的积压量——是每周消费量增长的 9 倍！其次，不稳定性有明显的放大，消费者需求方面的每周 4 种情形的初始扰动都通过链条被放大了。平均而言，消费者需求的初始增加量在传到啤酒厂时已经被放大了 700%。因此，这个问题的结果并不是对暴露于外部冲击之下的系统加以稳定，而是放大扰动。图 15-1 说明了这一点。

在做出这类早期的模拟之后，杰伊·福里斯特和他的团队开始建设一个关于美国经济的动态多部门计算机模型。这个模型的基础包括以下一些核心原则：

· 每个部门的决策不是依据最优经济均衡的主流理论，而是以广泛观察到的实际人类行为模式作为基础（这与啤酒游戏中的情况没有什么不同）。另外，存货、产品、雇员、银行余额以及订单积压这类储备池 / 缓冲库被特别关注。
· 纳入了实际上已知的若干非线性关系。

他的团队首先对生产部门做了单独调查，在调查中，他们把资本设定为固定不变，所以仅有各种各样的劳动投入能够引起产量的变化。

下一步，他们对模型进行了符合现实的扩展，允许产品与资

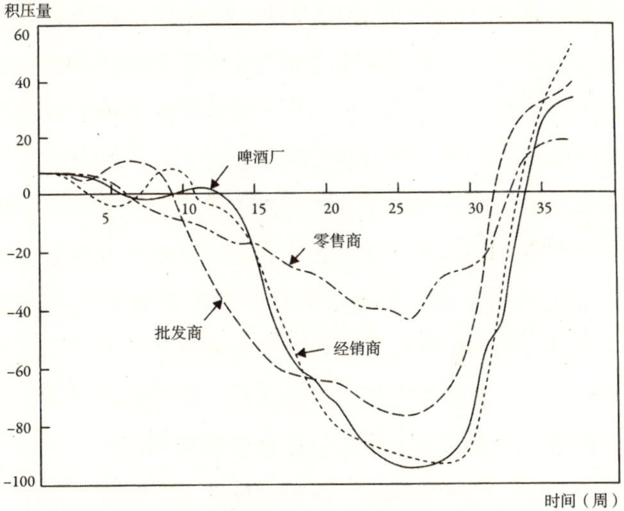

图 15–1　啤酒游戏中经济活动的有效存货。可以看到，在经历了一个很小的需求冲击之后，有 3 个部门的有效存货在较长一段时间内是明显的负数（大量积压），同时有两个部门的存货达到了顶点，其水平超过了 10 周的需求量。在 32 周之后，它们最终赶了上来——想不到竟会如此之大。

本出现波动，这导致了另外的波动，情况类似于库兹涅茨周期和康德拉季耶夫周期。

杰伊 · 福里斯特认为这些结论对理解经济周期可能有根本性的暗示意义。首先，它们表明菲利普斯曲线可能是错误的。在 20 世纪 70 年代之前，菲利普斯曲线这个概念已经被广泛接受。这个曲线表明在失业与通货膨胀之间存在简单的替换关系。如果想要低失业率，就不得不接受相对较高的通货膨胀水平。（例如，在美国，直到 20 世纪 70 年代末，主流经济模型都指出，接受 4% 的通货膨胀率，就可以达到一个较低的失业水平。）但是，杰伊 · 福里斯特的模拟结果表明，经济的确可能被几种波动支配，正如熊彼特在1939年所提出的那样。他声称，如果是这样的话，可能就不存在失业与通货膨胀之间的这种简单替换关系。取而代之的，很可能是经济可能同时具有，或者同时不具有这种邪恶的两面，这依赖于全部三种周期的模式：

> 可能潜在三种不同的而且大部分不耦合的动态模式。第一种经济周期可能造成工资变化与失业这两者周期性变动，并且产生菲利普斯曲线关系。第二种可能是康德拉季耶夫周期，它导致失业的上升比周期本身振动幅度更大。第三种可能是常见的货币供给与价格之间的关系，货币供给的增加产生通货膨胀。如果我们能够区分这些不同的周期模式，那么货币供给就会引起通货膨胀，而不会触及失业问题。

福里斯特指出，经济学家如果不了解这些潜在的独立的周期现象，就存在着误解当前事件的风险。如果他的假设是正确的，那么计量经济学家在其努力对经济进行预测的系统中可能遗漏了某些要点。

三位经济学家对菲利普斯曲线理论的批评

菲利普斯曲线描述了通货膨胀与失业之间的替换关系。这个关系最早是由费雪随意提出来的，后来菲利普斯对其做了统计描述。当索洛与萨缪尔森1960年合作的一篇论文（《反通货膨胀政策的分析》）发表后，它便成了主流的理论。这个理论最重要的反对者是杰伊·福里斯特、米尔顿·弗里德曼和罗伯特·卢卡斯。下面是他们批评意见的简化版本：

杰伊·福里斯特：工资与就业的波动都是经济周期的动

态结果，因此，通货膨胀不是就业的独立驱动器。增加货币供给会产生通货膨胀，但对就业影响甚微。

米尔顿·弗里德曼：经验表明通货膨胀并不能减轻失业。通货膨胀率的增长也不能减轻失业，但是连续的通货膨胀率增长显然是不可持续的，也不是人们想要的。

罗伯特·卢卡斯：人们倾向于理性预期。如果试图通过注入货币来刺激经济，人们就会预期出现通货膨胀。企业会提高价格，而且工会也会要求更高的工资，以抵消通货膨胀。结果将会出现“滞胀”，也就是通货膨胀水平上升，但并没有额外的经济增长。

这种关系具有欺骗性，就像我们之前所看到的纸币导致的 1720 年密西西比泡沫。在 20 世纪 70 年代后期，这一点经过了广泛验证，那时候高通货膨胀率与失业并存。在了解到对调整政策的批评后，美国、英国、日本和瑞士的中央银行最终采纳了货币主义者的政策建议，即从那时起把货币扩张的年度增长范围作为政策目标（然而，日本的政策在 20 世纪 90 年代遭遇了悲惨的失败）。

第 16 章

蝴蝶效应

美国土木工程师学会 1951 年发表了一篇题为《水库的长期库容量》的短论文，此时，旋风计算机项目还刚起步，杰伊 · 福里斯特也还没有开始研究经济的稳定性问题。那篇短论文的作者是水文学者 H.E. 赫斯特，他自 1907 年以来一直在为尼罗河大坝项目工作。从这篇文章的标题来看，它与福里斯特后来所发展的经济周期模型之间应该没有什么瓜葛，然而，实际上它们之间是有联系的。赫斯特最初的目的是找出计算大坝库容量的方法。然而，水库系统所发生的情况和我们所遇到的经济中的库存量问题之间，存在着有趣的相似性——就像福里斯特的游戏那样。

赫斯特的问题实际并不简单。最重要的是预测来自流域内的每条河流与每个湖泊的泄水量的自然波动情况。显然，这里有许多统计问题，包括降雨量、径流量以及支流的来水量等。赫斯特描述了自1904年以来的泄水量，但是，他如何能够确信如此有限的时间段的情况能够代表未来呢？一旦大坝决堤，会发生什么样的灾难呢？

肥尾问题

大多数具有统计学基础知识的人可能一开始就会面临类似这样的简单问题：

> 自然现象一般符合高斯分布——即所谓的钟形曲线分布。泄水量也必定符合这种分布，现在已经有超过40年的观测值，很容易计算出其均值和标准差。把这些参数代入高斯分布方程，就可以计算出任何超出临界水平的波动的可能性。

解决方案就是这么干净利落而且简单明了。但是，赫斯特知道还是有问题，因为许多自然现象与高斯分布比较起来，存在比期望的高点还要高的“肥尾”。这就意味着存在出现极端结果的倾向。

赫斯特相信自然系统一般有三个特征。第一，存在正向反馈。从这个意义上说，任何初始的随机事件都有“自我放大”的倾向。这能够解释事件趋向极端结果的问题。第二，存在意外的成分。第三，存在某些阻断趋势演化的“断路器”。他发明了一个简单的卡片游戏来演示这类行为，而这个游戏的结果表明肥尾问题确实存在。此后，他决定发明一个数学方法来检验具有这种行为的系统，他把这种方法称为“重标定域”分析。他采用了三个基础变量和一个常量：

N，观测值的个数，例如天数、年数或者其他。

R，在所记录的 N 个观测值中最高值与最低值之间的距离（“域”）。

S，标准差，即每个观测值与所有观测值的均值之间的平均差异。

a，一个常数，表示所调查的任何自然案例的个体特征。

而后，他介绍了下面的关系式：

$$R/S=(\mathrm{a}\times N)^H$$

方程中的“H”揭示了系统中存在的反馈现象。正常的高斯分布的“H”值为 0.5。具有无限负向反馈系统的“H”值为 0，而具有无限正向反馈系统的“H”值则为 1。赫斯特用这套方法对许多自然系统的行为做了检验，发现多数的“H”值高于 0.5。换句话说，多数自然系统具有较强的正向反馈过程，因此存在肥尾问题。

贝诺·曼德伯

另一位受到肥尾问题困扰的科学家是贝诺·曼德伯。当赫斯特正在埃及，临近日暮小酌一番，或者远眺开罗满是灰尘的街景之时，曼德伯可能正在赶往位于美国约克镇高地 IBM（国际商业机器公司）的高科技研究中心。曼德伯涉足各种数学问题，无意中发现了与赫斯特完全一样的问题：在大多数令人惊奇的地方存在着肥尾现象。哈佛大学的亨德里克·霍撒克的办公室黑板上就有这样一个例子。1960 年，曼德伯被邀请来这里做一次演讲，当他走进霍撒克的办公室时，他注意到黑板上画着带有两个肥尾的钟形曲线。霍撒克解释说，这个图形表示棉花价格变化的统计分布。

在某种程度上，棉花可以作为理想的统计测试对象，因为其每天的价格数据都是准确的，而且可以追溯的历史很长。曼德伯演讲结束后离开的时候，带走了一个箱子，其中装有霍撒克用来记载棉花数据的计算机卡片。后来，他又从农业系拿到了更多数据，这些数据包括 1900 年以来的棉花价格变化情况。通过对这些数据的分析，他发现不管是每日数据还是月度数据，都存在肥尾分布的现象。

法老与经济周期

曼德伯对两种动态性质做了区分：

- “诺亚效应”或者“无限方差综合征”。很小的移动被暴力阻断，由于干扰而造成不连续的跳跃。
- “约瑟夫效应”或者“H 光谱综合征”。它是指价格按照趋势移动的内在倾向，像赫斯特所描述的那样。

他看到棉花的价格变动反映了这两种效应，部分出于偶然，部分出于必然。当经济系统受到外在的、没有预见到的事件摆布的时候，就会发生诺亚效应。至于约瑟夫效应，用曼德伯的话来说，当“统计相关性缓慢衰退”的时候，就会出现这种效应。约瑟夫效应意味着，在时间持久的情况下，每个观测值在统计上依赖于此前的若干观测值。在为这种动态性质选择名称时，仍然是《圣经》给了他灵感：

> “约瑟夫效应”这个术语，当然是来自《圣经》中7个丰收年与7个歉收年的故事。法老一定很清楚长久以来尼罗河水量每年的高低变化，所以其变化表现出很强的长期依赖性以及类似于经济周期的形态，但是其中含有或明显、或隐匿的正弦曲线成分。

计算机困惑

曼德伯并不是唯一探究非线性行为的科学家。在麻省理工学院，气象学家爱德华·洛伦茨曾经在电子管计算机上编制程序来模拟天气预报。这台“皇家麦克比”计算机完成了一项所有计算机都非常擅长的工作：链式计算。首先，他输入每天天气状况的数据，例如风速、气压、温度和湿度。在输入这些数据之后，皇家麦克比就会计算出第二天的天气情况数据，然后再利用这些数据来计算第三天的天气情况，以此类推。只需大约一分钟的时间，皇家麦克比就能够模拟24小时的天气变化情况。

1961年的一天，也就是在同一个机构的杰伊·福里斯特开始研究系统动力学之后5年，洛伦茨看着计算机的模拟结果，却后悔过早将其中断了。于是他决定继续这项模拟，这就需要做一小段重复计算，以检查、确认它是对上次模拟的继续。为此，他把数据打印出来，并把每天的数据仔细地复制到计算机中。然后，他让计算机开始模拟运算，自己下楼喝咖啡去了。一小时之后他回到屋子里，发现了颇为奇怪的事情：两次计算的重复部分，实际上并没有像原本所设想的那样出现重叠。系统中的每一部分完全是预先决定好的：输入的数据和方程式都是他自己控制的，而且在两次运算中也是完全相同的。但是模拟结果出现了差异，开始的时候很小，后来就很大。哪儿出错了呢？

问题在于打印纸张的尺寸。这张纸上仅能打印三个小数位，因为没有空余的地方打印更多的小数位。他把仅仅带有三位小数的数字复制到计算机的程序中，尽管程序的运行实际上只有六个数据。因此，重复部分计算结果出现差异是因为初始数据是带有四位小数的数字。他对此想得越多，越是觉得难以置信：显然，无法进行长期的天气预报，除非知道带有四个甚至更多小数位的温度之类的气象数据。如果某个地方某天的温度是 21.563 摄氏度，或者如果它实际上是 21.563 975 摄氏度，那么我们还是不足以知道长期的气象状况。要想获得全部这类数据，并且是覆盖全球的数据，那绝对是不可能的。没考虑到公众性，洛伦茨便把他的观察结果发表在《大气科学杂志》上，文章的题目是《确定性非周期流》。

如果有人读过这篇文章，那么他们并不会觉得大惊小怪。在此后的 10 年时间里，它被其他作者引用的次数还不到 10 次。但是，在 1972 年，马里兰大学物理科学与技术研究所的一位科学家看到了这篇文章，感到非常兴奋。他把文章复制下来并且发给所有对此有兴趣的人。有一天，他把文章发给了在同一个机构工作的数学家詹姆斯·约克。约克理解这个信息的重要价值：长期不可预测性可能是非线性系统的内在性质。1975 年，他发表了关于这个主题的论文。这篇文章刊载在知名的《美国数学月刊》

上，题目就是谁也无法忽略的《周期 3 意味着混沌》。

后来，人们采用文章标题的最后一个词来表述那些确定的，但又复杂而不可预测的现象。当我们用标准的统计方法来检验系统行为时，它表现出随机性，但实际上它也具有确定性——因此根本没有随机性的系统，所以通常就用“确定性混沌”来描述它。

蝴蝶效应

洛伦茨 1979 年发表了一篇论文，题为《可预言：一只蝴蝶在巴西扇动翅膀会在得克萨斯引起龙卷风吗？》。很显然，他也在向约克学习。如果以读者作为衡量成功的标准，那么他这一次成功了。混沌这个概念变得流行起来，科学家们也开始研究无所不在的混沌现象。洛伦茨的文章解释了巴西的一只蝴蝶能够决定 6 个月之后在其他某个地方是否会发生一场龙卷风。假使气象学家掌握了这个世界的力量，而且决定把天气预报作为人类生活的主要目标，把气象站覆盖到整个地球表面，每隔一英尺就设立一个小的气象站并且延伸到大气层之外——即使这样，他们也无法进行长期的天气预报。即使数十亿个这样的气象站连续不断地把数据发送给一个巨型的中央计算机，这台计算机安装了完美的数学模拟软件，它也还是不能做出长期的预报。因为可能会有一只蝴蝶在某两个测量站点之间轻轻飞过，引起了一阵很微弱的风，而气象站无法对其足够准确地加以记录——而且未被记录的空气运动的影响会通过正向反馈机制得到放大，以判断是否会发生一场龙卷风。至此，洛伦茨的观点已经阐释得很清楚：反馈系统对初始条件非常敏感——这个性质后来被称为“蝴蝶效应”。

靠不住的东西

不仅仅是经济学和气候学，生态学的反馈系统也臭名昭著。当罗伯特·梅 1971 年设计一个模拟鱼群数量的数学程序时，他遇到了一个奇怪的现象。他设计的方程式是为了计算一个鱼群在不同的假设条件下会成长到多大。当他把所选择的参数值输入计算机时，模型对鱼群生态系统的动态进行了模拟，直到鱼群数量达到某个固定水平时便逐渐稳定下来。如果他改变了参数，它就会在另一个新的均衡水平上稳定下来。

其中有一个变量是生育能力，就是鱼生子的能力。如果生育力非常低，那么鱼群显然会灭绝。在高生育力的情况下，它会达到不同的均衡点。奇怪的是，当他输入一个很高的生育能力数值时，模拟的结果却找不到均衡点，鱼群数量处于无休止的波动状态而没有任何明显的模式。造成这种混沌行为的一系列数学反馈可以用下面的方程式表示：

$$X(n+1)=\mathrm{r}\times X(n)\times(1-X(n))$$

这个方程表达式非常简单。左边的意思是“下一期的 X 值”，这个下一期的 X 值要通过右边的算式计算出来，它是常数 r 与当前的 X 值相乘，再与 1 减去当前 X 值的差相乘的结果。这种微小（而且非常简单）的反馈机制在参数值很低的情况下会实现均衡，但在 r 值很高的情况下则会造成混沌。这很有趣，不仅仅让人觉得愉悦，而且在模拟许多动态系统时这种方程也是通用的，包括经济学。就像一个大的 DNA 分子中的一个小小的基因，这种算法隐藏在一个大的模拟方程中。除非用计算机对所模拟的系统做大量的因素分析，否则根本不会注意到它的影响。因此，正如查尔斯·巴贝奇早就预言的那样，计算机真正给科学带来了革命。

周期的同步

许多刚开始思考经济学问题的人当时并不是真正的经济学家。魁奈和朱格拉两人是医生，萨伊、瓦尔拉斯以及帕累托是工程师，而纽科姆则是一位数学家与天文学家。如今，正是来自其他学科的人员在触发混沌理论的研究。突然之间，我们发现世界各地的物理学家和数学家们正在做经济模拟。哥本哈根也在发生这样的情形，在埃里克·莫斯基尔德的领导下，一班人正在琢磨改进版本的福里斯特的经济周期模型。他们想要研究周期的同步性是否可能导致经济发生大萧条，就像熊彼特和福里斯特所指出的那样。考虑一下这种情况：如果存在几种周期现象，你就不能把总产出仅看成单个振荡运动的加总，就像熊彼特在 1935 年所画的图形阐释的那样。可能的结果要比这复杂得多，因为每一种周期现象都可能会与其他周期现象产生相互影响与干扰。他们决定用康德拉季耶夫周期模型分别经受基钦和库兹涅茨周期振荡的情况来检验这个假设。图 16–1 说明了他们的康德拉季耶夫模型是如何变化的。

结果，他们的康德拉季耶夫周期模型平均长度为 47 年，图中的 3 条曲线分别表示产能、产量与订单，其中订单首先改变，而后是产量，最后是产能。这个模型显示了由于资本货物部门的自我订购（资本货物生产部门自身订购资本货物，但存在着时滞），经济系统具有内在的不稳定性。

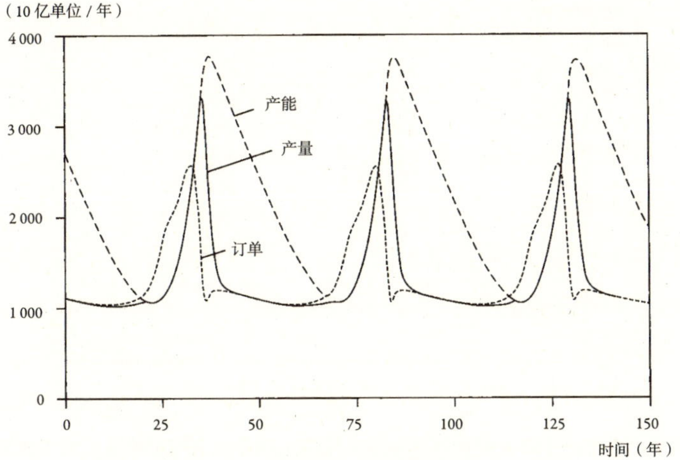

图 16-1　一个康德拉季耶夫周期的模拟

这些研究者现在继续创造一个模型来模拟库兹涅茨周期，结果发现周期的长度为 22.2 年。如果把库兹涅茨周期叠加到康德拉季耶夫周期上，那么又会发生什么情况呢？他们做了试验，结果发现康德拉季耶夫周期的长度自动拉长了大约 40%，这样每个康德拉季耶夫周期就与 3 个库兹涅茨周期同步（见图 16–2）。

他们还创造了一个模拟基钦周期的模型，计算机给出该周期长度的计算结果为 4.6 年。他们再次把基钦周期叠加到康德拉季耶夫周期上面进行试验，结果发现每个康德拉季耶夫周期自动与 10 个基钦周期同步。只要他们把固有的基钦周期长度设定在 4.47~4.7 年之间，就会完整地保持这个结果。但是，当基钦周期长度超出这个区间的时候，同步性就变得更加复杂。他们还证明了这个同步过程对振荡幅度具有敏感性。图 16–3 显示了基钦周期长度保持在 4.6 年时的同步情况。

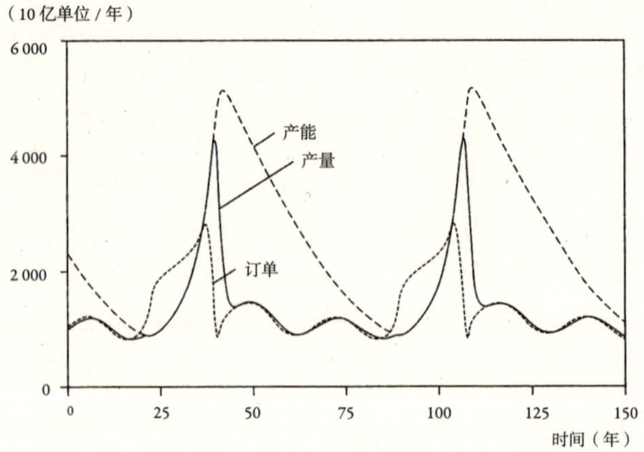

图 16–2　康德拉季耶夫周期与库兹涅茨周期之间的自动同步模拟。这个模拟由图 16–1 中的康德拉季耶夫周期模型与一个设定时长为 22. 2 年（这大致相当于典型的库兹涅茨周期长度）的外部正弦曲线的振动合成。

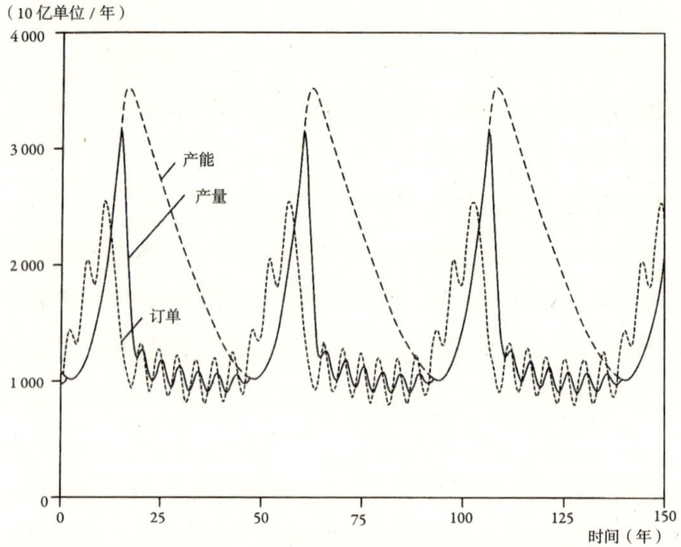

图 16–3　康德拉季耶夫周期与基钦周期之间的自动同步模拟

在他们的实验中，图 16–4 所显示的情况看起来完全不同于引入混沌理论之前所做的任何经济模拟（而且可能用于心理学的测试——对作者来说，它看起来就像长颈鹿被帆船包围着）。这幅图形实际显示的就是所谓的“拓扑空间”。科学家们再次将他们的康德拉季耶夫模型用每次设定的周期振幅与期限叠加成其他周期。他们一次次重复这样的实验，直到所设定的振幅与期限覆盖了很广的范围。这个图形中的横轴表示周期的期限（从 0 到 60 年），纵轴表示振幅。图形中的每一个点都是完整模拟的结果，阴影区域表示康德拉季耶夫模型与外部周期同步时的结合，白色区域则是发生混沌时的结合。每个阴影中所写的比率则是每个康德拉季耶夫周期中所出现的外部周期的个数。

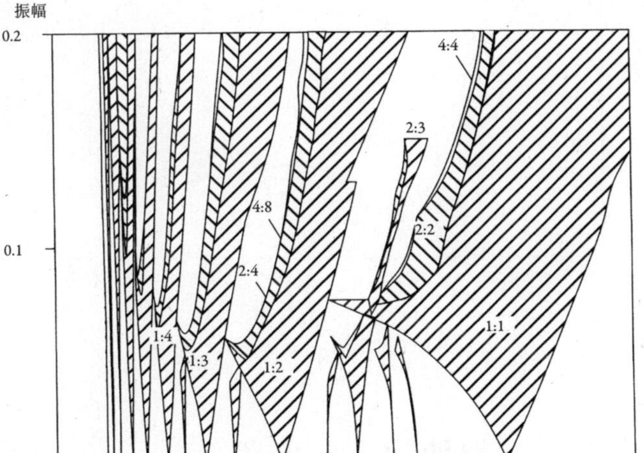

图 16–4　康德拉季耶夫与外部周期同步的拓扑空间。图形显示当具有不同振幅与期限的周期叠加时，康德拉季耶夫模型是如何反应的。

让我们看一下最后一幅图形，见图 16–5，这是所有图形中最奇特的一幅。它显示的是多次计算的结果。其中，在每次实验中，叠加的外部周期长达 19.6 年，但是每次计算的振幅（横轴）都有一点儿改变。这幅图中的纵轴刻度是实验所发现的资本形成的最大值。图形表明了如何从单一的答案演变成两个、四个、八个等答案，而且最终出现了混沌。

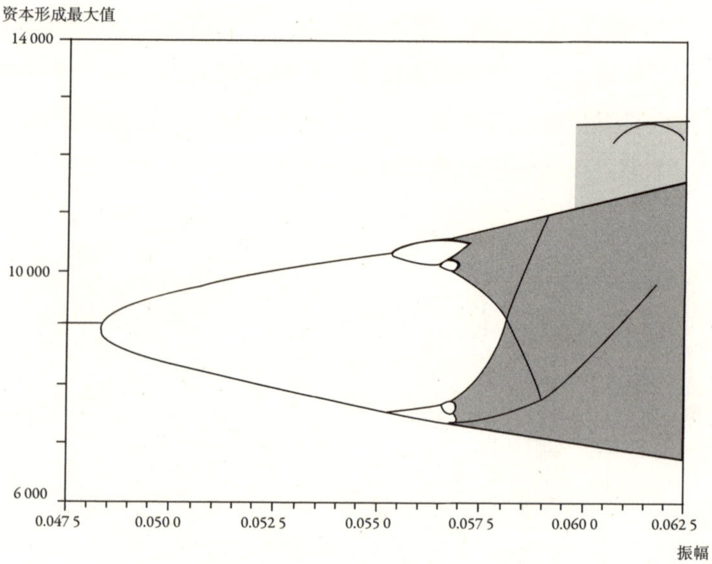

图 16–5　周期同步性的费根鲍姆瀑布

混沌的主要含义

混沌理论让我们了解到非线性系统是如何运行的。它也启迪我们在科学、工程、软件编程等许多方面发展出新工具。这类系统最重要的特征是：

· 对初始条件极其敏感（爱德华·洛伦茨的“蝴蝶效应”）。这就意味着在长期预测方面存在着突出的障碍。
· 自相似性（曼德伯“肥尾”处于不同的尺度范围内）。模型在不同的尺度范围具有看起来相似的趋势，但是永远不会自我复制成完全相同的微小模型。
· 有多个吸引因素存在于某些参数间隔。在特定时间内，系统可能很容易有几个稳定的解决方案，而随机冲击可能会将其从一个稳定位置推到另一个稳定位置。

混沌理论家的工作使我们对某些经济与金融系统的性质有了基本的了解，这使我们更容易确定在各种不同的状态下，哪一组实用预测工具是有效的。就经济学的其他基本数学方法而言，系统动力学特别重要，例如在统计学、计量经济学、神经网络与人工智能方面。我们不妨想象一下，某人可能正在使用设定好的长期预测计量模型，现在我们运用混沌理论的工具来检验这个计量模型在政策空间内的行为，或许会发现它出现了混沌。在这种情况下，我们的结论可能是，要么模型总体上是不正确的，要么不能用它来预测这个系统。或者，它可能表明系统仅仅在某些边界内才能被预测。系统动力学能使我们对要处理的问题有一种更好的感觉。

混沌的这类含义让人有些难以置信。因此，当萨缪尔森在1939年揭开非线性动力学领域的面纱时，他无法做出预测（这也是由于缺少电子计算机）。当人们进行狂乱的投机时，他也没有发现人们心里在想些什么。这个问题我们留到下一章来研究。

分析工具

要想更好地理解经济，就必须使用一种综合的分析工具。下表对一些重要的数量分析工具进行了简明介绍：

表 16—1　一些重要的数量分析工具

方法	作用	典型成果举例
统计学	运用统计标准方程来描述统计数据（“观测值”）之间的相互联系。统计学家要对所有统计模板进行实际数据检验。	•统计行为分类 •测量参数值，如“均值”“标准差”“H 指数”等 •提供系统规则的属性指标 •对不同时间序列的行为进行检测、分类，测量相互间的关系
计量经济学	用同时发生的方程组（通常规模很大）来描述经济。可以代入当前的参数值并计算经济未来如何演化。这是一种链式计算，其中任何一期的计算结果都将作为下一期的输入参数。	•经济预测 •当给定某种变化时（例如，增税、降低利率等），模拟将会发生的情况 •检验经济理论的有效性 •检测、分类和测量给定时间序列中重复的模式 •测量经济参数的相互关系 •发现新经济关系
系统动力学	用一套方程来描述经济或者其中一部分。要调查不同政策结果是如何形成的。通过一遍又一遍的计算，每次对政策进行微小修正，直到参数值的“拓扑空间”或者“政策空间”被绘制出来。 在整个政策空间内判断经济的动态性质的表现。	•理解系统的动态行为可能如何依赖于政策而发生变化 •识别运转最优性能系统的政策间隔

（续表）

方法	作用	典型成果举例
神经网络	把许多金融 / 经济的时间序列代入程序。然后用这些程序对统计关系进行连续检验，发现并创造计量经济学预测模型。	• 经济预测 • 预测金融市场 • 显示模式 • 连续产生预测 / 建议
人工智能	观察（部分通过现场面谈）成功的专家对经济或金融事件的预测。然后把他们的决策过程用方程式表达出来。当把实际数据代入这些方程式时，就会产生预测与活动建议。	• 经济预测 • 预测金融市场 • 发展理论

第 17 章

趋势与心理

怀疑！对于股票交易所的交易者而言，没有比怀疑更糟糕的感觉了。这种心境不是由单个事件的结果正常发展而来的，它更可能是因为若干事件不符合你的世界观。由于若干事件中的某一个发生了，所以在潜意识里便种下了怀疑的种子，随着日子一天天过去，这颗种子也在发芽成长，直到有一天，还没有来得及做任何心理准备，就已经心烦意乱。就在突然之间，发现自己如履薄冰，面临随时塌陷的危险。在恐慌之中，必须立即调转行动的方向。正是在这样的感觉之中，许多股票交易者熬过了 1987 年 10 月 17 日星期六这一天。

怀疑的种子

更大的投资组合经理与投机者可能非常熟悉罗杰·沃德·巴布森在1911年所描述的典型的经济周期次序：

总体上来说，产业一般是在几个月之后跟随股票价格变化的。

巴布森有一个为众多股票交易者所熟知的论点，即通过研究股票市场来预测经济活动，要比通过研究经济来预测股票市场容易得多。交易者如今也都知道股票市场已经成了正式的经济晴雨表。然而，债券甚至是更好的指示器。因为亨利·桑顿早在1802年就已经观察到，随着经济上升期的成熟，利率也趋于上升。1966年，NBER刊登了菲利普·卡甘的论文《利率的周期性行为变化》，他对利率做了如下总结：

……因此证据支持以下结论：（1）利率变化保持一种次序，首先通常是积极的公开市场利率发生变化，而后是协商性的利率变化，最后往往是惰性的市场利率变化。（2）所有的长期利率过去常常远滞后于短期利率，但现在不会了……

卡甘也注意到，1966年之前短期利率与长期利率之间的滞后程度似乎已经在收窄，但是在1982年全球股票市场繁荣之前，利率的这种次序变化再次完美地表现了出来。经济周期的另一个金融层面的特征是信贷质量。1955年，研究经济周期的专家杰弗里·穆尔在美国金融学会发表了一次演讲，他在这次演讲中谈到了发生萧条之前的金融状况：

· 信贷与债务快速增长；

- 房地产、普通股与商品存货之类的投资品价格出现快速、投机性上涨；
- 出借人之间为了新的商业机会开展激烈的竞争；
- 放松信贷条件与贷款标准；
- 风险报酬的减少由出借人寻求或承担。

他解释说，在上述条件下，新增信贷的质量会逐渐恶化。现在已经出现的大量此类信号说明经济趋势将会发生反转，这对于那些非常精明的交易者来说，并不是什么秘密。首先，在此前几年出现了信贷的快速扩张，但是这种扩张现在开始转变了。交易者们从《银行信用分析师》以及其他分析师的时事通讯中了解到，从年初开始，金融系统的流动性就已经下降了。其次，美国的利率从1986年8月就开始上升。利率上升本身并不是什么大问题，因为每个人都知道，利率要持续上升一年甚至更长的时间，才会对股票市场造成伤害。然而目前的这种趋势已经持续了长达14个月之久，而且这个夏季它还在加速。

下一个受到波及的是财政部债券。在利率开始上升之后，财政部债券已经坚挺了很长一段时间。然而，财政部债券最终也像其他债券一样被拖垮了。此时是1987年4月，财政部债券开始下跌，情形已经收不住了。

牛市的一致意见

另一个警讯是市场的情绪。每个交易者都深知，当市场中几乎每个人都持看涨态度的时候，便是卖出的时机。问题是什么时候才是卖出的精确时点。现在，这个时点看起来越来越像是8月。就在这个月，《商业周刊》杂志发表了一份长达25页的《年中投资展望》，通篇都是对股票市场的积极评论。还是在这个月，“哈德迪牛市指示器”也拉响了警报。这个指示器是由加利福尼亚的一家研究公司生产的，它包含一个加权指数，为全美100多家领先的银行、券商和投资顾问机构提供投资政策建议。简单地说，哈德迪牛市指示器的经验规则就是，如果超过70%的顾问建议买进，你就应该卖出。这个比例在8月达到了，就在市场达到顶峰之前的一天。自那以后，股票价格就一直在逐步下滑。

最后的结果也是史无前例的糟糕：星期五，10月16日，道琼斯工业平均指数（简称道琼斯指数）出现放量下跌——下跌多达108.35点，这也是此前最大的名义跌幅。大多数的股票交易者都知道，大卫·李嘉图的割肉止损这条老规则并不愚蠢。此时，许多投资者的账户已经出现了大量亏损——这是否到了应该紧急救援的时候呢？彼得·林奇这位富达麦哲伦巨型基金的著名管理人就在灾难性的星期五前一天离开了美国。现在，他正在爱尔兰的基拉尼高尔夫球场打球，在球场上他开始担心自己是否真应该来度假。他这次打球的感觉糟透了，结束的时候，连自己的得分都没有记住——他的心思早已不在球场上了。彼得·林奇害怕他的股东会蒙受损失，甚至是巨额损失。其他人也是这样，交易者们从四面八方会聚到当地酒吧讨论最近的事态。为什么道琼斯指数跌了这么多？这真令人害怕。这次下跌是在持久的牛市之后出现的，受到了巨大的信贷扩张的刺激。市场情绪已经达到了顶点，利率也在稳步上升。而且此时离1929年大萧条58周年还有5天。1929年，开始下跌时的交易量也很大——多么让人讨厌的相似点。而且，很遗憾，当年又是58周年。难道有“康德拉季耶夫周期”的某种因素吗？唉，最好还是再来一瓶啤酒吧！

风雨交加的星期一

10月19日星期一这一天，情况一开始就不好。在东京，指数适度下跌了2.5%，但在香港，则下跌了11%，此后交易被暂停。当欧洲市场开盘的时候，伦敦与苏黎世的市场下挫了11%，法兰克福下挫了7%，巴黎下挫了6%。

迪马奇银行的董事让－吕克·雷宾这天晚上到巴黎一家环境幽雅的餐厅参加商业宴会。就在晚宴开始的时候，他已经知道道琼斯指数崩溃了，它打破了星期五的纪录，让人难以置信地下跌了180点。当开始上甜点的时候，道琼斯指数下跌了300点。当他准备离开餐厅的时候，有人告诉他道琼斯指数已经下跌了500点，雷宾觉得这简直是在开玩笑。用百分比来衡量的话，跌幅如此之大在历史上还从未有过——尽管出现过暗杀总统、骚乱、大萧条、越南战争、朝鲜战争以及两次世界大战这样的事件。这一次人们无法解释——绝对无法解释这样的崩溃，或者甚至不能解释此前的星期五所发生的可怕的下跌。然而，它发生了，千真万确。人们在不明就里的恐慌中大肆抛售手中的股票。

实际上，想要卖出股票的并不仅仅是人。大约25%的卖出指令是由沉默的计算机发出的。其余的卖方才是人，其中就有乔治·索罗斯。他预计日本经济会发生崩溃，于是便在日本股票市场上做空，同时在华尔街持有多头。现在，他正想躲进华尔街的避难所，而一位美国交易者则把他的这次避难描述成“所见过的

图 17–1 1987 年股市崩溃之前的市场轮动情况。图形显示的是芝加哥期货交易所 30 年期政府债券价格与道琼斯工业平均指数走势。这两个市场彼此跟随得相当紧密，直到 1987 年年初，此时债券市场开始下挫而股票市场则在上涨。1987 年 10 月股市崩溃后，两者之间的缺口大幅收窄。

最糟糕的抛售”，索罗斯的量子基金通过希尔森公司卖出几千份标准普尔（S&P）的期货合同，这家券商一开始卖出的报价为 230 美元，但是其他一些交易者就像秃鹫一样围拢上来，于是卖价垂直跌落到了 195~210 美元。等到他刚一清仓，价格又立即开始反弹，到收盘时达到 244.50 美元。据后来估计，量子基金在这次交易中的损失达到 2.5 亿美元。与此同时，索罗斯还在价格最低的这一天的某个时点卖出了他个人所持有的股票。

道琼斯指数在这一天收盘时下跌了 506 点。在短短 7 个小时的交易中，其市场价值损失 23%，自 8 月的最高点以来已经下降了大约 40%。彼得·林奇的富达麦哲伦基金损失高达 20 亿美元。美国股市崩盘把全世界都卷了进来。遭受此次极为沉重的打击，全球市场的证券价值大约损失了 2.4 万亿美元。

而后这一切便结束了。仅仅过了两天，市场崩溃就停止了，在 10 月 21 日星期三这一天，交易者的工作报告显示市场再一次恢复了平静。于是，牛市又重新开始，市场在一天天稳步爬升，在之后的两年时间里又创造了最高的历史纪录。

所有这一切到底是怎么回事呢？罗伯特·席勒，一位研究非理性金融市场的领军人物，想要解开这个谜团，于是他向私人投资者发出了 2 000 份调查问卷，向机构投资者发出了 1 000 份调查问卷。他总共收回了 889 份答卷，这些答卷非常有趣。几乎没有人提到迫使他们卖出证券的任何经济或政治方面的消息。不过，他们卖出证券只是因为市场在下挫！调查还显示出许多人曾经认为市场已经被高估——甚至就在崩溃之前他们买进的时点上，而且他还发现大约有 10% 的人运用了明确的“止损策略”。大约有 1/3 的人尤其受到了技术趋势指标的市场渗透影响。所有这些答案似乎表明，人们存在集体的非理性趋势。因此，重要的问题是：对于个人而言，非理性的思维方式是正常的吗？

表 17–1　道琼斯工业平均指数单日最大的十个跌幅

名次	日期	收盘点位	点数净变化	变化幅度（%）
1	1987/10/19	1 738.74	–508.00	–22.61
2	1929/10/28	260.64	–38.33	–12.82
3	1929/10/29	230.07	–30.57	–11.73
4	1929/11/06	232.13	–25.55	–9.92
5	1899/12/18	58.27	–5.57	–8.72
6	1932/08/12	63.11	–5.79	–8.40

（续表）

名次	日期	收盘点位	点数净变化	变化幅度（%）
7	1907/03/14	76.23	−6.89	−8.29
8	1987/10/26	1 793.93	−156.83	−8.04
9	1933/07/21	88.71	−7.55	−7.84
10	1937/10/18	125.73	−10.57	−7.75

在黑色星期一股价大幅下跌，由于在此之前以及股价大幅下跌期间，并没有发生其他引人注目的重要事件——当然，除了股价大幅下跌这件事本身，因此，这次股价大幅下跌是很有意思的。

画出图形

仔细看图 17–2，然后回答下面的问题：如何比较位于两组图形中心的圆？左边中心圆的面积是否比左边中心圆要小？两者一样大吗？或者，右边中心圆比左边中心圆要大？

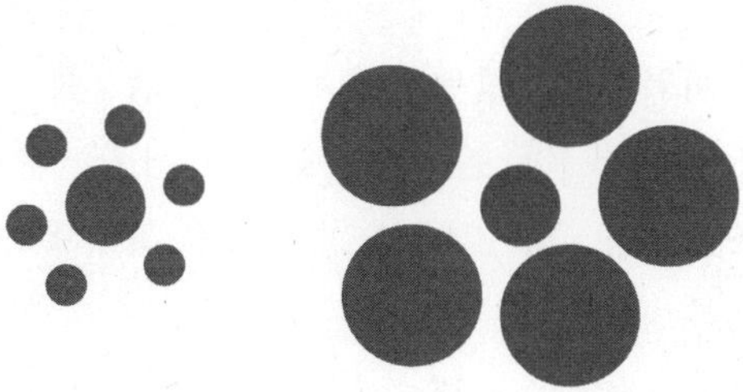

图 17–2　哪一个中心圆的面积更大？或者，它们一样大吗？

如果你认为右边的中心圆小一些，那么这说明你是一个正常、理智的人。但实际上两个中心圆一样大。或许你有时会觉得奇怪，为什么太阳与月亮刚刚露出地平线的时候似乎显得大很多，好像它们此时离我们更近一些。尽管实际上并非如此，但我们认为它们看起来的确是那样。我们会觉得任何处于地平线上的东西都比它们在天空中看起来要大得多。

让我们试试看另外一个图形。请注意图 17–3 中的线条。它们是平行的吗？

图 17–3　这些线条是平行的吗？

这一次，如果你认为这些线条不平行的话，那么你就是正常人。但实际上它们是平行的。还有第三个例子：看一下图 17–4 中的四根线条并回答“A”“B”“C”三根线条中哪一根与“测试线条”一样高。

你可能以为这和前面一样，实际上也是一个陷阱问题，但是这一次，你的直觉所给出的答案实际上是正确的，即“B”线条与测试线条一样高。测验结果表明有 99% 的人选择了正确答案。既然如此，那么这个问题的关键点在什么地方呢？1965 年，心理学教授所罗门·阿希设计了这样的一个试验，他带着一组人进入屋子，然后让每个人回答这个问题。之后，他又让自己的试验助手混入每组人中间，并让助手做出误导，即给出错误的答案“A”。下面是这些测试对象在不同情况下进行回答的结果：

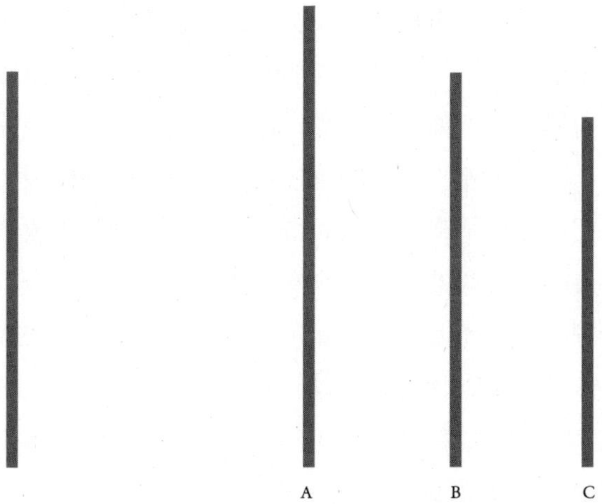

图 17-4　哪一根线条与测试线条一样高?

- 此前没有人误导：1% 的人给出了错误的答案“A”或者“C”；
- 此前有一个人给出了错误的答案：3% 的人回答“A”；
- 此前有三个或者更多人给出了错误的答案：33% 的人同样也会认为“A”是正确的答案。

这是一个关于群体思维的典型例子，它是社会心理学中的典型现象。它表明人们并不总是理性的。这又意味着什么呢？它会改变我们对投资与投机在经济周期与资产价格变化中所起的作用的看法吗？

经济学家一直有许多不同的观点。新古典经济学是建立在亚当·斯密的有效市场观念基础之上的，它可能认为个人并不总是聪明的，但所有人的平均水平则算聪明。米尔顿·弗里德曼朝这个方向走得更远，他声称投机不会造成经济不稳定，因为成功的投机者总是低买高卖，这种行为能够稳定市场。那些不成功的投机者会反向操作吗？如果是那样，他们就会亏损并很快完蛋。

然而，有一个相当不错的替代观点：技术娴熟的投资者数量有限，他们能够低买高卖，然而市场上更多的则是不成熟的投资者，他们会随着时间的流逝而改变做法，这些人会执行反向的操作。这个观点也并不是全新的。在前文中，我们看到约翰·斯图尔特·穆勒早在1826年就把市场参与者分成了“职业赌徒”和“鲁莽投机者”两大类。他认为，前一类人对市场需求与供给背后的力量有基本的理解，而后一类人只是简单地跟随价格变化，这种行为放大了市场波动。他也强调竞争性过度投资中的心理因素，认为这是由于“人类对有利于自身的变化存在高估的普遍倾向”。

心理因素

在早期的学者中，穆勒并不是唯一强调心理因素的。例如，庇古在这方面走得更远，下面是他的有关陈述：

> 商人们的预期变化……此外再没有别的东西，构成了产业波动的直接原因或者前导。

他认为，存在一种倾向，即人们喜欢用近期的趋势去推测将来，因此造成了羊群行为的自我增强。其中的一个原因在于人们难以获得信息与洞察力，所以，许多人或者绝大多数人会加入可能获利的那一边，并仿效那些专家的行为——就像所罗门·阿希试验中受到误导的那33%一样。

马歇尔在建议提高价格可能吸引买家的时候，也谈到了心理因素。当然，凯恩斯所说的“动物精神”经常被人引用。然而，凯恩斯最好的理论，也是当今流行的说法，还是他有关选美比赛的比喻。他把股票市场与美国的一些报纸选美竞争做比较，竞争者应该通过100位女性的肖像选择他们认为大多数人更中意的那一位。

专业投资很像这些报纸选美竞争，在比赛者中，竞争者需要从上百张相片中挑选出6位美女的相片，谁的选择最接近所有竞争者的平均偏好，谁就能够获奖。因此，每个竞争者不得不挑选那些最有可能吸引其他竞争者喜爱的面孔，而不是挑选自己认为最漂亮的面孔，所有人都会从相同的视角来看待这个问题。这并不是选择符合个人标准的真正最漂亮的女性，甚至也不是选择平均最受认可的女性。当我们用自己的聪明才智来预测平均意见的期望值的时候，我们已经进入了第三个层次。我相信，有些人实际上进入了第四层、第五层乃至更高的层次。

查尔斯·金德尔伯格和海曼·明斯基也对心理因素赋予了重要意义。例如，金德尔伯格在其著作《狂热、恐慌与崩溃》中这样写道：

我认为，狂热与崩溃曾经是和普遍的非理性或者暴民心理结合在一起的。

其他许多经济学家在他们的经济周期理论中也提到了心理因素，但通常采用非常模糊的措辞。

通往非理性的16条大道

当越来越多的心理学家和经济学家通过特殊的实验试图揭示有多少人会处于非理性状态的时候，变革的时机便来临了。这个领域中的一些领军人物有阿莫斯·特沃斯基、丹尼尔·卡尼曼、罗伯特·席勒、理查德·塞勒和迈尔·斯塔特曼。这些人和其他科学家一道，经过多年的研究，探索出一些有助于解释经济与金融不稳定性的常见偏误，因为这些偏误造成了羊群式的从众心理。下面列出了最引人注目的16种现象：

- 代表性效应：我们往往认为我们所观察到的趋势会继续下去。
- 错误共识效应：我们往往高估与我们所见略同者的人数。
- 后悔理论：我们试图避免确认我们已经犯了错。
- 定锚/框架：我们的决策受到隐约暗示正确答案的信息的影响。
- 同化误差：我们会误解接收到的信息，以为该信息认同我们所做的事。
- 选择性接受：我们只接受似乎认同自己行为与态度的信息。
- 心理区隔：我们把现象区分为不同的隔间，并试着优化每个隔间而非整体。
- 选择性认知：我们曲解信息，好让其认同我们的行为与态度。

- 过度自信行为：我们高估了自己做出正确决策的能力。
- 后见之明偏误：我们高估了自己预测过去一连串事件后果的可能性。
- 确认偏误：我们的结论不当地偏向我们想要相信的事。
- 适应性态度：我们与熟识的人往往持相同的态度。
- 社会比较：面对一个我们觉得难以理解的主题，我们以他人的行为作为信息的来源。
- 认知不协调：我们试图回避或扭曲表明我们的假设错误的证据，我们也会避免强调这类不协调的行为。
- 自我防卫功能：我们调整自己的态度，好让其似乎认同我们所做的决策。
- 展望理论：我们有一种不理性的倾向，比较愿意赌亏损而不是赌获利，这意味着我们持有亏损头寸的时间长于持有获利头寸的时间。

关于心理学作用的另一个重要变化是在金融市场中得到广泛应用的“技术分析”。这相当于以心理学现象为基础进行市场预测的计算机模型。这些模型可能在较早的时点上发现主要的转折点，但也可能引导使用者去跟随趋势。

我们把诸如此类的现象加起来，可以解释投资趋势为什么会一意孤行，并且最终会超出所有的基本合理水平。这些投资可能存在于新兴产业、上市公司股权、债券、财产、商品或者艺术品上。下面我们不妨以股票市场的牛市为例来说明这个过程是如何发生的。

趋势心理

请假设这样一种情境：股票市场已经持续上涨了一段时间，而且已到了人们情绪激动的时点。查尔斯·金德尔伯格经常在评论中引用这样的话："看到朋友投机致富的时候，没有什么比这更能扰乱人的安宁与心智了。"用科学术语来讲，这种情况就是后见之明偏误与后悔理论。随着市场的上涨，我们（错误地）相信在上涨发生之前自己实际上知道市场会上涨。于是我们会产生强烈的后悔感，并且会试图纠正我们察觉到的错误，从而在市场价格稍有一点回调的时候就买进股票（见图 17–5）。

上涨的价格很快就会吸引技术分析师，他们以图表数据为基础进行分析后给出买进的建议（见图 17–6）。

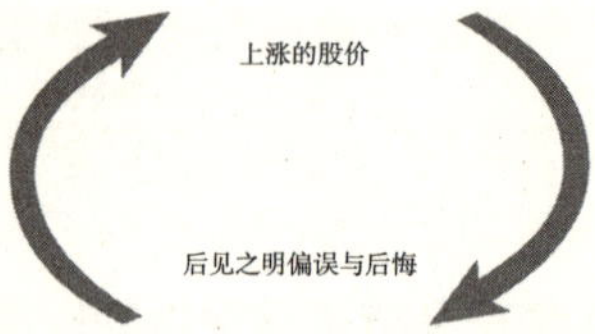

图 17–5　以后见之明偏误与后悔理论为基础的正向反馈环

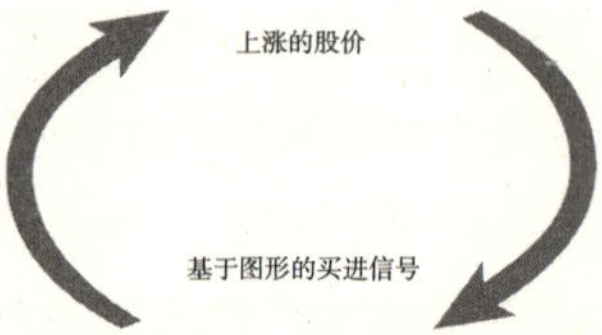

图 17–6　以技术分析者依据图形给出的买进建议为基础的正向反馈环

随着股价的进一步上涨，代表性效应开始发挥作用（见图 17–7）。按照这种效应，我们会理所当然地认为新近的趋势代表了我们所看到的未来情形。于是我们倾向于买进更多的股票。

在牛市继续上涨之后，获得高额收益的投资者会越来越多。有些人常常把通过股市投资获得的利润全部再投资到这个牛市中来。社会心理学家根据赌场的一种普遍现象，把这种情形称为“用庄家的钱玩”。那些整晚赌博赢了很多钱的人会继续玩下去，直到把赢的钱又输掉为止，因为他们并没有觉得那些是真钱——只不过是“庄家的钱”。他们在心理上把近期的收益与其余的财富区分开来，把这些收益放在一个心理区隔中继续用来赌博（见图 17-8）。

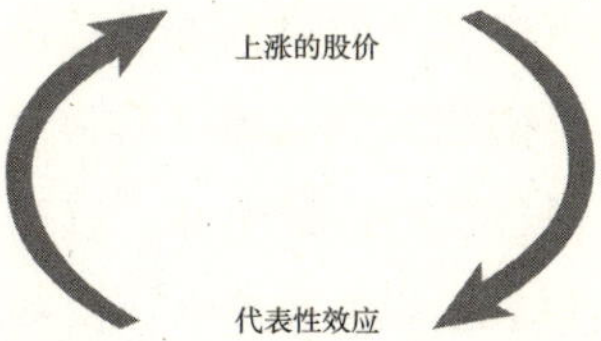

图 17-7　以代表性效应为基础的正向反馈环

图 17-8　以人们倾向于感觉是在“用庄家的钱玩”这种效应为基础的正向反馈环

当然，所有这一切都不能逃脱媒体的关注，媒体在报道时大都预先受情绪支配，从而似乎把牛市合理化了（见图 17-9）。金融分析师的报告支持媒体的这种行为，然而这些分析师（在利益团体的重压之下）提供的买进建议要比卖出建议多得多。在此情况下，适应性态度、认知不协调、同化误差、选择性接受、选择性认知、确认偏误以及社会比较等效应可能全部都在起作用。

等到牛市发展成为金融泡沫的时候，可能会出现越来越多的警告信号。然而，错误共识效应将会给许多人留下错误的印象，他们会认为，与实际情况相比，有更多的人同意其有关牛市的估计（见图 17-10）。

图 17-9　以媒体理性为基础的正向反馈环

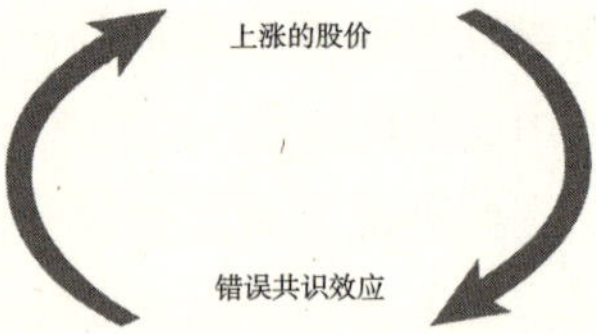

图 17-10　以错误共识效应为基础的正向反馈环

在金融泡沫的最后一个阶段，许多技术老练的投资者将会在市场上做空。但选择确切的转折时点非常困难，而且做空的一方可能会被迫购回其原来的头寸，因为市场经常会继续上涨，以至超出预期的水平（见图 17-11）。于是在价格上涨过程中，这种情况会创造最后一次急剧加速——仅仅是在市场达到最终的高点之前。

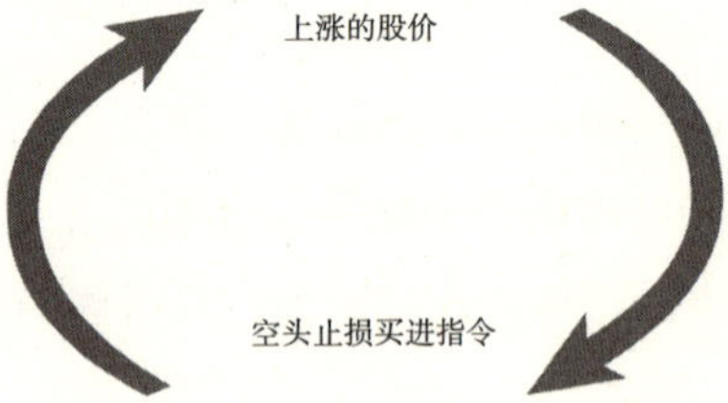

图 17-11　以早期做空者的止损买进指令为基础的正向反馈环

累加：情绪加速器

所有这些现象都已经在实验室中经过了科学检验，它们非常真实，而且造成了普遍的麻烦，要把这些因素纳入特定的宏观经济模型并非易事。技术分析师所做的不过是把总体的结果模型化——这也不能说完全没有成果。但是，为了下一节的研究目的，或许把所有这些现象捆绑在一起并起一个简单的名字是很合理的做法。我们可以把导致非理性交易的所有心理现象的总和称为“情绪加速器”（见图 17–12）。

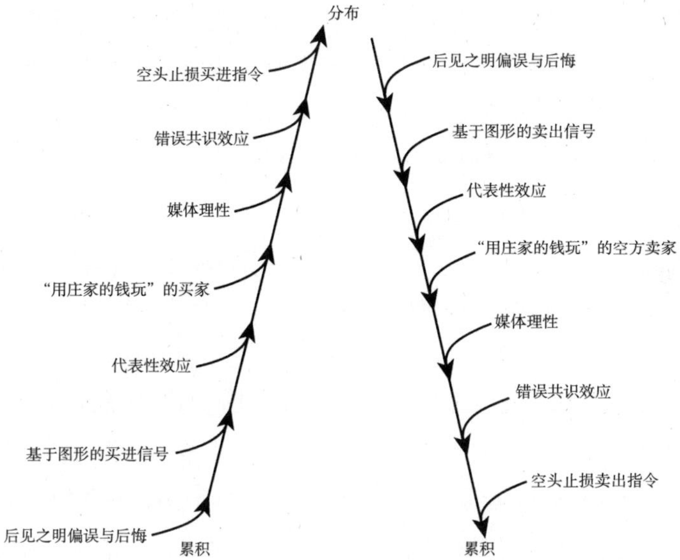

图 17–12　情绪加速器示意图

这里用“加速器”这个术语似乎颇为中肯，因为它曾经被（克拉克和其他人）用来描述（克拉克例子中资本投资方面的）一种现象，即产出的增长也为产出自身触发了新的需求。克拉克的资本投资加速器是由产出（结构）而不是产出水平的改变触发的。上述各种心理现象也具有类似的效应，金融资产价格的变化也同样在引导人们买进或者卖出资产，这种行为又会使当前的趋势得以增强。在此，我们应该牢记有关情绪加速器的一些关键方面：

- 它主要是由金融资产价格变动触发的。主要是公开价格与个人情绪之间的反馈把个体态度与群体反馈过程联系起来。然而，其他因素，例如媒体的作用，也有所涉及。
- 早期的投资者进场是因为他们理解价值。后来的投资者则是受到价格显著变化的吸引而进场。于是，情绪加速器就像一个涡轮增压发动机一样驱动市场，但这必须是在趋势已经启动了一段时间的情况下才有效。
- 它是双向作用的。
- 它包括了串联反应，有若干因素发挥作用来增强趋势。
- 它容易出现偶然的、突然的膨胀。

关于最后两点需要做一些详细说明。我们的情绪加速器具有双向作用，但在价格向上和向下的过程中并不是完全相同的。资产价格的熊市交易量通常要比牛市情况下低得多，对于这一点，我们可以用自我防卫功能、展望理论、心理区隔以及认知不协调来解释。（然而，这还可以用纯粹理性的因素来解释，因为出售杠杆性资产，例如房屋，可能会暴露清偿力不足的问题。）此外，位于波谷的转折点往往比顶点来得更加突然。

注意力、不安与焦虑

下面来说明存在突然膨胀的情形。这主要发生在市场下跌并且继续恶化，乃至从可控下跌演变到完全恐慌的情况下。但是为什么会变成恐慌呢?

我们在这种现象中能够找到的解释就是所谓的“态度”。这是合乎本质的创造，以便我们能够把事情简单化。比如说，我们可能听说过许多有关股票上涨以及下跌的原因。我们的态度就是我们做出了什么样的结论，而且在情绪上它和我们的思考、行为与感觉相联系。这很有用，可以作为心理崩溃的保护伞使我们平静、好好调整并适应社会，同时把我们从常常让人累断腰的各种不同的投机活动中解脱出来。

现在，假设金融市场出现了一个不利于我们的出人意料的大变化。比如，股票市场的牛市已经持续了一段时间，然后突然像岩石滚落一样急剧下挫。或许我们能够从容应对这种变化，而且不会更多地改变我们的态度（因为态度的性质是稳定的），但它的确会改变我们的注意力。注意力在一定程度上取决于社会经验。许多研究表明，我们的注意力大部分取决于周围的人所注意的事情。如果股票市场下挫了，那么这至少告诉我们其他人正在关注的是风险因素，而不是牛市的证据。因此，当看到市场下挫时，我们会开始更多地注意自身的这类风险因素，这就造成了认知不协调的现象出现。不知什么缘故，我们开始觉得在这个市场上抛售股票实际上可能有很好的理由，所以我们不再有以前那种良好的感觉，而且随着市场的进一步下挫，不安的情绪开始发展到了焦虑的程度。

这种情况是很自然的，而且往往是处于危险情境时必要的反应。例如，大多数动物能够感觉到焦虑，这有助于它们继续生存下去。焦虑的情形包括烦躁不安、难以集中注意力、疲乏、肌肉紧张、睡眠不实，甚至头脑变成一片空白。处于焦虑状态时，我们的心智（和身体）非常容易受到恐慌的影响。恐慌会使我们表现出一些症状，像心悸、盗汗、哆嗦等，但最为重要的是其独特的精神状态，人们的态度此时会极其突然地急转，这也可以解释市场行情会突然出现间断的原因。

存在泡沫的投机标的物可以是老式的法拉利或者印象派的画作，而这些并不会给世界经济造成一丁点儿恐慌。然而，如果碰上的是房地产或者股票市场，那么完全是另外一回事。这些资产的市场规模是如此庞大，以至其泡沫的破裂能对经济产生重要的影响，例如，2000 年发生的著名的网络泡沫就是这样。

第 18 章

网络爆炸

我们不知道查尔斯·巴贝奇在 1822 年第一次描述计算机的时候是否想过这个世界会需要多少台计算机，但是，托马斯·沃森这位 IBM 的总裁在 1943 年提出的一个精确的数字值得引用："我认为，全世界最多只需要 5 台计算机。"

5 台？这个数字有点儿偏低，但是他可能不曾想过计算机后来会变得那么小。然而，沃森至少比 Prentice Hall 出版公司的一位商业书籍编辑要乐观一些，这位编辑在 1957 年写道："我游历了这个国家的东西南北，并且与最优秀的人士交谈过，我能向你保证的是，数据处理只是一时流行的狂热，它不会持续到明年。"

数据处理热潮在持续了一整年之后开始了快速成长。而后出现了硅、个人电脑、光纤、局域网、PDA、移动电话和微小的计算机芯片，然后又有了互联网。所有这些都集中在改进计算机的商业用途上，从费城诞生的单体重达30吨的机器到真正的生意，再到一场革命，最终，在20世纪90年代，爆发了从未有过的最大规模的资本投资。互联网的用户数量从1996年的5 000万猛增到2000年的4亿多。在这次变革中，有两个关键的指数现象：

· 摩尔定律，指芯片的性能每隔约18个月便会提升1倍，而其价格则会下降一半。
· 吉尔德定律，指通信系统的光纤传输总带宽每隔12个月会增长3倍。

在20世纪90年代变革背后的第三个关键因素是在高科技市场上对“开放标准”的采用不断增加。开放标准意味着趋同，而这又意味着应用软件程序可以在不同厂商所提供的越来越多的不同系统中运行。因此，开放标准创造了规模经济，并为终端用户带来了好处。

第四个驱动资本投资繁荣的因素是解除通信市场管制的全球化发展新趋势，这个趋势带来了许多新通信公司的成立，并形成了新老运营商纷纷采用创新与竞争性服务来抵挡暴发户的潮流。结果互联网成了这场战斗的主要工具之一，它不断把价格拉下来。核心创新的联合（导致了新的应用软件程序）、开放标准（导致了技术趋同）以及解除管制（导致了价格的下降），使得互联网的用户数量和收入都出现了指数级的增长。收入增长再次刺激了新核心技术与新应用软件的疯狂发展——正向反馈环在这里创造了可持续的增长。

网络效应

这些正向反馈过程并不是唯一起作用的因素。创造可持续增长的变革之一，便是“网络效应”。这个术语描述的是一个网络对既定用户的价值，会根据使用相同网络的其他用户的数量呈指数级增长。互联网创造了极其强大的网络效应，因为连入网络的价值根据用户的数量呈指数级增长——至少在某些参数区间内是这样的。对于每个用户而言，一个拥有100万名用户的网络，其价值远高于分别拥有50万名用户的两个相互分离的网络。这种现象被称为麦特卡夫定律。结果是互联网的数据流量每隔3~4个月翻一番。

回报递增

在所谓的“数字化经济”中，另一个有趣现象是回报递增的可能性。传统的经济理论假设公司的投资回报是递减的（每新增一美元，其投资回报都会更低）。但是，那些提供数字化产品（像软件和互联网服务等）的公司会具有不同于传统的回报结构，这些公司会发现，在同一个概念上，每新增一美元的投资，要比之前的一美元投资获得更大的回报。其主要原因在于：

· 网络效应（麦特卡夫定律）；
· 复制自有软件或者接纳另外的网络用户的边际成本最小；
· 大型公司成为事实上的标准提供者的可能性更大。

因此，供给刺激了更多的供给（回报递增），而需求也刺激了需求（网络效应），这是萨伊定律的一个超荷载变种，而且比那个定律更厉害。我们已经了解，大多数的新古典经济模型都假设具有完整的信息，而且资金、商品、服务与人员都能够自由流动。每个人都知道这些是不现实的，但也都知道每一项通信与运输技术的创新都使经济向这些假设靠拢了一步。运河、铁路、汽车、电报与电话都提升了经济的实际效率。这些创新中的每一项都使人们更加易于兑换货币，也使人们更加易于把资金、商品、服务与人力配置到最能获得有效利用的地方。就此而论，互联网则是朝向自由与有效市场的巨大飞跃：

· 互联网创造了透明的市场，从而加剧了价格竞争。
· 互联网通过脱媒[1]、刺激协作性的工作方法以及加速软件的交换而提高了生产率。
· 互联网使经济电子化，在这种电子化的经济中，你几乎可以从任何地方购买任何东西，并且将其运送到你所在的地方。
· 互联网让人们在任何地方找工作成为可能。
· 互联网使交易资产和从写字台旁向任何地方的任何公司转移资金成为可能。

所有这些意味着生产率的增长和低通货膨胀，而低通货膨胀又意味着低利率，这些与不断增长的收益结合在一起，就意味着

1. 一般指在进行交易时跳过所有中间人而直接在供需双方间进行。——编者注

非常高的股票价格。再加上所统计的中年人口——他们为养老而储蓄——膨胀的现象，也就意味着新的互联网项目能够有机会获得充裕的资本，从而再次增强繁荣的景象。在这种资本投资繁荣中并不缺乏正向反馈环。

泡沫浴

这是一次巨大的繁荣，随着巨大繁荣而来的则是泡沫。每天都有新的互联网公司创立，而且至少在一段时间内，那些投资于新兴互联网企业的人似乎没有谁可能会亏损。要么公司成功实现首次公开上市（IPO）——在这种情况下，风险投资者可以在 10 亿美元的市值基础上售出股票；要么公司没有真正成功上市，此时，风险投资者总是可以把公司作价几亿美元卖给需要这些人力与基础设施的人。几乎没有机会亏钱，至少，你如果持有范围很广的投资组合就不会亏！

尽管很难精准地找到从大牛市到完全泡沫的转折点，然而，许多生意场上的专业人员还是把网络全球公司的首次公开上市看成这个转折点。当这家公司在 1998 年 11 月公开发行股票的时候，发行价格为每股 9 美元。但是，其股价在第一个交易日就一度猛冲到了每股 97 美元以上，并稳定在每股 63.5 美元，仅这一天的收益率就超过了 600%。这家公司相当值得注意，因为公司在首次公开上市之前的 9 个月期间，其账面总收入仅为 270 万美元。它没有专利技术，没有专利权，而且无论从哪个角度来衡量，它都不是领先的网站。可是，其市值在那神奇的一天居然达到了大约 10 亿美元。当 ZD 网请求福里斯特研究公司的分析师比尔 · 巴斯对此做出评论时，他回答："我不再对网络股所发生的任何情况感到吃惊。我已经得了'吃惊'疲劳症。"

比尔·巴斯并不是唯一感到惊恐的分析师。在对市场状况发出的最明白无误的警示中，有一本书是《互联网泡沫》。该书的作者安东尼·珀金斯与迈克尔·珀金斯对所跟踪的互联网公司设立了一个指数，并且写了一篇文章发表在2000年2月的《圣何塞信使报》上。在这篇文章中，他们对所关注的情况做了如下的总结：

> 我们所跟踪的315家网络公司在未来5年内将需要按照96%的年复利率增长，才能证明当前的股票市场价格是合理的。这几乎是微软公司历史增长率（53%）的两倍。这些公司的总市值已经超过了1.2万亿美元，但其1999年的收入基础仅为290亿美元。

估价已经越来越高，直到雅虎公司市值超出了波音、卡特彼勒、菲利普·莫里斯这些公司的市值总和，市场才见顶，尽管实际上上述3家公司的总收入和总收益分别是雅虎公司的339倍和159倍。

泡沫破裂

互联网/科技股票在2000年春季开始崩溃。这次崩溃是全球性的——巴黎、孟买、东京以及美国的交易所，高科技与计算机、通信与互联网的股票正在受到重锤打击。指数已经大幅下跌，个股的表现甚至更加惨重。在日本，当市场恐慌的声音逐渐增强的时候，软银公司与光通信国际公司的股价快速下跌，几乎天天触及交易跌停板。许多股票价格从最高点下跌的幅度超过了95%。顺便提一下，在2000年8月，你可以用大约每股1美元的价格购买网络全球公司的股票。此时，该公司的股票价格与不到两年前的始发价格相比下跌了几乎90%，与其最高点相比则下跌了接近99%。

互联网泡沫包含了标准经济周期理论的多个因素。首先，它是前一次周期之后10年达到的资本支出周期顶峰（朱格拉）。它是由新的科技创新（斯皮索夫）和创新蜂聚（熊彼特）触发的，对真实经济周期（基德兰德、普雷斯科特）的理论观点也是有利的。它也呈现出太阳黑子的形式（杰文斯），因为人们坚信市场会立即变得庞大而使其更快成长。存货周期的形式也出现了，因为公司为了满足需求而增加了库存（梅茨勒）。抢抓市场份额造成了虚假的定价能力，导致了严重的过度投资（穆勒）。我们不妨再次引用约翰·斯图尔特·穆勒在1826年写的《纸币与商业困境》中的一段话：

> 每一个期盼走在自己全部竞争对手之前的商人，都会向市场供给他认为市场起飞时自己所能获得的最大份额，这没有反映出其他对手的供给，而其他人的行为也像他这样，并且他们都没有预估到价格的下跌，因为一旦供给方增加的供给进入市场，就一定会发生价格的下跌。这样一来，短缺很快就变成了过剩。

货币状况也扮演了一个角色，由于利率上升得太慢（罗伯逊），由于金融投资的回报在一段时间内远远超过了利率水平，自然利率远远高于实际利率（魏克塞尔）。尽管很难把过度投资从消费不足中区分开来，但我们可以看一下后者。虽然数额巨大的纸币财富生产出来了，但只是分布在相对少量的企业家与投资者中间。这些财富的绝大部分被储蓄起来或者用于投资，并没有花在最终产品上，因此需求跟不上供给（霍布森）。

在最后阶段，繁荣导致了严重的瓶颈与资本短缺，特别是当雇员要求一个更高的回报组合（熊彼特），而资金供给者也已经达到了极限（巴拉诺夫斯基、霍特里）时。而且，在最后阶段，自由资本的流动推高了利率，这使投资的利润减少而且资本更加稀缺（卡塞尔）。一旦趋势最终逆转，上述大部分因素的作用也会颠倒过来。另外，大量开辟新业务的人员被解雇，或者看到自己的纸币财富也消失不见了，就会导致在产能刚刚达到顶峰时出现需求的减少（卡钦斯与福斯特）。

再就是金融市场问题。上涨的股价吸引了大量的投机者，这些人把股价一步一步推向更高——因为有情绪加速器的作用（马歇尔、庇古）。很显然，存在很多的动物精神（凯恩斯），而且上涨的资产价格造成了抵押物价值的增加，于是货币流通速度也在加快（冯·米塞斯、冯·哈耶克、熊彼特、明斯基、金德尔伯格）。上涨的资产价格也刺激了抵押效应，高资产价值催生更多生意，这又对资产价格有好处（伯南克、格特勒与吉尔克里斯特）。当然还存在情绪加速器明显很强的情形，因为趋势在自我增强（特沃斯基、卡尼曼、席勒、塞勒、斯塔特曼）。

互联网泡沫主要告诉我们，新古典经济学者在计算机中模型化的理性世界，实际上并不总像人们认为的那样有效运转，虽然互联网加强了这个世界的模型化。在此不妨引用阿尔伯特·爱因斯坦曾经说过的一句名言来提醒一下我们的学术界："一切事都应该尽可能地简单，但不要过于简单。"

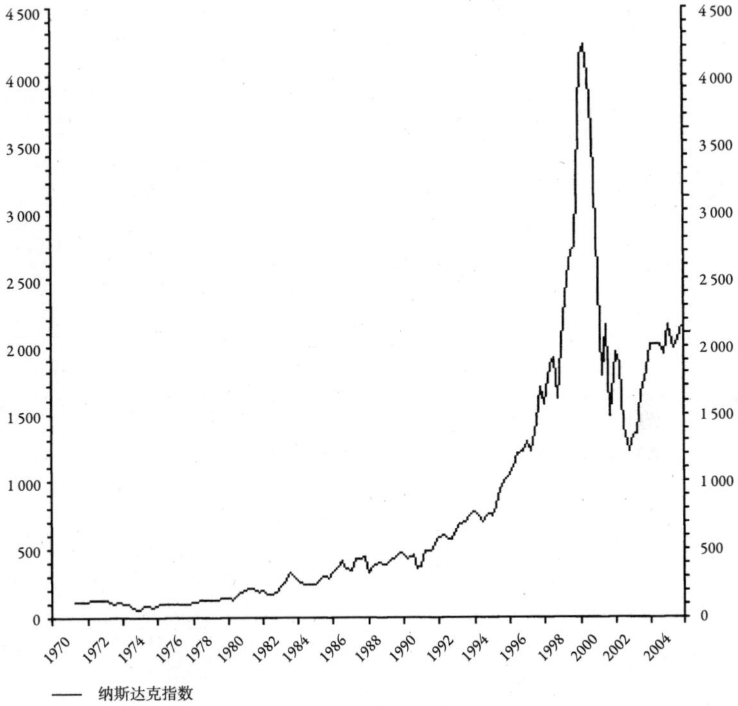

图 18-1　1970—2005 年的纳斯达克指数。该指数在出现惊人的崩溃之前，从 1990 年到 2000 年的 10 年间上涨了大约 1 000%。

第四篇

经济周期的精髓

第 19 章

理论与现实的背离

波士顿是个非常宜居的地方。它位于纽约北面，距离不算太远。这里港湾秀美，海滩舒适，绿荫环围，老城中心保存得十分完好，夜生活也富有激情。波士顿还因云集的学术机构而闻名于世，其中的剑桥大学城、哈佛大学和麻省理工学院这 3 家机构，在第二次世界大战之后崛起成为新的经济周期理论研究中心。

五花八门的周期学说

他们研究经济周期的新方法可以追溯到约 300 年前的争论，

这似乎走过了一个完整的轮回。一开始，所有人都假设每一次经济危机都由特定的冲击或者政策错误造成，而后（朱格拉之后）的观念则将危机看成经济运行的内在构成部分。我们已经了解到经济学家是如何发展出包含多种解释因素的周期理论的，这些解释因素包括创新、储蓄与投资的总量不平衡、某些部门投资比例的失衡、存货的累积与清理、企业成本结构的变化、虚假的定价能力、债务紧缩、货币的内在不稳定性等。后来人们根据这些因素把经济周期理论加以分门别类，于是有了像“消费不足”、“过度储蓄”、“货币”与“债务紧缩”等多种不同的学说，但许多学说并不能简单归类，因为在用某种因素解释经济周期现象时，还存在其他不同因素的影响。最终就变成了鸡与蛋孰先孰后的问题，实际上我们并不知道哪一个在前。

早期的经济学家一般假定，在危机期间如果不进行干预，而任由经济自主运行，那么在所有情况下经济都会回到增长的路径上。有些人走得更远，他们认为干预不仅不得要领，而且完全没有必要，他们宣称只要保持平衡预算和低通货膨胀率就可以了。维持宽松的环境人们就会有信心，投资与消费很快也会恢复到高位。还有一些人走得更远，一些奥地利学派经济学家倾向于认为周期不仅不可避免，可以自我纠正，甚至还有利于经济发展。例如，熊彼特相信周期是驱动创造性毁灭和经济增长以及复兴的关键力量。因此，20 世纪 30 年代大萧条的中期，他在哈佛大学的讲堂上这样说：

> 先生们，为萧条担忧，这大可不必。对于资本主义来说，萧条是一种很好的清醒剂。

然而，正是这次大萧条使许多人相信，在某些条件下，经济的确会陷入停滞与高失业并存的状态。这就是著名的凯恩斯主义。其所关注的焦点是由利润、投资、信贷以及其他变量的波动所造成的内在不稳定性。凯恩斯主义不仅描述市场是如何失灵的，而且还建议政府应该如何进行政策干预，从而把经济带出萧条。

20 世纪 50 年代，凯恩斯主义的研究方法完全占据了主导地位，它成为剑桥大学的核心课程，在哈佛大学与麻省理工学院以及其他许多地方也是一样。其中一位最有影响力的倡导者是来自麻省理工学院的萨缪尔森，他最畅销的著作《经济学》从 1948 年以来就是全球成千上万学生的必读书目，事实上，这本书已经销售了几百万册。萨缪尔森不仅是写教科书的高手、经济学的领军人物和著名教授，他甚至还成为肯尼迪总统的顾问，并且与罗伯特·索洛一起获得了诺贝尔奖。

理论之争

《新闻周刊》杂志曾经做过一个精彩的策划，由萨缪尔森和他的主要对手米尔顿·弗里德曼一起撰写专栏文章，讨论彼此相互矛盾的观点。由此萨缪尔森的名气更大了，因为弗里德曼是经济学竞技场中下一个流行学派——货币主义学派的当仁不让的代表人物。有趣的是，弗里德曼似乎成了整场争论的赢家，因为 20 世纪 70 年代所发生的事情表明通货膨胀与失业相互替代的假设是一个误导。当卢卡斯（曾是萨缪尔森的学生）发表其著名的理性预期著作的时候，弗里德曼阵营的力量得到了进一步加强。卢卡斯的著作说明财政刺激会很快导致通货膨胀而非经济增长。

此后，就不再是萨缪尔森与弗里德曼两个人之间的争论了，而成了萨缪尔森与索洛、弗里德曼和卢卡斯之间的争论。

经济周期模拟中的理性预期

罗伯特·E. 卢卡斯在其1981年的著作《经济周期研究》中提出，用于模型中的预期应该是理性的。这个理性与均衡的假设是对亚当·斯密所提出的核心原则的真正扩展。受到如此之多经济学家赞同的其中一个理由是它让制作理论模型变得更加容易。经济模型假设所有人都理性地倾向于稳定均衡状态。今天，这类模型叫作“新古典经济学”（马克思引入了“古典”这个术语来描述亚当·斯密及其后继者）。

几乎所有的当代经济周期模型都含有涉及预期的方程。通过让理论上的“代理人”对未来和模型具有相同的预期，就可以把理性预期这个概念引入模型之中。

然而，这场争论的轮廓并不十分清晰。在萨缪尔森继续用典型的凯恩斯主义解释宏观经济现象的同时，他也在给学生们讲授卢卡斯所倡导的带有理性行为特征的微观数学模型。而卢卡斯本人也并没有宣称现实中的人们是完全理性的，或者政府应该毫无作为。他同意另一阵营有关政府至少可以扮演某个有限角色的观点。这是一个新时代的开始，更多的经济学家既接受凯恩斯的某些观点，也接受弗里德曼的某些观点，凯恩斯主义逐渐演变成了重新定义的“新凯恩斯经济学”，货币主义也发展成为“新货币经济学”。

新货币经济学

新货币经济学的研究方法更多地关注微观层面的新发展。例如，经济学家们会研究那些改变有效货币供给或者货币流通速度的货币新发现。许多这类变化并没有体现在货币供给官方统计之中，但不管怎样，这类变化具有重要的影响。另一个主要的流派，新凯恩斯经济学，在20世纪70年代也得到了发展，该派主要研究以下方面的问题：

· 因为存在垄断、管制等因素，所以竞争是不完全的。
· 有时工资会固定在太高的水平上（因为工会），因而不能实现充分就业。
· 市场过于稀薄而不能出清。
· 由于非理性的恐惧或者贪婪（“动物精神”），市场有时也不能出清。
· 由于太阳黑子现象，市场行为（主要在金融市场）会变得非理性。
· 经济中某些部门（特别是在高科技产业）的投资具有报酬递增的特点，将抑制竞争。

新凯恩斯经济学

新凯恩斯经济学以卢卡斯的理性预期模型为基础，出发点是个体的效用与利润最大化，而不是总量行为。换句话说，其基础是微观经济学的假设，其理论模型假设一个低于充分就业的经济能够通过以下若干渠道达到充分就业的状态：

· 内在的市场动态能够使工资下降，在这个工资水平上，有更多企业愿意雇用更多人员，而产品的价格也会下降，从而使人们有能力购买更多商品（典型的古典假设）。
· 干预，可以通过公共开支来进行，也可以通过货币扩张来进行，这两种途径都可以创造充分就业。

新凯恩斯经济学并没有宣称哪种结果总是比其他途径更有效率，它们都取决于给定状态下的劳动力市场弹性。然而，对于一种分析方法上的新发展，凯恩斯主义的变化就像货币主义一样，是显而易见的。凯恩斯与弗里德曼对经济的分析主要是“自上向下”，但是卢卡斯、新凯恩斯经济学派和新货币经济学则更多地采取了自下而上的分析方法。

宏观与微观的对立与融合

自上而下意味着宏观。宏观经济学家努力关注重要的大事件，而忽略其他更多的细节，其研究方法的基础是对总量现象提出假设。另一个阵营是所谓的“微观经济学家”，他们关注个体有什么样的行为，而后将这些个体行为加总得到大致的总体模型。这个阵营被称为“新古典”学派。许多新古典微观经济学家都使用一种特殊的语言，许多句子的开头都采用了“让……”这种格式。这类句子的典型用法是引入一系列简化的假设，这些假设就算不够耸人听闻，也是相当不现实的。例如，在假设中可能会包含这样一些陈述：存在完全竞争，每个人都有完美的知识储备，劳动力市场完全可变，充满欲望的市场，品位与技术没有变化等。

这两个阵营之间的差异不仅体现在方法论的选择上，还表现在所关注的焦点上。宏观经济学家通常关注经济的障碍方面，而新古典经济学家则着重描述经济是如何实现平衡的。他们所关注的焦点的差异，并不是一个阵营由悲观主义者组成，而另一个阵营由乐观主义者组成导致的，出现这种差异的原因在于其分析方法的内在问题：

- 宏观经济学家所使用的模型不必假设存在任何内在的均衡。
- 微观经济学家所使用的则是一般均衡模型（该模型假设理性预期和内在均衡）。这些模型与宏观经济学家的模型相比通常具有更加精美的形式，而且弹性更大。然而，必要的基础假设也限制了模型的最终结果，大大减弱了与之相关的实用性。

然而，这两个阵营也不会一直保持分离状态。有越来越多的经济学家开始向另一个阵营借鉴好的理论元素。例如，越来越多的传统宏观经济学家改变了他们的风格，他们仍然继续关注经济中的障碍问题，但也开始运用微观经济模型来进行模拟分析。微观经济学家则开始接受人类并非完全理性的概念，他们开始在模型中纳入正向反馈，尽管这样减少了稳定性，但其结果更加具有实际意义。

4 种经济周期模型

在波士顿（以及其他地方）的领先学术机构工作的经济学家们，曾经见证了经济学的关注焦点从一个学派到另一个学派再到下一个学派的不断改变，他们也看到了某些学派的支持者如何采用来自竞争阵营的最好的分析方法，他们还目睹了合理可信的经济周期模型的适用范围是如何一步一步扩大的。

在这个新千年到来之际，他们面临着经济周期模型按照4个主要维度进行分类的图景：

· 周期：内生性模型假设不稳定性是由经济系统的非线性规律造成的。
· 涟漪：外生性模型假设不稳定性来自外部的冲击。
· 可预测：决定论模型假设经济行为相对可预测，而且是有序的。
· 混沌：随机模型假设行为是相对复杂的，而且是不可预测的。

然而，所有上述模型都在趋向于一些共同的假设：

· 更多地关注总供给，以及决定与影响总供给的因素。
· 假设市场充分竞争，而且倾向于出清。
· 假设理性预期。

就所关注的焦点而言，也曾存在一个从内部不稳定性向外部冲击的转变。有若干理由可以说明这一点。其中一个很简单，就是为了数学上的便利：对内在的不稳定性加以模型化意味着要运用非线性方程，而建立在外部冲击基础上的模型则可以是线性的，因此处理起来要相对容易一些。另一个理由是对资本主义经济信念的提升，即相信资本主义经济已经更加接近稳定均衡的结构。

表 19-1 经济周期模型化的不同方法概览

	"周期"（内生性模型假设经济系统的不稳定性是由其非线性规律造成的）	"涟漪"（外生性模型假设不稳定性来自外部冲击）
"可预测"（决定性模型假设经济行为相对可预测）	可预测的周期 这类模型描述了内在非线性引发波动的经济系统。一些模型显示出规则性波动（这是不现实的），另外一些模型则显示出混沌运动，还有一些处于上述两者之间。大多数古典与新古典模型都属于这一类。	可预测的涟漪 这组模型假设经济受到某种可预测形式的外部冲击，这些冲击造成了经济周期。杰文斯的太阳黑子理论假设外部因素（太阳黑子）有规律的变化能够驱动经济，是这类模型的第一个。政治周期模型也可以归属于这一类。
"混沌"（随机模型假设经济行为相对复杂，而且不可预测）	不可预测的周期 这组包括假设理性预期与均衡的模型。但是，他们假设存在多个可能的均衡，因而很难或者不可能预测在若干潜在的均衡中，经济发展会达到哪一个。此外，模型假设从一个均衡变动到另一个均衡是由随机事件触发的。这类事件可以触发一般（理性）预期的改变，于是变成了自我实现（如杰文斯的太阳黑子）。这类理论倾向于关注金融的不稳定性，将其视为引发经济周期的一个主要原因。	不可预测的涟漪 20 世纪 80 年代，关注外部冲击与不可预测性的模型占据主流。他们假设经济固有一种稳定均衡（新古典方法），仅在经济连续受外部冲击（"摇摆木马与木棒"的观点）影响的情况下才会发生经济周期。这类真实经济周期模型显示了经济的动态行为，其波动的幅度主要取决于冲击的规模与频率，周期性事件的持续时间与顺序则取决于传播机制的内在性质。冲击可能是随机性的，也可能是序列相关的（像战争、狂热、习俗、技术、政策的变化），但它们是不规则的，而且无论如何都预测不了。

然而，每一类模型都有其自身的优点与局限性。内生性、决定论模型（可预测周期）很有吸引力，因为这类模型能够产生让人满意的解决周期的方案，具有不对称性、不可逆转性和不连续性——这些意味着从模型得出的结果看起来颇似现实世界。此外，这类模型可以建立在对经济持久性结构的相对现实的假设基础之上。然而，这类模型存在的问题是，其所产生的行为通常仅仅在

相对较短的时期内可以被预测，而蝴蝶效应往往会掩藏更加长期的行为。

随机内生性模型（不可预测周期）也具有某些相同的优点与局限性。这类模型描述了凯恩斯所说的经济落入陷阱的某些现象。奥默罗德在其 1994 年的著作《经济学之死》中谈到这类模型时说：

> 经济可能存在许多沟壑，以至一旦迅速滑入其中，就再也出不来了。在过去的十多年以来，经济理论家对这种可能的状况表示了很大的关切。它的含义是，描述竞争性经济的方程不只有一个解。换句话说，经济并不只有一种均衡，而是存在着多种均衡。

而后，他又继续写道：

> 如果竞争性经济方程只有唯一解，就可以在这个框架内分析巨变出现的原因，因为经济最终总能找到唯一的均衡点。但是，在方程存在多种解的情况下，就只能分析说明在某个特定解的位置上发生的小变化。不然经济可能不会滑回其初始的深坑之中，而是到某个区域内的另一个位置上，从这个位置上会进入完全不同的深坑。

决定论、外生性模型（可以预测涟漪）是所有模型中问题最大的。几乎没有经济学家相信这类模型所描述的根本不是边际现象。

最后，随机外生性模型（不可预测涟漪）很精美，因为这类模型设法维持均衡的存在。然而，由于这类模型看起来很不现实，因此没有被广泛地接受（尽管如此，我们应该注意到，很少有真正的经济周期理论的支持者声称用技术冲击能够解释所有波动。例如，普雷斯科特声称他们对战后时期超过一半的波动进行了解释，最佳估计比率接近 75%）。

脱离现实的理论

经济学家总是被取笑的对象，但是如今他们自己也开始表达出越来越多的挫折感。一个很大的问题是这些经济模型距离现实太遥远。例如，众所周知的约翰·希克斯勋爵，由于在一般均衡理论上的卓越贡献而获得了诺贝尔奖，后来他却放弃了自己的大部分观点，原因很简单，因为他发现这些东西是不现实的。在第二次世界大战之后曾经对理论做出贡献的经济学家当中，即便不是绝大多数，也有相当多的人主要关心的是理论上的可能性，而不是造成经济周期的实际原因。一般而言，对于这些理论构成部分是如何相互适应以及理论如何与现实世界的事件相互匹配则关注得太少——如果它们的确完全相互匹配的话。每个模型通常都在研究一些被孤立处理的现象，因此也就无法评估其是否切合实际。这好似一个密林，外面的旁观者看不清，但是在所有这些讨论的背后，实际上比旁观者所认为的更具有一致性。几乎任何一位经济学家都会同意，尽管问题复杂，经济周期还是存在的，而且使其得以运转的某种系统也存在。在下一章，我们将进行一次想象之旅，去探究这其中的两个原因。

第20章

亚当·斯密的三个问题

设想一下这样的情景：多年以后，亚当·斯密在天堂召集一次会议。斯密认为，从他以来，人们对经济周期的理解已经取得了很大进展，因此把各个时期最优秀的经济学家召集起来进行一次午餐讨论，将是非常有意义的。

屋子里坐满了经济学家，斯密站起来刚宣布会议开始，人们便开始鼓掌。掌声越来越激烈，感染了在场的每个人，大家全都在有节奏地鼓掌，而且还有人跺着脚喝彩。亚当·斯密这个人太有名了。

“嗯，非常感谢大家，”斯密边说边理着一沓写好的备忘录，

“先生们，我把你们召集起来开这个会有两个原因。首先，你们是经济学领域中的优秀分子，你们是英雄。其次，我们所有人都在研究经济不稳定性的问题。这次会议的目的就是回答两个基本问题，然后，对我们所思考的经济周期问题的实质做一个惯例性的总结。”

他转身在演示板上写下：

经济周期问题难道不是一个难以理清的毛线团吗？

“一个毛线团？”一位德国经济学家对边上的人耳语道，“怪不得我的书会流传得如此久远！”“……并且如此令人费解！”另一位补充道。斯密又看了看他的备忘录。

“我要向大家介绍一下这个被称为毛线团的问题。穆勒和马歇尔说价格上涨会让人们购买增多，而不是减少。这些是正向反馈环的例子。恩纳森的船舶建造周期是回声反应，熊彼特的企业家集群就像瀑布一样，凯恩斯的流动性陷阱则包含了除抑制器，而且这些理论几乎都包含了时滞因素。就拿加速数来说吧，涉及如此多的部门，如此多的现象，看起来确实像一个难以理清的毛线团。在这方面不是特别专业的人士该如何理解呢？因此，我要提出的第一个问题就是，在座的各位有谁能有办法向大街上的普通百姓解释清楚经济周期呢？我这里说的不是去描述，而是要做出解释。”

全场顿时鸦雀无声。“来吧”，斯密又说道，“我想有人一定能够用简单、直觉的方法做出解释。”全场还是一片寂静。然而，终于有一个人站出来说道：“我有时把经济周期看成与共振相类似的问题。在成为经济学家之前，我是一名工程师，因此我懂得火车的共振问题。这里有许多正在运动的部件，而且这些部件都有发生振动的倾向，汽车也是这样。我认为经济周期就和共振问题非常相似，它都快要把火车设计师或汽车设计师逼疯了。”

“这个方法非常有趣，”斯密赞赏地说道，“请继续。”

“好的，我可以把它们的相似点说得更加详细一点儿。比如，我们有三个方法可以解决汽车的共振问题。第一个方法是除掉不稳定性的根源。例如，如果是挡风玻璃造成了不稳定性，就改变它的设计，直到问题消除为止。在经济学上，这就类似于除掉自动工资指数化这种正向反馈过程。对付共振问题的第二个方法是制造反向波。我认为这正是凯恩斯以及其他消费不足理论家所提出的意见。第三个方法是围绕振动源，例如，在轮子的周边与引擎周围安装冲击吸收装置。对失业者进行转移支付就属于这一类。而且，货币主义者关于货币供给稳定化原则也是如此。货币政策要达到理想的结果，只要让纽科姆数量方程式的左边保持固定的增长速度，其右边也就稳定了。”

亚当·斯密再一次站了起来，“谢谢你，这个解释真的很不错。走在大街上的每个人，即使可能不了解实际所要表达的意思，也应该熟悉共振这个现象。因此，我们来看下一个问题。”

他又转身在白板上写下：

为什么经济周期中的经济现象都出现了一些明显的波动？

“经济肯定比任何简单的机械都要复杂得多。让我们想象一下，把现代许许多多的各种机器黏合在一起——从最小的电动牙刷，到汽车、火车以及喷气发动机——变成一个嗡嗡作响的巨大圆球。经济又是什么样子呢？许多人每时每刻都在做出货币决策，有许多产品与服务，还有数百个部门和数千个次级部门。当中的每一个元素会不会创造与他们自身频率一致的共振呢？我们如何获得这个巨大而缓慢的总体共振呢？这实际上正是我们在观察的。”

“我可以回答吗？”有一位代表说。斯密点了点头。

“谢谢。大家还记得上午会议开始时我们鼓掌的情形吗？一开始，每个人按照他们自己的快节奏独立拍掌。但是，过了一会儿，我们从快节奏、不连贯的拍掌转变成了更慢且同步的节奏。虽然没有任何人引导我们这样做，但不管怎样我们的确这样做了。这种现象叫作锁模。当许多无关联的过程自发地锁定彼此的节奏并创造出一个很强的加总运动时，就发生了锁模现象。举一个例子：如果你把两把机械锁并排挂在墙上，那么，通过墙壁传递过来的很小力量的冲动，会使它们同时发生振动。假设经济中存在大量能够影响不稳定性的过程，如果没有这种强有力的现象，那么，最后就只能得到类似于随机噪声的结果。正是由于存在锁模现象，繁荣可以从一个部门溢出到多个部门，比如供给创造需求，经济活动创造货币，而货币又创造供给。”

“但是存在的周期不止一个……”斯密说道。

“是的，因为周期过程自身能够适应锁模过程，但这仅仅在一定限度之内。因此，如果一些频率振动非常慢，而另外一些频率振动较快，就出现了集群现象，这些现象导致了几个周期的同时发生。节奏慢的现象通常与带有大量商业摩擦的经济活动有关，像计划、融资等活动往往需要花费几年的时间。”

“我认为，这样的总结与解释非常好，”斯密答道。“它也为我们研究下一个问题搭建了布景。下面请大家吃午餐。但是，我还是要请各位在休息的时间能够坐在一起讨论，并共同阐释经济周期在实践中如何表现。”

他再一次转身在演示板上写下：

经济周期在实践中最重要的表现是什么？

人们一边享用着午餐，一边谈论着经济周期以及其他话题。不过，有些桌的讨论非常热烈。喝完咖啡之后，亚当·斯密站起来说道，“作为这次午餐聚会的一个正式内容，哪位愿意发言？”

“我来吧，”有人回应道，“我就直奔主题了，接着午餐之前讨论的话题，也就是导致周期发生的集群现象。好的，我们认为有三种主要的集群现象。”这时斯密在一旁问道，“这些是……？”

“第一个是存货。它主要造成了所谓的基钦周期，我们优秀的同事曾经将其时长描述成3~5年。现在我们认为最好假设其时长为4.5年。第二个集群现象是资本支出。它似乎造成了所谓的朱格拉周期，平均时长大约为9年。第三个是财产，它导致了库兹涅茨周期，这种周期平均时长约为18年。我们这里所说的财产包含资产价格与建造两个方面的含义。

“接下来我们要考察的是这三种周期的联合运动。由于锁模，不同周期的转折点存在着趋于一致的可能。例如，它们可能以这样的方式锁定，即每两个基钦周期的低谷与朱格拉周期的低谷相一致，每四个基钦周期的低谷与库兹涅茨周期的低谷相一致。这种情况可能会很严重，而且会导致经济萧条以及凯恩斯所说的流动性陷阱，除非中央银行或政府进行及时而适当的干预。1825—1830年、1873—1878年、1929—1938年、1974—1975年、1990—1991年就曾经出现过这种情形。

“我们最后来考察一下关于刚才所说内容的可靠性。基钦周期的时长为 4.5 年。其他周期则各有不同，而且按照其严格的定义，实际上它们都不能被称为“周期性的”，即使其时长在很大程度上取决于传播机制，这种传播机制并不会随着时间的流逝而发生很大变化。”

“那么康德拉季耶夫周期呢？”斯密问道。

“我们对此提出了几点看法。首先，俄罗斯同行在其不同而出色的研究中所衡量的基本是通货膨胀，而并不是必然的总体商业活动。

“其次，我们认为，在数学专家认可此类现象已获得可靠的统计样本之前，大约还需要进行约 10 次观察——时间会超过 500 年。这个时点大约要延伸到 2300 年。

“此外，20 世纪 70 年代中期之后，这种周期的表现似乎不再符合预期。按照模型，20 世纪 90 年代应该是非常脆弱的时期，但实际上出现了所谓的‘金发女孩经济’。尽管这种童话式的经济在 2000—2002 年被打断，但随后在新兴市场的驱动下经济又出现了一轮巨大的增长浪潮。这是该理论根本没有预测到的。

“然而，最为重要的批评则是我们看不到任何坚实的理论可以作为支持。大家认为能够解释第一个康德拉季耶夫周期现象的，实际上似乎是各种孤立的技术创新，如蒸汽机与纺纱厂、计算机与互联网的发展，或者是政治变化，如柏林墙的倒塌等事件。我们很难看出这类事件是由某些周期性现象造成的。例如，我们考虑一下，哪一种周期性现象会导致蒂姆·伯纳斯－李发明互联网协议呢？这类现象似乎更应该被看成独立的外部冲击。”

“这样看来康德拉季耶夫周期是不存在的？”斯密问道。

“不，我们多数人并不这样认为。但是经济中存在另外的力量。所有的扩张能够连续几个月释放出活力，其原因还不清楚，而收缩也能够在经济恢复之前使其出现短暂的停止。这类现象通常被称为‘松软’或‘强硬’地带。我们认为这种小的振动要么是对外部冲击的反应，要么是我们尚未充分了解的更为细小的集群现象造成的周期性行为。”

亚当·斯密再一次从椅子上站起身说道，“非常感谢大家。我确信你们每个人都会得出自己的结论，但对于我来说，有一点非常重要：我认为人类在探究经济周期方面已经走得很远了，但是我们还要认识到，在对处于周期性背景下的经济运行提出合理建议时，即使是最优秀的专家，也从来不会有什么绝对的把握。因此，研究经济周期这个现象总是具有挑战性，无论你是一位商业经理、金融投资者、企业家，还是财政大臣。”

“中央银行家也一样。”人群中有人咧嘴笑着喊道。

“哦，对了，”斯密答道，“中央银行家，的确是这样。他们的任务或许是最为艰巨的。”

第21章

周期的主要驱动力

我们看到，大多数早期的经济学家都具有较为丰富的实务经验，劳、坎蒂隆、桑顿、李嘉图、霍特里和卡钦斯都是银行家，萨伊与帕累托是工商界的实业家，纽科姆是天文学家，穆勒曾经在东印度公司里任职，魁奈和朱格拉两个人都做过医生，熊彼特担任过埃及一家精炼厂的经理和奥地利财政部部长，至于凯恩斯，要列出他的工作经历那就太长了。这些成就辉煌的思想者都曾经致力于探索和理解现实世界，而许多后来的科学家似乎常常只知道迷恋数学分析的精妙。结果使有失偏颇的理论大量充斥，却几乎没有人去关注这些理论所依存的背景。经济学家华西里·列昂惕夫就曾经抱怨说，在20世纪70年代《美国经济评论》杂志所发表的文章中，虽然一半以上的文章都包含数学模型，却没有运用任何数据。

制造货币的机器

当然，与数学方程不同，运用数据的问题一般在于数据难以掌控，很难不招致批评。不过，我们现在可以设法通过某些情况来加以理解。这里不妨做一个假设性试验，即把全球经济看成一台运转的经济机器。这台机器看上去并不像你所佩戴的腕表那样闪亮，甚至也不像汽车引擎那样平稳地轰鸣。这台机器比较特别，它是一个体积庞大、摇摇晃晃、轰隆作响的家伙，看起来有点儿像查尔斯·巴贝奇的巨型蒸汽计算机——这是一台来自查尔斯·狄更斯那个时代的巨大机器，装有活塞、齿轮，还有当蒸汽充满气缸时能够将重物上下传动的连杆。现在再想象一下，当这台机器开始运转的时候，地面就会发生颤动，因为机器中5个巨大的活塞上下运动的速度是不同的。偶尔，这些活塞同时到达最低点的位置，就会产生足够大的撞击力量，造成地板的破裂，而且也会让你的胃感到不舒服。

如果这台机器可以用来象征经济，我们就可以给这5个活塞分别命名。根据我们对经济周期理论的探索，这些活塞的名称分别是"货币"、"资产"、"房地产建造"、"资本性支出"和"存货"。我们把第一个称为"货币因素"，而把其余的称为"经济因素"，并且把前者的作用看成为经济提供蒸汽，后者的作用则是将这种蒸汽转化成实际的活动（参见表21–1）。

表 21-1 造成经济周期的 5 个主要因素

货币方面的周期驱动力	经济方面的周期驱动力
•利息支付	•资产价格 •房地产建造 •资本性支出 •存货

然而，实际货币的范畴又是什么？这些现象在现实中各自对经济周期的影响能有多大呢？实际上，这是一个很难回答的问题——一是因为在这些因素当中，每一个因素都会受到其余因素的干扰；二是因为我们已经闯进了经济统计的云雾之中来寻找答案。尽管如此，我们在这一章仍然会努力寻求问题的答案，需要记住的是，我们在这里发掘出来的每一个数字都是那些特别聪慧的人论证过的。还应该了解的是，我们很难把这 5 个因素的作用完全清楚地分开，也就是说我们接下来的讨论无论如何都不可能是完全精确的。但是，我们所能做的是获得一种非常基本的辨别各种因素轻重缓急的能力，这一点实际上也正是我们的全部目的。

为此，我们继续进行分析。首先，需要挑选一个相当正常的样本年。在这里我们选择了 2004 年（尽管 1994 年也是一样的）。2004 年既不处于泡沫的巅峰，也不处于失望和沮丧情绪的低谷。这是相当平庸的一年，因此非常适合我们的研究目的。

第一个数字出现了：根据世界银行采用“阿特拉斯”方法所做的估计，2004 年全部的理发服务、汽车产品以及其他所有的产品与服务加总起来达到了 41 万亿美元。这也就相当于 GDP（国内生产总值）为 41 万亿美元，它也是用纽科姆方程式 $MV=PQ$ 的右边来计量的。虽然这样一个庞大的数字对任何人都没有意义，但是，今后的很多分析，比如资产价格分析等，都需要有这样的数字。

利息支付

利息支付是货币环境的一个重要表征，但所支付利息的总体数字也是最难统计的。因此，我们不得不采用单个国家在某个时点上的数据，查看某个国家的国民收入报表，然后把个人、公司与政府三部分的数字进行加总。这些数据在不同的国家之间实际上差别非常大，这取决于一国的政府财政状况、社会繁荣状况、信用文化与制度，以及合适的利率水平，但从各国平均水平来看，该项约占其 GDP 的 3.6%~5%。利息支付的增加将会带来利息收入的增加，因此，我们不能机械地估计利率发生变化对封闭的经济具有什么样的意义。其更大的效果在于增加储蓄，由此减少消费与投资，而这当然会造成经济增长的放慢。

这是第一个数字的有关情况，现在再看第二个关键的驱动力，也就是资产价格。

资产可以分为固定价格资产和可变价格资产，前者如现金、银行账户等，后者如房产与股票等。我们这里感兴趣的是具有可变价格的资产部分，而且这里所指的是总额，而非其减去债务之后的净额。根据 UBS（瑞银集团）的估计，2004 年发达国家的住宅房产价值大约为 70 万亿美元。我们就将其算为 60 万亿 ~80 万亿美元，再加上发展中国家的住宅房地产价值（缺乏很好的记载）大约为 15 万亿 ~20 万亿美元。此外还有全球可投资的 5 万亿美元商用房地产价值，以及另外 10 万亿 ~20 万亿美元私人紧密持有的房产。

虽然对股票市场的规模有多种不同的估计，但它们几乎都来自《国际货币基金组织 2005 年金融统计报告》所给出的数字，2004 年的这个数字大约为 37 万亿美元，我们据此可以将其估算为 35 万亿 ~40 万亿美元。这份报告还估计了 2004 年债券市场的价值为 58 万亿美元，而此前一年的债券市场价值为 52 万亿美元。美林公司在其《2004 年世界债券市场的规模与结构》报告中估计，截至 2003 年年底，世界债券市场规模大约为 45 万亿美元，这个数字在麦肯锡全球机构的一份报告中得到了很大程度的印证，这份报告名为《118 万亿美元及其计算：纳入世界资本市场中的股票》，报告中的数据也是截至 2003 年年底，只是比美林公司估计的数字少了 2 万亿美元。我们在此不妨假设 2004 年世界债券市场的规模为 45 万亿 ~55 万亿美元。部分债券正处于为房地产融资的过程，但这并无妨碍，因为我们要估计的是可变价格资产的总额，而不是净额。然而，其中肯定也会存在一些双重计算的问题，因为有一些上市公司持有其他上市公司的债券、股票，尤其是持有房产。这部分估计要剔除 2 万亿 ~5 万亿美元，我们最终得出全球可变价格资产的总额估计为 170 万亿 ~220 万亿美元。

但是，还有其他形式的资产：地面黄金的总量大约为 1.6 万亿 ~2.0 万亿美元，还有各种各样的收藏品，等等。表 21–2 显示了这个样本年的最终估计结果。

表 21–2 中的资产价值总额的数字可以让我们得出这样的结论：全球可变价格资产的总额高达 GDP 的 400%~500%。这里还应该注意到，这个数字是 2004 年的，如果我们选择具有较高通货膨胀率的年份，资产价格占 GDP 的比例就要低一些，而如果

选择出现泡沫的年份，这个比例就会更高一些（1990 年开始的时候，日本经济中的这个比例肯定非常高）。

表 21-2　全球 2004 年可变价格资产估计（单位：万亿美元）

住宅房地产（经合组织国家）	60~80	
住宅房地产（新兴市场国家）	15~25	
商业性房地产	15~25	
＝房地产总计	90~130	
债券	45~55	
股票	35~40	
黄金	1.6~2.0	
收藏品	0.3~0.6	
全部可变价格资产总额		172~228
－可能双重计算的上市公司资产		–（2~8）
剔除双重计算部分后的可变价格资产总额		170~220

注意到全球可变价格资产总额在多大程度上是建立在房地产基础上的，这一点很重要。典型的情况是，房地产大约占全部可变价格资产的一半。

资产价格倾向于在 GDP 下降之前出现下跌，并且在 GDP 开始下降之后还会持续下跌一段时间（我们将在本书第五篇更详细地讨论）。那么，资产价格变化对经济增长会有什么影响呢？这种影响有若干方面，但最为重要的是所谓的“财富效应”，这种效应是指当人们看到自己的财富增长时就会花费更多，反之亦然。那么，这种效应到底有多大呢？

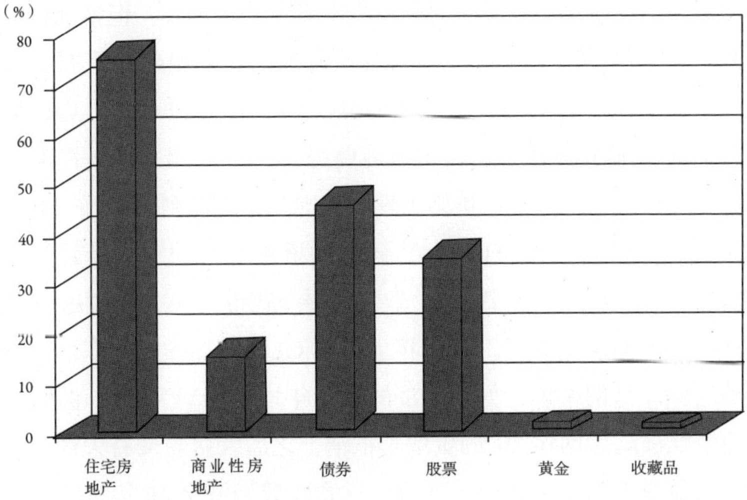

图 21-1　不同类别的可变价格资产在现代经济中的大概分布（占总量的百分比）

对于财富效应如何产生影响，多数人认为这取决于人口分类和资产类别。这个问题比较复杂，甚至很有可能不是线性的，而且在牛市与熊市两种情形下也不是对称的，但是我们现在所需要的只是简单粗略地推测其数量级，而多数意见认为财富效应占总资产价值变化的 4%。

对此不妨多做一点儿说明。设想一种繁荣的全球经济，资产价格突破了其正常的估值范围（GDP 的 400%~500%），而且在一段时间内上涨到了 GDP 的 6 倍。而后其掉头向下跌了 1/3，跌幅等于 GDP 的 200%。这样大的损失对消费会有什么影响呢？如果我们接受了 4% 这个财富效应值，就意味着 GDP 的实际增长将会损失 200% × 4% = 8%。用一个例子来说明这种影响：如果说 GDP 在 4 年中实际年均增长率只有 2%，那么这种财富效应相当于造成了经济在 4 年时间里根本没有任何增长。但情况也可能比这还要糟糕。试想一下大萧条时期的市场情绪，当时的资产价值下跌了大约 80%。或者再想一想日本在 1990 年之后的情况。资产缩水的财富效应的确需要经过一些时间才能慢慢消除。再计算一下：如果资产价格出现严重泡沫，上涨到 GDP 的 700%，而后再下跌到 GDP 的 200%，我们的资产价格的缩水量就等于 GDP 的 500%，再和 4% 这个数字相乘，就得到……希望这不是真的……如果是真的，我们将损失掉 GDP 的 20%。计算结果就是这样，举例来说，如果经济的实际年均增长率为 2%，前两年的增长被随后两年 2% 的负增长抵消，之后紧接着又有大约 6 年时间是零增长，那么简单地说，这意味着经济有 10 年时间是零增长。

表 21-3　道琼斯工业平均指数表现最坏的 10 个年份

排名	年份	收盘点位	变动率（%）
1	1931	77.90	–52.67
2	1907	58.75	–37.73
3	1930	164.58	–33.77
4	1920	71.95	–32.90
5	1937	120.85	–32.82
6	1914	54.58	–30.72
7	1974	616.24	–27.57
8	1903	49.11	–23.61
9	1932	59.93	–23.07
10	1917	74.38	–21.71

从这里所列出的股市下跌情况来看，股票市场下跌的财富效

应可能是相当大的。

房地产建造

经济学中的一个现成术语叫“固定资本形成总额”，它包括以下内容：

· 建造资本形成

· 房屋

· 机器与设备资本形成

· 其他建筑物

这个总值在大多数发达经济体总量中约占1/5，其中的一部分是商业建筑市场总值与住宅建筑市场总值。2004年全球房屋建造市场总值（住宅建筑市场总值）约占GDP的9%，在欧洲这一比例为12%（我们应该注意到一点：在成熟市场上大约一半的建造活动都是重新装修）。中国的这一比例更低，仅为3%~4%，但增长速度非常快（就房地产市场总值占GDP的比例而言，富裕国家比贫穷国家要高）。因此，我们这里做个估计：全球在房屋建造上的支出大约占经济总量的9%，还有另外的2%~3%可能花费在商业性房地产建造上，加起来大约占GDP的11%——为了方便记忆，就将这一比例算作10%。这个市场正常情况下会容纳大约占劳动力总量5%~6%的人就业，但还间接涉及其他更多的人员，包括那些从事相关产品（水泥、钢铁、木料、铜等）开采与冶炼的人员。

大约1/5的房地产建造活动通常是公开的，而且比较稳定，但其余部分则具有高度的周期性。如果房屋建造市场总值下降1/3，那么GDP将会至少减少3%，这个比例听起来似乎还不算太高，但我们应该知道它肯定与房地产价格的下跌有联系，价格下跌在财富效应的作用下又会把GDP另外削减掉一大块。

资本性支出

第四个主要的周期驱动力是资本性支出，这部分是指机器与设备方面的投资，而不是建筑方面的投资。在大多数经济体中，私人与公共部门的资本性支出合起来约占GDP的10%（但在快速成长的新兴市场中这个比例还要高得多）。这一部分中有一些是公共性质的，因而也是相当稳定的，但大多数还是私人性质的。

资本性支出通常与斯皮索夫和熊彼特所强调的某些新的核心创新有联系，而且每一次大的资本性消费浪潮都存在于某个独特的、领导性的产业部门。纺织机器、蒸汽机、钢船、铁路、电、汽车、飞机、化工以及其他许多产业领导了以往的历次繁荣，而且每一次又都出现了泡沫与崩溃的情形。不妨回想一下20世纪90年代在信息技术、通信与互联网方面疯狂的投资支出，而2000年3月以后这种投资又是如何突然停止的，我们并不能完全忘掉。资本性支出周期很显然被竞争性投资以及加速数现象放大了，加速数现象是产业为了扩张产能而进行自我订购。

这方面的影响有多大呢？假设资本性支出占GDP的10%，并且由于一次明显的经济衰退而下降了1/3，这大约相当于GDP的3%。同时股权财富损失与它也是有联系的。如果正常年份的股权价值约为GDP的90%（2004年股权价值是37万亿美元，而 GDP 是 41 万亿美元），那么我们假设其在巅峰时上涨到 GDP 的 130%，而后随着资本性支出周期下跌到 60%。这相当于资产价值下跌的部分等于 GDP 的 70%。这个 70% 乘以 4% 的财富效应值将会使 GDP 减少 2.8%，这很糟糕，但与房地产财富以相同的百分比下降所造成的破坏相比，还是不能等量齐观。

存货

经济中最后一个主要的波动因素是存货。实际上，存货总量的波动比最终需求量的波动要大得多。存货总量一般大约占 GDP 的 6%，并且在扩张时期的增加量约为 GDP 的 3%，但是，它围绕这两个数字还会有较大的波动。之所以出现这种反复无常的变化，其中的一个原因在于存货包含的电视机、DVD、冰箱、空调与汽车等耐用品的数量是不成比例的，当人们对未来心存隐忧的时候，就会停止购买这些耐用品。在许多国家，有接近 1/3 的存货是汽车与汽车零部件（零部件也是耐用品，特别是德国制造的）。存货中啤酒与牛奶这类消费品并没有多少，因为这些物品从生产商到消费者的流转非常快。存货也不包括像理发与看牙医这样的服务，经济中这些部分极少表现出周期性。

存货周期会有多糟糕呢？举一个例子：如果存货订单减少了 1/3，那么我们看到 GDP 大约将会损失 2%。这虽然很不幸，但显然并不可怕，因为它通常不会被任何有意义的反向财富效应放大，情况正好相反。在存货单独开始调整的时候，资产价格可能出现下跌，但由于利率的下降，资产价格通常很快就会出现逆转。

规模是重要的

以下是在正常年份里平均水平经济的典型表现约占 GDP 的百分比：

金融方面的驱动力	
资产价值	400%~500%
资产价值变化的财富效应：	4%
利息支付：	5%
经济方面的驱动力	
房屋建造市场总值：	10%
资本性支出	10%
存货：	6%

周期是不同的

大量的研究都把经济周期描述成好像是相同的。例如，许多研究对资产价格在整个经济周期中的波动情况进行实证，但是由于驱动周期的因素不同，研究结果也会大相径庭——某一特定的周期可能是由房地产、资本性支出或者存货方面的变动（或者这些因素的任意组合）支配的，也可能与短期以及长期利率急剧上升有关，或者也许不是这样的情况，它还可能涉及显著的财富损失，最终有可能导致银行危机与货币危机的发生。

我们继续用一个图表来说明，假设现在出现了灾难性的滞胀（同时出现了通货膨胀与经济停滞）并且陷入了房地产崩溃以及资本性支出的周期。我们这里采用的数字没有依据任何科学研究，因此，完全可以写上厚厚的一本书来说明这些数字为什么可能是错误的。但是，这些数字给出了我们在现实世界中不得不面对的一些粗略概念。不妨假设上述情况是紧随着经济大繁荣而来的，此时的债务水平已经非常高，而且由于通货膨胀率的上升，中央银行已经提高了利率，债券利率也由于这个原因以及资本的短缺而提高，因此，总的利息支付就从正常情况下占 GDP 的 5% 上涨到了可怕的 9%——为了应对前两年的收缩，需要每年拿出 GDP 的 4% 用于支付利息（我们这里假设支付的利息最终流向外国的债权人与中央银行，所以这部分完全离开了我们的经济系统），再假设房屋建造活动和花在机器与设备上的资本性支出也分别下跌了 1/3，这是由于产能出现了过剩，并且银行危机也把这个问题放大了。另外，我们还可以考虑资产价格下跌的影响，假设其跌幅达到了 GDP 的 150%。而后，我们又考虑到那些还在担惊受怕的公司在一段时间内停止订购存货，这会另外削减 2% 的 GDP（应该注意到，在收缩开始时存货仍然有可能增加），于是，这些因素最终全都包含了进来。把这些数字加总会得出什么结果呢？表 21–4 显示，总损失将达到 GDP 的 15%。

表 21–4　设想处于经济滞胀环境中的灾难性情景

经济周期驱动力	事件	对 GDP 的整体影响
可变价格资产总额	下跌了 GDP 的 1.5 倍	–6%
房屋建造市场价值	下跌了 GDP 的 1/3	–4%
资本性支出	下跌了 GDP 的 1/3	–3%
存货订购量	下跌了 GDP 的 1/3	–2%
= GDP 的总损失		–15%

这个例子就说明了萧条是如何发生的，在我们设想的这个例子中，结果很可能是从若干年的 GDP 趋势值中减去 15%。

然而，萧条又是如何停止的呢？有些收缩会经历由自身带动的过程，正如奥地利学派经济学家所强调的，但是，如果通货膨胀水平下降，并且中央银行能够随意地显著降低利率（特别是如果债券收益也下降），那么这肯定会有助于阻止萧条。如果不存在货币危机的压力，通常就可以迅速采取这类措施，而且，如果通货膨胀水平随着收缩一起下降——它通常都会如此，那么这可以把利息支付从占 GDP 的 9% 减少到仅占 3% 或 4%。此外，利息支付的这种减少将会触发资产价格的上涨，于是又会导致反向的财富效应。它还可能刺激新的房屋建造活动，而且，经过一段较长的时滞后，公司会在厂房建设以及机器与设备方面进行投资。使经济从极为疲弱的状态中解脱出来的这些事件最有可能的次序是：

1. 利率下降→利息支付下降；
2. 利率下降→资产价格上涨=反向的财富效应；
3. 利率下降→房屋建造业的复苏；
4. 经过一段时滞后，存货达到更加保守的水平→出现存货周期；
5. 就业率上升→消费支出增加；
6. 公司利润增长并且产能得到扩展→更新公司的固定投资。

稳定的部门

在上面这个并不严谨的数字游戏中，最后一个重要的方面是经济中确实存在一些较为稳定，或者甚至能够进行稳定化处理的部门。消费的大部分是服务与非耐用品（“消费者稳定”）——至少在发达经济体中是这样。这意味着报纸、药品、杂货店、啤酒、理发、保洁、牙医以及其他一些行业在整个经济周期中都不会有太大的改变。在绝大多数国家，大约有 85% 的私人与公共消费属于这些类别，这是一个可以进行稳定化处理的因素。在有的国家，公共部门的消费很多，这部分所占 GDP 的比例大约在 20%~55% 之间，多数发达国家的这个比例保持在 40% 左右。这个部门——如果有的话——是轻微反周期的，因为在衰退期间社会性支出是上升的，而在繁荣时期税收则是增加的。然而，消费者随意性的消费项目是更加周期化的，尤其会对货币环境的变化做出反应，而且还会对就业情况与就业前景的变化做出反应，这部分又是跟随周期的主要驱动力的。

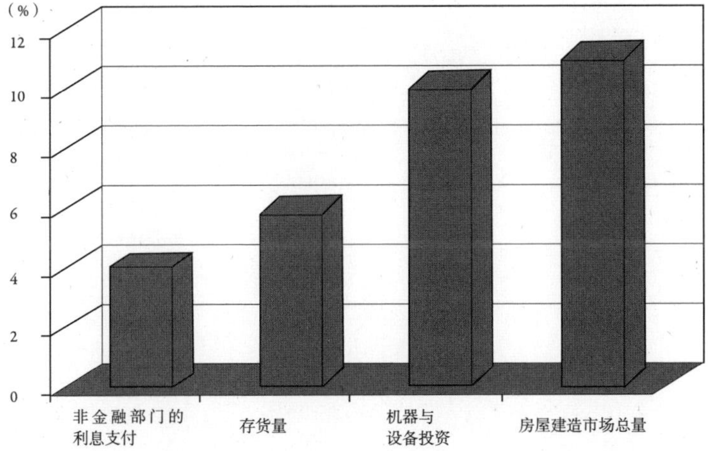

图 21-2　主要波动因素在典型的现代经济中占 GDP 的大概比例

因此，公共部门是轻微反周期的，而非耐用品的消费巨大并且相当稳定。但是，消费者在耐用品与房屋上的支出这部分很少成为周期出现的基本原因，而是周期主要驱动力传导机制的一部分。

至此，还有什么遗漏的因素吗？我们需要考虑商品这个因素吗？的确，商品的需求、供给和价格都发生了很大的变化，但在2004 年，商品价值在经济总量 41 万亿美元当中仅仅占了 1 万亿美元，即大约 2.5%。商品曾经是世界上几乎所有经济表现的中心，但好景不再。诚然，在巴西或者俄罗斯，商品的变化仍然能够引发许多骚动，石油价格的波动在德国、日本或者美国也仍然会引起注意，但其影响已经远远不及以往。

第 22 章

中央银行的挑战

2000 年 2 月 17 日，经济呈现一派繁荣的景象，纳斯达克市场达到了历史高位。艾伦·格林斯潘刚刚在美国国会的一次听证会上做完陈述报告，开始接受提问。共和党议员罗恩·保罗也正在关注货币方面的问题。他注意到在货币供应中 M3 的增长情况，统计数据显示，从 1992 年以来，这个指标的扩张速度似乎要比整个经济快得多。因此，他想知道美联储为什么会允许这种情况出现。格林斯潘给出的答案让人有些不安："……我们一直努力对货币进行准确的定义，问题在于……现行的货币定义并不能为我们提供控制货币供给的有效方法……"

保罗先生对此疑惑地问道：“那好，如果你不能准确定义货币，那么怎么能够控制货币体系呢？”

艾伦·格林斯潘回答道：“这的确是个问题……”

定义货币成了一个问题。然而，在一个反复无常的世界中，当中央银行试图驾驭货币政策时，这还不是其所面临的唯一问题。事实上，中央银行的工作至少要面临10个主要的挑战，必须针对问题选择某一种战略性的方法。这就是一个挑战。而后，中央银行的问题还包括如何定义与测度著名的纽科姆方程式中的“*M*”“*V*”“*P*”“*Q*”这些变量。这又是4个挑战。除了这4个问题之外，中央银行还要承担多项任务，包括阻止货币流通速度的严重下降，处理资产泡沫，避免过度刺激和研究处理外汇汇率问题。最后，中央银行还要维护市场信心。在一个周期性的世界里，中央银行的任务并不轻松，下面我们就来看看其原因究竟何在。

挑战一：选择战略性方法

不管中央银行行长的偏好如何，他们都需要拉住手中的绳索。中央银行行长经常使用的3个基本工具包括：

- 改变贴现率。例如，降低利率将会刺激更多的借贷活动，并且减少全社会的储蓄，而亨利·桑顿早在1802年就已经观察到了这一点。
- 向商业银行购买或者出售政府债券。这些交易是在商业银行开设于中央银行的账户上进行贷记/借记。这类交易可以修正商业银行的超额准备金，进而影响其放贷能力。
- 提高或降低商业银行的准备金要求。提高准备金可以防止商业银行发放更多的信贷，反之亦然。

因此，中央银行与商业银行之间相互影响，而且它们又会和消费者及企业相互影响（见图 22–1）。中央银行为什么要用商业银行作为中介来和消费者及企业发生联系呢？一个很好的理由就是商业银行拥有关于其客户的重要信息，所以商业银行能够更好地区分各种项目的优劣。

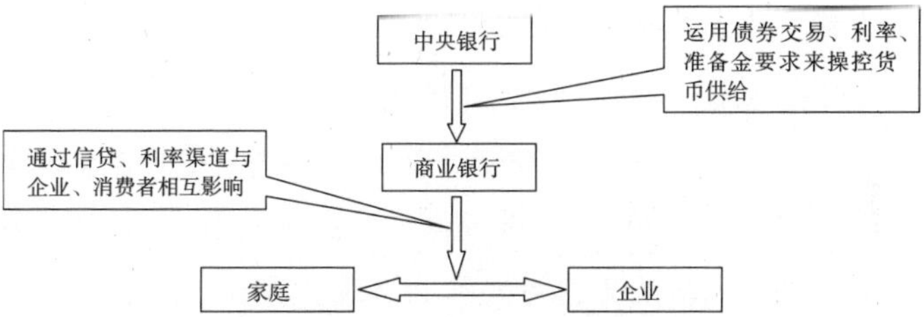

图 22–1　中央银行如何管理货币。关键在于中央银行完全通过商业银行来产生相互作用，所以中央银行的管理要依赖于这些商业银行的健康度。

一般认为，中央银行的所作所为都会通过银行体系得到放大。中央银行活动的直接效应体现在货币的数量与价格（利率）的变化上。但是，它还伴随着派生效应，这也被称为"金融加速器"。凭借这种效应，企业如果以低成本举债就可以增加利润。运用新的较低利率的贷款，企业能够提高盈利水平与市场价值，于是也增加了企业的信誉度，因此银行又可以给企业提供更多的贷款。另外一个次级效应是货币刺激经常会导致货币贬值，这会刺激出口，从而促进地区内部的经济增长。

对于中央银行来说，最为关键的问题当然是要决定在什么时候增加或者减少货币供给，以及变动的幅度。在这个问题上，不同中央银行的风格是有差异的。经济就像一台机器，有许许多多的运转部件，而且每一种货币政策风格都针对不同的运转部件。我们可以把这些不同的风格划分成若干“口味”：

- 奥地利口味，意味着尽可能地保持货币供给的稳定，而不必试图对经济进行微观的管理。这种对纽科姆方程中的“*MV*”进行稳定化的方法在20世纪80年代特别流行（是针对70年代通货膨胀的应对措施），日本则在90年代采用这种方法。弗里德曼是这种方法的一个伟大的提倡者，但是多年之后，他也对自己的观点做了某些修正。
- 瑞典口味，意味着要能够识别“自然利率”（商业投资的平均回报，如克努特·魏克塞尔所描述的那样），并且朝着这个自然利率的方向对实际利率进行调整。这个方法在20世纪80年代之后逐渐得到推广。
- 英国口味（凯恩斯之后），关注识别充分就业增长率，或者经济增长速度的极限，并且尽力按照这个速度水平来驾驭经济的增长——既不偏高，也不偏低。这意味着把“*Q*”作为货币政策的目标。
- 新西兰口味，即公布特定的通货膨胀目标（“*P*”），只要通货膨胀偏离这个目标水平就进行政策干预。新西兰在1989年开始实施这个方法，该方法在接下来的15年内扩展到了其他20多个国家。
- 加拿大口味，采用所谓的“货币条件指数”（MCI）作为基准。该指数以短期利率以及汇率为基础，加拿大银行在20世纪90年代早期引入了这个指数，自此之后，它在其他国家也流行起来。

- 美国口味，这是一个新近的方法，它是斯坦福大学的约翰·泰勒教授在1993年为中央银行业务设计一个简单的方程时引入的。这个方法的基础是2%的目标通货膨胀率与4%的“中性”短期利率。他的方程中的作用机制是这样安排的：实际利率应该由两部分决定，一部分是通货膨胀率偏离2%的目标水平的程度，另一部分是经济增长偏离长期增速极限的程度。过度的通货膨胀或者增长会导致利率水平的提高，反之亦然。这就是现在所称的“泰勒规则”，经常被用作讨论中央银行政策的参照。
- 最后还有津巴布韦口味，也就是尽可能多地供给货币。

现实中，并不存在许多空谈的中央银行行长，现在他们当中的绝大多数人把不同口味（津巴布韦口味除外）的模型混合在一起，加上显著的个人判断进行决策。然而，中央银行的任务没有哪一项是容易的。我们就拿奥地利口味来说吧，其需要努力稳定的是*MV*。这里首要的问题就是要对“*M*”进行简明的定义，正如格林斯潘在2000年2月的听证会上提到的。对于这个问题，我们不妨做更为深入的探讨。

挑战二：定义货币，“*M*”

怎么定义货币呢？任何百科全书都会提到货币是记账单位、价值储存和交易媒介。显然，符合这种定义的货币例子有许多：铜手镯、琥珀、珊瑚柱、毛皮、干鱼、谷物、糖、烟草、纸牌、小五金、稻米，甚至是奴隶。希腊人曾经用奴隶作为通货，罗马人在征服伊特鲁里亚人之后开始采用金币。现代货币被分成了以下亚成分：

- M0，即硬币与纸币，换句话说，就是现金。
- M1 是随时可以用来支付的货币。它是现金（M0）加上支票账户和旅行支票。
- M2 是 M1 加上其他具有相当流动性的价值储存：储蓄账户、货币市场账户、小额存单、货币市场共同基金、隔夜欧洲美元和隔夜回购协议。
- M3 是 M2 加上某些流动性较差的储蓄形式：大额存单、机构的货币市场账户、定期存款、定期的回购协议等。
- M4 是 M3 加上私人部门持有的房贷合作社股份和存款以及大额存单。
- M5 是 M4 加上私人部门（不包括房贷合作社）持有的税收存款的货币市场工具（银行券、财政部国库券、地方当局存款）证明和国民储蓄工具（不包括证明、工资扣存储蓄存款计划和其他长期存款）。

M0、M1 和 M2 经常被称为“狭义货币”，而 M3、M4 和 M5 则是“广义货币”。最近出现的另一种分类是 MZM（零期限货币），它所衡量的是那些不需要给银行任何事先通知，所有者即可使用的金融资产的供给。MZM 等于 M2 除去任何定期存款，但要加上从 M3 中划出来的货币市场基金。换句话说，它所衡量的是真正的流动性货币，或者是那些可能具有高流通速度的货币。这些分类已经相当清楚了。现在，我们来看冯·哈耶克在 1976

年所写的《货币的非国家化：对多元货币理论与实践的分析》这篇文章：

> 货币并不是必须由政府创造的法定货币。像法律、语言和道德一样，它也可以自发地出现。

自发地出现？我们已经看到J.P.摩根在1907年的危机中设计了“手写货币”作为应急货币。数字化时代又出现了一些新的例子：电子电话卡、网络忠诚计划、事项智能卡、预付智能卡和飞行常客里程等。举例来说，后者可以是为葡萄酒、旅馆住宿、相机、机票以及租车等进行支付的有效法定货币。这看起来也像货币，但从来都不是由中央银行发行的。然而，中央银行遇到的大麻烦并不是飞行常客里程这类东西，而是可变价格资产。这些虽然不是由中央银行发行的，但在很多方面，它们能够充当货币的角色。所以，我们遇到了第三个挑战。

挑战三：处理资产泡沫

2005年1月27日这一天，美国房地产圆桌会议在华盛顿特区举行，美联储的副主席罗格·弗格森在会上就资产价格与经济周期问题做了一个非常有意思的报告。图22-2、图22-3和图22-4是从弗格森的报告中摘录出来的，这些图形说明了在增长趋势发生改变的时点附近——此时的产出缺口处于最低位（或者稍后一点儿），并且遥遥领先于衰退——资产价格可能如何变化。正如罗杰·沃德·巴布森早在1911年就已经指出的，这表明资产价格是经济的晴雨表，它能把未来的事件进行贴现。然而，资产价格行为还可以放大经济周期。弗格森总结道：

> 衰退几乎总是伴随着资产价格的下跌。但是，这种下跌有时看起来像是那些出人意料的负面事件的源头，而资产价格的下跌随后可能产生不成比例的不利结果。正在下跌的资产价格造成了反向财富效应并且抑制了消费。它使抵押物贬值，还增加了商业借贷风险，并且因此恶化了借贷者所面对的借贷合同条款。当资产价格大幅下跌时，出借人也可能发现自己持有了大量的不良贷款，支撑这些贷款的抵押物有的已经变得毫无价值。由于这个原因，在资产价格的上涨与下跌之后发生的衰退，可能与银行业的问题也有关系。
>
> 在这种情况下，继而发生的调节损失可以作为另外一种力量，以拖延和加深轻微的衰退——否则其可能已经发生。

另一项研究出现在国际货币基金组织 2003 年的《世界经济展望》第二章。这项研究利用了 1959—2002 年 19 个工业化国家的各种股票价格指数，还有大约从 1970 年开始的主要覆盖 14 个国家的房屋价格数据（这些数据都剔除了 CPI，即消费者物价指数的影响）。其作者赫尔伯林与特若尼斯对股票市场与房地产市场萧条的效应做了明确的区分。该研究得出的第一个有趣的结论是，与房地产价格下跌有关的全部附带结果要比股票市场萧条造成的灾难严重得多。图 22-5 说明了这一点。

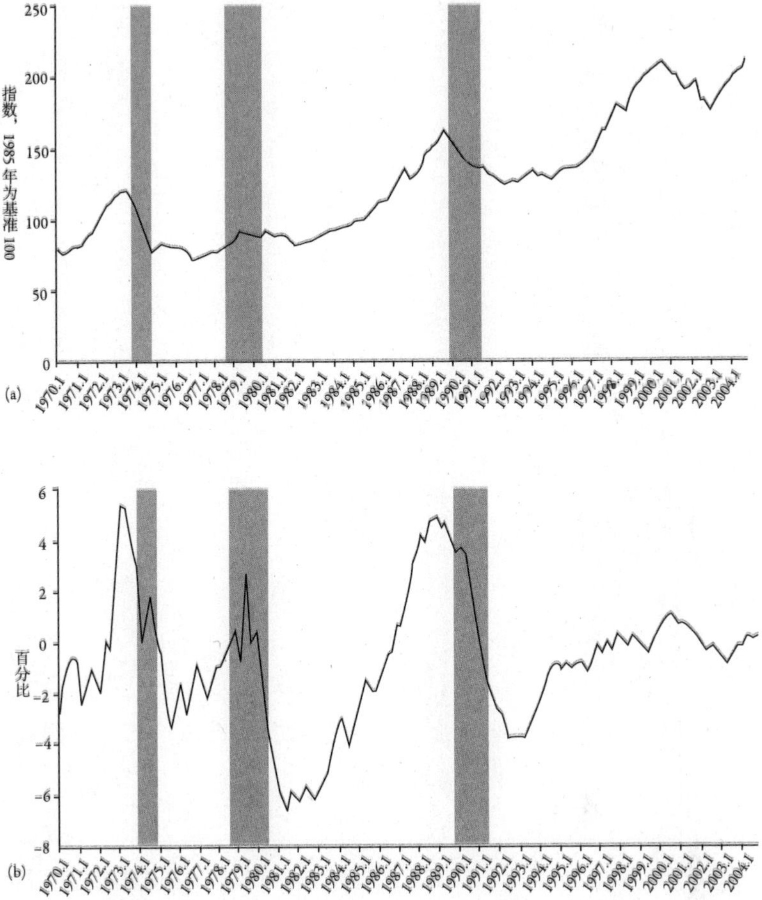

图 22-2 英国的总体资产价格与经济活动，1970—2004年。图中阴影部分表示衰退期。图（a）表示总体资产价格，图（b）表示产出缺口。这意味着经济增长一直处于可持续发展水平。在产出缺口达到最高点或者稍退一点儿的时候，资产价格向下反转表现得非常显著，而且资产价格的每一次下跌都正好发生在经济衰退之前。

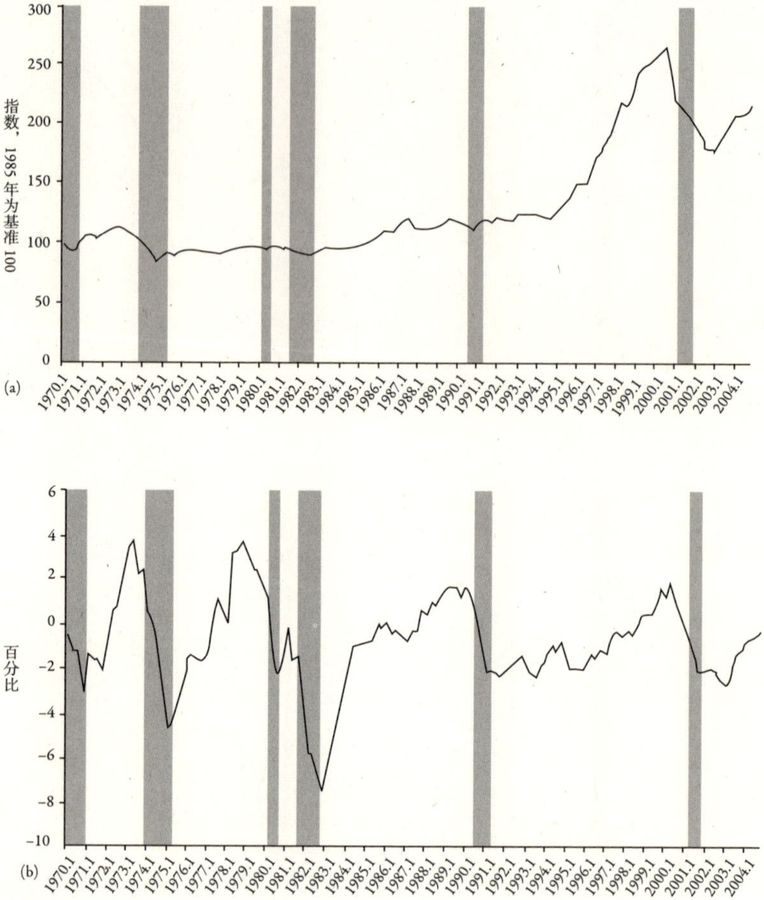

图 22-3　美国的总体资产价格与经济活动，1970—2004 年。图中阴影部分表示衰退期间。图（a）表示总体资产价格，图（b）表示产出缺口。美国的资产价格也像英国一样，正好在经济衰退之前出现向下的反转。

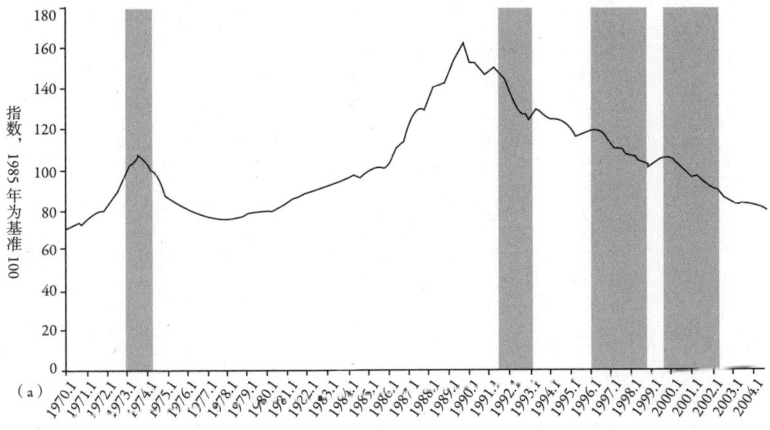

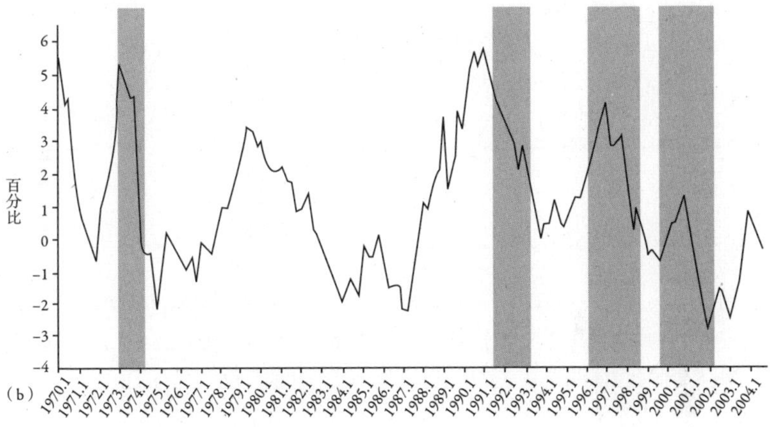

图 22-4　日本的总体资产价格与经济活动，1970—2004 年。图中阴影部分表示衰退期间。图（a）表示总体资产价格，图（b）表示产出缺口。该图说明了在资产价格大幅上涨期间没有发生经济衰退，然而，随后的资产价格下跌则与一连串异常的经济衰退有关。

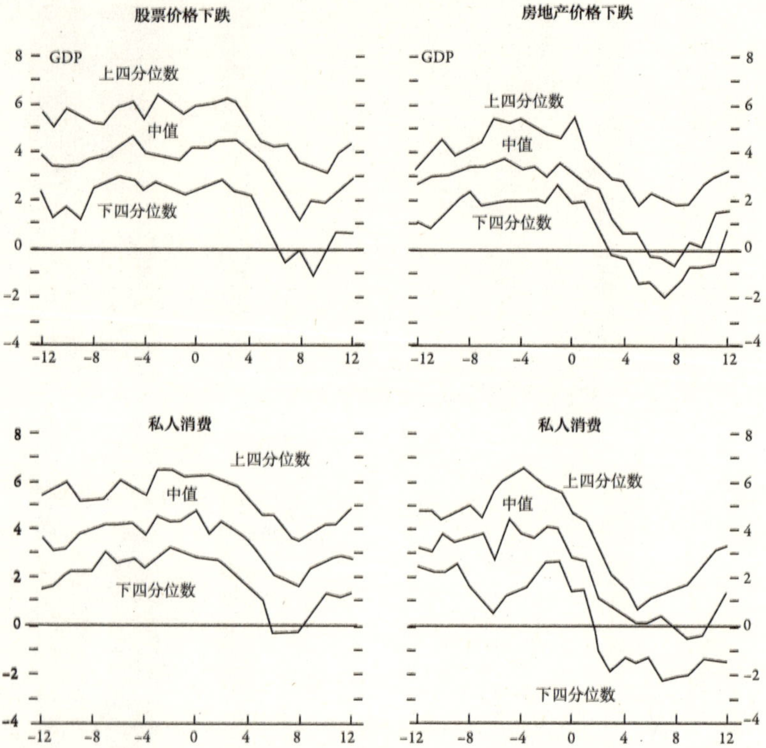

图 22-5　股票与房地产的价格下跌分别对 GDP 造成的影响。该图表明，房地产价格下跌通常与经济总量的最大幅度下降有关。该图和图 22-6、图 22-7 和图 22-8 中的纵轴刻度是在下跌中顶点之前与之后的四分位。

接下来，作者继续调查了两个主要的经济周期驱动因素——资本性支出（私人在机器设备方面的支出）和私人房屋建造支出的情况。结果再次说明房地产价格下跌造成的影响要严重得多，我们从图 22-6 中可以看出这一点。

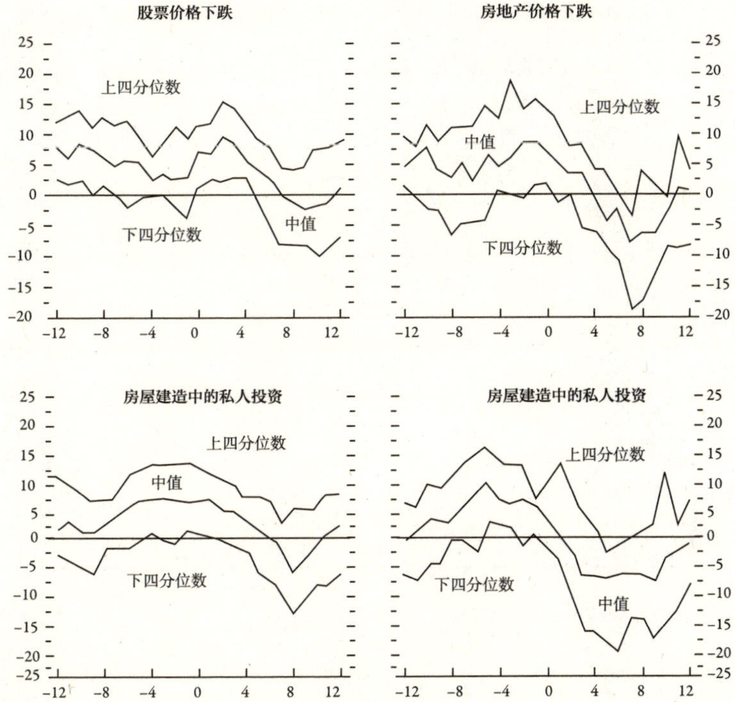

图 22–6　股票与房地产的价格下跌分别对资本性支出和房屋建造所造成的影响。在房地产价格下跌期间，这两个变量下跌的幅度要比在股票周期性下挫期间大得多。

他们还调查了信贷与货币供给所发生的变化，结论仍然是房地产价格下跌带来了最大限度的收缩（到目前为止）。图 22–7 说明了这一点。

最后，他们研究了房地产价格与股票市场表现之间存在相关性的情况。结果显示在图 22–8 中，我们看到，房地产价格下跌导致的股票市场的下挫，要比反过来所造成的下跌幅度大得多。

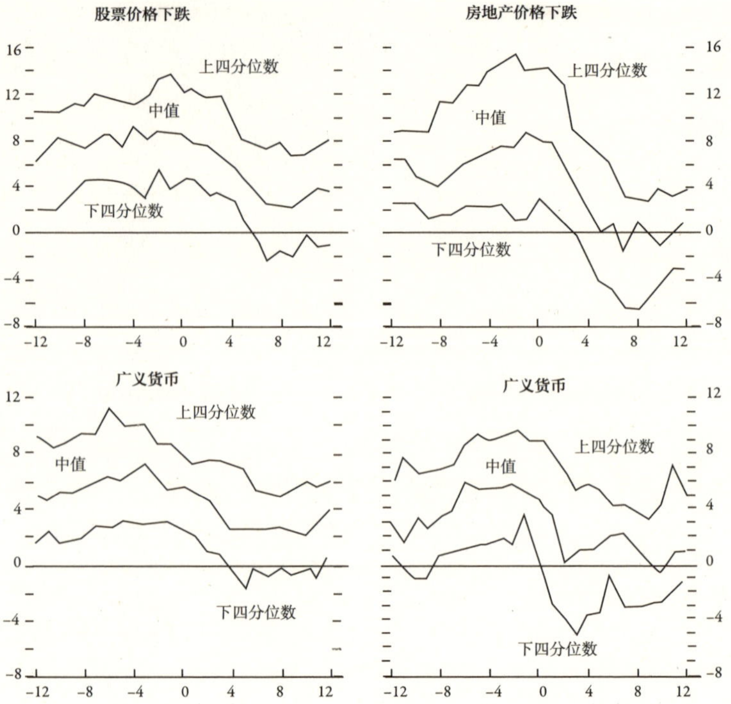

图 22-7　股票与房地产的价格下跌分别对信贷与货币供给所造成的影响。该图说明，在房地产价格下挫期间，这两个货币性指标下跌的幅度要比在股票下挫期间大一些。

这项研究的最后一幅图（见图 22-9）表明，在房地产价格与股票价格下跌期间，银行的坏账准备金（指银行核销的不能偿还的贷款）是如何变化的。结论非常清楚：股票价格的下跌根本没有牵连到任何的银行危机（平均而言），然而，房地产价格的下跌导致了明显的坏账准备金的提升（在图 22-7 显示的货币供给中也说明了这一点）。至此，该研究的总体结论是：房地产价格下跌比股票价格下跌有着更为严重的后果。

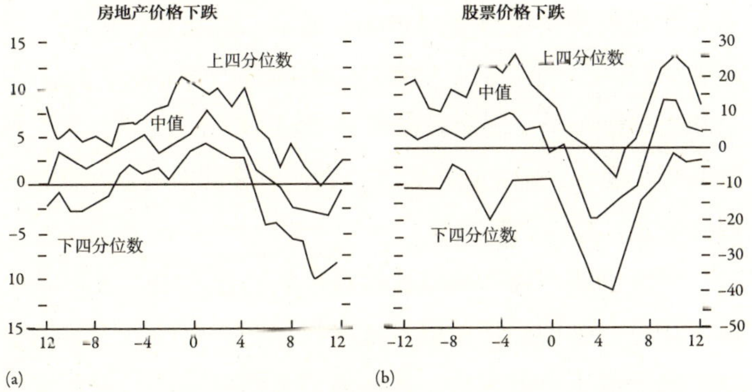

图 22-8　股票价格下跌与房地产价格下跌之间的相关性。图（a）说明在股票价格下跌期间房地产价格所发生的情况，典型情况下会出现适度的下跌，但是，上四分位数则表明房地产价格根本就没有下跌，仅仅是增长减速而已。图（b）说明了反向相关的情况，每次房地产价格出现下跌后，股票价格都会立即大幅下跌。

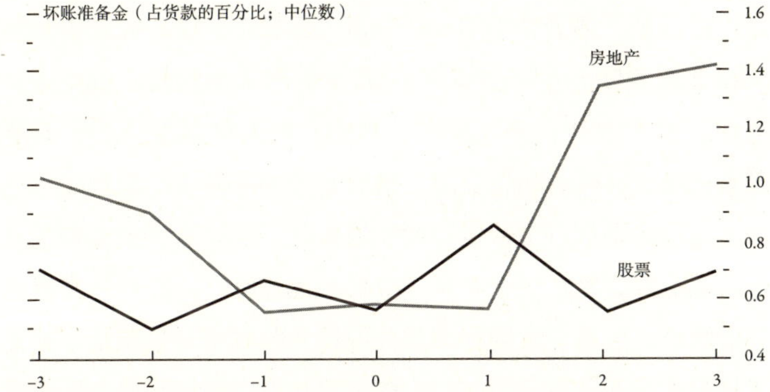

图 22-9　在股票与房地产价格下跌期间，银行的坏账准备金。纵轴表示下跌中的顶点之前与之后的年份。该图显示，股票价格崩溃一年之后，通常所涉及的坏账准备金的增加非常有限，而在下一个四分位的年份则恢复到正常状态。另一方面，房地产价格崩溃一年之后所涉及的准备金要高得多。

我们已经看到，房地产市场正常的规模大约是 GDP 的 400%~500%，财富效应值大约是 4%，所以房地产价格发生急剧变化会对经济产生显著的影响。通常的情形是：例如，从 2000 年 3 月 1 日到一年之后，纳斯达克的综合市值下跌了 2.2 万亿美元，这相当于每一个美国家庭损失了 4.5 万美元。这可是很大的一笔数字呀。现在，记住这个数字，我们再来看看一直在谈论的纽科姆方程式：$MV=PQ$。

创造房地产或者珠宝这些资产的过程构成了方程式中“Q”这一部分，这类经济活动是流量。但是，已经完工的房屋或者珠宝随后成了可以出售、使用或者抵押的资产，这让我们想起它们有一点儿“M”的味道。有人甚至可能认为采用另外的货币定义就可以把这类资产也囊括到货币之中。或许我们可以想象，“M13”是“M12”加上商业性房地产，“M14”则是“M13”加上珍贵的艺术品，等等。例如，现有房地产价格的增长显然能够增加建造活动，或者建造业的“PQ”。最起码，我们应该考虑到资产在某种程度上是可以承担“M”（货币）功能的，因此资产的增加能够有效地提高“MV”。当然，有人可能会认为，只要资产不是用于直接的物物交换，就总是需要有真实的货币来完成交易。这最起码可以加快货币的流通速度。实际上，这就像投资银行高盛沿着这些路径设计其“金融环境指数”一样——高盛的这个指数不仅包括了短期利率与公司债券收益率，也包括了美元的交易权重指数和相对于 GDP 的股票市值。换句话说，高盛把货币刺激所衡量的资产价格也考虑在内。

如果“MV”上升，那么其另一个含义是它不仅仅影响消费者价格“P”，还会影响资产价格“P”。例如，残酷的商业竞争与供给冲击使消费者价格出现上涨是几乎不可能的，因此中央银行可以在不提高消费者价格上涨水平的情况下进行很好的刺激。我们回忆一下萨伊定律所说的供给等于需求的命题。在资产价格上涨的环境下，消费品的供给超过了其需求，然而资产的需求则超过了其供给。

这就是北美市场在18世纪开放时的情形，印度等国家大约从1990年开放的时候也是如此。这种经济环境能够刺激贸易量与资产价格的上涨。而后，它又能够导致一个经济过程，在此过程中，资产价格的上涨增加了抵押物的价值，这反过来又导致了借贷的增长，并且因此提高了货币流通速度。这种情形发生的时候非常美好，但它确实倾向于变成一个循环：

· 内在的反通货膨胀环境迫使中央银行采取刺激性政策（以避免通货紧缩）；
· 这种货币刺激导致了资产的通货膨胀；
· 资产所有者把这些当作一种货币并用来抵押……
· ……这就意味着额外的货币刺激……
· ……导致了更高的资产膨胀。

当然，经济学家早就已经知道了资产膨胀的风险。奥地利经济学派的基石，而且创办了私人研究机构“银行信贷分析师”的汉密尔顿·博尔顿，在1967年出版的《货币与投资收益》一书中也这样写道：

任何时候，货币供给的一部分用作价值储存，还有一部分用作交易媒介，这两部分的相互关系可能正在改变。但是，在任何时候，交易媒介这部分也都被进一步分解，一部分用于新增的真实产出，另一部分则进入其他的实际交易——比如买卖二手汽车，或者柯罗的绘画，或者普通股票与债券。

日本在1990年之后的衰退与博尔顿谈到的资产价格下跌是有关联的。在1991—2001年间，日本的工业用地价格下跌了22%，商业用地价格下跌了54%，住宅用地价格下跌了41%（高尔夫会员资格的平均价格则大幅下跌了90%）。1991—2001年，日本资产价格的综合下跌幅度超过了GDP的两倍，个人的总财富大约削减了一半。1992—2002年，日本GDP的实际年均增长率仅为可怜的1.1%，并且在1998—2002年间下降到仅0.1%。这还恰恰是在政府坚持大额举债刺激经济的情况下发生的。低经济增长率伴随着一再出现的通货紧缩，从而导致了典型的债务紧缩与流动性陷阱的情形。

由于传统方法（CPI）所度量的通货膨胀上升得非常缓慢，日本中央银行在20世纪80年代快速扩大货币供给；它此时正在进行稳定化的对象是“*P*”，而不是奥地利学派经济学家（以及米尔顿·弗里德曼）曾经提出的“*MV*”。它也没有稳定资产价格“*P*”。

如此一来，这个曾经的错误能够避免吗？中央银行应该设法对资产价格进行管理吗？我们看看一些专家的意见。下面是路德维希·冯·米塞斯说过的一段话：

信用扩张在起初阶段的确能够带来经济繁荣，这一点是真实的，但或迟或早，这种繁荣必然要崩溃，并且带来新的下跌。银行与货币的伎俩仅仅具有表面上暂时的救济功效。长期来看，这些伎俩一定会把国家置于极深重的灾难之中。这些方法对国民福利造成的全部伤害越重，民众设法用繁荣的幻觉来自我欺骗的时间也就越长，而这种繁荣的幻觉是依靠信用魔法的召唤不断创造出来的。

这段引文来自米塞斯1934年写的（参见《社会主义》），那么近期的评价如何呢？从1987年到2006年掌管美联储的艾伦·格林斯潘，2002年曾经在怀俄明举行的一次互联网泡沫讨论会上做了如下评论：

这些数据表明，只有短期利率急剧提高，从而造成经济显著减速，才足以阻止刚刚开始出现的泡沫。想要正合时宜地逐渐增强银根收紧力度，以防止20世纪90年代末的泡沫，肯定只是幻想而已。

另一位专家是美联储的现任主席本·伯南克，他在日本经济崩盘与互联网泡沫破灭之后（在获得任命之前）发表了一系列的演讲与文章来讨论这些问题。他把应对资产泡沫出现的方法分为3种："什么也不做""凭借风势""主动刺破泡沫"。伯南克和其他许多人的看法一致，认为资产泡沫会造成巨大的不稳定性，而且常常导致货币不成比例、无效地流入那些出现泡沫的部门。然而，当谈到他上面所提出的3种可选方法时，他把主动刺破泡沫这种方法完全排除了。为什么呢？我们再来想一想纽科姆方程式：$MV=PQ$。他说，一家把目标定为稳定P的中央银行实际上也会暗中管理Q，因为当Q接近其极限的时候，就只有看P的表现了。这意味着虽然资产泡沫能够提高Q，但这将被纳入美联储所设定的目标，这也间接说明了问题的原因。

在反对主动刺破泡沫的问题上，伯南克还有另外一种看法：中央银行的工具太钝了。他认为，诚如格林斯潘所说，企图刺破经济中的某些泡沫可能会对其他部门造成意想不到的巨大伤害。反对主动刺破泡沫的做法还有一个理由：人们所声称的泡沫是否真的存在常常很难确定。有一个较为著名的例子：艾伦·格林斯潘在1996年12月的一次演讲中，曾经暗示股票市场可能处于“非理性繁荣”的状态，这立刻引起了相当大的惊慌。格林斯潘的判断从何而来呢？这可能来自两位值得尊敬的经济学家，耶鲁大学的罗伯特·席勒和约翰·坎贝尔，他们两人刚刚就这个问题向美联储提交了一份报告。让人相当担忧的是，这两位专家得出的结论是，当标准普尔指数在750点附近时，股票市场的交易估价不低于公允价值的3倍（公允价值大约为250点）。如果真是这样的话，那么市场绝对已经出现了大量高估值的问题。然而，之后的3年，股票市场仍然保持了强劲的升势，直到2000~2002年出现大崩溃时，这个指数也从未低于800点，这个点位高出经济学家5年前所假设的点位的3倍还多。

了解这些情况之后，任何一位称职的经济学家应该不难看出，当日本的房地产价值达到世界其他地区房地产总值的150%时，就肯定出现了估值泡沫，或者，当互联网公司的市值超过其收入的500倍时，股票估价也的确高过了头。但是回头来看，如果我们自己站在20世纪80年代末日本银行的立场上，我们就会发现，不仅要与包含资产泡沫的问题做斗争，还要与通货紧缩的风险和顽固的货币升值问题做斗争，因此，在紧缩资产市场方面所做的一切努力又会加剧另外两个问题的严重性。然而，不刺破泡沫却导致了灾难：当经济进入冰点时，企图把货币重新注入经济体系中的做法似乎已经失灵了。为什么会这样呢？因为货币流通速度已经大大放慢，好像蜗牛在爬行一样，这也给我们带来了第四个大挑战。

挑战四：测量货币流通速度，*V*

一部分货币供给会快速转手流通，而另外一部分似乎有些黏滞。我们看到 MZM 定义的是趋于快速流动的货币，而且 M1 的流通速度也很高——特别是其中的有形货币。M2 中包含的货币市场基金的流通速度也是较快的，但 M2 中其余的特定部分流通速度则要慢得多。M3 所包含的成分流通速度也很慢——只需要想一下定期存款的情况就知道了。如果已经把货币存入银行定期账户，那么货币转手还能有多快呢？

中央银行是如何计算货币流通速度的呢？当然，这也要运用纽科姆方程式，再加上基础的数学知识。因为“*MV*”等于“*PQ*”，所以有：

$$V=PQ/M$$

货币流通速度，就是每隔一定时期，货币总量为名义 GDP 提供支出而周转的次数。它等于 GDP 除以货币总量。

我们假设出现了经济衰退，并且中央银行已经增加了货币总量 *M* 来刺激新的增长——但没有产生效果。接下来还能做些什么呢？如果总体货币流通速度已经出现下降，首先就会进行检查，而后再研究狭义货币与广义货币的相对表现，这样就可以知道货币流到哪里去了。如果流通速度真的下降了，可能就会看到广义货币的表现超过了狭义货币。

现在来考虑一种情况：货币流通速度实际上的确下降了，因此抵消了刺激经济的企图。货币卡在了流通链条的某个环节，但究竟卡在哪儿呢？首先能想到的是消费者。可能是货币到了消费者的手中之后，其流通就变得黏滞了，因为人们心理上有忧虑，并且正在逐步增加预防性的现金储备——为应对艰难的岁月而节约金钱。如果人们认为银行可能会倒闭的话，那么这部分货币甚至会被人们以有形现金的形式持有。与消费者有关的一些典型征兆是有形货币的流通速度下降，货币市场基金快速增长，以及较低的 / 下降的商业 / 消费者信心。

另一个因素是商业银行。银行预计人们会及时偿付债务，但在衰退期间银行存在需要面对的问题，因为此时只有那些可靠的客户才能归还现金，而那些劣质客户已经没有足够的偿付能力了。这意味着，银行最终要削减业务量，并且平均信用风险会上升——需要承受双重的挤压。这可能导致凯恩斯的“流动性陷阱”：商业银行的资产负债表受到如此大的损害，以至它们不敢，或者不能完全担当传导中央银行的任何货币政策的职能（根据所谓的已经有 100 多个国家签署的“巴塞尔协议”，银行只有满足了特定的资本要求，才会获准放贷）。

当金融机构开始倒闭的时候，银行危机就扩大了。每次一家银行破产，都会在纳税人、股东、存款人和债权人之间造成损失与痛苦。此外，银行通常要发掘有关客户信誉度的有价值的信息，如果银行倒闭了，这种信息大部分也就损失掉了。这意味着，遭遇破产的银行的许多有信誉的客户在再次贷款融资时，又要与那些对自己不够了解的其他金融机构打交道。而且，仅仅是银行倒闭的威胁就可能意味着银行机构彼此之间丧失信心，从而抑制了货币的自由流动。凯恩斯流动性陷阱的两个最普遍的征兆是，银行的股票价格下跌，而债券价格上涨，测量的黏滞货币（M3 或者 M4）流通速度超过快速流通货币（M1 和 MZM）。这种情况发生于 20 世纪 30 年代的全球大萧条时期和 90 年代的日本，1990 年 3 月，在日本能够满足 8% 的资本充足率要求的地区，银行数量还有 50 家，而到 9 月时仅仅剩下了 4 家。

关于货币黏滞的另一个原因可能是欧文·费雪的“债务紧缩”机制在起作用：资产价格正在下跌，所以资产负债表也正在恶化，于是导致了廉价抛售与债务偿还的恶性循环，这降低了货币流通速度。债务紧缩的征兆包括很高的债务水平、很高的借款服务成本，当然还有快速下跌的资产价格。如果还有许多公司大量举借外债从而发生了货币危机，债务紧缩就会被进一步放大。20 世纪 90 年代的日本，1997—1998 年新兴的东亚国家，以及 2000 年互联网泡沫崩溃后的不幸后果，都是这方面实实在在的例子。

如果经济衰退恶化到出现银行危机的程度，那么会造成什么不同的后果吗？2001 年，霍格思、雷斯与萨波塔所做的一项研究说明，一次银行危机过后，总产出的平均损失为 GDP 的 6%~8%，但是如果还存在货币危机的话，损失就会上升到 GDP 的 10%。这些数字表明了社会整体所蒙受的损失，但是，这三位经济学家还研究了政府所承担的干预成本、税收损失等问题，他们发现发达国家为此付出的代价是 GDP 的 12%，新兴经济体则要付出 GDP 的 18%，所有国家为此付出的成本平均为 GDP 的 16%。但是，这种成本的大小对于是否存在货币危机表现出了很强的依赖性。在仅有银行危机的情况下，这个成本是 GDP 的

4.5%，而对于存在双重危机的情况来说，这个成本就大幅攀升到了 GDP 的 23%（政府的损失可能超过社会蒙受的总损失，因为大量的政府成本与货币的再分配有关）。这些成本是巨大的，因此，如果有办法能够避免的话，那显然太好了。问题是怎样才能避免呢？这是我们的第五个挑战。

挑战五：阻止货币流通速度的严重下降

中央银行在处理货币流通速度严重下降的问题时，多数情况下会不断采取传统的刺激方法，并预期只要时间足够长，这种刺激就能够发挥作用。然而，中央银行还是会遇到一个真正的难题，这就是其所面对的第五大挑战。尽管中央银行把利率降低到零，但它发现即使这样做，刺激的力度仍然不够。或者是，商业银行卖给中央银行的政府债券数量达不到中央银行的要求。在遭遇这种难题时，中央银行可能需要考虑表 22–1 中所列出的非传统的补救方案。

20 世纪 90 年代的日本遭受了货币流通速度下降与黏滞货币的全部 3 种征兆：民众储存货币，银行的资产负债表太过脆弱而无力创造新的信用，并且资产价格快速下跌。但是，中央银行仍然做出了蜗牛式的反应，并未运用多种非传统的战略来更加快速地解决问题。

然而，我们也不应忘记那些让人震惊的案例，有些时候中央银行因为所采取的刺激力度太大而遭受了失败。这里的问题是要对未来的经济增长做出准确的预测。这也正是中央银行所面临的第六个挑战。

表 22-1　扭转货币流通速度下降的特别措施

	预防性现金储备的累积	债务紧缩	流动性陷阱
明确的征兆	•有形货币的流通速度下降 •货币市场基金的快速增长 •较低的 / 下降的商业 / 消费者信心	•公司 / 消费者的债务水平很高 •相对于现金流 / 处置性收入的借款服务成本高昂 •房地产价格下跌 •股票价格下跌	•M3/M1 和 M3/MZM 这两个比率提高 •相对于政府债券价格的银行股票价格下跌
央行非传统的补救措施	•对消费者的银行存款提供 / 增加担保	•购买股票 •购买房产 •购买更加长期的债券 •购买抵押债券 •购买公司债券 •干预货币市场造成货币贬值 •公开通货膨胀目标水平	•向商业银行提供固定期限的低息或零息贷款，允许银行使用一定范围的资产类别作为抵押 •承诺在较长一段时期内把隔夜利率保持为零 •宣布明确的长期利率目标并且承诺无限量购买以支持债券价格

挑战六：预测增长，Q

我们回忆一下具有英国口味的中央银行业务，其核心是向着自然速度的极限来驾驭经济增长。然而，只有在能够预测的情况下，才能驾驭好经济的增长。为此，我们需要利用领先指标来做预测，诚然，不同的组织机构会采用不同的方法。

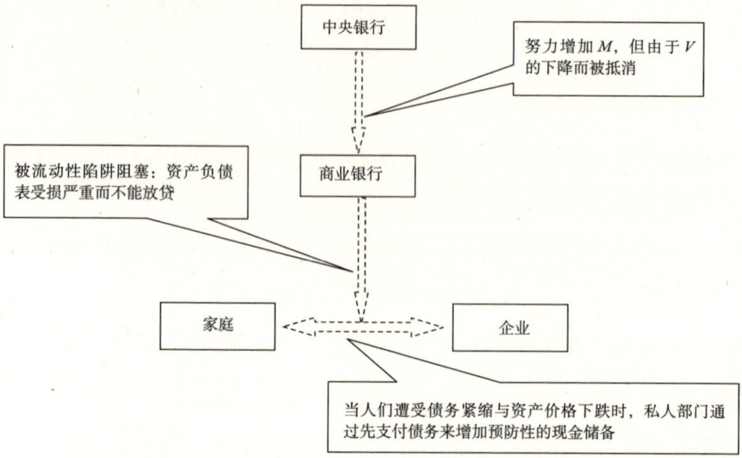

图 22–10　货币流通过程中的故障。如果商业银行不能或者不愿创造新的信用，那么中央银行所做的可能只是“推动一根绳子”。在资产价格严重崩溃之后极有可能出现这种情况。

利用这些指标。在此，我们可以用美国经济咨商会所采用的指标为例加以分析。经济咨商会指数的第一个指标是货币供给的扩张，这个因素被认为是所有指标中真正最初始的指标，是经济增长的原始动力所在。

· 货币供给，M2

指数中所有其他指标正在发生的变化主要是货币供给造成的结果。我们将其中的两个指标称为金融类指标：

· 利差，即 10 年期国债收益率减去联邦基金利率

· 股票价格，即500种普通股构成的价格指数（标准普尔500指数）

这两个指标都很好，部分原因在于金融市场一直在努力预测未来并加以贴现，另一部分原因则在于股票投资者一般会采用利率来贴现未来收益，因此利率成为领先指标。另外一个是寄希望于预期的领先指标：

· 消费者预期指数

下面的三项指标能够告诉我们已经决定了的经济活动，但是，这些经济活动还需要经过一段时间才能完成：

· 建筑许可数量，新的私人住房单元数量（新屋开工量）

· 生产商对消费品与材料的新订单

· 生产商对非国防资本货物的新订单

在这三项之中，建筑许可是预测经济复苏最好的经济类（反金融的）指标。这是因为房屋建造业对经济的影响很大，也是因为消费者才是推动每一项经济活动上升的起始力量。接下来的经济咨商会指标反映了当企业捕捉到生活中最早的信号时做出反应的情况：企业不再雇用更多的员工，但确实会要求现任员工更加努力地工作。之后，企业会积压一定数量的订单，这导致交货更慢。这类指标包括：

· 平均每周制造工时

· 供应商绩效，延迟交货扩散指数

领先指标中的最后一个是关于失业率的，这个指标随着经济活动的上升而下降：

· 平均每周失业保险的首次索赔额

综合领先指标一般在经济活动达到高峰之前的6~8个月就已经达到了高峰，而在经济进入低谷之前的2~4个月也已经出现了低谷。我们在研究长期历史图表时，对领先指标与GDP进行比较，至少会发现这样的结果。但是，我们在习惯上对领先指标的运用并不像其在历史图表中所显现的那样容易。其中一个问题在于，绝大多数的数据在公开时都有些延迟，而你需要观察几个月来的趋势以及所发生的变化，然后才能确定其意味着什么。因此，我们的问题是，如果领先指标在两个月之前实际上已经进入了低谷，而在这些数据被准予发表时几乎又已经过去了两个月，这就很让人恼怒了。

20世纪80年代末，杰弗里·穆尔（来自NBER的经济学家，他后来创办了ECRI，即经济周期研究所）提出了加强预测的两个建议。其中的一项建议是把一些所谓的“长期领先”指标分离出来。这些指标相对于经济的领先时间特别长。他发现以下4项指标符合这个特点：

· 实际货币供给
· 债券价格
· 建筑许可数量
· 价格对单位劳动成本的比率

在对1948—1989年期间的这些指标做了研究之后，他发现，这些指标的综合指数的领先时间发生了改变，平均而言，其领先经济高峰的时间为 14 个月，而领先经济低谷的时间为 8 个月。这比美国商务部的综合指数要好得多。那些并非"长期"的领先指标综合指数已经改变为领先经济高峰 8 个月，而领先经济谷底则仅两个月。穆尔的另一个建议是关注"迅速可用的指标"。这些领先指标的表现并不比其余的指标更好，但是其数据发表出来的平均延迟时间不到 3 个星期。

对此我们还可以做进一步的研究。一些研究结果表明，把领先指标与滞后指标分开来看，比仅仅孤立地看领先指标要好。经济咨商会采用了 7 个滞后指标，首先是关于贷款与货币方面的指标：

· 消费分期付款的信贷余额对个人收入的比率
· 工商业的贷款余额
· 平均银行贷款基本利率

这些指标显示出经济活动正在扩张而货币则在收紧。下面是有关成本上涨方面的指标：

· 服务业消费者物价指数的变动
· 单位劳动产量的劳动成本变动

还有一个指标与存货的惊人累积有关：

· 制造与贸易库存与销售额的比率

最后一个是有关就业方面的指标：

· 反向的平均就业持续时间

如果领先指标上升，而这些滞后指标（瓶颈与消耗的信号）下降，这对于经济而言就是特别强的信号。

最后一种增强对纽科姆方程式中的 Q 的预测的方法是运用特殊的亚领先指标。经济周期研究所发布了一个针对房地产业的领先建造指数，还有多个应用于整体经济活动、特定部门、贸易与通货膨胀方面的指数。

在现实中，决策制定者是如何预测经济活动的呢？他们有多种方法，但更多的做法就像著名的华尔街公司 ISI 那样——这家公司运用若干小的、简单而易于理解的方程式进行预测。ISI 的经理人员研究了每一个这类迷你模型的预测情况，将它们相互比照，再阅读报纸信息，用已经分成正面或负面的美国与世界经济数据创造出扩散指数。然后，他们坐下来总结出自己的观点，一直到当天结束，他们的观点都还是一种直觉。（但这个结果并不是到当天结束才对外发布。它每天要向所有的客户做两次更新！）

挑战七：避免过度刺激

如果中央银行宣称目标通货膨胀率为 2%（或者其他水平），那么它们多半是指 CPI（消费者物价指数）这个指标。CPI 是反应消费者必须支付价格的相当好的指标，即使它在反映消费习惯的变化方面太慢，而且在反映消费品质的变化方面也没有什么希望，但它仍然是最好的指标。

通货膨胀已经屡屡对社会造成了危害。我们可以看到早期的一些例子：在 16 世纪和 17 世纪的西班牙，白花花的银子从新大陆大量涌进，结果造成了破坏性的通货膨胀；加利福尼亚发现大量金矿的时候，19 世纪和 20 世纪早期的澳大利亚与南非则因此发生了通货膨胀。我们还可以回忆一下，奥尔良大公是如何印发过多的纸币（归功于约翰·劳）造成 18 世纪法国的通货膨胀的，但是，更为极端的通货膨胀的例子还要算 1922 年的德国（5 000%）、1973 年的智利（600%）、1985 年的玻利维亚（12 000%）、1989 年的阿根廷（3 100%）、1990 年的秘鲁（7 500%）、1993 年的巴西（2 100%）、1993 年的乌克兰（5 000%）和 2003 年的津巴布韦（600%）。当政府通过中央银行（不是独立地）进行支出并大大超过经济所承受的限度时，这些国家发生恶性通货膨胀就是很正常的现象。关于通货膨胀带来的威胁，前面已经说得很多了。约翰·梅纳德·凯恩斯曾经说过一段甚为经典的话：

> 通过持续的通货膨胀过程，政府可以秘密地把公民的一部分重要财富没收。采取这个方法，政府所做的不只是伪装巧取，还有专横豪夺，并且这个过程会让许多人陷入贫困，但的确能让少数人暴富。应该看到，这种方法专横地重新调整了钱财的分布，遭受打击的不仅仅是社会的安全保障，还有目前社会对财富分配的公正性（或公平性）所秉持的信心。
>
> 由于通货膨胀的继续，而货币的实际价值每个月都在发生大幅波动，因此，奠定资本主义根基的债务人与债权人之间所保持的各种长久关系也变得完全混乱，甚至几乎毫无意义，而且获取财富的过程也堕落成了各种赌博与博彩活动。

路德维希·冯·米塞斯也指出：

只有政府这个机构，既能把白纸印成钱来花费，又能滥印纸币而让其变得一文不值。

冯·哈耶克也认为：

要说历史大部分是通货膨胀的历史，我认为这毫不夸张，一般而言，通货膨胀就是政府为了自身的利益而精心炮制出来的。

保罗·沃尔克，这位曾经真正阻断了20世纪70年代之后通货膨胀的中央银行行长，这样说道：

人们认为通货膨胀是一种残酷的，而且可能是最为残酷的税收，因为它给许多部门造成了意想不到的打击，而且给那些固定收入者造成了最大的损失。

然而，在所有关于通货膨胀的言论当中，我们还是应该牢牢记住米尔顿·弗里德曼曾经说过的一句话：

无论何时何地，通货膨胀都是一种货币现象。要想控制通货膨胀，只需要控制货币供给。

当然，弗里德曼所做的绝对是核心观察。根据纽科姆方程式的逻辑，通货膨胀总是和货币供给的持续、过量增长有关（理论上，它也可能与Q的持续下降有关，但实际上并不是这样）。

20世纪70年代所发生的高通货膨胀是距现在较近的过度刺激的例子，它最终演变成了重要的全球性的威胁。这个事件是中央银行在20世纪所犯下最大的集体性错误之一，它使通货膨胀率在英国超过了25%，在日本大约为20%，在法国为15%，在美国为10%。在号称拥有世界上大部分最优秀的经济学家的国度，如此巨大的失策又是如何发生的呢？

这很可能是由多个问题共同造成的结果。首先，当时有许多政治家与经济学家都认为，接受稍微增长的通货膨胀率，就可以长期降低失业率。其次，他们过高地估计了经济的非通货膨胀增长速度极限。最后，许多人从一开始就没有把货币供给与通货膨胀联系起来。人们指责高涨的石油价格、糟糕的气候、食品的短缺、贪婪的公司、不公平的工会等等，而且其中有些人认为应该采取价格与工资控制的办法，而不是紧缩银根来对付通货膨胀。

当然，米尔顿·弗里德曼对这些会感到不高兴。的确，他认为石油与食品价格的上涨确实造成了直接的通货膨胀刺激，但是这也意味着人们会减少在其他方面的开销，于是通货膨胀又会渐渐停止，除非经济中处处都存在太多的货币。1968年，他在美国经济学会上做主席致辞，在致辞中，他努力解释了菲利普斯曲线关于失业与通货膨胀之间的替换仅仅在短期内成立。他后来继续对这个理论问题做了深入的研究，设法估计了货币供给扩张对经济增长（因而降低失业水平）的刺激效应结束所需要的时间，以及它导致通货膨胀所需要的时间。1992年，他提出了从货币供给扩张到它对通货膨胀产生最大影响的时滞：对于M1来说，平均为20个月；对于M2来说，平均为23个月。

$$MV \rightarrow Q \rightarrow P$$

正是以上事件的这种次序造成了某些强制性的过量货币创造。货币刺激的初始效应是正面的（提高Q），到了后期，过量刺激的负面效应（提高P）才显露出来。

挑战八：预测通货膨胀

有没有其他不同于观察货币供给和平均时滞统计数据的方法来预测通货膨胀呢？这样的方法的确也有。许多研究机构（包括一些投资银行）已经开发出一些领先通货膨胀指标体系。其中的一位先锋人物还是杰弗里·穆尔，他在20世纪80年代开发出了两套系统。其中一套系统的指数是建立在16种被广泛使用的工业原材料（棉花、聚酯、粗麻布、印花布、钢屑、锌、废铜、铝、锡、兽皮、橡胶、动物脂肪、胶合板、红橡木、苯、原油）现货价格基础上的。他宣称，如果这些原材料的价格出现了上涨，那么消费价格就会跟着上涨。这一指数名为《商业日报》工业原材料现货价格指数。穆尔的另一个指数包括了7个要素，其中的前3个与瓶颈问题有关：

· 工作年龄人口中就业的百分比

·《商业日报》工业原材料现货价格指数增长

· 总体债务（企业、消费者和联邦政府）的增长率

这3项指标背后的理论是劳动力、商品或资本的瓶颈将会导致价格上涨。接下来的3项指标和对价格上涨的观察有关，这种价格上涨逐渐通过经济系统向消费者传递：

· 进口价格指数的增长率

· 邓白氏公司对考虑到销售价格的商业预期的调查

· NAPM（全美采购经理人协会）的价格扩散

最后一个是关于供应商方面的，显示其是否会因缺乏产能而

可能提高价格：

· NAPM 供应商绩效

另一位先锋人物是来自普惠公司的迈克尔·尼米拉，他采用了以下通货膨胀指标：

· 供应商绩效
· 就业人口比率
· NAPM 价格调查
· 美联储的贸易加权美元指数

ECRI，即经济周期研究所（由杰弗里·穆尔创办），在以下指标基础上开发了“未来通货膨胀计量器”：

· NAPM 供应商绩效
· 进口价格
· 工业原材料价格
· 房地产贷款
· 总债务
· 居民就业比率
· 失业保险比率
· 收益差

NAPM 供应商绩效指数已经成为中央银行及其观察者跟踪最密切的指数之一。美国的经验是，NAPM 指数值高于 55，一般能够较好地说明美联储将要采取紧缩性政策。相反，除非 NAPM 指数下跌到 50 或者 45 以下，否则美联储的宽松政策周期很少会结束。

第四个领先通货膨胀指数是由赛勒斯·J. 劳伦斯公司所开发的“莫若桑尼指数”，该指数建立在将产能的利用水平与美元的贸易加权水平相比较的基础之上。其他已经采用的指标包括黄金、M1 和 CRB（美国商品调查局）指数，CRB 指数中的商品包括玉米、燕麦、黄豆、黄豆粉、小麦、黄豆油、可可豆、咖啡、糖、棉花、橘汁、木材、猪腩、活猪、活牛、铜、金、银、铂、原油、燃料油等。

1999 年，两位 NBER 的经济学家詹姆斯·斯托克和马克·沃森发表了一项关于不同的领先通货膨胀指标如何起作用的研究成果。他们的研究包括 190 多个针对美国经济的指标，其时间跨度为 1959 年到 1997 年，长达 28 年。他们还提出了一个简单的问题：这些指标当中有没有能够像通货膨胀指标那样可以战胜失业的指标呢？

他们认为，作为预测工具，货币供给是一个明显的候选指标，但是他们的研究并没有发现非常清晰的相关性，即货币供给作为一个指标，并没有战胜失业。那么利率这个指标呢？不幸的是，它也不够好。商品价格指标会怎么样呢？这听起来还不错，因为这是穆尔的《商业日报》工业原材料现货价格指数的基础，然而，令人遗憾的是它也不行。另一项研究中的确发现了在商品、黄金、石油的价格与 CPI 之间存在着一定的相关性，但这不是期望的结果：随着原材料价格的上涨，会出现……CPI 的下降。这符合弗里德曼的观察，如果货币供给是常量的话，那么随着某些商品价格的上涨，其他商品的价格出现下降就是正常的。这也可能简明地反映出了这样的事实，即商品价格是经济周期的滞后指标，因此，当通货膨胀在后期出现的时候，我们没有过多的理由可以相信，周期的出现会比商品价格的变化还要迟。不管怎样，我们还是回到斯托克和沃森的研究上来：他们发现比失业更好地预测 CPI 的工具了吗？让人高兴的是，他们找到了预测 CPI 的最佳方法，那就是运用全部经济活动指标的总加权指数，这些指标包括工业生产、实际的个人收入、贸易销售额、非农产业的收入、产能利用率以及新屋开工量。经济活动由方程式中的 Q 代表，而且这部分可以作为预测 CPI 或价格 P 的工具。

这一点非常有趣，因为它表明了弗里德曼甚至是桑顿所主张的那种次序：平均而言，货币刺激（MV）首先会对经济活动 Q 产生最大的影响，之后再影响到通货膨胀 P。现在人们一般都相信货币刺激对产出的影响会在 6~9 个月之后出现，而对通货膨胀的影响则在 12~18 个月之后出现。这两个时滞都是非常易变的，然而，这也正是从 MV 到 P 的时滞难以预测的原因，而从 Q 到 P 的时滞更短，并且变化也较小一些。

我们现在已经讨论了对 M、V、Q、P 的定义与预测问题，还有像资产膨胀、银行危机、债务紧缩、经济崩溃和恶性通货膨胀等更加复杂的问题。中央银行还会遇上其他的挑战吗？的确，还有一个外汇方面的问题。要理解这个问题为什么也可能构成一个大的挑战，我们不妨把时钟拨回到 20 世纪 90 年代，探访一位工作突然遭遇困难的中央银行行长。

挑战九：处理外汇汇率

1990 年，诺曼·拉蒙特成了英国中央银行的领头人，这一年他 48 岁。他的职衔是“财政大臣”，也就是中央银行行长。这种职位要求其具有很强的背景，就此而言，他是非常适合的。诺曼·拉蒙特出生于一个显赫的家庭，从剑桥大学毕业之后，他就在伦敦工作，曾经担任罗斯柴尔德资产管理公司的主管。他还当选为议会的议员，并且曾经在能源部、工业部和国防部等多个部门任职。

拉蒙特出任中央银行行长这个新的职位，尽管报酬丰厚，但也承担着很重的责任，经常需要处理一些重大的问题，甚至有可能是极为重大的问题。实际上，在 1992 年 9 月之前，他已经面临了一个非常重大的问题。这个问题主要与一位名叫索罗斯的匈牙利投机者有关。

乔治·索罗斯 1930 年出生于匈牙利，是一位犹太律师的儿子。他的父亲在“二战”期间给他弄了一些伪造的身份证件，战争期间，他不得不躲在阁楼里，或者隐藏在一些用石头砌成的地窖里。幸运的是，他活了下来，并且在 17 岁的时候移居伦敦。虽然又脏又穷，但是人生充满了希望，他依靠打零工来维持简单的生计，比如粉刷房屋、挑拣苹果，或者在铁路上当搬运工、救生员，还在人造模特车间当过辅助工。他开始时的支出预算是每天 4 英镑，他还在日记里把所有的花销都记录下来。

1956 年，他从伦敦经济学院毕业，但是好不容易才在奎格里诺餐馆谋到一个侍应生的差事，有时要依赖富人们剩下的残羹来果腹，他还在布莱克浦这个蓝领度假胜地兜售女士们用的手提袋与珠宝。在如此艰难的日子里，他过得一点儿也不开心。这时候，如果有人告诉他，有一天他将会挑战英国财政大臣的权势，那么他无论如何都不会相信（他最终面对的这个人也不会相信，因为拉蒙特那时还只是一个 14 岁的学生)。

开始，乔治·索罗斯决心要成为一位哲学家，还起草了一篇论文，但最后还是没有弄懂哲学，于是决定全盘放弃。他的职业生涯一直比较惨淡，直到有一天，他有了一个想法，于是给全城的股票交易商写了求职信。这次，他终于获得在辛格－弗里德兰德公司担任股票套利交易员的工作。后来，他又获得一份股票市场分析师的工作，这一次是与F.M.迈耶一起在纽约工作。此后，他又在其他几家股票交易公司工作过一段时间，1969 年，他与合伙人一起创立了量子基金。这一年他已经 39 岁，事业总算开始有了眉目。

量子基金是世界上最早的对冲基金之一，而且是非常成功的一只基金。在 1969 年基金创立之时投入的 100 美元，到 1985 年，已经增长到至少 16 487 美元。

索罗斯和他的助理斯坦利·德鲁肯米勒在 1992 年的整个夏天都对英镑感兴趣。英镑在 1990 年 10 月（拉蒙特获得委任之前）已经加入了欧洲汇率机制（ERM），中心汇率为 1 英镑兑换 2.95 德国马克，而且可以浮动的区间为 6%。加入欧洲汇率机制从来都不是拉蒙特的想法，况且在一次严重的衰退之前加入这个机制，无论如何都不是明智之举。英国的通货膨胀率是德国的 3 倍，而且英国经济到 1992 年之前已经处于严重的衰退期。索罗斯与德鲁肯米勒认为英镑将不得不贬值。德鲁肯米勒建议针对英镑可以赌上 30 亿 ~40 亿美元，但是索罗斯没有同意。这时袭击英镑可以说是轻而易举，所以为什么不做一笔真正的大买卖呢？要做真正的大买卖！例如，赌金可以高达 150 亿美元。

他们从卖出 70 亿美元的空头合约开始。作为其整体战略的一部分，他们也买进英国的股票以及法国和德国的债券——这些市场可能从英镑贬值中受益。1992 年 9 月 15 日星期二这一天，英镑开始快速下跌，尽管英格兰银行[1]迅速做出反应，吃进了 30 亿英镑，以支持汇率的稳定，但这一天市场在收盘时还是表现得非常疲弱。晚上，拉蒙特先生与美国大使共进晚餐，在用餐时他可能有点儿不礼貌，因为他每隔 10 分钟就试图与德意志联邦银行的官员取得联系，希望能够说服他们削减德国的货币利率。然而，当他最终与德国人取得电话联系时，他们并没有帮忙。晚餐过后，他召集英格兰银行的官员开会，研究制订第二天的博弈计划。他们同意第二天一大早就采取市场干预措施，稍后还可能跟着提高利率。

第二天一早，7 点 30 分，英格兰银行的交易员开始按照批准的价格买进了价值 20 亿美元的英镑。一个小时之后，拉蒙特先生给英格兰银行方面和约翰 · 梅杰（时任英国首相）打电话讨论了目前的局势。10 点 30 分，拉蒙特再次给梅杰打电话建议把利率提高 2%。梅杰同意了他的意见，但是不管怎样，英镑还是继续下跌。尽管英格兰银行在这一天最后支出了 150 亿英镑，但是这场战斗显然还是失败了。就在纽约时间早晨 7 点的时候，斯坦利 · 德鲁肯米勒给乔治 · 索罗斯打电话宣布了一个消息：

“乔治，你刚才已经赚进了 9.58 亿美元！”

在接下来的 10 个月时间里，西班牙货币贬值了三次，葡萄牙货币贬值了两次，而爱尔兰货币也贬值了一次。

这个故事说明，在短短的一天之内赚进 10 亿美元并非完全

1. 即英国中央银行。——编者注

不可能，当然，这个故事也是关于米尔顿·弗里德曼所说的“三难”问题的一个出色的说明，也就是说，要同时达成以下三个目标中的两个以上是不可能的：

· 汇率控制
· 价格水平的控制
· 外汇交易的自由化

这让我们想到罗伯特·卢卡斯和他的理性预期理论，因为无论中央银行想要达成什么目标，如果人们认为它能够成功的话，中央银行成功的可能性都比较高。这实际上也是对中央银行的最后一个主要挑战。

挑战十：维持信誉

理性预期理论现在经常被中央银行整合到经济计量模型之中，例如，它们假设人们预期未来的通货膨胀与计量经济模型（通过迭代）的计算是相同的。对中央银行而言，理性预期就是指事情的发展像它们认为的那样。它们也努力设法通过公布通货膨胀目标或者固定汇率浮动区间这样的信息来动员（或者像经济学家所说的“锚定”）人们的预期。但是，平衡性的行动则是宣布那些具有合理确定性的、能够实现的政策与目标。

预期管理可能会起到作用，但也可能破坏镜子里的游戏，为此我们需要借助博弈论和大量高深复杂的数学知识。特别有可能的情况是，如果公众当中包括了像索罗斯这样既有定见又很聪慧，但并不总与中央银行的看法相一致的人，事情就会变得非常复杂。

然而，中央银行在这场战斗中至少还有一个优势，即市场上没有人知道中央银行会怎么做，但是中央银行对市场中的这些人还是比较了解的。它们知道公众对利率的预期，因为有高度流动性的金融合同跟踪长期与短期利率的预期未来。它们还可能研究市场更长期的利率结构，并且以此为基础来预计实际利率应该处于什么水平。此外，因为它们知道人们的预期，所以也了解市场对于意外事件会做出怎样的反应。例如，利率意外地改变 25 个基点（0.25%），将立即造成股票指数变化大约 1%——至少在美国是这样的。这类信息是通过经济学家所说的“事件研究”收集到的。

它们所具有的优势也就是这些，然而，由于它们受到的智力挑战非常大，最大的问题可能就是下决心拍板这种简单的事情。一位金融投机者可以在任何时候放弃他的市场位置，而且经常是马上就可以做得到的。但是中央银行没有这样的特权。首先，在管理预期时为了表现出可信性，它们可能从来不会显得犹豫不决——政策方向一旦选定，它们就必须坚持一段时间。其次，它们一般要给人们一定的时间去做调整，以适应政策的变化。比如说，如果它们要提高利率，那么它们更喜欢在较长的时间内做较小增幅的改变，这样做可以让市场参与者有时间井然有序地调整他们的行为。

现金、信用与信誉

我们可以设计下面的一则广告，对中央银行行长的职位应聘提出要求，以此结束我们对中央银行与经济周期问题的讨论。

诚聘中央银行行长

你需要运用现金、信用与信誉来稳定经济增长与通货膨胀。你需要理解这些变量所发生的波动是三种不同周期现象的结果，涉及存货、资本性支出与房地产，以及其他大量周期性与结构性的变量，而且这些周期现象是不同的，彼此之间也在以某种混乱的方式相互发生影响。

有人会为你提供一连串的大量信息，然而，当你得到这些信息的时候，它们可能已经较为过时，而且你获得这些信息之后，还需要对其进行有意义的修正。不过你需要运用这些材料作为决策的基础，你的决策将会立即影响到外汇、货币、债券与股票市场，对总产出的影响要延迟一段时间，而对通货膨胀的影响甚至更迟。

你还要了解政策对通货膨胀的影响，这种影响发生的时间窗口可能超出现实预测的范围，你并不能控制这类通货膨胀是发生在消费品的价格领域，还是发生在投资的资产价格领域。然而，你知道，如果资产膨胀水平的确飙升起来了，就会导致未来产出与通货膨胀的显著波动，因此你需要对此进行干预。

最后，你要接受这样的事实，即无论何时，如果你要改变已经宣布的政策，你都不得不坚持一段时间，这是为了表明你完全掌握上面所规划的全部目标。

有负面新闻问题的申请者不能应聘。薪资与退休金面议。

第五篇

经济周期与资产价格

第 23 章

周期之母：房地产市场

让我们把镜头拉回到 1932 年芝加哥的房地产审计师办公室。当时正值大萧条时期，有大量的失业人员，因此能在这家机构谋一份相对安稳的差事应该是让人满意的。这里的员工每天工作任务并不重，主要负责对这个城市的所有房地产交易做好准确的记录。另外他们还要做一些图书馆性质的工作，因为人们会到这里来查阅房地产交易的文件，每一次最多可以查阅 5 份。

在办公室的职员中有一位年轻的姑娘，她注意到有一位先生经常来这里查阅文件。这个人看起来很体面，他在这里查阅的文件越来越多，实际上，他好像要研究清楚这里的每一份房地产交易文件。这位先生就是霍默·霍伊特。

一项精心的调查

当时，这位好奇的绅士已经37岁，他一来到这里，便一头扎进了房地产交易的文件当中。这个人非常聪明，23岁的时候就获得了法学学位，现在是芝加哥的一名房地产经纪人与顾问。他对自己在这个市场上仅仅是一个参与者的现状并不满足，他想要成为一名领头的专家。于是，霍默·霍伊特决定对房地产价值的周期性波动问题做一次真正全面的研究，这将成为世界首次，而且他的这项研究还可以成为申请经济学博士的基础，要是能找到出版商的话，他随后就可以出版一本书。

研究按照计划完成了，霍伊特也于1933年获得了博士学位，并且就在这一年出版了他的专著。霍伊特撰写的这本《百年来芝加哥地区的土地价值》，对芝加哥城市发展的每一个阶段都做了详细描述，从他所说的"1830年仅有几十个木棚屋的小村落"开始，一直发展到1933年广为扩展的城市。这本书的第一部分对过去103年间所发生的各种情况进行了纯粹的描述。之后，他才提出问题的核心：设法探寻土地价格的周期性波动。他的研究都有哪些发现呢？

· 似乎确实存在所谓的"房地产周期"现象；
· 这些周期非常缓慢；
· 周期是缓慢的，但振幅很大，并且在反转向下的时候会变得很可怕；
· 房地产周期不一定与其他商品和股票的周期相互重

合——投资者看起来好像经常在这3个市场之间轮番出入；

· 房地产业回报最高的是萧条期间的购买行为，但可能让人感到惊讶的是，谁会赚到这么大笔的钱呢？这通常不是房地产业的专业人士。

以上就是他得出的一些主要结论。下面我们就来仔细研究这些结论。

霍伊特的房地产周期

在对过去103年间的房地产交易统计数据，以及周围相关的所有商业、政治与人口统计事件进行调查之后，霍伊特决定把房地产周期描述成以下20个阶段：

1. 总租金开始快速上涨。
2. 净租金上涨得更快。
3. 作为租金上涨的结果，现有房屋的销售价格大幅上涨。
4. 为新建房屋支出。
5. 新建房屋数量增加。
6. 廉价信贷刺激了新建房屋数量的增加。
7. 小额融资扩大了新建房屋的数量。
8. 新建房屋吸收了闲置土地。
9. 繁荣时期的乐观人口预测。
10. 麦田里的新城愿景：土地细分的方法。
11. 大笔花费用于改善公共条件。
12. 所有类型的房地产达到高潮：顶峰。

13. 开始出现逆转的变动：间歇期。

14. 房屋抵押赎回权丧失的增加。

15. 股市崩溃以及普遍的商业萧条。

16. 损耗的过程。

17. 银行改变繁荣时期房地产贷款业务的政策。

18. 停滞与房屋抵押赎回权丧失的阶段。

19. 残局清理完毕。

20. 为另一次繁荣做准备，但是另一次繁荣是不会自动到来的。

霍伊特发现，在他所调查的 103 年间，这些戏剧性的事件按先后顺序不自觉地重复了 5~6 遍。

蜗牛式的运动

霍伊特的 20 个阶段的周期是缓慢的。从对房地产需求开始上升到市场做出反应需要几年的时间。土地必须分成一片一片的地带，而后再细分成一小块一小块来出售，之后土地有可能被搁置很长一段时间。一旦实际做出了建造计划，就必须上报以获得批准，而计划获得批准之前可能还要经过若干次的修改。这意味着，在所有新的房地产项目竣工并且进入市场销售之前，还要再经过几年的时间。当这些最终全部完成的时候，市场供给可能已经过剩了。于是便出现了危机，这样又要经过多年的时间才能把危机残局清理干净。霍伊特在研究中发现了一些重要的时间点：芝加哥土地价格分别在 1836 年、1856 年、1869 年、1891 年和 1925 年达到高峰，这就意味着这些高峰年份之间分别有 20 年、

13年、22年和34年的间隔。

图23–1显示了这些周期。我们从这幅图中可以清楚地看到，1912年建筑业活动出现了高峰，当时的土地价格并没有上涨太多。如果我们把这一年算成另一个房地产业的高峰，那么上面的时间间隔就变成了20年、13年、22年、21年和13年，平均间隔为18年。这简直是蜗牛蠕动的步伐，至少与长度为4.5年的基钦周期和长度为9年的朱格拉周期相比，房地产周期的步伐实在是太慢了。然而，这是在一定背景下的情况。对任何时间序列中的周期长度进行研究，筛选的定义不同，将会导致不同的结果。例如，国际清算银行曾经用一个较好的筛选机制分析了房地产周期，研究结果表明周期的平均长度与存货周期近似，但这种短的房地产周期中许多都有最低振幅。通过对房地产价格的许多直观检验，我们就能够揭示出很小的波动与平均长达约18年的长周期之间所存在的差异。房地产市场可以略过总体经济中许多更短的周期，即使有所纠正，差距也不会太大。

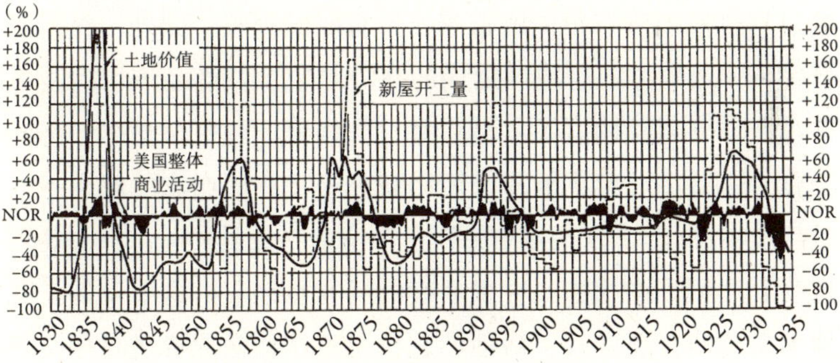

图23–1　芝加哥的土地价格，1830—1933年

非常大的振幅

霍伊特长达 18~20 年的房地产周期是很慢的，但是周期的振幅非常大。霍伊特通过与其他变量的比较来说明这一点：在他所研究的 103 年间，整体经济活动（用 GDP 代表）从未超过其趋势水平 16%，银行清算量（信贷）也从未超过趋势水平 28%。但是，他发现高峰时期房地产的销售量比正常水平高 131%，新建房屋数量高于其趋势水平 167%，地块细分高于趋势水平 540%；处在下跌阶段的房地产周期波动同样剧烈，新建房屋数量下降达到了 98%，地块细分也下降了 100%——地块细分的工作很容易停下来。无论用哪一个指标来衡量，周期的振幅都非常大。

他还发现房地产周期对经济有很大的影响，由于房地产周期的下跌阶段会持续很长的时间，泡沫也在这个阶段破裂消退。霍伊特指出，房地产活动位于趋势水平下方的最短时间不少于 10 年，而最长时间则达 26 年之久。换句话说，这种“清理残局”的过程，对经济有很大的拖累，而且时间很长。此外，在他所研究的 103 年中，房地产周期的高峰和股票及商品市场的高峰并没有非常直接的联系，但是每一次房地产危机与整体经济的恶化是一致的。其中的一个原因就在于，房地产业的规模一般是年度 GDP 的 2~3 倍左右，因此当房地产业受损时，经济确实也受到了很大的损害。许多后续的研究也证实了这个发现。其他大量的研究还发现了房地产危机与总体金融危机之间存在着联系。

资产配置交替

图 23–1 显示了商品、房地产和股票价值之间的关系，并且霍伊特观察到这种关系倾向于相互交替，而不是趋于一致。他认为，这可以用战争来做部分解释，战争进程推动了对商品的需求，士兵返乡则意味着对房屋的需求，随后的经济复苏创造了对消费品的需求，这又有利于股票价格的上涨。

抄底的艺术

霍伊特认为多数的投资者 / 投机者是善于做商品、房地产或者股票交易的。他得出的结论是，赚钱最多的人显然是在危机期间以特别低的价格买入的，但这些人通常并不是那些取得成功的房地产专家，因为当房地产价格真的变得很低廉的时候，他们自己可能赶上了低迷时期，手中的流动资金极为缺乏。结果当机会来临的时候，得到好处的经常是那些拥有足够的流动资金来买入土地与房产的其他领域的人。他发现，在他所研究的 103 年间，在芝加哥周期性的房地产交易中做得最好的是约翰 · 雅各布 · 阿斯特（皮货商）、马歇尔 · 菲尔德（批发与零售商）以及波特 · 帕尔默（从事贸易与旅馆业）。这些人当中没有谁是房地产方面的行家里手，但在房地产危机的谷底，他们手中掌握的全是流动资金，并且他们很好地利用了这个优势。

更多的研究

霍默·霍伊特的书出版之后，马上就成了经济学文献中的经典。在这本书出版之后一年，他便加入了美国联邦住房管理局，并且于1944—1946年在麻省理工学院与哥伦比亚大学担任土地经济学访问教授。他还与阿瑟·韦默合作撰写了《房地产原理》一书，这是1939年出版的另一本经典著作。后来，他重新投身房地产市场，并且发了财。1979年，他把自己在佛罗里达的一处价值不菲的房产捐赠给了一家机构，这家机构现在还以他的名字命名（霍默·霍伊特研究所）。他的家庭情况怎么样呢？由于他经常到房地产审计师办公室借阅房地产交易的记录文件，于是便有机会娶了那位多次目送他离去的漂亮姑娘。

霍默·霍伊特对房地产周期的描述在他那个时代是一个例外，尽管他可能低估了失业、财富、流动性和利率的影响，但直到今天他书中真正错误之处也实在不多。然而，《百年来芝加哥地区的土地价值》这本书是我们理解房地产周期的唯一开端，其后才有了更多的研究。例如，在霍伊特的著作之后，在阿瑟·伯恩斯（来自NBER，后来担任美联储主席）出版其更为详细地描述房地产周期的杰作《住宅建造的长周期》之前，普林斯顿大学的克拉伦斯·朗花了两年的时间，发表了论文《建筑业中的长周期》（1939年）和《建筑周期与投资理论》（1940年）。

但是，由于缺少全国性或者国际性的统计数据，许多早期的研究受到了限制，直到20世纪90年代，国际性的房地产周期的清晰图景及其在很长时期内的行为才被人们描画出来。但在转向这些研究之前，我们应该迅速估量一下所探究的对象：什么是房地产？

房地产市场分类

房地产有私人与公共之分。大约 20%~25% 的房地产建造活动通常是公共领域的，而且这部分相对稳定，但其余的部分则表现出了霍伊特所观察到的周期性波动。在富裕国家，房地产市场在 GDP 构成中的比例要高于贫穷国家，这就意味着房地产市场的增长和国民收入的增长是不相称的。我们已经看到房地产市场的价值一般是年度 GDP 的 2~3 倍左右，但是这个界限有可能被突破，而且平均而言，房地产建造活动超过了经济活动的 10%。

许多房地产研究关注 4 类建筑资产：住宅房地产、零售业房地产、办公楼和工业房地产。这些资产是房地产市场的大多数，其中大约 75% 是住宅，还有大约 25% 是酒店与会议中心、建设用地、停车场以及农用土地。

大多数房地产是紧密持有的，但还有一部分是通过流动性工具进行交易的，因而这部分被称为“报价”房地产。紧密持有的房地产交易价格变化可以通过当地的统计来跟踪，而公开的房地产基金交易活动可以通过像 GPR250 这类指数来跟踪，该指数跟踪了 250 家具有流动性的房地产上市公司的情况。虽然这个指数所代表的还不到报价房地产市场总量的 10%，但它具有总体的代表性。NCREIF 农用地指数跟踪美国的农业用地情况。农业用地所有者的通行做法是把土地出租以谋取稳定的收入，这部分收入会随着通货膨胀一起上涨。美国有大约 1/3 的报价农业用地是森林，这部分是由 NCREIF 林地指数跟踪的。因此，有多种途径可以跟踪房地产市场的价格变化。然而，这些资产的价值会发生什么样的变化呢？在此，我们需要了解一些关键的术语：

- 净营业收入（NOI），指总的营业收入减去营业成本。营业收入可以包括租金、停车费、洗衣/摊位的收入等。营业成本指修理费、保险费、行政管理成本、日常用品费用、物业税等（成本不包括融资成本、资本性支出、所得税和贷款分期偿付）。
- 资本性支出，指用于改造而不是日常维护的成本支出。
- 债务偿付，指按揭之类的融资利息与本金偿付。
- 净现金流，指净营业收入减去资本性支出与借款服务的支出。
- 资本化率（CAP率），指用年度净营业收入除以资产购置价格所得到的预期收益率（与此类似的基准是股票的市盈率）。换句话说，它是在扣除融资成本、所得税以及改造支出之前的现金流量占购置价格的比例。资产的预期价值可以用其净营业收入除以该类资产一般具有的最高资本化率来估计。
- 债务抵补率（DCR），是净营业收入除以债务偿付成本（利息加上本金偿付）。大多数的出借人会要求这个比率至少达到1.1~1.3，以保证资产所有者能够偿付债务并有宽裕的现金流用于日常的经营维护等。

房地产投资工具

房地产交易中有3种主要的工具：

- 直接所有权。这提供了改变资产的潜在能力，但也可能涉及相当多的工作。

- 开放式房地产基金。这些基金允许其投资者按照以评估为基础的资产净值进行交易。这样做保证了公允价值，但也会迫使基金保持流动性储备以应对赎回。
- REITs（房地产投资信托基金）。这种工具是类似于普通股的封闭结构，意味着可以交易但不能赎回。由于它们被用来作为其他类别投资的工具，因而一般在公司层面享受免税待遇，只要基金承诺将绝大部分的收益（典型情况下是85%~100%）用于分红。

在这3种工具中，REITs提供了最大的便利。例如，如果房地产业已经出现了泡沫，做空REITs就是很容易的。

资本化率一般为1%~1.5%（100~150个基点），要比长期利率高一些。举个例子：一项资产的购置价格为1 000万美元，它能够带来60万美元的净现金流。如果融资成本大约为4.5%，那么这项投资就是合理的，因为投资人还有1.5%的收益用来支付改造支出和所得税，但他也希望随着时间的推移，通货膨胀或者繁荣能够增加该项资产带来的收入与出售资产的价格。如果投资人认为资产的净营业收入会随着时间进一步上涨，那么他在购买该项资产时可能会接受更低的资本化率。但是，由于资本化率要和利率进行比较，如果利率走高，资本化率就会倾向于上升，这就意味着，如果利率上涨，那么在其他条件相同的情况下，房地产的市场价格会下跌。

对于房主自用住宅房产来说，情况会有些不同，由于该房产没有产生现金收入，所以也就没有净营业收入。用以替代的是经济学家所说的“留用价值”，英语中用这个名称来描述出售资产的最低价格，这并不贴切，资产出售的最低价格应该与该项资产扣除运营成本之后所能产生的埃奇沃思的快乐原子数量相对应（在拍卖市场中，“底价”这个术语是指出售方的最低价格）。无论何时，现实情况似乎是私人部门购买的房地产数量，大约为人们对未来所能负担的有信心的购买量。此外，由于住房的平均质量会随着经济的繁荣而提升，并且收入中基本生活必需品的开支部分会随着经济的繁荣而下降，于是存在一种趋势，即人们把房地产收入中增加的部分当成了实际收入的增量来花费。但是，也存在多种情形（正如霍伊特所观察到的），在这些情形下，对房地产基本价值所做的研究表明，房地产有时已经昂贵得不可思议，或者极其便宜。我们接下来看看为什么会发生这种情况。

现实中的房地产周期

用我们非常熟悉的纽科姆方程式 $MV=PQ$ 来处理这个问题。图 23–2 表明了纽科姆方程式左边的构成元素，还列出了其右边部分最常见的经济效应——我们这样看待这个问题，是因为随后要详细说明这个方法。

我们假设现在正处于刚开始扩张的阶段：MV 已经增加，消费支出也已上升，中央银行降低利率，而且债券利率也随之降低。许多消费者决定利用当前更为便宜的融资来建造或购买新房。新屋开工量上升比 GDP 出现上涨大约要早 6 个月时间（回忆一下，新屋开工量是最好的经济领先指标——仅次于某些金融领先指标）。

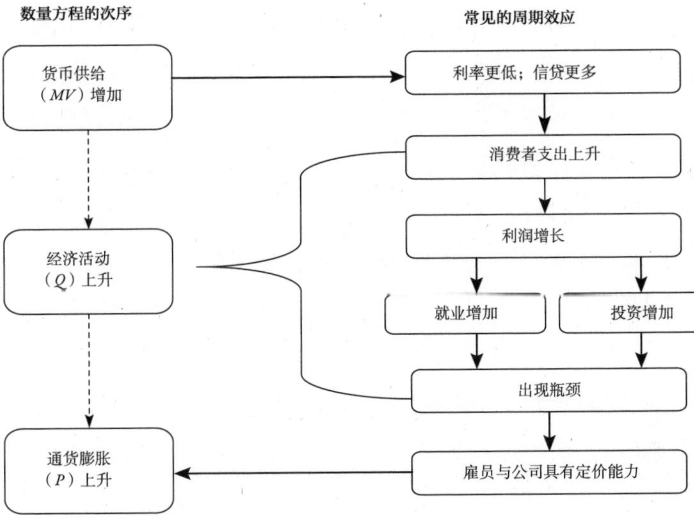

图 23–2　纽科姆方程式与最常见效应的次序

背景情况就是这样，现在房地产市场出现了最早的循环交替。公寓、单个家庭住房、零售业与酒店业的房地产价格都开始上涨。人们又住回了提供全套服务的酒店，这些酒店在衰退期间大量空置，并且总体租金也开始上涨。净租金上涨得更快，因为收入上涨超过了成本增加，并且不管怎样，通常抵押贷款都是固定的。（来看一个例子：霍伊特发现办公楼租金从 1918 年到 1926 年上涨了 90%，但是成本仅仅增加了 31%，这意味着房地产业的利润上涨的幅度不低于 300%。）然而，由于开发成本已经上涨，专业的开发商在新屋开工上表现出了犹豫，因此采取翻新现有房屋的办法来努力满足增长的需求。

大约在对住宅房产的需求回暖之后一年，办公楼的租金收入也开始上涨。当价格还处于较为合理的水平时，这个阶段会鼓励白领工作性质的商业部门（特别是服务部门）去寻求好的办公空间。这里的“好”意味着市区中心，因此市区中心的办公区首先被占满，这就导致了价格的上涨。利率在这个阶段的典型表现是处于下降状态，由此减少了按揭成本并且增强了支付能力。消费者常常在这个阶段开始做出过高的承诺，因为当通货膨胀水平与利率正在下降的时候，他们对以更高价格购买资产的真实成本是倾向于低估的。毕竟，由于预期的通货膨胀率较低，所以利率是很低的。低利率造成了按揭初始还款较低，但实际的按揭成本（经通货膨胀调整的）将不会像通货膨胀率较高时那样较快地下降。因此他们所用掉的将来的收入也超过了可以实现的水平。

扩张到顶与投机问题

现在我们正在接近扩张的中期，此时的经济稳定增长，到处是欣欣向荣的景象，产能则开始吃紧。由于现有的房产存货已经销售一空，土地价格正开始强劲上涨。这是建造业繁荣的预警信号，这时的繁荣得到了合理的商业模式和唾手可得的廉价融资的鼓舞。人们察觉到目前的投资更加安全和有利，这也在一定程度上增强了获得融资的便利性，另外，人们因为可以用现有的房地产进行抵押，所以能在房地产领域做更多的投资。在这个阶段，汽车销售也非常活跃，停车场的生意也很好。

扩张最终一步步地进入了尾声，但是，当消费者把自己的储蓄花得差不多的时候，他们并未就此收手，而仍然在继续大笔花费。同时，工业生产正在奋力跟上需求的增长，所以又开始建设新的产能，这些投资将在稍迟一段时间推动经济增长。扩建产能意味着工业房地产（研发与仓储用房）的价格，以及工业用地的价格都会强劲上涨，住宅用地引领着土地价格的复苏。此时，人们被迫到主要市区中心以外寻找办公空间，于是市郊的办公楼业务兴旺起来，建设办公楼用地的价格也开始上涨。通货膨胀在这个阶段可能已经开始上升，酒店与停车场还有能力不断地涨价（它们不同于其他的房地产领域）。在此过程中，消费者的贡献很大，许多人有能力从公寓搬迁到单个家庭住房，从而使单个家庭住房的发展速度超过了公寓。许多地块需要细分出售，有些人完全是出于投机目的来买地。此时的融资变得更加容易，许多开发商可以用极少的本钱来启动新项目。

与此同时，新屋建造活动吸收了大量空置的土地，这给土地所有者带来了一大笔额外的收益，也导致了土地投机之风的盛行，因为有更多的人要赶在将来有需求之前购买土地。这是投机狂热的开端，那些房地产推销人员选择采用最为乐观的学术研究结果（而更多保守学者的研究成果则被忽视），据此对房地产业的未来增长率发布一些甚为乐观的预测。他们还在制作一些营销资料，向人们描绘现在的空地上将要建造的住宅小区。这是由大胆激进的销售方法促成的。

房地产业的繁荣也吸引了地方当局的兴趣，地方当局希望通过重新规划更多的土地和建设新的基础设施来支持房地产业的增长。这又给了那些购买细分地块的投资者更大的信心，他们相信未来的发展即将实现。然而，这也造成了这些土地在预期的城市化尚未实现的时候就已经失去了农业用途。

边缘之上

现在我们已经跨过了顶峰。此时的消费能力已经达到了最高点，工业产能建设也已经达到了高峰，只有租金与建造成本开始对商业团体造成伤害。由于置换房屋销售量比新的需求增长速度要快，所以房地产的需求达到了平稳状态。租金下降，空置率增加，房地产价格开始下滑，在 GDP 达到顶峰之后一年，新屋建造活动甚至还在继续扩张。

第一个发生严重变局的是土地，它直接进入了冰点状态：没有人还要购买土地。接下来是砖块与灰泥等建材市场。在这个阶段，没有哪一个房地产领域还有良好的表现，但是，有些房地产领域的稳定性仍然比其他领域稍好一些。相对而言，表现最好的是那些提供有限服务的酒店（因为此时人们又抛弃了那些提供全套服务的酒店）和零售业房地产，因为当人们没有能力再去购买房屋和汽车的时候，他们仍然有能力购买那些小一些的物件。这意味着购物中心和最低层次的地方商场的经营会比较不错。

这个阶段最严重的威胁是通货紧缩，对于像酒店业和停车场那样的价格可变行业来说，这特别糟糕，因为这类行业有固定的按揭成本，但也被迫削减服务价格。那些令人疑虑的持有大量抵押房产的人，此时可能会以高于市场的价格彼此互换所持有的房产，这样做能够在账面上体现出并无实据的利润，从而安抚那些紧张兮兮的债权人。那些采取了长期融资与租赁方式的人则会因此而感到宽慰，他们认为这种融资安排可以免遭普遍的压力和股票市场的急剧动荡（如果股市暴跌时间很短，那么他们也会这样认为，但是房地产的崩溃可能持续很长的时间）。

最后的崩溃

遭遇困境！现在情况真的变得非常糟糕，房地产市场的下挫加剧了更大范围的经济紧缩，因为建筑业（正在非常快速地下跌）一般平均占总投资的1/4左右，并且大约占GDP的10%——此时的财富也正在下降。

房产所有者现在慢慢开始感觉到经济紧缩带来的全部后果，因为越来越多的出租合同到期之后，要么不再续约，要么只能以更低的价格续约。此时开始出现财务困境、破产、不良按揭的增加、抵押赎回权丧失与大量拖欠的情形，由于房产被转移到接管者的手中，而他们大幅度削减租金，这又迫使更多的房产持有者陷入激烈的竞争和严重的困境之中。那些进入拖欠状态的房产尤其缺乏需求，此时根本没有什么买家愿意光顾。如果卖方不要求出售价格高于融资成本的话，那么稍好一些的房产还有人愿意接手。按揭持有人与银行现在也感受到了压力，金融机构被迫急刹车，因为这些机构正面临流动性匮乏的风险，特别是那些手里握着没有什么人想要的房产的机构。

瘫痪

在出现恐慌与困境之后，房地产业进入了冰点状态。土地细分工作已经完全停止了，实际上也没有发生新的借贷，现有房产的交易也非常有限。增建房产的价值现在可能也显著下降到重置成本以下。那些继续持有房产的人承受着持续的损失，因此也没有能力去购买新的房产，更别提再去启动新的建筑项目了，除非等到其资产负债表得到修复之后。许多新建或者翻新的房屋很难出售，因为已经发生了对债权人的拖欠。那些丧失抵押赎回权的房产也没有什么人来购买，因为获得融资几乎是不可能的。这些房产通常会归属于那些承受抵押者，他们的出价不高于抵押价值。那些寻找便宜货的人会以很大的折扣购买遭遇困境的抵押债券，而后取消持有人的抵押赎回权，并且在出售已经丧失抵押赎回权的房产时把余下的债券持有者清理出去。这个过程会持续下去，直到抵押赎回权的丧失按照常规程序发展，并且原来的责任完全被清除。

如果金融机构出现了系统的脆弱性，更为可怕的是，如果还伴随着汇率危机的话，那么冰点阶段可能会大幅延长。例如，在20世纪90年代末的亚洲金融危机（特别是在印度尼西亚与泰国）和1990年之后的日本经济衰退过程中就表现出了某些这类症状。房地产的崩溃造成了金融机构的危机，在这些国家，很可能是银行提供了大量的房地产融资，如果是专业的抵押机构提供融资，那么危机程度要轻一些。

危机残局的清理过程会耗时4~5年，有时还要长得多，当自然的需求慢慢能够赶上已经处于静止状态的供给时，房产也就从脆弱者手中转移到了强健者的手中。现在大量的房产集中到了抵押所有者手中，他们愿意按照其抵押价格或者再便宜一些的价格来出售房产——并且可能会给打包出售的房产附加有限的租金保证。与此同时，经济正在复苏，那些老练的投资者也正在买进一些非常便宜的房产。房屋空置率开始下降，租金比较稳定，而后又开始上涨。此外，建筑成本现在很低，翻新与新建房屋又开始具有价值了。

在这个阶段，面向预算紧张的消费者的房产最有市场。这意味着第二层次的地方商场与工厂直销的效益会比较不错。图23–3说明了在整个房地产周期中所出现的不同房地产领域的交替情况。

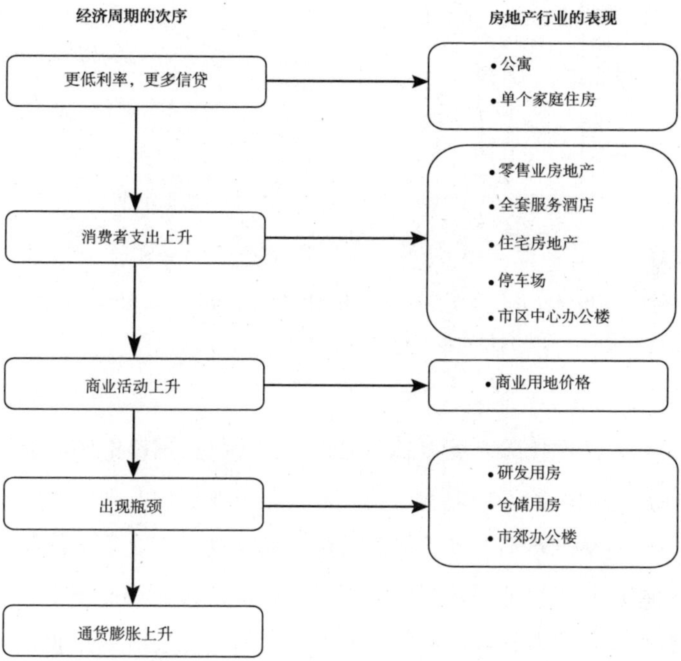

图 23–3　房地产周期中不同的房地产领域的交替

相对的变动性

如果没有考虑到变动性，对房地产行业轮转的描述就不可能全面。1976年，英国国家经济发展局发表了一项研究，其结论是：

在广泛的投资名目中，私人住房投资可以看成最不稳定的，甚至比工业制造部门的投资还不稳定。

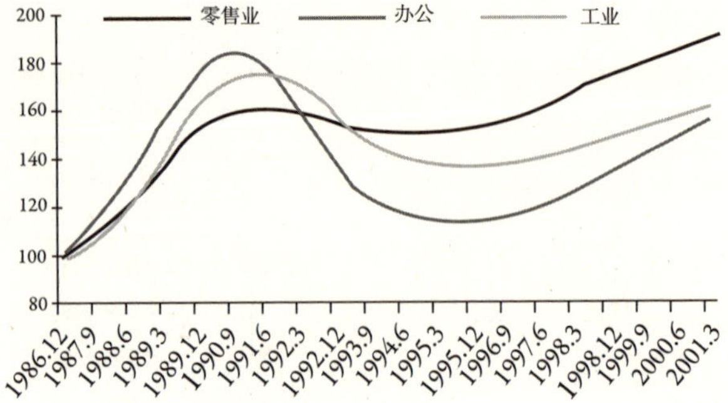

图 23–4　零售业、办公与工业房地产市场的相对变动性。图形显示零售业房地产是最稳定的，而办公楼是最不稳定的。

私人房产比较容易变动，但是办公楼是最不稳定的一类，而工业用房地产的不稳定性要弱一些，零售业房地产则最不容易变化。建筑活动不易变动，但其价格容易变动，而交易量则更容易变动。后者在住宅房地产中表现尤其明显，其交易量变化的幅度最高达到价格变化幅度的 25 倍。（这使住宅房地产中介业务成了真正的云霄飞车！）最后，土地细分的变动性大约是增建房屋的两倍。例如，霍默·霍伊特发现，关于土地价格的波动有一个突出的例子：1836 年在芝加哥购买一英亩土地需要花费 11 000 美元，而其在 1840 年的出售价格则不到 100 美元。在短短 4 年之中价格下跌幅度竟然超过了 99%！实际上，许多这样的土地又变回农业用地，因为人们最终放弃了从玉米地里冒出新都市的希望。当然，所有这些情形意味着房地产业最终的搏杀应该是这样的过程：

· 购买市区中心的办公楼（为了潜在的快速回报）……

· ……或者土地（为了可能的巨额回报）……

· ……从陷入困境的卖方或者背负信贷者手中

· ……在房地产周期处于底部的时候

这在理论上听起来很容易，并且在周期处于顶部时做空REITs也不差。然而，这里的关键挑战在于预测房地产周期在什么时候会发生逆转。对此，我们需要了解房地产方面的一些领先指标。

预测房地产周期

在房地产市场的最佳领先指标中，有一个简单的指标，就是先前发生的房地产繁荣与萧条。巴塞尔国际清算银行（BIS）的一项研究发现，40% 的房地产繁荣紧接着以萧条告终，然而波多和珍妮在 2002 年所做的另一项研究发现这个比例达到了 55%（其差异取决于样本选择与对"繁荣"和"萧条"的定义）。无论是 40% 还是 55%，对于房地产业来说，很显然这个比例比在股票市场中要高得多，国际清算银行的研究发现，仅有 16% 的股票市场在繁荣之后跟随着萧条的发生。然而，什么是"繁荣"或者"萧条"呢？对于住宅房地产来说，我们应该首先看一下下面 3 个指标对长期趋势的偏离情况：

· 支付能力，指每月支付按揭占可支配收入的部分

· 房价与雇员收入之比
· 房价与 GDP 的比率

对于商业性房地产来说，我们应该首先研究：
· 投资收益率和资本化率分别与利率之比
· 租金成本与抵押成本的比率

房地产萧条与金融危机

BIS（国际清算银行）对房价下跌及其对金融体系的影响做了一个调查，有以下发现：

· BIS 分析了 75 个较长及较短的房地产周期后发现，上升阶段如果平均持续 3 年以下，就会导致房地产价格上涨 11%，而下降阶段如果有一年的时间，就会造成 6% 的损失。
· 平均而言，房价崩溃与 GDP 下降幅度达到 8% 有关，然而股票市场的下跌只和 GDP 下降 4% 相关。
· 繁荣以萧条结束的概率略低于 40%。萧条发生于较弱的牛市之后的可能性，和发生于很强的牛市之后的可能性是一样的。
· 自从第二次世界大战以来，发展中国家所有的主要银行业务都与房价下跌有关。

资料来源：赫尔伯林，2005 年。

我们已经看到，大多数商业性房地产的拐点在住宅房地产的拐点之后出现，存在着时滞。对于商业性房地产而言，领先指标中最重要的一类是货币状况，其中的实际利率与货币供给指标特别有用。例如，实际利率的显著下降或货币供给的增加，将是房地产重拾升势的强有力警示——反之亦然。较近的一项研究《运用领先指标预测英国的商业房地产周期阶段：一种概率方法》说明了这一点，这项研究是由3位经济学家在2004年完成的，他们对1986—2002年间英国商业性房地产的许多潜在的领先指标进行了检验。表23-1说明，零售业房地产首先发生变动，正如人们所预期的那样，消费者支出带动了这类房地产的增长。

表23-1　英国商业性房地产的领先指标，1986—2002年（单位：月）

	零售业房地产	工业房地产	办公用房地产
M0货币供给	0	4	6
M4货币供给	6	5	9
招聘广告	6	2	4
总交易利润	0	4	5
新屋开工量	1	5	5
新汽车注册	6	8	5
零售业销售额	10	12	12
工业产量	0	4	6
消费者信心	0	5	4
金边债券收益率	5	2	2

工业与办公用房地产在几个月之后也出现了扭转。这项研究得出了以下结论：

对于预期英国商业性房地产资本价值变化的方向而言，我们的研究有助于确定哪类英国经济指标可以用来做监测。在用来分析全部3类房地产的解释变量中有两项指标，即金边债券收益率和广义的货币供给（M4）。在解释办公用与工业房地产时，工业产量也是统计显著的。对于零售业的资本价值而言，汽车注册数字也具有统计显著性。

这些都很好理解。对经济来说，货币状况的改善是好事，这会压低资本化率，提高债务抵补率，并且与金融状况的改善也有联系。工业产量作为工业房地产的一个很强的预测指标也是合乎逻辑的。提高工业产量意味着提高产能利用率，这又意味着对新的工业厂房的需求。用汽车注册量来解释零售业房地产又如何呢？汽车注册量是消费者支出中非常容易变动的一部分，因此这也应该是一个较好的预测指标。

我们最后一个问题是，是否存在能够警示房地产价格即将见顶的领先指标？以下 6 个警示信号可供参考：

· 出售天数的增加
· 一个城市中未销售住房数量的增加
· 卖方报价与成交价格比率的下降
· 出售期超过 120 天的住房数量的增加
· 为投资而购买的房产所占百分比的增加
· 抵押申请数量的下降

周期的长度

我们看到霍默·霍伊特发现的周期平均长度为 18 年。然而，在他的发现中根本就没有强调这一点。更为关键的是，他对于周期的持续性表示了严重怀疑，而且他后来认为周期已经停止了，这一点很有趣。虽然库兹涅茨的名字被用来命名周期，但他从未把周期与房地产市场联系起来，这也有几分奇怪。他的著作《生产和价格的长期运动》（1930年）中不乏各种细节，在结尾还有一部分关于经济周期理论的概要。在他所提到的经济周期理论中，没有一个涉及房地产市场。在库兹涅茨的表述中，甚至连这方面的一个字都未曾提到：指数包含了对多种不明要素的参考，像缝纫机、火车头、土豆与丝绸，但“土地”、“房地产”、“建筑物”或“建造”等词语在这里并没有被明确地列出来。就此而言，他没有参考过霍默·霍伊特的任何东西。因此，要说长度为18~20年的库兹涅茨周期由房地产周期驱动，这确实公正吗？

问题显然似乎就是这样。对此，我们邀请的第一位证人出场了。罗伊·温茨利克是美国的一位房地产经纪商和罗伊·温茨利克研究公司的创办人，该公司在过去多年中推出了许多被广泛使用的房地产估价手册。他的公司实际完成了超过475 000项价值评估，还有大量的现场勘察以及60多项主要的房地产再发展项目研究。他还是1932年出版的《房地产分析》一书的编者和发行人，该书准确预测了房地产的繁荣在1936年即将到来。然而，他的重要之处在于其在1974年所做的一项研究。这项研究工作覆盖了1795—1973年间美国全国的房地产市场情况——时间跨度不低于178年。他发现，房地产周期的平均长度为18.33年。另一项由克拉伦斯·朗完成的研究成果《建筑周期与投资理论》则发现，在1868—1935年间美国存在着长达18年的城市建筑周期。

英国皇家特许测量师学会（RICS）委托有关人员对英国市场做了更多的近期研究，这些研究覆盖了英国从1921年到1997年的周期情况，他们发现了长度大致为5年和9年的周期交叠的某些迹象，这也大约与18年存在倍数关系。巴拉斯也对英国市场的情况做了研究，他在1994年出版了研究英国建筑活动的成果（《房地产与经济周期：建筑业周期再考察》），他发现存在一系列长达4~5年、9~10年、20年和50年的波动交叠的情形。有趣的是，他发现了20年周期与其顶峰出现之前的主要投机有联系。最后，IMF（国际货币基金组织）在其2003年《世界经济展望》中包含了赫尔伯林与特若尼斯所完成的一项研究成果，这份研究对14个发达国家的股票价格与房地产价格进行了详细的分析（从1959年到2002年的股票价格和从1970年到2002年的房地产价格）。他们要找的是"萧条"，对此他们做了如下的判断：

> 引用经济周期的分析方法，首先要确认房地产价格中的高峰与低谷。而后，可以把萧条定义为价格从高峰向低谷下降的过程，在熊市期间，价格累积下跌的幅度达到其高点的1/4；同样，繁荣可以定义为从低谷向高峰上升的过程，其价格累积上涨幅度也达到高点的1/4。

也就是说，他们并不是要寻找每一次价格波动，而仅仅是为了寻找真正的"萧条"。这些情形通常又是如何发生的呢？

> 要确认情况符合萧条的定义，房地产价格收缩必须超过14%，相比之下，股票价格则必须收缩37%。房产价格的下跌一般比股票价格的崩溃要轻一些。从1970年第一季度到2002年第三季度，在14个国家的真实住宅房产价格变化过程中，总共有20次崩溃的记录（而股票价格崩溃的记录则有25次）。这相当于一个国家大概每隔20年就会发生一次房地

产萧条。

霍伊特发现两次萧条之间的平均间隔为 18 年，巴拉斯以英国为基础的研究，以及 IMF 对 14 个国家的研究，都发现了两次萧条的间隔大约为 20 年——这与霍伊特的结论基本相同。英国皇家特许测量师学会的研究也发现，在两次主要的投机活动之间也有 20 年的时间间隔。

这些研究给我们的印象是，房地产市场存在短期的波动，但主要的萧条平均每隔 18 年或者可能 20 年才会出现（波动幅度多大可以称为“周期”，对此进行更为宽泛的定义就很容易解释为什么一些研究发现了更短的周期，这正如前面所提到的那样）。然而，所有这些现象将我们引到了一个很好的问题上来：是经济在 18 年的周期内引领了房地产市场，还是相反？对这个问题的答案则是，正是房地产市场引起了这个长周期。让我们想一想这是为什么。

为什么存在房地产周期

在《土地中的权力》一书中，弗雷德·哈里森提到了 G. 夏克对美国建筑业周期的一项研究，他将其与霍伊特的土地价值周期以及经济衰退的时点做了比较。表 23-2 列出了比较的结果。

在表 23-2 中，土地价格下降与建筑活动放缓是早于整体经济衰退的，而且在大多数情况下土地价格达到高峰的时间早于建筑活动。哈里森对此给出了很好的解释：房地产周期的上升阶段与房地产回报（租金）的增长以及其他商业回报的下跌有关联。

他提到了几项研究，其中包含了表23-3中所显示的1920—1929年间的一些数字。

表23-2　房地产市场与衰退的时序，1818—1929年

土地价格最高点	建造业周期的高点	经济衰退
1818年	—	1819年
1836年	1836年	1837年
1854年	1856年	1857年
1872年	1871年	1873年
1890年	1892年	1893年
—	1916年	1918年
1925年	1927年	1929年

资料来源：哈里森，1983年。

表23-3　英国国民收入分配，1920—1939年

	10年间平均收入占总收入的百分比（%）	
	租金	利润、利息与综合收入
1920—1929年	6.6	33.7
1925—1934年	8.1	31.2
1930—1939年	8.7	29.2

资料来源：哈里森，1983年；迪安与科尔，1962年。

他还发现了一些数字可以用来说明后来的周期中所发生的情况（参见表23-4）。

新屋开工量为整体经济提供了最佳的经济领先指数，并且当其崩溃时，在整体经济改变之前，房地产市场大部分已经发生了

逆转，这些事实是很强的指标，说明了房地产市场平均每隔 18 年就驱动经济周期出现拐点。

表 23-4　土地价格的领先指标

土地类型	领先指标	周期行为
建筑用地 • 住宅 • 商业	• 货币供给 • 利率（反向） • 新屋开工量（住宅） • 新办公楼建设（办公） • 产能利用率（工业）	• 在向周期中间发展时住宅用地变动强烈，在周期快结束时商业用地变动强烈 • 变动性极强
农业用地 • 森林 • 耕作	• 货币供给 • 利率（反向） • 通货膨胀与通货膨胀预期 • 软性商品价格	• 在周期后期变化 • 变动性适度

表 23-5　收入占国民生产总值的百分比（%），英国，1955—1973 年

年份	租金	公司利润
1955—1959 年	4.5	18.0
1960—1963 年	5.1	17.9
1964—1968 年	6.4	16.8
1969—1973 年	7.6	13.2

资料来源：哈里森，1983 年。

周期的驱动因素

我们已经讨论了为什么房地产周期是如此缓慢，但或许还应该做更进一步的检查。时间滞后性在经济周期中扮演了重要角色，

而且在实际的房地产业务中也同样存在大量的时滞现象。我们不妨从租金开始来看。租住合约期限通常固定在 6~12 个月，或者时间再长一点儿，办公楼与商业零售场地的出租期可以固定为多年的时间。

在建造方面也存在很长的时滞，特别是在开发商业性房地产的过程中，主要是规模的原因造成的。林肯土地政策研究院 1980 年的一份研究报告说明了这一点。这项研究的基础工作是，对 1977—1979 年间美国六大都市郊区未开发土地的 700 名所有者进行访谈。该研究表明建筑业的早期过程可能非常缓慢：投资者与开发商经常会谈，但在实际动用一砖一瓦之前，投资者持有土地的时间会长达 15 年以上。房地产开发过程包括了细分土地、建设基础设施、第三方融资、计划、建造与营销。例如，波士顿国际广场 2 期项目在 1981 年已完成了构思，到 1983 年公开宣布消息，1985 年得到了波士顿市的批准，1988 年开始破土动工，到 1993 年才竣工并对外开放。也就是说，从项目构思到变成现实经过了 12 年的时间，当建筑物最终落成开放的时候，项目已经不再受到欢迎了，波士顿市共有 14% 的办公用房处于空置状态。

房地产市场对利率变化的反应也可能比较慢。在一些国家，如澳大利亚、加拿大、芬兰、爱尔兰、卢森堡、挪威、葡萄牙、西班牙以及英国，融资主要是以可变（短期）利率为基础的，因而会对货币利率变化做出较为迅速的反应。然而，在其他国家，包括比利时、丹麦、法国、德国、意大利、日本、荷兰与美国，长期固定利率融资占据了更高的比例，这使其对货币利率的变化具有更大的弹性。

正向反馈环是房地产市场作为周期驱动因素的另一种形式。

许多抵押可以直接或者间接用来购买新的房地产。由于房地产价格走高，房地产的抵押价值也相应上升，于是可以释放出新的融资。这是一种正向反馈环，但过程较为缓慢。当商业性房地产的所有者在享受不断降低的空置率时，一种类似的加速过程也会发生。这导致房地产业利润不成比例地增长，从而再一次增加了房地产公司的市场价值。

房地产市场驱动周期的加速效应还在心理方面发生作用。人们考虑购买房产，可能是因为观察到房产价格正在上涨，并且认为要赶紧购买，不然就来不及了（后悔理论）。其他人也会被价格上涨吸引，加入购买者的行列，他们是为了日后再将其卖掉赚钱而购买的——于是这也推动了价格的进一步上涨。如果人们忘记了上一次的房地产萧条，那么这种情绪加速器是最有效的，而上一次的萧条很可能已经大概经过了一代人（大约20年）的时间。因此，有很好的理由来解释房地产为什么必然存在固有的周期性，而问题的核心可能是这样的：

- 当一般的经济周期由于和房地产市场无关的原因而处于衰退的阶段时，房地产市场是趋于下挫的。房地产市场的这种下挫是对下降需求和货币紧缩的滞后反应，可能比较缓和而且简短。在由存货因素或者资本性支出所诱发的衰退期间，房地产市场甚至可能会继续攀升。
- 对于想把经济拖出衰退阶段的中央银行来说，住宅房地产的市场行为可能特别有用。当中央银行放松货币政策时，新屋开工量是中央银行最先获得的显著反应之一。房地产市场还在对周期中的其他事件做出反应，但是，住宅房地产市场在周期的顶峰是追随GDP的，而在复苏期间则是领先的。

- 住宅房地产会立即放大中央银行政策的效应，而商业性房地产市场则在稍迟的阶段开始上升，因此它就像初始货币刺激产生的较迟回声反应一样。商业性房地产市场的复苏经常发生在中央银行不再希望看到额外的经济扩张的时候。
- 在大多数情况下，房地产市场对需求和利率变化的反应很简单，实际上，房地产市场也存在着和房地产供给不稳定有关的固有的周期。
- 固有的房地产周期进展缓慢，从一个顶峰到下一个顶峰平均大约要经过18~20年的时间。当这种固有的周期达到其顶峰的时候，一般会先于经济的其他部分进入平稳的整理状态，因此也为随后的下跌扣动了扳机。在大多数情况下，这种情形会演变成严重的、持续期更长的衰退/萧条。
- 当房地产周期处于衰退阶段时，存在3种主要的影响。首先，价格下跌的财富效应（大约为4%，而典型的房地产市场价值一般是年度GDP的2~3倍）是负的。其次，价格下跌意味着建筑业产值的减少。建筑业产值平均占GDP的比例略超过10%。最后，许多房地产周期的下跌阶段导致了银行危机，在有些情况下，甚至出现汇率危机，这又会放大负面的影响。

换句话说，这意味着固有的长度为18年（平均而言）的房地产周期本质上是供给驱动型，然而时长更短和幅度更小的房地产波动则是对总需求和融资成本发生变化的消极反应，而总需求与融资成本的变化则是由存货与资本性支出的周期造成的。

房地产周期与经济周期理论

房地产周期包含了若干驱动因素，这些因素在一般经济周期理论中得到了验证。其他的周期造成了总需求和利率的变化，驱动因素会对这些变化做出反应。还存在一个“猪循环”，开发商设法适应需求的增长，但最终出现了调整过度。有一个概念，即初始刺激发生后，企业以熊彼特所说的“蜂聚”方式行动，同时还有过度投资问题（巴拉诺夫斯基），或者奥地利学派所说的阻塞经济扩张，以及导致资本分配不当与资本边际效率下降（凯恩斯）的不当投资。当房地产价格发生飞涨时，我们再次想起约翰·斯图尔特·穆勒1826年在《纸币与商业困境》中所说的话：

> 每一个期盼走在自己全部竞争对手之前的商人，都会向市场提供他认为市场起飞时自己所能获得的最大份额：这没有反映出其他对手的供给，而其他人的行为也像他这样，并且他们都没有预估到价格的下跌，而一旦增加的供给进入市场，就一定会发生价格的下跌。这样一来，短缺很快就演变成了过剩。

我们也知道所谓的“金融加速器”的构成要素，其中房地产是用来作为抵押的（伯南克），而且这也影响到金融的不稳定性（明斯基与金德尔伯格）。房地产价格上涨可以吸引新的投机者（马歇尔），而房地产价格下跌的结果会很残酷并且导致债务紧缩（费雪）、过度的现金偏好（奥地利学派）与流动性陷阱（凯恩斯）。换句话说，房地产周期是经济周期一般所涉及内容（尤其是猪循环）的蜕变，但是，由于房地产业的规模巨大，其对经济与金融所造成的影响可能确实非常可怕。

表 23-6　住宅房地产的领先指标与周期行为

资产类别	领先指标	周期行为
•单个家庭住房（房主自用） •公寓承租	•货币供给 •利率 •支付能力 •房价与雇员收入比 •房价与 GDP 比率指数 •出售天数 •城市中未售出数量 •报价与成交价的比率 •出售超过 120 天的房屋数量 •为投资而购买的房地产的百分比 •申请按揭的数量	•第一类转变 •在衰退与早期增长阶段公寓超过单个家庭住房 •住宅房地产价格变动性是有限的，但第二套房要高一些 •交易的变动性非常高

表 23-7　商业性房地产的领先指标与周期行为

资产类别	领先指标	周期行为
零售业房地产 •最低层次地区商场 •第二层次地区商场 •工厂直销 •邻近地区与社区中心 •购物中心	•货币供给 •利率 •GDP •通货膨胀预期 •总的可支配收入 •总的家庭财富 •零售业开支 •零售业销售额 •汽车注册量 •空置率 •资本化率与利率之比 •租金成本与抵押成本的比率	•落后于住宅房地产，但领先于其他商业性房地产 •在开始下降阶段邻近地区与社区中心首先变化，购物中心与最低层次地区商场随后，在下降的后期，工厂直销与第二层次地区商场表现更好
办公用房地产 •市区中心 •市郊	•货币供给 •利率 •GDP •白领就业人数 •资本化率与利率之比 •租金成本与抵押成本的比率	•大约落后于零售业房地产一年时间 •市区中心率先挤满，因而成为周期的领先者 •交易的变动性很高，特别是那些缺乏需求的房地产

（续表）

资产类别	领先指标	周期行为
工业房地产 • 研发区 • 仓库	• 货币供给 • 利率 • GDP • 工业产量 • 零售业销售额 • 产能利用率 • 制造业就业人数 • 运输业就业人数 • 航运量 • 铁路与公路运量 • 空置率 • 资本化率与利率之比 • 租金成本与抵押成本的比率	• 变动几乎与办公用房地产同步或稍稍落后一点儿
酒店与会议中心 • 酒店（全套服务） • 酒店（有限服务）	• 货币供给 • 利率 • 航空旅客量 • 旅游收入或访客人数 • 空置率 • 资本化率与利率之比	• 较早变化，提供全套服务的酒店是市场的领先者，而提供有限服务的酒店在下降阶段表现更好 • 最好位置的酒店价格变动性有限，但房间价格会持续变化
停车场	• 货币供给 • 利率 • 新车销售量 • 资本化率与利率之比	• 对消费支出做出反应从而较早变化 • 有限的变动性

房地产与财富效应

凯斯、奎格利和席勒在2001年做过一项研究，他们对财富效应（股票市场与房地产市场的衰退引起财富损失，从而导致支出减少的情况）进行了比较。研究结果没有发现股票市场的财富效应，但对于房地产市场来说，其财富效应是明显的，而且很可怕：

关于股票市场财富效应的证据是脆弱的，我们的研究结果并不支持普遍的推测，即认为股票市场的财富效应会有很充分的证据。但是，我们确实发现了房地产市场财富的变化对消费有着重要的影响，有很强的证据支持这一点。

价值上升的土地

房地产业的影响到底有多么可怕呢？我们已经看到，在一个典型国家，房地产市场的总价值一般是年度GDP的2~3倍，房地产业大约占可变价格财富总量的50%。我们还看到它的确发生了许多波动。日本在20世纪90年代所发生的情形就是一个突出的例子，这是现代历史上最为荒谬的资产膨胀之一。在1986—1988年间，东京商业用地的合并价值翻了一番，这个城市的全部房地产价值超过了美国所有房地产的成本总和。到1989年年底，日本的全部房地产价值超过了美国房地产价值的5倍，是全球股市总市值的两倍以上。然而，这还不是故事的结束，到1990年，日本土地的总价值超过了世界其余地区全部土地价值的一半，东京的单个家庭住房价值高达3 000万或者4 000万美元，而高尔夫俱乐部的一个会员资格要价则高达30万美元。

这样的价格让日本人感觉他们非常富有。许多日本人觉得自己的确很富裕，便很乐于进行巨额贷款，并且几乎在任何市场上都以高于别人的出价来使用这些贷款。

下一章讨论的是关于收藏品的问题，我们将会遇到一些心情非常急切的日本投标人，他们刚刚在房地产市场上发了财。或者说，至少他们认为自己是发了财的……

第 24 章

收藏品投资[1]

1987 年，精美的艺术品和其他收藏品（如一些经典款式的轿车、跑车和名表）的市场可谓热闹非凡。从 1985 年开始，那些能够吸引眼球的艺术品绝大多数的交易价格和交易量都出现了大幅攀升。佳士得拍卖行、苏富比拍卖行以及其他众多的展览馆、经纪公司、拍卖公司的生意都呈现一派兴隆的景象。

很多人都认为艺术品市场的黄金年代开始于“杰伊 · 古尔德

1. 中国电力财务公司胡志成博士对本章至附录部分的翻译提供了帮助，在此表示感谢。——译者注

收藏品”的买卖。杰伊·古尔德在去世之前，把自己在铁路、黄金投机交易中所攫取的巨额收益的一部分投资于艺术品的收藏。但在1985年4月，杰伊·古尔德的财产继承人把这些藏品中的175幅名画交给苏富比，在纽约公开拍卖。在当时，全世界活跃的艺术品收藏者大约有40万人（每人每年在艺术品投资方面的花费超过1万美元），并且其中可能有250~350个超级收藏家（每人拥有价值超过100万美元的收藏品）。而参与竞拍的买家范围却比较小，绝大多数买得起价格高昂的艺术品的收藏人士往往并不涉足拍卖市场。然而，这次古尔德的收藏品拍卖却吸引了异乎寻常的众多的收藏者前来参与。在这次交易中，不仅参与人员数量增加了，成交金额也大幅增长。参加苏富比拍卖的买家可以在交易完成后的12个月内付清全款，而卖家则可以提前支取交易的收入。但是，艺术品市场的最大变化则是出现了众多的日本超级买家。

《向日葵》的交易

正是在这样热闹的市场环境下，1987年1月，佳士得拍卖行宣布已获得委托，将拍卖世界著名绘画大师凡·高的作品——《向日葵》，拍卖时间定于凡·高的诞辰纪念日3月30日。佳士得拍卖行刚收到这件作品时，估计其价值应该为500万~600万英镑。但经过再次评估，佳士得将其价值提高了几乎一倍。随后，就在拍卖的前几周，英国政府花了1 000万英镑购买了约翰·康斯太布尔的名画《斯特拉福磨坊》。这一事件让佳士得拍卖行的工作人员不得不重新考虑《向日葵》这幅画作的价值。既然那样一件作品都能够卖那么高的价钱，那么参加竞拍的博物馆为什么不会为《向日葵》出更高的价格呢？这种想法让拍卖行的工作人员既兴奋又紧张。兴奋是因为之前的交易反映出了这个市场空间是如此庞大，而紧张则是因为根据税务方面的规定，要想让卖家能获得 1 000 万英镑的税后收入，《向日葵》的拍卖成交价格必须达到 1 500 万 ~1 800 万英镑。因此，要么《向日葵》的拍卖价能够达到这么高的水平，要么人们就会认为拍卖行在误导卖家不要私下将画作卖给博物馆。拍卖之前的几周，佳士得拍卖行公布拍品的价值评估结果为："1 000 万英镑，可能再高一些，还可能更高。"

在拍卖当天的晚上，拍卖大厅里早已座无虚席，而且气氛相当紧张。这件凡·高拍品真的能够创造一个新的拍卖纪录吗？拍卖师查尔斯·奥尔索普将起拍价设在了 500 万英镑，这接近于初期的评估价格。随后的竞价迅速展开。550 万英镑，600 万英镑，很快就有人叫到了 650 万英镑。这个价格已经超过了最初预估的水平，而且许多竞拍者聚集在大厅内、侧厅里，还有通过电话报价的众多买家仍然在不断竞价。

当拍品的价格被叫到 2 000 万英镑时，拍卖大厅内响起了热烈的掌声。现在的价格是 2 000 万英镑，而且还有两位买家在角逐。这两位神秘买家都是通过佳士得拍卖行雇员的电话进行报价的。最终，当竞拍价格达到 2 250 万英镑时，其中的一位买家终于放弃了。《向日葵》以史无前例的 2 250 万英镑的天价落槌成交，加上 10% 的佣金，总交易金额达到了 2 475 万英镑。几天后，有消息透露，最终的神秘买家是日本的安田海上火灾保险公司。另一位竞拍者是澳大利亚的房地产大亨艾伦·邦德。

《向日葵》的成功交易对整个艺术品市场产生了巨大的影响。3个月之后，凡·高的另一件稍逊一筹的作品《顶奎特尔桥》也拍出了1 260万英镑的高价，艾伦·邦德这次又差了一点儿。这时候，人们已经开始猜测哪一件艺术品将会创出新的拍卖纪录了。

当年夏天，这件可能创纪录的拍品终于出现了。佳士得拍卖行宣布将公开拍卖凡·高的《鸢尾花》。人们普遍认为这是一幅价值超过《向日葵》的作品。拍卖时间定在了1987年11月，如果一切顺利的话，那么这件艺术品将会改写此前拍卖交易的世界纪录。令人始料未及的是，随后突然爆发了“黑色星期一”大股灾。如果说那些专业的艺术品投资家在股灾前似乎不太关心价格的话，那么在股灾之后，他们该深入地考虑这个问题了。难道艺术品市场也会和股市一样垮掉吗？或者，这个更小圈子的各个竞拍者仍然会不顾“黑色星期一”的冲击影响，继续高举手中的竞价号牌吗？

牛市

当佳士得拍卖行在星期三举行一场珠宝拍卖的时候，出乎大多数人的意料，拍卖结果仍然相当理想，这是市场发出的第一个信号。紧接着，一本《古登堡圣经》在星期五又成功拍出，成交价格达到了590万美元，创造了印刷版图书拍卖价格的最高纪录。在这样的市场走势下，对于将要在11月1日竞拍的凡·高画作《鸢尾花》来说，人们虽然有些担心，但还是抱持相当大的希望。毕竟，这件拍品将有可能改写原有的拍卖纪录。拍卖当天，《鸢尾花》被列在拍卖清单前1/3的位置上，当天竟有超过2 000人出席了这场拍卖活动。尽管每个参与者都希望这次拍卖能够创造历史，但当人们看到 1 500 万美元的起拍价格时，还是不由自主地屏住了呼吸。

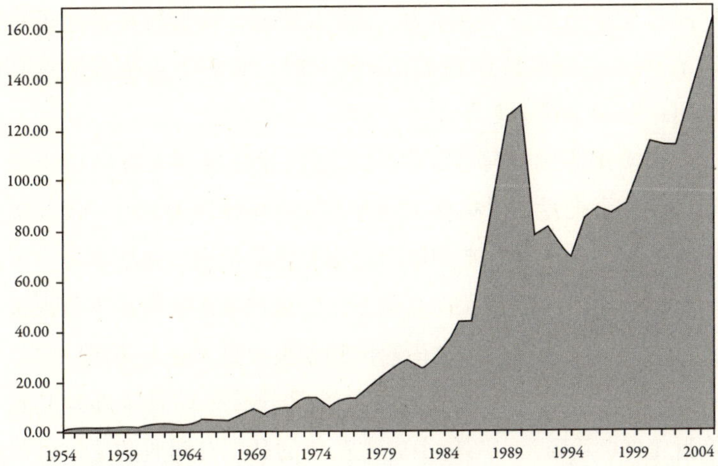

图 24–1　梅摩艺术品指数。该指数由纽约大学教授梅建平和迈克尔·摩西创建。

从 1 500 万美元起拍，这个价格是在《向日葵》成功拍卖之前为一幅画作支付的价格的两倍，而且这次拍卖的竞价阶梯为每次 100 万美元。当时在拍卖大厅的人们还不知道此次竞拍的价格底限（设定的最低价）竟然高达 3 400 万美元，远远高于之前画作拍卖的世界纪录。但是实际的竞拍价格很快就突破了这一水平，达到 4 000 万美元后还在持续飙升。最终落槌的拍卖价格为 4 900 万美元，加上交易佣金后总费用达 5 390 万美元。拍卖大厅内再次响起了之前《向日葵》成交时那样热烈的掌声。事后证实，这次的买家是艾伦·邦德。

两个标志性的月份

此后两年，艺术品投资市场的牛市行情依然不改。在苏富比拍卖行主办的一场拍卖会上，第 16 件拍品，威廉姆·德·库宁的作品《交换》估价为 400 万 ~600 万美元，竞价阶梯达到了每次 20 万美元。当报价达到 170 万美元时，有一个竞拍者突然高声喊出："600 万美元！"

拍卖师不由得停顿了片刻，之后才缓过神来继续拍卖程序。到底是谁会把竞拍价格从 170 万美元直接拉高到 600 万美元呢？很显然，这是来自日本的龟山先生报出的价格。按照常理，下一个竞标的价格应该是 620 万美元，但是拍卖系统的秩序再次被打破，因为有人通过代理电话给出的新报价是 700 万美元。

此后，拍卖竞价又按照每次 20 万美元的阶梯不断蹿升到了接近 1 580 万美元。与龟山先生竞争的是来自瑞典的艾尔维尔德先生。下一个报价又一次打破了秩序："1 700 万美元。"

然而，这是一个错误——龟山先生早就有些心不在焉了。拍卖师发现了这一错误，并将报价改回到 1 600 万美元。但报价到 1 680 万美元时又一次跳升："1 800 万美元。"

显然龟山先生的思想又在开小差了，因此报价被修改为 1 700 万美元。最终，瑞典人放弃了，龟山先生则以包括交易费用在内共 2 070 万美元的价格将这幅画作收入囊中。在 1989 年的 11 月和 12 月，这样的拍卖场景又多次重演，艺术品拍卖市场已经达到了近乎疯狂的程度。包括富士银行、三菱银行、第一劝业银行和太阳神户三井银行在内的众多日本银行频频出手为名画收藏提供融资——一般都在估值的 50% 以上。

这两个月可能是艺术品投资历史上最为突出的时间段。共有超过 300 幅画作的拍卖价格超过了 100 万美元，有 58 幅名画的价格达到 500 万美元之上。根据艺术品价格统计，自 1985 年年初以来，艺术品指数已经上涨了大约 580%。短短 4 年的时间竟然上涨了 580%。这该是一个多么疯狂的市场啊，这又是一股多么狂热的潮流啊！

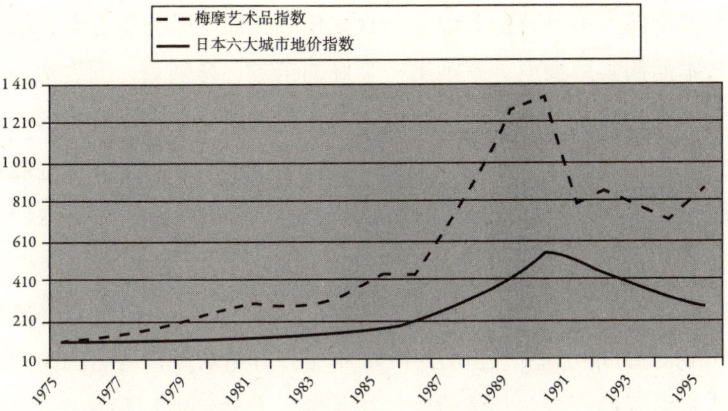

图 24-2　梅摩艺术品指数与日本六大城市地价指数，1975—1996 年。该图显示出，日本土地价格与全球艺术品价格之间存在着明显的相关性。

一件昂贵的肖像作品

毫不奇怪，佳士得美国拍卖公司的 CEO 克里斯托弗·伯奇先生完全有理由轻松惬意地度过 1989 年的圣诞假期。公司不仅业绩突出，而且即将要拍卖凡·高的另一幅名画，这将很有可能创造出近 4 年来世界第三高位的拍卖价格。这就是著名的《嘉舍医生》。

佳士得拍卖行预计这幅名画的拍卖价格将达到 4 000 万 ~5 000 万美元，而卖家私下确定的销售底价为 3 500 万美元。全世界范围内大概有 10~20 位买家会对此件拍品感兴趣并有实力支付这样的高价：美国有 5 个人；伦敦有 3 个，但都不是英国人；3 个人来自瑞士；1 人来自德国；另外日本有 5~10 个人。澳大利亚的艾伦·邦德先生退出了收藏界。在他拍得《鸢尾花》之后，人们发现他的部分竞拍资金是苏富比拍卖行提供的。事实上，这对艺术品拍卖市场而言并不是一个好的信号，特别是，因为他后来无力筹措剩余的款项，所以这幅画不得不以一个“未透露的”价格转售给了一家博物馆。未透露价格说明其成交价格有可能比较低。另一个负面的因素是日本股市在圣诞节后达到顶峰便急转直下。最终，很可惜，有多场欧洲的拍卖活动在 1990 年头几个月出现了流拍现象。当然，市场上也不全是坏消息。一家名叫 Maruko 的房地产公司从 1990 年 1 月开始对外销售名画的股份，这些名画的作者包括雷诺阿、毕加索、莫迪利亚尼和马克·夏加尔等。当这些画作在几年之后被转售的时候，每一位股东都能获得一定比例的收益。

当时蓬勃兴起的收藏品市场不断扩大至全球范围。任何一个具有收藏价值的种类都被疯狂的收藏者紧盯不放。经典款式的轿车和跑车就是典型的例子。《跑车杂志》的创始人基思·马丁就亲身经历了这样狂热的市场氛围。1990 年，基思·马丁在纽约购买了一辆法拉利戴通纳车。除了外观之外，那简直就不是一辆汽车。好多零件都已经坏掉了，汽化器也烧坏了。但这样的车竟然卖到了 115 000 美元。

冲向顶峰

我们再回到《嘉舍医生》的拍卖上来。拍卖时间安排在5月15日，这天下午6点30分，一些参与竞拍的人就陆陆续续来到了现场。拍卖开始的时候，竟然有1 700位参与者到场。在拍卖《嘉舍医生》之前，另外20件拍品的成交情况相当好。等到这第21件拍卖品最终登场时，所有的电视转播都已经启动，激动人心的时刻就要到了。

拍卖师开出的起拍价格是2 000万美元的天价，而且每次竞拍报价递增100万美元。很快，报价一路拉升到了3 500万美元，达到了卖方的底价。拍卖师往上推了推眼镜，心想这下保底没有问题了，况且，价格还在继续飙升。在叫到4 000万美元的时候，现场出现了一次小小的停顿。很显然，有一位竞拍者已经退出了争夺。难道这个4 000万美元就是最终的报价结果吗？

当然不会！突然之间，有一位坐在大厅后面的日本买家举起了手。之后，玛丽亚·瑞恩舍根报出了下一个价格，她是佳士得苏黎世公司的雇员，正在通过电话为客户报价。当竞拍价格达到5 000万美元时，大厅内响起了热烈的掌声。但竞价并未停止，价格稳稳地突破了6 000万美元，并沿着7 100万美元、7 200万美元、7 300万美元一路攀升。而后又该轮到玛丽亚了，她在电话里与客户悄声地说了好长一段时间，之后再次举起了手。

“7 400万美元！”

但是日本的小林先生并没有罢手，他又把价格抬高到了7 500万美元。此刻，人们看到玛丽亚正在仔细倾听电话那端的意见，并没有再说什么。最终，玛丽亚抬起头并摇了摇，显然电话那头的买家终于放弃了。这次小林先生以7 500万美元的价格，再加上佣金，总计8 250万美元买下了这幅《嘉舍医生》。两天之后，他又花7 100万美元的高价买走了雷诺阿的画作《煎饼磨房的舞会》。

后来，人们了解到真正的买家是大昭和纸业制造公司主席齐藤良平先生，当时他的身价接近7.7亿美元。收到这幅名画后，他只是简单地看了一眼便放进了储藏室，于是这幅名画被放在用布料蒙着的画框里沉睡了多年。尽管如此，他此后至少把这幅名画拿出来看过一次：他还曾经把这幅画送到著名的吉兆餐厅，在那里专门招待一位来自苏富比拍卖行的访客。

崩盘

这宗交易也成为这个狂热市场达到顶点的标志。不久之后，收藏品市场的交易价格和交易量开始逐步萎缩，在随后的两年时间里，艺术品指数下降了50%左右，无论从哪个角度来看，其下滑的幅度都非常大。随着市场残局清理过程的完成，人们越来越清楚地体会到在此前的市场中日本买家所起的重要作用。日本的投资者不仅用高得离谱的价格买走了《向日葵》、《交换》和《嘉舍医生》，而且日本Aska国际公司的老板森下恭通还花3.84亿美元买走了雷诺阿和莫奈这样的印象派和后印象派画家的很多作品，包括1989年秋天在纽约举行的一次拍卖会上动用大约1亿美元巨资买走了近100幅名画。此外，三越百货公司用3 750万美元购买了毕加索的《杂技演员和年轻的丑角》，而立邦赛车场的主人则为毕加索的《皮耶特婚礼》花费了5 200万美元。事实上，在市场开始大幅下滑之后，约有 1 万幅被日本投资者买走的名画作为抵押品被存放在银行的库房里。

不仅是艺术品市场出现了恶化的情况。艾伦·邦德的公司在 1989 年被接管之前亏损已经达到 9.8 亿美元。随后他本人也被指控犯有欺诈罪，并于 1992 年锒铛入狱。一年后，曾经购买名画《嘉舍医生》和《煎饼磨房的舞会》的齐藤良平也被指控犯有行贿罪，齐藤先生也破产了。

收藏品的界定

艺术品收藏市场在 1987—1991 年间从兴盛走向衰败的过程也表明：这个市场与股票市场和房地产市场一样，会表现出非理性的特点。但是，在我们分析原因之前，也许应该先对这个市场中的收藏品范围做一下界定，以及了解应该如何去跟踪观察这些收藏品的行情。

收藏品的界定

要明确地界定收藏品市场的范围并不是一件容易的事，不过，我们可以采取下面的方法来进行分类：

· 古老的艺术品（古董）

· 美洲印第安、非洲海洋、哥伦布以前的艺术品

· 亚洲及伊斯兰艺术品

· 书籍和手稿

· 文学集

· 美术品

· 家居及装饰艺术品

· 钟表和手表

· 汽车

· 邮票

· 钱币

本章所涉及的收藏品并不包括珠宝和贵金属，之后我们会对其进行专门的分析。

收藏品经常被笼统地称为“艺术品”，即使这个概念中包括了像具有收藏价值的汽车、武器这样或许不太具有艺术性的物品。然而，记录最完备的收藏品主要还是纯粹的艺术品，有不少个人和机构在专门做这方面的研究和跟踪。最负盛名的艺术品指数可能是梅摩艺术品指数、艺术品市场研究指数、Kusine 公司指数和 Gabrius 指数。

与房地产市场和金融资产市场相比，收藏品市场的规模要小得多。欧洲艺术品基金会在 2002 年提供的一项研究结果表明：2002 年全球艺术品销售总额达到近 260 亿美元（采用欧元计价大约也是这个数额），其中美国的销售额大约占 45%，英国大约占 20%。再加上酒类、汽车等其他收藏品，全球收藏品的拍卖交易总额很可能达到 300 亿美元（不包括珠宝类）。现在我们可以简单地估算一下收藏品市场的大致规模。假设艺术品和其他高级收藏品平均每 15 年交易一次，这就意味着 2002 年收藏品市场的总价值大约为 4 500 亿美元，我们不妨把它估算为“3 000 亿 ~ 6 000 亿美元”。这当然是相当庞大的规模，但当它与房地产、债券和股票市场相比时，还是显得小多了。收藏品市场的总价值占GDP的比例最低也在0.7%~2.5%，大约是全球可变价格资产总额的0.3%。

周期驱动因素

由此我们可以得出一个很明显的结论：经济会影响收藏品市场的发展，而收藏品市场则可能不会对经济产生什么影响。既然是这样，那么收藏品市场对经济周期是如何做出反应的呢？

首先，我们知道，正是那些非常富有的人在推动收藏品市场的发展。如果你有能力在拍卖会上竞拍到一件价值不菲的艺术品，那你就应该算是很富有的人了。凯捷咨询公司和美林公司对这类人做过一系列的年度研究分析，其2003年的研究分析结论是：全球个人金融资产超过100万美元的人数达到830万，并且这些人所控制的资产总额达到了31万亿美元。这一估算还不包括他们的房地产等其他非金融资产。他们被称为“高净值人士”（HNWI），并且被普遍认为是影响收藏品市场的重要驱动因素。

收藏品市场可以划分为不同的层次，我们随后会看到最高层次与其他层次的行为表现有些不同。那些能够驱动高端收藏品市场的人群在凯捷咨询公司和美林公司的研究报告中被称为“超级高净值人士”。他们平均拥有至少3 000万美元的资产用于投资，这类人的数量在2004年大约为77 500。那么，是什么原因驱动着这些超级富豪像1991年前的日本大亨一样去投资贵重的艺术品呢？其经济方面的动机可能有以下三点：

- 潜在的财务收益
- 安全的实物资产
- 分散化

收藏品投资上的其他明显动机是与情感红利和效用相关的：

- 感官愉悦 / 情感红利
- 社会声望

这些需求属于马斯洛需求层次金字塔的高端需求，也就是人们所有其他的需求都得到满足之后需要考虑的。人们首先需要购买的资产是一些基本用品：冰箱、收音机、音频播放器、电视机，随后会购买一些名牌服饰、汽车等。在一定意义上，这些基本用品也是一种资产，但具有高度的实用价值。典型的消费者会继而考虑养老计划，如果他们能够继续获得财富的话，那么他们还会攒钱购买自己的住房。其他的额外财富会转向更具投机性的投资、更好的住宿条件或者第二套住房。对绝大多数人来说，最高层级的资产是游艇、私人飞机之类的非常昂贵的用品，以及名画之类的贵重物品。我们可以想象，如果人们觉得以前的投资已经获得了很高的收益，他们就会放松警惕，在资产金字塔上更加快速地迈向更高层次（参见图 24–3）。

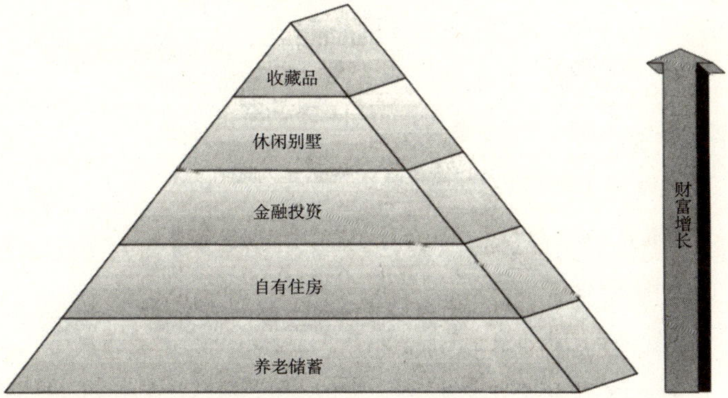

图 24-3　购置资产的层次结构。由于人们前期的投资已经大幅增值，可以想象，他们会在资产投资的层次上更加快速地攀升。

资产类收藏品

收藏品如果能够长时间保存（尤其是在不考虑高昂的交易、保险和可能的储藏费用的情况下），就可以被看成合理的资产，根据纽约大学教授梅建平与迈克尔·摩西的研究成果，那些中、低价位的艺术品属于利润率最高的收藏品类别。并且，从投资组合的角度来看，收藏品与金融资产之间的统计相关性非常有限。菲门乌德艺术投资基金计算了艺术品指数与其他类别的资产在 25 年内的相关系数，结果参见表 24-1。

表 24-1　艺术品与其他类别资产之间的相关性（1978—2003 年）

资产类别	与艺术品 100 指数相关的系数（1978—2003 年）
标准普尔 500 指数（美国股票）	-0.029
美国 10 年期国债	-0.037
标准普尔黄金指数	0.035
英国金融时报 100 指数	0.055

艺术品资产也是有形资产，当投资者不相信其他类别的资产时，艺术品资产就可能会受到青睐。比如，1913—1920 年（第一次世界大战期间），美国和英国的股票市场都下挫 6%，而梅摩艺术品指数则攀升 125%。1937—1946 年（第二次世界大战期间），美国股票市场仅增长了 7%，英国的股票市场没有增长，但是同期的艺术品市场的增长幅度达到了 30%。1949—1954 年（朝鲜战争期间），美国股市上涨了 67%，而同期的艺术品市场却上蹿了 108%。越南战争期间的表现如何呢？ 1966—1975 年，美国股票市场下挫了 27%，但是同期的艺术品价格上涨幅度竟然超过了 108%。当股票市场经历剧烈振荡的时候，艺术品市场仍然有良好的表现。例如，标准普尔 500 指数在 1987 年 10 月下降了 31.54%，但同期的艺术品 100 指数还是上涨了 2.86%。

收藏品和经济周期

那么收藏品市场是如何与经济周期发生关联的呢？奥利弗·香奈尔的一份题为《艺术品市场行为可预测吗？》的研究发

现，英国、日本和美国的艺术品价格表现较之股票价格，往往滞后1~4个季度。他总结道：

> 一般而言，金融市场对经济冲击会迅速做出反应，金融市场所产生的收益会被投资到艺术品市场，因此，股票交易情况可以用作预测艺术品市场走势的一个领先指标。

这份研究报告在1995年出版，但是，它根本不能对2000—2002年间股票市场出现的崩溃现象进行很好的解释。核心问题是，无论何时，只要富人变得更加富有，收藏品市场就会有很好的表现，而收藏品市场在2000—2002年间也的确表现不错。在此期间，根据《世界财富报告》，不仅房地产价格强劲上涨，高净值人士的金融资产也快速增长。当这些富人变得更加富有的时候，还会有一个数量不成比例的人群向需求金字塔的上方攀登。梅建平与迈克尔·摩西教授在2002年的一项研究《作为投资的艺术品与表现不佳的杰作》中，也反映了这一现象，该项研究表明，当艺术品市场处于上涨阶段时，中低价位的艺术品增值最快，而在市场反转的时候，这些艺术品的价格跳水也是最快的。

20世纪80年代末，收藏品市场处于疯狂的状态，财富净值显然也在迅速增长，日本的情形尤为突出，因为其房地产的价值明显超过了世界其他地区的房地产价值。当人们在某一种资产（本例中是房地产）上积累了巨额财富之后，他们自然会充满信心地投资其他形式的资产。这或许是出于投资分散化的考虑，也可能只是因为他们认为自己有能力承担这样的投资。对此，我们的结论是：

· 收藏品市场蓬勃发展出现在全球高净值人士财富高速增

长时……

· ……倾向于在利率下降或者至少是经济合理增长的期间。
· 与其他资产市场类似，如果收藏品市场在一段时间内持续上涨的话，那么它也会陷入投机狂热。
· 收藏品市场与房地产价格具有高度的相关性，这在一定程度上是因为房地产是决定高净值人士增加的主要因素。
· 收藏品与股票的相关性较低，并且其转折点有可能滞后于股票市场。
· 长期来看，收藏品投资的收益表现优于固定收益市场。
· 长期来看，收藏品投资的收益比不上股票市场。
· 中低价位的收藏品对经济周期更敏感。

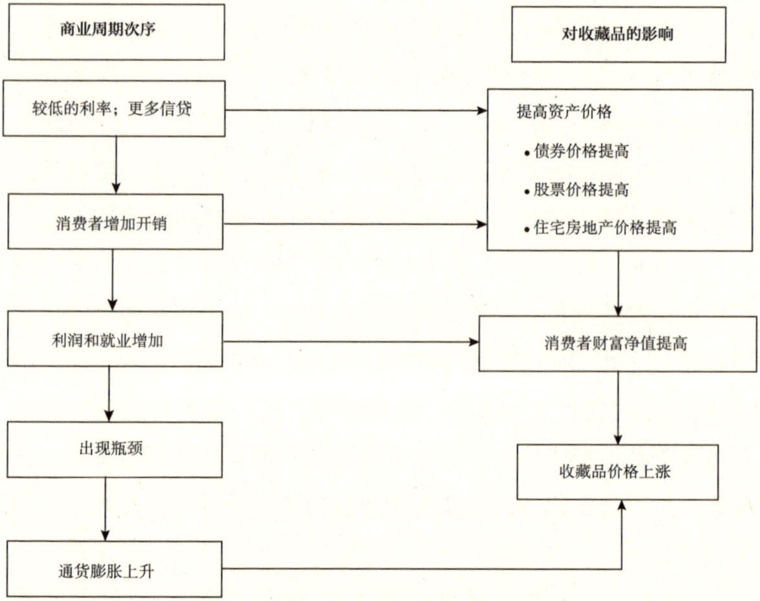

图 24–4　经济周期中驱动收藏品市场的因素

正如我们在本章中讨论的，收藏品市场虽然是一个较小的市场，但很有意思，因为它清楚地表明了纽科姆方程式的一些有趣性质：方程式右边的净资产价值增加，会给很多人造成财富增长的感觉，这导致了经济活动的增加以及更高的货币流通速度，并且造成收藏品市场的巨大泡沫，就像1990年那样。就在10年之前，同样的故事再一次发生，但这一次人们狂热追逐的东西不再是名画或跑车，而是黄金和钻石。它们是两个令人沉迷的市场，要讲述这两个市场的故事，还是要从已经尘封了几千年的一个交易市场开始。这是下一章的内容。

第 25 章

贵金属交易

想象一下这样的场景：大约公元前 500 年，我们在阿拉伯半岛的某个地方，坐在我们面前的两个人想要交易一袋金粉。这两个人首先需要就袋中所装的黄金数量达成一致，因此一个人先把金粉放在天平的左边，另一位则打开一个小口袋倒出一些从角豆树上摘下的小种子，放在天平的右边，直到天平两边达到平衡为止：此时黄金和种子的重量是相同的。接着他们数清楚种子的数量就可以确定有多少黄金。角豆树种子是一种非常好的计量单位，因为角豆树种子有着这样的特点：它们的重量几乎完全相同。

用角豆树种子衡重的方法由地中海东部地区的人们发明，但没过多久就传开了。希腊人也采用了这种方法，他们将用角豆树种子衡重的方法传播到其他地方，那些地方的人们不仅喜爱角豆树的豆粒和豆荚，还很喜爱角豆树均匀一致的小种子，希腊人把这些种子称为“keration”。随着时间流逝，“keration”也就变成了“carat”（克拉），这个计量单位一直沿用到今天，用来描述极为珍贵的黄金和钻石。如果我们今天说一颗钻石重一克拉，也就表示它的重量和一颗角豆树种子是相同的，或者也可以被精确地计量为0.2克。现在“克拉”这个单位仍然被用来描述钻石的重量，但在描述黄金时“克拉”则代表纯度。24克拉的黄金意味着其纯度接近100%，低一点儿的纯度比如22克拉、18克拉、14克拉或者9克拉，则表示黄金中混合了其他合金或者银、铜、钯或铂的合成物。24克拉的黄金相当柔软并且非常容易分割。实际上，黄金的质地非常柔软，人们可以把它碾成一页纸厚度的1/1 000那么薄。

发现黄金

大约6 000年前，中欧与东欧地区的人们可能首次尝试使用黄金，当时主要用于制作一些简单的工具。当今所发现的最古老的黄金首饰是从大约5 000年前吾珥城的苏美尔皇室古墓中出土的。而后便是埃及金字塔出土的精美物件，包括图坦卡门王的黄金面罩，这件面罩看上去依然像3 500年前制作出来时那样美轮美奂。在大约3 200年前的秘鲁查文文明中，人们也用黄金制作一些精美的工艺品，而且这些文物今天依然保存完好。这也从一个方面说明了人们为什么会迷恋黄金这种贵金属：它不和空气、水或者大多数溶剂发生反应，它似乎能够永存世间。

对于珠宝首饰行业而言，销售状况很不错。当今，珠宝首饰行业大约占每年黄金需求总量的 80%，还有 8% 的黄金进入了零散的投资领域，余下 12% 的黄金则被用于电子行业以及其他工业领域。

黄金交易

几乎所有已经被开采的黄金依然保存完好，原因就在于黄金具有金属的持久性。当然，有一些黄金被用来镶嵌义齿，还有一些被用于玻璃镀膜与电子行业，另外也有一些沉在海底。但是，实际上其余的所有黄金都仍然存在，到目前为止，人们或许正坐在一个大约 1.3 亿 ~1.4 亿千克的金堆上面（所谓的“地面存储量”），而且这个金堆每年还要增加 260 万千克。我们可以将其换算成人均数量，即目前世界上人均持有黄金的数量为 20 克。每年的黄金产量为人均 0.4 克，这与每年人均 150 千克的钢铁产量，或者每年铝（4.3 千克）或者铜（2.1 千克）的人均产量相比，实在不算多，甚至可以说微不足道。

一个用黄金制作的高尔夫球的重量大约有 1 千克（这样的高尔夫球太重了，是不能打的），如此高的密度也就意味着世界上所有的黄金可以储存在一个 18 米长、18 米宽、18 米高的容器里。那么这样一个装满黄金的容器能值多少钱呢？罗斯柴尔德男爵曾经说过，他知道仅有两个人真正理解黄金的价值——一位是在法国巴黎银行地下金库工作的精明职员，另一位则是英格兰银行的一个部门主管，但遗憾的是，他们本人不同意这样的说法。价值一般是经过多方讨论得出来的结果，但至少黄金的价值是明确的。我们知道，2005 年黄金的市场价格一直在每盎司 440 美元左右徘徊，即每千克价值大约为 14 000 美元。用 14 000 美元 / 千克乘以 1.3 亿千克，约等于 1.8 万亿美元，即人均 285 美元。我们不妨取 1.6 万亿 ~2.0 万亿美元来算，将这个数字范围和前面所描述的 2004 年其他资产的价值做比较：

全球房地产市场：　90 万亿 ~130 万亿美元

全球债券市场：　45 万亿 ~55 万亿美元

全球股票市场：　35 万亿 ~40 万亿美元

全球收藏品市场：　3 000 亿 ~6 000 亿美元

因此，1.6 万亿 ~2.0 万亿美元的黄金价值大约是股票价值的 5%，但大约相当于收藏品价值的 8 倍。所有黄金公司的市值总共达到 1 000 亿美元左右（白银公司大概只有 20 亿美元）。顺便问一下，谁拥有世界上的黄金呢？中央银行持有的黄金量大约为 3 万吨，也就是黄金总量的 23%，主要由美国、德国、法国、意大利和瑞士的中央银行以及国际货币基金组织拥有（各国拥有量多少的排序大概也是这样）。剩下的主要是个人拥有的珠宝等，包括手镯、金表、金条和金币等。我们再猜一下这些黄金到底储藏在哪些地区——可能大约有 80% 的黄金留在美国、欧洲和日本？

确切地说，根本不是这样。印度是世界上购买黄金最多的国家，紧接着是美国和中国。伊斯兰世界也购买了很多黄金，特别是阿拉伯国家，再加上土耳其和巴基斯坦。实际上，令人吃惊的是，中东加上新兴市场在全球黄金需求中大约占到了 80%，其中，仅仅印度一个国家的黄金消费量就超过了美国、欧洲和日本的总和。

银和铂

银和铂具有珠宝业和工业的双重用途。有 7% 以上的白银用于制作收藏品（首饰、纯银制品、银餐具），余下的则被用于照相材料、电子产品、电池、催化剂以及其他许多用途。根据美国商品调查局（CRB）所编制的 2005 年商品年鉴，大概有 50% 的铂被用来制作首饰，20% 用于自动催化剂，在余下的铂中还有一定数量用于工业用途。

2003 年白银的年产量是 18 700 吨，而铂的年产量仅有 205 吨，从世界范围来看，大约分别是每人 3 克和 0.03 克。20 世纪 80 年代和 90 年代，白银的地面存储量逐年稳步下降，截至 2004 年年中，大家一致的估计是白银存储量大概减少了 6 亿盎司，大约相当于 35 亿 ~40 亿美元。

金银作为货币

为什么中东和新兴国家成为黄金消费市场的主要力量？首先可能是因为这里的人们将首饰、金条和金币当成储存财富的安全替代物。过去人们大都是将其当成财富加以储存的。古代埃及就是这样，人们把金币称为“谢克尔”（shekel），它起源于公元前 3000 年的美索不达米亚，后来在中东地区成为标准的交易媒介。于是黄金可作为交易媒介的观念迅速传播开来，自此黄金也成为世界各地铸造货币的首选材料，这种状况一直延续到后来——最早是中国人，然后是约翰·劳试图用纸币来替代黄金，我们记得当杰伊·古尔德和吉姆·菲斯克设法操纵黄金兑换美元的价格时，黄金依然扮演着货币锚的角色。大约从公元前500年开始，白银也逐渐被铸成硬币来使用，最早是在土耳其，后来传到希腊、波斯、马其顿，最后传到了强大的罗马帝国。

如此看来，时至今日，白银，特别是黄金仍然被视为一种货币，这往往有着很好的理由。20世纪70年代，发达国家曾经历了一场严重的通货膨胀，那些倒霉的政治人物像奥尔良大公那样滥发纸币，许多新兴国家的民众都能够回忆起当时的境况多么糟糕——只要回想一下20世纪70年代的智利，1992—1994年发生金融危机的南美洲国家，1997年发生金融危机的东南亚，以及1998年发生货币危机的俄罗斯或者2002年发生货币危机的阿根廷。

黄金和白银或许是一种货币形式，但它们再也不会是唯一的形式。我们把全球GDP（41万亿美元）或者全球资产（170万亿~220万亿美元）与黄金的价值挂钩，可以看到，如果我们真的回到金本位制，那么可以肯定的是黄金价格将因此而上涨好几个数量级。这样做会把巨额的财富从没有金矿或黄金储备的国家转移到那些由于足够幸运而拥有大量金矿与黄金储备的国家，它还会吸引人们费尽心机寻找新的金矿（以及造成污染），而且还将造成中央银行失去处理经济周期与冲击的能力。多年以前，黄金是可与纸币相互替换的实实在在的货币。尽管黄金如今依然是货币，但也只是补充意义上的货币。黄金还是一种很典型的资产，就这个问题还可以进行更深入的讨论。不过，我们在此还是先来研究一下常常与黄金、白银并列的珠宝：钻石。

“希望之钻”

我们脚下的土层里充满了碳原子，有些是以天然气形式存在的，有些是以石油、炭或者石头的形式存在的。然而，有时这些东西埋在很深的地下，处于非常高的温度与巨大的压力之下，这使得碳原子处于一种全新而且极其紧密的排列状态，由此便产生了钻石。当温度达到 1 000~2 000 摄氏度、压力达到每平方米 700 000 吨的时候，这种情形就会发生。

钻石被埋藏在地层深处长达几百万年之久，直到有一天在火山爆发时它们从火山口里突然喷发出来。火山喷发同时也毁掉了大多数的钻石。其中有一些会深深地沉入岩浆中，在岩浆里熔化后再次成为自由状态的碳原子。还有一些则慢慢地冷却变成了石墨，另外一些喷发出来的钻石在非常炙热的时候就与表面的氧气发生接触，通过蒸发成为植物呼吸所需要的二氧化碳。但是仍然会有一些钻石完好无损地保留下来：这些钻石到达岩浆的表面，但并没有暴露在空气中，之后快速冷却下来，而不是慢慢地冷却。这些完好的钻石混在火山灰与熔岩之中，就像丑小鸭一样，等着人们去发现它们。

据估计，人们第一次挑拣出钻石并将其用作珠宝是在大约 5 000 年前，第一次真正开采钻石则发生在 2 400 年前的印度。然而，直到大约 14 世纪，欧洲还没有一个人听说过钻石，当时人们偶尔挑捡到钻石，不经切割就将它们当成八面体的水晶来用。这些石头看上去有点儿像乳白色的玻璃，不过仅此而已。到了17世纪，法国珠宝商人塔沃尼尔6次来到印度，并在那里看到了让他感到惊奇的东西——莫卧儿国王所收藏的一颗经过切割的钻石，所有的情况便都发生了变化。他回欧洲的时候，带走了44颗经过切割的大钻石和1 122颗小一点儿的钻石。我们猜一猜，谁会是塔沃尼尔最大的买家呢？他就是著名的太阳王。没错，就是这位法国的太阳王买下了44颗大钻石中的14颗，还有一些小钻石。其中有一颗钻石非常特别，它有112个角豆树籽那么重，而且是按照所谓的印度风格进行切割的，相对于光度而言，它更强调尺寸。1668年，太阳王把它重新切割成为一颗重67克拉的更漂亮的钻石。后来这颗钻石又不止一次地被切割，结果成了“希望之钻”，如今还镶嵌在英国女王的皇冠上，闪闪发光。

三颗重要的钻石

科–依–诺尔（Koh-i-noor，也称为“光之山”）是世界上最著名的钻石，它重达108.93克拉，在首次记载时重达1 304克拉。世界上最大的钻石是库里南，1905年在南非被发现，发现时重达3 106.75克拉，后来被切割成一颗重达530.2克拉的“非洲巨星”、一颗重量为317.40克拉的“非洲之星”二号钻石以及104颗小钻石。

然而，宇宙中已知的最大钻石则是一颗已经燃烧殆尽的名为“BPM37093”星球的内核，按照钻石的计量单位来估计重量，达到1×10^{34}克拉，即1的后面跟有34个0。其宽度大约有2 500英里或者4 000公里。不过，我们不要奢望能够看到佳士得来拍卖它。它距离我们有50光年，并且和太阳一样重。

现代钻石分销体系

今天大多数的钻石产于非洲、澳大利亚或者加拿大。钻石在被发现之后，就要被送往分类与估价中心，并被分为许多种类——戴比尔斯采用16 000种分类。在这个阶段，所有钻石看上去都像是平淡无奇的玻璃卵石，并且在100万颗钻石中，只有一颗钻石的重量会超过1克拉。即使所有用于工业的钻石都用来制作首饰，也只有1/20的钻石重量能够超过1克拉。

经过分拣后的钻石就可以进行第一次销售。世界上大概有一半的原石销售是通过戴比尔斯所控制的位于伦敦的CSO（中央统售组织）完成的，CSO将其出售给4个交易商，这4个交易商再把这些原石转卖给配售商。每隔5个星期，装有原石的箱子就会出现在事先受邀请的配售商面前。交易谈判遵循古老的规则：你可以带走它或者留下它。现场议价或者不买货的看货商将不会被邀请。配售商再将这些原石卖给一个大规模的交易网络。大概有80%的这类交易在安特卫普的4个钻石交易所中完成。

交易商可以对这些钻石进行切割，切割的工序大部分在印度（加工最便宜的大量原石），以及中国、以色列和比利时（加工中等大小的原石），或者纽约（主要加工那些特别的，也就是最好的原石）完成，再经过一些不同水平的交易商最终流向使用者。所有这些费用都将包含在钻石的价格之中。一颗钻石在一天之内可以多次易手，在到达消费者手里之前，可能已有过10位主人。拉帕波特服务系统一直跟踪这些中间交易市场的状况，这个系统会列出几乎全部卖家愿意出售的最高价格（实际成交价格往往会低于拉帕波特服务系统价格10%~40%）。

关于钻石的数字

市场营销有一个古老的经验法则：在大多数的生意中，20%的交易占据了80%的交易额。这个法则也同样适用于钻石生意，仅有大约20%的原石能够具有宝石品质就算很不错了。另外有45%可被认为“具有准宝石品质”，而且1970年之前这些准宝石是不会用来制作珠宝首饰的。然而，今天印度的抛光技术很有效，许多这样的原石也被有效地用来制作价格低一点儿的宝石。2004年，全球钻石珠宝市场在零售层面上达到约700亿美元，另外这些钻石本身的价值大约为180亿美元。在世界上600亿美元的钻石珠宝销售额中，约有一半是在美国创造的——第50大街和第47大街的商家掌握着超过95%的钻石进口生意。

同样的这些原石在抛光之后、深加工之前的价值大约为160亿美元，而在抛光之前的价值大约是120亿美元。其在开采之前的价值则只是超过100亿美元。在许多用来制作珠宝的珍贵或者比较珍贵的原石当中，钻石是绝无仅有的。我们可以将钻石与有颜色的宝石，比如绿宝石、红宝石以及蓝宝石做个比较。根据美国矿业局2004年的估计，世界上全部有色宝石每年的零售市场规模大概仅为100亿~120亿美元，所以我们不去讨论它。

第二次世界大战之后，全球钻石的产量仅有1 260万克拉，到20世纪60年代末上升到大约4 000万克拉，到2004年，则超过了1.45亿克拉（或者说接近30吨）。假如其中只有20%具有宝石品质，45%具有准宝石品质，那么这就意味着大约有20吨是用来切割制作宝石的。在切割过程中，原石会损失50%的重量，这也意味着会有大概10吨的宝石进入市场。钻石也像黄金一样代表着“永恒”，但是要估算既有的全部具有宝石品质的钻石的价值非常困难（钻石实际上也会衰变，但可能需要经历 100 万年之久。实际上只有黄金才是真正永恒的）。我们可以估计，从第二次世界大战结束一直到 2004 年，每年的钻石产量平均为 4~5 吨。那么流通中的具有宝石品质的钻石总共大概有 200~250 吨，价值大约为 3 500 亿 ~4 500 亿美元。这些数据有很多的不确定性（比如切割质量会发生变化），把这些因素都包括进去，我们认为钻石总价值应该为 3 000 亿 ~5 000 亿美元，而黄金市场价值为 1.6 万亿 ~2.0 万亿美元。为了更生动地解释，我们设想一下，如果把所有这些钻石都集合到一起，那么又会占据多大的空间呢？由于固态钻石每立方米的重量为 3.5 吨，在毫无缝隙地堆放的情况下，就需要一个 70~100 立方米的容器，若按照其自然形状来装载，则需要一个 150~200 立方米的容器。而后者实际上是一个长、宽、高分别为 6 米的容器。

谁会购买钻石呢？我们这里所看到的情况与黄金是很不一样的。大约有 50% 的钻石是在美国销售的，其次是在欧洲和日本（不过，中国与印度可能很快就会赶上来）。

大繁荣

哪些因素能够驱动黄金、白银和钻石的价格呢？在过去几十年里，戴比尔斯曾经企图控制钻石市场的定价，公司通过管理大量的缓冲库存和操控批发价格，非常成功地使这一市场保持着平稳的发展环境。但是，在 1977—1982 年间，情况发生了重要的变化，一些销售环节的力量变得非常强大，经销商们不再忍受戴比尔斯的定价指令。结果是安特卫普钻石价格指数在 1977 年突然冲破了戴比尔斯所设定的很窄的目标区间，在 3 年之内上升了至少 400%。后期价格攀升得最快。在安特卫普，一颗没有瑕疵的钻石 1979 年的价格为两万美元，13 个月之后，其价格就上涨到了最高点 6 万美元——仅仅一年多的时间就上涨了 300%。随后价格下跌的速度也很快，到 1982 年 1 月，这样一颗无瑕疵的钻石价格又很快回到了两万美元。在这个事件之后，价格又出现了新的稳定，很显然，戴比尔斯似乎再次控制了局面。然而，这个卡特尔已经逐渐失去了市场份额，并且很可能未来的钻石价格会受到更多自然波动因素的影响。

1980 年，钻石泡沫产生了。与此同时，纳尔逊·邦克·亨特想要垄断全球的白银市场，这种情况似乎早在 1970 年就已经初露端倪。纳尔逊·邦克·亨特是一位石油大亨的继承人，当时，有一位得克萨斯牧场的朋友登门拜访他，于是这个著名的故事就开始了。这位朋友名叫阿尔文·布罗德斯基，当他们在厨房里谈论时，他告诉亨特，所有厨房里的东西到明年价格会更高。中央银行错误地相信存在着长期的菲利普斯曲线关系，但其实世界正处于严重通货膨胀的早期阶段。布罗德斯基建议说，既然货币每年都在贬值，那么人们应该考虑将货币兑换成白银。亨特每年来自利比亚的石油收入大约有 3 000 万美元，他对布罗德斯基的这个想法很感兴趣。没过多久，便开始购买白银。

白银的价格有几年相当稳定，但到最后，在 20 世纪 70 年代末，银价开始上涨。在正常情况下，如果你想做一笔不错的投资，那么你应该尽力隐藏自己的真实意图，以避开和其他人的竞争，但是亨特当时改变了态度。他不仅想要购买预期价格节节上涨的白银，好像还想组建一个国际购买财团来操纵白银价格的上涨。他在沙特阿拉伯找到了他的同盟。这样一个投资团队现在要买断数量巨大的白银期货，而且要在合约到期时进行实物交割。

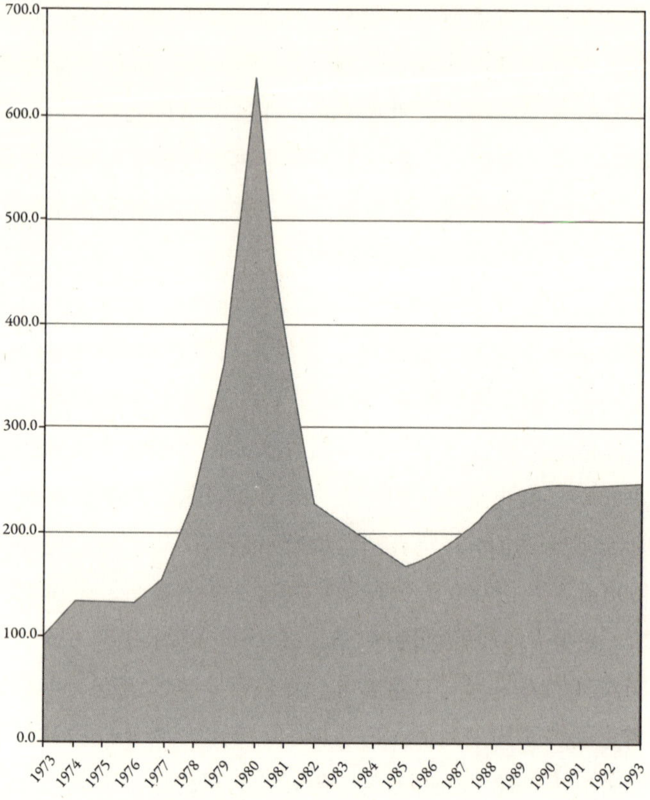

图 25–1　1980 年的钻石泡沫。数据来自安特卫普钻石价格指数。

亨特对美国当局并不抱持过多的信任，因此他决定把至少重约 125 吨的白银送到瑞士。他在农场里举行了一次牛仔射击比赛，获胜的牛仔会得到任务，即押送这些白银飞往欧洲。一天晚上，亨特租借的3架波音707飞机满载着白银和牛仔，飞越大西洋后在苏黎世降落并卸货。而后他和合伙人继续购买白银，后来所交割的数量已达到他们储存在瑞士的白银数量。白银价格在一个劲儿地飞涨，但是这个国际财团最后受到了挤压，外汇管理当局不准设立新的多头仓位，而激进的中央银行则开始加息以打压通货膨胀。1980年，整个计划崩溃了，而亨特也在1988年被迫破产（见图25-2）。

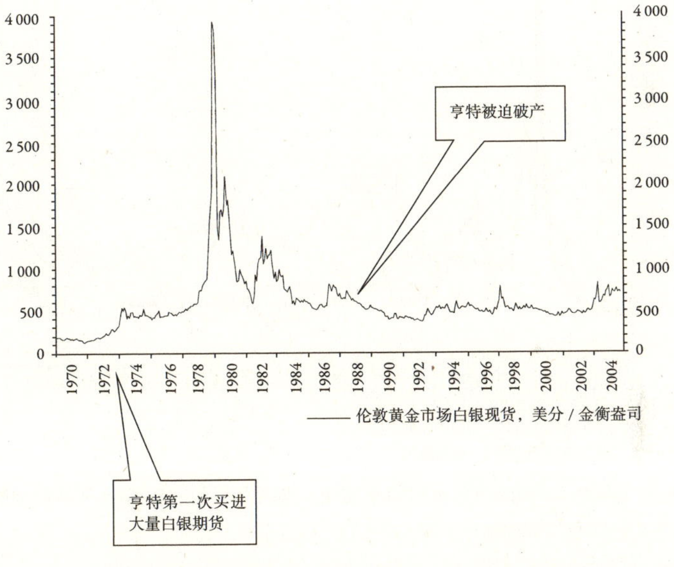

图25-2 白银泡沫与纳尔逊·邦克·亨特。许多人会把白银泡沫与亨特及其合伙人的冒进收购联系起来，但并非凑巧的是，黄金、铂与钻石的价格也有类似的泡沫。

贵金属、钻石和经济周期

1980 年的泡沫席卷了黄金、白银、铂和钻石市场（见图 25-3）。不管是什么原因，在这 4 个市场中，泡沫都不像是由供给扰动这类特定的因素造成的——它是由一个更加普遍的自然因素，一种简单而又巨大的投机性需求造成的。我们来看看哪些因素能够周期性地驱动这些贵金属的需求。

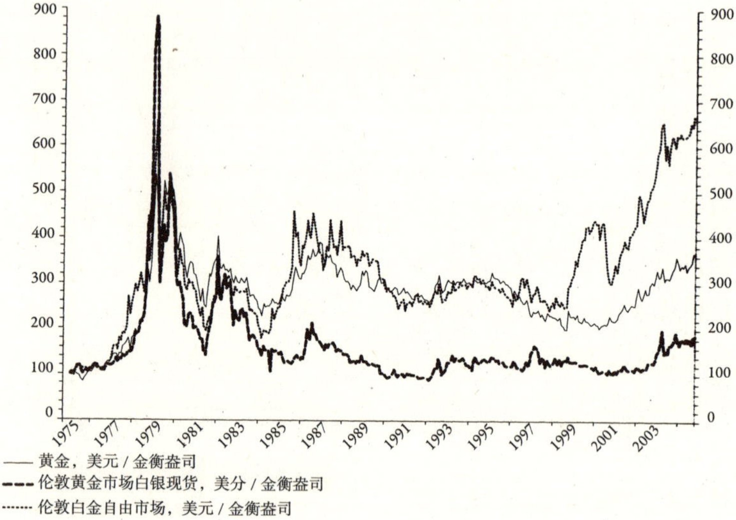

图 25-3　黄金、白银与白金价格的相关性。本图显示出 1980 年这三种贵金属的价格泡沫之间存在协同性。

因为黄金有一个流动性强的巨大市场，所以我们可以发现有关经济周期影响的很好的研究素材。我们不妨从欧文和兰达所做的研究开始，他们探讨了国库券（短期债券）、国债（长期债券）、股票、房地产和黄金之间的相互关系。表 25–1 是他们一些核心发现的概括。

表 25–1　黄金和其他资产之间的收益相关性

	国库券	国债	股票	房地产
相关系数	–0.53	–0.23	–0.15	+0.41

表 25–1 中的数值为正则表示正相关。该项研究发现，黄金价格和债券、股票的价格变动方向是相反的，这在商品交易中很正常。然而，研究还发现黄金和房地产市场之间是正相关的，这是我们将要讨论的问题。另一项是戈顿和鲁文霍斯特所做的研究，题为《关于商品期货的现实和幻想》。在 NBER 官方对 1959—2004 年间经济周期阶段划分的基础上，他们检测了商品价格相对于美国的经济周期是如何波动的。当然，这里的商品价格是全球价格，而经济周期是美国经济自身的周期，因此可能存在这样的阶段，不同的经济体会朝不同的方向进行拉动。然而，它们表现出了相当的同步性，在这一阶段，美国经济体平均占世界经济总量的 1/3 左右。表 25–2 的数据表明了贵金属在这种背景下的市场表现。该表还显示出，黄金的市场走势和白银、铂的市场走势之间存在着明显的差异。白银和铂主要用于工业，而且地面以上存储量相对较小——这应该可以解释为什么在扩张后期其市场表现很好，而在衰退后期其表现则很差（特别是铂）的原因。另一方面，黄金价格几乎完全独立于供给流量和工业需求。黄金是一种资产，也是一种财富储藏，当利率较低的时候，黄金的表现更是如此。

表 25-2　经济周期中贵金属的表现

	扩张早期	扩张后期	衰退早期	衰退后期
黄金	–1.2	4.1	–2.5	14
白银	–2.0	13.9	–1.1	–0.2
铂	5.0	16.3	–2.5	–20.2

周期长度

埃德加·彼得斯在他 1994 年的著作《分形市场分析，应用于投资与经济学的混沌理论》中，分析了从 1968 年 1 月到 1992 年 12 月这 25 年间的黄金价格，发现存在两个黄金周期，一个周期平均长达48周，另一个长达248周。后一个周期值得我们注意，因为 248 周也就是 4.8 年，这个时间长度接近于存货周期平均长度。哈米什·特威迪也做过类似的研究，在 1994 年发表的《对引起黄金价格变动的预测方法的调查》中，他研究了从 1966 年到 1994 年的黄金市场情况，发现黄金价格在此期间出现过 6 次牛市和 5 次熊市。他得出的结论是：

> 总之，在过去的 15 年里，黄金价格走势存在着 80~100 天以及 240 周的潜在周期或者更长时间的记忆 / 依赖性。

这里需要注意的是，240 周是 4.3 年，这和平均存货周期更加接近。那么黄金价格的领先指标有哪些呢？特威迪检验了美国、日本和瑞士经济中的许多时间序列以及一些商品价格，发现对于过去 28 年里存在的最早的两个黄金周期来说，有许多很好的领先指标，但对于整个时期来说，仅有以下 4 个指标是有用的：

· 美国的招工广告（平均领先时间：14 个月）

· 美国工业产出（11 个月）

· 美国基准利率，反向指标（28 个月）

· 美国贷款和投资（18 个月）

另一种似乎更有前景的方法被黄金矿业服务公司运用，这个方法已经发展成为一个黄金预测模型，其使用的指标列在表 25–3 中。

表 25–3　黄金价格的领先指标

全球	印度	日本	美国	欧盟
• GDP • 工业化国家产出	• GDP • 消费支出	• GDP	• GDP • 工业产出	• 工业产出

这种方法对于包括印度以及 4 个最大经济体在内的情况而言，是可行的。

那么所有这些指标会把我们领向何处呢？在下结论之前，我们应该考虑一下人们为什么会购买贵金属和钻石。我们已经了解到，所有地面以上黄金的价值大概是现有的具有宝石品质的钻石价值的 5 倍，几乎是白银价值的 50 倍。此外，由于黄金是能够明确界定的商品，因此能够以非常低廉的交易成本进行期货与期权的交易。全球黄金衍生市场的交易量超过实物交易量的 50 倍，这意味着黄金交易量可能是钻石交易量的好几百倍。

钻石是根本无法清晰界定的商品。我们已经知道戴比尔斯把钻石分成了 16 000 个种类，这需要通过专家对每一块单个的原石进行仔细的辨识，从而进行合理的归类。当原石被制作成珠宝首饰时，情况就会变得更加复杂，而大部分原石又都被制成了珠宝首饰。好的二手钻石珠宝主要是通过拍卖方式交易的，在拍卖中，落槌成交的价格不会比拉帕波特价格高出 75%，拉帕波特价格是包括原石和加工成本的价格——许多拍卖价格实际上只会上升 35%~50%。而后卖方与买方还要支付佣金，这就意味着，卖方最终仅能获得拉帕波特价格 1/3 的收益，而且相对于更高的场外价格而言，其所获收益的比例甚至更小。黄金是来自我们周期系统的原子，具有几个特征——很好界定、便于交易，并且是重要的投资工具。钻石则是一种快乐的原子，可以很好地用来表达爱情、美貌或者财富。然而，钻石并不是投资的品种。

快乐原子

在讨论收藏品时，我们发现人们在财力承受的范围内购买能令其快乐的藏品，而财富增值则是驱使他们购买这些藏品的主要因素。与那些拍卖的藏品相比，钻石的市场更广，例如，戴比尔斯宣称 2005 年有 80% 的上海新娘接受了钻石婚戒（或者可以肯定地说，与这 80% 相比，购买拍卖藏品的人数要少得多）。由此可见，钻石拥有一个相当大的市场，但是这个市场到底有多大，则主要取决于财富的增长。对于贵金属和钻石而言，有 4 个潜在的驱动需求的因素：

· 利率下降

· 股票价格上涨

· 至少有适度的经济增长

· 房地产市场的增长

房地产市场似乎是能够创造基础广泛的财富增长的最佳因素，为此我们先看一下这些资产的上涨是如何造成1979—1980年的巨大钻石泡沫的。答案很简单：1975—1978年，包括英国和美国在内的许多国家实际的房地产价格出现了非常显著的上涨。看起来，这次房地产繁荣引起净财富的增长成为驱动钻石泡沫的关键因素，也是驱动黄金、白银和铂需求增加的一个原因。但是，黄金价格不能完全由财富效应来解释，因为人们购买黄金还有其他的原因：不信任货币。

人们常说黄金投资者的投资决策是采用排除法做出的，这可以解释为什么当债券和股票价格下降时贵金属价格会上升——反之亦然。投资者也考虑到黄金扮演了货币这样一种古老的角色。当人们认为短期利率相对于预期通货膨胀率太低的时候，黄金的价格就会上涨。这意味着，当短期利率相对于长期利率处于低位时，人们习惯于买黄金——长期利率是反映未来通货膨胀率的指标。换句话说，当所谓的“收益曲线”变得陡峭的时候，黄金价格就会走强。（收益曲线是由信用质量相同但到期日不同的债券的利率连成的一条曲线。当短期利率比长期利率低很多时，曲线是陡峭的。当中央银行加息时，曲线就会变平缓，而在紧缩导致短期利率升得过高的情况下，曲线方向可能会发生反转。）所有这些结论表明，驱动贵金属和钻石未来价格的最重要的基础性周期因素很可能是：

· 经济增长（与高增长正相关）

· 房地产周期（与价格上升正相关）

· 实际的短期收益（与低收益正相关）

· 收益曲线（与陡峭的收益曲线正相关）

经济增长意味着合理的就业保障以及因此而拥有的信心。房地产周期是财富的主要长期驱动因素，因此对于钻石的需求来说尤为重要。实际的短期收益是黄金需求的主要驱动因素，因为大量的黄金是作为期货或者利率的替代品来交易的。当实际的短期收益很低时，持有黄金的机会损失会很小。最后，收益曲线将现时的利率和预期的未来通货膨胀率进行了比较，而陡峭的曲线则表明用黄金替代纸币是可行的选择。当经济步入周期的下降阶段时，收益曲线通常会变得陡峭。早期的周期下降阶段通常和通货膨胀率上升以及长期债券收益上升是一致的，而中央银行将会开始削减短期收益。这在一定程度上解释了当股票和债券价格下降时，黄金价格通常会上升的原因。我们把这些结论概括在表25-4中。

表 25-4　需求导致的贵金属、钻石价格走势

	贵金属	钻石
经济增长	领先者，特别是经合组织成员国的经济增长	领先者，特别是印度、穆斯林地区和其他新兴市场的经济增长
房地产周期	领先者，特别是经合组织成员国的房地产周期	领先者，特别是印度、穆斯林地区和其他新兴市场的房地产周期
实际的短期收益	低收益情况下是上涨的	相关性很弱
收益曲线	上升的收益曲线是领先的，特别是在经合组织成员国	相关性很弱

在此需要补充说明的是，揭示有关黄金的问题并不需要用直接的数据。一个替代性的方法是考察金矿开采公司的股票价格情况。在低通货膨胀时期，这些公司的股票价格通常比黄金价格表现要好，而当结构性通货膨胀处于高位的时候，其表现就不如黄金了。

比较房地产、收藏品、贵金属和钻石的周期

- 房地产周期最适合被描述成内在的、供给驱动型的“猪循环”，它能驱动整体经济。
- 收藏品、贵金属和钻石的周期是需求驱动型的“真实周期”，主要反映了私人财富的变化。这些市场规模太小，不足以对经济周期产生有意义的影响。
- 货币环境——特别是名义利率变化和实际利率的真实水平是直接驱动所有这些市场的因素。
- 货币环境通过房地产价格以及由此而产生的财富效应，也成为间接驱动收藏品、贵金属和钻石周期的因素。
- 这些市场中任何单个市场所发生的泡沫至少会相隔 15 年，因为人们需要时间去忘记以前泡沫破裂的情形。因此，存在着一种“泡沫循环”的趋势，例如，跟在贵金属 / 钻石泡沫之后的是收藏品泡沫，而收藏品泡沫过后又是房地产或者贵金属 / 钻石泡沫。

第 26 章

商品期货投资

建立一个理想投资组合的艺术不仅在于寻求高水平的平均收益，还要追求稳定性。通过组合一些类别差异很大的资产，许多大投资者都可以实现这一目标。我们这里不妨举个例子来说明。以下是著名的耶鲁基金在 2004 年 6 月的目标资产配置情况：

股票	30.0%
债券	7.5%
对冲基金	25.0%
私募股权	17.5%
实物资产	20.0%
总计	100.0%

这样的投资组合模型很有趣，因为股票与债券这两类传统的投资品种所占的比例仅仅为 37.5%。而且这种投资组合使耶鲁基金能够历经各种困难，实现卓越而稳定的投资回报。该基金能够取得如此骄人的业绩，某种程度上是因为对冲基金（说明了其风险暴露的大部分）往往能够经历经济危机而得以完好幸存，同时还因为其持有规模可观的实物资产。实物资产可以是房地产，或者农场与林场——在这个案例中主要是这些，当然它们还可以是商品期货。

诚然，琳琅满目的商品充斥着我们的生活。表 26–1 列出了一些例子，显示出全球每年所生产的人均商品数量。

表 26–1　2004 年全球人均商品的消耗量（单位：千克）

能源	纺织品、谷物、软性商品	工业品
原油：562	谷物和玉米：110	水泥：277
煤炭：13	大米：93	粗钢：150
	小麦：97	铝：4.3
	大豆：36	铜：2.1
	蔗糖：22	锌：1.5
	橙汁：7.8	铅：1.1
	棉花：3.3	镍：0.2
	咖啡：1.1	
	橄榄油：0.5	

资料来源：美国商品调查局，2005 年。

这些数据说明人们日常消耗的大部分商品包括：我们所吃的食品、所使用的能源，还有我们在城市中随处可见的钢铁和水泥。然而，当我们谈论所交易的商品期货的美元价值时，情况就会有些不同了。首先，钢铁和水泥在期货市场中所占的比例非常小——它们主要是在金融市场之外交易。在期货市场交易的主要有以下商品：

· 能源（石油和天然气）
· 工业品（木材等）
· 纺织品（棉花、羊毛等）
· 家畜（牛、猪、猪肉等）
· 谷物（水稻、小麦、饲料、大米、大豆等）
· 软性商品（可可、咖啡、橙汁等）
· 工业用金属（铝、铜等）
· 贵金属（金、银、铂、钯）

跟踪商品市场

应用最广泛的商品指数主要有：路透-CRB，高盛商品指数，道琼斯-国际集团商品价格指数和罗杰斯国际商品指数。

现货溢价

在众多著名的早期商品投机者中，约翰·梅纳德·凯恩斯算是一位佼佼者。1923年，他在《曼彻斯特卫报》上发表了一篇题为《商品市场的某些方面》的文章。在该文中，他解释了自己涉猎商品市场的一些缘由。假设你在此时此地要购买一件价值100美元的商品。然而，你也可以从期货市场购买12个月后到期交割的同样一件商品。很显然，你会预期卖家为持有这件商品12个月而收取一些仓储 / 融资成本的费用——假设为5%。因此，你预期这件商品12个月的期货价格为105美元。这5%的额外费用可以被称作“期货溢价”。然而，远期价格比实际的现货价格低的情况会有很多，这就是所谓的“现货溢价”。

凯恩斯在文章中所讲述的就是有关现货溢价的系统性趋势问题。原因在于，商品市场的绝大多数卖家本身就是商品生产者，他们需要通过远期销售来对冲风险，这就意味着大多数的期货市场买家不得不成为投机者。由于投机者要为所承担的风险获取一个平均的风险溢价，所以就产生了现货溢价。在凯恩斯看来，这很正常，因而他将其称为“正常现货溢价”，这也说明了市场中优秀的投机者所要扮演的理想角色：像保险公司那样承担风险并为市场提供流动性的人。

来自耶鲁国际金融中心的戈顿和鲁文霍斯特在2004年做过的一项研究（《关于商品期货的现实和幻想》）表明，正常现货溢价是存在的，而且是商品期货市场产生投资回报的主要原因。实际上，商品期货组合很广泛，并且在到期日上不断延展，其收益不仅要优于债券，而且能与美国43年来的股票市场平均收益持平。这与连抵御通货膨胀能力都没有的现货相比要好得多。然而，关于现货溢价的问题，我们在这里需要说明三点内容。第一，它在能源期货方面很普遍。而工业用品的现货溢价往往是在市场的实际供给发生短缺时出现的，也就是说，有现货溢价的市场在预测期货价格下跌方面通常做得比较好。

第二，现货溢价可以随时转变成期货溢价。举例来说，德国金属公司 1993 年在该项会计账目上记录的损失是 13.3 亿美元。其美国子公司 MGRM 分别按 5 年期和 10 年期固定价格的远期合约出售了 1.6 亿桶原油。该公司希望通过购买短期期货合约来设法对冲风险，这样一来，因为要在每一份短期合约到期之前不断将其滚动到新的到期日，公司为此预先支付了现货溢价。不料，到 1993 年年底的时候，市场发生不利于其对冲头寸的变化，因为现货价格出现下跌，市场转变成了期货溢价。这迫使公司为其持有的期货合约支付了巨额的保证金，这也超出了其原来设想的对冲额度。

第三个关于现货溢价的问题是，大约从 1995 年以来，商品市场上的对冲基金数量已经不断增加。这可能使正常现货溢价大为减少，因为这也是对冲基金所追逐的。

周期的时点

现货溢价是商品期货市场上做多的原因之一。另一个原因则是商品期货的价格高点与股票市场相比，会出现得稍迟一些，这就意味着持有包含股票和商品的投资组合会比单独投资两者中的任何一个都更加稳定。戈顿和鲁文霍斯特曾经调查过在股票市场受挫时商品期货市场的平均表现。首先，他们挑选了股票市场 5% 的表现最差的月份来做分析。在此期间，股票市场平均下挫了 9.18%，而商品期货市场竟然在上升，平均升幅达到了 1.43%，这说明商品期货市场的表现是相当好的。实际上，这时的收益比所有月份的商品期货市场的平均收益还要高出 0.88%。

然而，当两位经济学家把研究范围进一步缩小到股票市场表现最糟糕的 1% 的月份时，商品期货市场的表现则更好。在这些月份，股票市场平均损失达到了 13.87%，但商品期货市场平均上升了 2.32%。

这个研究结果使我们看到了商品期货市场的另一个特点。我们回想一下曼德伯在 1960 年是如何发现哈佛大学的黑板上那条拖着两个肥尾的“钟形”曲线，并揭示出这条曲线所显示的棉花的月投资收益的。戈顿和鲁文霍斯特对商品指数组合的肥尾也进行了分析，并将其与股票市场收益分布的曲线尾部做了比较。他们发现了一些有意思的情况。股票市场的肥尾避向左边，而商品期货市场的肥尾则避向右边。这就意味着股票价格在出现异常波动时往往是下跌的，而商品价格在出现异常时往往是上涨的。换言之，在发生意外时，这对于股票市场而言往往意味着损失，而对商品市场上做多的投资者来说则是好事。

因此，我们认为在投资组合中纳入商品期货有 3 个很好的理由：存在现货溢价，其与债券和股票市场的相关性低，偏向上涨的变动性。然而，商品在整个投资组合中的比例不能过高。目前商品在全球 GDP 中所占的比例大约为 2.5%。尽管这个百分比在主要的资本投资高峰期会有所上升，但估计这个数字会基本保持稳定。一个很好的问题是在经济周期中，能否在时间上成功地确定商品的风险敞口。许多与非耐用消费品有关的商品，像谷物、家畜和纺织品，与经济周期的联系也并不紧密。那些与经济周期密切相关的商品主要集中在大规模、周期性的领域：房屋建造、资本性支出和汽车等。我们先看看房屋建造，了解一下它是如何驱动一些商品的周期性需求的。

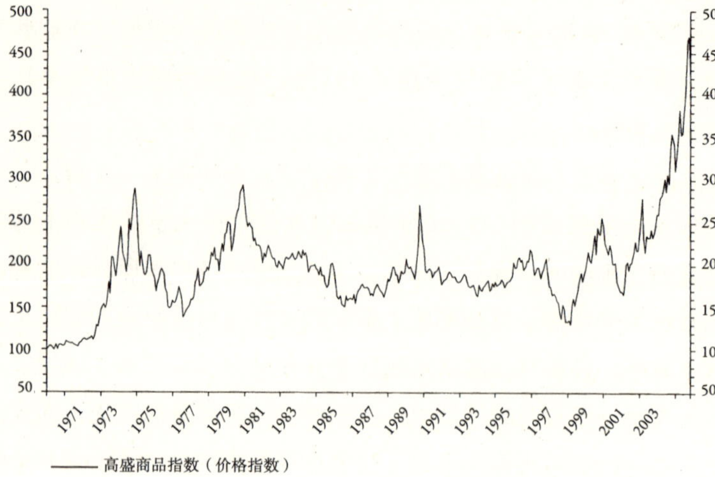

图 26-1 1970—2004 年的 CRB 指数

周期性需求的驱动因素

我们在前面的讲述中已经知道，正常的房屋建造市场占GDP 的比例要高于 10%。这个行业有一部分是公共部门的建造（比如机场、铁路、医院、学校、行政办公楼等），但大部分则是私人性质的。这也使房地产成为影响许多商品的周期性需求的重要因素。只要想一下建筑物的构成就可明白其中的道理：房地产业需要消耗木材、钢铁、水泥、锌、铜、铝等许多物料，而且都是数以吨计。按照正常的估计，全球建筑业每年要消耗大约 25% 的新伐木材，大约 40% 的石材、碎石与砂土。世界观察研究所称，房屋建造和日常运营消耗大约占全球能源消耗总量的 40%，原材料消耗量的 30%。我们此前已经看到房屋建造市场在较慢周期

（平均长度为 18 年）内变化，而且振荡的幅度很大。因此我们有理由推测，在房地产市场的刺激下，相关商品也表现出类似的较慢周期。

接下来是企业在机器与设备方面的资本性支出，这些支出主要是由制造业、运输业、通信业、批发业、零售业、金融业、公用事业和保险业，以及房地产行业的企业完成的。其中一些较大支出包括机械及机械工具（主要是在制造业），卡车、飞机、公司船队（主要是在运输业与金融 / 保险行业）和信息技术（主要是在通信、制造、金融和保险业）上的投资。在一个国家中，这类支出通常会有 30% 花在信息技术方面，还有 20% 用于运输设备方面。资本性支出尽管变化很大，但平均占现代经济总量的 10% 左右。

第三个驱动商品需求的重要因素便是存货。这部分波动很大，而且在许多国家的存货中汽车所占的比例略少于总量的 1/3。

那么到底哪些商品受到房屋建造、机器与设备方面的资本性支出以及存货的影响较大呢？主要有 3 类商品：工业用金属、木材和能源。我们先来看看工业用金属，这类商品中有两种与房屋建造的关系特别密切：

· 铜主要应用在电子设备方面，如电线（50%），普通和工业工程设备（20%），还有建筑装潢材料，如屋顶材料、照明装置、管道设备与管道（15%），以及传导设备，如暖气片和冷热交换装置（11%）。尽管这些数字还不能说明铜材消耗的全貌，但上面所提到的大部分电子设备也是整个建造业的一部分——它们并不仅仅局限于所谓“建筑”的范围。由此可见，全部消耗的铜几乎有一半与房屋建造有关。还有许多用于汽车上的电子设备。美国制造的汽车平均每辆所消耗的铜超过了 50 磅（23 千克），其中有 80% 用在了车载电子设备上。美国的单户住宅平均需要消耗的铜达到了 439 磅（200 千克）。2002 年全球的粗铜产量是 136 亿吨，相当于人均仅拥有 2.1 千克。大约有 40% 的铜是循环利用的。

· 锌：大约 57% 用于建筑业，23% 用于运输业，10% 用于机器与设备方面，还有 10% 用于消费品。2003 年全球人均锌产量是 1.5 千克，全球有近 1/3 的锌是循环利用的。

美国单户家庭住宅平均消耗铜材的统计数据

平均到每个单户家庭住宅，我们发现：

195 磅 /88 千克铜用于建筑电线；

151 磅 /68 千克铜用于管道、填充物和阀门；

24 磅 /11 千克铜用于管道黄铜制品；

47 磅 /21 千克铜用于嵌入性设备；

12 磅 /5 千克铜用于建筑用具；

10 磅 /4.5 千克铜用于其他导线和管道。

数据来源：Copper.org

接下来是镍，它主要与资本性支出有关：

· 镍：大约有 92% 的镍用于像不锈钢这样的合金材料。这些合金材料又用在厨房用具、电线、化学工业管道等方面。因此，镍主要与资本性支出和房屋建造关系密切。2002 年全球人均镍产量仅有 0.2 千克，有 40%~50% 的镍是循环利用的。

最后要介绍的两种金属主要与汽车和其他运输设备有关：

- 铝：大约41%用于运输业（汽车、飞机、卡车等），其在汽车和卡车上的应用主要是制造节能型发动机。因为铝的重量较轻，所以能够有效降低交通运输中的燃料消耗和排放量。另有18%的铝用于建筑业，16%用于包装（主要是易拉罐），9%用于电子设备，还有9%用于机器与设备。由此可见，铝主要与汽车的周期（因而与短期的存货周期）相关，同时也和更长期的建造业以及资本投资有关。2003年全球人均铝产量为4.3千克，有超过25%的铝是循环利用的。
- 铅：大约有76%的铅用于铅酸电池（尤其是车用蓄电池），因而与存货周期以及私人汽车消费量有关。全球人均铅产量为1.1千克。由于铅有毒性，因此绝大多数都是循环利用的。

我们在前面提到过戈顿和鲁文霍斯特的《关于商品期货的现实和幻想》，这项研究总结了在美国1959—2004年的经济周期中，以上内容中提到的各种商品（以及其他商品）的波动情况。表26-2显示出这些商品的平均价格信息。

表26-2　工业用金属期货的周期表现

金属	扩张早期	扩张后期	衰退早期	衰退后期
铜	2.3%	18.8%	11.3%	–21.6%
锌	3.3%	11.9%	–8.6%	–1.7%
镍	3.4%	14.1%	6.9%	–11.2%

（续表）

金属	扩张早期	扩张后期	衰退早期	衰退后期
铝	-0.6%	4.6%	5.6%	-3.8%
铅	2.6%	11.6%	-16%	-9.7%

我们把这些商品的情况与这项研究中的公司债券与股票的表现做一个比较（参见表 26-3），差异是显而易见的。公司债券即使是在衰退后期也出现暴涨，并且持续到经济复苏时期，因为通货膨胀已逐步消退，流动性出现扩张，更好的前景也被贴现。一方面基于相同的原因，另一方面是由于未来收益的贴现率（也就是债券收益率）正在下降，所以股票的走势也紧随着公司债券。但在衰退早期，这两者都是下跌的。商品则呈现出另一番情形。在扩张后期，当建造业达到顶峰的时候，铜和锌的市场表现出众。铜的良好走势甚至延续到了衰退早期，因为大多数的建设项目仍在继续，直到竣工为止，即使经济已经在走下坡路。但在进入衰退后期时，由于前期规划的建设项目都已经陆续完工了，所以金属市场会遇到挫折。

表 26-3　股票和债券期货的周期表现

	扩张早期	扩张后期	衰退早期	衰退后期
公司债券	11.5%	3.6%	-2.9%	25.7%
标准普尔指数总收益	18.1%	10.4%	-15.5%	17.3%

由于资本性支出项目也需要经过一段时间才能完成，因此镍的市场表现与铜和锌的情况差不多。最后，铝和铅的市场表现更

加平稳，因为它们与波动较小的汽车市场相关。汽车产量受到消费的驱动，而且汽车产量的削减也很快。铅的价格在衰退早期出现快速下跌的情况突出地反映了这一点。看来，把股票与铜搭配构成投资组合是可行的，但是不能把铅与股票纳入组合。

工业用金属的领先指标

在 20 世纪 90 年代，杰弗里·穆尔设计出针对主要金属的系列领先指标，同时还推出了针对铜和废钢（废钢的期货交易规模不大）的特定领先指标。穆尔的这些指标提供了这些工业用金属的“产业活动”预警信号，包括其产量、价格、应用方面的信息。表 26–4 列出了这些指标，并介绍了整体经济环境的影响、创造金属需求的行业发展和供应方所显露出来的线索之间的区别。

表 26–4　杰弗里·穆尔的金属期货领先指标

	指标类别	全部工业用金属的领先指标	钢铁的领先指标	铜的领先指标
整体经济情况	货币刺激	美国 M2 增长	美国 M2 增长	收益曲线
	制造业的普遍健康度	PMI（采购经理人指数）	PMI	
	增长与盈利的一般领先指标	价格与单位劳动成本的比率		
特定行业需求	住宅房地产市场	新屋开工量	新屋开工量	新屋开工量
	完成品发货		家具发货	
			美国轿车与轻型货车的零售额	

（续表）

	指标类别	全部工业用金属的领先指标	钢铁的领先指标	铜的领先指标
金属行业状况	与股票价格直接相关	加权标准普尔指数，机器、建造、农场与工业	加权标准普尔指数，钢铁公司	加权标准普尔指数，建筑产品公司
	特定的新的金属订单	新订单，主要金属产品	新订单，钢铁厂	新订单，非铁金属产品
	金属业的瓶颈	平均每周劳动小时，主要金属	平均每周劳动小时，钢铁厂	平均每周加班小时，铜热轧、挤压与合金
	金属价格	JOC-ECRI 金属价格指数增长率	废钢价格的增长率	LME 主要铜的现货价格

这里需要注意的一个有趣的信息是，各组中的这些指标都关注新屋开工量，并将其视为领先指标，这就说明了房地产周期的重要性。研究机构“美国地质调查”发布这些指标的月度数据。

木材、能源和经济周期

关于工业用金属方面，暂且到此，接下来看看木材的情况。大家知道，在房地产建造中需要使用大量的木材，那么木材在整个周期中会有怎样的表现呢？其实，木材大致与铜的情况相类似，但下跌的时点稍早一些，这可能是因为许多木材也被用来制作家具，而家具行业在周期中会更早出现逆转。

表 26-5　木材期货的周期表现

	扩张早期	扩张后期	衰退早期	衰退后期
木材	0.0%	15.5%	-7.0%	-23.6%

最后一类与房地产、资本性支出和汽车行业关系较为密切的商品就是能源。表 26-6 列出了能源走势的统计数据。

表 26-6　能源期货的周期表现

	扩张早期	扩张后期	衰退早期	衰退后期
原油期货	4.4%	12.1%	26.3%	-21.3%
天然气期货	5.2%	10.3%	-15.3%	-21.5%

我们从表中的数据可以看出，石油在衰退早期表现不错，这可能有两方面的原因：第一，很大一部分石油被用于房屋建造方面，而天然气的情况则不是这样；第二，有些时候油价出现冒尖的情况实际上已经触发了经济的衰退。油价上涨所造成的最大影响要延迟 12 个月才会表现出来。该表中的信息说明能源价格走势与铜十分相似，即在扩张后期和衰退早期表现很好，而在其他阶段则会受到压制。

商品与商品生产企业

我们似乎可以凭着直觉设想，直接投资于一定范围的商品生产企业，会比投资于相应的商品期货获得更高的收益。商品生产企业是赢利的，而商品本身并不能产生直接的收益。戈顿和鲁文霍斯特对这个问题做过调查研究，但他们所得出的结论是，在以往的 41 年里，投资商品期货比投资一系列商品的生产企业所获得的利润要高得多。

供给方

不妨问这样一个问题，为什么在经济周期中商品不能更加有效地定价呢？答案具有两面性：一方面，如我们所知，商品需求具有周期性的特点；另一方面，供给缺乏弹性，并存在大量的固定成本。在正常情况下，从金属矿藏或者能源的发现到开始开采，会有很长的时滞——一般是 7~15 年。例如，从北海发现石油资源到所采石油进入市场就耗时 11 年之久。金属矿藏的开发也是如此。即使要增加木材的产量，也需要经历一段时间——树木不会一夜之间长成。但是，一旦基础设施准备就绪，商品生产商就会倾向于不间断地生产，即使商品价格下跌也不愿意停下来。然而，在衰退期间，最终产品的生产商可能卖不出其产品，但是生产商总是会去开拓新的市场，而不是一定要卖出好价钱。这种历尽艰辛的供给滞后本身就足以造成猪循环现象。

第 27 章

债券、股票与基金

人们对股票、债券和基金的价格行为的关注度是如此之高，使得很少有其他的经济问题能够与之媲美。这些金融资产价格甚至一度成为早期经济学家研究的焦点，我们回想一下劳、坎蒂隆、桑顿和李嘉图这些曾经在市场上活跃的人物，他们都取得了成功——李嘉图和坎蒂隆甚至可以挑战沃伦·巴菲特“最成功的金融投资者”头衔。凯恩斯和费雪尽管经历了市场的跌宕起伏，但也都成了家喻户晓的专家。还有巴布森，他在《货币累积的商业晴雨表》中对市场次序问题的阐述非常精辟，值得我们回顾一番：

1. 提高货币利率

2. 债券价格下跌

3. 股票价格下跌

4. 商品价格下跌

5. 房地产价格下跌

6. 货币利率较低

7. 债券价格上涨

8. 股票价格上涨

9. 商品价格上涨

10. 房地产价格上涨

这段文字由罗杰·沃德·巴布森在1910年所写，令人印象非常深刻，巴布森实际上已经抓住了问题的本质。但是，相对于这些次序而言，还有更多的东西有待发掘，而无论是巴布森，抑或是最早的经济学家，他们的认知都没有我们今天这样丰富。因此，我们不妨更加仔细地研究一下。

不同市场间的摩擦

卡尔·冯·克劳塞维茨在他的名著《战争论》中用“摩擦”这个术语来描述在战场上执行指挥计划的复杂情况。

其实经济中也存在着这样的摩擦，只不过在程度上有所不同。市场体系的一端是金融市场，其中的交易商与经纪商几乎没有摩擦。如果你拥有必要的交易路径，你就可以在不到1分钟的时间内迅速完成1亿美元的交易。但其他的市场中存在着很多的摩擦。当一个零售商订购商品时，商品常常需要几天甚至几周的时间才能送达。卖出这些商品所花费的时间可能更长。购买房产往往需要花费几个月的时间，而要在比较糟糕的市场上出售房产，那可能要苦等好多个年头了。不同市场所存在的摩擦程度不同，这也影响该市场与经济周期之间的关联程度。因为金融市场几乎不存在摩擦，所以它可以预报经济情况。另一方面，资本货物市场的变化往往是滞后于总产出的。

债券

首先从债券开始。债券有短期债券（3 个月至 3 年）和长期债券（3~30 年）之分。债券还分投资级债券和垃圾债券，其中投资级债券收益比较低，但发行方一般是更加稳固的机构。黄金本身虽然不会产生收益，但它和债券类似，也是一种跨越国界的货币供给。

在经济周期的早期，为什么债券收益会下跌（债券价格上升）呢？究其原因，主要有以下两个方面：第一，在经济放缓后，仍然存在着大量过剩的产能，因而价格竞争非常惨烈，这就意味着几乎没有通货膨胀现象；第二，中央银行降低了利率，向市场释放出大量的货币。在经济周期的早期到中期，当企业利润在增加、经济处于稳定状态时，人们认为垃圾债券是相对安全的，由此造成了垃圾债券的市场表现优于投资级债券的现象。最后，在经济周期的后期，由于人们对通货膨胀和货币紧缩的预期，债券收益会上升（见图 27-1）。

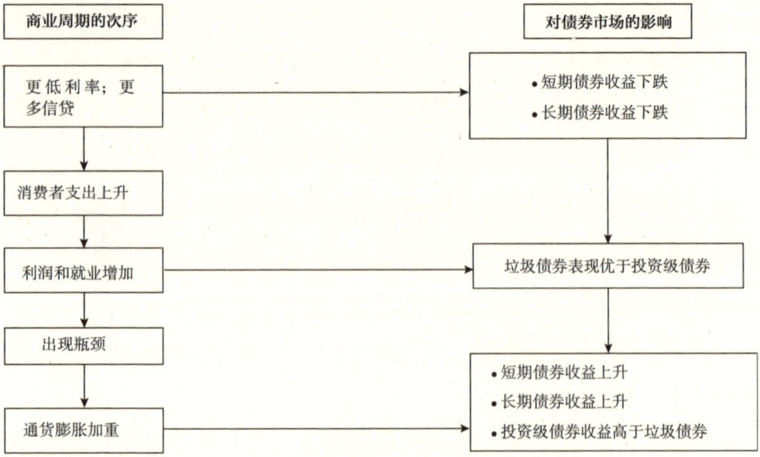

图 27–1 债券市场在经济周期中的表现

股票

我们接下来看看股票的情况，正如巴布森所观察到的那样，股票的涨跌往往要比债券滞后一些。在中央银行收紧利率的周期中，当可能只会再有一次加息时，股票市场往往开始形成一波快速上涨的行情。这个时点通常要等到某个地方快要发生金融事件的阶段——金融事件使中央银行相信紧缩政策已经足够了（或者是太过了）。平均而言，在经济达到顶峰之前大约 9 个月的时候，股票市场就已经达到了顶峰，而后通常是要么进入箱体震荡，要么开始下跌。高盛集团对美国经济 1847—1982 年间的周期性熊市情况做过分析，发现熊市平均持续 23 个月，并且造成股票价格平均下跌 30%。股票市场的高峰阶段通常会延续几个月时间，并与以下特点有关：

· 在达到市场高点之前，大成交量呈现加速上涨走势。
· 价格通过形成一个更低的高点或低点，打破先前达到高点与低点的模式。
· 存在一次或若干次逆趋势的冲击变动。
· 由于中小盘股的表现要逊色于大盘股，因此市场成长广度还不够。
· 以上这些情况会在几个月内经常发生，而且会导致市场能量的损失。如果不是这样的话，那么随后的熊市行情可能会比较短暂。

当处于低谷的时候，股票的表现会有些不同，在此情况下，股票市场反转上升的时间平均要比经济低谷大约早5个月。由此可见，无论是高峰还是低谷，股票市场都是整体经济的领先指标。但是，在高峰阶段的领先时间要长一些，这可能要归因于资本性支出与房屋建造活动的动能——这类经济活动不能非常快速地结束。更低拐点处的价格模式也会有所不同，因为常常会出现比较突然的U形反转，人们也很难确定这种反转的时间。

然而，全部情形中当然会包括在这些不同类别的资产范围内出现交替的现象，我们可以对以下主要类别的资产加以区分：

· **金融类**。包括银行、消费金融、投资银行与经纪、资产管理、保险与投资以及房地产，REITs也在其中。金融板块对经济复苏的信号反应非常早，因为人们能够以低利率借贷并投资于具有更高收益率的债券（这就是我们所说的"陡峭的收益曲线"）。早期的经济复苏信号也可以从借贷活动开始增加和不良贷款达到顶峰中看出来。

- **可选消费类**。包括汽车及其零部件、耐用消费品和服装、酒店、餐馆与休闲，以及媒体和零售。这类板块会紧随着金融板块而变化，因为消费者在周期中是最早进行支出的群体，他们非常乐于接受很低的借贷/抵押成本。在这里，以更低的利率抵押再融资可能是一个很重要的影响因素。此外，在经济下滑后，消费者被压抑的储蓄与消费欲望此时可以得到释放与宣泄。最后，在这个阶段，许多耐用消费品的价格似乎变得便宜了。
- **信息技术类**。包括软件、硬件、IT服务和电信。该板块在周期中启动得相当早，并由消费类电子产品主导，因为商业领域的电子产品更新换代较快，即使还不需要增加产能也会如此。
- **工业类**。包括资本货物、贸易服务、供给与运输。面对消费者日益增长的需求，信息技术与工业会对加速增长的消费需求率先做出回应，先是降低库存，但随后会扩大生产恢复库存，从而导致内部的乘数效应。此外，随着产能达到极限和订单积压的增加，工业企业的定价能力也会上升。
- **资源类**。包括化工、建筑材料、容器、金属及采矿、纸张与木材产品等。由于工业企业需要增加产能，这个过程需要投入大量的基础性资源，所以资源类会在较迟阶段表现突出。
- **稳定的消费类**。包括食品、药品、饮料、烟草，再加上家居用品与个人用品。这个板块会在周期的后期有相对较好的表现，它几乎不存在周期性，因为它是需求相当稳定的唯一领域。因此，这个领域具有相当强的防御性，而且其中最稳定的是那些固定成本有限而且通常是服务型的部分。

- **公用事业类**。包括燃气、电力和自来水。公用事业类的产出具有相当稳定的需求（像稳定的消费类一样）。然而，公用事业板块具有高额的融资成本，从中央银行停止加息时开始，这类股票会将这些成本的下降贴现，这就意味着其股票会有较好的表现，一直到周期结束。

所有股票都有一个共同的特点，即对未来事件加以贴现（见图 27–2）。

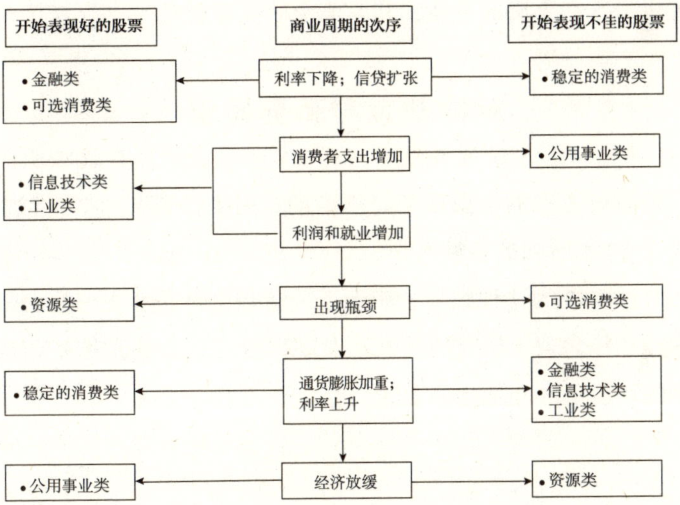

图 27–2　股票市场在经济周期中的表现

规模与变动性

股票另一个需要关注的方面是公司的规模。它们通常可以被分成“小盘股”（3亿~20亿美元市值）、“中盘股”（20亿~100亿美元市值）和“大盘股”。中小盘股在经济复苏和扩张阶段的表现最为抢眼，因为它们比较符合新入市投资者的胃口。大盘股在经济下滑时会有相对出众的表现，因为经济下滑把许多更小的市场参与者排挤出局，并迫使市场合并。

关于股票的最后一个问题是，那些固定成本很高的企业，或者生产的资本货物规模较小、与商业性房地产有关联的企业，或者提供资本性支出的企业，其股票变动性特别强。

对冲基金与私募股权

最后要考虑的金融市场是所谓的“另类投资”，它常常被细分成表27-1所列的各种类别。

对冲基金的这种细分，来源于《管理会计报告》，这种细分结构已经作为若干研究的基础被加以利用，而这些研究所关注的是不同环境下对冲基金的业绩问题。

表 27-1　对冲基金和私募股权基金类型概览

对冲基金	私募股权
• 事件主导型基金。其投资策略与市场总体方向无关，事件可以包括兼并、收购、破产或者证券发行等。 • 危机证券基金。它们买入陷于困境公司的股票或债券，通常会积极参与重组，也可能实施债转股。 • 风险套利基金。其主要策略在于发掘源于要约收购的定价折扣。 • 全球新兴市场基金。专门投资于新兴市场。在这类市场上卖空很难，这意味着其风险敞口主要在于多头。 • 全球国际基金。关注全世界的经济变化，并挑选有利的市场进行股票投资。与宏观基金相比，该类基金较少使用衍生品。 • 全球主流市场基金。主要在国际主流市场寻找投资机会，有可能专注于成长型、小盘股或者价值投资等方面。 • 全球宏观基金。大范围使用反映全球基金变化的衍生工具。 • 市场中性基金。通过多、空头寸操作来达到接近市场中性的平均头寸。它们可能专门投资于单纯套利、分散多 / 空风险敞口或抵押担保证券。 • 行业基金。专门投资于特定的行业。 • 卖空型基金。卖空估值过高的股票。 • 基金的基金。投资于多种对冲基金。它们有些采用分散化方法，其他的则有针对性。	• 风险投资基金。投资于新成立的公司，时间上指从初次融资到可以退出之前的最后一次融资。这些新公司多数表现平平或者不佳，但其中成功的企业能够带来非常丰厚的回报。 • 收购型基金。购买企业的全部股份或有控股权比例的股份。被收购企业可能是私人企业或者上市公司。基金在寻求退出之前通常对企业进行合理化改造、分拆或者兼并处理。收购动机可能是企业管理不善，具有未开发的潜力或者总体价值被低估等。 • 夹层基金。通常是向企业提供贷款，这类企业因规模太小而不能发行债券，或者因风险太大而无法获得必要的银行融资。夹层贷款的提供者通常会有准权益要求，即得到购买企业股份的机会。这意味着它们能够获得当前收入，并且可能获得上涨收益。

另类投资与经济周期

2001 年，富兰克林·爱德华兹和穆斯塔法·卡拉扬发表了一篇研究对冲基金在牛市与熊市中如何表现的文章，他们研究的结论是，在熊市中真正对投资者有保护作用的对冲基金只有 3 类：宏观基金、市场中性基金和事件主导型基金。我们凭直觉能够理解宏观基金在熊市中会有较好的表现，因为基金经理对经济周期与市场总体环境开始变坏的早期信号会保持密切的关注。市场中性基金在熊市中的避险作用似乎也是合乎逻辑的，因为这类基金善于发现许多公司中所存在的脆弱性问题，并据此在市场上做空。至于事件主导型基金，很显然，熊市为其提供了大量的投资机会，但是事件主导型基金的业绩明显依赖于基金在市场下挫过程中是持有现金比例很高的组合，还是持有大量让人苦恼的资产组合。

最近的一项研究很有意思，这是 2003 年由卡波西、科黑和胡布纳完成的，他们分析了 1994—2002 年间 2 894 只对冲基金在 2000 年春开始的大衰退期间的市场表现，基金的平均收益数据参见表 27–2。

表 27–2　对冲基金在经济周期中的表现

对冲基金种类	月平均收益	
	牛市	熊市
事件主导型基金；危机证券基金	1.23	0.25
事件主导型基金；风险套利基金	1.27	0.37
全球主流市场基金	1.96	–0.21
全球国际基金	1.30	–0.08

（续表）

对冲基金种类	月平均收益	
	牛市	熊市
全球新兴市场基金	1.57	0.27
全球宏观基金	1.10	0.19
市场中性基金	1.18	0.71
多头杠杆基金	1.83	-1.17
行业基金	2.56	0.38
卖空型基金	0.39	1.99

基金最佳业绩数据在表中是用粗体字标出来的。大致可以看出，所有基金在牛市中的平均业绩要远高于熊市中的业绩，但绝大多数的对冲基金在牛市与熊市两个阶段中都是赚钱的，这就是对冲基金整体的特点。

另一项有意思的研究是伊萨瑞亚·辛拉帕普瑞查 2003 年完成的硕士论文，作者发现，股票型对冲基金和市场中性基金在牛市阶段表现特别好，而在市场处于熊市阶段时，市场中性基金与套利导向型基金的表现也不错。当然，在牛市中做空者会遭受打击，并且在市场下行时会受到束缚。

从以上各项研究中我们得到的总体印象，一定要结合研究的时间段内市场实际发生的情况来理解。比如说，新兴市场对冲基金在 2000 年后取得了辉煌的市场业绩，关于这一点，我们很容易用特定的市场因素来解释。非常清楚的是，以下类型的对冲基金在股票牛市行情中可能有上佳的市场业绩，我们将其按照市场业绩排序：

· 特定行业基金（捕捉给定牛市中的某个关键题材）
· 多头对冲基金
· 股票型对冲基金（全球、新兴市场、国际、主流市场）
· 事件主导型基金
· 市场中性基金

至于在股票熊市行情中，市场表现最佳的有：
· 空头卖方（毋庸置疑！）
· 市场中性基金
· 事件主导型基金
· 宏观基金

相对于对冲基金而言，对私募股权基金的研究难度更大。一个原因在于我们所知的这类基金较少，另一个原因在于这类投资往往是按季度，而不是按月来披露其资产净值（NAV）信息的，况且所披露的数据主观成分较大，因为其所投资的都是非上市企业。然而，从各种研究结果来看，比较清楚的是，在经济状况非常疲软的时期，敢于进行这类投资的实在太少，但是如果在此期间已经抓住了投资机会，那么私募股权投资公司就会有最佳的业绩表现。有以下 4 个理由可以解释这种情况：
· 质量好的交易缺乏竞争者。
· 投资者有更多的时间来做尽职调查。
· 缺乏即刻退出的机会，这迫使投资者对投资选择更加挑剔。
· 投资进入点的估值更低。

然而，这类基金在选择最佳的市场时机方面可能稍有不同。收购型基金往往在市场危机阶段表现活跃，因为此时投资的价值更有吸引力，而且它们可能从沮丧的卖家手里全部接盘。夹层基金具有固定收益、准权益和违约风险上平衡的风险敞口，因而其市场表现与经济周期之间的关系不大。最后，风险投资基金一般希望其他投资者能够跟随它们投资，但后续投资的估值水平会更高。这就意味着其最佳的进入点可能是在经济复苏开始之时。

基金投资的退出是另一个需要关注的问题。所有这 3 种类型的基金都能在经济繁荣期间寻找到以高价退出的渠道。表 27–3 总结了这类基金的相对表现。

表 27–3　私募股权基金在经济周期中的表现

	最佳进入点	最佳退出点
风险投资基金	早期复苏阶段	繁荣阶段
收购型基金	衰退阶段	繁荣阶段
夹层基金	中性阶段	繁荣阶段

需要注意的是，投资者在现有的私募股权基金中是不能随意进入和退出的。大多数这类基金都会要求其投资者的同意，而一个在牛市开始出现时想要进入现有的私募股权基金的人，如果能够找到其他想要退出的人，并且基金同意改变股份的所有权，那么他才能够进入该基金，除此之外别无他法。

油价上涨对不同商业领域的影响

剧烈动荡的石油价格会对一些企业的收益产生负面影响，

当然也会对另一些企业具有积极作用。表 27-4 分别列出了明显受到高油价正面与负面影响的企业类型。

表 27-4　油价飙升过程中的赢家与输家

受到正面影响	受到负面影响
•原油生产商 •油品服务和设备业 •煤炭开采 •天然气供应商 •铁路行业 •太阳能供应商 •核能供应商 •生物能源供应商 •水电供应商 •节能行业 •公共运输业	•航空业 •电解铝行业 •游乐场 •船舶制造商 •汽车租赁商 •汽车制造商 •水泥生产商 •陶瓷制造商 •快餐运营商 •玻璃制造商 •房屋建筑商 •旅馆业 •土地开发商 •石油化工厂 •飞机制造商 •轮胎制造商 •卡车制造商 •收费公路

金融流动性与牛市

在出现牛市之前常常会有金融流动性大幅提高的情况。以下是一些早期信号：

· 定期储蓄存款较多或持续增加。

· 经纪人现金账户余额较高或持续增加。

· 经纪人证券贷款额较高或持续增加。

· 基金账户中的现金 / 资产比率较高或持续增加。

· 债务/贷款比率较高或上升。

· 净银行自由准备金较高。

· 货币流通速度下降。

有趣的是，金融牛市并不会吸收流动性，更准确地讲，金融牛市会创造出流动性。无论何时，只要有人买进了一项金融资产，那就是其他人卖出的，并且随着资产价格的上涨，人们会感觉到财富增长了，这将驱使货币流通速度加快。

第 28 章

世界最大的市场：外汇交易

尽管债券和股票的市场规模巨大，然而与货币市场比起来，只能算是小巫见大巫。正常情况下，在 10~15 秒内完成的外汇交易额就可能超过 1 亿美元。人们对这个市场已经做过大量的研究，大多数的研究表明，到 2005 年，全球每日交易额就已经达到 2 万亿美元，按年计算则大约是 770 万亿美元。这个数额确实太庞大了，但是世界上大多数人终其一生恐怕都不会参与外汇交易，哪怕是 1 美元的交易。如果用 65 亿世界人口来除这个 2 万亿美元，那么每人每天的外汇交易额刚刚超过 300 美元。按年来计算，人均交易额刚刚超过 11 万美元。将其与 6 300 美元的全球人均 GDP 相比，我们可以得出这样一个结论：外汇交易额几乎是 GDP 的 20 倍。

外汇交易的形式有许多种。最普通的就是互换，这种方式是把任意两种数额庞大的货币进行交易，互换期限可以是一天，也可以指定将来任何一天为到期日——至少可以在几年之后。其他的外汇交易形式可以是期货和期权。交易可以以预期汇率变化为基础，这也是常说的现汇交易（尽管这个术语也有盘中交易的意思）。交易也可以是卖出低利率的货币，并买入高利率的货币，从而赚取两种货币之间的利差，这种外汇交易形式被称为利差交易。还有很多关于汇率波动预期变化的外汇交易方式，即使你不知道汇率变化的方向也可以进行交易，这种被称为波动性交易。

学术界为了解释货币价格的变化，已经做了大量的研究，许多人绞尽脑汁，最后可能只会发现这个价格体系中的某些蛛丝马迹。原因在于，两种货币价格的相对变化所反映的变量涉及的范围非常广泛，诸如以下方面：

- 生产率
- 政府支出
- 经常账户余额
- 利率
- 购买力平价
- 经济增长率
- 直接投资
- 投资组合流动
- 心理因素
- 风险对冲活动

· 进口价格
· 出口价格
· 中央银行干预

其中一些变量对统计分析人员来说似乎非常混乱。比如，中央银行在采取干预措施时常常尽可能不被市场预测到。这里还涉及一定程度的心理因素，而对这部分难以进行定量化的学术研究。然而，我们可以清楚识别的外汇交易行为有两个方面，并且它们与经济周期有着密切的联系：

· 中央银行会在经济扩张后期提高利率，这往往会促进本币针对其他货币升值。这就是通货膨胀与利率的联系。
· 一些生产大量商品的国家，其货币往往会随着全球商品周期而波动——有些则与经济周期有着直接联系。

以上是核心内容。我们首先分析通货膨胀 / 利率的联系。

通货膨胀 / 利率的联系

外汇市场中的互换协议中包括即期价格和远期价格。即期价格是此时此地两种货币价格之间的关系。然而，远期汇率则受两种货币之间的利差影响，而且这种汇率与即期汇率之间几乎总是存在着差异。我们不妨来看一下，假设你卖出一种低利率的货币，买进另一种高利率的货币。例如，你抛售 1 000 万美元（USD）而买进巴西雷亚尔（BRL），在交易单上可能就会出现“–10USD/BRL”。远期价格将会像商品交易者所说的“期货溢价”一样，因为它比即期价格要高。然而，外汇互换中的远期汇率结构并不是真正的期货溢价或者现货溢价，因为不存在纳入远期价格之中的特别风险估价和期货价格评估。它实际上非常机械，远期价格调整只是单纯地准确反映两种货币之间的利差——不涉及任何其他因素。

我们还是用交易者为例进行说明。他已经卖出美元远期，并且所得到的远期价格比即期价格要高。如果利差很大，那么这个远期价格可能相当高。这就意味着，如果货币价格在他的互换协议到期之前没有变动的话，他就肯定能够赚钱。如果巴西雷亚尔升值，他就会发大财。即使下跌了，他仍然有可能赚钱，只要下跌幅度不超过他在货币利差上所挣的就可以了。这些胜算非常诱人，受其驱使的交易者会相当迫切地买进那些利率奇高的货币。

实际上，这正是中央银行最希望看到的。虽然长期利率由市场确定，但短期利率则由中央银行控制。如果中央银行提高短期利率，那么其原因就在于它正关注通货膨胀。现在，如果投机者进入市场并买进该国货币，那么这种货币往往会升值，从而造成进口价格下跌并抑制出口。这两种效应都有助于中央银行实现其政策目标，即消除通货膨胀。

那么外汇市场对货币政策变化的反应会有多强烈呢？2005年，澳大利亚储备银行的乔纳森·卡恩斯和菲尔·曼纳斯发表了关于这个问题的一项研究成果（《货币政策对汇率的影响：采用盘中数据的研究》）。这份研究报告所采用数据的时间跨度为1993—2004年，范围包括澳大利亚、加拿大、新西兰和英国，结论如下：

结果显示，针对未能预见的政策利率提高100个基点，汇率平均上升大约 1.5%。个别国家的估计范围是 1.0%~1.8%。而对于 25 个基点的意外加息，汇率则平均上升 0.35%（个别国家估计为 0.25%~0.5%）。

许多其他研究已证实了利率与外汇价格之间的这种普遍关系。外汇市场把未来的许多利率变化加以贴现。但是，当市场感觉发生意外时，就会即刻做出反应：一种货币的利率意外上调，其在外汇市场的报价就会随之上涨，反之亦然。结果是，在本国的经济周期中，本币成了落伍者：它往往在周期的后期升值，而且常常落后于已经达到顶峰的经济活动一段时间。因此，汇率变动与经济周期之间有着密切的联系。

经济周期中的商品货币

货币和经济周期之间第二个非常强的联系是与商品生产经济有关的。3 种主要的“商品货币”是澳大利亚元（AUD）、新元（NZD）和加元（CAD）。表 28-1 所列的是 1972—2001 年间，澳大利亚、新西兰和加拿大最重要的非能源产品中某些类别的平均百分比值。

这些数字表明，新西兰主要生产农业产品，而澳大利亚和加拿大相对占优势的是工业商品，我们知道这与经济周期是相关的。另一个领域是能源产品，澳大利亚和（尤其是）加拿大两国都大量生产能源产品，但新西兰绝对不是。对于这些国家，从商品来看，我们已经有了感觉，因此可以总结这项研究的结论：

表 28-1　澳大利亚、新西兰和加拿大非能源产品的价格指数构成，以美元计价的全球市场价格为基础，1972—2001 年。这些数字表明澳大利亚主要生产软性商品和金属，新西兰的食品占优势，加拿大则主要生产木材产品。

		澳大利亚	新西兰	加拿大
软性商品	棉花	3.4		
	稻谷	0.8		
	蔗糖	5.9		
	小麦	13.5		8.9
	羊毛	18.3		
	牛肉	9.2	9.4	9.8
	日用品		21.5	
	羔羊		12.5	
工业商品	铝	9.1	8.3	4.8
	铜	3.2		4.7
	铅	1.3		
	锌	1.8		4.4
	铁矿石	10.9		
	镍	2.6		3.9
	木材、原木、锯木、纸浆、新闻纸		11.2	47.5

资料来源：陈和罗格夫，2002 年。

出口商品的全球价格，以真实美元计价，对新西兰和澳大利亚的实际汇率确实存在着强大而稳定的影响。而对加拿大来讲，这种关系的强度要稍逊一筹……

有两种相关的评论。第一种观点认为澳大利亚和新西兰之间有着紧密的货币联系，并且后者的货币有可能受到前者的牵引。第二种观点认为，这项研究是在2002年完成的，随着2002年以后商品价格大幅提高，加元汇率出现了大幅上涨（澳大利亚元和新元汇率也上涨了）。包括这些年份情况的研究会显示出，对于加元而言，相关性更强。

在这里我们还应该提及另两项研究。2002年，国际货币基金组织的卡欣、塞斯佩德斯和萨赫发表了一份工作报告，他们对出口大量商品的58个国家的货币和商品价格之间的关联进行了调查研究。他们对这种关联的定义采取了相当严格的标准，但还是发现其中有22个国家的货币与商品价格之间存在着很强的统计上的相关性。事实上，其相关性是如此之强，以至这些货币的变化有80%以上是与商品价格的波动有关的。这22种货币就包括了澳大利亚元，但其余都是一些小国家的货币，投机者很少会炒作这类小国的货币。而加拿大与新西兰的货币则都不在其中。然而，这项研究也是在2002年之后商品价格大幅上升与商品生产国的货币大幅升值以前完成的（见图28-1、图28-2、图28-3）。

我们再看一下加拿大皇家银行（RBC）资本市场做的一项研究，该项研究涉及的时间段为2002年至2004年11月，这对以上研究的时间缺口或许能够稍有弥补。这项研究的结论是：新元与ANZ（澳新银行）商品指数之间有着很强的相关性——该指数特别关注农产品，且不包括能源构成，而澳大利亚和加拿大的货币主要与贱金属有关联。当然，从经济周期的视角来看，这很有意思。表28-2列出了这两年中一些具体的相关系数，其中正相关系数超过0.7的用粗体字标出。

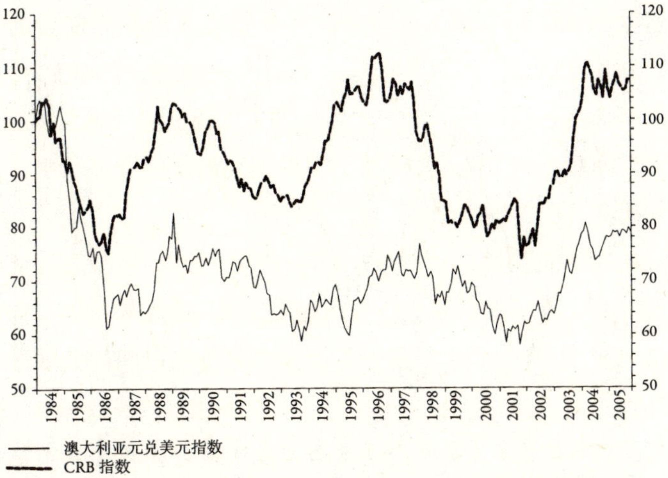

图 28-1　1984—2005 年澳大利亚元汇率指数与 CRB 指数之间的相关性。这张图清楚地表明了澳大利亚元价格与该商品价格指数之间的相关性。

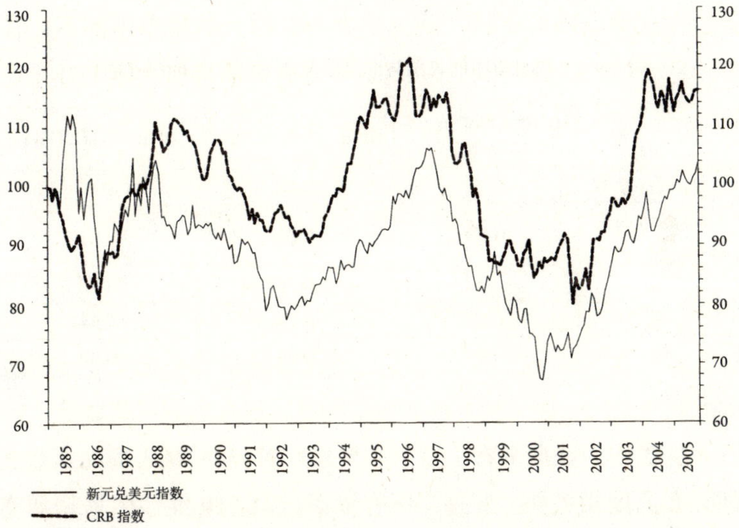

图 28-2　1985—2005 年新元汇率指数和 CRB 指数之间的相关性。其相关性似乎比图 28-1 中的澳大利亚元更加明显。

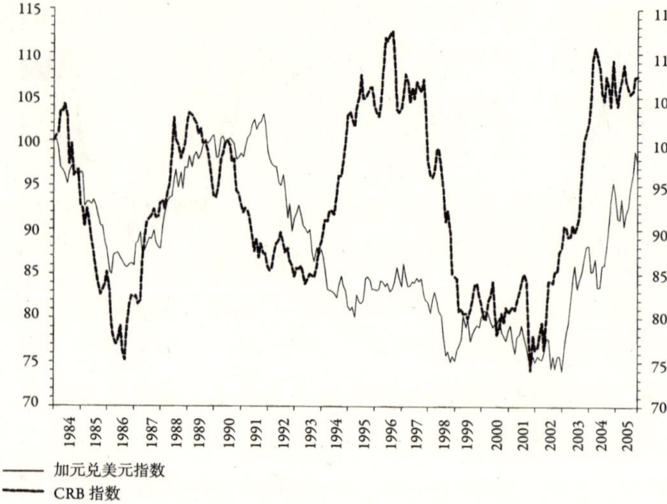

图 28-3　1984—2005 年加元汇率指数与 CRB 指数之间的相关性。在 1995—1997 年间相关性较弱，但其他时间相关性都非常强。

表 28-2　商品货币的表现与商品以及商品指数之间的相关性

	澳大利亚元（AUD/USD）	新元（NZD/USD）	加元（CAD/USD）
ANZ 商品指数	0.52	0.82	0.64
CRB 贱金属指数	0.83	0.83	0.81
铜	0.77	0.76	0.73
铝	0.67	0.71	0.64
镍	0.90	0.89	0.88

从表中的数据来看，新元和聚焦于农业的 ANZ 商品指数之间存在高度相关性。此外，所有货币与铜、镍和 CRB 贱金属指数有着非常高的相关性，这也使它们与资本性支出和房地产周期

牢固地联系在一起。这些货币与铝的相关性要稍弱一点儿，这可能是因为有相当数量的铝是用于易拉罐和其他的消费品包装方面的，而这部分特别缺乏周期性。

外汇交易

当然，还有许多外汇交易策略，但是有两种交易策略与更长的经济周期运动有着非常密切的关联。一种策略是，由于资本性支出与房地产因素会驱动经济周期进入扩张的后期，因此外汇交易应把焦点转向商品货币。另一种交易策略是处理好外汇交易、债券和股票。这种策略常常可以采取以下交替措施：

- 扩张早期：买进债券和股票，对冲（卖出）货币。
- 扩张后期：卖出债券，保留股票，然后将股票也卖出。封闭货币对冲并在中央银行开始提高利率时买进货币。
- 下降早期：不介入债券和股票交易（或者进行卖空交易）。只要中央银行还在提高利率，就保持货币多头，或者直到你认为利率仅会再提高一次为止。
- 下降后期：做空货币，买进债券，并且随后也买进股票。

当然，这听起来很简单，或许诚如沃伦·巴菲特曾经说过的那样："投资很简单，但是不容易。"

第 29 章

经济周期和市场循环

现在我们已经讨论过各种主要资产及其在经济周期中的表现，还有经济周期本身的发展过程。我们已经看到存在存货周期、资本性支出周期和房地产周期，并且认为这是 3 种最重要的周期现象。至此，我们应该把这些现象综合起来考虑。然而，这是一个很复杂的问题，因此我们采取以下办法来处理：先讨论粗略简化的经济周期理论和金融市场，而后再描述一个全部根据其历史平均水平动态呈现的完美情景。当然，实际情况并非如此，因此我们的目标是给出一个参照模型，而不是预测。

周期的七个驱动因素

我们最开始的简化模型特别粗略。我们把所有的经济周期模型简单地捆绑到一起，这些有意义的模型有七组，对此我们将给出自己的命名。第一组是触发战略性变化的中央银行行为：

· 货币加速器。当实际利率低于自然利率（魏克塞尔）或货币供给增长超过趋势水平时，就会发生货币扩张。这导致了乐观主义、经济活跃、资产升值，因此在稍后的阶段还会导致货币流通速度的加快（坎蒂隆、桑顿、弗里德曼等）。

我们现在称其为"加速器"，是因为它含有自我膨胀的种子，而货币供给的扩张所导致的事件提高了货币流通速度，而且使人们感觉更加富有。接下来仍被我们称为"加速器"的四组是一些主要的非货币现象，这些现象能够在经济周期运动中驱动经济向前发展：

· 存货加速器。低存货量会诱使公司增加订购量。这将造成总体水平增长更多，也就意味着更大的销售量，从而导致存货的进一步减少（梅茨勒、基钦等）。
· 资本性支出加速器。在扩张成熟期出现瓶颈将迫使公司扩建产能（阿夫塔里昂、克拉克、朱格拉等）。这将创造更多的增长，而更多的增长又意味着企业甚至不得不建设更大的产能。
· 抵押加速器。资产价格上涨造成资产抵押价值的增长（冯·米塞斯、冯·哈耶克、熊彼特、明斯基、金德尔伯格等）。这会造成更多的借贷，从而刺激商业活动，对资产价格是有利的（伯南克等）。当房地产市场发生这种情况时，其影响是最大的（霍伊特、伯恩斯等），不过其对股票市场也有显著的影响。

- 情绪加速器。资产价格的上涨在一定阶段会俘获那些不成熟的投资者的想象力，从而导致大量投资和泡沫（特沃斯基、卡尼曼、席勒、斯特曼等）。

我们所说的第六组现象是由经济自身内在的驱动最终到达拐点的趋势：

- 耗竭现象。经济繁荣造成了劳动力、实物资源和信贷出现瓶颈，这最终导致私人花费不可能进一步增长，新的商业机遇也变得无利可图（霍特里、巴拉诺夫斯基、卡塞尔、霍布森、卡钦斯、福斯特、庇古、凯恩斯等）。

以上所提到的六组现象同样可以起到相反的作用。然而，我们还需要再加上最后一组现象，这仅在严重衰退/萧条的情况下才会发生，而且情况更糟糕：

- 信用崩溃。信用显著收缩可能导致债务紧缩或流动性陷阱（费雪、明斯基、金德尔伯格、凯恩斯等）。

以上是粗略简化的模型，由七组经济现象驱动——虽不完整，但也并非全部毫无用处。

周期长度

接下来我们假设经济周期行为总是像平均状态那样：

· 每一次和每一个存货周期持续 4.5 年；

· 每一次资本性支出周期持续 9 年；

· 每一次完整的房地产周期会持续 18 年；

· 这些周期同步时表现出一个整齐的模式，即每个房地产周期中包含 4 个存货周期和 2 个资本性支出周期；

· 因此，当可能的时候，周期的高峰与谷底会出现重合。

这也很粗糙，但完全不荒唐。因为随着时间的流逝，在不同的经济体中，这些周期的平均长度实际上已经相当稳固，并且确实存在着调整高峰与低谷的内在趋势（熊彼特、福里斯特、莫斯基尔德等）。

这些是关于经济的简单假设。我们还需要对人们怎样投资和为什么投资的问题做出一些简单的描述，因为这将导致我们得出一个关于几乎所有投资问题的重要结论。

人们为什么投资

让我们先来考虑投资的动机，就从那些主要出于商业目的而购买的资产开始，如表 29-1 所示。正如我们从表中所看到的，这些动机融合了当前收益、商业短缺和现货溢价因素。

在我们的调查中，其余的资产，诸如住宅房地产、收藏品、贵金属和钻石，主要不是出于商业目的而购买，购买这些东西是为了个人的乐趣。这类投资的动机似乎主要是财力可承受程度。人们在觉得自己有购买能力时，就会购买这些物品。

表 29–1　在不同资产类别 / 投资工具上进行投资的商业动机

投资种类	购买动机	主要投资标准
债券	净收入	收益率与预期通货膨胀率的比率
货币存款 / 远期	净收入	收益率与预期通货膨胀率的比率，预期相对增长率，支付平衡
股票	净收入	远期收益率与债券收益率的比率
对冲基金	净收入	预期收益率与股票收益率和 / 或与通货膨胀率的比率
私募股权	净收入	预期收益率与股票收益率和 / 或与通货膨胀率的比率
商业性房地产	净收入，实用性	最高利率与债券收益率的比率
工业用金属	实用性，稀有性	估计未来的稀缺性和通胀率，加上现货溢价，并且将其与债券和股票的收益率相比
贵金属期货	安全性，对冲未预料通货膨胀	现货溢价和利率与预期通胀率的比率

利率的作用

如果购买一些资产是为了赚钱，而购买另一些资产是为了个人乐趣，那么所有这些资产在定价方面是否存在共同点呢？有一点是共同的：在所有类型的资产定价中，利率起着独特的作用。利率下降和较低的实际利率对各种类型的资产定价具有很强的正面影响。货币利率和债券收益率会驱动住宅房地产市场繁荣发展，因为低利率使人们具有支付能力，而这又导致了个人财富的增值，个人财富的增值又会驱动珠宝和收藏品的价格上涨。此外，债券能够驱动股票市场，因为利率是未来收益的贴现因素。债券还驱动各种经济活动，从而影响着社会的方方面面。图 29–1 对以上情况都有说明。

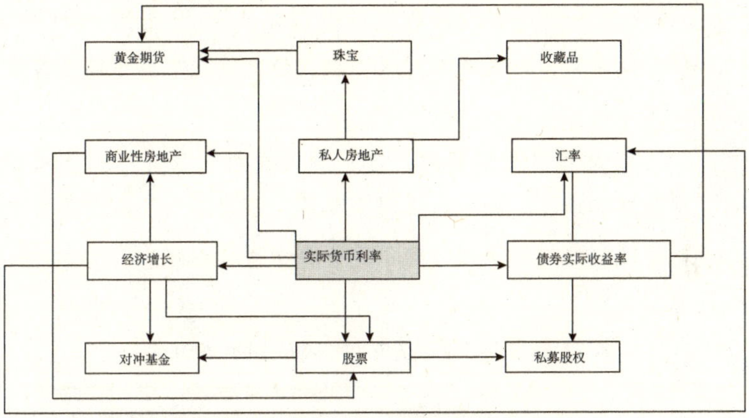

图 29–1　货币利率在资产估值中的作用

泡沫循环原理

所有类型的资产还存在一个更为普遍的共同点。我们已经看到经济周期不时创造出传导资产泡沫的货币环境。然而，人们会想起过去的泡沫崩溃，这也意味着对上次发生泡沫的任何资产，人们在下次的投资中都不太可能再次选择，以免重蹈覆辙。这就导致了一个系统性的泡沫循环。举例来说，1980 年，贵金属 / 钻石出现了泡沫，而后在 1990 年出现了收藏品泡沫（日本），到 2000 年则是股票市场出现泡沫。

各类资产在不同经济增长/通货膨胀水平下的表现

2005 年，巴克莱银行发布了一项研究，内容是有关不同类型资产从第二次世界大战到 2004 年间在英国市场上的表现，该项研究把这 60 年划分为表 29-2 中所示的 4 种情况，而后对不同类型资产在每一种情况下的市场表现进行测度（其中对房地产和商品的测度时间是从 1970 年到 2004 年）。研究结果如下，在每种情况下表现最好的资产以粗体字着重标明。

正如人们所预期的，这一研究表明实物资产（艺术品、房地产和商品）的市场表现主要取决于经济增长，而股票市场表现的好坏则强烈依赖于是否存在通货膨胀。

表 29-2　英国不同类型资产的表现（截至 2004 年）

	高通货膨胀	低通货膨胀
高增长	股票：4.4% 债券：-0.2% 现金：-0.4% **艺术品：9.2%** **房地产：8.1%** **商品：6.1%**	**股票：13.4%** 债券：0.1% 现金：2.0% **艺术品：7.5%** **房地产：11.0%** **商品：15.1%**
低增长	**股票：4.1%** 债券：-0.8% 现金：0.7% 艺术品：0.3% 房地产：-4.2% **商品：2.8%**	**股票：11.1%** 债券：0.0% 现金：2.2% 艺术品：0.9% 房地产：4.7% 商品：3.2%

资料来源：巴克莱银行，2004 年。

情况就是这样。我们在这里采用超级简化的模型，就像我们在前面提到的经济蒸汽机一样：一台按照几条简单规则运行的机器轰隆作响地运转着，把不同的资产推高又拉下，就这样永不停息。现在，我们设想一下，在锅炉中装满煤炭，发动机器并把它设置在起始点，此时活塞上下运动的最低点和经济萧条时期的底部相一致。换句话说，在存货周期、资本性支出周期和房地产周期同时处于低谷时，我们这台经济机器也会调适到对应位置与之相称。于是，这台机器启动了。

新的拂晓

在经济扩张刚刚开始之时，实际上已经出现了早期的警示信号。还记得第22章中所提到的4个“长期领先指标”吗？它们是债券价格、实际货币供给、新屋开工量以及价格与单位劳动成本的比率，大约在GDP开始上升之前的8个月，这些领先指标就开始出现了上涨。其他的领先指标也已经出现上涨，但其中有一些只是领先经济活动几个月而已。

我们现在仍然处在非常早期的经济扩张阶段，人们对就业的忧虑已经有一段时间了，因此他们已经开始控制消费。失业人数较多，但绝大多数的人仍然在工作，并且他们的积蓄实际上有所增加。因此会有大量现金闲置，贷款也变得更加便宜，于是有些人又开始增加消费。房地产销售量正在快速增长，而房地产的价格也很快开始逐步上涨。

股票市场也正在上涨，而且比房地产价格上涨的速度要快得多。在经济开始下滑的时候股票市场曾经遭受挫折，但是现在对于那些精明的投资者来说，许多股票的价格已经完全低于其价值，因此现在是迎来拂晓的时刻。一些上市公司的经营还处在亏损状态，一部分原因是这些企业正在考虑冲销巨额费用，但是你能计算出当其收入增加（收益正常化）时，它们将会如何处理财务账目，结果将会证明公司的股价应该比现在高得多。因此，精明的投资者会买入股票，并且特别会追捧那些可选消费类、金融与IT（信息技术）行业的公司。现在我们的货币加速器显然正在受到很大的推动，因为货币流通速度在加快。

表 29-3　典型存货周期（基钦周期）的经济特征

长度和振幅： • 平均长度是 4.5 年，并且有相当强的规律性； • 下降阶段平均为 6~9 个月； • 波动幅度有限。许多这样的下降并不会演变成经济衰退，只有“增长周期”处于低迷。 主要驱动因素： • 存货，大约平均占年度 GDP 的 6%； • 存货中一个不成比例的部分是耐用品，它比服务业和稳定的消费类波动幅度更大。汽车与汽车零部件的存货起了非常重要的作用。 关键理论概念： • 存货周期； • 啤酒游戏现象； • 猪循环 / 蛛网 / 船舶建造周期。 破坏效应： • 非常有限。 积极效应： • 消除通货膨胀问题。 关键指标： • 总体指标：综合的领先指标，短期与长期利率，收益曲线； • 具体指标：存货。

同时，房地产价格还在继续上涨，那些拥有住房的人又以更低的利率进行抵押再融资，与此同时金融投资组合的账面利润也

在增长。消费者的信心增加，更多的人一头扎进商场购物和购买汽车。铝和铅的价格上涨了，因为这两种金属被广泛用于制造汽车。对于许多对冲基金经理来说，这也是一个投资的黄金时机，因为他们看到处处都是有价值的投资建议，并且交易具有很强的动量。

最初的难题

需求浪潮的冲击使一些企业获得了意外惊喜，因为存货量在减少。这些企业的反应是加大订购量并恢复正常的存货水平，这样的行动还会刺激更多的增长：于是我们的存货加速器就有了用武之地。企业的产能仍然有相当大的提升空间，用现有的劳动力仍然能够满足新的需求。这使企业在不增加过多成本的情况下增加了大量的收入，因而其利润也出现大幅上涨。此外，那些熬过经济衰退的企业最终感觉到自身具有一定的定价能力，因此价格

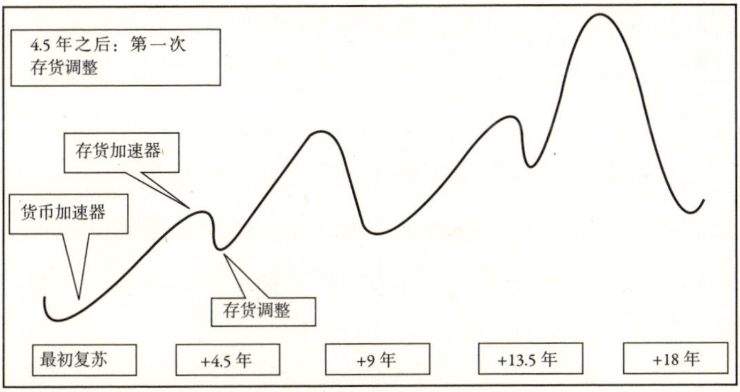

图 29-2　多周期参照模型中最早的存货周期

上涨的一波浪潮会给经济造成打击。中央银行非常慎重地关注这种情势的变化，然而，央行因此还是决定停止踩油门。而后央行开始踩刹车，即提高利率，一段时间过后，我们的货币加速器就开始发挥反向的作用。

一些投资者也在关注着形势的变化。债券达到高峰然后开始缓慢下挫，这与企业达到令人满意的存货水平几乎同时发生，并且存货的下降造成的涟漪在经济中扩散开来，经过一段时间后经济也出现放缓：我们的存货加速器也已经在发挥反向的作用。

现在，自从扩张开始，已经过去了 4.5 年的时间。对冲基金正在奋力搏杀，因为市场正在以一种复杂的大幅波动的方式进行调整，并且拒绝陷入明显的熊市。

新的复苏

所有这些有一种非常正面的效应：大约在几个月之内，通货膨胀就可以重新得到控制。中央银行观察到核心 CPI 正在回落到目标水平以下，并且随着 PMI 回落到 50 这个中性水平以下，中央银行就会认为这样的控制力度已经完全足够了，只要继续保持就可以。6 个月之后，中央银行开始放松政策。债券又出现上涨，之后股票紧跟着上涨，而在股票市场创出新高之前，我们甚至还没有看到有关新的经济复苏的证据。由于人们看到抵押贷款利率新的下降有利可图，于是房地产价格也再次上涨。这样，我们第一个存货周期就完全结束了。

资本性投资周期

存货周期的实际影响是足够大的，但与资本性投资周期的影响相比，它还算不上什么。纯粹的存货周期对于黄金、钻石、私募股权和收藏品的影响微乎其微，这也是表 29-4 中不包括存货周期的原因。然而，我们这台经济蒸汽机仍然在运行着，而当第一个存货周期已经完成的时候，有一个关键性的指标已经出现了缓慢但颇为显著的变化：产能利用率已经逐渐提高了。

表 29-4　存货周期中典型的资产价格行为

	扩张早期	扩张后期	衰退早期	衰退后期
债券收益	下跌（债券价格上升）。垃圾债券表现更好	达到谷底而后缓慢上升	上升。投资级债券表现更好	缓慢下跌
货币	稳定或缓慢下跌	开始缓慢上升	缓慢上升	下跌
全部股票	快速上涨，但滞后于债券	平稳上升，而后达到顶峰，缓慢下跌	短暂下跌，而后由于通货膨胀下降和长期领先指标上升而再次上涨	上涨
行业股票	**表现更好：**金融，消费类，IT，小盘股 **表现更差：**稳定的消费类，公用事业，大盘股	**表现更好：**工业 **表现更差：**金融	**表现更好：**稳定的消费类，公用事业，大盘股 **表现更差：**可选消费类，IT，小盘股	**表现更好：**金融，消费类，IT，小盘股 **表现更差：**稳定的消费类，公用事业与工业

（续表）

	扩张早期	扩张后期	衰退早期	衰退后期
全部对冲基金	表现非常好	表现较好	表现相对差	表现缓慢
表现最佳的对冲基金	特定行业基金，多头对冲基金，股票型基金，事件主导型基金和市场中性基金	特定行业基金，多头对冲基金，股票型基金，事件主导型基金和市场中性基金	空头卖方，市场中性基金，事件主导型基金	特定行业基金，多头对冲基金，股票型基金，事件主导型基金和市场中性基金
全部房地产	上升	上升	停滞	上升
表现更好的房地产	公寓，单个家庭住房	零售业房地产，提供全套服务的酒店，住宅用地，停车场，市区中心办公楼，商业用地	市郊办公楼，研发用房，工业仓库	第二层次的地区商场，工厂直销
全部商品	停滞	缓慢上升	上升	下降
表现更好的商品	铅	铜，锌，镍，铝，铅	铜	

这一点很重要。尽管产能利用率在存货周期的短暂下降过程中停顿下来，但是企业通过运用现有的产能加上提高员工的工作效率，或者增加雇员，就可以满足市场需求。在经历了于4.5年前结束的严重衰退之后，企业已经动用所赚收益中相当大的部分来改善资产负债表。银行已经核销了坏账，并且企业用现金偿还贷款的水平超出了银行的安全要求。事实上，其安全度如此之高，以至股东们开始质询企业为什么不做更多的未来投资。越来越多的企业正好都在做出决定：开始更多地投资于研发和新的产能。

这一波资本性投资浪潮触发了资本性支出加速器，因为企业之间相互出售产能。

在商业性房地产行业，资本性支出的增加尤其受到欢迎，至此，商业性房地产行业还是保持着缓慢的步伐。租金收入正在得到改善，最好的办公楼（市区中心）的空置率从中等程度下降到几乎为零。一些新租户对吸引力稍逊一筹的郊区办公楼也感到满意。此时工业房地产也正在上涨，因为许多企业正在建设新的产能。

此时产能的建设已经取代消费者支出，成为推动整体经济增长的力量，并且那些提供最新技术的公司股票正在显著上涨。然后股票加速上涨，更多的人便决定购买，而后是人们情绪高涨，接下来可能是狂热：情绪加速器的魔力已经发挥作用。至此，财富快速增长，而且人们用资产抵押来获取贷款：抵押加速器也在发挥作用。货币加速器也是这样，因为货币流通速度加快了，而且商业又以创新的信用形式来满足激增的贷款需求。

对绝大多数公司而言，市场占有率都是关键的优势，因此便出现了收购与兼并的浪潮。与此同时，金属和矿业生产商发现很难跟上市场需求增长的步伐，于是就采取提高产品价格的做法，另外它们也在准备扩建新的产能。然而，在大部分新扩建的产能正式投入运营之前，还要等上几年的时间。在此阶段，铜、铝和铅的市场表现很好，锌和镍可能表现得更好；毕竟这些原材料在工程应用、电线、化工管道等方面会有大量的消耗。对冲基金经理相当成功，因为他们能够发现飙升的收入与企业、交易趋势等。私募股权基金的发展也是这样，这些基金在市场表现最佳的时候，如果价格不是过高，就可以退出以前的大量投资。黄金、钻石和收藏品的市场会怎么样呢？这些市场的表现毋庸置疑，的确非常好。

至此，经济在总体上的表现非常好，而且存货加速器也成为政党选举的武器。但是问题逐渐浮现出来：所有的成本似乎都在逐渐上升。例如，当租赁协议即将到期而面临重新谈判的时候，商业性房地产的租金变得更加高昂了。企业也首次面临为许多种类的熟练员工增加工资的重大压力，因为企业与企业之间会提供更高的收入来挖走这些人。需求高涨，但是市场供应紧张，因此公司增长前景看好，而供给开始落后：耗竭现象正在出现。就在这个时点，中央银行开始担心并进而提高利率，债券出现下挫。然而工业用金属市场的上涨还会持续较长的一段时间。

一些企业经理现在也开始担心，因为他们不能看清，在这个成本水平上，进一步的经济扩张能在多大程度上增加公司的收入。经济学家也告诉他们，长期领先指标往往在经济活动达到高峰之前大约 14 个月会出现逆转。而现在这些领先指标已经出现了逆

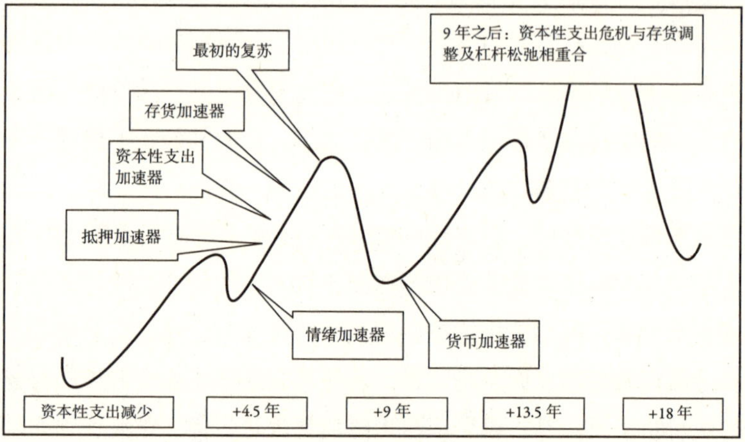

图 29–3　多周期参照模型中最早的资本性支出周期

转，因此他们停止了投资。这是 9 年里导致第一次严重衰退的转折点，也是资本性支出的崩溃与严重的存货调整混合在一起的时点。房地产市场也受到了损害，但还不是如此严重，因为当需求趋于平稳状态时，不会存在任何过量建造的问题。房地产市场的供应是合理的。

表 29-5　典型资本性支出周期（朱格拉周期）的经济特征

长度和振幅：

- 平均长度为 9 年，频率受到具体创新、贸易自由化等因素的影响而有些变化；
- 典型的衰落阶段会持续大约 2~2.5 年；
- 振幅可能很大。

主要驱动因素：

- 资本性支出在发达经济体中平均约占 GDP 的 10%，在快速增长的新兴市场中所占比例会更高，这与经济发展和技术创新的特定阶段有关。

关键理论概念：

总体概念	扩张阶段	衰落阶段
• 资本性支出周期	• 自然利率与实际利率	• 货币加速器（反向）
• 资本投资加速器	• 资产膨胀	• 情绪加速器（反向）
• 乘数	• 情绪加速器	• 抵押加速器（反向）
• 猪循环 / 蛛网 / 船舶建造周期	• 抵押加速器	• 信用崩溃
	• 耗竭现象	

破坏效应：

- 可能很显著，因为投资下降可能导致猛烈的债务紧缩、过度的现金偏好和流动性陷阱。

积极效应：

- 消除通货膨胀；
- 控制过高的雇员报酬压力；
- 导致必要的合并和资产负债表调整过程。

关键指标：

- 总体指标：综合的领先指标，短期和长期利率，收益曲线；
- 具体指标：产能利用率，上市公司股票的追踪收益和预期收益。

我们的存货、资本性支出、抵押和情绪这些加速器现在都在起反向的作用。股票市场急剧下挫，与最近的资本性支出浪潮相关的一些特定行业更是如此。工业商品则紧随其后。许多对冲基金经理错过了牛市最后的晚餐，因为他们知道市场动量缺乏价值支撑，他们也可能在把握市场转折的时点上失败了。然而，一旦熊市方向得以确定，他们就会挺立潮头，又开始赚钱。那些在此前的牛市中没有退出的私募股权基金现在则要面临一段困难的时期。有一些私募股权基金被迫卖空，但这并不典型，有一些则走向了破产。

经济现在正面临落入流动性陷阱的风险，中央银行必须对此加以密切关注。然而，由于大多数资产的下跌都涉及股票，而大部分的股票又是用现金购买的，因而债务紧缩的问题并不是难以克服的，中央银行的任务还不算太艰巨。

趋向房地产繁荣

在接下来的 4.5 年中，经济又会像我们故事中的第一个 4.5 年那样演进，开始从危机中恢复过来，而企业在刚刚经历一场冲击之后，在新的资本性支出方面仍然会犹豫和退缩。大约 18 个月之后，经济开始复苏，这个时间点也是上一次严重危机的谷底之后大约 9 年。消费者受到了较为严重的伤害，提供资本设备的行业也彻底遭受了打击，实际上，许多企业已经破产。然而，房地产市场可能受到了刺激，但还没有地动山摇。而且随着经济的恢复增长，很显然，具有缓慢周期的房地产市场的巨大车轮转得更快，即使它们还未接近最高的运转速度。至此，我们所设想的经济机器运转的时间已经有 13.5 年，而我们也正在为最疯狂的景象做好准备。

表 29-6 资本性支出周期中典型的资产价格行为

	扩张早期	扩张后期	衰退早期	衰退后期
债券收益	下降（债券价格上升），垃圾债券表现更好	达到谷底后上升	上升，投资级债券表现更好	下降
货币	稳定或缓慢下降	开始缓慢上升，商品货币表现更好	高峰	下跌或危机，商品货币表现更差
全部股票	迅速上涨，但滞后于债券	迅速上涨并可能达到摇摇欲坠的顶点，而后反转并快速下跌	大幅下跌，而后经济发生逆转	上涨
行业股票	**表现更好：** 金融，可选消费类，IT，小盘股 **表现更差：** 稳定的消费类和公用事业，大盘股	**表现更好：** 工业，IT，小盘股 **表现更差：** 金融	**表现更好：** 稳定的消费类，公用事业 **表现更差：** 可选消费类，IT，小盘股	**表现更好：** 金融，消费类，IT，小盘股 **表现更差：** 稳定的消费类，公用事业与工业
全部对冲基金	表现良好	表现引人注目	表现相对较差	表现良好
表现最佳的对冲基金	特定行业基金，多头对冲基金，股票型基金，事件主导型基金和市场中性基金	特定行业基金，多头对冲基金，股票型基金，事件主导型基金和市场中性基金	空头卖方，市场中性基金，事件主导型基金，宏观基金	特定行业基金，多头对冲基金，股票型基金，事件主导型基金和市场中性基金
私募股权	表现良好，特别是收购型与风险投资基金	表现良好，特别是收购型与风险投资基金	可能大量退出	许多基金损失很大，尤其是风险投资基金
全部房地产	上涨	上涨	停滞或缓慢下跌	上涨

（续表）

	扩张早期	扩张后期	衰退早期	衰退后期
表现更好的房地产	公寓 / 单个家庭住房	零售业房地产，提供全套服务的酒店，住宅用地，市区中心办公楼，商业用地	市郊办公楼，研发用房，工业仓库	第二层次的地区商场，工厂直销
全部商品	停滞	缓慢上涨	上涨	下跌
表现更好的商品	铅	铜，锌，镍，铝，铅	铜	
黄金、钻石收藏品	上涨	迅速上涨，可能出现泡沫	达到高峰，而后下降	下跌，而后趋于平衡

房地产周期的发作

最疯狂的景象来自房地产周期。直到最近，还没有发生房地产供应面的任何严重不足，但是现在这种情况出现了。毕竟，经济在过去多年里已经大幅扩张，当许多投资者追逐其他资本性支出项目时，他们只是没有对房地产给予足够的重视而已。

现在，房地产供应紧张的局面意味着租金与销售价格正在相当稳定地上涨，而且与利率相比，资本化率与投资收益率看起来更加诱人。老练的房地产开发商已经嗅到了发财的味道，于是储备中的建设项目上马，更多的开发项目会很快进入计划进程。开发商们发展出一些新的概念，获得融资并开始建造。新的土地被分成一片一片的，而后再被分成一小块一小块的，交易非常活跃。由于消费者加入这个热闹的“派对”并抢购别墅，新屋开工的情况出现了一派狂热的景象。一些人买房子的目的是获取以更高价格出售而带来的收益，另外一些人是因为担心如果他们再等下去，就买不起了。房地产的繁荣导致经济出现了总体增长，而且此时几个加速器在同时起作用：货币、存货、资本性支出和房屋加速器全部在发挥着各自的魔力。此外，房屋建造与资本性支出的步伐一致导致贱金属需求的快速上涨，矿业主们无法应付。他们加大投资来扩建产能，这又使疯狂得以持续。那些情绪高涨的投机者胃口大开，好像毫无顾忌地大肆吞下了股票、房地产和收藏品。艺术品市场也痛快地狂热了一阵子。

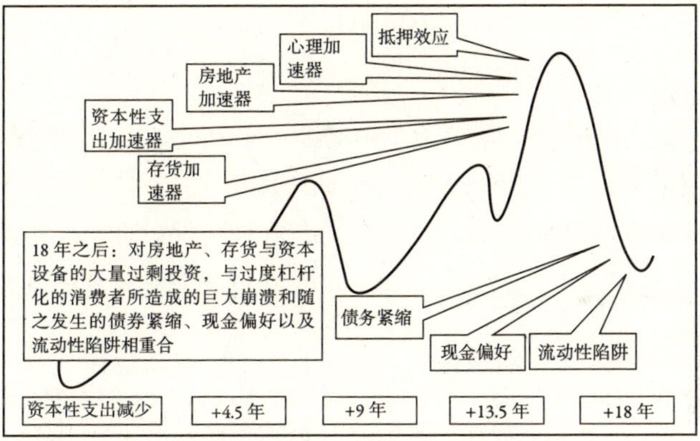

图 29–4　多周期参照模型中的房地产周期

表 29–7　典型房地产周期（库兹涅茨周期）的经济特征

长度和振幅：

- 平均长度是 18 年，频率有点儿变化且受利率结构化趋势的影响（它再次依赖于贸易自由化与中央银行政策等）；
- 典型的衰退期会持续 3~3.5 年；
- 振幅可能非常大。

主要驱动因素：

- 房地产建造活动（约占全球 GDP 的 8%，波动性很大）以及房地产价格（一般约占全球 GDP 的 250%）的财富效应。发达国家房地产建造占 GDP 的比例要高于新兴市场国家。

关键理论概念：

总体概念	扩张阶段	衰落阶段
• 房地产周期	• 自然利率与实际利率	• 货币加速器（反向）
• 乘数	• 资产膨胀	• 情绪加速器(反向）
• 猪循环 / 蛛网 / 船舶建造周期	• 情绪加速器	• 抵押加速器（反向）
	• 抵押加速器	• 信用崩溃
	• 耗竭现象	

破坏效应：

- 房地产价格崩溃之后几乎总是出现严重的长期衰退，这也导致金融部门出现问题。

积极效应：

- 消除通货膨胀；
- 增加储蓄率；
- 使得房地产需求跟上供给。

关键指标：

- 总体指标：综合的领先指标，短期和长期利率，收益曲线；
- 具体指标：购房能力，房价与员工收入之比，房价与 GDP 之比，商业性房地产资本化率与债券收益率之比，租金成本与抵押利率之比。

表 29-8 房地产周期中典型的资产价格行为

	扩张早期	扩张后期	衰退早期	衰退后期
债券收益	下跌（债券价格上升），垃圾债券表现好	达到谷底后上升	迅速上升，投资级债券表现更好	长久停在低水平
货币	稳定或缓慢下跌	开始缓慢上升，商品货币表现更好	下降	下跌或危机，商品货币表现更差
全部股票	迅速上涨	稳定上涨，而后达到高点并缓慢下降	迅速下降或崩溃	上涨
行业股票	**表现更好：**金融，消费类，IT，小盘股，REITs **表现更差：**稳定的消费类和公用事业，大盘股	**表现更好：**工业，REITs，可选消费类 **表现更差：**金融	**表现更好：**稳定的消费类和公用事业 **表现更差：**可选消费类，IT，小盘股，REITs	**表现更好：**金融，消费类，IT，小盘股 **表现更差：**稳定的消费类，公用事业，工业，REITs
全部对冲基金	表现良好	表现良好	表现相对较差	表现良好
表现更好的对冲基金	特定行业基金，多头对冲基金，股票型基金，事件主导型基金和市场中性基金	特定行业基金，多头对冲基金，股票型基金，事件主导型基金和市场中性基金	空头卖方，市场中性基金，事件主导型基金，宏观基金	特定行业基金，多头对冲基金，股票型基金，事件主导型基金与市场中性基金
全部房地产	上升	上升，但扩张后期交易量下降	崩溃	稳定在最小交易量

（续表）

	扩张早期	扩张后期	衰退早期	衰退后期
表现更好的房地产	公寓，单个家庭住房	零售业房地产，提供全套服务的酒店，住宅用地，停车场，市区中心办公楼，商业用地	市郊办公楼，研发用房，工业仓库	第二层次的地区商场，工厂直销
全部商品	停滞	快速增长	增长	崩溃
表现更好的商品	铅	铜，锌，镍，铝，铅	铜	
黄金、钻石和收藏品	上涨	快速上升，可能造成泡沫	达到顶峰后回落	下跌，而后趋于平衡

最后的衰退

直到其后大约15~16年的时候，疯狂最终失去动力并造成了大危机的出现。房地产建设现在严重过剩，产能也超过了需求，消费者支出也超出了限度，通货膨胀正愈演愈烈，中央银行为此正在提高利率来控制这种局面。一切都陷入了停顿，而后便是崩溃，由此导致了债务紧缩、银行危机，经济也陷入了瘫痪，而中央银行几年来复苏经济的努力都是徒劳——此时便该出现信用崩溃了。这是一次大萧条，是上次之后又一个18年的终点。至此，我们所假设的经济机器在时间上已经完成了整个循环。

我们经历了4个存货周期、2个资本性支出周期和1个房地产周期。我们并不知道自己在周期中会处于什么样的位置，我们现在或者可能很富有，“巍然屹立”，或者可能非常贫穷。但是，无论处于何种境地，我们都会更加明智。

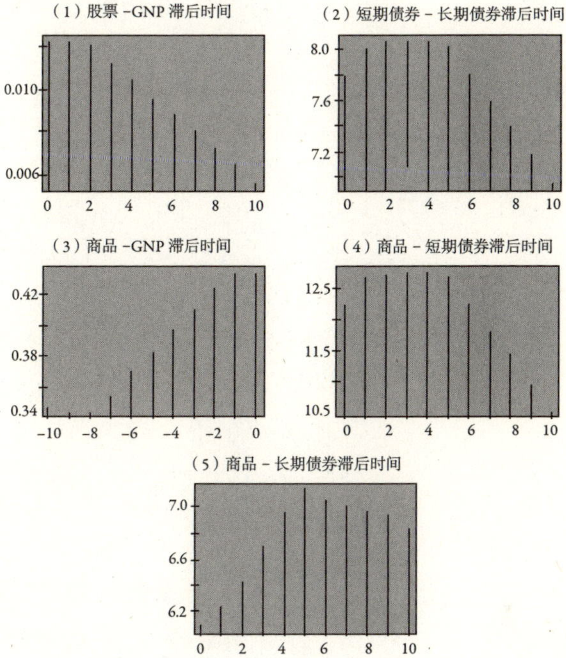

图 29–5　围绕经济周期的金融秩序。这些图表说明了 1900—1983 年以来美国短期债券、长期债券、股票市场、GNP（国民生产总值）和商品价格变动之间的交叉协方差分析。图中所采用的是季度统计数据，每个图表示了两个时间序列之间的协方差。如果协方差在一个或多个季度后达到峰值，分析就会检测到滞后性。第一幅图说明，平均而言，GNP 要么与股票市场同时出现反转，要么延后一个月出现反转：它们存在很好的相关性，但滞后时间短。第二幅图说明，从短期债券到长期债券的滞后时间很显然为 4 个季度。第三幅图说明，从 GNP 到商品价格的滞后时间为一个季度。第四幅图说明，从商品到短期债券的滞后时间为 2~4 个季度。最后一幅图说明，从商品价格到长期债券的滞后时间为 5 个季度。总的来看，这些图说明了传统的短期债券—长期债券—股票市场—GNP—商品周期的序列。

跋

心跳之声

一大早，我在门外待了大约 10 秒钟的时间，就感到非常寒冷。现在，我回到屋子里，舒服地坐在炉边，一边享用着早餐，一边阅读报纸。

放下报纸，我望了望窗外，满眼尽是晶莹剔透的冰晶。突然，我看到一大一小两只胖胖的“熊”从花园走过来。大的是黑熊，小的是白熊。无论何时向前走出几步，那只小白熊都会停下来，好像在雪地中找什么东西，大黑熊也会转过身子耐心等待。最后，两只熊跑到了窗前，正好在阳台下。大黑熊打开了门，寒风立刻吹进屋子里。她正是我的妻子伊塞亚，此时穿着长长的黑色外套。小索菲一起进来，立刻跑到我的椅子边，我帮她脱下白色的外套和小靴子。她的下巴冻得红红的，眼睛一眨一眨。

“你看起来很是自得其乐，”伊塞亚说道，“……你的早餐已经吃了 4 个小时了，知道吗？”

当然。我早餐能吃一整天。

“让我猜猜，”她说道，“你读有关经济周期的报纸或书籍了？”

“都读过了。”

“那你发现了什么没有？我是说关于经济周期的问题。”

“无法根治，但很有趣。人们可以修正经济的波动，但不可能完全避免。如果你想要完全避免，事情就会变得更加糟糕。”

她倒了一杯咖啡，看了看正在地板上玩苹果的索菲，我则看着窗外。湖面上小小的涟漪慢慢向着湖岸散开。或许这个星期湖面就会开始结冰？此时，伊塞亚也正望着窗外，她像在思考什么。而后她从口袋中抽出一张皱巴巴的纸条，这张纸条是我写的。

“我一直在找它……”我问道，“你在哪里找到它的？”

“在花园的亭子下，”她回答道，“现在我明白你为什么不愿意再写下去了。”

她朗声念道：

> 周期并不像扁桃体那样，是可以单独摘除的东西，而是像心跳一样，是有机体的核心。
>
> **——约瑟夫·熊彼特，1939 年**

附录 1
经济周期理论重要事件一览

1705 年，约翰 · 劳出版《论货币和贸易：兼向国家供应货币的建议》，呼吁建立土地银行。

1716 年，劳氏公司设立。

1734 年，坎蒂隆去世并留下《商业性质概论》手稿。手稿中有对货币流通速度效应的分析。

1759 年，亚当 · 斯密出版《道德情操论》。

1764 年，亚当 · 斯密乘船来到法国，遇见了魁奈。

1773 年，亚当 · 斯密出版《国富论》，在书中提出“看不见的手”的概念。

1788 年，让 · 巴蒂斯特 · 萨伊读到《国富论》一书。

1797 年，英国下议院邀请亨利 · 桑顿就恐慌原因做证。

1799 年，大卫 · 李嘉图读到《国富论》一书。

1802 年，亨利 · 桑顿出版《大不列颠的票据信用》，该书详细地阐述了货币政策是如何发挥作用的。他提出通过积极的货币政策来稳定经济。

1803 年，让 · 巴蒂斯特 · 萨伊出版《政治经济学概论》，该书提出萨伊定律，即供给能够自行创造需求。

1808 年，詹姆斯 · 穆勒会见了大卫 · 李嘉图，并开始劝说他撰写有关经济方面的文章。

1809年，大卫·李嘉图发表《金银的高价格，银行票据贬值的证据》。

1816年，大卫·李嘉图发表《有关经济与稳定通货的建议》。他建议使用可以转换成黄金的纸币稳定经济。

1819年，詹姆斯·穆勒之子约翰·斯图尔特·穆勒在13岁时出版《政治经济学要义》。

1822年，查尔斯·巴贝奇发表《机器在数学表计算中的应用》。

1826年，约翰·斯图尔特·穆勒在《纸币与商业困境》中引入了竞争性投资这一概念。

1848年，约翰·斯图尔特·穆勒出版《政治经济学原理》，该书把货币流通速度与经济波动联系起来，并谈到了投机问题，还特别强调了信心的重要性。卡尔·马克思完成《资本论》初稿，论述了经济周期问题。

1862年，克莱门特·朱格拉出版《论德、英、美三国经济危机及其发展周期》，首次清楚地论述了经济周期的原因源自内在的不稳定现象。

1867年，卡尔·马克思的《资本论》第一卷出版。

1871年，威廉·斯坦利·杰文斯出版《政治经济学理论》，第一次正式阐述“理性人”的概念。

1873年，沃尔特·巴奇霍特（《经济学人》杂志的主编）出版《朗伯德街：关于货币市场的描述》，论述了银行业的作用及其对经济的主要影响。

1875—1882年，威廉·斯坦利·杰文斯撰写一系列论述经济周期的文章，试图把造成经济周期的原因解释为太阳黑子，或者是对太阳黑子的预期。

1885年，西蒙·纽科姆在他的《政治经济学原理》中介绍了后来被称为“货币数量论”的理论。

1889年，里昂·瓦尔拉斯出版《纯粹经济学要义》，尝试用数学语言来描述经济。约翰·阿特金森·霍布森出版《产业生理学》，介绍了经济周期的消费不足理论。

1890年，马歇尔出版《经济学原理》，论述了经济中的正反馈过程。

1894年，米哈伊尔·塔干－巴拉诺夫斯基出版《英国的产业危机》，介绍一个关于经济周期的过渡投资/耗竭模型。

1896年，欧文·费雪在他的《增值与利息》中对自然利率和实际利率做了区分。

1902年，阿瑟·斯皮索夫介绍了关于经济周期的过度产出/技术的理论。

1907年，克努特·魏克塞尔出版《利率对价格的影响》，介绍实际利率和自然利率的概念。

1909年，罗杰·沃德·巴布森出版《货币累积的商业晴雨表》，论述货币利率、股票、债券、商品价格以及房产如何与经济周期发生联系。

1910年尼古拉·康德拉季耶夫指出了长周期问题。

1911年，欧文·费雪出版《货币的购买力》，主要讨论货币供给的膨胀与波动的不稳定效应。约瑟夫·熊彼特在《经济发展理论》中以技术创新蜂聚理论来解释经济周期现象，并介绍了“创造性毁灭”的概念。

1913年，拉尔夫·乔治·霍特里出版《商业的盛衰》，关注货币的不稳定性问题以及对经济周期现象的解释。韦斯利·米切尔出版《经济周期》。

1915年，丹尼斯·罗伯逊出版《工业波动研究》，重点强调了资本性投资的波动是经济周期的关键推动力。

1920年，欧文·费雪出版《稳定美元》，首次建议要稳定通货膨胀与货币供给。韦斯利·米切尔发起创立了NBER。

1923年，约瑟夫·基钦发表《经济因素中的周期与倾向》，描述了短期经济周期现象。卡钦斯和福斯特出版《货币》一书，讨论消费不足理论。

1925年，卡钦斯和福斯特出版《利润》一书。

1926年，欧文·费雪发表《失业率同价格变化之间的统计关系》，阐述了所谓的"菲利普斯曲线"。

1927年，庇古出版《工业波动》。卡钦斯与福斯特出版《没有买家的生意》。米切尔出版《经济周期：问题与解决办法》。

1929年，巴布森预言了股票市场的崩溃，费雪则不同意这个观点。

1930年，拉格纳·弗里希与约瑟夫·熊彼特、欧文·费雪以及其他人共同发起设立了"计量经济学会"。库兹涅茨出版《生产和价格的长期运动》，论述了一个中等长度的周期。

1931年，R.F.卡恩在《国内投资与失业之关系》中介绍了乘数的概念。

1933年，冯·哈耶克出版《货币理论与经济周期》，他提出货币系统自身是不稳定的，而且货币自身的膨胀能够持续几年而不会导致价格水平膨胀。霍默·霍伊特在《百年来芝加哥地区的土地价值》中第一次提到了房地产周期理论。《计量经济学》发刊。

拉格纳·弗里希发表了《动态经济学中的传播问题与刺激问题》，说明随机冲击如何造成经济的周期性波动。约瑟夫·熊彼特开始撰写有关经济周期的著作。罗伯特·B. 布赖斯到美国访学，并就约翰·梅纳德·凯恩斯的新观点发表演讲。

1936 年，约翰·梅纳德·凯恩斯出版《就业、利息和货币通论》，建议国家应该运用财政政策来稳定经济。该书还阐述“消费倾向”、“储蓄倾向”、“流动性陷阱”和“乘数”等概念。简·丁伯根设计了一个含有 24 个方程式的美国经济模型。

1937 年，冯·哈伯勒出版《繁荣与萧条》。该书对全部已有的经济周期理论进行了审视。

1938 年，约翰·恩纳森发表《挪威造船业的再投资周期及其证明》，介绍了挪威造船行业投资中的一些“回声”问题。伊齐基尔发表了《蛛网定理》。

1939 年，简·丁伯根发表了两篇文章，在这两篇文章中，他检验了冯·哈伯勒书中的理论。得出的一个结论是，总利润波动最能解释投资波动。保罗·萨缪尔森发表一篇检验加速数与乘数混合效应的文章。他发现存在复杂的模式，其中可能存在若干完全不同的效应，这取决于参数值。约瑟夫·熊彼特出版《经济周期》，认为存在三种主要的波动形式：基钦周期、朱格拉周期和康德拉季耶夫周期。萧条则可能是它们同时处于下滑阶段的结果。

1941 年，劳埃德·梅茨勒发表《存货周期的性质与稳定性》，解释了存货波动如何造成短期的经济周期。

1943 年，庇古出版《古典的静态》，认为衰退的紧缩提高了流通中现金的购买力，这是一个负向反馈环，这种现象后来被称为“庇古效应”。

1946年，世界上第一台计算机ENIAC正式公开面世。杰伊·福里斯特的“旋风”项目获得批准。

1948年，米尔顿·弗里德曼加入NBER。

1951年，H.E.赫斯特发表《水库的长期库容量》，介绍了赫斯特指数。

1953年，冯·米塞斯出版《货币与信用理论》。

1954年，肯尼斯·阿罗和杰勒德·德布鲁发表《竞争经济中均衡的存在》，用数学模型说明经济是内在稳定的。

1956年，杰伊·福里斯特进入斯隆商学院，后来他在此提出系统动力学的概念。

1957年，明斯基出版《中央银行与货币市场的变化》，这是明斯基研究该问题系列的第一篇，他认为资本市场的不稳定性是商业波动的关键所在。

1958年，菲利普斯再次发现菲利普斯曲线，并发表《英国1861—1957年失业和货币工资变化率之间的关系》。

1961年，洛伦茨在一个模仿气象的系统中发现蝴蝶效应。穆思出版《理性预期与价格变动理论》，它成为早期理性预期假说的先驱。

1963年，米尔顿·弗里德曼和安娜·施瓦茨出版《美国货币史（1867—1960年）》。他们发现，在短期内，货币增长反映在经济活动方面，而在长期内，则反映在通货膨胀方面。

1967年，汉密尔顿·博尔顿出版《货币与投资收益》，描述了金融流动性效应。

1969年，拉格纳·弗里希和简·丁伯根因为“设计并应用动态模型来分析经济过程”而获得了诺贝尔奖。

1970 年，保罗 · 萨缪尔森因为“提出静态与动态经济理论以及对提高经济科学的经济分析水平做出积极贡献”而获得诺贝尔奖。

1971 年，西蒙 · 库兹涅茨获得诺贝尔奖，因为他“对经济增长做出实证解释，从而开拓了对经济与社会结构以及发展过程更新和深入的研究”。罗伯特 · 梅在模拟鱼群的数量时，发现费根鲍姆瀑布。

1974 年，冯 · 哈耶克和纲纳 · 缪达尔因为“在货币理论与经济波动理论的开拓性研究，以及对经济、社会和制度现象的互相依赖关系的深刻分析”而获得诺贝尔奖。

1975 年，詹姆斯 · 约克和李天岩发表了《周期 3 意味着混沌》，引入了确定性混乱这一概念。

1976 年，杰伊 · 福里斯特出版《商业结构、经济周期与国家政治》。米尔顿 · 弗里德曼因为在“消费领域分析、货币历史与理论以及对稳定性政策的复杂性方面所取得的成就”而获得诺贝尔奖。

1980 年，劳伦斯 · R. 克莱因由于“建立了计量模型并用于分析经济波动与经济政策”而获得诺贝尔奖。

1981 年，卢卡斯和萨金特出版《理性预期与经济实践》，把理性预期假说应用到计量经济模型。

1982 年，芬恩 · 基德兰德和爱德华 · 普雷斯科特发表《置备资本的时间和总量波动》，介绍“真实经济周期”的现代定义。

1986 年，莫斯基尔德和阿瑞斯尔因为对系统动力学的研究而获得杰伊 · 福里斯特奖。

1989 年，斯特曼出版《试验经济系统中的确定性混沌》。

1990 年，斯特曼、莫斯基尔德及其合作者对麻省理工学院系统动力学的国家模型进行研究，发现其中存在着超混沌。

1991 年，埃德加·彼得斯发表《资本市场的混沌与秩序》，说明在许多市场中存在着肥尾现象（正反馈指标）。

1995 年，小罗伯特·E. 卢卡斯因为“提出并应用了理性预期假说”而获得诺贝尔奖。

附录 2
历史上大规模
金融危机一览表

年份	国家和地区	投机性事件	高峰期	危机严重期
1557 年	法国、奥地利、西班牙（哈布斯堡帝国）	债券	1557 年	
1636 年	荷兰	郁金香	1636 年夏	1636 年 11 月
1720 年	法国	密西西比公司、兴业银行、皇家银行	1719 年 12 月	1720 年 5 月
1720 年	英国	南海公司	1720 年 7 月	1720 年 9 月
1763 年	荷兰	商品，通过发行通融票据融资	1763 年 1 月	1763 年 9 月
1773 年	英国	房地产、运河、公路	1772 年 6 月	1773 年 1 月
1773 年	荷兰	东印度公司	1772 年 6 月	1773 年 1 月
1793 年	英国	运河	1792 年 11 月	1793 年 2 月
1797 年	英国	证券、运河	1796 年	1797 年 2 月—6 月
1799 年	德国	商品，通过发行通融票据融资	1799 年 8 月—11 月	1799 年
1811 年	英国	出口项目	1809 年	1811 年 1 月
1815 年	英国	出口、商品	1815 年	1816 年
1819 年	美国	一般生产企业	1818 年 8 月	1819 年 6 月
1825 年	英国	拉美债券、采矿、羊毛	1825 年年初	1825 年 12 月
1836 年	英国	羊毛、铁路	1836 年 4 月	1836 年 12 月

（续表）

年份	国家和地区	投机性事件	高峰期	危机严重期
1837 年	美国	羊毛、土地	1836 年 11 月	1837 年 9 月
1837 年	法国	羊毛、建筑地点	1836 年 11 月	1837 年 6 月
1847 年	英国	铁路、小麦	1847 年 1 月	1847 年 10 月
1848 年	欧洲大陆	铁路、小麦、房地产	1848 年 4 月	1848 年 3 月
1857 年	美国	铁路、土地	1856 年年底	1857 年 8 月
1857 年	英国	铁路、小麦	1856 年年底	1857 年 10 月
1857 年	欧洲大陆	铁路、重工业	1857 年 3 月	1857 年 10 月
1864 年	法国	羊毛、航运、新公司	1863 年	1864 年 1 月
1866 年	英国、意大利	羊毛、航运、新公司	1865 年 7 月	1866 年 5 月
1873 年	德国、奥地利	建筑地点、铁路、股票、商品	1872 年秋	1873 年 5 月
1873 年	美国	铁路	1873 年 3 月	1873 年 9 月
1882 年	法国	银行股票	1881 年 12 月	1882 年 1 月
1890 年	英国	阿根廷股票	1890 年 8 月	1890 年 11 月
1893 年	美国	白银和黄金	1892 年 12 月	1893 年 5 月
1895 年	英国、欧洲大陆	南非和罗得西亚金矿股票	1895 年夏	1895 年年底
1907 年	美国	咖啡、联合太平洋公司	1907 年年初	1907 年 10 月
1921 年	美国	股票、造船、商品、存货	1920 年夏	1921 年春
1929 年	美国	股票	1929 年 9 月	1929 年 10 月
1931 年	奥地利、德国、英国、日本	各种投资	1929 年	1931 年 5 月—12 月
1974 年	全球	股票、办公楼、油轮、飞机	1969 年	1974—1975 年

（续表）

年份	国家和地区	投机性事件	高峰期	危机严重期
1980 年	全球	黄金、白银、铂、钻石	1980 年 1 月—2 月	1980 年 3 月—4 月
1985 年	全球	美元	1985 年 2 月—3 月	1985 年 2 月—3 月
1987 年	全球	股票	1987 年 8 月	1987 年 10 月
1990 年	日本	股票、房地产	1989 年 12 月	1990 年 2 月
1990 年	全球	艺术品与收藏品	1990 年 3 月	1991 年
1997 年	亚太地区	房地产，普遍过度投资	1996 年 6 月	1997 年 10 月
1997 年	俄罗斯	普遍过度投资、资本充足率低的银行	1996 年	1997 年 8 月
1999 年	巴西	政府支出	1998 年	1999 年 1 月
2000 年	全球	互联网与科技股票	2000 年 3 月	2001 年
2001 年	阿根廷	政府支出	2000 年 8 月	2001 年 3 月—2002 年 6 月

图书在版编目（CIP）数据

逃不开的经济周期：历史，理论与投资现实 /（丹）拉斯·特维德著；董裕平译 . -- 北京：中信出版社，2021.4

（中信经典丛书 . 006）

书名原文：Business Cycles：History, Theory and Investment Reality

ISBN 978-7-5217-2896-5

Ⅰ. ①逃… Ⅱ. ①拉… ②董… Ⅲ. ①经济周期理论 Ⅳ. ①F014.8

中国版本图书馆 CIP 数据核字（2021）第 042297 号

逃不开的经济周期：历史，理论与投资现实

（中信经典丛书 · 006）

著　　者：[丹] 拉斯·特维德
译　　者：董裕平
责任编辑：王一琳
出版发行：中信出版集团股份有限公司
（北京市朝阳区惠新东街甲 4 号富盛大厦 2 座　邮编　100029）
承 印 者：北京盛通印刷股份有限公司

开　　本：880mm × 1230mm　1/32　　印　　张：130.75　　字　　数：3022 千字
版　　次：2021 年 4 月第 1 版　　印　　次：2021 年 4 月第 1 次印刷
京权图字：01-2013-6372
书　　号：ISBN 978-7-5217-2896-5
定　　价：1180.00 元（全 9 册）

扫码免费收听图书音频解读

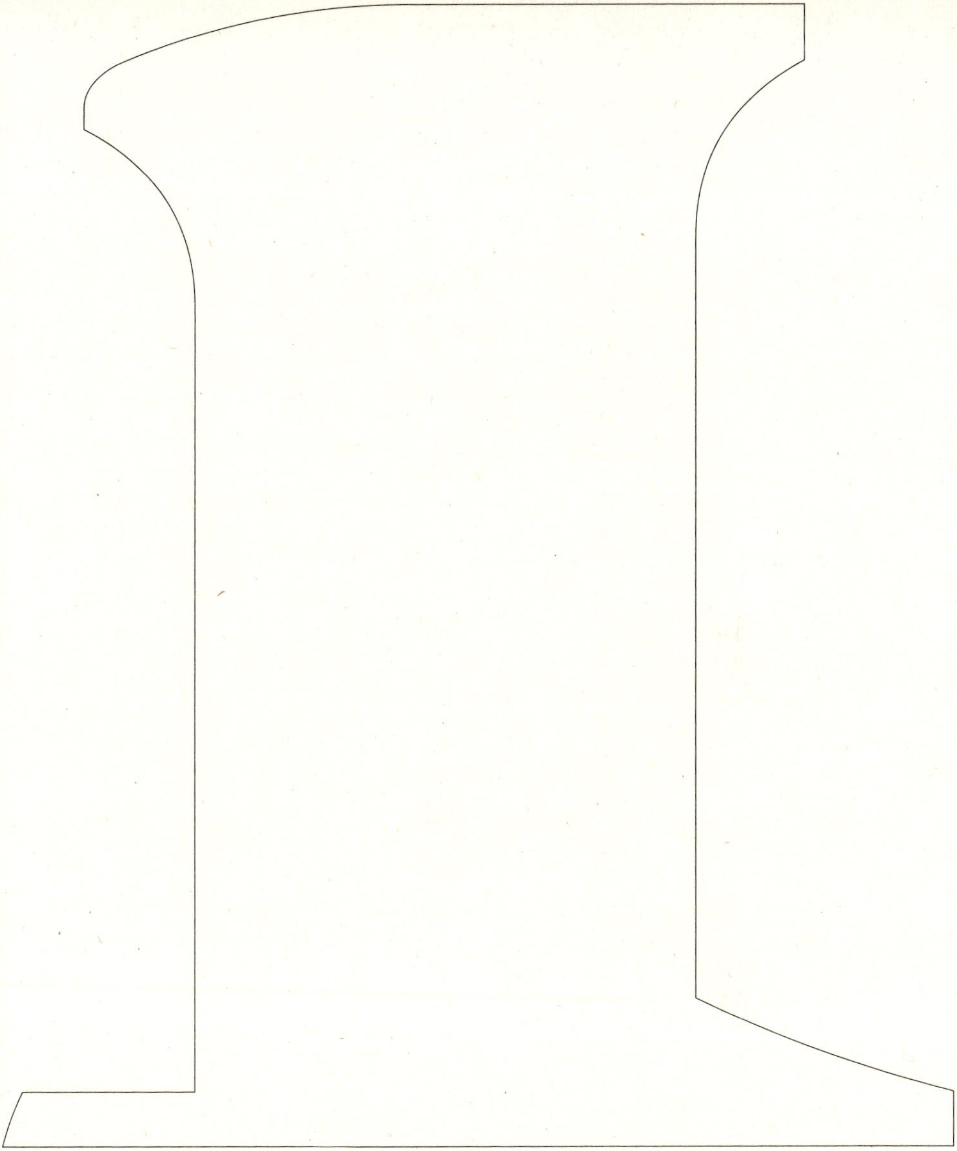

大空头

THE BIG SHORT

[美] 迈克尔·刘易斯
著

何正云
译

中信出版集团 | 北京

如果一个人还没有形成任何成见，就算他再笨，他也能够理解最困难的问题。但是，如果一个人坚信，那些摆在他面前的问题他早已了然于胸，没有任何的疑虑，那么，就算他再聪明，他也无法理解最简单的事情。

——列夫·托尔斯泰，1897年

目录

推荐序
金融市场大洗牌时期的反思

资本市场大幅动荡的时期，是一般的公募基金等机构投资者忧心忡忡的日子，同时，也是卖空者经历漫长的等待之后将一展威力的时期。在不少伙伴被清洗出市场的时候，卖空者往往止处于职业生涯的巅峰时期。中国读者熟知的卖空投资人吉姆·查诺斯（Jim Chanos）就是其中极有代表性的一位，电影《华尔街 2》中也可以找到多位卖空者的身影。本书作者迈克尔·刘易斯则从债券市场的角度，为我们描述了一位冷静思考者的观察结果。

全球金融危机爆发以来，虽然各国积极联手应对，但是到目前为止，全球经济依然在危机的冲击下步履蹒跚，复苏艰难。不过，这也给了金融界一个难得的反思与总结的机会，特别是一些有大量一线市场操作经验的思考者，他们的总结与反思更是具有独特的价值。

迈克尔·刘易斯曾任所罗门兄弟公司的债券交易员，他的成名之作《说谎者的扑克牌》一度被金融市场公认为描写 20 世纪 80 年代华尔街文化的经典名作之一，成为许多商学院推荐的必读书目。在《大空头》中，作者充分发挥专业特长，将美国次级抵押贷款债券及其衍生品的起源、发展直至演变为金融危机的过程融入有趣的故事当中，将次贷担保债务权证、夹层担保债务权证 、信用违约掉期等产品的操作技巧和手段娓娓道来。同时，作者也全景式地描绘了一个行业和其中形形色色的人物与故事，次贷市场的金融机构、评级机构、投资者等为了自身利益，形成了混乱的交易网，从多个角度揭示了危机的原因和真相。然而，正如书中和电影中所揭示的，深知这其中蕴藏巨大风险的人却往往在市场的狂热时期被视为精神病患者，不得不接受心理医生的治疗。

始于格林斯潘时代的低利率、高流动性和资产价格保护政策，现在看来是此轮危机的根源。低利率引来了美国的一批新借款人，他们在房贷中介的怂恿下开始买房自住，由此，巨额资金涌入次级房贷市场，流向信誉不良的借款人。在《大空头》中，年收入 14 000 美元的采摘草莓的墨西哥人，在身无分文的情况下购买了一套价值 72.4 万美元的房子。

与此同时，金融市场的反监管动机催生了新的银行业务模式，即从“借出和持有”的模式转变为“发起和销售”的模式，商业银行发放贷款，随后将其转售给其他机构，如对冲基金和结构型投资工具机构，所有华尔街的大银行都深陷于次级贷款的游戏之中。2007 年年末全球的衍生品金额高达 596 万亿美元，是同期全球 GDP（国内生产总值）的 12 倍。这种交汇不仅产生了空前的资产泡沫，而且最致命的是，这些利用结构化投资载体创造的按揭贷款证券化产品是表外业务且不受监管，它通过银行中介市场将这些泡沫向全世界扩散。

在这样一个风险迅速积累和传播的过程中，诚如《大空头》所描述的，银行、投资者、中央银行以及相关金融监管部门中的多数都低估了动态衍生市场的复杂性，而沉迷于这个市场表面上的低波动性。几乎所有的美国人都相信房价会持续走高，次级抵押贷款市场的崩溃是不可能的，因为这个灾难太大了。

大空头在这样狂热的市场氛围下，显得多么偏执、孤独，并且承担了多么巨大的压力。

故事还在继续演绎，盛宴还在进行，越来越多的机构参与进来，似乎可以一直持续下去。

但是，泡沫终究会破灭，在市场迅速逆转的时期，市场一方面以十分惨烈的方式清洗狂热的参与者，同时也以极高的回报来奖励那些如秃鹰般已等候多时的卖空者。

一旦风险开始显现，《大空头》将金融机构规避风险比作甩鞭子游戏，那些了解更多信息的金融机构想尽办法将衍生品转让给市场中不太了解这些产品的其他机构。本书将华尔街上尔虞我诈、弱肉强食的特性展现得淋漓尽致。

尽管凯恩斯认为投资如同选美，需要考虑多数人是如何判断的，但是，在市场的转折时期，以遗世独立的勇气站在市场大多数人对面的，一定是屈指可数的少数参与者。这就是金融市场的魅力所在。

因此，在众多反思金融危机的著作之中，《大空头》确实有其独特的价值，特此推荐。

巴曙松
研究员
国务院发展研究中心金融研究所副所长
博士生导师
中国银行业协会首席经济学家
哥伦比亚大学高级访问学者

序
敲门的小鬼

一直到今天，我都没有搞明白，为什么华尔街的投资银行居然愿意付给我几十万美元，让我给那些成年人提供投资建议。当时我 24 岁，对于猜测哪些股票和债券价格会涨、哪些价格会跌没有任何经验，也没有特别的兴趣。华尔街的核心工作在于配置资本：决定把钱给谁和不给谁。请相信我，当我为投资者提供那些建议的时候，我并没有第一手的信息。我从来没有学习过财务课程，也从来没有经营过一个企业，甚至从来没有一笔可以自己管理的存款。我在 1985 年莫名其妙地进入所罗门兄弟公司并得到了一份工作，1998 年又莫名其妙地揣着大把的钱离开了，而且，尽管我就这段经历写了一本书，但整个事件直到今天在我看来仍然荒谬绝伦——这也是我能够轻而易举地摆脱金钱诱惑的一个原因。我当时想，这种局面是无法持续下去的。很快，人们就会把我以及很多与我类似的人看成骗子。很快，“大清算”就会到来，当华尔街醒悟过来的时候，数百名——如果没有数千人的话——像我一样拿别人的钱去豪赌，或者说服其他人进行那样的豪赌的年轻人，就会被驱逐出金融界。

当我坐下来写那本记述我自己经历的书《说谎者的扑克牌》时，我还处于一种在收入不错的状况下认为应该急流勇退的年轻人的精神状态。我只是草草地写下几句话，然后把它塞进一个瓶子里，留给那些很久以后将经过这里的人。除非某些内部人士把发生的一切记录在案，否则，我想，未来谁也不会相信这样的事情居然曾经发生过。

在那个时候，几乎所有关于华尔街的文字都与股票市场有关。从华尔街出现伊始，股票市场就是华尔街的衣食父母。我的书主要是讲债券市场的，因为华尔街正围绕着美国不断增长的债务进行更大范围的资产包装、销售和组合。关于这方面的业务，我认为也是不可能持续发展的。我认为，我正处在一个伟大国家丧失了金融理智的时期，有义务为它撰写一部有关20世纪80年代的时代风貌的作品。我期望未来的读者在读到所罗门兄弟公司的首席执行官约翰·古特弗罗因德（John Gutfreund）在1986年搞垮一个企业的同时，却拿到了310万美元的时候，会有一种惊讶的感觉。我期望他们在读到所罗门兄弟公司的抵押债券交易员豪威·鲁宾（Howie Rubin）跳槽到美林公司后立刻使公司亏损了2.5亿美元的时候会瞠目结舌。我期望他们在知道华尔街曾经有过这种事情的时候会感到震惊：首席执行官们对债券交易员们正在操作的债券所具有的复杂风险，居然仅有一点点模糊的认识。

我能够想到的只有这些了，我从来没有想过的是，未来的读者有可能回想这些事件中的任何一个，或者回想我的奇异经历，并且表示“太离奇了”。多么天真的想法。我从未怀疑过20世纪80年代的金融状况将持续20年以上，也从未怀疑过华尔街与普通经济生活的差异会从程度上的不同发展为性质上的区别。一个普普通通的债券交易员每年居然能够拿到4 700万美元，而且居然还有一种被欺骗了的感觉。在所罗门兄弟公司的交易大厅中出现的抵押债券市场——这在当时似乎是一个绝佳的创意——居然导致了历史上最彻底的金融性经济灾难。就在豪威·鲁宾因为亏损 2.5 亿美元而成为一个令人生厌的名字的 20 年之后，摩根士丹利公司的一位也叫豪威的抵押债券交易员居然仅在一笔抵押债券交易中就亏损了 90 亿美元，而且这件事被捂得密不透风，除了摩根士丹利内部很小的一个圈子之外，根本没有其他人听说过他做了什么，以及为什么这样做。

在坐下来写第一本书的时候，我并没有什么大的抱负，只是想为读者讲述一个不寻常的故事。如果你灌了我两杯酒，然后问我这本书可能会对世界产生什么影响，我或许会以这样的话来敷衍你："我希望那些正在思索自己今后人生道路的大学生能够读一读这本书，并且认识到贪慕虚荣是很愚蠢的，从而放弃成为金融界人士的热情，甚至是那一点点的兴趣。"我希望，俄亥俄州立大学的那些真正想成为海洋学家的聪明孩子能够读一读我的书，而后把来自高盛的工作邀请函扔进垃圾篓里，扬帆出海。

然而，这一信息基本上被忽略了。在《说谎者的扑克牌》一书出版 6 个月后，我收到了无数来自俄亥俄州立大学学生的信件，他们都想知道，我是否能与他们分享有关华尔街的其他秘密。他们把我的书当成引导大家进入华尔街的指南了。

在我离开 20 年之后，我在等着看华尔街的大结局，这个结局是我早已料到的。天文数字般的红利，看不到尽头的流氓交易员队伍，击垮了德雷克塞尔·伯纳姆（Drexel Burnham）的丑闻，毁掉约翰·古特弗罗因德并终结了所罗门兄弟公司的丑闻，紧随我的老东家约翰·梅里韦瑟（John Meriwether）的长期资本管理公司的崩溃而出现的危机，以及互联网泡沫，一次又一次，金融体系以一种目光短浅的方式让自己名誉扫地。然而，处于问题中心的华尔街大银行却仍然保持着增长势头，同时增长的还有它们支付给那些从事着没有任何社会效益的工作的 26 岁年轻人的薪水。美国年轻人反金钱文化的叛逆一直没有出现，当你能够轻易地将自己所拥有的那部分变现时，为什么还要费心去推翻你父母的世界？

从某种角度说，我不能再等下去了。我猜想，可能还没有大到足以摧毁这个体系的丑闻或者逆转存在。

随后，迈瑞迪斯 · 惠特尼（Meredith Whitney）出现了，而且新闻不断。惠特尼是一个名不见经传的金融行业分析师，为一家不知名的金融公司工作，这家公司叫作奥本海默公司（Oppenheimer and Co.），而从 2007 年 10 月 31 日起，她不再默默无闻了。那一天，她预测说，花旗集团由于对其业务管理不当，可能需要削减其红利，或者面临破产。很难说清楚在某一个具体的日子里，造成股票市场内部变化的原因是什么，但是，有一点非常清楚：2007 年 10 月 31 日，是迈瑞迪斯 · 惠特尼造成了股票市场上金融股的崩溃。到当天收盘时，一个以前根本没有人听说过的，或许随时可能被解雇的女人，让花旗集团的股票价格下跌了 8%，让美国股票市场的总市值蒸发了 3 900 亿美元。4 天之后，花旗集团首席执行官查克 · 普林斯（Chuck Prince）辞职。两周之后，花旗集团削减了它的红利。

从那一刻开始，迈瑞迪斯 · 惠特尼成了 E.F. 赫顿（E.F. Hutton）第二，当她开口的时候，大家都会仔细倾听。她的意思非常明确：如果你想知道这些华尔街公司的真正价值，只需要对这些公司所持有的那些举债购入的毫无价值的资产进行认真冷静的研究，然后再想想它们从抛售这些资产中能够拿回什么，就一清二楚了。在她的眼里，这些大公司中那一大群拿着高薪的人几乎一文不值。在整个 2008 年，她都紧盯着那些银行家或者经纪人的各种声明，他们用各种减值或增资来掩盖自己的问题，但是她一针见血地指出：你们错了。你们仍然没有正视由于你们管理不善所造成的严重问题。你们还是没有承认在次级抵押债券上数十亿美元的亏损。你们的债券价值与你们的人生价值一样虚无。竞争对手指责惠特尼被高估了，博主们则讥笑她太幸运。总体上说，她是对的。但是，不可否认的是，在一定程度上她是猜测的，她根本没有任何途径去了解这些华尔街公司内部的情况，更不要说它们在次级抵押贷款市场中亏损的程度了——这一点，连首席执行官们自己都不知道。“如果不是这样，他们就都是骗子，”她说，“但是我认为他们对此真的一无所知。”

现在看来，显而易见的是，迈瑞迪斯·惠特尼没有挫败华尔街。她只是非常清楚而且非常大声地表达了自己的观点，对社会来说，这个做法要比纽约总检察长针对华尔街腐败案所采取的各种行动更具有煽动性。要是单靠丑闻就能击垮华尔街的投资银行的话，这些银行早在很多年以前就不复存在了。这个女人并没有说华尔街的银行家腐败，而是说他们愚蠢。这些以配置资本为本职工作的人显然连怎么管理好自己的事情都不知道。

我承认，有时候我会想，要是我一直坚持做下去，某种灾难就有可能由我造成。处于花旗集团旋涡中心的那些人，与我在所罗门兄弟公司共事过的那些人是完全一样的；其中有几个还是我在所罗门兄弟公司培训班的同学。有时候，我无法控制自己：我给迈瑞迪斯·惠特尼打了电话。这要回溯到 2008 年 3 月，正好在贝尔斯登公司破产前，当时经济形势还不是非常明朗。我想，如果她是对的，现在就应该是金融世界退回到它在 20 世纪 80 年代初摆脱的那个“盒子”里去的时刻。我非常好奇地想知道，她说得是否有道理，而且我也想知道，这个用自己的预测击毁了股票市场的年轻女人是从哪里冒出来的。

她在 1994 年来到华尔街，毕业于布朗大学英文系。“我到了纽约，当时我甚至不知道有研究员这种职业。”她说。她最终在奥本海默公司得到了一份工作，她的运气好得令人难以置信：培训她的那个人不仅帮她建立了事业的基础，还帮助她形成了自己的世界观。那个人的名字，她说，是史蒂夫·艾斯曼（Steve Eisman）。“在我发表了有关花旗集团的声明之后，”她说，“所发生的最美妙的事情之一是艾斯曼打来了电话，而且告诉我，他为我感到非常骄傲。”因为以前从来没有听说过史蒂夫·艾斯曼这个名字，所以我对此并没有多想。

但是，随后我读到了这样一则新闻，名不见经传的纽约对冲基金经理约翰·保尔森（John Paulson）为他的投资者赚了大约 200 亿美元，他自己则赚了将近 40 亿美元。在华尔街，还从未有人在如此短的时间内赚到如此高昂的利润。另外，他是通过对赌拖垮花旗集团以及其他所有华尔街大型投资银行的次级抵押贷款债券而赚到这些钱的。华尔街的投资银行就像拉斯韦加斯的赌场一样，它们也设定赔率。跟它们玩零和游戏的客户有时会赢，但是绝不会是系统性的，而且永远也不可能让赌场破产。然而，约翰·保尔森曾经是华尔街的客户，这完全就是同样不自量力的迈瑞迪斯·惠特尼的故事的翻版。赌场做出了错误的判断并设定了错误的赔率，这个错误非常严重，而且至少有一个人已经发现了。我再一次给惠特尼打了电话，问她是否知道有人预知了次级抵押贷款灾难，因而提前做好了准备，并从中赚取了财富。在赌博流行起来之前，还有谁注意到轮盘赌的结果其实是可以预测的？在现代金融业的黑箱内部，还有谁掌握了这部机器的缺陷？

随后就到了 2008 年年末。这时，出现了一长串而且还在不断加长的专家名单，他们都声称自己早就预测到了灾难的发生，但是真正做到的人其实很少。这些人中，有勇气按照自己的想法去下注的更是少之又少。要在众人皆醉的时候保持清醒而又不显得幼稚，并不是一件容易的事情，你必须确信金融新闻中所说的绝大多数内容都是错误的，确信那些重量级的人物不是在撒谎就是在诱哄。惠特尼飞快地说出了十几个人的名字，主要是由她亲自提供咨询服务的投资人。约翰·保尔森赫然在列，而在名单最前面的则是史蒂夫·艾斯曼。

第一章

末日机器的引擎

天才型人物

艾斯曼进入金融界的时间刚好是我离开的时间。他在纽约市长大，上的是犹太人的中学，先后以优异的成绩从宾夕法尼亚大学和哈佛法学院毕业。1991 年，他 30 岁，是一名企业律师，一直困惑于自己为什么选择了律师这个职业。“我恨这个职业，”他说，“我讨厌当一名律师。我的父母在奥本海默公司证券部门做经纪人，他们想办法在那里给我找了一份工作。这很不光彩，但事实就是这样。”

奥本海默公司是华尔街硕果仅存的几家沿用传统合伙人制的公司之一，靠高盛和摩根士丹利的残羹冷炙苟延残喘。与其说它是一家公司，不如说它是一个家族式企业。从 20 世纪 60 年代初开始，莉莲·艾斯曼（Lillian Eisman）和艾略特·艾斯曼（Elliot Eisman）就一直代表奥本海默公司为个人投资者提供金融咨询服务。（莉莲在奥本海默公司内部开创了经纪业务。艾略特原本是一名刑事律师，由于经常遭到客户中黑手党中层人士的恐吓，就转行跟她一起干了。）由于得到了同事和客户一致的喜爱和尊敬，他们可以雇用任何他们喜欢的人。在把他们的儿子从他的法律事业中拯救出来之前，他们已经把儿子的保姆安置在了奥本海默公司的交易大厅里。在艾斯曼去向他的父母做汇报的途中，他要从这位曾经给他换过尿布的女人面前经过。然而，对于裙带关系，奥本海默公司有一条规定：如果莉莲和艾略特要雇用他们的儿子，那他第一年的薪酬必须由他们自己支付，在此期间，其他人可以评定他是否有资格领取薪酬。

艾斯曼的父母是传统的价值投资者，他们总是告诉他，要想学到华尔街的精髓，最好的方式是当一名股票分析师。他从股票分析入手，开始了自己的金融生涯，为那些左右着上市公司舆论的人士服务。奥本海默公司雇用了大约 25 名分析师，他们所做的分析绝大部分并没有引起华尔街其他人的注意。“在奥本海默公司当分析师，要想赚到钱，唯一的办法就是做对的事情，并且制造出足够大的声音，让人们注意到它。”爱丽丝·施罗德（Alice Schroeder）如是说。她曾经在奥本海默公司负责保险公司的咨询业务，后来跳槽到了摩根士丹利，最后以沃伦·巴菲特的传记作家的身份结束了自己的职业生涯。她补充说：“奥本海默公司有一种反主流文化的因子。坐在大公司里面的那些人获得酬劳，就是为了达成一致意见。”

艾斯曼在制造声音以及打破一致意见方面恰好拥有一种特殊的才能。他开始的时候只是初级股票分析员，替别人打打下手，没有人想问他的意见。这种情况在 1991 年 12 月改变了，当时他做这份新工作还不到一年。一家叫作阿艾梅斯金融公司（Aames Financial）的次级抵押贷款公司上市，对于这个事件，奥本海默公司没有人特别关注，也没有人想发表看法。奥本海默公司的一位银行经理一直希望拓展与阿艾梅斯公司的业务，此时他在研究部里急得直跺脚，迫切希望找到一个对抵押贷款业务知道哪怕一点儿皮毛的人。“我是一名初级分析员，而且我还没有决定我的研究方向，”艾斯曼说，“但是我告诉他，在当律师的时候，我曾经负责过资金商店公司（Money Store）的一个项目。”他随即被任命为负责阿艾梅斯金融公司业务的首席分析师。“我没有告诉他的是，当时我的工作只是审读文件，而我对那些狗屁问题一窍不通。”

阿艾梅斯金融公司与资金商店公司一样，属于一种新型的企业，专门为缺乏现金的美国人提供贷款，这种类型被委婉地叫作“特别金融业”。这种类型的企业不包括高盛集团和 J. P. 摩根，但是包括了很多在 20 世纪 90 年代初经济繁荣期间卷入次级抵押贷款业务的名不见经传的企业。阿艾梅斯是首家上市的次级抵押贷款公司。第二家由艾斯曼负责的公司叫作洛玛斯金融公司（Lomas Financial Corp.），该公司当时刚从破产的阴影中走出来。“我做出了卖出的评级，因为这个公司就是一堆狗屎。我知道你们并不主张对公司给予卖出的评级。我认为有三个选项——买入、持有、卖出，而你有权选择你认为自己应该选的选项。”他受到了来自公司的压力，要求他多一些乐观的精神，但是对于史蒂夫·艾斯曼来说，乐观是不会自然而然产生的。他可以假装乐观，而且有时候他也这样做了，但是如果能够不受干扰，他会更高兴。“我可以听到他在大厅里对着电话大吼大叫，”他过去的一名同事说，“激情四溢地对他所负责的那些公司的股票进行着猛烈的抨击。无论他心里是怎么想的，他都会直截了当地说出来。”

艾斯曼坚持他对洛玛斯金融公司的卖出评级，甚至在洛玛斯金融公司公告中称，投资者不需要担心公司的财务状况，因为公司已经对冲了它的市场风险。“我作为一名分析师所写过的最有意义的分析报告，”艾斯曼说，“就是在洛玛斯金融公司说他们进行了对冲之后。”他凭着记忆复述了这句话：“‘洛玛斯金融公司是一家很完美地进行了风险对冲的金融机构，它在每一种可以想到的利率环境下都在亏损。’我非常享受写下这句话时的感觉，我所写过的其他任何句子带给我的愉悦都无法与这句话相比。”在他发表这一分析报告几个月后，洛玛斯金融公司再次回到了破产保护的状态。

艾斯曼很快成为奥本海默公司为数不多的几个能够影响市场的分析师之一。“对我来说，好像重新回到了学校，”他说，“我要学习了解一个行业，还要去写有关这个行业的文章。”华尔街的人们开始把他看作一个天才型的人物。他的穿着有点儿奇怪，就好像某个人特意给他买了漂亮的新衣裳，却没有详细地告诉他应该怎么穿。他那头金色的短发，看上去就像他自己剪的一样。他那柔和、表情丰富、友善的脸上最引人注意的部位是他的嘴，因为他的嘴总是张开的，至少是半开的，甚至在吃饭的时候也这样。他似乎在担心无法把脑子里一闪而过的想法在下一个想法出现之前迅速说出来，因而要一直保持通道畅通。他的其他面部特征全都中规中矩，堪称忠厚。这张脸完全是“扑克牌脸”（面无表情）的反面。

天生的导师

在他与外部世界的交往中，一种模式逐渐形成了。在为史蒂夫·艾斯曼工作的人中，爱他或者至少觉得他有趣的人不断增加，他在对财富和学识的认识上，时刻保持着清醒的头脑，这种能力让他们深感敬佩。“他天生就是一位导师，”一名曾经为他工作过的女士这样说，“而且他对女士有一种强烈的保护意愿。”他同情小人物和失败者，虽然自己从来没有真正体会过失败的感觉。那些希望看到艾斯曼流露出顺从和尊敬表情的大人物的如意算盘总是落空，反而常常在与他的交锋中收获打击和震怒。“很多人都不了解艾斯曼，”迈瑞迪斯·惠特尼曾经这样告诉我，“但是了解他的人都很喜爱他。”

在不了解他的人中有一位是一家大型经纪公司的头儿，在一次午餐会上他亲耳听到艾斯曼面对着几十名投资者解释为什么他——这位经纪公司的领导人——对自己的业务一无所知，随后目瞪口呆地看着他扬长而去，再也没有回来。（“我必须去趟卫生间，”艾斯曼说，“我不知道为什么我再也没有回去。”）午餐结束之后，这家伙宣布，他永远不会再与史蒂夫·艾斯曼出现在同一个房间。一家大型日本房地产企业的首席执行官是另外一个倒霉蛋，他把自己公司的财务报表交给艾斯曼，随后带着翻译去争取艾斯曼的投资。“你甚至没有持有你自己公司的股票。”艾斯曼听了这位日本商人的详细介绍之后说。翻译与这位首席执行官进行了商议。

“在日本，管理层通常不拥有股份。”这位首席执行官最后说。

艾斯曼注意到，这个家伙的财务报表没有披露有关他的公司的任何真正重要的细节。但是，艾斯曼没有直接这样说，而是把这份报表拎起来，就像捏着一堆不干净的东西。“这……这就是厕纸，”他说，“把这句话翻译给他听。”

“那个日本佬摘下了眼镜，”当时在场的一位旁观者回忆道，“他的嘴唇颤抖着，第三次世界大战一触即发。‘厕纸？厕纸？’”

一名把艾斯曼当成朋友的基金经理准备向我介绍他的情况，但是说了不到一分钟就停下来了——在他描述艾斯曼揭穿各种不同的大人物不是谎话连篇就是信口雌黄之后，并且开始狂笑不止。“从某个角度说，他锋芒毕露，但是他很聪明，也很诚实，而且无所畏惧。”

“即便在华尔街，人们也认为他粗俗、令人讨厌，而且总是一副咄咄逼人的样子。”艾斯曼的妻子瓦莱丽·费根（Valerie Feigen）说。她曾经在J. P.摩根供职，后来辞职开了一家女装店，兼顾照顾他们的孩子。“他对打理自己的仪容仪表没有任何兴趣。相信我，我已经尝试过很多次了，都没有任何结果。”在她第一次把他带回家之后，她的母亲就说过：“嗯，我们无法命令他，但是我们肯定可以在犹太人联合募捐会上把他拍卖了。”艾斯曼天生具有一种得罪人的能力。“他的粗野并不是一种刻意为之的策略，”他的妻子解释说，“他的粗野带着率性而为的坦诚。他知道大家都把他当成大人物，但他自己不这样看。艾斯曼活在他自己的世界里。”

当被问到有何苦恼时，艾斯曼看上去很困惑，甚至有一点儿受伤。“我有时候会把自己给忘了。”他耸耸肩膀说。

下面是有关艾斯曼的众多说法中的第一条：他对自己头脑中那些不安分的想法的兴趣，远远超过对眼前任何事物的兴趣。这个理论对于那些了解艾斯曼的人来说是不完整的。他的母亲莉莲为我们提供了第二个说法。“艾斯曼确实具有双重人格。”她很小心地说。艾斯曼小时候，他的母亲送给他一辆他梦寐以求的崭新的自行车，他把这辆车骑到中央公园，借给了一个他从来没有见过的孩子，然后看着它在自己的视线里消失。第三个说法是，他立志研究《塔木德》（*Talmud*），不是因为他对上帝有什么兴趣，而是因为他对书中的自相矛盾之处感到好奇。他的母亲曾经被任命为纽约市犹太人教育理事会的理事长，而艾斯曼却在认真梳理《塔木德》中前后矛盾的地方。“有谁会为了发现书里的错误而去研究《塔木德》？”他的母亲问道。后来，在艾斯曼变得非常富有之后，他不得不考虑怎样处理这些钱，他找到了一个名为“脚步”的组织，致力于帮助哈西德派犹太人脱离他们的信仰。他甚至在处理自己的金钱的时候，都会引发一场战争。

将负债变成产品销售

几乎在每个人的眼里，艾斯曼都是一个怪人。他是在一个奇特阶段开始之初进入华尔街的。10年之前抵押债券市场的创立，使华尔街扩展为一个前所未有的地方，此处能集中处理普通美国人的债务。开始时，新的债券市场只关注美国人中有偿债能力的那些。现在，随着抵押债券市场覆盖了信用较差的美国人，它在偿债能力较差的那些美国人中也找到了动力。

抵押贷款债券与过去的企业债券和政府债券在很多方面具有非常显著的差异。抵押贷款债券不是单一的有明确固定条款的巨额贷款。抵押贷款债券是一种对来自一个由数千笔单独的住房抵押贷款组成的池子里的现金流的追索权。这些现金流很容易出问题，因为借款人有权在任何时候清偿债务。这也是债券投资者开始时不愿意投资住房抵押贷款的主要原因：抵押贷款借款人通常只在利率下跌的时候才会清偿他们的贷款，从而以更低的价格重新融资，这让抵押贷款债券持有者拥有了大量的现金，并只能以较低的利率进行投资。住房抵押贷款投资者不知道他的投资将持续多久，因为只有在他最不想要的时候，他才会收回他的投资。为了控制这种不确定性，我在所罗门兄弟公司工作时的那些同事创立了抵押债券市场，找到了一个聪明的解决方案。他们利用巨大的住房贷款池，将住房所有人的还款分割成几块，称之为“部分”。第一个部分的买家就像泡在洪水中的底楼的所有者，面临着抵押贷款提前还款的第一波冲击。作为交换，他们得到了最高的利率。第二个部分的买家——处在摩天大楼的第二层——接受提前还款的下一波巨浪的冲击，作为交换，他们获得了次高的利率，依此类推。处于大楼顶层的投资者得到的是最低的利率，但是拥有最高的保障，他们的投资在其想收回之前不会终止。

20 世纪 80 年代的抵押债券投资者最大的担心是他可能会过早收回款项，而不是可能拿不回钱来。支撑抵押债券的贷款池在它们的规模以及借款人的信用级别方面都符合由几个政府机构——房地美、房利美和吉利美所制定的标准。事实上，贷款所承诺的是政府的保证：如果住房所有者违约，政府将负责偿付他们的债务。当史蒂夫·艾斯曼跌跌撞撞闯入这个新兴的快速成长的特别金融业时，抵押债券正准备投入新的用途：发放达不到政府担保要求的贷款。这样做的目的是将信贷延伸到信用度非常低的住房所有者那里，不是为了让他们买得起住房，而是为了让他们将自己在已经拥有的住房上的全部利益都变现。

以次级住房贷款为基础的抵押贷款债券将解决提前还款问题的办法延伸至那些根本不存在还款问题的贷款上。第一层或者第一部分的投资者将面临的不是提前还款，而是实际的亏损。他们承受着第一波损失，直到他们的投资完全消失，然后亏损的巨浪将袭击第二层的投资者，依此类推。

在 20 世纪 90 年代初，只有少数几个华尔街的分析师致力于研究将信贷扩展到低信用人士的后果。史蒂夫·艾斯曼就是其中之一，另外一个是塞·雅各布（Sy Jacobs）。雅各布跟我一起参加过所罗门兄弟公司的同一个培训项目，现在为一家名叫亚历克斯·布朗（Alex Brown）的投资银行工作。“我端坐在所罗门兄弟公司培训课程的课堂上，倾听刘易斯·拉涅里（Lewis Ranieri）创建的这个伟大的新证券化模型将怎样运行。”他回忆道。（拉涅里是可以被称为“抵押贷款债券市场之父”的人。）将住房抵押贷款转变为债券具有凡人无法想象的巨大意义。一个人的负债就是另外一个人的资产，但是现在越来越多的负债变成了一堆纸片，你可以向任何人销售。一转眼的工夫，所罗门兄弟公司的交易大厅里诞生了由各种奇怪的东西所支撑的债券市场：信用卡应收账款、飞机租赁、汽车贷款、健身俱乐部会费。只需要找到新的资产进行典当，就可以创造一个新市场。在美国，最显而易见的尚未被充分利用的资产仍然是住房。首批抵押贷款人拥有了巨额的被套牢在他们住房上的权益，为什么这些尚未被利用的权益不能债券化？雅各布说：“次级债思维的出现是由于针对第二层抵押贷款借款人的社会污名，而这本来是能够避免的。仅仅因为你的信用评级差一点儿，你就要支付更高的价格，而且是远高于你应该支付的价格。如果我们能够将债券推向大众市场，就可以将成本降低到借款人能够接受的水平，他们可以用利率较低的抵押贷款债务替换高利率的信用卡债务。而且这将成为一个自我实现的预言。”

美国的下层中产阶级中，高融资者的比例不断增大，据称这对下层中产阶级美国人是有好处的。这种资本市场上的新效率，会使下层中产阶级美国人需要为他们的债务支付的利率越来越低。20 世纪 90 年代初，首批次级抵押贷款放款人——资金商店公司、绿树、阿艾梅斯——向公众出售股份，以促进自身的成长。

到20世纪90年代中期，每年进入市场的小型消费贷款公司达数十家。次级贷款公司分化了，放款人将他们贷款中的很大一部分以抵押贷款债券的形式出售给其他的投资者，因此，这个行业也隐藏着道德风险。“这是一个快速成长的行业，”雅各布说，“任何一个只要销售产品就能从中赚钱，而不用担心产品效益的行业，都能够吸引肮脏的商人。这是这个天才想法的不足之处。艾斯曼和我两个人都相信这个天才的想法，而且我们两人也都遇到过某些真正肮脏的人。我们的工作是确定这些人中的哪一些是实施这些天才想法的合适人选。”

次级抵押贷款在美国信贷市场中仍然只占很小的份额，每年的贷款不过几百亿美元，但是它的存在意义重大，甚至对史蒂夫·艾斯曼来说也是如此。“我认为部分原因是人们对不断加剧的收入不均所做出的一种反应，”他说，“美国的收入分配出现了偏差，而且偏离正常状态越来越严重，其结果就是你拥有了更多的次级客户。”当然，艾斯曼是拿着工资来研究次级贷款的意义的。奥本海默很快成为这个新行业中的主要银行之一，这在很大程度上是因为艾斯曼是它的主要支持者。“我把很多次级债公司都推上市了，”艾斯曼说，“他们喜欢讲的话是‘我们在帮助客户，因为我们将他们从高利率的信用卡债务中拯救出来，让他们进入利率较低的抵押贷款债务中’。而我对这个说法深信不疑。”随后，有些事情改变了。

审计的黑箱

文森特·丹尼尔（Vincent Daniel）在皇后区长大，没有史蒂夫·艾斯曼所拥有的任何怪癖。然而，如果你遇到他们，你或许会猜想，文尼[1]是在位于公园大道的高级社区长大的，而艾斯曼则生活在82街的小公寓里。艾斯曼粗俗、浮夸，而且粗枝大叶。文尼谨慎、细心，而且很注重细节。文尼年轻，身材很好，有着浓密乌黑的头发和英俊的外表，但是他的容貌被他专注的神情所掩盖——嘴唇总是抿着，眉毛好像随时都会上扬。他没有什么可失去的，但似乎永远都在担心有什么重要的东西会被他人夺走。在他很小的时候，他的父亲就被谋杀了——尽管从来没有人对他说过这件事，他的母亲在一家商品贸易公司找到了一份图书管理员的工作，她独自一人把文尼和他的弟弟拉扯大。或许是因为生活在皇后区，或许是因为他父亲的遭遇，或许是因为受到过刺激，文森特·丹尼尔总是对周围的同事持强烈的猜疑态度。史蒂夫·艾斯曼与文尼惺惺相惜，但他说："文尼很阴险。"

艾斯曼是一个上层中产阶级家庭的孩子，当他从宾夕法尼亚大学而不是耶鲁大学毕业的时候，他略微有些失落。文尼是一个在下层中产阶级家庭长大的孩子，他进入任何一所大学，他的母亲都会为他感到骄傲。更让她骄傲的是，在文尼1994年从纽约州立大学宾汉姆顿分校毕业后，他在曼哈顿得到了一个为阿瑟·安德森（Arthur Anderson）工作的机会，这家财务公司几年后在安然丑闻中被摧毁。"从小在皇后区长大，你能够很快发现钱在哪里，"文尼说，"钱就在曼哈顿。"作为一名初级会计师，他在曼哈顿的第一项任务是审计所罗门兄弟公司，他很快就被投资银

1. 文尼（Vinny），文森特·丹尼尔的昵称。——译者注

行账簿的高深莫测深深吸引住了。在他的会计师同事中，没有谁能够讲清楚交易员为什么要做他们所做的那些事情。“我不知道我在干什么，”文尼说，“但令人恐惧的是，我的经理也一无所知。我询问了一些基础性的问题，比如，他们为什么要持有这些抵押贷款债券？他们只是在打赌，还是它是某个更大战略的一部分？我需要知道这些。如果你无法把这些点连起来，就很难对一家公司进行审计。”

他得出的结论是，对于一名被分派去审计华尔街大公司的会计师来说，根本没有办法知道这家公司是在赚钱还是在赔钱。它们是巨大的黑箱，其中暗藏的齿轮永远都在转动。审计了几个月之后，文尼的经理对他的问题已经非常厌倦。“他无法向我解释清楚。他说，‘文尼，那不是你的工作。我雇你来做 XYZ，你就做 XYZ，并且闭上你的嘴。’我走出了他的办公室，并且说，‘我现在就走。’”

文尼开始寻找另外一份工作。他的一位老校友在奥本海默公司工作，他将文尼的简历交给人力资源部，这份简历到了史蒂夫·艾斯曼的手里，他当时正好在找人帮他分析那些次级抵押贷款发起人所使用的越来越晦涩的账目。“我不擅长计算，”艾斯曼说，“我是用故事来思考的。我需要有人在数字方面帮助我。”文尼听说过艾斯曼很难相处，但是当他们碰面的时候，他非常吃惊，艾斯曼似乎只对他们是否能够相处感兴趣。“他似乎只是在找一只好鸡蛋。”文尼说。当艾斯曼出其不意地给他打电话的时候，他们还只见过两次面。文尼猜想，他大约要得到一份新工作了。但是，他们刚开始谈话不久，艾斯曼就接到了另一个紧急电话，他让文尼等着。文尼拿着话筒默默地等了 15 分钟，而艾斯曼没有再回到线上。

两个月之后，艾斯曼的电话打过来了，问文尼什么时候可以去上班。

艾斯曼对他让文尼在电话那头等着，而他自己没有再拿起听筒这件事没有任何印象，就像他想不起来为什么他在与那些首席执行官共进午餐的中途去洗手间，然后就再也没有回去一样。文尼很快就找到了答案：当艾斯曼接通另外一个电话的时候，他得到的消息是，他的第一个孩子——刚出生的儿子麦克斯——夭折了。瓦莱丽患了感冒，她在睡梦中被一名护士叫醒，护士告诉她，夜班护士在睡梦中压到了婴儿，导致他窒息死亡。10天之后，与艾斯曼最亲近的人把这件事描绘成了一个改变他与周围世界关系的大事件。“艾斯曼总是认为有天使在他的肩膀上，”瓦莱丽说，“他从来没有遭遇过什么坏事。他总是受到保护，一直都很安全。在麦克斯的事情之后，他肩膀上的天使出事了。任何事情都可能在任何时候发生在任何人的身上。”从那一刻起，她在她丈夫身上看到了很多变化，有大有小，而且艾斯曼本人也不否认。“从宇宙发展史的观点来看，麦克斯的死不是什么大事，”艾斯曼说，“但这是我个人的大事。”

文尼和艾斯曼从来没有谈起过当时发生的事情。文尼所知道的是，他为其工作的那个艾斯曼显然不太像他几个月前遇到的那个艾斯曼。文尼在面试时见过的艾斯曼，按照华尔街分析师的标准来看，他是诚实的，并不是完全不合作的人。奥本海默公司在次级抵押贷款业务方面完全可以与大银行比肩。但是，如果艾斯曼这位影响力最大的分析师不愿意为他们说好话的话，他们永远不可能得到银行的业务。尽管他很喜欢抨击那些不太可能维持下去的企业，但他也同意次级贷款行业是对美国经济的有益补充这样的说法。他对这些次级债发起人中的少数几个进行了直率的指责，这在某种程度上说是有益的，增加了他对其他公司进行推荐时的可信度。

末日机器的引擎

在艾斯曼的老板看来，艾斯曼现在的做法在经济上起到的是反作用，他越来越多地显露出将做出负面评级的倾向。“看上去他好像嗅到了什么味道，”文尼说，“而他需要我帮助他找出他嗅到的是什么。”艾斯曼想写一份或多或少会震动整个行业的报告，但是他必须比平时更加小心。“你可以旗帜鲜明地站在卖方一边，哪怕错了也没关系。”文尼说，“但如果你的评级是负面的，一旦出错，你就会被辞退。”引发麻烦的弹药几个月之前刚从穆迪公司运来：评级机构现在拥有各种新的关于次级抵押贷款的信息，并且给出了卖出的建议。穆迪公司的数据库不允许查看具体的单笔贷款，它只提供了有关支持单笔抵押贷款债券的贷款池的总体图景：有多少是浮动利率，有多少贷款买入的房子是自住的。最重要的是，有多少是断供的。“这就是数据库，”艾斯曼言简意赅地说，“进入那个房间，在你搞明白它的意思之前不要出门。”文尼有一种感觉，他觉得艾斯曼其实已经知道这些东西意味着什么了。

文尼只能靠自己。“我 26 岁了，”他说，“而且我还没有真正搞清楚抵押贷款债券是什么东西。”艾斯曼对此同样一无所知——他只做股票市场，而且奥本海默公司当时连债券部门都没有。文尼必须自学。当他搞清楚之后，他对艾斯曼已经察觉到的源自次级抵押贷款行业的那种四处弥漫、令人不舒服的味道给出了自己的解释。这些公司披露了它们不断增长的收益，但是其他方面的信息不多。它们没有披露的众多事项中的一个，是它们所持有的住房贷款的断供率。当艾斯曼向它们提出这些问题的时候，它们辩称这些都是不相关的事情，因为它们已经把这些贷款全部卖给了那些把它们打包成抵押贷款债券的人，所以这些风险已经不再是它们的了。这种说法是不对的。所有的公司都保留着一小部分它们自己发起的贷款，公司可以按照这些贷款未来的预期价值将它们记为利润。会计规则允许它们把贷款视为可收回的，而且不会提前还款。这些假设成了它们的末日机器的引擎。

首先吸引文尼目光的，是“预制房屋”行业很高的提前还款率。（“预制房屋”要比“移动住房”好听。）移动住房与普通住房不同，它们的价值从离开商店的那一刻起就开始下降了，就像汽车。移动住房的购买者不像普通住房的购买者，他们不可能期望在两年之内再融资，把钱拿回来。“他们还款的速度为什么这么快？”文尼这样问自己，“这让我百思不得其解。然后，我看到，提前还款率之所以如此高，是因为他们是非自愿的。”“非自愿提前还款”听起来要比“拖欠还款”好一些。移动住房购买者如果拖欠还贷，他们的移动住房将被收回，而贷款给他们的人将按照贷款的比例得到他们应得的部分。“最终，我看到，在整个次级贷款领域，要么提前还款，要么贷款缺额就以一个难以想象的比例成为坏账，”文尼说，“我非常吃惊地看到在这些贷款池里出现的高比例断供现象。”贷款利率并没有高到足以抵消将这些钱借给美国大众中这一特定群体的风险。这就像一般的金融规则为应对社会问题而被暂停执行了。一个想法浮上了他的心头：在工资不增长的情况下，怎么能让穷人感觉富有？答案是：向他们提供低廉的贷款。

他花了6个月的时间仔细筛查每一个次级抵押贷款的贷款池，然后把情况告诉了艾斯曼。这些次级贷款公司的成长非常迅速，它们使用的会计方法非常复杂，从而掩盖了“它们没有真实收益，一切表象都是通过财务做账做出来的”这个事实。它们全都具有庞氏骗局的基本特征：为了维持赢利的假象，它们需要更多的资金来创造越来越多的次级贷款。“我确实不敢百分之百地肯定我是对的，”文尼说，“但是我找到艾斯曼，对他说，‘这看起来真的不妙。’这就是他需要知道的。我想，他所需要的是调低股票评级的证据。”

艾斯曼撰写的报告抨击了所有的次级贷款发起人，一家接着一家，他曝光了数十家企业的欺骗行径。他说：“它们提交给你们的数字与真实数字之间有着天壤之别。”次级贷款公司根本不感激他的这些努力。“他引发了一场轩然大波，”文尼说，“所有次级贷款公司的人都对着他声嘶力竭地大喊大叫：你错了，你的数据错了。他对着他们吼回去：‘这是你们的数据！’”艾斯曼的报告之所以引发如此巨大的风波，是因为他没有给他冒犯的这些公司合理的警告。他坏了华尔街的规矩。“艾斯曼知道这样的做法会引起轩然大波，”文尼说，“他想要的就是这种局面，他不希望有人来说服他。如果他事先警告，所有这些人都会千方百计地来说服他。”

“以前我们一直没能评估这些贷款，因为我们一直没有数据，”艾斯曼后来说，“我的名字已经深深地嵌入了这个行业。我的整个名声都建立在研究这些股票上面。如果我错了，这可能就是史蒂夫·艾斯曼事业的终结。”

艾斯曼在 1997 年 9 月发表了他的报告，当时正处于美国历史上最大的一个经济繁荣期。之后不到一年，俄罗斯出现断供潮，长期资本管理公司也倒闭了。在随后奋力上岸的过程中，早期的次级贷款放款人无法收回资金，很快成批地宣布破产。它们的失败是由于它们会计实践中的不道德行为，即在利润实现之前就记入了收益。按照文尼自己的说法，除了文尼，没有人真正明白这些贷款中的猫腻。“发现这个市场上居然有这种无效率的情况存在，真的让我感觉很棒。”他说，“因为如果市场掌控了一切，那么我或许做错了。看着这些艰深晦涩的东西，你还能说什么呢，为什么要去浪费那些精力呢？但是，据我所知，除了我，没有任何人研究那些即将在一场前所未有的经济繁荣中破产的企业。我看到了这一切是怎么发生的，事情真的很蹊跷。”

真实的金融界

就在这一刻，人们首次知道了艾斯曼并不只是有一点儿愤世嫉俗。他的脑海里有一幅金融界的图景，这幅图景与金融界的自画像有着天壤之别，而且要比后者更接近于真实。几年之后，他辞去工作，进入了一家对冲基金公司——奇尔顿投资公司（Chilton Investment）。他对告诉别人把他们的钱投到哪里已经失去了兴趣。他想，如果他自己管理资金，而且按照自己的判断投资的话，他或许还能够维持自己的兴趣。在雇用艾斯曼之后，奇尔顿投资公司也有了新的想法。“说到艾斯曼，”奇尔顿公司的一名同事说，“是的，他是一个很聪明的人。但是他会选股吗？”奇尔顿公司最终认为他不会选股，因而重新调整了他的工作，让他重拾他的老本行，为那些真正做出投资决策的人提供服务。艾斯曼讨厌这个工作，但他还是做了，而且在这个过程中，他学到的东西让他为即将发生的危机做好了准备——他了解到消费贷款市场内部正在发生的一切。

时间到了2002年。在美国，公开上市的次级贷款公司无一幸存。然而，有一家历史悠久的消费贷款巨人——家庭金融公司（Household Finance Corporation）成立于19世纪70年代——长期以来一直是这个领域的领导者。艾斯曼一直认为他对这家公司非常了解，直到有一天，他忽然意识到，他其实并不了解这家公司。2002年年初，他拿到了家庭金融公司新的住房权益贷款业务的销售文件。该公司的首席执行官比尔·奥尔丁格（Bill Aldinger）在竞争对手纷纷破产的情况下，仍在大力发展家庭金融公司。正在消化互联网泡沫破灭苦果的美国人，似乎应该没有勇气借入新的债务，然而，家庭金融公司的放贷速度却空前加快。它的一个重要增长来源是第二抵押贷款。文件上提供的是一份15年期的固定利率贷款，但是它被伪装成了30年期的贷款。它将住房拥有人在15年间需要偿还的金额假设性地分摊到30年间，而且发问：如果你原本应该在15年内偿付的款项分成30年来偿付，你的“有效利率”是多少？这是离奇而不诚实的销售宣传。借款人听到的是“7%的有效利率”，而事实上利率为12.5%。“这是无耻的欺骗，”艾斯曼说，“这些人在愚弄他们的客户。”

艾斯曼很快从借款人中找到了投诉者，他们说出了自己身上刚刚发生的事情。艾斯曼寻遍了全美各地的所有小报，在华盛顿州的贝林哈姆镇找到了一个名叫约翰·史塔克（John Stark）的记者，他为《贝林哈姆新闻》写稿。在艾斯曼突然找到他之前，史塔克写了一篇关于4个认为自己受到了家庭金融公司欺骗的当地人的故事。这4个人找了一名代理律师，想起诉这家公司，希望判决抵押合同无效。"一开始我还有点儿怀疑，"史塔克说，"我以为又是几个借钱借得太多的人，只不过聘请了一名律师，所以我并没有太在意。"这篇文章一见报，就吸引了很多读者：贝林哈姆周边的数百人拿起了报纸，发现他们原本以为利率是7%的抵押贷款，事实上利率是12.5%。"这些人不知道从哪里冒了出来，"史塔克说，"他们愤怒了。他们中的很多人以前完全没有意识到他们身上到底发生了什么。"

无论艾斯曼这样做的动机是什么，他都把问题推向了另一个极端，他的工作变成了全力对抗家庭金融公司。他提醒报社的记者们，他动员杂志撰稿人，他友好地对待"推动改革社区组织协会"，这样的情况还是第一次，一个来自华尔街的家伙对一家致力于保障穷人利益的组织表现出兴趣。他曾多次拜访华盛顿州总检察长，他听说总检察长已经调查了家庭金融公司，满腹狐疑，但一名州法官禁止他公布调查结果。艾斯曼弄到了调查结果的副本，其内容证实了他的猜想。"我想对总检察长办公室的那些人说，'你们为什么不抓人？'他们可能会说，'这是家有实力的大公司。如果这家公司走了，还有谁会在华盛顿州推出次级贷款？'我就说，'相信我，将会有一列火车驶进来，满载着赶来放款的人。'"

确实，这是一个联邦层面的问题。家庭金融公司在全美范围内兜售它的那些骗人的抵押贷款，然而，联邦政府却没有做出应有的回应。相反，2002 年年末，家庭金融公司采用庭外和解的方式平息了一场集体诉讼，同意向 12 个州支付总计 4.84 亿美元的赔款。次年，这家公司把自己以及巨额的次级贷款组合，以 155 亿美元的价格卖给了一家英国的金融集团——汇丰集团。

艾斯曼感到十分震惊。"我从来没有想过这种情况居然能够发生，"他说，"这不仅是一个公司的问题。它是迄今为止从事次级抵押贷款业务的最大的公司，而它却参与了这种明目张胆的欺诈。这家公司的人应该把首席执行官赶出去，可是他们却把公司卖了，让首席执行官赚到了上亿美元。天哪！事情没有按照它应有的方式结束。"艾斯曼面对极端复杂的金融交易模式所表现出来的悲观情绪，沾染了政治理想的色彩。"就是在这个时候，我开始注意到了社会影响。"他说，"如果要从零开始着手建立监管机构，那么最好把这个机构设计成保护中低收入者的模式，因为他们被欺骗的概率太高了。但事实上，我们所拥有的是一个只保护极少数人的政权。"

艾斯曼每个星期三的中午都会去纽约最大的漫画书店看最新上架的漫画。在成年人中间，他应该算是对各类超级英雄的生活了如指掌的人。比如，他能把《绿灯侠》中的誓言倒背如流，对蝙蝠侠的私生活比蝙蝠侠自己还要了解。在他的儿子夭折之前，艾斯曼已经像个孩子一样，看完了所有这些漫画的成人版本，其中《蜘蛛侠》是他的最爱。现在，他只看最阴暗的成人漫画，偏爱那些取材于耳熟能详的童话故事，在不改变情节的基础上进行重新编排，从而有别于童话故事的漫画作品。按照他的说法就是："讲一个与过去发生过的事情有联系的故事，然而，故事的发展却是完全不同的。这会让你从不同的角度去看待那些老故事。"他喜欢让白雪公主和小矮人的关系多一些悬念。现在，在金融市场，一个童话故事又重新出现在他的眼前。"我开始更加近距离地审视次级抵押贷款的所有问题，"他说，"次级汽车贷款从某些方面看是诚实的，因为它有一个固定的利率。它会向你收取很高的费用，撕碎你的心，但至少你清楚这一点。次级抵押贷款却是一个骗局，从根本上说，它吸引人的手段就是告诉他们，'只要申请了这项贷款，你就可以还清所有其他贷款——信用卡债务、汽车贷款等。而且，看看它的利率是多么低廉啊！'但是，这个低利率并不是实际利率，而是诱惑利率。"

在关注家庭金融公司的同时，艾斯曼参加了一个由一家华尔街大企业组织的午餐会。到会发言的嘉宾是一位名叫赫伯·桑德勒（Herb Sandler）的首席执行官，来自一家从事存贷款业务的巨型企业，名字叫作金色西部金融公司（Golden West Financial Corporation）。"有人问他是否认同免费支票账户的模式，"艾斯曼回忆道，"他说，'关掉你的录音机。'所有人都关掉了手里的录音机。他解释说，他们不碰免费支票业务，因为这真的是对穷人征税——以支票账户透支罚款的形式。开展这种业务的银行，其实只是为了更多地盘剥穷人，使他们付出比正常使用支票更高的费用。"

艾斯曼问："有监管者对此表示出兴趣吗？"

"没有。"桑德勒说。

"就在那个时候，我确信这个体系真的是在'剥削穷人'。"

坏事随时会发生

艾斯曼年轻时是一名极端的共和党人。他加入右翼组织，两次投票给罗纳德·里根（Ronald Reagan），甚至热爱罗伯特·博克（Robert Bork）。但是，自从进入华尔街之后，他的政治立场奇怪地向左转了。他把自己政治立场转变的原因归结为冷战的终结，“我不是右翼，因为没有太多成为右翼分子的理由”。家庭金融公司的首席执行官比尔·奥尔丁格拿到1亿美元的时候，艾斯曼正走在成为金融市场上第一位社会主义者的道路上。“作为一名保守的共和党人，你永远想不到人们正在通过剥削其他人赚钱。”他说。他的思想现在已经完全对这种可能性开放了，“我现在意识到，社会上存在着一个完整的产业，叫作消费金融，从根本上说，它的存在就是为了剥削人”。

在管理对冲基金的机会被他的公司老板剥夺以后，艾斯曼辞掉了工作，并且尝试着创办自己的对冲基金。一家名叫前点合伙公司（FrontPoint Partner）的企业旗下拥有一批对冲基金，这家企业不久便被摩根士丹利完全控股。2004年年初，摩根士丹利同意让艾斯曼建立一只基金，这只基金紧盯金融公司：华尔街的银行、房屋建筑公司、抵押贷款发起人、像通用电气这样拥有大型金融服务部门的公司，以及任何涉及美国金融领域的公司。摩根士丹利按基金净值收取费用，并且给他提供了办公场所、办公家具以及后勤人员。唯一没有给他提供的东西就是资金，摩根士丹利希望艾斯曼自己解决这个问题。艾斯曼飞遍了全世界，拜会了数百名一流的投资者。“我们原本试图募集资金，但是没有做到。”他说，“大家都说，‘很高兴见到你，给我们讲一下你是怎么运作这些基金的。'”

到2004年春，艾斯曼陷入了迷茫。他一直没有募集到资金，不知道接下来该怎么办，他甚至不知道自己是否还能继续做下去。他当然不认为世界是公平的，也不奢望事情总是朝着好的方向发展，或者自己能够得到某种免遭人生意外打击的特殊庇护。他在凌晨4点醒来，浑身是汗，他甚至接受了心理治疗。然而，他还是艾斯曼，因此，这种治疗不是常规意义上的心理治疗，这种治疗叫作“工作小组”治疗。十几名专家以及一名受过训练的心理治疗师在一个安全的环境里分享他们的烦恼，在会谈临近尾声的时候，艾斯曼会发作起来，将那些困扰他的问题和盘托出，随后在其他人说出自己的麻烦之前就匆匆离开。他这样做了几次之后，治疗师提醒了他，但是他没有听进去。于是治疗师给艾斯曼的妻子打了电话，让她跟她丈夫谈谈。这个方法也没有奏效。“他什么时候去做过治疗我都会知道，”瓦莱丽说，“因为治疗师老是给我电话，说‘他又那样了！'”

瓦莱丽显然对这种激烈的竞争非常担心。她告诉艾斯曼，如果这项最新的华尔街事业开展得不成功，他们可以考虑离开纽约去罗得岛，在那里开一家提供早餐的简易旅馆。瓦莱丽找了很多地方，并且多次提出他们应该花更多时间陪伴他们的那对双胞胎，她甚至想要养鸡。了解艾斯曼的人和艾斯曼本人一样根本无法想象养鸡这样的事情，但是他却同意了。“这个主意对他来说毫无吸引力，”他的妻子说，“他工作更卖力了。”艾斯曼游历了整个欧洲大陆以及美国，寻找愿意给他投资的人，后来还真的找到了一个，有一家保险公司给他投了5 000万美元。虽然这还不足以创立一只可以维持运作的股权基金，但这毕竟是个开始。

虽然没有找到投资，但是艾斯曼却吸引了很多人，这些人对世界的看法跟他一样消极。刚刚与人合作完成了一篇名为“没有权益的住房只是负债出租”的报告的文尼就是其中一位。波特·柯林斯（Porter Collins）这位参加过两届奥运会划艇比赛的选手，在奇尔顿投资公司时曾经与艾斯曼共事过，他一直不明白，为什么这个聪明的家伙老是郁郁寡欢，他自然也成了其中的一员。后来成为艾斯曼的首席交易员的丹尼·摩西（Danny Moses）是第三位。丹尼曾经在奥本海默公司做销售员，他对艾斯曼当年所做的那些卖方分析师很少会干的事情印象非常深刻。比如，在某一个交易日，艾斯曼走上了奥本海默交易大厅的演讲台，要求大家安静，并且宣布“下面8只股票将会归零”，然后说出了8家公司的名称，而这8家公司后来也确实破产了。在佐治亚州长大、父亲是金融教授的丹尼，不像文尼和艾斯曼那样相信宿命，但是他与他们抱有共同的看法，就是坏事随时会发生，特别是在华尔街。当一家华尔街公司向他提供一项各方面都几近完美的交易时，他会跟交易员说：“我很感激这一点，但我想知道一件事情：你们将会怎样盘剥我？”

“嘿嘿，看你说的，我们从来不会这么做。”交易员打开了话匣子。丹尼尽管彬彬有礼，却始终坚持着自己的看法。

“我们俩都很清楚，像这笔交易这样完美的好事不会发生在一家小对冲基金公司和一家华尔街大公司之间。我会接受这笔生意，但是你必须先跟我讲清楚你将会怎么盘剥我，我才会干。”最后，交易员解释了自己将会怎么盘剥他，而丹尼也接受了这笔交易。

他们都对与史蒂夫·艾斯曼共同经营管理资金的想法表现出了极大的兴趣。给艾斯曼打工，你永远也不会感觉到你是在打工，他会教你，但是他不会监督你。艾斯曼也会尖锐地指出他们存在的问题。“艾斯曼喜欢出席所有的华尔街聚会，”文尼说，“他会说‘关于这个问题，请给我做出30种不同的解释’，或者‘你能再解释一下这个问题吗？请用英文’。一旦你这样做了，你就会了解到一些东西。一开始的时候，通过这种做法，你会知道对方对自己所谈论的事情是否真的了解。而大多数时候，他们其实并不了解！”

开辟债券市场

到2005年年初，艾斯曼的小团队形成了一个共识，那就是绝大多数在华尔街工作的人都不清楚自己所做的事情。次级抵押贷款这部机器启动了，重新运转起来，就好像从来没有出现过故障一样。如果说次级抵押贷款上演的第一幕是畸形的，那么第二幕就是恐怖的。在20世纪90年代中期，一年300亿美元的交易额对于次级贷款行业来说是一个很大的数字；而到了2000年，次级抵押贷款的规模达到了1 300亿美元，其中价值550亿美元的部分被重新包装为抵押贷款债券。2005年，次级抵押贷款达到6 250亿美元，其中5 070亿美元进入了抵押贷款债券。单单一年中就出现了价值5 000亿美元的以次级抵押贷款为基础的债券。次级贷款即使在利率上升的时候也呈现出繁荣的局面，这完全是没有道理的。更加让人惊异的是，贷款的期限在变化，成为坏账的可能性不断增加。在1996年，65%的次级贷款利率是固定的，这意味着典型的次级贷款借款人或许会遭遇麻烦，但是至少他们能够确切地知道，在还完贷款本息之前，他们每个月到底欠了多少钱。到 2005 年的时候，75% 的次级贷款是浮动利率贷款，而前两年的利率通常是固定的。

次级债金融家的演出被他们放出去的贷款中的一小部分搞砸了。市场本来应该学到一个简单的教训：不要借钱给那些还不起钱的人。可是相反，它却得到了一个很复杂的教训：你可以继续发放这些贷款，但不要让它们出现在你的账本上。放出贷款，然后将它们卖给华尔街大型投资银行的定息债券部门，这些机构再将贷款包装成债券，出售给投资者。长滩储蓄公司（Long Beach Savings）是目前尚存的首家采用所谓的“发起销售”模式的银行。这导致了一波热潮——华尔街可以购买你的贷款，哪怕你不想卖，后来甚至专门成立了一家名叫 B&C 抵押贷款公司的新公司来做发起销售业务。雷曼兄弟公司认为这是一个伟大的创举，因而毫不犹豫地将 B&C 抵押贷款公司纳入麾下。到 2005 年年初，所有华尔街的大银行都深陷次级贷款的游戏之中。贝尔斯登、美林、高盛以及摩根士丹利都拥有专门为次级贷款产品开辟的“架子”，而且都有一个奇怪的名字，像 HEAT、SAIL 以及 GSAMP，这就使普通的投资者很难想到这些次级债券是由华尔街上这些响当当的大公司承销发行的。

艾斯曼以及他的团队对美国房地产市场和华尔街都有着非常透彻的了解。他们认识绝大多数次级贷款放款人——那些在底层放贷的家伙，他们当中的很多人都是 20 世纪 90 年代末那场危机的始作俑者。艾斯曼就高盛对中低收入美国中产阶级的债务所做的手脚给出了最坏的预期。“你们必须知道，”他说，“是我最先涉足次级贷款的，我最先与狼共舞，这些家伙的谎话是无边无际的。我从那些经历中学到的是，华尔街卖出去的东西什么都不是。”

他不理解的是，什么人会买这些伴随第二波次级抵押贷款热潮而来的债券。“在了解这些情况后的第一天，我们说，‘我们借卖空这个东西来赚取巨额财富的时机就要到了。市场将开始膨胀，只是我们还不知道它会以什么方式出现，以及在什么时候出现。’”

艾斯曼所说的“这个东西”指的是那些涉及次级贷款的公司的股票。股票价格会出现各种你能够想象得到的疯狂情况，在贷款开始出现坏账迹象之前，他不想卖空它们。为此，文尼对美国次级抵押贷款借款人的行为进行了严密的监控。在每个月的25日，还款记录报告都会及时出现在他的电脑屏幕上，他仔细浏览，对所有违约记录都做上标记。“根据我们追踪的情况来看，”文尼说，“信用质量还算好。至少到2005年下半年仍是这样。”

在开始经营自己公司的那18个月的迷茫期中，艾斯曼有了一个感悟，他意识到他显然错过了什么。他正在努力找出哪些股票可以买入，可是股票价格对债券的依赖却越来越严重。随着次级抵押贷款市场的增长，每家金融公司都以某种方式暴露在他的面前。“定息债券世界使股权世界相形见绌，”他说，“股权世界与债券市场相比，简直就像一个侏儒。”几乎每家大型的华尔街投资银行都有专门的债券部门，很多公司的首席执行官都曾经是债券交易员，比如雷曼兄弟公司的迪克·福尔德（Dick Fuld）、摩根士丹利的约翰·麦克（John Mack），以及贝尔斯登的吉米·凯恩（Jimmy Cayne）。20世纪80年代，主要的债券公司所罗门兄弟赚到了巨额的利润，使它看起来仿佛身处一个与其他公司完全不同的行业，自那时起，债券市场就成了一个赚大钱的地方。“那是一条黄金规则，”艾斯曼说，“那些持有黄金的人制定的规则。”

大多数人不明白，那些推动了债券市场20年繁荣的东西为什么又毁掉了这一切。艾斯曼过去也不明白，但现在他明白了。他需要学习他所能够学到的有关定息债券的一切。他对债券市场有自己的计划，但他所不知道的是，债券市场也有针对他的计划。债券市场将会呈现出一个似乎为艾斯曼量身打造的漏洞。

第二章

寻找市场的漏洞

开张支票，以确保谈话中的许诺能兑现。

——沃伦 · 巴菲特

无法卖空的次贷债券

2004年年初，另一位股票市场投资人迈克尔·巴里（Michael Burry）首次投身债券市场之中，他想了解在美国资金借入借出的所有方式。他没有跟任何人谈论过他的新计划，只是独自坐在办公室里，阅读各种书籍、文章以及金融档案。他最想弄清楚的是，次级抵押贷款债券是怎样运行的。天文数字般的个人贷款堆成了一座塔，位于顶层的人能够首先拿回他们的钱，并从穆迪和标准普尔那里获得最高的评级，当然还有最低的利率。底层的人最后才能拿到钱，却要第一个承担亏损，并得到来自穆迪和标准普尔的最低评级。由于他们要承担更大的风险，因此底层的投资者获得的利率要比顶层的投资者高。购买抵押贷款债券的投资人必须决定在哪一层投资，但迈克尔·巴里并不是在考虑购买抵押贷款债券的问题，他考虑的问题是怎样卖空次级抵押贷款债券。

每一份抵押贷款债券都有一本千篇一律的长达130页的说明书。如果仔细阅读这些密密麻麻的小字，你会发现一份债券俨然是一家小企业。巴里在2004年年底和2005年年初浏览了数百份这样的说明书，而真正仔细阅读的只有其中的几十份。可以肯定的是，他是除了起草这些文件的律师之外唯一真正阅读这些东西的人，尽管任何人都可以很方便地以每年100美元的价格从网站上下载这些文件。正如他在一封电子邮件中所解释的：

> 所以，你选择像新星这样的公司——一个发起并且销售次级抵押贷款债券的放款人，是当时的一个典型。（债券的）名称可能是NHEL 2004-1、NHEL 2004-2、NHEL 2004-3、NHEL 2005-1，等等。举例来说，NHEL 2004-1可能包括了

2004 年前几个月以及 2003 年最后几个月的贷款，而 NHEL 2004-2 包括的可能是 2004 年年中的贷款，NHEL 2004-3 包括的则可能是 2004 年年末的那部分贷款。你可以抽出这些说明书，快速把握发起和销售行业中次级抵押贷款这一部分的脉动，了解正在发生的情况。你可能会看到，可调整利率抵押 2/28 只付利息贷款 2004 年年初时的利率只有 5.85%，而到 2004 年年末时为 17.48%，2005 年夏末则为 25.34%。然而，以无文件（“说谎者”）贷款百分比与估值相比的 FICO 信用（消费信贷）评分及其他指标却是非常稳定的……问题在于，这些对比总体上保持稳定，但是所发行、包装和销售的抵押贷款债券的总体质量却越来越差，因为对于同样的 FICO 信用评分，或者同样的贷款比值来说，你获得的只是比例较高的只付利息贷款。

早在 2004 年年初，只要观察一下数据，你就能清楚地看到贷款标准的下降。按照巴里的观点，标准不只是下降，而且已经触底。这个“底”甚至还有个名称：只付利息的负摊销可调利率次级抵押贷款。作为住房的购买者，你实际上获得了根本不用还款，而且可以将你欠银行的全部利息转变成更大的本金余额的权利。不难看出哪种类型的人会拥有这种贷款：没有收入的人。巴里不明白的是，那些放款人为什么愿意给这样的贷款延期。“你应该看的是放款人而不是借款人，”他说，“借款人永远希望自己的利益最大化。所以，应该由放款人来说清楚限制条件，当放款人没有这样做的时候，你就要小心了。”到 2003 年，他知道借款人已经迷失了。到 2005 年年初，他发现放款人也迷失了。

很多对冲基金经理花费大量时间向他们的投资人解释各种无关紧要的琐事，把每周给投资人写信当成例行公事。巴里不喜欢面对面地与人交谈，因而把这些信件看成他所做的让投资人知道他的打算的最重要的事情。在他的季度信函里，他创造了一个短语来描述他认为将要发生的事情：通过票据来延展信贷。也就是说，很多人其实没有能力按照过去的方式偿还他们的抵押贷款，所以，放款人编造出新的票据形式，为发放给他们的新贷款寻找正当的理由。“这是一个非常明显的迹象，放款人已经迷失了，在不断地降低自己的标准，以提高发放贷款的规模。”巴里说。他能够理解放款人为什么要这样做：放款人并不会自己持有这些贷款，而是把这些贷款卖给高盛、摩根士丹利以及富国银行，这些公司再将这些贷款打包成债券对外销售。他认为，次级抵押贷款最终的买家都是些“蠢材”，他也对这些蠢材进行过研究，但那是之后的事儿了。

现在，巴里面临着一个战略性的投资问题。次级抵押贷款债券的所有不同层级，或者说部分，都有一个共同点：无法卖空。要卖空股票和债券，你首先要借入股票和债券，而这些抵押贷款债券是无法借入的。你可以买入或者不买入，但是你无法用它们进行对赌。次级抵押贷款市场根本没有任何空间，让身处其中的人们至少能对它有个模糊的认识。你或许可以确切地知道，整个次级抵押贷款债券市场的末日将至，但是你对此却束手无策。你无法卖空住房，你只能卖空房屋建筑公司的股票，比如普尔特房屋公司（Pulte Homes）或者托尔兄弟公司（Toll Brothers）的股票，但是那种做法代价太高、不直接而且很危险。股票价格持续上涨的时间，可能会远远超过巴里能够保持足够流动性的时间。

对赌次贷

早在前几年，巴里就注意到了信用违约掉期。信用违约掉期不太容易理解，因为它根本就不是真正的掉期产品。它是一份保单，主要针对企业债券，每半年支付一次保费，条款固定。比如说，你可以每年支付20万美元，购买对1亿美元的通用电气债券的10年期信用违约掉期产品。你可能亏损的最大金额是200万美元：每年20万美元，连续10年。如果通用电气在今后10年内在债务偿还上出现违约情况，导致债券持有人颗粒无收的话，那么你能够得到的最大金额是1亿美元。这是一个零和对赌：如果你拿到1亿美元，卖给你信用违约掉期产品的那个家伙就会损失1亿美元。这也是一个非对称的对赌，就像轮盘赌一样。你可能输掉的是你放在桌面上的筹码，但是如果你押对了，你获得的将会是30倍、40倍甚至50倍于资本的收益。“信用违约掉期为我弥合了一个风险敞口，”巴里说，“如果我买入一个信用违约掉期产品，我的下行风险是能够确定的，而我的上行利润却是它的很多倍。”

他当时已经介入企业信用违约掉期市场。2004年，他开始为他认为可能在房地产市场衰退中遭到打击的公司购买保险：抵押贷款放款人、抵押贷款保险人，诸如此类。但这还不足以令他满意。如果出现房地产市场崩溃，可能会造成这些公司亏损，却还不足以保证这些公司会破产。他希望有一种更直接的工具对赌次级抵押贷款。2005年3月19日，他紧闭办公室的门，独自一个人蜷缩在暮色中，阅读着一本有关信贷衍生产品的教科书。迈克尔·巴里突然想到了一个东西：次级抵押贷款债券的信用违约掉期产品。

这个想法出现在他脑海里的时候，他正在看一本有关美国债券市场的创立与发展的书。书中提到，20 世纪 90 年代中期，在 J. P. 摩根出现了第一份企业信用违约掉期产品。他还找到了一段解释为什么银行觉得它们需要信用违约掉期产品的话，这段话并没有让他豁然开朗——无论如何，避免通用电气债券违约风险最好的办法就是，不要第一个借钱给通用电气。在开始的时候，信用违约掉期产品曾经是一个保值工具：某家银行因为通用电气的要求，贷给通用电气的款项超出了自身愿意放贷的限额，而如果不放贷，它又担心得罪一个长期客户；而另外一家银行的介入则彻底改变了它对贷款给通用电气的看法。然而，很快地，新的衍生产品成了一种投机的工具，很多人想对通用电气违约的可能性进行对赌。这让巴里眼前一亮：华尔街肯定也会对次级抵押贷款债券做同样的事情。考虑到房地产市场正在发生的事情，同时考虑到次级抵押贷款放款人正在做的事情，很多聪明人最终会豪赌次级抵押贷款债券，而这样做的唯一方式就是购买信用违约掉期产品。

信用违约掉期产品可以解决迈克尔·巴里面临的最大问题，即对时机的把握。他几乎可以肯定，在 2005 年年初放出的次级抵押贷款将会成为坏账。但是，由于这些贷款的利率都被定得很低，而且在两年内不会调整，因此等这种情况出现可能需要两年的时间。次级抵押贷款的利率几乎都是浮动的，但是其中的绝大多数又都有一个为期两年的固定诱惑利率。2005 年年初发放的抵押贷款前两年的“固定”利率是 5%，到 2007 年将会飙升到 11%，从而引发一波断供潮。这些贷款中出现的微弱的不和谐音会随着时间的推移而被放大，直到最终很多人像他一样心存疑虑，觉得这些债券都是定时炸弹。一旦这种情况出现，就不会再有人愿意为次级抵押贷款债券提供保险。他需要现在就将自己的筹码摊到桌面上，等着赌场清醒过来，改变游戏的赔率。理论上说，一份针对 30 年期次级抵押贷款债券的信用违约掉期产品是以持续 30 年为前提设计的。他认为，大约只需要三年的时间就可以交割了。

唯一的问题在于，市场上还不存在类似的针对次级抵押贷款债券的信用违约掉期产品，而且也看不到出现这种产品的任何迹象。他需要敦促华尔街的大公司开发这种产品，但是，让哪个公司来做呢？如果他是对的，住房市场即将崩溃，这些介入这个市场的公司肯定将遭受巨额的亏损。他甚至没有想过给贝尔斯登和雷曼兄弟打电话，因为他知道这些公司比其他公司承担着更高的抵押债券市场风险。在他的心目中，高盛、摩根士丹利、德意志银行、美国银行、瑞银集团、美林以及花旗集团是最有可能幸免于难的企业。他给所有这些银行都打了电话，其中 5 家对他所说的东西一无所知；有两家回复说，尽管这个市场现在不存在，但是以后可能会有机会。三年之内，针对次级抵押贷款债券的信用违约掉期产品可能会成为一个规模达到数万亿美元的市场，并在华尔街的大企业中导致价值数千亿美元的亏损。然而，当迈克尔·巴里在2005年年初不断纠缠这些公司的时候，只有德意志银行和高盛有意继续这个谈话。在他能接触到的范围之内，华尔街还没有谁能明白他所预见到的这一切。

孤僻的金融专家

巴里早就意识到自己是与众不同的，虽然他并不明白为什么会这样。两岁的时候，他就患上了一种罕见的癌症，为切除肿瘤所进行的手术让他失去了左眼。一个独眼孩子看到的世界与其他人看到的不一样，但是，很快地，迈克尔·巴里就发现他的认知能力更加偏重于形象思维。大人们一直坚持说，他应该看着对方的眼睛，特别是当他跟他们谈话的时候。“盯着某人的眼睛要花费我全部的精力，”他说，“如果我盯着你看，那就表示我知道我不会再听你说话。”他的左眼做不到直视任何他想与之对话的人，当他在社交场合闲聊的时候，与他谈话的人会有规律地向左移动。“我真的不知道怎么制止这种情况，”他说，“人们总是向左移动，直到他们站在我的左边，而我一直试图不再转动我的头。我最后只能用我的右眼，越过鼻子向左看。”

他认为，与别人面对面的交流几乎总是以非常糟糕的情况结束，他的义眼是主要的原因。他发现，要理解人们的非语言信号，对他来说简直困难到令人发狂的地步；而对于接收到的声音信号，他通常是按其字面意思去理解，与人们真正想表达的意思相去甚远。即便他尽了最大的努力，结果通常还是很糟糕。“我的恭维话通常都说不到点子上，”他说，“我很早就知道，如果你说谁的好话，得到的结果总是错的。比如，就你的身材来说，你看上去很棒。这真是一件非常好的衣服，看上去就像手工制作的。”为什么他无法真正融入团队？义眼成了他自己私下里的解释。左眼有分泌物产生，而且时常流泪，需要时刻小心。别的孩子总是下意识地提醒他这些问题。他们说他斗鸡眼，尽管他根本就不是。孩子们总是恳求他将义眼从眼眶中挤出来，但是当他这样做的时候，左眼会感染，伤口会变得非常恶心，让他遭到更加严重的排斥。

从他的义眼里，他找到了对自己那些独特人格的解释。比如，他在公平问题上受到的困扰。当他注意到他喜欢的篮球明星的出场次数远比他不喜欢的明星少的时候，他不是对着裁判吼叫，而是不再观看任何篮球比赛。这种不公平扼杀了他对体育的兴趣，尽管他争强好胜，体格魁梧，非常勇猛，是一名很好的运动员，但是他对团体项目没有兴趣。因为绝大多数团体项目都是球类运动，一个视野的深度和广度都受限的男孩不可能擅长球类运动。他非常努力地尝试过练习橄榄球，但是，如果他撞到别人的时候用力过猛，他的义眼就会蹦出来。

还有，要看到他的身体局限的尽头以及心理局限的起点，对他来说是一件困难的事情——他认为他的义眼处于二者的底部。他无法容忍教练对自己孩子的偏袒，裁判错过了判罚，也会让他发狂。他喜欢游泳，因为游泳不需要社会交往，没有队友，没有模棱两可。你只需要游出你的成绩，要么赢，要么输。

不久之后，巴里发现自己绝大部分时间都在独处，他对此已经不会再觉得吃惊了。到他快 30 岁的时候，他把自己归为没有朋友的那一类人。他曾经就读于圣何塞的圣特蕾莎中学、加利福尼亚大学洛杉矶分校以及范德堡大学医学院，从来没有接触过任何债券。他真正拥有过的友谊是通过电子邮件，在书信交流中形成并且发展起来的；真正被他视为朋友的两个人，与他结识都已经有 20 年的时间，但是实际见面的次数总共只有 8 次。“我的天性不适合交朋友，”他说，“我在自己的精神世界里很快乐。”从某种角度看，他结过两次婚。他的第一任妻子是个美籍朝鲜裔女人，由于他们生活在两个不同的城市，最终分手（“她常常抱怨，说我对婚姻这个概念的喜欢程度要超过对婚姻本身”）。他的现任妻子是一位美籍越南裔女人，他们是通过婚介网站认识的。在他的个人资料中，他坦诚地把自己描述为“医学院毕业，只有一只眼睛，社交能力不佳，尚欠助学贷款 14.5 万美元”。他在个人诚信方面的执着，和他在公平方面的执着不相上下。

偏执是巴里认为自己具有的另外一种特质。他的性格里没有“温带”：他要么痴迷于一件事情，要么对它毫无兴趣。这种性格存在一个明显的缺点，比如，与那些懂得假装对其他人的关注点和爱好有兴趣的人相比，他会面临更多的困难。但是，也有它好的一面，当还是一个小孩子的时候，巴里就具有令人惊异的专注力和学习的能力，而不管有没有老师督促。当与他的兴趣同步的时候，学习对他来说简直易如反掌——容易得令人难以置信：作为一名加利福尼亚大学洛杉矶分校的在校大学生，他既可以在英语和经济学课程中游刃有余，同时还可以参加医学预科培训，并被美国最好的医学院录取。他把自己异乎寻常的专注力归因于他缺乏对人际交往的兴趣，以及人际关系的匮乏……他辩解称，从根本上来说，所发生的一切在某种程度上都是由他的义眼造成的。

工作与专注力几乎使巴里与其他的医学院学生完全隔离开来。1998 年，作为斯坦福大学医院的住院医师，他对他的上司说，在 14 小时的医院轮班的间隙，为了让他的电脑运行得快一点儿，他熬了两个通宵，把他的个人电脑整个拆开又装好。他的上司让他去看精神科医生，医生做出的诊断是，迈克尔·巴里是躁郁症患者。他马上就知道自己被误诊了：如果你从来都不会消沉，或者说，如果你只是在轮班时，以及假装对医学实践感兴趣而反对学习时才会消沉，你怎么可能是躁郁症患者呢？他想当医生不是因为他喜欢医学，而是因为他并不觉得医学院有多难考。另一方面，医学实践让他觉得无聊，而且令他厌烦。至于他在第一次接触解剖学时说："那人将尸体的满是粪便的腿扛到自己肩膀上冲洗，那一幕令我反胃，而且我真的吐了。"关于他对病人的情感，他说："我想帮助别人，但不是现实中的。"

他真正的兴趣与计算机有关，这种兴趣不在于计算机本身，而在于计算机能够服务于他终生痴迷的东西——股票市场的内部运作。还在上小学的时候，有一次他的父亲让他看报纸上的股票行情表，并且告诉他，股票市场是一个凶险的地方，永远不能信任。从此以后，暂且不论股票市场是否可以通过投资获益，单单股市本身就已经非常令他着迷，甚至他还想让这个数字的世界变得有逻辑。他把阅读市场消息当成了一种爱好，没过多久，他就发现那些图表、曲线以及自吹自擂的荐股人的喋喋不休，全都毫无逻辑可言。随后，随着互联网泡沫的膨胀，整个股票市场变得不可理喻。"20 世纪 90 年代末期，我几乎不得不把自己看成一个价值投资者，因为我认为，其他所有人所做的一切都是疯狂的。"巴里说。作为被本杰明·格雷厄姆在大萧条时期具体化了的一种金融市场操作方法，"价值投资"要求投资人不知疲倦地搜寻那些冷门或者没有被正确估值的公司，这些公司的股票可以用低于清算价值的价格买入。在最简单的形式下，价值投资是一个公式，但是它已经有了很多种变形，其中一种是由本杰明·格雷厄姆的学生、最著名的价值投资者沃伦·巴菲特代表践行的。

巴里不相信投资可以被归纳为一个公式，或者可以从任何一个单独的模型中学到。他对巴菲特的研究越深入，就越相信巴菲特不可能被复制。事实上，巴菲特的经验是：要想以一种伟大的方式成功，你就必须做一个伟大的、不同寻常的人。"如果你想成为一个伟大的投资者，你必须找到适合你的方式。"巴里说，

“我认识到，尽管沃伦·巴菲特有着得天独厚的条件，师从本杰明·格雷厄姆，但是他并没有复制本杰明·格雷厄姆，而是制定了自己的路线，用他自己的方式、自己的规则管理资金……我马上产生了这样的想法，我认为没有哪所学校能够教会一个人怎样成为一个伟大的投资者。如果真有这样的学校，那么它应该是世界上最受追捧的学校，学费应该高得离谱。所以，这种情况不会是真的。”

投资是需要你以自己独特的方式去学习的一件事情。巴里没有真金白银可以去投资，他只是带着他对股市的痴迷度过了在中学、大学和医学院的时光。一直到他进入斯坦福大学医院，他都从来没有学习过金融或者财务方面的课程，更不要说为任何华尔街公司工作了。他有大约 4 万美元的现金，但是还有 14.5 万美元的学生贷款未偿还。在完成医学院学业的同时，他挤出时间学习，成为一名金融专家。“时间是可变的，”他在 1999 年一个周日的上午在写给他的一位笔友的邮件中说：

> 一个下午可以虚度，也可以有 5 个小时。我卓有成效地填补了被大多数人视为无用时间的那些空档。我对效率的追求，可能让我付出了第一次婚姻的代价，几天之前，几乎又让我失去了我的女朋友。在我进大学之前，军方曾经有这样的说法：“早晨 9 点之前，我们所做的工作比大多数人一整天做的还要多。”而我当时就经常想，我要比军队做得更多。如你所知，有那么一些人，只要在特定的活动中找到一种动力，就可以忽略其他一切事情。

巴里不是躁郁症患者。他只是孤僻而自我疏离，并没有真正的孤独感或者深层的不快感。他没有把自己看成一个悲剧。他认为，与其他的事情一样，他不寻常的个性使他能够比其他人更好地集中精力。在他的心目中，所有这些都要归于他的义眼所带来的翘曲效应。“这就是为什么我会认为大家觉得我与众不同，”他说，“这也是为什么我会认为自己与众不同。”怀着自己是与众不同的这一想法，当他以同样怪异的方式与华尔街邂逅的时候，他并没有发现在他身上发生了什么特别的事情。

1996 年 11 月的一个深夜，当时他轮职到了田纳西州纳什维尔的圣托马斯医院心脏病科，他登录一台医院的电脑，点击进入了一个名叫硅谷投资者的留言板。他在那里创建了一个叫作价值投资的群。在浏览过留言板上所有有关投资的内容后，他决定多学一点儿有关“在真实世界里投资”的知识。当时人们对互联网股票的狂热席卷了整个市场。在 1996 年前后的那段时间里，一家为硅谷投资者建立的网站，对于冷静理智的价值投资者来说并不适用。但是，依然有很多人加入，而且每个人都表达了自己的看法。有些人抱怨说，一名医生的投资观点根本没有任何意义。但是，随着时间的推移，巴里逐渐主导了这个群里的讨论。迈克尔·巴里意识到，群里的那些人开始重视他的建议，而且根据他的建议来赚钱。

当他意识到自己已经不能从这个群里学到任何东西时，巴里就退出了这个群，并创建了一个后来被称为“博客”但在当时还很古怪的东西。他在医院里要进行 16 个小时的轮班，写博客的时间主要是在午夜和凌晨 3 点之间。在他的博客上，他公开了自己在股票市场中的交易，以及他做这些交易的理由。人们发现了他，正如一家大型价值基金的理财经理所说：“我最疑惑的是，他是在什么时候做这些事情的？这个家伙是一名实习医生。我只看到了他一天中非医生的那个部分，就已经深感敬畏了。他把他的交易展示给人们看，人们在实时地跟着他做。他在做价值投资——在互联网泡沫时期，他购买有价值的股票，这正是我们在做的。但是，我们在亏损，我们的客户在流失。他却忽然之间冲上了巅峰，他赚了50%。这是不可思议的，他是超人。而且，我们不是唯一看着这一切发生的人。”

迈克尔·巴里不可能真切地看到谁在跟随他的操作，但是他知道这些人的IP地址（互联网协议地址）。刚开始的时候，他的读者来自EarthLink（美国一家互联网服务提供商）和美国在线，只是些随机的网友。然而，很快地，情况就改变了。访问他网站的人有来自共同基金的，像富达基金，还有来自华尔街大型投资银行的，像摩根士丹利。一天，他在博客上批评了先锋基金（Vanguard）的指数型基金，没过一会儿，他就接到了先锋基金的律师要求他停止和撤销评论的来函。巴里怀疑，某些认真的投资人或许真的会严格按照他博客上所说的建议来行动，但是他并不清楚他们是谁。“市场找到了他，”费城共同基金的经理说，“他发现了其他人还没有看到的模式。”

到1998年，巴里要去斯坦福大学医院从事神经科住院医生工作时，他在午夜和凌晨3点之间所做的工作已经使他在价值投资领域成为一个微小却很有意义的中心。此时，市场上对互联网股票的狂热已经完全失控，而且已经传染到了斯坦福大学医院。“尤其是这里的医生，以及某些科室的职员，已经被互联网泡沫完全俘虏了，”巴里说，“他们中有少部分人会跟风买入股票而且畅所欲言地讨论它们。宝利通、科亿尔、睿城、Pets.com（一家宠物网站）、TIBCO（一家软件公司）、微软、戴尔、英特尔是我印象特别深的，还有很多网络公司，我的大脑已经自动把它们过滤掉了……我只是紧闭着嘴，不想让那里的任何人知道我在博客上所做的事情。我觉得，如果这里的医生知道我没有全身心地投入医学学习，我就会遇到大麻烦。”

总是担心自己看起来对医学不够投入的人，可能真的是不够投入。在医学领域越深入，巴里就越感觉到自己在与人相处方面存在着问题。他曾经试图埋首于病理学领域，因为在这个领域的人面对死亡时表现得很从容，但是也没有用。（“人死如灯灭。人死得越多，灯灭得越多。我需要更加理性。”）

新的百万富翁诞生了

巴里搬回了圣何塞，办完父亲的后事，再次结婚。当他关闭了他的博客网页，并且宣布他将放弃神经病学的学习，去做一名理财经理的时候，他被专家误诊为躁郁症患者。斯坦福大学神经科学系的主任认为他已经失去了理智，让他用一年的时间来慎重考虑这个决定，但是他已经考虑清楚了。“我发现这件事情很有吸引力，而且似乎是触手可及的。”他说，“只要能管理好一个投资组合，我将获得我生命中的成功，那也就意味着别人认为我是哪一类人并不重要，尽管我自己觉得我是一个好人。”他当时只有4万美元的资产，还欠着14.5万美元的学生贷款，这就出现了一个很现实的问题：他应该建立一个什么样的投资组合？他的父亲死于一次误诊：一名医生没有发现X光片上显示出来的癌变。父亲死后，家里得到了一小笔赔偿金。父亲对股票市场一直持不赞成的态度，但是他的死亡赔偿金却帮助他的儿子进入了股票市场。他母亲得到了 2 万美元，他们三兄弟每人得到了 1 万美元。利用这笔钱，迈克尔 · 巴里开办了子孙资本公司（Scion Capital）。（在孩提时代，他就喜欢《涉娜拉的子孙》这本书。）他写了一份野心勃勃的备忘录，来吸引那些与他没有血缘关系的人。“投资者的最低净值要求是 1 500 万美元。”他说。有意思的是，他的这个规定不仅把自己，而且把他认识的所有人都排除在外了。

在手忙脚乱地找办公室、买家具、开立经纪账户的时候，他接到了几个令人吃惊的电话。第一个电话来自一个位于纽约市的大型投资基金——戈坦资本公司（Gotham Capital），这家公司由价值投资大师乔尔 · 格林布拉特（Joel Greenblatt）创办。巴里读过格林布拉特的书《你能成为股市天才》（*You Can Be a Stock Market Genius*）。（“我讨厌书的名字，但是喜欢书的内容。”）格林布拉特的下属告诉他，他们曾经运用他的投资理念赚过钱，而且希望能够继续下去。或许迈克尔 · 巴里可以考虑允许戈坦资本公司投资他的基金？“乔尔 · 格林布拉特亲自打电话对巴里说：‘我一直在等着你离开医疗行业。’”

戈坦资本公司出钱让巴里和他的妻子坐飞机到纽约——这可是迈克尔 · 巴里第一次坐飞机去纽约，也是第一次坐头等舱，他们还为他安排了洲际酒店的一间套房。在去与格林布拉特商谈的路上，巴里很焦虑，备受煎熬，每当要与人进行面对面接触的时候，这种情况总是困扰着他。让他略感放松的是，戈坦资本公司的人似乎已经读过很多他写的东西。“如果你看过我写的东西，然后再跟我谈话，进展就会很顺利。”他说，“我和那些没有读过我写的东西就来见我的人几乎从来都谈得不顺利。他在中学的时候情况就已经是这样了，甚至连老师都是这样。”他就像一个活的盲测实验对象：在你的视线移到他身上之前，你就必须决定你是否认同他。在这个方面，他处于形势非常严峻的劣势地位，因为他还不知道，一名理财经理的外表对于他的工作来说具有多么重要的意义。“他在与我见面的前一天给我打电话，”他的一名网友说，该网友正是一名职业理财经理，“他问我：‘我应该穿什么？’他连条领带都没有。他有一件蓝色的运动外套，是为参加葬礼准备的。”这是迈克尔·巴里的另外一个怪癖。在文章里，他表现得很正经，甚至有一点儿古板，但是在现实生活中他却很随便。在步行去戈坦资本公司的半路上，他慌慌张张地跑进一家领带店，买了一条领带。

去戈坦资本公司的时候，是巴里已度过的人生中穿着最正式的一次，他去见朋友的时候都是穿T恤和短裤的。整个会谈的过程是这样的：

“我们打算投给你100万美元。”

“你说什么？”

“我们打算买入你新建立的对冲基金的25%，出价100万美元。”

“你们真的要买？”

“是的，我们会投资100万美元。”

“必须是税后！”

巴里曾经有过这样一个想法，某一天，他的身价会达到百万美元，而且是税后。无论如何，在他完全弄清楚他们的意思之前，最后的那句话已经脱口而出了。而且，他们竟然同意了！在那一刻，根据他在博客上写的，他从一个债务缠身、资产净值为负 10.5 万美元的医学院学生，变成了一个有一小笔未到期贷款的百万富翁。巴里不知道，这其实是乔尔·格林布拉特第一次做这样的事情。“他显然是一个极其优秀的家伙，这样的人并不是很多。”格林布拉特说。

在这次奇遇之后不久，巴里又接到了来自保险控股公司白山公司的电话。白山公司由杰克·拜恩（Jack Byrne）管理，他是沃伦·巴菲特朋友圈的成员，而且他们也与戈坦资本公司交流过。“我们不知道你要卖掉你公司的部分股权。”他们说。巴里解释道，直到几天之前，他自己也没有意识到这一点，当时有人为此给出了税后 100 万美元的报价。原来，白山公司也一直在密切关注着迈克尔·巴里。“最让我们好奇的是，他是一名神经科住院医师，”基普·奥伯丁说，他当时在白山供职，“他是在什么时候做这些事情的呢？”巴里用他基金中的很小一部分份额从白山公司拿到了 60 万美元，白山公司还承诺向他投资 1 000 万美元。“确实，”奥伯丁说，“他是唯一一个我们在互联网上发现并且主动给他打电话，还给了他钱的人。”

大获成功

在迈克尔·巴里开展业务的第一年，他与社会上固有的管理资金的习惯做法展开了斗争。“通常情况下，除非你与客户沟通得很好，否则你是筹不到任何资金的。”他说，“一般来说，我不希望一天到晚围着人转。那些跟我交往的人基本都知道这一点。”他参与了一次由美国银行举办的旨在向富有的投资者介绍新基金经理的会议，那些参会的人都清楚这一点。他在会上做了发言，在发言中他指出，他们评估风险的方法非常愚蠢。他们用波动幅度来评估风险，即在过去几年间一只股票或者债券上下波动的情况。真正的风险不是波动，而是愚蠢的投资决策。“总的来说，”他后来说道，“富人中最富的那些人以及他们的代表都认为，绝大多数基金经理都是很平庸的，比较好的那些基金经理能够在低于平均水平的波动情况下，取得平均水平的回报。按照他们的逻辑，第一天 1 美元卖 50 美分，第二天卖 60 美分，第三天卖 40 美分，其价值要低于1美元连续三天都卖50美分。我想说的是，能够以 40 美分买入 1 美元代表的是机遇而不是风险，而且 1 美元仍然价值 1 美元。”他所得到的回应是一片沉默，以及独自一人吃午餐。他坐在一张大圆桌边，眼巴巴地看着人们围坐在其他桌子旁快乐地交谈。

当他面对活生生的人发言的时候，巴里永远也说不清楚到底是谁在讲话，是讲话的内容本身，还是他这个人。他对沃伦·巴菲特进行过很深入的研究，因为巴菲特不仅取得了极大的成功，而且受到了狂热的追捧。巴菲特过去在与人相处方面也遇到过问题，那时他还年轻。他通过一个戴尔·卡内基的培训课程学会了怎样以更加有益的方式与周围的人相处。迈克尔·巴里出生在一个具有不同的金钱文化的世界中，互联网已经取代了戴尔·卡内基。他不需要去面对人，他可以在网上表达自己的想法，等着投资者来找他。他可以将他内心深处的想法写出来，等着人们来阅读，然后把自己的钱汇给他，让他来打理。“对我来说，巴菲特太受欢迎了，”巴里说，“我永远也不可能拥有那种慈祥的祖父形象。”

这种吸引资金的方式适合迈克尔·巴里，更令人高兴的是，它的实施情况还不错。他以略多于100万美元的资金启动了子孙资本公司，这些钱来自他的母亲、兄弟以及他自己的100万美元。在第一个营业年度，即2001年，标准普尔500指数下跌了11.88%，子孙资本公司的净值上涨了55%。第二年，标准普尔500指数再次下跌，跌幅达22.1%，而子孙资本公司的净值再次上涨16%。2003年，股票市场成功反转，上涨了28.69%，而迈克尔·巴里再次胜出——他的投资组合价值上涨了50%。到2004年年底，迈克尔·巴里已经管理着6亿美元的资金，而且不再接受新的投资。"如果他以将自己所管理资金最大化的方式来进行投资，他现在应该管理着好几十亿美元。"以质疑的态度观察着巴里表现的一名纽约对冲基金经理说，"他按照不适合业务但是适合投资的方式，设计了子孙资本公司。"

"资本的募集或许是一场魅力的比拼，"巴里在写给他的投资者的信中说，或许是为了让他们放心，不管他们是否喜欢或了解他们的理财经理，这些都无关紧要，"而聪明的投资正好是相反的。"

沃伦·巴菲特有一位尖酸刻薄的合伙人查理·芒格，他显然不像巴菲特那样在乎别人是否喜欢他。1995年，芒格在哈佛商学院进行过一次演讲，题目是"人类误判时的心理特征"。芒格说，如果你想预测人们会怎样表现，只需要看他们的动机就足够了。联邦快递的夜班工人总是无法按时完成任务，他们尝试了所有办法来提高投递的速度，但却没有任何效果。直到他们不再按照工时，而是按照班次来给夜班工人发薪水，问题才得以解决。施乐公司开发了一款更好的新机器，但是销售情况始终不如以前那些性能较差的型号，最后他们发现，推销员销售老机型拿到的佣金反而更多。“嗯，你会说，这一点谁都应该知道呀。”芒格说，“我认为，我应该算是我的同龄人中最清楚动机能量的人之一，但是在我的一生之中，我还是低估了动机的作用，而且年复一年，这一点从未改善。”

芒格的说法也清楚地解释了迈克尔·巴里对股票市场以及市场中的这些人所持的看法。“我看了那份讲话稿，我同意他所说的每一个字。”巴里说。他还补充道：“芒格也有一只义眼。”巴里对这个问题有他自己的观点，这源于他的学医经历。即使在面对生死时，医生、护士以及病人也要对坏的动机做出反应。比如，在阑尾切除手术报销比例很高的医院，医生切除的阑尾更多。眼外科的发展是另外一个很好的例子。20 世纪 90 年代，眼科专家靠做白内障手术来登上自己事业的顶峰。他们只需花费大约半个小时甚至更短的时间，医保中心就会为每例手术向他们支付 1 700 美元。20 世纪 90 年代末，医保中心将费用标准下调至每例手术 450 美元，导致眼科专家们的手术收入下降了。在美国，眼科专家们重新发现了一种效果尚不明确而且风险较大的手术，叫作放射状角膜切开术，这种还不成熟的手术作为对隐形眼镜佩戴者的治疗手段而得到推广。“事实上，”巴里说，“手术动机是为了维持他们的高收入，开始时通常是一两百万美元，调整则会紧随其后。于是，这个行业又会马上去寻找危险性较低的治疗手段，准分子激光原位角膜磨镶术应运而生。”

因此，当迈克尔·巴里开始发展自己的事业时，他要确保自己有恰当的动机。他不赞同对冲基金经理们的典型做法。收取基金净值的 2% 作为佣金是绝大多数基金经理的收费标准，这意味着他们只需要把投资人的钱汇聚起来就能够拿到钱。子孙资本公司向投资人收取的只是他真实的支出，基本上不会超过资产的1%。要让自己赚到钱，巴里必须先让投资者的资金增值。“想想子孙资本公司的起步，”他的一位早期投资者说，“这个家伙并没有钱，但是他却选择放弃其他所有对冲基金经理都会收取的费用。这种情况闻所未闻。”

从一开始，子孙资本公司就以颇具喜剧色彩的方式大获成功。到2005年年中，在大盘指数下跌6.84%的时候，巴里的基金却增长了242%，并且停止了申购。对于他那些狂热的追随者来说，股票市场无论是涨是跌似乎都无关紧要；迈克尔·巴里敏锐地找到了投资的地方。他不采用杠杆方式，并且避免卖空股票。除了购买普通股票外，他没有任何其他诀窍，坐在屋里阅读财务报表是他所做的最复杂的工作。他以大约每年100美元的价格订阅了10-K Wizard（一家为美国证券交易委员会提供文件研究与即时服务的供应商）提供的证券交易数据。子孙资本公司的决策平台由一个人组成，那里房门紧闭，他在暮色中思索，紧盯着从公开渠道获得的信息以及10-K Wizard提供的数据。他关注法庭裁决、交易记录、政府政策变化，以及任何可能改变公司价值的信息。他经常会出现被他自己称为“ick投资”的情况。2001年10月，他在信里向投资人解释了这个概念：“ick投资的意思是，对激发了‘ick’第一反应的股票产生进行特别分析的兴趣。”

价值投资法

先驱公司是一个很好的例子，巴里通过在新闻里搜索“同意”这个关键词找到了这家公司。他知道，在竞争中毫无优势的他需要找出非常规的方式，让胜利的天平倾向他这边，而这通常意味着必须找到其他人还没有意识到的不寻常的形势。“我不想找关于骗局和欺诈的新闻报道，”他说，“那种做法太过保守了，我希望能够有超前意识。我寻找的是那些在法庭上发生的或许能够把我们引向一个投资主题的事情。比如法庭同意了某个论据，同意了某个请求，同意了某项和解。”法庭同意了一家名叫先驱公司的软件公司的请求。先驱公司曾经被起诉从一家竞争对手处偷窃了软件的源代码，并以此作为先驱公司全部业务的基础。该公司拥有 1 亿美元的银行存款，每年能够产生 1 亿美元的自由现金流，而公司的市值只有 2.5 亿美元！迈克尔 · 巴里开始对它进行仔细的研究，在他完成这项研究的时候，地球上没有谁比他更了解先驱公司了。他能够看出来，尽管先驱公司的高管被关进监狱（这是他们应得的），而且支付了罚金（这也是应该的），先驱公司仍然要比当时人们普遍认为的更值钱。它的大多数工程师都是持工作签证的外国公民，在获得绿卡之前，任何人都不会辞职，从而公司不会有因员工离职而造成的风险。然而，要想在先驱公司的股票上赚到钱，必须先承受短期的亏损，因为投资人在对负面消息做出恐慌应对的时候，会大量抛售他们手中的股票。

巴里在 2001 年 6 月以每股 12 美元的价格买入了他的首批先驱公司股票。随后，先驱公司管理层的照片出现在《商业周刊》的封面上，上面的大标题是“犯罪者被惩处了吗”。股价跳水，巴里买入更多。先驱公司的管理层入狱，股价跌得更凶，迈克尔 · 巴里继续买入。先驱公司的股价一路下跌到了每股 2 美元，巴里成了先驱公司最大的单一股东，他向管理层施压，要求变革。

“（前首席执行官）的罪行不再是目前管理层的一个组成部分，”他给新老板写信说，“先驱公司有机会展示它对持股人的关怀。”8月份，在另外一封电子邮件中，他写道：“先驱公司仍然让我觉得我好像在与一个乡下的荡妇睡觉。无论我的需求得到了多么大的满足，我也不会拿它去向别人炫耀。‘蹑手蹑脚’的原因与经营情况无关。”4个月之后，先驱公司以每股22美元的价格被收购。“这是典型的迈克尔·巴里式做法，”他的一名投资人说，“投资收益最终涨了10倍，但是，一开始可能会下跌一半。”

这不是大多数人所喜欢的那种投资类型，但是，巴里认为，这是价值投资的精髓。他的工作就是大声反对大众的看法。如果他对短期的市场波动过分在意，他就无法做到这一点，所以他不允许他的投资人随时提取资金，就像绝大多数对冲基金的做法那样。如果你把钱交给子孙资本公司去投资，你的资金至少要被锁定一年。巴里把他的基金设计得能够吸引那些长期投资股票的人——他们想下注在股价会上涨，而不是股价会下跌上。“从本质上讲，我不是一个空头，”他说，“一般来说，我不会为了做空而去寻找合适的公司。从根本上，我非常希望股价上涨，而不是下跌。”他也不主张冒险卖空股票，因为从理论上讲，这么做的风险是无限的。下跌最多也就到零，而上涨却是无限的。

一般来讲，投资做得好的人，其实是因为他对风险给予了正确的补偿价格。巴里越来越觉得他没有做到这一点，而且问题不局限于具体的某只股票。互联网泡沫已经破灭，但在泡沫中心圣何塞，住房价格仍在上涨。他研究了房屋建筑公司的股票，以及为住房抵押贷款提供保险的公司的股票。他在2003年5月给他的一个朋友——一名一流的美国东海岸专业投资人——的信中说，房地产泡沫正在被抵押贷款放款人的非理性行为吹得越来越大，他们正在不断放松信贷要求。“你必须仔细观察，即便是前所未有的几乎没有任何限制的信贷，也不可能把（住房）市场推得更高了。”他写道，“我极度悲观，结果很可能是美国住宅地产价格轻而易举地下跌50%……如果人们相信价格不会再上涨，目前大量在当前价格上产生出来的（住房）需求就会消失，其间接损失可能远比大家想象的情况严重。”

与一个体系对赌

当巴里在2005年年初准备对赌次级抵押贷款债券市场的时候，他遇到的第一个大问题是，有可能卖给他信用违约掉期产品的华尔街投资银行并不和他一样急切。迈克尔·巴里相信，他必须现在押注，在美国住房市场清醒过来并且恢复理智之前动手。“我并不认为相关的抵押贷款池的恶化程度会在今后几年内达到临界水平。”他说，这个时候，诱惑利率应该已经终止，每月的还款金额将直线上升。但是，他认为，市场将不可避免地看到他现在已经发现的这些问题，并做出相应的调整。华尔街的某些人可能会注意到次级抵押贷款的风险出现了异乎寻常增大的情况，并相应提高为其提供保险的价格。“在我启动这个交易前，这个泡沫会越吹越大。”他在一封邮件里这样写道。

由于巴里通过邮件处理他生活中的所有事情，他在不经意间从第一个零售客户的角度保留了一个新市场诞生的记录。回想起来，最令人惊异的事情莫过于华尔街公司转变的超快速度。眨眼之间，它们就从迈克尔·巴里给它们打电话询问针对次级抵押债券的信用违约掉期产品时的一无所知，转变为重新建立它们的业务，让新的金融衍生品牢牢占据业务的中心位置。最初的抵押贷款市场出现时也几乎是以同样的方式，为了极少数金融界高端人士的利益，在一片巧言令色中仓促登场。但是，市场的成熟还是经过了很多年的；而这个新的市场却会在几个月之内迅速扩大、进行商品流通并进行市值达数百亿美元的风险交易。

如果迈克尔·巴里要为一大堆次级抵押贷款债券购买保险，他所需要的第一样东西就是某种被广泛接受的制式合同。卖给他针对次级抵押贷款债券的信用违约掉期产品的人，有一天会欠他一大笔钱，他怀疑对方或许会赖账。一份适当的合同不仅可以防止他们那样做，而且还可以让他很容易地把他买到的东西卖给其他人，并通过市场交易寻找到合理的价格。国际互换与衍生品协会有义务为新的证券业务提供规范条款。该协会已经拥有一整套现成的规则，来管理针对企业债券的信用违约掉期产品。对企业债券的保险相对来说比较简单：市场上存在一种被叫作“违约”的事件，它要么发生，要么不发生。如果公司不能支付利息，你必须帮它解决。保险的购买者或许不能收回所有应该收回的钱，就像债券持有人不会颗粒无收一样，因为公司的资产多少总能值点儿钱。但是，一个独立的法官可以以总体上公平的方式决定到底能够收回多少。如果债券持有人收回 30% 而遭受了 70% 的损失，那么购买信用违约掉期产品的人就能拿到 70%。

以美国住房抵押贷款池为标的来购买保险则更加复杂，因为池子里的贷款不会同时违约，房主们会逐个违约。以德意志银行和高盛为首的交易商找到了一个聪明的解决方案：现收现付信用违约掉期产品。如果整个抵押贷款池崩溃，该掉期产品的购买者——保险的购买者——不是一次性得到赔付，而是按照单个房主违约的情况逐步获得赔付。

华尔街大公司的律师和交易员针对国际互换与衍生品协会提供的合同条款进行了几个月的讨价还价。巴里的律师史蒂夫·德鲁斯金（Steve Druskin）会不时跳出来，代表华尔街的客户发表观点。从历史上看，华尔街的公司总会担心其客户的信用程度，它们的客户通常抱有赌场肯定会付钱给赌赢的人的心态。迈克尔·巴里缺乏信心。“我不是在赌一只债券，”他说，“我是在赌一个体系。”他不想在高盛购买洪灾保险，因为当洪灾来临时，高盛将被冲毁，无法赔给他钱。随着保险合同价值的变化——随着洪水临近，在洪水真正摧毁整座建筑之前，他想让高盛和德意志银行提供担保，以反映他所拥有的资产价值的增加。

2005 年 5 月 19 日，在合同条款最终敲定的一个月前，迈克尔·巴里做成了他的第一笔次级抵押贷款交易。他从德意志银行购买了 6 000 万美元的信用违约掉期产品——针对 6 只不同的债券，每只买了 1 000 万美元——人们称其为“针对债券”。你不用为整个次级抵押贷款债券市场购买保险，而是为一只具体的债券买，巴里致力于寻找出真正适合的那几只债券来押注。他阅读了几十份说明书，粗略浏览的则达数百份之多，寻找风险最高的抵押贷款池，而且在那个时候，他仍然非常肯定（随后更是坚定不移）他是地球上除起草这些文件的律师之外，唯一阅读这些文件的人。同时，他应该也是唯一一个对这些住房贷款进行老式的银行信贷分析的投资人，而这样的分析本该在债券发行之前就已经完成了。然而，他做的是与传统银行家们完全相反的工作。他寻找的不是最好的贷款，而是最坏的贷款，他的目的是对赌这些贷款。

巴里分析了这些住房贷款的贷款与价值比率、针对这些房屋的第二留置权、这些房屋的地理位置、贷款说明以及借款人的收入证明等，以及几十个诸如此类的因素，以评估这些住房贷款成为坏账的可能性。然后，他找到了由这些最差的贷款所支撑的债券。让他非常吃惊的是，德意志银行似乎并不关心他选择用来进行对赌的债券的情况。从银行的观点看，所有的次级抵押贷款债券都是一样的。保险的价格不是由任何独立的分析来决定的，而是由穆迪和标准普尔对债券所做出的评级决定的。如果他想为被认为没有风险的 3A 级债券购买保险，他需要支付 20 个基点（0.2%）；对风险较高的 A 级债券，他要支付 50 个基点（0.5%）；而对更加不安全的 3B 级债券，他需要支付 200 个基点，也就是 2%。（一个基点是一个百分点的百分之一。）3B 级债券，指的是那些如果作为支撑的抵押贷款池遭受 7% 的亏损其价值就可能为零的债券，就是他所追求的。他觉得，这是一场非常保守的赌博，因为他可以通过分析找出更多可以确定的东西来。任何看过这些说明书的人都会发现，在一只 3B 级债券与其他债券之间存在着很多致命的差异，比如，它们的支持性抵押贷款池里所包含的只付利息贷款的比例。巴里开始挑选出自己中意的那些最差的债券，而且还有点儿担心投资银行会知道他对具体的抵押贷款债券的了解程度，从而调整它们的价格。

银行再一次让他大吃一惊，但也让他满心欢喜：高盛通过电子邮件给他发了一长串垃圾抵押债券的名单，供他挑选。“说真的，这真的吓坏我了，”他说，“这些债券的价格都是按照三家大型评级公司中的一家给出的最低评级来定的。”他可以从名单中挑选，而且不会让它们注意到他对次级抵押贷款债券知识的掌握程度。这就像你能够以建在山顶上的房子的投保价格为建在山谷里的房子购买洪灾保险一样。

疯狂地下注

市场还没有做出反应，但是这并没有阻止其他的华尔街公司继续跳进去，部分原因是迈克尔·巴里不停地骚扰它们。他在几周之内不停地拜访美国银行，一直到对方同意卖给他500万美元的信用违约掉期产品为止。在发出确认这笔交易的电子邮件20分钟后，美国银行又收到了巴里的另外一封电子邮件："那我们再做一笔？"在几周之内，迈克尔·巴里从近10家银行中购买了好几亿美元的信用违约掉期产品，每笔500万美元。卖方中没有谁表现出对它们要提供保险的债券有什么特别关注的迹象。他发现了一个抵押贷款池，其中全部都是浮动利率负摊销抵押贷款——借款人可以选择根本不支付任何利息，以至于积累出越来越高额的债务，直到最后出现违约。高盛不只卖给他保险，还给他寄了一张贺卡，祝贺他成为华尔街上以及华尔街以外有史以来第一个为这些东西购买保险的人。"我正在教育这里的专家。"巴里在一封电子邮件里叫嚣道。

他没有浪费太多时间去思考这些所谓的非常精明的投资银行家愿意以如此低廉的价格卖给他保险的原因。他担心别人可能随时清醒过来，使这个机会不复存在。"我会尽可能只做不说，"他说，"对他们装出一副我并不清楚自己在做什么的样子。'你怎么又这样做呢？''哦，我从哪儿能找到这些信息？'或者'真的吗？’当他们告诉我某些一目了然的事情时，我会给出这样的反应。”这是他与世隔绝多年所获得的额外好处之一：他能够很容易地相信自己是对的，而除他之外的整个世界都是错的。

开展这项新业务的华尔街公司越多，他就越容易下注。在刚开始的几个月，他每次最多只能做空 1 000 万美元。随后，在 2005 年 6 月末，他接到某个人从高盛打来的电话，问他是否愿意把他的交易规模增加到每笔 1 亿美元。“这里需要记下来的是，”他在第二天完成交易后写道，“这是 1 亿美元。这是一笔金额堪称疯狂的资金。而且，它就像是一笔三位数而不是九位数的资金一样，被随意地抛来抛去。”

到 2005 年 7 月底，巴里已经拥有价值 7.5 亿美元的针对次级抵押贷款债券的信用违约掉期产品，而且私下里他得意扬扬。“我相信，在这个星球上还没有别的对冲基金拥有这种类型的投资，投资组合的规模也不可能接近这个程度。”他在给他的一位投资人的邮件中写道。这位投资人隐隐约约地感觉到，这位对冲基金经理好像制定了某种新颖的战略。现在，巴里禁不住想了解，他在这些交易中的对手到底是谁，哪个疯子会卖给他如此大金额的针对那些他精挑细选出来行将毁灭的债券的保险？信用违约掉期是零和游戏。如果迈克尔·巴里在他挑选出来的次级抵押贷款债券出现违约时赚到了 1 亿美元，就必然有人亏损 1 亿美元。高盛很清楚地说明了最终的卖家不是高盛，它只是在保险买家和卖家之间赚取差价。

虽然不知愿意卖给他如此巨额的廉价保险的人是谁，但这件事情让迈克尔·巴里产生了另外一个想法：成立一只基金，其他什么也不做，专门用来购买针对次级抵押贷款债券的保险。用本来打算购买股票的6亿美元来做这件事情，他下的赌注堪称大手笔。但是，如果他能够筹集到明确表示将用于这个新途径的资金的话，他还能够多做几十亿美元的交易。2005年8月，他为一个他命名为“弥尔顿的代表作”的基金写了一份建议书，并寄给了他的投资人。（他们问的第一个问题如出一辙：“弥尔顿的代表作是什么？”他会回答：“是《失乐园》。”但是，这个回答又总是会引出其他问题。）这位选股冠军为什么被这些叫作信用违约掉期的神秘的保险合同弄得神魂颠倒，绝大多数投资人对此仍然不明就里。很多人对此毫不关心，有几个人则开始想，这是否意味着他已经用他们的钱来做这件事了。

巴里不仅没筹到更多的钱来购买针对次级抵押贷款债券的信用违约掉期产品，他连维持已有的资金规模都非常困难。他的投资人很愿意让他代表他们选择股票，但是他们都对他预测宏观经济走势的能力表示怀疑。他们当然不明白，他怎么可能会对几万亿美元的次级抵押贷款债券市场具有特别的洞察力。“弥尔顿的代表作”很快胎死腹中。

2005年10月，在他致投资人的信中，巴里最终做出了彻底的澄清，让他们知道他拥有至少10亿美元的针对次级抵押贷款债券的信用违约掉期产品。“有时候，市场出错反而是我们的美妙时刻。”他写道。

> 当有人为美国在线提供现金去购买时代华纳的时候，市场出错了。当他们对赌乔治·索罗斯会保卫英镑的时候，市场出错了。而且，市场现在仍在出错，它对历史上最显而易见的信贷泡沫熟视无睹。机会是难得的，而能把几乎无限的资本投入一个具有巨大回报潜力的项目的机会更是微乎其微。今

天，选择性地做空由历史上问题最大的抵押贷款所支撑的证券，就是这样一个千载难逢的机会。

和投资人论战

2005年第二季度，美国的信用卡犯罪率创下新高，尽管住房市场已经进入了繁荣期。也就是说，虽然有这项资产作为借款担保，但美国人偿还债务的难度还是比以前更大了。美联储提高了利率，但是抵押贷款的利率仍在实质性地下降，因为华尔街正在寻找前所未有的狡猾办法让人们去借钱。巴里现在已经有了10亿美元以上的赌注，除非他筹措到更多的资金，否则他无法继续下更大的注。所以，他只能对他的投资人和盘托出：美国抵押贷款债券市场是巨大的，比美国国债市场要大得多。整个经济体运行的前提条件是它的稳定性，而它的稳定性反过来又取决于住房价格的持续上涨。“资产泡沫只有在破灭以后才能被认识到的想法是荒谬的。”他写道，“在泡沫开始膨胀的时期，其实存在很多可以识别它的具体指标。狂热的一个特征就是欺诈发生率和复杂性的快速上升……根据美国联邦调查局的报告，与抵押贷款有关的诈骗案数量自2000年以来增加了5倍。”不良行为不再只是出现在一个大致健康的经济体的边缘，而是成为其核心特征。“与住房相关的现代欺诈链条的一个突出的特点是，它成为我们国家机构的组成部分。”他补充道。

这与巴里过去两年在给投资人的信件中曾经说过的那些话有着相似之处。2003年7月，他曾经给他们写了一封长信，详细解释了他认为可能出现房市崩溃的原因以及可能造成的后果：“艾伦·格林斯潘信誓旦旦地告诉我们，住房价格不会以全国性的规模向泡沫——或者说严重的通货膨胀——靠拢。”他说：“可以肯定地说，这种说法是荒唐的……1933 年，在大萧条的第四个年头，美国发现自己处于住房危机中，住房价格最低的时候只有 1925 年水平的 10%，全部住房抵押贷款中大约有一半出现违约。在整个 20 世纪 30 年代，住房价格在全美范围内下跌了大约 80%。”他在 2004 年再次谈到这一问题，2005 年 1 月又提了一次：“想以每月支付 25 美元的价格借到 100 万美元吗？快速贷款公司正在提供一种只付利息的可调利率抵押贷款，借款人享有 6 个月零月供，利率低至 0.03%，毫无疑问，这是为了支持美国的精英分子——那些短期现金流有问题的买房者。”

当巴里的投资人知道，他们的理财经理确实已经把他们的钱投入了他经常提到的信贷违约掉期产品中时，他们真的不高兴了。按照其中一名投资者的说法：“巴里是最好的选股人，这是大家所公认的。可他在做什么呀？”有些投资人非常苦恼，他们雇来挑选股票的家伙居然擅自选择了垃圾抵押贷款债券；有些人则在思忖，要是投资信用违约掉期产品是如此好的一桩生意，那为什么高盛会愿意出售？有些人质疑这种企图站上 70 年住房价格周期高点的智慧；有些人并不真正理解信用违约掉期的确切含义，也不知道它怎么运作。“我的经验告诉我，很少有人能认同预测到的美国金融市场的末日。”一位投资人在写给巴里的信中说，“在我们职业生涯的大部分时间里，有很多次机会可以预测到美国金融市场的毁灭性灾难，但是我们都没有意识到。”巴里回复说，尽管他的确预见到了金融市场的末日，但是他不想在这上面下注。这就是信用违约掉期产品的美妙之处：只要这些有问题的抵押贷款池中有很小一部分出问题，他就可以赚到大把的钞票。

不期然地，在巴里与他的投资人之间爆发了一场论战，这是他最不喜欢的事情之一。“我不喜欢跟投资人讨论想法，”他说，“因为我在那种时候会为我的想法辩护，而这会影响我的思维过程。”一旦你成为一种思想的辩护者，你就很难改变对这个问题的想法。巴里没有选择，在把钱交给他代为投资的人中，存在一种非常明显的怀疑态度。他们可以理解为什么这个聪明绝顶的人在财务报表里搜寻一番，就能发现那些没有人关注的小企业；但是，他们不明白，对于那些被经常看电视新闻的美国人视为显而易见的趋势和全球力量的变化，为什么他会有着更为深刻的理解。“我听说，白山公司希望我坚持我一如既往的工作，”他恼怒地给他的支持者写信说道，“尽管我并不清楚，白山公司是否能够从历史的角度真正理解我一如既往的工作是什么。”似乎没有人能够明白那些对他来说如此浅显的东西：这些信用违约掉期产品全都是他在全球范围内探寻到的价值的组成部分。“我在寻找价值的过程中，连气都不喘一下，”他在信中这样告诉白山公司，“没有高尔夫球或者其他的爱好来分散我的注意力。发现价值就是我所做的一切。”

在巴里创办子孙资本公司的时候，他告诉过他的潜在投资人，他的业务不同于流行的投资业务，因此他们应该用长期的标准来评价他，比如说5年。现在，他被人们以分钟来衡量。“以前人们之所以投资给我，是因为我写的那些信。”他说，“但投资之后，他们就不再读我写的信了。”他令人惊异的成功吸引了大量的新投资人，但是他们对他的企业精神的关注，远远少于对他能够尽快为他们赚到多少钱的关注。每个季度，巴里会告诉他们从他挑选的股票中赚了多少或者赔了多少。现在，他还必须解释，要从这个数字中扣除次级抵押贷款债券的保险费。他的一名身在纽约的投资人给他打电话，不怀好意地说："你知道吗，很多人都在讨论从你这里撤资的问题。"

由于他们的资金都要按合同约定在子孙资本公司内部锁定一段时间，投资人唯一能做的就是给他发阻挠性的电子邮件，要求他调整投资策略。"人们会为正负 5% 的差异担忧好几年，"巴里在给一名反对这个新投资战略的投资人的回信中说，"但真正的问题是：在 10 年间，谁的业绩能每年提高 0.1 个基点？我坚信，要实现这个目标，我必须正视过去和今后的几年，如果基本面如此，我就必须在面对大家的不满时坚定不移。"在他开始操作这项投资的 5 年内，他的考核标准——标准普尔 500 指数下跌了 6.84%。在同一时期，他告诉他的投资人，子孙资本公司的净值上涨了 242%。他当时认为，他能够赚到上吊用的绳子，但是他错了。"我在建造一座壮观的沙雕城堡，"他写道，"但是没有人能够阻止大浪一次又一次地袭来。"

与华尔街做交易

奇怪的是，尽管迈克尔·巴里的投资人越来越不安，他的华尔街同人们却开始对他所做的一切表现出一种新的满怀嫉妒的兴趣。2005 年 10 月末，高盛公司的一名次级债券交易员给他打电话，问他为什么要买入针对特定次级抵押贷款债券的信用违约掉期产品。这位交易员说漏了嘴，原来有不少对冲基金给高盛打电话，询问"怎么做空子孙资本公司正在做的那种住房交易"。在那些咨询者中，就有巴里曾经游说过的人，那些人已经开始表现出极大的兴趣。“这些人基本上对这项交易一无所知，但希望高盛能够帮助他们复制。”巴里在给他的首席财务官的一封邮件中写道，“我怀疑高盛帮了他们，尽管高盛的人表示否认。”如果不是其他原因，他现在应该明白，为什么他无法为“弥尔顿的代表作”募集到资金了。“如果我把项目描述得到位，听起来令人信服，人们就会觉得他们可以自己干。”他告诉他的一位好友，“如果我描述得不到位，听起来很可怕而且模棱两可，我就筹不到资金。”他缺乏推销才能。

此刻，次级抵押贷款债券市场的状况好像开始明朗起来。很意外地，在 2005 年 11 月 4 日，巴里收到了德意志银行负责次级债券业务的主管格雷格·李普曼的电子邮件。按照德意志银行的说法，在 6 月份的时候，由于巴里对抵押权的要求过分苛刻，所以德意志银行停止了与迈克尔·巴里的业务关系。现在，这个家伙提出，他想回购子孙资本公司在 5 月份购买的 6 只信用违约掉期产品。由于 6 000 万美元在巴里的投资组合里只占很小的比例，而且他也不想再与德意志银行有什么瓜葛，因此他以一个能赚到利润的价格卖给了他。格雷格·李普曼很急切地写了回信，连语法正误都顾不上了：“你愿意卖给我们一些别的债券吗？我可以告诉你我们能出什么价。”

德意志银行的格雷格·李普曼想买他的 10 亿美元信用违约掉期产品！“谢谢你来询价，李普曼，”巴里回复道，“到目前为止我们的情况还不错。”他长出了一口气，想了想，多奇怪的事情啊。我与德意志银行已经有 5 个月没有业务往来了，格雷格·李普曼是怎么知道我拥有这笔巨大的信用违约掉期产品的呢？

三天之后，他接到了一个来自高盛的电话。高盛的推销员韦罗妮卡·格林斯坦（Veronica Grinstein）用手机打给他，这是为了避免谈话被录音。（华尔街公司现在对所有从公司办公室打出去的电话都进行录音。）“我希望你特别关照我一下。”她提出。她也想买下巴里所持有的信用违约掉期产品。“管理层很关心。”她说。他们认为交易员卖出了这些保险，却无处回购，她想问迈克尔·巴里能否卖给他们2 500万美元的次级抵押贷款债券信用违约掉期产品。“你也明白，这只是为了安抚高盛的管理层。”她说。挂断电话后，巴里联系了美国银行，只是想碰碰运气，看看它是否能多卖给他一些信用违约掉期产品。美国银行不答应，它自己也想买。随后是摩根士丹利，这又是一次意外。巴里与摩根士丹利没有太多的业务往来，但是很显然，摩根士丹利也想买他手里的那些产品。至于这些银行为什么忽然都对次级抵押贷款债券信用违约掉期产品这么感兴趣，他不知道确切的原因，但是有一个显而易见的理由：这些贷款会在突然之间以一个惊人的比例成为坏账。之前在5月份，迈克尔·巴里把赌注押在他的人类行为理论上：从结构上来说，这些贷款都会成为坏账。到了11月份，它们真的开始成为坏账了。

次日清晨，巴里打开《华尔街日报》，看到了一篇文章，文章详细解释了可调利率抵押贷款如何在前9个月以前所未有的比例出现违约。中下阶层的美国人被排挤出局。文中还有一张图表，向那些没有时间阅读文章的读者进行说明。他想，狐狸的尾巴终于露出来了，这个世界要变天了。放款人将会提高门槛，评级机构将会更加严格地审查，心智正常的人不会再以过去的价格为次级抵押贷款债券提供保险了。巴里说：“我在想，灯泡就要爆裂，而某些聪明的信贷人员会说，‘离这些交易远点儿。’”绝大多数华尔街的交易商都可能亏损一大笔钱，或许只有一个人例外。迈克尔·巴里刚收到了另外一封电子邮件，来自他的一个投资人，信中提到，德意志银行可能已经受到了他的金融市场观的影响。“德意志银行的（次级抵押贷款）首席交易员格雷格·李普曼有一天来到了这里，”信上说，“他告诉我们，他做空了10亿美元的信用违约掉期产品，将会赚得盆满钵满。他那得意忘形之态真的有点儿吓人。”

第三章

关于次贷的赌注

市场的暗箱操作

2006年2月，当格雷格·李普曼出现在前点合伙公司会议室的时候，史蒂夫·艾斯曼对债券市场的悲观前景已经有了足够的心理准备，文森特·丹尼尔也很清楚，永远都不能相信这个市场中的任何人。从股票市场转战债券市场的投资人，就像是一只在没有捕食者的孤岛上长大的小兽转移到了一个遍是巨蟒的深坑里。在股票市场上，你很有可能被华尔街的大公司盘剥，但你必须面对它。整个市场的交易都会在屏幕上显示出来，所以你可以清楚地知道任何公司的股票价格。股票市场不仅透明，而且受到了严格的监管。你不可能期望华尔街的交易员跟你分享他对上市公司的每一种负面想法，但是，你可以期望他不会用赤裸裸的谎言来蒙骗你，或者公然地使用内幕消息来对抗你，因为如果他这样做了，他就存在被抓到的可能。数百万散户的存在，使股票市场成了一个政治问题。它一直都受到法律监管，至少那些交易表面上看起来是公平的。

债券市场主要是由大型机构投资者组成的，因此没有类似的政治压力。虽然债券市场已经让股票市场相形见绌，但它却安然逃过了严格的监管。债券推销员可以随心所欲地做任何事情，而不用担心被举报。债券交易员可以利用内幕消息，而无须担心被抓。债券专家可以设计出任何复杂的债券，而不用担心政府的监管，这就是如此众多的债券衍生品被开发出来的原因。债券市场中规模较大、流动性较强的部分——比如美国国债市场——其交易情况会在屏幕上公开显示，但是大多数情况下，要想知道某个债券交易员报给你的价格是否接近公允价格，唯一的办法就是到处打听，努力找到正在交易那只债券的其他交易员。债券市场的这种暗箱操作和复杂程度，对于大型的华尔街公司来说是一个巨大的优势，却使债券市场的客户永远生活在不了解实际情况的恐惧之中。如果说华尔街债券部门正在逐渐成为华尔街的主要利润来源，部分原因是：在债券市场上，仍然有可能从客户的恐惧和无知中赚到巨额利润。

格雷格·李普曼进入史蒂夫·艾斯曼的办公室时，艾斯曼没有任何特别的表示，李普曼与一面怀疑之墙迎面相撞。“丹尼应该已经走进了这扇门，而且如果他说他来自定息债券，文尼应该不会相信他。”艾斯曼说。

问题是，如果有一队专家着手打造一个人，让他来恐吓华尔街客户，他们设计出来的就应该是像李普曼这样的人。他为德意志银行交易债券，但是，与大多数为德意志银行——或者为瑞士信贷集团、瑞士联合银行或者其他任何涉足美国金融市场的大型外国银行——交易债券的人一样，他也是个美国人。李普曼消瘦而且总是紧绷着脸，语速特别快，没有人能够听清楚他在说什么。他将头发全部梳到后面，就像电影《华尔街》中的主角戈登·盖葛一样，他的鬓角很长，犹如19世纪20年代的浪漫主义作曲家或者20世纪70年代的色情明星的风格。他系着宽领带，说话时语气蛮横，对由此可能产生的后果毫不顾忌。比如，他会在谈话中接二连三地提及他赚了多少钱这样涉及隐私的问题。长期以来，华尔街的人都清楚，他们的分红是他们与华尔街以外的人交谈时最不应该涉及的话题。“他们去年给了我600万美元，”李普曼会这样说，“我不是说他们真的给了我这么多，其实比这个要少，但我不会说具体少多少。”在你做出反应之前他会说：“我有一年遇到过类似的情况，他们想给我不到 400 万美元，门儿都没有。”接下来，他就让你自己去想象了，也就是说，这笔分红的金额在 400 万美元到 600 万美元之间。你可能从谈论纽约市芭蕾舞团打开话匣子，最后以军舰的话题结束。李普曼会一直不断地向你透露军舰的坐标，直到你几乎是在被迫的情况下确定军舰停泊的位置，而这些都是华尔街上的其他人竭力避免的情形。

在不断违反规则的过程中，李普曼很快就让人们知道，他的老板给他的薪水与他带来的价值相比，简直是九牛一毛。“高级管理层的工作就是给人们发钱，”他会说，“如果他们从 100 个人中的每个人身上抠出 10 万美元，他们就多得了 1 000 万美元。人们对工作的态度有四种类型：高兴、满意、不满意、厌烦。如果你高兴，他们就搞砸了，他们永远不想让你高兴。另一方面，他们也不希望你因为太厌烦而辞职。平衡点就在不满意和厌烦之间。”在 1986 年和 2006 年之间的某个时间点上，有份备忘录在华尔街上流传，上面说，如果你想继续靠玩弄纸片赚钱，而毫不顾及显而易见的社会意义，那么你最好藏匿好你作为人的天性。格雷格·李普曼无法掩饰自己或者自己的动机。“我对德意志银行没有任何效忠之意，”他说，“我只是在那里工作。”这并不是什么不同寻常的态度，不同寻常的是李普曼这样说出来了。

有关李普曼最没有争议的说法就是，他是一个有争议的人。他不只是一个好的债券交易员，更是一个伟大的债券交易员。他不残忍，他甚至谈不上粗鲁，至少他不是有意粗鲁，他只是触发了别人的极端情绪。一名与他共事多年的交易员说他是一个“叫作格雷格·李普曼的杂种”。当被问到为什么这样说的时候，该交易员说：“他把所有事情都搞得太极端了。”

“我很喜欢李普曼，”他在德意志银行的一个上司说，“除了他是个神经病之外，我对他没有什么不好的印象。”但是，如果将围绕在李普曼周围的是是非非归纳一下，你会发现，争议集中在两个简单的抱怨上：第一个是他面对别人时那种毫不掩饰的利己主义和自大，第二个是他对别人的利己主义和自大的极端警觉。他具有一种识破阴暗动机的特殊能力。比如你刚向你的母校捐了2 000万美元，你感觉自己做出了无私贡献并因此意气风发，而此时李普曼会第一个问你：“你之所以捐2 000万美元，是因为那是用你的名字给那座建筑物冠名的最低限额，对吧？”

现在，李普曼的这种个性不知道从哪里冒了出来，他要用他对赌次级抵押贷款债券市场的创见来游说史蒂夫·艾斯曼。他将自己的想法呈现在一份长达42页的演示材料中：在过去的三年中，住房价格上涨的速度比过去30年都要快；住房价格还没有开始下跌，但是已经停止了上涨；尽管如此，在第一年就会出现问题的住房抵押贷款比例正在以惊人的速度增长——从1%到4%。谁会借钱来买栋房子，而后在12个月内就违约？他为进一步解释，给艾斯曼看了一张他做的图表，他声称这就是他对这个交易感兴趣的原因。这张图表展示了一个惊人的事实：自2000年以来，那些住房价值上涨了1%~5%的所有者，与那些住房价值上涨超过10%的所有者相比，前者出现房贷违约的概率是后者的4倍之多。数百万美国人只有在他们的住房价格急剧上涨，从而使他们能够借到更多钱的情况下，才有可能偿还他们的抵押贷款。

这是显而易见的：住房价格甚至不需要下跌，只要它不再维持过去几年那种令人瞠目的上涨速度，大批的美国人就将无法偿付他们的住房贷款。

“做空住房权益的中间层”，李普曼这样给他的演示材料命名。“做空住房权益的中间层”是描述迈克尔·巴里对赌美国住房贷款想法的一种奇特方式：买入最垃圾的 3B 级次级抵押贷款债券的信用违约掉期产品。李普曼非常坦率地对一名在德意志银行工作的同事做了更为直接的描述，这位同事把他叫作“小鸡仔”。李普曼说：“你等着我做空你的房子吧。”

信用违约掉期产品的好处是它解决了时机问题，艾斯曼不再需要猜测次级抵押贷款市场崩溃的确切时间，也不再需要提前用现金下注，这使他处于一个赢的赔率几倍于输的赔率的有利位置。最坏的情况是，破产的美国人以某种方式还清了他们的次级抵押贷款，而你必须支付一笔保险费，大约每年 2%，期限最长 6 年——30 年期贷款的最长预期年限。

次级贷款借款人欣然偿清所有贷款，是这个繁荣市场让人觉得奇怪的另一面。这与贷款的结构有关，这种贷款在刚开始的两三年内会使用一个人为调整过的较低的诱惑利率，随后才会“转换”为高企的浮动利率。“当它们知道低收入人群不可能承担高利率的时候，它们就为低收入人群设定了一个诱惑利率。”艾斯曼说，“它们这样做，是为了在诱惑利率期结束借款人需要再融资的时候，放款人能够从他们身上榨取更多的钱。”因此，30 年期的贷款被设计成须在几年之内全部还清。最糟糕的情况是，如果你为 1 亿美元的次级抵押贷款债券购买了信用违约掉期产品，你可能会以支付 6 年保险费（大约 1 200 万美元）了结。最好的情况则是贷款损失从目前的 4% 上升到 8%，你赚到 1 亿美元。账面上你的赔率大约在 6∶1 和 10∶1 之间，而实际操作中的赔率更接近 2∶1。这一行业的任何一个人都不会坐失这样的机会。

争议的终结者是李普曼唯一的队友，他的名字是尤金·徐，但是那些听过李普曼高论的人一般把他称为“李普曼的中国助手”。尤金是德意志银行聘用的一名分析师，他精通数学，但不怎么会说英语。尤金负责李普曼演示材料中的所有硬数据，就像李普曼说的：“一个连英语都不会说的人，怎么会撒谎呢？”

除此之外，李普曼还在演示材料里面加入了很多引人入胜的细节：美国房主的行为记录；评级机构穆迪和标准普尔的荒唐与腐败，它们对住房抵押贷款池中亏损达到 8% 从而出现问题的次级抵押债券仍授予 3B 评级；抵押贷款市场上盛行的欺诈手段；次级抵押贷款投资人的愚蠢，这些人中有很大一部分好像住在德国的杜塞尔多夫。“无论我们什么时候问他买这些垃圾的人是谁，”文尼说，“他总是说‘杜塞尔多夫’。”不管“杜塞尔多夫”是购买次级抵押贷款债券，还是卖出这些抵押贷款债券的信用违约掉期产品都没有区别，因为他们是在做着同样的事情：他们站在这场对赌的多方这一边。

李普曼浑身散发着李普曼精神。他暗示艾斯曼，做空者可能会从这场交易中获得巨额利润，钱会多到足以买下洛杉矶道奇队。（“我不是说你将能够买下道奇队。”）艾斯曼或许会变得非常富有，连电影明星都会抢着跟他约会。（“我不是说你可以与杰西卡·辛普森约会。”）一方面，李普曼揭示了这项交易的事实；另一方面，他又敲敲打打，就像一名寻找深藏于艾斯曼性格中的油井的勘探者。

一只眼盯着格雷格·李普曼，另一只眼盯着史蒂夫·艾斯曼，文森特·丹尼尔感觉房间似乎要爆炸了。史蒂夫·艾斯曼对格雷格·李普曼没有任何反感。伟大的人物！艾斯曼只有两个问题：

第一个，再跟我讲一遍，信用违约掉期产品是怎么运作的？第二个，你为什么让我去对赌你自己公司开发出来的债券，而且安排那些评级机构做出错误的评级？“在我的一生当中，我还从来没有见过一个处在卖方一边的家伙走进来跟我说，‘做空我的市场’。”艾斯曼说。李普曼甚至不是债券推销员，他是一个债券交易员，他本来应该做多这些次级抵押贷款债券的。“我不是不相信他，”艾斯曼说，“我是不能理解他。文尼认为李普曼是来糊弄我们的。”

艾斯曼对于对赌次级抵押贷款债券已经没有任何疑问了。事实上，他想不出还有什么事情能够带给他如此多的快乐，在随后整整6年的时间里，一想到他在做空一个逐渐被了解、被鄙视，并且肯定会在某一天崩溃的金融市场，他就会忍不住笑出声来。“当他走进来说，你可以通过做空次级抵押贷款债券来赚钱的时候，就好像把一个全身赤裸的超级模特领到了我的面前。”艾斯曼说，“但我不能理解的是，他为什么会想到让我来做。”这个问题，随着答案逐渐明朗，甚至比艾斯曼的怀疑本身还要有趣。

风险吞食者

次级抵押贷款市场每年新增5 000亿美元的贷款，而那个圈子里对市场风险进行重新评估的人却非常少。当高盛的一名女推销员给迈克尔·巴里打电话，告诉他高盛很乐意卖给他1亿美元的信用违约掉期产品时，巴里猜对了，高盛最终并没有站在他的对立面。高盛当然不会愚蠢到抛出巨额资金，押注在数以百万计的美国人都会偿还他们的住房贷款上。他不清楚是谁，也不知道为什么以及有多少，但是他清楚，某些3A评级的巨型企业正在出售针对次级抵押贷款债券的信用违约掉期产品。只有3A评级的公司才能够承担这样的风险，没有预付款，也没有人表示质疑。巴里对这个问题的判断是对的，但是当他知道真相的时候，已经是三年后了。与他对赌次级抵押贷款债券的另一方是拥有3A评级的美国国际集团，或者也可以说是美国国际集团的一个部门——金融产品部。

美国国际集团金融产品部由来自德崇证券公司债券部的几个“逃亡者”于1987年创办，由一名叫作霍华德·索辛（Howard Sosin）的交易员领导。他声称拥有一个更好的交易模型，并且可对利率掉期进行估值。20世纪80年代的金融创新产生了各种各样的后果，其中之一就是大型金融公司之间交易数量的突飞猛进，因为它们需要相互分担彼此的信贷风险。利率掉期就是此类创新之一，在这种交易中，一方用浮动利率换取另一方的固定利率。很久以前，克莱斯勒公司通过摩根士丹利发行了一组债券，承担信贷风险的唯一一方就是购买克莱斯勒公司债券的投资人。克莱斯勒公司在卖出债券的同时，可能还与摩根士丹利达成了一笔10年期的利率掉期交易。就这样，克莱斯勒公司和摩根士丹利把自己暴露给了对方。如果克莱斯勒公司破产，它的债券持有人显然就会亏损；依照利率掉期的性质，以及利率的波动情况，摩根士丹利也会亏损。如果摩根士丹利破产，克莱斯勒公司以及所有和摩根士丹利进行过掉期交易的企业也都会一起遭受损失。金融风险是一种无形的风险，它需要我们诚实地去面对或者隐藏它。

索辛带来了他那所谓的新颖和改良过的利率掉期模型，尽管德崇证券当时还不是利率掉期领域的市场引领者。一家具有最高评级的蓝筹企业站在掉期、长期期权以及其他风险分摊方式创新舞台的中央，是一个自然而然的过程。这个企业所需要具备的特质是，它不能是银行，因为银行需要接受监管，并且需要根据资产风险留存准备金，另外，它必须愿意而且能够将一些特殊的风险掩藏在其资产负债表的背后。比如，它必须能够为100亿美元次级抵押贷款提供担保，而不需要向任何人披露它所做的事情。这家公司并不一定是美国国际集团，它可以是任何一家拥有3A评级和巨额资产负债表的企业，比如伯克希尔·哈撒韦，或者通用电气。美国国际集团只是第一个站到了那里。

在一个正在快速产生复杂风险的金融体系里，美国国际集团金融产品部成了那些风险的吞食者。早期的情况好比是它收取保费，为那些几乎不可能发生的事件提供保险。它的成功招来了模仿者：苏黎世再保险公司金融产品部、瑞士再保险公司金融产品部、瑞士信贷集团金融产品部、通用再保险公司金融产品部。所有这些机构在后来的20年间都成为问题的制造者，要是没有它们，那些新的风险应该无处躲藏，而完全被置于银行监管者的眼皮底下。当危机到来的时候，所有这些机构都将被金融领域中普遍存在的风险厌恶情绪席卷，但是，在某些时刻，它们的存在对金融世界来说似乎是不可或缺的。美国国际集团金融产品部一度是所有人学习的楷模。

这个部门成立后，在头15年保持了惊人的赢利水平，没有任何亏损，更不可能伤及其规模巨大的母公司。1993年，当霍华德·索辛离职的时候，他拿走了将近2亿美元，这是他从这部令人惊异的造钱机器中得到的红利。1998年，美国国际集团金融产品部进入了新的市场——企业信用违约掉期：它为银行提供保险，以规避大规模的投资级上市公司的违约风险。信用违约掉期由 J. P. 摩根的银行业者发明，他们随后去寻找一家愿意销售这些产品的 3A 评级公司，并且找到了美国国际集团金融产品部。按照华尔街的标准，这个市场在一开始的时候其实非常清白。

大批分属不同国家和行业的投资级公司同时出现债务违约的情况，其实不太可能发生。美国国际集团金融产品部销售的为这些贷款池提供保险的信用违约掉期产品，被证明是一桩好生意。到 2001 年，当时由约瑟夫 · 卡萨诺（Joe Cassano）负责的美国国际集团金融产品部每年能够产生 3 亿美元的利润，换句话说，这占美国国际集团利润总额的 15%。

随后，21 世纪初，金融市场上演了一场荒诞的偷梁换柱的戏码，这个过程经历了两个阶段。第一阶段，使用一个凭空虚构的公式，将企业信用风险与消费者信贷风险匹配起来。那些通过美国国际集团金融产品部为贷给 IBM（国际商业机器公司）和通用电气的款项提供保险的银行，现在要求美国国际集团提供保险的产品更加琐碎了，包括信用卡债务、学生贷款、汽车贷款、一级抵押贷款、飞机租赁合同等，几乎囊括了任何可能产生现金流的业务。由于有很多不同类别的贷款，面向不同类别的人士，因此适用于企业贷款的逻辑似乎也应该适用于它们：银行对这些产品都进行了充分的多元化配置，它们不太可能一下子都成为坏账。

第二阶段，从 2004 年年底开始，用更大规模的美国次级抵押贷款来替换学生贷款、汽车贷款以及其他所有类型的贷款。正如美国国际集团金融产品部的一名交易员所言：“问题是，除了那些与我们过去所做的相同的事情外，还有别的事情。”以高盛为首的华尔街公司要求美国国际集团金融产品部承保的“消费者贷款”包，其中包含的次级抵押贷款的比例从 2% 变为 95%。短短几个月之间，美国国际集团金融产品部通过提供违约保险，事实上购买了 500 亿美元的 3B 级次级抵押贷款债券。然而，没有人对此说过半句话，美国国际集团的首席执行官马丁·沙利文（Martin Sullivan）没有，美国国际集团金融产品部的负责人约瑟夫·卡萨诺没有，美国国际集团金融产品部康涅狄格州办公室负责向华尔街大公司出售企业信用违约掉期产品的阿尔·弗罗斯特（Al Frost）也没有。这些交易的所有程序，只是在美国国际集团金融产品部内部使用了橡皮图章，随后又盖上了美国国际集团的铜章。交易所涉及的每个人显然都认为自己只是收取保费，就像他们已经做了近 10 年的业务一样，只需承担基础性的风险而已。但是他们错了，事实上，他们现在是世界上最大的次级抵押贷款债券的持有者。

被掩盖了的风险

当格雷格·李普曼看到他在高盛的同人卖出针对次级抵押贷款债券的巨额信用违约掉期产品时，他很快就猜出了卖方的身份。在次级抵押贷款债券发起人和交易者这个小圈子中，消息传得很快：美国国际集团金融产品部现在以每年 0.12% 的价格出售针对 3A 评级次级债券的信用违约掉期产品。12 个基点！李普曼并不知道高盛是如何说服美国国际集团金融产品部为繁荣的次级抵押贷款市场提供这一服务的。他所知道的是，高盛从 200 亿美元的 3B

评级次级抵押贷款债券中开发了几十亿美元的交易，并将未来亏损的所有风险都转嫁给了美国国际集团。这的确令人难以置信：为了换取每年的几百万美元，这家保险公司将承担 200 亿美元可能灰飞烟灭的风险。美国国际集团与高盛的交易在几个月之内就落实了，只需要几个土包子坐在高盛的债券交易桌旁做做样子即可，高盛的推销员安德鲁·戴维尔曼（Andrew Davilman）也很快就因为杰出的工作表现而被提拔为执行董事。高盛的交易员曾经实现了 15 亿 ~30 亿美元的账面利润，就算以债券市场的标准来看，这也是一个令人喘不过气来的数字。

在这个过程中，高盛开发了一种非常复杂的证券，投资人和评级机构可能永远也搞不明白它的内涵：合成型次级抵押贷款债券支持的担保债务权证。像信用违约掉期一样，发明担保债务权证是用来重新分配公司和政府债券违约的风险的，而现在却被用来掩盖次级抵押贷款的风险。其运作逻辑与原始的抵押贷款债券完全一致。在一只抵押贷款债券中，集中了数千笔贷款，并且，在假定它们同时成为坏账的可能性几乎不存在的前提下，建起了一座债券之塔，在此过程中，风险和收益都随着塔的增高而降低。在一只担保债务权证中，汇聚了 100 种不同的抵押贷款债券（那种风险最高的债券，在原来的塔中处于较底层），建起了一座全新的债券之塔。无辜的观察者有理由询问，利用一座债券之塔的某几层来创建另一座债券之塔有什么意义？简单的答案是，它们距离地面太近了，更容易遭受洪灾，即最先蒙受损失，因此它们的信用评级较低：3B 级。3B 评级债券要比处于上层的 3A 评级债券更难卖出。

完整的答案是，如果你能够用某种手段使它们重获 3A 评级，降低表面的风险，尽管这种做法非常不诚实，但你可以赚到巨额利润。这就是高盛所做的事情。高盛解决这个问题的方案简直像变魔术，而且很快就被所有人效仿。这些华尔街公司从 100 座不同的次级抵押贷款高塔集中了 100 个底层（100 只不同的 3B 评级债券），然后说服评级机构这些底层并不是完全一样的，它们是另外一种多元化的资产组合！这有点儿荒谬。这 100 座高塔都处于同一片沙滩上，如果发洪水，它们的底层都会面临同样的危险。但是，不用担心，被高盛以及其他华尔街公司养肥的那些评级机构宣称，新建债券塔中的 80% 都是 3A 级债券。

事实上，担保债务权证是为中低收入者提供的洗清信贷的服务。对于华尔街来说，它就是点石成金的机器。

回溯到 20 世纪 80 年代，抵押贷款债券最初对外宣称是要重新分配与住房抵押贷款相关的风险，从而吸引债券市场投资者支付大部分住房抵押贷款，住房拥有者承担的利率将因此下调。简单地说，创新的目的是为了使金融市场的运作更加有效。现在同样的创新精神被用于相反的方向：通过把风险复杂化来掩盖风险。市场正在因为高盛的债券交易员让市场效率降低而给高盛付钱。停滞的工资水平和繁荣的消费使经济上捉襟见肘的美国大众对贷款有着无限的需求，但是其还钱的能力又令人怀疑。按照华尔街金融工程师的观点，为得到贷款，他们所需要做的，只是对他们的财务状况加以曲解。工程师们假设某一批次级抵押贷款不像其他贷款一样暴露在同样的风险之下，比如，贷款对象主要集中在佛罗里达的次级抵押贷款债券，与贷款对象集中在加利福尼亚的次级抵押贷款债券并不十分相似，从而创造出了一种安全的假象。而美国国际集团金融产品部把假象当成了现实。

那些在高盛抵押贷款债券交易部门工作的人全都是异常聪明的家伙，他们从中学时就表现出众，大学都就读于常春藤盟校。不过，看着财富从3B级债券向3A级债券转移，并不需要任何天分，需要天分的是从3B级债券中找到200亿美元来清洗贷款。在贷款的原始之塔——最初的抵押贷款债券中，只有处于最底层的债券会被评为3B级。10亿美元的垃圾住房贷款只能产生大约2 000万美元最垃圾的3B级债券，也就是说，为了建立主要由3B级次级抵押贷款债券组成的10亿美元担保债务权证，你需要实际借出500亿美元的现金。要做到这一点，需要花费很多的时间和精力。但对于信用违约掉期产品来说，这两者都不需要。

要理解迈克尔·巴里购买10亿美元信用违约掉期产品这件事情，可以有很多种方式。第一种方式是把它当作一种简单的，甚至可以说很清白的保险合同。巴里支付半年的保险费，作为回报他得到了针对价值10亿美元债券提供的违约保障。他要么什么也拿不到——如果他投保的3B级债券最终没有出现问题，要么拿到10亿美元——如果那些3B级债券出现问题。但是，迈克尔·巴里并不拥有任何3B级次级抵押贷款债券，或者任何类似的产品。他也没有任何财产需要“投保”，这就像为某些曾发生火灾的房屋购买火灾保险一样。对于巴里，就像对于史蒂夫·艾斯曼一样，信用违约掉期根本不是保险，而是针对市场的直接投机赌博——这是第二种方式。

还有第三种方式，这种方式更加令人迷惑：将这种新契约作为一种几近完美的次级抵押贷款债券的复制品。迈克尔·巴里所拥有的信用违约掉期产品的现金流复制了它所对应的3B级次级抵押贷款债券的现金流。迈克尔·巴里每年支付的2.5%的保险费模拟了3B级次级抵押贷款债券支付给实际投资者的利率与伦敦银行同业拆借利率之间的价差。卖给迈克尔·巴里信用违约掉期产品的人在债券出问题时将会亏损的10亿美元，则复制了实际债券所有者的潜在亏损。

从表面上看，正在豪赌次级抵押贷款债券会欣欣向荣的市场，似乎就是梦幻橄榄球的金融等价物：在投资活动中有益但又有点儿愚蠢的摹本。然而，在梦幻橄榄球和梦幻金融之间存在着不同之处：当一个梦幻橄榄球的玩家征召佩顿·曼宁（Peyton Manning）进入他的球队时，他没有创造出第二个佩顿·曼宁来。而当迈克尔·巴里买入基于长滩储蓄次级贷款债券的信用违约掉期产品时，他还让高盛开发了另外一种债券，这种债券在各方面几乎都与原始债券一致，除了一点不同：不存在实际的住房贷款或者住房购买者。只有针对这种债券的对赌是真实存在的。

因此，要从3B级次级抵押贷款债券中创造出10亿美元，高盛不需要发起500亿美元的住房贷款，而只需要怂恿迈克尔·巴里或者其他的市场悲观者选择100种不同的3B级债券，针对每种债券购买1 000万美元的信用违约掉期产品。它一旦拥有了这个组合（人们称之为“合成担保债务权证”，这是一个只用于与信用违约掉期进行组合的担保债务权证的专业术语），就会拿到穆迪和标准普尔去。“评级机构并不真正拥有自己的担保债务权证模型，”一位高盛担保债务权证交易员这样说，“银行会把自己的模型带到穆迪，然后说：‘这个看起来怎么样？’”不管怎样，原本危险的3B级债券中有80%现在看起来就像3A级债券。另外的20%由于评级较低，基本上很难卖出，但是它们可以通过令人难以置信的方法，简单地转移到另一批债券中，经过重新加工，变成接近于3A级债券的债券。这部能够将100%的石头变成含80%黄金的矿石的机器，应该可以再把剩下20%的石头变成含80%黄金的矿石。

细节是纷繁复杂的，但是这部新的造钱机器的关键点并不复杂，它只是把很多危险的贷款变成了一组债券，其中大多数债券是3A级，然后，它又把评级最低的那些债券变成3A级的担保债务权证。然而，因为它无法使住房贷款迅速增长到足以产生足够数量的低评级债券，所以它利用信用违约掉期产品来复制现有债券中非常糟糕的部分，而且复制很多次。高盛站在迈克尔·巴里和美国国际集团之间。巴里付出250个基点（2.5%），获得针对最垃圾的3B级债券的信用违约掉期产品，而美国国际集团只需支付12个基点（0.12%），出售针对同样债券的信用违约掉期产品，通过合成担保债务权证进行过滤，然后让这些产品以3A级债券的面目出现。还有其他一些见不得人的细节，比如某些石头被直接卖给了杜塞尔多夫的德国人。当尘埃落定的时候，高盛拿走了全部利润的大约2%，没有承担任何风险。无论是做多还是做空，双方都不需要现金转手。双方可以通过签署几份文件与高盛进行交易。双方用于对赌的原始的住房抵押贷款没有任何其他作用，它们以一种滑稽的方式存在，只是为了让别人能够拿它们的命运来赌博。

进行“合成”的市场，解除了与次级抵押贷款有关的任何规模方面的限制。要押下10亿美元的赌注，你不再需要汇聚10亿美元的抵押贷款。你所需要做的，就是在市场上找到某个愿意站到赌局另一方的人。

人们丝毫也不用感到奇怪，高盛忽然急切地将1亿美元的信用违约掉期产品出售给迈克尔·巴里，而高盛的债券交易员对迈克尔·巴里对赌的次级债券表现出惊人的麻木。迈克尔·巴里购买的保险被塞进了一个合成担保债务权证里，直接转给了美国国际集团。美国国际集团卖给高盛的大约200亿美元的信用违约掉期产品，意味着大约4亿美元的没有风险的利润，而且每年都有！这项交易持续的时间与作为其基础的债券一致，预期大约为6年，由此很容易算出高盛获得的利润为24亿美元。

华尔街这种把利润从债券市场中挤出来的最新技术应该会引发几个问题。为什么被认为经验非常老到的美国国际集团金融产品部的交易员会做这笔交易？如果信用违约掉期产品属于保险，那为什么不像监管保险业一样监管它？为什么美国国际集团没有被要求留存相应的准备金来应对风险？出于同样的理由，为什么穆迪和标准普尔愿意对一个80%都是高风险抵押贷款的贷款池像对美国国债一样给予3A评级？为什么高盛内部没有任何一个人站出来说“这是可耻的。评级机构对所有次级抵押贷款进行风险评估，但它们显然根本就不了解风险，它们的愚蠢正在酝酿一场灾难”？显然，这些问题并没有引起市场内部人士的注意，他们更关心的问题是：我该怎么做高盛刚刚做过的那些事？特别是德意志银行的人，他们觉得是高盛第一个发现了这个富矿，这简直是自己的耻辱。与高盛一样，德意志银行也是抵押贷款衍生品方面的主要市场引领者。“杜塞尔多夫”在新市场中发挥着重要作用，如果有愚蠢的德国人准备买入美国次级抵押贷款衍生品，德意志银行应该能够最先找到他们。

空头设下的赌局

格雷格·李普曼对这一切没有表示出任何显而易见的关切。李普曼并不负责德意志银行的担保债务权证业务，负责这项业务的是迈克尔·拉蒙（Michael Lamont）。李普曼只是一名负责买卖次级抵押贷款债券的交易员，也交易针对次级抵押贷款债券的信用违约掉期产品。但是，由于愿意直接对赌次级抵押贷款债券市场的投资人非常少，李普曼的上司要求李普曼为了公司的利益做出牺牲：事实上，这是让他为迈克尔·巴里做替身，明目张胆地与市场对赌。如果巴里要从德意志银行的担保债务权证部门购买信用违约掉期产品，那么德意志银行也要赶在美国国际集团醒悟过来制止这种做法之前，与美国国际集团完成这些交易。"李普曼被迫去做空担保债务权证，"德意志银行担保债务权证团队的一名前资深成员说，"我说是被迫，但是你不可能真的强迫李普曼去做任何事情。"虽然李普曼与经营公司担保债务权证业务的人有些说不清道不明的关系，但是他仍在略显尴尬地做空次级抵押贷款债券。

李普曼至少有一个理由不去挑起这场生死之战：有一个利润丰厚的市场等待挖掘。金融市场是一个充满争议的地方，市场越是不透明，证券产品越是复杂，华尔街大公司就越有可能赚取更多的钱。对于某些有名的上市公司股票价值的争议，其实并没有太大的意义，因为卖方和买方都能实时看到公平的价格，而且由于竞争的存在，经纪人的佣金也被挤压得所剩无几。针对次级抵押贷款债券的信用违约掉期产品，关于其价值的争议可能成为一个金矿。另外一家在认真做信用违约掉期产品交易的交易商是高盛，所以，在开始的时候，基本上不存在价格竞争。感谢美国国际集团，由于它的存在，从理论上来说产品供给是无限的。问题是需求，即那些想与迈克尔·巴里进行交易的投资人。令人难以置信的是，在这个金融史的关键转折点上（从此以后，很快就出现了很多变化），次级抵押贷款市场上唯一的阻碍竟然是缺乏愿意对赌的人。

要向投资人兜售对赌次级抵押贷款债券的想法，让他们购买他的信用违约掉期产品，格雷格·李普曼需要一个新的论据。这个时候，定量分析师的作用就发挥出来了。李普曼让尤金·徐研究住房价格上涨对次级抵押贷款的影响。为此尤金·徐制作了一份内容详尽的图表，显示出不同住房价格前提下的断供率：住房价格上涨、住房价格持平、住房价格下跌。李普曼目不转睛地盯着这张图表，一遍又一遍地看。这些数字甚至连他自己都觉得吃惊，他们不用等到崩盘，只要住房价格不再继续高速增长就能够达到目的。住房价格仍然在上涨，然而，断供率已经接近4%。只要断供率提高到7%，最低投资级债券，即3B减评级的债券将会一文不值。如果断供率提高到8%，3B级债券的价值也将归零。

在那一刻，也就是2005年11月，格雷格·李普曼意识到，他根本不用担心他所拥有的一大堆针对次级抵押贷款债券的信用违约掉期产品。它们不是保险，它们是赌博，而他对这个赔率很满意。他想做空头。

这是一片全新的天地。格雷格·李普曼从1991年开始交易各种由不同的消费贷款——汽车贷款、信用卡贷款、住房权益贷款——支撑的债券，当时他刚从宾夕法尼亚大学毕业，在瑞士信贷集团找到了一份工作。他以前从来没有机会卖空这些债券，因为它们不可能被借到。他和所有资产支持型债券交易员一样，唯一能够做出的选择就是喜欢它们或者爱它们，而不可能恨它们。现在他可以恨了，而且做到了。但是，这也让他与大家分道扬镳了，对于格雷格·李普曼来说，这还代表着一种新的职业风险。正如他对别人说的，“如果你身处一个你只能做一件事的行业，而这件事又没有办法做，你的老板就很难对你发火。”现在，他有了不止做一件事的可能，但是如果他对赌次级抵押贷款债券，并且最终失败了，他的老板会发现要对他发火很容易。

怀着一种发现了难以忽视的真相的正义感，格雷格·李普曼带着一份名为“做空住房权益的中间层”的报告，勇敢地闯入了机构投资者们的视野。他刚开始研究次级抵押贷款市场时，或许是以华尔街推销员的心态，他要探寻的不是真相，而是听起来令人信服的声音。现在，令人震惊的是，他认为自己拥有了一份独特的计划，可以让客户赚大钱。当然，他会向他们收取高额的费用，但是这些钱与他们赚到的巨额财富相比简直是九牛一毛。他不再是做推销，而是在施予恩惠——拿着，这是我给你的礼物。

机构投资者不知道能从他那里得到什么，至少开始的时候是不知道的。“我想他具有某种病态的自恋人格特质。”一位听了他的讲话但是没有与他交易的理财经理说。“他把我们都吓得不轻，”另一个说，“他走进来，描绘了他的宏伟交易。他说的那些道理都能讲得通，但对于我们来说，风险在于，就算我们做了，也做成了，然后呢，我们怎么退出？他控制着市场，他是我们能够销售的唯一对象。而他说：‘不通过我，你们就游不出这个泳池，当你想要条毛巾的时候，我会把你的眼珠子抠出来。’他确实说过这话，他会把你的眼珠子抠出来。这个家伙是完全透明的。”

在某种程度上，他们对这项业务感兴趣，但最终还是决定不去体验眼珠子被抠出来的刺激。“对李普曼不利的，”这位基金经理说，“是他那过于直率的性格。”

李普曼面对的是华尔街债券客户回绝债券推销员时常用的说辞：如果真是如此好的交易，你为什么要让给我做？但是，也有其他说辞。买入信用违约掉期产品，意味着在等待美国房主断供的过程当中，你可能需要付出几年的保险费。债券市场的投资人就像债券市场的交易员一样，对任何需要付“门槛费”的交易都有一种本能的抗拒，他们希望找到那种早上一起床就能够拿到钱的业务。（一位债券市场投资大鳄把他的游艇命名为“正利差”。）这种需要先付出 2% 的佣金的交易，对他们来说无异于诅咒。不同类型的机构投资者能够找到不同的回绝理由，“我无法跟我的投资人解释清楚信用违约掉期”是格雷格·李普曼最常听到的回应；或者“我有个表兄在穆迪工作，他说这些东西（次级抵押贷款债券）全都没有问题”；或者“我跟贝尔斯登的人谈过，他们说你疯了”。李普曼与一个做对冲基金的家伙谈了 20 个小时，在快要说服他的时候，这个家伙给他的一位在某房屋建筑公司工作的大学同学打了个电话，随后又改变了主意。

那些听过李普曼的论点的理财经理最常见的反应是：“我同意你的说法，你是对的，但是做空次级债市场不是我的工作。”

“这就是机会存在的原因，”李普曼会这样回复，“现在它还不是任何人的工作。”

它也不是李普曼的工作。他想建立收费站，从那些通过他交易的买方或者卖方身上收取小额的费用。他与市场和老板的关系，现在处于一种前所未有的自以为是的状态。李普曼的空头头寸或许曾经是强加在他头上的，但是到 2005 年年底，他自愿接受了，并且把它增加到了 10 亿美元。在德意志银行的华尔街总部大楼里，有几百个收入不菲的员工在购买次级抵押贷款，并把它们包装成债券，再转售出去。另一组员工则把那些债券，以及针对债券的信用违约掉期产品中最垃圾且无法出售的部分包装成担保债务权证。李普曼的空头头寸规模越大，他对这些人以及他们的产业——一个正在快速成为华尔街最赢利业务的产业——的蔑视的表达就越直接。李普曼每年以保险费形式支付的管理成本高达数千万美元，而他的亏损看起来更大。信用违约掉期产品的购买者同意为其基础抵押贷款债券的存续期支付保险费，只要基础债券仍然有效，信用违约掉期产品的卖方和买方就都有义务延长抵押权，以应对它们的价格变动。令人诧异的是，次级抵押贷款债券的价格一直在上涨。在几个月之内，李普曼的信用违约掉期头寸已经减值了 3 000 万美元。他的上司反复要求他做出解释，为什么要做这些业务。“很多人在怀疑，这是不是对李普曼的时间以及我们的资金的最佳使用方式。”一位一直在静观冲突不断升级的德意志银行高管说。

李普曼不仅没有屈从于压力，反而有了一个化解压力的想法：消灭这个新的市场。美国国际集团几乎是 3A 评级担保债务权证（也就是将 3B 评级次级抵押贷款债券重新包装而成的 3A 级担保债务权证产品）的唯一买家。美国国际集团最终成为迈克尔·巴里在信用违约掉期产品交易中的另一方。如果美国国际集团停止购买债券（更准确地说，停止为它们提供违约保险），整个次级抵押贷款债券市场就可能会崩盘，而李普曼的信用违约掉期产品将会成为天价的财富。2005 年年底，李普曼赶到伦敦，试图让这一切发生。他与汤姆·费文斯（Tom Fewings）见了面，费文斯为美国国际集团金融产品部的负责人约瑟夫·卡萨诺工作。李普曼一直在往他的演示材料里添加新数据，他拿出了当时最新版本的“做空住房权益的中间层”，并向费文斯做出了详细说明。费文斯没有严词拒绝，李普曼离开美国国际集团伦敦办公室时，觉得费文斯好像已经接受了他的说法。可以肯定的是，在李普曼拜访费文斯之后不久，美国国际集团金融产品部就停止了信用违约掉期产品的销售。更好的消息是：美国国际集团金融产品部的人暗示，他们实际上想买入一些信用违约掉期产品。基于能够卖给美国国际集团的预期，李普曼又继续买入了一些信用违约掉期产品。

曾有一个短暂的瞬间，李普曼感觉他已经靠自己的努力改变了世界。他走进了美国国际集团金融产品部，告诉那些人，德意志银行与其他所有的华尔街大公司一起，怎样把他们当作傻瓜玩弄，而且他们终于清醒了。

第四章

华尔街的金矿

无知会带来怎样的回报

他们没有清醒，至少还没有真正清醒。美国国际集团金融产品部里第一个从公司的疯狂行为中清醒过来并拉响警报的，不是汤姆·费文斯——他很快就把与李普曼的谈话丢到了脑后，而是吉恩·帕克（Gene Park）。帕克在美国国际集团金融产品部的康涅狄格办公室工作，而且他的办公桌与信用违约掉期产品交易员们离得很近，因此对他们的工作有大致的了解。

2005年年中，帕克在《华尔街日报》上读到了一篇有关抵押贷款机构新世纪金融公司的头条新闻。他注意到这家公司的红利非常高，于是开始考虑自己是否应该买入一些该公司的股票。然而，随着他对新世纪金融公司了解的深入，帕克发现，它拥有所有类型的次级抵押贷款，而且这些贷款的质量差得令人吃惊。

就在帕克私下进行了这些调查后不久，他接到一个老同学的电话，这位仁兄身无分文，也没有工作，却刚刚得到了几家银行提供的贷款，买了一套他根本负担不起的房子。那时帕克才恍然大悟，而且他注意到，他的同事阿尔·弗罗斯特宣布与华尔街的大公司做成了一笔新的信用违约掉期交易。

一年之前，弗罗斯特每个月大约能完成10亿美元的交易，现在他能完成200亿美元的交易，全部都是为不同的消费贷款提供保险。“我们与所有华尔街的公司做生意，除了花旗集团。”一位交易员说，“花旗集团想自己承担风险，并把这些风险记到自己的账上。其他的公司，我们全都拿下了。”当交易员们问弗罗斯特，为什么华尔街忽然之间如此急切地想与美国国际集团做生意时，按照其中一人的说法，“他会解释说它们喜欢我们，因为我们能够快速行动”。

帕克把这些情况综合起来考虑后，猜到了这些由美国国际集团金融产品部所承保的消费贷款的性质正在发生变化，它们包含了大量的次级抵押贷款，数量之大超出了任何人的想象。如果美国的房主违约数量开始出现急剧增长，美国国际集团将找不到任何渠道弥补这个亏损。帕克在一次会议上提出了这个想法，结果约瑟夫·卡萨诺把他拉到一间没人的办公室里，对他大声咆哮，说他根本不知道自己在说什么。

约瑟夫·卡萨诺是美国国际集团金融产品部的负责人，他是一名警官的儿子，毕业于布鲁克林学院，主修政治学。但是，回想起来，他的表现似乎离他对服从和整体控制的要求相距甚远。他职业生涯中绝大部分时间不是在做债券交易员，而是做支持性的工作，首先在德崇证券，随后转到了美国国际集团金融产品部。在美国国际集团金融产品部，员工们对他的看法非常一致：约瑟夫是一个对金融风险没有任何感觉的人，但是，在恐吓对他持怀疑态度的人方面，他却是一个天才。“美国国际集团金融产品部变成了一个独裁者的王国，”一名伦敦交易员说，“约瑟夫会轮番恐吓周围的人。他会把他们贬得一文不值，然后又试图通过给他们巨额的金钱来与他们和解。”

“有一天，他给我打来电话，就一项亏损的业务大发雷霆，”一名康涅狄格的交易员说，“他说，你赔钱的时候，赔的是我的钱！”

“公司的文化变了，”第三名交易员说，“职员们的恐惧程度非常高，我们在晨会的时候都不敢谈论有可能惹到他的事情。如果你胆敢批评组织，那你就准备下地狱吧。”第四名交易员说：

“约瑟夫老是说，‘这是我的公司，你在为我的公司干活儿。’他要是看到你拿了一瓶水，就会走过来说：‘这是我的水。’虽然我们的午餐是免费的，但约瑟夫总会让你感觉是他出的钱。”第五名交易员说：“在约瑟夫的领导下，我们彼此之间的争议和讨论——这些在汤姆（汤姆·萨维奇，前任首席执行官）任职期间再正常不过的事情——都看不到了。对汤姆，我可以像跟你一样说话。但是，与约瑟夫相处，我们只能是听众。”第六名交易员说：“我们与约瑟夫相处的方式，就是在每句话前都加一句，‘约瑟夫，你是对的’。”

即便按照华尔街恶棍的标准，约瑟夫的性格缺陷也已经超出了罪犯的范围，他在大家的口口相传中，成了一个恶魔。“有一天，他走进来，发现有人在健身房的健身器上做过运动，”康涅狄格的一名员工说，“他一个一个地看着我们，试图查明是谁干的。他声嘶力竭地吼道：‘到底是谁在健身器上健身了？到底是谁在健身器上健身了？’”

奇怪的是，约瑟夫的怒火并不仅仅针对那些赚不到钱的交易员，连赚钱不少的交易员也未能幸免，因为他的怒气不是被财务亏损所激发的，而是由最轻微的反抗迹象所引起的。更奇怪的是，他的怒火对被责骂的人的收入没有明显的影响。一名交易员或许一天到晚被老板辱骂，然而，年底的分红又会让他心花怒放。美国国际集团金融产品部的交易员们当中之所以没有谁去揍约瑟夫一顿，就是看在了钱的份儿上。对于一个把忠诚和服从看得比一切人格都重要的人，除了钱，你找不出其他任何手段来支配他。金钱可以作为管理的工具，但是只在一定程度上有效。如果你打算与高盛做生意，你最好弄清楚高盛想要的是什么。美国国际集团金融产品部能够吸引到非常聪明的人，他们一点儿都不逊色于他们在高盛的对手。然而，这些人受到了老板的限制，他们对自己业务的微妙之处并不十分了解，而其判断力又被不安全感蒙蔽了。

2005 年年底，约瑟夫提拔了阿尔·弗罗斯特，然后想找个人来顶替他在华尔街债券交易席位的代表职位。实际上，这个工作就是当华尔街的交易员问他能否为 10 亿美元由消费贷款支撑的债券提供保险时说“能”。出于诸多原因，吉恩·帕克是一个很有希望的人选，所以他决定仔细检查这些由美国国际集团金融产品部提供保险的贷款。结果使他目瞪口呆：这些被认为进行过多元化配置的消费贷款，现在所包含的几乎全部是次级抵押贷款。帕克进行了一次私下的调查。他询问那些与针对消费贷款的信用违约掉期产品直接相关的人，这些贷款中次级抵押贷款所占的比例是多少。他去请教耶鲁大学教授加里·戈顿（Gary Gorton），因为约瑟夫采用戈顿所创立的模型来为信用违约掉期产品定价。戈顿猜测，组合里的次级抵押贷款不会超过 10%。帕克又问了一位伦敦的风险分析师，他猜测是 20%。“他们谁都不知道这个数字其实是 95%，”一名交易员说，“而且我敢肯定，约瑟夫自己也不清楚。”现在回想起来，他们的愚昧似乎令人难以置信，但是，当时的情况是，整个金融体系都以他们的无知作为前提，而且为此给他们回报。

后来，约瑟夫要求吉恩·帕克到伦敦开会，并在会上“提拔”他去制造更多的这种定时炸弹。帕克知道自己不应该成为其中的一分子，他说，如果要强迫他接受这份工作，那他只好辞职了。这惹恼了约瑟夫，他指责帕克懒惰，以及编造理由不想接受这项需要一些复杂的文字工作的任务。面对新的事实，即他的公司实质上做多了价值500亿美元的被包装成多元化的3A级消费贷款池中的3B级次级抵押贷款债券，约瑟夫首先要为此寻找一个说得过去的理由。他过去很明确地认为，他为高评级债券提供违约保险所收取的费用都是意外之财。他现在说，债务违约只有在美国住房价格下跌的情况下才会出现，而约瑟夫不相信住房价格会在全美各地同时下跌。无论如何，穆迪和标准普尔两家评级公司都给这些债券评了3A级。

不过，约瑟夫同意去拜访所有的华尔街大公司，与它们探讨交易的逻辑，调查一堆有问题的贷款是如何被转化成了3A级债券的。带着吉恩·帕克以及其他几个随从，他与德意志银行、高盛以及其他公司的交易员进行了一系列的会谈，所有人都说住房价格同时下跌的情况是不可能出现的。"他们说的都是同一句话，"一位参加过会谈的交易员说，"他们引用了过去60多年的房地产历史数据，并且说，从来就没有出现过全美范围内住房价格同时下跌的情况。"（在他们与高盛的会谈结束两个月之后，美国国际集团金融产品部的一名交易员遇到了高盛集团的人，之前后者也是那么说的，而这一次后者却说，在你和我之间，你是对的，这些东西都会灰飞烟灭。）令美国国际集团金融产品部出席这些会议的交易员感到吃惊的是，几乎没有任何人表现出要加固这部次级抵押贷款机器的意向，大家只是简单地把宝押在住房价格永远不会下跌上面。一旦约瑟夫明白并接受了这一点，他马上就改变了自己的想法。到2006年年初，他开始公开支持吉恩·帕克，决定美国国际集团金融产品部不能再为这些贷款提供保险了，当然它还得继续为自身已经承保的那些贷款提供保险。

当时，并没有迹象显示出这个决定会是美国国际集团金融产品部的大事件。这个部门每年产生的利润几乎达到20亿美元，即便是在高峰的时候，整个信用违约掉期业务贡献的利润也只有1.8亿美元。约瑟夫一直很讨厌帕克，这种情况很难改变，其原因似乎主要在于帕克居然敢当面反驳他。

寻找更多人来下注

那个试图说服美国国际集团金融产品部停止对赌次级抵押贷款债券市场的华尔街交易员，并没有看到这些内部的政治斗争。格雷格·李普曼想当然地认为自己说服了他们，直到最终他才发现其实并没有。他永远也不会明白美国国际集团金融产品部为什么改变了主意，而把自身暴露在如此高的风险之下。美国国际集团金融产品部不再向华尔街公司出售新的信用违约掉期产品，但是也没有对已经售出的价值500亿美元的产品进行任何对冲操作。

李普曼认为这些产品已经足以造成市场的崩溃。如果美国国际集团金融产品部拒绝承担这项交易中多方的责任，也没有其他人愿意承担这一责任，那么，次级抵押贷款市场将会关闭。但是，市场不会转瞬即逝，而这就是另外一个惊天秘密的开始。华尔街公司找到了3A级次级担保债务权证产品的新买家，来消化这些次级抵押贷款债券中风险最高的3B级债券，尽管在很长一段时间内人们并不清楚这些人究竟是谁，甚至连格雷格·李普曼也对此一无所知。

次级抵押贷款机器继续轰鸣，实际的贷款变得越来越垃圾，但奇怪的是，对它们进行保险的产品，即信用违约掉期产品的价格却在下跌。2006年4月，李普曼在德意志银行的上司要他保护好他的那些不切实际的赌博产品。他们希望他坐在这个新市场的中间位置赚钱，就像高盛所做的那样，撮合一下买家和卖家。他们达成了一个协议，只要李普曼能够证明在他必须出手时会有其他投资者愿意接手，李普曼就可以保留他那些昂贵的空头头寸。也就是说，他需要培育一个交易更加活跃的信用违约掉期市场。如果想保住他的赌注，他必须找到其他愿意加入赌局的人。

2006年夏季，格雷格·李普曼想到了一个新的办法：拔河。整个次级抵押贷款机器——包括他的东家德意志银行——拉着绳子的一端，而他则拉住绳子的另一端。他需要有人加入他这一边，他们需要与他同心协力。要想成为他的队友，他们必须向他付费，当然，他们自己也会变得非常富有。

李普曼很快就发现，他本以为最有可能看清次级抵押贷款市场丑陋真相的那些人，也就是那些专门进行抵押贷款债券交易的基金管理人，除了他们早已烂熟于心的东西，对其他任何事情都熟视无睹。现实中存在着一个奇怪但却千真万确的现象：你越接近市场，就越难发现它的愚蠢。意识到这一点以后，李普曼转而去找那些在房地产价格下跌或者房地产股票价格下跌时会面临很大风险的股票投资人，把他的想法作为一种对冲的手段告诉了他们。看看吧，只要这个东西持续上涨，你就会赚上一大笔钱。为什么不花点儿小钱保护自己在崩盘中免受损失？利诱没有效果，他又尝试使用恐吓手段。他拿到了新世纪金融公司的大股东名单，其中最引人瞩目的是前点合伙公司。李普曼给德意志银行负责该项业务的销售员打电话，让他安排一次会议。销售员没有注意到前点合伙公司内部有不止一只对冲基金——它不是单一的对冲基金，而是由几只独立运作的对冲基金组合而成的，其中做多新世纪金融公司股票的那只对冲基金是一个位于美国西海岸的小集团。

当格雷格·李普曼到达史蒂夫·艾斯曼位于曼哈顿中心区的会议室时，艾斯曼的话让他大吃一惊，他说："我们不是做多新世纪股票的前点公司，我们是做空新世纪股票的前点公司。"艾斯曼已经对一些发起次级贷款的公司，比如新世纪金融公司和印地麦克银行，以及一些房屋建设公司，比如托尔兄弟公司的股票下注做空。但是，这些赌注并不能完全令他满意，因为不是押注在公司本身，而是押注在市场对公司的态度上。另外，这些赌注的维护成本也很高。这些公司的红利很高，而且它们的股票借入费用通常都不菲。比如新世纪金融公司，分红高达 20%，要借入它的股票每年需要花费 12%，为了做空 1 亿美元的新世纪金融公司股票，史蒂夫·艾斯曼一年要付出 3 200 万美元。

李普曼原本还打算用他描绘的末日景象来吓唬他找到的股票市场投资人，但是他很幸运，他遇到了一位对次级抵押贷款市场的看法比他还要悲观的股票市场投资人。艾斯曼对市场的了解比李普曼多，他对这个市场的特点和丑恶的了解，甚至超过了李普曼认识的所有人。他想，如果说有谁会对次级贷款押下巨额赌注，那就非艾斯曼莫属了。所以，当知道艾斯曼没有这样做的时候，李普曼有点儿摸不着头脑。几个月之后，艾斯曼的新任首席交易员丹尼·摩西和他的研究员文森特·丹尼尔找到李普曼，要他再对他们讲一遍，这让李普曼更加疑惑了。

与那些显然是自私自利的人相处，最大的问题在于他们的利益范围永远都无法界定。丹尼从第一眼看到李普曼起，就对他很反感。他在给李普曼打过电话后，边走边对文尼说："李普曼在跟你讲话的时候，永远都不用正眼看你。这让我非常不爽。”文尼无法相信，德意志银行居然会让这个家伙随心所欲地在自己的市场里布上鱼雷，除非这符合德意志银行的特殊利益。对于丹尼和文尼来说，格雷格·李普曼就是债券市场的化身，他来到地球的目的就是盘剥客户。

连续好几个月，每个月三次，只要丹尼和文尼打电话，李普曼就会尽快赶到，这个现象增加了他们对他的戒心。他从华尔街跑到中心区不会是为了促进世界和平，那他为什么来这里？每一次，李普曼都口若悬河，而丹尼和文尼都是大眼瞪小眼。他们的会谈具有后现代文学难题的意味：虽然讲故事的人完全不可靠，但是故事听起来却好像是真的。在每一次会谈中，文尼都会不时打断他，问道：“李普曼，我一直想不明白，你怎么会在这里。”这是他即将开始用刁钻的问题轰炸李普曼的信号。

如果这真是一个了不起的想法，你为什么不从德意志银行辞职，建立一只对冲基金，为自己赚钱？

要建立一只对冲基金，我需要6个月的时间。世界或许在下周就会意识到这个疯狂行为，所以我必须继续做好我正在做的这个庄家。

如果它真是这么好的一个想法，那你为什么要拱手送给我们？

我没有失去任何东西。供给是无限的。

但是你为什么要花费口舌来跟我们说？

你们进入和退出我都会收费。我需要付电费呢。

这是零和游戏。对方是谁？谁是那个白痴？

“杜塞尔多夫”，愚蠢的德国人。他们太在意评级机构了，他们对规则深信不疑。

为什么德意志银行允许你破坏这个它可以呼风唤雨的市场？

我对德意志银行没有任何尽忠的义务……我只是在那里打工。

废话，它给你发薪水。我们怎么知道你们那帮负责担保债务权证业务的人不是在利用你对做空你自己的市场的热情来剥削我们？

你见过负责我们的担保债务权证业务的人吗？

有些时候，丹尼和文尼甚至撕下伪装，把他们想了解有关信用违约掉期产品和次级抵押债券的新信息的目的表露无遗。他们希望这个家伙会以某种方式不小心承认他其实就是骗人的华尔街癞皮狗，这也是他们心头一直挥之不去的疑虑。"我们在努力寻找进入这个世界的大门，"文尼说，"我不相信他来找我们是因为他拥有太多这类产品。所以，他这样做的理由是什么？"李普曼觉得自己好像受到质询的证人，而这些家伙想要击溃他。几个月之后，李普曼将他的想法告诉了菲利普·法尔科恩（Phil Falcone），后者管理着一只叫作先驱资本的庞大基金。法尔科恩当即决定购买 10 亿美元的信用违约掉期产品。对于次级抵押贷款市场，法尔科恩所知道的还不到这些家伙的 1/10，但是法尔科恩相信李普曼，而这些家伙则不然。在他们最后的会谈中，文尼终于把这个问题和盘托出了。"李普曼，"他说，"不要再绕弯子了。我就是想弄明白，你打算怎么盘剥我。"

他们没能切实地称出格雷格·李普曼灵魂的重量，他们的努力被两则紧急消息打断了。第一则消息出现在2006年5月，标准普尔宣布将改变用于次级抵押贷款债券评级的模型。公告说，模型变更的时间定在 2006 年 7 月 1 日，但是，在此之前所发行的次级债券将继续使用老评级模型。消息一出，次级债券的发行量急剧上升。“它们甚至堵塞了通道”，文尼说，“很多垃圾债券倾巢而出，以便能用老模型进行评级。”对新的更加准确的评级模型的恐惧说明，华尔街的大公司其实心知肚明，它们发行的债券的评级被高估了。

另一则消息与住房价格有关。艾斯曼经常与瑞士信贷集团的住房市场分析师艾维·泽尔曼（Ivy Zelman）联系。按照泽尔曼的说法，衡量住房价格是否正常的一个简单方法，就是看住房价格的中位数与收入之比。在美国，从历史上看，这个比值大约为 3∶1；到 2004 年年末，这个比值在全美范围内提高到了 4∶1。“所有人都在说，这个比值已经高得离谱了，”泽尔曼说，“但是，4∶1 还不是最高的。在洛杉矶，是 10∶1；在迈阿密，是 8.5∶1。另外，你再看看买房子的人，他们不是真正的买房人，他们是投机者。”待售的房屋从 2005 年年中开始越来越多。2006 年夏天，凯斯·席勒住房价格指数见顶，整个美国的住房价格开始下跌。年内，全美范围内的房价下跌了 2%。

这两则消息中的任意一则都有可能扰乱次级抵押贷款债券市场，造成这些债券的投保价格上涨。但是恰恰相反，针对这些债券的信贷违约掉期产品的价格在下跌。次级抵押贷款债券中最垃圾的 3B 级债券现在每年的保险费率不到 2%。“我们最终跟李普曼做了一笔交易，”艾斯曼说，“然后尽一切可能弄明白我们做的这笔交易。”

在他们做成第一笔交易的那一刻，他们就加入了格雷格·李普曼那长长的而且还在不断增加的电子邮箱联系名单。此后一直到市场崩溃，李普曼都在不遗余力地宣讲住房市场，以及他的客户应该去对赌哪些次级抵押贷款债券。“李普曼每次给我们推荐债券时，文尼和我都会对望一眼，不约而同地说不行。”丹尼·摩西说。他们会采纳李普曼的意见，但是有限度的。他们对华尔街债券部门的人一直都采取不信任的态度。无论怎样，评估具体债券的价值是他们的工作，而不是李普曼的工作。

最诱人的做空对象

迈克尔·巴里比较抽象地关注贷款的结构，把宝押在那些包含很高比例的他确信会出问题的贷款的贷款池上。艾斯曼和他的合伙人则具体地关注借款人和放款人。次级贷款市场利用了正常情况下不会与华尔街发生关系的那一部分美国民众，即信用评级在 15%~29% 之间的人，也就是说，放款人要向信用度比全美国 71% 的人都要低的那部分人发放贷款。这些人拿到他们的钱以后会以什么样的方式去花？住房价格要下跌多少他们的贷款才会出问题？最腐败的抵押贷款发起人是谁？哪些华尔街公司在开发最不诚实的抵押贷款债券？这个国家的哪些地区最没有金融责任感？佐治亚的断供率比佛罗里达高 5 倍，尽管这两个州的就业率是一样的，为什么会这样？印第安纳的断供率为 25%，而加利福尼亚只有 5%，尽管从表面上看，加利福尼亚人的金融责任心要差得多，原因是什么？文尼和丹尼飞到了迈阿密，穿过一片片用次级贷款建造的空置街区，目睹了局势有多糟糕。“他们给我打来电话说，‘哦，天哪，这里是一场灾难。’”艾斯曼回忆道。

总而言之，他们对抵押贷款进行了认真的信用分析，这项工作本来在贷款之前就应该做的。随后，他们开始去寻找骗子和笨蛋。“我第一次意识到事情有多糟糕。”艾斯曼说，“我让李普曼给我一份2006年无文件贷款比例较高的交易记录。”艾斯曼早就怀疑市场上存在着欺诈行为，他打算对赌那些没有被要求提供收入证明就得到了贷款的美国人。“我猜想，李普曼给我的交易记录中大约会有20%的贷款是没有文件的。然而在他给我的名单中，事实上没有哪一份无文件贷款的比例低于50%。”

他们给华尔街的交易席位打了电话，要求提供次级抵押贷款债券的清单，以便从中找出问题最大的那些，以最聪明的方式购买保险。最诱人的做空对象——由最有可能违约的抵押贷款支撑的债券——具有几个特征。首先，相关贷款集中于现在被华尔街称为“沙州”的几个州：加利福尼亚、佛罗里达、内华达和亚利桑那。“沙州”地区的住房价格在繁荣期间的上涨速度是最快的，因而在崩溃的时候也可能是下跌最快的。如果这种情况真的出现，那么加利福尼亚的断供率就会上扬。第二，这些贷款是由那些最令人无法放心的抵押贷款放款人所发放的。由华盛顿互惠银行全资拥有的长滩储蓄就是这种金融放纵行为的典型代表。长滩储蓄是首家采用发起－销售模式的企业，现在正拼命把钱拿出来发放给新的住房购买者，却不会向他们提出什么问题。第三，这些贷款池里包含高于平均水平的少文件甚至无文件的贷款，也就是说，贷款欺诈的可能性很高。在艾斯曼和他的伙伴们看来，长滩储蓄通常向信贷记录糟糕而且没有收入证明的住房购买者提供浮动利率抵押贷款——零首付，利息支付只要提出要求就可以推迟。南加利福尼亚的住房博客里，充斥着由这些所谓的30年可调利率抵押贷款所造成的金融弊端的故事。在加利福尼亚的贝克斯菲尔德，一名采摘草莓的墨西哥人，年收入14 000美元，而且不会说英语，在身无分文的情况下贷款购买了一套价值72.4万美元的房子。

艾斯曼等人对单一债券调查得越深入，他们发现的可以为自己带来利润的贷款类型就越多。比如，借出巨额资金给穷困移民。一天，艾斯曼的管家——一位南美妇人过来告诉他，她打算在皇后区买套房子。"价格很荒谬，而且银行打算向她提供零首付可调利率抵押贷款。"艾斯曼说。他建议她采用传统的固定利率抵押贷款，接着，他女儿的保姆给他打来了电话。"她来自牙买加，"艾斯曼说，"她说她和她的妹妹在皇后区拥有6套房子。我问，'科林娜，这是怎么回事？'"原来她们购买了首套房子后，房屋的价格飙升，放款人建议她们再融资，并拿到了25万美元，她们用这笔钱又买了另外一套房子。随后，这套房子的价格又上涨，她们又重复了之前的做法。"做完这些之后，她们拥有了其中的5套房子，但一旦市场下跌，她们就不可能再供款了。"

评级制度的盲点

艾斯曼的保姆获得贷款资格并不是偶然的，像很多次级抵押贷款借款人和放款人的情况一样，这是由于两家主要的评级机构——穆迪和标准普尔——用于评估次级抵押贷款债券的模型存在着缺陷。

华尔街大公司——贝尔斯登、雷曼兄弟、高盛、花旗集团以及其他公司——与别的生产性企业的目标是一样的：支付的原材料（住房贷款）成本越少越好，而成品（抵押贷款债券）的价格越高越好。成品的价格由穆迪和标准普尔所使用的模型做出的评级决定。这些模型的内部运行情况，用官方的说法，是机密。穆迪和标准普尔声称，它们是做不了手脚的。但是，华尔街的人都知道，使用这些模型的人很容易被人利用。正如一位在高盛工作的由交易员转为对冲基金经理的人所说："在华尔街找不到工作的人，就去为穆迪干活儿。"在评级机构内部，存在另外一个等级制度，甚至比次级抵押贷款债券评级员还不受欢迎。"在评级机构中，负责企业信用评级的人是最优秀的，"一个负责为摩根士丹利设计抵押债券的熟人说，"接下来就是负责评估次级抵押贷款的人。然后是负责资产评估的人，他们基本上没有脑子。华尔街的债券交易席位上，全是每年收入高达 7 位数的人，他们设计哄骗那些一年赚 5 位数的没脑子的家伙，这样就可以使最糟糕的贷款获得最高的评级。他们以常春藤盟校的彻底性和有效性来完成这项工作。他们很快就知道穆迪和标准普尔的人实际上并没有对单笔住房贷款进行评估，或者最多只是瞟上一眼。他们的模型能评估出来的，实际上只是贷款池的一般性特点。"

他们对 FICO 评分的处理就是一个例子。FICO 评分是 20 世纪 50 年代由费埃哲公司发明的，用于测算个人借款人的信用值。最高的 FICO 评分是 850 分，最低的是 300 分，美国的中位数是 723 分。FICO 评分很简单。他们不考虑借款人的收入，而且还有可能做手脚——一名潜在的借款人可以通过先用信用卡取现然后紧接着还款的方式来提高自己的信用评分。但是，FICO 评分本身存在的问题远不如评级机构对它的滥用严重。穆迪和标准普尔要求次级抵押贷款包装者提供的不是所有借款人的 FICO 评分，而是该贷款池的平均 FICO 评分。为了满足评级机构的标准——任何指定贷款池中产生的3A级债券的比例最大化，贷款池中借款人的平均FICO评分需要在615分左右。达到这个平均分的途径不止一条，因此，巨大的漏洞就出现了。一个所有借款人的FICO评分都为615分的贷款池遭受巨大损失的可能性，远低于一半借款人的FICO评分为550分而另一半人为680分的池子。一个FICO评分为550分的人，实际上肯定是会断供的，而且从一开始他就不应该得到贷款。但是，评级机构模型所存在的漏洞使这笔贷款能够发放出去，前提便是找到一个评分为680分的人来把平均分提高到615分以上。

到哪里去找拥有高FICO评分的借款人呢？这时，华尔街债券交易席位又利用了评级机构模型的另外一个盲点。显然，评级机构没有理解“薄纸”FICO评分和“厚纸”FICO评分的差别。顾名思义，薄纸FICO评分表明信用历史很短、纸很薄，因为借款人没有借过几次款。从来没有在还债方面发生过违约的移民——因为他们根本就没有获得过贷款——通常都拥有惊人的高薄纸FICO评分。因此，一位来自牙买加的保姆，或者年收入14 000美元的采摘草莓的墨西哥人，只要怀着借款75万美元的愿望，通过穆迪和标准普尔的模型过滤之后，从信用操纵的角度看就变得非常有用。这些人从表面上提高了贷款池的质量，加大了其被给予3A评级的可能性。墨西哥人收获了房子，华尔街收获其FICO评分。

评级机构使用的模型出于以上种种原因而变得千疮百孔。各种花招不言自明，举个例子，穆迪和标准普尔偏爱诱惑利率较低的浮动利率抵押贷款，而不是固定利率贷款。或者，它们不在意一笔贷款是产生于一个繁荣的房地产市场还是一个不温不火的房地产市场。或者，它们对无文件贷款的欺诈风险视而不见。或者，它们对二次抵押贷款睁一只眼闭一只眼，这种贷款使房主丧失了对自己住房的所有权，最终只能把钥匙交给银行。评级机构的每一次愚蠢或者疏忽行为，都会让某些聪明的华尔街次级抵押贷款债券包装者发现自己在市场上占尽优势：垃圾贷款池要比不太垃圾的贷款池更便宜。杠铃形状的贷款池（也就是说借款人 FICO 评分不平均，有的极低，有的极高），与借款人 FICO 评分都在 615 分左右的贷款池相比是一桩好买卖，至少在华尔街上的其他人明白过来，发现评级机构的漏洞，并把它们的价格炒高之前是这样。在这种情况被发现时，华尔街公司喜欢进行很任性的垄断。这些公司的人会给发起人打电话说："不要告诉任何人，如果你能够给我一批有高薄纸 FICO 评分的借款人的话，我会付给你比任何人都多的钱。"评级机构的错误越离谱，华尔街交易席位的做空机会就越大。

发现惊人的藏宝图

2006 年夏末，艾斯曼和他的合伙人对此还一无所知，他们所知道的只是华尔街投资银行显然雇用了专门的人来对付评级机构的模型。在一个理性的市场上，由较差的贷款所组成的贷款池所支持的债券，其定价理应低于由更好的贷款支持的债券。所有的次级抵押贷款债券都是按照穆迪对它们的评级来定价的。3A 级债券，全都按一个价格交易，3B 级债券则按照另外一个价格交易，虽然一只 3B 级债券与其他 3B 级债券之间其实存在非常重大的差异。因为债券都是按照穆迪的评级来定价，所以大多数被高估的债券都是被给予了不恰当评级的债券。而被给予了最不恰当评级的债券，正是华尔街公司蒙骗评级机构给予不恰当评级的那些债券。“我无法相信这种情况居然会被允许发生，”艾斯曼说，“这句话我大概说过一千遍了。”

艾斯曼并不是很清楚评级机构是怎么被利用的，他必须学习。于是，他的团队花了数月的时间寻找被高估最严重的债券。在开始这项工作约一个月后，他们向李普曼购买了第一批针对次级抵押贷款债券的信用违约掉期产品，随后文森特·丹尼尔和丹尼·摩西飞到奥兰多，参加了一个关于次级抵押贷款债券的会议。这个会议实际上是为次级抵押贷款产业举办的交易展览会，这个产业涉及的人包括那些发起次级抵押贷款的人、包装出售次级抵押贷款的华尔街企业、专门做次级抵押贷款债券交易的基金经理、对次级抵押贷款债券进行评级的机构，以及无所不为的律师。文尼和丹尼一开始以为他们是在对一个家庭作坊进行礼节性的拜访，结果发现这个作坊其实是座城堡。“这个产业养活了如此多的人。”文尼说，“就是在这个时候，我们意识到经纪公司的定息债券部门是建立在这上面的。”

也正是在这个时候，他们首次与评级机构有了面对面的接触。格雷格·李普曼团队的人在他们保证不提及次级抵押贷款债券的条件下，为他们安排了这次会面。“我们全部的目的，”丹尼说，“应该被理解成‘我们是来这里购买这些债券的’。人们应该想，‘哦，他们想购买这些纸片，因为它们正在变得有吸引力’。”在奥兰多利兹·卡尔顿酒店的一个房间里，他们与穆迪和标准普尔两家机构的人都进行了会谈。文尼和丹尼开始怀疑次级贷款市场将信用分析工作分包给了根本就不做信用分析的人，而他们那天所了解到的情况没有让他们的疑虑减轻哪怕一丁点儿。标准普尔的人很谨慎，但是来自穆迪的那位女士则坦诚得令人觉得不可思议。她告诉他们，虽然她负责次级抵押贷款债券的评级工作，但是她的老板不允许她调低那些她认为需要调低评级的债券。她向上司提交了一份她希望调低评级的债券名单之后，收到了一份允许她调低评级的名单。“她说她提交的名单上面有100种债券，而在返回的名单上只剩下了25种，并且没有任何解释。”丹尼说。

大多数问题是由文尼以分析师的身份提出的，但是丹尼参与的兴趣越来越浓厚。“文尼有个特点，”丹尼说，“当他兴奋的时候，他会用手托着下巴，将胳膊肘撑在桌子上，说，‘请允许我问你一个有关这个情况的问题……’所以当我看到他把手放到下巴上的时候，我知道文尼发现问题了。”

“有一点我不明白，”文尼说，他的手托着下巴，“你手上有两只似乎一样的债券。如何能让其中的一只被评为3A级，而另一只则评不上？”

“我不是做出这些决策的人。”这位来自穆迪的女士说，她显然有点儿忐忑不安了。

“我还有另外一件事情搞不明白，”文尼说，“你们怎么对完全由3A级次级抵押贷款组成的债券的任何一部分进行评级？”

这个问题问得很好。

文尼赢了。

“她真坦诚，”丹尼说，“因为她还不知道我们的真实目的。”

他们从奥兰多给艾斯曼打了个电话，告诉他，无论他认为这个产业有多肮脏，它真实的情况都会比他想象的更加糟糕。“奥兰多甚至不能算是各路代表的大会,”丹尼说,“奥兰多是一个狼狈为奸的大会。各路代表会齐聚拉斯韦加斯。我们告诉艾斯曼,‘你应该到拉斯韦加斯去。去看看这种场面’。”他们真的认为自己发现了一个秘密,从2006年的夏天到初秋,他们仿佛找到了一张惊人的藏宝图,尽管还存在一些未解的谜团。艾斯曼现在每天晚上回到家中,都带着他的妻子已经很久没在他身上看到的那种愉悦。“我很高兴,”瓦莱丽说,“感谢上帝,他终于有地方发泄他满腔的苦恼了。他会说,‘我发现了这个东西,这是一个金矿,而其他人对它的情况还都一无所知。’”

第五章

意外的资本家

面对风险的态度

艾斯曼发现的东西确实是一个金矿，但却不能说完全没有人知道。2006年秋，格雷格·李普曼已经把他的想法私下告诉了250名大型投资人，并在德意志银行销售会议上向数百人进行了宣讲。到2006年年底，按照PerTrac对冲基金数据库研究报告的说法，有13 675家对冲基金报告了经营结果，数千家其他类型的机构投资者获得了投资信用违约掉期产品的许可。李普曼的声音以这样或者那样的形式，传到了很多人的耳朵里。然而，仅有100家左右的机构稍稍涉足了这个针对次级抵押贷款债券的信用违约掉期产品新市场。大多数购买次级抵押贷款保险的人，不是为了对赌，而是作为他们手上那些与美国不动产相关的股票或者债券组合的对冲手段。有一小部分人利用信用违约掉期对次级抵押贷款债券进行豪赌——买入一份次级抵押贷款债券，同时卖出另外一份。比如，他们会下注，赌那些包含大量在加利福尼亚发放的贷款的债券会输给那些只包含很少加利福尼亚贷款的债券；或者某只3A级次级抵押贷款债券会输给3B级债券；或者雷曼兄弟或者高盛（两家公司都因包装美国最差住房贷款而臭名昭著）所发行的债券，表现得不如由J. P. 摩根或者富国银行（这两家公司似乎比较在意债券包含什么样的贷款）包装的债券。

极少数人——多于10人，不到20人——直接对赌价值几万亿美元的次级抵押贷款市场，从关联度上，也可以说是全球金融体系。这个事件本身就是非同寻常的：这场灾难是可以预见的，然而却只有十几个投资者注意到了。这些投资者包括一家名叫白盒的明尼阿波利斯对冲基金、一家名叫Baupost的波士顿对冲基金、一家名叫 Passport 的圣弗朗西斯科对冲基金、一家名叫埃尔姆·瑞吉的新泽西对冲基金，以及一批纽约对冲基金：艾略特伙伴（Elliott Associates）、雪松山资本合伙人（Cedar Hill Capital Partners）、QVT 金融，以及菲利普·法尔科恩的先驱资本合伙公司。这些投资者的相同之处在于，他们都直接或者间接地听说过格雷格·李普曼的观点。

在得克萨斯的达拉斯，一位名叫凯尔·巴斯（Kyle Bass）的前贝尔斯登债券销售员在 2006 年年中建立了一只名叫海曼资本的对冲基金，不久后就买入了针对次级抵押贷款债券的信用违约掉期产品。巴斯在新泽西从彭南特资本（Pennant Capital）的艾伦·傅尼叶（Alan Fournier）处听到了这个想法，后者则是听说了李普曼的观点。一位名叫杰夫·格林（Jeff Geeene）的地产投资者从纽约的对冲基金经理约翰·保尔森那里听到这个想法后，马上购买了几十亿美元的针对次级抵押贷款债券的信用违约掉期产品。保尔森也是从格雷格·李普曼那里得到消息的，而且，他建立起了大规模的信用违约掉期头寸。一位高盛伦敦的产权交易员听说这位在纽约的德意志银行交易员提出了一个非常有说服力的想法后，飞越大西洋与李普曼见面，回家的时候，他已经拥有了价值 10 亿美元的针对次级抵押贷款债券的信用违约掉期产品。一位名叫西奥·帕努斯（The Phanos）的对冲基金投资人在亚利桑那州菲尼克斯由德意志银行举办的一次会议上听到了李普曼的说法，马上就把赌注下在了李普曼一边。

如果把这些观点传播的路线连起来，就像是一条病毒传播的路径，大多数路线的终端都指向李普曼。他是零号病人，只有一个病毒携带者能够声称是自己传染了他，而且事实确实如此。然而，这个病毒携带者——迈克尔·巴里，整天窝在加利福尼亚圣何塞的办公室里，没有跟任何人谈起过这件事。

这个以高额赌注对赌次级抵押贷款债券的投资人的小世界中又包含着一个更小的世界：那些沉迷于这项交易的人。极少数投资人察觉到正在发生的事情不仅是针对金融体系，还针对更大范围的社会，他们对赌的是一个如此巨大的体系——相对于他们的资本来说，他们实际上放弃了一个传统的理财经理的角色。约翰·保尔森获得了迄今为止能够动用的规模最大的资金，这是一个最显著的例子。在迈克尔·巴里筹资购买信用违约掉期产品的计划无功而返 9 个月之后，保尔森成功了，他告诉投资人的，不是一个几乎可以肯定将要发生的灾难，而是针对远期灾难的廉价对冲。

保尔森比巴里年长 15 岁，在华尔街的名气也要大得多，但在某种意义上，他仍然是华尔街的圈外人士。"我给高盛的人打电话，问他们有关保尔森的事情，"一位保尔森曾在 2006 年年中向其筹过资的有钱人说，"他们说他是第三等级的对冲基金操作者，根本就不知道自己在说些什么。"保尔森从投资人手上筹集到了几十亿美元，这些投资人把他的基金看作对他们的不动产组合——相关的股票和债券——的一种保险。

保尔森说，在寻找那些可以对赌的被高估债券的过程中，他了解到了抵押贷款债券市场正在发生的情况。"我喜欢做空债券，因为你的亏损风险是有限的，"他告诉我，"这是一种非对称的赌博。"他震惊地发现，购买信用违约掉期产品，比卖空一只真正的债券要容易得多，而且成本低廉，尽管它们所代表的是同样的赌注。"我做了 5 亿美元。他们说，'你愿意做 10 亿美元吗？'而我说，‘我为什么要这么小心翼翼？’花了两三天的时间，我押下了 250 亿美元。”保尔森还从来没有看到过一个投资人可以卖空价值 250 亿美元的股票或者债券，却没造成价格波动甚至导致市场崩盘，“而我们可以做 500 亿美元，如果我们想做的话。”

2006 年夏，住房价格开始下跌，有一些人看到了丑陋的现实并采取了应对措施。这些人中的每一个都会跟你说一些有关金融体系状况的事情，口气与那些空难幸存者讲述事故经过时一模一样，还会顺便提到那些从事故中死里逃生的人的状况。他们中几乎所有的人都很古怪，但是他们的古怪又各有各的不同。约翰·保尔森的古怪在于他对对赌那些高风险贷款的兴趣，以及在说服其他人时所具有的说服力；迈克尔·巴里的古怪在于他对公众意见的漠视，他甚至不与人们发生直接的联系，而只关注硬数据以及引导未来人类金融行为的动机；史蒂夫·艾斯曼的古怪在于他深信美国中产阶级的负债是一种腐败，或者是一种正在变成腐败问题的事件，而次级抵押贷款市场则是剥削的引擎，而且最终将是毁灭的引擎。每个人填补了一个洞，每个人提供了一种感悟或者一种面对风险的态度。如果这种态度能够得到更加广泛的认识，或许我们就能防止灾难的发生。但是，至少有一个敞口的洞还没有一流的专业投资人去填补，这个洞最后被查理·莱德利（Charlie Ledley）填补了。

查理·莱德利——充满好奇心、反复无常的查理·莱德利——的古怪在于，他深信在华尔街上最好的赚钱方式就是找出华尔街认为最不可能发生的那些事情，并把宝押在它们会发生上。查理和他的伙伴经常这样做，而且获得了很大的成功，他们清楚，市场发生剧烈变化的可能性被有意识地进行了低估。尽管如此，在2006年9月，当他翻看一个朋友送来的格雷格·李普曼所做的有关做空次级抵押贷款债券的资料时，莱德利冒出的第一个想法是，这好得简直有点儿不像真的了。他从来没有做过抵押贷款债券业务，对房地产基本上一无所知，对债券市场的术语更是一头雾水，他甚至不确定德意志银行或者其他机构会不会让他购买针对次级抵押贷款债券的信用违约掉期产品，因为这是一个面向机构投资者的市场，而他和他的两个伙伴本·霍克特（Ben Hockett）以及加米·麦（Jamie Mai），无论如何都算不上机构投资者。"但我就是看着它说，'怎么让它成为可能？'"他随后把这个想法告诉了他的伙伴，并提出了一个问题：为什么那些比我们聪明的家伙不做这件事？

两个门外汉的雄心

每一项新业务在刚开始的时候看起来都是不可能的，在2003年年初，加米·麦和查理·莱德利的想法对于一家资金管理公司来说近乎荒谬：这两个30岁的人在嘉信理财公司的账户上一共有11万美元的资金，他们在加利福尼亚伯克利的一间车库里成立了一家公司，叫作康沃尔资本管理公司。他们俩谁也没有任何理由相信自己拥有投资的才能。两人都只是在为纽约私人股权公司格鲁布伙伴公司（Golub Associates）做些辅助性的工作，还没有做过实际的投资决策。

加米·麦高大英俊，完全符合教科书上的说法，很有领导人的派头，但是只要他一开口，他对一切都缺乏信心的个性就显露无遗了，从明天太阳是否会升起，到人类的未来，都是如此。加米有个习惯，他常常在一句话的中间停顿而且会口吃，似乎他不太确定自己的想法。查理·莱德利更加糟糕，他的脸色苍白得像火葬场的工人一样，做什么事都尽可能地向后拖延，并且没有明确的行动方向。如果被问到一个简单的问题，他会双唇紧闭，望向远方，摇头晃脑，活像一个忘了台词的演员，当他最终开口发出声音的时候，很可能会让你从椅子上跳起来——他居然说话了！

两人都被他们同时代的人评价为性格温和、缺乏条理、好奇心强、聪明但是缺乏方向的人。这种类型的人会在高中毕业15周年同学聚会的时候冒出来，留着浓密的络腮胡子，阅尽人世沧桑。查理在读完大学一年级之后离开了阿姆赫斯特学院，为比尔·克林顿的第一次总统竞选做志愿者，他对理想主义的兴趣要比对赚钱的兴趣更浓厚。加米离开杜克大学后的第一份工作是在美国东海岸跑来跑去给有钱人运送帆船，28岁的时候，他休了18个月的长假，带着女朋友周游世界。加米来到伯克利，不是为了赚钱，而是因为女朋友想搬到那里住。查理甚至根本不想来伯克利，他在曼哈顿长大，他搬到伯克利是为了大家要在一起经营基金，而那11万美元是加米的，查理现在与加米用来办公司的车库也是加米的。

除了一点儿金钱和远大的理想，他们所拥有的只是关于金融市场的想法，或者可能还有一些勉强和金融沾得上边儿的主意。他们在私人股权行业的历练让他们相信，私人股票市场或许比公共的股票市场更有效率。“在私人交易中，”查理说，“一般情况下，有一个经验老到的顾问为交易双方提供服务，而没有那种根本不知道什么东西值多少钱的人。在公共市场，会有人专注于每季度的收益，而不是业务的核心竞争力，也会有人为了各种疯狂的理由去做莫名其妙的事。”进而，他们相信，公共金融市场缺乏胸怀大志的投资者。美国股票市场上的投资者在美国的股票市场内部做决定，日本债券市场的投资者在日本债券市场内部做决定。“确实有人只在欧洲市场做中型医疗保健债券，”查理说，“我不认为这个问题是专门针对金融的。乡土观念对于现代精神生活来说是一个共性的特征，没有人试图对它加以整合。”在金融市场上，有些人因为具备特定的专业技能而获得了不菲的报酬，另外一部分人的待遇却很差，但如果你要跨市场配置资本的话，这部分人的大局意识和全球观念恰恰是你所需要的。

2003 年年初，康沃尔资本管理公司开业了，这意味着加米和查理要花更多的时间坐在伯克利的车库，也是查理的卧室里，寻找市场上的机会。他们决定，康沃尔资本管理公司不只是寻找市场无效率情况，而且要在全球范围内寻找所有的市场：股票、债券、货币、商品。这已经不能算是一个简单的雄心了，但是他们很快又有了一个雄心，而且是更加不简单的一个。他们遇到了第一个大机会，来自一家名叫第一资本金融（Capital One Financial）的信用卡公司。

第一资本金融公司是一个很好的例子，它代表了那些找到了把钱借给信用评级很差的美国人的办法的企业。它的业务是信用卡，不是住房贷款，但是它面对的那些人的住房贷款几年之后可能会在灾难中结束。在整个 20 世纪 90 年代以及刚跨进 21 世纪的时候，该公司声称，它在分析次级信用卡使用者的信用度，而且它在为借款给他们而进行的风险定价方面，拥有比其他公司更好的工具，市场也相信了这个说法。20 世纪 90 年代末，它度过了这个行业非常困难的一段日子，在这段时间内，它的好几家竞争对手都消失了。随后，在2002年7月，它的股票崩盘——两天之内下跌了60%，原因是第一资本金融公司管理层披露了他们与两家政府监管机构——储蓄机构监管办公室以及美国联邦储备局——在对于他们需要储备多少资本以应对潜在的次级亏损问题上存在分歧。

忽然之间，市场开始担心第一资本金融公司在发放贷款方面并不真的比其他公司聪明，而只是在掩藏亏损方面做得更好。市场怀疑，监管者可能发现了欺诈行为，而且正准备处罚第一资本金融公司。各种证据似乎都指向了这个方向。美国证券交易委员会宣布，它在调查该公司最近刚刚辞职的首席财务官，他涉嫌在公司宣布与监管部门的分歧导致股价下跌前的两个月卖出了他所持的公司股票。

在接下来的6个月内，第一资本金融公司继续以惊人的速度赢利。它声称自己没有做错任何事，监管机构的做法太反复无常，它还公告称它所持有的200亿美元次级贷款组合没有出现任何特别的损失。但是，第一资本金融公司的股票价格仍然没有起色。查理和加米研究了整个事件，他们参加行业会议，致电各种他们并不认识的人，并向这些人寻求信息，包括空头卖家、前第一资本金融公司员工、为该公司提供咨询的管理咨询师，甚至政府监管机构的人。"情况逐渐变得清晰起来。"查理说，"额外的信息数量有限，我们所知道的东西大家都知道。"他们认为，第一资本金融公司或许真的有更好的发放次级贷款的工具。需要解决的问题只有一个：这个公司的管理层是骗子吗？

充满想象力的赚钱策略

对于两个生活在加利福尼亚伯克利的30来岁、自称职业投资人、在嘉信理财账户上一共有11万美元的人来说，查理和加米不认为这是他们应该探究的问题。但事实上，他们去做了。他们去寻找第一资本金融公司首席执行官理查德·费尔班克（Richard Fairbank）的大学同学，了解费尔班克的性格特征。加米查阅了第一资本金融公司的年报，并且努力找出公司内部可以提供情报的合适人选。“如果我们提出要见首席执行官，或许根本见不到。”查理解释说。最后，他们找到了彼得·史诺（Peter Schnall），他是该公司分管次级债务组合的副总裁。“他给我们的印象是很愿意的，‘是谁打电话说想见彼得·史诺？’”查理说，“当我们要求跟他谈谈的时候，他很愿意，说‘好啊’。”他们很庄重地介绍自己来自康沃尔资本管理公司，但是对康沃尔资本管理公司具体是做什么的只字不提。“很有趣，”加米说，“人们并不太愿意问你有多少钱，所以你也不需要告诉他们。”

他们问史诺是否可以去拜访他，在他们进行投资之前问他几个问题。“我们真正想做的，”查理说，“是想看看他是否像个骗子。”他们发现他相当健谈。很有意思的是，他也在买自己公司的股票。他们离开的时候想，第一资本金融公司与监管机构的分歧是无伤大雅的，而且该公司基本上是诚实的。“我们得出的结论是，这家公司的管理层有可能是骗子，”加米说，“但也很有可能不是。”

接下来发生的事情把他们引向了一条通往那个很快让他们变得非常富有的金融市场的康庄大道。在与美联储和储蓄机构监管办公室出现分歧的消息公布之后的 6 个月里，第一资本金融公司的股价在每股 30 美元上下小幅波动。这种稳定性显然掩盖了一种严重的不确定性，对于第一资本金融公司来说，每股 30 美元的价格显然不是“正确”的价格。这个公司要么是欺诈，如果是这样，它的股票将一文不值；要么像查理和加米认为的那样诚实，在这种情况下，它的股价应该在每股 60 美元左右。

加米·麦刚刚读完《你能成为股市天才》这本书，这本书的作者是乔尔·格林布拉特，也就是支持迈克尔·巴里的对冲基金的那个人。格林布拉特在书中讲述了他怎样利用一种被称为长期股票期权的衍生证券赚取巨额财富的故事。这种长期股票期权给它的买家提供了以固定价格在一段确定的时间内购买股票的权利。格林布拉特解释说，有时候，购买一种股票的期权要比购买股票本身更有意义，但这在价值投资的世界里被当作异端邪说中的一种。老式的价值投资者不碰期权，因为期权假定被低估的股票存在一种随时间进行价格运动的能力。格林布拉特的观点是：如果股票的价值会因为某些固定时间（比如兼并日或者开庭日）内一定会发生的事件的影响而出现显而易见的变化，价值投资者就可以使用期权来表达自己的观点。这让加米想到了一个主意：买入第一资本金融公司股票的长期期权。“这是很刺激的事情，我们认为这只股票很有吸引力。但是，看看这些期权的价格！”

以 40 美元的价格在今后两年半中的任何时间购买第一资本金融公司股票的权利，竟然只值 3 美元多一点儿。第一资本金融公司与监管机构的问题在几个月之内就会有结果，要么解决了，要么没有。到那时，股价要么跌到零，要么涨到 60 美元。再仔细观察一下，加米发现，华尔街用来为长期股票期权定价的模型——布莱克·斯科尔斯期权定价模型——存在一些奇怪的假设。比如，它假定未来股票价格呈钟形正态分布。如果第一资本金融公司按每股 30 美元的价格交易，该模型推测，在今后的两年里，股价为每股 35 美元的概率比每股 40 美元的概率大，每股 40 美元的概率比每股 45 美元的概率大，依此类推。这个假设只对那些对公司情况一无所知的人才有意义。在这个例子里，这个模型完全忽略了一个关键因素：当第一资本金融公司股票价格波动的时候，它大幅波动的概率要大于小幅波动的概率。

康沃尔资本管理公司马上买入了 8 000 份长期股票期权。他们潜在的损失被限制在他们为购买股票期权所支付的 26 000 美元内，而他们潜在的收益在理论上却是无限的。不久之后，第一资本金融公司的问题得到了监管机构的澄清，其股票价格飙升，康沃尔资本管理公司 26 000 美元的期权头寸现在价值 52.6 万美元。“我们真是高兴得发疯了。”查理说。

“我们真的不敢相信有人会以如此低的价格把这些长期期权卖给我们，”加米说，“我们将继续寻找更加远期的期权。”

这很快成了一个充满想象力的赚钱策略：从那些看起来很便宜的韩国股票、五花肉、第三世界国家货币等任何可能会出现某种剧烈波动的有价的东西的期权入手，然后再返回到期权允许你买入或者卖出的那个东西上。期权适合查理和加米两人的个性，他们永远也不用对任何事情有确定的想法。两人都具有这样的倾向，觉得人类——也可以扩展到市场——往往对本身并不确定的事情抱有太确定的看法。两人也都觉得，人类——也可以扩展到市场——往往不会对几乎不可能发生的事件计算概率。两人在坚定自己的信念方面都存在问题，但当他们认为别人的信念错误时，他们却非常善于对此做出反应。每当他们打算押下一笔风险很大的赌注时，其中一人就会着手进行案例分析，做出一份详尽的演示材料，并用 PowerPoint 幻灯片来呈现。他们实际上并不需要向谁去报告，他们这样做只是为了在讨论的时候，让对方听听这有多大的说服力。他们只在他们认为某些剧烈的变化即将发生的时候才会进入市场，他们会以很小的赌注投注很大的赔率，这最终可能会让他们赢得很多。他们不知道有关韩国股票或者第三世界国家货币的第一手资料，但是他们并不需要真的知道。如果他们发现可以很便宜地对任何证券的价格变动投注，他们就会雇用一名专家帮助他们找出那些细节问题。“这就是我们的模式，”加米·麦说，“依靠那些知道得比我们多的聪明人进行工作。”

他们在第一资本金融公司股票期权上初战告捷后，又取得了另一个类似的成功，这次是在一家叫作联合泛欧通信公司的欧洲有线电视公司身上，它当时正深陷窘境。这一次，由于拥有了更多的资金，他们购买了 50 万美元的买入期权，行权价格与市场价格差异很大。当联合泛欧通信公司恢复元气的时候，他们赚到了 500 万美元的利润。“我们这次真的太激动了。”加米说。接下来，他们押注在一家为病人提供家用氧气瓶的公司上，20 万美元的赌注很快变成了 300 万美元的利润。“我们现在是三战三捷，”查理说，“我们认为这十分滑稽。这也是我第一次认为自己真的会在一段很长的时间内一直从事这项工作。”

成为华尔街大公司的客户

他们也许是抓住了现代金融市场的严重漏洞，也许是撞进了一场巨大的赌局中。但从特征上分析，他们不可能属于上面两种情况中的任何一种。正如查理所指出的："真的很难知道我们什么时候是幸运的，什么时候是聪明的。"他们估计，等到他们能够拥有统计学意义上的有效交易记录的时候，他们可能早已作古了，所以，他们无意花费大量的时间来考虑他们到底是幸运还是聪明。无论如何，他们知道他们根本不懂那些他们应该懂的东西，特别是有关期权方面的知识。他们从加利福尼亚大学伯克利分校的统计系雇了一名博士生帮助他们做这些工作，但是当他们要求他研究五花肉未来的市场行情时，他辞职了。"好像他是一名素食主义者，"加米说，"他本来就对资本主义有心结，五花肉则把他推过了那条红线。"他们只好自己慢慢啃那一大堆复杂的金融理论。

"我们花了大量的时间建立起了我们自己的布莱克·斯科尔斯模型，用于预测在变更其中的各种假设后会出现什么情况。"加米说。让他们大吃一惊的是，这个模型允许人们以非常低廉的成本去对那些很可能会以惨烈的方式结束的局面进行投机。如果一只股票在次年将会一文不值，或者每股值 100 美元，那么以 3 美元的价格出售一年期的按每股 50 美元的价格购买股票的期权就是很愚蠢的行为。然而，市场通常都是那样做的。华尔街所使用的为价值上万亿美元的金融衍生品定价的模型，想当然地把世界看成一个有序且连续的过程。但是，世界并不是连续的，它时断时续地发生着变化，而且这些变化通常都是偶然的。

"事件驱动型投资"是他们为自己的所作所为杜撰出来的一个词语，这个词听起来并没有它本身那么有趣。一天，查理被乙醇期货勾起了好奇心。他对乙醇所知不多，但是他知道它享有美国政府每加仑50美分的补贴，所以，每加仑乙醇比每加仑汽油多50美分的溢价，而且会一直享有这一优势。在2005年年初，他对乙醇产生兴趣的时候，总体来看，每加仑乙醇的交易价格比汽油便宜50美分。他不知道原因，最终也没有找到这个原因。查理买了两车皮的乙醇期货，并因此上了《今日乙醇》的头条。在经纪人的怒火中，他们结束了这桩交易，并不得不在芝加哥的某货场上接收装满了乙醇的车皮，而经纪人赚到的钱少得近乎荒唐。“我们所做的业务的复杂性已经与我们的资产不成比例了，”查理说，“跟我们的公司规模差不多的那些公司没有谁会做跨资产类别的交易。”

“我们在做着那些可能会让你的投资人对你大吼大叫的事情，”加米说，“但是我们没有被投资人批评，因为我们没有投资人。”

他们确实想将他们的战利品交给那些有资格证书的、干净的、不敢对上帝撒谎的专业投资者来打理。他们在纽约跑了几个星期，与不同的对冲基金经理面谈。“当你听这些基金经理讲的时候，他们好像都很了不起，”加米说，“但是，你只要看看他们的数据，就会发现他们总是夸大其词。”他们决定继续自己投资。在他们开展业务两年之后，他们经营的自有资金达到1 200万美元，并且把他们的总部从伯克利的车库搬到了曼哈顿的办公楼里——艺术家朱利安·施纳贝尔（Julian Schnabel）格林尼治村工作室的一整层。

他们的账户也从嘉信理财转到了贝尔斯登。他们希望与一些华尔街的大型交易公司建立关系，并且把这种想法告诉了他们的会计。“他说他认识埃斯·格林伯格（Ace Greenberg），他可以介绍我们认识，我们说这很棒。”查理说。格林伯格是贝尔斯登的前董事长兼首席执行官，也是华尔街的一个传奇人物，他现在仍然在公司保留着一间办公室，并为十几个特别的投资人担任经纪人。当康沃尔资本管理公司将他们的资产转移到贝尔斯登的时候，贝尔斯登的经纪人声明很快就被送了过来，一起被送来的还有放在最上面的埃斯·格林伯格的名片。

与他们过去在金融市场的大多数遭遇一样，他们与华尔街大公司的第一次交道充满了兴奋点，但却令人摸不着头脑。情况的确是这样，他们甚至从来没有见过埃斯·格林伯格，就稀里糊涂地成了他的客户。“我们的遭遇好像是，‘那么，埃斯·格林伯格做我们的经纪人如何？’”查理说，“我的意思是，我们什么都不是，而且我们从来都没有真正见过埃斯·格林伯格。”随着他们一次又一次尝试与格林伯格见面，他的神秘感也越来越强。他们找到他们认为应该是格林伯格的电话号码，但是当电话打通的时候，却不是格林伯格在接听。“这让人完全糊涂了，”查理说，“偶尔，埃斯·格林伯格自己会拿起话筒，但他所说的永远都是‘请稍候’。然后，会有一个秘书接过电话，处理我们的订单。”

最后，他们终于与这位华尔街的传奇人物见面了，然而，这次见面非常短暂，所以，他们很难说自己是否真的见到了埃斯·格林伯格，或者只是一个埃斯·格林伯格的扮演者。“我们进去待了30秒——真的是30秒，随后就被很不礼貌地赶了出来。”加米说。埃斯·格林伯格仍然是他们的经纪人，他们只是从来没有跟他说过话。

“埃斯·格林伯格这件事情对我们来说仍然没有什么意义。”查理说。

他们怀疑是“扮演埃斯·格林伯格的那个人”没能解决他们认为自己面临的最大的问题。他们是小规模的私人投资者，华尔街公司对他们来说还是个谜。“我从来没有过走在一家银行里面的实实在在的感觉，”查理说，“我只能通过别人的眼睛，加上自己的想象力，来想象里面正在发生的事情。”要做他们想做的那种类型的交易，他们需要被华尔街大公司认定为熟知华尔街大公司做法的投资人。“作为私人投资者，你是二等公民，”加米说，“你获得的报价不好，服务不好，一切都不好。”

二等公民

在加米的新邻居本·霍克特的帮助下，他们终于如愿了。霍克特也刚满 30 岁，在东京为德意志银行做了 9 年的衍生品交易。与加米和查理类似，他也是一个与传统社会有些疏离的人。“在我开始我的职业生涯的时候，我还是单身，24 岁，”他说，“现在我有了老婆和孩子，还有一条狗。我对工作很头疼。当我下班回到家的时候，我对自己很不满意。我不像一个平常的父亲那样盼望着我的孩子长大。我想，我得找机会离开公司。”当他鼓起勇气提出辞职的时候，他在德意志银行的老板们坚持要他说出他不满意的地方。“我告诉他们我不想走进办公室，我不喜欢穿西装，我也不喜欢生活在一个大城市里。他们说‘很好’。”他们告诉他，他可以穿他想穿的衣服，住在他喜欢的地方，在他想工作的地方工作，而且这一切都可以在他仍然是德意志银行员工的前提下做到。

本从东京调职到了旧金山湾区，同时转过来的还有德意志银行 1 亿美元的资金，由他在伯克利山自己舒适的新家里进行投资，他怀疑自己或许是伯克利唯一一个在信贷衍生品中寻找套利机会的人。本和加米相约一起去遛狗。加米引导本关注那些华尔街大公司和神秘的金融市场怎样运作的信息，并最终促使他辞去了工作，加入了康沃尔资本管理公司。“在把自己一个人关在一间小房子里三年之后，我认为跟别人一起工作应该会很棒。”本说。他离开德意志银行，加入对事故和灾难的快乐追逐之中，而且很快就发现自己又要独自工作了。查理很快搬到了曼哈顿，而加米在与女朋友分手后也迫不及待地跟了过去。

他们三人的关系是一种奇特的志同道合者间的团结。本认同查理和加米的观点，他们都认为人类和市场一样，倾向于低估极端事件发生的概率，但是他的想法更进了一步。查理和加米只是对金融市场灾难的发生概率感兴趣，本却时刻对现实生活中灾难出现的概率保持着警惕。他相信，人们也会低估这类因素，因为他们潜意识里不希望遇到这些问题。在市场和现实生活中，人们应对极端事件的方式有两种：斗争或者逃避。“斗争是‘我要拿起我的枪杆子’，”他说，“逃避是‘我们注定要毁灭，所以我们对此无能为力’。”查理和加米属于逃避的类型，比如，如果本对他们说起全球变暖造成海平面上升的可能性有多大时，他们就会耸耸肩膀说“我们对此无能为力，所以，为什么要杞人忧天？”，或者“如果这种情况发生了，我不想再以任何方式苟且偷生”。

“他们是住在曼哈顿的两个头脑简单的家伙，”本说，“他们两人好像都在说，‘如果我们不能在曼哈顿生活，我们根本就不想再活下去了’。”他惊奇地发现，查理和加米，这两个对金融市场的剧烈变化如此敏感的人，对市场以外的各种可能性却没有任何警惕，也没有防备。“我一直试图为我自己和我的孩子针对无法预知的未来做些准备。”本说。

查理和加米希望本把他的这些“乌鸦嘴”式的说法保留在他自己的心里，因为这些话让人听了很不是滋味。比如，没有任何理由让任何人知道，本在旧金山北部的乡下购买了一座小农场，那是一个很偏僻的地方，没有公路，种植了足够他和家人吃的水果和蔬菜，以备那个几乎不可能到来的世界末日来临时之需。然而，让本把自己的世界观埋在心底是件艰难的事情，更何况这与他们的投资战略是一脉相承的：事故和灾难距离他们的谈话永远都不会太远。有一天，在与本的通话中，查理说：“你痛恨冒任何微小的风险，但是你住在一幢建在一座处于断层之上的山顶的房子里，而且是在一个有史以来价格最高的住房市场中。”“他只是说，‘我得走了’，就挂了电话。”查理回忆道，“后来大概有两个月我们都很难再找到他。”

“我挂了电话，”本说，“我意识到，我必须卖掉我的房子。而且是马上。”他的房子值 100 万美元甚至更多，然而如果出租，一个月的租金连 2 500 美元都不到。“年租售比超过 30 倍。”本说，“根据经验，应该在年租售比为 10 倍的时候买入，20 倍的时候卖出。”2005 年 10 月，他把家搬到了租来的公寓里，远离断层。

在本看来，查理和加米是不太职业的理财经理，或者，用他的话说，他们是“两个在市场上打游击的聪明人”。但是，他们购买某些有望在金融市场上演大戏的廉价筹码的战略，让他产生了共鸣。这种做法很难说是万无一失的，事实上，它成功的可能性要远低于失败的可能性。有时候，期待中的大戏一直没有上演；有时候，连他们自己都不知道他们到底在干什么。有一次，查理在汽油期货市场上发现了一个奇怪的价格差异，并且很快买入了一份汽油合约，并卖出了另外一份，用加米的话说，“一份是无铅汽油，另外一份是柴油”。另外一次，前提是对的，但是结论却错了。“一天，本打电话对我说，‘兄弟，我认为泰国要发生一次政变。’”加米说。报纸上没有任何泰国政变的消息，这是一次天才的抢跑。“我说，‘拜托，本，你疯了，不会有什么政变的。那么，你是怎么知道的？你可是在伯克利啊！’”本发誓，他跟一个他过去在新加坡工作时的同事聊过，这位同事的手指把触着泰国的脉搏。本对此坚信不疑，他进入泰国的货币市场，买入了便宜得让人咋舌的三个月期泰铢卖出期权（卖出货币的选择权）。一周之后，泰国军方推翻了民选的总理，但泰铢却没有波动。“我们预测对了政变，却亏掉了钱。”加米说。

按照设计，亏损不是大问题，亏损是计划的一部分。他们亏损的次数比赚钱的次数多，但是他们的亏损，即期权的成本，与他们的收益比起来却小得可以忽略。对他们的成功，可能的一种解释是：金融期权被系统地错误定价了。对于这个说法，查理和加米只是凭直觉，但是本曾经为华尔街的大公司做过期权定价工作，应该有足够的能力做出这个解释。市场常常低估价格出现极端波动的可能性，期权市场也倾向于假设遥远的未来会与当下的情况相似。最后，期权的价格是其基础股票、货币或者商品价格波动的函数，而期权市场倾向于根据最近的记录预测股票、货币或者商品的价格波动。在 IBM 股票价格达到每股 34 美元，并且在过去一年中剧烈波动的情况下，以每股 35 美元的价格在任何时候行权的期权就很少会被低估。当黄金在过去两年中以每盎司 650 美元的价格交易时，以每盎司 2 000 美元的价格在未来 10 年内的任何时候行权的期权就会被极大地低估。期权的行权期越长，由布莱克·斯科尔斯期权定价模型计算出来的结果就越愚蠢，因此不采用这一模型的那些人的获利机会也就越大。

奇怪的是，三个人当中，本这个最不传统的人反而最具有面子意识，他将康沃尔资本管理公司的对外形象变得更像传统的机构资产管理公司。他熟知怎么玩转华尔街的交易大厅，因而也知道查理和加米会被华尔街大公司看成是不够严肃的投资者——用本的话说是“车库对冲基金”，本也知道他们会为此受到什么样的惩罚。私人投资者在公开交易中所能够接触到的最长的期权是长期股票期权，即在2.5年内以某一固定价格购买普通股票的权利。“本对查理和加米说，你们都知道，如果你们将自己打造成严肃的机构投资者，你们就可以给雷曼兄弟或者摩根士丹利打电话，并且购买任何你们想要的东西的8年期权。你们希望这样吗？”

他们当然希望！他们发疯一般想直接与他们认为被低估得最严重的期权来源进行交易：高盛、德意志银行、贝尔斯登以及其他那些最成熟的大规模的交易席位。“狩猎证”，他们这样称呼它，“狩猎证”的真正名字是：国际互换与衍生品协会协议。这是由国际互换与衍生品协会制定的制式协议，也就是迈克尔·巴里在买入他的第一只信用违约掉期产品时得到的那个东西。如果你获得了国际互换与衍生品协会协议，理论上你就可以与华尔街的大公司进行交易，就算实力上不是旗鼓相当，至少也算是具有可塑性的新秀。问题在于，尽管他们成功地管理着资金，他们所拥有的资金仍然不是太多。更严重的是，他们所拥有的资金全都是他们自己的。在华尔街内部，他们被列为“高净值个人”，这是最好的说法了，即有钱人。有钱人从华尔街得到的服务要好于中产阶级人士，然而与机构资产管理人相比，他们仍然是二等公民。更关键的是，有钱人一般不会被邀请去交易复杂的证券，比如信用违约掉期等不会在公开市场上交易的产品。而这些复杂的证券正在逐渐成为华尔街的脉动。

德意志银行的机构客户

到 2006 年年初，康沃尔资本管理公司的自有资金已经增长到接近 3 000 万美元。尽管如此，对于销售信用违约掉期产品的华尔街公司来说，这还是个拿不出手的小数目。“我们给高盛打电话，”加米说，“得到的回复是他们对我们的生意没兴趣。雷曼兄弟则嘲笑我们。面对这些坚不可摧的壁垒，你要么爬过去，要么从地下打个洞钻过去。”“J. P. 摩根事实上取消了我们的客户资格，”查理说，“它说，我们的麻烦事太多了。”他们确实麻烦，就像领零花钱的孩子老是希望被当成大人一样。“我们想从德意志银行购买铂金期权，”查理说，“德意志银行的回答是，‘对不起，我们不能跟您做这笔交易’。”“没有人愿意接受我们，”加米说，“我们打了一圈电话，发现至少要有 1 亿美元，才会被这些机构视为可信赖的客户。”

到他们给瑞银集团打电话的时候，他们已经知道得足够多了，因此当电话另一端的人问他们有多少钱的时候，他们不做正面回答。“我们学会了转移话题，”加米说，“问题应该是‘你做空多少’。”查理回忆道：“我们说不太多。然后对方问，‘你们交易的频率是怎么样的呢？’我们说，不太频繁。然后就出现了很长时间的冷场。再然后对方说，‘等我问问老板。’之后，我们没有从瑞银集团听到任何回信。”

他们在摩根士丹利、美林以及其他地方也没有碰到什么好运气。“对方会说，‘让我们看看你们的市场材料’，”查理说，“而我们会说，‘嗯，我们没有那些东西’。对方会说，‘好吧，让我们看看你们的报价文件’。我们没有任何报价文件，因为这些钱不是别人的钱。所以对方说，‘好吧，让我们看看你们的钱’。我们会说，‘嗯，我们也没有那么多钱’。对方会说，‘好吧，让我们看看你们的履历’。”如果查理和加米与资产管理界有任何关系，比如说曾经在这个行业工作过，可能会对他们的申请有帮助，但是他们也没有。“最后会谈总是在这样的问题中结束：‘那么，你们有什么？’”

胆大妄为，加上可以按照自己的意愿使用的3 000万美元，再加上一位深谙华尔街大公司运转情况，且具有悲天悯人特质的前衍生产品交易员。“加米和查理曾经为申请国际互换与衍生品协会资格花了两年的时间，但是他们其实并不知道应该怎么去申请，”本说，“他们甚至不知道‘国际互换与衍生品协会’的含义。”

查理永远都不会明白本是怎么做到的。本设法说服了德意志银行接受康沃尔资本管理公司进入它的“机构投资平台”，而按照德意志银行的标准，要进入这个平台，至少需要20亿美元。本声称，只要找到对的人，并且用语言打动这些人就可以了。在他们知道这个消息之前，来自德意志银行的一个小组同意对康沃尔资本管理公司进行一次拜访，以确定他们是否有资格获得这项殊荣：成为德意志银行的机构客户。“本提供了一家好银行。”查理说。

德意志银行有一个规定，叫作 KYC（了解你的客户），这一规定并不是要求员工切实了解客户的实质性情况，而是要求员工亲自拜会客户，至少一次。听说他们被列在接受 KYC 访问名单的末尾，查理和加米第一次表现出了担心，他们担心在朱利安·施纳贝尔的工作室外面的地方工作这一点可能会引发什么问题。“我们有一个外观上的问题。”加米优雅地说。从楼上飘出了新鲜油彩的气味，从楼下传来了血汗工厂的声音，而唯一的厕所就在楼下。“在德意志银行的人到来之前，”查理说，“我在想，如果有人必须去上厕所的话，我们就麻烦了。”康沃尔资本管理公司自己的小空间充满着迷人的非金融气息——一间昏暗的小房间，红色的砖墙，有扇门通向一个像森林一样的小巧的花园，在这样的花园里，幻想那些梦幻的场景，远比购买信用违约掉期产品容易。“出现了一两次尴尬的时刻，因为在我们的办公室下面有个裁缝在工作，他们可以听到她弄出的声响。”加米说。但是，德意志银行的人没有谁要去卫生间，康沃尔资本管理公司终于得到了自己的国际互换与衍生品协会资格。

在这份协议中，康沃尔资本管理公司对德意志银行的义务条款很长，而德意志银行对康沃尔资本管理公司的义务条款却很短。如果康沃尔资本管理公司与德意志银行一起下注，而且最终“赚到了钱”，德意志银行不需要交付担保物，康沃尔资本管理公司只能寄希望于德意志银行能够承担债务。另一方面，如果交易不利于康沃尔资本管理公司，他们就必须补足他们亏损的那部分金额，每天结算。当时，查理、加米和本对这些规定，以及他们与贝尔斯登达成的国际互换与衍生品协会协议中的类似规定，没有太多的疑虑。他们还沉浸在被允许从格雷格·李普曼手里购买信用违约掉期产品的喜悦之中。

那又怎么样呢？他们是急性子的年轻人，他们无法相信会有这种交易的存在，而且不知道能够持续多久，但是他们花了几周的时间在一起辩论这个问题。李普曼的销售广告让他们觉得陌生，还觉得好像有什么阴谋。康沃尔资本管理公司从来没有买卖过抵押贷款债券，但是他们明白，信用违约掉期产品真的是一个金融期权：你支付一小笔保费，然后，如果有足够多的次级贷款借款人断供，你就赚了。他们好像得到了一张便宜的戏票，剧目即将上演。他们自己做了另外一份演示材料。"我们看着这个交易，"查理说，"觉得它简直不可思议，好得不像真的。老天爷，为什么我能在这样的价格水平上购买针对3B级次级抵押贷款债券的信用违约掉期产品？那些心智还算正常的人都在说，'哇，我会用200个基点来冒这个险吗？'这是一个离谱的低价，根本就没有道理。"

那时是2006年10月初。几个月前，也就是2006年6月份的时候，美国首次出现全国性的住房价格下跌。5周之内，到11月29日，次级房屋贷款债券价格指数，即ABX将首次出现利率缺口。借款人将无法支付足够的利息，去赔付最危险级别的次级债券。相关抵押贷款已经开始出现问题，而由这些贷款支撑的债券的价格还没有发生变化。"这就是最怪诞的部分，"查理说，"它们已经开始出问题了。我不停地问，'到底是谁在这个交易的另一端？'不断向我们涌来的答案是'担保债务权证'。"这又引出了另外一个问题：什么是担保债务权证呢？

担保债务权证欺诈

一般来说，当他们进入一个新的市场时——因为他们发现了一些值得下注的机会，他们会找到一位专家来做他们的向导。他们对这个市场毫无经验，因此花在寻求帮助方面的时间要比通常情况下更长。“我对资产支撑证券有一些模糊的认识，”查理说，“但是担保债务权证是什么，我对它一无所知。”最终，他们明白了债券市场的语言与市场之外的语言所表达的意思不一样。债券市场在设计术语的时候，较少考虑它要传达的意思，而是考虑怎么去吓唬外面的人。被高估的债券不是“昂贵”，而是“富余”，这让它们听起来像是某种你必须买的东西。次级抵押贷款债券的各层级不叫层级，也没有任何可能让债券购买者形成任何具体印象的名称，而是叫作“部分”。最下面的部分——高风险的底层——不叫底层，而是夹层，这听起来不像一个危险的投资，而像一个大剧院中的高价座位。由最危险的次级抵押贷款夹层组成的担保债务权证不叫次级贷款支撑的担保债务权证，而叫“结构性融资担保债务权证”。“不同的叫法会产生巨大的混乱，”查理说，“在我们绞尽脑汁想要弄明白它们的意思的过程中，我们意识到它让我们始终不得要领是有原因的。原因就是它本身并没有意义。”

次级抵押贷款市场有一种特别的能力，可以把那些需要澄清的东西搅浑。比如，一份完全由次级抵押贷款支撑的债券不叫次级抵押贷款债券，它的名字是“资产支撑证券”。当查理问德意志银行的人，一份资产支撑证券具体是由什么资产来支撑的时候，他们递给他一份缩略词名单，而且都是首字母缩略词——RMBS，HELs，HELOCs，Alt-A，另外还有他从来不知道的信用级别“次优级”。RMBS 代表的是住房抵押贷款支撑的证券,HEL 代表的是住房权益贷款，HELOC 代表的是住房权益授信额度。Alt-A 则是这些人对垃圾抵押贷款的称呼，他们在发放这种贷款时甚至都懒得去拿合适的文件，比如借款人的收入证明。“A” 指的是信誉最优的借款人，Alt-A 代表的是“A 级文件替代”，意思是对信誉最好的人的一种替换，如果用后一种方式来讲，听起来当然令人生疑。作为一种规则，任何转为首字母缩略或者缩略词的贷款，都可以被称为“次级贷款”，但是债券市场不想让它透明。“次优级”是语言战胜真理的一次伟大胜利。有些狡诈的债券市场人士盯着次级抵押贷款的蔓延，就像野心勃勃的不动产开发商盯着奥克兰，寻找机会重新界定某些势力范围一样。在奥克兰的郊区，有一个街区名叫洛克里奇，它是一个完全独立的小镇。就因为拒绝被称为奥克兰，洛克里奇的资产价值就要高得多。在次级抵押贷款市场内部，现在也有一个类似的地方被称为次优级。次优级是次级的，然而，从某种角度又很难说它是次级的。“我花了一些时间才弄明白，所有这些债券内部的东西其实几乎都是同样的货色，”查理说,“华尔街公司让评级机构同意给予它们不同的名称，只是为了让它们看起来更像多元化的资产池。”

查理、加米和本进入了次级抵押贷款市场，希望也能像迈克尔·巴里和史蒂夫·艾斯曼一样，找出那些非常糟糕的次级债券来对赌。他们快速地研究了 FICO 评分和贷款价值比率、“哑二”（无记载的第二按揭）、加利福尼亚和佛罗里达房价的疯狂情况，以及令人吃惊的债券本身过度乐观的结构：3B 减级的部分，即高塔的最底层，只需要其贷款池出现 7% 的亏损，价值就将归零。但是，他们最终做的事情却与所有对赌次级抵押贷款市场中的人的所作所为大相径庭，而且最终也获益更丰：他们对赌担保债务权证产品中靠近上层的双 A 级部分。

事后，他们意识到自己拥有两个优势。第一个是他们闯进这个市场的时间比较晚，恰好就在市场崩溃之前，而且在少数几个其他的理财经理之后。“我们能够跑得如此快的一个原因，”查理说，“是我们马上就能看到大量的非常翔实的分析，而不需要从零星的资料中去拼凑。”另一个优势是他们对待金融市场的那种堂·吉诃德式的方式：他们有意识地寻找成功希望不大的事情。他们梳理市场，寻找那些实际赔率是 10∶1，但却好像按 100∶1 的赔率定价的机会。“我们寻找无追索权杠杆。”查理说，“杠杆意味着放大效应。你只需要轻轻地给一点儿压力，就可以把它变成很大的压力。我们希望自己能够到达这样一个位置，在那里，世界局势任何细微的变化都会产生巨大的价值变化。”

深入担保债务权证内部。他们或许还不知道担保债务权证是什么，但是他们已经做好了思想准备，因为世界局势出现任何细微的变化，都会造成担保债务权证的价值发生巨大的变化。在他们看来，担保债务权证本质上就是一堆 3B 级抵押贷款债券。华尔街公司唆使评级机构把这堆债券说成是多元化的资产组合，但是，明眼人都看得出，如果有一笔 3B 级抵押贷款出现问题，那么其他绝大多数贷款都会出现问题，因为它们都对同样的经济力量非常敏感。在加利福尼亚的次级抵押贷款出现断供的同一时间，佛罗里达的次级抵押贷款也会基于同样的原因出现断供。然而，80% 的担保债务权证产品中，除了被评级机构高估的 3B 级债券之外，没有任何其他东西。只要住房贷款池出现 7% 的亏损，就可以击垮任何 3B 级债券，并进而击垮任何由 3B 级债券组成的担保债务权证，而不管它的评级是什么。“我们花了好几个星期才真正弄懂这个问题，因为这实在是太不可思议了。”查理说，“但是我们对担保债务权证的认识越深入，我们就越喜欢，这太疯狂了。这是欺诈。或许你在法庭上无法证明，但是，这确确实实就是欺诈。”

揭开垃圾债券的真相

这是一个非常难得的机会：市场表面上看起来好像对自己的谎言深信不疑。为理论上安全的双A级债券购买保险的费率远低于为那些风险公开的3B级债券。在能够以每年0.5%的价格对赌担保债务权证中的双A级债券的情况下，为什么要以每年2%的价格去直接对赌3B级债券？如果他们能够以1/4的成本有效地对赌3B级次级抵押贷款债券，他们赚取的利润就会是原来的4倍。

他们挨家给大规模的华尔街公司打了电话，看看是否会有人劝阻他们购买针对双A级担保债务权证的信用违约掉期产品。“这好得就像假的一样。”加米说，“当有什么东西看起来好得不真实的时候，我们会尽一切努力找出原因来。”德意志银行一个为格雷格·李普曼工作的名叫里奇·李卓（Rich Rizzo）的家伙尝试了一把。据李卓解释，那份在担保债务权证基础上对信用违约掉期产品进行规范的国际互换与衍生品协议，在数月之前的2006年6月才开发出来。因此，还没有人购买过针对双A级担保债务权证的信用违约掉期产品，这就意味着这些产品还没有一个可以流通的市场。没有流通市场，他们就无法以一个公平的价格卖出或买入。

"他还提到，"查理回忆道，"(情况)永远不可能糟糕到担保债务权证产品会出问题的地步。"

康沃尔资本管理公司对这样的说法完全不认同。他们并不确定次级贷款会出现足以引发担保债务权证产品崩溃的违约情况，但是，他们知道德意志银行对此一无所知，而且没有任何人对此有半点儿了解。作为对高风险贷款池所支撑的债券池最先面临的亏损所提供的保险，担保债务权证应该有一个"正确"的价格，却不应该是0.5%。

当然，如果你要就担保债务权证进行赌博，确切了解担保债务权证内部到底是些什么东西，对下注将会有很大帮助，但是他们对此仍然一无所知。他们在获取信息方面所面临的这种巨大困难，说明大多数人都在尽职调查中跳过了这个阶段。每份担保债务权证包含了上百种不同的抵押贷款债券，这些债券又包含数千种不同的贷款。要弄清楚究竟是哪些部分或者有哪些贷款，是一件几乎不可能的事情，就连被视为最权威的信息来源的评级机构对此也毫无办法。"我给标准普尔打了电话，询问它是否可以告诉我担保债务权证里面是些什么东西。"查理说，"对方说，'哦，是的，我们正在做的就是这件事情'。"穆迪和标准普尔都在堆积这些3B级债券，以为它们是多元化的，并以此为基础对它们进行评级，而对于这些债券的后面是些什么东西却一无所知！担保债务权证的交易已经有了几百种——仅仅在过去三年中，被开发出来的产品价值已经高达4 000亿美元，然而，据他们所知，没有一个人进行过适当的调查。查理为担保债务权证的内容找到了一个可靠的信息源——一家叫作英泰克斯的公司，但是英泰克斯没有给他回电话，查理认为这家公司没有兴趣与小投资者对话。最后，他终于发现了一个网站，由雷曼兄弟公司经营，名字叫作雷曼在线。

雷曼在线也没有告诉他担保债务权证里具体有些什么内容，但是它提供了一幅特征非常鲜明的大致图景，比如，与它相关的那些债券是在哪一年建立的，这些债券中由次级贷款支撑的有多少。查理和加米从这些数据中寻找两种担保债务权证：一种是其中所包含的债券大部分都由最近发放的次级抵押贷款支撑的，另一种是含有较高比例其他担保债务权证产品的。这里又存在一个关于担保债务权证产品的奇怪事实：通常情况下，它们会简单地把那些华尔街的担保债务权证开发者无法销售出去的部分进行重新包装。更加令人惊异的是它们之间存在的循环关系：担保债务权证甲可能包含担保债务权证乙的部分，担保债务权证乙可能包含担保债务权证丙的部分，而担保债务权证丙则可能包含担保债务权证甲的部分！在担保债务权证内部寻找糟糕的债券就像在化粪池里搅粪便，问题不在于你是否能够抓住一些，而在于你能够在多短的时间内抓到让你满意的部分。它们的名称都是遮遮掩掩的，如加琳娜、吉姆斯通、欧科堂三世、冰河基金等，对它们的内容、开发者或者经理人只字不提。“它们全叫这种信手拈来的名字，”加米说，“其中的大部分名字可能是出于某种理由，但是我们永远也想不到，里面居然还有像阿迪朗达克山脉这样的山峰的名字。”

复杂产品的交易

他们仓促地拿出了一份他们认为最垃圾的担保债务权证产品

的名单，并且给好几个经纪人打了电话。他们费了九牛二虎之力，才与那些服务于富人的经纪人建立起不错的关系，而且终于得到了负责大型股票市场投资机构的经纪人的关注。现在他们再次面临怎么摆脱那些一流的股票经纪人，赢得次级抵押贷款债券市场内部人士认同的问题。“在接到我们的电话时，很多人会说，‘嘿，你们这帮家伙为什么不买点儿股票？’”查理说。贝尔斯登不敢相信，这些没有多少钱的年轻人不只是想买信用违约掉期产品，而且想买一只如此复杂，以至于还无人问津的信用违约掉期产品。“我记得我们嘲笑过他们。”第一个处理他们询盘的贝尔斯登信用违约掉期产品推销员说。

在德意志银行，他们被推给了一名23岁，还从来没有接待过客户的债券推销员。“我能够认识本和查理，”这个年轻人说，“是因为德意志银行里没有别人愿意跟他们交易。他们大概拥有2 500万美元的资金，这对于德意志银行来说，确实不起眼。没有人想接他们的电话，大家都拿他们公司的名字开玩笑，他们会说，‘哦，康饿儿资本的人又打电话来了。’”不过，德意志银行在与他们的交易中，再次表现出了最大的诚意。2006年10月16日，他们从格雷格·李普曼手里购买了750万美元针对一只被命名为松山的担保债务权证产品的双A级部分的信用违约掉期产品。4天之后，贝尔斯登又卖给他们5 000万美元的产品。“他们认识埃斯，”贝尔斯登信用违约掉期产品推销员说，“所以，我们最终还是跟他们进行了交易。”

查理和加米继续给他们能够想到的人打电话，甚至是那些与这个新市场几乎沾不上边儿的人，希望能够找到某个人给他们解释他们所看到的这种疯狂的原因。一个月之后，他们终于找到了这位市场专家，并且聘用了他——一个名叫戴维·伯特（David Burt）的家伙。《机构投资者》打算推出一份债券市场从业人员的榜单，名为“定息债券新星20强”。戴维·伯特制定榜单的依据是这些人在次级抵押贷款市场上的获利水平。伯特曾经为拥有1万亿美元资金的黑石基金工作过，这只基金部分由美林拥有，他的工作是对次级抵押贷款进行信用评估。他要在债券出问题之前，为黑石识别出这些债券。现在他怀着创建自己的基金，投资次级抵押贷款债券的理想辞职了，为了养家糊口，他愿意以每月50 000美元的价格，将他的特长出租给康沃尔资本管理公司的这些怪人。伯特拥有最全面的信息，以及分析这些信息的模型。他会分门别类地告诉你抵押贷款会发生什么情况，根据不同的地区，区分各种不同的住房价格条件。他随后会拿出那些信息，并具体地告诉你哪种抵押贷款债券会出现什么样的情况。他认为，使用这些信息的最好方式，就是买入更稳健的抵押贷款债券，并卖出那些不稳健的债券。

康沃尔资本管理公司对内部人为造成的复杂性没有太大的兴趣。如果你怀疑整个市场都将灰飞烟灭，花费大量的时间去找出最好的次级抵押贷款债券就是愚蠢的行为。查理和加米把他们已经下注对赌的担保债务权证产品的名单递给伯特，并询问他的意见。“我们一直在找某个人给我们解释一下，为什么我们对自己所做的一切一无所知。”加米说，“他可以。”伯特能够告诉他们的是，他们或许是有史以来首次针对双A级担保债务权证购买信用违约掉期产品的人。他们认为，担保债务权证市场上还有大量的问题他们不清楚。他们在一天之内选出了他们下注对赌的担保债务权证产品，并且认为他们应该可以做得更高明。“我们已经掷出了飞镖，”加米说，“我们说，‘请让我们掷得更好一些。’”

伯特在几周之后给他们的分析报告令他们惊喜不已：这些产品选得太漂亮了。“他说，‘哇，你们这帮家伙干得太棒了。这些担保债务权证产品里有大量真正的垃圾债券。’”查理说。然而，他们没有意识到，他们的担保债务权证内部的债券实际上是针对债券的信用违约掉期产品，所以，他们的担保债务权证产品不是普通的担保债务权证产品，而是合成担保债务权证产品，或者说，掉期产品所基于的债券是被迈克尔·巴里、史蒂夫·艾斯曼以及其他对赌这个市场的人所挑选出来的那些产品。

他们所面临的挑战与平常一样，就是在扮演市场天才角色的时候，避免成为牌局里的傻瓜。到2007年1月，他们以微不足道的3 000万美元资金拥有了1.1亿美元的针对资产支撑担保债务权证产品中的双A级部分的信用违约掉期产品。那些卖给他们掉期产品的人仍然不知道拿他们怎么办。“他们押下了几倍于他们所拥有资本的赌注，”年轻的德意志银行经纪人说，“而且他们做的是针对担保债务权证产品的信用违约掉期产品，或许可以这样说，德意志银行能够说清楚整个过程的人不会超过3~4个。”查理、加米和本想搞清楚他们都做了些什么，但是无从入手。“我们痴迷于这些交易，”查理说，“而且我们已经穷尽了我们的人脉来讨论这件事情。但是我们还是无法完全搞清楚赌局另一边的人是谁。我们一直在找能够向我们解释清楚我们为什么出错的人。我们都很困惑，我们是不是疯了。始终挥之不去的感觉是，难道我们失去理智了吗？”

在市场出现反转的几周之前，危机已经露出了端倪，但是他们并不知道。他们怀疑这个他们误打误撞闯入的空荡荡的剧场里正在准备上演他们闻所未闻的最精彩的金融大戏。某天在电话里，他们的贝尔斯登信用违约掉期产品销售员提到，大型的年度次级贷款大会将于 5 天后在拉斯韦加斯举行，次级抵押贷款市场内部的大人物都将出席，在威尼斯人酒店里出现。贝尔斯登正在为其客户策划一次特别的活动，地点在拉斯韦加斯的射击场，在那里，从格洛克手枪到乌兹冲锋枪一应俱全。“我的父母是纽约市的自由派人士，”查理说，“他们甚至连玩具枪都不让我玩儿。”他带着本飞到了拉斯韦加斯，去跟贝尔斯登的人玩儿射击游戏，顺便看看是否能找到某个人给他们解释一下，为什么他们对赌次级抵押贷款市场是一着错棋。

第六章

金融市场中的蜘蛛侠

什么时候才能赢利

跟艾斯曼打高尔夫球与跟华尔街的其他人打球是完全不同的感觉。球局总是以开球时大伙的不快开始，因为艾斯曼的穿着总是有违华尔街人士对高尔夫球礼仪的理解。2007 年 1 月 28 日，他抵达拉斯韦加斯的巴厘海高尔夫俱乐部，身穿运动短裤和 T 恤衫，脚蹬运动鞋。路人为之侧目，文尼和丹尼则觉得很难为情。"呃，艾斯曼，"丹尼对这个从技术上来说是他老板的人说道，"你至少应该穿一件有领子的衬衫啊。"艾斯曼开着球车来到俱乐部会所，买了一件连帽的外套。这件外套盖住了他的 T 恤衫，让人总忍不住联想他是刚买了一件外套来遮盖他的 T 恤衫的。

穿着连帽的外套、运动短裤和运动鞋，艾斯曼走向了他的开球点。跟往常一样，这一杆打得很不理想。因为对球的落点很不满意，他从球袋里取出了另外一个球，扔到了一个新的更好的位置。这一轮文尼的球在平坦的球道上，丹尼的在障碍区，而艾斯曼的在沙坑，艾斯曼大步走过去，把球拿起来掷了出去，滚到了文尼的球旁边。你很难责怪他使诈，因为他根本就没有任何掩饰他行为的企图，他甚至没有注意到自己的做法有什么不妥。在艾斯曼第九次从沙坑里捡出球，或者假装他的球没有打进水里的时候，他都能够表现得像第一次一样理直气壮。"他的记忆具有选择性，他对过去的经历没有任何印象。"文尼说。他打球的时候就像个孩子，或者像个打算嘲讽一项神圣仪式的人，这其实没有什么不同。"怪异的事情是，"丹尼说，"他确实并不坏。"

在打完一局球之后，他们到永利酒店参加由德意志银行举办的宴会。这是艾斯曼有史以来第一次出席债券市场人士的聚会，一时手足无措，只好任由格雷格·李普曼摆布。李普曼在某家饭店租了一个房间，邀请艾斯曼和他的伙伴去吃一顿他们以为的免费大餐。“就算他有一份可靠的日程表，在这份可靠的日程表下面也总是有些其他的东西。”文尼说。李普曼邀请他参加的任何一次宴会，必然有某种深藏的目的。那么，这次会是什么呢？

谜底揭开的时候，大家发现，李普曼遇到了新的问题：美国的住房价格正在下跌，次级贷款的断供率正在上升，然而，次级抵押贷款债券却表现得很稳定，它们的保险价格也是如此。他现在实际做空了100亿美元的次级抵押贷款债券，每年需要支付1亿美元的保险费，而且要长期支付。“显然，他的头大了。”文尼说。截至那个时候，李普曼的巨额赌资一直由投资人提供，像史蒂夫·艾斯曼，这些投资人在进行信用违约掉期产品买卖时都要向他付费，但是，投资人正在失去信心。李普曼过去的某些追随者怀疑次级抵押贷款债券市场被华尔街操控了，信用违约掉期产品永远也不可能赢利；有些人开始怀疑，站在赌局另一方的投资人是不是知道些他们不知道的事情；有些人则只是简单地担心，为了对赌似乎永远都不会波动的债券而付出的保险费会不会付诸东流。李普曼导演了这场伟大的拔河比赛，组织了一个跟他站在一起的团队，现在，这个团队人心涣散。他担心艾斯曼也会退出。

冈田日式料理店的铁板烧厅里有4个烧烤台，每一个台子都配有一个巨大的铸铁火盆和一位专业的厨师。在每一个烧烤台周围，李普曼都安排了一位被他说服会去做空次级债券的对冲基金经理，其他的则是做多同一只债券的投资人。他希望对冲基金经理们会发现在这场赌局中，作为他们对手的投资人有多愚蠢，从而不再杞人忧天，担心那些人知道些他们不知道的事情。这就是他狡诈的一面：丹尼和文尼一直都在担心他们是不是李普曼桌上的傻瓜。“我们清楚次级贷款市场，也知道这些贷款要出问题，”文尼说，“但我们无法放心的是这部债券市场机器。我们到拉斯韦加斯来的全部目的就是要知道我们是怎么被算计的，如果我们注定要被算计的话。”

艾斯曼被分配到的座位是在格雷格·李普曼和一位自称赵文的人之间，赵文说他管理着一家名叫哈丁咨询公司的投资企业。当艾斯曼问他具体做什么咨询业务的时候，赵文解释说他是一名担保债务权证经理。“我想象不到会有担保债务权证经理这样的职位，”艾斯曼说，“我不知道有什么事情需要你去管理。”很快，艾斯曼就想不起赵文的样子了，他穿什么衣服、来自哪里，他吃了什么、喝了什么，除了他所说的金融思想之外，一切事情都被忘得一干二净。但是，隔着火盆，丹尼·摩西仔细地观察着这个李普曼用心安排在艾斯曼旁边的家伙。赵文个子不高，挺着华尔街人特有的肚子，不是那种松松垮垮的大腹便便的样子，而是像松鼠在过冬之前表现出的那种紧致而必要的肥硕。他毕业于罗得岛大学，在巴布森学院获得了一个商业管理学位，并且把他大部分的职业生涯花在了令人昏昏欲睡的寿险公司的工作上，但这一切都已经成为历史了。他最近显然是发了财。“他总是面带高深莫测的微笑，好像在说，我比你们知道得更多。”丹尼说。丹尼不认识赵文，但是当他听说赵文是次级担保债务权证的最终购买者时，他非常肯定地知道他是谁了：一个乳臭未干的小毛孩。“真正的情况是我不想跟他说话，”丹尼说，“因为我不想吓到他。”

当他们看到李普曼把艾斯曼安排坐在这个小毛孩身边的时候，丹尼和文尼两人不约而同地想：完了，今天肯定不能善终了。艾斯曼无法控制自己，他会看出这个家伙是个傻瓜，而且会让对方知道这一点。然后，他们该怎么收场呢？他们需要傻瓜，只有傻瓜才会站到他们赌局的另一边。他们还想做更多的生意。“我们不希望人们知道我们在做什么，”文尼说，“我们是间谍，在执行一项寻找真相的任务。”他们看着艾斯曼一次次将他的日本毛豆放入公用酱油碟里反复地蘸——蘸一下，吸一吸，再蘸一下，再吸一吸——同时在等待着发作的时机。这个时候，除了静静地坐着欣赏这场表演之外，没有任何其他的事情可以做。艾斯曼有一种奇怪的倾听方式，他不太关注你在说什么，因为他心不在焉，神游天外，所以他从来不会在你第一次说话的时候就真正听到你说的内容。如果他忽然在你的谈话中发现了有趣的内容，他就会说“再说一遍”，而你会照做！因为现在艾斯曼如此明显地在专心听你说话，而且，由于他的倾听具有很大的选择性，你会觉得自己很有面子。“我一直在盯着他们，”丹尼说，“我看到艾斯曼说了一遍又一遍，‘再说一遍’，‘再说一遍’。”

与对手正面交锋

后来，每当艾斯曼向别人解释金融危机起源的时候，他都会从他与赵文的那次晚宴开始。直到那时，他才完全理解了所谓夹层担保债务权证（主要由 3B 级次级抵押贷款债券组成的担保债务权证）以及它们的合成物（完全由针对 3B 级次级抵押贷款债券的信用违约掉期产品组成的担保债务权证）最关键的要点。“你必须弄懂这一点，”他会说，“这是这部末日机器的引擎。”他会画出几座债务之塔。第一座塔是由原始的次级贷款组成的。在这座塔的顶部，是 3A 级部分，下面是双 A 级部分，直到最危险的 3B 级部分，也就是艾斯曼对赌的那些债券。华尔街公司把这些 3B 级部分——垃圾中的垃圾——拿出来建成了另外一座债券之塔：担保债务权证。它们这样做的理由是，评级机构会把这些由高风险贷款支撑的债券中的 80% 评为 3A 级。然后，这些债券就可以名正言顺地被出售给那些只被允许投资高评级证券的机构投资者——养老基金、保险公司。让艾斯曼觉得怪异的是，这艘末日之船居然是由赵文以及像他一样的人在领航，这个家伙大约管理着 150 亿美元，只投资由抵押贷款债券中的 3B 级部分所支撑的担保债务权证产品。一年以前，次级担保债务权证产品中的 3A 级部分——担保债务权证产品中的绝大部分——的主要买家一直是美国国际集团。由于美国国际集团已经退出了市场，主要的买家就变成了像赵文这样的担保债务权证经理。赵文这类人完全依靠自己的努力，制造出了对次级抵押贷款债券最危险部分的巨大需求，而这些东西以前根本没有任何需求。这个需求导致了对新的住房贷款供应的刚性需求，因为需要大量的贷款作为债券的原材料。艾斯曼反复用他的毛豆去蘸的那碟酱油，是在与一个这样的人一起分享，那个人让千千万万个根本没有能力还款的人拿到贷款。

正如已发生的情况一样，前点合伙公司花费了大量的时间研究这些贷款，而且知道断供率已经足以将赵文的整个资产组合全部摧毁。“天哪，”艾斯曼对他说，“你会有一场灾难的。”

“不会的，”赵文说，“我已经把所有的东西都卖了。”

即使再说一遍，也没有任何意义。

担保债务权证经理的工作是挑选出一些华尔街的公司，来给它们提供作为担保债务权证投资人抵押物的次级债券，然后审查这些债券。担保债务权证经理还要负责监控每只担保债务权证内部上百只具体的次级债券，并且要在那些出问题的债券成为坏账之前用更好的债券把它替换掉。然而，这样的说法只是理论上的。在现实中，那些把钱交给赵文购买 3A 级担保债务权证的投资者——德国的银行、中国台湾的保险公司、日本的农民合作社、欧洲的养老基金，以及那些出于这样或那样的原因只能投资 3A 级债券的实体——它们这样做是想确保万无一失，不会出现任何亏损，而且不必进行监控，甚至连想都不用多想。在实际的工作中，担保债务权证经理并不需要做太多的事情，这也是形形色色的人都削尖脑袋想坐上这个位置的原因。“在新泽西的两个人加上一个彭博终端”是华尔街对典型的担保债务权证经理的描述，这两个家伙的警惕性越差，对将纳入他们的担保债务权证产品的 3B 级次级债券所提出来的问题越少，他们就越有可能受到华尔街大公司的欢迎。担保债务权证的重点就在于把公司无法直接解决的大量次级抵押贷款市场的风险“漂白”，你最不希望看到的，就是一名担保债务权证经理提出一大堆棘手的问题来。

债券市场造成了一种双重代理的情况，一个似乎代表着投资者利益的人同时却更多地代表着华尔街债券交易席位的利益。为了让那些把数十亿美元交给他的大投资人放心，他会将他们的切身利益放在心上，担保债务权证经理保留着那些被称为担保债务权证“权益”或者“第一损失”部分的所有权，即那些在支持担保债务权证的次级贷款出现违约时最先消失的部分。但是，担保债务权证经理也在他的投资人看到筹码之前赚走了占总金额 0.01% 的手续费，最后，当投资人拿回他们的钱时，还要根据拿到的金额支付费用。这点儿钱听起来好像不多，但是，如果你管理着几百亿美元，这个数字还是相当可观的。就在几年之前，赵文为纽约人寿保险公司管理一个投资组合时，每年收入是14万美元。在当上担保债务权证经理的某一年，他拿回家2 600万美元，这相当于他在纽约人寿保险公司工作几辈子的收入。

赵文模糊地向艾斯曼解释了他如何为雇用他来审查债券的那些大投资者处理住房贷款断供所带来的风险。他的工作是成为担保债务权证"专家"，但是他实际上并没有花太多时间去关注担保债务权证里面的内容。他解释说，他的目标是让他管理的资金规模最大化。他现在做得非常好，从2007年1月起直到9月市场崩溃，哈丁咨询公司已经成为世界上最大的次级担保债务权证经纪公司，而且他把自己打造成了美林这部担保债务权证机器的活跃买家，这部机器之所以臭名昭著，不仅是因为它的生产率（美林生产的这些东西是紧随其后的那家华尔街大公司的两倍），还因为它生产的废品（其担保债务权证产品后来被证明很容易成为最垃圾的产品）。"他'管理'着这些担保债务权证产品，"艾斯曼说，"但是管理什么？我只是感到震惊，结构性的金融市场居然会如此幼稚，允许对担保债务权证产品一无所知的人来管理担保债务权证组合。那些让某个人来'管理'他们的担保债务权证产品的人会让自己赔个精光，而这个傻瓜表面上看起来正在帮助他们。我想，你们应当竖起耳朵听好，你们没有给投资人留下任何东西。"赵文的真正工作是为"雇用"他的华尔街公司做一个新型的挂名人物，虽然表面上不是由美林管理，但是购买一份美林的担保债务权证也会让投资人感觉更好。

格雷格·李普曼安排赵文坐在史蒂夫·艾斯曼旁边是有原因

的。如果赵文察觉到艾斯曼不赞同他的观点，他不会表现出来；相反，他会以一种屈尊的语调对艾斯曼说话，以暗示他知道得更多。“然后他说到了一件事情，让我的心收紧了一下。”艾斯曼说，“他说，‘我很喜欢那些像你一样做空我的市场的家伙。要是没有你们，我什么东西都买不到。’”

再说一遍。

“他对我说，‘你越觉得你是对的，你做的交易就越多，而你做的交易越多，提供给我的产品也就越多。’”

就在这个时候，史蒂夫·艾斯曼最终明白了这部机器的疯狂之处。他与文尼及丹尼在完全弄清楚这些公司为什么如此急切地接受他们的押注之前，就与高盛和德意志银行对3B级次级抵押贷款债券的命运进行了豪赌。现在，他正与他的信用违约掉期产品另一端的实际控制人坐在一起。现在他明白了：在经过担保债务权证过滤后，信用违约掉期产品被用来复制由真正的住房贷款支撑的债券。低信用借款人的人数不足以满足投资人对最终产品的胃口。华尔街需要他的赌注，以便组合出更多的产品。“让大批不合格的借款人借钱买他们无法负担的房子还不足以让华尔街满意，”艾斯曼说，“华尔街凭空捏造出这些东西来，而且这些虚无之物被复制了不止100次！这就是金融系统内的损失远远超出次级贷款的原因。就在这个时候，我意识到华尔街需要我们来维持这部机器的运转。我想问，这样做是被允许的吗？”

赵文不知道，他是被格雷格·李普曼精心挑选出来去说服史蒂夫·艾斯曼的，目的在于让艾斯曼相信，信用违约掉期产品的另一端不是恶棍就是傻瓜，赵文很称职地完成了任务。在酒精的作用下，他告诉艾斯曼，他非常愿意持有500亿美元的垃圾担保债务权证产品，因为他主要是靠体量获得报酬。他告诉艾斯曼，他主要的担忧是美国经济会走高，从而阻碍对冲基金对次级抵押贷款市场押下更大的赌注。艾斯曼听着这些话，很难理解在他赌局另一边的投资人居然在一定程度上怀有跟自己同样的期待，弄不明白保险公司和退休基金怎么会把钱交给赵文。答案只有一个：3A级给了所有人一个忽略风险的借口。

丹尼和文尼透过炭火的烟雾密切地注意着艾斯曼和赵文，他们估计，这两个人都将变得越来越知名。但是当晚宴结束的时候，他们看到艾斯曼抓住格雷格·李普曼，指着赵文说："那个家伙买什么，我做空什么。"李普曼把这当成了一句玩笑话，但是艾斯曼是认真的：他想针对赵文下注。"李普曼，"艾斯曼说，"我想做空他的票据。不看现货。"在此之前，艾斯曼还只是购买针对次级抵押贷款债券的信用违约掉期产品，但从现在开始，他将买入具体针对赵文的担保债务权证产品的信用违约掉期产品。"他终于遭遇了他的对手，而且是正面交手。"文尼说。

自欺欺人的专业机构

为了过上另外一种生活，查理·莱德利从墙上摘下了一把伯莱塔手枪、一把锯掉了枪托的猎枪，以及一把乌兹冲锋枪。在出发去拉斯韦加斯之前，他给他的合伙人本·霍克特和加米·麦分别发了电子邮件，他计划跟本·霍克特在拉斯韦加斯碰面，而加米·麦则留在公司。"你们都认为我们没有提前登记，所以注定要付出代价吗？"他问道。康沃尔资本管理公司听说市场上有什么重要活动，而事先却没有接到邀请，这样的情况已经不是第一次了，也不会是最后一次。“如果你只是想在这些场合露个脸的话，”加米说，“那里的人基本上都会让你进去。”在拉斯韦加斯，查理认识的只有贝尔斯登的几个担保债务权证交易员，但他从来没有真正见过他们。他们给他发了邮件，告诉他，在他飞抵拉斯韦加斯之后，不要到会场上去见他们，而是去距离机场几英里[1]的一家室内射击场。“我们星期天去打枪……”邮件开头写道。查理吃了一惊，忙打电话问这是什么意思。“我是想说，‘你们的意思是你们要去打……枪？’”

2007 年 1 月 28 日的那个星期天下午，在拉斯韦加斯的枪械店里，可以看到很多贝尔斯登担保债务权证销售员的身影。他们身着卡其裤和马球衫，周围都是身穿黑色紧身T恤衫的壮汉，这些人就像是从负责搜查非法移民的当地民兵组织中请假出来的。在收银台的后面，惹人注目的手枪、猎枪和自动武器被整齐地挂在墙上。右边是靶子：本·拉登的照片，把本·拉登画成魔鬼的画像，头裹围巾的基地组织恐怖分子的画像，袭击白人美女的黑人小孩图画，以及挥舞着手枪的亚洲黑道人物的图画。“他们刷贝尔斯登的信用卡，购买了子弹，”查理说，“于是我开始挑选我的枪。”最先映入眼帘的是那支乌兹冲锋枪，他选了这支枪和萨达姆·侯赛因的巨幅画像。猎枪的后坐力会把你的肩膀弄得红肿，乌兹冲锋枪的杀伤力虽然更大，却几乎可以算得上温和。在你经受的疼痛和你造成的伤害之间会有一个令人激动的脱节。“伯莱塔很好玩儿，而乌兹却棒极了。”

查理说，他在离开枪械店的时候，心里有一种破坏了某种自

1. 1 英里 ≈1.609 千米。——编者注

然法则的忐忑，还有一个悬而未决的问题：他们邀请他来的目的是什么？所有人对次级抵押贷款和担保债务权证产品都只字未提。“这是非常奇怪的事情，因为我以前从来没有见过这些人，而且我是贝尔斯登邀请到这里来的唯一客户，”查理说，“他们出了所有的子弹钱。我好像说过，‘朋友，如果你们同意，我可以自己付子弹钱’。但是他们坚持把我当成他们的客户。”当然，对华尔街公司的人来说，要玩儿射击游戏，最安全的开支办法莫过于邀请某个客户同往。而且，最理想的应邀客户应该是业务量很小，因而无法真正左右狂欢活动安排的人。这些想法从来没有出现在查理的脑海里，这说明他其实并没有那么愤世嫉俗。但是，这种情况可能很快就会改变。

第二天上午，查理和本在威尼斯人酒店的大堂里闲逛。“那些挖空心思想要卖出点儿什么东西的人都打着领带，”本说，“想买东西的人却没有一个打领带的。找到我们想与之交谈的对象不是一件容易的事情。我们就像一群不速之客，只能到处闲逛。”在整个会场上，他们只认识一个人——戴维·伯特，这个家伙过去在黑石基金工作，现在他们每个月给他 5 万美元，让他评估那些他们想要对赌的担保债务权证产品。但是，他们认为这无伤大雅，因为他们的计划是去见识一下这些公开的会议，听听专家的发言，以及小组的讨论。“我们并不完全清楚自己为什么会到这儿来，”本说，“我们想要认识一些人。查理会在每次发言结束后，悄悄地靠近讲台。我们想找到能够告诉我们错在哪里的人。”他们想找到某个令他们信服的人，一个能够告诉他们为什么市场认为不可能的那些东西真的不可能的人。

查理面临的挑战首先是，要把那些没有任何戒备心的市场内部人士引入辩论之中。“无论我们碰到谁，他们永远不变的反应是，‘等一下，你们是从哪儿来的？’他们觉得有些莫名其妙，”查理说，“人们很可能会问，‘你为什么会在这儿？’”

一个曾为康沃尔资本管理公司测试过投资主题的评级机构的家伙用奇怪的眼神盯着他们，说：“你们这帮家伙敢保证你们清楚自己在干什么吗？”市场的内部人士不认同他们，可是又没有什么有说服力的反对意见。这些人维护次级担保债务权证产品的主要论据就是，“担保债务权证的买家永远不会逃跑”；维护次级贷款的主要论据则是，在那段有限的历史中，从来没有出现过足以对市场产生影响的违约情况。就像在轮盘赌的桌面上方，屏幕上显示了最近20次轮盘旋转的结果，赌客们看到前面8轮全部出黑，在惊叹于这种不大可能的情形之余，他们内心就会觉得小银球下一轮停在红色上面的可能性更大。这就是赌场列出最近几轮结果的原因：诱引赌客哄骗自己，给他们一种会把筹码推到桌上所需要的虚假的信心。次级抵押贷款市场上的中介机构也是用同样的花招欺骗自己的，它们利用毫无统计意义的过去预测未来。

“在通常的情况下，当你做交易的时候，你会发现有些聪明人站在另一方。”本说，“但这一次，我们没有看到。”

“与我们交谈过的人中，没有任何人有任何可信的理由可以让我们相信这不会成为一个大问题，”查理说，“没有人真正考虑过这个问题。”

贝尔斯登担保债务权证部门的一个家伙，在听到查理问他今后7年里这些担保债务权证产品会发生什么情况时说：“7年？我对7年后的事情不关心。我只需要它再持续两年。”

三个月前，当康沃尔资本管理公司买入首批1亿美元的针对双A级次级担保债务权证产品的信用违约掉期产品时，查理这几个人相信自己正在以低廉的成本押注在一个不太可能发生的事件上——以每年50万美元的保险费来换取赚1亿美元的机会。市场和评级机构把违约的赔率设定为1:200，他们自己却认为赔率要好于这个比例，比如说1:10。不过，像他们的大多数赌注一样，这是一个远期的目标。或许这是一个聪明的远期目标，但它确实是一个远期的目标。他们从那些管理次级市场的人那里听到的越多，他们就越感觉到双A级债券的崩盘其实并不是一个远期的目标，它或许很快就会发生。一种想法掠过本的心头：这些人相信，次级抵押贷款市场的崩溃是不可能的，因为这个灾难太大了。任何如此可怕的事情永远都不会真正发生。

会议第一天的早晨，他们跟随一个上千人的队伍走出赌场，进入巨大的主会议室，参加开幕仪式。会议原本计划采用小组讨论的形式，但是那些围桌而坐的人显然没有兴致交流，这些人只是埋头念那些事先准备好的经过仔细推敲的发言稿。在接下来的三天里，他们会看到十几次这样的情况，而且发言稿全都很枯燥。尽管这届会议不大一样，因为大会主持人看起来好像喝醉了，或者至少是精神有点儿错乱。他的名字叫约翰·德瓦尼（John Devaney），管理着一家投资次级抵押贷款债券的对冲基金，名叫联合资本市场。10年来，德瓦尼一直赞助这个大会——美国证券论坛，这个名字听起来比次级借贷协会要有品位。次级抵押贷款债券市场有几个精神领袖，约翰·德瓦尼就是其中之一。他也是自己财富的热切炫耀者。他拥有一幅雷诺阿的作品，一架湾流飞机，一架直升机，还有一艘游艇。今年，他将支出一大笔费用，把美国大牌主持人杰伊·莱诺请来作为其娱乐活动的主宾。

眼下，德瓦尼看起来似乎刚从彻夜狂欢的现场赶来，整夜连眼都没有合一下，就在这种状态下，他进行了显然没有准备好的有关次级贷款市场形势的发言。“真是不可思议，”查理说，“简直是意识流。他在讲话中大谈评级机构怎么无耻，证券怎么一文不值，他怎么对它了如指掌。他说到了那些我们正在怀疑的东西，他就像一个刚出校门、口无遮拦的小孩。他讲完后，整个会场鸦雀无声。没有人想要辩解，人们拐弯抹角地进行小组讨论发言，好像假装他没有说过一样。”一方面，听到市场内部人士说他们想的那些东西是对的，是一件令人高兴的事情；另一方面，如果市场已经意识到了，那么它的疯狂就不会持续太久。查理和加米以及本都认为，他们还有时间把事情考虑得更清楚，再去买更多的针对双 A 级次级担保债务权证的信用违约掉期产品。“那番话吓到我们了，”本说，“似乎我们已经没有 6 个月 的时间来让我们的交易获得通过了，我们只剩下一周的时间。”

与往常的情况一样，麻烦在于很难找到愿意与他们进行交易的华尔街公司。他们的供给来源之一贝尔斯登忽然间好像只对跟他们一起去射击感兴趣，其他公司则把他们看成是笑话。但是在这里，在拉斯韦加斯，幸运女神眷顾他们了。让他们吃惊的是，他们发现，他们聘来帮他们分析担保债务权证的顾问戴维 · 伯特在这个行业内享有很高的地位。“戴维 · 伯特就像拉斯韦加斯的神，”查理说，“我们就像小跟班一样跟着他跑。喂，跟戴维说话的家伙，我们给他发工资，我们也可以跟你谈谈吗？”伯特把查理介绍给了一位名叫斯泰西 · 斯特劳斯（Stacey Strauss）的来自摩根士丹利的女士。她的工作是寻找愿意按照她的节奏购买信用违约掉期产品的投资人。查理永远也想不明白，为什么她会愿意降低摩根士丹利的标准，屈尊与康沃尔资本管理公司进行交易。查理还搭讪了美联银行的一位次级抵押贷款债券市场分析师，他碰巧被分在由约翰·德瓦尼主持的小组里。在开幕式上的讨论发言环节，他与所有人一样，假装没有听到约翰·德瓦尼的讲话。德瓦尼讲完后，美联银行的家伙简单地介绍了一下次级抵押贷款债券市场的基础坚如磐石。在他走下讲台的时候，查理拦住了他，问他美联银行是否愿意卖给他一些信用违约掉期产品。

毫无经济意义的资本机器

在与赵文一起吃晚餐后的第二天早晨，艾斯曼醒来，第一次看到了活生生的债券市场，以及精美的模仿巴洛克风格的穹顶画。威尼斯人酒店——外观模仿威尼斯总督府，内部绘有《神曲》壁画——挤满了数千名身穿商务便装的白人男子，他们都以这样或者那样的方式，靠次级抵押贷款谋生。像整个拉斯韦加斯一样，威尼斯人酒店也充斥着旨在增强和利用非理性的随性设计：白天的感觉像是夜晚，而夜晚的感觉又像白天；老虎机和取款机吐出百元大钞；奢华的酒店房间收费如此低廉，却又让你感觉如此舒畅。一切都是为了改变你对机会和财富的认识，而这一切都使艾斯曼感觉压抑，他甚至不喜欢赌博。“要是我得靠它生活的话，我甚至不知道怎么计算赔率。”他说。一天结束的时候，文尼会去玩儿赌注很小的扑克，丹尼会跟着李普曼以及其他债券界人士围在骰子桌旁，而艾斯曼则会回房间去睡觉，尽管那种骰子游戏很受债券交易员欢迎。骰子给玩家提供了他们可以控制赌局的假象——不管怎么说，骰子是他们自己掷的，并以其表面上的复杂性掩盖了深层的愚蠢。“出于某种原因，这些人在玩儿的时候，他们确实相信自己有能力控制骰子的运动。”文尼说。

成千上万严肃的金融专家正兴高采烈地用他们从次级抵押贷款债券上赚来的钱大玩掷骰子游戏，这些人中的绝大部分在几年之前还在靠其他工作谋生。艾斯曼曾经比任何人都要了解次级抵押贷款行业，这个行业一度是资本市场上一个可有可无的角落，但仅仅几年的光景，它就成了华尔街上最强大的资本和就业引擎，却没有什么实际的经济意义。“就像一台没有思想又不会自己停下来的机器。”他说。他感觉自己仿佛搬进了一座新房子，打开一扇他本来以为是小壁橱的门，却看到了一个完整的房间。“我曾经参加过股权大会，”艾斯曼说，“与这次会议完全不一样。在股权大会上，如果能有500个人参加就非常幸运了。但是参加这次会议的却有7 000人。面对这样的情况，任何股东都会告诉你这是无法想象的。我们谁也不认识。我们仍然认为，我们是唯一做空债券市场的人。”

他对听别人的报告没有兴趣。他既没有兴趣参加小组讨论，也不想听那些可以想象得到的客套话。他想与市场内部人士进行私密的会谈。李普曼把他介绍给了德意志银行内部向投资人兜售担保债务权证产品的人，这些热心的人为艾斯曼和他的伙伴安排了与债券市场的金融中间人的会面：抵押贷款放款人、把次级贷款包装成次级债券的银行家、把债券包装成担保债务权证的银行家，以及在各个不同阶段都会发挥作用的评级机构。这次大会上，所涉及的群体中唯一没有到场的，就是最终的借款人，即美国住房的购买者。但是，这些人其实也以某种方式出现了——端酒水、转轮盘、掷骰子。“拉斯韦加斯真是繁荣，”丹尼说，“房主们都在豪饮狂欢呢。”丹尼的一位朋友从市中心的一家夜总会回来后说，他遇到了一名手上有 5 笔住房权益贷款的脱衣舞娘。

德意志银行的担保债务权证销售员瑞安·斯塔克（Ryan Stark）被分派去盯着艾斯曼，以防他制造麻烦。“我在这次会议开始之前收到了他的电子邮件，”丹尼说，“他对我们不放心。诸如，‘我只是想澄清一下这次会议的目的’，‘希望大家明白我们为什么要开这次会议’……他希望我们牢记，我们去那里的目的是购买债券。”德意志银行甚至还寄来了正式的宣传册，将其提供给次级贷款购买者，作为指导资料。“这次会议的目的是让人们相信，开发和购买这些产品仍然是不错的业务，”丹尼说，“从来没有听说过一名股权投资者会为了做空债券而到这里探听消息。我们获得参会资格的唯一方式就是说我们不做空。德意志银行的人陪着我们，以确保我们不会搞砸他们的业务。他们安排一位销售员参加我们的会议，就是为了监视我们。”

当然，德意志银行的人没有理由去监视艾斯曼。他把自己看成一个革命者、被压迫者的守护神，以及罪恶政权的敌人。总而言之，他把自己看成蜘蛛侠。当他的妻子对别人说“我的丈夫认为他和蜘蛛侠过着同样的生活”时，他完全明白这句话听起来有多么荒唐。艾斯曼不会到处去跟陌生人讲他和彼得·帕克惊人的相似之处——他们什么时候进的大学、学的什么专业、什么时候结婚等。他也不会去讲，在他上法学院的时候，他买了最新的蜘蛛侠漫画，想从里面了解他人生的下一阶段会有什么样的生活。艾斯曼看故事的速度很快，他用故事来解释现实，蜘蛛侠是他过去用来解释自己生活的故事之一。

“蜘蛛侠”对德意志银行的内幕交易失去兴趣的第一个迹象

出现在那天上午的一次讲话里。当时讲话的人是第一期权公司（Option One）的首席执行官，第一期权公司是由布洛克税务公司拥有的抵押贷款发起成立的，它的名字7个月前首次出现在艾斯曼的视野中，那是2006年6月，当时该公司宣布其次级抵押贷款组合出现了令人意外的亏损。出现亏损之所以令人吃惊，是因为第一期权公司的业务是放款，并把这些贷款出售给华尔街，它并不需要承担风险。然而，在这些交易中有一项规定条款，如果借款人无法支付首付款，华尔街有权把这些贷款返还给第一期权公司。"有谁会在拿到一笔住房贷款后，连首付款都不支付？"丹尼·摩西问道，他从另外一个角度来看待这个问题。"谁会愚蠢到把钱借给连首付款都付不起的人？"艾斯曼问道，他的角度又有所不同。

当第一期权公司的首席执行官谈到该公司的次级贷款组合时，他声称公司已经把问题解决了，现在预计贷款会有5%（相对适度）的断供率。艾斯曼举起了手，丹尼和文尼则缩进了椅子里。"现在不是问答环节，"丹尼说，"他正在发表演讲。"那位首席执行官看到艾斯曼举起的手，问道："有问题吗？"

"你说的5%是一个概率，还是一种可能性？"艾斯曼问。

是个概率，首席执行官说，然后继续他的发言。

艾斯曼又把手举了起来，并且左右挥舞。噢，天哪，丹尼想，把头压得更低了。"艾斯曼喜欢说的一件事是你必须假定人们都在对你撒谎，"文尼说，"人们总是跟你说假话。"丹尼和文尼都知道艾斯曼怎么看这些从事次级贷款业务的人，但是不明白他为什么一定要在这里说出来，而且是以这样的方式。因为艾斯曼举手不是要提问题，艾斯曼用他的拇指和食指环成了一个大圆圈，他用他的手指表达了他的立场："零！"

"什么？"这名显然被激怒了的首席执行官问道："又有什么问题？"

"没有，"艾斯曼说，"是零。你的断供率为5%的概率是零。"次级贷款的亏损应该远远大于这个数字，在这个家伙反应过来之前，艾斯曼的手机响了。艾斯曼不仅没有把它关上，反而把手伸进口袋里，掏出电话来接听。"对不起，"他说着，站了起来，"我必须接听这个电话。"他走出了会场。打电话的人是他的妻子。

"根本没有什么重要的事情，"她说着，长长地舒了一口气，"我是他的一名支持者。"

在此之后，艾斯曼肯定是想到了什么事情，因为他不再寻求对抗，而是开始寻求更深层次的理解。他在拉斯韦加斯的赌场里漫无目的地走着，眼前的景象让他不敢相信：7 000人，所有人似乎都对他们所发现的这个世界欣喜若狂。一个积重难返、经济问题重重的社会，通过人为的操纵掩盖了这些问题，而这场骗局的主要受益人是那些金融中间人。怎么会这样？艾斯曼在想，他是否错过了什么事情？"他不停地说，'这里到底是在干什么？这些家伙都是些什么人？'"丹尼·摩西说。对第二个问题的简单答案是"乐观主义者"。目前看来，次级抵押贷款市场除了上涨以外，似乎没有其他的可能。市场中被认为大获成功的是那些总是说"买"的人，现在，他们真的应该说"卖"了，但是他们不知道该怎么做。"你们都知道，那些做定息债券产品交易的人认为自己知道的比你多，"艾斯曼说，"总体来说，他们的说法是正确的。我不是做定息债券交易的，但是我要采取这样的立场，因为我们是在对赌整个金融行业。我想知道，他们是否知道一些我不知道的事情。一切真的都这么明明白白吗？事情真的这么简单吗？”他与放款人和银行家以及评级机构举行私人会议，想获得一些情报。“他是抱着一种学习的心态，”文尼说，“当他对某件事情着迷的时候，他的好奇心会变得远比挑衅别人的想法更重要。他会说是因为他接受了多年的治疗才会那样行事，但是真实的情况是，这是他第一次把所有的点都连起来了。”

虚构出来的庞氏骗局

史蒂夫·艾斯曼更相信阴暗面，美国2007年前后的金融市场在这方面给了他巨大的战略优势。然而，他在某种程度上仍然是个轻信之人，就像一个小男孩会把他的新自行车借给一个陌生人一样。他也会被吓住，他与家庭金融公司的那段经历让他抛弃了所有的幻想，不再期望政府会尽力防止有钱的大公司对穷人干坏事。然而，在自由市场的内部，应该有某些部门监控那些过分的行为。理论上，评级机构就是这样的部门。由于证券行业越来越复杂，评级机构的作用变得举足轻重。每个人都可以评估美国国债的价值，但是几乎没有人能够理解由次级抵押贷款支撑的担保债务权证，因此要有一个独立的仲裁者对这些复杂的风险贷款做出判断。“在拉斯韦加斯，我已经清楚地看到，整个产业都相信这些评级。”艾斯曼说，“每个人都相信评级，所以他们都不假思索。”

艾斯曼混迹于华尔街已经将近20年了，但是像大多数证券从业人员一样，他以前从来没有跟来自穆迪和标准普尔的人坐在一起交谈过。除非自己负责的保险公司因为无法履行义务而丧失了出售产品的资格，否则，证券从业人员不会关注那些评级机构。现在，艾斯曼与穆迪和标准普尔进行了初次交流，给他留下深刻印象——也给丹尼和文尼留下了深刻的印象——的是它们的员工的才干。“当你走进邮局的时候，你会意识到政府人员与其他人存在着多么巨大的不同，”文尼说，“评级机构的员工非常像政府人员。”作为一个整体，他们在债券市场中的权力比任何人都大，但是以个体来看，他们却什么都不是。“他们的收入很低，”艾斯曼说，“其中最优秀的人都跳槽到了华尔街公司，帮着操纵他们过去的老东家。作为分析师，你所能做到的最多就是成为穆迪的分析师，准确的说法是‘作为分析师，穆迪已经是天花板了’。反过来说，在某些方面，穆迪也是底限。如果高盛喜欢通用电气的债券，没有人会有意见。如果穆迪调低通用电气的债券评级，就是一笔大生意。所以，为什么穆迪的人想去高盛工作？其实，在高盛工作的金融分析师应该去穆迪工作才对，他们都是精英。”

整个行业都在评级机构的背上，但是评级机构的工作人员却不属于这个行业。如果他们在大厅中出现，他们可能会被当成富国银行里等级较低的商业银行家，或者抵押贷款放款人，比如第一期权公司的普通上班族。他们在拉斯韦加斯身穿正装，这就把所有有关他们的信息中的一半告诉你了，另外一半你会从这些衣服的价格上得到。几乎所有人穿的都是商务便装，真正重要的那几个家伙穿着价值 3 000 美元的意大利正装。（华尔街男士的秘密之一就是，他不在意服装的细节，但可以隔着很远的地方就能说出另一个华尔街男士的衣服值多少钱。）评级机构的人穿的是彭尼公司生产的蓝色正装，领带搭配得过于和谐，衬衫也过于笔挺。他们不是市场参与者，也不认识里面的人。他们通过为贝尔斯登和高盛的债券评级来领取薪水，但是他们无法告诉你雷曼、贝尔斯登和高盛那些利用评级机构模型的漏洞大发其财的人的姓名，也不知道其他有关这些人的任何重要信息。他们所知道的信息显然只够应付工作需要，此外再无其他。他们看起来胆怯、恐惧而且不喜欢冒险。正如丹尼所说，“你在骰子桌旁看不到他们的身影”。

正是在拉斯韦加斯，艾斯曼意识到，“我所担心的所有事情，评级机构都漠不关心。我记得我坐在那里想，天哪，这真的太可悲了。如果跟你坐在一起的是某个精神上很强大的人，你会知道这一点。当你与理查德·波斯纳（Richord Posner，一个法律学者）坐在一起时，你会知道那是理查德·波斯纳。当你跟评级机构的人坐在一起时，你也会知道那是评级机构的人”。从他们的行为可以判断出，评级机构所担心的是它们为华尔街投资银行进行评级的交易数量，以及从这些银行收取的费用。穆迪曾经是一家私人企业，在 2000 年成为上市公司，自此它的收入开始暴涨，从 2001 年的 8 亿美元涨到了 2006 年的 20.3 亿美元。这些增长中的大部分（当然超过一半，但具体是多少，它拒绝告诉艾斯曼）来自住房融资行业的神秘末端，即结构性融资。吸引结构性融资业务最可行的方式，就是接受结构性融资业内的种种假设条件。“我们向所有人都提出了两个同样的问题，”文尼说，“关于住房价格，你们的假设条件是什么。另外，关于贷款损失，你们的假设条件是什么。”两家评级机构的人都说他们期望住房价格上涨，而贷款损失则被假设为 5% 左右。如果这个说法成立，那就意味着连由这些贷款支撑的评级最低的 3B 级次级抵押贷款债券都是有利可图的。“似乎所有人都同意 5% 这个数字，”艾斯曼说，

“他们都说是5%。他们都是一个党派的，而且有他们自己的党派路线。”让艾斯曼吃惊的是，他在拉斯韦加斯遇到的这些人似乎已经拧成了一股绳，他们都在做着自己要做的事情，几乎不考虑其他事情。

正是在拉斯韦加斯，艾斯曼和他的伙伴对美国债券市场的态度最终趋于明朗。正如文尼所说：“我们就是在那个时刻确信，这不仅不是信贷，而且完全是虚构出来的一场庞氏骗局。”在拉斯韦加斯，长期困扰他们的那个问题——这些证券从业人员知道某些我们不知道的事情吗？——终于迎刃而解了。取而代之的问题是，这些人应该被解雇，还是被收监？这些人只是犯了认识上的错误，还是其实知道自己在干什么？丹尼认为，这个行业内部的绝大多数人都被利益蒙住了双眼，因此看不到自己制造出来的风险。文尼说：“傻子比骗子多，但是骗子的地位往往更高。”评级机构的地位比你想象的更低，但是它仍然栖身行业内部，而那些为它们工作的人似乎真的不知道自己是怎么被华尔街的大公司玩弄于股掌之间的。他们在拉斯韦加斯与排名第三的评级机构惠誉评级进行过会谈，给文尼留下了深刻的印象。“我知道这与你们不相干，”他对惠誉评级的人说，并尽了最大的努力说得礼貌一些，“有两个大家都非常关注的大家伙，然后是你们。如果你们想要出头，让大家注意到你们，你们为什么不走自己的路，做一个诚实的评级机构？”他期待惠誉评级的人能够明白他的意思，甚至可以会意地发出神经质的笑声。但是实际的情况是，他们似乎感觉自己被冒犯了。“他们都只注意了我的表面意思，”文尼说，“而根本没明白实际上我说的是什么。”

在去拉斯韦加斯之前，他们在次级抵押贷款债券上的空头头寸不到 3 亿美元。回来后，他们把它提高到了 5.5 亿美元，新的赌注押在了赵文开发的担保债务权证产品上面。他们管理的资金只有 5 亿美元，现在的头寸已经超出了他们的组合规模，然而，他们并没有就此却步。回到办公室的第一天，他们就以每股 73.25 美元的价格做空了穆迪公司的股票。然后，他们开始寻找处于他们赌局另一边的公司或个人，比如像赵文这样的人。

第七章

财富狩猎大行动

市场裂缝开始出现

2007年1月30日，查理·莱德利和本·霍克特从拉斯韦加斯回来了，他们对整个金融系统已经失去理智的观念更加坚定。“我对我的母亲说，‘我认为我们或许要面对某种类似自由资本主义终结的局面了’，”查理说，“她只是说，‘哦，查理’，并且严肃地建议我要充满信心。”他们凭借与其他人不同的信念设计了一套投资方法。对他们来说，找到如此伟大的信念是一种新的而且很不舒服的尝试。加米写了一份备忘录并发给他的两个合伙人，在备忘录中，他问他们，他们是否正在对一次社会性的崩溃下注——这意味着他们是在与政府对赌。“如果大范围的担保债务权证产品利差开始分化，”他写道，“这就意味着实质性的全球金融混乱很可能出现……美联储随时可能会通过强制干预来解决问题……我猜测，问题在于，多大范围内的崩溃才算‘大而不倒’？”

拉斯韦加斯会议召开的一个重要目的就是提振市场的信心。在次级抵押贷款市场内部人士离开拉斯韦加斯，回到他们的工作岗位的第二天，市场裂缝开始出现了。2007年1月31日，一只公开交易的3B级次级房屋贷款债券价格指数出现了下跌，从93.03跌到了91.98。在过去的几个月中，该指数的波动一直很小，从100跌到了93，所以，当一天出现一个整点的波动时，市场会对此感到震惊，也增强了查理的焦虑感——他们没能及早发现这个意义重大的交易时机，从而押下足够多的赌注。来自摩根士丹利的那位女士信守了她的诺言，在10天之内很快通过了他们的国际互换与衍生品协议，这项工作正常来说需要几个月的谈判时间。

她发给查理一份摩根士丹利愿意卖给他们信用违约掉期产品的双A级担保债务权证的清单。查理熬了一夜，找出想要对赌的那些，然后给她打电话，结果却发现摩根士丹利已经改变了主意。她之前告诉查理，他可以以大约100个基点（每年被保险金额的1%）的价格购买保险，但是当查理第二天一早给她打电话时，价格已经翻了不止一番。查理对这种不公平的做法牢骚满腹，为此她和她的老板做了一点儿让步。2007年2月16日，康沃尔资本管理公司以150个基点的价格向摩根士丹利购买了1 000万美元的针对一种叫作湾流的担保债务权证的信用违约掉期产品。

5天之后的2月21日，市场开始交易一种叫作TABX的担保债务权证指数。查理·莱德利和市场上的所有人一起，第一次能够在大屏幕上看到担保债务权证产品的价格，这个价格验证了康沃尔资本管理公司的观点。在第一天交易结束时，那些当基础债券池亏损15%时就将遭受亏损的担保债务权证，即康沃尔资本管理公司对赌的双A级担保债务权证以49.25美分收盘，贬值超过一半。现在巨大的脱节出现了：一方面，华尔街公司正在按面值1美元出售低利率计息双A级担保债务权证；另一方面，它们又在以49美分的价格交易由同样的债券组成的指数。摩根士丹利和德意志银行的销售员们匆忙发来电子邮件试图向查理解释，他不应该根据这些新的公开交易的次级担保债务权证产品的价格，推断他所对赌的那些担保债务权证产品的价值，因为它们的结构太复杂了。

第二天上午，查理给摩根士丹利回电话，希望购买更多的保险。“她说的好像是，‘我万分抱歉，但是我们不再做这个业务了，公司改变了想法’。”一觉醒来，摩根士丹利已经从疯狂地想出售次级抵押贷款保险变成连提都不想提了。“随后她把电话转给了她的老板，因为我们很熟悉。我问‘出什么问题了？’他说，‘不好意思，我真的很抱歉，但是银行出现了一些状况，导致摩根士丹利的最高领导层做出了一些风险管理的决定。’之后，我们之间再也没有做过任何交易。”查理不清楚具体是什么事情从内部惊醒了摩根士丹利，他也没有花费心思去想这个问题。他和本正忙着与美联银行的人谈话，他们在拉斯韦加斯认识，并很快与康沃尔资本管理公司做成了交易。“美联银行过去没有对冲基金客户，看到我们，这些人很激动，”本说，“美联银行正在试图成为一流的银行。”令人惊讶的是，美联银行仍然愿意以低廉的价格向他们出售针对次级抵押贷款债券的保险，但它不愿意承担与康沃尔资本管理公司直接交易的风险。于是查理安排他在玩乌兹冲锋枪射击时认识的那位来自贝尔斯登的朋友做中间人。交易金额为 4 500 万美元，2007 年 2 月双方达成协议，花了几个月的时间才确定细节，交易在 5 月初最终完成。“美联银行是上帝送给我们的礼物，”本说，“就好像我们在 3 万英尺[1]的高空，飞机出故障了，而美联银行恰好还有几个降落伞正在出售。现在已经没有人会出售降落伞了，也没有人真的相信他们需要降落伞……在此之后，市场完全失灵了。”

凭借最初不到 3 000 万美元的资产组合，康沃尔资本管理公司现在拥有 2.05 亿美元针对次级抵押贷款债券的信用违约掉期产品。唯一令他们懊恼的是，当初没有买入更多的信用违约掉期产品。“我们做了几乎所有的努力，尽可能地多买，”查理说，“我们

1. 1 英尺 ≈0.3048 米。——编者注

在询盘中都报了价格。对方回电话说，‘哎呀，你们差一点儿就成交了！’我们正要去踢球，对方却把球拿走了。我们提高了出价，但是就在那一刻，对方的报价又提高了。”

这没有什么意义：次级担保债务权证市场仍然按部就班地运行着，然而华尔街的大公司突然间对那些向这部机器提供原材料的投资人——想购买信用违约掉期产品的投资人——失去了作用。“表面上，其他人还在做多，但是它们却不再允许我们做空了。”查理说。

他无法确切地知道，华尔街大公司内部到底出现了什么问题，但是他可以猜测：这些公司内部的一些交易员惊醒过来，发现了一触即发的灾难，并尽力争取在崩盘之前逃出去。“我对贝尔斯登的人产生了怀疑，如果还可以买到针对担保债务权证的信用违约掉期产品，他们会自己买下来。”查理说。2007 年 2 月底，贝尔斯登的分析师吉安·辛哈（Gyan Sinha）发表了一篇论文，认为次级抵押贷款债券最近的下跌与债券的质量没有关系，问题在于“市场情绪”。查理读这篇文章的时候想，写这篇东西的人对市场上真实发生的问题的确是一无所知。按照贝尔斯登分析师的说法，双 A 级担保债务权证正以高于无风险利率 75 个基点的价格进行交易，也就是说，查理应该能够以每年 0.75% 的保险费率购买到信用违约掉期产品。然而事实恰恰相反，即使以 5 倍于这一费率的价格，贝尔斯登的交易员都不愿意卖给他。“我给这个家伙打了电话，说，‘你在说些什么呢？’他说，这是交易的实际情况。我问他，‘你们真的都在按那个价格交易吗？’而他说‘我得走了’，然后就挂断了电话。”

亏损和破产

他们的交易现在似乎已经一目了然了，就好像以极低的价格为正在被大火吞噬的房子购买了火灾保险。如果次级抵押贷款市场对效率哪怕有一丁点儿的兴趣，它当时就应该即刻关闭。从2005年年中到2007年年初的18个月间，次级抵押贷款债券的价格与支撑它们的贷款价值之间的断层越来越大。2007年1月底，债券价格与次级房屋贷款债券价格指数开始下跌。开始的时候，债券价格呈稳步下跌的趋势，随后则是快速下跌。到6月初，3B级次级债券指数以60美分的当日高点收盘，也就是说，债券已经损失了其原始价值的30%。有理由推断，由这些3B级次级债券衍生出来的那些担保债务权证产品也会崩溃。如果橘子是腐烂的，那么用这些橘子榨出来的橘子汁也会是变质的。

然而，这种情况并没有出现。相反，2007年2月至6月，以美林和花旗集团为首的华尔街大公司开发并销售了5 000万美元的担保债务权证产品。“我们完全被搞懵了，”查理说，“所有的人和所有的事都在恢复正常，尽管这一切显然并不正常。我们知道担保债务权证产品的抵押物已经不存在了。然而，所有的事情都还在继续，仿佛什么也没有发生却一样。”

现在的情况就好像整个金融市场都试图改变想法，却又意识到承担不起改变想法的代价。华尔街公司——最著名的是贝尔斯登和雷曼兄弟——继续发布其债券市场研究报告，重申市场的强势。2007年4月底，贝尔斯登举办了担保债务权证大会，查理偷偷地溜了进去。会议原定日程上有一场题为“怎么做空担保债务权证”的演讲，但是最后取消了，演讲用的幻灯片被放到了贝尔斯登的网站上。穆迪和标准普尔的表现也有点儿畏首畏尾，但表面上还是一副颐指气使的做派。5月底，两家大型的评级机构宣布，它们正在考虑变更它们所使用的次级债券评级模型。查理和加米雇了一名律师给穆迪打电话，并询问对方是否将用不同的标准为以后的次级债券评级，是否会重新考虑已经被做出糟糕评级的那些价值2万亿美元的债券。穆迪认为那不是一个好主意。"我们说，'你们不必对所有的债券重新评级，只需要对我们做空的那些重新评级'，"查理说，"对方说，'嗯……不行。'"

对查理和本以及加米来说，事情似乎已经完全清楚了，华尔街在支撑这些担保债务权证产品的价格，以便把损失转嫁到那些对它深信不疑的投资人身上，或者从这个正在腐烂的市场上赚回最后的几十亿美元。无论是哪种情况，华尔街都正在用已经腐烂的橘子榨汁并对外销售。到2007年3月底，"我们已经可以肯定，"查理说，"要么是整个赌局被完全操纵了，要么是我们疯了。欺诈行为如此明目张胆，对我们来说，这似乎已经威胁到了民主的崇高理想。我们真的被吓坏了。"他们两人都认识《纽约时报》和《华尔街日报》的记者，但是这些记者对他们的故事没有任何兴趣。《华尔街日报》的一位朋友帮他们联系了美国证交会执法局，对方也没有兴趣。在证交会位于曼哈顿下城的办公室里，证交会的官员会见了他们，非常客气地听了他们说的话。"这几乎就像一次心理治疗，"加米说，"我坐在那儿，说'我们刚经历了一件最疯狂的事情'。"在他们讲述的过程中，他们意识到听众完全没有听懂他们说的话。"我们的眼睛或许像三天三夜没睡觉那样充满血丝，"查理说，"但是那些官员对担保债务权证产品或者资产支撑证券一无所知。我们给他们详细讲解了我们的交易，但是我很肯定他们并不明白。”因此证交会没有跟进此事。

康沃尔资本管理公司面临一个比整个社会崩溃更紧急的问题，这一点我们都很清楚：贝尔斯登的破产。2007年6月14日，贝尔斯登资产管理公司（一家担保债务权证公司，由前贝尔斯登员工经营）显然得到了母公司的支持，宣布在对赌次级抵押贷款债券的过程中亏损，不得不在基金关闭前抛售这些赌注中价值38亿美元的资产。直到这一刻，康沃尔资本管理公司才明白，为什么是贝尔斯登而不是其他人，如此迫切地卖给自己针对担保债务权证产品的保险。“贝尔斯登能够向我们展示担保债务权证产品的流动性，但是我们不懂。”本说，“它在另一边有一个严阵以待的买家。我不知道我们的交易直接进入了它的基金中，我不知道这些资金还能去哪里。”

这里就存在一个新的问题：贝尔斯登将其信用违约掉期产品中的70%卖给了康沃尔资本管理公司。因为贝尔斯登很大而且很重要，而康沃尔资本管理公司只是一家车库对冲基金，因此贝尔斯登并没有被要求将抵押物交付给康沃尔资本管理公司，康沃尔资本管理公司现在完全暴露在贝尔斯登无力还清赌债的风险之中。康沃尔资本管理公司注意到，贝尔斯登并没有对次级抵押贷款债券业务进行太多的调整。“它把自己从一个低风险的经纪公司变成了次级抵押贷款引擎。”加米说。如果次级抵押贷款市场崩溃，贝尔斯登也将随之崩溃。

2007年3月，康沃尔资本管理公司从英国汇丰银行购买了1.05亿美元的针对贝尔斯登的信用违约掉期产品，也就是说，他们对贝尔斯登的破产下了赌注。如果贝尔斯登破产，汇丰银行就将欠他们1.05亿美元，当然，这是把他们的风险转移给了汇丰银行。汇丰银行是全球第三大银行，是那些很难想象会崩溃的机构之一。然而，2007 年 2 月 8 日，汇丰银行用一个声明重重地打击了市场：其次级抵押贷款组合出现了令人震惊的亏损。汇丰银行从 2003 年开始运营美国次级贷款业务，当时它收购了美国最大的消费贷款公司家庭金融公司。同样是家庭金融公司，把史蒂夫·艾斯曼推向了华尔街怀疑论者和华尔街愤世嫉俗者之间的那条狭窄边界。

脱离现实的市场走势

从社会学的观点看，规模达数万亿美元的美国债券市场的分崩离析是一场灾难。但从对冲基金交易的角度看，这却是一个人一生中难得一遇的机会。史蒂夫·艾斯曼一开始管理着 6 000 万美元的股权基金，现在他做空了大约价值 6 亿美元的各种与次级贷款有关的证券，而且他还想做空更多。“有时候，他的想法无法在一次交易中得到体现，”文尼说，“这一次可以了。”然而，艾斯曼受到了前点合伙公司的限制，接着又受到了摩根士丹利的限制。作为前点合伙公司的首席交易员，丹尼·摩西被夹在了艾斯曼和前点合伙公司风险管理人员的中间，因为这些人似乎并不完全清楚他们在做什么。“他们会给我打电话，说，‘你能让艾斯曼放弃一些头寸吗？’我去找艾斯曼，而艾斯曼会说，‘你让他们滚蛋。’而我得说‘滚开’。”但是那些风险管理人老是找上门来，让艾斯曼感觉碍手碍脚。“如果他们说，‘我们很看好这个，你可以做这个金额的 10 倍’，”丹尼说，“艾斯曼真的会做这个金额的 10 倍。”格雷格·李普曼现在不断地用各种各样有关住房市场的负面消息来轰炸文尼和丹尼，文尼和丹尼开始不让艾斯曼知道这些消息了。“我们都担心他会从办公室里冲出来大喊，做它1万亿美元！”丹尼说。

2007年春，次级抵押贷款市场令人意外地得到了一点儿加强。“次级市场的问题对整体经济和金融市场的影响好像被控制住了。”3月7日的报纸引用美联储主席本·伯南克的话说。“3月和4月的信贷质量总体上有所好转，”艾斯曼说，“总体向好的原因是人们拿到了退回的税款。证券从业人员应该知道这一点，但是他们没有考虑这一因素，反而收紧了信贷的利差。这种做法是愚蠢的。为什么这么笨？”令人大跌眼镜的是，股票市场持续飙升，前点合伙公司交易席位前的屏幕上发出的都是无休无止的牛市信号。“我们关掉了CNBC频道，”丹尼·摩西说，“这令我们很沮丧，走势完全脱离了现实。如果有负面的事情发生，媒体会把它杜撰为正面的。如果有正面的事情发生，媒体会将它无限夸大。这种情况改变你的心态，你不能让这些新闻在你心里蒙上阴影。”

从拉斯韦加斯回来后，他们不断纠缠评级机构，以及那些玩弄模型的华尔街人士，以期获得更多的消息。“我们在考虑，有什么事情可以让评级机构调低评级。”丹尼说。他们经常会想，为什么评级机构不对由浮动利率次级抵押贷款支撑的债券进行更加严格的审查。次级借款人不会故意违约，极少有人愿意去冒利率飙升的风险。然而，由于这些贷款中的大部分都是结构性的，住房所有者会在前两年支付一个固定的诱惑利率，比如说8%，随后，从第三年开始，利率会飙升到12%，而且从此以后永远都会在高位浮动。要理解第一期权公司和新世纪金融公司推出这种类型的贷款的原因，其实很容易：在两年之后，借款人要么违约，要么再融资。对这些公司来说，违约是件无关紧要的事情，因为它们自己没有保留任何贷款的风险，再融资则完全是再次向借款人收取费用的一个机会。通过与评级机构和次级债券包装业务相关人士的接触，艾斯曼了解到评级机构只是简单地假设借款人在贷款利率为 12% 的时候，会跟贷款利率为 8% 的时候一样偿还贷款，而这意味着债券持有人会得到更多的现金。浮动利率抵押贷款支撑的债券的利率高于固定利率贷款支撑的债券，这就是浮动利率次级抵押贷款的比例在过去 5 年中从 40% 上升到 80% 的原因。

这些贷款中的大部分现在都出现了问题，但是次级债券却没有变化，因为穆迪和标准普尔仍然固执地坚持它们对这些债券的评级。作为一个股权投资人，前点合伙公司被华尔街的股票经纪人所左右。艾斯曼要求高盛、摩根士丹利以及其他公司的股票推销员说服债券部门的人接受他的拜访。"我们总是问同一个问题，"艾斯曼说，"'在这整个过程中，评级机构在哪里？'而我得到的回应总是一样的，即他们不想说。"他给标准普尔打电话，问对方如果房地产价格下跌，对断供率会有什么影响。标准普尔的人没有说，因为他们的模型对于住房价格的设置不可能是一个负数。"他们只是假定住房价格将保持上涨趋势。"艾斯曼说。

最后，他与文尼一起搭乘地铁去见标准普尔的一位名叫厄内斯丁 · 华纳的女士。华纳在标准普尔指数监察部做分析师，监察部的工作是监控次级债券，并在支撑它们的贷款出现问题时下调它们的评级。贷款正在出现问题，但是债券评级却没有下降，因此，艾斯曼再一次想到，标准普尔是不是知道某些他不知道的事情。"当我们做空这些债券的时候，我们所得到的只是贷款池这个层面的数据。"他说。贷款池一级的数据仅能提供总体的特性——平均的 FICO 评分、平均的贷款价值比率、平均的无文件贷款数字，以及其他诸如此类的数据，而无法提供具体贷款的数据。比如说，贷款池一级的数据告诉你，在某些贷款池中 25% 的住房贷款是有保险的，但并不知道具体是哪些贷款——是那些很可能出问题的，还是那些不大可能出问题的，不得而知。要想确定华尔街公司对这个体系的操控达到什么程度是一件根本不可能的事情。“我们当然相信评级机构拥有的数据比我们多，”艾斯曼说，“但是事实并非如此。”

厄内斯丁·华纳的工作所依据的数据与像艾斯曼这样的交易员能够找到的资料同样粗糙。这是很危险的，因为债券价值的评估者无法获得有关债券的相关数据。“当我们问她原因的时候，”文尼说，“她说，债券发行人不提供给他们。这时我真的被惊呆了。‘你们应该要求得到这些数据！’她盯着我们看了一会儿，说“我们不能那样做”。我们说，这里谁说了算？你们都是成年人了，你们是执法者，命令华尔街公司给你们提供这些数据！”艾斯曼总结说：“标准普尔担心的是，如果它向华尔街要求提供那些数据，华尔街会去找穆迪来做评级公司。”

作为投资人，艾斯曼获准在由穆迪召集的季度会议上旁听，但是没有应邀提问。然而，穆迪的人对他渴望了解真相的心情深表同情，穆迪的首席执行官雷蒙德·麦克丹尼尔（Ray McDaniel）甚至邀请艾斯曼和团队去自己的办公室参观，这种姿态使他永远地成了艾斯曼喜欢的人。“什么时候做空会得到大家的欢迎？”艾斯曼自问自答，“当你做空的时候，整个世界都在你的对立面。唯一一个知道我们做空还肯与我们会面的公司是穆迪。”在他们的拉斯韦加斯之行后，艾斯曼和他的团队非常肯定世界将会天翻地覆，而且他们认为雷蒙德·麦克丹尼尔一定知道。“我们坐在那里，”文尼回忆，“他郑重其事地对我们说，‘我真的相信，我们的评级是精准的，这会得到证明。’艾斯曼站起身来问，‘你刚才说什么？’，就像这家伙刚刚发表了金融史上最颠倒黑白的声明一样。他又重复了一遍，而艾斯曼只是看着他笑。”“阁下，以我们对您应有的尊敬告诉您，”文尼在他们离开的时候，恭敬地说，“您错了。”这不是惠誉，甚至也不是标准普尔，这是穆迪。这是评级行业里的贵族，是沃伦·巴菲特持有20%股份的公司，而它的首席执行官却听说，自己被来自皇后区的文森特·丹尼尔视为傻瓜或恶棍。

隐藏的次贷危机

到2007年6月初的时候，次级抵押贷款债券市场已经重新开始了势不可当的衰退，前点合伙公司的头寸开始变化——开始是每天数千美元，随后则以百万美元计。“我知道我们正在赚钱，”艾斯曼经常会问，“但是谁在赔钱呢？”他们已经在做空抵押贷款发起人以及房屋建筑公司的股票，现在，他们做空的还有评级机构的股票。“这些机构给担保债务权证产品所做的评级要10倍于给通用电气债券所做的评级，”艾斯曼说，“所有这一切即将结束。”

他们的注意力自然转移到了资本主义跳动的心脏——华尔街的大投资银行身上。“我们原本的观点是，证券化机器是华尔街的大型利润中心，而它行将灭亡。”艾斯曼说，“当这种情况发生时，这些公司的收入来源将会枯竭。”华尔街推崇这个所谓结构性金融产业的原因之一，就是其陈旧的业务模式所获利润正在日益下降。股票经纪以及那些更加传统的债券经纪等业务的利润，已经被来自互联网的竞争挤压得所剩无几了。在市场停止购买次级抵押贷款债券和由次级抵押贷款债券支撑的担保债务权证产品的那一刻，华尔街的投资银行就会陷入麻烦之中。一直到 2007 年年中，艾斯曼还没有怀疑这些公司会愚蠢到去投资它们自己制造出来的东西。但他能够看到，它们的财务杠杆比率在过去几年间增长得相当剧烈；他当然也能够看到，它们正在用借来的钱买入越来越多的风险资产；而他看不到的是这些资产的性质：它们是 3A 级企业债券，还是 3A 级次级担保债务权证产品？"你不可能确切地知道，"他说，"没有披露。你不知道它们在资产负债表上属于什么。你会自然而然地认为，它们把这堆垃圾制造出来，接着就甩出去了。"

通过新发现的事实以及与那些经营大公司和评级机构的人的接触，艾斯曼开始怀疑市场出了问题。第一个新的事实是汇丰银行的声明。第一份声明出现在 2007 年 2 月，说的是汇丰银行在次级贷款上亏损了一大笔钱；第二份声明出现在 3 月，说的是抛售银行的次级组合。"汇丰银行被看成是好人，"文尼说，"它的做法被看成是在整顿家庭金融公司。我们想，有很多公司比它坏多了。"第二个新的事实是美林第二季度的经营成果。2007 年 7 月，美林宣布了轰动性的季度赢利，但是承认抵押交易收入下降，原因是次级债券的亏损。这个对大多数投资人来说是小事一桩的新闻，对艾斯曼来说却是大新闻：美林拥有相当数量的次级抵押贷款证券。美林的首席财务官杰夫·爱德华对彭博新闻社说，市场不需要为此担心，因为"积极的风险管理"已经让美林缩小了它暴露在较低评级的次级债券方面的敞口。"我不想太深入地去谈我们具体怎么定位自己。"爱德华说。但他的观察却足够深刻，即市场对美林在次级抵押贷款债券上的做法给予了太多的关注。或者，像爱德华所说的，"不成比例地在具体的地区关注具体的资产类别"。

艾斯曼却不这样认为，而且两周之后他说服了瑞银集团的分析师格伦·肖尔（Glenn Schorr）陪他去参加了一次爱德华与美林最大股东之间的小型会议。美林的首席财务官以解释美林正在面临的这个好像微不足道的次级抵押贷款问题开始了他的讲话，他说这些问题已经处于美林的控制之下。"我们没有在会议上讲得太深入，"与会者中有人这样说，"爱德华一直都在念他准备好的发言稿，而艾斯曼老是忽然打断他，'喂，你的模型是错误的！'尴尬的沉默立刻笼罩了整个会议室。你们笑了吗？你们尝试过想出某个问题来，让大家都有台阶下吗？艾斯曼坐在桌子的最远端，气定神闲地把他的文件一一摆放整齐，好像在说'如果那还不算粗鲁的话，我现在就走出去'。"

艾斯曼原本是把这次会议当成一个能礼貌交换意见的机会，但他很快就失去了兴趣。"没什么好说的了。这个家伙根本什么都不懂。"

表面上，这些华尔街大公司很强大。实际上，艾斯曼开始想，它们的问题不应该被界定为潜在的收益损失。如果它们真的不相信次级抵押贷款市场是它们的一个麻烦，那么次级抵押贷款市场可能就是它们的末日。他和他的团队现在开始寻找隐藏的次贷危险：谁在隐藏什么？"我们把这称为寻宝大行动。"他说。他并不确定，这些公司是否以某种方式站在赌局的另一边，但是，他看得越多，就越肯定它们自己也不知道。他得去与华尔街的首席执行官们会面，问问他们资产负债表上最基础的问题。“他们不清楚，”他说，“他们不清楚自己的资产负债表。”一次，在他的安排下，他与美国银行首席执行官肯·路易斯（Ken Lewis）进行了会谈。“我坐在那里听他讲。突然我有了一个灵感，我对自己说，‘哦，我的天哪，他是个蠢蛋！’管理着世界上最大银行之一的家伙是个蠢蛋！”他们与瑞银集团、花旗集团、雷曼兄弟以及其他几家公司一起做空美国银行。他们没有获得做空摩根士丹利的允许，因为他们的公司属于摩根士丹利，但是，要是他们可以做的话，他们一定会做。在他们建立了针对华尔街大银行的空头头寸后不久，他们迎来了著名分析师布拉德·欣茨（Brad Hintz）的到访，这位分析师在桑福德·伯恩斯坦公司负责与上述公司的业务。欣茨问艾斯曼他想干什么。

“我们刚刚做空了美林。”艾斯曼说。

“为什么？”欣茨问。

“我们的想法很简单，”艾斯曼说，“将会有一场灾难，而且无论如何，终将会有一场灾难，美林就在灾难之中。”当奥兰治县破产时，美林在那里。当互联网崩溃时，美林在那里。时间回到20世纪80年代，当第一位交易员放手一搏并导致了美林数亿美元的亏损时，美林在那里揩屁股。这就是艾斯曼的逻辑：华尔街觅食秩序的逻辑。高盛是一个在邻居家里玩儿游戏的大孩子，美林是被分派到最不快乐角色的胖小孩，能够参与就很高兴了。正如艾斯曼看到的，这场游戏是甩鞭子，他认为美林已经在链条最末端找到了分派给它的位置。

2007年7月17日，也就是在美联储主席本·伯南克告诉美国参议员次级抵押贷款市场的损失不超过 1 亿美元的两天之前，前点合伙公司做了一件很不寻常的事情：它公开举行了自己的电话会议。前点合伙公司一直只与极少数投资人举行电话会议，但是这次它选择完全公开。史蒂夫·艾斯曼成了一个公开的秘密。“艾斯曼是完全明白正在发生的一切的两个人中的一个。”一位著名的华尔街分析师说。有 500 个人打进了电话，听艾斯曼要说什么，而另外 500 个人则登记申请随后听取录音。艾斯曼解释了夹层担保债务权证的奇怪敛财术，而且说，他认为光这一小块儿市场就将亏损 3 000 亿美元。对于局势的评估，他这样告诉他的听众：“把你的模型扔进垃圾筒里。所有的模型都是向后看的，这些模型对这个世界将要变成什么样子无法给出任何建议……在我们的一生当中，在资产支撑证券的世界里，我们将不得不做出切合实际的思考。”他解释说，评级机构从道义上讲已经倒闭了，而且它们生活在担惊受怕之中，生怕哪天真的倒闭。“评级机构吓得半死，”他说，“因为它们什么都不做，这让它们看起来像傻瓜。”他认为所有美国住房抵押贷款——价值几万亿美元——都将遭受亏损。“我们正处在这个国家有史以来最伟大的社会实验之中，”艾斯曼说，“这不会是一场有趣的实验……你认为这种说法很丑陋，那是因为你还没有看到任何真实的情况。”他讲完之后，下一个发言者是一位在前点合伙公司管理独立基金的英国人，他的反应很慢。“对不起，”英国人带着挖苦的口吻说，“我在听到艾斯曼说世界将要完蛋之后，需要点儿时间来镇静一下。”所有人都笑了。

就在同一天稍晚的时候，贝尔斯登对冲基金的投资人接到通知说，贝尔斯登 16 亿美元的 3A 级次级贷款支撑的担保债务权证产品不只是损失了部分价值，而是一文不值了。艾斯曼现在终于相信，华尔街上的很多大公司正面临着极大的风险，而它们却对自己的危险境况一无所知。在他的信念的底层，是他与赵文共进晚餐的记忆。当时他领悟了夹层担保债务权证的中心作用，并且投下巨资对赌这些担保债务权证产品。这当然会引发出这个问题：担保债务权证里面具体都有什么？“我不知道这些东西里面有什么，”艾斯曼说，“你没有办法分析。你不能说，‘给我里面全是加利福尼亚贷款的那些担保债务权证产品’，没人知道里面是什么。”正如丹尼所说的，他们只知道“所有那些我们已经做空过一次的垃圾，又被包装在一起，成为一个组合”。超出这个范围，他们就只能盲目行动了。“艾斯曼的个性是先干起来，然后再慢慢搞清楚。”文尼说。

随后，新闻接踵而至。艾斯曼很久之前就开始订阅一份在华尔街很有名，而在这个圈子之外很少有人知道的新闻简报《格兰特利率观察家》。它的编辑吉姆·格兰特早在巨大的债务循环开始的时候，也就是20世纪80年代中期，就已经预言过末日的到来。2006年年末，格兰特决定调查这些被称为担保债务权证的奇怪的华尔街宠儿。他问他的年轻助手——一位拥有MBA（工商管理硕士）学位的化学工程师丹·格特纳（Dan Gertner）——是否明白这些东西。格特纳带着这些解释担保债务权证产品的文件找到潜在的投资人，汗流浃背，说得口干舌燥，但却无功而返。“之后他回来了，”格兰特说，“并且说，他没有办法搞清楚这是什么东西。我说，我认为我们可以自己搞清楚。”

格特纳翻来覆去地研究那些文件，最后得出结论，无论他研究得多么深入，他永远也看不到担保债务权证中最底层的那些东西。这对于吉姆·格兰特来说则意味着其他投资人也不可能看出来。反过来，格兰特的说法被证实了，有太多的人太把财务报表当回事儿了。2007年年初，格兰特写了一系列文章，建议评级机构放弃它们的做法——它们几乎是在连自己都不知道里面有什么东西的情况下，就以毋庸置疑的做法给这些担保债务权证评定了级别。"《格兰特利率观察家》的读者已经看到了，一堆毫无投资价值的抵押贷款债券是怎样被重新排列组合，成为一个抵押债务组合的。他们惊奇地、目不转睛地盯着这个过程，这个神秘的过程能够在这些债券的信贷评级过程中产生影响……"因为他闯下的祸，格兰特和他的助手一起被叫到标准普尔，挨了一顿臭骂。"我们确实被叫到了评级机构，评级机构的人说，'你们这些家伙就是不知天高地厚'，"格特纳说，"吉姆使用了'点石成金'的说法，但那些人不喜欢这个说法。"

就在《格兰特利率观察家》位于华尔街的办公室以北几公里的地方，一位持有悲观观点的股权对冲基金经理百思不得其解，他为什么没有听到别人质疑债券市场及其复杂产物的声音？在吉姆·格兰特的文章里，史蒂夫·艾斯曼找到了对他关于金融市场的理论的确证。"当我读到这篇文章的时候，"艾斯曼说，"我在想，哦，天哪，这就像找到了一座金矿。当我读到这篇文章的时候，我是金融市场里唯一一个极度兴奋的人。"

第八章

灾难发生前夕

偏执的追求

就在史蒂夫·艾斯曼看到《格兰特利率观察家》的那篇文章的那一天，迈克尔·巴里从他的首席财务官那里拿到了同样的文章，同时还附有一张便条："巴里，你没有兼职为《格兰特利率观察家》写稿吧？"

"没有。"巴里回复道，在他发现有人与他想法一致的时候，他并没有明显的激动表情。"我有一点儿吃惊，《格兰特利率观察家》根本没有与我联系过……"他仍然身处金融界，但又与它格格不入，他似乎在一面玻璃墙的另一边，却无法打破这面玻璃墙。他是在2003年年初为美国金融系统把脉的第一位投资人，当时市场正在利用金融工具扩展信贷范围。复杂的金融衍生品被凭空虚构出来，主要的目的是借钱给那些永远也不会还钱的人。

"我真的相信，这出戏的最后一幕是金融机构陷入危机之中，因为这些金融机构正在做一件蠢得不能再蠢的事情。"他在2003年4月给一位朋友的信中这样写道。这位朋友很困惑，为什么子孙资本公司写给投资人的季度信函的基调会变得如此灰暗。"我有一份工作，能够阶段性地为我的客户赚钱。但是，朋友，当你开始一项如果悲剧上演就会获得极大成功的投资时，就有些病态了。"随后，在2005年春，巴里在所有的投资者中，第一个准确地识别出什么样的悲剧将会发生，并与次级抵押贷款债券进行了巨额对赌。

现在，在2007年2月，次级贷款出现了创纪录的断供潮，金融机构的稳定性一天不如一天，除了巴里自己，似乎没有人记得他曾经说过的话。他告诉过他的投资人，他们需要有耐心——等到2005年发放的抵押贷款的诱惑利率期结束之后，这些赌注就会得到回报。但是，他们不够有耐心。他的很多投资人都不再相信他，而他则感觉自己被出卖了。一开始的时候，他曾经幻想过结果，但是，幻相全都与事实不符。“我猜想，我应该去睡上一觉，到2007年的时候再醒来。”他说。为了维持他与次级抵押贷款债券的对赌，他不得不解雇了他那个小团队里半数以上的人，廉价抛售了价值数十亿美元的赌注，这些是他用来对赌那些与次级抵押贷款市场联系最紧密的公司的。他现在遭到了前所未有的孤立，唯一改变的是他对此的解释。

不久之前，他的妻子把他带到斯坦福一位心理医生的办公室里。幼儿园的一名老师注意到他们4岁的儿子尼古拉有一些令人担忧的行为举止，并建议说，他需要进行一些测试。尼古拉在其他孩子睡觉的时候不睡，无论老师讲什么，他都会分心，他的心理似乎非常“活跃”。迈克尔·巴里不得不压制他的满腔怒火。不管怎么说，他做过医生，他怀疑，这名老师是想说，他没能诊断出自己儿子的注意力缺陷障碍。

“在我做住院医师期间，我曾经在一家注意力缺陷多动症诊所工作过，而且强烈感觉这种病症被过分夸大了。”他说，“这是一个出于‘拯救’目的的诊断，因为有太多的父母希望找到一个医学理由让他们的孩子吃药，或者接受孩子不好的行为习惯。”他想，他的儿子可能是有一点儿与众不同，但是这个不同是在好的方面。“我的儿子会问很多问题，”巴里说，“这是我所鼓励的，因为我小时候也总有一大堆问不完的问题，而当有人让我安静的时候，我总有一种受挫感。”现在，他更加小心地观察自己的儿子，注意到这个小家伙尽管很聪明，但是在与人交往方面存在问题。“当他想要沟通的时候，尽管他不是有意对其他孩子做什么不好的事，但他有时会斥责他们。”他回家后告诉妻子：“根本不用担心，他很好！”

他的妻子盯着他的眼睛，问：“你怎么知道？”

迈克尔·巴里医生对这个问题的回答是：“因为他像我！我过去就是那样。”

几家幼儿园都拒绝了他们的入园申请，却没有给出任何解释。在他们的再三要求之下，其中的一所幼儿园告诉巴里，他儿子的大小肌肉运动技能不足。“他在有关艺术和剪刀使用的测试中得分明显偏低，”巴里说，“但那又有什么关系。我的画现在还像一个 4 岁孩子画的，而且我痛恨艺术。”然而，为了安抚妻子的情绪，他同意对孩子进行测试。“结果只会证明他是个聪明孩子，一个‘大智若愚的天才’。”

然而，结果恰恰相反，由一名儿童心理学专家主持的测试表明他们的儿子患有阿斯伯格综合征。她说这是一个典型的案例，并建议让这孩子离开普通学校，入读特殊学校。迈克尔·巴里惊呆了，他回忆在医学院学到的有关阿斯伯格综合征的知识，但是想不起多少来。他的妻子递给他一大堆有关自闭症和相关疾病的书籍，最上面的一本是《阿斯伯格综合征完全指导手册》，由一位名叫托尼·阿特伍德的临床心理学家撰写，还有一本是阿特伍德的《阿斯伯格综合征：给父母和专业人士的指导》。

“在做出各种非语言行为方面具有明显缺陷，比如怒目而视……”

有。

“无法成功发展与同龄伙伴的关系……”

有。

“缺乏自发地与他人分享喜悦、兴趣或者成就的主动性……”

有。

“从他人眼中阅读社会 / 情感信息存在困难……”

有。

“在表达愤怒方面存在错误的情绪调节或者控制机制……”

有。

“……电脑如此诱人的原因之一，是你不用与它们交谈或者交往。它们有逻辑、可连续运转而且没有情绪。因此，它们是阿斯伯格综合征患者的理想选择……”

有。

“很多人都有一种爱好……阿斯伯格综合征患者的行为与正常人行为的区别，在于他们的追求常常是孤僻、偏执，而且极力控制着自己的时间和话语。”

有……有……有。

翻了几页之后，迈克尔·巴里意识到，他所读到的内容不是关于他儿子的，而是关于他自己的。“有多少人能够拿起一本书来，找到对他们生活的说明？”他说，“我痛恨那些告诉我‘我是谁’的书。我认为我是非同寻常的，它却说我与别人毫无二致。我的妻子和我是典型的阿斯伯格夫妻，而且我们拥有一个阿斯伯格儿子。”他的义眼不能再解释任何事情，令人不解的是它过去一直在解释。一只义眼怎么能解释一个游泳选手对深水的病态的担心——对不知道有什么潜伏在自己身体下面的恐惧？它怎么能解释孩童时代他对“洗钱”的热情？他冲洗美元纸币，再用毛巾把它们擦干，夹在书页中间，然后把书堆起来——这样他就会拥有看上去很“新”的钱。“我一直都善于钻研问题，并且很快精通某些东西。我认为我有些特别的地方，现在的情况却是，‘哦，很多阿斯伯格综合征患者都那样’。现在，我的这些特点都被视为一种疾病的症状。”

他抵制新闻。他拥有一种天分，能够找出并分析他感兴趣的那些问题的相关信息。他总是对自己怀有浓厚的兴趣。现在，在35岁的时候，他得到了关于自我的新信息，而他的第一反应是不希望知道这个信息。“我的第一个想法是，很多人都应该有这个问题，只是他们不知道罢了。”他说，“我很困惑，在这个时候知道这些对我真的是好事吗？为什么知道有关自己的这些事情对我来说是好事？”

他去找他的心理医生，想弄清楚他的病症对他的妻子和孩子的影响。然而，他的职业生涯却仍然没有得到新的消息，他没有改变投资决策的方式，也没有改变与他的投资人沟通的方式。他没有让投资人知道他的疾病。“我不认为这是一个必须披露的重要事实，”他说，“这是一个变化。我没有被诊断出有什么新的问题。这是我一直都有的问题。”从另一方面说，这也解释了有关他的大部分情况：他为生存做了什么，以及他是怎么做的；他对事实的偏执追求，他对逻辑的坚持，他从一大堆冗长的财务报表中快速找出有用信息的能力。患有阿斯伯格综合征的人无法控制他们对什么感兴趣。这真是万幸，他的特殊兴趣在金融市场上，而不是收集割草机名录上。当他以这种方式考虑问题的时候，他意识到，复杂的现代金融市场就像专门用来奖赏那些对金融市场感兴趣的阿斯伯格综合征患者的。“只有患有阿斯伯格综合征的人，才有可能阅读次级抵押贷款债券的说明书。”他说。

巨额赌注

到2007年年初，迈克尔·巴里发现自己陷入了一个怪异的处境。他为一大堆垃圾次级抵押贷款债券购买了保险，这些债券则源自2005年的贷款，但是，它们是“他的”信用违约掉期产品。其他人并不常进行此类交易，很多人都认为2005年所发放的贷款要比2006年的更健康。用债券市场的说法，它们是“冷门券种”。那就是它们最大的价值：他对赌的那些贷款池都“相对冷门”。为了反击这个说法，他开始自己进行研究。他发现，他做空的那些贷款池破产的概率几乎是其他贷款池的两倍，而且其中的1/3与2005年次贷交易的总体水平相比，更有可能出现取消赎回权的情况。2006年发放的贷款确实要比2005年的差，但是2005年发放的贷款也十分糟糕，而且离调整利率的日期更近。他确实选择了正确的住房所有者进行对赌。

在整个2006年以及2007年的头几个月里，巴里把他的信用违约掉期产品清单发给了高盛、美国银行和摩根士丹利，他希望它们把这些清单拿给潜在的买家看，让他能从中获得一些投资人关于市场价格的看法。毕竟，那是交易员应当具有的功能：中间人，市场的做市者。然而，这些公司的交易员并不具备这个功能。“他们似乎只能依赖我的清单，以一种极端投机的心态自己竞价。”巴里说。来自抵押贷款服务商的数据显示情况变得越来越糟糕——作为债券基础的贷款出问题的速度越来越快，然而，为这些贷款购买保险的价格，按他们的说法，却在下跌。“我看不出其中的逻辑，”他说，“我无法解释我看到的这个结果。”每个交易日的结束都意味着一次小型的清算：如果次级贷款市场崩溃，他们会把钱转给他；如果市场走强，他就得给他们汇钱。子孙资本公司的命运系在这些赌注身上，但是这个命运从短期看并不由一个公开和自由的市场决定，而是由高盛、美国银行和摩根士丹利来决定，每天迈克尔·巴里的信用违约掉期产品是赚钱还是赔钱。

然而，真实的情况是，他的信用违约掉期产品组合是不同寻常的。它们是由一位不同寻常的人物，用一种不同寻常的金融市场观，独立挑选出来的。仅凭这个事实本身，就可以使华尔街公司单方面地给他发出有关市场价格的指令。由于没有人交易这些迈克尔·巴里正在交易的东西，因此没有依据表明这些东西到底值多少钱，所以，高盛和摩根士丹利说它们值多少就是多少。巴里发现了这些公司管理市场的一个模式：所有有关住房市场或者整体经济的好消息，都被当成向子孙资本公司要求抵押物的借口；所有坏消息则全都被忽略，似乎与他下注的赌博无关。

华尔街公司总是声称它们没有自己的头寸，但是它们的行为告诉他的则是另外一回事。“银行的净头寸无论在什么情况下，都将作为标准，”他说，“我不认为它们会从市场上找标准。我认为它们只是发掘它们想要的。”也就是说，它们之所以拒绝承认他的赌注正在获利，是因为它们其实就是赌局的另一方。“当你跟交易员说话的时候，”他在2006年3月写给他的律师史蒂夫·德鲁斯金的信中说，“你将从他们的账簿里得到意见。他们写进账簿里的一切都是他们的观点。高盛碰巧积累了大量类似的风险。他们谈笑风生，似乎在抵押贷款池里什么也没有看到。不需要去煽动恐慌情绪……这个效果已经足够了。只要他们能够诱引更多的

（资金）流入金融市场，问题就迎刃而解了。这就是过去三四年间金融市场的历史。”

到 2006 年 4 月，巴里完成了为次级抵押贷款债券买入保险的工作。在一个 5.55 亿美元的投资组合中，他押下了 19 亿美元的赌注，赌那些应该收到钱但最终收不到钱的情况会出现。5 月份，他采用了一种新战术：询问华尔街的交易员是否愿意卖给他更多的信用违约掉期产品，价格由他们决定，其实他心里早就认定他们不会卖。“对方愿意以我的标准把我清单上的产品卖给我的情况一次都没有出现，”他在一封电子邮件中写道，“我清单上 80%~90% 的产品是以任何价格都买不到的。”在一个正常的市场中，证券的价格会反映新的市场情况，但这个几万亿美元的次级抵押贷款市场的风险却从未被反映过。“投资领域一条最古老的格言是，等你在报纸上读到消息，黄花菜都凉了，”他说，“这一次则不然。”

史蒂夫·德鲁斯金正越来越多地参与市场，而且无法相信市场居然是这样被控制的。“不可思议的是，人们用这种虚构的东西组成了一个市场，”德鲁斯金说，“这不是一种真正的资产。”这就像华尔街一致决定，允许大家就商业航班的准点情况进行赌博一样。联合航班 001 号准点到达的可能性显然改变了，由于天气、机械故障、驾驶员的素质，以及诸如此类的其他影响因素。但是改变的概率可以被忽略，一直到航班真的延误再考虑。当大型的抵押贷款放款人破产的时候，或者某些次级贷款池遭受了高于预期的亏损时，也不要紧。唯一要紧的，就是高盛和摩根士丹利觉得要紧的那些状况。

世界上最大的单一资本市场不是一个市场，而是市场以外的其他什么东西，但是它到底是什么呢？“我确实指责过我的对手，市场上也肯定存在欺诈，因为信用违约掉期产品一直保持在低位。”巴里在写给一位他信赖的投资人的电子邮件中说，“如果信用违约掉期产品是场骗局会怎样？我时刻都在问自己这个问题，而且我感觉现在比任何时候都更应该认真考虑这个问题。今年抵押贷款信用违约掉期产品贬值5%的情况绝对不能出现。”在给高盛推销员的邮件中他写道，“我认为我正在做空房市，但是我没有做到，这是因为交易信用违约掉期产品是犯罪吗？”几个月之后，当高盛宣布2006年将向每个员工发放54.2万美元红利的时候，巴里再次写道：“作为一个曾经做过煤气站服务员、停车场服务员、医学院住院医师以及现在被高盛盘剥的人，我觉得自己被冒犯了。”

意外的风险

2006年年中，他开始听到消息，有其他理财经理也想像他一样下注。有几个理财经理给他打来了电话，寻求他的帮助。“我对这些人说，我需要从这个交易中脱身。”他说，“我看着这些人，心里在想，他们还能进入这个领域是多么幸运啊。”如果市场是完全理性的，那么很久之前市场就应该灰飞烟灭了。“这颗星球上的某些最大的基金偷窥了我的大脑，复制了我的战略。”他在一封电子邮件里写道，“所以，如果这件事情发生了，赚到钱的绝不仅仅是子孙资本公司，然而，也不会是所有人。”

他现在身陷困境已经是不可否认的事实。“感觉就像我的内脏正在消化着它们自己。”他在9月中旬这样写道。像往常一样，他不幸的源泉是其他人，那些最让他烦恼的人是他自己的投资人。当他在2000年开放基金的时候，他公布的只是他的季度回报，对下一步打算则只字未提。现在，他们要求他每个月甚至每半个月做汇报，而且不断地就他对市场的悲观看法纠缠他。“我甚至觉得，你的主意越好，投资人就越不信任你，你也越可能被投资人所唾弃。”他说。他并不担心市场会因为某些证券而出现过于扭曲的情况，因为他知道，市场最终都要由逻辑来规范：要么生意兴隆，要么破产；要么偿清贷款，要么违约。但是，这些由他帮助管理资金的人却无法让自己的情绪与市场保持距离，他们现在都把表面的刺激因素看成整个次级抵押贷款市场的情况，并试图迫使他屈从市场的疯狂。“我尽了最大的努力克制自己，”他在给一位投资人的信中写道，“但是我也只能做到保有与我的投资人同样的耐心。”对另外一个牢骚满腹的投资人，他写道：“在对冲基金界，对一个勤奋的基金经理的定义是，一个拥有正确的想法，并且会眼睁睁地看着他的投资人在这个想法即将实现的前夜弃他而去的人。”当他为他们赚得巨额财富的时候，他很少听到他们的声音；但当他亏损了哪怕一点点的时候，他们就把怀疑和不信任铺天盖地地抛向他。

“所以，我认为把我们拖进大海的怪兽是信用违约掉期产品。你创作出了《老人与海》的情节。”

“什么时候可以止住流血？（8月份又下降了5%。）你现在在采用一个更加危险的战略吗？”

“你真的让我病倒了……你怎么能这样啊？”

“你能给我解释一下我们在这个头寸上会继续赔钱吗？如果我们潜在的损失是固定的，那么基于我们目前的亏损状况，这应该只占现有组合的很小一部分。”

投资人的最后一个问题往往是：一个选股人怎么能在这种不切实际的债券市场的对赌中亏损这么多呢？他也一直试图回答他们的问题：他坚持支付整个组合8%的保险费，每年一次，一直到基础贷款消失——很可能是5年，但是，也可能长达30年。8%乘以5年为40%，如果信用违约掉期产品价格下跌一半，子孙资本公司计入的逐日盯市亏损将会是20%。

更加严重的是，他的信用违约掉期产品合同包含一个条款，允许华尔街的大公司在子孙资本公司的资产跌落至某个水平时，取消它们与子孙资本公司的对赌。忽然之间，一个真正的风险出现了。他的绝大多数投资人都同意一个两年的封闭期，在此期间无法随意取出他们的资金。但是在他管理的5.55亿美元中，有3.02亿美元是符合提款条件的，有的在2006年年底，有的在2007年年中，而投资人已经排起了长队要求赎回资金。2006年10月，美国住房价格经历了35年来最严重的下跌，几周之前，3B级抵押贷款债券ABX指数经历了它的第一次“信贷事件”（也就是亏损），迈克尔·巴里的基金可能出现一次大涨——这是一只全力对赌次级抵押贷款市场的基金。“我们受到了人为的压制。”巴里的一位分析师说，巴里聘用了他们，但是一直没有告诉他们要做什么，因为他坚持要自己做所有的分析工作。“我们应该开始工作，我们应该说，‘我不想再在这儿等了’。整个行业都在对抗他，而投资人却想要退出。”

一天晚上，当巴里向他妻子抱怨金融市场缺乏远景规划时，有个想法出现在他的脑海中。他在与投资人的协议中享有一个权利，如果他把钱投资于“证券，而当这种证券没有公开市场，或者无法自由交易”时，他就可以不把钱还给他们。一份证券是否存在公开市场是由基金经理决定的。如果迈克尔·巴里认为没有——比如，他认为一个市场暂时失灵，或者存在某种欺诈情况时——他就可以“冻结”一项投资。也就是说，他可以告诉投资人，他们不能拿回他们的钱，必须等到他下的赌注运转正常才可以。

巴里做了对他来说似乎是唯一符合逻辑的事情：他冻结了他的信用违约掉期产品。急于拿回资金的投资人——包括他的创业支持者戈坦资本公司——从一封简明扼要的信中知道了他的这个想法：他锁定了投资人的部分资金，锁定比例为50%~55%。在这封信的后面是他的季度报告，他希望通过这种方式让大家的感觉稍微好点儿。但是他不善于考虑别人的感受，或者说他根本就不知道怎么去处理这样的事情。他写的信听起来不像道歉，倒更像是一次抨击。“我前所未有地对这个产品组合充满信心，原因与股票没有丝毫的关系”，信是这样开头的，然后，信中继续解释他怎样在市场上建立了足以让任何理财经理嫉妒的头寸。他怎样下的注，不是押在“住房市场的末日对决”（尽管他认为这一天必将到来），而是押在“2005年发放的贷款中最差的5%”。他的投资人应该感觉自己很幸运。他写信时的感觉好像坐在世界的顶峰，但他实际应该感觉到的是世界正压在他的头上。他最大的客户之一，一名纽约的投资人给他发了一封电子邮件：“以后我再说像‘我们在做空次级贷款组合，如果大家知道自己在做什么，那么他们都想这么做’以及‘不久之后，那些大人物中会有一个认真阅读那些说明书’之类的话时，我得加倍小心。”他的两位最早的笔友——两人都被他吓坏了——之中，有一位在回信中说：“除了独裁者，没有人会在他的资产缩水 17% 的时候写这样的信。”

随后，他在戈坦资本公司的合伙人威胁要起诉他，而且很快就有其他人加入，他们准备组织起来，打一场法律保卫战。戈坦资本公司的创始人从纽约飞到圣何塞，试图通过威逼手段让巴里退还他们投资的 1 亿美元。2006 年 1 月，戈坦资本公司的创办人格林布拉特在电视节目中推销一本书，当被要求说出几个他最喜欢的“价值投资人”的时候，他高度赞扬了迈克尔·巴里的才干。10 个月之后，他带着他的合伙人约翰·佩特里（John Petry）飞了 5 000 公里来见迈克尔·巴里，指责巴里是一个骗子，并且施压要巴里放弃自己认为最精明的投资。“如果说曾经有过那么一刻我想到要放弃的话，就是那个时候了。”巴里说，“对我来说，格林布拉特就像一个教父，一个我公司的合伙人，是他‘发现了’我，并且他是除了我的家人之外第一个支持我的人。我尊敬他，而且仰视他。”格林布拉特告诉他，任何法官都不会支持他的决定——冻结一份显然可以交易的证券，此时迈克尔·巴里对他的所有好感都消失了。当格林布拉特要求看看巴里对赌的次级抵押贷款的清单时，巴里拒绝了。在格林布拉特看来，他给了这个家伙 1 亿美元，而这个家伙不仅拒绝还给他，甚至拒绝跟他说话。

从格林布拉特的角度来看，在市场显然存在的时候冻结投资是完全不符合常理的。其间存在着一些显而易见的低价，迈克尔·巴里完全有机会从他与次级抵押贷款债券市场的对赌中脱身。对于他的大多数投资人来说，他们的看法是，巴里只是不想接受市场的审判：他下了糟糕的赌注，而且不愿意接受损失。但是对巴里来说，他的判断是，市场具有欺诈性，而乔尔·格林布拉特根本就不知道自己说的是什么。“我很清楚的一点是，他们仍然不明白（信用违约掉期）头寸是什么意思。”他说。

他敏锐地意识到，那些把钱投给他的人中有很大一部分直到现在还在鄙视他。这个意识促使他把自己锁在办公室里，大讲脏话，并对他的投资人增添了一种新的藐视，他想继续尝试向他们解释他的做法，尽管他们显然不会再听他说了。“我希望你能少说多听，”他的律师史蒂夫·德鲁斯金在2006年10月底写信给他，“他们正在准备提起诉讼。”

“这有点儿意思。”基普·奥伯丁说，他把目光转向其他公司之前，曾经安排白山公司成为巴里的另一个原始投资人，“巴里已经具体地解释了他正在做的事情。而且他也帮大家赚了大笔的钱。你应该想到，人们会黏着他。”人们却根本没有黏着巴里，而是在他同意的时候，一溜烟儿跑开了。人们恨他。“我只是不明白，大家为什么看不到我其实没有对他们造成一丝的伤害。”巴里说。12月29日深夜，巴里独自坐在办公室里，给他的妻子发了一封邮件：“（我是）如此不可思议地感觉压抑；我一直想回家，但是我现在异常狂躁和压抑。”

2007年1月，就在史蒂夫·艾斯曼和查理·莱德利兴高采烈地去拉斯韦加斯之前，迈克尔·巴里坐下来向他的投资人解释，在标准普尔500指数上涨超过10%的年份，他是怎么亏损了18.4%的。一个从一开始就把钱投给他的人享受着过去6年共计186%的收益，而标准普尔500指数在此期间只有10.13%的上涨，但是，此时巴里长期的成功不再具有任何意义。他现在每个月都在接受审判。“在刚刚过去的这一年里，我输给了我所有的同事和朋友，比例各不相同，大致在 30%~40%，”他写道，“一名理财经理面对从无人知晓到声名大噪，再到千夫所指的变化，不会无动于衷。”他接下来又说，这个后果会使他前所未有地确定，整个金融界都错了，而他是对的。“我总是相信，天才分析师通过辛勤的工作，能够让业务覆盖巨大规模的投资版图，这个信念在我的心里仍然是不可动摇的。”

然后，就像往常一样，巴里回到那些信用违约掉期产品业务上：所有的重要事实都指向最后的成功。在刚过去的两个月里，三个大型的抵押贷款发起人破产了……负责任的贷款中心预测，2007 年，220 万借款人将失去他们的住房，而在 2005 年和 2006 年所发放的次级抵押贷款中，每 5 个借款人就有 1 个会违约……

迈克尔·巴里极有可能成为一个华尔街恶棍。他以为自己写给投资人的季度信函是很私密的，但是这些信函现在经常被泄露给报社。一封令人讨厌的信出现在一份交易日报上，表明他冻结赌注的行为是多么不道德。巴里可以肯定，这封信是被他的投资人泄露出去的。“巴里是一个偏执狂，”一位投资人说，“人们真的不喜欢他。当他成为一个坏家伙的时候，他成了一个贪婪的反社会者，他意图偷窃全部的金钱。而且，他随时可以回去做一名神经科医生。这是所有人提到巴里时说到的第一件事情：他是个医生。”巴里开始听到有关他的那些奇怪的谣言，比如，他已经离开了他的妻子，躲了起来，甚至有人说他逃到了南非。“我最近的生活非常有趣。”巴里在写给他的一位笔友的信中说。

> 由于最近发生的这一切，我有了很多与投资人谈话的机会，这在我们这只基金的历史上还是首次。我被我听到的那些话吓坏了。看起来，投资人对我给他们的信只是随手翻翻，而

且很多人已经开始相信各种谣言和小道消息，并以此代替了客观分析和原始的信念。比如，我已经采用变通手段创建了一只私人股权基金，打算收购委内瑞拉的黄金公司；我创建了一只独立的名叫“弥尔顿的代表作”的对冲基金；我离婚了，毁灭了，永远不披露衍生品的交易情况；我借了80亿美元，把过去两年的大部分时间花在亚洲；我把除自己之外的华尔街的所有人都说成是白痴并横加指责；把基金的资本转移到我个人的账户里，从而或多或少将子孙资本公司变成了下一个阿玛兰斯。所有这些说法都不是事实。

巴里的外表总是与人们想象中的对冲基金经理的形象不相符。他整天穿着同样的短裤和T恤衫，他拒绝穿有鞋带的鞋子，他拒绝戴手表，甚至不戴结婚戒指。为了让自己在工作中平静下来，他经常播放刺耳的重金属音乐。“我认为，只要事情进展顺利，这些我个人的瑕疵人们是可以容忍的。”他说，“但是，当事情进展不顺利的时候，它们就成了指责我没有能力或者不稳重的话柄，甚至在我的员工和业务伙伴眼中也是这样。”

在拉斯韦加斯会议之后，市场下跌了，然后又复苏，并持续到了5月底。对于康沃尔资本管理公司的查理·莱德利来说，美国的金融体系由于华尔街银行、评级机构和政府监管者的阴谋，出现了系统性的崩溃。对于前点合伙公司的史蒂夫·艾斯曼来说，市场似乎是愚蠢的或者天真的：经历过如此众多的小规模恐慌，紧接着又出现强劲复苏的金融市场，把任何下跌都看成是另一次买入的机会。对于迈克尔·巴里来说，次级抵押贷款市场越来越像几个次级债券交易席位所实施的一次欺诈。“考虑到我们的对手所进行的大量欺诈，把信用违约掉期产品解冻的想法已经不再值得考虑了。”他在 2007 年 3 月底写道。

市场反转

2007 年上半年在金融史上是一个非常奇怪的时期，住房市场的现实情况与债券以及对债券进行保险的价格偏离得越来越严重。面对着令人不快的事实，华尔街大公司只是简单地选择对它们视而不见。市场上有很多微妙的变化，而所有这些变化在巴里的电子邮箱里都可以找到。2007 年 3 月 19 日，花旗集团的推销员第一次给巴里发了一份对抵押贷款池的严肃的分析报告，告诉他抵押贷款不是次级债，而是“次优级”。这个家伙仍然试图解释这些贷款池里包含多少只计利息的贷款，住房所有者所占的百分比是多少，等等——这确实是人们在考虑借款人的信用度时可能采用的方式。“当我追溯到 2005 年，对这些情况进行分析后，”巴里在一封电子邮件里写道，“没有什么事情更接近于这种来自经纪公司的分析。我把‘哑二’作为延伸买家的一个标志和我的选择标准。但是在没有人交易衍生品的时候，人们对我所讲的东西还没有任何了解，而且也没有人关心它们会怎样。”在 2007 年 2 月到 6 月那段漫长难熬的寂静期，它们开始发挥作用了。市场命悬一线，2007 年第一季度，子孙资本公司的投资组合上涨了接近 18%。

随后，有些事情改变了，尽管一开始很难看清楚是什么。2007 年 6 月 14 日，一对儿由贝尔斯登实际拥有的次级抵押贷款债券对冲基金破产。在接下来的两周里，公开交易的 3B 级次级抵押贷款债券指数下跌将近20%。就在这个时候，高盛在巴里的眼中也遭遇了令人担忧的衰退。巴里最大的头寸是与高盛建立的，而高盛最近已经不能或者不愿意决定这些头寸的价值了，所以，很难说有多少抵押物应该被没收。6月15日，高盛的女推销员韦罗妮卡·格林斯坦消失了。巴里又是打电话，又是发电子邮件，但是她都没有回复，一直到接下来的星期一。她告诉他，她那天"一整天都在外面"。

"只要市场有利于我们，总是会出现这种情况。"巴里写道，"它们的人病了，它们的人外出了。"

6月20日，格林斯坦最终告诉他，高盛遭遇了"系统性的失灵"。

"这很滑稽。"巴里回复道，因为摩根士丹利方面说的基本上也是同样的话。而美国银行的推销员对他说，他们"没电了"。

"我认为这些'系统问题'是借口，是为赢得时间来清理幕后的垃圾而找出来的借口。"他说。高盛的女推销员给出了一个漏洞百出的解释，声称尽管次级抵押贷款债券指数崩溃了，但是为它们保险的市场还没有出现什么变化。她用的是手机，而不是办公室的电话，如果是办公室的电话，谈话就有可能被录音。

华尔街公司在让步，全部都是。在将近两年的时间里，每个月的月底，巴里都在看着华尔街的交易员给他的头寸标上不利于他的价格。也就是说，每个月月底，他对赌次级债券的赌注都在神秘地贬值，而每个月月底恰好也是华尔街的交易员将他们的利润表提交给他们的经理和风险控制经理的时候。6月29日，巴里收到了一张来自摩根士丹利的销售员阿特·林格尼斯（Art Ringness）的便条，上面说摩根士丹利想确认"标价是公平的"。第二天，高盛也跟着来了，这是两年来的第一次，在月底的时候，高盛没有把标价调到不利于他的位置。“这是它们第一次精确地调整我们的标价，”他说道，“因为它们自己也要加入这项交易了。”市场最终接受了巴里对它的诊断。

高盛加入巴里交易的时刻，也是市场反转的时刻。某种类型的溃败已经开始了：似乎每个人都急于跟他说话。摩根士丹利一直是最不愿意接受次级贷款方面的负面消息的银行，现在却打电话来说愿意购买巴里所拥有的任何产品，“无论什么规模”。巴里还听到了另一个谣言，并且很快确认了，高盛管理的全球阿尔法基金在次级贷款上出现了巨额亏损，高盛很快从押注次级抵押贷款市场转为对赌这个市场。

这是最合适的时机，也就是巴里在 2005 年夏季告诉他的投资人要等待的时机。价值 7 500 亿美元的垃圾抵押贷款将从诱惑利率转换为新的更高的利率。巴里下过注的一个单独的抵押贷款池 OOMLT2005-3 就足以说明一个基本的事实。OOMLT2005-3 是由第一期权公司开发的次级抵押贷款池的简称，其中大多数贷款都发生在 2005 年 4 月和 7 月。从 2007 年 1 月到 6 月，关于该贷款池的新闻层出不穷：违法行为、破产、丧失抵押品赎回权。考虑到它所依赖的债券的评级情况，它的亏损扩大了，但是亏损的情况在一个月之内并没有太大的变化。从 2007 年 2 月 25 日到 5 月 25 日（汇款数据的截止日期为每月 25 日），OOMLT2005-3 内部的违约、丧失抵押品赎回权以及破产比例从 15.6% 上升到了 16.9%。到 6 月 25 日，出现违约的贷款比例上升到了 18.68%。7 月，该比例又上升到 21.4%，8 月，跃升至 25.44%，到年底上升到了 37.7%——贷款池中超过 1/3 的借款人已经断供。这些损失不仅足以冲销迈克尔·巴里对赌的那些债券，而且连很多有更高评级的债券也难逃厄运。6月25日，华尔街公司内部开始出现恐慌，这让迈克尔·巴里相信，华尔街公司或许是以有关汇款数据的内部信息作为工作的依据。“交易员常常拥有（抵押贷款的）服务器，”他写道，“而且或许能够得到关于恶化情况的内部数据。”

在OOMLT2005-3以及所有他购买过信用违约掉期产品的住房贷款池崩溃的那个月，迈克尔·巴里注意到了本·伯南克和时任美国财政部长的亨利·保尔森的说法。每个人都在反复强调，他们看不到来自次级抵押贷款的亏损会在金融市场中“传染”的可能性。“当我一马当先地在2005年开始做空这些抵押贷款的时候，”巴里在一封电子邮件里写道，“我就非常清楚，这不大可能在两年内了结。理由很简单，在过去几年发起的抵押贷款中，绝大部分都具有一个吸引人的特点，叫作‘诱惑利率期’。现在正是2005年的那些抵押贷款诱惑利率期结束的时候，而2006年的抵押贷款诱惑利率期将于2008年结束。哪一个清醒的人会在2007年年初就断定，次级贷款的陨落不会导致‘传染’？票据从理论上来说还没有到期呢。”

纵观整个华尔街，次级抵押贷款债券交易员做多而且做错了，他们开始手忙脚乱地销售头寸，或者买入保险。迈克尔·巴里的信用违约掉期产品忽然之间变得时髦起来，然而，更让他吃惊的是，市场消化重要消息的速度极其缓慢。“你可以看到，所有这些交易在到达重置日之前都在亏损，”他说，“而重置只是将它们引至另一个失败。我处于一种永久性的怀疑状态。我应该想到，2007年6月前会有人意识到并参与进来。如果真的是由于6月份的汇款数据让他们突然间醍醐灌顶，我会想，‘华尔街的分析师们’整天到底都在干什么？”

到了7月底，巴里的头寸标价朝有利于他的方向快速移动，而且，他正在研究像约翰·保尔森这样的交易天才的行为。保尔森在巴里建仓一年之后也开始了交易。彭博新闻社发表了一篇文章，认为有几个人提前看到了灾难的来临，并且说其中只有一个人在一家华尔街大公司做债券交易员，就是那个曾经在德意志银行做资产支撑债券交易的名不见经传的交易员——格雷格·李普曼。前点合伙公司和康沃尔资本管理公司都被漏掉了，但是彭博新闻社文章中最不应该漏掉的投资人正独自坐在加利福尼亚库比蒂诺的办公室里。迈克尔·巴里看到了文章，并通过电子邮件将该文发给办公室里的每个人，并附了一个说明："李普曼从我这里拿走了我的原创想法，并且付诸实施。这个做法让他获得了名声。"他的投资人基本上没有人说话，虽然他使他们的钱增长了不止一倍。没有道歉，也没有感谢。"没有人回过头来说，'是的，你是对的'，"他说，"非常安静，异乎寻常的安静，这种沉默让我怒火中烧。"留给他的只有他最喜欢的沟通方式——他给投资人的信。2007年7月初，随着市场的崩溃，他提出了一个很好的问题。"这一切事情中一个十分令人吃惊的方面是，"他写道，"很少看到有关投资人实际因次级抵押贷款市场而遭受损失的报告……为什么我们不听听这个时代的长期资本管理公司的故事？"

第九章

书写结尾的时刻

开发信用违约掉期产品

豪伊·许布勒（Howie Hubler）在新泽西长大，在蒙特克莱尔州学院踢足球。每个见到他的人都会注意到他那粗壮的脖子、硕大的头颅以及络腮胡子，这些特点既可以被解读为令人羡慕的直率，也可以被视作伪装。他声音浑厚，性格上刚愎自用，喜欢恃强凌弱。“当交易中面临某些需要智慧的问题时，豪伊不会去想机智的办法。”一个许布勒早年在摩根士丹利工作时负责指导他的人说，“他会说，‘滚出去，不要让我再见到你。’”有人喜欢许布勒，有人不喜欢，但是到2004年年初，别人怎么想其实都已经不重要了，因为豪伊·许布勒为摩根士丹利交易债券并赢利已经近10年了。他负责摩根士丹利的资产支撑债券交易，实际上就是负责为公司在次级抵押贷款上下注。在那个时候，次级抵押贷款债券市场异常繁荣，这使资产支撑债券交易员的地位和作用发生了变化，许布勒的事业和格雷格·李普曼的一样。像所有资产支撑债券交易员一样，他一直在玩儿一种赌注很小的扑克牌游戏，因为市场上没有出现过什么严重的错误。价格会出现下跌，但最终会涨回来。你可以喜欢资产支撑债券，或者热爱资产支撑债券，却没有道理恨它们，因为还没有任何金融工具可以对赌它们。

在摩根士丹利内部，次级抵押贷款的繁荣造就了一段令人沉醉的时光。摩根士丹利在消费贷款领域一直遥遥领先于其他对手，在指导评级机构怎么给针对资产支撑债券池的担保债务权证产品估值方面，摩根士丹利的知识分子——金融工程师——一直都发挥着举足轻重的作用。因此，摩根士丹利内部的某个人考虑是否应该开发一个针对资产支撑债券的信用违约掉期产品，是一件再自然不过的事情了。豪伊·许布勒的次级抵押贷款交易席位正在以一种新的、更快的速度开发债券。为了这个目的，许布勒的团队不得不“存储”贷款，有时候甚至会长达数月。在购买贷款和销售基于这些贷款所开发的债券期间，他的团队暴露在价格下跌的风险之中。“我们开发信用违约掉期产品就是为了保护由豪伊·许布勒所管理的抵押贷款席位。”开发团队的一名成员说。如果摩根士丹利能够找到某个人并向他出售贷款保险的话，许布勒就可以规避住房贷款的市场风险。

正如一开始所设想的情况一样，2003 年，次级抵押贷款信用违约掉期产品是一份一次性的没有标准格式的保险合同，只在摩根士丹利和其他银行或者保险公司之间签订，并没有得到广泛的市场关注。没有任何普通人曾经听说过这些信用违约掉期产品，如果摩根士丹利处理得好，也不可能让其他人知道。在开始设计的时候，这些产品都很神秘、不透明、非流动，因此除了摩根士丹利，没有任何人能够为它定价。用市场的语言来说，这是一种“定制”产品。到 2004 年年底，许布勒对某些次级抵押贷款债券越来越不满，而且想找出一些聪明的办法来对赌它们。同样的想法也出现在摩根士丹利的知识精英中间。2003 年年初，他们中有人建议组成一个小组，由许布勒来管理，但这个提议很快被那些交易员们忘记了。“一名金融工程师开发了这个东西，而他们（许布勒和他的交易员们）从他那里偷走了它。”摩根士丹利的一名债券推销员说，她看到了整个事件的始末。一名与许布勒关系亲密的助手——交易员迈克·埃德曼，成为一个新产品的官方开发者：针对没有时间限制的次级抵押贷款池的信用违约掉期产品。

对赌次级贷款的一种风险是，只要住房价格保持上涨，借款人就能够再次贷款，来偿还他们过去的贷款。如果你购买了保险的贷款池缩水，你的保险金额也会随之缩水。埃德曼的信用违约掉期产品通过一些合同细则解决了这个问题，具体的规定就是，摩根士丹利针对贷款池里最后未偿还的贷款购买保险。摩根士丹利的赌注不是押在整个次级抵押贷款池上，而是押在池中几笔最不可能还款的贷款上。然而，赌注的规模是相同的，就像池中的贷款都没有还款一样。摩根士丹利购买了洪灾保险，如果有一滴水落到房子的任何位置，它就可获赔整座房子所值的金额。

这样的设计注定了摩根士丹利新定制的信用违约掉期产品在理论上肯定会在未来某一天得到赔付。因为它的整体赔付所需要的只是贷款池中出现 4% 的亏损，这种比例的亏损即使在次级抵押贷款的黄金时期也出现过。从豪伊·许布勒那些交易员的观点看，唯一的问题是找到一位愚蠢到愿意接住这个赌注的客户，也就是说，让客户把针对一所注定要被毁坏的住房的保险卖给摩根士丹利。“他们发现有一个傻瓜在做多某些 3B 级垃圾债券。”他们的一名前同事说，这是他们表示找到了一个目标的方式。一个傻瓜，一个我们可以利用的客户。“这就是故事的开头——它促成了许布勒的第一笔交易。”

到 2005 年年初，豪伊·许布勒在市场上找到了足够多的傻瓜，买到了价值 20 亿美元的这种定制的信用违约掉期产品。从那些傻瓜的观点看，豪伊·许布勒到处寻找的信用违约掉期产品就是免费的资金：摩根士丹利要为这些没有风险、可以持有、事实上是投资级（3B 级）的有资产支撑的债券每年付给自己 2.5%。这个想法对德国的机构投资者特别有吸引力，它们要么没有看到合同的细则，要么只看到了表面的评级。

到2005年春，豪伊·许布勒和他的交易员们相信——他们确实有理由相信——他们所开发出来的这些保险单肯定会为他们带来回报。他们想多买一些。然而，就在这个时候，迈克尔·巴里开始搅局，他不断购买标准化的信用违约掉期产品。德意志银行的格雷格·李普曼、高盛的两个交易员，还有另外一些人走到了一起，他们确定了合同的细节。摩根士丹利的迈克·埃德曼也被拉到了他们的讨论中，因为当时针对次级抵押贷款债券的信用违约掉期产品已经开始公开交易，而且完成了标准化过程，豪伊·许布勒的团队无法再继续传播他们更阴险、更私密的版本了。

摩根士丹利的新交易团队

时间到了2006年4月，次级抵押贷款债券机器正在轰鸣。豪伊·许布勒是摩根士丹利的明星债券交易员，按照他的估计，他的团队贡献了摩根士丹利利润总额的大约20%。他们的利润从2004年的4亿美元提高到了2005年的7亿美元，2006年更是达到了10亿美元。许布勒在年底的时候能拿到2 500万美元的红利，他不再满足于继续做一个普通的债券交易员。华尔街最好和最聪明的交易员都辞去了他们在大公司的工作，转而去对冲基金工作，在那儿，他们能赚到的不是数千万美元，而是数亿美元。从那些没有脑子的投资人那里捡一点儿散碎银子似乎与华尔街一流债券交易员的身份不符。“许布勒认为，客户业务是愚蠢的，”许布勒的一位交易员说，“这是他本来应该做的事情，但是他已经对它失去了兴趣。”借助摩根士丹利客户的愚蠢行为，许布勒可以赚到数亿美元，利用公司资本去与他们对赌，他能赚数十亿美元。

摩根士丹利的管理层出于对自身利益的考虑，也担心许布勒和他的交易员团队会辞职并创建自己的对冲基金。为了留住他们，管理层给许布勒提供了一个特别的条件：一个他自己专有的交易团队，还有一个煞有介事的名字——GPCG，也叫环球财产信贷集团。许布勒可以拥有这个团队所创造利润的一部分。“这个想法，”团队中的一名成员说，“是为了让我们从每年赚 10 亿美元向赚 20 亿美元前进，马上。”这个想法也可以让许布勒和他的团队拥有他们所创造利润的一大部分。如果可行，摩根士丹利承诺，允许许布勒将其剥离出去，成立一个独立的资金管理公司，他在其中占有 50% 的股份。除了从事其他的业务，这个公司还将经营次级贷款支撑的担保债务权证产品。它将与其他对冲基金，比如赵文的哈丁咨询公司，展开角逐。

摩根士丹利债券交易大厅里公认最好和最聪明的交易员都一窝蜂地想加入许布勒的团队。“他们都是精英中的精英，”交易员中的一位说，“许布勒带走了所有最聪明的人。”被挑中的几个人搬到了摩根士丹利位于曼哈顿市中心办公楼的 10 楼，制造出摩根士丹利内部没有利益冲突的假象。交易员可以回到 2 楼与客户进行交易，而且不会提到他们与许布勒以及他的团队在 10 楼进行的交易的任何相关信息。托尼 · 图法列洛（Tony Tufariello）是摩根士丹利全球债券交易的负责人，因此理论上也是豪伊 · 许布勒的老板，他为自己在豪伊那里设了一间办公室，不知疲倦地在 2 楼和 10 楼之间奔波。豪伊 · 许布勒想要的不仅是人，他还疯狂地想要带走他团队的交易头寸。他们的交易细节非常复杂，摩根士丹利的一位次级抵押贷款债券交易员说：“我想，在许布诺上面的领导当中，没有谁能够完全明白他正在做的交易。”但是他们的原则很简单：把大规模的赌注押到次级贷款会出现问题之上。他们的交易头寸中最重要的仍然是价值20亿美元的定制信用违约掉期产品，许布勒确信，在不久之后的某一天，这一产品将会产生20亿美元的净利润。次级抵押贷款池刚开始经历第一波亏损，而就在它们亏损的那一刻，许布勒可以获得全部的赔款。

然而，还有一件非常烦琐的事情：这些保险合同的保险费吞噬了许布勒团队的短期收益。“这个团队是被寄望一年要赚20亿美元的，”有成员说，“而我们持有的信用违约掉期产品头寸需要我们付出2亿美元。”为了冲抵经营成本，许布勒决定售出一些针对3A级次级担保债务权证的信用违约掉期产品，以收回一些保险费。问题在于，3A级担保债务权证产品的保险费只是3B级产品保险费的1/10，所以，要想拿回与他已经支付的那些钱等额的钱，需要卖出的信用违约掉期产品必须是他已经拥有的产品的10倍。他们很快与高盛和德意志银行以及其他几家公司做成了五六笔大规模的交易。

到2007年1月底，当整个次级抵押贷款债券业涌向拉斯韦加斯为自己庆祝的时候，豪伊·许布勒卖出了价值大约160亿美元的针对3A级担保债务权证的信用违约掉期产品。华尔街的债券交易精英们，甚至整个次级抵押贷款债券市场，都从来没有过如此泾渭分明的表达：在2006年9月和2007年1月间，摩根士丹利地位最高的债券交易员，出于实际的目的，购买了160亿美元3A级担保债务权证产品，这些产品完全由3B级次级抵押贷款债券组成，只要基础次级抵押贷款池出现8%的亏损，这些产品就将一文不值。事实上，豪伊·许布勒赌的是，某些3B级次级债券会出现问题，但是不会全部如此。他对他的市场保持机警，但是还不够机警。

“这些交易没有风险”

在摩根士丹利内部，显然从来没有对公司的风险承担者是否应该被允许购买160亿美元的次级抵押贷款债券这个问题有过太多的质疑。豪伊·许布勒的专门团队当然需要向高级管理层和风险管理部门提供他们的交易信息，但是交易员们所提交的信息掩盖了所谓风险的性质。许布勒团队所冒的160亿美元的次贷风险在摩根士丹利的风险报告中被放在一个风险包里，上面标着“3A”字样，意思是，这些债券像美国国债一样安全。它们在计算风险价值时再次出现。风险价值是华尔街管理层经常用来测算交易员所做交易的风险的一种工具，这种测算主要关注某种指定股票或者债券近期的变动情况，而很少关注过去的情况。由于价值还没有出现过大的波动，3A级次级贷款支撑的担保债务权证在摩根士丹利的内部报告中被认为是没有风险的。2007年3月，许布勒的交易员准备了一份报告，通过许布勒的老板交给了摩根士丹利的董事会，这份报告对他们在次级抵押贷款市场的“伟大的结构性头寸”大吹大擂。没有人提出这样一个显而易见的问题：如果次级抵押贷款借款人开始以高于预期的比例断供，伟大的结构性头寸会出现什么情况？

豪伊·许布勒正在冒一个巨大的风险，尽管他没有提出，或许是没有意识到。他押下巨额赌注在一批担保债务权证产品上，对于这些产品，康沃尔资本管理公司已经对赌了；这些产品几乎全部是由次级抵押贷款债券组成的，对于这些次级抵押贷款债券，前点合伙公司和子孙资本公司已经对赌了。在过去的 20 多年间，债券市场的复杂性帮助华尔街债券交易员欺骗华尔街的客户。现在，它开始让债券交易员自已欺骗自己了。

一个有争议的问题是，一个担保债务权证内部的各种次级抵押贷款债券价格的相关性到底有多大。可能的答案范围从 0（它们的价格波动情况相互之间毫无关系）到 100%（它们的价格波动情况完全一致）。穆迪和标准普尔判断，在由 3B 级债券组成的债券池里，债券价格的相关性大约为 30%，这种说法所表达的意思与它表面呈现出的完全不一样。它并不意味着如果某只债券出现问题，其他债券也会出现问题的概率是 30%；它的意思是，如果一种债券出现问题，其他债券几乎不会出现下跌。

这些贷款在本质上并不完全一样，在住房价格停止上涨时必然会出现断供，这一假设为穆迪和标准普尔对几乎每个担保债务权证的 80% 的贷款都授予 3A 级的做法提供了依据，而且让整个担保债务权证业务成为可能。它同时也使豪伊·许布勒购买价值 160 亿美元的这些产品的决定变得合理。摩根士丹利就像其他华尔街公司一样，说服评级机构像对待企业贷款一样对待消费贷款——作为资产，如果把它们捆绑在一起，其风险可以急剧降低。那些做游说的人将其看成一项推销工作：他们知道企业贷款和消费贷款之间存在差异，但是评级机构没有能够抓住这一点。差异在于，在次级抵押贷款债券市场，几乎没有可以参照的历史，而且从来没有出现过全美范围内房地产市场崩溃的情况。摩根士丹利的精英债券交易员没有花费太多的时间担心这个问题，豪伊·许布勒对评级深信不疑。

接到豪伊·许布勒电话的华尔街债券交易员有这样的感觉：

许布勒认为这些赌注是完全没有风险的——他应该收获一点儿蝇头小利……不用付出任何代价。当然，他不是唯一一个有这种信念的人。许布勒和美林的交易员对摩根士丹利向美林购买20亿美元3A级担保债务权证产品的交易，反反复复谈了很多次。许布勒希望美林在无风险利率之上加28个基点（0.28%），而美林只同意加24个基点。在一笔20亿美元的交易上——一项最终将20亿美元的亏损从美林转移到摩根士丹利的交易，双方交易员争论的焦点是每年80万美元的利息金额。由于利率条件没有谈成，交易告吹。许布勒与德意志银行也出现了同样的讨价还价。在德意志银行，格雷格·李普曼现在心都提到了嗓子眼儿，担心这些3A级担保债务权证产品在某一天会一文不值。德意志银行给了许布勒他要求的28个基点，在2006年12月和2007年1月，他们分别达成了两笔均为20亿美元的交易。“当我们做这些交易的时候，我们双方都很愉快，我们都认为这些事情没有风险。”负责与许布勒交易的德意志银行的经理说。

从2007年2月初至6月这段暗无天日的日子里，次级抵押贷款市场就像一个巨大的充满氦气的气球，被十几家华尔街大银行硬拖到地面上。每家公司都拉着自己的绳子，它们都清楚，不管它们多用力，最终它们都将被气球拖着腾空而起。6月份，这些公司一家接一家地悄悄放开了手中的绳子。根据首席执行官杰米·戴蒙的指示，J. P. 摩根在2006年深秋放弃了市场。因为李普曼的关系，德意志银行总是表现得很暧昧。高盛是下一个，而且它不只是放手，甚至转过身来，豪赌次级贷款市场，进一步加速了气球的致命上升。贝尔斯登的次级贷款对冲基金在6月破产后，贝尔斯登手里的绳子被强行割断了，气球飘得离地面更远了。

从赢利10亿美元到亏损27亿美元

不久之前，在2007年4月，豪伊·许布勒或许对他的赌局规模还是有些不放心，于是他与管理贝尔斯登对冲基金的拉尔夫·乔菲（Ralph Cioffi）达成了一项交易。4月2日，全美最大的次级贷款放款人新世纪公司陷入了断供的泥沼，只好申请破产。摩根士丹利要将手中160亿美元的3A级担保债务权证中的60亿美元份额卖给乔菲。价格下跌了一点儿，乔菲要求无风险利率增加40个基点（0.4%）。许布勒与摩根士丹利总裁佐依·克鲁兹（Zoe Cruz）商议了一下，他们共同决定，他们宁愿保留次级贷款的风险，也不愿意将数十亿美元的亏损变现。这个决定最终使摩根士丹利付出了60亿美元的代价，而摩根士丹利的首席执行官约翰·麦克（John Mack）一直都没有参与。“麦克一直都没有跟许布勒谈过，”许布勒最亲近的一名助手说，“在这段时间里，许布勒从来没有与麦克单独坐下来聊过。”

然而，到2007年5月，豪伊·许布勒和摩根士丹利之间的不和日趋白热化。令人大跌眼镜的是，这一切竟与160亿美元债券的复杂情况毫无关系，尽管这些债券的价值最终取决于拉斯韦加斯那位拥有5处房产的脱衣舞娘，或者来自墨西哥的拥有价值75万美元住房的草莓采摘工人在面对快速上涨的利率时的还款能力。争议的焦点是摩根士丹利没有履行其承诺，让许布勒的专有交易团队成为独立的资金管理公司，并让许布勒在公司里拥有50%的股权。在被摩根士丹利的行为激怒后，豪伊·许布勒威胁要辞职。为了留住他，摩根士丹利承诺让他和他的交易员享有更多GPCG利润的份额。2006年，许布勒拿到了2 500万美元；2007年，据了解，他拿到的应该更多。

在许布勒及其交易员抬高了他们与老板之间的交易条件一个月之后，摩根士丹利最后还是提出了那个令人感觉很不是滋味的问题：如果中低收入的美国人断供的比例大于预期的数字，他们押在次级抵押贷款市场上的巨额赌注会出现什么样的情况？如果根据华尔街最悲观的分析师预测出的亏损数据，押下的赌注会有何表现？在当时看来，许布勒的赌注已经做过“压力测试”，假设的情况是次级抵押贷款池出现了美国近代史上曾出现过的最大亏损，即6%。现在，许布勒的交易员被要求设想他们的赌注在亏损达到10%时的情况，这些要求主要来自摩根士丹利的首席风险官汤姆·道莱（Tom Daula）。许布勒和他的交易员对此都感到很气愤，同时又感觉心烦意乱，担心道莱会把这些问题捅出去。“事情很诡异，”他们中的某个人说，“人们对这件事情充满疑虑。就好像在说，根本不知道这些家伙在谈什么。如果损失率达到10%，将会有100万人无家可归。”（许布勒团队的亏损最终有可能达到40%。）正如许布勒团队以外的一名摩根士丹利高级管理人员所说的：“他们根本就不让你看到结果，他们总是在说，世界上不可能发生那样的情况。”

许布勒的交易员花了10天的时间，创造出一个他们其实根本不想展示给任何人的结果：10%的损失会使他们押在次级抵押贷款上的赌注从预计赢利10亿美元变成预计亏损27亿美元。正如一名摩根士丹利的资深经理所说的，“做完压力测试后，风险控制人员看起来非常沮丧”。许布勒和他的交易员想方设法让他们保持镇静，他们说，放轻松，那些亏损的情况永远不会发生。

然而，风险管理部门无法放轻松。在风险管理部门看来，许布勒和他的交易员似乎没有完全弄懂自己的游戏。许布勒一直振振有词地说他在对赌次级抵押贷款市场，如果是这样，为什么市场崩溃时他会亏损数十亿美元？正如一名摩根士丹利的高级风险经理所说的："押红或者押黑并且知道自己正在押红或者押黑是一回事。押注在某一方，而你对此并不了解，则是另外一回事。"

2007 年 7 月初，摩根士丹利接到了第一个电话会议邀请，来自格雷格·李普曼和他在德意志银行的老板们，他们告诉豪伊·许布勒和他的老板们，许布勒 6 个月前卖给德意志银行的 40 亿美元信用违约掉期产品已经转为对德意志银行有利了，所以请摩根士丹利在当天下班之前汇给德意志银行 12 亿美元。或者，用李普曼的原话来说就是：哥们儿，你欠我们 12 亿美元。

当时已经有数千亿美元的 3A 级次级担保债务权证产品散落于各个华尔街公司中，这些产品曾经被视为没有任何风险，而现在，按照格雷格·李普曼的说法，每一美元面额债券的价值只有 70 美分了。"你说的 70 美分是什么意思？我们的模型得出的结果是 95 美分。"摩根士丹利的一名与会者在电话中说。豪伊·许布勒的反应也是一样。

"我们的模型结果是它只值 70 美分。"德意志银行方面的一位与会者回复说。

"哦，我们的模型说它值 95 美分。"摩根士丹利的人重复道，然后继续说他的担保债务权证产品中的数千种 3B 级债券的相关性非常低，所以，几只债券出问题并不意味着它们都会一文不值。

在这一点上，格雷格·李普曼只是说："兄弟，去你的模型。我可以给你提供一个交易，你有三种选择。你可以按 70 美分的价格卖给我，或者你可以按 77 美分的价格再买一些，又或者你可以给我我应得的12亿美元。”

摩根士丹利不想再买入任何次级抵押贷款债券，豪伊·许布勒不想再买入任何次级贷款支撑的债券，他要松开手中紧握的那根绑在气球上的绳子。然而，他不想承受亏损，因此坚持说，尽管他不愿意以77美分的价格购买更多，但是他的3A级担保债务权证产品的每一美元面额债券还是值95美分。他把皮球踢回给了他的上级，在与德意志银行中职位与他相当的人商量之后，他最终同意支付6亿美元。对于德意志银行来说，还有一个办法，就是将这个问题提交给由3家华尔街银行随机选出来的人组成的一个工作组，由他们决定这些3A级担保债务权证产品是否值这个价钱。这是对华尔街的混乱和欺骗的一种估量，德意志银行不介意承担这些风险。

不管怎样，在德意志银行看来，附加担保并不是一件大事。“当李普曼提出付款要求的时候，”一位德意志银行的高级经理人说，“就像为了维持业务的正常运行一样，我们需要尽力去做所有事项中的最后一项。摩根士丹利有700亿美元的资金，我们知道钱就在那里。”

对于李普曼的价格是否准确的问题，连德意志银行内部的人都有不同意见。“这个数字是如此巨大，”参与讨论的一个人说，“以至于很多人都说这根本不可能是正确的，摩根士丹利不可能欠我们12亿美元。”

然而，摩根士丹利确实欠了这么多。这只是一系列问题的开始，这些问题将在几个月之后，在摩根士丹利首席执行官和华尔街分析师之间的一次电话会议之后结束。断供的情况在增加，债券的崩溃随处可见，紧随其后的就是由这些债券组成的担保债务权证产品。经历了几波下跌之后，德意志银行给摩根士丹利提供了退出交易的机会。格雷格·李普曼第一次给豪伊·许布勒打电话，告诉他可以以 12 亿美元的价格，退出与德意志银行 40 亿美元的交易；李普曼在第二次电话中报出的退出价格提高到了 15 亿美元。每一次，豪伊·许布勒或者他的交易员都会在价格问题上争论不休，并拒绝退出。“我们是与他们一路拼杀下来的。”德意志银行的一名交易员说。

德意志银行的收账员意识到，摩根士丹利的债券交易员错误地理解了他们的那些交易。他们没有撒谎，他们真的是没有理解次级担保债务权证的本质。3B 级次级贷款债券之间的相关性不是 30%，而是 100%。当其中一只崩溃的时候，其他所有债券都会随之崩溃，因为它们都受到同样的经济力量的驱动。最后，对于一只担保债务权证，从 1 美元降到 95 美分，再降到 77 美分，或者又降到 7 美分，其实并没有太大的差别。次级债券的基础要么都是坏的，要么都是好的。担保债务权证要么值 1 美元，要么一文不值。

最大的单一交易亏损

在价格降到 7 美分的时候，格雷格·李普曼允许摩根士丹利退出交易。豪伊·许布勒的 160 亿美元中的第一笔 40 亿美元，亏损了大约 37 亿美元。到了这个时候，李普曼不再跟豪伊·许布勒说什么了，因为豪伊·许布勒不再是摩根士丹利的雇员了。“豪伊请了几周假，”他团队中的一名成员说，“然后就再也没有回来。”2007 年 10 月他获准辞职，“带走了 2006 年年底公司为防止他辞职承诺给他的几百万美元。他留下的债务，按照向摩根士丹利董事会报告的数字，大约为 90 亿美元，这是华尔街历史上最大的一笔单一交易亏损。其他公司的亏损可能远不止如此，而且，那些亏损基本上都与次级抵押贷款债券有着千丝万缕的关系。在市场崩溃的时候，花旗集团和美林以及其他公司还持有大量此类产品，但是这些都只是它们的担保债务权证机器的副产品。它们持有次级抵押贷款支撑的担保债务权证产品并不是为了兴趣，而是为了卖出这些产品时可能收取的费用。豪伊 · 许布勒的损失是简单押注的结果。许布勒和他的交易员认为自己很聪明，他们来到地球上就是为了利用市场的无效率。然而事实恰恰相反，他们的所作所为只是贡献了更多的无效率而已。

辞职之后回到新泽西的豪伊 · 许布勒没有把电话号码留给任何人，唯一能够让他聊以自慰的是，他还不是赌桌上最蠢的那一个。他或许没有及时放开手中的绳子，坐失了拯救摩根士丹利的最好时机，但是，随着他跌落到地面，他也可以脚踏实地地抬头看着那只气球在天上越飘越高，而且上面依然挂满了华尔街的尸体。2007 年 7 月初，也就是在格雷格 · 李普曼给他打电话索要 12 亿美元的前几天，许布勒曾经为他的 3A 级担保债务权证产品找到了几个买家。第一家是瑞穗金融集团，这是日本第二大银行的交易部门。日本人曾经被这些新兴的美国金融创新产品弄得头晕目眩，并且敬而远之。瑞穗金融集团本来一直默默无闻，现在却认为自己是美国次级债券的聪明交易者，从摩根士丹利手中接下了价值 10 亿美元的次级债支撑的担保债务权证产品。

另外一个较大的买家是瑞银集团，它接下了许布勒手上 20 亿美元的 3A 级担保债务权证产品，另外还有数亿美元的 3B 级债券空头头寸。那是在 2007 年 7 月份，市场崩溃的前一刻，瑞银集团看着豪伊·许布勒的交易有些眼红，因此说，“我们也想要点儿”。豪伊·许布勒亲自购买的 160 亿美元的 3A 级担保债务权证产品缩水到接近 130 亿美元。几个月之后，为了给自己在美国次级贷款市场亏损的 374 亿美元找个借口，瑞银集团公布了一份言辞闪烁的报告，报告中披露，瑞银集团所雇用的美国债券交易员自始至终都在努力说服银行购买更多其他华尔街公司推出的次级抵押贷款债券。“如果人们知道了交易的内幕，肯定会跳起来。”一名瑞银集团债券交易员说，“在瑞银集团，这是一项非常有争议的交易，一直严格保密。很多人要是知道这项交易的存在，早就大呼小叫了。当大家都知道相关性是 1（也就是 100%）的时候，我们采取了相关交易措施，从许布勒的手里接了下来。”他进一步解释说，瑞银集团执行这项交易的交易员主要是受到他们自己模型的驱动——根据这种模型，在他们交易的那一刻，就意味着他们获得了 3 000 万美元的利润。

2007 年 12 月 19 日，摩根士丹利与投资人召开了一次电话会议。公司想解释清楚一次交易造成的 92 亿美元亏损如何吞噬了由其 5 万名员工所创造出来的利润。“我们今天所公布的结果令我和我的公司蒙羞，”约翰·麦克这样开场，“这是我们定息债券部门的一个交易席位做出错误判断所导致的后果，也是我们没有能够对风险进行适当管理的结果……从本质上来看，本季度的亏损全部来自一个抵押贷款业务的单独席位所进行的交易。”首席执行官解释说，摩根士丹利本来拥有针对次级抵押贷款风险的“对冲”手段，然而“在 10 月底和 11 月这种非同寻常的市场条件下，对冲没有充分发挥作用”。但是，市场条件在 10 月和 11 月并不是异常的。在10月和11月，市场首次开始准确地为次级抵押贷款风险定价，要说有什么异常，应该是那些碰巧带领着人们进入10月和11月的事情。

在麦克表示他希望“自己作为这个公司的领导人，能够保持绝对清醒，为公司的业绩负全部责任”之后，他受到了来自其他华尔街公司分析师的普遍质疑。找到困境的根源让这些分析师花了一些时间，但是最终他们找到了。4名分析师被挑选出来，就一场华尔街历史上最大的单一自营交易亏损事件对麦克进行了调查，随后，来自高盛的威廉·塔诺纳（Wliiliam Tanona）对麦克进行了询问。

塔诺纳：再问一个有关风险的问题，我知道每个人都曾经在风险上跳过舞……请帮助我们想象一下，这种事情是怎么发生的，竟然造成了这么巨大的亏损。我的意思是，我只是自己想象，你们应该有足够的措施，明确头寸的限制范围和风险的限制范围。这让我很难想通，你们居然会有一个能够亏损90亿美元的席位。

约翰·麦克：这个问题问得不对。

塔诺纳：对不起，你能再说一遍吗？

约翰·麦克：喂。嗨。而且……

塔诺纳：我没听懂你的意思……

约翰·麦克：你看，让我们说得清楚一点。第一，这项交易是得到过认可的，而且进入了我们的账户。第二，它进入了我们的风险管理系统。这很简单。这些事情都做了，所以，我并不是强词夺理。当这些家伙强调这些头寸造成亏损的情况时，他们没有发现……我们应该会有这种程度的违约情况出现，真的。公平地说，我们的风险管理部门也没有重视那些亏损。它就是如此简单。这就是让我们深受其害的长尾风险，是的。这就是所发生的情况。

塔诺纳：好吧。这很公平。我在想我要提的其他问题。我很吃惊的一点是，尽管亏损达到这样的水平，你们公司的交易风险价值在这个季度仍然保持稳定，我想这些应该属于营业资产。你是否能够给我解释一下为什么你们的风险价值没有出现剧烈的上升？

约翰·麦克：我认为风险价值是对流动交易风险的一个非常好的阐释。但是，从……（听不清楚）方面看，等我们离开这里，我会很高兴跟你探讨这个问题，而我此刻不能回答你。

这是没有意义的对话，它无法解释摩根士丹利债券交易业务深层的复杂性。这些话语真正暴露出的是首席执行官本人没有真正理解当时的局势。约翰·麦克在他的首席执行官同僚中被广泛视为对债券交易风险有着相对清醒的认识。无论如何，他本人是债券交易员出身，而且上升到这个位置也是为了支持摩根士丹利勇于冒险的文化。然而，他不仅没有明白他的交易员们的行动方向，而且在他们执迷不悟的时候还给他们提供了支持，甚至在他们已经亏损90亿美元之后，他也无法解释他们都做了些什么。

最后的时刻

最后的时刻终于来了：次级抵押贷款灾难性风险的最后买家

停止了买入。2007年8月1日，股票持有人就贝尔斯登对冲基金的暴跌问题，提起了他们针对贝尔斯登的首次诉讼。在这次诉讼不太明显的影响中，有一项是给康沃尔资本管理公司三位持有巨额而且大多数购自贝尔斯登的信用违约掉期产品的年轻人敲响了警钟。自从拉斯韦加斯会议以来，查理·莱德利对他们所经历的这些事件的重大意义的认识就不曾动摇过。本·霍克特是三个人当中唯一一个在华尔街大企业工作过的人，他心里开始时时闪现某种灾难性结局的画面。而加米·麦只是认为华尔街上的很多人都是卑鄙小人。三个人担心的是贝尔斯登或许会破产，而他们无法拿到他们在赌局中所赢得的好处。“会有这么一个时刻，你不能再与华尔街公司进行任何交易。”本说，“到时候，情况就是那样。”

2007年8月的第一周，他们东奔西走，试图正确认识双A级担保债务权证产品的价格，仅在几个月之前，这个产品还一直在以一个没有任何风险的价格交易。“相关债券在暴跌，所有与我们交易的人都说可以给我们两个点。”查理说。到7月底的时候，贝尔斯登和摩根士丹利还在说，每一美元面额的双A级担保债务权证产品值98美分。豪伊·许布勒和格雷格·李普曼的争论在市场上不停地重演。

康沃尔资本管理公司持有针对20种垃圾担保债务权证的信用违约掉期产品，但是每一种产品的情况都有所不同，所以，要准确地判断它们所处的位置是一件非常困难的事情。但有一件事情是清楚的：他们的高风险赌注已经不再是高风险的了。华尔街交易员曾经不停地告诫他们，他们永远也不可能从这些针对双A级担保债务权证的信用违约掉期产品中脱身。但是，市场陷入了恐慌，而且似乎每个人都迫切地要给与次级抵押贷款债券有关的所有产品购买保险。现在计算公式变了：如果发生什么事情导致市场反弹，比如说美国政府出面为所有的次级抵押贷款担保，他们就将眼睁睁地看着自己失去大笔的钱。当然，如果贝尔斯登破产，他们也将颗粒无收。这是对灾难可能性的奇怪的警示，他们现在觉得自己暴露在某种灾难性风险的中心地带。他们迫切地想要拯救自己，找到某个买家来购买他们手上大量新近才热门起来的保险单。

这项工作落到了本·霍克特的肩上。查理·莱德利曾经尝试过几次，想扮演交易员的角色，但是都失败了。“到处都有规矩，”查理说，“你必须知道该说什么，如果你没做对，每个人都不会理睬你。我以为我会说‘卖出’，而实际上我在说‘买入’。我终于痛苦地认识到，我做不了交易。”本曾经靠交易谋生，而且是三个人中唯一一个知道该说什么和怎么说的人。然而，他正在英格兰南部与他妻子的家人一起度假。

本·霍克特出现在英格兰德文郡埃克斯茅斯市的一家名叫药猴儿的小酒吧里，坐在那里寻找针对双A级夹层次级担保债务权证的价值2.05亿美元的信用违约掉期产品的买家。药猴儿酒吧提供这个小镇上不多见的无线互联网接入服务，没有任何一位热情洋溢的英国酒客会关心，甚至都不会注意坐在角落的那个美国人，他一会儿摆弄他的彭博终端机，一会儿用他的手机打电话，从下午两点一直折腾到午夜11点。最终，只有三家华尔街公司——贝尔斯登、德意志银行和摩根士丹利确认愿意与康沃尔资本管理公司交易，而且提供了国际互换与衍生品协议。“本过去总是告诉我们，没有国际互换与衍生品协议，做交易也是可能的，但这不是典型的做法。”查理说。现在也不是典型的时刻。8 月 3 日，星期五，本给每一家华尔街大公司都打了电话，说："你不认识我，而且我知道你无法给我们一份国际互换与衍生品协议，但是我有针对次级抵押贷款支撑的担保债务权证产品的保险，我愿意出售。没有国际互换与衍生品协议，你们愿意跟我们交易吗？”“通常的回答是不愿意，”本说，“而我会说，‘问一下你们负责信贷交易的头儿和负责风险管理的头儿，看看他们是不是会有不同的想法’。”那个星期五，只有一家银行想跟他进行交易，这家银行是瑞银集团，而且非常急切。最后一个执着于氦气气球的人刚刚放掉了他手里的绳子。

8 月 6 日，星期一，本回到了药猴儿酒吧，开始进行交易。对于价值 0.5% 的保险单，瑞银集团报出了愿意加 30 个基点的价格，也就是说，康沃尔资本管理公司 2.05 亿美元的信用违约掉期产品，他们买入时花了大约 100 万美元，忽然之间它们的价值就超过了 6 000 万美元（2.05 亿美元的 30%）。然而，瑞银集团不再是唯一一家对此有兴趣的公司了，花旗集团和美林以及雷曼兄弟在星期五的时候还表现得不屑一顾，但到了星期一也变得迫切起来。所有人都满头大汗地为他们公司开发出来的这些担保债务权证产品的风险定价。“对我来说很容易，因为对方必须看清楚每一个交易的细节，”本说，“而我只要钱。”康沃尔资本管理公司拥有 20 种单独的头寸可供销售。本的互联网连接时断时续，手机接收信号也是一样的情况。而这些华尔街公司的急迫心情没有稍许的停顿，它们在近乎绝望地为正在熊熊燃烧着的房子购买火灾保险。“这是我们第一次看到价格反映了其真实的价值。”查理说，“我们所持有的头寸中，有的曾经被贝尔斯登估值为 60 万美元，而第二天我们就将其卖到了 600 万美元。”

到星期三晚上 11 点的时候，本收工了。这一天是 2007 年 8 月 8 日，法国巴黎银行宣布由于美国次贷危机导致的问题，它将停止货币市场基金投资人的取款业务。本、查理和加米不清楚，为什么他们赌注中的 3/4 会被一家瑞士银行买走。瑞银集团这个名字在康沃尔资本管理公司内部很少被提及，直到有一天，这家银行开始不断地请求购买这些现在定价已经非常高的次级债保险。“我没有任何理由想到瑞银集团也会进入次级债业务。”查理说，“回想起来，我无法相信我们居然没有转过身去做空瑞银集团。”在买走康沃尔资本管理公司的信用违约掉期产品之后，无论是瑞银集团还是其他任何一家华尔街买家都没有意识到，它们现在正处于导致贝尔斯登倒闭的同样的风险之中。这种想法在华尔街大公司的内部仍然被认为是无法想象的。康沃尔资本管理公司在 4 年半前以 11 万美元起家，从 100 万美元的赌注中净赚了 8 000 万美元。“令我们感到安慰的是我们不是赌桌上的那个傻瓜。”加米说。他们不是赌桌上的傻瓜，高风险的赌注最终获得了 80∶1 的收益。而在药猴儿酒吧里，根本没有人问本他在做什么。

他妻子的那个英国大家庭里当然会有人在想他跑去哪里了，他也尽量进行了解释。他认为，正在发生的这一切非常重要，银行体系正在瓦解，这预示着某种剧烈动荡将会出现。当银行停摆，信贷就将停摆；当信贷停摆，交易也将停摆；当交易停摆，芝加哥城用于供水的氯气就只有 8 天的储备量，医院也将没有药品。现代社会所设定的模式是先消费，后付款。“我在午夜回家，想跟我的内弟谈谈我们孩子的未来。”本说，“我让家里所有人确保他们在汇丰银行的账户的安全。我告诉他们，留点儿现金在手上，因为我们或许会面临某种崩溃的局面。但是，要完全解释清楚原因却非常困难。”你怎么向一群生活在自由世界中的无辜的公民解释针对双 A 级次级担保债务权证的信用违约掉期产品的重要性？他尝试过，但是他的英国内弟用奇怪的眼神盯着他。他们能够理解某些人刚刚亏损了一大笔钱，而本刚刚赚了一大笔钱，但是他们的理解仅限于此。“我无法真正地跟他们讲这些，”他说，“他们是英国人。”

2007 年 8 月 31 日，迈克尔·巴里开始认真地抛售他的信用违约掉期产品，这些东西的价值已经是当初买入时的两倍了。仅在几个月之前，巴里拿到的信用违约掉期产品的报价是 200 个基点，或者说是本金的 2%，最高的时候多达 19 亿美元。现在他拿到的报价是 7 580 和 7 585 个基点，报出这些价格的华尔街公司绝望地想在下跌中得到一些缓冲。在这个季度末，巴里报告说他的基金上涨了 100%。到年底，在一个不到 5.5 亿美元的投资组合上，他实现的利润已经超过了 7.2 亿美元，但他仍然没有从他的投资人那里听到什么好话。“尽管一切都已经明朗，今年是一个丰收年，而且事实也已经证明我是对的，但我们内部还是没有胜利的气氛。”他说，“赚钱与我们想象中的情况一点儿都不像。”对于他的创业投资人戈坦资本公司，他发了一封只有一句话的邮件：“欢迎你们。”他已经决定把戈坦资本公司踢出基金，而且坚持要它出售所持有的股份。当它要求他报出价格的时候，他回答说：“你们拿走去年几乎被你们搅黄的那几千万美元，然后我们和平分手，如何？”

在他刚开始做投资的时候，他曾经决定不向他的投资人收取通常的 2% 的管理费。在他没有赢利的那一年，不收费意味着他只能解雇员工。现在他给他的投资人写了一封信，告诉他们自己改变了政策，这足以让他的投资人再次对他怒目相向，尽管这时他已经让他们变得很有钱了。“我只是想不明白，你是怎么找到这些令别人厌恶你的办法的。”他的一位笔友在邮件中告诉他，“你在这方面真的很有天分。”

自从知道自己是一名阿斯伯格综合征患者以来，他学到的有关阿斯伯格综合征患者的事情之一，就是他对扮演角色具有强烈的兴趣。这些角色是一个安全地带，让他从一个充满敌意的世界中逃离出来。这就是患有阿斯伯格综合征的人要如此剧烈地折腾自己和无法控制自己的原因。“我的医生帮助我找到了这些问题，”他在一封邮件中写道，“当我回顾我的整个人生时，我从中获得的启发良多：

> 你可以做得很好——当医生这样说的时候，总是让我觉得非常中听。嗯，如果你与一位很难融入社会的人相处，这个人经常感觉被误解、被忽视，因而很孤独，你会看到强烈的兴趣会让他形成一种传统意义上的自我。患有阿斯伯格综合征的孩子可以将注意力集中在他们所喜欢的科目上，很快地增加他们在这方面的知识量，通常水平远远超过其他小伙伴。自我强化是一个令人欣慰的过程，它给患有阿斯伯格综合征的孩子提供了某些不常见的体验。只要兴趣还能够提供那种自我强化，变化的风险就几乎不存在。但是，当兴趣遭遇了坎坷，或者他在兴趣中经历了失败，消极的感受就会非常强烈，特别是当这种感受来自别人的时候。在这样的情况下，兴趣就会变得跟那些阿斯伯格综合征患者力图逃避的一切一样，比如显而易见的困扰、误解、排斥他人。于是，患有阿

斯伯格综合征的人就不得不寻找其他的兴趣来建立并维护这个自我。

在2006年的大部分时间里和2007年年初，迈克尔·巴里所经历的就是一个私密的噩梦。在一封电子邮件里，他写道："我最亲近的合作伙伴变得极端地仇恨我……这些生意扼杀了我生命中不可或缺的一部分。问题在于，我还没有鉴别出来它们扼杀的是哪一部分。但是，它是我内心死去的某种非常重要的东西，我能够感觉到它。"随着他对金融市场的兴趣逐渐消失，他买了一把吉他。这种感觉很奇怪：他不会弹吉他，而且也没有天分，他甚至都不想玩儿吉他。他只是想了解用来制作吉他的各种类型的木材，只是想购买吉他和弹片以及放大器。他只是需要知道所有有关吉他的事情。

他为他的兴趣之死选择了一个聪明的时刻。这是一个书写结尾的时刻。在这一刻，没有任何东西留下来，因此用不着阻止。从这一刻起的6个月里，国际货币基金组织将发端于美国的与次级债有关的资产损失估值为1万亿美元。亏损1万亿美元由美国的金融家们凭空虚构出来的产品造成，并深深地植根于美国的金融体系。每家华尔街公司都持有这些损失中的某些份额，但是对避免损失却束手无策。没有哪家华尔街公司能够全身而退，因为不再有任何买家存在。仿佛各种规格的炸弹已经被置于每一家主要的西方金融机构内部。引线已经被点燃，无法熄灭。仍然未知的，只是发生爆炸的时间早晚，以及爆炸的当量。

第十章

投行业的黑暗面

事实上，没有任何人——那些房屋所有者、金融机构、评级机构、监管机构以及投资者——能够预测到将要发生的事情。

——蒂文·沙玛，标准普尔总裁在美国议会作证时的发言

2008 年 10 月 22 日

教皇本尼迪克特十四世是预言全球金融系统危机的第一人……意大利财政部长朱里奥·特雷蒙蒂说。“不受约束的经济会由于自身的规则而崩溃的预言”可以在本尼迪克特 1985 年所写的一篇文章中找到，特雷蒙蒂昨天在米兰的卡托里卡大学说。

——彭博新闻社，2008 年 11 月 20 日

末日对决

格雷格·李普曼曾经把次级抵押贷款市场想象成一场拔河比赛：一端是华尔街的公司，它们制造、包装债券，把最差的债券打包成担保债务权证产品，在它们用完贷款之后，又凭空制造出一些虚假的贷款；另一端是他自己的对赌这些贷款的空头团队。乐观主义者对阵悲观主义者，错的一方对阵对的一方。这个比喻是恰当的，而且一针见血。现在的情况则可以被比喻成：一条船上有两个人，他们被一条绳索捆在一起，以命相搏。其中一人杀了另一人，把他的尸体扔向海里，但这样的做法只会把自己也拖下水。"2007 年做空并从中赚钱是很好玩儿的，因为我们是在做空那些坏蛋。"史蒂夫·艾斯曼说，"2008 年的情况则是整个金融体系都岌岌可危，我们仍然在做空，但是我们不希望这个体系崩溃。这就像洪水就要到来，而你是诺亚，你在船上。是的，你不会有问题，但是，看着洪水泛滥你不会感到高兴。这不应该是诺亚的幸福时光。"

到 2007 年年底的时候，前点合伙公司押在次级抵押贷款上的赌注获得了巨额回报，基金的规模翻倍了，从 7 亿美元多一点儿变成了 15 亿美元。形势在这一刻已经变得非常明朗，前点合伙公司的人赚到了连自己都觉得不可思议的巨额资产，丹尼和文尼都想要兑现他们的赌注。他们两人从来都没有完全相信过格雷格·李普曼，他们的不信任甚至扩展到了他送给他们的这份令人目眩的大礼上。"我从来没有从李普曼那里买过一辆车，"丹尼说，"但是我从他那里买了价值 5 亿美元的信用违约掉期产品。"文尼对能如此快地赚取如此巨额的金钱几乎产生了一种宿命论的想法。

“这是命中注定的交易，”他说，“如果我们因为贪婪而放弃了这场命中注定的交易，那我可能会把自己杀了。”

他们所有人，包括艾斯曼自己，全都认为艾斯曼的性格并不十分适合进行短期的交易判断。他很情绪化，而且受制于自己的情绪。他押在次级贷款债券上的赌注对他来说不仅仅是赌注，他还把它们当成给对手的羞辱。每当华尔街的人试图辩解——他们常常会这样——次级贷款问题是由谎言和普通美国人不负责任的金融行为所造成的时候，他会说：“什么？全体美国人在某个早晨醒来，说，‘我要在我的贷款申请上撒谎？’是的，他们撒谎了。他们撒谎是因为有人要他们撒谎。”这种激起他赌博想法的愤慨，不是针对整个金融体系，而是针对居于这个体系上层的那些人。这些人了解得更多，或者说应该了解得更多，他们就是华尔街金融公司内部的那些人。“这不只是一场争论，”艾斯曼说，“这是一场道德层面的讨伐。这个世界完全黑白颠倒了。”他认为，居于这场赌局底部的次级贷款是毫无价值的，而且，如果贷款没有价值，那么，他们所拥有的那些针对这些贷款的保险的价格就必然会上涨。因此，他们决定继续持有信用违约掉期产品，等待更多贷款违约情况的出现。“文尼和我应该做了 5 000 万美元的交易，赚了 2 500 万美元。”丹尼说，“艾斯曼做了 5.5 亿美元交易，赚了 4 亿美元。”

这场对巨额财富的角逐，导致众多公司暴露在次级贷款风险之下。到 2008 年 3 月 14 日，他们实际上已经卖空了每一家以任何方式与末日机器有关联的金融公司的股票。“我们做好了末日对决的准备，”艾斯曼说，“但是，有一句话总是浮现在我们的脑海里，要是末日对决不出现，会怎么样？”

3月14日，这个问题的答案明朗了。贝尔斯登的次级对冲基金破产了，2007年6月，市场开始质疑贝尔斯登。在过去的10年间，像所有其他的华尔街公司一样，贝尔斯登加大了它押注的规模，用尽了它全部的资本。仅在过去的5年间，贝尔斯登的账务杠杆比例就从20:1提高到了40:1，美林则从2001年的16:1提高到了2007年的32:1。摩根士丹利和花旗集团此时是33:1，高盛看上去要保守一点儿，是25:1，但是当时高盛拥有一种伪装真实账务杠杆比例的手段。要让这些公司中的任何一家破产，所需要的只是它们资产价值的轻微下降。问题是，那些资产是什么东西？一直到3月14日之前，股票市场都给了华尔街大公司暂不追究的宽大处理。没有人知道贝尔斯登、美林以及花旗集团内部正在发生什么，但是，这些公司的人曾一度被看成赚钱高手，因此他们的赌注也应该是高明的赌注。3月14日，市场改变了它的看法。

一溃千里

那天上午，艾斯曼被德意志银行杰出的银行分析师迈克·马约临时邀请去给一屋子的大投资者做报告。在德意志银行华尔街总部的大礼堂里，艾斯曼被安排在美联储前主席艾伦·格林斯潘之前讲话，与著名的投资人比尔·米勒（Bill Miller）配合，比尔·米勒恰巧持有2亿美元以上的贝尔斯登股票。艾斯曼显然认为，任何人把巨额的资金投入任何华尔街公司的做法都是荒唐的。在他眼里，格林斯潘甚至都不值得他藐视。“我认为艾伦·格林斯潘将成为美联储历史上最糟糕的主席，”只要有机会，他都会这样说，“他长期维持过低利率的做法是其中最微不足道的错误。我认为我对次级债领域所发生的事情是心知肚明的，而他却忽视了，因为被压榨的消费者不是他关心的对象。我有点儿可怜他，因为他真的是一个非常聪明的人，但却从根本上把所有的事情都做错了。”

现在，在华尔街有头有脸的人物中，很少有没被艾斯曼辱骂过的。在中国香港的一次公开活动中，当汇丰银行主席宣布汇丰银行的次级债损失在“可控制的范围之内”时，艾斯曼举起了手，并且说：“你自己实际上并不相信这个说法，对吧？因为你们的整个账簿都是混乱的。”艾斯曼曾经邀请做多次级债的贝尔斯登分析师吉安·辛哈（Gyan Sinha）到他的办公室，对他进行了无情的折磨。事后，一名贝尔斯登的销售员打来电话，怒气冲天。

“吉安很伤心。”他说。

“告诉他不要那样，”艾斯曼说，“我们都很高兴！”

尽管如此，2007年年底，贝尔斯登还是邀请艾斯曼去与它新上任的首席执行官艾伦·施瓦茨进行了一场热情而做作的会晤。与熊[1]一起过圣诞节，他们这样来描述这件事。施瓦茨告诉艾斯曼次级债券市场有“多疯狂”，因为它的内部似乎没有任何人会同意任何指定债券的价格。

“这是谁的错？”艾斯曼脱口而出，“这是你们这帮家伙造的孽，只为了啃噬你们的客户。”

对此，这位新任首席执行官回答说：“我不想加罪于任

1. 贝尔斯登的名称中有“熊”（bear）的意思，而在证券市场，熊又代表着下跌，因此，空头方又被称为“熊”。——译者注

何人。”

2008 年 3 月 14 日，艾斯曼应邀参加有华尔街银行界最著名的牛市投资人以及一位杰出的美联储前主席出席的活动。这是整个市场非常忙碌的一天，因为有传言说贝尔斯登可能会有麻烦，但是，如果要在市场和观察艾斯曼之间做个选择的话，丹尼·摩西、文森特·丹尼尔和波特·柯林斯不会有任何犹豫。“我们大家都诚实一点儿，”文尼说，“我们去就是为了娱乐，就像去看阿里与弗拉西尔的拳击比赛一样。你们怎么会不想去呢？”他们驱车去看这场比赛，但是选了个非常靠后的位置以便躲避其他人。

艾斯曼坐在一张长条桌旁，身边是充满传奇色彩的比尔·米勒。米勒说了大约有 3 分钟，解释他投资贝尔斯登的原因。“现在，欢迎我们的熊，”迈克·马约说，“史蒂夫·艾斯曼。”

“为了这个说法，我得站起来说话。”艾斯曼说。

米勒在发表他的简短讲话时一直是坐着的。这个活动原本是偏重小组讨论，而不是演说，但是，艾斯曼走到了讲台上。他看到他的母亲坐在第三排，却没有看到他那些坐在后面的伙伴，以及另外 20 个已经被他的伙伴劝告过的人（免费观赏阿里对决弗拉西尔）。艾斯曼对美国金融体系进行了有理有据的无情剖析，他演讲的题目是“这次为什么是不同的”——尽管到目前人们还不清楚，他为什么会发表如此正式的一次演讲。“我们将进行金融行业历史上最大的一次削减债务的行动，而且这个行动将会一直持续下去。”他说，“除了时间，我们没有任何解决办法。就让时间来抚平伤痛……”

当艾斯曼站起来的时候，丹尼本能地缩进椅子里面。“尴尬的情况随时都有可能发生。”丹尼说，“但是，就像目睹撞车一样，你又无法不去看。”周围的人都在摆弄黑莓手机，虽然他们都想听听艾斯曼会说什么，但是股票市场分散了他们对这场演说的注意力。9点13分，当艾斯曼结束演讲走下台寻找座位的时候，贝尔斯登公布了它从J. P. 摩根获得一笔贷款的消息。9分钟之后，当比尔·米勒解释为什么持有贝尔斯登股票是一个好想法的时候，艾伦·施瓦茨已经签发了一份新闻通稿，这份新闻稿开头的一句话是：“贝尔斯登是大量有关我们流动性谣传的受害者。”当一名经理说他的银行拥有充裕的流动性时，他真正的意思就是没有。

9点41分，大约就是艾斯曼站起来走向讲台的时候，丹尼卖出了一些贝尔斯登的股票，这些股票是艾斯曼在头天下午很蹊跷地以每股53美元的价格买入的。他们小赚了一笔，但艾斯曼为什么不顾所有人的反对买入了这些股票，至今仍是一个不解之谜。艾斯曼随时随地都会做出一些规模非常小但与他们的投资理念完全矛盾的短期交易。丹尼和文尼都认为，这次事件的关键在于艾斯曼对贝尔斯登的私人好恶。华尔街最令人痛恨的公司，以其对竞争对手的意见充耳不闻而出名，对此，艾斯曼完全认同！“他总是说永远都不要去购买贝尔斯登的股票，因为这个公司的文化永远都无法接纳其他的任何东西，”文尼说，“我认为他从贝尔斯登身上看到了他自己的影子。”艾斯曼的妻子瓦莱丽有她自己的一套理论。“他就是用这种怪异的方式来支持他的‘世界行将毁灭’的理论的。”她说，“随时随地他都会表现出这种怪异的多头想法。”

无论艾斯曼这种突然出现的念头的根源是什么，在头一天下午买入一些贝尔斯登的股票，这件事竟然让丹尼兴致盎然。艾斯曼现在正在解释世界为什么将要毁灭，而他的伙伴们则有些心不在焉……因为金融世界就要毁灭了。“艾斯曼开始讲话的时候，”文尼说，“股市开始下跌。”正当艾斯曼解释为什么任何神志清醒的人都不会持有他在16小时之前买入的股票时，丹尼快速地给他的伙伴发出了短信。

9点49分，啊，天——贝尔斯登，47美元。

“如果（美国的金融体系）听起来像一个循环的庞氏骗局，是因为它本来就是。”

9点55分，贝尔斯登，43美元，天哪！

“美国的银行刚刚开始关注它们大规模的贷款问题。举个例子来说，我没有持有佛罗里达州任何一家银行的股票，因为我认为这些银行都将离我们而去。”

10点02分，贝尔斯登，29美元!!

“这个国家的上层阶级在蹂躏这个国家，他们压榨人民，建立了一座城堡来掠夺人民。在这些年当中，在华尔街的大公司里，我一次都没有碰到过有危机意识的人。从来没有人说‘这是错误的’，也没有谁对我说过的那些话表现出一丁点儿的关注。”

事实上，艾斯曼那天早上并没有真正说出最后那几句话，他只是反复地在自己心里念叨着。而且，他并不知道股票市场上正在发生什么。这一次，他无法查看他的黑莓手机，因为他正在发表演讲。但是，在他讲话的同时，一家华尔街投资银行正在破产，基于一个不是欺诈的理由。那么，一个显然的问题是，原因究竟是什么?

贝尔斯登的倒闭后来被归结为银行间竞争的结果，从某种意义上说，这种说法是正确的——其他银行拒绝跟它有业务往来，对冲基金转移了它们的交易账户。然而，这个事件提出了一个问题，这个问题 6 个月后还会再次被提出来：为什么市场忽然之间失去了对华尔街大公司的信任，而这些公司在不久之前还被认为坚如磐石？在 2007 年 3 月的时候，贝尔斯登的死亡似乎是难以想象的，康沃尔资本管理公司还以不到 0.3% 的价格为它的倒闭买过保险，他们押下 30 万美元对赌的标的价值 1.05 亿美元。

“财务杠杆比率”是艾斯曼在这一天给出的答案。为了产生利润，贝尔斯登与其他所有华尔街公司一样，把其资本中每一美元赌注的投机性抬得越来越高。但是，问题显然要比这复杂得多，那些投机性赌注的性质也是一个问题。

次级抵押贷款市场至少经历了两个截然不同的阶段。在第一个阶段，美国国际集团承担了大部分市场崩溃的风险，这个阶段一直持续到 2005 年年底。当美国国际集团突然改变主意之后，美国国际集团金融产品部的交易员曾经猜想，他们或许要彻底关闭次级抵押贷款市场了。当然，实际情况并不是这样。华尔街已经利用担保债务权证产品将 3B 级次级债券改头换面为理论上完全没有风险的 3A 级债券，并从中赚取了巨额利润，因此他们很难轻易地收手。那些在各个公司中负责开动担保债务权证机器的人获得了太多的权力。在第二个阶段，即从 2005 年年底到 2007 年年中，华尔街公司推出了 2 000 亿 ~ 4 000 亿美元的由次级债支撑的担保债务权证产品。没有人能够确切地知道实际数字到底是多少，我们假定是 3 000 亿美元，其中大约有 2 400 亿美元是

3A级的，从会计角度来说没有任何风险，因此没有必要进行披露。如果不能说全部的话，起码是大多数风险没有反映在资产负债表上。

到2008年3月，股票市场终于明白了所有抵押债券销售员很久以前就知道的事情：有人已经亏损了至少2 400亿美元。但是是谁呢？摩根士丹利仍然持有130亿美元左右的担保债务权证产品，这要感谢豪伊·许布勒。德国人持有一些，赵文和像他那样的担保债务权证经理持有的更多，尽管他们用来购买这些债券的钱是谁的仍然不明确。安巴克金融集团和MBIA公司，这两家长期以来靠为地方政府债券提供保险为生的公司接下了美国国际集团留下的那部分债券，每家持有的价值大约为100亿美元。真相是，没有谁会知道这些损失有多大，或者谁在承担这些损失。大家知道的只是任何深陷次级贷款市场的华尔街公司所遭受的损失都要远远大于它们所承认的。贝尔斯登已经深陷次级债市场的泥沼，它所拥有的资本中，每一美元都背负着押注在次级抵押贷款债券上的40美元。问题不是贝尔斯登怎么会破产，而是它怎么可能侥幸过关。

在发表完演讲向他的座位走去的时候，史蒂夫·艾斯曼经过比尔·米勒的身边，艾斯曼拍了拍他的背，一副悲天悯人的样子。在随后的问答环节，米勒指出了贝尔斯登不可能破产的理由，那就是目前华尔街的大型投资银行只有在实施犯罪时被当场抓住才可能破产。艾斯曼脱口而出："现在才10点5分。还有时间。"除此之外，他那天堪称礼貌。在房间的后面，文尼和丹尼有一种混杂着宽慰和失望的奇怪感觉，就像紧追着与这座大城市擦肩而过的龙卷风时的感觉一样。

破坏氛围的不是艾斯曼，而是坐在后排的某个年轻人。他看起来刚满 20 岁，而且他像所有人一样，在米勒和艾斯曼讲话的时候不停地摆弄着他的黑莓手机。“米勒先生，”他说，“从你开始讲话的时候起，贝尔斯登的股票已经下跌了 20%。你现在还会加仓吗？”

米勒大惊失色。“他显然没有想到会发生这样的情况，”文尼说，“他只是说，‘是的，我肯定会加仓’。”

话音刚落，屋里的人全都冲向出口，显然是去抛售他们手中的贝尔斯登股票了。这个时候，艾伦·格林斯潘到了，并且开始讲话，几乎没有人注意听他在说什么。听众走了。到星期一，贝尔斯登也退场了，它被以每股 2 美元的价格卖给了 J. P. 摩根。

危机大爆发

早上 6 点 40 分，从麦迪逊大街和 47 街东北角的那个地下通道出口涌出的人流能告诉你很多事情，当然前提是你要善于观察。比如，在那个时间出现在那个地方的人，很可能是在华尔街工作。从佩恩站周围的那些出口钻出来的人，就不太容易猜了，文森特·丹尼尔的火车在这一刻到达这里。“文尼的早班火车上只有 55% 的人是金融界人士，因为从这个出口出来的主要是建筑工人，”丹尼·摩西说，“我乘的火车上金融界人士的比例是 95%。”对于那些没有受过专门训练的眼睛来说，从康涅狄格郊区赶到纽约市中心的这些人没有什么差别，但是在这群人里，丹尼注意到了很多细小而重要的区别。如果是拿着黑莓手机的人，他们或许是做对冲基金的，正在查看他们在亚洲市场的损益。如果是在火车上睡着了，那他们很可能是属于销售部门的——经纪人，他们在这次游戏中毫发无损。提着手提箱或者大包的人应该不是经纪人，因为背着大包的唯一理由就是带着大量研究资料，而经纪人不会阅读他们自己的报告，至少不会在他们的业余时间阅读。带着一份《纽约时报》的人或许是律师，或者是后勤人员，也有可能是在金融市场工作而没有真正身陷市场沼泽的人。

他们身上的衣服也会告诉你很多事情。那些管理着资金的人穿得就像是要去观看扬基队的比赛，他们的金融绩效就是他们的一切，所以，如果他们穿得太好，可能会引起怀疑。如果你看到某个属于买方的家伙穿着正装，那通常意味着他遇到了麻烦，或者他要去见某个给他钱的人，或者两者兼而有之。除此之外，很难从穿着上看出一个买方人士更多的信息。另一方面，卖方也会穿戴着他们的“业务名片”：身穿运动服和卡其裤的，是一个在二流公司做经纪人的家伙；身穿价值 3 000 美元的正装，而且头发梳得一丝不乱的，是一名投资银行家，在 J. P. 摩根或者类似的其他公司工作。丹尼还可以通过他们在火车上坐的位置大致猜出他们工作的地方。高盛、德意志银行和美林的人通常侧身对着火车的前方——尽管当丹尼研究这个问题的时候，高盛的人其实已经很少乘火车了，他们都有私人汽车。像他这样的对冲基金经理在上城区工作，所以在中央车站下车，向北走，那里的出租汽车随处可见，就像鱼塘里的虹鳟鱼争食玉米粒。雷曼和贝尔斯登的人通常都走向与他同样的出口，但是他们的工作已经彻底结束了。这也是 2008 年 9 月 18 日早上 6 点 40 分在 47 街和麦迪逊大街东北角的人流比 2007 年 9 月 18 日少的一个原因。

丹尼注意到了他的那些货币金融业同事身上的很多细节——

从某种意义上说，观察那些细节是他的工作。艾斯曼是一个有大局观的人，文尼是分析师，丹尼作为首席交易员，是他们在市场上的眼睛和耳朵。丹尼寻找那些从来没有广播过或者发表过的信息的来源：传言，卖方经纪人的行为，屏幕上的图案。他的工作是随时把握细节，对数字的反应要快，以避免被欺骗。

为此，他的桌子上摆放着 5 台电脑显示器。一台滚动播放新闻，一台显示着他们的投资组合内部的实时变化，另外 3 台滚动显示丹尼与几十名华尔街经纪人和投资人的对话。他的电子邮箱一个月能收到 33 000 封邮件。对于一个局外人来说，这些关于金融市场的琐碎信息可能令人无所适从，但对于他来说，它们都各有意义。丹尼是一个从微观上关注具体事务的人。

2008 年 9 月 18 日，星期四，宏观局势已经变得非常不稳定，这些微观的具体事务也开始变得不连贯。这一周的星期一，雷曼兄弟申请破产，美林宣布在次级债券支撑的担保债务权证产品上亏损 552 亿美元，并被美国银行收购。美国股票市场的跌幅超过了世界贸易中心遭到袭击后第一个交易日的水平。星期二，美联储宣布向美国国际集团提供 850 亿美元，以清偿美国国际集团因为向华尔街银行出售次级信用违约掉期产品而造成的亏损——其中最大的一笔是美国国际集团欠高盛的 139 亿美元。如果加上美国国际集团已经以担保形式支付给高盛的 84 亿美元，高盛实际上已经把超过 200 亿美元的次级抵押贷款债券风险转移给了美国国际集团，这些或多或少最后都是由美国的纳税人来埋单。

美联储和美国财政部竭尽所能安抚投资人，但是到星期三，没有谁表现出已镇静下来的样子。美国最古老的货币市场基金 Reserve Primary Fund 宣布，它在给雷曼兄弟的短期贷款上出现了巨大的亏损，投资人不可能拿回他们所有的钱，而且赎回资金也被冻结了。货币市场基金不是现金交易——它们支付利息，因而承担着风险，但是，直到这个时候，人们还把它们当成现金。你甚至不能相信你的现金。在全球范围内，企业开始把它们的资金撤出货币市场基金，短期利率出现剧烈震荡，而在此之前，这种情况从来没有出现过。道琼斯工业平均指数下跌了449点，跌到4年以来的最低点，大部分市场变动的新闻不再来自私营公司，而是来自官方。星期四上午6点50分，当丹尼到达的时候，他听说英国的金融监管当局正在考虑禁止卖空，这个决定将会把对冲基金行业赶出交易领域，但是这种做法根本不能解释现在所发生的事情。"整个世界正在以一种我在职业生涯中闻所未闻的方式崩塌。"丹尼说。

前点合伙公司为这一时刻进行了堪称完美的布局。根据它与投资者达成的协议，它的基金可以以25%的净值做空或者以50%的净值做多股票市场，而总头寸不得超过200%。比如，对于它所拥有的每1亿美元的投资，它可以净做空2 500万美元，或者净做多5 000万美元，但所有的赌注合并后不得超过2亿美元。在协议中没有任何有关信用违约掉期产品的内容，但那已经不重要了。（"我们从来没有说明怎么把它加进来。"艾斯曼说。）在两个月前的7月初，前点合伙公司已经把手里最后的合约卖给了格雷格·李普曼，它现在是纯粹的专业股票市场投资公司了。

在那一刻，前点合伙公司几乎用尽了允许它做空的全部额度，而且它所有的赌注都是针对银行，即那些崩溃得最快的企业。市场开市的那一分钟，它的赢利就高达1 000万美元。空头在下跌，而多头——主要是那些从次级债市场被挤出来的规模较小的银行——跌幅小一点儿。丹尼应该感到高兴，他们曾经认为应该发生的所有事情现在都发生了。然而，他却高兴不起来，他很焦虑。10点30分，交易开始后的一个小时内，所有金融股都呈自由落体状，根本不分青红皂白。“所有信息都汇集到了我这里，”他说，“按理说我应该知道怎么处理这些信息，但是价格变动得如此之快，我根本无法处理。我感觉那就像一个黑洞，深不见底。”

自从允许雷曼兄弟破产以来，已经过了4天，而且，崩盘最严重的后果现在已经能够感觉到了。摩根士丹利和高盛的股票一泻千里，而且显然，除了美国政府，谁也救不了它们。“这种情况就像一场大地震过后，”他说，“没过多久，海啸又来了。”丹尼的交易是人对人进行的，但是这次的感觉更像是人对自然：合成担保债务权证产品成了合成的自然灾难。“通常情况下，你觉得你有能力控制你周围的环境，”丹尼说，“你干得不错，因为你知道正在发生什么。但是现在，我知道什么或者不知道什么已经无关紧要了，感觉我们早就被扔到窗子外面了。”

他们拥有大约70种不同的赌注，押在世界各地不同的股票市场上，全部都是针对金融机构的。丹尼试图保持对这些赌注的控制，但是做不到。他们持有KeyBank（一家美国银行）的股票，并卖空美国银行的股票，这两种做法都是他们从来没有采取过的。“市场上没有任何买方，”丹尼说，“根本就没有市场。只有到了这个时候，我才意识到有一个比我们的投资组合更大的问题存在。股票价格跟基本面没有任何关系，它只是随着人们的情绪和对政府行动的猜测上下波动。”萦绕在他心头的担忧是摩根士丹利可能会破产。他们的基金为摩根士丹利所有，虽然他们几乎跟摩根士丹利没有任何关系，他们的做法和感觉没有任何一点像摩根士丹利的员工——艾斯曼经常说的话就是，他多么希望能够做空摩根士丹利的股票。但是，如果摩根士丹利破产，它在他们的基金中所占有的股份将会作为破产程序中的清算资产。“我在想，我们已经获得了整个世界，而我们为之卖命的公司却要破产了？”

随后，丹尼意识到了某种严重的问题——关于他自己的。那天早上快到 11 点的时候，黑色的波纹线出现在他的双眼与电脑屏幕之间，屏幕好像在前后摇晃。“我感觉到头部的刺痛，”他说，“我不是头痛。我想我可能是得了血管瘤。”他开始注意他的心脏——他往下看，而且确实看到了自己心脏的跳动正击打着他的胸膛。“我整个早上都在试图控制所有的能量和信息，”他说，“而我自己却失控了。”

这种情形以前只出现过一次。2001 年 9 月 11 日，早上 8 点 46 分，他正坐在他那位于世界贸易中心顶楼的办公桌旁。“你知道，当你身处城市里，有一辆垃圾车经过时的那种感觉，那是什么啊？”直到有人告诉他，是一架客机撞到了北楼。他走到窗边，看着街对面的建筑物。按照他的思维方式，一架小客机不应该造成如此巨大的破坏，而且他应该能够看到它从建筑物的另一侧跌落下来。但是他所能够看到的全部，就是一个黑色的洞，以及从洞里冒出的黑烟。“我的第一个想法是，那不是一次意外。根本不可能是意外。”他当时还在为奥本海默公司工作——艾斯曼和文尼已经离开了，一个权威的声音在扩音器里宣布，任何人都不准离开大楼。丹尼仍然站在窗户边上。“这个时候，人们开始跳楼，”他说，“尸体开始坠落。”另一架飞机轰鸣而至。“当第二架飞机撞上来的时候，我的感觉是‘永别了，大家’。”等他跑到电梯口的时候，发现自己身旁有两名怀孕的妇女。他陪她们走到住宅区，把其中一个送到她的寓所，把另外一个送到广场酒店，然后步行回到自己位于72街的家里，陪在自己怀孕的妻子身边。

4天之后，他带着妻子和儿子离开了纽约市，或者说是逃离了纽约市。晚上他们开车奔驰在公路上，当时有一种非常确定的感觉控制了他，告诉他有棵树会倒下并砸烂他的车。这种忽然而至的恐惧让他浑身发抖、直冒冷汗。那些树在50米以外，根本不可能砸到汽车。“你需要去医院。”他的妻子说，他去了。他本来以为是心脏出了什么问题，因此做了详细的心脏检查。失去自我控制让他很尴尬，他不喜欢多说这个问题，而且在病情发作不太频繁也不太严重之后，他长长地舒了一口气。几个月后，他的症状完全消失了。

2008年9月18日，他已经无法把当时的感觉与现在的感觉联系起来了。他从桌子旁边站了起来，想找个人。艾斯曼平常坐在他的对面，但是他当时出去参加一个会议，试图筹集一些资金——这就揭示了在一个他们自认为已经做好了充分准备的时刻终于到来的时候，他们其实毫无准备。丹尼转向身边的一个同事。“波特，我想我可能得了心脏病。”他说。

波特·柯林斯笑了起来，说：“不，你没有。”作为奥运会田径运动员的经历，让波特对别人的病痛有些不太关心，因为他认为他们并不知道什么是真正的伤痛。

“不，”丹尼说，“我得去医院。”他的脸色开始变得煞白，但是他还可以自己站立着。情况能有多糟糕？丹尼总是有些大惊小怪。

“这是他能够做好他的工作的原因，”波特说，“我一直在说，你没有心脏病。然后，他就不讲了。而我说，好吧，或许你有吧。”这实际上没有任何帮助。踉踉跄跄地，丹尼转向文尼，他正坐在这张长条交易桌的另一端看着桌这边发生的事情，而且在想着是否应该叫辆救护车。

“我必须离开这里。马上。”丹尼说。

摧毁华尔街

康沃尔资本管理公司对赌次级抵押贷款债券的赌注已经 4 倍于它的资本了，从 3 000 万美元增加到了 1.35 亿美元，但是它的三位创始人却从来都没有开香槟庆祝过。“我们总是在想，怎么把我们的钱投到安全的地方？”本·霍克特说。以前，他们没有钱。现在，他们有钱了，但是他们担心自己没有能力保管好这笔财富。他们在考虑，那些凭感觉做对事的人（也就是他们自己）怎样才能保持这种能够使他们做出正确决策的缺乏自信、充满疑虑和不确定的性格特征。你对自己和自己的判断越是深信不疑，就越难找到由于担心自己可能做错而带来的那些机会。

高风险的赌博从某种角度看，是年轻人的游戏。查理·莱德利和加米·麦不再感觉自己很年轻，也无法表现得很年轻了。查理现在患有偏头痛，而且对接下来可能会出现的问题非常无奈。“我认为现在存在某些对我们的民主具有根本性威胁的问题。”查理说，“人们有了这么一种感觉，认为这个体系被操纵了，而我们也很难说它没有被操纵。”他和加米花费了大量的时间和精力去考虑如何打击他们认为已经彻底腐烂的金融体系。比如，他们制订了一个计划，试图对评级机构进行报复。他们组建了一个非营利性质的法律实体，其主要目的是起诉穆迪和标准普尔，并且捐钱给那些因为投资3A级债券而亏损的投资人。

正如加米所说,“我们的计划是去告诉每一个投资人，你们不知道自己有多么可悲，你们被欺骗了。你们真的应该起诉。”因为他们与华尔街大公司以及那些靠他们吃饭的人之间的关系一直以来并不融洽，他们不敢找纽约的律师。他们跑到缅因州的波特兰，找到了一家愿意听他们诉说的律师事务所。“他们的反应好像在说,‘你们这帮家伙就是榆木脑袋’。”查理说。缅因州的律师告诉他们，因为评级不够精确而起诉评级机构，就跟一辆汽车因车祸被撞毁后起诉为汽车做过广告的《汽车族》杂志一样。

查理认识一位研究金融危机史的著名的历史学家，那是查理过去的老师，查理给他打了电话。“这些电话通常在夜里很晚的时候才会打来，”这位历史学家说，他希望不要公布他的名字，“而且通话时间一般都会很长。我记得他劈头就问,‘你知道什么是夹层担保债务权证吗？’他开始跟我解释它的工作原理：华尔街投资银行怎么哄骗评级机构对一堆垃圾贷款给予浮夸的赞美；这种方式怎么使得借给普通美国人数万亿美元贷款成为可能；普通美国人为了获得贷款怎么高兴地编造谎言；把贷款包装成被认为没有任何风险的证券的机制又是多么复杂，复杂到连投资人都无法进行风险评估；问题怎么变得如此严重，以至于注定要以灾难性的结果收场，并且具有如此巨大的社会和政治后果。”这名历史学家说：“他想谈他的推断，而且想知道我是否会认为他是傻瓜。他问我美联储是否会购买抵押贷款，我说可能性不大。对于美联储来说，如果有了这样的想法，那将会是一场巨大的灾难。”

让这位杰出的金融史学家印象深刻的，除了那些令人警醒的事实外，还有……他居然是从查理·莱德利那里第一次听说这些事情的。“我是否可以说，查理·莱德利把它看成是自大萧条以来最严重的金融危机？”他说。不是因为查理愚蠢，而是因为查理并不属于理财圈。“以任何一种方式看，他都不是一个现实的人，”教授说，“他不是受金钱驱动的人。他会怒火中烧，他把这看成一种非常个人的方式。”

尽管如此，2008 年 9 月 18 日早晨，查理·莱德利还是被惊得跳起来了。他和加米没有像往常一样坐在他们的彭博终端前面看着新闻不停地滚动，虽然一直到前一天，17 日，星期三，这都是他们每天的日常工作。华尔街大公司宣布的在次级抵押贷款债券上的亏损开始变得巨大，而且还在不断增加。美林一开始说自己亏损了70亿美元，现在承认这个数字是500亿美元。花旗集团大约亏损了600亿美元。摩根士丹利的损失在90亿美元以上，后面还有些什么，谁也不清楚。“在对现状的解释上，我们错了。”查理说，“我们以为这些公司把 3A 级担保债务权证产品卖给了像韩国农业公司这样的企业。它们被摧毁的事实说明它们没有这样做，而是自己留下了。”

华尔街大公司的人曾经留给人们的印象是很精明、很自私，现在他们却变成了一群蠢材。那些管理这些公司的人不懂自己的业务，而监管者显然更不懂。查理和加米总是认为有一些他们不认识的成年人在负责着金融体系的运转，现在他们看出来了，根本就没有这样的人存在。“我们从来没有进入过这些野兽的肚子，”查理说，“我们看到尸体被抬了出来。但是我们从来没有进去过。”彭博社的一条新闻标题吸引了加米的视线，而且击碎了他的心：“美国参议院多数党领袖谈危机：没有人知道该做什么。”

孤独的胜利

早在其他人进入迈克尔·巴里的视线之前，他就已经注意到，把他的投资组合变成赌注押在金融体系的崩溃上让人感觉很不舒服。并不是在从崩溃中赚到钱之后，他才开始担忧他的金融战略的社会意义，并且担心其他人对他的看法是否会像做空者看金融体系一样扭曲。2008年6月19日，贝尔斯登宣布破产三个月之后，拉尔夫·乔菲和马修·丹宁这两位导致贝尔斯登破产的次级债对冲基金管理人员被联邦调查局逮捕，他们被戴上手铐，从家中带走。那天夜晚，巴里给他的律师史蒂夫·德鲁斯金发了一封电子邮件："从内心深处说，这件事情对我是一个很大的打击。我担心我会心不在焉地发出一些电子邮件，而里面的内容可能会给我带来麻烦，我的做法和我最后的结果是完全正确的……我无法想象我居然要在监狱中结束自己的生命。我们其实并没有做错什么，只是因为在艰难时期，思维存在随意性，因为粗心，我没有进行认真过滤，就把想法放入了电子邮件。事实上，我非常担心这个问题，我已经开始考虑是否应该关闭我的基金。"

巴里开始寻找放弃资金管理的理由，而他的投资人帮他找到了：他为他们赚了非常多的钱，但是他们完全没有表现出对他过去三年的工作感到满意的应有态度。截至2008年6月30日，从子孙资本公司创立起就跟它捆绑在一起的投资人，在扣除费用和支出后，赚得了489.34%的利润。（基金的毛利率为726%。）而同一时期的标准普尔500指数只上涨了大约2%。仅2007年一年，巴里就为他的投资人赚了7.5亿美元，而当时他所管理的资金只有6亿美元。他的投资人赎回资金的要求来得很坚决而且很迅速，同时没有新的投资人打来电话——一个都没有。没有人打电话询问他对世界的看法，也没有人问他对未来的预测，甚至没有人想知道，他是怎么做到了他所做的这一切。“我们并没有多么知名。”他写道。

让他义愤填膺的是，知名度更高的居然是那些整天与媒体搅在一起的人。再也没有任何业务会比资金管理更加客观了，然而，就算在这项业务里，事实和逻辑还是会被各种事情那纷繁的社会维度所淹没。“我必须说，我对这么多人站出来说他们预见到了次级债的崩溃、商品市场的繁荣以及经济衰退的到来感到震惊。”巴里在2008年4月写道，写给那些仍然留下来陪他的投资人，“他们要么大谈自己是如何具有先见之明，要么在电视访谈或者记者的采访中，夸夸其谈地说他们对接下来将要发生的事情充满信心。可以肯定的是，因为这些人对上一次发生的事情的预测错得如此离谱，所以他们永远不敢告诉你接下来会发生什么。”一家行业杂志公布了2007年排名前75位的对冲基金，子孙资本公司榜上无名——尽管它的回报可以使它排在最靠上的位置。“就像他们把一名游泳选手带到奥运会上，然后让他独自在一个游泳池里游泳一样，”巴里说，“他游出的时间可以获得金牌，但是，他没有拿到奖牌。我在认真考虑，到底是什么阻碍了我得到它。我期待着得到一些认同，但是，没有。我为参加奥运会进行了大量训练，然后他们告诉我去备用泳池里游。”有几名选择继续跟着他的投资人问他，为什么他不在社交关系上更加主动一些，因为那是生意的一部分！

2008年10月初，在美国政府介入并表示将实质性地吸收金融系统内的所有亏损，以防止任何华尔街大公司倒闭的时候，巴里首次开始热情洋溢地买入股票。刺激计划将不可避免地导致通货膨胀，他想，同时也会带来股票价格上升的繁荣景象。他当然也觉得可能有点儿早，股市在上涨之前都会下跌一点儿，但是，这对他来说无所谓：价值现在就在那里，而赌注会在远期产生收益。很快，他最大的投资人开始质疑他的判断，而且威胁要赎回自己的资金，这位投资人的资金是 1.5 亿美元。

10 月 27 日，巴里在给他的一位笔友的信中写道："今晚我将要结清我的头寸。我想我遇到了瓶颈。我今天没有吃，没有睡，没有跟我的孩子说过话，也没有跟我妻子说过话，我要崩溃了。阿斯伯格综合征给了我一些美好的礼物，但是生命也由于这些礼物而显得过于艰难和漫长。" 11 月初的一个星期五的下午，他感觉胸闷，于是去看急诊。他的血压波动很大。"我感觉我正走向我短暂生命的终点。" 他写道。一个星期之后，在 11 月 12 日，他给投资人发去了最后一封邮件。"我被我自己的行动、基金的投资人和业务伙伴，甚至过去的员工一次又一次地推到崩溃的边缘。" 他写道，"但我总是能够把自己拉回来，并继续我通常的做法，过分紧张地处理这项生意。然而，现在，我面临着一个个人的问题，它已经带着我不可挽回地突破了崩溃的边界，而且，我很不情愿地意识到，我必须关闭这只基金。" 之后，他消失了，让很多人忍不住猜测到底发生了什么事情。

所发生的事情就是他当初做对了，世界做错了，而世界因此嫉恨他。因此，迈克尔 · 巴里在他开始的地方结束了一切——独自一人，在他的孤寂中享受着心灵的慰藉。他仍然把自己关在加利福尼亚库比蒂诺的办公室里，这个办公室足够 25 人使用，但是，基金关闭了，办公室空了。最后离开的人是史蒂夫 · 德鲁斯金，德鲁斯金的最后一项工作就是处理迈克尔·巴里针对次级抵押贷款债券的信用违约掉期产品。“巴里留下了几份，主要是觉得好玩儿，”他说，“只有几份。想看看我们是否能够得到足额的赔付。”他真的持有这些产品，但不是为了好玩儿，而是为了给自己一个证明：向这个世界证实，他对赌的那些投资级的债券实际上根本没有任何价值。他留下来的两份赌注是针对雷曼兄弟开发的基于2005年贷款的次级债券的信贷违约掉期产品。这些债券与它们的发起人同时归零了。巴里购买每份赌注的成本是10万美元左右，而他赚了500万美元。

从律师的角度看，结束一只投资基金存在的问题是，这些合同的有效期一直持续到2035年。多头的经纪人因此要全额付款：每1美元面额的债券要支付100美分。甚至没有哪家华尔街公司想到过向他们发送报价。“我没有接到过任何一份来自经纪人的声明，说我们在他们那里拥有一份开放的头寸，”德鲁斯金说，“但是我们确实有，好像再也没有人想要谈论这些问题了。‘就这样吧，你们已经拿到了1 000万美元。不要再对我大放厥词了。’”

在华尔街，律师扮演着与卫生员在战争中同样的角色：他们负责在枪战结束之后清理混乱的局面。那些具有令人意想不到的技术性还款风险的30年期合同，是迈克尔·巴里最后的乱局。“经纪人把合同扔了也是有可能的，”德鲁斯金说，“三年前，没有人会想到经纪人方面会发生这样的状况，所以，也没有人接受过处理这种情况的训练。我们最多就是说一句‘我们要歇业了’，然后他们说‘好的’。”

“毁灭它是正义的行为”

当艾斯曼接到丹尼·摩西的电话，说他可能得了心脏病的时候，他和文尼还有波特正坐在圣帕特里克大教堂的台阶上。艾斯曼处于缓慢的更年期变化当中，他在2007年秋末遭遇了他的第一次潮热。到这个时候，在很多人看来，结局已经显而易见了，艾斯曼一直是对的，自己一直是错的，而且他已经富甲一方了。他去参加了由美林组织的大会，这次会议是在美林刚解雇了首席执行官斯坦利·奥尼尔，并披露了自己在次级债中亏损了200亿美元（实际有250亿美元）之后召开的。会上，艾斯曼有些不自在地坐在美林的首席财务官杰夫·爱德华身旁，这个杰夫·爱德华正是艾斯曼在几个月之前曾经讨教过有关美林风险模型问题的那一位。“你还记得我说过的关于你们风险模型的话吗？”艾斯曼说，“我猜，我当时的想法是对的，是吗？”马上，令人非常吃惊的是，他对刚刚说过的那些话立刻就感到后悔了。“我感觉非常糟糕，”艾斯曼说，“很令人厌恶。他是一个可爱的家伙，他只是做错了而已。我不再是条癞皮狗，我必须以另外一种不同的方式来引导自己了。”

当瓦莱丽·费根的丈夫犹犹豫豫，而且忽冷忽热地慢慢获得一种象征着权谋的人格特质的时候，瓦莱丽站在不远的地方惊奇地看着眼前发生的这一切。“在每件事情发生之后，都会存在一段空白。”她说，“一旦事实证明他是对的，所有的焦虑和愤怒以及精力就会离他远去，只留给他这片巨大的空白。他会以一种很自我的状态持续一段时间。他浑身上下都被自我完完全全地充满了。”艾斯曼曾经持续不断、不厌其烦地谈论有关末日的话题，因此形形色色的人都想听听他现在会怎么说。在拉斯韦加斯大会之后，他去医院检查过一次身体。当时他告诉医生，按照他的理解，金融世界行将终结。一年之后，他回去找同一个医生，做结肠镜检查。躺在检查桌上后，他听到这个医生说："这就是那个预言了这场危机的家伙。大家进来听听他是怎么说的。"在艾斯曼结肠镜检查进行到一半的时候，一屋子的医生和护士都在讲天才艾斯曼的故事。

天才艾斯曼的故事很快就让他的妻子感到厌烦了。很久以前，她与她丈夫的医生一起建立起了"艾斯曼社会应急行动队"。"我们把他叫来，说，'你真的不能再这样乱讲了'。他做到了，而且他开始变得很规矩。他喜欢循规蹈矩！这对他而言是一种新的体验。"从各个方面，她和其他人都发现了艾斯曼转变的重要证据。比如，他们所居住的小区要举办圣诞晚会，她本来不想让艾斯曼知道这件事，因为她不知道他会在那里做出什么奇怪的事情，或者说出什么奇怪的话来。"我正要悄悄溜出我们的寓所，"她说，"他拦住了我，而且说，要是他不去，那成什么了？"他认真的态度让她很吃惊，于是她给了他一个机会。"你可以去，但是你必须遵守规矩。"她说。艾斯曼对此的回答是："嗯，我现在已经知道怎么为人处世了。"于是，她把他带到了圣诞晚会的现场，他尽了最大的努力，一直表现得非常和善。"他变成了一个令人感觉愉悦的人，"瓦莱丽说，"这真是难以想象。"

2008 年 9 月 18 日下午，这个新生的而且可能是改善了的艾斯曼在圣帕特里克大教堂的台阶上慢慢走向他的合伙人。要步行到达某个地方，总要花掉他很长的时间。"艾斯曼走路真够慢的，"丹尼说，"他走路就像大象那样慢腾腾的，他的步伐给人的感觉就好像大象变成了人类，但还是像以前一样走路。”天气如此美妙，难得一见的晴天，蓝蓝的天空，阳光透过建筑的丛林倾泻到地上，温暖着大地上的生灵。“我们坐在那里，”丹尼说，“看着熙熙攘攘的人群。”

他们一起在教堂的台阶上坐了一个小时左右。“我们坐在那里的时候，感觉出奇的平静。”丹尼说，“我们感觉自己已经与现实的市场完全绝缘了。这是一种灵魂出窍的体验。我们只是坐着，看着人们从我们面前经过，谈论着接下来可能会发生的事情。这些人中有多少会失去工作？在所有的华尔街公司破产之后，还有谁会来租住这里的房子？”

波特·柯林斯认为：“就像是世界停止了。我们正看着所有这些人，说，这些人当中要么是已经被毁灭的，要么是即将被毁灭的。”除了在这一点上的认识高度统一之外，前点合伙公司内部并不是铁板一块。这是他们一直在等待的时刻：金融市场完全崩溃。

“投资银行业该死，”艾斯曼6周以前曾经这样说过，“这些家伙刚开始明白他们有多该死。就像一个生于牛顿之前的经院学者，当牛顿出现后，某天早上这个学者醒来发现，‘天哪，我错了！’”雷曼兄弟消失了，美林缴械了，高盛和摩根士丹利作为投资银行的日子也只剩一个星期了。投资银行家不只是该死，他们甚至应该被消灭。“华尔街应该灭亡，因为毁灭它是正义的行为。”艾斯曼说。他们当中唯一一个对自己的角色——通过对赌社会而赚取财富——在感情上还有点儿挣扎的人是文森特·丹尼尔。“来自皇后区的文尼需要看看每个事物的黑暗面。”艾斯曼说。

对此，文尼的回答是：“我们思考这个问题的方式是，通过做空这个市场，我们创造了流动性，以维持市场的运行。但其实我们并不喜欢这样的思考方式。”

“就像喂养怪兽，”艾斯曼说，“我们喂养着怪兽，直到它发疯。”

怪兽开始发疯了。然而在曼哈顿的街上，看不出刚刚发生过什么重大事件的痕迹，将要影响人们整个生活的那股力量避开了人们的视线。这是与钱有关的问题：人们用钱所做的事情会产生后果，但是后果距离行动的时间如此遥远，以至于人们很难将它们联系在一起。你为那些无力赔付的大众提供的诱惑利率贷款将出现问题，但这种问题不会马上出现，而是在两年以后出现，因为到那时它们的利率水平会提高。你基于那些贷款开发出来的各种债券也将出现问题，不是随着贷款出现问题而出现问题，而是会有几个月的滞后期，在出现大量丧失抵押品赎回权、破产以及被迫甩卖之后出现问题。你从这些债券中开发出的各式各样的担保债务权证产品也将出现问题，不是在债券出现问题的时候，而是在某些受托人弄清楚是否有足够的现金去支付这些款项之后。于是，这些担保债务权证产品的最终持有者将收到一张小纸条，上面写着：阁下，我们很遗憾地通知您，您的债券不复存在了……但是，罪大恶极的罪犯就在那里，大摇大摆地走在大街上。让这些行走在圣帕特里克大教堂前面的人们明白刚刚发生在他们身上的这一切，还需要多长时间呢？

尾声
万事万物皆关联

几乎就在艾斯曼和他的伙伴们坐在圣帕特里克大教堂台阶上的同一时刻，我坐在东边的一条长椅上，等着我以前的老板约翰·古特弗罗因德一起去吃午饭。我当时在想，为什么在那些餐馆里，两个彼此没有丝毫好感的男人会面对面地坐下来。

当我出版我那本有关20世纪80年代金融行业的书时，20世纪80年代的那场金融危机据说已经接近尾声。我收到了大量称颂我作品时效性的溢美之词。由于储蓄和贷款行业的崩溃以及恶意并购和杠杆收购所造成的社会裂痕，迅猛发展之势开始让位给一个短暂的反思时期。正当俄亥俄州立大学的绝大多数学生把《说谎者的扑克牌》当成一本操作指南来读的时候，大多数电视和电台主持人把我定位为一个揭秘者。（杰拉尔多·瑞弗拉是一个例外。他把我安排在一档节目中，跟一些已经成为瘾君子的童星一起出现，节目的名称是“生活中过早成名的人”。）当时，反华尔街的情绪非常高涨，高涨到足以让鲁道夫·朱利安尼以此作为其政治生涯的重要契机，但是结果就像一场闹剧，而不是一场对金融秩序的诚实检讨。公众对迈克尔·米尔肯，以及紧随其后的所罗门兄弟首席执行官古特弗罗因德的声讨，主要是因为他们没有处理好那些支撑着他们平步青云的令人不安的力量。基于同样的理由，华尔街的交易文化也受到了清洗。华尔街公司不久之后将对亵渎神灵的说法嗤之以鼻，强迫它们的男性员工平等对待女性，并且随意地大批解雇交易员。2008年的贝尔斯登和雷曼兄弟，比1985年前后的任何一家华尔街公司都要更接近拥有稳固的美国中产阶级价值观的正常公司的标准。

变化是在悄无声息中进行的。它们将局外人的注意力从真正亵渎神灵的事件上引开：那些在金融风险中交易的群体与更广泛的群体之间存在着利益不对称的情况，而且愈演愈烈。水池的表面泛起了一些波纹，但是在底下更深的地方，红利池里仍然波澜不惊。

美国金融文化的变革如此难以推进，就算在次级抵押贷款灾难之后，强制要求它改变的政治进程亦缓慢无比，原因就在于建立它花了太长的时间，而且它的各种假设已经被深深地嵌入社会文化之中。有一条脐带，从发疯野兽的肚皮连接到20世纪80年代的金融业。2008年的金融危机，其根源不只在于2005年发放的贷款，还有1985年就开始孕育的那些思想。我在所罗门兄弟公司培训班上认识的一位朋友在1986年创造了第一只抵押贷款衍生产品，那一年我们刚离开培训班。（“衍生产品就像枪，”他仍然喜欢说，“问题不在于工具，而在于使用工具的人。”）担保债务权证由迈克尔·米尔肯于1987年在德崇证券的垃圾债券部门发明。第一只由抵押债券支撑的担保债务权证于2000年由一位交易员在瑞士信贷银行创造出来，这位交易员的职业生涯在20世纪80年代和90年代初开始于所罗门兄弟公司的抵押贷款部门。他的名字是安迪·斯通，与他的思想及次贷危机同时联系在一起的，还有一个私人的问题：他是格雷格·李普曼在华尔街的首位老板。

自从我离开华尔街以后，我一直都没有见过古特弗罗因德。

我曾经在交易大厅里遇到过他几次，当时心里非常忐忑。在我辞职前的几个月，我的老板要求我向我们的首席执行官解释一下当时我在与欧洲对冲基金做的衍生品交易中那些似乎有毒的交易，我尽我的能力说明了。他声称自己不够聪明，对我所说的一点儿都听不明白，而我认为那是华尔街的首席执行官表示他们是老板，不屑于了解这些琐碎细节的方式。他没有任何理由记住我们的任何一次见面，而且他也的确没有记住。当我的书出版，而且对他来说成了一种公共关系方面的麻烦之后，他告诉记者，我们从来都没有碰过面。在这些年间，我零零星星地听到过一些有关他的消息。我知道，在他被迫从所罗门兄弟公司辞职之后，他陷入了困境。后来，我听说，在我们共进午餐之前的几年间，他加入了哥伦比亚商学院一个有关华尔街的专门小组。当轮到他讲话的时候，他会劝告学生们去找一些比在华尔街工作更有意义的事情做。在他描述自己的职业生涯时，他经常会失控，放声痛哭。

当我给他发电子邮件邀请他共进午餐的时候，他表现出来的礼仪堪称完美，甚至可以说是非常亲切。这种态度一直持续到他走到餐桌旁，与餐厅老板寒暄，并点好了自己的菜之后。他走错了半步，便因此对他的行动更加在意，否则他将完全暴露在众目睽睽之下。同样谦恭的表情之下，掩盖着同样的动物性冲动：按它的方式看世界，而不是按应有的方式看世界。

我们花了大概 20 分钟，确定我们出现在同一张餐桌旁不会造成地球爆炸。我们发现了一个共同的朋友。我们都认为，华尔街的首席执行官没有能力控制他公司内部出现的疯狂的金融创新。（“我不清楚所有的产品线，其他人也不可能清楚。”）我们还认为，华尔街投资银行的首席执行官对他们的副手几乎毫无控制力，这种情况令人胆战心惊。（“他们对你阿谀奉承，然后随心所欲地做他们想做的任何事情。”）他认为，造成金融危机的原因非常“简单，双方都贪婪——投资人贪婪，银行家也贪婪”。我却认为原因要更为复杂一些。在华尔街，贪婪是应该的，几乎可以算是一种义务，而问题出在制造这些贪婪的那些激励机制上。

赌博和投资之间的那条线是人为的，而且非常细。最稳健的投资也有着一定的赌博性质（你在多赚一点儿的期望中失去所有的金钱），最胆大妄为的投机也具有明显的投资特点（你或许可以拿回你的本钱，还有利息）。或许“投资”最好的定义是“赔率对你有利的赌博”。次级抵押贷款市场的空方就是在以对他们有利的赔率赌博，而另一方的人——本质上是整个金融体系——则是在以赔率对他们不利的情况下进行赌博，从这一点来说，大空头的故事非常简单。然而，它的奇怪和复杂之处在于，赌桌两边的重要人物在离场时都拿着大把的钱。史蒂夫·艾斯曼和迈克尔·巴里以及康沃尔资本管理公司的几个年轻人，都为自己赚了数千万美元。格雷格·李普曼在2007年分到了4 700万美元，尽管其中有2 400万美元是限制性股票，他只有继续为德意志银行服务几年才能拿到手。但是，所有这些人都是做对了的人，他们理应成为赌局的胜方。赵文的担保债务权证管理业务破产了，但是，他离开的时候也拿着数千万美元，而且还企图新建一家公司，廉价收购那些次级抵押贷款债券，而在这些债券上，他亏掉了数十亿美元别人的钱。豪伊·许布勒亏掉的钱是华尔街历史上单个交易员亏损最多的，然而，他也可以拿走他之前赚到的数千万美元。每个华尔街大公司的首席执行官都在赌局中站错了边，他们中的所有人，要么是导致一家上市公司破产，要么就是被美国政府从破产中捞了出来，没有一个例外。但他们也都非常富有。

如果他们不需要做出聪明的决策，如果他们做出愚蠢的决策也能很富有，那么人们做出聪明决策的概率会有多大？华尔街的激励机制是完全错误的，但是我没有与约翰·古特弗罗因德争论。就像你回家看望父母的时候会回到9岁时的状态一样，当你与你的前首席执行官相处的时候，你会回到做下属的时候。约翰·古特弗罗因德仍然是“华尔街之王”，而我仍然只是一个土包子。他说话时是一种宣布决定式的口气，而我是迟疑不决的口吻。但是，当他讲话的时候，我的眼睛会盯着他的手，他的那双惊人的厚实且充满肉感的手。它们不应是一双华尔街银行家的手，而应该是拳击手的手。我向上看，拳手在微笑，尽管不太像微笑，而更像是一种能掌控局面的表情。他字斟句酌地说：“你……的……书。”

我以微笑相迎，尽管那也不太像微笑。

“你为什么叫我来吃饭？”他问，尽管很友善，但他真的很好奇。

你无法对某个人据实以告，你叫他来吃饭，是想让他知道你没有把他看成魔鬼。你也无法告诉他，你叫他来吃饭是因为你认为你可以从他曾经做出的决策中找出造成世界历史上最大的金融危机的蛛丝马迹。约翰·古特弗罗因德对华尔街的社会秩序造成了强烈的破坏，这还让他获得了“华尔街之王”的称号。当时，在1981年，他将所罗门兄弟公司从一个私人合伙企业变成了华尔街的第一家上市公司。他忽略了所罗门公司的退休合伙人的愤怒。(“他的物质主义令我作呕。”威廉·所罗门告诉我，他是公司创始人之一所罗门的儿子，在古特弗罗因德发誓永远不会出售公司后，扶持他当上了首席执行官。）古特弗罗因德在华尔街首席执行官同事的千夫所指面前竖起了中指。他抓住了机会，他和其他合伙人快刀斩乱麻，把金融风险从自己身上转移给公司的股东。最终，他们并没有为股东做什么贡献。（在我到所罗门公司交易大厅那年，1986 年，以当时的市场价格每股 42 美元买的一股所罗门兄弟公司股票，大约相当于今天的 2.26 股花旗集团股票，花旗集团股票在 2010 年的第一个交易日合并后的市值为 7.84 美元。）但是，对于债券交易员来说，他们的行为却有着极大的好处。

从那一刻起，华尔街公司成了一个黑箱。那些为风险承担者提供资金的股票持有人并不能真正理解风险承担者在做什么，而且，随着风险承担的过程变得前所未有的复杂，他们仅存的一点儿理解也消失殆尽了。最显而易见的是，那些进行了复杂押注的聪明人获得的利润，淹没了所有服务客户或者投资于生产率更高的企业所获得的收益。客户都变得无关紧要了。（是否应该认为，在债券市场中买方不信任卖方，说明当一个卖家——格雷格·李普曼向买方报价的时候，买方看不到一个快速致富的计划？）在 20 世纪 80 年代末以及 20 世纪 90 年代初，所罗门兄弟公司进入了全盛时期——伟大的时期！其间，5 名产权交易员——豪伊·许布勒的精神前辈——所创造的利润超过了公司全年的利润。也就是说，公司 1 万名左右的员工，作为一个整体，其实都在亏损。

当所罗门兄弟公司展示将一家投资银行转变成上市公司的潜在利润，并用有毒的风险提高其资产负债表的负债率时，华尔街的心理基础转变了，从相信到盲目信任。没有一家由员工自己所有的投资银行会将财务杠杆比率放大到 35∶1，或者购买并持有 500 亿美元的夹层担保债务权证产品。我还认为，不可能有任何合伙企业会试图去戏弄评级机构，或者与贷款大鳄同床共枕，它们甚至不可能允许将夹层担保债务权证出售给客户。短期的预期利润不可能改变远期的预期亏损。

所有的合伙制企业都不会出于这个目的而雇用我或者任何一个像我一样的人。在进入并从普林斯顿毕业的能力，和能承担金融风险的天赋之间，存在什么相关性吗？

在康沃尔资本管理公司押下了它对赌次级贷款的赌注之后，位于查理·莱德利所关心的名单的顶部位置的，是那些可能在任何时候介入，以防止美国次级抵押贷款借款人破产的势力。这些势力以前还从来没有这样操作过。相反，它们介入进来，是要防止那些对次级债借款人盲目大量押注，并精心策划，想让自己破产的华尔街大公司破产。

在贝尔斯登破产之后，美国政府以一个大甩卖的价格，以及为贝尔斯登最不稳定的资产提供担保的方式，鼓励 J. P. 摩根购买贝尔斯登。贝尔斯登的债券持有人全额收回了资金，而股票持有人却损失了大部分的资金。随后到来的是，房利美和房地美很快进行了国有化，管理层被更换，持股人的股份被稀释，而债务则原封不动，只是有了一定的不确定性。接下来是雷曼兄弟，它被简单地批准破产。自此之后，事情变得更加复杂。首先，美国财政部和美联储声称，它们允许雷曼兄弟破产，是想发出一个信号，即管理无度的华尔街公司并不是全部都能得到政府的担保。但之后，当一切失控，而且市场流动性凝固时，人们开始说，让雷曼兄弟破产是一个愚蠢的决定。于是，它们又改变了说辞，声称它们没有获得法律授权去救助雷曼兄弟。美联储给它延期发放了一笔 850 亿美元的贷款，后来很快增加到 1 800 亿美元，以弥补他们押注在次级抵押贷款债券上的亏损。这一次，美国财政部利用贷款中的大部分，将大部分的股权转至自己名下。华盛顿互惠银行紧随其后，但被美国财政部突然出手抓住，其债权人和持股人全部遭受亏损。然后，美联银行破产，美国财政部和美国联邦储蓄保险公司鼓励花旗集团买下它——又是以一个甩卖价，并让其对有毒资产提供担保。

现在正应对金融危机的那帮人，就是没有能够看到危机来临的同一批人：美国财政部长亨利·保尔森、未来的美国财政部长蒂莫西·盖特纳、美联储主席本·伯南克、高盛首席执行官罗伊德·布莱克芬（Lloyd Blankfein）、摩根士丹利首席执行官约翰·麦克、花旗集团首席执行官维克拉姆·潘迪特（Vicram Pandit），等等。有几个华尔街大公司的首席执行官由于在次级抵押贷款灾难中的所作所为而被解雇，但是，绝大多数人仍然留任了，而且变成了重要人物，他们在紧闭的大门后面操作，试图找出接下来该怎么做。跟他们搅在一起的，还有十几个政府官员——也是同样的那些本来应该对华尔街公司的所作所为知道得更多的人。所有这些人都有一个共同点：他们的所作所为证明了他们在掌握美国金融体系内部真相方面的能力，远逊于一个患有阿斯伯格综合征的有一只义眼的理财经理。

到2008年9月末，美国的最高金融官员——美国财政部长亨利·保尔森说服了美国国会，获得了7 000亿美元，用来从银行购买次级抵押资产，从而诞生了问题资产救助计划。资金一到手，保尔森就摒弃了当初所承诺的战略，将数十亿美元给了花旗集团、摩根士丹利、高盛以及其他一些非自然选择生存下来的企业。比如，美国国际集团欠高盛的130亿美元，完全由美国政府埋单：

每一美元面额的债券支付 100 美分。这些荒唐的施舍——加上因此带来的政府担保的暗示——不仅避免了华尔街公司的破产，而且让它们不用承担次级抵押贷款组合的亏损。尽管如此，就在收到首批 250 亿美元的纳税人资金之后的几个星期，花旗集团又向美国财政部伸手了——看！市场还是不相信花旗集团幸存下来了。作为回应，2008 年 11 月 24 日，美国财政部又通过问题资产救助计划给予花旗另外一笔 200 亿美元拨款，而且为 3 060 亿美元的花旗资产提供了担保。除了把钱花光的理由以及优先股的股票以外，美国财政部没有要求它采取任何行动、管理变革，或者其他行为。3 060 亿美元的担保——几乎是美国国内生产总值的 2%，大约是美国农业部、教育部、能源部、国土安全部、住房和城市发展部以及交通部预算的总和。美国财政部以一种毫不遮掩的方式送出大礼，它从来没有对危机的情况做出解释，只是为应对花旗集团的“股票价格下跌”采取了行动。

到此时，很清楚的一点是，7 000 亿美元的金额不足以覆盖华尔街债券交易员在过去几年间所收购的问题资产的金额。这个时候，美联储采取了惊人的前所未有的步骤，直接从银行手中购买出问题的次级抵押贷款债券。到 2009 年年初，与价值超过 1 亿美元的投资有关的风险和亏损，从华尔街公司转移给了美国的纳税人。亨利 · 保尔森和蒂莫西 · 盖特纳声称，由雷曼兄弟破产所造成的混乱和恐慌让他们相信，这个体系承受不起再一次的大型金融企业破产所带来的冲击。他们进一步声称，离这件事发生不过几个月的时间，他们没有获得法律授权来以一种有序的方式接管巨型的金融企业——换句话说就是将一个破产的银行赶出业界。然而，直到一年之后，他们也没有针对那项权力有过任何行动。

这就有点儿奇怪了，因为他们显然是不会羞于张口索要权力的。

2008 年在华尔街发生的事件很快就被重新诠释，不仅是华尔街的领导人来解释，而且美国财政部和美联储也出来解释，这次事件被定义成“信心的危机”。一次简单的、老套的金融恐慌，由雷曼兄弟的破产而引发。2009 年 8 月，高盛总裁盖瑞·柯恩（Gary Cohn）声称，而且是在公开场合声称，高盛从来没有真正需要过政府的帮助，因为高盛一直都很强大，足以抵御任何暂时的恐慌。但是，老式的金融恐慌和 2008 年华尔街所发生的问题存在着直接的差异。在老式的恐慌中，感觉会自我实现：某人在拥挤的剧场里大喊“起火了”，观众会在涌向出口的过程中因相互踩踏而致人死亡。在 2008 年的华尔街，现实最终淹没了感觉：拥挤的剧场在大火中坍塌了，而很多人还坐在椅子上。每一家华尔街的主要公司，要么破产了，要么与破产制度纠缠不休。问题不在于雷曼兄弟被允许破产，而在于雷曼兄弟为什么曾经被允许获得成功。

这个新的王国——给资本家的自由的钱，给所有人的自由市场——加上或多或少对金融史的重写，使各色人等都卷入了争论之中，但是，在争论的热情方面，没有人可以与史蒂夫·艾斯曼相提并论。世界上最有势力而且薪水最高的金融家颜面扫地，如果没有政府的干预，他们中的每个人都会丢掉自己的工作。然而，同样是这些金融家，正在利用政府来中饱私囊。“我能够理解，为什么高盛想要参与有关华尔街该怎么办的对话。”他说，“但我无法理解的是，为什么会有人愿意听他们胡说八道。”依艾斯曼之见，美国政府不愿意让银行破产，与其说是一种解决方案，不如说是对一种深层次功能失调的金融体系的姑息。他言之凿凿，认为问题不在于银行对美国经济的成功起着至关重要的作用，而在于那些庞然大物——未知金额的信用违约掉期产品曾经在它们之间买卖。“市场对风险没有限制，”他说，“一家资本金市值 10 亿美元的银行可能会拥有价值 1 万亿美元的未到期信用违约掉期产品，没有人知道具体的数字到底是多少。比如说花旗集团的破产从经济上来看是可以承受的，它会引发花旗集团股票持有人、债券持有人和员工的损失，所涉及的金额也是大家都知道的；然而，花旗集团的破产也会引发大量未知赌注的偿付：由那些出售了针对花旗集团的信用违约掉期产品的人向那些买了这些产品的人偿付。”

这是将华尔街合伙制企业转变成上市公司的另一个后果：把它们变成了投机的目标。这不再是银行与社会和经济的相关性问题——通常被说成企业“大而不倒”，而是在它身上以巨额资金押注的数量。

我忍不住询问约翰·古特弗罗因德有关他的最大也最致命的行动的问题：清点那些从山顶崩落下来的石块。把华尔街的合伙制企业转变成上市公司的决定，看起来很像从山顶上被踢下来的第一块石头。“是的，”他说，“他们——华尔街其他公司的领导人——都说公开上市是一件多么可怕的事情，你怎么会做这样的事情。但是，当诱惑抬头，他们所有人都对它低头了。”不过，他还是同意我的说法：将合伙制转变成公司制的主要后果，是将金融风险转嫁给了股票持有人。“若出了差错，那是他们的问题。”他说。而且，显然，不只是他们的。当华尔街投资银行运营得过于糟糕，它的风险也会成为美国政府的问题。“自由放任，一直到你陷得足够深为止。”他说完后，淡淡地一笑。他已经离开了这场游戏，现在这是其他人的错误了。

当我潦草地记下他说的话时，他好奇地看着我。“这是要干什么？”他问道。

我告诉他，我认为或许值得重新探索我在《说谎者的扑克牌》里所描绘的世界，尽管它正在做垂死挣扎。

“那真令人恶心。”他说。

要他享受成为我的朋友的乐趣是一件难事，而要我不享受这个乐趣则更难：他仍然很强健，而且直爽，就像一名屠夫。他协助创造了一只怪兽，但是他身上还留有很多老华尔街人的特点，他们喜欢说“一个人说的话就是他的保证”。从这一点上看，华尔街的人不会走出他们的公司，并写一本有关他们的书而给他的前老板们带来麻烦。“不，”他说，“我想我能够接受这个事实：你的书毁了我的事业，但是成就了你。”话音未落，华尔街的前王者端起了他的开胃菜，笑眯眯地问道：“你想尝尝魔鬼蛋吗？”

在此之前，我都没有注意到他在吃什么，现在我终于看到他点了这家餐馆中最好吃的东西。谁会对魔鬼蛋梦寐以求？谁会知道一个简单的鸡蛋会被做得如此复杂，而且如此诱人？我凑过身去，取了一块，不吃白不吃。它从来都没有失去它的魅力。

致谢

在我重新搜寻我在华尔街的足迹的时候，我那本现在处于难产中的《资产组合》的编辑凯尔·波普鼓励我动笔，于是我开始了这本书的写作。布兰顿·亚当斯慷慨地向我提供了帮助，挖掘出了很多蹊跷的事实和人物，而且他对这个选题表现得如此敏锐，令我都开始怀疑，或许应该由他而不是由我来写这本书。他发掘出来很多珍宝，包括 A. K. 巴尼特－哈特（A.K. Barnett-Hart），一名哈佛的大学生。他刚完成了一篇关于次级抵押贷款支撑的担保债务权证产品的论文，此文现在来看比任何一篇华尔街对这个问题的研究报告都要有趣。马克·罗森塔尔（Marc Rosenthal）是我在次级贷款、评级机构内部运作模型这些阴暗世界里的丛林向导，他几乎倾注了他所有的时间和智慧来帮助我。作家出版社的艾尔·查克曼（Al Zuckerman）为我代理了这本书，同时还代理了我其他的书。有好几个人读了这份书稿的全部或者部分章节，而且提供了很多有用的建议：约翰·瑟奥，道格·斯顿夫、我的父亲汤姆·刘易斯，以及我的妻子塔比莎·索伦。珍妮特·拜尼认真细致地编辑了这份书稿。W. W. 诺顿公司的斯塔林·劳伦斯几乎编辑了我所有的书，《说谎者的扑克牌》就是由他编辑的。

要是没有来自我的那些主角们的非同寻常的深层次合作，要想写出一篇还过得去的纪实故事来，简直就是天方夜谭。史蒂夫·艾斯曼、迈克尔·巴里、查理·莱德利、加米·麦、文森特·丹尼尔、丹尼·摩西、波特·柯林斯，以及本·霍克特允许我进入他们的生活圈子。尽管承受着某些他们所面临的无法量化的风险，但他们与我分享了他们的思想和感情。对于这一点，我没齿难忘。

图书在版编目（CIP）数据

大空头 /（美）迈克尔 · 刘易斯著；何正云译 . --
北京：中信出版社，2021.4
（中信经典丛书 . 006）
书名原文：The Big Short
ISBN 978-7-5217-2896-5

Ⅰ. ①大… Ⅱ. ①迈… ②何… Ⅲ. ①证券投资—经
验—美国 Ⅳ. ① F837.125

中国版本图书馆 CIP 数据核字（2021）第 048343 号

大空头
（中信经典丛书 · 006）

著　　者：[美] 迈克尔 · 刘易斯
译　　者：何正云
责任编辑：温欣欣
出版发行：中信出版集团股份有限公司
（北京市朝阳区惠新东街甲 4 号富盛大厦 2 座　邮编　100029）
承 印 者：北京盛通印刷股份有限公司

开　　本：880mm × 1230mm　1/32　　印　　张：130.75　　字　　数：3022 千字
版　　次：2021 年 4 月第 1 版　　印　　次：2021 年 4 月第 1 次印刷
京权图字：01–2010–3136
书　　号：ISBN 978–7–5217–2896–5
定　　价：1180.00 元（全 9 册）

周期

MASTERING THE MARKET CYCLE

[美] 霍华德·马克斯
著

刘建位
译

中信出版集团 | 北京

献给我一生挚爱的

南希

简、贾斯廷、罗茜、山姆

安德鲁、雷切尔

目录

中文版序言

过去十多年来，有件事总让我特别高兴，就是我一年一度的亚洲之旅，特别是中国之旅。这十多年来我到访中国十几次，其间，非常荣幸能够认识一些中国最聪明、最有影响力的顶尖专业投资人士，并与他们深入地交流有关投资的看法。我与他们中的很多人都成了相知相敬的老朋友，以及业务合作的好伙伴。这些中国顶尖的专业投资人士对投资事业的激情之巨大，对投资知识的渴望之强烈，直到现在依然令我钦佩，他们和我关于投资的对话总是能代表投资专业的最高水准。

八年前，我写了第一本书《投资最重要的事》，我在书中提及，20 世纪 60 年代我在上大学期间研读过亚洲文化，这对后来我做投资并逐步发展形成自己的投资哲学有很大帮助。最近十几年，我每年都和这些中国顶尖的专业投资人多次交流对话，这让我更加深入地理解了中美投资人之间在经济、政治、文化方面的细微差异，帮助我不断地完善和提升我的投资哲学。事实上，这十几年来和中国顶尖专业投资人士的多次深入交流，对我写这本关于周期的新书贡献很大，特别是在“周期定位”这个方面。

因此，我非常高兴能和中国投资人分享我的第二本书。我的上一本书《投资最重要的事》，以及我以前所写的投资备忘录，其中那些与周期相关的关键内容，构成了这本关于周期的新书的基础。2011 年，我在《投资最重要的事》书中讨论过，市场的涨跌只是一时的，不可能一直如此，上涨之后必有下跌，下跌之后必有上涨，认识到市场波动必有周期对投资至关重要。现在这个世界和八年前有巨大不同，对于投资人来说，市场周期之重要远胜过从前，投资人只有正确合理地理解市场周期，分析影响周期的因素，判断周期未来的趋势，在周期的每个重要转折点采取合适的投资行为，才能长期战胜市场。因此我希望这本新书能帮助你更加深入地理解周期、正确地分析周期、成功地利用周期，形成你自己独有的长赢投资哲学。

在此我要衷心地感谢我的所有中国朋友，我们多年合作，持续交流，让我受益匪浅、收获良多，期待我们将来继续合作，更多地交流。我还要特别感谢我的搭档巢瀚婷女士，她作为橡树资本大中华区的领军人，多年来对橡树资本的发展和我来此与大家共聚的旅程，厥功至伟。

霍华德·马克斯

译者序
掌握“投资周期第一书”

中国股票投资人都知道股神巴菲特，都喜欢读巴菲特每年年报中给股东写的信。可是，你知道巴菲特喜欢读谁写的信吗？

橡树资本霍华德·马克斯每年都会给客户写几份投资备忘录，像巴菲特给股东写的信一样，分享自己对投资的思考和感悟。巴菲特说：“我会第一时间打开邮件并阅读的就是霍华德·马克斯的备忘录，我总能从中学到不少东西，他的书更是如此。”能让巴菲特十分关注和欣赏，霍华德·马克斯的投资成就肯定也非同一般。

霍华德·马克斯1946年出生，比巴菲特小16岁，1978年开始投资高收益债（即著名的垃圾债券），是第一批垃圾债券专业机构投资者。十年之后，霍华德·马克斯组建了一只不良债权投资基金，可以说这是大型金融机构首次进入不良债权投资领域。后来他又创立了橡树资本，目前管理的资产规模超过1 200亿美元，其中71%是债务投资，其不良债权投资管理规模全球第一。

熟悉巴菲特的投资人都知道，巴菲特不仅股票投资规模做得大，而且固定收益投资规模也做得很大，超过1 000亿美元。其中，巴菲特对垃圾债券情有独钟，并多次对其进行大规模投资，在致股东的信中他也多次对此进行长篇论述。

两位大师的投资领域各有偏重，但长期业绩都非常好。伯克希尔·哈撒韦公司过去50多年的平均投资业绩高达19%；橡树资本过去22年的平均投资业绩也高达19%。

霍华德·马克斯每年都会仔细阅读巴菲特致股东的信，并在自己的书中和投资备忘录中多次引用巴菲特的名言。巴菲特也经常阅读霍华德·马克斯写的投资备忘录，而且非常欣赏他的见解。

有一天，巴菲特建议霍华德·马克斯把这些投资备忘录整理成一本书："你要是写一本书，我会给你的书写推荐语。"之后，霍华德·马克斯就开始整理文稿，下了很大功夫完成了《投资最重要的事》。巴菲特收到书稿，如约做了推荐："这是一本难得一见的好书。"

之后，霍华德·马克斯写了第二本书《周期》。这本书只讲周期，还是在他过去二十多年写的投资备忘录的基础上整理成书，并且加入了新的思考和感悟。这本新书也得到了很多著名投资大师的推荐，其中一位是巴菲特的投资老搭档、人称"长着两条腿的活书架"的查理·芒格。《周期》这本书，告诉我们如何从历史事件中学习经验教训，从而更好地把握未来。2018年这本新书出版后，很快登上了《华尔街日报》和《纽约时报》的畅销书排行榜。

霍华德·马克斯的第一本书《投资最重要的事》，我有幸写序推荐。他的第二本书《周期》，我有缘翻译，因此我在三个月内反复读了这本书十几遍。我想说，这本书肯定可以被称为"投资周期第一书"。

人生成功三大要素，天时、地利、人和，天时排名第一。投资成功三大要素，选时、选股、配置，选时排名第一。选时最重要的是周期，讲周期最好的就是这本书。大部分投资人往往只想到市场周期的第一层浅思维，这本书带你进入市场周期的第二层深思维，教你看懂过去的周期规律，看清现在的周期位置，看透未来的周期趋势，获得少数赢家穿越金融危机、长期战胜市场的投资布局真经。所以我称之为“投资周期第一书”。

这本书最大的特色是结合基本面与心理面来讲投资周期。技术分析派讲市场周期只看市场价格数据，宏观分析派讲市场周期主要看宏观经济和货币数据。基本上都是从数据到数据，从模型到模型，既不实用，又无成效。这本书开辟了第三条道路，从经济和企业基本面出发讲市场长周期的基本趋势，从心理面讲市场短周期如何经常大幅偏离基本趋势，基本面、心理面、市场面三面合一，互为因果，互相影响。这样解读周期既符合实际，又好懂好用。

不过投资人都知道，周期这件事，毫无疑问是投资最重要的事，但它像人生命运一样，人人都讲，人人都讲不清楚。没办法，周期这个主题涉及很多方面、很多层次，非常复杂。虽然讲周期的书很多，但这本书讲得最清晰易懂。不过，书中内容也是一环扣一环、一层套一层的，第一次读此书的人，不太容易把握。

如同其他好书，这本书也有一条明显的主线。主线可以分成三个阶段：认识周期、分析周期、应对周期。它们分别对应着这本书的三大部分：认识周期三大规律、分析周期三类九种、应对周期三步操作。

第一部分　认识周期三大规律

本书的第 1 章到第 3 章的核心内容是周期的三大规律。

周期的第一大规律，不走直线必走曲线：前途是光明的，道路是曲折的。任何事件的发展都不会是一条直线，而是一条起伏的曲线。市场周期，大涨之后必有大跌，大跌之后必有大涨。股市如海，永远是潮起又潮落。但是投资人通常只看到股市波动，却没有想到其中其实存在因果关系，上涨过程积蓄着下跌的能量，并最终导致下跌，下跌过程中积蓄着上涨的能量，最终导致上涨。

周期的第二大规律，不会相同只会相似：历史不会重演过去的细节，历史却会重复相似的过程。霍华德·马克斯解读投资周期，涨跌的方向会重复历史相似的模式，但涨跌的幅度不会重复历史相似的幅度。股市总是潮起又潮落，非常相似，但潮起多高，潮落多深，次次不同。这是因为随机性的作用。所以周期的大趋势，即大方向可以预测，但具体走势，即涨跌幅度无法预测。

周期第三大规律，少走中间多走极端：市场周期围绕基本趋势线或者平均线上下波动，市场走到一个极端之后，总会向中心点回归或者说均值回归。但是市场回归到中心点之后，却并不会停留，而是继续冲向另一个相反的极端。所以市场不是走到极端就是走向极端。股市只会一直潮起潮落，不是向上涨到极端，就是向下跌到极端。

但是海水潮起潮落的幅度通常很有限，并且相当规律，偶尔遇到台风，巨浪滔天，其涨落幅度和持续时间难以预测。股市波动，大牛市和大熊市如同台风一般威力巨大，大涨或大跌的幅度更大，持续时间更长，更加难以预测。

第二部分　分析周期三类九种

本书的第 4 章到第 12 章分别分析了 9 种投资周期。大自然的周期，相当规律。而人参与的经济活动、企业活动、投资活动的周期，非常不规律，很容易走极端。因为人性决定了这些周期要么向上走极端，要么向下走极端。要研究周期，先研究人，要研究人，先研究人性，人性的表现就是心理和情绪。

第一类周期，基本面周期：经济周期、政府调节逆周期、企业盈利周期。经济周期取决于 GDP（国内生产总值）周期，影响因素一是参加生产的总人口，二是生产效率。政府调节逆周期，其实体现在政府逆周期调节，熨平经济波动，主要依靠货币政策和财政政策，但是政府官员也无法准确预测经济周期。企业盈利周期，从理论上讲，所有企业的产出之和就是一个国家的 GDP，可是企业盈利波动幅度是 GDP 波动幅度的两三倍，甚至更大。其中的主要原因是企业使用了两大杠杆——经营杠杆和财务杠杆。厂房设备等固定资产形成的固定成本在总经营成本中占比越大，形成的经营杠杆越高；负债融资在企业总成本中占比越大，形成的财务杠杆越高。经营杠杆和财务杠杆导致企业销售收入的变化幅度被放大为变化幅度更大的企业盈利。经营杠杆和财务杠杆水平取决于企业经理人的决策。

第二类周期，心理周期：心理钟摆和风险态度周期。

这是书中最重要也最精彩的内容。心理和情绪虽然严格来讲有所不同，但是难以区分，所以作者从便于实际运用出发，把二者结合，心理就是情绪，情绪就是心理。

投资像硬币的两面，不可分离。正面是追逐利润，反面是承担风险。从追逐利润来讲，投资人面对证券的心理和情绪就像钟摆，在恐惧和贪婪两个极端之间来回大幅摆动。这简直是天才的比喻，一下子抓住了那个只可意会而难以言传的东西。我忍不住摘录了下面这段话：

> 证券市场中的情绪波动，就像一个钟摆的运动一样。这个钟摆来回摆动，形成一道弧线，弧线的中心点完美地描述了这个钟摆的“平均”位置。但是事实上，钟摆待在这个弧线的中心点位置的时间极短，一晃而过。相反，钟摆几乎大部分时间都在走极端，弧线两端各有一个极端点，钟摆不是在摆向极端点，就是在摆离极端点。但是每当钟摆接近极端点的时候，不可避免的结果是，钟摆会反转方向摆向弧线的中心点，或早或晚，反正肯定会反转。事实上，正是钟摆摆向极端点这个运动本身，为钟摆后来反转方向回归中心点提供了能量。
>
> 投资市场也形成了类似钟摆一样的摆动：
>
> · 从兴奋到沮丧；
>
> · 从为利好事件欢呼庆祝到为利空事件忧虑不安；
>
> · 从价格过高到价格过低；
>
> · 从贪婪到恐惧；
>
> · 从乐观到悲观；
>
> · 从风险容忍到风险规避；
>
> · 从信任到怀疑；
>
> · 从相信未来的价值，到坚持现在要有实实在在的价值；

· 从急于购买到恐慌卖出。

这种从一个极端到另一个极端的摆动现象，是投资世界最确定的特征，投资人心理像钟摆一样，很多时间都在走极端，要么走向一个极端，要么走向另一个极端，投资人很少停留在中心点上，很少走令人幸福快乐的中庸之道。

在证券市场待过一段时间的人会惊奇地发现，同样的证券，同样的市场，同样的企业，同样的投资人，却会有完全相反的心理和情绪，而且自己的每次反转都被自己认为是对的，反转之后又会再反转。这种反复无常，用钟摆来形容可以说十分神似。

巴菲特说他一生投资成功只靠一个原则：在别人贪婪时恐惧，在别人恐惧时贪婪。其实，投资人做投资，对手就是市场，这里说的别人就是市场。霍华德 · 马克斯把市场的心理和情绪波动比喻为钟摆，在贪婪和恐惧之间摆动。这和巴菲特的那句名言可以说是绝配。

从投资的另一面承担风险来看，投资人面对风险的态度也是周期性的大起大落，从过度风险规避到过度风险容忍。作者首先说明，风险的正确定义是损失的可能性，不是学术上定义的波动性，并澄清了一个流传很广的错误说法：高风险才有高收益。从风险是损失的可能性来讲，低风险才能获得高收益，因为损失的可能性越小，盈利的可能性越大。作者指出，投资人常常把收益和风险看作一个点，而不是一个可能性区间。

第三类周期，市场周期。这本书中的市场周期一般指的是股市。但从广义上讲，信贷市场和不良债权市场、房地产市场也属于市场，所以为了方便起见，我将它们统一归到市场周期。

信贷周期相对于其他周期，影响力特别大，但谈信贷周期的书要少得多，所以信贷周期是这本书的一大亮点。其实企业都是借短投长，因为短期贷款或者短期债券和商业票据的利率最低。但是企业投资的项目周期要长得多，从销售到回款需要几个月，甚至几年的时间；企业建造厂房，从前期设备投入到收回成本也需要几年时间。所以企业都是不断地滚动融资，旧债到期借新债。可是在经济形势好的时候，再差的企业都能借到钱；在经济形势不好的时候，再好的企业也很难借到钱。作者用窗口来做比喻特别形象，从窗口大开到猛然关闭，简直是冰火两重天，而且变化极快。贷款机构对企业贷款如此，对个人住房贷款也是如此。请注意，管信贷发放的是人，管债券投资的也是人。信贷周期对经济周期特别敏感，对企业盈利周期的影响特别大，对经济和市场的影响也特别大。次贷危机，其实就是信贷周期走极端所造成的危机，而次贷危机引发了全球金融危机。在中国，信贷周期的影响同样很大。读了这本书中的信贷周期，你才能真正明白全球金融危机，才能明白为什么最近中国如此强调“去杠杆”。中国投资人喜欢把信贷周期归为资金面，其实很有道理。

不良债权投资，其实就是破产企业的违约贷款和违约债券，中国的银行称之为不良资产。如果垃圾债还称得上“垃圾”，那么不良债权连“垃圾”都称不上。一般投资人避之唯恐不及，而这正是不良债权具有巨大赚钱机会的根本原因。但是不良债权投资风险极大，只有少数高手才能玩得转，而这本书的作者霍华德·马克斯却是不良债权投资高手中的高手。

房地产周期，是美国次贷危机的根源，也是中国人最关注的周期。房地产周期有三大特点：第一是实物，产品从设想到交付客户长达几年时间，漫长的房地产周期起伏特别大，因此对房地产投资的盈利影响非常大，特别是对烂尾楼的投资。本书作者既投资不良债权，即那些破产企业烂掉的贷款和债券，又投资烂尾楼，他因此发现烂尾楼投资的周期性特别强。房地产周期的第二大特点是开发商只见树木不见森林，只看到自己，没有想到很多同行会有同样的想法，结果出现“一窝蜂”现象，市场要么过热，要么过冷。房地产周期的第三个特点，是投资人盲目相信股市、房价总会上涨，但是这本书的作者用阿姆斯特丹市绅士运河区经过350年房价才上涨1倍的事例表明，不要相信传说，它不是事实。

股市周期是最重要的市场周期，甚至我们平常所说的市场指的就是股市。股市周期有三个特点：

第一个特点，从多层次组成来看，股市周期集所有其他周期于一身，再加上随机性的影响，形成了股市的波动周期，而且股市周期既受其他周期影响，也影响其他周期。简单地说，基本面加上心理面决定市场面。而市场面反过来影响基本面和心理面。

第二个特点，从波动幅度来看，价格会大偏离，因为投资人不是理性的经济人，他们的心理和情绪会大幅波动，所以资产的买卖价格会大幅偏离价值，投资的机会即在于此，投资的风险也在于此。

第三个特点，从过程来看，大牛市和大熊市都有三个阶段。大牛市的三个阶段是：少数人看到基本面好转，股市小涨；部分人看到基本面好转，股市中涨；所有人看到基本面好转，股市大涨。反过来就是熊市的三个阶段。用巴菲特的话来概括就是：最先做的是聪明人，最后做的是傻瓜。书里讲得最精彩的是，在第三个阶段为什么最后会有一波疯狂上涨，因为原来一直坚持不追涨买入的人，一直看到周围的人在赚钱，实在太痛苦了，实在坚持不了，最后投降了，开始疯狂买入，一下子市场上只有人买，没有人卖出了。作者做了一个比喻，这就像双方进行拔河比赛，在大牛市最后阶段，卖方一下子都投降了，反过来加入买方，结果市场疯狂上涨，可是因为再也没有人卖出，市场最终涨不动了，而一有风吹草动，市场就开始反转下跌。所以经常会有人说：我一买，市场就开始跌了。因为你是最后投降的那批人中的一个。此外，市场涨起来很慢，跌起来却很快，作者将它比喻为：股市泡沫就像气球，充气慢，但泄气非常快。作者提醒道：世界上没有只赚不赔的神奇投资产品，就像世界上没有长生不老的神药一样。当这种神奇的投资产品非常流行时，市场发出了大泡沫的严重警告。

第三部分　应对周期三步操作

认识周期的三大规律，只为了一个目的：应对周期，利用周期，从而获得更多盈利和更高的业绩。这就是这本书讲的第三部分：应对周期。这也是最实用的一部分（第 13 章到第 16 章）。

概括地说，应对周期就三步：有识、有胆、有备。中国人常说，有胆有识。其实是先有识后有胆，有胆有识还不够，还要有备，以防万一。

第一步，有识——现在市场到周期的什么位置了。看清现在，才能把握未来。作者的方法是，给市场量体温，就是用一些关键指标来衡量市场估值水平，以及市场情绪是过热还是过冷。市场情绪非常容易传染，在大牛市里，保持众人皆醉我独醒，非常困难。

第二步，有胆——在别人贪婪时恐惧，在别人恐惧时贪婪，这也是巴菲特投资成功的秘诀。从承担风险的角度讲：别人越不谨慎小心，自己越要谨慎小心。我们前面搞懂了市场波动永远是周期性的，市场涨得越高，跌的可能性就越大，我们应该早早卖出。反过来，市场跌得越低，涨的可能性越大，我们应该及时买入。但说起来容易做起来难。大熊市里人人恐慌，有几人有胆量勇敢地进场买入？大牛市里，人人贪婪，有几人有胆量勇敢地卖出离场？但是要成功，非如此做不可，难怪投资成功者，往往只是少数人。

第三步，有备——要在三个方面做好出错的准备。第一个是你出的错误，是人就会出错。第二个是来自市场之外的意外事件，比如风暴、洪水、地震、海啸、日本核泄漏、英国脱欧、中美贸易战。第三个是市场本身的错误，市场一直保持错误的时间，比你能保持不爆仓的时间还要长！你分析得对，你做得也对，但是市场就是死不悔改，直到你爆仓之后，市场才迅速修正错误，你没能坚持到光明到来的那一刻，死在了黎明前的漫长黑夜里，因为你没有想到黎明前的黑夜会如此漫长，如此难熬，你的弹药和粮食耗光了。所以作者感叹：投资最大的秘诀就是活下来，不是胜者为王，而是剩者为王。巴菲特说："我不要 99% 会成功却有 1% 会爆仓的可能性。"每年都有投资很成功的人，但十几年后还成功的投资人极少。看看巴菲特和霍华德·马克斯，他们经历了几次大危机而不倒，真是令人钦佩。

要想长期投资成功，关键是保持投资组合布局平衡。作者提出，投资成功要在三对关键因素上保持适当的平衡：周期定位与资产选择（选时与选股），激进与保守（进攻与防守），技巧与运气。这三对因素就是左手与右手、左腿与右腿、左脑与右脑，缺一不可，而且要保持适当平衡。但是其实在适当的时候偏向正确的一边才能保持真正的平衡。

中国人喜欢说，人定胜天。投资人容易过分自信，认为人肯定能战胜市场。作者写这本书，讲市场周期，就是想帮助投资人战胜市场。但是他最后提出了，投资人应对周期有局限性，其原因有两个：人不是神，能力有局限；而且有时候，人算不如天算。要成为一个完美的投资人，关键在于认识自己的局限性。

这本书讲的是周期，可是投资人如此用心地研究周期，追求投资成功，却没有想到，投资成功本身也有周期。失败是成功之母，成功也是失败之母。

最后，我们又要从终点返回起点。其实这本书只有一句话：周期永远在。我们投资失败，往往因为觉得“这次不一样”，其实后来才发现，这次还一样，周期永远在。做投资，你可以什么都不相信，但你必须相信周期。只要有人在，就有周期。正如马克·吐温的那句名言：历史不会重演细节，过程却会重复相似。

感谢汇添富基金管理股份有限公司张晖总经理、李文董事长、雷继明副总经理、娄焱副总经理、营销管理部童彬总监多年来对我工作的支持和帮助。

感谢我妻子徐晓杰的付出，让我有更多的时间和精力翻译。感谢我女儿刘林菲经常敦促我的翻译进度，这才让我三个月就完成了翻译。

个人能力有限，这次翻译时间也很紧张，错漏之处请各位多多指正。我衷心希望你和我一样喜欢这本书，我认为这是一本难得一见又十分有用的讲周期的好书！

刘建位

2019 年 1 月 15 日于上海

序言

八年前，我写了第一本书《投资最重要的事》，主题是投资人应该最关注什么事情。在那本书里，我提到“投资最重要的事是要关注周期”。可是，事实上，这个标签“最重要的事”，我也同样用在其他19件事上。结果，20件事每件都是最重要的事。其实在投资上根本没有所谓单独一件最重要的事。我在《投资最重要的事》中一共讨论了20件事，其实每件事都是投资最重要的事，投资人想要成功，一个也不能少。

文斯·隆巴迪——美国绿湾包装工橄榄球队传奇教练——说过的一句话很有名：“赢，并非一切，而是唯一。”我一直搞不清楚隆巴迪这句话到底是什么意思，但是有一点毫无疑问，隆巴迪认为赢是最重要的事。同样，我不能说，理解周期就是投资的一切，也不能说是投资唯一重要的事，但是我可以说，在把所有投资最重要的事列成一张清单，并按照重要性排名时，理解周期这件事肯定名列前茅。

做投资管理50多年，我认识不少卓越投资人，他们对周期特别有感觉，能觉察到周期大致的走势，以及现在我们处在当前周期的什么位置。对周期有感觉，能让他们比别人更好地预判周期的下一波走势，并相应做好组合投资布局以稳妥应对，自然地，他们的投资业绩做得就会特别好。选时选得好，投资工具用得好，负责投资操作的人又做得好，天时、地利、人和，是投资成功最主要的三大因素。我创立的橡树资本管理公司之所以能够投资成功，绝大部分原因基于此。

鉴于此，我决定在《投资最重要的事》之后，专门写一本书来探讨周期这件投资最重要的事，这是第一个原因。第二个原因是我发现在周期波动里，有些事让我特别着迷。第三个原因源于客户问我最多的一个问题——我们现在处于周期的什么阶段。第四个原因是专门探讨周期本质的书特别少。所以，我写了这本书专门探讨周期，希望对大家有用。

~~~

在我们周围的世界，有些模式和事件一再重复发生，很有规律，影响着我们的行为和生活。冬天比夏天更冷，下雪更多；白天比夜晚更亮。因此，我们会把滑雪度假安排在冬天，把航海度假安排在夏天；我们白天工作和娱乐，晚上睡觉。夜幕降临，我们会开灯；上床睡觉，我们会关灯。冬天我们穿上温暖的厚外套，夏天我们则换上薄泳衣。尽管有些人为了追求刺激，会在冬天到大海里冬泳，有些人选择上夜班，以便把白天空出来做自由安排，但是绝大多数人都遵循大自然四季交替的规律，遵循人体昼夜 24 小时的生理规律来安排生活和工作，这能让我们每天过得更加轻松舒适。

我们人类有能力认识和理解周期模式，这让我们做决策更容易，而且收益更多，损失更少。特别重要的是，知识就是力量，我们掌握了这些重复发生的模式方面的知识，以后在碰到这些事情时，我们做决策就会非常省事了，只要依葫芦画瓢就行了，不用每次都要从零开始再折腾一番。我们知道飓风大多集中在 9 月，
~~~

所以每年9月的时候，我们就避免去加勒比海。纽约冬天天气很冷，所以纽约人冬天会去迈阿密市或者菲尼克斯市度假，因为此时那里的气候温暖舒适。我们熟知一年四季气温变化的规律，就再也不用在1月的每天清晨，重新想一遍今天屋外是冷还是热，自己究竟应该穿厚衣服还是薄衣服。

经济、企业、市场，和天地一样，也遵循一再重复的模式有规律地运行。有些重复发生的模式，大家一般称之为周期。促成经济周期、企业周期、市场周期形成的原因主要有三个：第一是自然发生的现象，更加重要的是第二个原因——人类心理的起起伏伏，第三是由前面两个因素所导致的人类行为。人类心理和人类行为在创造上述周期上所起的作用非常大，所以这些受人为因素影响很大的周期，比如经济周期、企业周期、市场周期，远远不像钟表和日历那样有规律，但是这些周期也是周期，有明显的波动，对于人类的某些行为来说，有些阶段是好时机，有些阶段是糟糕的。所以经济周期、企业周期、市场周期对投资人的影响极大。如果关注这些周期，我们就会先人一步，赚取更多收益。我们研究过去的经济周期、企业周期、市场周期，搞清楚这些周期的起源和重要影响，警惕周期下一波的走势，就能提前做好决策以妥善应对，就不用像重新发明轮子一样多费工夫了，不用每一次在面对投资环境变化的时候都要辛辛苦苦地从头研究，才能做出应对决策。看清周期，我们就能看清大势，就不太容易被那些纷乱的事件蒙蔽。知识就是力量，掌握这些重复发生的周期模式，能让我们的投资做得更好。

~~~

这就是本书要告诉大家的投资最重要的事，我们一定要关
~~~

注周期，也许我应该这样说："倾听周期"。依据词典网（dictionary.com）的解释，倾听（listen）这个词有两个义项，二者紧密相关，但又有差别。倾听的第一个义项是用耳朵听，"为了听清楚而把耳朵贴近"。倾听的第二个义项是用心倾听，"留心"。倾听的这两个义项，都和我所说的"倾听周期"的意思相关。

为了合理地布局投资组合，应对投资环境的下一步变化，以及投资环境变化所引发的未来市场的走势变化，投资人必须时时保持注意力高度集中。事件面前人人平等，在同一个投资环境里进行投资操作，一旦有事情发生，每个人都能倾听到。每个人都是用耳倾听的，但是每个人用心倾听的程度差别很大，人们关注事件的程度不同，理解事件的程度也会存在很大差异，因此人们认知事件的潜在影响的程度也差别很大。

不是每个人都是同样用心倾听的。"用心倾听"，我用这个词的意思是"内心听从，牢记在心，遵循指引，用心去做"。换句话说，"吸取教训，信守奉行"。为了更好地表达"用心倾听"这个意思，我可以列举一些反义词，也许这样会使人更明白下列这些词的意思：忽视、忽略、轻视、无视、藐视、疏忽、不关注、不注意、不在乎、不考虑、不理不睬、装聋作哑、放弃、躲避、否认、拒绝。不管怎么说，有一点始终都不变，投资人若不用心关注自己现在所处的周期位置，后果肯定很严重，损失一定很惨重。

为了从本书中受益最大，让自己在应对周期这件投资最重要的事上做得最好，投资人必须学习识别周期，评估周期，搞清楚周期的含义，依照周期所指示的方向行动。投资人如果能够如此用心倾听，那么周期便不再是狂野的力量，无法被控制，肆虐横行，造成严重破坏，而是变成你可以理解的现象，而且你可以利用它来获得投资优势，让它成为你能够挖掘的矿藏，从而让你的投资业绩大幅领先。我希望本书能够帮你化混沌为周期，化周期为知识，化知识为力量，化力量为业绩。

~~~

要掌握长赢投资哲学，必须综合很多基本要素，缺一不可：

第一，分析技能是基础。要培养你的分析技能，包括财务、金融、经济分析技能，这些基本分析技能是投资长赢的基础，而且都是必需的，但只有这些，还远远不够。

第二，市场观很重要。明白市场如何运作非常重要。开始投资之前，你必须先树立良好的市场观，但是不仅如此，你在开始投资之后，随着投资经验不断积累，你的市场观也要相应地增补、质疑、精进、重塑。

第三，大量阅读，多学习。你最初的投资观点，有些来自你阅读的东西，所以阅读是你构建投资观的重要基石之一，不可或缺。在投资过程中，你还要继续坚持阅读，不断地接受你所发现的有益的新观点，不断地抛弃你所发现的无益的旧观点，这样才能帮助自己不断提高投资策略的有效性。关于阅读，有一点很重要，不要只读和投资相关的书，要多读和投资无关的书。传奇投资人查理·芒格经常说：广泛阅读大有裨益；广泛阅读能让人拓宽眼界，学习了解除投资之外其他领域的历史和过程，大大丰富你的投资武器库，增加很多有效的分析方法和决策方法。

第四，结交同行多交流。多和投资同行交流，能大大帮助你提升投资能力。这样做的好处之大，无法估量。因为投资本质上不是一门科学，所以你学习投资这条路永远没有终点，必须干到
~~~

老学到老。而且投资永远有新东西，永远有新变化，所以没有一个人能成为投资学霸，独揽所有投资高见，每个人都有各自的投资高见。一个人可以孤独地做投资，但是我觉得，独自做投资，会让你错失很多好东西，不如多结交同行多交流，这样既能增长见识，又能增进友谊。

第五，投资经验最可贵。其他任何东西都无法真正替代你自己的亲身经历。每过一年，我对投资的看法就会有所不同。我所经历的每轮周期，都会教给我一些经验教训，让我能更好地应对下一轮周期。我觉得，投资是一个长期事业，投资是一辈子的事，我们任何时候都没有理由停下来，故步自封，不思进取。

写书这件事，让我自己受益良多。以书搭桥，让我结识了很多良师益友，增长了我的投资见识，丰富了我的职业生涯。在此我向这些良师益友深表感谢：

第一，阅读大师名著，让我受益良多。这些大师包括彼得·伯恩斯坦、约翰·肯尼斯·加尔布雷斯、纳西姆·尼古拉斯·塔勒布、查理·埃利斯。

第二，引用高人高见，为我的书增光添彩。我写上一本书《投资最重要的事》和其他文章时，引用了很多高人的高见，本书会继续引用这些高人的高见。其中包括塞斯·卡拉曼、查理·芒格、沃伦·巴菲特、布鲁斯·纽伯格、迈克尔·米尔肯、雅各布·罗斯柴尔德、托德·康布思、罗杰·奥特曼、乔·格林布拉特、皮特·考夫曼、邓·卡斯。2013 年，我和我妻子南希跟着孩子搬到纽约居住，这让我非常幸运地又认识了另外三位高人：奥斯卡·谢弗、吉姆·蒂施、阿吉特·杰恩。这些高人看待事物，都有自己一套独特的方式。通过向他们学习，我大大增长了见识。

第三，我要感谢我最重要的合作伙伴，也是我们橡树资本的共同创始人布鲁斯·卡什、谢尔登·斯通、理查德·马森、拉里·基尔。让我深感荣幸的是，他们同意采用我的投资哲学作为橡树资本的投资方法之本，并在实践中巧妙地加以应用（这才让我的投资哲学得到外界的认可和好评），在过去合作的 30 多年里，他们帮助我不断地提升和完善我的投资哲学。后面的内容我会对此进行详述，我和布鲁斯·卡什经常交换看法，互相支持，合作 30 多年来，可以说我们天天如此。正是共同经历了思想的相互碰撞，特别是在那些困难的日子里的交流，才形成了本书中所提出的周期分析方法。

我还要感谢其他朋友，他们为我创作本书提供了很大帮助：优秀的编辑里克·沃尔夫，他才华横溢；经纪人吉姆·莱文，他人脉很广，资源很多，正是他介绍我认识了编辑里克；我的好朋友卡伦·麦克·戈德史密斯，他推动我把书写得更加吸引人，并做了一次又一次的修订；我的资深助理卡洛琳·希尔德，为我的工作和写作提供了极大支持。我要特别感谢芝加哥大学布斯商学院的兰迪·克罗兹纳教授，他帮助我审阅了本书中有关经济周期和政府调节逆周期的几个章节。

~~~

由于知识会持续不断地增长，我们永远不可能掌握所有知识，所以我期待未来能够学到更多的知识。在投资的世界里，没有哪些知识会永远有效，因为投资环境总在变化，而投资人努力应对环境变化，这又导致环境进一步发生变化。因此，我希望将来我能知道我现在所不知道的知识，我也期待将来还可以通过写备忘
~~~

录和写书来和大家分享我的新知。

作者说明：

1. 就像我写《投资最重要的事》一样，一开始我就要向各位女士坦诚地表示歉意，因为我一直用代表男性的“他”。没办法，这是习惯的力量，我从60多年前就开始写作了，我觉得自己更容易也更忍不住用“他”，而不是用“他或她”。交替使用“他”和“她”，我觉得很不自然。主语若是一个人，我也不喜欢用“他们”。在几十年的职业生涯中，我有幸和很多杰出的女士合作过，她们都知道，我非常尊重女士，看待女同事不会比那些男同事低一丝一毫。
2. 与我上一本书《投资最重要的事》一样，为了说明我的观点，本书也会一次又一次地引用我写给客户的那些投资备忘录。我从1990年就开始给客户写投资备忘录了，到现在写了快30年。我也会引用我第一本书《投资最重要的事》里的一些内容。我也可以重新写这些主题，但我可不愿意给自己找麻烦，因为根本没有必要重新发明轮子。相反，我会从我写的第一本书和投资备忘录里摘录一些关键段落。因为我觉得，这些段落已经把意思表达得非常清楚了。我希望我这样做，不会让读者失望，不会让他们觉得我是新作抄旧作，买新书看旧内容，钱花得不值。

   为了更好地实现本书的目标，我偶尔会微调这些被引用的段落，有时加几个字，有时删几个字，有时调换顺序，以和原文不同的方式进行呈现。因为这些被引用的段落，都是我自己写的东西，所以我觉得就不用每次引用都加注释了。但是我要说明一下，我做的这些小小的修改，只是为了让这些我过去写的东西更有助于表达我在本书中的观点，我绝对不会改变这些段落原来的意思，也会用我现在更深刻的见解使它们显得更加正确。

3. 和我上一本书《投资最重要的事》一样，本书也是只讲了一个主题。上一本书讲的主题是投资，本书讲的主题是周期，这两个主题有相同的特点，它们都非常复杂，涉及很多相互交织的因素，很难清楚地将它们划分为不同的章节。其中有些因素，很多章节都会涉及，所以你可能会发现书中有些地方重复引用，其中有的是重复引用别人写的东西，有的是重复引用我自己之前写的书和投资备忘录中的内容。没办法，我实在忍不住才会再次引用它们。

4. 请注意，当我谈到“投资”的时候，我会假定投资人是在买入，在持有，或者用投资的行话说“看多”，即投资人预期某些资产的价格将来会上涨。与此相反的投资行为是“卖空”，就是卖掉某些自己手上并不持有的证券，并希望这些证券的价格将来会下跌。投资人并不总是看多，但是在大多数情况下都是看多的人更多。那些卖空股票的人，或者“静卖空”的人（静卖空是指卖空股票仓位市值超过其持股仓位市值），在投资人整体中所占的比例极小。也就是说，在本书里，我的目标读者，是那些正在投资买入和正在持有某些资产的投资人，因为他们预期这些资产的价格将来会上涨，我的目标读者不是那些预期某些资产的价格将来会下跌而卖空这些资产的人。

5. 最后我要说的是，我一开始以为本书只谈周期，结果写着写着，我产生了一些其他想法，它们都是关于很多其他主题的，比如资产选择、“抓住跌落的小刀”。我没有删去这些与周期无关的内容，而是将它们纳入本书。我希望你在读到这些无关周期的内容时也会感到高兴，你可以转个小弯，稍事休息，可能会有意外收获。

01

为什么投资要研究周期?

我们在周期上所处的位置发生变化，我们的赢面就会变化。如果不能相应地改变我们的投资占位，我们面对周期就会消极被动。换句话说，我们忽视了主动调整以改变胜率的机会。但是我们如果既懂周期又会利用，就可以顺应周期的趋势把投资做得更好：当赢面对我们更有利时，我们可以增加赌注，投入更多资金买入资产，提高组合的进攻性；相反，当赢面对我们不利的时候，我们可以退出市场，把钱从赌桌上拿回来，增强组合的防守性。

投资这件事，其实就是做好准备应对未来。我们可以很简单地定义投资人的任务：今天我们安排布置好投资组合，我们希望接下来几年发生的事情会让我们获利。

对于专业投资人来说，要成功，就要做好这件事，而且比一般投资人做得更好，体现在业绩跑赢指定市场基准，即由所有投资人行为决定的市场平均业绩水平。但是要想成功跑赢市场，这个挑战可不小：要取得市场平均业绩非常容易，但是要超越市场平均业绩却非常困难。

我的投资哲学最重要的基本因素之一是，我坚信，我们根本无法知道未来“宏观面”会如何，比如未来经济、市场、地缘政治情况。更准确的说法是，总体而言，极少有人对未来宏观面比其他人知道得更多。因为要想比别人更好地预测未来，我们就需要：有质量更好的数据；对手中的数据分析得更好；知道基于数据分析应该采取哪些更有效的行动；意志坚定，能把计划付诸行动。只有我们知道得比别人更多，我们的预测才能够比别人做得更好，才能让我们的投资业绩比别人的更好。

简单地说，要是我们得到的信息和别人一样多，分析信息的方式和别人一样，得到的分析结论和别人一样，按照这些结论所采取的行动也和别人一样，那么我们凭什么期望自己最后的投资业绩比别人更好呢？在宏观面分析和预测上持续超越其他人，这是非常困难的。

所以，我个人认为，下很多功夫预测未来的宏观面，不可能帮助投资人取得优异或出众的业绩。靠宏观面预测战胜市场而闻名的投资人极少。

沃伦·巴菲特告诉过我，他期望得到的信息要符合两个标准：一是重要，二是可知。尽管“每个人都知道”，最近这些年来，宏观面变化成为决定市场业绩表现的最主要因素，但是“宏观面投资人”的整体业绩水平很一般，一点儿也不引人注目。这并不是说宏观面不重要，而是表明只有极少数人能够精通宏观预测。对于绝大多数人来说，宏观面可以说是不可知的（或者在很大程度上是不可知的，因而不足以让投资人持续跑赢市场）。

因此我根本不理会那些宏观预测，因为绝大多数投资人不可能靠宏观面预测获得成功，我可以百分之百地确定我也属于其中之一。既然宏观面预测不靠谱，在其他方面我们能做些什么？抛开很多细节和细微差别，大体来看，我认为在三大方面如果投入时间分析研究，我们就会收获最多：

第一，基本面。基本面包括行业基本面、公司基本面、证券基本面。我称这些基本面是“可知的”，你要努力比别人知道得更多。

第二，市场面。你要训练自己，严守纪律，支付的买入价格要合理，和上述行业、公司及证券的基本面相匹配。

第三，组合面。你要理解我们现在所处的投资环境，以决定我们的投资组合的战略布局适应投资环境。

关于基本面和市场面这两块儿，已经有很多分析了。以下因素合在一起，构成了我们熟悉的“证券分析”和“价值投资”的关键因素：判断某资产未来能够产生多少业绩回报，通常是用每股收益或每股现金流来衡量，然后基于这些未来业绩预测来估算这项资产现在的价值。

价值投资人做的是什么？他们努力利用“价格”与“价值”之间的不匹配来获利。要把这件事做成功，价值投资人需要先做以下三步：

第一步，评估价值。量化评估某资产的内在价值现在是多少，以及它将来随着时间推移会如何变化。

第二步，评估价格。比较分析这项资产现在的市场价格过高还是过低，比较的基准是这项资产的内在价值和历史价格、其他同类资产的价格，以及所有资产整体的“理论公允”价格。

第三步，构建组合。这些价值投资人利用以上评估价值和评估价格的信息来构建投资组合。在大多数时候，他们组合的近期目标是持有最能创造价值的资产，这些资产拥有最大的价格上涨潜力，或者拥有最佳的上涨潜力和下行风险比。你也许会说，构建投资组合、选择资产，也没什么复杂的，无非就是识别出那些价值最高的资产，选择市场价格相对其内在价值被严重低估的资产。整体而言，长期来看这基本上是对的。但是我认为，在构建组合的整个过程中，加入另外一个因素，会让你获利更多，那就是针对接下来几年内市场可能发生的事件，做好相应的投资组合布局。

在我看来，在某具体的时点上，要优化投资组合布局，最有效的方式是要决定在进攻和防守之间保持什么样的平衡比例。我相信，攻守平衡应该与时俱进，以应对投资环境的整体变化，以及投资环境中的很多因素在其周期中所处位置的变化。

> 关键在于“校准”。你的投资规模，你在不同机会上的资本配置比例，你持有资产的风险，所有这些都应该校准，你将一个从进攻到防守的连续体作为标尺来校准……当得到价值的价格相当便宜时，我们应该积极进攻；当得到价值的价格比较昂贵时，我们应该后退防守。
>
> 《历史还在不断重演》，2017 年 9 月投资备忘录

校准你的投资组合布局，分析周期，因时而变，与时俱进，是本书所讲的最主要的内容。

~~~

为什么要研究周期？要搞清楚其中的原因，我们需要抓住几个关键词。其中一个关键词是“趋势”。

如果影响投资的因素是有规律的，而且是可预测的，例如宏观预测，那么我们可以很有把握地说某事“将会发生”。事实上它们根本没有规律可循，但这并不意味着我们不要思考未来了。相反，我们可以讲，有些事情将来可能会发生，或者有些事情应该会发生，或者有些事情有多大可能性会发生。这些事情就是我所说的“趋势”。

在投资界，我们一直不停地讲风险，但是投资界一直未能达成共识的是，风险到底是什么，风险对投资人的行为意味着什么。一些人认为，风险是亏钱的可能性，而另外一些人（包括很多金融学者）认为，风险是资产价格或者收益的波动性。风险的定义非常多，多到我在这里都无法一一列举。

我个人非常倾向于上述第一种对风险的定义：依我看来，风险主要是资本永久损失的可能性。但是也存在另外一种风险——机会风险，即错失潜在盈利的可能性。把上述两种对风险的定义合二为一，我们可以看到，风险就是事情发展不如人愿的可能性。

风险的起源是什么？我们来听听彼得·伯恩斯坦的看法。他是我最喜欢的投资哲学家，他创办了一份投资杂志《经济和组合投资策略》。他在2007年6月那一期的刊物上这样写道：

从本质上讲，风险就是我们并不知道将来会发生什么
~~~

事……我们每时每刻都在步入未知的世界。将来可能会出现一系列结果，它们构成一个区间范围，但是我们并不知道实际发生的结果会落在这个区间的哪个点上，甚至在通常情况下我们也不知道那个区间的范围有多大。

在后面的内容中我会提到我个人对风险的一些看法（这些看法高度概括，是我在 2015 年 6 月写的投资备忘录《重新再谈风险》中对风险的长篇分析），这些看法直接以彼得·伯恩斯坦的看法为起点，并进行深入思考拓展而来。我的这些思考也许可以帮助你理解风险和应对风险。

伦敦商学院的退休教授埃尔罗伊·迪姆松说："风险意味着，可能发生的事情比将会发生的事情多。"对于经济界、企业界、市场中的每个事件来说，如果只有一件事情会发生——这件事情只有一个结果——这件事情可以被预测，那么当然，其中根本不会存在不确定性，也不会存在风险。如果未来根本不存在不确定性，那么从理论上来讲我们可以精确地知道，我们应该如何布局投资组合以避免损失和获得最大收益。但是在现实生活和投资中，事物发展可能会出现很多不同的结果，所以不确定性和风险根本无法避免。

基于以上讨论得出的结论是，未来不应该被看作一个固定的结果——它注定会发生，完全能被预测。我们应该把未来看作一系列由概率构成的区间，这些概率最好能基于各个事件所发生的可能性进行分析判断，从而把未来看作一个概率分布。概率分布反映了一个人对未来趋势的看法。

投资人或者任何想要成功应对未来的人，必须具备进行概率分布分析的能力——未来要么是清清楚楚的，要么是有些模糊的。你概率分布分析做得好，非常有助于确定合适的行动路线图。但是有一点很关键，你要牢记在心，即使我们知道未来可能发生什么，但是这并不意味着我们会准确地知道未来会发生什么。

关于一个特定问题的众多结果，也许从长期来看它们符合概率分布，但是单一事件的结果会有很大的不确定性。概率分布中包含的任何一种结果都可能发生，尽管其发生的概率有所不同，因为最终发生的那个结果，要经历一个在众多可能发生的结果之间进行选择的过程，影响这个选择过程的因素，不仅是各种结果的不同优势，而且还有随机性。把迪姆松的话反过来说就是，尽管有很多事可能会发生，但是只有一件事会发生。我们也许知道“平均而言”将会发生什么事，但是这与后来实际发生的事也许根本无关。

我自己是这样想的，投资成功就像中大奖，这就好像从彩票箱（可能出现的结果的完整区间范围）中抽到一张彩票（最终发生的结果）。每种情况都是从很多可能出现的结果中选择某结果，这可能是十里挑一、百里挑一，甚至千里挑一、万里挑一。

卓越投资人比一般投资人强在哪里？卓越投资人的感觉更好，更能想象出抽奖箱里大概有哪些彩票，因此他们更能判断花钱买彩票参加抽奖值不值。换句话说，卓越投资人，其实和其他所有投资人一样，都不知道未来究竟会怎样，但是，卓越投资人对未来趋势的理解明显超过一般投资人。

顺便说句题外话，我想在这里多谈一些个人想法。大多数人觉得，应对未来的办法就是对未来会发生什么形成自己的预测，也许是利用一个概率分布。我认为事实上要应对未来，我们必须做到两点，并不是一点。我们除了要对未来所发生的事情形成自己的预判外，还要估量自己这个预判有多大可能性被证明是正确的。有些事情，我们在预测时对自己的信心很大（例如，我们预测某信用评级为投资级别的债券是否会按约支付利息）；有些事情，我们在预测时无法确定（比如，亚马逊十年后会不会继续是在线零售领域的领导者）；有些事情，我们是完全不可预知的（比如，下个月股票市场会涨还是会跌）。我这里要说的是，并不是所有的预测都有相同的正确可能性，因此我们并不能同等地信赖所有预测。我认为，大多数人并没有认识到这一点，尽管他们本来应该了解这一点。

~~~

前面所说的卓越投资人，对他们我们有更合适的描述：卓越投资人能够洞察未来趋势，因而能够提前布局，提高胜算。

打个比方，一个罐子里面装着 100 个球，有些是黑球，有些是白球。一个人从罐子里拿出来一个球，你猜它会是什么颜色？

· 你如果根本不知道罐子里的 100 个球，其中有多少个是黑球，有多少个是白球，就去猜被拿出来的球的颜色，你只能是纯粹瞎猜。与此类似，假如你知道这个罐子里的 100 个球中有 50 个是黑球、50 个是白球，那么，一个人从罐子里拿出一个球，无论你猜它是黑球还是白球，其实赢面都一样，但是，这也意味着你赢和输的概率都不会超过 50%。你这样去和别人打赌会很傻，除非你得到的赔率至少是 50%，而且你还能够避免支付入场费（在投资上它相当于佣金或者买卖价差）。当黑球和白球的赢面大小相等时，你押注哪个都不会赚到很多钱，除非你的运气特别好，
~~~

但是运气这事可靠不住。对罐子里黑球和白球的数量，你知道得并不比别人多，所以这样押注赚钱，的确不靠谱。

· 但是，如果你对罐子里黑球和白球各自的数量特别清楚，那么你的赢面又会如何？比如你知道罐子里的 100 个球，其中 70 个是黑球，30 个是白球，这就会让你赢的概率大大超过输的概率。如果你赌 10 美元拿出来的球是黑球，有别人和你对赌，并且支付相同的赔率，那么你有 70% 的概率能够赚到 10 美元，有 30% 的概率你会输掉 10 美元。假如你连续赌上 10 次，7 赢 3 输，那么你的期望盈利能有 40 美元。（请注意这只是大量试验的平均结果，但是短期结果由于受随机性的影响，可能会大幅偏离平均结果。）

· 当然，你的对手之所以愿意给你赌黑球和白球同样 50% 的赔率，是因为有两个前提条件：一是他不知道罐子里 100 个球中有 70 个是黑球，30 个是白球；二是他不知道你知道这个信息。如果你知道的情况你的对家也知道了，那么他会给你 30% 的赔率来赌黑球出现，这样，你又赚不到钱了。

· 换句话说，要在这场对赌游戏中赢多、输少，你就必须在知识上有优势，你要比对手知道得更多。这正是卓越投资人的优势所在：卓越投资人对未来的趋势比一般投资人知道得更多。

· 但是有一点很重要，你一定要牢记我前面说过的一句话：你即使知道概率，也就是说，你即使对未来的趋势有卓越的见识，也还是不知道未来究竟会发生什么。你即使知道罐子里 100 个球中的黑球和白球的比例是 7∶3，也还是不知道下一个由其他人拿出来的球会是什么颜色。毫无疑问，黑球被拿出来的可能性大于白球被拿出来的可能性，但是还会有30%的概率被拿出来的是白球。由于罐子里既有黑球也有白球，特别是在拿球时选中黑球还是白球会受到随机性和外部力量的影响，所以最终结果我们根本无法百分之百地确定。

· 尽管有以上所说的这些不确定性，但是你要评估这个赌局是否值得下注，并不需要百分之百地确定。对未来趋势，你知道得比别人更多，即占有知识优势，就足以让你取得长期投资成功。

~~~

以上所讲的是理解周期能带给我们的好处。一般投资人对周期并不了解：

· 一般投资人并不完全理解周期的特点和周期的重要性。
· 一般投资人投资经验很浅，没有亲身经历很多轮周期的经验。
· 一般投资人没有仔细读过金融史，因此没有从过去那些周期中学到经验教训。
· 一般投资人把环境主要看作一系列孤立的事件，而没有注意到重复发生的模式及其背后的原因。
· 最重要的是，一般投资人不明白周期的重要意义，以及周期能够暗示他们应该如何行动。

卓越投资人十分关注周期。他们会留意过去的模式是不是会重复发生，保有一种“周期感”，大致判断出我们现在所处的重
~~~

要周期的类型和位置，而且知道周期信息所传达的含义以及自己应该如何采取行动。

- 我们现在接近某周期上行阶段的开始，还是处于这个周期上行阶段的尾声？
- 如果某周期已经上涨了一段时间，那么这个周期是不是已经上涨得太久了，由此导致我们现在处于顶部即将由涨转跌的危险区域？
- 投资人的行为是不是表明他们正在遭受恐惧或贪婪情绪的影响？
- 看起来，投资人的行为是合理地回避风险，还是愚蠢地容忍风险（承受风险）？
- 市场过热（而且市价过高）或者市场过冷（而且市价过低），是由最近的周期性波动引起的吗？
- 综合考虑以上因素，我们现在所处周期的位置，是不是意味着我们应该加强防守或者加强进攻？

留心这些因素让卓越投资人占据优势，使他们能够赢钱多，输钱少。他们明白趋势，也可以说是赔率，因此有些事他们能知道，而其他人并不知道，这就好像他们知道装在罐子里的黑球和白球的比例。他们能感觉到赢的机会是否大于输的机会，因此他们能够在自己赢面大的时候多投资，而在自己赢面不大的时候少投资。重要的是，他们评判的依据，都是基于当前所观察到的情况。观察分析现在，能告诉我们如何做好准备应对未来，而这并不要求我们能准确地预测未来。对此我在后面的章节中会详述。

记住我们所处周期的位置，它会深刻影响我们的获胜机会。正如你在后面的章节中会看到的那样，以下情况会给你带来改善投资收益的机会：

· 经济和企业盈利更有可能向上摆动，而不是向下摆动。

· 投资人的内心是清醒冷静的，而不是乐观看涨的。

· 投资人关注风险，最好是过度关注风险。

· 市场价格没有上涨得太高。

有些周期符合上述所有情况（甚至更多），而且我们知道自己所处的周期的位置，这些能够帮助我们提高胜算。简而言之，事情按照周期运动变化，让支配未来事件的概率分布重新复位。也许，我应该用投资收益走势图来描述，这会更清楚：

我们所处的周期的位置是中性的（见图 1–1），因而预期收益属于“常态”。

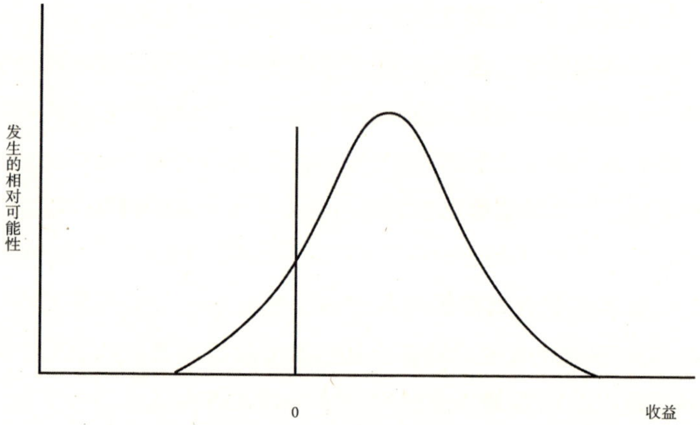

图 1–1　处于周期中性位置

如果我们所处的周期的位置是有利的，那么概率分布会右移，未来收益预期会倾斜，这对我们有利。我们处于周期的有利位置（见图 1–2），赚钱的可能性更大，而遭受损失的可能性更小。

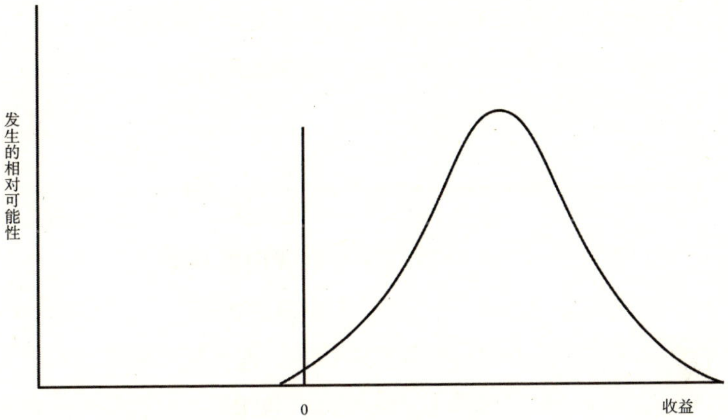

图 1–2　处于周期有利位置

但是如果我们正处于周期危险的顶部位置（见图 1–3），那么赔率对我们不利，这可能引起对我们不利的事情，也自然会让我们赚钱的机会变小，亏损的机会变大。

如果我们只是处于单独一个周期中，那么当我们所处的位置发生变化，同样的情形也会出现。例如，不考虑经济周期和企业盈利周期的未来走势（也就是像那些学者所说的“其他条件相同”），当其他投资人都感到沮丧和恐惧时（这会压低资产的价格），我们未来的收益会增多；而当其他投资人都兴奋和贪婪时（这会推高资产的价格），我们未来的收益会减少。

我们在周期上所处的位置发生变化，我们的赢面就会变化。

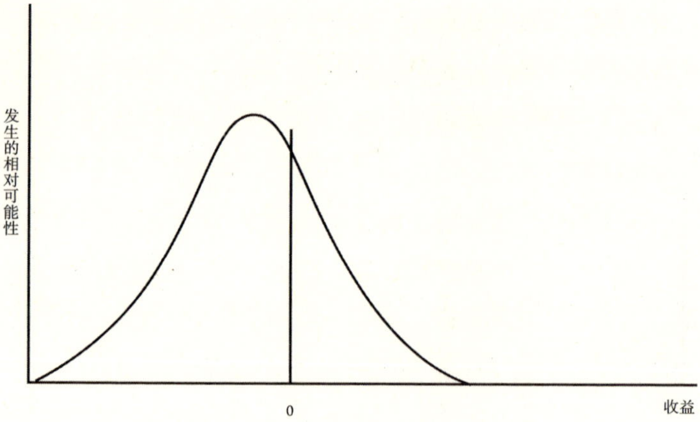

图 1–3　处于周期危险顶部位置

如果不能相应地改变我们的投资占位，我们面对周期就会消极被动。换句话说，我们忽视了主动调整以改变胜率的机会。但是我们如果既懂周期又会利用，就可以顺应周期的趋势把投资做得更好：当赢面对我们更有利时，我们可以增加赌注，投入更多资金买入资产，提高组合的进攻性；相反，当赢面对我们不利的时候，我们可以退出市场，把钱从赌桌上拿回来，增强组合的防守性。

懂周期的学生和其他那些不懂周期的人一样，并不知道未来实际会发生什么。就像前文所讲的猜球游戏，尽管其中的那些聪明人清楚地知道罐子里黑球和白球各自的数量，但是所有人都不知道从罐子中拿出来的球会是什么颜色。对哪种情况出现的概率大，二者在知识上都有优势。懂周期的学生懂得很多关于周期的知识，也清楚地知道自己现在所处周期的位置，这能大大帮助他们占有优势。有了这种优势，他们的业绩才能跑赢市场。选球的人如果知道罐子里黑球和白球的比例是 7：3，在和别人对赌时就具有优势。懂周期的投资人，比其他不懂的人更加清楚现在所处周期的位置，所以在和大部分不懂周期的人做投资交易时，他们就占据了优势。这本研究周期的书，目的就是帮助你成为一个更懂周期的投资人。

为了帮助你更懂周期，我会描述很多周期过程，这些过程都是我在投资实践中所观察到的真实周期情况。这些周期波动或震荡的幅度看起来特别极端，事实上也确实如此，我从过去 50 多年的投资经验中精心挑选出来这些极端的周期，以证明我的观点。这些极端周期的案例，可能会给你这样的印象，好像我们讨论事件时有意把时间压缩了，让你觉得它们进展得很快，而事实并非如此。周期中的这些事件的过程，经历了数月甚至数年时间。但是这些周期的案例本身是真实的，我希望用这些周期的案例把我对周期的想法表达得更加清晰。

02

周期的特征

大多数人在思考周期时，都把周期看作一系列事件。而且大多数人都是这样理解周期的：这些事件是有规律地、一个接一个地发生的，通常遵循一个固定的顺序，一波上升，接着是一波下跌，后来又是新的一波上升。但是要完整理解周期，这还不够。在一个周期存续期间所发生的事件，不应该只是被看作一个事件接着一个事件发生，而应该被看作一个事件引发下一个事件。这对分析周期事件之间的因果关系非常重要。

我和橡树资本的客户见面，他们总会问我一些问题，想要搞清楚将来世界形势的变化，或者将来市场的走势。这些投资人想要知道这个周期或那个周期，以及我们现在所处周期的位置。此时，我总会拿出一叠纸，画一张周期图来辅助讨论。

我经常会画一条直线，从左边的低点到右边的高点，它相当于周期的中轴线，然后再画一条曲线，围绕那条直线上下波动，它相当于周期的走势线。直线和曲线合在一起，就是一个围绕中轴线上下波动的周期走势图（见图 2–1）。

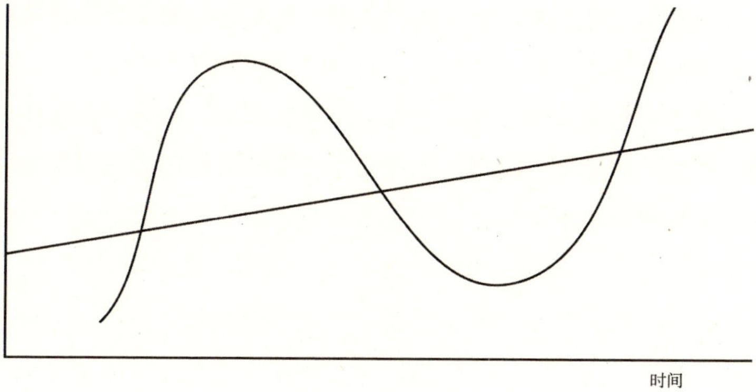

图 2–1　周期走势图

为了完成本书的写作任务，我开始收集整理资料，为此重新梳理了我在橡树资本的所有文件。结果我发现一大堆我和客户在讨论时随手画的图。我当时画这些图，是为了向客户描述几种不同的现象。每张图上都标有不同的注释，但是每张图都和一个值得讨论的周期有关。本书中的所有章节也是如此，基本上都是在讨论周期。

在进一步深入讨论周期之前，我想要做一个说明，我在上一本书《投资最重要的事》中也提过这件事，我坦白承认，我会交替使用上下波动的“周期”和左右摆动的“钟摆”，并把它们作为标签来描述周期性现象。有些周期性现象我用“周期”这个标签来形容，而有些周期性现象我用“钟摆”来形容（详见第7章）。用钟摆形容的周期，通常和心理有关。谈到某具体的周期性现象，有时我会说这个现象像是一个周期，有时我又会说这个现象像是一个钟摆。但是，你要是逼问我，它到底是周期还是钟摆，我仔细思考后发现二者确实很难区分。我自己也说不清楚，为什么有的周期我要用这个标签，而不用那个标签，也许这只是一种感觉吧。

我个人倾向于将思考的事物形象化，所以，也许我可以用一幅图来描述周期和钟摆之间的联系。我在后文会用很长的篇幅进一步描述周期是围绕中心点（或者长期趋势）上下震荡的，钟摆是挂在中心点（或者标准）上的，并围绕这个中心点左右摆动。但是如果你把钟摆反过来，钟摆就变成在悬挂点上方摆动。钟摆先在悬挂点下方摆动一次之后，你把钟摆反过来，并从左边拖到右边，这时钟摆又开始在悬挂点上方摆动一次，你会看到什么？这就是一个完整的周期。

周期和钟摆其实没有本质区别，我甚至承认，钟摆只不过是周期的某种特殊形式，或者它只是用来解释特定周期的特殊方式。我把某些现象称作周期，而把另外某些现象称作钟摆，我这样分开来说的缘由，我自己很清楚。我希望你读了本书之后，你也会明白。至少我希望，我交替运用周期和钟摆不会影响你理解本书所要表达的意思。

关键的一点是，投资人生活的这个世界，周期上下震荡，钟摆来回摆动。周期震荡，钟摆摆动，有很多形式，涉及很多种类的现象，但是它们背后的根本原因及其产生的模式有很多共同点，而且在一定程度上保持不变，甚至多年之后仍然如此。马克·吐温有一句话很有名，尽管并没有证据表明这句话确实是他说的："历史不会重演细节，过程却会重复相似。"[1]

不管马克·吐温有没有说过这句话，它都很精彩，概括了本书所讲的很多东西。周期有很多方面，比如原因及其细节、时间及其持续时间，它们都会变化，这一点虽然不同于历史，但是周期会呈现上涨和下跌（背后都有相似的原因），这种模式会永远重复出现，引起投资环境的变化，从而引发投资行为的变化。

我画的周期图都有中轴线，它构成了周期震荡的中心点。这个中轴线，有时会有一个基本方向，或者长期趋势（secular trend，按照《韦氏新大学词典》的解释，secular 有永久的意思），即通常是向上不断增长。也就是说，随着时间推移，从长期来看，经济增长，企业盈利增长，基于此，股市上涨。如果这些发展变化是科学的，或者是完全自然的物理过程，那么经济、企业、市场的发展轨迹会是一条向前的直线，而且增长速度保持稳定（至少在一段时间内如此）。但是我们都知道，历史根本不是直线前进的，所以经济、企业、市场将来也肯定不会是直线增长的。

事实上，经济、企业、市场的表现在短期内会受到多种因素影响，其中受到人为因素的影响特别大。人类并不是像自然因素和物理因素一样稳定，相反，人类行为随着时间变化而变化，这

1. 此句通常被译作"历史不会重演，但总会惊人地相似"。——编者注

往往是因为人类“心理”方面的变化。周围环境变化，人类行为也肯定会随之变化……但是有时候，尽管环境没有发生变化，人类行为也会发生变化。

本书所讲的周期，主要是指事物围绕中心点或者长期趋势而上下波动。那些不懂周期的人因为这种波动总是出乎意料而十分苦恼。更糟糕的是，他们不知道其实自己也参与了周期波动，甚至助长了这种周期性波动。但是，正如我在前面所说的，对于那些能看懂周期、看清周期、利用周期的人来说，周期波动是好事，能带来投资获利的良机。

~~~

看看我画的这幅图（见图 2–2），你只要看上几秒钟就会明白，周期性现象的运动过程，其实不难理解，你只要将它分成几个可以被识别的阶段就明白了：

复苏阶段（a）：从一个受到过度压制形成的底部极端点，或者“谷底”，开始复苏，移向中心点，或者向均值回归。

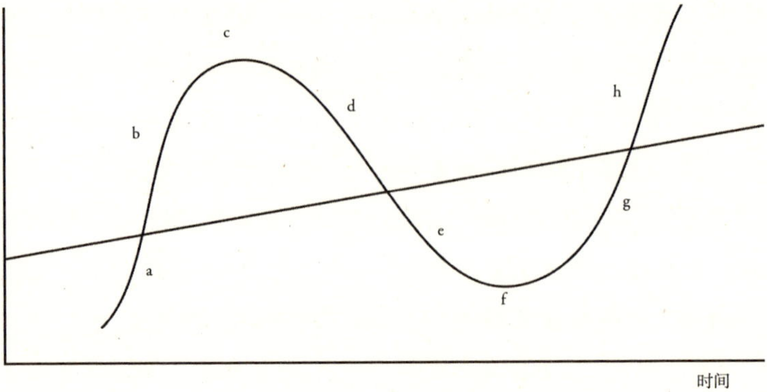

图 2–2　周期性波动
~~~

上涨阶段（b）：继续摆动，经过中心点，冲向顶部的极端点，或者“顶峰”。

筑顶阶段（c）：形成一个顶峰。

反转阶段（d）：从顶峰开始反转，向下修正，移向中心点，或者向均值回归。

下跌阶段（e）：继续向下运动，经过中心点，而且继续移向一个新的谷底。

筑底阶段（f）：形成一个底部。

再次复苏阶段（g）：又一次开始复苏，从谷底开始反转，向中心点回归，即均值回归。

再次上涨阶段（h）：接下来，又一次持续震荡上行，经过中心点，而且移向另外一个新的顶峰。

有一点很重要，对于一个周期来说，尽管我们可以将它分成几个明显的阶段，但是我们不能说有一个明确的“起点”或“终点”。上面所说的每个阶段，都可以被描述为代表一个周期的开始阶段，或者一个周期的结束阶段，或者二者之间的任何一个中间阶段。

把周期过分简单化的人会觉得，要界定一个周期从哪里开始，十分容易。但是那些资深投资人会发现，界定一个周期的起点极其困难。关于这个主题，我在投资备忘录《现在一切都很糟》（2007年9月）中讨论过：

亨利·基辛格曾经担任TCW公司的董事，那时我也在TCW公司工作。因为每年他都要来开几次董事会，所以我很荣幸每年都有几次机会亲耳聆听基辛格先生畅谈世界局势。有人问："基辛格先生，您可以解释一下昨天波斯尼亚所发生的事件吗？"基辛格先生回答道："哦，是这样的，这要从 1722 年讲起……"关键是，历史是一串连锁反应的事件，要想理解后来发生的事件，必须理解由一连串历史事件所形成的背景。

如果有人问我"我们是怎么走到现在的位置的"，或者问我"是什么导致价格涨到这么高，或者跌到这么低"，和基辛格先生一样，我要解释后来所发生的事件，就必须基于历史事件。但是，尽管这样说，为了解释后来所发生的事情，我们到底应该具体向前追溯多少年作为分析的起点，这可不容易确定。

经常有人问我"是什么原因导致周期开始"，或者问我"我们现在接近周期的尾声了吗"，我认为这些问题本身就有问题，因为周期永不停止，从来不会开始，也从来不会结束。更好的提问方式应该是，"是什么原因导致周期现在这一波上行阶段开始"，或者问"周期这波上行阶段从开始到现在持续多长时间了"，或者问"我们接近这波下行阶段的尾声了吗"。你甚至可以问，"我们现在接近这一波周期的尾声了吗"——只要你能够界定这一波周期是从一个峰顶到下一个峰顶，或者从一个谷底到下一个谷底。但是如果你没能界定周期其中一个波段的起点和终点，那么整个周期就无法被界定一个起点，我相信以后它也不会有一个终点，因为周期无始无终，永远波动震荡。

~~~

我前面说过，周期的波动起伏都围绕着中心点。周期的中心点——人们经常视其为长期趋势、常态、均值、平均值，或者称
~~~

之为“中庸之道”——在某种程度上被认为这个水平是“正确且合适的”。周期若处于极端状态，大家会认为此时失常了或者过度了，通常周期会回归正常水平。一种事物处于周期性波动时，大部分时间不是高于均值，就是低于均值，最终在走到极端后，又会反转向均值的方向回归，通常它都会符合这样的规律。从处于周期的极端最高点或者极端最低点，回到中心点，这一过程经常被称为“均值回归”。均值回归这种趋势很强大，也很有道理，在大多数行业都是如此。但是，当回顾前面我们所列出的周期各阶段时，你就会看到，周期模式通常包括两种方向相反的运动，既有均值回归，从非理性的极端点回归中心点（复苏、反转、再次复苏三个阶段），也有均值偏离，从理性的中心点移向非理性的极端（上涨、下跌、再次上涨三个阶段）。

合理的中心点，经常发出一种磁性般的吸引力，将其周围周期性摆动的事物，从极端拉回“常态”。但是事物回归中心点之后，却往往不会在此停留很长时间，而是继续摆动下去。正是这股力量，让事物从一个极端摆回中心点。这股力量会继续发挥作用，让其在到达中心点后，继续摆动下去，而且越摆越远，摆向另一个相反的极端。

这种周期模式十分可靠，我们要学会识别和接受，这一点非常重要。细节会变，比如摆动的时机、时长、力量、速度，以及这些细节背后的重要原因。这些周期的细节部分，可能都属于马克·吐温所说的“历史不会重演细节”。但是周期的细节背后的基本运动模式，往往非常相似。具体而言，每个周期的运动模式都是从高点或者低点摆回到中心点，但从来不会停留在中心点……不管这个中心点所处的位置多么“正确”或多么“合适”。

周期会继续移动下去，经过中心点，移向另一个相反的极端，这种运动模式非常可靠。例如，股票市场从“过于低估”的水平回归到“公允定价”水平，之后，它却极少停在这里不动。通常是基本面改善和乐观程度上升，这两股力量合在一起，导致市场因受到压制而被过于低估的价格水平开始复苏，进而向均值回归。当这股力量拉动股价回归“公允定价”水平之后，还会继续拉动股价上升，到达过于高估的水平。周期波动并非必定如此，但通常如此。

~~~

周期经过中心点后会继续移动，偏离中心点。周期偏离中心点的程度越失常，越过度，就越有可能引发大混乱。周期如果向一个极端点摆动得越远，回摆的力度就可能越猛，造成的破坏可能越大，因为促使周期运行到顶部阶段的有效行为，在周期运行到其他阶段时，其效果就会变差，甚至会起反作用。

换句话说，随着周期从中心点向极端靠近，周期造成大混乱的潜力变大：经济增长“太快了”，企业盈利增长“太好了”，股价上涨“太高了”，其结果往往会是涨得越高，跌得越惨。股市小幅上涨之后，必有回撤，股市中幅上涨之后，必有回调。牛市之后，必有熊市。大泡沫之后，必有大崩盘。

~~~

周期波动震荡所围绕的中心点究竟是什么？我说过，中心点就是分布在长期趋势线上的一点。例如，一个国家的国民生产总值，过去几十年呈现出的长期趋势是年平均增长率为2%。但是其间，有些年增长快一些，有些年增长慢一些，有些年甚至是负增长。个别年份的表现，只是周期围绕长期趋势波动震荡过程的一部分。

重要的是，这个长期增长率本身也有一个周期，只是这个周期更长，更加平缓。你必须观察更长的时间，才能看出这个漫长的周期。例如，人类社会发展往往遵循一种上下波动的长周期模式，我们回想一下罗马帝国的历史。我们所说的短周期，其实就是围绕长期趋势的波动起伏。

行业周期也是如此，但是因为长周期要横跨几十年到几百年，而不是几个季度或者几年，所以长周期所需要的时间框架，比任何一名观察者的寿命都要长，所以我们活着的时候，很难发现自己所处的长周期，也就很难把这个长周期纳入决策分析的过程。

我在2009年1月写的投资备忘录《长期视野》中，探讨过这个主题：

> 有一个古老的故事，讲的是很久以前，印度有一群盲人走在路上，遇到了一头大象。每个盲人都走上前去摸大象，分别摸到大象身体上不同的部位，有的人摸到的是象牙，有的人摸到的是象腿，有的人摸到的是象尾，有的人摸到的是象耳，结果每个人都根据自己摸到的大象身体的那一小部分的形状，断定大象的整个身体就是这种形状。我们其实都像那些盲人一样，尽管对自己目睹的事件了解得相当清楚，但是每个人的所见其实极有限，我们很难综合众人所见，但只有进行综合分析，我们才能不只见树木不见森林，看清全貌。在未能看清整体之前，我们知道的只是自己所接触到的那一部分……所以，我们需要吸取一些重要的教训：第一，我们需要研究和记住发生过的那些事件；第二，我们要意识到事物的周期性。盲人摸到象腿，可能会误以为它是大树的树干，

类似地，短视的投资人也许会觉得，股市这波上涨或者下跌会永远持续下去。其实这两种想法的错误非常相似，都是以偏概全。我们如果回顾市场几百年长期波动震荡的历史，就会明白长周期会重复相同的模式，也就能看清楚我们现在处于的长周期的位置。

~~~

现在是一个很好的时机，让我来讲解一个关于周期特征的最重要的观点。我们前面讲过，周期包括复苏、上涨、筑顶、反转、下跌、筑底、再复苏、再上升这些阶段，很多人都把这些阶段看作一系列事件。大多数人都认为，这些事件是一个接一个地按照固定不变的顺序发生的：先是一波上涨阶段，后面跟着一波下跌阶段，后面又是一波新的上涨阶段。

但是要完整理解周期，这还远远不够。在周期存续期间发生的这些事件，不应该只被看作一个事件接着一个事件地发生，而应该被看作一个事件引发下一个事件，因果关系远远重于先后顺序：

· 当事物如钟摆一般摆向一个极端时，这样的运动给自身带来了能量，并在摆动中把这些能量储存起来，令其重量持续增加。事物的重量越大，就越难大幅度摆动，这样摆幅会越来越小，很难离中心点更远，直到最终到达一个极端。
· 最终事物停止运动，沿着这个方向的摆动就到了尽头。一旦如此，其自身重量所产生的重力，会把它拉回到大趋势或者中心点。正是事物自身在先前中心点摆向极端的过程中所积蓄的能量，又让它向反方向摆回中心点。
~~~

· 随着我们关注的这个事物从一个极端摆动回归中心点，并在回归的过程中给予了自身动能，导致其摆回到中心点之后，并不会停留，而是继续摆动，只是摆向另一个相反的极端。

在经济世界或者投资世界里，一个周期包括一系列事件，正是通过这种方式，一个事件发生又引起下一个事件。前面描述过的周期三阶段，听起来像是一个物理性的周期，支配这个周期的是一股物理力量，比如重力、动能，但是在经济周期和投资周期的波动震荡中，最严重偏离基本趋势的点，以及偏离的时机、速度、幅度，大部分都是由参与者的心理波动所引发的。

如果你认同是人类心理因素而不是物理因素，是周期像钟摆一样摆动时的能量或动能的主要来源，那么上面所说的钟摆摆动的三大阶段，也能在很大程度上完美地解释投资周期中的摆动和波动，投资人应对这些周期波动有很大困难。在每一类周期中，先前的事件是如何引发后续的事件的，我对此所做的解读，构成了本书后续章节中最重要的内容。

按照这种事件因果相连的周期观，本书复盘了过去发生的几个重大周期事件以及它们的完整过程。如此复盘每个周期过程，目的是要让大家弄清楚三点：过去引发每个事件的原因是什么，现在发生的事件对整个周期过程有什么意义，现在发生的事件如何影响后续事件。复盘这些周期的整个过程，可能会让你觉得有很多重复的地方，在有的周期中已经讲过的东西，我在后面的内容中还会不止一次地再讲（不过，我每次讲的是它们不同的方面）。但是，我详细复盘这些真实世界中曾发生的周期案例，是希望能够帮助读者弄懂周期，以及如何进行投资布局来应对周期。

~~~

有一点非常重要，你一定要注意这种因果关系：我所谈论的周期，包括一系列事件，每个事件都会引发后续的事件，前是因，后是果。但是同样重要的是，不同领域的周期都有一系列事件，从而导致不同领域形成不同的周期，一个领域的周期变化，又会影响其他领域的周期。因此，经济周期会影响企业盈利周期；企业盈利周期又会影响上市公司公告的盈利数据；上市公司公告的盈利周期又会影响投资人的态度；投资人的心态周期又会影响市场波动；市场波动周期又会影响获得信贷的松紧程度……而信贷周期又会影响经济、企业、市场。

周期性波动的事件，既受到内生因素变化的影响（包括此前发生的周期性事件），又会受到外生因素变化的影响（发生在其他领域的事件）。很多外生事件也是其他周期的组成部分，但是并不是所有事件都是如此。我们要理解周期事件之间的因果关系很不容易，但是这对我们理解和应对投资环境变化至关重要。

你一定要明白，尽管我后面所描述的周期是各自分开的、互不相关的，但是这远远不符合周期的真实情况。我会提供一个叙述流畅的故事，来描述每一种类型的周期独立运行的情况。我会给大家这样的印象，每个周期都有自己独特的生命旅程。我也会给大家这样一个印象，某类周期在一个特定方向的摆动会终止，然后另一类型的周期开始一波与其对应的摆动，或者前一类周期引发了另一类型的周期开始一波摆动。这也就是说，从顺序上看它们有先有后，但是它们各自独立，分别属于两个不同类型的周期。换句话说，我会分开来单独讨论每一个类型的周期……尽管
~~~

事实上这些不同类型的周期并不是孤立地运行的。

我这样描述周期也许会让你觉得，不同的周期都是相互独立的、自给自足的。这也许听起来像是在周期A中发生的某事件，会影响周期B，而周期B又会影响周期C，而周期C也许会反过来影响周期A。这样说，也许给你的印象是，周期A影响周期B之后，周期A就暂停了，这时周期B开始对周期C产生影响。但是事实并不是这么一回事。

不同周期之间的相互交叉影响，并不像我描述得那么清清楚楚。不同的周期会按照自己的模式运行，但是它们同时会持续不断地相互影响。我想努力梳理清楚我脑子里的各种思路，为此必须把这些思路分开，一个一个地单独处理，本书的内容就是这样组织起来的。但是我描述的这些周期行为与其他周期完全隔离、孤立运行，只是一种分析上的概念。实际上，这些周期现象经常乱成一团，彼此根本无法被完全分开。A周期影响B周期（和C周期），而B周期影响A周期（和C周期），而这三个周期又都影响D周期，D周期又反过来影响A、B、C周期。这些周期都是混乱交织在一起的。但是我们要思考这些周期，就必须条理清晰，只有这样，我们才能够清清楚楚地想明白这些周期以及它们的影响。

~~~

最后，也许可以用“杂记”作为标题，关于周期的特征，我想再多谈一些东西，这对你深入透彻地理解周期非常重要：（下面开始罗列的几条经验总结，来自我在2001年11月所写的投资备忘录《你不能预测，但你能预防》。）

· 周期是必然的，人根本无法避开周期。每隔一段时间，一
~~~

波上涨持续很长一段时间，冲向一个极端的高点（或者一波下跌持续很长一段时间，跌向一个极端的低点），人们就开始说“这次不一样”。他们引用那些导致“老规则”过时的变化，包括地理政治变化、机构变化、科技变化、人的行为变化。但是后来的结果往往是，老规则仍然有效，周期重新开始。最终，树不会长到天上去，也极少有东西会跌到化为乌有。相反，大多数现象表明结果都是周期性的。

· 投资人记不住过去的事，进一步加强了周期的影响力。正如约翰·肯尼斯·加尔布雷斯所说的，“人的投资理财记忆时间极其短暂。”这让市场参与者无法识别这些周期模式一再发生的特征，因此周期是不可避免的。

· 同样或者非常相似的情景再现，有时距上一次发生才过了短短几年。新生代，他们通常很年轻，往往自信地宣称，这是卓越的、创新性的重大发现，它将会改变金融世界，甚至更广大的经济世界。在人类积极努力地不断进步的领域里，极少有像金融领域这样，历史所占的分量简直无足轻重。过去的经验，其实就是记忆的一部分，却被年轻人鄙视为那些老顽固的避难所，因为那些老古董没有见识，欣赏不了现代金融世界不可思议的伟大奇迹（投资备忘录《金融投资幸福感简史》，1990 年）。

· 周期能回调进行自我修正，周期运行方向反转并非完全取决于外部因素。周期反转（不是沿着原来的方向持续下去），是因为内部因素：趋势给自身创造了反转的理由。因此我经常说，成功本身孕育了失败的种子，失败本身也孕育了成功的种子。我们经常说，失败是成功之母，成功也是失败之母。

· 其实，从客观的数据来看，周期的上行阶段和下行阶段相当对称。但是，人是有感情的动物，总感觉周期并不是那么对称。负面的价格波动，就是下跌，经常被称为“波动性”。正面的价格波动，就是上涨，经常被称为“盈利”。暴跌崩盘的市场，被称为“恐慌性抛售”，而暴涨经常会有更好听的描述方式（但是我认为暴涨最好被看作“恐慌性抢购”，例如，1999 年的高科技股泡沫就是这样的）。媒体上那些评论员经常这样说“投资人投降了”，当市场周期跌到谷底时，此前一直理性持股，不跟随市场进行恐慌性抛售的投资人也坚持不住了，他们纷纷大量卖出。其实，在股市涨到顶部时，我也经常看到投资人投降，原来一直坚持不追涨买入的精明投资人也抗不住了，也开始追随市场大量买入。

从我 50 多年的投资经验来看，金融周期大体上是对称的，不过很多投资人可能会低估，甚至忽视这一点。周期的每一波运动，都会有“相反的一面”，也就是说，有涨必有跌，每一波上涨总会跟着一波下跌，也许更好的说法是，每一波上涨都会导致一波下跌。

“大涨之后是大跌”的现象，大家经常谈论，也普遍理解。这个说法非常恰当地描述了周期的对称性。大多数人都知道，大涨之后必有大跌。不过只有极少数人能够看明白，真相是大涨引发大跌。我们要明白以下两点：第一，大涨之后的周期性调整不会是温和的、逐渐的、没有痛苦的；第二，没有大涨就不可能有大跌。

我们必须注意，周期的这种对称性只是针对上涨和下跌的方向，至于周期上涨和下跌的幅度、时点、速度，却并非一定对称。（这是尼克·崔恩的观点，详见下一章。）因此周期有涨必有跌，前面有一波上涨，后面也许就会有一波下跌，不过涨幅和跌幅未必一样，后面的跌幅可能大于，也可能小于前面的涨幅。周期出现反转下行，也许是在到达顶点之后，马上就开始下跌，也许是在高点停留很长一段时间之后，才开始回调。有一点可能很重要，我们一定要注意，周期往往是涨得慢，跌得快。一波大牛市要持续好多年，才会上涨到最大限度，但是大牛市之后的大熊市却像飞速的载货列车一样，很快就会跌到谷底。我的长期合作伙伴谢尔顿·斯通说得好："气球漏气比充气快多了。"

我们再次回到据说是马克·吐温的名言："历史不会重演细节，过程却会重复相似。"理解这句话，对我们理解周期至关重要。假如这句名言确实是马克·吐温所说的，我想他想说的是，对于一个具体的历史类型（比如谣言四起）而言，一个历史事件和另一个历史事件在细节上会有不同，但是它们基本的模式和过程是一致的。

金融领域里的周期确实如此，特别是金融危机，可以说它是绝对如此。后面我会做详细讨论，2007—2008 年的全球金融危机之所以会发生，是因为金融机构大量发放次级抵押贷款，而大量发放次级抵押贷款又是因为市场预期过度乐观，缺乏风险规避意识，资本市场过度慷慨大方，从而导致围绕次级抵押贷款产生了大量不安全行为。因此那些思想狭隘得只会生搬硬套的人会说：

“下一次再看到那些不合格的房屋购买人，也可以很容易地拿到抵押贷款融资，我绝对会调整投资组合，变得非常谨慎。”但是造成金融危机的这种情形，再也不会重演了，因为全球金融危机的教训太深刻了。然而，牛市过后熊市到来的信号基本一样：过度的乐观情绪是一件危险的事；风险规避是维护市场安全必不可少的关键因素；过度慷慨大方的资本市场最终会导致不明智的融资，造成参与者发生危险。

概括来说，具体细节就像音符一样并不重要，甚至是无关紧要的。但是基本模式就像主旋律一样至关重要，绝对有再次出现的趋势。理解这种趋势，并能够识别再次出现的同一模式，是我们应对周期的重要因素之一。

最后，我想引用据说是阿尔伯特·爱因斯坦给“疯狂”所下的定义：“一次又一次做相同的事，却希望得到不同的结果。”人们投资那些市场价格已经涨上天的东西，因为“每个人都知道”这些东西完美无瑕且定价过低，人们认为，这些东西能够提供高收益，而且没有任何亏损的风险，这样的想法肯定是疯了。过去每一次泡沫破裂之后，我都会看到这种神话般的信仰褪去神圣的光环，露出谎言的本来面目。但是很多人，要么根本不懂周期，不知道大涨之后必有大跌，不知道大泡沫之后经常会是大崩盘，要么尽管心里知道却做不到，因为太想快速发财了，以致对这种风险视而不见。他们下一次还会相信这种“每个人都知道”的高收益、零风险的完美投资神话，跟随疯狂的大众追涨买入。

那些已经上涨一段时间，并实现惊人涨幅的证券和市场，更加容易出现周期性回调，而不是继续上涨。很多投资人相信“这次不一样”，急于追涨买入，此时，你赶紧告诉他们，历史告诉我们，大涨之后必有大跌，上涨肯定不会直到永远，但是周期肯定会直到永远。

~~~

这一章的篇幅很长，涵盖了很多主题，这也表明周期具有很多不同方面的特征，而要把握周期的这些特征很不容易。正是因为这个原因，我们要完全深入地理解周期，既要靠分析，又要靠直觉。投资和很多其他方面一样，那些既有分析能力又有直觉能力的投资人会走得最远，他们的长期业绩也会做得最好。那么这种直觉能力能够通过后天学习和培养吗？能。有些人经过后天努力能够学到某种程度的直觉能力，但是大多数有很强直觉能力的人，天生就有这方面的天赋。简单地说，有些人往往“一下子就想到了”（不管想到的是什么东西），但是有些人怎么想也想不到，也就是说他们没有那种一下子顿悟的直觉。

市场如战场。打仗想要胜利，很多装备是必需的。投资想要成功，很多知识和技能也是必需的。所以投资人必须学习财务会计、金融投资、证券分析等主要课程。但是我个人认为，投资人想要获得成功，只学这些课程还远远不够。因为这些课程的内容缺少一个投资成功的基本因素，即理解周期现象以及周期如何发展变化，这正是本书后面的内容所要讲的。在行为经济学和行为金融学这两门新设立的学科中，一些研究发现对我们认识周期很有启发，我建议各位认真学习。投资人要真正弄懂周期，心理学不可或缺，而且极其重要。

关于周期最伟大的教训，我们要通过亲身经历才能真正学到……正如一句名言所说的：“经验就是你没有得到你想要得到的东西时所得到的东西。”我现在对周期的经验，比我刚入投资
~~~

这行时多太多了。50多年前，我进入第一国民城市银行成为一名年轻的证券分析师。

可是，因为我们每过十年才能看到一个大周期，所以任何投资人想要完全依赖个人经验积累来学习进步，需要非常耐心地坚持几十年的时间。我希望你通过读我写的这些东西，能够增加自己对周期的理解，加快完成你对自己的周期教育。

古埃及历史学家修昔底德在《伯罗奔尼撒战争史》第一卷第一章的末尾这样说道："如果研究者想得到关于过去的正确知识，借以预见未来（因为在人类历史的进程中未来虽然不一定是过去的重演，但同过去总是很相似的），从而认为我的著作是有用的，那么，我就心满意足了。"[1] 修昔底德真是我的知音，他在2 400年前写的这段话，完美地描述了我写本书的目的。

1. 引自《伯罗奔尼撒战争史》，广西师范大学出版社，2004年。——编者注

03

周期的规律

我们努力想要看透人生，方法是识别模式，进而找到人生获胜的公式。这条路，说起来很简单，但在很大程度上，做起来很复杂，因为我们生活的这个世界充满随机性，同样的事情，同样的情况，人们的行为却前后不一，甚至他们即使想和上次做得一模一样也做不到。过去的事件受到随机性的很大影响，因此未来的事件也定会如此，我们肯定无法完全准确地预测。这让人感到不高兴，因为随机性，也就是我们通常所说的运气，让我们的人生难以预测，难以制定规则，难以永保安全。

2013年秋，我收到读者发来的一封邮件，讨论我上一本书《投资最重要的事》中写的一些内容。邮件的发件人叫尼克·崔恩，他在伦敦的林德尔·崔恩资金管理公司工作。尼克·崔恩和我讨论的话题是，我运用周期这个词来描述我这里讨论的这些现象是否合适。我和尼克·崔恩通过邮件交流得十分愉快，后来我们从线上聊到线下，共进午餐，我们吃得很开心，聊得也很开心。

等到主菜上来的时候，有一点经过我们一番交流之后变得很清楚了，驱使尼克·崔恩写邮件给我的原因是，他坚信要把某些事情描述为具有周期性，这些事情发生的时间和程度必须有规律，只有这样，人们才能可靠地预测。例如，无线电波、正弦波遵循有规律的可预测模式，它们的每次起落都具有相同的幅度、频率、终点。

词典网这样定义物理学上的周期："一个完整的交替变化过程，在此期间一个现象达到最大值和最小值，最终回到终值，而终值等于最初开始的初值。"在数学上周期的定义是："一组因素组成的一个序列，这些因素最初的循环顺序保持不变。"换句话说，物理学上的周期和数学上的周期所遵循的模式非常规律，周期在最终结束时，从终点又回到起点，这就是我们所说的周而复始，这是因为这些波动的时间和路径总是相同的。尼克·崔恩说得很有道理。

但是，经济、企业、市场，当然还有投资人的心理和行为，并不是像物理学和数学上的周期那样有规律。我们俩共进午餐，我谈了我的看法，我想尼克·崔恩最终也赞同了我的看法——并非一定要持续显示出前后如此高度一致的规律性才能被称为周期。这完全取决于你如何定义"周期"这个词。

我在写给尼克·崔恩的邮件中说道：

我想说的是，通常情况下，事物都有起伏。大多数自然界的事物都有一个生死交替的周期，投资人心理有一个非常明显的乐观情绪和悲观情绪交替上升的周期，乐观情绪上升，从而推升市场价格上涨，接下来，悲观情绪上升，从而压低市场价格。你也许会认为，这样说就是把复杂问题简单化，相当于废话，没有什么用。但是这里有一个关键点，某种东西在市场价格上涨的时候，投资人就有一种心理倾向认为，这种东西的市场价格会一直上涨，只会涨，不会跌；反之则会认为它的价格永远只会跌，不会涨。你和这种一根筋式的心理倾向对赌，却能赚到大钱……

在这个世界上，极少有事物是非常规律地运动的，是足以让你运用机械般的操作流程就能从中获利的。但是这并不意味着你不能利用周期的波动来获利。

我并不认为，波动必须周而复始，即从终点又回到起点，才能被称为周期。很多周期的终点高于起点，也就是说，这种周期是围绕一条长期向上的趋势线上下波动的，但这并不意味着这种波动就不是周期性的，也不意味着在这种波动里，投资人不应该选择进出时机——在上升阶段趁机入市以便水涨船高，在下行阶段避免入市以免亏损，这与投资人从头到尾一直持有不动截然不同。

《剑桥词典》中对周期的定义是："一组事件按照一个特定的顺序发生，一个事件接着一个事件，而且这种顺序经常重复。"这个周期定义适用于一般的非科技的世界。我看到它很高兴，在过去 50 多年的投资生涯里，我不断地思考投资世界的周期和钟摆现象，它们与这个周期的定义十分吻合。

~~~

尼克提出异议，说我讨论的现象不够规律，不够资格被称为周期性现象。我并不同意尼克的看法。不过我们要下很大功夫，才能理解这些周期性现象的不规律性，以及从中我们能够学到的经验教训。

在这里要注意的最重要的事，正如我在上一章中所说的，我所称的周期性现象，并不是完全来自机械的、科学的、物理的运动过程，有时它们与此根本无关。周期如果能像科学一样有规律可循，就会很可靠，也很容易预测，但是我们也很难从中获利（这是因为巨大的利润来自同样的事情有些人比其他人看得更准，如果周期完全可靠也完全可以预测，那么世上根本不会有见识高人一筹的人了）。有时，这些不是特别规律的周期有一个基本原则（有时候，它们也没有），但是大部分变化都要归因于人类在创造周期中所扮演的角色。人类参与这个创造周期的过程，由此导致人的情绪和心理倾向影响周期现象。概率或者随机性也对某些周期影响很大，人类行为也对这些周期的生成有很大影响。这些周期能够存在，很大程度上是由于人类的行为，但是这些周期的波动有随机性，因此它们也不可靠。这在很大程度上也是因为人类的行为。

~~~

人类必须生活在现实世界中。我们寻找模式和规律，能够让我们活得更加舒服，也获利更多。也许这起源于史前人类的生存经验，他们发现每天是一个周期，每年也是一个周期。史前人类也许从更早的经历中学习到血的教训——白天不要去水坑边喝水，因为白天母狮也会带着幼狮去那里喝水。也许，史前人类通过经验积累慢慢地知道，有些粮食作物在春天播种要比在秋天播种收获得更多。总结出来的规律越是确定，人的生存就越容易。现在，人类的大脑已经形成根深蒂固的习惯，那就是寻找可以用规律解释的模式。

但是，我们努力想要看透人生，方法是识别模式，进而找到人生获胜的公式。这条路，说起来很简单，但在很大程度上，做起来很复杂，因为我们生活的这个世界充满随机性，同样的事情，同样的情况，人们的行为却前后不一，甚至他们即使想和上次做得一模一样，也很难做到。过去的事件受到随机性因素的影响很大，因此未来的事件肯定也会如此，我们肯定无法完全准确地预测。这让人感到不高兴，因为随机性，也就是我们通常所说的运气，让我们的人生难以预测，难以制定规则，难以永保安全。因此我们寻找那些可以让自己理解事物的解释，而且经常做过了头。我们在投资上确实如此，在生活的其他方面也是如此。

我读过一本书，发现里面有几段话对这个主题讲得非常精彩。这本书是2008年出版的《醉汉的脚步》，专门讲随机性，作者列纳德·蒙洛迪诺是美国著名的理论物理学家，任教于加州理工学院，并曾和霍金合著过《时间简史》(普及版)。我引用的第一段话是他在这本书的前言中所写的：

> 我们要抵抗直觉保持理性思考，就像抵抗洪水继续肆虐一样，非常困难……人的天性就是要为每件事的发生找出理由，因此我们很难接受很多事其实没有原因，或者找不到原因，它们只不过受到不相干的随机因素影响，然后就发生了。因此，

我们首先要认识到，有时候成功并不是因为特别有能力，失败也不是因为特别无能，经济学家阿尔钦所说的“偶然因素”，也就是运气。成功靠能力，也要靠运气。随机过程是自然界的根本所在，在我们日常生活中更是随处可见，但是大多数人并不了解随机性，也很少想过随机性。其实随机性就是我们常说的运气。

本书中有一章讲拍电影能不能大卖，完全是不可预测的，甚至是变幻莫测的。列纳德·蒙洛迪诺引用了制片人威廉·戈德曼对这个问题的看法：

戈德曼并不否认，一部电影的票房表现确实是有原因的。但是他强调这些原因实在太复杂了，而且从项目立项到周末正式上映，这条路非常艰难曲折，会受到很多无法预测也无法控制的因素影响，而且很容易遭受挫折，以至我们想要靠过去长期积累的经验，猜测一部尚未杀青的影片的未来票房表现，还不如抛硬币更靠谱。

列纳德·蒙洛迪诺接下来又讨论了随机性因素对棒球选手击球成功率的影响：

击球的任何结果，也就是击球成功的概率，主要取决于击球手的能力，但是也受到其他很多因素的综合作用：球手的健康状况；风速，阳光，或者夜晚看台的灯光；球手接到的投球质量；比赛的进展情况；他是不是猜对了投手会怎么投球；他挥动球棒时手眼协调是否完美；他在酒吧里遇到的金发辣妹，是不是让他晚上玩到很晚才睡，结果他早上困得起不来；早上吃的墨西哥肉酱芝士热狗配蒜香薯条，是不是让他吃坏了肚子，他比赛时想吐，想拉肚子。如果不是有这么多根本无法预测的因素，棒球击球手的击球成功率就会非常容易预测——他们不是每次击球都是本垒打，就是每次击球都是打不中。这就相当于学生考试，不是次次满分，就是次次零分。

我们知道，各种各样的因素会影响最终结果，而且在所有领域都是如此，其中很多因素是随机性的，也就是我们平常所说的偶然和运气，所以结果根本不可预测。很多经济领域和投资领域的发展变化，肯定也是无法预测的。即使收入是稳定的，个人的消费倾向也会受到很多其他因素影响，比如，天气，战争，还有他们所在国家的足球队是否赢了世界杯（而这又受到足球打在防守队员身上如何反弹的影响）。一个公司可能发布财报，业绩增长，这是很大的利好消息，但是这家公司的股票价格的涨跌是不确定的，因为股价表现结果还会受到其他很多因素的影响：竞争对手的业绩相对如何，中央银行是否选择本周加息或降息，这周公布盈利的股市行情是好还是坏 。有这么多变量影响，我所关注的这些周期肯定不是完全规律的，所以它们不能被简化为可靠的决策制定规则。

举个例子。我在做高收益债，也就是垃圾债投资时，有件事让我特别烦恼。我做垃圾债投资 20 余年了，有段时间，流行这么一个观点：债券发行在接近期满两年时，往往会出现违约。如果事实确实如此，这个观点就会非常有用。这样，想要避免债券违约，人人都能做到了，我们只要提前卖出所有发行之后快要期满两年的债券就行了，然后再把那些发行之后熬过两年还能存续下来的债券买回来。（不过，这条避免债券违约的妙招忽视了一个重要问题，那就是你的交易对手也不傻：到了接近两年的那个危险的日子时，市场上的买家愿意出多少钱来买你的债券呢？既然每个人都知道，接手即将发行期满两年的债券会承担很大的违约风险，谁还会去出高价买入呢？而过了两年这个危险期之后，你要买回这些债券又必须付出多高的价格呢？你要买，别人也要抢着买，结果肯定会比你买入的价格高出很多。）

也许，一大批发行后期满两年的债券发生了违约，这正好符合上述那个非常流行的说法。但是巧合关系与因果关系有非常大的不同。这个现象可靠吗？它背后的原因是什么？它将来会重复发生吗？我应该在这上面下赌注吗？具体来说，整个高收益债的历史不到20年，这让我产生怀疑，我们的经验和样本规模，是否足以使我们判断这个说法的可靠性。我个人倾向于认为，这个所谓的发行期满两年就会违约的规律，不是基于严谨的思考，而是更多地基于人性渴求简单有效规则的一厢情愿，因此人们很容易没有真实可靠的依据，就凭空做出推断。

我认为，人们应该认识到，债券违约受到范围广泛的众多因素的影响，就像导致棒球球手击球成功或者失败的因素很多一样，绝大多数高收益债的违约，其实与其发行之后的存续年限毫无关系。把马克·吐温的那句名言倒过来说，而且用在这里非常合适：历史的过程会重复相似，但是历史的细节却不会重演。

~~~

我坚定地相信，市场将会继续上涨和下跌，而且我想我还知道，为什么以及什么因素导致上涨和下跌是近在眼前的，还是相对缓和的。但是我永远不知道下面这些问题的答案：市场什么时
~~~

候会涨或者什么时候会跌？市场上涨或下跌还会持续多久？市场涨起来有多快或者下跌得有多快？什么时候市场会反转回归中心点？它们会向相反的方向持续运动多久？其他很多方面也充满了不确定性，我们必须承认这些不确定性。

~~~

我发现承认自己的无知，反而让我相对于其他大多数投资人有了一个巨大的优势，因为其他绝大多数投资人都不太懂周期，也不留意周期以及这些周期启示我们接下来应该采取哪些合理行动。我所说的这种巨大优势，也许每个人都能获得，有了这种优势，对于我来说就足够了。我和同事们能让橡树资本在过去20多年中的投资业绩大幅领先市场，获得跑赢市场的巨大业绩优势，其根源就在于拥有这种理解周期的巨大知识优势。这些关于周期的知识和经验，正是我在本书中想要传达给你的思想。
~~~

04

经济周期

一个国家就是一个经济体，它的总产出就是所有劳动力的工作小时总数和每小时产出的乘积。因此，一个经济体的长期产出主要取决于像人口出生率和劳动生产率这样的基本面因素（但是也取决于社会和环境其他方面的变化）。这些因素相对而言每年的变化很小，我们只有以每十年为期观察它们，才会发现逐渐显现出的变化。因此，经济增长率长期而言是相当稳定的。

经济的潜在长期增长率相对而言保持稳定，有些人也许因此会预期，每个年度的经济增长率的表现也会持续保持稳定。可是，很多因素容易发生变化，导致经济增长率每个年度都会变化，甚至即使经济增长率的年平均水平符合长期趋势线，经济增长率水平也会年年出现差异。

经济周期（过去很多时候，我们也称经济周期为“商业周期”）是企业周期和市场周期的基础，企业界和市场上的周期性事件主要取决于经济周期。经济增长得越快，企业盈利越有可能扩张，股票市场也会随之上涨。在这里，我会简短地讨论一下影响经济周期的因素。不过在我开始讨论之前，我要坦白承认，而且每次我在讨论经济之前都会做这样的坦白：我并不是经济学家。这算不算一个很骄傲的声明？

我大学选修过经济学的课程，读硕士研究生时也学过经济学，也认真地思考过经济学。工作后我成了职业投资人，天天都要跟经济学打交道，而且我觉得我自己大体上可以说是一个经济人，我的大多数决策都是基于逻辑推理的，推理的依据是考量成本和价值，并且考量风险和潜在收益。但是我对经济的思考不同于学术界的经济理论研究，不是完全基于理论和数据，而是主要基于常识和经验。我敢肯定，我在书里写的这些东西，很多经济学家都不会赞同（当然经济学家之间也互不买账）。经济学研究成果既不清楚，也不准确，因此我们有很好的理由可以把经济学称为“令人郁闷的科学”。

衡量一个国家经济产出的主要指标是国内生产总值（GDP），它表示一个经济体生产的所有商品和服务最终被出售的总价值。国内生产总值大致等于这个国家的国民工作小时总数乘以每小时产出价值的乘积。[在我的投资生涯早期，流行的指标是国民生产总值（GNP），但是后来这个名词就不流行了。二者的区别是对本国内的外国生产商所创造的产出的处理方式不同：GDP 包括本国内的外国生产商所创造的产出，而 GNP 不包括，因为外国生产商不属于本国国民。]

大多数人（当然是大多数投资人）关心的主要经济问题是，今年或者明年我们的经济会增长还是会下滑，增长率或者减少率是多少。这些其实都属于我称之为短期经济周期的组成部分（我很快会介绍其他经济指标）。

我们在考虑美国 GDP 未来某年的增长情况时，通常一开始假设增长率为 2%~3%，然后根据具体情况略微调整。但是我们每年预估的 GDP 增长率的出发点都是正增长的。例如，上一年伊始，很多人都讨论当年 GDP 的增长率。乐观主义者认为，美国 GDP 增长率会接近 3%，而悲观主义者觉得它可能连 2% 都达不到。但是几乎每个人都认为美国经济肯定是正增长的。关于经济衰退的官方定义是连续两个季度负增长，很少有人认为美国 GDP 的增长会落入负增长区域，上一年不会，再过几年也不会。

长期经济趋势

很多投资人都关注年度经济增长率是高还是低，是正增长还是负增长。实际上，他们关注的只是短期的经济增长。短期的经济增长是很重要的，但并不能代表一切。从长期来看，短期经济增长的重要性会削弱，长期经济增长会变得越来越重要。

我前面说过，大多数吸引投资人注意的周期，都是围绕一个长期趋势或者中心趋势上下波动的。尽管这些波动从短期来看对企业和市场的影响非常大，但是结果证明，长期而言基本趋势变化的影响要大得多。因为围绕长期趋势线的上下波动最后会相互抵消（从单一年度来看，市场上涨会迎来一片欢呼声，而市场下跌会引发人们的沮丧情绪，可是很多年后，我们才会明白短期的涨跌并不重要）。但是长期基本趋势的变化，将会导致我们的长期投资业绩出现差异。

2009 年 1 月，我写了一份投资备忘录《长期视野》，专门讨论了这个主题。我从中引用了一些内容。

一开始，我在这份备忘录中讲了很多证券市场曾经历的长期趋势，它总体上呈上升态势，但其间的过程是相当痛苦的。下面我会把它们罗列出来，但是我省略了备忘录中的详细描述：

· 宏观环境
· 企业增长
· 借贷思维模式
· 投资流行程度
· 投资人心理学

上面所列的五大方面的发展变化，形成了一股强劲的动力，近几十年来一直推动经济持续增长和股市持续上涨，由此形成了一个向上的长期趋势，它接近于一条直线（见图 4–1）。

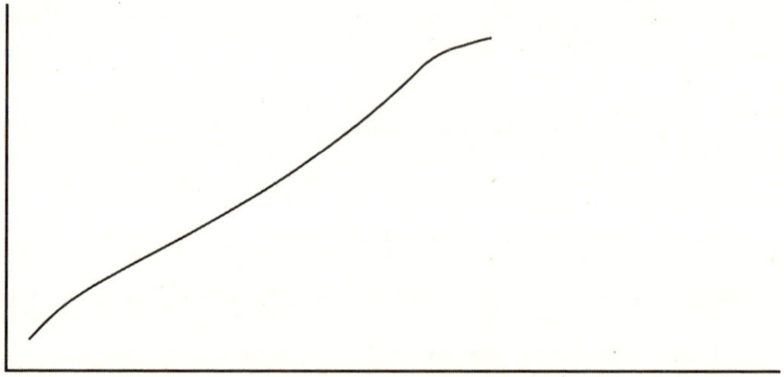

图 4–1　长期趋势线

前途是光明的，道路是曲折的。尽管美国经济和股市的长期趋势接近于一条向上的直线，但实际走势绝非一条直线。每隔几年，市场都会出现一阵短期波动（见图 4–2），使得经济和股市的走势偏离长期趋势。围绕长期趋势线的周期波动，导致经济和股市走势经常出现上下振荡。大多数上下振荡的幅度相对较小且时间较短，但是 1970—1979 年，美国发生了经济滞胀，通货膨胀率高达 16%，其中有两年美国股市累计下跌接近一半，1979 年 8 月 13 日出版的那期《商业周刊》的封面用大标题宣称“股票已死”。我在证券市场里待了 40 多年，一路走来，并不都是鲜花和美酒。

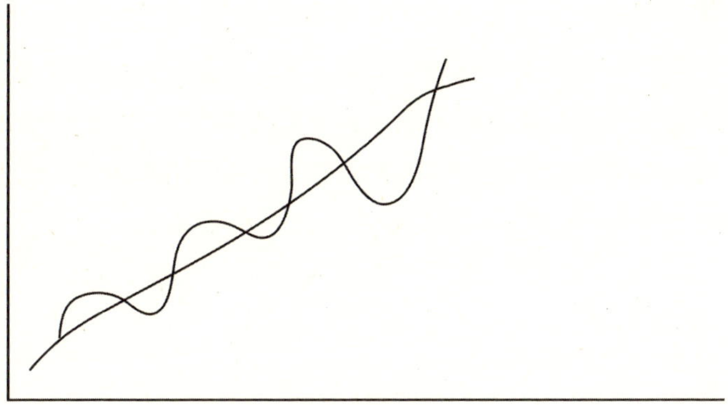

图 4–2　周期波动

一次又一次，我们看到经济状况起起伏伏，从经济增长放缓到经济繁荣，从经济衰退到经济复苏。市场同样也经历了起起伏伏，时涨时跌。这些波动都可以归因于正常的经济周期以及外部变化，比如 1973 年的第一次石油危机，1998 年的亚洲金融危机。

1975—1999 年，标准普尔 500 股票指数只有几年是下跌的，但是没有一年跌幅超过 7.5%；而有 16 年股市涨幅超过 15%，并且有 7 年涨幅超过 30%。

尽管股市时涨时跌，但是投资人长期来看都赚钱了，股票投资逐渐变成风靡美国的流行浪潮。沃伦·巴菲特能够成为美国最富有的人之一，靠的就是买入股票和整体收购公司。股市整体趋势持续上涨，直到 2007 年到达顶峰……

到 2007 年年中，我做基金经理已经有 39 个年头了。按照人的平均寿命来说，这相当于半辈子了，但 39 年也只不过是美国股市这个长周期中的一段时间而已。也许，美国股市 1975—1999 年持续上涨所形成的长期向上的趋势线，本来应该被看作一个长周期（见图 4-3）中的上行阶段的一部分。既然是一个周期，前面有上行阶段，那么后面必然会有下行阶段。但是只有在经历后再回头审视的时候，你才能看清楚整个长周期，以及其间上行阶段有多长，下行阶段又有多长。

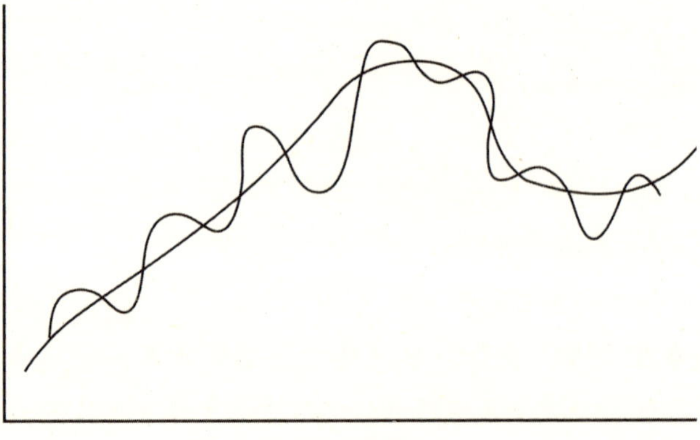

图 4-3　长周期

这里我主要想讨论的是，我意识到长期趋势本身也有周期，而不是只有围绕长期趋势的短期走势有周期。我们过去几十年所经历的长期上涨，其实处于一个长期周期的上行阶段。

接下来我要讨论短期经济周期，这是大多数投资人最关心的问题。在此之前，我想要再多花一点儿时间来讨论长期经济周期：塑造长期经济周期的基本因素，以及现在对长期经济周期的前景展望。然后我会转到讨论短期经济周期的内容。

我前面谈过，一个国家每年经济产出的主要决定因素之一是工作小时总数。相应能够支撑工作小时总数增加的最基本因素是人口增长。人口增长意味着，每年会有更多人制造和销售产品，同时有更多人购买和消费产品，从而进一步鼓励扩大生产。而扩大生产，相当于创造更多的 GDP。人口增长，工作小时总数自然会随之增加，从而推动 GDP 增长。因此，人口出生率是一个最主要的因素，通常可以让我们假定经济会正增长。相反，如果人口收缩，我们想要实现经济增长，就会面临很大阻碍。

人口增长，短短一年中并不会有很大变化。达到生育年龄的人口数量，短期之内不会有太大变化，他们生育孩子的意愿在短期之内也不会有太大变化。这些因素需要经过几十年甚至更长的时间才会出现较大变化，从而引发未来人口数量的深远变化。

哪些因素能够导致一个国家的出生率发生变化（即每对夫妇生养孩子的平均数量）？

· 国家政策。比如，中国的计划生育政策实行了很长时间，但是这项政策最近开始修订，中国允许生育二孩了。
· 战争。第二次世界大战使战争期间美国人口出生率大幅降低，但是“二战”结束之后，人口出生率大幅上升，由此形成婴儿潮一代。

· 经济状况。经济和其他因素一起发挥作用，能够改变人们的心理，让人们考虑自己是否有经济能力要孩子。

· 其他社会风气。比如，现在的美国年轻人普遍推迟结婚成家的年龄。

人口出生率发生变化需要经过几十年的漫长时间，而且即使已经出现变化，也需要再过几年才能够实际影响 GDP 增长。以中国的计划生育政策为例。你也许会说，中国的计划生育政策转变是一夜之间发生的：从1978年到2015年10月28日，中国一直提倡“一对夫妇生育一个孩子”，似乎一夜之间政策就变了，2015年10月29日，中国共产党第十八届中央委员会第五次全体会议公报宣布全面二孩政策。但是即使那些已经要了一个孩子的夫妇，在二孩政策实施的第一天就积极响应国家号召，努力生二孩，也还需要大约20年的时间，他们所生的二孩才能长大成人、开始工作，才能为中国的经济发展做贡献。因此，一年之间的 GDP 变化，不可能在很大程度上归因于人口出生率的变化。

另外一个决定 GDP 的重要因素是每小时劳动产出值，即生产率，更准确的说法是劳动生产率；对于整个国家来说，最准确的说法是全民劳动生产率。劳动生产率变化，是长期 GDP 增长率变化的基本决定因素。由此第一个推论是，不管人口增长率如何，只要劳动生产率提高，GDP 就会随之加快增长，而如果生产率降低，GDP 增长速度就会放缓。第二个推论是，如果生产率的增速提高，GDP 的增速就会提高，而如果生产率的增速放缓，

GDP 的增速就会随之放缓。这些只不过是简单的数学推导而已。

生产率的变化，就像出生率的变化一样，需要经过几十年时间，才能显现出效果。生产率提高，主要来自生产过程的进步。第一次生产率大飞跃发生在工业革命时代，大约从 1760 年到 1830 年，蒸汽动力和水力驱动的机器取代了力量十分有限的人力，大型工厂取代了效率低的小作坊和家庭生产。第二次生产率大飞跃是电力和汽车革命，发生在 19 世纪后期和 20 世纪早期。电力取代了蒸汽动力和水力等低效的动力，汽车取代了马车等低效的运输工具。第三次生产率大飞跃发生在 20 世纪的后 50 年，电脑和其他形式的自动化控制，开始取代人脑来指挥机器进行生产。当然，第四次浪潮正在进行中，即现在的信息革命，信息获取、储存和应用取得了巨大进步，现在最热门的大数据和人工智能，能够取得人类过去做梦都想象不到的巨大成就。

一定要记住，这几次生产率大飞跃，工业革命、电力革命、汽车革命、信息革命，都是逐渐发生的，不是一夜之间发生的，也不是几年之内发生的。每次生产率大飞跃都推动了 GDP 实现巨大增长，但是尽管如此，历史上并没有出现过一个年度 GDP 大幅增长或者一个年度 GDP 大幅下滑的情形。生产率的提升速度，往往在很多年中都持续保持稳定。因此，经济衰退或者经济复苏所形成的 GDP 短期周期性变动，通常不能被归因于生产率的变化。

很明显，劳动小时数和每小时劳动产出共同决定了国内生产总值的长期趋势。但是，什么因素导致这两个因素发生变化？下面是一个清单，它只列出了部分因素。

· 人口迁移。中国的城市化进程就是一个案例。中国的大量农民进城务工，一方面增加了劳动力供应，助推中国崛起，使中国发展成为低成本制造大国，另一方面促进了中国消费阶层人数的扩大。另一个例子是从拉丁美洲到美国的移民。美国像其他发达国家一样人口出生率持续下降。但是，移民持续不断地从美国南部边界涌入，尽管有一部分是非法移民，但是这些移民数量的增长填补了美国因人口出生率下降而造成的劳动力供给缺口，扩大了美国的劳动力供给，提高了消费率，即最终消费占 GDP 的比值。

· 决定工作小时总数的因素。工作小时总数会偏离就业总人数，也肯定会偏离有兴趣工作的总人数。

（1）"劳动参与率"（workforce participation），达到适合工作年龄的人口占总人口的比例，包括已就业的人数和正在找工作的人数。

（2）失业率，即能够参与工作却没有工作可做的人数占总劳动人数的比例。失业率上升和下跌会相应引发消费者支出及企业支出的变化（因而会导致商品需求的变化，也会导致生产商品的劳动力需求的变化）。

（3）就业者人均工作小时数。它会随着经济发展的变化而变化：在商品需求低迷的时候，企业会相应缩短员工每周的工作小时数，而当商品需求高涨的时候，企业会批准员工加班（如果需求继续强劲增长，当员工加班也无法满足时，企业就会雇用更多员工，或者增加一个轮班）。

· 野心。获利的动机和对生活更美好的愿望，能够推动劳动者（自然也是推动整个社会）更加努力地工作，生产更多商品和提供更多劳务。多生产才能多赚钱，多赚钱才能多花钱。也许，你忍不住会想这些事都是顺理成章，放之四海而皆准的，但事实并非如此。例如，苏联的经济体制在很大程度上制约了劳动者的积极性，其他一些国家的经济体制也压制了员工做更多工作的意愿。(我亲眼看到，有些欧洲银行的员工，到了下班时间就打卡离开办公室，但是这并不是为了证明他们已经工作到下午5点，就像美国的银行员工那样，而是为了表明他们到了下班点就准时离开，因此他们没有违反每周35小时工作总时长规定的上限。)

· 教育。美国公立教育质量下滑，可能对美国劳动者的素质造成负面影响，从而减少他们未来的经济贡献，相应地，也会削弱他们创造更多收入的能力，因而美国未来可能无法支撑更多的消费。这些负面的趋势，可能会抵消移民涌入美国的正面效果。

· 科技创新。科技创新导致一批新企业诞生，但是也导致一批老企业灭亡。科技创新创造了一些新工作，也消灭了一些老工作。概括来说，科技创新提供了一个超级案例，体现了经济进化的达尔文特征：科技创新创造出赢家和输家。新技术取代了人力和旧技术，但是这些新技术绝对不是从此“安全无忧”了，因为将来会由更新更好的技术来取代，或者用现在的流行语来说就是颠覆。科技就是周期模式的缩影：上升与下跌，生存与死亡……再生。

· 自动化。用机器代替人类劳动的能力，是一个特别有趣的因素。一方面，我们可以把自动化看作强化经济周期的添加剂，因为自动化提高了生产率，或者每小时劳动的产出数量。例如，农业机械化，可以用更少的农场工人生产出更多的食品，而成本却比以前低得多。但是另一方面，自动化减少了用于生产的劳动小时总数。现在我们会看到，那些30年前有上百名员工的工厂，现在只要几名工人就够了。这样正负效应抵消后，自动化对GDP的净效应也许是中性的，也许是正效应的，但是，自动化有能力消灭工作，所以自动化也许会有减少就业的影响，相应地也会减少人们的收入，下一步就会降低人们的消费水平。

· 全球化。很多国家融入全球经济，也许会增加全球经济的产出，部分因为专业化分工所带来的好处，也许不会增加全球经济的产出，因为全球经济整体而言是一个零和游戏（甚至是负和游戏）。但是很明显，全球化对不同国家的经济所造成的影响差别很大（在每个国家内部也创造出赢家和输家）。就像我前面所举的中国的例子。正是工厂劳动力数量大幅增加，推动了中国经济加速增长，且在过去30年持续保持高增长，让中国成为领先于世界其他国家的出口大国。但是同样的趋势导致发达国家从中国进口大量商品，而这些商品如果不从中国进口，也可以在本国国内生产。因为有了大量进口，进口国相应地减少了国内生产，从而影响了本国GDP。美国如果不从中国大量进口，而选择在美国国内由自己生产，那么也许美国的GDP会更高。不过，我们也必须同时把从中国大量进口低价商品对美国的好处考虑进来，这样才能更加准确地评估全球化对美国经济的整体影响。

~~~

第二次世界大战期间，美国受益于本土未受战争重创，因此基础设施保持完好，美国很幸运。而且“二战”后美国从由人口出生率猛增所形成的婴儿潮中大大受益，这两大有利因素结合在一起，推动了美国经济实现巨大增长。“二战”之后，美国产品是世界上质量最好的，美国公司的经营非常成功。在当时还没有全球化的世界里，美国工人可以保持最优厚的薪水，而且工作岗位稳定，因为那时还没有其他国家用成本更低的商品来与其竞争。管理技术改进，生产率大幅提高，进一步推动了美国经济增长。美国长期经济增长速度很快，推动了美国消费需求快速增长，创造出了一个良性循环，让很多人受益……但是这种良性循环不会一直持续下去，永远不变。

最近，美国的经济看上去增长有些放缓了（其他国家也是如此）。这是一个围绕长期基本趋势波动的短期的周期性波动变化，还是一个长期趋势本身的变化？这还需要经过几十年，我们才能够清楚地知道答案。但是最近兴起的一个学术流派指责其为“长期滞涨”，也就是说从基本面来看，长期增长趋势放缓了。

美国的人口增长率和生产率增长都已经下滑了，其他发达国家也是如此。这两个因素综合来看意味着，美国未来的 GDP 增长将会进一步放缓，甚至低于“二战”开始后的那几年。我们可以推断，最近这些年生产率的大幅提升，在未来是不能复制的。其他国家劳动力供应充足，而且劳动力工资便宜得多，所以美国企业在美国本土生产的美国人所需的商品，要和那些在劳动力成本很低的国家所生产的商品进行竞争，根本不可能获胜。这会对美国那些技能低或者教育水平不高的美国人的就业产生负面影响，
~~~

导致美国低收入阶层的收入水平相对于其他国家而言更不平等，而且收入更低。这些话题当然对2016年美国总统大选影响很大。

人口增长和生产率增长的变化，需要几十年才能体现出效果，但是很明显，它们会影响国家的经济增长速度。20世纪，先是美国超越欧洲成为经济大国；后来日本在20世纪七八十年代快速崛起，一度要称霸全世界，可是到了80年代后期，日本经济开始衰退，陷入负增长；再后来，新兴市场国家，特别是中国，成为最近几十年经济快速增长的国家，可是最近这些新兴市场国家的经济增速也慢下来了，尽管如此，这些新兴市场国家未来几十年的GDP增长速度，肯定还会超越发达国家。印度有13亿人口，只比中国少1亿，拥有丰富的人力资源，有条件成为下一个经济快速增长的国家，不过前提是印度必须提高效率，减少腐败。一些前沿市场国家（frontier markets），比如尼日利亚和孟加拉国，其经济增长速度紧追新兴市场国家，正在等待机会加入经济快速增长的国家行列。

一个国家的社会发展有兴起之时也有衰落之时，因而会加快或者减缓经济增长速度。这种潜在的趋势明显遵循一个长周期，不过围绕这个长周期上下波动起伏的短周期更容易被识别出来，也更易于我们讨论。

短期经济周期

我前面说过，经济预测人士以及购买他们预测报告的人，紧紧地盯着未来一年或者两年的经济增长率，换句话说，他们非常关注在短期经济周期的上行阶段所展现出来的增长率以及增长持续的时间，他们也同样非常关注，在短期经济周期的下行阶段是否会连续两个季度负增长——如果会，它就会被定义为一波衰退。这些现象其实都代表着，经济走势围绕长期向上趋势发生短期的上下波动。既然决定长期经济增长趋势变化的基本因素，一个季度之间或者一年之间的变化极小，那么我们何必要关注经济增长的短期变化？为什么短期经济增长还会发生变化偏离其长期趋势？为什么美国经济不是每年都保持 2% 的长期平均增速稳定地增长？

这些问题提供了一个很好的机会，让我可以给大家介绍本书的三大主角：心理、情绪、决策过程。人口出生率和生产率经常被看作独立变量，甚至是像物理学上的力学变量。人口出生率取决于生育率，而影响生育的因素以及生育率本身长期而言非常稳定。与人口出生率类似，生产变化率，即每单位劳动产出的变化速度，一般被认为主要取决于技术进步和技术传播。换句话说，尽管经济体是由人构成的，大家却并不认为经济增长水平高度反映了人本身的变化。

但是，事实确实如此。尽管长期趋势决定了潜在的经济增长率，但每年 GDP 实际增长率并不会完全听从长期趋势的指令，相对而言它会出现变化，偏离长期趋势线……这在很大程度上是因为人的参与。

人口出生率也许决定了工作小时总数的长期趋势，但是其他因素会导致工作小时数在短期内出现变化。工作意愿并不是固定不变的。有时候，经济情况不是鼓励而是阻碍人们去找工作，就像我们前面所说的那样，有时候，世界性大事件会改变消费水平。

最明显的例子是，世界性大事件能够造成大恐慌，从而阻碍经济发展。次级抵押贷款危机以及金融机构纷纷崩溃，并在雷曼兄弟公司2008年9月宣布破产的时候达到最高潮，这阻碍了消费者的购买意愿，阻碍了投资人提供资本，阻碍了公司建造工厂和扩充劳动力。甚至那些一切如常的人也会削减消费和投资支出，尽管他们并没有在危机中失去工作，没有因为贷款逾期而让银行提前收回住房，也没有看到自己的投资组合市值大跌，但是由于他们的内心极度恐惧，他们照样会削减消费和投资。这很快影响了整个美国经济，结果出现严重衰退，从2007年12月开始，一直持续到2009年6月。

如果劳动力就业数量以及他们的收入相对保持稳定，那么我们也许会预期他们的收入被用于消费支出的比例会相对保持稳定。但是事实并非如此，消费水平的波动幅度大大超过了就业和收入水平的波动，这是因为我们称之为“边际消费倾向”因素的变动，边际消费倾向是指每增加1美元的收入中会有多少钱被拿去消费，因为边际消费倾向会在短期内发生变化，所以消费会独立于收入发生变化，也就是说，即使收入变化不大，消费也会变化很大。

劳动者拿出更大比例的收入用于消费，可能因为以下原因：

· 报纸的头版头条刊登了令人高兴的好消息；
· 他们相信选举结果预示着经济增长会更强劲，收入会更高，税收会更低；
· 消费信贷变得更容易获得；
· 资产升值让他们觉得自己更加富有；
· 本国球队赢了世界杯。

上述因素中的第四个因素资产升值，让他们觉得自己更加富有，也被称为“财富效应”，因而特别值得我们注意。这些资产持有人，首先，他们基本上不可能卖出他们手上的股票或者房子换成现金，只为了消费更多；其次，他们应该也明白，股价上涨、房价上涨都是浮云，因为这些资产市场价格上涨，只是账面上的浮盈，来得快，去得也快，所以这并不是转变消费模式大把花钱的好理由。但是事实摆在那里，股价上涨，房价上涨，手上这些资产升值了，人们就会花更多钱，消费更多。这种现象表明心理会影响行为，行为会影响经济，从而导致经济短期出现变化。

其中有一点特别重要，经济增长预期在多大程度上能够自我实现。人们（和企业）如果相信未来经济增长会很好，就会消费更多，投资更多……消费增长了，投资增长了，未来经济自然就会增长得更快。反过来也是如此。我个人相信，很多公司得出的结论是，2008 年全球金融危机引发经济大衰退之后，肯定不会出现一波 V 形反转，尽管前面几波衰退之后都出现了一波 V 形反转，但是这次不一样。有了这样的预期，他们自然不愿意扩建工厂，也不愿意扩招员工，由此导致美国经济复苏相当温和，只是逐渐缓慢地复苏。美国尚且如此，其他国家的经济复苏就更加乏力了。结果是你想什么，就会做什么，你做什么，最终就会得到什么，这就是我们经常所说的预言往往会自我实现。

短期 GDP 变化还有另外一个原因，它和存货有关。企业也许过高地估计了它们的产品在未来某季度或某年度的需求，因此它们大幅度地扩大了生产规模，导致产量大大超过它们能够销售出去的数量。或者它们保持生产规模稳定不变，却意外碰到需求疲软。这两种情况都会造成产量超过销量，产品卖不出去自然会导致存货增加。而存货积压过多，反过来会导致厂商在后续几个季度或者年度内调低生产规模，直到存货恢复到它们所期望的合理水平。正是这种方式，存货增加和存货减少，经常导致经济产出短期上涨或下跌。

以上讲的少数几个案例就可以说明，这些因素能够导致一个经济体在某季度或者某年度的产出总值发生变化，偏离按照人口出生率和生产率水平推算出来的、本来可以达到的长期潜在的产出水平。这种结果表明，这些影响短期经济增长的因素本质上并不稳定可靠，并不像物理学的力学变量那样稳定不变。这些影响因素很多是人类行为的产物，因此它们和人类行为一样，无法确定，也无法预测。

~~~

写到这里，我想多说几句，谈谈经济预测。很多投资人都是根据经济预测来提前决定如何采取行动，而这些经济预测要么是他们自己做的预测，要么是他们从经济学家、银行、媒体那里得到的预测。不过，我怀疑这些预测包含的信息可能根本没有价值，也不会帮助他们取得投资成功。（对此更加详细的讨论，请看我的上一本书《投资最重要的事》第14章。）

对经济预测这个话题，我的看法是经济预测对于投资来说基本无用。我的依据是：

· 做投资，要达到一般业绩水平，即市场上所有投资人的平均业绩水平，或者市场基准业绩水平，非常容易，买指数基金或者照着指数做投资就行了。

· 既然要达到平均业绩水平非常容易，真正成功的投资，就必须跑赢其他投资人，跑赢市场平均业绩水平。因此，投资成功，很大程度上是一个相对概念，是基于相对业绩表
~~~

现来进行衡量的。

- 只预测到了即将发生的事情，并不足以保证你能获得卓越的相对业绩。这是因为如果都持有同样的看法，每个人的看法就都是对的，每个人都采取相同的投资行动，就会获得相同的投资业绩，那么你也就不可能业绩高人一筹了。因此，只预测正确并不能确保投资成功，你必须比其他投资人预测得更加准确，才能确保你的投资更加成功。
- 同样的道理，你并非一定要完全正确才能获得投资成功：你只要错得比其他投资人更少就行了。
- 投资成功并不是来自拥有一个正确的预测，而是来自拥有一个超越大众的卓越预测。你能够卓越地预测吗？

大多数经济预测，都是根据当前水平结合长期趋势来进行推断的。经济通常不会大幅偏离当前水平和长期趋势，所以这种推断出来的预测结果，在大多数情况下都是正确的。但是这种推断型的预测很简单，而且是共享的，已经反映在市场给予资产的价格上了，因此并不能为你带来卓越的投资业绩，甚至即使后来事实证明你的预测是对的。这正像获得诺贝尔经济学奖的经济学家米尔顿·弗里德曼所说的那样：

> 所有这些人，看到的是同样的数据，读到的是同样的资料，他们的预测虽然比较正确，但是几乎从来没什么大用。

最具有潜在价值的预测，是那些能够正确地预测到经济增长偏离长期趋势和近期水平的预测。预测者如果做出的预测和大家不一致——并不是基于当前水平和长期趋势的简单推论，而且事实证明他的预测是正确的，那么结果肯定会出人意料，会让其他市场参与者大吃一惊。于是大家纷纷手忙脚乱地调整持仓，以应对这种出乎意料的变化。结果，正确预测到这一点的人因为提前布局而大赚一笔，业绩领先。这里只有一个问题：大幅偏离长期趋势这样的事，第一不会经常发生，第二人们很难准确地预测到，所以大多数非传统型预测和非推断型预测的结果都是不正确的。因此，任何人如果只是基于这种让人意外的预测来做投资，往往就可能达不到市场的平均水平。

因此我认为，经济预测有以下三种可能性：

· 大多数经济预测只是简单的推断。这些简单的推断经常是正确的，但是人人都会这样预测，人人都正确，因此根本没有价值。
· 非传统预测。预测经济增长未来一年或两年会大幅偏离长期趋势，如果这是正确的，那么它肯定会非常有价值，但是这种预测往往都不正确。因此大多数偏离长期趋势的预测都是不正确的，也就没有价值了。
· 预测经济增长会大幅偏离长期趋势的极少数预测。结果表明这类预测是正确的，它们自然很有价值。这些人也会因为眼光独到而受到大家的膜拜，但是人们很难提前知道，哪个预测会是真正正确且有价值的预测。这是因为非传统预测大多数都是不正确的，所以整体来看这类预测的平均成功率很低。非传统预测总体而言不可能是有价值的。偶尔有几个预测者，因为一次令人震惊的正确预测而声名鹊起，但是这只是一次例外，回顾他们过去做出的大多数预测，预测结果其实并不准确，也不值得其他人追随。

总体来看，上面所述关于经济预测的三个可能性都不是非常令人鼓舞。因此，约翰·肯尼斯·加尔布雷斯所说的那句话十分精辟："我们会看到两类预测者：一类预测者根本不知道，另一类预测者根本不知道自己不知道。"

长期经济周期的长期变化极难预测，而且这种长期预测的正确性也极难评估。对短期经济周期的上行和下行趋势，一个人要持续做到比其他人预测得更好，也是极其困难的。按照经济预测采取行动，听起来特别诱惑人，尤其是如果这种经济预测是正确的，那么从理论上讲人们能获得很高的回报。但是能够做出正确的预测，而且持续做出正确的预测，难度极大，我们千万不要低估持续正确预测的难度。

~~~

下面是我相信的关于经济周期的几条最重要的基本原则：

· 经济产出是工作小时总数和每小时产出的乘积，因此，一个经济体的长期增长主要取决于一些基本面因素，比如出生率和生产率增长率（不过也受到其他社会和环境变化的影响）。这些基本面因素在一个年度之间通常变化极小，在十年之间才会逐渐变化，因此经济增长率的平均水平会在几十年的时间里都相当稳定。我们只有用最长的时间框架才能看清楚，一个经济体的长期增长率是显著加快还是显著放缓。但是经济长期确实会如此变化。
· 既然经济潜在的长期增长率会几十年都保持相对稳定，一个人就会忍不住预期，经济增长的年度表现也是一年接着一年地保持稳定。但是很多因素很容易发生变化，由此导致经济年度增长率发生变化，甚至经济年度增长率即使平
~~~

均而言沿着长期趋势线移动，也会出现年度变化。这些影响因素，也许可以被归纳为以下两大类：

（1）内部性因素。年度经济表现可能受到经济体内部经济单位所做决策发生变动的影响。比如，消费者消费更多还是储蓄更多，企业生产扩张还是收缩，增加存货（这要求增加产量）还是出售更多存货（相对于增产增销而言，这会削减产量）。这些决策经常受到消费者或企业管理者心态的影响。

（2）外部性因素。年度经济表现也会受到经济体外部事件的影响。第一，人为事件，严格来说这些不是经济事件，比如，爆发战争，或者政府做出决策改变税率、调整关税，或者商品价格联盟调整价格。第二，没有人类参与的自然事件，比如干旱、飓风、地震。

· 长期经济增长从长期来看是稳定的，但是它也随着长周期的波动而出现变化。
· 短期经济增长平均而言遵循长期趋势，但是每年会围绕长期趋势线出现短期上下波动。
· 人们非常努力地想要预测经济增长率的年度变化，然后以此作为投资决策的依据，获得潜在投资盈利。平均而言，投资人的预测在大多数时候都接近于真实水平。但是极少有人能够持续做到预测正确；只有少数人的预测能够比其他人做得好得多；只有少数人能够正确地预测经济增长大幅偏离长期趋势。

~~~

我经常发现，这真的很神奇，每当我写到结尾，打算进行总
~~~

结的时候，一个完美的案例就会从现实生活中跳出来，或者从我读到的东西中跳出来。这次还是如此神奇，就在我要完成这一章初稿的那天，一个完美的案例从我读的报纸上跳出来了。2016年6月23日，新闻报道了英国脱欧的公投结果，大多数人投票赞成英国脱离欧盟。

这个公投结果大家普遍都没有预料到：在公投之前，英镑和伦敦股市持续走强，就连伦敦的博彩公司所开出的赔率也倾向于英国脱欧公投不会通过。你看，所谓的专业预测也不过如此。

英国决定脱欧，可能后果很严重，包括经济上、社会上、政治上，对英国的影响会很大，对欧盟的影响也会很大，对全世界其他国家的影响也很大。对消费者、投资人、企业界人士的心理也会有负面冲击，从而导致近期经济增长放缓。这样的结果也会增加贸易障碍，降低全球经济效率。

此外，英国脱离欧盟这个事件，以及其可能引发苏格兰和北爱尔兰寻求脱离英国的影响，将会改变直接相关国家经济的长期增长态势，也可能会影响世界上其他国家的经济增长。从现在起再过50年，可能都会有人指责这个事件改变了世界经济中大部分国家的增长轨迹，因此它也改变了整个世界经济的增长轨迹，导致世界经济的长周期突然出现转变。

如果英国脱欧公投是另外一个结果，那么未来几年的经济环境会有相当大的不同，也就是说，英国脱离欧盟，导致英国的经济长周期转变了发展方向。这是非常有可能的。我们只是不能确定，英国脱离欧盟会如何影响英国的经济长周期，影响程度有多大，以及对世界其他国家经济的连锁影响会如何。

05

政府调节逆周期

经济有周期，而周期会走到极端，这并不是我们想要的。一方面，经济太过强劲会引发通货膨胀，导致经济增速过高，以致未来经济衰退变得不可避免。另一方面，经济如果过度萎靡，就会导致企业盈利下滑，让很多人失业。因此，中央银行和财政部的工作，其中一部分应该是管理周期。

既然周期上行和下行可能会走极端，那么应对周期走极端的工具应是逆周期的，我们可以按照它们自身的周期来加以运用。在理想情况下，干预经济周期工具的周期正好与经济周期的走势相反。可是就像其他与周期相关的东西一样，要管理这些干预周期的工具，远远不是那么容易。因为如果不是这样，我们就不会看到这么多经济周期走到极端的现象了。

在大多数国家中，资本主义和自由市场获得普遍认可，并以它们为基础构建高效的经济体制，合理分配经济资源，鼓励更多经济产出。

尽管市场经济体制受到世界各国的普遍认可，但是市场经济极少是完全自由的，政府从不干预。政府干预有很多方式，从制定和执行法律法规到设立实体机构直接参与经济活动，比如美国的抵押贷款机构。不过，政府干预经济最重要的方式应该是通过中央银行和财政部的政策措施，努力控制和影响经济周期的上行和下行。

中央银行

过去几百年来，国家赋予中央银行巨大的权利和责任，比如美国联邦储备银行。过去中央银行扮演的主要角色是发行货币，以及按照客户要求把货币兑换为黄金或白银。而现在中央银行最关注的是管理经济周期。

早期，很多中央银行发行货币。随着时间推移，中央银行逐步承担起了管理经济周期的职责，它们最关注的问题往往是通货膨胀。特别是在这个世界上，有些国家经历过多次恶性通货膨胀，每年通货膨胀率高达百分之几百，相当于物价每年上涨好几倍，也就是说，货币一年之后贬值到只有年初的几分之一，这就像第一次世界大战后的魏玛共和国时的德国那样。因此，中央银行转向管理通货膨胀。中央银行管理通货膨胀的目标不是消灭通货膨胀，因为大家普遍认识到：第一，通货膨胀有很多方面像苦口的良药，尽管它的过程有些令人痛苦，但确实也能够带来好处；第二，通货膨胀在很大程度上是不可避免的。因此中央银行的目标不是消灭通货膨胀，而是控制通货膨胀。

通货膨胀的原因有些神秘，就像这里描述的其他过程一样，不可靠，不可持续，时有时无，时断时续。有时候，某种情况会导致的通货膨胀相当严重，但是在其他时候，同样的情况导致的通货膨胀却不温不火，甚至根本算不上通货膨胀。但是总体来说，大家都认为，通货膨胀是经济周期中一波强劲上行所产生的结果。

- 商品需求增长相对而言过度超过供给，此时可能引发“需求拉动型”通货膨胀。
- 生产投入要素的价格上涨，比如劳动力工资和原材料，此时可能引发“成本推动型”通货膨胀。
- 进口国的货币相对于出口国的货币发生贬值时，对于进口国来说，其进口货物的成本会由于货币汇率上涨而上涨，由此可能导致“进口成本推动型”通货膨胀。

上述三个原因，其中任何一个都会导致获得商品的成本上涨，即物价逐步上升。物价上升，就是通货膨胀。但是，正如我刚刚所说的，有时候这些事件发生了，却没有伴随通货膨胀加剧，有时候通货膨胀率上升了，上述这些事情却没有发生，所以在影响所有这些现象的因素里，有很大的心理成分。

因为通货膨胀往往来源于经济的强劲增长，中央银行努力控制通货膨胀，实质上等同于努力抽走经济增长发动机里的部分燃料，而促进经济增长的动力燃料之一就是资金。中央银行的这些措施包括减少货币供给、提高利率、卖出证券。私人部门从中央银行购买了证券之后，这些货币回笼到中央银行手里，退出了流通。流通的货币量少了，往往会减少商品的需求，这样就能抑制通货膨胀。那些强烈专注于把通货膨胀置于中央银行控制之下的中央银行行长被称为“鹰派”，这些鹰派中央银行行长往往会更加快速地做出上述控制通货膨胀的举动，而且其力度相当大。

当然，问题是这类行动本身的效果，是与刺激经济增长政策的效果相反的。中央银行采取的这些措施能够完成把通货膨胀控制在正常水平范围的目标，但是中央银行这样做也会抑制经济增长，结果就不是对国家有利了。

这个问题现在变得更加复杂了，因为事实上最近几十年来，很多国家的政府还给了中央银行第二个职责——除了控制通货膨胀之外，政府还希望中央银行能够支持就业。当然，经济走强，就业率就会向好。因此，中央银行要鼓励经济增长和就业，就要采取刺激性措施，比如增加货币供给，降低利率，通过买入证券来给经济注入流动性。美联储最近的“量化宽松”计划，就是这样做的。那些强烈关注刺激就业并且倾向于采取刺激经济增长措施的中央银行行长，被称为“鸽派”。

关键是大多数中央银行行长同时肩负两个工作职责：一个工作职责是限制通货膨胀，这就要求中央银行压制经济增长；另一个工作职责是支持就业，这就要求中央银行刺激经济增长。换句话说，中央银行行长的两个工作职责是互相对抗的，因此中央银行行长的工作要求中央银行在采取行动时要小心谨慎，保持微妙的平衡，既要控制通货膨胀，又要促进就业。

我们前面讨论过这个事实，经济是周期性的，有时候会强劲增长，有时候则会增长乏力（甚至会收缩）。一方面，经济上行会促进就业，但是也会引发通货膨胀率上升。另一方面，经济滞胀或者经济收缩，会抑制通货膨胀率上升，但是也会削减就业。所以中央银行行长的工作职责要求他们运用逆周期调节措施的力度要适当。这也就是说，限制周期波动幅度不要过大，在经济过度繁荣的时候要把经济放缓，把通货膨胀控制在目标水平之下；相反，在经济增长过于缓慢的时候，要出台措施刺激经济增长，支持就业。

但是就像投资人看待周期的视野有局限一样，中央银行行长也是人，看待周期的视角也是既看不远也看不准的。而且中央银行行长比一般投资人更难做，投资人只有唯一的目标赚钱，而中央银行行长同时肩负两个任务，刺激经济增长和抑制经济增长，很明显他们根本不可能同时完成这两个目标相反的任务。现在这个时候，中央银行行长应该选择刺激经济还是抑制经济？不管他们选择哪一个目标任务，措施被实施的力度应该有多大？如果利率过低（像 2008 年金融危机之后美国一直保持零利率来刺激经济增长一样），经济增长仍很乏力（像 2008 年金融危机之后美国的经济一样），在此种情况下，是不是应该提高利率以提前抑制通货膨胀率上升？但提高利率会不会扼杀美国经济本来就不温不火的缓慢增长？投资人要理解和预测经济周期，是很困难和有挑战性的；对于中央银行行长来说，控制通货膨胀和促进就业同样不容易。

中央政府

政府的职责要比中央银行大多了，其中只有一小部分是和经济事务相关的。就像中央银行一样，政府也有职责要在适当的时候刺激经济增长，同时有职责控制通货膨胀，不过不像中央银行那样直接控制通货膨胀。财政部所负担的经济工作的重点也是管理周期，既不要让经济增长得太快，也不要让经济增长得太慢。

政府管理经济周期使用的主要工具是财政工具。财政工具主要是税收政策和政府支出政策。因此，政府在想要刺激本国经济增长时，可以削减税收，增加政府开支，甚至直接分配刺激资金，让个人和企业有更多的资金来消费和投资。相反，政府认为当经济增长过快而有经济过热的危险时，就会创造条件，让经济增长的速度慢下来，这时政府会增加税收，削减支出，从而减少经济体中的需求，让经济活动放缓一些。

在政府调节逆周期的主题之下，我们最终绕不开政府赤字这个敏感的话题。过去，大多数政府运作要保持预算平衡。简单地说，政府要保持收支平衡，政府花的钱不能超过政府通过征税等途径所收的钱。但是后来国家债务这个概念兴起来了，政府能够借债，从而导致国家财政出现赤字，也就是说，政府花出去的钱超过收进来的钱，政府超支了。

我大概记得，在我年轻的时候，人们关于政府借债是否合理就有过激烈的争论，但是现在关于政府借债这个问题，我们再也听不到很多反对意见了。大家都普遍接受了老百姓可以借钱，国家也可以借钱的观念。但是问题又来了，大家时不时地会争论，到底政府负担多少债务才是审慎的。答案似乎是“不要比政府现有债务水平高太多”。

约翰·梅纳德·凯恩斯在20世纪30年代提出的经济理论中用了很大篇幅，浓墨重彩地阐述了政府面对经济周期所应该扮演的角色。此前的经济学一直特别看重商品总供给在决定GDP水平上所扮演的角色，而凯恩斯的经济理论完全不同，它关注的是总需求在决定 GDP 水平上所扮演的角色。凯恩斯说，政府应该通过影响需求来管理经济周期。而要完成影响需求的任务，政府可以运用财政工具，其中包括政府财政赤字。

凯恩斯敦促政府伸出援手，促进疲软的经济加快增长，政府所使用的手段就是采取积极的财政政策，增加财政赤字，扩大政府支出，以刺激需求。政府财政支出超过以税收为主要来源的财政收入，其收支相抵之后是净支出，这相当于把资金注入经济。这样就会促进消费支出和投资支出。政府赤字是刺激经济增长的，因此凯恩斯认为，政府赤字有助于应对经济疲软。

相反，当经济增长强劲的时候，凯恩斯说，政府应该增加财政盈余，政府支出要低于财税收入，收支相抵后是净盈余，这相当于把这部分资金抽离经济，从而抑制消费支出和投资支出，财政盈余是收缩经济增长的，因此是应对经济过热的合理措施。不过，政府运用财政盈余冷却欣欣向荣的经济，这些年来极其少见。就像你参加派对，大家玩得正高兴的时候，没有人愿意扫大家的兴。讲经济首先要讲政治，政府向民众收的税多而为民众花的钱少，那么这届政府所吸引到的选民投票肯定会少。相比之下，其他党派推出非常慷慨大方的政府开支计划，因此吸引到的选民投票也肯定会多。财政盈余政策由此变得十分罕见，比我们现在见到赶马车的鞭子还要稀罕。

总结

经济有周期，而周期会走极端，这并不是我们想要的。一方面，经济太过强劲，会引发通货膨胀，让经济增速过高，以致未来经济衰退变得不可避免。另一方面，经济如果太过疲软，就会导致企业盈利下滑，让很多人失业。因此，中央银行和财政部的工作，其中一部分就是管理周期。

既然周期上行和下行可能会走极端，那么应对周期走极端的调节工具应该是逆周期的，我们可以按照它们自身的周期来加以运用。在理想情况下，干预经济周期工具的周期应正好与经济周期走势相反。可是就像其他与周期相关的东西一样，我们要管理这些干预周期的工具，远远没有那么容易。如果不是这样，我们就不会看到这么多经济周期走极端的现象了。

06

企业盈利周期

决定一家企业盈利的过程既复杂又多变。经济周期对一些企业销售收入的影响很大，但是对其他企业销售收入的影响却小得多。这主要是因为企业的经营杠杆和财务杠杆水平不一样，因而造成销售收入变动对不同企业的盈利影响程度不同。销售收入变动的百分比尽管相同，但对有些企业的盈利冲击会远远大于其他企业。

我前面说过最近美国GDP的平均增长率在每年2%到3%。在经济疲软的年份，GDP增长率可能低到1%，但是在经济繁荣的年份（或者经济开始复苏的年份），GDP增长率可能达到4%或5%。在困难时期，GDP年增长率甚至会反转，变成负增长。如果连续两个季度经济都是负增长，就会被定义为衰退。总之，美国经济确实会波动，但是波动的幅度还是比较温和的：美国GDP的年均增长率几乎总会落在最高增长5%到最低增长-2%的区间里，而涨到区间上限或者跌到区间下限的极端情形，我们每十年最多只能见到一次。

GDP年均增长率这么稳定，是不是意味着企业盈利的年均增长率也同样稳定？事实远不是如此。企业盈利增长率在经济繁荣的年份会大大超过5%，即企业盈利增长率区间上限会大大高于GDP增长率区间的上限。而在经济糟糕的年份，企业盈利增长率区间的下限会大大低于GDP增长率区间的下限。也就是说，企业盈利波动也遵循一个周期，而且企业盈利周期会受到整个经济周期的影响，但是企业盈利周期的上行幅度和下行幅度，要大大超过整个国家经济周期的震荡幅度。所以企业盈利的波动要比整个国家GDP波动得更大。这是由什么原因造成的？是什么因素导致企业盈利周期的表现明显不同于整个国家的经济周期？

第一，经济的上行和下行，对于企业盈利幅度的上升与下降来说，非常重要。GDP对消费的影响胜过其他任何一个因素，GDP增长得多，意味着更多的消费，而更多的消费意味着对商品更加强劲的需求，而更加强劲的需求意味着，企业能够卖出更多的商品，且卖出商品的价格更高，企业也能提供更多的工作和更高的工资，这又会进一步推动更多的消费。所有这些连锁反应集合在一起，GDP 增长就会意味着企业的收入会随之增长。

按照定义，一国之内所有企业的销售收入加总在一起等于整个国家的 GDP，因此所有企业销售总额的变动比值也等于整个国家 GDP 的变动比值。但是这并不意味着，所有企业的销售收入都遵循和整个国家 GDP 相同的周期变动模式。

某些行业里企业的销售收入对经济周期的变动是敏感的：经济上行，这些企业的销售额就会随之上升；相反，如果经济下行，这些企业的销售额就会随之下滑。但是另外一些行业里的企业销售收入对经济周期的波动不敏感，而且不同企业的敏感程度差别很大，敏感程度很大的企业销售增长率会比经济增长率大得多，而敏感程度很小的企业销售增长率会比经济增长率小得多。

· 行业的原材料和零部件销售会直接对经济周期做出反应。企业在集中扩大生产的时候，也就是在 GDP 扩张的时候，需要更多的化工原料、金属、塑料、能源、线材、半导体，才能支持扩大生产，反之亦然。
· 日常生活必需品，比如食品、饮料、药品，对经济周期的波动并不是很敏感。这些日常必需品，人们每天都需要消耗一定的数量，不管经济是好还是坏，所需消耗的数量基本相同。（但是需求并非绝对固定不变：当经济衰退时，人们会消费降级。比如，人们虽然购买同样多的食品，却会买更便宜的食品；人们会减少去餐馆吃饭的次数，而更多地在家里吃饭。到了经济繁荣的时候，人们会消费升级，去购买更好更贵的食品，选择去餐馆就餐的次数也会增加。而且对于那些财务紧张的人来说，他们甚至会减少这些“生活必需品”的开支，因为收入所限，他们要么买食品，要么买药品，要么交房租，只能三选一。）

· 低成本消费品的需求并不会有很大波动性，比如我们日常穿的衣服、读的报纸、网络下载等，但是那些高成本的消费品，比如奢侈品和度假旅游，需求的波动性就很大了。

· 价格高的“耐用消费品”需求，比如个人购买汽车和房子，企业购买卡车和工厂设备，对经济周期高度敏感。其中主要有三个原因：第一，这些是耐用消费品，也就是说它们能够被用上很多年，所以经济疲软的时候，这些耐用消费品的更新可以被延迟，旧的照样可以用，等人们有钱以后再买新的；第二，因为这些耐用消费品，买一次要花人们很多钱，所以当经济困难的时候，人们赚的钱也少，就很难买得起它们，需求自然就减少了，但是当经济繁荣的时候，人们赚的钱变多了，就很容易买得起它们，需求自然就增加了；第三，企业在生意好的时候，需要增加固定资产投资来扩大生产，相反在经济形势不好的时候，企业的生意也不好，对设备等固定资产的需求也会降低。以上的三个原因造成耐用消费品需求对经济周期高度敏感。

· 人们对日常服务的需求，一般波动不大。如果这些日常服务是必需的（比如每天通勤上班），而且价格很低（比如理发），那么人们对这些服务的需求不会对经济形势的变化高度敏感。此外，这样的日常服务本身和生鲜食品一样，保质期很短，无法被长期储存，我们要天天坐地铁上班，要月月理发，所以这些日常服务我们必须持续不断地购买。但是人们对这些日常服务的需求仍会随着经济变化而改变，比如，平常你一个月理一次头发，遇上经济特别糟糕的时候，你会觉得能省一点儿是一点儿，也可以拖到两个月才去剪一次头发。

此外，某些产品的销售对经济周期以外的其他周期更加敏感。因为耐用品比较昂贵，我们可以贷款购买，然后选择分期还款，所以（如果在其他方面都相同的情况下）人们对耐用品的需求会对信贷周期非常敏感。贷款融资容易，人们对这些耐用品的需求就会上升，贷款融资困难，人们对这些耐用品的需求就会下降。人们对另外一些商品的需求会受到非周期性变化因素的影响，例如，增加人们对智能手机和笔记本电脑更新需求的敏感因素有：降价促销、推出新款、技术改进。

不过，在很大程度上，经济增长仍然决定了企业销售规模扩大或缩小的过程。GDP 增长强劲，企业销售额一般也会强劲增长；GDP 增长乏力，企业销售额一般也会增长乏力；GDP 下滑，企业销售额一般也会下滑。

~~~

但是经济增长和企业利润增长之间的关系并非强关联。这是因为经济周期的运行并不是影响企业销售状况的唯一因素（就像我们前面刚刚讲过的那样），而且企业销售额的变动不一定会导致企业盈利发生同等幅度的变动。造成后一种现象的一个主要原因是，大多数企业都运用了两种杠杆，从而放大了盈利变化对销售变化的反应程度。美国人称之为杠杆（leverage），英国人称之为传动装置（gearing），后者传达的意思更明白。

第一类杠杆是经营杠杆。盈利等于收入减去成本（或者费用）。收入是销售的结果，我们知道很多原因会导致销售收入发
~~~

生波动。成本也受到很多因素的影响，从而导致不同类型的成本以不同的方式发生波动，特别是成本对销售变化的反应。

大多数企业的成本都可以分为三类：固定成本、半固定成本、可变成本。我们以一家出租车公司为例来进行说明：

- 固定成本。这家出租车公司的总部设在一幢商务办公大楼里。如果公司客流量增加不大，公司总部就不需要为此增加更多的办公面积。但是即使客流量下滑了一些，公司总部的办公面积也不能马上减少。所以出租车公司总部办公室的成本属于固定成本。
- 半固定成本。出租车公司有一个出租车车队。现在，客流量有所增加，现有的车队规模也可以应付，但是如果客流量再大幅增加，并且超出车队现有规模的最大运输能力，那么出租车公司就必须添置更多的车辆。所以，车辆成本对于出租车公司来说属于半固定成本。
- 可变成本。出租车行驶需要加油。如果出租车业务量增加导致行驶里程增加 $X\%$，那么基本上耗油量也会增加 $X\%$。所以对于出租车公司来说，汽油成本属于可变成本。

以上三类成本之和就是公司的营运总成本。而这三类成本对销售收入的敏感程度不同。比如，这家出租车公司的客流量增长20%，销售收入也会增长 20%，但是公司总部办公室的开支不用增加；公司购买出租车的成本，一开始不需要增加，也许后来当车辆数量不能满足大幅增长的需求时，公司就需要购置新车，相应地车辆成本就会增加；汽油费用会马上随着需求增长，而且同步增长。因此，出租车公司的总成本会随着客流量的增长而增长，但是总成本的增幅往往低于收入的增幅。这就会导致公司的边际利润率上升，也就是我们常说的毛利率上升。这意味着公司营业利润增长幅度要大幅超过其销售收入增长幅度。这就是经营杠杆：一个百分点的经营收入增长，能够撬动营业利润增长更多百分点。一般来说，企业的总成本中，固定成本比例越大，可变成本比例就越小，这就会导致企业经营杠杆水平越高。

经济形势良好，企业销售收入增长，这时候经营杠杆对企业是一件好事，它会让企业利润增长幅度大于销售收入增长幅度。但是，经营杠杆是一把双刃剑，如果经济形势不佳，企业销售收入下滑，那么这时候经营杠杆对于企业来讲就不是什么好事了：企业利润下滑幅度会超过销售收入下滑幅度，销售收入如果下滑得太多，甚至会让企业从盈利变成亏损。但是，企业可以采取措施来限制销售收入下滑对盈利的影响程度。这些措施包括裁员和关店。但是这些措施不一定有效，因为以下四个原因：（1）这些节省开支的措施需要一段时间才能产生实际效果；（2）有些节支措施反而会在短期内增加费用支出，比如，裁员意味着马上要支付一大笔人员遣散费；（3）这些节支措施通常只能限制负面效果，并不能彻底消除负面效果；（4）这些节支措施的实际效果很少能够达到人们的预期。

第二类杠杆是财务杠杆。比如，一家企业的营业利润从 3 000 美元下降到 2 000 美元，下降幅度为 1/3。如果这家企业需要 30 000 美元的资本投入，且资本完全来自股东的股权投资，那么这意味着公司一分钱也不用向银行借就能筹到足够多的钱，一分钱利息公司也不用付。所以公司营业利润下降多少，属于股东的净利润也会相应地下降多少——这家公司的净利润也会下滑约 33%。

但是大多数公司所筹集的资本都是既有股权融资，又有债务融资的。相对于股权投资人，即股东来说，持有企业债权的债权人相对而言拥有优先地位，股权投资人首先承担亏损。也就是说，如果公司盈利下降，那么下降的部分完全由股东来承担；公司发生亏损，也首先要由股东承担亏损，公司用股东投入的资本来弥补亏损，直到属于股东的权益资本被全部用完，如果这还不够弥补亏损，那么剩余的亏损才会由债权人来承担。所以只要公司账上还有股东权益，债权人的投资收益就不会发生改变，不管公司亏损多少，亏的都是股东的资本——债权人只管收利息，公司承诺支付多少利息——即便公司发生亏损——就要支付承诺的金额。（这也是为什么债券和票据都被称为“固定收益证券”——它们的收益一直是固定的。）

我们假设这家企业 30 000 美元的资本结构是这样的：15 000 美元权益资本，15 000 美元债务资本（公司每年需要支付 1 500 美元的利息）。这意味着，如果营业利润从 3 000 美元下降到 2 000 美元，那么净利润就会由原来的 1 500 美元（息税前利润 3 000 美元 – 利息 1 500 美元），下降到只有 500 美元（息税前利润 2 000 美元 –1 500 美元），营业利润减少了 1 000 美元。也就是说，营业利润从 3 000 美元下降到 2 000 美元，下降幅度为 1/3，会导致这个企业的净利润从 1 500 美元下滑到 500 美元，降幅为 2/3，你会看到净利润的下滑幅度把营业利润的下滑幅度放大了 1 倍。这种净利润下滑幅度放大营业利润下滑幅度的效应，就是财务杠杆发生作用的结果。

~~~

决定一家企业盈利的过程既复杂又多变。经济周期对一些企业销售收入的影响很大，但是对其他企业销售收入的影响却小得多。这主要是因为企业经营杠杆和财务杠杆的水平不一样，因而造成销售收入变动对不同企业的盈利影响程度不同。销售收入变动的百分比尽管相同，但对有些企业的盈利冲击会远远大于其他企业。

当然，一些经济系统之外的另类因素的变化，也会对企业盈利造成非常大的影响。这些特殊情况的变化包括：管理层对存货、生产规模和资本投资的决策；技术进步（包括企业部门、同行业竞争对手，甚至其他竞争行业中的企业的技术进步）；法律法规和税收政策的变化；行业以外，甚至企业界以外的外部因素的变化，比如天气、战争、时尚潮流。尽管宏观经济周期为企业销售收入和盈利变化提供了大背景，但是我们并不能由此就简单地认为，经济周期波动有多大，企业销售和盈利预期也会有多大，相反，企业销售收入和盈利的波动可能比经济周期的波动大得多。这些特殊的另类因素的变化是最主要的原因。

接下来，我想多花点儿时间讨论科技这个话题。“毁灭”这个词现在很流行，新技术能够毁灭传统行业，也能够创造新竞争，从而摧毁这个行业里的企业曾经一直享有的高毛利率。报纸行业就是一个很好的例子。其实在20世纪90年代，报纸行业非常风光：

- 20世纪90年代，大家都把报纸看作不可或缺的信息来源。
- 大多数人天天买报纸，甚至每天买两份报纸，他们在上班的路上买一份报纸看，在下班回家的路上再买一份其他报
~~~

纸看，而且报纸很便宜，买一份报纸花不了人们多少钱。

· 你即使在星期一买了一份报纸，到了星期二你也得再买一份报纸。报纸没有“保质期”，也不能被延长使用，新闻一定要新鲜。

· 本地企业，比如电影院、二手车市场，想要把信息传达给目标客户，只有很少几个信息传播渠道，报纸就是其中之一。而且在本地广告业务上，外地报纸根本竞争不过本地报纸。

· 一家报纸的竞争主要来自其他报纸、电视台、电台。可是一旦一家报纸在一个城市里牢固地建立起了自己的地位，它就很难被取代，因此，报纸企业可以被看作拥有强大“护城河”的企业。

以上这些因素的综合作用，让报业就像无法被攻破的堡垒一样牢固，所以市场都把报业企业的股票视为“防守型”股票，因为报业企业的收入和盈利高度稳定。

可是，随着互联网、其他形式的在线社交媒体程序和手机应用程序变得越来越普及，它们断掉了报纸的大部分财源，而这一过程只用了不到 20 年的时间。现在，很多企业都在竞相把信息直接传递给消费者。报纸在奋力挣扎，想要保持住市场份额和盈利能力，而现在“免费”已经成了数字世界中很多方面的典型特征，并把报业百年来的传统业务模式打得七零八落。

百年报纸行业完败给网络，给我们提供了一个很好的案例。它告诉我们，企业系统、行业系统和经济系统以外的另类因素，对一家企业的销售收入和利润造成了天翻地覆般的巨大影响——完全偏离经济周期以及传统的企业盈利周期。但是，技术本身是否也有周期？有，即一个技术从诞生到繁荣，再到被新的技术取代。几年前才诞生的创新性技术，短时间内就会被更具创新性的技术快速取代，技术迭代的速度越来越快。大家原来认为有些行业是铁打的饭碗，不会被创新性的新技术毁灭，这些行业的数量现在看起来每天都在缩减。

三四十年前，整个世界看起来还是很稳定的，为人们提供了一个相对而言基本不变的大背景。人类生活，经济发展，包括经济周期在内，像一出戏剧，一幕一幕地逐渐上演，而且日益丰富多彩，和长期基本不变的世界大背景形成鲜明对比。现在，主要因为科技的发展进步（也包括社会和文化方面的发展变化），再也没有任何东西看起来会是一成不变的。事实上，很多东西实在发展变化得太快了，以致我们大多数人都跟不上周围世界的快速变化了。

07

投资人心理和情绪钟摆

企业周期、金融周期、市场周期，在上行阶段大多都会走过头，不可避免地在下行阶段也往往会走过头。这种周期容易走过头的现象，都是投资人心理和情绪钟摆摆动过度所造成的结果。因此，理解和警惕市场心理和情绪走过头，是对投资人的入门级要求。只有这样，人们才能避免周期性波动走极端造成的伤害，也才有希望从中获得盈利。

到现在为止，我们讨论过了经济周期、政府调节逆周期和企业盈利周期。在很大程度上，这三大周期为投资提供了大背景或者投资环境。这三大周期对于投资来说都可以算作外部性因素，它们各自按照自己的流程独立运行。但是，如果你认为经济周期、政府调节逆周期、企业盈利周期的运行是“机械性的”，可以完全控制投资结果，那么你低估了心理或者情绪的角色。我经常交替使用心理和情绪两个词（心理和情绪肯定是不同的，但是我一直找不到一个很好的区分方式，所以我会跟着个人感觉来交替使用这两个词）。

首先，心理和情绪的摆动会强烈地影响经济周期和企业盈利周期，我们前面已经说过了。其次，情绪和心理的摆动，在引发投资世界的上涨与下跌上，扮演着非常突出的角色，在短期内尤其突出。

正如我在第 1 章中所说的那样，周期和钟摆这两种现象之间并没有根本性差别。事实上，如果想让我和大家更加轻松，我可以把这一章的标题改成“心理周期”，用学术界统一使用的命名系统来命名这种现象，这样可以省去我这个作者和读者的很多麻烦。但是由于某些说不清道不明的原因，我早在 1991 年 4 月写给客户的第二份备忘录《第一季度表现》中，就开始用“钟摆”这个词比喻投资人的心理和情绪变化了。从此之后，我就和钟摆这个词分不开了，过去 26 年来，我一直用钟摆这个词，已经习惯了，所以我现在还是会继续用钟摆这个词来形容投资人的心理和情绪。

我先介绍一下我所说的钟摆的意思，为此我要引用备忘录《第一季度表现》中的内容：

证券市场中的情绪波动，就像一个钟摆的运动一样。这个钟摆来回摆动，形成一道弧线，弧线的中心点完美地描述了这个钟摆的“平均”位置。但是事实上，钟摆待在这个弧线的中心点位置的时间极短，一晃而过。相反，钟摆几乎大部分时间都在走极端，弧线两端各有一个极端点，钟摆不是在摆向极端点，就是在摆脱极端点。但是每当钟摆接近极端点的时候，不可避免的结果是，钟摆会反转方向摆向弧线的中心点，或早或晚，反正肯定会反转。事实上，正是钟摆摆向极端点这个运动本身，为钟摆后来反转方向回归中心点提供了能量。

投资市场也形成了类似钟摆一样的摆动：

· 从兴奋到沮丧；

· 从为利好事件欢呼庆祝到为利空事件忧虑不安；

· 从价格过高到价格过低。

这种从一个极端到另一个极端的摆动现象，是投资世界最确定的特征。投资人心理像钟摆一样，很多时间都在走极端，要么走向一个极端，要么走向另一个极端，投资人很少停留在中心点上，很少走令人幸福快乐的中庸之道。

我重新回到投资人情绪像钟摆这个话题，在2007年7月我写了一份投资备忘录《一切都好》，在做出一个新的评论之前，我又列举了我观察到的像钟摆一样摆动的6个投资因素：

· 从贪婪到恐惧；

· 从乐观到悲观；

· 从风险忍受到风险规避；

· 从信任到怀疑；
· 从相信未来的价值，到坚持现在要有实实在在的价值；
· 从急于购买到恐慌卖出。

我觉得特别有意思的是，上面所列举的这些两极分化现象，其实在很大程度上是互相交织的。当市场强劲上涨一段时间后，我们无一例外地会看到上面所列的这些两极分化现象像钟摆一样摆到前一个极端；而当市场持续下跌了一段时间之后，我们会看到上面所列的这些两极分化的现象像钟摆一样摆到后一个极端。我们极少看到前后两类极端现象混合的情况，因为其实每个两极分化现象的前后两个极端都是互为因果的，一个极端引发相反的另一个极端。

后来我还写了很多关于投资人心理和情绪像钟摆的东西，和我在本书第 1 章中所讲的周期完全一致。钟摆总是在摆动，摆向一个极端或者另一个极端；接下来，它摆到一个极端，到此为止，然后，钟摆开始反转，掉头摆向中心点，钟摆回归中心点的推动力是动能的反转。也可以说，钟摆往往会摆回中心点或者回归平均值，但是就像大多数周期一样，钟摆经常摆过头，从中心点一晃而过，继续摆向另一个极端，和它开始摆动时所在的那个极端完全相反。

~~~

为什么心理和情绪钟摆很重要？我在本书里所谈的经济周期、企业周期、信贷周期、市场周期向上摆动或者向下摆动会走过头，主要因为（也代表着）投资人的心理和情绪走过头了。

· 经济产出和企业盈利的年增长率，从长期趋势线来看只是
~~~

温和增长，但是参与者的决策加剧了周期性，导致增长速度高到很不正常（这并不同于经济从衰退开始复苏的那种正常的高速增长）。这经常代表投资人过于乐观、人为地进行扩张，后期一定会有大幅收缩，因为大涨之后往往会有大衰退。

· 同样，理性来看，长期而言，股票总体上提供的投资收益率水平，应该大致相当于企业本身所发放的股票红利加上企业盈利符合长期趋势线的增长率。如果企业股票的收益率大幅超过企业红利加上其潜在收益率水平，并持续相当长一段时间，那么这种股票的收益率可能会被证明过高了。这相当于透支了企业未来的盈利，让企业的股票变得危险了——意味着股价将会出现一波向下修正。

企业周期、金融周期、市场周期，在上行阶段大多都会走过头，不可避免地在下行阶段也往往会走过头。这种周期容易走过头的现象，都是投资人心理和情绪钟摆摆动过度造成的结果。因此，理解和警惕市场心理和情绪走过头，是对投资人的入门级要求，只有这样，人们才能避免周期性波动走极端所造成的伤害，也才有希望从中获得盈利。

我们一提到增长和升值，就会让人感觉是“对的”，是“健康的”。但是如果这些市场参与者以那些股市长期收益率的正常水平为参照来建立自己的投资行为，那么整个投资世界会更加稳定，不可能会有狂风巨浪，他们也不会轻易犯错。相反，投资人往往不满足于获得长期正常的收益率水平，而是时不时地总想得到更多的收益，这种内心的贪婪种下了祸根，反而让投资人高位追涨，结果他们最终实际得到的收益更少，连长期平均水平也达不到。投资收益率能够达到正常的平均水平，即相当于企业红利加上长期潜在盈利增长率，投资人就应该心满意足了，但这种中庸之道并不符合人的本性。我在2004年7月写的投资备忘录《良好平衡》中，讨论了为什么正常收益率水平看起来很美却并不适用的问题，现在我把数据更新到2016年，原文不变如下：

> 总而言之，所有投资人的态度和行为的波动合在一起，会让股票市场成为一个超级钟摆。我在投资行业经历过47个完整年度，从1970年到2016年，标准普尔500指数收益率最高的那个年度上涨了37%，收益率最低的那个年度下跌了37%。但是长期来看，好年份和坏年份相互抵消，股市长期收益率通常为每年收益率的10%左右。过去，能够一直取得这样的平均业绩表现，每个人都会很开心，都想再多获得几年这样的业绩。
>
> 但是请记住，一个摆动的钟摆，也许会摆到中心点——相当于“平均水平”，但是它其实在这个中心点停留的时间极其短暂，可以说是一晃而过。同样，金融市场这个超级钟摆也是如此，在“平均水平”这个中心点停留的时间也极其短暂。有个问题很有意思，它很好地描述了这个现象，请你来回答一下：我从1970年到2016年经历了47个完整年度，算下来我的年平均收益率为10%。这47年里有多少个年份股市的收益率处于“正常水平”加减2%，即处于8%~12%的合理区间之内？
>
> 我自己预期的答案是“不是很多”。但是我一算，自己也大吃一惊，竟然只有3个年度。我做投资47年，竟然只有3个

年度的股市收益率处于正常水平，平均16年才遇到1年股市是正常的！我同时很吃惊地看到，股市年收益率（偏离“正常水平”20个百分点，即上涨超过30%或者下跌超过10%，可以说是大幅偏离正常水平）这47个年度里有13个年度大幅偏离正常水平，占比超过1/4。所以，有件事我敢拍胸脯自信地说，股票市场表现符合正常水平绝对不是正常现象，所谓的常态其实是非常态。股票市场如此大幅度波动，根本不能用企业、行业、经济这些基本面变化来解释。股票市场经常大幅偏离正常收益水平，在很大程度上要归因于投资人的心理和情绪像钟摆一样大幅摆动。

最后我要说的是，这些年来，股市年收益率达到极端水平的时间，并不是随机分布的。相反，股市收益率达到极端水平的年份是成群结队地连续出现的，这是因为投资人的心理摆动往往会持续相当长的一段时间，就像赫布·斯坦因那样，一直持续到停止为止。这47个年度，出现了13个极端的大涨年份和大跌年份，大多数时候，都是两个同样方向、同样极端的年份先后出现，它们只相隔一两年。

实际情况会怎么样？

有些股市格言所讲的道理久经时间的考验，可以说颠扑不破，其中有一句话说得很好：“市场在贪婪和恐惧之间来回波动。”之所以如此，其根本原因在于：投资人的心理和情绪在恐惧和贪婪之间来回摆动。换句话说，有时候人们感觉良好，积极乐观，预期好事会发生，而且后来情况确实如此，此时，投资人就会变得贪婪，什么都不顾了，心里只想着赚大钱。贪婪让人争抢着去投资买入，结果大家纷纷开出更高的价格，从而导致市场上涨，资产升值。

但是反过来，有时候投资人感觉不好，预期就变成负面的了。在这种情况下，恐惧主导了投资人的心理和情绪。投资人不再一心只想着赚钱了，而是担心会亏钱。这就导致投资人买进的数量减少，原来推动资产价格上涨的动力就会消失，市场涨不动了。后来投资人甚至开始卖出了，从而使价格下跌。处于恐慌状态时，投资人的情绪带来了巨大的反向力量，让市场转为熊市。

投资人的心理和情绪像一个钟摆，在贪婪和恐惧两个极端来回摆动。我在2004年7月写的投资备忘录《良好平衡》中探讨了这个主题：

> 当我还是一个菜鸟分析师的时候，我经常听到这句投资格言："推动股市涨跌的是贪婪和恐惧。"当市场环境处于健康的平衡状态时，一场拔河比赛就开始了：一边是乐观派，想的是要挣钱；另一边是悲观派，想的是别亏钱。乐观派想要买入股票，即使今天的买入价高于昨天的收盘价，他们也要买入；而悲观派想要卖出股票，即使今天的卖出价低于昨天的收盘价，他们也要卖出。
>
> 很多时候市场涨也涨不了多少，跌也跌不了多少，因为这场拔河比赛背后的心理是双方势均力敌，绳子两头的人的重量不相上下，或者绳子两头的人的心理预判旗鼓相当。也许乐观派占据优势，持续了一段时间，可是乐观派争抢着出更高的价格买入，推动证券的价格越来越高，在达到极点后，价格再也涨不动了，于是悲观派重新夺回优势，卖出的力量压过乐观派买入的力量，股价开始下跌……

在我投资职业生涯的初期，没过多久的时间，我就明白了，推动市场涨跌的经常是“贪婪和恐惧”。市场就是买方乐观派和卖方悲观派双方的拔河比赛，可是在比赛的紧要关头，会有很多人突然叛变，从绳子这头的队伍退出，加入绳子另一头的队伍。这会让绳子的一头拥有压倒性优势，贪婪或者恐惧统治整个市场，结果让市场急剧变化。一个极端的情况是，投资人的心理和情绪里完全只有贪婪，没有一丝恐惧，这时每个人都只想买入，没有一个人想要卖出，很少有人能够找到价格不会上涨的理由，所有的理由都支持价格会继续上涨。就这样，价格涨起来了，而且往往是跳跃着蹿升，人们看不到有调节器控制上涨的速度。

很明显，1999 年科技股大牛市就是如此疯狂。当时贪婪主导了整个市场。那些没有参与这波疯狂大牛市的人，只能被迫眼睁睁地看着别人发大财。“谨慎的投资人”不敢买入，两手空空，看着别人买入赚大钱，感觉自己当初不买真是愚蠢。推动市场大涨的买方一点儿恐惧的感觉也没有。“这是新范式，”买方大声吹响战斗的号角，“赶紧上船吧，要不然你又错过这班船了。顺便说一下，我现在正在买入的价格肯定不会过高，因为市场总是有效的。”每个人都发现越买越涨，于是越涨越买，这就形成了良性循环，让科技股持续不断地涨下去，好像它能够上涨到永远。

但是最终，有些事情变化了。有一块儿绊脚石把公司的好事绊住了，或者是一家知名的公司公告出了问题，或者是一个外部性因素突发干扰。市场价格下跌了，可能因为价格涨得太高、重量过大而自然回落，也可能因为市场心理没有征兆地出现反转而让价格下跌。可以肯定的是，我认识那么多投资人，没有一个人能够说清楚到底科技股泡沫破裂的原因是什么。但是不知什么原因，市场上贪婪的气氛很快蒸发了，恐惧心理开始主导市场。原来大家都在说“赶紧买入，要不然你就错过机会了”，现在大家的说法换成了“赶紧卖，要不然股价就要跌到零了”。

恐惧情绪开始占据上风。人们担心的不是错过机会不能赚钱，他们担心的是亏钱。人们原来是非理性繁荣过度乐观，现在却是过度谨慎。1999年，上市公司乐观地预测，未来十年像是天上掉大馅饼一样，投资人一听都热烈欢呼，而且深信不疑。过了3年，到2002年，投资人的心态就全变了，他们深受公司丑闻折磨，气得大叫：“我再也不会相信上市公司的管理层了！”他们愁得大叫：“我怎么能保证上市公司的财务数据准确可靠呢？”结果造成股价大跌，债券价格也大跌，比如，几乎没有人愿意买入丑闻缠身的上市公司所发行的债券，即使它们跌到了白菜价也没人要。正是在市场从贪婪到恐惧走到极端的时候，市场也会显现出最大的投资赚钱的机会，就像2003年的不良债权市场的行情那样。

“贪婪与恐惧”是一个明显的心理和情绪的连续统一体，一个极端是恐惧，另一个极端是贪婪，投资人的心理和情绪在二者之间连续不断地来回摆动，这清楚地解释了很多投资方面的问题。还有其他关键的心理和情绪摆动吗？还有很多，其中大部分的运行方式都类似于从恐惧到贪婪这个钟摆。这种情况往往并非巧合。衡量投资人心理和情绪的各种指标之间是相关的。这里我列举几个例子。

从贪婪到恐惧的摆动，其底层是从兴奋到沮丧的摆动。正如前面所描述的，可能不能简单地说，是那些利好事件导致了贪婪产生。那些利好事件先让投资人过度兴奋，然后这种过度兴奋引发了贪婪。相反，负面的利空事件导致了投资人心情沮丧，而沮丧又引发了恐惧。兴奋和沮丧这两种基本情绪，导致了市场随后发生从贪婪到恐惧的摆动。

兴奋的投资人一看现在的发展很好，内心就会十分兴奋激动，再一想明天会更好，就会更加激动。这会助长他们的赚钱美梦，提高他们的盈利预期。相反，悲观的投资人不可能感到乐观，从而产生贪婪。你好好想想，兴奋和恐惧无关，沮丧和贪婪也无关。

同样的方式，我们从贪婪和恐惧往下深挖一层，能看到投资人也会在乐观主义和悲观主义之间摆动，利好事件通常会让人预期有更多有利的事件和更加有利的结果……这种心态大家都很熟悉，即乐观主义。乐观主义通常会成为贪婪的温床。你想想看，如果人们的预期是负面的，那么你觉得他们会因此变得非常贪婪，并受到贪婪驱使大量投资买入吗？如果谁这样想，那么他肯定是脑子出了问题。很明显，乐观主义和悲观主义驱动着人们的其他情绪，并影响人们的行为。

~~~

我想讨论的下一个心理和情绪的钟摆现象是，投资人会在信任和怀疑之间摆动，一个极端是过度信任，执迷于未来盈利的可能性，另一个极端是过度怀疑，坚持一定要得到实实在在的有形价值——不是远在天边而是近在眼前的，不是未来得到而是现在得到的。
~~~

有时候，通常是世界局势良好而且资产的市场价格正在上涨的时候，就算关于公司未来发展的那些利好故事被吹得再离谱，投资人都愿意全盘接受，尽管这些资产的价格已经上涨了很多，风险也提高了不少，但是投资人仍旧相信价格还会涨，宁愿承担高风险。于是他们高位追涨买入。但是当情形改变，变得糟糕的时候，他们会变得过度保守，更容易排斥看好未来的预测，即使这样的预测相当合理，他们也根本不会相信，完全拒绝买入。此举很大程度上只是因为市场价格已经下跌了。实际上，资产的价格更便宜了，未来赚钱的可能性反而增加了。

有些投资人根据盈利来估值，需要花很多时间预测今年整个年度的盈利情况，以及未来长期盈利的增长率。有些投资人根据资产来估值，需要下很大功夫评估企业的有形资产价值、无形资产价值、业务竞争优势价值（用来预测别人愿意出多少钱收购这些资产，以获得相关业务的竞争优势）。还有一些人想另辟蹊径，从其他方面来寻找估值的线索：兼并收购，资产负债表重组，从私有企业转为上市公司交易。有些投资机构专门做估值，它们利用这些估值方式，还有其他很多估值方式预测未来，再按照这些预测对企业进行估值。

我举一个例子。2000—2001 年，橡树资本管理的不良债券基金，投资几亿美元购买了一些破产通信公司的不良债权。从每笔不良债权投资来看，按照购买价格推算的这家通信公司的整体价值，都只相当于这家公司投资的交换机和光缆这些硬资产的历史成本的一小部分。要是能把这些设备转手卖出去，只要比它们的历史成本高一个百分点，我们就能赚大钱。第一笔资产销售做得很顺利，我们一下子就赚了 50%，但是此后不久，就再也没人来竞标买入这些资产了。购买我们出售的电信资产的第一个买家非常开心，觉得自己占了大便宜，后来的潜在买家却回避了这些资产，再便宜他们也不买了，因为后来这类资产的供给严重过剩了。这件事让我想明白了，1999 年，那些电信企业对未来的业务增长预测如同鲜花盛开一般灿烂，且投资人完全接受，愿意出高价为如此美好的未来买单。但是到 2001 年，投资人看明白了，那些电信企业所说的美好未来大部分都是虚构的，一分钱也不值，因为整个电信行业的供给能力远远超过了现实需求，也超过了未来几十年的需求。这些过剩设备的供给能力，投资人这辈子都看不到其全部被消化吸收的那一天。投资人对未来纳入估值的接受意愿，也表现出一个起伏的周期，这个周期是现在威力最强大的周期之一。

一个关于房地产的简单比喻，帮助我想明白了这种现象：一座空置的大楼值多少钱？第一，这座大楼当然有重置价值，重新盖一座大楼，需要花很多钱；第二，大楼既然空置，自然一分钱的收入也产生不了；第三，大楼虽然不赚钱，但仍然要天天花钱，包括税收、保险、最低程度的维护、支付贷款利息，还有机会成本。换句话说，这个空置的大楼就是一个大坑，你得不断拿钱往里填才行。投资人如果正处于悲观的情绪之中，就根本看不了太长远，只能看到未来几年，他们只会想这栋大楼这几年不能带来收入，只会产生支出，是一个现金流为负的无底洞。他们根本不可能想象得到，将来会有一天，这栋大楼能租出去，变成赚钱的聚宝盆。但是当他们的情绪转为积极向上，对未来的盈利潜力的兴趣高涨起来时，投资人就会憧憬美好的未来，整个大楼都租出去了，天天都能够进账很多现金，它简直是一棵摇钱树，因此，就算是高得离谱的价格，也会有人愿意买它。

投资人愿意把价值归于未来的意愿变化，代表着一栋大楼从全部出租到全面空置的摆动变化。这种从未来价值为零到价值都在未来的钟摆摆动的影响力极其强大，我们千万不可以低估。（2004 年 7 月投资备忘录《良好平衡》）

卓越投资人的特征是成熟、理性、善于分析、客观、不受情绪左右，因此他们能够彻底地深入分析投资基本面和投资环境，并在此基础上计算出每个潜在投资资产的内在价值。当这个资产的市场价格相对于内在价值被打了很大折扣，或者内在价值未来有很大的增长潜力时，卓越投资人觉得以现在的市场价格买入是一个好主意，就会出手买入。

卓越投资人会努力在恐惧和贪婪之间保持适当的平衡。恐惧的同义词其实是规避风险、厌恶损失、关注不确定性和随机性；而贪婪的同义词是野心、进取、贪得无厌。所有人都会感觉到这些情绪，但是卓越投资人会让这些相互矛盾的情绪保持平衡。两股对抗的力量相互抵消，形成一股合力，引导卓越投资人的行为变得更加负责任，更加明智，更加平和。

但是以下几点非常重要：

· 很少有人总能够做到心情平和，不被情绪所困。
· 因为这个原因，只有少数投资人能够树立标杆，界定中心点的位置，而且能够一直处于贪婪与恐惧平衡的中心点上，不管未来如何发展变化，他们都能一直保持平衡，既不太贪婪，也不太恐惧。
· 相反，大多数投资人都是在贪婪和恐惧之间大幅摆动，在情绪乐观时变得过于贪婪，在情绪悲观时变得过于恐惧。
· 大多数投资人的心理和情绪，是在错误的时候摆动到错误的位置。利好事件出现导致市场过度兴奋，因而他们纷纷买入，推高价格直至过高水平，这时大多数投资人却变得更加贪婪，还想进一步追高买入。相反，不利事件出现导致市场过度沮丧，因而他们纷纷卖出，压低价格直至过低水平，这时大多数投资人却会变得更加恐惧，还想进一步杀跌卖出。

关于投资人心理和情绪的摆动，我在2016年1月写的一份投资备忘录《投资心理学》中这样写道：

不客观、不理性的古怪想法，会以很多种方式普遍影响人类行为。就像卡罗尔·塔维里斯在2015年5月15日的《华尔街日报》发表文章，评论理查德·塞勒教授的书《"错误"的行为》时所说的那样：

"作为一个社会心理学家，我很多年来一直觉得那些经济学家实在太有趣了，他们竟然会假设人是'理性人'，简直太稀奇古怪、太荒谬离谱了。人是理性的？这些经济学家是活在地球上的地球人吗？甚至早在50年前，实验研究就表明，人总会一直坚持自己明显错误的决策，而不是承认错误，改变主意；人总会在吃大亏之后急于想要捞回损失，却亏得更多；人在预测错误之后只会给自己找理由，却死也不会承认自己的预测错了；如果得到的事实信息不符合自己的想法，人经常不是改变想法，而是改变信息、抵制信息、歪曲信息，甚至主动拒绝信息。”

我们要搞清楚事件的来龙去脉、重要性、潜在后果，非常困难。这种困难很大程度上来自投资人心理上的怪癖，而且反馈会加剧投资人的反应，因此投资人容易过于强调好的一面或者坏的一面，而不是用平衡、客观的方式来同等地看待事件好坏两个方面。出现好消息，加上积极正面地解读，已经能够强劲地推动价格上涨，这时大多数投资人会变得很乐观，迫不及待地想要买入……如果出现坏消息，那么结果正好完全相反。当你回头审视时，情况会更加明显。因此，理解人的心理和情绪如何走极端，并积极地应对这一点，给我们指出了一个有望改善投资业绩的好方法。

可以肯定的一点是，心理和情绪确实会像钟摆一样摆动，大多数人的行为也会随着心理和情绪的摆动而摆动。人在恐惧和贪婪之间摆动，就是一个最典型的心理和情绪的钟摆。事实上，这不但解释了大多数投资人的行为，而且如果把投资人当作一个整体来看，这也解释了整个市场的行为。事件利好，人们的心理和情绪就积极向上，市场也会跟着人们的情绪向上走；而事件引发了利空消息，人们的心理和情绪就变得消极，市场就会跟着人们的情绪向下跌。

钟摆在弧线中心点停留的时间很短。相反，钟摆经常摆向弧线的一个极端，首先它从一个心理和情绪的极端反转，因为这个极端要么高得过头了，要么低得过头了，反转之后，它向中心点回归，但是到了中心点之后，它并不停留，而是继续向另外一个极端摆动过去。

卓越投资人抵制心理和情绪过度，因此拒绝参与心理和情绪的摆动。我认识的那些投资高手，绝大部分人天生就是那种不容易被情绪左右的人，事实上，我相信，他们不容易被情绪左右的性格，是他们投资成功的最重要因素之一。这是我观察到的保持时间最长的分析结论之一。与此相关的是，投资人经常问我的一个问题：人能不能学会没有情绪？我的回答是："也能，也不能。"我认为，要学会警惕情绪可能造成的不良影响，努力抵制这些情绪的不良影响，是有可能的。但是我也认为，那些天生不容易情绪化的人，做起投资来会容易得多。缺少情绪是上天赐予投资人的一大优点。它在投资上是优点，但是在其他领域，比如在婚姻上，可能就是上天给你的一大缺点了。我的意思并不是说，一个容易情绪化的人不可能成为卓越投资人，但是他们需要花很大精力去自我体察自己的情绪，自我约束自己的情绪。

~~~

以上所说的各种不同的情绪钟摆会交织在一起，这一点非常重要。此外，还有一点也很重要，这些钟摆现象之间有因果关系。就像利好事件发生，会让人产生极度兴奋的心理和情绪，而极度兴奋的情绪又会催生乐观主义，乐观主义又会导致贪婪程度增加，所有这些因素都像钟摆一样摆动。它们的摆动加在一起，导致投资人对事件的感觉也会发生摆动——一个极端是他们感到一片光明，另一个极端是他们感到一片黑暗。你的情绪是什么颜色，你对事件的感觉就是什么颜色，投资人的情绪色彩不断发生变化，投资人对事件的感觉也会随之不断地变化，这种带有情绪色彩的感觉反馈会带来更多的兴奋、乐观、贪婪。
~~~

我在2016年1月的投资备忘录《投资心理学》中如此描述这种现象：

> 投资人之所以不能得到恰当的结论，最重要的因素之一是他们评估世界往往利用情绪主义，而不是利用客观主义。投资人的错误主要有两种形式：选择性感觉，歪曲性解读。也就是说，有时候投资人只注意利好的事件而忽视利空的事件，有时候情况正好完全相反，他们只注意利空的事件而忽视利好的事件。有时候投资人看问题用的是正面的积极向上的视角，有时候他们用负面的消极视角。但是，投资人对事件的感觉和解读极少是平衡、不偏不倚的。
>
> 自从2015年8月在中国经历了一些事之后，我就回顾了自己所看过的那幅古老的漫画，它仍然称得上是最棒的漫画之一（见图7-1）：

图7-1 “昨天对于市场来说是利好的事，今天看起来却不是好事。”

关键在于，投资人在心理上对待好消息和坏消息极少能一碗水端平。同样，投资人解读事件也常常是有偏见的，因为他们都是跟着感觉走，看到消息时的情绪好，就往乐观的方面解读，看到消息时的情绪不好，就往悲观的方面解读。大多数的发展变化，既有好的方面，也有不好的方面，但是投资人通常过度纠结于好的一面，或者过度纠结于坏的一面，而不是同时考虑好坏两个方面。这又让我想起了另外一幅非常经典的漫画（见图 7-2）：

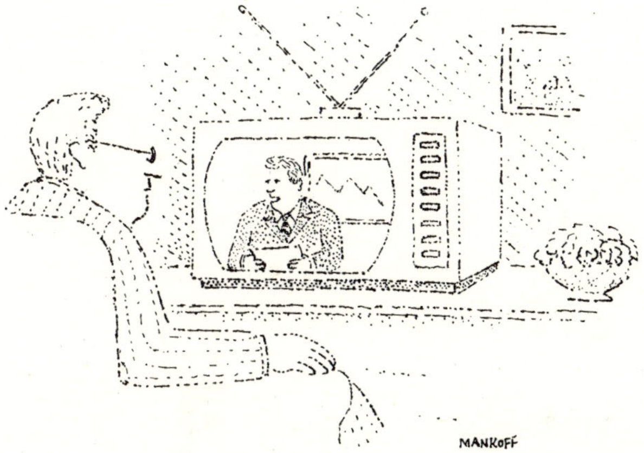

图 7-2 “我们来回顾一下今天的股市行情，先是降低利率的消息推动股市上涨，后来由于人们预期利率降低有可能引发通货膨胀，结果导致股市下跌，直到后来人们意识到低利率也许会刺激低迷的经济开始增长，于是才开始推动股市上涨，最后，股市又转向下跌，因为市场恐惧经济过热会导致政府再次强行提高利率。”

这些看起来都很明显：投资人的立场很少保持客观、理性、中立、稳定。首先，投资人表现出高度的乐观主义、贪婪、风险忍受、信任，这些心理和情绪所导致的行为是争抢着高

> 价买入，推动资产价格上涨，但潜在收益率随之下滑，风险提高。后来，由于某种原因，也许是一个引爆点一下子炸开了，投资人心理和情绪发生大转变，他们变得悲观、恐惧、风险规避、怀疑，这样的心理和情绪所导致的行为是争抢着低价卖出，由此引发资产价格下跌，潜在收益随之提高，风险随之降低。值得注意的是，这些现象中的每组现象往往是按照同一个步调发生的，而且从一个极端到另外一个极端的摆动幅度，往往超过按正常推理所得出的摆动幅度。
>
> 其中有一件非常疯狂的事情：在现实世界中，我们对事物的评价会在两个极端"非常好"和"不是那么好"之间摆动。但是在投资界，我们的情绪钟摆所摆动的两个极端是"好到完美无缺"和"坏到无可救药"。钟摆从一个极端摆到另一个极端，在摆动弧线上"幸福的中心点"几乎不做停留，只是一晃而过，即使是在中心点附近的合理区间内，摆动的时间也相当短。人们的情绪首先是完全否定，后来是彻底投降，之后又变成完全肯定。

这个世界充满了利好的事件和利空的事件，在大多数日子里，我们看到的事件有些是利空的，有些是利好的。有些事在发生的时候有两面性，因此我们既能往好的一面解读，也能往坏的一面解读。

以第二幅漫画（图 7–2）为例。低利率是好事，因为低利率能刺激企业积极开展业务经营，提高企业未来现金流的折现价值。但是低利率也是坏事，因为低利率会助推企业经营活动更加强劲，导致通货膨胀率上升，而通货膨胀率上升就是给中央银行发出的一个信号——应该加息，减少对经济的刺激。解读本身不会在一天之内从一个极端到另外一个极端来回摆动好几次，但是解读确实也会过度摆动，而且确实很快就会发生大转变。

几年前，我的朋友乔恩·布鲁克斯写了一篇文章，很好地描述了偏见性解读是如何发挥作用的。这篇文章讲的是，投资人对生活感觉良好（这往往意味着市场已经涨了相当长的一段时间了），这时不管发生什么，投资人都会往好的方向上想：

· 经济数据强劲：经济走强——推高股价；
· 经济数据疲软：美联储可能会推出宽松货币政策——推高股价；
· 经济数据符合预期——推高股价；
· 银行赢利 40 亿美元：业绩情况有利——推高股价；
· 银行亏损 40 亿美元：坏消息不妨碍大局——推高股价；
· 石油价格大涨：全球经济增长推动石油需求上升——推高股价；
· 石油价格下跌：消费者有更强的购买力——推高股价；
· 美元跳水：对货物出口商是特大利好——推高股价；
· 美元走强：对货物进口商是特大利好——推高股价；
· 通货膨胀率上升：导致资产升值——推高股价；
· 通货膨胀率下降：改善盈利质量——推高股价。

当然，同样的事件我们也可以都往坏的方向上想。如果投资人的心理和情绪是负面的，市场已经跌了一段时间，那么每个事件都会有负面的解读。强劲的经济增长数据可以被解读成坏事，因为这会让美联储提高利率，收回刺激性。疲软的经济数据更可以被解读成坏事，因为这意味着企业会难以达到市场盈利预期。换句话说，重要的不是数据，重要的也不是事件，重要的是人对数据或事件如何解读，而做何种解读会随着人的心理和情绪的摆动而摆动。

在钟摆摆动到极端时，会出现具有一个良性循环或者恶性循环的过程。大多数事件都是利好的，心理和情绪也是乐观的，那么那些负面的变化往往会被忽视，对每个事件人们都从有利的方面来解读，经常认为事情不可能转变成坏事。人们预期将来会好上加好的理由，听起来非常有道理；过去的约束和正常水平遭到人们忽视，或者被人们找理由合理地规避了；任何一个人如果提出美好未来的实现存在一些限制因素，就会受到大家的鄙视，被人看作一个缺乏想象力的老古董。大家都认为，未来赚钱的潜力是无限的。资产价格上涨，反过来又鼓励更加乐观的乐观主义。

但是，相反的情况是，事情已经有几个月或者几年持续变得糟糕了，投资人现在的心理和情绪变得高度负面，未来会得到改善的潜力也会被遗忘。令人不悦的事件会受到强调，利好的事件则受到忽视。支持未来情况进一步恶化的理由，看起来简直像岩石一般坚固。那种将来会更糟糕的看法会出现错误，简直是令人无法想象的，现在的情况看起来只会更加糟糕。价格下跌，又会导致更加悲观的悲观主义。

这种良性循环和恶性循环，都有些过分夸大，都是不符合现实的。尽管我们过去梦想过很多次，不管是美梦还是噩梦，但是这些梦想没有一次能够成真。但是事实上梦想总不成真也没关系，大多数人还是照样会有同样的梦想，这种梦想狂野且泛滥，根本挡不住。

相反，那些卓越投资高手能够抵抗得住外部的影响，保持情绪上的平衡，理性地采取行动，既看到有利的事件，又看到不利的事件，在考虑这些事件的时候保持冷静客观，在分析这些事件的时候不带感情色彩。但是真相是有时候，兴奋和乐观的心理和情绪会导致大多数投资人看待事物过于积极。有时候投资人心情抑郁，情绪悲观，会让他们只看到坏事件，解读这些事件的时候也只会往坏的方面想，做消极悲观的解读。拒绝跟着感觉走，不过于情绪化，是投资成功的一个关键因素。

~~~

要让市场进入大牛市，整个市场的环境都要具备以下特点：贪婪、乐观、极度兴奋、自信、信任、胆大、风险忍受、进攻性。但是这些特点并不能永远统治市场。最终，这些积极情绪会把地盘让给消极情绪：恐惧、悲观、不确定性、怀疑、谨慎、风险规避、沉默寡言……失败是成功之母，熊市是牛市之母。我相信，往往更加正确的分析是，把大熊市归因于前面那一波大牛市涨得太过头了，而不是归因于某具体事件引发了市场修正（投资备忘录《现在又如何》，2008 年 1 月）。

通常情况下，这些两极分化，不管是两极中哪个极端主导，事实都是很容易被观察到的。这种现象对于投资人来说的意义，对于那些客观的观察者来说，应该是很明显的。但是，之所以市场钟摆摆动到一个极端或另一个极端的情形会发生，是因为大多数市场参与者的心理和情绪朝着同一个方向移动，就像羊群成群结队地一起跑一样，这个道理很简单。

在亿万投资大众之中，极少有投资人是客观的。为继续我在 2007 年 4 月所写的投资备忘录《人人都知道》的主线，在市场
~~~

过热的时候，我希望能广泛传播那些提倡冷静的分析，就像在说“每个人都知道市场涨得太高了”一样。如果真的每个人都认识到了市场涨得太高，那么市场就根本不会涨得那么高了（投资备忘录《一切都好》，2007 年 7 月）。

08

风险态度周期

理性的投资人勤勉分析，合理怀疑，适当规避风险，无论任何时候都是如此，但是也在寻找投资机会，以期获得较高的潜在收益，这样在弥补风险损失后，他们还有更多的剩余收益。理想很丰满，现实很骨感。在牛市的时候，我们听到很多人说：“风险？什么风险？我看不大可能会出错：到现在一直都很好。不管怎么样，风险都是我的朋友，承担的风险越大，我赚到的钱可能越多。”

后来，到市场行情糟糕的时候，很多投资人完全转变了，换成了另外一套更简单的说法：“我根本不在乎能不能在市场上多挣一分钱，我唯一在乎的是不要再亏钱了。给我赶紧卖出离场！”

我们已经从讨论周期的抽象特征，转向讨论在投资世界里周期如何实际运行，下面我先简短地谈一下投资的基本特点，目的是为后续的讨论打好基础，可能内容会有重复。

投资是什么？有种观点认为，投资就是承担风险以追求利润。投资人努力做好投资组合，以便从未来的发展变化中赚钱，而不是亏钱。卓越投资人之所以业绩出众，是因为他们的投资组合做得比其他人更好。

我们知道未来会发生什么事吗？有些投资人认为他们了解未来；有些投资人知道自己并不懂得未来，但是他们必须在言谈举止上装得像能够预知未来一样，因为如果不装成那样，他们就会丢掉工作和客户；有些投资人一直是靠预测来赚钱的，时间长了，他们给客户洗脑的次数太多了，结果把自己也给洗脑了，连自己都相信自己对未来的预测可能是对的（或者已经习惯忽视自己过去的预测成功率很低了）。只有数量极少的投资人明白，自己不可能确定无疑地知道未来的事。他们是非常聪明的投资人，也许会对未来的事件形成自己的看法，但是他们并不会下大赌注去赌自己的这些看法将来肯定会被证明是正确的。

投资的风险起源于两点：第一，投资本身包括应对未来；第二，未来是不可知的。投资必须应对不可知的未来，所以风险是必然的。如果未来的事件可以被预测，投资就容易多了，赚钱就会十拿九稳（不过投资收益的总体水平也许就很低了，因为在这种情况下投资基本上没有风险——这又是另外一个话题了，之后再谈）。但是事实上，正是那些不可预测的事件带来了风险，因为那些后来实际发生的事件可能和我们原来的预测并不一致，或者市场对事件的反应和我们的预期不一样。随着未来逐渐露出真面目，事实证明你原来根据自己的预测所做的投资组合布局并不妥当。

投资中的很多难题都是由风险造成的，因为风险就是未来变化的不确定性和出现坏结果的可能性。所以投资高手有三个突出标志：理解风险的能力突出，评估风险的能力突出，应对风险的能力突出。要成为投资高手，这是必需的。我忍不住又要说一次“必需的”。

最后，有一点很重要，投资人要认识到，尽管投资环境会发生变化，但是在任何一个具体的时间点上，可以说投资环境都是固定不变的。我说的意思是，我们对投资环境只有两种选择：第一种，我们接受现在这个投资环境，现实就是这个样子，然后只管做好投资就行了；第二种，我们排斥现在这个投资环境，我们改变不了现实，但是可以改变自己，选择站在一旁，不进场做投资。我们没有第三种选择，你不能说“我不喜欢现在的投资环境，我要求给我一种不同的投资环境”，或者，我们尽管可以要求另外一种投资环境，但是实现不了。

我的观点是，风险是投资中最主要的变量。这让我得出一个结论：在任何一个具体的时间点上，投资人总体看待风险的态度以及所采取的行动，对于塑造整个投资环境来说极其重要，而我们会发现自己身处于这个投资环境之中。在这个时间点，看清楚整个投资环境的状况非常关键，决定了在这个时间点我们自己应该如何看待风险，以及如何据此采取行动来应对风险。评估风险态度所处的周期位置，正是这一章要讲的内容，也许可以说是本书最重要的内容。

~~~

我这辈子最大的幸运是，得到机会去芝加哥大学商学院读研究生。芝加哥大学商学院后来更名为布斯商学院，我 1967 年入学，1969 年毕业。我和那个时代的其他很多大学生一样，本科毕业就直接去读研究生了，看起来好像我是把读研当作一条最有效的成功捷径，其实我还有别的动机，当时美国正在打越南战争，要求青年必须服兵役，但读研就能逃脱兵役。我不用到越南白白送死了。

我本科四年是在宾夕法尼亚大学沃顿商学院读的，专业是金融学，学的都是实用的东西。我们只讲实践，不谈理论，只学定性分析，不做定量分析。当年选择到芝加哥大学读研究生，我的运气实在太好了，因为芝加哥大学刚开始教授一种新的金融投资理论，20 世纪 60 年代初它在芝加哥大学发展形成。这和我在沃顿商学院所接受的金融投资实务的教育正好匹配，或者应该说是针锋相对的——我在芝加哥大学读研时所学的金融学，几乎完全是学术性、理论性、量化的。

来到芝加哥大学不久，我就看到了这样一张图，这张图为新的投资理论奠定了大部分基础，也成为我此后思考和写作的起点（见图 8–1）。

现在，这张图在投资界可以说是处处可见。我第一次看到这张图时，几乎没人知道这张图。这张图的关键在于这条线是斜向上的，表明风险和收益之间存在正相关关系。这条线被经常解读为“高风险产生高收益”，因此“想赚更多的钱就得承担更大的风险”。我个人认为，这样的解读是错误的。这个简单的表述不可能是正确的，因为要是风险更高的资产可以产生更高的收益，
~~~

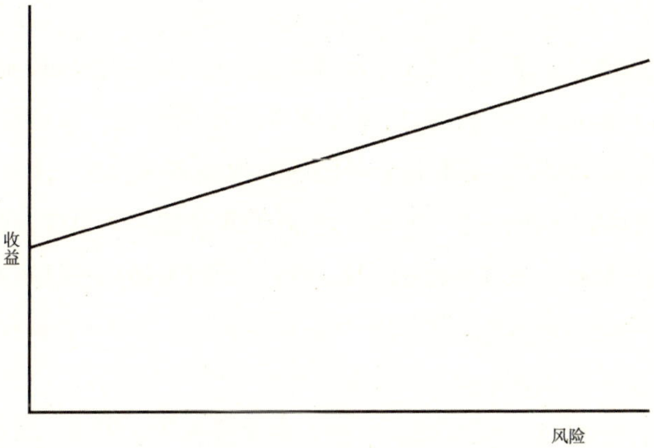

图 8-1　风险 - 收益图

那么从定义来看，这种资产就根本不是高风险的。

这张图清楚地展示出风险和收益之间存在线性关系，却忽略了这样一个事实，即在每种水平的风险下，都有一个潜在收益的结果区间——不是只有一个收益，而是一个包含多个收益水平的区间。因此这条线夸大了风险和收益之间关系的相关性。正因如此，人们才会说高风险会有高收益。相反，我认为要正确地解读这张图，应该这样说："那些看起来有更高风险的投资，必须显得能够保证更高的收益，不然，就没人愿意来做这种投资了。"用"看起来"和"显得"这样的词语来描述收益和风险更合适，因为这表明风险和潜在收益只能是估值，投资世界并不像机器那样可以稳定可靠地运作，我们根本无法准确地预测未来风险有多高、未来收益有多高。因此我们在讨论投资时用"看起来"和"显得"这样的词语就非常合适。实际上，我们不这样做根本不行（详细深入的讨论，请见《投资最重要的事》第 5 章）。

有的人一听马上就能“领悟”风险和风险－收益这样的概念。这种人通常有一种直觉，有成为投资高手的天分。如果你还没有领悟，没关系，我希望经过我稍加指点，你就能马上清清楚楚地弄明白，我这样解读这张风险－收益图背后的原因。

假设有一个很理性的投资人，他面前有两个机会，这两个机会都能带来相同的预期收益，但是收益的确定性不同——一个几乎可以说是确定无疑的，另一个是高度不确定的。我们可以预期这个投资人会选前面那个未来收益确定的投资机会，因为大多数人都喜欢确定性胜过不确定性。如果这两个投资机会一个是国债，另一个是高科技创业企业，它们的收益率看起来都是7%，大多数人都会选择买国债。当不能得到更高的潜在收益来补偿自己为此所承担的更高风险时，我们为什么还要投资高科技创业企业而承担额外的高风险？

这里的关键点是大多数人更喜欢确定的7%的收益，而不是可能的7%的收益。换句话说，大多数人都是风险规避型的。这也正是芝加哥学派金融理论的最基本的假设。

为了描述风险规避，我要说大多数人更喜欢（prefer）安全，更不喜欢（disprefer）风险。尽管我从来没有从英文词典中查到过“disprefer”这个词，但是我觉得这个词挺好（disprefer这个词是否合适，对此人们肯定会有很大分歧，语言研究所那些权威的语言学家肯定会大加指责，但是我觉得这是一个很好的词，我建议新修订的词典应该赶紧把它收进来）。

大家普遍不喜欢风险，自然坚持要得到额外的潜在收益以补偿要承担的额外风险。正是由于这个原因，长期国债的收益率承诺会高于短期国债，高收益债，也就是垃圾债券的收益率承诺会高于投资级债券，股票收益率的一般预期会高于债券，风险投资收益率预期会高于二级市场流通股。请注意，我在这里所说的收益率是“预期会”和“承诺会”，或者换个通俗的说法是“也许会”和“应该会”，而不是“将来会”，更不是“肯定会”。但是它们必须呈现出有额外收益的预期。只有这样，大多数人才会愿意承担这种额外增加的风险。

人的天性是厌恶风险的，所以你完全可以合理地预期，如果要承受风险，就必须有好处来引诱投资人，这个好处就是让投资人得到的收益足以补偿他们所承担的风险，而且还有不少剩余的收益。无利不早起，没有人愿意做危险的事，除非他们预期这样做能得到很大的好处；没有人愿意做高风险投资，除非他们预期这样的投资能够带给自己高收益。不然，他们肯定是脑子不正常。

风险规避是投资必不可少的一个要素。人们要回避损失，这导致他们会监控市场。因为大多数投资人是规避风险的，所以：

- 风险规避型投资人在处理投资时谨慎小心；
- 风险规避型投资人在考虑投资，特别是那些风险大的投资时，会认真仔细地研究分析；
- 风险规避型投资人在投资分析中，纳入保守的假设和适当的怀疑主义；
- 风险规避型投资人对有风险的投资，要求更大的安全边际作为保护，以应对可能出现的分析错误和令人不愉快的意外事件；
- 风险规避型投资人坚持要有相当大的风险溢价，即预期会有更高的递增收益，这样他们才会愿意做有风险的投资；

· 他们拒绝做那些不合理的、愚蠢的投资交易。

以上这些都是投资过程中必不可少的重要组成部分。只有风险规避型投资人都能严格执行每条纪律，投资才会成为理性之所，才能提供合情合理的赚钱机会。简单地说，风险规避是让市场既安全又正常的主要因素。

可是请注意，以上所说的只是一个规范性的描述，或者事情应该是什么样的。这些都是那些投资高手能做到的事情，也是所有投资人应该做到的事情。关键是并非每个人都能切实地做到这些事情，不是所有投资人在每时每刻都能同样做到这些事情。

这是投资人风险态度的真相之一，正是因为投资人不同的做法，才改变了投资环境。这也正是本章后面的主要内容。

~~~

下面我们再偏离一次周期这个主题，谈谈投资环境是怎么形成的。简单来说，投资环境是投资人在市场上的讨论所产生的结果，要么是每个投资人在自己的意识里自己和自己讨论，要么是投资人之间互相讨论，有的人用嘴说，有的人用行动发出信号。关于投资环境是如何被创造出来的，我在 2004 年 10 月的投资备忘录《当今的风险与回报》中这样写道：

> 我要用几年前一个“典型”的市场，来描述风险 – 收益在现实生活中是如何运作的：30 天短期国债的利率水平一直在 4% 左右。所以投资人会说：“如果我买 5 年期国债，那么我想要得到 5% 的利率。若我买 10 年期国债，我就必须得到 6% 的利率。”他要求得到更高的利率，才愿意延长投资期限，因为他考虑到购买力风险——投资期限越长，货币贬值的风
~~~

险就越大。因为收益率曲线在现实世界中是资本市场线的一部分，通常是向上倾斜的，并随着资产寿命期限的延长而逐步上升。

现在让我们把信用风险考虑进来："如果10年期国债付的利率是6%，我就不会买10年期的A级公司债券，除非买A级公司债券能保证得到7%的利率。"这里引入了信用价差的概念。信用价差就是企业债券收益率与剩余期限相同的国债收益率的差别。我们假设投资人想要拿到100个基点的利差，才愿意从国债转向公司债。如果所有投资人都是这么想的，那么这100个基点就成了企业债券的信用价差。

如果我们投资的是连投资级也达不到的高收益债，那么情况又会如何？"我碰都不会碰那些垃圾债券，除非我能得到比相同期限国债高600个基点的收益率。"所以高收益债的收益率必须达到12%，也就是说，高收益债的收益率高于同期国债收益率形成的信用价差要达到6%，才有可能吸引投资人。

现在，我们离开固定收益来观察股票投资。这下事情就难办了，因为你在股票这样的投资上根本找不到写得清清楚楚的预期收益率（这是因为简单地说，股票的收益都是推测的，而不是"固定的"）。但是投资人碰到这样的事也有办法。"从历史来看，标准普尔股票指数收益率平均为10%，所以我只有认为股票能持续保持这么高的收益率，才会买股票。"所以从理论上讲，普通股投资人是这样计算股票预期收益率的，先推定三个输入变量：每股收益、收益增长率、股息支付比例，然后把它们输入估值模型，得出的估值结果就是目标价格。按照这个目标价格计算，以当前市场价格买入能够得到多高的预期收益率？能不能达到标准普尔 500 指数 10% 的历史平均收益率水平？（不过我不能确定这个计算过程在实际操作中，是不是像我们所说的这样有条理。）“风险更大的股票必须带来更高的收益。我才不会买纳斯达克的股票，除非我觉得我可以获得高达 13% 的收益率。

承担的风险越高，投资人要求的收益率也越高。“我如果能从股票上得到 10% 的收益率，投资房地产就需要得到 15% 的收益率，因为我需要弥补房地产的非流通性和不确定性。我如果要投资做并购，就必须得到 25% 的收益率……我要求得到 30% 的收益率，才愿意做风险投资，因为风险投资的成功率太低了。”

这就是大家觉得行得通的方式。事实上，我认为这样做在通常情况下都行得通（不过，人们要求的收益率并非任何时候都一样）。大家普遍这样做的结果是，形成了一条资本市场线，我们很多人都越来越熟悉这条资本市场线了（见图 8–2）。

上面描述的过程形成了风险 – 收益的连续统一体或者资本市场线。这个过程建立了承担风险而获得补偿收益的一般水平，以及递增风险与递增收益的量化关系，我们经常称之为“风险溢价”，也意味着你承担一个单位的增量风险所预期得到的增量收益。在理性世界中，结果应该如下所述：

· 看起来风险程度更高的投资，其定价水平要调低到看起来能够提供更高的收益率。
· 每单位额外增加的风险，能创造出的额外收益水平要合理

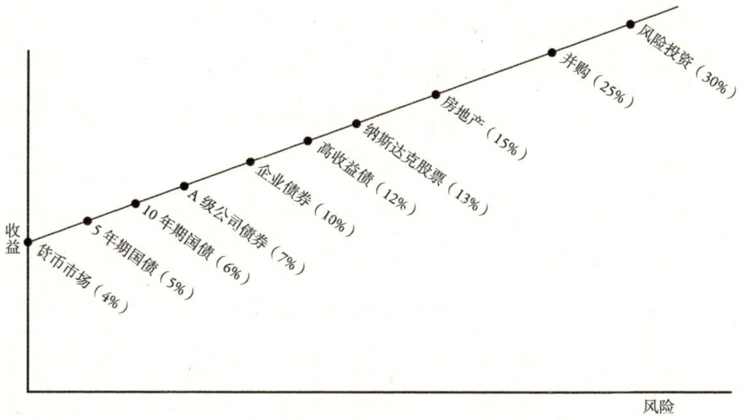

图 8-2　风险 – 收益关系与资本市场线

适当。

· 预期收益的增长一般要和风险的递增持续保持一定的比例关系（也就是说，在连续统一体的某点上，多承担一单位额外风险，看起来可能带来的收益增长，必须等于在连续统一体上其他点多承担一个单位的类似风险而带来的收益增长）。

· 因此，在连续体上不会存在这样的点，在这一点上多承受一单位的风险能够因此多得到的收益比在其他地方更多或者更少（也就是说，有些投资的风险调整后收益明显优于其他投资）。

在一个理性的世界里，任何违反这些规则的投资，都会导致资本流动。错误定价过低的资产会被进入的资本争相买入而推高其市场价格，而错误定价过高的资产则会被流出的资本争相卖出而压低其市场价格。结果如下所示：

· 违反规则的资产，其价格将会得到修正；
· 所有投资提供的风险经调整后，其收益都会彼此相当、公平合理；
· 投资人要提高自己获得的收益，唯一的方法就是提高自己承担的风险。

如果投资人总是按照这种方式行事，他们的行动就会导致整个市场成为“有效市场”。这意味着没有一项投资提供的风险经调整后的收益，能够高于其他任何一项投资。当然市场并不总像理论所设想的那样运作，市场给资产的定价并非总是正确的，但是市场有效性的普遍意义太合乎逻辑了，你根本无法置之不理。（市场有效性是另外一个必备的投资主题，但是我在这里不会深入讨论，有兴趣的读者请参见《投资最重要的事》第 2 章，以及 2014 年 1 月我写的投资备忘录《运气不错》的后半部分。）

~~~

有一点很关键，投资人面对风险态度的起伏，会导致这里描述的原则出现例外情况。有时候，投资人变得过度风险规避，有时候，投资人过于放松风险规避，变得过度风险容忍。

利好事件发生时，就像上一段所描述的那样，投资人会更加兴奋、乐观、贪婪，往往也会变得不是那么强调风险规避——不仅低于平时的风险规避程度，而且达不到本来应该有的风险规避程度。这会有什么影响？

· 因为投资人对环境感觉更好，对未来可能出现的结果更加乐观，所以他们在投资过程中的谨慎态度会不足。
~~~

- 因为投资人不再觉得投资是有风险的，所以他们觉得没有必要再辛辛苦苦地仔细分析。
- 投资人往往会做出更加宽泛的假设，他们用信任替代了怀疑。
- 投资人为了做成投资，即使安全边际降低，也能接受。
- 投资人看待风险不是忧心忡忡的，不再像过去那样要求严格，风险溢价必须高到让他们感觉非常放心才行。
- 投资人变得不再那么固执，也不太斤斤计较了，因为面对有风险的投资，他们更关注的是诱人的收益，因而对收益背后的风险的警惕就变少了。

因此，最不可靠的融资也能够完成，而且是在经济最火和市场最火的时候完成，下一章我们会进一步详述。顺风顺水的好日子，让投资人变得更加乐观，放松警惕，就算只有微薄的风险溢价，也愿意做出有风险的投资。不仅如此，因为投资人不是那么悲观，也没有那么警觉，对风险－收益连续统一体更安全的那一端的投资就失去了兴趣。这些因素综合在一起，导致高风险资产的价格上升，超过了那些相对而言更安全的资产。所以，有一点你听了并不会感到吃惊：在好日子里，人们会比在糟糕的日子里做出更多不理智的投资。尽管高风险资产的价格上升意味着，那些更有风险的投资能得到的预期风险溢价，会明显低于投资人在糟糕日子里更加关注风险时所做的投资，但是投资人还是会在好日子里做出更多不理智的投资。

投资人坚持足够高风险溢价的意愿下降，导致资本市场线的斜率变小，更加平坦。回想一下我们在高中时所学的几何，几何图形上一条线的斜率的定义是，横轴上每单位的距离变化，在竖轴上产生的距离变化。资本市场线的斜率反映的是，横轴上承受的风险每多增加一个单位，为此能够在竖轴上增加的收益数量。资本市场线的斜率就是现在市场风险规避程度的直接反映，斜率越大表明风险规避程度越高，斜率越小，风险规避程度越低。

投资人不在意风险或者投资人的高风险容忍度，降低了他们对风险溢价的要求，导致这条资本市场线的斜率变平，风险补偿的数量缩减（见图 8–3）。

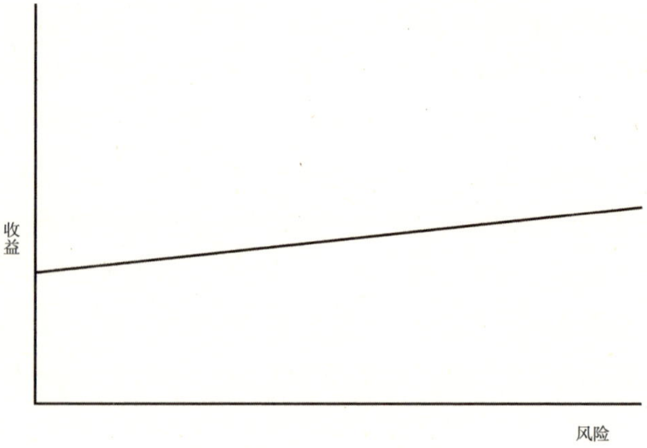

图 8–3　资本市场线斜率变小

资本市场线斜率变小意味着，每单位增加的风险能给投资人带来的收益增长变少了。简单地说，投资人因风险承受所得到的好处低于正常水平。

我个人认为，直接观察到的情况完全符合以上的理论描述。我们会在现实中看到如下过程：

· 利好事件导致乐观主义程度提高；
· 乐观程度提高，导致人们提高风险容忍度；
· 风险容忍度提高，导致投资人降低风险溢价要求；
· 要求的风险溢价降低，相当于对风险资产要求的收益率降低；
· 对风险资产的收益率要求降低，导致其价格上涨；
· 资产价格更高，导致资产风险水平更高（但是这也吸引了那些追涨杀跌的“动能交易者”追涨买入更多股票）。

基于以上分析，你会明白投资人都觉得风险低的时候，风险其实是高的。风险最大的时候，风险补偿恰恰是最低的（这意味着此时是最需要风险补偿的时候）。经济学所谓的理性投资人竟然是这个样子！

我认为，以上所有这些关于风险讨论的关键在于，投资风险的最大来源是相信根本没有风险。普遍的风险容忍是后来市场下跌最明显的征兆。但是因为大多数投资人都遵循着前面所描述的这种过程，一步一步地提高风险容忍度，所以他们就像温水煮青蛙一样，本来应该因察觉到风险而变得谨慎小心，却很少有人能察觉到，这是最重要的一点。

~~~

凡事皆有两面，一面是过度风险规避，另一面是过度风险容忍。很明显，过度风险容忍的后果很严重，我就不再啰唆地大加指责了。不过，我还要花上一两分钟讲一下，当风险态度周期波动向下走，投资人变得更加风险规避时，会发生什么情况。

心理周期最重要的特征是容易走极端，周期波动震荡，不仅
~~~

会出现正常走势和正常幅度波动，而且会出现古怪的走势和幅度过大的波动。例如，投资人会一次又一次地聚在一起，纷纷说道："我们别管什么风险了，赶紧买吧，我们都会发大财。"投资人很兴奋，很激动，很热切，导致他们在购买时出的价格太高了，即使是对那些明显荒谬的神话也会全盘接受，这样做的结果只会是亏得很惨。

投资人犯下这些过度贪婪的罪恶，结果损失了一大笔钱，因为后来风险态度周期向下走，转向更加谨慎小心，由此导致市场价格大跌。这些投资人严厉地批评自己，因为过度贪婪和过度信任才会惹祸上身。这些投资人自己也搞不懂，他们怎么会做出这么傻的事。他们坦白地承认，自己当初根本没有搞明白，他们参与的那些稀奇古怪的、令人兴奋的投资究竟是怎么一回事。他们发誓，以后再也不会干这种傻事了。

原因正是他们的风险规避程度不足，追涨买入，推高价格，然后继续追涨买入，结果导致自己在牛市顶峰大量买入。他们在牛市里让轻松赚大钱的梦想冲昏了头，根本察觉不到一丝风险。现在市场下跌，情况就完全反过来了，这些投资人变成压低价格，在底部割肉卖出。最近市场跌得很厉害，这些投资人亏得很厉害，心痛得很厉害，他们的想法完全变了。以前在牛市里顺风顺水时，他们的想法是投资无风险，轻松赚大钱。现在熊市来了，这些投资人的想法变成投资有风险，容易亏大钱，自己既然不懂投资，就不应该瞎折腾。这样的结果是，投资人的风险态度发生了一个180度大转变，从风险规避不足，变成风险规避过度。

· 最近亏得很惨的痛苦经历，让投资人对未来的一切都持负面态度，他们变得倍加谨慎小心。

- 因为投资人现在把投资和亏损联系在一起，而不是把投资和盈利联系在一起，这让他们的投资过程更加强调规避更大损失，而不关注抓住投资机会。
- 投资人想要确保自己的假设足够保守，能够排除任何会带来失望的可能，他们现在开始运用极端的怀疑主义。
- 他们发现，要识别，甚至想象有足够安全边际的投资，是根本不可能的。
- 因为他们觉得到处都有风险，所以即使对于现在已经是高得离谱的风险溢价，他们也还是觉得它不够高。
- 他们变得毫无安全感。过去的过度风险容忍，让他们成了在牛市高点以过高价格买入资产的冤大头。现在他们高喊着要风险规避，这让他们在市场底部割肉卖出。即使不卖，他们也绝对不会买入。

这就是问题的关键。在这种情况下，投资人对风险的感觉过于夸大了，资本市场线的斜率变得过大了。

我前面说过，过度风险容忍导致资本市场线变得平坦，现在的情况正好完全相反。过度风险规避，让资本市场线的斜率变得过大，这意味着每增加一单位的风险所带来的预期收益率增长非常高。这就是风险规避的市场，它能为风险承受行为提供非常高的回报。因此，在大家都拒绝风险的时候，你多承受一份风险就能够得到更大的收益（见图 8-4）。

随着风险态度从高到低来回摆动，投资机会也从盈利到亏损来回摆动。市场顺风顺水的时候，资产价格就会飙升，投资人往往以为未来一片光明，风险是朋友，赚钱很容易，每个人都感觉良好。这意味着，只有极少的风险规避包含在定价之中，因此这样的市场价格充满了危险。投资人变得过度风险容忍，而此时反而是他们最应该提高风险规避意识的时候。

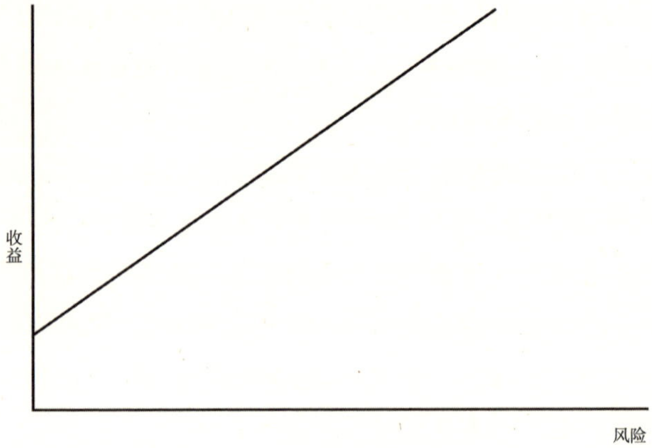

图 8-4　资本市场线斜率变大

后来诸事不顺，市场转头向下，投资人的情绪也急转直下。投资人会把市场看作容易亏钱的地方，风险大到需要不惜任何代价进行规避，所遭受的损失会令人非常沮丧。正如我在上一章中所说的，过度小心谨慎的气氛笼罩整个市场，结果：（1）没有人会接受在定价中纳入哪怕是一丁点儿乐观主义的可能性；（2）投资人根本不可能接受“太糟糕，但不可能是真的”的假设。

正如风险容忍在市场顶部会高到无限高一样，风险容忍在市场底部会低到无法再低，人们简直不允许存在任何风险。这样极端的负面看法，导致市场价格跌到底部，以至投资人在这么低的价格水平买入，亏损是完全不可能的，而盈利却是十拿九稳的，而且收益率极高。但是之前市场下跌的刺痛感仍在隐隐作痛，让投资人只想提高风险规避，只愿意坐在一边观望，尽管价格处于最低水平（风险自然也是处于最低水平），他们却碰都不愿意碰。

~~~

我想在这里提供一个投资人风险态度大转变的真实案例，并为本书增加一些定量分析。以下内容节选自我在2004年7月写的投资备忘录《良好平衡》：

> 风险容忍（或者风险忽视）横扫市场，在20世纪90年代后期非常明显。我亲耳听到一家著名券商的策略分析师说："股票确实定价过高，但是还没有高到不能买的程度。"当时我们都听到华尔街上有人说："我的401（k）退休养老金投资组合都涨了这么多了，就是跌1/3，我也不会往心里去。"（过了两三年，整个美国股市下跌了一半，不知道他们此时心里做何感想。）
>
> 不，这样过度风险容忍的态度不会永远持续下去。最终，一些出人意料的事情会突然发生，暴露出证券存在缺陷，价格过高。之后，市场价格就会下跌。股票涨到100美元的时候，投资人非常开心，还想追涨买入更多股票。可是，后来股票跌到60美元的时候，价格更便宜了，投资人却不喜欢这些股票了。因为投资人都是喜涨怕跌、越涨越高兴、越跌越害怕的，他们害怕剩下的60美元老本也会亏掉的恐惧心理，已经压过了急于捞回40美元损失的冲动。风险规避最终重新占据上风，而且常常会走到极端风险规避。
>
> 我们对这个风险态度周期做一些量化分析。1998年年中，就在长期资本管理公司崩溃让那些执迷于高科技股的投资人回
~~~

归理性之前，只有125亿美元的非违约债券收益率超过20%（超过20%这个门槛，就要被贴上“不良债权”的标签了）。因为投资人不是非常担心风险，他们要求超高收益率债券，但这样的债券相对而言占非违约债券的比例很小。“快乐无忧”这个词，可以说是对投资人风险态度最好的描述。

但是长期资本管理公司的灭亡唤醒了投资人的风险意识，这时他们才惊觉风险很大。1999年，收益率超过20%的债券规模上涨了3倍，达到387亿美元。2002年年中，公司丑闻频发，引发整个债券市场陷入恐惧，收益率超过20%的债券规模增长到1 056亿美元，是1998年125亿美元的近8.5倍。风险规避不足持续了很多年，后来又一下子从风险规避不足变成风险规避过度，这一点有后来所发生的事件为证。到2004年3月31日为止，收益率超过20%的债券规模大幅下滑了85%，降到只有162亿美元，风险规避程度大大降低了（可能又变得不足了）。我敢肯定，经济和企业基本面的波动，无论如何也不会像债券价格和收益率一样波动得如此厉害，更不会像不良债权的规模一样大起大落。和往常一样，现实情况波动并没有那么大，但是投资人心理和情绪的钟摆的摆动幅度却会极度被夸大。

总体上，投资人在过于风险容忍的时候，证券价格水平所孕育的风险会超过收益。投资人过于风险规避的时候，证券价格水平提供的收益会超过风险。

《良好平衡》这份备忘录，受到我妈妈的人生智慧的启发，她老人家一直不断地提醒我，凡事不要走极端。我们应该努力在大多数事情上坚持中庸之道，过犹不及，所以我们要尽量在过多和过少之间保持合理平衡。

作为一个投资人，我有近50年的投资经验，这让我坚信，这种快乐的中庸之道在生活中很常见，在投资上却非常罕见。回顾一下图2-2，你也许会发现，有个地方令人印象深刻，在a、d、g三个阶段，即复苏阶段、回调阶段、再次复苏阶段，周期现象都是从极端点反转，向着更合理的均值回归。这是多么理性的事情！

但是，接着我指出，通常情况是这样的，发a、d、g三个阶段，周期从极端点开始“修正”回归中心点，但是在到达中心点后，却并不停留，而是一晃而过，继续走下去，进入b、e、h阶段，即上涨阶段、下跌阶段、再次上涨阶段，冲向相反的另一个极端。

统计学家如果看了这幅图，就肯定会告诉你平均而言，图中这个周期现象是在中心值附近波动，或者分布在长期趋势线附近，但是我们大多数人都不会像统计学家那样观察，我们看到的是这个周期现象一直运动：它不是回归中心点，就是摆离中心点。事实上，周期在最高点和最低点两个极端点停留的时间，明显多于在中心点停留的时间，也就是说，周期走极端的时间明显多于走中庸之道的时间。大多数投资人对风险的态度几乎一样。

投资风险的最主要来源是什么？负面的经济变化？公司经营未能达到预期？公司的产品变得没有竞争力了？盈利下滑？信用评级降低？不，这些都不是。投资最大的风险来源于资产价格内含的估值水平高得太离谱了，它是被一种新的有毒的投资逻辑鼓吹出来的，从基本面看它完全不合理，从而导致资产的估值水平高到完全不合逻辑。什么时候价格会涨到过高的估值水平？风险规避态度消失不见，小心谨慎也蒸发不见，风险容忍和乐观主义主宰整个市场，这时资产价格会如火箭般飙升。这种估值水平极高的情况，是投资人最大的敌人。

风险规避不足时会发生什么？

2007—2008 年的全球金融危机，是金融市场最大的暴跌之一，也是我一生中看到过的最惨烈的暴跌，自然它也给我们上了一堂最好的投资课，值得我们一再观察、反思、学习。这次全球金融危机之所以发生，是因为之前出现了一系列的发展变化，并为危机发生打下了基础，设定了背景。下面的清单列出了其中一部分全球金融危机发生的背景因素：

· 政府政策支持自有住房扩张，从定义上讲，包括那些历史上根本买不起房的人，现在也能买得起房了，而这个时候房价正在飞速上涨；
· 美联储推动利率下降，导致结构化 - 杠杆抵押证券等这些高收益金融工具的需求上升；
· 银行之间形成一股上升的热潮，抢着发放更多的住房抵押贷款，并将其打包，然后转手卖出去（而不是自己留着）；
· 借贷、结构化、信用评级、投资方面的决策，都基于很低的历史债券违约率，人们不加怀疑地简单推断，未来也会很低；
· 以上四点导致银行更加急于发放更多的住房抵押贷款，相关的贷款标准降低了；

· 没有经过检验的新型抵押贷款支持证券产品被开发出来了，承诺高收益又保证低风险，在这个没有一丝怀疑的市场形势下，诱惑力大到根本挡不住；
· 保护金融行业的法律法规放宽了，比如《格拉斯－斯蒂格尔法案》不再禁止金融机构混业经营，原来卖空交易有个报升规则，规定报价必须高于最新成交价（以防止利用不间断的卖空迫使股价下跌，但 2007 年全面撤销），原来法律限制银行最低杠杆率水平，后来准许提高到接近 3 倍；
· 媒体大量发表文章，声称由于以下三股力量合在一起，风险已经被消灭了：
  （1）第一股力量是美联储，操作手段非常高明，完全值得信赖，只要经济增长出现放缓，美联储就会及时出手，注入流动性，刺激经济增长；
  （2）第二股力量是中国和石油输出国，美国多余的流动性会流到向美国大量出口的中国，流到向美国出口石油的石油生产国，而这些美元绝对会重新回流到美国市场，因为中国和那些石油输出国肯定会购买美国国债等美国资产，由此进一步推高这些资产的价格；
  （3）第三股力量来自华尔街，华尔街创新性地推出新型金融衍生产品，对风险进行“信用分级”，就像把面包切成薄片一样，并大力推广，然后在市场上找到最适合的买家来分别承担这些风险。

以上所有这些因素表明风险容忍非常普遍。事实上，这些因素出现的前提条件是风险容忍主导投资方、放贷方、借款方、监管方的心理。这样过度风险容忍的存在，在全球金融危机发生的前几年，明眼人就看得非常清楚。这本来应该让人极度担心害怕，因为它暗示着金融市场上普遍缺乏担心、谨慎、怀疑。

不可避免的后果是，这些发展变化以及背后的风险容忍或者风险遗忘，最终导致不安全的金融投资行为，特别是有些金融投资行为的途径是发行那些靠不住且可能违约的金融工具。能够借到的资本规模很大而且利率很低，让买家乐坏了，他们肯定觉得遇上了购买资产的“黄金时代”。但是这个投资的黄金时代的标志并不是遍地黄金，遍地可见质量可靠又价格便宜的资产。相反，杠杆融资非常易得，让人很容易重仓追涨买入那些已经涨了很多的资产，或者投资那些新型投资产品。而这些产品没有经过检验，由人为合成，被加了很多杠杆，而且其中很多产品一定会违约。

也许最重要的是，在这些助长危机的因素中，有一段时期的典型特征是金融机构的行为特别危险。那时，整个世界一片光明，宏观环境很有利，金融行为和金融创新特别活跃。作为资本提供者的金融机构形成了一个大趋势，纷纷抢着给钱，争夺市场份额，这个过程我称之为“逐底竞争”（我后面引用的投资备忘录就是以此为标题的）。2005—2007 年的市场情绪，有段话概括得最精辟，那是花旗集团首席执行官查尔斯·普林斯在 2007 年 6 月时所说的，几乎就在全球金融危机爆发的前夜。他的这段话成了那个时代的象征：“把流动性比作音乐，就像人们在玩听音乐抢椅子的游戏，要是音乐停止了，事情就变得复杂了。但是只要音乐一直在响，我们就必须站起来继续跳舞。我们现在还在继续跳舞。”

换句话说，银行只能去做这些事情，而且过去一直在做这些事情，因为它们的成功取决于这些不正常的有利情形能持续多久，如果这些事情变得正常了，它们做的事情就要出问题了。但是没有一个银行家会拒绝参与游戏，因为他们害怕失去市场份额，这会让银行家丢掉自己的金饭碗。尽管这些金融工具是没有经过检验的，可能有缺陷，但是没有人愿意放过参与的机会，因为放弃就会丢掉市场份额。正是这种群体行为代表了周期，创造了周期……也加重了周期。

从理论上讲，一家银行的首席执行官本来可以拒绝加入这种愚蠢的群体行为。但是在当时那种现实情况下，谁要是坐下来，不去跳舞，就会丢掉市场份额，在这个轻松赚钱的市场上错失大把赚钱的机会，结果只能眼睁睁地看着竞争对手赚得盆满钵满，那些激进的大股东肯定不干了，会马上召开股东大会把这个首席执行官换掉。因此这些银行疯狂地抢业务，争着提供资本，就好像在听音乐抢椅子的游戏中音乐永远不会停止一样。但是你如果稍微懂一些周期，明白有涨必有跌的道理，就会很清楚音乐最终会停下来的。这种风险容忍和风险遗忘在周期的上升阶段，扮演着必不可少的重要角色，但是也为后续周期的急剧下行阶段打下了基础。前面我们讲过，周期就是这样的，大涨引发大跌。

2005—2007 年，我们有很好的机会观察到一个事件接着一个事件发生，把市场参与者对待风险的态度展现得一清二楚，这有助于我们从中得出有益的分析结论。我相信，下面这些内容能为你提供一个很好的案例。这些内容节选自我关于这个主题所写的一份投资备忘录《逐底竞争》，那是我在 2007 年 2 月写的，几个月后就出现了第一个信号，糟糕的日子要来了。这些内容表明从孤立的、有些如逸事一般的个人经验中，我们也能吸取不少有潜在价值的经验教训：

最近几年，尽管我多次因看到资本市场的过度表现而目瞪口呆，甚至有些见怪不怪了，可是这一次竟然让我大喊大叫，“这件事我一定要写一份投资备忘录”。那是我最近一次到英国小住时，看到报纸上的新闻报道时的反应。那天是 2006 年 11 月 1 日，我看的是《金融时报》，上面有篇报道是这样写的：

“阿比，英国第二大房屋贷款提供机构，最近提高了住房贷款上限，升至借款人个人年收入或者家庭合计年收入的 5 倍，和过去只有年收入 3.5 倍的传统借款水平相比大幅提升。这家机构明显是在跟进同行，就在上周，爱尔兰抵押贷款银行与布里斯托 - 韦斯特这家老牌抵押贷款机构，决定提高住房贷款上限为年收入的 4.5 倍。”

换句话说，一直以来，一条传统经验法则告诉我们，借款人能够安全地处理的住房贷款面值相当于其年收入的 3 倍。现在借款人能够借到的住房贷款可以达到其年收入的 5 倍，提高了 50% 以上。从中我们能够推测出什么？至少有四种可能性：

· 老的贷款标准太保守了，新的贷款标准才是正确的。
· 情况已经发生变化了，因此新的贷款标准按照现在的情况来说是保守的，就像老的贷款标准对于过去的情况来说是保守的。
· 对于抵押贷款人来说，他们接受更高的违约率，并因此降低贷款净利润也是合理的，所以放宽贷款标准能使业务规模扩大，由于贷款机构的资本成本下降了，所以其贷款业务整体的净利润会随着规模增长而增长。

· 或者因为同行都抢着把钱放出去，从而导致资本提供者为了争夺市场份额而放松贷款标准。

当然，我本人并不是英国住房抵押贷款市场的专家，而且我写这份投资备忘录的出发点是评论整个资本市场的趋势，而不是其中任何一个板块。此外，有一点肯定是事实，现在的低利率政策意味着，同样高的薪水能支撑人们负担更多的抵押贷款，而且今后可能会一直如此，他们只要满足两个条件就行：第一，借款人能保住工作，有足够多的薪水还房贷；第二，他们借的抵押贷款是固定利率的。但是如果你认为，阿比这家英国第二大房屋贷款提供机构所采取的提高住房贷款上限这一步，也许基于类似的合乎逻辑的理由，那么我们要问的问题是为什么时间选在此时。

合乎逻辑的理由和清醒的决策制定，也许会牵涉其中。但是这也会涉及另外两个方面：一是贷款机构争着把钱贷出去，抢夺市场份额；二是通常到了后期接近顶点的时候，大家都相信“这次不一样”。贷款机构和投资人总会背离久经考验的纪律和原则，而这个时候周期往往快要走到极端点了，因为他们现在都相信，现在的情况与过去普遍存在的情况不一样，而那些纪律和原则在过去那种情况下适合，现在因为情况变了，所以不适合了。同样会出现的结果是，事实会狠很地教育这些人，周期还会重复，这次还是和过去一样，什么也没有改变。

随着房价上升，利率却在下降，我们在美国住房抵押贷款市场上看到了什么情况？首先我们看到的是低首付，其次，我们看到的是比较高的贷款与房屋价值比值，再次是百分之百的贷款融资，然后是低月供贷款，再然后是零月供贷款，最后是银行不要求有工作证明或信用记录，人们就能拿到房屋抵押贷款。以上发生的所有情况，能让更多的买房人贷到更多钱，让更多的房屋买家扩大预算购买更贵的房子。但是与此同时，这也让他们的住房抵押贷款对于贷款人来说，风险更高了。这些事情发生的时候，房屋价格已涨到天上了，而贷款利率则降到了地下，好几代人都没有见过这么低的贷款利率了。最终，买房人得到的抵押贷款，按照其收入水平和普遍的低利率水平来说，是最大的贷款额度。他们拿到这么多的抵押贷款，让他们住进梦寐以求的好房子……只要情况没有变坏，他们就能一直住在这套好房子里，但是无一例外，情况总会变坏。

你还记得吗？有一个电视真人秀节目《听旋律猜歌名》，节目里有一个游戏是，“你听几个音符就能说出歌名”。第一个参赛者说：“我只听 6 个音符就能说出歌名。”接下来，第二个参赛者说：“我只听 5 个音符就能说出歌名。”再接下来，第三个参赛者说：“我只听 4 个音符就能说出歌名。”最终能得到机会听旋律猜歌名的参赛者，是那个愿意接受最危险条件的人，他愿意在知道最少信息的基础上去试一下。

和那个听音符猜歌名的比赛类似，爱尔兰银行加入了抢着贷款给买房人的比赛。爱尔兰银行说：“我能给借款人年收入 4.5 倍的贷款。”接下来阿比银行说：“我能给借款人年收入 5 倍的贷款。”和听音符猜歌名的游戏比赛一样，这像是一个拍卖竞价抢贷款的游戏，所谓的“赢家”银行，肯定是放的贷款金额最高，而要求的收入最低，也就是要求的安全保障水平最低。最终，谁是真正的赢家，谁是输家，等到这个周期反转，就会变得一清二楚了，就像美国房贷市场上年的情形一样。但是有一点是确定无疑的，投资人正在进行一场逐底竞争……比赛看哪家机构敢用最小的容错安全边际来做贷款……

不管如何进行信用分级，最近这些年来，住房抵押贷款的标准确实都降低了，风险确实都增加了。这样做合乎逻辑吗？也许合理吧。是周期引起（并加剧）了这种情况吗？我想说，是的。英国《金融时报》援引美林证券的银行业分析师约翰·保罗·克鲁切利的话说："阿比银行发放给借款人年收入5倍的住房抵押贷款，也许是完全合情合理的，也许是极度危险的。"可以肯定的是，这让住房抵押贷款的风险更大了。再过几年，我们才会看清楚，这样做是聪明地承受风险，还是因为竞争而头脑发热……

如今金融市场的状况，我们可以很容易地总结如下：全球流动性泛滥，对传统投资兴趣极小，很明显投资人几乎不关注风险，到处都是预期收益率微薄。因此，作为获得足够高的潜在收益率（但还是低于过去承诺的收益率）而支付的代价，投资人很容易接受相当大的风险。这些风险的形式有：高杠杆率，没有经过检验的衍生产品，虚弱的交易结构。现在的周期在形式上不是非同寻常，只不过在幅度上大得非同寻常。依我看，最终的结果其实很清楚，并不神秘，但是在周期目前所处的这一点上，看起来最风光的是那些乐观主义者。

我完全可以把这份备忘录写得篇幅更短，只要引用我最喜欢的两句名言就行了。

第一句名言是约翰·肯尼斯·加尔布雷斯所说的——很遗憾老先生去年刚刚过世。我很荣幸，在一年半之前，能够有幸拜见加尔布雷斯先生，当面求教，亲耳聆听他的智慧。这句名言，也是来自他那本堪称无价之宝的经典名著《金融市场狂热简史》(*A Short History of Financial Euphoria*)。这段话读起来特别适合当前的市场情况：

“助长金融市场狂热兴奋的因素还有另外两个，不论是在我们这个时代，还是在过去的时代，都极少有人注意到。第一个因素是，人们在金融投资上的记忆极其短暂。后果是那些金融投资大灾难，投资人很快就完全遗忘了。更进一步的后果是，同样的或者非常相似的情形再次出现，有时距上一次发生才过了短短几年，却受到新一代投资人的一片欢呼。新一代投资人，通常很年轻，总是非常自信，称其为卓越的重大创新发现，会改变金融世界，甚至改变整个经济世界，却不知道这种事情在历史上造成了金融大灾难。在人类积极努力不断进取的领域里，极少有像金融领域这样，历史所占的分量简直无足轻重，过去的经验，其实就是记忆的一部分，却被年轻人鄙视为那些老古董的避难所，因为那些老古董没有见识，欣赏不了现代金融世界不可思议的伟大奇迹。”

第二句名言是沃伦·巴菲特先生所说的，可以说它是投资最基本的原则。巴菲特用这句话提醒我们，一定要根据你身边大多数投资人的行为来相应地调整自己的投资行为。巴菲特说的这句话更短，却可能更加有用：“别人处理自己的事情越不谨慎小心，我们处理自己的事情就越要谨慎小心。”

这份投资备忘录，可以简短地总结为下面一句话：有一场逐底竞争正在进行，表明那些投资人和资本提供者普遍没有那么小心谨慎。在现在这个时间点上，没有人可以证明那些参与者会受到惩罚，或者他们的长期业绩会更差，那些和他们唱反调而反向操作的人的长期业绩却会更好。尤其长期来看往往如此。

如果你拒绝与大多数投资人为伍，不参与无忧无虑的、不考虑风险的市场，就像今天的市场，那么一段时间之后，你会受到双重打击：一是从业绩来看，你是一个落后的大输家，输了比赛；二是从群体来看，你像是一个落伍的老家伙，输了面子。但是，付出这两个代价，也没有什么大不了的，只要你人还在（钱还在）——其他人最终钱没了，人也没了。从我个人的经验来看，随意追涨买入就能轻松赚钱的时代最终会过去，随之而来的是一波市场修正，这时报应就来了，惩罚也来了。也许，这次不会发生这样的事，但是我可不愿意承受那种风险。与此同时，橡树资本及各位同人会继续坚持不盲目从众的准则。因为坚守这个准则，过去 20 多年让我们受益良多，业绩很好。

沃伦·巴菲特用一句话就概括了我上面所说的所有内容，而且这句话我一直奉行。我觉得巴菲特的这句名言很好地概括了投资人容易盲目从众的群体现象，也很好地总结了面对这种群体现象我们要采取的逆向投资策略。投资大众越不够担心风险，不够小心谨慎地行事，就越应该像巴菲特所说的那样，变得更加谨慎小心，决不轻易地追涨买入。但是这还不够，在相反的情况出现时，投资大众陷入恐慌和焦虑，不能想象还会有什么情况值得承受风险去投资，我们也应该像巴菲特先生所说的那样，反众人之道而行之，应该变得更加激进，勇敢地低位买入。

风险规避过度的时候会发生什么？

关于金融周期的不对称性，我在第2章花了很长篇幅详细地做了描述。金融周期的不对称性基本上可以保证，像2005—2007年那样容忍风险的环境，以及所引发的金融工具发行大繁荣，其后市场肯定会出现一波惨烈的修正。

我在前面讲过，希望2007—2008年的全球金融危机，能够成为我们一生中只有一次的"绝佳机会"——亲眼见证两个周期的巨大反转，心理和情绪钟摆非理性地从完全正面摆到完全负面，风险态度周期从过度风险容忍反转为过度风险规避。

2005—2007年，过度风险容忍引发的行为就像我在前面所描述的那样，其实一直都像在"蒙眼狂奔"，结果给投资人带来了巨大痛苦和损失：

- 后来事情变得很清楚了，努力扩大自有产权住房，导致很多本来买不起房的人买了房子。成千上万的家庭用来投资购买住房产权的钱都亏掉了，他们的搬家成本以及他们对房屋所做的装修成本，也都一道亏进去了。
- 很多次级住房抵押贷款，在借款人根本没有工资收入或者就业证明的情况下就被发放了，结果表明这样的操作很不明智。
- 住房抵押贷款标准过于宽松，再加上贷款机构后台审核不严，形成了大量不良抵押贷款，这样的结果并不令人吃惊。那些借款人根本不可能按约还本付息。

· 从抵押贷款的历史数据来看，违约率很低，在此基础上人们进行简单的推论，预测未来违约率情况。这样做忽视了一种可能性，即抵押贷款操作过于宽松，导致违约率高到前所未有的程度。

· 证券构建决策、债券评级、损失预测，都基于历史违约率，而实际违约率超过历史违约率，导致基于次级贷款所构建的结构化证券和杠杆证券的违约率高得惊人，由此证明评级机构一直以来对这些证券所做的很高的信用评级都是错误的。

· 杠杆抵押贷款支持证券（以及大多数内含很高杠杆水平的金融衍生产品），原来都被认为是收益增强的工具，后来都变成了金融大规模杀伤性武器，因为这些杠杆基金和证券违反了贷款协议，发行人根本不能按约如期还本付息。

· 当然，这些新型的金融产品表明，金融创新所标榜的保证高收益、只有低风险，极少能够说到做到。

· 由于放松管制，原来《格拉斯－斯蒂格尔法案》禁业混业经营的规定撤销了，金融混业经营得到允许，结果导致了严重问题；废止报升规定，让金融机构的股票受到做空的无情打压，一路狂跌；结果证明，有些银行在法律法规允许的高杠杆水平下根本无法生存。

前面所说的每件事都发生了，后果严重：大规模抵押贷款违约；银行收回不能按期还款的抵押住房；抵押贷款支持证券的评级下调及违约；房屋价格崩盘及现有房子根本卖不动；股市崩盘，公司债券市场崩盘，流动性消失；信用完全枯竭；大量银行无力支付借款利息，寻求政府援助，甚至破产。

> 当然，那些大家都觉得不可能发生的事件都发生了，导致信贷危机。很多糟糕的事情都发生了，原来大家认为这些事情是不大可能发生的（甚至觉得它们根本不可能发生），但是后来这些事情不仅发生了，而且同时发生了，这令那些使用了高杠杆的投资人和金融机构大祸临头。（投资备忘录《消极态度要有极限》，2008 年 10 月）

对于投资者以及其他金融系统的参与者来说，以上所有这些事件所产生的心理影响累积起来会有多大？简单地说，大得令人生畏。这时，整体恐慌取代了高度信心，过度风险规避取代了过度风险容忍。2008 年雷曼兄弟破产后，就发生了这样的情况。卖家成群结队地抛售，量大，价低，急于卖出，可是买家都站在一边，不敢出手。资产价格崩盘了，市场流动性降到了零。

所有这些事件都产生于高风险容忍退位和高风险规避取而代之。所有这些事件都在火上浇油，助长了更大的恐惧，更高的风险规避，让大家更加害怕会有更多同样的坏事发生。人还是同样的人，原来买入未经考验的金融工具是基于积极利好的假设和好得简直像做梦一样的承诺，现在这些人的看法完全变了，大家都相信整个金融体系可能崩溃。

为了提供一个案例，让大家实际看看投资人风险态度周期摆动到过度风险规避会是什么样子，影响会有多大，我来分享一个真实的故事，也是我的亲身经历，就发生在雷曼兄弟破产前的几个星期。就是这件事激发了我的灵感，令我写下了一份投资备忘录《消极态度要有极限》。

橡树资本组建了旗下的第一只杠杆基金[1]，也算是稍微追赶一下潮流，时间就在金融危机发生前的几年。我们运用的杠杆水平要比别人低得多，比如，我们的欧洲优先贷款基金的杠杆为股东权益的 4 倍，而更加传统的杠杆是 7 到 8 倍，而且我们在选择购买的资产时非常保守，但是后来发生的事也把我们逼到了基金崩盘的悬崖边。就在次贷危机之前，优先级贷款或者“杠杆”贷款，甚至那些有信用问题的贷款——100 美元面值的贷款，其交易价格也很少低于 96 美元。因此，我觉得我们几乎不大可能收到需要追加保证金的通知，即贷款机构要求追加投入更多的权益资本。按照我们的借款协议，只有我们组合中所持有的那些贷款平均市场价格从 100 美元跌到 88 美元时，才需要追加保证金。

但是，在雷曼兄弟破产之后，贷款价格跌到了历史新低，因为受到多方面的压力，其中最突出的压力是银行着急抛售贷款。这些贷款本来是那些杠杆基金所持有的，它们收到了追加保证金的通知，却找不到钱追加投资，此时，银行只能强行平仓，抛售其组合持仓的贷款。结果，100 美元面值贷款的市场价格平均跌到了 88 美元，如此，追加保证金、崩盘，原来觉得相当遥远的

1. 美国的基金和中国的有所不同，中国基金多为契约型，持有的基金按照份额计算。美国的基金多为公司型。基金就是一家股份公司，基金持有人就是股东，持有的基金按照股份计算，投入的基金相当于我们经常说的股份公司的股东投入资本所形成的股东权益。这里所说的杠杆就是公司资产与股东投入资产（股东权益）之比。假设股东每投入 1 元，从银行借 4 元，这样公司的资产为 5 元，杠杆，即资产与股东权益之比，为 5∶1。——译者注

事情，现在却成了摆在眼前的现实。我们向贷款人争取了一些时间去找钱，打算找基金投资人筹资，让他们投入更多的权益资本，把基金的杠杆从 4∶1 的资产与股东权益之比降到 2∶1。我们一讲，投资人就明白了，这代表了一个机会，他们按照现在折价之后的市场价格保留贷款，而不是按照这样便宜的市场价格放弃持仓的贷款潜在的高收益，而且能从基金的低成本杠杆中受益。结果，这些基金投资人大多数都同意了我们的看法，按照我们的要求，追加了投资。我们的基金杠杆水平从 4∶1 降到了 2∶1，基金的保护层增加了，更不容易落到追加保证金的地步，除非我们持仓贷款的平均价格从 100 美元面值跌到不可思议的 65 美元，也就是说亏损 1/3。

但是由于买家严重匮乏，连续不断地要求追加保证金，再加上对冲基金为应对基金赎回而被迫卖出，结果造成贷款市场继续呈螺旋形下跌，原来大家所说的“合理价格”也靠不住了，现在变成大家普遍担心再低的价格也很难撑得住。最终，我们持仓的贷款组合的平均市场价格跌到了接近 70 美元。我也没招了，决定再次降杠杆，资产与股东权益之比从 2∶1 降到 1∶1，这样，基金的权益资本可以完全覆盖基金的债务，我们可以完全免除银行贷款协议的条款约束了，也就是说再也没有必须追加保证金否则强行平仓的危险了。

我让基金投资人追加投入了更多的权益资本，就是提供给基金投资人一个投资机会，出资让基金能够保留持仓的贷款，他们的到期收益率能达到两位数，而且因为整个基金运用了 1∶1 的杠杆，杠杆收益率能够达到 20% 以上（扣除费用和潜在违约损失之前）。但如果这轮增资之前的老投资人不能按其持股比例来足额增资，允许其他人出资补缺，其实相当于卖出自己持有基金组合的一部分权益，那么他们损失的是未来 20% 以上的年收益率。

但是，当时投资人可以说身处危机之中，市场价格一路狂跌，基金清盘，整个市场只有卖家没有买家，这些情况混合在一起，让一些基金的老投资人非常为难，他们不愿意第二次追加资本。有些投资人也是基金经理，自己管理的基金投资组合持仓到处都有问题，不得不频频救火，已经疲惫不堪。有些投资人不是那么重视第二次增资我们这个基金的机会，不把它看得像拯救他们自己的投资那样重要，而是可能将其看作“为了捞回亏损再拿更多钱去赌”。有些投资人手上根本没有流动资金。有些人不愿意再和他们的老板下功夫解释为什么还要第二次追加投资。在市场跌到谷底的时候，投资人采取行动继续投资极其困难，需要巨大的信心和勇气。在说服投资人第二次增资的过程中发生了这么一件事，我来说给大家听听。

我去拜访一家养老金投资基金，也是我们这只基金的投资人，向他们解释第二次追加投资本金的理由。我一五一十地推算出基金到期收益率会超过 20%，这家养老金的基金经理一听也承认这确实很吸引人，但是他们十分担心贷款违约的可能性。于是我们就有了下面你来我往的这番对话：

养老金基金：请谈一下违约会导致你们这只基金投资不能成功的潜在风险？

霍华德·马克斯：高收益债在资本结构上优先顺位低于贷款，就像我们基金持有的贷款那样。最近 26 年高收益债的平均违约率为每年 1% 左右（请记住，违约债券也有重新恢复还本付息的。这意味着，我们的信贷损失一直是每年低于 1%

的）。因此，按照历史违约率水平来看，违约几乎不会减少我们这只基金20%以上的预期收益率。

养老金基金：但是如果情况变得比这更加糟糕呢？

霍华德·马克斯：在我们的基金历史上，最糟糕的那五年违约率平均为每年3%；很明显，相对于我们谈的基金预期收益来说，3%的违约率根本不是问题。

养老金基金：但是如果情况变得比这更加糟糕呢？

霍华德·马克斯：在整个高收益债领域里，即使根本不考虑基金经理有能力又有技巧地选择信贷来避免违约，历史平均违约率也只有每年4.2%，由此造成2%到3%的信贷损失。很明显，这不会对我们这只基金造成多大损害，因为我们的预期收益率有20%多。

养老金基金：但是如果情况变得比这更加糟糕呢？

霍华德·马克斯：从整个高收益债领域来看，历史上最糟糕的五年平均违约率为每年7.3%，这也不是什么问题。

养老金基金：但是如果情况变得比这更加糟糕呢？

霍华德·马克斯：高收益债历史上最糟糕的那一年，违约率为12.8%，即便如此，我们20%多的预期收益率，扣除违约损失之后，也还能够获得相当高的收益率。

养老金基金：但是如果情况变得比这更加糟糕呢？

霍华德·马克斯：按照历史上最糟糕的一年12.8%的违约率，再乘以1.5倍，差不多19%，即便如此，按照这只基金20%以上的预期年收益率来看，我们还是能够赚到一点儿钱的。假如结果是我们只能挣到这么一点儿钱，那么前提是这样极高的违约率必须年年如此，而不是只有一年如此。

养老金基金：但是如果情况变得比这更加糟糕呢？

这时候，我就忍不住问了："你们持仓里有股票吗？"我告诉他们，如果你们手上持有股票，你们就会真的相信未来会发生像世界末日一样悲惨的情况，就像你们一直不断地追问我"如果情况更加糟糕"。你们最好马上离开房间，把手上的股票投资全部卖掉。

我的观点是，负面环境导致投资人过度风险规避，他们对投资仔细检查到无比苛刻的地步，他们的负面假设比十八层地狱还深不见底。反过来，在牛市里，投资人心理冲动，头脑发热，做投资之前很少检查，甚至根本不做检查，而且对未来的假设是一片光明的。在恐慌的时候，人们用百分之百的时间确定不会有任何损失……其实在这个时候，他们应该担心的反而是，可能会错失极佳的投资机会。

极端的否定态度加上夸大的风险规避，可能导致价格已经低到不能再低的程度了，再亏损，看起来是高度不可能发生的事。因此，这个时候亏钱的风险反而是最小的，正如我在前面所指出的，世界上最危险的事情是相信根本没有风险。用同样的说法，最安全（也是报酬最丰厚）的买入时机，通常是在每个人都相信根本没有赚钱希望的时候。每个人都失去赚钱希望的时候，反而是最有赚钱希望的时机。

对我持有的每笔投资，如果我只能问一个问题，那么我会问一个很简单的问题：市场价格里面乐观主义的因素占了多大比例？乐观主义水平高，意味着可能发生的利好已经纳入定价了；相对于内在价值来说，市场价格过高，只有很小的安全边际，如果未来发展不如预期而令人失望，那么市场就没有容许犯错的余地。但是乐观主义水平如果很低，甚至没有，就有可能导致市场价格很低，业绩预期不高，负面的意外不大可能发生。乐观主义稍微有一点儿好转，就会导致市场价格上涨。我和养老基金的那段对话有重要意义，原因很简单，在投资人的思考中，所有乐观主义成分都像被拧干的毛巾一样，一滴水也拧不出来了。

和这家养老基金交流后，我可以说是一溜小跑奔回办公室，写了一份投资备忘录《消极态度要有极限》，我表达的看法是：大致在这个时点，投资人的风险态度周期已经走到了极端，我们可以用最低的价格买到大多数债权。在这份投资备忘录里，我分享了下面这些体会：

> 很多坏事情，我们过去觉得不大可能发生，甚至觉得根本不可能发生，现在都发生了，而且是同时发生，对于那些用了很高杠杆做投资的人来说，简直是世界末日。所以，最简单的解释是，在这场信贷危机中投资人之所以受到严重损失，是因为他们过去一直不够怀疑，不够悲观。
>
> 但是这让我顿悟：怀疑主义和悲观主义不是同义词。乐观主义过度的时候，怀疑主义会召唤悲观主义。但是，悲观主义过度的时候，怀疑主义也会召唤乐观主义。我会对这个主题再做更多阐述，但是我要表达的意思其实就这么简单。
>
> 逆向主义，就是和别人做的事相反，或者说“逆风行驶”“逆水行舟”，是投资成功必不可少的关键因素。但是随着信贷危机上周达到顶峰，人们屈服了，不再顶风前行，而是转身顺风而跑。我发现，只有极少数人是乐观的，大多数人是相当悲观的，有些人发自内心地抑郁了，甚至有些人是我认识

的很了不起的投资高手。我知道，电子邮件里正在疯传更加负面的神话般的灾难预言——即将发生大崩盘。没有人利用怀疑主义说，“这么恐怖的说法不可能是真的”。悲观主义滋生更大的悲观主义。人们唯一关心的是加强投资组合的防御性，让它能够固若金汤，牢不可破，经得住即将到来的大崩溃，或者卖出持仓，账上保持足够多的现金以应对赎回。投资人上个星期没有做的只有一件事情，就是进攻，买入更多证券。所以证券价格一跌再跌，而且一跌就是几个百分点，有一个古老的说法是“跳空缺口”。

希望我这份对当时市场情况的记录，能够给你一种提醒——完全不合常理的过度风险规避是什么样子；也能给你另一种提醒——在这种环境下，你应该做些什么才是对的。

补充一下，我们这只基金的少数投资人，包括我那天拜访的那家养老基金在内，拒绝注入更多资金。我觉得，我是这只基金的基金经理，就应该尽我所能地保住这个基金，无论做什么，我也要让这只基金维持下去，于是我个人出资，补上了这些投资人的出资缺口。这时投资这只基金，就是在一个高度风险规避的时候投资不良次级贷款杠杆组合，结果这次投资机会成就了我这辈子所做的最赚钱的投资……这样绝佳的投资机会并不是我主动抢来的，而是在贷款价格便宜得简直荒谬的市场情况下，其他人都不愿意投资，白白送给了我这个机会。

~~~

这一章已经成了本书篇幅最长的一章。我写这么长，有一个很好的理由——我相信，态度决定一切，这一章讲的风险态度周
~~~

期属于最重要的周期之一。在《投资最重要的事》中，有一章很重要，它讲的是知道我们现在处在不同周期的什么位置非常重要。明白投资人如何思考和应对风险，也许是我们应该努力去做的最重要的事。简单地说，投资人过度风险容忍会助推市场大涨，形成风险，而投资人摆动到过度风险规避，则会压抑市场，创造出一些最伟大的买入机会。

理性的投资人勤勉分析，合理怀疑，适当规避风险，无论任何时候都是如此，但是也在寻找投资机会，以期获得较高的潜在收益，这样在弥补风险损失后，他们还有更多的剩余收益。在牛市的时候，我们听到很多人说："风险？什么风险？我看不大可能会出错：到现在一直都很好。不管怎么样，风险都是我的朋友，承担的风险越大，我赚到的钱可能越多。"

后来，到市场行情糟糕的时候，很多投资人完全转变了，换成了另外一套更简单的说法："我根本不在乎能不能在市场上多挣一分钱，我唯一在乎的是不要再亏钱了。给我赶紧卖出离场！"

有一点至关重要，你要注意到，既然理性的、不容易受情绪所控的投资人只是极少数人，那么投资人从整体而言在对待风险的态度上或者在心理和情绪的其他方面，极少能达到平衡状态，会随着周期波动而波动，或者随着钟摆摆动而摆动。一面是风险规避，迫使他们要小心谨慎，另一面是风险容忍，驱动他们积极买入。投资人总体而言往往不能在二者之间保持一个健康的平衡状态，在通常情况下，不是风险规避明显占上风，就是风险容忍明显占上风。他们在心理和情绪方面也是非常相似的：恐惧和贪婪，怀疑和信任，只愿意看到积极有利的一面，以及只愿意看到消极不利的另一面，还有其他很多心理和情绪钟摆也是如此。这些心理和情绪周期充分表明，投资人只有极少时间走幸福的中庸之道，大部分时间都在走极端。

投资人风险态度的波动震荡或者反复无常，既是某些周期造成的结果，也是其他周期的放大器。风险态度周期总会这样，没办法，可能人的心理和情绪天生就是容易走极端，在前景一片大好的时候，人的心理和情绪容易变得过于乐观和过于风险容忍，而当情形掉头向下的时候，人们又容易变得过于担心和风险规避。这意味着人们最想买入的时候，反而是最应该小心谨慎的时候，人们最不愿意买入的时候，反而是最应该激进买入的时候。卓越投资人能够认识到这一点，努力地做到反众人之道，进行逆向投资。

09

信贷周期

卓越的投资并不是来自买的资产质量好，而是来自买的资产性价比高——资产质量不错且价格低，潜在收益率相当高却风险有限。满足这些条件的最佳买入机会，多数是在信贷市场处于其周期中不是那么兴奋地扩张，更多的是恐惧地收缩的阶段。信贷周期猛地关上大门的阶段，最有助于形成到处都是便宜货的情形，比其他任何因素的作用都要大。

现在，我们研究周期的基础工作已经完成了。我们前面讨论过经济周期和企业盈利周期，二者构成了投资的基本背景。在此基础上，投资人的行为、心理和态度也会有周期性波动，随着基本面变化而发生相应的变化（而且往往会过于夸大基本面的变化）。现在，我们要讨论一些特殊类型的金融周期，你会注意到前面所说的这些基本周期的波动，强烈地影响本书后面章节中所说的特殊类型金融周期的波动。

正如我们前面讨论过的那样，有些行为，比如购买住房，对经济周期高度敏感，基本上是跟着经济周期走，而其他行为，比如购买食品，对经济周期并不是那么敏感。有些周期对经济其他方面有很大影响，而且对其他周期有深远的影响，但是其他周期并非如此。这一章的主题是信贷周期。信贷周期对经济周期高度敏感，对经济的其他方面和其他周期都有很大的影响力。最近，信贷周期波动特别反复无常，极大地影响了其他领域的活动，而所有这些周期波动又由于投资人心理和情绪周期波动的影响而加剧。我在第 7 章和第 8 章中讲的就是投资人的心理和情绪周期。

请注意，这一章我们谈的信贷周期，有时候也被称为资本市场周期。我个人并不觉得这种区分很重要。严格地说,“资本”是指企业筹集用来发展业务的所有资金。股东投入的资金被称为权益资本，俗称股本；向银行贷款或者发行债券借入的资金被称为债务资本,“信贷”指的就是这部分债务资本。在实务操作中，信贷周期和资本市场周期这两个名称似乎可以交换使用，不过我还是发现，说信贷周期的人多，说资本市场周期的人少。所以，我在谈论债券市场的时候，会一直用“信贷周期”这个说法，而当我讨论融资的整体松紧程度的时候，我会用“资本市场周期”这个说法。不管我用哪个说法，本质上都是一样的，而且最重要的是，适用于一个说法的考量因素，也同样适用于另一个说法。

以下内容节选自我在2010年12月写的投资备忘录《打开和关闭》，以及我更早之前在投资备忘录中写的一些东西，我把信贷周期放在一系列周期的背景之下进行分析：

> 请考虑以下事项：人们常常指责经济的上行与下行导致企业盈利波动，而企业盈利波动又导致证券市场的上涨和下跌。这样，一个周期影响下一个周期，像多米诺骨牌一样。可是，即使是在衰退和复苏阶段，经济增长也经常会偏离长期趋势线。虽然只不过偏离几个百分点，但是为什么企业盈利增长和减少的幅度却大得多？答案是，企业使用了杠杆，比如财务杠杆和经营杠杆，从而放大了企业销售收入上涨和下跌对盈利的影响。
>
> 尽管企业盈利是这样波动的，波动幅度明显大于GDP，但是相对而言还是比较温和的。可是，相对于企业盈利波动，为什么证券市场大涨和大跌的波动幅度却如此巨大？我将其归因于人们心理的波动，特别是心理波动对融资松紧程度的深远影响。
>
> 简短地说，经济只是波动了一点儿，企业盈利波动只是比经济波动稍大了一些，可是信贷的波动大幅超过了经济波动和企业盈利波动，信贷窗口从打开很宽到猛然关闭……正如这份投资备忘录的标题。信贷周期在所有周期中最波动无常，且最能产生巨大影响，值得我们高度注意。

我在2001年11月写的投资备忘录《你不能预测，但你能预防》中，说得更加简明扼要：

> 我在投资这行做得越久，越能感受到信贷周期的巨大力量。经济周期只要小幅波动，就会让信贷松紧程度产生很大的波动，而信贷周期的大幅波动会对资产价格波动产生巨大影响，资产价格的巨幅波动反过来又会影响经济本身的波动。

资本或者信贷松紧程度的变化，构成了对经济、企业、市场最基本的影响之一。尽管信贷周期对于证券市场的人来说，不如本书中所谈论的其他周期的名气那么大，但是我认为，信贷周期的重要性最高、影响最深远。

就像我前面引用的那段话一样，用窗口比喻信贷周期，我们就容易理解得多。简单地说，有时候信贷窗口是打开的，有时候信贷窗口是关闭的。事实上，在金融圈里人们经常会说“信贷窗口”，意思是“你能够去借钱的地方”。当信贷窗口打开的时候，资金很充裕，而且容易获得，而当信贷窗口关闭的时候，信贷资金很少，而且难以获得。最后，有一点非常重要，你务必牢记在心，就是从窗口大开到窗口关闭，可能只在一瞬间。要让你更加完整地理解信贷周期，我还要讲很多东西，包括这些周期性运动的原因及其影响，但是信贷周期会一下子从窗口大开到窗口关闭，这点非常关键。

为什么我把信贷周期列为最重要的周期？第一，资本或者信贷，是生产过程中必不可少的重要组成部分，因此能否及时获得足够多的追加资本投入，在很大程度上决定了企业（和经济）的成长能力。如果资本市场关闭了，企业就很难筹集到资本来支持业务增长。

第二，企业和个人必须获得资本，才能在现有债务到期时进行再融资。企业通常不会全部还清债务，大多数经济单位，比如政府和消费者，也不会全部还清债务。很多情况下，人们只需要把到期债务滚动融资就行了，其实就是借新债还旧债。但是如果企业到那个时候不能发行新债券，账上现有的旧债券又到期了，那么企业就要违约了，就会因此被迫进入破产程序。现在的信贷容易得到还是很难得到，决定企业在某时点能不能滚动再融资最重要的因素。

很多企业的资产，本质上是长期资产（比如，建筑、机器设备、交通运输工具、信誉），但是企业通常通过发行短期债券来筹资购买这些长期资产。企业之所以这样做，是因为短期债务的借款成本最低。所以这种“借短投长”的安排，在大多数时候都运作得很好，这时信贷市场是开放的，而且完整地发挥作用。这意味着企业在债务到期时很容易滚动再融资。但是在不容易流动的长期资产与短期债务之间进行错配，有很大隐患，一旦信贷周期掉头向下，导致到期债务不能再融资，这种错配就很容易引发危机。这种典型的错配，要是正好遇上金融市场收缩，通常就会引发惨烈的金融市场大崩盘。

2007 年全球金融危机开始形成的时候，信贷市场冻结了，美国财政部采取了前所未有的非常举措，为所有商业票据提供担保。如果不是这样，这些债务工具，一般期限在 270 天以内，也许到期就不能滚动再融资了，会导致最强大的公司也面临违约。事实上，这种违约也许主要集中出现在少数大企业里，因为它们发行的商业票据特别多，一次发行几十亿美元，这些顶级公司都有很高的信用，所以很容易进入商业票据市场融资。（市场保持开放的重要性，以及到期票据能够滚动再融资的能力，突出表明认清净资产和流动性的本质区别很重要，企业账上仅有净资产不行，要花钱必须有现金才行。一家企业尽管非常富有，净资产规模很大，但是会陷入债务麻烦，甚至面临破产，因为企业没有现金又借不到钱，就没有足够多的现金来兑付到期的债务、票据和其他需要用现金支付的开支。

第三，很多经济单位都依赖信贷市场才能顺利运行，而金融机构代表了其中一个特殊的、夸张的案例。其实，金融机构做的业务就是交易资金，比如存款是以低利率买入资金，贷款是以高利率卖出资金，需要渠道进行融资，以保持资金交易业务顺畅进行。由于买进的资金期限和卖出的资金期限经常不匹配，经常会借短贷长，所以金融机构成为长短期错配规模最大的集中地，很可能会完全崩溃。你想想看，比如，银行吸收存款，存款客户随时有权取走存款，然后银行用这些存款资金去做房产抵押贷款，再过 30 年才能收回来这些贷出去的资金。如果有一天所有存款客户都慌了，都跑到银行要求取出存款资金（“银行挤兑”），那么银行会成什么样子？银行如果没有渠道进入信贷市场紧急融资（也没有政府救援），就肯定没有足够多的资金一下子兑付所有存款，因此也只能违约了，也就一下子倒闭了。

第四，信贷市场发出的信号会产生巨大的心理影响。信贷市场关闭会导致恐惧扩散，其影响远远超过企业现实情况的负面程度。困难情况会导致资本市场关闭……而资本市场关闭会对企业造成负面冲击（同样也会影响市场参与者对企业的看法）。这种“恶性循环”是大多数金融危机的一个组成部分。

信贷周期运行过程

现在你应该基本了解信贷周期的特点和重要性了。我们要讲的下一个话题是为什么会出现信贷周期，是什么原因导致信贷有时更容易获得而有时不容易获得。

信贷窗口并没有自己的大脑，开放和关闭也不是自己说了算，而是与其他领域的发展密切相关。在投资备忘录《你不能预测，但你能预防》中，我讲了信贷市场扩张和收缩的来龙去脉，并且比较详细地做了解释：

> 信贷扩张和收缩的过程很简单：
>
> · 经济进入一段繁荣时期；
>
> · 资本提供者生意兴隆，增加了他们的资本基础；
>
> · 因为坏消息稀少，贷款和投资的风险看起来已经缩小了；
>
> · 风险规避消失了；
>
> · 金融机构开始扩大业务，也就是提供更多的资本；
>
> · 金融机构竞争市场份额，为此不惜降低要求（比如，降低利率），降低贷款标准，为一个特定交易提供更多资本，而且放松贷款协议条款。

在极端情况下，资本提供方融资给那些其实并不值得融资的借款人和项目。正如某经济学家所说的："最糟糕的贷款是在最好的时候做的。"这导致了资本毁灭，也就是说，投资于那些资本成本超过资本收益的项目，甚至投资于那些根本没有资本收益的项目。

信贷周期走到这步之后，上涨阶段结束，周期开始反转。

· 损失导致贷款人失去信心，变得畏缩戒备；
· 风险意识提高，随之而来的是利率提高、信贷限制提高、合约条款要求提高；
· 能够借到的资本变得很少，信贷周期进入低谷区，只有质量最高的借款人才能借到资本；
· 公司资金吃紧，变得渴望得到资本，借款人债务到期之后不能滚动融资，导致债券违约和企业破产；
· 这个过程会助长和加强经济收缩。

当然，发展到极端的情况，过程会再次反转。因为发放贷款或者投资的竞争程度处于低点，可以要求高收益率，同时要求借款人有很高的信用评级。在信贷周期走到这个极端时，手上握有资本的逆向操作者，就会尝试出手发放贷款或者购买债券以追求高收益率。如此高的潜在收益率实在很诱惑人，于是开始有更多的资本进入。就这样，一波复苏就逐步得到燃料，并逐渐形成。

有时候，人们急着要把资金放出去多赚钱，从而让信贷窗口大开。但是环境改变了，人们的态度也随之改变，人们不愿意把资金放出去，这时融资就变得难以获得。和本书讲的其他很多周期一样，关键在于读者一定要理解周期是如何实际运行的，特别是前一步如何引发下一步。因此，我们全面深入地一步一步地解释信贷周期的运行过程，这非常重要，你必须深入领会才行。

但是，在投资备忘录《你不能预测，但你能预防》中，我进一步简化地描述了信贷周期的运行过程，只用了一句话，不到60个字。这句话抓住了信贷周期的基本特征，让人一下子看清楚了周期连锁反应的特征：

经济繁荣带来信贷扩张，信贷扩张导致不明智地滥发贷款，滥发贷款产生重大损失，重大损失让贷款人停止发放贷款，贷款停止就让经济繁荣中止了。就这样一环扣一环，连锁反应无休无止。

市场就是一个拍卖行，谁出的价格最高，谁就能买到东西。金融市场跟拍卖行一样，做投资的机会，提供信贷的机会，谁愿意为这些机会出价最高，谁就能得到。大家为抢到机会争抢着出高价，从而推高价格水平——从金额来看价格更高了，从估值指标来看价格也更高了（比如市盈率更高）。在信贷市场上，高价格或者高估值水平，可以直接被翻译成债务工具低收益率。最后，也像拍卖一样，通过竞拍得到资本提供机会的，是那个愿意付出最高代价，即接受最低收益率的贷款机构。

我在2007年写的投资备忘录《逐底竞争》主要讲的就是，在顺风顺水的好时候，资本提供者如何急于扩大业务规模，以及这样做有什么影响：

你这样想就容易多了，把资金看作商品。每个人的钱都是完全一样的，所以其实借谁的钱都一样，关键是借钱的价格，即利率。由于金融机构努力想扩大贷款规模以增加利息收入，私募股权基金和对冲基金努力想扩大管理资产规模以增加管理费收入，所以大家都想扩大业务规模。你如果愿意放出更多的资金，也就是说让更多客户来找你借钱融资，而不是找你的竞争对手借钱融资，就必须让你的资金更便宜。和其他商品一样，低价竞争是增加市场份额的最可靠路径。

降低你的资金价格，有一个方式是降低你发放贷款的利率。

一个更微妙的方式是，同意支付更高的价格买进你想要买的东西，比如，在二级市场买流通股时同意支付更高的市盈率，或者在收购企业时同意支付更高的交易总价格。不管怎么说，它们实质上都是一样的，你都不得不接受更低的预期收益率。不过，还有其他方式也能让你的资金价格更加便宜。而这些降低资金价格的方式，正是这份投资备忘录的主题。

对于债务来说，合同条款规定很重要。条款规定得太松，会给贷款人增加风险。例如，贷款人想要有保护性条款，限制企业参加某种活动的介入程度，以免增加现有的风险水平。这些条款也许会是：限制借款人承担的总债务规模，限制借款人用现金支付股息的规模，要求保持某最低数量的净资产规模。但是，特别是在信贷市场过热的时候，债务的“最好卖家”，也就是最急切的贷款机构，也许会愿意接受限制条款更少的借款合同，因此会承担更大的风险。

这和拍卖一样，最终得到放出贷款的机会或者购买一个固定收益证券的机会的资本提供者，是那些既愿意接受最低收益率又愿意接受最危险合同安排的金融机构。如果现在市场态度是风险规避为主，贷款机会需求相对于贷款机会供给来说是合理的，供需基本平衡，那么出价经常是谨慎的。但是，如果现在市场的态度是风险容忍主导，贷款人纷纷争抢着渴望得到发放贷款的机会，出价的竞争就会变得过热。这样，像拍卖一样，拿到发放贷款机会可能意味着代价过高：收益率过低或者风险过高，甚至是收益率过低而且风险过高。因此，在信贷市场或者在其他市场，一场过热的拍卖可能会造成表面上的“赢家”其实是输家。我把这个过程称为逐底竞争。

相反的情况是，有时候，报名参加拍卖的买家数量只是少数，前来参加拍卖的少数买家，确实只在价格极低时才有兴趣买入。在拍卖过程中，出价陷入停止。成交结果是价格很低，收益率高得令人吃惊，贷款合同条款能为贷款人提供极好的保障。过去那种过热的市场氛围造成逐底竞争，相反，在现在这种冰冷的市场气氛下，没有人急着想要发放贷款，反而能创造出真正的大赢家。

信贷窗口打开的程度，几乎完全取决于资本提供者急于报价，还是沉默不语、按兵不动，而这又深刻地影响着经济、企业、投资人，以及由此产生的投资机会的预期收益和风险。

> 短期内，慷慨的资本市场就会产生效应，能让更多企业以更多理由拿到更多钱，而且利率更低，限制条款更少。这自然会引发更高水平的兼并、收购、企业扩张（更不用说把收购的企业快速再次资本化，而因此获得非常高的短期收益率了）。短期内，慷慨的资本市场就会推动整个市场的金融行为升到高水平。
>
> 慷慨的资本市场短期内还会产生另外一个效应，就是预先阻止实力虚弱的企业财务收缩。如果贷款人很严格，合同条款规定得很严，企业若经营上出现问题，就会很快导致“技术违约”（违反合同条款）和“资金违约”（不能按期支付利息和本金）。但是以下几种更加宽松的环境，能预先阻止实力虚弱的企业财务收缩：合同限制条款宽松，甚至根本没有；借款人可以选择，把用现金支付本息的债券转换为实物支付债券（payment-in-kind bonds）[利用最近的一个创新“延期偿还债券”（toggle bonds），即债券发行人可以选择延期支

付利息，为此向债券持有人派发额外的债券作为补偿，且利率更高]；借款人能够筹措到新资金，这样就可以用借新债还旧债的方式推迟债务结算日期。

很多预先受到阻止的违约，最终还是无法避免的，该来的还是会来，只是晚来了一些时候，但是公司此时的杠杆更高，跌得更惨。可以肯定的是，资本市场愿意融资给那些本来不太值得融资的企业，最终导致企业遭受的痛苦比不融资还要大。因此，如果其他所有事情都一样，经济周期上一个阶段越繁荣，下一个阶段就越萧条，资本市场周期在上行阶段越是过度上涨，到后面的下行阶段就越是过度下跌，涨得越多，跌得也越多。什么时候涨，什么时候跌，会涨多少，会跌多少，具体时间和具体幅度从来无法预测，但是不断涨跌起伏的周期循环发生，是我所知道的最不可避免的事情。(2007年2月，投资备忘录《逐底竞争》)

信贷周期的冲击

本书讲的一个重点是，一个周期中的事件对其他领域及其他种类周期的影响程度。在这一点上，没有其他周期比信贷周期的影响程度更明显了。

我在1998年10月写的投资备忘录《光有天才并不够》，所谈的主题是长期资本管理公司。我在文中写道："下一次有危机发生的时候，好好看看周围；你可能会发现一个贷款人。"过于宽容的资本提供者，经常会助长金融泡沫的生成和发展。最近无数的案例表明，宽松的资本市场助长大牛市，而大牛市后面紧随的就是著名的大崩盘：1989 年到 1992 年的房地产；1994 年到 1998 年的新兴市场；1998 年的长期资本管理公司；1999 年到 2000 年的影视展览行业；2000 年到 2001 年的风险投资基金和电信企业。在每个案例中，因为贷款人和投资人提供了太多便宜的资金，结果造成过度扩张和巨大损失。在电影《梦幻之地》(*Fields of Dreams*) 里，有人告诉雷·金塞拉（凯文·科斯特纳饰演）："你建好了，人就会来。"在金融世界里，你提供更便宜的资金，就会有人来借钱、买东西、搞建设，而且往往没有自我约束，越搞越大，从而导致后果很严重，贷款人和投资人损失惨重。

资本周期对科技泡沫的贡献极大。风险投资基金提供了大量资金，导致过多的公司创立，而这些初创公司没有合理的业务，也没有盈利前景。股票市场对新股发行的狂热需求，导致那些热门股像火箭般飙升，这让风险投资基金能够报告三位数的收益率，从而吸引更多要求快速安排使用的资本。资本市场的慷慨，让电信企业签订了建设需要巨大资本投入的项目合同。此时电信企业尽管只拿到一部分融资，但它们心里却很有把握地认为，随着项目建设的推进，以后肯定会拿到更多融资，而且以后发行股票的市盈率会更高，贷款的利率会更低。这种十拿九稳的融资心态，导致电信公司建设的光纤通信能力远远超过当时的需求，很多光纤到现在还闲置在那里。投资到这些项目里的资金，很多可能永远都收不回来了。很容易得到钱，经常导致资本毁灭。

做投资的时候，我养成了这样的习惯，我不太关注未来的经济状况，我可以肯定地说，我对未来经济不可能知道得比别人更多，但是我非常关注未来的资本供给与需求情况。提前做好投资布局，重仓布局对手少且不拥挤的投资领域，能给我们带来巨大的优势。你参与人人争着往里面扔钱的投资领域，意味着踏上了一条必然通向灾难的道路。(2001年11月，投资备忘录《你不能预测，但你能预防》)

重申一下，上面所谈的这些关于周期过程很长又很重要的描述，可以精炼为简短的一两句话，我在2004年7月写的投资备忘录《良好平衡》中就提供了另外一个证据：

一次又一次地，资本提供者开水龙头开得太大了，或者关水龙头关得不太紧，做得太过头了。有时候，一个人想要多少资本，就能得到多少资本，而且只要随便找个理由就行；有时候，即使最有资格融资的借款人，也不能得到合理数量的资本，去做非常值得投资的项目。资本市场的行为是巨大的指示器，告诉我们现在处于心理周期的位置，而且资本市场的行为又是导致资本市场提供投资便宜货的最大促进因素。

我在这份投资备忘录里，继续讨论信贷周期如何助长过度的市场上涨或下跌：

要找到市场走到极端的理由，我们经常需要像回放录像一样，回顾几个月前或者几年之前的信贷周期。很多疯狂肆虐的大牛市之火，都是因提供资本的意愿大幅高涨而被煽动起来的，而这样的项目和投资往往是不理智的。同样，大多数大崩盘发生之前，资本市场完全拒绝提供融资给某些企业和行业，甚至所有想要借钱的人。

接下来我的目标是描述信贷周期的影响。为了实现这个目标，我会再次回到全球金融危机，因为它提供了最好的教学实例。

20 世纪 60 年代后期，我还是一个菜鸟证券分析师，但已经强烈地意识到了经济运行有周期，也意识到了企业盈利随着经济周期波动而相应地起伏。尽管我还有很多东西要学，但是我已经知道一点儿心理和风险态度的周期波动，以及心理周期和风险态度周期的重要性。但是当时我几乎没有认识到信贷周期所扮演的角色和运作方式。简单地说，事非经过不知难，投资世界的大多数现象，你除非亲身经历过，否则很难真正理解。做了 50 来年投资，现在我可以下一个结论，信贷周期真的非常重要。事实上，每当有人问我 2007 年到 2008 年的全球金融危机发生的原因时，我会把信贷周期放在第一位。

人们选择用“全球金融危机”来命名 2007 年到 2008 年的痛苦经历，反映出这样一个事实，这场危机本质上是一个金融现象，几乎完全由在金融市场中发生的事件引发，而没有一个主要原因是由经济或者其他方面产生的。这场影响范围极广的全球金融危机，是以下金融界的态度和行为因素所导致的：

- 最根本的原因是，投资人对待金融风险的态度太过容忍了；
- 对金融风险毫不在意的态度，又由于对高收益投资工具的强劲需求而一步加剧，而这种对高收益投资工具的强劲需求则是美联储降低整体利率水平的结果。
- 以上两个因素和其他因素一起，导致投资人太愿意接受创新金融产品，太愿意全盘接受根据历史数据简单推断出的结论以及其他乐观的假设，而正是基于这些假设，人们开发了这些创新产品。

- 抵押贷款支持证券，在这些金融创新中占据主导地位，导致市场抵押贷款的需求快速增加，因为这些新型证券都是在抵押贷款的基础上构建的。
- 需求快速增长，让抵押贷款的销售更加顺畅，让发放抵押贷款的贷款机构随随便便地选择潜在的房屋购买人——他们发放贷款的对象。因为房屋抵押贷款的创设人不会保留他们创造的这些抵押贷款，所以他们不需要担心这些抵押贷款的稳健性、可靠性。这就形成了一股滥发抵押贷款的潮流，其中一个极端的例子是，市场创造出来“次级”抵押贷款这个新类型，专门针对那些不能满足传统贷款标准下就业和收入规定的借款人，或者那些宁愿支付更高利率而不是提供就业和收入证明文件的借款人。事实上，那些不合格的借款人能够借到大量贷款，本身就是一个非常明显的指标，表明信贷市场环境已经是非理性繁荣了。
- 贷款机构在发放抵押贷款时，对借款人做的尽职调查非常松懈，房屋购买人能够得到慷慨大方的次级贷款融资，结果能够买得起房子的美国人一下子多了很多，比在历史最高水平时还要多，其中包括那些按照过去严格的传统抵押贷款标准来看根本不可能拿到房贷的人。
- 大量次级抵押贷款支持证券需要评级，而这些评级业务给评级机构带来了巨大的利润。受到这么大的诱惑，信用评级机构（要么是太天真，要么是太贪婪）为了争抢业务，纷纷提供经过夸大注水的评级，结果形成了一场评级机构的逐底竞争。

· 能够买得起房的人的数量大幅度增加，是因为短期利率水平很低的推动力量，而且抵押贷款发起人忽然发现，可以利用还款初期低月供这个方法使发放贷款规模最大化。这就助长了浮动利率贷款的广泛使用，贷款机构为了诱惑新客户答应初期给予他们“特别优惠”的利率。很明显，这些不固定的利率给借款人带来了潜在危险，因为一旦优惠期到了，后期利率就会提高，月供就会大幅增加，他们明显承担不起还款后期的高月供。但是借款人会得到保证，感谢慷慨的资本市场环境，他们能够用房子再融资，借新债还旧债，再借一笔新的房屋抵押贷款，再次享受次级贷款市场的初期特别优惠利率。

· 投资银行急切地想要把大量次级抵押贷款作为原材料，像把面包切成薄片一样进行信用分级，转化成不同分级的抵押贷款支持证券，这样整体来看这些证券能够得到最高的平均信用评级，好让它们的销路最大化。投资银行对这种行为充满了热情，而且正好赶上“金融工程”备受青睐的好时机，可以让次级贷款信用分级之后的评级提高，后来事实证明，这些信用评级根本不靠谱。这些经信用分级之后包装出来的次级抵押贷款支持证券，在压力下的表现非常糟糕，完全不符合评级机构给出的高信用评级。

· 投资银行创造并销售这些次级抵押贷款支持证券，并愿意保留结构化分级的劣后份额，目的是促进大量发行，或者只是因为想要持有高收益资产（也就是说，甚至尽管这些投资银行很清楚自己制造的这种产品毒性很大，却并不在意和客户一起持有）。其他银行充分利用允许法律准许的高杠杆优势来创造资产，享有非常丰厚的利差，所用的办法是使用低成本借款，购买结构化抵押债券有风险但高收益的劣后份额和次级债。

从以上内容中你可以看出，全球金融危机构建的基础环境都是金融体系和信贷周期内生的。那些构成全球金融危机基础的发展变化，既不是整个经济体系大繁荣导致的，也不是企业盈利普遍大涨导致的。这些关键事件并没有发生在整个企业环境或者范围更大的世界环境中。相反，全球金融危机大体上是一个金融现象，完全由那些金融玩家的行为所导致。创造这种周期的主要力量是：十分容易得到的资本；缺乏足够的经验和足够的谨慎，以致不受约束和制约的热情泛滥于整个过程中；非常富有想象力的金融工程；贷款决策和贷款保有分开；不负责任和露骨的贪婪。

不过，有一点必须注意，那些当选的官员急于让更多的人实现拥有自己房子产权的美国梦。这些官员天真地认为，如果让每个人都能够买一套房子，那么事情简直太棒了，由此引发一连串连锁反应。2002年10月，时任美国总统的乔治·布什在发表演讲时，再次重复引述了一位朋友和他所说的话："对于第一次买房的人来说，并不一定非得买个很差的房子，如果足够用心，第一次买房的人，低收入的买房人，也可以买一个和别人一样好的房子。"我想知道，2002年那些亲耳听到美国总统这种说法且非常认同它的那些人，现在会不会觉得美国总统的这番话说得根本不合逻辑。

国会议员巴尼·弗兰克，原来是扩大住房自有产权比值政策最坚定的支持者，受到全球金融危机打击之后反省说："拥有自己的房子本来是一件好事。但是在现在的社会推行这件事，让我们犯了一个大错误。因为现在，确实有些人不应该被允许去借钱买房子，而我们推动那些本来不应该借钱买房的人借钱买房。”（你一听就知道，那些政客的说法也是周期性的。）

换句话说，这些为全球金融危机打下基础的事件，几乎都和资金有关。大家纷纷追逐赚钱的机会，带来一波周期强劲上行。资金可得性反映的是经济现实，约束限制资金可得性的也是经济现实，而经济现实却往往受到忽视。通常，小心谨慎和风险规避会压制市场参与者提供资金的意愿，现在基本上都消失不见了。因此，资本周期上行到了非理性的极端，其后果基本上是可以预见的。

周期上行达到极端，即涨到最高点时，往往不可能一直待在那里直到永远。有时候，市场修正是由于自身重量太大而让自身回落的，有时候则是市场周期外部发生的事件所引起的。2007年到2008年这场全球金融危机，更多的是属于前一种情况。就像为全球金融危机打下主要基础的金融事件一样，市场的崩溃瓦解本质上也完全属于金融事件，尽管崩溃的第一步来自“真实世界”。

· 最有影响的事件是，2006年，使用次级抵押贷款买房的借款人开始大量违约。有些借款人在最初拿到贷款时，根本不用证明他们有还款能力，后来的事实证明他们根本没有还款能力。有些贷款是通过欺诈拿到手的，申请贷款时编造的借款人后来都消失了。其他有些贷款是零首付，整个房屋购买总价全部用贷款支付，其实就是允许房屋购买人去赌房子会继续升值，却不用拿自己的一分钱去冒险，一旦房价停止上涨，房屋的买主马上就放弃还贷，银行只能收回贬值的房屋产权，承受重大损失。

· 不管原因是什么，次级抵押贷款支持证券能够获得高杠杆和高信用评级，靠的都是分析历史长期数据所推出的结论——不会发生全国性的抵押贷款违约潮。后来的结果表明这个结论根本靠不住。事实证明，这些住房抵押贷款决策做得一点儿也不理智，太过于依赖历史数据了。重要的是，发放贷款机构和投资人都忽略了这种违约概率，由此导致贷款行为变得非常随意，以至这种滥发房贷的行为本身和历史根本不相关。
· 大量的抵押贷款违约，导致抵押贷款支持证券的信用评级下调，借款人因违反合同限制条款，无法按时还本付息而违约。
· 抵押贷款支持证券的评级下调，借款人违反合同条款，不能按时还本付息，导致市场价格暴跌，从而引发投资人丧失信心。这又进一步导致这些金融工具的市场流动性干涸。
· 那些买家让市场暴跌吓得心惊胆寒，躲在一边，不敢出手了。那些持有人也让市场暴跌吓坏了，更加急切地想要卖出离场，或者由于需要追加保证金只能被迫平仓卖出，结果抵押贷款证券的价格螺旋式向下暴跌。
· 新的法律法规已经推出了，目的是增加透明度，要求银行的资产必须“按照市值计价”。这些负面的发展变化，正好迎头撞上这些新规。可是市场价格像自由落体一样快速下跌，流动性根本不存在，无论用什么样的市场价格来与这些证券计价对账，投资人都没有信心。银行若把资产按照市价计价而调低其资产的账面价值，以达到合适的稳健保守水平，那么财报就会出现巨大的资产损失。投资人看到这样的财务报告，自然会极度震惊，进而导致价格进一步下跌。就这样一环接一环，一个坏事导致另一个坏事，情况越来越糟。

· 在很多情形下，银行的生存都成了问题。很多银行不得不被其他银行并购（这需要在政府的支持下才行），或者接受政府救援。

· 当一家银行因无法正常兑付而让其他银行并购时（1 美元的账面资产只能卖到几美分），每发生一次这样的事情都会进一步削弱投资人的信心。此外，这些银行之间盘根错节的关系，引发了市场严重的担忧情绪：幸存的银行存到其他银行的同业存款还靠得住吗？到期能拿回来吗？“合约对手风险”成了让市场担心的最新问题之源。

· 银行财务报告出现巨大亏损。信贷违约掉期的价格上升——它是被用来对赌银行信用程度的——意味着，银行无力偿付债务的破产概率增大了。投资人马上做出反应，猛抛银行股，并向下打压银行股价格。卖空机构不断地卖空，进一步加大了银行股下行压力，让投资人的悲观预期自行实现，预期越悲观，银行越会卖出，卖出得越多，跌得越多，而跌得越多，导致预期更加悲观，从而进一步加剧了这种恶性循环。

· 雷曼兄弟四处求救，可是其他银行拒绝收购，政府也拒绝出手救援，结果它只能宣告破产。雷曼兄弟的倒下，再加上其他很多令人不安的事件同时发生，从而导致一片恐慌。

- 2007 年年中，市场对抵押贷款问题做出负面反应，但是忽视了传染到其他领域的潜在可能性，没有想到问题的涉及面会这么大、这么严重，到 2008 年年末，每个投资人对每种资产都没有信心了。除了国库券和黄金之外，所有资产的价格都崩盘了。
- 投资人用借来的资本做投资，“加杠杆”或者“保证金交易”[1]，看到自己账户里的资产市值直线下跌，银行要求他们追加投入资金以降低杠杆。投资人找不到钱，向银行申请宽限一段时间，银行也很缺钱，一般都不会答应。结果，银行在低位强行平仓大量卖出，进一步加大了价格下行的压力。
- 资本市场在这种情形下，“砰”的一声猛然关上大门。这意味着，任何人想要拿到新的融资几乎不可能了，金融市场的所有板块都拿不到融资，即使那些和房屋与抵押贷款毫不相关的板块也是如此。
- 以上所列的这些情况综合在一起，导致所有的经济单位都收缩了，拒绝买入，拒绝投资，拒绝扩张。整个经济大收缩，被人们称为“超级大萧条”。

在 2008 年结束前的 15 个星期里，信贷周期走到了极端，下行之势看起来势不可当。极少有人能想象会有什么力量能够阻止信贷周期继续下行，正如上一章所描述的那样；也极少有人能够明白，那些假设的世界末日怎么可能成真。大家都觉得，全球金

1. 保证金交易，中国香港叫孖展，内地俗称配资。——译者注

融体系要彻底大崩溃，真的，它很可能发生。

> 关键是潜在资本提供者愿意提供资本的意愿，任何一天都会发生剧烈的变化，从而对经济和市场造成巨大影响。毫无疑问，最近的信贷危机实在是糟糕透了，因为整个信贷市场都冻结了，你到哪里也融不到资，只能去找政府。（投资备忘录《打开与关闭》）

我真的相信，整个金融体系完全崩溃，后果就像美国20世纪30年代大萧条一样悲惨，这件事本来是会发生的。时任美国财政部部长提莫西·盖斯纳所写的回忆录《压力测试》，就证实了这一点。不过，幸运的是，美国政府采取了有力措施。这些措施包括：为商业票据提供担保，也为货币市场基金提供担保。美国政府为银行提供了紧急财政援助，但不是所有银行都有。雷曼兄弟破产表明，政府对不同银行区别对待，有些银行值得政府救助，有些银行不值得政府救助。恐慌的市场参与者相信，雷曼兄弟倒掉之后，接下来倒掉的银行会是摩根士丹利，再接下来倒掉的银行会是高盛，一个接一个地，直到全部银行都倒掉。这种螺旋式下跌趋势最终得到遏制，日本的三井住友银行集团获批，并投资90亿美元收购摩根士丹利20%的股份。

重要的是信贷市场的事件最终表明，周期不会沿着一个方向永远走下去，即使是遇到巨大灾难性事件，也不会一跌到永远。债券价格一度像自由落体一样连续暴跌，从2008年9月15日雷曼兄弟破产那天开始一直跌到2008年年底，连续下跌15个星期。可是，2008年过去之后，一波坚实市场复苏的主要条件已经具备了：

- 杠杆过大的基金，收到追加保证金的要求后，要么向投资人要求追加投入购买更多基金份额或者卖掉一部分资产，这样去杠杆之后，就能达到贷款机构的要求继续维持下去，要么是基金倒掉清盘了。能活下去的都活下去了，活不下去的都倒掉了。
- 基金经理和投资经理在收到客户想要在年底赎回基金的通知之后，要么设置“门槛”来延缓客户赎回，要么卖掉一些资产，拿到足够多的现金，满足客户赎回的要求。
- 固定收益证券的价格跌到底了，意味着预期收益率非常高，投资人卖出就太不合算了，买入开始变得很有吸引力。
- 最终，市场参与者表示，现在市场上普遍都是负面心理，反正事情已经坏成这样，“再坏也坏不到哪里去了”，他们也不想再恐慌性地卖出了——所有的乐观主义都吓跑了，到处都是恐慌性的风险规避。此时价格可能跌到底了。于是，价格开始停止下跌，人们开始感觉不那么紧张害怕了，一波市场复苏的潜力开始积聚起来。

2009年的第一个季度，债券市场报价继续下跌，镇静、信心以及买入力量的“根基”，还有待完全恢复。但是在这一年开始时，因为以上所列的因素，投资人大量买入的能力已经枯竭了。进入第二季度，投资人买入的兴趣开始逐步显现出来，也许因为不良债权的买家开始意识到，他们收缩得实在太过头了，一想到自己要去“抓住跌落的小刀”就胆战心惊，而现在能卖出的都卖掉了，没有人再卖出了，由此造成卖单稀缺，价格跌不动了，不用再害怕抓住跌落的小刀了。这就促成市场一波强有力的回升。

全球金融危机表明，信贷周期正处于大萧条以来的底部。债务市场一直以来以普遍的保守主义为标志，意味着过度上行受到限制，所以大多数泡沫都发生在股票市场。当然，美国股市早在1929年就发生过大崩盘。

但是，高收益债市场在20世纪70年代后期被创立后，开启了债务投资自由化运动，此后30年普遍有利的经济环境，提供给那些敢于冒险的人整体而言收益颇丰的体验。这两个因素综合起来，形成一股强劲的趋势，投资人逐步接受低评级和非传统的债务工具。

其间有几次，债务市场表现得非常疲软——1990年到1991年（这和20世纪80年代涉及高杠杆并购的很多企业宣布破产有关），以及2002年（电信企业过多借款进行过分建设导致其债务信用评级大幅下调，又正好赶上几家著名的企业爆出财务丑闻）。但是这几次的债务市场疲软所造成的影响有限，其原因都是一些孤立的事件，但是2007—2008年就不是这么回事了，金融市场见证了第一次债务所引发的广泛传播的大恐慌，且波及整个全球经济体系，因此可以说，全球金融危机提供了一个终极案例，告诉我们信贷周期的影响力究竟会有多么巨大。

~~~

正如我在《打开与关闭》那份投资备忘录中所描述的，资本市场的运作其实很简单，资本市场传递的信息人们也很容易领会。一个紧张不安、小心谨慎的信贷市场，其产生的原因、导致的后果、暗示的真相，就是下面所列的这些事情：

· 害怕亏钱；

· 提高风险规避和怀疑主义；
~~~

· 不愿意把钱贷出去，也不愿意把钱投资出去，不管机会有多么好；
· 到处都缺资本；
· 经济收缩和债务再融资困难；
· 违约，破产，重组；
· 资产价格低，潜在收益高，风险低，风险溢价过高。

以上这些因素综合在一起，向我们指明这是一个投资的绝好时机。不过，因为恐惧和风险规避在创造绝好投资机会中扮演着重要角色，所以当恐惧和风险规避正在发威的时候，大多数人会远离投资。当资本市场周期即信贷周期向下走的时候，负面影响很大，市场都是不利的消息。这让大多数人都很难出手投资，而恰恰在这个时候，投资的潜在收益率相当丰厚。

相反，一个慷慨的资本市场往往伴随着以下现象：
· 害怕错过赚钱的机会；
· 减少风险规避和怀疑主义（也相应减少尽职调查）；
· 数量过多的钱追逐数量过少的交易；
· 愿意加大购买证券的数量；
· 质量低的证券也愿意购买；
· 资产价格高，潜在收益低，风险高，风险溢价微薄。

一看这份清单所列的因素，你就会明白，资本市场的过度慷慨起源于缺乏审慎，因此这时应该给投资人一个最明显的红色警告。资本市场窗口大开会出现在这个时候：市场都是好消息，资产价格上涨，乐观主义高涨，看起来一切皆有可能。但是，这种情况总会带来一大批不靠谱又定价过高的证券发行上市，导致企业债务水平过高而最终毁灭企业。

关于新发行证券的质量，在一个窗口大开的资本市场，我们应该特别注意。风险规避降低和怀疑主义减少，更多地关注赚钱机会而不是避免损失，不仅让投资人对证券发行数量过大持开放态度，而且会造成尽管最近发行的证券质量降低，投资人也愿意购买的现象。

信贷周期处在扩张阶段的时候，新发行证券的统计数据清楚地表明，投资人买进新发行证券的数量更多了。但是接受更低质量的证券这件事，还是更加敏感一些。尽管有信用评级和协议条款可供查阅，我们还需要下功夫进行推理，才能明白这些事情的重要性。由于资金可以很容易地获得，大量资金流向证券市场，为市场的狂热火上浇油。认识并抵抗这股浪潮，明显超过了大多数市场参与者的能力。这个原因再加上其他众多原因就能够说明，为什么一个过度慷慨的资本市场会产生非常严重的后果，其中包括投资亏损、经济收缩、贷款机构不愿意发放贷款。

以上所述的关键是：过度慷慨的资本市场经常伴随资产价格上涨以及此后的资产价格下跌，并引发投资亏损，而信贷紧缺会产生跌到地板价的便宜货和伟大的投资机会。(《打开和关闭》)

~~~

本书最终的目的不是在周期发生之后帮你搞清楚前因后果，就像我们前面花了这么长的篇幅分析全球金融危机一样。相反，本书最终的目的是，让你能够感觉到我们现在正处于各种周期的位置，并以此为基础分析应采取的行动。
~~~

和信贷周期打交道，关键在于识别信贷周期到达顶点时候的情况：事情都进展良好，有一段时间了，传来的都是好消息，风险规避低，投资人都渴望投资。这让借款人筹集资金很容易，从而导致贷款机构、债券投资人争抢提供这些资金的机会。其结果就是：融资变得便宜，信贷标准降低，做融资交易没有好处，不理智地进行信贷扩张。牌在借款人手里，不在贷款人手里，也不在投资人手里，因为这个时候信贷窗口大开。此时，市场所传达的含义应该很明显了：务必谨慎前行。

完全相反的一面真的出现了，因为这时周期走到了另外一个极端。信贷周期下行到最低点，在这个时候，事情的发展变化令人不高兴，风险规避提升，投资人心情沮丧。在这种环境下，没有人愿意提供资本，信贷市场冻结了，计划好的证券发行无人问津。这把牌又回到了资本提供者的手里，而不是在借款人手里了。

因为这时借钱很难，借款人通常拿不到资本，那些手上有资本又愿意把资本拿出来的人，就能运用严格的审核标准，坚持坚实的贷款结构安排和保护条款，并要求高预期收益率。正因如此，投资人获得了安全边际，而安全边际是卓越投资所必需的。当上述这些情况出现时，投资人应该转变为积极进攻的投资模式。

卓越的投资并不是来自买的资产质量好，而是来自买的资产性价比高——资产质量不错且价格低，潜在收益率相当高却风险有限。满足这些条件的最佳买入机会，多数是在信贷市场处于其周期中不是那么兴奋地扩张，更多的是恐惧地收缩的阶段。信贷周期猛地关上大门的阶段，最有助于形成到处都是便宜货的情形，比其他任何因素的作用都要大。

10

不良债权周期

企业如果经营状况不佳，并继续这样下去，就会还不上借来的钱。很少有贷款人和债券买家会轻率地把钱借给这样的不良企业。就像我前面所说的，在清醒的时候，贷款机构和债券购买人坚持要有足够大的安全边际，以确保借款人即使情况恶化，也能还本付息。

但是随着信贷市场火热起来，也就是逐底竞争开始，这时贷款机构渴望赶快把款贷出去好多赚钱，就会为不太值得投资的借款人提供贷款融资，接受不够稳健的债务结构，从而导致新发行的债券缺乏足够的安全边际，情况稍微变坏，借款人就很难按期还本付息。这个过程，我们前面说过，就像是“在火炉面前堆木头”，接下来一场大火就要来了。

我非常荣幸，30多年前能和布鲁斯·卡什搭档。1988年，我们俩一起创立了花旗银行第一只不良债权基金，我相信这也是主流投资机构推出的第一只不良债权基金。这让我们进入了一个高度专业化的投资利基市场。

我们的不良债权投资基金所投资的企业，不是那些做得很好的企业，也不是那些有光明前景的高成长企业，我们一般投资的都是那些烂企业，它们做得实在太糟糕了，以致连发行在外的债务都无法按期还本付息，因而构成了债务违约；或者投资的是我们认为有很大可能会债务违约的企业，这些企业要么正在走破产程序，要么正在走向破产。这里我要说清楚，我们投资的企业，一般来说并不是在业务运作上遇到了困难，只是因债务负担过重在财务上遇到了困难。因此我们的投资魔咒是“好企业烂财务”。

投资人购买固定收益证券或者贷款，通常是因为他们预期会定期收到利息，债务到期时能收回本金。可是对于不良债权，市场达成了共识，这家公司不会按约定付息和到期还本。那么，如果预期不会按期还本付息，投资人购买不良债权的动机何在？

答案是如果企业不按期还本付息，那么债务持有人有权向法院提出“破产申请”以清偿债务。简单地说，一家企业进入破产司法程序，法院就会剥夺企业股东的所有权，原来的债权持有人成为新公司的所有人，一下子从债主变成企业主了。每个债权人都能分到一份企业的破产清算资产价值，具体数额取决于其持有的债权数量和优先级，有时候得到的资产是“三合一”：现金、存续企业的新债务、存续企业的股权。

不良债权投资人试图搞清楚以下三点：这家破产企业值多少钱（或者说这家企业脱离破产的时候能值多少钱）；这家企业的

价值会在公司债权人或者其他索赔人之间如何进行分配；这个破产清算过程要持续多久。如果这三个核心问题有了正确的答案，投资人就能算出来，以某价格购买这家破产企业的一部分债权，能够得到的年化收益率是多少。

我们早在1988年就开始搞不良债权投资了，当时有极大的优势，因为只有几个竞争对手，这个领域几乎不为外人所知——这两个条件有助于你在任何领域获得丰厚的回报。我们的基金从1998年到2016年一直能够获得远远高于平均收益率的业绩。但是，和其他很多事情一样，平均值的作用有限。我们在欠佳的时机创设的基金业绩虽然表现良好，但是我们在合适的时机成立的基金业绩才是最好的。

换句话说，在不良债权投资上获得顶尖业绩的机会来了又走了。既然本书的主题是周期，我在这里也要分析一下，是什么因素导致不良债权投资机会起伏不定。你肯定不会感到意外，答案就藏在不良债权周期的波动之中。那么，又是什么因素导致了不良债权周期的波动？

~~~

在不良债权上投资获利的机会是高度周期性的，取决于其他周期的发展变化。因此，不良债权周期可以被作为例子来说明周期是如何运行的。

刚开始，也就是在1988年、1989年、1990年年初，受益于不良债权投资经常受到忽视，我们的不良债权基金业绩相当好。但是到1990年下半年，低于投资级的债务市场崩盘了。我和布鲁斯·卡什合作管理不良债权基金投资，一起经历过三次大危机，这是我们第一次遇上大危机。这场大危机创造出很低的购买价格，
~~~

让我们的基金业绩在 1990 年能够超过市场平均水平。这场危机对我们很有教育意义，让我们第一次隐约地感受到不良债权市场上最佳投资机会的形成，基本上是一个什么样的过程。

创造不良债权投资机会有两个因素必不可少。第一个因素是“不理智的信贷扩张”。我们在上一章讨论过信贷周期，相信你应该已经明白我想说的是什么了，你应该也知道信贷周期是如何发展变化的。我以高收益为例解释一下：

- 一开始，具有适当风险规避态度的投资人，应用严格的信贷标准对待新发行的高收益债。
- 健康良好的经济环境有助于债券顺利发行，也让那些发债企业很容易为现有的债务按期还本付息（这意味着违约现象极少发生）。
- 因此，高收益债既能支持慷慨的利息，又极少出现违约伤害投资人，所以高收益债为投资人实现了十分稳健的投资收益。
- 这些实现的投资收益让投资人相信，高收益债投资是安全的，吸引了更多资本进入高收益债市场。
- 进入高收益债市场投资的资本增多，转化为对高收益债的需求增长。因为华尔街从来不会允许市场的需求得不到满足，这不是放着钱不赚吗？结果证券公司大量增加高收益债券的发行量。
- 强劲的市场需求，导致高收益债券发行数量增多，同样也允许那些资信不足的债券被发行出来。

企业如果经营状况不佳，继续这样保持下去，就会还不上借来的钱。很少有贷款人和债券买家会轻率地把钱借给这样的不良企业。就像我前面所说的，在清醒的时候，贷款机构和债券购买人坚持要有足够大的安全边际，以确保借款人即使情况恶化，也能还本付息。

但是随着信贷市场火热起来，也就是逐底竞争开始，贷款机构渴望赶快把款贷出去好多赚钱，就会为不太值得投资的借款人提供贷款融资，接受更加虚弱的债务结构，从而导致新发行出来的债券缺乏足够的安全边际，情况稍微变坏，借款人就很难按期还本付息。这个过程，我们前面说过，就像是“在火炉面前堆木头”，接下来一场大火就要来了。

但是这只是整个过程的上半场。即使木柴已经堆好了，要点燃一场大火，这也还不够，还得有另一个材料才行：点火器，即第二个因素。点火器通常来自一场衰退，衰退导致企业盈利下滑。而经济衰退和企业盈利下滑通常伴随着信贷短缺的出现，信贷窗口“砰”地猛然关闭，导致企业现有债务到期不能得到再融资，结果陷入违约。经常会有不利的外部事件发生，削弱投资人和贷款人的信心，破坏经济发展和金融市场上涨，从而进一步加剧这种信贷短缺。这简直是雪上加霜。1990 年发生的不利外部事件包括：

· 海湾战争，由伊拉克入侵科威特引发；
· 很多 20 世纪 80 年代有名的高杠杆并购企业破产；
· 高收益债后面最主要的投资银行家迈克尔·米尔肯入狱，其雇主德雷克斯－伯恩海姆公司，与高收益债联系最紧密的投资银行倒闭了。随着超级投资明星迈克尔·米尔肯和德雷克斯－伯恩海姆公司退出了舞台，做补救性的交易，帮助财务实力受到削弱的公司避免其高收益债违约，就很难实现了。

点火器一到，那一大堆木柴就会开始燃起熊熊大火，那些本来不应该发行的债券，甚至是本来可以发行完的债券，就开始发行不出去了。

· 经济放缓，导致企业更难做到按期还本付息；
· 信贷市场关闭，再融资无法完成，导致违约债券增多；
· 违约债券数量增多，打击投资人心理；
· 事情进展顺利的时候，投资人是风险容忍的，现在投资人一看情况变得不好，风险态度也变成风险规避了；
· 提供资本给财务状况令人沮丧的公司，就在不久之前看起来还是一个好主意，现在却不受青睐了；
· 潜在的债务买家退缩了，不敢出手买入，拒绝“抓住跌落的小刀”，他们说再等等，等到不确定性解决之后再买；
· 那些四处流动的资本，纷纷逃离市场，买家变得稀少，市场上都是卖家；
· 债券卖出得越来越多，债券价格像瀑布一样直线下跌，基金收到客户赎回申请而被迫卖出持仓证券以应对赎回，最终这些债券纷纷不计价格地被抛售。

正是以上这些情况提升了投资人以低廉价格购买不良债权的能力，也增加了投资人获得更高投资收益的机会。

当然，周期并不是只往一个方向走。最终，经济开始复苏，信贷市场窗口重新打开。这两个方面的变化，导致高收益债的违约率降低。经济情况改善，违约率下降，让卖出放缓。因此，高收益债价格向下的压力得到缓解，一些买单开始出现。高收益债价格上升，不再继续下跌，资产负债表重组让公司能继续存活下去，搬走那些绊脚石，重新释放价值。在底部购买债券的人赚钱了，大家都注意到了，赚钱效应吸引更多的资本入市。投资业绩更好，进入市场的资本更多，综合引发债券需求增长。到这里，我们就走过了一个完整的周期：我们从起点又重新回到了起点。

不久前，我综合概括了债券发行的周期运行过程，这个周期是在不良债权周期的起伏之下运行的。我总结如下：

· 风险规避型投资人限制了债券发行的数量，要求发行高质量的债券；
· 高质量的债券发行，导致低违约率；
· 低违约率，导致投资人变得自满和风险容忍；
· 风险容忍，让投资人愿意接受更多数量的债券发行和更低质量的债券发行；
· 更低质量的债券发行，最终受到经济困难的考验，导致其违约率上升；
· 违约率上升，产生令人害怕的赔钱效应，让投资人重新回到风险规避；
· 又从头开始新一轮周期。

这就是我亲眼看到的一波又一波重复循环的周期运动。29 年的不良债权投资经验告诉我，周期的主旋律绝对像诗歌韵律一样不断重复。前面对周期的描述，给了我一个非常好的机会来表达我的这个观点：周期里每个前面的事件都会引发后面的事件。事实上，我特意设计了上面所述的周期过程以达到这个目的。看看我们前面描述的周期过程，你会发现，每一行的最后一个词语都和下一行的第一个词语一模一样。周期确实是一环接一环地连锁反应，我认为未来周期还会继续如此。

~~~

你会看到，不良债权市场投资机会的起伏，都来源于其他周期的相互作用。这些周期包括经济周期、投资人心理周期、风险态度周期、信贷周期。

- 经济周期，影响投资人心理、企业盈利能力、违约发生率。
- 投资人心理周期，推动信贷市场情况起伏波动，推动投资人贷款、买进和卖出的意愿起伏波动。
- 投资人对待风险态度的周期，在周期顶部时，会有利于不良债券顺利发行，在周期底部时，会拒绝为企业到期债务再融资提供资本。
- 信贷周期有两个深远影响：一是影响企业债务到期获得再融资的难易程度；二是影响未来债券发行人受到信用标准审核的严格程度。

我希望我讲清楚了，很多种位于底层的周期都会影响不良债权市场，因此不良债权市场远远不是与其他周期分离的，也不是与其他周期隔绝的。正如我前面所说过的，这些周期自身都会起伏；每个周期都会引发其他周期起伏；每个周期都受到其他周期起伏的影响。但是它们综合在一起所产生的结果是，一个上升和下降幅度巨大的不良债权周期，其波动幅度远远超过位于其底层的其他周期。为什么会这样？这有待进一步解释。
~~~

11

房地产周期

总体概括和影响广泛的说法会影响大部分投资，而这些说法通常过于强调有利的一面，因为人性容易贪婪和一厢情愿地只想好事。由于某些原因，在买房子这件事上，那些广泛流行的说法的影响特别突出。在我多年的投资职业生涯里，我听过很多把投资买房这件事合理化的说法，它们简单易懂，容易被接受，比如“这块儿地再也不能盖新房子了”（和土地有限联系，讲稀缺性），“你可以一直住在这套房子里”（和房子联系，讲感情），“买房能对冲通货膨胀”（和所有类型的资产联系，讲财富管理）。那么人们最终学到的是，这些说法不管说得多么正确，都无法保证你的投资不赔钱，因为你投资买入的成本价格如果太高，就什么理由都不管用了。

房地产周期，在很多方面都和其他周期相同，比如那些控制资本和信贷供应的周期。

- 有利事件发生，企业盈利能力提高，导致人们更热情和更乐观。
- 心理改善鼓励人们更加积极地行动，其中包括：某事做得更多；做这件事基于更加美好的假设；支付更高的价格去做这件事；而且/或者降低要做这件事必须满足的标准。所有这些事情往往会导致投资人承担更大的风险。
- 乐观的心理，更加积极的行动，综合导致资产价格上涨。这又会进一步鼓励更加积极的行动，更高的价格上涨，更大的风险承受。
- 不可避免的是，这种良性循环呈现出不可阻挡的态势，而这种不可阻挡的态势又导致资产价格上涨过高，行动积极性过高，高到投资人根本无法长期持续保持。

但是当消息最终变得不太乐观，环境变得不大适宜，心理、行为、风险承受的水平被证明过度了的时候，资产价格也往往上涨得过高了，由此引发市场价格一波向下的修正，市场回调会导致人们心理变得不乐观，不乐观会导致去投资化，而投资人不再投资或减少投资会加大价格下行的压力，从而开始恶性循环，价格越跌越低。

这些都是大多数金融周期共同具有的组成要素，房地产周期也包括这些成分。但是房地产周期还包括一个要素，其他周期都不具备，这个特殊的要素就是房地产开发周期很长。

例如，在信贷市场上，好消息和乐观心理很快会引发贷款增长，投资银行家只要把潜在的借款人排好队，印好募集说明书，马上就可以发行债券，借款人买了债券就是把钱借出去了。这样一来，借款人增长的热情，几乎马上转化为现实：对证券的需求增长，要求的收益率降低，贷款标准降低，贷款和证券发行规模增长。

但是，金融市场交易的金融产品是虚拟的，而房地产市场交易的房产是有形的实物，我们称之为“砖头和水泥”构成的世界。从产品订购到产品交付，中间会有相当长时间的延迟。因为一座新的大楼推向市场，若要增加供给面积（如果需求没有同步增长，增加供给面积就会加大房价下行的压力），那么在此之前有很多工作必须完成：必须对项目进行经济可行性研究；必须找到一个合适的地段并买下来；必须做好建筑设计；必须进行环境保护影响评估；必须从政府管理部门得到建造许可，有时还必须进行成片开发改造；必须拿到融资，完成项目建设。整个建设过程会持续很多年，要是大型项目，交付时间甚至可能超过十年，但是房地产市场的情况变化得很快，在漫长的建筑时间里，可能发生很大变化。

我在2013年1月写的投资备忘录《老生常谈》中，描述了房地产开发周期，这里正好引用一些内容作为说明。正如我在此文中所说的：“房地产开发周期，通常清楚、简单、有规律地重复发生。”

- 经济糟糕的时候，房地产建设的活跃程度会降到很低，房地产建设项目融资受到抑制。
- 过一段时间，经济不是那么糟糕了，后来甚至变好了。
- 经济增长更好了，导致对房屋建筑的需求上升。

- 经济疲软的时候，只有少数建筑开工建造，现在才开始投入使用，房屋需求面积的额外增长，导致供给有些吃紧，因此房屋租金和销售价格开始上升。
- 租金和房价上升，持有房地产的产权就能享受资产升值，财富随之增加，唤醒了开发商建设新项目的热情。
- 经济发展更好，房地产资产升值，让资本提供者更加乐观，资本提供者的心态变好了，让房地产开发商更容易拿到融资。
- 融资更便宜，也更容易，自然提高了潜在项目的预期收益率，也增加了这些项目的吸引力，因此增加了开发商愿意追逐这些项目的愿望。
- 更高的预期收益，更乐观的开发商，更加慷慨大方的资本提供者，三个因素结合在一起，造成建造项目开工率大幅攀升。
- 首批完成的项目，遇到压抑已久的强劲需求，全部租出，或者很快销售一空，让开发商大赚一笔。
- 良好的收益，加上每天更加积极有利的报纸头版头条的宣传，导致更多的项目开始计划、融资、获批。
- 打桩机随处可见（已经向工厂订购更多的打桩机，但是这属于另外一个不同的周期）。
- 大楼建设开工之后，还需要几年时间才能完工，其间，第一个完工上市的项目，就吃掉了此前没有被满足的需求。
- 从开始计划到建成开业，经常需要很长时间，足以让经济从繁荣走向萧条。在经济增长得很好的时候开工的项目，经常会在开盘的时候遇上经济情况变得糟糕。这意味着这些增加的房屋面积只是增加了更多的空置面积，加大了租金下行和销售价格下行的压力。得不到使用的闲置面积在市场上游荡，就像幽灵一样。

· 经济糟糕的时候，房地产建设的活跃程度很低，房地产开发融资受到压制。

请注意，就像我们讨论过的其他很多周期一样，前一步引起下一步。特别是在周期处于底部时的那一步，其实就是开启新一轮周期循环的关键一步。这是一个很好的例子，它表明周期是如何自我延续直到永远的。

在贷款的整个过程中，其内在的时间滞后很短。贷款人有了贷款的意愿，考虑是否发放贷款时，肯定会考虑当时的经济情况和企业情况，等到发放贷款提供融资时，经济情况和企业情况也不会有太大的变化。但是如果在相当短的时间里，经济情况和企业情况确实变化相当大，那么贷款人也能收回贷款承诺，不再提供贷款，因为合同里就有“重大不利变化”这项条款。一般来说，贷款相对而言风险很小。

但是房地产开发就不一样了，从萌生项目的想法到项目完成交付房子，其间要经过很多年，可是多年以后，经济情况会发生很大变化，就像前面我们所说的那样。这给房地产开发增加了一个潜在的危险因素。开发商希望能够对冲这个风险，办法就是他们能够以很高杠杆大规模外部融资来开发项目。（这样他们自己投入项目的资金相对占比很小，相对来说所承担的风险也会变小，相当于用很大的杠杆让开发商的投资收益率放大很多倍。）

1980 年我搬到洛杉矶住的时候，沿着韦斯特伍德区的“威尔士走廊”，一个个钢铁骨架耸立起来，这些高楼原来设计的是豪华的公寓大楼，结果后来都成了烂尾楼。开发商启动这些项目，是在 20 世纪 70 年代经济繁荣的时候，后来经济陷入困境，资金断了，项目也就停了。开发商在启动这些项目时，经济情况良好，后来经济突然掉头向下，本来有的市场需求，让那些动作更快、完工更快、推出楼盘更快的开发商吸干了。

这些烂尾楼都是生锈的钢铁骨架，烂在那里很多年，一直都没有完工。开发商计划这个项目的总投资是 1 亿美元，当初也梦想着能够赚大钱，结果自己投资的 500 万美元或者 1 000 万美元的权益资本全赔进去了（剩下那 9 000 多万美元是银行提供的建设贷款，大部分也都赔进去了）。这表明房地产周期下行的后果非常严重，开发时间长会产生很大影响。

但是投资人购买这些烂尾楼经常是从收回这些楼盘的贷款机构手里买下的，然后再把整个楼盘建成。他们通常会从以下几个方面受益：

- 买价低：收购这个烂尾楼项目的价格，会大大低于原来开发商投入的成本。这些成本主要包括土地、设计、许可、建造结构框架。
- 建设完工成本低：因为现在经济不是那么繁荣了，劳动力价格和原材料价格都降低了。
- 建造期缩短：因为是中途介入的，这时楼盘的结构框架已经建好了，到大楼项目完工用的时间就更短了。
- 开盘更有可能赶上好时候：这个楼盘在经济好的年份得到批准建造，后来建造期间遇到经济糟糕的年份。经济周期就是这样，好几年坏几年。同样的道理，既然现在买这个

> 烂尾楼是在经济糟糕的时候，等到它建成完工推向市场，可能正好赶上经济转好的时候。

房地产开发项目从设想到完成，整个交付时间很长，因此造成了这种可能性，我的团队也参与这种接手烂尾楼的项目。这说明房地产周期对潜在盈利有很大影响。在经济繁荣时期启动房地产项目，选择这个时机，本身就有风险。而在经济低迷的时候，买下这种烂尾楼项目，可能非常赚钱。做生意就是这样的，完全取决于你做什么项目和什么时候做项目。正如那些打高尔夫球的人所说的："每一杆打下去，总会有人高兴，不是你高兴，就是你的对手高兴。"

~~~

在房地产领域里，你还可以看到周期的另外一个共同特点，尽管这一点对很多其他领域的周期也有很大影响，但是在房地产领域特别明显。这个特点就是，人们在做决策的时候，经常没有考虑别人正在做什么。这里有一个例子：

经济繁荣，家家财源滚滚，人人都很乐观，这时房屋需求往往会上升，而需求上升又会推升房地产市场价格，房价上升又让买房人更容易从银行拿到抵押贷款融资。通常这会导致市场上形成房屋供给短缺，房屋需求增长相对而言高于供给增长。尽管房屋需求说变就变，但是房屋供给调整起来非常缓慢，一个楼盘从计划到建成需要几年甚至十几年。高房价拉动，加上贷款机构急于给开发商项目贷款融资，市场鼓励开发商建造更多新楼盘以满足需求增长。

一家房地产开发商的老板也许分析后得出结论，现在他住的
~~~

这个小镇，还有 100 套房子的需求缺口未能满足。抱着非常谨慎的态度，也由于他的公司开发能力有限，融资能力有限，这个老板决定只建造 20 套新房子。到现在为止，一切看起来还都挺好的。

但是如果 10 家房产开发商的老板都做出了同样的决策，那么情况会怎么样？在这种情况下，会有一共 200 套房子开工建造。第一，开工建造的房子大大超出了需求。第二，等到过几年这些房子建成完工推向市场的时候，经济也许变糟糕了，买房的人那时的感觉和经济繁荣时可能不一样了，因此对房屋的需求会大幅降低。在这种情况下，新推出 200 套房子意味着要么房子卖不出去，要么房子低价出售，其售价远远低于当时开发商制定项目决策时的预期价格。

现在的情况和当初开发这个项目时完全相反。经济增长缓慢，融资枯竭，导致想要买房的人很难得到房屋抵押贷款。卖不掉的房子形成大量存货积压。很明显，开发商能做的最聪明的事就是停工。于是所有开发商都同时停工了……这意味着下一次经济情况改善了，房屋需求增加了，又没有足够的房子供给来满足需求了。就这样，又开始了新一波房地产开发周期循环。

这个简单的例子，直截了当地描述了房地产周期运行过程中的一个方面。这并不是理论假设，这就是现实。在橡树资本 2012 年的年会上，我的合作伙伴拉杰·绍里耶展示了一幅图——可以说它是我见过最有说服力的一张图：

图 11-1 展示的是美国每年住宅开工套数的历史数据，从 1940 年一直到 2010 年长达 70 年的数据。这幅图之所以令我印象很深，是因为我从图上看到，2010 年美国住宅开工套数水平，竟

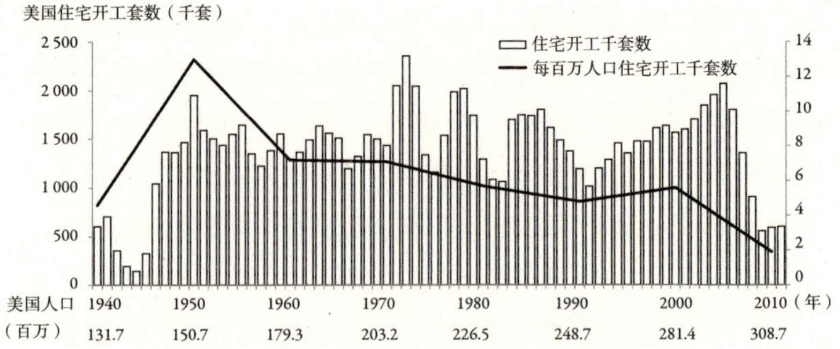

图 11-1　美国住宅开工套数与人口数量对比图

资料来源：美国人口普查局。

然是 1945 年第二次世界大战以来最低的（只相当于 20 世纪 40 年代经济还没有严重衰退时的水平），而这仅说明了一部分真实情况。这幅图还没有考虑 20 世纪 40 年代以来美国人口的增长，而人口增长是住宅需求增长的根源。

因此，尽管 2010 年的房屋开工套数数据和 1940 年的差不多，但是房屋开工套数与人口数量之比可以说是更有意义的数据，只有 1940 年受到高度压制时的一半。对此现象的解释是，次贷危机爆发，房地产市场崩盘，在 2007 年到 2008 年爆发了全球金融危机之后，可以说根本没有人重新开始建造住宅。从这个观察结果可以得出一个关键的推论，此后几年里的新房供给明显无法满足住宅市场复苏所形成的需求增长。

当然，那个时候“传统的智慧”认为，住宅需求绝对不会再复苏。相反，大多数人都相信：居者有其屋的美国梦破灭了，住宅需求将会一直保持这样的大衰退状态，因此那么多卖不出去的房子，只能非常缓慢地逐渐被吸收。他们引用的依据是，现在年轻人有拒绝买房的趋势，房地产市场崩盘，抵押贷款泡沫破裂，把年轻人吓坏了，他们宁愿租房子，也不愿买房子。但是和往常一样，他们过度简单地推论，而没有置疑这种现象能持续多久。就像本书里的其他很多案例一样，对于大多数人来说，受到心理和情绪驱动，他们不能真正地理解周期、坚信周期，周期是有涨必有跌，有跌也必有涨的。

我和我们橡树资本的同事都看得很清楚，从这幅图来看，再从我们对此图背后的相关数据的理解来看，这场可以说是最近80年美国经济最大的大崩盘，导致房屋供给的增长中断，但如果房产需求出现较大增长，房产市场价格就会强劲复苏。而且，我们拒绝不经思考地接受传统的古老智慧，我们坚信事实必将证明，住房需求还和往常一样是周期性的，因此未来市场会在中期某时候出现好转。有了这个推论，又得到了其他数据和分析的支持，我们做出了决策，重仓投资了不良房屋抵押贷款和有住宅用地担保的不良银行贷款，收购了美国最大的住宅建造私有企业。这些投资后来所实现的投资收益非常好。（关于这一点，参看2017年5月12日的《华尔街日报》，上面有篇文章的标题是《租房的年轻一代现在都买房了》，里面的数据很有意思："第一次买房人占所有买房人的比例，2017年为42%，高于2015年的38%，也高于最近一波房地产周期最低点2011年的31%。"那种简单地推论现在年轻人都拒绝买房的说法，在事实数据面前，不攻自破了。

这是一个典型的例子，它告诉我们，认识周期的本质，弄清楚我们正处于当前这个周期的位置，能够得出一个让自己看到赚钱机会的推论。这也是一个周期正好走到极端的案例，这时候房地产刚好从深深的谷底开始复苏，并发出一个信号——此时出手投资能赚大钱。

现在回顾这些历史数据和事实，回头再看看当时我们应该走的路，简直一清二楚。成功决策的理由，也是一清二楚的，就明摆在那里。但是当时却一片模糊。在房地产投资这个案例上，只有不动感情地冷静分析周期的历史数据，才能在当时得出正确的结论……关键时刻才能做出关键的决策。

~~~

我在谈论房地产周期这个主题的时候，还想谈一点，这是我第一次谈，但肯定不是最后一次谈。我发现人们偶尔会下结论，某金融现象不再是周期性的了。为了说清楚我的这个看法，我会分析一个最佳的案例。一切都好的时候，人们往往认为好日子会这样一直持续直到永远。事实上，从上一波市场修正之后，市场还没有涨多久，人们就完全忽视了周期有涨必有跌的漫长历史。因此，这里非常适合再次引用约翰·肯尼斯·加尔布雷斯关于人类面对历史态度的那句名言：

> 在人类积极努力不断进取的领域里，极少有像金融领域这样，历史所占的分量简直无足轻重，过去的经验，其实就是记忆的一部分，却被年轻人鄙视为那些老古董的避难所，因为那些老古董没有见识，欣赏不了现代金融世界不可思议的伟大奇迹。

总体概括和影响广泛的说法会影响大部分投资，而这些说法通常过于强调有利的一面，因为人性容易贪婪和一厢情愿地只想好事。由于某些原因，在买房这件事上，那些广泛流行的说法的
~~~

影响特别突出。在我多年投资的职业生涯里，我听过很多把投资买房这件事合理化的说法，它们简单易懂，容易被接受，比如“这块儿地再也不能盖新房子了”（和土地有限联系，讲稀缺性），“你可以一直住在这套房子里”（和房子联系，讲感情），“买房能对冲通货膨胀”（和所有类型的资产联系，讲财富管理）。那么人们最终学到的是，这些说法不管说得多么正确，都无法保证你的投资不赔钱，因为你投资买入的成本价格如果太高，就什么理由都不管用了。

20 世纪 90 年代末到 21 世纪初，我前面也提过，有很多经过选举当选的官员决定，作为造福社会的一步，作为提供更多途径让更多人实现美国梦的一步，他们决心要让更多人居者有其屋。结果，美国政府支持的抵押贷款机构从主管部门得到的指示是，要让老百姓买房更容易得到贷款。这些机构是政府支持的，当然听政府的话。于是，要买房的人可谓是“三喜临门”：一是政府鼓励个人买房；二是买房更容易拿到住房抵押贷款；三是贷款利率大幅度下降。三喜临门，对要买房的人形成了强烈的刺激效应。

资金流向住房抵押贷款，也得到了另外一句“老话”的极大鼓励：“做抵押贷款，肯定很安全”。这句话基于一种信心，人们坚定地相信全国性的抵押贷款违约潮不可能发生。强劲的经济增长，总体上温和的经济波动，谨慎的抵押贷款实践操作，三种因素结合在一起曾成功地阻止了全国性抵押贷款违约潮再度发生——从大萧条到现在，70 年过去了，一次也没有再发生过……以至对于上一次发生这种全国性违约潮的事，大家都完全忘记了。正像加尔布雷斯所说的，人类在金融投资上的记忆极其短暂。但是这并不意味着，贷款机构在业务操作中会慢慢地变得过于慷慨，贷款审查过于松懈，以致市场一旦发生一波很厉害的衰退，就会带来一波很大的抵押贷款违约潮。

21 世纪初，住房需求强劲，加上抵押贷款资金充足，再加上媒体乐观报道的不停怂恿，推动了住房价格强劲上涨。这时我们就开始听到另外一句流传很广泛的房地产投资流行语：“房价总是上涨的。”其实这也是一厢情愿的说法（请见下一部分的讨论）。

我希望，到现在为止，你已经明白了这个事实，我们讨论的资产价值再大，作用肯定也不会强大到足够一直占上风。人类的情绪不可避免地会走极端，让资产的价格，甚至物有所值的资产价格，也跟着走极端：资产价格要么太过大于价值而让人头晕目眩，要么太过低于价值而让人悲观恐惧。

简单地说，你要真心实意地相信周期必然存在，就像我一直强调的那样。这就意味着，聪明的投资人要从自己的词库里永远剔除那些其他很多人经常说的话。这些应该永远禁用的词语包括永不、决不、总是、一直、永远、不能、将会、将不会、只会。

~~~

2007 年发生次贷危机，之后发生全球金融危机，就在危机发生前的几年，出现了非常多的乐观看涨、高位买入的行为。后来的事实表明，这种行为完全是轻率鲁莽的。但是，危机爆发前几年，这种高位买入的行为受到广泛支持，背后支撑这些行为的是一种信念，人们相信房价会一直持续稳定地只涨不跌，而不会周期性地涨跌起落。有些搞研究的专家提出了支持性言论和乐观预测，这既是房地产大牛市的一部分，也是房地产大牛市的助推因素：
~~~

· 2006 年 3 月 5 日，《纽约时报》上刊发了一篇文章，它的题目是《非常老的旧房子》。文中引用了美国纽约联邦储备银行副总裁的话："房屋价格急剧上升与经济情况是一致的……并不是歪曲现实。"这篇文章甚至引用了其他说法："我们有时也感到奇怪，为什么房价一直没有涨得更多，你想想看，现在平均每个家庭能够得到的抵押贷款融资规模的增长幅度多么巨大。"
· 这篇文章也提道："有些看法相同的专家（来自哥伦比亚大学和宾夕法尼亚大学沃顿商学院），他们专注于研究被称为'超级明星城市'的大城市，这些城市太令人向往了，不但不会出现房价修正回调，而且房价还会保持'永远持续增长'。"相比之下，那些不太受到追捧的城市的房价，就不会这样持续保持增长了（我当然愿意用"永远持续增长"这个短语，警觉的投资人一听就会变得十分小心）。

但是这些结论靠谱吗？我们会有很多理由表示怀疑：
· 房屋价格历史数据的期限太短了；
· 某具体年份中，整个美国房屋平均出售价格的趋势，并不一定代表某套房子的价格表现，也不代表所有房子的价格表现（例如，没有根据随着时间推移平均每个房屋发生的物理变化，或者当年出售房屋相对于所有房屋发生的物理变化，来相应地调整其价格水平）；
· 同样的道理，事实上，街区和整个城市随着时间推移，受欢迎的程度也会变化，有时受到青睐，过了一段时间又变得不受青睐了，而这会影响房屋的价值，人们却没有为此对价格水平进行调整。关于某城市或者某街区房价的说法，未必适用于所有房屋的整体情况。

因此，我读到2006年《纽约时报》上的文章《非常老的旧房子》时，就觉得很有意思。文中报道了一个学术研究成果，研究者追踪阿姆斯特丹市一座独栋房屋的长期历史价格，由此解决了很多类似的学术问题。这栋房子是皮耶特·弗朗茨在1625年建造的，现在仍矗立在那里，几乎没有改变，它已经被交易转手过6次。这栋房子处于绅士运河区，那里一直都是阿姆斯特丹市最受追捧的地段。这篇文章讲的东西，并不是房屋平均价格水平是否上涨了，而是具体到一栋房子的价格的历史走势。

和前面引用的长期看好房子的乐观主义者形成鲜明对比的是，耶鲁大学罗伯特·希勒教授是这样分析皮耶特·弗朗茨那套房子和邻近的房子的：“阿姆斯特丹市绅士运河区近400年的房价历史数据，会让你非常受启发，因为你会看到，这些房子的价格上涨了近50年，然后开始反转下跌了。这样的历史要比那种超级明星城市的说法更加真实可靠。”这项研究的作者皮耶·艾希霍尔茨，在文中描述他“十分怀疑那些声称房地产价值会持续上涨直到永远的说法”。他仔细地思考过那些支持“这次不一样”说法的经济学论据，但是他说，“你会看到，人们一次又一次地做出类似的乐观评估，后来却被现实情形击得粉碎”。上帝保佑。

这篇文章还提道：

“一个房地产神话称，房地产的价值会随着时间的推移大幅上升……”皮耶·艾希霍尔茨说，“但是，这个老房子的历史价格数据终结了这个神话。”

也就是说，从你那个越老显得越有智慧的大叔，到卖给过你一套房子的经纪人，每个人都像传播福音一样传播这句古老的投资名言：房地产是最好的长期投资。而这套老房子近 400 年的历史价格，称得上房地产长期指数中时间最长的指数，却表明事实完全相反，这句老话说得根本不对。从 1628 年到 1973 年，这是艾希霍尔茨最初的研究期限，阿姆斯特丹市绅士运河区房地产的价值经过通货膨胀调整以后，平均每年的涨幅只有0.2%，即使是最吝啬的银行存款利率都比它高。正如罗伯特·希勒分析阿姆斯特丹绅士运河区房价近 400 年价格走势之后所说的："房地产价格确实翻了 1 倍，但是这花了 350 年。"

……罗伯特·希勒说，只是在最近这些年，房地产价格大幅上涨才成为常态，人们才开始预期房地产价格会长期持续大涨。

……如果说过去这几年的房地产价格走势（正是在过去这几年房产价格才出现了惊人的涨幅），是我们现在这个美丽新世界的典型特征，那么只有把它放到历史长河中来看，我们才能真正地看清楚潮起又潮落，潮落又潮起。这引导我们重新回到那个可以说是最古老的历史教训：**历史往往会重复相似的周期。**

房屋价格的长期数据是有价值的，但是最重要的教训是，在房地产价格上升的时候，人们往往过于乐观看涨，那些分析评论人士又提供了很权威的言论支持，他们简直是在火上浇油。这只不过是人性使然。事实上，找理由把价格上涨合理化，这种事

（以及预测后面还会涨更多）——无一例外地——都是发生在市场涨到高点的时候，而不是在市场跌到低点的时候。要想得到真正的启发和帮助，我宁愿去关注那些总是和市场唱反调的评论人士的看法，在牛市大涨普遍看好时，他们却冷言冷语，在熊市大跌一片悲观时，他们却看好看涨。

~~~

房地产行业和其他行业一样，会周期性地起伏，但是房地产市场的周期由于特殊因素的作用，其波动幅度会更大：

- 从项目初步设想到项目建成销售，其间有一段长达数年的交付时间；
- 房地产开发商一般都会使用极高的财务杠杆；
- 房地产供给通常弹性很小，不能根据需求波动快速地进行调整（也就是说，制造商一看他们的产品市场需求萎缩，可以马上采取措施减少生产，比如减少轮班，从三班倒变成两班倒，遣散部分员工。但是房地产行业做不到，比如你是房东、酒店老板或者房地产开发商，遇到需求短缺，想要调整减少自己拥有的营业面积，那可就难多了）。

房地产周期说明，也作为案例表明，周期的各要素之间如何互相引导和互相引发，以及周期如何走极端。在困难的时候，诸如“房价长期总是会上涨的”那些乐观的总结概括，再也无法鼓舞人心了。搞房地产的人经常说：“房子只有被转到第三手才会赚钱。”这句话并非没有道理。第一手是开发商，设想并启动项目开发，后来房地产周期转入下跌阶段，干不下去了，只好放弃，成了烂尾楼，结果当初设计得很好的项目，却没有赚到钱。第二
~~~

手是银行，银行发放贷款给开发商来盖楼，后来房地产周期进入下行阶段，因为开发商贷款违约，被迫收回项目资产，也没有赚到钱。但是，第三手是投资人，任务是作为拼盘侠，在房地产一片萧条时从银行手中低价接手那些烂尾楼，继续建设完工，推出销售，此时正好赶上房地产市场复苏，房价开始大涨了，结果他们赚到了大钱。看来那句老话说得真对："房子只有被转到第三手才会赚到钱。"

当然，这种说法有些夸大了，和其他很多笼统的说法一样。但是，"房子只有被转到第三手才会赚钱"这句话确实很有用，可以作为一个提醒，让我们一定要注意，房地产市场有很强的周期性，特别是在房地产市场不太好的时候。

12

市场周期——集周期于一身

一个没有经验的菜鸟投资人，第一次经历一波上升的市场周期。这个过程一开始看起来是合乎逻辑的，利好因素一个接一个，形成大牛市甚至泡沫。然而事实真相是，这么多好消息，这么乐观的预期，最终投资却以亏损告终，这肯定会让投资新手感到非常吃惊。当然，对于那些不懂投资的门外汉来说，他们的投资以这样的悲惨结局收场，其实是不可避免的。因为如果这个建立在错误判断基础上的过程没有走到极端，市场就不会上涨到牛市的最高点，这个最高点同时也是市场反转下跌的起点，没有这个起点，市场也就不会跌到熊市的最低点，而熊市的最低点也是反弹上涨的起点。

作为投资人，我们的工作很简单，就是和资产价格打交道，一是评估现在资产价格处于什么估值水平，二是判断未来资产价格会如何变化，三是做决策决定是否投资、何时投资以及投资多少。资产价格主要受到两个方面的发展变化的影响：基本面和心理面。

基本面：我一直称之为“事件”，大致可以被简化为两大财务指标——企业收益和现金流，以及对二者的未来预期。企业收益和现金流受到很多因素影响，包括经济发展趋势、企业盈利能力和未来资本可获得性。

心理面：投资人对基本面因素的感觉，以及他们如何评估这些基本面，特别是投资人的乐观程度和对待风险的态度。

以上提到的这些因素都有各自的周期，而且每个周期都有很多方面。每个周期的行为，以及这些周期互相影响和互相结合的方式看似纷乱，其实背后都有一个重复发生的模式，就像诗歌的韵律一样，我们可以理解和把握，对此我已经做过很长篇幅的讨论了。这些周期波动聚合到一起，再加上随机性，影响着证券市场的运行。

这一章的目标是，让你对市场周期性的上涨和下跌有感觉。我们要讲的不是周期上涨多少和下跌多少这些事实情况，也不是周期过去上涨和下跌的过程，更不是这些上涨和下跌是对哪些因素的反应；我们要讲的是周期现象波动背后的力量，特别是非基本面的力量和非经济性的力量。它们导致周期现象上行和下行，而且它们经常以一种非常疯狂的模式涨跌，有时涨起来很疯狂，有时跌起来也很疯狂，有时不涨不跌且持续很久也很疯狂。

如果市场是一台计算器，在计算证券的价值时，其依据只限于公司基本面，那么证券市场价格的波动幅度就不会太大，和公司现在的盈利以及未来的盈利预期的波动幅度基本一致。其实，市场价格的波动幅度，本来应该小于公司盈利的波动幅度，因为公司的季度收益变化往往时间一长就被抹平了，除此之外，季度收益变化未必能反映出公司的长期盈利潜力的真实变化。

然而，证券市场价格的波动幅度通常远远大于公司收益的波动幅度。当然，这主要由于心理方面、情绪方面以及其他非基本面的原因。因此，证券的市场价格变化过于夸大了基本面的变化。我们简要地描述这个过程：

· 经济面和企业盈利面发生的事件变得更加利好。

· 好消息带来好心情，利好事件助长投资人产生积极乐观的心理。随着这些利好事件发生，投资人的情绪（也被称为“动物精神”）会变好，投资人对风险的容忍度会提升（甚至有时候即使发生不利事件，投资人也会如此）。

· 心理的积极乐观导致投资人不再要求高风险保护和高预期收益。

· 利好事件、内心坚定地看好和投资人对预期收益要求降低综合在一起，导致资产价格上涨。

· 可是，最终这个过程进入反转阶段。事件未能达到投资人预期，也许因为产生这些事件的环境变得不那么友好了，也许因为投资预期高得太离谱了。

· 事实最终证明，投资心理不可能永远保持积极乐观。头脑冷静一些的人能够推断出，资产价格已经被高估到很不合理的地步了，或者也许投资人心软，不再那么坚定地看好未来了。只是因为一个理由，就可以让投资不再乐观，而这样的理由有100万种（甚至没有明显的理由，投资人还是会变得不再乐观）。

· 价格下跌了，因为这个时候发生的事件不是那么有利了，或者投资人看法变了，同样的事情他们却不再认为那么有利了。有时候，这种事情会发生，只是因为价格已经涨到根本无法再持续保持的地步，或者因为环境出现了不利变化。

· 价格掉头向下之后，又继续开始下跌，直到最后跌得实在太低了，再也跌不下去了，就变成反弹的平台。

重要的是要理解基本面和心理面互相交织、互相影响的方式，就像上面这个过程所描述的那样。但是有一点很关键，我在讲这个过程时会一再重复强调：上面对整个过程的描述，看起来先后有序，前后相连，但是现实中真正的过程绝对不像上面讲的那样井然有序。这些事情发生的顺序可能会发生变化，因为因果关系的方向可能发生变化，你影响我，我也会影响你：

· 有时候是基本面影响心理面，有时候是心理面影响基本面：利好事件会强化心理，心理面改善也会对事件产生有利影响（心理面助推经济增长和企业盈利增长）。

· 心理面影响市场面，市场面也会影响心理面：很明显，投资人心理面改善会导致资产价格上涨；同样，资产价格上涨会让投资人感觉自己更富有、更聪明，因此他们就变得更乐观。

换句话说，心理面、基本面、市场面三个方面的关系是双向的……甚至会同时双向互相影响。每个方面的变化都会引起其他方面的变化。这些事情演进的速度，在不同的周期中会有很大不同，即使是同一个周期，在整个过程中的不同环节上也会有很大不同。最后还有一点，周期并不一定是平稳流畅地运行前进，相反，周期会有下落也会有反弹，有时还会虚晃一枪，短暂小幅下跌后继续大涨，或者小幅反弹后继续大跌。

由于以上类似的原因，投资不能像科学那样被系统规律地准确描述，我们也不能指望做投资像做科学实验一样，每次的过程和结果都一模一样。我会一再地回忆马克·吐温的那句名言："历史不会重演细节，过程却会重复相似。"原因和结果从来不会和过去一模一样，但是现在的原因和结果经常会让我们想到，我们过去见过类似的原因、结果和发展变化过程。

不管过程多么不精确，很明显，过去的事件、预期未来会发生的事件与投资人的心理综合在一起，决定了资产的价格。事件和心理也会影响信贷松紧程度，而信贷松紧程度会极大地影响资产价格，资产价格反过来又会影响事件和心理。

总之，这些事件综合在一起，创造出了市场周期。我们每天都会听到很多关于市场周期的谈论，其中大多数人谈的是股票市场周期的涨跌，但是也有一些人讲债券、黄金、外汇等市场的周期。这也说明很多周期互相交织、互相影响。这正是本章的主题。

~~~

金融理论把投资人描述为"经济人"：客观，理性，做事追求最优化。这意味着，这些作为经济人的投资人在一起形成的市场，就成了投资大师、著名作家（还是巴菲特的导师）本杰明·格雷厄姆所说的"称重机"：资产价值的评估者，拥有像机
~~~

器一样准确的评估能力，像军人一样训练有素、纪律严明。

可是，虽然理论很美好，但是现实很残酷，它完全不同于理论假设：财务上的事实和数据，只是市场行为的起点；投资人保持理性，只是例外情形，而不是规律；理论上，投资人是经济人，会冷静地评估财务数据，然后完全不动感情地设定资产的合理价格，其实市场极少把时间用在这种事情上。

投资基本面，其实是很简单易懂的。过去的事件已经发生了，而且被记录下来，很多人都有分析这些证券的量化分析技能。现在的业绩在财务报表中已经被体现出来了，有时，财务报表准确地呈现了公司现在的业绩表现，有时，人们则需要对公司的财务报表有技巧地进行调整，而且未来的事件对于每一个人来说都是不可知的（尽管有些投资人能够比其他人更好地预测未来事件）。基本面并不是投资中最多变的那部分，也不是最让我着迷的那部分。但是，不管怎么样，我都不可能写出一本书，告诉你如何做才能对未来事件知道得比别人更多。要在预知未来事件的能力上远远超越别人，我们就需要具备三大成功要素：一是有远见，二是有直觉，三是有第二层思维。我不相信这些东西能被简化到可以写在纸上，也不相信这些东西能通过读书被人们掌握。

投资中有一部分让我非常着迷，也是我自己思考得最多的，还是我和橡树资本的同事为客户创造出巨大财富的看家本领所在，它就是投资人如何偏离理性的假设，以及这种偏离如何助长周期的波动震荡。

很多因素都在不同程度地影响投资人制定投资决策的过程，都在干预投资人进行纯粹的经济决策的过程。这些因素也许可以被归纳为三大类因素：人性、心理和情绪。要区分这三者，并不是那么简单。不过对于我们这里所讨论的目的来说，区分这三者并不重要，这些因素绝对能够主导投资人的行为，因而也能绝对主导市场。有些因素是周期性变化的，但并非所有因素都是周期性变化的。它们都能影响周期或者加重周期。其中最重要的影响因素如下：

- 投资人会动摇，而不是坚定地坚持理性思考，但只有理性思考才能让人们做出理性决策。
- 投资人有三种心理倾向：用歪曲的眼光看待当前的事实，有选择性地感知，带有偏见地解读。
- 人都有一些怪癖似的心理误区。比如确认偏误，接受那些能符合他们说法的证据，抛弃那些不符合他们说法的证据；再比如非线性效用误区，对于大多数人来说，亏损 1 美元的痛苦感，大大超过赚 1 美元的幸福感（也大大超过现在放弃未来潜在的 1 美元盈利的痛苦感）。
- 投资人在经济繁荣时期容易过度轻信，对那些高得离谱的盈利预期神话也会信以为真，而在经济萧条时期又容易过度怀疑，拒绝所有盈利的可能性，对那些非常靠谱的盈利机会也会因不信任而拒绝。
- 投资人的天性就是在风险容忍和风险规避之间来回摆动，导致他们对作为风险补偿的风险溢价的要求也随之来回摆动。
- 投资人会有羊群行为，一方面因为要和别人做的事保持一致的心理压力很大，另一方面因为和别人持仓不一样的操作难度很大。
- 有件事会让你心里感到极不舒服，就是看到别人赚了大钱，做的却是你拒绝做的那种事情。

· 因此，投资人本来一直拒绝参与资产泡沫，却往往最终还是屈服了，因为他们实在顶不住压力了，举起白旗，宣布投降，于是也跳入了泡沫，开始买入（甚至即使，不，准确地说是因为，作为泡沫题材的资产价格的上涨幅度已经很大了）。

· 投资人还有一种相应的倾向是，往往会放弃现在不流行而且现在看起来不成功的投资，不管分析结果表明这些投资多么明智。

· 最终，其实投资都是和钱有关的，而钱会引发强烈的感情因素，比如，投资人贪婪地想要得到更多钱，嫉妒别人赚的钱多，害怕自己会亏钱。

牛市和熊市

投资人被分成两派，这种分法到现在有100多年了。一派是"牛"，代表那些认为股票会上涨，因而投资行为激进的乐观主义者；另一派是"熊"，代表那些认为股票会下跌，因而投资行为保守的悲观主义者。后来，人们又把"牛""熊"两个标签用在市场上，市场已经上涨了或者将会上涨（当然这个预测很不准确）就是牛市，相反，市场跌了或者将会下跌就是熊市。

20世纪70年代，我得到了人生的一份大礼。有一位投资人，他比我年纪大，也比我有智慧，告诉我一条投资真经——"牛市三阶段"：

第一阶段，只有少数特别有洞察力的人相信，基本面情况将会好转；

第二阶段，大多数人都认识到，基本面情况确实好转了；

第三阶段，每个人都得出结论，基本面情况将会变得更好，而且永远只会更好。

越是真理就越简单。听了牛市三阶段理论后，我一下子开窍了，也开始注意到了投资人的心理经常会走极端，而这些极端心理会对市场周期产生极大影响。就像很多名言警句一样，牛市三阶段言简意赅，却表达出非常高深的大智慧。其实，牛市三阶段讲的就是投资人态度的变化：一是特点，投资人的态度多么容易变化；二是过程，在市场周期波动的整个过程中，投资人态度的变化有什么模式；三是影响，投资人的态度如何助长投资决策错误。

牛市第一阶段，尽管存在基本面改善的可能性，但是大多数投资人不具备这样的洞察力，也就不会珍惜其蕴藏的投资良机，他们看不出来证券价格里面包含的乐观主义很少，甚至根本没有。通常情况下，第二阶段发生在股市大崩盘、股价一路暴跌之后，这一波暴跌彻底摧毁了股价，同样也彻底摧毁了投资人的心理，让投资人像羊群一样对股市由爱转恨，投资人亏了大钱之后，发誓从此永远离开股市，此生再也不碰股票了。

牛市第三阶段，也是牛市最后一个阶段，情况正好和第一阶段的相反。基本面的事情发展顺利，而且有很长一段时间了，已经强烈地反映在资产价格上了。这进一步提升了市场的情绪，投资人简单地推论基本面改善将会持续直到永远，对未来非常乐观，因此把买入报价提升到很高水平。树肯定不会长到天上去，但是在牛市的最后阶段，投资人的行为表现得好像他们相信树真的会长到天上一样……而且投资人愿意出高价购买他们感觉到的公司收益会有无穷成长潜力的热门股。投资人因为相信高成长性而支付高价去买热门的成长股，事实证明他们过高地估计了成长性，几乎再没有其他事比这种用高价购买伪成长股所付出的代价更高的了。

从以上牛市三阶段中我们可以看出来，在牛市第一阶段，几乎没有乐观的理由，只有特别有洞察力的少数人才敢于买入，且买入的成本极低，资产未来可能会有巨大的升值空间。但是在牛市第三阶段，很多投资人此时都会跟风买入，因为当时的市场过度乐观，投资人必须支付高价才能买到，所以后来亏得很惨。

上面对牛市三阶段的描述，文字非常简练，却讲出了大智慧。就在学习牛市三阶段之后不久，我又听到了另一句名言，说得更有道理，且更加精练："聪明的人最先做，愚蠢的人最后做。"

我认为这句话可以称得上排名第一的投资名言，神奇地概括了周期的重要性。再说一次，那些先知先觉者，按照定义他们只会是有胆有识的极少数人：一是有见识，看未来比别人看得更准；二是有胆识，敢于买入，尽管此时大众并不普遍认同，有胆识才能抓住别人没有发现的盈利潜力，有胆识才能买到极便宜的资产。但是每一股投资潮流，最终都会走过头，而且会把价格推升得太高，所以当牛市走到尾声，最后一个接棒买入的人，为过于高估的潜力付出过高的价格。最后一个接棒买入的人得到的是资本的惩罚，而不是资本的升值。

巴菲特说："聪明的人最先做，愚蠢的人最后做。"一语道破天机。关于市场周期及其影响，你应该知道的所有东西，这句话就告诉了你八成。巴菲特还说过一句话，讲的是同样的道理：

"先做是创新，后做是模仿，最后做是傻瓜。"

当然，周期不是只有一个方向，而是能上也能下，会涨也会跌的。全球金融危机、股市大跌，给了我一个机会能借鉴牛市三阶段的说法，总结出"熊市三阶段"。这是我在2008年3月的投资备忘录《潮水退了》中所写的：

第一阶段，只有少数深谋远虑的投资人才能意识到，尽管形势一片大好，市场面普遍被乐观看涨，但是基本面肯定不会一直顺风顺水；

第二阶段，大多数人都认识到基本面正在越变越糟；

第三阶段，每个人都相信基本面只会变得越来越糟。

这时，有人投降了。前面我提过投降这个现象，说起来很有意思，投降本身也有一个固定的周期。在牛市或者熊市，第一阶段，大多数投资人都克制自己（按照定义）不去参与只有少数人才做的事。这也许因为他们无识无胆无勇：一是无见识，他们缺乏这种行为背后的远见卓识；二是无胆识，他们缺乏那种过人的胆量，不等到事情得到证明，变得清清楚楚，引得大家蜂拥而至时，就不会出手；三是无勇气，他们缺乏足够的勇气走一条少有人走的路，他们不敢做一个不与众人保持一致的逆向行动之人。

很多人都错过了牛市第一阶段，先人一步买入的赚钱机会，或者错过了熊市第一阶段，先人一步卖出保住胜利果实的机会。这需要你有胆有识才行，既要看得准，又要出手狠。投资人会继续抵抗，而这时市场趋势已经形成，正在积聚前进的动力。等到市场的走势形成一股潮流时，这些投资人也还是不愿意加入进来。他们简直有钢铁般的意志，坚决拒绝跟风。在牛市第二阶段，那些看涨的投资人纷纷跟风买入，推动有些品种大涨或者有些板块大涨或者整个市场大涨，但这些投资人就是不跟风买入；在熊市第二阶段，很多投资人跟风卖出，导致价格低于内在价值，这些投资人还是拒绝跟风卖出。这些投资人简直是铁石心肠，也别指望他们后来会随大流了。

但是大多数投资人最终还是投降了。可能只是因为坚持得太久，意志力都被耗尽了，再也坚持不下去了。到牛市第三阶段，他们看到股价一路涨上来，涨了2倍，涨了3倍，别人跟风买入的股票都赚大钱了，自己却一只股也没买，心里嫉妒别人赚大钱，痛恨自己看走眼不敢买。或者到熊市第三阶段，他们看到自己股票的市值跌了一半，看着那些已经提前卖出的人站在河边分毫无损，心里别提多么嫉妒了，痛恨自己太愚蠢，当时完全想错了，没有跟着其他人早点儿卖出离场。他们内心越是嫉妒别人，越是痛恨自己，自信心就越会慢慢地消失，意志力也会慢慢地变得消沉，最后他们放弃抵抗了。关于这一点，我觉得查尔斯·P. 金德尔伯格那句话说得最好："最令人烦心、最令人头痛的事，莫过于看到朋友发大财。"（《疯狂、惊恐和崩溃：金融危机史》，1989年）那些进行市场投资的人，最痛苦的就是看到别人赚了很多钱，再一想自己却错过了很多机会，他们害怕这种趋势会继续下去，自己的痛苦也会继续下去。于是，他们得出结论，打不败市场就加入市场，跟着大部队走，站在大多数人一边，这样就会终止痛苦，因此他们投降了。结果，这些最后实在抗不住投降的人，在牛市高位买入已经涨了很多的资产，在熊市低位则卖出了那些已经跌了很多的资产，他们不是高位接盘，就是低位割肉。

换句话说，这些投降派，第一阶段该做的正确的事，等到第三阶段再去做时，却是错上加错了。牛市第一阶段，他们应该及早低位买进，却一直坚持不买进，此时所犯的错误在于该买时不敢买；抗到牛市第三阶段，他们实在抗不住了，投降了，也跟风买入，可是这时买入却成了错误，其错误在于不该买时却买了。熊市第一阶段，他们应该及早高位抛出，却不愿意抛，其错误在于该卖出时不愿意卖；就这样一直坚持不卖出，抗到熊市第三阶段，他们实在抗不住了，投降了，也跟风割肉卖出了，可是这时卖出却变成了错误，其错误在于不该卖时却卖了。在周期波动期间，投降这种行为特别有杀伤力。这也是一个非常好的反面案例，它告诉我们，心理因素导致的投资错误所造成的最悲惨的结果能坏到什么程度——不但能杀死你的钱，而且能杀死你的心。

当然，等到最后一个顽强抵抗的人都缴枪投降了，在高位跟风追涨买入，或者在低位跟风割肉卖出，就再也没有人能特立独行了，每个人都和大家保持一致。牛市涨到最后，只有人买进，却没有人卖出，那么成交结束了，最后一个投降者的买入价就成了最高价，这一点就成了最高点，从此市场周期停止上涨，开始反转下跌，这个人成了牛市最后一个接棒的人。聪明的人最先做，愚蠢的人最后做，牛市最后一个买入股票的人，就是那个最后才去做的傻瓜。反过来也一样，熊市跌到最后，最后一个坚持不卖的人也投降了，从此只有人卖出，却没有人买进了，那么成交结束了，最后一个投降者卖在最低点，从此市场周期停止下跌，开始反弹上涨，这个人成了熊市最后一个割肉卖出的人。

下面这段历史记录表明，即使我们人类最杰出最伟大的人，也会在股市中投降：

大科学家牛顿，受封爵士，在担任英国造币局局长的时候，正好遇上“南海泡沫”，他和其他很多有钱的英国人一样买了南海公司的股票。1720 年 1 月，南海公司股票的市场价格为每股 128 英镑，到 7 月涨到每股 1 050 英镑，半年涨了 8 倍多。可是，这一波大涨才开始不久，牛顿就发现，南海公司这只股票走势的投机性太浓了，于是他卖掉了股票，拿到 7 000 多英镑。有人问他未来市场走势会涨还是会跌，牛顿回答道：“我可以计算天体的运动，却无法计算人类的疯狂。”

1720 年 9 月，南海泡沫破裂了，价格跌到 200 英镑以下，从三个月之前的最高点跌了 80%。牛顿很早卖出，可以说是明智之举了。可是，事实并非如此，尽管他很早就看穿南海股价有很大的泡沫成分，但是牛顿这个大科学家也是人，也想多赚钱，也和我们现代的大多数投资人一样，天天看着周围的人赚了大钱，心里同样也是很嫉妒的。牛顿爵士看着南海股价天天疯涨，心理压力越积越大，最后实在顶不住了，也投降了，也跟风在高位追涨买入，也就是说，牛顿上一波卖出了股票，后来又在更高的点位买回来了。结果没过多久，南海泡沫就破裂了，让他亏了 20 000 英镑，这是他前面那一波进出股市所获盈利的 3 倍，他也会抗不住牛市的心理压力而在最高点投降。即使是全世界最懂牛顿力学的牛顿先生，也没能避免在股市上亲身体验自由落体式的暴跌。（网站 bubble.com，2000 年 1 月）

泡沫和暴跌

我们经常遇到股市上涨和下跌的行情，我们以后还会经常遇到。当市场持续上涨且累积涨幅相当高的时候，市场被称为“牛市”，当市场持续下跌且累积跌幅相当高的时候，市场被称为“熊市”。牛市如果还继续涨得更高，就成了大牛市、狂热大牛市、疯狂大牛市。熊市如果还继续暴跌，就成了大熊市、危险大熊市、恐慌大熊市了。用现在最流行的词来讲，极端大牛市是泡沫，极端大熊市叫崩盘。

泡沫和崩盘这些现在流行的说法，其实已经有很长的历史了。前面说过的南海泡沫，是大概发生于300年前的一场股市泡沫，当时英国人都在狂热地买入南海公司的股票，大家都认为，南海公司承诺偿还英国的全部国债，而且它肯定能做到，因为这家公司垄断了英国和南美洲的贸易，结果南海公司的股票在1720年火爆了整个大英帝国，半年上涨了8倍以上。而美国历史上最有名的股市大崩盘是1929年的股市大崩盘，它引发了一场历史上最严重的经济大萧条。1995年到2000年，市场出现了高科技股泡沫、互联网泡沫和网络股泡沫。后来又发生了房地产泡沫和抵押贷款泡沫，它们在2007年达到最高点，然后开始大崩盘，进而引发全球股市大崩盘。最近20多年，可以说是一个大泡沫接着一个大泡沫，由此“泡沫”这个词火了，成了日常用语。

泡沫实在太多了，以至现在形成了一种趋势，特别是在媒体上，只要出现一波大涨，就会被称为“泡沫”。2017年秋，我正写这一章，美国标准普尔500股票指数和2009年3月的低点相比，涨了接近4倍（包括股利在内），美国高收益债的收益率已经下降到5.8%。因此经常有人问我，美国股市是不是处于某种新型泡沫之中，是否意味着股市大崩盘近在眼前。正是因为这个原因，我这里要多花一些时间给大家讲讲，大涨和泡沫并不是一回事。我坚信，并非每一波大涨都是泡沫。对于我来说，“泡沫”这个词有着特殊的心理学内涵，投资人应该明白，也应该留意。

我经历过一些泡沫，它们比刚才所说的科技股泡沫、房地产泡沫发生的时间要早得多。其中一个非常好的泡沫例子是，20世纪60年代市场狂热追逐的“漂亮50”。所谓的“漂亮50”是指美国股市质量最高成长性也最高的50只成长股。据我所知，所有泡沫都贯彻着一个共同的主线，漂亮50成长股就是一个范例，大家都相信，对于那些资产来说，“根本不存在价格太高这回事”。当然，这句话后面紧跟着另外一句话——你不管用什么价格买，肯定都会赚钱。

明智的投资只有一种形式，就是搞清楚这个东西值多少钱，用比价值更低的价格买入。我们要明智地投资，其前提必须做到两点：一是算对价值，用数据分析计算清楚价值区间究竟是多少；二是买对价格，坚持只有当价格低于价值的安全边际相当大，以及投资吸引力相当大时，才会买入。任何一种投资举动，如果不是建立在价格和价值的比较上，只是建立在一种空泛的概念上，就是不理性的投资。

“成长股”这个概念，在20世纪60年代初就开始流行了，其目标是投资高成长型企业，受益于其公司业绩的高成长，收获于其股价的高成长。这些企业的业绩能够高成长，受益于科技、市场营销和管理技术的发展进步。从20世纪60年代初开始，成长股变得越来越火。1968年，我找到了一份暑期临时工的工作，在花旗银行的前身第一国民城市银行投资研究部工作。它的股票属于漂亮50成长股，业绩增长最快，而且公司品质最优，就像学校里品学兼优的优等生，很受市场欢迎。它们的股价涨得实在太快了，以至银行信托部门（相当于中国的公募基金）把大多数资金都投到了漂亮 50 成长股上，对其他股票都失去了兴趣。

施乐、IBM（国际商业机器公司）、宝丽来、柯达、惠普、默克制药、礼来制药、德州仪器、可口可乐、雅芳，这些漂亮 50 成长股中的公司都是超级明星公司，人见人爱。大家都觉得这些公司太伟大了，根本不会出问题。大家都普遍接受这句话，这句话简直被当作股市的至理名言：这些公司都是超级明星，你不管用什么价格买都不会赔，只要拿住了，它们将来肯定能赚钱。你即使买的价格有点儿高，也不会赔，这些公司的收益很快就会涨上来，你买入的价格就不贵了。

结果可想而知。任何时候，投资人不管价格高低都愿意买。很明显，这种做法都是基于情绪和从众心理的，而不是基于冷静的分析。于是漂亮 50 成长股涨疯了，1968 年它们的股价涨到其每股收益的 80 倍至 90 倍，成了这一波大牛市的急先锋。后来，它们却一头栽到地上，因为投资大众的热情冷下来了。1973 年，股市变得非常低迷，漂亮 50 成长股的股价跌到只有每股收益的 1/8~1/9，也就是说，那些 5 年前高位追涨买入美国最优秀企业股票的人，亏了 80%~90%，一美元亏得只剩下一二美分。请注意，漂亮 50 成长股的 50 家公司当时看起来优秀得简直“完美无缺”，其中有几家后来破产了，有几家差点儿破产。

这就是所谓的“什么价格买都不会赔”的下场。股票也好，公司也好，根本没有任何资产能好到价格再高也不会被高估的地步。对于聪明的投资人来说，这种说法必须从你脑中永远剔除出去。

但是，你别以为经历过如此大跌，投资人肯定会吸取漂亮

50成长股泡沫的惨痛教训。我们再往下看，你会发现1995年后，股市泡沫又出现了。这时股市上最火的是科技股，就像上一次泡沫是公司创新点燃成长股的风潮一样，这次是三大领域的科技进步正在点燃投资人的想象力：通信（移动电话和光纤传输），媒体（包括对内容无限需求以填满新的娱乐频道），信息科技（特别是互联网）。

"互联网将改变世界"是当时最火的口号，接下来投资人会说"电子商务股票，什么价格买都没关系"。漂亮50成长股的市盈率高到原来的八九十倍，大家一算会说这样的市盈率太高了，相当于投资八九十年才能收回成本。可是，对于互联网股票来说，根本不存在市盈率过高的问题，因为这些互联网企业根本没有任何盈利。市盈率等于每股市场价格除以每股收益，没有收益，哪会有市盈率？不仅这些投资完全是概念性的，而且很多互联网公司本身也是概念性的。既然这些创新公司根本没办法按传统的市盈率指标进行估值，那么华尔街就创新性地想出新型估值指标来替代市盈率。既然互联网公司没有盈利有收入，那么华尔街就用市销率代替市盈率——每股市场价格与每股销售收入之比。有些电子商务公司连销售收入也没有，这也没关系，以后会有的，就用"眼球"替代收入，即消费者访问这些公司网站的次数。因为消费者访问公司网站的次数越多，以后在这个网站上购物的概率就越大。

就像漂亮50成长股一样，在投资狂热风潮的下面，市场还是有点儿真实性的——要让泡沫吹起来，这是前提条件，也是必需的。但是投资人失控了，不讲逻辑推理，也不讲投资纪律，才会得出如此荒谬的推论：价格再高也不会赔。投资人高喊着口号

"互联网将改变世界"，这话说得对，互联网确实改变了世界，现在的世界和20年前相比，简直是改头换面。可是，现在互联网还在，但1999年到2000年的互联网股票绝大多数都没有了。这些倒闭的互联网公司的股票让投资人亏掉了100%，相比之下，投资漂亮50成长股亏掉了80%~90%，还是很令人羡慕的。

关键点已经很清楚了，我认为"价格再高也不会赔"，是产生泡沫必不可少的关键因素，也是产生泡沫的显著标志。同样的道理，在股市泡沫期间，投资人经常得出结论，应该去借钱买这些大牛股，就是我们常说的加杠杆或者配资。不管你借钱的利率是多少，你买这些大牛股升值所带来的收益率，肯定都比你借钱的利率高。很明显，投资人脑子糊涂了，分析、怀疑、不盲目相信的大脑功能暂时停止了。

"什么价格买都不会赔"，是泡沫的终极成分，因此也是市场上涨过高的铁证。参与泡沫，没有安全的方式，只有危险的方式。不过，你应当注意，"价格过高"并不等于"明天就会下跌"，二者的意思差得很远。很多投资风潮会前行好长一段时间，才到达泡沫的程度。有几个非常著名的投资人，很早就举起白旗投降了，因为他们一直拒绝跟风加入科技股泡沫，结果天天看着别人在泡沫里一边跳舞一边数钱，实在太痛苦了，他们终于扛不住了。有些基金经理为此眼睁睁地看着客户大量赎回基金；有些基金经理变得垂头丧气，干脆退出不干了；有些基金经理则放弃抵抗，投降了，也开始跟风买进热门科技股……他们刚刚高价买进，不久就看到科技股泡沫破裂了，结果错上加错，前面该买不买而错过赚钱机会，后面不该买却买而导致巨大亏损。

~~~

下面我列举的过程，概括总结了市场周期的上行阶段。这个过程告诉我们，经济周期、企业盈利周期、心理周期、风险规避周期和媒体行为周期如何形成合力，推动市场价格大涨，且涨幅远远超过其内在价值。它也告诉我们，周期的上一步变化如何引发下一步变化：

- 经济增长，经济数据都利好；
- 企业盈利增长，高于预期；
- 媒体刊登的只有好消息；
- 证券市场走强；
- 投资人变得更加自信，更加乐观；
- 大家认为，风险非常少见，就是有风险也是良性的，不会有大害；
- 投资人认为，承受高风险是赚钱的必经之路，高风险才能带来高收益；
- 贪婪驱动投资人的行为；
- 投资机会的需求，远远超过供给；
- 资产价格上涨，超过内在价值；
- 资本市场大门敞开，发行证券融资很容易，债务到期滚动融资很容易；
- 违约出现得很少；
- 投资人的怀疑程度降到低点，而信任程度升到高点，意味着有风险的交易也能达成；
- 没有人能想象事情会出错，没有什么有利的发展变化看起来是不可能的，一切好事皆有可能；
~~~

· 每个人都想当然地认为，事情会永远变得更好；
· 投资人忽视损失的可能性，只担心错失机会；
· 没有人能想到有什么理由要卖出，也没有人被迫要卖出；
· 买进的人数超过卖出的人数；
· 市场小幅下跌，投资人不但不生气，而且很高兴，正好逢低买入；
· 股价创出新高；
· 媒体欢呼庆祝股价创出新高；
· 投资人变得盲目兴奋，无忧无虑；
· 持有股票的人自己都为自己感到骄傲——我怎么这么聪明，及时追涨买入，一下子赚了这么多，在高兴之余，他们可能还会买入更多；
· 那些一直站在旁边只敢看不敢买的人，看着朋友发大财，后悔死了，最终他们投降了，也跟风追涨买入；
· 预期收益降到低点，甚至是负的；
· 风险升到高点；
· 投资人应该忘记错失机会，应该只担心亏损；
· 是时候要非常谨慎小心了。

应该注意的最重要的事是：心理乐观成分大到最大限度，能够拿到的信贷额度大到最大限度，价格涨到最高，预期收益低到最小限度，风险大到最大限度。这些因素几乎同时都达到了极限，通常此时就是最后一波疯狂追涨买入突然发作的时候。

同样，我也列出了一个过程，描述在市场下跌的时候会发生的情况：

· 经济增长放缓，报告数据都是不利的；
· 企业盈利持平或者下跌，且低于预期；
· 媒体报道的都是坏消息；
· 证券市场疲软；
· 投资人变得担心和沮丧；
· 大家觉得到处都是风险；
· 投资人觉得，承担风险一点儿好处也没有，不会让他们赚钱，只会让他们亏钱；
· 恐惧主导了投资人的心理；
· 市场上证券的需求低于供给；
· 资产价格跌到内在价值以下；
· 资本市场大门“砰”地猛然关闭，想要通过发行证券融资非常困难，通过债务到期滚动融资也很困难；
· 债务违约率飙升；
· 投资人的怀疑程度升到高点，信任程度降到低点，意味着只有非常安全的交易才能达成，甚至任何交易都达不成；
· 没有人考虑情况可能出现改善，任何负面的结果都有可能发生，一切坏事皆有可能；
· 每个人都想当然地认为，情况永远只会变得更加糟糕；
· 投资人忽视赚钱机会的可能性，唯一担心的就是会亏钱；
· 没有人能想到值得买入的理由；
· 卖出的人数超过了买进的人数；
·“不要去抓跌落的小刀”取代“逢低买入”；
· 价格创出新低；
· 媒体关注这种令人沮丧的趋势；

· 投资人变得沮丧和恐慌；
· 持有证券的投资人觉得自己好傻，幻想破灭了，亏了之后他们才明白，自己当初做这笔投资时所想的那些理由，其实自己并不是真正明白；
· 那些一直拒绝跟风追涨买入的人，特别是那些卖掉股票的人，觉得自己当初的判断得到了市场验证，自己一直不买简直太英明了；
· 那些本来持有股票的人放弃了，以令人沮丧的价格割肉卖出，结果雪上加霜，让股价进一步螺旋式下跌；
· 大跌之后，股价蕴含的预期收益率高到了天上；
· 风险很低；
· 投资人应该忘记亏钱的风险，只应担心错过赚钱的机会；
· 进攻型投资的时刻到了。

前面我们讲的是市场周期上行阶段涨到“头部”时的情况，现在我们看到的情况正好完全相反，市场周期下行到“底部”：心理落到最低限度，信贷融资处于最低点，人们几乎融不到资，价格跌到最低，潜在收益率升到最高，风险降到最低，最后一个乐观的投资人也举起了白旗表示投降，跟风杀跌卖出了。

上面所说的过程是简化版的，其实这就像用卡通漫画来描述通向失败之路。但是这并不是想象，也没有过于夸大，是完全合乎逻辑的情况，一个事件引发下一个事件，两个方向都有可能，可以正向发展，也可以反向发展……直到最后走到完全不合乎逻辑的极端，就像纸牌屋一样，一下子都倒塌了。

这些事件并不是每次都会按照同样的顺序发生，也并不是在每个市场周期中这些事件都会出现。但是这些行为是真实的，它们肯定是市场周期的必备要素，市场就是这样有规律地波动起伏，类似的行为模式一再出现，从一个十年到下一个十年，由此构成了市场长期的主旋律。

一个没有经验的菜鸟投资人，第一次经历一波上升的市场周期。这个过程一开始看起来是合乎逻辑的，利好因素一个接一个，形成大牛市甚至泡沫。然而事实真相是，这么多好消息，这么乐观的预期，最终投资却以亏损告终，肯定会让投资新手感到非常震惊。当然，对于那些不懂投资的门外汉来说，他们的投资以这样的悲惨结局收场，其实是不可避免的。因为如果这个建立在错误判断基础上的过程没有走到极端，市场就不会上涨到牛市的最高点，这个最高点同时也是市场反转下跌的起点，没有这个起点，市场也不会跌到熊市的最低点，而熊市的最低点也是反弹上涨的起点。

~~~

我之前讨论了以下两种因素之间的关系，即周期现在走到的位置与投资预期收益率之间的关系。现在要结束这一章了，我想要进一步深入地阐述二者之间的关系。

快要接近交出本书最终稿的时间时，我突然有了一个灵感，想到以一种简洁的方式来展现我心里所想的那种周期现在的位置与投资预期收益率二者之间的关系：让我们假设一开始，市场周期处在中心点，这通常意味着，经济增长正好处在长期平均趋势线上，企业盈利水平是正常的，股市估值水平从历史长期来看是合理的，资产价格和内在价值保持一致，市场情绪不是极端的。在以上所述这些条件下，预期收益率也是“正常的”，未来的预
~~~

期收益率的概率分布如图 12–1 所示：

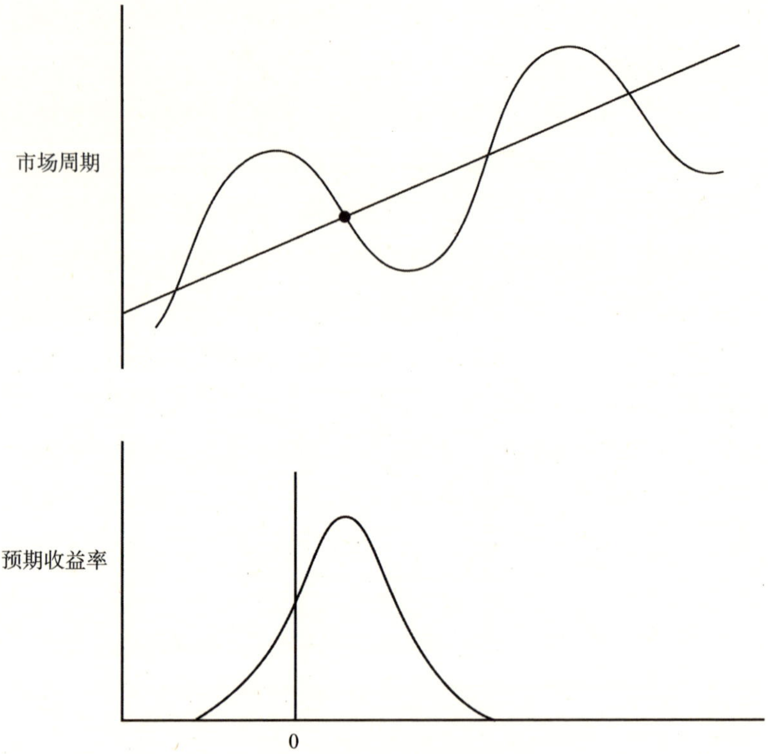

图 12–1　市场周期与预期收益率 I

但是，如果市场周期的位置不在中心点，而在周期的高点，那么情况会怎么样？不管基本面的情况如何，这都意味着估值水平过高了，股票价格远远超过了其内在价值，价格里面包含了很大成分的乐观主义。在这个点上，未来的预期收益率会低于正常水平，偏向负收益率。此时预期收益率新的概率分布如图

12–2 所示：

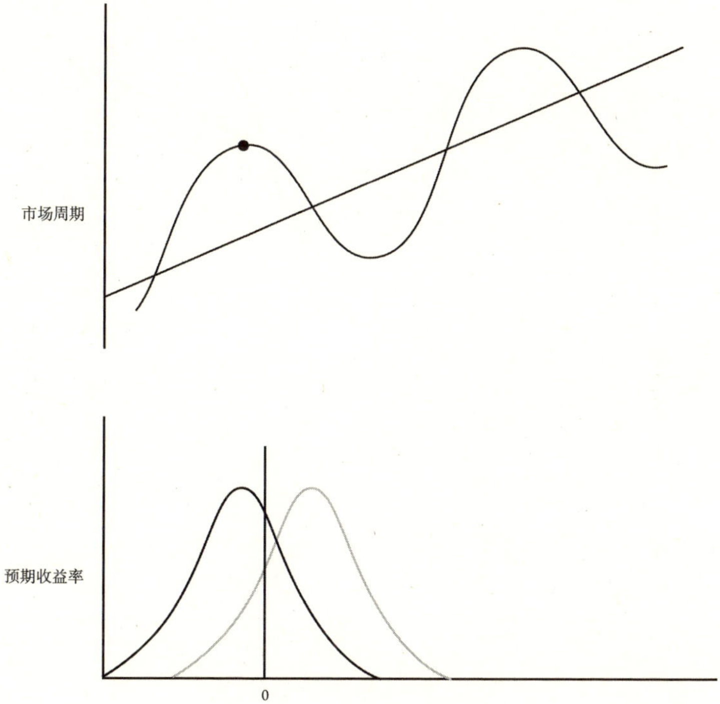

图 12–2　市场周期与预期收益率 II

如果市场周期是在周期的低点，那么情况又会如何？现在由于投资人沮丧的心理，估值水平处于历史上的低点，这意味着出现物美价廉的便宜货，资产价格大大低于其内在价值。在这种情况下，未来的预期收益率的概率分布会向右移，通常这意味着很高的潜在收益（见图 12–3）：

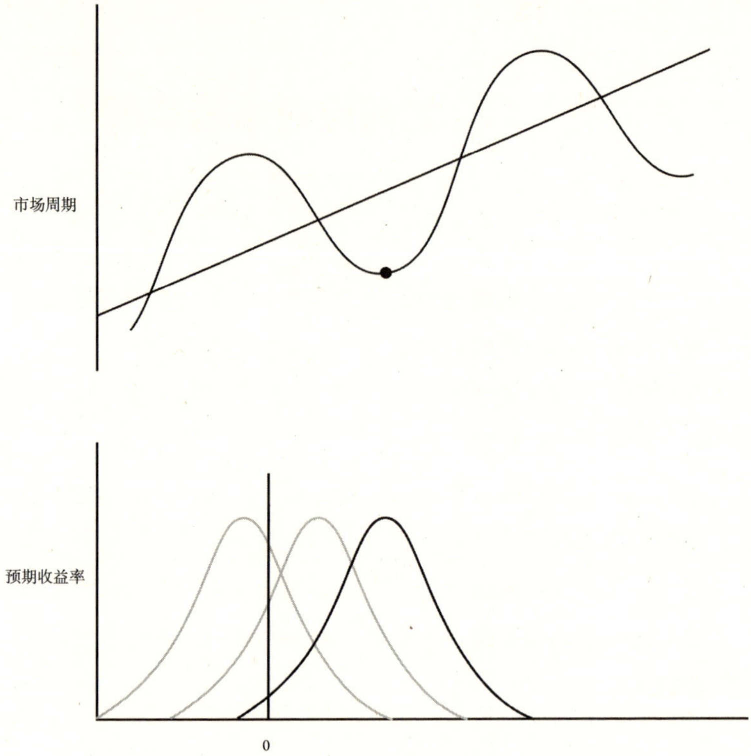

图 12-3　市场周期与预期收益率 III

用概率分布图进行的概念化描述，清楚地表明了周期位置和预期收益率之间的关系。虽然这样讲远远谈不上很科学，但是我知道的一切都告诉我，这样讲是对的。

13

如何应对市场周期

讲了这么多周期知识，关键是什么？关键是我们要知道现在投资人心理周期和估值水平周期的钟摆摆到了什么位置。有时候，投资人会拒绝买入，甚至还要卖出，因为这个时候，投资人的心理过于积极，给予股票过高的估值水平，导致股价飙升到顶点。有时候，投资人应该买入，因为这个时候投资人看到市场一直下跌，心理和情绪低落，甚至垂头丧气，结果陷入恐慌情绪，抛弃估值标准，急于低价抛售，不管价格多便宜都要卖，从而导致市场上出现很多物美价廉的便宜货。

投资人的目标是合理布局资本，从未来的发展变化中获利。投资人希望做到，市场上涨时自己投入的资本更多，而在市场下跌时自己投入的资本更少，持仓更多的是涨幅大或者跌幅小的资产，而持仓更少的是涨幅小或者跌幅大的资产。投资人的目标很清楚，问题是如何能实现这个目标。

第一步，决定你要如何应对未来。有些人相信经济预测和市场预测，相信按照这些预测的要求采取行动就会成功。如果这些预测表明会有有利的事件发生，那么相信预测的人会更加激进地投资；相反，如果这些预测表明会有不利的事件发生，那么相信预测的人会更加保守地投资。

我已经明白地说过了，我不相信预测。关于未来会发生什么，只有极少数人知道得比别人更多，而且他们能够靠这个本事来提高投资收益率。要衡量预测的成绩，我们可以利用两个指标：一是从事件本身来看，有人比别人预测得更准，二是从结果来看，有人取得的投资业绩比别人取得的更好。不过，按照这两个指标来衡量，大多数人预测成绩的历史记录都相当糟糕。确实，每隔一段时间，就会有人做出一次非常辉煌的成功预测，并扬名天下，但是通常他们给出的所谓准确的下一次预测，即使过上很多年，也无法实现。

既然大多数人都缺乏这种看透未来的能力，我们如何能够现在就布局投资组合来应对不可知的未来？我认为，答案大部分取决于我们理解市场现在所处的周期位置，以及其所传达的市场未来的走势。正如我在《投资最重要的事》中所写的："我们也许永远都不知道我们将来会去哪里，但是我们最好搞清楚我们现在正在哪里。"

要做到这一点，我们需要总体上理解周期的基本特点：什么因素导致周期运动？什么因素导致周期走极端，冲向顶峰或低谷？什么因素导致周期走到极端又反转回归？前面我们已经讲过，值得我们关注的关键的周期因素有：

- 旋律相似：基本的主旋律会重复出现，历史过程往往会像诗歌的韵律一样十分相似。
- 有起有落：事物往往会有起有落，特别是那些人性能决定的东西。
- 环环相扣：周期的前一波发展都会影响下一波的发展变化。
- 彼此相关：不同种类的周期互相作用，互相影响。
- 心理推动：心理情绪在推动周期性现象超越理性水平上扮演着重要角色。
- 常走极端：周期往往会走向极端。
- 浪子回头：周期往往会走到极端后反转，回归中心点。
- 再走极端：周期回归中心点后，并不停留，而是一晃而过，走向另外一个极端。

这只是概括了影响各类周期的共同因素。此外，我们必须牢牢记住，还有一些特殊因素会影响市场周期：

- 经济企业：经济周期和企业盈利周期，二者塑造了投资环境。
- 心理情绪：投资人心理和情绪往往会随环境的变化过度反应。
- 风险态度：有时候，投资人会觉得风险根本不存在，有风险也没关系，而有时候，投资人认为风险巨大，完全无法逃脱，甚至是致命的。

· 估值水平：有些时点，市场定价只反映了利好因素，甚至还会过度反映；可是也有一些时点，市场只反映了利空因素，忽略了所有利好因素。

这些就是市场周期的基本面，既有影响一般的周期运行的普遍因素，又有影响特别大的特殊因素。我们必须感知周期、注意周期、倾听周期。我们必须运用我们积累的经验和知识，评估现在市场所处周期的位置，从而帮助我们判断未来市场的走势，以及我们该如何采取行动应对。

~~~

你有了以上对周期的深刻理解，相当于进入投资丛林时身穿更好的装备。我们现在转向第一个任务，搞清楚自己所处周期的位置。

讲了这么多周期的知识，关键是什么？关键是我们要知道现在投资人的心理周期和估值水平周期的钟摆摆到了什么位置。有时候，投资人会拒绝买入，甚至还要卖出，因为这个时候，大多数投资人的心理过于积极，给予股票过高的估值水平，导致股价飙升到顶点。有时候，投资人应该买入，因为这个时候大多数投资人看到市场一直下跌，心理和情绪低落，甚至垂头丧气，结果陷入恐慌情绪，抛弃估值标准，急于低价抛售，不管价格多便宜都要卖，从而导致市场上出现很多物美价廉的便宜货。正如约翰·邓普顿爵士所说的："在别人都沮丧卖出的时候买入，在别人都贪婪买入的时候卖出，这要求你有极大的勇气，也会给予你极大的回报。"
~~~

周期上行阶段，市场价格从公允估值水平上升到过高估值水平，并通常和某些重要因素一起出现：

· 基本面普遍都是好消息；
· 投资人对基本面事件进展感觉很满意；
· 媒体一致采取乐观的态度解读事件；
· 投资人对媒体乐观的看法毫不怀疑地接受；
· 投资怀疑程度下降；
· 投资人风险规避罕见；
· 信贷市场窗口大开；
· 投资人情绪普遍都是积极乐观的。

相反，价格暴跌阶段，从公允价值水平跌到过度低估水平，并通常出现以下部分或全部标志性现象：

· 基本面普遍都是坏消息；
· 基本面事件进展不利，拉起了警报；
· 媒体的报道都是高度负面的；
· 投资人全盘接受媒体恐慌性的报道；
· 投资怀疑程度强劲上升；
· 投资人风险规避大幅上升；
· 信贷市场“砰”地猛然关闭；
· 投资人情绪普遍都是沮丧失望的。

问题是我们如何判断现在市场处于周期的位置。重要的是，那些助推市场大涨的因素，都从估值指标上反映出来了：股票的市盈率、债券的收益率、房地产的资本化率和收购的现金流倍数。

这些估值指标大幅上升，明显高于历史正常水平。所有这些指标都是潜在收益率降低的先行指标。市场崩盘导致资产价格大跌，估值水平跌到低点，情况和牛市正好相反。这些因素都能被观察到，也能做量化分析。

此外，有一点可以大大帮助我们理解周期的定位，就是仔细留意投资人现在的行为。我们要理解市场周期传递的信息，并对市场周期做出反应，认识下面这点的重要性超过其他所有东西：投资风险并非主要来自经济、企业、证券、股权证明和交易所大楼，而是主要来自市场参与者的行为。大多数能获得高回报的投资机会，也源于此。

投资人小心谨慎地操作，显示出风险规避的态度，充满怀疑主义，抑制乐观情绪。在这个时候，证券价格倾向于合理反映其内在价值水平，由此让证券市场变成一个安全、正常的地方。相反，投资人如果变得非常兴奋狂热，过度热衷于追涨买入，就会推动市场价格大涨，达到过高估值的危险水平。而投资人在沮丧失望的时候，就会恐慌性地抛售卖出，价格就会暴跌，跌到过低估值的水平。

沃伦·巴菲特告诉我们："别人处理自己的事情越不谨慎小心，我们处理自己的事情就越要谨慎小心。"其他人都狂热兴奋的时候，我们应当恐惧害怕。其他人都恐惧害怕的时候，我们应当变得更加积极乐观。

决定你投资业绩的关键，不在于你买的东西是什么，而在于你买东西的价格有多高。你付的买价，即证券的市场价格及其相对于其内在价值而言的估值水平，取决于投资人的心理，以及由此导致的投资行为。能够在既定的市场环境下做出适当的投资行为，很大程度上取决于正确评估市场上其他投资人的情绪和行为。你得知道现在市场的情绪温度，是热得像火烧一样，致使价格太高，还是冷得像冰冻一样，导致价格便宜。

我在 2006 年 3 月写的投资备忘录《本来如此》，还有我上一本书《投资最重要的事》里面都收录了一份市场评估指南（见表 13–1），我想不出理由不把它也收录在本书里，也找不出更好的内容替代。请注意，这些市场评估要点，既不是经过科学论证得出的，也不是经量化得出的，事实上也无法被量化，甚至看起来有些好玩儿。但是对照这些要点去评估市场，能让你对观察到的东西找到一种感觉：

表 13–1　市场评估指南

经济现状	生机勃勃	停滞不前
经济展望	正面有利	负面不利
贷款机构	急于放贷	缄默谨慎
资本市场	宽松	紧缩
资本供给	充足	短缺
融资条款	宽松	严格
利率水平	低	高
利差水平	窄	宽
投资人	乐观 自信 渴望买进	悲观 忧虑 无心买进
资产持有人	乐于持有	急于卖出离场
卖家	稀少	众多
市场	人群拥挤	乏人问津

（续表）

基金	申购门槛高 每天都发新基金 基金管理人说了算	向所有人开放申购 只有最好的基金才能募资 基金投资人有话语权
近期业绩表现	强劲	萎靡
资产价格	高	低
预期收益	低	高
风险	高	低
流行风格	激进 四处投资	审慎且自律 精挑细选
正确风格	审慎且自律 精挑细选	激进 四处投资
易犯错误	买进太多 高价追涨 承受太多风险	买进太少 离开市场 承受太少风险

我在这份市场评估指南的使用说明中说道："请针对每一组特点，勾选出你认为最能描述市场两端的词，如果你发现你和我一样，打钩的项目大多数都在左边那一栏，那么赶紧捂紧你的钱包。"

这些指标告诉我们，现在市场所处周期的位置以及未来市场的走势。因此，这些指标能帮我们"测量市场温度"，这是我的比喻。我在《投资最重要的事》里的描述如下：

> 我们如果是警觉的，是留心的，就能够评估我们周围那些人的行为，并以此来判断我们应该做什么。
>
> 这里最关键的成分是"推断"——这是我最喜欢的一个词。每个人都能通过各种各样的媒体了解每天发生的事情，但是有多少人能够理解这些事背后所折射出来的信息：市场参与

者的心理是什么样的，投资气候是怎样的，我们应该如何应对。

简单地说，我们必须努力想明白周围发生的事情的含义。当其他人无所顾及，充满自信地激进买入时，我们应该高度谨慎。当其他人都吓得一动也不敢动，或者恐慌性地割肉卖出时，我们应该变得更加激进。

所以看看你的周围，问问你自己：投资人乐观还是悲观？媒体名嘴认为：现在的市场，投资人应该加仓买入，还是应该避开？新型的投资方案很容易被市场接受，还是被拒绝？证券发行和基金放开申购，被视为是发财的机会，还是亏钱的陷阱？信贷周期现在的阶段是资本更容易获得，还是资本更难得到？市盈率参照历史水平来看，是过高还是过低？信用利差收窄还是加大？

所有这些因素都很重要，但是它们都不需要预测。我们可以做出非常优秀的投资决策，只需要仔细观察现在的情况，并以此为基础去做决策，而并不需要猜测未来会如何。

关键是你要留意这些事件，让事件告诉你应该做什么。虽然市场沿着周期曲线行进的时候，并不会天天大声高喊“采取行动”，但是市场周期走到极端时，确实会如大喊大叫一样发出强烈的信号。这时倾听市场发生的声音非常重要。

事情随时都可能发生，从而影响世界、经济和投资环境。没有人能够研究、分析、理解所有事情，并将它们全部纳入自己的投资决策，也没有人需要这样做。不管怎么样，每个周期都会发生不同的事件，按照不同的顺序，产生不同的结果。

我在这里想表达的观点是，并非所有的细节都重要。关键是抓住三个重点：第一，搞清楚什么是最重要的事；第二，推断那些最重要的事现在是什么情况；第三，从这些推断中得出结论：最能概括现在投资环境总体特征的事是哪几件，以及我们应当采取什么样的行动。换句话说，要与周期的步调保持一致，要同周期一起与时俱进，在周期出现重大变化时，我们的投资行动也要相应地做出重大改变。

可是具体来说，市场周期走到极端，会不可避免地出现估值水平过度偏离历史正常水平的现象。估值水平，是投资人心理产生的结果，也是投资人心理失常的症状和指示器。

我上面所列的这些心理和情绪因素的最大影响，就是让投资人相信过去的估值指标已经变得无关紧要了，你可以完全不予理会。投资人情绪很高，市场价格会涨得更高，让他们高位追涨买入也能赚钱，这时候他们发现很容易找到理由，解释这些资产应当不受历史正常估值水平的限制。这种解释通常会用一句话开头："这次不一样了。"仔细留意，这是一个凶兆，代表投资人的警惕怀疑态度消失了。与此类似，在市场崩盘时，资产价格之所以会暴跌，通常因为投资人内心认定，过去支持估值的因素没有一个值得信任。

所以要理解我们现在所处的周期位置，我们要依赖两种形式的评估：

> 第一个是完全定量分析评估：评估市场价格的估值水平。这是一个合适的评估起点，因为如果估值水平没有偏离历史正常水平，市场在上涨和下跌的两个方向上就不可能走过头。
>
> 第二个是基本定性分析评估：看清我们周围正在发生的事，

特别是投资人的行为。重要的是，我们即使在观察这些非量化现象的时候，也有可能做到有条不紊。

关键的问题可以被归纳为以下两个：这些资产如何定价？我们周围的投资人如何行事？评估这两个因素，持续地评估，而且用一种严谨的方式，会对你的投资决策非常有帮助。回答这两个问题，会让我们判断出我们现在所处周期的位置。

快到结束这个话题的时候了，我想重复一下我过去一直唠叨的东西：即使你测量的市场温度准确无误，它们也不能告诉你接下来会发生什么……最多你只能从中判断未来走向。

市场周期每次都不同，包括波动幅度的大小、速度快慢和持续长短。市场周期的波动并不是非常规律的，能让我们根据历史推断未来。因此，从周期现在所处的某点来讲，市场可能会朝三个不同的方向运动：向上、平行和下行（见图 13-1）。

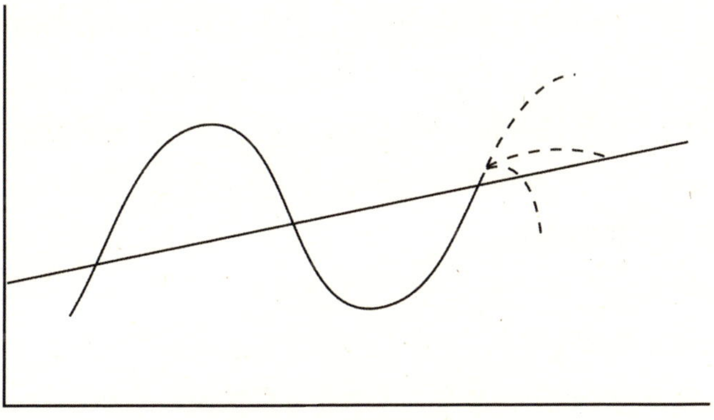

图 13-1 周期未来三种走向

但是这并不意味着，向这三种方向运动的可能性都是相同的。我们不管处在周期的什么位置，都要受到趋势性或者可能性的影响，即使趋势性或者可能性并不能完全决定未来周期的发展变化。在其他条件相同的情况下，如果市场正处在周期的高点，那么市场向下修正的可能性更大，继续上涨的可能性更小。反过来，如果市场正处在周期的低点，那么市场向上反弹调整的可能性更大，继续下跌的可能性更小。这并不是说市场周期的趋势一定会这样发展，但是我们跟着市场周期的趋势走，会更安全。评估我们所处的周期位置，并不能告诉我们接下来会发生什么，只能告诉我们发生何种情况的可能性更大，发生何种情况的可能性更小。但是，对于投资决策者来说，其中有用的信息已经很多了。

~~~

要学会识别市场周期是否走过头，最好的方式就是分析真实的案例，看看周期走到极端的时候发生了什么事情。因此接下来，我会评估最近两个泡沫的形成过程，以及随后而来的大崩盘。尽管这两个泡沫并不相同，但是它们都表明测量市场温度的重要性：

第一，让我们回顾一下 20 世纪末到 21 世纪初的快速上涨的股票市场，特别是网络股泡沫的形成。在此期间，警觉的投资人应该注意到哪些情况：

- 20 世纪最后 10 年，美国享受了历史上持续时间最长的经济和平增长时期。
- 1996 年 12 月，美国标准普尔 500 股票指数达到了 721 点，时任美联储主席艾伦·格林斯潘质问道：“我们如何知道不是非理性繁荣过度推高了资产价格？”但是从此之后，他
~~~

再也没有说过非理性繁荣这件事，即使后来标准普尔指数在 2000 年达到了 1 527 点，他也没有再说过非理性繁荣。

· 1994 年，沃顿商学院的杰里米·J. 西格尔教授出版了《股市长线法宝》一书。他在书中指出，股票长期无法跑赢债券、现金、通货膨胀的情况，历史上从来没有出现过，也就是说，股票长期收益率从来都是跑赢债券、现金、通货膨胀的。

· 芝加哥大学研究专家此前得出结论，美国股票投资的正常收益率为每年 9%。20 世纪最后 10 年，标准普尔指数平均年收益率接近 20%，比历史平均水平高出 1 倍多。

· 股票市场表现得越好，投资人配置到股市上的资本就越多。对于科技股来说尤其如此，因为科技股当时是市场的领头羊。

· 更多的科技股纳入像标准普尔 500 这样广泛被认可的股票指数，意味着采用指数投资和准指数投资策略的投资机构必须买入更多的科技股，才能跟住指数。这又导致科技股进一步上涨，而科技股上涨又会导致更多的资本买入科技股。这是一个典型的良性循环，没有人认为这种良性循环会停止。

· 大多数"新经济企业"根本没有盈利，让这些企业的股票挣脱了传统市盈率估值标准的束缚，那种股票应该保持合理市盈率水平的要求，对于这些企业来说毫无意义。没有盈利，当然就没有市盈率。

· 在泡沫后期，有些网络股上市的首日收盘价会比发行价上涨很多倍。此时，投资人愿意以比发行价高很多倍的高价买入这些股票。这些买家可能认定了两点：第一，这些企业的创始人一直非常高兴卖出这些股票，卖出的价格只是其真实价值的一小部分；第二，这些创始人很懂企业却不懂股票，对股票价值的了解并没有比买家多。这两个结论都根本站不住脚。

· 为了能沾上这种神奇股票的魔法，快速赚大钱，也为了避免遭受站在一边眼睁睁地看着别人赚钱自己却没赚钱的痛苦，投资人开始参与那些根本没有盈利（有些甚至没有收入）的企业新股盛宴，只要是新股，人们就会去抢，其实投资人对这些企业的经营模式知之甚少，甚至一无所知。

· 1999 年有一本新书出版，书名是《道指 36 000 点》，该书的作者是詹姆斯·格拉斯曼和凯文·哈西特。他们认为，因为股票的风险实在太低了，所以股票并不需要提供像历史水平那么高的风险溢价。这意味着股票的价格应该马上上升到更高的水平，这样提供的预期收益率就降低了，其风险溢价水平也就降到了低于历史水平。按照这个逻辑来推断，目前道琼斯工业平均指数只有 10 000 点，太低了，应该上升 3 倍以上，达到 36 000 点，这才是合理水平。

· 由于成长股和科技股狂涨，标准普尔 500 指数的市盈率最高达到原来的33倍，比“二战”之后的历史平均市盈率高出 1 倍，创造出标准普尔 500 指数自诞生以来市盈率的最高纪录。

出现了什么情况？

· 频繁传出经济好消息；

· 很多文章和书都乐观看涨；

· 投资人行为轻率，无忧无虑，根本不考虑风险这回事；

· 投资收益率高到不寻常的程度；

· 和历史平均水平相比，股票估值水平极高，高得离谱了；

· 投资人普遍愿意高价买入，尽管这样的价格按照基本面分析根本不合理；

· 相信股市是一个永动机，会永远不停地涨。

最后一点特别重要。每个泡沫在刚开始时，还是有一些真实成分的，我在前面也说过。但是后来泡沫被越吹越大，过高估计了基本面的实质内容和企业未来盈利的潜力，投资人的警惕心暂时消失了，大家都普遍相信，公司会永远增长下去，股市会永远上涨。

当然，投资人要是客观地测量股市温度，就会知道，泡沫被吹得太大，迟早会破裂，落到地上，最后只剩一地碎末。我在2000年1月所写的投资备忘录《网络科技泡沫》中，描述了一些网络股泡沫破裂的现象：

· 网上杂货零售商 Webvan，1999 年开始营业，当年第 3 季度实现销售收入 3 800 万美元，盈利 35 万美元。2000 年 1 月这家公司的股票市值为 73 亿美元。

· 1999 年 12 月 9 日，高科技公司 VA Linux 的股票上市，发行价为每股 30 美元，上市首日大涨 698%，达到每股 239 美元，公司股票市值达到 95 亿美元，相当于苹果公司的一半。到上市那一天为止，这家公司 1999 年实现的销售收入为 1 770 万美元，亏损 1 450 万美元（相比之下苹果公司最近12个月盈利6亿美元)。

· 电子商务股的市盈率实在太古怪了，它往往是负值，因为大多数电商股没有盈利。华尔街被逼得实在没办法了，只能看市价与每股销售收入的比值，即市销率，把它作为替代估值指标。以红帽公司为例，按照1999年8月那个季度折算成的年化销售收入来看，其股价相当于年销售收入的1 000倍，即市销率为1 000倍。

· 在非电商股的高科技企业中，雅虎公司的市值高达1 190亿美元，比美国两大汽车股通用汽车和福特汽车的市值之和还要大。雅虎2000年1月的股价为每股432美元，按照其1999年预期每股收益计算，市盈率正好超过1 000倍。

在这样非同寻常的环境下，1999年12月10日的《华尔街日报》刊发了一篇文章："现在要猜测一家公司的业绩表现，其股票估值具有非同寻常的指示意义。"换句话说，在缺乏其他信号的情况下，投资人把股价看作指示器，以股价高低来衡量公司业绩表现。这是不是历史的倒退？在很久以前，投资人先要搞清楚一家公司的业绩表现，然后再设定一个能反映公司盈利能力的合理股价。

在这种估值标准处于真空的状态下，"乐透彩票式的思维模式"似乎主宰了购买决策。传统的股票投资模式，基于预期收益和市盈率水平计算，按照目前价格买入，投资人将来的收益率不可能超过20%或30%。但是科技股和网络股则基于概念，收益率预期可达到1 000%。推销股票时，经理们也许是这样讲卖点的："我们正在给这家公司寻找第一轮融资，公司估值为3 000万美元，我们预计再过两年就会公开发行股票上市，到那个时候公司估值就是20亿美元。”或者，“公司发行新股的定价是每股20美元，上市当天就会涨到100美元，上市半年就会涨到200美元。”

你想像买彩票一样买这种股票赌一把吗？你要是说不，拒绝买入，就会错过赚大钱的机会，你受得了吗？

总会有一些想法、股票、新股出现，能让参与其中的人赚到很大一笔钱。但是过去参与其中的压力不像今天这么大，因为过去成为赢家不过是成为百万富翁，而不是赚到几十亿美元成为超级富豪，而且这需要很多年，而不是仅仅几个月。现在这种参与新股的股票交易和过去的股票交易完全不同，你买新股就和买彩票一样，花1美元来买，最多亏损1美元，但是买到新股就能赚100美元。第一，盈利太高了，简直令人无法抗拒；第二，投资成本很小，所以人们并不需要非常高的成功概率，偶尔成功一次就赚大了。我过去说过，尽管市场通常是由恐惧和贪婪驱动的，但是有时候，市场最大的驱动力是害怕错过赚钱的机会。这一点从来没有像现在这样真实。这只会增加你必须加入赌局的压力，必须在危险的树枝上向前爬得更远。

关键是在一个像网络股一样极端的泡沫里，理性的投资人并不需要做出精细的区分。你所需要做到的，只不过是识别出疯癫、愚蠢的行为。我作为一个旁观者，用一种超然的、独立的、不带感情的方式观看这场投资游戏，而不是像那些身在其中的人，带着感情色彩来看待一切。我觉得，这个科技股和网络股的疯狂投资泡沫，就像安徒生童话中《国王的新衣》一样。那些参与游戏的人，都想让事情继续发展下去，没有人愿意站出来说实话——国王根本没有穿衣服。我们刚才描述的这些变化，就是群体性疯狂的信号，而群体性疯狂是每个泡沫都必定包含的成分。

那些在20世纪90年代靠股票大涨、发家致富的人，特别是那些通过买科技股和网络股发了大财的人，以此来预言一个繁荣的新时代到来了，一个创造财富的新时代到来了，因为这些人在享受到股票投资高回报之后所做出的反应是，进一步提高对未来收益的预期（正如古雅典雄辩家德摩斯梯尼的一句名言所说的："每个人想什么，就会信什么"，查理·芒格也曾经引用这句话）。但是更加冷静的头脑会分析得出结论，对于那个年代在这种兴奋狂热的情绪驱动下买入的股票，人们付出的买价要大大高于其内在价值，其实透支了公司未来的业绩，负面影响很大，但这也意味着股市将会下跌向下修正。一两年后股市大跌的事实证明，这种判断是对的。

最终的结果是从2000年到2002年：（1）美国股票市场连续三年下跌，从1929年到1931年，市场都处于大熊市阶段，这是近70年来第一次连续三年下跌，标准普尔500指数从顶峰到谷底累计下跌49%（不含股息收入）；（2）科技股暴跌；（3）很多互联网和电子商务股票跌幅达100%。

~~~

大家通常认为，泡沫在膨胀时给人的感觉很幸福，而泡沫在泄气收缩时给人的感觉很痛苦。泡沫膨胀是由过度乐观和过度信任的心理因素驱动形成的；而泡沫收缩让投资人损失惨重，教训深刻，投资人肯定从此更加理性慎重地投资。但这也意味着，再
~~~

过10年甚至20年，市场才会形成下一个类似的大泡沫。实际情况并非如此。因为这一点实在太重要了，我要再次引用约翰·肯尼斯·加尔布雷斯关于人类吸取金融教训的评论：

> “助长金融市场狂热兴奋的因素还有另外两个，不论是在我们这个时代，还是在过去的时代，都极少有人注意到。第一个因素是，人们在金融投资上的记忆极其短暂。后果是对那些金融投资大灾难，投资人很快就完全遗忘了。更进一步的后果是，同样的或者非常相似的情形再次出现，有时距上一次发生才过了短短几年，却受到新一代投资人的一片欢呼。新一代投资人，通常很年轻，总是非常自信，称其为卓越的重大创新发现，会改变金融世界，甚至改变整个经济世界，却不知道这种事情在历史上造成了金融大灾难。

网络股泡沫结束短短几年之后，市场中就开始出现导致次贷繁荣兴起的事件。关于次贷危机，本书前面已经讲得够多了。这些导致次贷危机的事件提供了一个极好的案例，说明周期过度摆动是如何建立在错误的基础之上的：

- 正如我前面所写的，一些美国领导人断定，让更多的人拥有自有产权住房，只会带来好处。
- 那些负责发放抵押贷款的联邦政府机构得到了上面的指示，开始大幅放宽抵押贷款条件，买房人拿到房贷更容易，拿到的房贷也更多。
- 利率下调，每个月还的利息少了，每个月工资收入供得起房贷的人更多了，这也意味着更多的人买得起房了。
- 更多人买得起房了，抵押贷款也更容易拿到了，导致买房的人增多，房子的需求也开始增长。

- 需求增长导致房价明显上涨。“房价长期只会涨不会跌”本来不符合历史事实，完全是谬论，现在房价一涨，却成了被人人接受的真理。信它的人越多，就会有更多的人买房，他们害怕再不买，房价就又涨了，结果推动房屋需求进一步增长。
- 更多的大话空话流行起来，比如“绝对不可能会有全国性的抵押贷款违约浪潮”，由此导致市场普遍接受抵押贷款支持证券可以作为投资的首选，特别是金融机构投资的首选。
- 华尔街搞出一个模型，把那些平常、乏味，却也可靠的房屋抵押贷款证券化，变成信用分级的债务抵押债券（CDOs），它们摇身一变，成了新一代高收益率低风险的金融产品。
- 构建和销售债务抵押债券和其他抵押贷款支持证券（MBS），让银行的盈利大幅增长。
- 由于放松管制让银行能够实质性地运用更大的杠杆，所以让银行拥有规模巨大的资本，可以被用来投资这种创建抵押贷款支持证券所需要的权益资产。
- 华尔街把抵押贷款支持证券大量包装出来，其规模发展迅速，在此过程中市场创造出巨大的原材料需求：新发放的抵押贷款。
- 华尔街把由于次级抵押贷款包装成证券，然后再被贷款机构转手卖出去，而不是像过去那样留在自己手里，所以贷款机构关注的重点，从借款人的资信转移到贷款数量上。贷款机构只需要支付一笔手续费，然后贷款就能马上被包装成证券转手卖掉，这样贷款机构不会有任何违约风险，因此贷款机构没有理由担心借款人的资信——反正我一转手就把它们卖掉了。很明显，这就给了贷款机构一个违背常理的激励（这会激励参与者做容易招来风险的事情，却不用担心后果。像这样的激励在全球金融危机中被称为“道德灾难”，后来这个术语被广泛传播。尽管人们现在不像在危机期间那样经常听到它了，但是这个概念还是在延续使用，而且仍然很危险）。

· “金融工程”理念标榜抵押贷款的安全性，这是由那些量化专家和博士提出的，其实他们很多人还是第一次参加工作。他们做模型来量化分析风险，却基于有漏洞的假设，即抵押贷款会如过去一样，继续保持互不相关，风险不高。
· 创造出大量的次级抵押贷款支持证券，意味着那些评级机构有很多生意要做，因为要销售这些证券，评级机构的评级是必需的。但是这些赚钱的活儿，肯定会被指派给那些愿意提供最高评级的机构。这直接导致花钱就能买评级，结果又创造出违背常理的鼓励行为，形成泛滥成灾的评级注水现象。
· 这些趋势导致那些评级机构给抵押贷款支持证券发出上千个3A信用评级（相比之下，美国几千家企业，只有4家企业得到了3A信用评级）。抵押贷款支持证券非常复杂，评级机构的人很明显能力不足，无法完全理解。
· 银行和其他金融机构之所以买了大量抵押贷款支持证券，都是被风险管理技术忽悠的，比如风险价值模型（简称

VaR），这些模型在很大程度上，依赖于时间短、风险不高的历史数据以及明显过度慷慨大方的信用评级，由此大大低估了买方承受的风险。

- 以上现象发生时，投资人好像根本没有察觉到风险，这种风险态度的典型特征是，到处散布着“风险已经消失不见了”的空话，这种风险态度也促进了以上所有现象的发生。

那么这个泡沫形成的根本原因是什么？我在2007年9月写的投资备忘录《现在一切都坏掉了吗》中总结归纳了原因：

一个标准的综合，证明其可以完美地引起泡沫：

- 潜在的贪婪；
- 周期上升阶段收益良好；
- 兴奋狂热和志得意满；
- 信贷市场的贷款成本几乎为零，而且人们很容易拿到贷款；
- 华尔街（证券投资机构）的鼓励和推销；
- 投资人太傻太天真。

促进市场上涨的发展变化很明显：

- 风险规避下降幅度巨大，这样一来，怀疑主义就消失了；
- 那些对住房和抵押贷款一概而论的正面总结，大家都普遍接受；
- 过度信任新的金融工具，比如金融工程和风险管理；
- 人们普遍没有看到，在此过程中对参与者进行不适当激励的影响。

抵押贷款支持证券市场形成泡沫，主要受三个心理因素影响：投资人的金融投资记忆很短、心理情绪容易过头和逻辑推理错误。此外，另外两个因素的影响也很大：

- 第一个因素是固定收益投资人没有经历过泡沫：因为新的泡沫是在抵押贷款这块儿土地上升起来的，而从整个金融市场来看，固定收益这个板块完全独立于过去科技股和网络股泡沫兴起的那个板块，固定收益板块吸引的是做固定收益的投资人和金融机构。这些做固定收益投资的投资人和金融机构以前不做股票，自然没有亲身经历过股市泡沫从形成到破裂的过程，没有亲身体验过泡沫的影响多么巨大，自然也没有从中吸取教训。
- 第二个因素是股票市场和债券市场表现都很差：历史上股市与债市一般是背离的，走势相反。股票不好而债券好，或者股票好而债券不好。最近股票表现得非常糟糕，让投资人很泄气，又加上鸽派的美联储降低利率，结果把固定收益投资的收益率拉低了。股市不行，债市也不行，投资人只能两条路同时放弃。他们向左走不通，向右走也不行，正当投资人感到走投无路的时候，有人告诉他们，有一种金融产品有收益却没有风险，于是这些正在发愁找不到投资出路的投资人很容易就上钩了。

趁现在这个机会，我们跑题一会儿，这很有意义。投资人一再犯下的最大错误，就是容易轻信无风险收益，一听到别人忽悠有种资产只有收益没有风险，就马上倾心。我称这种神奇的投资为“神奇银色子弹”，这个说法出自20世纪50年代一部美国西部电视剧《孤独的护林人》，里面有一个警察是神枪手。这是投资人会一再犯的错误之一。无风险、只有收益的资产就是德摩斯梯尼所说的那种“每个人都梦寐以求的东西”，但是这种东西根本不合常理。因为如果有一种资产，就像百发百中的神奇银色子弹一样，只赚不亏，那么你想想看：

- 为什么人家会把这么神奇的资产卖给你，而不是自己买下来赚大钱？
- 会不会所有人一听这么好的东西都抢着买，结果将它的市场价格推得太高了，高到天上了，赚钱就不再是板上钉钉的事情了？

我在投资管理这行干了50多年了，这种事情见多了，起码见过几十个这样的神奇投资产品流行一时，而且很多人都在推销宣传它们：高收益，零风险，只会赚，不会赔，百年一遇，千万不要错过，错过后悔一生。可是，这些承诺却没有兑现。根本没有投资策略能够做到只赚不赔，只有收益，却没有风险。特别是对那些缺乏卓越投资技能的人来说，只赚不赔更是痴心妄想。特别高的投资回报只能来自卓越的投资技能（水平一般的投资人偶尔也会获得高回报，但只不过是因为他们运气特别好而已）。

就像我前面所说的，泡沫能被吹起来，一开始通常还是有几分真实性的。但是泡沫被吹得太大了，最终“砰”地被戳破，就会带来投资世界最大的痛苦。支撑泡沫的是盲从，投资人愿意相信只有收益没有风险的承诺，其实就是一个指标，它表明怀疑主义现在非常缺乏，投资人情绪过热，因此目标资产可能价格过高。你一定要留心这种投资神话，竭尽全力地抵制它，不要轻信上当。

可是，很多人还是会上当，没办法，人性就是这样的，在泡沫来的时候，很少有人能做到不上当。

我总结如下：次级抵押贷款泡沫之所以形成，根源在于大家普遍相信，过去从来没有见过的行之有效的东西，将来会变得非常有效。当我们分析别人推销给你的投资产品和投资工具时，有两点是必须注意的：一要心存怀疑和保守假设；二要回顾历史，检验长期数据，务必包含一段痛苦难熬的时期。而在次贷泡沫中，这两点都明显缺失。

事实上，所有泡沫，至少可以说绝大多数泡沫，都有一个共同特点，即投资大众普遍忘记历史，相信未来：不加怀疑地接受历史上从未真实有效的东西；不加怀疑地接受高得非常离谱、偏离历史正常水平的市场价格；不加怀疑地接受从未经历史检验的投资技术和投资工具。

~~~

次贷泡沫证明了一个极其重要的有效原则——我此前没有讲过，这是我第一次把它讲出来——金融投资环境以及投资技术和工具的表现，并不是永恒不变的；正如我谈周期时多次说过的那样，这些东西会受到人的参与的影响。

根本不存在完全独立、不受参与者影响的市场，市场是由人组成的，没有人就没有市场。人在市场里的行为也在改变市场，参与市场的人的态度和行为变化了，市场也会随之变化。市场能改变人，人也能改变市场。

这样就形成了“动机—行为—结果”的连锁反应：

· 市场力量改变了参与者的动机，就像前面所描述的一样；

· 这些人改变了的动机又改变了这些人的行为；
~~~

· 他们改变了的行为很明显决定了结果。

一个至关重要的过程正在进行，我们可以明显地看到以下情况的发生：

· 人们分析历史得出结论：不会发生全国性的抵押贷款违约浪潮。
· 人们普遍接受这种有利的历史分析结论，导致大量资金投进抵押贷款支持证券。
· 人们普遍接受这种有利的历史分析结论，导致允许抵押贷款证券化做得更加激进。
· 人们普遍接受这种有利的历史分析结论，导致评级机构做简单的推论，从而给予抵押贷款支持证券很高的信用评级。
· 最重要的是，市场对抵押贷款支持证券的强劲需求，又创造出银行对其原材料，即抵押贷款的巨大需求；市场需要更多抵押贷款，直接导致银行急于发放抵押贷款；银行急于发放贷款，那么审核标准就会大大降低了。
· 以上的发展变化综合在一起，就会产生一个全国性抵押贷款的违约浪潮。

正如我前面所说的，贷款机构审核发放贷款十分轻率，造成了重大影响，可是当时基本上没有人注意到，从而导致20世纪90年代末到2007年所发放的抵押贷款违约情况很严重，远远高于历史上最严重的程度，也远远超过了证券化机构和评级机构能想象到的最糟糕的程度，更远远高于买方模型分析所得出的最糟糕的程度。人们对风险的忽视，在很大程度上创造了次级抵押贷款泡沫，而次级抵押贷款泡沫又导致后来的次贷危机。

我们关键要理解，投资人的行为能够改变市场，从而改变投资人预期市场能够带来的投资收益。这正反映了乔治·索罗斯的“反身理论”：

> “在人参与的情况下，这些参与者的……歪曲事实的偏见，会影响与其相关的情况，因为错误的观点会导致人产生不适当的行为。”（《索罗斯：反身理论》，《金融时报》，2009 年 10 月 26 日）

你如果想要理解在经济世界和金融世界里事物实际上是如何运作的，就应该把次贷危机的这个教训牢记在心，永远不忘。

~~~

在次贷大繁荣时，次贷投资人相信次级住房抵押贷款和抵押贷款支持证券，会像永动机一样一直上涨。但如果想让这台永动机咯吱咯吱响，并最终停止下来，我们就只需要一两个假设失效，有些普遍规律开始发挥作用：

- 利率能够下降，同样也能够上升；
- 那些假大空的说法失效，再也撑不下去了；
- 不适当的激励会导致毁灭性的行为；
- 那些想提前量化分析风险的努力，往往都是徒劳的，特别对那种根本没有历史数据的新型金融产品更是如此；
- 在周期下行过程中，可能发生比原来设想的“最坏的情况”还要糟糕得多的事情。

所有这些事情出现的错误，事后来看，我们都清清楚楚，但
~~~

是当时抵押贷款及抵押贷款支持证券的这些风险操作，却发生在金融世界中一个昏暗、偏僻的角落。因此，绝大多数投资人当时都看不到这些错误，包括首席投资官、投资策略分析师、股票投资人、另类投资基金经理、传统债券买家，甚至还有抵押贷款投资人。

在抵押贷款泡沫逐渐膨胀的时间里，在其引发全球金融危机之前，橡树资本很幸运，我们看明白了信贷周期在上行方向走过头了，因此市场变得更加不稳定、更加有风险。看到这一点，我们就开始采取相应的对策：卖出资产；把规模大的清算不良债权基金，替换成规模更小的基金；提升我们的风险意识和保守程度；募集一只基金，其规模比我们最大的基金还要大上很多倍，并把这些资金放在那里不动，静待我们预期会出现的不良债权投资机会——机会一旦出现，我们马上出手。

我们做出这些投资决策和行动的基础是什么？回头来看，这好像很容易……可是在做决策并付诸行动的那个时候，你从来不会觉得很容易。在次贷泡沫中，你真正需要做的，就是观察到以下基本情况：

· 美联储已经把基本利率降到了非常低的水平，目的是避开科技股泡沫破裂的不良影响，同时驱散大家对2000年计算机千年虫爆发的担心。
· 投资美国国债和高评级公司债只能得到很低的收益率，再加上网络股泡沫破裂后，2000年到2002年美股连跌三年，让投资人对股票市场非常失望。债券不行，股票也不行，投资人急于把资金投入其他替代性投资工具上。
· 投资人的投资记忆非常短暂，很快就忘记了痛苦，2000年科技股泡沫破裂，忘记了；2001 年到 2002 年通信股崩盘，以及大公司连爆丑闻，也都忘记了。

· 因此，当时只有很少的风险规避（特别是在股票以外的其他投资领域里，只有股票现在还是不受青睐）。这让投资人急切地想要投资那些奇怪的、结构化的、人为合成的金融工具。

· 以上这些因素造成的结果是，市场敞开大门欢迎发行低质量的债券，欢迎结构条款很糟糕的工具，欢迎没有经过检验的另类投资工具。

这些都是我们观察到的实际情况，也是后来最能引起我们注意的东西。这些观察让我们发现，负面的趋势只有一步之遥。我感觉，我和搭档布鲁斯·卡什两个人，好像没有一天不跑到对方的办公室，抱怨新发行的证券实在太烂了。我们经常说："怎么会有这样的垃圾东西被发行出来。这肯定有问题，这个市场肯定有什么地方出问题了。"这些危险的交易告诉我们，市场上，恐惧、怀疑、风险规避的程度明显不够，贪婪、轻信、风险容忍的水平正在上升。这些情况综合在一起暗示，市场未来趋势绝对不妙。

所有这些情况都是明摆在那里的，根本不容争辩。关键是你要做出这些观察，并分析得出合适的结论。你并不需要完全明白次级抵押贷款究竟哪里出了问题，也不需要去解构高度结构化的抵押债务债券。实话实说，我们也做不到。

顺便说一下，在抵押贷款泡沫形成的这些年里，股票并没有表现得很好，其市盈率倍数也没有高到离谱，经济并不繁荣（因此也不必然面临一场衰退），但是你如果观察到上面所列的这些现象，就可能会和我们得出同样的分析结论：现在是时候降低你的投资组合的风险量级了。这就是你真正需要做的一切。

后来抵押贷款泡沫破裂了，而且影响到相关市场，后果非常严重。你看看几个常用的投资指数在2008年的表现就知道了，你会发现，这一年所有市场都崩盘了。很明显，2008年，极端重要的事情就是把你的风险降下来（见表13–2）。

表13–2　2008年大幅亏损

投资指数	指数表现（%）
标准普尔500股票指数	–37.0
道琼斯工业平均指数	–31.9
纳斯达克综合指数	– 40.0
MSCI（摩根士丹利资本国际指数）欧洲、澳洲、远东股票指数	– 45.1
花旗高收益债市场指数	–25.9
美林全球高收益债欧洲发行人指数（欧元）	–32.6
苏黎世杠杆贷款指数	–28.8
苏黎世高收益债西欧指数（欧元）	–30.2

~~~

最后要讨论一下，我们应该如何观察市场周期走到了极端，以及我们该如何做出反应。为此我再次回顾2008年全球金融危机，在2008年9月雷曼兄弟宣布破产之后，市场普遍陷入极度恐慌。

尽管次贷危机也只是起源于金融世界的一个小角落，但是它
~~~

的影响很快广泛传播，大家普遍都感受到了，特别是那些金融机构，由于过于低估其风险而重仓投资抵押贷款支持证券，所以它们的感触特别深。结果次贷危机影响到这些核心金融机构的生存，接着又像癌细胞转移一样影响到全球国家股票市场和债券市场，然后影响到全球国家的经济，形成了一场全球金融危机。

因此，就像我在前面所说的，货币市场基金和商业票据不得不由美国政府出面进行担保。大量著名的大银行和大型金融机构都不能兑付债务，甚至必须由政府紧急出手援助或者寻找其他金融机构吸收并购。没有人知道，这场金融机构遭受大屠杀一样的惨剧还能坚持多久。现在大家的普遍看法都是负面的："金融体系可能会完全崩溃。"因为这是一个恶性循环，无休无止，最后它只能因崩溃而停下来。

因为大家的普遍看法是情况会坏下去，所以制造错误的机器开始反转，开始制造相反方向的错误。没有贪婪，只有恐惧；没有乐观，只有悲观；没有风险容忍，只有风险规避。人们不能看到事件的正面，只能看到事件的负面。没有人愿意积极正面地解读消息，只会负面地解读消息。人们不会想到好结果，只会想到坏结果。这样一路发展下去，终于有一天走到极端了，这时候就连养老金基金都不能或者不愿意接受任何违约率假设，人们甚至觉得再低的假设也不够低，再保守的假设也不够保守。

什么是必不可少的观察？下面就是我在2008年10月写的投资备忘录《消极态度要有极限》中的看法：

> 逆向主义，就是你做的事情正好和别人做的事情相反，或者说是"逆风行驶"，要想投资成功，这一点必不可少。但是上个星期信贷危机接近顶峰时，大家都投降了，从顶风逆行，

变成顺风疾行了。我发现，只有极少数人是乐观的，大多数人都是悲观的，只是悲观的程度有所不同，有些人甚至彻头彻尾地沮丧了，这些人中甚至包括我认识的几个投资界的大牛人。市场上还流行着更加消极负面的传说——即将发生大崩溃，到那时一切都完了——电子邮件里到处在传播。没有人愿意动脑子，而只要你怀疑地想一想："说得这么恐怖，其实它根本不可能是真的。"这时人们唯一关心的就是怎么加强自己的投资组合的防御性，确保它能够安全地度过即将来临的大崩盘，或者卖出部分持仓，筹集足够多的现金以应对客户基金赎回。而只有一件事是这些投资人在上个星期都没有做的事，就是积极地买入证券。只有人卖出，没有人买进，所以价格一跌再跌，一下子跌了几个百分点，有一个古老的说法称之为"跳空缺口"。

通常来说，当听到别人都在说的事，看到每个人都在做的事时，你都要学会怀疑。也许有人会说："不错，负面的看法也许被结果证明是真的，但是肯定已经被纳入市场价格了。所以你在这上面下赌注，是赢不到钱的。相反，如果结果表明那些负面的看法并不是真的，那么市场价格肯定会报复性地大涨，我们以现在令人沮丧的低迷价格买进的证券，就会有巨大的盈利可能。所以，我肯定要买进！"负面的看法，也许当时看起来不信都不行，但是只有正面的看法，尽管只有少数人相信，才有更大的盈利潜力，过去如此，现在仍然如此。

在这个市场周期走到极端的时候，所有的消息确实都是负面的……而且肯定不是想象出来的。面对这些坏消息，别人问我的问题是“这种情况还会持续多久”以及“它会有什么影响”。既然资产的市场价格反映的只有悲惨绝望的悲观主义，我就会说这是接近于自杀一般的思维模式。获得投资盈利的关键在于，你一定要认识到，虽然现在面对的是千篇一律的坏消息，未来展望的是非常糟糕的前景，悲观主义的大方向也是对的，但是在程度上，人们仍然可能会过度悲观，因此资产的市场价格可能会变得过度便宜。

正是这种四处弥漫的悲观主义的市场氛围，激发我写下了投资备忘录《消极态度要有极限》。2008 年 10 月，正好是信贷市场最低潮的时候。我在文中指出，就像我在上一章讨论风险态度时所说的那样，卓越投资人必须具有怀疑主义，“当乐观主义过度的时候，怀疑主义会召唤悲观主义；但是当悲观主义过度的时候，怀疑主义也会召唤乐观主义”。当然，在市场最黑暗的时候，人们缺乏的就是这种对过度悲观主义的怀疑主义。

雷曼兄弟 2008 年 9 月 15 日申请破产，此后不久我和布鲁斯·卡什分析得出了以下结论：没有人知道这场金融机构大崩溃还会走多远，但是消极负面的态度肯定会疯狂蔓延，有很大可能已经过度了，资产便宜得简直不可思议。我们俩从战略层面进行思考后，下定决心买进：如果整个金融世界都崩溃了，不管我们买还是不买，结果都是一样的。但是如果世界没有崩溃，而我们却没有买，那么我们就不配做资产管理这个工作了，身为基金管理人，该买的时候没有买，就是不称职。

于是，我们大量激进地买入债券。橡树资本每个星期都要投入超过 5 亿美元买进债券，从 2008 年 9 月 15 日一直到 2008 年年底，橡树资本连续15个星期一直在不停地买入。有几天我们觉得自己买得太快了，也有几天我们又觉得自己买得太慢了。后来，金融世界并没有崩溃；金融机构崩溃的恶性循环停止了，没有像雷曼兄弟那样完全崩溃；资本市场重新开放了；金融机构死而复生了；债务又能够再融资了；企业破产数量和历史相比非常稀少；我们买进的那些资产价格大幅上涨。简单地说，我们用心聆听周期，真值。

~~~

既然我们回顾了2008年后半年的市场气氛，所以这个时候很适合我们来讨论一下，在市场走向底部的过程中，投资人都有哪些行为表现。

首先，我们来谈一下，大家都在说的底部到底是什么意思。底部就是周期跌到最低价格的那个时点。因此底部可以被看作最后一个持有人也恐慌地卖出股票的那一天，从此再也没有人卖出了，从此后买方占了上风。不管什么原因，底部就是下跌的最后一天，因此底部就是市场到达最低点的那一天。（当然这些定义都是高度夸张的。“底部”和“顶部”，这种说法其实指一段时期，而不只是一天。因此，最后一天这种说法在大多数时候仅是说说而已。）市场到达底部，从此后价格开始上升了，因为剩下的那些持有人再也没有一个会投降卖出了，或者因为那些买家现在买进的力度超过了那些卖家卖出的力度。

我在这里想要讲的问题是，“应当什么时候开始买入”。我要引用前面的章节中我提到过的一个说法——“跌落的小刀”——一个非常重要的概念。当市场快速下跌时，我们经常听到有人说，“我们可不会想去抓住跌落的小刀”，换句话说，“趋势是向下走的，
~~~

根本没办法知道什么时候下跌会停止，所以我们非要现在去买吗？还是等到我们确认价格已经跌到底部，我们再出手买入吧”。

我想他们真正想说的是：“我们很害怕，特别害怕买在市场停止下跌之前，我们如果买入之后市场继续下跌，就太丢人了，所以我们还是再等等吧，按兵不动，一直等到市场确实到达底部了，一切尘埃落定了，不确定的事情都确定了，我们再出手买入，稳稳当当地赚钱吧。”但是到现在为止我希望自己已经说得非常清楚了，“等到尘埃落定了，等到投资人不再神经紧张、情绪稳定下来了，那些便宜货早就让别人买光了”。

在橡树资本，我们强烈地排斥这种等到确认底部后再开始买入的想法：

第一，我们根本没有办法知道市场已经到了底部。没有霓虹灯告诉你底部到了，欢迎你来抄底，这简直是在做梦。只有底部过去之后，我们才能确认原来那是最低的底部，因为底部的定义就是反弹开始的前一天。从本质上讲，只有事实发生之后，我们才能确认它是事实，事情没有发生之前只是可能。

第二，通常只有在市场下滑的时候，我们想要买的东西才能买得最多，因为这个时候，卖方才会在实在扛不下去了的时候宣布投降，大量低价割肉卖出，有人大量卖出，你才有机会大量买入。与此同时，那些不愿意“抓住跌落的小刀”的人都躲到一边，不敢出手。没有人跟你抢着买，你才能想买多少就能买多少。但是一旦市场跌到了底部，下跌停止了，按照定义，这个时候就没有卖家在卖出了，此后市场会迎来一波反弹，那就是买方主导的市场了。

我们就是在雷曼兄弟宣布破产之后，马上开始买入不良债权的，此后我们一直持续地买入，一直到2008年年底，这15个星期内市场价格一跌再跌。到2009年的第一个季度，其他基金经理慢慢地不再恐慌了，也镇定下来了，于是主动去找一些资本来投资。但是由于恐慌性抛售的卖方能卖的资产都被卖完了，对于这些基金经理来说，想要大量买入又不推高市场价格，就为时已晚了。

就像投资世界的很多其他事情一样，梦想做到百分之百确定，又能把握时机精准无误，等待确认底部才开始买入，这就是一个极好的愚蠢例子。如果瞄准底部是错的，那么我们应该选择什么时候开始买入？答案很简单，看到价格低于内在价值，我们就应该买入。如果我买了之后，市场价格继续下跌呢？接着买，买入更多。在投资上，你要取得最终的成功，只需要做到以下三点：第一，估算内在价值；第二，控制情绪，鼓足勇气大量买入，有毅力坚定地持有；第三，耐心等待市场回归价值，市场会最终证明你的估值是对的。

~~~

表13–3反映了主要投资指数在次贷危机后那一年，即2009年的市场表现情况。2009年，投资能实现这么高的回报，表明投资人认识到周期走到负面的极端，在一片恐慌之中，能够买入（至少是一直持有），对投资成功是多么重要！

现在又是跑题的时间了：对比2008年大幅亏损的那张表，以及2009年大幅盈利的这张表，我们很容易得出结论，这两年的盈亏加在一起，基本上不亏不赚。比如，你投资100美元买了苏黎世杠杆贷款指数基金，2008年第一天买入，结果这一年你亏
~~~

损了 29%，到 2008 年年底你投资的 100 美元亏到只剩下 71 美元了。但是你继续一直持有，2009 年你能赚到 45%，到 2009 年年底你账上的资金涨到了 103 美元，两年下来你净赚了 3%。表中所列的这些资产类型指数，2008 年到 2009 年这两年总体业绩基本上都是不亏不赚的。

表 13-3　2009 年大幅盈利

投资指数	指数表现（%）
标准普尔 500 股票指数	26.5
道琼斯工业平均指数	22.7
纳斯达克综合指数	45.4
MSCI 欧洲、澳洲、远东股票指数	27.8
花旗高收益债市场指数	55.2
美林全球高收益债欧洲发行人指数（欧元）	83.0
苏黎世杠杆贷款指数	44.9
苏黎世高收益债西欧指数（欧元）	47.2

可是，特别重要的是，这两年中你做了什么。第一种操作是一直持有不动。你什么也不做，一直持有两年时间，第一年大亏，第二年会让你弥补大部分甚至全部损失，最终结果还不错，持有两年基本不亏不赚，和上面说的情况一样。第二种操作是底部割肉卖出。如果你丧失了信心，就会在市场跌到低谷时卖出，更惨的是，如果原来你买入时做了融资，加了杠杆，跌到平仓线，你就会收到追加保证金的通知，可是你找不到钱了，只能眼睁睁地看着你的账户被强行平仓卖出。无论是自己割肉卖出，还是让别

人强行割肉卖出，你都深刻地体会到了下跌的痛苦，却再也没有机会体会到反弹的快乐了，因为你卖掉了，再大的反弹也与你无关了。所以尽管这两年市场整体来看，基本上是不亏不赚的行情，但是你因为在跌到底部时扛不住而割肉卖出资产了，所以你也亏惨了。

因此有一点非常重要，你一定要注意：一波下跌之后，卖出离开市场，由此不能参与后面的周期性反弹，是投资大忌。周期的一波下跌会让你的账面出现亏损，只是账面上一时的浮亏，并不是致命的永久性亏损。你只要能够一直持有，直到周期走到上升阶段，就能享受到大幅反弹的收益了，原来账面上的亏损也能弥补回来了。但是你如果在市场跌到底部时卖出了，就把一个周期向下波动所造成的账面浮亏变成了永久性的损失，这才是最糟糕的事。

弄懂周期，挺过周期的下跌阶段，坚持等到周期反弹阶段的到来，需要我们一要在情绪上有资本，能忍住不割肉，二要在财务上有资本，在需要时能追加保证金甚至补仓。要想投资成功，这两种资本都必不可少。

~~~

在我宣布橡树资本在全球金融危机中大胜，以及转到下一个话题之前，我要郑重声明：我和橡树资本的同事从这一轮周期中享受到的投资成功，并非板上钉钉的事。这是因为我们最终得到的好结果，并不是唯一有可能转化为现实的结果，这正如前面我们引用过的伦敦商学院的退休教授埃尔罗伊·迪姆松的话：“风险意味着，可能发生的事情比将会发生的事情多。”我相信，如果汉克·保尔森、蒂姆·盖纳和本·伯南克没有采取他们当时所
~~~

采取的那些行动，或者他们采取了其他不同的行动，或者他们所采取的行动并不是那么成功，那么金融世界一定会发生一场金融大崩溃，像大萧条一样的情形绝对会再次发生。要是这样，我们的这些投资举动，就不会像现在这样让我们欢呼庆祝了。

我害怕的是，人们回顾2008年的暴跌以及之后的复苏后，也许会得出结论：因为现在周期向下走了，所以你应该耐心持有，因为很快市场就会反弹，让你轻松地弥补账面亏损。可是，这是从这场全球金融危机中总结出来的错误教训，因为实际的结果要大大好于一些本来可能发生的"替代性历史"（纳西姆·尼古拉斯·塔勒布称，历史上本来也有可能发生的事件为替代性历史）。如果通过这样错误片面地总结历史所得出的错误教训，成为大家牢记的历史教训（我相信也许事实已经是这样了），那么这些片面错误的历史教训会把投资人引上错误的投资道路，让他们做出错误的投资行为，让下一次大起大落的繁荣－衰退周期的震荡幅度更大，这也许对投资人以及整个社会造成了长期严重的不良影响。

金融危机降临了，投资良机也随之降临了，它落到了在市场底部不断买入的橡树资本头上，也落到了所有"看多"而勇敢地买入并坚定地持有的投资人头上。当然，投资成功的前提是，我们当时在危机之中推测的未来趋势成了现实，我们当时为应对未来而对客户资金的投资组合重新布局的做法是正确的。这很大程度上是因为我们对心理周期和市场周期的运行模式有了感觉。我们既然无法预测未来会发生什么，就跟着周期走，跟着你对周期大趋势的感觉走。这是每个投资人都能做到的最好选择。

~~~

泡沫和崩盘都有自己的模式：或者合乎逻辑，或者不合逻辑，其关键是从这一次发生到下一次发生的过程有相似的模式，就像诗歌的韵律一样，字句虽然不同，韵律却很相似。这一章中我们讲的两个大泡沫和一个大崩盘都表明，周期的波动震荡会达到极端的程度。我希望这三个案例分析能够给大家提供一些指引，帮助你们掌握如何识别周期以及应对周期。

我最后总结了三大要点：

- 第一，我所描述的周期运行过程中的每一个要素，前提是投资人能够别让情绪和偏见阻碍客观公正的观察。
- 第二，推断出至关重要的结论，然后据此采取合适的行动，并不要求你对未来做任何预测。你只要描述出来实际进程就很有说服力了，并不需要你去猜测未来会怎么样。那些事件及其所导致的周期波动过度，就可以为你指明采取什么样的投资行为可以获利。
- 第三，不过，尽管我说事件本身都是很明显的，而且它们的含义是显而易见的，但是我想要非常郑重地声明，人身在其中时，没有一件事情是很容易能做到的。即使是我们中间能力最强而且情绪最冷淡的人，也会受到一样的信息输入和情绪刺激的影响。尽管我们从来无法确定，但是我们仍然可以做正确的事情。尽管导致全球金融危机发生的那些错误很容易被识别，但是这些错误什么时候能得到修正，却超出投资人的预测能力。投资人能做的最好的事，也就是跟着希望和曙光去做。但是他们必须牢记约翰·梅纳德·凯恩斯所说的那句名言：“市场保持非理性的时间，
~~~

比你保持不破产的时间更长。”

~~~

就要结束如何应对周期事件这个话题的讨论了，我再额外提供一个真实的案例，它发生在1991年。杠杆并购在20世纪80年代特别繁荣，这要感谢并购公司的买家有能力得到大量的债务资本，经常能达到收购总价的95%。这导致很多公司在并购之后背负了巨大债务，后来遇到经济衰退，它们根本没有能力还本付息，结果出现了大量违约和破产的情况，形成了高收益债的第一次危机。此时我们的不良债权投资基金2号和2号b基金刚刚募集成立不久。我当时对环境是这样评估的（参看1991年1月23日我给这两只基金投资人写的信）：

> 总体来看，不良公司债的市场价格在1990年是下跌的。这波下跌有些是由基本面驱动的，所有资产的市场价值都随着经济疲软而缩水，有些则是因为“技术面”，这种债券的供给暴增，买家灰心泄气地退出了市场。
>
> 经济和市场心理气氛变得更加糟糕，让不良债权市场出现了很多物美价廉的便宜货。它们预期收益率高，价格却非常便宜，而且买家稀少，我们在购买时就能挑挑拣拣。投资环境令人沮丧，气氛消极。多数不良债权，在你买了之后，市场很快又会出现卖家报出更低的价格想要卖出，市场上根本没有热情，只有冰冷。
>
> 这正是我们投资操作最想要的环境。相反，买家自我欣赏，得意扬扬，互相击掌庆祝，因为他们买的每个证券的价格第二天都涨得更高，这让他们觉得自己很聪明。这个时候，“痛苦指数”太低，买家浑身是胆，再高的价格也敢追，我们想
~~~

找便宜货就太难了。

现在的情况完全不一样了，市场非常冷清，我们更有可能找到便宜货，和市场天天上涨、大家越买越涨、人人都很开心的时候相比，便宜货显然更多了。很少有买家通过竞争性报价，推高我们想要买的东西的价格。每次我们买的价格都更有可能成为“底部”，而不是“顶部”。简单来说，对于像我们这样的逆向投资人来说，这是一个好时代，有大把逆向投资机会可以让我们投入资金大量买入。

我们千万不能这样假设，即开始投资的那一天，就正好赶上经济和市场跌到谷底的那一天。我们最大的愿望是，市场创出低点的机会能够出现在我们积极主动地投资买入资产的那段时期里，在市场创出最低点之前或者当时或者之后，我们都会一直不断地买入。

这是一个实时测量市场温度的很好案例……这不仅仅因为我本人给市场测量温度，也不仅仅因为结果表明我们在底部买入是对的（我们当时管理的不良债权基金有的创出了我们历史上的最高业绩纪录），而且因为测温度让我们阻止了妨碍投资人出手低位买入的沮丧情绪，鼓励他们勇于出手在底部买入。这个案例表明，在买家知道市场环境“令人沮丧”，市场行情“跌跌不休”，投资账户“亏亏不止”后，这些因素往往把买家都吓跑了，但是市场价格下跌对于买家来讲是好事，而不是坏事。

理解事情的含义，而不是事情带给投资人的感觉，这是第一步。从此你将开始从感性投资走向理性投资，在正确的时间做正确的事。

~~~

这一章够长了，该结束了。最后，我要概括一下，市场走到周期的不同阶段，我们应该如何布局投资组合来应对。

我认为采取一个有条理的方式，来阐述我所说的“双重风险”，会很有帮助。我在这里说的双重风险，事实上，投资人每天都必须应对。第一个风险很明显，就是买进错误资产导致亏钱的风险；第二个风险不那么明显，就是没有买入好资产错过赚钱机会的风险。

买，可能买错，不买，又可能错过；买也会错，不买也会错。投资人可以选择消除其中一个风险，但是这样做就会让他们完全暴露在另外一个风险之下。所以大多数投资人都是在两种风险之间寻找平衡。

投资人在两种风险之间的定位应该如何？保持平衡，还是更加倾向于一种风险而降低另外一种风险呢？答案主要取决于投资人的目标、所处的环境、个性和抵抗风险的能力（如果你是为客户管理资产，就要考虑到客户的这些方面）。

如果已经脱离或偏离通常的定位，那么投资人是否应该一次又一次地改变平衡？我认为，投资人应该努力适当地调整他们的定位，其前提条件有两个，一是投资人觉得自己有调整定位所需要的洞察力，二是投资人愿意付出努力并承受判断错误的风险。投资人调整组合定位，应当基于对现在所处周期的位置的判断。简而言之，如果市场处在周期的高位，那么投资人应该强调限制亏钱的风险；如果市场处在周期的低位，那么投资人应该重点避免错过赚钱机会的风险。别让自己在低位踏空，少赚太多钱。

那么我们如何才能做到？想象你穿越时光隧道，来到2023
~~~

年，你觉得你更可能会说，“回到 2018 年，我真希望当时我更加激进地多买一些”，还是你觉得自己更可能会说，“回到 2018 年，我真希望当时我能更加保守，少买甚至不买”。现在有没有什么好机会，让你到 2023 年时可能会说，“2018 年，我错过了买入什么的大好机会！哎，这种机会一辈子可能只有一次”，这样做能帮助你看清楚自己现在应该做什么。

以上决策直接关系到如何在进攻和防守之间做出选择。如果一个投资人想要减少亏钱的风险，那么他的投资应该更加强调防守。如果一个投资人担心更多的是错过赚钱的机会，那么他的投资应该更加强调进攻。改变你在两种风险之间的定位，应当根据市场所处周期的位置而做相应的调整，而我们要评估市场所处周期的位置，主要看两点：一是市场的估值水平，二是大多数投资人的行为。这两点我们已经详细地讲过了。

大多数投资人的投资行为进攻性更强，这是一个清晰的信号。这表明市场处于危险区域，因为风险规避被运用得很少。而且，投资人的进攻性投资行为可能已经直接导致资产价格上升。其他投资人的进攻性投资行为让市场对于我们来说十分危险。

思考这个决策的一个好办法是，考虑一下什么标签更适合概括现在的市场情况。从 2008 年年末到 2009 年年初，投资人只需要有两样东西就可以赚到很多钱：有钱能投资和有勇气去投资。如果投资人有这两样东西，那么几年后他的资产价值就会上涨很多，为他赚很多钱。此时他不需要的是：谨慎、保守主义、风险控制、纪律、精心选择、耐心等待；这些东西越多，他赚的钱就越少。

这并非意味着“有钱有胆”是投资成功的一个必胜公式。绝对不是。如果投资人在2007年年初既有钱又有勇气，高位买入又高仓位配置，那么等到全球金融危机一来，就要大祸临头了，他要承受危机所带来的所有伤害。2007年年初，他需要的是：谨慎、保守主义、风险控制、纪律、精心选择和耐心等待。甚至后来，明智的投资人也不会完全抛弃谨慎和纪律，因为对于他们来说，根本没有办法知道，全球金融危机之后的市场反弹会这么快，让投资人在危机中受到的创伤很快被抚平，他们相对而言没有受到太大伤害。橡树资本确实投资了很多，但是我们重仓投资的是高质量公司的优先级债务，而不是财务实力虚弱的由发行人发行的次级债务，尽管结果表明我们投资次级债会赚得更多，但是我们不能为了多赚钱而不要命。

有很多因素让投资这件事很有意思，其中一点是：没有哪种投资策略或者投资方法会永远有效。要想随着周期走势变化做对投资布局，唯一的办法是努力做出有充分理由的合理推断，以及调整你的投资布局以顺应周期下一步的大趋势。但是这可不容易。

近来，人们面对挑战，往往会做出这样一种反应："我们现在在第几局？"美国第一大运动是棒球，这也是美国的国球，一共有9局。自从2008年金融危机爆发之后，我经常碰到这样的问题，被问的次数多了，我搞明白了他们这样问的意思其实是"我们现在处于周期的什么位置"。在2008年的第四季度，他们心里都在嘀咕："如果最大的痛苦是十分，那么我们现在承受的痛苦是几分，后面还有几分痛苦在等着我们去承受？"大家现在问我的主要问题是信贷周期："最近信贷周期一直上升，借钱更加容易。信贷周期这波上升阶段还会持续多久？信贷什么时候会收紧？"

我认为，这些问题就像一道光，让我能感觉到事情已经走了多远了。提问者用棒球比喻来提问，我也用同样的棒球比喻来回答：第二局（比赛刚刚开始），第五局（比赛已经过半），第八局（比赛接近尾声）。但我越来越意识到，使用这种比喻的方式来回答周期定位问题是有局限性的。因为周期并不像一个正常的棒球比赛，我们根本没有办法知道，一个具体的周期会持续多久。周期没有一个规定的时间长度。一个正常的棒球比赛会有九局，但是一个经济周期或者市场周期，可能会有七局、九局、十二局或十四局。周期到底会持续多久，我们根本不可预知。

这一章讲了很多思路和方法，也提供了一些技巧，能够帮你决定如何布局投资组合，但是没有一个方法完全可靠，万无一失。这些方法都只不过是一种工具，让你能够系统地思考某些不容易回答的问题。但是我希望，这些方法建议你走的投资之路，能够远远胜过你基于情绪、猜测，甚至只是追随大众而走的投资之路。

如何应对周期，是投资最重要的事情之一。周期肯定会落到你头上，你没办法改变它。你如何采取行动来应对它，才是问题的关键。

14

市场周期与投资布局

能否成功地布局投资组合以应对市场未来趋势，首先取决于你做什么，集中更多兵力用于进攻，还是用于防守；其次取决于你什么时候做——基于你对周期所预示的未来市场趋势有卓越的洞察力。

我以前认识一个人，他天生乐观又激进，也许因为出生于富贵之家，他总是自我感觉良好，也许有老天保佑，他一直过着顺风顺水的生活。这位老兄从来没有怀疑过自己的人生会成功，从来没有怀疑过自己的预测准确，也从来没有怀疑过自己的投资策略会成功。从我认识他以来，这位老兄就一直保持激进，结果证明他做对了，这些年正好是最适合做进攻型投资的黄金时代。这段经历激发我写下了一些东西，讲讲我们应具备哪些素质才能投资成功：

投资成功，三种要素必不可少：激进买入、选择时机、操作技能。如果你选择对了合适的时机，又能足够激进地买入，那么即便没有太多操作技巧，也照样能成功。

~~~

2017 年 2 月，我发现自己已经快写完本书的最后几章了，那时，我正在印度度假。有一天，我去斋浦尔城郊参观世界著名景点之一琥珀堡，我拍了好多照片，想要用照片留住这个城堡壮丽美景的一小部分。游览完景点回酒店后，我重新翻看照片，想要重温琥珀堡的壮丽景色。无意中，我翻到了几个月前的老照片，那是在另一个同样神奇的国家拍的，它就是中国。这些照片一下子让我回想起在中国和客户交流的情景，启发我写下了这一章。感谢缪斯女神给我灵感，我真幸运！

在访问中国期间，有一个来自北京的客户，问了我一连串很有挑战性的问题，我在回答这些问题的时候，随手在白板上画图，我平时经常这样边想边画边说。以前百思不得其解的问题，在那一天，答案突然跳进了我的大脑。临走前，我拿出苹果手机，对着白板拍下了我随手画的图（这是一个科技创新，20 年前我做演
~~~

讲的时候，从来不会随身携带相机）。没想到，过了三个月之后，我却翻到了我在中国拍的这些照片，它让我重新想起和客户交流时脑子里突然出现的那些想法。这一章中很多精华的东西，都来自在北京和客户交流时所产生的想法。

当时，我因为还未倒过来时差躺在床上睡不着。不知道什么原因，灵光一闪，前面所说的投资成功三要素，我在北京拍的白板图，如何应对周期的问题——三者之间的联系一下子在我脑中浮现出来。简单地说，我有了一个好想法，明白了如何分析投资技能的要素。（请注意，我说的是“有个联系自己浮现出来”，而不是“我创造了一个联系”。我之所以说是那个联系自己浮现出来，是因为我确实觉得自己完全是被动的，是想法来找我的，我并没有经过一番刻苦努力，有意识地去探求它。我的很多感悟都是这样自己找上门来的，可能得益于我经常把一个想法浓缩成一张图，就像我在中国和客户交流时所做的那样。我的大脑就是这样工作的。）

第一次想到用三要素来解释投资成功时，我说的是“选择时机”，其实当时我指的是“幸运地选择时机”。毕竟，激进买入的时候，正好碰到好时机，还有什么是能比这更好的事情呢？但是，在印度我夜不能寐时，突然意识到选择到好时机并不完全是靠运气的结果。相反，在投资上，选择好的时机，可能来自勤勉尽责地评估我们现在所处周期的位置，然后把想法转化为行动，做出正确的事。研究周期，其实就是研究如何布局投资组合以妥善应对接下来可能发生的事件。这一句话，道尽了本书要讲的所有内容。

~~~

我要再次回到我概括的投资成功三要素，并更深入地思考投资成功的公式。我得出了结论，投资成功应该考虑以下六个关键要素，也许更应该称之为三对要素：

（1）周期定位。根据你对主要周期定位的分析，判断周期目前所在位置及未来趋势，决定你对投资组合的风险定位——更多地承受买入而出错的风险，还是更多地承受不买而错过的风险，或者在二者之间保持平衡。

（2）资产选择。决定要配置哪些市场、市场利基、具体证券或资产，以及要重仓配置还是要轻仓配置。

第一对要素是周期定位和资产选择。周期定位和资产选择是投资组合管理的两个主要工具。也许这么说过于简单化了，但是我认为，投资人做的每一件事情，都可以被纳入一个或其他要素中。

（3）激进。增加风险：把你的资本更多地置于风险之下；持有质量更低的资产；所做投资的业绩表现，更加依赖于出现有利的宏观结果；以及（或者）利用财务杠杆、高贝塔值，即对市场波动更敏感的资产和战略。

（4）保守。减少风险：投资的资本更少，而持有的现金更多；强调重视资产要更加安全；买入那些在没有出现繁荣和牛市时，相对而言市场表现更好的防御性资产；以及（或者）避开财务杠杆和高贝塔值。

第二对要素是激进和保守。在激进和保守之间进行选择，是
~~~

投资人在布局投资组合时考虑的一个主要维度，这要根据他们对周期的分析而定。一要分析市场现在所处周期的位置，二要分析周期背后所隐藏的未来市场趋势。

（5）技能。有能力能够做出正确的决策以保持平衡（尽管不能每次都正确），这要通过一个可重复的智力过程，而且要基于对未来的合理假设。现在这个要素有了一个为大家所熟知的学术名称：阿尔法。

（6）运气。在很多情况下，技能和合理的假设都不起作用了，我们就只能靠运气了。也就是说，随机性对事件的影响大于理性的过程，不管是“运气好”还是“运气不好”，它们都是运气。

第三对要素是技能和运气。技能和运气是决定投资组合管理决策成功的两个关键要素。如果投资人没有技能，就别指望自己的决策能够创造成功的投资。事实上，有些技能可以被称为“反技能”，因为获得的这些技能越多，就越妨碍投资成功。有些人学会了太多反技能，那还不如去抛硬币，或者干脆委托别人管理资金，避免自己做决策，这样投资业绩反而会更好。运气这事很难说，就像纸牌游戏里的百搭牌一样，拿牌的人可以自由地决定这张牌算什么牌；运气会让你本来很好的决策以失败告终，也会让你本来很糟糕的决策以成功收场。但是运气只是一时的。长期来看，投资人最终还是要靠技能胜出，所以把希望寄托在技能上，还是比较靠谱的。

市场会做市场该做的事。最终的结果部分取决于经济事件和企业盈利能力所造成的影响，部分取决于投资人心理以及由此产生的行为的影响，部分取决于随机性或者运气的影响。我们心里也许对未来市场的走势有些想法，而这些想法也许基于合理的推理，也许基于有漏洞的推理，也许事后被证明是对的，也许事后被证明是错的。但是，不管市场未来的走势是涨还是跌，不管市场未来的走势可以预知还是根本无法预知，我们都应先把市场未来的走势作为以下讨论的出发点。我们首先把在通常情况下市场和一般投资人的预期收益表达为一个概率分布（见图 14–1）：

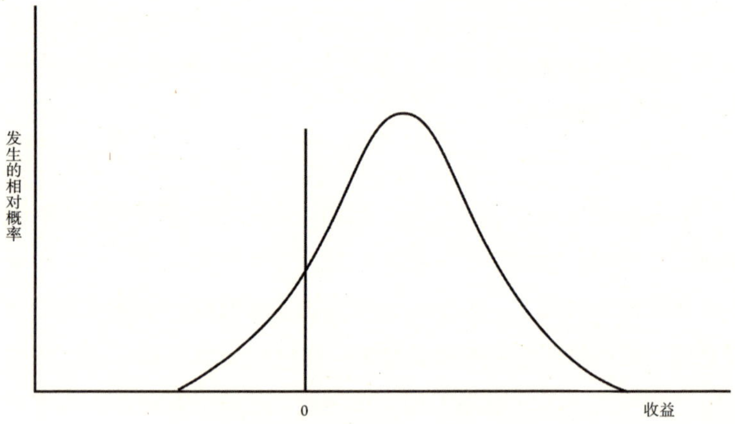

图 14–1　市场预期收益的概率分布

这是一个出发点，或者是一个底线，或者是一个画布，或者是一张白纸，你觉得怎么好就怎么比喻吧，总之投资人由此开始行动。问题是，投资人有没有足够的能力，或者做出积极主动的投资决策，提高自己的投资业绩，从而战胜市场；或者放弃主动投资的想法，代之以被动投资，只要能拿到市场平均业绩就满足了。

我前面提过，有两种主要的投资方法投资人可以用来提高投资业绩——第一个是周期定位，第二个是资产选择。我先来深入讨论第一个要素：周期定位。

我也说过周期定位主要包括：在激进和保守之间进行选择，也就是增加和减少暴露在市场波动之中的投资仓位。

我们假设，你已经分析得出结论，现在你正处在一个最佳的市场环境之中：

- 经济周期和企业盈利周期都处于上升阶段，而且已经或者可能会达到甚至超过人们的预期；
- 投资的心理和风险态度是沮丧的（或者至少是清醒的），而不是过热的；
- 因此资产价格相对于其内在价值而言是适中的，或者是偏低的。

在这样的情况下，市场在召唤你激进地投资。于是你加大投资仓位，提高投资组合的收益预期，提高组合贝塔值，即市场敏感度。图 14-2 中那条虚线表示你的收益预期。如果市场走势好，那么你的盈利就会更高，但是进攻型投资是一把双刃剑，能放大盈利也能放大亏损；如果市场表现得糟糕，那么你的亏损也会更大。

如果你的判断得到证实，市场确实上涨了，那么由于你激进地布局投资组合，提高了组合的市场敏感度，所以你的投资组合上涨的幅度会比市场更大，让你成为战胜市场的赢家，正如图 14-3 所示：

这里投资成功的秘诀包括以下三点：第一，深思熟虑地分析

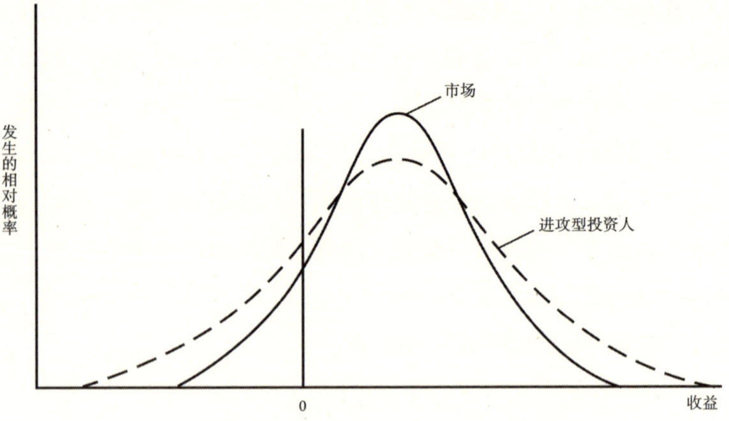

图 14–2　市场与进攻型投资人预期收益的概率分布 I

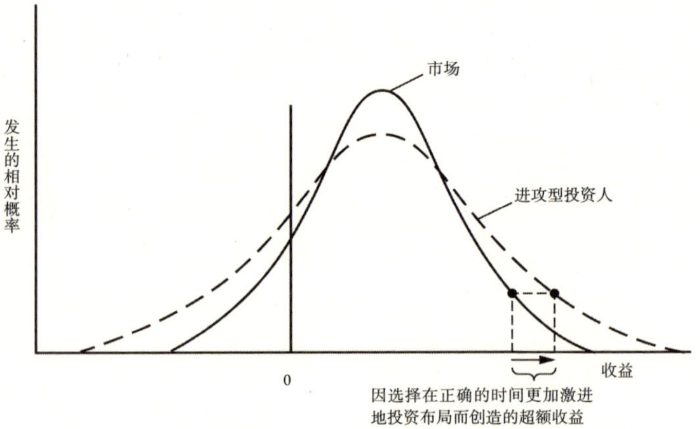

图 14–3　市场与进攻型投资人预期收益的概率分布 II

市场现在所处的周期位置；第二，基于分析提高进攻性；第三，结果证明你是对的。这几点可以总结为周期定位的“技能”或者“阿尔法”。当然，第三条结果证明你是对的，完全不在任何人的控制范围之内，特别是这在一定程度上受制于随机性，所以结果证明你是对的，并不是每一次都会这样，即使是技能纯熟的投资人，而且推理判断做得相当好，也未必每次都能被证明是对的。

我们也可以假设，你做的分析也许表明周期定位情况不妙，经济增长乏力，投资人心理过度乐观，因而资产价格过高。这意味着你应该更偏重防守。在这种情况下你应该从赌桌上拿回来一些钱，让一部分资本退出市场，降低仓位，你如果不这样做，就应该改变投资组合布局以降低风险，如图 14-4 所示：

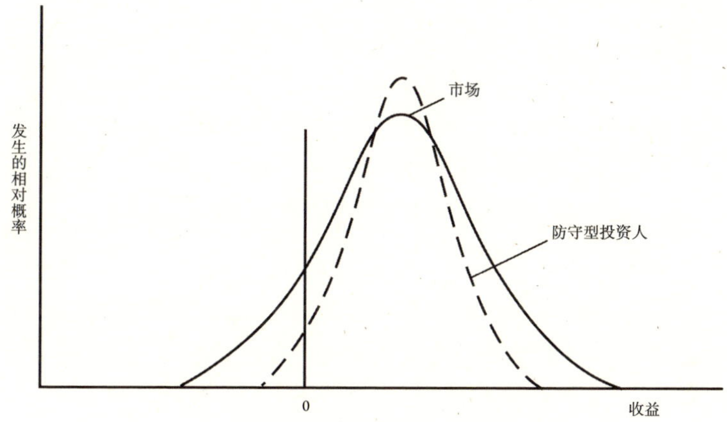

图 14-4　市场和防守型投资人预期收益的概率分布 I

现在，你已经降低了你的投资组合的贝塔值，即市场敏感度，为将来糟糕的市场行情做好了准备。如果你对市场周期走势的判断是准确的，那么市场的收益会从概率分布图的左边向右边移动，在这种市场行情下，你的防守型投资布局就会让你亏得比市场更少，成为战胜市场的大赢家，如图 14-5 中虚线所示。你的投资组合是防守型的，就更少暴露在市场波动之下，因此非常适合疲软的市场。

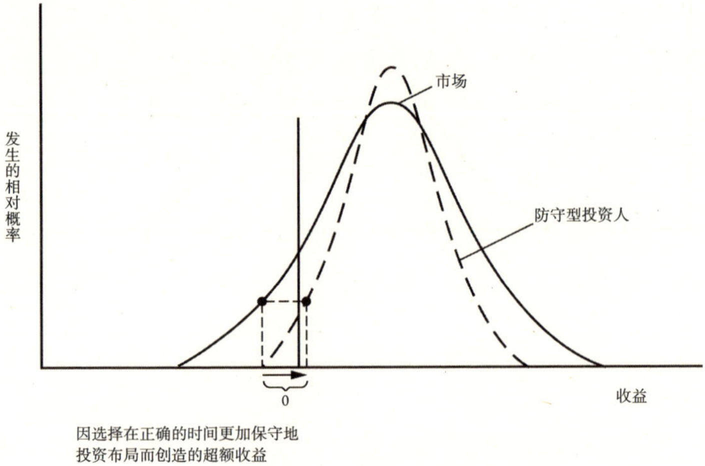

图 14-5　市场和防守型投资人预期收益的概率分布 II

当然，并不是每个投资人都很懂周期，对周期很有感觉，因此，并不是每一次下功夫定位周期都能成功。投资人假如缺少周期定位的技能，就无法据此决定投资组合转向防守，减少市场暴露（如图 14-6 所示）。如果市场出人意料地上扬，结果表明这个投资人转向防守是错误的，他的投资收益就会落后于市场，成为输家。

在第 1 章我谈了“趋势”这个主题。我们考虑市场前景，应该利用一个概率分布，如果构建得正确，它就会给你一种感觉，市场接下来可能会有什么样的趋势。市场沿着周期运行，就会重新定位预期收益概率分布的位置，由此影响市场未来可能的趋势。

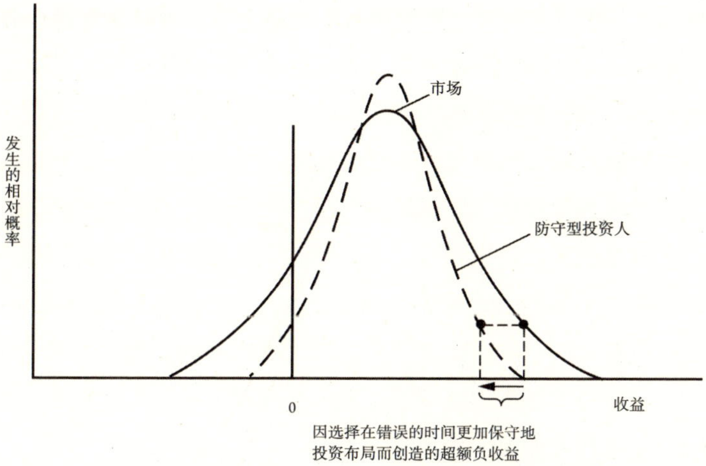

图 14-6　市场和防守型投资人预期收益的概率分布 III

市场处于周期的底部时，我们盈利的可能性比平时更大，损失的可能性比平时更小。相反，市场处于周期的顶部时，我们盈利的可能性比平时更小，损失的可能性比平时更大。基于你认为的现在市场所处周期的位置，从周期定位来看市场接下来可能会怎么走，这就能让你更好地布局投资组合，为接下来将会发生的事件提前做好准备。从逻辑上推理应该会发生的事件是一回事，而实际上会发生的事件是另一回事，二者并不相同。你尽管有可能会总是运气不好，实际发生的事件并不符合你的逻辑推理，但是你的周期定位更准确，投资布局更正确，这就能提高你未来适应市场趋势的概率，也就能提高你战胜市场的概率。

1977 年，纽约市区发生了一连串情侣幽会谋杀案。这些案件都是一个连环杀手干的，他自称“山姆之子”。最后一个探长抓住了这个连环杀手，这个探长名叫提摩西 · 多德。2014 年，我在报纸上读到了提摩西·多德探长的讣告。我很喜欢文中所引用的提摩西·多德探长的那句话，他说他的工作就是“做好准备等着好运来”。既然我的观点是未来是不确定的，而且容易受制于相当大的随机性，所以我认为这句话是一个思考未来的很好方式。也许听起来我像是鼓吹要被动地等待，把事情交给运气，而真相却是尽管卓越的投资人都有正偏态分布，也就是说成功的概率更大，但是并不是他们的每次投资都会百分之百成功，他们仍然需要运气的眷顾，这样最终的结果才能对他们有利：仅知道碗里什么样的彩票中奖概率大还不够，他们还需要能从碗里摸到中大奖的彩票，这样才能真正中大奖。

获得标志卓越投资人正偏态分布结果的一个最好的办法是，让市场趋势站在你这一边。结果从来不是你能控制的，但是如果选择的投资时机是在市场趋势有利于你的这一边时，如风在背后吹着你的帆船前行，你就会一路顺风。相反，如果你把投资时机选错了，选在市场趋势不利于你出手投资时，你就是逆水行舟。技能纯熟地分析周期，你就会比一般人更好地理解市场下一步可能的走势，从而你会获得更高的概率做好投资组合布局，更好地应对市场接下来的走势。

~~~

接下来我要讲的东西和周期这个主题完全无关，所以你如果不感兴趣，就没有必要读下去了。但是我还是想在这里补充说明一下，投资人应该采取什么样的行动来改善其投资业绩。这就需要谈一下投资管理的另一个成功要素：资产选择。

资产选择包括，识别出哪个市场或市场板块或具体资产类型会比其他同类资产表现得更好或者更糟，由此决定你在投资组合
~~~

中要超配它还是低配它。资产的价格相对于其内在价值越高，未来预期市场的表现就越不好（如果其他条件都相同），反过来，如果资产的价格相对于其内在价值越低，那么未来预期市场的表现就会越好。我们要在资产选择方面有卓越的业绩表现，有一个前提条件是必需的，就是对价值三个方面的洞察力要超越平均水平：第一，资产的内在价值大概是多少；第二，这个内在价值将来可能会发生什么样的变化；第三，内在价值和当前市场价格之间的关系如何——我们是高估、低估，还是持平？

对一个特定资产的内在价值，所有投资人都有（或者本来应该有）自己的看法，资产的市场价格反映了这些投资人的共识，也就是说，投资人的看法综合到一起设定了市场价格。这也是那些买方和卖方同意进行交易的价格。那些买方买入，是因为他们觉得在现在这个价位买入是一个聪明的投资。那些卖方卖出，是因为他们觉得在这个价位资产已经达到合理定价了，或者定价过高了。那么，我们如何知道这些观点的准确性有多高？

- 理论分析。有效市场假说认为，所有可以获得的信息都已经被有效地反映到市场价格里面了，因此资产的价格是公允的，投资人无法通过在不同资产之间进行选择来“战胜市场”，因为选择不同资产的预期收益率是相同的。
- 逻辑分析。我们谈的问题实质是，有没有能力让你做的这些价值判断的质量更高，且高于市场上所有投资人的平均水平，最终能够取得高于市场平均水平的业绩。但是我们知道有一点是确定无疑的，所有投资人整体而言获得的是平均业绩水平。因此投资人整体而言不可能做出超越平均业绩水平的价值判断。

- 实证分析。对投资业绩的实证研究表明，只有极少数投资人能够持续地做出比市场上其他人更加正确的价值判断。大多数投资人的价值判断都比市场的价值判断，即平均价值判断水平更糟糕。特别是投资人在扣除交易成本、管理费用和其他开支之后获得的净收益，还赶不上市场平均业绩水平。正是因为这个原因，被动的指数投资越来越流行，也越来越普及。

这并不是说，没有人可以战胜市场。事实上，每年都有很多人战胜了市场，但是通常这只不过因为他们运气好而已。按照随机性假设，短期会有很多人战胜市场，也会有很多人输给市场，因此投资人的业绩整体上与市场的平均业绩持平。但是只有极少数人能够长期持续地战胜市场，即长期持续超越市场平均业绩水平，而他们并非仅仅靠运气，他们中的一些人也因为长期持续战胜市场而名扬天下。最关键的成功要素是，对内在价值有卓越的洞察力，正是这一点给予极少数人持续战胜市场的能力。我称之为“第二层思维”，也就是有能力做出与市场共识不同的思考，而且比市场共识理解得更深。

我不准备再深入地讨论内在价值、价格与价值之间的关系以及第二层思维，因为我已经在上一本书《投资最重要的事》里面，对这三个主题做过篇幅很长的讨论。不过我想说，关键在于卓越的投资人能够达到第二层思维，所以投资人才能够挑选出更多跑赢市场的优质资产，而不是更多跑输市场的劣质资产，因此卓越投资人的资本配置在优质资产上的仓位更高，配置在劣质资产上的仓位更低。卓越资产选择的秘方就是这么简单。

这种卓越资产选择技能的标志是什么？不对称业绩。

绝大多数投资人都没有这样高超的资产选择技能，因此他们战胜市场的概率与市场整体赢家和输家的比例相同。市场整体表现得好，一般人的投资业绩也就跟着好，市场整体表现得不好，一般人的投资业绩也就跟着不好（见图 14-7）。

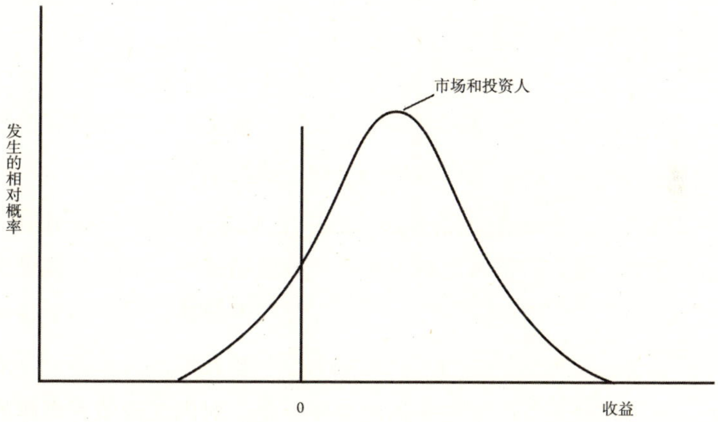

图 14-7　市场与一般投资人预期收益的概率分布

那些在资产选择上具有反技能的投资人，从比例上看优质资产少、劣质资产多，因此业绩还不如市场的平均水平。反技能投资人不管是在市场上涨的时候，还是在市场下跌的时候，都跑不赢市场，如图 14-8 所示。换句话说，具有资产选择反技能的投资人的概率分布会偏移到市场的左边。

但是资产选择技能高超的卓越投资人，在他们的资产选择中优质资产多、劣质资产少，优质资产与劣质资产的比例高于市场；他们能够做到把资金更多地配置在跑赢市场的优质资产上，而更少地把资金配置在跑输市场的劣质资产上；他选择的优质资产领先于市场的程度，大于他选择的劣质资产落后于市场的程度。

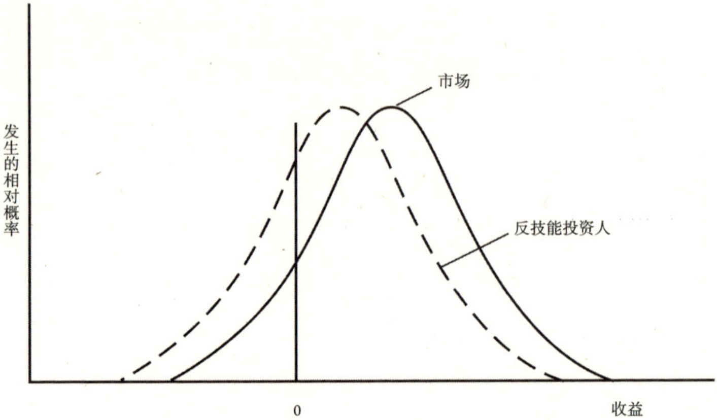

图 14-8　市场与反技能投资人预期收益的概率分布

· 一个能够做出卓越资产选择的投资人，如果习惯于更加激进地投资，那么当市场上涨的时候，他们的持仓会比市场涨得更多，而在市场下跌的时候，他们的持仓会比市场跌得更多。但是卓越投资人的持仓涨幅领先于市场的涨幅，要大于他们的持仓跌幅落后于市场的跌幅。简单地说，卓越投资人在跑赢市场时赢得更多，而在跑输市场时输得没那么多，输赢相抵之后，总体而言他们还是跑赢市场的。这是因为他们具有卓越的资产选择能力，他选择的那些资产有更大的上涨潜力，却不用承担相同的下跌风险。结果是市场在上涨的时候，他们的进攻型投资组合自然而然地会超过市场的涨幅，但是在市场下跌的时候，他们的进攻型投资组合的跌幅高于市场的跌幅，小于其涨幅高于市场涨幅的幅度。这就是一个典型的风险－收益不对称，而这正是卓越投资人的标志（见图 14-9）。

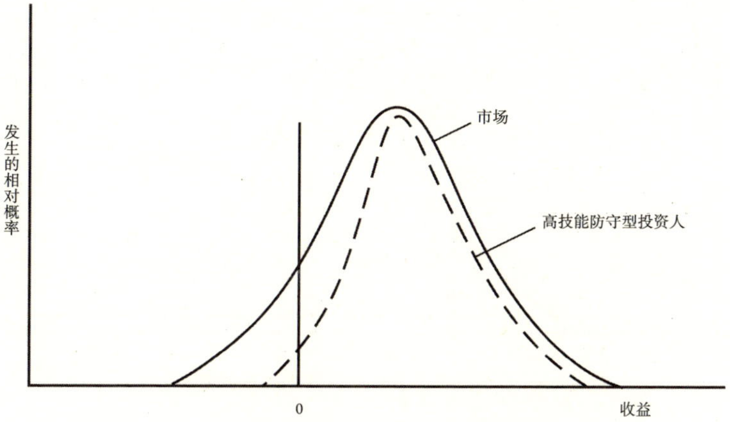

图 14-9　市场与高技能防守型投资人预期收益的概率分布

· 同样的道理，一个有卓越资产选择技能的投资人，如果习惯于做防守型投资，那么当市场下跌的时候，他们的防守型投资组合的跌幅自然会小于市场跌幅，因而他们的业绩能够领先市场一定幅度。而当市场上涨的时候，他们的防守型投资组合的涨幅会小于市场涨幅，因而会落后于市场一定幅度，本来按照正态分布的对称性，这应该相当于他们在市场下跌时领先市场的幅度，但是实际上落后的幅度并没有那么大。这是由于他们的资产选择技能卓越，选择的资产质量高，所以相对而言，他们的资产组合的跌幅小于市场跌幅而领先市场的幅度，大于他们的资产组合涨幅小于市场涨幅而落后市场的幅度，二者并不对称（见图 14-10）。

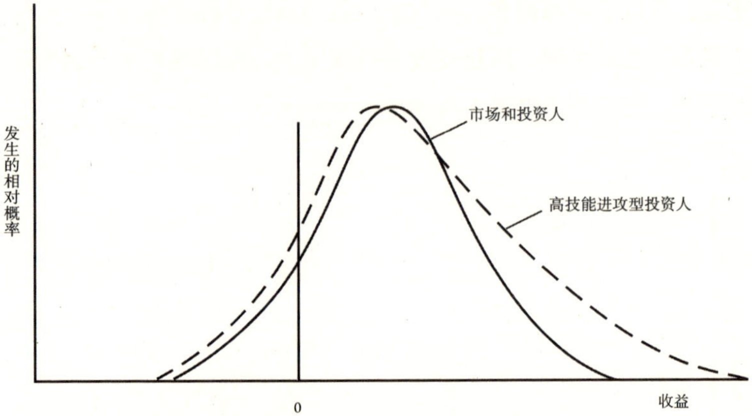

图 14-10　市场与高技能进攻型投资人预期收益的概率分布

这两类投资人都有卓越的资产选择技能，进攻型投资人和防守型投资人都展现出相对于市场而言的风险 - 收益不对称分布。也就是说，他们的业绩都是正偏态分布的。这两类人的投资组合的上涨潜力与下跌风险并不对称。尽管他们的方式不同，进攻型投资人胜在上涨潜力大于下跌风险，相对而言市场繁荣时组合领先市场的幅度较大，而市场疲软时组合的落后幅度较小；防守型投资人胜在下跌风险小于上涨潜力，相对而言市场疲软时组合领先市场的幅度较大，而市场繁荣时组合落后于市场的幅度较小，这正是资产选择上的阿尔法因素所体现出来的方式。

第三类投资人，既不习惯于进攻，也不习惯于防守，但是他们擅长周期定位以及资产选择。所以他们能够做到选择好的市场时机，根据自己对市场周期现在所处位置的判断和接下来对市场趋势的分析，做到在正确的时机增减仓位，调整市场暴露。也就是说，他们在市场上涨的时候仓位更重，在市场下跌的时候仓位更轻，所以市场涨得多，他的组合因为重仓也跟着涨得多，相反市场在下跌的时候，因轻仓配置而跌得少，同时他们也能选择好的资产。他们真是世界上最理想的投资人了（见图 14-11）。

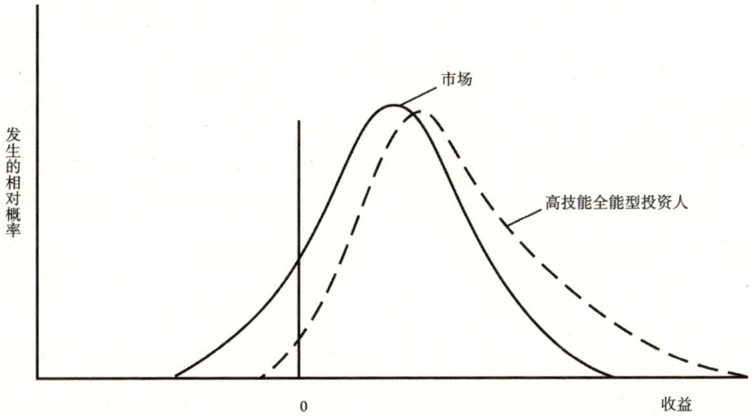

图 14-11　市场与高技能全能型投资人预期收益的概率分布

市场上涨时，几乎每个人都能赚到钱，而市场下跌时，几乎每个人都会亏钱。几乎每个人选择资产的优质与劣质的比例都和市场整体水平一样。投资人需要有卓越的投资技能，才能够在市场上涨或下跌期间比市场表现得更好一些，从而获得不对称业绩，而这正是卓越投资人的标志。

请注意，在讨论中，我特意把周期定位的技巧和资产选择的技巧区分开来，但是这种区分在某种程度上是人为的。我之所以有意为之，是为了更清楚地分别描述这两大类影响投资业绩的因素，但是很多伟大的投资人具备这两种技巧，而大多数投资人一种技能也不具备。这两种技能都很高超的投资人，对市场未来可能的趋势有更好的感觉，也能够选择合适的资产构建合适的投资组合，以更加适应未来的市场环境，这体现在他们所选择的资产中领先市场的优质资产比例更高，而落后市场的劣质资产比例更低。这种堪称完美的投资高手极其罕见。

~~~

我在印度的顿悟告诉我，能否成功地布局投资组合以应对市场未来趋势，首先取决于你做什么，集中更多兵力用于进攻，还是用于防守；其次取决于你什么时候做——基于你对周期所预示的未来市场趋势有卓越的洞察力。我写本书的目的就是希望能在这两个方面帮助你。
~~~

15

应对周期有局限性

我的看法是，你想要在理解市场周期的基础上改变投资组合布局，以此来提升长期投资业绩，这种想法完全合情合理。但是有一点对于你来说至关重要，你一定要理解，这种想法要求你具有高超的技能，且真正实现这种想法非常困难。即使你再优秀再努力，一个人的能力也毕竟有限，有时候就是人算不如天算。

我辛辛苦苦地写此书，就是想给我自己创造一个机会，记录下我所知道的周期那些事儿，当然也因为我很享受写作这件事情。但是最主要的目的，正如我前面所说的，是帮助读者应对市场的上涨和下跌。

在前面的内容里，我已经讲了很多我对周期的思考，一步一步地告诉你如何理解周期过程的规律性，也讲了周期的不规律性。周期有一定的规律性——像诗歌韵律一样重复相似的过程，让我们逐步积累经验，培养理解周期的能力，培养把握周期下一步趋势的信心。但是周期也有很大的不规律性，有时会出现无法预测的巨大变化，这要求我们适当地抑制一下我们的自信心，不要觉得自己完全有能力做到充分理解周期和把握周期。这一章的目标就是重复这些思考，并总结归纳。

正如我前面所说的，投资实质上就是合理地布局资本，从未来发生的事件中获利。但是我也说了，我们永远不知道未来会发生什么事情，因此也不知道我们未来会去哪里。但是我们应该竭尽所能地知道自己现在身在哪里。因为目前周期所处的位置能够给我们强烈的暗示，告诉我们周期未来会怎样，以及我们应该如何应对。

我们现在所处周期的位置，对分析周期未来的走势有非常深远的影响：什么走势可能发生，甚至什么时候会发生。就像我在第 1 章里讨论过，而且在上一章中用图描述过的那样，周期定位会掌控未来的概率分布变化。

很多事情都会发生。我们知道我们只能面对不确定性和风险。关于未来，我们所知道的不过是概率而已。知道概率，能帮助我们把对未来判断的准确程度提高到高于整体平均水平。但是有一点很关键：我们知道事件发生的概率，并非代表我们精确地知道什么事件会发生。

我们没有选择，只能满足于知道概率。但是从每个结果来看，比如每年的GDP增长，下一年每只股票的涨幅，它们的样本数量经常受到限制。这意味着，从概率上看有很多事情都有可能发生，但是实际上只有一件事情会发生。这样就不会有足够多的观察，让我们能假定从概率上讲最有可能发生的事件是什么，而且可以肯定，并不是最有可能发生的事件后来确实会发生。

例如，让我们分析一个过度兴奋的泡沫后来发生修正的情况。从理论上讲，泡沫的修正并不是一定会发生的，但是周期的真实情况表明：第一，泡沫的修正最终会发生；第二，泡沫的修正一直没有发生。如果周期上行阶段持续的时间越长，那么我们预期未来的市场修正越有可能会发生（而且往往来得更急）。

当然，如果这种逻辑上应该发生的事件没有发生，这种情况持续的时间越长，周期沿着上行的方向上涨的幅度越大、上涨的时间越长，就会有更多的人得出结论——周期的规律在某种程度上已经暂停发挥作用了，周期召唤的市场修正永远不会发生。这会导致大量非常疯狂的追涨买入，就像我们在2000年网络股泡沫中所看到的那样，最终导致的结果令这些在泡沫顶点选择买入的投资人损失惨重、极其痛苦。

我们必须保护好我们的投资组合（和我们的投资管理业务），让它们能够抵抗那些最有可能发生的事情所产生的风险，我们对周期的理解让我们推断什么事情最有可能发生，但是这件事情也许经过了很长时间才终于发生。我们必须让我们的情绪保持波澜不惊，让我们能够熬过那一段可能相当漫长的等待时间，我们若是熬不过去，就看不到光明到来的那一天了。

~~~

从推断事情会发生到事情发生证实推断，中间所需的等待时间真的会有那么漫长吗？我们来回顾一下历史。20 世纪 90 年代中期，市场急剧上涨，科技股板块的股价像火箭一样飙升，由此出现了一个机会——防守型投资人做出推断，股市实在被过于高估了。做出这个推断的理由应该说是很扎实的，是基于对相关数据的有效解读，而且论据也很有说服力。可是要过几年才会证明这些防守型投资人的推断是对的，正如一个非常重要的投资格言所说的："过于超前于你的时代的投资，和错误没有区别。"这些投资人推断股市被过于高估的理由非常充分，但是这个推断给投资人带来的好处十分有限；五年后，推断才得到证实，市场修正才终于发生，2000 年到 2002 年股市大跌一半，可是这些防守型投资人还没有等到自己预言成真的那一天，他们管理的基金资本规模就已大幅度缩水了，因为客户一看你的业绩大幅落后，就肯定要赎回基金，不让你管理了。

可是，这些投资人能够得出这种推断，肯定很有头脑，再加上足够的自信，应该能让他们一直紧握手中枪，坚持自己的观点不动摇。希望他们能够一直保持小心谨慎，而不是在扛了很多年后，因实在痛苦得受不了了而宣布投降，在更高的点位上追涨买入，结果被高位套牢，那么结局就太惨了。如果这些防守型投资人真能这样固执地坚持己见，再熬上几年，也许市场修正真的来了，就能证明自己的看法是对的，因而能够恢复原来的管理资产规模，因为客户一看你能战胜市场，就又会回来找你了。但是从做出推断到事实证明推断要经历很长时间，不断地受人指责，资
~~~

产规模缩水，投资人会过得十分痛苦。

我们快进到现在这个时代，可能也是一样的。谨慎小心的投资人又得到了另外一个机会可以做出推断，美国股市过热了，应该减仓，因此错过了更强劲的上涨，少赚了一大笔钱。客户一看你的基金业绩大幅落后，肯定不高兴了，大量赎回基金，于是这些谨慎的基金公司的资产规模大幅缩水（而且是在一个上涨的牛市行情中）。

谨慎还是对的吗？未来是否会有事件证明谨慎是对的？会不会市场很快来一波修正，快到足以让那些谨慎的投资人享受到推断正确的好处？是不是应该把这些投资人看作那种永远持熊市观点的人？你只要永远持熊市观点，过上几年总会出现一波大跌，就能证明你的熊市观点是正确的，尽管可能只是瞎猫碰上死老鼠。抑或是这些投资人是非常出色的投资大师，从逻辑推理上讲，他们的看法是正确的，只不过投资世界的因果联系不够严谨，阻挠了他们的看法得到验证？这些问题，在很大程度上都是无法回答的。但是最重要的事情是，读者一定要记住一个非常关键的教训：周期定位，定准位置，很不容易。

~~~

我的看法是，你想要在理解市场周期的基础上改变投资组合布局，以此来提升长期投资业绩，这种想法完全合情合理。但是有一点对你来说至关重要，你一定要理解，这种想法要求你具有高超的技能，且真正实现这种想法非常困难。即使你再优秀再努力，一个人的能力也毕竟有限，有时候就是人算不如天算。

重要的是，不要捡了芝麻丢了西瓜，我希望大家不要过于关注每天市场短线的上涨和下跌，这些都是如芝麻一般的小事，而
~~~

要关注一生只有一次的周期走到极端的情况，这才是如西瓜一般的大事（最近看起来不是一生只有一次了，而是每过十年都有可能发生一次市场走极端的情况），这是一个很明显的事实，我已在第12章提供了一些典型的案例。首先，大泡沫和大崩盘这两种极端行情，特别是它们形成的过程，非常清楚地描述了周期的运行模式，以及我们应该如何应对；其次，正是遇到这些市场走到极端的情况，我们才可以得到预期可能性最大的投资成功的机会。

下面这张图描述了我对市场波动如何影响我们所处的投资环境的看法。坦白地说，我这样用周期来描述市场波动，有些把复杂的事情简单化了，我用周期一讲，投资世界就更容易被看清楚了，而且要比那个真实的投资世界规律得多。用周期作为总体框架来分析投资世界，我过去用了几十年了，都十分有效，我再也不用把投资世界看作一系列不规律的、变幻无常的曲折事件了，也再也不用因为看不清现在、更看不清未来而内心慌乱不安了。

市场价格相对于其内在价值的关系有上中下三种情况：中间区域是定价“公允”，上下两个极端是定价“太贵”和定价“便宜”。当然，市场走到定价太贵和定价便宜两个极端，肯定要比其他情况能够让我们看得更加清楚（见图15–1）。结果是：

第一，经常很难区分市场定价到底是贵还是贱，也很难经常做到正确区分。

第二，因此在中间区域区分市场定价是贵还是贱，不如在极端区域区分市场定价是贵还是贱，这样更有可能赚到大钱，而且在中间区域区分市场定价是贵还是贱，也不如在极端区域更加可靠。

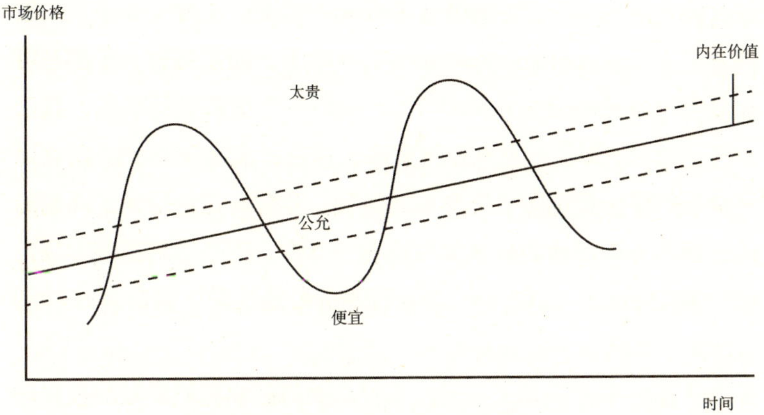

图 15–1　市场价格与内在价值对比

发现市场走到极端，并且能利用走到极端的市场，真的是我们能找到的最好的方法了。而且我相信，这种事情做起来很可靠，前提是你能系统地深入分析，有洞察力（或者对历史很精通），而且做事沉着冷静、不动感情。可是，这也意味着，你别指望能够每天、每个月，甚至每年都能做出能赚钱的决策。

我们不能自己创造绝佳的机会，让自己能够以此决定进入市场的时机。我们对周期再了解也无法自己创造投资机会。相反，只有市场能决定我们什么时候能碰到绝佳的投资机会。请记住，没有什么聪明的事值得去做的时候，错误往往来自你想卖弄聪明。

根据周期选择投资时机的合理性，只取决于你对选择投资时机的期望。你如果经常想要察觉到我们所处周期的位置，而你的目的是推断“明天会发生什么情况”或者“下个月会发生什么情况”，就不可能成功。我把这种做法称为“想要小聪明”。要做出很好的区分并不容易，没有人能够经常或者持续地做到精细地区分市场的定价，没有人能靠这个本事显著地提高投资业绩。也没有人知道，根据周期定位推断市场可能的走势时，什么时候这个“可能”会变成现实。

此外，根据主要的周期定位来布局投资组合，一直以来为橡树资本的投资业绩做出了很大贡献。1990年到1993年,2002年和2008年，我们变得非常激进；1994年到1995年，2005年到2006年，我们转变为十分谨慎，最近几年在某种程度上我们也变得相当谨慎。我们努力地理解周期、运用周期，形成我们的投资优势，为我们的客户增加价值。我可以说，从上面这些情况看，我们对周期的定位大致是正确的。市场上出现的所有重大投资机会，我们没有错过一个。

到现在为止，我们对主要周期的判断都被事实证明是对的。用“都”这个词听起来好像这是一场我们能够持续获得胜利的战争。但是我个人做出的“所有”主要的周期判断，过去50多年来也不过四五次。因为我只是在周期走到最极端的情况下才做出判断，所以我把自己判断正确的概率最大化了。没有人能够经常取得成功，最多不过是在极端情况下可能取得成功，即使是我本人也是如此。

所以请注意，我也经常这样提醒大家，确定周期现在所处的位置并推断周期后面的走势，并不容易。我并不想给读者留下这种印象：周期定位这件事很容易，如果做不到就应该对自己感觉很失望。正如我在2016年1月的投资备忘录《投资心理学》中所说的：

> 有一点我想说得特别清楚，2006年年末到2007年年初我呼吁投资人要谨慎小心，在2008年年末我呼吁投资人要积极

主动地买入，2012年我呼吁投资人要再次谨慎小心，2016年年初我又呼吁投资人投资布局应该更加具有进攻性，其实我这样说的时候，并不是百分之百确定的。我的结论是我推理出来的结果，充分借助于我多年的投资经验（再加上橡树资本的同事们的合作和努力），但是我从来不认为，自己的这些看法会百分之百正确，甚至80%正确的可能性也做不到。当然，我认为我的看法是正确的，但是我在提供这些建议时内心总是惴惴不安的。

我每天读的报纸和大家读的是一样的，我每天看到的经济数据也和大家看到的是一样的，市场波动对我的连续冲击也和大家受到的冲击一样，引发我情绪的因素也和大家一样，也许我对自己所做的推理要比其他人更加自信，当然我的投资经验也要比其他大多数人更多。但是关键是，不管因为什么原因，我都能够忽视自己的情绪冲动，依然按照自己的推断行动。我的这些推断没能被记录下来，或者被证明。如果能如此的话，那么大多数理智的投资人也会和我得出一样的推断，也会和我一样有信心。我告诉你这些实话，只是为了与你沟通交流我内心的这种感觉，没有人应该担心自己不能胜任这个任务，只是因为他对自己的结论不是百分之百地有把握。而事实上，投资这种事情根本没有百分之百那回事儿。

彼得·伯恩斯坦对这个问题的见解很独到，所以我要用他写的一段话来结束本章：

我创办《投资组合管理》杂志到现在有28年了，在此之前我做过22年的投资管理，在投资行业工作了50年，积累了很多经验教训，我把这些经验教训总结成了一句话：投资成功的诀窍，并不是要你成为最热门的选股高手，或者预测最准的预测高手，或者模型做得最好的软件开发高手。这些胜利都是一时的，它们如过眼云烟。投资成功的诀窍是活下去！剩者为王！投资成功说起来容易做起来难，要真正做到长期活下去，你就需要有非常大的肚量，能接受自己判断出错，因为我们毕竟是人不是神，我们的出错次数往往会比我们预想的更多。未来并不是我们能够提前知道的，但是明白这一点能够帮助我们知道错误是不可避免的、是很正常的。我们出错并不是因为发生那些可怕的悲剧，也不是因为推理上出现可怕的漏洞，甚至不是因为像在大多数情况下那样碰上坏运气。我们之所以会出错，是因为出错是行动的特权，而任何行动都取决于完全不可预知的未来……（杰夫·胡达，《出错也照样能赚钱》《寻找阿尔法》，2017 年 3 月 13 日）

16

成功本身也有周期

一个重要的教训是，在一个互相连接、信息传播速度极快的世界里，任何东西，如果其市场表现持续良好，且能够产生非同寻常的利润回报，就会吸引资本不断流入，直到市场变得过度拥挤和完全机构化了，其风险调整后的预期收益率才会回归均值（甚至可能更差，比均值还低）。

与此相对应，任何东西，如果其市场表现持续糟糕，就会使其价格变得非常便宜，这是因为它们相对而言涨幅更小或者跌幅更大，投资人缺乏兴趣，而这也为估值水平过于便宜奠定了基础，让它们将来能表现优异，跑赢市场。像这样好资产变成坏资产，坏资产又变成好资产的过程，就是周期循环。投资成功的关键就是懂得周期，万事万物皆有周期，因而周期内肯定会有起起落落和重复循环。投资成功的关键肯定不是相信大家都认为的只会上涨不会下跌的股票，因为这就像相信树会长到天上一样愚蠢。

我希望你现在已经准备好能够完成三大投资任务：识别周期现在的位置、评估周期将来的趋势和应对周期做好组合布局。这会对你取得投资成功有很大帮助。但是正如彼得·伯恩斯坦所说的，即使是最优秀的投资人，也不会总成功不失败。理解这一点很重要，这样才能支撑你努力活下去。和这本书提到的其他事情一样，成功总是来来去去，也有周期。

其实，我经历了50多年的投资职业生涯，发现成功本身也有周期。在很大程度上，成功也有潮起潮落，和我描述的其他周期一样，成功本身的周期起伏也受到很多人为因素的影响，而且成功的周期也和其他周期一样，每一步的发展变化都会引起下一步的发展变化。我前面说过："成功本身就孕育着失败的种子，而失败本身也孕育着成功的种子。"我很早之前就相信这一点，后来与不良债权和不良债权企业打了20多年交道之后，我的这个信念变得更加坚定了。

彼得·考夫曼，查理·芒格的传记作者，担任格莱纳尔公司的首席执行官——这家公司是一家特别优秀的航空航天零部件生产商。彼得·考夫曼这样描述这种辩证唯物主义的工作模式："任何一个系统通过不断地发展，达到最大规模或者最高效率。在这个发展过程中，它会形成一个完全内在的矛盾和弱点，引发其自身的衰败和灭亡。"（彼得·考夫曼，《永久性跷跷板》）这段话精辟地概括出成功本身也有周期。

人性的角色

换个说法，我会这样说："对于大多数人来说成功并不是好事。”简单地说，成功会改变人，而且通常不是把人变得更好。成功会让人觉得他们很聪明。在一定程度上，觉得自己聪明，能提高自信心，这是一件好事情。但是你一旦聪明过了头，觉得自己什么事情都做得很好，什么时候都很聪明，就会变成坏事了。同时，成功会让人变得更有钱，人就容易满足了，从而导致他们奋斗努力的动力就减少了。

就投资人的心态而言，谦卑和自信之间的关系很复杂。因为有最棒的投资便宜货的地方，通常是那些没有人发掘的地方，或者没有人重视的地方。想要成功，投资人必须对自己的判断有足够的自信。戴维·斯文森，投资业绩非常出色的耶鲁大学捐赠基金的领头人，他如此描述投资成功之道：“你要投资成功，投资组合就必须与众不同，而从传统的眼光来看，它经常会显得你的投资很轻率，很不谨慎，让大家心里感觉很不舒服。”（戴维·斯文森著，《机构投资与基金管理的创新》，2000 年）可是，从本质上讲，要找到非常明显的投资便宜货，最有可能的是在那些受传统智慧鄙视的地方，它们会让大多数人一看就觉得心里不舒服，很难领会这些资产不受人欢迎的外表之下所隐藏的内在优点。投资这些大家都鄙视的资产，要求你必须拥有极大的勇气，敢于承受别人鄙视的目光。

如果顶着压力买了一些别人都看不上的资产，其中有一个资产没能像你所预期的那样上涨，甚至不仅没涨而且下跌了，你就必须有足够的自信心，才能继续持有这些资产，甚至需要进一步加仓。你不能把价格下跌看作一个确定的“卖出”信号，换句话说，投资人要战胜市场，就不能默认市场知道得比自己多，市场做得比自己强。

但是另一方面，投资人必须知道，自己知道的东西也是有局限的，不要假定自己肯定不会出错，因为投资人必须明白，没有人能够确定无疑地知道未来宏观面的发展。投资人可能对未来的宏观面有自己的看法，包括未来经济如何走，未来市场如何走，未来利率如何走。但是他们应该知道，他们的这些看法不一定都是正确的。和上面所说的相反，投资人千万不能认为自己总是对的，市场是错的。因此，如果投资人在持有或者加仓的时候没有限制，或者没有重新审视自己做出判断所依据的事实和推理过程，那么这就是傲慢自大。

随着成功次数积累得越来越多，人们会认为自己很聪明，这是很正常的。投资人碰上一个强劲上涨的市场，赚了很多钱，就会觉得自己是精通投资的大师了。他们对自己的看法和直觉就更有信心了。他们的投资行为所反映出来的自我怀疑就变得更少了，意味着他们更少地考虑自己出错的可能性，也更少地担心亏损的风险。这就会导致他们不再坚持买入价格足够便宜以确保拥有足够的安全边际，而正是这一点带来了他们早期投资的成功。正因如此，我们一定要牢记那句最古老也最重要的投资名言：“不要把你的头脑很牛和市场很牛这两件事搞混了。”

有一个非常朴素的道理：你从成功中学不到有价值的东西。那些成功的人往往会把成功归功于自己，结果使自己看不到成功的真正原因，事实上，很多人的成功只是因为很幸运，因为得到了贵人相助。成功的投资往往只会教给人两点经验：一是赚钱很容易，二是根本不用担心风险。这是两个特别危险的伪经验。

那些成功一时的投资人也许会推断：那个让他们所选择的资产成为战胜市场大赢家的小机会，是可以被无限拓展的，但其实大多数机会是无法被拓展的。大多数投资人，包括那些一战成名的投资人，他们断定自己可以把成功复制到其他领域，想进军几个领域就进军几个领域：为他们第一次创造出史诗般成功的才智，肯定可以被广泛应用到其他地方。

那些创造成功投资的因素很难被复制。这意味着，成功这件事是具有周期性的，而不具有连续性。事实上，一个成功并不意味着下一个成功也会到来，相反，一个成功本身会导致第二个成功的可能性变小。我想引用所罗门兄弟公司前首席经济学家亨利·考夫曼的那句名言："亏钱很多的人有两大类，一类人什么也不知道，另一类人什么都知道。"（《华尔街的阿基米德》,《福布斯》杂志，1998 年 10 月 19 日）

一些著名的诅咒，并非不无道理。比如"杂志封面诅咒"：体育明星登上体育画报的封面，他们的成绩就会突然下滑，再也拿不到冠军；或者企业家和投资家登上《福布斯》杂志封面，他们的业绩就会大幅下滑，再难遥遥领先。一个人能登上杂志的封面，肯定是因为这个人有一次取得了巨大成就，但是这个巨大成就，也许只是因为做出一个平常的举动而使收获远远超出预期，也许因为得到一次独一无二的机会，但以后却无法被复制，也可能因为不够谨慎小心、冒了巨大风险才侥幸成功。巨大的成绩让人登上杂志封面，其中包括因为投资业绩特别成功而登上《福布斯》封面的投资人，成功让人骄傲，骄傲让人自大，他们变得太过自信，趾高气扬，而不再自律，不再刻苦努力……因此不再具备成功的必备要素，他们也就不再成功了。

流行的角色

投资成功本身孕育着投资失败的种子，主要体现在，越成功，越流行，就越会加大失败的可能性。我前面刚刚讲过，通常最容易找到投资便宜货的地方，往往会让投资大众很难理解，心里感到很不舒服，态度上就会很容易鄙视。短期投资业绩表现其实主要是流行程度大比拼，而大多数便宜货之所以存在，只有一个简单的原因，它们没有被大众普遍接受，不流行，就没人买，所以价格才会便宜。相反，那些市场表现很好的资产往往是非常流行的，因为它们有明显的优点，人们一看就知道，一看就喜欢，越流行，追着买的投资人就越多，它们涨得就越快。这形成了良性循环，直到价格被过分高估。总之，市场上流行的东西肯定不会便宜。

让我们来思考一下投资策略，有一点很关键，我们一定要深刻领会：没有什么东西能永远有效；没有什么投资方法、投资规则、投资过程能够一直战胜市场。第一，大多数证券和投资方法，在某种投资环境下，在周期的某阶段是有效的，但是换作其他投资环境，或者周期发展到其他阶段，就不灵了；第二，过去的成功本身会导致未来的成功变得不大可能。

20 世纪 60 年代，投资股票第一次在美国社会流行起来，大家重点关注的是龙头企业，把这些龙头企业的股票称为“蓝筹股”。这些大家非常关注的蓝筹股，都是股票市值规模很大的大盘股，而那些股票市值规模小的小盘股，在很大程度上都被当时的投资大众忽略了。但是后来，投资大众终于注意到小盘股了，于是开始买入。因为市值规模小，即盘子小，即使进来的资金不是特别多，小盘股也会大涨，这导致小盘股比大盘股的市场表现得更好。投资人注意到，在小盘股股价水平追赶大盘蓝筹股的阶段，小盘股的涨幅远远超过大盘股，投资收益率也高得多，于是更多人追涨买入小盘股，而买盘增加又进一步推高股价，结果投资人自己给自己创造了上涨行情，自己给自己创造了投资收益，就这样不断地良性循环……直到小盘股的股价估值水平完全追平大盘股。到这个时点，风水轮流转，投资人的兴趣又转回到大盘股，大盘股又重新获得市场领头羊的地位。

大盘股和小盘股交替流行，后来成长股和价值股也这样交替流行。20世纪90年代后期，成长股和科技股涨得很火，市场表现远远超过那些传统行业的价值股。这种巨大的反差在1999年达到最大化，成长股那一年超越价值股近25个百分点。但是成长股急速上涨，导致它们的股价被过分高估，结果2000年到2002年科技股泡沫破裂，市场大幅回调，成长股大幅跑输价值股，这是因为此前价值股受到冷落，股价低迷，非常便宜。

换句话说，“跑赢”这个词不是绝对的，而是相对的，只不过表明一个东西比另一个东西的价格涨得更高。很明显，这种情况不会永远持续下去。不管优点多么大，A的价值不可能永远比B的价值高出很多，这意味着只要A的价格上涨的速度持续超过B，那么肯定会遇到天花板，因为A相对于B开始变得估值过高了。持有B的人，因为它表现太糟糕了，纷纷卖出B，转而去买A，自然B的市场价格越跌越低，A的市场价格越涨越高。等到最后一个持有B的人也卖出了，市场就再也没有人卖出B了，B的价格就再也跌不动了。而A也因为再没有人买，价格也就涨不动了。这时候，B比A的估值水平便宜很多，投资吸引力自然大很多，B跑赢A的机会也就来了。

有些非常强大的力量会形成一种趋势：投资策略、投资人、投资管理机构，持续成功一段时间之后就会中止。我前面讲过，大多数想法都不能被无限拓展。关于投资，有一个特别重要的真相是，一般来说，基金经理和投资策略的业绩很好，他们就会变得很火，引来很多资金追捧，这对于基金公司来说当然是好事。但是资金规模增长会拖累投资业绩，投资策略往往在资金规模小的时候有效，而在资金规模变大后就不灵了。如果基金公司允许这些绩优基金规模疯长，放任不管，基金规模就会变得过于庞大，投资业绩就会变得很差。原来的投资成功创造了后来的投资失败。

21世纪初，可转换对冲策略很快流行开来。投资人并不看好某股票的前景，却愿意购买这只股票的可转换债券，只要他们能够按照一个合适的“对冲比例”卖空其对应的股票（请参阅我在2005年6月所写的投资备忘录《恰当的例子》）。投资人在进行可转换债券对冲操作，并获得了非常高的风险调整后，不管市场环境是好是坏，投资业绩一直都很好……直到后来有更多的资金和更多的竞争对手受到吸引也采用这种投资策略，结果导致过去那些市场定价很有吸引力的可转换债券，现在一个也找不到了。

一个重要的教训是，在一个互相连接、信息传播速度极快的世界里，任何东西，如果其市场表现持续良好，且能够产生非同寻常的利润回报，就会吸引资本不断流入，直到市场变得过度拥挤和完全机构化了，其风险调整后的预期收益率才会回归均值（甚至可能更差，比均值还低）。

与此相对应，任何东西，如果其市场表现持续糟糕，就会使其价格变得非常便宜，这是因为它们相对而言涨幅更小或者跌幅更大，投资人缺乏兴趣，而这也为估值水平过于便宜奠定了基础，让它们将来能表现优异，跑赢市场。像这样好资产变成坏资产，坏资产又变成好资产的过程，就是周期循环。投资成功的关键就是懂得周期，万事万物皆有周期，因而周期内肯定会有起起落落和重复循环。投资成功的关键肯定不是相信大家都认为的只会上涨不会下跌的股票，因为这就像相信树会长到天上一样愚蠢。

一切都是周期循环。对于投资而言，有些事情一直很有效，后来就变得不再有效了。就像伯克希尔·哈撒韦公司负责管理保险业务的阿吉特·贾恩曾经和我说的那样："有些投资方法用来赚钱一直很容易，后来就变得不再容易赚钱了。"

· 小盘股一直跑赢大盘股，直到涨到某价格，价格不再便宜了，也就跑不赢大盘股了。
· 趋势投资或者动能投资主张什么涨得好就买什么，和赢家在一起，有一段时间这个方法很灵。最终板块轮动策略和买入落后输家的策略取代追涨买入领先赢家的策略。
· 动能投资有一大弱点，只会上涨时追涨，不会下跌时抢反弹。而"逢低买入"这个策略正好相反，让很多投资人能充分抓住这个弱点而取胜，直到有一天出现了一个大问题（或者市场不再反弹了），导致价格下跌之后是更大幅度的下跌，没有快速反弹，只有下跌再下跌，你一次又一次地逢低买入，越低越买，结果却是越买越低。
· 风险资产跑赢市场，其超额收益主要来自这些资产由于具有风险而受到过度惩罚，价格跌得过低。后来这些风险资产的价格开始上涨，涨到和安全资产相当，此后它们就开始跑输市场了，直到它们的价格水平再次下跌，一直跌到能够再次提供足够高的风险溢价的水平，它们才会重新跑赢市场。

基本原则很清楚，没有东西会永远有效。有一点很关键，每个人都相信世上总有东西会永远有效，但正是此时那个东西肯定会变得不再有效了。我要说："在投资事件中，每件重要的事都是反直觉的，每件大家都觉得很明显正确的事，其实都是错误的。"

也许，受流行影响的最好例子是在 1979 年发生的，它是亲身经历过那个年代的投资人很难忘记的一件事。在此前近十年的时间里，股票市场表现得非常糟糕，这让投资人很受伤。1979 年 8 月 13 日出版的《商业周刊》杂志，其封面故事是《股票已死》，这篇文章推断出的结论是股票完蛋了，这个推断的每一条理由都和本书的观点完全相反。

这篇文章引用了很多理由来说明，为什么股票过去十年的糟糕表现将会持续下去：

· 700 万名美国人放弃投资股票。
· 很多其他投资方式的业绩表现比股票好得多。
· 养老金基金的投资转向黄金等"硬资产"的投资。
· 通胀已经削弱了企业提高盈利的能力。

这篇文章接着说：

即使那些现在还留在金融市场上的机构，也把资金投入短期债券投资，以及那些"替代股票"的投资。比如，抵押贷款支持票据、海外证券、风险投资、租赁、保证保险合同、债券指数、股票期权和期货。

这篇文章得出的结论是：

那种投资旧观念认为，应该买入并持有稳健的公司股票，把它们作为个人一生储蓄和退休养老金的投资支柱，现在这种投资旧观念已经消失不见了。一个年轻的美国公司高管说："你最近参加过美国上市公司的股东大会吗？那些买股票的人都是因循守旧的老家伙。现在大家都不流行在股票市场玩儿了。"

文章的总结是，股票已经变得很不流行了，因此股票再也不会好起来了。用高度简单化的第一层次思维来推断的人会说："过去十年，股市表现很糟糕，导致股票现在一点儿也不流行了，这预示着将来股票还会继续表现得很糟糕。"相反，有洞察力的投资人能够运用第二层次思维做推断，过去十年，股市表现得很糟糕，自然会导致现在股票一点儿也不流行，但是这意味着现在股票价格很便宜，估值水平很低，而这么低的估值水平预示着股票将来会有良好的市场表现。

而就在《商业周刊》1979 年刊登《股票已死》这篇文章之后仅仅3年，也就是1982年，美国历史上最大的一波牛市就开始了，这篇文章实质上说的不是股票已死的充分理由，而是股市即将雄起的充分理由。1979 年 8 月 13 日在这篇文章发表的时候，标准普尔指数才站上了 107 点，到 2000 年 3 月，标准普尔指数涨到了1 527 点，21 年累计涨幅超过 14 倍，年化收益率高达 13.7%。这些数字还没有计入股息分红，如果计入股息分红，那么这 21 年的总收益率会超过28倍，年化收益率会达到17.6%。这个案例带给我们的教训非常简单：投资人应该极力避开那些十分流行的资产。相反，那些一点儿也不流行的资产反而是投资买入者的好朋友。简单地说，流行程度与赚钱机会成反比。

公司的角色

从成功这个角度来看，公司的发展也是起伏不定，也是基于一系列因果联系的事件。我亲眼见过施乐这家大公司的跌宕起伏。

施乐公司是办公复印机行业的巨头，第一个采用了“干法”静电复印技术，让我们能摆脱原来操作很麻烦的“湿法”直接复印技术，从此我们自己在办公室里用操作简单的静电复印机就可以复印了。20世纪60年代后期，我当时还是一个研究办公设备的菜鸟证券分析师，施乐是我调研的第一家上市公司。那时候，施乐公司垄断着“干法”静电复印技术，看起来它完全掌控着自己的命运。那时我的师傅是一名高级证券分析师，经常带着我这个小徒弟去拜访施乐公司。接待我们的是施乐公司的“分析师联系人”（相当于中国上市公司证券事务代表），他对施乐公司产品线上每种型号的复印机都了如指掌，他会帮忙计算公司的预期销售收入，主要看两项指标：一项指标是下一年施乐公司会生产多少台复印机，另一项指标是每台复印机的年租金收入有多少。

由于施乐公司占据市场主导地位，因此基本上公司预测会有多少销售收入，就能真正实现多少销售收入。施乐公司垄断了静电复印技术，所以可以采取垄断性价格，完美地配合其出租复印机的数量规模，从而让自己获得非常高的利润。因此施乐公司坚持短期租用的模式，它可以像短租公寓一样一年到期就提价，而拒绝出售设备或者长期租用。

但是施乐公司的管理层也许忽视了一点，公司这么高的利润率是无法长期持续的。1975 年，施乐公司卷入一起反垄断诉讼，政府指控施乐公司操控复印机市场，施乐公司败诉，政府许可其他公司使用其强大的复印专利技术。从此，竞争对手开始生产和销售自己的复印机，和施乐公司进行价格竞争，抢走了很多原来短期租用施乐复印机的客户。结果，施乐公司的美国复印机市场份额大幅减少，从接近百分之百降到百分之十几。因为施乐当时是行业龙头，占有大量市场份额，降价虽然有利于竞争新业务，但降价会伤害手上现有的庞大的老业务。施乐那些竞争对手做的事，就是现在被称为“竞争性毁灭”的早期案例。

1968 年，由于占据市场垄断地位，而且既拥有强劲的成长性，又有很高的盈利能力，施乐公司是当时漂亮 50 成长股中的领头羊。我在前面说过，市场普遍认为，这 50 家公司的竞争实力太强大了，公司利润增长太快了，以至可以说它们“不会出任何坏事”，它们的“股价再高也不算高”。但是树长得再高也长不到天上去，企业再成功也不会永远成功。

施乐的行为招来激烈的竞争，而这种竞争是公司管理者没有预料到的，也就没有事先做好准备以应对激烈的竞争，多种因素加在一起，让施乐公司在 21 世纪初经历了严重的困难时期。

公司和人一样，往往一成功就变了。公司成功之后的所作所为，却注定要毁灭成功。这些企业在获得成功之后的自我毁灭行为包括：

· 开始自得自满，变成“快乐的大胖子”。

· 变得官僚主义，行动迟缓。

· 未能采取妥善措施保护现有竞争地位。

· 停止创新，不再与大众保持一致，而加入了平庸的大众。

· 认为自己做任何事情都能做得非常好，因而会冒险进入超出它们能力范围之外的陌生领域。

· 以上公司成功之后的行为以及其他行为，表明成功真会孕育失败的种子。但是好消息是，我前面也说过，失败也孕育着成功的种子。

· 一旦受到攻击，公司就会重新受到刺激，获得动力，找到目标。

· 它们能摆脱官僚主义臃肿的机构和制度，严肃认真地对待竞争，一心一意地努力赚钱。

· 公司不成功发展到最惨的地步，可能会经历破产、瘦身，还可能会甩掉亏损的企业生产线、不赢利的营业场所、烦琐的合同和负担过重的债务（企业破产之后，原来的股东当然也会损失全部股权）。

后来，瓦汉·简吉恩在2002年回顾分析了施乐公司的复苏之路：

2000年，一个新管理团队上任，开始实施很多重组计划，目标是让施乐这家公司重新赢利。这些措施包括激进地削减成本，砍掉13 600个岗位。施乐公司还出售了它的中国内地和香港地区的业务，将其卖给了日本富士公司，并获得了富士施乐这家合资公司50%的股权。此外，施乐公司让通用电气资本公司接管其应收账款的融资，帮公司收回了27亿美

> 元的资金。施乐公司退出了小型办公和家庭办公业务。
>
> 2000年4月，施乐公司同意支付1 000万美元，终结美国证监会对施乐公司持续两年的调查。按照协议的要求，施乐公司重述了过去的财务报表数据。除此之外，施乐公司还成功地与贷款机构合作，重新协商其债务协议，达成更加容易履行的条款。也许最重要的是，施乐公司不断地改进产品，现在的产品价格和质量都变得更有竞争力了。
>
> 这些努力取得了成功，施乐公司重新获得了盈利，且早于预期时间……基于其经营运作的显著改善，我们认为，施乐公司的股票在目前的价格水平上，十分值得买入。(《施乐公司从悬崖边起死回生》,《福布斯成长投资人》，2002年10月)

由于公司的生命持续时间并不像经济和市场那么长，所以公司成功的长期周期也不会太长。但是在公司的整个生存期间，公司的盈利会导致亏损，而亏损又奠定了未来盈利的基础。从成功走向失败，又从失败走向新的成功，这样不断循环，就是一个企业成功的周期。

时机的角色

有很多因素对个人成功或者公司成功影响巨大，其中一个就是时机。和其他因素一起，好时机能帮助你在一个高于平均水平的时间点参与其中，乘风而起，更容易成功。好时机让施乐公司在20世纪60年代称霸复印机市场，也是好时机帮助我在投资管理事业上脱颖而出。比如，我在高收益债和不良债权投资这两个领域能够投资成功，主要因为入市的时机好。

1978 年我从花旗银行股票投资研究部转到固定收益部管理债券投资，此后不久，我接到了一个电话，它改变了我的人生。我的上司在电话里说："有一个来自加利福尼亚州的家伙叫米尔肯，他正在研究一种叫高收益债的东西。有个客户想要做那种债券的投资组合。你能研究清楚这个高收益债是什么东西吗？"

1977 年或者 1978 年，才开始有机构投资人参与投资高收益债。也正是在这个时候，迈克尔·米尔肯第一次成功地说服投资人相信，信用评级低于投资级的企业发行债券也是可以投资的，投资机构买这些低于投资级的债券也是可以获得收益的，只要利率足够高，能够弥补其高风险就行。我第一次参与投资的时候，整个高收益债的市场规模还不到 30 亿美元。绝大多数投资机构都有一条行规，拒绝买入信用评级低于投资级的债券，它们鄙视地称这种债券为"垃圾债"。穆迪评级公司在债券分类时排斥评级为 B 的债券，称"B 评级债券未能具备理想投资特征"。

这些高收益债因受到鄙视和排斥，不十分流行，所以它们一直是被低估的便宜货。很早就参与投资这些债券，价格这么便宜，怎么能说不是很大的福气呢？

十年后，我又一次碰上了好时机，遇到了既精通法律又有战略眼光的布鲁斯·卡什，再加上精通信贷的谢尔登·斯通，我们"三个火枪手"组成了一个投资团队，设立了一只不良债权投资基金，可以说这是大型金融机构首次进入不良债权投资领域。还有什么投资比不良债权投资更危险和更不靠谱的吗？还有什么投资比不良债权投资让人更加害怕、避之唯恐不及吗？换句话说，还有什么地方比不良债权投资既能非常赚钱又能非常安全吗？

上面提到的我个人进入高收益债投资和不良债权投资基金的经历，以及其他一些投资能成功的一个重要原因是我很幸运，我遇到这些资产类型的时机非常好——当时这些资产类型还没有被很多人发现，也没有很多人进来疯抢，因此它们的定价非常便宜。基本上一个人独占整个市场时，还有什么事能比这样赚钱更容易呢？相比之下，如果每个人都发现这个市场能赚大钱，都看明白了从这个市场赚大钱的门道，都想挤进去抢夺赚大钱的机会，那么你想打败大多数人，赚到相当体面的业绩，简直太难做到了。这样和很多人一起竞争，可算不上真正的成功之道。正如巴菲特所说的：“最先做的是聪明人，最后做的是傻瓜”。你进入市场，结果发现现在市场里面人很多、非常拥挤，那么你肯定不是巴菲特所说的那种先知先觉先下手的聪明人，而更有可能是后知后觉后下手的愚蠢人。先下手为强，后下手遭殃。我们这些很幸运的能够先下手的人都知道，我们投资能成功，并不都是因为我们自己做得好，还得有好时机配合才行。

这让我想起了亨利·菲利普斯的名言。菲利普斯是安德鲁·卡内基和亨利·克莱·弗里克的合伙人，和这两个 19 世纪最伟大的企业家相比，他的名气要小多了，但是他的智慧和成就可不小。1899 年菲利普斯写下了这段话：

> 好时候，就像现在一样，会产生糟糕的时候；这个规律，就像钟摆摆动一样确定无疑。我们从自己的亲身经历知道这些最基本的道理。我们是否能够有意识地把这些道理付诸实践？（乔治·哈维，《亨利·克莱·弗里克传》，2002 年）

同样对于很多人来说，他们的成功也许仅有一次，而不是预示着更多更大的成功会接踵而来，就像他们习惯性地相信好事不会接连发生一样，因为好时候过去了，以后的环境和条件不会继续像过去那样有利。好时候会鼓励投资人做出一厢情愿的投资决策，但是好时候也会引来糟糕的时机，因为你没有预料到时运变化，这些乐观的决策根本经不起严峻考验。

不仅好时候后面会有糟糕的时候，而且就像其他很多类型的周期例子那样，好时候经常会被迫发展为糟糕的时候。好时候经常导致不理智的债券发行（就像我们在讨论不良债权周期时所看到的那样），或者导致过度建设（就像我们在讨论房地产周期时所看到的那样）。

摩根士丹利投资管理公司首席全球策略分析师沙尔玛，在《国家兴衰》一书中分析新上任的新型改革派的影响时说：“改革会带来增长和好时候，好时候则会鼓励骄傲自大，而这会导致一场新危机。”这句话实质上说的是国家的成功也有周期，好时候经常会被迫演变成糟糕的时候。

亨利·菲利普斯早在1899年就指出，历史表明这些趋势很明显，关键的问题是，我们是否能足够敏锐又不动感情地保持客观冷静，明白好时候并不一定会带来更多的好时候，因此成功其实也是具有周期性的：失败是成功之母，而成功是失败之父。

让我们回到查理·芒格所引用的古希腊政治家和演说家德摩斯梯尼的那句名言：“人希望得到什么，就会相信什么。”换句话说，人往往会一厢情愿。一厢情愿的想法导致投资人相信，好时候后面还会跟着更多好时候。但是这种一厢情愿的想法，忽视了万事万物皆有周期，特别是成功这件事，它的周期性特别明显。

17

周期的未来

人容易走极端的倾向，永远不会终止，因此，这些极端最终必须得到修正，而不是周期的发生会有改变。经济和市场从来不是走一条直线，过去不走直线，未来也肯定不会走直线。这就意味着，投资人能够理解周期，就能够找到赚钱的良机。

本书写到这里，我已经讲了很多过去的事情，也讲了一些现在的事情。我要最后总结全书了，也讲一讲未来。

回顾我的投资职业生涯，一路走来，我亲眼见过很多次这样的情况。那些专家学者说，这种周期或者那种周期再也不会重复发生了。他们的理由有很多种，包括经济富有活力、金融不断创新、企业管理进步、中央银行行长和财政部部长无所不知，由此他们分析认为，经济周期也好，企业盈利周期也好，周期性波动将来再也不会重复发生了。

我花了一些时间思考这个主题，后来我在 1996 年 11 月写了一份投资备忘录《这次会有不同吗》。在文中，我首先引述了前几天《华尔街日报》上刊登的一篇文章——这篇文章详细地叙述了很多理由，由此推断，美国这一波经济增长将会继续下去，再也不会出现经济衰退了。这篇文章开头第一段说：

> 从公司董事会会议室到家庭的起居室，从政府的办公室到证券交易所的交易大厅，已经普遍形成了一个新共识：经济增长周期波动已经得到驯服了。

这一轮经济增长到现在已经持续了 67 个月，远远超过“战后”平均水平。不仅如此，《蓝筹股投资通讯》调查访问了 53 个“顶级”经济学家（他们都是我最喜爱的专家，也是我在 1996 年 7 月写的投资备忘录《预测的价值》中的第二部分所讨论的主题），其中 51 名专家预测下一年美国经济的增长率为 1.5%，甚至更高。密歇根大学的调查发现，在消费者中预期未来还会出现 5 年好光景的人数更多，而预测将来会出现差光景的人数更少。

西尔斯百货公司的董事长说：“经济增长后必定会发生经济

衰退，这种说法不对，根本不存在这样的规律。”美国第五大石油公司阿莫科公司的董事长说：“我想不出任何理由相信，这一轮增长不能持续5年。”著名食品集团莎莉的首席执行官说：“我不知道会发生什么事情，能造成经济周期下行。”(《经济周期已经被驯服了，很多人这样说，很多人惊呆了》,《华尔街日报》, 1996年11月15日）

这些人在1996年斩钉截铁地说，从此经济周期的波动不会再来了，经济只会持续地向上增长，再也不会向下衰退了。很明显，这并不是真的代表周期从此不再来了。相反，5年之后，2001年就出现了一波轻度衰退，几年之后，2008—2009年又发生了全球金融危机，引发了有史以来最大的大衰退，这很可能是我们在这个世界上所经历的最强烈的周期下行。我在1996年11月写的投资备忘录《这次会有不同吗》中，也引用了很多其他著名企业领导人的类似判断：

> “我们现在的经济繁荣只会继续，不会中断。”
>
> “有人说，我们美国经济现在的繁荣将来肯定会消失，再度发生经济衰退……我忍不住要大声地提出反对意见。”
>
> “我们正在步入美国历史上一个黄金时代，现在只是开始。”
>
> “美国经济的基本面……建立在稳健繁荣的基础上。”

在考量这些说法合理性的时候，有一点很重要，提出这些看法的人，都是鼎鼎大名的大人物：皮尔斯－箭头汽车公司的总裁，纽约股票交易所总裁，布什码头公司总裁，美国总统。排在第一位和第三位的那两句话，其实是很久以前说的，甚至你可能猜出来说它的人是赫伯特·克拉克·胡佛总统。这些大人物说这些话的时间是在 1928 年到 1929 年，这些话是吉言，但当时可不是吉时，很快美国就陷入了有史以来最大的衰退，且困扰整个世界超过十年。这些大人物说，经济只会增长而不会放缓，经济周期已经消失，经济将来再也不会出现衰退，结果却错得离谱。

2000 年后，美国经济“永远繁荣”的预测又重新抬头。尽管这次没有直白地说“再也没有周期了”，但是很多投资家、银行家、媒体坚信，风险没了。实质上，周期没了，风险没了，两种说法是一回事。

美国前任财政部部长蒂莫西 · F. 盖特纳在自传《压力测试》中，这样描述 2003 年他来到美联储时所感受到的气氛：

> 经济学家开始争论，美国经济能保持这么多年的稳定发展，是否形成了一个新常态时代，一个稳健增长的大时代，一个弹性适应冲击几乎可以持续到永远的新时代。大家越来越有信心地认为，可以开发衍生产品和其他金融创新来对冲和分散风险，用更好的货币政策来应对经济下滑，用更好的科学技术来平滑存货周期。这三条长绳缚住苍龙，从此毁灭性的大灾难会成为过去，永不再来。

这种经济学家所标榜的永久性经济繁荣，还有一个好听的名字叫“大稳健”。这意味着，经济持续稳健地增长，已经成了大家普遍的认识。这样就符合我所说的最危险的情况：最危险的地方，就是大家普遍相信根本不存在危险的地方。很多媒体发表文章提到，以下三种力量导致风险被消灭：美联储无所不知又无所不能，那些现金流充裕的国家对美国证券的需求持续不断地增长，华尔街有重大金融创新。

所有这些公开声称“周期已经消失”的说法，不仅仅是完全错误的，而且非常值得我们注意，每次这种说法出现的时间点都正好是在经济出现一波上涨达到周期最高点的时候，或者这些媒体大量传播“周期已经消失”的说法，肯定起到了煽风点火的作用，推动经济更快地增长。而之后发生的事件，可不是一般的痛苦：1929 年到 1939 年的美国经济大萧条，2000 年到 2002 年美国股市三年大跌一半（这是 1929 年以来第一次连续 3 年下跌），2007 年到 2008 年全球金融危机。

在这篇投资备忘录《这次会有不同吗》中，我先是回顾了前面引述的那些盲目乐观的说法，目的是对这个主题得出我认为非常重要的结论：

> 当然，这些观察分析并非表示周期不会重复发生，而是表明那些展望未来的人变得过于自信了。经济周期、企业周期、市场周期将会继续循环发生，只要有人参与做出关键决策，就会有周期循环。我认为这意味着周期将会一直循环，直到永远。
>
> ……有一个时间，我们完全有理由说，市场将来会变得更好，那就是市场处于谷底的时候，每个人都在疯狂地抛售，价格都是白菜价。而当市场创出历史新高，投资人过度乐观的时候就非常危险了。务必牢记，过去市场走势一直有周期，将来市场走势肯定也会有周期。

“这次不一样”，是投资世界最危险的 5 个字，特别是在市场价格走到历史上极端估值水平时就更加危险，可是这个时候说“这次不一样”的人特别多。

在这种情况下，人们说“这次不一样”，其实他们想表达的意思是，过去产生周期循环的规则和过程已经暂时中止了。但是过去金融市场的周期波动，并不是由于物理规律或者科学规律发挥作用而产生的。在科学上，前面有因，后面就会有果，两个事件之间的因果关系是非常稳定可靠的，每次重复都有同样的结果，因此我们可以很有把握地说，“如果发生 A，那么就会发生 B”。但是在金融世界和商业世界尽管确实也有一些基本原理发挥作用，但是由此总结出来的真理，和科学上的真理有非常大的不同。

究其原因，就像我多次重复说过的那样，因为有人参与。人的决策对经济周期、企业周期、市场周期产生了巨大影响，事实上，经济、企业、市场的构成要素就是人和人之间的交易。而人做的决策，并不是科学的。

有些人会把历史、事实、数据考虑进来，有些人做决策像一个“经济人”。但是即使最不动感情、最坚忍的人，也容易受到人的影响，而失去客观性。

著名的物理学家理查德·费曼写道：“想想看，要是电子有感觉，研究物理学会是多么困难！”也就是说，如果电子有感觉，我们就不能指望电子总是做出科学家所预期的电子会做的事情，那些物理规律就会有时起作用，有时不起作用。

关键人是有感觉的，而且人才不会让那些所谓的神圣不可侵犯的科学规律绑住手脚。人总会把情绪和性格上的弱点带进自己的经济决策和投资决策中。人们会错误地在本来不该过于兴奋的时候变得特别兴奋，又会错误地在不该过于沮丧的时候变得特别沮丧，这是因为人容易在诸事顺遂的时候过于夸大周期上行的潜力，而人又容易在诸事不顺的时候过于夸大周期下行的风险，因此人的参与会让趋势走到周期的极端。我在上本书《投资最重要的事》中写的几段话可以作为基础，引导我们回顾关于周期持续性的几个要点：

> 我们这个世界存在周期的基本原因是人类参与。机械性的东西会走一条直线。时间只会向前持续不停地运动。只要有充足的动力，机械也会这样持续不断地运转。但是历史和经济这些与人有关的过程，其运动轨迹不是一条直线，而是多变的曲线，它们的变化有周期性。我觉得这是因为，人是情绪性的，很难一直保持客观，不会始终保持一致，也不会一直稳定不变，人经常是反复无常的。
>
> 客观因素确实在周期中扮演着一定分量的角色，比如量化关系、世界性事件、环境变化、科技发展，公司决策等。客观因素都会影响周期，但是人在分析这些客观因素时，心理和情绪会起作用，导致投资人过度反应或者反应不足，从而决定周期波动的幅度会过大或过小。
>
> 人们如果感觉良好，觉得事情现在进展得顺利，就会对未来非常乐观。他们的行为也会受到这种乐观心态的强烈影响。他们会花更多钱，存更少钱。他们会借钱来满足个人享受，或者借钱来提高自己的盈利能力，尽管这样做会让他们的财务状况更加危险（当然像风险这样的概念，人们在满心乐观的时代，就会通通忘记了）。然后，他们变得愿意为得到现在的价值，或者为得到未来的价值，支付更高的价格。

投资人往往只看一步之遥的过程，赋予其机械般的可靠性，并按照这种非常稳定的可靠性过度推理。他们忽视的是情绪扮演的角色：贪婪时助推周期向上走，恐惧时助推周期向下走。

情绪在周期里发挥的作用，有两个方向：第一，情绪放大客观因素的力量，由此导致周期走向极端，而最终不得不进行修正；第二，情绪导致市场参与者忽视周期性事物的周期性，而正在此时，意识到周期波幅过大至关重要，也是最有可能投资盈利，或者最有可能避免亏损的时机，比如熊市和牛市的第三阶段。

下面这段也来自《投资最重要的事》，也许可以用来帮你总结关于周期一再重复发生的观点：

> 周期循环一再发生，永远不会停止。如果真有那种完全有效的市场，或者人们做的决策完全只靠数字计算而不动感情，那么也许真的会把周期（或者至少是走到极端的周期）驱逐出市场。但是永远不会有这种情况。
>
> 经济会有增长和下滑，因为人们的消费支出既会增长又会减少，而消费支出增加或减少，是因为人们对经济因素或者经济体系之外所发生的政治事件和自然事件所做出的情绪反应不同。在经济周期上行阶段，人们会预测未来形势一片大好，从而过度扩大生产设施和增加存货；而当经济掉头下行的时候，这些生产设施和存货会变得过剩，从而增加负担。银行在经济增长良好的时候，会过度慷慨，企业能用很便宜的成本获得很多资金进行过度扩张；而后来当事情变得不好的时候，银行又会收紧银根，再好的企业也难获得资本。当公司经营状况良好的时候，投资人会对公司的股票做过高估值；而当公司业务遇到困难的时候，投资人又会对它们的股票做过低估值。
>
> 忽视周期，简单地外推趋势，是投资人所做的最危险的事情。

投资人的行为经常建立在一厢情愿的想法上：公司现在做得好，投资人就倾向于认为将来会一直这样好下去；投资的资产现在跑赢了市场，投资人就容易认为将来会一直跑赢市场。反过来也是一样的：公司现在做得不好，投资人就容易认为将来会一直不好下去；投资的资产现在跑输了市场，投资人就容易认为将来会一直跑输市场。其实，更有可能出现的情况完全相反。

深入理解情绪和情绪导致的过度行为，是本书的一个关键。周期性偏离长期趋势线，主要产生于人的过度行为以及最终走到极端之后出现的修正。证券市场明显是这样的，证券市场实质上不过是投资人做出决策的集合（投资人的决策经常像羊群一样盲目地追随大众），他们希望自己的决策后来被证明能够赚到钱。但是经济和企业其实也是这样的；经济和企业也许看起来像独立、运行良好的机器，但是经济和企业本质上不过是一群人在做决策，因此会周期性地偏离长期趋势。

菜鸟投资人看到这种现象，也许会相信一些以前从来没有发生过的事情，比如他们认为从此没有周期。但是第二次，甚至第三次经历了周期后，这些投资人吃过亏了，上过当了，有经验了，就应该认识到像周期消失这种事，过去从来没有发生过，将来也永远不可能发生。认识到这一点，投资人以后做投资就有优势了。

下次，当你面对一个以“周期已经中断”为基础而建立起来的交易时，记住，要是你赌周期不会再来，那么你必输无疑。（《投资最重要的事》）

我在22岁的时候刚做投资，那是1968年，我这个投资菜鸟，刚好赶上了漂亮50成长股的投资热潮。我身边的人都比我有经验得多，天天滔滔不绝地大谈漂亮50成长股，以及这50家公司多么伟大，它们的成长潜力大到无边无际——任何坏事情都不会发生在这50家伟大的公司身上，因此漂亮50成长股的股价没有上限，只会越涨越高。我这个只有22岁的投资菜鸟，听了这么多投资老手的话，就全信了，至少我不记得自己质疑过他们的看法。他们觉得漂亮50成长股永远只会涨不会跌，这种看法太极端了，完全不合逻辑。因此，我也很幸运，刚做投资就让市场给我上了一课，让我深刻地理解周期、价值、风险。我当时因为刚参加工作，没有多少钱，所以只在这些错误的投资理念上下了很小的赌注，交的学费还不算多。

市场给我不断地上课，我也不断学习，不断成长，慢慢变得不再那么天真和幼稚了。1973年，市场给我上了一堂石油行业周期课。当时阿拉伯石油国家对美国实行石油禁运，我组织花旗银行做出反应，当时美国的油价从20美元一桶猛涨到60美元一桶，能源分析师看不到还有什么能阻碍油价持续上涨。1980年市场给我上了一堂电脑行业周期课，电脑这个伟大的发明导致20世纪80年代出现了非常多生产磁盘驱动器的企业，后来事实证明这些企业的数量远远超过了实际需求。

后来，凭借过去积累的几十年投资经验，我能够看清市场是不是走过头了，20世纪90年代后期我能够看出科技股、网络股、电子商务股的大泡沫涨得过度了，此后又能看出来正是资本市场毫不怀疑的行为最终导致2007年到2008年全球金融危机发生。能看出市场过度上涨或者过度下跌，以及市场涨跌过度如何助长周期，需要一个学习的过程，这是每个投资人需接受的教育中必不可少的重要部分。

~~~

人们容易走极端，永远不会停止，因此，这些极端最终必须得到修正。周期不会发生改变。经济和市场从来不是直线运行的，过去不是，未来也肯定不是。这意味着投资人只要能够理解周期，就能找到赚钱的良机。
~~~

18

周期精要

最后，我从书中精选出一些段落，集中在一起，因为我觉得这些段落的内容非常重要，能够大大地帮助你理解周期、周期的起因、如何应对周期，以此结束本书。我一般保持原文不变，只有觉得必要时才会稍加改动，以便这些内容能够单独地被列在这里。这并不是本书全书的摘要，只是重新回顾书中一些关键的要点。

——霍华德·马克斯

我自己是这样想的，投资成功就像中大奖，这就好像从彩票箱（可能出现的结果的完整区间范围）中抽到一张彩票（最终发生的结果）。每种情况都是从很多可能出现的结果中选择某结果，这可能是十里挑一、百里挑一，甚至千里挑一、万里挑一。

卓越投资人比一般投资人强在哪里？卓越投资人的感觉更好，更能想象出抽奖箱里大概有哪些彩票，因此他们更能判断花钱买彩票参加抽奖值不值。换句话说，卓越投资人，其实和其他所有投资人一样，都不知道未来究竟会怎样，但是，卓越投资人对未来趋势的理解明显超过一般投资人。

~~~

我们在周期上所处的位置发生变化，我们的赢面就会变化。如果不能相应地改变我们的投资占位，我们面对周期就会消极被动。换句话说，我们忽视了主动调整以改变胜率的机会。但是我们如果既懂周期又会利用，就可以顺应周期的趋势把投资做得更好：当赢面对我们更有利时，我们可以增加赌注，投入更多资金买入资产，提高组合的进攻性；相反，当赢面对我们不利的时候，我们可以退出市场，把钱从赌桌上拿回来，增强组合的防守性。

~~~

在我看来，在某具体的时点上，要优化投资组合布局，最有效的方式是要决定在进攻和防守之间保持什么样的平衡比例。我相信，攻守平衡应该与时俱进，以应对投资环境的整体变化，以及投资环境中的很多因素在其周期中所处位置的变化。

关键在于“校准”。你的投资规模，你在不同机会上的资本配置比例，你持有资产的风险，所有这些都应该校准，你将一个从进攻到防守的连续体作为标尺来校准……当得到价值的价格相当便宜时，我们应该积极进攻；当得到价值的价格比较昂贵时，我们应该撤退防守。

~~~

关键的一点是，投资人生活的这个世界，周期上下震荡，钟摆来回摆动。周期震荡，钟摆摆动，有很多形式，涉及很多种类的现象，但是它们背后的根本原因及其产生的模式有很多共同点，而且在一定程度上保持不变，甚至多年之后仍然如此。马克·吐温有一句话很有名，尽管并没有证据表明这句话确实是他说的："历史不会重演细节，过程却会重复相似。"

不管马克·吐温有没有说过这句话，它都很精彩，概括了本书所讲的很多东西。周期有很多方面，比如原因及其细节、时间及其持续时间，它们都会变化，这一点虽然不同于历史，但是周期都会呈现上涨和下跌（背后都有相似的原因），这种模式会永远重复出现，引起投资环境的变化，从而引发投资行为的变化。

事实上，经济、企业、市场的表现在短期内会受到多种因素影响，其中受到人为因素的影响特别大。人类并不是像自然因素和物理因素一样稳定，相反，人类行为随着时间变化而变化，这往往因为人类"心理"方面的变化。周围环境变化，人类行为也肯定会随之变化……但是有时候，尽管环境没有发生变化，人类行为也会发生变化。

~~~

我前面说过，周期的波动起伏都围绕着中心点。周期的中心点——人们经常视其为长期趋势、常态、均值、平均值，或者称之为"中庸之道"——（大家一般都认为）在某种程度上这个水平被认为是"正确且合适的"。周期若处于极端状态，大家会认为此时失常了或者过度了，通常周期会回归正常水平。一种事物处于周期性波动时，大部分时间不是高于均值，就是低于均值，最终在走到极端后，又会反转向均值的方向回归，通常它都会符合这样的规律。从处于周期的极端最高点或者极端最低点，回到中心点，这一过程经常被称为“均值回归”。均值回归这种趋势很强大，也很有道理，在大多数行业都是如此。但是，当回顾前面我们所列出的周期各阶段时，你就会看到，周期模式通常包括两种方向相反的运动，既有均值回归，从极端的最高点回归中心点（复苏、反转、再次复苏三个阶段），也有均值偏离，从理性的中心点移向非理性的极端（上涨、下跌、再次上涨三个阶段）。

合理的中心点，经常发出一种磁性般的吸引力，将其周围周期性摆动的事物，从极端拉回“常态”。但是事物回归中心点之后，却往往不会在此停留很长时间，而是继续摆动下去。正是这股力量，让事物从一个极端摆回中心点。这股力量会继续发挥作用，让其在到达中心点后，继续摆动下去，而且越摆越远，摆向另一个相反的极端。

这种周期模式十分可靠，我们要学会识别和接受，这一点非常重要。细节会变，比如摆动的时机、时长、力量、速度，以及这些细节背后的重要原因。这些周期的细节部分，可能都属于马克·吐温所说的“历史不会重演细节”。但是周期细节背后的基本运动模式，往往非常相似。

~~~

牛市过后熊市到来的信号基本一样：过度的乐观情绪是一件危险的事；风险规避是维护市场安全必不可少的关键因素；过度慷慨大方的资本市场最终会导致不明智的融资，造成参与者发生
~~~

危险。概括来说，具体细节就像音符一样并不重要，甚至是无关紧要的。但是基本模式就像主旋律一样至关重要，绝对有再次出现的趋势。理解这种趋势，并能够识别再次出现的同一模式，是我们应对周期的重要因素之一。

~~~

周期经过中心点后会继续移动，偏离中心点。周期偏离中心点的程度越失常，越过度，就越有可能引发大混乱。周期如果向一个极端点摆动得越远，回摆的力度就可能越猛，造成的破坏可能越大，因为促使周期运行到顶部阶段的有效行为，在周期运行到其他阶段时，其效果就会变差，甚至会起反作用。

换句话说，随着周期从中心点向极端靠近，周期所造成大混乱的潜力变大：经济增长“太快了”，企业盈利增长“太好了”，股价上涨“太高了”，其结果往往会是涨得越高，跌得越惨。股市小幅上涨之后，必有回撤，股市中幅上涨之后，必有回调。牛市之后，必有熊市。大泡沫之后，必有大崩盘。

~~~

大多数人都认为，这些事件是一个接一个地按照固定不变的顺序发生的：先是一波上涨阶段，后面跟着一波下跌阶段，后面又是一波新的上涨阶段。但是要完整理解周期，这还远远不够。在周期存续期间发生的这些事件，不应该只被看作一个事件接着一个事件地发生，而应该被看作一个事件引发下一个事件，因果关系远远重于先后顺序。

~~~

我所称的周期性现象，并不是完全来自机械的、科学的、物理的运动过程，有时它们与此根本无关。周期如果能像科学一样
~~~

有规律可循，就会很可靠，也很容易预测，但是我们也很难从中获利。（这是因为巨大的利润来自同样的事情有些人比其他人看得更准，如果周期完全可靠也完全可以预测，那么世上根本不会有见识高人一筹的人了。）有时，这些不是特别规律的周期有一个基本原则（有时候，它们也没有），但是大部分变化都要归因于人类在创造周期中所扮演的角色。人类参与这个创造周期的过程，由此导致人的情绪和心理倾向影响周期现象。概率或者随机性也对某些周期影响很大，人类行为也对这些周期的生成有很大影响。这些周期能够存在，很大程度上是由于人类的行为，但是这些周期的波动有随机性，因此它们也不可靠。这在很大程度上也是因为人类的行为。

我们努力想要看透人生，方法是识别模式，进而找到人生获胜的公式。这条路，说起来很简单，但在很大程度上，做起来很复杂，因为我们生活的这个世界充满随机性，同样的事情，同样的情况，人们的行为却前后不一，甚至他们即使想和上次做得一模一样，也很难做到。过去的事件受到随机性因素的影响很大，因此未来的事件肯定也会如此，我们肯定无法完全准确地预测。这让人感到不高兴，因为随机性，也就是我们通常所说的运气，让我们的人生难以预测，难以制定规则，难以永保安全。因此我们寻找那些可以让自己理解事物的解释，而且经常做过了头。我们在投资上确实如此，在生活的其他方面也是如此。

~~~

为什么心理和情绪钟摆很重要？我在本书里所谈的经济周期、企业周期、信贷周期、市场周期向上摆动或者向下摆动会走过头，主要因为（也代表着）投资人的心理和情绪走过头了。
~~~

企业周期、金融周期、市场周期，在上行阶段大多都会走过头，不可避免地在下行阶段也往往会走过头。这种周期容易走过头的现象，都是投资人心理和情绪钟摆摆动过度所造成的结果。因此，理解和警惕这种心态的过度摆动，是对投资人的入门级要求，只有这样，人们才能避免周期性波动走极端所造成的伤害，也才有希望从中获得盈利。

我们一提到增长和升值，就会让人感觉是“对的”，是“健康的”。但是如果这些市场参与者以那些股市长期收益率的正常水平为参照来建立自己的投资行为，那么整个投资世界会更加稳定，不可能会有狂风巨浪，他们也不会轻易犯错。相反，投资人往往不满足于获得长期正常的收益率水平，而是时不时地总想得到更多的收益，这种内心的贪婪种下了祸根，反而让投资人高位追涨，结果他们最终实际得到的收益更少，连长期平均水平也达不到。投资收益率能够达到正常的平均水平，即相当于企业红利加上长期潜在盈利增长率，投资人就应该心满意足了，但这种中庸之道并不符合人的本性。

~~~

投资人的立场很少保持客观、理性、中立、稳定。首先，投资人表现出高度的乐观主义、贪婪、风险忍受、信任，这些心理和情绪所导致的行为是争抢着高价买入，推动资产价格上涨，但潜在的收益随之下滑，风险提高。后来，由于某种原因，也许是一个引爆点一下子炸开了，投资人心理和情绪发生大转变，他们变得悲观、恐惧、风险规避、怀疑，这样的心理和情绪所导致的行为是争抢着低价卖出，由此引发资产价格下跌，潜在收益随之提高，风险随之降低。值得注意的是，这些现象中的每一组现象
~~~

往往是按照同一个步调发生的，而且从一个极端到另外一个极端的摆动幅度，往往超过按正常推理所得出的波动幅度。

其中有一件非常疯狂的事情：在现实世界中，我们对事物的评价会在两个极端“非常好”和“不是那么好”之间摆动。但是在投资界，我们的感觉钟摆所摆动的两个极端是“好到完美无缺”和“坏到无可救药”。钟摆从一个极端摆到另一个极端，在摆动弧线“幸福的中心点”几乎不作停留，只是一晃而过，即使是在中心点附近的合理区间内，摆动的时间也相当短。人们的情绪首先是完全否定，后来是彻底投降，之后又变成完全肯定。

~~~

在钟摆摆动到极端时，会出现有一个良性循环或者恶性循环的过程。事件大多数都是利好的，心理和情绪也是乐观的，那么那些负面的变化往往会被忽视，对每个事件人们都从有利的方面来解读，经常认为事情不可能转变成坏事。人们预期将来会好上加好的理由，听起来非常有道理；过去的约束和正常水平遭到人们忽视，或者被人们找理由合理地规避了；任何一个人如果提出美好未来的实现存在一些限制因素，就会受到大家的鄙视，被人看作一个缺乏想象力的老古董。大家都认为，未来赚钱的潜力是无限的。资产价格上涨，反过来又鼓励更加乐观的乐观主义。

那些卓越投资高手能够抵抗得住外部的影响，保持情绪上的平衡，理性地采取行动，既看到有利的事件，又看到不利的事件，在考虑这些事件的时候保持冷静客观，在分析这些事件的时候不带感情色彩。但是真相是有时候，兴奋和乐观的心理和情绪会导致大多数投资人看待事物过于积极。有时候投资人心情抑郁，情绪悲观，会让他们只看到坏事件，解读这些事件的时候也会只往
~~~

坏的方面想，做消极悲观的解读。拒绝跟着感觉走，不过于情绪化，是投资成功的一个关键因素。

通常情况下，这些两极分化，不管是两极中哪个极端主导，事实都是很容易被观察到的。这种现象对于投资人来说的意义，对于那些客观的观察者来说，应该是很明显的。但是，之所以市场钟摆摆动到一个极端或另一个极端的情形会发生，是因为大多数市场参与者的心理和情绪朝着同一个方向移动，就像羊群成群结队地一起跑一样，这个道理很简单。

~~~

风险是投资中最主要的变量。这让我得出一个结论：在任何一个具体的时间点上，投资人总体看待风险的态度以及所采取的行动，对于塑造整个投资环境来说极其重要，而我们会发现自己身处于这个投资环境之中。在这个时间点，看清楚整个投资环境的状况非常关键，决定了在这个时间点我们自己应该如何看待风险，以及如何据此采取行动来应对风险。评估风险态度所处于的周期位置，正是这一章要讲的内容，也许可以说是本书最重要的内容。

~~~

顺风顺水的好日子，让投资人变得更加乐观，放松警惕，就算只有微薄的风险溢价，也愿意做出有风险的投资。不仅如此，因为投资人不是那么悲观，也没有那么警觉，对风险 - 收益连续统一体更安全的那一端的投资就失去了兴趣。这些因素综合在一起，导致高风险资产的价格上升，超过了那些相对而言更安全的资产。所以，有一点你听了并不会感到吃惊：在好日子里，人们会比在糟糕的日子里做出更多不理智的投资。尽管高风险资产的价格上升意味着，那些更有风险的投资能带来的预期风险溢价，会明显低于投资人在糟糕日子里更加关注风险时所做的投资，但是投资人还是会在好日子里做出更多不理智的投资。

你会明白投资人都觉得风险低的时候，风险其实是高的。风险最大的时候，风险补偿恰恰是最低的（这意味着此时是最需要风险补偿的时候）。经济学所谓的理性投资人竟然是这个样子！

我认为，以上所有这些关于风险讨论的关键在于，投资风险的最大来源就是相信根本没有风险。普遍的风险容忍是后来市场下跌最明显的征兆。但是因为大多数投资人都遵循着前面所描述的这种过程，一步一步地提高风险容忍度，所以他们就像温水煮青蛙一样，本来应该因察觉到风险而变得谨慎小心，却很少有人能察觉到，这是最重要的一点。

~~~

原因正是他们的风险规避程度不足，追涨买入，推高价格，然后继续追涨买入，结果导致自己在牛市顶峰大量买入。他们在牛市里让轻松赚大钱的梦想冲昏了头，根本察觉不到一丝风险。现在市场下跌，情况就完全反过来了，这些投资人变成压低价格，在底部割肉卖出。最近市场跌得很厉害，这些投资人亏得很厉害，心痛得很厉害，他们的想法完全变了。以前在牛市里顺风顺水时，他们的想法是投资无风险，轻松赚大钱。现在熊市来了，这些投资人的想法变成投资有风险，容易亏大钱，自己既然不懂投资，就不应该瞎折腾。这样的结果是，投资人的风险态度发生了一个 180 度大转变，从风险规避不足变成风险规避过度。

~~~

在恐慌的时候，人们用百分之百的时间确定不会有任何损失……其实在这个时候，他们应该担心的反而是，可能会错失极佳的投资机会。

极端的否定态度加上夸大的风险规避，可能导致价格已经低到不能再低的程度了，再亏损，看起来是高度不可能发生的事。因此，这个时候亏钱的风险反而是最小的，正如我在前面所指出的，世界上最危险的事情是相信根本没有风险。用同样的说法，最安全（也是报酬最丰厚）的买入时机，通常是在每个人都相信根本没有赚钱希望的时候。每个人都失去赚钱希望的时候，却是你最有赚钱希望的时候。

~~~

随着风险态度从高到低来回摆动，投资机会也从盈利到亏损来回摆动。市场顺风顺水的时候，资产价格就会飙升，投资人往往以为未来一片光明，风险是朋友，赚钱很容易，每个人都感觉良好。这意味着，只有极少的风险规避包含在定价之中，因此这样的市场价格充满了危险。投资人变得过度风险容忍，而此时反而是他们最应该提高风险规避意识的时候。

后来诸事不顺，市场转头向下，投资人的情绪也急转直下。投资人会把市场看作容易亏钱的地方，风险大到需要不惜任何代价规避，所遭受的损失会令人非常沮丧。正如我在上一章中所说的，过度小心谨慎的气氛笼罩整个市场，结果：（1）没有人会接受在定价中纳入哪怕是一丁点儿乐观主义的可能性；（2）投资人根本不可能接受“太糟糕，但不可能是真的”的假设。

正如风险容忍在市场顶部会高到无限高一样，风险容忍在市场底部会低到无法再低，人们简直不允许存在任何风险。这样极端的负面看法，导致市场价格跌到底部，以至投资人在这么低的
~~~

价格水平买入，亏损是完全不可能的，而盈利却是十拿九稳的，而且收益率极高。但之前市场下跌的刺痛感仍在隐隐作痛，让投资人只想提高风险规避，只愿意坐在一边观望，尽管价格处于最低水平（风险自然也是最低水平），他们却碰都不愿意碰。

~~~

明白投资人如何思考和应对风险，也许是我们应该努力去做的最重要的事。简单地说，投资人过度风险容忍会助推市场大涨，形成风险，而投资人摆动到过度风险规避，则会压抑市场，创造出一些最伟大的买入机会。

投资人风险态度的波动震荡或者反复无常，既是某些周期造成的结果，也是其他周期的放大器。风险态度周期总会这样，没办法，可能人的心理和情绪天生就是容易走极端，在前景一片大好的时候，人的心理和情绪容易变得过于乐观和过于风险容忍，而当情形掉头向下的时候，人们又容易变得过于担心和风险规避。这意味着人们最想买入的时候，反而是最应该小心谨慎的时候，人们最不愿意买入的时候，反而是最应该激进地买入的时候。卓越投资人能够认识到这一点，努力地做到反众人之道，进行逆向投资。

~~~

资本或者信贷可获得性的变化，构成了对经济、企业、市场最基本的影响之一。尽管信贷周期对于证券市场的人士来说，不如本书中所谈论的其他周期的名气那么大，但是我认为，信贷周期的重要性最高、影响最深远。

当信贷窗口打开的时候，资金很充裕，而且容易获得，而当信贷窗口关闭的时候，信贷资金很少，而且难以获得。最后，有一点非常重要，你务必牢记在心，就是从窗口大开到窗口关闭，可能只在一瞬间。要让你更加完整地理解信贷周期，我还要讲很多东西，包括这些周期性运动的原因及其影响，但是信贷周期会一下子从窗口大开到窗口关闭，这点非常关键。

~~~

经济繁荣带来信贷扩张，信贷扩张导致不明智地滥发贷款，滥发贷款产生重大损失，重大损失让贷款人停止发放贷款，贷款停止就让经济繁荣中止了，就这样一环扣一环，连锁反应无休无止。

~~~

要找到市场走到极端的理由，我们经常需要像录像回放一样，回顾几个月前或者几年之前的信贷周期。很多疯狂肆虐的大牛市之火，都是因提供资本的意愿大幅高涨而被煽动起来的，而这样的项目和投资往往是不明智的。同样，大多数大崩盘发生之前，市场完全拒绝提供融资给某些企业和行业，甚至所有想要借钱的人。

~~~

和信贷周期打交道，关键在于识别信贷周期到达顶点时候的情况：事情都进展良好，有一段时间了，传来的都是好消息，风险规避低，投资人都渴望投资。这让借款人筹集资金很容易，从而导致贷款机构、债券投资人争抢提供这些资金的机会。其结果就是：融资变得便宜，信贷标准降低，做融资交易没有好处，不理智地进行信贷扩张。牌在借款人手里，不在贷款人手里，也不在投资人手里，因为这个时候信贷窗口大开。此时，市场所传达的含义应该很明显了：务必谨慎前行。
~~~

完全相反的一面真的出现了，因为这时周期走到了另外一个极端。信贷周期下行到最低点，在这个时候，事情的发展变化令人不高兴，风险规避提升，投资人心情沮丧。在这种环境下，没有人愿意提供资本，信贷市场冻结了，计划好的证券发行无人问津。这把牌又回到了资本提供者的手里，而不是在借款人手里了。

因为这时借钱很难，借款人通常拿不到资本，那些手上有资本又愿意把资本拿出来的人，就能运用严格的审核标准，坚持要有坚实的贷款结构安排和保护条款，并要求高预期收益率。正因如此，投资人获得了安全边际，而安全边际是卓越投资所必需的。当上述这些情况出现时，投资人应该转变为积极进攻的投资模式。

卓越的投资并不是来自买的资产质量好，而是来自买的资产性价比高——资产质量不错且价格低，潜在收益率相当高却风险有限。满足这些条件的最佳买入机会，多数是在信贷市场处于其周期中不是那么兴奋地扩张，更多的是恐惧地收缩的阶段。信贷周期猛地关上大门的阶段，最有助于形成到处都是便宜货的状况，比其他任何因素的作用都要大。

~~~

20 世纪 70 年代，我得到了人生的一份大礼，有一位投资人，他比我年纪大，也比我有智慧，告诉我一条投资真经“牛市三阶段”：

第一阶段，只有少数特别有洞察力的人相信，基本面情况将会好转；

第二阶段，大多数人都认识到，基本面情况确实好转了；

第三阶段，每个人都得出结论，基本面情况将会变得更好，而且永远只会更好。
~~~

越是真理就越简单。听了牛市三阶段理论后，我一下子开窍了，也开始注意到了投资人的心理经常会走极端，而这些极端心理会对市场周期产生极大影响。就像很多伟大的名言警句一样，牛市三阶段言简意赅，却表达出非常高深的大智慧。其实，牛市三阶段讲的就是投资人态度的变化：一是特点，投资人的态度多么容易变化；二是过程，在市场周期波动的整个过程中，投资人态度的变化有什么模式；三是影响，投资人的态度如何助长投资决策错误。

牛市第一阶段，尽管存在基本面改善的可能性，但是大多数投资人不具备这样的洞察力，自然看不出来，也就不会珍惜其蕴藏的投资良机，证券价格里面包含的乐观主义很少，甚至根本没有。通常情况下，第二阶段发生在股市大崩盘、股价一路暴跌之后，这一波暴跌彻底摧毁了股价，同样也彻底摧毁了投资人的心理，让投资人像羊群一样对股市由爱转恨，投资人亏了大钱之后，发誓从此永远地离开股市，此生再也不碰股票了。

牛市第三阶段，也是牛市最后一个阶段，情况正好和第一阶段的相反。基本面的事情发展顺利，且有好长一段时间了，而且已经强烈地反映在资产价格上了。这进一步提升了市场的情绪，投资人简单地推论基本面改善将会持续直到永远，对未来非常乐观，因此把买入报价提升到很高水平。树肯定不会长到天上去，但是在牛市的最后阶段，投资人的行为表现得好像他们相信树真的会长到天上一样……而且投资人愿意出高价购买他们所感觉的公司收益会有无穷成长潜力的热门股。投资人因为相信高成长性而支付高价去买热门的成长股，结果事实证明他们过高地估计了成长性，几乎再没有其他事比这种用高价购买伪成长股所付出的代价更高的了。

从以上牛市三阶段中我们可以看出来，在牛市第一阶段，几乎没有乐观的理由，只有特别有洞察力的少数人才敢于买入，且买入的成本极低，资产未来可能会有巨大的升值空间。但是在牛市第三阶段，很多投资人此时都会跟风买入，因为当时的市场过度乐观，投资人必须要支付高价才能买到，结果后来亏得很惨。

~~~

应该注意到最重要的事是：心理乐观成分大到最大限度，能够拿到的信贷额度大到最大限度，价格涨到最高，预期收益低到最小限度，风险大到最大限度，几乎同时这些因素都达到极限了，通常此时就是最后一波疯狂追涨买入突然发作的时候。

~~~

与市场周期上行阶段涨到“头部”时的情况不同，现在我们看到的情况正好完全相反，它发生在市场的“底部”：心理落到最低限度，信贷融资处于最低点，人们几乎融不到资，价格跌到最低，潜在收益率升到最高，风险降到最低，最后一个乐观的投资人也举起了白旗表示投降，跟风杀跌卖出了。

~~~

全球金融危机构建的基础环境都是金融体系和信贷周期内生的。那些构成全球金融危机基础的发展变化，既不是整个经济体系大繁荣导致的，也不是企业盈利普遍大涨导致的。这些关键事件并没有发生在整个企业环境或者范围更大的世界环境中。相反，全球金融危机大体上是一个金融现象，完全由那些金融玩家的行为所导致。创造这种周期的主要力量是：十分容易得到的资本；缺乏足够的经验和足够的谨慎，以致不受约束和制约的热情泛滥
~~~

于整个过程中；非常富有想象力的金融工程；贷款决策和贷款保有分开；不负责任和露骨的贪婪。

现在大家的普遍看法都是负面的："金融体系可能会完全崩溃。"因为这是一个恶性循环，无休无止，最后它只能因崩溃而停下来。因为大家的普遍看法是情况会坏下去，所以制造错误的机器开始反转，开始制造相反方向的错误。没有贪婪，只有恐惧；没有乐观，只有悲观；没有风险容忍，只有风险规避。人们不能看到事件的正面，只能看到事件的负面。没有人愿意积极正面地解读消息，只会负面地解读消息。人们不会想到好结果，只会想到坏结果。

~~~

大家都在说的底部到底是什么意思。底部就是周期跌到最低价格的那个时点。因此底部可以被看作最后一个持有人也恐慌地卖出股票的那一天，从此再也没有人卖出了，从此买方占了上风。不管什么原因，底部就是下跌的最后一天，因此底部就是市场到达最低点的那一天。（当然这些定义都是高度夸张的。"底部""顶部"，这种说法其实指一段时期，而不只是一天。因此，最后一天这种说法在大多数时候仅是说说而已。）市场到达底部，从此价格开始上升了，因为剩下的那些持有人再也没有一个会投降卖出了，或者因为那些买家现在买进的力度超过了那些卖家卖出的力度。

我在这里想要讲的问题是，"应当什么时候开始买入"。我要引用前面的章节中我提到过的一个说法——"跌落的小刀"——一个非常重要的概念。当市场快速下跌时，我们经常听到有人说，"我们可不会想去抓住跌落的小刀"，换句话说，"趋势是向下走的，
~~~

根本没办法知道什么时候下跌会停止，所以我们非要现在去买吗？还是等到我们确认价格已经跌到底部，我们再出手买入吧”。

通常只有在市场下滑的时候，我们想要买的东西才能买得最多，因为这个时候，卖方才会在实在扛不下去了的时候宣布投降，大量低价割肉卖出，有人大量卖出，你才有机会大量买入。与此同时，那些不愿意“抓住跌落的小刀”的人都躲到一边，不敢出手。没有人跟你抢着买，你才能想买多少就能买多少。但是一旦市场跌到了底部，下跌停止了，按照定义，这个时候就没有卖家在卖出了，此后市场会迎来一波反弹，那就是买方主导的市场了。

~~~

一波下跌之后，卖出离开市场，由此不能参与后面的周期性反弹，是投资大忌。周期的一波下跌会让你的账面出现亏损，只是账面上一时的浮亏，并不是致命的永久性亏损。你只要能够一直持有，直到周期走到上升阶段，就能享受到大幅反弹的收益了，原来账面上的亏损也能弥补回来了。但是你如果在市场跌到底部时卖出了，就把一个周期向下波动所造成的账面浮亏变成了永久性的损失，这才是最糟糕的事。

弄懂周期，挺过周期的下跌阶段，坚持等到周期反弹阶段的到来，需要我们一要在情绪上有资本，能忍住不割肉，二要在财务上有资本，在需要时能追加保证金甚至补仓。要想投资成功，这两种资本都必不可少。

~~~

如果市场是一台计算器，在计算证券的价值时，其依据只限于公司基本面，那么证券市场价格的波动程度就不会太大，和公司现在的盈利以及未来的盈利预期的波动幅度基本一致。其实，市场价格的波动幅度，本来应该小于公司盈利的波动幅度，因为公司的季度收益变化往往时间一长就被抹平了，除此之外，季度收益变化未必能反映出公司的长期盈利潜力的真实变化。

然而，证券市场价格的波动幅度通常会远远大于公司收益的波动幅度。当然，这主要由于心理方面、情绪方面及其他非基本面的原因。因此，证券的市场价格变化过于夸大了基本面的变化。

财务上的事实和数据，只是市场行为的起点；投资人保持理性，只是例外情形，而不是规律；理论上，投资人是经济人，会冷静地评估财务数据，然后完全不动感情地设定资产的合理价格，其实市场极少把时间用在这种事情上。

~~~

投资人的目标是合理布局资本，以从未来的发展变化中获利。投资人希望能做到，市场上涨时自己投入的资本更多，而在市场下跌时自己投入的资本更少，持仓更多的是涨幅大或者跌幅小的资产，而持仓更少的是涨幅小或者跌幅大的资产。投资人的目标很清楚，问题是如何能实现这个目标。

既然大多数人都缺乏这种看透未来的能力，我们如何能够现在就布局投资组合来应对不可知的未来？我认为，答案大部分取决于我们理解市场现在处在其周期的什么位置，以及其所传达的市场未来的走势。正如我在《投资最重要的事》那本书中写的：“我们也许永远都不知道我们将来会去哪里，但是我们最好搞清楚我们现在正在哪里。”

~~~

讲了这么多周期知识，关键是什么？关键是我们要知道现在投资人的心理周期和估值水平周期的钟摆摆到了什么位置。有时候，投资人会拒绝买入，甚至还要卖出，因为这个时候，投资人的心理过于积极，给予股票过高的估值水平，导致股价飙升到顶点。有时候，投资人应该买入，因为这个时候投资人看到市场一直下跌，心理和情绪低落，甚至垂头丧气，结果陷入恐慌情绪，抛弃估值标准，急于低价抛售，不管价格多便宜都要卖，从而导致市场上出现很多物美价廉的便宜货。正如约翰·邓普顿爵士所说的："在别人都沮丧地卖出的时候买入，在别人都贪婪地买入的时候卖出，这要求你有极大的勇气，也会给予你极大的回报。"

~~~

这里的关键在于"推理"（我最喜欢的词之一）。由于媒体的报道，每个人都可以看到每天正在发生的事情。但是，有多少人在努力了解日常事件背后的市场参与者的心理与投资环境，并进一步思索我们该如何相应地采取行动呢？

简而言之，我们必须力求了解我们身边所发生的事情的含义。当其他人盲目自信、积极买入时，我们应加倍小心；当其他人不知所措或恐慌性抛售时，我们应该更加积极。

这些心理和情绪因素的最大影响，就是让投资人相信过去的估值指标已经变得无关紧要了，你可以完全不予理会。投资人情绪很高，市场价格会涨得更高，让他们高位追涨买入也能赚钱，这时候他们发现很容易找到理由，解释这些资产应当不受历史正常估值水平的限制。这种解释通常会用一句话开头："这次不一样了。"仔细留意，这是一个凶兆，代表投资人的警惕怀疑态度消失了。与此类似，在市场崩盘时，资产价格之所以会暴跌，通常因为投资人内心认定，过去支持估值的因素没有一个值得信任。
~~~

~~~

“这次不一样”，是投资世界最危险的 5 个字，特别是在市场价格走到历史上极端估值水平时就更加危险，可是这个时候说“这次不一样”的人特别多。

在这种情况下，人们说“这次不一样”，其实他们想表达的意思是，过去产生周期循环的规则和过程已经暂时中止了。但是过去金融市场的周期波动，并不是由于物理规律或者科学规律发挥作用而产生的。在科学上，前面有因，后面就会有果，两个事件之间的因果关系是非常稳定可靠的，每次重复都有同样的结果，因此我们可以很有把握地说，“如果发生 A，那么就会发生 B”。但是在金融世界和商业世界尽管确实也有一些基本原理发挥作用，但是由此总结出来的真理，和科学上的真理有非常大的不同。

究其原因，就像我多次重复说过的那样，因为有人参与。人的决策对经济周期、企业周期、市场周期产生了巨大影响，事实上，经济、企业、市场的构成要素就是人和人之间的交易。而人做的决策，并不是科学的。

关键人是有感觉的，而且人才不会让那些所谓的神圣不可侵犯的科学规律绑住手脚。人总会把情绪和性格上的弱点带进自己的经济决策和投资决策中。人们会错误地在本来不该过于兴奋的时候变得特别兴奋，又会错误地在不该过于沮丧的时候变得特别沮丧，这是因为人容易在诸事顺遂的时候过于夸大周期上行的潜力，而人又容易在诸事不顺的时候过于夸大周期下行的风险，因此人的参与会让趋势走到周期的极端。

~~~

周期定位。根据你对主要周期定位的分析，判断周期目前所在位置及未来趋势，决定你对投资组合的风险定位——更多地承受买入而出错的风险，还是更多地承受不买而错过的风险，或者在二者之间保持平衡。

资产选择。决定要配置哪些市场、市场利基、具体证券或资产，以及要重仓配置还是要轻仓配置。

周期定位和资产选择是投资组合管理的两个主要工具。也许这么说过于简单化了，但是我认为，投资人做的每一件事情，都可以被纳入一个或其他要素中。

~~~

周期定位主要包括：在激进和保守之间进行选择，也就是增加和减少暴露在市场波动之中的投资仓位。投资成功的秘诀包括以下三点：第一，深思熟虑地分析市场现在所处的周期位置；第二，基于分析提高进攻性；第三，结果证明你是对的。这几点可以总结为周期定位的“技能”或者“阿尔法”。当然，第三条结果证明你是对的，完全不在任何人的控制范围之内，特别是这在一定程度上受制于随机性，所以结果证明你是对的，并不是每一次都会这样，即使是技能纯熟的投资人，而且推理判断做得相当好，也未必每次都能被证明是对的。

~~~

我的看法是，你想要在理解市场周期的基础上改变投资组合布局，以此来提升长期投资业绩，这种想法完全合情合理。但是有一点对于你来说至关重要，你一定要理解，这种想法要求你具有高超的技能，且真正实现这种想法非常困难。

重要的是，不要捡了芝麻丢了西瓜。我希望大家不要过于关注每天市场短线的上涨和下跌，这些都是如芝麻一般的小事，而要关注一生只有一次的周期走到极端的情况，这才是如西瓜一般的大事（最近看起来不是一生只有一次了，而是每过十年都有可能发生一次市场走极端的情况），这是一个很明显的事实，我已在第 12 章提供了一些典型的案例。

首先，大泡沫和大崩盘这两种极端行情，特别是它们形成的过程，非常清楚地描述了周期的运行模式，以及我们应该如何应对；其次，正是遇到这些市场走到极端的情况，我们才可以得到预期可能性最大的投资成功的机会。

市场价格相对于其内在价值的关系有上中下三种情况：中间区域是定价“公允”，上下两个极端是定价“太贵”和定价“便宜”。当然，市场走到定价太贵和定价便宜两个极端，肯定要比其他情况能够让我们看得更加清楚。结果是：

第一，经常很难区分市场定价到底是贵是贱，也很难经常做到正确区分。

第二，因此在中间区域区分市场定价是贵是贱，不如在极端区域区分市场定价是贵是贱，这样更有可能赚到大钱，而且在中间区域区分市场定价是贵是贱，也不如在极端区域更加可靠。

发现市场走到极端，并且能利用走到极端的市场，真的是我们能找到的最好的方法了。而且我相信，这种事情做起来很可靠，前提是你能系统地深入分析，有洞察力（或者对历史很精通），而且做事沉着冷静、不动感情。可是，这也意味着，你别指望能够每天、每个月，甚至每年都能做出能赚钱的决策。

根据周期选择投资时机的合理性，只取决于你对选择投资时机的期望。你如果经常想要察觉到我们所处周期的位置，而你的目的是推断“明天会发生什么情况”或者“下个月会发生什么情况”，就不可能成功。我把这种做法称为“想要小聪明”。要做出很好的区分并不容易，没有人能够经常或者持续地做到精细地区分市场的定价，没有人能靠这个本事显著地提高投资业绩。也没有人知道，根据周期定位推断市场可能的走势时，什么时候这个“可能”会变成现实。

彼得·伯恩斯坦认为：“未来并不是我们能够提前知道的，但是明白这一点能够帮助我们知道错误是不可避免的、是很正常的。我们出错并不是因为发生那些可怕的悲剧，也不是因为推理上出现可怕的漏洞，甚至不是因为像在大多数情况下那样碰上坏运气。我们之所以会出错，是因为出错是行动的特权，而任何行动都取决于完全不可预知的未来……”

~~~

人容易走极端的倾向，永远不会终止，因此，这些极端最终必须得到修正，而不是周期的发生会有改变。经济和市场从来不是走一条直线，过去不走直线，未来也肯定不会走直线。这就意味着，投资人能够理解周期，就能够找到赚钱的良机。
~~~

图书在版编目（CIP）数据

周期 /（美）霍华德·马克斯著；刘建位译 . -- 北京：中信出版社，2021.4
（中信经典丛书 . 006）
书名原文：Mastering the Market Cycle
ISBN 978-7-5217-2896-5

Ⅰ. ①周… Ⅱ. ①霍… ②刘… Ⅲ. ①经济周期
Ⅳ. ① F014.8

中国版本图书馆 CIP 数据核字（2021）第 048347 号

周期
（中信经典丛书 · 006）

著　　者：[美] 霍华德·马克斯
译　　者：刘建位
责任编辑：许艳辉
出版发行：中信出版集团股份有限公司
（北京市朝阳区惠新东街甲 4 号富盛大厦 2 座　邮编　100029）
承 印 者：北京盛通印刷股份有限公司

开　　本：880mm × 1230mm　1/32　　印　　张：130.75　　字　　数：3022 千字
版　　次：2021 年 4 月第 1 版　　印　　次：2021 年 4 月第 1 次印刷
京权图字：01–2019–0073
书　　号：ISBN 978–7–5217–2896–5
定　　价：1180.00 元（全 9 册）

服务热线：400–600–8099
投稿邮箱：author@citicpub.com

扫码免费收听图书音频解读

随机漫步的傻瓜

Fooled by Randomness

[美] 纳西姆·尼古拉斯·塔勒布
著

盛逢时
译

中信出版集团 | 北京

目录

第二篇
打字机前的猴子
——幸存者偏差及其他

第三篇
活在随机世界中

序言

任何人都会买卖

10 年来，谈论人类在面对随机性时所持的偏见（不管是后天习得还是与生俱来）的著作已相当多。写这本书时，我遵循的原则是避免讨论我没有亲身经历的事，或不是我独自发展出来的东西，以及我还没有完全吸收消化，没办法不费吹灰之力写出来的东西。任何有上述问题的材料我都弃而不用。我也删除了一些内容，包括频频提及的研究者名字，以免看起来像是到图书馆抄来的。不是从我记忆中自然涌出的文句，我不会引用；不是这些年来我熟读的作品中的话，我也不援引。我讨厌随机滥用别人的智慧，书内还会谈得更多。只有在所说的话比保持沉默有价值时，我才说出来。

我尽量不谈个人身为数学型交易员的专业经验。市场只是随机陷阱的一个特例，我讨论它们时仿佛是在晚餐桌上和求知欲强烈的心脏病专家聊天一样。

首先我要感谢一些朋友，他们其实可说是本书共同的作者。感谢纽约学者及随机性专家乔纳斯大半辈子像个初学者那般，兴高采烈地谈论和概率有关的所有课题。感谢我那概率通朋友杰曼热心支持我写这本书，由于他，我才了解到概率论者是天生的，不是后天造就的——许多数学家会算概率，但不了解概率，在判断概率问题时，他们不比一般人好。

催生本书的真正动力，是1987年夏天与博学多闻的朋友巴兹的彻夜长谈。他谈到各个财团“新”“旧”财富形成的问题。我那时还是名新进交易员，他却对身边傲慢自大的所罗门兄弟公司的交易员嗤之以鼻，后来的事证明他的看法是正确的。他告诉我，应该极力反省这辈子的种种表现，这也引起我写这本书的念头。我们两人后来都拿到了博士学位，攻读的课题几乎完全相同。很长的一段时间内，我周游纽约、伦敦、巴黎，也把许多人“拖下水”，我和他们讨论这本书的一些内容，例如现已去世的鲍尔斯，他一再强调的“任何人都会买卖”的理念很早以前就影响了我的交易风格；或者有如一部百科全书，精通文学、数学和闪语的朋友巴斯泰尔；我也常找熟悉波普尔观念的同行魏克斯曼探讨如何将波普尔的观念融入我们的交易。

本书是我在成立安皮瑞卡公司（Empirica）之后撰写完成的。“安皮瑞卡营”位于康涅狄格州偏远的格林尼治森林，它依我的品位而设计，是我的兴趣所在。它集应用概率研究室、体育夏令营，以及危机搜寻避险基金营运中心于一体。当写下这几行字时，我又回想起专业生涯中最美好的那些时光。感谢曾在那里共聚一堂，对我启发良多的志同道合之士。

前言

幸运的交易员

本书谈的主题是分明靠运气，却被误认为是凭非运气（技术）才完成的事；以及更普遍来说，是那些被误认为是非随机现象（决定论）的随机现象。所谓幸运的傻子，正是这样的写照。幸运的傻子运气好得出奇，却煞有介事地把自己的成功归诸其他特定原因。这种似是而非的现象，常出现在许多始料未及的地方，连科学也不例外，但在商业界却最为明显、突出。政坛上也能见到这种现象，例如一国总统大谈“他”创造的就业机会、“他”带来的经济复苏、“前任总统”造成的通货膨胀等。

在基因上，我们仍和许久以前漫游在非洲大草原上的老祖先很接近。我们信念的形成充满着迷信，即使现今也不例外，或许必须说，于今尤烈。某天，原始部落的某个人抓了鼻子之后不久，天空就开始下雨，于是他煞费苦心地发展出一套抓鼻子祈雨的方法；同样，我们把经济的繁荣归功于联邦储备委员会（Federal Reserve Board）降低利率，或将某家公司的经营有成归功于新总裁的“走马上任”；书店架上摆满了畅谈成功人物如何功成名就的人物传记。俗话说的“天时地利”（the right time and the right place），可用来削弱他们所得出的任何结论。同样的混淆，也见诸形形色色的人的身上：文学教授苦心赋予偶然出现的字句深层的意义；财务统计专家则对于在完全随机的资料中找到了“规律性”和“反常现象”喜不自胜。

虽然有以偏概全之嫌，但我还是要指出，文人有故意将噪声（noise）和意义（meaning）混为一谈的倾向，也就是把随意而得的作品和刻意营造的信息混淆。不过这于事无损，很少有人会认为艺术是探索事实真相的工具，艺术不过是逃避事实或者让真相更令人满意的方法。由于我们没有能力或者不愿接受随机现象，象征主义应运而生，我们为各色各样的形状赋予意义，我们在墨渍的痕迹中探查人类的形象。

19 世纪法国象征主义诗人兰波说：“我在云中见到清真寺（I saw mosques in the clouds）。”这样的解读把他带到了位于非洲东部“如诗如画”的阿比西尼亚（今埃塞俄比亚），在那里他遭受了黎巴嫩奴隶贩子的粗暴虐待，染上梅毒，结果因为坏疽而失去一条腿。19 岁时，他在厌恶之余放弃写诗，30 多岁时在马赛一家医院的病房孤寂谢世。但一切为时已晚，欧洲知识界对象征主义的爱好似乎已无法扭转——不管是精神分析还是其他热潮，至今我们都难以脱身。

可叹的是，有些人玩这种游戏玩得太过火，他们拿钱就是为了解读过多的事情。我喜欢文学和诗词，却对大部分文学教师与“评论家”十分厌恶，并且一直为这种好恶间的冲突所苦。法国诗人瓦雷里曾经很讶异地听到有人评论他的诗，并从他的诗中挖掘出他从未设想过的意义。当然，有人说，那些概念存在于他的潜意识中。

一般来说，我们确实低估了很多事情中的随机成分。这一点或许不值得累牍成书，只有愚蠢至极的专家才会那么做。令人不安的是科学直到最近才有能力处理随机问题，可用信息的增长速度，总不敌噪声膨胀的速度。概率论是新近发展的数学理论，其将概率应用到实物的分析上，但还没有发展出任何定理。

我们来看看表 1 的左栏和右栏。本书的主要论点被我总结到了这张表中，分类项目代表本书所讨论的主要领域。

读者或许感到好奇，就相反的状况来说，也就是非随机现象被误认为随机现象的问题是否就不值得注意？我们可能对某些形态和信息视而不见，这种情形难道不值得担心吗？我有两点说明。首先，我对某些尚未检测到的形态并不太担忧。我们已经从各种细小的自然事物，如掌纹、土耳其咖啡杯底的残渣中读到了不少冗长且复杂的信息。在家用超级计算机、并行处理器以及复杂性和混沌理论的协助下，科学家、半吊子科学家或伪科学家都能找到一些征兆。其次，我们必须考虑犯错的成本。依我之见，把右栏误认为左栏造成的损失不如反过来的错误那么大。连俗话都提醒我们："坏消息还不如没有消息。"

表 1　混为一谈表（本书讨论的主要差异）

普遍情况	
运气	技术
随机性	决定论
概率	必然性
想法、臆测	知识、确信
理论	实际
逸事、巧合	因果、法则

（续表）

普遍情况	
预测	预言
市场表现	
幸运的傻子	专业投资人
幸存者偏差	市场优势
财务	
波动性	报酬
随机性变量	决定性变量
物理学与工程学	
噪声	信号
文学评论	
无（文学评论家似乎没有给他们不了解的事情一个名称）	象征
科学哲学	
知识论概率	物理学概率
归纳法	演绎法
综合性命题	分析性命题

不管这些领域多么有趣，深入探讨可是件十分吃力的事。此外，它们并不是我目前专攻的术业。我相信金融交易行业存在错把运气当作个人能力的情况，这样的习惯甚

为普遍，也最为明显。不管幸或不幸，我身处这个行业中，它是我的专业，因此运气将成为本书的主干。我最了解的是这一行；此外，要了解以上所说的种种差异，商业界是最好也是最有趣的实验室。在人类从事的种种活动中，这里产生的混淆最多，结果也最险恶。比如，我们常常会产生错误的印象，认为某套策略是绝佳的策略、某位创业者怀有独树一帜的“远见”，或者某位交易员是杰出的交易员，其实，他们过去的表现有 99.9% 可归因于运气，而且只和运气有关。请一位赚了不少钱的投资人谈他成功的原因，他会列举各种深入且令人信服的理由，但这些理由常常都是刻意编造的，称其为“吹牛皮充内行”亦无妨。

如果要找个理由来说明表 1 中的左右栏为什么容易令人混淆，原因应该出在我们没办法以批判性的方式去思考，我们可能乐于将个人的臆测当作事实真相。我们已经习惯这么做了。后文将说明，我们的心智并没有配备适当的硬件，因而我们缺乏处理概率问题的能力；这样的弱点连专家也无法幸免，有时甚至只发生在专家身上。

19 世纪的漫画人物、挺着啤酒肚的资产阶级人士普律多姆先生[1]随身携带一把巨剑，用意有二：保卫共和国不受敌人侵袭；万一共和国误入歧途，用来攻击它。同样，本书也有两层用意：保卫科学，作为照亮随机之声的光束；在科学家误入歧途时抨击他们。大部分问题会发生，是因为某些科学家不了解标准差或者批判性思考的重要性。在不确定性的领域中沉浮多年，我见多了披着科学家外衣的江湖术士。在这些人里面，可以找到被随机性愚弄得最深的人。

我不喜欢读者从目录中就能轻易猜到书中的内容，但是暗示接下来会发生什么事似乎是必要的。本书分成三篇。第一篇省思梭伦的警语，他对几件稀有事件所下的断语，成为我终生的座右铭。我们会谈到发生和未发生的历史。第二篇谈我在充满随机性的职业生涯中，碰到以及因此受害的许多概率偏差，这些随机问题到现在还在愚弄我。第三篇总结指出要泯灭我们的本性或许不容易，我们需要的是一些小技巧，而不是冠冕堂皇的大道理。同样，前人的谋略对我们大有助益。

1. “普律多姆先生”是19世纪法国作家兼讽刺漫画家亨利·莫尼埃创造的七月王朝时期一个可笑的人物，并非影射真人。该漫画是石版画作品，当时相当受欢迎。——译者注

第一篇

黑天鹅事件

如果某件事失败的代价过于沉重、难以承受，那么其成功的概率有多高根本无关紧要。比如，在美国，在自家游泳池溺死的概率远远高于在恐怖袭击中死亡，但民众对政府反恐政策的关注却远胜于自家游泳池，这是由于恐怖袭击发生的可能性虽然小，但其后果却是民众不能承受的。

吕底亚[1]国王克罗伊斯被公认是当时最富有的人。直到今天，罗曼斯语中仍用“富如克罗伊斯”来形容一个人极其富有。

据说希腊的立法者梭伦去拜访他时，并没有对主人身边的财富和金碧辉煌的事物表示一丝惊讶，也毫不赞美这些珍宝的主人。梭伦以集高贵、内敛、诚实、谦逊、俭朴、智慧、聪明及勇气于一身而闻名。对于这位贵客无动于衷的态度，克罗伊斯相当不悦，因此设法要从他嘴里套出一些恭维之辞。他问梭伦是否看到过比他快乐的人，梭伦提起有个人既富且贵，却死于战斗。被进一步逼问后，梭伦列举的例子仍然不外乎生而富贵，但不幸死于意外。最后克罗伊斯动怒了，直截了当地问，难道他不能算是最快乐的人？梭伦答道：“看尽人世间形形色色的不幸之后，我们不能因为眼前的荣华富贵而狂妄自大，或者赞美稍纵即逝的幸福快乐。世事难料，未来变幻莫测。只有承蒙上苍垂怜、能够幸福到老，我们才能称为幸福快乐。”

在现代社会中，棒球教练贝拉讲出了同样意味深长的话。他将梭伦纯正的雅典希腊语转译成纯正的布鲁克林式

1. 吕底亚，小亚细亚中西部之古代王国。——译者注

英语，说："不到最后，都不算结束。"或者用不太高雅的方式说："要到胖女人上台唱歌时，一切才算结束。"虽然是带着浓厚的地方腔，不过贝拉确实是讲了那句话，而克罗伊斯和梭伦见面一事，则纯属虚构，因为从两人生活的年代来看，他们不可能在同一时间出现。

本书第一篇探讨的是环境随时间变化的可能性。在大多与命运女神（朱庇特的长女）有关的情况中，我们往往遭到捉弄。梭伦很聪明，知道得自运气之物，也可能被运气取回，而且往往是出乎意料地迅速被取走。反过来说，得自运气之助极少的事物，比较不容易出现随机现象。这种情况也一样值得我们注意。梭伦也根据直觉，触及近300年来科学界致力研究的一个问题：归纳法。我在本书中称之为"黑天鹅"或者"稀有事件"。梭伦甚至了解另一个相关的问题，我把它叫作偏态；如果某件事失败的代价过于沉重、难以承受，那么其成功的概率有多高根本无关紧要。

克罗伊斯的故事还有续集。他被强大的波斯王居鲁士打败，在即将遭受火焚酷刑时，他呼唤着梭伦之名，高叫道："梭伦，你是对的。"（这也是传说。）居鲁士问克罗伊斯为什么死前要叫这个人的名字，他把梭伦的警语讲了一遍。居鲁士大受感动，决定免克罗伊斯一死，因为他也想到自己未来可能的命运。那时的人真有远虑。

第一章

赚钱的随机性

塔利波和约翰是如此不同，他们迥异的操盘方式也让他们的生活有着巨大差异，随机性为何让约翰如此富有？

多疑的塔利波

迷上证券交易

某年春天，塔利波在参观芝加哥商业交易所（the Chicago Mercantile Exchange）时目睹了一宗怪事，并从此迷上证券交易。当时有一辆红色敞篷保时捷跑车，以市区限速好几倍的速度疾驰而来，突然停在大门前，轮胎发出刺耳的声音。一位神情狂乱、体格健壮、满脸通红、三十来岁的家伙，打开车门，快步跑上台阶，好像后面有老虎在追似的。他的车与别的车并排停放，引擎未熄，引来其他汽车一阵愤怒的喇叭声。过了漫长的一分钟后，一个身穿黄夹克员工制服、神情厌烦的年轻人走下台阶，显然对混乱的交通状况视若无睹，他把车子开进地下停车场，态度敷衍随便，好像这是每天的例行差事。

这一天，塔利波终于体悟到法语所说的“一见钟情”，那就像是遭到雷击，突然强烈迷上某样东西的感觉。“这就是我要做的事！”他兴高采烈地叫道。他忍不住拿交易员的生活和周围的其他职业生活相互比较。学术界令他想起阒寂无声的大学办公室和粗鲁无礼的秘书；企业界令他想起悄无声息的办公室，里面有一大堆思想迟钝和半迟钝的人，一开口非得把整个句子讲得很完整不可。

和一见钟情不同的是，在芝加哥看到的那一幕所引起的迷恋，持续了约 15 年。塔利波信誓旦旦地说，这个时代的合法行业里，只有当交易员才不那么无聊乏味。此外，虽然他不曾出海当过海盗，却深信就连海盗那一行也比不上交易员有趣。

塔利波的言谈举止时而像宗教历史学家，时而像粗俗的芝加哥场内交易员，难以捉摸。他可以眼睛眨都不眨、想都不想一下，就投入数亿美元去操作一笔交易，但去餐厅时却对菜单上的两种开胃菜犹豫不决，使最有耐性的服务员都变得不耐烦。

塔利波拿到剑桥大学的古代文学和数学硕士学位后，继续攻读芝加哥大学统计学博士学位，但在修完必修学分和完成大部分论文研究后，竟然转到哲学系。他说，转系是“神志一时清醒”的结果。论文指导老师对此举大吃一惊，警告他对哲学家敬而远之，而且预言他会重回老本行。他完成了哲学论文，但不是德里达那种深奥难懂的欧陆哲学——事实上，德里达对于他们圈子以外的人而言，包括我在内，都是深奥难懂的。他的论文主题是统计推论应用于社会科学上的方法学。其实他的论文和数理统计论文没两样，只是考虑的东西多了一点儿，文章长了一倍。

人们常说，哲学养不活哲学家，但这不是塔利波离开哲学的原因。他离开是因为哲学没办法愉悦研究哲学的人。首先，哲学开始看起来毫无用处，这让他回想起以前的论文指导老师的警告。其次，他厌倦了一再撰写文章去引申解释过去所写文章的晦涩难解之处，于是他离开了学界。他觉得学界的论辩烦人之至，尤其是不断为细枝末节争执不下。塔利波要的是起而行，但他的问题出在当初选择踏入学界，是为了逃避职场生涯的单调乏味和卑躬屈膝。

崭露头角

自从看到一位交易员好似被老虎追赶的那一幕后，塔利波在芝加哥商业交易所找了一份实习的工作。在这座大型交易所里，交易员是靠拼命喊叫和做手势来进行交易的。塔利波在一位名气非常响亮但行事古怪的场内自营交易员手底下工作。他教导塔利波学习芝加哥式的交易，交换条件是塔利波帮他解数学方程式。场内飞扬的活力与干劲深深鼓舞着塔利波，他很快就成为独当一面的交易员。后来，他又厌倦了成天挤在人群中大声叫喊，于是决定“更上一层楼”，去交易台操作。他搬到了纽约，在一家投资公司找到了工作。

塔利波专精计量金融商品，很快就崭露头角，他打响了名号且变得受人追捧。纽约和伦敦的许多投资公司抢着以高额红利邀他过去工作。两年的时间内，塔利波穿梭于纽约和伦敦，穿着昂贵的西装，参加重要的“会议”。但是没多久塔利波就躲了起来，因为他过不惯华尔街星光闪耀的日子，所以隐身幕后。想要继续当个“红牌交易员”，必须怀有在组织中一层层向上爬的野心和很强的权力欲望，但他很庆幸自己没有这些包袱。他到那里纯粹是为了好玩，而所谓的好玩并不包括行政管理工作。他讨厌会议室中沉闷窒息的气氛，也不擅长和企业人士交谈，尤其是那些平凡无奇的企业人士。塔利波非常讨厌商场用语，理由不光是它们有欠优雅。“解决对策”、“财务底线”、“如何从这里到那里”、“我们为客户提供解决方案”和“我们的使命”之类的话，以及充斥在会议过程中的其他平庸陈腐的表达方式，既不精确，也缺乏他想听到的那种特色。他不知道人们是为了打破沉默而讲出这些空洞无物的话，还是这种会议真有其价值，总之，他不想再待下去了。

其实在塔利波广阔的人际关系网中，几乎没有半个企业人士。如果有人以粗鲁无礼的态度向我炫耀什么东西，我会很恼火，塔利波却不同，他对这种情形总是淡然处之。

塔利波调到了所谓的自营交易部门，负责自营交易的交易员自成一个独立单位，公司提供内部资金让他们操作运用。他们爱怎么操作就怎么操作，只要成果令高层满意即可。自营是指，他们拿公司的钱去操作，到了年底结算时，他们可以从自营业务利润中抽 7%~12% 当奖金。自营交易员享有自己当家做主的所有好处，却不必去管业务经营上恼人的琐碎事务。他爱什么时候工作就什么时候工作，只要兴起随时可以外出旅行，或将时间和精力投注在个人的嗜好上。对塔利波这种不喜欢劳力工作、喜欢随时沉迷于冥思的知识分子来说，这里犹如天堂。

为什么没赚更多钱？

来谈谈塔利波的工作方法。在他那一行，他是相当保守的交易员。以前有过好年头和没有那么好的年头，但他几乎不曾碰到过“坏”年头。这些年来，靠着每年30万~250万美元的收入，他慢慢积累起稳固可靠的本钱。平均来说，缴完税后他每年能存50万美元（平均收入约100万美元），这些钱全都直接存到他的储蓄户头里。1993年他表现平平，公司的做法令他很不舒服，其他交易员表现比他好得多，所以他能够自由运用的资金大为缩水，他因此觉得很不是滋味。他跳槽去了另一家比较友善的公司，在相似的工作环境下干着差不多的工作。1994年秋，由于美国联邦储备银行随意紧缩银根，全球债券市场崩跌，而这使得一直互相较劲儿、争取优异绩效的交易员集体遭遇“炸毁”。他们都被扫地出门，只能另寻其他工作。这一行的死亡率倒是挺高的。

塔利波为什么没有赚到更多钱？原因在于他的交易风

格，或者他的个性。他极其厌恶风险。塔利波的目标不是赚取最高的利润，以免“交易”这个十分有趣的赚钱机器离他而去。万一遭“炸毁”，他就得回去过那无聊透顶的学院生活或者其他与金融交易无关的生活。每当他承受的风险升高，他就会想起大学里空无一人的过道、埋首书案批改论文的漫长早晨，以及用于保持头脑清醒的苦涩咖啡。不，他不想再回到严肃可怕的大学图书馆，那会叫人无聊至死。他经常告诉自己：“在这一行，我非得长命百岁不可。”

塔利波看过很多交易员遭“炸毁”，因而不希望重蹈覆辙。“炸毁”有个明确的意义，指的不仅是赔钱，而且是损失金额超过预期，以致在这一行再也待不下去，就如医生失去行医执照或律师被取消资格。每当损失达到一定的程度时，塔利波会马上结束交易。他从来不卖“未抵押期权”（一种操作策略，有可能产生很大的损失），不管概率有多小，他从来不让自己落到可能损失较大的境地，比如 100 万美元，赔钱的上限视他当年累积的利润多寡而浮动。由于厌恶风险，所以塔利波赚的钱没办法像华尔街上人称“宇内高手”的交易员那么多。他的公司通常把较多的资金分配给采取不同手法的其他交易员，例如等一下我们就会谈到的约翰。

塔利波的个性是不介意赔小钱。“我喜欢赔小钱，”他说，“但需要赚大钱。”市场发生恐慌和突然崩盘，交易员转眼之间被清洗出场，这种事情虽然十分少见，但是无论如何，他绝对不肯在这种事上冒险。相反，他希望能从这些事件中获利。有人问他，为什么不抱牢赔钱货，他总是回答，他接受的训练指导他成为“最胆小的交易员”。其实真正的原因是他学过概率，以及与生俱来抱持的怀疑态度。

塔利波不像其他人那么有钱，还有另一个原因。他的怀疑论不允许他把钱投到公债以外的渠道，他也因此错过了股票的大多头市场。他的理由是，多头市场很有可能演变成空头市场和陷阱。塔利波十分怀疑股票市场，认为那是某种投资骗局，因此死也不肯投资股票。塔利波身边的人都靠股票市场致富，而他的现金流量虽然非常充裕，资产却没有和别人齐头并进（他持有的公债价值很少出现波动）。他拿一家新创科技公司与自己的情况做对比：尽管现金情况不乐观，却有一大群投资人对它趋之若鹜，结果公司股东因为股票价格暴涨而致富，投资人的前景却是市场随机选择的结果。

塔利波的情形恰好和这家科技公司相反，他的投资方式和朋友不同，他不靠多头市场赚钱，因此也根本不必担心空头突然降临。他的财富净值不是拿个人积蓄去投资赚来的。他不想投资致富，只想赚取现金收入。他不拿积蓄去冒险，因此存款只投资于最安全的理财产品。公债十分安全，是美国政府发行的，而政府破产的可能性很低，因为政府随时可以印制钞票来偿还债务。

概率问题

塔利波现年 39 岁，已经在这一行工作了 14 年，他觉得自己的日子已经安定了下来。他的投资组合包含数百万美元的中期公债，这足以确保他未来衣食无忧。他之所以喜欢自营交易这一行，在于它所需时间比其他高待遇行业少得多。换句话说，这完全符合他的非中产阶级工作伦理。金融交易耗费心力，只知道卖力工作的人，会失去注意焦点，脑筋也会变得迟钝。此外，他们最后会淹没在随机性之中。塔利波相信工作伦理会使人只留意噪声，而忽略了有意义的信号（见“混为一谈”表中所显示的差异）。

多余的时间让他能够追求各式各样的嗜好。塔利波读很多东西，也将很多时间花在健身房和博物馆中，所以没办法像律师或医生那样工作。塔利波重新拾起对自己专业统计学的乐趣。他目前每年会在纽约大学数学系开授半学期被称为“概率思想史”的研讨课。这门课极富原创力，吸引了许多优秀的研究生。他已经为保持自己喜欢的生活方式存下了足够多的钱。万一将来股票市场出现巨大波动，他也备有紧急应变计划，或许是退休后以概率和非决定论（indeterminism）为主题，写一些通俗科学小品文。

塔利波凡事都想到概率问题，这可能和他生活中遇到的某些戏剧性事件有关。这些事件，他放在自己的心里，并未说出口。真要追根究底的话，或许可以从塔利波天生多疑的奇特个性中观察到一些蛛丝马迹，我们没办法一览无遗地透视他的生活。塔利波有个秘密，容后再述。

富豪交易员约翰

20 世纪 90 年代里，约翰的房子与塔利波的房子隔街相望，但是要比塔利波的大得多。约翰是所谓的高收益交易员，和塔利波的个人风格不同，只要和他随便聊上几句，就会知道他的学养、心思和有氧运动教练没有两样，只是体格不一样。连头脑愚钝的人也看得出，他赚的钱比塔利波多很多——或者至少他比较会炫耀。他家车道上停有两辆顶级德国轿车，一辆是他的，一辆是他太太的，还有两辆敞篷车，其中一辆是典藏版的法拉利；然而反观塔利波，还是那辆开了快 10 年的大众双座敞篷轿车。

约翰和塔利波两人的太太彼此也认识，但塔利波太太和约翰的太太在一起时非常不自在，她总觉得约翰的太太不仅爱炫耀，还瞧不起她。塔利波见多了交易员发财后，一心追求成为葡萄酒收藏家和歌剧爱好者的腔调，而他太太也很少碰到低调的新富，跻身新富阶层的人之前穷怕了，于是一有了钱便产生唯恐天下不知的补偿心理。塔利波常说，身为交易员，唯一的坏处是会见到一大笔钱掉到毫无心理准备的人手里，逼得他们不得不去试着了解维瓦尔第的《四季》这种“优美的”音乐。不过对他太太来说，几乎天天要听到对面邻居夸耀说他们又请了一位新的装潢师之类的话，也够苦的了。

约翰夫妇家的“图书室”摆满了皮革封面的精装书，他们一点儿都不觉得不好意思。他太太在健身房只看《人物》(*People*) 杂志，书架上一整套已故美国作家的书却碰都没碰过。她也一天到晚地谈论自己发不出音的奇怪地名；他们夫妇度假时去过那里，可是回来后连当地的一点儿小事也说不上来，问她塞舌尔群岛在哪一个大陆她都答不出来。塔利波太太十分平凡，虽然一再告诉自己别跟约翰的太太一般见识，但她却老觉得生活上不如人家。眼前摆着特大号的钻石、豪宅、跑车，再多的言辞和理由也安慰不了自己。

能赚钱的无知者

塔利波对他的邻居也有一种隐约的不快。他相当瞧不起约翰，因为约翰正代表了他没有变成也不想变成的那种人，然而无形的社会压力开始包围他。此外，他也想品尝成为富豪的滋味。理性上的轻蔑，不能掩饰心底的艳羡。对街的房子越来越大，扩建之后又扩建，塔利波内心的不舒服也日甚一日。塔利波事业上的成功虽然已经超过自己的梦想，但私底下和理智上，他开始纳闷：自己是不是在什么地方错过了什么机会？在互竞强弱的华尔街，约翰这种人的到来，害他失去了重量级交易员的地位。以前他不在意这种事，现在却开始想，要是对街没有那栋讨人厌的大房子，一切都很美好。约翰的大房子让他怀疑这种差距是否产生于天生的强弱有别。更糟的是，约翰比他晚 5 年入行，收入却至少是他的 10 倍。

偶然无意中碰面时，塔利波总能清楚地感觉到约翰对他老是左损右贬，那种纡尊降贵的态度虽不明显，但还是能够察觉，有些时候，约翰会完全无视他的存在。如果约翰这个人远在天边，例如只是报上才读得到的人物，情况将大为不同。可恨的是，约翰不但是个活生生的人，而且还是他的邻居。塔利波犯下的错误是结识了约翰，自那一刻起，强调地位高低的竞争法则便开始生效。

塔利波借着怀想小说人物斯旺来缓和自己的不安。法国小说家普鲁斯特所著《追忆逝水年华》中的主角斯旺，是个优雅且悠闲度日的艺术品经销商，他和威尔士亲王等朋友往来时从容自在，但在中产阶级面前他却好像必须去证明什么似的。斯旺擅长周旋于盖尔芒特地区的王公贵族之间，但和维都洪区的中下阶层却处不来，理由显然是他在前者面前比较有信心。同样，塔利波颇受一些声誉卓越人士的敬重，他经常和诺贝尔奖得主等级的科学家在巴黎和威尼斯街头漫步长谈。这些人士已经不再需要证明什么，却十分乐意与他一谈。一位相当知名的亿万富翁常打电话给他，请教他对一些衍生性证券的价值的意见。可是现在，面对待遇过高、操着拙劣新泽西口音的这样一个土包子，他却热切地想得到对方的尊重。如果我是塔利波，一定会用肢体语言表达对约翰的不屑之情，不过话说回来，塔利波毕竟是个好好先生。

和塔利波比起来，约翰的学历、教养和体格都差得多，也不像他那么聪明，连在街头讨生活的智慧也比不上他！塔利波在芝加哥的交易场见过真正懂得如何讨生活的人，这些人思维敏捷，但在约翰身上却看不到这样的特质。塔利波深信这个浅薄无知却自大的人能够赚那么多钱，只是因为他的弱点还没有遭受考验。不过塔利波有时还是免不了产生嫉妒之情，他不清楚自己对约翰的看法是一种客观的评估，还是只因约翰“狗眼看人低”，才让他有这样的感觉。或许塔利波才是不够格的交易员，也许他应该使劲鞭策自己，或者努力去寻找正确的机会，而不是把时间花在思考、著述和阅读深奥的文章上。或许他应该涉足高收益市场，他的表现一定优于约翰那种目光短浅的交易员。

隐藏风险

塔利波试着通过研究社会地位的法则来减轻自己的妒意。心理学家卡尼曼和特沃斯基指出，大部分人宁可在别人赚 6 万美元时，自己赚 7 万美元，也不希望在别人赚 9 万美元时，自己赚 8 万美元。他想，经济学，谈的都是社会地位高低的问题。这样的分析没办法阻止他从绝对的而非相对的角度评估自己的处境。根据个人的学识，塔利波觉得自己在心态上也是宁可少赚一点儿钱，只要别人赚的更少。

塔利波认为，至少得找到一个约翰只是运气不错而已的证据，这样自己或许就不必搬离邻居的豪宅。约翰终有一天将自尝苦果。约翰似乎不知道他正承担着一个很大的隐藏风险，也就是遭“炸毁”的风险。他看不到这个危机，因为他的经验太少，也因为他眼光不够远，不知道应该去研究历史。粗鄙浅薄的约翰，怎能赚那么多钱？交易垃圾债券必须对赔率有所了解，也就是懂得如何计算这些稀有或随机事件的概率。这些傻瓜懂什么赔率？这些交易员使用“计量工具”来算赔率，但塔利波对他们使用的方法不屑一顾。涉足高收益市场，就好比在铁轨上打盹儿，终有一天下午，突如其来的火车会撞死你。一段很长的时间内，你可能每个月都赚钱，然而，你有可能在短短几个小时内，赔掉多年来累积利润的好几倍。1987 年、1989 年、1992 年和 1998 年，他都曾见到期权卖方落到这种下场。某一天，这些倒霉蛋在魁梧的警卫陪同下走出交易所营业厅，此后再也没人看过他们的踪影。豪宅只会是个钱坑，约翰很有可能流落到新泽西州某个地方，向趾高气扬的新富推销豪华轿车。塔利波不可能遭“炸毁”。他那栋房子虽然没那么大，而且只摆了 4 000 本书，但那毕竟是属于他的，股票市场的波动不会害他失去房子。他的每一笔损失都很有限，身为交易员的尊严，绝不会遭到践踏。

在约翰眼里，塔利波是个小角色，眼高手低，拥有那么高的学历却一点儿用处也没有。塔利波从事的那一行已经成熟，但他正在走下坡路。这些“自营”交易员就要没落了，他们自以为比别人聪明，其实早已过气了。

运气与随机性

1998 年 9 月，塔利波的看法终于被证明是对的。一天早上他出门上班时，看到约翰很反常地在前院抽烟。约翰没穿西装打领带，看起来很谦卑，平常那副神气活现的样子不复存在。塔利波马上就猜到约翰被炒鱿鱼了，却没想到约翰也几乎因此失去了一切。我们会在第五章谈到约翰赔掉了哪些东西。

塔利波为自己幸灾乐祸的心情感到内疚。见到竞争对手的不幸，人有时难免产生这样的心理，但他就是克制不住。这样的心理除了不厚道，据说还会带来厄运——塔利波有点儿迷信。但是这一次，塔利波由衷地感到高兴，不是因为约翰跌回原来的位置，而是因为自己的方法、信念和记录突然之间显得十分可靠。由于约翰的下场不可能发生在塔利波身上，所以塔利波往后大可靠他的记录向大众募集资金。这样的事情再发生几次，对他可是大大有利的。塔利波志得意满，部分原因也在于长期以来在成为人上人的压力下，他还能一直坚守自己的策略。另外一个原因是，当别人赚钱时，他不用再思考自己的交易手法对不对，因为是其他人误解了随机结构和市场的循环。

血清素与市场循环

我们能够根据一个人的表现和个人财富来判断他是否成功吗？有时可以，但不见得永远如此。接下来我会说明，在任一时点，不少杰出企业人士的表现，其实并不比随意掷出飞镖的结果好。更奇怪的是因为一种特殊的偏差现象，能力最差的企业人士反而赚足了钱，而且这样的例子比比皆是。不过他们不会用运气好来解释自己的表现。

幸运的傻瓜一点儿也不会认为自己可能只是运气不错而已——他们不知道自己属于这种人，他们的行为举止就像那些钱是他们该得的。一连串的成功使他们越来越盲目自大，以致他们自欺欺人，以为自己有能力击败市场——我们的内分泌系统并不能告诉自己是不是凭借运气才成功的。我们可以从他们的姿态中发现这一点：赚钱的交易员昂首阔步，走起路来虎虎生风，而且比赔钱的交易员更爱讲话。科学家发现，血清素这种神经传递物质似乎支配着我们大部分的行为。它会形成一种正面反馈，也就是良性循环，但如果随机产生的外部作用力出现了，就可能引发反向的运动，造成恶性循环。曾有研究显示，注入血清素的猴子，在猴群中的地位会升高，而这又使它们血液中的血清素增加，直到良性循环中断，恶性循环代之而起。在恶性循环中，失败会导致猴子的社会地位滑落，而因此出现的行为，又使其社会地位进一步滑落。

同样，一个人有了好表现，不管那是必然的还是幸运女神眷顾的结果，都会促使他的血清素增加，而这又会导致他的所谓的领导统御能力得到提升，也就是说，这个人会“步步高升”。举止行为上一些细微的变化，例如能够冷静自信地表达个人意见，会使一个人看起来权威可靠，好像他赚那么多钱是应该的。细数他表现优异的原因时，随机的因素很少被谈到，直到它再次兴起，奋力一击，引发恶性循环。

人们常有个坏习惯：喜欢在社交场合问我的操作是否赚钱。如果我的父亲在场，他通常会制止他们，并说："绝对不要问一个人是不是从斯巴达来的。如果是，他会主动让你知道这么重要的事；如果不是，你就伤到他的心了。"同样，绝对不要问交易员他有没有赚钱，从他的举手投足你就能看出来。内行的人都能轻而易举地判断某位交易员是赚钱还是赔钱，交易员的顶头上司能够一眼看出哪位下属的表现不好。从表情上不太能看出来，因为人们会刻意控制面部的表情。但是他们走路的方式、拿电话的方式、行为上的犹疑不决，能够传递大量的信息。

约翰被炒鱿鱼的那个早上，绝对失去了很多血清素（除非10年后研究人员发现是另外的物质控制着人类的行为）。芝加哥一位出租车司机曾经告诉我，他能够判断在芝加哥期货交易所附近上车的交易员的执业水平。他说："他们一上车就自吹自擂。"他能那么快就看出来，我觉得很有趣（也很神秘）。我后来从进化心理学找到了言之成理的解释：一个人的表现好坏会显露在外表上，就像动物的显性特征足以传递很多信息，赢家通常更容易被注意到，在择偶时这是很有意义的规律。

富有的牙医

结束这一章之前，我们先为后面要谈的抗拒随机性起个头。我们知道塔利波有钱，但按周围环境的标准来说，他不算“很有钱”。然而根据下一章将谈到的某种奇怪的结算方法，就他可能经历的各种人生的平均值而言，他是极为富有的，因为他在操作生涯中几乎没冒什么风险，他可能遇见的灾厄少之又少。他之所以不像约翰那么成功，是因为他不会像约翰那样冒遭“炸毁”的风险。因此依照这种涉及概率性的独特财富计算法，他绝对是相当富有的。我们也知道塔利波设法保护自己不受稀有事件的冲击，要是塔利波必须重新经历他的专业生涯几百万次，那么碰上坏运气的次数一定很少，但由于生性保守，运气很好的次数也会非常少。也就是说，他会像钟表修理匠一样过着安稳的生活。当然了，我们只谈他的专业生活，不谈他可能多姿多彩的私生活。

我们也可以据此推论，牙医远比开着粉红色劳斯莱斯轿车的摇滚乐手、花天价购买印象派画作的投机客，或者收藏私人飞机的企业家富有。我们在讨论一项行业时，必须考虑那一行人士的平均值，而不是拿一个已经成功的人做样本。书末我们将从幸存者偏差（survivorship bias）的角度来谈这一点，但在第一篇，则从抗拒随机性的角度来探讨。

假设有两个邻居，马克本来当门卫，有天中了新泽西州彩票的大奖，于是搬到有钱人居住的社区。隔壁的戴维不是那么有钱，35 年来一直当牙医，一天工作 8 小时。我们可以这么说：由于戴维的职业生涯单调乏味，假设他从牙医学院毕业后，人生必须重新来过好几千次，他可能遇见的情形仍然相当有限。最好的情况是，他会在纽约的公园大道替富裕的居民看牙齿，最坏的情况则是在卡茨基尔那种半荒废、满是拖车的城镇行医。此外，如果他毕业于非常有名气的牙医学院，他可能遇到的情况反而更少。至于马克，如果他必须重新经历 100 万次人生，那么他几乎会当 100 万次门卫，而且一直花钱买彩票，却怎么买都中不了大奖，他 100 万次人生中能有一次中新泽西州彩票的大奖就已很幸运了。

除了考虑观察得到的可能性结果，我们也应考虑观察不到的可能性结果，这样的想法听起来好像疯狂至极。在大部分人看来，概率是谈将来可能发生的事，而不是谈过去已经观察到的事件；已经发生的事件，是百分之百确定的。谈到这些观点时，许多人一味指责我把迷思和事实混为一谈。迷思，尤其是像梭伦的警语那种古老的迷思，其蕴含的力量可能远比纯事实强大，并能使我们有更多的感悟。

第二章

奇特的结算方法

那些成功人士其实只是转盘赌博中的幸运儿罢了，只是，他们的幸运究竟能持续多久？

首先我要老调重弹：不管是战争、政治、医疗还是投资，我们都不能以成败论英雄，而必须以“假如历史以另一种方式呈现”的另类成本来论成败。我们将这种以不同方式呈现的历史称为“另类历史”。我们不能单凭结果评价一项决策的优劣，但这样的观点似乎只有失败者才会接受，成功者总把成功归因于决策英明。也因此，即将下台的政治人物会一直告诉还肯听他们讲话的新闻媒体他们一路走来，都是选最好的路在走，听众听了，必会照例回答

“是的，我们知道”，却使得失势之痛更加尖锐。和许多陈词滥调一样，我所说的话其理至明，但实际上奉行不易。

俄罗斯轮盘赌

我们可以用下面的方式来说明另类历史的奇特观念。假设有个行为古怪且无聊的企业大亨，拿出 1 000 万美元和你玩俄罗斯轮盘赌，他准备了一把左轮手枪，在可装 6 发子弹的弹夹装上一发子弹，然后对准你的头扣动扳机。每次扣动扳机称作一段历史，因此总共有 6 段历史，每段历史的概率相同。其中的 5 段历史会使你发大财，而另一段历史则会导出一则死因难堪但很有创意的讣闻。问题是，你只能观察到一段历史，而且会有一些白痴记者对 1 000 万美元的赢家赞誉有加——这些记者就是会无条件赞誉《福布斯》(*Forbes*) 杂志 500 强亿万富豪的那批人。我在华尔街 18 年，见过无数企业高层主管，依我之见，这些主管只是在面对随机出现的营运成果时，当个判官而已。一般人和这些主管没什么两样：只看到财富的表象，却不探究来源。俄罗斯轮盘赌的赢家，也很可能被家人、朋友和邻居当作榜样。

虽然另5段历史我们无法看到，但聪明、肯动脑筋的人，却可能很容易猜到它们的属性。做这件事需要用脑筋去想，也需要有勇气。此外，如果玩轮盘赌的傻瓜一直玩下去，不幸的命运迟早会降临到他身上。假设25岁的人一年玩一次俄罗斯轮盘赌，那么他能活到50岁生日的机会十分渺茫。但是如果有很多人，比如几千个25岁的年轻人都在玩这个游戏，那么应该会有少数人能够在年过半百时变得极其富有，而其他人则会成为一堆墓冢。我必须承认，俄罗斯轮盘赌的例子，对我来说不只是知性的探索，在黎巴嫩战争期间，我有一位好友就因这种“游戏”而丧生，当时我们不过十来岁。除此之外，由于受到英国小说家格林谈他玩这种游戏的经历的影响，我对文学产生了浓厚的兴趣。他对我的影响，比我最近亲眼看见的实际事件还要深。格林表示，童年时期为了排遣无聊乏味的生活，曾经扣下左轮手枪的扳机。我为此吃了一惊，因为这至少有1/6的概率会害我看不到他写的小说。

读者现在应能了解我另类的计算方式：玩俄罗斯轮盘赌赚来的1 000万美元，价值不同于靠辛勤努力和娴熟的牙医技术赚来的1 000万美元。两者的金额相同，能买相同的东西，但前者的随机成分比后者高。对会计师来说，它们完全相同；对你的邻居来说，它们也一样。不过在内心深处，我总觉得它们的性质很不一样。这种另类的计算方式是很有趣的，且可以用数学来说明。下一章谈蒙特·卡罗发生器时，就可看清楚。请务必注意，如此运用数学，只是为了展示论点背后的直觉想法，不应被解读为设计的问题。换句话说，评估问题的属性，更重要的是去计算另类历史发展的后果。因此在这里，数学不只是“数字游戏”，更是一种思考方式。我们迟早会了解概率终究是个用来分析问题的定性手法。

现实中的风险游戏

现实生活比俄罗斯轮盘赌邪恶多了。首先，它不仅常常射出要命的子弹，而且它的弹夹还可装几百发、几千发子弹，而不像左轮手枪最多只能装 6 发。试过几十次之后，我们便忘了里面还有许多颗子弹，而误以为自己很安全。本书把这类事称作“黑天鹅问题”，将于第七章讨论。这个问题和让一些探讨科学的哲学家辗转难眠的归纳法问题有关。它也和被称作拒斥历史（denigration of history）的问题有关，因为赌徒、投资人、决策者总是觉得，发生在别人身上的事情，不见得会发生在自己身上。

其次，俄罗斯轮盘赌这类游戏的玩法非常明确，只要会 6 的乘除法的人都知道它们的风险。但一般人却看不到现实生活举起的枪管。生活中的陷阱很难通过肉眼观察到，因此我们可能在不知不觉中就玩上了披着其他事物外衣的俄罗斯轮盘赌。我们看到有人赚取巨额财富，却没看清楚操作原理，因此不知道他们承担的风险，也没看到输家。这种游戏看起来容易得很，我们也玩得兴高采烈。

考虑随机性

每个人抗拒随机性的程度都是不固定的，一部分是因为它的逻辑和人们的直觉背道而驰，而更叫人困惑的是，我们看不到所有随机现象实现后的结果。不过我对它越来越越感兴趣。当然我习惯以概率学的角度来判断事情：注意可能发生什么事，而且对观察到的事物抱持着肯定的态度。讨论这种概率问题时，我不建议请会计师参加。对会计师来说，数字就是数字。如果他对概率有兴趣，早就投身于比较需要内省的行业了，请这种行业的人来处理你的所得税申报书，一定会犯下代价很高的错误。

虽然我们看不到现实生活的转盘枪管，但有些人却勇于一试。人必须有一种特殊的心态才会那么做。我这一行的特色是极为仰赖随机性，我见过数百人来来去去，我不得不表示，受过一点儿科学训练的人，往往比较有成就。对许多人来说，这样的想法有如第二天性，原因不见得和他们所受因果关系的科学训练本身有关，而在于决定献身科学研究的这些人对知识往往具有根深蒂固的好奇心，以及内省的倾向，有些人由于没办法潜心研究范围狭隘的问题，不得不放弃科学研究，却因此特别擅长动脑筋思考。目前如果没有过人的求知欲，几乎不可能完成博士论文，而如果缺乏专精某一学科的欲望，就不可能走上科学生涯。然而专攻抽象概念的数学家和求知欲强烈的科学家两者的思维有所不同。数学家浸淫于进到他脑子里的东西，科学家探索的则是自身以外的世界。不过，关心随机性的人有可能做得太过火了。我见过专攻某些领域，例如量子力学的人，他们把随机观念推向极端，只见到历史的另类发展，却忽视实际真正发生的事。

有些交易员出乎意料地也考虑到随机性。最近我曾和劳伦在奥登酒吧共进晚餐。劳伦是交易员，当时正在看这本书的草稿。我们掷硬币决定由谁付账，我输了，只好乖乖掏腰包。他本来想道声谢，却突然改口说：“看了你的书，我想你一定会说，在概率上，这顿饭我付了一半的钱。”

因此我认为人分成截然相反的两类：一类绝不接受随机性，另一类则为随机性所苦。20 世纪 80 年代我刚踏进华尔街时，交易室里都是有着“商业取向”的人，他们普遍缺乏省思的能力，像松饼一样缺乏深度，很容易被随机现象愚弄。他们的失败率极高，尤其当金融商品的复杂性与日俱增时更是如此。市场引进了一些很难捉摸的产品，像是某些奇特的期权，没办法，交易员只得靠过往从此行业积累的经验处理问题，所以处于那种文化中的交易员不懂得如何操作，他们纷纷中箭落马。我想，80 年代我在华尔街碰到的数百个 MBA（工商管理硕士）中如今仍守着旧习，不畏风险随机操作的人恐怕不多了。

科学家救星

20 世纪 90 年代有一些比较富裕且背景较为有趣的人出现，这使得待在交易室的乐趣远甚于从前，我因此不必一天到晚听 MBA 讲的那一套。许多科学家带着发财梦踏进这一行，其中有些人在他的专业领域中还十分杰出。他们又招聘了同样优秀的人进来，虽然这些人大多没有博士学位（事实上，博士仍属少数），交易所的文化和价值观却为之大变，变得更能接纳艰深的知识。由于金融商品的发展速度很快，华尔街对科学家本来就高的需求，这下子变得更为迫切。独领风骚的专业领域是物理，但也可以看到各种计量背景的人才。

带有俄罗斯、法国、中国、印度口音的人开始挤满纽约和伦敦。据说从莫斯科起飞的每一班飞机上，至少后排都坐满了要飞往华尔街的俄罗斯数学物理学家——他们缺少讨生活的能力，所以买不到好座位。带个翻译（非带不可）到肯尼迪机场走一趟，随便找几个这种类型的人谈一谈，一定可以用很低的薪水请到其中一些人来为你效力。20世纪90年代末，真的能以MBA一半左右的薪水，请到受过一流科学家训练的人才来为你做事。人们常说，营销即一切，这些人根本不懂得如何推销自己。

我非常偏爱俄罗斯科学家，他们中许多人甚至可以担负国际象棋教练这样的工作，我就在其中找到了一位钢琴老师。此外，他们的这些特长在面试时很有用。MBA应聘金融交易职务时，常在履历表上夸称自己“擅长”下棋。记得沃顿商学院的MBA职业生涯顾问曾经建议我们广为宣传自己的棋技，“因为这会让你们听起来很聪明而且极富战略思维”。MBA 通常把自己略懂下棋规则夸赞成“很会下棋”。为了确认应聘者所说是否属实，以及人品如何，我们会从抽屉里取出一副国际象棋，告诉应聘者：“等一下尤里会来和你较量一下。”听到这句话，应聘者的脸色总是立即转白。

这些科学家的失败率低于 MBA，不过只是略低一些，因为平均而言（也只是平均而言），他们连一点儿实务上的智慧也没有。有些出色的科学家完全缺乏生活技能和社会礼仪，但不是每个人都这样。许多人能以极其严谨的态度解决最复杂的方程式计算问题，却没办法解决现实生活中最简单的问题；他们好像知其然，却不知其所以然，不了解数学的精神为何。

我认识一位讨人喜欢的俄罗斯人，他拥有两副头脑，一副用于解决数学问题，另外一副则差很多，用于解决其他所有事情，包括和财务数据有关的问题。不过我偶尔能见到思维敏捷，拥有生活智慧的科学家。姑且不论这些人在哪些方面有贡献，由于他们，我们的棋艺进步了，午餐时的谈话品质大为提升，用餐时间也因此拉长许多。20 世纪 80 年代时，和 MBA 或拥有税务会计背景的同事聊天，他们总是会就财务会计标准委员会（FASB）制定的标准夸夸其谈。但我得说，他们的兴趣实在缺乏感染力。这些物理学家叫人感兴趣的地方，不在于他们有能力讨论流体力学，而在于他们对各类知识性话题自然而然流露出的兴趣，和他们谈话让人觉得愉快。

当心“高手”

读者可能已经猜到，我所持的随机性见解害得我在华尔街做事时，没办法和一些同事相处融洽。你可以在本书间接看到我的许多同事，我最悲惨的遭遇是遇到了几个不幸当上我顶头上司的人。我曾遇到过两个老板，他们各方面的特质几乎全然不同。

我把第一位称作肯尼，他是住在市郊的典型顾家男人，他会在周六上午充当足球教练，周日下午邀请妻子的家人一起烤肉。他的外表会让人放心地把积蓄交给他去投资，虽然在公司赖以成名的金融衍生产品方面一窍不通，他却蹿升得很快。但他太过正经八百，听不懂我的逻辑。1993年，欧洲债券市场出现多头走势，他的交易员表现很好，我却嗤之以鼻。我曾经公开表示，他们的表现不比乱枪打鸟的结果好，这令他很不高兴。我试着向他解释本书第二篇将讨论到的“幸存者偏差”的观念，却徒劳无功。后来，他手下的交易员全都离开这一行去“追求其他兴趣”，他自己也走了。他看起来冷静慎重、有话直说，懂得如何在交谈时让对方轻松自在；他能言善道，运动员般的体格让他特别抢眼；他谈吐优雅，而且善于聆听。他凭借个人魅力，赢得了董事长的信任，但我却难掩轻蔑之意，最大的原因是他听不懂我讲的话。尽管他看起来相当保守，但实际上却是颗完美的定时炸弹，嘀嗒作响。

第二位我叫他帕特里斯，和肯尼形成鲜明的对比，他是个喜怒无常的法国人，脾气火暴、性子很急。除了对为数不多的手下爱将网开一面，他的拿手好戏是让部下的日子很难过，并经常处于焦虑状态。我被训练成乐于冒险犯难的人，他的功劳很大。很少人有勇气像他那样，只关心发生器，完全不顾成果。他拥有棱伦般的智慧。我们可能以为拥有这种个人智慧，以及了解随机性的人，会过着单调乏味的生活，其实不然，他的生活多姿多彩。

肯尼总是穿着保守的深色西装和白衬衫，唯一纵容自己的，是打一条艳俗的爱马仕领带。帕特里斯却不一样，他打扮得像只孔雀：蓝衬衫、缝满华丽俗气丝质大口袋的彩格运动外套。他不是顾家型的男人，很少在中午以前来上班，但我敢说，他一定会把工作带到你想象不到的地方去做。他常在凌晨3点从纽约的高级夜总会瑞金打电话把我吵醒，讨论我负责的项目中无关紧要的细节。他略微发福，却似乎很有女人缘，常在中午时分不见人影，一连几个小时都不见踪影。以住在纽约的法国人来说，养成经常洗澡的习惯可能是他的优点。最近有一次，他找我去讨论紧急公务，时间在下午，而地点竟然选在巴黎一个没挂招牌的奇怪“俱乐部”。文件散落在他面前的桌上，他轻啜香槟，左拥右抱着衣着暴露的两位美女。很奇怪，他竟然让她们参与谈话，好像她们也是被请来开会似的。他甚至请其中一位美女帮他接听响个不停的手机，以免我们的谈话被打断。

像只花蝴蝶般的这个人，非常喜欢冒险，这点直到今天仍叫我惊诧不已。他脑子里经常盘算着如何冒险，而且事先设想可能发生的每一件事情。他设想有一天飞机可能撞进办公室，一定要我为这件事拟妥替代计划。我回答说，在这种情况下，我对他部门的财务状况不会产生兴趣，结果引得他勃然大怒。他是恶名昭著的好色之徒，喜怒无常，一时动怒就炒人鱿鱼。不过他愿意听我说话，也了解我讲的每一句话，并且鼓励我更加努力地研究随机问题。他让我留意可能导致投资组合遭炸毁的无形风险。他十分尊重科学，在科学家面前毕恭毕敬，这事并非巧合。在我们共事之后约 10 年，他出人意料地出现在我的博士论文答辩会场，坐在会场后面对我微笑。

肯尼长袖善舞，懂得怎么在公司一层层往上爬，他到最后被迫离职前已经登上高层位置。而帕特里斯则没有那么愉快的职业生涯，这件事教会我在庞大的金融机构中的自处之道。

许多自称“结果导向”的人，被问到并未发生的历史，而不是实际发生的历史时，总是紧皱眉头。对于力求在商场“出人头地”、正经八百的人来说，我的语言，以及我个性上的一些特质听起来很奇怪，难以理解。我的论点似乎触怒了很多人，这点令我觉得很有趣。

肯尼和帕特里斯的鲜明对比，并不是职场中的巧合。务必小心提防挥霍无度、“懂生意经”的人，因为市场上筑起的坟墓中，躺着的多是自称重视“财务盈余”的人。他们平时看起来像是“宇内高手”，但突然间会脸色苍白、气急败坏、谦逊卑微，垂头丧气地前往人事办公室，讨论解雇条件。

有违直觉的真理

现实主义者会遭到沉重的打击，概率怀疑论者的下场则更糟。戴着概率的眼镜过日子很辛苦，因为你会在各式各样的状况中，看到身边到处是执着于自己认知中的假象的傻瓜。

我们很难想象亚历山大大帝或者恺撒在发生的历史中只打胜仗，却在未曾发生的历史中吃败仗。我们能够听到他们的大名，只是因为他们和其他成千上万的人一样，冒了很大的风险，最后碰巧取得胜利。他们十分聪明、勇敢、高尚，拥有当时的最高文化水平；但是其他数以千计、活在不显眼的历史脚注中的人物也是如此。他们打了胜仗，这一点我没有异议，我唯一有异议的地方，是胜利和他们处事的策略有关的说法。

最近重读《伊利亚特》（*Iliad*）叙事诗，我的第一印象是，叙事诗人并没有以成败论英雄。英雄打胜仗或败仗，和他们本身的英勇行为完全无关；他们的命运完全取决于外部的力量，而这通常是命运之神的杰作。英雄之所以是英雄，是因为他们的行为十分英勇，而不是因为战场上的成败。帕特洛克勒斯不是因为他的成就而被视为英雄

（他很快就被杀了），而是因为他宁死也不愿见到阿喀琉斯因愤怒而失去行为能力。叙事诗人显然了解未发生的历史。后来的思想家和诗人找到了处理随机性的更巧妙的方法，斯多葛哲学就是如此。

收看新闻节目有时会叫我跺脚，主要是因为我不习惯，而且面对会动的影像时，我会变得很情绪化。我成长的过程中并没有电视机，直到快 30 岁，我才学会操作电视机。从媒体人威尔访问希勒教授的例子，可以看出拒绝考虑历史另类发展的危险性。威尔是“评论家”，评论的主题范围很广。希勒以畅销书《非理性繁荣》（*Irrational Exuberance*）而闻名，但在行家眼里，他最为人称道的则是他从严谨的数学角度表现的对市场随机结构和波动性的深邃见解。

这段采访可以见证新闻媒体为迎合我们严重曲解的常识和偏差，而展现的强大破坏力量。据说威尔非常有名且极受敬重，他甚至可以算得上博学多闻，他所从事的行业，在大众印象中是聪明人才能进入的行业。相比之下，希勒十分了解随机性，论证严谨，但观众不觉得他有那么聪明，因为他研究的课题和人类直觉大相径庭。很久以来，希勒一直表示股票市场的股价过高。威尔采访希勒时指出，要是人们以前听信他的话，现在就惨了，因为从他开始宣称股价过高以来，股价上涨了一倍有余。对于对方的新闻用语和言之成理却没有意义的说法，希勒招架不住，只能表示：不应对单单一个市场预言错误大做文章。希勒是个学者，而不是预言家，或在晚间新闻里评论市场动态的新闻人员。要是接受访问的是约吉·贝拉，他不会那么好欺负，他会妙语连珠地反击。

希勒不懂得怎么把自己的观念浓缩成无趣的新闻用语，我不知道他上这种电视节目是要做什么。当市场已失去理性，别以为它不会变得更不理性，这样的想法显然被认为是愚不可及的。但希勒对市场理性的见解，并没有因为预测市场错误而变得无效。因此我忍不住将威尔之流看成我职业生涯中无数噩梦中的代表人物。在这些噩梦中，我试着阻止别人为了 1 000 万美元去玩俄罗斯轮盘赌，结果遭到威尔之流的公然羞辱，他们说要是别人听了我的话，一定会少赚很多钱。不过，威尔说出这些话并非临时起意，他写了一篇文章专门探讨希勒的错误“预言”。根据轮盘赌转出的结果做预测或抨击预测的倾向，正好显现我们缺乏能力，没办法应对现代世界中存在的复杂随机事件。预言属于“混为一谈表”中的右栏，预测则属于左栏。把预测和预言混为一谈，正可显现人们对随机性的无知。

常识不过是错误看法

另类历史的观念显然不为人类直觉所接受，一切有趣的事情都出自那里。首先，我们的本性并不善于了解概率，本书将一再讨论这一点。在这里，我只指出，研究大脑运作的科学家相信，数学上的真理对我们的心智来说并没有太大的意义，在检验随机的结果时更是如此。大部分概率的结果完全违背直觉，我们会看到许多这类例子。新闻记者靠迎合大众的一般认知为生，既然如此又何必跟他们计较？我每一次公开讨论市场问题时，都被威尔之流以更动听、更容易理解的论点羞辱，然而过了很久之后事实总是证明我才是对的。我不否认，论点应该尽可能力求精简。但是当复杂的观念没办法简化成新闻媒体喜欢的表达方式时，人们就以为提出那些观念的人本身也混淆不清。MBA知道事情应该力求清晰和简单，所以半吊子经理人大行其道。这种观念或许适用于肥料工厂的经营计划，却不适合用来讨论概率问题，因此我这一行有不少 MBA 在金融市场中遭“炸毁”的故事，因为他们根据所学，省略了几个必要的步骤（MBA 读者请不要生气，我本人也不幸地拥有 MBA 学位）。

请不要把正确性和可理解性混为一谈。人们通常更易接受可以很快解释清楚和“一言以蔽之”的事物，在许多领域中这还被当作定律。我上法国公立小学时，学到了这句格言：

> 容易理解的事情，也容易表达清楚，
> 说起来不费吹灰之力。

长大后我身为随机性的实践者，发现如诗般的格言竟然大谬不然，读者可以想见我的失望之情。前人的智慧不见得正确，我必须费很大的劲，才能不被动听的话牵着鼻子走。我提醒自己，爱因斯坦说过，常识不过是 18 岁以前学得的一大堆错误看法。此外，在谈话中、会议里，尤其是新闻媒体上听起来很有智慧的话，都是值得怀疑的。

展读科学史，可以看到科学所证明的聪明事，初次被发现时几乎都被视为愚蠢疯狂的举措。若在 1905 年时向伦敦《泰晤士报》（*Times*）的记者解释“一个人行进时，时间会变慢”的观念，对方会有什么反应？连诺贝尔奖委员会也没有颁奖给爱因斯坦，以表彰他在相对论上的洞见。向没学过物理的人说，宇宙中有些地方根本不存在时间，他们能接受吗？向肯尼解释，虽然他的明星交易员帮他赚了很多钱，但我却有充分的论据向他证明他处于危险的境地，他会有什么样的反应？

风险管理经理

企业界和金融机构最近创设了一个叫作风险管理经理（risk manager）的奇怪职位，风险管理经理负责确保公司不会玩俄罗斯轮盘赌玩得太过火。这些公司显然吃过很多亏，因此想找办法避免这种情况的发生。虽然从事金融操作比较有趣，但我的许多非常聪明的朋友，包括帕特里斯，却为这种职位所吸引。重要且有趣的是，风险管理经理平均赚到的钱比交易员多，要是把被淘汰出局的交易员也算进来，优势就更明显了。不过风险管理经理的工作听起来很奇怪，我们说过，现实生活中的风险是很难看到的。风险管理经理的力量相当有限，他们没办法阻止赚钱的交易员不冒风险，因为事后回顾，身边总有威尔之类的人会指责他们使股东失去了宝贵的赚钱机会。另一方面，假使交易员因操作不慎而遭“炸毁”，他们又得承担责任。那么，该怎么办？

于是他们玩弄起政治手段，为了保护自己的饭碗，只好发出措辞模棱两可的内部备忘录来对冒险活动提出警告，但不能十分露骨地谴责那种行为。就像医生常在两类错误之间饱受折磨：一类是告诉病人他罹患癌症后发现是误报（false positive）；另一类是告诉病人他很健康后发现是罹患癌症的漏报（false negative）。他们需要在两者之间取得平衡，因为医生这一行本质上无法同时避开这两种错误。我很久以前就解决了这个问题，方法是同时出任风险经理和交易业务的主管。

结束这一章之前，我要谈谈我应付金融随机现象过程中的一个基本矛盾。依定义，我一定会和别人唱反调，因此我的风格与方法不太受欢迎也不容易理解，这不足为奇。但是我的工作是为别人管理钱财，而且这个世界也不是只有喋喋不休、不合逻辑又没钱投资的新闻人员。因此我打从心底里希望一般投资人依旧是不了解随机性的傻瓜，这样我才能和他们作对，但仍有少数一些聪明人，觉得我使用的方法很有价值，愿意拿钱让我投资。我承受的最大风险是操作得太成功，因为这表示我这一行即将消逝。这真是个奇怪的行业。

第三章

从数学的角度思考历史

历史存在着多种可能，我们不能为历史的一小段过程所迷惑，而要在较大尺度的历史范围内考察一切。

欧洲花花公子的数学

纯粹数学家给人的刻板印象是面无血色、胡须蓬乱、指甲不修，悄无声息地埋首在书籍堆积如山、杂乱无章的书桌上。他挺着啤酒肚、肩膀消瘦，在脏乱的办公室里沉浸于工作中，对混乱的环境视若无睹。他讲起英语时带着浓重低沉的东欧口音。他吃完东西时，碎渣总是残留在胡子上。随着时间的流逝，他日益沉迷于探索纯粹定理和越来越抽象的概念。美国民众不久前见识到的“大学炸弹客”（unabomber），就是带有这种特征的人。这位数学家留着大胡子，隐遁在简陋的小屋中，努力研究如何杀害推广现代科技的人。没有一位新闻记者能够描述他的论文《复数边界》（*Complex Boundaries*）中的内容，因为找不到可以让我们理解的类似事物，-1 的平方根是个复杂、完全抽象的假想出的数字，在数学世界以外的地方，找不到相类似的东西。

蒙特·卡罗这个名字，让人联想起皮肤晒得黝黑的欧洲都市花花公子，他在地中海的微风中走进赌场。他擅长滑雪和打网球，但也能专心下国际象棋和打桥牌。他开着灰色跑车，穿着笔挺的意大利手工制作西装，谈起琐碎但真实、新闻记者能以简洁的句子向一般人描述的事情时，他的措辞审慎且流畅。在赌场内，熟悉赔率的他心思敏捷地算牌、郑重其事地下注，他可以在头脑中算出最适当的赌注金额是多少。他可能是 007 邦德失散多年但更聪明的兄弟。

现在每当我想到蒙特·卡罗方法，总会很愉快地把以下两者结合在一起：蒙特·卡罗务实但不浅薄的态度，以及数学家不过度强调抽象概念的直觉。这门数学的分支，确实有很高的实用价值，而且少了数学常见的枯燥无味，我从当上交易员的那一刻起，就迷上了它。在和随机性有关的大部分事物上，它对我的想法影响很大。本书使用的大多数例子，都是用我的蒙特·卡罗发生器创造出来的。不过，那是一种思考方式，而不是计算方法。数学主要是用来冥思的工具，而不是计算的工具。

处理不确定性的工具

上一章所讨论的另类历史的概念，可以大幅延伸，并在技术上做种种改良。这就会谈到我这一行用来处理不确定性的工具。简而言之，蒙特·卡罗方法是用以下所述的概念创造人为的历史。

首先来谈样本路径（sample path）。历史的不同发展有个学术名称，叫作替代样本路径，这个名称是从被称作随机过程（stochastic processes）的概率数学得来的。路径的概念和结果不同，它不是 MBA 式的情境分析，而是探讨随着时间的流逝而出现一连串可能的情境。我们不只关心明天晚上鸟儿会栖息在哪里，也关心明天晚上之前，它可能歇脚的所有地方。我们不关心比如一年后投资人的财富有多少，但关心这段时间内他财富的起伏情况。样本一词强调的是，我们只能观察到一大堆可能结果中的一个。样本路径可能已经确定，也可能是随机的，因而有以下的不同。

一条随机样本路径在数学层面被称作一个随机序列（random run），这些虚拟历史事件起于某一日期，止于另一日期，不同的地方在于它们受程度不等的不确定性影响。但是虽然名为随机，却不表示这些事件序列发生的概率相同。有些事件出现的概率高于其他事件。

你的探险家堂弟不久前感染伤寒，从开始染病到痊愈，每个小时对其测量体温，这便是抽取随机样本路径的例子。我们也可以针对你喜爱的科技股，记录它每天的市场收盘价格，如此持续一年。在某一情境中，它的原始价格可能是100美元，一年后的价格是20美元，但最高价曾经达到220美元。在另一情境中，一年后它的价格是145美元，其间曾经跌到过10美元的最低价。你某天晚上在赌场的钱财进出又是另一个例子。你的口袋里本来有1 000美元，每15分钟数一次。在某个样本路径中，半夜时你拥有2 200美元；在另一个样本路径中，你只剩下20美元，勉强能叫辆出租车回家。

随机过程是指随着时间的流逝，各种事件纷纷出现的动态过程。Stochastic 一词是 random 的希腊文，概率论的这一分支的研究对象是连续性随机事件的演变过程，我们可称其为历史的数学。一个过程的关键，在于它含有时间因素。

蒙特·卡罗发生器是什么东西？不妨想象你不必找木匠，就能在阁楼里复制一具完美的轮盘。我们可以用计算机程序来仿真任何事情，它甚至会比木匠做的轮盘更好而且更便宜，因为实体轮盘本身的斜度或者阁楼地板倾斜可能会使某个数字特别容易出现，这被称作偏差（biases）。

蒙特·卡罗发生器是我成年之后见过最像玩具的东西。我们可以靠它产生数千或数百万个随机样本路径，并观察其中的一些特征。计算机对于这种研究有帮助。冠上蒙特·卡罗这个迷人的名字，暗示其虚拟赌场的方式模拟随机事件。我们可以设定一些条件，使这些事件类似于现实生活中常见的状况，然后针对它们产生一堆仿真结果。即使不懂数学，我们也可以用蒙特·卡罗方法，仿真一位 18 岁的黎巴嫩基督徒连续玩俄罗斯轮盘赌的结果，然后观察有多少次他会致富，或者平均多长时间他会被一枪毙命。我们可以把弹夹改成能装 500 发子弹，以降低死亡的概率，之后再观察结果将如何。

蒙特·卡罗仿真法是研制原子弹时在洛斯阿拉莫斯实验室中发展出来的，其于20世纪80年代在财务数学领域流行起来，特别适用于探讨资产价格的随机漫步理论（random walk theories）。我们不得不说，俄罗斯轮盘赌的例子不需要这种装置，但是许多问题，尤其是和真实生活状况类似的问题都需要借助蒙特·卡罗仿真法的力量去解决。

蒙特·卡罗数学

"真正的"数学家不喜欢蒙特·卡罗方法，这的确是事实。他们认为蒙特·卡罗法剥夺了数学的巧妙技巧和优雅。他们称它为一种"蛮力"，因为我们可以用蒙特·卡罗仿真法（以及其他的运算花招）取代一大部分的数学知识。比如，没有正式学过几何学的人，也能算出神秘如谜般的圆周率 π。怎么算？你可以在一个正方形内画个圆，然后就像在游乐场那样对着这幅图胡乱举枪射击。详加记载射到图上任何一点的概率，即均匀分布（uniform distribution）。圆圈内的弹孔数与圆圈内外所有的弹孔数的比率便是圆周率的倍数。用计算机这样计算圆周率问题，显然不是很有效率的做法，因为圆周率可以通过解析的方法，也就是数学的方式计算，但是和一行行的方程式比起来，这种方法能够给使用者更直接可见的印象。有些人的大脑和直觉，适合通过这种方式去了解某些事情，我也算是其中一个。对我们人类的大脑来说，计算机或许不是很自然的东西，但数学也一样。

我不是一个天生的数学家，换句话说，我不是使用数学如使用母语的人，所以我讲起数学来带有“外国口音”。我对数学的性质本身不感兴趣，只对它的应用感兴趣，但是数学家感兴趣的是如何通过定理和证明来拓展数学知识。除非我需要解决某些实际问题，否则我没办法专心去解一个方程式。因此我的所知大多来自衍生性金融商品的交易——期权促使我去研究概率数学。许多好赌成性的人，智力本来只属中等，却在贪念的驱使下，掌握了惊人的算牌技巧。

我们也可以用语法来打比方。数学往往像是冗长乏味且无法洞测的语法。有些人只对语法本身感兴趣，也有人只是想在写文章时不犯语法错误。我们被人称作“数字专家”（quants），就像物理学家一样，我们感兴趣的是如何运用数学工具，但对工具本身并不感兴趣。数学家是天生的，绝不是后天养成的。物理学家和数字专家也是天生的。

只要能得到正确的结果，我才不管使用的数学够不够“优雅”、有“品质”。只要可以，我就会利用蒙特·卡罗发生器，它能帮助我完成工作，教育效果也好得多。所以本书会用它来解说各种例子。

事实上，概率是个发人深省的研究领域，因为它影响着多种学科，尤其是所有科学之母，也就是知识。如果在知识累积过程中不考虑随机性，那么我们将无法评估所累积知识的品质。科学是以完全相同的方式对待概率和信息的。几乎每位伟大的思想家都曾涉猎概率理论，而且大部分人都为之着迷不已。

爱因斯坦和凯恩斯是我心目中两位最伟大的思想家，他们在追求知识的旅程之初都曾借重概率理论。爱因斯坦于1905年发表了一篇重要的论文，谈的是静态液体中悬浮粒子的演变，可以说他率先从概率的角度探讨连续性的随机事件。他探讨布朗运动理论的论文，可以作为建构财务模式所用的随机漫步理论的骨干。至于凯恩斯，在文人眼里，他不是穿着花呢套装的左翼分子喜欢引述的政治经济学家，而是经典之作《概率论》的作者。凯恩斯踏进晦暗的政治经济学领域之前，是研究概率的学者。他也拥有其他有趣的特质，在体验过巨富之后，他操作自己的账户却遭“炸毁”——由此可见懂概率的人，未必能在生活中利用好概率。

读者一定猜想得到，探索概率的下一步，是进入哲学的层次，尤其是研究知识哲学分支的知识论、方法学，或者科学哲学。它们因波普尔和索罗斯等人而普及开来。

历史的意义

制造虚拟历史

20 世纪 90 年代初，我和计量财务领域中的许多朋友一样，也迷上了各种蒙特·卡罗发生器。我学会自己去制造这些发生器，并因感受到自己有如造物主般正在创造历史而颤抖不已。制造虚拟历史，并且观察各种结果的分布情形，是很叫人兴奋的事情。从分布情形，可以看出抗拒随机性的程度。我因此觉得，选上这一行真是叨天之幸。身为计量期权交易员，我将近 95% 的时间是闲暇的，我可以把它们花在思考、阅读、研究上，我也可以前往健身房、滑雪场，我甚至可以在公园的坐椅上“思索”，只因这样效果更好。我也享有特权，可以经常在设备完善的阁楼里“工作”。

计算机革命带给我们的好处，不是排山倒海一样的电子邮件和网上聊天室，而是每分钟能够创造 100 万个样本路径的处理器。前面谈过，我不喜欢去解数学方程式，也不擅长此道。我比较会列方程式，而不是解方程式。突然之间，我的引擎让我能够不费吹灰之力就解开最棘手的方程式，几乎没有它解决不了的难题。

仿真市场

我的蒙特·卡罗发生器带我进行了一些有趣的冒险活动。就在我的同行专注于新闻题材、中央银行公告、盈余报告、经济预测、运动比赛结果，以及办公室政治之际，我却开始悠游于财务概率本行的相关领域。对业余者来说，进化生物学（evolutionary biology）是很自然的涉猎领域，因为它传达的信息具有普遍性，也可以应用在市场上。我开始仿真在气候变化下，一种被称作佐葛鲁伯（Zorglubs）的动物迅速发生突变后的数量，并且得到了一些出人意料的结论。其中一些结果将于第五章说明。我只是个业余爱好者，纯粹是为了排遣工作上的沉闷无聊而做这件事的，我的目的只是为这些事件提出一些符合直觉的看法，因此不像专业研究人员那般对复杂之事不厌其烦。我也玩分子生物学：创造随机产生的癌细胞，并且观察它们在进化上的一些惊人变化。创造佐葛鲁伯的目的，是仿真在不同的市场状况（市场大涨和大跌等）中，“白痴牛”、“冲动熊”和“审慎型”交易员的行为，并且探讨短期和长期内他们的存活能力。在这种结构下，因为市场大涨而致富的“白痴牛”交易员，会利用他们赚到的钱去买更多的股票，从而把股价推得更高，直到最后赔个精光。而看空的交易员很少能如愿以偿地在涨势转为跌势时赚上一笔。我的模式显示几乎没人最后能够赚到钱，因为音乐一停，账面上的利润也会消失不见。但有个例外：交易期权的一些人（我称他们为期权买方）拥有惊人的持久力，而且我也想成为其中的一员。何以至此？因为他们可以购买保险，以防遭“炸毁”。他们晚上能够一觉睡到天亮，因为他们知道，如果职业生涯受到了威胁，也不可能是一天造成的。

如果本书的基调看起来带有达尔文进化论的味道，那么这绝不是正式研究自然科学的结果，而是来自我的蒙特·卡罗仿真法所蕴含的进化式思想方式。

我必须承认，每次我想要探索某个观念时，总会情不自禁地去创造随机序列。这么多年来，借由蒙特·卡罗发生器，如果不参考未出现的结果，我无法看懂那些已经出现的结果。我把这叫作“在历史之下求和”(summing under histories)。这个概念借自物理学家费曼探讨量子力学时的说法。

利用我的蒙特·卡罗发生器去制造和重新制造历史，令我想起20世纪60年代和70年代罗布–格里耶等作家所写的实验小说（所谓的新小说）。这些作者撰写和修改相同的一章，每一次都改变情节，就像是创造一个新的样本路径。作者不受自己过去所塑造的状况的束缚，而且可以随意回头去修改小说的情节。

向未来学习

我们基于蒙特·卡罗的观点，再谈一件和历史有关的事。有关梭伦等的古典故事中的智慧激励我花更多时间和古典历史学家为伍，尽管梭伦的警语等故事是时间错置的结果。不过这种做法有悖常情，因为以历史为师不合人类的本性；现代市场一再出现架构相同的涨势和跌势，正可见证这一点。我谈的历史是指趣闻逸事，不是正经八百的历史理论或者历史主义。后者试图在历史的演变过程中发现某些定律，据以形成理论，并且解释各种事件。这是黑格尔哲学和伪科学的历史主义。我只在自己想要的感觉层次上，让蒙特·卡罗方法通过过去的事件，影响我的思考方式，我窃取别人的观念，并善加利用，同时矫正自己心理上的缺陷，以免阻碍我向别人学习。我希望培养起对前人的尊重，强化我对银发族本能的敬畏，但在我的交易员生涯中，这样的敬畏逐渐淡化，因为在我这一行，年龄和成功已经逐渐脱钩。我以历史为师的方法其实有两种：阅读前人的事迹，向过去学习；利用我的蒙特·卡罗玩具，向未来学习。

拒绝历史

如同前述，我们的本性不擅长以历史为师。我们有足够的证据，显示身为直立人的我们，天赋的本能不利于经验的传承。有句老掉牙的话说，只有在犯错后孩子才能学会某些事情。只有手被烫伤，他们才不会再去摸发烫的火炉。别人再怎么苦口婆心地告诫，他们也不会产生一丁点儿小心谨慎之意，大人也有类似的毛病。行为经济学的开路先锋卡尼曼和特沃斯基在研究人们选择高风险的医疗方法时，曾经探讨过这件事。我本人也很懒得去做身体健康检查和疾病预防。也就是说，我拒绝根据从别人身上计算得出的概率，推测自身的风险，我认为自己和别人不同，只在一有病痛时，才积极求医问诊；被烫伤时，则会反应过度。这并不是处于不确定状况下的理性行为。天生拒斥别人经验的并不只有孩子和我，企业决策者和投资人也受到相当大的影响。

据我所知，拒斥历史的所有同行，后来都惨遭“炸毁”，而且我还没碰到过幸免于难的这类人。但有趣的不是这件事，而是他们使用的方法有相当惊人的相似性。我注意到，1987 年股市崩盘时遭“炸毁”的人、1990 年日本金融市场大跌时遭“炸毁”的人、1994 年债券市场惨跌时遭“炸毁”的人、1998 年在俄罗斯遭“炸毁”的人，以及 2000 年购买纳斯达克股票而遭“炸毁”的人，他们彼此有很多相似的地方。他们全都宣称“这次不一样”，或者他们的市场“不一样”，而且提出在经济层面言之成理的说法，用以证明他们的看法没错。他们无视就摆在眼前的别人血淋淋的教训，以及每家书店都有的详述崩盘惨景的著作。除了这些，我也见过数以百计的期权交易员因为愚蠢的行为而被迫退出这一行。他们的行为和我对身体健康检查与疾病防治的态度没有两样。每个人都相信自己与众不同，等到被诊断罹患疾病时才大感震惊地说：“为什么是我？”

我们可以从不同的角度来谈这件事。专家称这类贬抑历史的某种表现形式是历史决定论。简而言之，他们认为，当创造历史的时刻来到时，他们自会知道。他们相信那些亲眼看见 1929 年股市崩盘的人知道自己正活在重大的历史时刻，而且万一这种事件重演，他们也会知道。他们的生活被塑造得像一部冒险电影，他们会事先知道将有大事发生。很难想象见证历史的人，当时不知道那个时刻有多重要。然而，不论我们再怎么尊重历史，都无法将那种尊重之情转化成处理当下问题的工具。

从巨富到赤贫

我喜欢梭伦的故事还有另一个理由。我想起在小亚细亚同一块土地上发生的故事：我的祖先曾在一代之内，经历巨富和赤贫，其间转折之大，在我身边生活日渐改善的人看来，实在匪夷所思。我周围的人极少曾经遭逢家庭变故（除了历经经济大萧条），也缺乏充分的历史感，不懂得省思以往的种种。对于像我这种背景的人，也就是信奉东正教的遭入侵的东罗马帝国的公民，我们的灵魂似乎记得约在 500 年前那个悲惨的 4 月，君士坦丁堡在土耳其人的入侵下失陷，而我们便成了灭亡帝国的失落子民，以及伊斯兰世界中非常富有的少数族群——不过这些财富朝不保夕。此外，我脑海中还有我那庄严祖父鲜明的形象，他当过副总理，而我的曾祖父也曾是副总理。祖父目前住在雅典附近格里法达一栋乏善可陈的公寓中，他的财产已在黎巴嫩内战期间毁于战火。顺便提一下，由于曾经遭受战争的蹂躏，我发现毫无尊严的赤贫，比身体上受到的伤害更难忍受。我宁可有尊严地死去，也不愿苟延残喘。我敢说梭伦忧虑王国的覆灭甚于个人生命的安危。

历史观有个重要的层面，或许非常适用于市场。和许多“硬”科学不同，历史没办法做实验。但整体而言，中长期内历史有能力展现大部分可能的情境，而把坏蛋埋葬起来。金融市场上经常有人说，坏操作迟早会让你尝到苦头。概率数学给了它一个漂亮的名称：遍历性（ergodicity）。大致而言，它的意思是说，在某些情况下，众多非常长的样本路径最后看起来会彼此相似。而一条非常、非常长的样本路径的性质，类似于许多较短路径平均值的蒙特·卡罗性质。第一章谈过有位门卫赢得彩票大奖，但是即使他活上 1 000 年，我们也不会预期他会再中头彩。拥有一身好本事却穷困潦倒的人，最后一定会爬上来。幸运的傻瓜可能得益于生命中某一阶段的好运气，但是长期而言，他的处境会慢慢趋近于运气没那么好的白痴。每个人都会向长期的性质靠拢。

提炼后的思想

有毒的信息

我讨厌新闻记者，看威尔对待随机结果的态度就知道了。接下来我要说明蒙特·卡罗玩具教我如何吸取提炼后的想法。所谓提炼后的想法指的是把身边的信息去掉无意义的成分，留下有趣的东西，之后根据这些信息总结成的想法。关于噪声和信息的不同，我们可以拿新闻和历史来做比较。为了出人头地，新闻记者应该像历史学家那样看事情，并且淡化他所提供信息的价值，比如，他可以表示："今天市场上涨，但这则信息不重要，因为来源主要是噪声。"不过，如此小看手头上的信息，他肯定会丢掉饭碗。要求新闻记者以历史学家的方式去思考很困难，但可叹的是，现在的历史学家竟然越来越像新闻记者。

从观念上说，越老的东西越美。梭伦的警语适用于充满随机性的生命，而这和时下媒体挂帅的文化所传达的信息恰好相反，这一点，使我更加重视提炼后的思想。因此我床头摆的都是古色古香的老书。老思想越陈越香，不同于新思想的粗糙低劣。除此之外，我也花了一些时间阐述进化论和条件概率中的数学观念。一种观念能够留存那么长的时间，历经那么多的荣衰循环，可见它相当合宜。噪声已被滤除，至少一些噪声已经消失不见。从数学的角度来说，进步意指某些新信息优于旧信息，但并不是说一般的新信息都会取代旧信息，因此，最适当的做法是在有所疑虑的时候，以系统化的方法排拒新观念、信息或方法。其理至明，却叫人震惊。为什么？

主张接纳“新事物”，甚至“新新事物”的论点如下所述：不妨看看新汽车、飞机、电话、个人计算机等新科技带来的激烈变化。普通的推论（缺乏概率思想成分的推论）引导我们相信所有的新科技和发明都能使我们的生活产生革命性的变化。但是答案并没有那么明显。我们似乎只看到、考虑到赢家，而把输家排除在外，就好比我们总认为演员和作家都很有钱，却忽视一个事实：大多不出名的演员要靠兼职当侍者为生，而碌碌无为的作家，如果能在麦当劳卖薯条，已属幸运。那么输家呢？星期六的报纸总会列出数十种看上去可以使我们的生活产生革命性变化的新专利。而人们往往因为看到某些发明使我们的生活产生了革命性的变化，便推断支持发明是好事，而且我们应该接纳新事物，抛弃旧东西。

我的看法恰好相反，错过飞机、汽车等“新新事物”的机会成本，和我们为了找到这些珠宝而必须接受的垃圾产生的毒性相比，实在微不足道，不过这些事物真能使我们的生活有所改善吗？我经常怀疑这一点。

同样的说法也适用于信息。信息的问题不在于它令我们分心且通常一无是处，而是在于它含有毒性。在更后面我们会通过对信号过滤和观察频率做更技术性的讨论，探讨高频新闻令人怀疑的价值。我在这里只想说，对于旧事物的尊重，应当使我们自发与胡说八道的现代新闻记者断绝往来，且决策者处于不确定状态时，应该奉行的指导原则是尽量少接触新闻媒体。每天轰炸我们的大量“紧急”新闻中，除了噪声，几乎空无一物。人们不了解新闻媒体只有引起人们的注意才能赚到钱，对新闻记者来说，沉默可不是金。

偶尔我会搭乘清晨 6 点 42 分的火车前往纽约。这时候，我总是能看到睡眼惺忪的上班族埋首阅读《华尔街日报》。报纸不厌其烦地报道各家公司的琐事，而这些公司在本书问世时，可能已经不存在了。我们很难判断是这些人因为看报纸而显得精神不振，还是精神不振的人喜欢看报纸，或者人离开了住所就会看报纸，而且看起来两眼惺忪、精神不振。在我的职业生涯之初，看到别人如此专注于噪声，总是没好气，因为在我的眼里，大量的信息在统计上并不重要，其不足以推演出有意义的结论。但我现在很高兴见到这样的事情，我乐于看到那么多白痴决策者在浏览报纸之后，在投资时出现过度反应的行为。换句话说，我现在把别人看这些东西的现象当成一种保险，因为正是这么多不懂随机性的笨蛋，才使我得以继续待在期权交易这个有趣的行业中。

随机噪声

关于信息对社会具负面价值的看法，有许多来自希勒。希勒 1981 年发表的文章，从数学的角度探讨了社会处理信息的方式。这可能是第一篇这样的文章，文章谈到市场波动性的问题。希勒认为，如果股价是“某种东西”（某公司的折现现金流量等）的估计价值，那么和那“某种东西”有形的表征（以股利为代表）相比较，市场价格的波动幅度未免太大了。价格波动的幅度，大于它们所应反映的基本面因素；有时过度反应，涨得太高，例如价格因为好消息，应声上扬，或者在缺少明显理由的情况下上涨；有时却跌得太低。从价格和信息间的波动性差距，可以判断“理性预期”并没有发挥作用。价格涨跌太大，没有理性反映证券的长期价值，因此市场一定有什么地方出了差错，所以希勒宣称市场不像财务理论所说的那么高效。简而言之，在高效市场中价格应该会反映所有可以获得的信息，因而我们根本无法预测它的走势，也无法从中获得利润。希勒的“异端邪说”引来一片讨伐之声，于是他惨遭威尔之流批判。

默顿对希勒的批评最凶，但只批评他使用的方法，因为希勒的分析十分粗糙，比如，他用股利代替盈余，而这是相当浅薄的做法。默顿也为正统的财务理论辩护，表示市场需要追求高效率。但是这位默顿，后来却成了某避险基金的“合伙创办人”，而该避险基金的目标是从市场的无效率中获利。且不提默顿的避险基金终因黑天鹅问题而一败涂地，他当初“创办”这个避险基金，隐含的信息是他同意希勒的市场无效率之说。现代金融信条和高效市场理论的卫道士，竟然成立一个基金，想从市场的无效率现象中获利！

不过近来的情况并没有变好。在我撰写本书时，新闻供货商正大量提供各式各样最新的无线“新闻快报”。未经提炼的信息的增长速度远胜提炼后的信息，市场中充满了这类无用的信息。然而前人的信息却不会以实时新闻的方式传达给你。

这并不表示所有的新闻记者都被随机噪声的供应者愚弄了。记者那一行中还是有不少懂得深思熟虑之人的，只是主流媒体依然不动大脑，只顾提供引人注意的噪声，而且没有什么机制能够将噪声和信息区分开。事实上，聪明的新闻记者反而遭到了惩罚。第十一章将谈到不顾真相为何，只关心能够左右陪审团意见的论点的律师，他太了解陪审团理智上的弱点。新闻媒体也是一样，它们只关心哪些东西能够吸引民众的注意力。新闻媒体的这种做法，尽人皆知，学术界的朋友一定不懂为什么我谈到这件事时会动气：我们这一行的问题出在必须通过记者获得我们所需要的信息。

老人政治

我喜爱经过提炼的想法，因此也喜欢老投资人和交易员，因为他们在市场中打滚的时间最久。这和华尔街常见的理念不同，华尔街倾向于选择获利能力强的年轻交易员。

我利用蒙特·卡罗方法，仿真不同的交易员族群在不同的体制（和历史体制很像）下的表现，结果显示选择年纪大的交易员会有明显的优势。这些交易员的甄选标准是他们从事这一行的年数，而不是业绩表现，最主要的条件是他们没有遭“炸毁”，存活了下来。似乎没人真正了解报道投资新闻的媒体老爱挂在嘴上的“适者生存”一词的意思。在第五章讨论的体制转换（regime switching）中，到底谁是真正的最适者，其实我们并不清楚，而且能够生存下去的人，不见得是外表看起来最合适的人。说来奇妙，能够生存下去的往往是最老的人，因为人年纪越大，经历的稀有事件越多，抵抗力也越强。

我发现择偶过程中也有类似的进化论观点，这令我十分高兴。总的说来，若其他条件都一样的话，女性择偶时偏爱年纪比较大的健康男性，而不是比较年轻的健康男性，因为前者代表更优良的基因。银发发出的信息是生存能力比较强——由于已经走到银发阶段，所以对抗生命中变化的能力可能更强。说来奇怪，文艺复兴时期意大利的人寿保险业者似乎已得出相同的结论，他们对二十几岁和五十几岁的投保者皆收取相同的保费，可见在他们心中这两类人的预期寿命是相同的，也就是说，一旦一个人活过 40

岁，能够夺走他们生命的病痛就变得很少了。接下来我们用数学方法重新表述这些论点。

时间尺度

内行看门道，外行看热闹。菲洛斯特拉托斯有句格言说：

> 神看到未来的事情，平凡人看到眼前的事情，聪明人看到即将发生的事情。

希腊诗人卡瓦菲于 1915 年根据这句格言写道：

> 他们全神贯注于冥想，事物隐藏的声音传到他们耳里，他们听得十分虔诚，而外面街道上的人，什么也没听到。

我绞尽脑汁，思考如何尽量不用数学来解释噪声和意义间的不同，并且说明为什么在判断历史事件时，时间尺度很重要。蒙特·卡罗仿真法能够为我们提供这种直觉。我们先从投资世界找个例子，因为用它来解释相当容易，同时又可类比任何事情。

假设有个快乐的退休牙医，住在阳光普照的怡人小镇。我们预先知道，他很擅长投资，获得的报酬率可望比国库券高 15%，本年误差率（也就是我们所说的波动性）是 10%。这表示在 100 个样本路径中，可望有约 68 个落在 15% 超额报酬率加减 10% 的范围内，也就是 5%~25%（以技术性术语来说：钟形正态分布有 68% 的观察值落在 –1 和 +1 的标准差内）。这也表示有 95 个样本路径会落在 –5%~35%。

这位牙医的处境显然非常乐观，于是他在阁楼布置了舒适的操作台，这样他就可以每天一边轻啜无咖啡因的卡布其诺咖啡，一边盯着市场看。他性喜冒险，发现这种生活比在公园大道替那些老女人看牙齿要有趣得多。

他申请了一种网络服务，这种服务会源源不断地把报价提供给他，这种服务的价格可比咖啡便宜许多。他把持有的证券录入电子表格中，如此他随时都能掌握投机性投资组合的价值。我们正活在所谓的网络时代。

报酬率为 15%，波动性（或者不确定性）为每年 10%，换算之后，任何一年赚钱的概率为 93%。但是从比较窄的时间尺度来看，任何一秒赚到钱的概率只有 50.02%，如表 3–1 所示。在非常窄的时间尺度内，赚赔概率几乎相抵。但是这位牙医不这么想。在情绪煎熬下，一有损失，屏幕跳出红字，他便心痛不已。赚钱的时候，他觉得身心愉快，但是快乐的程度比不上赔钱时痛苦的程度。

表 3-1　不同时间尺度下赚钱的概率

时间尺度	概率（%）
一年	93.00
一季	77.00
一个月	67.00
一天	54.00
一个小时	51.30
一分钟	50.17
一秒钟	50.02

每一天结束时，这位牙医总是筋疲力尽。他每分钟都会检查投资组合的表现，所以假设一天观察 8 个小时，每天他会有 241 分钟心情愉快，239 分钟不愉快，一年则是 60 688 分钟愉快和 60 271 分钟不愉快。如果再考虑上不愉快的程度大于愉快的程度，那么这位牙医以很高的频率检查投资组合表现的做法，反而给自己制造了很大的情绪赤字。

接着我们假设这位牙医只在经纪公司寄来月报表时才

去看投资组合的表现。由于有67%的月份赚钱，所以他一年只心痛4次，快乐的次数则有8次。同一位牙医，使用相同的策略，却有不同的结果。

如果牙医每年只看一次投资组合的表现，那么在余生20年的时间内，他将体验到19次惊喜，而只有一次不愉快！

随机性的时间尺度特质通常为人所误解，连专业人士也不例外。我曾见过博士级学者为一小段时间尺度内的表现争得面红耳赤，而依任何标准来看，这种短时间内的表现都不具有意义。在进一步批判新闻记者之前，我们还有另一些事情要谈。

我们换个角度，拿噪声相对于非噪声的比率来说。在一年的时间内，我们每观察到一次非噪声，就会有0.7次噪声。在一个月的时间内，每观察到一次非噪声，会有约2.32次噪声。而在一个小时内，每一次非噪声出现，就会伴随30次噪声。在一秒钟内，每一次非噪声出现，就有1 796次噪声出现。

由此，我们得出一些结论：

· 在很短的时间尺度内，我们观察到的是投资组合的变异性，而不是报酬率。换句话说，我们看到的是变异，几无其他。我总是提醒自己，我们观察到的更可能是变异和报酬的组合，而不仅是报酬。

· 我们的情绪使我们难以看清这一点。牙医看月报表，会比每天或每小时检查投资组合的表现更愉快。如果一年只看一次报表，或许会更快乐。

· 看到投资人利用手机或手持设备接收实时报价、监视投资组合的表现时，我总是打从心底高兴。

最后，我必须承认，我也有这种情绪上的缺陷。但我的应对办法，是断绝获得信息的渠道，除非遇到特殊情况。这种时候，我喜欢去读诗，要是真有某个事件很重要，它总会传到我耳朵里的。

同样的方法可以用来解释为什么时间尺度短的新闻中充斥着噪声，而时间尺度长的历史中的噪声则多已被剔除。这可以说明为什么我宁可不看报纸，也绝不闲聊市场，而且到了交易室，总会找学数学的人和秘书聊天，而不找交易员。这可以说明为什么最好在星期六看《经济学人》周刊，而不是每天早上看《华尔街日报》。除了因为看这两种刊物的知识阶层有很大的差距，从信息传递的频率来说，我也建议这么做。

最后，这可以解释为什么太密切注意随机性的人反倒会心力交瘁：他们由于体验到一连串的痛苦而筋疲力尽。不管人们怎么说，他们体验到的痛苦，没有办法被感受到的愉悦抵消，而这会造成情绪上的赤字。经济学家估计，有些行为负面影响的强度是正面影响强度的 2.5 倍。

一些所谓的聪明人和理性人，经常怪我“忽视”日报中可能非常宝贵的信息，而且他们不肯把噪声包含的细节斥为“短期事件”；雇用我的一些老板则怪我有如活在另一个星球。

我的问题在于，我缺乏理性，而且很容易被淹没在随机性中，因而遭受情绪上的折磨。我知道自己需要到公园的座椅上或者咖啡厅中沉思，远离信息。只有把信息从我身边夺走，我才做得到这一点。我这一辈子唯一的优点，是知道自己有一些缺点。主要的缺点是，在面对新闻时，难以控制情绪上的起伏变化，也没办法保持头脑清醒。沉默是金。

第四章

随机性和科学知识分子

人类究竟是怎么了，竟会把胡言乱语也当成妙笔生花?

科学知识分子与人文学者

蒙特·卡罗发生器能够带领我们走近人文领域。科学知识分子和人文学者之间的分野越来越明显，于是两者间终于爆发了所谓的“科学论战”，这使得文科的非科学研究者与文学素养相当的科学知识分子对垒。20 世纪 90 年代，在维也纳，这两种取向开始分道扬镳，当时一群物理学家认为，科学取得了长足进步，因此可以开始在属于人文学科的领域取得一席之地。依他们的看法，社会科学中可能隐藏着许多文辞华丽的胡言乱语，他们希望把思想从华而不实的修辞中抽离出来（除了文学和诗歌等领域）。

这些物理学家将严谨的态度引进知识生活，坚称一项陈述只可能归属于两个范畴：演绎法或归纳法。前者就像“2+2=4”，也就是根据定义精确的公理架构得出来，结果无可争辩。后者是指能以经验、统计等某种方式予以证实的陈述，例如“西班牙今天下雨”或“纽约人普遍粗鲁无礼”。除此之外，其他都属无价值的渣滓，用音乐来替代形而上学可能都要好得多。毋庸赘言，归纳的陈述可能很难被证实，甚至不可能被证实，我们在谈黑天鹅问题时会说明这件事。而当经验论带给一个人信心的时候，可能比其他任何形式的垃圾还糟。不过，请知识分子为他们的陈述提供一些证据不失为好的起点。维也纳学派是维特根斯坦、波普尔、卡尔纳普等人提出各种观念的发祥地。不管他们的原创观念可能拥有什么价值，这些观念对哲学和科学实践的影响很大。它们对非哲学领域的影响正开始显现，只是速度非常缓慢。

要区分科学知识分子和人文学者有一个方法：科学知识分子通常能够辨别其他人的著作，但人文学者则无法区分科学家和能言善道的非科学家两者的作品有什么不同。当人文学者开始使用科学界的术语，例如“测不准原理”、“哥德尔定理”、“平行宇宙”或“相对论”时，不管是断章取义还是使用了截然相反的意义，上述的现象都更为明显。读者阅读索卡尔所著的讽刺作品《知识的骗局》（*Fashionable Nonsense*）后就可以了解这件事。我在飞机上读这本书时笑个不停，而且笑得很大声，引来其他乘客的指指点点。只要在文章后面列一堆所谓的科学参考文献，就可以让人文学者相信你写的是科学著作。

对科学研究者而言，科学必须要求推论的严谨，不是随随便便把广义相对论或量子不确定性方面的著作列为参考文献就可以。这种严谨可以用普通英文来表达。科学讲究的是方法和严谨，在最简单的散文体文章中都可以发现它的踪影。比如，读道金斯的《自私的基因》（*Selfish Gene*）最令人拍案叫绝的是，虽然该书没有一个方程式，读来却好像是从数学的语言翻译过来的，然而它仍是优美的散文体。

随机的作品

随机性对事情的帮助可能很大。要区分口若悬河的人和真正的思想家，还有另一种更为有趣的方式。有时你可以用蒙特·卡罗发生器复制某样东西，让人以为那是文学作品，但是你却不可能用随机的方式写出一篇科学作品。词语可以随机组成，但真正的科学知识却不行。这是人工智能图灵测试的应用，只是方向相反。什么是图灵测试？图灵是位才华横溢的英国数学家，倜傥不群，也是计算机领域的开路先锋。他提出以下的测试方法：如果计算机能够骗到一个人，使他相信它是另一个人，那么计算机便可以说具有智能。反过来说也正确：如果我们能用计算机复制一个人的言辞，并且使人相信那是人写的，那么我们可以说那个人没有智能，因为计算机是不具智能的。

我们能以完全随机的方式，产生一篇作品，让人误以为那是德里达写的吗？

答案似乎是可以。除了索卡尔恶作剧地写了一篇充满胡言乱语的文章，并成功发表在某著名的期刊上，蒙特·卡罗发生器也可以写出这类文章和完整的论文。吸收"后现代主义学者"的文章后，它们能以被称作递归文法的一种方法随机组词，产生在语法上无懈可击，但完全没有意义的句子，这些句子听起来就像德里达或帕格利亚等人讲的话。由于想法含混不清，人文学者很容易为随机性所骗。

澳大利亚莫纳什大学（the Monash University）有台巴哈制造的达达引擎。我用这台引擎创作出一些文章，包含如下的句子：

> 然而拉什迪的作品，主题并非如现实的辩证典范所以为的那样属于理论，而是属于一种前理论。论述的新语义学典范之前提，反讽地暗示了性别认同意义重大。许多叙事认为作者的角色是可见的观察者。我们可以说，如果文化叙事成立，我们必须在叙事的辩证典范和新概念马克思主义之间做一选择。萨特对文化叙事所做的分析指出，社会矛盾性地具有客观价值。
>
> 因此表述的新辩证典范之前提暗示，如果真实与意识有所区别，意识或可用来强化阶层结构，否则，我们可以假定语言具有内在意义。

有些商业言辞就属于这一类，只是没那么优雅，而且所用的词语没那么文绉绉。我们可以用随机的方式，仿真贵公司首席执行官的言谈，用以确定他说的话是真具有价值，还是只是经修饰后的胡言乱语。怎么做？从下面的文字中选出 5 个词组，然后加入最少的字，使它们成为符合语法的句子。

我们关注顾客的利益/未来的道路/员工是我们的资产/创造股东的持股价值/我们的愿景/我们的专长在于/我们提供交互式的解决方案/我们将自己定位于这个市场/如何为顾客提供更好的服务/长痛不如短痛/长期而言我们将获得报酬/我们发挥己长，并且改正缺点/勇气和决心将战胜一切/我们致力于创新和科技/快乐的员工有生产力/致力于追求卓越/战略性计划/我们的工作伦理

如果这听起来很像贵公司老板不久前说过的话，那么我建议你换个新工作。

随机性之美

有些时候，我喜欢被随机性愚弄。面对艺术和诗词时，我对无聊呓语和满篇荒唐之言的反感会消失得无影无踪。一方面，我在行为举止上像个努力寻找运气所扮演角色的过度现实主义者。另一方面，我沉溺在各式各样的个人盲目崇拜中，却不会感到良心不安。我是以什么为标准区分

两者的？答案是美学。有些美学形式能够拨动我们的心弦，不管它们是起源于随机关联还是纯粹的幻觉。在人的基因中，某些东西会被语言的模糊和含混深深打动，那么，为什么要去抨击它？

我对诗和语言的爱好，起初受到《文字接龙》连诗游戏的抑制。这种游戏能以随机的方式，构成有趣的诗句。把够多的字放在一起，根据组合法则，就会生成奇特且发音美妙的隐喻。我们不能否认，其中一些诗句美妙绝伦。如果它们能够满足我们对美的喜好，那么它们是如何产生的，又有什么关系呢？

现代文学评论家把文字接龙游戏的起源，归于战后人们心情沉郁，想要逃避现实。第一次世界大战之后，布雷顿、艾吕雅等一群超现实主义诗人聚集在咖啡馆玩下列游戏：在一张折起来的纸上，依序轮流写下一个句子中预定的成分，但彼此不知道别人写了什么词。第一位挑个形容词，第二位写下一个名词，第三位写下动词，第四位写形容词，第五位写名词。这种随机和集体组合的文字游戏首先公开发表的诗句是：

> 文字接龙应该喝新酒（Les cadavres exquis boiront le vin nouveau）。

很动人吧？用法语发音更有诗意。许多感人的诗句是以这种方式产生的，有时则借助于计算机。但不管是以随机方式产生，还是绞尽脑汁完成的，诗除了内容的寓意之美，很少有人去计较其他。

无论诗是通过蒙特·卡罗发生器产生出来的，还是从小亚细亚盲人的嘴里吟唱出来的，语言都具有愉悦和慰藉的力量。为了测试它在知性上的效度，而把它转译成简单的逻辑论点，将或多或少剥夺它在这方面的力量。翻译过的诗显得十分枯燥乏味。历经日常使用的严肃考验，不遭破坏而留存下来的神圣语言，可以用来说明语言扮演的重要角色。闪族宗教，包括犹太教、伊斯兰教以及原始的基督教都了解这一点：必须避免为了日常使用之便而将语言合理化，也应该避免其被方言破坏。40 年前，天主教会把仪式和礼仪从拉丁文转成各地语言。我们可以说，这种做法导致了宗教信仰滑落。突然之间，人们以知识和科学标准对宗教加以评判，而不是以美学的标准去评判。

以上所说和谈随机性的著作有什么关系？人天生需要一片小天地，经济学家往往利用深奥难懂的方式，以求完全逃避现实，现在却也开始了解，叫我们动起来的东西，不见得是身体里面管计算的部分。面对日常生活中的细节，我们不需要那么理性、那么讲究科学。只有在可能伤害我们、危及我们生存的状况中，我们才需要那么做。现代生活似乎在诱导我们做出完全相反的事情：面对宗教和个人行为等事物时，我们变得极其务实和理智，面对市场和受随机性影响的事物时，我们却失去理性。

我有一些同行，他们很理性，他们不了解为什么我喜爱波德莱尔或卡内蒂、博尔赫斯、圣琼·佩斯等诗人的诗。他们沉迷于聆听电视"大师"所做的"分析"，或者听从开豪华轿车的邻居的建议，买进自己根本一无所知的公司的股票。维也纳学派在扬弃黑格尔式满纸废话的哲学时表示，从科学的观点而言，它是垃圾；从美学的观点来说，它比不上音乐。我则认为，读波德莱尔的诗，远比收看 CNN（美国有线电视新闻网）或听威尔讲废话要愉快得多。

第五章

最不适者可能生存吗？

要叫烂交易员放弃头寸，比叫他们离婚还难。

新兴市场高手卡洛斯

我以前常在纽约各种聚会场合碰到卡洛斯，他总是穿得十分体面，但在女士面前有点儿害羞。只要逮住机会，我就会紧抓着他不放，请教他赖以为生方面的事情。他从事的是新兴市场债券的买卖，这位好好先生总是有问必答，但神情显得紧张。他的英语虽然讲得流利，但说话时却需要使上一些力气，他头部和颈部的肌肉也因此颤动着（有些人天生对讲外语不在行）。新兴市场债券是什么？“新兴市场”是为了讲求政治上的正确，而用来称呼那些发展程度不高的国家的委婉说法。身为一个怀疑论者，我可觉得它们“新兴”与否尚待讨论。新兴市场债券就是这些外国政府（主要是俄罗斯、墨西哥、巴西、阿根廷、土耳其）发行的金融商品。当这些国家的政府表现不佳时，它们的债券交易价格便只有几分钱。

20 世纪 90 年代初，投资人突然争相涌进这些市场，而且买进越来越多奇奇怪怪的证券，它们的价格因而水涨船高。所有这些国家都在努力兴建饭店，这些饭店播放美国各家新闻频道的节目，里面的健身俱乐部配备各式各样的器材，还有大屏幕电视机。这些国家也都接触同样的财经大师和金融名嘴，银行家前来投资它们的债券，得来的钱则被用于兴建更漂亮舒适的饭店，以吸引更多的投资人上门。这些国家发行的债券曾一度流行起来，价格从数美分涨到数美元。在这些国家中，对于这些债券几乎一无所知的投资人靠着它们累积起了庞大的财富。

卡洛斯应该是来自拉丁美洲的一个显贵家庭，却因 20 世纪 80 年代的国家经济问题，家道中落，由富转贫。不过，话说回来，我碰到的每一个来自经济凋敝国家的人可都宣称，自己家里要不是曾经拥有一整个省份，就是曾负责供应俄国沙皇宫中的骨牌赌具。卡洛斯在大学时成绩十分优异，接着到哈佛大学攻读经济学博士学位。当时拉丁美洲的显贵家庭子女都流行这么做，目的是从非博士级的恶魔手中抢救国家的经济。卡洛斯是个好学生，但找不到像样的博士论文题目。论文指导老师也瞧不起他，认为他缺乏想象力。卡洛斯只好拿个硕士学位，然后到华尔街做事。

1992 年，卡洛斯受雇于纽约一家银行新设的新兴市场交易部门。他具备成功的各项要素：懂得那些发行“布雷迪债券”（Brady bonds）的国家位于地图的哪些地方（“布雷迪债券”是发展中国家发行的美元计价债务商品）；他知道国内生产总值（GDP）是什么意思；他看起来很认真，脑袋好使、语言能力也不差，只是带着浓重的西班牙腔。银行可以放心地把他推到客户的面前，和不修边幅的其他交易员相比，他真是强太多了！

新兴市场兴盛之际，卡洛斯正好躬逢其盛。他进入那家银行时，新兴市场债务商品的市场规模仍然很小，交易员被安置在营业大厅最差的位置。但是不久后，新兴市场债务商品的交易成为该行营业收入的一大来源，且持续增长。

卡洛斯正是这个新兴市场交易员圈内的典型代表。这些交易员是来自世界各新兴市场、眼界宽广的显贵，他们让我想起沃顿商学院里各国精英荟萃的咖啡时间。我发现有件事很奇怪：极少人专精于自己出生国的市场。墨西哥人在伦敦操作俄罗斯证券，伊朗人和希腊人专精于巴西证券，而阿根廷人交易的是土耳其证券。他们和我所知的真正交易员不同，他们大体上举止高雅有礼、穿着体面、收藏艺术品，但不是知识分子。他们过分循规蹈矩，不可能成为真正的交易员。他们的年龄大多在30~40岁，你可能想象得到，其中有许多人会持有大都会歌剧院的季票。我认为真正的交易员通常穿着邋遢，仪表糟糕，而且对于垃圾筒内废纸上内容的求知欲，远远高于墙上挂的塞尚画作。

卡洛斯既是交易员，也是经济研究员，在他那一行里十分吃香。他在拉丁美洲各国的人脉很广，对于那里发生的事情了若指掌。他买自己觉得富有吸引力的债券，原因是它们的利率不错，或者他相信这些债券的价格将来会升高。称他为交易员或许不对，真正的交易员会买也会卖，甚至可能出售自己手头上没有的东西，等到价格下跌再买回来，赚取差价利润，这就是所谓的“卖空”。卡洛斯却只买不卖，而且是大量买进。他相信自己持有这些债券能获得很好的风险溢价，因为借钱给那些国家是有利可图的。在他看来，卖空从经济角度来说根本不合理。

卡洛斯在银行内有如新兴市场的信息供应中心。问他事情，他总能马上说出最新的经济数字。他常与董事长共进午餐。依他的看法，交易就是经济学，别无其他。他如鱼得水，平步青云，一再升迁，终于当上新兴市场交易台的首席交易员。从 1995 年起，卡洛斯在新职位上表现十分优秀，银行不断将更多的资金交给他去操作，速度快得让他赶不及用上新的风险额度。

好光景的消失

卡洛斯能够享有那些年的好光景，不只是因为他买了价值在那段时间上升的新兴市场债券。获利的主要原因，是他也逢低买进。在短暂性的恐慌出现，以致债券价格急跌时，他敢于放手加码。1997 年本来是个坏年头，但他幸运地在 10 月间债券市场随股票市场假性崩盘而重挫时加码操作。能够抓住这些机遇，令他志得意满，觉得自己所向无敌。他认为自己不可能犯错，他相信天赋的经济直觉使他的交易决策都很明智。市场重挫后，他会去检查基本面，如果基本面仍然良好，他会买进更多债券，等到市场回升时再卖出。从卡洛斯开始介入新兴市场债券，到1997年12月他拿到最后一张奖金支票为止，我们看到这个市场一路上扬，中间偶有波折，例如1995年墨西哥货币贬值，但之后又恢复涨势。我们也会发现某些下跌走势，事后证明正是“绝佳买点”。

卡洛斯毁于1998年夏季——这次市场在重挫后，没有重拾涨势。到目前为止，他的记录中只有一季亏损，但糟就糟在这季的亏损。历年来他总共赚到接近8 000万美元。不过仅仅一个夏季，他就赔掉了3亿美元。究竟发生了什么事？

6月间市场开始急转直下时，他那友善的消息来源告诉他，卖出压力涌现纯粹是新泽西州一家避险基金“平仓”的结果。这家避险基金是一位曾在沃顿商学院任教的教授经营的，它专营抵押债券，不过在不久前刚接到指示，必须减少债券的持有总量。该基金持有的包括一些俄罗斯债券。

摊平操作

市场开始下跌时，卡洛斯买进了更多的俄罗斯债券，平均价格约为52美元。摊平操作（average down）是卡洛斯的特色。他认为问题和俄罗斯无关，而且一位疯狂学者经营的新泽西基金也不会决定俄罗斯的命运。“仔细听我说，那只是平——仓！”他对着那些质疑他买进行为是否正确的人大吼道。

到了6月底，卡洛斯在1998年的操作收入已从6 000万美元降为2 000万美元。他为此大发脾气，但心里盘算着，要是市场涨回到新泽西基金卖盘杀出前的水准，他就能得到1亿美元的获利。他坚信市场势必回涨。他说，这些债券的交易价格绝对不会掉到48美元以下。他冒的风险极低，可能获得的利润却非常高。

7月来了。市场又跌了一些。此时俄罗斯的基准债券价格是43美元。卡洛斯的仓位已经开始赔钱，但他还是加码操作。这一年他已经赔掉了3 000万美元。他的顶头上司开始感到紧张，他却继续告诉他们，俄罗斯垮不了。他一直重复那句陈词滥调：“它太大了，所以没人敢让它倒。”他估算，俄罗斯的解困成本很低，却对全球经济大有好处，所以现在出清仓位不是明智之举。他再次表示：“这时宜买不宜卖。这些债券的交易价格非常接近可能的违约价值。”换句话说，万一俄罗斯违约不履行债务，而且没有美元支付债务的利息，这些债券也不会跌得更低。他的这种想法从哪里来的？是从他和其他交易员、新兴市场经济学家（或者交易员兼经济学家的那一类型）的讨论中得来的。

卡洛斯把个人财富的一半（当时是500万美元）投入俄罗斯基准债券。他向执行这笔交易的证券营业员说："我要靠这些利润退休。"

每况愈下

市场继续越跌越低。8月初，交易价格跌到了三十几美元，8月中旬跌到了二十几美元，卡洛斯仍然按兵不动。他认为，屏幕上跳动的价格，和他购买"价值"的那一行风马牛不相及。

他开始流露出久战后的疲惫，整天提心吊胆，不再那么沉得住气。开会时，他对某人大吼："笨蛋才会认赔抛售！我不会笨到高买低卖！"以前一帆风顺时，他很瞧不起非新兴市场交易员。大家又听他老调重弹："要是1997年10月我们大赔后出场，那年的业绩就不会那么亮眼。"他也向管理层表示："这些债券的交易价格非常低，现在投资这些市场的人，将来会获得很丰厚的报酬。"

每天早上，卡洛斯总会花一个小时和全球各地的经济学家讨论最新的情势。他们的看法似乎都雷同：卖盘已经卖过头了。

卡洛斯的操作台也在其他的新兴市场赔钱，他在俄罗斯的卢布债券市场也赔了钱。亏损越堆越高，他却一再告诉管理层，据说其他一些银行也产生了很大的亏损，而且比他的大得多。他觉得有必要让人知道“相对于业界，他表现得还算不错”。这是系统性麻烦的征兆，由此可见全体交易员都在做相同的事。“其他交易员也有麻烦”这样的说法，无异于坦承自己犯了错。事实上，交易员的心理结构应该引导他敢于去做其他人不做的事。

卡洛斯的失败

到了 8 月底，作为市场风向标的俄罗斯基准债券的价格跌到 10 美元以下。卡洛斯的财富几乎折半。他被炒了鱿鱼，顶头上司、交易部门的主管也卷铺盖走人了。那家银行的总裁被贬到一个“新设的职位”。俄罗斯政府已经发不出薪水给公务员了，更叫人胆战心惊的是，连武装士兵也领不到薪饷；董事们不解为什么自己的银行要投下那么多钱在那样的政府身上。全球各地的新兴市场经济学家彼此谈了那么多，却忘了考虑这样的一些小事。经验丰富的交易员康奈尔把这叫作消防站效应。他观察到，消防队员闲着没事干，久而久之，聊得太多，就会对很多事情形成相同的看法，而这些看法，在客观的局外人看来，十分荒唐可笑。心理学家对这现象有更漂亮的称呼，但我的朋友康奈尔没学过临床心理学，因此只能将之称作消防站效应。

我们知道，人们判断经济学家的好坏时，是以他们看起来有多聪明为标准的，而不是以科学方法衡量他们对现实世界懂得多少。但是债券价格并没有被唬过去，价格懂的比经济学家多，也比新兴市场部门中的卡洛斯之流多。

坐在隔壁桌的老牌交易员路易，以前常遭这些袋中多金的新兴市场交易员羞辱，但现在依然稳稳地坐在那里。路易当时 52 岁，是土生土长的布鲁克林人，30 多年来安然度过了每一次市场循环。他默默地看着警卫把卡洛斯送出大门，犹如将被俘的士兵送进竞技场。他以布鲁克林腔喃喃自语道："什么经济学，狗屁经济学。其实一切都受市场动力影响。"

卡洛斯已经被市场抛弃。等到将来某个时刻，历史有可能证明他是对的，但这对他是烂交易员的事实已于事无补。他确实有深思熟虑的绅士特质，如果你想选女婿，他是个理想人选。但是烂交易员的大部分特质，他都具备。而且，在任何一个时间点，赚钱最多的交易员往往是最差的交易员。我把这称作横断面问题：在市场上的任一时间点，获利最多的交易员，可能是最适合上一个循环的人。牙医或钢琴家不常碰到这种事情，这是随机性的本质使然。

高收益交易员约翰

第一章我们谈过塔利波的邻居约翰。他 35 岁，自佩斯大学商学院毕业后，在华尔街当企业“高收益”债券交易员已有 7 年的时间。华尔街上有两家性质相近的公司，抢着为他提供优渥的分红合约，他趁机漫天开价，结果在创纪录的极短时间内当上主管，并管理 10 名交易员。根据合约，他可以从历年结算的利润中抽 20%。此外，他在操作时也可以投资个人的资金，这可是很大的特权。

约翰这个人称不上聪明，但据传很有生意头脑。据说他相当“务实”且“专业”，看上去天生就是个生意人，他从不发表什么高调或不适当的言论。在大部分情况下，他冷静沉着，极少在无意中表露出个人的喜怒。即使偶尔咒骂一两句，听起来也很专业，这里可是华尔街！

约翰的穿着无懈可击，部分原因在于他每个月到伦敦一趟，因为他的单位在那里设有监控欧洲高收益债券交易活动的分支机构。他穿在萨维尔街定做的深色西装，打菲拉格慕的领带，这足以让他在别人脑海里留下华尔街成功专业人士的印象。塔利波每次碰到他，总是自惭形秽，觉得自己的穿着太糟。

约翰主要负责“高收益”债券的交易，具体来说就是买进“便宜”，但获利可达 10% 的债券，而公司的借款利率只有 5.5%，因此公司净赚 4.5%，这也称利差。听起来似乎不多，但他可以运用杠杆操作，让这些利润产生倍数效应。他在各个国家这么做，按当地的利率借款，然后投资于“风险性”资产。他能够不费吹灰之力，跨越几个洲，执行数额高达 30 亿美元以上的这类交易。他卖出美国、英国、法国和其他国家的公债期货，为赚取利差的交易做避险动作，因此他的赌注限于两种商品之间的差价。他认为这套避险策略可以保护他，他就像是包了一层保护膜，不受讨人厌的全球利率波动影响。

随机性的力量

约翰有亨利当他的左右手。亨利是个外籍股市分析专家，英语讲得很烂，但在风险管理方法上，据说至少与约翰不相上下。约翰不懂数学，只好依赖亨利，他常把这句话挂在嘴边："他的头脑加上我的生意经。"亨利会把整体投资组合的风险评估结果交给约翰。每当约翰忧心忡忡时，就会叫亨利再交一份最新情况的评估报告。约翰聘用亨利的时候，亨利还是运筹学专业的在读研究生。他的专长领域被称为计算财务（Computational Finance），顾名思义，他似乎只专注于通宵运行计算机程序。亨利的收入在短短3年内，从5万美元增加到60万美元。

约翰替公司赚得的大部分利润，其实不是来自前面所说各种商品间的利差，而是来自约翰所持证券价值的变化，其主要原因是许多其他交易员也模仿约翰的交易策略买进这些证券，这些资产的价格因而上升，因此利差越来越接近约翰所相信的"合理价值"。约翰相信他用来计算"合理价值"的方法相当扎实。一整个部门协助约翰分析和决定哪些债券具有吸引力和资本增值潜力。对他来说，长期获得这种高利润是非常正常的。

约翰为他的雇主赚得稳定的利润，或许稳定一词还不够恰当。每一年，他创造的营业收入约为前一年的两倍。去年他的收入激增，因为分配给他操作的资金，远远比他最疯狂的梦中的还多。他拿到的奖金高达 1 000 万美元，不过这是税前金额，他必须缴纳将近 500 万美元的税额。32 岁时，约翰的个人财富为 100 万美元。到了 35 岁，他的财富已经超过 1 600 万美元。他的大部分财富来自奖金，但也有不少是通过个人的投资组合赚来的。他坚持从这 1 600 万美元中拿出将近 1 400 万美元继续投资。由于可以运用杠杆，也就是使用借来的钱，所以他持有着 5 000 万美元的投资组合，其中 3 600 万美元是向银行借来的。然而杠杆产生的效果是，一点点小赔滚成了大损失，他被清除出场。

短短几天，1 400 万美元化为乌有，约翰也丢掉了工作。一切事情都发生在 1998 年夏天，高收益债券价值大跌。市场急转直下，他所投资的几乎每一种产品的走势都对他不利。他的避险策略已经失灵。他对亨利很恼火，怪他没有算出这些事件有可能发生，或许程序出错了。

刚开始发生损失时，约翰的反应是不理会市场的走势。这是很典型的反应。他说："如果一天到晚在意市场的起伏变化，你会疯掉。"这句话的意思是，"噪声"指向回跌，但通常也会被反方向的“噪声”给抵消。亨利向他解释的事情，翻译成大白话就是这样。不幸的是，“噪声”一直往同一方向累积。

这和《圣经》所说的循环一样，约翰花了7年成为英雄，但7天他就变成了白痴。约翰现在成了失败者，他失业了，打电话给他也不回复。他的许多朋友处境也相同。怎么会这样？他有那么多的信息，记录完美无瑕，还有精密的数学技巧可以利用，怎么会失败？他是不是忘掉了随机性的魔影了？

由于事情来得十分突然，人们被震得瞠目结舌，约翰花了很长的时间，才搞清楚发生了什么事。市场的跌幅不是很大，但他运用的杠杆太大了。更叫他惊讶的是，他们计算这种情形发生的概率是10^{24}年才会发生一次。亨利称之为“10西格玛”（ten sigma）事件。亨利得出的概率即使调高一倍，也似乎没有区别，因为这么一来，概率也只是10^{24}年发生两次。

约翰何时能从这场惨剧中恢复过来？或许永远不能。原因不在于约翰赔了钱，而在于他整个人被毁了。对好交易员来说，赔钱是必须习惯的现实。但约翰赔掉的钱多于他准备赔掉的，他个人的信心已荡然无存。

但还有另一层原因使得约翰可能永远爬不起来。其实约翰本来就不是当交易员的料。他只是在市场大热之时，躬逢其盛罢了。

约翰说自己“毁了”，但是他的财富还有将近 100 万美元，地球上 99.9% 以上的人可能都对此艳羡不已。然而由上而下掉到某种财富水准，和由下而上升到某种财富水准，毕竟不同。从 1 600 万美元减少到 100 万美元，不像从零增长到 100 万美元那么愉快。此外，约翰羞愧不已，至今仍很怕在路上碰到老朋友。

对最后的结局最不满意的，应该是他的雇主。约翰经过这场浩劫，还留下一点儿钱，保住了 100 万美元。除了变得筋疲力尽，这次惨剧并没有夺走他的一切，他应该感谢上帝才对。他的财富没有成为负值，但他的最后一位雇主却没有那么幸运。在 7 年当中，约翰为他所服务的纽约各投资银行赚了约 2.5 亿美元，但在短短几天内，却赔掉了最后一位雇主的 6 亿多美元。

成功的傻瓜

这里要提醒读者，不要以为所有的新兴市场和高收益债券交易员的言谈举止都像卡洛斯和约翰，只有最成功的交易员才像，或者只有在1992—1998年多头走势期间做得最成功的交易员才像。

以他们的年龄来看，约翰和卡洛斯仍有再创事业第二春的机会。对他们而言，到金融市场以外的地方另谋出路，才是明智之举。他们在这一行没办法生存。为什么？因为和他们交谈一会儿，你很快就会发现他们都具备极成功的随机性傻瓜的特质。更叫人忧心的是，他们的顶头上司和雇主也有相同的特质，因此也都被永远逐出了这个市场。本书会一再提到这些特质，它们可能没有明确的定义，但你看到它们的时候，能够一眼就认出。不管约翰和卡洛斯去做什么事，他们仍将是不懂随机性的傻瓜。

不懂随机常态的市场傻瓜

以上所述特质大多与“混为一谈表”中的内容一样容易被混淆。由此可见这些人多么容易被随机现象愚弄。以下简单描述他们是什么样的人：

他们对某些东西怀有信念，且高估那种信念的精确性，如卡洛斯相信经济学，约翰相信统计学。他们从没想过，以前根据经济变量操作获得的成功，或许只是巧合，或者可能更糟的是，由于经济学分析适用于过去的事件，它的随机成分反而被掩盖了。卡洛斯进入市场之际，碰巧它行得通，但他不曾在市场表现与扎实的经济分析背道而驰时测试过它。有些时候，经济学会辜负交易员，有些时候则对他们有帮助。

20 世纪 80 年代初，美元汇率过高——也就是外国货币汇率过低。根据经济直觉买进外国货币的交易员，都被清洗出场，但是后来这么做的交易员却因而致富。这就是随机性！ 20 世纪 80 年代末“卖空”日本股票的人，也落得相同的命运，但很少有人能撑到 20 世纪 90 年代股价崩跌，而转亏为盈。我在写作本书时，一群叫作“宏观交易员”的操盘手纷纷中箭落马，“传奇性的”（准确地说是“幸运的”）投资人罗伯森于 2000 年关门大吉，而在那之前，他一直是熠熠闪亮的明星。后面谈到幸存者偏差时，你还可了解更多，但是显然可以看出，他们在操作时确实很严谨地使用了经济分析。

他们倾向于死守头寸。有句格言说，要叫烂交易员放弃头寸，比叫他们离婚还难。死守某些观念对交易员、科学家或任何人都无益。

他们倾向于改变说辞。赔钱的时候，他们就自称是“长线”投资人。他们会根据最新情况的变化调整策略，忽而是交易员，忽而是投资人。交易员和投资人的不同点，在于下赌注的时间长短和赌注金额。“长线”投资绝对是明智的，只要不把它和短线交易混为一谈即可。许多人赔钱之后就摇身变为长线投资人，他们就是不肯接受事实，壮士断腕，认赔了结。

他们没有事先规划发生亏损时的对应措施。他们根本意识不到有那种可能性。两类人都在市场重挫后买进更多的债券，但不是根据事先订好的计划行事的。

他们难于以“认赔了结”的行动来修改自己的立场，并缺乏批判性思考的能力。平庸的交易员不喜欢在“现在价值还不算太差”时卖出股票，他们不会思考自己用来决定价值的方法或许有错，而是怪罪市场没有接纳他们衡量价值的方法。他们的看法也许是对的，但他们根本不接受自己的方法可能有缺陷这一事实。索罗斯或许有不少缺点，但人们会发现他在检讨不利的结果时，总会测试分析架构本身有无问题。

他们倾向于否认事实。当发生亏损时，他们不会积极主动地接受已经发生的事实。他们不相信屏幕上价格的真实性，转而接纳某种抽象的“价值”。他们典型的反应是经常表示：“这只是平仓的结果，这是由失望性卖盘杀出造成的。”他们继续忽视现实状态发出的信息。

本书提到的这些交易员，是怎样在犯下这些错误之后，还能接着赚那么多钱的？这是有关随机性的一个简单的原理造成的，也是幸存者偏差的一个表征。我们往往认为交易员能够赚钱，是因为他们是好交易员。或许我们该倒果为因：我们认为他们是好交易员，只是因为他们赚了钱。一个人有可能完全靠随机现象，而在金融市场赚钱。

卡洛斯和约翰都受益于市场循环。他们能够赚钱，不只是因为他们涉足正确的市场，也因为他们的交易风格刚好契合那段时间市场涨势的特质。他们都逢低买进。事后回顾，这正好是 1992 年到 1998 年夏天两人所涉足市场的最理想特质。那段历史时期，碰巧拥有那种特质的大部分人主宰了市场。他们的获利较高，并把可能更优秀的交易员挤到了一边。

被误用的进化论

前面说明了烂交易员为何能在中短期内相较于好交易

员拥有生存优势。接着我们要把相关的论点推广到更普遍的层次。

不肯接受达尔文自我选择理论的人，不是瞎了眼，就是愚蠢至极。但正是由于这个概念十分简单，一群外行人（以及一些专业科学家）竟然盲目相信，持续进化和永无错误的达尔文学说适用于包括经济学在内的所有领域。

生物学家莫诺数十年前感叹，每个人都相信自己是进化论专家。我们也可以说，每个人都以为自己是金融市场专家。今天，情况更糟，许多外行人相信植物和动物只朝着趋于完美的方向繁殖。套用到我们的社会来说，他们相信由于竞争以及每季公布财务报表的规范，公司和组织只会往好的方向推进，绝不会回头。强者生存，弱者灭绝。至于投资人和交易员，他们相信，放手让他们彼此竞争，则最优秀的人将青云直上，最差的人到头来只好去学新的技能，譬如到加油站帮人加油，或者，有时是去当牙医。

事情并没有那么简单。达尔文的观念基本上遭到了误用，而且事实上，公司并不会像大自然的生物那样繁殖。达尔文的观念谈的是繁殖适应性的问题，不是谈生存，和本书所说的其他每件事情一样，问题出在随机性上。动物学家发现，一旦把随机性注入一个体系，结果往往就会令人很惊讶：原来看似属于进化的东西，其实可能只是转向，或者可能是退化。比如，古尔德发现，有许多的证据显示，确实有他所说的“基因噪声”或“负突变”（negative mutations），我们得承认他比较像科学知识的传播者，而非纯粹的科学家。他把这理论延伸得有点儿过了头，因此触怒了一些同行。学术辩论因之而起，另一方的主将是道金斯，生物学家大多认为后者关于随机性的数学素养较强。负突变是指虽然从繁殖适应性的观点来看，新的特质比其所取代的特质还差，生物却还是能够生存下去，不过不能期望它们维持好几代以上，这就是所谓的临时聚集。

此外，当随机现象的形貌改变，例如发生体制转换（regime switches）时，情况可能变得更叫人惊讶。体制转换相当于一个系统的所有属性都改变了，面貌不复可辨。达尔文学说的适应性适用于在非常长的期间内发展的物种，而不是短期观察到的现象——时间累积消除了随机性的大部分效应；就像人们所说的，长期而言，事事（噪声）相互抵消而产生均衡。

由于有突发的稀有事件，我们不是活在种种事物持续“趋向”改善的世界中。生命中的各种事情也根本不是以连续不断的方式变动的。相信事情连续变化的观念，深植于我们的科学文化中，直到 20 世纪初。以前人们认为大自然不会跃进或骤变，拉丁文这么说："自然不突变。"（natura no facit saltus.）人们一般认为这句话是 18 世纪的植物学家林奈所说，但他显然说错了。莱布尼茨也用它来为微积分辩护，因为他相信不管我们怎么放大来看，万物都是连续的。和许多"言之有理"的说法一样，它后来被证明是完全错误的，量子力学把它推翻了。我们发现在极小的尺度下，粒子是在不同的能级间不连续地跃进的，而不是在其间滑动。

进化可能被随机性愚弄吗？

本章最后要谈的是以下所说的观念。对于随机问题只有一些概念的人，相信动物必定对生存的环境拥有最大的适应性。进化论的意思并非如此。平均而言，动物是有适应力，但不是每只动物都能适应，而且不是时时都能适应。一只动物有可能因为它的样本路径很优越而生存下来，同理，一个行业中"最好的"人才也有可能来自一群人才，他们能够生存，是因为过度适应某一样本路径——那条样本路径并未出现与进化有关的稀有事件。这里面有个不良的属性，就是这些动物不曾遭遇稀有事件的时间越久，则它们对该稀有事件的承受力越弱。如果我们把时间无限延长，那么依照遍历性原则，那个事件肯定会发生——那些物种必会遭到毁灭！进化只能适应某一时间序列，而不是所有可能环境的平均值。

由于随机结构的邪恶特性，像约翰那种高收益的交易员，长期而言肯定是输家，而且相对而言不适于生存，尽管如此，在短期内他们却有很高的成功概率，同时能够大量繁殖自己的基因。前面曾经谈过血清素对一个人行为举止的影响，以及能在择偶时发出什么样的讯号。他们的成功（或者应该说是假性成功，因为其基础相当脆弱）会显现在外貌上，使他们比较引人注目。不知情的潜在配偶会为他们的外表所骗，误以为他们拥有优异的基因，直到稀有事件发生才恍然大悟。梭伦似乎深谙个中道理，但不妨试着把这个问题向企业界中天真的进化论者，或者对街有钱的邻居解释一下。

第六章

偏态与非对称

我的意见是市场上涨的可能性比较高（我看好后市），但最好是卖空（我看坏结果），因为万一市场下跌，它可能跌很多。

概率和期望值

作家兼科学家古尔德有一阵子是我崇拜的对象，他曾被诊断罹患致命的胃癌，关于他能活多久，他收到的第一个信息是：这种病的病人存活期的中位数约 8 个月。他觉得这个信息就像《圣经》中的以赛亚告知希西家王，赶快在死前把家整理好。

这种病情诊断，特别是如此严重的病情，会激励一个人拼命做研究，尤其是像古尔德那种总是希望多写几本书的作家。古尔德进一步研究后，发现实情和他最初获取的信息大不相同。主要的差异在于期望（亦即平均）存活期比 8 个月长得多。他注意到期望值和中位数两者根本不同。中位数意指约 50% 的人活不到 8 个月，50% 的人则能活 8 个月以上。但是活了 8 个月以上的人的生存时间相当长，大致来说和普通人一样，他们大部分可以活到保险死亡表预测的平均寿龄 73.4 岁左右。

这就是非对称现象。活不到 8 个月的人，很早就死掉了，而活过 8 个月的人，则可能活得更久。当结果出现非对称现象时，存活期平均值和存活期中位数并不相同。古尔德因此发现了偏态（skewness）的概念，因而呕心沥血写下《中位数不能传达什么》（“The Median is Not the Message”）一文。文章的主旨是，医学研究机构使用的中位数概念，不具备概率分布的特性。

我将简化古尔德的论点，以跟疾病没有关系的例子——赌博，来介绍平均数（也称期望值）的概念。我举的例子会同时提到非对称概率和非对称结果。非对称概率不是指某事件的概率不是 50%，而是一边的概率高于另一边的概率。非对称结果是指报酬不相等。假设我参加的赌博中 1 000 次里面有 999 次赚到 1 美元（事件 A），有一次赔 10 000 美元（事件 B），如表 6-1 所示。

表 6-1　赌博事件

事件	概率	结果	期望值
A	999/1 000	1 美元	0.999 美元
B	1/1 000	-10 000 美元	-10.00 美元
		合计	-9.001 美元

我的期望值是赔 9 美元左右，这是将概率乘以对应的结果得到的数字。赔钱的频率或概率本身完全没有用处，它必须和结果的大小放在一起才有用。这里的 A 发生的概率远高于 B。我们如果赌事件 A 会发生，赌赢的概率很高，但这并不是好想法。

个中的道理很简单，小赌过的人一定都了解。但是我在金融市场却得费尽力气和那些怎么想也想不通的人争执。这些人并不是新手，而是有着 MBA 那样高学历的人，可笑的是他们却搞不懂其中的差别。

他们怎么会不懂其中的道理？他们怎么会把概率和期望值混为一谈，也就是把概率和概率乘以报酬混为一谈？

主要是因为大多数人接受的学校教育、举的例子都出现在对称的环境中，例如在掷硬币时，这种差别就无关紧要。事实上，社会中应用甚广的所谓“钟形曲线”是完全对称的，后面我会再谈这一点。

牛与熊

新闻媒体一天到晚拿所谓的牛市（后市看好）和熊市（后市看坏）等概念轰炸我们，用以指金融市场的价格走高或下跌。但是我们也听到有人说“我看好约翰尼”或者“我看衰坐在后面那个叫纳西姆的家伙，我实在搞不懂他在想些什么”，用以表示他们对某人这辈子起落的判断。我要说的是，看好或看坏的概念往往空洞无物，不能应用于充满随机性的世界，尤其是这个世界充满非对称结果。

我在某大型投资公司的纽约办事处任职时，偶尔必须参加烦人的“讨论周会”，纽约交易室的大部分专业人员都会参会。我并不掩饰自己对这种集会的厌恶，原因不只是它害我不能上健身房。虽然这种会议找来依绩效论成败的交易员参加，却更像是一些以讨好顾客为主的业务员大放厥词的地方。与会者还有被称作华尔街“经济学家”或

“战略家”的艺人，他们高谈阔论市场将来的命运，却不必承担任何风险，因此他们的成败取决于能不能讲得天花乱坠，而不是可以用来判断好坏的事实资料。在讨论时，与会者必须就现状提出个人的看法。在我看来，这种会议只会污染人的智力。每个人都有一个故事、一个理论或某些见解想要和别人分享。我讨厌那些没在图书馆做太多功课，就以为自己对某一主题拥有原创性看法和深邃高见的人。我必须坦承，为了排遣无聊和缓和对那些陈词滥调的厌恶，我的做法是尽可能多发言，且在别人讲话时充耳不闻，只顾着在脑子里解方程式。讲很多话可以帮助我讲清自己的想法，而如果运气不错的话，下个星期我就不会再“受邀”参加会议，事实上这种会议属强迫性质。

有一次，有人请我发表对股市的看法。我说，我相信下个星期市场有很高的概率会略微上涨。“有多高？”“大概70%。”这显然是铿锵有力的回答。接着有人插嘴说：“但是，纳西姆啊，你刚刚才吹嘘你大量抛售标准普尔500指数期货，赌市场会下跌。是什么原因使你改变了想法？”“我没有改变想法！我那么赌可是有很强的信心的！（大家笑了起来）。其实，我现在还想多卖一些！”会议室内的其他人看起来丈二金刚摸不着头脑。战略家问我：

“你到底是看涨（牛市），还是看跌（熊市）呢？”我回答说，除了动物学上的意义，我不懂“牛市”或“熊市”的意思。就和前例中的事件A与事件B一样，我的意见是市场上涨的可能性比较高（我看好后市），但最好是卖空（我看坏结果），因为万一市场下跌，它可能跌很多。突然间，会议室内总算有极少数交易员了解我的意思了，并且开始发表类似的看法。当下一次讨论时，他们果然没有再强迫我参加。

假使读者接受我的意见，也就是下个星期市场有70%的概率上涨，30%的概率下跌。但是再假设上涨只涨1%，下跌则可能跌10%。这么一来，读者要怎么做？是看好呢，还是看坏？

因此，“看好”或“看坏”这两个词，是不必在不确定性状况下做事的人，例如电视评论员，或没有处理风险经验的人使用的。投资人和企业要赚的不是概率，而是沉甸甸的钞票。因此对他们来说，某个事件发生的可能性多大并不重要，重要的是那件事发生时能赚多少钱。利润出现的频率有多高并不重要，它有多少才重要。很少有人带回家的支票是根据他们做对或做错的频率核发的，他们得到的不是利润就是亏损。只有评论家的成败才取决于他们说对或说错的频率，包括一般人在电视上看到的大型投资银行的“首席战略家”。他们和艺人相比，好不了多少。他们知名度高，具有说服力，可以提供一堆数字，不过就功能而言，他们存在的目的是取悦大家。先建立起统计检验架构才能弄清他们的预测是否有效。他们的名气不是来自检验的结果，而是靠口才挣来的。

拒绝预测

除了在那些肤浅幼稚的会议中制造娱乐效果，我拒绝以交易员的身份发表“市场预测”，结果弄糟了我和一些亲戚朋友的关系。有一天，家父的一位朋友来纽约，他打了我的电话。他是那种既有钱又充满自信的人，为了确认彼此身份地位的高下，他先在电话中抱怨这趟行程搭协和航空飞机碰到的那些不愉快的事情。他要我告诉他我对于一些金融市场的看法。我真的没什么看法可言，也不想编造任何看法，而且我对市场压根儿一点儿兴趣都没有。这位绅士的问题接二连三而来，他问我对各国的经济现状有什么看法，问我欧洲各国中央银行的动向，问这问那，无疑是为了拿我的看法，和纽约某大投资公司管理他账户的另一位“专家”的看法相比较。我不隐瞒自己一点儿头绪都没有，也不为此感到抱歉。我对市场不感兴趣（没错，亏我是个交易员）、不做预测，就这么简单。我接着向他解释我对随机结构持有的一些观念，以及市场预测的正确性能否确认等问题，但他还是要我用更明确的方式，分析圣诞节前欧洲债券市场的走势。

最后，他恼羞成怒，认为我没把他放在眼里。这件事对家父和这位有钱又自信的朋友间的关系伤害很大。这位绅士打电话向家父抱怨道："我问律师法律问题，他会毕恭毕敬解释得非常清楚明白。我问医生医疗问题，他会给我意见。没有一位专家对我爱答不理。你那傲慢又自负的29岁的儿子，眼睛长在头顶上，竟然不肯回答我市场走向的问题！"

稀有事件

我这辈子在市场中做的事，被称为"倾力赌一边"最为恰当。也就是说，我试图从稀有事件中获利，这种事件不常发生，而一旦发生便会带来大量回报。我希望自己不常赚钱，而且努力践行。原因很简单，因为我相信稀有事件在市场上并没有得到合理的价值，而且事件越稀有，它的价值被人低估得越严重。

为什么？因为心理偏差的关系。我周围的人在搭火车时都太专注于《华尔街日报》第二叠的资料，以致没办法正确地思考随机事件的特质。或者，他们在电视上看了太多大师的现身说法，又或者，他们花了太多时间去升级个人数字助理工具。连经验丰富的操作老将，似乎也不懂频率无关紧要的道理。“传奇性的”投资人罗杰斯说过这样的话：

> 我不买期权。若要住救济院，去买期权不失为另一个好法子。有人为证券交易委员会（SEC）做研究，发现 90% 的期权到期时都会发生亏损。嗯，我算过，如果 90% 的多头期权头寸都赔钱，那么表示 90% 的空头期权头寸赚钱。如果我在看坏后市时必须用到期权，那么我会卖出买权（calls）。

如果不考虑另外 10% 的平均获利有多少，所有期权头寸有 90% 亏损这个统计数字（也就是频率）并无意义。当期权属价内（in the money）时，如果我们平均拿出的赌注是原来的 50 倍，那么我敢说，买期权是住进广厦豪宅的另一个好法子。对罗杰斯先生那种不知区分概率和期望值的人来说，他这辈子似乎赚太多钱了（很奇怪，他是索罗斯的伙伴，而索罗斯这个心思复杂的人，是靠稀有事件起家的。我们后面还会再谈索罗斯这个人)。

1987 年股市崩盘便是稀有事件，我因此成了交易员，这也让我有充裕的时间追求各式各样的学问。第一章提到过较不赚钱的塔利波，他倾向于避开稀有事件，以免受到伤害，这是一种防卫式的方法。我比塔利波更积极、更先进：我利用这种方法规划经营出一种能真正获利的职业生涯和事业。换句话说，我的目标是下非对称的赌注，好靠稀有事件赚钱。

对称与科学

在大部分学科中，这种非对称无关紧要。很遗憾，财务学使用的技术，往往是从其他领域引进的。财务学还是个相当年轻的学科（肯定称不上“科学”）。在财务学以外的大部分领域中，当不同的结果所获回报的差距不是很显著时，把极端值从样本中剔除并不会造成问题，譬如教育和医学便是如此。教授在计算学生的平均分数时，可以把称作离群值（outliers）的最高分和最低分剔除，然后计算剩余分数的平均值，这种做法没什么不好。一般在预测天气时，人们也可以如此对待处于上下两个极端的气温数据，因为异常的温度可能扭曲整体的结果——不过接下来将谈道，在预测冰帽未来的特征时，这么做可能会酿成大错。学财务的人借用了这种技术，因而也忽视了不常发生的事件，以及可能导致一家公司破产的稀有事件。

许多自然科学家也这么笨，误解了统计数字的意义。有关全球变暖效应的辩论，便是很有名的一个例子。许多科学家在全球变暖效应发生的早期阶段，并没有注意到这件事，因为他们把温度突升的数据从样本中剔除了，认为这种事情不可能再度发生。在规划度假行程时，将极值从平均温度的计算中剔除可能是好法子，但在研究气象时却不能这么做。科学家起初忽视了，温度突升的现象虽然少见，却会对冰帽的融化产生巨大的累积性效果。和财务学领域一样，某个事件虽然罕见，但如果会产生巨大的影响，我们就不能视而不见。

从图 6-1Wo 的起始水准起，画下一连串的点，止于标示的期间。这张图可以看成你偏爱的操作策略获得的成果、一位投资经理人的绩效记录、文艺复兴时期佛罗伦萨一般豪宅每平方英尺[1]的价格、蒙古股票市场的股价走势，

1. 1 平方英尺 ≈ 0.093 平方米。——编者注

或者美国与蒙古股票市场的价格差距。它由 W_1、W_2 等一系列的观察值依序构成，后面的观察值在前一个观察值产生后产生。如果我们面对的是凡事都很确定的世界，也就是说，这个世界不存在随机性，那么事情处理起来会相当容易。这个序列形态会揭露很多可以预测的信息，你能够在一天前、一年前，甚至 10 年前就准确预测到会发生什么事。我们不需要统计学家，二流的工程师就已够用了。他甚至不需要取得现代的学位，只要受过 19 世纪的拉普拉斯变换训练，就能解这些微分方程式或者运动方程式，因为我们研究的是实体的位置随时间而变化的动态过程。

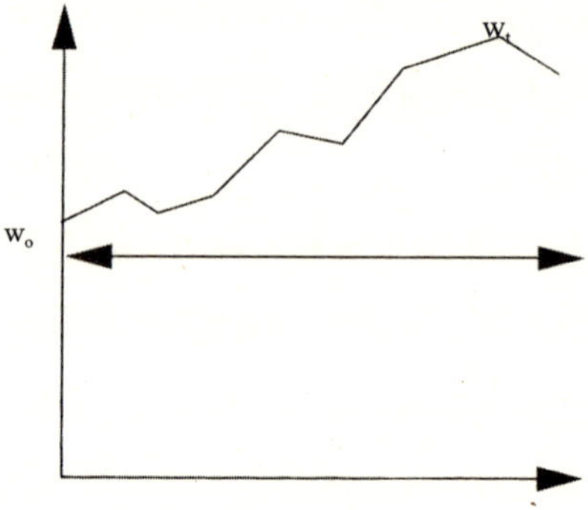

图 6-1

如果我们将随机性考虑进来，那么事情处理起来也一样容易，因为我们已经为此创造出了一个被称作计量经济学的研究领域。你可以找来脾气很好的计量经济学家，请他用他的软件计算数据后，根据运算结果，告诉你有某种绩效的交易员是否值得投资，或某种交易策略是否有效。你甚至可以用低于 999 美元的价格，买到他的软件，这样在下次下雨的周末你就可以自己运行程序了。但是我们没办法确定我们的世界是否真的那么清楚明白。我们会发现，通过分析过去的特征而得出的结论，偶尔可能有用，但也可能缺乏意义，有时甚至会误导你往相反的方向走。有些时候，市场数据成了陷阱，让你看到和它的本质相反的形貌，促使你投资错误的证券，或者害你疏于应对风险。举例来说，有史以来最为稳定的货币，却最容易崩跌。投资人为了安全而选择马来西亚、印尼、泰国等国紧盯美元的货币，但竟然在 1997 年夏天遇到苦涩的挫败。这些国家为求消除汇率的波动，采取货币紧盯美元的策略，到头来却仍免不了突遭巨幅贬值。

根据过去的信息预测未来时，我们可能太过马虎，也可能太过严格。我无法接受将过去的一个时间序列作为未来表现的指针。除了数据，我还需要更多的东西。我的主要理由在于稀有事件，但还有更多的其他理由。

从表面上看，我在这里提出的看法，和先前指责人们没有从历史学到足够多东西的说法相抵触。问题在于，我们太重视肤浅的近代历史，以致会说出“这种事情以前从未发生”这样的话。如果去看更宽广的历史，我们会发现，某个地方从来没有发生的事，最后往往会发生。换句话说，历史告诉我们，以前从未发生的事，后来也有可能发生。狭隘的时间序列没有教的东西，历史却教了我们许多。视野越宽广，我们得到的教训就越多。历史教我们不应该迷信天真的经验论，而应观察偶然遇到的历史事实。

稀有事件的谬论

出乎意料的事件

稀有事件极其善于掩饰，其可能以各式各样的形貌示人。它首先在墨西哥被观察到，学者称之为比索问题。20世纪80年代，计量经济学家对墨西哥经济变量的表现大惑不解。货币供给、利率，或者略微沾上一点儿边的类似变量，全都扑朔迷离，为其建构模型的努力几乎全告失败。这些经济指标先是维持稳定，然后出现怪异的变化，在没有发出任何警报的情况下短暂而激烈地波动，然后恢复稳定。

广而论之，我为稀有事件贴上的标签是：所有能使“风平浪静的海面”这句格言站不住脚的事情。俗话常说，看起来彬彬有礼像个善良公民的老邻居，会在某天你在报纸上看到他的通缉照片时令你大吃一惊。在那之前，没人知道他曾经作奸犯科，没有人猜得到那么病态的行为竟然会出自看上去那么好的一个人。我认为稀有事件的发生是由于人们以狭隘的心态去解读过去的时间序列，并误解了其中的风险。

稀有事件总是出乎意料地发生，否则它们就不叫稀有事件了。典型的例子如下，你投资某种避险基金，享有稳定的报酬率，不曾遭遇大起大落。直到有一天，你收到一封信，信里开门见山地说：“由于无法预见和出乎意料的罕见事件……”但是事件之所以罕见，正由于它们出乎意料。它们通常是恐慌造成的：投资人争相夺门而逃，不约而同地想尽快倒出手上拥有的所有东西。如果基金经理人或交易员早就料到此事，他们当初就不会去投资，稀有事件也就无从发生。

稀有事件不限于一种证券，它很容易影响整个投资组合的表现。比如，许多交易员会买进抵押证券，并以某种方式避险，以冲销风险并消除波动性。他们这么做，是希望得到高于财政部公债报酬率的某种利润。金融市场经常以财政部公债作为某项投资最低期望报酬率的基准。他们利用计算机程序，也请应用数学、天文物理、粒子物理、电机工程、流体力学的博士帮忙，有时也请财务学博士协助，不过这种情形极少。这样的投资组合长期提供稳定的报酬率。接着，突然之间，好像出了意外（我不认为那是意外），投资组合的价值重挫40%，而你本来预期最糟不过跌4%。你打电话给经理人，表达你的愤怒，但他告诉你那不是他的错，说类似的基金也遭遇了相同的问题，然而你们之间的关系还是起了剧烈的变化。

前面提过，有些经济学家称稀有事件为“比索问题”，所谓比索问题并不是由刻板印象产生的。从20世纪80年代初开始，墨西哥这个美国南部邻国的货币一直没有起色。长期的稳定吸引了大批银行货币交易员和避险基金经营者前往平静的海面，买进墨西哥比索，由于利率很高，他们乐于持有这种货币。接着他们“出乎意料”地遭遇“炸毁”，赔掉投资人的钱，也赔掉自己的工作和前途。之后又出现一段稳定期，新的货币交易员不知道这里曾是尸骨累累的战场，于是纷纷买进。他们被墨西哥比索吸引，于是故事重演。

大多数固定收益的金融商品都曾发生过稀有事件，这倒是挺奇怪的一件事。1998年春，我花了两个小时，向当时一位重量级避险基金经营者解释比索问题的观念。我不厌其详地解释这个观念已经变得普遍化，任何一种投资形式，只要是以天真幼稚的态度解读以前时间序列的波动性，都适用这个观念。没想到他竟然回答："你说得一点儿没错。我们不碰墨西哥比索，只投资俄罗斯卢布。"几个月后，他遭遇"炸毁"。在那之前，俄罗斯卢布的利率相当诱人，各式各样的高收益经理人争相买进。1998年夏，他和持有卢布计价资产的其他人，赔了将近97%。

第三章谈过的那位牙医，不喜欢价格忽上忽下地波动，因为这会使他经常感到痛苦。他越频繁地观察自己的投资组合，越有可能在更短的时间内感受到更多波动，从而产生更多的痛苦。同样，投资人可以基于情感因素采取偶尔有波动的投资策略，但在这种情况下，只要一有波动，幅度都很大。这叫作掩耳盗铃，把随机性塞到地毯底下。

我们可以观察这个问题的另一个层面。假想有个人从事科学研究，日复一日，他埋首在实验室中解剖老鼠，远离外面纷扰的世界。他可能经过好几年研究，仍然一无所成。这位失败者每天晚上带着一身老鼠尿骚味回家，老婆或许已经失去耐性。但是到了某一天，好的！他的研究有了惊人的发展。虽然还没取得任何实质成果，然而一天天过去，他获得成功的概率已越来越高。

出版公司也是一样。它们出版了一本又一本的赔钱货，却从来不会质疑自己的运营模式。因为它们只要每隔10年出一本像《哈利·波特》那样的超级畅销书，就够吃很长一段时间。当然前提是概率虽小，但它们出版的书确实具有成为超级畅销书的潜质。

在金融市场中，有一类交易员是靠反向稀有事件为生的。对他们来说，波动往往是好消息。这些交易员经常赔钱，只是金额不大。他们很少赚钱，不过一赚就是一大笔。我称他们为危机猎人，并十分乐意成为其中的一员。

为什么统计学家察觉不到稀有事件？

在外行人眼里，统计学相当复杂，但目前通用的统计学背后的观念其实十分简单。我的法国数学家朋友竟然说它们就像炒菜那般容易，只是我不敢苟同。总而言之，那是一个简单的概念：你得到的信息越多，你对结果就会越有把握。但问题来了：有多大把握？常见的统计方法指的是信赖水准稳定升高，但是它和观察数的比值并不是线性关系。也就是说，样本数如果增加 n 倍，我们的知识只增加 n 的平方根倍。假使我从装有红球和黑球的罐子内取球，那么取了 20 次之后，我对罐子内红球和黑球的相对比例怀有的信心，并非取了 10 次之后的两倍，而是只有 2 的平方根（1.41）倍。

统计学显得复杂且让我们搞不懂的地方，在于分布非对称性，如上面所说的罐子问题。即便在满是黑球的罐内取到红球的概率为零，我们对罐内没有红球的信心也增加得非常慢，比期望中的平方根值还慢。相反，一旦取到一颗红球，我们对罐内有红球的信心就会急速增加。这种知识的非对称可不是件小事，它是本书的核心，也是休谟和波普尔等人致力研究的重要哲学问题。

要评估一位投资人的表现，我们或者需要更敏锐、直觉成分较低的技术，或者就得在我们所做的判断和这些事件发生的频率无关的条件下，做出评价。

不可靠的统计

但是有些情况可能更糟。如果红球的数目随机分布，那么我们永远无从得知罐内的组成。这被称作定常性（stationarity）问题。假使罐底有个洞，而在我抽样时，有个小孩搞恶作剧，在我不知情的情况下，加进某种颜色的球。这时我再怎么推论都没用。我可能推论罐内有50%的红球，而那个顽皮的小孩一听，马上把所有的红球取出，并放进黑球。这么一来，我们通过统计获得的知识并不可靠。

同样的影响也会发生在市场上。我们把过去的历史视为单一的同质型样本，并且相信观察过去的样本后，我们对未来的知识即可大增。但是如果那个顽皮小孩改变罐子内色球的组成会怎么样？换句话说，如果事情改变了，情况会变成什么样？

自19岁以来，我大半辈子都花在了研究和应用计量经济学上，包括在课堂上和担任计量衍生性金融商品交易员时。计量经济学这门“科学”是指将统计学应用到从不同的时期（我们称时间序列）选出的样本上。它的作用是研究经济变量、资料和其他事物的时间序列。我当初几乎一无所知时，很怀疑那些已故或已退休的人的行为时间序列，对于预测未来是不是有帮助。比我懂很多的计量经济学家不问这种问题，因为那无异于自曝其短，徒然让人知道自己的愚蠢。知名的计量经济学家裴沙连曾经回答过类似的问题，他建议对方“更多和更好地研究计量经济学”。我现在相信或许计量经济学中的大部分内容毫无用处，财务统计学家所学的很多东西根本不值一学。对总和为零的事情来说，就算重复10亿次，总和还是零。同样，如果不打好坚实的基础，那么再怎么研究，做得再怎么复杂，终归毫无价值。

研究20世纪90年代的欧洲市场，对历史学家肯定很有帮助，但由于时移事迁，机构和市场的结构已经改变，我们现在能做出什么样的推论？

经济学家卢卡斯说，如果人是有理性的动物，那么理性会引导他们从过去整理出可以预测的形态，并且有所应对。这句话打了计量经济学一巴掌。由此可见，在预测未来时，过去的信息完全没有用处。卢卡斯以数学的形式阐述这个论点，结果赢得了诺贝尔经济学奖。我们是凡夫俗子，并且按照既有的知识去行动，而现有的知识也把过去的资料涵盖在内。我用以下的比喻来解释他的论点：如果理性的交易员察觉到股价会在下周一上涨，那么这种趋势马上会变得显而易见。人们预计下周一股价会上涨，于是纷纷在周五买进，到头来反而把这种趋势给消除了。如果在经纪公司开户的每个人都能察觉某些情况，那么根据这些情况行动并无意义，因为它们会被消除。

不知道为什么，卢卡斯的批评并没有被这些“科学家”听进耳里。工业革命的科学成就带给人们信心，使他们相信自己能够将这些成果带入社会科学。伪科学吸引了一大批理想主义笨蛋，经济学家最有可能如此使用科学。当你用一大堆方程式充内行时没人能够揭穿你，因为人们根本没有办法进行对照实验。包括我在内的批评这种方法的人，斥之为科学万能主义，它的精神延续到了财务这门学科，一些技术人员认为他们的数学知识，可以带领他们了解市场。“财务工程”的应用就带有浓重的伪科学色彩。应用这些方法的人，在衡量风险时是以过去的历史作为未来的指针的。这里我们只想说，由于分布有可能缺乏定常性，这整个观念可能大错特错，并有可能使人们付出非常惨痛的代价。这又把我们引向一个更为根本的问题：归纳法问题。下一章我们就要讨论这个问题。

第七章

归纳法的问题

索罗斯到处宣称自己容易犯错，却仍拥有那么强大的力量，因为他知道自己的缺点，其他人却自视甚高。

被漠视的归纳问题

接着我们从比较宽广的科学知识的哲学角度来讨论相同的问题。关于推论，有个问题很有名，其被称作归纳法问题。这个问题困扰了科学界很长的时间，但是科学界不像金融市场那样深受其害。为什么？因为随机成分加剧了归纳问题在金融市场中的影响力。归纳问题在金融界的重要性甚于其他任何地方，却比在其他地方更遭人漠视！

黑天鹅

苏格兰哲学家休谟在他的《人性论》中以下述方式讨论了这个问题：我们看到的白天鹅再怎么多，也没办法据以推论所有的天鹅都是白的，但是只要看到一只黑天鹅，就可以证明并非所有天鹅都是白的。这个问题就是后来穆勒提出的“黑天鹅问题”。

休谟对于他所处的18世纪的科学受到培根的影响，从经院哲学转变为对天真的经验论的过度反应深恶痛绝。经院哲学奠基于演绎法则，不强调对真实世界的观察。培根反对在没有实际成果的情形下，结成“学习蜘蛛网”。受到培根的影响，科学转而强调经验的观察。问题是，如果方法不适当，经验观察会引导人们误入歧途。休谟警告我们不要形成这样的知识，并且强调在搜集和解读知识时应该持严谨的态度——这被称作知识论。上述内容并不十分忠于史实，因为休谟的口气比这更糟。他是十分严重的怀疑论者，从来就不相信两件事之间真的存在因果关系，但本书略微冲淡了他在这方面的色彩。

尼德霍夫的获利法

尼德霍夫有如财务学领域中的培根。他率先反对芝加哥大学的“学习蜘蛛网”，以及 20 世纪 60 年代人们虔诚信奉的高效率市场理论。他与信奉经院哲学的金融理论家相反，致力于观察资料，希望从中找到异常现象，而且真的找到不少资料，写出了深具洞见的《投机客养成教育》（*The Education of a Speculator*），在充满随机性的职业生涯中大放异彩。此后，被称作“统计套利客”（statistical arbitrageurs）的一批交易员崭露头角，早期的大人物和操作最成功的交易员都是他的信徒。尼德霍夫曾经栽过跟头，但他的一些信徒表现得很好，因为他们把严谨的态度和方法论加进统计推论中。换句话说，尼德霍夫的经验论中少了一些方法论。

我得承认，虽然我的见解和他不同，却受到他的经验论启发，这对我的知识累积大有裨益。1996 年，尼德霍夫向我指出，任何“可检测”的陈述都应该加以检测，我的操作风格从此有了转变。他的建议一语中的、其理至明，但我一直没有那么做。可检测的陈述是指能够细分出定量成分，并接受统计检查的语句。例如，有句老话说：

车祸经常发生在家的附近。

为了验证这句话对不对，我们拿车祸发生的地点与驾驶人住处的平均距离来检验这个命题，比如，约有20%的车祸发生在离住处半径12英里[1]的范围内。但是在解释时，我们必须十分小心谨慎才行。天真的解释者会说，和在距离家很远的地方开车比起来，在家附近开车发生车祸的可能性较高。这正是经验论天真无知之一例。为什么？车祸常发生在离家近的地方，可能只是因为人们较常在家附近开车，例如有20%的时间是在离家半径12英里的范围内驾车。

从那一天起，凡是可以验证的命题，我都会去验证，而这得感谢我那台极少用于非运算工作的计算机。不过尼德霍夫和我之间的差异仍然很大：我是用数据去否定某项命题，而不是去证明它。我用历史是去驳斥，而不是去确认某项推测。比如下列陈述：

在提出预测的这3个月内，市场绝对不会下跌20%。

这个陈述可加以验证，但就算证实，也毫无意义。我可以找到反例来推翻这个命题，单单因为过去的资料显示在任何3个月内，市场从未下跌20%，我没办法接受这

1. 1英里≈1.609千米。——编者注

句话。

我们回头谈黑天鹅问题，先看下列陈述：

陈述 A：没有一只天鹅是黑的，因为我看了 4 000 只天鹅，没看到一只是黑的。

陈述 B：并非所有的天鹅都是白色的。

不管这辈子我已经看过多少只白天鹅，以及将来会再看到多少只白天鹅，都没办法推断出陈述 A 那样的话——除非我有幸看过天底下所有的天鹅。但是只要发现一只黑天鹅，陈述 B 就可以成立。事实上，在澳大利亚见到乌黑的黑天鹅后，陈述 A 已遭否定！读者由此可以了解波普尔的理论：这两个陈述有强烈的不对称性。这种不对称性存在于知识的基础上，也存在于我在交易员工作中处理随机现象的核心原则里。

下面的归纳性陈述说明了不以逻辑方法解读过去的资料所产生的问题：

我刚对布什总统的一生做了彻底的统计检视。58 年来，总共观察了 21 000 次，他没有一次死掉。因此我可以宣称他长生不死，而这具有很高的统计显著性。

虽然尼德霍夫和我的交易方式南辕北辙，而他经手的许多金融商品最后都由我持有，但我对他仍非常敬重。他靠卖价外期权为生，我则靠买进它们为生。卖出价外期权是赌某个事件不会发生，而我买进价外期权，则只赌它会发生。他试着赚取稳定的收入，我则喜欢偶尔一次来个大丰收。

虽然我们看起来是截然不同的交易员，但表面上却有许多相同的个人特征。或许这些事情值得一提，因为我们都把个人的特征归纳为交易的一部分，而且对于一般人所说的“工作”和“玩乐”的分野，不怎么在意。我们都试着活在经营科学实验室的错觉中。我们都喜欢与学者、科学家为伍，不喜欢和商人待在一起；和成功的科学家交谈可以避免我们的思维变得僵化。我们都想过着维多利亚绅士型学者那种书籍散落四周的生活，借以避开20世纪常见的许多纷扰。我们都努力凸显个人不俗的气质，以免在知识水平上看起来和常人没有两样。我们都很喜欢每天运动。尼德霍夫仿效的是维多利亚时期的绅士，他崇拜的英雄高尔顿是达尔文的表兄弟，对应用统计学贡献卓著。而我就像一个真正的维多利亚时代的人：我是个不折不扣的古典主义者，且至今仍沉醉于希腊罗马文化中，我崇拜的英雄大多是文学人物。我们都极力避开媒体、电视和报纸，尼德霍夫更是讨厌它们。我们都不喜欢闲谈扯淡，视之如瘟疫，因为这会产生很多“混为一谈表”左栏中的噪声。

索罗斯和波普尔

接着要谈我如何通过另一位交易员发现了波普尔的可贵。他或许是我唯一尊重的交易员。虽然我读过很多书，但在行为上极少受所读的内容影响。我不知道别人是不是也这样。一本书可能让我留下很深刻的印象，但有了其他更新的印象之后，旧印象会慢慢减退。我必须靠自己的力量去发现一些事情，自行摸索得来的东西才能持久。

不过，波普尔的观念例外，它持续留在我的脑海里。我是经由自比为哲学家的交易员索罗斯的文章，发现（或者应该说是再发现）了波普尔的观念。索罗斯的一生似乎致力于推广波普尔的观念，但我从索罗斯那边学到的东西，并不是他希望我们学到的那些。谈到经济学和哲学，我的看法和他相左，不过我无法抵挡这位匈牙利人的魅力，因为他和我一样都以身为交易员为耻，宁可见到交易只是知识生活的一个小小延伸，这一点可以从他的第一本书《金融炼金术》中看出来。我对有钱人从来不以为然，从不以他们为榜样，看到这样的人或许只会收到反效果，因为迅速致富的人经常带有铜臭味。似乎只有索罗斯的价值观和我相同。他希望被人视为商学院教授：碰巧他因为理念正确而变得富有，但由于无法被其他知识分子接纳，只好通过财富实现自身的价值。这就好比登徒子用尽各种方法，最后只能利用红色法拉利跑车引诱女人。此外，虽然索罗斯在他写的文章中没有明确表示，但他懂得怎么处理随机性，方法是保持批判性的开放心胸，而且不以改变看法为耻，但这样的副作用是，他把人当作餐巾看待。他到处宣称自己容易犯错，却仍拥有那么强大的力量，因为他知道自己的缺点，其他人却自视甚高。他了解波普尔，也过着波普尔式的生活。

对我来说，波普尔的观念不是新东西。青少年时期在欧洲和美国接受教育时，我曾听过波普尔的大名，但看不懂他的理论，也不觉得这些理论对生命会有什么重要之处。那个年纪总觉得必须读很多东西，却没办法停下脚步思考。由于那种急迫感，当时不觉得波普尔有什么重要。

之后波普尔从我的脑海中消失。此外，当我开始从事金融交易后，我进入了反知识分子的阶段。我必须十拿九稳地赚钱，才能挣回刚在黎巴嫩战争期间失去的未来和财富。我突然感到财务上很没保障，而且害怕成为某家公司的员工，变成只谈“工作伦理”的企业奴隶。我需要有厚实的银行户头做后盾，才能买到时间去思考和享受人生。我不想过着空谈哲理却只能在麦当劳打工的生活。在我看来，哲学是闲得没事干的人打磨修辞的天地，是留给那些不熟悉计量方法和其他生产性工作的人研究的，是三更半夜在校园附近的酒吧打发时间用的。直到我当上交易员后，才再度接触波普尔的观念。

据说人们通常记得在什么时候、什么地方被某个重要的观念感动。我也记得一清二楚。受到索罗斯的激励，1987 年我在纽约 21 街和第五大道路口的巴诺书店一口气看了 50 页《科学发现的逻辑》，并且疯狂买下双手抱得动的所有波普尔著作，因为担心以后会缺货买不到。

我发现波普尔和我当年印象中的“哲学家”恰巧相反，他并不流于空谈。这时我当期权交易员已有两年的时间，并对学术界的财务研究心生反感，尤其是我的收入都得归因于他们的模型失灵。由于已经涉足金融衍生商品，我开始找财务学者研究讨论，但是却很难让他们弄懂金融市场的一些基本要点。我总觉得这些研究学者错失了某样东西，但不太清楚那到底是什么。令我困扰的不是他们学得的知识，而是他们学习的方法。

波普尔的答案

关于归纳法的问题，波普尔有个很重要的答案。没有人像波普尔那样，对科学家研究科学的方式有那么大的影响，但是仍有许多专业哲学家认为他太过天真。他表示，科学并不像表面上看到的那么严肃，世界上只有两类理论。

第一，经过检验并以适当的方法予以驳斥的已知为错误的理论。

第二，尚未得知是否错误或者尚未遭否证，但将来有可能被证明为错误的理论。

为什么没有一个理论正确？因为我们无从得知是否所有的天鹅皆为白色。其中使用的检验机制可能有误，但是我们仍旧可以提出这样的陈述：世界上有黑天鹅。理论无法被验证，只能暂时被人接受。用棒球教练贝拉的话来说，过去的资料里面有很多好东西，可惜的是它也有坏的一面。落在这两类理论之外的，就不叫理论。如果一个理论没有包含一组可以被验证为错误的条件，那么只能被称为骗术——否则无法加以驳斥。为什么？因为占星家总是能够找到理由去解释过去的事件，比如“火星在线上但运势不太强”。同样，在我看来，如果没有什么事情能够改变一位交易员的看法，那么他就称不上交易员。牛顿物理学和占星术的差别说起来很讽刺。牛顿物理学是科学，因为它允许我们证明它是错误的，而且确实已被爱因斯坦的相对论推翻了；然而占星术却不能被证明错误，因为它没有提供条件让我们驳斥它。这一点成了判别科学和胡说八道的基础，被称作“划界问题”（the problem of demarcation）。

在我看来，更切合实际的是，波普尔觉得统计学和统计学家问题重重。他拒绝盲目接受“知识总是随着信息的增加而增加”的观念——这是统计推论的基础，或许适用于某些案例，但我们不知道何者为是。凯恩斯等许多见识卓越的人，也分别得到过相同的结论。批评波普尔观念的人，认为相同的实验一再得到有利的结果时，应该会使我们对它的“可行性”更感安心。我第一次看到稀有事件横扫交易室之后，更能理解波普尔的观点。在他看来，在处理已知和未知的事物时，知识和发现并没有多大的用处，我觉得这一点对交易员来说很重要。他的名句：

> 这些人有大胆的观念，却对本身观念的批判不遗余力；他们设法了解自己的观念是否正确，使用的方法是先了解它们是否可能无误。他们大胆推论，然后极

力尝试推翻本身的推测。

“这些人”指的是科学家，但也可能是任何人。

总而言之，这位大师力抗科学的成长。在波普尔那个时代，哲学思潮剧变，从清谈高论转为重视严谨与科学性，第四章所说的维也纳学派正是在此时诞生的。这些人有时也被称作实证哲学家，源于19世纪孔德在法国倡导的实证主义运动。实证主义意指将各种事物科学化，这等于把工业革命带进软科学中。波普尔正是实证主义的解毒剂。依他之见，我们不可能验证理论。一味追求验证，造成的伤害多于其他。波普尔的观念十分极端，看起来非常天真和粗糙，却是有用的。批评他的人说他是天真的否证论者（falsificationist）。

我也是极其天真的否证论者。为什么？因为当这种人，我才能生存下去。我身体力行波普尔学说的方式是：我在代表某种世界观的理论下，从事各种投机生意，但条件是没有任何一个稀有事件可以伤害我。事实上，我还希望从所有能想象到的稀有事件中获益。我对科学的看法与周遭自称科学家的人不同。科学只是系统性的推测而已。

开放的心胸

波普尔的否证论和开放社会的观念关系密切。在一个开放的社会中，没有一种真理会永存不朽，这样的社会允许相反的观念出现。波普尔将他的观念与行事低调的经济学家哈耶克分享。哈耶克主张采取资本主义，因为在这种制度中价格能够传递信息，而其他的层级社会则会设法抑制这种信息。否证和开放社会这两个观念，都和我在交易员的日常工作中处理随机性时必须用到的严谨方法有关。这话听起来和直觉相违背。在处理随机性时，开放的心胸显然是必要条件。波普尔相信，任何乌托邦的理想都是封闭式的，因为它会阻塞本身的反驳能力。认为社会无法开放并接受否证的观念会形成极权主义。

我从波普尔那里学到了开放社会和封闭社会的不同，以及开放心胸和封闭心胸的不同。

没有人是完美的

波普尔这个人，也有一些不完美的地方。了解他私人生活的人，会认为他很不“波普尔”。哲学家兼牛津大学特别研究员墨基和波普尔相交近三十载，称他超脱世俗（年轻时除外），只专注于自身的研究。波普尔活了92岁，最后50年他都自绝于外部世界，以免受外界的纷扰而分心。波普尔也会“对别人的职业生涯或私人生活提供真诚的建议，虽然他对两者实际上一无所知。以上种种当然和他在哲学上宣扬的信念与实务大相径庭”。

年轻的时候，他也没有好多少。维也纳学派的成员对他十分排斥，原因不在于他的观念与众不同，而在于他是个社会问题。“他才华横溢，但以自我为中心、浮躁、妄自尊大、暴烈易怒、自以为是。他听不进别人说的话，不计代价追求辩论的胜利。他不懂得如何与人相处，也没有能力与人商谈事情。”

我不谈言行不一的问题，只谈基因上有趣的事情：我们喜欢表达合乎逻辑且理性的观念，但不见得乐在其中。说来奇怪，这件事直到最近才被人发现。我们还会谈到人的基因中暗含的不理性天性。另一件奇怪的事是，大力自我批判的索罗斯在专业行为上，似乎比波普尔更“波普尔”。

不受黑天鹅的冲击

最后，我要谈的是个人处理归纳问题所用的方法。哲学家帕斯卡表示，对人来说，相信上帝存在是凡人最合宜的策略。如果上帝真的存在，那么相信它存在的人会得到奖赏。如果它不存在，也不会有任何损失。所以说，我们应该接受知识上的非对称。在有些情况中，统计学和计量经济学可以派上用场，但我不希望过于依赖它们。

就像帕斯卡，我要说的论点是：如果统计学在某些事情上对我有帮助，我会去用它。如果它构成威胁，那么我就不用它。我会接受过去能给我的最好的东西，但不被它危害。因此我会利用统计学和归纳方法积极下注，但不会用它们管理自己承受的风险。叫人惊讶的是，我所认识的存活下来的交易员，几乎都这么做，他们根据观察到的事情，包括过去的历史去操作，但和波普尔学派的科学家一样，他们一定要确定犯错时的成本十分有限，而且犯错的概率不是从过去的资料推演而来的。和卡洛斯、约翰不同，他们在执行操作策略之前就知道哪些事件会证明他们的推测错误，并预先做准备。证实犯错后，他们会结束操作。这叫认赔止损（stop loss），也就是到了预定的范围，他们会采取行动保护自己，以免受黑天鹅事件冲击。我发现极少会有人这么做。

古典的震撼

我必须坦承，写完第一篇时，梭伦过人的智慧对我的思想和私生活影响极大。第一篇的内容令我更加相信，远离媒体和商业圈中我越来越蔑视的其他投资人和交易员这种做法是对的。我正享受着古典文学的震撼，而这是儿时以来不曾有的感受。由于心灵不受新闻污染，所以我能避开过去 15 年来奔腾不休的多头市场，并从它的消逝中获益。我正在规划我的下一步：重新创造一个信息少、更确定的古代环境，比如 19 世纪，但同时享受目前科技上的若干进步（蒙特·卡罗发生器等），以及所有医疗上的突破和社会公义上的进步。如此一来，样样事情都是最美好的。这才叫作进化。

第二篇

打字机前的猴子
——幸存者偏差及其他

我们只看到成功者，因而形成了对机遇的错误看法，比如，我们常会认为长得英俊漂亮的人薪水会比较高，其实这是因为我们经常只会注意到那些薪水比较高的人，或者那些薪水比较高的人容易被我们注意到罢了。

如果把无限多的猴子放在打字机前面，让它们去乱敲，那么其中一只肯定会打出一字不差的《伊利亚特》叙事诗。进一步探讨，这个观念可能不像乍看之下那么有趣，因为这种概率非常低。且让我们把这个推理往前推进一步：猴子中的大文豪既已诞生，读者愿意拿毕生的积蓄去赌这只猴子下一次会打出《奥德赛》叙事诗吗？

上段文字中，有趣的是第二步。过去的表现（打出《伊利亚特》叙事诗）在多大程度上可用于预测未来的表现？同样的问题也适用于所有根据过去的成绩，也就是只依赖过去时间序列的属性做的决策。假使那只猴子带着它以前的惊人之作出现在你家门口，你会不会说，嘿，它打出了《伊利亚特》，赶快和它签下一本书的合同？

一般来说，推论上的一大问题是：靠资料下结论的人，往往会比别人更快、更有信心地坠入陷阱。我们拥有的资料越多，淹没在里面的可能性越高。略懂概率法则的人，往往根据以下的原则做决定：一个人如果没有做对一些事情，那么就极不可能持续有很好的表现，因此绩效记录变得十分重要。他们探究成功的可能规则，并且告诉自己，如果某人过去的表现优于他人，那么将来表现优于他人的概率也很高。但是一如既往，只懂少许概率知识比完全不懂概率的结局更惨。

样本数的意义

我并不否认假如某人过去的表现优于他人，便可推测他将来也可能有更好的表现。但是这种推测非常不可靠，对决策毫无益处。为什么？因为最重要的是两项因素：他从事的工作受随机因素影响的程度，以及有多少猴子参与。

起初的样本数量十分重要。如果总共只有5只猴子，我会对打出《伊利亚特》的那只猴子刮目相看，怀疑它是写《伊利亚特》的古诗人投胎转世。但如果有无数只猴子，那就没什么了不起了。事实上，这时要是没有一只猴子凭运气打出名作，我才会感到惊讶。甚至或许会有一只猴子打出美国前副总统戈尔写的《命运未知的地球》（*Earth in the Balance*），还去掉了其中的一些陈词滥调。

当这个问题出现在商业领域时，由于这个行业十分依赖随机性，所以影响也更严重。从事商业的人数越多，其中某个人纯靠运气便能有惊人表现的可能性越高。我很少看到有人去数猴子的数目，同理，很少有人去数市场中的投资人有多少，以便计算某段时间里、在这么多投资人的情况下，取得成功的条件概率（不是成功概率）有多少。

对概率的错误评估

猴子的问题还有另一个层面有待探讨：现实生活中，其他的猴子多得数不胜数，也看不见。它们隐藏在某些地方，我们只能看到赢家——失败者自然完全销声匿迹。因此我们看到的是存活者，而且只看到存活者，以致我们对运气产生错误的认知。我们根据的对象不是概率，而是社会对概率的评估。正如我们在塔利波身上见到的，连受过概率训练的人，也会很不明智地受社会压力的影响。

本书第一篇阐述了人们不了解稀有事件，而且似乎不接受它们发生的概率，也不接受这些事情可能产生的悲惨后果。第一篇也谈我个人所持的其他著作似乎不曾探讨的一些观念。但是除了稀有事件造成的扭曲，讨论随机性的书如果不谈人们可能遇到的偏差，便不算完整。第二篇的内容比较平实，我将用很快的速度，综合整理目前众多相关著作中各种关于随机性的偏差。

这些偏差可以简述如下：第一，幸存者偏差（又称打字机前的猴子），起于我们只看见赢家，因而对运气持有错误看法；第二，不同凡响的成功最常见的原因是运气；第三，我们在生物构造上缺乏了解概率的能力。

第八章

太多“邻家的富翁”

外表看起来不像有钱人的人，最有可能是巨富？这是双重的幸存者偏差，也就是错上加错。

如何消除失败之痛

何谓快乐

马克和妻子珍妮特以及三个孩子住在纽约市的公园大道。他的年收入有 50 万美元，但视经济景气好坏而起伏。他不相信目前的好光景能够维持下去，对于近来的收入激增，他也还没做好心理准备。马克年近 40，身材矮胖、皮肤粗糙，看起来比实际年龄老 10 岁。他在纽约市从事律师工作，生活优裕但紧张忙碌。他显然不是那种成日饮酒作乐，或者在翠贝卡（Tribecca）和索霍区（Soho）夜夜笙歌的人。夫妇两人有栋乡间别墅和一座玫瑰花园，而且和许多年龄、心性及条件相同的人一样，他们最关心的事物依次是物质上的享受、健康、身份地位。工作日他通常要在晚上9点30分以后才能回家，有时甚至在办公室待到接近午夜。一周结束时，马克疲累异常，在开车回家途中，他总是睡意浓重，周六大部分时间也都躺在床上恢复体力。

马克在中西部一座小镇长大，他父亲是位沉默寡言的税务会计师，老是用削得很尖的铅笔工作。他父亲很重视铅笔尖不尖，所以随身携带削铅笔机。马克自小就聪明过人，中学成绩优异，考上哈佛大学，然后进入耶鲁法学院，学历确实不错。毕业后，他从事企业的法律工作，先是在纽约一家著名的法律事务所接办大案子，忙得挤不出时间刷牙。这话可一点儿都不夸张，因为他几乎每天晚上都在办公室用餐，除了累积起成为合伙人的考绩点数，也累积起脂肪。他后来如期在7年的时间内当上合伙人，却也付出了一般常见的代价。他的第一任妻子离他而去，因为她厌倦有个老是不在家的律师老公，也因他的谈话品质日益下降而感到厌烦。具有讽刺意味的是，她后来又嫁给另一位纽约律师，这个人的谈吐也许算不上精彩，却让她感到快乐些。

工作负荷太重

虽然偶尔吃点儿减肥餐，马克的肌肉还是越来越松垮，需要不时将定做的西装拿回去找裁缝修改。过了离异的消沉期之后，他开始和助手珍妮特约会，不久两人就步上红地毯。他们很快就生了三个小孩，买下公园大道的公寓和乡村别墅。

珍妮特平常碰到的人，不是孩子在曼哈顿私立小学的同学的父母，就是同栋公寓的邻居。从物质条件来说，他们落在这一群人的下层，甚至刚好在最底端。他们是那个生活圈内最穷的人，因为大楼里住的都是大公司的高层主管、华尔街交易员和意气风发的企业家。

你是失败者

住在曼哈顿对马克来说可能是个合理的选择，因为工作时间长，不可能往返上下班。但是珍妮特付出的成本却很高。为什么？因为和别人比较，他们显得相对落魄，尤其是就公园大道社区来说。大概每隔一个月，珍妮特就会处于崩溃边缘，当去学校接送孩子时，她会因受不了其他妈妈的冷落而感到紧张和羞愧，在公寓大楼等电梯时，看到其他女士戴着比较大的钻石也会让她很难过。他们在那栋公寓里，住的是最小的房子。为什么她先生那么不争气？他不是很聪明、工作十分卖力吗？他的学术能力评估测试（SAT）成绩不是接近 1 600 分吗？那个叫罗纳德什么的，他太太甚至从来没跟珍妮特点过头。马克上过哈佛和耶鲁，智商那么高，为什么积蓄不多？

我们不必多谈马克和珍妮特生活上碰到的契诃夫式困境，但他们的例子正好可用来说明幸存者偏差对于情绪的常见影响。珍妮特觉得自己的先生和别人相比缺乏成就，但她的计算大错特错，因为她使用了错误的样本来判断身份地位的高低。和全部美国人相比，马克的表现非常好，比 99.5% 的同胞都好，和中学时期的朋友比较，他的表现也相当好，如果有时间去参加中学同学聚会的话，你就会发现他拥有顶尖的成就，和哈佛的其他同学比较，他的表现比 90% 的人好（当然，是指财务上的成就），和耶鲁法学院的同学比较，他比 60% 的人好。但和住同栋公寓的邻居相比，他落在最底层！为什么？因为他选择居住在非常成功的一群人中间，这个地方没有失败者。换句话说，失败者根本不会出现在那个样本中，而这使他看起来好像一事无成。住在公园大道的人放眼望去看不到失败者，只见得到成功者。落居于非常小的社区中，便很难跨越这个生活小圈圈，去评估自己真正的处境。

就马克和珍妮特来说，他们在情绪上承受了很大的压力。珍妮特嫁给一位事业有成的男士，但触目所及却是相对之下的失败，因为她没办法在感情上用一个公平的样本去衡量丈夫的成就。

有人可能理性地劝告珍妮特："看看一位数学型交易员写的《随机漫步的傻瓜》吧，里面谈到生命中运气的扭曲现象。它告诉你如何从统计的观点看事情，看完你会觉得心情好一点儿。"身为作者，我很乐意以27.95美元的价格卖一帖万能灵药，但凭良心说，它顶多也许只能提供一个小时的慰藉。珍妮特需要更猛的良药。我一再提及，人天生很难保持理性，或者不以社会地位低下为耻，至少就我们目前的DNA（脱氧核糖核酸）密码来说是如此。从理性的推论中得不到慰藉，身为交易员，我知道违反意愿强迫自己保持理性，终归徒劳无功。我建议珍妮特搬离那里，住到蓝领阶级的社区中。这么一来，他们再也不会被邻居看扁，而且身份地位会上升到难以想象的高度。他们可以善用反向的扭曲。

双重幸存者偏差

看上去没钱的有钱人

我最近看了一本畅销书《邻家的百万富翁》。两位“专家”写出了这本谬误百出但读来有趣的书，他们试图找出富人常见的一些特质。他们检视了一群当时的富人，发现这些人没有过着奢华的生活，他们称这些人为聚财者：愿意延后消费，以便积聚钱财。这本书最吸引人的地方，来自简单但有违直觉的事实：这些人看起来不太像非常有钱的人——要让人觉得你有钱且在行为上表现出有钱的样子，显然是很花钱的一件事，更别提得花时间去花钱。要过有钱人的生活很花时间，你得找时间去买时髦的衣服、熟悉波尔多葡萄酒、出入昂贵的餐厅。所有这些耗时甚多，你因而无法将心力放在真正该放的地方，也就是积聚财富。这本书给我们的启示是，外表看起来不像有钱人的人，最有可能是巨富。反之，言谈举止看起来很有钱的人，往往财富流失很快，难以扭转。

我不觉得积聚钱财有什么值得歌颂的地方，尤其如果一个人笨到不懂得靠财富获取一些有形利益的话更是如此，除非经常数钱能让他感到乐趣无穷。我可不想为了成为像巴菲特那样的亿万富翁，而牺牲个人嗜好、知性的愉悦以及平常的生活品质。而且如果必须养成斯巴达式（甚至更穷酸）的生活习惯，比如一直住在多年前购买的简陋屋子里，我看不出成为巴菲特有什么意义。盛赞某人那么富有，生活却如此俭朴，我不懂是为了什么。如果俭省度日是最终的目标，那么他应该去当僧侣或社会工作者。我们应该记住：致富纯粹是自利行为，不是社会行为。资本主义的优点在于社会能够善用人们的贪婪，而不是他们的善行，同时也不需要将这种贪婪颂扬为一种道德或知性成就。读者很容易看得出，除了索罗斯等极少数例子，我对有钱人缺乏好感。成为有钱人不是一种道德成就，但这不是那本书最严重的瑕疵所在。

我们说过，聚财者是《邻家的百万富翁》一书中的英雄，他们延后支出，把钱省下来拿去投资。不可否认，这种策略或许能够奏效，除了物质享受，钱花了就没了。但这本书提到的好处似乎言过其实。细读他们的论点，可以发现他们的样本包含双重的幸存者偏差。换句话说，他们是错上加错。

赢家的能见度

第一个偏差是，他们挑出来当样本的富人，有如打字机前的幸运猴子。作者没有试着去修正他们的统计学错误，因为他们只看到赢家。他们没有提到积聚错误东西的“聚财者”，这些人积聚的东西有即将贬值的货币，以及最终破产的公司的股票；他们也忽视了书中提及的有些人是因为幸运才投资致富的。矫正这种偏差有个方法：把所谓的富翁的平均财富降低，比如打个对折，因为这种偏差导致我们观察到的百万富翁的平均净财富增加得相当多，这么一来的话，输家也会榜上有名。这么做肯定会使结论得到修正。

表现最好的最容易被看见

第二个瑕疵比较严重，是我已经谈过的归纳法问题。他们的题材专注于历史上不寻常的事件，接受他们的论点，等于接受资产目前的回报率将保持不变。1929 年股市大崩盘之前，投资人也是普遍这么认为的。我在撰写本书时，出现了有史以来声势最浩大的多头市场，资产价值在

20年间激升。若在1982年用1美元买入股票，到现在其价格已增长约20倍，这还只是一般股票。样本中也可能包括有些人投资的股票，其表现优于平均水准。几乎所有的人都能从资产价格的膨胀中赚到钱，换句话说，1982年起的证券和资产价格上扬，令几乎所有的人都变得富有起来。在市场涨势没有那么强劲期间，运用相同策略投资的人，最后获得的成果当然不同。如果那本书写于1982年或者1935年，内容绝对不一样。在1982年，股票价值受通货膨胀率的影响；而在1935年之前，人们对股票市场则普遍缺乏兴趣。

或者，假使美国股票市场不是唯一的投资渠道。于是有些人把钱省下来，不买昂贵的玩具或去度假滑雪，而像我祖父那样改买以黎巴嫩里拉计价的国库券，或者像20世纪80年代我的许多同行一样，向迈克尔·米尔肯购买垃圾债券，他们的命运将如何？将历史往前推，如果聚财者像我曾祖父那样，买的是有沙皇尼古拉二世签名的俄罗斯帝国债券，而且还本后还买更多，或者购买20世纪30年代的阿根廷不动产，下场将如何？

长久以来人们一直犯下忽视幸存者偏差的错误，连专业人士也不例外，有时甚至更为严重。怎么会这样？因为我们受到的训练，是要善用摆在眼前的信息，并忽视我们没有看到的东西。

我们做个简短的总结：我们经历的现实只是所有可能出现的随机历史中的一个，我们却误将它当作最具代表性的，忘了还有其他可能性。简言之，幸存者偏差的含义是“表现最好的最容易被看见”。为什么？因为输家并没有现身。

落入陷阱的大师

基金管理界到处都是大师级人物。但很显然，这个领域充满了随机性，大师也可能落入陷阱，特别是如果他没有受过适当的推理训练的话。在撰写本书时，有个大师不幸地养成了就这个主题发表著作的习惯。在同行的协助下，他对“罗宾汉”式的投资策略进行成功概率计算。这种策略是指把钱投到一群经理人中表现比较差的人身上。也就是说，你得把钱从赢家那里取回来，然后投到输家那里。这和一般人认为的应该投资赢家经理人，把钱从输家经理人那里撤回的想法大相径庭。这么做的结果是，他们的“账面策略”（paper strategy）获得的报酬远高于紧抱赢家经理人的策略。在他们看来，这个假设性的例子证实了我们不应该只跟随比较优秀的经理人，而应该尝试投资表现最差的经理人。至少他们想要传达的似乎是这样的信息。

他们的分析有个严重的缺点，学财务经济学的研究生应该能够一眼就看出。他们的样本中只有幸存者，而缺少已退出这一行的经理人。这种样本中只有在仿真期间操盘，且迄今仍在操盘的经理人。没错，他们的样本中也有表现不好的经理人，但也只是表现不好或事后有改善的，并没有退出这一行的人。他们把钱交给在某个时点表现不好的经理人去投资，后来该经理人的绩效转好，投资人当然可以获得正收益！要是该经理人的表现还是很差，他就会被迫退出这一行，不会留在样本中。

如何进行合适的仿真？比如，可以找负责操盘工作已达 5 年的一群经理人，然后仿真到当下。退出这一行的人，显然绝大多数是操作失败者，因为在油水这么多的这一行，极少有人会因为赚太多钱而退出。接下来我们将用比较技术性的方法，探讨这些问题。

第九章

买卖证券比煎蛋容易

一群整体能力欠佳的经理人，仍会有少数人的绩效记录很好。就是蒙古首都乌兰巴托的温度变化，也可能与某种证券的价格走势百分之百相关。

今天下午我和牙医有约，主要是因为他想问我有关巴西债券的事情。我可以相当放心地说，他懂得怎么治疗牙疾，我带着牙痛进入他的办公室，出来时疼痛大幅减轻，这使我对他的信心更强了。对于治疗牙疾一窍不通的人，很难减轻我的疼痛，除非他那一天运气特别好，或者这一辈子运气都很好，虽然对治疗牙疾一无所知，却还是成了牙医。看到他墙上挂的学位证书，我这样想道：他若是纯凭运气，很难在考试时一再答出正确的答案、使实习时处理几千颗龋齿的结果令人满意，并最后侥幸毕业。

那天晚上，我计划去卡内基音乐厅听演奏会。我对那位钢琴家所知不多，甚至忘了她那念起来很拗口的外国名字，只记得她曾在莫斯科某所音乐学院研习，但我依然相信我能够听到美妙的钢琴演奏。这位钢琴家由于拥有精湛的钢琴演奏技巧而登上了卡内基音乐厅，因而不太可能被证明是纯靠运气获得了名望。不幸碰到一位骗子在台上乱敲发出刺耳的声音，这种概率确实很低，所以我把它完全排除。

上个星期六我在伦敦。星期六的伦敦很奇妙，人群熙攘，但看不到上班日子里机械工业的忙碌景象或者星期日的冷清。我手上没戴表，也没特地想到哪里去，就这样信步逛到维多利亚与阿尔伯特博物馆，站在我喜爱的卡诺瓦雕刻作品前面。由于过去的专业训练，我心里马上浮现一个疑问：随机性是不是在这些大理石雕像完成的过程中扮演了某种重要的角色？这些雕像栩栩如生，比大自然本身的创作更为和谐与平衡。如此精巧的作品有可能是运气的产物吗？

我也可以对在现实世界或在极少出现随机现象的行业中工作的任何人，提出相同的问题。但事情一旦和商业扯上关系，就会出问题。我现在觉得心烦，因为很不幸，我明天和一位基金经理人有约，他想请我和我的朋友帮忙找投资人。他自称绩效记录良好，我只能推论他已经学会买卖证券，而实际上买卖证券比煎蛋还容易。他曾经赚到钱，这个事实或许值得注意，但并不是很重要，这并不是说绩效记录完全不重要。有些时候，我们可以信赖一个人的绩效记录，但可叹的是这样的时候并不多。读者应该料想得到，当那位经理人做出说明时，我一定会毫不留情地猛轰，尤其如果他没有表现出一丁点儿的谦虚态度或自我怀疑的话。对于每天应付随机性的人，我觉得保持这种态度是应该的。我也可能提出他始料未及的问题，由于他过去的成就，他也许不曾想过这些问题。我或许会告诉他，马基雅弗利认为运气在人生遭遇中至少占50%的比重（其余则靠机巧和胆识），而那还是在现代市场创立之前的环境中。

本章将讨论绩效记录和历史时间序列中一些有违直觉但很有名的特征。这里所谈的观念，名称有几种，如幸存者偏差、数据挖掘（data mining）、数据探索（data snooping）、过度配适（overfitting）、回归平均值（regression to the mean）等，基本上它们都是由观察者对随机现象的重要性认知错误产生的。这个观念显然令一些人坐立难安。它也可以引用可能具有随机性，但比较一般性的状况，例如选择医疗方法或者解读巧合事件。

当有人要我说明财务研究对一般科学的可能贡献时，我以数据挖掘的分析和幸存者偏差的研究为例。它们已在财务学中更上一层楼，但可以应用于所有的科学研究领域。为什么财务学的内容那么丰富？因为很少有研究领域像它那样，拥有很多的信息，譬如大量的价格数列，但是它无法像物理学那般进行实验。于是对过去数据的依赖，成了它显而易见的瑕疵。

被数字愚弄

统计学是一把双刃剑

我经常被问到这样的问题："你以为自己是谁，竟想告诉我，这辈子我可能只是纯凭运气才成功？"嗯，没人真的相信自己只是运气不错。我使用的方法是，利用我们的蒙特·卡罗发生器制造出纯属随机的状况。我们可以和传统的方法背道而行，也就是不去分析真实的人希望从中找到的某些属性，而根据既知的属性来创造一些仿真的人物。这么一来，就可以制造某些完全取决于运气的状况，而不必靠一丝技能或“混为一谈表”列出的非运气因素。换句话说，我们可以用人为的力量制造一些供人们嘲笑的无名小子。在我们的设计中，他们不具备任何能力，完全就像安慰剂一样。

第五章谈过有些人的特质恰好暂时很适合当时的随机结构，因而能够存活。这里我们谈的是更为简单的状况，其中的随机结构是已知的。第一个例子是一句流行格言：即使是停住不转的时钟，一天也有两次正确的时候。我们稍为引申一下，说明统计学是一把双刃剑。我们借用前面说过的蒙特·卡罗发生器，虚构1万个投资经理人（不见得必定要用蒙特·卡罗发生器，我们也可以用硬币，甚至使用简单的代数，但用发生器来说明比较精彩且有趣）。假设他们每个人的赚赔概率恰好各半：年底时每个人都有50%的概率赚到1万美元，50%的概率赔掉1万美元。我们再多加一条限制，一旦某位经理人某年的表现很差，便从样本中将其剔除，我们将跟他说再见，祝他余生好运。如此运作很像传奇性的投机分子索罗斯，据说他曾告诉被招来开会的经理人：“明年你们有一半的人会出局。”和索罗斯一样，我们的标准定得极高，我们只留下毫无污点的经理人。对于表现不够好的经理人，我们没有耐性。

蒙特·卡罗发生器会掷出硬币，出现正面的话，某位经理人那一年会赚 1 万美元，出现反面则会赔 1 万美元。第一年结束时，预期会有 5 000 位经理人赚了 1 万美元、5 000 位经理人赔了 1 万美元。接着再仿真第二年。同样，预期会有 2 500 位经理人连续第二年获利。再过一年是 1 250 位，到了第四年是 625 位，而第五年只剩下 313 位。在输赢概率各半的游戏中，我们现在有 313 位经理人连续 5 年获利。这纯粹是靠运气得来的。

质疑"依靠能力"

我们把以上论点再延伸，好让它更有趣些。我们创造出一大群人，清一色是能力欠佳的经理人。所谓能力欠佳指的是他们的期望报酬为负值，也就是运气和他们过不去。现在指示蒙特·卡罗发生器从罐子里取球。罐中有 100 颗球，其中 45 颗是黑球、55 颗是红球。每次取出后再将球放回去，因此红球、黑球的比率不会变。如果取出黑球，经理人赚 1 万美元；取出红球则赔 1 万美元。因此每位经理人可望有 45% 的概率赚到 1 万美元，55% 的概率赔掉 1 万美元。平均来说，每一回合经理人会赔 1 000 美元，不过这只是平均值。

第一年结束时，我们预期会有 4 500 位经理人获利（占 45%），第二年，其中的 45% 的人获利，也就是 2 025 位，第三年有 911 人，第四年是 410 人，第五年有 184 人。我们封给他们响亮的头衔，让他们穿名牌西装。没错，存活下来的经理人，只占原始群体的 2% 不到。这些人现在是万众瞩目的焦点，没有人会去提另外 98% 的人。我们能够得到什么结论？

第一个有违直觉的结论是：一群能力欠佳的经理人，仍会有少数人获得极其亮眼的绩效记录。事实上，如果某位经理人不请自来地站到你家门口，你是无法说清他的绩效表现的。即使整个群体都由长期而言必将赔钱的经理人组成，结果也不会有显著的变化。为什么？由于波动性的关系，其中有些人会赚到钱。由此可见市场的波动反而会助长坏投资决策。

第二个有违直觉的结论是：我们所关心的绩效记录的最大期望值，受原始样本的大小影响较大，受每位经理人的运气影响较小。换句话说，在某个市场中，绩效记录杰出的经理人数目多寡，主要取决于当初选择这一行而没去做牙医的经理人数目，至于他们每个人的获利能力，影响并没那么大。它同样取决于市场的波动性。为什么我使用最大期望值的概念？因为我根本不关心平均绩效记录。我能看到的只会是表现最好的经理人，而不是所有经理人。如果 1997 年入行的经理人多过 1993 年，那么 2002 年的“优秀经理人”会多于 1998 年——我敢说一定如此。

时间会消除随机性

从更技术性的角度来说，我不得不指出，人们往往相信自己能从所见到的样本导出分布的性质。当谈到取决于最大值的事物时，我们所推导的则是完全不同的另一种分布，也就是表现最佳者的分布。我们把这种分布的平均值，以及赢家和输家间的无条件分布称作幸存者偏差——这里指的是原来的群体有约 3% 的人连续 5 年赚到钱。此外，本例也说明了遍历性的性质，也就是时间会消除随机性的恼人影响。展望未来，尽管 5 年来这些经理人获得了利润，我们预期将来某个时期，他们的绩效累计起来的结果会是损益两平。他们的表现不会比原始群体中很早就中箭落马的人好。唉，关键在于“长期”！

几年前，我对那时候的某位“宇内高手”说道，绩效记录没有他想象的那般重要，他觉得这句话很伤人，气得拿打火机掷我。我从这件往事学到很多。务必牢记，每个人都认为自己的成功全凭实力，毫无侥幸，只有失败时才会认为是运气使然。他所在的是一个由“杰出交易员”组成的在当时获利颇丰的部门。当在部门内业绩领先群雄时，他更是志得意满、不可一世。他们后来在 1994 年纽约酷寒的冬天中遭遇“炸毁”——由于格林斯潘出乎意料地调高利率，债券市场暴跌。有趣的是，6 年后我再也看不到他们中任何人仍在交易，这都是因为遍历性。

前面说过，幸存者偏差取决于母群体的原始规模。一个人过去赚到钱这个信息，本身既无意义也不重要。我们必须知道他所属群体的规模。换句话说，如果不知道曾有多少经理人尝试过且失败，我们就没办法评估绩效记录的有效性。要是原始群体只有 10 个经理人，那么我会毫不考虑地把一半的积蓄交给表现优异者。如果原始群体有 1 万名经理人，那我会对他们的操作成果不以为然。这一阵子，不少人都被吸引到金融市场中，许多大学毕业生踏进社会后的第一份工作便是交易员，失败了再转行去当牙医。

如果像童话故事那样，这些虚构的经理人化为真人，其中一位可能是明天上午 11 点 45 分我要见的那个人。为什么我会选 11 点 45 分？因为见面时我会问问他的交易风格，我需要知道他怎么操作，要是那位经理人过分强调以往的绩效，我便会借口说我已经和别人约好一道吃午饭，因而必须赶紧过去。

无巧不成书

接下来讨论现实生活中，我们对机缘巧合的分布所持有的偏见。

神秘信件

1 月 2 日你收到一封匿名信，说这个月股市会上涨。结果股市真的上涨了，但你不以为意，因为大家都知道有元月效应这回事（历年来1月的股价涨多跌少）。到了2月1 日，你又收到另一封信，说股市将下跌。这一次，那封信又说中了。3 月 1 日再收到一封信，情形一样。你对那位匿名人士的先见之明很感兴趣，7 月，对方邀你投资某个海外基金。于是你把全部的积蓄拿出来投资。两个月后，那些钱有如肉包子打狗，一去不回。你伏在邻居的肩膀上号啕大哭，他告诉你，他也收过两封这种神秘信，但寄到第二封就停了。他说，第一封信的预测正确，但第二封不正确。

这是怎么一回事？那些骗子玩的把戏是这样的：他们从电话簿找出 1 万个人名，将后市看涨的信寄给其中一半的人，将后市看跌的信寄给另一半的人。一个月后，将有 5 000 人收到的信预测正确，然后再针对这 5 000 人如法炮制。再一个月后，剩 2 500 人收到的信预测正确，如此直到名单上剩下 500 人，其中会有 200 人受骗上当。因此骗子只要花几千美元的邮资，便可赚得数百万美元。

网球赛中的电视广告

看电视上的网球比赛转播时，经常会看到一些基金大做广告，吹嘘它们到当时为止的市场表现比别的基金好几个百分点。但是同样，如果报酬率没有市场的涨幅高，会有人做广告吗？被推销出去的投资产品的成功很可能只是运气好而已。这种现象就是经济学家和保险业者所说的逆向选择（adverse selection）。由于这种选择偏差，当你评估业务员上门推销的投资产品时，所用的标准应该比你自己去寻找投资机会时所用的评估标准严格。比如，如果全部的经理人为 1 万名，那么我主动去找经理人时，有 2% 的机会碰到纯靠运气而活的经理人。但是如果待在家里，有经理人前来按门铃，对方纯靠运气而活的可能性接近 100%。

生日悖论

在向不懂统计学的人说明数据挖掘问题时，最简单的方法是利用所谓的“生日悖论”，不过它其实不能算是悖论，只是反直觉的奇怪现象。随便找一个人，你和他的生日碰巧是同一天的概率是 1/365.25，碰巧同年同月同日生的概率更是低得多。因此和某人同一天出生，是你会在晚餐桌上大谈特谈的巧事。一个房间内有 23 个人，任意两人生日为同一天的概率有多少？约为 50%。关键在于我们没有指明哪两个人必须同一天生日，任意两人都可以。

世界真小！

一个人在万万想不到的地方偶然遇见亲朋好友的这种情况往往也会造成对概率的类似误解。这时候，人们往往会带着惊讶的口吻说：“世界真小。”但是这种事情并非难以发生——这个世界比我们想象的要大得多。其实我们根本没有真正想过在某时某地遇见某人的概率到底有多少。相反，我们谈的只是偶遇，也就是和过去认识的任何人，在将来任何地方巧遇的概率。后者的概率高得多，或许比前者高数千个数量级。

当统计学家观察资料、测试某种特定的关系时，例如了解政府宣布某件事和股市波动性的相关性，他们很可能对所得的结果信以为真。但是我们把数据交给计算机去处理，以寻找任何关系，肯定会有某种虚假的关联性出现，例如股市的涨跌竟和妇女裙摆的高度有关，正如某两人的生日碰巧是同一天，而人们看到这种结果后总是瞠目结舌。

数据挖掘

两次中新泽西州彩票的概率有多大？ 17 万亿分之一。但这种事情就是发生在亚当斯身上了。读者可能觉得，幸运之神一定特别眷顾这个人。哈佛大学的戴亚康尼斯和莫斯泰勒利用上面说过的方法估计，某个人在某个地方，以完全未指明的方式，碰到那么幸运的巧事的概率，居然高达 1/30！

有些人的数据挖掘工作已经进入神学的领域——毕竟古地中海人也是从鸟的内脏发现重要的事情的。德罗斯宁所写的《圣经密码》（*The Bible Code*）把数据挖掘工作延伸到了《圣经》的注释上，这是挺有趣的一件事。德罗斯宁当过新闻记者，但似乎不曾受过任何统计学的训练。他在一位“数学家”的研究协助下，借解读《圣经》密码而“预测”到以色列总理拉宾将遇刺，他曾经通知拉宾此事，但拉宾并未当真。《圣经密码》发现《圣经》在统计学意义上有很多不规则性，因此有助于预测类似的事件。不用说，这本书卖得很好。

书评的偏差

我喜欢逛书店，漫无目的地一本接一本浏览，以思考某本书是不是值得花时间去读。我常常一时冲动，根据肤浅但有提示作用的线索来买书。我往往只看书封的介绍就做决定。书封通常印有某人的推荐语，不管那个人有没有名气。名气响亮且为人敬重的推荐人，或者知名杂志的推荐，会促使我下定决心买某本书。

这有什么不对？我倾向于把书评和最好的书评混为一谈。前者是指对一本书品质的好坏所做的评估，后者则遭相同的幸存者偏差玷污。我把一个变量的极大值分布误认为那个变量本身。除了最好的推荐语，出版公司绝不会把其他任何东西放在书封上，有些作者更过分，他们会找来评语冷淡，甚至持负面看法的书评，并从里面挑一些看起来好像是在赞美的字眼。英国金融数学家威尔莫特说，我写的书评是他“头一次遇到的负面书评”，但他却能从里面摘录一些话，放在书封上当推荐语。后来我们成为朋友，我因而有机会讨到他的签名。

我第一次被这种偏差愚弄，是 16 岁时根据哲学家萨特在书封上写的推荐语购买了美国作家多斯·帕索斯写的《曼哈顿中转站》(*Manhattan Transfer*)。萨特言下之意，指多斯·帕索斯是当代最伟大的作家。寥寥数语，可能是在一时的狂喜和激情中脱口而出的，却使多斯·帕索斯的著作成了欧洲知识界的必读作品，因为萨特的话被误以为是对多斯·帕索斯著作的普遍性看法，而不是最好的推荐语。尽管当时获得一些佳评，多斯·帕索斯最后还是由绚烂归于平淡。

历史资料回测程序

有位程序设计师帮我设计了一套历史资料回测程序(backtester)。这套软件程序连接到一个历史价格数据库，我借此可以观察不同的操作法则能够产生什么样的绩效。由此得出的绩效数字，是根据过去的价格资料计算的。我可以只用机械式的操作法则，比如，在纳斯达克上市的股票，只要收盘价比上个星期的平均价格高 1.83%，我就买进。有了这个法则，我立马就能算出我的绩效如何。屏幕上会跳出通过那个操作法则得到的假设性绩效记录。如果我对结果不满意，可以把百分率调整为 1.2%。我也可以设定更为复杂的法则。就这么一直试下去，直到找到绩效令人满意的操作法则。

我到底在做什么？没错，是在一组可能行得通的操作法则中寻找幸存者。我拿法则去套用数据，这件事被称作数据探索。在运气的作用下，我尝试的次数越多，找到一个非常适合过去数据的法则的可能性也越高。一个随机系列总会呈现某种可察觉的形态。我相信西方世界一定有某种价格和蒙古首都乌兰巴托的温度变化百分之百相关的证券。

到了技术层面，还可以做更糟糕的延伸。沙利文、蒂默曼及怀特最近写了一篇出色的论文，谈到今天通行的法则之所以获得成功，有可能是幸存者偏差的结果。

假使长期下来，投资人从非常宽广的空间中，挑出技术性操作法则来做实验。原则上，这个空间包含数千种参数化后的各种法则。随着时间的推移，以前碰巧表现非常好的法则会受到越来越多人的注意，并被投资圈誉为“重量级的竞争者”，而不成功的操作法则比较有可能被人遗忘。如果一段时间下来，被人视为可行的操作法则数量够多的话，那么在很大的样本中，有些法则就算真的缺乏预测资产报酬率的能力，也会纯因运气，产生十分突出的绩效。当然，在这种情况下，只根据一组幸存下来的法则去做推论，可能会产生误导作用，因为这种情况并没有考虑原来全部的法则，这些法则大多不可能有较差的表现。

我在个人的职业生涯中，亲眼看到历史资料回测被滥用的情形，因此不得不说上几句。市面上有一种叫作欧米加交易站（Omega TradeStation）的历史数据回测软件，成千上万的交易员都在使用。它甚至有本身的程序语言。利用计算机操作的冲销交易员经常彻夜不眠，忙着从数据中测试一些性质，他们的行为就像把猴子丢到打字机前面，尽管无法告诉它们应该敲出什么书，它们终究有望阴差阳错地成功。许多人对此深信不疑。

我有位学历显赫的同行，越来越相信这种虚拟世界，以致对现实状况熟视无睹。终究他还保有一丁点儿常识，但在面对一大堆仿真结果时，这些常识便迅速消失得无影无踪，也或许是他根本连一点儿常识也没有，这点我实在不明白。仔细观察他的行为，我发现他可能还拥有的怀疑天性，竟在数据的压力下消失不见了。或者，他有十分强烈的怀疑精神，只是用错了地方。唉，休谟!

用统计方法建立医学知识

医学一向是靠试误法（trial and error）来累积知识的，换句话说，医学知识是靠统计方法建立的。我们知道，对症下药有可能是完全靠运气实现的，而且在医疗实验中，某些药物治疗成功有时可能纯粹基于随机。我不是医学专家，但5年来看了不少医学文献，应该有资格来关心他们的标准，并于下一章进一步说明。医学研究人员很少是统计学家，统计学家也很少是医学研究人员，许多医学研究人员甚至不知道有这种偏差存在。没错，随机原因扮演的角色也许不重要，但肯定存在。最近有份医学研究报告指出，抽烟反而能降低乳腺癌发病率。这与以前所有的研究结果相矛盾。根据逻辑，这个结论有问题，可能纯属巧合。

被业绩数字愚弄

大体来说，华尔街的分析师都受过充分的训练，有能力察觉企业在报告盈余时玩弄的会计花招。在这场游戏中，他们通常能够战胜企业界。但是他们还没受过使他们能够处理随机现象的训练。一家公司的盈余在某年增加，没有人会马上注意到。连续两年增加的话，公司的名字开始出现在计算机屏幕上。到了第三年，分析师就会建议投资人买进。

和前面所谈的绩效记录问题一样，假设一开始有 1 万家公司，平均而言它们只能勉强提供无风险的报酬率，也就是和政府公债差不多的收益率。它们涉足各式各样具有波动性的领域，到了第一年年底，会有 5 000 家“明星”公司的盈余增加（假设没有通货膨胀），另有 5 000 家“蹩脚”公司亏损。三年后，我们会有 1 250 家“明星”公司。投资公司的股票评估委员会会将这些公司的名单交给你的往来业务员，并且“强烈建议买进”这些公司的股票。业务员会留下语音信息，说他有个一手建议，值得你立即采取行动。他会用电子邮件向你发送一长串的公司名称，而你可能因此买进其中一两家公司的股票。负责管理你的退休基金计划的经理人，也同样会取得整张名单。

同样的道理也可用于投资范畴的选择。假设你处于 1900 年，有阿根廷、俄罗斯、英国、德国等许多国家数百个股票市场的投资选择。理性的人不只会买美国等新兴国家的股票，也会买俄罗斯和阿根廷的股票。接下来的历史，我们都很清楚：英美等国的股票市场都表现得非常好，而投资俄罗斯市场的人手头上持有的股票价值却和中等品质的壁纸相差无几。表现很好的国家，占原始投资金额的比重不大；由于随机性，少数投资类别可望有很好的表现。有些“专家”会说出一些傻话（当然带有自私的目的），例如“在任何 20 年的期间内，市场只涨不跌”，我很好奇，他们是否知道有上述问题的存在。

癌症治疗

从亚洲或欧洲旅行回来后，时差常使我很早就起床，偶尔我会打开电视机，看看有没有什么市场信息。叫我惊讶的是，这个时段竟有许多另类医药供货商大肆宣传他们产品的疗效，这个时段的广告费无疑比较低。为了证明他们所说的真实不虚，他们会找来用他们的产品恢复健康的人上台做证，比如，我看过一位罹患喉癌的病人说，他吃了一种复合维生素，结果捡回一条命，而那种维生素的价格十分低，只卖 14.95 美元。他应该是很真诚的，当然他也可能会因为现身说法而得到报酬，例如终身免费得到那种药品。虽然时代不断在进步，人们依然听信这种信息，以为某些疾病可以靠这些方法治好，而科学证据的说服力竟然不敌外表真诚且情绪化的人们的证词。这种证词不一定都出自普通人的嘴，诺贝尔奖得主的越界发言也时有耳闻，例如获得诺贝尔化学奖的鲍林，据说相信维生素C具有很好的医疗效果，他本人每天大量服用。由于他的强力推荐，一般人便相信维生素C真的具有疗效。医学研究无法证实鲍林的说法，但一般人对此却充耳不闻，他们宁可相信“诺贝尔奖得主”的证词，即使他没有资格讨论和医学有关的任何事情。

有些人信口雌黄，所说的许多话除了为自己赚进银子，大致无害，但不少癌症患者可能会因此舍弃比较有科学根据的治疗方法，而改用这些“另类医药”，结果丧失宝贵的生命。读者可能要问，我的意思是不是，现身说法的人看起来满脸真诚，却不表示他真的是被那些产品治好的。其实他们的康复有可能是所谓的“自发性复原”，也就是说，由于迄今仍不明朗的原因，极少数癌症患者的癌细胞“神奇地”被消灭了，因此他们“奇迹般”复原了。某种变化导致患者的免疫系统把体内所有的癌细胞全部消灭了，这些人不吃那些包装精美的药丸，只喝一杯佛蒙特州的泉水或嚼牛肉干，也能不药而愈。再者，这些自发性复原或许并不是毫无征兆的，它们实际上可能受某些因素影响，只是我们还没有探明。

天文学家萨根生前致力于提倡科学思想，他十分厌恶不科学的行为。他曾经调查人们到法国卢尔德去，只要触摸圣水便可治疗癌症的传闻。他发现一个有趣的事实：造访该地的全部癌症患者的治愈率低于自发性复原的统计数字，也低于未曾前往卢尔德的患者的平均治愈率！统计学家是否可以据此推论，癌症患者到过卢尔德之后，存活率反而更低了呢？

随机现象看起来不随机

20 世纪初，学者开始研发各种技术来处理随机结果的概念。有几种方法被人设计出来，用以察觉异常现象。皮尔逊教授设计出第一种非随机检定方法。上过统计学入门课程的人都知道内曼 - 皮尔逊（Neyman-Pearson）检定法。皮尔逊教授设计的非随机检定方法，其实是做偏离正常值的检定，但就目的来说，属同一回事。1902 年 7 月，他调查了数百万个所谓的蒙特 · 卡罗结果，发现这些结果并非完全随机，而且具有很高的统计重要性，其误差率低于 10 亿分之一。什么？转盘转出的结果并不随机？这个发现令皮尔逊教授大吃一惊。但是这个结果本身并没有告诉我们什么信息，我们知道世界上根本没有纯随机抽样这种东西，因为抽样的结果取决于设备的品质。够多的小事集中在一起，我们就能在某些地方发现非随机现象，例如转盘本身可能不是摆得很平，或者旋转的球不是很圆。统计学的哲学家把这叫作参考个案问题，用以解释完全的随机情况只存在于理论中，而非现实中的现象。此外，经理人会质疑这种非随机现象能否造就真的能够赚钱的法则。如果我需要赌 1 万次，每次下注 1 块钱，才有望赚到 1 块钱，那不如兼差去当大楼管理员。

但是这个结果还有另一个可疑的因素。与现实联系更紧密的地方，是下面所说的非随机性的严重问题。连这位统计学之父也忘了随机连续序列不一定要呈现随机的模式。事实上，数据如果完美到未呈现任何模式，反倒十分可疑，让人觉得有捏造之嫌。单一的随机连续序列势必呈现某种模式——如果我们努力去找的话，一定找得到。皮尔逊教授等学者很早就对创造人为随机数据的发生器很感兴趣，由此得出的随机数表，可以作为各种科学和工程仿真（蒙特·卡罗发生器的前身）的输入资料。问题出在他们不希望这些随机数表呈现任何形式的规则性，而真正的随机现象看起来并不随机！

癌症丛集（cancer clusters）这种现象非常有名，对这种现象的研究，可以进一步说明上述的道理。假设向一个正方形随机掷出 16 支飞镖，它们插中正方形中任何一个地方的概率相同。现在把这个正方形分成 16 个更小的正方形。这么一来，我们预期每个小正方形都会插上一支飞镖——但这只是平均值而已。16 支飞镖恰好分别插中 16 个不同的正方形的概率非常低。比较常见的结果是，一些正方形里面会有 1 支以上的飞镖，而更多正方形上则 1 支飞镖也没有。这些正方形如果没有呈现如上的规律将是令人诧异的。现在，把插有飞镖的正方形覆盖在任意地区的地图上，一些报纸就会宣称其中某个地方（飞镖数高于平均值者）的辐射太强，因而癌症病例显著增多，并促使律师开始去找癌症患者，准备索赔。

科学知识中的偏差

同理，幸存者偏差也影响了科学，其使研究成果的发表方式受到了冲击，因为没有产生任何成果的研究不会见诸文字，这一点和新闻报道一样。这事听起来似乎挺合理，因为报纸不必弄个耸人听闻的标题，报道昨天没有发生什么新事情（不过《圣经》倒是充满智慧，说“太阳底下没有新鲜事”。这句话提供的信息是一切事情如常运行）。问题出在将“发现没有事情”和“没有去发现”两者混为一谈。什么事情都没发生这个事实，可能包含重要的信息，正如在《银色马》(*Silver Blaze*)中福尔摩斯指出的，奇怪的事是狗并没有吠。造成更大问题的是，许多科学成果没有发表是因为它们的数据并未呈现统计上的显著差别，不过实际上它们还是提供了一些信息。

不做任何判断比较安全

我常被问到这个问题：“何时才是真的不靠运气？”说实话，这个问题我答不上来。我只能说，某甲的运气看起来比某乙差，但我对这种知识怀有的信心很薄弱，因而不具意义，我宁可存疑。别人经常误解我的意见。我从没说过每位富人都是傻瓜，以及每位不成功的人运气都不好。我只能说，由于缺乏更多的信息，我宁可不做任何判断。这样比较安全。

第十章

生活中的非线性现象

要是埃及艳后克娄巴特拉的鼻子稍微短些，全球的命运就将改写。

接下来我要从新的角度探讨生命并不公平这句老掉牙的话。令人惊讶的是：生命是以非线性（nonlinear）的方式呈现不公平的。本章要探讨的是生活中一点儿小小的优势可以带来高得惊人的报偿的现象，或者更邪恶的是，一无是处的人，却因随机性提供的小小帮助而平步青云。

最后一根稻草

首先我们来定义什么叫作非线性。解释非线性的方法有许多种，但科学上最常见的方法叫作沙堆效应（sand-pile effect）。举例说明：我坐在里约热内卢的科帕卡巴纳海滩上，不想做什么费劲的事，我不看书，也不写文章。我向一个小孩借来塑料海滩玩具盖座沙堡——巴别塔。我不断把沙子加到顶端，慢慢提高整座沙堡的高度，我那些住在巴比伦的亲戚认为这么做可以上达天堂。不过我的野心没那么大，我只想测试能够盖一个多高的沙堡。我继续加沙，等着看这座沙堡最后会怎么垮下来。有个小孩八成没看过大人堆沙堡，在一旁看得兴味盎然。

我的沙堡终于垮了，所有的沙子又变成海滩上的一部分，那个小孩看得很高兴。我们可以这么说：最后一粒沙子破坏了整座沙堡的结构。我们在这里看到的是线性力量在一个物体上产生了非线性的效果。多加一丁点儿东西（这里是一粒沙子），竟然产生了不成比例的后果，也就是使我盖的“巴别塔”轰然倒下。关于这种现象，前人已有很多智慧语录，如“一根稻草压垮一头骆驼”。

这些非线性动态现象有个市场名称，叫作混沌理论

（chaos theory）。不过这个名称不对，因为这和混沌无关。混沌理论主要是讨论起点上的一点儿小差异最后会引起不成比例的反应。比如，依据人口模式，起始点很小的差异可能导致某一物种爆炸性地成长，或者使它完全灭绝。气象是另一个常见的科学模拟，例如印度的一只蝴蝶扇动翅膀，竟可以在纽约造成飓风。古典文学也有话要说：第七章提到的帕斯卡表示，要是埃及艳后克娄巴特拉的鼻子稍微短些，全球的命运就将改写。克娄巴特拉艳丽异常，特征是鼻子瘦长，恺撒和他的接班人安东尼对此十分迷恋。

加入随机性

事情的发展在加入随机性之后，会变得更为有趣。试想等候室里有一大堆演员等着试镜，最终获得录用的演员人数当然不多，他们将成为观众眼里那个行业的代表，正如我们所说的幸存者偏差那样。这些赢家将搬到洛杉矶的贝莱尔区（Bel Air）居住，他们会急切地学习怎么购买奢侈品，或许还会染上吸毒的恶习。至于其他占绝大多数的人，我们也想象得到他们的命运，他们将终生在附近的星巴克端送泡沫拿铁咖啡，忙着在这次试镜和下次试镜间调整生物钟。

或许有人会说，能够挑大梁饰演主角并名利双收的那些演员，一定都拥有别人所没有的演技、魅力和特殊容貌，从而为自己赢得一个无比辉煌的职业生涯。但我有不同的意见。赢家也许有不错的演技，但其他演员也有演技，否则就不会在等候室等待试镜。

名气的形成有其自身的动态过程，这是它有趣的一面。演员会因为某一群人认识他，而被另一群人认识，这种名气像螺旋桨一样转个不停，起点可能在试演室。他会被选上，可能是某个可笑的细节恰好对当天主试者的口味。要不是主试者前一天对某个人产生好感，而那个人的名字听起来和眼前这位试演者的很像，那么从这个特定的样本历史中选出的这位演员，可能就必须在另一个样本历史中端送拿铁咖啡了。

赢家通吃

研究人员经常以打字键盘上 QWERTY 的字母排列顺序为例，说明经济中输赢的诡异动态过程，并举证最后的结果往往不是最好的。打字机上字母的排列方式，正是最不胜任者胜出的实例。打字机键盘上的字母并没有以最理想的顺序排列。目前的排列顺序会减慢打字的速度，而不是让我们打起字来更为容易，原因是当初的机械式打字机色带容易卡死，为了避免这种情形，人们发明了这样的字母排列顺序。后来文字处理走向计算机化，有人曾经设计了几种键盘，试图加快打字速度，却终归徒劳无功，打字者已经习惯使用 QWERTY 的键盘打字，很难改变。就像一位演员扶摇直上成为大明星后，原先不认识他的观众也会跟着欣赏称好。强迫发展过程理性化，反而成了多余、不必要、不可能办到的事。这种现象被称作路径依赖结果（path dependent outcome），其扼杀了许多数学家建构模型的努力。

信息时代促使人们的品位趋于一致，这导致不公平现象更为尖锐——赢家几乎可掌控全部的顾客。软件制造商微软公司和其喜怒无常的创办人比尔·盖茨，正是叨天之幸的最佳写照。我们不能否认盖茨有很高的个人标准、工作伦理，而且智力高于一般人，但业内就数他最优秀吗？这一切都是他该得的吗？显然不是。大部分人选用他的软件，只是因为别人也都在使用他的软件，我就是这样。这纯粹属于循环效应（circular effect），经济学家称其为“网络外部性”现象（network externalities）。从来没人说那是最好的软件产品。比尔·盖茨的大部分竞争对手对于他的成功艳羡不已，他能够赢得那么大一块饼，而其他许多人必须为公司的生存努力，这件事叫人愤恨难平。

这种事情有违古典经济模式。依古典经济模式，事必有因，没有不确定性这回事，且好人终将出头（好人是指能力较强且拥有较优越技术的人）。经济学家很晚才发现路径依赖效应，之后大量发表这方面的论著。比如，圣塔菲研究所的经济学家布赖恩·阿瑟埋首研究非线性现象后表示，经济优越性取决于概率事件加上正面回馈，而不是技术优越性。也就是说，在某个特定领域中被定义得深奥难懂的某种专长，并无法让人取得经济优越性。早期的经济模式排除了随机性，但阿瑟却表示："非预期的秩序、与律师的偶然见面、管理阶层的一时起念……对于哪家公司能够率先打开市场，以及哪家公司未来将居于主导地位有决定性作用。"

真实世界内外的数学

处理这个问题的数学取向应运而生。在传统模式（财务领域非常有名的布朗随机漫步等）中，成功的概率并不会随着每踏出一步而变化，只有累积的财富才会。阿瑟则提出了波利亚过程（Polya process），它很难使用，但借助于蒙特·卡罗发生器却很容易被理解。波利亚过程可以这么说明：假设有个罐子，起初装有等量的黑球和红球，每次取球之前，你得先猜测取出来的是哪个颜色。这个玩法是被操纵的。和传统的罐子不一样，在这里，猜对的概率取决于前面猜对的记录，猜得更好或更差，要看前面的表现如何。这么一来，先前猜对的话，后来继续猜对的概率会提高；先前猜错的话，后来继续猜错的概率会提高。仿真这种过程，可以看到结果变异很大，有惊人的成功，也有极多的失败，我们称之为偏态。

在比较常见的模式中，玩家是把取出的球放回去再猜下一次会取到哪种颜色的球。假使你这次轮盘赌赢了，这会提高你再赢的概率吗？不会，但波利亚过程会提高再赢的概率。为什么这在数学上很难处理？原因是独立性的观念受到了破坏。独立性是指，每一次取球都不受先前的结果影响，它是处理（已知的）概率数学的必要条件。

在经济学发展成一门科学的过程中，什么地方出了差错？答案是一群聪明人觉得一定得用数学来告诉自己，他们的想法很严谨，他们研究的是一门科学。瓦尔拉斯、德布鲁、萨缪尔森等人急着引进数学模型建构技巧，却没有考虑到也许他们使用的数学，对于他们想要处理的这类问题来说有太多限制。或者他们应该注意，数学语言的精确性可能会导致人们在尚未找到答案时，就误以为他们已经得到了答案。他们所用的数学确实没办法在真实的世界中运作，原因可能是我们需要更丰富的操作程序——而且他们拒绝接受没有数学可能更好的事实。

于是所谓的复杂性理论学家上场救援。专攻非线性计量方法的科学家的研究，令人大感振奋，新墨西哥州圣塔菲附近的圣塔菲研究所为其圣地。这些科学家显然很卖力地尝试，并在自然科学方面提出了很棒的解决方案，在社会科学方面也建立了较好的模型（但还不够令人满意）。如果他们最终没有成功，那只是因为在真实世界中，数学毕竟只属于次要的助力。蒙特·卡罗方法的另一个优点，是在数学失灵和缺少帮助时，我们还可以得到结果。摆脱了公式之后，我们也可以摆脱劣等数学的陷阱。正如我在第四章所说，在我们的随机世界中，数学只是一种思考方式，除此几无其他作用。

随机性的优点

随机结果的非线性特质有时可作为打破僵局的一种工具，我们来谈叫作非线性轻推（nonlinear nudge）的一个问题。假设有一头驴子，其饥饿的程度和口渴的程度相等，我们把它放在距食物和饮水恰好等距的地方。在这种情况下，它极可能会死于饥饿和口渴，因为它没办法决定先去哪一边。现在在这幅画面中加入随机性，随便把驴子轻轻推向某一边，使它更接近某一边，离另一边稍远些，这么一来，僵局马上被打破，这只快乐的驴子将先吃东西再喝水，或者先喝水再吃东西。

读者无疑都玩过和布里丹之驴同类的游戏，比如借“丢硬币”来打破生活中一些小小的僵局，也就是让随机性帮助你做决定，让命运女神做主，你只要欣然接受就可以。每当我的计算机在两项备选方案之间犹豫不决时，我常会使用布里丹之驴（它有正式的数学名称）来解决问题。从技术上来说，在处理最优化问题时，这种“随机化”方法十分有效。

布里丹之驴一词源自 14 世纪的法国哲学家布里丹。布里丹的死法很特别，他被绑在袋子丢进塞纳河淹死。这个故事被当代不懂随机化含义的人视为好发谬论的下场——布里丹显然领先于当时的人。

两极化现象

写这段文字时，我的基金刚好向投资人开放，我也在思考如何募集资金。突然之间，我了解到这个世界的两极化现象对我打击很大。一个人不是大获成功，吸引到所有的资金，就是一毛钱也得不到。出书也是一样，有时是每个人都抢着要出版你的书，有时则是没人肯回你电话。这令我非常不安。太成功容易树敌，太失败则叫人气馁。如果可以选择的话，两者我都不要。

第十一章

我们是概率盲

某些偏见已经深深嵌进我们的大脑里，阻碍我们处理较复杂、可能需要更精确评估概率的问题。

只能想象一种状态

3 月的短暂假期内，你有两个选择，第一个是乘飞机去巴黎，第二个是前往加勒比海。你觉得去哪里都无所谓，没有什么差别；但也许只要你的老婆随便说几句话，你就会选好目的地。想到可能的度假地点时，你的脑海浮现出两幅截然不同的画面。在第一幅画面中，你腋下夹着一把伞，站在奥塞美术馆的毕沙罗画作前面，画中乌云密布，有如巴黎灰暗的冬季天空。在第二幅画面中，你躺在一条大毛巾上，几本你喜爱的作者的书放在旁边，满脸堆笑的侍者送来一杯香蕉沙冰。你知道这两种状况无法并存，因为一次只能去一个地方，但你 100% 肯定其中之一一定会发生。依你的看法，它们的概率相同，各占 50%。

想到要去度假，你的心情跟着愉快起来，每天上下班也不会感到那么无聊。但是根据不确定状况下的理性思维，你所想象的那幅画面，应该是某个度假地点占 50%，另一个度假地点占 50%，这就是数学中的两种状况的线性组合（linear combination）。你的头脑可以处理这样的情形吗？脚泡在加勒比海的水里，头徜徉在巴黎的雨中，这有多美好？我们的脑子一次只能处理一种状况——除非你有严重的精神疾病。现在试着想象 85% 和 15% 的组合。能够想象吗？

假设你和同事赌 1 000 美元，而依你的看法，输赢的概率各半，第二天晚上，你的口袋里不是一分钱都没有，就是放着 2 000 美元，概率各为 50%。纯就数学来说，赌博的公平价值是指各种状态的线性组合，我们在此称其为数学期望值（mathematical expectation），也就是拿每种回报的概率，乘以用金额表示的可能结果（50% 乘以 0 加上

50% 乘以 2 000 美元，等于 1 000 美元）。你能想象（所谓想象，是指在脑子里想出它的形象，而不是用数学公式去算）价值是 1 000 美元吗？在任何特定的时刻，我们只能想象一种状态，假使让我们凭想象去决定的话，我们可能会用不合理性的方式去赌，因为其中一种状态会盘踞整幅画面。

存活概率

现在该来谈谈塔利波的秘密了。这是个黑天鹅问题，那时候他 35 岁，当时纽约的战前建筑物虽然正立面做得很好看，背面却很简陋，丝毫不加装饰。医生的门诊室里有个窗户正对着上东区一条街的后院，塔利波永远记得后院和正立面相比是多么乏善可陈，他永远记得那幅景象：透过灰暗窗框看到的肮脏后院，以及他在等候医生时读过十几遍的挂在墙上的医学证书。医生一直没出现，他怀疑事情有点儿不对劲，所以觉得像是已等候半生。最后医生终于进来宣布消息，声音凝重地说："我有一些……我拿到了病理报告……不……不像表面上听到的那么坏……是……是癌症。"他的身体如遭电击，"电流"从背脊贯穿到膝盖。塔利波想要大叫："什么？"但发不出声音。最令他害怕的不只是宣布的消息，主要还是医生的表情。他的身体比脑子先一步接收到信息。因为医生的眼神里充满太多恐惧，塔利波根据直觉，怀疑真相比他被告知的还糟（事实上也是）。

那天晚上，他在雨中走了几个小时，浑然不觉，全身湿淋淋地走进医学图书馆。有个馆员对着塔利波吼叫，但他无法集中精神听懂她在说什么，她无奈地耸耸肩走开了。他坐下来，位子下积起一摊水。稍后，他读到这样的句子："经统计，5年的存活率为72%。"这句话的意思是说，100个人里面有72个人活了下来。一般来说，需要等上3~5年，经临床诊断身体没有再次显现病症后，才能宣布患者已被治愈（以他的年龄来说，需要接近3年的时间）。这时他打从心里燃起希望，相信自己必能活下去。

读者可能要问，未来5年28%的概率死亡和72%的概率存活，两者在数学上有什么不同？显然没有不同，不过我们不谈数学。在塔利波心里，28%的死亡概率是指他死掉的那一幕，包括葬礼上悲伤的细节。72%的存活概率则令他雀跃，他心里计划着，痊愈后要到阿尔卑斯山滑雪。在这段煎熬的治疗期间，塔利波从未想到自己是72%活着、28% 已经死掉。

偏见影响我们的行为

由于我们刚刚谈到的理由，认知科学和行为科学的研究人员认为概率法则是与直觉相悖的。这些科学家说，我们是概率盲，本章将以很快的速度说明这种概率盲产生的一些现象，并且略微涉猎那个领域的若干研究。

概率盲的观念孕育出一个致力于研究这些偏见是如何影响我们行为的完整学科。图书馆的书架上有很多这样的书，无数的投资基金也应运而生，其依据的观念是人在市场中的行为并不是理性的。其中有些基金认为人们对新闻总会过度反应，其他一些基金则恰好相反，认为人们对新闻的反应不足（在我的职业生涯之初，别人对我说市场中的看法分歧越大越好）。这些信念导致两类操作策略持有者崛起，一类是反向操作者（contrarians），他们的思维逻辑是：嘿，人们通常会系统性地过度反应，我们来和他们对着干吧，我们要卖出赢家，买进输家。另一类则是动能型操作者（momentum players），他们的行为恰好相反，由于市场的调整速度不够快，所以他们倾向于买进赢家，卖出输家。由于随机性的作用，这两种人都能在某一期间有所斩获，但不能据此判定两种理论谁对谁错。

连精神病学家和临床心理学家都成了“专家”，加入这场混战——他们毕竟比不切实际且不科学的财务经济学家更懂人的心灵，而且人的行为最后是会影响市场的。医师和心理研究人员每年都在波士顿聚会，研讨市场操作策略。所有这些观念看起来可能相当简单，甚至有点儿单调乏味，直到我们见到专家也和一般人一样坠入其中的陷阱，才发现原来并没有那么简单。

相同的基因

我不打算深谈一些业余的进化论，好从中找出人类行为的缘由，此外，尽管我花了些时间在图书馆研究这个主题，但还是觉得自己在这个主题上属于门外汉。人类基因形成时的环境，和今天的环境显然不同。我并没有告诉太多同事，他们的决策带有从穴居人时代残留下来的习性，但在市场大起大落时，我也难免感到肾上腺素加速分泌，就像看到一头美洲豹潜进我的交易台。一些同事在发生亏损时会摔坏电话筒，他们的心理构造或许更接近人类的老祖先。

常看希腊和拉丁古典文学的人，也许觉得这些话了无新意，但在我们见到二十几个世纪以前的人竟然拥有和我们类似的情绪反应时，仍不免大吃一惊。还记得童年时期参观博物馆时，最叫我惊讶的莫过于古希腊雕像所呈现的气质和我们没有两样（只是他们更为和谐与气派）。我真傻，竟然以为 2 200 年是很长的时间。普鲁斯特经常提到，人们在看到荷马叙事诗中的英雄表现出和我们今天类似的情绪时，往往惊异不已。依人类的基因标准，《荷马史诗》中那些 3 000 年前的英雄的基因组成，很可能和你现在在停车场看到的将杂货搬上车的矮胖中年男子一模一样。事实上，我们的基因可能和 8 000 年前居住在叙利亚东南部到美索不达米亚西南一带开始“文明化”进程的人没什么两样。

我们的自然栖息地是指什么？所谓自然栖息地，我认为是指最适合人类繁衍后代的环境。人类学者一致的看法是，人类在约 13 万年前便已是独立的物种，当时大部分的时间他们都待在非洲的大草原。但阐述我们的论点并不需要回溯到那么久以前。我们不妨想象大约 3 000 年前，新月沃地的中城（Middle-Town）这个早期人口聚居地的生活情形；从基因的观点来看，这已是相当现代了。当时由于交通不便，信息的流通受到相当大的限制，人们没办法很快从一地前往另一地，信息也只能零零星星地从遥远的地方传来。旅行是很麻烦的事，且环绕着各式各样的危险。你的活动范围仅局限在出生地附近的一小块地方，除非当地发生饥荒或者遭野蛮部落入侵。终其一生，你认识的人相当少。如果有人犯罪，在少数几个犯罪嫌疑人中搜集和判断证据相当容易。要是被误认为罪犯，你可以用简单的证据加以反驳："那时我不在那里，因为我在巴力庙祈祷，黄昏的时候大祭司看到过我。"然后加上一句话，说沙哈之子欧贝德希梅斯比较有可能是罪犯，因为那个人之死对他最有利。总之，你的生活很单纯，所以概率空间相当狭窄。

正如我说过的，真正的问题在于这种自然栖息地没有包含很多的信息。直到最近，我们才需要用很有效率的方法去计算偶然性。这可以说明为什么直到讨论赌博的文献出现后，概率数学才开始发展。人们普遍认为，第一个和第二个千禧年的宗教信仰，阻碍了人们去寻找暗示决定论并不正确的工具，而且延迟了研究概率的时间。这种看法极不可信，我们没有去计算偶然性，只是因为我们不敢去算？原因当然是我们不需要去算。我们的许多问题出在我们脱离原始栖息地的速度，远快于基因进化的速度。甚至更糟的是，我们的基因根本没有改变。

犯罪的概率

辛普森案的审判是个好例子，可用来说明现代社会虽受概率主宰（因为信息爆炸），但人们在做重要决策的时候，却一点儿都不尊重概率的基本法则。我们有能力把宇宙飞船送到火星上，却没办法根据基本的概率法则来审判罪犯。犯罪证据显然是一种概率概念。我记得曾在鲍德斯书店（Borders Books）买到一本谈概率的书，那个地方距举行“世纪大审判”的洛杉矶法院不远。我买的书谈的是这个领域里十分复杂的计量知识，距那家书店只有几英里远的律师和陪审员，怎么会错过这种知识上的“大跃进”？

根据概率定律推论，我们所能找到的最有可能犯罪的人（这项推论的信赖标准已超过法律上判人有罪所要求的“不容有一丝怀疑”），却因我们误解概率的基本概念而无罪释放。你也可能因为人们误解概率而被控犯下不曾犯过的罪行——我们的法院还无法正确计算两个事件的联合概率（joint probability，指两个事件同时发生的概率）。那时候我在交易室里看着电视，有位律师辩称，洛杉矶至少有4个人拥有与辛普森相同的DNA特征，这种说法正是忽视了联合概率（下一段将说明原因）。我一听，厌恶异常，于是关上电视，却引来其他交易员的不满。

在那之前，我还以为由于古罗马共和时期制定的高标准，法律诉讼已不容许诡辩。更糟的是，有位毕业于哈佛大学的律师发表了似是而非的论证，说虐待妻子的男人中只有10%会杀害她们。这是不以谋杀为条件（前提）的概率。正确的方法应该是看遭丈夫谋杀的妻子中，以前也曾遭丈夫殴打的比率有多高（高达50%）。因为我们这里讨论的是条件概率（conditional probabilities），也就是以辛普森的妻子被杀为前提，辛普森犯下谋杀罪行的概率，而不是讨论辛普森杀妻的无条件概率（unconditional probability）。连处理和教导概率性证据概念的哈佛大学教授都会做出这种错误的陈述，我们如何能够期待没受过训练的人了解随机性？

关于联合概率，陪审员、律师和我们都同样容易犯错，这一点尤其引人注意。他们不了解证据的相乘效果。我被诊断患有呼吸道癌，以及同一年遭一辆粉红色凯迪拉克轿车撞死的概率，假设各为10万分之一，那么两者同时发生的概率为100亿分之一，也就是把两个显然独立的事件的概率相乘。从血型的观点称辛普森有50万分之一的概率不是凶手（律师诡辩说，洛杉矶有4位这种血型的人），再加上他是被害者的丈夫，以及其他的证据，那么由于相乘效果，对他不利的概率会升高很多很多。

“思虑缜密”的人竟犯下最严重的错误。当我说联合事件的概率低于任一事件的概率时，不少人大吃一惊。当行为经济学家发测验问卷给比较理性且受过高等教育的人（研究生），要他们计算念文科的年轻女性成为银行职员或具有女权意识的银行职员的概率时，平均来说，他们算出的成为具有女权意识的银行职员的概率，要高于成为银行职员的概率。我很高兴自己能当上利用别人的偏差获利的交易员，但生活在这样的社会中，我却感到害怕。

荒谬的世界

卡夫卡先知型的小说《审判》（*The Trial*）讲述约瑟夫·K因为莫名其妙而且从未被解释的原因被捕后的悲惨生活。这个故事写于我们所知的“科学化”极权制度建立之前。它描写令人毛骨悚然的未来世界，人类被荒谬且自我壮大的官僚机构包围，官僚机构的内部逻辑衍生出一些法规。一种荒谬的文学风格因此诞生，这样的世界可能太不适合我们居住。一些律师令我害怕至极，听到辛普森受审期间的辩论及其效应后，我非常害怕，我对于可能的结果感到恐惧。我可能因为概率上毫无意义的原因被捕，而且必须在不懂随机性的陪审员面前，和口若悬河的律师奋战。

有人说，在原始社会中，凭直觉做判断就够了。当可能的结果属于单维空间时，没有数学，或者计量方法，我们的社会也能运转正常。单维意指我们只看单一变量，而不看不同事件的集合。一种证券的价格是单维的，几种证券的价格合起来，则是多维的，需要使用数学模型来分析。我们没办法用肉眼观察到可能结果的组合，甚至没办法以图形来表示，因为我们在现实世界中最多只能画出三维空间的图形。后面我们会谈到为什么我们可能拥有坏模型（事实上的确有），或者犯下宽恕无知的错误，并在不懂数学的律师卡律布狄斯，以及缺乏判断力、因为没办法挑出正确模型而误用数学的数学家斯库拉之间摆荡。[1]换句话说，我们将不得不在听信律师和听信经济学家两种错误之间摇摆不定。前者拒绝接受科学，胡言乱语，口若悬河；后者则应用有瑕疵的理论，而且把自己的科学太当回事。科学的美妙之处，在于它容许这两种错误。幸好有中庸之道可走，只是去走的人少之又少。

处理不确定性

从论著被引用率、支持人数，以及对所属专业的影响来说，谁是 20 世纪最具影响力的经济学家？不是凯恩斯，不是马歇尔，不是萨缪尔森，当然也不是弗里德曼，而是心理学家卡尼曼和特沃斯基，他们的专长是发掘人类在哪些地方欠缺理性思考的能力。

关于我们如何感知和处理不确定性，这两人教了我们许多东西。他们在 20 世纪 70 年代初针对一群学生和教授进行了研究，结果显示我们并没有正确认识突发事件。此外，他们也指出，在我们了解概率的罕见情况下，似乎也

1. 卡律布狄斯和斯库拉是希腊神话中两个长生不死、凶猛强悍的妖怪，在希腊英雄奥德修斯所经过的狭隘水域兴风作浪。——译者注

没有把它纳入考虑范围。自卡尼曼和特沃斯基的研究结果发表以来，被称作行为财务学的一个完整新学科已经开花结果。它与商学院教的所谓新古典经济学公开唱反调，新古典经济学底下的规范性名称有高效率市场、理性预期等。我们可以就此打住，来讨论规范科学（normative science）和实证科学（positive science）的不同。规范科学（显然是个自我矛盾的概念）提供处方性（prescriptive）的教诲，它研究的是事情应该是怎么样的。举例来说，有些经济学家，譬如奉高效率市场为信条者，相信人是理性的，而且会采取理性的行动，因为这么做对他们最好（数学上所谓的“最优化”）。实证科学与之相反，是以实际观察人的行为为基础的。

必要的偏见

心理学和经济学这些软科学以前偶尔会欺骗我们。怎么欺骗的？经济学创造了一些可笑的观念，一旦有人稍微改变一下假设，这些观念便会失效。经济学家彼此经常为了难以理解的论点（甚至连经济学家自己也看不懂）而争吵不休，我们似乎很难在他们之间选择立场。相反，生物学和医学在科学的确定性上位阶较高，它们和真正的科学一样，能够解释一些事情，同时也可加以否证。它们都是实证科学，提出的理论都是比较好的理论，也就是说，比较容易被验证。神经病学家正开始利用所谓的大脑环境映像（environment mapping）去证实这些结果，这是好消息。他们使用的方法，是找来脑部只有一处受损的病患（长肿瘤或者出现局部性伤害等），再利用排除法去掉不可能的答案，最后推导出这一部分的机能，如此可以把脑部各区域所拥有的机能逐一确定下来。卡尼曼和特沃斯基的研究发现了一块熟知区域（terra firma），而这使得我们通过行为遗传学和医学取得的知识往前跃进了一步。人类大脑的一些生理机能，引导我们用某种既定的方式去认知事物、做出某些行为。不管喜不喜欢，我们都是自身生物构造的俘虏。

进化心理学的研究人员对这些偏见提出了令人信服的解释：在人类的进化过程中，由于我们不必懂概率，所以也就没有足够的诱因促使我们发展出理解概率的能力。但是更深一层的原因是，人类不是被设计来理解事物的，我们只是被设计来求生和繁衍后代的，但为了求生存，我们必须夸大某些事情的概率，例如可能影响我们存活的事件发生的概率。举例来说，对生命危险特别敏感的人（也就是偏执狂）比较容易生存下来，因此他们的基因得以遗传下去。但是这种偏执也不能过头，否则就会造成灾难，成为缺点。某些偏见已经深深嵌进我们的大脑里，阻碍我们处理较复杂、可能需要更精确评估概率的问题。

这些带有偏见的说法后来在各学科中也都获得佐证。由于知觉上的扭曲，人没办法那么理性。我们所说的理性，是指信念协调一致，也就是没有逻辑上的矛盾，而且行为举止符合这些信念。

偏差的例子

我在行为研究的文献中至少找到了 40 个偏差十分严重的例子。以下是个很有名的测验，也是叫医学界尴尬不已的实例。接下来的问题是给医生的，引用自本内特写得非常好的一本书《你赌对了吗？》（*Randomness*）。

> 检验某种疾病时有 5% 的概率产生误报。全部人口中罹患这种疾病的比例为 1‰。不管是否怀疑罹患这种疾病，随机检测一群人之后，发现某人的检测结果呈阳性，那么他染上这种疾病的概率是多少？

大部分医生只考虑检测的准确率为 95%，而回答 95%。

正确的答案是他生病且检测发现有病的条件概率，其结果接近 2%。结果只有不到 1/5 的专业人士答对了。

我来简化这个答案。假设没有漏报存在，1 000 个受检的人，预料将有一位罹患这种疾病。999 位健康的人，检测的结果是有约 50 位染病，因为准确率是 95%。正确的答案应该是，随机选取的某人，检测结果呈阳性且确实染病的概率为 1/51。

不妨想想，这一辈子你曾有多少次被告知染上某种疾病，需要接受某种药物治疗且要忍受可怕的副作用，而实际上你真的罹患那种疾病的概率只有 2%！

我们是期权文盲

身为期权交易员，我注意到人们往往低估期权的价值，因为他们经常无法以正确的心态去评估提供不确定性回报的工具，即使他们很懂数学也一样。连主管机关也向人们表示，期权是一种衰竭性或损耗性资产，这种无知因而更加深重。价外期权被视为衰竭性资产，因为其会在两个日期之间损失溢价。

接下来用一个简单的方式解释期权到底是什么。虽然简单，但足以消除人们对期权的误解。假设某只股票今天的交易价格是 100 美元，某人给我权利（但非义务）于一个月后以 110 美元买进。这被称作买入期权（call option）。一个月后，股价涨到 110 美元以上，我要求期权卖方以 110 美元的价格把股票卖给我，这被称作履约（exercise）。这时履约才有意义。要是履约时的股价为 120 美元，那么我的选择权便有 10 美元的价值，因为我可以按 110 美元的价格向期权卖方买进股票，然后按 120 美元的价格在市场上卖出，将一进一出的差价 10 美元装入口袋。不过这样的概率不是很高。在购买买入期权时，如果股票的市价低于履约价格，立即履约则没有好处，我们把这种期权称为价外期权。

假设我用 1 美元的价格买进这个买入期权。那么距今一个月后这个期权的价值预期有多少？大部分人认为是零。这个答案不对。这个期权的价值到期时有很高的概率（比如 90%）变成零，但可能有 10% 的概率变为 10 美元。因此卖方卖我期权时向我收取的 1 美元可不是免费奉送给他的。要是卖方不卖我期权，而是自己以 100 美元的价格买进股票，等上一个月，便可以用 120 美元的价格卖出，获得 20 美元的利润。因此现在赚 1 美元实在不能算什么。同样，我买下的期权也不是损耗性资产，可是连专业人士都可能被愚弄。为什么？因为他们把期望值和最可能出现的情境混为一谈，在本例中，这个期权的期望值为 1 美元，而最可能的情境是价值为零。他们在心理上高估了最可能的情境的重要性，亦即认为市场将一动不动。这个期权的价值其实是各种可能状况的加权平均。

期权卖方还提供了另一种满足感，也就是稳定的报酬和获得奖赏的安稳感觉。这正是心理学家所说的畅流（flow）。早上去上班的时候，抱着获得一点儿小钱的期待心理会使你心情愉快。但是反过来说，即使某种操作策略长期而言可望获利，但必须经常赔点儿小钱，这种事只有坚强的人才能忍受。我发现很少有期权交易员能够抱牢我所说的“长期波动性”头寸，这种头寸很有可能在到期时损失一点儿小钱，但由于偶尔出现的强劲上冲力道，长期可望获利。很少有人愿意在大部分期权到期时赔 1 美元，但每过一段时间就赚个 10 美元，即使这种游戏很公平，赚 10 美元的概率可能高于 10%，他们也不肯玩。

我把期权交易员分为两类：溢价卖方和溢价买方。溢价卖方（也称期权卖方）卖出期权，他们通常可以安安稳稳地赚钱，如第一章和第五章所说的约翰。溢价买方的行动则恰好相反。这一行的人常说，溢价卖方吃时像小鸡，拉时像大象。唉，我在职业生涯中碰到的大部分期权交易员都是溢价卖方，而他们遭遇“炸毁”时，赔掉的通常是别人的钱。

看起来懂得这些简单数学的专业人士，怎么会落得这种下场？我们对数学的了解可能还停留在相当肤浅的层面。医学界已经开始相信我们的行为，并非都由大脑中管理理性的那一部分引导。我们在思考时难免情绪化，这无法避免。其他方面很理性的人，却会抽烟或者跟别人打架，而这些行为对他们并没有什么好处。同理，人们明知道卖期权不好，却还是要卖。但还有更糟的，有一种人，通常是学者，他们不要求行为配合大脑，却支使大脑去配合行为。这些人回过头去拿统计数字为自己的行为找合理化的借口。在我这一行，他们以统计上的论调证明卖期权之举正确无误，但这不过是自欺欺人罢了。

概率与新闻媒体

新闻记者受到的训练是表达自己的看法，而不是深入探讨事件。在记者的进化过程中留下的是善于沟通的人，而不是见识卓越的人。我的医生朋友表示，跑医药新闻的许多记者并不懂医学和生物学，连最基本的东西也常弄错。我没办法证实他们的说法是否正确，因为我自己只是个业余的医学研究报告阅读者，但我却注意到他们经常误解医学研究报告中提及的概率。

最常见的一种误解是对证据的解读。他们常把缺乏证据（absence of evidence）与证明没有这回事（evidence of absence）混为一谈。怎么说？假使我测试某种化学疗法，比如拿氟尿嘧啶治疗上呼吸道癌，结果发现它的效果比安慰剂好，但两者差别不太大；配合其他的物理疗法，它能把存活率从 21% 提高到 24%。由于我的样本不大，因此结论是存活率升高了 3%，我不确定这是否可以归功于药物，因为这有可能只是随机现象。于是我写了一篇文章公布我的研究结果，并表示没有证据显示这种药物能够提高存活率，因此有待进一步研究。有位医药记者拿到这篇文章，写了一则新闻，说塔勒布教授发现有证据显示氟尿嘧啶对提高存活率没有帮助。这与我的原意完全相反。有些乡下医生比大部分没有受过训练的新闻记者更不懂概率，看到这则新闻报道后，他们在心理上就排斥那种药物治疗方法，即使日后有研究人员终于发现新的证据显示那种药物确实能够明显提高存活率，他们也会在选择时感到犹豫。

CNBC 的荒唐言论

CNBC（美国消费者新闻与商业频道）的推出，对金融圈帮助很大，但是其中也包括一大堆好发议论之士，他们把长篇大论的理论浓缩在几分钟内。我们常看到名人针对股票市场，讲出一些荒唐可笑但听起来很精明的话。他们的话有些明显违背概率法则。某年夏天，我常跑健身房，不时听到这类说法："大盘只从高点下滑 10%，但个股从高点下滑的平均跌幅却接近 40%。"讲这句话的目的是表示问题很严重或者出现了异常现象，而这正是空头市场的征兆。

个股从高点下滑的平均跌幅达 40%，和所有股票（也就是大盘）从高点下跌的平均跌幅为 10%，两者并不矛盾。我们应该知道，个股不见得同时升至最高点。由于个股的价格并非 100% 相关，因此 A 股票可能在 1 月间升至最高点，B 股票可能在 4 月间升至最高点，但是 A 和 B 两只股票的平均价格可能于 2 月间升至最高点。此外，个股价格如属负相关，也就是 A 股票处于最高点时，B 股票恰好跌到最低点，那么在股市创新高时，两只股票有可能都相较于最高点下跌了 40%！根据随机变量极大值分布的概率法则，平均值极大值的波动幅度一定低于极大值的平均值。

上述现象并不必然意味着空头市场即将来临。

对寿命的错误预测

我接着想到电视黄金时段中，金融专家违背概率法则的另一个常见错误。这些专家能够上台亮相，可能是因为他们的长相、领袖气质和沟通技巧，但绝不是因为他们见解不俗。比如，我看到一位著名的电视金融大师常发表这样的谬论："美国人平均可望活到73岁。因此如果你今年68岁，那么你可能还可以活5年，你应该好好规划未来5年的投资。"她接着开出明确的清单，说这些人应该如何为未来5年做投资。但如果你是80岁呢？你的预期寿命是–7岁吗？新闻记者把无条件预期寿命和条件预期寿命混为一谈了。刚出生时，你的无条件预期寿命可能是73岁。但是随着年龄日增且没有死亡，你的预期寿命会随着你的年龄而提高。为什么？因为其他先死的人，已经占去你在统计数字上的位置。所谓期望值，就是指平均值。因此如果你现在73岁，而且健康状况良好，你可能仍然有9年的寿命期望值。但是期望值会改变，到了82岁，如果你还活着，你的寿命期望值可能是5年。即使100岁的人，也仍有为正值的条件预期寿命。那些专家的说法，和以下的说法几乎没有两样：我们的手术死亡率是1%，到目前为止，我们为99位病人动过手术，都很成功；你是第100位，所以你死在手术台上的概率是100%。

电视上的理财规划专家可能会让一些人受骗上当，但这没有什么大害。更叫人担忧的是，非专业人士竟敢向专业人士提供信息。接下来我们又要谈到新闻记者。

非线性的概率

我桌上摆着一台机器，叫作布隆博格（Bloomberg），公司创办人为现任纽约市长布隆博格。它可以作为安全的电子邮件服务、新闻服务、历史资料检索工具、图表绘制系统十分宝贵的分析辅助工具，它最大的特点是屏幕上会显示各种证券和货币的价格。我已经用它用得上了瘾，没有它就没办法操作，因为总觉得没了它就和这个世界失去了联系。我用它和朋友联络，确认约会，解决一些争议。没有布隆博格地址的交易员，对我们来说是不存在的一群人（他们只好使用比较平凡的互联网）。但是布隆博格有个东西，我认为可以割舍，就是新闻记者的评论。为什么？因为这些人严重混淆了“混为一谈表”右栏和左栏中的内容。但是干这种事情的，不光布隆博格一家。只因为我 10 年来从不碰报纸的商业版，而宁可去读真正的好文章，才会对现状有所不知。

正当此时，我在布隆博格机器上看到了这样的新闻标题：

道琼斯指数因为利率下跌而上扬 1.03 点

美元兑日元汇率由于日本贸易顺差扩大而下挫 12%

诸如此类的标题占满了一整页。接着新闻记者会就这些纯噪声提出解释。道琼斯工业平均指数在 11 000 点时涨跌 1.03 点，幅度根本不到 0.01%。这样的波动不值得提出解释。诚实的人看不到需要解释的东西，他们找不到可以列举的理由。但是新闻记者拿薪水就得解释事情，所以他们乐于立即提出种种解释。唯一的解决方法是请布隆博格停止付薪水给记者写评论。

显著性：我怎么确定那是纯噪声？打个简单的比方。如果你和朋友进行了一场横跨西伯利亚的越野车比赛，你以一秒之差击败了他，显然你不能就此吹嘘自己比他快。你可能受助于某些东西，或者，只是随机因素使然，别无其他。那一秒钟的时间不够显著，我们没办法据此得出什么结论。我不会在睡前的日记上写道："自行车骑士 A 比自行车骑士 B 优秀，因为他平常吃菠菜，而自行车骑士 B 吃的大多是豆腐类的食物。我做这个推论的理由，是 A 在 3 000 英里的比赛中比 B 快 1.3 秒。”要是两者的差距是一个星期，我可能会开始去分析原因是不是出在豆腐上面，或者是不是还有其他的因素。

因果关系：还有另一个问题存在，人们以为具有统计显著性之后，一定有因果关系存在，也就是说，市场中发生的事件，可以和某些原因扯上关系。有句话说：“若后者发生，必然是前者的结果。”假设医院 A 接生的婴儿有 52% 是男孩，而医院 B 同一年只接生了 48% 的男婴，难道你会说，你之所以生下男孩，是因为在医院 A 生产的？

因果关系可能非常复杂。如果存在许多可能的原因，那么很难单独挑出一个作为原因。这被称作多变量分析。比如，如果股票市场可能受美国国内利率、美元兑日元汇率、美元兑欧元汇率、欧洲股票市场、美国的国际收支差额、美国的通货膨胀率，以及其他十来种主要因素影响，那么新闻记者就必须去观察所有这些因素，观察它们以前的单独影响和共同影响，观察这些影响的稳定性，并且进行统计检验，只有这样才能判断股市的涨跌是不是由某项因素引起的。最后，必须给各项因素一个信赖水平；如果信赖水平不到90%，那么没有什么好说的。我可以理解为什么休谟十分沉迷于因果关系，却不能欣然接受这种推论。

我有个可以弄清世界上是不是发生了大事的窍门。我自行设定了布隆博格机器的屏幕页面，我把货币、股票、利率、商品等的价格和涨跌幅度放在一起。货币的信息放在左上角，各个股票市场的变动放在右边，长年观察这个页面配置使我能够凭借直觉弄清是不是有重要的事情发生了。个中诀窍是只看变动百分率大的部分。除非涨跌幅度大于平常每天的涨跌幅度，否则将数字的跳动视为噪声。此外，在解读时，也不是用线性的方式。涨跌 2% 的显著性不是涨跌 1% 的 2 倍，而应该是 4 倍。今天我的屏幕上道琼斯指数上涨 1.03 点，显著性不到 1997 年 10 月股市重挫7%的1/109。有人可能会问我，为什么我希望每个人都学点儿统计学？我的答复是，因为太多人只看解释。我们没办法光凭直觉，就能理解概率的非线性倾向。

过滤方法

工程师使用各种方法，把噪声从资料的信号中滤除。和住在澳大利亚或南极的表哥通电话时，你想过如何分清电话线的静电噪声和对方的声音吗？如果振幅的变动不大，比较有可能是噪声造成的，但当它的幅度增大时，信号造成的可能性则急剧升高。这种方法被称作核平滑（smoothing kernel），应用的结果可见图 11-1 和图 11-2。

但是我们的听觉没有能力独自执行这种机能。同样，我们的大脑没办法看出显著的价格变动和纯噪声两者的区别，尤其是被新闻记者未经平滑处理的噪声狂轰滥炸时。

我们不了解信赖水平

专业人士忘了以下的事实：在一个人发表的意见中，估计值或预测值的重要性不如信赖水平。假设某个秋季早晨，你要出门旅行，打包行李之前必须先知道那里的天气状况。如果你预期温度是 18 摄氏度，温差为 5 摄氏度（例如在亚利桑那州），那么你不会带上厚重的棉衣和随身便携式电扇。如果你要到芝加哥去，别人告诉你，那里的温度虽然是 18 摄氏度，但温差有 20 摄氏度，那么你怎么办？你必须把冬天和夏天的衣服都带上。当准备衣服时，温度期望值是多少无关紧要，重要的是高低温差。当你知道高低温相差 40 摄氏度时，你准备的衣物就会大不相同。进一步引申，如果你要前往的星球的预期温度也是 18 摄氏度左右，但温差足有 200 摄氏度，这时你要怎么准备衣物？

读者应该看得出来，在市场中操作时，我认为市场会往哪里走的重要性，远不如我在某种信赖水平下允许的误差率。

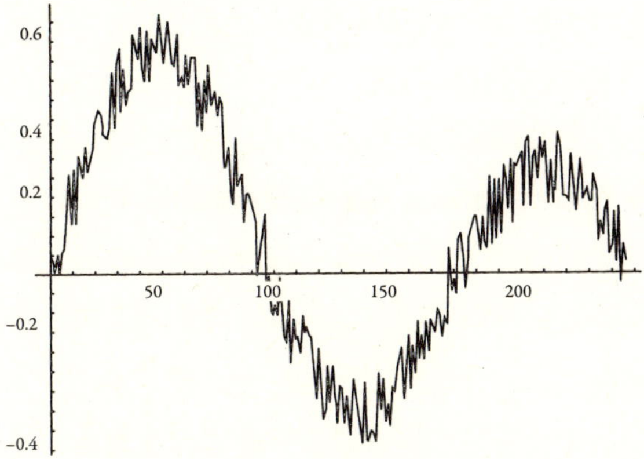

图 11-1　含有信号和噪声的未过滤数据

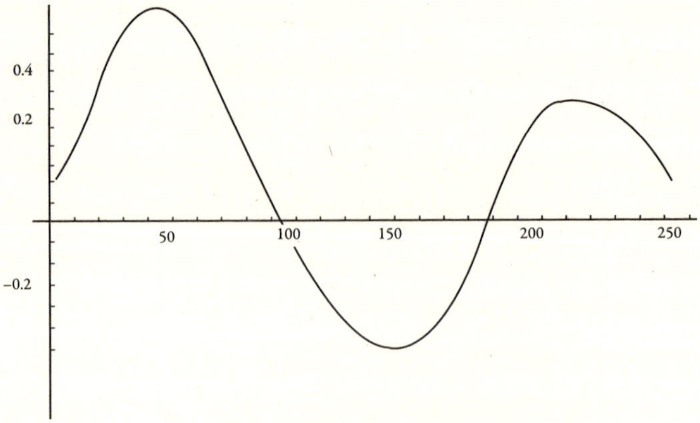

图 11-2　将噪声过滤后的数据

自白

结束本章之际，我要坦承，即使我从事的是这一行，且花了不少时间培养相关的能力，但和我认识的任何人一样，我也容易受骗上当。不过我和别人不一样的是，我知道自己这方面的能力很弱。我的本性一直试图害我自取其败，所以我必须时时警觉才行。我天生容易被随机性愚弄，第三篇将探讨这一方面的问题。

第三篇

活在随机世界中

人们过去做出的选择决定了他们现在及未来可能的选择。索罗斯这类股市大鳄完全不受过去的行为束缚，他摆脱了路径依赖，每一天对他来说都是一张白纸。

荷马叙事诗中的英雄奥德修斯善于运用一些技巧力克强敌，但我发现他运用技巧最引人注目的地方，是用来对抗自己。

在《奥德赛》第十二卷中，这位英雄遭遇女妖。女妖们住在岛上，她们的歌声十分迷人，水手听了如痴如狂，之后便会不由自主地投入海中而亡，歌声之优美和遍海腐尸形成鲜明的对比。奥德修斯事先得到女神瑟茜的警告，他想出了一个办法：用蜡封住所有水手的耳朵，让他们完全听不到外面的声音。他把自己绑在桅杆上，并严令水手绝对不可以放开他。当船驶近女妖的岛屿时，海面十分平静，远远传来令人心醉神怡的乐音，奥德修斯挣扎着想脱身，他使尽全力想摆脱束缚，而水手将他绑得更紧了，直到那会置人于死地的声音消散不见。

我从这个故事中得到的第一个教训，是不想当奥德修斯。他是神话人物，而我不是；他可以把自己绑在桅杆上，而我只能像那些水手一样，在耳朵里塞蜡。

我没那么聪明

在面对随机性的职业生涯中，我顿悟的一件事是：自己不够聪明、不够坚强，因此无法对抗自己的情绪。此外，我也相信自己需要利用情感来创造一些观念，并将它们实践。

我只聪明到了解自己容易被随机性愚弄，并且接受自己相当情绪化的事实。我被自己的情感主宰，但是身为唯美主义者，我也乐于接受这个事实。我和本书取笑的每一个人根本没有两样，甚至可能比他们还糟，因为信念和行为之间可能正好呈负相关。我和那些人的不同之处在于，我试着去察觉这个问题。不管我看多少书、如何努力去了解概率，在需要处理各种不同的状况时，拥有不聪明基因的我，总会被情绪控制。就算大脑能够区别噪声和信号的不同，我的心也做不到。

这种不明智的行为不只出现在面对概率和随机性时。如果交通信号灯刚转成绿灯，我不过迟了一纳秒（十亿分之一秒）起步，后头无礼的司机便大按喇叭的话，我也没办法理性到不动气。我十分清楚生气只有害处，一点儿好处都没有，而如果我老是对身边的这类白痴发火，可能早就没命了。日常生活中这些小情绪是不合理性的，但我们需要它们才能正常生活。人天生的本能是以牙还牙。我已有足够多的敌人，他们增加了我生活中的情趣，但有时我还希望能有更多敌人。如果我们没有敌人作为对抗和发泄精力的对象，生命将枯燥乏味得令人难以忍受。

幸好有一些窍门可以应付这些事情。其中之一是避免和别人的眼睛接触，在上述开车的例子中，你可以不看后视镜。我试着把对方想成火星人，有时这个办法还挺管用的，但如果对方看起来像不同的物种效果会更好。怎么做？我很喜欢在马路上骑自行车。最近和一群自行车骑士在乡下地区骑车时挡住了后面的车子，一位开着 SUV（运动型多用途汽车）的小妇人摇下车窗骂我们。我没有生气，甚至没有打断自己的思绪去注意她。骑上自行车后，开着大货车的人会变成一种危险动物，他们能够危害我的安全，却不能引我动怒。

和爱憎分明且好发高论的人一样，财务学界和经济学家不断批评我，他们气恼我抨击他们误用概率，也对我称他们为伪科学家十分不悦。阅读他们的评论时，我没办法克制自己的情绪，我能做的事是不去读他们写的东西。对新闻记者也比照办理，不去看他们写市场发生了什么事，可以免去很多情绪化的反应。评论家对本书所写的书评，我也会如法炮制，把蜡塞到耳朵里。

戒掉媒体

我最引以为豪的成就，是戒掉了接触电视和新闻媒体的习惯。戒掉之后，我发现看电视比做其他事，譬如写这本书，还要耗费精力。但我还是耍了一些花招，如果不耍些花招，我就没办法逃避这个信息时代的毒害。公司的交易室里有台电视机整天开着，在财经新闻频道的节目中，评论家一位接着一位上场，企业的首席执行官一个接着一个高谈阔论。我的花招是把电视调成静音。为什么？因为在没有声音的电视里，那些喋喋不休的人看起来十分可笑，和声音打开时的效果完全相反。看到一个人一本正经地坐在那边，嘴巴动个不停，面部肌肉扭曲颤动，就是没有声音。我们在视觉上受到威吓，听觉上却一点儿事都没有，因此产生失调。电视上讲话的人脸部表现出某种激情，但因为没有声音发出，他们所传达的信息恰好相反。这就像哲学家柏格森的著作《论笑》(*Treatise on Laughter*)中所描述的一位绅士即将踩到香蕉皮这件事的严肃性，和其结果的滑稽性两者之间的鲜明对比。电视上的博学权威霎时失去了威吓的效果，甚至好像对一件极不重要的小事兴奋莫名，看起来荒唐可笑。饱学权威之士突然间成了小丑，怪不得作家格林拒绝上电视。

本篇是本书的结论部分，将说明在面对不确定性时，人的本性为何。我无法置身于随机性之外，但有一些应对的法子。

第十二章

赌徒的迷信和笼中的鸽子

斯金纳的实验告诉我们，其实在为事物建立因果关系方面，我们并不比鸽子更高明。

赌徒的迷信

首先，回顾我早年在纽约当交易员的日子。刚踏进这一行时，我任职于瑞士第一波士顿投资公司（Credit Suisse First Boston），那时公司位于52街和53街、麦迪逊大道和公园大道的街区中间。虽然位于中城，它还是被称作华尔街公司，我则向人表示，我在“华尔街”工作。幸好一天只需要到真正的华尔街两次，那是新泽西州纽华克以东，我看过最令人厌恶的地方之一。

那时我二十来岁，住在曼哈顿上东区一栋书满为患，除此别无他物的公寓里，我每天早上搭黄色出租车上班，在公园大道和53街的路口下车。有一天，我不幸（或许应该说是很幸运）搭上一辆出租车，不管我用什么语言，连出租车英语都用上了，司机还是听不懂。我试着要他在74街和53街之间往南走，但他顽固地再往南多走了一个街区，逼得我只好利用52街的入口进公司。那一天，由于汇率激烈波动，我操作的投资组合赚了很多钱。那是我年轻时最美好的一天。

隔天，一如往常，我在74街和第三大道的街角挥手招出租车。前一天的那个司机不见踪影，或许已被驱逐回老家去了。真是不巧，因为我有个无法解释的念头，我想要谢谢他对我做的那件好事，还想塞给他一大笔小费。上车后我告诉那位新司机，载我到52街和公园大道的东北角，也就是前一天我下车的那个地点。我对自己说出那样的话惊讶不已……但已经太迟了。

看着电梯镜子中的自己，我赫然发现自己还打着前一天那条上面沾了咖啡污渍的领带。我体内的另一个我显然相信从这个入口上楼、打这条领带与前一天的市场走势之间存在强烈的因果关系。我为自己的行为举止像个骗子、像个扮演别人角色的演员而忐忑不安。我觉得自己是个假道学。一方面，我的谈吐像是具有明确科学标准、一心一意专注于本行的概率论者；另一方面，我和那些蓝领的场内交易员没什么两样：依然抱持盲目的迷信。接下来我是不是该去买张占星天宫图？

细思之下，在那之前，我这个期权方面的专家、冷静的概率计算者、理性的交易员，仍被轻微的迷信支配着！这并不是我第一次在没有大害、温和的迷信指引下行动。我相信，这种迷信是我的东地中海血统赐给我的，例如，没有接好别人递过来的盐瓶可能会引起口舌之灾，听到别人恭维时要摸一下木头，还有其他许多流传了数千年的黎凡特[1]信条。但是和这个古老海洋所孕育传播的许多事情一样，这些信条对我来说既肃穆又不令人信服。我们认为它们更像一种礼仪，而不是真的为了防止幸运之神转向的重要行动。迷信能给日常生活注入一些诗意。

叫人忧虑的是，这是我首次注意到迷信已不知不觉潜进我的专业生活。我这一行就像保险行业：根据定义清楚

1. 黎凡特指的是中东托罗斯山脉以南、地中海东岸、阿拉伯沙漠以北和上美索不达米亚以西的一大片地区。——编者注

的方法严谨地计算赔率，收入来源是那些不够严谨、被某些“分析”蒙蔽，或者相信命运之神特别眷顾自己而轻率行动的人。但是我这一行充斥着太多的随机现象。

我察觉到自己的行为受所谓的“赌徒的迷信”支配，虽然不甚严重，却正在迅速地发展。在那之前，这些小小的迷信都逃过了我的法眼。我的心似乎一直想从面部表情和事件的结果间找出某种统计上的关联。比如，在我发现自己有轻微近视并且戴起眼镜之后，收入也开始增加。虽然除了晚上开车，我不是很需要戴眼镜，它甚至没有什么用处，但我还是一直戴着。这种无意识的行为，反映了我内心深处相信绩效和眼镜之间有某种关联。在理性上，这种统计关联性是骗人的，因为样本很小。但是这种天生的统计本能，并没有因为我在假说检验上的专长而受到抑制。

有些赌徒相信赌博的结果和某些身体动作之间有一些不自然的关联，据而发展出一些扭曲的行为。在操作衍生性金融商品这一行，“赌徒”一词是很损人的用语。此外，我觉得赌博的最好定义是，不管赔率对他有利还是不利，行为者面对随机结果都能获得刺激的一种活动。即使赔率对赌徒明显不利，他有时还是相信命运之神会特别眷顾自己而义无反顾地入局。一些思虑非常缜密的人意外地在赌场被人撞见，就是这个道理。甚至一些我认识的世界级的概率专家也养成了赌博的习惯，他们把自己所有的知识都抛诸脑后。比如，以前一位同行是我认识的最聪明的人之一，他却经常前往拉斯韦加斯，在赌场眼里他显然是只大肥羊，所以赌场才会毫不吝惜地提供豪华套房和交通工具给他使用。在建立很大的操作头寸之前，他甚至会请算命师预卜吉凶，而且还想要我们老板出这笔钱。

对因果关系的误解

25 岁时，我完全不懂行为科学。我所接受的教育和文化，使我相信我的迷信是一种文化，而且可以通过所谓的理智运用消除它们。当科学和逻辑进入现代生活时，迷信自然会被清除。但就我的情形来说，我的智力与日俱增，而随机现象仍源源不绝，我则变得越来越迷信。这些迷信一定和生物本身的构造有关，然而在我成长的年代，我却被教导那是后天养成的，很少是天生的。这才是罪魁祸首。我将戴眼镜和市场的随机结果扯上关系，显然无关文化；我把从哪一个入口进公司和操作绩效扯上关系，显然也与文化无关；我戴的领带和前一天相同，也无关文化。过去数千年来，我们体内的某一部分并没有进化，我还在运用我们旧头脑的残存部分处理事情。

我们来看看低等形式的生命如何形成因果关联。著名的哈佛大学心理学家斯金纳做了一个关老鼠和鸽子的笼子，笼中有个开关，鸽子可以用喙去操作。此外，有个电动装置会把食物送进笼子里。斯金纳设计这个笼子原是为了研究非人类生物的一般行为，但是到了 1948 年，他想到了一个很好的点子：不去理会控制杆，而把全部注意力放在食物的供应上。他以随机的方式送食物给非常饥饿的鸽子。

随后他观察到鸽子做出了相当惊人的行为。它们根据内在根深蒂固的统计机制，发展出极其复杂、有如祈雨舞般的行为。有只鸽子会对着笼子中特定的一角有规律地摇头，另一只鸽子会以逆时钟方向转头。几乎每一只鸽子都发展出一种与喂食相关联的特别仪式，并将其慢慢固定到心里。

深入探讨这个问题着实令人忧虑。我们生来不会把不同的事情独立开来看待。在观察 A 和 B 两件事时，我们很难不假设是 A 造成 B、B 造成 A，或者两者彼此影响，我们的偏差会立即在其间建立因果关系。对于像我这样一个新进的交易员来说，误认为两件事之间有因果关系，最多只是浪费几分钱的出租车费，但科学家却可能因此做出自欺欺人的推论。无知的人和聪明人比起来，只是比较不懂得怎么采取行动。同样，科学家知道，在感情上拒绝一项假说比接受它更难（所谓的第一类错误和第二类错误）。法语有句格言说，懂得事情真相的人才快乐（felix qui potuit cognoscere causas），这是很难做到的事。我们很难三缄其口，因为我们天生就不是这样的。不管我们是不是波普尔，总之，我们都把周围的事物太当回事了。

难以抛弃本性的人

我并没有可以解决统计推论问题的便捷方法。第三章谈过噪声和意义的技术性差异，现在该来讨论如何执行的问题了。希腊哲学家皮浪主张过平静、与世无争的生活，却被人批评在被牛追的危急关头，失去冷静沉着的态度。他回答说，人有时很难完全抛弃本性。如果皮浪没办法不当个凡人，我们又怎能像经济理论所说的那样，在不确定的状况下做出完美的理性行为？我发现，以理性的态度计算各种概率之后得到的结果，并没有在我的行为中得到体现。换句话说，我就像第十一章提到的医生一样，明知道确实患病的概率只有 2%，却在不知不觉中以 95% 患病的心态来对待病患。我的大脑和我的本能并没有很好地协作。

身为理性的交易员，我相信如同前面所说的，噪声和信号不同，而且我们应该忽视噪声、正视信号。我利用最基本，但很好用的方法，去计算操作绩效波动时的预期噪声和信号成分。比如，提出目标为获利 10 万美元的策略后，我可能会表示此策略确实能获利的概率为 2%，其余 98% 的概率下则全无成效，纯属噪声。即使是噪声产生的结果，也会令我雀跃不已，但如果结果不具任何统计显著性，那么会令我沮丧万分。我就是忍不住会有那样的反应，不过，我知道自己的确受制于情绪，大多数的精力和能量也源于情绪，因此解决方法不是驾驭我们的心。

由于我感性的一面似乎不能认同理性，所以我必须小心谨慎，避免做出不合理性的操作决策。也就是说，不让自己去接触绩效报告，除非绩效到达预定的门槛。这就像想吃巧克力时，把脑子和口腹之欲分离开来。我的做法是绝不在交易台底下摆巧克力。

在和别人谈话时，我最讨厌的是对方告诉我言谈举止怎样才对。大部分人都知道言谈举止怎样才对，问题出在我们没有起而行，而非我们不懂。我讨厌听好说教的人搬出一堆老掉牙的大道理，例如我应该每天用牙线洁牙、常吃苹果、把上健身房列为新年愿望等，关于金融市场的则是建议忽视绩效中的噪声成分。我们需要一些窍门才办得到，但在这之前，我们必须先接受自己只是动物的事实，我们需要靠一些低等形式的窍门帮助自己，而不是讲大道理。

最后，我认为自己很幸运没有染上抽烟的恶习。我们对于风险和概率的认知可能合乎理性，当实际行动时却完全不是那么一回事，我们可能会做出愚蠢的行为。要了解为什么会这样，最好的方法是找瘾君子谈一谈。大多数抽烟者都知道他们之中每三个人就有一个会罹患肺癌。如果你还不相信，不妨到纽约上东区斯隆－凯特林防癌纪念中心的服务处入口，看看外头聚在一起吸烟的一堆人。你会看到数十位协助处理癌症病患的护士（可能也有医生）站在入口外，手里拿着一根烟，而神情绝望的病患坐在轮椅上，正被人推进去接受治疗。

第十三章

概率与怀疑论

卡涅阿德斯是一位巧舌如簧的怀疑论者。科学家也比科学危险，因为他们是凡人，也会被凡人的偏见污染。

请你身边的数学家为概率下个定义，他很可能告诉你怎么去计算它。第三章讨论过概率不是谈运气的问题，而是指我们相信有另类的结果、原因或动机存在。我们也说过，数学是用以思考而不是计算的工具。此处我们要再次向古人请求更多指引，因为概率对他们而言不过是一种主观且变动不居的信念的测度。

概率的思想

大约在公元前 155 年，希腊后古典哲学家、昔兰尼的卡涅阿德斯抵达罗马。他是雅典派出的三位使者之一，肩负着到罗马参议院进行政治游说的任务。雅典公民被课征一项罚金，使团希望说服罗马认同这么做并不公平。卡涅阿德斯是希腊学园（the Academy）这个开放论辩的机构的代表，也是 300 年前苏格拉底以对话体揭示许多伟大概念，最终却被判饮鸩自尽之处。此时学园已改称“新学园”(New Academy)，不再兴论辩之风，且已成为怀疑论者的大本营。

卡涅阿德斯前往参议院演说那天，他站立着，鼓起如簧之舌大谈公理正义的重要性，以及追求正义乃是人们最崇高的使命。罗马听众大为动容。他不只散发出难以抗拒的魅力，论点也铿锵有力，他口齿流利且颇具说服力、谈吐不凡、精力无穷。但这却不是他要传达的重点。

隔天，卡涅阿德斯重回现场，仍旧站立着，以最具说服力的方式，鼓吹起知识不确定性的信条。他是怎么做的？他以同样撼动人心的论点，驳倒了前一天已令听众信服的论点。他在同一个地方，说服同一批听众，相信公理正义对于人们无足轻重。

坏事来了。元老卡多听了卡涅阿德斯的话后大怒，说服参议院撵走了三位使者，以免他们的如簧巧舌污染共和国青年的心灵，并且有损军人品德。卡多担任监察官的时候，也曾禁止所有的希腊雄辩家落居罗马，这时他已相当年迈，并没有比先前更宽容。他太过道学，没办法接受他们的省思方式。

卡涅阿德斯不是古典时期的第一位怀疑论者，也不是第一个教导我们真正的概率概念的人。但这个事件对好几代雄辩者和思想家产生了很大的影响。卡涅阿德斯不只是怀疑论者，也是辩证学家，绝不坚持他说理时所根据的各项前提，也不坚守他通过这些前提推衍得出的任何结论。他终生反对只有唯一真理的独断教条，极少有持怀疑论的思想家能与之媲美。怀疑论的主要论点是，没有任何事情是肯定的，我们可以得到各种概率程度不等的结论，并且以之为行动时的指引。

继续回溯历史，我们可以发现已知最早的概率思想出现在公元前 6 世纪的西西里岛。那里曾有一群将概率的概念用在法律上的雄辩者。他们在辩论一宗案件时，为了确认指控的罪名，必须提出其中的可疑之处。第一位知名的修辞学家是西拉鸠斯人科拉克斯，他教人如何依据概率进行辩论。他所采用方法的核心是最大可能的概念。比如，一块土地的所有权，如果缺乏进一步的信息和实体的证据，那么最多人知道那块土地属于谁，那块土地就是谁的。受他影响颇大的高尔吉亚，将这种辩论方法引进雅典，使之广为传播。这个最大可能的概念，教导我们将各种可能的偶发事件视为截然不同且可分离的独立事件。

怀疑论之子

在地中海沿岸被一神论主宰，因而信奉某种形式的唯一真理之前，许多重要的思想家都持怀疑论，此学派也随之传播到世界各地。罗马人并没有自己的宗教，他们的态度比较宽容，不会只接纳特定一种真理，他们有的是各式各样富有弹性且彼此交融的迷信。十几个世纪后，西方世界才再度揭示批判性思想的重要性。

从古代作家西塞罗身上，我们发现了这种思想存在的证据。他宁可被概率牵着鼻子走，也不肯百分之百肯定某些事情。有人说他太圆滑，因为这样一来他便可以自相矛盾。没错，许多文学教授指责他自相矛盾、屡屡变卦。但对于向波普尔学得如何自我批判的我们来说，这可能是我们更加敬重他的原因，因为他绝不会只因过去讲过，就冥顽不灵地坚持原来的意见。

渴望摆脱自己说过的话造成的束缚的这种呼声直到现代才再度出现。1968年，法国掀起学潮，学生在巴黎示威暴动，写在墙上的标语最能表达这样的愿望。这些年轻人多年来必须表现智识聪明、条理分明，如此的重担压得他们喘不过气来，因此他们疾呼：

我们要求自相矛盾的权利！

破除路径依赖

现代世界给了我们一个阴郁的故事。我们的文化将自相矛盾塑造为可耻之事，认为它可能会在科学中造成灾难。在普鲁斯特的小说《追忆逝水年华》中，有位半退休的外交在官德诺波侯爵。他和传真机发明前的所有外交官一样，是社会名流，大多数时间流连在沙龙里。小说叙事者提及德诺波先生在某些问题上，公开说出自相矛盾的话。当别人提醒他先前的立场如何时，德诺波却似乎不记得曾经那样表示过。普鲁斯特痛斥他说：

德诺波先生不是在说谎，他只是忘了。没有经过深思熟虑的话，有样学样告诉你的话，或者被激情包围时说过的话，忘得相当快。这些事情会变，你的记忆也跟着变了。比外交官更严重的是政治人物，他们不记得以前某个时候发表过的意见，然而他们撒下的小谎，可归因于野心过大，而非记不得了。

德诺波先生前后表达了不同的意见，因此被塑造成该引以为耻的形象，普鲁斯特没考虑到这位外交官可能真的改变心意了。我们被认为应该忠于自己的意见，否则便是背信弃义之人。

我却觉得德诺波先生应该当交易员。贝比奇是我见过最优秀的交易员之一，他有一种优异的特质：他的信念完全不受路径依赖的观念束缚。他可能一时冲动买进几个小时前才断定会下跌的某种货币，但一点儿也不觉得不好意思。什么事情改变了他的心意？他认为没有必要回答这个问题。

将这种特质表现得最明显的公众人物是索罗斯。他的长处之一是能以相当快的速度修正自己的意见，并一点儿也不觉得难堪。从以下的逸事，可以看出索罗斯能够弹指间推翻前见。法国花花公子型交易员侯让在以小说形式包装的自传中谈到这件事：主角（侯让）以前常在长岛的汉普顿和索罗斯打网球。索罗斯“年纪较大，带着奇怪的口音”，有时他们会聊起金融市场，但主角起初不知道索罗斯的分量和影响力。有个周末，索罗斯在谈话中表示非常看坏后市，并讲出一连串复杂的道理，主角听不懂。索罗斯显然在市场中卖空。几天后，市场暴涨，频创新高。主角担心索罗斯建立的头寸可能赔钱，下次打球碰面时问他是否有所损失。“我们大赚了一笔，”索罗斯说，“我改变了主意，不但回补空头头寸，还建立起很大的多头头寸。”

几年后，同样这个特质对侯让造成了不利的影响，几乎毁了他的职业生涯。20 世纪 80 年代末，索罗斯给侯让 2 000 万美元（当时是很大一笔数目）去投机，侯让借此创立了一家交易公司。几天后索罗斯到巴黎，他们在共进午餐时聊到市场，侯让发现索罗斯的态度变得相当冷淡。之后索罗斯把钱全部撤回，没做任何解释。索罗斯这类真正的投机者和别人不一样的地方，在于他们的行为缺乏路径依赖。他们完全不受过去的行为束缚，每一天都是一张白纸。

路径依赖的信念

要测试信念是否存在路径依赖，有个简单的方法。假设你拥有一幅画，当初是以 2 万美元买进的。由于艺术品市场欣欣向荣，现在这幅画值 4 万美元。如果你手头上没有这幅画，你会依目前的市价买进吗？如果不会，那么我们就说你死守自己的现状。你不肯按目前市价买进该画，表示其市价已高于其实价，留着它不放根本不合理，你所做的只是感情上的投资。许多人死守自己的观念，直到踏进坟墓。如果某人始终紧抱第一个观念，我们便称其持有路径依赖的信念。

有许多理由使我们相信，由于进化的目的，我们在骨子里便倾向于持守已经投注了不少时间的观念。你会每天早上 8 点都考虑和配偶离婚，把感情投资到别处吗？十分理性的政治人物在竞选过程中，会因为发现新的证据而改变对某件事的看法，并且突然退党改投其他政党吗？一向以合宜方式评估交易的理性投资人，会将之视为基因上的异数，也许还是罕见的变种。有些医学研究人员发现，过于理性，是扁桃体有瑕疵的迹象，可称其为精神病患者。索罗斯有可能是因为基因上的缺陷，而成为理性的决策者吗？

不死守观念的这种特质，在人类中的确十分罕见，就像对待自己的孩子，我们花很多钱财和时间在他们身上，终生挚爱他们。对待一些观念也是一样，学者因为倡导某项见解而打响知名度后，不会说出有损以前成就的话来，而这使得其多年来辛辛苦苦的投资毁于一旦。退党后加入他党的人，成了忘恩负义者、变节者，最糟的说法则是叛徒（以前背弃宗教信仰的人还会被处死）。

计算而不思考

除了以上所说的卡涅阿德斯和西塞罗的故事，还有另一个和概率有关的故事。概率是随着博弈理论进入数学领域的，并且一直停留在计算工具的角色上。最近有一批“风险测度者”（risk measurers）现身，他们专精于以概率方法评估社会科学中的风险。赌博的规则制定得十分清楚，赔率是可以计算的，所以风险也能衡量。但是现实生活远非如此，大自然并没有为我们制定明确规则。生命不是一副扑克牌，我们甚至不知道里面有多少颜色。但不知道为什么，有些人就是爱“测度”风险，尤其是他们拿了钱就得做事的时候。我已经谈过休谟的归纳问题以及黑天鹅问题，现在来谈谈科学的加害者。

很长一段时间以来，我一直抨击一些知名的财务经济学家欺世盗名。有个叫马克维茨的人，获得了诺贝尔经济学奖。他有什么成就？他提出一种精巧的方法：如果知道未来的不确定性，就能计算未来的风险；换句话说，如果市场有定义明确的规则的话就能计算，但事实显然不是这个样子。我向一位出租车司机解释它的要点，他笑了起来，说想不到竟然有人认为可以用科学方法了解市场，并且预测它们的属性。然而一旦涉足财务经济学，由于这个领域的文化，他就很可能忘掉这些基本的事实。

马克维茨博士的理论立即产生的后果，是 1998 年夏金融体系差一点儿被长期资本管理公司（Long Term Capital Management, LTCM）拖累而崩溃。该公司是康涅狄格州格林尼治的一个基金公司，主其事者是马克维茨的两个同行：默顿博士（就是在第三章中批评希勒的那个人）和斯科尔斯，他们也曾共同获得诺贝尔经济学奖。不知道为什么，他们认为自己能以科学的方法“测度”他们的风险。在长期资本管理公司事件引发危机后，他们矢口否认自己不了解市场，也排除了他们所用的方法有误的可能性，这样的假说根本不值得考虑。从黑天鹅事件和体系的崩溃中获利，以及和财务经济学家对赌，刚好是我的拿手好戏。突然之间，除了市场给我的大红包，我开始惹来一些不悦之色。默顿和斯科尔斯博士帮助我这位谦卑的作者跃上台面，也催生出谦卑的危机猎寻公司安皮瑞卡（Empirica）——因为资金开始流向所作所为和他们赖以为生之道完全相反的人那里。

我们认为，科学家犯错的时候，会发展出一套新科学，把从错误中学到的东西纳入其中。学者在金融市场遭"炸毁"后，我们以为他们会把这个信息纳入他们的理论中，并勇敢地宣布自己错了，但已在真实的世界中学到某些东西。默顿和斯科尔斯却不做此图，反而指责市场中其他对手的行为，说这些人像秃鹰般直扑他们，加快了他们垮台的速度。接受已发生的事是勇者该做的，但这会毁掉他们整个学术生涯辛苦建立起的观念。该公司所有主事者在讨论此事件时，都戴着科学的假面具，引述种种特别的因素，并且怪罪到稀有事件上。（这是个归纳问题：他们怎么知道那是稀有事件？）他们用尽全力为自己辩护，而不是吸取教训设法从中获利。这也与索罗斯形成强烈的对比。索罗斯到处告诉肯耐心听他说话的人，说自己很容易犯错。我从索罗斯身上学到这个教训，于是在公司每次开会之初，我都要说服在场的每个人相信我们不过是一群傻子，什么也不懂且容易犯错，但是幸好很少有人像我们这样知道这件事。

科学的进化

在结束本章时，我要对从事软科学研究的科学家讲一些听了令人难过的话。人们常常混淆了科学和科学家。科学很伟大，但个别科学家很危险。他们是凡人，也会受凡人的偏见的影响，或许有过之而无不及。大部分科学家都很固执，否则就不可能有足够的耐性和精力去执行那么艰巨的任务，例如一天花 18 个小时让他们的博士论文更完美。

科学家可能被逼得像个廉价辩护律师，而不是单纯的真理追求者。写出博士论文的人，必须为它“辩护”；当主试者列举令人信服的论点证明论文的观点不正确时，我们极少见到学生改变心意。但是科学比科学家要好。有人说，科学的进化是从一场葬礼赶往另一场葬礼。长期资本管理公司垮掉后，会有一位新的财务经济学家出现，将相关知识纳入他的学说。同样，以前的老财务经济学家会抗拒排挤他，但他们比他更接近坟墓。

第十四章

掌控随机现象

战败后的安东尼众叛亲离，连坐骑都投奔敌人屋大维，命运如此捉弄，我们能如何应对？

出身贵族的法国古典派作家蒙特朗在得知自己将因一种退化性疾病而失明时，他觉得最适当的做法是自行了结生命。这正是古典派作家的结局。为什么？因为在面对随机问题时，斯多葛学派的教条就是选择能够掌控自己命运的方法。最终，他们可以在放弃生命或任由命运支配两者间做一选择。在面对不确定性时，我们总还有这最后的选择。但是这种态度不只限于斯多葛学派。古希腊时期相互对立的两大学派：禁欲的斯多葛学派和享乐的伊壁鸠鲁学派，都建议人们要掌控自己的命运。

当英雄，不一定得在战场上捐躯或自行了断生命，这些行为太过极端，后者更被视为懦弱的表现。我们可以在大大小小的行为上，展现掌控随机现象的能力。前面说过，史诗中的英雄是以其行为而论，而不是依成败来判定的。不管我们的选择有多复杂、我们多擅长支配运气，随机性总是最后的裁判，我们剩下的只有尊严——指表现出不看周围环境脸色的气概。这也许不是最恰当的做法，却能让我们有最好的感觉。优雅从容地应对胁迫（Grace under pressure）就是这样一个例子。或者，你决定，不管代价是什么，今天绝对不拍某人马屁。或者，为了面子而决定与人决斗。或者，追求异性时向对方表示："我对你很有好感、深深被你吸引，但绝不会做有损尊严的事。因此，只要你稍有不悦之色，我保证你以后再也不会看到我。"

本书最后一章将从全新的角度探讨随机现象，虽然触及哲学，却不像第一篇的黑天鹅问题那样，用科学和知识论等硬哲学来谈。我们是用比较古雅、柔软的哲学，谈论古人在讨论一个有美德和尊严的人处理随机性问题时，所提出的各种指导准则——不涉及宗教问题。要特别指出的是，在所谓的地中海一神论传布之前，古人并不十分相信祈祷能够改变命运的方向。他们的生活充满危险，外敌随时入侵，命运说变就变，在应付随机现象时，他们需要实质的教条。接下来就谈谈这种信念。

与概率平起平坐

如果现在还有斯多葛学派哲学家生存着，他会觉得卡瓦菲的诗很能代表他。许多爱诗的人认为卡瓦菲是有史以来最伟大的诗人之一。卡瓦菲出生于19世纪末，是希腊亚历山德里安城的文官，他以古典和现代希腊语作诗，深受西方文坛注目。对熟悉中产阶级价值观的通俗剧（狄更斯小说、浪漫诗等）及维瓦尔第歌剧的我们来说，卡瓦菲提供了古典的慰藉。

在杰奎琳·肯尼迪的葬礼上，她的最后一任男伴坦佩尔斯曼为她诵读了卡瓦菲的诗作《当神抛弃安东尼》（*Apoleipein o Theos Antonion*），这令我十分惊讶。此诗描述安东尼在与屋大维的战役中败北之际，连一向庇护他的丰饶之神巴克斯也背弃了他。这是我读过的最具教育意义的诗之一，它的动人之处在于其展现了如此高贵尊严的美感，也在于它以温和且具启发性的语调，对刚遭逢变故的人提出忠告。

根据传说，战败后的安东尼众叛亲离，连坐骑都投奔敌人屋大维。诗人请他向已经不属于自己的亚历山德里安城告别，不必为自己的厄运悲泣、不要否认一切、不要以为耳朵和眼睛欺骗了自己。安东尼，不要因空洞的希望而堕落。

> 安东尼啊，情感震颤之际，只要倾听，无须如懦夫般哀求怨叹。

当情绪起伏时，坚定不为所动。有这些情绪反应并没有错，也不失尊严——人生来就有情绪。错的是不能像英雄般，或至少像个有尊严的人那样挺直腰杆。这才是斯多葛哲学的真正意义，它要人与概率平起平坐。卡瓦菲的诗的魅力和传达的信息无可挑剔，但我忍不住想要冷嘲热讽一番。20年后，卡瓦菲患喉癌濒死之际，并没有展现诗中的精神。他已因外科手术而无法发声，却动不动就做哭喊状，且紧紧抓住来探病的人，不让他们离开病榻，这实在有失尊严。

我们来谈一些历史。前面说过，斯多葛哲学其实和我们所以为的坚定不移不甚一致。斯多葛哲学原为一种知识运动，由腓尼基裔的塞浦路斯人、季蒂昂的芝诺倡导。到了罗马时期，它发展成为一种重视美德的生活形态——在古时候，美德（virtue）的意思是指价值（virtu），相信美德本身即其报酬。崇尚禁欲者如维多利亚时期的英格兰士绅，发展出一套社会模式，它的信条可以汇总如下：禁欲主义者乃集智慧、正直、勇气于一身之人，无畏于生命恶作剧造成的伤害，因此不受生命起伏波折的影响。但是事情总有可能走上极端，严肃的卡多认为，表现人的情绪有失他的身份。塞内加写的《斯多葛哲人的来信》（*Letters From a Stoic*）一书，有较富有人性的一面，可读性极高，我常买来送交易员朋友；塞内加后来也为命运所困，自行了结了生命。

随机现象与优雅行为

关于人生在世应该有什么样的行为，读者应该已经知道我会怎么建议和如何说教。我们说过，当人有情绪反应时，合乎理性的观念很难听进耳里；走出教室，我们就不会用到理性的大脑。一些自助励志书即使不是胡说八道的人写的，大致也没什么效果。启发人心且“友善的”好建议和具说服力的说教，如果不能拨动我们的心弦，就将稍纵即逝。斯多葛哲学有趣的地方，在于它强调尊严和个人的美感，而这是我们基因中的一部分。当下次碰到厄运时，不妨开始强调个人举止的优雅。你应该表现出不管在什么状况下，都“知道如何生存”。

行刑日那天把最好的衣服穿上（仔细刮好胡子）；挺直腰杆，显现一股傲气，好在行刑队心里留下美好的印象。即使诊断出罹患癌症，也不要哭天喊地，做出一副无辜受害的样子。只和医生讨论病情，切莫让别人知道，如此就可避免听到老掉牙的安慰话，也没人会视你为值得同情的受害人。此外，那种有尊严的态度，可以让挫败和胜利一样，叫人觉得具有英雄气概。赔钱的时候，务必对你的助理更为客气，不要对他发怒（许多交易员经常这个样子，令人不齿）。不要将你的命运怪罪于任何人，即使他们确实是祸首。就算你的另一半和英俊的滑雪教练或年轻但野心不小的模特儿搞上了，也绝不要自怜自艾。别怨东怨西。如果你的生意变少，不要马上哈腰屈膝，可以像我儿时的好友艾波史雷曼那样，发出一封充满英雄气概的电子邮件给同行，告诉他们：“生意虽少，态度不变。”命运女神唯一不能控制的东西，是你的行为。

祝你好运！

后记

遇上黑天鹅

塔利波步步小心，但终究逃不过命运的魔爪。

自从带点儿幸灾乐祸的心情看着落魄的约翰抽烟后过了几年，塔利波幸运地战胜了那28%的概率，已经与癌细胞“和平共处”。同时，他生活事业都一帆风顺。他的财富不只更上一层楼，而且在其他华尔街红人变穷之际，他赚得了更多财富——如果他想要的话，可以用很高的折扣买到他们拥有的商品。但他买得很少，而且当然不买华尔街人士通常会买的那些东西。不过塔利波确实偶尔会放纵自己。

塔利波开始花更多时间待在伦敦，但伦敦周五下午的交通情况十分吓人。他对交通阻塞非常厌恶。有一天，他花了5个小时才从市区的办公室往西开到科兹沃的别墅，大部分周末，他都在那里度过。交通问题令他苦恼，于是他到剑桥郡上速成班，取得了直升机飞行执照。他知道，搭火车离开市区可能是更简单的方法，但他觉得应该放纵一下自己。

塔利波在自己的专业上非常重视概率问题，却不知道为什么没有将之充分运用到生活中存在的风险上。一个风大的日子里，塔利波驾驶直升机准备降落在巴特西公园附近时坠机了，机上只有他一个人。黑天鹅终究还是大发神威了。

图书在版编目（CIP）数据

随机漫步的傻瓜 /（美）纳西姆·尼古拉斯·塔勒布著；盛逢时译 . -- 北京：中信出版社，2021.4
（中信经典丛书 . 006）
书名原文：Fooled by Randomness
ISBN 9787-5217-2896-5

Ⅰ. ① ①随… Ⅱ. ①纳… ②盛… Ⅲ. ①投资—通俗读物②股票投资—通俗读物 Ⅳ. ①F830.59

中国版本图书馆 CIP 数据核字（2021）第 048340 号

随机漫步的傻瓜
（中信经典丛书 · 006）

著　　者：［美］纳西姆·尼古拉斯·塔勒布
译　　者：盛逢时
责任编辑：许艳辉
出版发行：中信出版集团股份有限公司
（北京市朝阳区惠新东街甲 4 号富盛大厦 2 座　邮编　100029）
承 印 者：北京盛通印刷股份有限公司

开　　本：880mm × 1230mm　1/32　　印　　张：130.75　　字　　数：3022 千字
版　　次：2021 年 4 月第 1 版　　印　　次：2021 年 4 月第 1 次印刷
京权图字：01-2006-3454
书　　号：ISBN 978-7-5217-2896-5
定　　价：1180.00 元（全 9 册）

服务热线：400-600-8099
投稿邮箱：author@citicpub.com

扫码免费收听图书音频解读

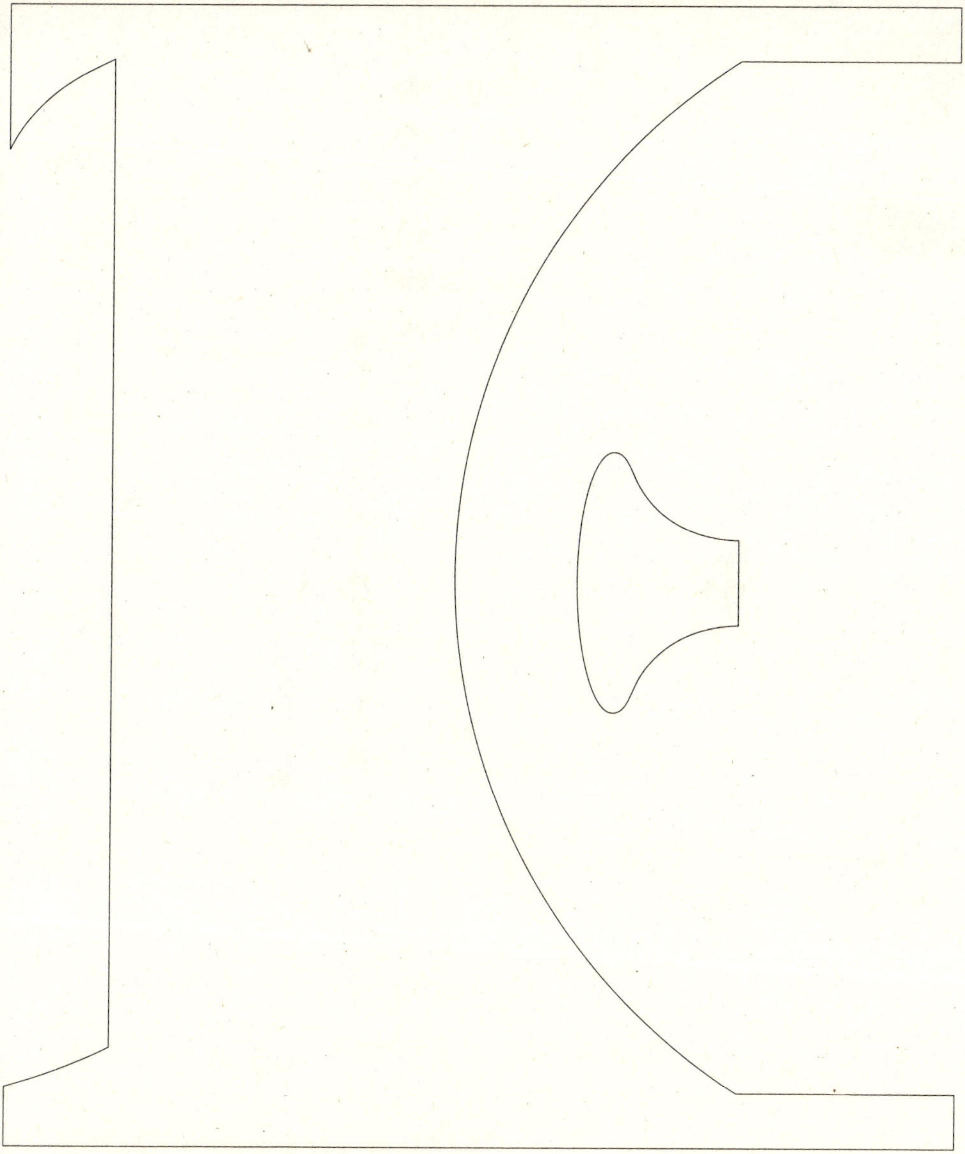

说谎者的扑克牌

华尔街的投资游戏

LIAR'S POKER

RISING THROUGH THE WRECKAGE ON WALL STREET

[美] 迈克尔·刘易斯
著

孙忠
译

中信出版集团 | 北京

献给我的父母

洛伊斯·布鲁克斯和迈克尔·布鲁克斯

目录

序

我是一名债券推销员，曾供职于华尔街和伦敦。我相信，同所罗门兄弟公司的交易师们一起度过的日子，使我有幸在那些塑造了一个时代的事件发生时，恰好处于旋涡中心的位置。交易师是制造快速死亡的杀手，而过去的10年里，这类快速死亡实在为数不少。另一方面，所罗门兄弟公司又是无可争辩的交易师之王。我在本书中所要做的是，从我在所罗门兄弟公司交易厅座席上的所见所闻开始，描绘和解释那些赋予这个时代个性的种种事件和心态。有些情节取材于我本人，但是整个故事并不都是我自己的经历。只能说由于我所处的位置，我对那些自己没有赚到的钱和没有说过的谎话有一些感慨。

当时，一场现代淘金热正在形成。在此之前，还从来没有这么多24岁的毛头小伙子在这样短的时间里赚到这么多钱，这一切都是在华尔街和伦敦于10年的时间里完成的。它使市场经济关于投入产出的规律成为笑料。应当声明的是，我绝不讨厌钞票。相反，我希望钞票越多越好。可是我再也不会像在那些年里一样，屏息期待奇迹的降临。这段经历只能算是一个惊人的例外，并不能威胁到久为人类历史所验证的关于投入与产出的预期规律。

应当承认，按照通行的标准，我是一个成功者。我赚了很多钱。公司的高管们经常说我总有一天会升到顶层与他们为伍。可我无意于此，很早的时候便已如此。讲这些是为了告诉读者，我的前雇主既不曾迫害我，也无意疏远我。而我之所以动笔写这本书只是因为自己一直有这样的想法：或许我应该做讲故事的人，而不是依旧生活在故事当中。

第一章

说谎者的扑克牌

玩家的规则如同西部牛仔决斗一样。交易师必须面对各种挑战，绝不能退缩。约翰·梅里韦瑟现在别无选择，恰恰就是因为这一规则——他自己制定的规则。他很清楚，这一切愚蠢至极。对他来说，眼前根本就不存在胜局。如果他赢了，古特弗罗因德不会高兴，这绝不是值得庆幸的结果。但是，如果他输了，100 万美元也就飞走了。

俗话说："华尔街一头挨着河，另一头挨着坟墓。"

这句话很精辟却并不完善，它遗漏了位于二者之间的幼儿园。

——小弗雷德·施韦德，《客户的游艇在哪里》

那是在 1986 年年初，正是我所在的所罗门兄弟公司开始走下坡路的头一个年份。我们的董事长约翰·古特弗罗因德走出了位于交易厅顶头的办公室，开始巡视。在交易厅里，每时每刻都有数十亿美元在交易师的手中面临风险，而古特弗罗因德只要在交易厅里走走，向交易师问上几个问题，就能够摸准此地的脉搏。他有一种邪了门儿的第六感，可以在危机尚未出现时预感到它。古特弗罗因德仿佛可以闻出钱正在赔掉的味道。

古特弗罗因德是神经饱受折磨的交易师最怕看见的人。他喜欢悄悄从背后让你大吃一惊，这让他觉得很开心，但你恐怕不会觉得好玩。在夹住两只听筒手忙脚乱试图挽回灾难的当口，你当然不会有功夫转过身去看他。你本来就无须如此。你可以感觉到他来了，因为你周围的那帮人突然像得了癫痫似的忙活了起来。人人都做出一副忙得不可开交的样子，个个都把眼睛盯在你头顶的正上方。你会有一种冷彻骨髓的感觉，就好像知道有一头灰熊正在悄无声息地走近。头脑中警铃骤然大作：古特弗罗因德！古特弗罗因德！古特弗罗因德！

在多数情况下，我们的董事长只是安静地停留片刻，然后就走开了。你可能根本看不到他的人。有两回我唯一的线索就是在我椅子边的地板上留下的粪状烟灰，它就好像名片一样。古特弗罗因德的雪茄烟灰比所罗门兄弟公司的其他老板留下的都要长，而且成形特好。我一向认为他抽的牌子比别人的贵很多，而这对他来说这只不过是毛毛雨，他从 1981 年所罗门兄弟公司的出售中获利 4 000 万美元；1986 年，作为公司董事长，他又给自己发了 310 万美元的年薪，比华尔街上任何一位首席执行官都要高。

* * *

不过，在1986年的这一天，古特弗罗因德好像有点儿古怪。一扫往常那种让大家战战兢兢的架势，这一次他径直走向约翰·梅里韦瑟的桌子，梅里韦瑟是所罗门兄弟公司的董事，也是公司里最优秀的债券交易师。他低声讲了几句，近处的几个交易师都竖起了耳朵。当时古特弗罗因德所说的话在所罗门兄弟公司被演绎为一个传奇故事，成为它内在标志的一部分。他说的是："一手，100万美元，不反悔。"

一手，100万美元，不反悔。梅里韦瑟立刻就品出了其中的意味。这位"华尔街之王"（《商业周刊》曾经这样恭维古特弗罗因德）想玩一手"说谎者的扑克牌"游戏，赌注是100万美元。他总是在下午同梅里韦瑟和梅里韦瑟手下的6名年轻债券套利交易师玩这种游戏，并且常常输得一塌糊涂。有些交易师说古特弗罗因德简直不堪一击。持相反观点的也大有人在，他们无法想象无所不能的古特弗罗因德也会出局，辩解说输掉游戏正是他的本意。真相究竟如何只能是一个谜了。

这一次，古特弗罗因德的挑衅最吸引人眼球的是赌注的额度。一般来说他下的注不过几百美元。100万美元？闻所未闻。最后三个字"不反悔"意味着输家将要忍受极大的痛苦，但又不能嘀咕、呻吟和怨天尤人，只能一屁股坐下，独自品尝亏空的滋味。但是，为什么要这样做呢？他要达到什么目的？为什么单挑上梅里韦瑟而不是别的级别稍低的经理？这不是鲁班门前弄大斧吗？要知道，梅里韦瑟可是"游戏之王"，是所罗门兄弟公司交易厅里玩"说谎者的扑克牌"游戏的顶级高手。

可是另一方面，你在交易厅里将会学到的一手就是，像古特弗罗因德这样的赢家总是有理由的，虽然这些理由有点儿强词夺理，但至少他们在心里头有一个想法。我不是古特弗罗因德肚里的蛔虫，不知道他真实的想法，但我知道在交易厅里每个人都玩赌博游戏，他也知道，而且死乞白赖地想跻身其间。我想古特弗罗因德当时只是为了炫耀自己的勇气，就像从高高的台子上向下跳水那样。还会有比梅里韦瑟更合适的人吗？此外，梅里韦瑟恐怕也是整个交易厅里唯一既有胆量也有本钱放手一搏的人。

* * *

为了说清当时的情景，有必要再提示一些背景资料。约翰·梅里韦瑟在他的职业生涯里已经为所罗门兄弟公司赚了几个亿。他有一种不露声色的超常本领，这种能力在普通人身上极为罕见，但对交易师而言则至为宝贵。绝大多数交易师的言谈举止就暴露出来他们是赢钱还是亏钱——时而趾高气扬，时而垂头丧气。但是，你永远也猜不透梅里韦瑟的心思。我想，他拥有不可思议的控制力，能够压制住两种往往会摧毁交易师的脆弱情感——恐惧和贪婪。在狂热追求私利的人群中，这一点尤为可贵。所罗门兄弟内部有许多人认为他是华尔街上最优秀的交易师，在谈到他时，人们一贯用的都是敬畏的口气，“他是这里最出色的”，“他是最了不起的风险承担者”，或者“他是玩‘说谎者的扑克牌’的老手”。

梅里韦瑟被他手下的年轻交易师们奉若神明。他们的年龄从25岁到32岁不等（梅里韦瑟已经接近40岁了），绝大多数拥有数学、经济学或物理学的博士学位。可是，一旦加入了梅里韦瑟的交易小组，他们好像就忘掉了自己知识分子的身份，全都变成了小学生，沉溺在“说谎者的扑克牌”里不能自拔。他们把它看成“咱们的”游戏，从而把它提升为一项严肃的活动。

在这个游戏中，约翰·古特弗罗因德向来都是局外人。虽说《商业周刊》将他列入封面人物并且冠以“华尔街之王”的封号，但对交易师们来说却不值一钱。从某种意义上说，这就是问题的关键。古特弗罗因德是“华尔街之王”，而梅里韦瑟却是“游戏之王”。当古特弗罗因德欣然接受媒体诸君的加冕时，你几乎可以听见交易师们脑子里的想法：蠢货们就喜欢抛头露面。公平地说，古特弗罗因德也是交易师出身，但这样讲就好比一个老妇人吹嘘自己年轻时如何靓丽迷人一样。

* * *

有时连古特弗罗因德自己都无意否认，他热爱交易。同管理相比，交易行为的直截了当令人艳羡。你自己下注，且愿赌服输。如果赢了，从交易师直至公司最上层的头头脑脑都会羡慕你、妒忌你和惧怕你。这是顺理成章的，因为你控制着金钱。而管理人员，尽管同样有人羡慕、妒忌和惧怕，却不免心虚。管理人员并没有为所罗门兄弟公司赚到一分钱，从未在市场上承担过风险，只不过是交易师手中的人质。承担风险的是他们。每天他们都在工作中验证他们的优越感，因为他们在风险世界中比别人更高明。公司的收入来自像梅里韦瑟这样的风险承受者，而他们能否赚到钱则并不取决于古特弗罗因德之流的意志。许多人认为，古特弗罗因德之所以向这位套利大师叫板，100 万美元一手，无非是为了显示他也是圈子里的玩家。如果你打算炫耀自己，“说谎者的扑克牌”是唯一的选择。对交易师来说，这个游戏的意义非同一般。约翰·梅里韦瑟相信，“说谎者的扑克牌”同债券交易颇有异曲同工之处。它可以检验交易师的性格，它泄露了交易师的直觉。好的玩家也就是优秀的交易师，反之亦然。对此，我们全无异议。

游戏的玩法：一群人——少则两人，多则 10 人，围成一圈。每人拿一张美钞。这有点儿类似于“猜牌”游戏。每个人都竭力欺骗别人，让他们相信自己报出的美钞上的流水号。某个人开始“叫牌”。例如，他会说“3 个 6”。意思是说，每张美钞上的流水号里，包括他自己的在内，加起来至少包括 3 个 6。一旦开叫，游戏就按顺时针次序往下进行。比如说开叫为“3 个 6”，那么叫牌者左首的玩家就可以有两种选择。他可以追加［有两种形式：牌序升高（3 个 7，3 个 8，或 3 个 9）或增加数字的数量（比如 4 个 5）］，或者选择“异议”。

玩家挨个叫牌，直至全体同意对某个叫牌的人表示“异议”。只有这时，玩家才能公开各自的流水号，也才能知道谁胜谁负。在这一过程中，玩家脑子里考虑的是概率。在一串（比如说总共 40 个）随机选择的流水号中出现“3 个 6”的统计概率会有多大？不过，对高手来说，数学问题倒不在话下，难点在于识破其他玩家的伪装。当每个玩家都学会欺骗和双向欺骗之后，游戏就变得格外复杂了。

这感觉有点儿像真刀真枪的交易，犹如比武之于战争。“说谎者的扑克牌”中的玩家自问的问题，在某种程度上就是债券交易师在交易过程中的自问。冒这样的风险是否明智？我为自己感到庆幸吗？对手的狡猾表现在哪里？他知道自己在做什么吗？如何利用他的疏忽？他为什么高叫，究竟是使诈，还是真的有强手牌？是为了引诱我叫出一手愚蠢的牌，还是他自己真的就有 4 个同号？每个玩家都在揣测别人的弱点、预见性和行为模式，以避免自己犯错。高盛公司、第一波士顿、摩根士丹利、美林，还有华尔街上的其他公司都在玩这种游戏，只是略有不同。但是，赌注下得最高的则是所罗门兄弟公司的纽约债券交易厅，这要归功于约翰·梅里韦瑟。

玩家的规则如同西部牛仔决斗一样。交易师必须面对各种挑战，绝不能退缩。约翰·梅里韦瑟现在别无选择，恰恰就是因为这一规则——他自己制定的规则。他很清楚，这一切愚蠢至极。对他来说，眼前根本就不存在胜局。如果他赢了，古特弗罗因德不会高兴，这绝不是值得庆幸的结果。但是，如果他输了，100万美元也就飞走了。这恐怕要比惹恼老板更糟。虽说梅里韦瑟的成绩一向很好，但这次只玩一手牌，谁也没有把握，完全取决于运气。在交易厅里，梅里韦瑟的工作本来就是避免犯傻地下注，这次他也不例外。

"不，约翰，"他说，"要玩就玩真能让人心跳的。1 000 万美元，不反悔。"

1 000 万美元！谁听了都要咋舌。这回梅里韦瑟在游戏开始之前就用上了"说谎者的扑克牌"的手法。显然，他是在使诈。古特弗罗因德不得不认真对待这一反建议。看上去他可能会乐于接受这一挑战。这毕竟是一场豪赌，仅仅想到这一点就足以令他心满意足。(**有钱真好！**)

话说回来，1 000 万美元在当时可是个大数目，即使在今天也是。如果古特弗罗因德输了，他的财产将会减少到只有 3 000 万美元左右的水平。而他的太太苏珊，这时正忙于装修他们在曼哈顿的公寓，开支可能高达 1 500 万美元（梅里韦瑟对此一清二楚）。此外，古特弗罗因德是老板，他自然不必理睬梅里韦瑟定下的规则。再说，也可能他根本就不知道有梅里韦瑟规则这回事。也许他的挑衅只不过是要试试梅里韦瑟的反应（结果把自己吓了一大跳）。谁知道？不管怎样，古特弗罗因德看来不敢再玩了。他堆出堪称古氏特有的假笑说：“你疯了。”

“恰恰相反，”梅里韦瑟心想，“我的感觉从未这么好过。”

第二章

千万别提钱

投资银行家是一个完全不同的群体，他们是高人一等的交易制造者。他们拥有巨大的、几乎无法想象的才能和抱负，连他们的狗也比别人家的叫得响。他们已经拥有两辆小巧的红色跑车，但还想再有两辆。为了实现这一目标，他们虽然西装革履，却总是热衷于制造麻烦。

我想当一名投资银行家。如果你手上有 1 万只股票，我就来帮你卖掉它们。我可以赚好多钱，我会非常非常喜欢我的工作，我会帮助别人，我会变成百万富翁，我会买一所大房子。这会让我快乐。

——明尼苏达州一个 7 岁小学生的作文，

题为《我长大了做什么》，写于 1985 年 3 月

1984年，我即将结束在伦敦经济学院的经济学硕士课程。就在这时，我接到了与王太后共进晚餐的邀请函，是我的一位远房表亲帮忙弄到的。几年前她不知道从哪里找了一个德国巨商结了婚。尽管我不属于那种经常有幸受邀在圣詹姆斯宫享用晚餐的人士，但是大亨的太太则绝不缺少这种机会。为了赴宴，我专门租了一条黑领带，然后坐上地铁欣然前往。正是这段意外的插曲开启了一连串不可思议的事件，最终促使所罗门兄弟公司同意给我一份工作。

邀请函上讲的是同英国王室进行一次近距离交往，这显然是夸大其词。有七八百名保险推销员参加了这次筹款大会。我们在大厅里四散开来，脚踩猩红色的地毯穿行在乌黑色的木椅中间，墙上挂着年深日久的王族肖像，好像走进了“杰作陈列室”。大厅里的这群人中有两位是来自所罗门兄弟公司的董事经理。而我之所以知道，只是因为我凑巧被安排在他们两位夫人中间就座。

两位董事中级别较高那位的太太是个美国人，她牢牢地掌控着这张桌子的局势，一待我们不再伸长脖子追着王族看，她就把我们的注意力拉回到谈话中。得知我打算找个活儿干并且有意进入投资银行业，她干脆把那晚余下的时间变成了一次面试。经过将近1个小时的刺激、考验、挑衅等让我坐立不安的折腾之后，她终于满意地罢了手。在核查了我24年生涯中所表现出的全部优点之后，她问我为什么不去所罗门兄弟公司交易厅工作。

我试图保持冷静。我担心如果自己表现得过于兴奋，这个女人也许会醒悟自己犯了个错误。我最近刚好读了古特弗罗因德那句后来相当出名的话。他说，在所罗门兄弟公司交易厅里干，你必须充满自信，每天早上醒来都要准备“一口咬掉熊屁股”。我对她说，这听上去不怎么有趣。我还描述了我对在投资银行里工作情景的想象：宽敞的玻璃办公室，秘书，充裕的资金，经常同工商业领导人在一起举行会议。在所罗门兄弟公司内部的确有这样的工作岗位，就在公司金融部，但它们不受人青睐。尽管公司金融同证券交易与销售一起被称为投资银行业务，却是两类不同的业务。股票和债券在古特弗罗因德的交易厅里被买进卖出，这个乱糟糟的所在才是赚钱和承受风险的中心。交易师们既没有秘书也没有办公室，他们也没有机会和企业家们一起开会。公司金融部负责为借钱的公司和政府部门提供服务，后者被称为“客户”。比较而言，公司金融部是一个更为雅致、远离人间烟火的地方，因为他们不用拿钱去冒险，在交易师眼里他们是软骨头。但是，如果以华尔街以外的标准来看，在公司金融部上班仍不失为一份体面的工作。

我把自己的意思讲了出来，这位所罗门兄弟来的女士听后便不作声了。过了一会儿，她说，只有那些整天打扮得油头粉面的软脚蟹才会屈居公司金融部，拿那么一点儿可怜的工资。

这可真是当头一棒，我恨不得找个地缝儿钻进去。难道我愿意整天都待在办公室里吗？我成什么人了？傻瓜吗？

从谈话中我知道她不喜欢别人自作聪明，她喜欢别人向她请教。于是我问她是否有权向我提供一份工作。这个问题把我从尴尬中解救出来，她向我保证回家后会让她丈夫操办此事。

晚宴结束后，84 岁高龄的王太后蹒跚着步出房间。我们——七八百名保险推销员、所罗门兄弟公司的两位董事和他们的太太，还有我，肃立着目送她出门。我一直以为那个门是后门，这时才醒悟，我们这些筹款人才是从后门进来的，就像送货的快递员。不管怎么说，王太后到底还是朝我们这边走来了。她身后跟着的男仆，身板笔直，像扫帚一样裹在燕尾服里，颈系白色领结，手拿一个银色托盘。在男仆身后是一个狗的队列，它们身形矮小，活像是大老鼠，据说这叫柯吉犬（威尔士矮脚狗）。英国人认为柯吉犬很聪明，有人告诉我，英国王室走到哪里都离不开这种狗。

圣詹姆斯宫大厅里一片沉寂。当王太后走近时，保险推销员们弯腰鞠躬，仿佛虔诚的教徒。经过训练，柯吉犬学会了每隔 15 秒行一次屈膝礼，它们后腿交叉，老鼠样的肚子掉在地上。这个队列终于走到了终点。所罗门兄弟公司来的太太激动得面红耳赤，我也一样，但她肯定更激动一些。她希望别人注意自己，这很明显。在七八百名沉默的保险公司的代理人面前，固然可以有很多种办法吸引王室的注意，但大叫大嚷始终不失为最可靠的手段，而这正是她打算做的。具体地说，她是这样喊的："嗨，女王，你的狗可真不赖！"

我看到一大批保险推销员的脸色骤然发白。实际上他们的脸早就发白了，所以我可能是有点儿夸张。但接着就响起一片清喉咙的声音，他们都低头看自己的鞋子。只有王太后一个人仍然镇定自若，好像什么都没有听见。她沉着地走出房间，一步都没有走错。

在圣詹姆斯宫发生的这一幕里，来自两大高傲机构的代表互相给以颜色：王太后不露声色地化解了尴尬的场面，她的策略是视而不见；所罗门兄弟公司的这位太太则在直觉和紧张感的驱使下，以高声叫嚷的方式取得了某种力量上的平衡。在内心深处，我一向对王室倾慕有加，尤其是王太后。但是在这一刻，我发现所罗门兄弟公司，这个圣詹姆斯宫大看台上的浪荡子，同样对我产生了不可抗拒的吸引力。我说的是实话。在某些人眼里，他们低俗而又粗鲁，不值得交往，但却颇合我意。他们正是我心中所想的那类投资银行家。同时我也确信，在所罗门兄弟公司的文化氛围中熏陶出来的这位女士一定能够说服她的丈夫雇用我。

* * *

很快我接到她丈夫的邀请前往所罗门兄弟公司伦敦分公司，结识了在那里的交易厅工作的交易员和推销员。我喜欢这些人，我喜欢那种嘈杂的环境，但我还没有收到正式的录用通知，而且也没有参加复杂的面试考核。毫无疑问，我能够避开烦人的交叉考核程序，完全是那位太太信守诺言的结果，看来所罗门兄弟公司真的有意雇用我。但是，事实是没有人邀请我再去。

过了几天，我接到一个电话，问我能不能在早上6点30分到伦敦的伯克利酒店与利奥·科比特先生共进早餐，后者是所罗门兄弟公司人事部的负责人，从纽约赶来。我自然回答说可以。于是我不得不勉为其难地在早上5点30分爬起来，穿上一身蓝色西服套装赶赴商务约会。但是科比特先生同样也没有给我工作许诺，他只是请我吃了一盘稀软的煎蛋。我们谈得不错，但却一直没有劲头，这位所罗门兄弟公司的人事主管看来是有意要同我作对。很明显，科比特打算聘用我，但这话他从未说出口。会面之后，我回到家里，脱下西服，躺到床上继续睡觉。

这一切让我困惑不已，直到我同伦敦经济学院的一位同学谈起此事后才算弄明白。此人渴望在所罗门兄弟公司里谋个职位，他告诉我下一步应该怎么做。据他说，所罗门兄弟公司从来不主动向别人提供工作邀请，万一被人拒绝，那岂不是太失面子了。

所罗门兄弟公司只做暗示。如果它暗示我可能获得一份工作，那么我最好还是给纽约的利奥·科比特打电话，从他手里要来这份工作。

我依计而行，给科比特打了个电话，再次做了自我介绍，然后说："我想告诉你我愿意干。""欢迎你入伙。"他说，然后笑了起来。

这一招还真灵。下面该干什么了？他告诉我，我将在"公司"里举办的培训项目中开始自己的职业生涯，培训将于7月底开始。他说至少会有120名学员参加，其中绝大多数是从大学和商学院里招来的。然后他挂了电话。他没有告诉我薪水有多少，投资银行家们不喜欢谈钱，原因我很快就会知道。

* * *

日子一天天地过去。我对证券交易还是一窍不通，也就是说，我对公司知之甚少，因为所罗门兄弟是华尔街公司里交易师权势最大的公司，整个公司可以说由他们在经营。我的知识全都来自书本，那上面只说所罗门兄弟公司是世界上最赚钱的投资银行。这也许是真的，而要在这种公司里谋个职位可真不是件令人愉快的事。在经历了初期的兴奋之后，我又有点儿怀疑我是否渴望交易厅里的生活了。我犹豫着是不是应该考虑去公司金融部工作。如果不是环境所迫，我可能早就给利奥（我们两人之间已经到了直呼其名的程度）写信了，我要告诉他自己不希望加入一个这么快就决定吸纳我的"俱乐部"。而所谓环境所迫，就是我没有别的地方可去。

我决定咽下心中的这份不快，一份轻慢你的工作总比失业强。此外，如果不抓住这次机会，申请加入所罗门兄弟公司的交易师队伍还会遇到许多别的障碍，比如没完没了的面试（那一年共有6 000名申请者）。在后来与我一起共事的那批申请人中，绝大多数在面试过程中受到过粗暴的对待，一肚子苦水，而我身上却找不出一块伤疤。与他们相比，我对自己的顺利不由得怀有一种负罪的感觉，唯一可讲的故事就是在圣詹姆斯宫目睹所罗门兄弟公司的人骚扰英国王室。

* * *

好吧，我承认。我之所以紧紧抓住所罗门兄弟公司抛来的彩球不放，实在是因为我早已见识过在华尔街求职的黑暗面，再也不想重温噩梦了。

1981年，也就是在圣詹姆斯宫那一幕发生之前3年，我还是大四学生，那年我曾向一家银行求职。在华尔街，我还从未见过人们像在看我的简历时那样意见高度一致。事实上，有些人干脆笑出了声。有几家大银行的代表说我缺乏商业直觉，我猜想，这不过是我注定将一生清贫的一个委婉说法。我的反应一向不够敏捷，而这次则是最敏捷的。我还回忆起我无法想象自己穿上西服套装的样子，同样，我也从未见过一个金发的银行家。我见过的有钱人不是黑头发就是秃头，而我两者都不是，所以才会出现这样的结果。后来与我同在所罗门兄弟公司共事的人里边，有1/4是直接从大学中选出来的，他们都通过了考试，而我却失败了，我心里一直为此纳闷。

在那个时候，我对证券交易几乎一无所知。像我这样的人并不是个特别的例外。如果说大四学生们曾听说过交易厅，他们也只是想当然地以为那只不过是拘束困兽的牢笼。在20世纪80年代，社会上出现的最大变化就是饱学之士放下自己的架子，改变了以往对待这类工作的傲慢态度，这一变化不仅发生在美国，也同样出现在英国。而普林斯顿大学 1982 届毕业生则是最后一批死抱着老观念不放的人。因此，我们都没有去申请交易厅里的工作。相反，我们一味想在低收入的公司金融部争位子。这份工作的起薪是每年 2.5 万美元，外加奖金。统算起来，大约是每小时 6 美元。它的头衔叫作“投资银行业分析师”。

“分析师”其实不做任何分析。他们只是一组公司金融专家的奴隶，这些专家负责美国公司新发行的股票和债券的谈判和文案事宜（注意，不是交易和销售）。在所罗门兄弟公司里他们是底层里的最底层，从任何一种意义上，他们干的都是一种可怕的工作。每个星期花在复印、校对和收集无聊得让人喘不过气来的文件上的时间要超过 90 个小时。如果他们做得很出色，就会成为老板眼里的红人。

但这份荣幸可是不轻松的。老板们给他们欣赏的分析师配上寻呼机，以便随时随地能找到他们。一些最优秀的分析师上班后不过几个月就失去了正常生活的意愿。他们把全部身心都奉献给老板，自己忙得团团转。他们睡眠不足，面有倦色。他们工作得越出色，自己距离死神也就越近。1983 年，添惠金融公司里一位极其成功的分析师（那时我曾嫉妒他的风光）曾经累到这种地步，大白天他去上厕所，竟然在洗手间里睡着了。他整夜地工作，周末也不休息，而且还因为没有做更多工作而内疚。事后他解释说自己便秘——他以为有人注意到他去了那么久。从定义上说，分析师的工作不会持续两年以上，接下来他们就该去读商学院。许多分析师后来承认，从大学毕业到进商学院之间的两年是他们一生中最难熬的一段日子。

* * *

分析师是他们自己的狭隘野心的囚犯。他们渴望金钱，循规蹈矩。他们渴望在同事们眼里树立成功者的形象。(我之所以告诉你们，只是因为我自己刚好幸免于难，而且不是出于自己的选择。如果我没有逃出来，今天肯定就不会在这里了，而是正像许多老朋友一样沿着晋升台阶奋力攀爬。) 有一条可靠的发达之路，而且也只有这一条路，在 1982 年人人都看得出来：经济学专业出身，利用你的经济学学位在华尔街上谋个分析师的工作，再以分析师的职位为跳板考进哈佛或斯坦福商学院，然后又要开始为今后的生活谋划了。

从 1981 年秋到 1982 年春，我和同学们问得最多的问题就是：怎样才能当上华尔街的分析师？随着时间的推移，这一问题产生了惊人的后果。首先碰到的就是难过入门关。我可以举出一连串严峻的数字来说明。例如，在耶鲁大学 1986 年的 1 300 名毕业生中，有 40% 的人向同一家投资银行，即第一波士顿银行递交了求职申请。我想，这一数据似乎透露出一种安全感。进去的人越多，他们越容易相信自己做出了聪明的选择。而在交易厅里，你学会的第一件事就是，如果有一大批人在追逐同一种产品，不论它是股票还是债券，抑或是追逐一份工作，那么很快就会发生估价过高的现象。不幸的是，在那个时候我连交易厅在哪里都不知道。

对我来说，另一个不幸因素是令人困惑的经济学热。1987 年，在哈佛大学选修经济学原理这门课的人多达 1 000 人，分成 40 个班，10 年来，注册人数增加了 3 倍。我大四那年，在普林斯顿大学，经济学破天荒地成了最受欢迎的科目。学经济学的人越多，经济学学位对于在华尔街找工作的重要性也就越大。

理由当然是很充分的。经济学满足了对投资银行家的最基本要求：投资银行家需要务实的人，愿意学以致用。

* * *

经济学如今已经变得越来越深奥，其论文经过精雕细琢，数学色彩越来越浓，实用价值却不高。其教学方法激发不起一丝想象力。我的意思是说，没有人会声称他们真的喜欢研究经济学，在投身其中的人身上，你看不到一丝忘我的热情。研究经济学像一种牺牲仪式。当然，我无法证明这一点。这只是一个大胆的断言，经济学称之为基于偶然性的经验主义。它来自我本人的观察，我的朋友们在研究经济学的过程中逐渐失去了生活的乐趣。我经常问那些打算进入银行业发展的同学为什么要学经济学，他们总是解释说经济学是最实用的学科，但他们所做的却是把时间花在画那些滑稽的图表上。当然，他们是对的，但那就更滑稽了。经济学确实是有用的，它能帮你找到工作。而借此找到工作的人，往往只是因为其可以证明他们是经济优先最狂热的信仰者。

投资银行家们还希望确认自己招募新人的程序天衣无缝，这也是任何一个排他性俱乐部的心愿。他们要确保只有合格的人选才能被吸收进来。这种极端的自负源于投资银行家们有能力掌握自己命运的信念。但是，我们将会看到，他们实际上却做不到。经济学背景让投资银行的人力资源经理得以比较申请人的学术记录。唯一令人感到莫名其妙的是，经济学理论（无论如何，这也正是人们指望经济系学生们应该知道的东西）在投资银行里一点儿用处也没有。**事实上，这些银行家们是把经济学作为一般智力水平的考核标准。**

在这样一种歇斯底里的气氛中，我却产生了反方向的偏执。

我在普林斯顿大学有意不选经济学，部分原因是所有选经济学的人都是出于一些错误的理由。不要误会，我当然知道有一天自己也要谋生。可是，如果不抓住这段难得的时间让那些真正令你激动的东西开阔自己的眼界，那就太可惜了。同样，不利用学校里其他专业的条件也是一种浪费。所以我选择了校园里最没有用的专业。艺术史与经济学毫无关联，没有谁想看到这门课程出现在自己的简历上。经济学专业的人告诉我，艺术史是“为那些从康涅狄格来的预科生开设的”。在他们看来，艺术史课程的主要作用是帮助经济系学生提高平均学分。他们到我们系里听上一个学期的课，然后所修学分就变成简历上平均分的一个来源。于就业前途无补的艺术史课程作为提高自我修养的训练本来应该成为教育的法定目标，可惜大多数人认为这种想法是过于天真了。而到了快要大学毕业时，上述想法更成了先见之明。一些同学对我明显表现出同情心，仿佛我是个废物或稀里糊涂许下了一辈子受穷之愿。当修道士可以有很多好处，但华尔街的通行证肯定不在其列。

* * *

选修艺术史并不是我遇到的唯一问题。在我的课程表里还有一门叫作“诗人的物理学”的科目。此外，我把调酒和高空延迟开伞的跳伞运动也当作一技之长写进了自己的简历。我是在美国南部乡村长大的，去面试之前几乎从来没有听说过投资银行家。我想在我家乡根本就不会有这种职业。

不过，从当时的情况看，华尔街似乎是个挺不错的地方。律师已经够多的了，想当医生又没那个本事，想办公司也没有资本。（我曾打算生产一种白布兜绑在狗屁股上，以防它们在曼哈顿大街上拉屎，连广告词都想好了——“扑通声没有了”。）更坦白地说，我是害怕错过那班快车，别人好像都已经占好了自己的位置，而我担心再也没有下一趟了。大学毕业之后该干什么，我心中本来也没有定见，而华尔街却肯出最高的价钱，即使我什么也不会干。我的动机并不光彩，可我不在乎。只要我能有希望找到一份工作，这种动机反而可以使我有心理上的优势。不幸的是我毫无希望。我的同学们为了进入华尔街牺牲了自己正规教育中最宝贵的时段，而我却没有做出任何牺牲。我变成了一知半解的艺术爱好者，一个穿白亚麻布套装的南方孩子误入了东北部预科学校毕业生们玩的打斗游戏里。

简短地讲，我对当一名投资银行家毫无准备。这一点在我1982年第一次面试时暴露无遗，那回的招聘单位是雷曼兄弟公司。为了争取面试的机会，我同大约50个学生一起在6英寸（15.24厘米）深的雪地里等着普林斯顿大学就业办公室开门。整个冬天里，就业办公室门口就像迈克尔·杰克逊演唱会售票处一样热闹，各色学生整夜站在那里排队，希望能拔得头筹。开门之后，大家奋力冲了进去，把自己的名字挤进雷曼的面试时间表里。

可笑的是，虽说我对投资银行一窍不通，但我还是按自己的想象为面试做了一番准备。我记住了被普林斯顿大学在校生视为救命稻草的投资银行面试必备资料。首先，申请者不能是文盲。例如，在1982年，他们至少要知道这些词汇的意思：商业银行业、投资银行业、抱负、苦干、股票、债券、私募、合伙制，还有《格拉斯–斯蒂格尔法案》（Glass-Steagall Act）。

《格拉斯–斯蒂格尔法案》是美国国会颁布的。就像上帝把人类分为两性一样，这个法案把投资银行从商业银行之中分离出来。

现在，投资银行的业务是承销证券，如股票和债券。而商业银行，比方说花旗银行，则经营存贷款业务。事实上，这一法案创造了整个投资银行业。据说它的颁布是世界历史上最重要的事件，至少别人是这样告诉我的。

《格拉斯–斯蒂格尔法案》同样把从业人员划入两个阵营。绝大多数人成了商业银行家。其实我对商业银行家同样一无所知，但人们告诉我商业银行家只不过是普通的美国商人，抱负也非常有限。他们每天都要借给拉美国家几亿美元的款项。但是，他们从不惹祸，对自己的上级言听计从，上级还有上级，最后是一个看不到头的等级制度。商业银行家与世无争。他们一般是已婚人士，开旅行轿车，平均有 2.2 个小孩，还养一条狗，每天 6 点下班回家时会把他的拖鞋叼给他。我们都知道，千万不要告诉一位投资银行家我们也向商业银行递交了求职申请，虽说有很多人已经这样做了，而且商业银行至少比较令人有安全感。

* * *

投资银行家是一个完全不同的群体，他们是高人一等的交易制造者。他们拥有巨大的、令人几乎无法想象的才能和抱负，连他们的狗也比别人家的叫得响。他们已经拥有两辆小巧的红色跑车，但还想再有两辆。为了实现这一目标，他们虽然西装革履，却总是热衷于制造麻烦。比如说，捉弄像我这样的大四学生就是他们的爱好——投资银行家称之为紧张的面试。当你应邀进入雷曼兄弟公司在纽约的办公室后，面试的第一道考题也许是要你打开窗户。办公室高踞 43 层之上，俯瞰着华尔街，而窗户都被封死了。这种难题当然是有意而为之，主考官就想看看你按他的要求又拉又拽，大汗淋漓，直到最后瘫软下来，承认自己不行。或者，像传说中一个绝望的申请者那样，把椅子摔向窗户。

另一种制造紧张的手段是沉默。你走进面试的房间，坐在椅子上的人却一言不发。你跟他打招呼，他还是瞪眼。你说你是来求职的，他报以更长时间的凝视。你讲一个愚蠢的笑话，他摇了摇头继续盯着你。你开始心神不定，他却拎起一张报纸（如果拿起来的是你的简历，那就更糟了）从容不迫地读了起来。他在测试你控制会谈的能力。在这种情况下，也许把椅子掷向窗户是一个可以接受的做法。

我想当投资银行家，而雷曼兄弟是最好的公司。我想发财。

约见的日子到了，约见的时间也到了，我在面试房间的外面绞着两只汗湿的手，试图只想该想的事情（半真半假）。我匆忙点了一遍“装备”，就像宇航员升空前一样。我的强项：我是一个不断挑战自我的人，具有团队精神，有人缘等。我的弱点：工作过于卖力，在新组织中我将比以前更加卖力。

终于轮到我了。雷曼兄弟公司的面试是由两个人主持的。即使由一个人来考我也未必通得过，更不用说两个了。

令人庆幸的是，雷曼兄弟公司派到普林斯顿来的是一男一女，我不认识那个男的，但那女的可是普林斯顿毕业的，我认识她。我没想到会在这儿见到老朋友，也许我还有戏。

令人丧气的是，当我走进这个方盒子时，她既没有微笑，也没有做出任何认出我的表示。她后来告诉我说那些表示是非职业性的。我们握了手，她的表情冷得就像开场前的拳击手。然后她走回自己的角落，仿佛等着钟声响起。她穿着蓝色的套装，打着小领结，静静地坐在那里。她的同伴，一个年约 22 岁的方肩小伙子，手上拿着一份我的简历复印件。

他们两个人在投资银行业里的经历加在一起也不过两年。投资银行校园面试中最荒谬的地方就在于他们派来主持面试的人员中，有许多在华尔街的工作年限还不足1年，但他们倒是学会了华尔街的派头。他们最喜欢用的字眼就是职业化。坐直身子、用力握手、讲话干净利落、啜饮着一杯冰水，这就是他们所说的职业化。大笑和搔腋窝则是没有达到职业化水准的表现。

我这位朋友和她的同伴可谓是职业化的标兵。在华尔街干了1年之后，他们已经面目全非了。7个月前我还看见她在校园里穿着蓝色牛仔裤和T恤衫，满嘴粗话，狂饮啤酒。也就是说，她是一个非常典型的学生妹。可今天她却成了另一个世界里的人，非我族类。

年轻男人在冰冷的金属桌子后面就座，开始考我。描述我们双方会面的最好方法就是尽我的记忆力还原我们之间的对话：

方肩小伙：你能说一下商业银行业和投资银行业的不同之处在哪里吗？

我：（在此时犯下了第一个错误，没有抓住机会吹捧投资银行家，尽情奚落商业银行家工作时间短、抱负心太小。）投资银行家承销证券，也就是股票和债券；而商业银行家只管发放贷款。

方肩小伙：简历上写着你的专业是艺术史。你为什么选了这样一个专业，你考虑过毕业后的工作吗？

我：（坚决站在普林斯顿大学艺术史系的立场上）呃，艺术史最令我感兴趣，本校的艺术史系是一流的。由于普林斯顿大学并不提供任何职业培训，我想我的专业选择对找工作不会有什么影响。

方肩小伙：你知道美国GNP（国民生产总值）的规模吗？

我：我不能肯定，大概是5 000亿美元吧。

方肩小伙：（和那位我自以为是朋友的女人交换了一个意味深长的眼色）应该是大约30 000亿美元。你知道，公司职位的每一个名额都有数百人应试。你要同许多经济学专业出身的人竞争。你为什么想做投资银行家？

我：（显然，诚实的回答应该是我不知道，但这话是万万不能说出口的。东拉西扯一番之后，我说出了自以为他愿意听的话）好吧，说真的，如果你穷追到底，那么我想当投资银行家是为了钱。

方肩小伙：这可不是一个好的回答。干这份工作意味着长时间的加班，除了金钱之外，你还得有更强有力的动机。不错，我们的报酬与我们的贡献成正比，但是坦率地说，我们不鼓励唯利是图的人加入这个行业。到此为止吧。

到此为止？言犹在耳，但一切都已无法挽回，我穿着汗湿的衣服走出房间，眼看着下一个候选人走进那架“绞肉机”。我从未想到投资银行家对金钱抱有职业性的热爱居然是不被允许的。我一向以为当投资银行家也无非是赚钱谋生，这就像福特公司造汽车一样自然。只不过投资银行家拿的钱比分析师多，而这正说明他们更加贪婪。为什么这个雷曼兄弟公司来的家伙却因此勃然大怒？

一个最终考进雷曼兄弟公司的朋友后来跟我解释了这一点。“这是禁忌，”他说，“**如果他们问你为什么想当投资银行家，他们**

其实是希望你大谈诸如挑战、做大单的狂喜以及同高智商人物一起工作的兴奋等等，但是永远永远别提钱。”

再学一个谎言不会费什么力气，相信它则是另一码事。从那以后，每当有投资银行家问我申请的动机时，我总是恰到好处地交上正确的答案：挑战、高智商同事和做大单的喜悦。我花了几年时间才说服自己，这一套不见得就是花言巧语（我想我甚至向所罗门兄弟公司董事的太太献上了这番说辞的某一种）。说什么钱不是唯一重要的，这是彻头彻尾的屁话。但是在 1982 年的普林斯顿大学就业办公室里，你总不能让真理挡住你的工作机会。我一边奉承银行家，一边对他们的伪善暗暗称奇。即使是在那段天真的日子里，又有谁会想到，在华尔街上，金钱的重要性固然是众所周知的，而当华尔街上的人同别处的人讲起时，金钱又成了另一回事。

当下我急需一种让我热血沸腾的感觉，以抚慰我的内心。从普林斯顿毕业后，我失业了（所罗门兄弟公司连面试的机会也没有给我）。第二年，我换了 3 个工作，似乎是证明当初银行家们拒绝雇用我是有理由的。我甚至毫不怀疑自己是自作自受。我只是不喜欢被捉弄。华尔街给我发来成堆的谢绝聘用函，我从中只学到了一点，那就是投资银行家们要么不喜欢诚实，要么就是用不着像我这样的人（不是说二者相互排斥）。问题是事先定好的，答案也不能出错。对毕业生来说，成功的投资银行面试就像是在教堂里唱赞美诗，而面试失败就像是唱错了调子。雷曼兄弟公司的这次面试经验并不是我的个人体验，1981 年后在数十所举行过投资银行面试的大学里，上千名学子也都深有体会。

不过，故事结局倒是令人开心——雷曼兄弟公司最后到底完蛋了。1984 年年初，交易师和公司金融专家之间的纷争弄垮了这家公司。交易师一方获胜，但庄严的雷曼大厦经此一劫后元气大伤。高级合伙人们不得不拿着自己的帽子走进华尔街的老对手希尔森公司，后者买下了雷曼兄弟公司。雷曼兄弟的名字从华尔街的公司名单上永远消失了。在《纽约时报》上读到这个新闻时，我心想这可真是太好了。应该承认，这不像地道的基督徒的行为。至于雷曼兄弟的垮台是不是因为它不愿意承认赚钱的重要性，我不得而知。

第三章

学会热爱公司文化

华尔街已经快被股票和债券淹没了。在 20 世纪 70 年代末，也就是美国政治史和现代金融史上最放纵的年代刚刚开始的时候，所罗门兄弟公司是华尔街上最精通债券生意的一家投资银行：懂得怎样给债券估值，如何交易，应该向哪些客户兜售。

把自己变成野兽，也就摆脱了做人的痛苦。

——**萨缪尔·约翰逊**

我至今仍然清楚地记得自己第一天在所罗门兄弟公司上班时的情景。那天早晨，我在寒风中冻得瑟瑟发抖，长期养尊处优的学生生活已经令我难以适应谋职的艰苦了。说是说了几天，但真的到了要上阵的时候，浑身还是不由自主地打冷战，宛若梦中一般。当然，这也要怪我自己。公司上班时间是早上7点，但我特意起了个大早，这样在上班之前可以有时间逛逛华尔街，结果却是我被冻得发抖。这条街的一头曾有一条河，另一头连着墓地。在这两者之间的则是古老的曼哈顿：一条深而狭长的巷子，黄色的出租车在翻开的井盖、阴沟和垃圾间穿梭，闹出一片喇叭的喧杂。愁容满面、身穿西服套装的男人们从列克星敦地铁站蜂拥而出，走上弯曲的人行通道。身为有钱人，他们看上去并不快乐。他们好像过于严肃，至少比我想象的要严肃得多。我自己本来就身无长物，如同新的穷光蛋。奇怪的是，看到他们之后，我的心情反而好转，仿佛不是去上班，而是去领乐透彩票的奖金。

在伦敦时，所罗门兄弟公司曾致函通知，他们将为我提供一份MBA（工商管理硕士）的年薪（尽管我没有MBA学位）——4.2万美元，外加工作6个月后的6 000美元奖金。那时我还很穷，4.8万美元年薪是一个令人无法拒绝的数字。考虑到当时英国的工资水平，所罗门兄弟的慷慨就更加令人印象深刻了。有一个家伙，已经当上了伦敦经济学院的资深教授，但在物欲方面仍然兴趣浓厚。他在听到我的薪水数目后眼珠子差点儿掉出来，喉咙里发出打嗝一样的咕噜声。他的收入只有我的一半。他已经40多岁了，在职业阶梯上已经爬上了最顶层。我只有24岁，事业刚刚起步。这个世界哪有正义可言，我真的是心满意足。

有人也许会问，为什么会有这么高的工资，不过当时我可没有多想。所罗门兄弟公司是1985年全世界最赚钱的公司，至少这就是别人反复向我灌输的。我甚至懒得去核实。这是明摆着的：华尔街牛气冲天。而我们，则是华尔街上最赚钱的公司。

* * *

华尔街已经快被股票和债券淹没了。在20世纪70年代末，也就是美国政治史和现代金融史上最放纵的年代刚刚开始的时候，所罗门兄弟公司是华尔街上最精通债券生意的一家投资银行：懂得怎样给债券估值，如何交易，应该向哪些客户兜售。它在1979年几乎垄断了整个债券市场，唯一的例外就是垃圾债券，这是另一家公司——德崇证券公司的强项。稍后我们还会谈这家公司。但在70年代末和80年代初，垃圾债券还未成气候，份额很小，所罗门兄弟公司俨然是整个债券市场里的龙头老大。别的公司也无意同所罗门兄弟一争高下，这种生意油水有限，也谈不上多么受人尊敬。为公司募股才是最赚钱的，认识的公司首席执行官多，才是最受人尊敬的。从社交和财务两个方面来说，所罗门兄弟公司都还只是圈外人。

这些，都是我从人家嘴里听说的，也没有什么根据，只是传言而已。不过，所罗门兄弟公司的西德尼·霍默1977年3月在沃顿商学院做演讲时，底下的听众的确发出过一阵压抑不住的哧哧笑声。要知道，他可是从20世纪40年代中期直到70年代后期华尔街上最出色的债券交易师之一。“我有一种挫败感，”霍默在谈到自己的职业时这样说，“在鸡尾酒会上，可爱的太太小姐们常常会聚拢在我身边打探我对市场的看法。可是，一旦她们听说我是搞债券的，马上就会悄然离开。”

此外，缺乏根据这一事实本身也颇能说明问题。纽约公共图书馆里有 287 本书名带有“bond”字样的图书，其中大多数是化学方面的著作。[1] 除去那些罗列了大量科技词汇的科学著作之外，剩下的书名无非是《券场无战事》或《低风险的投资策略》等。换句话说，这种书不会让你爱不释手恨不得一口气读完。那些自认为有社会影响的人士总喜欢在身后留下只言片语，如逸事或回忆录，但是尽管在股票市场方面早已有了好几部著名的回忆录和一大堆奇闻逸事，债券市场人士却仍然秉持沉默是金的信条。在文化人类学家眼中，债券人士和亚马孙丛林深处未开化的部落没什么差别。

造成这种情况的部分原因是债券这一行里的从业人员受教育水平不高。这也从反面证明了当初债券业务并不受人青睐。所罗门兄弟公司最后一次进行学历统计是在 1968 年，28 个合伙人里有 13 个人没有念过大学，其中一个甚至连八年级都没有毕业。在这群人中间，约翰·古特弗罗因德倒可以算是一个知识分子，虽说没考上哈佛，但毕竟还是从奥柏林学院毕业了（不过看不出有什么过人之处）。

* * *

在 20 世纪 80 年代华尔街史无前例的极盛时期，有关债券交易师大把赚钱的传闻数不胜数，其中最具神秘感也是最误导人的说法是，这些人勇于承担风险。在市场上，有些人的确要承担风险。应该说，所有交易师都要承担一些小风险。但是，绝大多数交易师做决策并不比操纵玩具更困难。那么他们的钱是从哪里来的呢？在这一问题上，最精彩的解释莫过于库尔特·冯内古特的

1.“bond”除“债券”含义外，还有“黏合剂”的意思。——译者注

观点了（奇怪的是，这段话本来是讲律师的发财秘诀的）：“总会出现这样神奇的一刻，某人已经准备好要交出一大笔财富，而那个即将接受这笔财富的人却还没有做好准备。这时，一位机敏的律师（在这里则是债券交易师）会迅速地抓住这个机会，在短短的一瞬间里将它置于自己的控制之下，留下其中的一小部分，其余部分则奉归原主。”

换句话说，所罗门兄弟公司从每一笔交易中捞取一份很小的油水，但累积起来则相当可观。比如说，所罗门兄弟公司的推销员向 X 养老基金售出价值 5 000 万美元的 IBM（国际商业机器公司）债券。在这笔交易中，为推销员提供债券的交易师可以赚得 1/8 个百分点（即 1% 的 1/8），也就是 6.25 万美元。当然，如果他愿意，也可以留下更多。因为债券市场与股票市场不同，佣金并不公开。

只要明白了这一点，下面的把戏也就好懂了。一旦交易师弄清了 IBM 债券的去向和持有者的心态，他甚至无须费力就可以让债券（也就是上文所说的“财富”）流动起来。例如，他可以要求推销员去劝说 Y 保险公司，说 IBM 公司的债券价格比 X 养老基金当初买入时已经有所上升。这种说法是真是假则无须理会。于是交易师可以借此机会从 X 基金处购入该笔债券再销售给 Y 保险公司，再赚 1/8 个百分点。至于 X 基金，因为在如此短的时间能够小有获利，当然也很满意。

只要交易双方对债券的真实价值一无所知，这场戏总可以演下去。交易厅里的那些人也许学历不高，但在洞察人类的无知方面，他们个个都是博士。在任何一个市场里，就如同在“说谎者的扑克牌”游戏中一样，总会有一个傻瓜。精明的投资大师沃伦·巴菲特最喜欢讲的一句话就是，如果在市场中某人还不知道谁是傻瓜，那么他自己很可能就是那个傻瓜。在1980年，当债券市场在多年沉寂之后突然复苏时，许多投资人，甚至连华尔街上的银行都不知道谁在新游戏里充当傻瓜的角色。但是，所罗门兄弟公司的债券交易师们却心知肚明，这本来就是他们的工作。理解市场意味着洞察别人的弱点。所谓的傻瓜无非就是高买低卖的人。债券的价值无非就是有能力为它定出合理价格的人所愿意支付的数额。而在整个圈子里，所罗门兄弟是最善于为债券合理定价的公司。

但是，上述这一切仍不足以解释该公司何以在20世纪80年代如此赚钱。利润就像烤火鸡肚子里的填料，总要有人先把填料放在火鸡的身体里。在80年代那段时期里，火鸡肚子里的填料比以往任何时候都要多。而所罗门兄弟公司依仗它的专业技术，在其他人还没有反应过来之前就已经把生意过手两三道了。

填料之一来自联邦储备委员会。这一点颇具讽刺意味，因为没有人比前美联储的头头保罗·沃尔克更讨厌80年代华尔街的狂热了。在1979年10月6日举行的一次记者招待会上，沃尔克宣布，今后美国的货币供应量将不再随商业周期而波动，货币供应将固定下来，而利率则放开。我相信，正是这一事件开启了债券交易师的黄金时代。如果不是沃尔克的政策大转弯，为数众多的债券交易师仍将默默无闻。事实上，将货币政策的重心从控制利率转向控制货币供应，意味着利率水平将出现剧烈的波动。债券的价格与利率反向运动，两者紧密相关。在沃尔克发表讲话之前，债券是一种保守的投资形式，不愿意在股票市场上试运气的投资者会把自己的积蓄投放在债券里。而在此之后，债券已经变成了投机的对象，一种创造财富而不仅仅是保存财富的方式。一夜之间，债券市场由一潭死水变成了赌场。所罗门兄弟公司的交易额犹如井喷似的增长。为了应付新的生意，不得不增雇人手，它们的起薪，正如我们所知道的，高达4.8万美元。

在沃尔克放开利率之后，另一种力量开始介入了——美国的借款人。美国政府、消费者和公司在20世纪80年代都以前所未有的速度增加自己的负债：债券的发行量开始爆炸性地增长（从另一个角度观察也可以有所启发——投资人出借资金也比以往任何时候都要自由）。上述三大集团在1977年的总负债额为3 230亿美元，其中很大一部分是商业银行的贷款而不是债券。可是，到了1985年，他们的总负债已经猛涨到7 000亿美元。而且，其中债券所占的比例已经比以前大大提高了。这自然要归功于像所罗门兄弟这类公司里的银行家们，还有抵挡不住诱惑的商业银行。

这样一来，结果就更是雪上加霜了。债券的价格大起大落，同时交易额也扶摇直上。而在所罗门兄弟公司内部，交易师们的本领可一点儿也没长。现在，交易的规模和频度都出现了爆炸性增长。从前一个星期里交易额只有500万美元的所罗门兄弟交易师如今在一天里就可能做成3亿美元的生意。在这一过程中，公司的钱袋和他们本人的腰包都飞快地鼓了起来。于是他们决定也该为公司招募一些像我这种层次的人，个中原因只有他们自己心里才清楚。

* * *

所罗门兄弟公司的培训课程开在公司总部23层，这栋大厦位于曼哈顿的东南角。我向那个方向走去，走向我职业生涯的起点。

初看起来，我的前景并不美妙。别的培训学员好像早已坐了好几个小时。事实上，为了争取领先的机会，有些人已经在那里坐了几个星期了。当我到达时，他们早就聚成一些小圈子在聊天。这是一个已经组合起来的群体，每个人都相互认识。小团体内部抱得紧紧的，每个新来者都会受到怀疑。谁有戏谁没戏（加入所罗门兄弟公司的交易师队伍）大都心中有数。

有一伙人站在前厅那里围成一圈，他们正在玩一种游戏，那时我还不知道这就是“说谎者的扑克牌”。他们时而大笑，时而诅咒，相互打量着，表现出一种兄弟般的交易师风度。他们都穿着背带裤。回想起来，从看到背带开始，我就没把所罗门兄弟公司当成自己的天地。有一次我曾穿上一副亮红色的背带，上面有大大的金美元图案，心里想着也该学一学银行家的派头了。结果并不令人兴奋。一个好意的学员忠告我：“可别让他们看见你在交易厅里穿这个，”他说，“只有董事经理才能系背带。他们会盯着你看，并且说‘他以为自己是谁啊’。”

一进去我就看见一个女学员对着手机大叫大嚷。7月里大热的天气，这个肥硕的女人却穿了一套三件套哔叽花呢套装，还打了一个大得不相称的白蝴蝶结。我对这套衣服本来没有多想，但她电话里讲的内容却吸引了我的注意。她把话筒贴在耳朵边，一手指向几个女人：“听我说，6套只要750美元。想一想货色，这是个好价钱，你不可能有再便宜的报价了。”

原来如此，她穿套装是因为她自己在卖这个。她很精明，把培训班变成了市场：这些人有钱、有眼光，也用得着。她已经说服一家东方的工厂批给她一批冬装。当她发现我在注意她时，她开口了。只要给她一点儿时间，她也能做“男式”的东西。她可不是说着玩儿的。结果就是这样，公司里第一个开口跟我说话的人就要卖东西给我。对所罗门兄弟公司来说，这倒是个名副其实的欢迎仪式。

* * *

从前厅的黑暗角落里似乎透过来一丝希望的微光，表明在所罗门兄弟公司里还可以有另一种生活方式的可能。一个肥胖的年轻人手脚摊开躺在那里。他睡着了，至少在我看来是如此。他的衬衫敞开着，皱皱巴巴的，扣子掉了的地方肚皮上的白肉挺了出来。他的嘴大张着，仿佛等着接一大串葡萄。这是一个英国人，我后来听说上面已内定他去伦敦办事处，所以他无须过多担心自己的饭碗。同别的学员比起来，他简直就是局外人，不断抱怨公司的培训简直就是把人当小孩子。他已经在伦敦城里受过两年的历练。在他看来，整个培训项目简直荒谬透顶，于是他把夜幕下的曼哈顿变成自己的运动场。白天的时间里则昏昏欲睡，灌下一壶又一壶的咖啡，躺在教室地板上仰面大睡，他也由此给许多新学员留下了难以忘怀的第一印象。

1985 年这一期的坏家伙足有 127 人，他们只是此后一批又一批掠过这间世界上最赚钱的交易厅的人流中的一小段。我们这期是所罗门兄弟此前历史上规模最大的，而此后的规模比我们这一期还大了一倍。支援人员与专业人员（信不信由你，我们可都是“专业”人员）的比例为 5∶1，127 个专业人员就得要 635 个支援人员。对一个总数只有 3 000 人多一点儿的公司来说，这可是一个惊险的扩张。超高速的增长将全公司陷于不能自拔的境地，就连我们也看得出情况极不正常，揠苗助长从来就不会有好结果。然而出于某些奇怪的原因，公司的经理们依然执迷不悟。

如今回想当时的情形，一切都很清楚了，我加入公司时正是它刚刚开始走下坡路的时候。无论在哪里，我都可以感觉到公司在分崩离析。这并非我个人的力量所致。但是，公司开始招收像我这样的人（以及那些和我差不多一样来路不明的人），这一行为本身就是一个前期的预兆。警铃早就应当拉响，他们有些忘乎所以了。从前他们是精明的相马人，如今他们却把所有最不适合的人全都招进来了。即使我那些最有商业头脑的同学们——也许应该说，特别是这些人——也绝无献身于所罗门兄弟公司的想法。我当然也不会。

除了提出求职申请的动机——钱，以及还有一种奇怪的想法，认为世界上没有其他工作值得一顾之外，我们这些人和公司之间不存在任何亲和力。我们对企业没有一丝深切的情感和绝对的忠诚。仅仅 3 年之后，75% 的人已经离开了公司（相比之下，从前的学员在 3 年之后还有 85% 留在公司里）。在这一大群心怀二志的人涌进来之后，公司陷入了激烈的震荡，这就是所谓的“消化不良”吧。

我们这批人本身就是一个矛盾体。公司雇我们来是为了在市场交易方面有所作为，希望我们比别的人更精明，简单地说，更像交易师。但是，如果你去问一个老成的交易师，他会告诉你他最成功的操作源于超越了传统智慧。好的交易师喜欢走险招。令人痛心的是，作为一个群体，我们这批人却属于循规蹈矩的类型。我们之所以选择所罗门兄弟公司，只不过是遵循着常识性的指引，每个急于赚钱的人都会这么做。如果在生活中我们不能摆脱传统，怎么能指望我们在市场上出奇制胜呢？债券市场与我们的求职市场会有多大的区别呢？

* * *

我们对今天讲课的大人物毫无不敬之处，如同对其他人一样，只不过这个人说得太多。整个下午只有他一个人讲课。整整3个小时的课程里，他被圈在教室前部只有10码（9.14米）宽的空间里，前有长桌，后有黑板，中间是一把带扶手的椅子。此人就在这里面踱来踱去，像是场外教练。他时而盯着地板，时而又龇牙咧嘴地看着我们。我们坐的是大学里用的那种连成一体的椅子——22排穿白衬衫的白人男性，间或有几个着蓝运动衫的女人，还有两个黑人，一小撮日本人。墙和地板的颜色就像新英格兰杂烩汤一样，令人心情郁闷。有一面墙上隔出了一扇扇的窗户，可以由此远眺纽约港和自由女神像，偏偏每排座椅又都放在窗户之间，你什么也甭想看。他们就是不让你看。

这里的一切让我们感觉身处军营。房间里又热又闷。椅垫的颜色则是令人发腻的草皮绿，每次起身时裤子都会和垫子粘在一起。我中午刚刚吃下一个硕大的牛油奶酪汉堡，演讲又让我提不起精神，睡觉的欲望最终压倒了一切。这才是第一周，我已经累得不行了，而培训项目全部完成却要5个月，我只好更深地陷在椅子里。

讲课人是所罗门兄弟公司的一个顶级债券推销员。房间前部的桌子上摆着一部电话，一旦场内行情反常可以随时联络。在走动时，这位大人物的两臂紧紧夹住身体，试图遮掩自己腋下渗出的半月形汗渍。过于卖力还是过分紧张？很可能是紧张。这是可以理解的。他正在分享自己的市场心得，坦露的程度远远超出前几个人。整个课堂里只有少数几个人意识到他的讲话太啰唆，我是其中之一。他善于吸引听众，后排坐的学员也在注意听，房间里的人都放下了《纽约时报》的猜字游戏。这时他正在告诉我们在市场上如何生存。“你要把所罗门兄弟公司看成蛮荒的丛林。”他说。

“交易厅就是丛林，”他接下来说，“你的老板就是丛林中的向导。你在这里能否取得成功，首先要看你是否懂得生存之道。你要跟着老板学习，要跟住。就好像我派两个人到丛林里边，一个有向导，而另一个则没有，结果如何可想而知。不知道已经有多少人不明不白地死在丛林里。而只要走出来，你还可以看体育联赛的决赛，冰箱里还有吃不完的八喜冰激凌……”

他聪明地悟出了控制 1985 年培训班的秘诀：赢取后排座位学员的注意力和好感。从第三天开始，后排座位就一直处于骚动的边缘状态，只要他们对主讲人稍一失去敬畏，就会睡着，或者想用纸团掷前排的人。如果他们出于某种理由不把主讲人放在眼里，课堂就会乱套。但现在，情况却完全不同。在丛林战士的鼓点声中，后排成员个个露出最肃穆的表情，就仿佛史前人类偶然发现了一种新工具。几天来他们第一次身体前倾，听得聚精会神！啊哈！

只要后排成员保持中立，主讲人就算是控制了全局，前排的人早就弄清了整个形势。他们就像全世界任何地方坐在前排的人一样，有过之而无不及。哈佛商学院的毕业生大多坐在前排。每次来一个新的主讲人，他们中有一个就会画一张组织架构图，类似于圣诞树那样。约翰·古特弗罗因德高踞于顶，我们这些人则位于底层。中间是一大批大大小小的主管，像挂在树上的彩盒。他们首先会弄清这家伙的级别，标出他在等级图上的位置，然后把他放在适当的盒子里，他们的态度也就随着主讲人的不同而改变。

这些哈佛人真是古怪得可以，他们画出的图形更像恶意的魔法，与业务没有什么关系。在交易厅里，级别并不重要。组织架构在所罗门兄弟公司里只是一个笑话。但前排学员比后面这些人更难理解，所罗门兄弟其实是一架能人统治的赚钱机器。他们企图为自己的职业赌注做套期保值——这样一来所罗门兄弟公司就和他们在学校里学过的东西多少有了一点联系。

“……一大罐八喜冰激凌，”主讲人又重复了一遍，“那些有向导的人有希望走出丛林，能够看着电视喝着啤酒，不过也仅仅是有希望而已。更不用说那些根本就走不出来的人。但是——”他有意停下步子，向听众眨了眨眼睛，“就算他又渴又累地到了那里，啤酒也可能早就被抢光了。”

啤酒，这是抖包袱的关键点，坐在后排的人就喜欢这个。他们笑倒在一起相互击掌，仿佛穿西服套装的白人模仿他们的黑人兄弟那样可笑。这是兴奋过后的放松。接下来的是一个小人物，他向我们讲解怎样把半年期债券的收益换算成一年期的债券收益。后排的家伙们可不喜欢这个。去他的债券数学，告诉我们怎样闯出丛林。

后排的家伙们更像是在演出中场串场的小丑，你丝毫看不出他们有希望被培养成华尔街上最赚钱公司的领路人，这一点在课程一开始就曾让公司里那些稍有头脑的老板们感到困惑和不安。在招募人员时，公司在后排那些人身上所花的时间和力气与前排并无区别，从理论上讲，整个班里人的表现没有道理不像一支军队那样整齐划一。最糟糕的是，这种破坏纪律的行为没有任何道理可言，完全是随机发作，因此也就无法控制。虽说绝大多数哈佛商学院出来的人都坐在前排，但也有那么几个待在后排。其中同样不乏耶鲁、斯坦福和宾州大学的学生。后排的学员中有几个出身于名牌大学，他们的智力当然也不会低。可是为什么同一伙人的表现却判若云泥？

所罗门兄弟公司为什么容忍这样的行为？我至今仍不明白。管理层制订了培训计划，交付执行，然后就放羊了。这种无政府状态持续的结果是以大欺小，以恶凌善，以发达的四肢取代头脑。后排的学员通常都有一个共同的看法——他们力图洗去自己身上那股知识分子的气味和其他为人称道的人格特征。不过我怀疑他们自己是不是意识到了这一点。这不是一种有意识的行为，只是一种暗示反射。他们是迷信的牺牲品，这在所罗门兄弟公司尤为厉害。人们说交易师应当不为世俗所累，越优秀的交易师就越是如此。这完全是错误的。交易厅里固然有这种人，但相反的例子同样很多。人们不过是相信他们自己愿意相信的东西。

还有一个原因可以解释这些无法无天的行为。在所罗门兄弟公司受训就好像每天都要受邻家大孩子的气。最后你会变得又自卑又粗暴。除了像我这样的幸运儿之外，进入培训阶段之前他们就要通过 60:1 的淘汰率。一旦熬过了这种折磨，你会自然地以为这下子可以好好放松一下了。但你注定不会有这种福气。公司不会把你拉到一边，拍着你的肩膀说从今以后你就是我们中的一员了。相反，公司认为还应该对学员加以调教和磨炼。那些通过面试的优胜者还得在课堂里相互斗狠。简单地说，公司要千里挑一。

* * *

在课程临近结束时，挂在交易厅边上的一块黑板上标出了空缺职位。与我们初来的想法相反，此时公司是否雇用你尚在未定之数。不止一个主讲人说过这样的话：“看看你的左邻和右舍，1 年后你们中至多只会剩下一半人。”在空缺职位表的顶端标着交易厅里各个部门的名称：市政债券、公司债券、政府债券等等。办事处的名称列于图表的一侧：亚特兰大、达拉斯、纽约等等。一想到最终要落到这个矩阵里的某个空缺，或者干脆被排除在外，学员们不免会心灰意冷。再也看不到工作的相对价值，仅仅留在所罗门兄弟公司已经不再令自己满意，抱有这种想法的人永远进不了一流的部门。在所罗门兄弟的学员眼里，除了成功就是失败，中间没有缓冲余地。在亚特兰大卖市政债券是丢人现眼的差事，而在纽约干抵押品交易的行当则一派风光。

开课后不过几个星期，各个部门经理就开始暗暗品评新人的身价。但在骨子里，经理人也都是交易师。无论是人员、地点还是其他的一切都成了可以讨价还价的交易砝码。他们买卖学员，就像买卖奴隶一样。这些人三个一群，两个一伙，拿着贴有相片的活页简历评头论足。过两天你会听到一桩交易已经达成，他们拿你换了一个前排的家伙，外加下次培训班优先挑人的好处。

压力不断增大。某某说某某如何？哪些学员已经有主了？还剩下哪些职位？像任何一种挑选程序一样，总会有优胜者和落败者。但是，再没有比这里的程序更随意的了。对于能力，不存在什么客观的考核标准。要想弄到一份好工作，第一是运气，第二是仪容，第三是溜须拍马。前两项不是你自己可以控制的，所有的努力只能集中到第三项。你必须找到一个靠山。仅仅与 112 位董事经理中的一员搞好关系是不够的，你还必须找一个有权有势的家伙。当然，这里边有点儿小小的困难。大老板不见得对实习生有兴趣，毕竟他们从中也捞不到什么好处。

只有在部门经理相信人人都争着要你时，你在他眼里才会有所不同。这时的你对他来说已经有了“很大”的价值。从别人手里抢来受欢迎的实习生意味着经理赢了点数。许多实习生由此练就了一种本领：制造受欢迎的假象。既然经理在意的只是别的经理的看法，那么结果就会出现庞氏骗局[1]，只不过这一次不是在市场里，而是在人际关系的圈子里，这样干得需要异乎寻常的自信心，并用人类轻信的天性来冒险。在解决工作去向的问题时，我用上了这一招。培训开始后几个星期，我同交易厅里的一个家伙打得火热，尽管我无意去他那个部门工作。这家伙不断劝说我到他那里干。我故意让别人知道有人极力邀我加盟，而这些人又会把话传给交易厅里的那些人。最后，我向往的那个部门的头头终于从别人那里听到了对我的议论，他向我发出了共进早餐的邀请。

也许有人会因此而指责我弄奸使诈，那也只好由他去了，如果不这样做就只有任人摆布一条路。他们可不会有丝毫的同情心，幸好，我还不至于愚蠢到相信经理眼光的地步。还有一条出路就是摇尾乞怜，有些人真的那样做了。他们趴在老板的脚下，讲话就像奴隶一样：“噢，主人，雇用我吧，我是你的人，我只为你工作，做你要我做的任何事。”有时这一招还真的奏效。可是一旦失手，你就会颜面扫地，立刻变成没人要的可怜家伙。在培训期间，实习生内部就曾有人争论，在这样的环境下，屈膝逢迎是不是一种可以原谅的道德缺陷。仿佛整个所罗门兄弟公司遴选系

1. 庞氏骗局，意大利移民庞兹（Ponzi），20 世纪 20 年代在波士顿利用金字塔式集资方式从事诈骗活动。这种骗术被称为庞氏骗局。——译者注

统的要旨只是为了考验哪些人会在压力之下变成软骨头。

每一个实习生都必须做出自己的选择。由此，在培训班里产生了大分裂。那些打定主意曲意奉承的人会在教室的前排就座，整个课程期间不再挪动，不时还会做出种种媚态。而那些视尊严为财富的人，或者打算洁身自好的人，则假装冷漠，他们坐在后排，向讲堂上的董事经理丢纸团。

当然，这样说是过于简单化了。还有几个人是异类，他们不属于任何一边。他们在一开始就跟董事经理们建立了良好关系，工作早已稳定无虞。他们在整个班里窜来窜去，仿佛奴隶群里的自由人，大家对他们都很警惕，认为他们是经理们派来的探子。还有一些人，有着后排座的灵魂，但他们要养家糊口，他们也不属于任何一个阵营，这些人因为嫌恶而拒绝坐在前排，又出于家庭责任感而不能扎在后排堆里。

我把自己归为异类。有人骂我是属于前排一伙的，就因为我喜欢坐在那个哈佛商学院出身的家伙旁边，看他画组织架构图。我怀疑他最终能不能画全（他后来到底还是放弃了）。我的提问显得太多了一些，这被说成是有意同主讲人拉关系，是彻头彻尾的前排行为。这让我感到恐慌。为了洗清自己，我不得不格外卖力地向显要的主讲人丢纸团。而在我因为公然看报纸而被逐出课堂之后，我在后排的人气出现了戏剧性的上升，但是我从来不曾被后排视为自己人。

在所有的异类中，日本人是最大胆的。他们的表现足以令任何有关培训文化的分析陷入破产。这批人一共有 6 个，全都坐在前排睡大觉。他们的脑袋时而前仰后合，时而东倒西歪，头部跟地面平行。虽说日本人在谈判时常玩这种伎俩，但在这里，闭目听课的说法肯定是站不住脚的。最宽宏大量的说法也只能是因为他们不懂英语。而且，他们自成一体，你永远也弄不清楚他们的语言水平，也不知道他们要干什么。他们的头儿名叫誉志。每天早上和下午开课的时候，后排的人总会打赌誉志多长时间能够睡着。他们把誉志看成是一个有意制造事端的坏家伙，誉志因此成了他们心目中的英雄。当誉志终于睡着时，后排就会尽量低调地发出一片欢呼，半是庆贺某人赢了一笔钞票，半是钦佩有人有胆量在前排睡觉。

日本人在班里是受保护动物，他们自己也心知肚明。由于连年的贸易顺差，日本积累了巨额的美元。如果能将这些钱从东京引回美国，投资于政府债券和做其他形式的投资，回报将非常可观。所罗门兄弟要想在东京扩大业务，就要招募当地的资深员工。问题就出在这里。在日本，公司里实行的是终身雇用制，员工很少跳槽。那些有本事的人根本就不会考虑在美国公司里工作。加入所罗门兄弟公司，他们会失去工作保障和舒适度，而换来的却是奶酪汉堡和雅皮士的头衔，只有傻瓜才会那样干。好不容易弄到手的几个“稀世珍宝”被捧在手心，唯恐有个闪失。对于他们的表现，主讲人从未有过一丝怨言。奇怪的是，虽然所罗门兄弟公司对外国文化缺乏敏感，但他们却清楚地意识到日本人与我们不一样。这并不等于说他们了解日本人的行事原则。我敢打赌，就算日本人在每天早上互相刮鼻子，行基瓦尼俱乐部握手礼，也不会有人认为这是出格的做法。

尽管如此，在大家的眼中，日本人只不过是有点儿古怪罢了。决定课堂气氛的是后排那伙人，他们步调一致，形成一个密不可分、匪夷所思的噪声源。从早上和下午的培训课程，到快下班时的交易大厅，再到晚上的冲浪俱乐部，他们成群结队地晃来晃去，从中求得安全和舒适的感觉，日复一日，乐此不疲。他们臭味相投，遇到真心喜欢的主讲人时会兴奋地站起来在课堂后面摆人浪。

现在，他们对正在前面讲课的人佩服得五体投地。主讲人停了一下，仿佛思路被打断了，当然不是这么回事。最后，他这样讲道："你们可能以为自己是一根葱，到了交易厅你就知道了，没人会把你当回事。"

这句话有什么必要？他之所以受欢迎是因为他一直在说这帮小子爱听的话：所罗门兄弟公司的赢家就是像他们这样的人。可是现在，这番话却要冒前功尽弃的风险，他们肯定不爱听：在丛林中，自己的才能将失去用武之地。我想，这下子他可要倒霉了，不知道后排的家伙们会扔出多少个纸团。但出乎我的意料，场面十分平静。主讲人已经在他们中间赢得了足够的欢心，这个错误被忽略掉了。后排的家伙们照样频频点头，也许他们认为这番话是说给前排听的。

不过，主讲人这样说无论如何都是一种误导。事实上，实习生根本无须担心自己会无事可做。债券交易师和推销员老得像狗一样快。交易厅里的 1 年抵得上别的公司 7 年。有 1 年经验的交易师就算是老资格了。谁也不会把自己的位子当回事。整个交易厅里最有趣的一点，就是你所占的这个位子毫无意义。

新雇员一到交易厅就会配给两部电话，立马就要上线。如果能在电话里赚出上百万美元，他的地位就会陡然上升，成为一个"大老二"。每当一笔大交易做成，几十万美元的票子哗哗流进所罗门兄弟公司的钱柜里，部门经理就会重申一次这个称号："喂，大老二，就这么干。"

在我的想象中，“大老二”就像是大象的鼻子在空中甩来甩去，左一下右一下。丛林中没有什么东西可以用来比拟大老二，它让我们想得发疯。当然，谁也不会公开说：“我要做大老二。”这只是个人私下的想法。但是，人人都想做大老二，连女人也不例外。一旦明白了大老二是什么意思，前排人也会挤进来，在后排人看来，他们的问题在于不知道怎样做才好。在压力下，大老二们比前排人表现得更优雅。

* * *

前排有人举起了手，（又来了！）是个女人。她挺直了身子坐在惯常的座位上，正对着主讲人。此时他刚好在兴头上，后排的人都从椅子上站起来摆人浪。主讲人不希望在这个时候被打断，何况还是为了一个前排的人。但是，举手的人就坐在面前，他总不能不理。尽管心里不痛快，他还是叫了她的名字：萨莉·芬德利。

“我要问的是，”芬德利说，“在你看来，成功的关键是什么？”

太过分了。哪怕问一个干巴巴的技术问题，她也可以勉强脱身。主讲人不禁微笑起来，这下子前排可落在他的摆布之下了。他的笑给了后排以暗示：“嗨，我还记得当年培训班里的那些马屁精，我也实在看不起那些乐于让人舔屁股的所谓主讲人。今天，我要把这个女人挂起来，让她好好难堪一下。哈哈哈……”后排爆出从未有过的畅快大笑。有人尖起嗓子学芬德利的高声调：“对，赶快告诉我们你为什么这么成功。”别的家伙则大喊：“安静点儿！”好像在呵斥一条过于兴奋的卷毛狗。还有一个家伙把手拢在嘴边叫道：“达拉斯的石油股份。”

可怜的萨莉。在1985年，有不少工作可以归入不甚理想的类别，但最糟糕的莫过于写着“达拉斯石油股份”的那个标签。在我们的小圈子里，再也没有比在达拉斯卖股票更倒霉的了。股权投资部在我们公司里毫无地位，而达拉斯离纽约又太远了一点儿。在培训班里，“在达拉斯卖股票”意即“埋在人渣的最底层，再也不会有人看得见你”。“埋葬萨莉”，这就是他们从后排喊出来的话。

主讲人不屑作答。趁着这些被他引逗起来的暴徒还没有发展到不可收拾的地步，他急急忙忙地结束了课程。“你们往往会花很多时间自问：我适合做市（政）债（券）吗？我适合做政（府）债（券）吗？我适合做公（司）债（券）吗？[1]你们在这些方面耗费了太多的精力。当然，这些时间不会白花。但是，还有一个问题同样值得认真考虑：选择一位丛林向导也许远比选择产品重要。谢谢诸位。”

屋子里的人很快就散了。每节课中间有15分钟的休息时间，两拨人各走各的门。前排的走前门，后排的走后门，大家都加快脚步奔向四部免费的长途电话。

* * *

所罗门兄弟公司的老板希望通过培训项目把我们变得更像他们自己。可是，什么叫更像他们？在历史上，所罗门兄弟公司已经树立了敢作敢为的形象，它有能力也愿意承担巨大的风险。事实上，所罗门兄弟公司不得不如此，它不像摩根士丹利，后者是非犹太的上流社会银行，手上有一大批付费的公司客户。所罗门

1. 此处，原文用了缩写。——编者注

兄弟留给公众的形象是一伙犹太人的小圈子，在社会上无足轻重，但精明而又诚实，把自己的鼻子深深地埋进债券市场，比哪家公司都来得深。这样说当然有点儿夸张，但也的确在某种程度上抓住了它的特点。

现在，公司试图改变这一形象。公司里集体人格转向的先行指标可以从我们的董事长和首席执行官约翰·古特弗罗因德的社交生活中看出来。他娶了一位小他 20 岁的太太，这个女人有一股狂热的社交欲。她举办派对，大宴多嘴多舌的专栏作家。她的邀请函的含金量仿佛随着我们公司股价的涨跌而起伏。她还雇了一位公关顾问，确保自己的曝光率。另一方面，虽然她还不至于拿她丈夫的标准来要求公司的员工（她已经彻底改变了古特弗罗因德的穿衣风格），但这种沉迷和做作不可能不在整个公司留下痕迹。

撇开公司这种暴发户的形象不谈，培训课程本身毫无疑问是华尔街上最棒的入门课。只要结了业，实习生就有足够的资历去华尔街上的其他公司拿两倍的薪水。也就是说，以华尔街的标准来看，在这一领域里这个人已经是一个精通业务的专家了。这本身就是一个很好的例子，证明华尔街培养出一个“专家”的速度有多快。别的银行想得到所罗门兄弟的培训计划，德崇证券公司甚至叫一个申请人去和所罗门兄弟公司里的人交朋友，设法弄到一份所罗门的培训资料。只要能把资料搞到手，他就是德崇证券的人了。

但资料只是培训项目中最没有价值的部分。真正用得着的东西我在两年后才悟到，那就是所罗门兄弟公司口耳相传的实战故事。在长达 3 个月的时间里，最优秀的推销员、交易师和金融家们向我们讲述了自己的心得体会。华尔街的智慧在这里汇集，毫无掩饰：钱是怎样在全世界流来流去的，交易师的感受和行为，以及如何同客户打交道。只有在完成全部培训项目之后才能上场交易。这中间隐藏着一份项目计划：实习生的所罗门化。实习生们应当懂得，首先，他在交易厅里的地位连狗屎都不如，曾有一位交易师就公然这样告诉我们。其次，即使在所罗门兄弟公司当狗屎也比进不了公司强百倍。

在短短的时间里，这种洗脑好像真的奏效了。（长期来看则不然，只有在别无选择时，人们才会忍受这种处境。我们这些新进人员不仅自我感觉良好，而且毫无忠诚之心。）不少投资银行都有培训课程，但都不像所罗门兄弟这样强调公司的自我宣传，也许高盛公司可以算是一个例外。《纽约时报》的一名女记者对我们进行了全程跟踪采访，我们对公司的态度一致，这给她留下了深刻的印象，她将自己发表的系列文章的标题定为《顶级 MBA 新兵训练营》。正如其他有关所罗门兄弟公司的报道文章一样，它很快遭到了我们的嘲笑。“那个浑蛋根本不知道她在说什么。”这是后排的评语。前排那些童子军男孩说什么“不待公司——所罗门兄弟——召唤，我们早已摩拳擦掌准备大显身手”，这些话都原样写在了报道中，你得承认，他们也实在下作得可以。

这篇文章之所以令人感兴趣还有另外一个原因。允许外人进入公司采访并且提出敏感的问题，这还是第一次。他们问道：为什么你们的薪水这么高？一个后排的、刚从芝加哥大学拿了 MBA 学位的家伙是这样告诉《时代》周刊的，“供求是决定性因素，”他说，“我的姐姐从事残障儿教育，她喜欢自己的工作，但收入却低得多。如果社会上没人愿意去做这种工作，她的收入就会提高。”面对这种高论，你还能说什么呢？《时代》的读者想必亦有同感。同一篇报道在稍后写道，申请 127 个培训名额的人数已经超过了 6 000 人。尽管有那么多人显然愿意以更低的薪资接受这份工作，但所罗门兄弟公司的雇员报酬还在螺旋式上升。在投资银行里，供求规律好像不大管用。

当然，在解释那些用于支付雇员薪水的钱来自何处的问题时，这篇报道还是颇有新意的。我很钦佩我的那位同事试图用老式的商学院思路来回答这个问题。在此之前还没有人做过这样的尝试。首先，公司打算付钱。**为什么投资银行为这么多几乎毫无经验的人付高薪？回答：只要给他们一部电话，他们就能赚回更多的钱。**没有经验，他们怎么赚钱？回答：在投资银行里赚钱主要不是靠技术，而是靠一种无形的能力——眼光、坚持不懈和运气。这些品质非常难得，一定要付出这么大的代价吗？回答：是，又不是。这是全部问题的要害。为什么这些钱能够自由地流来又流去，这样下去什么时候是个头呢？从一开始就没有人胆敢这样问，这也是我们一味服从公司的最高表现。答案应当在所罗门兄弟公司的交易厅里找，那里可能比华尔街上的任何其他地方都更有希望破解这个疑问，但那里的人又无意为这些费心。

* * *

每天课后，三四点也好，五点也好，他们总是要求我们从位于 23 层的教室上到 41 层的交易厅。你当然可以三天打鱼两天晒网。可是，如果你不经常去的话，就会被人忘记。在所罗门兄弟公司，忘记就意味着失业。想谋职就要积极主动。经理方面也一样，他要为自己的部门争人。在培训项目结束后，有三个人被开除了。第一个被分配到达拉斯，他拒绝前往。第二个神秘地消失了，谣传说他曾邀请一位高级女经理参加一个三人做爱聚会（公司容忍性骚扰，但见不得不正常的性行为）。第三个人最有意思，他就是不敢走出电梯进入交易厅。每天下午他站在电梯里面上上下下地折腾。我猜，他是真的想进去，可就是心里害怕，迈不动步子。关于他怪异表现的传言不胫而走，甚至连主持培训计划的那个女人都听说了。她决定亲自看个究竟。她站在41层楼的电梯口，整整1个小时，眼看着电梯门开了又关，关了又开，他就是不敢进去。直到有一天，我们发现他不见了。

在你觉得自己胆子还算大的时候，你要赶紧在交易厅里结交个经理，把自己藏在他的羽翼之下，他是你的私人导师，按我们的叫法则是“拉比”。在交易厅里，你还要留心学习。你的第一个冲动就是进到圈子里，选一个像样的老师，接受他的督导。不幸的是，这可不是轻而易举就能做到的。首先，实习生根本毫无价值可言。其次，交易厅里多的是大人物，他们的脾气恐怕说不上温柔。你要是径直走过去打招呼，一定要有非常健全的神经。当然，我可能不够公平。许多交易师在本质上是很友好的，他们最多只是不理睬你。但是，如果碰上一个各色的家伙，就会发生下面这番对话：

我：你好！

交易师：你他妈的从哪儿爬出来的？喂，乔，鲍勃，扯下他的裤子看一看。

我（脸红了）：我只想请教几个问题。

交易师：乔，考考他吧！如果利率走高，债券会怎样？

我：会跌。

交易师：太对了，你可以得A。不过现在我要工作了。

我：你什么时候有时间，我想……

交易师：你以为我是干什么的，慈善家吗？我很忙。

我：要我帮忙吗？

交易师：给我买一个汉堡，要加番茄酱的。

我在交易厅里小心翼翼，唯恐有什么闪失。这里的规矩琐碎而复杂，而我却一无所知。推销员、交易师和经理们走来走去，起初我根本分不清他们。不错，我知道他们之间的主要区别。**推销员面向投资人，交易师负责下注，而经理则是抽雪茄的家伙。**除此之外，再就什么也不知道了。绝大多数人同时顾着两部电话。他们都盯着面前那些小小的绿色屏幕，上面满是数字。他们朝这个话筒喊两句，又朝那个说点儿什么，一会儿又向桌子对面的人嚷了几声，然后又回过头来听电话，一边指点着屏幕一边大叫："操。"在这里，注意力保持 30 秒钟已经算是很长的了。身为实习生，我做了人人在这种场合下都会做的事：我凑到一些忙碌的家伙身边，一言不发，沉默地观察，像个隐形人。

忍受羞辱是我必须付出的代价。有时我甚至要那个样子等上 1 个小时，才会有人同我打招呼。一般情况下，起码也要过上好几分钟。在我看来，这段时间似乎永无尽头。"他们看到我这副奴颜婢膝的嘴脸了吗？""如果他们一直不理我怎么办？""求求你们，跟我说句话吧。"我的木然同交易师的极度忙碌形成讽刺性的反差，令人更加难以忍受，无形中又夸大了我的无能。不过，已经迈出了这一步，如果无功而返，那就太难堪了。一旦走开，就意味着承认失败。

不管怎么说，反正我也没有别的地方好去。交易厅大约有

1/3个橄榄球场那么大，一排排桌子连在一起。交易师们一个挨一个坐在那里。两排桌子的间隙不足以容纳两个人同时通过。如果实习生在那里走来走去，他说不上什么时候就会惹恼一位正在工作的天神。所有高级经理，包括古特弗罗因德在内，都在交易厅里巡视。所罗门兄弟同普通公司不一样，在那些公司里，中层经理们看到实习生会忍不住露出笑容，因为他们代表着这个组织的未来。所罗门兄弟的实习生却被认为是坐享其成者，除非他们能够证明自己的价值，否则在别人眼中就始终是一个罪人。如果你脑子里总有这样的念头，你当然不会愿意碰上老板。不幸的是，你别无选择，老板无所不在。他只要看一眼你装饰着金美元标志的红背带就知道你是什么人了——一个成本中心。

哪怕你脱掉红背带，改用防护色的衣饰，别人还是一眼就能看出你是实习生。实习生永远跟不上交易厅里的节奏，那里的活动总是与市场同步，仿佛捆绑在一起。例如，每当美国商业部发布重要经济数据时，债券市场总会发生震荡，而交易厅则跟着颠簸。市场决定哪些数据是重要的，而哪些则不是。也许这个月市场最看重美国的贸易逆差，下个月就换成消费者价格指数了。问题在于，实习生怎么也弄不明白这个月哪个数据最重要，而交易师们却可以用鼻子闻出来。整个公司在早上8点30分的时候，屏息静候一个数据的发布，交易师们满怀希望而又惴惴不安，空气似乎要爆炸，他们随时准备跳起来大声喊出一串指令，买入卖出数十亿美元债券，给公司带来数百万的利润或亏损，如果在这种时候，一个实习生走了进来，他对整个局面一无所知，脱口而出这样的客气话："打扰一下，我要去咖啡间，有人要顺便带一杯吗？"还有比这更不合时宜的吗？简而言之，实习生就是一些白痴。

有一位实习生非常幸运，无须为上边这种情景受罪。他叫迈伦·塞缪尔斯，他同市政债券交易部的头头打得火热，当我开始接受培训时，他已经在两名董事经理和一名高级交易师指导下开始实地工作了。谣传他的家庭背景同公司高层有联系，另一种流言则说他是一个天才。他的表现倒也贴合别人嘴里议论的形象。他在交易厅里走动，脸上挂着只有那些真正做交易的人才有的自信。塞缪尔斯没有工作压力，他把时间用来自娱自乐，就像一个被允许进入爸爸办公室的小男孩。他走到市政债券交易席，找个座位坐下，吆喝擦皮鞋的进来，点上雪茄，给朋友打长途电话，一只脚跷在桌子上等着擦皮鞋。他叫着经过身边的经理的名字，仿佛他们已经是老朋友了。除了塞缪尔斯，谁也没有这份胆量。一般来说，被叫名字的经理级别越高，他们对塞缪尔斯的反应也就越亲热。我猜这是因为高层职员更清楚他的家世背景。自然，大为光火的也为数不少。不过，在市政债券交易台上，塞缪尔斯是碰不得的。有一次我走过两位副总裁的身边，听到他们在议论塞缪尔斯。一个说："我他妈的实在受不了这个家伙。""我也一样，"另一位说，"但你拿他有什么办法呢？"

由于担心在交易厅里走动说不定被哪个家伙踩上一脚，我试图待在一个地方不动，最好是个角落。在这里，绝大多数面孔都是陌生的，我只认识古特弗罗因德，那是因为他总在杂志上露面，我是把他作为名人而不是商人来看待的。因为不知道他们的头衔，想躲起来就更加不容易。绝大多数人看起来好像都是一模一样的，他们大多是白人男性，全都穿着一样的纯棉衬衫。有个日本实习生告诉我，他这辈子都甭想分清谁是谁。所罗门兄弟纽约总部第

41层是权力的中心，这里不仅有现在的高级经理层，未来的高级经理也将从这里走出。你只能从他们走路的步态上去揣测谁可以接近，谁最好绕着走。

那么，随着时间的推移，我在交易厅里是不是觉得越来越自在了呢？恐怕多多少少是这样子的。但是，即使我已经在公司里站住了脚，每次我踏进41层时还是会有一种控制不住的恐惧感。当然，我知道自己比以前有了很大的进步。有一天，我正在扮演惯常的隐形人的角色，切身体会自己连狗屎都不如的地位。就在这时，楼下公司金融部的一个家伙冲进了交易厅，他穿着夹克衫，这身装束同这里的气氛格格不入。在交易厅里，没有人会穿夹克衫。这一定是他头一次迈出自己的玻璃盒来到交易厅，他站在那里左顾右盼，被包裹在一片嘈杂的噪声之中。有人从他身边快步经过时被撞了一下，毫不客气地叫他脚下留神。脚下留神？可他根本就没有挪动过一下。你可以想象到，他一定以为全场的人都在盯着他看。接着他就陷入了思维混乱，就像演员在台上忘了台词。他恐怕已经忘记自己来是要干什么的，只好掉头离开。看到这一幕之后，我心里不由得升起一个阴暗的想法，一个卑鄙的念头，一种不可原谅的小人得志之心。**真是个软蛋，他连门“都摸不着”。**

第四章

成人教育

原来他们可都是些谨小慎微的人，靠别人的残羹冷炙过活。突然间有人塞给他们一只喂得饱饱的肥鸟，他们干的还是原来的那一摊事，但荣耀却骤然降临。他们的收入发生了戏剧性的变化，生活方式也随之改变。这都是人之常情。

4个星期过去了。整个班级里的人已经有了一种轻车熟路的感觉。实习生第一项不可剥夺的权利就是早晨课前的闲逛和自娱。自助炸面包圈和咖啡在房间里传来传去，人们大口吞咽，听得一耳的吱吱嘎嘎。他们浏览着《纽约邮报》，拿晚上的比赛结果打赌。《纽约时报》上的猜字谜游戏被复印了126份，分发给每个人。有人拨通纽约市的一个粗劣的收费色情电话，把它接到房间前面桌子的扬声器上，一时间空气中充满了性的意味。在这种时候，我总是坐在一边，给自己来块小松饼。

那个叫马克斯·约翰逊的美国前海军战斗机飞行员冷不防把一张钞票丢到伦纳德·巴布利克的脑袋上，巴布利克是印第安纳大学毕业的MBA。这种事情也不是第一次了，巴布利克并不惊奇，他做出一副受伤的样子四面环顾想抓住作恶的家伙。“巴布利克，你的头型真不赖！”后排一个坐在约翰逊边上的家伙乐得手舞足蹈。

“哦，哦，正经点儿，你们这帮家伙。”坐在前排的巴布利克回头嚷道。苏珊·詹姆斯走了进来，打断了这出闹剧。詹姆斯在我们中间扮演着一个奇特的角色，介于幼儿园阿姨和项目组织者之间。对她来说，工作出色的奖赏就是举办下一期培训项目，这听起来有点儿讽刺。同其他人一样，她渴望到交易厅里去，但比起我们来她的机会更加渺茫。而正因为没有希望加入那部赚钱机器，她作为组织者也几乎毫无威信可言。她的唯一权力就是在背后嚼舌头，就连这份权力她也不能随意行使。我们是未来的老板，她必须同我们结交，为明天做准备。一旦培训课程结束，我们将升入交易厅，而她还得从头开始新一轮培训，那时就轮到她来求我们给碗饭吃了。实习生们都知道她就像代课教师一样无足轻重，他们对她的态度要么轻蔑，要么干脆不理。现在，这位苏珊小姐就要发布一条重要消息了。

“别闹了，孩子们，”她的请求就像家长日前一天校内顾问的口吻一样，“吉姆·马西马上就要到了，你们这个班可是臭名远扬啊。”这话倒是不错。几天前，后排的一个实习生把纸团扔到了债券市场研究部经理的头上，这位先生的脸憋得紫红，足足骂了5分钟。他到底也没能查出是谁干的，最后把一腔怒气全都撒在我们身上。

苏珊·詹姆斯已经是在重复第十遍了，吉姆·马西在出席的半小时期间对我们的印象将影响我们终生的职业前途。（工资单！）我们都知道马西是约翰·古特弗罗因德的打手，在公司专干龌龊的勾当。无须高超的想象力就可以勾画出马西用他那边缘锐如剃刀的圆顶硬礼帽将傲慢的实习生开除出局的景象。他的特点就是从无笑容，有人也许会认为这样有损形象。他的正式头衔是在所罗门兄弟公司执行委员会中负责销售，手握决定我们命运的生杀大权。他负责交易厅边黑板上的职位安排。他的手腕只要轻轻一抖，你的名字就从纽约飞到了亚特兰大。实习生们惧怕马西，而他对此也颇为得意。

我们都知道，马西此来是为了答复我们对公司的疑问的。尽管培训项目不过才开始几个星期，但我们必须提出一些有关公司的问题。事实上，在这一点上我们无权自主选择。我们还不得不装出充满求知欲的样子，苏珊说：“你们最好问几个明智的问题。记住，第一印象最重要。”

如此一来，还没等这位老板所倚重的公司文化守护人出场，捧场的喇叭就已经吹响了。马西的头发剪得很短，下巴轮廓扁而尖，可以切得开糕饼。他穿着一件灰色的套装，同别的董事们不一样，前胸口袋里没有放手帕。他在穿着上力求朴素，而在行动中也力求简捷，仿佛一位优秀的运动员，储备力量以待在需要时爆发出来。

他做了一个简短的谈话，中心意思是说所罗门兄弟公司的文化是如何独一无二和令人赞叹。是的，我们知道它是世界上最好的交易公司，我们也知道，所罗门兄弟最看重团队精神。（哪家公司不这样呢？）是的，我们也知道，如果你干得不耐烦了，只要到报社去吹嘘我们赚了多少钱，你就可以立马卷铺盖走人（因为所罗门兄弟公司既谦虚又谨慎）。我们也都听说过所罗门兄弟洛杉矶分公司那个家伙的事，他斜躺在游泳池边上的照片上了《新闻周刊》，还吹嘘自己的好运气。结果呢，他被炒掉了。我们也知道，所罗门兄弟手上的30亿美元资本使它成为金融市场上最令人生畏的一支力量。当然，我们还应该知道，不管自己以前干出过什么，我们连给交易厅里的人端咖啡都不够格。还有，我们绝不能自作主张，而要让公司（也就是马西）来决定在培训结束时把我们分配到哪里的交易厅。

* * *

同其他高级经理一样，马西在1985年那些收益创纪录的季度里平步青云。不仅所罗门兄弟公司，在那段时间里，华尔街上的公司全都创下了收益纪录。他从来不会做错。而从他的讲话来看，所罗门兄弟公司也从来不会做错。最后，他结束了讲话，等待有人提问，然而迎接他的却是一片沉默。我们害怕得连话都不会讲了。

我自然也没有胆量开口。他当然知道许多我希望了解的事情，但我能感觉到他的提问邀请并不真诚。想必别的人也与我有同感。没有人敢开口提问，比方说，为什么一方面不让公司里的人同报界打交道，而另一方面古特弗罗因德的肥圆脸却频频见诸报端？也没有一个人敢问他我们最关心的问题：在未来几年里我们能赚到多少钱？最明显的一点就是，没有人胆敢质问吉姆·马西，这位负责招募实习生、对公司的爆炸性成长负有直接责任的人，为什么对公司的无节制扩张的危险视而不见（是的，就连实习生也能看出这一点）。然而我们没有，反而四下张望，仿佛实在想不出有什么问题可提。我在笔记本上记下了当时的感想，这就是公司与学校的不同所在。马西想要的不是打破砂锅问到底的求知者，他要的只是狂热的崇拜者。但是他的气势把别人镇住了，就连前排最不要脸的家伙也不敢觍颜迎合。

苏珊·詹姆斯在前排紧靠着我坐着，看上去像一个绝望的幼儿园阿姨。来呀，孩子们，提个问题好吗？最后，终于有人打破僵局了，是我右手边的一个蠢货。我看清这个人是谁之后闭上了自己的眼睛，不想看他下不了台的样子。他果然没有让我失望。

这位一心想撞大运的年轻人问道："请问公司是否已经考虑在东欧开设一家办事处，比如说布拉格？"

布拉格？！如果今天的主讲人不是执行委员会的成员，教室里恐怕早就乱成一团了，纸团满天飞，一片鬼哭狼嚎。尽管如此，后排还是传出一阵压抑的声响，仿佛十多个年轻人竭力憋住不要笑出声来。所罗门兄弟公司在布拉格开办事处？！在公司 75 年的历史上恐怕还没有人会产生这种想法。这就是期待提问的公司执行委员会成员亲临教室所激发出来的所谓创造性的火花。

马西别无选择，只得一本正经地作答，口气僵硬得就像国务院的发言人。显然，他指望的是诸如“你认为自己成功的秘诀是什么”这样的问题，但是今天，他只能怪自己运气不佳。

马西走后，足有1个月时间没有一个像他那种级别的官员有勇气再到课堂上来。也许他已经告诉那帮人，我们是一伙不识抬举的家伙。此后情况突然有了转机，另一位执行委员会成员戴尔·霍罗威茨前来授课。紧接着，董事长本人纡尊降贵，亲临点拨。

霍罗威茨是一个老式的投资银行家，50多岁，是那种浸透了华尔街计谋的关系型人士，他倒是时机成熟时在布拉格开办和主持办事处的合适人选。此人的头支在硕大的身躯上摇来摆去，他的面孔总是让我想起忍者神龟。像古特弗罗因德一样，他也是由市政债券起家的，公司里有不少的犹太同事托庇于他。关于霍罗威茨，我所知道的也只有这些。他就像是早先的犹太学者拉比：和善而聪明，喜欢吸大号的雪茄。人们叫他戴尔大叔。他不喜欢站在台子上布道，而是坐在房间前部的桌子上，把两手撑开。他谈到家庭比工作重要得多，对大多数人来说，这是整个培训课程中最不可思议的观点。讲完之后，他用低沉但热情的语调说，自己愿意回答任何我们想知道的问题。真的，不必客气，问什么都可以。

好几双手同时举了起来。我觉得期盼已久的一刻终于来临了。我们可以毫无顾忌地问那些以前不敢问的事情了。他把第一个提问的机会给了坐在房间中部的某人，这也是一整天课程里最值得一提的问题：“为什么所罗门兄弟公司会被阿拉伯人列入黑名单？”

戴尔大叔的眉头皱了起来。“这跟你有什么关系？”他尖刻地反问，满脸不悦之色，像个发怒的忍者神龟，可我想象不出来这是为什么。很明显我们惹麻烦了。（而要从困境中拔出脚来非得有007詹姆斯·邦德的本领才行。显然，这有待于一次前往大马士革的外交斡旋。）所罗门兄弟公司同商品交易商菲利普兄弟公司合并之后，阿拉伯人切断了同它们的联系。据说菲利普兄弟公司同以色列有特殊关系。我想，在石油价格崩溃之后，这种关系的重要性已经大打折扣了。现在，阿拉伯人正在坐吃山空。一桶原油只卖12美元，失去这个客户已经感觉不到什么痛苦了。这中间毫无秘密可言。虽说如此，那个提问的家伙到底难逃厄运，你差不多可以想象得出他的名字怎样被列入了黑名单。

孩子们再也不敢招惹戴尔大叔了。他一开始的表现把我们引入了一种安全的误区。我们立刻意识到这一点，曾经举起的手一下子都消失了，好像在捕鼠夹子合拢前突然缩了回来。但总有人反应迟钝，有一只手还来不及放下来，霍罗威茨点了他的名。

"为什么我们容忍一家南非公司做我们最大的股东？公司是不是该考虑一下股东的道德形象呢？"

霍罗威茨狠狠地剜了他一眼："你们这帮实习生可真他妈的会说话。"他的眼睛眯成一条缝，嘴里叼着一根粗大的雪茄。一家名为Minorco的南非矿业公司持有所罗门兄弟公司12%的股份。戴尔大叔首先给出了肯定的答复。是的，道德当然是公司的一种考虑。（有哪家投资银行家会说自己不在意道德问题？）但除此之外，他不打算进一步讨论。

和风细雨就此中止。

* * *

几天之后的一个早晨，约翰·古特弗罗因德来了。到了这个时候，我们早已领教了所谓高级经理推心置腹的演讲。有些实习生打算到时候就睡他一场避过去。苏珊·詹姆斯担心人太少，场面不够热闹，冷落了这位大人物，这天早晨早早就让秘书们逐个给我们打电话，威胁说如果不来必要受罚。至少对我来说，她大可不必如此煞费苦心。我无意错过这次演讲，就好像不会错过女影星琼·科林斯的出场一样。我并不指望听到什么新鲜东西，但我相信可以间接获得不少信息。人们都说他把自己的人格印迹烙在整个机构上，无论是他的美德还是他的缺陷都是属于所罗门兄弟公司的。

模仿英国发音是古特弗罗因德常常受人诟病的习惯，不过这一次他倒是非常有节制，唯一一处是把别人称为“伙计”。比如说“吉姆·马西是一个非常有才气的伙计”。可是据我判断，就连这一点也不是学自英格兰，它只不过是美国东北地区的土话。不，他学得最像的倒是那种政治家的冷静。他那过于做作的冷静会让你浑身起鸡皮疙瘩。更令人百思不得其解的是，每个问题提出后，他都要有意地停顿一下。他似乎真的想知道我们在想什么。有一个实习生问他所罗门兄弟公司对待慈善事业的态度，古特弗罗因德皱起眉头，站在那里沉默了很长一段时间，长到令人不安的程度，然后说：“慈善是一个非常棘手的话题，而我打算善用你们的收入。”

政治家的外表多少令人感到宽慰，古特弗罗因德并不像我们想象的那样满口粗话。何况他不仅像政治家一样说话，而且连外形也像。他像丘吉尔一样肥胖，白发像哈里·杜鲁门一样日渐稀疏，而他的表情则像戴高乐一样庄重（只是高度够不上）。这就是那个每天早上准备“咬掉熊屁股”的老板吗？这就是那个因其野蛮的权术而在整个华尔街臭名昭著的人吗？这就是让各个部门经理闻风丧胆的古特弗罗因德？我们不知道，我甚至不能肯定我们是否想知道。所有这一切高傲的情感表现和蓄意的拖延都在他声威的阴影之下黯然失色。通过口耳相传，我们对他已经非常了解，不会有人愿意冒险去摸老虎屁股。谁知道他什么时候会突然丢掉政治家的伪装呢？我们都知道那不过是迷惑人的假象。太危险了——就好像眼镜蛇在打盹儿。

古特弗罗因德没有说多少话，他的意图只在于在近距离内向我们展示世界级金融家的风采，然后他就退场了。所罗门兄弟公司的经理们对本届培训班的考察也就此结束。

我猜想公司经理们这种不可一世的表现只不过是大笔金钱落入口袋后的自然反应。他们还沉醉在由保罗·沃尔克和美国债务人大肆举债所带来的好日子里。原来他们可都是些谨小慎微的人，靠别人的残羹冷炙过活。突然间有人塞给他们一只喂得饱饱的肥鸟，他们干的还是原来的那一摊事，但荣耀却骤然降临。他们的收入发生了戏剧性的变化，生活方式也随之改变。这都是人之常情。

如果你是一个有自制力的人，对自己的银行户头有一种健康的超然心态，这时有人给你寄来一张上千万美元的支票，你的第一反应可能就像中了大奖一样，手舞足蹈，晚上会笑着入睡。但是如果沉醉于财务上的成功，你很可能进一步认为自己无所不能。你会认为这一切都是出自内在的伟大品质。而在讨论独一无二和备受推崇的所罗门兄弟公司文化时，你不由自主地被其吸引并且像古龙香水一样频频使用。

在华尔街上，每个人都认为自己的收入是理所当然的，他们并不在意钱的来路，我们的老板们也不例外。但在所罗门兄弟公司内部，一些资深人士对自己的收入似乎有一种更为复杂的反应。这并不是说他们不能心安理得地看待自己的收入，这些人只是对美国国内爆炸性的债务增长感到不安（他们首先想到的是20世纪20年代末经济大萧条的重演，更加不妙的前景则是美国丧失自己的经济地位）。所罗门兄弟债券研究方面的负责人亨利·考夫曼，就是公司里最直言不讳的“猫头鹰”。他是债券市场大师，也是所罗门兄弟公司的良知。他的工作是向投资者提供预测，分析他们手上大进大出的券种的走向。他的成功率如此之高，使他成了市场上的名人，如果说他在英语世界的投资人士中无人不晓有些夸张的话，那么至少可以说在《华尔街日报》的读者群中深入人心。但考夫曼也由于屡屡说出别人不敢讲的话而获赠“悲观博士”的称号。所罗门兄弟公司由于他的努力而步入辉煌，而他却似乎希望这一切赶快终结。1987年7月，他在《机构投资者》杂志上撰文：

> 80年代最引人注目的事件就是债务爆炸式增加，其规模远远超出了历史最高水平。它一路暴涨，把GNP、货币供应量等基本因素远远抛在了身后。它的前景令人担忧，因为它是自由化的金融体制和金融资本主义精神的产物，缺乏自我约束和保护性机制。这就是今天我们所面临的问题。

这就是今天我们所面临的问题：胆大妄为，毫无节制，在债券的泥潭中越陷越深。所罗门兄弟公司是金融企业中的领军者。考夫曼实际上在说，正是我们的所作所为起了助纣为虐的作用。

大多数人都把华尔街看成股票市场的代名词。但是，在20

世纪 80 年代，为整个华尔街定调的却是我们拿手的债券市场。所罗门兄弟公司置身于转折的路口，由于在正确的时间位于正确的地点，它正在纵情享受天外飞来的横财，它为自己高超的债券交易技巧以及它们一再得到验证而喜不自禁。同时，它又为市场前景而提心吊胆，它不知道债券市场的爆发性增长将走向何方。公司应该用拿到手的钱做什么？只要有钱，用处总是不用愁的，每个交易师都有自己的主意，毕竟，对交易师来说，独立见解是最可贵的，但是这些意见往往表现为独断和自以为是。从 1980 年以后，所罗门兄弟公司赶上了美国有史以来最有利可图、最令人兴奋的商业热潮，一去不回头。

* * *

在此后 8 个星期的培训课程中，主讲人走马灯似的轮换，也分不清楚谁是谁。不过，有一个交易师倒是让我不能忘怀，他有着纽约布鲁克林区的口音，不断猛烈地咳嗽，把痰吐在前面的地板上，烟抽得很凶，只有在吸烟的间隙才讲几句话。此外，还有一样东西使他显得异于常人。起初我一直弄不清楚到底是什么，后来我才意识到是皱纹，他的年纪很大了。按照我们的看法，工作似乎已经融入他的血肉。他会在不经意间冒出警句妙语：“做交易时，我从不会沾沾自喜，沾沾自喜之后必是失魂落魄。做事有定力方可长久。”我们问他成功的秘诀，他说：“假如周围都是瞎子，哪怕只有一只眼睛的人也可以当老大。”最绝的是，他教给我们鉴别市场信息真伪的方法，令我后来受用无穷：“知者不言，言者不知。”

应该指出，他谈的是股票市场的场景，他在该死的股权投资部任职，这个部门宛如后院里的一潭死水，前面曾提到它的达拉斯分部就是永无出头之日的清水衙门。要想躲开到达拉斯兜售股票的命运，最简单的做法就是不要碰上任何一个股权投资部的人。为了怕被他们相中，在股权投资部来人讲课的时候，我们都把头埋在座位下，唯愿讲完课后再也不要见到他们。当然，这些人绝对不是傻瓜，所罗门兄弟公司是华尔街上首屈一指的新股发行承销商，在股权交易方面也名列三甲，但是，在所罗门兄弟公司内部，股权部的人属于二等公民。原因很简单，相对来说，股权生意不赚钱。

股权部没能设在 41 层，那是公司的主要交易厅，它设在下面一层。40 层的房间天花板低得多，也没有窗户，看上去就像是机房。除了股权交易师，这里还聚集着一大群债券推销员（只有“大老二”级别的债券推销员才有资格在 41 层办公）。整个 40 层被淹没在一片推销股票和债券的噪声之中，毫无头绪，永无止息：数百种声音同时发出恳求的语调，还有翻动数据文件的沙沙声。在这个过程中，传来的信息被重新包装为颇具吸引力的投资项目。房间里有个扬声器，他们背地里叫它催命喇叭，41 层的一个家伙在喇叭里吆三喝四，催促 40 层的推销员们卖出更多的债券。有一次，公司正在推销连锁药店 Revco 的债券（这家药店后来倒闭了，债券也未能按期兑付）。我刚好有事到 40 层，亲耳听到喇叭里边大嚷道：“加紧干，伙计们，我们可不是在推销真理。”40 层的工作简直是人憎鬼厌。

虽然中间只隔一层地板，但 40 层同权力中枢的距离却不可以物理上的实际距离计。40 层与 41 层的电梯是分开的。两层楼里的人每天要互相讲很多话但却不会碰面。通信系统高度发达，人际联系却少之又少。从这个意义上讲，40 层与 41 层的距离并不比位于达拉斯的推销员与41层更近。在某种程度上，可以说达拉斯的人同权力中心更近一些。至少，当他们向41层的大人物表示敬意时，考虑到地处偏远，经理至少会道一声辛苦。

* * *

股权投资部是生活中“颠倒游戏”的一个活生生的例子。股票市场一度是华尔街上最主要的收入源泉，佣金丰厚、固定、不讲价。每当一只股票易手，可观的佣金就会流入某个公司里某个经纪人的腰包，而无须付出多少努力。如果成交额是200手，那么经纪人的佣金就会比成交100手高1倍，尽管做成这两单生意的工作量其实是一样的。固定佣金制在1975年5月1日（股票经纪人后来称之为五月节）宣告终结，从那以后，佣金大幅下降。投资者只跟收费最低的经纪人打交道。1976年，整个华尔街的收入减少了大约6亿美元。一向稳健可靠的赚钱机器突然失灵了。

雪上加霜的是债券市场突然间活跃起来。在活跃的债市的反衬下，股票推销员和交易师的收入不免相形见绌。他们还在赚钱，日子也过得相当不错，但比起搞债券的还是差得多。举个例子，股票交易师有哪个够胆敢玩100万美元一把的“说谎者的扑克牌”游戏？他没有这个本钱。

作为实习生，我们一心只想发财。股权部的人要想拉我们入伙可得费点儿功夫。他们出现在讲台上的时候可不会像债券部里的人那样把屁股朝着我们。相反，他们会拉开阵势做一场推销展示。在他们的讲话中似乎总有一种可怜巴巴的乞求味道，这反而令人起疑。我们这帮人可能在任何一个方面反应迟钝，但对形势却绝对敏感。我们也知道自己在培训课上所受的待遇与主讲人所在部门对我们的需要程度成反比。这里有一条经验之谈：要想谋条好出路，就得当个受气包。

从这个意义上讲，实习生与客户没什么两样。股权部的人取悦、引诱我们的方法与他们用在客户身上兜揽生意的技巧是一样的，因为股票承销也是一个竞争激烈的生意。投资者固然可以从所罗门兄弟这里买到 IBM 公司的股票，但同样可以在其他 40 家经纪人那里买到。债券部的人对实习生可以为所欲为，而如果他们愿意，也可以用同样的态度对待自己的客户。因为在某些特定的债券市场，所罗门兄弟是独一无二的交易者。从不同部门的主讲人对我们的态度中可以推断出所罗门兄弟公司在各个市场中的地位和行为标准。虽然没有明说，但人人心里都很清楚：去股权部只能算是舔威利·洛曼[1]的屁股，而去债券部就可以舔到兰博[2]的屁股。

尽管如此，股权部的人倒是挺快活的，个中奥秘直到我跟他们混熟了之后才明白。比起债券交易师和推销员，他们身上的压力小得多。他们随遇而安，就像田园牧歌的农民一样，满足于自己生活的快乐。在泽西拥有一所房子也不错，不一定非要在汉普顿，而能够在佛蒙特滑雪就已令人满足了，何必去瑞士的采尔马特呢？令人不敢恭维的是他们那种职业感。对股权部的人来说，只要心爱的股票市场还在交易，他们并不在意邻居的逼人富贵。他们急于告诉我们这份工作带来灵魂上的充实。为此，在培训项

1. 威利·洛曼（Willy Loman），是阿瑟·米斯获普利策奖的戏剧《推销员之死》中的主角，为其推销工作付出了 30 多年青春，最终选择以自杀的方式结束了自己的生命。——编者注
2. 兰博（Rambo），是影片《第一滴血》（*First Blood*）中的男主角，一位孤胆英雄。——编者注

目刚进入股权业务阶段的时候，他们发给每人一本小册子，汇集了诗歌、散文和名人名言。不幸的是，这本小册子的开篇就不讨人喜欢，它取自股权部某人所写的《一个交易师的备忘录》：

> 市场就像大海一样令人敬畏。闲适的仲夏时节里，你在波平如镜的海面泛舟，微风徐来，令人陶醉。你的心情无比轻松，时而入水嬉戏，时而享受日光浴的畅美。在有节奏的轻微摆动中昏昏欲睡。一阵阴风突然吹过，太阳不见了，乌云笼罩天空，一时间雷电交加，波涛翻滚，你脆弱的小船在波峰浪谷间颠簸。船上有一半的人被冲到大海里……你被冲到崖边——衣不蔽体，精疲力竭，你趴在沙滩上，庆幸自己捡回了一条命……

在课堂上，股权部的人要面对的可不光是波涛汹涌的大海，实习生们从一开始就拒斥他们，场面令人惨不忍睹。股权部的司仪拉斯洛·比里尼每天都要做一次精彩而又鼓动意味十足的演讲，试图打动我们。股权部以下面这种提问方式来推销自己的主要卖点：当你在 6 点半打开电视时，主持人丹·拉瑟会报道说，今天市场上扬了 24 点，他指的是什么？“是什么？”拉斯洛大声重复，“是 A 级工业债券市场吗？不是，他说的是股票市场。”换句话说，如果你加入股权部，至少可以很容易地向你妈妈解释你靠什么吃饭。

拉斯洛强调的另一点则是股票市场的悠久历史和文化。从威尔·罗杰斯到 J. K. 加尔布雷思在股票市场方面都有过长篇大论。加入股权部意味着进入一个新境界。我想不出什么是新境界，即使知道，也没有用。拉斯洛的这套说辞完全落了空。历史和文化不能令我们动心，何况那么多杰出人士都曾涉足股票市场，这绝不是一个有吸引力的信号。他们的拙劣作品同《一个交易师的备忘录》一样肉麻，在小册子里有个名叫沃尔特·古特曼的人写道：“股票收报机吐出的字条就像是女人的心意——你说尽了甜言蜜语，耗尽了自己的耐心，终于等到了最终的结果。希望与憧憬，挫折与绝望，感情的起伏只有追逐女人能够与之相比。”面对这番高论，男实习生们不由得想起自己性征服的经验，而谁又知道女同事们会怎么想呢？

* * *

在内心深处，股票市场里的人并不看重书本知识、学校出身或任何实际经验之外的东西。股市大师本杰明·格雷厄姆的话被用来为此辩护：“在股票市场上，数学工具越复杂、越深奥，由此而得出的结论也就越不可靠、越不准确……微积分或高等代数的使用是一个可靠的警示信号，它说明交易师已经开始用理论来取代经验。”

这听上去是对在座的 80 位 MBA 和 15 位博士的讽刺。如果法律限制你只能用弓箭捕猎，那么火箭筒还有什么用呢？股权部看来是在有意开倒车。它的推销根本没有说到点子上去，这谁都看得出来。于是他们改变了自己的策略，推出一个新人，一个当红的明星。他的任务是用他的智慧和成功来让我们倾心于他。他在股权部最新、最热门的领域里工作——程序交易（后来这种交易工具一直被指责为 1987 年 10 月股市崩溃的罪魁祸首）。他介绍了自己的专业工作，然后请我们提问。一个名叫弗兰基·西蒙的芝加哥大学出身的 MBA 扮演了杀手的角色。

“在交易期权时，”西蒙问道，“你是同时对 γ、θ 和 Δ 进行套期保值，还是只为 Δ 做套期保值？如果你没有为 γ 和 θ 做套期保值，那么请问是什么原因？”

这位期权专家不停地点头，差不多有 10 秒之久。我猜他连问题都没弄明白。我们这些实习生当然已经把讲过的东西全都丢到脑后去了（这的确是个讨厌的问题），但是我们总觉得任何一个有自尊心的期权交易员总不至于被一个实习生难倒。这个可怜人艰难地试图用自嘲来化解尴尬。他说：“你看，我不知道应该怎样回答这个问题，因为我不去碰那些复杂的交易。我回去考虑一下，明天答复你。我还算不上是期权理论的专家。”

弗兰基的回答更妙：“这就是你为什么要在股权部干的原因。”

这下可把他打惨了。股权部派来的年轻的未来之星没有任何反应，他只是缩成一团默不作声地忍受自己的痛苦。多丢脸啊，被实习生收拾了一顿。

毫无疑问，在股权部上班绝对不酷。所以，当股权部提出要为实习生举办优胜者项目时，你可以想象出我们的恐慌之情。比里尼坚持同我们中的每个人共进晚餐，突然之间，几乎人人都成了达拉斯股权投资分部的候选人。课堂里陷入一片惊慌失措的局面。许多人耍花招让自己招人讨厌，其中有些堪称精于此道。他们当然可以各出奇招，但再也不可能把自己藏起来了。没有人是安全的。谣言迅速传开，据说股权部已经有了一份短短的名单，列出他们感兴趣的人选。接下来的消息更加令人紧张，股权部筹划了一次游船会，邀请名单上的人以做进一步了解。

这条消息可靠吗？的确如此。已经有 6 个人被摄入比里尼的法眼，具体是哪 6 个我还没打听出来。不久，邀请函到了，真相得以大白。6个人里后排的占了四席，看来公道自在人心。此外的人选之一是迈伦·塞缪尔斯，但他有护身符，市政债券部已经看中他，他无须紧张。最后一个倒霉鬼，第六个被邀请的，就是——我。

我就像包办婚姻里的新娘第一眼看到她丈夫的丑恶面容时那样，绝望地尖叫起来。想到自己在公司里的前程，这是很自然的反应。我缺乏可靠而直接的关系，不会有哪个部门经理替我出头说话。摆脱这一正在形成的圈套的方法在于冷落股权部的人，与此同时，设法鼓励另一个部门经理向我提出邀请。当然这样做会有风险，我恐怕要得罪股权部的人，而他们可能以开除我作为报复。虽说他们没有多大的权力，但开除我这个实习生也用不着多大的权力。

游艇已经开出了曼哈顿的南端。股权部的人试图把我们拉到身边，加入他们关于市场的热烈讨论。实习生们使出闪转腾挪的功夫，像拳击手一样害怕对方靠近，在前甲板待上几分钟，然后跑到后甲板，再下到船舱里。就这样，我们兜了一圈又一圈，船上空间挤得就像救生艇。用不了多久就会有人援引《一个交易师的备忘录》里的话套用在这条颠簸起伏的"环线"号上。

配对仪式粗鲁不堪。他们在某个角落逼住你，给你倒上威士忌，等到月亮照到华尔街的街面上之后，再把船停在看得见证券交易所的地方。然后就会有一位经理把手伸过来环住你的肩膀，他会说你如何如何有才能，这样的年轻人难道不想加入一个注定会大放光彩的职业吗？想想历史！再想想文化！对我来说，此时想起的却是一条华尔街的生存金律：**在别人的船上时，不要接受他的建议，否则到了早上你就会后悔。**所以，我格外小心，唯恐给自己惹麻烦。

迈伦·塞缪尔斯把第二天一早称为“豺狼的早晨”。在不堪回首的一夜风流之后，你醒了过来看清了与你同乐的女人的脸，而你的手还枕在她的头下。这时你的反应一定是悄悄地抽回你的手，不要惊动她，像只落入陷阱的豺狼一样立刻溜之大吉。在清晨惨淡的光线里，股权部诸公果然露出了鄙俗的面目。

狩猎游戏还没有结束。他们邀请我们参加所罗门兄弟公司股权部与它最大的客户间的棒球友谊赛。昨天晚上还亲热地搂着我说好话的经理，今天恐怕连我的名字也记不得了。他的心思全都放到客户身上去了，顾不上别的事情。从局面来看，所罗门兄弟来的这批人从一开始就没打算赢球。此外，我们还要为对方的每一个笑话捧场，并且绝不能脸红。我没有让他们失望，在当游击手时故意漏接了几个地滚球，然后笑得上气不接下气——我们的客户多有幽默感啊！而我心里却暗自庆幸昨天晚上躲过了一劫，我一直把自己反锁在盥洗室里。

* * *

随着培训项目日渐临近尾声，“说谎者的扑克牌”在房间后部大行其道。债券交易占据了我们中大部分人的思想。现在我们已经不像普通人那样用“买”“卖”的字眼了，代替它们的是“出价”和“要价”。一切都被纳入野心勃勃的交易师们的市场交易对象，从巨人队的点数到第一个日本人睡着的时间，甚至《纽约邮报》最后一页的单词数量。每天早晨，坐在前边的一个年轻人总是这样喊：“甜甜圈，出价 25 美分。”

债券，债券，更多的债券。做不成交易师的人只好去干推销员。这个群体中包括几位女实习生，她们曾经指望有机会做交易。

在所罗门兄弟公司，男人做交易，女人只能出售债券。从来没有人质问过所罗门兄弟公司的性别政策。但是，禁止女性参与交易的直接用意是很明显的：这样一来，女性就不会有机会接近权力中枢。

交易师代表所罗门兄弟公司在市场里下注，而推销员则为交易师摇旗呐喊。推销员们同机构投资者如养老基金、保险公司和储贷协会等打交道。因此，这两种工作所需要的最基本技能不大一样。对交易师来说，最重要的能力是在市场上智胜对手。而对推销员来说，则是人际沟通的能力。但是，从另一个角度来看，最好的交易师同时也是优秀的推销员，因为他们必须首先劝服推销员，然后才能通过推销员劝服他们的客户购入或售出某只股票。反过来也是一样。最好的推销员同时也是优秀的交易师，他必须找到真心愿意把自己的投资组合交由他来管理的客户。

交易师和推销员之间的区别绝不仅仅是功能上的。在两者中，交易师是老板，这一点不难看出。推销员的年终奖取决于交易师，而交易师的年终奖则取决于交易登记簿上的业绩。推销员拿交易师毫无办法，而交易师则对推销员有完全的控制能力。因此，如果你看到年轻的推销员紧张地跑来跑去，而交易师却坐在一边悠闲地抽雪茄，也就不必感到奇怪了。**交易师们的这种飞扬跋扈是制度性原因造成的，因为他们是离钞票最近的一伙人。**公司最高领导们也是交易师出身，古特弗罗因德本人就曾是一名交易师。甚至曾经有过这样的传言，这很可能出自交易师之口：公司将开除所有的推销员，只留下交易师们在愉快的环境中做买卖。也没有谁问问，如果推销员都卷铺盖走人了，那么客户又从哪里来?

优秀的债券交易师要头脑灵活，还要有无限的耐力。他们要时刻盯住市场，一天 12 小时，有时甚至 16 个小时，盯住的也不仅仅是债券市场。他们要注意十多种金融和商品市场：股票、石油、天然气、外汇以及任何可能对债券市场产生影响的东西。他们在早上 7 点就坐下来，一直到天黑才能走。很少有人愿意谈论自己的工作，他们就像久历戎行的老兵一样沉默寡言。他们只看重利润和钞票，尤其是钞票，以及所有可以用钱买到的东西，还有富人身上金灿灿的光环。

因为我来公司的时候对自己的将来并没有什么打算，所以我愿意尝试任何工作。不过，我很快就认识到，自己永远也没有希望当一名债券交易师。我见识过各种各样的交易师，但没有一个人和我有哪怕是轻微的相似之处。就本人的观察所及，他们和我毫无共同点，做交易师就好比要把我变成中国人一样难而又难。

看起来我只好去做推销员了。不过，想象中自己做债券推销员的样子似乎也不比做债券交易师好到哪里去。我正在跌跌撞撞间完成从学生到职员的转变，无论在所罗门兄弟公司里面还是在公司之外都感到很不适应。随着培训课程的进行，在交易厅工作的前景非但没有令我感到兴奋，反而越来越让我感到痛苦，这对我是一个很大的打击。从 41 层下来讲课的债券推销员按说属于公司里的领导层，你从他们的身上可以感觉到领导气质，然而他们的表现实在让人难以亲近。除了销售债券，他们对别的东西一概没有兴趣，也从不谈论所罗门兄弟公司之外的世界。他们的生活从 41 层开始，也在那里结束。我开始怀疑自己是否真的愿意跨进那片不辨晨昏的办公区。

在交易厅里取得成功的人和我从前的想象大不一样。有些人真是令人感到可怕，打击别人抬高自己、捉弄女性、痛骂实习生。

在他们眼中没有什么客户，只有落在自己手上的牺牲品。还有一些人则不然，可谓德才兼备。他们鼓励周围的人，对待自己的客户也很公平，对实习生则以礼相待。“大老二”未必就是坏人。问题在于，只要能为公司赚钱，好坏根本无关紧要。在41层，坏家伙并不会因为他们的恶行而受惩罚，相反，他们过得越来越好（他们是不是因为作恶多端而成功，或者是不是这个公司的环境对这种人特别有利，那又是另一回事）。善行在交易厅里并不被看重。既没有人奖赏，也没有人找你麻烦。就那样好了。或者，就不那样好了。

41层是公司里最野心勃勃之人的选择，而那里对利润和荣誉的追求又毫无规则可言。无怪乎在那里工作的人，包括最肆无忌惮的人在内，都会有一种被追捕的感觉。在这里，对想象中的自我利益最放纵的追求被认为是健康有益的，这也是一种共识。要么吃掉别人，要么被人吃掉。41层的人在工作时还得时刻留意着是不是有人想搞垮你，因为说不准什么人看上了系在你脖子下面的铃铛，急不可待地企图取而代之。在所罗门兄弟公司内部，可接受的行为表现虽然不限于区区数种，但由此也可以看出自由市场经济的力量，如何将人的行为强迫纳入可接受的模式。这是最粗鄙的资本主义，它终将走向自我毁灭。

作为所罗门兄弟公司的实习生，你当然没有资格担心道德问题。你的目标就是生存。能够与这些尔虞我诈的人共事已经是你的荣幸了。就好像一个稀里糊涂地与学校里的恶霸们交上朋友的小学生，你假装对债券部门的缺陷视而不见，以此换取他们的保护。我坐在那里，眼看着各色主讲人进出教室，他们的行为表现让我大开眼界，我从前只在读小说时才领略过如此精彩的表演。

作为学生，你只能把因这些品格而获得极大成功作为事实先接受下来，以后再尝试找出答案。就是抱着这种思想，我第一次见到了活生生的“食人鱼”。

* * *

这位“食人鱼”是来向我们讲解政府债券生意的。他在操纵金钱方面几乎无所不知，对任何一种生意都了如指掌。他是唯一一个让交易师们害怕的人，因为一般来讲他比他们更了解交易师的工作。如果有人想出难题给他一个错误的报价，他会当场发作让那人下不了台。每当这种时候，别的债券推销员总是带着满意的神情欣赏他的作为。

“食人鱼”身材短而方，活像橄榄球队里的钩球手。此人最大的特点是面无表情，黑色的眼珠从不转动，宛若两个黑洞。即便转起来，也是极缓慢地移动，仿佛一架潜望镜。在讲话时，他的嘴形好像也从无变化，只是按一定比例扩张和收缩，从里面吐出的是一串串轻车熟路的利润分析和亵渎神明的语言。

这天，“食人鱼”的课从痛斥法国政府开始。法国政府曾经发行过一种被圈内人士称为吉斯卡尔（Giscard）的债券（是的，就是汤姆·沃尔夫在《虚荣的篝火》里描写过的那个，为了研究小说中的债券推销员，沃尔夫曾经亲自到41层，就坐在“食人鱼”的不远处）。“食人鱼”被吉斯卡尔弄得很烦，这个绰号的来历是此债券是在法国瓦莱里·吉斯卡尔·德斯坦（Valéry Giscard d'Estaing）政府任期内完成发行的。1978年，法国政府通过这一债券筹集了10亿美元。这当然不是什么问题。问题在于，这种债券可以在一定的条件下兑换成黄金——一盎司32美元。也就是说，如果你持有3 200万美元债券，你可以要求兑换成100万盎司的黄金。

“这些笨猪这回可栽了。”“食人鱼”说。他的意思是说法国政府要亏一大笔钱了。这笔债券实际上变成了可兑换债券，而黄金的价格已经升到了500美元一盎司。“笨猪们”的愚蠢让“食人鱼”感到恶心。他将这一点同法国人5点就下班的恶习联系起来，他实在看不上欧洲人的工作伦理。

法国债券的话题结束之后，他随意画出一些图表告诉我们怎样做政府债券套利交易。在他讲话时，前排的人毕恭毕敬，而后排的人则开始轻笑，前排的人因此更加紧张，担心后排那些人的表现触怒“食人鱼”而惹祸上身。“食人鱼”的话简直不堪入耳。诸如：“要是你他妈的在交易时买了这种债券，你他妈的就等死吧。”“你他妈的要是不盯住他妈的两年期债券，就等着死翘翘吧。”名词、动词、副词，花样翻新。脏字在他的话里无处不在。在他的世界里，各种没有生命的东西在不停地交媾，人们被揭掉了脸皮。我们从未听说过有谁的脸皮被揭掉过，而他却时不时地提到这一点，仿佛是神经性的抽搐。每当他讲一次，后排的人就笑一回。“食人鱼”是哈佛大学毕业生，他可不管什么学校名誉，向来我行我素。

* * *

在整个培训项目中，我们见识了来自三大债券集团（政府债券、公司债券和抵押债券）的几十名推销员和交易师，但我还能想得起来的不过寥寥数人。“食人鱼”来自政府债券集团，但他之所以给我留下印象与其说是因为他的部门，不如说因为他是风靡所罗门兄弟公司交易厅的脏话运动的代表人物。另一个家伙是公司债券部的，他的口语表达则颇有新意。他试图别出心裁，用更加赤裸裸的威胁来对付我们。“食人鱼”吓倒了前排的人，而在后排的人眼里，他只不过是古怪而已。但这一回，来自公司债券部的人把我们全都震住了。

课程已经进行到第九周了，那天早上我们事先并不知道他要来。他的名字是……算了，就叫他“冷面人”吧，他的血管里流的是冰水。他的话像子弹一样迸向空中，轻柔的英国重音强化了语气中的冷漠。他个子很高，足以将整个教室一览无余，可以看清楚教室里每排的 12 个座位，一共 15 排。最边上的座位旁边有一条过道从前通到后。进来之后，整整一分钟时间里他没有作声。一个身穿灰色套装、表情冷漠的高个子盯着满屋子好奇的实习生，这一分钟显得格外地长。

“冷面人”沿着过道往后走。到了这种时候，后排的人开始陷入极度的不安。你可以听到他们在窃窃私语：“他到后面来干什么？他不该这样做。他……想……干……什么？”还没到最后一排他就站住了，指了指局促不安地坐在房间中部的某个人问道：“你叫什么名字？”

“罗恩·罗森堡。”实习生回答道。

“好的，罗恩，请告诉我今天的 LIBOR 是多少？”

“LIBOR？ LIBOR？”十几个后排的人开始交头接耳，“LIBOR 是他妈的什么东西？”LIBOR 是伦敦银行同业拆借利率的缩写，它是伦敦银行之间出借资金的利率，通常在伦敦时间早上 8 点，也就是纽约时间凌晨 3 点公布。这就是说，在我们每天早晨 7 点开课前，LIBOR 数据已经发布 4 个小时了。“冷面人”希望我们能将 LIBOR 数据烂熟于心，不仅如此，对债券市场上的其他数据也应同样牢记。

“今天早上的 LIBOR 为 7.25%，比昨天上升了 0.25 个百分点。”罗恩答出来了。真是令人称奇，想不到信手一点居然点中一个真的懂得 LIBOR 的人。在这个班里，知道 LIBOR 是什么的人最多也不超过一半，更别提要记住当天的交易数据了。

不过,“冷面人”没有就此为止，他甚至没有向罗森堡表示祝贺，而是接着向教室的后部走去，在他的脚步声中，我们的心情越来越紧张。

“你，”他又指向一个后排的人，“你叫什么名字？”

“比尔 · 刘易斯。”实习生答道。

“比尔，今天早晨的 TED 利差是多少？”“冷面人”问道，声调不断提高。TED 利差是三月期 LIBOR 与三月期美国国库券利率之间的差额。后者在我们每天开课前半小时才公布。可以想象，刘易斯根本答不出来。不过，对刘易斯来说，交白卷可是一个原则性的问题。他脸红了，紧抿着嘴，挑衅地看着“冷面人”：“我不知道。”

“为什么？”“冷面人”回瞪道。

“今天早上我没看。”

找到了！“冷面人”走遍整个房间为的就是找这个。无知！懒惰！缺乏投入态度！这是不能容忍的。他告诫我们，实习生必须掌握最新动态，时刻注意保持自己的竞争力，这也正是古特弗罗因德挂在嘴边的说辞。无怪乎我们都觉得交易厅给我们留下了极不友好的印象。还有诸如此类的训诫等等。讲完这一切他才走，但是在走之前，他告诉我们他随时还会回来。

* * *

“冷面人”和“食人鱼”是我在 41 层最欣赏的两个人，身上毫无矫揉造作之气。他们的确很粗鲁，但也很诚实，并且，我想，还很公正。41层的问题是由那些既粗鲁又狭隘的家伙们弄出来的，实习生们背地里叫他们“着火的屁股眼儿”。只要你掌握了自己应该知道的东西，“冷面人”和“食人鱼”就不会为难你了。但是，对那种每次经过他桌子时都要把电话砸到你头上的交易师，你能有什么办法呢？同样，对女人来说，如果已经有太太的董事只要看见你一个人就总想引诱你，那又怎么办？培训项目里不包括求生训练，但是，也有人能够把41层的恐怖转变成希望。我就认识这样一个年轻的债券推销员，他从培训课程结业刚1年，名叫理查德·奥格雷迪，在41层上班。

奥格雷迪走进教室后的第一件事就是把为课堂录像的机器关掉。然后关上门，再走到窗户边看看这23层的窗檐边有没有偷听的人。干完了这一切之后，他才坐下来。

他先讲自己是怎么进的所罗门兄弟公司。在来这里之前，他是公司聘请的律师。所罗门兄弟公司的律师在了解了交易师的工作后，往往本人也改行做了交易师。事实上，公司主动邀请奥格雷迪加盟交易厅。他是在一个星期五的下午参加面试的，见的第一个部门经理是基默尔·李（他在黑板上写下这位执行委员会成员的名字）。当奥格雷迪走进基默尔的办公室时，后者正在翻阅他的简历。基默尔从简历上抬起头来说道：“阿默斯特学院优秀毕业生联谊会会员，体育明星，哈佛法学院毕业生，你肯定赚了不少钱。”奥格雷迪笑了笑。（在这种情况下，你还能做什么？）

“有什么好笑的？”基默尔问道。

“因为你说我赚了不少钱。”

“这有什么好笑的？”基默尔说，他的语气中渗入了一丝阴险，“你究竟赚了多少钱？”

“那是我自己的事。”奥格雷迪回敬他。

基默尔的手指猛地敲了一下面前的桌子，说：“别跟我要花腔。如果我想知道，你就得告诉我，懂吗？”

奥格雷迪在一场又一场的面试中吃尽了苦头。最后，他终于熬到了面见利奥·科比特的机会，后者就是让我得到这份工作的人。

“好吧，迪克，”科比特说，“要是我请你到这儿来干，你意下如何？”

“是吗？我当然愿意到所罗门兄弟公司来，不过，请给我时间让我回家考虑一两天。”

“你的口气还是当律师时的那副腔调，不像交易师。”科比特说。

“利奥，我不是在做交易，这是投资。”奥格雷迪说道。

“我不想听你那堆哈佛法学院的臭狗屎，”科比特答道，“我开始认为找你可能是一种错误……我要出去一下，10分钟之后回来，等我回来的时候，我希望你会有主意。”

奥格雷迪说，他的第一反应是自己刚刚犯下了一个灾难性的判断错误。接着他又恢复了正常人的理智（奥格雷迪之所以让人感到新鲜，是因为和其他来自41层的人不同，他看上去倒像是个真正的人）。“是所罗门兄弟公司要我来面试的。可这些王八蛋竟敢对我下最后通牒？”奥格雷迪心里想，他这下子可气极了。科比特离开的时间比他许诺的要长得多，更是火上浇油。

“好吧……”科比特一回来就开了口。

“你听着，就是把全世界的钱都给了我，我也不会给你们干了，”奥格雷迪愤愤地说，“我这辈子都没见过这么多屁股眼儿。收回这份工作，挂到你自己的屁股上去吧。”

“我到底听到了想听的话，”科比特说，“这是一整天里你说的第一句聪明话。”

奥格雷迪怒气冲天地离开了所罗门兄弟公司，到另一家华尔街公司那里去谋了份工作。

故事到这里还没有完。奥格雷迪说，就在他奉劝科比特把工作挂回到自己屁股上仅仅 1 年后，整个场景又重演了一遍。所罗门兄弟再次找上门来，它对自己过去的行为道了歉。所罗门兄弟公司的态度来了 180 度大转弯，这当然是事出有因。奥格雷迪如今不仅仅是一个优秀的债券推销员，他已经成了交易厅里极为稀缺的“善”的象征（我好像有一次亲眼看到他把零钱施舍给乞丐），一个大受欢迎的人物。令人称奇的不是所罗门兄弟的邀请，而是奥格雷迪为什么会同意考虑。记得有一个聪明人曾说过，**历史教给我们的唯一东西就是它没有任何东西可以教给我们。**

接下来，他终于道出我们最想知道的东西。“你们一定想知道应该怎样对付那些屁股眼儿，是吧？”实习生们全都忙不迭地点头。奥格雷迪说，这个秘密他比其他人发现得都要早。在他刚入行的时候，有件事给了他一个很大的教训。

他曾经给一个名叫佩恩·金的高级债券推销员做跟班，后者个子高高的，长着一头金发，堪称交易厅里货真价实的“大老二”。有一天金叫他去拿四种债券的报价，是为一个大客户摩根担保信托公司准备的。奥格雷迪去找做这几种债券的交易师询价。交易师看到他走过来，问他：“他妈的你来干什么？”

“为几种债券询价。”奥格雷迪答道。

“我忙得很。”交易师答道。好吧，奥格雷迪心想：我可以试试看能不能自己去行情记录仪上找找。

行情记录仪就跟一台个人电脑差不多，就在奥格雷迪摆弄行情记录仪的键盘时，佩恩·金等不及了。“我叫你去问，该死的。”他厉声骂道。奥格雷迪只好一路小跑又去找那个交易师。“妈的，”交易师说，“在这儿，自己看吧。”他把一张登记了债券价格的纸递给了奥格雷迪，后者赶忙回去，却发现满满一张纸的数据里偏偏没有他想要的东西。

“那些该死的价格问出来没有？”佩恩吼了起来。

奥格雷迪只好向他解释事情的经过以及他同交易师打交道的困难。

“听着，我告诉你怎么办，”佩恩·金这回可真的动怒了。“你去找那个屁股眼儿，就这样讲：‘喂，屁股眼儿，他妈的上次你给我的那份东西不行，把摩根担保信托公司要的那几个该死的报价给我。’”

奥格雷迪又回到交易师那里，心里盘算着怎么讲才好，至少“屁股眼儿”和“他妈的”这种话他说不出口，得准备一个干净的版本才行。

他打算这样讲：“瞧，真不好意思又来麻烦你，可是摩根担保信托公司是我们最大的客户，我们需要你的帮助……”

可是还没等他走到那个交易师的席位，那家伙已经从座位上站起来尖声嚷道：“你他妈的又回来干什么？我不是告诉你了吗，我……很忙……”

“听着，屁股眼儿，”奥格雷迪一气之下忘了他的干净版本，“他妈的上次你给我的那份东西不行，把摩根担保信托公司要的那几个该死的报价给我，现在就要。”交易师跌坐回自己的座位。奥格雷迪在想象中仿佛比交易师高出两倍。他居高临下地盯着交易师看了足有1分钟。“屁股眼儿！”看看没有反应，他又大吼了一声。

突然，交易师仿佛不敢相信似的，“佩恩！”他半是尖叫半是抱怨地喊远在另一头的奥格雷迪的老板，“他妈的这家伙是怎么回事？”

佩恩轻轻耸了一下肩膀，好像是说他一点儿也不知道。

奥格雷迪昂首走回自己的座位，周围目睹了刚才一幕的三四名交易师都站起来向他致意，佩恩咧嘴大笑。这一招果然灵，不到两分钟时间，那个交易师就亲自把报价拿过来了。

“从那以后，”奥格雷迪面对一屋子屏息静听的听众说，“他再也没有跟我捣过蛋。”

可以想见，这一结局让后排的人乐疯了，他们就像在露天看台上看到大满贯之后那样拼命跺脚。前排的人被他的演说惊得目瞪口呆，说不出话来。从气质和教育背景来看，奥格雷迪无疑属于那种文雅和随和的人。不错，他身上有一股子无赖劲儿，可是要想在41层避免尼安德特人[1]的命运，就不能不学奥格雷迪本来的那一套。这个故事对我们有什么教益？答案很简单，在41层，除非把别人踩到脚下，否则别想站住脚，就算你是阿默斯特学院和哈佛大学法学院的优秀毕业生联谊会会员、体育明星或是向来拿高薪的人也都没有用。跟“屁股眼儿们”打交道有什么秘诀

1. 尼安德特人（Neanderthal），是一种在大约12万年到3万年前居住在欧亚及西亚的人种，和现代人不同种，3万多年前，尼安德特人便灭绝了。——编者注

吧？“提高自己的重量级。学一下空手道也大有裨益。”

仿佛为了证明我们的想法，接下来讲课的是抵押债券交易部的人。抵押交易师一向被认为是公司里最牛气的“大老二”，也许只有约翰·梅里韦瑟可以镇住他们。抵押部是公司最赚钱的部门，也是实习生们争破头要去的地方。为了进去，我们甚至不惜恶心自己。抵押部门的课程是整个培训项目中课堂学习阶段的尾声。

41层的抵押交易台位于电梯和我选择用于藏身的角落之间。这个地方是我精心选择的。这里有一个友善的部门经理，他手下的人也是交易厅里最安稳的一群。事实上，这位经理曾许诺向我伸出援手，以免我落到达拉斯的股权部去。此外，他为我提供了暂可栖身的地方。每天早上，当我跳出电梯进入41层时，总是低着头快速地走向抵押部里的那个位置。每天我都要决定是不是应该走过那些抵押交易台，而我的选择从来都是否定的。抵押交易师们浑身散发着罪恶的激情，令我敬而远之，宁肯绕一个大圈子。还有更邪乎的传言。听说他们向实习生头上扔电话，而且为了能打到更远的地方特意把电话线接长。我后来发现他们也一样向经验丰富的专业人士头上砸电话。甚至连那些在所罗门兄弟公司里工作多年、早已对各种恶作剧见怪不怪的人也从不走近抵押部的交易台。华尔街上的每家公司里都有最为人不齿的花花公子，在所罗门兄弟公司里，这些人就出自抵押部。

虽说在抵押交易师面前我怕得要死，但我对他们的工作和老板刘易斯·拉涅里却充满了好奇心。每个实习生都对拉涅里好奇得不得了。拉涅里是个狂放不羁的天才，他的经历可以称得上是一个传奇故事：出身于邮件中心，一路走进交易厅，在美国创造了抵押债券市场（正准备在英国创建一个类似的市场）。拉涅里就是所罗门兄弟公司，所罗门兄弟公司就是拉涅里。每当提到我们公司如何如何了不起时，拉涅里的名字总是被挂在嘴边。他是交易厅精英论的最佳证明。在所罗门兄弟公司里，由于拉涅里的成就，许多不可能的事成为可能。我从未见过这位大人物，但看过他写的东西。我们听说他也要来给我们讲课。

他没有来，而是派了三个高级抵押交易师代表他的部门。这三个家伙加在一起，体重可以轻松地超过 900 磅（408.23 千克）。他们在房间前面站成一列，中间那个人叼着我见过的最大号的雪茄——便宜货，但是够大。我记住了这个人。

他什么也不说，只是在实习生们提出问题时咕哝几声，笑一笑。想去抵押债券部的人多得挤破头，他们问了一大串问题，却没有获得任何答案。如果某个实习生问了愚蠢的问题，叼雪茄的那个家伙就会重复一句话，我对此记忆犹新。他说："哦，这么说你想当抵押交易师。"然后这三个人就一起开始大笑，好像几艘拖轮同时拉响了汽笛。

那个倒霉的学生真的想当抵押交易师，剩下的 35 个人也无一例外。最后，只有 5 个人入选。我的名字不在其中，这反倒令我如释重负。我被派到伦敦出任债券推销员，后面会在适当的时候讲述我在伦敦交易厅里的个人感受和经验。不过现在我还要接着讲抵押交易师们的故事，他们是 20 世纪 80 年代里公司的灵魂，也是当年整个华尔街的缩影。在教科书中，抵押债券市场的繁荣被认为是导致金融界格局剧变的几个主要因素之一。我坐在伦敦的交易席位上紧紧地追踪着我们的抵押交易师，因为我一直弄不懂，这么糙的一批人居然做得那么好。我迷上了拉涅里。在好几年时间里，只要紧跟他和他手下的交易师，你赚的钱就会比华尔街上任何人都多。我一点儿也不喜欢这些人，但这可能正好从反面证明了他们的价值。他们的存在是公司健康发展的标志，也正如我的加盟意味着公司的病态一样。万一抵押交易师们离开了所罗门兄弟，那真够公司喝一壶的了。也就是说，公司里会只剩下一伙没用的好人。

第五章

强盗兄弟会

就像有些人是不可救药的酒鬼一样，抵押交易师是一群永远也喂不饱的饿鬼。除了在吃饭时被打断，再也没有比吃不到东西更令他们愤怒的了。

行善非本愿，施恩必图报。

——古西西里格言

1985年1月，马蒂·奥利瓦刚从哈佛大学毕业，他参加了所罗门兄弟公司的培训项目并且顺利通过。现在，好消息和坏消息一起来了。好消息说，他得到抵押交易部的一个美缺。坏消息是，在头一年里他得忍受别人的恶作剧。高级抵押交易师们顽固地认为，捉弄实习生是最好的启蒙，有助于剥开实习生的伪装，使他们认识到自己是世界上最低贱的动物。毫无疑问，交易师们要为马蒂·奥利瓦此后即将遭受的磨难负全部责任。

有几个交易师总是要马蒂帮他们取午饭。他们冲着他喊："喂，小子，搞点儿吃的来。"如果这天他们情绪不错，也许会换一副友好的腔调："马蒂，到时间了，是吧？"当然，他们用不着对马蒂客气，因为他只是一个奴隶。你甚至用不着告诉他买什么，每个实习生都知道，抵押交易师随时随地都可以吃得下任何东西。

就像有些人是不可救药的酒鬼一样，抵押交易师是一群永远也喂不饱的饿鬼。除了在吃饭时被打断，再也没有比吃不到东西更令他们愤怒的了。换句话说，他们可不是那种甲状腺功能亢进的胖子，整天小心翼翼地啜饮减肥可乐，引得人们不禁猜想："他怎么会这么胖，从来也没看见他吃东西啊？"但他们也不是人们常见的那类整天兴高采烈的胖子，这种人对所有人都无害，也因此受到欢迎。抵押交易师们从肚腩的深处发出不满的哼唧声，他们才不在乎自己的体重呢，个个都像日本的相扑选手。如果他们开口要吃的，抵押交易台边上的实习生总是带回尽可能多的东西，准保没错。

在那个要命的1月份里，可怜的马蒂得从交易厅爬5层楼到上面的咖啡间，他怕别的实习生看到自己这副实在的奴才相。跟他比起来，分到别的部门里的实习生的处境几乎可以称得上自由人。马蒂快手快脚地在提篮里装满油炸食品、汉堡包、可口可乐、糖果和几十个巧克力薄脆饼，所罗门兄弟公司的餐厅以经常受到纽约市卫生检查部门的警告而闻名于华尔街。马蒂蹑手蹑脚地躲过警卫溜了出来，分文未付。你可以称之为小小的胜利，或称之为备受折磨的灵魂发出的一声小小的自由呼号。当然，也可以简单地归结为省钱。交易师在所罗门兄弟公司的餐室里大吃零食不是什么稀奇事，把食品从咖啡间里偷出来也算不上多么了不起的事，可他万不该向一个肥仔交易师吹嘘他干的好事。

这天下午，马蒂接到了一个电话，对方自称是美国证券交易委员会（SEC）“特殊项目部”的。此人解释说，证券交易委员会有权处理华尔街上各家餐室的投诉，他正在调查一桩举报案件，有关所罗门兄弟公司咖啡间三盒食品失窃一案。问马蒂对此是否知道点儿什么。

“哈哈。”马蒂笑道，感到很好玩。

“不，”这位官员说，“我们是非常认真的。华尔街的道德标准适用于各个层面。”

马蒂又笑了起来，然后他挂断了电话。

第二天一早，马蒂上班时，发现迈克尔·莫塔拉在等他。迈克尔是部门经理，抵押交易部的头头。在培训课程中，就是由他代表那个部门来出席的。交易厅里的聪明人常喜欢模仿莫塔拉，其形象介于《教父》中的马龙·白兰度和《欲望号街车》里的马龙·白兰度之间。

莫塔拉看上去无精打采。他把马蒂请进自己的办公室。“马蒂，我刚接到证券交易委员会特殊项目部打来的一个电话，我也不知道该怎么办。你从我们咖啡室里偷出了食品，是真的吗？”

马蒂点点头。

“你是怎么搞的？我真的不知道会出什么事。好吧，你先回去，我会再找你谈。这可不是闹着玩的。”莫塔拉说。

整整一天，马蒂的表情就像一个已经中了乐透彩头奖，却发现自己把彩票弄丢了的家伙。虽说他是一个年轻的、备受折磨的实习交易师，但他毫无疑问已经站到了“大老二”俱乐部的门口。美国抵押债券市场比世界上任何一个资本市场发展得都要快，抵押债券交易因此也成了公司里最吃香的业务。既然它在 1985 年所罗门兄弟公司交易厅里是最受人羡慕的，那么很有可能也是整个华尔街上最热门的业务，因为所罗门兄弟公司的交易厅左右着整个华尔街。

只要能在所罗门兄弟公司里干上两年，年轻的抵押债券交易师就会接到一大批公司的邀请：美林公司、贝尔斯登、高盛、德崇和摩根士丹利，它们都想弄清所罗门兄弟公司抵押魔术的瓶中之秘。这些邀请中大多包括一年至少 50 万美元的薪水保证，外加交易利润提成。马蒂现在还只是头一年。4 年之后，他的工作将会得心应手，税前年收入可能高达 100 万美元。对于一个 22 岁的年轻人来说，再也不会有比这更好的机会和更理想的工作了。马蒂经过自己的努力，靠着运气的帮助，终于达到了自己的目标。可是，突然之间，眼看这一切就要被咖啡室事件给毁了。情况究竟严重到什么程度？其他抵押交易师看到他魂不守舍的样子，给他放了一天假，让他自己回去品味生活中的大起大落。

第二天，马蒂被告知要到古特弗罗因德的办公室里去一趟。马蒂从未见过约翰·古特弗罗因德，他也不应该见到。有一个抵押交易师曾告诉马蒂："古特弗罗因德从不会在低级员工身上瞎耽误工夫。"如果古特弗罗因德要见他，那说明偷东西的事已经东窗事发了。古特弗罗因德的办公室离马蒂的座位大约有 20 米，里边一般是空着的。你在所罗门兄弟公司里干白了头也未必有机会跨进去一步。坏消息总是从那个办公室里的黑暗角落传出来，落在远比马蒂有本事的人头上。当马蒂看见莫塔拉坐在古特弗罗因德的边上时，他知道种种猜测全都破灭了，只剩下一种可能性。他硬着头皮走了进去。

古特弗罗因德先是长篇大论地谴责了一番偷东西的行为，然后说道："马蒂，刚刚我和执行委员会进行了一次马拉松式的艰苦讨论，我们最后的决定是（一个长长的停顿），让你先留下来看看再说。我现在只能告诉你，我们还得再去华盛顿跟证券交易委员会交涉这件事，回头我再找你。"

在市场里混，最重要的资本就是自己的言论和信誉。在每年的培训课上，约翰·古特弗罗因德都要重复这一套。马蒂还是这一行里的新手，他对这句话想必更是诚惶诚恐。不管怎么说，马蒂想这下自己可要完了。只要他还留在华尔街，小偷事件的阴影就总也挥之不去。每当证券交易委员会调查内部交易或偷食品的事件，马蒂都会是一个可疑的对象。他已经留下了案底，成了别人嘴里的是非。

当马蒂回到自己的抵押交易台时，脸上的表情就好像他刚刚见到了世界末日。在场的 20 多名抵押交易师再也忍不住了，他们试图把窃笑藏在行情记录仪的后面。马蒂环顾四周，吃惊地发现人人都在笑，而且，更令他吃惊的是，他们全都在笑自己。在这里有一种叫"找蠢货"的游戏，现在他就是牺牲品。这本来是莫塔拉的鬼点子，后来他又出面说服古特弗罗因德出场增加整个游戏的可信度。马蒂怎么也想不到古特弗罗因德竟会玩这种把戏。“有史以来最出色的蠢货！”一个抵押交易师喊道。这再一次证明了，实习生的轻信简直到了不可理喻的程度。想想看：证券交易委员会怎么会到公司咖啡室里去逮人？！

马蒂理解不了这种幽默。他脸上的表情变化就仿佛一个人刚刚经受了假枪毙的残酷考验，他开始哭起来，然后逃出交易厅，跳进下行电梯。他再也不想回来了。没有人站起来留他，交易师们都笑得前仰后合。古特弗罗因德和莫塔拉在古氏的办公室里笑得喘不上气来。最后，更多的是出于责任而不是同情心，一位名叫安迪·斯通的高级抵押交易师动身出去找马蒂。他之所以觉得自己有责任是因为马蒂是分配给他做奴隶的。斯通本来也是一个比较有人情味的交易师，他在大堂里给马蒂买了一杯啤酒，试图安慰马蒂说刚才的一切只是大家喜欢他的一种表现。如果他们看不上你，根本就不会拿你寻开心。在大街上徘徊了几个小时之后，马蒂还是决定回去。

我不知道马蒂怒气冲天地在南曼哈顿大街上兜圈子时的心情。不过平静下来之后，他想必认识到自己别无选择。他已经被金手铐铐在所罗门兄弟公司抵押交易部里了。那几个让这位哈佛毕业生吃尽苦头的交易师牢牢地掌握了 1/3 的债券市场，他们很可能是美国公司里最赚钱的雇员。他们可以教给马蒂怎样控制市场。斯通没讲真话，他们可不是只拿自己看得起的人寻开心。他们对任何人都是如此。有时，残忍并不是针对某个人的，它几乎成了一种仪式。好在只要熬过 1 年，马蒂就可以主客易位。到那时就轮到他躲在行情记录仪后面笑个不停了，也会有新的实习生奴隶向隅而泣。不，在1985年的1月，你找不到比迈克尔·莫塔拉和他手下那一小撮富豪兄弟会占据的更好的地界了，所罗门兄弟公司抵押交易师的魅力无法阻挡。

1978—1981

华尔街撮合了货币的借贷双方。1978年春季，所罗门兄弟公司成立了华尔街上第一家抵押债券交易部。在此之前，“借款人”一词在华尔街上指的是大公司，联邦、州和地方政府，其中不包括房屋所有人。在所罗门兄弟公司里，有一个名叫罗伯特·多尔（也有人叫他“鲍勃·多尔”）的合伙人认为这是一件非常奇怪的事，因为成长最快的借款人集团既不是政府也不是企业，而是房屋所有人。早在20世纪30年代，立法机构就采取了一系列刺激措施鼓励美国人借钱买房。抵押贷款利息支付的税收减让政策就是其中最典型的一项，另一项则与储蓄和贷款协会有关。

储贷协会为普通美国人提供了所需的购房贷款的主要部分，同时它还接受政府的支持和保护。储贷业享受种种特惠，诸如存款保险和税收饶让，这些做法间接降低了抵押贷款的利息成本，因为它使储贷协会降低了筹资成本。储贷协会的说客们在华盛顿向国会争取这些特惠条件，每一次他们都大声诉诸民主、国旗甚至苹果派。他们高举“居者有其屋”的旗帜。在他们嘴里，“居者有其屋”就是美国的生活方式。要在国会里站出来反对“居者有其屋”计划，在政治上所冒的风险几乎就像叛国一样。在有利的公共政策的推动下，储贷业开始发展起来，未偿还抵押贷款从1950年的550亿美元上升到1976年的7 000亿美元。到1980年1

月，又增加到 1.2 万亿美元。与此同时，抵押债券市场的市值超过了美国股票市场的总市值，成为世界上最大的资本市场。

尽管如此，在 1978 年的华尔街，住房抵押将成为大买卖的想法仍然被认为是不现实的。与住房抵押有关的一切似乎都是细小和琐碎的，至少在那些经常向首席执行官和政府首脑提供咨询的人看来是如此。储贷协会的总裁通常是小集团中的领导者。他是那种会出面赞助小镇游行花车的人，这就说明了一切，不是吗？他穿涤纶套装，收入高达 5 位数，而每天的工作时间则不超过 10 个小时。他加入狮子会、扶轮社，还有储贷业内部的非正式团体“3–6–3 俱乐部”。这个俱乐部名字的来历是：用 3% 的利率借款，以 6% 的利率贷出，每天下午 3 点去打高尔夫。

在所罗门兄弟公司的培训项目中，每年都会有 4 个推销员在课堂里表演向得克萨斯储贷协会推销债券的情景剧。两个人扮演所罗门兄弟公司推销员，两个人则扮演另一方——一家储贷协会的经理。情节是这样的：所罗门兄弟公司推销员到达的时候，储贷协会的经理正要出门，一个手上拿着网球拍，另一个已经背上了高尔夫球包。储贷协会的人打扮得颇为另类，他们上身穿大翻领花格涤纶夹克，下身穿花格长裤。所罗门兄弟的人向储贷协会经理摇尾乞怜。他们甚至赞美起其中一位身上夹克的大翻领。不料，这却惹怒了另一位经理。“这种小玩意儿也叫大翻领？才这么一点点大，”他用浓重的得克萨斯口音讲道，“如果你从背后看不见，那它就不是什么大翻领。”然后他转过身来，千真万确，大翻领看得清清楚楚，就像是从他肩膀上长出来的翅膀。

闲扯一阵之后，所罗门兄弟公司的推销员拉住他们的客户要做生意。他们建议两位经理买入价值 10 亿美元的利率互换合约。

储贷协会的经理很显然不懂利率互换是什么东西，他们对视一眼，耸了耸肩。一位所罗门兄弟推销员试图向他解释。他们不想听，他们要去高尔夫球场。但所罗门兄弟的推销员总是在最后一分钟缠住他们不让走。“好了，我们就买进10亿美元利率互换合约好了，要不我们就来不及了。”终于有一个经理耐不住了。演出到此结束。

这就是掌握着住房抵押业务的人，在华尔街的牛仔大人物眼中，他们不过是邻家放羊的牧场主。牛仔们干的是债券交易——公司债和政府债。他们在交易时为之手挥足舞的都是债券。他站起来冲着整个交易厅大喊：“我手上有1 000万IBM8.5（利率8.5%的债券），101美元成交（期望销售价），现在他妈的就要。”你永远也无法设想一个交易师喊道：“我买下了默文·K.芬克尔伯格6.2万美元的住房抵押贷款，101美元成交。20年后到期，利率9%。地点就在诺沃克外面，有3间小卧室。这桩买卖划得来。”交易师没法把房主拿来做讲头。

实际问题当然不会像情景演示的那么简单。抵押合约不是可以用来交易的纸片，它们不是债券。它们是一笔笔的贷款，只能待在做这笔贷款业务的银行里。在习惯于大进大出的华尔街人士眼里，单笔住房抵押业务过于琐碎。没有哪个交易师或投资者愿意跑遍市郊去调查那个刚刚借了钱的房主是不是有足够的信用。住房抵押要想成为债券，首先必须非个人化。

一开始要做的工作是把该抵押贷款同其他人的抵押贷款集中到一起。交易师和投资商相信统计法则，他们可以一次购入某一储贷协会做成的数千桩抵押贷款，从概率上讲，其中可能违约拖欠的只有很小一部分。以此为保证，可以发行一些票据，持票人按比例对抵押贷款集合产生的现金流量拥有所有权，就像从一块大饼上切下来一部分。可以依照这种原则组织数百万个抵押贷款集合，每个集合都是内部同质的。例如，面额小于11万美元，利率为12%的住房抵押贷款集合。投资该集合的持票人可以获得12%的年收益外加抵押购房房主偿还的本金。

经过标准化处理后，这些票据就可以卖给美国养老基金、东京信托公司、瑞士银行、住在蒙特卡洛港口游艇上逃税的希腊船王，或者任何有钱用于投资的人。一旦实现了标准化，它们就变成了可交易的票据。交易师眼里只有债券，他想要的也只有债券，可以拿在手里上下挥舞的债券。在市场的中央，有一条永远也不能逾越的分界线。一边是抵押贷款购房的房主，另一边则是投资人和交易师。这两伙人永远也不会见面，这听上去有点儿滑稽。借钱给人买房是一项非常个人化的业务。在这个过程中，抵押贷款购房的房主面对的只是当地的储贷协会的经理，钱从他们那儿来，最终也回到他们那儿去。投资者和交易师手里的只是纸片。

鲍勃·多尔第一次对抵押购房业务产生兴趣时，他还在为一位名叫威廉·西蒙的所罗门兄弟公司合伙人工作，西蒙此后曾在杰拉尔德·福特的政府中任财政部部长（再后来，他靠着以低廉的价格从美国政府手中买下储贷协会而成了亿万富翁）。人们一般认为，西蒙在培养抵押债券市场的发展过程中出了大力，但多尔的说法却是："再也没有比他更漠不关心抵押债务市场的了。"在20世纪70年代早期，西蒙为所罗门兄弟公司交易美国国库券。他喜欢站着工作，一杯接一杯地喝冰水。那时，在外人看来，喊价叫价促成债券交易并不是一项时髦的工作。"我刚入行的时候，交易师并不是一个受人敬重的职业，"他后来这样告诉那位名叫

L. J. 戴维斯的作家，“我一生中从未雇到一个商学院的毕业生。我总是对手下的交易师说：‘如果你们不做债券交易就去开大卡车吧。别指望在市场上当个知识分子。干好自己的活儿！’”

西蒙不是哈佛毕业生，他出身于拉斐特学院，一路冲杀爬上顶层。在他去大学和商学院演讲时，从来也没有成群结队充满渴望的交易师给他捧场，因为那里根本就没有这种人。他的所作所为也绝不会引起《纽约时报》或《华尔街日报》的关心。在 20 世纪 70 年代，谁会在意国库券呢？不过，他的自我感觉倒还挺好。重要的是所罗门兄弟公司自己人的态度，在所罗门兄弟公司内部，国库券交易师无异于王子。国库券是所有债券中最好的券种，而操作国库券的交易师也是所有人里面最吃香的。

西蒙对住房抵押市场的反感源自 1970 年他同美国政府国民抵押贷款协会（即吉利美，Ginnie Mae）的一次过节。吉利美为不够富裕的公民抵押贷款购房提供担保，这样他们的贷款就获得了与国库券一样的可靠性和信用等级。任何符合联邦住房和退伍军人管理协会（FHA/VA）的规定抵押贷款购房的公民（大约 15% 的美国购房者符合这一条件）都可以获得一张吉利美印花。吉利美打算把它辖下的贷款汇集起来发行债券。西蒙就是在这个阶段插进来的。作为美国政府最精通债券业务的顾问，他是培育发展债券市场的当然人选。

像大多数抵押贷款一样，吉利美担保的贷款也要求在一定期间归还本金。当然，借款人可以在任何时候全额归还本金，这一点也同大多数抵押贷款一样。而在西蒙看来，这恰恰是吉利美抵押债券的缺陷所在。同公司债券和政府债券的购买者相比，购买这种债券的人对一个关键问题并不知情——他们不知道债券何时到期。如果借款人偿清抵押款，那么原以为自己持有30年期抵押债券的持票人就会发现自己变成大把现金在手。

此外，如果利率下降，借款人会转而以更低的利率为30年期定息抵押贷款融资。结果抵押债券的持有人手上的债券就提前变成了现金。如果投资者可以按原始贷款利率或更高的利率再投资，现金倒也无所谓。但是，如果利率下降了，投资者就会吃亏，因为他的钱再也拿不到从前那种回报率了。对购房者来说，在利率下降时为住房进行再融资是理所当然的，因为他们可以在更低的利率水平下获得新贷款。换句话说，投资于抵押债券的钱是在对贷款人最不利的时刻还回来的。

西蒙试图说服吉利美保护抵押债券购买者（贷款人）的利益。他认为，不能简单地让抵押贷款购房者把现金还给债券持有者，而应该仿照普通债券的做法确立一个固定的偿还期限。否则谁会出钱买这种债券？谁会愿意买下一种偿还期限不明的债券？又有谁愿意接受这种随时可能偿付本金的不安定感？但吉利美没有接受他的意见，因此西蒙下决心不理睬吉利美。他指定一个在所罗门兄弟公司内部被称为“咕噜”的人（公司金融部分析师）负责在新的抵押债券市场中制定收费原则。但咕噜向来不会做收费业务，也就是说，这个市场根本就做不起来。

鲍勃·多尔的工作是借钱，为西蒙在美国国债市场上下的赌注融资。多尔的工作实际上就是买卖货币，以最低利率借入、最高利率贷出。但是他的借贷活动仅限于1天的期限范围。第二天又从头再来，周而复始。货币买卖与债券交易可大不一样，它从来就不是一个吃香的活儿，即使在所罗门兄弟公司内部也无人青睐。货币是所罗门兄弟公司交易的商品中波动性最小的一个品种，因此风险也最低。

货币交易毕竟也是交易。做这个活儿至少得有一只铁睾丸以及与债券交易一样的奇怪逻辑。试看：一个早上，多尔需要入市购买（借入）5 000 万美元。经过一番征询，他发现货币市场利率为 4%~4.25%，这意味着他可以用 4% 的利率买入（借得）或在 4.25% 的利率卖出（借出）。然而，当他开始下单试图以 4.25% 的利率从市场上买入时，利率已经变成了 4.25%~4.5%，大手笔的购入惊动了卖家。多尔报出了购买价：以 4.5% 的利率买入。市场又变了，这次变成了 4.5%~4.75%。他再提高自己的买入价，情况又是一样，如此几番下来，结果没有丝毫改变。于是他跑到西蒙的办公室去诉苦，说他总也买不到需要的货币量。卖家们就像小鸡一样跑掉了。

"那你就当卖家好了。"西蒙说。

这回多尔成了卖家，尽管他应该是买家。他在 5.5% 的水平卖出 5 000 万美元。接着，又在同一水平卖出同样的数额。正如西蒙所预料的那样，市场崩溃了。人人都想当卖家，场内再也没有一个买家。"现在买回来。"当市场跌到 4% 时，西蒙下了指令。多尔不仅在 4% 的价位上买到了他需要的 5 000 万美元，而且从先前高价位卖出的生意中赚了钱。这就是所罗门兄弟债券交易师的思维方式。无论他要做什么，首要的事情就是放下这个念头。意念守一，然后感觉一下市场的脉动。如果市场躁动不安，场内人士饱受惊吓、灰心丧气，他会像牧羊人一样把他们带到一个安全的角落。然后，让他们为自己的不安支付代价。他就坐在市场里等着它吐出金币，只有到了这时他才开始考虑自己到市场来的目的。

鲍勃·多尔喜爱交易。尽管他无须对吉利美负官方的责任，但他还是开始做这种债券的生意——总得有人做。到了1977年9月，他已经成了所罗门兄弟公司里的抵押债券权威。他和德崇证券公司的首席执行官弗雷德·约瑟夫的哥哥斯蒂芬·约瑟夫一起主持了首次抵押债券的私募。他们劝说美国银行出售它发放的住房抵押贷款——以债券的形式。另一方面，他们又劝说投资者，例如保险公司，来购买新型的抵押债券。经过这样一番处理之后，美国银行拿回了它一开始借给那些抵押贷款购房者的现金，而这些钱立刻又可以用来再出借。抵押贷款购房者继续向美国银行归还抵押贷款款项，但是这些钱只是在美国银行过一过手，就支付给了购买美国银行所发行债券的所罗门兄弟公司的客户们。

多尔心里有底了，这代表着未来的潮流。他认为购房需求的高涨将导致资金短缺。人口年龄在增长，人均住房面积迅速增加。整个国家越来越有钱，想买第二套房的人也会越来越多。储贷协会的发展满足不了对贷款的需求。他还注意到，人口从铁锈地带（Rust Belt）向阳光地带（Sun Belt）的稳定转移，导致了系统性不平衡。阳光地带的储贷业只能吸收到少量的存款，但购房者对贷款的需求却很高。多尔想出了一个解决的办法。通过购入阳光地带储贷协会的抵押债券，铁锈地带的储贷协会可以有效地把款项贷给阳光地带的购房者。

应所罗门兄弟公司执行委员会的要求，多尔撰写了一份三页纸的备忘录，总结了他对开发这一市场的信条。正是这份备忘录促使约翰·古特弗罗因德将吉利美的债券交易从政府债券交易部中分离出来，建立了专门的抵押部。那是在1978年春天，古特弗罗因德刚刚被他的前任威廉·所罗门指定为公司董事长，后者的父亲是当年创建公司的三巨头之一。多尔停下了买卖货币的工作，改坐到离他以前那张桌子几英尺远的一个座位里，开始考虑未来几年的计划。他认识到，自己需要一个金融家帮他同银行和储贷协会谈判，劝说它们效仿美国银行出售它们手里的贷款资产。这些贷款可以转化成抵押债券。斯蒂芬·约瑟夫是从事这一工作的理想人选，他在美国银行的那桩生意里同多尔有密切的合作。

此外，多尔还需要一个交易师为约瑟夫创造的债券组织一个交易市场，而这个问题可能更麻烦一些。交易师绝对是个关键人物，他负责在市场里买卖债券。一个大牌交易师可以激发投资者的信心，他的出场本身也有助于市场的成长发育，而且他还能给所罗门兄弟公司带来利润。正因为如此，大牌交易师是众人仰慕、关注和热衷于结识的人。多尔一直都是抵押交易师，而现在，因为要出任经理，他必须从公司债券部或政府债券交易部借来一名公认的赢家。这里面有一个问题。在所罗门兄弟公司，如果某个部门允许它的人离开，那一定是它想开掉此人。如果想从别的部门挖人，他们给你的只能是你不想要的人。

但是，因为有约翰·古特弗罗因德撑腰，多尔还是如愿以偿，弄到了他最想要的人：刘易斯·拉涅里，一个30岁的公用事业债券交易师（负责交易公用事业的债券，如路易斯安那能源与照明公司）。拉涅里转入抵押部是债券交易师黄金岁月到来前夕的一个关键性事件。1978年年中，他被指派到抵押部工作。从此，抵押市场的发展便成了所罗门兄弟公司内部的传奇。

多尔当然知道为什么要选择拉涅里。“我需要的是一个强悍的交易师。刘易斯不是普通的交易师，他拥有创造一个市场所需的意愿和斗志。他是个沉得住气的人，只要有必要，他会当着经理的面隐瞒 100 万美元的亏损。他不会因为道德上的考虑而裹足不前。当然，道德这个字眼用得并不合适，不过你能明白我的意思。我从没见过脑子动得比他还快的人，不管是受过教育的还是没受过教育的。最棒的是，他还是一个梦想家。”

当古特弗罗因德告诉他公司任命他为新筹办的抵押债券部首席交易师时，刘易斯一点儿思想准备都没有。“我是公司债券部里最红的交易师，我不明白这是怎么回事。”这一调动使他离开了热闹的交易中心。公用事业债券正在赚大钱。如果一个人赚不到佣金，那就休想在所罗门兄弟公司里往上爬，在这一点上绝无客气可言。到年底时，他要指着那堆钱大声说：“看，那是我赚的。”**收入意味着权力**。在刘易斯看来，如果去抵押部干，年底根本就不会赚到多少钱，也就不会有升迁的机会。现在想起来，他当初的担心荒谬得可笑。6 年之后，也就是 1984 年，拉涅里得意扬扬地宣布，他的抵押交易部赚的钱比华尔街上所有别家公司的抵押业务部加在一起还多。谈到抵押部的成就时，拉涅里不由得趾高气扬起来。他后来当上了所罗门兄弟公司的副董事长，仅次于古特弗罗因德。古特弗罗因德总是把拉涅里的名字挂在嘴边，把他当作接班人的人选。不过，1978 年的时候，拉涅里做梦也想不到这些。在接到任命时，他觉得自己被出卖了。

“我仿佛听到他们正在议论：‘恭喜恭喜，我们想把你流放到西伯利亚去。’我不打算违抗，这不是我的行事风格。我只是缠住约翰一味地问他：‘为什么是我？’甚至在调动完成后，也不断有朋友来问我什么时候得罪了约翰。交易亏损，还是违反纪律，要么还有别的事？”就像西蒙一样，在拉涅里眼中，抵押交易市场就像是后娘养的丑儿子。谁会要买这些债券？谁会愿意借钱给一个随时可能偿付本金的抵押贷款购房者？何况，那儿也没有什么债券可交易的。“只有几种吉利美债券（再加上一份美国银行的合约），没有人看得上眼。我的任务就是发掘别的可以用来交易的品种。”

拉涅里童年时的梦想是在意大利餐厅里当厨师长。可是后来他在布鲁克林的斯内克山上出了一次车祸，头部受重伤，留下哮喘的病根，从此再也闻不得厨房的味道，由此，梦想破灭了。1968年，他正在圣约翰大学英语专业读二年级，当时他在所罗门兄弟公司的邮件中心找了一份夜间急送的兼职。所罗门兄弟付他的薪水是每星期70美元。上班几个月之后，他遇到了经济上的困难。他不能指望从爹妈那里要钱（父亲在他13岁时就已经去世了），而他的太太卧病在床，医药费单子上的数字越来越大。他当时只有19岁，名下的全部财产就是所罗门兄弟每周支付的薪水。

最后，他走投无路，只好去找一位所罗门兄弟公司的合伙人，虽说他们的关系仅仅是认识而已。“要知道，”今天，回忆起这件事，拉涅里讲道，“我可以肯定自己会被开除，我真的是那样认为的。”出乎他的意料，合伙人告诉他公司会负责。拉涅里以为这笔钱会从他的周薪中扣除，而没有薪水他肯定活不下去，于是他开始抱怨。“公司会负责的。”这位合伙人重复了一遍。所罗门兄弟公司在3个月里为邮件中心职员的太太支付了1万美元的账单。没有人为此举行委员会会议来讨论这样做是否得当。拉涅里找的那个合伙人在答应下来之前甚至都没有犹豫一下。他只知道公司应当支付账单，别无其他理由。

谁也不能肯定已经去世多年的所罗门兄弟公司合伙人当年

究竟说过哪些话，但拉涅里却牢记于心："我们会对刘易斯·拉涅里负责到底。"这一做法深深地感动了拉涅里。当他谈起忠诚，谈起所罗门兄弟和雇员之间的"契约"关系时，总会提到这件事。"从那时起，"一位他手下的抵押交易师说，"刘易斯爱上了公司。"在他眼里，所罗门兄弟公司已经不仅仅是一个企业了。"这个公司对雇员负责，"拉涅里说，"有些话人人都会讲，诸如'做好人比当好经理更重要'。但这里的人却是认真的。我们都是手足兄弟。正如人们所说的，这是一种神圣的契约。"

口惠总要比现实来得轻松。你可以像拉涅里所说的那样向公司付出自己的信任和忠诚，但拉涅里却不会因此而要你。"我信仰上帝，但绝不会当圣人。"拉涅里曾经这样告诉《绅士》杂志的一个采访记者。这并不是说他没有做人的原则，但他坚信有时目的比手段更重要。此外，他对个人利益也有一种执着的追求。在他和公司债券部之间（是公用事业债券交易的上级管理机构）存在关系紧张的种种迹象。1977 年 9 月，他的死对头比尔·佛特晋升为合伙人，而他却未能如愿。"刘易斯听到消息之后气急败坏。"斯蒂芬·约瑟夫说。一位 20 世纪 70 年代曾在所罗门兄弟公司工作过的债券推销员回忆说："刘易斯属于那种为争待遇而大吵大闹的公司债券交易师。刘易斯一口咬定公司支付给他的薪酬比不上他的贡献。他当时的话我还记得清清楚楚，他说：'如果不是因为我在这儿可以为所欲为，我早就不干了。'"

他身材难看，阔嘴巴，又是个暴脾气。为他服务的后台职员还记得，他当年站在桌子上一边挥舞手臂，一边用最大的音量尖声告诉他们应该怎么干的情景，活像个拳击比赛裁判。不过，他也有可爱之处，至少他希望别人喜欢他。"我没有私敌，"他说，

“连我的竞争对手都喜欢我，即使他们抱怨我独揽生意，不给他们机会。”

拉涅里初到所罗门兄弟公司时，邮件中心里的职员多半是刚刚移民到美国还不会说英语的人。他们工作效率不高，其中的一个表现就是在发出的信件上贴太多的邮票。他的第一个贡献就是削减成本，这多少有点儿讽刺性，因为事实上他从未真正关心过成本，因为他无暇顾及细节。“我想出了一个绝妙的点子，把美国地图钉在墙上，用荧光笔画出邮政区的边缘。因为这个举措，我被提升为主管。”担任白天快送的主管之后，他立刻搬出了圣约翰。“这对我来说是再自然不过的了。”他回忆说。接着，他从邮件中心的主管进入职员后台办公室，从而使他获得了直接接触交易和交易师的机会。到 1974 年，他终于如愿以偿，坐上了公司债券部公用事业债券交易师的位子。

1985 年，当马蒂·奥利瓦从哈佛大学进入培训项目，再从这里出发转入抵押交易部时，在后台和前台之间早已形成了一道不可逾越的障碍。培养交易师的程序也严格地系统化了。首先你得有一份简历。大学毕业是起码的要求，最好在商学院镀过金。重要的是看上去要像个投资银行家。而在 20 世纪 70 年代中期时还不兴这一套，拉涅里大学没毕业，没有履历表，他看上去更像意大利餐馆的厨师长而不是投资银行家。用他从前的合伙人的话来说，拉涅里是个“肥胖而粗鲁”的人。不过，显然这些都无所谓。“如果交易厅里有什么人离职不干了，他们会冲手边最近的家伙喊一嗓子：‘喂，你来干。’”汤姆·肯德尔回忆说，他自己就是从后台进入刘易斯·拉涅里的抵押部的，“一个交易师会说：‘嗨，你是个聪明的孩子，坐下，坐在那儿。’”而如果你真的是一个极为聪明的孩子，就像拉涅里，你就会从此发迹。

在进入抵押部之前，拉涅里在工作过的每一个部门都是绝对主力。公司鼓励野心和挑战，它的原则是从不干扰自然的丛林法则。就任新成立的抵押部首席交易师之后仅仅几个月的时间，拉涅里已经把这个部门牢牢地攥在手心里了。大家要顺着拉涅里的野心，连多尔都要让他三分。多尔生了病，经常不在公司。在他离开期间，拉涅里自作主张成立了研究部（“抵押交易要靠数学”，他本人虽然没有读完大学，但却坚持这一点），邀请一位大师级数学家迈克尔·沃尔德曼出任该部门主管一职。沃尔德曼回忆道，他的邀请是以“刘易斯式的强迫方式”提出的。

接着，拉涅里劝说公司给他组织一支销售队伍，开展天知道的抵押债券交易工作。突然之间，十几名销售人员发现自己换了座位，不得不开始想办法取悦拉涅里。里奇·舒斯特以前在所罗门兄弟公司芝加哥办事处当负责储贷协会业务的债券推销员，现在则变成了替拉涅里工作的抵押债券推销员。“有一次我打电话给商业票据交易部却错拨到了抵押部。刘易斯刚好接到这个电话，他立刻明白了这是怎么回事。他向我大吼：‘你他妈的干吗要卖商业票据？公司付你薪水是为了让你卖抵押债券。’”在拉涅里的驱赶下，推销员们开始专注于抵押交易业务。

斯蒂芬·约瑟夫是唯一一个可能接替多尔的竞争对手，但他却是一个公司金融专家而不是交易师。正如他所说的，“那时，在所罗门兄弟公司你不可能想象把一个主要的交易部门交给一个公司金融专家去管理”。相反，你却可以将一个主要的金融项目交给交易师指导。斯蒂芬自然挡不住拉涅里的升迁之路，拉涅里反过来嘲笑公司金融部是一个吃闲饭的部门，连女人都要。（抵押部里从来就不会有什么性别平等的念头。一位曾经想加入抵押交易业务部但遭到拒绝的女士后来讲道："要想坐上抵押交易台，非得是白种男人不可。"直到1986年，抵押债券交易部里从来都没有女交易师。）

鲍勃·多尔消失了，尽管他本人直到1984年才离开所罗门兄弟公司。他发现自己无事可干，雇用了拉涅里几个月之后，他就被挤了出来。这种事情在所罗门兄弟公司可谓司空见惯。挑战者逐渐变得更有活力，更熟悉客户，对同事的影响力也越来越大，在不知不觉中，那个被挑战者似乎是蒸发掉了。他好像变成过时的废物，就像汽车上的手摇曲柄。管理层对此不闻不问，输家最后只能离开。

"古特弗罗因德从来没有跟我打过招呼，说他想要刘易斯·拉涅里接替我，"多尔说，"我就这样被挂了起来，足足6个月之后我才意识到，原来这里没我什么事了。"拉涅里至今还把抵押债券市场称为"鲍勃的远见"。1984年，多尔离开了。他先是到摩根士丹利，然后又去为斯蒂芬·约瑟夫工作，后者已经离开所罗门兄弟公司去了德崇证券公司。"假如我不信仰资本主义体制，那么我绝对不能接受所发生的一切。但我的确信仰它：适者生存。"多尔是在接受《纽约时报》记者詹姆斯·斯特恩戈尔德的采访时讲这番话的。后者试图了解所罗门兄弟公司过去那些合伙人的遭遇。

* * *

1979年2月，古特弗罗因德正式任命拉涅里为整个抵押业务的负责人。此后两年半的时间里，在外人眼里，抵押部更像一出闹剧而不是一项认真的事业。拉涅里按自己的形象招募人员：

意大利人、自学成才者、大嗓门和肥胖者。像拉涅里一样，第一批人员来自后台办公室。其中只有一人拥有大学学历，是曼哈顿大学文学士。抵押交易台的创建之父除了拉涅里之外，还有约翰·德安东纳、彼得·马罗和曼尼·阿拉瓦奇，最后则是比尔·埃斯波西托和罗恩·迪帕斯奎尔。他们相互间直呼其名或昵称：刘易、约翰尼、彼得、曼尼、比利和龙尼。听起来更像棒球场上的内野手而不是投资银行家。“有关我在邮件中心的种种传闻全部所言不虚，”拉涅里说，“我掌管抵押部之后，开始不无虔敬地从后台选拔人才。起初我是出于道德原因这样干的，但是效果很不错，他们喜欢这份工作。他们不会理直气壮地认为社会欠他们一份工作，因此他们也显得更为忠诚。”但拉涅里同样也希望从所罗门兄弟培训项目中招募有活力的年轻人。接下来的一幕是，抵押部迎来了第一个实习生，也是第一个 MBA、第一个瘦子、第一个犹太人——杰弗里·克隆塔尔。

克隆塔尔回忆说，他是 1979 年所罗门兄弟公司培训班里唯一一个以普通职员身份开始其职业生涯的。分到其他部门的人都有了推销员或交易师的头衔。克隆塔尔甚至不是首席办事员，他只是屈居于彼得·马罗之下的低级职员。作为低级职员，他的首要责任是跟踪约翰·德安东纳负责的债券头寸。

克隆塔尔刚刚从五年制的沃顿商学院毕业，包括本科教育和 MBA 课程——美国最接近于金融家所需要的交易学校，他有远比德安东纳的头寸更感兴趣的事。这一点让约翰尼颇为不快。德安东纳有时会靠在靠背椅上发问：“杰弗里，什么是债券头寸？”

杰弗里会说：“我不知道。”

德安东纳回头向拉涅里嚷道：“这家伙他妈的是干什么的？

他说他不知道头寸是什么。”

拉涅里会接着冲彼得嚷：“这家伙他妈的是干什么的？你手下的人不知道头寸是什么。”

彼得又对着杰弗里喊：“为什么你不知道头寸是什么？”

杰弗里只是耸耸肩算作回答。

杰弗里不会把这放在心上，理由有两个。第一，他知道拉涅里喜欢自己，而拉涅里是老板。克隆塔尔同意加入抵押部，这给了拉涅里一个面子。根据克隆塔尔的回忆，在他的班里，人们对羽翼未丰的抵押部敬而远之。“这肯定不是 MBA 毕业生的去处，抵押交易师都是唐尼·格林之流的人物。”他说。

唐尼·格林之流指的是那些让实习生不好过的人。他们对任何没有给公司赚来大笔现钞的人都怀有敌意，并且极为粗鲁地对待他们。

“唐尼·格林之流在你凑过去坐在身边时不会同你打招呼，而在你走开的时候也不会道再见，他对你视若无睹。没有实习生够胆坐在唐尼·格林身边。”克隆塔尔说。唐尼·格林曾在最黑暗的日子里当过所罗门兄弟公司的交易师，那年头，交易师胸口的毛比头上的还要多。大家都记得，他有一次叫住了一个正准备出门搭纽约去往芝加哥班机的毛头小子。格林抽出一张 10 美元的票子塞到这个推销员手里。“嗨，拿这钱给你上点儿坠机保险，受益人填我的名字。”他说。“为什么？”推销员转向他。“我觉得今天特别走运。”格林说。

“谁也不愿意走进抵押部。”克隆塔尔说。甚至连拉涅里也承认，杰弗里自愿加入抵押部的决定是极其愚蠢的。那么克隆塔尔究竟为什么要那么干？“我当然有自己的考虑。首先，我只有 23

岁，一人吃饱全家不饿，就算失败了也没有什么了不起的。其次，公司想必对抵押交易业务寄予厚望，否则他们不会让刘易去负责这一摊。”

克隆塔尔之所以不把上司们的大吵大叫放在眼里，另一个原因是拉涅里本人并不看重职员的工作。“刘易常说我是他见到的第二个最差的职员，而第一个就是他自己。”克隆塔尔说。不过职员也的确没有多少事可做。在这个意义上还可以说，任何人都没有什么事可做。抵押交易市场就像金融市场里的鬼城：一切都静止不动，什么交易也做不成。这意味着他们不赚钱。拉涅里意识到，为了弄到债券来交易，他必须打开一条路，劝说所罗门兄弟的客户们来玩这个游戏。他也许得先扮作赌场的促销员，引诱客户走进这个场子。但为了把自己从交易台上解放出来，拉涅里需要找一个“首席交易师”。他匆匆做出了人选决定，请马罗出任此职，这是一个小小的判断错误但却相当有趣，也许不是他的第一次，不过可以肯定不是最后一次。

“马罗是从美林证券公司来的，他对这里的情况一无所知。”塞缪尔·萨克斯说，后者是1979年进抵押部的债券推销员。部门里的交易师们个个衣冠不整，马罗却穿了一身三件套的涤纶套装，胸前挂着一根晃来晃去的金表链。他的仪表无可挑剔，头发一丝不乱。萨克斯说：“他会斜侧着身子问刘易：‘你看好它们（指的是债券市场）吗？’刘易可能会说：‘我很看好！’马罗就会附和道：‘是的，我也看好，我也看好。’15分钟后，他又会斜侧着身子问刘易：‘你现在觉得它们怎么样？’刘易可能会说：‘我一点儿也不看好。’而马罗也会来个180度大转变：‘我也不看好，一点儿也不看好。’”马罗在所罗门兄弟公司抵押交易部头头的位置上待了将近9个月。

* * *

首席交易师的位置不能总空着。1980年5月，迈克尔·莫塔拉（“肥脚”）从伦敦办事处被调回。他在那里当交易师，现在回来补马罗空出的缺。莫塔拉以前在伦敦的一个同事还记得他打好行李包后那一副惶惶不安的样子，不知道回去之后会怎样。时至今日，莫塔拉仍声称那时自己对回来后的工作胸有成竹。想当初，他可是有苦说不出。整整1年没有赚到钱，抵押部成了所罗门兄弟内部的笑柄，它的前景看来实在不妙。在这一小撮教育不足的意大利人和公司其他部门之间，嫌隙在一天天增长。抵押交易师们对公司债券和政府债券交易师深恶痛绝。

钱只是问题的一部分。所罗门兄弟公司的报酬机制，就像它对实习生的工作分配一样，具有浓厚的政治色彩。年终奖金的发放并不是同此人所赚取的利润直接挂钩的，相反，它在很大程度上取决于所罗门兄弟公司报酬评定委员会对该员工价值的感觉。年终奖的发放原则是高度主观性的，朝中有人和交易业绩同样重要。而抵押部既赚不到钱也没有人出头为他们说话。“我手下的人得不到应有的报酬，”拉涅里说，“他们被看成是二流的人物，但他们是黑绵羊中队[1]。”最让交易师痛苦的不是报酬的绝对值而是他们同其他债券交易师的差距。“你感觉好像公司是在可怜你（才给你发几个钱）。”一个叫汤姆·肯德尔的前抵押交易师如是说。

“如果你问他们，”拉涅里说，“他们会告诉你，公司债券交易

1. 美国“黑绵羊”战斗机中队成立于1943年，成立以后，很快成长为太平洋上空的王牌飞行队。——译者注

师赚的钱比你们多一倍。”一般来讲，奖金数目属于管理层的秘密。话是不错，但在所罗门兄弟公司里，要想瞒住一大笔奖金就像是在高中男生的更衣室里保住一次艳遇的秘密一样不可能。只要不到1个小时的时间，交易师们就会知道别人的奖金数额。

如果抵押交易师和别的债券交易师之间的矛盾仅仅是钱引起的，那么它最终还是可以修复的。现在的问题是，双方在文化上的差距也在不断扩大。在20世纪70年代后期，所罗门兄弟招聘政策的制定者吉姆·马西决定，公司有必要提升它的人员素质。“他得出结论说，我们不能总是让一批不上档次的乡巴佬坐在交易厅里。”斯科特·布里滕汉姆回忆道。1980年时，他是马西手下的招募官，后来转入抵押部当交易师。

所罗门兄弟公司开始向华尔街上的其他公司看齐。它也像高盛公司和摩根士丹利一样招入MBA毕业生，其社会效果显著，而公司的集体智慧也同样提到了提升。就像戈德曼、萨克斯、雷曼、库恩和洛布等家族的人一样，所罗门兄弟的人总觉得自己属于像作家斯蒂芬·伯明翰所说的“我们的一伙”，尽管我们还没走到要在大都会博物馆里树立自己天使般的塑像那一步。公司以前一向是由犹太人经营的，现在则由一群先后到来的WASP[1]掌管，一群面色苍白的WASP，他们从社会竞争中脱颖而出。形象的提升刚好发生在1981年公司出售给商品交易商菲利普兄弟那段时期。所罗门兄弟不再由合伙人所有，它变成了一家公司。合伙人从这次销售中平均每人获得了780万美元的补偿。就像他们

1. WASP，“White Anglo-Saxon Protestant”的缩写，指信奉新教的盎格鲁–撒克逊裔白人。——编者注

自己讲的，这一切都在一瞬间发生了，“现在我们有钱了，下一步干什么？”拥有了一个帝国？社会身份显赫？去巴黎度周末？去圣詹姆斯宫赴夜宴？

* * *

同别的部门相比，不管是政府债券部还是公司债券部，抵押部的文化更为丰富并且脚踏实地。其他部门逐渐获得了一种新的人格，抵押部却保持了一种鲜明的风格。拉涅里将两类迥然相异但风格同样鲜明的族群融合成一个统一的风格。所有的交易师大致来自两种背景：创办抵押部的意大利人和刚从培训班出来的拥有 MBA 学位的犹太人。我不能肯定他们是否像人们所说的那样具有真正的种族特征，但他们是受压迫的少数。他们个性鲜明，收敛可不是他们的风格。应该说，他们属于后排人物。

从外部标准来看，抵押交易部的种族歧视和性别歧视问题是够严重的：几乎没有黑人和东方人，而且一个女性也没有。不过，同别的部门比起来，抵押部可以算得上是联合国。所罗门兄弟公司年度报告上的照片透露了内幕。20 世纪 70 年代后期的年度报告看上去就像呼吁世界和平的广告。一幅幅照片，有黑人、黄种人、白人，男男女女在洒满阳光的会议桌旁和谐地工作着。可是到了 80 年代中期，所有的黑面孔、黄面孔和女性形象都像变戏法似的不见了。年度报告上是清一色的白人男性。

抵押部变成了白人兄弟会分会。其中有一条心照不宣的协定，拉涅里会尽其所能地为他的交易师争取利益，以此换取他们对自己的忠诚。相对而言，他们的责任比拉涅里轻一些。更多的交易师出身于商学院，而不是邮件中心。许多人在经济上拥有独立性，他们不需要拉涅里在这方面的关怀，而拉涅里喜欢待在他能有所贡献的圈子里。他喜欢部里的人，但他更喜欢“拉涅里的人”。他愿意为交易师支付他们付不起的医药费开支。比尔·埃斯波西托看好一套房子，但还差1.9万美元，拉涅里让所罗门兄弟公司出钱补上。“他很抱歉，原本他是想自己掏钱的。”埃斯波西托说。

不管怎么说，他还是打动了不少人。1979年，从沃顿商学院毕业的汤姆·肯德尔加入抵押部，在后台做了短暂停留。1980年，克隆塔尔在沃顿大学优秀毕业生联谊会里的学弟梅森·豪普特，还有从斯坦福大学来的史蒂夫·罗思也相继加盟。1981年，又有两名哈佛人——安迪·斯通和沃尔夫·纳都尔曼进入抵押部。在他们眼里，他们在公司里的地位同拉涅里没有什么两样。正如纳都尔曼所言，“汤姆·斯特劳斯（政府债券部里正在崛起的台柱子）和他手下的一伙打着爱马仕的领带，个个能上铁人三项比赛，拉涅里这边的人则更像一个意大利家庭。政府债券部的人吃得少，裤管打晃”。抵押部的人对此的看法则是：“为什么他们一天只吃两餐？是因为不喜欢吃吗？你可曾见过一个胖点儿的政府债券交易师？当然不会。他们又瘦又狡猾，他们歧视肥胖。是的，我当然知道自己在说什么，我自己就很胖。”

“看得出来，尽管公司里别的部门的人容忍我们，但他们心里却满是不屑，”汤姆·肯德尔说，“他们会问：‘你们这些坐在角落里的家伙靠他妈的什么来赚钱？’”作为实习生，安迪·斯通最难忘的记忆是有一次他指着拉涅里部门的方向问一个公司债券交易师，那里是些什么人。“什么也不是，”这位交易师回答，“抵押部，一个什么都算不上的部门，没人愿意去。”所罗门兄弟公司政府债券交易部的头头克雷格·科茨曾经问斯通：“为什么你会考虑去抵押部？你本来有机会进政府债券部的。”即使是在上层，肥胖一族也认为瘦子一族对他们不怀好意。前部门经理莫塔拉说："公司内部就像被划分为一块块的领地。其他部门的人在意的全都是怎样保住自己的业务，谁也不去动开发新业务的脑筋。"

抵押部对外界的敌意在1980年早期尤甚，当时风传别的部门要求关闭该部。抵押部不赚钱。华尔街上别的公司，如美林、第一波士顿、高盛，它们的抵押业务部门全都流产了，几乎还没等到开业就关门大吉了。流行的看法是抵押业务不适合华尔街。

* * *

整个业务正面临着被淘汰出局的严峻考验。1979年10月6日，保罗·沃尔克发表了历史性的讲话。短期利率一飞冲天。如果一家储贷协会的经理打算发放30年期的住房贷款，他最多只能拿到10%的年利率。而同时，他的筹资成本却高达12%。这样一来，他只好停止发放新贷款，这正好遂了联邦储备委员会的愿，它的本意就是让经济增长速度放慢。新的房屋建造率一直降到了战后的最低点。在沃尔克发表讲话之前，斯蒂芬·约瑟夫的抵押金融部创造了将近20亿美元的抵押债券。一个小得可怜的数目，还不到全美国未偿付住房抵押贷款总额的2‰。但这至少还算是一个起步。沃尔克讲话之后，交易干脆停了下来。只有在储贷协会愿意发放贷款的前提下，拉涅里的抵押部才能发行债券。现在，这个前提丧失了。这个为绝大多数美国人发放住房抵押贷款的行业正在崩溃。1980年，美国尚有4 002家储贷协会。3年之后，其中的962家将会消失。就像汤姆·肯德尔所讲的那样："人人都要蹲下舔伤。"

拉涅里除外，他不退反进。为什么？天知道。也许他手上拿着可预知未来的水晶球。也许他认为部门规模越大，被撤销的可能性就越小。不论出于何种动机，拉涅里继续留用被别的公司炒掉的抵押债券推销员，建起了自己的研究部，把交易师的数目增加一倍，保留了进入休眠状态的抵押金融部。为了增加抵押债券的潜在购买者，他在华盛顿聘请了大批的律师和说客。“让我告诉你一个事实，”拉涅里讲道，“只有 3 个州承认美国银行那桩交易（鲍勃·多尔的第一个智慧产品）是合法的投资。如果聘请一批律师挨个州做工作去修改法律，那恐怕得花上 2 000 年的工夫。这就是我为什么要到华盛顿去的原因。只能越过各州，直接请求联邦的许可。”

“如果刘易不喜欢某项法律，他就会设法进行修改。”拉涅里手下的一位交易师这样说。就算拉涅里能够随心所欲地修改法律，投资商还是对抵押债券敬而远之。汤姆·肯德尔还记得自己 1979 年到所罗门兄弟公司旧金山办事处拜访拉涅里的首席推销员里克·博登时的情景，博登当时正在读一本自我激励的书。“他当时一遍又一遍地唠叨：‘这些狗娘养的吉利美债券，利率走高它们变成长期债券，一旦利率走低又变回短期债券，没人想要这种东西……’”

更糟糕的是，所罗门兄弟公司的信贷委员会越来越不愿意同正在崩溃的储贷行业做生意了。愚蠢的客户（市场里的傻子）会提供一笔绝妙的财产，但是，当无知达到某种程度时就变成了负担：他们破产了。何况，有时储贷协会也表现出不同于一般愚蠢客户的能力。有一家名为“惠益标准”（Beneficial Standard）的储贷协会，设在加利福尼亚州，它对一桩在电话中已经确认的向所罗门兄弟公司购买债券的交易不认账，而所有债券交易师都是通过电话来确认交易成立的。在此后的诉讼过程中，这家储贷协会辩称，抵押债券业务纠纷应适用不动产法，而不是证券法。在不动产法中，口头协议不具有约束力（数年后这家协会还是输掉了这场官司）。这大概就是所谓最后一根稻草了吧。

所罗门兄弟公司执行委员会成员认定抵押债券市场没有什么出路。他们对它不了解，也不打算去了解它，只盼眼不见心不烦。他们采取的第一步就是切断同储贷业的联系。储贷协会陷入了全行业危机，必须切断与其的信贷联系。而切断同储贷业的业务联系就等于关闭了抵押部，因为储贷协会是抵押债券的唯一买主。“我差不多是拿自己的身体挡在信贷委员会和储贷协会之间。”拉涅里回忆道。在所罗门兄弟公司执行委员会里，只有一个人支持拉涅里的全部决定，但他的支持具有极大的分量：约翰·古特弗罗因德。“约翰保护了我。”拉涅里说。

抵押部与两大实权部门（公司债券部和政府债券部）交恶的结果是，抵押部的一切都是独立的：抵押销售、抵押金融、抵押研究、抵押营业部和抵押交易部。“处处独立的原因是没有人肯帮我们。”拉涅里说。

这种说法略有混淆真相的嫌疑。在某种程度上，抵押部有意选择了这样的结果。拉涅里并不曾真的向公司里别的部门求助。而鲍勃·多尔也一向坚持他在最初交给所罗门兄弟执行委员会的三页纸备忘录中的条件，抵押部应当独立，他还记得自己以前的老板西蒙对待刚出现的抵押债券的态度。他说一旦将抵押部与政府债券部放在一起，“那么抵押市场永远也别想打开，它将处处受掣”。如果将所罗门兄弟公司里那几个将拜访大公司首席执行官视为日常工作的金融家分到抵押金融部，“那他们一桩交易也做不成。在公司金融部的人看来，抵押债券太低级，配不上他们的身份”，多尔这样解释道。

但是，在拉涅里的心目中，抵押部之所以事事独立完全是因为无人相助。他筑起了高墙保护自己人不受敌意侵害。他的对手已经不再是华尔街上别的公司的抵押部门了，因为它们早已消失殆尽。现在，他的对手就是所罗门兄弟公司自己。“富于讽刺意味的是，”拉涅里说，“公司总是指着抵押部说：‘看，我们多么富于创新精神！’但事实却是，公司对我们做的每件事都持否定态度。这个部门能够成长起来不是靠公司的帮助，而是因为它无视公司的非议。”

第六章

肥胖的交易师和神奇的赚钱机器

自发形成的抵押部有一种妙不可言的生活哲学，它的程序是：预备！射击！瞄准！从开业时间来看，这帮虚张声势的交易师所赚的钱多得吓人。

1981—1986

1981 年 10 月，曙光终于降临抵押交易部。最初谁也弄不懂究竟是怎么回事。在电话线那头，仿佛全美国储贷协会的总裁都在心急火燎地要同所罗门兄弟公司的抵押交易师通话。他们不顾一切地抛售手上的贷款。全美国的住房抵押贷款，加起来总计有 1 000 亿美元的债务，都在急于出售。卖主有上千家，市场上却没有一家买主，不，应该说只有一家买主——刘易斯·拉涅里和他手下的交易师。供求之间的不平衡令人咋舌，就好像消防水管喷向了一群渴极了的小淘气。1 000 亿美元的生意蜂拥而来，接听电话的交易师们所要做的只是张开嘴巴尽可能地吞下去。

到底发生了什么事？ 1979 年 10 月，联邦储备委员会提高了利率。从此，储贷协会陷入大量亏损的局面，整个住房抵押贷款制度走到了崩溃的边缘。有一段时间，形势极度紧张，如果无人施以援手，储贷协会将出现全行业性破产。国会为了挽救它心爱的储贷协会，于 1981 年 9 月 30 日通过了一项税收豁免法案。[1]

1. 税收豁免法案授权储贷协会出售所有抵押贷款资产，将所得现金投资于回报率更高的资产，通常是以前储贷协会不得经营的资产项目。储贷协会所做的只不过是单纯的贷款组合互换业务。因资产出售而导致的巨额亏损（储贷协会正在按面值的 65% 出售其贷款）则可以隐藏起来。新设立的一项会计标准允许储贷协会按贷款的年限摊提损失。例如，如果储贷协会的一笔 30 年期贷款按 35% 贬值率售出，在第一年的财务报表上则只登记为 1% 多一点。更为优惠的是，可以用储贷协会前 10 年里已经上缴的税金抵补亏损。只要提交了亏损报告，国内收入署（IRS）将向储贷协会返还往年税款。对储贷协会来说，整个把戏的要害在于向国内收入署申报亏损，越多越好，这当然不是什么难事。它们只要尽情出售不良贷款就可以要回往年上缴的税款，无怪乎储贷协会不顾一切地兜售手里的抵押贷款。

它为储贷协会提供了巨额救济，而要想领到这种救济，储贷协会必须售出它们的抵押贷款。它们也正是这样做的，上千亿美元的资产进入华尔街进行流通。税收豁免不是华尔街的点子，事实上，连拉涅里的交易师也是事后才知道有这回事。但是，国会的这一举措意味着华尔街获得了一笔巨额的津贴。祖国万岁！购房者万岁！美国国会就这样拯救了“拉涅里合伙有限公司”。华尔街上唯一一家建制完整的抵押部从此摆脱了尴尬的处境，摆脱了花钱无底洞的恶名，摇身一变成了众人心头的宠儿。

这是一场彻头彻尾的闹剧。市场的兴隆不是因为鲍勃·多尔在他给古特弗罗因德的备忘录中所列举的那些大趋势（住房需求增长，人口从铁锈地带向阳光地带转移等），尽管它们后来都一一实现了。启动市场的是一个简单的因素，税收豁免。就仿佛史蒂夫·乔布斯先买下办公室，建造装配线，雇上20万个推销员，把使用说明书印好，但手上拿不出任何可以卖给客户的东西。这时，突然有某个人创造出了个人电脑，乔布斯刚好看到了这个东西，于是立刻行动起来，把从前那堆毫无用处的东西命名为苹果电脑。

债券交易师倾向于把每一个交易日都看作是最后一个。在这种短视性格的支配下，他们一味放纵客户的弱点，毫不顾忌这样做可能对长期客户关系产生的影响。他们拿走可以拿走的一切，而孤注一掷的客户则在交易中处于下风，他们关心的是什么时候可以拿到钱而不是一共可以拿到多少钱。储贷协会的总裁们正是一群孤注一掷的客户。他们把帽子拿在手上，络绎不绝地来到所罗门兄弟公司的抵押交易厅。他们把自己的弱点表现得如此明显，还不如直接给所罗门兄弟公司开一张支票来得更痛快一些。

储贷协会头头们的无知让形势变得更糟。这些 3–6–3 俱乐部的成员从未在债券市场上摔打过，他们根本不懂该怎么玩“说谎者的扑克牌”游戏，他们也不了解自己要与之打交道的人的心理。他们不知道自己卖出去的东西究竟价值几何，甚至连自己手上贷款合约的条款（年限、利率等）也所知甚少。储贷协会的经理们只知道一件事，那就是他们想卖到什么价钱。所罗门兄弟的交易师们注意到一件最不可思议的事情，不论这些人受到怎样的粗暴对待，下一次他们还会回来要求卖出更多的贷款。他们就像我在公司猎鸭活动中见到的那些鸭子，它们受到训练，在同一伙猎人面前反复出现，直到被打死为止。无须成为查尔斯·达尔文你就可以断定，这一物种肯定没有希望了。

交易师汤姆·迪那波里愉快地回忆起某个储贷协会总裁的来访。“他想卖出价值 1 亿美元的 30 年期贷款（利率不变），再用拿回来的现金买入价值 1 亿美元的别人的贷款，我告诉他我会为他自己的贷款出价（买入）75（每 1 美元贷款买入价 75 美分），然后报价（卖出）85 卖给他别人的贷款。”面对这几个数字，储贷协会的老板开始挠头。他卖出去的贷款和买进来的贷款大同小异，但一进一出在收益上的差额意味着他要从口袋里掏出去 1 000 万美元。或者，换个说法，储贷协会要为这笔交易向所罗门兄弟公司支付 1 000 万美元的佣金。“听上去这可不像一桩好生意。”他说。迪那波里心里早有准备。“从经济学的角度来说，这当然不是一桩好买卖，”他说，“但你可以换个角度来看。如果你不这样做，就得丢饭碗。”旁边另一个交易师也在和一家储贷协会的总裁通话，他无意中听到迪那波里的话，几乎控制不住要笑出声来。这是他一整天里听到的最风趣的话。他可以想象电话那头那个家伙的样子，一副绝望的倒霉样。

拉里·芬克认为："1981 年 10 月是资本市场历史上最不负责任的一段时期。"他是黑石集团的合伙人之一，其他诸人包括史蒂文·施瓦茨曼、彼得·彼得森和戴维·斯托克曼。在 1981 年 10 月，芬克正是第一波士顿银行那个小小的抵押交易部的头头，它将很快地壮大起来，成为刘易斯·拉涅里的主要竞争对手。"最明智的储贷协会不为所动，而那些做成大笔买卖的其实都被交易师们耍了。"

此话也许不假。但是，正如其他在成年人间达成的协议一样，参与者的唯一戒律就是：买者当心。如果这是一场拳击比赛，裁判可能早就叫停了，免得落败的一方丧命——但这不是。从任何一个方面来看，情形只会变得更加恶劣。拉涅里本人倒还有几分怜悯之心，有时他会介入干预储贷协会总裁和他手下的交易师在权力上的不平衡。抵押交易师安迪·斯通还记得自己曾以 80（每 1 美元面值出价 80 美分）的价格购入价值 7 000 万美元的抵押债券。在斯通的坚持下，加利福尼亚的一名债券推销员立刻以 83 的价格把它转卖给了本·富兰克林储贷协会。在短短几分钟的时间里，斯通已经赚了 210 万美元（7 000 万的 3%）。在例行的鼓掌庆贺和通过扬声器对推销员进行了表扬之后，斯通把消息告诉了拉涅里。

一天赚入 210 万美元是一个相当不错的成绩。斯通当上交易师不过才 8 个月，急于在老板面前表功。但老板似乎并不高兴。"刘易说：'如果不是看在你还年轻的分儿上，我会立刻把你开除。给那个客户打电话，告诉他你就是那个偷了他钱的屁股眼儿。告诉他你是用 80 的价格买下那批债券的，因此卖给他的价钱不应该是83，而应该是80.25。'”斯通回忆说，“试想一下，给你的客户打电话说什么：‘嗨，我就是那个偷了你钱的屁股眼儿。’这是什么心情！”

并不是只有那些傻瓜们排着队等待同所罗门兄弟公司做生意，精通业务的储贷协会老总们一样面临两难选择，要么任人玩弄，要么慢性自杀。对许多人来说，不为所动意味着破产。吸收存款要支付14%的利息，而先前办理的住房抵押贷款的入息只有5%，这种日子能好过吗？不幸的是，这恰恰就是储贷协会的真实处境。到1982年年底，各储贷协会开始了自救的努力，以摆脱灾难性的命运。当时，短期利率已经回落到长期利率水平之下，这样，储贷协会就可以按12%的利率吸收存款，而以14%的利率安排新的抵押贷款。

许多储贷协会抛出数亿美元现存的不可救药的和亏损累累的旧贷款，转而买入数十亿美元新名目的贷款。每次新购入抵押债券的交易（相当于发放一笔贷款）都像是绝望者的孤注一掷。这种策略是极端不负责任的，因为它于根本问题（买入短期资金，贷出长期资金）毫无助益。交易的超速增长只不过意味着下一次储贷协会的危机会更加严重。但是储贷协会的经理们想不到那么远，他们只顾着保持业务的连续性。这可以解释为什么储贷协会一边卖出贷款一边又购入抵押债券。

税收豁免和会计标准的优惠政策本来是为了挽救储贷协会，但最后却成了为刘易斯·拉涅里的抵押部量身定制的发财之道。它把大把的钞票送给了所罗门兄弟公司的交易师。至少，华尔街上那些心怀嫉妒的人是这样想的。在储贷业风光无限的日子里，拉涅里容许他手下的人采取一种买了再说的态度。所罗门兄弟公司的交易师扮演了一个匪夷所思的角色。他们已经不再交易抵押债券，而是买卖抵押债券的“原材料”，即住房贷款本身。所罗门兄弟公司突然间干起了储贷协会的行当。在华尔街的投资银行和购房者之间既没有吉利美，也没有美国银行，只有所罗门兄弟在承担着购房者的支付风险。在此情况下，一个谨慎的人一定会事先检查作为贷款抵押物的财产，因为它是贷款的唯一担保。

但是，如果想跟上新市场的步伐，你就不可能有时间逐一检查贷款项目里作为担保物的最后财产。买下整宗贷款（这就是交易师所说的住房贷款，以此区别于住房抵押债券）完全是一种信任行为，就像你可以尽管放心地食用大香肠。崇尚冒险是拉涅里的特质。只用心算他就可以断定，不论他为买入劣质贷款付出多大的代价，在交易中获得的利润都远远超过此数。事实证明他是对的。有一次他曾拒绝购入一连串发放给得克萨斯浸礼会教堂的贷款，一般来讲，贷款的用途都是购买住房，出售贷款的储贷协会经理大致上所言不虚。

不过，正如我曾经讲过的那样，所罗门兄弟公司的高管对信任储贷协会的做法却颇有微词（在这方面，所罗门兄弟倒也不是个别的。绝大多数华尔街上的公司都已经切断了同储贷协会的关系）。拉涅里回忆说：“执行委员会说我不应该交易整宗贷款，而我索性走出会议室，按自己的想法放手去干。人人都说我不该那样做，他们警告我这样迟早要下大狱。但是，整宗贷款占了全部抵押市场中 99.9% 的份额。你又怎么可能避开这种交易呢？”此言甚是。“我们大买整宗贷款，”汤姆·肯德尔说，“不过接着就遭到了麻烦，有人告诉我们在买入之前应该先去弄一个鹰徽。”所谓鹰徽，就是联邦住房管理局对整宗贷款交易的许可证。“直到那时，我们才知道应该去办这件事，而且马上就办成了。”

拉涅里一伙儿的如意算盘是贴上政府标签，尽快将“整宗贷款”转换为债券。然后，他们就能把这些债券卖给所罗门兄弟公司的机构投资商，性质上就像推销美国政府债券一样。也许是拉涅里的反复游说终于起了作用，联邦政府在吉利美之外又设立了两个新的机构。它们的职能是为不符合吉利美资格的抵押贷款提供担保，分别命名为联邦住房贷款抵押公司（即房地美，Freddie Mac）和联邦全国抵押协会（即房利美，Fannie Mae）。它们通过提供担保的方式将大多数住房抵押贷款转变为政府担保的债券。储贷协会为抵押担保向担保机构支付一笔费用。贷款质量越差，储贷协会向担保机构支付的费用也就越高。不过，只要弄到了担保证明，就不会有人再过问贷款的质量。违约拖欠的贷款购房者逐渐成了政府的包袱。而政府开设这些机构的本意是以为它们在评估信用质量和计算信用成本方面能够比个人投资者更精明一些。

自发形成的抵押部有一种妙不可言的生活哲学，它的程序是：预备！射击！瞄准！从开业时间来看，这帮虚张声势的交易师所赚的钱多得吓人。到 1982 年，在经历了两年半清苦的日子之后，刘易斯·拉涅里的抵押部赚了 1.5 亿美元。1984 年，一个名叫史蒂夫·鲍姆的抵押交易师创造了所罗门兄弟公司的一项新纪录，在 1 年时间里，他经手的整宗贷款交易取得了 1 亿美元的利润。尽管没有见到官方数字，但所罗门兄弟内部一般都认为拉涅里的交易师们在 1983 年赚 2 亿，1984 年 1.75 亿，1985 年则是 2.75 亿。

刘易斯·拉涅里成了在正确的时间里、正确的位置上的正确人选。“刘易斯愿意投身于他还不十分理解的事业。他对自己信赖的事业有一种直觉，而这是最重要的。”他手下的一位高级交易师说道，“所罗门兄弟的态度永远是，‘只要你确定，就放手去干。但如果失了手，你也就完蛋了’。刘易很适应这一套，如果是在别处，经理们会说：‘好吧，小家伙，值得押上全部身家来搏这桩买卖吗？’刘易不光自己要搏，他还要雇人让他们也去搏一搏。他的态度是：‘是的，豁出去了，没有什么了不起的。’如果是在别的公司，他恐怕得向某个委员会提交长达 200 页的备忘录以证明他的作为是安全的。他必须首先证明知道自己在干什么。这意味着他永远没有机会做成这桩事。他也许知道自己在干什么，但他永远也不能证明。如果刘易是在别的公司里被任命为负责抵押市场业务的主管，他将一事无成。”

* * *

所罗门兄弟公司的交易厅是独一无二的。最低限度的领导，最低限度的控制，也没有职位上的限制。交易师可以买卖任意数量的债券。只要他认为合适，他无须征求任何人的许可。换句话说，交易厅是首席执行官的噩梦。抵押交易师沃尔夫·纳都尔曼说：“如果将所罗门兄弟的交易厅拿到商学院做案例研究，那些扮演首席执行官的家伙会说：‘这简直令人震惊！’但是你知道吗？他们很可能是错的。有时你会亏一些钱，但有时你也会发一笔意外之财。所罗门兄弟是对的。”

所罗门兄弟宽松的管理风格也有不利的一面。所罗门兄弟公司是 20 世纪 80 年代早期华尔街上唯一一家没有建立成本分配制度的大公司。令人难以置信的是，对利润也没有进行分析。对人员的评估完全依赖于交易账簿上的总收入，而不去考虑为此支付的成本。在合伙制年代里（1910—1981），经理们抽屉里的都是自己的钱，宽松的管理风格是适用的。可是，如今这些钱已经不再属于他们自己，而是属于股东的。在合伙公司里屡试不爽的做法在一家公众持有股份的公司中却是灾难性的。

交易经理们没有专注于利润，而是专注于收入。他们会因为任何的成长而受到奖赏。总收入意味着纯粹的权力。拉涅里在1978年终于当上了合伙人。此后，他的影响随着收入的减少而日渐衰落，直至1981年年末。当抵押市场出现爆炸性增长之后，他迈向所罗门兄弟公司权力顶层的步伐也大大加快。1983年，他掌管的部门创造了公司总收入的40%，而别的部门没有一个能够达到10%，他也借此得以升入所罗门兄弟公司的执行委员会。他继续扩大自己的业务规模，雇用更多的交易师并且涉足不动产抵押。

1985年12月，约翰·古特弗罗因德对记者说："关于可能在将来出任董事长的人选，我们手上有一张非常短的名单，刘易是其中的一员，这是相当肯定的。"拉涅里继续扩张，他收购了一家抵押银行，后者直接面向购房者发放贷款，从而可以向拉涅里提供抵押债券的"原材料"。1986年，拉涅里升入直属古特弗罗因德的董事长办公室。在那一年，拉涅里把业务扩展到了海外，他在英国创办了抵押公司，按照美国模式重塑英国的抵押市场。同他一道进入董事长办公室的还有分别来自政府债券部和公司债券部的两位代表，汤姆·斯特劳斯和比尔·佛特，他们也是未来董事长的竞争人选。大家都在拼命扩张自己的部门，拉涅里则遥遥领先。到1987年年中，尽管无法证实资料的可靠性，所罗门兄弟公司的一位部门经理还是宣布，在所罗门兄弟现有的7 000多名雇员中，大约有40%直接或间接地听命于拉涅里。

随着交易收入的猛增以及各个层面上的进展，抵押部的业务逐渐为其他部门所了解，就像奖金额度一样，交易账簿上的数字别人也能打探出来。虽说实习生永远是最后一个知情者，但到底还是让他们估算出了这个由所罗门兄弟公司统领的突然崛起的市场的容量。“你坐在教室里，计算全美国抵押贷款的总额有多少，只要将其中的一部分，比如说10%予以证券化，你就可以领悟到这个市场有多大。”说这话的人是前所罗门兄弟公司交易师，马克·弗里德，他是1982年培训班里的成员。

到1984年，所罗门兄弟公司已经可以自豪地在一个国会专门委员会面前宣称，到1994年之前，全美将需要4 000亿美元用于新房融资。拉涅里成了新的征服者、英雄、所罗门兄弟的传奇人物和成功的化身。他在培训班上讲课，说到他刚从加利福尼亚飞回来，他在飞机上看到的那些小房子如何做了抵押，而所有这些抵押贷款最终都会流入所罗门兄弟公司的交易大厅（没有人怀疑他在9 000多米的高空中是怎样看到下面那些小房子的，如果有，那也只能是拉涅里自己）。到了1984年，抵押交易师已经成了从所罗门兄弟公司培训项目中脱颖而出的年轻MBA们眼中的热门职位。人人都想做抵押交易，想做所罗门兄弟公司的抵押交易师，想成为这个如今已经占到公司过半数收入的赚钱机器的一部分。

所罗门兄弟公司的抵押交易师们不可一世地巡视这个在本公司乃至在全世界都最大的资本市场，这个华尔街上最赚钱的市场，已把别人远远抛在后面。他们感到幸运。“这是个不争的事实，”一位交易师讲道，“抵押交易师都是些野心勃勃的家伙。一个不争的事实是，作为抵押交易师，你赚的不是很多钱，而是市场上所

有的钱。同样的事实是，你做的不是市场里的部分交易，也不是市场里的绝大部分交易，而是市场里**所有**的交易。”

要想一口吞下市场上所有的交易，你就得有买家和卖家，而在 1981 年 10 月，这听上去有点儿像天方夜谭。拉涅里和德崇的垃圾债券大师迈克尔·米尔肯一起在 20 世纪 80 年代扮演了伟大的债券传教士的角色。在穿行于全美试图劝说机构投资者购买抵押债券的旅途中，拉涅里常撞上米尔肯。他们在同一天拜访同样的客户。“我的东西先卖出去了，”拉涅里说，“投资者们开始购买我带给他们的福音。”按照拉涅里的说法，他的福音可以简略地表述为：“抵押债券便宜到让你牙痒的程度。”拉涅里手里的王牌就是吹嘘抵押债券的收益如何胜过信用等级相似的政府债券和公司债券。绝大多数抵押债券被两大评级机构穆迪和标准普尔评为最高的信用等级 AAA，绝大多数抵押债券都获得了美国政府的担保。有些是明显的，比如吉利美债券，另一些则较为隐蔽，如房地美和房利美债券。

没有人认为美国政府也会赖账，但投资者就是不想同拉涅里或他手下日益扩大的销售队伍打交道。尽管抵押市场发生着日新月异的变化，但是由威廉·西蒙向吉利美指出的问题却未能解决：你无法预测抵押债券的寿命。提前偿付本身倒不是问题，问题在于你不知道何时发生。而如果你不知道现金返还的具体时间，你就无法计算收益。你所能推测的只是当利率上升时，购房者不会提前偿付，债券将按票面期间到期偿付。如果利率下降，购房者就会融新偿旧，债券将提前偿还。投资者可不喜欢这个。尽管债券的供给形势在 1981 年出现了戏剧性的变化，但需求方面却还没有打开局面。抵押贷款真的很便宜，多得不得了，但就是没人要。

更糟糕的是，在好几个州里，抵押债券至今还属于非法投资，拉涅里对此心有不甘。在一次会议上，他对一位以前从未见过面的律师大喊大叫："我不想听律师们说什么，我只想办成想办的事。"他试图寻找一项能够克服州法的联邦优先权。他还着手寻求一种能够让抵押债券与其他债券相类同的方法，让抵押债券也取得确定的到期日。

最后，他打算改变美国人借钱购房的方式。他说："我至少应当有权利向消费者说明，这儿有两种实质上完全一样的贷款品种。利率分别为 13% 和 12.5%，你可以任选一种。对那种利率为 13% 的债券，你可以在任何时候以任何借口提前偿付。而 12.5% 的那种，如果出现搬家、亡故或要买更贵的房子的情况，提前偿付没有问题。但如果你只是想减轻储蓄和负债负担而提前偿付的话，那么你就得向我缴纳一笔费用。"国会授权他在所有的州销售抵押债券，但拒绝了后面那项更为激进的建议。购房者有权在任何时候提前偿付抵押贷款，拉涅里只有另找出路才能说服机构投资者购买天晓得有多少回报的抵押债券。

* * *

这没有难倒拉涅里。"刘易这家伙能把冰卖给因纽特人。"斯科特·布里滕汉姆说道，他曾陪同前者多次进行这类销售拜访。"同客户打交道是他的拿手好戏，把他绑在交易台可真是屈才了。"鲍勃·多尔也说，此时他在所罗门兄弟公司里的职业生涯已接近尾声。拉涅里回忆道："我不想再为提前偿付问题多费口舌。最后，我直截了当地进入价格谈判。到底什么样的价格才能打动他们？总有一个价格能够让他们动心购买。比国库券的收益高出 1 个百分点？2 个百分点？我的意思是说，比（美国国库券的）收益曲线高 3.5 个百分点！”

全美国所有的购房者都知道，在任何时候提前偿付贷款都是一项有价值的权益。他们懂得，如果在高利率时期借了钱，那么当利率下降时，他们可以借新债还旧债，这是有利可图的。他们也乐于拥有这项选择权。可以假定，他们也会愿意为这项选择权支付费用。问题在于，就连华尔街上的人物也说不出购房者的选择权价值几何（直到今天他们仍旧没弄明白，不过已经大有进步了）。作为交易师，拉涅里不仅向大家指出，而且还要证明说，既然没有人要买而人人都想卖，那么抵押债券的价格一定是很便宜的。更准确地讲，他声称抵押债券利率高于政府债券（又称无风险债券）的部分超出了购房者所拥有的选择权的价值。

拉涅里打破了华尔街上推销员的常规做法。他将抵押债券的业务个人化。如果人家不肯买，他会觉得受了伤害，仿佛是自己落到了没人要的境地。1985 年，他告诉《美国银行家》杂志：“在我们这些弄房子的人眼里，市场为补偿提前偿付的风险向我征收了超出实际价值的溢价。”请思考一下这句话的讲法。“我们这些弄房子的”的“我们”指谁？拉涅里本人没有多花一分钱，付钱的是购房者。刘易斯·拉涅里，这位所罗门兄弟公司从前的邮件中心小工和公用事业债券交易师，如今却成了美国购房者的代言人。这一形象比起八面玲珑、一心只想赚钱的华尔街交易师来自然可亲得多。“刘易在演讲中大谈为美国人民兴造住房的美好前景，”鲍勃·多尔说，“当我们结束会议走出会场时，我会说：‘嗨，你并不指望有人会相信这番废话，是吧？’”但这却正是拉涅里踌躇满志的本钱，因为他自己相信这些废话。

拉涅里也许是华尔街历史上的第一位公众人物。伟大的路易斯安那政治家 H. P. 朗（Huey P. Long）的竞选口号是：“让每口锅里都煮上一只鸡！”刘易斯·拉涅里从他的交易台上拿起一叠债券高喊：“家家户户全抵押！”拉涅里本人看起来长得和他的服务对象属于同一种人，这也是一个有利点。“这是一场伟大的演出。”他的被保护人克隆塔尔对此并不隐瞒。拉涅里上班时足蹬黑色约翰尼·尤尼塔斯（Johnny Unitas）式及膝长靴，戴着 6 英寸宽的领带。每逢周五，他总是换上棕黄色的涤纶夹克和黑色的斜纹夹克。他一共有 4 套套装，全是涤纶的。

在 1982 年到 1986 年的黄金岁月里，他的年收入从 200 万美元增加到 500 万美元。尽管越来越有钱，他还是只有 4 套套装。杰弗里·克隆塔尔回忆说：“我们常笑话他是在布鲁克林男性用品商店里排队买到这些套装的。他们会卖你 1 套套装，再送你去佛罗里达旅游，外加一瓶香槟和食品券，一共只收 99 美元。”拉涅里用自己的钱买了 5 条动力船。“这样一来我的船比我的套装还要多。”他对此颇为得意。除此之外，他的生活毫不张扬，没有闪亮的汽车和新宅。人靠衣装，每个人都会注意别人的衣着，而他身上的涤纶套装似乎在说：“我还没有忘记我是从后台办公室发迹的，你也别他妈的忘了。”其中蕴含的另一层含义是：“我是刘易，不是富有的投资银行家笨蛋。我不搞云山雾罩那一套。你们可以相信我，而我则尽心尽力地照顾你们。”

在拉涅里和他手下交易师们的压力下，投资商的不信任感消解了。慢慢地他们开始买进抵押债券。“波士顿投资经理安迪·卡特是第一个购买拉涅里福音书的人。”拉涅里回忆道。更重要的是，拉涅里是储贷业的精神导师。如果事先不征求他的意见，十几家美国最大的储贷协会根本就不知道该干什么。他们信任他：他外表像他们，穿着像他们，连讲话的腔调也差不多。因此，尽管在卖出贷款之后他们有机会购入迈克尔·米尔肯的垃圾债券，但他们还是紧抓着抵押债券不放。从 1977 年到 1986 年，美国各储贷协会持有的抵押债券的数额从 126 亿美元上升到 1 500 亿美元。

但是，这些静态的统计数字大大低估了储贷协会对拉涅里一伙获得财富的重要性。拉涅里的推销队伍不仅鼓励储贷协会的经理们持有抵押债券，而且鼓励他们积极地交易债券。优秀的推销员可以把一位害羞、紧张的储贷协会总裁变成疯狂的赌徒。从前在债券市场上默默无闻的储贷协会行业突然间冒出了几个呼风唤雨的大玩家。尽管储贷协会的数量在减少，但储贷行业的总资产从 1981 年到 1986 年却几乎翻了一番，从 6 500 亿美元增加到 12 000 亿美元。所罗门兄弟公司交易师马克·弗里德还记得有一次拜访加州一家大型储贷协会的经理，后者在华尔街已经陷得太深了。弗里德此行是想说服这位经理冷静下来，不要在市场上滥下赌注，要削减头寸规模，在债券市场上为自己的头寸设置套期保值。“你猜他说什么？”弗里德说，“他说套期保值是女人的玩意儿。”

* * *

许多所罗门兄弟公司的抵押交易师估计，他们所赚取的利润中有 50%~90% 直接来自对储贷协会的低买高卖。也许你会觉得奇怪，为什么储贷协会的总裁们能够容忍所罗门兄弟公司的巨额利润。首先要指出的是，他们对此一无所知。所罗门兄弟公司赚取的利润是无形的。而且，由于华尔街上没有另一家竞争对手，也就不会有人告诉他们所罗门兄弟公司正从他们身上牟取暴利。事实是，并且至今仍然是事实——从前这些市镇花车游行的赞助者、3-6-3俱乐部的成员和高尔夫球手们，如今已经变成美国最大的债券交易师。他们也是全美国最蹩脚的债券交易师，是市场上的傻瓜。

正如鲍勃·多尔所预料的那样，尽管储贷协会疯狂扩张，但它们还是满足不了20世纪80年代早期住房抵押贷款的需求。在所罗门兄弟公司，所谓抵押交易师的工作更多的是充当买家而不是卖家。“史蒂夫·鲍姆（整宗贷款交易师）正在经营一家拥有20亿美元资产的储贷协会。”一位以前的同事说。正如储贷协会一样，鲍姆发现自己屁股底下坐了一堆长期贷款（和储贷协会不同的是，他发了起来）。这样一来，在80年代早期就出现了奇妙的角色倒置现象，储贷协会变成交易师，交易师变成储贷协会。（事实上，华尔街正在让整个储贷行业成为不必要的存在。总有一天会有人站出来勇敢地发问：“为什么不干脆甩掉整个储贷行业？”）迈克尔·莫塔拉给鲍姆起了个外号叫“买入鲍姆”，因为他似乎从来也卖不掉任何东西。形势的发展将会证明，这一局面对所罗门兄弟公司极为有利，债券市场正在酝酿一场创纪录的反弹。亨利·考夫曼在《机构投资者》上回忆道：

> 在80年代早期，优惠利率高达21.5%，国库券利率为17.5%。长期利率在1981年10月达到峰值，政府长期债券的利率上触15.25%的价位。当时我只是感觉，到1982年第三季度，经济恐怕没有希望迅速恢复，而到了1982年8月，我终于变成了牛市拥护者。当然，就在我转变立场的当天，股票创下了有史以来最大的收益，而债券则出现了戏剧性的反弹。

我们正打算去华尔道夫酒店参加一次执行委员会会议。前一天晚上我已经写好一份两页纸的东西，说明我认为收益即将猛烈下降并且提出了我的分析。我把它交给司机转给我的秘书，她将把这份文件输入机器，同时显示到交易师和推销员都能看到的屏幕上。噢，大概是在早上8点45分或9点的样子，那时市场还没有开市。接着我就去华尔道夫，那里有一个八人执行委员会会议。我接到秘书打来的电话请我对交给她录入的东西做些解释——我用的是普通字体，这时旁边有人同我讲话，可能是约翰·古特弗罗因德。“你刚才在电话上说什么？”我回答说：“噢，我正在指示写一份备忘录。”他问道：“是关于什么的？”我告诉他：“嗯，我已经改变了对债券市场走势的看法。”他们一齐叫道：“你已经改变了对债券市场走势的看法？”不过，此刻屏幕上已经打出了我那篇东西，接着市场就陷入了疯狂。

拉涅里和他的手下已经吃下了价值数十亿美元的抵押债券，处境堪忧。考虑到市场上的供求状况，他们别无选择，只能把宝押在市场回升的希望上。因此，华尔街有史以来最大的一次债市反弹令他们欣喜若狂。他们首先要感谢考夫曼，是他说债市要回升，而它果然回升了。接着，联邦储备委员会允许利率下调。正如考夫曼所预测的那样，华盛顿的政策又一次给拉涅里和他手下的那伙交易师们带来了幸运。“一切都乱了套，债券期货的价格在一周之内上涨了16点，简直让人不敢相信。”沃尔夫·纳都尔曼回忆道。抵押部成了公司上下嫉妒的对象。

寥寥数名交易师创下了数亿美元的交易利润，这在很大程度上是市场回升和储贷协会诸君令人庆幸的无知共同作用的结果。但是，拉涅里还有别的更诡秘的赚钱手法。

拉涅里的交易师发现，他们在其他公司里的对手很好骗。所罗门抵押交易台是唯一一个同别的华尔街投资银行没有直通电话线的特例。他们更喜欢借助中介，后者又称经纪人。安迪·斯通说："我们主宰着华尔街……你可以在 12 美元的价位买入，即使当时的交易价是 10 美元，但你仍然可以赚钱。"所罗门兄弟公司的研究部会发布一份报告，说你刚刚以 12 美元的价格买下的那种债券实际上值 20 美元，或者放风出去说我们已经在 12 美元的价位上买下了 60 亿美元这种债券。华尔街上别家公司的人就会眼看着它们在屏幕上被炒起来并且深信不疑。"嗨，最好我们也买点儿，多少不拘，从而帮我们甩掉自己的头寸。"这段话的意思翻译过来就是：所罗门可以支配抵押债券交易的游戏规则。

随着时间的推移，拉涅里逐渐从日常交易决策中脱身出来。"刘易是一个光芒四射的大人物，"安迪·斯通说，"他会声言未来两周内抵押债券的表现将超出国库券，而且有 95% 的可能他是对的。即便他失言了，他也总是可以给 19 家储贷协会打电话劝说他们买入我们的抵押债券头寸。"可是，拉涅里不是一个擅长处理细节问题的人，而交易师们却开始深入探究抵押市场的细节。"交易师的性质变了，"老资格的抵押债券推销员萨缪尔·萨克斯讲道，"火箭科学家被请进了交易师队伍，他们开始将抵押债券分割为细小的类别。市场变得极为复杂，拉涅里已经不可能在脑子里同时考虑各种因素了。"

年轻的交易师们怀揣 MBA 和哲学博士学位。克隆塔尔是第一个，接下来是豪普特、罗思、斯通、布里滕汉姆、纳都尔曼、鲍姆、肯德尔和豪伊·鲁宾。年轻的新交易师们创造的诡计之一便是诱使借款人在不适当的时机提前偿付贷款。碰上好机会，华尔街还能利用华盛顿的糊涂为自己谋取好处。这一次，史蒂夫·罗思和斯科特·布里滕汉姆通过交易联邦项目贷款赚了几千万美元，这是发放给住房项目建筑商的贷款，由联邦政府担保。1981 年，联邦政府出现了财政赤字。它开始着手进行资产出售项目。在它准备出售的资产中，有一块就是 20 世纪 60 年代和 70 年代发放给低成本住房开发商的贷款。当年，这些贷款是作为一种补贴形式以低于市场利率的价格发放的。在公开市场上，由于利率太低，它们的价值远远低于票面，典型的这类贷款的价格通常只有票面的 60%（1 美元票面只值 60 美分）。比如说，一宗 30 年期 1 亿美元的贷款，只能为贷款人挣来 4% 的年息（如果他投资于美国国库券，就可以赚到 13% 的年息），它的价值可能只有 6 000 万美元。

有时，政府会将打算出售一宗贷款的声明登载在《华尔街日报》的一个小角落里。看来只有两个人读到这类消息：罗思和布里滕汉姆。布里滕汉姆现在还说："我们在好几年的时间里主宰了这个市场。当我在 1981 年进入市场时，我们真的是唯一的买家。"这个市场比任何别的市场都更像赌场。他们的诡计就是在事先确定哪些政府项目贷款可能会提前偿付，因为一旦偿付，贷款的持有人即债主，将收获意外的横财。奥妙在于项目贷款的交易价格低于票面。如果罗思和布里滕汉姆按票面的 60% 买入，而政府又马上偿付了这笔贷款，那么他们就可以实现大约相当于票面价值 40% 的利润。为了赚到这笔钱，你得事先找出哪些项目贷款可能提前偿付。有两种项目可以满足上述要求。

第一种是陷入财务困境的项目。哪里有不幸，哪里就有机会。“如果你能找到一宗将会发生抵押贷款违约拖欠的政府住房项目，那你可就赚大发了。”布里滕汉姆说。之所以这样说是因为贷款由政府担保，当出现违约拖欠情形时，政府就要全额支付。这样一来，一次就能赚到几百万。

另一种有希望获得提前偿付的项目是舒适的上点儿档次的房产。布里滕汉姆回忆说：“你要去找的对象应该是比较像样的房产，不是贫民区的那种，应配有不错的配套设施，如游泳池和网球场。找到之后，我就会情不自禁地讲：‘这处房产很有希望被人看中用来换房。’而为了要换房，想住在里面的人就得从房主或开发商手中买下产权，后者则将收回的贷款还给政府。”一旦政府收到这笔款项，它就会向罗思和布里滕汉姆全额偿付那张他们六折买来的债券。走遍全美考察住房项目，找出那些有漂亮泳池的房产和破产的客户，华尔街上这两个年轻 MBA 的想法看上去是多么的荒谬，但他们就这样做了，而且赚到了 1 000 万美元。令人奇怪的反倒是华盛顿负责出售贷款的人为什么没有这样做。显然，他们并不理解这些贷款的价值。相反，他们相信市场会支付合理的价格。不幸的是，市场并不总是有效的。

从美国购房者的愚蠢行为中可以获取更多的财富。在决定何时应该提前偿付债务的问题上，购房者的技巧并不比联邦政府更高明。全国上下所有按 4%、6%、8% 的利率使用抵押贷款方式购房的公民都在极不理智地坚持要求提前偿付，他们根本不考虑当前的抵押贷款利率已经上升到 16% 这一事实；甚至在杠杆负债盛行的年代里，还是有许多人坚持提前偿付，就因为他们不喜欢背着抵押债务。就像联邦项目贷款的情形一样，这种心态也为我们创造了发财的良机。住房贷款是抵押债券的基础，而债券的价格则低于面值。这里的花招是在购房者偿付贷款之前赶紧以低于票面价值的价格买入。能够预测购房者行为的抵押交易师赚了大钱。任何提前偿付都意味着抵押债券持有者的利润。他当初是用六折的价格买入的，如今别人却还给他全价。

* * *

所罗门兄弟公司里有一个名叫豪伊·鲁宾的年轻交易师开始动手计算购房者提前偿付抵押贷款的概率。他发现，房产所处的位置、贷款剩余期限的长短和贷款的数额是影响概率变动的因素。他使用了拉涅里研究部收集的历史资料进行分析。聘请研究员的本意是作为顾问随时请教。可是，在大多数时间里他们的待遇就像橄榄球队里的送水小弟。但是最优秀的交易师却懂得怎样充分发掘研究员的能力。在鲁宾和研究部的眼中，美国的购房者就是实验室里的老鼠。研究员们在图表上标示出当利率变化的冲击效应发生后，以前潜伏不动的购房者如何活跃起来做出反应。如果某个研究员确定某一购房群体很可能比其他人更容易做出非理性的行为时（提前偿付低息抵押贷款），他就通知鲁宾，后者则进场买入这群购房者的抵押债券。当然，购房者本人永远也不知道，华尔街对他们的行为进行了如此细致的研究。

读者由此可以看出，前几年里所罗门兄弟公司的生财之道并无特殊之处。尽管如此，大家也都承认，抵押债券是市场中在数学方面最为复杂的券种。全部的复杂性都是由于购房者提前偿付贷款的选择权所造成的，而普通人能够给市场出的唯一一道金融难题却成了华尔街上聪明人大发横财的机会，这简直需要诗人的想象力。拉涅里的直觉是正确的，他建立了一个庞大的研究部，因为抵押里面有深奥的数学。

这样一来，赚钱的工具越来越讲究了。不幸的是交易师们的所作所为却未能同时进步，伴随他们在市场技巧上的进步而来的是他们在人类进化道路上的后退。随着人数从6人增加到25人，他们的嗓门越来越大，人也变得越来越粗鲁，越来越肥胖，更加不屑于注意同公司其他部门的关系。他们的文化植根于食品之上，如果说这还不够奇怪的话，那么抵押交易师们的吃相将更令你大开眼界。“不用等到圣诞节，在抵押部天天都是圣诞节，你可以敞开肚皮尽情地吃。就算长得再胖也没关系，反正我们赚钱。”一位前交易师这样说。全日大餐从早上8点实习生从三一熟食店买来的洋葱奶酪汉堡包开始，这是第一轮。“其实你可能并不是真的想吃东西，”1985年进入这个部门的加里·基尔伯格回忆道：“你手边正好有事，而且还在喝咖啡，可是你闻到了飘来的香味，人人都在吃，于是你也忍不住拿起一个来。”

这帮交易师们创造了所罗门兄弟公司里前所未有的暴饮暴食纪录。莫塔拉两口吞下好几包麦乳精球。德安东纳每天下午让实习生去买20美元的硬糖。豪普特、杰西尔森和阿诺德一口能吃下整张小比萨饼。每个周五都是“疯狂饮食”日，市场收市后，大吃就开始了。“我们会订400美元的墨西哥食品，”一位前交易师说，“买墨西哥食品你不可能花出去400美元，但是我们试过——比方说，要上5加仑一桶的鳄梨酱。有时会有个把客户打电话进来要我们发盘或报价，你只好对他们讲：‘真对不起，我们正在搞疯狂饮食节目。我回头再打给你。’”

随着他们越来越胖，他们对瘦子也越发讨厌。“让伪善滚开！我们对自己现在这副模样感到自豪！”他们嘲笑那些瘦子，在周末参加铁人三项运动的政府债券交易师，说他们有一个星期没赚到 1 分钱了。这种说法并不公平。不过谁也不如抵押债券交易师赚钱多，这倒是千真万确的。抵押交易市场已经出现了转机。安迪·斯通回忆说："每到月底，我们都要举行一次部门内会餐。大家会议论说我们赚的钱比公司债券部和政府债券部加在一起还多。我们是最棒的。他妈的！ 1983 年年末，别的部门头头都当上了合伙人，只有迈克尔·莫塔拉没上去，这一事件真正让我们团结起来了。我们说：'我们可不是给所罗门兄弟公司干的，我们是为抵押部卖命。'"

尽管内部组织的数目不断增加，拉涅里还是成功地保护了这种文化。如果说他们不再举办月末大餐，那么这是因为已经改成去大西洋城旅行。无论如何，政府债券部和公司债券部的人都被严格地排斥在外。抵押交易师们钻进直升机，整夜狂赌，第二天一早又按时飞回所罗门兄弟公司不误交易。这就是符合你身份的活法——如果你是长着铁睾丸的交易师。

* * *

有些捉弄人的把戏是抵押部的传统。偷换衣服始于 1982 年，某个交易师偷了另一个交易师拎去度周末的箱子，取出里面的衣服，再塞满粉红色的花边短裤。从 1982 年到 1985 年，偷换和反偷换至少发生了 4 次。最后一次偷换终于结束了这类把戏。在某个星期五的早晨，约翰·德安东纳姗姗来迟，手里拿着衣箱。他打算到波多黎各去度周末。可他不该向别的交易师四处炫耀，"嗨，弟兄们，真抱歉不能带上你们一起去，哈——哈——哈——"诸如此类的话。

最后，彼得·马罗和格雷格·艾拉蒂（打来电话的常以为格雷格和艾拉蒂是两个人）实在忍不住了。他们趁德安东纳不注意，把他的衣箱拖了出去，把里面的衣服换成10磅湿纸巾。德安东纳丝毫没有觉察，直到他那天晚上从波多黎各酒店的淋浴喷头下走出来换衣服时才发现。顾不上擦干身子，他就先给首要怀疑对象马罗打了一通电话。“马罗承认了，”德安东纳说，“这个笑话一点儿也不可笑。”在这个周末，他一连又给马罗打了7个电话，告诉他自己如何如何不喜欢这个笑话。马罗不得不在星期天一早爬起来接德安东纳的电话，他一定是这样开头的：“我不知道你是在什么时间、什么地点、用什么方式干的，但是，你等着，总有一天……”

报复很快就来了，但不是冲着马罗的。同往常一样，诅咒降临到为搞恶作剧者服务的实习生头上。为马罗打下手的实习生名叫加里·基尔伯格，在培训项目中和我同班。有一天，基尔伯格提着自己的衣箱来上班。这天晚上他要坐东航的班机去华盛顿，和别人一起面见两名参议员。他已经猜到自己可能是德安东纳的目标，于是他把自己的衣箱藏在亨利·考夫曼办公室的衣橱里。就在他准备启程去机场的时候，桌上的电话响了。是马罗打来的。马罗的位置离他只有8英尺。不过，交易师在讲悄悄话时总是用电话的，就算他们坐得再近也是如此。

马罗想给基尔伯格提个醒。“不要告诉别人我给你打过电话，”他说，“不过你最好检查一下你的衣箱。”于是，在确信没有人跟着他以后，基尔伯格又把自己的衣箱检查了一遍。所有东西都好好的。

基尔伯格搭上了那班飞机，他的旅行一切正常。可是，当他两天后走进交易厅时，所有的交易师都在大笑，德安东纳笑得最厉害。“有什么好笑的？”基尔伯格问道。

“旅行顺利吗，基勒？”德安东纳问道。

“是的。”基尔伯格回答。

“你说‘是的’，这是什么意思？”德安东纳问道。

接着，在场的6个人都明白了。在基尔伯格动身那天，德安东纳在交易厅附近找到了一只装满衣服的箱子。箱子上印着一个大大的金字“K”。K代表基尔伯格（Kilberg），不是吗？看来，这一次肯定是弄错了。

这不是基尔伯格的衣箱。“那么这些衬衫和套装是谁的呢？”一位交易师问道，他从桌子底下抓出几件看上去颇为昂贵的衣服。“人人都在琢磨，”基尔伯格回忆说，“他们脑子里想的不是小人物，而是大家伙。是亨利·考夫曼或理查·基尔，他们在惊恐中甚至丧失了正常的判断力，把政府债券部的头头克雷格也作为一种可能。接着，他们又互相问道：‘噢，天哪！我们该怎么办？’”

其实，只要细想一下，问题不难解决。丢衣服的人就是那个提走湿纸巾的。周末发现自己的衣箱里全是湿纸巾，他必然会勃然大怒。但是，偷换衣服一向只是抵押部的内部游戏，何况找遍抵押部也没有哪个“K”为此而受到伤害。既然如此，如果这个衣箱就此消失，那么谁也不会去声张，谁也不会那样做。最后，一位交易师把衣箱塞进一只绿色的大袋子里，就像尸体袋一样，然后把它倒在街对面的建筑垃圾堆里——就在纽约健康与职业俱乐部门前。交易师们同意，就像汤姆·索亚和哈克·芬一样，永远也不告诉别人这件事。基尔伯格说：“直到今天，他们也不知道那是谁的箱子。”

简单地讲，抵押部是一个十足的兄弟会，而不像是一家大公司的部门。它的老板至少对本部门这种不成熟的个性负有部分责任。他不仅仅是团队中的一名成员，他还是领头人。拉涅里注重的不仅仅是赢，更重要的是赢的风格。在拉涅里的交易台上，他用长矛斜串起一条橘黄色的脱衣舞娘短裤。仅仅比别的部门加在一起还要赚钱并不刺激，纯粹的快乐是在赚到比其他部门加在一起还要多的钞票的同时，抽出半天的时间拿你的手下寻开心或是抽粗大的雪茄。

某位交易师还记得有一次拉涅里神气十足地走出办公室同一个年轻的交易师安德鲁·弗里德瓦尔德谈话。“他脸上挂满微笑，同安迪站得那么近，问他一笔交易的进展。安迪向他报告自己希望如何在日本和伦敦销出多少债券，刘易却只是站在那里，脸上挂着古怪的微笑。安迪又说了些什么，刘易还是站在那里微笑，没有什么表示。接着安迪自己发现了恶作剧。刘易正拿着点着的打火机放在安迪的裤裆底下。他的衬裤马上就要着火了，安迪一惊之下差点儿跳出房顶。”

另一个安迪，安迪·斯通，回忆起拉涅里有一回把一瓶百利牌爱尔兰奶油倒进他夹克衫的口袋里。当他抱怨说这是自己心爱的衣服后，拉涅里抽出 4 张脏兮兮的百元钞票说：“别讲了，拿去买件新的。”

拉涅里有一种强烈的念头，他认为商学院分析管理决策的案例教学几乎没有任何用处。玛丽亚·桑切斯还记得她第一天到所罗门兄弟抵押金融部上班时的情景，她被人带着熟悉公司环境，在过道里碰上拉涅里。“我根本不认识他，”她说，“他蹒跚走来，像只企鹅，手里挥舞着一把剑——他在办公室里还有不少剑器的收藏。他走到我的导路人跟前，用剑指着我大声问道：‘她

是谁？’

“我们做了相互介绍之后，他问：‘你是意大利人？’我说：‘不是，我是古巴人。’我穿着短外套，上面有一个长长的蝴蝶领结。刘易拿出一把剪刀，脸上挂满微笑剪断了我的领结。他说他不喜欢女人戴领结。接着从钱包里拿出100美元叫我买一件新衬衫。我当时只有一个念头，天哪，我这是到了什么地方？”

拉涅里最终还是被迫做了让步，这是约翰·古特弗罗因德的意思。尽管古特弗罗因德不反对给自己找点儿小乐子，可无论如何他毕竟掌管着一家大公司。他的副董事长好像已经变成恶作剧董事长。如果他打算提拔拉涅里，拉涅里至少要注意这方面。“我记得有一天刘易走过来把他的美国运通卡丢给丽兹（他的秘书），叫她去布鲁克斯兄弟商店给他买几套衣服，因为古特弗罗因德说他必须改善自己的形象。”安迪·斯通说。

古特弗罗因德不仅关心衣装，他还关心拉涅里本人。另一位交易师说：“古特弗罗因德时刻盯着刘易的体重。有一次我们订了比萨饼，古特弗罗因德正好走过来，刘易停下来再也不肯吃了，直到古特弗罗因德走开。谁都知道哪块比萨是刘易的，他脸上的表情很清楚：动一动它，你就得死。”

拉涅里对自己改变形象的过程的回忆则略有不同。他只记得有一天被他的太太佩格和秘书丽兹“耍过一回”，她们哄他进了巴尼服装店（Barney's）。“我只答应买一套新套装，”他说，“我们一路走过去，为我们服务的那个家伙问我觉得哪套衣服好。每次我看中一套，他就把它从架子上取下来。丽兹事先跟他打过招呼，说我会买下每一套看中的衣服，但我自己完全被蒙在鼓里。走完一圈我已经挑出了9套，接下来我不得不做平生最讨厌的事情——站在那里晃来晃去试穿所有这些该死的衣服。趁着这个当口儿，丽兹拿着我的信用卡说她去付账。可是回来的时候手上却多了三张纸条。‘这是什么？’我问。她一共买下了9套套装、15条领带和24件带姓氏字母组合的衬衫，还有一大堆这种小东西（他指了指手帕）。我被耍了。”

这还没完。他接下来的所作所为令外表修饰顾问的努力付诸东流。绝大多数新套装都是三件套的，他刚买下不久就被别人认为过时了。但是拉涅里从没认真地穿过这些新衣服。有一个交易师回忆道：“每天早上他走进来时，总是把马甲套在一边肩膀上，而领带又甩在另一个肩膀上。”尽管他有了新的形象，但在客户面前却怎么也改不了那副土得掉渣的模样。新衣服成了旧我的精致陪衬。

杰弗里·克隆塔尔回忆起有一次跟拉涅里和所罗门兄弟公司的一位客户共进晚餐的情景，拉涅里当场把汤洒到细细的新领带和衬衫上。“他又恨又怒，发狠说如果让他戴以前那种宽领带，最多也就把领带毁了，衬衫不会被弄脏。”还有一次，在去拜访一位重要客户——阿拉斯加州政府之前，有人告诉只穿一身套装的拉涅里，当时才3月份，在阿拉斯加还得再加一件大衣。他拿出美国运通卡给丽兹，她给他在布鲁克斯兄弟时装店买了一件800美元的切斯特菲尔德牌大衣。就这样，拉涅里去了阿拉斯加，身上不光穿着还很新的套装，还带着一件崭新的名牌大衣。不巧的是，在从41层到阿拉斯加的路上，他的鞋弄丢了。他在飞机上换了一双，显然是免税产品。结果他穿着800美元的大衣，却配了一双9或10美元的亮橘黄色的仿皮鞋，鞋跟足有6英寸高。这可真是一场出色的演出，也许是整个华尔街上最出色的。

* * *

你永远也说不清为什么看上去差不多的人，坐在同一个交易台上，其中一个赚了200万美元而另一个却亏了200万美元。约翰·梅里韦瑟，“说谎者的扑克牌”游戏的冠军，是所罗门兄弟公司交易经理中最擅长发现未来交易天才的人物，但连他也有失手的时候。他曾雇了一个人，此人每逢亏钱总要闹得一塌糊涂。有一次这家伙发现自己又掉进了陷阱，他崩溃了。“他们一起整我，他们一起整我……”他一遍又一遍地重复，直到有人把他硬推出交易厅。

你未必每次都能看出谁不行，但是，天才是一眼就能看出来的。豪伊·鲁宾就是一个天才。在所有的交易师中，鲁宾表现出过人的交易直觉。刘易斯·拉涅里称鲁宾是他所见过的“最具有内秀的年轻交易师”。别的交易师则说他是最像拉涅里的交易师。有一位交易师记得：“刘易会说他认为市场正在回升，然后买入价值100万美元的债券，但市场却开始走低。刘易的做法则是再买入20亿美元，自然，市场又开始回升了。经过这番操纵之后，市场自然会回升，刘易会转过头来说：‘看，我告诉过你它会回升。’在这一点上，豪伊也有点儿像他。”

鲁宾于1982年秋从哈佛商学院毕业后进入了所罗门兄弟公司。关于鲁宾，自拉涅里以下的所有人都深感兴趣的是，他曾花了好几年在拉斯韦加斯的21点牌桌上点牌（记住已经打出去的牌，计算它对输赢的影响）。一个哈佛毕业生曾在赌场点牌可谓罕见，他身上体现出旧所罗门兄弟和新所罗门兄弟的特质。

1977年，鲁宾刚从拉斐特大学毕业，在新泽西州林登市埃克森的一家炼油厂里当化学工程师。他一年能挣1.75万美元，当时他很满足。“6 个月之后我就厌倦了，”他说，“一年半之后，我已经忍不下去了。”如果你是新泽西州林登市的一位百无聊赖的化学工程师，你还能干些什么呢？只能看电视，喝啤酒。有天晚上，他和一位大学朋友坐在一起看电视，频道调来换去，无意中撞上了《60 分钟》节目，里面讲到有一个人靠在 21 点牌桌上点牌谋生。“他妈的，连他都能干这个，这活儿还会难到哪里去？”鲁宾说。他读了 3 本这方面的书，然后就跑到拉斯韦加斯去了。在两年时间里，他把带去的 3 000 美元变成了 8 万美元。“我的困难不在于如何击败对手，而是如何不被赌场赶出来。”他说。到他离开时，镇上的每一家赌场里都贴上了他的照片，他只好乔装打扮骗过警卫。最后，当他连点牌也厌倦了之后，他跑到哈佛去注册上学。他从见多识广的同学那里知道了世上还有债券交易这一行。他说，他当时立刻就明白了，这就是他的机会。

鲁宾运用点牌时的经验确立了折扣抵押债券提前偿付游戏的规则。“21 点是赌场里唯一一种结果具有非独立性的游戏。在这里，过去发生的事件可能会影响未来。你总有机会找出统计上的有利时机，这也就是你该痛下赌注的时刻。”他告诉我们。在所罗门兄弟公司，他的优势在于对购房者过去的行为有远超他人的丰富信息，也只有在有了这份把握之后他才会下注。不仅如此，他甚至还说，所罗门兄弟公司的交易厅感觉上就像拉斯韦加斯的赌场。你在上千种消遣方式中选择去哪里下注并且自己承担风险。为了在赌场 21 点发牌手面前掩饰自己对已经打过的每一张牌的记忆，鲁宾雇了一个邻人与他谈话，喝杜松子酒，以此分散对手的注意力。而在所罗门兄弟公司交易时，有 6 个债券推销员围着他直嚷嚷，他还可以一边吃着早上的一份奶酪汉堡，一边看拉涅里在年轻交易师的裤裆下打着比克牌打火机。

* * *

在培训结束后的第一年，也就是 1983 年，鲁宾赚了 2 500 万美元。那个所罗门兄弟公司管理层从未回答的问题就是由豪伊·鲁宾第一个提出来的，几亿美元的利润是谁赚来的，是豪伊还是所罗门兄弟公司？在鲁宾看来，答案只能是他自己；而在约翰·古特弗罗因德看来，却是所罗门兄弟公司。古特弗罗因德认为，是公司创造了让鲁宾大显身手的机会，因此理该得大头。自然，古特弗罗因德的观点占了上风。豪伊·鲁宾从培训班里毕业的头两年，公司给他的待遇就像别的实习生一样是按部就班来的。第一年他拿了 9 万美元，是实习生第一年容许的最高限额。第二年他拿了 17.5 万美元，又是实习生在第二年容许的最高限额。他回忆说：“**按哈佛的经验来讲，如果你真是个人才，3 年后你的收入就会超过 100 万美元。**”经验法则这次不灵了。1985 年年初，他离开了所罗门兄弟公司，转而投向美林公司的一份三年期合约：每年至少 100 万美元，外加交易利润提成。

谁会诅咒他呢？当然不会是他的同伴。交易师们完全理解。你不能指望一个交易师从市场上为所罗门兄弟公司榨出最后一个铜板，公司训练他利用别人的弱点，却又一厢情愿地期望他在得到那点儿可怜的奖金时乐得打滚。每年年末，所罗门兄弟公司交易厅的人总会放下手里无论什么样的事情，花上几个星期的时间专做找工作的交易。他们会付我多少钱？关于我的前途他们说些什么？我从另一家公司那里能拿到多少钱？交易师们甚至会与公司玩一种游戏——很像是“说谎者的扑克牌”。沃尔夫·纳都尔曼称之为“怎样在每年拿到 35 万美元之后仍然表现得闷闷不乐”。

（顺便说一下，我本人就精于此道，真是帅呆了。）这种游戏的诀窍在于让公司知道，也许今年给 35 万美元还说得过去。注意，仅仅是也许，但是明年，如果明年你还没有得到应有的待遇，那你可就要拜拜了。你有可能是在虚张声势，当然，也可能是要玩真的，谁知道！

约翰·古特弗罗因德本人虽然也是交易师出身，但却未能领悟他的报酬机制中内在的矛盾。在抵押市场中取得的史无前例的利润将所罗门兄弟公司过时的分配体制中的矛盾体现到了极点。古特弗罗因德在这个问题上的观点形成于公司还是合伙制的时期。在那时，对公司忠诚是理所当然的。合伙人必须把相当大一部分个人财产投入公司。如果他离开公司，就会损失一大笔钱。

可是，当 1981 年古特弗罗因德把公司卖给商品交易商菲利普兄弟公司之后，这一体制宣告结束了。如今，一个嘴上无毛的年轻人（在古特弗罗因德心目中正是如此）从培训班里冒了出来，被派到抵押市场上去寻找新的机会，赚了几千万美元的利润，然后向公司要求分享他的一块儿。古特弗罗因德无意分给任何人这“一块儿”。在他心中，10 万美元已经是一个不小的数目。他的思维还停留在过去，那时为一个只有两年资历的实习生支付 100 万美元是不可思议的。何况，不管怎么说，是所罗门兄弟公司，而不是豪伊·鲁宾，完成了那桩赚了 2 500 万美元的交易。

古特弗罗因德公开谴责年轻人的过分贪婪。1985 年，他一边向交易厅里的雇员挥手致意，一边告诉《商业周刊》的记者：“我根本不知道这些尖尖的小脑袋想些什么。”抵押交易师们识破了他的伪善，为此愤愤不平。古特弗罗因德说声“钱不算什么”当然很轻巧，但他为自己支付的薪水可是超过华尔街上任何一家公司。此外，他还从把公司出售给菲利普兄弟的交易中为自己赚了 4 000 万美元。在将自己的筹码兑现了之后，他和其他那些老合伙人一样，对公司的态度发生了变化。这些人不再将所罗门兄弟公司看成是创造财富的工具，而开始把它看成权力和荣耀的工具，一大块儿可以让自己尽情抖威风的场地。

古特弗罗因德对这块儿场地的增大感到特别自豪。他最喜欢挂在嘴边的话就是所罗门兄弟公司是世界上最强大的投资银行，有 30 亿美元的资本。他对"全球性"投资银行概念的满足几乎掩盖不住。公司在外埠的办事处相继成立，延伸到伦敦、东京、法兰克福和苏黎世。公司 1982 年只有 2 000 名员工，到 1987 年就猛增到 6 000 人。

* * *

也许你会想，这一切都是出于保持公司竞争力的良好愿望。不过，许多抵押交易师却指出，为扩张而扩张不过是出于约翰·古特弗罗因德本人对荣耀的追逐。他一再强调，所罗门兄弟公司账簿上每天有 800 亿美元证券过夜。接下来他又会讲，从资产规模上讲，所罗门兄弟公司是"世界上最大的商业银行"，名列全球经济规模"40 强"。正如一位（犹太）交易师回应的："好啦，约翰，你谈的可不是荷兰，只不过是一伙被杠杆放大了的犹太人。"

古特弗罗因德可不会这么想。在他心目中，所罗门兄弟公司要大得多。作为伟大经理的化身，约翰·古特弗罗因德也比这种说法里的形象高大得多。豪伊·鲁宾最多也只能算是一个不可多得的下属，但同约翰比起来，他又算得了什么呢？别的实习生一样可以顶他的缺。在交易师眼里，古特弗罗因德设下的局可不是一桩好买卖。好处是如果留在所罗门兄弟公司，随着公司继续壮大，交易师有希望在将来获得补偿。缺点是，如果公司不再赚钱，那么交易师最美好的年华就被荒废掉了。

也正是出于这种考虑，豪伊·鲁宾在1985年3月接受了美林公司300万美元的合约，成为当时的风云人物。有关鲁宾成功的传言弥漫在培训班里，从未见过他的人也在谈论。“你听说鲁宾在美林赚多少钱吗？”人们这样问道。当然，这不过是明知故问，因为不会有人不知道。豪伊·鲁宾给那些心怀异志的抵押交易师们树立了榜样，只要有人肯出300万美元，他们立刻就走。一种全新的工作观在所罗门兄弟公司里面滋长起来：打一枪换一个地方。

就这样，所罗门兄弟公司，特别是抵押交易部，成了华尔街的“新兵培训基地”。公司债券部、政府债券部和抵押部的交易师纷纷出走，形势愈演愈烈，甚至到了这样的程度：公司一位高级债券推销员说他正在考虑去美林公司，因为那儿的熟人比这里还多。抵押部为此深受其害。从别的公司的观点来看，无论出什么价格，所罗门兄弟的抵押交易师都是物有所值的。他们可以为任何一家公司打开以往对它们关闭的市场大门。因此，他们所获得的报酬往往超出预期。

* * *

在1984年的时候，按照一位交易师的说法，迪帕斯奎尔只是“一个三流抵押交易师”。他是从后台办公室升入交易厅的，美林公司找到他时他还没有多少交易经验，美林给他100万美元的年薪和一份两年的合约。他将出任新设立的抵押交易部主管（他实际上是鲁宾的前任）。尽管后来迪帕斯奎尔证明了自己是一位出色的交易师，但在那个时候他差不多还是一无所知。1 周之后，美林公司发现了自己的错误，但为时已晚。迪帕斯奎尔已经合约在手，没法反悔了。美林只好把他安置在后台办公室，直到合约期满。他又回到所罗门兄弟公司，受到英雄凯旋般的欢迎。向征服者欢呼致敬！跳槽之后能够再回来的人少之又少，不过所罗门兄弟对迪帕斯奎尔倒是网开一面。在他的上司看来，他的异动只不过是对美林公司开的一个玩笑。

豪伊·鲁宾可不是闹着玩的。不过奇怪的是他曾经考虑过不离开。他声称自己一度考虑回绝美林公司。签字之后，他都不敢再在所罗门兄弟公司露面，因为他知道，只要公司开口，他一定会留下。他希望自己能留下，他以为自己会在所罗门兄弟公司待一辈子。“我在这儿过得再快活不过了。”他说。他最喜欢这儿的一点是：“你只管做好交易，别的可以一概不理。”最终他还是没有露面，只给莫塔拉打了个电话，后者约他在南街渔港共进午餐。

交易师在市场上要择机而动，但他们却无法选择自己流露真情的时刻。鲁宾在同莫塔拉和克隆塔尔会面时流下了眼泪。他说：“我就像离开自己家一样难过。”他的上司并没有像想象中的那样劝说鲁宾留在所罗门兄弟公司，相反，他坦率地说，他完全理解鲁宾的做法。简单地说，豪伊·鲁宾被高价收买了。身为交易师，谁也难免这种命运。这种事同样可能落到莫塔拉或克隆塔尔身上，只不过他俩的价格标签可能会更高一些。莫塔拉现在的说法是：“你看，我一直希望自己在公司里好好干，做遵纪守法的职员。但是，我也认为参与过抵押市场开发的交易师成了所罗门兄弟公司薪酬体制的牺牲品，至少也可以说身受重创。他们的收入与产出太不成比例了。”

这是一出尴尬的悲剧。各方都深受其害，但却很难对任何一方寄予过多的同情。1984 年，抵押部固然交了好运，但整个公司却效益不佳。交易师的报酬也的确与他们的贡献不成比例。想想他们对公司别的部门的想法（真是晦气），让他们用自己的利润补贴别人的荒年的说法也未必说得通。鲁宾离开公司之后，汤姆·肯德尔、史蒂夫·鲍姆和头号推销员里克·博登分别接受了位于加利福尼亚代维斯的农场主储蓄银行提供的百万美元薪酬。此后，史蒂夫·罗思和一个名叫安迪·阿斯特拉汉的人也接受了德崇证券公司的迈克尔·米尔肯提供的百万美元（很可能更多的）合约。

突然间，四个最赚钱的抵押交易师走了三个（罗思、鲍姆和鲁宾）。第四个是安迪·斯通，1984 年他交易 15 年期抵押债券赚了 7 000 万美元，这些债券因为期限短而被戏称为“小个子”、“小矮人”和“侏儒”。1985 年年中，斯通收到美林公司打来的一个电话，对方提出给他的薪酬加倍。斯通谢绝了。像鲁宾一样，他不想离开抵押部大家庭。他说：“我以为自己至少会在所罗门兄弟公司干到 50 岁。美林公司随后又让我自己开个价。他们说，人人都有个价位。”打定了主意要把美林吓退的斯通回答说他的开价是 1984 年薪酬的 4 倍，可是它们的答复却是“同意”。交易也就此达成。斯通的合约比鲁宾还合算，他和从前的伙伴鲁宾共同担任了美林抵押交易部的负责人。到了这个时候，所罗门兄弟公司才慌了神。拉涅里和莫塔拉请求斯通在周末再考虑一下他的决定。看在曾经吃同一个锅里饭的分儿上，他同意了。

此后发生的一切同任何一个赚钱的雇员在离开所罗门兄弟公司投向竞争者之前的遭遇完全一样。一系列要人相继出面挽留。

这些大人物会用各种说辞来劝阻他，说他正在犯下一生中的大错。一开始通常是说，离开所罗门兄弟，他将一事无成。正如一位交易师所说："他们想让你相信，在别的公司里干的人不是白痴就是屁股眼儿。因此，如果你去别家干，那也一定是白痴或屁股眼儿。"不过这一回，执行委员会的人想必已经意识到这一招不灵了，因为离开公司的交易师都是聪明人。这些人是斯通的伙伴，他绝不会同意别人说他们是白痴或屁股眼儿。这位抵押交易师说："一位朋友去了美林，你会说：'等等，他可不是白痴和屁股眼儿。'接着另一个也走了。下一个就轮到你自己了……"

* * *

星期一早晨，斯通如约而至，接待他的是三个大人物，出场顺序就和在培训班上露面的次序一样：吉姆·马西、戴尔·霍罗威茨和约翰·古特弗罗因德。马西第一个出场，就像我们在培训课程中领教过的一样，马西的功夫就在于恐吓和威胁。"马西企图让我产生负罪感，"斯通说，"他说：'你欠我们的，我们培养了你，你不能这样一走了之。'"斯通本来就不会相信抵押部之外的任何人。他很快就让马西闭上了嘴巴。他提到自己为公司赚了 7 000 万美元："我想我们至少也算扯平了。"马西撤了，换上霍罗威茨。

戴尔·霍罗威茨在执行委员会里是唱红脸的，人称"戴尔大叔"。斯通说："他一上来就讲：'从你进公司以来我一直在密切关注你，了解你的工作情况。可能你自己不知道，但我对你的进步一直非常感兴趣。'"这也还是老一套。但接下来却出现了令人啼笑皆非的转折，霍罗威茨说："当年你从垃圾债券部转到公司债券部，又从公司债券部到了抵押部，我可都是出过力的……"斯通从来也没在垃圾债券部或公司债券部工作过。斯通意识到他说的是安迪·阿斯特拉汉，而不是自己。斯通从一开始就在抵押交易部里干。“他一定是向秘书要安迪的档案，而他的秘书把我们俩搞混了。我打心眼儿里为他感到羞愧，差一点儿就告诉了他。”差一点儿！霍罗威茨又把斯通交到古特弗罗因德手上。

“约翰·古特弗罗因德和我算不上真正的好朋友，”斯通说，“我走进他的办公室，他首先讲的是：‘我猜你到这里来不过是为了讨论一些微不足道的小问题，无非是你自己和你的薪酬，而不是有关公司未来的发展。’”这一套是不是事先设计好的？谁也不清楚。斯通没有退缩。他问古特弗罗因德会不会用1 000万美元的价格把抵押部卖出去。古特弗罗因德的回答是“当然不会”。斯通说：“其实你正在这样做，因为我们都要走了。外边给我们的报酬加起来无非也就是1 000万美元。”古特弗罗因德说：“你果然是个难缠的家伙。”但是，在斯通获准离开之前，古特弗罗因德又问他要多少钱才肯留下来。斯通说：“我可以少要一点儿钱，但不会让你把你的意愿强加于我。”古特弗罗因德同意按“美林公司出价的80%”成交。

这是公司管理层第一次在闹着要走的抵押交易师面前竖白旗，也是最后一次。1985年年底，公司内风传安迪·斯通拿到900万美元，这么多的钱付给一个只有4年资历的所罗门兄弟交易师可谓闻所未闻，因此公司债券部和政府债券部表现出极度的不悦。因为斯通的缘故，别的抵押交易师也得到了好处，多拿到好几十万。但是，公司债券部和政府债券部却没沾上光。所罗门兄弟的规矩被打破了。可是，这种事情是干不得的。“从那时起，”斯通说，“我在公司里就再也没有好日子了。每次我在交易中亏了钱，他们总会说：‘当初就不该拦住他。’”

公司很快就认识到，迁就斯通是一个错误。一份孤零零的大额薪水支票不仅动摇了公司职员们对薪酬体制的信心，同时也破坏了所罗门兄弟公司内部长期行之有效的一套等级制度。在公司里，钱是衡量个人价值的绝对指标。抵押交易师的收入远远高于国库券交易师，这让后者感觉自己成了没用的人。这种局面再也不能继续下去了。为了止住手下年轻抵押交易天才的流失，莫塔拉被迫采取了外交手段，而外交永远敌不过现金的威力，对交易师尤为如此。1985 年年底，他两次安排手下的交易师同约翰·古特弗罗因德共进晚餐。

第一次聚餐安排在古特弗罗因德喜爱的曼哈顿餐厅“Le Périgord”，按某位美食家的说法，“这家餐馆以做鸟菜出名”。在座的有莫塔拉、克隆塔尔、斯通和交易师内森·科恩费尔德。“古特弗罗因德才惊四座，完全掌握了现场气氛，”一位参加者说，“在回家的路上我不禁飘飘然，想到有他为公司掌舵真是幸事。”除此而外，聚餐本身则是一场灾难，几乎没有人动筷子。古特弗罗因德用自己特有的方式控制着现场。他不惜让早已升为董事经理的莫塔拉难堪，细说当初公司上市时莫塔拉手上的所罗门兄弟公司股票赚了多少钱。毫无疑问，古特弗罗因德是专门为了这顿晚餐才去找出这些数据的。“迈克尔（莫塔拉）的脸涨得通红。”一位在场的交易师回忆说。接下去古特弗罗因德提起了薪酬的话题。

像往常一样，斯通总有自己的一套。他告诉古特弗罗因德，抵押业务是公司最赚钱的部门，抵押交易师的工资比别的部门高是理所当然的。“古特弗罗因德在这个问题上一触即跳，”一位交易师回忆道，“他大谈在所罗门兄弟公司工作是一件多么有面子的事，是公司，而不是它里面的职员，创造了这些财富。”无论如何，古特弗罗因德强调说，抵押部夸大了自己的重要性，它甚至不如政府债券部赚钱赚得多。

交易师们当然知道这纯粹是一派谎言，但没有人当面反驳他。“谁也不想惹他更生气。”斯通说。晚餐在紧张的气氛中结束。古特弗罗因德和交易师之间的第二场聚餐被取消了。大家心里都明白，只是徒然地重揭伤疤而已。年轻的交易师继续离开所罗门兄弟公司。1986年年底，安迪·斯通去了培基（Prudential-Bache）公司，出任抵押交易部主管。

第七章

所罗门食谱

不错，华尔街上的其他公司绝不会容许所罗门兄弟公司保持它在抵押市场上的垄断地位。最终别人也都能悟出其中的计谋，抵押业务的利润太丰厚了，谁也不能不动心。

1986—1988

债券市场和人力市场都在寻找各自的平衡，在 Le Périgord 晚餐会之后的两年里，所罗门兄弟公司的抵押部渐渐瓦解了。

交易师的空缺可以轻易地用来自全国顶尖商学院的聪明的年轻人填补上去。所罗门兄弟公司用拒绝豪伊·鲁宾的要求所省下来的几百万美元雇了十几个新“鲁宾”。表面看起来，这种人事代谢与以往并无不同。问题在于，他们赚的钱可差远了。首先，和他们的前任当年所处的境况所不同的是，他们不得不同行业中最优秀的人才竞争。希尔森-雷曼、高盛、摩根士丹利、德崇、第一波士顿和美林公司都雇用了所罗门兄弟以前的交易师。在华尔街上出现了一个成员越来越多的俱乐部，里面的人微笑着说所罗门兄弟公司真是个出人才的好地方。所罗门兄弟可以不在意区区十几位骨干抵押交易师，但他们的离去滋养了其他公司的抵押部，华尔街上最稀有和最宝贵的资产，即垄断地位正从它的指间流散。

拉涅里和他的手下曾经在华尔街上确立了牢不可破的垄断地位，这一点就连所罗门兄弟公司里的人也知之未详。在 1981 年到 1985 年间，唯一值得一提的对手是第一波士顿，而在早期，就连它也算不上是真正的威胁。马文·威廉森以前是所罗门兄弟公司的抵押推销员，在 1982 年年底去了第一波士顿。他回忆说：“那个时候在我们所罗门兄弟公司眼里，第一波士顿每次都落在后面。不光是落在后面，他们甚至连生意在哪里都不知道。”可是，到了 1986 年年中，第一波士顿的抵押债券市场份额已经和所罗门兄弟公司旗鼓相当了。拉涅里看在眼里，痛在心头，他要让古特弗罗因德知道。他说："我反复对他讲，'约翰，你放走了金山，换回一堆蚕豆。'"

不错，华尔街上的其他公司绝不会容许所罗门兄弟公司保持它在抵押市场上的垄断地位。最终别人也都能悟出我们的计谋，抵押业务的利润太丰厚了，谁也不能不动心。但是，公司采取的政策却加速了这一进程。离开所罗门兄弟公司的交易师不仅在华尔街上传播了交易技巧和市场知识，还带走了所罗门兄弟公司所有客户的名单。现在，出于短期利益的考虑，交易师会主动去开导市场上的傻瓜，告诉他们从前被所罗门兄弟公司骗得多惨，这样他们也许会愿意把业务交给你。

技术和信息的转移很可能让所罗门兄弟公司付出了上千万美元的代价。在早期的交易中，抵押债券之所以有利可图是因为交易师们可以先按一个价格买入，接着马上又按另一个价格卖出。他们以 94 的价格从堪萨斯的储贷协会买入，又以 95 的价格卖给得克萨斯的另一家储贷协会。可是到了 1986 年年初，利润空间已经大大收缩。交易师可能在一个相当不错的交易日以 94.5 买入一种债券，但在 94.55 的价位上就卖出了。迈克尔·莫塔拉说："我们都能从行情屏幕上看到他们（前所罗门兄弟公司交易师们）干活儿。如果我们不知变化，客户就会告诉我们，他们已经同别人成交了。我们的生意慢慢溜掉了，最后只好削减自己的利润。"

到 1985 年年末，其他公司的抵押交易部已经开始在《华尔街日报》上做广告了。德崇的广告画面是骑在双轮自行车上的两个人。前面的那个肥胖无比，精疲力竭。后面那个从前者的肩膀上向前望去，蹬得正起劲儿。这是什么意思呢？斯蒂芬·约瑟夫说："那个肥胖的家伙就是刘易。"斯蒂芬在德崇证券公司办公室的墙上贴了一张这份广告的复印件。美林公司的广告画面是两个正在划船的船员，一个胖得不得了，另一个健康而强壮。健壮的船员只落后前者一点点，眼看就要追上了。健壮的自然是美林，而那个肥胖的，华尔街上人人都知道，指的是所罗门兄弟公司的抵押交易部。从自己在高盛公司的办公室回望所罗门兄弟公司的位置，莫塔拉说："获利的高峰是在 1985 年。"

拉涅里集团的垮台迅速而又彻底，人们很难将它归咎于一个单一的因素，比如说交易师们的背叛。很显然，几种因素的同时作用一下子摧毁了它的霸主地位。市场本身也发挥了力量，其开始纠正拉涅里集团和其他债券交易部门之间的不平衡。所罗门兄弟公司自己的一项创造，CMO（抵押担保债券），打破了抵押债券固有的低效率，而正是这种低效率曾为它带来巨额的利润。它发明于 1983 年 6 月，但直到 1986 年才成为抵押市场的主导品种。富有讽刺意味的是，它刚好满足了拉涅里的期望：让住房抵押债券和别的债券更为接近。但是，抵押债券和其他债券在形式上趋同的最终结果，它们在利润上也渐渐不分伯仲了。

* * *

第一波士顿银行抵押交易部主管拉里·芬克协助创造了第一批 CMO，他认为 CMO 和垃圾债券应当共同被列为 20 世纪 80 年代最重要的金融创新。这种说法不算很夸张。CMO 打破了横在数万亿可投资资本与近两万亿寻求投资者的住房抵押贷款之间的大坝。CMO 还克服了妨碍购买抵押债券的主要心理障碍：除了储贷协会和一小批爱冒险的投资经理，大多数人仍然心怀疑虑，如果偿还期限不确定，谁又肯借钱呢？

为了创造 CMO，首先要收集数亿美元普通的抵押债券——

吉利美债券、房利美债券和房地美债券。将这些债券放在一个信托机构里，由信托机构向债券所有人支付一定的利息。持有人持有证书以证明其所有权，这些证书就是 CMO。当然，这些证书也并不都是一样的。以一个典型的 3 亿美元规模的 CMO 为例，整个债券被划分为面值各为 1 亿美元的 3 期贷款。每一期的投资者都能拿到利息，但只有头期的所有者才能获得信托的 3 亿抵押债券的本金偿付。头期投资者拿回全部本金后才开始偿付第二期投资者。头期和第二期偿付完成之后，第三期债券的持有者才开始回收本金。

相对于旧的抵押债券，CMO 总的效果是缩短一期投资的期限，延长第三期投资的期限。可以相当肯定地说，第一期的偿付期限不会超过 5 年，第二期的偿付期限大约为 7~15 年，第三期的偿付期限大约为 15~30 年。

这样，投资者至少可以大致确定贷款的偿付期。随着 CMO 的出现，投资者的数目和市场交易额都取得了惊人的增长。从前很难说服一家养老基金经理为购买联邦住房贷款抵押公司债券发放一笔随时有可能偿付的长期贷款，但推销第三期 CMO 则容易得多。夜里他可以放宽心睡觉，反正他前面还有人要先偿付头期和二期投资者的 2 亿美元住房抵押贷款，最后才会轮到他。在 1983 年 6 月，当房地美发行第一笔 CMO 时，美国养老基金控制着大约 6 000 亿美元的资产，但没有一分钱投在住房抵押债券上。到 1986 年年中，它们已经持有价值约 300 亿美元的 CMO，而且这个数字还在快速增加。

CMO 还为看好美国购房者偿付能力的国际投资者打开了大门。1987 年，所罗门兄弟公司伦敦办事处向寻求高收益短期投资的国际银行销售了 20 亿美元头期 CMO。流向 CMO 的资金来自抵押债券之外的客户，他们一般是购买公司债券或国库券的。从 1983 年 6 月到 1988 年 1 月，华尔街投资银行卖出了 600 亿美元的 CMO。这就意味着同时有 600 亿美元的新资金流入了美国住房金融业。

同任何一项创新一样，CMO 为它的创造者所罗门兄弟公司和第一波士顿赚取了巨额利润。但是，与此同时，CMO 也纠正了抵押市场中供求力量的不平衡。这种不平衡曾为抵押债券交易师带来了巨大的赢利机会。现在他们再也不能指望抵押债券由于购买者稀缺而落得便宜的价格。到 1986 年，拜 CMO 所赐，再也不愁没有人购买抵押债券了。新买家的涌入降低了抵押债券对投资者的回报。抵押债券开始变得昂贵起来，这还是头一遭。

通过同公司债券和国库券的对比，市场为 CMO 确立了一个公平的价格。虽说这算不上是一个充分理性的定价，因为至今仍然缺乏为购房者提前还款权提供定价依据的理论基础，但市场已经变得足够大，并开始趋向公平定价。抵押债券的价格不再无效率地自由起伏，现在它们已经同 CMO 市场联系起来了，正如面粉的行情不能脱离面包市场一样。CMO（最终产品）的公平价格顺理成章地带来了普通抵押债券（原材料）的公平价格。CMO 起到了价格发现者的作用，投资者们如今对抵押债券的价格有了一种新的、可靠的认识，为无知而付出的代价大大降低。世界变了，从前，所罗门兄弟公司的交易师可以左右市场，让别人用 20 美元买入他们刚刚用 12 美元买下的债券。如今，这种日子一去不复返了。市场主宰着价格，所罗门兄弟公司的交易师只好重新学习接受现实。

* * *

在第一批CMO出现之后，从事抵押市场研究和交易的小鬼们似乎掌握了无穷无尽的拆分和转移住房抵押贷款的方法。他们创造了划分为5个偿付期和10个偿付期的CMO，还将一组住房抵押贷款拆分为一组利息偿付项目和一组本金偿付项目，然后将来自各组（分别称为IO和PO，意即只付利息和只付本金）的现金流量的权益分别卖给不同的投资者。背负着抵押贷款的购房者根本不知道，他所支付的利息付给了一位法国投机者，而本金却付给了密尔沃基的一家保险公司。真可谓是最奇妙不过的炼金术，华尔街像打牌一样把IO和PO重新洗过，最后又把它们混合到一起，创造出真实世界里绝对不可能存在的住房抵押贷款。也就是说，加利福尼亚公寓住房所有者支付的11%的利息可能同路易斯安那少数族裔居住区的购房者支付的利息混合在一起。这么一来，一种新债券，或者说新时代的克里奥耳（Creole）混血儿[1]，也就此诞生了。

如今，抵押交易台已经从街边小店走进了堂堂超市。品种增加了，买家也就多了。储贷协会是最大的买家，它们常有一种非常特别的需要。它们希望突破华盛顿的联邦住房贷款银行理事会为它们设置的限制。比华盛顿的储贷协会监管者领先一步，这意味着持续不断的斗争。许多所罗门兄弟公司发明的“新产品”就不受游戏规则的约束，它们不必在储贷协会的资产负债表上列示出来，从而为储贷协会的成长留出了空间。在某些情况下，新产品的唯一价值就是它可以被列入“表外”项目。

1. 此处泛指复杂的混血关系。——译者注

为了吸引新的投资者，规避新的条例，市场变得更为复杂和神秘。每天都要学习新的东西，在这种形势下，拉涅里不可避免地落了伍。其余那些所罗门兄弟公司管理层里的新人就更不用说了。换句话说，真正负责管理交易风险的就只剩下一群毛头小伙子。他们从培训班里毕业才几个月，只不过恰巧比公司里的其他人多了解些诸如吉利美IO方面的事。华尔街上的新人摇身一变成了专家，这绝非罕见，因为新券种的历史也不过才1个月。在一个金融创新频仍的时代里，最年轻的交易师掌握着权力（20世纪80年代，年轻人迅速致富的部分原因是这是一个不断变化的时代）。年轻人更能抓住机会学习，而他们的上司却做不到。老人们负担太重，无暇学习以站回到创新的前沿。

到了1986年，公司事务缠身的拉涅里干脆不坐镇抵押交易台了。他的缺席令交易师们感到快乐。不是他们不喜欢拉涅里，但是只要拉涅里和迈克尔·莫塔拉一露面，他们总要不分青红皂白地干预交易师的业务。他们告诉交易师该干什么、不该干什么，他们想知道交易师究竟为什么要买这种或那种债券。正如一位交易师所讲的："你未必在每一个头寸上都有很好的理由。有时买入某种债券只是为了了解华尔街上发生了什么事。谁也不愿意身边有个人整天问你为什么干这个，为什么干那个。"

无怪乎交易师们想出各种法子不让经理视察工作。1986年4月的某个星期，拉涅里决定在交易台上花点儿时间，于是交易师们启动了第一套方案。拉涅里每天来得很早，交易师们先在他的桌子上做文章。第一天，他们在他的桌子上堆了尽可能多的纸张。拉涅里早上7点来上班，看到了这堆破烂儿，把它们丢到天花板上。"这是谁干的？"他向全体嚷道。交易师们耸耸肩膀一起笑了笑。

第二天，交易师们拔掉了拉涅里转椅旋转轴上的轴钉。他上班后的第一件事就是一屁股坐下，这次他一下子跌到地板上，差点儿摔折了脊梁骨。他花了好几分钟才站起来，咒骂和叫嚷着。他抓住德安东纳问这是谁干的，德安东纳发誓不是自己干的。

第三天，交易师们将拉涅里的座椅升高，虽然他坐下时平安无事，但当他靠到桌子上时，膝盖猛地撞到了中间的抽屉上。这下他勃然大怒。“他妈的，约翰，我要你告诉我这究竟是谁干的。”“好吧，刘易，”德安东纳说，“我猜迈克尔（莫塔拉）可能不喜欢你坐在（办公室）外面的桌子边上。”（拉涅里应该能够识破这个谎言，因为莫塔拉从未在8点之前来上班，没有作案时间。）

“他妈的他以为自己算老几？”拉涅里说。接着他把部门里找得到的所有垃圾盒子都扔到莫塔拉的桌上——计算机打印件、吃剩的烤面包圈、洋葱汉堡和别的交易师的垃圾。

别的交易师也帮着他干以示支持，在整个交易厅里找垃圾盒。最后，莫塔拉的桌子变成垃圾堆。“时间拿捏得分毫不差，”一位交易师说，“刘易怒气冲冲地刚从交易厅的一边走出去，莫塔拉就从另一边走进来了。”

莫塔拉看到自己桌子时的反应和拉涅里一模一样，他的第一个也是唯一一个反应就是报复。他同样抓住德安东纳问：“勒罗伊（德安东纳的外号），我是认真的，这是谁干的？”

“迈克尔，上帝做证，”德安东纳说，“是刘易干的。”

莫塔拉噎住了。拉涅里可是他惹不起的主儿。他像泄了气的皮球一样，自顾自地去了42层的办公室，这天再也没有露面。

“最后，我们这儿总算是太平了。”一位交易师说。虽说莫塔拉还是回来了（抵押交易师梅森·豪普特替他整理了桌子），拉涅里却再也不过问细节了。在交易师们看来，这实在是再好不过了。那个月，1986 年 4 月，抵押部的亏损超过了以往的任何时候，有几个交易师估计大约在 3 500 万美元到 6 500 万美元之间。他们用平时积存下来以备不时之需的利润冲销了亏损。具体做法是人为压低手上债券的价值。所罗门兄弟公司的高级管理人员对此毫无察觉。

降临到抵押部的厄运是整个公司业务状况的缩影。1986 年年成不好，1987 年就更糟了，收入停止增长，成本失控。为了恢复管理控制能力，古特弗罗因德创造了一大批新的头衔。所罗门兄弟公司成立了董事会，绝大多数成员都是从前的交易师。在董事会之上又设立了一个新的管理层，称为董事长办公室。古特弗罗因德指定两名前交易师和一名前推销员组建了这个办公室：刘易斯·拉涅里、比尔·佛特和汤姆·斯特劳斯。他要求每个人都从狭隘的地盘之争中摆脱出来，关心整个公司的业绩。你不能不说这是个挺不错的想法。

“我的看法是这样的，”安迪·斯通说，他已经坐在了培基证券公司自己的办公室里，“华尔街把最能干的专家提升为经理。也就是说，干得好的报酬就是当经理。而这些人往往性情急躁、争强好胜、神经过敏而又自高自大。既然你们让他们当经理，他们也就一个接一个地干了。可是，当上经理之后，业务活动中的那种直觉也就没有了用武之地。一般来讲，他们不适合当经理。有一半人因为不称职被赶了出来，还有四分之一在公司的政治斗争中败下阵来，而剩下来的都是最冷酷无情的。这就是华尔街上的公司总是循环起落的原因，也是所罗门兄弟公司如今陷入困境的原因，冷酷的人对企业发展不利，但只有板上钉钉的败局才能让他们滚蛋。”

* * *

董事长办公室里的一伙人面和心不和，这在所罗门兄弟公司早已不是秘密。这只不过是三大部门间斗争的延续，斯特劳斯代表政府债券部，佛特代表公司债券部，拉涅里代表抵押部。正如一位政府债券部的人士所说，“在这里你要么是斯特劳斯家的，要么是拉涅里家的，要么是佛特家的。很少有人能左右逢源”。

问题不像团队精神冲突那样简单。董事长办公室以其内部深厚的敌意而引人注目。拉涅里称汤姆·斯特劳斯为“笨蛋，只会搞阴谋，一辈子从来也没有自己的思想”，而认为比尔·佛特则是“我所见过的最热衷于弄权的家伙，每一句话都有政治目的”。不过，相比于他的两位新同事，他对他们的态度应该说还是客气的。他至少还愿意跟他们一道共事，而他们最后却合伙把他丢了出去。不过从另一方面讲，三个人的生活全都受丛林法则的支配，不是我搞掉你们，就是你们搞掉我。不管怎么说，董事长办公室逐渐变成所罗门兄弟公司内部搞垮抵押部的力量的象征。

在满是老饕和少数族裔的抵押部看来，政府债券交易部可谓处处与它相反。以所罗门兄弟公司的标准来看，它几乎是过于讲究了，吃肉比吃生食还少。政府债券交易师是清一色的东海岸WASP，令人疑心这是有意安排的，唯一可挑剔的就是他们过于压抑。他们的头头，汤姆·斯特劳斯，又高又瘦，永远是一副晒黑的模样——他常打网球。

抵押交易师们讨厌这样，他们不喜欢斯特劳斯对所罗门兄弟犹太文化的破坏。谈起斯特劳斯，他们总要提到他的网球，讥笑他穿一身白在私人俱乐部打球。抵押部好在没有虚伪和造作的毛病，而且它们最看不惯的也就是这个。一位至今仍在所罗门兄弟公司的交易师说：“你说拉涅里和斯特劳斯有什么分别？这很简单。斯特劳斯绝不会用交易厅里的卫生间，他要用楼上自己办公室里的，而拉涅里会把尿撒在你的桌子上。”

拉涅里说：“汤姆·斯特劳斯就盼着自己不是犹太人。他刚进公司就有人取笑说，他是某对邪恶的犹太人夫妇偷去的。”（令人大跌眼镜的是罗马天主教教徒拉涅里，居然挺身而出捍卫所罗门兄弟公司的犹太传统。）

“斯特劳斯最恨的就是拉涅里的肥胖、没有教养和不懂策略，”拉涅里手下的一名高级交易师说，“斯特劳斯并不在意拉涅里的业务，也不计较他赚了多少钱，他甚至不关心拉涅里的野心，但他就是看不惯拉涅里缺德少教的样子。这就好像你反感紧挨着自己坐的人，拉涅里过去一向跟斯特劳斯坐在一起。如今斯特劳斯升上顶层，环顾周围却发现故人依旧，‘等等，我还以为自己已经上了一个台阶’。他岂能善罢甘休。”

斯特劳斯家族（我就曾是其中的一员）对抵押部有着强烈的职业性反感。他们不赞成抵押部那些张扬的做法。美食狂欢和肥胖只是更为基本的问题的表现。成本开支最没有节制的就数抵押部了。

谁又会在意呢？收入才是最重要的。“你的意思是要叫我们改变规矩？”不少交易师会反问。从1981年到1986年，抵押部创造了那么多的收入，与之相比，成本可谓微不足道。但是，收入下降之后，成本突然之间就变得需要计较了。1985年下半年，负责政府债券推销业务的一位董事经理改到抵押部任职，同时他还被任命为所罗门兄弟公司费用委员会的负责人。这绝不是巧合，总得有人来管理这些人。

在许多交易师看来，一开始他们的报酬就拿少了，这一点老板也承认，那么他们就把所罗门兄弟公司的费用账户作为软美元的付酬机制。他们也由此逐渐养成了坏习惯。“我们习惯于派公司的车去机场接朋友，把电话卡借给他们。上帝做证，周末我们还用公司的车接太太购物。”一位交易师讲道。“我知道一件最邪乎的开支故事，”抵押金融部的一位女职员说，“抵押部里有一个家伙假借拜访客户的名义，用申请的电话费给自己报销，买了一辆萨博车。”无怪乎斯特劳斯家族对此义愤填膺。

同斯特劳斯相比，佛特对拉涅里的看法更像是一个谜，不过当时佛特本人也像是一个谜。别的董事经理都挤在 41 层的交易厅，佛特却仿佛权力链条高层看不见的一环。他的办公室设在 40 层。有时他会在报纸上露面，但谁也没见过他的真面目。我只是在 1987 年《商业周刊》的文章里见过他站在汽车旁边的照片。这篇文章确信比尔·佛特将出任所罗门兄弟公司的董事长。尽管他自己一副与世无争的样子，但他手下的公司债券家族却有搞垮抵押部的原始动机。

在佛特和斯特劳斯的坚持下，1985 年年底，一位名叫马克·史密斯的公司债券董事经理被安插到抵押部。“他是一个探子，”一位抵押交易师说，“你可以把他看作特洛伊木马。”另一个说：“不，他可不能算特洛伊木马。”第三个讲道：“我们都知道里面是些什么货色，但马克就是不听。”公平地讲，莫塔拉也无能为力，只好让这只木马破门而入，他怎能抵得住佛特和斯特劳斯的势力？只有拉涅里才行。到了这时，憋在抵押部诸公心里的话终于喊了出来：拉涅里在哪里？

马克·史密斯是第一个从别的部门调进抵押部的（拉涅里不算），后面还会有。这个部门一向是以内部团结著称的大家庭。史密斯进来之后6个月，第一桩内讧发生了。史密斯劝说莫塔拉把杰弗里·克隆塔尔（拉涅里的被保护人）调到公司债券部。然后史密斯坚持把拉里·斯坦，一个政府债券推销员，调到抵押套利交易组。这个组的成员中有内森·科恩费尔德、沃尔夫·纳都尔曼和格雷格·霍金斯。斯坦同意来，条件是纳都尔曼必须走。纳都尔曼是个赚钱的交易师，更为重要的是，他是拉涅里家族的忠诚一员。可是，在1986年年末，莫塔拉开除了纳都尔曼。空气被毒化了。

* * *

1987年4月29日，《华尔街日报》发布头条新闻，说美林公司因未授权交易亏损2.5亿美元。下面是小号字："美林公司经理们初步认定负有责任的交易师是霍华德[1]·A.鲁宾，36岁，该公司首席抵押交易师。他们说他在购买以特殊的证券风险形式组合的抵押债券时大大越权。这种证券组合将抵押贷款的利息支付与本金支付分离开来，再卖给不同的投资者。它们被称为'单纯利息/单纯本金'证券，或称IOPO。"

华尔街记者像疯了一样地去打听豪伊·鲁宾是何许人，IOPO是什么意思。最后他们到底弄懂了想知道的一切，但是豪伊·鲁宾是怎样在一次交易中赔掉华尔街历史上最大的一笔钱的，这仍然是最引逗人的秘密。直到那时为止，他看上去不仅是最可靠

1. 豪伊（Howie）是霍华德（Howard）的异体。——编者注

的，而且是个百分之百的天才。用刘易斯·拉涅里的话来说，“豪伊·鲁宾是我见过的最有天分的交易师”。美林公司对报界的解释是鲁宾欺骗了他们。一位经理告诉《华尔街日报》，鲁宾“把它们（债券和IOPO）放在自己的抽屉里。我们不知道他买了这些东西”。放在自己的抽屉里？像美林这样一流公司的高级管理层会这样完全不设防吗？

在亏损被发现之前两星期左右，鲁宾与一位抵押债券大买主共进晚餐。此人名叫厄尼·弗莱舍，是堪萨斯州渥太华富兰克林储贷协会的经理。一般来说，储贷协会经理在接受新事物方面比较迟钝，但弗莱舍总是站在变革的前列。他常常自夸比华尔街上的人还要会玩他们的游戏。鲁宾向他解释了IO和PO（记住它们是由抵押债券一分为二而来的，将利息付给某个投资者，本金付给另一个投资者）。弗莱舍对此很有兴趣。在餐桌上他就要鲁宾卖给他5亿美元的IO。

鲁宾一答应，实际上就吃了只苍蝇。他卖给弗莱舍5亿美元债券上的利息，但却把这些债券的本金留在手里了。甜点过后，交易就算做成了。弗莱舍回了渥太华，后来他到处吹嘘自己是怎样同交易师做生意赚了1 000万美元，让那个华尔街骗子破了大财。

豪伊·鲁宾的麻烦是怎样把手上5亿美元的PO脱手。一旦利率上升，PO比哪只债券跌得都快（理由不值一提，请相信我）。鲁宾的风险是，债券市场千万不要在他卖掉PO前下跌。可是，等鲁宾吃完午饭回去时，债券市场却一路下跌。他试图动员美林公司的销售队伍把PO抛出去，但他们也无能为力。接着债券市场就崩溃了。几天之后，亏损已经扩大到鲁宾不敢报告的程度。

有人说，这个时候他买了更多的 PO，把赌注加倍。尽管这种说法挺符合鲁宾的个性，但却没有证据证明他干过。似乎没有人知道事情究竟是怎样弄糟的，但每个人都振振有词。可是，鲁宾从前在所罗门兄弟公司的伙伴，从刘易斯·拉涅里往下全都众口一词，他们发誓说豪伊·鲁宾绝不会把债券藏在抽屉里。他们只接受一种说法：美林公司的经理们根本不懂 PO 是什么东西，没有为 PO 业务制定规则，他们任由鲁宾自己冒大险，然后又把他当作自己无知的替罪羊。在此后的报纸新闻里，不署名的所罗门兄弟公司交易师们轮流出面为豪伊·鲁宾辩护，仿佛他还属于拉涅里大家庭。

要把抵押债券拆分成利息和本金，首先要在证券交易委员会登记。证券交易委员会的登记是公开的，所以华尔街上的人都知道美林的豪伊·鲁宾登记发行 5 亿美元的 IOPO 一事。佛特和斯特劳斯安插在抵押部的马克·史密斯也注意到了这桩交易，他主张所罗门兄弟公司也应该照此办理。

从表面上看，他的建议是合理的。美林公司的IO和PO组合定价过高。史密斯指出，既然美林能以这么高的价格卖出抵押债券，而所罗门的销售力量又强过美林，那么做一桩相似的但价格便宜一些的交易应该不成问题。当然，他不知道豪伊·鲁宾是不是真的已经把债券全都卖掉了。但是在投资银行眼里，再也没有比抢生意更令人动心的了。所罗门兄弟公司做了这桩生意，发行了 2.5 亿美元的 IOPO。

由于可以向对方指出所罗门兄弟公司的 PO 比美林公司的 PO 便宜，所罗门的推销员使出把死人说活的能耐在市场崩溃之前把 PO 卖出去了。当然，豪伊·鲁宾因此也就根本没有机会把他手上的存货清理掉。所罗门兄弟公司现在的处境与厄尼·弗莱舍的有点儿像，它手上持有IO，当债券市场下跌时，IO的价格会上升。情况不错，所罗门兄弟公司里人人都预期债市将要崩溃。公司打算把IO留在自己手上当赌注，不卖出去。抵押套利小组由格雷格·霍金斯、内森·科恩费尔德和内森·洛组成，他们买了1.25亿美元IO。由“说谎者的扑克牌”游戏之王约翰·梅里韦瑟负责的另一个交易师小组买走了剩下的。在所罗门兄弟公司41层交易厅里，似乎只有马克·史密斯一个交易师的观点与众不同。他和豪伊·鲁宾一样，持有几亿美元PO在他的交易账户里（几个星期前买的）。

在所罗门兄弟公司里，史密斯享有精明的投机交易师的名声。直觉告诉他，债市一定会反弹。他对此信心十足，甚至当面奚落与他持相反头寸的霍金斯、科恩费尔德和洛是十足的傻瓜。有时他也会经过约翰·梅里韦瑟小组的办公室，告诉他们，是他而不是他们才是最后的胜利者。债市感觉良好，它正在上升。

当市场刚开始下跌时，跌势较缓，但这已经足以让美林公司乱作一团了，这就是见于《华尔街日报》首页的消息。事情发生前几天，所罗门兄弟公司听到一个市场传言，美林公司持有数亿美元PO急于出售。跌了几天之后，史密斯亏了一点儿钱，但没有退出市场。经过计算，他认为现在应该再买一点PO。不管怎么说，美林现在正在发慌，这可是捡便宜货的好机会。于是他又买了一些PO，虽说它们并不是豪伊·鲁宾手上的，但如今他的头寸事实上和鲁宾一样。此后几天，市场保持平静。

当市场再度下跌时，它落得比苹果从树上掉下来还要快。梅里韦瑟的小组和抵押套利部很快就赚了几千万美元，而史密斯亏掉的比他们赚的还多出几百万。这四位交易师估计他的亏损在 3 500 万至 7 500 万美元之间。但是，这不算什么，因为与此同时，抵押套利交易师们的 IO 还拿在手上，他们的利润还在增长。这就给了老谋深算的史密斯以可乘之机，他要把损失补回来。

他开始向高层人士游说，让他们相信他手上这些债券是为了和抵押套利小组的债券绑在一起的。他反复地陈述这一情况，他的级别（董事经理）足够高，管事的当然会听他的。不管怎么讲，他毕竟是抵押交易的老板之一。他通知抵押套利交易师们，他们那些赚了大钱的 IO 实际上属于他的交易账户。他说他原计划把他的 PO 和他们的 IO 打包在一起卖给投资者。这样一来，抵押套利的利润将被史密斯的亏损吸干。

史密斯将其他交易师的利润窃为己有。更糟的是，在抵押交易师眼中，史密斯是一名公司债券交易师。这下子人人都知道，所罗门兄弟公司出了一桩大丑闻。套利小组的一位成员回忆道："每天早上我们上班时，总有人会说：'噢，我们手上的 IO 又赚了 200 万美元。想想看，史密斯一样不会放过它们。'"后来，史密斯在古特弗罗因德的办公室里为此而遭受到严厉的斥责，但是，惩处来得太晚，措施也不够有力。科恩费尔德离开所罗门兄弟去了希尔森–雷曼公司，洛去了贝尔斯登，就连由史密斯介绍进抵押部的拉里·斯坦也厌恶地离去了。一时间，公司里四面八方都是一派要取史密斯人头谢罪的呼声。但是，在开除了抵押交易部的剩余人员之后，一切还是停止了。拉涅里在哪里？

* * *

大多数人还不知道，就在史密斯从抵押套利账户上窃取利润的时候，拉涅里意识到，他在公司所任的正式职务已经不再负责抵押交易了。“1986 年 12 月，约翰来找我，说：‘我打算整顿抵押部，你要服从大局。’” 拉涅里回忆道，“抵押部从此不再是一个独立的实体，它只是固定收入债券交易的一部分。”

1987 年 5 月，约翰·古特弗罗因德在纽约举行的年度董事经理会议上向所罗门兄弟公司的 112 名董事经理宣布了自己的决定：“我们设立了董事长办公室，因为管理所罗门兄弟公司超出了任何一个人的能力。同任何一个团队一样，其中的挑战在于分担任务，倾听不同意见和见解，而同时又要保持目标的一致。我对目前该小组的工作非常满意。过一段时间，我会减轻其他三位成员听取具体报告的责任，好让他们腾出精力考虑整个公司的管理。”

两个月后，1987 年 7 月 16 日，他炒了拉涅里的鱿鱼。当时拉涅里正在西海岸出差，他接到古特弗罗因德的秘书打来的电话，说老板要见他。通知他到利普顿律师事务所去见古特弗罗因德，这是一家著名的证券法律师事务所。“在紧急情况发生时，为了不惹人注意，我们会在马蒂（合伙人马丁·利普顿）的办公室碰面，” 拉涅里说，“我还以为是南非人，即 Minorco 公司，打算撤出它们的股份。我根本不知道出了什么事。”

会晤持续了 10 分钟，拉涅里几乎回不过神儿来。当问到为什么要将他解职时，拉涅里说：“我到现在也不明白。” 当时古特弗罗因德给出的是三项理由，在拉涅里（和别的人）看来，没有一项是站得住脚的。他先对拉涅里说：“没有人再欢迎你。” 然后他说拉涅里是公司里的一股 “破坏性力量”，而且 “所罗门兄弟公司已经容不下你了”。当拉涅里打算中止会谈驱车进城去取自己的物品时，古特弗罗因德通知公司不让他再走进办公室。显然，古特弗罗因德认真考虑过政变或大罢工之类的可能性，公司里有很大部分的职员主要是冲着拉涅里的面子来的。古特弗罗因德只允许拉涅里的秘书在所罗门兄弟公司安全警卫的陪同下整理他的私人物品。

“当刘易被炒掉的消息传到抵押部之后，德安东纳的震惊完全表露在脸上。”一位至今仍留在所罗门兄弟公司的抵押交易师回忆道。下一步将要发生什么事，每个人——拉涅里、去了德威投资银行（Dillon Reed）的沃尔夫·纳都尔曼、去了希尔森–雷曼公司的内森·科恩费尔德、去了培基公司的安迪·斯通，还有留在所罗门兄弟公司的交易师们，心里都很清楚。拉涅里大家庭将受到清洗。在短短几个月的时间里，公司开除了抵押部剩下的几个老人。第二天就让交易负责人迈克尔·莫塔拉走人，接着又轮到约翰·德安东纳、罗恩·迪帕斯奎尔、彼得·马罗和汤姆·戈内拉。剩下唯一一个意大利血统的交易师保罗·朗格诺蒂，有一天他上班时戴了一个徽章，上面写道：“开除我吧，我是意大利人。”

我们可以从一幅照片中追踪到华尔街历史上最不寻常和最赚钱的生意的源头。它挂在吉姆·马西的办公室里，照片上古特弗罗因德、拉涅里和鲍勃·多尔手挽着手庆贺他们1978年创建的新兴事业。杰弗里·克隆塔尔和梅森·豪普特被恩准留任抵押交易部的共同负责人，可能是因为在所罗门兄弟公司里实在找不出胜任此职的人物了。可是，第二年克隆塔尔辞职去了罗斯柴尔德当副董事长，这是一家刚刚被收购的纽约投资银行。收购者不是别人，恰恰是储贷协会经理厄尼·弗莱舍。这样一来，梅森·豪普特就成了所罗门兄弟公司里抵押债券方面唯一一个明白人。公司最高层在抵押债券方面的无知的确令人震惊。大清洗之后，古特弗罗因德、佛特和斯特劳斯安排了一个私人性的讲座。主讲人是所罗门兄弟公司债券研究部主任马蒂·莱博维茨，主题是抵押债券业务介绍。最后，佛特被任命为抵押交易部负责人。

拉涅里终于如愿以偿：让抵押部与公司债券部和政府债券部并驾齐驱。美国抵押市场如今已经成了世界上最大的信用市场，也许有一天会成为世界上最大的债券市场。拉涅里的创造标志着华尔街业务重心的转移。从历史上看，华尔街只在资产负债表的一边做生意——负债，抵押贷款可是资产。如果住房抵押贷款可以在组合之后进行销售，信用卡的透支、汽车贷款和其他任何一种贷款也都可以拿来销售，只要你想得到。

所罗门兄弟公司的专业知识传遍了整个华尔街。迈克尔·莫塔拉出任高盛公司抵押交易部主任，1988 年上半年该公司是抵押债券交易业务的领导者，彼得·马罗成了摩根担保信托公司抵押交易业务的负责人。安迪·斯通在培基公司主持抵押交易业务。史蒂夫·鲍姆在基德·皮博迪公司负责抵押交易。汤姆·肯德尔在格林尼治资本市场公司当抵押交易部头头。斯蒂芬·约瑟夫在德崇证券公司，杰弗里·克隆塔尔在罗斯柴尔德各自主持其抵押交易部。沃尔夫·纳都尔曼、内森·科恩费尔德、内森·洛、比尔·埃斯波西托、埃里克·毕卜勒和拉维·约瑟夫分别在太平洋证券、希尔森-雷曼、贝尔斯登、格林尼治资本市场、美林和摩根士丹利公司担任高级抵押交易师。华尔街上活跃着一批最著名的所罗门兄弟公司抵押交易师。在他们的手下，依靠抵押债券业务为生的是各个公司中的数千名职员。

毫无疑问，在前所罗门兄弟公司的抵押交易师中，经历最奇特的要数豪伊·鲁宾了。在被美林公司炒掉鱿鱼之后没多久，他就进了贝尔斯登公司。有消息说，贝尔斯登在《华尔街日报》公布鲁宾的2.5亿美元亏损新闻的当天就给他打了电话。在美林公司之外，没有人对鲁宾的亏损大惊小怪，有些反应甚至颇为幽默。在贝尔斯登公司，两名抵押交易师把他新桌子的抽屉用钉子钉死，这样他就再也不能“把那些东西藏在抽屉里了”。一位所罗门兄弟公司的抵押交易师打电话建议鲁宾为美国运通卡义务做推广。“嗨，你不认识我。可是我要告诉你，我在一次交易中亏掉的钱比华尔街有史以来任何一个人都要多。因此，我最理解什么是信用。一旦我遇上麻烦……只要掏出这张小小的卡片……”

刘易斯·拉涅里在所罗门兄弟公司以北半英里的地方开办了自己的公司。拉涅里被炒掉后没几天，还处在震惊之中的拉涅里大家庭的一名成员同鲍勃·多尔，那个将他带入抵押部施展拳脚的人共进午餐。多尔说：“约翰为什么在提升刘易不久后就开除他，我考虑有两种可能。第一种可能是约翰突然认识到自己犯了一个极大的错误——刘易太狭隘，虽说担任了公司的副董事长，但总是本部门利益优先。第二种可能是董事长办公室里的人受不了刘易的聒噪，因为刘易在会议中总要当主角。他倒不是那种刚愎自用的人，但他心里总有那么多令人激动的念头，只可惜斯特劳斯、佛特和古特弗罗因德不能虚心接受。认真听取刘易的建议很可能给公司带来财运。”

拉涅里本人拒不相信那个在困难时期保护过他的人如今会设计害他，他把这个人称作“我的拉比”。他相信是汤姆·斯特劳斯急于揽权，而佛特则在伺机观望，让斯特劳斯自取灭亡。（后来发生的事实则刚好相反，佛特1988年12月离开了所罗门兄弟公司，汤姆·斯特劳斯成了摇摇欲坠的古特弗罗因德手下第一人。）拉涅里从未改变自己对公司的态度，这种态度是在当年那位记不清长相和姓名的公司合伙人为他支付妻子住院费的时候形成的，那位合伙人之所以这样做仅仅是因为他认为这样做是对的。这种态度是在管理公司的人不仅主张“做一个好人比做一个好经理更为重要”，而且是在切实身体力行的年代里形成的。拉涅里更愿意相信所罗门兄弟公司如今暂时落入了异己文化的手里。“当前的情况只能有一种解释，”拉涅里说，“约翰·古特弗罗因德控制不了局面了。如今是斯特劳斯在掌权，而他想要的是绝对的权力。他们只用 1 年时间就摧毁了一个巨人。假如是约翰自己做决策，他绝不会这么干。我无法想象他们（斯特劳斯和佛特）对约翰讲了些什么，让他干出这种事。他们永远也不懂，公司的伟大就在于它的文化。而他们却破坏了这种文化。正如俗语所说，背约的人将永远带着耻辱的烙印。”就这样，拉涅里结束了自己从华尔街邮件中心到大公司董事会长达 19 年的漫漫征程。

第八章

从“基克”到人

你为谁干活儿？这个问题始终纠缠着推销员。每当交易师要弄了客户让推销员无颜见人时，他们总是这样反问推销员：“你到底为谁干活儿？”传递过来的信息是很清楚的：你是为所罗门兄弟公司工作的，是为我工作的。

普通人观察事物总是流于表面，因为表面是人人都看得到的，而深入了解则只有通过身体力行才能获得，只有少部分人能做到。其结果只能是人云亦云，而洞悉者则少之又少，甚至不敢站出来抗拒流行的观念。

——马基雅利，《君主论》

可以肯定的是，在不违法的前提下，人类利用电话干出的最坏的勾当，就是随便给不认识的人打电话，再卖给他不想要的东西。在我刚刚到伦敦上班时，摆在我面前的就是一本写满了我念不出来的法国滑稽人名的小册子。我的老板，丛林生活的导师、阿肯色州的原住民斯图·维立克告诉我要一屁股坐在电话上自己赚钱。“给巴黎的每一个人打电话，”他说，“别忘了微笑。”

他的意思当然不是叫我真的给巴黎市的每一位市民打电话，这样讲只是为了突出效果。应该打电话的对象仅限于掌握5 000万美元以上资金额度的法国资金经理，而这只占巴黎电话号码簿的一小部分。我还找到了另一种有用的资料线索——《欧洲货币指南》。如果你的名字出现在《欧洲货币指南》上，我猜总该是有点儿钱的。上面的第一个名字是F. 迪德罗农（F. Diderognon）。这怎么念？此人是男是女？我向我的美籍丛林导师请教这个名字如何发音。

“我怎么知道？我以为你会讲法语。”他说。

“不，那只不过是简历上的说法。”我回答道。

“噢，”他搔着头想了一分钟，“没关系，好在这些人全都会讲英语。”

我再也无话可说，只能硬着头皮去打电话。但问题还是没解决：F. 迪德罗农。它的韵脚是不是和“洋葱”（onion）的韵脚一样？这个名字的前一部分是不是和那个伟大的哲学家一样？我决定把狄德罗（Didero）和洋葱连起来快念（Diderognon 念成 Diderot's Onion）。我的丛林导师在一边盯着我，好像我一动就会出错。我拿起了话筒。

“喂？”一个男人接了电话。

"F. Di-der-o-onion。"我一字一句地说。

另一头的那个男的用手捂着话筒。我只能听到模糊的谈话，听起来好像是，"弗兰克，有一个美国经纪人找你，他拼不好你的名字。你接吗？"

另一个声音说："问问他是谁。"

"嗨，你是谁？"这人又问我。

"我叫迈克尔·刘易斯，我是所罗门兄弟公司伦敦分公司的。"我说。

又是那种捂住的声音。"弗兰克，是所罗门兄弟公司新来的家伙。"

弗兰克·迪德罗农说："我从不跟所罗门兄弟公司打交道。讨厌的家伙。叫他滚。"

"弗兰克说他现在没时间，回头再打给你。"

他妈的，我干吗干这个活儿？

* * *

在马戏团里，"基克"（Geek，即小丑）的表演项目包括咬下活鸡头或活蛇头，红封皮的《美国传统词典》上就是这样说的。在所罗门兄弟公司伦敦分公司里，"小丑"另有含义。交易师们在两个意义上使用这个词，但没有一种和词典上讲的有关系。我到那里之后，一位交易师告诉我，"基克"的意思是：（1）死拍马屁的人；（2）刚从培训班里出来，介于实习生和老手之间的人。他说，我就是一个"基克"。

到了 1985 年年底，在纽约给交易师们又当男招待又当拳击沙袋已经让我烦透了，我很高兴可以不再当实习生，哪怕叫我当"基克"也干。我打算告别 41 层，告别拉涅里、古特弗罗因德、斯特劳斯和佛特，告别他们令人窒息的地盘之争。别误会，我和别人一样爱干这一行，但如果你是在纽约起步，那么你付出的代价将是自由。我可受不了被肥胖的抵押交易师坐在屁股底下，直到学成手艺。这种日子一辈子也到不了头。

如果你不打算把灵魂出卖给所罗门兄弟公司，那么伦敦就是唯一的选择。除此以外，所有地方的规矩都和41层一模一样——不管是美国的分支机构还是东京的分公司。但是由老派的欧洲人充斥其间的所罗门兄弟公司伦敦分公司却是一处自由的乐园。分公司里级别最高的6位经理由41层派来的美国人充任，不过整个分公司的调子却是由欧洲人定的。只要比较一下对古特弗罗因德到访的反应就可以知道我们之间的差别有多大。

如果古特弗罗因德驾临任何一家美国国内的分公司，所有职员就得像演戏一样准备起来。他们个个装出轻松自信的神情。尽管肚子里翻江倒海般不舒服，衬裤也湿透了，年轻的美国职员还是得跟逛来逛去的古特弗罗因德赔笑打趣。可以想象，他们绝不冒险讲可能惹麻烦的话。有关最近一次债券发行的笑话是可以讲一讲的，但有关古特弗罗因德老婆的闲话还是不要提为好。只要大家都守规矩，古特弗罗因德倒也不会节外生枝。

古特弗罗因德视察东京办事处的时候，日本雇员把头埋在桌子上，疯狂地打电话，好像在玩角色扮演游戏时分配到和“在上班的人”联络的角色。尽管日本人在我们的培训课堂上可以大模大样地睡觉，但在日本扮酷肯定是行不通的。没有哪个年轻人敢仰头同肥胖的古特弗罗因德“桑”[1]搭讪。我的一位美国友人在某

1.“桑”，日语中的敬称，意为“先生”。——编者注

次古特弗罗因德视察东京办事处时刚好在那里，他走到一边同老板谈了一会儿。当他回到交易厅时，我的朋友回忆道："所有的日本人都盯着我看，好像我刚刚同上帝谈过一次话并且被荣封为圣人。"

而在伦敦，古特弗罗因德受到的接待就要简单得多，和任何一位不善言辞的美国游客差不多。如果他穿上荧光百慕大短裤、T恤衫，再在脖子上挂一部照相机，那就更像了。人家在背后笑话他，公司走背运之后尤其如此。

"他到这儿来干吗？"欧洲人相互问道。

"恐怕是去巴黎买东西路过这里。"答复总不免是这样的，而这也确是实情。

下一个问题就是："苏珊和他一起来的？"（事实上，如果此行以巴黎为终点，那么太太一般会和他在一起。）

简单地说，欧洲人并不像美国人或日本人那样将所罗门兄弟公司的权威奉若神明。他们大多比我大10~15岁，是金融业顶层中的老手。他们更在意同客户的关系，而不是最新的金融小玩意儿。在欧洲人特别是英国人当中，的确有那么一批人，复杂的金融操作对于他们来说易如反掌。在欧洲市场上，这样的人被称为耍小聪明的人。奇怪的是，我们公司里却没有这样的人。我们那些欧洲佬，特别是公司里的英国人，往往是好学校里培养出来的优秀产品。对他们来说，工作不是一桩需要全心全意投入的事情，他们的态度甚至连关心都谈不上。而个人应当从属于公司，尤其是应从属于一家美国公司的观念，在他们看来简直是可笑。

在公司里，欧洲佬的名声可不太好，传言说他们睡得迟，午餐要喝酒，整个下午都醉醺醺的。这当然是夸大其词。同以往一样，这些说法源自纽约的第 41 层。一位纽约交易师蔑称他们为"像女巫一样会飞的投资银行家"。他们同舶来的美国经理之间有声有色的文化冲突犹如一朵祥云，新的"基克"可以躲在下面保有一定程度的个人自由。

从我 1985 年 12 月加入伦敦所罗门兄弟公司到 1988 年 2 月离开，其间已经发生了很大的变化。职员人数从 150 人上升到 900 人。为了改善形象，我们搬进了富丽堂皇的新办公楼。纽约第 41 层的人向我们投入了数千万美元，希望把所罗门兄弟公司办成一家"全球性"的投资银行。

约翰·古特弗罗因德和汤姆·斯特劳斯（负责国际业务）对华尔街上的流行见解深信不疑，他们认为投资银行业未来的趋势将是只剩下几家货真价实的全球性投资银行，输家将退出市场。这硕果仅存的几家将形成市场垄断从而抬高筹资服务的收费并由此而受益。公司经常提到自己的理想目标是组织全球化的俱乐部，包括像日本投资银行野村证券（Nomura）、美国商业银行花旗集团、美国投资银行第一波士顿、高盛和所罗门兄弟公司等在内。那么欧洲的银行呢，我猜他们连名字都没有听说过。

东京是我们快速扩张的首选地区，日本因为贸易顺差而积累了大量的美元，它要么出售要么投资。日本人是 20 世纪 80 年代的阿拉伯富翁。但是，由于日本金融界不欢迎美国公司，日本的金融法规又极为复杂，所以华尔街公司在日本的办事处总是又小又不稳定。

另一方面，欧洲市场的进入却没有多少障碍。那儿的金融管制极为宽松。大西洋造成的文化阻隔比起太平洋来说根本就算不上什么。从布鲁克林来的家伙在伦敦希思罗机场租一辆出租车根本用不着翻译。当他在一家昂贵的宾馆里用晚餐的时候（通常是 Claridges 和 Berkeley），至少给他送来的不至于是生鱼片（在所罗门兄弟公司有一个反复被说起的笑话，一位在日本的美国董事经理在桌子上点了一小堆火烤他的寿司），他尽可以放心地大吃跟美国口味相差不远的食品。他很容易骗自己说欧洲和纽约差不多，这里的消费也是每天 2 000 美元。就这样，伦敦成了征服世界计划中的关键一环。它的时区、历史、语言、相对的政治稳定性、渴望美元的巨型资本市场和哈罗德百货公司（在所有因素中，千万不要低估采购便利的重要性），都促成它成为所有美国投资银行家计划的中心。所罗门兄弟公司全球化的野心就落脚在伦敦。

* * *

公司从本届培训班里打发了 12 个人坐经济舱到伦敦去干“基克”推销员，敝人即是其中的一名。我们的办公室一开始是设在伦敦金融城摩根担保信托公司的一栋楼里，占了两层，外形就像炸面包圈。一般来说，交易台最好设在大开间里，每个人都可以看到别人在干什么，相互之间也听得见。我们这栋楼是一个中空的结构，中间是一大堆电梯和楼梯。交易厅就绕着大楼中心散开成一圈。如果把它全部抻开来，可能长达 50 码，但是坐在里面，你只能看到很短的一段。不过，这样一来倒也有一种紧凑的商业性的感觉。我们的座位一个紧挨一个，别人在干什么全都看得一清二楚。办公室里吵吵嚷嚷，让人感到不舒服。唯一能够聊以自慰的是从这里可以看到泰晤士河和圣保罗大教堂的穹顶。

伦敦分公司的 12 个销售部门只不过是纽约总公司类似部门的直接延伸。第一个部门负责销售公司债券，第二个负责抵押债券，第三个是政府债券，第四个是美国股票等等诸如此类的设置。

在我还没有结束培训课程时，该干的事就已经给我定好了。我被分配到迪克·莱希手下，好也是他，坏也是他，就这么定了。他负责所罗门兄弟公司的债券期权和期货推销部，政府债券部的一个劣种分支。这意味着，从一开始我就是斯特劳斯家族的人。

莱希和他最得力的女将莱斯利·克里斯琴是在和我一起嚼火鸡三明治的时候正式通知我以后归他们直接领导的，那时培训课程已经进入了尾声。这是一次走运的早餐会，首先是因为到那时为止除了股权部还没有第二家表示要我效力，其次是因为我正好喜欢他们两位。在他们手下当“基克”可谓机会难得。与绝大多数一心只想着把手上的东西卖出去的经理不同，克里斯琴拉比和莱希拉比告诉我要去开发一切可以赚钱的路子，而不要太在意推销期权和期货的量。也就是说，他们正确地将自己部门的利益同公司的整体利益协调一致起来——这正是他们的过人之处。在这样一个专家们想方设法取悦老板的公司里，我却意外地成了一名业余记者，从而得以了解整个公司的业务。

到伦敦后的第一天，我去向莱希在伦敦的经理斯图·维立克报到。在我之前，他的部门已经有 3 名推销员。分在维立克手下干也是一桩幸事，因为他没有沾染“所罗门病”。他在伦敦已经待了 4 年，但仍念念不忘自己出身于阿肯色州，这是最令人兴奋的。不仅如此，尽管他了解那些成文或不成文的、钳制绝大多数所罗门兄弟公司雇员的行为规范，但并不把它们放在眼里。他珍视自己的自由，对各种叫他干这干那的指令充耳不闻，并且鼓励他的手下我行我素。

令人感到费解的是，他本人倒要时不时地发作一次专制症。有时他会发出这样的指令，例如“打电话给巴黎市的每个人”。

不过这种情况极为少见，而且他随后给予的补偿足以让你释怀。他放任我们取消办公会议，按自己的时间表工作。他本人就带头这样做，每天的上班时间总比别的部门晚 1 个小时。我认为，这本身就是一种鼓励的姿态。他的部门是伦敦分公司最赚钱的一个，年年如此。我可以肯定，这一成就的取得源于他给手下人留了足够的独立思考空间。

不过，对此刻的我来说，所谓思考还只是一件奢侈品。我脑子里只是一片空白，毫无头绪。唯一的指望就是看看周围的推销员能给我点什么教导。学习业务首先是学习一种态度：电话里应该用什么腔调讲话，怎样同交易师洽谈，还有最重要的，怎样辨别投资机会和诈骗。

整整两天，我被那些急于在美国大牛市中捞上一把的英国人和法国人的电话搅得昏天黑地。就在这时，第一个忠告来了。坐在我正对面的是一位本部门里的年轻人，今后两年里我每天都要同他四目相对，他俯身过来向我低语："想要明牌吗？卖空所罗门兄弟的股票。"明牌是行内用语，是包赢不赔的赌博。卖空，意即卖出你手上没有的股票，期望它的价格下降之后你再用低价买回获利。卖空自己公司的股票就是赌它的股票会猛跌。

我感到惊恐，喘不过气来。首先，卖空自己公司的股票是非法的。其次，除非是做套期保值交易，下注赌所罗门兄弟公司走背运听上去也不是什么好主意。当时公司的利润正处在巅峰，是公司历史上，也是整个华尔街历史上的第二个好年份。当然，我这位朋友（在本文中以达什·里普洛克的假名出现，这是他自己选定的）的意思并不是真的要我这样做。他只是以他独有的简洁方式来表明自己的立场，指出一个事实。后来他解释说，他当时对我颇为赏识，有意点拨我。也就是说，他会时不时地把他在 9 个月的工作经验中积累的智慧之珠向我抛几个过来。他也是美国人，只有 23 岁，比我小两岁。不过，在这一行里他的资历比我可老多了。达什 · 里普洛克是公认的赚钱能手。

很快我就习惯了达什的一套做法。他经常甩出一些我听不懂的话，像“买入两年期债券抛掉老的 10 年期债券”，或“卖空所罗门股票”、“打死‘基克’抢救客户”，而让我自己去琢磨话里头的含义。一般来说，他的话总是令我如堕五里雾中。尽管以要言不烦著称，但达什终归是个热心肠的人。在他成功地向 3 个不同国家的 4 名投资经理兜售出不论何种他想出来的新方案之后，他总会详尽地将其中的机关娓娓道来。就这样，我学会了交易、推销和生活上的许多东西。

回到前面那个忠告，达什的意思是说，不要被有关公司稳健运行的各种逼真的假象所迷惑，所罗门兄弟公司肯定不是一项理想的投资。我应该知道，什么时候是卖空的最佳时机——就在业务滑坡的前夜。可是，他又是怎么知道所罗门兄弟公司正处在这个节骨眼儿上的呢？

你可以想象，“基克”就仿佛一位新当选的总统。我只知道自己什么也不懂，而且毫无负疚感。于是我就问：“为什么？”

当然，我不指望他马上走过来解释给我听。这太简单了。达什的用语仿佛经过加密处理的句子碎片。他只是朝别的交易台挥了挥手，说“因为公司的做派”。

严格说来，这是一句大实话。所罗门兄弟公司又名菲布罗-所罗门股份有限公司。但我能听懂他的言外之意。我们总是希望自己可以摆脱“公司”一词所包含的绝大多数意义：无休止的会议、空洞的备忘录和愚蠢的等级制。可是，有一天达什打完电话抬起头来，却发现公司里的官僚作风日益严重，这让他很不愉快。为了支持他的看法，达什举起了自己的食指，仿佛罗马的演说家，他说："想想书和碗的事。"

说完之后，他把旋转椅扭来扭去，拿起亮灯的电话上的听筒，很快就进入了推销员的角色。"……美联储要转向了，我不知道，市场软得经不起一碰，我们正在观察供应面，看好两年期，看淡10年期……"这一切对我来说无异于对牛弹琴。我赶快把听到的记下来，日后好向他请教。

* * *

所罗门兄弟公司那时正在庆祝公司创立75周年。为了纪念这个伟大的日子，每一位雇员都收到了两件礼品：一个巨大的镀银碗，边上刻着公司的名称，还有一本书。碗用来盛放啤酒倒是蛮合适的。书的名称是《所罗门兄弟：迈向行业领导者》，内容是经过精选的公司史，它的唯一目的就是为高管歌功颂德，其形式倒是颇为得体。古特弗罗因德、拉涅里、霍罗威茨、佛特、斯特劳斯和马西相继登场。他们的讲话仿佛是从剧本上抄下来的。谈到自己时，他们个个谦虚谨慎，但对他们所生活的世界则思虑良多。在剩下来的页面里，作者塞满了关于上述诸公如何聪明睿智、潇洒、勇敢和富于团队精神的赞美之词。整本书就像是一本拙劣的法西斯宣传小册子。从此以后，参加培训课程的实习生都要背诵其中的内容。

即使对实习生来说，这本书的意图也是昭然若揭的。不错，公司确实成了行业中的领导者，但却不再是一个快乐的大家庭了。它的体内伤痕累累，浮华的外表无助于遮掩这一切。公司创始人的儿子威廉·所罗门本是一个谨言慎行的人，如今却在任何一个愿意听他讲话的记者面前痛斥古特弗罗因德的不义。公司前任董事长戴维·滕德勒墓地上的鲜花尚未枯萎，古特弗罗因德为了爬上菲布罗–所罗门股份有限公司董事长的宝座可谓机关算尽，人们对此还记忆犹新。而拉涅里、斯特劳斯和佛特之间争权夺利的火拼已经达到白热化的程度。债券交易师们纷纷出走，谁出钱就替谁干。当然，公司的黑暗过去和现在都不会出现在官方的洁本历史中。

例如，在解释抵押部的创设历史时，编者从旧报纸堆里拈出了像是一段引自鲍勃·多尔的话，他说："所罗门拥有一种别的大公司所不具备的高度弹性，你的技能可以不受拘束地尽情发挥。"最有趣的一点是时间上的巧合。仅仅 6 个月之后，多尔就被古特弗罗因德丢了出去，换上了拉涅里，多尔只好去喝西北风。

古特弗罗因德是书中的英雄。他被描绘成先知以赛亚的形象，一位不食人间烟火、克己奉公的所罗门人。例如，在谈到从交易师晋升为经理的转变时，他说："我之所以乐于从事管理工作，并不是因为它是世界上最神气的职位，而是因为我渴望挑战自我。在某种情况下，金融的世界会把我们带向最高的召唤。我们将时常有机会为社会的福祉做出贡献。"

"他的语调就像一位上了年纪的政治家。"这是作者穿插在古特弗罗因德自白之间的诠释。

但是，最让达什痛恨的不是谎言。一旦你了解了公司内部的真相，你就会知道掩盖比直说要好得多。如果我们的头头想撒谎，让他撒好了，撒一个弥天大谎。达什痛恨的是所罗门兄弟公司居然把钱花在这些地方。一本书，一只碗？谁想出来的这种无聊的念头。折成钱多好。想一想，早年在所罗门上班的人绝对不会干这种事，他们一定会要钱，而不是这些劳什子。书和碗侵害了达什心目中的所罗门兄弟公司伦理，所以他才要我卖空它的股票。（后来发生的故事证明，卖空所罗门兄弟的股票真的是稳赚不赔的买卖，绝不是短线炒作那点儿蝇头小利。股价直线下跌，从59美元跌到1987年10月股灾之前的32美元。别的经纪行的乐观预言都成了泡影，第一波士顿和德崇最起劲，它们断言所罗门兄弟的股票极具投资价值。1987年股市崩溃之后，所罗门兄弟的股票跌到了16美元。）

我把这次谈话原原本本地记下来，写在我那个用来记载一切看起来像聪明话的本子上。回过头来再看这个本子，那么早就有人提醒我这家不可一世的雇主事实上正在走下坡路。我信不过自己的记性，幸好可以有当时的笔记为证。在我自己的脑子里，初到伦敦几个月的印象已经非常淡漠了，我那时满心想的都是怎样尽快进入角色。

要想复原当年我自己的形象，我不得不在某种程度上借助别人的评价。在所罗门兄弟公司里，热衷于毫不留情的性格分析的大有人在。比如说，达什后来就很喜欢在不打电话的空隙中调侃我以前的样子，说话时嘴里还叼着一支钢笔。他最喜欢说的就是，我这个“基克”的脸上总是留着最后一个同我谈过话的人的烙印。他觉得，我刚来的时候简直就没有脑子。如果我刚同抵押债券交易师谈过话，我就会在电话里跟别人大谈抵押债券生意如何如何是一桩好生意。而如果我刚同公司债券交易师讲过话，我就会以为刚刚发行的IBM债券是一个金矿。

不幸的是，达什不可能时时刻刻扶着我走路。他只能在我大错铸成之后再来提醒我。公平地讲，他也是别无选择。同大家一样，他也是热带丛林里的一分子。丛林法则上说，“基克推销员”是交易师砧板上的肉，绝无例外。如果哪个公司债券交易师哄得我以为 IBM 债券是热门货，那也是我自己不好。如果达什胆敢跟我透底，交易师说什么也要想办法让他下次拿不到奖金。达什是喜欢我，但还不到那个程度。

尽管如此，我还是极为依赖达什和小组里的其他人，一共两男一女。我们坐同一张桌子旁，它设计的时候就考虑了 5 个人同时使用。桌上布满电话线，每一条线里流动的都是金钱、无聊的笑话和流言蜚语。如果你有兴趣了解世界上最令人惊叹的笑话是怎样传播的，那么只要在债券交易台边坐上一天就足够了。当美国“挑战者”号航天飞机在空中爆炸后，全球 6 个地区的人分别打来电话告诉我 NASA（美国国家航空航天局）是“再来 7 个宇航员”（Need Another Seven Astronauts）的缩写。

谣言则要认真对待。同蹩脚的笑话不同，谣言可能会影响市场。谣言总是与人们最担心的事情不谋而合。常常是最不可信的谣言偏偏能够在市场上制造恐慌。例如，在两年时间里，有关保罗·沃尔克辞去美联储主席的谣传就有 7 次，还有两次说他死了。

我们每个人面前都有 3 部电话。两部是普通电话，第三部是通向所罗门兄弟帝国内部任何一个角落的专线。在电话板上，几十个灯在同时闪烁。欧洲的投资者（我将他们统称为“投资者”或“客户”，尽管他们之中绝大多数都是不折不扣的投机者，剩下的则是不那么纯粹的投机者）为了在美国债券市场上下注，要我们从早上 8 点一直干到晚上 8 点。

他们的急切心情是可以理解的。美国债券市场牛气正旺。想象一下，如果每个玩家都能赢大钱，那么赌场将会热闹到什么程度。这就是那段时间里我们小组工作状况的真实写照。最吸引他们的就是我们小组的专业长项——期权和期货，它们既有高度的流动性又有惊人的杠杆作用。它们是债券市场里的赌博工具，就像在赌场里有了超级筹码，它代表 1 000 美元，但只卖 3 美元。可事实上赌场里没有什么超级筹码，期权和期货在职业赌博的世界里没有对等物，真正的赌博会认为提供如此高的杠杆是不谨慎的做法。只要押下一小笔钱，期货合约的购买者就可以获得同拥有一大笔债券一样的风险机会，在一瞬间他的钱可能会涨上一倍，也可能一分不剩。

* * *

说到投机，欧洲人在这上头可用不着多少指导或鼓励。他们这样疯狂要钱已经有好几百年了。特别是英国人和法国人，他们都有渴望快速致富的弱点。就像身边有美女帮着吹骰子的掷骰子的赌徒一样，这两个国家的投机者有一系列令人眼花缭乱的非理性手段来帮他们赢钱。他们首先要做的是猜出美国债券市场的走势：上升还是下降。他们会花上几个小时盯着显示债券价格历史走势的图表琢磨。在仿佛罗尔沙赫氏测验[1]的图像中，一些似是而非的图形，例如“头肩形”等只有看图者自己才明白的东西会显露出来。根据“历史模式将会重演”的假设，图表派（这类人士这样称呼自己）用他们的尺子和铅笔画出债券价格的未来走势。令人称奇的是，在牛市市场中，预测结果通常是市场正在看好。

1. 罗尔沙赫氏测验（Rorschach test），是指把被测试者对 10 种标准墨迹的解释作为情感、智力机能和综合结构的检测方法来分析的投射测验方法，由瑞士精神病学家罗尔沙赫发明。——译者注

应该说利用图表还是有道理的，因为别人都在用。如果你相信将以图表为依据做一笔大投资，那么看图就是有意义的，不管这项工作多么沉闷，也许它能帮助你在市场上领先一步。许多英国和法国的投机者虔诚地相信，图表中蕴含着市场的秘密。他们是最顽固的图表派。就算别人都放弃了，他们也会坚持使用图表方法。他们盯着图表，仿佛那是灵验板，图表对着他们讲话。

不过，我承认，如果要任由投资者相信他们的白日梦，即使对一个“基克”来说，这也是多少令人尴尬的。可是既然人家图表派愿意找我下注，按照丛林法则的解释，客户为什么要这么干不是我应该过问的问题。恰恰相反，我上手 10 天之后已经学会对客户讲的这种话表示赞赏了。“昨晚我研究了 10 日平均线，它已经画出了一条完美的鸭尾形反转。让我们赶快下手。”在这个关节点上，我扮演的角色应该大声地喝彩：“是的，那就干吧。”

在用别人的钱时，为了好听，我们称之为套利，而这完全是混淆视听。套利的字面意思是“无风险交易获利”。我们的投资人一刻也没能摆脱风险，“高空走钢丝”可能要比套利准确得多。尽管我的工作被认为担负着很大的责任，但当我拜访我的第一个客户时，我却既不懂行又不讲原则。我是一个业余药剂师，没有执照却在开处方，倒霉的当然是我的客户。

我不可能不注意到，我的客户和那些老推销员的大不一样。我手上的只是一些小型的机构投资商，从定义上说，这指的是规模不足 1 亿美元的投资商，每笔交易不过几百万美元。其余三位推销员只同保险公司、投资经理和欧洲中央银行打交道，如果这些人认可你的交易想法，他们会在几秒钟之内做成 5 000 万到 1 亿美元的大交易。其中最大的一家掌握着大约 200 亿美元的可投资资金。

我的丛林向导经理不让我碰那些大客户是很有道理的。像我这样容易被人牵着鼻子走是很危险的。他的想法是让我先从小客户的业务学起。这样，一旦出了岔子，也不至于对整个所罗门兄弟公司的业务造成什么大的影响。如果我把一两个客户做跑了，这也是意料之中的。这是"基克"生涯的一部分。对倒霉的客户，这里有一种奇怪的讲法：他们会说客户被"击倒"了。什么时候我学会了引导客户，什么时候我不再击倒客户了，我才能去和大投资商打交道。

* * *

几天之后，根据"丛林生存指南"，我开始学着微笑和拨电话。正如前面所讲的，我讨厌贸然给不认识的人打电话。我立刻就发现自己无论如何不能适应这种做法，这让我觉得自己是个令人讨厌的人。当我的丛林向导发现我一无所获之后，他终于死了心，让我给一个叫赫尔曼的人打电话，他是一家奥地利银行伦敦分行的人。这样的安排令各方受益。赫尔曼希望所罗门兄弟公司能卖点儿什么给他。可是，他一次只能做几百万美元的生意，公司里没人愿意跟他做交易。而为了吃饭，我需要客户。

可怜的赫尔曼根本不知道我为什么会选中他。我提议一起吃午饭，他接受了。他是个高高的粗鲁的德国人，声调低得吓人，令人印象深刻，仿佛他生来就是为了交易。他自以为非常非常聪明。我的工作则是鼓励他对自己的这种看法，他越觉得自己聪明，交易也就越多。而他交易越多，他给我带来的生意就越多。他的银行授权他可以动用 2 000 万美元投资资金。

虽说赫尔曼颇为狡猾，但在我之前他还没有同"基克"打过交道。我向他解释怎样用这 2 000 万来赚钱。所罗门兄弟公司里有的是精明能干和见多识广的人。我主张我们应该从他们那里获取灵感。我还让他意识到我自己就有一两个这样的想法，而且某些欧洲大投资商非常看重我的建议。到午餐结束时，我们已经考察了所罗门兄弟公司的诸多科学图表，讨论了头肩顶模式，喝光了一瓶葡萄酒，他终于下决心同我做生意。“可是，迈克尔，别忘了，”他说了好几遍，“我们需要大胆的想法。”

回到办公室，一位重量级公司债券交易商正在等我，仿佛一只没喂饱的马蝇。听到午餐会谈顺利的结果，他感到很高兴。正如他所讲的那样，他为我和我的客户准备了一个极好的设想。他整天都在观察欧洲债券市场，发现同标准的 30 年期美国国债相比，AT&T（美国电话电报公司）的 30 年期债券真的是太便宜了。可以这样讲，总值 6 500 亿美元的欧洲债券市场是所罗门兄弟公司开办海外机构的主要目的。欧洲债券是一种在欧洲发行而主要由欧洲人购买的债券。许多美国大公司发行欧洲债券，通常是因为它们向欧洲人借钱比向美国人借钱便宜得多，不过有时也是为了在海外扬扬名。所罗门仗着自己在美国公司里的名号，成了这个市场里的领导者。

回到刚才的话题，这位交易师认为，华尔街——指别的华尔街和伦敦的交易师们——低估了 AT&T 的债券。他说他知道怎样弄到一批 AT&T 债券，我应该告诉自己的客户，让他买入 AT&T 债券，同时卖空 30 年期美国国债。他说，诀窍在于避免在市场上居于空头或多头的风险。相反，我们只是背着人下注赌 AT&T 债券比美国国债表现好。这一套听起来挺复杂的。我想还是谨慎点为好，我问他这种策略有没有风险。

“别担心，”他说，“那家伙会赚钱的。”

“我‘抵’（以）前‘同’（从）没干过‘特’（这）种事，不过这听上去倒还是个好主意。”当我把这一番说法讲给赫尔曼听时，已经半醉的他这样答复我，“做吧，投它 300 万。”

这是我接到的第一份订单。我激动不已，立刻打电话给美国的国债交易师，卖给他价值 300 万美元的国债。接着我又向伦敦的公司债券交易师喊道：“你可以考虑买进 300 万美元的 AT&T 债券。”当然，语调要尽量放松，仿佛这不算什么大生意，只不过是在公园里散步。

在每一个所罗门兄弟分公司都设有一个到处都听得到的扬声器，人们称之为汽笛。在所罗门兄弟公司里，成功除了金钱之外还意味着让你的名字在喇叭里被大声广播出来。于是，负责 AT&T 债券的交易师的声音在喇叭中响起：“迈克尔·刘易斯刚刚卖出去 300 万美元我们的 AT&T 债券，一次了不起的交易，非常感谢迈克尔。”

我心中顿时充满了骄傲感，你可以想象那时我的神态。不过情况似乎有点儿不大对头。“我们的 AT&T”是什么意思？我做梦也没想到这些 AT&T 债券是所罗门兄弟公司自己的。我还以为这位交易师朋友是从别的公司的蠢材交易师那里买来的。如果这些债券根本就是我们公司的……

达什在一边盯着我，一副难以置信的样子。“你卖给客户这种债券？为什么？”他问道。

“那个交易师说这是一桩极好的交易。”我说。

“哦……”达什用手抱着头，做出很痛苦的表情，但我看得出他在微笑。不，是在大笑。“交易师还能说什么呢？”他说，“他这个头寸已经在手里压了好几个月了，可以说毫无希望，他想脱手都想疯了。你可别告诉他我对你讲了这些，但你就要大祸临头了。”

“怎么会呢？”我说，“交易师给我打了包票的。”

“你就要倒霉了，”达什又重复了一遍，“这没有什么，你只不过是一个‘基克’。‘基克’生来就是要倒霉的。”为了宽解我，他说得仿佛这是一个轻松的结果。他把嘴里叼着的钢笔拿了下来，若有所思地转了两转，然后又去忙着舞弄电话了。

“AT&T 债券现在什么价了？”第二天一早，一个熟悉的声音冲着我喊。赫尔曼失去了往日的冷静和自信，显然伦敦城里的某个交易师对他进行了点拨。好像全伦敦的人都知道所罗门兄弟公司拿着 AT&T 债券急等着脱手，只有赫尔曼和我还蒙在鼓里。赫尔曼慢慢明白过来，他就要大祸临头了。

我还不死心，尽管没有多少把握。不过我想走过去站在那个交易师面前，告诉他我的新客户有多沮丧，这对我们新建立的关系可没有什么好处，告诉他如果他肯用一天前的价格买回他卖给我客户的 AT&T 债券的话，他在我心目中的形象会有多高。

“它们现在的价位不太理想，”当我向那个交易师问价格时他这样答复我，“不过价格会回升的。”

“价格是多少？”我又问。

“回头我再告诉你。”他说。

“没门，”我说，“那个德国人急得跺脚，我马上就得知道。”

交易师假装在一堆看上去记载着复杂资料的文件堆中找来找去，又向数据显示屏里输进几个数据。我已经知道，这是在为了所罗门兄弟公司的大局利益而牺牲某位客户时交易师的标准做法。

他试图归罪于某些非人力所及的科学上的力量。他会说："这是数字，你没看到吗？我实在无能为力。"显然，AT&T 的交易师正在艰难地拖延时间。情况看来很不妙。

"我可以为你出价 95。"最后他说。

"你不能这样干，"我说，"昨天你还卖给我 97 的价钱，而市场并没有变化，这笔投资的价格也没有变。我没法跑去跟我的客户讲，仅仅过了一夜他的 AT&T 债券就掉下两个点，他亏了 6 万美元。"

"我告诉过你它们情况不好。"他说。

"你是什么意思？……你骗了我！"我开始喊起来了。

"喂，"他终于没了耐心，"你为谁干活儿，是为所罗门兄弟公司还是为这个家伙？"

你为谁干活儿？这个问题始终纠缠着推销员。每当交易师要弄了客户让推销员无颜见人时，他们总是这样反问推销员："你到底为谁干活儿？"传递过来的信息是很清楚的：你是为所罗门兄弟公司工作的，是为我工作的。是我在年底给你发奖金。所以还是闭上嘴的好，你这个"基克"。这样讲当然不错。可是，如果退一步想想我们自己的公司，这种态度的荒谬就暴露无遗了。要弄客户最后一定会自毁生意。如果他们都被装进去了，我们也就没有投资人了。而如果没有投资人，我们靠什么去赚钱呢？

对这种政策的唯一可能的辩解（如果你称之为辩解）是从我们的总裁汤姆·斯特劳斯口中无意间讲出来的，他自己以前就是政府债券推销员。有一次他同我的一位客户共进晚餐，其间东拉西扯提到了这个问题，他发表了自己的看法："客户总是不长记性。"如果这就是所罗门兄弟公司在客户关系方面的指导原则，那么一切都很清楚了。只管耍弄你的客户，他们总会忘记的！就是这样。

不管怎么说，你毕竟得承认，斯特劳斯是非常坦率的。要弄客户是一回事，事先就告诉他你将这样做则是另一回事。AT&T债券交易师和斯特劳斯之间的差别就像蹩脚的打手和拳击师一样大。可是，他们俩的作为都对公司的利益有害，我的客户永远也不会忘记，所罗门兄弟公司认为“他们记性不好”。

我的错误在于轻信了一位所罗门兄弟公司的交易师。他利用了我和我第一个客户的无知来推卸自己的错误。他为自己，也为我们公司避免了6万美元的亏损。我很快醒悟过来，不禁勃然大怒。但这解决不了问题。咒骂交易师不会有任何好处，这是明摆着的，他到了年底就会扣我的奖金。何况，闹起来只会暴露我自己的愚蠢，好像我本来还指望客户在AT&T债券上赚钱。谁会愚蠢到相信交易师的鬼话？这样一来，最好的办法只能是假装我从一开始就是安心要耍弄这个客户的，别人还会因此而高看我一眼。这就是所谓的要随机应变。我这是头一次拿债券来随机应变，尽管我本人没有意识到这一点。我已经失去了自己的清白。

可是我该怎么去对那个叫赫尔曼的德国佬解释呢？“别把亏了6万美元的事放在心里，你的记性不好，很快就会忘掉这一切……对不起，我是个新手，猜猜看出了什么事，哈哈！”

“嗨，对不起耽搁了这么久。我实在是太忙了。”我说。试探着各式各样的声调看哪一种更体面一些，我实在想不出怎么做更合适，或者听上去能够令人舒心。我必须做出一个介于勇敢的微笑和白痴的傻笑之间的表情。达什在一边看着我这出闹剧，掩口而笑。我的一切努力似乎都是白费。我对着他打了个响指，现在，我更关心的是自己的尴尬，而不再是赫尔曼的感觉了。

“我刚同交易师谈过，”我对新客户说，“他说从昨天到现在AT&T债券的走势不大好，不过很快就会恢复的。”

“现在的行情如何？”他又问。

“噢，我……来看看……大概……大概……是的……大概……在95的水平。”我一边说一边感到自己的脸开始发烧。

“啊……”他叫了起来，仿佛刚刚有人在他心窝里插了一把刀。他已经完全丧失了自控能力。原始条顿人[1]似的叫喊仿佛凝聚了被所罗门兄弟公司牺牲的全部有价值的客户的痛苦。尽管当时我对他的情况还不了解，但很快我就知道了，他做梦也想不到会亏损6万美元。他的银行是授权他操作2 000万美元的交易，但绝不允许他亏损6万美元。如果他们知道了这笔交易，他就得卷铺盖走人。事情并没有就此结束，后面的还要更糟。他有一个小孩，妻子又怀孕了，还在伦敦买了一栋房子，背着一大笔抵押贷款。当然，这些都是后话了。此刻他唯一能做的就是弄些声音出来，而我满耳回响着的是他的惊恐之音。

“哇……”他不停地叫，只不过调子略有不同，接下来电话里就是大口喘气的声音。

你猜我当时是怎么想的？当然，我应该感到愧疚，但愧疚却不是当时我脑子里的第一反应，如释重负才是我的真实感受。我总算把话讲出来了。他在那里又哭又叫，但也不过如此了。除此之外他还能干什么呢？哭吧，叫吧。这就是当中间人的好处，直

1. 原始条顿人，古代日耳曼人中的一个分支，后逐步和日耳曼其他部落融合。——译者注

到此刻我才体会到其中的妙处。倒霉的是客户，不是我。他不会杀我，他甚至不会去起诉我，我也不会因此而丢掉我的饭碗。相反，我还因为把6万美元的亏损转嫁到别人身上而成了所罗门兄弟公司里一个小小的英雄人物。

我们可以用一种更令人宽慰的眼光来看待这个局面。我的客户当然不乐意亏钱，但这事他和我一样有份儿。**债券市场的法则是：货物出门，概不退换。这是拉丁文“买者当心”的意思。**（几杯酒下肚之后，债券市场的人就要引用拉丁文了。我经常听到的另一句话是：“Meum dictum pactum。”但那只不过是一个笑话。它的意思是：“我的话就像我的债券一样可靠。”）我的意思是说，就算我告诉他买AT&T债券是个好主意，他也可以不听我的。

话说回来，除了那个德国人，谁也没有损失什么。这是个关键问题，因为它可以解释所罗门兄弟公司为什么能以超然的态度看待灾难。德国人的银行已经亏损了6万美元。这家银行的股东，还有奥地利政府，全都成了输家。再进一步讲，奥地利的纳税人也是输家。不过，如果同整个国家所拥有的财富相比，6万美元就是一个小得不值一提的数目。换句话说，很难让人对此产生同情心，只有我这个一手做成这桩交易的人例外——可他自己也不是没有责任。

要不是因为我是个“基克”，我会认为他根本就怪不到我。但是，噢，看看他都干了些什么。不过，这是客户的特权，推销员只有忍的份儿。他可不是个善罢甘休的主儿，他前前后后骂了我怕有几百次。在犯了第一个错误买入这些债券之后，我们又犯了第二个错误，不愿意抛掉止损。在此后的几个星期里，每天早上和下午我都在极度恐慌中等着可怕的电话，这些电话极尽讽刺挖苦之能事。电话那一头传来浓重的德国口音："买这些债券可真是个了不起的主意啊，迈克尔。今天睡醒之后有没有更好的主意啊？"事实上，赫尔曼已经完全放弃了能够躲过这一劫的幻想，他不相信所罗门兄弟公司会帮他挽回损失。他打电话的唯一目的就是发泄他对我的憎恨。

我的客户誓与他的债券共存亡。AT&T 债券越来越便宜。最后，在我下单之后 1 个月，我客户的老板终于得知了这桩交易。高达 14 万美元的亏损浮出了水面，这个德国人被解雇了。天哪！不过他又找到了一份工作，而且据我所知，对他孩子们的生活也没有什么影响。

对于我的职业生活来说，这可算不上一个好的开端。不到 1 个月的时间，我把自己第一个也是唯一的一个客户给弄丢了。谢天谢地，这样的人来源颇广。他们都符合交给"基克"打理的两条要求：首先，他们是小型投资人；其次，他们对所罗门兄弟公司极其敬畏，不管你说什么，他们都会深信不疑。我花了几个月的时间在电话里同整个欧洲最令人不敢恭维的几十个客户打交道。其中包括一名贝鲁特的棉花交易师（他曾说，"你可能会以为我们这里没人想做生意，你错了，错了"），一家热衷于外汇期权投机的爱尔兰保险公司，还有住在蒙特卡洛的美国比萨饼大王。我把保险公司的业务给干砸了，这回完全是由于我自己的愚蠢，怪不得交易师。至于贝鲁特的那个家伙，所罗门兄弟公司信用委员会劝我不要同他做生意，他们担心的是在我还来不及要弄他之前先被他给要弄了。蒙特卡洛的比萨饼大王最终还是放弃了债券，回去做他的本行比萨饼，他给自己的后人留下了一句值得纪念的话："这鬼地方的赌博真是没劲，比我们的差远了。"这可是大实话。

* * *

回想起头几个月的情形，也不是没有值得一提的经历，比如说我同一家英国经纪行头头的交往。这位在伦敦金融城里名不见经传的人物不知怎么知道了我的名字，他打电话给所罗门兄弟公司找我。他说他想了解所有有关期权和期货的情况，为此我应该到他的办公室去做一次拜访。他主持的是那种为数上百家的小型欧洲金融机构，它们同所罗门兄弟公司竞争生意，但自己也有钱做投资。他们经常假冒潜在的客户，只是为了弄点儿情报。他们认为所罗门兄弟公司掌握着别人不知道的东西。考虑到他会利用我透露给他的信息反过来抢生意，挖我们自己公司的墙脚，我本该回绝他的邀请。但是他手上真的有几个钱可以用来投资，而且我对老牌的英国金融家也颇为好奇。还有，以当时我所掌握的有关期权和期货的知识来引导他，破产的可能要比赚钱的可能大得多。

他是一个身材粗壮的中年人，穿着不合身的衣服，磨破了的黑皮鞋，还有松松垮垮的黑袜子，在我看来，这些仿佛是英国经济长期衰退的标志。与他的身份、地位不相吻合的方面远不止这些。他的后脑上有一撮头发不屈不挠地傲然翘立，衣服皱皱巴巴，好像他刚刚穿着它们睡觉来着。他手下管着几百号人，可他的外表却像一个叫花子、还没睡醒的人。

我们坐在他那间黑乎乎的办公室里谈了1个小时。更准确地说，是他对我发表了近1个小时有关国际事务的看法。我坐在一边洗耳恭听。最后，他讲累了，叫了一部车子送我们去吃午饭。离开办公室之前，他翻着手上的《泰晤士报》，拿起铅笔说："我得下注了。”接着他打了个电话，我猜对方是个赌注登记员，他在当天的赛马上下了两笔5英镑的赌注。放下电话之后，他说：“你知道，在我眼里，债券市场只是赛马场的延伸。”我当然不知道。我想他这样做无非是想给我留下一个印象。在所罗门兄弟公司的交易厅里，5英镑的赌注只会成为大家的笑柄，不过我想还是不提醒他这点为好。我不禁想起在培训班时一位资深交易师对我们讲的一段恶毒话。有一位实习生试图给交易师留下印象，但没有成功。交易师是这样讲的：“你的表现证明了，有些人生来就是当客户的命。”“生来就是当客户的命”，后排的人曾经以为这是他们所听过的最滑稽的话。

抛开这些不谈，我们后来还是去吃了午饭，所罗门兄弟伦敦分公司就是因为这种长达两个小时的午宴而在纽约总部那里臭名昭著。整个情景也同刚才一样，他讲，我听。他谈到债券市场反弹过度，美国银行家那股勤勉的劲头是多么可笑，他的公司如何对付像所罗门兄弟公司这类伦敦金融城的入侵者。他反对每天工作时间超过8小时，理由是“这会使你早上回到办公室的时候脑子里的想法和昨晚离开时的一样”。

借着酒力的催发，这几句妙语在我们看来似乎应该写在餐巾上。为了鱿鱼，我们又要了第二瓶白葡萄酒。在临近结束的时候，舌头已经不大听使唤了，血液也从脑部流到了胃里，他仿佛才想起这次约我出来的目的。他说：“这次我们来不及谈期权和期货，下次还得找机会再聊。”不过，在下一次有机会之前，就像许多欧洲的小金融公司一样，他的公司被一家美国银行收购了，出价高得惊人。他退出的时机拿捏得恰到好处，在快要落地的时候争取到了金色降落伞。从此以后，我再也没有听到过他的消息。

* * *

一切都是新的，一切都让人好奇。我很快就有机会去巴黎做商务旅行。一出交易厅的门，我就不再是“基克”了，至少无须让别人知道我是个“基克”，我成了投资银行家，拿着投资银行家的开支账户。我住在巴黎最好的布里斯托尔酒店，400 美元一个晚上。这不算是过度铺张。所罗门兄弟公司的推销员全都住布里斯托尔。节约开支，要经过所罗门兄弟公司秘书的批准。当我第一次穿过布里斯托尔的金色大门，走上铺着大理石的地面，墙上挂着佩特的风景画和哥白林的双面挂毯，当我看到浴室里的盥洗用品和套房里阔气的装饰，我兴奋不已，觉得这才是我应该享受的。

我在伦敦头几个月的工作对所罗门兄弟公司的利润几乎谈不上有任何影响，但这些经历都非常有趣。我认为，比直接结果更重要的是，我从中受到了教育。在这段时间里我总觉得自己是个骗子，并且为此而烦恼不已。我一再地“击倒”客户，我什么也不懂。我从来没有掌握资金，没有赚过一分钱。我甚至连赚钱的人都不认识几个，除了几个靠遗产过上好日子的人。但现在我却端着架子装出了不起的金融专家的样子。我向人们建议怎样进行数百万美元的投资，而我自己做过的最大一笔金融操作只不过是在大通银行账户上透支 325 美元。我之所以能够在一次又一次的会谈中混过去没有露出马脚，只是因为对方比我还要不如。

我的无知和失误很快就让我尴尬得无地自容。我在跌跌撞撞中一边学习，一边保证自己每次都能有所收获。达什·里普洛克曾经不无得意地指出，我很容易受别人影响，在老谋深算的所罗门兄弟公司交易师手中，这是一个严重的弱点，但在自我教育的过程，它却成了一项特长。我有模仿别人的本领，能琢磨出别人脑子里是怎么想的。为了学习聪明的赚钱秘诀，我研究了自己认识的所罗门兄弟两名最好的推销员：达什·里普洛克和纽约所罗门兄弟总部第41层的一位（按他的意见在本书中称他为亚历山大）。我仔细研究，将他们两人的技术与分析方法综合起来。幸运的是，他们两人果然是这一行中最优秀的债券推销员。

达什和亚历山大不是一路人，这从他们各自为自己选定的假名中可以看出来，他们的业务技巧也各有所长。达什的路子和绝大多数推销员没什么两样，但他比别人做得更好。他把鼻子深深地埋在眼前的绿色屏幕上，盯着美国政府债券市场的交易活动，捕捉细小的价格差异。除了生来就是做债券的（真的有这种人），他的日常工作在外人看来实在是枯燥至极。美国政府债券的品种多达数百个，偿付期从几个月到30年不等。达什知道它们应该定价多少，哪几个大机构持有哪些债券，应该找谁做生意，等等。只要有1/8个百分点的赚头，他就会动员好几个机构投资者来赚这1/8个百分点。他把这项技术称为闪码nip，闪码指的是显示屏上代表债券价格的一小串绿色数字。我到底也没有弄明白nip的确切含义，但是由于在达什的客户中日本人越来越多，这一说法成了双关语[1]。每年他会销出价值数十亿美元的美国政府债券，他成了美国政府与日本投资者的中间人。达什就这样做出了爱国主义的贡献，为美国的贸易逆差融资。所罗门兄弟公司从每笔过手的交易中取走少许佣金，而达什则期望在每年的年末从所罗门兄弟得到的份额中再切下一小块儿。

1. nip和nippon（日本）发音相似。——译者注

亚历山大的做法是独一无二的，他是我所见过的最接近于市场大师的人物。我现在认为，没有人能够称得上是真正的市场大师。他 27 岁，比我大两岁，在我去的时候他已经在所罗门兄弟公司里干了两年了。他从小就玩股票，他的少年时代就是一部证券组合投资的历史。他回忆说自己在七年级时就从股票市场上狠赚了一大笔。19 岁的时候，他炒美国国库券期货亏了 9.7 万美元。换句话说，他不是一个普通人。一旦学会了止损和让利润延续，他就再也不回头了。他做国库券亏了钱，但在黄金期货炒作中又赚回来几倍。

亚历山大知道应该怎样开发金融市场。不仅如此，作为推销员，他还知道怎样表现出这一点。在我们这个小小的世界里，人人都听他的，就像船员跟着海妖走一样。他从伦敦调入纽约总部第 41 层只不过用了几个月的时间，好几位不知道该怎样拿自己的钱投资的董事经理发现了他的才能。你也许以为这些人拿自己的钱投资应该毫无困难，根本不是这么回事。每天他们都要去找亚历山大讨主意。不过，他们得等到亚历山大同客户还有我谈完话之后。亚历山大是一名推销员，同所有最优秀的推销员一样，他拥有交易师的直觉。从所有的动机和倾向来看，他本身就是一名交易师。他的客户还有他的老板都将他奉若神明。

亚历山大有一套解释身边事件的特殊技巧。最令人佩服的是他的反应速度。每当一桩新闻发生时，他似乎都早已胸有成竹。他对自己的直觉深信不疑。如果说他有什么疏忽，那恰恰是缺乏自省。在他眼里，市场是一张无处不在的网。拉动一根丝，就会有另一根跟着动。因此，他的交易涉及所有的市场。债券，外汇，美国、加拿大、英国、日本、德国、法国的股票（他是第一个发现以黄金做担保的法国政府债券定价失误的人，这种债券又称吉斯卡尔债券，这一发现让他赚了几百万美元），石油，贵金属，还有大宗商品市场——他全都有兴趣。

在所罗门兄弟公司工作期间，我感到最幸运的事莫过于亚历山大对我的信任。我们是在我到伦敦去接任他的职位时认识的。在我来之前的两年里，他在斯图·维立克手下工作，跟达什·里普洛克坐在一起。我们认识的时候，他正要去纽约，到41层去当债券推销员。他大可不必关照我。除了可以大包小包地帮他从巴黎带免税杧果茶外，我对他没有任何价值。他这样做纯粹是一种无私的行为，正因为如此，我一直对他念念不忘。就好像他在我的前途上投了股份，一心一意要让这桩生意物有所值。每天我们至少要通3次话，最多的时候有20次。头几个月主要是我问他答。

说起来，我的工作无非就是学习像要钱大师那样思考和讲话。既然我没有亚历山大那份天赋，那么模仿他思考和谈话就成了最好的选择。于是我认真地倾听大师的话，重复我所听到的一切，就像跟师父学功夫一样。这情景有点儿像学外语。刚开始的时候，你浑身不自在。接着，突然有一天你发现自己能够用这门语言思考了，那些以前想都想不到的单词如今任你驱使。最后你甚至能用这种语言做梦。如果我说自己做梦都在设计赚钱方案，那可能有点儿夸张，但当我真的在某天早上醒来想到在日本债券期货上有套利投资的机会时，这似乎也并不让我特别惊奇。那天早上我研究了一下日本市场，发现情况正如我梦中所想的一样。我很奇怪，因为我记不起来自己曾经谈过这方面的事。凡此种种对读者来说无非是老生常谈，在我，却是学习一门新语言的经验。

亚历山大提出的交易建议大多遵循两种模式。首先，如果所有的投资者都在做同样的事，他就会积极地寻找对着干的机会。股票经纪人对这种策略给出的术语叫“反向法”。人人都希望自己有这个本事，但没人敢这样干，他们的理由让人感到悲哀，因为没人愿意被别人看成傻瓜。投资者宁愿亏钱也不愿忍受孤立的苦恼，这意味着承受别人不愿承受的风险。如果大家都没有亏，只有他们自己亏了钱，那么他们将无法推卸决策错误的责任。而大多数投资者也和普通人一样，他们需要借口。奇怪的是，只要能凑够几千人，哪怕是站在悬崖边上也觉得很快乐。可是如果大家都认为市场前景不妙，哪怕纯粹是捕风捉影，许多投资者也会抬脚就溜。

美国农场信贷公司危机就是一个很好的例证。有一阵子，农场信贷公司好像就要破产了。投资者们忙不迭地抛出农场信贷公司的债券，他们都知道可能要出事，谁也不愿留在那里让自己的名誉承担风险。但是，在那个时期，牵涉面如此之广的破产是不可能的，美国政府连克莱斯勒公司和大陆伊利诺伊银行这样对国家利益不会造成多大影响的企业都要出面挽救，它怎么会坐视农场信贷公司破产而不干预呢？让一家总值800亿美元、向美国农民提供贷款的机构破产？这简直太荒谬了。机构投资者自己心里也明白，这正是问题的要害所在。那些低价倾销农场信贷债券的人不一定是笨蛋，他们就是不能忍受让别人知道自己仍然持有这些债券的事实。亚历山大不为表面现象所迷惑，他从这样做的人身上获利（这一角色的职业恶果是一种丑陋的优越感：你开始认为别人都是傻瓜）。

亚历山大思维的第二种模式是，当某种重大混乱出现时，例如股市崩溃、自然灾害或欧佩克限产协议破裂，他的反应不会局限于考虑投资者的当下利益，他还会考虑第二步和第三步的效果。

还记得切尔诺贝利事件吗？当苏联核反应堆爆炸的消息传来时，亚历山大拿起了电话。仅仅几分钟前，有关这次灾难的确认消息才反映在交易厅里的显示器上，但此刻亚历山大已经买下了足够装满两艘超级油轮的原油。他说，投资者的眼睛都盯着纽约证券交易所，特别是那些与原子能有关的公司，它们的价格垂直下跌。不要理睬它们，他说。他刚刚代表自己的客户买入了原油期货。他立刻就意识到，原子能供应的减少将导致原油需求的增加，他是正确的。他的投资者赚了一大笔钱，我的投资者也小赚了一笔。在我说服几个客户买入一些原油之后，亚历山大又打来了电话。

“买土豆，”他说，“赶快！”然后他就挂了。

这是理所当然的。放射性尘雾降落的前景威胁着欧洲的食品和饮水供应，包括土豆产品。因此，未受污染的美国产品的价格就会上升。也许除了土豆种植商之外，在美国还有几个家伙能在苏联核反应堆爆炸后几分钟内做出这样的反应，但我从没见过他们。

切尔诺贝利和石油的例子只不过是比较简单的一个。我们还玩一种叫作“如果……怎么样”的游戏。各种复杂的情境都可以纳入“如果……怎么样”的模式中去。比如说，你是一位掌管着几十亿美元资金的机构投资者。如果东京发生了大地震，你会怎么做？东京化为一片瓦砾，日本的投资者陷入了疯狂，他们抛售日元，把钱从日本股票市场中取出来。在这种情况下，你会怎样做？

好了，按照第一种模式，亚历山大的做法是把资金投入日本市场，因为人人都在逃离，此时买入在价格上一定会很优惠。他想买的正是别人最不想要的日本证券。首先就是日本保险公司的股票。人们很可能会认为，普通保险公司这回该大赔特赔了，而事实上，这些风险的大部分已经分散给了西方保险公司和一家专门的日本地震保险公司，后者已经积累了几十年的赔付金。普通保险公司的股价其实很便宜。

接下来，亚历山大会买入几亿美元的日本政府债券。由于经济上的损失暂时无法弥补，政府将会降低利率以鼓励重建并且干脆命令银行按这个利率放贷。日本银行将像从前一样顺从政府的要求。低利率意味着债券价格将会上扬。

* * *

此外，同日本资金分配格局的长期变化相比，短期的恐慌将会相形见绌。日本公司在美国和欧洲拥有大笔投资，最终它们会抽回这些投资，将注意力转向国内，舔干净伤口，修复它们的工厂，支撑它们的股票。这意味着什么？

对亚历山大来说，这意味着应该买入日元。因为日本人将会卖出美元、法郎、马克和英镑，而买入日元。这样一来，日元就会升值，因为不光日本人在买，外国投机者最后也会发现日本人在买，他们会加入抢购的行列。如果地震以后日元猛烈贬值，这只会让亚历山大信心倍增，他最喜欢别出心裁了。另一方面，如果日元升上来，他反而会抛掉它们。

每天，亚历山大都要打电话给我解释一些新东西。经过几个月的挣扎，我总算摸着点儿门道了。亚历山大一放下电话，我就开始给三四个投资商打电话现学现卖，在他们眼里，我就算不是天才，至少也是少见的聪明人。他们听从我的劝告把钱拿出来。他们赚取了可观的利润，就像亚历山大的客户一样。很快，局面就变了，他们开始给我打电话。过不了多久，除了我，谁的话他们都不听了。不论我——应该说是亚历山大——让他们干什么，他们都照办不误。

亚历山大教我怎样认识市场，而达什则教给我一种风格。作为推销员，我花在电话上的时间很长。所谓风格，也就是打电话的技巧。达什打电话的花样层出不穷。给客户打社交电话时，他一本正经地坐在座位上，但在打销售电话时，他会蹲下来，把头埋在桌子下面。桌子下面的空间成了隔音墙。他的这种隐私狂热源于基克时代，他不愿意让老推销员听到他说给客户听的蠢话。

如今这已经变成他的个人习惯。我只要向对面一看，就知道达什打算卖出几个亿的政府债券了，他把身体蜷曲在椅子里，胸脯弯下去，比屁股还低，头塞到桌子底下的隔音区。在交易开始前，他用空着的那只手伸出一个指头堵住耳朵，压低嗓音快速地讲话（一位客户戏称他为低语者达什）。然后，突然之间，他一跃而起，摁下听筒上的静音键，对着扬声器喊道："嗨，纽约……纽约……买下，10 月期价格 92，9 月期 93，100~110……是的，1 亿到 1.1 亿美元。"如果他从那个小缝儿里钻出来而又没有卖掉债券，我就知道他是在给他妈妈打电话——在交易厅里给妈妈打电话当然不值得张扬。

就像孩子们模仿父母的行为一样，我在交易厅里也学会了像达什一样的动作——蜷曲在椅子上，嘴里叼着铅笔，用手指堵着耳朵，讲话又快又轻，客户们很难跟得上。总之，各个方面都向达什看齐。随着越来越多的"基克"来到交易厅，这个现象也就愈演愈烈：在小团队里，缺乏经验的人会学习其中最成功的成员的习惯和姿势。我们小组的人数从5名上升到10名，整个小组也越来越像达什·里普洛克。

达什就是达什，亚历山大就是亚历山大，而我却是个假货，我在力求把他们两位的特点集于一身。如果想为自己辩护，我只能说自己是个非常成功的假货。此外，我还具有两位导师都缺乏的一项品质：我有意同公司和业务拉开距离。我猜想，这是因为这份工作是从圣詹姆斯宫募捐会上轻松得来的，也可能是因为我有其他的收入来源（在所罗门兄弟公司任职的同时，我还在夜间和周末做兼职记者）。不管怎么样，对于年轻人来说，这是非常有用的，因为它能让你无所畏惧。就像租车的人一样，最坏的结果无非是把车收回。尽管我并不希望如此，但失去工作对我的影响不像对那些以此为生的人的影响那么大，比如达什·里普洛克。这绝不是说我不在意，相反，我极其在意。我比任何人都渴望听到赞誉。但是这种不太在乎的心态使我愿意担更大的风险，这是一心想保饭碗的人做不到的。例如，我有可能抗命不遵，这反倒让他们注意我，而如果你唯命是从，别人只会忽视你。

在亚历山大和达什的引导下，我给自己武装了几个可靠的赚钱项目，一套打动人心的推销辞令，还有一副恰当的交易厅派头。生意很快就来了，这也许不是偶然的。还有几个小投资商来找我做生意，就像当初那个不走运的德国人一样。而我已经有办法让他们借入大笔的资金从事投机。

关于垃圾债券和美国产业界的杠杆经营，人们发表了那么多的议论，奇怪的是，发生在投资者证券组合内部的日常性杠杆交易却未能吸引人们更多的注意。比如说，我动员客户买入 3 000

万美元的 AT&T 债券，可是他手上现金不够，但他可以要求用 AT&T 债券作为抵押从所罗门兄弟公司借到所需的款项。我们真的是一家提供全方位服务的赌场——客户不带钱也可以赌。这意味着，只要有一小笔钱，客户就可以做大买卖。我手上没有大客户，拉不到能让我的名字在扬声器里被大声叫出的大买卖。结果是，我变成了杠杆操作的高手。

好事接踵而至。很快，所罗门兄弟公司的经理们就把别的推销员的客户介绍给我，希望我能同这些大客户做成更大的生意。到 1986 年 6 月，我工作就位之后 6 个月时，我已经开始同欧洲的几家最有实力的机构打交道了。在我的鼎盛时期（我离开所罗门兄弟公司的时候），我所联系的客户控制的资金总额高达 500 亿美元。他们脑子快、为人机警、富有弹性而又富可敌国，我开办了自己的小型全能服务赌场，让它运转起来。年景最好的时候，它每年会给所罗门兄弟公司创造 1 000 万美元的无风险收入。我们曾经被告知，交易厅里的每个席位的成本是 60 万美元。如果此言不差，那么我自己每年创造的利润就超出了 900 万美元。渐渐地，我不再担心自己的业务量了，我的业务量已经远远地超出了支付我的报酬所必需的额度。干得再多，他们也不会再多给我 1 分钱。

我的客户很快遍及伦敦、巴黎、日内瓦、苏黎世、蒙特卡洛、马德里、悉尼、明尼阿波利斯和棕榈滩。在所罗门兄弟公司内部，人们普遍认为，除了纽约的那几位投资经理之外，我的客户可能是最懂货币操作的了。例如，如果能设计出一套精巧的货币操作方案，我就有本事从美国股票市场上调出 5 亿美元投入德国债券市场。从长期来看，市场的走向当然是服从基本经济规律的——如果美国贸易持续逆差，美元最终会贬值，但在短期内，货币的流动就不那么有理性了。**恐惧是货币流动的主要诱因，此外，还有贪婪。**通过观察周围的货币运动，我逐渐开始预期它的下一次运动方向，赶在下一次浪头打过来之前将我负责的500亿美元中的若干部分调度到位。

简单地讲，我干得很不错。所罗门兄弟的交易师开始找我求教，我已经没有那种低人一等的感觉了。到了1986年年中，我就不再是“基克”了，这更多的是由于运气，而不是技术。我成了一名普通的、合格的推销员。没有发生什么特殊事件来标志这一转折。我知道这一点只是因为人们不再叫我“基克”，他们开始喊我迈克尔，我喜欢这样。当然，我还不是“大老二”。从称兄道弟到挣得“大老二”的头衔还有很大的距离。从无用的“基克”变成迈克尔，我花了6个月的时间。从迈克尔到“大老二”的变化几乎紧随其后，而且差不多仅仅是由一单生意促成的。

* * *

在所罗门兄弟公司里面有一个词叫作“最优级”。“最优级”指的是必须卖出去的一大笔债券或股票，也许是因为卖了我们会大赚一笔，也许是因为没卖我们就会大亏。例如，当得克萨斯石油公司徘徊在破产边缘时，所罗门兄弟公司手上还拿着面值1亿美元的该公司债券。情况真的很危险，这批债券可能会变得一文不值。除非能够将它们卖给客户，否则所罗门兄弟公司将要亏大钱。当然，如果卖给客户，客户也会亏大钱。但是，在公司看来，这却是最好的结果。因此，得克萨斯石油公司的债券就成了推销部门的“最优级”。

在我供职于所罗门兄弟公司的日子里，最大的“最优级”之一是那家名为 O&Y(奥林匹亚和约克)的房地产开发公司的债券,价值 8 600 万美元。从 1986 年 5 月中旬到 1986 年 8 月中旬,所罗门系统里的“大老二”们使出了浑身解数推销这些债券,但均未成功,这一失败令上上下下都感到尴尬,从总裁汤姆·斯特劳斯到伦敦最底层的“基克”。

有一天我和亚历山大正在通话。他也试图推销 O&Y 债券,同样无功而返。不过,他真的相信它们物有所值。O&Y 债券与以往的“最优级”债券不同,它不是所罗门兄弟公司砸在自己手里的那一类。相反,它在一个阿拉伯富商的手里,阿拉伯人急于将 O&Y 债券脱手,买家很可能会拿到便宜的价格。

另外,人们看待债券的眼光也在随时变化,如同女子裙子的长度一样。现在没人想要 O&Y 债券并不等于 3 个月后也没有人想要。O&Y 债券是一个特例,它们的抵押品并不是该公司的全部信用和诚意,而是位于曼哈顿的一所自有产权的摩天大楼。许多机构投资商缺乏评估不动产价值的专业技术,但是,随着越来越多的以不动产为抵押物的债券上市,他们也在学习和提高。

当然,所罗门兄弟公司可以干脆将 O&Y 债券买下来。但所罗门不是一家从事长期投资业务的公司,买下 8 600 万美元的债券,在手里放上几个月,甚至几年,一旦发生了最坏的情况,这些债券连肯接手的下家都不会有,经理们可不喜欢这个念头。因此,推销员都在寻找另一家买主。条件非常优厚,阿拉伯投资者说,只要我们卖掉 O&Y 债券,他就会从我们手上再买一大笔产品。两笔生意加起来,公司可以净赚 200 万美元。

我对谁也没有像对亚历山大那样信任,我决定同他分享自己的秘密。我的秘密是,我认得一个人,他有可能会买下 O&Y 债券。1 个月前我就知道该怎么把 O&Y 债券卖出去，可是，AT&T 债券的阴影还没有消退，所以我一直不肯说。我心里盘算着的投资商是个法国人，他不打算长期持有——只等别的投资者忘掉了他们曾贬低这些债券的价值后，他再脱手。

亚历山大帮助我说服了自己。如果我能够做得巧妙，如果我能从高级经理那里得到承诺，让他们保证不会要我的客户，那么这将是一笔皆大欢喜的交易。所罗门兄弟公司赚大头，我的客户赚小头（这对客户来说已经很多了），而我自己将变成英雄。如果说我在所罗门兄弟公司曾获得什么教益的话，那就是各方都赢的机会是很渺茫的。这个游戏的本质是零和。我们口袋里的每一块钱都是从客户口袋里来的，反之亦然。但这一次可能真的有所不同。（甚至在卖出债券之后我还得不断提醒自己这一点：你看，为所罗门兄弟公司推销债券就是如此，你必须相信，所罗门兄弟自己不愿干的事情对客户而言却是好事。）如果经理们同意在此后几个月里把 O&Y 债券作为“最优级”，再从我的客户手上卖出去让他赚点儿钱（也就是说，甩给别人的客户），那倒有可能各方都赢。亚历山大每天都能做成不可能的事，不时地同他通话令我感觉自己也许同样可以做成：卖给客户“最优级”，还让他高高兴兴的。

我穿过伦敦分公司的交易厅找到了负责 O&Y 债券的交易师。他就坐在那个卖 AT&T 的交易师旁边。他说，当然，他保证不让我的客户吃亏。“你真的能卖掉它们？”他问，“真的？真的？”从闪烁不定的眼神中我读出了不信任和贪婪。他不相信这些债券能卖出去，一边却又对卖出去之后的利润垂涎欲滴。他嘴上讲的是承诺，心里想的却是赚到的钱。我不信任他。我改了主意，决定不干了。

太晚了！仅仅一次随意的询问就足以让整个所罗门兄弟帝国行动起来了。交易师们本能地围着我的桌子转，就像狗闻到了热屎堆一样。不到24小时，我接到了纽约、芝加哥和东京来的不下6个电话。他们的腔调同那些交易师们一样：干吧，别犹豫……你会成为英雄。所罗门兄弟公司上下只有一个声音，而且越来越响。可是，他们之中没有一个人能让我信任。接着，那个电话来了。我拿起听筒，另一头传来的声音模糊有些熟悉。“嗨，棒小伙儿，你他妈的还好吗？听说你他妈的有路子把那些债券弄出去？”是那位满口脏话的大师“食人鱼”。

这是我们之间第一次通话，看来销售O&Y债券的责任最后落到了他头上。他向我保证我的客户不会吃亏。别人也都讲过这番话，但我充耳不闻，唯独他的话我信。我一直在观察他，也经常听到一些传闻。据说，在这个金钱至上的社会里，他倒是个言出必行的人。在所罗门兄弟公司里，论起对债券市场的理解，没有人比得上他。我信得过他。我给亚历山大打电话，告诉他我打算把这批债券卖出去。他放下电话之后立刻去同41层的董事经理们打赌，说我能把债券脱手。他得到的赔率是10:1。一次无须承受道德压力的内幕交易。

我给法国人打电话，告诉他有一个惊慌的阿拉伯人（“食人鱼”给他起了个绰号叫“骆驼骑手”）打算廉价倾销8 600万美元债券，而因为不受追捧，这些债券与类似品种相比价格相对被低估。如果他肯买下来放上一段时间，在美国一定会有人出面购买。我的销售表演并无特殊之处，只不过运用了一种特殊的语言。我使用的是投机的语言，而绝大多数债券推销员用的却是投资的语言，一味地分析公司的状况和它们的前景。我只是大略地知道O&Y公司的业务同不动产有关。但我强调的是全世界都不看好它的债券，它们是如此不受青睐，因此，它们必定是非常便宜的。

我的法国朋友看来领会了我的意思。他同绝大多数投资者不一样，在他心中，这笔8 600万美元的债券将是一笔快进快出的交易。我把他看成自己最好的客户，也是我最欣赏的客户。我想他是信任我的，尽管我们相识不过才4个月。而现在，我却把自己连碰都不愿意碰的东西卖给他，只为了争取一份私人的荣誉。我当时就知道，这样做的后果是可怕的。但回想起来，现在我的感受比当年还要沉痛。回到主题，经过大约1分钟的考虑，他买下了8 600万美元的O&Y债券。

整整两天，祝贺之声从所罗门兄弟公司的各个角落传来。大人物们打电话来，众口一词地对法国人的购买决定表示欣喜，夸赞我在所罗门兄弟公司将前途无量。斯特劳斯、马西、拉涅里、梅里韦瑟和佛特分别打来电话，一个接着一个。那天我恰好外出，达什·里普洛克诚惶诚恐地接了这些电话，他大骂没有一个是找他的。

他的反应不全是夸张，我得到了天神们的祝福。而达什尽管一直干得不错，却从未受到他们的表扬。在我就职于所罗门兄弟公司期间，这种仪式重复过好几次，但从没有一次像我卖出这些该死的债券时那样夸张。推销员们在所罗门兄弟公司里的荣誉越高，他的客户最终的命运也就越惨，这是一条铁律。在我的桌子上贴着一张黄纸条，“汤姆·斯特劳斯说你干得真漂亮”，我一面为此暗自高兴，一面却又在担心法国人的钱袋。

最后，甜蜜的时刻终于到来，刚刚将最好的客户推下险境的痛苦变得迟钝。“食人鱼”的电话来了。“我听说你卖掉了一些债券。”他说。我尽量用平淡的语气向他报告了事情的经过。他毫不掩饰自己的情绪，在电话里吼道：“真他妈的棒，太他妈的棒了！我讲这话可是他妈的真心真意的。你是一个‘大老二’，以后再也不让别人叫你别的。”听到这番话，眼泪涌上了我的眼睛，这个人亲口称我为“大老二”，这个词就是由他本人在几年前想出来的，在我的心目中，只有他最有资格承认我。

第九章

《孙子兵法》

我记得我碰到的第一位投资银行家曾经教给我一句诗："眼睛是上帝的恩赐，剽窃是你的权利。"这句诗不仅生动体现了公司之间的竞争，正如我即将领悟到的，它同样是所罗门兄弟公司内部竞争的真实写照。

不战而屈人之兵。

——**孙子**

我用最大的嗓门对着巴黎布里斯托尔酒店房间里的服务生喊道："我的套间里没有浴衣，你怎么解释？"他背对着门耸了耸肩，好像是说他对此无能为力，这个小狗屎。接着我又发现，没有果盘。套间应该备好的苹果和香蕉在哪里？还有，嗨，等等。他们忘了把洗手间里最上面的那块纸巾折成三角形了。我的意思是说，你能相信竟有这样的废物吗？"他娘的！"我叫了起来，"给我把经理找来，马上。你知道我是出了钱的吗？你知道吗？"

接着，我突然醒过来了。"没事了，"我太太说，"你又在做酒店噩梦了。"但这不仅仅是一个酒店噩梦，它没有那么简单。有时我会梦到自己被英国航空公司从豪华舱赶到经济舱里去，有的梦还更加糟糕。伦敦的"克莱尔阿姨"餐厅把我最喜欢的座位给了别人，要不就是司机早上来晚了，总是诸如此类的事。自从卖出 O&Y 债券之后，投资银行的噩梦就开始紧抓着我不放：我被"大老二"的尊贵和奢侈搞垮了。想想看，就因为没有果盘。不管怎么说，总算都过去了。现在是早上 6 点，该起来工作了。

已经到时间了吗？1986 年 8 月的这一天不同寻常。我将初试那种令投资银行家们臭名昭著的阴谋和密室交易的手段了。**所罗门兄弟公司存在着两种内部矛盾。第一种是在出现亏损时，人们争相推卸自己的责任；第二种是在赚钱的时候，人们抢着表功。**我在交易厅里面对的第一场战斗是赚钱之战而不是亏钱之战，这本身就是好兆头。而我一定会赢得这场斗争，那就更加妙不可言了。

在投资银行里没有专利权法，你无法为一个好主意申请专利。发明的骄傲抵不过利润的诱惑。如果所罗门兄弟公司创造了一种新的债券或股票，在 24 小时之内，摩根士丹利、高盛和其余的公司就会弄懂它的原理，然后做出仿制品。我了解游戏的这一内情。我记得我碰到的第一位投资银行家曾经教给我一句诗：

眼睛是上帝的恩赐，

剽窃是你的权利。

这首诗不仅生动体现了公司之间的竞争，正如我即将领悟到的，它同样是所罗门兄弟公司内部竞争的真实写照。

* * *

那天上午，伦敦时间10点，亚历山大给我打来电话。当然，他是在纽约，当地时间早上5点。他就睡在书房里，边上就是路透报价器，每隔1个小时他就会起身查看价格，他想弄明白为什么美元猛跌。美元如果走出一轮行情，那通常是某地的某位中央银行官员或政客发表了一项声明的结果。(假如政客们一口咬定他们对美元未来走势的看法，市场本来会平静得多。然而他们每每为自己讲过的话道歉，或修正自己的措辞，我不明白他们为什么就不能三缄其口？）但是当时并没有这样的新闻。我告诉亚历山大，有几个阿拉伯国家抛售了大量的黄金，它们换回了美元，然后又卖出美元买入马克，由此导致美元疲软。

为了想出类似这样的逻辑联系，我可真下了不少的功夫。**在绝大多数情况下，市场的波动并没有特定的理由。只要会编故事，你就能当一个称职的经纪人。**找出市场波动的理由编一个天衣无缝的解释，是我这号人的工作，市场上的人们什么话都信，真是匪夷所思。中东富商的强力抛售就是一个老调调。没有人知道这些阿拉伯人怎样用钱和为什么这样用钱，这样一来，什么故事都可以安在他们身上。所以，如果你不知道美元为什么下跌，你就大喊阿拉伯人如何如何。亚历山大自然对此洞若观火，对我的解释也就不当回事，只是笑了笑。

还有一个更加急迫的问题需要讨论。我有一个客户认定德国债券市场必定会上升，他想下一次大赌注，亚历山大对此更有兴趣。如果某个投资者对德国债券特别看好，也许还会有别的人持同样的看法。这样一来，市场可能真的会走高。下注的手段多种多样，到那时为止，我的客户只是简单地购入了价值几亿德国马克的德国政府债券。而我则开始考虑是否有可能从市场中找出更大胆的操作方法，对于一个习惯用别人的钱来冒险的人来说，这是很自然的念头。亚历山大帮着我一起梳理脑子里乱成一团的各种想法。就是在这个过程中，我们突然产生了一个了不起的念头，一个革命性的新券种。

我的客户喜欢风险。我已经懂得，风险本身也是一种商品，可以像西红柿一样装进罐头瓶里出售。不同的投资者对风险的定价大不一样。如果你能做到，从一个投资者手上廉价买入风险，再以高价卖给另一位投资者，那你就可以从中牟利而自己却无须承担任何风险。这就是我们要做的。

我的客户想来一场豪赌，他在赌德国债券升值上下了大额的赌注。因此，他是所谓的“风险买家”。亚历山大和我创造了一种证券，称为保证单或看涨期权，这是一种将风险从一方转给另一方的手段。如果购买了我们的保证单，世界上所有厌恶风险的投资者（也即绝大多数投资者）事实上就把风险转嫁给了我们。许多这类投资者从没想到他们应当出售他们在德国债券市场上的风险，直到我们建议他们购买我们的新保证单。正如绝大多数人都没有意识到自己渴望戴着耳机听平克·弗洛伊德乐队的歌，但索尼生产的随身听却一下子唤醒了他们内心的欲望。在我们的工作责任中，有一项就是要满足客户本人没有意识到的需求。我们可以借助所罗门兄弟的销售力量为我们的新产品打开市场，这种独一无二的设计一定会获得成功。我们的利润来自从谨慎的投资者手中买入风险和将它卖给我的客户之间的差价。我们估计大约会有 70 万美元。

这个主意是一个梦想。所罗门兄弟公司的工作只是居间将风险转手，自己却毫无干系。70 万美元无风险收入将会让经理层为之一振，也就是说，所罗门兄弟公司更看重的是这笔交易中的创新。德国利率保证单是一项新事物。成为第一家签发它的投资银行，这是每一位投资银行家梦寐以求的荣誉。

* * *

在我们反复推敲这宗交易的过程中，交易厅里的其他人也开始感到好奇。其中有一位副总裁，他不是我们部门的，一般情况下他负责同大型客户的交易，此刻他也嗅出了点儿味道。我称此人为机会主义者。他决心在这宗交易中让自己也占上一份。我没有说什么，也说不出口。他已经在所罗门兄弟公司里干了 6 年，比我和亚历山大加在一起还多一倍，我们也许可以借重他的经验。而在另一方面，这个机会主义者当时正是无事可干的时候。发奖金的时刻正在临近，他急需有所表现，这宗交易被他视为救命的稻草。

公平地说，机会主义者倒也不是纯粹的废物蛋一个。我和亚历山大曾经为如何取得德国政府的批准而煞费苦心，机会主义者的经验在这里发挥了作用，帮助我们免却了无谓的烦恼。欧洲市场的可爱之处在于政府完全不干涉。我们无须担心德国人的看法，但我们必须表现出友好的姿态，所罗门兄弟公司有意在法兰克福开设一家办事处，公司最不希望看到的就是惹恼德国政客的事端。

机会主义者充当了我们去德国财政部办事的特使。他试图向当局证明，我们的交易既不会损害它们控制货币供应的能力（千真万确），同时也不会加剧针对德国利率的投机活动（这当然是扯谎，整个机关的唯一目的就是挑动投机）。你不能不佩服他打动听众的那一套技巧。去法兰克福之前，他聪明地换上了伪装服——表明长期投资者身份的全套棕色套装：棕色的西服、棕色的皮鞋、棕色的领带。挂着金美元符号的背带取掉了，袖口的金扣链也拿下来了。凭着这副朴素的自治市镇居民的外表，他赢得了财政部官员的信任。我确信，他甚至赢得了部长本人的信任。

在长达几个星期的谈判过程中，只发生过几处小小的卡壳。在某次会议上，据说德国人担心这种交易一旦引起媒体关注将带来不利的后果。他们还没有彻底掌握我们的保证单的底牌，担心同我们走得太近有损自己的清誉。我们则保证说我们会尽最大努力不引人注意。他们还问起了证券发行公告，即在交易结束后是否在金融报刊上登出一项公开声明。我们回答说证券发行公告（就像纪念邮票一样）是必不可少的，除此之外我们不会在报纸上做任何广告。他们同意我们刊登证券发行公告，但前提是不得在其中使用德意志联邦共和国的标志——鹰徽。我们开玩笑说可以考虑用文字来代替。很明显他们一点儿也不觉得可笑。毕竟不是真正的好市民，我们还是不免露出了马脚。

最后，总算是通过了，这可是一项了不起的成功。所罗门兄弟公司和我的客户像歹徒得手一样兴奋。显然，亚历山大和我应该是头号功臣，在公司内部声名鹊起才对。当然，机会主义者也值得表扬。但就在此时，麻烦开始了。交易达成的当天下午，一份备忘录在伦敦和纽约传开，介绍了交易达成的整个过程（其中的叙事结构受到好评，颇有煽情的效果）。然而备忘录却没有提及其他功臣：亚历山大、我的客户和我本人。在备忘录上署名的只有一个人：机会主义者。

这种混淆视听的手段具有惊人的效果。外行人听起来可能觉得不可思议，但无论是纽约的还是伦敦的老板，他们之中没有一个人透彻地理解我们的做法。内行的人都知道，这是很自然的。由于争取到了解释权，机会主义者的表现似乎证明了他才是整个项目的负责人。

这种把戏太过火了，这样拙劣的手段也亏他用得出来。他骗得了谁？下一步又打算怎么做？这太滑稽了，我本该哭出来的。但在当时，我可一点儿也不觉得好玩。我打算朝他的座位走过去，然后跟他动武。扔电话是可以的，大喊大叫也是可以的，但要把同事打个好歹可就不行了。我希望自己不至于动手，但一旦动手就得让他还手，这样我们两个就会被一起开除。

看来，机会主义者招招领先。复印好备忘录之后，他抢上了第一班协和号飞往纽约。他这样做当然不是为了回避我。我相信他甚至根本没有考虑我的反应。他也知道，我在公司里认识的人中没有一个有权干预他的所作所为。此外，如果他只是为了逃避，一张普通商业航班的头等舱机票也就足够了。

就在我盯着他在伦敦交易厅的空座位发呆的时候，机会主义者正在纽约第 41 层进行亚历山大所说的“胜利大游行”。在行进的过程中，他还会时不时停下来向斯特劳斯、古特弗罗因德等人讲述交易达成的细节。当然，他的确没有讲这样的话，比如，“是我一手促成了这桩交易，应该给我发一大笔奖金”，但他的意思却是再明显不过了。他无须大叫大嚷，他的备忘录在为他撑腰。亲赴纽约汇报并且绝口不提第二个人，这一行为本身就暗示着这桩买卖是他做成的。

说起来，也许每个人都不难理解被人抢劫的滋味。但是，当整个公司上上下下都认可这种行为时，我心头的苦楚却是别人想象不到的。这正是我当时的处境。看来没有一位高层人士知道真相。所罗门兄弟公司的国际部主管经过我的交易台，手里捏着那份备忘录。他说：“我要对你的帮助表示感谢。”“如果没有你的客户关系，他（机会主义者）不可能做成这桩交易。”

他的交易？“你这个白痴，”我想大喊，“你被骗了。”可事实上，我却不得不还以微笑，还说“谢谢”。

亚历山大告诉我，纽约的家伙们正在谈论机会主义者是个聪明人。亚历山大至少和我一样有权表示愤怒，但他却表现出哲人的姿态。“别生气，”他说，“他以前也干过这种事，而且得手了。”我好歹还被承认在其中起到了辅助作用，亚历山大连这点儿运气都没有，他对所罗门兄弟公司金融史的贡献完全被忽略了。亚历山大和我还有一种选择——我们可以不顾一切地闹出来。如果任由人渣一样的副总裁把沙子踢到你脸上，你还不能吭一声，就算当上“大老二”又有什么意思呢？不过，如果在公司内部闹起来，即便是在一家像所罗门兄弟这样的具有浓厚的荷兰商人传统的公司，恐怕也是不会有好结果的。就算我们能够取下机会主义者的项上人头，自己也得为此付出代价。他是古特弗罗因德的人，而我们是斯特劳斯家族的。如果我们把臭鱼的盖子揭开，臭味就会冲上高层，至少也会传到董事长办公室。在团伙利益纷争的迷雾中，事实真相反而模糊了。黑手党内的自相残杀总是弄得一片狼藉。我们有把握揪出机会主义者而又不至于引起高层纷争吗？切除毒瘤时能保证不伤及无辜吗？

亚历山大听了我的长篇大论，他决定放弃争取，做个成年人，忘掉这件事。按亚历山大的说法，在一个公司里，踩着别人脑袋往上爬是不会有好结果的。如果机会主义者踩了我们的脑袋，我们应该擦干眼泪，然后把这事儿忘掉。无疑，他是对的，但这次我没有听他的。我决心做一回顽童，讨回公道。现在我已经适应了丛林，还培养出一种对游击战的爱好。

* * *

艺术史学位不是白得的。我了解各种各样的欺诈伎俩。请问，当画家发现竞争对手偷走了自己的作品署上他的名字后会怎样做？他会再画一张复制品，并且要求这位对手同样做一遍。这，就是我的打算。两者当然并不完全一样，在大多数人的眼里，伪造保证单比仿造伦勃朗，或仿造波洛克容易得多。但是，我不必证明他是一个彻头彻尾的假冒者，我的打算只是让别人对他起疑心。机会主义者一再声称自己是保证单业务的唯一设计者，如果我能破坏这一点，那么，在某种程度上，也就破坏了他的信誉。我们（虽说亚历山大不同意，但他还是给我出了不少坏点子）想出了另一宗交易，同第一宗很相似，令人绝想不到出自别人之手。这回谈的是日本债券而不是德国债券，发行结构略有不同，其中的细节与这里的话题无关，我也不啰唆了。

交易的结构搭好之后，这回可不像上次那样委托机会主义者去政府部门当特使了。机会主义者的待遇是他应得的——一个字儿也别想知道。接着，在交易公告之前，轮到我自己在纽约总部的41层举办大游行了。我称之为“热身游行”。同“胜利大游行”的不同之处在于，“热身游行”只要打几个电话就行了。

我打了几个电话。尽管机会主义者喜欢声称自己直接向约翰·古特弗罗因德汇报，但在他之上还是有一个上司。他的上司坐在第41层，心里头还在回味他手下给自己争来的荣誉，突然间却发现自己陷入了尴尬的境地。好几个同级别的人打电话给他谈到新做成的日本债券交易，事实上他们是在心照不宣地奚落他，“看样子想出这套做法的脑袋不是长在你手下人的身上”。机会主义者的上司给他打了电话，质问他“为什么不向我（上司）报告这宗新的交易”。机会主义者当然不知道这是怎么回事，而且他也无法令人信服地证明他了解这桩交易的底细。我的电话轰炸见效了。

我打算就此罢手，不再往下干了，但机会主义者却等不及了。电话热身游行结束大约1个小时之后，他站在我的面前，两眼瞪着我。他的愤怒超出了我的预料。我好不容易才忍住不笑出来。他现在的样子就像当初我刚刚看到他的备忘录时一样。我猜，他已经哄得连自己都相信德国债券的保证单完全是他独立设计的。我尽了最大努力做出一个微笑，估计看上去的效果不过是露了露牙齿。

“跟我来一分钟。”他说。

“对不起，我现在很忙，”我连忙扯谎，“我们得另找时间。”

“今晚8点我会在这里，你也一样。”他说。

我本想溜出去，可是真的被他说着了，我不得不坐在位子上等到8点钟，表面上看来却是为了别的理由。就这样，很不幸的，我们照面了。

“到查理的办公室里来。”8 点整，机会主义者一分不差。查理是我们的董事长。机会主义者有一个可笑的习惯，尽管他只不过是一大把副总裁里头的一个，但他很喜欢用董事长的办公室，仿佛是他自己的。不出所料，他坐到了桌子后面。我拿了一把椅子放到对面，就像准备挨训的小学生一样。我提醒自己，他才是贼。

也许是所罗门兄弟公司对我的影响太深了，当时我脑子里的想法在我走进交易厅之前根本就不可能出现。简单地讲，我决定再耍他一耍。我发现自己身上具备我所不了解的智谋，足以帮我达到这一目的。技高一筹的得意攫取了我的全身。既没有愤怒，也没有激动和不安，我突然沉浸在算计他人的念头中不能自拔。要想最大限度地打击他，办法是现成的：尽可能少说话，让他自己犯错误。

机会主义者在此之前已经冷静下来了。开口之前他早已考虑成熟。从方方面面来看他都没有什么失误，只有一点除外，那就是骨子里的那股自高自大的劲头。他是个聪明人，我承认。但他没有意识到，别人也一样是聪明人。他挺直身子，眼睛从 1 英尺外盯着一件东西，我猜那是一支钢笔，他拿在手里把玩。他把那支钢笔转来转去，没有直视我的眼睛。

“我一向很器重你，”他说，“这里绝大多数人都是傻瓜，而我认为你同他们不一样。”

在所罗门兄弟公司里，绝大多数人都肯定不是傻瓜，可这正是他的讲话方式。“你说这话什么意思？”我问。

“我接到（我的上司）打来的一个电话。他说你正在四处散布关于一宗日本债券保证单的消息。”

“那又怎么样？”我问道。

“为什么你事先不告诉我？你以为你自己是在干什么？”他问道。停了一下，他又接着讲下去。“没有我的帮助你做不成这宗交易，我一个电话就让你干不下去……”接着他历数了在过去几年里所罗门兄弟公司有几十亿美元的生意如何由于他的帮助而成交，或由于没有他出力而告吹。

“如果这是一桩赚钱的买卖，你干吗要阻挠呢？”我问道。

我心里很清楚他为什么要阻挠这桩有利可图的买卖。如果他自己干不成，他也不让别人去干。这桩交易的成功将威胁到他为自己营造的新保证单业务大拿的形象。而如果他能够成功地维护这一形象，年底的时候公司就会付给他更多的钱。我对这一切都了然于心，他也知道我心里明白得很。这尤其令他感到恼火，而发怒则是他所犯下的最大的错误。

“我可以让你被炒鱿鱼，”他说，“只要一个电话（他的电话举足轻重）就能搞定。只要我给我的上司或约翰（古特弗罗因德）打个电话，你就得立马走人。”

就是这句话，我想我已经抽到了第四张王牌。机会主义者在唬人，这一点清清楚楚地写在他的脸上。整天坐在交易厅里，别人只要吹牛皮就逃不过你的眼睛。他们看起来全部幼稚得可笑。一旦你抓住了把柄，你也就把他们抓在手心里了，就像上了钩的鱼一样。你可以放松渔线，也可以随时收紧。我几乎立刻就决定了下一步的行动方针。机会主义者越线了。他没有开除我的能耐，甚至还差得很远。可是，如果让别人听到他敢对我发出这样的威胁，这会惹恼许多人。尽管我事先没有想到，但他已经踩上了地雷。在此之前，我还从未设想出如此完美的毁人计划。细想想，我从来也没有打算要毁掉哪个人。

接下来的场面没有什么好谈的。我假装十分在意他的话。我告诉他我很抱歉，保证下不为例。将来如果我有一个好主意的话，一定会直接找他。看起来，他也有几分相信我的话。

在机会主义者的整个如意算盘中，他唯独没有考虑全能的、无所不知、无所不在的存在者。不，我说的不是上帝。在交易厅里，这个人被称为“辛迪加经理”。在华尔街和伦敦金融城，“辛迪加经理”的工作是协调所有的交易。所罗门兄弟公司在伦敦的“辛迪加经理”是公司里为数不多的几个女强人之一，她参与了德国债券保证单的业务。在投资银行业,“辛迪加经理”的角色类似于白宫办公厅主任或职业体育运动队里的总经理。约翰·古特弗罗因德就是在担任“辛迪加经理”时崭露头角的。这种职位是培养铁腕人物的摇篮，他们无所不在、无所不知。你不可能绕过“辛迪加经理”。如果你企图这样做，倒霉的将是你自己。

第二天，我向伦敦“辛迪加经理”汇报了昨晚的谈话内容。她对德国债券保证单的交易内幕一清二楚，因为这桩交易她也曾参与。她的反应超出了我的期望。在所罗门兄弟公司里边，她也是个手眼通天的人物，其手腕令机会主义者望尘莫及。我毫无怜悯之心，把他的命运交到她的手上，就好像让巷子里的猫照看金鱼。只有到了后来，当一切都无法挽回的时候，我才有了一点悔恨之心。不过也仅仅是一点点而已。我虽然不会心安理得，但也没有洗手不干，唯利是图和羞耻感在我的心里并行不悖。

我要等到很久之后才会知道故事的结局。那个女人的手上攥着机会主义者的命根子。机会主义者向往的是一大笔钱和从副总裁提升为董事。提升对他的事业前程至关重要。这个女人打了6

个电话，摧毁了他的计划。我一直等到年底发奖金的时候才知道事情的结果。晋升名单在奖金发放前一周公布。机会主义者原地踏步，还是副总裁。等到奖金转到他自己的银行账户之后，他就辞职了。

* * *

到了这时，也就是 1986 年的秋天，我个人的财运与公司的财运开始分道扬镳了。金钱沿着我的电话线滚滚而来，但它们似乎没有在所罗门兄弟公司的盈亏底线上留下丝毫痕迹。债券牛市终于走到了尽头。市场在 11 月发生了短暂的下挫，达尔文主义最终占了上风。许多业绩平平的交易师和他们的客户一道完蛋了。客户数量减少，交易师诚惶诚恐，这将意味着交易量的萎缩。交易师们花在答复疯狂客户打来的电话上的时间越来越少，更多的时候他们只是在假装忙碌。只要熬到年终，总能领到奖金。在所罗门兄弟公司漫长的历史上，圣诞节的情绪如此低落，这还是第一次。

在伦敦交易厅内部，小规模的摩擦不断爆发。有几个拥有普鲁士姓氏的家伙如今都在桌子里放上一本克劳塞维茨的《战争论》，投资银行家们看《战争论》通常都要背着别人，不是因为怕人看见不好意思，而是生怕别人偷艺。我向一位普鲁士同事推荐中国古代军事天才孙子的著作，他用怀疑的眼光看着我，仿佛我在哄他相信中国人居然也懂战争的艺术。

交易厅里的钱池子越来越浅，情况变得非常像抢座位游戏时音乐停止的那一刻。靠近座位的人幸灾乐祸地看着剩下那些人为了争座位不顾体面地搏斗。公司里的人也不再考虑什么所罗门兄弟公司的伟大荣誉，一门心思只图自保。谁他妈的又完蛋了？这是人们相互间最常问的问题。

推销员咒骂交易师，交易师又反过来咒骂推销员。交易师们总是问，为什么不能把他们手上的债券卖给愚蠢的欧洲投资者？而推销员们则回嘴道，他们为什么就弄不到稍微像点儿样让我们好卖的债券呢？有一位交易师企图把一种跟AT&T债券差不多的东西卖给我的客户，他告诫我应当做一名团队成员。我大着胆子反问道："哪个团队？"经过努力，我很可能把他的债券卖出去，但这会损害我同客户的关系。在个别场合下，我会鼓足勇气对交易师们讲，自己的屁股自己擦，这不仅是道德上的出路，同样也是业务上的出路。依我看，解决AT&T这类债券噩梦的方法不是将它们倾销给我的客户，而是首先开除那个让我们落入困境的交易师。身为交易师，他们当然不会同意我的观点。

坦率地讲，市场的力量和内部管理的严重失误这两大力量合在一起将所罗门兄弟公司推入了深深的困境。有的时候，我们好像根本就没有管理。没有人出面制止内讧，没有人指导方向，抑制过快的增长，也没有人打算负责任做出困难的决定，而这是商人们和将军们都不能不做的。

随着管理层对业务的控制越来越力不从心，在交易厅里出现了一种奇怪的反常现象。在前线卖命的人对问题的认识反而高于将军们。普通的推销员每天都在电话线上同我们的衣食父母——欧洲的机构投资者通话。1986年12月，所罗门兄弟的推销员们从他们客户的讲话中听到一种新的腔调，他们立刻意识到一连串同时发生的变化，而管理层却一无所知。

首先，投资者们对所罗门兄弟公司和其他美国投资银行在客户关系中唯利是图、杀鸡取卵的做法越来越反感。掌握巨额资本存量的客户（例如法国和德国的投资者）拒绝再从我们这里购买股票和债券。“你必须明白，”一位愤怒的法国投资商有一天在回绝了所罗门兄弟公司提供的优先权之后对我说，“我们已经厌倦了这种游戏，不能再允许德崇、高盛、所罗门兄弟公司和别的美国公司窃取我们的财产了。”

每一位来自纽约的交易师只要在我们的办公室里待上一阵子就会发现，欧洲的机构投资商和美国的机构投资商有一个根本的不同。在美国，投资银行业的垄断由来已久。只有一小撮“有头有脸”的投资银行在资本市场上争夺资金。美国的投资商（出借款项的人）已经被驯服了，他们自己也认为只能同几家大的投资银行做生意。此外，纽约放款人的利益被排在公司借款人的利益之后，这也是非常普遍的。因此，在纽约，债券和股票交易能否达成主要不是取决于投资商（放款人）的购买意愿，而是取决于借款公司的借款要求。

我从未弄明白这一切是如何发生的。我的意思是说，人们会认为借钱的一方也会像放款的一方那样受到中间人的盘剥。但是，借款人并没有。让放款人付出如此代价的华尔街寡头制似乎对借款者并无影响，也许是因为他们善于挑动投资银行间的相互争斗，也许是因为如果他们不喜欢债券交易条款，他们总还可以从银行获得贷款。不管怎么说，谁也休想让IBM之类的大公司乖乖地发行廉价的股票和债券。IBM太重要了，没人惹得起，所以它总能以满意的价格发行股票和债券。华尔街的推销员们回过头来又试图欺骗投资人，把定价过高的投资品卖给他们。

欧洲的放款人（我的客户）可不懂什么死了再来、翻来覆去的把戏。你可以耍弄他们一次，但如果你这样做了，你就再也不会有第二次机会了。同他们的美国同行不一样的是，他们离了所罗门兄弟公司之流的经纪人照样可以过得很好。纽约来的一位所罗门兄弟推销员有一次告诉我：“伦敦分公司面临的问题是没有教育好你们的客户。”可是为什么要教育他们？如果他们不喜欢我们，他们可以去找英国人、法国人甚至日本人开办的对手公司。外国银行在对待客户友善方面是不是做得比我们好，这我不大清楚，我只知道，能够把我们这一套玩得转的公司何止数百家。

没有人敢向管理层指出这样的事实，我也不愿意这样做。他们的反应会指向讲话的人。（“你说我们同别家毫无分别是什么意思。如果这是事实，那恰好说明你没有尽好自己的本分。”）我记得在一次短暂的日内瓦之行中，一个掌握着区区 8 600 万美元资金的人曾用一种极为简洁的方式向我指明了这一点。我们坐在他的办公室里谈话，一个会计闯了进来，手上挥舞着一张纸片。

“285 家。”他说，然后就出去了。

事后我才知道，他说的 285 家指的是在前一年里同他做过交易的投资银行的数目。如果这个小插曲是为了恐吓我，我可以说它达到了预想的目的。我咽下一口口水说，没想到世界上有这么多家投资银行。

“你错了，”他说，“远远不止这个数目，而且它们全都大同小异。”

换句话说，所谓的全球化根本就是谎报军情。先进的通信手段创造了勇敢的新世界、全世界资本市场的一体化等，但这并不意味着一小撮像所罗门兄弟公司这样的投资银行就能够统治世界了。相反，它意味着全球范围的自由货币流动。在冻青豆的交易中所体现出来的规模经济效益未必适用于货币交易。

债券的发行和交易不再是某家公司的“独食”，好几百家公司都想插手其中。后来者并不像我们那样自我膨胀。日本银行如樱花银行，美国商业银行如摩根担保银行，欧洲金融寡头如瑞士信贷银行，全都愿意提供所罗门兄弟公司欧洲分部的业务服务，而要价则低得多。即使只有 6 个人、开支很少的小公司也敢以大胆削价为手段同我们竞争。它们掌握的信息和我们相同。随着通信手段的提高，信息变得越来越廉价和易得。低价的外国竞争者正在把我们赶出市场，就像当年的美国钢铁业和汽车制造业的遭遇一样。

可怜的管理层背上了不可能完成的目标。来自纽约作战指挥室的命令完全不符合前线的实际情况。伦敦办事处由约翰·古特弗罗因德和汤姆·斯特劳斯共同掌管，而他们的策略中存在着严重的瑕疵。古特弗罗因德和斯特劳斯至今还沉迷于全球性支配地位的美梦中。他们总是责怪手下的代理人把一个出色的计划给搞砸了，却从未反省计划本身是不是有问题。他们在所罗门兄弟欧洲公司分部的手下则全部加入一曲大合唱，歌词是：“这不是我的错，我才刚来没几天。”

这倒是真的。伦敦办事处的经理们，当然也包括“基克”们在内，全都是市场上的新手，他们不可能对战略计划提出质疑。首席经理迈尔斯·斯莱特今年 43 岁，1986 年 6 月才从美国调来伦敦，比我晚来 6 个月。销售部头头布鲁斯·科普根今年 34 岁，1985 年头一次到伦敦来，也只比我早 6 个月。运营主管查理·麦克维今年 45 岁，他倒是个经验老到的人，可惜外交能力胜于管理才干。在所罗门兄弟公司伦敦办事处里，没有一个董事经理能够使用英语之外的语言。

1986年11月，我们的办公室从位于伦敦金融区心脏的鸟笼子搬到了维多利亚地铁站（如今称维多利亚广场）上面的大房子里。新的办公室差不多像地铁站一样大。它的存在更多地反映了我们对前景的乐观情绪而不是实际需要。威廉·所罗门说道：“当我看到新开张的伦敦分公司交易厅的面积比纽约总部的还要大上1倍，我意识到他们已经自我膨胀到了极限。”

这个颇为壮观的办公室离白金汉宫不过一小段路程，王太后她老人家就住在那里。一道长长的扶梯从帝王街经过一个装饰着铬框镜子的通道一直升到交易厅所在的令人目眩的高度。交易厅不在扶梯的顶端，那样未免太不值钱了。在扶梯的尽头是一片巨大的空间，满是沙发、植物和一座巨型的青铜像，塑造成一只奔跑的兔子。谁也不知道这个兔子是从哪里来的，据说它象征着一家华尔街公司奋力开拓未来的精神。

显然，他们把时间都花在讨论房间装修上去了，没顾得上考虑它的功能。太空时代的扶梯和门厅里裸露的金属管架直接连到挂着大师旧作的螺旋形的木楼梯上。仿佛这里是好莱坞的片场，《2001太空漫游》刚刚下线，《乱世佳人》就接上来了。从楼里走出去的英国客户心中不禁会这样想，只有美国人才做得出这样可笑的东西。他们会相互低语，这就像他们在纽约曾经见过的那个拙劣的造型。再看看那些墙纸，地道的纽约人会联想起泰氏牛排馆，伦敦人则会想到遍布全城的上千家印度餐馆。

有一天，我那位法国客户到这里同我共进午餐，此刻他已经是8 600万美元O&Y债券满腹怀疑的持有者了（他最终还是把债券脱了手，小有盈余，但他从未宽恕我把他带进这个骗局的事）。他用挑剔的眼光检查用橡木做成的扶梯把手，然后又检查了附近红色和奶油色的墙纸，好像上面有一大片疱疹。“我猜这是由我们付的钱，是吗？”他问。听他的口气，他付给我们的佣金反而不如这种可怕的装修让他更痛心。

新的交易大厅看上去比纽约41层大了不止1倍，里面装备了各种各样新奇的小玩意儿。4个人可以在里面玩橄榄球（他们真的那样干了），在任何一个方向上都不受拘束。太大有的时候也是一种负担，比方说买的鞋大了5号。这个地方没有一丝一毫纽约交易厅里那种高度紧张的气氛。所有的能量都消失在四周，安静得让人乏力，人们禁不住想要躲起来。当人们无所事事的时候，他们就想躲起来。我很想走到交易厅中央大喊一声，只想看看有谁愿意露面。空间带给人空虚的感觉，经理们感触尤深。来伦敦之前他们都在纽约工作多年，经理们已经习惯于将喧闹同利润联系在一起，而死寂则意味着亏损。

快，趁着还有钱剩下，赶快分给我。由于前面提到的种种原因，这成了1986年年底时公司里的普遍想法。就在我们迁入维多利亚广场之后，一个由董事经理们组成的陪审团在纽约成立，他们将决定如何分赃。发钱的日子定在12月21日，在那之前，人们想的和议论的全都不离“奖金”二字。我们的业务正在萎缩，这是令人痛苦的，但也是必须清醒地认识到的事实。正因为如此，我们比以往任何时候都更加盼望那年的奖金。

根据古特弗罗因德的敕令，每年都要给进公司不满一年和两年的雇员规定奖金的上下限。第一年和第二年的新职员相互揣测当年的奖金能否提高，这已经成了所罗门兄弟公司的传统。在这一年的最后6个星期里，我把大部分时间都花在给以前的培训班同学打电话或接听他们的电话上了，这些人如今分散在公司的各个角落里。我们的谈话紧紧围绕着奖金的上下限展开。谈话分为两种类型。

首先，是上下限的额度，这对于大家都是一样的。

“去年听说是从6.5万到8.5万美元。”某个人这样说。

“我听说是从5.5万到9万。”

“头一年，他们不会拉开这么大的档次。”

“他们会怎样对待赚了大钱的人？”

“狗屁，你以为他们真的在意你赚了多少？他们满脑子只想着给自己捞钱。”

“不错，祝你好运，别太灰心。”

“再见。”

其次，我们讨论了每人具体可能分到的数目。

“如果他们不给到8万，我就去高盛。”电话那头开腔了。

“哈，你以为他们会给你8万，就因为你是我们班上最赚钱的一个？他妈的，他们早就把你抢光了。”

“高盛保证我每年都至少拿18万，这里的人在耍弄我们。”

“是的。”

“就是这么回事。”

“一点儿也不错。”

“对！”

“别灰心。”

“再见。”

奖金发放日的众生相，对于我这样终日除了和客户聊天就是在市场里下注的人来说，真是大开眼界。从相遇时人们的面部表情中学到的关于金钱在社会中的作用胜过听1 000场演讲会的收获。听到自己的奖金数额之后，人们通常会有三种方式来表达他们的感受：解脱、欣喜和愤怒。绝大多数人的感受是三者的混合。也有不少人分别体会到三种情感：得知结果时的解脱，设想消费时的欣喜，还有听到业绩和自己差不多的人拿得比自己多出一截时的愤怒。但是，不管拿了多少奖金，他们脸上的表情总是一样的：仿佛在闹肚子，就像吃多了巧克力派一样。

对许多人来说，领钱纯粹是一种痛苦。到了 1987 年 1 月 1 日，1986 年已经在记忆中抹去了，只剩下一个孤零零的数字：奖金和收入。这个数字就是最终的总结。想想看，如果你被告知要到 1 年之后才会有一位神圣的造物主开出你作为人的价码，你恐怕也不会为此感到高兴吧？而我们却要忍受这一切。经过整年不辍的一心一意追逐成功的努力之后，人们发现自己经不起情绪上的大起大落，胃里面不由得翻江倒海起来。更不幸的是，他们还得设法掩饰这一切。游戏还要照常玩下去。得意扬扬和怒不可遏都是不体面的表现，前者显得没有教养，后者反而会成为别人的笑柄。最好的表现就是宠辱不惊。他们觉得自己拿到的正是该得的那么多，不多也不少。无动于衷，见怪不怪，这样最好。看上去好像与平时没有两样，过去就过去了。

决定我自己报酬的面谈安排在当天晚些时候，就在那间令人想起《乱世佳人》时代的餐厅里。主谈人是我的丛林导师斯图·维立克，还有一个是布鲁斯·科普根，伦敦办事处的销售经理。在整个过程中，我的丛林导师只是坐在一旁倾听并微笑。科普根被指定代表伟大的所罗门兄弟公司，由他主持整个仪式。

我曾幻想，到时我的心情就像一个完成任务之后面见黑手党教父的打手，冷酷而又斤斤计较。但是我做不到，我比自己预想的紧张得多。我，还有别的人也都一样，只想知道奖金的数额。但是我还要先耐着性子听一段长长的演讲，其原因我一开始没弄明白。

董事经理摆弄了一会儿摆在面前的纸张，然后才开了腔："我见到很多人在他们工作的第一年里表现出色。"他说，接着列举了一连串年轻的董事经理的名字作为例证。"但是，我还从未见到一个人能取得像你这样的成就。"他又开始罗列名单了。"比尔没有你出色，乔也没有。"他说。接下来又说："甚至连'食人鱼'也没有。"甚至连"食人鱼"也不如我？甚至连"食人鱼"也不如我！

"除了衷心地祝贺，"他说，"我还能讲什么？"他讲了大约5分钟，达到了预期的效果。听完这一套之后，我已经感动得甘愿自己掏钱来获得为所罗门兄弟公司工作的荣誉了。

我曾以为自己是个善于兜售的人，可是此刻老板们的表演令我自愧不如，有道是山外有山，天外有天。他掌握着整个局面，招招都点在要穴上。我心中的怨恨和悲愤如融雪般化解。我对公司的感激之情已经达到无以复加的地步。对我上面大大小小的老板，对约翰·古特弗罗因德，对AT&T债券的交易师以及任何一个同所罗门兄弟公司有关的人都充满了感激，也许只有机会主义者算是个例外。我不在乎钱，肯定我的成就已经足以让我飘飘然不知所以了。我终于明白了为什么他们在发钱之前先要来上这样一段。

就像牧师一样，所罗门兄弟帝国里的发薪人遵守着一套行之有效的仪式。发钱之前先让你反省一番，而金额则是一道求解的数学题。"去年一年你的收入是9万美元。"他说。

我的工资是 4.5 万美元，所以，剩下的 4.5 万美元才是奖金。

“明年，你的工资将涨到 6 万美元。下面请允许我对这些数字进行解释。”

接下来他告诉我，在整个培训班里我的收入是最高的（后来我听说还有 3 个人拿得和我一样多），与此同时我在心里把 9 万美元换算成英镑，我开始思考这个数目的意义。从抽象的意义上讲，我的所得大大超出了我的所值。它远远超过了我对社会的贡献。天哪，如果把社会贡献作为衡量收入的尺度，那么到年底我还要倒找给社会才算公平。我比我父亲在 26 岁时赚得更多，即使在排除通货膨胀因素之后仍然如此，我真的算过。我比自己认识的每一个同龄人都赚得多。哈！我有钱啦！我热爱我的雇主，我的雇主也爱我。我真的很快乐。会谈就在这样的气氛中结束了。

可是这事儿似乎经不起推敲。当我有时间再考虑的时候，我发现自己不那么满意了。奇怪吗？要记住，这可是所罗门兄弟公司。就是这些人用 AT&T 债券把我的客户干掉了。他们既然能对客户干出这样的事，对我自然也不会客气。我已经为他们干了 1 年肮脏的工作，只不过才拿到那么几万美元。从我口袋出去的钞票落在了对我大唱赞歌的家伙手中。他心里比我更清楚，漂亮话不值钱，我也明白这个道理。

最后，我认定自己被人揩油了，我至今仍然认为这个结论无懈可击。我不知道我究竟给所罗门兄弟公司赚了几百万美元，但是，不管怎么说我的报酬应该都不止 9 万美元。按我们这家金融寡头的标准，9 万美元不过是福利救济金的水平。我觉得自己被骗了，我的愤慨是发自内心的。我还能怎样想？环顾四周，到处是那些没有为公司赚一分钱的人，可他们拿的都比我多。

“在这个行当里，你永远不会觉得自己有钱，”亚历山大听过我的抱怨之后这样讲道，“你所获得的只能是新的相对贫困的境遇。你以为古特弗罗因德会觉得自己有钱？我敢打赌他不会。”亚历山大是个智者。他修习佛学，常以此来解释自己的超然。另一方面，他从培训班毕业已满 3 年，收入不再受上下限约束，公司刚刚发给他一笔天文数字的奖金，他有资本讲这种漂亮话。

当然，他这番话也确实刻画出所罗门兄弟公司内部乃至任何一个华尔街公司里，所谓成功者的贪得无厌的嘴脸。贪婪可以有各种不同的形式，在某种意义上也许有益于公司的健康。最有害的是那种要求立刻兑现的欲望：短浅的贪婪，没有任何长远的考虑。急功近利的人不会忠诚。1986 年，所罗门兄弟公司的人之所以急于立刻兑现就是因为他们眼看公司正在走向灾难。谁知道 1987 年会出什么事？

奖金发过之后不久，伦敦的交易师和推销员，和纽约拉涅里手下的人一样，开始冲出门外寻找更赚钱的机会。其他公司仍然愿意为所罗门兄弟的交易师和推销员付更多的钞票。老资格的职员们对钱看得越重，他们的失落感也就越强。他们可能指望 80 万美元，结果到手的却只有 45 万美元。公司年景不好，在奖金分配时也就力不从心，顾此失彼。奇怪的是，虽说公司不赚钱，可人人都觉得自己干得挺好。

我到伦敦之后不过 1 年，放眼望去，资历比我老的人不超过 15 人。当初为伦敦分公司的工作节奏定下调子的 20 位老一点儿的欧洲人（就是他们在每天午餐时喝两瓶啤酒）只剩下 3 位，其余的都跳槽去了更赚钱的地方。每走一个，公司就会派来几个“基克”，尽管一找到工作老人就跑了，公司的规模仍在扩大。

人手不是问题。到 1986 年年末，美国大学校园里的那种狂热也开始传到英国来了。连流行的说法也都不差分毫：只有投资银行业值得一干。这年年底，我接到一个电话，邀请我到伦敦经济学院保守党学生协会去做演讲。天晓得这是怎么回事，如果说在这个世界上还有什么地方能够阻止成立保守党学生协会并且抵挡所罗门兄弟公司的诱惑的话，那就是伦敦经济学院，它一向是左翼思想的温床。

我演讲的主题是债券市场。应该承认的是，这是一个极为枯燥的话题。任何有关债券市场的话题无不冗长而沉闷，出乎意料的是，到场的足有 100 多人。其间只有一个破衣烂衫坐在后排大口喝啤酒的家伙突然大喊我是一个寄生虫，但他很快就被嘘了下去。演讲结束后，我被热情的听众包围了，没有一句不敬的话，他们七嘴八舌问的问题没有一个与债券市场有关。相反，他们想知道的是怎样才能进入所罗门兄弟公司。一位年轻的英国激进分子[1]声称他能报出纽约巨人队的全部首发阵容，因为他听说所罗门兄弟公司的一位高级董事经理是巨人队的球迷（这倒是真的）。还有一个在《经济学人》周刊上看到有报道说，在所罗门兄弟公司里不会有人拍你的后背，他们拿小斧头直接往你的脑袋上砍，这是真的吗？表现自己进取心的最好方法是什么？年轻人真的能发大财吗？值得放弃眼下这种悠闲的生活吗？

在所罗门兄弟公司 1987 年年中的鼎盛时期，维多利亚广场上足有 900 人，看上去更像是一家日间看护所，而不是一家全球性公司的旗舰，向来言简意赅的达什 · 里普洛克有一天环顾四周

1. 此处指伦敦经济学院学生。——译者注

后说道："除了董事经理就是小孩子们。"那时我已经听得出他话中的弦外之音了，甚至在他开口之前就猜得到，仿佛我的体内移植了达什·里普洛克解码器。伦敦公司同人的服务资历从平均6年下降到不足两年，平均年龄也从30多岁下降为25岁。

在1987年的早些时候，公司里流传着一句老掉牙的笑话，说我们应该赶快在交易厅的出口处贴上一个条子：最后走的人请别忘记关灯。接着，又有一个新的笑话（至少对我而言如此）传了开来。只不过这回是真的。负责英国政府债券（称为金边债券）的首席交易师提出辞职。伦敦分公司的董事经理们跪下来（夸张的说法）恳求他不要走。他们说，他是一家新兴而脆弱的公司的脊梁骨。他的回答是，我是贪财的脊梁骨，高盛答应给我的报酬比你们的高得多，趁着对方还没有改主意，我得赶紧去。不管怎么说，他只不过是一个提供交易服务的交易师。他们还能指望他怎么着？他们说，本以为他可以把交易放一放，用心想一想忠诚于公司的重要性。

你猜他怎么说？他说："如果你们要的是死心塌地的奴才，雇一条哈巴狗好了。"

第十章

怎样才能让你更快乐?

德崇大逃亡就像动脉出血一样无法遏止，这丝毫不令人感到奇怪。有关在迈克尔·米尔肯手下干活儿所获得的奇迹般收入的传闻返回到所罗门兄弟公司，令我们怦然心动。

我们落入了一种僵化的生存模式里边。每个月的月初都要对本小组的表现进行分析，每周举行一次公司会议，每天还要给可能影响你命运的人打几通电话。达什·里普洛克每天比我早到至少1个小时，他一直担心，如果哪天老板找他的时候他不在，年终奖金就会受影响。他大错特错了。老板们关心的是我们从客户身上榨出多少钱，而不是我们花多少时间去榨客户。可以想象，达什对于我竟敢在7点45分之后才来上班十分不解，有时他会在喇叭里公告我的到来："女士们，先生们，我十分荣幸地宣布迈克尔·刘易斯先生来上班了。让我们致以热烈的欢迎。"

接下来我们会陷入一场意识流式的对话。所谈的无非是他的前景，怎样从市场上捞钱，所罗门兄弟公司的命运，或怎样调教分在我们手下的3个"基克"，我们两个絮絮叨叨，活像一对老妈子。这就是交易厅里的典型社交性谈话的内容。

达什：今天在索斯比拍卖公司看到一幅画，打算买下来。

我：你这套衣服哪儿买的？

达什：日元汇价走势如何？

我：能把你那本《大西洋月刊》借我看看吗？

达什：我在香港买的，花了400美元，在这儿要卖800美元呢。

我：谁画的？

达什：哦，不过最好还是撤出来，要不然你就死定了。

我：年底他们还会发钱吗？

达什：迈克尔，什么时候你见他们在年底发过钱。

在第二年里的一天，也就是1987年9月24日晚些时候，这个模式被意外地打破了。事情发生的时候，达什还像往常一样缩成一团挤在他的桌子底下，我坐在一边等他从自己的窝里重新露头好告诉他又一个有关 Ronbo 总裁的无聊笑话。但是我再也没有等到这个机会，就在这时有人大喊道："这回轮到我们自己了。"

达什的手指头还塞在耳朵眼里，全神贯注于卖他的债券，根本没有听到那声叫喊。我把视线转向新闻显示屏。如果有什么激动人心的消息公布出来，别人还在不敢相信地擦眼睛的时候，就是我采取行动的最佳时机。屏幕上打出了一条消息，罗纳德·O.佩雷尔曼，身高 5 英尺 4 英寸，纽约著名闲话专栏作家的丈夫，臭名昭著的企业袭击者[1]，他刚刚夺取了化妆品企业露华浓公司的控制权，现在又在市场上出价收购大宗所罗门兄弟公司股票。他的资金后盾是德崇证券公司，而咨询顾问则是第一波士顿的约瑟夫·佩雷拉和布鲁斯·沃瑟斯坦。华尔街掉转枪口冲自己开火，这还是破天荒第一遭。

瞬间之后，我的电话板仿佛变成落基山区的晴朗夜空，上面所有的灯全都像星星一样闪了起来。客户们争相把电话打进来，公开表示他们对本公司即将遭受毫无心肝的捕食者的攻击和肢解的命运表示同情。他们的关心当然都是空洞的。他们只想看热闹，踮起脚，伸长脖子，就像一群围在事故现场的人，盯着拧成麻花的金属残骸和吓得发抖的肇事者。相当一部分客户心里想的是，庞大的所罗门兄弟公司终于恶贯满盈，碰上了更庞大和更邪恶的力量。可笑的是，攻击居然来自一家女性用品供应商。我的那位法国客户聪明透顶，没有表达丝毫的同情心。"用不了多久，每卖

1. 此处指恶意收购控制公司的投资者。——译者注

出 100 万美元债券你们公司就会附赠免费的口红样品，以后我收的口红会多得送不出去。”他说，然后挂上了电话。

一个口红生产商为什么要收购我们呢？最令人好奇的回答是，这不是他的本意。佩雷尔曼的开价很容易被想象成迈克尔·米尔肯向约翰·古特弗罗因德投掷的一颗仇恨的炸弹，他是佩雷尔曼的真正后台，德崇的垃圾债券之王。米尔肯经常向那些曾经严重伤害过他的人甩出仇恨的炸弹。古特弗罗因德曾经严重地伤害过他。在 1985 年早期，米尔肯曾经造访本公司，同古特弗罗因德共进早餐。嫌隙起因于古特弗罗因德不肯把米尔肯当作平等的谈判对手。会谈最终演变成一场比试嗓门的竞赛，米尔肯不得不在公司保安的护送下离开了所罗门兄弟大厦。古特弗罗因德随后切断了所罗门兄弟公司同德崇的全部债券交易。

紧接着，德崇证券公司成了证券交易委员会有史以来最大的一宗调查案的主角。所罗门兄弟公司不仅没有出手相助，反而落井下石，一位董事经理给米尔肯的客户寄去了其他三位客户对米尔肯提起司法控诉的文件的复印件（勒索和诈骗的指控）。1987 年 9 月，所罗门兄弟公司和德崇证券公司正是华尔街上的死对头。

米尔肯打了古特弗罗因德一个措手不及。尽管古特弗罗因德抱有世界范围的极大野心，但他毕竟是个地方色彩浓厚的内向之人。这可以解释，为什么在他的心目中，管理他伦敦分公司的人选理所当然是美国人。我们不是商人，没有抓住机会趁自己有财力的时候搞多元化。实际上，除了债券交易，别的我们简直一窍不通。在所罗门兄弟公司里，没有人创办过真正意义上的新业务。只有刘易斯·拉涅里是个例外，而他最终也被自己惹出的麻烦葬送了。另一方面，米尔肯的业务在性质上同我们的极为接近，他的目标是篡夺所罗门在债券市场上的地位。

“不管古特弗罗因德嘴上怎么讲，”一位比我更接近古特弗罗因德的同事讲道，“他内心的想法始终没有变，如果说有哪家公司有能力打败所罗门兄弟公司，夺取我们在市场上的特权，那就是德崇。他从不畏惧摩根士丹利的上流银行家，因为他认为我们在这方面的竞争优势是毋庸置疑的。但是德崇却像我们一样坚强。而亨利（考夫曼）已经预言，美国公司的信用质量将出现一个长期的下降过程，他们不顾一切地发行垃圾债券，这意味着我们的客户基础正在倒向德崇。”

问题不仅限于我们的客户。我们的雇员也在以惊人的速度逃向德崇。至少有一打前所罗门兄弟公司的交易师和销售人员加入了米尔肯设在贝弗利山的垃圾债券交易厅，成为 85 名成员中的一个，而在纽约为德崇工作的人为数更多。每隔 1 个月左右，就会有 1 名交易师、推销员或研究分析师走出所罗门兄弟公司纽约交易厅，报告管理层他将前往德崇，所罗门兄弟公司的反应是什么呢？“如果你老老实实地报告，”一位已经离开的职员说，“你连交易厅都回不去，他们甚至不让你回去取自己的外套。”

* * *

德崇大逃亡就像动脉出血一样无法遏止，这丝毫不令人感到奇怪。有关在迈克尔·米尔肯手下干活儿所获得的奇迹般收入的传闻返回到所罗门兄弟公司，令我们怦然心动。1986 年，一位所罗门兄弟公司的中层经理离开这里去了贝弗利山的米尔肯公司。干到第三个月的时候，他发现在他的周薪表上出现了额外的几十万美元。他知道还不到发奖金的时候，以为德崇的财务部门弄错了。他把这事告诉了米尔肯。

“不，”米尔肯说，“我们没有弄错。我们只想让你知道我们对你做的工作有多满意。”

另一位前所罗门兄弟公司职员也讲述了他在迈克尔·米尔肯那里领取第一份奖金的故事。他本来已经习惯于所罗门兄弟公司的奖金分配制度了。在这个制度下，他拿到的奖金很少会有比自己预想的多的情况。想不到在米尔肯那里，单他的奖金一项就比约翰·古特弗罗因德付给他的全部报酬还要多。他坐在自己的椅子上，一时缓不过神儿来，就像电视剧《百万富翁》（*The Millionaire*）里面的角色。有人刚刚付给他足以使他今后不必工作的大笔钞票，而他本人则一片茫然，不知如何是好。米尔肯看着他，接着问道：“你快乐吗？”这位前所罗门兄弟雇员点点头，米尔肯身体往前倾，问道：“怎样才能令你更快乐？”

米尔肯手下的人被淹没在钱海里，传奇般的经历让我们许多人耳热眼红，只盼着下一个电话是米尔肯打来的。米尔肯的行事方式在他的贝弗利山交易厅中唤起了手下人的忠诚，有时米尔肯看上去就像在搞个人崇拜。“我将这一切全都归功于一个人，”一位德崇证券公司的职员这样对作家康妮·布鲁克说，“我们全都成了没有灵魂的人，迈克尔夺走了我们身上的自我。”每一个自我都是有价格的。一位以前参加过培训班的学员后来去了米尔肯的公司，他告诉我，在贝弗利山交易厅里上班的85人中，“有20~30人值1 000万美元或更多，有5~6人的身家超过了1亿美元”。每当报纸上估测出米尔肯公司的工资单，其数额之低总会让整个德崇贝弗利公司里的人笑出声来。我的朋友，还有别的了解米尔肯的人告诉我，米尔肯的身价超过了10亿美元。不过，你可以打赌他更喜欢哪个，是赚10亿美元还是旁观他手上最大的客户——罗纳德·佩雷尔曼袭击所罗门兄弟公司时约翰·古特弗罗因德的狼狈样。“我认识迈克尔，也喜欢他，”刘易斯·拉涅里说，他两个月前刚被古特弗罗因德炒掉，“他的格言是：从不背叛朋友，决不宽恕敌人。”

另一种观点则将佩雷尔曼的收购企图视为所罗门兄弟公司管理失误的报应。尽管没有任何人前来征求我们的意见，达什和我还是认为，公司被收购也许不是什么坏事。我们了解罗纳德·佩雷尔曼，口红大亨，一个虚张声势的流氓、无赖，他根本不懂应该怎样管理投资银行。但我们也知道，如果能够打败古特弗罗因德，他要做的第一件事必定是将公司视为一个企业，而不是王国，来进行检查，这也许意味着会有一种新的令人振奋的经营方式将被引入所罗门兄弟公司。毫无疑问，许多公司收购都是丑闻迭出、令人厌恶的。袭击者声称他们要赶走懒惰、愚蠢的经理，而他们的真实意图却是攫取公司的财产。但收购我们公司却是例外，似乎纯属热心之举。我们的财产就是我们的员工，我们没有土地，没有过度膨胀的养老金计划，没有品牌。所罗门兄弟公司是一个没有多少油水的靶子。我们的管理层活该遭此报应。

在华尔街上，唯一比所罗门兄弟公司从前提出的计划更糟的就是它自己为未来数月所做的计划。我们的脑子和脾气就像一个机械的出租车司机：要么踩油门，要么踩刹车。我们不懂得中庸之道，也不懂得怎样做决定。当我们发现纽约办公室地方不够大的时候，我们会像普通人那样马上走出去在这条街上再找一家更大的办公室吗？不会。我们要自己建，同哥伦布转盘广场的不动产开发商莫特·朱克曼合作，兴建曼哈顿地区有史以来最大和最奢侈的不动产工程。苏珊·古特弗罗因德订购了一盒子玻璃烟灰缸，那座未来大厦的设计图就印在烟灰缸底部。后来，我们不得不以亏损1.07亿美元为代价将这个项目顶了出去，烟灰缸则由她继续保存。

我们还曾一意孤行，谋求争夺全球性的主宰地位，在伦敦的一家地铁站上面建起了世界上最大的交易厅。如今它已经成了光荣失败的标记，还要等待重修，亏损估计高达1亿美元。英国报纸在提到我们时刻薄地称“熏黑了的所罗门”。我们创办了庞大而无所不能的抵押债券交易部，但我们却任由其中一半的人才流向别处，剩下的一半则被开除殆尽。拉涅里和他在市场上的垄断地位全都一去不复返了，公司损失超过几亿美元。我们任由世界上野心最大之辈在第41层争权夺利。如今，纽约总部在自相残杀的局面里挣扎，大错业已铸成，其代价也许将是公司所有权的易手。不进则退，不买则卖，不上则下。只有求变，才能求生存。

还要指出一点，迄今为止我们最大的失误不在于我们所做的业务，而在于被我们忽略的业务。千万不要以为在1987年投资银行已经不再是一个赚钱的行当了，相反，它比以往任何时候都赚钱。打开任何一张报纸，你总会发现诸如投资银行家在短短几周的工作时间里收获5 000万美元的报道。这么多年来头一遭，别的公司，而不是所罗门兄弟，开始在债券市场上赚钱了。富有讽刺意味的是，新的赢家恰好就是那些在佩雷尔曼收购行动中为他做后盾的家伙：米尔肯、沃瑟斯坦和佩雷拉。由于迈克尔·米尔肯的天才运作，德崇已经取代我们成了1986年华尔街上最赚钱的投资银行。它当年的总收入为40亿美元，净利5.455亿美元，超过了所罗门兄弟公司最好的年份。

德崇赚钱靠的是垃圾债券，这对我们的刺激尤甚。我们一向被视为华尔街的债券交易商，而如今，我们在这一方面的才能却日见愚钝，因为管理层未能预见到垃圾债券的重要性。他们认为垃圾债券的命运将如过眼烟云一般。这次走眼肯定是他们一生里代价最高的一次：我们不仅错过了一场美国公司革命，一次令人眩晕的华尔街免费大宴，而且直接导致公司陷入被收购的危险处境。这一切应当引起人们的深思，我就是其中的一个。

* * *

垃圾债券是指，根据两家著名的债券评级机构穆迪和标准普尔的评定结果，属于可能无法偿付类别的公司债券。“垃圾”是一种独断的但非常重要的特征。债券的信用等级按照一个长长的序列展开，IBM 的优质债券在一头，贝鲁特的一家棉花交易公司在另一头，其中必定有某处断裂点。从那一点开始，一家公司的债券从投资的对象转变成纯粹的赌博工具。垃圾债券毫无疑问是 20 世纪 80 年代最受争议的金融工具，而且时常见诸报章。

应该强调指出，它们并不是什么新事物。公司也像普通人一样，当它们手头没有现金但又想买下某些东西的时候，它们就要借钱。它们之所以借钱还因为，至少在美国，这是为公司融资的最有效的手段，同时债券的利息支付可以免税。境况不佳的公司更是一心一意想借钱。20 世纪初的那些强盗大亨们[1]就是坐在成堆的债券上发达起来的。那时的投资人像着了迷一样地借款给这些人。但是，同今天的投资人的疯狂相比，他们当年的狂热简直不值一提。在 20 世纪 80 年代，真正令人眼界大开的是垃圾债券

1. 此处指洛克菲勒、摩根等垄断资本势力。——译者注

市场的规模，是大批深陷其中的公司的阵势，还有借钱给这些公司甘愿让他们的本金（也许还有他们的原则）冒此风险的投资者人数之众。

德崇的迈克尔·米尔肯一手开创了这个市场，他说服了投资者，让他们相信垃圾债券是一个有利可图的赌博工具，其手法与当年刘易斯·拉涅里说服投资者购买抵押债券时如出一辙。从70年代末到80年代初，米尔肯奔走于全美各地，在各式各样的场所向人们灌输他的想法，直到他们听进去为止。拉涅里的抵押债券和米尔肯的垃圾债券的出现，第一次使那些从前被认为没资格筹资的个人和公司获得了融资工具。或者换个说法，新债券的出现第一次让投资者获得了借钱给房屋所有者和信用不佳的公司的可能。投资者出借越多，其他人欠的也就越多。由此而造成的债务杠杆成了我们这个金融时代最显著的特征。

在《预言家的水晶球》(*The Predator's Ball*）一书里，康妮·布拉克揭露了德崇证券公司垃圾债券部的发迹史（据说米尔肯试图贿赂作者不要出版此书）。故事从1970年讲起，当时迈克尔·米尔肯还在宾夕法尼亚大学沃顿金融学院里研究债券。在沃顿，他认真地研究了“堕落天使”，即目前已陷入困境的蓝筹股公司过去发行的债券。“堕落天使”是那个年代里唯一的一种垃圾债券。米尔肯发现，即使考虑了它们所承载的额外风险，它们还是卖得比当今蓝筹股公司的债券便宜。根据米尔肯的分析，由“堕落天使”组成的证券组合的表现总是胜过由蓝筹债券组成的证券组合。这中间自然是有道理的：投资者因为谨慎的考虑而将“堕落天使”过度贬值。这是一个简单而又极不寻常的发现。同亚历山大一样，米尔肯注意到投资者为表面现象所蒙蔽，也就是说，这种现状为头脑清醒的交易师打开了一扇机会之窗。凭着牧羊人式的直觉，米尔肯为金钱世界中的革命打下了基础。

同年，米尔肯开始了自己的职业生涯，最初是在德崇的后台干。接着，他想方设法进了交易厅，成了一名债券交易师。他戴着一头假发，甚至连他的朋友也说一眼就看得出来，而他的对手们则说他整天在脑袋上顶着一只死老鼠。在米尔肯和拉涅里之间存在着惊人的相似。像拉涅里一样，米尔肯既没有教养，又缺乏机智，但却总是信心十足。他从不在意与他的同事不合群之事。在开创垃圾债券市场时，米尔肯一直坐在交易厅的角落里，忍受着这样自我放逐的局面，直到他赚的钱帮他升到老板的位子上。他还建立了一支忠于自己的队伍，这一点也同拉涅里一样。

米尔肯的忘我投入同拉涅里相比毫不逊色。"迈克尔的苦恼在于，他就是没有那份耐心，听不进别人的话，"一位离职的德崇证券公司经理这样告诉布拉克，"他自大到了极点。他总以为自己已经把某个问题给彻底解决了，只管向前而不顾他人的反应。他在委员会里毫无用处，在任何可以称为集体决策的场合下都是害群之马。他只关心事实真相，毫不顾及别人的感受。如果迈克当初没有走进证券这一行，他可能会去发动一场宗教复兴运动。"

米尔肯是犹太人，而德崇，在他加入的时候是一家老式的WASP投资银行，那里有一种他所说的敌视闪米特人的味道。米尔肯觉得自己在公司里是外人，而这一点却正合他的口味。在1979年，如果要打赌猜出在未来10年里谁将成为金融界革命性的人物，那么最好从符合下列条件的人群中去找：打探华尔街寂寂无闻的角落，抹去刚刚出现在布鲁克兄弟公司名录上的人，那些属于或自称属于经理俱乐部的人，再除去出身于WASP好人家里的人。（在剩下的人里面不仅有米尔肯和拉涅里，还有第一波士顿的约瑟夫·佩雷拉和布鲁斯·沃瑟斯坦，他们是公司收购业务的领头人，更为凑巧的是，他们是资助佩雷尔曼收购所罗门兄弟公司的另外两个核心人物。）

然而，相似之处也只是到此为止。与拉涅里不同，迈克尔·米尔肯对自己的公司有全面的控制能力。他把垃圾债券的业务从纽约迁到贝弗利山，而且最终把自己的报酬涨到了5.5亿美元一年，比拉涅里在极盛年份挣的钱多18倍。当米尔肯开设Wilshire Boulevard分公司（属于他个人所有）时，为了让别人知道在这里谁说了算，他把自己的名字，而不是德崇几个字钉在门上。他还在自己的公司创造出了一种迥异于所罗门兄弟公司的工作气氛：在那里，成功是严格地根据你所完成的交易的数量来衡量的，既不看你手下的人数，也不看你是否在董事会里有一个席位，更不看你在闲话栏里的曝光率。

* * *

要想指出是哪些品质使某个人具备了改变多年形成的传统（全世界都很习惯，唯独被他发现了其中的不合理）的能力，这从来都是一项吃力不讨好的差使。在米尔肯身上，这种困难尤其明显。在事业之外，他的私生活几乎从未被曝光过，想为他作传的人几乎无从发现其性格上的特点。我自己的看法是，在米尔肯的上升时期，他将两种毫不相关的品质集于一身，从而为他的成功奠定了基础。这两种品质绝不可能并存于20世纪80年代的所罗门兄弟公司。米尔肯不仅拥有新的债券交易技巧，而且对自己的信念富于韧性。他有一种专注的能力。

正是在这一点上，米尔肯表现出了自己的优势。缺乏集中精神的能力，彻底丧失聚焦于某一目标的能力，这是交易厅里的通病。达什·里普洛克在这方面就是一个出色而又典型的例子。他的情绪就像音乐一样起伏跌宕。比如说，达什有时也会陷入闷闷不乐的情绪。这通常是在他的业务量遭遇挫折的时候，他把电话往下一摔，接着就滔滔不绝地对我讲起他打算有一天退出投资银行界，回去上学。他会在图书馆里埋头钻研上几年，然后当个历史学教授。把达什关起来让他冥思苦想，哪怕只是5分钟，这种想法在我看来也是不大现实的。当我把自己的想法解释给他听的时候，他已经不想听了，因为他开始厌倦这个话题，不想再谈了。他会说："我的意思不是说我会放下手里的工作马上就去念书，我只是在说在我35岁，并且在银行里有了一笔存款之后的打算。"好像在经过多年债券市场的浸泡之后，区区几百万美元就能让他满足似的。

经过3年的债券销售生涯之后，达什已经不可能再享有心灵上的宁静了，情绪也越来越反复无常。经常刚刚还是暴风骤雨（他会警告别的交易师，"别惹我，我心里烦透了"），转眼间他自己已经忘得一干二净了。有时他的情绪恶劣到极点，但不知怎么的，他卖掉几个亿的政府债券后，心情立刻又好起来了。"耶！"他喊着，手里挥舞着一张销售记录单，"他们爱我。我要抽打他们，牵着他们的鼻子走……耶……"绝大多数情况下他满脑子里想的都是下一桩交易。他的生活就是对成交的无尽的追求。

反过来看迈克尔·米尔肯，他的起步与达什并不相同，但他却把自己的精力放在开创一项事业而不是无休止的成交记录上。他愿意将自己的视线从荧光屏上闪烁的数字上移开一会儿，冷静而彻底地思考未来几年的前景。某家微芯片公司是否有可能继续经营20年，按时支付半年一付的利息？美国钢铁业还能保存下来吗？以何种形式？德崇那时的首席执行官弗雷德·约瑟夫在听了米尔肯关于公司金融问题的看法之后，说他是“全国最了解信贷的人”。这样，作为交易的副产品，米尔肯开始了解公司是怎么回事。

* * *

公司服务向来是商业银行家、投资银行里的公司金融部和股权部的“独食”。它们从来都不是债券交易师思考的对象。我前面讲过，在所罗门兄弟公司，股权部被排挤到房间的角落里。在许多债券交易商的心目中，公司金融家不过是行政助理，他们给公司金融部起的外号叫作复印机团队。就算有人曾经在思想上达到米尔肯的水平，也始终没有一个人敢挺身一试。这是一个奇耻大辱，我们对自己嘴边的肥肉视而不见。

米尔肯用债券交易师的眼光对美国公司的价值进行了彻底的重估。他完成了两项观察。首先，许多大型的、看上去很可靠的公司以优惠利率从银行借钱。他们的信用别无出路，唯有下降一途。那么，为什么还要混在人堆里抢着借钱给他们呢？这于理不通。从交易的角度来看，简直是愚蠢：上升机会渺茫，下跌则深不见底。多少曾经被视为公司活力典范的企业最终走向破产。世界上根本就不存在什么无风险贷款。一旦该产业的基础垮掉了，多么了不起的大企业也要跟着完蛋。美国钢铁工业就是最好的例证。

其次，在目前的形势之下，有两类企业很难说服厌恶风险的商业银行家和投资经理向他们借钱：小型的新公司和出了问题的大型老企业。投资经理们依赖债券评级机构告诉他们哪些债券是安全的（或者不如说以此对他们的投资表示肯定，使他们避免背上不够谨慎的名声）。但是，信用评级机构也和商业银行一样，它们发表意见时所依赖的几乎完全是过去的资料——公司资产负债表和以往的记录。分析的结论取决于程序而不是分析师本人的智慧。无论对哪家企业，摇摇欲坠的老企业也好，羽翼未丰的新企业也罢，这都是一种蹩脚的评估手段。如果能够根据对其管理层能力的主观判断，再加上对该行业潜力的预测来做投资决策，就一定能够胜人一筹。把钱借给一家像 MCI 这样的公司应该说是一种极为出色的冒险——前提是你要预见到竞争性长途电信服务的未来和 MCI 管理层的能力。借钱给克莱斯勒公司，索取敲诈性的高利率，这也不失为一种精明的赌注，只要该公司有足够的现金流来支付利息。

米尔肯经常为商学院的学生讲课。在这种场合下，为了追求戏剧性的效果，他常常向听众证明，要想让一家大型企业破产可不是件简单的事情。对一家大型企业的存活更感兴趣的力量要远远超过希望它毁掉的力量。他曾经设计如下的假设情境启发学生的思考。第一，让我们把一家大工厂建在地震带上；第二，用削减员工工资同时却大幅度提高经理待遇的方法来激怒工会；第三，让我们假设有一家濒于破产的公司做我们的供应商，它负责供应我们公司生产线上不可替代的基本材料；第四，就在政府打算为我们担保以帮助公司摆脱困境的时候，我们却向几个不体面的外国官员行贿，而且东窗事发了。接着，米尔肯会总结道，这刚好就是 20 世纪 70 年代末洛克希德公司的处境。米尔肯在洛克希德公司眼看就要破产的时候买入该公司的股票，当洛克希德在外力帮助下幸免于难之后，米尔肯发了一笔小财，其手法与亚历山大当年在人人都不看好农场信贷公司的情况下买入该公司债券如出一辙。

在此，米尔肯所要表达的意思无非是说，整个美国的信用评级体系存在着缺陷。它是面向过去而不是面向未来的，何况还要受累于虚伪的谨慎动机。米尔肯堵上了这个体系里的漏洞。他置《财富》100强企业于不顾，却格外看好没有信用等级的那些公司。为了补偿贷款人的高风险，垃圾债券的利率通常比较高，有时竟会比蓝筹公司的债券利率高出4或5个甚至6个百分点。如果借款人赚到足够的钱提前偿付债券，他们还会向贷款人支付额外的大笔费用。因此，一旦这种公司赚了钱，它们的垃圾债券就会一飞冲天，让持有人大赚一把。而如果这家公司亏了钱，它的垃圾债券就一落千丈，大家都认为将会发生违约拖欠。简言之，垃圾债券的表现很像是股权或股票，而不像老式的公司债券。

讲到此处，不能不提一提米尔肯在市场上的一个藏得严严实实的惊人秘密。由于德崇证券公司同各家发债企业的密切关系，它的研究部门得以获得像所罗门兄弟公司这样的投资银行所无法获得的公司内部的原始资料。也就是说，当米尔肯在交易垃圾债券时，他手上掌握着内幕消息。现在我们都已经知道，根据内幕消息炒股是违法的，胆大妄为的德崇前客户伊万·波斯基锒铛入狱就是铁证。但是，法律却从未在债券交易方面做此规定。（当年法律颁布的时候，谁会想到有一天会冒出这么多活像股票一样的债券？）

在所罗门兄弟公司债券交易师的心目中（回想一下实习生对达拉斯股权部的鄙夷），债券是债券，股权是股权，井水不犯河水。而在德崇证券公司债券交易师眼里，两者之间的界限却是一捅就破。对一个摇摇欲坠的企业而言，债主就是上帝。如果企业不能按时支付利息，债主有权取消抵押品赎回权，清算公司资产。关于这一点，迈克尔·米尔肯在向美国快捷公司事实上的东家麦舒拉姆·瑞克利斯解释时说得简洁得多，那是在20世纪70年代末的一次早餐会上。米尔肯宣称，是德崇和它的客户，而不是瑞克利斯，控制着美国快捷这家企业。“这怎么可能呢，我可是持有40%股权的东家啊？”瑞克利斯不解地问道。

“我们手上握有你们公司1亿美元的债券，”米尔肯说，“只要有一次你没付利息，我们就能把整个公司拿走。”

这些话对每一位债券推销员的良心都是一个安慰。像我一样，债券推销员们早就厌烦了同公司借款人狼狈为奸捉弄投资人的勾当。“只要有一次你没付利息，我们就能把整个公司拿走。”达什·里普洛克讲道，“迈克尔·米尔肯把这行生意弄了个底儿朝天。他站在投资人的立场上摆布公司借款人。”借款人饱受压榨，他们求助无门，只能来找米尔肯弄钱。米尔肯的能耐在于找到愿意借钱的人。贷款人同米尔肯一道想方设法弄钱。米尔肯为他们提供的方案的要点是：建立一个巨大的垃圾债券投资组合，哪怕其中有一小部分打了水漂也没有关系，赢家获得的高额回报足以补偿损失并且获利。米尔肯告诉机构投资者，德崇打算在企业身上下注。来吧，一起干。投资于美国的未来，那些小型但高速成长的企业，正是它们使美国变得伟大。这是一种民粹派的口号。早期投资于垃圾债券的人，就像投资于抵押债券的先驱们一样，能够坐享名利双收的快乐。“你应该听听迈克尔每年在贝弗利山垃圾债券讲座上的发言（由于像罗纳德·佩雷尔曼这类野兽的光临，这个讲座被称为食肉动物的舞会），”一位德崇纽约公司的经理这样讲道，“你会激动得热泪盈眶。”

* * *

在米尔肯的煽动之下投入垃圾债券的资金究竟有多少？没有人说得清。许多投资者干脆把自己的证券组合交给他来打理。例如，哥伦比亚储贷协会的汤姆·施皮格尔在听了米尔肯的说辞之后，将自己的资产负债表从3.7亿美元膨胀到104亿美元，其中大多数是垃圾债券。一家本意是为购房提供贷款的公司可以轻而易举地获得数十亿美元储蓄存款，转手就把这笔钱投入垃圾债券。1981年以前，储贷协会差不多只有把钱贷给购房者一条路。因为储蓄存款受联邦政府保险，从而让储贷协会的经理们获得廉价的资金，而它的投资则受到当局的严格限制。1981年，储贷协会开始陷入麻烦，美国国会决定放手让储贷协会自行寻找出路。允许它们投资于垃圾债券，尽管明知道这无异于拿政府的钱去赌博。施皮格尔还从垃圾债券投资利润中拿出一小部分在电视台做广告：不管别人怎么说，不要理它，哥伦比亚储贷协会要多谨慎有多谨慎。一个穿蓝套装的小人在柱状图上一级一级往上跳，以此来证明哥伦比亚公司资产增长有多快。

到了1986年，哥伦比亚储贷协会已经成了德崇最大的客户。汤姆·施皮格尔的年薪涨到1 000万美元，在全美3 264家储贷机构中位居榜首。施皮格尔在本行业内被公认为天才，成为人们纷纷效仿的对象。“全国不知道有多少家小型储贷机构投资于垃圾债券。”一位从前培训班里的学员一面激动地搓手，一面讲道。他在1987年年中离开所罗门兄弟公司，就像许多所罗门兄弟从前的债券专家一样，他加入了迈克尔·米尔肯在贝弗利山的交易厅。

考察一下所罗门兄弟公司为什么没有在20世纪80年代初期

垃圾债券市场刚刚开放的时候参与其中，或者，何以该公司此后在这一领域中默默无闻、未有建树？结论令人啼笑皆非。正如前文所述，整个储贷行业已成了刘易斯·拉涅里手中俯首帖耳的客户。如果所罗门兄弟公司也开始涉足大宗的垃圾债券交易，那么，公司债券部的头头比尔·佛特就会要求对储贷行业的平等准入权。拉涅里担心丧失自己对所罗门兄弟公司储贷机构客户的独占权，他想出了各种各样的办法来打击佛特创办的弱小的、羽翼未丰的垃圾债券部。

1984 年，只有两名成员的垃圾债券部在所罗门兄弟公司的一次讲座上向数百名储贷协会经理介绍了他们的业务。这场演讲是应抵押部的邀请而进行的。但是，在长达 3 小时的报告结束之后，拉涅里站起来做总结性发言。客户们仔细地倾听他的话，唯恐漏掉一个字。正如我在前面所讲述的，在他们眼里，拉涅里就是救世主。“有两件事是你们绝不可以去做的，”拉涅里说，“其中的第一件就是购买垃圾债券。因为垃圾债券是极其危险的。”当然，也可能他真的这样认为。但是，储贷协会的经理们最终还是没有听进去他的话。他这样做的结果只不过是贬低了所罗门兄弟的垃圾债券部，把客户推向了德崇的怀抱。当着这样一批重要客户的面遭到公开的羞辱，比尔·佛特的手下气得脸色铁青。“就好像有人请你赴宴，到了那儿你才发现，原来自己就是下酒的冷菜。”一位前所罗门兄弟垃圾债券交易师回忆道。

还是这个二人垃圾债券部专家组合，他们花了 6 个月时间走遍全美国向各家储贷协会的经理们游说。“报告棒极了，我们获得了热情的回应。奇怪的是，就是不见客户打电话来。”一位前所罗门兄弟垃圾债券专家说。他们本以为，路演之后，要求购买垃圾债券的指令将会随之而来。但是，没有一家储贷协会给他们打电话做业务。“后来我们才知道这是为什么，而此时二人组中的一个人便离开所罗门兄弟公司到德崇为米尔肯效力，”这个专家接着讲，“客户告诉他，拉涅里手下的一名推销员紧跟着他们到各家储贷协会去，叫他们不要相信我们的话。”由此也可以看出41层是多么缺乏强有力的领导，否则抵押部绝不敢玩这样的小动作。不过，这不正是我们公司的真实状况吗？

* * *

岁月在内耗中蹉跎。与此同时，新的市场却出现了爆炸性的增长。米尔肯大获成功的标志之一即是新的垃圾债券的发行。从70年代的几乎一无所有，到1981年的8.39亿美元，到1985年的85亿美元，再到1987年的120亿美元。如今，垃圾债券已经占到全部公司债券市场的25%。根据IDD信息服务公司的统计，从1980年到1987年，总共有530亿美元垃圾债券流入市场。当然，这还只是一部分市场，因为它没有统计价值数十亿美元的新的、人造的“堕落天使”。米尔肯设计出一种方法，即杠杆收购，将最可靠的公司债券转变为垃圾债券。

到1985年，迈克尔·米尔肯已经吸收了数百亿美元资金进入他的新开发的投机市场中。他现在的问题是，把这些钱投向哪里？这个难题想必曾令他尴尬不已。到哪儿去找那么多值得投资的小型成长性公司或老式的“堕落天使”呢？手里攥着大把现金，他必须创造出新的垃圾债券来满足客户的需要。他的初始前提“垃圾债券之所以便宜是因为投资人没有胆量购买”，早就不复存在了。需求已经超过了自然的供应。巨额资金从全美各地涌来，涌向高风险的投资，其势头锐不可当。正是在这样的背景下，米尔肯和他的德崇同事们想出了一步损招：他们可以用垃圾债券融资，来收购定价过低的公司。做法很简单，以这些公司的资产为抵押发行垃圾债券（其原理同房屋抵押贷款如出一辙，房产本身就是贷款的抵押）。大型企业的收购活动意味着将会出现高达几十亿美元的垃圾债券市场。因为在此过程中不仅要发行新的垃圾债券，而且由于高度杠杆的使用，从前的蓝筹公司债券也会变成垃圾债券。当然，要想对公司发动收购袭击，米尔肯还得有几个打手。

入侵公司董事会是一桩令人激动的新鲜事，对那些略有商业经验而又急于致富的人极有吸引力。米尔肯帮助几乎每一个稍有名气的公司袭击者融资实现其梦想：罗纳德·佩雷尔曼、布恩·皮肯斯、卡尔·伊卡恩、欧文·雅各布、詹姆斯·戈德史密斯爵士、纳尔逊·佩尔兹、萨缪尔·海曼、索尔·斯坦伯格和埃舍尔·埃德尔曼。“如果不能通过继承得到，那么只好借钱买下它。”其中一位这样说。这些人中的绝大多数通过德崇发售垃圾债券筹集资金，袭击那些向来被视为坚不可摧的堡垒。他们瞄准的猎物包括：露华浓、菲利普斯石油、尤尼科、美国环球航空公司（TWA）、迪士尼、AFC、泽勒巴赫皇冠（Crown Zellerbach）、国民罐头公司（National Can）等等。这是让人始料不及的大好机会，不要说他们，就连米尔肯在20世纪70年代想象垃圾债券市场的时候恐怕也绝对想不到他会把整个美国企业界来一番彻底的检修。绝无可能！在他形成自己思想的时代，没有人想到公司的价值会被低估。

在伦敦经济学院上研究生时，我从课堂上学到的一点是，股票市场是一个有效率的市场。从广义上讲，它的意思是说，任何与该公司有关的外部信息都反映在其价格之中，也就是说，它们的价格永远是公平的。这一令人灰心的断言被学生们作为事实接受下来，一连串的研究证实，掌握最充分信息的股票市场经纪人和分析师们在市场上选股的成绩，并不比猴子从帽子里抓名字或把《华尔街日报》钉在墙上向股票栏掷飞镖的选股法来得更好。在这种效率市场理论指导下，我们得出的第一个结论就是，在股票市场上，除非靠内部消息，否则根本没有可靠的致富之路，而米尔肯，还有华尔街上的其他人，则一眼就看出股票市场是一个有效率的市场这一点绝对站不住脚。虽说市场能够很快地消化收益数据，但是总的来说，在估价方面，却是低效率的，不论评估对象是公司所有的一块土地还是它所设立的养老基金。

为什么会出现这样的局面？没有简单的答案可寻，而且在华尔街上也不会有人浪费时间试图做出解释。对于华尔街公司里小型的兼并与收购部门来说，迈克尔·米尔肯是上帝派来的，是他们职业选择的最有力证明。第一波士顿的乔·佩雷拉在 1973 年设立了兼并与收购部。1978 年，布鲁斯·沃瑟斯坦成了他的雇员。在那个年代，开展收购业务“易如反掌”。佩雷拉说：“机会是巨大的，全部埋在土堆下面。资产被低估的公司比比皆是，买家却很少。真正想买这些公司的人却苦于资金短缺而无法遂愿。这时，有人（米尔肯）走过来把土堆踢开，现在任何人，只要手上有一张 22 美分的印花税票，都可以提出收购建议。”

佩雷拉、沃瑟斯坦，还有其他不计其数的投资银行家从中大发利市，尽管他们并不是德崇证券公司的人。要完成一宗收购，最低限度总要有两名顾问：一个代表袭击者，一个代表他的猎物。德崇不可能把它创造的所有业务来个独家通吃。绝大多数交易里会出现4~5位投资银行家的身影，就像投标一样多家竞价。**袭击者仿佛投入池塘一片静水中的石子，他们激起的涟漪波及了全美国的公司。**它们开启的程序拥有了自己的生命。经营上市公司的经理们认识到自己公司的资产价值被过分低估，他们开始考虑自己融资从股东手中买回公司的股份（在欧洲被称为管理层收购，简称MBO；而在美国，则称为杠杆收购，简称LBO）。他们把自己变成局内人。最后，华尔街上的投资银行家们也加入此前米尔肯一直在悄悄进行的活动中来，为他们自己在公司中购入大宗股份。资产价格这么便宜，为什么要把钱让给别人来赚？这样一来，收购顾问业务突然间出现了利益冲突，就像我在每天销售债券时面临的问题一样：如果这是一桩有利可图的买卖，银行家们就会把它留给自己；如果这单生意不赚钱，他们就会把它卖给客户。

由此可以看出，这项业务的范围可以有多大。在80年代中期，兼并和收购部在华尔街如雨后春笋般冒出来，犹如数年前债券交易部遍地开花的景象一般。在两者之间存在着一种深层次的金融联系：两者能否成功都在极大程度上取决于投资者从事债券投机的意愿。不仅如此，还要取决于人们借入超出自己偿付能力的资金的意愿。说得更简单些，两者都取决于人们对债券的全新看法。“每个公司里边都有一些无所事事、光拿钱不干活儿的人，”乔·佩雷拉说，“如果让公司背上债务，公司就不得不去减肥。”伊万·波斯基那样干是因为贪婪，而收购专家们则是为了债务。债务对企业有益，债务有助于公司内部优胜劣汰。

在债券交易和收购之间同样还存在一种深刻的行为模式上的联系：两者都受一种新的富于感染力的金融企业家精神所驱使。

在老华尔街人的眼中，两者同样可疑。也许有人曾经告诉过你，每一宗收购都意味着高度复杂的思维和智慧的投入。他们是在骗你。在华尔街上，收购业务推销员的工作和债券推销员并无多大差别。他们把更多的时间花在策划如何操纵客户上，而不是论证该项目本身是否可行。他们的基本假设就是，凡是能够让他们致富的，必定也是对大家有益处的。收购市场中的典型形象是这样的：26 岁，野心勃勃，精力旺盛，受雇于一家大型美国商业银行，满面笑容地打电话。

发动收购的程序简单到了极点——考虑到它对社会、工人、股东和经理层的影响。在纽约或伦敦，一名 26 岁的年轻人某天夜里玩电脑的时候发现，位于俄勒冈的一家造纸厂定价过低。他把自己的计算结果写在电子邮件里，发往任何可能对纸业、对俄勒冈或者对购买廉价公司哪怕有一点点兴趣的个人或机构。就像一场社交舞会的组织者一样，在他的抽屉里当然会有一份文件，记载哪些客户喜欢什么样的交易。但是在发出收购邀请时，他不会做特别的区分。每个人都可以充任买家，因为人人都可以发行垃圾债券融资。就这样，俄勒冈的造纸厂变成他人的靶子，而它自己还浑然不觉。

* * *

第二天，造纸厂是从《华尔街日报》的《传闻》专栏里才知道自己已经荣幸地被列入收购对象的候选名单。接着，它的股价会出现剧烈的震荡，就像有人被吊在半空里一样。这是因为像伊万·波斯基这样的套利者已经开始买入该公司的股票，他们期望能够立刻转手卖给袭击者获利了结。造纸厂陷入了恐慌，它们赶忙雇了一位投资银行家来保护自己，说不定就是前面那个把他们推下火坑的年轻人。这时，此前尚未染指这项交易的5家投资银行听到了流言，它们各自派出一位26岁的年轻人，开始为造纸厂的可能买家筹划方略。一旦他们找到这样一个买家，这家纸厂就“正式”入戏了。与此同时，另一路由少年精英组成的人马开始检查各自的电脑资料，看看国内是不是还有哪家纸厂也存在定价过低的问题，要不了多久，整个造纸工业就都被摆上了竞卖场。

同这些人在保护或攻击大型企业中所赚到的钱相比，债券交易就像是乞丐的游戏。仅收购业务一项，德崇的净收入就超过了1亿美元。沃瑟斯坦和佩雷拉在1987年为他们的东家第一波士顿创造了3.85亿美元的收入。高盛、摩根士丹利、希尔森-雷曼和其他各家公司都不敢懈怠，纷纷开展了自己的顾问业务。尽管他们之中没有一家拥有所罗门兄弟公司那样的筹资能力，但个个都能赚大钱。所罗门兄弟公司在学习收购业务方面慢了一拍，本身又同垃圾债券市场近乎隔绝，所以在这场淘金热中连半杯羹都没能分到。我们之所以落到这步田地，纯粹是因为龟缩在自己的交易厅里不肯抬头放眼看看外面的世界。我们在各方面都有得天独厚的优越条件，凭着我们同全国贷款大户的关系，我们本来应该成为收购融资业务的领头羊。当然，我们有一个现成的借口。错过了这样一个大好机会，你非得有一个借口来为自己申辩。我们的借口是，垃圾债券是邪恶的。亨利·考夫曼的演讲一场接着一场，力图证明美国公司已经负债过度：垃圾债券狂热总有一天会以毁灭而终结。他说的也许不无道理，但我们肯定不是因此才不去涉足垃圾债券的。我们之所以没有开展垃圾债券承销业务，是因为经理们不懂这些。说得更明白一点，在41层楼上忙于窝里斗的经理们不可能有时间和精力来学习新业务。

* * *

约翰·古特弗罗因德可以伪称他之所以不沾这种生意是因为他不赞成它的后果——高度杠杆化的公司。但是，当他在后来的日子里像神风特攻队队员那样一头扎进公司杠杆化的业务中，最终为本公司和一批客户引来灭顶之灾的时候，一切托词全都不攻自破了（同样无法掩盖的事实是，就在他和亨利·考夫曼极力鼓吹公司严正立场的同时，两人都在私下里为自己的账户购入垃圾债券）。无论如何，不管所罗门兄弟公司愿意也好，不愿意也好，如今每一家公司都成了米尔肯资助的袭击者的潜在目标，包括神圣不可侵犯的所罗门兄弟股份有限公司在内。这是包含在罗纳德·佩雷尔曼收购建议中的最后的讽刺。就因为我们自己不肯参与袭击其他公司并且为袭击者提供融资的勾当，我们遭到了利用垃圾债券筹资收购的袭击。

佩雷尔曼的计划暴露之后不久，古特弗罗因德在公司里做了一次讲话，他说自己一向讨厌恶意的袭击者，绝不会让佩雷尔曼得逞。但是通过这番慷慨激烈的言辞，我们不由得猜想，毕竟我们还是被涮了一把，因为事先没有人得到过任何消息。我们只能从《纽约时报》的詹姆斯·斯特恩戈尔德和《华尔街日报》的记者们撰写的调查报告里获取整个交易的细节。

故事是这样的：不祥的乌云是在 9 月 19 日星期六的早晨堆积起来的。古特弗罗因德在寓所接到一个电话，是他的朋友和律师马丁·利普顿打来的。两个月之前，古特弗罗因德就是借用此人的办公室向刘易斯·拉涅里宣布了解雇决定。利普顿听说，所罗门兄弟公司最大的股东 Minorco 已经找到了一个买主，打算转让它手上所掌握的14%的公司股份。不过，买主究竟是谁，至今还是一个谜。古特弗罗因德一定觉得非常尴尬。他几个月前就听说 Minorco 打算把自己手上的股份脱手，但迟迟不愿接受这一现实。他犯了一个非常严重的错误，并因此失去了对事情发展的控制。既然古特弗罗因德不积极，而 Minorco 又不愿再等，它们干脆在华尔街上另找投资银行家。

9 月 23 日，星期三，古特弗罗因德从 Minorco 总裁那里听到了坏消息，买家原来是露华浓公司。谁都可以看得出来，这是收购计划的第一步。露华浓公司的佩雷尔曼宣称，除了 Minorco 的股份之外，他还打算再买入所罗门兄弟公司11%的股份，从而令总持股量达到25%，如果佩雷尔曼得手，那么古特弗罗因德将破天荒头一遭失去他在公司里说一不二的权力。

古特弗罗因德仓促应战，他四处活动去找一个能代替露华浓买下 Minorco 手中股份的人。他给自己的朋友沃伦·巴菲特这位精明绝顶的投资人打电话。巴菲特当然愿意在合理的价位之下救古特弗罗因德一命，古特弗罗因德提出了一个非常优厚的交易条件。巴菲特无须掏钱买下我们的股份，相反，他要巴菲特借钱给我们公司。我们，也就是所罗门兄弟公司，买回自己的股份。为此我们需要大约8.09亿美元。巴菲特说他可以借给我们7亿美元，实际上也就是买下所罗门兄弟公司同等数额的债券。这就足够了，剩下的部分大约为1.09亿美元，古特弗罗因德可以从我们的资本金里抽出来补齐。

全世界的投资者都把嫉妒的目光投向巴菲特，他成功地设下了双活扣。他拿到的证券称为可转换优先债券，利率高达9%，这本身就是一个很高的回报。可是不仅如此，他还可以在直到

1996年以前的任何时候以38美元一股的价格将其转换为所罗门兄弟公司的普通股股票。换句话说，在今后的9年里，巴菲特总有机会免费炒作所罗门兄弟公司的股份。如果所罗门兄弟继续走下坡路，巴菲特可以拿到9%的利息而心满意足。如果所罗门兄弟公司起死回生了，巴菲特可以将自己的债券转化为股票，赚的钱就像在低价时高瞻远瞩地买入直至高价才抛出获利一样多。他与罗纳德·佩雷尔曼可不一样，后者打算买下一大宗股份，准备为所罗门兄弟公司的未来发展承担风险，而巴菲特承担的唯一风险只不过是所罗门兄弟公司的破产。

这桩交易产生了两个后果：它保住了古特弗罗因德的职位，但却让我们，或者更确切地讲，是股东付出了一大笔钱。毕竟，最后还是要由我们的股东来为巴菲特付钱。衡量他们损失的最简单的方法就是计算巴菲特手中债券的价值。让我们假设巴菲特付给我们100美元。我认为（非常保守地讲）巴菲特转手就可以按118美元的价格卖出。这中间的差价，也就是说巴菲特总投资的18%，成了天上掉下来的好事。对巴菲特来说，这笔钱的总数是1.26亿美元。为什么所罗门兄弟公司的股东（还包括雇员），要为一批瞎了眼的经理付款（让我们合理假设，至少有一部分是从我们的奖金中拿出来的），以补偿他们造成的损失，并且挽救他们的职位？这是掠过我们脑际的第一个问题，相信也会是许多董事经理的想法。

古特弗罗因德的回答是，这是为了所罗门兄弟公司的利益。古特弗罗因德在谈到佩雷尔曼的出价时说：“我感到极为震惊。佩雷尔曼在我的意识中只不过是一个名字而已。但是，一个居心不良要当袭击者的人不可能见容于所罗门兄弟公司的组织架构，不会有益于我们同客户的关系，也不可能增进他们的信任。”

除了第一句之外，整段话是一派胡言。先看最后一句。既然我们同客户的关系没有因为一家大股东来自南非而受影响，为什么接受一位令人讨厌的袭击者就不行呢？在这里，我无意将种族隔离主义者和令人讨厌的收购者的道德水平分出个高下，但从最低限度讲，后者绝不会比前者更危险。我们公司甚至可能从讨厌的袭击者身上受益。了解了我们的新背景之后，害怕遭受收购袭击的公司也许会请我们做它们的反收购服务商，就像他们请德崇出谋划策一样。虽然要付这些钱，但却可以免受收购的袭击，其性质类似于保护费。一旦佩雷尔曼成了主要的股东，我们可以肯定至少他（和他的朋友）不会向自己的客户下手。我敢肯定，佩雷尔曼在心里盘算着收购一家投资银行的时候对这种协同收益一定早已了然于心。

到了 1987 年 9 月，一个在华尔街上混饭吃的人把罗纳德 · 佩雷尔曼称为“只不过是一个名字而已”，这简直荒唐透顶。没有人不知道罗纳德 · 佩雷尔曼是何许人也，上帝做证，我还没进所罗门兄弟公司工作以前就听说过这个人。他从几乎身无分文起家，聚敛了 5 亿美元的财富。他的发财之道，就是用借来的钱向收购对象发动袭击，赶走不称职的经理。古特弗罗因德当然知道，一旦佩雷尔曼掌握了所罗门兄弟公司，他的好日子也就到头了。就算出于某种奇迹使他忽略了这种可能，当他于9月26日在纽约艾瑟尼广场酒店同佩雷尔曼会面之后，他也很快就理解了这一前景。在41层董事经理的客厅里流传着惊人的谣言，据说布鲁斯 · 沃瑟斯坦将取代古特弗罗因德。[1]

从当时的情况来看，约翰·古特弗罗因德劝说所罗门兄弟公司董事会向巴菲特——我们的白马王子——支付大笔金钱的策略是极其精明的。从法律上讲，董事会必须考虑股东的利益。9月28日，古特弗罗因德告诉董事会，如果它拒绝巴菲特的方案，而接受佩雷尔曼，那么他（再加上汤姆·斯特劳斯和其他几个人）将辞去现职。“我从未说这是威胁，”古特弗罗因德后来告诉斯特恩戈尔德，“我所说的完全是事实。”

古特弗罗因德的天赋之一，就是能够将自己个人的利益伪装成高尚的原则，在某些特定的情境之下，这两者可能真的难以区分（如果一个投资银行家开始谈论原则，通常他也是在捍卫自己的利益。除非他相信在自己的营地下埋藏了黄金，否则他绝对不会标出一处道德上的高地。这是我在华尔街学到的东西之一）。约翰·古特弗罗因德有可能，甚至很可能对罗纳德·佩雷尔曼的金融策略感到震惊，因为他是一个感性的人，而他在讲这番话时心中也的确充满了传道士的神圣感。他的话听上去具有惊人的说

1. 沃瑟斯坦当时是佩雷尔曼的顾问，他是我们的竞争对手第一波士顿的人。人们也许认为，就算佩雷尔曼取胜，他也不大可能离开第一波士顿出掌所罗门兄弟公司。但是，如果你知道沃瑟斯坦在第一波士顿度日如年的处境，你就不会对这一传言感到意外了。1988年1月，沃瑟斯坦辞职开办了自己的公司——沃瑟斯坦和佩雷拉合伙公司。后来我就是在这家公司的办公室里直接向他问起了这一令人难以置信的流言。他是一个强有力的人物，不是那种盯着鞋子看半天才挤出一句话的主儿。但是，在听了我的问题之后，他垂下了眼帘，嗓门也降下好几分贝。接着他回答道：“我不知道这些谣传是从什么时候开始的。它怎么可能是真的呢？收购建议公布的时候，我人还在日本。”嗯，就这样。

服力。但毕竟他所冒的风险只是他的职位，他的辞职威胁不会让他失去任何东西，但却可以获得全部的利益。一旦让佩雷尔曼把股份买了去，古特弗罗因德可能连辞职的机会都没有，他会毫不客气地被开除。

在古特弗罗因德的个人经历上，有充分的证据可以证明我们应当以何种态度看待他的辞职请求。几年前，在一个类似的场合，古特弗罗因德也曾提出过类似的动议。在70年代中期召开的一次合伙人会议上，曾经发生过一次奇怪的转换。威廉·西蒙（他在同古特弗罗因德竞争继任比利·所罗门的董事长职位的斗争中不分伯仲）在会议上力陈所罗门兄弟公司合伙人的致富前景（动员他们卖掉自己的股份，把所罗门兄弟公司从合伙公司转变为公众持股的公司）。

比利·所罗门把合伙制看成是公司健康运行的关键和保持员工忠诚的唯一可靠的机制。（“把他们紧密地联系在一起，就像大家庭一样。”比利说道。）西蒙结束讲话后，古特弗罗因德站了起来，勇敢地重复了老板的观点。他说，如果要把公司卖掉，那他还不如辞职算了。他，约翰·古特弗罗因德，将辞去现职，因为所罗门兄弟公司的成败系于它的合伙制。“这是我之所以选择他做继承人的主要原因之一，”威廉·所罗门说道，“因为他说他深深地信奉合伙制。”

可是，一旦大权到手，古特弗罗因德立刻换了一副面孔。1981年10月，在他继位3年之后，他以5.54亿美元的价格将公司出售。卖给商品交易商菲布罗。[1]作为现任董事长，他从这次交易中获利最多，可能高达4 000万美元。但在表面上，他的理由却是公司需要资本。威廉·所罗门对此不敢苟同。“公司的资本绰绰有余，”他说，“他的唯利是图已经到了不知羞耻的地步。”（从某种意义上讲，古特弗罗因德正在遭报应。如果所罗门还是一家合伙公司，那就不会有什么收购威胁了。）

不管怎么说，古特弗罗因德的辞职威胁还是达到了他的目的，把董事们的注意力从对当前形势的纯粹经济面分析中转移出来。在这种分析中，佩雷尔曼的优势地位是不容置疑的。古特弗罗因德将话题引向所罗门兄弟公司的社会责任。此外，他们之中的大多数都是古特弗罗因德提拔起来的，也是他的朋友。经过两个小时的考虑，他们决定接受古特弗罗因德的建议。沃伦·巴菲特收获了一桩称心的投资，古特弗罗因德保住了自己的职位，佩雷尔曼则毫发无损。

公司里的一切差不多又恢复了原状，混乱只持续了几周。但是，一个有关所罗门兄弟公司的基本问题却萦绕在我们的心头。我们都知道公司管理不善，问题是，难道说我们的管理已经差到连佩雷尔曼这样的海盗也敢打主意的地步了吗？事实上，在41层楼上的那些大家伙们很可能还想到了另一个问题。这些人一向以金钱作为衡量成功的方法，可以想象，他们不仅嫉妒佩雷尔

1. 1984年菲布罗的业绩近乎崩溃，而所罗门兄弟的表现却十分强劲。古特弗罗因德说服董事会炒掉了菲布罗的首席执行官戴维·滕德勒，权力又回到了他的手上，这样，古特弗罗因德就从子公司所罗门兄弟公司的总裁升为母公司菲布罗–所罗门的首席执行官，此后他又将公司更名为所罗门股份有限公司。

曼，而且嫉妒沃瑟斯坦、佩雷拉和米尔肯，特别是迈克尔·米尔肯。那么 41 层楼上的人们自然会问：为什么他能赚 10 个亿而我却不能？

这个问题把我们带入了过去几年间美国金融业发展的核心。是米尔肯，而不是所罗门兄弟完成了这个时代中最大的交易。当然，我在这里指的就是以美国公司为标的的买卖。在从交易债券向交易整个产业的转变过程中，所罗门兄弟公司错失了历史性的机遇。

第十一章

阔佬走背字

我的家乡路易斯安那州的前任州长埃德温·爱德华是我最欣赏的无赖之一，他最爱讲的一句话就是："地狱里最炽热的火焰是留给伪君子的。"可是，上帝啊，我多希望这不是真的。

我的家乡路易斯安那州的前任州长埃德温·爱德华是我最欣赏的无赖之一，他最爱讲的一句话就是：“地狱里最炽热的火焰是留给伪君子的。”可是，上帝啊，我多希望这不是真的。罗纳德·佩雷尔曼发出收购建议后不到两周，有人告诉我，不，是指示我，说垃圾债券已经成了所罗门兄弟公司的“最优级”。政策上的这一转变导致了亨利·考夫曼于 1988 年年初离开公司。令人吃惊的是，我们居然弄到了一宗待出售的交易。遍布全美的 7-eleven 连锁店的母公司南方公司，在 1987 年 7 月被自己的管理层用借来的 49 亿美元给买下了。所罗门兄弟公司和高盛公司为此拓展了一项短期贷款，这种贷款被称为过桥贷款（bridge loan）。过桥贷款都是一样的，必须尽快地替换成记名南方公司的垃圾债券，再将这些债券出售给投资者，由此获得的收入则落入我们自己的口袋。整项计划只有一个缺陷，投资者无论如何也不愿意碰这个债券，推销员们备受工作不力的指责。

达什·里普洛克聪明地躲开了这桩糟心的买卖，他很早就说服自己的上司，他的客户只做美国政府债券生意。受惠于自己的远见，如今他无须为推销垃圾债券而烦恼。他的幸运反衬出我的悲惨。就像一个捐赠了 100 万美元的善人一样，他的唯一收获就是更多的捐款请求。我卖出 O&Y 债券已经是 1 年前的事情了，但是这桩生意还有其他的类似交易仍然在我周围阴魂不散。他们的假设是，既然我当初能哄骗客户买下 8 600 万美元 O&Y 债券，那么今天我也同样应该卖出去一大笔南方公司的债券。你不能不承认他们的推理不无道理。我为自己的过去付出了代价，被判罚重演历史，我对应该怎样为南方公司的债券定价一窍不通，可是无知既然在当初没有拖我的后腿，现在也应该不会。

所罗门的垃圾债券专家们坚持说南方公司是一宗出色的投资，他们只能这样讲，他们在公司里的未来取决于这宗交易。如果成功，垃圾债券部可以获得 3 000 万美元利润；如果失败，他们只有卷起铺盖走人。其实，就算这些债券是狗肉，也不会有人说出来。发奖金的日子快要到了，产品质量的信誉已经大打折扣了。

我自己的感觉是，所罗门兄弟公司对垃圾债券一无所知。可以说，我们所承销的这类债券倒是名副其实的。我认为，所罗门兄弟公司干的正是一个新手所犯的典型错误：冲进一个拥挤的、疯狂的市场，买下了最贵的东西。我别无选择，只能相信自己的直觉，因为在所罗门兄弟公司里我找不到任何可以信任的了解南方公司的人，而我的直觉则告诉我，这些债券要出事。

我在上一年里已经许下了一个诺言，从此以后绝不将我认为不应当买的债券塞给客户。而为了熬过这个时期，我已经放弃了当初自己许下的诺言。我至今还在为自己在世界资本市场上的小角色而内疚，虽说我们都知道，这些市场里的指导原则是“买者当心”。这样想的可不只是我一个。达什是债券推销员伦理的专家。“你个下流坯！”每当他发现有人把债券硬塞给客户时他就会这样大叫。但是一转身，他也会干出同样的勾当。这还不算，每次我把这种债券兜售出去之后，客户总会回过头来找我，常常是那种最令人恼火的顽固的客户。他们会早早地打来电话，口音比赫尔曼还要重：“迈克尔，你今天一觉醒来后脑子里有没有什么新的好主意？”晚上我睡得并不好，也不愿意大清早被人从床上拽起来。我曾经想过，这样下去，整个欧洲到处都会有人对我恨之入骨。

推销南方公司债券的困难在于，怎样才能引导客户绕过这一旋涡。这可是说起来容易做起来难的事情。按住债券不卖，那更是一个颇费心思的游戏，比卖掉债券复杂得多，有点儿像跟你的老板一起玩橡皮球游戏。表面上你要表现出强烈的求胜欲望，而骨子里你一定要输。南方公司债券尤其棘手，它是古特弗罗因德主动揽过来的业务，试图以此表示所罗门兄弟公司是垃圾债券市场上一个必须认真对待的巨头。我接到好几个纽约总部的经理们打来的电话，他们的任务就是死缠着推销员让他们不得安宁，这些人已经被古特弗罗因德在此项目中的利益刺激起来了。他们问我有没有好消息，我只有扯谎。我回答说我正在竭尽全力兜售南方公司的债券，而事实上我连一个电话也没打，不过，他们可不会就这么轻易地放过我。

看起来，我的谎撒得不太圆，要么听上去不那么令人信服，要么就是别的推销员想出了更好的借口。（“我的客户出去度假了。”“我的客户死了。”）有一位垃圾债券专家坚持要亲眼看我给最大的客户——那个法国人，打一通推销电话。谢天谢地，他不曾坚持旁听我俩的通话。他只希望能够对别人说他亲眼看到我打了电话。我坐在交易台的角落里，他紧挨着我，看我干着肮脏的营生。

“喂？”话筒里传来法国人的声音。

“嗨，是我。”我说道。

“还会有谁？”

“这儿有一个机会你应该注意一下，”我开了口，字斟句酌，“这种债券在美国投资者中间非常流行。”（这个法国人对任何一种流行的事物都抱有极其怀疑的态度。）

“让他们全都买去好了。”他说，他明白了我的暗示。

“我边上坐着一位我们公司的高收益债券专家，他认为南方公司的债券很便宜。”我继续往下说。

“但是你不这样看。”他说，一边笑了起来。

“对，”我说，接下去就是一连串的推销招式，使出浑身解数，让所罗门兄弟的垃圾债券专家和我的客户都觉得心满意足，却是为了完全不相干的理由。

“不，谢谢。”最后，法国人还是回绝了。

垃圾债券专家大赞我的纯熟技巧。他不知道自己的断言质量如何，但他很快就会发现，因为南方公司真的快完蛋了。1987 年 10 月中旬，还没有从同罗纳德·佩雷尔曼的遭遇战中回过神儿来的所罗门兄弟公司又碰上了有史以来最大的打击。在 9 天时间里，险情层出不穷，令人无暇应接。我亲眼看到公司挨了一下又一下，每一下都比上一下更令人恐慌，令人不知所措。在雪崩式的灾难到来后，被碾碎的牵连者多达数百人。

* * *

1987 年 10 月 12 日，星期一，第一天：震撼所罗门兄弟公司的 9 天开始了，事情似乎是从公司顶层人物的一次口误开始的。一位不肯透露姓名的所罗门兄弟公司董事，在周末的某个时候告诉《纽约时报》记者，公司打算解雇 1 000 名员工。这条新闻完全是出人意料的，我们都知道所罗门兄弟公司正在对自己的业务重新评估。但是，公司曾经向我们保证，重新评估绝对不是针对个人的，因此无须担心自己工作不保。要么是讲这话的老板在撒谎，要么就连他自己也不知情，我不知道该相信谁。这天早上，伦敦分公司的头头召集我们到小礼堂（尽管工龄不到 1 年，我们已被视为老员工），说什么“在人事方面还没有做任何决定”，暗示说不会开除任何人。

事实却是，纽约的人已经飞快地做出了决定。当天晚些时候，41 层楼上整整两个部门，市政债券部和货币市场部遭到全体解雇的命运，涉及人数大约 500 人。看来他们自己也像我一样吃惊。41 层货币市场推销部老板是一个和善的、讲话轻声慢语的人。早上 8 点 30 分，他走进自己队伍的中央说道："好吧，孩子们，看来我们已经成为公司的历史了。"接着，他的老板，整个 41 层里的推销人员的老板，一个公认的大家伙，冲到他的身边吼道："留在你们的位子上，他妈的，谁也不许走，谁也不能丢饭碗。"然后，就在整个货币市场部准备坐回自己位子的时候，一条内部备忘录出现在他们面前的行情显示器上。那上面说，事实上，"你们已经被解雇了。如果有人还想在所罗门兄弟公司干，请同我们联系。不要不敢说"。

市政债券部和货币市场部都不赚钱，但是，难道因此我们就该把它们连根拔掉吗？公司可以在两个市场上分别保留一小部分员工，成本微不足道，却可以安抚那些在这些领域的业务中依靠我们的客户。如今可好，我们一下子就把他们得罪光了。何况，如果有一天这两个市场复苏了，我们也能很快地从中获利。为什么要毁掉所有的业务？至少也该筛选一下，把最能干的人留下来。一位优秀的市政债券推销员可以很容易地被培养成优秀的政府债券推销员。所罗门兄弟公司是国内承销市政债券业务的领导者，也是货币市场的领导者之一，受雇于这些部门的可都是一方精英。绝大多数市政债券部的人进了添惠公司，后者把自己的市政债券部给解雇了。

做出这些决定的人根本没用自己的大脑思考，这正是他们所喜欢的做法。换句话说，除了交易，他们脑子里纯粹是一片空白。比尔·西蒙常对他手下的年轻交易师吼：“不做债券交易，你就得去开车。别想在市场上当一个知识分子。干吧。”当交易师发现自己满仓而且正在亏，他的反应就是斩仓撤离。他收回自己的头寸，认亏出场，再去找别的机会。他的唯一愿望就是千万不要在底部卖出，或在顶部买入。

古特弗罗因德将好好的业务部门变成交易的牺牲品，而他为此所做的解释则更加令人不齿。他告诉公司内部和报界，说他本来是打算经过深思熟虑之后再采取行动的，但是在不受他控制的外力作用下，他不得不采取快刀斩乱麻的手段。他说消息见报之后，只有立刻采取行动一条路。换句话说，《纽约时报》影响了所罗门兄弟公司的政策。谁知道呢，要么他讲的是实话，要么他就是拿《纽约时报》当挡箭牌，为自己做辩解。

这一切让当年最大的秘密变得更为神秘，究竟是谁走漏了风声？从第一天进入所罗门兄弟公司当实习生，直至成长为一个“大老二”，本公司雇员不断被告知，向报界发表谈话是一项弥天大罪。一般来说，我们总是离记者们远远的。因此，公司里的事情从未上过报纸。很难让我相信这是一次口误，那么，他一定是有意的。但是，谁会干这种事呢？我们只知道他是董事会里的人物。董事会包括约翰·古特弗罗因德、汤姆·斯特劳斯、比尔·佛特、吉姆·马西、戴尔·霍罗威茨、迈尔斯·斯莱特、约翰·梅里韦瑟，还有十几个稍小一点儿的角色。据说他们正在疯狂地自查，想找出那个泄密的人。我一开始想到，首先应当分析谁在这次裁员中损失最大。这很容易，明摆着就是霍罗威茨，市政债券部的头头。他是最大的输家。裁员之后，他将成为“光杆司令”。

不过再一想，如果他这样做的动机只是为了挽救市政债券部，那显然是选错了方向。正如古特弗罗因德所讲的，其结果是裁员的规模反而比规划的更大了。因此，消息的来源未必同最后一分钟的抢救任务有关。应该再仔细考虑一下，泄密者究竟要达到什么目的？谁会从中受益？不幸的是，除非其动机是为了报复霍罗威茨，否则不会有人从中受益。而报复的动机过于脆弱，不值得为它去冒被抓住泄密的危险。一想到被发现之后将会受到约翰·古特弗罗因德的羞辱，董事会里人人不寒而栗。恐惧也许是解开这一谜团的关键：有谁最不畏惧约翰·古特弗罗因德呢？当然是他自己。

我知道这听上去是一个疯狂的想法，而当一位所罗门兄弟的同事同我谈起他猜想古特弗罗因德故意泄密以加快裁员进程的时候，我还曾笑话过他。但是，我怎么也摆脱不了这个念头。因为我可以看得出古特弗罗因德多么需要以泄密来作为推脱责任的借口。泄密成了他的救生筏。一旦报上登了消息，好像裁员就成了不可避免的事情。“你们也都看到了，”他说，“要怪也只能怪《纽约时报》和那个泄密的王八蛋。”不过，这仍然是脆弱的假设。古特弗罗因德肯定会意识到，这样一次泄密最终会让他自己名誉扫地。

* * *

不管谁是泄密者，匿名的结果都是将一个人（如果只有一个人参与此事的话）的罪恶转变成整个董事会的罪恶。在我们眼里，他们全都是有罪的。所罗门兄弟公司内部有奸细。一些非董事身份的部门经理开始拒绝在董事会成员面前讨论任何敏感的话题。在我们这些小工眼里，公司顶层的分歧从未像现在这样暴露得如此明显。我们部门的头头（看来是吃了豹子胆）告诉每一位董事："我很遗憾，但是，除非我们找到了那个泄密的家伙，否则我不会相信你们之中任何一个。"关于这位勇敢经理的真实故事迅速传遍了整个交易大厅。此案从未告破，据我所知，直到1988年10月，公司内部仍在进行追查。

我的心头涌上一种挫折感。对于整个局面，我无能为力，只能袖手旁观。公司头头们有没有想过要为他们的行为或他们手下的行为负起责任？难道荣誉感已经荡然无存了吗？如果英国政府出了这种泄密丑闻，一定会有一连串的官员引咎辞职，但是，我们的头头们在犯了错误之后似乎可以毫发无损。每次把事情弄糟之后，他们就会祭起边际分析的法宝，说什么事情非人力所能为，而进一步的震动（比如说，让他们辞职）于公司没有任何好处。在我看来，我们的可悲之处，至少有相当部分正在于此：在高层的人物看来，就算公司完蛋了，对他们个人也不会有什么影响。这是千真万确的。到这年年底，没有一个高级经理辞职。汤姆·斯特劳斯年底拿到224万美元，比尔·佛特是216万美元，最令人吃惊的也许要数戴尔·霍罗威茨，他手下的部门已经消失了，更何况他还是我们卷进同哥伦帕斯集团的房地产项目的主要责任人，可他还是拿到了160万美元。古特弗罗因德倒是做了点儿姿态，取消了他自己的奖金，只拿了30万美元工资和80多万美元的延迟支付报酬。作为奖金的替代品，他拿到了30万的股票期权，在我写作本书时，它们的市值已经超过了300万美元。

整个事情中最令人恼火的部分，也许要数公司以前为实习生所做的承诺全部作废这一档。绝大多数实习生都被分配到市政债券部和货币市场部，公司事先从未打过招呼，说可能会出这种事。我很庆幸自己当初没有听信吉姆·马西的话，他在每一期培训班上都讲同样的话，说什么要我们放宽心，让公司去决定你该加入哪个部门。他曾经讲过，在所罗门兄弟公司里，我们奉行的是有功必赏的原则。许多人真的信了他的话。如果说公司在解雇刘易斯·拉涅里时已经打破了这一传统，那么这一次恐怕连碎片也不见了。

令人胆战心惊的一天结束了，今夜无人入睡，特别是在伦敦。泄密者告诉《纽约时报》所罗门兄弟公司计划裁员 1 000 人。现在已经走了 500 人，但是，肯定还不够数，下一波又该轮到谁了呢？

* * *

1987 年 10 月 14 日，星期三，第三天：汤姆·斯特劳斯总裁视察伦敦办事处，他告诉我们，本部门将是本轮裁员的重点。没人感到震惊，1 个月前我们就知道了这一消息。伦敦分公司曾派一位董事经理到纽约向业务评估委员会做了一次笨拙的辩护性陈述。他既没有夸耀职员们的能力，也没能给出一份有吸引力的计划，相反，却把时间浪费在洗脱他自己在公司失败中的责任。古特弗罗因德当然会对他的这种态度深感厌恶，不过这些我们都是在后来才知道的。评估委员会对我们的工作做了最坏的结论，你不能怪他们，是我们自己做得不好。

等待是最难熬的。伦敦交易厅里的人看来弄不到一点儿消息，不知道谁上了经理的黑名单，只知道一大批人，差不多三分之一的债券业务员将被解雇。每个人都觉得自己对于所罗门兄弟公司的未来是不可或缺的。我当然也不例外，可是如果人人都是一副感觉良好的样子，那可帮不了你什么忙。我开始琢磨：如果他们炒了我，我该怎么办？再反过来：如果他们不炒我，我又该怎么办？突然间，所罗门兄弟公司在我眼里不再像从前那样令人万分留恋了。每个小组经理都是各自小组里的丛林导师，他们向上头递交一份名单，按顺序排列他手下人的有用程度。伦敦的董事经理们会聚在一间《乱世佳人》时代的餐厅里，坐在一幅仿卡那莱托作品的油画下面，拿着各个小组的名单，从后向前划去名字。我不由得用怀疑的眼光瞟向我的丛林导师。

* * *

1987年10月16日，星期五，第五天：这天早上，百年不遇的飓风横扫伦敦。大树被连根拔起，电线被刮断了，从凌晨两点直到夜幕降临，窗户一直在吱吱嘎嘎地响。上下班变成了一种纯粹的恐怖经历。街道上空无一人，平时开着的商店全部上板关门。一大群人挤在维多利亚地铁站的遮篷底下，哪儿也去不成。地铁已经停驶了。外面看起来就像是美国广播公司播出的迷你系列剧中核冬天降临的场面，或者话剧《暴风雨》（*The Tempest*）的一个布景。卡利班[1]一定会选今天这种日子出来作恶。

对于我们分公司里上上下下170号人来说，这可真是个坏透了的日子。我们穿过倒下的大树，沿着难以辨认的街道，蹚过积水走到办公室。经过这番堪称障碍越野的折腾之后，等到的却是解雇令。许多人不得不忍受漫长等待的折磨，在黑暗中枯坐数小时，直到最后有人通知自己被解雇了。风暴摧毁了供电设施，交易厅里没有一盏灯是亮着的。绝大多数人在自己的桌子边上徘徊。

1. 卡利班，莎士比亚剧作《暴风雨》中的半兽人。——译者注

董事经理们不断地把电话打进来，召唤外边的人一个接一个地走进屋里，在那一刻，失败的羞辱远远地压倒了丧失一份收入的损失。我们早已将自己在这个小圈子里所取得的成功视为理所当然，它变得无比重要，我们再也离不开它，就像我们离不开自己的双眼一样。被开除成了自己的缺陷，让我们成了被看不起的人。有些人在冷静地估量了形势之后开始给猎头公司打电话。

还有一些则棋高一着。据说这次的裁员范围仅限于债券部。这倒是真的。股权部的头头斯坦利·肖普科恩在古特弗罗因德面前勇敢地坚持了自己的立场。他表示，只要在他的部门开除一个人，他就会辞职，眼看股权部有办法躲开这场灾难，心眼儿活的人就开始申请股权部的活儿。（股权部终于盼来了扬眉吐气的一天。不过，后面我们将会看到，仅仅 1 天而已。）对这些人来说，他们的努力仿佛是在同时间赛跑。他们必须争取在被解雇之前重新被聘用。一旦被解雇，他们就无权再待在交易厅里了。当他们迈出炒人小组办公室的大门之后，一位保安会取走他们的安全通行证，将他们逐出大楼。

管理层采用了使抵抗力降到最低程度的办法，解雇那些资历最浅的人。这种策略有违裁员的初衷。开除 10 个“基克”所省下的钱才抵得上开除 1 个（30 多岁的）董事经理。但是拿年轻人开刀自然有它的好处，比较省事，因为他们在公司里还没有建立起个人关系网。人们听不到他们的声音，我幸免于难，部分原因在于他们（令人难以置信）将我归类到老手之列，部分原因是我在高层刚好有足够多的朋友。还有一项考虑可能也有助于我，那就是我是分公司里最赚钱的几个业务员之一。

在伦敦分公司里，妇女被解雇的人数多得不成比例。下来之后，她们核对了一下自己的记录，发现推销部的头头对她们讲的话几乎一模一样。他先是哼哈一番，然后说道："你是个聪明的姑娘，这样的处理与你的个人能力无关。"她们之中绝大多数人不喜欢被称为"姑娘"。你是什么人，开口就喊人家姑娘，难道是红脖子[1]？当保安走过来的时候，她们之中有不少人大叫"滚"（而他也就真的滚了）。解雇名单在一个接一个地宣布，被解雇的人们开始回到交易厅。有人啜泣，有人庆幸，到处都是闹哄哄的景象。这给我留下了难忘的印象。没有人在交易厅里大声哭喊，甚至没有人表现出软弱或脆弱，或需要人类的善良同情。亚历山大早就教诲过我坚强外表的重要性。他说："我很早就懂得了，在这里是不能表现出软弱的。""你在早上 6 点 30 分起床，昨天晚上也许根本就没睡觉，再加上你最好的一个朋友在车祸中丧生，这时候一个'大老二'经过你的桌子，用手拍着你的背说：'今儿他妈的怎么样？'你不可能对他讲：'我累坏了，精神不好。'你只能说：'好极了，你他妈的怎么样？'"

这一天里唯一一件令人开心的事发生在我的一个朋友身上。他是寥寥几个留在所罗门兄弟公司里的老牌欧洲人中的一个（其他十几个人早就嗅出此地不可久留，转往更好的地方去了）。他站在自己的桌子边上，从早上 8 点一直到中午，就像小孩盼望过圣诞节一样眼巴巴地等着。他盼望的是公司辞退他。他已经接受了另一家公司提供的一份更好的工作。本来他是打算这个星期一上班就提出辞职的，可是，考虑到他们有可能解雇他，他就忍住没有说，心想也许可以趁机多拿一笔钱。解雇费总的来说是慷慨

1. 此处指美国南方的穷苦白人。——译者注

的，并且同服务期限成正比。我这位朋友已经在所罗门兄弟公司里干了 7 年，如果解雇他，公司要拿出差不多好几十万美元。我一直陪着他。我可以肯定他躲不过这次裁员，不过我也担心公司在解雇这样一位长期服务的老员工时可能下不去手。值得庆幸的是他们到底还是坚持了自己的原则，鼓起勇气把他叫进了餐厅。当面谈结束后，交易厅里爆发出一片热情的祝贺声和笑声，许多人面带微笑。他今后的日子会好过一些。

有位交易师在当天快结束的时候到男厕所贴了一份招贴——男厕所兼做二手汽车拍卖房，平时出让的大多是宝马或奔驰，可是这位交易师打算转手的却是一辆沃尔沃——这是一个坏兆头。

* * *

1987 年 10 月 17 日，星期六，第六天：我飞往纽约，为了两件事。几个月前我答应给培训班里的学生们谈谈推销艺术。我的演讲预定在 10 月 20 日星期二。这个计划在今天看来显得有点儿残酷，250 名实习生（有史以来人数最多的一期）几乎都没有希望保住自己的工作。

此行的另一个目的是游说纽约的董事经理发放一大笔奖金。这类耍嘴皮子的工作对伦敦分公司来说已是司空见惯了。每年的最后几个月里，伦敦的绝大多数推销员和交易师都要到纽约去露个脸，隐晦地表示，凭他们的成绩，年终该得一大笔奖金。这种表示会以大声祝愿老板度过一个愉快的假期开始，如果他问你过得怎么样，则要努力装出一副穷酸样。我的丛林导师坚持我应该走一趟，这是他的一片好意。他是为了我的利益着想，我自然也要投桃报李。

* * *

1987 年 10 月 19 日，星期一，第八天：我的演讲安排在明天，我有一整天时间在纽约 41 层闲逛。一般来说，我讨厌这样子做。即使在我已经站稳了脚跟之后，我还是觉得待在 41 层的感觉就像灵魂出窍一般。这地方就像中场休息时的球场一样沉闷紧张。但这回它给我的感觉可大不一样了。交易厅里的那股子劲头不见了。我好像是在参观博物馆或闯进了一座鬼城，以前如同酒吧里一样的喧闹气氛到哪里去了？在约翰·古特弗罗因德的办公桌周围出现了一大块儿空地，那里以前是货币市场部的办公区。从前被淹没在一片嘈杂和繁忙中的地方如今只剩下令人恐惧的静默，就像上周五伦敦的大街。显然，货币市场部的人走得很匆忙。有些激励士气的语录还挂在空荡荡的桌子上面。有一条是这样写的，“把压力当早餐吃下去”。男朋友的照片和私人便条还贴在交易台上。在一个精力过剩的女推销员的空座位上有一张纸条，上面潦草地写道：“凡是把女人喊作甜心、宝贝或甜如蜜的男人都该被阉割。”

她们是受害者，可不是普通的受害者。就像伦敦分公司一样，在纽约，女性被辞退的人数同样多得不成比例。这并不是因为女性在选择工作时不够精明，只是由于她们对自己工作的决定权要小得多。不论用的是什么借口，从培训班里出来的女性通常被分配到失意的领导人手下。几年以来，货币市场一直是主要的“排污口”。在交易厅里，大约 10% 的专业人士是女性。但在货币市场的推销员中，大约有一半是女性，无怪乎情况惨烈。

我的纽约拉比和他的教友们搬进了货币市场部空出的位子里。每次回纽约，我总是坐到拉比身边，发出一声轻松的叹息。不过这一回我却浑身起了鸡皮疙瘩。我怀疑这是不是一个开得过早的玩笑，就好像你搬进新居的时候刚好看到从前的主人躺在棺材里面被抬了出去。想到那些从前坐在这里的人如今的遭遇，我感到很不舒服。仿佛这些还不够似的，还有更令我不安的。我的拉比升官了，他身边的座位刚好挨着约翰·古特弗罗因德。我居然把自己弄到了董事长旁边的座位上，不由自主地坐进了死亡汽车。1981 年所罗门兄弟公司售予菲利普兄弟公司的公告就摆在他的桌子上，旁边是一支点燃的雪茄。符号！隐喻！灰飞烟灭等等。站在这片虚幻的海岬上，我目睹了 1987 年的股灾。

毫无疑问，股票市场在下跌。它过去从来没有这样跌过，它会停一下，但接下去跌得更厉害。我在 41 层和 40 层的股权部之间跑来跑去。股市狂跌产生了巨大和专横的财富再分配效应，对此，两个楼层的反应是迥然不同的。在股权部，有一个走运的小子星期五卖空了 S&P 股票指数期货（意思是说，他对股市大跌投下了巨额赌注），当他星期一抓住机会退出赌局时，指数期货已经跌了 63 点，他由此净赚 2 700 万美元。可惜的是，一家欢喜几家愁。股权部里别的人可没这么走运，他们绝大部分陷入了绝望和困惑之中。在这天的早些时候，交易还挺活跃。我听到十几个布鲁克林口音同时在抢着大叫。“你，乔伊！”“嗨，阿尔弗！”“你在干吗？梅尔！”“乔治·巴尔都奇，你可以 5 折买入 25 000 股 AT&T。”可是，到了后来，交易越来越少了，这是股票市场陷于麻痹的初期表现。投资者僵住不动了，就像被车前灯罩住的鹿。很长一段时间过去了，终于有人站起来，没有任何目的地大叫：“老天爷！”眼看着他们心爱的市场死去，他们却束手无策。

毫无疑问，我在欧洲的客户肯定也输了个精光，但我却爱莫能助。我在心里头把财神谢了又谢，幸亏我只是个中间人。我的客户们全都被打蒙了，他们只能祈祷风暴赶快过去。与此同时，债券市场则一飞冲天，很有一批债券交易师掩饰不住自己的高兴劲儿。股票市场跌了几百点，投资者不再怀疑这是一场真正的崩溃，他们开始思考它的宏观经济效应。在当前的债券市场上，主流的看法是：股价下跌了，人们手上的财富缩水了。因此，消费会减少。因此，经济增长会降下来。此后，通货膨胀也会下降（甚至可能会发生经济萧条和通货紧缩）。这样一来，利率也要下降。那么，债券价格自然应该上涨。所以他们就行动了。

有一个债券交易师赌错了债券市场的方向，他站起来冲着自由女神像破口大骂："操，操，操，操！我操美国政府，我卖空了它们的债券，它们把我坑了。我可是靠这个过活的。干吗要坑我？"不过，大多数人是多头并且还在加磅。债券交易师大获其利。这一天的收益抵得上大半年的。股票市场猛跌，所罗门兄弟公司 41 层一派喜气洋洋。

许多人的第一反应就是质问上个星期的大解雇。货币市场正在发生天翻地覆的变化。资金从股市上逃逸，流向安全的港湾。传统上，货币的安全港就是黄金。但是，如今可不是一个传统的世界了。黄金的价格一路下跌。交易厅里流行着两种创新的见解。第一种观点认为，投资者不得不抛售黄金以补足股票市场保证金。第二种观点则指出，股灾之后将继之以萧条，投资者无须担心通货膨胀。由于对许多人来说，黄金的作用在于防范通货膨胀，因此，黄金需求只会下降。不论实际情况如何，资金没有投入黄金，而是流向了货币市场，即短期存款市场。如果我们的货币市场部还在的话，那么在这场运动中我们一定会稳居潮头。但是我们没有，也不可能有所作为。股灾之后受害最大的是股权部。试问，有哪一个部门在这次裁员中没有裁一个人呢？这唯一的一个就是股权部。也就是说，人员过剩最厉害的部门没有裁一个人。

接下来的第二个疑问指向我们匆忙进入垃圾债券市场的决策。由于股票市场发生崩盘，价格完全取决于公司资产价值的垃圾债券的市场一时间丧失了所有的功能。反复无常的股票市场似乎在说今天美国公司价值 12 000 亿美元，明天就可能只值 8 000 亿美元了。眼见作为抵押品的公司资产的戏剧性变化，投资者们纷纷抛售手中的垃圾债券。10 月 19 日，我们的南方公司垃圾债券发生崩盘。股市大跌，7-eleven 店的市值，还有用 7-eleven 店做抵押的垃圾债券也一路大跌。坐在交易厅里，我给欧洲的客户们打电话。当我联系上那个法国人后，他对我从未向他兜售垃圾债券感谢不已。富于讽刺意味的是，南方公司本来应该是一桩极其出色的交易，后来它到底还是取得了成功。但是，我对本公司在垃圾债券方面技术蹩脚的怀疑并不是没有道理的。1988 年年中，第一桩由华尔街融资的数十亿美元杠杆收购交易宣布破产。由管理层收购的连锁店 Revco 按《破产法》第 11 章请求法院保护，所罗门兄弟公司为这宗收购发行了垃圾债券。

像我们这样一家大公司里发生的大多数事情，外界是一无所知的，但是重大的事件当然不属此列。所罗门兄弟公司同华尔街上另外几家公司一道，承诺从英国政府手上购入 31.5% 的英国石油公司股份，然后在全世界范围内发售。股市崩盘的时候，我们手上正好捏了一大把股票，为此招致的损失超过 1 亿美元。谁会想到我们最大的一宗股权承销会同股票市场历史上最大的一次下跌碰到一起呢？谁又会想到我们第一宗大型垃圾债券交易会正好赶上垃圾债券市场崩盘呢？令人不解的是我们控制事态发展的能力如此之弱，给你留下的印象似乎是不断地惹祸上身，这倒也真不是件容易的事。

在股市崩盘期间，古特弗罗因德仿佛如鱼得水。多年来，他头一次直接做出交易决策。焕发青春是一件喜人的事。他很少坐在办公桌前，他在交易厅里跑前跑后，不时同他的首席交易师们举行策略讨论会。有一瞬间他的注意力转移到他个人的净资产上，他买下了 30 万股所罗门兄弟公司的股票。当我听到这件事的时候，我的第一个反应是他在利用内幕消息。

我的第二个反应是，只要这样做是合法的，那么我也应该仿效。很贪婪，是吗？不过，也很聪明。所罗门兄弟公司的股价比大盘跌得还要厉害，所有的经纪公司的股票都遭受重创，因为投资者不知道我们究竟蒙受了多大损失，他们做了最坏的打算。不错，我们在南方公司和英国石油公司交易中亏了一点钱，大家也都知道。不过，古特弗罗因德心中有数，损失并不像外界想象的那样大。股权部里那个愣小子帮我们赚了 2 700 万美元，而整个债券部都在钱堆里打滚。简单的计算即可表明，所罗门兄弟公司的股份低于它的清算价值。（3 周前有人企图以 30 美元一股的价格收购我们，如今我们的股价已经跌到 18 美元。曾经有过一个谣言，说刘易斯·拉涅里筹资打算回来买下所罗门兄弟公司。）

我咨询了公司的法律部门，确信自己不是在步波斯基的后尘。我学着古特弗罗因德的样子，用我游说得来的奖金买了一大笔所罗门兄弟公司的股票。古特弗罗因德事后会解释说，雇员购买公司的股票表明了他对公司的忠诚，他个人对此表示鼓励。也许如此。但是我本人在购买股票的时候可一点儿也没有报效公司的意思在里头。我的投资纯粹是出于个人利益，此外还有一种发现了一桩好交易的抽象乐趣。不出几个月，所罗门兄弟公司的股票就反弹了，从最低 16 美元上升到 26 美元。

* * *

1987年10月20日，星期二，第九天：到了开棺验尸的时候了。公司信用委员会在纽约召开了紧急会议。公开的理由是评估所罗门遭受的信用风险。在昨天的事件中有一些机构遭受了灭顶之灾，例如 E. F. Hutton 证券经纪公司和整个股权套利集团。不幸的是，会议开始后不到半小时就已经吵得一塌糊涂了。整个委员会里只有一个人不是美国人。这位唯一的例外是英国人，他是专门从伦敦赶来赴会的。在会上，他成了众矢之的。美国人毫不客气地将这次崩盘归罪于英国政府。英国佬为什么非得一意孤行地卖掉国有的英国石油公司？交易师们通常根本不考虑短期的市场力量，现在却诅咒出售价值数十亿美元的英国石油公司的股票给市场带来了无法承受的重压。整个股票市场的买方集团一想到大额新股的发行就会不寒而栗。他们既不提美国政府上万亿美元的预算赤字，也不讲美元币值如何不稳定，更无视繁荣或危机的过程有其自身内在的逻辑。他们之中有不少人在英国人面前暴跳如雷，大骂他的同胞的无耻行径。其中有一个人更是轻蔑地说道："你心里很明白，战后你们就干过这种勾当。"

你也许会认为，在这种场合下爆发的争执会表现为不同的金融利益之间的冲突，而不是民族间的纠纷，现在这样的局面不免令人瞠目结舌。他们似乎忘记了，坐在信用委员会桌边的都是自己人。公平地说，仇外的情绪可不是所罗门兄弟公司的独家特征。

高盛公司这次和我们一起卷入了英国石油公司售股交易业务，亏了上亿美元。该公司的一位美籍合伙人给所罗门兄弟公司里的一名高级英国籍经理打电话，把他的亏损归罪于这位可怜人。可是，为什么会这样呢？原来在高盛公司合伙人的眼里，他在所罗门兄弟公司中的合作者代表的不是所罗门兄弟公司，而是英国人。“你们这帮该死的家伙最好给我停止（发行英国石油公司的股票），”他大叫着说，“当初要不是我们，你们今天全都得讲德语。”

公司里头明智点儿的人士并不在意应该怎样分派恶毒的诅咒，他们要考虑的是怎样找到一条出路：怎样避免1亿美元的亏损？或者，换个更好听的说法，我们怎样才能劝说英国政府原价收回它卖给我们的股票？一位来自伦敦的董事经理当时刚好在纽约，他真的把我拽到一边演示他准备向英格兰银行陈情时的辩论策略。根据他的计算，承销英国石油公司股票的银行的总亏损将高达7亿美元。他说，世界金融体系恐怕承受不了这样大规模的失血。这会引发又一次恐慌。真的吗？耸人听闻罢了。逃避亏损的想法占满了他的脑子，我看他真的快要相信自己的谎话了。“当然，为什么不？”我这样回答他，“很值得一试。”毕竟，这只不过是一个已经用滥了的老花招儿。我的老板主张威胁英国政府，如果它不收回股票的话，就会再来一场股灾。看来这个策略没有奏效。1987年，约翰·古特弗罗因德向股东解释道：“为了信守我们对客户的诺言和在股市崩盘初期完成英国石油公司的股票承销业务，公司不得不承担7 900万美元的税前亏损。”（政府官员们请注意：警惕华尔街关于股市崩盘的威胁。只要你侵犯到他们的利益，他们就会这样叫嚷。但是，他们不可能操纵一次崩盘，正如他们不能阻止崩盘一样。）

当天晚些时候，也是我能够清楚回忆起自己在所罗门兄弟公司生活的最后一天，我在培训课堂上度过了艰难的1小时，面对着250双失神的眼睛做了一场报告。实习生们陷入了深深的绝望之中，他们的表情令我想起以前在书中读到过的14世纪黑死病流行时的情景。他们所有的希望全都破灭了。在他们看来，反正早晚要被炒鱿鱼，不如索性及时行乐。在这种心态驱使下，他们全部成了“后排的人”。我一进门就不得不赶快躲避丢过来的一个纸团儿，然后硬着头皮在一派冷漠的气氛中开讲。我不知道有谁曾在这样的环境下做过报告。我预定的题目是“在欧洲销售债券”。没有人对此感兴趣，他们好像更关心伦敦分公司还有没有空缺，我是不是知道公司打算在什么时候让他们卷铺盖走人。他们固执地认为自己被抛弃了，因为他们对公司内部正在发生的事情一无所知。多么幸福的无知，可惜他们自己还不懂。最令他们气愤和失望的是，吉姆·马西甚至没有象征性地露上一面。他们还算是所罗门兄弟公司的人吗？或者应该算是什么人呢？

他们心中的疑团在两个小时之后就要被解开了。在我之后做报告的人讲到一半就被打断了，进来的是吉姆·马西，身后跟着两个很像保镖的家伙，其实只不过是两个交易师。他手上掌握着250名实习生的命运。在宣布公司决定之前，他毫无怜悯之心地长篇大论向他们解释，对于高层来说，做出解雇决定是怎样一个痛苦的过程，这种做法最终如何对公司健康发展有利，他们又如何为此大费脑筋。绕了一大圈之后他才进入正题：“我们做出了关于本届培训项目的决定……我们决定……（长长的一个停顿）……信守我们的承诺，你们可以留下来。”马西前脚刚走，立刻有好几个实习生赶忙回到他们在前排的座位上。但是，最终的结果并不像当初宣布这个消息时那样振奋人心，交易厅里没有空位子了。培训结束之后，大部分实习生只好去做后台职员。

* * *

1987 年 12 月 17 日：发奖金的日子。一个奇特而又光荣的日子。公司破天荒头一遭地打破了报酬级别的限制体制。我成了幸运的受益者。本来，我的奖金数额会受限于级别，最多只能拿 14 万美元。拜新制度实行之所赐，我今年拿到了 22.5 万美元（据说共有 275 个人从中受益，这是谁数出来的），听说以前从来没有一个工龄不足两年的新手拿过这么多钱，起码他们是这么说的。现在，我成了整个培训班里面收入最高的人。不过这个结果同样不像听上去那么响亮。我这期培训班里至少有一半人不是走了就是被炒掉了。

现在，情况很明显，如果干得够久，并且只要我肯干下去，公司将帮助我成为阔佬。哪怕业绩不变，明年我就可以拿到 35 万美元，后年 45 万美元，大后年 52.5 万美元。以后也会这样升上去，增加的速度虽然逐年放慢，但总数还在上升，直到我当上或当不上董事经理。

在公司遭遇到历史上最大困难的时候，打破级别限制，向少数几个雇员破例支付高薪的做法令人感到悲哀，甚至有点儿可笑。公司今年的净利润为 1.42 亿美元，同它高达 35 亿美元的资本金相比，这个数字小得几乎可以忽略不计。如果再考虑到在今年的大部分时间里，公司的规模比 3 年前大一倍的事实，这些数字更加令人心酸了。为什么在此刻公司却突然变得慷慨了呢？

我想我知道其中的奥妙。销售部的头头在发放奖金的时候一再向我保证，这是公司开创的一个有纪念性意义的先例（他没忘记叫我不要告诉别人）。我从他的眼睛里看到了公司决策的内幕：恐惧。在某种意义上可以说，所罗门兄弟公司给每个雇员的出价也是一种交易。今年，它失去的人才太多了，以致在交易时再不能像从前那样镇定自若了。有一点是可以肯定的：它之所以发给我奖金，绝不是因为这是合理的或正确的。在高层，确有一些人按照正确和合理的原则行事，我可以骄傲地说，我的拉比即在此列，但是，剩下的大多数人却止步于不得不做的境界。公司对我慷慨，是因为它以为这样就能留住我，牢牢系住我的忠诚。

我的忠诚问题无须他们操心。我知道自己该对谁忠诚，寥寥数人而已：达什、亚历山大、我的丛林导师，还有我的拉比。问题是，当公司陷入大大小小的骗局之中不能自拔，面临内讧和分裂的威胁时，忠诚从何谈起？你不可能有什么忠诚，你甚至会怀疑为什么要这样。结论再清楚不过了，金钱游戏奖励的是“不忠诚”。那些从一个公司跳到另一个公司的人在此过程中收获了大额的报酬保证，他们的收入比死守一家雇主的人高得多。

所罗门兄弟公司的高级管理层此前从未尝试收购雇员的忠诚，他们一向不擅此道。如果他们能够用“说谎者的扑克牌”的冠军眼光来看待我，他们早就应该看出来，金钱绝不能左右我的去留。我永远不会为了一张更大额的支票离开所罗门兄弟公司，不过，我会为了别的理由离开公司。这，就是我要做的。

尾声

1988年年初，我离开了所罗门兄弟公司，没有任何表面上说得过去的理由。我对公司的前景并不感到悲观，我也不相信华尔街将会陷入崩溃，我甚至没有因为幻想的破灭而受到伤害。

1988年年初，我离开了所罗门兄弟公司，没有任何表面上说得过去的理由。我对公司的前景并不感到悲观，我也不相信华尔街将会陷入崩溃，我甚至没有因为幻想的破灭而受到伤害（这种感觉会逐渐增强直到某一程度，但还没有到不能忍受的程度，然后维持在这一程度上）。尽管有许多完美无缺的借口，但我认为我之所以离开仅仅是因为我不需要再待在这个地方了。

我父亲的那一代人是在信仰中长大成人的。其中有一条信仰就是，从一个人赚的钱的多少可以看出他对我们社会的福祉和繁荣所做的贡献有多大。在我成长的过程中，我一直同父亲走得很近。每天晚上，刚刚在前院里打完棒球，浑身还是湿漉漉的我总会一屁股坐进他旁边的一把椅子里，听他讲解为什么这样是对的，而那样又是错的。在永远正确的事情中，有一件就是讲能够赚大钱的人总是了不起的。看到自己参加工作不过两年的儿子在27岁时就弄到了22.5万美元的年收入，这极大地动摇了他的金钱观。他刚刚才从这场震惊中恢复过来。

我没有。如果你也像我一样曾在也许是历史上最荒谬的金钱游戏中浸淫过，捞取了与你的社会价值完全不成比例的好处（如果问我值这么高的收入吗，我会做否定的答复），如果看到身边那些社会价值和你难分伯仲的家伙全部在大把捞钱，甚至没空去数自己赚了多少钱，你还会坚持自己的金钱信仰吗？当然，这要看个人的情况。对某些人来说，好运仅仅强化了信仰。他们把这些来历可笑的钱看得很认真，以此来证明自己是美国有价值的公民。这渐渐成了他们的指导假设——只能是假设，要想澄清恐怕没有多少希望。天才们靠打几个电话就能赚那么多钱，这表明了他们在一个更广泛的范围内的价值。也许你会以为这样想的人最终免不了自食恶果，这倒是个有趣的念头，可惜你错了。他们不会遭殃，只会越来越有钱。我敢肯定他们之中绝大多数人死的时候一身肥肉，快乐轻松。

可是，在我自己的心目中，对赚钱意义的信仰却彻底破碎了：赚得越多、生活越好的信条被太多相反的事实所驳倒。随着这一信条的崩溃，赚大钱于我已不再是梦寐以求的目标。有趣的是，直到赚钱信条破灭的那一瞬间，我才知道自己是如此沉迷于其中。

这算不上是了不起的收获，但却是我在所罗门兄弟公司收获的最有用的教益。我在那里所学到的其他东西差不多都被抛诸脑后了。我现在可以在市场上轻松地操作几亿美元的投资交易，但在生活中却不知道怎样分配几千美元的花销。我在培训项目中很快就学会了点头哈腰，可是一有机会就忘得一干二净。不错，我已经懂得了，人是可以被组织腐蚀掉的。然而，考虑到我本人仍然有意加入某个组织并且情愿被腐蚀（请慢慢来），我看不出这种教训有什么实际上的好处。总的来说，看起来我没有学到什么有实际价值的东西。

也许我走得太早了，好日子还在后头呢。可是既然已经想通没有必要再待在所罗门兄弟公司里，我觉得应该马上离开。我的工作变成每天早上重复以前做过的事情。所得的奖励自然也同以前一样。我不喜欢平平淡淡、缺乏生气、了无冒险乐趣的工作。你也许会说，我之所以离开所罗门兄弟公司的交易厅是为了追求冒险，这种愚蠢的决策绝不是我的风格。在市场上，除非有大捞一票的诱惑，否则就不应该去冒险。即使在就业市场上，这也是一个适用的规律，而我却把它打破了。现在，比起我在交易厅里的日子，不光口袋里钱少了，连我的前途似乎也吉凶难卜。

从表面上看，我做出离开的决定就像是完成了一宗自杀式的交易，只有落入所罗门兄弟公司“基克”推销员之手的客户才会干这种事。我深信，我离开的是一条通向百万富翁的最短路径。当然，所罗门兄弟公司如今正处于困难时期，但是，对于一个优秀的经纪人而言，盘里面的肉汁还是很多的，这正是游戏的本质所决定的。一旦公司走出困境，前途将无限美好。如前所说，我仍然持有所罗门兄弟公司的股票，我坚信它一定会走向复兴。公司的力量根植于成员的天才直觉，那位“说谎者的扑克牌”游戏世界冠军约翰·梅里韦瑟就是其中的一员。他们可不会因为公司的变故而丧失自己的天才直觉，梅里韦瑟不会，他手下的交易师们也不会，他们还在为所罗门兄弟公司做交易。不管怎么说，我相信所罗门兄弟公司的业务已经不可能再下滑了。此时离开公司意味着我犯了新手常犯的错误：在底部卖出。为了部分地弥补这种损失，最好的办法就是抢在出门之前买上一把公司的股票。

如果说我做了一次糟糕的交易，那是因为我没有把它当成交易。在我决定离开之后，我也曾有机会停下来思考，也许这一决定并不像表面看上去那么愚蠢。在告别晚餐上，亚历山大坚持说我做出了一个了不起的决定。他说，他一生中所做的最好决定全都是出乎意料的，全都是那些斩断传统的决定，接下去他走得更远。他强调说，凡是因为出乎意料而强迫自己所做的决定都是最明智的决定。在一个职业发展规划追求平稳的年代里，听到这番倾心于不可预见性的高论，令人不禁有耳目一新的感觉。如果他说的是真的，那该有多好啊！

图书在版编目（CIP）数据

说谎者的扑克牌：华尔街的投资游戏 /（美）迈克尔·刘易斯著；孙忠译 . -- 北京：中信出版社，2021.4

（中信经典丛书 . 006）

书名原文：Liar's Poker：Rising through the Wreckage on Wall Street

ISBN 978-7-5217-2896-5

I. ①说… II. ①迈… ②孙… III. ①证券投资—经验—美国 IV. ① F837.125

中国版本图书馆 CIP 数据核字（2021）第 048345 号

说谎者的扑克牌——华尔街的投资游戏
（中信经典丛书 · 006）

著　　者：[美] 迈克尔 · 刘易斯
译　　者：孙忠
责任编辑：刘淑娟
出版发行：中信出版集团股份有限公司
（北京市朝阳区惠新东街甲 4 号富盛大厦 2 座　邮编　100029）
承 印 者：北京盛通印刷股份有限公司

开　　本：880mm × 1230mm　1/32　　印　　张：130.75　　字　　数：3022 千字
版　　次：2021 年 4 月第 1 版　　印　　次：2021 年 4 月第 1 次印刷
京权图字：01–2011–7591
书　　号：ISBN 978–7–5217–2896–5
定　　价：1180.00 元（全 9 册）

服务热线：400–600–8099
投稿邮箱：author@citicpub.com

扫码免费收听图书音频解读

投资最重要的事

THE MOST IMPORTANT THING ILLUMINATED

[美] 霍华德 · 马克斯
著

李莉
石继志
译

中信出版集团 | 北京

献给我一生挚爱的

南希

简、贾斯廷、罗茜、山姆

安德鲁、雷切尔

目录

推荐序 1

一本巴菲特读了两遍的投资书

第一，很少推荐书籍的巴菲特为什么如此推荐霍华德·马克斯的书？

巴菲特很少推荐投资书籍，2011 年他却大力推荐霍华德·马克斯的书《投资最重要的事》，而且他说自己读了两遍这本书。

霍华德·马克斯的投资业绩接近于巴菲特，他的投资理念和巴菲特非常相似，且他对巴菲特的投资理念非常推崇："我认为巴菲特是一个伟大的投资者。"

他们两个人还有一点相似之处，全球投资者非常期待巴菲特每年写给股东的信，而专业投资者同样非常期待霍华德·马克斯写的投资备忘录。

你肯定想不到，巴菲特也非常重视阅读霍华德·马克斯写的投资备忘录："当我看到邮件里有霍华德·马克斯写的投资备忘录，我做的第一件事就是马上打开邮件阅读其内容。现在，我读他的书又重读了这些备忘录。”

霍华德·马克斯的《投资最重要的事》，收录了他自己过去20年写的投资备忘录的精华集锦。

巴菲特的投资水平极高，且他推荐的投资书籍极少，那么他怎么会如此推荐霍华德·马克斯的这本书呢？

一是英雄所见略同。两个人都是价值投资的拥趸，都非常信奉格雷厄姆提出的价值投资的基本原则。霍华德·马克斯几乎在书的每一章都引用了巴菲特的话，可见他和巴菲特的投资思想是多么相近。

二是英雄各有所长。巴菲特擅长把非常复杂的投资哲理用非常通俗易懂的话说出来；霍华德·马克斯则擅长结合自己的投资经验把价值投资基本原则的实践应用方法解释得非常务实，并结合最新的经济情况和市场情况提出自己的独到见解。

巴菲特最初主要投资股票，后来更多地收购和经营企业，而霍华德·马克斯只投资证券，而且主要进行股票投资。所以说从这一点来看，霍华德·马克斯的这本书相当于专门解读自己的股票投资想法、操作方法和心法，他和巴菲特的基本投资原则完全相同，但他比巴菲特更加专注于股票投资，他的投资备忘录更加详细，更加具有可操作性，所以这本书对于以股票为主的投资者更有实践上的借鉴意义。

第二，霍华德·马克斯这本书的核心是超越市场的价值投资的“降龙十八掌”。

霍华德·马克斯这本书的中心思想非常明确：如何取得超越市场平均水平的投资业绩？

这个投资目标看似简单，但是要实现它却相当不简单。他一开始就引用格雷厄姆的话：“投资艺术有一个特点不为大众所知。门外汉只需些许努力与能力，便可以取得令人尊敬（即使并不可观）的结果。但是如果人们想在这个容易获取的标准上更进一步，就需要更多的实践和智慧。”

如何才能战胜市场？

格雷厄姆给出的答案非常精辟：“人们要想在证券市场上取得投资成功，第一要正确思考，第二要独立思考。”

巴菲特强调投资成功必须将用脑和用心结合：“人们要想在一生中获得投资成功，并不需要顶级的智商、超凡的商业头脑或机密信息，而是需要一个稳妥的思考框架作为决策的基础，并且有能力控制自己的情绪，使其不会对这种思考框架造成侵蚀。格雷厄姆的书能够准确和清晰地为你提供这种思考框架，但对情绪的约束是你自己必须做到的。”

霍华德·马克斯说得更加直白：“记住，你的投资目标不是达到平均水平，你想实现的目标是超越平均水平。因此，你的思维必须比别人更好——更强有力、水平更高。正因其他投资者非常聪明、消息灵通，并且高度智能化，所以你必须让自己具备一种他们所不具备的优势。你必须想他们所未想，见他们所未见，或者具备他们所不具备的洞察力。你的反应与行为必须与众不同。简而言之，保持正确可能是投资成功的必要条件，但不是充分条件。你必须比其他人做得更加正确……其中包含的含义是，你的思维方式必须与众不同。”

霍华德·马克斯把超越市场平均水平所必需的与众不同的思维称为“第二层次思维”。为什么说是第二层次？因为它代表高人一等，胜人一筹。投资是一门科学，更是一门艺术，而投资艺术和其他艺术一样，要想卓越出众，既要多用脑，又要多用心：一是如何用脑进行与众不同的第二层次的思考和决策，想问题比一般人更深入；二是如何用心坚持与众不同的第二层次的思考和行动，行动上比一般人做事更高明。

这本书的核心可被归纳为一句话：逆向思考并逆向投资。

而这正是巴菲特一生一再重复的最基本的投资原则：在别人恐惧时贪婪，在别人贪婪时恐惧。

巴菲特在致股东的信中谈得最多的是与众不同的正确投资思维应该是什么，而霍华德·马克斯在投资备忘录中谈得更多的是根据他个人多年的实际投资经验，如何才能够做到与众不同地正确思考并行动，因为他深切体会到，在投资上与众不同而且是与绝大多数人都不同，会让投资人的短期业绩压力变大，心理压力变大，这比在生活中做到与众不同更加困难。

霍华德·马克斯从他自己逆向思考并逆向投资的40多年的投资经验中，总结提炼出18件投资最重要的事，也是他认为的18种最重要的卓越投资技术，而这些正是巴菲特和霍华德·马克斯这些价值投资大师取得长期战胜市场的优秀业绩的关键，所以我称之为价值投资者的“降龙十八掌”秘籍。

我简要概括如下：1. 最重要的不是盲目相信股市总是有效或者总是无效，而是清醒地认识股市相当高效而且相当难以被击败，只有真正的高手才能长期战胜市场。

2. 最重要的投资决策不是以价格为本，而是以价值为本。3. 最重要的不是买好的，而是买得好。4. 最重要的不是波动性风险，而是永久损失的可能性风险。5. 最重要的巨大风险不发生于人人恐惧时，而发生于人人都觉得风险很小时。6. 最重要的不是追求高风险高收益，而是追求低风险高收益。7. 最重要的不是趋势，而是周期。8. 最重要的不是市场心理钟摆的中点，而是中点的反转。9. 最重要的不是顺势而为，而是逆势而为。10. 最重要的不是想到逆向投资，而是做到逆向投资。11. 最重要的不是价格也不是价值，而是性价比，即安全边际。12. 最重要的不是主动寻找机会，而是耐心等待机会上门。13. 最重要的不是预测未来，而是认识到未来无法预测，但可以先做好准备。14. 最重要的不是关注未来，而是关注现在。15. 最重要的是认识到短期业绩靠运气，而长期业绩靠技术。16. 最重要的不是进攻，而是防守。17. 最重要的不是追求伟大成功，而是避免重大错误。18. 最重要的不是在牛市时跑赢市场，而是在熊市时跑赢市场。

第三，巴菲特建议的最佳投资学习方式是模仿大师。

那么，我们如何才能学会巴菲特和霍华德·马克斯两位投资大师长期战胜市场的“降龙十八掌”？

巴菲特建议投资初学者最好的投资学习方法是模仿大师：“我一直认为，对于刚开始起步的投资人来说，应该寻找已经被证明长期成功有效的投资方法，然后依葫芦画瓢照着做就行了。令人吃惊的是，这样做的人实在太少了。”

巴菲特自己就是从模仿大师开始的：“50年前，我在哥伦比亚大学开始学习格雷厄姆教授的证券分析课程。在此之前的10年里，我一直盲目地热衷于分析、买进、卖出股票，但是我的投资业绩却非常一般。从1951年起，我的投资业绩开始明显上升，但这并非由于我改变饮食习惯或者开始运动，我唯一添加的新的营养成分是格雷厄姆的投资理念。原因非常简单：在大师门下学习几个小时的效果，远远胜过我自己在过去10年里自以为是的天真思考的结果。”

连巴菲特都非常重视霍华德·马克斯写的投资心得，我们为什么不重视？

既然霍华德·马克斯已经把超越市场的价值投资的“降龙十八掌”写得如此浅显易懂又如此切实易行，那么我们为什么不像郭靖那样用心模仿和练习？

学习价值投资的艺术，和学习打网球的艺术一样，和学习弹钢琴、绘画等艺术也一样，大师讲的道理相当简单，大师的基本动作也非常简单，但是要做好、做得非常熟练则相当不简单，需要长期的坚持练习和实践。所以即使是巴菲特这样伟大的投资大师，虽已 80 多岁了，但还在持续不断地阅读很多好的投资书，最近他读过而且推荐大家读的就是霍华德·马克斯的这本书。

巴菲特说他实际上已经读了两遍这本书了。我一听，赶紧在两个月内读了三遍这本书。现在让我们一起再读一遍吧！

刘建位

汇添富基金公司首席投资理财师

中央电视台《学习巴菲特》节目主讲人

推荐序 2

20 多年来，霍华德·马克斯一直在用“来自董事长的备忘录”来指导投资者。在写作《投资最重要的事》一书时，马克斯从备忘录中汲取精华，将他最重要的投资经验结集成书。毋庸赘述，他是一位杰出的投资家；同时，他又是一位伟大的导师、一位有着深邃思想的作家，《投资最重要的事》就是他对所有投资者最慷慨的馈赠。

透过《投资最重要的事》，读者不仅能够从马克斯来之不易的投资智慧中受益，还能学习 4 位久经沙场的投资大师——克里斯托弗·戴维斯、乔尔·格林布拉特、塞思·卡拉曼以及哥伦比亚大学商学院副教授保罗·约翰逊的精彩洞见。这个强大的组合中的每一位评论者都为马克斯的著作贡献了独到的视角，他们都展现出各自不同的投资风格。戴维斯似乎有着与生俱来的卓越投资能力，他的成功得益于奉行价值投资及进行严格的行业筛选。投资类畅销书《股市稳赚》(*The Little Book That Beats The Market*) 一书的作者格林布拉特以其对非理性投资行为的敏锐洞察而大获成功，近期他的关注焦点已经逐渐从企业拆分扩展到整体市场的异常现象上了。卡拉曼则在保持近 30 年的惊人业绩记录的同时，一直在进行积极的风险规避——如果读者知道他是多么执着于“下跌防护”的话，就会更加了解取得这样的业绩是多么不可思议。最后，拥有近 30 年经验的投资专家、当过 20 年客座教授的约翰逊将会为读者揭示他是如何将市场智慧融入他的证券分析和价值投资的课程中的。

4 位大师从自身的投资理念出发，对马克斯的投资哲学产生共鸣、做出完善并偶尔发表不同的意见，他们的批注在深度与广度上扩充了马克斯的观点。甚至马克斯本人也在书中不时进行穿插点评，以揭示贯穿全书的深层主题，并阐明其投资建议的重点所在。此外，与第一版相比，全新升级版增加了一章来阐述“合理预期”的重要性。全新升级版《投资最重要的事》乃当今 5 位杰出的投资思想家的集大成之作。

最重要的是，无论全新升级版还是旧版的《投资最重要的事》，都为发展价值投资法则做出了不可估量的贡献。

价值投资始于哥伦比亚大学，以1936年本杰明·格雷厄姆和戴维·多德合著的《证券分析》的问世为开端。2001年，赫尔布伦投资中心在哥伦比亚大学商学院成立，从此以后便成了价值投资的学术阵地。

令人欣慰的是，赫尔布伦投资中心在本书的诞生过程中扮演了重要角色。《投资最重要的事》最初构思于哥伦比亚大学学生投资管理协会主办的赫尔布伦投资中心年度投资会议上。得知马克斯将出席会议，哥伦比亚大学商学院出版社创始人迈尔斯·汤普森建议他以自己的备忘录和投资理念为素材写一本书。马克斯对于能在价值投资的诞生地将自己的投资智慧结集出版一事很感兴趣，同时他知道自己的理念会得到赫尔布伦投资中心同人的支持。一年后，在赫尔布伦投资中心年度投资会议举办期间，《投资最重要的事》正式出版，而全新升级版《投资最重要的事》则于2012年举行管理协会会议期间面世。

全新升级版《投资最重要的事》秉承了价值投资领域的优良传统：无私地分享投资理念、见解和智慧。赫尔布伦投资中心很欣慰能够与这本划时代的伟大著作携手共同见证它的贡献。

布鲁斯·格林沃尔德

赫尔布伦投资中心主任

中文版序言

与许多其他领域一样，中国投资领域的专业技术水平正在不断地提高。我愿意相信，我的《投资最重要的事》——至今在中国的销量已达15万册——为这一过程贡献了微薄的力量。2005年之前，我还从未到过中国。仅仅10年后，我已经无数次访问中国，并与成百上千位愿意采纳我的投资方法的投资者交流畅谈。

很高兴看到《投资最重要的事》全新升级版在中国出版。全新升级版增加了以下内容：

我个人的进一步评论，特别是针对几个贯穿全书的重要主题。

· 4位投资界领军人物对初版内容的点评，分别是：

克里斯托弗·戴维斯——戴维斯投资顾问公司的投资组合经理，股票投资领域的资深人士。

乔尔·格林布拉特——哥谭资本公司创始人及业绩

卓著的执行合伙人、作家，他著有三本畅销书，其中包括《股市稳赚》。

保罗·约翰逊——久经考验的专业投资者，哥伦比亚大学商学院副教授。

塞思·卡拉曼——盛名卓著的价值投资者，著有《安全边际》（*Margin of Safety*）一书。

- 哥伦比亚商学院金融资产管理中心赫尔布伦讲座教授、赫尔布伦投资中心主任布鲁斯·格林沃尔德撰写的新前言。
- 新增了一章，将“合理预期”纳入成功投资需要知道的最重要的事当中。

希望本书以及本书所依托的理念能继续在中国得到广泛的支持，引发有意义的讨论，并帮助我的中国朋友们取得更大的成功。

霍华德·马克斯

2015年7月

序言

在过去20年中，我一直在为我的客户不定期撰写备忘录——起初我服务于西部信托公司，后来则服务于1995年我共同参与创立的橡树资本管理公司。我通过备忘录来阐述我的投资理念，讲解金融运作方式，并提出我对近期事件的见解。这些备忘录构成了本书的核心，在后文中，你会发现许多摘自备忘录的段落，因为我相信，其中的经验教训像切合当年实际一样适用于现在。在摘录时我做了一些小的改动，主要是为了使主旨更加清晰。

保罗·约翰逊：在遇见《投资最重要的事》之前，我在哥伦比亚大学商学院教书时从没有用过教材。自2011年秋季开始，我选用这本书作为我的价值投资和证券分析课的第一本教材。马克斯的讨论对于我的讲座内容是很好的补充。

“最重要的事”究竟是什么呢？2003年7月，我以此为标题写了一篇备忘录，将我认为投资成功必不可少的要素罗列了出来。备忘录是这样开篇的：“每当我与客户及潜在客户会面时，我不断地听到自己说，‘最重要的是X’。10分钟之后，变成了‘最重要的是Y’，之后是Z，以此类推。”最后，备忘录通篇总共讨论了18件“最重要的事”。

在写完原始备忘录之后，我对我认为“最重要”的事做了一些调整，但是基本观念没变：它们都是最重要的。成功的投资得益于同时对各个方面保持密切关注。省略任何一个方面都有可能导致不尽如人意的结果。这就是我围绕“最重要的事”这一思想构思本书的原因——每一件事都是构成我所期待的坚固墙体的砖块，缺一不可。

> 保罗·约翰逊：这一注解贯穿《投资最重要的事》全书的主题，对理解马克斯的投资观点至关重要。我认为，需要向商学院学生解释的最具挑战性的投资理念是，投资需要同时平衡许多基本问题。《投资最重要的事》非常明确地指出了这一点。

我并不打算写一本投资指南。相反，这本书是对我的投资理念的陈述。我视其为信条，它在我的投资生涯中扮演着类似宗教信仰的角色。我信奉这些事情，它们是指引我保持正确轨道的路标。我所提供的信息，是我认为最为恒久的信息。我相信，它们对现在、对未来，都具有重要意义。

> 霍华德·马克斯：本书主要讲的是我所谓的投资与人相关的一面，它不需要太多的金融分析或投资理论——更多的是关于如何思考、处理干扰投资思维的心理影响，同时介绍了许多投资者在思考过程中所犯的错误。当我说“如何思考”时，并不表示我的方法就是唯一的方法，它只是一个示例。要想取得成功，你必须有严谨的思考过程，但并不一定要采用我的。

这不是一本入门指导书。书里没有保证投资成功的秘诀，没有手把手的指导，没有包含数学常数和固定比值的定价公式——事实上，数字极少。书中只提供了一种思维方式，它可能有助于你做出良好的决策，可能更为重要的是，它能帮你避开常犯的错误。

简化投资行为不是我的目标。事实上，我最想表达的是投资有多么复杂。试图简化投资的人带给受众的是极大的损害。我会照常对待收益、风险和过程。无论任何时候，我对特定资产类别和策略的讨论只是为了阐明我的观点。

再谈一谈本书的结构。如上所述，成功的投资得益于同时对各个方面保持密切关注。但凡有可能，我会立即同时讨论所有方面。然而遗憾的是，语言的局限性迫使我每次只能谈一个话题。因此我先以讨论市场环境这一投资发生的场所为开端，继而讨论投资者自身这一影响投资成功与否的因素，以及为了提高成功机会投资者应做的事情。在最后几章里，我尝试将各种想法归纳到一起。不过，因为我的理念是“有机统一的”，所以有些想法会在不止一章里被反复提及，请读者容忍我的重复。

我希望读者认为这本书的内容是新颖、发人深省甚至是带有争议性的。如果有人告诉我，“我很喜欢你的书，它证实了我读过的一切”，那么我会觉得自己写书很失败。我的初衷是分享那些你未曾想到过的关于投资的想法和思维方式——简单的几个字“我从未这样想过”，将令我无比欣慰。

读者会发现，我花费在讨论风险以及如何限制风险上的时间，比花费在讨论如何实现投资回报上的时间还要长。在我看来，风险是投资最有趣、最有挑战性的一个重要方面。

> 保罗·约翰逊：在我读过的投资书籍中，《投资最重要的事》是第一本综合讨论投资过程中的风险及其重要性的书。事实上，本书最突出的方面及其对投资智慧最大的贡献，就是它对风险进行了广泛讨论。

当潜在客户想了解橡树资本管理公司成功的原因时，他们的首要问题通常都大同小异："你们成功的关键因素是什么？"我的答案很简单：历经40余年发展与磨砺所形成的有效的投资理念，以及掌握着高超的技术、有着共同文化和价值观的个人对该理念的贯彻执行。

投资理念来自何处？我可以肯定的一件事是，在迈入投资生涯的门槛时，没有谁的投资理念是完全成形的。投资理念由各种来源的各种想法长期积累总结而来。不在生活中积累经验教训，就不能形成有效的理念。幸运的是，我的一生中既拥有丰富的经验，也得到过巨大的教训。

我在两所杰出的商学院的求学时光是非常有效并具有挑战性的：在沃顿商学院攻读大学本科时，我接受了理论研究之前的具体而定性的教育；在芝加哥大学商学院，我接受了理论性的量化教育。重要的并不是具体的学习内容或学习过程，而是面对两种主要的投资思想流派，我必须思索如何将其融会贯通成为我自己的方法。

重要的是，理念源自持之以恒的警醒。你必须要知道世界上正在发生什么，也必须要知道这些事件将导致什么结果。只有这样，你才能在类似的情况再次出现时吸取教训。大多数投资者做不到这一点——它比一切都重要——因此，他们注定将屡次遭受经济繁荣与萧条的周期之害。

塞思·卡拉曼：保持警醒同样增加了为从未发生过的事情做准备的概率。沃伦·巴菲特在物色接班人的时候强调了这一点的重要性。保持警醒有助于识别并有可能及时避免不断增加的风险。马克斯在第5章中明确地说明了这一点。

我喜欢说："在你得不到你想要的东西时，你得到的是经验。"

乔尔·格林布拉特：这是我最喜欢的"马克斯学说"之一。我常常会想起这句话！

好光景只会带来坏经验：投资很容易，你已经了解投资的秘密，你不必担心风险。最有价值的经验是在困难时期学到的。从这个意义上讲，我“有幸”经历过一些重大事件：阿拉伯石油禁运、滞胀、20世纪70年代漂亮50股票的崩盘以及“证券之死”；1987年的黑色星期一，道琼斯工业指数在一天之内暴跌22.6%；1994年的利率高涨，导致利率敏感型债务证券跳水；新兴市场危机，1998年的俄罗斯债务违约和美国长期资本管理公司的彻底垮台；2000—2001年科技股泡沫的破裂；2001—2002年的会计丑闻；以及2007—2008年席卷世界的金融危机。

塞思·卡拉曼：对这一事实的描述可能是本书中最为触目惊心的。在这个时期，投资者像被催眠一般期待着两位数的年收益率而完全忽略了风险。17年已经足够长久——几乎是一个人的职业生涯的一半——然而，仅凭这么长时间的职业生涯难以经受住时间的考验。

经历过20世纪70年代尤为重要，因为当时的你会发现，挑战无处不在。事实上，在70年代想找一份投资工作是不可能的，也就是说，你必须在70年代还没有到来之前进入投资领域，才能积累那个年代的经验。有多少在

60年代开始从事投资工作的人，直到90年代末科技泡沫开始颤动的时候还在继续从事投资工作的？没有多少。大多数专业投资者是在80年代或90年代才进入这个行业的，他们无从知晓，市场的跌幅竟然还会超过1982—1999年出现的5%的最高跌幅。

如果你的阅读范围广泛，那么你可以向有着伟大思想的人学习——对我来说最重要的有：查理·埃利斯的《输家的游戏》（《金融分析师杂志》，1975年7—8月刊）、约翰·肯尼斯·加尔布雷斯的《金融狂潮简史》（纽约：维京出版社，1990），以及纳西姆·尼古拉斯·塔勒布的《随机漫步的傻瓜》[1]。他们都对我的思想产生了巨大影响。

保罗·约翰逊：非常棒的书单！幸运的是，现在的学生们又多了一本《投资最重要的事》！

最后，我有幸能够直接向杰出的思想家学习：约翰·肯尼斯·加尔布雷斯教我了解了人性的弱点；沃伦·巴菲特教给我耐心和逆向投资；查理·芒格教给我合理预期的重要性；布鲁斯·纽伯格教给我“概率与结果”；

1.《随机漫步的傻瓜》已由中信出版社出版。——编者注

迈克尔·米尔肯教给我“自觉风险负担”；里克·凯恩教给我设置“陷阱”（能赚很多而不会赔很多的被低估的投资机会）。与彼得·伯恩斯坦、塞思·卡拉曼、约翰·伯格、雅各布·罗斯柴尔德、杰里米·格兰瑟姆、乔尔·格林布拉特、托尼·佩斯、奥林·克雷默、吉姆·格兰特以及道格·卡斯的交往，也使我获益匪浅。

令人高兴的是我接触到了我前面提到的所有要素，并且多年来一直有意识地将它们结合到为公司服务从而为客户服务的投资理念中。这并不是唯一正确的方法，解决问题的方法多种多样，但它适用于我们。

必须指出的是，如果没有非凡的橡树资本管理公司的共同创始人布鲁斯·卡什、谢尔顿·斯通、拉里·基尔、理查德·马森和史蒂夫·卡普兰的卓越执行力，我的理念不会有太大价值。我很幸运地在1983—1993年与他们合作。我相信任何理念都比不上基于此理念而采取的实践，在投资领域里尤其如此。如果没有这些合伙人以及橡树资本管理公司同僚所取得的成就，那么我在这里分享的理念将不会引起人们的重视。

霍华德·马克斯：通过这些批注，我很高兴认识为本书出版做出了贡献的人——哥伦比亚大学出版社的布里奇特·弗兰纳里-麦考伊、米兰达·李、珍妮弗·杰罗姆、梅雷迪斯·霍华德、诺亚·阿洛，以及我的编辑顾问玛吉·斯塔基。特别要感谢迈尔斯·汤普森，他向我提出与哥伦比亚大学出版社合作出书的想法并指导促成其实现。最后，还要感谢我的朋友彼得·考夫曼，他启发了我关于投资与非投资领域的相似之处，开拓了我的思维。

01

学习第二层次思维

投资艺术有一个特点不为大众所知。门外汉只需些许努力与能力，便可以取得令人尊敬（即使并不可观）的结果。但是，如果想在这个容易获取的标准上更进一步，则需要更多的实践和智慧。

本杰明·格雷厄姆《聪明的投资者》

凡事应力求简单，但不应过分简单。

阿尔伯特·爱因斯坦

投资并不简单。认为投资简单的人都是傻瓜。

查理·芒格

很少有人拥有成为杰出投资者的素质。有些人是可以被训练出来的，但并非人人都可以……即使可以，你也不可能教给他们所有东西。一种有效的方法有时是奏效的，但并非任何时候都行之有效。投资不可能被简化成计算机上的简单运算。即使是最杰出的投资者，也不可能永远正确。

原因很简单：没有放之四海皆准的法则。环境是不可控的，鲜有被精确再现的时候。心理在市场中扮演着重要的角色，由于它的高波动性，导致因果关系并不可靠。一种投资方法可能一时奏效，但是这种方法所采取的行动最终会改变环境，环境的改变则意味着需要采取新的方法。而且，如果一种方法有其他人效仿，那么这种方法的效用也会降低。

投资，就像经济一样，更像是一门艺术而非科学。这意味着它可能会有一些棘手。

> 当前需要记住的最重要的事情之一，是经济不是一门精密科学，它甚至有可能完全不在科学范畴之内。在科学的含义中，可控试验是可以开展的，既往结果是可以被放心复制的，因果关系是可靠存在的。
>
> 《行得通吗》，2009 年 3 月 5 日

投资的艺术属性至少和它的科学属性相当，因此，无论在本书中还是在其他任何地方，暗示投资可以被程序化永远都不是我的目标。事实上，我最想强调的事情之一，是直觉的、适应性的投资方法比固定的、机械化的投资方法更为重要。

其实，关键问题是你想实现什么样的目标。人人都能取得平均投资表现——只需投资一个每样都买一点儿的指数基金即可，这会带给你所谓的市场收益——仅与市场表现相当。但是成功的投资者想要的更多，他们希望战胜市场。

> 塞思·卡拉曼：战胜市场很重要，但控制风险同样重要。投资者必须首先自问，自己感兴趣的是相对收益还是绝对收益。从定义来说，你的股票下跌45%而市场下跌50%就叫作“战胜市场表现”，但对我们中的大多数人来说，这将是多么惨淡的胜利。

我认为这就是成功投资的定义：比市场及其他投资者做得更好。为了实现这一目标，你需要有良好的运气或者非凡的洞察力。单纯靠运气是行不通的，所以你最好把精力集中在提高自己的洞察力上。关于篮球运动，人们常说，“身高无法通过训练改变”，意思是说，世界上的任何训练都无法让运动员长得更高。训练洞察力几乎与提高身高一样难。就像其他所有艺术形式表现出来的一样，有一些人对投资的理解就是比别人更好，他们拥有或者能够设法获得本杰明·格雷厄姆所大力提倡的、必不可少的“更多的智慧”。

克里斯托弗·戴维斯：这里的潜台词是，你必须要有耐心，给自己足够的时间——你要的不是短期暴利，而是长期稳定的收益。

人人都想赚钱。一切经济学都建立在相信利润动机具有普遍性的基础之上。资本主义亦是如此，利润动机促使人们更加努力地工作并以资本相搏。对利润的追逐创造了这个世界的大多数物质进步。

但是，这一普遍性也使得战胜市场成为一项艰巨的任务。数百万人争夺着可能的每一美元的投资收益。谁会得到它呢？领先一步的人。在某些竞争中，先人一步意味着接受更多的教育、在健身房或图书馆里花费更多的时间、获取更好的营养、付出更多的汗水、拥有更好的耐力或更好的设备。然而，在投资中这些东西并不重要，投资需要的是更加敏锐的思维，我称之为“第二层次思维”。

准投资者们可以学习财会课程，广泛阅读相关书籍，幸运的话还能得到对投资有着深刻了解的人士的指导。但是，他们中只有一小部分人能够获得维持高于平均水平的结果所需的非凡洞察力、直觉、价值观念和心理意识。想要做到这一点，你需要拥有第二层次思维。

记住，你的投资目标不是达到平均水平，你想要的是超越平均水平。因此，你的思维必须比别人更好——更强有力、水平更高。其他投资者也许非常聪明、消息灵通并且实现了高度计算机化，因此你必须找出一种他们所不具备的优势。你必须想他们所未想，见他们所未见，或者具备他们所不具备的洞察力。你的反应与行为必须与众不同。简而言之，保持正确可能是投资成功的必要条件，但不是充分条件。你必须比其他人做得更加正确……其中的含义是，你的思维方式必须与众不同。

保罗·约翰逊：马克斯的这一段论述十分恰当。他成功地定义了第二层次思维对于取得投资成功的极端重要性。接下来的简短讨论以三个恰当的例子说明了第一层次思维和第二层次思维之间的差异。

什么是第二层次思维？

· 第一层次思维说："这是一家好公司，让我们买进股票吧。"第二层次思维说："这是一家好公司，但是人人都认为它是一家好公司，因此它不是一家好公司。股票的估价和定价都过高，让我们卖出股票吧。"

乔尔·格林布拉特：在个人投资者中间，我一直听到来自第一层次思维的声音。他们会阅读报纸头条或者收看美国全国广播公司财经频道，然后采纳传统的第一层次思维的投资观点。

· 第一层次思维说："公司会出现增长低迷、通货膨胀加重的前景。让我们抛掉股票吧。"第二层次思维说："公司前景糟糕透顶，但是所有人都在恐慌中抛售股票。买进。"

· 第一层次思维说："这家公司的利润会下跌，卖出。”第二层次思维说：“这家公司的利润下跌得会比人们预期的少，会有意想不到的惊喜而拉升股票。买进。”

第一层次思维单纯而肤浅，几乎人人都能做到（如果你希望保持优势，那么这不是一个好兆头）。第一层次思维者所需的只是一种对于未来的看法，譬如“公司的前景是光明的，这表示股票会上涨”。

第二层次思维深邃、复杂而迂回。第二层次思维者要考虑许多东西：

· 未来可能出现的结果会在什么范围之内？
· 我认为会出现什么样的结果？
· 我正确的概率有多大？
· 人们的共识是什么？
· 我的预期与人们的共识有多大差异？
· 资产的当前价格与大众所认为的未来价格以及我所认为的未来价格相符的程度如何？
· 价格中所反映的共识心理是过于乐观，还是过于悲观？
· 如果大众的看法是正确的，那么资产价格将会发生怎样的改变？如果我是正确的，那么资产价格又会怎样？

克里斯托弗·戴维斯：这些问题是很好的提醒。在评估新的投资目标时要时时自问。新机会带来的兴奋很容易令人忘记这一点。

显然，第一层次思维和第二层次思维之间的工作量有着巨大的差异，能够进行第二层次思维的人数远少于能够进行第一层次思维的人数。

第一层次思维者寻找的是简单的准则和简单的答案。第二层次思维者知道，成功的投资是简单的对立面。这并不是说你不会碰到大量费尽浑身解数、想让投资听起来简单的人，我称他们中的某些人为“唯利是图者”。券商想让你认为人人都有投资的能力——让你以每笔交易付出10美元佣金为代价。共同基金公司不想让你认为自己有投资能力，他们想让你认为只有他们拥有此种能力，如此一来，你就会把你的钱投入到积极管理的基金里，并且为此支付相关的高额费用。

我将其他简化投资的人视为“劝诱者”，他们中有些人是教授投资的学者；其他人则是出于好意却高估了自身控制范围的业内人士，我想他们大多没有考虑自己的投资记录，或者忽略了投资业绩不好的年份，或者把损失归咎于运气不好。最后，还有那些完全不理解投资复杂性的人。一位特约评论员在上下班时间段的电台节目里说：“如果你对一个产品有好感，就买这家公司的股票吧。”成为一个成功的投资者并非这么简单。

第一层次思维者彼此之间对相同事件有着相同的看法，通常也会得出同样的结论。从定义上来讲，这是不可能取得优异结果的。所有投资者都能战胜市场是不可能的，因为他们本身就是市场。

在投资的零和世界中参与竞争之前，你必须先问问自己是否具有处于领先地位的充分理由。要想取得超过一般投资者的成绩，你必须有比群体共识更加深入的思考。你具备这样的能力吗？是什么让你认为自己具有这样的能力？

克里斯托弗·戴维斯：你也可以反过来问一下——除了问自己如何以及为何应该成功，再思考一下，别人为什么会失败。他们的时机选择有问题吗？他们的动机有缺陷或不恰当吗？

问题在于，非凡的表现仅仅来自正确的、非共识性的预测，而非共识性预测是难以正确做出并且难以执行的。多年来有许多人告诉我，以下矩阵所示的内容对他们产生了影响：

保罗·约翰逊：对于想获得正确观点以取得优异的投资表现的投资者来说，这一段体现的概念是至关重要的。单单本段所展现的智慧就能使本书物有所值。

你不可能在和他人做着相同事情的时候期待胜出……突破常规本身不是目的，但它是一种不错的思维方式。为了将你自身与他人区别开来，突破常规有助于你拥有与众不同的想法，并且以与众不同的方式处理这些想法。我将其概括为一个简单的2×2的矩阵：

	常规行为	非常规行为
有利结果	较好的平均表现	高于平均表现
不利结果	较差的平均表现	低于平均表现

当然，实际情况并不这么简单和界限分明，不过我认

为总体情况是这样的。如果你的行为是常规性的，你很可能就会得到常规性的结果——无论好坏。只有当你的行为是非常规性的时候，你的表现才有可能是非常规性的，而只有当你的判断高人一等时，你的表现才会高于平均表现。

《敢于成就伟大》，2006 年 9 月 7 日

结果很简单：为了取得优异的投资结果，你必须对价值持有非常规性的并且必须是正确的看法。这并不容易。

以低于价值的价格买进股票具有非凡的吸引力。那么，如何在有效市场中寻找便宜货呢？你必须拿出卓越的分析力、洞察力或远见。不过由于其特殊性，很少有人具备这样的能力。

《收益及其获得方法》，2002 年 11 月 11 日

因为你的表现是偏离常态的，所以你的预期——甚至是你的投资组合——都必须偏离常态，你的判断必须比人们的共识更加正确、与众不同并且更好——这是对第二层次思维者做出的相当不错的描述。

那些认为投资过程简单的人通常没有第二层次思维的

需要，甚至不知道有第二层次思维的存在。于是许多人被误导了，相信人人都能成为一名成功的投资者。然而，并不是人人都能成功的。不过好消息是，第一层次思维者的广泛存在使得第二层次思维者的可得收益增加了。为了持之以恒地获得优异的投资回报，你必须成为第二层次思维者中的一员。

乔尔·格林布拉特：这里所表达的观点是，尽管对于大多数人来说，达成广泛共识是比较轻松的，但是在这种情况下，投资者通常无法获得超过平均水平的收益。

02

理解市场有效性及局限性

理论和实践在理论上没有什么不同，但在实践中却截然相反。

尤吉·贝拉

20世纪60年代，出现了一种新的金融投资理论，因其发源于芝加哥大学商学院，故以“芝加哥学派”而闻名。作为一名在1967—1969年就读于芝加哥商学院的学生，我发现自己处于这一新理论的起点上，它极大地启发了我并影响了我的思想。

这一理论包括了在投资领域中逐渐成为重要原理的概念：风险厌恶、波动性、风险调整收益、系统与非系统风险、α 系数、β 系数、随机漫步假设以及有效市场假说（这些概念将在后文中逐一陈述）。在这一理论提出之初，有效市场假说概念已被证实对投资领域有着特别重要的影响，重要到值得单独用一章的篇幅来讨论。

有效市场假说指出：

- 市场中有许多参与者，他们分享着大致相同的信息渠道。他们聪明、客观、有高度的积极性并且辛勤地工作。他们的分析模型广为人知并被广泛采用。
- 由于参与者的共同努力，信息得以完全并且迅速地在资产的市场价格上反映出来。由于市场参与者会立即买进价格过低的资产，并卖出价格过高的资产，因此资产的绝对价格以及彼此之间的相对价格是公平的。

· 因此，市场价格代表了对资产内在价值的准确估计，任何参与者都不能连续识别市场的错误并从中连续套利。
· 因此，资产是以相对于其他资产的“公平”、提供预期风险调整收益的价格来出售的。风险更高的资产必须提供更好的收益来吸引购买者。市场会根据情况设定价格，但它不会提供“免费的午餐”，即没有与新增风险无关的（以及非补偿性的）新增收益。

以上大致是关于有效市场假说的广为人知的要点，现在来谈一谈我的理解。谈到有效市场假说时，我也用到了“有效”这个词，不过我使用了其“迅速、快捷地整合信息”的含义，而不是“正确”。

保罗·约翰逊：马克斯提出的“有效”的定义很实用，很适合用来给学生讲课。

我相信，由于投资者会努力评估每一条信息，所以资产价格能够迅速反映出人们对于信息含义的共识，然而我不相信群体共识就一定是正确的。2000 年 1 月，雅虎股价是237美元。2004年4月时，它的股价是11美元。所有主张市场在这两个时刻的表现均正确的人都晕了，这两种情况中至少有一种必定是错误的，但是这并不意味着有许多投资者能够察觉市场的错误并采取行动。

如果有效市场中的价格已经反映了群体共识，那么分享群体共识也许只能令你赚到平均收益。想要战胜市场，你必须有自己独特的、非共识性的观点。

保罗·约翰逊：马克斯在这里成功地把市场有效性和第二层次思维联系在了一起。这段论述对于投资理论是一个非常重要的贡献，因为很少有人把对市场理论的学术研究与积极管理资产的实用观点结合在一起。

我要强调的是，虽然有效市场常常错误地估计资产价值，但是对于任何个人来说——与其他人占有相同的信息并且受到相同心理影响的约束——持之以恒地持有与众不同且更加正确的观点并不容易。

塞思·卡拉曼：心理因素是控制投资者行为的主导因

素。在决定证券价格方面，心理因素和基本价值同样重要，甚至更为重要。

克里斯托弗·戴维斯：花时间去设法搞明白投资动机在特定情况下是如何起作用的也很重要。动机不当往往会导致非理性、破坏性或反知觉的行为或结果。这使得战胜主流市场异常艰难——即使他们并不总是对的。

《α究竟是怎么一回事》，2001 年 7 月 11 日

有效市场假说最重要的成果就是“你无法战胜市场”的结论。这一结论不仅被芝加哥学派的市场观点从逻辑上予以支撑，而且通过对共同基金的表现的研究得到了巩固——业绩出类拔萃的基金寥寥无几。

你可能会问，五星基金的情况如何呢？请注意：共同基金的评级是相对的。基金的等级与它们的业绩是否已超越某一客观标准（如市场指数）无关。

那么，那些我们耳熟能详的著名投资者的情况又如何呢？首先，一两年的好业绩证明不了任何事情；单从偶然性来说，就几乎可以产生任何结果。其次，统计学家认为，

如果没有足够年份的数据，那么任何东西都无法被证明具有统计学意义；我记得这个时间要求是64年，几乎没有任何人的理财生涯能够达到那么长。最后，一两个杰出投资者的出现是驳不倒有效市场假说的。与沃伦·巴菲特等人相关的令世人瞩目的事实恰恰表明，持续成功者只是特例。

芝加哥学派理论最杰出的成果是被称为“指数基金”的消极型投资工具的发展。如果最积极的投资组合经理通过增持或减持证券“积极下注”都无法战胜市场，那么你又何须为此（以交易费和管理费的形式）付出代价呢？有鉴于此，投资者已经将越来越多的资金投入到简单地按照某一市场指数所确定的比例的投资股票（或债券）中。这样，投资者只需付出一个百分点的几百分之一的费用，就能够享受到市场收益。

正如稍后我将探讨的，万物皆有周期，其中也包括“公认的智慧”。有效市场假说问世后，经历了20世纪60年代的快速发展，吸引了大批信徒。反对的声音自那时起就一直存在，公众对于有效市场假说的适用性的认识几经起落。

对于有效市场假说，我持有保留意见，最大的分歧在于它有关收益与风险挂钩的方式。

根据有效市场假说理论，人们有规避风险的本能，即人们普遍愿意承担更少的风险，而不是更多。想要他们进行风险性更高的投资，必须以更高的收益承诺来诱导。于是市场将调整投资价格，以保证承担更高风险的人在已知事实和群体共识的基础上，获得更高的收益。

有效市场假说的理论认为，在有效市场中不存在令人们战胜市场的投资技巧（通常是指现在常用的α系数等），因此一个人与另一个人（或一个人的投资组合与另一个人的投资组合）的收益差异完全归因于风险差异。事实上，如果你是有效市场假说的信徒，同时又拥有像我一样较好的投资记录，那么答案可能会是“更高的投资收益是由隐性风险所致”(深层含义是“你还没有积累足够年份的数据”)。

我们时不时会经历一切顺利的时期，更高风险的投资看似是在兑现承诺，提供着更高的收益。这样的平和期使人们相信，为了获取更高的收益，他们唯一要做的就是进行高风险投资。但是，他们忽略了某种在繁荣期容易被忘却的东西：这不可能是对的，因为如果可以指望通过高风险投资来实现高收益的话，那些投资也就算不上是高风险了。

于是每隔一段时间，人们便能学到一个深刻的教训。他们意识到，任何投资（当然包括对于风险不加以区分地全盘接受）都不会让投资人享用免费的午餐，它们时时在提醒着我们投资理论的局限性。

以上就是有效市场假说及其含义。关键问题是这一理论是否正确：市场是不可战胜的吗？人们是不是在浪费时间？客户付费给投资经理是否是在浪费钞票？就像世界上的大多数事情一样，这些问题的答案并不简单——当然不是“是”或“否”那么简单。

我相信有效市场假说的概念不应被立即抛弃。从原则上来讲，如果数千个有理性且有计算能力的人在同一时间共同努力、客观地收集有关资产的信息并做出估价，就会很容易得出资产的价格不会与内在价值偏差过大的结论。错误定价并不常见，这意味着战胜市场非常困难。

事实上，某些资产是相当符合有效市场假说的，主要包括以下类别：

·资产类别广为人知，并且有一大批追踪者。

·资产类别是社会认可的，而不是争议性或禁忌性的。

·资产类别的优势清晰易懂，至少表面上看起来如此。

·关于资产类别及其组成的信息的传播是普遍而公平的。

符合这些条件的资产类别是不可能系统性地被忽略、误解或低估的。

塞思·卡拉曼：这些特征大多是易变的。某些被广泛接受的资产可能会变得具有争议性甚至禁忌性。信息的获得可能变得更加容易或者更加困难。所以，此时被视为有效的资产类别在彼时可能就变得无效。欧洲主权债务危机便是当下的一个例子。

以外汇为例。是什么决定了一种货币相对于另一种货币的变动呢？是未来增长率与通货膨胀率。对于任何一个人来说，他所知道的知识会不会系统性地多于其他人？可能不会。如果没有人比其他人知道得更多，那么就不会有人在货币交易中获得高于平均水平的风险调整后收益。

主要股票市场（如纽约证券交易所）的情况又如何呢？数百万人在利益的驱使下，在其中探寻。他们占有着相似的信息；事实上，市场调控的目标之一，就是确保每个人在同一时间获得同一公司的信息。数百万人在相似信息的基础上做着相似的分析，那么股票被错误定价的概率以及人们发现这些错误定价的概率如何呢？

答案：概率不大，也不可靠，但这却是第二层次思维的真谛。

第二层次思维者知道，为了取得优异的业绩，他们必须具备信息优势或分析优势，或二者兼具。他们时刻警惕，以防失察。我的儿子安德鲁初出茅庐，他从当前事实和未来前景出发，提出了许多引人入胜的投资理念。他是一位训练有素的投资者，他考察的第一步永远是："谁不知道这些信息？"

保罗·约翰逊：相反的条件就会出现对市场无效性的考验。例如，在第一种情况下，如果一项资产鲜为人知，追随者不多，那么它可能就不会得到有效的定价；在第二种情况下，如果一项资产是争议性的、禁忌性的或未被社会认同的，那么它可能就不会被有效定价。另外两种情况也是如此。

第二层次思维者依赖的是理论词汇表中的“无效”一词。在过去40年中，“无效”这一短语被广泛应用，与投资者无法战胜市场的理念相对。在我看来，将市场描述为无效市场，是一种对市场易犯可资利用的错误的夸大说法。

错误会来自何处？让我们来想一想，有哪些假设构成了有效市场假说的基础：

- 有许多努力工作的投资者。
- 他们聪明、勤奋、客观、积极并且准备充分。
- 他们都有获取信息的途径，并且获取途径大致相同。
- 他们都能公开买进、卖出、卖空（即看跌）每种资产。

鉴于以上理由，有效市场假说认为，可得信息会被顺利、有效地整合到价格中，并且在价格与价值不相符时发挥作用，以消弭其中的差异。

但是，证明市场价格永远正确是不可能的。事实上，如果你仔细想想刚刚列出的4个假设，就会发现他们都忽视了很重要的一点：客观性。人类不是冰冷的计算机。相反，大多数人都会受贪婪、恐惧、妒忌及其他破坏客观性、导致重大失误的情绪的驱动。

同样，第四个假设又如何呢？尽管投资者被假定为可以公开面向任何资产类别（既可以持有，又可以卖空），但真实情况却远非如此。大多数专业人士被分配到特定的细分市场，如"我在普通股部门工作"，或"我是债券经理"。真正做过卖空的投资者所占的比例微乎其微。那么，又是谁在制定并执行那些消除资产类别之间相对错误的定价的决策呢？

塞思·卡拉曼：界限分明的"孤岛"式发展是一柄双刃剑。缩小关注点可能会让人具备更专业的知识。但是，如果只是将关注范围限定在边界之内，就极有可能对边界之外的资产做出错误的定价。同样，如果其他人关注的领域和你类似，那么即便你有更专业的知识，收益也很有可能会被竞争拉低。

一个存在着错误及错误定价的市场，能够被具有非凡洞察力的人战胜。因此，无效性的存在创造了取得良好业绩的可能性，也是取得良好业绩的必要条件。不过，它并不能保证这一点。

在我看来，无效市场至少具备以下特征之一（可能最终会被证实具备以下所有特征）：

· 市场价格往往是错误的。因为获得信息的途径以及对信息的分析不够完善，所以市场价格往往远高于或者远低于内在价值。

· 一种资产类别的风险调整后收益可能与其他资产类别的风险调整后收益相差甚远。因为资产估价的结果往往不是资产的公允价值，所以一种资产类别的风险调整后收益可能远高于（或远低于）其他资产类别。

· 有些投资者始终能够有更高明的投资表现。因为明显错误的估价和参与者的技术、洞察力、信息渠道等差异的存在，有规律地识别错误估价并从中获利的可能性是存在的。

理解最后一点是否代表什么是非常重要的。无效市场并不一定会给予参与者丰厚的回报。相反，我认为无效市场提供的是原料（错误定价），而投资者各有输赢，取决于他们所掌握的技术的不同。如果价格可能出现严重错误，那就意味着有发现便宜或价格过高的股票的可能。相对于在无效市场中买得划算的人来说，一定有其他人卖得太便宜了。有一句关于扑克的谚语说得好：“每场游戏中都有一条鱼。如果你玩了 45 分钟还没弄清谁是鱼，那么就是你了。”毫无疑问，这句话在无效市场投资中同样适用。

《α 究竟是怎么一回事》，2001 年 7 月 11 日

在有效与无效的大辩论中，我的结论是，没有一个市场是完全有效或无效的，它只是一个程度问题。我衷心感谢无效市场所提供的机会，同时我也尊重有效市场的理念，我坚信主流证券市场已经足够有效，以至于在其中寻找制胜投资基本上是浪费时间。

保罗·约翰逊：这个观点极为重要。因为在商学院里，争论总是偏向一个极端或另一个极端。许多学者极力主张市场是完全有效的，他们之所以允许反对意见的存在，只是为了保持辩论的平衡。显然，马克斯提供

了一个更好的方法来应对这个问题。马克斯的观察所带来的一个必然结论是，投资者应该寻找未被做出完全有效定价的市场或资产，而不是去追逐完全无效的市场。

最终，我得到了一个有趣的答案：有效性并没有普遍到我们该放弃良好业绩的程度。同时，有效性是律师口中的“可反驳的推定”——首先应假定某个推断是正确的，直至有人证明它不成立。因此，我们应假定有效性会妨碍我们取得优秀的业绩，直至我们有充足的理由相信它不会。

出于对有效性的尊重，在采取行动之前，我们应该询问几个问题：错误以及错误定价是否已被投资者的共同努力所消除，抑或依然存在？为什么？

思考下面的问题：

· 当成千上万的投资者时刻准备着抬高任何过于低廉的价格时，为什么还有可能存在便宜货？
· 如果相对于风险来说收益显得很高，那么有没有可能你会忽略了某些隐性风险？
· 为什么资产卖家愿以能让你获得超额回报的价格卖

出资产？

· 你是否真的比资产卖家知道得更多？

· 如果这是一笔可观的交易，那么为什么其他人没有一哄而上？

要牢记另一句话：今天存在有效性并不意味着有效性会永远存在。

总而言之，无效性是杰出投资的必要条件。试图战胜一个相当有效的市场就像掷硬币一样：你能够期待的最好结果是50%的胜算。如果投资者想取得胜利，那么在基本过程（市场缺陷、错误定价）中，必须存在可资利用的无效性。

我们认为无效性是存在的。仅凭这一点并不是优秀业绩的充分条件，它只表示价格并不总是公平的，错误是会发生的：某些资产定价过低，某些资产又定价过高。你必须具有比其他人更深刻的洞察力，才能更多地买到前者而不是后者。任何时候都会有许多好的便宜货被埋没在其他投资者不能或不愿去发现的东西里。

让别人相信市场是永远无法被战胜的吧！让那些不愿冒险的人弃权，为愿意冒险的人创造机会吧！

乔尔·格林布拉特：这一点非常重要，也解释了为什么专业投资者战胜市场那么困难。大多数专业投资者都迫不及待地想要提高业绩，他们会避免投资那些不受追捧的、近期并没有太大吸引力的证券。

投资理论及其有效市场假说等同于普遍适用的物理定律吗？抑或它只是一个无关宏旨、脱离实际、可以被忽略不计的概念？说到底，这是一个平衡问题，而平衡来自对丰富的常识的运用。因为有效市场假说的概念是相对的，所以我将精力放在相对无效的市场上，在那里，只要付出辛勤的工作并掌握技术，就能获得最好的回报。我的投资管理生涯的关键转折点是在得到这个结论时出现的。有效市场假说的理论知识帮助我做出了决定，避免了我将时间浪费在主流市场上。不过，出于对理论局限性的了解，我并没有全盘接受对积极管理的质疑。

简而言之，我认为有效市场假说理论应提供信息辅助我们决策而不是控制决策。如果完全无视理论，那么我们可能会犯下大错。我们可能会自欺欺人地认为，比别人知道更多并且有可能频繁地在人数众多的市场中取得压倒性胜利，我们可能会为了收益买进证券而忽视风险，我们可能会买进50只相关证券，却误以为我们在进行分散投资……

但是，只知生吞活剥理论会让我们放弃寻找便宜货，转而把投资过程交给计算机掌控，错失个人做出贡献的机会。下面是一个信奉有效市场的金融教授和学生一起散步的场景。

“地上是10美元钞票吗？”学生问。

“不，那不可能是10美元钞票，”教授回答道，“即使是，之前肯定早已经被人捡起来了。”

教授走了。学生捡起了钞票，去喝了杯啤酒。

《α究竟是怎么一回事》，2001年7月11日

乔尔·格林布拉特：当然，有些市场更加无效，因为它们不那么受追捧，但是那些受到广泛关注的市场——如普通股市场也有可能无效，比如市值较小的股票或正在经历异常事件的某些公司的股票。

03

准确估计价值

投资若想取得切实的成功，对内在价值的准确估计是根本出发点。没有它，任何投资者想取得持续投资成功的希望都仅仅是希望。

沃伦·巴菲特说过，最好的投资课程要教好两件事——如何估计投资的价值以及如何看待市场价格走势。第一步就从这里开始。

乔尔·格林布拉特

最古老也最简单的投资原则是“低买，高卖”。看起来再明显不过了：谁不愿意这样做呢？但这一原则的真实含义是什么？同样显而易见——就是字面上的意思，它表示你应该以低价买进并以高价卖出某种东西。但是，反过来又意味着什么呢？什么是高，什么是低？

从表面意思来讲，你可以认为它表示以低于卖价的价格买进某种东西的目标。但是，由于卖出行为发生在买进行为之后，因此这样的解释对于解决“今天该以什么样的价格买进才合适”的问题没有太大帮助。必须有一些“高”和“低”的客观标准，其中最有用的就是资产的内在价值。至此，这句话的含义逐渐明晰：以低于内在价值的价格买进，以更高的价格卖出。当然，在此之前，你最好对内在价值是什么有一个明确的认识。对我来说，对价值的准确估计是根本出发点。

保罗·约翰逊：这是价值投资的第一块基石。

为简化（或高度简化）起见，所有研究投资公司证券的方法可被划分为两种基本类型：基于公司特性即“基本面”来分析的，以及基于证券自身价格行为来研究的。换言之，投资者有两种基本选择：判断证券的内在价值并在价格偏离内在价值时买进或卖出证券，或者将决策完全建立在对未来价格走势预期的基础之上。

首先我要谈一谈后者，因为我并不相信这种方法，并且应该能够迅速抛开它。技术分析，即对过去股票价格行为的研究，自我加入这一行业时（并且远在之前），它便已被沿用至今，但已日渐没落。如今，对历史价格走势的观察可能会被用作对基本面分析的补充，而现在，实际将决策建立在价格走势基础上的人远比过去少很多。

技术分析衰落的部分原因是随机漫步假说的出现——20 世纪 60 年代早期以尤金·法玛教授为代表的芝加哥学派理论的组成部分。随机漫步假说认为，既往股价走势对于预测未来股价没有任何帮助。换言之，价格变动是一个随机过程，与掷硬币相仿。众所周知，在掷硬币的时候，即使已经连续 10 次掷出正面朝上，下一次正面朝上的概率仍然是 50%。以此类推，随机漫步假说认为，过去 10 天内股价的连续上涨并不能告诉你明天的股价会怎样。

另一种依靠股价走势进行决策的形式被称为“动量投资”，它的存在同样违背了随机漫步假说。我对它也没有好感，不过，正如我所看到的，采用这一方法的投资者是在假定他们可以预知曾经连续上涨的股价将会在何时继续上涨的基础上进行操作的。

动量投资可能会让你在持续上涨的牛市中分一杯羹，但我看到它存在许多缺陷，其中之一基于经济学家赫伯特·斯坦那句苦涩的名言："无法永久持续的东西必将终结。"那么，动量投资者的情况将会如何呢？动量投资法如何帮助他们及时卖出以避免下跌？投资者在持续下跌的市场中如何采取行动？

看起来，动量投资显然不是一种理智的投资方法。最好的例子出现在1998—1999年日间交易者兴起的时候。大多日间交易者来自其他行业，受科技—传媒—电信股票热潮的吸引、希望自己大发横财的非专业投资者。他们很少持仓过夜，因为需要付出代价。他们会在一天之内数次猜测他们所关注的股票在未来几个小时内的涨跌。

我永远无法理解人们是如何得到这类结论的，它的不可预测性与猜测下一个在转角出现的人是男是女有得一比。据我观察，如果以10美元买进、11美元卖出，下个星期以24美元买进、25美元卖出，再下个星期以39美元买进、40美元卖出，日间交易者就认为自己是成功的。如果你看不到其中的缺陷——股价上涨了 30 美元，交易者却只赚到了 3 美元——那么你或许没有必要再看本书后面的内容了。

抛开动量投资者和他们的占卜板，以及所有无关理智分析的投资形式不谈，还有另外两种受基本面驱动的投资方法：价值投资和成长型投资。简而言之，价值投资者的目标是得出证券当前的内在价值，并在价格低于当前价值时买进，成长型投资者的目标则是寻找未来将迅速增值的证券。

> 对价值投资者来说，资产投资不是一个因为你认为它具有吸引力（或认为别人会发现它的吸引力）就进行短期投资的概念。它是一种有形实物，应具有可明确的内在价值，如果有以低于内在价值的价格买进的可能，那么你会考虑这样去做。因此，聪明的投资必须建立在对内在价值的估计之上。估计内在价值时必须严谨，并以所有可用的信息为基础。
>
> 《最重要的事》，2003 年 7 月 1 日

乔尔·格林布拉特：价值估计包括对盈利或现金流的

未来增长的估计。

是什么使得证券或其标的公司具有价值？有许多备选因素：财力资源、管理、工厂、零售店、专利、人力资源、商标、增长潜力，以及最重要的——创造收益和现金流的能力。事实上，大多数分析方法认为，其他所有特征（财力资源、管理、工厂、零售店、专利、人力资源、商标、增长潜力）的价值，恰恰在于它们能够最终被转化成为收益与现金流。

价值投资强调的是有形因素，如重资产和现金流。无形因素如人才、流行时尚及长期增长潜力所占的比重较小。某些流派的价值投资专注于硬资产。甚至有所谓的 net-net 投资，即在公司股票的总市值低于公司的流动资产（如现金、应收账款和存货）并超出总负债时买进。在这种情况下，从理论上讲你可以买进所有股票，将流动资产变现并清偿债务，以得到公司所有权及若干现金。是的，现金落袋，成本收回，你还白白得到了公司的所有权。

价值投资追求的是低价。价值投资者通常会考察收益、现金流、股利、硬资产及企业价值等财务指标，并强调在此基础上低价买进。价值投资者的首要目标是确定公司的当前价值，并在价格足够低时买进公司证券。

成长型投资介于枯燥乏味的价值投资和冲动刺激的动量投资之间。其目标是识别具有光明前景的企业。从定义上来看，它侧重于企业的潜力，而不是企业的当前属性。

两种主要投资流派之间的差异可以归结如下：

· 价值投资者相信当前价值高于当前价格，从而买进股票（即使它们的内在价值显示未来的增长有限）。
· 成长型投资者相信未来价值的迅速增长足以导致价格大幅上涨，从而买进股票（即使它们的当前价值低于当前价格）。

因此，在我看来，真正的选择似乎并不在价值和成长之间，而在当前价值和未来价值之间。成长型投资赌的是未来可能实现也可能无法实现的公司业绩，而价值投资主要建立在分析公司当前价值的基础之上。

《良好平衡》，2004 年 7 月 21 日

乔尔·格林布拉特：巴菲特最大的贡献之一是扩充了价值的概念，即价值不仅仅是“便宜”。巴菲特寻找市面上可以买到的、其价格具有吸引力的“好”企业，而成长的概念是被纳入价值计算当中的。

你可以轻而易举地下结论：坚持价值投资无须揣测未来，而成长型投资唯一要做的就是揣测未来。但是这种说法未免武断，毕竟，确定企业的当前价值是需要考虑企业的未来的，继而必须考虑可能的宏观经济环境、竞争环境与技术进步。如果公司资产被浪费在赔钱的经营或失策的收购上，那么即使大有希望的 net-net 投资也可能以失败告终。

在价值投资和成长型投资之间没有明确的界限，二者均要求我们应对未来。价值投资者将企业的潜力视为增长，“以合理价格增长”的成长型投资则明确表达了对价值的敬意——只是一个程度问题。无论如何，我认为完全可以这样说：成长型投资关注未来，而价值投资强调当前，但不可避免地要面对未来。

让我带你回到成长型投资与价值投资形成鲜明对比的“漂亮 50”的狂热时期，看一看成长型投资的极端例子。

1968 年，我得到了在投资管理业的第一份工作，在纽约第一国民银行（现在的花旗银行）投资研究部做暑期工。银行采用的是所谓的漂亮 50 投资方法。投资目标是确定长期收益增长前景最为光明的企业。除了增长率，投资经理还强调“质量”，意即具有实现增长预期的高度可能性。当时公认的说法是，如果一家公司成长足够快并且质量足够好，那么股价高低是不需要考虑的。如果股价以今天的指标衡量过高，那么过上几年它就会物有所值。

于是，就像现在一样，医药股、科技股和消费股在成长型股票投资组合中占了极大的比重。银行的投资组合中包括那些令人肃然起敬的名字，如IBM、施乐、柯达、宝丽来、默克、礼来、雅芳、可口可乐、菲利普·莫里斯、惠普、摩托罗拉、德州仪器、珀金埃尔默——都是美国的大公司，都有着光明的成长前景。既然这些公司是不可能出问题的，那还犹豫什么呢，倾囊买进它们的股票就是了。

将时间推后几十年，现在的你如何看待上面列举的那些公司？有些公司，如柯达和宝丽来，因为不可预见的技术变革导致基础业务锐减。其他公司，如IBM和施乐，因为行动迟缓成为新兴竞争者大快朵颐的猎物。总而言之，自我开始工作以来的42年中，在纽约第一国民银行的名单里，一些美国最好的公司已经衰落甚至倒闭。长期增长的持续时间不过如此，准确预测的能力也不过如此。

克里斯托弗·戴维斯：有意思的是，这一投资组合于1968年被买进并持有至今且最终跑赢了市场，但它从困境中走出来却耗费了几十年的时间，而成功也仅仅是得益于菲利普·莫里斯公司的优异表现。尽管原则是正确的（过高的股价减损了收益），但是这一案例仍然提醒我们，股票和债券是有区别的。因为股票代表了企业的所有者的权益，从本质上来讲是无限期的；如果你对企业的判断是正确的，那么时间可以降低过高的成本。在一些罕见的案例中（如菲利普·莫里斯公司），在超过40年的时间里一直以两位数的复利增长，从这样的“奇迹”中获利是有可能的。据我所知，在固定收益类投资里并没有这样的机会。

与价值投资相比，成长型投资的重心是寻找制胜投资。然而，如果找不到制胜投资，为何还要忍受揣测未来所带来的不确定性呢？毫无疑问的是：预见未来比看清现在更加困难。因此，成长型投资者的平均成功率会更低，但是成长型投资者一旦成功，得到的回报有可能会更高。如果能够准确预测出哪家公司将推出最好的新药、最强大的计算机或最卖座的电影，那么由此所带来的收益是相当可观的。

总而言之，如果判断正确，那么成长型投资的上涨潜力更富戏剧性，而价值投资的上涨潜力更有持续性。我选择的是价值投资法。在我的书里，持续性比戏剧性更重要。

如果价值投资具有持续带来理想回报的潜力，是否意味着价值投资很容易？非也。

首先，价值投资取决于对价值的准确估计。如果没有对价值的准确估计，那么对于投资者来说，任何取得持续成功的希望都仅仅是希望。如果没有对价值的准确估计，那么你可能会高价买进你以为的特价股。如果你的买价过高，那么只有在价值出乎意料地显著提高、市场强劲或辨别能力更差的买家（我们曾称之为“博傻”）出现时，你才能脱身。

不仅如此。如果你已经选定价值投资法进行投资，并且已经计算出证券或资产的内在价值，接下来还有一件重要的事：坚定地持有。因为在投资领域里，正确并不等于正确性能够被立即证实。

对于投资者来说，持续正确投资很难。而永远在正确的时间做正确的事是不可能的。价值投资者所能期待的最好结果是知道资产的准确价值，并在价格较低时买进。但是今天这样做了，并不意味着明天你就能赚钱。对价值的坚定认知有助于你从容面对这种脱节。

塞思·卡拉曼：在理想的情况下，能够以相当低的价格买进。折价力度越大，安全边际越大。折价力度过小，安全边际有限，它根本无法为投资者提供切实的保护。

假设，你算出某个证券每股价值80美元，而你有一个以每股60美元买进的机会。低于实际价值买进的好机会并不是每天都有，所以你应该对出现这样的机会表示欢迎。沃伦·巴菲特称之为"以50美分买价值1美元的东西"。所以你买进了它，感觉自己做得不错。

乔尔·格林布拉特：我总是告诉我的学生们："如果你对股票价值的估计是准确的，那么我保证市场也会认可你的意见。"我从不告诉他们这个时限是几周还是几年。格雷厄姆说，长期来看，市场是一个"称重仪"，即使它在短期内常常表现得情绪化。以我对美国股市的了解，市场要恢复"正确"，通常来说两到三年的时间就足够了。但如果你每天都看报纸，那么日子可就难熬了。

但是，不要寄希望于马上成功。事实上，你往往会发现自己买进的时机是在持续下跌的中途，很快你就会看到损失。正如一句最伟大的投资谚语告诉我们的，“过于超前与犯错是很难区分的”。于是，现在每股价值80美元的市场价格跌到每股50美元而不再是60美元了。你该怎么办？

乔尔·格林布拉特：除非你是真正的抄底（几乎是不可能的），否则在进行投资之后的某个时刻，你终将经历下跌。

霍华德·马克斯：为了提供有价值的点评，我将集中强调4个贯穿全书的重要主题，读者将看到我会在多处引用它们。第一个主题是，大多数投资者对于“害怕看错”认识不足。与所有在挑战性环境中运用技巧的人一样，优秀投资者的成功率远低于100%，相反，却以错误和暴跌为特征。正确的判断不一定立即就能被证实，因此，即使是最顶尖的投资者，也会常常犯错。如果你不习惯这一点，那么你还是改行吧。

我们在微观经济学入门课程中学过，需求曲线是向右下倾斜的；随着价格的上涨，需求数量下降。换言之，价格较高时，需求量较少，价格较低时，需求量较大。这就是商品打折时商店的营业额更高的原因。

需求曲线在大多数情况下都起作用，但在投资领域里似乎远非如此。在投资领域里，当自己持有的证券价格上涨时，许多人会更加喜爱它们，因为他们的决策得到了验证；而当证券价格下跌时，他们开始怀疑自己的决策是否正确，对它的喜爱也随之减少。

这使得持有并继续以更低的价格买进股票（投资者称之为“向下摊平”）变得相当困难，特别是当有证据表明下跌幅度将会比较大的时候。如果价格在每股60美元的时候你喜欢它，那么当价格跌到每股50美元的时候，你应该会更喜欢它……当价格跌到每股40美元、30美元的时候，你对它的喜爱应该会进一步加深。

塞思·卡拉曼：在某些情况下，价值可能是间接的。假设一个封闭式基金在以折价进行交易。如果标的股票下跌了50%，而基金下跌了同样的比值，那么从表现上看，以折价买进是最好的。恰当的分析包含了对标的股权的分析，以确定对股票本身的估价是过高还是过低。

但是，在损失面前人人都会不安，直至最后所有人都产生疑问："也许是我错了吧？也许市场才是对的？"随后，当人们开始想"股票跌得太厉害了，我最好在它的价格趋于零之前脱身"的时候，危险性达到了顶峰。这是一种导致股票见底的思维……并且会引发抛售狂潮。

不懂利润、股利、价值或企业管理的投资者完全不具备在正确的时间做正确的事情的决断能力。当周围的人都在炒股赚钱的时候，他们不可能懂得：股票价格已经过高，因此要抵制进场的诱惑。市场自由落体的时候，他们也不可能有坚定地持有股票或以极低的价格买进股票的自信。

《非理性繁荣》，2000 年 5 月 1 日

估价正确却不坚定地持有，用处不大。估价错误却坚定地持有，后果更糟。这句话表明恰到好处是多么困难。

给多数投资者（当然，其中大部分是业余投资者）一剂"真话"血清，然后问他："你用的是什么投资方法？"答案必然是："我在寻找能够上涨的东西。"但是，对利润的追求必须建立在更加有形的东西之上。在我看来，最佳

选择就是基本面所反映出来的内在价值。对内在价值的准确估计是进行稳定、冷静、有利可图的投资的根本基础。

当价值投资者买进定价过低的资产、不停地向下摊平并且分析正确的时候，就能获得最大收益。因此，在一个下跌的市场中获利有两个基本要素：你必须了解内在价值；同时你必须足够自信，坚定地持股并不断买进，即使价格已经跌到似乎在暗示你做错了的时候。哦，对了，还有第三个基本要素：你必须是正确的。

04

价格与价值的关系

成功的投资不在于“买好的”，而在于“买得好”。

假设你已经认识到价值投资的有效性，并且能够估计出股票或资产的内在价值，再进一步假设你的估计是正确的。这并未结束。为了知道需要采取怎样的行动，你必须考察相对于资产价值的资产价格。建立基本面—价值—价格之间的健康关系是成功投资的核心。

对于价值投资者来说，必须以价格为根本出发点。事实屡次证明，无论多好的资产，如果买进价格过高，那么都会变成失败的投资。同时，很少有资产会差到以足够低的价格买进都不能转化为成功投资的地步。

克里斯托弗·戴维斯：不过，投资者应该警惕衰退的风险，它会令低价股转化为价值陷阱。

当人们斩钉截铁地说，"我们只买 A" 或 "A 是一个很棒的资产类别" 时，听起来很像是在说，"我们会以任何价格买进 A……无论 B、C、D 的价格怎样，我们都要先买 A"。毫无疑问这是错的。没有任何资产类别或投资具有与生俱来的高收益，只有在定价合适的时候它才具有吸引力。

如果我想把我的车卖给你，那么你会在回答是或否之前问价。没有认真考虑价格是否公平的投资决策就是犯傻。但是，当人们像 20 世纪 90 年代买进科技股那样，不经仔细考虑就决定买进某种东西时（或者像 20 世纪 70 年代和 80 年代早期不愿买进垃圾债券那样不愿买进某种东西时），他们就是这么做的。

总而言之，不考虑价格的想法是谈不上好坏的！

《最重要的事》，2003 年 7 月 1 日

乔尔·格林布拉特：在做每一个投资决策时，个人投资者都需要思考"最重要"的一点。如果没有考虑价格，那么无论一项投资听起来是多么诱人，你都不可能知道它是否就是一项好的投资。

如果以公平价值买进某种东西，那么你可以预期得到将风险因素考虑在内的公平收益，这就是有效市场假说的基本前提——很有道理。但是，积极投资者追求的不是普通的风险调整后的收益，他们需要的是丰厚的收益。（如果公平收益就能令你满足，那么何不被动地投资指数基金以省下一大堆麻烦呢？）所以说，以内在价值买进证券也没

有什么大不了的。以超过价值的价格买进证券显然是错误的，因为需要大量艰苦的工作和运气才能使以过高价格买进的东西转化为成功的投资。

还记得我在上一章提到过的“漂亮 50 投资”吗？在高峰时期，许多大公司的市盈率（股价与每股收益之间的比值）高达 80~90。（相比之下，战后股票的平均市盈率一般在 15 上下。）这些公司的追随者中似乎没有谁为估价过高而担忧。

随后，在短短几年间，一切全都变了。20 世纪 70 年代初，股市降温，在外部因素如石油禁运以及不断增长的通货膨胀的笼罩下，局势变得更加黯淡，漂亮 50 股票暴跌。80~90 的市盈率在几年之间就跌到了 8~9，这意味着投资美国最好公司的投资者赔掉了他们 90% 的资金。人们买的是大公司的股票不假，但他们买进的价格却是错误的。

橡树资本管理公司常说，“好的买进是成功卖出的一半”，意思是说，我们不花太多时间去考虑股票的卖出价格、卖出时机、卖出对象或卖出途径。如果你买得足够便宜，那么最终这些问题的答案是不言而喻的。

乔尔·格林布拉特：许多价值投资者都不擅长确认

到底在何时应该卖出股票（很多人卖出过早）。不过，知道何时买进股票能够弥补因为卖出过早而导致的许多错误。

如果你对内在价值的估计是正确的，那么随着时间的推移，资产价格将会与资产价值趋于一致。

乔尔·格林布拉特：把这句话记在心里：当市场出现短期的波动时，最重要的事情之一，就是记得市场终会回归正确。

公司价值几何？归根结底就是这个问题。单凭创意好或业务好就买进股票是不够的，你必须以合理的价格（或者顺利的话，以特价）买进。

《网络科技泡沫》，2000 年 1 月 3 日

所有这一切都引向一个问题：价格是怎么来的？为确保价格的正确性，潜在买家应考察什么？考虑基本面价值是毫无疑问的，不过大多数情况下，证券的价格至少还受到其他两个重要因素的影响：心理和技术（也是价格短期

波动的主要决定因素）。

大多数投资者（当然包括大多数非职业投资者）对技术知之甚少。技术是影响证券供需的非基本面因素，也就是说，与价值无关。举两个例子：在股市崩盘导致采用杠杆的投资者接到追缴保证金通知，并被迫平仓发生强制卖出；当现金流入共同基金时，投资组合经理人就需要买进。在这两个例子中，人们都是在无法顾及价格的情况下被迫进行证券交易的。

相信我，再没有比在崩盘期间从不顾价格必须卖出的人手中买进更好的事了。我们有不少最好的交易都是在这种时候完成的。不过，我还要补充两点建议：

- 你不能以从强制卖家手中买进或把证券卖给强制买家为生；强制卖家和强制买家不是任何时候都有的，他们只在罕见的极端危机和泡沫时期才会出现。
- 既然从强制卖家手中买进是世界上最美妙的事，那么成为强制卖家就是世界上最悲惨的事。所以，把自己的事情安排好，保证自己能够在最艰难的时期坚持住（不卖出）是非常重要的。要做到这一点，既需要长期资本，又需要强大的心理素质。

乔尔·格林布拉特：对于个人投资者来说，这意味着如果你在市场上投入过多或重仓某一特定投资对象，而你不能忍受向下波动期间所带来的痛苦，那么你就可能会成为马克斯之前所提到的强制卖家。

由此，我要谈到第二个对价格产生强大影响的因素：心理。它的重要性怎么形容都不为过。事实上，它是如此重要，以至于我会拿出后面几章的篇幅来探讨投资者心理，以及应对各种心理表现的方法。

确定价值的关键是熟练的财务分析，而理解价格、价值关系及其前景的关键，则主要依赖于对其他投资者的思维的洞察。投资者心理几乎可以导致证券在短期内出现任何定价，而无论其基本面如何。

乔尔·格林布拉特：还是那句话，正如巴菲特所说，最好的投资课会教人如何估价以及如何看待市场价格。认识到价格在短期内会严重偏离价值是关键，了解投资心理，并在出现偏离时从中获利是难点。

最重要的学科不是会计学或经济学，而是心理学。

关键在于弄清当前人们对某项投资的好恶。未来价格的变化取决于未来青睐这项投资的人是更多还是更少。投资是一场人气竞赛，在人气最旺的时候买进是最危险的。在那个时候，一切利好因素和观点都已经被计入价格中，而且再也不会有新的买家出现。

霍华德·马克斯：第二个重要主题不是“最重要的事”，而是“最危险的事”。就像大家所看到的，本书将风险放在了第一位，描述了许多令投资陷入险境的事情。通过点评将它们汇总在一起，应该有助于读者识别并避免这些风险。最大的失败——1960 年的漂亮 50 股票，1999 年的互联网股票或 2006 年的次贷工具，它们都有着某种共同之处：找不到缺点。有多种方式可以描述当时的情况：“完美定价”“深受追捧”“无懈可击”。但是，没有什么是完美的，事实证明缺点无处不在。当你为完美买单的时候，并没有得到你所预期的结果，相反，在真相大白的时候，你所付出的高价将会令你暴露于风险之下。这是真正的最危险的事情之一。

最安全、获利潜力最大的投资，是在没人喜欢的时候买进。假以时日，一旦证券受到欢迎，那么它的价格就只可能向一个方向变化：上涨。

《识别投资机会的随想》，1994 年 1 月 24 日

显然，心理学是另一个至关重要且极难掌握的领域。首先，心理是难以捉摸的。其次，给其他投资者带来思想压力并影响其行为的心理因素，同样会作用在你的身上。正如你将在后面几章中看到的，这些力量往往导致人们的行为与成为卓越投资者所必须具备的行为相违背。因此，为了自保，你必须投入时间和精力去了解市场心理。

保罗·约翰逊：这句话对学生来说特别重要，因为他们的经验有限。

从买进证券的那一天起，你就必须了解，基本面价值只是决定证券价格的因素之一，你还要设法让心理和技术为你所用。

霍华德·马克斯："投资中的人性之道"是至关重要的。它是这样一个领域：卓越的投资者必须保证自身的卓越，因为如果他们像其他人一样，会对心理因素所带来的非理性繁荣做出反应，那么财务分析也不能

够保证会带来卓越的表现。因此，我的第三个主题与“控制情感和自我”相关。实现这一点相当困难，因为在投资环境中，一切因素随时都会令投资者在错误的时间做出错误的抉择。我们都是人，所以我们面临的挑战是——如何在相同的条件之下表现得比其他投资者要好。

与认真谨慎的价值投资截然相反的状态是完全无视价格与价值之间的关系，盲目追求泡沫。

所有泡沫都是从重要的事实开始的：

· 郁金香美丽而罕见（在17世纪的荷兰）。

· 互联网将改变世界。

· 房地产能抵御通货膨胀，并且可以永久居住。

几个聪明的投资者发现了（或预见到）这些事实，因此投资获利。其他人随后明白过来——或者只注意到人们在赚钱，于是他们跟风买进，抬高了资产的价格。但是，随着价格进一步上涨，投资者受到发横财的可能性的刺激，对价格是否公平想得越来越少。这是对我曾经描述过的现象的一种极端再现：某种东西价格上涨时，人们的喜爱程度本应下降，但在投资中，他们的喜爱程度往往会加深。

乔尔·格林布拉特：这不可思议，但事实往往如此。人们被近期表现不错的投资所吸引，也会被近期业绩不错的投资经理所吸引，尽管这与投资经理在未来的表现通常没有太大的联系。

举例来说，2004—2006年，人们可能只考虑关于住宅和公寓的种种利好：实现在美国置业梦想的愿望，为抵御通货膨胀，抵押贷款很划算而且还贷金额可以免税，最后达成了“房价只会上涨”的公认智慧。大家都知道公认的智慧带来了什么结果。

另一个臭名昭著的“稳赚不赔”的想法是什么呢？在科技泡沫时期，买家从不担心股价是否过高，因为他们相信有人愿意花更多的钱从他们手上买进。遗憾的是，博傻理论也有失灵的时候。价值最终开始发挥作用，此时接手的人不得不承担后果。

· 股票背后的利好可能是真的，但是，如果你买进的价格过高，那么你仍然会遭受损失。
· 利好以及似乎人人都享有的丰厚利润，最终会让那些起初抵制的人投降并买进。

- 当最后一个人坚持不住变成买家的时候，股票或市场就到“顶”了。到顶时间往往与基本面的发展无关。
- “价格过高”和“下一步将下跌”完全是两个意思。证券价格可能会过高并且维持相当长的一段时间……甚至会进一步上涨。
- 无论如何，价值最终会发挥作用。

《网络科技泡沫》，2000 年 1 月 3 日

乔尔·格林布拉特：再读一遍最后一条！

保罗·约翰逊：这些要点非常正确，但是在陷入狂热冲动或泡沫的时候，要想掌握它们是有挑战性的。

问题是在泡沫时期，“有吸引力”变成了“在任何价格时，都有吸引力”。人们常说，“它不便宜，不过我认为它会继续上涨，因为流动性是过剩的”（或许多其他理由）。换句话说，他们说的是“它已经被充分估价了，但是，我认为价格会变得更高”。在这样的基础上买进或持有是极

其危险的，但泡沫就是这样形成的。

在泡沫时期，对市场势头的迷恋取代了价值和公平价格的观念，贪婪（加上在其他人似乎大发横财时旁观的痛苦）抵消了所有本应占据主导地位的智慧。

总而言之，我相信从真实价值出发的投资方法是最可靠的。相比之下，指望依赖价值以外的东西获利（比如靠泡沫获利）可能是最不可靠的方法。

思考以下可能的投资获利途径：

· 通过资产内在价值的增长获利。问题是价值的增长难以准确预测。此外，对于增长潜力的共识通常会推高资产价格，这意味着除非你有与众不同的高见，否则很有可能已经在为潜在的价值提升买单了。

在某些投资领域［最明显的是私募股权（买进公司）和房地产］，"主导投资者"能够通过积极管理致力于提高资产价值。这样做是值得的，但这是一个长期而不确定的过程，并且需要大量的专业知识。取得进步有可能是非常困难的，比如在一个已经不错的公司里便是这种情况。

· 使用杠杆。这里的问题是，使用杠杆（借入资本买进证券）不会使投资变得更好，也不会提高获利概率。它只是把可能实现的收益或损失扩大化。这个方法还引入了全盘覆灭的风险：如果投资组合没有满足合同价值，那么在价格下跌以及流动性降低时，贷方可以要求收回资金。多年以来，杠杆一直与高收益相关，但它同样与最引人注目的暴跌与崩盘紧密联系在一起。

保罗·约翰逊：这是第 4 章最重要的内容之一，是年轻的投资者以身涉险都难以学会的。

· 以超过资产价值的价格卖出。每个人都希望出现一位愿意高价买进他想卖出的资产的买家。不过，显然你不能指望这样的买家会按照你的意愿出现。与定价过低的资产涨到其公平价值不同，公平定价或过高定价的资产的增值建立在买家的非理性基础上，因此是绝对不可靠的。
· 以低于价值的价格买进。在我看来，这才是投资的真谛——最可靠的赚钱方法。以低于内在价值的价格买进，然后等待资产价格向价值靠拢，这并不需要多么特殊的才能，只需市场参与者清醒过来面对现实即可。当市场运作正常的时候，价值就会强势拉升价格。

乔尔·格林布拉特：市场总有一天会正常运转并恢复“正确”。再好好地读一读马克斯的话吧，这些话非常有用。

保罗·约翰逊：在这里，马克斯清晰地描述了价值投资背后的简单之美。以正确的价格买进是价值投资里比较困难的部分。一旦能以正确的价格买进，那么何时上涨以及市场里其他投资者的反应，都无须多虑。

在所有可能的投资获利途径中，低价买进显然是最可靠的一种。不过，即使这样也未必一定奏效。你可能错误估计了当前价值，或者可能会出现降低价值的事件，或者你的态度与市场的冷淡导致证券以更低的价格出售，或者价格与内在价值达到一致所需的时间比你可以等待的时间要长，正如凯恩斯指出的，“市场延续非理性状态的时间比你撑住没破产的时间要长”。

低于价值买进并非万无一失，但它是我们最好的机会。

霍华德·马克斯：害怕看错的恐惧：即使判断是正确的，但最终使之实现所需要的时长对许多投资新手来说也是一个不小的打击。拥有对内在价值的坚定看法有一个最重要的作用——坚定信念：它支撑你坚守下去，直到市场认可你的意见并正确定价资产。

05

理解风险

风险意味着可能发生的事件多于确定发生的事件。

埃尔罗伊 · 迪姆森

投资只关乎一件事：应对未来。没有人能够确切地预知未来，所以风险是不可避免的。因此，应对风险是投资中一个必不可少的（我认为是根本的）要素。找到即将上涨的投资并不难。如果你能找到足够多，那么你可能已经在朝着正确的方向前进了。但是，如果你不能正确地应对风险，那么你的成功是不可能长久的。第一步是理解风险。第二步是识别风险。最后的关键性一步，是控制风险。风险问题复杂而重要，我会拿出三章来对它进行全面的剖析。

保罗·约翰逊：马克斯在第5章至第7章中对风险的探讨，是我在众多投资类书籍中看到过的最全面、最完整的论述，也是我见过的所有讨论或出版物中描述得最清晰的论述。我认为这三章是本书最精华的部分。

为什么说风险评估是投资过程中必不可少的要素呢？有三个有力的理由。

第一，风险是一件坏事，大多数头脑清醒的人都希望避免风险或使其最小化。金融理论中的一个基本假设是，人的本性是想规避风险，意即他们愿意承受更低而不是更高的风险。因此，投资者在考虑某项投资时，首先必须判断投资的风险性以及自己对于绝对风险的容忍度。

第二，在考虑某项投资时，投资决策应将风险以及潜在收益考虑在内。出于对风险的厌恶，投资者必须被诱以更高的预期收益才会承担新增风险。简而言之，如果美国政府的中期债券和小企业的股票都有可能达到 7% 的年收益率，那么人人都会抢购前者（从而抬高价格并降低预期收益）而抛售后者（从而拉低价格并提高收益）。这一相对价格的调整过程被经济学家称为“均衡”，使得预期收益与风险相匹配。

因此，除了确定自己是否能够容忍伴随投资而产生的绝对风险，投资者的第二项工作是确定投资收益是否与所承担的风险相称。显然，收益只是投资时需要考虑的一个方面，而风险评估则是必不可少的另一个方面。

第三，在考虑投资结果时，收益仅仅代表收益，评估所承担的风险是必需的。收益是通过安全的还是有风险的投资工具得到的？是通过固定收益证券还是股票得到的？是通过投资大型、成熟的企业得到的，还是通过投资小型、不稳定的企业得到的？是通过投资流动性股票和债券得到的，还是通过投资流动性欠佳的私募股权得到的？是利用杠杆还是没有利用杠杆得到的？是通过集中化投资组合还是多元化投资组合得到的？

投资者拿到报表，发现自己的账户当年赚到 10% 的收益时，想必无从判断投资经理的业绩是好是坏。为了做出判断，他们必须对投资经理所承担的风险有一定的了解。换句话说，他们必须清楚“风险调整后收益”的概念。

乔尔·格林布拉特：然而，许多个人投资者和机构投资者的决策都以这一既不具备判断价值又不具备预测价值的数字为基础。

关于风险与收益之间的关系，在投资界有一个广泛应用的图示（见图 5-1）。它是一条倾斜向上的“资本市场线”，表明了风险与收益之间的正相关关系。市场努力使风险更高的资产看起来能够提供更高的收益。不然的话，谁会买呢？

我们所熟知的风险—收益关系图是简约而优雅的。遗憾的是，许多人从中得出一个错误的结论，并因此而身陷困境。

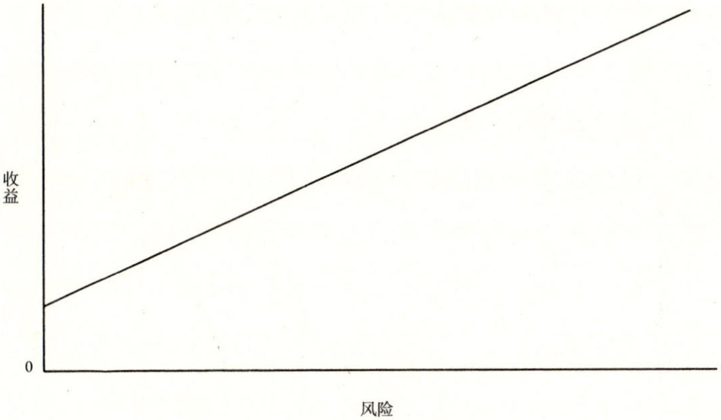

图 5-1　风险—收益曲线图 I

尤其是在经济繁荣时期，你会听到太多的人在说："高风险投资带来高收益。要想多赚钱，就去承担更高的风险吧。"然而，靠更高风险的投资来获得更高的收益是绝对不可能的。原因何在？很简单：如果更高风险的投资确实能够可靠地产生更高的收益，那么它就不是真的高风险了！

正确的表述是：为了吸引资本，风险更高的投资必须提供更好的收益前景、更高的承诺收益或预期收益，但绝不表示这些更高的预期收益必须实现。

我对资本市场线的认知方式使我较为容易地将其背后

涉及的所有关系联系起来（见图 5-2）。

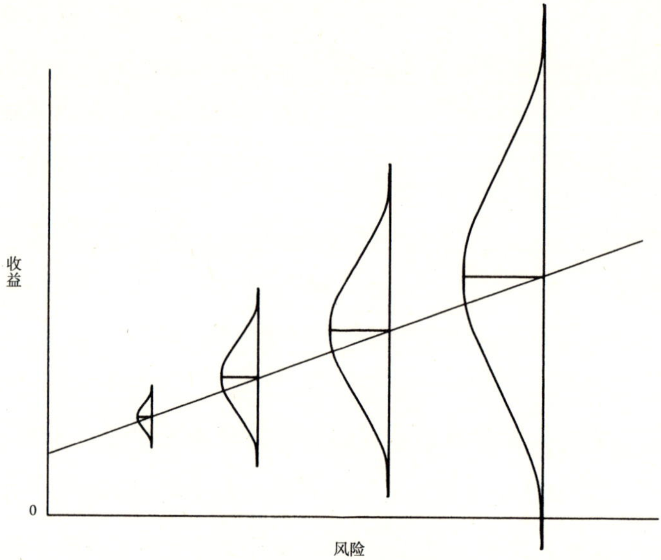

图 5-2　风险—收益曲线图 II

乔尔·格林布拉特：这张图有助于直观地观察风险与收益的关系。考虑未来收益的概率分布有助于提醒我们记得：在现实中，收益概率并不是呈正态分布的。

霍华德·马克斯：投资需要我们去应对未来。如果未来是可知的，那么投资也不会有太大的挑战性（因此也不会太有利可图)。因为未来是不可知的，所以我的最后一个关键主题围绕着理解不确定性的重要性而展开。上图说明了“更高风险”投资的本质。更高风险的投资与不确定性增加、损失概率增大相关。

更高的投资风险导致更加不确定的结果。也就是说，收益的概率分布更广。当定价公平时，风险较高的投资意味着：

· 更高的预期收益。

· 获得较低收益的可能。

· 在某些情况下，可能会损失。

传统的风险—收益曲线图（图5-1）具有误导性，它虽然表现了风险与收益之间的正相关关系，却没有表现出其中所涉及的不确定性。它对承担更高的风险便能赚更多钱的坚定暗示，已经给许多人造成了极大的痛苦。

保罗·约翰逊：马克斯对于风险与收益之间的关系的探讨可谓重要而清晰，图 5-1 与图 5-2 之间的比较尤为明了。图 5-2 体现了马克斯非同一般的洞察力，提供了一种比常见的图 5-1 更清晰、更准确的方法，来看待风险与收益之间的关系。

我希望我的曲线图更有帮助。它既表明风险和预期收益之间的正相关关系，又表明收益的不确定性以及随着风险的增加而加大的损失概率。

《风险》，2006 年 1 月 19 日

保罗·约翰逊：说得真好！马克斯对“风险等于波动性”的摒弃受到了一些专家和实践者的推崇。同时，马克斯给“风险”下了一个更加深刻的定义。

乔尔·格林布拉特：将资本永久亏损的风险比作潜在回报，是投资最重要的概念之一。然而，马克斯指出，许多金融理论认为风险只是用以衡量收益的相对波动性——这样的观点并不正确，不符合大多数投资者对于风险的认知。

接下来，我们的主要任务是定义风险。风险究竟是什么？我们可以通过它的近义词——危险、冒险、危害、极

大危险来了解。它们听起来似乎都是风险的近义词，并且相当不受欢迎。

然而，金融理论（提出图 5-1 所示的风险—收益曲线图及风险调整概念的同一理论）却将风险明确地定义为波动性（或易变性、偏差）。这些词当中没有一个能够表达出“危险”的必然含义。

> 在学者看来，风险等于波动性，因为波动性表明了投资的不可靠性。我对这一定义不敢苟同。
>
> 我认为，学者们（自觉或不自觉地）出于方便起见，才选择了以波动性指代风险。他们需要一个可计算的、客观的、能够查明来龙去脉的数字。波动性符合他们的要求，而大多数风险类型不符合。这一切的问题在于，我并不认为波动性就是大多数投资者所关心的风险。
>
> 风险有许多种……而波动性可能是与之最无关的一个。理论认为，投资者会从波动性更大的投资中要求更高的收益。但是，如果波动性更高的投资有可能产生更高的收益，那么在市场设定投资价格时，一定会有人对这种关系有需求，但我却从未遇到过这样的人。我从未听到任何人在橡树资本管理公司（或在其他地

方）说过“我不会买进它，因为它的价格可能出现巨大波动”，或“我不会买进它，因为它有可能出现季度性下跌”。因此，我很难相信波动性就是投资者在设定价格和预期收益时需要考虑的风险。

我认为，人们拒绝投资的主要原因是他们担心亏本或收益过低，而不是波动性。在我看来，“我需要更多的上涨潜力，因为我怕赔钱”比“我需要更多的上涨潜力，因为我怕价格会出现波动”要合理得多。是的，我确信“风险”就是——首要的是——损失的可能性。

《风险》，2006 年 1 月 19 日

永久性损失的概率是我、橡树资本管理公司以及我所认识的每一位实际投资者所担心的风险。此外，你还应对许多其他类型的风险有所了解，因为它们能够对你或别人产生影响，从而为你带来获利的机会。

保罗·约翰逊：我可以肯定地说，造成资本永久性亏损的风险是唯一需要担心的风险。

投资风险有多种形式。很多风险对某些投资者来说干系重大，对其他投资者则不；它们会使某项投资对某

些投资者来说是安全的，对其他投资者来说则是危险的。

· 不达目标——投资者有不同的需求，对于投资者来说，需求没有得到满足便造成了风险。一位退休高管可能需要4%的年收益率来支付账单，而6%的年收益率就是一笔意外之财。但是，对于养老基金来说，年均8%的收益率是必需的，长期保持6%的收益率就会造成严重的风险。显然风险是个体化和主观性的。某项投资对一些人来说是有风险的，对其他人则不是。因此，它不可能是“市场”为要求更高预期收益补偿的那种风险。

· 业绩不佳——假设投资经理知道，无论客户账户的表现有多好，未来也不会有多少收益，但是显然，如果客户账户的表现跟不上某些指数的表现，就会失去这个客户。这就是“基准风险”，投资经理可以通过模仿指数的方式来消除它。但是，每一位不愿放弃优异表现、选择追求不同于指数投资目标的投资者，都会经历业绩欠佳的时候。事实上，因为许多最好的投资者强势坚持自己的方法（又因为没有任何方法是永远奏效的），所以最好的投资者也可能会出现业绩不佳的时候。特别是在狂热时期，训练有素的投资者是不愿冒跟风的风险的。（例如1999年的沃伦·巴菲特和朱利安·罗伯逊。在那一年，业绩落后是一种勇气的象征，因为它代表着对科技泡沫的拒绝。）

乔尔·格林布拉特：2000年以后，在投资业绩名列前茅的投资经理中，有79%的投资经理至少有三年的时间排名靠后。（来源：戴维斯投资顾问公司）大多数投资者会追逐热门基金，而不会跟随短期业绩不佳的投资经理。

· 职业风险——这是业绩不佳风险的一种极端形式：当资金管理者和资金所有者是不同的人时，风险就产生了。在这种情况下，经理（或"代理人"）可能不会太关心收益，因为他们不参与分成，但他们会极端恐惧可能导致自己失业的损失。言外之意很明显：可能会不利于收益从而导致代理人被解雇的风险，是不值得承担的。
· 不蹈常规——同理，与众不同是有风险的。比起非常规投资失败所致的被解雇的可能性，交出平均成绩可能令资金管理者更为舒服，无论这一业绩所代表的绝对价值是多少……对这一风险的担忧使得许多人与优异业绩擦肩而过，但同时它也为那些敢于与众不同的人创造了非常规的投资机会。

- 流动性低——如果投资者需要一笔钱在三个月内做手术或在一年内买房，那么他就不能进行届时没有折现把握的投资。因此，对该投资者来说，风险不仅仅是损失或波动性，或上面提到的任何风险。它是一种无法在需要的时候以合理的价格将投资转化为现金的风险，也是一种个体化风险。

《风险》，2006 年 1 月 19 日

现在，我要花一点儿时间来探讨导致损失风险的原因。

首先，基本面弱未必导致损失风险。基本面弱的资产——业绩欠佳企业的股票，投机级债券或选址错误的建筑——如果买进它的价格足够低，那么它也能成为一项非常成功的投资。

其次，风险可能在宏观环境并未走弱时出现。自负、

对风险的无知和放任以及一点点发展的不利结合到一起，便足以带来灾难。灾难有可能发生在任何没有花费时间和精力去理解自己投资组合的基本过程的人身上。

损失风险主要归因于心理过于积极，以及由此导致的价格过高。投资者倾向于将动人的题材和时髦的概念与高潜在收益联系在一起。他们还期望从近期表现不错的股票上得到高收益。这些热门投资可能暂时会实现人们的期望，但是毫无疑问，它们也蕴含着高风险。它们被人群的兴奋推高到我称之为“盲目跟风”的地步，它们提供了持续高收益的可能性，但同时也存在低收益或负收益的可能性。

> 霍华德·马克斯：最危险的事：最危险的投资状态通常源于过于乐观的心理。因此，损失的发生未必源于基本面的恶化，下调投资者的预期即可避免。高价往往会因自重而崩溃。

理论认为，高收益与高风险相关，因为前者因补偿后者而存在。但是，务实的价值投资者的感觉恰恰相反：他们相信，在以低于价值买进证券的时候，高收益、低风险是可以同时实现的。同样，价格过高则意味着低收益、高风险。

单调的、被忽视的、可能遭到冷落和打压的证券——通常正因为它们的表现不好而成为低价证券——往往成为价值投资者青睐的高收益证券。这类证券以低波动性、低基本面风险以及在市场不利时损失更低为特征，虽然在牛市中它们很少能有出类拔萃的收益，但它们的平均表现普遍良好，比“热门”股票的收益更加稳定持久。在大多数情况下，这类貌不惊人的低价证券最大的风险是有可能在牛市中表现落后。不过，具有风险意识的价值投资者是愿意承担这种风险的。

我相信我们都同意，投资者也应该必须要求他们认为风险更高的投资提供更高的预期收益。我们有望达成一致的是，损失风险是人们在要求预期收益以及设定投资价格时最关心的风险。于是，一个重要的问题来了：如何衡量损失风险呢？

首先，显然有一个见仁见智的问题：对未来做出有理有据的估计是有可能的，但估计始终只是估计。

其次，量化标准是不存在的。对于任何特定投资，都会有一些人认为风险较高，而另一些人则认为风险较低。有人将风险称为“不赚钱的可能性”，有人则将其称为“损失一定比例资金（诸如此类）的可能性”。有人认为它是时限一年的损失风险，有人则认为它是跨越整个持有期的损失风险。显然，即使将一项投资的所有相关投资者都集中到一个房间里研判，他们也永远不可能商定出一个能够代表投资风险的数字。即使能，他们给出的数字与另一组投资者为另一项投资给出的数字也不太可能有可比性。这就是为什么我说风险和风险—收益决策不能被“机加工”，即不能移交给计算机去做的原因之一。

60多年前，本杰明·格雷厄姆和戴维·多德在价值投资者的圣经《证券分析》再版时，做了如下表述：“不同投资与其发生损失的风险之间的关系很不确定、很容易发生变动，因此也无从引入有效的数学计算公式。”

再次，风险是有欺骗性的。常规性事件很容易估计，如反复发生的事件将有再次发生的可能。但是，反常的、千载难逢的事件很难被量化。投资易受偶发的、严重的风险影响，我称之为“不可能的灾难”。这一事实表明，实际风险可能比看上去更为危险。

总而言之，前瞻性研究表明，多数风险都具有主观性、隐蔽性和不可量化性。

如此一来，我们会面临什么样的情况呢？如果损失风险是无法被衡量、被定量甚或无法被观察的——如果它还是主观性的——那么该如何应对它呢？训练有素的投资者对于在特定环境中出现的风险是有自己的判断的。他们判断的主要依据是价值的稳定性和可靠性，以及价格与价值之间的关系。当然，其他依据也会被纳入他们的考虑范围，但其中的大部分可归结为以上两个因素。

近来有许多使风险评估更加科学化的努力。金融机构已经开始常规性聘请独立于资产管理团队之外的“风险经理”，并且已经采用计算机模型（如“风险价值模型”）来衡量投资组合风险。但是，这些人及其工具得到的结果并不比其所依赖的原始数据、输入数据的处理方法好。在我看来，他们永远比不上最好的投资者的主观判断。

考虑到损失概率的定量难度，希望客观衡量风险调整后收益的投资者——这样的人很多——只能求助于所谓的夏普比率。它是投资组合的超额收益（高于“无风险利率”或短期国债利率的收益）与收益标准差之间的比值。这种计算方法对于交易和定价频繁的公开市场证券似乎是适用的，它具有一定的合理性，是我们现有的最好的方法。尽管夏普比率没有明确涉及损失的可能性，但是有理由相信基本面风险较高的证券，其价格波动性高于比较安全的证券，因此夏普比率与损失风险有一定的相关性。对于缺乏市场价格的私人资产——如房地产和整家公司——则没有主观风险调整的替代指标。

乔尔·格林布拉特：类似的，索提诺比率（Sortino Ratio）不太适用于既有上行波动又有下行波动的双向波动，而是更适用于下行波动。不过，这两个指标都能很好地衡量未来损失的风险。

几年前，在思考前瞻性风险衡量难度的同时，我意识到，由于其隐蔽性、不可量化性及主观性，投资风险——损失的可能性——也无法用回顾性方法及演绎推理法来衡量。

假设你做了一项如愿以偿的投资，这是否意味着这项投资没有风险呢？也许你以 100 美元买进了某种东西，一年后以 200 美元卖出。这项投资有风险吗？谁知道呢？或许它曾经令你暴露于巨大的但未实现的潜在不确定性之下。如果是这样的话，那么它的风险可能很高。或者假设投资产生了损失，这是否意味着这项投资有风险呢？是否应该在分析并进行投资的时候就认为投资是有风险的呢？

想想看，其实问题的答案很简单：某件事情（在这里指的是损失）的发生并不意味着它是必然发生的，某件事情没有发生也不意味着它是不可能发生的。

在我看来，纳西姆·尼古拉斯·塔勒布的《随机漫步的傻瓜》是解决这个问题的权威。在书中，塔勒布探讨了可能发生却没有发生的"未然历史"。在第16章中还有更多关于这本重要著作的内容，但是我现在感兴趣的是，未然历史的概念与风险是如何联系的。

塞思·卡拉曼：这也可能就是一流管理的高明之处。精明的投资经理会预先了解许多可能威胁其业务的风险，并采取行动减轻或避免这些风险。而愚钝的投资经理则会忽视风险或不能及时采取行动，从而给公司招致本可避免的损失。

在投资领域里，一个人靠一次杰出的成功投资或一个极端但最终正确的预测就能活很多年。但是，一次成功能证明什么呢？在市场繁荣的时候，最好的成果往往由那些承担最高风险的人取得。他们是能聪明地预感到繁荣期的到来并利用 β 系数积累财富的投资者，或者只是天性爱冒险且态度积极的人，正好赶上了好时间？简单地说，在我们这个行业中，人们因为错误的原因而正确预测的频率有多高？纳西姆·尼古拉斯·塔勒布将这些人称为“幸运的傻瓜”，显然，短期内很难将他们与训练有素的投资者区别开来。

关键在于，即使平仓后，想弄清楚投资有多少风险也是不可能的。当然，成功的投资并不意味着没有风险，反之亦然。对于一个成功的投资而言，你如何知道好结果是必然的，还是仅有1%的概率（大部分结果都不令人满意）？失败的投资亦是如此：我们如何确定它是一个合理但运气不佳的冒险，或者只是一种受到应有惩罚的胡乱下注？

投资者是否很好地估计了投资所包含的风险？这是另一个难以回答的好问题。需要一个例子吗？想想天气预报员吧。他说明天有70%的下雨概率。下雨了，他是对了还是错了？没有下雨，他是对了还是错了？除非经过大量试验，否则，除0和100以外，概率的准确性是无法评估的。

《风险》，2006年1月19日

这令我想到本章开篇所引用的埃尔罗伊·迪姆森的

话："风险意味着可能发生的事件多于确定发生的事件。"接下来，我们要讨论的是风险纯哲学的一面。

霍华德·马克斯：了解不确定性：迪姆森的名言提示了我们一个非常简单的概念：在未来，很多事情都是有可能发生的。我们不知道哪个可能性会变为现实，这一不确定性加大了投资的挑战性。"单一情境"投资者会忽略这一事实，他们会简单地考虑未来的单一偶然结果，并期待在此基础上得到良好收益。

或许你还记得本章的开篇句——投资只关乎一件事：应对未来。不过，显然我们不可能"知道"关于未来的任何事情。如果我们有远见，那么我们可以对未来结果的范围及其发生的相对概率有一定的了解——也就是说，我们能构建粗略的概率分布。（相反，如果我们没有远见，那么我们就不会知道这些东西，构建概率分布就只能靠猜想。）

霍华德·马克斯：了解不确定性：多结果可能性意味着我们一定不能只考虑未来的单一结果，而是要考虑一系列的可能性。最好是有一个概率分布——既能概括概率，又能描述概率之间的相关性。我们必须全盘考虑，而不只是考虑最有可能实现的一种情况。在投资者忽略了极低概率事件的情况下，容易出现一些最重大的损失。

如果对未来有一定的认识，我们就能判断出哪些结果最可能发生、哪些结果有可能发生，以及可能的结果的分布范围，继而得出“预期结果”。预期结果由每个结果的发生概率加权而来，它能表明许多未来可能发生的情况——但并非全部。

即使我们知道概率分布情况，知道哪些结果是最有可能发生的，也知道预期结果是什么——即使我们的预期相当正确——我们所知道的也只不过是概率或趋势。我常与我的好朋友布鲁斯·纽伯格玩几个小时的金拉米和十五子棋。我们乐此不疲地把时间消耗在胜算绝对可知的扑克和色子上这一事实，证明了随机性的重要作用，从而进一步证明了概率的变幻莫测。布鲁斯曾经做过精彩的总结：“概率与结果之间存在巨大的差异。可能的事情没有发生（不可能的事情却发生了）向来如此。”这是你应该知道的关于投资风险最重要的事之一。

乔尔·格林布拉特：在考虑投资组合时要牢记，极低概率事件会影响到你的大部分投资。

虽然现在讨论的是概率分布，但我想花些时间专门谈一谈正态分布。显然，投资者需要对未来事件做出判断。为此，我们先选定一个我们认为事件可能会围绕它而聚集的中心值。这个值可能是平均值或者期望值（预期发生的平均结果），可能是中位数（高于它和低于它的结果各占一半），也可能是众数（唯一最可能的结果）。不过，想要应对未来，只有一个核心期望值是不够的，我们必须了解其他可能的结果及其发生的概率。我们需要一种能够描述所有概率的分布形式。

多数围绕某一中心值聚集的现象（如人的身高），构成了人们所熟知的钟形曲线：某个特定观察对象发生的概率在正中间达到峰值，并向两端（即尾部）逐渐变弱。可能身高5英尺[1]10英寸[2]的人最多，5英尺9英寸或5英尺11英寸的人略少一些，5英尺3英寸的人或6英尺5英寸的人更少一些，4英尺8英寸或4英尺7英寸的人几乎没有。标准分布不是逐一列举每个观察对象发生的概率，而是提供了一种概括概率的简便方法，如此一来，少许统计数字便能够告诉你关于未来你必须知道的一切。

1. 1英尺=30.48厘米。——编者注
2. 1英寸=2.54厘米。——编者注

最常见的钟形分布被称为“正态”分布。但是，人们往往将钟形分布和正态分布混为一谈，其实二者是不一样的。前者是一种分布类型，而后者是具有明确统计特性的特殊的钟形分布。未能将两者正确地区分，无疑是造成近期信贷危机的重要原因。

在危机发生前的那几年，金融工程师，或称为“宽客”（quant），在创造和评价金融产品（如衍生品）及结构性产品中扮演了重要的角色。多数情况下，他们会假定未来事件呈正态分布。但是，正态分布假设的是尾部事件极少发生，而金融事件的分布（由具有情感驱动极端行为倾向的人所决定）或许应被理解为具有“胖”尾。因此，当大规模抵押贷款违约发生时，本来被认为不可能发生在抵押贷款相关性金融工具上的事件开始频繁地发生。在正态分布基础上构建金融工具的、没有太多余钱应对“尾部事件”（有些人可能会借用纳西姆·尼古拉斯·塔勒布的术语“黑天鹅”）的投资者，往往会遭遇失败。

既然当前的投资已经如此依赖高等数学，我们就不得不警惕人们错误地将简单假设应用到复杂世界中的情况。量化往往使某些不该被轻信的言论获得过高的权威，即有可能会造成麻烦。

理解风险的关键是，风险在很大程度上是一个见仁见智的问题。即使是在事件发生之后，也很难对风险有明确的认识。当你看到一位投资者在经济不景气的时候比另一位投资者损失得少时，你可能得出这个投资者所承担的风险较小的结论。或者当你注意到一项投资在特定环境下比另外一项投资令你损失更严重时，你可能因此会认为它的风险较大。这些结论一定是正确的吗？

平心而论，我认为投资表现是一系列事件——地缘政治的、宏观经济的、公司层面的、技术的、心理的——与当前的投资组合相碰撞的结果。迪姆森的话可以解释为：未来有多种可能性，但结果却只有一个。你得到的结果对你的投资组合可能有益，也可能有害，这可能取决于你的远见、谨慎或者运气。你的投资组合在一种情况下的表现与它在其他可能发生的“未然历史”下的表现毫不相干。

保罗·约翰逊：完全理解这一观点，会让你向理解投资表现迈进一大步。它对投资理念有着重要的影响。

· 一个能够经受住 99% 概率考验的投资组合可能会因剩下的 1% 概率的实现而垮掉。从结果上看，这个投资组合一直存在风险，尽管投资者已经相当谨慎。

- 另外一个投资组合也许有一半可能表现良好，而另一半可能表现很差。但是一旦理想环境成为现实，投资组合成功，那么旁观者就会断定它是一个低风险投资组合。
- 第三个投资组合的成功完全取决于异常事件的发生，但是一旦事件真的发生了，冒进就会被误认为是稳健的或具有远见的。

收益本身（尤其是短期收益）不能说明投资决策的质量。评估收益时必须相对于实现收益所承担的风险。然而，风险是无法衡量的。当然，风险不可能以某一时刻“所有人”的话为基础来衡量。只有老练的、经验丰富的第二层次思维者才能判断出风险。

以下是对理解风险的总结：

投资风险在很大程度上是事先观察不到的——除了那些拥有非凡洞察力的人——甚至在退出投资之后也是如此。正因如此，我们见到过的许多金融大灾难都未能被成功地预测，人们也未能很好地管理风险。原因有几个：

- 风险只存在于未来，而未来会怎样是不可能确定的……当我们回顾过去时，是不存在不确定性的，但是这种确定性并不表示产生结果的过程是确定而可靠的。在过去的每种情况下，都存在发生许多事件的概率，最终只有一个事件发生的事实低估了实际存在变化的可能性。
- 承担风险与否的决策建立在常态再现的期望之上。在大多数情况下，确实如此。但是，异常事件时有发生……不可能的事件也偶有发生。
- 预测倾向于围绕历史常态而聚集，仅容许微小的变化……关键是，人们通常会预测未来与过去相似，而对潜在的变化估计不足。
- 我们常听说对“最坏情况”的预测，但是，结果往往显示预测的程度还不够坏。讲讲我父亲的故事吧。他是一个经常输钱的赌徒。一天，他听说有一场只有一匹马参加的比赛，于是把付房租的钱都拿去下注了。然而，在赛程进行到一半的时候，那匹马跳过护栏逃跑了。事情总比人们预想的更糟。或许“最坏情况”只意味着“我们过去见过的最坏情况”，但它并不代表未来事件不可能更糟。2007年的恶劣形势超出了许多人的最坏情况预测。

· 风险不是一成不变的。假如我们说每年有“2%的抵押贷款违约”，那么，即使多年平均值的确如此，但是在任何时间点都有可能出现导致一种结构性金融工具覆没的、不同寻常的大规模违约事件。总会有投资者（特别是高杠杆投资者）无法在这种时候生存下来。

· 人们高估了自己判断风险的能力，以及对未曾见过的投资机制的理解能力。从理论上来说，人与其他物种的区别之一，是我们不必亲身经历某件事情便能知道它的危险性。我们不需要通过烧伤自己来验证我们不应坐在滚烫的火炉上这一事实。但是在牛市中，人们往往会丧失这种能力。他们不是去识别未来的风险，而是倾向于高估自己对金融新发明的理解力。

· 最后，也是最重要的一点，大多数人将风险承担视为一种赚钱途径。承担更高的风险通常会产生更高的收益。市场必须设法证明实际情况似乎就是这样，否则人们就不会进行高风险投资。但是，市场不可能永远都以这样的方式运作，否则高风险投资的风险也就不复存在了。一旦风险承担不奏效，它就会完全不起作用，直到这时人们才会想起风险究竟是怎么回事。

《这一次没有什么不同》，2007 年 12 月 17 日

霍华德·马克斯：了解不确定性：投资需要我们对未来做出决策。通常，我们会假设未来与过去有相似之处。但并不意味着，结果的分布永远是相同的。小概率和极小概率事件也是有可能发生的，难以预测的结果会迅速地出现（并走向极端）。对不确定性的错误估计是使投资者陷入困境的一大原因。

06

识别风险

我相信，因为现在的体系过于稳定，所以我们要用更多的杠杆和风险承担来降低它的稳定性。

迈伦·斯科尔斯

人们普遍认为，风险在经济衰退以及经济由盛转衰时增大。与此相反，认为风险在经济上升时增加，并且随着经济失衡的扩大在衰退期化为现实的想法，可能更为有益。

安浩德

无论基本面有多好，人类的贪婪与犯错倾向都会把事情搞得一团糟。

杰出的投资需要创造收益和控制风险并重，而识别风险是控制风险的绝对前提。

我希望我已经说清楚了我所认为的风险是什么（以及不是什么）。风险意味着即将发生的结果的不确定，以及不利结果发生时损失概率的不确定。接下来的重要步骤是描述风险识别的过程。

保罗·约翰逊：这是我所见过的最清晰、最精确的风险定义。马克斯成功地把它解释清楚了。

识别风险往往从投资者意识到掉以轻心、盲目乐观并因此对某项资产出价过高时开始。换句话说，高风险主要伴随着高价格而出现。无论是对被估价过高从而定价过高的单项证券或其他资产，还是对在看涨情绪支持下价格高企的整体市场，在高价时不知规避反而蜂拥而上都是风险的主要来源。

乔尔·格林布拉特：买价过高是造成亏损的一个主要原因，暂且不论其他风险，如波动性或分散投资程度。

霍华德·马克斯：最危险的事：最大的风险并不是来自低质量或高波动性，而是来自买价过高。这并不是假想的风险，而是活生生的现实。

理论家认为收益和风险是两码事，尽管二者有相关性；而价值投资者认为高风险和低预期收益不过是同一枚硬币的两面，二者都主要源自高价格。因此，洞察价格与价值之间的关系——无论对单项证券还是整体市场来说——是成功应对风险的重要组成部分。

克里斯托弗·戴维斯：买价过高既加大了风险又降低了收益。

当市场被推高，以致价格意味着更多的损失而不是潜在回报时，风险就增加了。应对风险从识别风险开始。

乔尔·格林布拉特：对于价值投资者来说，错误估价的风险是这一思维过程的组成部分。

从向上倾斜的资本市场线来看，潜在收益增长代表了对新增风险承担的补偿。除了那些能够创造“α 系数”或能够找到使用 α 系数的投资经理的人，投资者不应期望在不承担新增风险的情况下获得增值收益。若要承担新增风险，必须要求风险溢价。

但是，在市场兴衰的某些时间点上，人们通常会忘记这一事实而承担过多的风险。简而言之，在牛市中——通常是在牛市已经持续一段时间的时候——人们往往会说："风险是我的朋友。承担的风险越多，收益就越大。给我更多的风险吧。"

霍华德·马克斯：最危险的事：过高的价格源于投资者过于乐观的预期，投资者过于亢奋的情绪往往是由于缺乏风险规避的意识。懂得风险规避的投资者清楚亏损的隐患，并且会以合理的价格来补偿其所承担的亏损隐患。当投资者未能采取足够的风险规避措施时，他们就需要承担过高的价格。

事实上，风险容忍是成功投资的对立面。当人们不再担心风险的时候，他们会在不要求补偿的情况下接受风险……风险溢价便不复存在。这是一种简单而必然的关系。当投资者无所畏惧、容忍风险的时候，他们就会买进高市盈率的股票和高 EBITDA（现金流，定义为税息折旧及摊销前利润）的私营公司，疯抢收益率差较窄的债券和最低"资本化率"（营运净收入与价格的比值）的房地产。

普遍相信没有风险本身就是最大的风险，因为只有当投资者适当规避风险时，预期收益中才会包含风险溢价。希望将来的投资者能畏惧风险并要求风险溢价，而我们应继续警惕他们做不到这一点。

《太多错误与狂热》，2009 年 7 月 8 日

克里斯托弗·戴维斯：对此，有一个很好的类比。研究显示，与普通的小汽车相比，越野车涉及的交通事故更多，尽管越野车更大更结实。越野车司机认为自己没有发生交通事故的风险，从而会危险驾驶。安全感有可能会增加风险，而风险意识则会降低风险。

霍华德·马克斯：最危险的事："普遍相信没有风险则是最大的风险。"本段开头的这句话很有价值。它给出了一个极好的例子，强调了投资者的行为方式创造了他们所面临的风险。无忧无虑才是真正最危险的事。

因此，产生风险的首要因素是认为风险很低甚至已经被完全消除的意识。这一意识推高了价格，导致了低预期收益下的冒险行为。

2005—2007年，在相信风险已被消除的信念下，资产价格达到泡沫水平，从而导致投资者采取了事后被证明是冒险的行动。这是所有过程中最危险的一环，并且有显著的复发倾向。

霍华德·马克斯：最危险的事：在我的职业生涯中，我曾经看到“风险已经被消除，周期不再存在，经济规律不会起作用”这一观点有所抬头。经验丰富、具备风险意识的投资者认为这预示着更大的危险。

在过去几年里，最诱人且危险的一个神话是全球性风险降低，理由是：

· 经济周期风险已被美联储管理层机敏地化解了。
· 风险已因全球化而在世界范围内分散，而并非地域性集中。
· 证券化和企业联合化已将风险分散至多个投资者身上，而不是集中在几个市场参与者身上。
· 风险已被“分级”到有能力承担风险的投资者身上。
· 杠杆风险已经较低，因为利率和贷款期限对借款人更加宽松。

· 杠杆收购更加安全，因为被收购公司的基本面更加强劲。
· 做多（做空）投资和绝对收益投资以及为对冲风险而设计的衍生品能够对冲风险。
· 计算机、数学、模型的发展已经使市场更容易被理解，因而风险更低。

乔尔·格林布拉特：在评估各种分散投资的真正好处时，这样的想法是非常重要的。

《养老金与投资》杂志（2007年8月20日）有一个恰当的比喻："吉尔·弗瑞斯顿是举国公认的雪崩应对专家……她知道这样一种道德风险：更好的安全装备可能吸引登山者承担更多的风险——实际上会令他们更不安全。"与赚钱机会类似，市场的风险水平源自参与者的行为，而不是证券、策略和机构。无论市场结构被设计成什么样子，只有在投资者行为审慎时，风险才会较低。

总而言之，关于风险控制的神话很少有成真的。风险是不能被消除的，它只能被转移和分散。令这个世界看起来风险更低的进展通常是虚幻的，由此呈现出的美好景象往往有导致风险增高的倾向。这些都是我们在 2007 年得到的重要教训。

《现在一切都很糟》，2007 年 9 月 10 日

认为风险已经消失的看法是最危险的风险源头之一，也是促成泡沫的主要因素。在市场的钟摆达到最高点时，认为风险很低以及投资一定能获利的信念令人们激动不已，以致他们丧失了对损失应有的警惕、担忧及恐惧，只对错失机会的风险耿耿于怀。

霍华德·马克斯：最危险的事：2009 年夏天，《纽约时报》邀请了十几个人分析经济危机的原因。我的回答于 2009 年 10 月 5 日发表在 dealbook.com 上，标题是《信任过多，担忧太少》，指出无忧无虑的投资者自身就是自己最大的敌人。

近期危机发生的主要原因是，投资者对新奇、复杂、危险的事情的涉足比以往任何时候都多。他们过度使用杠杆，在流动性差的投资上投入过多资本。他们为什么要这么做呢？因为他们相信得太多，担心得太少，

以至于承担的风险过多。简而言之，他们相信自己生活在一个低风险世界里……

“担忧”，以及相关词汇——“不信任”“怀疑”“风险规避”，是一个安全的金融体系必不可少的组成部分。“担忧”能够阻止高风险贷款的发放，阻止企业超出付息能力的过度借款，阻止投资组合过度集中，阻止未经证实的计划成为受人追捧的狂热。当“担忧”和“风险规避”适时出现时，投资者会怀疑并进行调查、审慎行动。如果是这样的话，人们就不会进行高风险投资了，或者他们会在预期收益时，要求高风险投资提供适当的补偿。

只有当投资者有效地规避风险时，市场才会提供适当的风险溢价。当“担忧”不足时，高风险借款人和可疑计划将更容易获得资金，金融体系将变得岌岌可危。会有过多的资金去追逐风险以及新生事物，从而推高资产价格，降低预期收益和安全性。

显然，在本次危机发生之前的数月乃至数年里，鲜有参与者表现出应有的担忧。

《试金石》，2009 年 11 月 10 日

投资风险主要源自过高的价格，过高的价格往往源自过度乐观、怀疑不足以及风险规避不足。可能的基本因素包括安全投资的低预期收益、高风险投资近期的良好表现、强劲的资金流入以及贷款的易得性。关键在于理解到底是什么在影响这类事件的发生。

投资的思维过程是一个连锁过程，每一项投资都会设定下一项投资的要求。以下是我在2004年对这一过程所做的描述：

> 我会用前几年的“代表性”市场阐明投资思维在现实生活中的思考过程。假设30天国债的利率是4%。投资者说：“如果要我拿出钱买5年期国债，那么我需要5%的利率。如果买10年期国债，那么我必须得到6%的利率。”到期日较长时，投资者会要求更高的利率，因为他们关心购买力风险（一种假设会随着到期日的来临不断增加的风险）。这就是为何收益率曲线（实际上是资本市场线的一部分）通常随着资产寿命的增长而向上倾斜的原因。
>
> 现在，让我们来考虑信用风险因素。“如果10年期国债的利率是6%，那么除非A级企业承诺7%的利率，

否则我是不会买进它的10年期债券的。”这就引入了信用利差的概念。我们假定的投资者需要100个基点才会从“政府”转向“企业”。如果投资者就此达成共识，那么这就是利差。

非投资级债券的情况如何呢？“除非我能得到的利率超过具有相同到期日的国债的利率600个基点，否则我是不会碰高收益债券的。”因此高收益债券需要12%的利率，即与国债之间达到6%的利差，才能吸引买家。

现在抛开固定收益不谈。问题越发困难了，因为你不可能知道投资（如股票）的预期收益（简单来说，这是因为它们的收益是推测出来的，而不是“固定”的），但是投资者对此有一定的判断。“标准普尔股票的历史收益率为10%，那么只有在我认为这些股票还会保持这样的表现时我才会买进……高风险股票的收益应该更高，除非得到13%的收益率，否则我是不会买在纳斯达克上市的股票的。”

“如果我能从股票上赚到10%的收益，那么我需要15%的收益率才能接受缺乏流动性和确定性的房地产。如果是进行收购，那么收益率要达到25%……只有

30% 的收益率才能诱使我去进行风险投资，因为风险投资的成功率非常低。”

这就是我们所假设的投资思维过程，事实上我认为大体上的确是这样的（尽管必要条件往往不尽相同）。结果是一条大部分人都熟悉的资本市场线（如图 6–1 所示）。

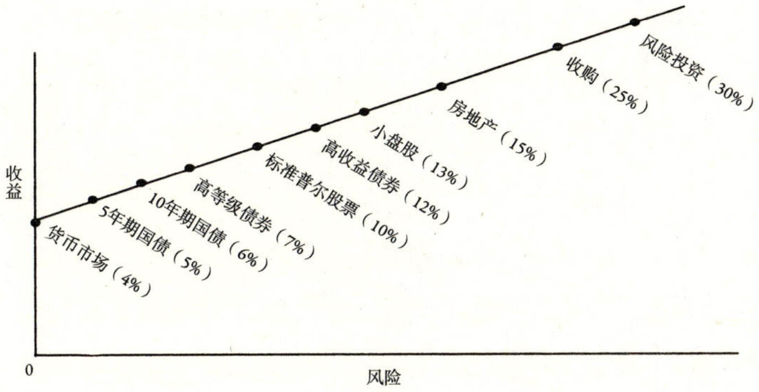

图 6–1

当前关于投资收益的一大问题来自这一思维过程的起点：无风险利率不是 4%，而是接近 1%……

愿意接受时间风险的一般投资者仍然想要更高的收益，但若以 1% 的起点计，那么 4% 的利率（而不是 6%）

才是 10 年期债券的应有收益。没有 6% 到 7% 的收益，他们就不会投资股票；收益率低于 7% 的垃圾债券不值得投资；房地产必须有 8% 左右的收益率；收购必须承诺 15% 的收益率才能保持吸引力等。因此，我们现在得到了一条如图 6-2 所示的资本市场线，它表现得较低、较平。

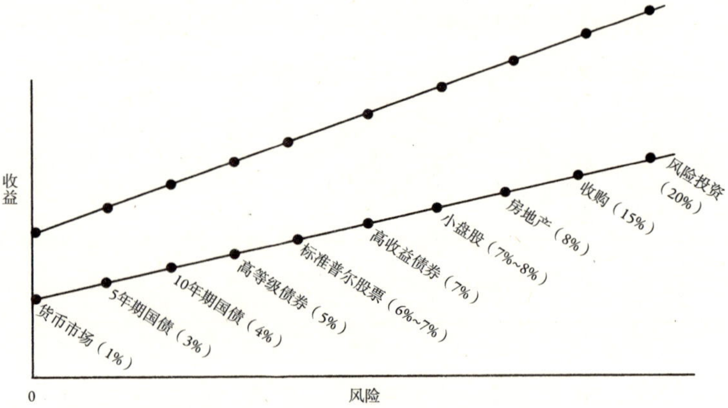

图 6-2

资本市场线较低是因为以无风险利率为起点的收益率更低的缘故。尽管每项投资都必须与其他资产竞争资本，但是在这一年里，由于低利率，风险性依次递增的各项投资的门槛已经比我的投资生涯中的任何时候都低了。

乔尔·格林布拉特：这也许是在提示，当使用无风险利率评估风险较高的投资时，应该对无风险利率加以规范。

目前，资本市场线不仅表现为收益较低，而且还有许多其他因素共同导致了资本市场线趋于平坦。(这是很重要的，因为直线的斜率，即预期收益随着每单位风险的增加而提高的幅度，决定了风险溢价的量。）首先，投资者一直希望尽可能避免低风险、低收益的投资……其次，在超过20年的时间里，高风险投资一直有着丰厚的回报，尤其是在2003年。因此，比起其他风险补偿较少的投资，高风险投资或许对投资者的吸引力更高（或受到的排斥较少）……最后，今天的投资者认为风险是相当有限的。

总而言之，按照“宽客”们的话来说，就是风险规避情绪下降了。投资者的心理已经发生了某种奇妙的变化，“不管价格高低，我都不会碰它”已经转变为“对我来说，它似乎是一项可靠的投资”。

《当今的风险与回报》，2004 年 10 月 27 日

这一“富集”过程最终导致市盈率高企、信用利差收窄、投资者行为散漫、杠杆滥用以及对各种类型投资工具的强烈需求。这些结果在推高价格、减少预期收益的同时，还创造了一个高风险环境。

风险对投资者来说极为重要，同时也是短暂而不可衡量的。所有这一切都导致风险极难被识别，特别是当投资者情绪高涨的时候。但投资者必须能识别风险。在以下这一段写于 2007 年 7 月的文章里，我会带你了解当时我们在橡树资本管理公司评判投资环境与“风险情绪”的过程。在不同的时间里，细节可能有所不同，但是我希望这个关于思维过程的例子能有所帮助。

我们现在处于什么状态（2007 年年中）？在我看来，这个问题不难回答。我看到怀疑、恐惧和风险规避都处于较低水平。多数人通常愿意进行高风险投资，因为传统、安全的投资的承诺收益少得可怜。事实就是这样，尽管对安全投资缺乏兴趣并接受高风险投资的

行为，已经导致风险—收益曲线的斜率相当平缓。风险溢价已经普遍达到迄今为止我所见过的最低水平，但是很少有人做出拒绝新增风险的反应……

近期市场随着利好因素上涨，并轻易地从利空因素的影响中得以恢复。我看到市场上很少有人急于摆脱资产，强制卖家也寥寥无几；相反，人们对多数资产都有着强烈的需求。因此，我知道，在证券市场上定价过低是不存在的。

这就是市场的本来面目。我们一直生活在乐观时期。市场周期的钟摆一直在强有力地向上摆动。价格高涨，风险溢价降低。信任代替了怀疑，热切取代了含蓄。你是赞同还是不赞同这样的市场呢？这就是关键问题所在。先回答好这个问题，投资的含义便一目了然了。

2007 年第一季度，次贷领域发生了大规模违约，这直接牵涉到大量资金损失，观者担心这一影响会向其他经济领域和市场蔓延。第二季度，影响已经达到投资次级抵押贷款组合的担保债务凭证（CDOs，一种被划分为若干“部分”的结构性投资工具）以及购买了担保债务凭证的对冲基金（包括贝尔斯登旗下的两

> 个基金）。那些不得不清算资产的人就像以往在困难时期那样，被迫卖出他们所有能够而并非愿意卖出的东西，且不仅仅是与次贷相关的不良资产。我们开始看到有关调低评级、追缴保证金的通知和大甩卖的消息，资本市场的燃动力彻底崩溃了。在过去的几周里我们开始看到，在新的低评级债务债券被重新定价、推迟或取消发行，以及过桥贷款不再进行贷款重组的情况下，投资者对增长已经持有保留态度。
>
> 投资者在过去的4年半里度过了无忧无虑的幸福时光，但这并不意味着会永远这样。按照惯例，我会用沃伦·巴菲特的一句话收尾："只有当潮水退去的时候，你才会发现谁在裸泳。"盲目乐观的人请注意：永远涨潮是不可能的。
>
> 《一切都好》，2007年7月16日

需要着重指出的是，在我2007年7月的备忘录里，没有任何注解和警告对未来做了任何预测。你只需事先知道：了解当前正在发生的一切，便能窥见崩溃的端倪。

风险实现远比风险感知来得简单直接。人们过高地估计了自己认识风险的能力，过低地估计了规避风险所需的条件。因此，他们在不知不觉中接受了风险，由此促进了风险的产生。这就是为什么必须用超乎寻常的第二层次思维来思考这个问题的原因所在。

当投资者的行为改变市场时，风险就加大了。投资者哄抬资产价格，促使本应在未来出现的资产升值出现在当下，预期收益因此而降低。随着心理的强化，更加大胆而无畏的投资者不再要求充足的风险溢价。最终的讽刺性结果是，随着承担新增风险的人越来越多，承担新增风险的回报却不断缩水。

因此，市场不是一个供投资者操作的静态场所，它受投资者自身行为的控制和影响。不断提高的自信应带来更多的担忧，正像不断增加的恐惧和风险规避共同在降低风险的同时增加风险溢价一样。我将这种现象称为“风险的反常性”。

> 乔尔·格林布拉特：这是一个很好的说法，在市场大幅下跌后，鼓起勇气去购买低价股时要牢记它。
>
> 霍华德·马克斯：最危险的事：我很赞同“风险的反常性”这个提法。当投资者感到风险高时，他们就会试图去降低风险。但是，当投资者认为风险低时，他

们就会创造出危险的条件。市场是动态的而不是静止的，它的行为表现是反直觉的。

“任何价钱我都不会买进——所有人都知道风险太大了。”在生活中我听到过很多次这样的话，而它已经为我提供过最好的投资机会……

事实上，大众误解风险至少像他们误解收益一样频繁。认为某种东西过热而无法应对的共识几乎总是错的，事实通常是它的对立面。

我坚信，最大的投资风险存在于最不容易被察觉的地方，反之亦然：

- 在所有人都相信某种东西有风险的时候，他们不愿购买的意愿通常会把价格降低到完全没有风险的地步。广泛的否定意见可以使风险最小化，因为价格里所有的乐观因素都被消除了。
- 当然，正如漂亮50投资者的经历所证明的，当人人都相信某种东西没有风险的时候，价格通常会被哄抬至蕴含巨大风险的地步。没有风险担忧，因此也就不提供或不要求风险承担的回报——“风险溢价”。这可能会使受人们推崇的最佳资产成为风险最高的资产。

乔尔·格林布拉特：这一思维过程在个人投资者中间很普遍。对于很多人来说，这是他们在投资过程中存在的根本缺陷。

存在这一矛盾的原因是大多数投资者认为风险与否的决定因素是质量而不是价格。但是，高质量资产也可能是有风险的，低质量资产也可能是安全的。

克里斯托弗·戴维斯：我同意——很多危险源于“质量”。首先，“高质量投资”有一种不正确的假设或暗示，并由此产生了另一种不正确的假设或暗示：进行“高质量投资”的风险更低。正如马克斯在这里一针见血地指出，“高质量”公司经常进行高价交易，以致成为糟糕的投资。其次，“高质量”这个词带有一种倾向性，包含着后见之明的偏见或“成见效应”。通常，人们提到的“高质量”公司指的是过去表现良好的公司。未来往往大不相同。许多曾经被认为是“高质量”“基业长青”的公司早已不复存在！因此，投资者应避免使用“质量”这个词。

所谓的质量，不过是为资产所付出的价格问题……因此，狂热的公众意见不仅是潜在的低收益的源泉，还是高风险的源泉。

《人人都知道》，2007 年 4 月 26 日

07

控制风险

归根结底，投资者的工作是以盈利为目的聪明地承担风险。能够出色地做到这一点，是最好的投资者与其他投资者之间的区别。

在我看来，杰出投资者之所以杰出，是因为他们拥有与创造收益的能力同样杰出的风险控制能力。

高绝对收益比高风险调整后收益的辨识度更高，更有诱惑力。这就是高收益投资者的照片出现在报纸上的原因。因为风险和风险调整后收益（即使在事后）的难以评估，又因为人们对管理风险的重要性普遍认识不足，所以投资者很少因为在这方面做得好而得到认可。在繁荣时期尤其如此。

克里斯托弗·戴维斯：例如，彩票赢家——然而，却没有人认为他们是投资大师。

但是在我看来，杰出投资者是那些承担着与其赚到的收益不相称的低风险的人。他们或以低风险赚到中等收益，或以中等风险赚到高收益。承担高风险、赚到高收益不算什么——除非你能坚持很多年，在那种情况下，“高风险”要么并不是真的高风险，要么就是被管理得很好。

想想那些公认的杰出投资者，沃伦·巴菲特、彼得·林奇、比尔·米勒和朱利安·罗伯逊，他们出色的投资纪录源于他们在数十年的时间里没有大亏，而不仅仅是高收益。他们中的每个人可能都有一两年表现不佳的时候，但总的来说，他们应对风险的能力与他们赚取收益的能力一样强。

无论风险控制取得怎样的成绩，在繁荣时期是永远也表现不出来的，因为风险是隐蔽的、不可见的。风险——发生损失的可能性——是观察不到的，能观察到的是损失，而损失通常只在风险与负面事件相碰撞时才会发生。

这是非常重要的一点，我用几个类比来明确这一点吧。细菌引起疾病，但细菌本身并不是疾病，我们认为疾病是细菌入侵的结果。加州的住房是否有会在地震时引起坍塌的建筑缺陷，只有在发生地震时才能知道。

同样，损失发生在风险与逆境遭遇的时候。风险是出现问题时发生损失的可能性。只要一切运转正常，就不会发生损失。只有在环境中出现负面事件时，风险才会造成损失。

我们必须记住，有利环境只是当天（或当年）可能实现的环境之一。（这就是纳西姆·尼古拉斯·塔勒布的未然历史思想，详见第 16 章。）过去没有出现不利环境，不代表不可能出现不利环境，因此，过去没有出现不利环境不代表不需要风险控制，即使结果显示当时可以不必进行风险控制。

重要的是要意识到，即使没有发生损失，风险也有可能存在。因此，没有损失并不一定意味着投资组合是安全的。风险控制可以在繁荣时期存在，但它是观察不到的，因为得不到验证，所以风险控制是得不到认可的。只有训练有素、经验丰富的观察家才有可能在繁荣期审视投资组合，并预测它是低风险性的还是高风险性的。

为了保证投资组合撑过困难期，一般来说，投资组合必须配以良好的风险控制。然而，如果投资组合在繁荣期表现良好，那么我们便无从判断风险控制是存在但不需要的，还是缺乏的。总而言之：风险控制在繁荣期是观察不到的，但依然是必不可少的，因为由盛转衰是轻而易举的。

那么，“做得好”的定义是什么呢？

多数观察家认为，无效市场的优势在于投资经理可以将特定风险作为基准，并在此基础上取得更好的收益率。图 7-1 就代表了这种观点，它描绘出了一位投资经理的“α”系数，即利用技术所得到的附加价值。

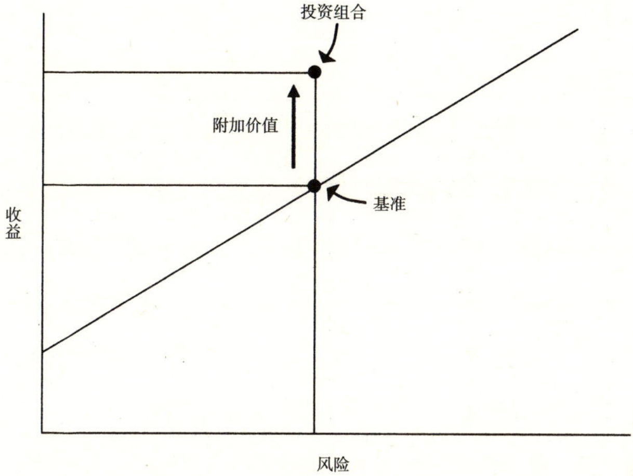

图 7–1　投资经理的“α”系数 I

这位投资经理做得不错，不过我认为这只是故事的一半——在我看来不算精彩的一半。一个训练有素的投资者在无效市场中取得与基准相同的收益，同时承担更低的风险，我认为这才是了不起的成就（见图 7–2）。

在这里，这位投资经理的附加价值不是通过在给定风险下获得更高的收益来实现的，而是通过在给定收益下承担更低的风险来实现的。他同样做得不错——甚至也许做得更好。

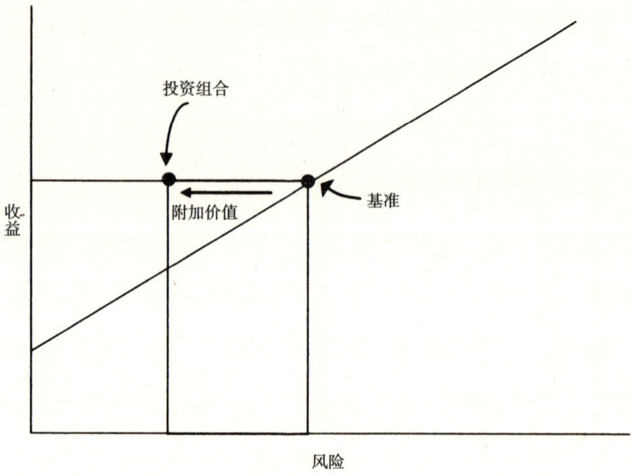

图 7–2　投资经理的“α”系数 II

“做得好”的定义有一定的语境，取决于你怎样看待这两幅图。不过，我认为从根本上降低风险是投资取得巨大成功的基础，所以我认为这一概念应得到更多的重视。在牛市充分盈利，同时也要在熊市取得良好业绩，你觉得这种想法怎么样？在取得牛市收益的同时承担低于市场的风险……绝非易事。

《收益、绝对收益与风险》，2006 年 6 月 13 日

乔尔·格林布拉特：通常，这样的能力与评估经理人

的投资进展有关，而不是源于分析相对于基准的收益。

现在，让我们回到尚未入侵的细菌或没有发生的地震上。优秀的建筑师能够避免建筑缺陷，而糟糕的建筑师会引入建筑缺陷。在没有地震的时候，你无法辨别其中的差异。

同样，优秀的投资者获得的收益可能并不比别人高，但他们在实现同等收益的前提下承担了较低风险（或以相当低的风险实现了稍低于其他人的收益）。当然，在市场平稳或上涨时，我们无从得知投资组合的风险有多大。这就是沃伦·巴菲特所观察到的，除非潮水退去，否则我们无从分辨游泳者中谁穿着衣服，谁又在裸泳。

以较低风险实现与其他风险承担者相同的收益是一项杰出的成就，但在多数情况下，这种微妙而隐性的成就只有经过复杂的判断才能被体会到。

一般来说，市场所经历的繁荣期多于衰退期。在衰退期，风险控制的价值是通过损失减少来体现的，所以风险控制的成本——表现为放弃收益——有可能看起来过高。在市场繁荣期，有风险意识的投资者必须用“自己是在知道投资组合中存在风险的情况下而获利”的想法来满足自己，即使风险控制是不必要的。他们就像小心翼翼的房屋业主，买下保险并为得到了适当的保护而感觉良好……即使当时没有发生火灾。

控制投资组合风险是一项非常重要而有价值的工作。然而，风险控制的成果仅仅表现在并未发生的损失上。在繁荣期进行这种“如果……将会……”的推断是很难的。

保罗·约翰逊：这是风险管理的终极悖论。

承担风险而不自知，可能会铸成大错，但这正是人们在买进风靡一时、备受推崇以及“绝不可能出问题”的证券时不断在重复的事。另一方面，以盈利为目的、聪明地接受公认的风险是最明智、最有利可图的投资的基础——即使（或许正是因为）大多数投资者将其视为危险性投机而回避。

归根结底，投资者的工作是以盈利为目的并聪明地承担风险。能够出色地做到这一点，是最好的投资者与其他投资者之间的区别。

以盈利为目的并聪明地承担风险是什么意思呢？让我们以人寿保险为例。在知道人人都会死亡的前提下，美国人寿保险公司——美国最保守的公司——如何为人们的生命提供保险？

· 他们知道风险。他们知道人人都会死亡，因此在他们的算法里已将这一事实考虑在内。
· 他们能够分析风险。他们会请医生评估申请人的健康状况。
· 他们能够分散风险。他们有意识地混合了不同年龄、性别、职业、居住地的投保人，以保证自己不会遭遇罕见事件与大规模损失。
· 他们确信会为承担风险得到良好补偿。他们设定的保费能够确保他们在投保人以精算表上的平均年龄死亡时盈利。如果保险市场是无效的——举例来说，如果公司能按照假定在70岁身故的保费把保单卖给一个可能会在80岁身故的人——他们就能更好地防范风险，并在事态按照预期发展时（投保人在80岁身故）获得超额利润。

在高收益债券领域及制定橡树资本管理公司的其他投资策略时，我们就是这样做的。我们努力识别风险。考虑到我们的工作涉及不少被某些人简单地称为“高风险”的资产，这一点是非常重要的。我们聘请训练有素的、具备分析投资与评估风险能力的专业人士。我们酌情分散投资。我们只有在确信可能的收益能远远弥补所承担的风险时才进行投资。

多年来我一直在说，高风险资产如果足够便宜，就能成为好的投资。关键在于知道何时会出现这样的结果。很简单：以盈利为目的并聪明地承担风险，长期反复成功的事实就是最好的验证。

《风险》，2006 年 1 月 19 日

尽管风险控制非常重要，但风险承担本身谈不上明智与否，它是多数投资策略和投资利基必不可少的组成部分。人们在承担风险时，可能做得很好，也可能做得很差；可能时机恰当，也可能时机不当。在风险可控的情况下，如果你有足够的技术协助你获得更有利的利基，那就最好不过了。但是，潜在隐患也很多，而这些隐患是必须要避免的。

谨慎的风险控制者明白自己不知道未来。他们明白未来可能包含一些负面结果，但不知道结果会坏到什么程度，也不知道结果发生的精确概率是多少。因此，最大的难题

是无从知晓“多坏算坏”，继而造成决策失误。

> 极端波动和极端损失极少出现。如果随着时间的推移，它们一直没有出现，那么看起来它们似乎越来越有可能永远不会出现——这一关于风险的假设太保守了。因此，放宽政策和提高杠杆就越发变得有吸引力，并且往往就在风险终于抬头的关键时刻成为现实。正如纳西姆·尼古拉斯·塔勒布在《随机漫步的傻瓜》中所写的：
>
> 现实比俄罗斯转盘残酷多了。首先，现实很少射出致命的子弹。就像一把枪膛里可以装下几百发甚至上千发而不只是6发子弹的左轮手枪，试过几十次之后，人们便忘记了子弹的存在，误以为自己很安全……其次，俄罗斯转盘这类游戏的规则非常明确，只要会6的乘除法的人都能看到风险，但人们却看不到现实生活举起的枪口……于是，人们在不知不觉中就玩起了俄罗斯转盘——只不过以“低风险”的名字称呼它而已。
>
> 2004—2007年，金融机构玩了一场自以为是低风险游戏的高风险游戏，就是因为他们假设的损失与波动太低了。当时他们只消说：“这些东西是有潜在风险

的。房价涨得太高了，抵押贷款太容易拿到了，所以房价可能会普遍下跌。因此，我们承担的风险只要达到取得过去的业绩所承担风险的一半即可。”我们也将会看到一派完全不同的景象。

“他们应该做更保守的假设”说起来容易，但是要保守到什么程度呢？你不可能在最坏情况假设的基础上经营企业，否则你什么事都做不了。况且“最坏情况假设”的说法并不确切；除非完全损失，否则最坏情况是不存在的。现在我们知道，宽客们不应假设房价不可能出现全国性下跌。但是，在你最初假设可能出现房价下跌时，你为下跌做好了多少准备？2%？10%？50%？

保罗·约翰逊：这是评估风险时的关键问题。

2008年的新闻头条里充斥着各种实体大规模亏损甚或倒闭的消息，因为其资产是杠杆买进的……这些投资者所承担的杠杆可能适用于中等波动的资产，但他们却将杠杆用到有史以来波动性最大的资产上面。“他们做错了”这句话说起来是容易的，但是期望他们应早早做好应对特殊事件的准备，是否合理呢？

如果每个投资组合都必须具备能力承受我们今年（2008年）所目睹的这种程度的衰退，那么人们可能就不会采用任何杠杆了。这是一种合理的反应吗？（事实上，即使不用杠杆，可能也没有人在这些资产类别上投资。）

在生活的方方面面，我们都是基于可能发生的事件来做决定的，而可能发生的事件在很大程度上以过去经常发生的事件为基础。我们预期，结果在大多数时间里接近峰值（A），并且我们知道看到较好（B）或较坏（C）的结果并非不常见。尽管我们应牢记偶尔会出现正常范围之外（D）的结果，但我们往往会忘记离群值。重要的是，正如近期事件所表明的，我们很少考虑百年一遇或从不发生的结果（E），见图7-3。

即使意识到异常、罕见的事件有发生的可能，为了付诸行动，我们也要做出合理的决策。如果回报丰厚，我们就会有接受这种风险的心理准备。“黑天鹅”事件偶有发生。但如果我们总说“不能做这，不能做那，因为结果可能会比以往任何时候都坏”，那么我们将一事无成。

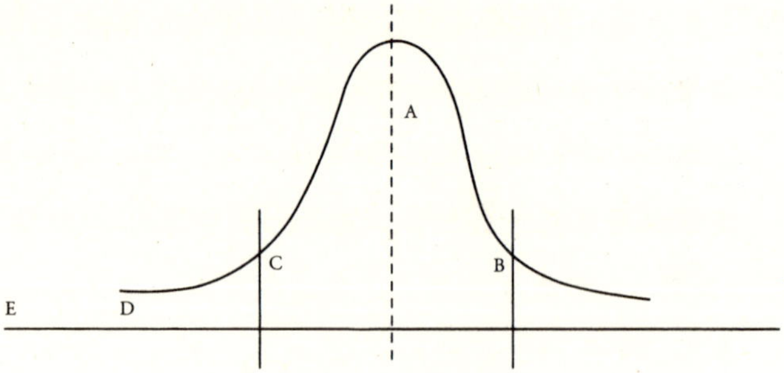

图 7-3　预期的可能性

所以，对于大多数事件你不能做最坏情况的准备。做好应对几十年一遇的事件的准备应该就够了。但几十年不是永远，并且事件会有多次超出正常范围的时候。这种情况下你该怎么做呢？以前我一直在苦苦思索的是，一个人到底应该为可能性不大的灾难做多少准备。而包括 2007—2008 年所发生的事件在内的一切都表明，答案并没有那么简单。

《波动 + 杠杆 = 炸药》，2008 年 12 月 17 日

鉴于本章前面介绍的风险的多变性，我要明确一下风险控制与风险规避之间的重要区别。风险控制是规避损失的最佳方法。反之，风险规避则很有可能会连同收益一起

规避。有时候，我会听到关于橡树资本管理公司故意规避投资风险的议论，我非常不赞同这样的说法。

显然，橡树资本管理公司不逃避风险。在时机、形势和价格都合适的情况下，我们欢迎风险。我们能轻而易举地规避所有风险，你也能做到。但是这样一来，我们肯定会同时将高于无风险利率的收益一起规避掉。威尔·罗杰斯说过："有时你必须爬上枝头，因为果实就在那里。"在我们这一行里，没有人愿意只获得4%的收益率。

保罗·约翰逊：马克斯很清楚这其中的区别。风险控制不是风险规避，"合适的价格"是其中最重要的部分。

因此，尽管橡树资本管理公司的投资理念强调"风险控制的重要性"，但它与风险规避完全没有任何关系。客户付给我们高薪，为的是让我们通过承担风险——特别是承担其他人极其厌恶的风险——努力为他们带来价值的增值。制定这样的方针后，风险在我们的投资过程中的重要性是显而易见的。

德勤公司的里克·芬斯顿在一篇文章（名为"当企业

风险变为个人风险时”,《企业董事》,2005 年特刊）里所说的话升华了本篇备忘录的主旨：“你需要感到安慰的是……风险和风险敞口是可以理解的，是可以适当管理的，是可以对所有人更加透明的……这不是风险规避，这是风险智能。”这就是橡树资本管理公司每天为之奋斗的目标。

《风险》，2006 年 1 月 19 日

贯穿长期投资成功之路的，是风险控制而不是冒进。在整个投资生涯中，大多数投资者取得的结果将更多地取决于致败投资的数量及程度，而不是制胜投资的伟大。良好的风险控制是优秀投资者的标志。

乔尔·格林布拉特：关于负收益率投资组合的计算有助于证实这一结论。（例如，某年造成的 40% 的亏损需要 67% 的收益才能完全抵补。）

08

关注周期

我认为，牢记万物皆有周期是至关重要的。我敢肯定的东西不多，但以下这句话千真万确：周期永远胜在最后。任何东西都不可能朝同一个方向永远发展下去。树木不会长到天上。很少有东西会归零。坚持以今天的事件推测未来是对投资者的投资活动最大的危害。

在投资界浸淫的时间越长，我对事物的基本周期就越重视。2001 年 11 月，我用了整整一篇备忘录来探讨这个话题。我借用三商美邦人寿保险公司的广告语，给备忘录起名为“你不能预测，但你可以准备”，因为我完全赞同他们的宗旨：我们永远不知道未来会发生什么，但是我们可以为可能性做好准备，减少它们所带来的痛苦。

在投资中就像在生活中一样，完全有把握的事非常少。价值可以消失，预测可能出错，环境可以改变，“有把握的事”可能失败。不过无论如何，我们有信心把握住的概念有两个：

- 法则一：多数事物都是周期性的。
- 法则二：当别人忘记法则一时，某些最大的盈亏机会就会到来。

很少有事物是直线发展的。事物有进有退，有盛有衰。有些事情可能在开始时进展得很快，然后却放慢了节奏；有些事情可能在开始时慢慢恶化，然后突然急转直下。事物的盛衰和涨落是基本原理，经济、市场和企业同样如此起伏不定。

我们这个世界存在周期的基本原因是人类参与。机械性的东西会走一条直线。时间只会向前持续不停地运动。只要有充足的动力，机械也会这样持续不断地运转。但是历史和经济这些与人有关的发展过程，其运动轨迹不是一条直线，而是多变的曲线，它们的变化有周期性。我觉得这是因为，人是情绪性的，很难一直保持客观，不会始终保持一致，也不会一直稳定不变，人经常是反复无常的。

客观因素确实在周期中扮演着一定分量的角色，比如量化关系，世界性事件，环境变化，科技发展，公司决策等。这些客观因素都会影响周期，但是人在分析这些客观因素时，心理和情绪会起作用，导致投资人过度反应或者反应不足，从而决定周期波动的幅度会过大或过小。

如果人们感觉良好，觉得事情进展得顺利，就会对未来非常乐观。他们的行为也会受到这种乐观心态的强烈影响。他们会花更多钱，存更少钱。他们会借钱来满足个人享受，或者借钱来提高自己的盈利能力，尽管这样做会让他们的财务状况更加危险（当然像风险这样的概念，人们在满心乐观的时代，就会通通忘记了）。然后，他们变得愿意为得到现在的价值，或者为得到未来的价值，支付更高的价格。

所有这一切都可能会在一秒钟之内发生逆转。我最喜欢的卡通片里的一位电视评论员说过："昨天的一切市场利好对今天的市场没有一点儿好处。"周期的极端性主要源自人类的情绪与弱点、主观与矛盾。

> 周期是可以自我修正的，周期的逆转不一定依赖外源性事件。周期的发展趋势本身就是造成周期逆转（而不是永远向前）的原因。因此，我喜欢说的一句话是，祸兮福之所倚，福兮祸之所伏。
>
> 《你不能预测，但你可以准备》，2001 年 11 月 20 日

特别值得一提的是信贷周期，它具有必然性、极端波动性，也具有为适应它的投资者创造机会的能力。在所有的周期中，信贷周期是我最喜欢的。

> 涉足投资的时间越长，我对信贷周期的力量的印象就越深刻。只要经济有微小的动静，就能导致信贷可得性的巨大波动，并对资产价格及其背后的整体经济造成重大影响。
>
> 过程很简单：
>
> · 经济进入繁荣期。
>
> · 资金提供者增多，资本基础增加。
>
> · 坏消息极少，因此贷款风险与投资风险似乎已经

减少。

· 风险规避消失。

· 金融机构开始扩大业务——确切地说，提供更多的资本。

· 金融机构通过降低必要收益（如降息）、降低信贷水平、为特定交易提供更多的资本以及放宽信贷条款来争夺市场份额。

最终，资本提供者开始为不具备资格的借款人和项目提供资本。正如早些时候《经济学人》所说的："最坏的贷款出现在最好的时候。"这一行为导致了资本损耗，即资本投资项目的资本成本超过其资本收益，最终导致没有资本收益。

保罗·约翰逊：如果没有吃过亏是很难完全理解这一洞见的。尽管在课堂上讨论这一话题时，学生们频频点头以示认同，但是，当他们成为投资者和银行家的时候，毫无疑问会重蹈覆辙。

当达到这个点时，前面所描述的上升段——周期的上升部分——会开始出现逆转。

· 损失导致借款人畏难回避。

· 风险规避增加，伴随着利率、信贷限制与条款要求的提高。

· 可得资本减少——在周期的谷底，只有资质最好的借款人（如果有的话）才能借到资本。

· 企业迫切需要资本。借款人无法展期债务，导致债务违约及企业破产。

· 这一过程导致并加剧经济萎缩。

当然，这一过程在达到极点时将会再次发生逆转。因为贷款或投资的竞争性较弱，所以使得高收益与高信誉成为可能。为了获取高收益，逆向投资者会在这个时候投入资本，有吸引力的潜在收益开始吸引资本。这样，经济复苏得到推动。

克里斯托弗·戴维斯：你再一次得到了较高收益和较低风险。

我在前面提到过，周期具有自我修正的能力。信贷周期通过上述过程来自我修正，而信贷周期是驱动经济周期波动的因素之一。繁荣导致扩大借款，扩大借款导致轻率借款，轻率借款导致巨大损失，巨大损失导致借款人停止借款，停止借款导致繁荣结束，如此循环往复……

当下次出现危机的时候，你可以看看身边，也许你能找到一位贷款人。资本提供者的姑息纵容常常为金融泡沫推波助澜。近期有大量关于宽松信贷导致繁荣继而崩溃的著名例子：1989—1992 年的房地产，1994—1998 年的新兴市场，1998 年的长期资本管理公司，1999—2000 年的电影会展业，2000—2001 年的风险投资基金和电信公司。在这些例子中，贷款人和投资者提供了过多的低息贷款，结果导致信贷过度膨胀和大规模亏损。在电影《梦幻之地》中，一个声音告诉凯文·科斯特纳："你建好了，他们就会来。"在金融领域里，只要你提供低息贷款，就会有人去借、去买、去建——通常漫无纪律，并带来不良后果。

《你不能预测，但你可以准备》，2001 年 11 月 20 日

保罗·约翰逊：我再次为这本书所折服，10 年前的备忘录读起来就像最近才写的一样鲜活，这份备忘录就是最好的例子。马克斯用以前的备忘录十分清晰地向

我们展示了，历史总是重复的，或者说，人类有重复历史的倾向。

请注意，这篇写于十几年前的备忘录精确地描述了2007—2008年的金融危机的过程。我之所以能写出这样的话，并不是因为我有预测能力——而是因为我深谙永无止境的基本周期。

乔尔·格林布拉特：了解市场具有周期性规律且最终会自我修正的道理，可以在市场暴跌后寻找低价股时保持些许乐观情绪。

周期循环一再发生，永远不会停止。如果真有那种完全有效的市场，或者人们做的决策完全只靠数字计算而不动感情，那么也许真的会把周期（或者至少是走到极端的周期）驱逐出市场。但是永远不会有这种情况。

经济会有增长和下滑，因为人们的消费支出既会增长又会减少，而消费支出增加或减少，是因为人们对经济因素或者经济体系之外所发生的政治事件和自然事件所做出的情绪反应不同。在经济周期上行阶段，人们会预测未来形势一片大好，从而过度扩大生产设施和增加存货；而当经济掉头下行的时候，这些生产设施和存货会变得过剩，从而增加负担。银行在经济增长良好的时候，会过度慷慨，企业能用很便宜的成本获得很多资金来进行过度扩张；而后来当事情变得不好的时候，银行又会收紧银根，再好的企业也难获得资本。当公司经营状况良好的时候，投资人会对公司的股票做过高估值；而当公司业务遇到困难的时候，投资人又会对公司的股票做过低估值。

塞思·卡拉曼：事实上，这是资本主义的基本特征。商品的过度供应导致价格下跌，利润减少。如果可能，那么商品供应者将停止扩张，开始紧缩。市场经济体制的反馈可以优化社会资源的使用，这是计划经济所不能实现的。

每隔 10 年左右，人们便会断言周期性的结束。他们认为，繁荣期会永无止境滚滚向前，或者不良趋势将得不到遏制。在这个时候，他们谈论的是“良性循环”或“恶性循环”——周期永远自发地朝着某一方向发展。

例如，1996 年 11 月 15 日的《华尔街日报》报道了一个正在逐渐达成共识的观点：“从会议室到起居室，从国家机关到交易场所，一个新的共识正在形成——大而坏的商业周期已经被驯服了。”然而，在那之后的许多年里，真的出现过稳定而缺乏周期性的经济环境吗？1998年的新兴市场危机、2002年的经济衰退以及2008年的金融危机——第二次世界大战以来最严重的衰退，又该做何解释呢？

认为周期性已经结束的信念所体现的思维方式，基于一个危险的前提——“这次是不同的”。这6个字应该令任何了解过去、知道这种错误在不断重演的人心怀恐惧——或许还预示着盈利机会。因此，当出现这种形式的错误时，具有识别它的能力是至关重要的。

我最喜欢的书是一本名为《哦，真的吗？》的小册子，该书编著于1932年，内容是关于大萧条前的商界人士和政治领导人的智慧。从书中来看，即使是在当时，专家们对不受周期约束的经济的预测也从来没有停止过：

- 当前的繁荣是不会中断的。（迈伦·E. 福布斯，皮雅士－雅路汽车公司总裁，1928年1月1日）
- 我不得不对“这个国家的繁荣必须而且必定会在未来减少和消退”的说法发出反对的声音。（E. H. H. 西蒙斯，纽约证券交易所总裁，1928年1月12日）

· 我们不过处在一个将载入史册的黄金时代的起点。（欧文 · T. 布什，布什端子公司总裁，1928 年 11 月 15 日）

· 国家的基本事务……都建立在一个健全而繁荣的基础之上。（赫伯特 · 胡佛总统，1929 年 10 月 25 日）

有时候，当一个上行趋势或下行趋势持续的时间很长并（或）到达极端时，人们开始说“这次是不同的”。他们援引地缘政治、机构、技术或行为的变化，表明“旧规则”已经过时。他们做出投资决策，推断近期趋势。然而，随后的结果却证明了，旧规则仍然适用，周期重新开始。最终，树木没有长到天上，也很少有东西会归零，大多数现象是有周期性的。

《你不能预测，但你可以准备》，2001 年 11 月 20 日

我们的结论是，在多数时间里，未来看上去与过去极为相似，既有上行周期，又有下行周期。足以证明“一切会更好”的最佳时机是存在的，那就是当市场触底、人人都以廉价抛售资产的时候。危险发生在市场创纪录地触及以往从未达到过的高点的时候。这种情况过去有，未来也将会再次发生。

《这次会有不同吗》，1996 年 11 月 25 日

忽视周期，简单地外推趋势，是投资人所做的最危险的事情。投资人的行为经常建立在一厢情愿的想法上：公司现在做得好，投资人就倾向于认为将来会一直这样好下去；投资的资产现在跑赢了市场，投资人就容易认为将来会一直跑赢市场。反过来也是一样的：公司现在做得不好，投资人就容易认为将来它会一直不好下去；投资的资产现在跑输了市场，投资人就容易认为它将来会一直跑输市场。其实，更有可能出现的情况完全相反。

霍华德·马克斯：最危险的事：在一切都运行得很顺利的时候，推算会引入巨大的风险。无论是公司的盈利能力、资本注入、价格上涨或市场流动性，这些被认为可以永远增长的因素，都将不可避免地回归平均值。

菜鸟投资人看到这种现象，也许会相信一些以前从来没有发生过的事情，比如他们认为从此没有周期。但是第二次，甚至第三次经历了周期后，这些投资人吃过亏了，上过当了，有经验了，就应该认识到像周期消失这种事，过去从来没有发生过，将来也永远不可能发生。认识到这一点，投资人以后做投资就有优势了。

下次，当你面对一个以“周期已经中断”为基础而建立起来的交易时，记住，要是你赌周期不会再来，那么你必输无疑。

09

钟摆意识

当形势良好、价格高企时，投资者迫不及待地买进，把所有谨慎都抛诸脑后。随后，当周围环境一片混乱、资产廉价待沽时，他们又完全丧失了承担风险的意愿，迫不及待地卖出。永远如此。

我平生的第二份备忘录写于1991年，几乎通篇内容都和我在那些年里思考得越来越多的一个问题相关：钟摆式摆动的投资者态度与行为。

保罗·约翰逊：从本质上来说，第9章是前面3章与风险相关的内容的扩展，为如何分析当前市场的风险程度提供了非凡的洞见。

证券市场的情绪波动类似于钟摆的运动。虽然弧线的中点最能说明钟摆的“平均”位置，但实际上钟摆停留在那里的时间非常短暂。相反，钟摆几乎始终在朝着或者背离弧线的端点摆动。但是，只要摆动到接近端点时，钟摆迟早必定会返回中点。事实上，正是朝向端点运动本身为回摆提供了动力。

投资市场遵循钟摆式摆动：

· 处于兴奋与沮丧之间。
· 处于值得庆祝的积极发展与令人困扰的消极发展之间。
· 处于定价过高与定价过低之间。

这种摆动是投资世界最可靠的特征之一，投资者心理显示，他们花在端点上的时间似乎远比花在中点上的时间多。

《第一季度表现》，1991年4月11日

13年后，我在另外一篇备忘录里再次详尽地探讨了钟摆问题。我在其中提到，除了前面这些元素，在贪婪与恐惧、看待事物的乐观与悲观、对未来发展有信心与否、轻信与怀疑、风险容忍与风险规避之间，也存在着钟摆式摆动。

最后这一点——对待风险的态度上的摆动，是贯穿许多市场波动的主线。

如前所述，风险规避是理性市场中的重要组成部分，它的钟摆所处的位置尤为重要。不恰当的风险规避是市场出现过度泡沫或严重崩溃的主要原因。认为缺乏风险规避就是泡沫的必然标志有些过于简单化，但并不为过。另一方面，投资者在市场崩溃的时候会恐惧过度。即使价格已经完全反映了悲观情绪、估价已经低得离谱，过度的风险规避也会导致他们仍然不敢买进。

在我看来，贪婪与恐惧的循环是对待风险的态度改变所致。贪婪盛行，意味着投资者具有更安于风险和以获利为目的而承担风险的认知。相反，普遍恐惧则意味着对风险的高度厌恶。学者们认为投资者对待风险的态度是一成不变的，但实际上它的波动性非常大。金融理论很大程度上建立在“投资者更倾向于风险规避”这一假设之上。也就是说，投资者“不喜欢”风险，若要他们承担风险，就必须以更高的预期收益来引诱——贿赂——他们。

从高风险投资中获得可靠的高收益是一对矛盾，但人们有时会忽视这些警告而过分安于风险，从而导致证券价格中包含的风险承担溢价不足以补偿所承担的风险。

总的来说，当投资者对风险容忍过度时，证券价格体现的是更高的风险而不是收益。当投资者过度规避风险时，价格体现出来的收益高于风险。

《良好平衡》，2004 年 7 月 21 日

保罗·约翰逊：马克斯将风险与证券价格/价值直接关联在了一起，一般的金融理论并不会这样做，但投资者理解这一点极为重要。

对待风险的态度是所有钟摆式摆动中最强劲的一个。

事实上，我最近将投资的主要风险归结为两个：亏损的风险和错失机会的风险。大幅消除其中任何一个都是有可能的，但二者是不可能被同时消除的。理想状态下，投资者会使两者达到平衡。但当钟摆摆动到最高点时，一种风险或另一种风险一次又一次地占据上风。举例来说：

- 在2005年、2006年和2007年年初，随着一切进展顺利、资本市场洞开，很少有人预料到损失可能就在眼前。许多必然存在的风险被抛诸脑后，投资者唯一担心的是自己可能会错失机会。如果华尔街推出新的金融神话，如果其他投资者买了而他们没有买，再如果这个神话的确成真了，那么他们可能就会错失先机。既然没有亏损的担忧，他们也就不再看重低价买进、适当的风险溢价或投资者保护。简而言之，他们当时的表现过于积极。
- 随后的2007年年末及2008年，随着信贷危机全面爆发，人们开始担心世界金融体系将彻底崩溃。没有人再为错失机会而忧心忡忡，钟摆已经摆动到了人们只怕赔钱的位置。于是人们开始规避所有哪怕有一点点风险的证券——无论它的潜在收益如何，并转向收益率几乎为零的政府证券。因此在这个阶段，投资者表现得恐惧过甚、卖出过急，投资组合的建仓也过于保守。

塞思·卡拉曼：保罗·艾萨克称之为“无收益风险”。

保罗·约翰逊：二者让我们重温了投资者在2008年金融危机之前所犯下的许多错误。

因此，过去几年里所发生的一切为我们提供了见证钟摆式摆动以及大众如何在错误的时间做错误的事情的清晰机会。当形势大好、价格高企时，投资者迫不及待地买进，把所有谨慎都抛诸脑后。随后，当周围环境一片混乱、资产廉价待沽时，他们又完全丧失了承担风险的意愿，迫不及待地卖出。永远如此。

在我的职业生涯初期，一位经验丰富的投资者告诉过我，牛市有三个阶段。在此与读者分享。

· 第一阶段，少数有远见的人开始相信一切会更好。
· 第二阶段，大多数投资者意识到进步的确已经发生。
· 第三阶段，人人断言一切永远会更好。

不必再浪费时间搜肠刮肚了，他已经说得非常全面了。关键是领悟其中的含义。

> 市场有自身的规律，由投资者的心理变化（而不是基本面改变）所致的市场评估指标的改变，是引起大多数证券的价格出现短期变化的原因。投资者心理的变化也呈钟摆式摆动。
>
> 股票在形势严峻时最便宜。沮丧的前景令投资者裹足不前，只有少数精明勇敢的便宜货猎手愿意建立新的仓位。或许他们的购买行为吸引了某些人的注意，又或许前景变得不再那么令人沮丧，无论如何，市场开始有了起色。

保罗·约翰逊：简短的描述进一步表明了马克斯关于金融危机的观点，短短几句话揭示出成功的投资所面临的挑战。对于普通投资者来说，在经济前景黯淡的情况下进行新的投资是很困难的。然而，正是这样的时刻才会带来最高的潜在收益。

随后，前景似乎变得逐渐明朗起来。人们开始意识到正在发生的进步，成为买家不再是那么难以想象的一件事。当然，随着经济与市场脱离危险，人们买进股票的价格逐渐反映出股票的公允价值。

最后，人们开始被胜利冲昏头脑。受到经济以及企业表现进步的鼓舞，人们开始踊跃地推测未来。人们激动（并且嫉妒）于早期投资者斩获的利润，迫切希望分得一杯羹。他们无视事物的周期性，断言收益将永远存在。这就是我为何喜欢“智者始而愚者终”这句古老谚语的原因。最重要的是，在大牛市的最后一个阶段，人们开始假设繁荣期将永远存在，并愿意以在此基础上确立的价格买进股票。

《你不能预测，但你可以准备》，2001 年 11 月 20 日

霍华德·马克斯：最危险的事：当投资者相信情况只会越来越好的时候，就进入了最危险的阶段。这样的想法毫无意义，但大多数投资者会上当。这就是泡沫产生的原因——反之则会导致崩溃。

在我初次了解牛市三阶段的 35 年之后，在次贷的缺陷已经暴露、人们担心危机将会蔓延全球之后，我总结出了它的对立面——熊市的三个阶段：

> · 少数善于思考的投资者意识到，尽管形势一片大好，但不可能永远称心如意。
> · 大多数投资者意识到势态的恶化。
> · 人人相信形势只会更糟。
>
> 毫无疑问，我们正在迈入这三个阶段中的第二阶段。到处都是坏消息和坏账冲销。越来越多的人意识到新产品、杠杆、衍生品、交易对手风险以及盯市会计准则的内在危害。无法解决的问题似乎越来越多。
>
> 总有一天我们会达到第三阶段。人们对解决问题不再抱任何希望。不过，除非金融世界真的就此结束，否则我们仍然有希望遇到千载难逢的投资机会。重大底部出现在人人都忘记潮水仍会上涨的时候。那就是我们期望的时机。
>
> 《潮退了》，2008 年 3 月 18 日

就在我写下这段话的 6 个月之后，市场已经按部就班地迈入第三阶段。人们认为世界金融体系有彻底崩溃的可能。事实上，崩溃的第一步——雷曼兄弟公司的破产，对贝尔斯登、美林银行、美国国际集团、房利美、房地美、美联银行和华盛顿互惠银行的合并或援助——已经发生了。

这是有史以来最严重的危机，因此投资者比以往任何时候都认同“人人相信形势只会更糟”的第三阶段。与此同时，许多资产类别的钟摆式摆动——从 2008 年下跌到最低点，投资机会出现，再到 2009 年获利——也是有史以来我见过的幅度最大的摆动。

这一阶段的意义在于，为已经认识到正在发生的事件及其影响的人提供了机会。在钟摆的一个极端——最黑暗的极端——人们需要强大的分析力、客观性、决断力乃至想象力，才能相信一切将会更好。少数具备这些能力的人能够在极低风险的基础上获得高额利润。但在另一个极端，当人人开始推测未来、价格永远以不可思议的速度上涨时——令人痛苦的损失已悄然奠定了基础。

一切都是相辅相成的，任何事件都不是孤立的或偶然的。相反，它们都是一定的循环模式的组成部分，是可以掌握并从中获利的。

投资者的钟摆式摆动在性质上与第 8 章所描述的经济与市场周期的上下波动极为相似。出于某种原因，我对二者做了区分，并以不同的术语称呼它们。但事实上它们同样重要，主要的经验教训也是一样的。这得益于我在

1991年写下第一篇关于钟摆的备忘录之后近20年的经验积累，我想在这里重新表述一下我对于钟摆的认识：

· 理论上，恐惧与贪婪是两个极端，多数时候钟摆应处于两极之间，但它在中点停留的时间并不长。

乔尔·格林布拉特：这意味着，无论是现在还是以后，市场总会创造机会。在机会较少的市场里，耐心很重要。价值机会终究会被正确地体现，通常不会超过一至两年。

· 投资者心理是主要因素，在它的影响下，钟摆通常处于摆向端点或从端点摆回的过程中。
· 钟摆不可能永远朝向某个端点摆动，或永远停留在端点处（尽管摆幅越接近最大时，人们越倾向于将之视为永恒状态）。
· 与钟摆类似，投资者心理朝向某个极端的摆动，最终会成为促进反方向回摆的力量。有时，积聚的能量本身就是回摆的原因——也就是说，钟摆朝向端点摆动时，会受到自身重力的修正。
· 自端点摆回的速度通常更快——因此，比朝向端点摆动的时间要短得多。（或者像我的合伙人谢尔顿·斯通常说的：“气球泄气比充气快得多。”）

在多数市场现象中，类钟摆模式是明确存在的。不过，正像周期的波动一样，我们永远不会知道——

· 钟摆摆动的幅度。
· 令摆动停止并回摆的原因。
· 回摆的时机。
· 随后朝反方向摆动的幅度。

在牛市阶段……为了维持统治地位，环境必须具备贪婪、乐观、繁荣、自信、轻信、大胆、风险容忍和积极的特征，但是这些特质不会永远统治市场。最终，它们会让位于恐惧、悲观、谨慎、疑惑、怀疑、警惕、风险规避和保守……崩溃是繁荣的产物。我相信，把崩溃归因于过度繁荣而不是引发市场回落的特殊事件，通常来说更为合适。

《现在又如何》，2008 年 1 月 10 日

我们能够肯定的事情之一，是极端市场行为会发生逆

转。相信钟摆将朝着一个方向永远摆动——或永远停留在端点的人，最终将损失惨重。了解钟摆行为的人则将受益无穷。

10

抵御消极影响

得到更多的渴望、担心错过的恐惧、与他人比较的倾向、群体的影响以及对胜利的期待——这些因素几乎是普遍存在的。因此，它们对大多数投资者和市场都有着深远的影响。结果就是错误——频繁的、普遍的、不断重复发生的错误。

这极好地描述了大多数投资者面对牛市时的压力——正如马克斯所指出的，很少有人能对此免疫。

保罗·约翰逊

无效性——错误定价、错误认知以及他人犯下的过错——为优异表现创造了机会。事实上，利用无效性是保持卓越的唯一方法。为使自己与他人区别开来，你应该站在与那些错误相反的一边。

为什么会产生错误？因为投资是一种人类行为，而人类是受心理和情感支配的。

克里斯托弗·戴维斯：心理与反常情绪能够影响机构投资者做出消极的决策。

许多人具有分析数据所需的才智，但是很少有人能够更加深刻地看待事物并承受巨大的心理压力。换句话说，很多人会通过分析得出相似的认知结论，但是，因为各自所受的心理影响不同，他们在这些结论的基础上所采取的行动各不相同。最大的投资错误不是来自信息因素或分析因素，而是来自心理因素。投资心理包括许多独立因素，本章将一一进行探讨。但要记住的关键一点是，这些因素往往会导致错误决策。它们大多归属“人性”之列。

霍华德·马克斯：心理作用对投资者有着巨大的影响。大多数崩溃来自投资者心理造成的市场波动。当这些力量推动市场至泡沫过度或崩溃时，就会为拒绝高价持有、坚持低价买进的顶尖投资者创造更高的盈利。抵制这种负面力量是有必要的。

第一种侵蚀投资者的成就的情感是对金钱的渴望，尤其是当这种渴望演变成贪婪的时候。

大多数人投资的目的就是赚钱。（有些人将投资视为一种智力训练，或将投资视为显示自身竞争力的手段，而对他们来说，金钱也是衡量成功的标准。金钱本身可能不是所有人追求的目标，但它是人们拥有的财富的计量单位。不在乎钱的人通常是不会进行投资的。）

努力赚钱并没有错。事实上，对利润的渴望是驱动市场及整体经济运转的最重要因素之一。危险产生于渴望变成贪婪的时候。对于贪婪，韦氏词典将其定义为“对财富或利润过度的或无节制的、通常应受谴责的占有欲”。

贪婪是一股极其强大的力量。它强大到可以压倒常识、风险规避、谨慎、逻辑、对过去的教训的痛苦记忆、决心、恐惧以及其他所有可能令投资者远离困境的要素。反之，贪婪时常驱使投资者加入逐利的人群，并最终付出代价。

贪婪与乐观相结合，令投资者一次又一次地追求低风险高收益策略，高价购进热门股票，并在价格已经过高时抱着增值期望，继续持股不放。事后人们才发现问题所在：期望是不切实际的，风险被忽略了。

《化后知后觉为先见之明（或他们在想什么）》，

2005 年 10 月 17 日

与贪婪相对应的是恐惧——我们必须考虑的第二个心理因素。在投资领域，这个词并不代表理性的、明智的风险规避。相反，恐惧就像贪婪一样，意味着过度。因此恐惧更像恐慌。恐惧是一种过度忧虑，妨碍了投资者采取本应采取的积极行动。

在我的职业生涯中，我一直惊讶于人们为何那么轻易就自愿终止怀疑。因此，我要讨论的第三个因素就是人们有容易放弃逻辑、历史和规范的倾向。这种倾向使得人们愿意接受任何能让他们致富的可疑建议……只要说得通就行。对此，查理 · 芒格引用德摩斯梯尼的一句话做了精彩的点评：“自欺欺人是最简单的，因为人总是相信他所希望的。”相信某些基本面限制因素不再起作用，因而公允价值不再重要的信念，是每一个泡沫以及随之而来的崩溃的核心。

在小说中，自愿终止怀疑为我们增添了乐趣。在看《小飞侠》时，我们不想听到坐在旁边的人说“我能看到那些线”（即使我们知道线就在那儿）。虽然知道小男孩不会飞，但是我们不关心这些，我们坐在那里纯粹是为了娱乐。

但投资的目的是严肃的，容不得玩笑，我们必须持之以恒地警惕在现实中无效的东西。简而言之，在投资的过程中需要大量的怀疑……怀疑不足会导致投资损失。在事后剖析金融灾难的时候，有两句话屡次出现：“好到不像真的”和“他们在想什么”。

《化后知后觉为先见之明（或他们在想什么）》，

2005 年 10 月 17 日

是什么让投资者迷上这样的错觉呢？答案通常是，投资者往往在贪婪的驱使下，轻易地摒弃或忽略了以往的教训。用约翰·肯尼斯·加尔布雷斯的话来说，是“极端短暂的金融记忆”使得市场参与者意识不到这些模式的复发性与必然性：

当相同或者相似的情况再次发生时（有时仅仅相隔几年），它们通常会被年轻的、永远超级自信的新一代当作金融领域以及更广阔的经济领域的创新发现而受到追捧。在人类的活动领域内，历史的作用可能很少像在金融领域内这样无足轻重。既往经验作为记忆的一部分，被斥为“缺乏敏锐洞察力、认识不到当前令人难以置信的奇迹的人们的原始避难所”而遭到摒弃。（约翰·肯尼斯·加尔布雷斯,《金融狂潮简史》，纽约：维京出版社，1990）

乔尔·格林布拉特：我犯过的许多错误都是以前犯过的同样的错误——它们每次看起来都略有不同，其实只是同样的错误改头换面而已。

对于人们逐渐深信不疑的、能够带来无风险高回报的、万无一失的投资——必然的成功或免费的午餐——很有进一步探讨的必要。

当市场、个体或一种投资技术获得短期高额收益时，它通常会吸引人们的过度（盲目）崇拜。我将这种获得高额收益的方法称为“银弹”。

投资者永远在寻找银弹，也称其为“圣杯”或“免费的午餐”。人人都想要一张无风险致富的门票。很少有人质疑它是否存在，或者为什么他们应该得到。无论如何，希望永远在滋生。

然而银弹并不存在，没有任何策略能够带来无风险的高收益率。没有人知道所有答案，我们只是人而已。市场是不断变化的，并且就像许多其他的事物一样，获得意外利润的机会是随着时间的推移而减少的。相信银弹存在的信仰终会导致灭亡。

《现实主义者的信条》，2002 年 5 月 31 日

乔尔·格林布拉特：记住，如果理论（像谣言一样）缺乏这一事实基础，一开始就不会有人相信它。

是什么促成了银弹信仰呢？最初，通常存在一定的事实基础，这一事实被发展成冠冕堂皇的理论，信徒们开始四处游说。随后，这一理论带来了短期利润，无论是因为理论本身确有一定价值，还是仅仅因为新信徒的购买行为推高了目标资产的价格。最后会出现两种表象：第一，存在一种获得必然财富的方法；第二，方法的效力引发狂热。就像沃伦·巴菲特于2010年6月2日在国会上所说的那样："居高不下的价格就像是一剂麻醉剂，影响着上上下下的

推理能力。”但在事后——爆发之后——这种狂热被称为“泡沫”。

第四个造成投资者的错误的心理因素是从众（即使群体共识存在显而易见的荒谬），而不是坚持己见的倾向。在《市场是怎么失败的》一书中，约翰·卡西迪描述了斯沃斯莫尔学院的所罗门·阿希教授在20世纪50年代所做的经典心理实验。阿希请被测试组对看到的情况做出判断，但是在每组中只有一个人是被测试对象，其他人都是托儿。卡西迪解释说：“这样的设置将真正的被测试对象置于两难境地，正如阿希所说，‘我们对他施加了两种相反的力量——他自己的感觉，以及同组人一致的群体意见’。”

真正的受测对象忽略自身所见与同组人保持一致的比值很高，即使其他人明显是错误的。这个实验显示了群体的影响力，它启发我们，应该对群体共识的正确性持保留态度。

“就像所罗门·阿希的视觉实验中的参与者一样，”卡西迪写道，“许多不赞同市场共识的人会感觉受到了排斥。最终，真正疯狂的是那些不懂市场的人。”

从众的压力和赚钱的欲望一次又一次地致使人们放弃了自己的独立性和怀疑精神，将与生俱来的风险规避意识抛诸脑后，转而去相信毫无意义的东西。这种情况发生得非常频繁，因此一定是某些固有因素而不是随机因素在起作用。

第五个心理影响因素是嫉妒。无论贪婪的负面力量有多大，它还有激励人们积极进取的一面，与之相比，与别人相比较的负面影响更胜一筹。这就是我们所谓的人的天性中危害最大的一个方面。

一个在孤立环境下感觉快乐的人，当他看到别人做得更好时，可能会变得痛苦不堪。在投资领域中，投资者在面对别人赚钱比自己多这一事实时，大多难以坐视不管。

> 霍华德·马克斯：情绪与自负：许多投资的驱动因素是具有可比较性的。如果别人做得更好，那么高收益也不会令人满意，而如果别人做得更坏，那么低收益往往就能使人知足。这种比较的倾向是最有害的，强调相对收益而不是绝对收益体现了心理对投资过程的扭曲。

我知道这样一家非营利机构，它从1994年6月到1999年6月的捐赠基金的年收益率是16%，但是同行23%的年均收益率令该机构的投资者沮丧不已。

塞思·卡拉曼：即使是最好的投资者都会以收益来评判自己。用风险来进行评判很难，因为风险无法衡量。显然，这个捐赠基金的投资经理们善于利用风险规避，不过他们对于获得的相对收益却很失望，尽管从他们在接下来三年的表现来看，他们的风险调整后业绩可能相当不错。这突出了在短期业绩被认为不佳的情况下，投资者保持长期信念的不易。

没有任何成长股、科技股、收购以及风险投资的捐赠基金在5年的时间里发展滞后。而随着科技股崩盘，从2000年6月到2003年6月，这家机构只有3%的年收益率（同期的捐赠基金大多出现亏损），股东们反而兴高采烈起来。

这样的结果肯定有问题。人们怎么可能因为每年赚16%而不开心，赚3%反倒高兴呢？答案是我们都有与别人进行比较的倾向，这种倾向会对本应是建设性、分析性的投资过程产生不利影响。

乔尔·格林布拉特：这一点极为重要。大多数机构投资者和个人投资者会比较他们的收益，因此他们大多以从众而告终：搞错重点了。

第六个关键影响因素是自负。在下列事实面前保持客观和审慎具有极大的挑战性：

· 进行短期投资业绩的评价和比较。
· 在繁荣期，轻率甚至错误地承担更大风险的决策往往能够带来最好的收益（我们在大部分时间里都处于繁荣期）。
· 最好的收益带来最大的自我满足。如果事情确实如愿发展，那么自认聪明并得到别人的认可是一件很开心的事。

霍华德·马克斯：情绪与自负：投资（特别是糟糕的投资）是一个满是自负的世界。由于风险承担在上升的市场中能够获得回报，自负能够令投资者采取积极的行动，以期通过高企的业绩彰显自己。但是据我所知，最好的投资者寻求的都是最好的风险调整后收益……而不是名声。在我看来，成功投资之路往往以谦卑而不是自负为特征。

相比之下，善于思索的投资者会默默无闻地辛勤工作，在好年份里赚取稳定的收益，在坏年份里承担更低的损失。

他们避开高风险行为，因为他们非常清楚自己的不足并经常自省。在我看来，这是创造长期财富的最佳准则——但是，在短期内不会带来太多的自我满足。谦卑、审慎和风险控制路线并不那么光鲜亮丽。当然，投资本不应与魅力搭边，但它往往是一种富有魅力的艺术。

最后，我要探讨一种我称之为“妥协”的现象，一种通常出现在周期后期的投资行为特征。投资者会尽他们的最大努力坚持自己的信念，但当经济和心理压力变得无法抗拒时，他们会放弃并跟风。

一般来说，踏入投资业的人都聪明过人、学识丰富、见多识广并精于计算。他们精通商业和经济的微妙之处，也了解复杂的理论。多数投资者都能够得到关于价值和前景的合理结论。

但是，还有心理因素和群体影响的介入。在大多数时间里，资产被估价过高并持续增值，或者被估价过低并持续贬值。最终，这种倾向会对投资者的心理、信念和决心造成不利影响。你舍弃的股票别人却因此获利，而你买进的股票在日益贬值，你认为危险或者愚蠢的概念——热门新股、无收益的高价科技股、高杠杆的抵押贷款衍生品——日复一日地被宣扬和传播。

随着定价过高的股票走势更好，或者定价过低的股票持续下跌，正确的做法变得更加简单：卖掉前者，买进后者。但是，人们不会这样做。自我怀疑的倾向与别人成功的传闻混杂在一起，形成了一股使投资者做出错误决定的强大力量，当这种倾向的持续时间增加时，其力度也会增大。这是另外一种我们必须对抗的力量。

> 霍华德·马克斯：害怕看错：资产定价过高是由于投资者过高估计并推高资产价值的行为所致。这一过程会一直持续下去，直到价格涨到“恰当”水平或者当你感觉定价过高将它卖出。通常列车会继续向前冲出很远，最初的价格判断看起来更像是错误的而不是正确的。这可以理解，但是难以忍受。

得到更多的渴望、担心错过的恐惧、与他人比较的倾向、群体的影响以及对胜利的期待——这些因素几乎是普遍存在的。因此，它们对大多数投资者和市场都有着深远的影响。结果就是产生错误——频繁的、普遍的、不断重复发生的错误。

> 霍华德·马克斯：情绪与自负：大多数导致泡沫或崩溃的波动都以事实为基础，通常还有合理的分析……

至少在最初是这样的。但是，心理因素导致结论中含有错误的因素，而市场在实践结论的道路上走得太远。巨大的市场亏损源于心理偏差而不是分析失误。

这么多并且可能不适用于你的理论是否对你有所触动呢？我真心希望你是对的。我的结论是，理性者有可能屈服于情感的破坏性力量。为了打消你对这句话的疑虑，让我提醒你四个字：科技泡沫。之前我提到过在投资者无视价值与价格之间合理关系的疯狂时期都发生了什么。是什么令投资者放弃了常识？是我们一直在这里谈论的某些情感：贪婪、恐惧、自欺、自负，让我们回顾一下当时的情况，看一看心理在其中是如何起作用的。

20 世纪 90 年代是股市的全盛期。当然也有表现不好的日子或月份，以及像 1994 年大幅加息这样的打击，但是标准普尔 500 股票指数从 1991 年到 1999 年（包括 1991 年和 1999 年）每年都有盈利，年平均收益率高达 20.8%。这样的结果足以让投资者产生乐观情绪，欣然看涨。

在最初几年里，成长股的表现比价值股略好——可能是已经在 80 年代取得良好业绩的价值股冲高回落所致——同样提升了投资者高度重视公司成长潜力的意愿。

投资者为技术创新着迷。宽带、互联网和电子商务的发展似乎有改变世界的可能，科技企业家和电信企业家受到追捧。

科技股上涨，吸引更多人买进，股价继而进一步上涨，像往常一样表现为不可阻挡的良性循环进程。

在多数牛市中，貌似合乎逻辑的理论都或多或少起着一定的作用，以下理论也不例外：因为公司表现好，所以科技股的表现将胜过其他股票。更多的科技股将被纳入股指中，它们在经济中的重要性将不断提高。指数基金和模仿指数的隐蔽型指数基金将买入更多的科技股，积极投资者也将跟进。更多的人会制订 401（k）养老计划，所以 401（k）投资者将会提高投资组合中股票的比重，以及科技股在股票中的比重。因此，科技股必须上涨，而且上涨速度必须超过其他股票，只有这样才会继续吸引更多人来购买。所有现象都是短期内实际发生了的事实，助长了人们对这一理论的轻信。

IPO（首次公开募股）的科技股在发行首日就上涨数十甚至数百个百分点，十足一副必胜者的姿态。寻求准备 IPO 的公司成为一股普遍的狂热。

从心理学的角度来讲，IPO时发生的一切特别具有蛊惑性。大致情形如下：办公室里坐你隔壁的家伙告诉你，他在买一家准备IPO的公司的股票。你询问这个公司是干什么的。他回复“不知道”，但是他的经纪人告诉他，发行首日股价会翻番。你说：“这很荒谬。”一星期后他告诉你，他的股票没有翻番……而是变成了原来的三倍，但他仍然不知道这个公司是干什么的。几次之后，这个过程开始变得令人难以抗拒。你知道这毫无道理可言，但是你不想继续让人感觉你像个智力障碍者似的。典型的妥协表现是接下来在某公司IPO时，你买进了几百股……并且因为你这样的新买家的买入行为，这把火有越烧越旺的势头。

投资了成功的创业企业的风险投资基金吸引了高度关注和大量资金。谷歌上市那年，为它提供种子资金的风投基金上涨了350%。

科技股投资者的智慧得到了媒体的盛赞。受经验和怀疑的限制最少的人——因而也是赚钱最多的人——大多30岁出头，甚至有的才20多岁。从来没有人指出，他们的成功也许只不过是受益于非理性市场，而不是因为他们绝顶聪明。

还记得我前面关于所有的泡沫都始于事实的见解吗？

在这个例子中，科技的巨大潜力就是事实的种子，随之而来的看涨理论为之添加了肥料，正在进行并且看似永不停息的价格上涨则进一步推波助澜。

> 当然，所有对科技、电子商务和电信股票的狂热追捧，都源自这类公司改变世界的潜力。我丝毫不怀疑这些进步正在彻底改变着我们所熟知的生活，也丝毫不怀疑它们将会使世界截然不同——哪怕仅仅是与几年前相比。挑战在于指出它们中的哪一个是制胜投资，以及它们现在的实际价值如何……
>
> 现在说科技、互联网和电信即将盛极而衰好比螳臂当车，但我必须告诉你的是，它们已经从巨大的繁荣中受益，你应抱着怀疑的态度审视它们。
>
> 《网络科技泡沫》，2000 年 1 月 3 日

在写下2000年1月的备忘录之后不久，不堪重负的科技股甚至在没有任何引发下跌的外部事件的情况下开始崩溃。忽然之间，股价过高亟须调整的事实明朗起来。每当投资热过气的时候，《华尔街日报》就会用一张表格来显示由此造成的损失，典型股票通常会跌90%或更多。在科技泡沫破灭的时候，表格上显示的损失在99%以上。自大

萧条后，综合股价指数首次遭遇为期三年的衰退，而科技股——以及整体股票市场——看上去不再有任何特别之处。

回顾过去的10年，我们看到，科技发展的确已经改变了世界。成功企业有着巨大的价值，报纸和CD等行业受到了深远影响。但同样显而易见的是投资者在泡沫中往往置常识而不顾，他们忽略了很多事实：并不是所有的公司都会成功，股市会有漫长的震荡过程，提供免费服务难以盈利，以高市售率（因为没有利润，所以不能用市盈率）定价的亏损公司的股票有着巨大的风险。

乔尔·格林布拉特：我想起了巴菲特关于航空业经济的金句。航空业是一项伟大而有价值的创举，但并不意味着它就是一个好生意。巴菲特说过，一个真正的资本家会在威尔伯降落于基蒂霍克时，就为航空业的资本破坏史写下一笔。

贪婪、兴奋、不理性、丧失怀疑以及忽视价值，令人们在科技泡沫中损失惨重。此外，它还使许多聪明过人、训练有素的价值投资者在泡沫破裂前看起来愚蠢不堪（当然，泡沫最终还是破裂了）。

霍华德·马克斯：最危险的事：乐观的感觉——有时

被称为“非理性的动物精神”——是过高估计资产价值的主要原因。训练有素的价值投资者在一开始看起来像是悲观主义者、爱抱怨、顽固不化……最后，事实证明他们才是能够规避损失的少数人。

避免在泡沫中赔钱的关键是，当贪婪和人为错误导致积极因素被高估、消极因素被忽视时，拒绝跟风。做到这一点并不容易，因此弃权的人并不多。同理，对于在暴跌中恐惧过度的投资者来说，关键是避免卖出——也许更恰当的做法是买进。（这一点提醒了我。需要指出的是，泡沫可以自行产生，不一定是崩溃的必然结果，但崩溃一定是泡沫的必然结果。）

对于大多数人来说，在科技泡沫时期，抵制买进的诱惑很难；在信贷危机全面爆发时，抵制卖出的欲望更难——此时买进的难度还要更胜一筹。在牛市中没有买进的最坏结果不过是你看起来有些落后并且要付出机会成本。但在2008年大崩溃时，没有卖出的后果则是无尽的损失，世界末日仿佛真的有可能降临。

霍华德·马克斯：情绪与自负：拒绝加入从众犯错的队伍——就像是在投资领域的其他方面那样——需要

控制好情绪和自负。这是最困难的事，但其带来的回报却十分可观。仅凭精通投资中的人性之道并不足以获得成功，一旦能与熟练的分析结合起来，则会得到丰厚的收益。

那么，投资者究竟要如何对待这些促使他们做出愚蠢投资的心理冲动呢？首先，认识它们，这是我们获得战胜它们的勇气的第一步。其次，要认清现实。认为自己对本章中所描述的影响因素免疫的投资者会将自己置于危险境地。如果这些因素对别人的影响足够大到改变整个市场，那么凭什么它们不会影响你？如果一个牛市强大到可以令成年人无视过高的估价甚至承认永动机的可能性，那么凭什么它不会对你产生同样的影响？如果一个无限损失的故事恐怖到令别人廉价抛售，那么又有什么能阻止它不令你做同样的事情？

相信我，在别人都在买进、专家态度乐观、上涨理由充分、价格不断飙升、承担最高风险的人不断获得巨额收益的鼎盛期，抵制买进是很难的（卖出更难）。相反，在股市跌入谷底、持股或买进似乎会带来全盘损失的时候，抵制卖出也是很难的（买进更难）。

霍华德·马克斯：害怕看错：记住，你并不会因为闭塞而犯错。资产会因为他人的行为而难以掌控。你或许会有一段时间看起来是错误的，而群体成员似乎（或感觉）是正确的。将自己与他人进行过多的比较是一种侵蚀意志的过程——虽然这是天性使然——而且，这也会给你施加过多的压力。

与本书中描述的其他事情一样，简单的解决方案是不存在的：没有告诉你市场已经摆向非理性极端的公式，没有保证你永远做出正确决策的完美工具，也没有保护你不受消极情绪影响的魔法药丸。正如查理·芒格说的："没那么简单。"

那你该用什么样的武器来提高自己的胜算呢？以下是在橡树资本管理公司中行之有效的方法：

·对内在价值有坚定的认识。

乔尔·格林布拉特：没有这一点，一个投资者便无以立足。内在意义的重要价值在于，它是可以抵挡心理因素对行为造成影响的唯一方法。那些未能评估公司或安全水平的投资者不会拥有成功的商业投资或前景

（除非是走运）。这听起来很简单，但是大多数的投资者都会欠缺。

- 当价格偏离价值时，坚持做该做的事。
- 足够了解以往的周期——先从阅读和与经验丰富的投资者交谈开始，之后通过经验积累——从而了解市场过度膨胀或过度萎缩最终得到的是惩罚而不是奖励。
- 透彻理解心理因素对极端市场投资过程的潜在影响。
- 一定要记住，当事情看起来“好得不像是真的”时，它们通常不是真的。
- 当市场错误估价的程度越来越深（始终如此）以至于自己貌似犯错的时候，愿意承受这样的结果。
- 与志趣相投的朋友或同事相互支持。

这些方法并不一定奏效，但它们能够赋予你可以一搏的机会。

11

逆向投资

在别人沮丧地抛售时买进、在别人兴奋地买进时抛售都需要最大的勇气，但它能带来最大的收益。

约翰·邓普顿爵士

我只能用一个词来描述大多数投资者——趋势跟踪者，而杰出投资者恰恰相反。希望到目前为止我已经令你相信，卓越投资需要第二层次思维——一种不同于常人的更复杂、更具洞察力的思维方式。从定义上来看，大多数投资者不具备这种思维能力，因此成功的关键不可能是群体的判断。某种程度上来说，趋势、群体共识是阻碍成功的因素，雷同的投资组合是我们要避开的。由于市场的钟摆式摆动或市场的周期性，所以取得最终胜利的关键在于逆向投资。

沃伦·巴菲特的建议的精髓："别人对自己的事务越不慎重，我们对自己的事务则越应慎重。"他鼓励我们采取和别人相反的行动：做逆向投资者。

保罗·约翰逊：逆向投资是成功的价值投资者所具备的重要技能。然而，我发现经验是培养这种技能的最重要因素。逆向投资是教学中的一个挑战。

与其他人做同样的事情会将你置于波动状态之中，这种波动有时会因他人及你自身行为的影响而过度。跟着人群蜂拥逃离悬崖当然是不可取的，但是我们需要极好的技巧、洞察力以及纪律才能避免这种情况的发生。

《现实主义者的信条》，2002 年 5 月 31 日

群体错误的逻辑性是明确的，甚至几乎是可以测算的：

· 市场会发生剧烈的摆动，从牛市到熊市，从估价过高到估价过低。

· 市场走势受群体（人群或大多数人）行为的驱动。牛市出现于更多的人想成为买家而不是卖家，或买家比卖家更为活跃的时候。随着人们从卖家转变为买家，或买家活跃度的进一步提高、卖家活跃度的进一步降低，市场开始上涨（买家不占据主导地位，市场就不会上涨）。

保罗·约翰逊：这是一种关键的洞察力，能够使逆向投资对投资者自己有利。

· 市场极端代表着拐点，出现于牛市或熊市达到巅峰时。比方说，当最后一个希望成为买家的人成为买家的时候，市场就会到顶。既然在到顶时，所有买

家都已经加入了看涨群体中，那么牛市就不会进一步上涨，市场也已高到了它能够达到的极限。此时买进或持有都很危险。

- 因为再也没有看涨的人，市场停止了上涨。如果次日有一个人从买家转变成卖家，那么市场就会下跌。
- 因此，在达到由群体的信念所创造出来的市场极端时，大多数人都是错的。
- 因此，投资成功的关键在于逆势而行：不从众。那些意识到他人错误的人可以通过逆向投资而获利丰厚。

我们常常看到狂热的买家或恐慌的卖家，匆忙地买进或急迫地卖出，过热的市场或冰冷的市场，以及高得过分的价格或低得离谱的价格。可想而知，市场和投资者的态度与行为只在中点停留很短的时间。

这对我们的行为有何影响？从众并在周期处于极端的时候加入市场中，显然对你的金融状况极为不利。市场的高点产生于狂热的买家占据上风、价格被推到难以超越的高度的时候。市场的低点出现于恐慌的卖家占据上风、急于以过后看来严重偏低的价格抛售资产的时候。

“低买高卖”是一句古老的名言，但是被卷入市场周期中的投资者却常常反其道而行之。正确的做法应该是逆向投资：在人们恐慌时买入，在人们追捧时卖出。“千载难逢”的市场极端情况似乎每隔10年左右便会出现一次——这还不够频繁，以至于投资者很难以利用市场极端获利为业。但是，尝试这样去做应该是所有投资方法的重要组成部分。

乔尔·格林布拉特：我热衷于这个想法。市场出现极端情况（或者是更准确的说法——机遇）的可能性会大于合理情况。你绝不会在这些情况中发生触底或触顶，而它们则是痛苦和困难的源头。

不要认为这很简单。当价格显著偏离内在价值时，你需要有感知的能力。你必须有足够的意愿去挑战传统智慧，抵制“市场永远有效因而永远正确”的神话。你需要为这种果断行为打下基础，你必须得到拥护者的理解和支持。期待胜利却没有足够的时间安然度过极端期的你将会成为最典型的市场受害者：一个6英尺高的人淹死在平均5英尺深的小河里。但是，如果你对市场的钟摆式摆动保持警惕，你就有可能认出那些偶尔出现的机会。

《良好平衡》，2004年7月21日

乔尔·格林布拉特：巴菲特和马克斯有一个伟大的观点。从长期看来，市场会自动走向正确。但是，在看到长期之前，你必须得在短期内幸免于难。

接受逆向投资概念是一回事，把它应用到实际中则是另一回事。首先，我们永远不知道市场的钟摆能摆多远，也不知道它在发生逆转的时候会向反方向摆多远。

其次，我们可以肯定的是，一旦市场达到极端，它最终会摆回（或超过）中点。认为市场会沿着同一方向永远摆动或者到达端点时便会停留在那里的投资者必定会失望。

最后，由于影响市场的各种因素的易变性，没有任何工具（包括逆向投资）是完全靠得住的。

· 逆向投资并不是一种让你永远稳赚不赔的方法。在大多数情况下，没有值得下注的过度市场。

乔尔·格林布拉特：我是这样来看待它的：虽然没有人能够穿越高速公路上的迈克卡车车流，但这并不表示你不能够这样做。

·即使市场过度发展，你也要记住，“估价过高”与“明天就会跌”是截然不同的。

·市场可以被高估，也可以被低估，并且能够将这种状态维持一段时间甚至若干年。

·不利走势会令人非常痛苦。

塞思·卡拉曼：在这里，牢记格雷厄姆与多德的教诲是十分重要的。如果你试图在市场中寻找一份报告，而持有的股票每天都在下跌就会让你有一种挫败感。但是，如果你对投资尚存兴趣，那么你会感觉自己是在以较大的折扣购买被低估的资产。也许，你只需保持积极的心态。这正是沃伦·巴菲特对1973—1974年熊市期间关于抄底的论述。

·有“人人”都得出“大众是错误的”这一结论的时候。我的意思是，逆向投资本身会变得过于热门，从而有可能会被误以为是群体行为。

· 最后，仅仅做与大众相反的投资是不够的。考虑到刚刚提到的逆向投资的各种困难，你必须在推理和分析的基础上，辨别如何脱离群体思维才能获利。你必须保证自己在进行逆向投资的时候，不仅知道它们与大众的做法相反，还知道大众错在哪里。只有这样你才能坚持自己的观点，在立场貌似错误或损失远高于收益的时候，才有买进更多的可能。

大卫·史文森是耶鲁大学捐赠基金的管理人。耶鲁的投资表现一直相当出色，这与过去20多年里史文森对捐赠基金投资的杰出影响是分不开的。自20世纪80年代执掌耶鲁大学捐赠基金起，他极不寻常的思维方式逐渐成为捐赠基金的业内准则。他对逆向投资的困难有着精彩的阐述。

> 投资成功需要坚定的立场，即使它因为与群体共识存在分歧而令人不安。轻率的承诺将招致失败，会将投资组合经理暴露于高买低卖的双重危险之下。投资者只有具备来自强健决策程序的果断决策的自信，才能卖出过度投机的股票，买进估价过低的股票。

积极管理策略需要传统机构采取非传统的做法，这是一种很少有人能够解释清楚的悖论。建立并维持非传统的投资组合需要有接受令人不安的特殊投资组合的能力，即使它在拥有传统智慧的人的眼中往往显得轻率透顶。

《投资组合的创新管理》，2000 年

保罗·约翰逊：这就是听从马克斯的建议后，所能获得的丰厚回报。

最终获利最高的投资行为，是我们所定义的逆向投资：在所有人卖出时买进（因而价格很低），或者在所有人买进时卖出（因而价格很高）。正如史文森所说，这种行为是孤独并且令人不安的。怎么知道它的对立面——大众行为——是令人安心的呢？因为大多数人都在那样做。

霍华德·马克斯：害怕看错：在这里有一些特定的形容词——非制度化的、特殊的、轻率的、一意孤行的、不适的，它们为挑战是如何巩固非共识看法提供了注解。但是，只要能够获得优异的表现，这样做是绝对有必要的。

我发现投资最有趣的一件事是它的矛盾性：最显而易见、人人赞同的事，最终往往被证明是错误的。

我不是说公认的投资智慧无效。现实更加简单、更加系统化：多数人并不了解产生巨大收益潜力的投资进程。

显而易见的投资者共识几乎总是错的……投资背后群体意识的凝聚，往往会消弭其潜在的利润……比如，一项“人人”都认为很好的投资。在我看来，单从定义来讲，它就不可能是这样的。

乔尔·格林布拉特：这非常简单，而且十分睿智。

· 如果人人都喜欢它，那么可能是因为它一直表现良好。多数人倾向于认为，迄今为止的优异表现能够预示未来的优异表现。事实上，迄今为止的优异表现往往是因为借用了未来的概念，因此它预示着较差的未来表现。

· 如果人人都喜欢它，那么很有可能它的价格已经高到受人追捧的水平，增值空间可能相对较小。（当然，从“估价过高”到“估价更高”是有可能的，但我并不指望这种情况会发生。）
· 如果人人都喜欢它，那么很有可能这一领域已经被彻底发掘过——资金流入已经过多——便宜货也所剩无几了。
· 如果人人都喜欢它，那么一旦群体心理改变并寻求离场，就会面临价格下跌的显著风险。

杰出投资者能够识别并买进价格低于实际价值的股票。只有当多数人看不到投资价值的时候，价格才会低于价值。约吉·贝拉有一句名言：“没有人愿意再光顾那家餐馆了，因为它太挤了。”这就像是在说“人人都意识到那是一只特价股”一样毫无意义。如果人人都意识到这一点，他们就会买进，在这种情况下，价格就不再低廉……买进人人喜欢的股票不会赚大钱，而买进被大众低估的股票才会赚大钱……

简而言之，杰出投资有两个基本要素：

· 看到别人没有看到或不重视的品质（并且没有反映在价格上）。

· 将这种品质转化为现实（或至少被市场接受）。

通过第一点应明确的是，杰出投资的进程始于投资者的深刻洞察、标新立异、特立独行或早期投资。这就是为何成功投资者大多都很寂寞的原因。

《人人都知道》，2007 年 4 月 26 日

2007—2008 年的全球信贷危机是我见到过的最大的崩溃。需要我们从中学习的教训很多，因此我在不止一章中对它进行了多方位的探讨。对我来说，这个教训让我有了新的理解：怀疑论也需要逆向思维。我不是一个经常顿悟的人，但是在怀疑论这个问题上，我确有所悟。

在每一次泡沫破裂的时候，牛市崩溃，银弹失效，人们为自己的错误扼腕叹息。怀疑论者清醒地意识到了这一点，他们试图提前识别假象，避免同大多数人一样被假象蒙蔽。因此，投资怀疑论者通常是抗拒投资热潮、牛市狂热和庞氏骗局的一群人。

我的顿悟产生于 2008 年 10 月中旬，全球信贷危机接近最低点的时候。那个时候，我们耳闻目睹着以前不敢想象的事情：

· 雷曼兄弟公司、贝尔斯登公司、房地美、房利美以

及美国国际集团的破产和接受紧急援助。

· 公众对高盛集团及摩根士丹利公司的生存能力十分担忧，以及其股价均大幅下跌。

· 美国国债信用违约掉期保费的持续上涨。

· 极度风险规避造成的短期国债利率接近零。

· 我想，这是人们第一次意识到，美国政府的财政资源是有限的，政府印刷钞票和解决问题的能力也是有限的。

在雷曼兄弟公司破产后，显而易见的是……形势正在不断恶化，没有人知道这种情况会在什么时候以什么样的方式结束。真正的问题在于：人们相信任何消极的情况，所有包含乐观因素的情况都被当作盲目乐观被摒弃了。

当然，这其中有一点是对的：一切皆有可能。但是在应对未来时，我们必须考虑两件事：第一，可能发生的事件；第二，实际发生的概率。

危机期间，许多不好的事情看起来都有可能发生，但并不意味着它们一定会发生。身处危机期间的人们无法将两者区分开来……

40 年来，我见证了投资者的心理在躁狂—抑郁之间的疯狂摆动：除了常说的恐惧与贪婪，还有乐观与悲观、轻信与怀疑。总而言之，从众——并随着钟摆而摆动——只会带给你长期平均表现，并让你在极端市场中一败涂地。

乔尔·格林布拉特：投资者的情绪在2008年10月时表现得极为突出。股价低得出人意料，股票被寄予将会强势反弹的希望。事实是，在接下来的两年里反弹势头的确极为强劲。然而，在股市出现好转前，股价先是比2008年时还下跌了20个百分点（发生在2009年3月）。

如果你相信别人都相信的故事，你就会和他们做同样的事。通常你会高买低卖。你会爱上无风险高收益的"银弹"神话。你会买进表现良好的股票，卖出表现不佳的股票。你会在崩溃期遭受损失，在恢复期错失机会。换句话说，你会成为一个循规蹈矩而不是标新立异的人，一个趋势追随者而不是逆向投资者。

怀疑态度是深入了解资产负债表、了解最新财务工程奇迹或那些不容错过的故事的必要条件……只有怀疑论者才能分得清听起来不错、实际也不错，以及听起来不错、实则糟糕的东西。我所熟知的最优秀的投资者身上都体现了这一特质。这是一个绝对必要的条件。

许多坏事的发生揭开了曾被认为不可能出现的信贷危机的序幕，同时对大量利用杠杆的投资者造成了严重影响。所以简单的解释就是，投资者之所以会在信贷危机中受到重创，是因为他们不够怀疑或不够悲观。

这引发了我的顿悟：怀疑并不等同于悲观。在过度乐观时，怀疑倡导悲观；但在过度悲观时，怀疑又会倡导乐观。

随着信贷危机在上周达到阶段性高峰……我发现极少人是乐观的，绝大多数人有着不同程度的悲观。没有人持怀疑态度，或者说没有人认为“这个恐怖故事不太可能是真的”。上周，人们一直没有积极买入，所以股价一跌再跌——俗话说的“跳空”，一次就下跌很多。

与往常一样，解决问题的关键是对别人所说的和所做的保持怀疑。消极的故事可能更令人信服，但只有少数人相信的乐观故事才有更大的盈利潜力。

《负面主义的极限》，2008 年 10 月 15 日

大众在市场达到顶峰时会乐观，在市场跌到谷底时会悲观，显然这是不对的。因此，为了获利，我们必须对顶峰时普遍的乐观和谷底时盛行的悲观持怀疑态度。

《试金石》，2009 年 11 月 10 日

通常，我们认为怀疑态度就是在恰当的时间说出“不对，事情好到不像是真的”。但是，在 2008 年我意识到——回想起来是如此显而易见——有时候怀疑态度同样要求我们说：“不对，事情坏到不像是真的。”

许多在 2008 年第四季度购买的不良债务在接下来的 18 个月竟然得到了 50%~100% 甚至更高的收益率。在那样的艰难形势下，买进是极端困难的一件事，但是，当我们意识到几乎没有人在说“不对，事情坏到不像是真的”的时候，做出买进决定还是比较容易的。在那个时刻，保持乐观并大胆买进就是逆向投资的最佳表现。

某些共同的线索贯穿于我所目睹的最佳投资中。它们通常是逆向投资，富有挑战性并令人不安——尽管经验丰富的逆向投资者会从与众不同的立场中得到安慰。举例来说，每当债务市场崩溃时，多数人就会说："我们是不会去接下落的刀子的，那太危险了。"通常，他们会再补充道："我们要等到尘埃落定，不确定性得到解决之后再说。"当然，他们所表达的意思是，他们被吓坏了，不确定到底该怎么做。

霍华德·马克斯：害怕看错：虽然需要忍受孤独和不适的处境，但这却是值得庆幸的。通常，当处于钟摆式摆动的极点时，身为大流中的一员才应该需要担心。

我敢肯定的一件事是，当刀子停止下落，尘埃已然落定，不确定性得到解决的时候，利润丰厚的特价股也将不复存在。当买进某种东西再次让人感觉安稳的时候，它的价格再也不会那么便宜。因此，在投资中，利润丰厚和令人感觉安稳通常是矛盾的。

作为逆向投资者，我们的任务就是尽可能谨慎熟练地接住下落的刀子。这也是内在价值的概念如此重要的原因。如果我们对价值的认识能够让我们在别人都在卖出的时候买进——并且如果我们的观点事后被证明是正确的——那么这就是以最低风险获取最高回报的途径。

塞思·卡拉曼：伴随着大量抛售股票即将告一段落，不仅股票价格会反弹，大规模买进也会变得更加困难。

12

寻找便宜货

在大多数人不愿做的事情中，通常能够发掘出最佳机会。

精心构建投资组合的过程，包括卖出不那么好的投资从而留出空间买进最好的投资，不碰最差的投资。这一过程需要的素材包括：第一，潜在投资的清单；第二，对它们的内在价值的估计；第三，对其价格相对于内在价值的感知；第四，对每种投资涉及的风险及其对在建投资组合的影响的了解。

克里斯托弗·戴维斯：这是一个极好的总结。

通常，第一步是确保所考虑的投资满足某些绝对标准。即使是经验丰富的投资者也不会说，"我只在足够廉价时买进"。多数情况下，他们会列出一个满足自己的最低标准的候选投资清单，然后从中挑出最划算的。这就是本章要探讨的全部内容。

举例来说，投资者会先将可能的投资范围缩小到风险可接受的限度内，因为可能会存在某些投资者不能适应的风险。比如在科技领域快速增长的板块里滞后的风险，以及某个热门消费品不再受追捧的风险，这些风险在一些投资者看来超出了他们的专业知识的范围。此外，投资者可能会发现，有些公司绝对是不可接受的，因为它们的行业太过难以预测，或它们的财务报表不够透明。

强调将资产的风险限定在一定范围内不无道理。市场认为极其安全的证券可能会提供令人乏味的收益，而极不安全的证券可能会超出投资者的风险容忍能力。换句话说，有些地方是投资者不愿碰触的，而无论证券价格如何。

克里斯托弗·戴维斯：这些警告源于马克斯早期关于价格和风险的讨论。

不仅存在投资者不愿承担的风险，也存在他们的客户不希望他们承担的风险。尤其是在机构投资领域里，很少有人会对投资经理这样说："这是我的钱，拿去做你想做的事吧。"投资经理的职责不仅是进行有利可图的投资，还要满足客户的需求，多数机构投资者是因为开展特定资产类别和投资风格的业务才被聘用的。如果客户是冲着某种类型的投资来的，那么从事其他类型的投资就得不到什么好处，无论它们有多么诱人。举例来说，如果投资经理是以高质量、高市值的价值股投资专业知识来招揽客户的，那么大量的高科技创业企业投资就会对该投资经理的业务非常不利。

克里斯托弗·戴维斯：这是对一位投资经理的职责的贴切描述。但是，我仍然坚信投资经理没有必要过度谨慎，因为这种态度很容易就会变成对整体风险或争议的麻木不仁。

因此，建立投资组合的出发点不可能是毫无限制的。有些考虑是从客观实际出发的，而有些则不是。

定义了“可行集合”之后，下一步就是从中选择投资。这一步通过识别潜在收益—风险比值最高的或最划算的投资来实现。格雷厄姆和多德所著的《证券分析》修订版的编辑锡德·科特尔在告诉我他的观点时说，“投资是相对选择的训练”。35 年来这句话一直伴随着我。

锡德这句简单的话里包含着两个重要信息。首先，投资的过程必须是缜密且经过严格训练的。其次，相对是必需的。不管价格低迷还是高涨，以及因此所带来的预期收益是高还是低，我们都必须从中找到最佳投资。我们改变不了市场，若想参与其中，我们唯一的选择就是从现存的可能性中选择最好的。这就是相对决策。

乔尔·格林布拉特：根据一些投资的经验，我们或许可以将当前显得十分划算的投资机会比作过去那种以估值为基础的交易。由此，在如今的情况下，获得便宜货的机会同样可以被视为未来潜在的交易契机。

那么，构成我们所寻找的杰出投资的要素是什么？正如我在第4章所提到的，价格是主要因素。我们的目标不在于“买好的”，而在于“买得好”。因此，关键不在于你买什么，而在于你用多少钱买。

克里斯托弗·戴维斯：这受制于风险以及前文提到的评价标准。

高质量资产可能划算，也可能不划算，同样，低质量资产也可能划算或者不划算。将客观优点误以为是投资机会的倾向，以及不能正确区分好资产与好交易之间区别的倾向，会令大多数投资者陷入困境。

克里斯托弗·戴维斯：同意！

因为我们追求的是好交易，所以本章的主要目标是阐明特价股的特征。一般来说，它意味着价格相对于价值较低，潜在收益相对于风险较高。股票中的便宜货是如何做到这一点的呢？

在第 10 章中，我以科技股热潮为例，论证了良好的基本观点被转化为高价泡沫的过程。它通常始于一项具有客观吸引力的资产。随着人们重视程度的提高，他们希望拥有这项资产的意愿不断加强，继而资本流入、价格上涨。人们将价格上涨视为这项投资的优点，从而买进更多。其他人开始听说有这样一项资产并加入买家行列，于是上涨势头形成一种不可阻挡的良性循环的表象。通常这是一场人气竞赛，受到人们追捧的资产就是制胜投资。

如果这种情况持续的时间足够长、积聚的力量足够大，投资就会变成泡沫。泡沫为善于思考的投资者提供了许多卖出和卖空的机会。

便宜货的形成过程很大程度上与之相反。因此，为了找到便宜货，我们必须了解为什么资产会受到冷落。它不一定是客观分析的结果。事实上，多数便宜货的形成过程与分析无关，重要的是考虑它背后的心理因素，以及它的驱动因素：受欢迎程度的变化。

那么，造成价格相对于价值较低，收益相对于风险较高的原因是什么？换句话说，是什么令一件东西卖得比它应有的卖价便宜？

· 与成为热门题材的资产不同，潜在的便宜货通常会显示出一些客观不足。资产类别可能存在缺陷，公司在业内可能较为落后，资产负债表可能被过度杠杆化，或者证券为其股东提供的结构性保护不足。

· 有效市场设定公平价格的过程需要相关人员善于分析，保持客观，便宜货通常是在非理性或片面理解的基础上形成的。因此，便宜货往往产生于投资者不能保持客观的态度对待资产，没有透过表象全面了解资产，或未能克服某些不以价值为基础的传统、偏见或束缚的时候。

· 与市场宠儿不同，“孤儿资产”常被忽略或鄙视。当它在媒体上和在鸡尾酒会上被提起的时候，不过是作为一个不受欢迎的短语而出现。

塞思·卡拉曼：一般来说，越不受欢迎或不被看好的交易，往往都是更好的交易。

· 它不断下跌的价格通常令第一层次思维者发问：“谁想要它呢？”（一个不断重复的现象是，大多数投资者会根据以往的业绩而不是更可靠的均值回归来预测未来趋势。第一层次思维者倾向于将过去的价格疲软视为负担，而不是资产更为廉价的标志。）

· 结果，便宜货往往成为极不受欢迎的资产。资本远离或出逃，没有人想得出持有它的理由。

以下是当整个资产类别不受追捧时，便宜货如何形成的例子。

债券过去60年的发展故事与股票所受的追捧形成了对立映射。债券的第一个低潮出现在20世纪五六十年代股票成为众人焦点的时候，1969年年底，第一国家城市银行的《每周债券数据摘要》以黑框标题“最后一次发行”而宣告结束。在70年代的高利率环境下，债券锐减，即使在80年代和90年代利率开始稳步下降的时候，债券也没有显示出任何能与股票的高额收益相抗衡的希望。

到了90年代后半期，所有的债券投资给人感觉都像抛锚了一样表现不佳。我作为一个慈善组织的投资委员会主席，看到另一个城市的兄弟组织——已经多年受80∶20的债券/股票组合之累——将其债券/股票比例变为0∶100。我猜，一个典型的机构投资者会如是说：

我们的固定收益投资比例很小。我不能告诉你为什么。这是历史的偶然性。我的前辈确定了这样的比例，但他们当初的理由已经被以往的表现消磨殆尽。现在我们有进一步减持债券的考虑。

即使在当前这个人们并不热衷于买进更多股票的时代，也鲜有资金流入高评级债券。债券受欢迎程度持续下降的诸多原因之一，是格林斯潘领导下的美联储为刺激经济以及应对外源性冲击（如千年虫恐慌）而采取的低利率政策。3%~4% 的国债和高评级债券收益率对实现机构投资者 8% 的收益率目标起不到多大作用。

《裙摆理论》，2010 年 9 月 10 日

在上述过程已经持续足够长的时间并且债券持有量已经减到足够少之后，债券被重新定位成具有卓越表现的证券，原因是环境发生了改变，导致安全性需求相对于升值潜力需求增大。与资产开始上涨的时候一样，投资者突然认识到债券的吸引力，并且发现自己持有的债券不够多。较早意识到这一点的人便能利用这种变化从中获利。

公平定价的资产从来不是我们的目标，因为它们只能

带来有风险的一般收益。当然，定价过高的资产对我们更没有任何好处。

我们的目标是寻找估价过低的资产。应该到哪里去找呢？从具有下列特征的资产着手是个不错的选择：

· 鲜为人知或人们一知半解的。
· 表面上看基本面有问题的。
· 有争议、不合时宜或令人恐慌的。
· 被认为不适于“正规”投资组合的。
· 不被欣赏、不受欢迎和不受追捧的。
· 有收益不佳的追踪记录的。
· 最近有亏损问题、没有资本增益的。

保罗·约翰逊：这是一份很出色的“购物清单”。

如果提炼成一句话，那么我会说：便宜货存在的必要条件是感觉必须远不如现实。也就是说，最好的机会通常是在大多数人不愿做的事情中发掘出来的。毕竟，如果人人都感觉这项资产不错并愿意购买的话，它的价格就不会那么低廉了。

1978 年，当我在花旗银行从股票研究转向投资组合管理时，有幸接触到了满足上述某些或全部标准的资产类别。我的第一项任务是管理可转换证券。这是一潭比现在更小、更不受重视的市场死水。虽然对于投资者来说，它们具有既能提供债券又能提供股票的优势，但是只有弱势企业，如企业集团、铁路企业和航空企业在别无选择的时候才会发行可转换债券。主流投资者认为它们引入了不必要的复杂性。他们会说，如果你想要债券和股票，那么为什么不直接买进债券和股票呢？如果你喜欢一家公司，那么为什么不买进股票得到全部收益，却要投资防御型混合金融工具？然而，一旦“人人”感觉某种东西没有优点的时候，就有理由怀疑它不受欢迎、不受追捧，从而有可能估价过低。这就是为什么 1984 年《商业周刊》一篇关于我的文章里会出现一句带下划线的话：“真正的男人不买可转换证券，像我这样的胆小鬼才会廉价买进。”

1978 年下半年，我受命启动一个高收益债券基金。这种低评级债券有一个令人讨厌的别名——“垃圾债券”，达不到大多数投资机构“投资级或以上级别”或者“A 级或以上级别”的最低要求。垃圾债券有违约的可能，那么它们怎样才能成为适合养老基金或捐赠基金持有的债券呢？如果某个基金从一家投机级公司买进债券后该公司破产了，那么受托人如何避免明知高风险却偏要去做之后所导致的尴尬和指责？

克里斯托弗·戴维斯：这同样适用于首要风险。

提示这类证券潜力的一个显著线索可以在一家评级机构关于B级债券的描述中找到——“普遍缺乏理想投资的特点”。现在你应该快速发问：人们怎么能够在没有任何价格参考的情况下全盘否定一个潜在投资类别呢？这些债券后来的发展表明：如果没有人持有某个债券，那么对它的需求（以及价格）只可能上涨，只需从绝对禁忌调整到可以容忍，债券就能有良好的表现。

塞思·卡拉曼：在更广泛的意义上，这是所有机构评级都存在的问题。假设的安全性会吸引那些未能很好地做足功课的投资者，使得他们最终变成普遍意义上的买家。具有讽刺意味的是，评级下降通常发生在这时——市场已经发现存在问题，使得那些相信评级的投资者遭受了巨大的损失。

终于，在1987年，我的合伙人布鲁斯·卡什和谢尔顿·斯通带着成立一个投资不良债务的基金的好点子来找我了。还有什么能比投资破产公司或极有可能破产的公司的债券更不靠谱、更令人不屑？谁会去投资一家已经被证实缺乏财务可行性并且有管理缺陷的公司呢？有责任感的人怎么可能投资呈自由落体式下跌的企业呢？当然，考虑到投资者的行为方式，任何在某一时间点被认为是最差的资产，都很有可能成为最廉价的资产。便宜不需要与高品质有任何关系。事实上，令人望而却步的低质量证券的价格往往更低。

保罗·约翰逊：这是一种很好的石蕊指示剂——用以发现交易。

这些资产类别满足本章前面列举的估价过低的资产的大部分或所有标准。它们鲜为人知，不被理解，也不受重视。没有人为它们说一句好话。每项资产都是大卫·史文森在第 11 章中所谈到的令人不安、貌似轻率的投资的典型例证……因此，在未来二三十年里，每项资产都将变成一项杰出投资。我希望这些例子能够提示你去哪里寻找便宜货。

乔尔·格林布拉特：马克斯的论述涉及价值和特殊情况下的投资机遇。

便宜货的价值在于其不合理的低价位——因而具有不寻常的收益—风险比值，因此它们就是投资者的圣杯。按照第 2 章的原则，这样的交易不应该存在于有效市场中。然而，我经历的每一件事情都在告诉我，尽管便宜货不合常规，但是人们以为的那些可以消除它们的力量往往拿它们无可奈何。

我们是积极投资者，因为我们相信我们可以通过识别好机会而击败市场。另一方面，许多摆在我们面前的“特殊交易”好到不像是真的，避开它们是取得投资成功的关键。因此，和许多事情一样，促使一个人成为积极投资者的乐观态度，以及一个人对有效市场假说的怀疑态度，二者必须保持平衡。

显然，投资者可能会因心理弱点、错误分析或拒绝进入不确定领域而犯错。这些错误为能够看到别人错误的第二层次思维者创造了便宜货。

13

耐心等待机会

市场不是有求必应的机器，它不会仅仅因为你需要就提供高额收益。

彼得·伯恩斯坦

与全球金融危机相关的繁荣—衰退周期，为我们提供了在2005年到2007年年初以高价卖出，以及随后在2007年年底和2008年以恐慌价格买入的机遇。从许多方面来讲，这是一个千载难逢的机会，在周期中逆势而动的逆向投资者们有了展现自己能力的黄金机遇。但是在本章，我想指出的是，并不是总有伟大的事情等着我们去做，有时我们可以通过敏锐的洞察和相对消极的行动将成果最大化。耐心等待机会——等待便宜货——往往是最好的策略。

保罗·约翰逊：马克斯在这一章中贡献了杰出的智慧。有一种考验与许多投资者对于应在何时增加投资感到困惑有关，实际上，所有研究都表明，绝大多数投资者会过度交易其证券投资组合。伴随着这种考验，很难说明人类是生来就有耐心的。

所以，在这里我要提醒你：等待投资机会到来而不是追逐投资机会，你会做得更好。在卖家积极卖出的东西中挑选，而不是固守想要什么才买什么的观念，你的交易往往会更为划算。机会主义者之所以买进某种东西，是因为它们是便宜货。在价格不低时买进则没什么特别。

在橡树资本管理公司，我们的格言之一：“我们不找投资，投资找我们。”我们尽量作壁上观。我们不会怀揣“购物清单”出门寻找，而是等待电话铃声响起。如果我们打电话给持有者说，“你有 X，我们想买”，价格就会上去。但是，如果持有者打电话给我们说，“我们被 X 套牢了，想脱手”，价格就会下降。因此我们更喜欢相机而动，而不是发起交易。

任何特定时间点上的投资环境都是特定的，除了接受它并从中投资之外，我们别无选择。可供一搏的钟摆或周期极限并不总是存在。有些时候，贪婪和恐惧、乐观和悲观、轻信和怀疑是平衡的，因此明显的错误是不会出现的。大多数定价可能看起来是大致公平的，而不是显著过高或过低。在这样的情况下，令人兴奋的低买高卖是不太可能出现的。

乔尔·格林布拉特：这是专业投资者最难掌握的技能之一：虽一无所获，却日复一日地工作。

识别市场环境并做出相应的行动决策是成功投资所必不可少的条件。其他可能的行为包括：在没有认清市场的情况下采取行动，在无视市场状况的情况下采取行动，相信我们可以在某种程度上改变市场。这些都是不可取的。

结合我们所处的环境适当地投资才是明智之举。事实上，除此之外的其他任何做法都是行不通的。

我从哲学中得到了这个结论：

> 20 世纪 60 年代中期，沃顿商学院的学生必须选择一门非商业辅修课，我通过辅修 5 门日本研究课程达到了这一要求。令我惊讶的是，这些课程成了我大学生涯的亮点，并且为我后来建立投资理念做出了重要贡献。
>
> 日本早期最有价值的文化之一是“无常”。在我看来，无常是对“转法轮”的认识，含有接受变化和起落的必然性之意……换言之，无常意味着周期有起伏，事物来而往，环境被改变的方式并不受我们的控制。因此，我们必须承认、接受、配合并且响应改变。这不就是投资的本质吗？
>
> 逝者已矣，覆水难收。过往造就了我们面临的现状。我们所能做的，不过是客观地认识环境，并以此为前提，做出我们能够做出的最好的决定。
>
> 《本来如此》，2006 年 3 月 27 日

沃伦·巴菲特的理念依据比我的理念依据在精神层面

上略少一些，他没有用“无常”，而是以棒球作为类比。

在伯克希尔·哈撒韦公司1997年的年报中，巴菲特提到了绰号为“利刺”的泰德·威廉姆斯——史上最伟大的击球手之一。对所参与的比赛进行深入研究是他成功的一个重要因素。他把好球区分解为77个棒球大小的空间，并将结果绘制在本垒板上。他知道只有击打“最佳位置”的投球时，击球率才会更高。当然，即使有这样的认知，他也不可能整天等待完美投球；如果三投不中，他就要被三振出局。

早在1974年11月1日的《福布斯》上，巴菲特就指出，就这一点来说，投资者是有优势的，只要他们能够领悟。因为投资者不会被三振出局，所以他们不必承受行动的压力。他们可以错过无数机会，直到一个极好的机会出现在眼前：

“投资是世界上最棒的交易，因为你永远不必急着挥棒。你只需站在本垒板上，投手就会以47美元投给你通用汽车，以39美元投给你美国钢铁！没有人会被三振出局。在这里没有惩罚，只有机遇。你可以整日等待你喜欢的投球；当守场员恹恹欲睡时，你便可以快步上前一击命中。”

《你的游戏策略是什么》，2003 年 9 月 5 日

乔尔·格林布拉特：我会经常想到这个类比（特别是当我有点儿犯懒的时候）。

投资最大的优点之一是，只有真正做出失败的投资时才会遭受损失。不做失败的投资就没有损失，只有回报。即使会有错失制胜机会的不良后果，也是可以容忍的。

塞思·卡拉曼：标准依然是很重要的。设定标准过高，你或许仍然持观望态度。设定标准过低，你会立刻全力注入资金——这与你在没有标准时的表现毫无区别。经验和全方位的思维是设定标准的关键所在。

错失制胜机会为什么会产生不良后果？要知道，投资者是普遍为金钱而竞争的，因此没人会在失去获利机会时完全无动于衷。

对于帮别人理财的专业投资者来说，其中的利害关系更为严重。如果投资经理在繁荣期错过的机会太多，得到的收益太少，他们就会承受来自客户的压力，并最终失去客户。这在很大程度上取决于对客户习惯的培养。

克里斯托弗·戴维斯：进行有效的客户管理的关键总是在于——降低他们的期待。

橡树资本管理公司一直态度鲜明地表达我们的信念：投资失败比失去一个获利机会更值得重视。因此，比起全盘获利，公司将优先考虑风险控制。对此，我们的客户都有心理准备。

乔尔·格林布拉特：我们也许会仔细查看五六十种投资，以便从中发现少数的佼佼者。如果我们买了 6 种资产且进展顺利，并因此错过了 50 种应该购买的资产，那么我们也不会认为这将造成损失。

将球棒搭在肩上，站在本垒板上观望，是巴菲特对“耐心等待机会”的解读。当且仅当风险可控的获利机会出现时，才应该挥动球棒。为了做到这一点，我们应尽最大努力弄清我们所处的是一个低收益环境还是高收益环境。

几年前我想到了一个寓言，可以恰当地类比低收益环境。这个寓言叫作“猫、树、胡萝卜和大棒”。猫是投资者，需要应对投资环境，而树是环境的一部分；胡萝卜——接受新增风险的激励——来自似乎可以从高风险环境中获得的高收益，而大棒——放弃安全的动力——来自较安全的环境所提供的低水平预期收益。

胡萝卜诱惑着猫采取高风险策略，爬向更高的枝头捕食晚餐（它的目标收益），大棒则激励着猫向上爬，因为停在靠近地面的地方得不到食物。

在大棒和胡萝卜的共同作用下，猫不断向上爬，直到最终到达树尖，将自己置于危险境地。我们观察到的关键一点，是即使在低收益环境中，猫也在追求高收益并承担新增风险的后果，尽管它们自己往往并未察觉到这一点。

债券投资者将这一过程称为“攫取收益”，传统上用于表示随着较安全投资的收益下降，投资者为了得到在市场上涨之前的惯有收益而进行高风险信贷投资。这种为了延续收益而承担新加剧的风险的模式往往会在周期中不断重复。那些收益攫取者的座右铭似乎是：“如果不能通过安全投资得到你需要的收益，那么就通过高风险投资去得到它。”

在上一个10年的中期，我们目睹了这一行为的不断上演：

> （信贷危机之前，）投资者无法抵御杠杆的诱惑。他们借入低成本短期资金——期限越短，成本越低（如果你愿意承诺按月还款，你的贷款成本就可以很低）。他们用这笔钱去购买流动性不足和（或）包含基本面风险因而能够提供高收益的资产。世界各地的机构投资者们凭借两枚提供低风险高收益的“银弹”——证券化与结构性的最新承诺，占领了华尔街。
>
> 从表面上看起来，这些投资很合理。它们承诺了令人满意的绝对收益，因为杠杆购买的收益大于资本成本——收益会很可观……只要不发生意外。
>
> 然而就像往常一样，对利润的追求导致了错误。预期收益看起来很好，但也有可能出现一系列极其糟糕的结果。许多技术和结构的成功靠的是其未来走势与过去相似。我们所依赖的许多“现代奇迹”并未经过验证。
>
> 《这一次没有什么不同》，2007 年 12 月 17 日

值得注意的是，许多早期投资者中的佼佼者如今已不再是主要竞争对手（甚至退出了竞争）。一些投资者由于组织模式或商业模式的缺陷而在市场中步履蹒跚，其他投

资者则因为坚持在低收益环境中追求高收益而不得不退出市场。

你无法创造并不存在的投资机会。坚持追求高收益是最愚蠢的做法——这个过程会榨干你的利润。愿望不会凭空创造机会。

在价格高的时候，预期收益低（风险高）是不可避免的。这简单的一句话对如何采取适当的投资行为具有重要的指导意义。如何将这一观察应用到实践中呢？

> 克里斯托弗·戴维斯：再次强调：高价会同时增加风险和降低收益。

2004 年，我写了一篇叫作《当今的风险与回报》的备忘录。如第 6 章所述，我在其中表达了我的观点：第一，当时的资本市场曲线“低平”，意味着几乎所有市场的预期收益和风险溢价都处于有史以来的最低水平；第二，如果预期收益提高，那么很可能是通过价格下跌达到的。

但是，问题在于我们能怎么做呢？几周之后，我提出了几个可能性：

> 投资者该如何应对一个似乎只提供低收益的市场呢？
>
> · 否认并进行投资。这种做法的问题在于你不会心想

事成。简而言之，当被推高的资产价格表明不可能获得惯常收益的时候，做出惯常收益预期是毫无意义的。我很高兴收到了彼得·伯恩斯坦对我的备忘录的回信，他的信中有一些精彩的言论：“市场不是有求必应的机器，它不会仅仅因为你需要就提供高额收益。”

乔尔·格林布拉特：这是一个出色的观点。

· 径直投资——试着接受相对收益，即使绝对收益不具有吸引力。

· 径直投资——忽略短期风险，关注长期风险。这种做法不无道理，特别是当你承认市场时机难以判断、资产难以进行战术性配置的时候。但在这样做之前，我建议你先得到投资委员会或其他投资成员同意忽略短期损失的承诺。

· 持有现金——对于需要满足精算假设或花费率的人、希望自己的钱永远“被充分利用”的人，或对眼睁睁地看着别人赚钱而自己没赚钱长期感到不安（或者会丢掉工作）的人来说，这样做是有难度的。

塞思·卡拉曼：近年来，持有现金已经彻底过时了，却最终成了逆向投资者选择的投资行为。

· 就像过去几年里我一直不厌其烦重复的那样，将投资集中在“特定利基与特定人群”上。但是随着投资组合的增长，这样做的难度会越来越大。识别真正有天赋、有纪律、有耐力的投资经理当然并不容易。

事实是，当投资者面临预期收益和风险溢价不足的情况时，是没有简单答案的。但是我坚定地认为，有一种做法——一个典型误区——是错误的：攫取收益。考虑到今天处于低风险一端的投资预期收益不足，而被大肆宣扬的解决方案位于高风险的一端，许多投资者正在将资本转向更高风险（或至少不那么传统）的投资。但是，当他们进行高风险投资的时候，恰恰是投资的预期收益达到历史最低点的时候，他们因风险递增而获得的收益增量是有史以来最低的，他们正参与到在以往预期收益更高的时候拒绝做（或做得较少）的事情中来。这可能恰恰是通过提高风险来增加收益的错误时间。你应该在别人都离场的时候，而不是在他们和你竞逐的时候承担风险。

《又来了》，2005 年 5 月 6 日

塞思·卡拉曼：这凸显了投资收益要求中的一个陷阱，就像企业养老基金被迫所做的那样。企图赚取高额收益不仅无法使你盈利，还会以类似于提高风险的方式，使你经历短期的损失和下跌，这无疑使你雪上加霜。

显然，这篇备忘录写得太早了。2005年5月并不是离开旋转木马的最佳时机——2007年5月才是。过早的善意提醒会带来过于超前的痛苦。即便如此，2005年5月的过早离场也远远好过在2007年5月时仍然滞留。

乔尔·格林布拉特：高价值评估通常会比预期中的更高、更持久，令训练有素的、有耐心的投资者屡屡受挫。

我一直在试图阐明投资环境对投资结果有着重大影响。在低收益环境中得到较高收益，需要具备逆流而上的能力，以及找到相对较少的制胜投资的能力。这必须建立在高超

的技巧、高风险承担和良好运气相结合的基础上。

另一方面，高收益环境所提供的高额收益机会是通过低价买进实现的，并且通常是低风险的。举例来说，在1990年、2002年和2008年的危机中，我们的基金不仅取得了罕见的高额收益，而且是通过损失概率很小的投资做到这一点的。

买进的绝佳机会出现在资产持有者被迫卖出的时候，在经济危机中，这样的人比比皆是。资产持有者出于以下原因，一次又一次地成为强制卖家：

· 他们管理的基金被撤销。
· 投资组合不符合投资规定，例如不满足最低信用评级或最高仓位限制。
· 因为资产价值低于与出借方在合约中约定的金额而收到追加保证金的通知。

保罗·约翰逊：有趣的是，尽管马克斯只是有所暗示，但投资者应该学着绝不要让自己成为这样的强制卖家。

我已说过很多次，积极投资管理的真正目标是以低于价值的价格买进。有效市场假说认为我们做不到这一点。

它的反对理由似乎很有道理：人们何必以特价卖出某种东西呢，特别是潜在卖家都明智而理性的时候。

一般来讲，潜在卖家会在卖个好价和尽快卖掉之间做出权衡。强制卖家的妙处在于他们别无选择。他们被枪指着脑袋，必须不计价格卖出。如果你是交易的另一方，那么“不计价格”这四个字将是世界上最美妙的词汇。

如果强制卖家只有一个，那么无数买家会蜂拥而至，交易价格只会稍有下降。但是，如果混乱大规模扩散，就会同时出现大量的强制卖家，能够提供必需流动性的人则寥寥无几。授权交易的难题——价格急跌，贷款撤回，交易对手或者客户恐慌——对大多数投资者有着同样的影响。在这种情况下，价格可能会跌得远低于内在价值。

2008 年第四季度所发生的一切就是一个混乱时期的流动性需求的绝佳例子。让我们以持有优质银行贷款杠杆投资的实体为例。这些贷款的评级很高，在危机发生的前几年能够实现无条件信贷，因此，借入大笔资金，通过债务组合杠杆投资来提高潜在收益是很容易办到的。通常，一个以“保证金”交易的投资者可能会在价值 1 美元的附属担保品跌到 85 美分以下时，同意追加新增资本。而以过去的经验来看，这样的贷款几乎从来没低于“面值”(也就是 100 美分）交易过。

信贷危机爆发后，对于进行银行贷款杠杆投资的投资者来说，一切全都不对劲了。（而且因为这些所谓的安全贷款的收益率实在太低，几乎所有买家都是用杠杆来提高预期收益的。）贷款价格下跌，流动性枯竭。由于多数交易是利用借入资本进行的，因此信贷市场的紧缩对大批持有者造成了影响。潜在卖家数量激增，付现买家消失。随着新增信贷难以获得，再也没有新的杠杆买家能够挺身而出，吸收如此巨大的销量。

贷款价格跌到 95 美分、90 美分、85 美分……随着所有的投资组合都达到"触发点"，银行开始发出追加保证金通知或提出资本输注要求。在这种环境下，几乎没有投资者有追加资本的资源和胆量，于是银行接管投资组合并对其进行清算。"整体竞购"开始被广泛使用。投资者会在下午收到整体竞购通知，然后被告知次日上午进行拍卖竞标。仅有的少数潜在买家出价极低，以期拿到真正的便宜货（人们不必担心出价过低，因为整体竞购一个紧接着一个）。银行并不关心是否得到了公允价格，它们需要的不过是足够抵偿贷款的收入（可能是 75 美分或者 80 美分）。超额部分都归投资者所有，银行并不在乎。因此整体竞购会以极低的价格进行。

贷款价格最终跌到60多美分，每一位得不到新增资本的短期信贷持有人都有可能被清出局。卖价低到荒谬。在2008年，优质贷款指数比高收益次级债券指数衰退得还要厉害，释放出一个确凿无疑的无效信号。以你买进优先受偿债务的价格，即使发行公司最终只值一两年前收购基金出价的20%~40%，你也能保本。承诺收益率是很可观的。事实上，大部分证券在2009年都有显著的上涨。

这就是耐心等待机会者采取行动的时机。只有已经认识到2006年与2007年所蕴含的风险并且做好准备、等待机会的人，才有这样做的能力。

在危机中，我们关键要做到远离强制卖出的力量，并把自己定位为买家。为达到这一标准，投资者需要做到以下几点：坚信价值，少用或不用杠杆，拥有长期资本和顽强的意志力。在逆向投资的心态和强大资产负债表的支撑下，你只有耐心地等待机会，才能在灾难中收获惊人的收益。

保罗·约翰逊：尽管极端的挑战可能会出现，但这不失为一个绝佳的建议。

14

认识预测的局限性

我们有两类预言家：无知的和不知道自己无知的。

约翰·肯尼斯·加尔布雷斯

想到自己不知道某些事情令人忧心，而想到这个世界在被一群自以为是的人控制着，则更令人恐惧。

阿莫斯·特沃斯基

赔钱的人有两种：一无所知的和无所不知的。

亨利·考夫曼

我从上百万条类似的名言警句里选用了三句来开启本章。认识预测的局限性是我的投资方法的一个重要组成部分。

我坚定地相信了解宏观未来很难，很少人拥有可转化为投资优势的知识。不过我要补充两点：

· 对细节关注得越多，越有可能获得知识优势。通过勤奋的工作和专业的技术，我们能比旁人知道更多关于个别公司和证券的信息，但想要在对于整个市场和经济的认知上做到这一点则很难。因此，我建议大家要努力做到“知可知”。

· 我将在下一章详细论述的另一个建议是，投资者应尽量弄清自己在周期和钟摆中所处的阶段。这不会令未来变得可知，但它能帮助人们为可能的发展做好准备。

我不会试图去证明未来无法预知的观点。我们是无法证明否定句的，当然也包括这一结论。不过，我还没有碰到过永远知道宏观未来走势的人。同样，在你追随的所有经济学家和战略家中，有谁在大部分时间里都是对的?

保罗·约翰逊：我是这样总结这一章的：谨慎地对待

你自己的预测，至于别人的预测则要更加小心！我从这章中发现了这个重要的信息，并传授给学生们。大多数人在20多岁到30岁时，对自己的能力过于自信，特别是在预测未来这一方面。无论我展示了多少事实以削弱预测的价值，多数的学生仍无所畏惧地离开了学校。我确信这些学生将从马克斯出色的处理方式中受益匪浅，即不可能持续地做出价值预测。

我在这个问题上的“研究”（我用了引号，因为我在这个领域付出的努力实在有限，此处仅将逸事当成严肃研究）主要包括：了解预测和观察预测的无效性。研究的结果是我写了两篇备忘录——《预测的价值（或雨来自何处？）》（1993年2月15日），以及《预测的价值II（或给男人一支雪茄）》（1996年8月22日）。在第二篇备忘录中，我用了《华尔街日报》上的三组半年经济调查数据来检验预测的效果。

第一，预测大体准确吗？答案显然是“否”。平均下来，6个月后及12个月后的90天国债利率、30年期债券收益率、美元兑日元汇率的预测值与实际值相差15%。6个月后的长期债券收益率的平均预测值与实际值相差 96 个基点（差异足够大到每 1 000 美元产生 120 美元的出入）。

第二，预测有价值吗？准确预见到市场变化的预测是最有用的。如果你预测到某种东西在今后并且永远不会发生变化，那么这样的预测不会为你赚太多的钱。准确预测到变化才有可能带来高额回报。通过对《华尔街日报》数据的观察，我发现有几个重大变化（如果人们在当时做出准确的预测，就能帮助人们获利或是避免损失）完全没有被人们预测到：1994 年和 1996 年的加息，1995 年的减息及美元兑日元汇率的巨幅波动。总而言之，预测的变化和实际变化之间没有太大的相关性。

第三，预测来源于什么？答案很简单：预测大多由推论而来。预测的平均效率在 5% 以内。像许多预言家一样，经济学家们在驾驶时都紧盯着后视镜。他们只能告诉我们有什么东西存在，却不能告诉我们要去向何方。这验证了那句老话——“准确预测很难，预测未来更难。”由此可知：预测过去是再简单不过的一件事。

第四，预测准确过吗？答案是相当肯定的。举例来说，每次在做半年预测时，都有人能够将 30 年期债券收益率的预测误差控制在 10 到 20 个基点内，即使利率变化很大。

这样的结果比共识预测的70到130个基点的预测误差要准确得多。

第五，如果预测有时候很准——准得一塌糊涂——那么我为什么这么抵触预测呢？因为一次准确并不重要，重要的是长期都能准确。

我在1996年的备忘录中进一步列举了“提醒你应谨慎听取胜利者预测的两件事”。首先，调查发现，除了取胜的那一次外，胜利者通常预测得并不准确。其次，调查发现，胜利者的错误预测中有一半比共识预测错得还要离谱。这篇备忘录里最重要的当然不是数据，而是其中的结论（假设结论是正确并且可以推广的）及其影响。

> 有一种方法有时候是正确的，就是一直看涨或一直看跌；如果你持有一个固定观点的时间足够长，那么迟早你会是对的。即使你是一个门外汉，你也有可能因为偶尔准确地预见到别人没有预见到的东西而得到大家的赞赏。但是，这并不意味着你的预测总是有价值的……
>
> 对于宏观未来的预测可能偶尔准确，但并不是经常性的。仅仅知道一大堆预测里有几个准确是没用的，你必须知道哪几个是准确的。如果准确的半年预测来

自不同的经济学家，那么很难相信共同预测到底有多大价值。

《预测的价值II（或给男人一支雪茄）》，

1996年8月22日

这一关于预测的讨论表明，我们面临着两难境地：投资结果完全取决于未来发生的一切。然而，尽管在一切“正常”的大部分时间里，我们有可能推知未来将会发生什么，但是在最需要预测的紧要关头，我们却几乎无法预知未来将会发生什么。

保罗·约翰逊：借此，马克斯展示了重要的投资困境。

- 多数时候人们会根据既往经验来预测未来。
- 人们不一定是错的：未来的多数时候在很大程度上是既往的重演。
- 从这两点出发，可以得出“预测在大多数时间里是正确的”的结论——人们往往会根据既往经验做出通常准确的预测。
- 然而，根据既往经验做出的准确预测并不具备太大价值。正如预测者通常会假设未来和过去非常相似一样，市场也会这样做，从而根据既往价格延续性定价。因此，如果未来真的与过去相似，那么赚大钱是不可能的，即使是那些做出准确预测的人。

· 然而，未来每隔一段时间就会与过去大不相同。
· 此时的准确预测具有巨大价值。
· 此时也是预测最难准确的时候。
· 某些在关键时刻做出的预测能最终被证实是对的，表明准确地预测关键事件是有可能的，但同一个人持续做出准确预测是不太可能的。
· 总而言之，预测的价值很小。

保罗·约翰逊：在我所读过的关于预测之缺陷的论著中，这9枚“子弹”是最佳的论述。

如果你需要证据，问问自己：有多少预测者能准确地预测到2007—2008年的次贷危机、全球信贷危机和大规模崩溃？你也许能想到几个人，并且相信他们的预测是有价值的。但是，接下来再问问你自己：这些人中有几个继续准确地预测到了2009年经济的缓慢复苏和市场的大规模反弹？我想答案是“极少”。

这并非巧合。准确预测到 2007—2008 年危机的人至少有一部分原因是他们具有消极倾向。因此，他们很可能对 2009 年继续保持悲观态度。预测的整体效用不大……即使他们对过去 80 年里发生的某些重大金融事件的预测相当准确。

所以，关键问题不是“预测是否有时是准确的”，而是“总预测——或某个人的所有预测——是始终可行并具有价值的吗”。任何人都不应对肯定答案抱太大希望。

对 2007—2008 年金融危机的准确预测有着巨大的潜在价值。但是，如果你发现它来自一个总是预测不对的人，并且这个人有着明显的消极倾向，那么你还会采取行动吗？这就是预测不一致带来的问题：预测者并非从来没有准确预测过，但是，他们的成绩不足以激励人们在偶有灵感时采取行动。

坦白地说，我对预测和相信预测的人持保留意见。事实上，我已经想到要为这些人贴一个什么样的标签了。

> 这些年来，我碰到的大部分投资者都是属于“我知道”学派的，很容易辨认。

· 他们认为，关于经济、利率、市场的未来趋势以及广受追捧的主流股票的知识，是投资成功必不可少的。

· 他们相信这些知识是可以掌握的。

· 他们相信自己是能够成功的。

· 他们知道许多人也在做同样的努力，但是他们认为人人都能同时成功，或者只有少数人能成功，而他们是其中之一。

· 他们很放心地根据自己对未来的看法进行投资。

· 他们乐于和别人分享自己的观点，尽管准确预测的价值本应重大到不可能有人愿意无偿赠送的地步。

· 作为预测者，他们很少回过头去严格评估自己的预测记录。

保罗·约翰逊：人类愿意去进行预测（这显然是我们的天性使然），我猜想没有任何证据能够阻止大多数人去这样做。马克斯建议，至少要保留一次自己的预测记录。

“自信”是描述这一学派成员的关键词。相反，对

> “我不知道”学派来说，关键词——特别是在应对宏观未来时——是谨慎。这一学派的信徒普遍相信，未来是不可知，也是不需要知道的，正确目标是抛开对未来的预测，尽最大努力做好投资。
>
> 作为“我知道”学派的一员，你对未来侃侃而谈（说不定你还会让别人做笔记）。你可能会因为自己的观点而受到追捧，被人们奉为座上宾……特别是在股市上涨的时候。
>
> 加入“我不知道”学派的结果更加复杂。很快你就会厌倦对朋友或者陌生人说“我不知道”。不久后，亲戚们也不再追问你对于市场趋势的看法。你将永远体会不到千分之一预测成真以及被《华尔街日报》刊登照片的乐趣。另一方面，你也能避免所有的预测失误以及对未来估计过高所带来的损失。
>
> 《我们与他们》，2004 年 5 月 7 日

没有人喜欢在未来大多不可知的前提下投资未来。另一方面，如果真是这样的话，我们最好正视现实，寻找其他应对方法，而不是徒劳地预测。无论投资世界强加给我们多少限制，承认并适应比否认并冒进要好得多。

保罗·约翰逊：在此，马克斯提出了一种终极的投资挑战，还有一种关于继续做出预测的关键性动因。

哦，对了，还有一件事：最大的问题往往出现在投资者忘记概率与结果的区别的时候——也就是当他们忘记预测限制的时候：

· 当他们相信概率分布的形状可知（并且他们知道）的时候。
· 当他们假定最可能的结果就是必然结果的时候。
· 当他们假定预期结果能准确代表实际结果的时候。
· 也许最重要的是，当他们忽略罕见结果发生的可能性的时候。

霍华德·马克斯：理解不确定性：风险和不确定性并不等同于损失，但是在实际中出现错误时，它们却为损失埋下了隐患。某些最重大的损失出现在对预测能力过度自信的时刻，投资者会低估可能性的范畴、具体化的难度和意外的后果。

对这些限制条件掉以轻心的鲁莽的投资者很可能

在投资中犯错，并因此遭受极大损失。这正是发生在2004—2007年的一切：许多人高估了结果可知与可控的程度，从而低估了行动的风险。

“预测未来是否有用”的问题，不是单纯的好奇或学术探讨。它对投资者行为有或应有重大影响。如果行动决策的结果在将来才能揭晓，那么很显然，你对能否预测未来的看法，将会让你采取不同的行动。

> 投资者必须回答的一个关键问题，是他们认为未来是否可以预知。认为可以掌握未来的投资者会采取武断行动：定向交易、集中仓位、杠杆持股、寄希望于未来的增长——换句话说，即行动的时候不把预测风险考虑在内。另一方面，那些认为不能掌握未来的投资者会采取截然不同的行动：多元化、对冲、极少或者不用杠杆、更强调当前价值而不是未来的增长、高度重视资本结构、通常为各种可能的结果做好准备。
>
> 第一种投资者在经济崩溃之前会做得更好，但是当崩溃发生时，第二种投资者会有更充分的准备和更多的可用资本（以及更好的心态）从最低点抄底获利。
>
> 《试金石》，2009年11月10日

如果未来是可知的，防守就是不明智的。你应该积极行动，以成为最伟大的赢家为目标，没有任何损失需要你担心。多元化是不必要的，杠杆是可以最大化的。事实上，过度谨慎会产生机会成本（放弃利润）。

另一方面，如果你不知道未来会发生什么，自以为是的行动就是鲁莽。回过头去再听一听本章开篇时阿莫斯·特沃斯基他们是怎么说的，结果就很清楚了。不可知论者投资不可知的未来令人不安，摆出无所不知的姿态投资不可知的未来则近乎愚蠢。也许马克·吐温说得最好：“人类不是被一无所知的事所累，而是被深信不疑的事所累。”

无论是进行脑外科手术、越洋竞赛还是投资，过高估计自己的认知或行动能力都是极度危险的。正确认识自己的可知范围——适度行动而不冒险越界——会令你受益匪浅。

15

正确认识自身

我们或许永远不会知道要去往哪里，但最好明白我们身在何处。

市场周期给投资者带来了严峻的挑战，例如：

· 不可避免的市场涨跌。

· 对投资者业绩的重大影响。

· 无法预知的幅度和转折时机。

因此，我们不得不应付一股有着巨大影响但在很大程度上不可知的力量。那么，面对市场周期我们该怎么做呢？这个问题至关重要，但是显而易见的答案往往是错误的。

第一种可能的答案，是我们应否认周期的不可预测性，加倍努力地预测未来，将新增资源投入战斗，并根据我们的预测结果进行投资。但是，大量的数据和经验告诉我，关于市场周期，唯一能够预测它的是它自身的必然性。此外，优异的投资结果来自对市场的更多了解。但是，真的有那么多人比大众更了解市场周期的转折时机和区间吗？我找不到令我满意的证明。

第二种可能的答案，是承认未来的不可预测性，忽略市场周期。我们不再费力预测周期，而是尽力做好投资并长期持有。既然我们无法知道该何时增持或者减持，也不知道该何时更积极或者更防御，那么我们只能投资，完全忽略周期及其影响。这就是所谓的“买进并持有”法。

不过，还有第三种可能的答案——在我看来最为正确的答案：为何不试着弄清我们处在周期的哪个阶段，以及这一阶段将对我们的行动产生怎样的影响？

> 在投资领域里……周期最可靠。基本面、心理因素、价格与收益的涨跌，提供了犯错或者从别人的错误中获利的机会。这些都是已知的事实。
>
> 我们不知道一个趋势会持续多久，不知道它何时反转，也不知道导致反转的因素以及反转的程度。但是我相信，趋势迟早都会终止。没有任何东西能够永远存在。
>
> 那么，面对周期，我们能做些什么呢？如果不能预知反转如何以及何时发生，那么我们该怎么应对呢？关于这个问题，我坚持我的意见：我们或许永远不会知道要去往哪里，但最好明白我们身在何处。也就是说，即使我们不能预测周期性波动的时间和幅度，尽力弄清楚我们处于周期的哪个阶段并采取相应的行动也是很重要的。
>
> 《本来如此》，2006 年 3 月 27 日

15

正确认识自身

保罗·约翰逊：我尊重马克斯对该主题的定位。然而，这个目标并不像他建议的那样简单。他的确是在备忘录中提出了合理的妥协，我认为这具有可行性。

如果能够成功预测钟摆的摆动并采取正确的行动该多好，但这无疑是一个不切实际的愿望。我认为以下做法更为合适：第一，当市场已经到达极端的时候，保持警惕；第二，相应地调整我们的行为；第三，最重要的是，拒绝向导致无数投资者在市场顶部或底部犯下致命错误的群体行为看齐。

《第一季度表现》，1991 年 4 月 11 日

我并不是说如果我们知道自己处于周期的哪个阶段，我们就会准确地预知接下来会发生什么。不过我的确认为，对自身处境的正确认识会为我们了解未来事件、采取相应对策提供宝贵的洞见，这就是我们希望得到的一切。

当我说现状可知（不同于未来）的时候，我并不是说这种认识是自发产生的。就像与投资相关的大多数东西一

样，它需要付出努力，而它是可以实现的。以下是我认为在认识现状过程中需要注意的几个重要方面。

我们必须对现在发生的事保持警惕。哲学家桑塔耶纳说过："忘记过去的人注定会重蹈覆辙。"同样，我相信那些不知道周遭正在发生什么的人一定会受到惩罚。

如果我们是警觉的人或是留心的人，就能够评估我们周围那些人的行为，并以此来推断我们应该做什么。

这里最关键的成分是"推断"——这是我最喜欢的一个词。每个人都能通过各种各样的媒体了解每天发生的事情，但是有多少人能够理解这些事背后所折射出来的信息：市场参与者的心理是什么样的，投资气候是怎样的，我们应该如何应对。

简单地说，我们必须努力想明白周围发生的事情的含义。当其他人无所顾忌，充满自信地激进买入时，我们应该高度谨慎。当其他人都吓得一动也不敢动，或者恐慌性地割肉卖出时，我们应该变得更加激进。

所以看看你的周围，问问你自己：投资人乐观还是悲观？媒体名嘴认为现在的市场，投资人应该加仓买入，还是应该避开？新型的投资方案很容易被市场接受，还是被拒绝？证券发行和基金放开申购，被视为是发财的机会，还是亏钱的陷阱？信贷周期现在的阶段是资本更容易获得，还是资本更难得到？市盈率参照历史水平来看，是过高还是过低？信用利差收窄还是加大？

所有这些因素都很重要，但是它们都不需要预测。我们可以做出非常优秀的投资决策，只需要仔细观察现在的情况，并以此为基础去做决策，而并不需要猜测未来会如何。

保罗·约翰逊：当投资者定期检测市场温度时，这些富有洞察力的问题能够轻而易举地充当检测标准。

关键是你要留意这些事件，让事件告诉你应该做什么。虽然市场沿着周期曲线行进的时候，并不会天天大声高喊“采取行动”，但是市场周期走到极端时，确实会如大喊大叫一样发出强烈的信号。这时倾听市场发出的声音非常重要。

市场及其参与者将2007—2008年视为痛苦时期或人生中最宝贵的经验。当然二者都是对的，但是拘泥于前者没有太大帮助，理解后者才能帮助人们成为更好的投资者。毁灭性信贷危机就是证明正确观察现状的重要性以及试图预测未来的愚蠢性的最佳例子。这是一个值得深入探讨的问题。

回顾 2007 年年中金融危机爆发前的那段时间，很明显，投资者在不知不觉中承担了过度风险。随着投资者对股票、债券的态度降温，资金流向“另类投资”，如私募股权、企业收购，其金额之巨大已经注定了失败的厄运。人们对投资房地产能够确保收益并能抵御通胀的观点深信不疑。低利率、宽松条款的资本极易得到，刺激着人们过度使用杠杆。

如果人们事后才察觉风险，那么其意义并不大。问题在于警惕与推理是否帮助人们躲过了 2007—2008 年市场衰退的全面冲击。以下是我们看到的某些过热指标：

- 高收益率债券和低于投资级别的杠杆贷款的发行创下纪录。
- 在高收益率债券中，“CCC”评级债券的占比非常高，通常这一质量标准的新债券是不能被大量出售的。
- 为筹集派息资金而发行债务成为惯例。在正常时期，这类增加发行者风险且对债权人无益的交易是很难实现的。

· 在以债买债的优惠条件下，债务发行得越来越多，而保护债权人的条款却很少或者没有。
· 以前罕见的“AAA”评级被授予上千种未经验证的结构性投资工具。
· 收购需要的现金流越来越多，杠杆比值也越来越高。平均下来，收购公司在 2007 年支付的美元现金流比 2001 年高出 50% 以上。
· 公司收购发生在周期性很强的产业（如半导体制造业）中。在谨慎时期，投资者不会在周期性产业中应用杠杆。

考虑以上所有因素，可以得到一个明确的推论：资本提供者在竞相提供资本，他们放松条款和利率，而不是要求资本得到充分保护和可获得潜在收益。对善于思考的投资者来说，世界上最吓人的几个字——过多的资金追逐过少的交易——恰如其分地形容出了市场状况。

霍华德 · 马克斯：最危险的事：当买家争着向市场投入大量运作资本时，会出现——价格被推至高于价值，预期中的反弹缩减，风险骤升。只有当买家对卖家处于相对的主导地位时，你才会有被过高估价的资产。

这个警示应该不难发现。

当过多资金参与竞逐的时候，你是能够分辨出来的。市场交易量不断上升，交易容易度也在上升，资本成本下降，被收购资产的价格被连续交易抬高。资本洪流是一切发生的根源。

如果你的工作是制造汽车，并且希望能够长期更好地把汽车销售出去（也就是说，从其他竞争者手中抢占永久市场份额），那么你会努力把产品做得更好……这就是为什么大部分销售在推销时会以这样或那样的方式说："我们是更好的。"然而，有很多产品是无法被差异化的，经济学家们称之为"商品"。任何卖家销售的"商品"都没有太大差别，因为在交易时，买家往往只考虑价格因素——每个买家都倾向于购买交货价最低的商品。所以，如果你进行的是商品交易，并且想卖出更多，那么通常有一种方法是可行的：减价……

将钱视同为"商品"有助于你加深理解。每个人的钱都大同小异。不同的是机构希望提高贷款量，私募股权基金公司和对冲基金公司希望提高手续费。相同的是它们都想调拨更多资金。所以，如果你想存放更多资金——也就是说，让人们找你，而不是你的竞争对手来融资——那么你必须让自己的钱更“便宜”。降低价格的一种方法是降低你的贷款利率。稍微巧妙一点儿的方法是同意为你购买的东西付出更高的价格，例如以更高的市盈率买入普通股，或者在收购公司时付出更高的总成交价。无论你用任何方法削减成本，你都要做好预期收益更低的心理准备。

《逐底竞争》，2007 年 2 月 17 日

在这一危险时期，投资者可能已经观察到并且需要谨慎面对的一个趋势，是市场对我之前所形容的“银弹”或者“必胜投资”的态度从怀疑到轻信的转变。善于思考的投资者可能注意到，人们对“银弹”的欲望越来越强烈，意味着贪婪已经战胜恐惧，标志着一个无怀疑市场（因此是高风险市场）的形成。

在过去 10 年里，对冲基金特别是那些所谓的绝对收益基金被视为是绝对安全的。这些多（空）基金或套利基金不会通过“定向”投资市场趋势来追求高额收益。而且，无论市场涨跌，基金经理凭借自己的能力或技术，都能获

得 8%～11% 的稳定收益。

很少有人意识到，稳定获取这一水平的收益是一个多么非凡的成就——简直好到不像是真的（注：这正是伯纳德·麦道夫所声称的收益范围）。很少有人怀疑有多少基金经理具备足够的能力创造这一奇迹，特别是在大幅削减管理费和绩效费之后；他们能够管理的资金有多少；那些下注在微小统计差异上的高杠杆投资遭遇逆境时将会怎样。（在艰难的 2008 年，基金的平均损失约为 18%，这表明“绝对收益”这一短语被滥用和误用了。）

正如我们在第 6 章详细讨论的一样，在那个时候我们听到的说法是通过证券化、分级、预售、脱媒化和脱钩等新兴手段，风险已经被消除了。在这里特别值得注意的是分级。分级指的是把投资组合的价值和现金流分配到不同级别的利益相关者身上。最高层级持有者有优先清偿权，因此，他们享有获取最高安全且相对较低的收益的权利。最低层级持有者是“第一损失”债权人，作为承担高风险的补偿，在清偿优先级债权人的固定索偿后，他们享有剩余部分所带来的高收益潜力。

在 2004—2007 年出现了一个概念：如果你将风险切分成较小的部分，然后把它们卖给最适合持有的投资者，风险就消失了。这听起来很神奇。然而，不巧的是，许多最可怕的崩溃的发生正是从被人们寄予厚望的分级证券化开始的：投资恰恰毫无神奇可言。

绝对收益基金、低成本杠杆、无风险房地产投资和分级债务工具风靡一时。当然，它们的所有错误都在2007年8月开始清晰起来。事实证明，风险并没有被分散，反而是投资者的信任过度和怀疑不足增加了风险。

2004年到2007年中期这段时间，是投资者降低风险、取得优异表现的绝佳时期，只要他们足够敏锐地认识到未来将要发生什么并有足够的信心采取行动。你真正要做的是在市场过热时测量市场温度，并在它持续升温时离场。我们在第11章里讨论过遵守逆向投资原则的典型例子。已经削减了风险并在危机发生前做好准备的逆向投资者们在2008年的崩溃中损失得更少，并且有从崩溃带来的大特价中获利的机会。

很少有领域的战略战术决策不受周围环境的影响。我们踩油门的力度取决于道路是空旷还是拥挤。高尔夫球手根据气流选择球杆。人们根据天气变化选择外套。投资行为难道不应受投资环境的影响吗？

很多人根据他们对未来的预测努力调整自己的投资组合。但同时大多数人必须承认，未来的能见度并不是很高。这就是为什么我强调要顺应当前现实及其影响，不要寄希望于明确的未来。

《本来如此》，2006 年 3 月 27 日

小人物的市场评估指导：

这里有一个简单的练习，可以帮助你测量未来市场的温度。我列出了一些市场特性。从任意一对词语中选出一个你认为最能贴切地描述当前状况的词语。如果你发现你的标记大部分在左侧栏里，那么你就要像我一样，看紧自己的钱包。

表 15–1 市场评估指南

经济现状	生机勃勃	停滞不前
经济展望	正面有利	负面不利
贷款机构	急于放贷	缄默谨慎
资本市场	宽松	紧缩
资本供给	充足	短缺

（续表）

融资条款	宽松	严格
利率水平	低	高
利差水平	窄	宽
投资者	乐观 自信 渴望买进	悲观 忧虑 无心买进
资产持有人	乐于持有	急于卖出离场
卖家	稀少	众多
市场	人群拥挤	乏人问津
基金	申购门槛高 每天都发新基金 基金管理人说了算	向所有人开放申购 只有最好的基金才能募资 基金投资人有话语权
近期业绩表现	强劲	萎靡
资产价格	高	低
预期收益	低	高
风险	高	低
流行风格	激进 四处投资	审慎且自律 精挑细选
正确风格	审慎且自律 精挑细选	激进 四处投资
易犯错误	买进太多 高价追涨 承受太多风险	买进太少 离开市场 承受太少风险

《本来如此》，2006 年 3 月 27 日

克里斯托弗·戴维斯：如果可以用这个表格进行测量，那么其效用会更加显著。例如，以 1~5 为等级来进行分类，并在必要的地方使用“是/否”。通过这些修改，这个表格就是一个很不错的指南。

乔尔·格林布拉特：这个表格棒极了，也是一个很好的练习。

保罗·约翰逊：我强烈地感觉到，投资者通过一年浏览两次这个表格，就能密切关注市场钟摆的摇摆动向。在第一个 10 年之后，投资者从这个表格体现出的市场历史动向中获得丰富的数据。真希望我在 10 年前就有这样一个表格！

市场处在周期性运动中，有涨有跌。钟摆在不断摆动，极少停留在弧线的中点。这是危险还是机遇？投资者该如何应对？我的回答很简单：努力了解我们身边所发生的事情，并以此指导我们的行动。

15

正确认识自身

16

重视运气

每隔一段时间，就会有一个在不可能或不明朗的结果上下了高风险赌注的人，结果他看起来像一个天才。但我们应该认识到，他之所以能够成功，靠的是运气和勇气，而不是技能。

投资领域并不是一个可以预见未来、特定行为总能产生特定结果的有秩序有逻辑的地方。事实上，投资结果在很大程度上受运气支配。有些人喜欢把它叫作“偶然性”或“随机性”，这些词听起来的确比“运气”更加高深。但归根结底它们都是同一件事：我们作为投资者所取得的成功深受偶然因素的影响。

> 保罗·约翰逊：对我而言，本章的主题是这样的：学着诚实地对待你自己的成功和失败。学着认识运气在获得结果的过程中所扮演的角色。学着发现结果是怎么得来的——这与技能有关，也离不开运气。直到学会识别真正的成功源泉何在，一个人才能免于被不确定性愚弄。

为了阐明运气的概念，在本章中我要阐述纳西姆·尼古拉斯·塔勒布在《随机漫步的傻瓜》一书中表达的某些思想。我的某些观点产生于看塔勒布的书之前，但是塔勒布在他的书里把所有观点都串到了一起，并且增添了新的内容。我认为这是投资者要看的最重要的书之一。我在2002年写下名为“收益及其获得方法”的备忘录时，借鉴了塔勒布的某些思想，其中包括节选了《随机漫步的傻瓜》的内容，并在备忘录中以斜体标出。

保罗·约翰逊：我也是塔勒布的忠实读者，本章中会有很多来自塔勒布的精辟见解。我特别喜欢塔勒布关于“未然历史”的概念，而马克斯则出色地将这一概念融汇到了他的投资哲学中。

随机性（或者运气）对结果起着巨大的作用，应区别对待随机事件与非随机事件带来的结果。

因此，在评判投资结果是否具有可重复性时，我们必须考虑随机性对投资经理的表现的影响，必须考虑他们的业绩靠的是技能还是单纯的运气。

玩俄罗斯转盘赚来的 1 000 万美元，其价值不同于靠辛勤努力和娴熟的牙医技术赚来的 1 000 万美元。两者的金额相同，能买相同的东西，但前者的随机成分比后者高。对会计师来说，它们完全相同……不过在内心深处，我总觉得它们的性质很不一样。

考察投资业绩时，应参考其他可能的结果——塔勒布称之为“未然历史”——像“有形历史”一样容易发生的历史。

很明显，我判断事物的方式在本质上是概率论，它的依据是什么都有可能发生……

我们听说过的历史上最伟大的将领或者发明家，不外乎是因为他们承担了极大的风险（像成千上万人那样），然后碰巧成功了。他们聪明、无畏、高尚（有时），有着在他们那个时代所能获得的最高素养，但成千上万的其他人注定只能成为陈腐的时代注脚。

有时候每隔一段时间，就会有一个在不可能或不明朗的结果上下了高风险赌注的人，结果他看起来像一个天才。但我们应该认识到，他之所以能够成功，靠的是运气和勇气，而不是技能。

想想同时掷出两个6点才能取胜、胜率是1/36的十五子棋玩家。选手接过色子加倍下注，然后赚到他的大篷车。这也许不是一个明智的赌博，但是因为他赢了，所以人人都认为他很聪明。我们应该想一想同时掷出两个6点以外的其他情况发生的可能性，从而了解玩家取胜是多么幸运。这足以显示玩家再次取胜的可能性……

短期来看，很多投资之所以成功，只是因为在对的时间做了对的事情。我一直在说，成功的关键在于进取精神、时机和技能，而某些在对的时间有足够进取精神的人不需要太多技能。

在市场的任一时间点，获利最多的交易者往往是最适合最新周期的人。这种情况很少发生在牙医或钢琴家身上——因为这是随机性的本质使然。

可以通过一个简单的方法领会这一点：在繁荣期，承担最高风险的人往往能够获得最高收益，但这并不意味着他们就是最好的投资者。

沃伦·巴菲特在《聪明的投资者》第四版的附录中，描述了一场2.25亿美国人每人每天拿出1美元参加的掷硬币比赛。第一天，猜对的一方从猜错的一方手中赢得1美元，第二天继续猜，依次类推。10天后，有22万人连续猜对10次，赢了1 000美元。“他们可能尽量表现得十分谦虚，但在鸡尾酒会上，为了吸引异性的好感，他们偶尔会吹嘘自己在猜硬币上如何技术高超，天才过人。”又过了10天，连续猜对20次的人减少到215位，每人赢得100万美元。他们很可能会写一本名为《我如何每天早上工作30秒就在20天里用1美元赚到100万美元》的书，然后开研讨班卖票。这听上去很熟悉吧？

由此可见，很少有人充分意识到随机性对于投资业绩的贡献（或破坏）。因此，迄今为止所有成功策略背后所潜伏的危险常常都被低估了。

摘录塔勒布书中的表格来总结他的观点或许是一个好办法。他在第一列里列出了一些容易被误以为是第二列的东西。

运气	技能
随机论	决定论
可能性	必然性
想法，假说	知识，真理
理论	现实
逸事，巧合	因果，法则
生存偏差	市场优异表现
幸运的傻瓜	专业的投资者

这种二分法实在太聪明了。我们都知道，在成功的时候，运气看起来像技能，巧合看起来像因果。“幸运的傻瓜”看起来像专业的投资者。当然，即使知道随机性的影响，区分幸运的傻瓜和专业的投资者也并不容易，但是我们必须努力地区分。

塞思·卡拉曼：这就是为什么有必要不去注意投资者

的投资记录，但是需要注意他们是如何实现这些记录的。这有用吗？这可以被复制吗？为什么没有尽力去避免任何表面上的市场无效性，并推动投资走向成功呢？

我发现我基本上完全认同塔勒布的重要观点。

· 投资者永远因为“错误的原因”而对（或错）：有些人因为预期某种股票会有一定的发展而买进股票，但预料中的发展并没有出现；无论如何，市场推高了股价，投资者沾沾自喜（并接受赞美）。

· 决策的正确性无法通过结果来判断，然而人们就是这么做的。好决策指的是当时的最佳决策，而根据定义，此时的未来还是未知数。因此，正确的决策往往是不成功的，反之亦然。

· 短期来看，随机性自身就可能产生任何结果。在一个允许充分反映市场走势的投资组合里，市场走势能够轻而易举地令有技能（或没技能）的投资经理毫无用武之地。不过，市场走势所带来的结果肯定不能记在投资经理头上（除非他是罕见的市场择机者，有反复成功的能力）。

· 由于上述原因，一些投资者往往能得到他们不应得到的荣誉。一次意外的成功足以建立良好的声誉，但显然，一次意外的成功有可能来自单一的随机性因素。在这些“天才”中，很少有人能够连续成功两次或三次。

· 因此，在判断投资经理的能力时，大量的观测数据——多年数据——是必不可少的。

《收益及其获得方法》，2002 年 11 月 11 日

塔勒布的“未然历史”（既往有可能发生的其他情况）思想很有吸引力，特别适用于投资。

多数人承认未来充满不确定性，而他们认为至少过去是已知并且确定的。毕竟，过去已成历史，是绝对的、不可更改的。但是塔勒布指出，已发生事件只是可发生事件中的一小部分。因此，计划或者行动已经奏效的事实，并不一定证明其背后的决策是明智的。

也许最终导致决策成功的是一个完全不可能的、纯粹靠运气的事件。在这种情况下，决策——即使已被证实是成功的——也有可能是不明智的，决策的失误会被既往可能发生的诸多其他历史所证实。

应该怎样评价为高度不确定的结果下注、并最终幸运地获得了成功的决策者？这是一个值得我们深思的问题。

我记得，自 1963 年进入沃顿商学院后，我最早学到的一件事是，决策的质量并不取决于结果。随后发生的事件导致决策成功或不成功，而这些事件往往出人意料。塔勒布的书有力地佐证了这一观点，他特别强调随机事件惩善扬恶的能力。

什么是好决策？假设有一个人决定在迈阿密建一个滑雪胜地，且随后三个月，一场罕见的寒流席卷南佛罗里达，积雪深达 12 英尺。滑雪场在第一季获利丰厚。这是否意味着建立滑雪场就是一个好决策呢？并非如此。

好的决策本应是有逻辑、有智慧、有见地的人在条件出现之时、结果出现之前做出的。以这一标准来衡量，迈阿密滑雪胜地就是一个愚蠢的决策。

由于具有损失风险，许多影响决策正确性的事件是无法预知或量化的。即使在事后，也很难确定谁是在可靠分析的基础上做出了好的决策却遭遇罕见事件而失败，谁又是因冒险而获利。因此，很难判断谁做出了最好的决策。另一方面，过去的收益很容易评估，因此很容易知道谁做出了最有利的决策。二者很容易混淆，但是聪明的投资者必须意识到其中的差异。

霍华德·马克斯：害怕看错：尽管这是违反直觉的，但是却十分重要：它考虑到了投资环境具有的随机性和多样性，的确如此，好的决策往往会不起作用，而糟糕的决策却会屡屡奏效。特别是，投资者总是“吸引错误的决策”（反之亦然）。你不能让自己为此而沮丧，也不能认为心目中的好的决策都是错误的（除非，有许多的错误让你不得不反思）。

长期来看，好的决策一定会带来投资收益。然而在短期内，当好的决策无法带来投资收益的时候，我们必须忍耐。

保罗·约翰逊：我喜欢这个观点。哦，这实在是太真实了！

第 14 章所描述的“我知道”学派的投资者认为预知未来是有可能的，因此他们构想出未来的样子，并在此基础上以收益最大化为目的建立投资组合，很大程度上无视其他可能性的存在。相反，“我不知道”学派采取局部最优法，把重心置于他们认为可能的情况下表现良好、在其他情况下表现不会太差的投资组合上。

“我知道”学派的投资者预测色子的走向，成功时归功于自己对未来的敏锐感觉，失败时归咎于运气不好。当他们正确时，必须要问的一个问题是：“他们真的能预见未来吗？抑或不能？”“我不知道”学派的投资者采用的是概率论法，所以他们知道投资结果在很大程度上是听天由命的，所以对投资者的赞扬或指责应有适当的限度——特别是在短期内。

“我知道”学派根据一两次掷色子的结果，迅速而肯定地将其成员划分为胜利者和失败者。“我不知道”学派知道，他们的技术应根据多次而不是一次结果（可能是一个罕见结果）来判断。因此，他们能够接受自己谨慎的局部最优法在短期内业绩平平的结果，但是他们相信，真正优秀的投资者一定是在长期有优秀的业绩。

短期收益和短期损失可能都是假象，二者都不是真实的投资能力的必然指标。

保罗·约翰逊：这是一条重要的界线。不知有多少投资者都在这个错误上栽了跟头？

出奇好的收益往往是出奇坏的收益的另一面。某一年的好收益可能会夸大投资经理的能力，掩盖他所承担的风险。当坏年景紧跟在好年景后面出现时，就会出现令人吃惊的结果。投资者往往会忽视短期收益和短期损失可能都是假象的事实，忽视深度挖掘并理解造成短期收益和短期损失的原因的重要性。

投资表现是事件发生后的投资组合的状态。人们高度关注最后的结果，但他们更应该问的问题是，投资经理真的能够理解已经发生的事件（以及其他有可能但未发生的事件）吗？如果发生其他可能的事件，那么其表现会怎样？所谓的其他事件，就是塔勒布的“未然历史”。

《杂草》，2006 年 12 月 7 日

乔尔·格林布拉特：在 21 世纪第一个 10 年中，表现最好的共同基金每年有 18% 的收益。同期投资者平均每年损失 8%。投资流向往往伴随着“上涨”，优异的业绩和投资外流则与损失和新股偏弱有关。显然，大多数投资者在做出决策时，很少会运用“长线”评估策略。

塔勒布的思想新颖且引人入胜。一旦你意识到随机性对投资结果的影响的深刻程度，你就会以一种完全不同的视角来看待一切。

“我知道”学派的行动建立在未来是可知可控的唯一未来的观点之上。“我不知道”学派认为未来事件是呈概率分布的。这是一个很大的区别。在后一种情况下，我们可能会对哪种结果最有可能发生有一定的认识，但是同时我们知道，还有许多其他的可能性，并且其他结果的共同可能性可能比我们认为最可能的结果的可能性高得多。

霍华德·马克斯：理解不确定性：有人认为未来是可知的（他们能够知道）——他们属于“我知道”学派。他们忽略不确定性的表现，认为如果决策正确就能盈利，但他们也将自己置于一旦发生失误便极有可能遭受损失的危险中。因此一旦意识到了这一点，所有的投资者都有必要检查自己是否知行合一。

显然，塔勒布的“世界是不确定的”这一观点与我的观点十分相符。我的投资信仰和投资建议均来自这一思想学派。

· 我们应将时间用在从可知的行业、企业和证券中发现价值上，而不应将决策建立在对更加不可知的宏观经济和大盘表现的猜测上。
· 考虑到我们不能确切地预知未来，我们必须通过坚定持股、分析性认识持股、在时机不佳时减少买入等途径来保持我们的价值优势。
· 因为大多数结果可能会对我们不利，所以我们必须进行防御性投资。在不利结果下确保生存比在有利结果下确保收益最大化更为重要。
· 为了提高成功机会，我们必须在市场出现极端的情况下采取与群体相反的行动：在市场低迷时积极进取，在市场繁荣时小心谨慎。
· 考虑到结果的高度不确定性，我们必须以怀疑的眼光看待投资策略及其结果——无论好坏——直至它们通过大规模试验的验证。

克里斯托弗·戴维斯：这是一个非常好的总结。

与对世界不确定的认识相伴而行的其他表现为：适度尊重风险，知道未来不能预知，明白未来是呈概率分布的并相应地进行投资，坚持防御型投资，强调避免错误的重要性。在我看来，这就是有关聪明投资的一切。

乔尔·格林布拉特：对于优秀的投资者而言，时间的推进使他们有了更多的机会去演练自己的技能，长线投资回归可能造成的破坏性概率也会有所降低。

17

多元化投资

有老投资者，有大胆的投资者，但没有大胆的老投资者。

对于经验老到的飞行员和大胆冒失的飞行员而言，这个方法能起到事半功倍之效。

乔尔·格林布拉特

每当朋友们向我咨询投资建议时，我总是先设法了解他们对待风险与收益的态度。当你没有指定要求、泛泛地咨询投资建议时，就像问医生要好药却不告诉他你哪里不舒服一样。

于是我问："赚钱与避损，你更在乎哪一个？"答案总是一成不变："都在乎。"

问题是你不可能将精力同时放在获取收益和避免损失上。每一位投资者都必须在这两个目标中做出选择，且通常要在两者之间进行合理的平衡。投资决策必须是谨慎而理智的。本章所讲的就是有关选择的问题以及我的建议。

从进攻与防守层面入手是理解决策的最好方法之一，以体育运动来类比，则是理解进攻与防守的最好的方法之一。

我要引用查尔斯·埃利斯 1975 年发表在《金融分析师》杂志上的一篇名为《输家的游戏》的精彩文章，来奠定本次讨论的基础。这可能是我最早接触到的投资与体育之间的直接类比，对我今后注重防御型投资的思想产生了巨大的影响。

查尔斯的文章中描述了西蒙·拉莫博士（TRW 公司创始人之一。TRW 公司是一家综合企业，产品经营范围从汽车零部件到信用报告服务等）在《网球庸手的高超打法》一书中关于网球运动的精辟分析。拉莫指出，专业网球比赛是一场“赢家的游戏”，打出最多制胜球（令对手无法还击的快速而精准的击球）的选手赢得比赛。

在对手的不断进攻下，专业球员几乎在任何时候都能随心所欲地击球：或扣或吊，或高或低，或左或右，或平或旋。某些在业余比赛中具有挑战性的因素，如低弹球，风速与风向，刺眼的太阳，速度、耐力与技巧不足，或者对手打出你接不着的球等，对专业球员完全够不上干扰。专业球员几乎可以接到对手的所有击球并且能够随心所欲地控制自己的击球。事实上，专业球员的发挥相当稳定，极少失误，以至于网球统计员会统计相对罕见的每一次“非受迫性失误”。

但是，其他人玩儿的就是“输家的游戏”了，游戏规则为输球最少的选手赢得比赛。胜利者只需在失败者击球落网或出界前连续回球即可。换句话说，决定业余网球比赛结果的，不是赢，而是输。我从拉莫的避险策略中认识到了自己的打法。

查尔斯·埃利斯进一步将拉莫的观点发扬光大，把它应用到了投资上。他认为市场是有效的，交易成本是高昂的，并由此得出结论：在主流股票市场中主动得分对投资者未必有好处。相反，投资者应该尽量避免输球。我认为这是一个十分引人入胜的投资观点。

选择进攻还是防守，应从投资者对自我掌控能力的认识出发。在我看来，投资中包含许多投资者无法控制的因素。

专业球员知道，每当他们的脚、躯干、手臂、球拍分别做出 A、B、C、D 的动作，球就会正好打出 E，整个过程中很少有变数。但是投资充满了低弹球和意料之外的发展，而且场地大小和球网高度随时都在改变。经济与市场的运作方式模糊而多变，其他参与者的思想和行为也在不断改变着投资环境。即使你做得都对，你最喜欢的股票也可能无人问津，管理层可能会浪费公司的机会，政府可能会改变政策，就连自然都有可能呈上一场灾难。

诸多条件尽在掌控，专业球员确实应该并且最好拥有得分的主动权，因为如果他们送出机会球，对手就会打出制胜球得分。相比之下，只有部分投资结果在投资者的掌握之中，投资者无须高难度击球，就可以得到不错的收益并拖垮对手。

总而言之，即使经验丰富的投资者都可能打出失误球，击球过于主动更容易输掉比赛。因此，防守——重点在于避免错误——是每一场伟大的投资游戏的重要组成部分。

我喜欢投资里的很多东西，其中大部分也适用于体育。

- 它具有竞争性——有人赢，有人输，界限分明。
- 它是定量的——你可以见到黑白分明的结果。
- 它是一种能力主义——长期来看，更好的收益总是被杰出的投资者获得。
- 它具有团队精神——有效的团队可以比单个人取得更好的业绩。
- 它带给人满足和愉悦——当然主要是在你赢的时候。

这些优点使投资成为一项值得参与的、有意义的活动。但投资就像运动一样，也有弊端。

- 积极进取能够获得额外收益，但长期效果并不明显。
- 业绩不佳令人沮丧。
- 短期成功导致人们普遍轻视应有的耐性和业绩的稳定性。

总而言之，我认为投资和运动非常相似，它们对决策的要求也很相似。

以美式橄榄球比赛为例。进攻组球员拿到球。他们有4次机会带球推进10码，否则裁判就会吹哨，停止计时。然后进攻组球员下场，阻止对手前进的防守组球员上场。

橄榄球比赛能够很好地类比你心目中的投资吗？对我来说，它是不适合的。在投资中没有人吹哨，你几乎不知道该何时从进攻转向防守，而且根本没有暂停时间。

我认为投资更像其他国家的足球比赛。在足球比赛中，同样的11名球员打满整场比赛。没有所谓的进攻组和防守组。场上球员均要进攻和防守……他们必须具有处理所有意外情况的能力。11名球员必须都有射门得分和阻止对手得分的能力。

足球教练在带队参赛时必须决定是以进攻为主（以多进球得分并相应地控制对手少得分为目的），以防守为主（不让对方得分，同时寻找射门机会），还是攻守平衡。教练知道在比赛中他们并没有太多攻防转换机会，他们必须摆出制胜阵容并坚持到底。

这就是我对投资的看法。很少有人（如果有的话）能够顺应市场条件及时地改变策略。所以投资者应致力于一种方法——一种有望应对多种不同情况的方法。他们可能会抱着投资成功时多赚钱、投资失败时不赔钱的希望积极进取。他们可能会抱着形势好时不少赚、形势不好时少赔钱的希望，以防御为重。或者他们可能会平衡攻守，不再关注时机选择，而是选择出色的证券，在牛市和熊市中都赚钱。

显然，橡树资本管理公司青睐的是防御型投资。在繁荣期，我们认为只要能跟上大盘表现就好（在市场最火的时候甚至可能还会落后一点儿）。但在投资庸手都能赚大钱的繁荣期，我怀疑很多投资经理会因为表现平平而被炒。

塞思·卡拉曼：马克斯和他的伙伴们宁愿放弃一部分抱有不切实际期待的客户，以及那些不在乎且不适应橡树资本管理公司的投资哲学的客户。最终，橡树资本管理公司管理的是持续稳定的资本，他们的方法也有着相当大的吸引力，因此理所应当会受到世界各地众多投资者的欢迎。

> 橡树资本管理公司关于投资组合的设计以在衰退期超越市场表现为目的，这才是我们认为最有必要的。很明显，如果我们能够在繁荣期跟上市场表现，并在衰退期超越市场表现，那么在整个市场周期中，我们就会以低于平均水平的波动取得高于平均水平的业绩，我们的客户也会在别人痛苦时享受快乐。
>
> 《你的游戏策略是什么》，2003 年 9 月 5 日

对你来说，得分和阻止你的对手得分，哪一个更重要？在投资中，你是去争取制胜投资，还是尽力避免致败投资？（或者更恰当的问法是：你会如何平衡二者？）欠缺考虑的行动会带来巨大的危险。

还要补充的一点是，攻守选择没有对错之分。条条大路通罗马，你的决策必须基于你的性格与学识、你对自己能力的信任程度、你所在的市场以及你为之工作的客户的特点。

投资中的进攻和防守是什么？进攻很好定义，它指的是为追求高额收益而采用积极进取策略并承担较高风险。但什么是防守呢？防御型投资者关注的不是做对，而是避

免做错。

做对和避免做错之间有没有区别？它们表面上看起来很像，但深入来看，它们所需的思维模式有很大的不同，由此带来的投资策略也有很大的不同。

防守可能听起来和避免不良结果差不多，但它没那么消极和无为。其实可以把防守视为一种追求更高收益的努力，只不过它的实现是通过避害而不是趋利，是通过持续稳健的进步而不是偶尔的灵光乍现。

防御型投资有两大要素。第一要素是排除投资组合中的致败因素，最好的实现方法是：广泛而尽职地调查、提高入选标准、要求低价和高错误边际（见本章后文），不要轻易下注在没有把握的持续繁荣、乐观预测和发展上。

第二要素是避开衰退期，特别要避免暴露在崩溃危机下。除了前面提到的要排除投资组合中的致败投资外，防守还需要投资组合多元化、限制总风险承担并以整体安全为重。

集中化（多元化的反义词）和杠杆是进攻的表现。当它们起效时会扩大收益，反之会增加损失；积极进取策略会导致投资结果比高点更高或比低点更低。不过，如果过度使用积极进取策略，那么在形势恶化时，它们可能会危害投资生存。相反，防守能够提高你渡过难关的可能性，你会有足够长的时间来享受聪明的投资带来的最终回报。

乔尔·格林布拉特：这是多元化权衡的一个方面。你必须拥有足够强大的应变能力以应对糟糕的时期和坏运气，因此技能和策略才有机会在长线投资中获得成功。

投资者必须做好应对突发事件的准备。许多金融活动似乎都有理由取得平均业绩，但是由于结构不稳定或者过度杠杆化，它们可能在某一天给你沉重一击，令你一败涂地。

但是，真的有那么简单吗？说起来简单，你应该为坏日子做好准备。但是，那会有多坏呢？最坏的情形是什么样的？你必须每天都全副武装地准备应对坏日子吗？

就像投资中的其他东西一样，这不是一个非黑即白的问题。你承担的风险取决于你想要的收益。投资组合的安全性取决于你愿意放弃多少潜在收益。没有正确答案，只有权衡。这就是为什么我要在 2007 年 12 月的备忘录中加入这样一句话：在逆境中确保生存与在顺境中实现收益最大化是相矛盾的，投资者必须在两者之间做出选择。

《鸟笼》，2008年5月16日

防御型投资的关键要素是沃伦·巴菲特所谓的安全边际或者错误边际（他在使用这两个短语时似乎是不加以区别的）。这是一个值得详细探讨的问题。

乔尔·格林布拉特："安全边际"和"市场先生"这两个概念的产生源于巴菲特参考了格雷厄姆为投资领域所做出的巨大贡献。

如果未来不出所料，那么成功的投资并非难事。如果能够准确预测到经济发展趋势、特定行业和公司的表现，如何获利就不再神秘。如果未来按照你的预期发展，锁定目标进行投资就能大获成功。

但你可能会想，如果未来不能如你所愿，那么你该如何应对它。简而言之，是什么保证了结果的可接受性（即使在未来未按预期发展的情况下）？答案就是"错误边际"。

霍华德·马克斯：理解不确定性：除去不确定性的表

现不谈，许多投资者会试着选择完美的策略，希望能以此获得最大程度上的回报。但是，如果我们不知道不确定性的存在，我们就会坚持一个大致的安全边际，当出现不理想的结果时，这个结果尚能让你接受。

想象一下贷款人发放贷款时的情形。如果条件不变——例如，没有经济衰退，借款人有一份稳定的工作——那么发放贷款并不困难。但是，保证贷款能够收回（即使在条件恶化时）的条件是什么？答案仍然是错误边际。借款人失业时，如果他有存款、可售资产或者其他收入来源，贷款收回的可能性就比较大。这些条件为贷款人提供了错误边际。

对比很简单。坚持错误边际、只贷款给有实力的借款人的贷款人，很少会经历信用损失。但是高标准会令他失去贷款机会，而这些机会将会流到对信誉要求较低的贷款人手上。只要经济环境持续乐观，积极贷款人会比保守贷款人看上去更聪明（也更能赚钱）。

塞思·卡拉曼：这使得一家银行的高级管理人员在2007年时这样评论道："只要音乐未停，你就必须站起来翩翩起舞。"（花旗银行CEO查尔斯·普林斯，《财经时报》，2007 年 7 月 9 日）经营一家公司，其短期利润所带来的压力，要与业界同行保持一致，这是当今商业文化中的一大难题。

保守贷款人的回报不过是衰退期较低的信用损失。坚持错误边际的贷款人享受不到达到制高点的乐趣，但同时可以避免最低点的痛苦。这就是发生在防御型投资者身上的一切。

克里斯托弗·戴维斯：这是一个复杂的类比，在我看来它是有问题的。在这种情况下，是什么诱使保守的借款人与保守的放款人有了更多的商业往来，而理智的借款人则毫无顾虑地为最低的利率寻找有才能或谨慎的放款人？

这里还有一种阐述错误边际的方法。你发现一些你认为会值 100 美元的东西。如果用 90 美元买进，你就得到一个获利的好机会，同时，如果你的推断过于乐观，那么你的投资也会有一定的损失概率。但是，如果你用 70 美元而不是 90 美元买进，你的损失概率就会减少。减少的这 20 美元为失误提供了额外的空间，同时仍然有很好的获利机会。低价是错误边际的源泉。

克里斯托弗·戴维斯：同样的，时间也能化险为夷。

因此选择很简单：设法通过积极进取策略将收益最大化，或者通过错误边际来建立保护。你不能在两方面同时做到极致。你会选择进攻、防守，还是兼顾（如果是兼顾，那么二者之间的比例如何）？

在获取高额收益和避免损失这两种投资方法中，我认为后者更为可靠。获利通常取决于对未来事件的正确判断，而将损失最小化只需有形资产价值已知、大众预期稳健并且资产价格较低即可。经验告诉我，后者也许更具可持续性。

必须在获利和减少风险之间——进攻和防守之间——取得平衡。在我担任投资组合经理之初，我做的是固定收益投资。收益是有限的，投资经理最大的贡献是规避损失。由于上涨是“固定”的，唯一的波动来自下跌，因此关键问题就在于避免下跌时的波动。所以，你是不是一名债券投资者，不在于你持有哪些赚钱的债券，而在于你是否有能力把不赚钱的债券排除在外。在格雷厄姆和多德看来，这种以排除为主的固定收益投资是一门“否定的艺术”。

另一方面，在普通股和其他更注重上涨的领域，投资仅仅规避损失是不够的，同时必须要有获利潜力。尽管固定收益投资者在很大程度上可以只进行防御型投资，但是要想超越固定收益投资——通常以追求更高收益为目的——就必须在攻守之间做出平衡。

关键是平衡。投资者除了防守外，还需要进攻，但这并不意味着他们无须重视二者的比重。投资者如果想获取更高的收益，通常就要承担更多的不确定性——更多的风险。投资者如果想得到高于债券收益的收益，他们就不可能单纯靠规避损失来达到目的。一定的进攻是需要的，随之而来的就是不确定性的提高。选择怎样的投资方式，需要谨慎而明智地做出决策。

橡树资本管理公司的投资建立在防御而不是其他基础上。(但我们并不排除进攻。我们从事的投资并非都是“否定的艺术”。如果不愿意同时考虑涨势和跌势，我们就不可能成功地投资可转换债券、不良债务或者房地产。)

乔尔·格林布拉特：投资者考虑的是风险与盈利之间

的张力，这些都与各自的可能性有关。有一个方法会使风险与盈利之间的不对称性最大化，并确定你的最小风险。我在别处曾经提到过：如果你在一项投资中最小化损失的可能性，那么其他的大多数选择就会是不错的。

投资是一个充满雄性激素的世界，太多人自我感觉良好，认为只要打出“本垒打”就能赚到大钱。如果你问问“我知道”学派的投资者们，是什么令他们自我感觉良好，你就会听到他们说自己曾经打出多少记“本垒打”，当前的投资组合里又在酝酿着多少记“本垒打”。然而，有多少人提到过他们投资的持续性，或者告诉你他在市场最差的时候也表现得不错呢？

在过去35年里，我注意到的最奇怪的事情之一，便是最优秀的投资者的投资生涯都非常短暂。虽然不像专业运动员的运动生涯那么短暂，但也远远短于在无损健康的行业中应持续的时间。

我最初管理高收益债券的25年或30年之前的那些领先者们现在在哪里？几乎所有人在业内的表现都不再突出。更令人惊讶的是，15年或20年前最杰出的不良债务投资者现在竟无一人依然保持领先。

他们都去哪儿了？许多人因组织缺陷导致投资策略无法继续而消失。其他人本想打出“本垒打”却因被“三振出局”而消失。

克里斯托弗·戴维斯：在股市中，你可以大胆冒进。不过，你也可以隐藏在被认为是安全的投资中，因而得以避免麻烦。

这令我想起一个悖论：我认为许多投资经理的职业生涯之所以终结，不是因为他们打不出“本垒打”，而是因为他们被“三振出局”的次数太多——不是因为他们的制胜球不够，而是因为他们的失误球太多。但是，许多投资经理仍在前赴后继地追求“本垒打”。

保罗·约翰逊：我相信马克斯的论断是正确的，它为许多投资经理在商业活动中保驾护航，因为他们自己在探索投资方法的过程中，走了不少弯路。

·他们在自认为有制胜想法或有对未来的正确看法

时，下注过大，导致投资组合过于集中而不是多元化。

- 由于经常改变持股比例或者试图预测市场时机，他们承担了过高的交易成本。
- 他们给投资组合的定位是在顺境中获取收益，而不是确保在误判或打出失误球后得以幸存。

相反，在橡树资本管理公司，我们坚定地认为“避免致败投资，制胜投资自然会来”。这是我们最初的也是永远的信条。我们追求安打率，而不是“本垒打”。我们知道其他人会因为巨大的胜利和辉煌的赛季成绩而占据头条，但是，我们希望自己能以令客户满意的持之以恒的良好表现坚持到最后。

《你的游戏策略是什么》，2003 年 9 月 5 日

图5-1和图5-2显示了风险与收益的关系（见第5章）。当然，这两幅图的区别在于，前者没能显示出承担新增风险所包含的巨大的不确定性，而后者却可以。正如图 5-2 表明的，高风险投资的结果分布范围更广，既包括损失的可能性，也包括预期的收益。

进攻——通过风险承担争取制胜投资——是一个高强

度活动。它可能会带给你追求的收益……也可能带来失望。还要考虑其他因素：你捕鱼所在的水域的挑战性越大、潜在收益越大，越有可能吸引经验丰富的渔夫。除非你掌握的技术令你具备充分的竞争力，否则你极有可能成为牺牲者而不是胜利者。在不具备必需的竞争力的情况下，一定不要主动进攻、承担风险以及碰触有技术挑战性的领域。

除了专业技术，积极进取型投资也需要有勇气、有耐心的客户（如果你是投资经理）和可靠的资本。当形势不利时，你需要这些因素支撑你渡过难关。投资决策可能具有取得长期或平均业绩的潜力，但是如果没有这些因素的支撑，那么积极进取型投资者可能不会看到长期结果的到来。

管理高风险投资组合就像一场没有护网的高空钢丝表演。成功的回报可能会很高，你会赢得惊呼与赞叹，但是失误也会置你于死地。

> 追求卓越表现的重点是敢于成就伟大……毫无疑问，投资者最重要、最基础的决策之一，是决定投资组合应承担多大的风险，应如何多元化、规避损失和确保不低于平均表现。为了追求更高的收益，你要做出什么程度的牺牲？

我从我喜欢的幸运饼干里学到了很多：谨慎很少出错，也写不出伟大的诗歌。它涉及发人深省的两个方面：谨慎能帮助我们避免错误，但它也会阻止我们取得伟大的成就。

就个人而言，我喜欢资金经理保持谨慎。我相信在许多情况下，避免损失和衰退比重复成功更容易，因此风险控制更有可能为长期优异表现打下坚实的基础。据我所知，最好的投资者具备以下特征：敬畏投资，要求物有所值和高错误边际，知所不知，知所不能。

《敢于成就伟大》，2006 年 9 月 7 日

保罗·约翰逊：所有投资者都应该留意这条建议。

就像本书中的诸多决策一样，攻守抉择并不简单。以一个伤脑筋的难题为例：很多人似乎不愿全力以赴去做任何事（如买进某只股票、限定资产类别或委托投资经理投资），因为如果行动不能奏效，就会严重损害他们最终的结果。但是，为了保证事情成功时带来高额收益，你不得不全力以赴地去完成它，因为失败的行动有可能导致重大失利。

霍华德·马克斯：害怕看错：这种两难处境表现了害怕看错是如何影响判断起效的，也体现了如果你十分担心表现，就很难成为成功的投资者。投资委员会往往由于一个简单的原因就会表现得“制度化”，而且难以承受因看错而带来的后果。但是，盈亏底线是简单且绝对的：如果你十分抗拒犯错，那么你绝不会适应孤独——这伴随着严格意义上的成功的逆向投资。

在投资中，几乎所有东西都是双刃剑。选择承担更高风险、以集中化代替多元化、利用杠杆放大收益都各有利弊。唯一的例外是个人技术。至于其他东西，有效就有益而无效就有害。正因如此，攻守抉择既重要又具有挑战性。

很多人将攻守抉择视为在勇往直前和故步自封之间的选择。然而，在善于思考的投资者看来，防守能取得较好的稳定收益，而进攻往往承载着过多无法实现的梦想。就我来说，我的选择是防守。

防御型投资会令你错过热门并且越来越热门的东西，它会让你在一次次跑向本垒板的过程中无所事事。你可能比其他投资者打出更少的本垒打……但是，你被三振出局或双杀出局的可能性也会更少。

防御型投资听起来很高深，不过我可以将它简化为：敬畏投资！担心损失的可能性。担心有自己不知道的东西。担心自己虽能做出高质量的决策，但仍会遭受厄运和突发事件的打击。敬畏投资能避免自大，令你保持警惕和大脑活跃；能令你坚持充足的安全边际，提高投资组合应对恶劣形势的能力。如果不犯错误，那么制胜投资自然会来。

《最重要的事》，2003 年 7 月 1 日

保罗·约翰逊：我喜欢这条评论。我见过少数投资者：他们进行投资时会恐惧、有所期待，当然这发生在整体市场出现波动时。但是，即使是在那些时候，他们也并未害怕进行投资——不过，这实在是太令人恐惧了，于是他们不再进行投资。

18

避免错误

投资者几乎无须做对什么事，他只需能够避免犯重大错误。

沃伦 · 巴菲特

援引巴菲特的这句话足以说明一切。

保罗 · 约翰逊

在我看来，设法避免损失比争取伟大的成功更加重要。后者有时会实现，但偶尔失败可能会导致严重的后果。前者可能是我们可以更经常做的，并且更可靠……失败的结果也更容易接受。当投资组合风险过高时，向下的波动会令你失去信心或低价抛售。而低风险的投资组合会令你在牛市中表现不佳。但从未有人因此而失败，这并不是最悲惨的命运。

为了避免损失，我们需要了解并避免导致损失的错误。我会在本章中把在前面讨论过的关键问题汇总在一起，希望能够通过集中强调这些问题，帮助投资者对错误保持更高的警惕。我们以了解多种错误的存在并认清它们的样子作为出发点。

我认为错误原因主要是分析/思维性的，或心理/情感性的。前者很简单：我们收集的信息太少或不准确。或许我们采用了错误的分析过程，导致计算错误或遗漏了计算步骤。这一类错误不胜枚举，不过，本书更关注理念和心态而不是分析过程。

但是，有一种分析性错误是我想花些时间来探讨的，我称之为“想象无能”。它用来表示既想象不到所有的可能结果，又无法完全理解极端事件的结果的情况。我会在后文详细阐述这个问题。

克里斯托弗·戴维斯：换言之，量化产生的错误会对抗判断造成的失误。

有很多导致错误的心理/情感因素已经在前面的章节中探讨过了：贪婪和恐惧，自愿终止怀疑和怀疑，自负和嫉妒，通过风险承担追求高额收益，高估自己的预测能力的倾向。这些因素助长了繁荣和崩溃的发生，而大多数投资者都参与其中，采取着完全错误的行动。

另一个重要的错误——很大程度上是心理因素，但是它重要到值得单独归类——是没有正确认识到市场周期和市场的狂热，并选择了错误的方向。周期和趋势的极端不常发生，因此这不是一个常见的错误原因，但是它会导致重大错误的发生。群体心理强迫个人依从和屈服的力量几乎是不可抗拒的，也是投资者必须抵制的。这些错误同样已经在前文中讨论过了。

“想象无能”——无法提前理解结果的多样性——特别有意思，它对投资的许多方面造成影响。

如前所述，投资完全就是应对未来。为了投资，我们必须持有对未来的看法。一般来说，除了假定它会与过去十分相似之外，我们几乎别无选择。因此，很少有人会说："过去50年的美股平均市盈率是15，我预测在未来几年它会变成10（或20）。"

因此，大多数投资者是根据既往——尤其是近期发生的事——推断未来。为什么是近期？第一，许多重要的金融现象的周期较长，意味着在下一轮周期重现之前，那些经历过极端事件的人往往已经退休或死亡。第二，正如约翰·肯尼斯·加尔布雷斯所说，金融记忆往往极其短暂。第三，所有曾经的记忆往往都会被最新的热门投资和那些轻松赚钱的承诺抹除。

大多数时候，未来确实与过去相似，因此这样的推断没有任何害处。但是在重要的转折时刻，当未来与过去不再相似的时候，推断会失效，你要么损失惨重，要么赚不到钱。

因此，回顾一下布鲁斯·纽伯格对概率和结果的差异的精辟见解是很有必要的。意料之外的事情会发生，短期结果可能偏离长期概率，事件可以聚集。以掷色子为例，同时掷出两个6点的概率是1/36，但这样的结果可能会连续出现 5 次而在接下来 175 次中都不再出现——长期来看，它发生的可能性与其概率是一样的。

认定“一定”会发生的事却没有发生，会令你痛苦不堪。即使你正确地理解了基本概率分布，你也不能指望事情会按照预期的方向发展。成功的投资不应过分依赖聚集分布的正常结果，而是必须考虑到离群值的存在。

保罗·约翰逊：这一精辟见解的关键在于“你必须考虑异常值”，马克斯的论述十分明确。

投资者之所以投资，是希望投资能带来投资结果，他们的分析会集中在可能发生的情况上。但是，一定不要只盯着预期发生的事而排除其他可能性……不要过度承担风险和杠杆，否则不利结果会摧毁你自己。近期的信贷危机中，崩溃发生的主要原因是事态没有按照预期发展。

塞思·卡拉曼：同样地，对于买方的研究关注点较为单一，且大多数类似于情境再现，因而会忽略可能出现的其他结果。

金融危机是见所未见的事件与无法承受这些事件的高风险杠杆结构相碰撞的结果。举例来说，抵押贷款衍生品的设计和分级，以房价不会出现全国性下跌的假设为前提，因为之前从来没有出现过这样的情况（或至少没有出现在近期的统计数据中）。但是接下来的房价大跌，建立在不可能出现大规模房价下跌的假设基础上的结构受到了重创。

另外，值得注意的是，某件事不可能发生的假设具有推动事件发生的潜力，因为认为事情不可能发生的人会采取高风险行动，从而导致环境发生改变。20 多年前，“抵押贷款”这一术语与“保守”有着千丝万缕的联系。购房者付出房价的 20%~30% 作为首付；按照惯例，分期付款金额不高于月收入的 25%；房屋被仔细地估价；借款人的收入和财务状况必须有文件证明。但在过去 10 年里，随着对抵押贷款证券化的需求越来越旺盛——部分原因是抵押贷款一直以来表现可靠，大家公认不可能出现全国性抵押贷款违约——许多传统规范遭到废弃。结果可想而知。

保罗·约翰逊：这是对2008年信贷危机所做出的一个简单却极好的解释。

这令我想起一个令我们进退维谷的难题。投资者到底应该投入多少时间和资本来避免不太可能发生的灾难？我们可以防备每一个极端结果，例如同时防备通货紧缩和恶性通货膨胀。但这样做的成本太过高昂，而且当我们的保护性举措最后被证明没有必要执行时，成本会减损投资收益……并且大部分时间里都会这样。假如再回到 2008 年，你也可以让你的投资组合表现良好，但那时你就只能持有国债、现金和黄金。这是一个切实可行的策略吗？也许不是。所以一般原则是，避免错误很重要，但必须有限度（限度因人而异）。

关于想象无能还有另一个重要方面。人人都知道资产有预期收益和风险，并且可以被预测。但很少有人了解资产的相关性：一种资产会对另一种资产的变化做何反应，或这两种资产会对第三种资产的变化做何反应。理解并预测相关性的影响——进而理解并预测多元化的局限——是风险控制和投资组合管理的主要任务，但很难实现。不能正确预测投资组合内的协同运动是投资失败的一个关键原因。

投资者往往意识不到贯穿投资组合的共同线索。人人都知道，如果一家汽车制造商的股价下跌，共同因素将会导致所有的汽车股同时下跌。很少有人知道令所有美股（或所有发达国家股票，或全世界所有股票，或所有股票和债券等）下跌的共同因素是什么。

因此，想象无能首先是没有预测到未来可能发生的极端事件，其次是没有理解极端事件发生后的连锁后果。在近期的信贷危机中，有些怀疑论者可能曾怀疑过次级抵押贷款会出现大规模违约，但他们认为影响未必会超出抵押贷款市场。很少有人预见到抵押贷款的崩溃，更少有人预测到商业票据和货币市场基金因此而受累，或雷曼兄弟公司、贝尔斯登公司和美林证券不再作为独立公司而存在，或通用汽车公司和克莱斯勒公司会申请破产保护并请求紧急援助。

克里斯托弗·戴维斯：这是事实。

从很多方面来看，心理因素都是最令人感兴趣的导致投资错误的原因，它们可以极大地影响证券价格。当心理因素导致某些投资者持有极端观点并且无法被其他人的观点抵消时，就会导致价格过高或过低。这就是泡沫和崩溃的根源。

投资者如何在心理因素的影响下做出错误的投资？

· 屈从。

· 不知不觉地加入已被他人的屈从扭曲的市场。

· 未能利用市场的扭曲。

以上三点是同一件事吗？我不这么认为。让我们结合危害性最大的心理因素之一——贪婪——来剖析这三个错误。

当贪婪过度时，证券价格往往过高，进而造成预期收益过低，风险过高。资产代表着将会造成损失的错误……或可被利用的错误。

前面列出的三个错误中的第一个——屈从于不良影响——意味着贪婪并买进。如果你在赚钱欲望的驱使下，抱着资产将继续升值、策略将继续有效的侥幸，在价格过高时也不断买进，你就是在自寻烦恼。如果你以高于内在价值的价格买进——资产就会从估价过高到估价超高，你必须得特别幸运才能获利而不亏损。当然，被推高的价格更容易导致后者而不是前者。

第二个错误，也就是我们所谓的失察错误。你可能没有被贪婪诱惑，举例来说，你的 401（k）计划可能以投资指数基金的方式稳定而被动地投资于股市。然而，加入（即使是不知不觉地）一个已经被他人狂热的购买行为推高的市场，将会对你造成严重影响。

每一个不利影响和每一种“错误”市场，也都提供着获利而不是犯错的机会。因此，第三种形式的错误指的不是做错，而是没有做对。普通投资者能避免错误就算是万幸，而优秀投资者期待的却是从错误中获利。当贪婪导致股价过高时，大多数投资者希望不再买进甚至卖出。但是，优秀投资者可能会通过卖空而在价格下跌时获利。犯第三种形式的错误——例如，没有做空估价过高的股票是另一种不同形式的错误，即“不作为”错误，不过可能也是大多数投资者愿意接受的错误。

如前所述，导致这些错误的心理因素是，出于“这次是不同的”的信念，投资者偶尔会乐于接受引起泡沫和崩溃的新奇理论。在牛市中，怀疑不足使得这种事情经常发生，因为投资者相信：

· 某些新发展会改变世界。
· 已经是陈规的模式（如商业周期的盛衰）将不再存在。
· 规则已经改变（如确定公司是否资信可靠及其债务是否值得持有的标准）。
· 传统价值标准不再适用（包括股票市盈率、债券收益率差或房地产资本化率)。

鉴于钟摆的摆动方式(见第9章),当投资者变得过于轻信而不再怀疑时,这些错误往往会同时发生。

为什么“世界第八大奇迹”会如愿发生在投资者身上?总有一个合理甚或复杂的解释。不过,解释者常常忘记提醒人们奇迹会偏离历史,它需要事情按照预想方向发展,许多其他的事情可能会发生,其他可能的结果中有许多会是灾难性的。

避免错误的关键的第一步是保持警惕。贪婪与乐观相结合,屡屡导致人们追求低风险高收益的策略,高价购进热门股票,在价格已经走高时仍抱着增值期望继续持有股票。后知后觉向人们展示了问题所在:期望是不切实际的,风险是被忽略了的。但是通过痛苦的经历来学习错误的益处不大,关键在于设法预知错误,我要通过近期的信贷危机来阐明这一点。

市场就是课堂,每天在传授着各种经验教训。投资成功的关键在于观察和学习。2007年12月,随着次贷问题的暴露以及蔓延到其他市场的可能性渐趋明朗,我开始总结我认为应该从其中学习的教训。当完成这项任务时，我意识到，这些教训不仅是最近一次危机的教训，而且是一直以来的教训。虽然我在其他地方陆续提到过不少，但在这里我要把这些教训集中在一起，希望你能从中获益。

保罗·约翰逊：下文的这些经验教训源于2008年的危机，都是一些十分清晰、睿智的洞见。而这场危机给无数证券投资组合和金融服务机构造成的毁灭性打击，则不必赘言。

我们从危机中学到了什么？或者应该学到什么？

- 过多的可得资本导致资金流向错误。当资本缺乏并急需时，投资者面临的是如何分配才能最大程度利用资本的抉择，他们的决策做得耐心而严格。但是，当过多资金追逐过少的交易时，就会出现不值得的投资。
- 当资金流向发生错误时，就会产生问题。当资本市场紧缩时，合格的借款人被拒之门外。但当资本过剩时，不合格借款人就能不劳而获地得到资本。违约、破产和亏损不可避免。
- 资金供给过量时，投资者要通过接受更低的收益和更低的错误边际来争夺交易。当人们想买某种东西时，他们以竞争性标售的形式竞争，出价越来越高。仔细思考你会发现，出价越高意味着金钱的回报越少。因此，投资者的出价可被视为投资者对收益要求和风险接受意愿的表述。

克里斯托弗·戴维斯：这就是为什么我们总会按照盈利回报率（市盈率的对立面）而不是市盈率来思考，这样做能够轻松地与固定收益选择进行比较。

· 普遍忽视风险会产生巨大的风险。“不会出问题的。”“价格不高。”“总有人愿意出更高的价格。”“如果我不赶快行动，别人就会买下它。”这样的说法表明风险没有得到足够的重视。人们的想法是，因为自己在买进更好的股票或者在进行更加宽松的债务融资，所以收购交易可以维持越来越高的杠杆水平。这样的想法导致人们忽视了不良发展的风险以及高度杠杆化资本结构的固有危险。
· 尽职调查不足导致投资损失。防止损失的最好办法是进行透彻而精辟的分析，并坚持巴菲特所讲的

“错误边际”。但在市场繁荣期，人们担心的是错过投资而不是资金损失，只有老顽固才会抱着怀疑态度费时费力地进行分析。

- 在市场过热期，资金集中流向大多经不起时间考验的新型投资。情绪乐观的投资者们关注的是能够赚钱的机会，而不是可能会出现的问题。渴望取代谨慎，促使人们接受他们并不理解的新型投资产品。过后他们会惊讶自己当时在想什么。
- 贯穿投资组合的隐形断层线能使看似不相关的资产的价格发生联动。预测一项投资的收益与风险比理解它相对于其他投资的进展更容易。相关性往往被低估，特别是在危机时期，相关性进一步提高的时候。投资组合可能在资产类别、行业和地缘上有多元化的表现，但是在困难时期，非基本面因素如补充保证金通知、市场冻结和避险情绪高涨，可能会成为主导因素，对所有东西产生相似的影响。
- 心理和技术因素可以影响基本面。长期来看，价值的创造和毁灭由经济趋势、公司盈利、产品需求及管理水平等基本面因素驱动。但从短期来看，市场对投资者心理和技术因素高度敏感，影响着资产的供需。事实上，我认为自负是最大的短期影响因素。在这种情绪的推动下，任何事情都能发生，产生难以预料并且出人意料的结果。

乔尔·格林布拉特：市场最终会使自己回归正常。在短期内，心理和技术因素使得等待长期效益十分痛苦。不过，这通常是绝佳机会的来源。

· 市场变化导致模型失效。“宽客”基金的主要问题在于计算机模型和基本假设的失效。当电脑管理投资组合时，会试图通过以往有效的模型获利，但这些模型无法预测变化，无法预测异常时期，因而既往标准的可靠性被普遍高估了。

克里斯托弗·戴维斯：或者像巴菲特说的那样：“要意识到高手所起到的榜样作用。”

· 杠杆会放大收益，但不会增加价值。利用杠杆大力投资高承诺收益或高风险溢价的特价资产是很有意义的。但是，利用杠杆买进过多低收益或低风险价差的资产——换句话说，即已经被完全定价或过高定价的资产——可能是非常危险的。企图利用杠杆把低收益转化为高收益的尝试是毫无意义的。

保罗·约翰逊：这枚“子弹”——杠杆的作用——需要额外的强调，而大多数投资者并未承认这一金科玉律。

·矫枉过正。当投资者心理极度乐观、市场“完美定价”时——建立在一切会永远好下去的臆测之上——就是资本损耗的前兆。因为投资者的预测过于乐观，不良事件时有发生，过高的价格仅在其自身重力下就有可能崩溃。

上述11个教训大部分可被归纳为一点：对你周围的不合格资金的供需关系以及人们想花掉资金的迫切程度保持警惕。我们都体会过资本不足时捉襟见肘的感觉：有价值的投资项目的销路极差，整体经济发展缓慢。这种现象被称为“信贷紧缩”。但是，相反的情况也不容忽视。目前还没有正式术语来描述这种情况，也许可以用“过多的资金追逐过少的投资”来描述。

无论怎么描述它，像2004—2007年我们看到的这种资本供给过剩伴随着谨慎缺乏都会威胁投资健康，必须加以识别和应对。

《这一次没有什么不同》，2007年12月17日

全球危机提供了一个绝好的学习机会，正如我在2007年12月的备忘录中列举的，它涉及许多严重的错误和教训。到处都是错误：在危机前的日子里，投资者满不在乎甚至情绪高涨。人们相信风险已经被驱除，因此他们唯一要担心的是错过机会落后于人而不是亏损。人们在不可靠的臆测基础上接受着风险过高且未经验证的投资创新。人们过分倚重晦涩的模型和“暗箱”、金融工程师和“宽客”，以及按照繁荣期的表现编制的业绩记录。杠杆叠加着杠杆。

霍华德·马克斯：最危险的事：高度的信任与相应的较低程度的怀疑，能在很大程度上推动价格上涨，致使每个人都认为上涨速度过快。通过贷款来购买往往会推动价格大幅上涨，而祸患也会随之发生，并带来

痛苦。这些都属于最危险的事。

几乎没有人知道会出现怎样的后果，但可能会有即将失败的预感。尽管识别和避免具体错误并不容易，但这是一个很好的时机，令我们意识到有许多错误潜伏在暗处，进而持有防御性更强的仓位。做不到这一点也是一个巨大的错误。

那么，投资者应该怎么做呢？以下是答案：

· 留意他人的轻率举动。
· 做好应对投资低迷的心理准备。
· 卖出资产，或至少卖出风险更高的资产。
· 减少杠杆。
· 筹集现金（如果你为他人投资，那就把现金还给客户）。
· 加强投资组合的防御性。

在当时，采取其中任何一条措施都是有帮助的。尽管在2008年的崩溃中，几乎所有投资都表现不佳，但是只要多加小心，降低亏损和减少痛苦还是有可能的。虽然几乎不可能完全避免衰退，但是，相对优秀的表现（更少的损失）足以令你在衰退中做得更好，并且更加充分地利用反弹的机会。

危机中充斥着潜在错误：首先屈服并认输，进而退缩并错失良机。在没有损失的时候，人们往往将风险视为波动，并且相信自己能够容忍。如果真是这样，他们就会顺应价格下跌，在低点时做更多的投资，继而享受复苏，在未来出人头地。但是，如果容忍波动维持镇静的能力被高估了——通常如此——那么在市场处于最低点时，错误往往就会显露出来。信心和决断的丧失，导致投资者在市场底部抛售，将下行趋势转变为永久损失，并且难以充分参与到随后的复苏中。这样的错误是投资中最大的错误——顺周期行为的最不利的一面——因为它是永久的，也因为它在很大程度上会影响投资组合。

克里斯托弗·戴维斯：1975 年，我们在戴维斯顾问公司有过这种经历。

乔尔·格林布拉特：如果你是一位投资者，那么你需要了解自己。你能在下跌时承受多少痛苦？这取决于你一开始进行特殊投资和投资分类时所选定的证券投资组合规模。

既然逆周期行为是避免受近期危机全面影响的要素，那么顺周期行为就代表着潜在的最大错误。在市场繁荣期维持看涨仓位（或加仓）的投资者，为崩溃及随后的复苏准备得最不充分。

· 下跌会对投资者的心理产生巨大的影响。
· 追加保证金通知和没收附属抵押品消除了杠杆性工具。
· 持有问题股需要投资经理采取补救措施。
· 像往常一样，信心的丧失阻碍了人们在正确的时间做正确的事情。

尽管得不到优异的表现，但在衰退的市场中，人类的天性令防御型投资者及其客户因损失比别人少而得到安慰。这会产生两个重要影响。第一，令他们保持镇定，抵抗往往导致人们在低点抛售的心理压力。第二，令他们维持更好的心态与财务状况，更有能力逢低买进，在杀戮中获利。因此，他们通常在复苏期做得更好。

这无疑就是过去几年中发生的一切。信贷市场在2007—2008年遭受的打击尤其严重，因为信贷市场是创新产品、风险承担和杠杆使用的集中地。同样，信贷市场在 2009 年的盈利也达到了历史最好水平。在衰退期幸存并且逢低买进是获得成功——特别是相对成功——的准则，但前提是避免错误。

犯错虽然简单，但错误的形式多种多样——多到不胜枚举。以下是一些常见的错误形式：

· 分析过程中的数据或计算错误导致错误估价。

· 对各种可能性及其后果估计不足。

· 贪婪、恐惧、嫉妒、自负、终止怀疑、盲从和屈服（或兼而有之）达到极致。

· 最终，风险承担或风险容忍过度。

· 价格显著偏离价值。

· 投资者没有注意到这种偏离甚或推波助澜。

理想情况下，聪明而审慎的第二层次思维者会留意分析性错误与其他投资者的失败，进而做出正确的反应。他们在过热或过冷的市场中探查估价过高或过低的资产。他们调整路线，避免犯别人犯下的错误并期待从中获利。投资错误的定义很简单：价格偏离内在价值。而发现并避免错误就没有这么简单了。

最令人迷惑并且最具挑战性的是，错误是不断变动的。有时价格过高，有时价格过低。价格与价值的偏离有时影响个别证券或资产，有时影响整体市场——有时影响这个市场，有时影响那个市场。有时做一件事会犯错，有时不做这件事也会犯错；有时看涨会犯错，有时看跌也会犯错。

当然，从定义来看，大多数人都会犯错误，因为如果不是因为他们行动的一致性，错误就不会存在。采取相反的行动需要逆向投资态度，而长期逆向投资会带来孤独感和错误感。

与本书中探讨的其他问题一样，如何避免错误、识别错误并采取相应的行动，是无法用规则、算法或线路图来表示的。我强调的是领悟力、灵活性、适应性以及从环境中发现线索的思维模式。

> 一种提高投资效果的方法——也是我们在橡树资本管理公司大力推行的——是思索今天的错误会是什么，然后设法避免它。
>
> 有时投资中可能出现以下错误：
>
> · 不买。

乔尔·格林布拉特：还有另一番广阔的天地，优秀的投资者并不会为此而担心。

·买得不够。

·在竞争性标售时没有坚持出价。

·持有太多现金。

·没有使用足够的杠杆。

·没有承担足够的风险。

这并不能代表2004年的情况。我从未听到过任何等待做心脏手术的人抱怨说“真想多上班”。同样，我认为不会有人在未来几年回过头来说：“真想在2004年多投资。”

相反，我认为2004年可能出现以下错误：

·买入过多。

·买入过于积极。

·出价太高。

·使用杠杆过多。

·为追求高收益而承担过多风险。

有时投资错误是不作为——有些事情你该做却没有做。我认为今天的错误可能是作为——有些事情你不该做却做了。有时需要积极进取，而我认为现在需要的是谨慎。

《当今的风险与回报》，2004 年 10 月 27 日

最后，重要的是要记住，除了作为（如买进）和不作为（如没有买进），还有错误并不明显的情况。当投资者心理平静、恐惧与贪婪平衡时，资产价格相对于价值可能是公允的。在这种情况下，投资者可能不需要采取紧急行动，知道这一点也很重要。不需要取巧的时候，自作聪明就会带来潜在的错误。

克里斯托弗·戴维斯：这是一个精彩的引述。

19

增值的意义

增值型投资者的表现是不对称的。他们获得的市场收益率高于他们蒙受的损失率……只有依靠技术，才能保证有利环境中的收益高于不利环境中的损失。这就是我们寻找的投资不对称性。

就风险与收益来看，达到与市场一致的表现并不难，难的是比市场表现得更好：增值。这需要卓越的投资技术和深刻的洞察力。所以在这里，在本书接近尾声的时候，我们又回到了第1章，回到了拥有特殊技术的第二层次思维者身上。

本章的目的是阐明增值对于经验丰富的投资者的意义。为了达到这一目的，我要介绍两个来自投资理论的术语：一个是 β 系数，衡量投资组合相对市场走势的敏感度；另一个是 α 系数，我将它定义为个人投资技术，或是与市场走势无关的获利能力。

如前所述，市场收益是很容易实现的。一个按照股票市值比例持有构成某一特定市场指数的所有证券的被动指数基金，就能得到这样的结果。它反映出所选指数的特征——如上涨潜力、下行风险、β 系数或波动、增长、昂贵或廉价、质量或差异——及其收益。它是投资的缩影，但不会增值。

于是我们可以这样说，所有股票投资者并非都从一张白纸开始，而是存在着简单模仿指数的可能性。他们可以走出去，按照市场权重被动地买进指数内的股票，在这种情况下他们的收益会和指数保持一致。或者他们可以通过积极投资而非被动投资来争取更好的表现。

主动型投资者有很多选择。首先，他们可以决定投资组合比指数更积极还是更保守，是长期坚持还是尝试选择市场时机。举例来说，如果投资者选择积极进取，他们可以通过增持指数中波动性更高的股票或者利用杠杆来提高投资组合的市场敏感度。这样做会增加投资组合的“系统性”风险，即它的 β 系数。（不过，理论上来说，尽管这些做法可以提高投资组合的收益，但是收益差异完全可以因系统性风险增加而得到充分的解释。因此，这样的做法不会提高投资组合的风险调整后收益。）

其次，投资者可以做出不同于指数的选择来锻炼自己的选股能力——在指数内，多买某些股票，少买或不买其他股票，然后再加上一些指数之外的股票。通过这种做法，他们可以减少投资组合对个别公司的特殊事件的暴露程度，从而避免只影响某些股票而非整个指数的价格变动。由于“非系统性”原因，他们的投资组合构成与指数构成出现分离，因此收益也出现偏差。不过从长期来看，除非投资者有远见卓识，否则这些偏差最终会被抵消，他们的风险调整后收益会与指数收益趋于一致。

在第 1 章中提到的悟性不高的积极型投资者比消极型投资者好不到哪儿去，不要指望他们的投资组合会有比被动型投资组合更好的表现。他们可能很努力地在尝试，很注重进攻或防守，或者在干劲十足地交易，但不要指望他们会得到比被动型投资组合更高的风险调整后收益。（由于承担非系统性风险以及不必要的交易成本，他们的收益还有可能更低。）

这并不意味着如果市场指数上升 15 个百分点，每个非增值型积极投资者都会得到 15% 的收益。他们持有不同的积极投资组合，其中一些投资组合的表现会比其他投资组合好……不过并不持久或可靠。他们共同反映整体市场，但每一个投资组合都有自己的特性。

举例来说，可以认为风险偏好型积极投资者在繁荣期比指数表现得好，在衰退期比指数表现得差。由此引入 β 系数。β 系数在理论上表示相对波动性，或是投资组合收益相对于市场收益的表现。β 系数大于 1 的投资组合的波动性高于参照市场，β 系数小于 1 则意味着波动性较低。在忽略非系统性风险的前提下，β 系数乘以市场收益即为特定投资组合的预期收益。如果市场上涨 15%，那么 β 系数为 1.2 的投资组合的收益将是 18%（加或减 α 系数）。

以理论分析信息后得出，收益的提高是 β 系数增加或系统性风险所致，且收益不会因补偿系统性风险之外的风险而提高。这是什么原因呢？根据理论，市场所补偿的风险是投资中内在的、不可避免的风险——系统性或“不可分散性”风险。其余风险则来自持股决策：非系统性风险。既然这种风险可以通过多元化来消除，投资者就不应因承担这种风险而得到额外的收益补偿。

根据理论，投资组合表现（y）的计算公式如下：

$$y=\alpha+\beta x$$

在这里，α 代表 α 系数，β 代表 β 系数，x 是市场收益。投资组合相对于市场的收益等于它的 β 系数乘以市场收益，再加上 α（技术相关性收益）就是总收益（当然，理论认为 α 系数是不存在的）。

克里斯托弗·戴维斯：不过，这个 β 系数是衡量风险的标准吗？这看起来与之前关于风险的讨论有一点儿背道而驰。但是，即使这个 β 系数并不是最有意义或最有用的工具，然而橡树资本管理公司在风险调整后收益这一方面仍表现得十分出色。

如前所述，虽然我不认同风险就是波动，但是我仍然强调，要根据整体风险考虑投资组合收益。利用高风险投资组合赚取18%收益的投资经理，未必比用低风险投资组合赚取15%收益的投资经理更加高明。风险调整后收益才是关键，尽管我认为最好的评估投资组合表现的方法是主观判断而不是科学计算，因为风险（而不是波动）是无法量化的。

乔尔·格林布拉特：对于商科的学生（也许学习过其他的知识）而言，这是一个十分重要的概念。

当然，我也不认同等式中 α 为零的说法。投资技术是存在的，尽管并非人人都有。只有考察风险调整后收益，才可能确定投资者是否具有远见卓识、投资技术或 α 系数……即投资者是否能够提升价值。

α-β 模型是一个评估投资组合、投资组合经理、投资策略以及资产配置方案的好方法。它是一种条理分明的方法，可以帮助我们思考收益有多少来自环境、有多少来自投资者对价值的提升。举例来说，显然下面这位投资者没有任何技术（见表 19-1）：

表 19-1　无技术投资者表现 I

时间	基准收益	投资组合收益
1	10	10
2	6	6
3	0	0
4	–10	–10
5	20	20

下面这位投资者也没有技术，业绩只有基准收益的一半（见表 19–2）：

表 19-2　无技术投资者表现 II

时间	基准收益	投资组合收益
1	10	5
2	6	3
3	0	0
4	–10	–5
5	20	10

这位投资者也没有技术，业绩是基准收益的两倍（见表 19–3）：

表 19-3　无技术投资者表现 III

时间	基准收益	投资组合收益
1	10	20
2	6	12
3	0	0
4	–10	–20
5	20	40

这位投资者有些技术（见表 19–4）：

表 19-4　有一定技术投资者表现

时间	基准收益	投资组合收益
1	10	11
2	6	8
3	0	–1
4	–10	–9
5	20	21

这位投资者的技术水平较高（见表 19–5）：

表 19-5　有较高技术投资者表现

时间	基准收益	投资组合收益
1	10	12
2	6	10
3	0	3
4	–10	2
5	20	30

如果你能容忍波动，那么这位投资者的技术水平最高（见表 19–6）：

表 19-6　高水平投资者表现

时间	基准收益	投资组合收益
1	10	25
2	6	20
3	0	–5
4	–10	–20
5	20	25

这些表格表明，“战胜市场”和“卓越投资”相去甚

远——见第三个例子的时间1和时间2。关键不仅在于你的收益是多少，而且在于你为获取收益所承担的风险有多大。

《收益及其获得方法》，2002年11月11日

在评估投资者的技术以及比较防御型投资者和积极进取型投资者的投资业绩的时候，记住这些考虑因素很重要。你可以将这一过程称为风格调整。

在衰退期，防御型投资者的损失少于积极进取型投资者。他们提升价值了吗？未必。在繁荣期，积极进取型投资者比防御型投资者赚得更多。他们做得更好吗？如果不做进一步调查，很少有人会同意这种说法。

单单一年的结果基本上是反映不出技术的，尤其是当结果与符合投资者风格的预期收益相一致时。高风险承担者在市场上涨时获得高额收益，或保守型投资者在市场下跌时最小化损失，相对来说也很难说明什么。关键在于他们的长期表现，以及他们在与自身风格不相符的市场环境中所取得的表现。

可以通过一个2×2矩阵来说明问题（见表19-7）。

表 19-7　两种类型投资者表现比较

	积极进取型投资者	防御型投资者
无技术	市场上涨时获利丰厚， 市场下跌时损失惨重	市场下跌时损失不多， 但市场上涨时获利也不多
有技术	市场上涨时获利丰厚，市场 下跌时不会造成同等程度下跌	市场下跌时损失不多， 但市场上涨时获利颇丰

这一矩阵的关键是收益的对称性或不对称性。缺乏技术的投资者赚到的收益仅仅是市场收益以及他们的风格使然。没有技术的激进型投资者会朝两个方向大幅波动，防御型投资者则朝两个方向小幅波动。这些投资者在他们的风格之外没有任何贡献。当他们的风格受欢迎时会表现良好，反之则表现不佳。

另一方面，增值型投资者的表现是不对称的。他们获得的市场收益率高于他们蒙受的损失率。有技术的积极进取型投资者在牛市里表现良好，但是不会在相应的熊市中又把赚到的钱全赔进去，而有技术的防御型投资者在熊市中损失相对较少，在牛市中获利相对较多。

在投资中，一切都有利有弊并且是对称的，只有卓越技术除外。只有依靠技术才能保证在有利环境中的收益高于在不利环境中的损失。这就是我们寻找的投资不对称性。

卓越技术是获得不对称投资的先决条件。

乔尔·格林布拉特：再次强调，技艺精湛的投资者实质上是在践行理解投资的过程，而不仅仅是对近期的收益进行估价。

以下是橡树资本管理公司的业绩愿景。

在市场繁荣期，达到平均表现即可。在繁荣期人人都能赚钱，为什么一定要在市场表现良好时战胜市场呢？我还没见过谁能给出令人信服的理由。不，在繁荣期达到平均表现就足够了。

不过，有一个时期是我们认为有必要战胜市场的，那就是在衰退期。我们的客户不愿首当其冲面对市场损失，我们也不愿这样。

因此，我们的目标是在市场表现良好时与市场表现一致，而在市场表现不好时超越市场表现。初看似乎过于稳健，但实际上这是一个相当宏大的目标。

为了在市场表现良好时与市场表现保持一致，一个投资组合必须有适当的 β 系数和市场相关性。但是，如果在市场上涨时我们得益于 β 系数和市场相关性，那么它们会不会在市场下跌时伤害我们？

如果我们能持之以恒地做到在市场衰退时损失更少、在市场上涨时充分参与，那么原因只有一个：α 系数或技术。

> 乔尔·格林布拉特：然而，与橡树资本管理公司不同，许多投资公司会进行大量的评估，并以此作为可供长线投资参考的良好记录。有了更多的资本后，大多数投资经理会进行不同的投资，而不是像他们之前那样建立出色的投资记录。当投资机会出现紧缩迹象时，橡树资本管理公司便会获得资本回报。很少有投资者能遵循这一方法。

这是一个增值型投资的例子，已历经数十年的验证，只能是投资技术使然。不对称性——上涨时的收益高于下跌时的损失，并且超过单纯投资风格所致的结果——应成为每一位投资者的目标。

20

合理预期

关于收益的期待无疑是合理的。任何因素都会将你置于麻烦之中，其通常表现为令人难以接受的风险。

我想指出，没有哪一种投资行为会轻易成功，除非其收益目标在绝对和相对的风险之下是明确且合理的。每一种投资的结果应该以你试图实现的目标作为开始。关键问题在于，你的收益目标是什么，你能承受多大的风险，你暂时需要多少流动资金。

收益目标必须是合理的。我们能够追求什么样的收益呢？大多数时候——尽管在任何特殊的时间点，这并不是必要的（甚至在今天也不是必不可少的）——追求个位数或低于两位数的收益率可谓合情合理。高利润则十分罕见，这通常被视为是有经验的投资高手（只有他们中的少数佼佼者）的领域。而那些特殊的持续性收益也是一样。对这些方面抱有过高的期待往往会令人失望或者蒙受损失。只有一个解决方法：问问自己，你所期待的收益是不是好得不像是真的，这需要你采取怀疑的态度——毋庸置疑，这对于取得投资的成功非常重要。

我不认为普通的风险和资本市场的基本作用能够带来可观的收益。较高的收益是“反常的”，要想实现这一目标需要结合以下这些要求：

· 在极度低迷的市场环境中买进（希望能有一个良好

的卖出环境）

· 杰出的投资技能

· 强大的风险承受能力

· 强有力的杠杆，或者是

· 好运气

因此，投资者应该这样来追逐收益——只有自己相信这些要素中的一部分，并且愿意为此下赌注。然而在某种程度上，这其中的任意一项都是会有问题的。绝佳的买入机会并不是每天都有。非同一般的技能也实属罕见。当出现差错时，风险承受能力会对你不利。杠杆也是如此，它作用于两个方向——放大危险同样提升盈利能力。绝对不能指望凭借运气取胜。技能是转瞬即逝的要素，但是它十分罕见（在低收益的环境中，就连技能都不一定能带来高收益）。

关于合理预期的重要性有几个特例，没有哪一个能比最近发生的麦道夫骗局更引人注目了。

随着伯纳德·麦道夫操控的史上涉案金额最大的“庞氏骗局”真相大白，人们发现，他之所以屡屡侥幸得手，其原因在于他的投资客户未能质疑他所宣称的投资收益是否具有可行性。

麦道夫宣称的投资收益并不是超乎寻常的高：一年的投资收益率为10%左右。特别之处在于，他每年都能实现这一目标，甚至在状况不佳的时候也是如此。然而，他的客户中很少有人会质疑这些收益是如何实现的以及是否合情合理。

在20世纪的大多数时候，普通股的平均投资收益率为10%，但是这期间会经历持续的浮动和多年的低潮。事实上，尽管有10%的平均值，单一年份的投资收益率很少能达到10%。历史证明普通股的平均投资收益率是有着较大浮动的。

如果你追求的是可靠的收益，那么你可以选择短期国债，这可以使你免于考虑价格波动、信用危机、通胀危机以及流动性不足。不过，短期国债的收益率向来不高。

麦道夫是如何保持像短期国债一样的稳定性，并在此基础上实现较高的股票收益率的？在前面列出的5项要素中，他具备了哪几项？

· 在近20年的时间里，无论投资情况好坏与否，他一直都对外宣称取得了投资收益。

· 没有人了解他的特殊投资技能，也不知道他的计算机模型有何特殊之处，又是什么使他得以瞒天过海不为人发现？

· 他所宣称的结果并不是基于他对市场走向的预测或选取个股的能力。

· 他公开宣称的方法中并没有包括杠杆。

· 没有人能够走运如此之久。

麦道夫的收益简单得毫无道理。他的投资客户既没有“进行过调查”，也不能坦率地说这种收益“合情合理”。他的方法和结果有着难以承担的后果：他的资本无以为继，而他所描述的方法在亏损的时间段内也是毫无用处的。但是，人们往往在被告知意外之财唾手可得的时候，会丧失理智并开始做出非理性的预期。麦道夫骗局是一个例外，它不同于“好得不像是真的”这一关于不合理预期的重要判断标准。但是，很少有人能够保持清醒。

通过麦道夫骗局，我想提出一个好方法来区别合理和非合理预期。除了问“这是否好得不像是真的”之外，再问一句“为什么会是我”。当销售人员在电话里向你推销一种自称可靠的生财之道时，你应该思考一下，他为什么会把它推荐给你而不是自己留着。同样，当一个经济学家或分析师分享给你一个“在未来肯定会发生的”观点时，你应该质疑一下，既然金融衍生工具可以被用于将正确的预测转变为巨额收益（无须投入大量资金），那么他为什么仍然在为生计奔波？

每个人都想知道如何做出正确的判断并获得投资的成功，最近有人问过我：“你怎么确定你是在处于低谷时进行投资，而不是投入得太早？”发现低谷能让我们的预期变得合理。我的回答很简单：“无法确定。”

“低谷”是一个节点——此时，某一资产的价格停止下跌并蓄势待发等候上涨。这只有通过回溯才能得以确定。

如果市场是合理的，不会出现低于实际价值的贱卖，而价格一旦过低，这时我们就可以认为是到达了低谷。但是，由于市场一直处于迭代过度的状态——价格在降至其实际价值后仍下跌不止，因此无法预测价格何时才会停止下跌。理解“便宜”绝不等于“不会大跌”是十分必要的。

我试着用一种逻辑化的方法来看待低谷。在下跌期间，有三个时机可以买进：下跌时、跌至谷底时、上涨时。我不认为我们会知道何时到达低谷，就算我们能够发现，这对于买进资产也并无太大的助益。

如果我们等到低谷已过、价格开始回升的时候，不少人会因为价格上涨而买进，这使持有者坚定了信心并且不会卖出。而资金补给不足则使买家难以大量购买资产。这时候，买家便会发现为时已晚。

它使买进行为开始降温，而这正是我们所希望看到的。好消息是，当价格下跌时，我们选择买进，而别人却以“没有必要空手接落刀”为借口不敢行动。不过，当刀如雨下的时候，最好的交易往往在此时应运而生。

伏尔泰曾经说过一句至理名言：“完美是优秀的敌人。”这对于投资领域极为适用，只有当条件达到完美时，人们才会坚持投资——例如，只在低谷时买进——这会令你错失很多机会。在投资中坚持完美往往会一无所获，我们所能期待的最佳情况是尽可能地进行大量的明智投资，在最大程度上规避糟糕的投资。

橡树资本管理公司是如何解决“应该在何时买入”这个问题的？我们会放弃追求完美，以及不会执着于确定何时到达低谷。更确切地说，如果我们认为出现了便宜货，我们就会买进。如果价格更加低廉，我们就会买得更多。要是我们投入了全部资本，我们理所应当会获益更多。

在我们的6条投资哲学当中，有一条是提倡“否定市场时机”的。我们花费了大量的工夫去分析市场环境，绝不会在没有考虑风险和收益的前提下贸然投资。更确切地说，在上述这些条件下，我们对市场时机不感兴趣，除非能够发现一些较有吸引力的要素。我们绝不会这样说：“今天的价格很便宜，但是我们认为在半年内还会更加便宜，所以让我们等待观望吧。”寄希望于在低谷时买进是不切实际的。

除了过多的信任和缺乏风险意识之外，我认为不切实际的预期在近期的金融危机中首当其冲，继而引起了市场崩溃。

下面是我的想象——2005—2007年，投资者对于收益的典型态度，其中包括了个人投资者和机构投资者。

> 我需要8%。不过，我更乐意获得10%。12%更加不错，15%就是锦上添花。20%……好极了。30%……这真是棒极了。

大多数人会认为这段想象中的内心独白无可厚非。不过，这当中有一些问题，因为投资者没有质疑既定目标是否合理，以及如何才能实现既定目标。真相是，试图在既定环境中获得高额收益往往需要加大风险承担：例如，有着较大风险的股票或债券、高度集中的投资组合，或者增加杠杆的作用。

典型的投资者应该这样形容自己对于收益的态度：

> 我需要 8%。不过，我更乐意得到 10%。12% 更加不错，但是我不会想要更多了，因为这样会加大我无法承受的风险。我不需要获得 20% 那么多。

我鼓励你去考虑一下“足够好的收益”，认识到不值得费力去获取高收益以及没有必要去承担风险是很有意义的。

投资预期必须是合理的。背负无力承担的风险，任何投资都会让你身陷困境。在你接受所谓的天价收益——无风险、有着稳定且高于短期国债的“绝对收益”之前，你理应质疑它们能否实现，而不仅仅是为之倾倒。考虑一下：一个投资者如何运用自己的技能合理地使之成为现实，为什么你能够获得看似划算的潜在盈利机会？换言之，这些是否“好得不像是真的”？

21

最重要的事

拥有成功的投资或成功的投资生涯的基础是价值，你必须清楚地认识到你想买进的东西的价值。价值包括很多方面，并且有多种考察方法。简单来说，它就是账面现金和有形资产价值，公司或资产产生现金流的能力，以及所有这些东西的增值潜力。

保罗·约翰逊：这一章中的所有摘要都是值得一读并牢记的。本章出色地对全书进行了扼要重述，而且值得投资者特别注意并定期重温。

为取得卓越的投资结果，你必须对价值有深刻的洞察。因此你必须学会别人不会的东西，以不同的视角看待问题，或者把问题分析得更到位——最好三者都能做到。

你必须以可靠的事实和分析为基础，建立并坚持自己的价值观。只有这样，你才能知道买进和卖出的时机。只有拥有良好的价值感，你才能坚持在资产价格高涨并且人人认为价格会永远上涨的时候获利的原则，或在危机时甚至价格日益下跌时持仓，并以低于平均价格买进的勇气。当然，为达到在这些情况下获利的目的，你对价值的估计必须准确。

价格和价值的关系是成功投资的关键。低于价值买进是最可靠的盈利途径，高于价值买进则很少奏效。

乔尔·格林布拉特：这是所有优秀投资背后的基本原则。

导致资产低于价值出售的原因是什么？买入机会存在的主要原因是对现实认识不足。高品质是显而易见的，发现便宜货则需要敏锐的洞察力。出于这个原因，投资者往往把客观优点误以为是投资机会。优秀的投资者却从未忘记，他们的目标是买得好，而不是买好的。

除了提高获利潜力之外，以低于价值的价格买进是限制风险的关键因素。买进成长型股票或参与“热门”动量市场都起不到这样的作用。

价格和价值的关系受心理和技术的影响，这是两种可以在短期内主导基本面的力量。这两个因素所致的极端价格波动提供了获利或失误的机会。为了得到前者而不是后者，你必须坚持价值的概念并应对心理和技术因素。

经济与市场周期上下波动。无论此刻它们朝向哪个方向运动，都会有大多数人相信它们会朝着这个方向永远走下去。这样的思想非常危险，因为它会扰乱市场，将价格推向极端，引发多数投资者难以承受的泡沫与恐慌。

同样，投资者的群体心理也呈现有规律的钟摆式波动——从乐观到悲观，从轻信到怀疑，从唯恐错失良机到害怕遭受损失，从急于买进到迫切卖出。钟摆的摆动导致人们高买低卖。因此，作为群体中的一员注定是一场灾难，而极端时的逆向投资则可能避免损失，取得最后的胜利。

特别值得一提的是，风险规避——适度的风险规避是理性市场必不可少的组成部分——有时过少，有时过度。投资者在这方面的心理波动是产生市场泡沫和崩溃的重要原因。

永远不要低估心理影响的力量。贪婪、恐惧、终止怀疑、盲从、嫉妒、自负以及屈从都是人类本性，它们强迫行动的力量是强大的，尤其是在它们达到极致并且为群体共有的时候。群体会影响他人，善于思考的投资者也会察觉到它们的影响。任何人都不要奢望对它们免疫和绝缘。不过，虽然我们能感知到它们的存在，但是我们绝不能屈从；相反，我们必须识别并对抗它们。理性必须战胜情感。

大多数趋势——看涨与看跌——最终总会发展过度。较早意识到这一点的人会因此而获利，较晚参与进来的人则因此而受到惩罚。由此推导出我最重要的一句投资格言："智者始而愚者终。"抵制过度的能力是罕见的，但却是大多数成功投资者所具备的重要特质。

我们不可能知道过热的市场将何时冷却，也不可能知道市场将何时止跌上涨。不过，虽然我们不知道将去向哪里，但我们应该知道自己身处何方。我们可以通过周边人的行为推知市场处在周期中的哪个阶段。当其他投资者无忧无虑时，我们应小心翼翼；当其他投资者恐慌时，我们应变得更加积极。

不过，即使逆向投资也不会永远带来收益。买进卖出的大好机会与极端价格相关，而就定义来看，极端价格是不会天天出现的。我们势必要在周期中的其他时候买进卖出，因为很少有人会满足于几年一次的操作。当局势对我们不利时，我们必须能够识别出来，并且采取更加谨慎的行动。

在价值坚挺、价格低于价值以及普遍消极心理的基础上买入，很有可能会取得最好的投资结果。然而，即使这样，在形势按照我们的预期发展之前，也可能会有很长一段时间对我们不利。“定价过低”绝不等同于“很快上涨”。这就是我的第二句重要的格言：“过于超前与犯错没有区别。”在证明我们的正确性之前，我们需要足够的耐心与毅力长期坚持我们的立场。

除了具备衡量价值的能力并且在定价适中时追求价值之外，成功的投资者还必须有正确应对风险的方法。他们必须突破学院派主张的将风险等同于波动的定义，并且理解最重要的风险是永久损失的风险。他们必须认识到，提高风险承担不是投资成功的必胜手段，他们还必须认识到，高风险投资会导致更广的结果范围和更高的损失概率。他们必须了解每项投资的损失概率，并且只在回报极为可观时承担这样的风险。

大多数投资者都简单地把注意力放在收益机会上。一些领悟力较高的人认识到理解风险和获取收益同等重要，但是极少投资者具备了解相关性——这一控制投资组合整体风险的关键因素所需的素质。由于相关性差异，具有相同绝对风险的个别投资能够以不同的形式组成不同风险级别的投资组合。大多数投资者认为多元化指的是持有许多不同的东西，很少有投资者认识到：只有投资组合中的持股能可靠地对特定环境发展产生不同的反应时，多元化才是有效的。

尽管正确的积极进取型投资能够带来令人振奋的结果——特别是在繁荣期，但它产生的收益不像防御型投资那么可靠。因此，损失少而轻是产生最好投资纪录的部分原因。橡树资本管理公司多年来坚持的信条“避免致败投资，制胜投资自然会来”，其被实践证明是正确的。一个每项投资都不会产生重大损失的多元化投资组合，是投资成功的良好开端。

风险控制是防御型投资的核心。防御型投资者不仅会努力做正确的事，还特别强调不做错误的事。因为在逆境中生存与在顺境中实现收益最大化是相矛盾的，所以投资者必须取得两者之间的平衡。防御型投资者更注重前者。

错误边际是防御型投资的关键要素。尽管当未来按照预期发展时，大多数投资都会成功，但是一旦未来不按预期发展时，错误边际就能够保证结果的可接受性。投资者获得错误边际的方法有：强调当前有形而持久的价值，只在价格低于价值时买进，避免使用杠杆，多元化投资。强调这些因素会限制你在繁荣期的收益，但是在形势恶化时，它能最大限度地提高你全身而退的概率。我最喜欢的第三句投资格言："永远不要忘记一个6英尺高的人可能淹死在平均5英尺深的小河里。"错误边际能带给你持久力，帮你度过市场低迷期。

风险控制和错误边际必须时刻在你的投资组合中有

所体现。但你必须记住，它们是“隐蔽资产”。市场多数时候处于繁荣期，但是只有在衰退期——潮水退去的时候——才能凸显防御的价值。因此，在繁荣期，防御型投资者必须知道，自己的收益（尽管可能不是最高）已经取得了适当的风险保障……即使事后证明这种风险规避是不必要的。

投资成功的基本要求之一，也是最伟大的投资者的必备心理之一，是认识到我们无法预知宏观未来。很少有人（如果有的话）对未来经济、利率、市场总量有超越群体共识的看法。因此，投资者的时间最好用在获取“可知”的知识优势上：行业、公司、证券的相关信息。你对微观越关注，你越有可能比别人了解得更多。

很多投资者认为自己知道经济和市场的未来走势（并采取相应的行动），实则不然。他们根据自己对未来的认识采取积极的行动，但很少能够取得理想的结果。建立在坚定但不正确的预测基础上的投资，是潜在损失的根源。

很多投资者（无论业余的还是专业的）认为，世界是有序运行的，是可以被掌握并预测的。他们往往忽视了隐藏在未来发展之下的随机性和概率分布。因此，他们将行动建立在他们对未来的唯一预期结果之上。这种做法有时候能够奏效，并为投资者赢得赞誉，但不足以带来长期而稳定的成功。无论是在经济预测还是投资管理中，都会有人是完全正确的，但一个人很少有持续正确的时候，这样的结果是没有任何价值的。最成功的投资者在大部分时间里都“接近正确”，这已经远比其他人做得更好了。

保持正确的关键在于避免经济波动、公司困境、市场震荡以及投资者轻信所带来的错误。虽然没有避免错误的必胜方法，但是毫无疑问，意识到这些潜在危险就是避免深受其害的良好开端。

无论是在衰退期限制损失的防御型投资者，还是在繁荣期争取收益的积极进取型投资者，都已经证明自己是有技术的。想要得到投资者真的是在提升价值的结论，我们必须考察他们在与自己投资风格不相符的环境下的投资表现。积极进取型投资者是否能在市场下跌时减少损失？保守型投资者能否在市场上涨时积极参与？这种不对称性就是真实技术的体现。投资者的制胜投资是否多过致败投资？制胜投资的收益是否大于致败投资的损失？繁荣期所带来的收益是否高于衰退期所带来的痛苦？长期结果是否好过单纯由投资者风格带来的结果？这些能力都是优秀投资者的标志。如果做不到这些，那么投资者可能得到的收益就是市场收益与 β 系数的乘积。

只有拥有非凡洞察力的投资者才能稳定而正确地预测支配未来事件的概率分布，并发现隐藏在概率分布左侧尾部的不利事件下的潜在风险补偿收益。

霍华德·马克斯：理解不确定性：上述文字极好地说明了该如何应对不确定性，即感觉到这些事情会发生，互相之间具有一定的相似性，评估价格（从该价格中获得潜在的利润）能否从当下的不确定性中向投资者提供可观的潜在回报。

这个对成功投资的要求的简单描述，建立在对各种可能收益和不良发展风险的理解基础上，捕捉到了你应该注意的要素。我把成功投资的任务托付给你，它会带给你一个富有挑战性的、激动人心且发人深省的旅程。

乔尔·格林布拉特：很好地理解价值以及如何对待价格浮动是成功投资的关键。尽管很多聪明人能够掌握价值评估的技能（特别是当他们可以遵守纪律地停留在巴菲特所讲的“能力范围内”），但绝大多数的投资者是无法适应瞬息万变的市场和个股异常波动的情况的。这也就是为什么马克斯在书中所提到的经验教训如此重要，我很高兴能够一遍又一遍地阅读本章（还有全书）——这是一本货真价实的投资经典著述。

图书在版编目（CIP）数据

投资最重要的事 /（美）霍华德·马克斯著；李莉，石继志译 . -- 北京：中信出版社，2021.4

（中信经典丛书 . 006）

书名原文：The Most Important Thing Illuminated

ISBN 978-7-5217-2896-5

Ⅰ. ①投… Ⅱ. ①霍… ②李… ③石… Ⅲ. ①私人投资—基本知识 Ⅳ. ① F830.59

中国版本图书馆 CIP 数据核字（2021）第 048344 号

投资最重要的事

（中信经典丛书 · 006）

著　　者：[美] 霍华德 · 马克斯

译　　者：李莉　石继志

责任编辑：温欣欣

出版发行：中信出版集团股份有限公司

（北京市朝阳区惠新东街甲 4 号富盛大厦 2 座　邮编　100029）

承 印 者：北京盛通印刷股份有限公司

开　　本：880mm × 1230mm　1/32　　印　　张：130.75　　字　　数：3022 千字

版　　次：2021 年 4 月第 1 版　　印　　次：2021 年 4 月第 1 次印刷

京权图字：01–2011–7586

书　　号：ISBN 978–7–5217–2896–5

定　　价：1180.00 元（全 9 册）

伟大的博弈

THE GREAT GAME

THE EMERGENCE OF WALL STREET AS A WORLD POWER (1653—2019)

[美] 约翰·S. 戈登
著

祁斌
编译

中信出版集团 | 北京

资本市场的博弈牵动着大国的博弈和兴衰。

——译者题记

目录

第三版译者序 资本市场与大国兴衰

2018年,“中美贸易战”的硝烟中,西方世界出现“中国威胁论”。翻开《伟大的博弈》,我们可以看到,100年前的世界正在流行“美国威胁论”。历史总是不乏惊人的相似之处。了解历史,有助于我们穿越现实的迷雾,照亮前行的道路。

《伟大的博弈》是一部讲述华尔街历史的著作,展现了华尔街和纽约崛起成为世界第一大资本市场和全球金融中心,以及与此相伴相生,美国经济和社会从原始混沌走向现代文明和第一大经济强国的历程,跨越了350多年的时间维度,呈现了一幅波澜壮阔的历史画卷。研读华尔街和美国经济的历史,能够帮助我们把握时代的脉络和世界的走向,探索中国资本市场和中国经济的崛起之路,推动中华民族的伟大复兴。

2000年,我离开华尔街,回国加入中国证监会,参与到中国资本市场的建设和改革中。作为一个“新兴加转轨”的市场,年轻的中国资本市场面临着改革和制度建设的巨大挑战,社会各界对于这个市场的看法和期许也千差万别。而中国资本市场上每天演绎的博弈和悲喜剧,在华尔街的早期,甚至今天的美国资本市场上都能找得到它们的影子。在实际工作中,我越来越深切地感受到,应该将世界上最发达的资本市场——华尔街的历史全貌介绍给中国读者。从2003年起，我对美国金融经济历史学家约翰·戈登先生的 *The Great Game: The Emergence of Wall Street as a world Power*（*1999*）一书开始了近两年的翻译和整理工作。2005 年 1 月，中文版《伟大的博弈》的首版正式出版。2011 年 1 月，在全球金融危机的余波中，《伟大的博弈》中文版的珍藏版出版。截至 2018 年 12 月,《伟大的博弈》中文版的首版和珍藏版共计印刷 86 次。

《伟大的博弈》的读者范围显然超越了金融或资本市场专业人群。其被广泛阅读的背后，是中国读者对中国社会现实和未来的关切，对人类社会基本发展规律的探索，对美国迅速超越欧洲列强并长期保持领先优势的深层次原因的探究，以及对我们怎样借鉴美国和华尔街的经验和教训，更好地建设中国经济和资本市场的思考。

美国建国之初，如何将广袤而荒蛮的北美大陆迅速联结起来，在依靠马车和步行的时代，是个无法想象的艰巨任务。从 19 世纪上半叶开始，华尔街支持运河和铁路的兴建，将美国早期相互分割的区域经济体连接在一起，第一次形成了真正意义上的全国性经济体。马克思在《资本论》中指出："假如依靠单个资本积累到能够修建铁路的程度，估计直到今天世界上还没有铁路。通过股份公司集中资金，转瞬间就把这件事完成了。"到 19 世纪末期，美国的钢铁、化工、橡胶、石油、汽车等产业依托华尔街的融资和并购活动迅速崛起，一举完成重工业化并超越欧洲列强，产生了通用电气、美国钢铁、通用汽车、杜邦等世界级企业。千百万人在资本市场这个博弈场中低买高卖追逐自己的利益，客观上推动了美国社会资源的市场化配置，华尔街得以成为全球第一大资本市场，纽约得以成为全球金融中心，美国得以成长为真正意义上的现代经济体。在美国经济走向世界舞台中央每一步的背后，我们都能够看得到华尔街的影子。

1941 年，日本偷袭珍珠港，美国太平洋舰队仅有的三艘航母恰巧不在港内，得以侥幸逃脱。但到1942年，美国已经拥有了约50艘航母。它们来自哪里？来自华尔街支持的美国经济强大的工业生产能力。到“二战”末期，美国已经拥有逾百艘航母。大国崛起离不开资本市场的强有力支持。在国家和世界命运的转折点，资本市场的强弱可以是决定性的。

20世纪50年代，在昔日“淘金热”造就的旧金山南部郊区的农场中，斯坦福大学的两位年轻人创立了惠普公司，这一片原本以果园为主的山谷随后演变成为至今仍然独步天下的全球高科技圣地——硅谷。在半个多世纪的时间里，美国的创业者们与华尔街的结合创造了无数的奇迹，推动了个人电脑、通信、互联网和生物制药等新兴产业的出现，培育了微软、思科、苹果、甲骨文和亚马逊等一大批世界级公司，并使得美国成为创新大国。

20世纪30年代，通用汽车首任总裁威尔逊主张鼓励工人用养老金来购买股票，当时美国的右翼人士问他：这样工人不就会成为资本家了吗？威尔逊回答说：正应该如此。马克思曾深刻地指出，资本主义的根本矛盾是社会化大生产和极少数人占有生产资料的矛盾。1929年，美国拥有股票的人只占2%，而今天，已经有超过50%的美国人拥有股票。20世纪80年代，美国推出了401（K）计划，数千万美国家庭将养老金源源不断地投资于资本市场并与其实现了良性互动和协同增长，每个家庭养老金账户的平均财富与道琼斯指数在过去几十年中的相关系数超过90%。《伟大的博弈》的作者戈登先生认为，在过去100年里，美国社会发生的最深刻的社会变化是，更多的人成了“资本家”。在一定程度上，资本市场实现了股份的高度多元化和社会化，有助于缓解社会矛盾，实现共同繁荣。

正因如此，《伟大的博弈》所讲述的历史，不仅仅是一部简单的美国金融市场或资本市场的发展历史，其背后既折射了美国经济与华尔街交互作用并共同崛起在世界舞台上的变迁历史，也全方位地揭示了与此相伴相生的美国社会从原始蒙昧和混乱腐败走向现代文明的演进历程。

《伟大的博弈》同样启迪我们资本市场发展的一些基本规律。

华尔街跌宕起伏的历史表明，金融市场必须与实体经济相互结合，凡是两者结合得比较好的时候，就会产生事半功倍的效果，否则就离危机不远。华尔街历史上最大的两次危机正源于此，也证明了放任自流的金融和经济发展模式会给无数人带来灾难。在20世纪20年代，“一战”后美国经济的复苏催生了股市的繁荣，也带来了全社会的疯狂投机，加之监管的缺失和过度自由的经济发展模式，造就了1929年的股灾。2000年前后，华尔街在高科技泡沫、房地产非理性繁荣和过度证券化的催生下，再次踏上了不归之途，2008年的全球金融危机几乎在瞬间波及世界的每一个角落，甚至十年后的今天，很多国家仍然未能走出这场危机的阴影。

华尔街的历史也告诉我们，资本市场走向成熟是一个曲折的过程。早期的华尔街是一片蛮荒之地，投机盛行，欺诈猖獗，法律缺失，监管缺位。在19世纪“运河股”和“铁路股”的投机狂潮中，很多发行的股票纯属欺诈，项目从未动工；而过度投机和过度建设又使得很多建成的运河或铁路从未启用。而那个时代的美国社会，深陷腐败的泥潭中，股市的庄家往往与法官和议员相互勾结，翻云覆雨，兴风作浪。这些都是随着时代的进步和制度的完善而逐步得以改变的。

《伟大的博弈》还讲述了一个危机带来变革的经典案例。1912年，“泰坦尼克号”触礁后发出求救信号，很多在相邻海域的船只却因为无线电报务员睡着了而未能收到信号，因此，本可得救的大量落水者最终被冰冷的海水吞噬。悲剧发生后，国际社会制定了加强北大西洋海域航运安全的公约，要求每一艘船只必须有至少一位无线电报务员醒着。这一制度的进步，使得在随后的一百多年中，人类社会再也没有出现类似的悲剧。金融市场的历史也是如此。正是1929年的股灾，带来了罗斯福的“金融新政”和现代金融体系的基本监管和法律框架。同样，也正是2008年的金融危机使得人们认识到需要对过度创新加强约束和监管，并寻求全新的全球治理体系。

借鉴美国历史上过度自由的经济体制和华尔街早期缺乏监管的发展模式所带来的危害，也汲取苏联僵化的计划经济所带来的国民经济崩溃的教训，中国选择了社会主义市场经济的道路，中国资本市场也在市场化改革的持续推进和监管体制的不断完善中发展壮大。今天资本市场已经成为我国社会主义市场经济体系的重要组成部分，并有力地支持和推动了中国经济社会的改革和发展。

党的十九大指出，我国社会主要矛盾已经转化为“人民日益增长的美好生活需要和不平衡不充分的发展之间的矛盾”。中国经济社会面临着新的挑战和机遇，迫切要求我们加快资本市场更高水平的改革开放，为全社会的发展创新提供强大的活力和动力。他山之石，可以攻玉。在这样一个历史阶段，了解以美国为代表的发达国家的发展历程，借鉴其经验，吸取其教训，洞悉经济和金融市场的发展规律，尤为重要。

《伟大的博弈》的中文版并不停留于对英文原版的准确翻译。戈登先生的原著出版于1999年，2005年中文版首版出版时，我邀请戈登先生续写了其间发生的2001年的“9·11”事件。在2011年的中文版第二版中，我和戈登先生共同增添了2008年全球金融危机及随后的金融改革等内容。此次第三版中，我邀请戈登先生续写了特朗普当选等最新的重大事件，并编辑整理成为新增的第17章和尾声。《伟大的博弈》英文原著没有任何注释，在中文版中，我加入了数百条注释和阐释性文字，以帮助中国读者更好地理解原文的内容和当时美国经济社会的背景。在每章的正文前，我提炼整理了“译者题注”和“译者导读”，以便读者能快速准确地了解该章的要义。第三版相对于前两版是一个全新的改版，前后耗时近两年。除了对所有译文和导读进行了全面的校对和修订以外，我添加了上百幅照片，其中一些是在造访纽约和华尔街的间隙拍摄的，一些是从视觉中国购买的。我也挑选了每个章节中最为精彩的一些段落，穿插在正文中，以增加读者对其的关注度并提高阅读的趣味性。此外，我整理和撰写了“荷兰鲜花市场与资源配置”和“汉密尔顿与杰斐逊之争及美国的政党演进”等几十个专栏，补充到原著中。希望这些对历史的提炼和总结，能使得本书成为读者学习经济和金融的工具书，并帮助读者更好地寻找历史的脉络，把握其规律并照应现实。

《伟大的博弈》第三版的修订，得到了戈登先生的鼎力帮助，也得到了我的很多朋友和同事的大力支持，他们中的很多人利用业余时间帮助我整理和修订了书中大量内容。他们分别是刘烜、殷索亚、胡越、王尔康、黄卫东、查向阳、周宇、黄伟斌、毛克疾、王蕴哲、王美真、李丰也、李加宁、王林晚、李则安、孙美芳、刘世盛、尹钰、顾兆安、桂莅鑫、郑凯、衣然、唐泽龙、崔立、董士君、范雅婷、朱钦琦、王锦、吴撼地、杨忠良等。尚福林先生、易纲先生、吴晓灵女士、常振明先生、梅建平先生等分别为本书的前两版作了序、跋和推荐语。视觉中国的梁军女士帮助提供了大量图片，林广、张瑞津两位先生帮助绘制了这本书中的曼哈顿和伊利运河两张地图。中信出版社的王斌先生和章文、王颖女士为本书的出版提供了帮助。在此对他们表示诚挚的谢意。从《伟大的博弈》的首版至今，我得到了很多师长、领导、同事、朋友、家人以及千千万万的读者一如既往的支持、帮助和指导，在此一并表示感谢。

1792 年，纽交所成立。时年乾隆五十七年，正值康乾盛世的巅峰时期，但闭关锁国的清王朝对大洋彼岸蛮夷之地发生的变化毫无所知，而后者因武装了先进的经济金融制度而蓄势待发。

同治八年，即 1869 年，最后一支使用“太平天国”年号的残余捻军被消灭。同年，高盛公司成立，并将在随后的 100 多年中伴随着美国和华尔街的崛起成为全球最重要的投资银行。

光绪三十四年，即 1908 年，离清王朝的轰然崩塌还有三年。这一年，通用汽车成立，并将在半个世纪后成长为世界第一大汽车公司。

1978 年，中国共产党召开十一届三中全会，开启了改革开放的大幕。1990 年，上海和深圳证券交易所相继成立。1992 年，邓小平发表南方谈话表示，“股市、证券，是不是资本主义特有的东西，社会主义能不能用，允许看，但要坚决地试”。同年，中国证监会成立。2001 年，中国加入世界贸易组织并扩大开放资本市场。2010 年，中国经济总量超越日本，通用汽车在中国市场销售的汽车量超过美国。2017 年，中国 A 股市场加入 MSCI 全球新兴市场指数。今天，中国经济为世界第二大经济体，中国资本市场为世界第二大资本市场。

这些历史对照节选自我编辑整理在中文版每章后的“同一时代的东方与西方”。跨越数百年的东西方对比，让我们能够清晰地看到中华民族在近代沉痛错失的历史轨迹，以及历经沧桑后在世界舞台上重新崛起的宏大趋势。

2018 年，中国隆重庆祝改革开放 40 年，习近平总书记宣布中国进一步向世界开放金融体系和资本市场。年轻的中国资本市场正迈着坚定的步伐，推动着中国经济社会的现代化进程，并不断融入国际金融体系，与华尔街交相辉映，演绎着中国版的“伟大的博弈”。谨以这本书的出版作为纪念。

祁斌

2019 年 1 月

再版译者序
华尔街的辉煌与窘迫

2008年9月15日，超过百年历史的华尔街投行雷曼兄弟公司轰然倒塌，揭开了全球金融危机的大幕。在短短的几个月内，危机将北至冰岛、南至阿根廷的各国经济体带到了衰退的边缘，世界金融市场也遭受重创。在大规模经济救助计划的刺激和各国共同协作的努力下，全球经济逐步走上了漫漫复苏之路。无疑，此次金融危机是在世界经济金融加速一体化的进程中，发生的一次波及几乎所有国家和社会各个层面的全方位裂变，它深刻地影响了第二次世界大战以来形成的世界格局，也引发了人们对于既有经济、金融，乃至社会发展模式的深刻反思。

危机的硝烟逐步散去，人们不无惊奇地发现，人类的金融世界在过去的一个世纪中发生了巨大的变化。今天，规模急剧扩张、产品高度复杂、资本快速流动、风险更为隐蔽、监管缺乏协作、兼具高效性和脆弱性的现代金融世界与1929年的华尔街已不可同日而语。但与此同时，回望华尔街的历史，我们也清晰地看到，在这一切纷繁复杂的背后，依然是不变的人性。在此次金融危机中表现出来的贪婪和恐惧，几乎和350年前人类第一次大规模投机事件“郁金香泡沫”别无二致。历史往往惊人地相似，正如《伟大的博弈》中一位历史上著名的投机家说过的：“世界上不会有任何其他地方的历史会像华尔街历史一样，如此频繁和千篇一律地不断重复自己。当你看着现实生活中上演的资本市场起起落落时，最让你震惊的是，无论是市场投机，还是市场投机者本身，千百年来都几乎没有丝毫改变。这个资本的游戏亘古未变，同样亘古未变的还有人性。”

这也就是为什么从2005年《伟大的博弈》中文版出版以来，该书被重印了35次[1]，并在社会上引发较大反响的根本原因。因为历史是最好的教科书。《伟大的博弈》告诉我们：一部金融史也是一部金融投机史和金融危机史，更是一部不断出现危机、不断修正和不断完善监管体系的历史。

2010年11月，我有机会再次造访华尔街，距我离开华尔街回国参加中国资本市场的建设已经10年。弹指一挥间，10年巨变，令人感慨万千。10年前，大部分华尔街人尚未听说过中国资本市场，10年之后，华尔街每个交易员清晨第一件需要做的事，就是看一看前一天晚上中国股市是涨是跌。短短10年内，中国资本市场已成长为规模仅次于华尔街的全球第二大资本市场，背后是中国经济的崛起和中国资本市场的不断改革创新。但同时，我们也应该非常清醒地看到中国资本市场在效率、机制和结构等方方面面与发达市场还有巨大的差距，更应该洞悉当今国际资本市场上交易所跨国并购、上市资源竞争、国际金融监管合作等新的全球博弈格局和严峻挑战，为此，中国资本市场需要迈上真正走向世界一流资本市场的征程。与此同时，中国经济面临转型的巨大挑战，为中国经济的可持续成长和现代化步伐提供不竭的动力，中国资本市场同样任重而道远。2005年，《伟大的博弈》首次出版的时候，我曾在扉页上写过“资本市场的博弈牵动着

1. 截至2011年，《伟大的博弈》第一版共印刷36次。截至2016年年底，《伟大的博弈（珍藏版）》（第二版）共印刷50次。两者共计86次。——译者注

大国的博弈和兴衰”这样一段话，过去的百年如此，今天的世界更是如此。

2010 年 11 月

首版译者序

《伟大的博弈》或许可以为正在现代化道路上匆匆前行的中国提供一个历史的参照。在过去的200多年中，美国作为一个新兴国家，成功地超越了欧洲列强，而美国的资本市场——华尔街在这一过程中的核心作用，无疑是这段历史风云向世人昭示的最重要的启示之一。在近几十年里，全球高科技产业迅速崛起，方兴未艾，成为世界经济发展的新动力，而这些高科技产业的兴起在很大程度上也得益于华尔街的发现和推动。因此，对于全世界的经济学家和历史学家，华尔街的历史是一个永远研究不尽的题目，而对于正在发展和转型中的中国，它更具有非常现实的借鉴意义。

亚当·斯密在1776年提出了“看不见的手”的概念，为自由市场经济提供了朴素而深刻的理论基础。而资本市场的出现，将这一概念大大深化和拓展了，从此，人们不仅能在有形的市场中交换商品，也可以在资本市场这个无形的平台上投资和交易，而现代企业则从资本市场上吸取它们发展所需要的营养，逐渐壮大和成熟。借助这个市场，人类社会在更广阔的范围内实现了更高的资源配置效率。在全球竞争日趋激烈的今天，金融体系资源配置的效率，对一个国家的核心竞争力有着重大的影响。

1995年，我从科学领域转到经济领域，就读于芝加哥大学，开始理解一个有效的市场体系对于经济发展的重要意义。1997年，我来到纽约，开始在华尔街工作，逐步感受到资本市场这个触角遍及全球各地的金融枢纽是在怎样永不停息地推动着世界经济不断地向前发展的。从那时起，我就一直希望找到一本关于华尔街历史的书，以期对美国资本市场和经济发展的历史有一个较全面的认识。2001年，纽约大学的梅建平教授向我推荐了《伟大的博弈》，我读后觉得这是一本文风比较朴实，同时很有内涵的书。它没有堆砌枯燥的历史事实和数据，相反，它用生动的笔触描写了一些栩栩如生的历史人物和惊心动魄的历史事件，让我们在轻松的阅读中，浏览了数百年的历史画卷，而掩卷深思，又能悟出一些哲理。在我们面临建设一个新兴资本市场所必然遇到的那些困惑时，这些历史背景或许能够为我们提供一些参考，毕竟，历史是最深刻和最有教益的。于是，我决定把这本书译成中文，把它介绍给正在为中国的繁荣富强而辛勤工作的人们。

2004年冬于北京

致中国读者[1]

我非常高兴中国的读者能读到我的书。在过去 20 年里，中国经济取得了举世瞩目的卓越成就，而在中国经济的未来发展中，没有什么比资本市场更为重要了。致力于发展中国资本市场的人们，或许能从华尔街的历史中得到一些启示。

200 年前，美国是一个极不发达的国家，财政状况也极为恶劣。但是，随着美国经济的发展，华尔街开始与其一起成长，并且有力地推动了美国经济的发展，事实证明，资本市场已经是现代经济生活中不可或缺的重要组成部分。华尔街也曾经有过失误，而且是很多的失误。但是，它从这些失误中吸取了教训，建立了新的制度，保证不再犯相同的错误。当华尔街最终出现在世界舞台上的时候，美国已经是世界强国之一了，而华尔街使得美国在世界金融体系中扮演重要角色成为可能。

我希望中国的读者能够从华尔街的历史中得到一些资本市场发展的经验和教训，希望这些经验和教训对于正在世界舞台上崛起并正在成为世界强国的中国有一些帮助。

2004 年 11 月于纽约

1. 这是这本书 2005 年首版前作者应译者之邀所写的“致中国读者”。——译者注

穿越华尔街的历史风云

——作者和译者的对话

时间：2004 年 10 月

地点：纽约

译者与作者的合影，2017 年于纽约。本文是 2005 年《伟大的博弈》首版前，译者根据与作者的对话整理节选而成的，当时题为《华尔街的昨天和今天》。

祁斌：戈登先生，很高兴见到您，《伟大的博弈》中文版虽然尚未出版，但是读过译稿的人都觉得很受启发。这本书对美国的经济起飞史以及华尔街在其中所发挥的作用做了比较全面的介绍，相信出版之后，会对中国的读者有一些有益的启示。今天是一个难得的机会，我们可以一起就中国读者可能关心的问题做一些探讨。

戈登：首先很感谢您把我的书介绍给广大的中国读者。我也很高兴有机会和您见面，并与您分享我对一些问题的看法。

祁斌：您研究美国经济和金融史多年，而美国经济和金融的发展是迄今为止西方各国中最为成功的，当然，美国相对于很多其他国家也有一些得天独厚的优势，比如，美国的自然条件非常优越，也没有经过两次世界大战的洗劫，等等。但是，除此之外，应该还有一些更深层次的原因。

戈登：我认为，在过去的200多年中，美国经济和金融，包括华尔街，取得了非凡的成就，最根本的原因在于：美国是一个自由经济体。在这样一个经济体中，人们能够自由地谋求他们自己的利益。

美国相对其他国家来说更为成功的另一个原因，还在于它是一个完全崭新的国家。美国的宪法只存在了200多年，这个时间对美国人来说已经是很长的时间了。因此，在美国建国之初，它有机会画最新的图画。马克思在《路易·波拿巴的雾月十八日》中有一句至理名言："人们自己创造自己的历史，但是他们并不是随心所欲地创造，并不是在他们自己选定的条件下创造，而是在直接碰到的、既定的、从过去承继下来的条件下创造。"美国这个国家历史不长，早期的美国人都是欧洲移民，其中大部分是英国人的后裔。他们漂洋过海，横跨3 000英里[1]的大西洋——这在当时是一个非常艰苦的旅程，需要长达一个月的时间，有时甚至两个月。但这样一个漫长的旅途也使他们有机会在途中摒弃很多文化垃圾——传统文化的垃圾，而在新大陆开

1. 1英里≈1.61千米。——编者注

始一种完全不同的生活。

因为美国是一个崭新的国家，所以它不像欧洲其他国家那样存在很多阻碍经济自由发展的壁垒。例如在法国大革命[1]爆发之前，国王和贵族可以肆意对城镇征收税赋。一袋货物从鲁昂运送到马赛[2]，900多千米的路上会被征收50多次税。同一时期的美国则截然不同，州和州之间没有任何贸易壁垒，商品可以自由流通。这是美国经济起飞的秘密所在。这也是后来其他国家试图效仿美国的地方，它们努力减少贸易壁垒，让商品自由流通。在有些国家，这些自由贸易壁垒是以革命的方式被消灭掉的，在另一些国家，则是以相对和平的方式消除的。即使今天的美国也不是真正意义上完美的自由经济社会，过于庞大的政府在国内生产总值中占到20%，[3]而在1929年，这个比例只有3%。

美国从一开始就有一项传统，如果没有什么既定的法律限制你不能做什么事，你就可以做，直到颁布法律不允许你再做，而在很多其他国家则恰恰相反，你做任何事都需要政府颁发执照，这和美国有很大的不同。美国《宪法》的立法宗旨是给予政府足够的权力，让其正常发挥功能，但又不给它太多的权力，以免其滥用职权。

美国还有一点很幸运，那就是在建国初期，经济学在人类历史上首次成为一门真正的科学。亚当·斯密的《国富论》出版于1776年，

1. 法国大革命，1789—1799年，法国政治体制在这期间发生变化，民众的革命使得统治法国多个世纪的绝对君主制与封建制度土崩瓦解。——译者注
2. 鲁昂位于法国的西北部，马赛位于法国的东南部，二者之间的路大致横穿整个法国，相距900多千米。——译者注
3. 美国财政支出占当年GDP的比例在1972年至2011年之间的平均值大致为22%。2016年，特朗普在其竞选和随后执政的过程中，提出了大规模减税的方案。——译者注

与美国建国在同一年，这在历史上是一个巨大的巧合。

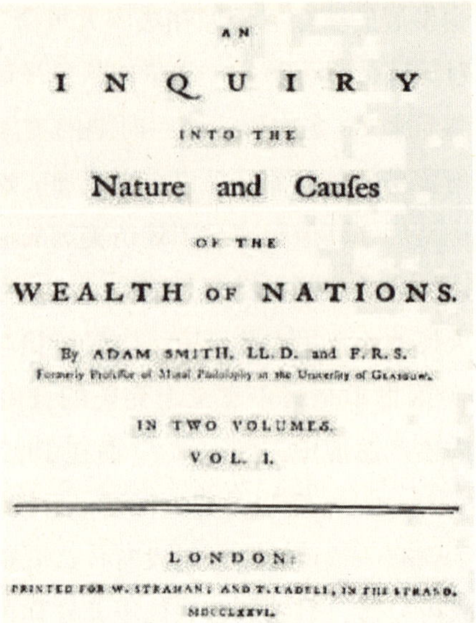
AN

INQUIRY

INTO THE

Nature and Cauſes

OF THE

WEALTH OF NATIONS.

By ADAM SMITH, LL.D. and F.R.S.

Formerly Profeſſor of Moral Philoſophy in the Univerſity of Glasgow.

IN TWO VOLUMES.

VOL. I.

LONDON:

PRINTED FOR W. STRAHAN; AND T. CADELL, IN THE STRAND.

MDCCLXXVI.

《国富论》全名为《国民财富的性质和原因的研究》，作者为苏格兰经济学家、哲学家亚当·斯密，其出版标志着经济学作为一门独立学科的诞生，对资本主义社会和现代经济起了重大的促进作用，被誉为“第一部系统的伟大的经济学著作”。（译者根据公开资料整理）

祁斌：美国华尔街和资本市场的发展经历了比较曲折的过程，在美国历史上发生过无数次大大小小的股市崩溃。在金融危机或股市崩溃中，政府应该扮演什么样的角色，这在世界范围内都是一个颇有争议的话题。美国历史上众多的市场崩溃和围绕政府与市场关系进行的长期论战似乎是华尔街发展过程的重要特色。

戈登：美国早期的财政部部长汉密尔顿积极介入金融危机的化解，以避免市场崩溃对经济造成长期危害。汉密尔顿建立了一个以合众国第一银行为中心的金融体系。合众国第一银行是早期美国政府调控货币政策的主要手段，客观上扮演了一个中央银行的角色。很不幸，20年后合众国第一银行被关闭了，所以在随后长达100多年的历史中，[1] 美国没有调控货币政策的手段，美国资本市场的发展也不是一帆风顺的。这使得美国在历史上经历了比其他国家更为剧烈的经济震荡。

《资本论》1867 年第一版。马克思在《资本论》第一卷第 25 章第 2 节中论述道："假如必须等待积累使个人资本增长到足以修筑铁路的程度，恐怕直到今天世界上还没有铁路。但集中通过股份公司转瞬之间就把这件事完成了。"（译者根据公开资料整理）

1. 1913 年，美国联邦储备委员会（即美联储）成立，美国的中央银行正式诞生。——译者注

关闭合众国第一银行的是杰斐逊主义者，他们的鼻祖是汉密尔顿的政敌——杰斐逊。杰斐逊是个伟大的历史人物，可是在经济问题上却糟糕透顶，汉密尔顿建立的早期美国金融体系基本上被杰斐逊主义者破坏了。

亚历山大·汉密尔顿（左图）与托马斯·杰斐逊（右图）。汉密尔顿强调政府的作用，推崇商业，推动了早期华尔街的发展，主张在金融危机时政府予以一定救助；杰斐逊崇尚人权、有限政府及地方分权，是美国广大农场主和下层群众利益的代言人，主张重农抑商。他们俩及其追随者之间的理念之争开启并影响了贯穿美国200多年的党争。（译者根据公开资料整理）

经济周期是人性导致的必然结果。当经济好的时候，人们对未来过于乐观，盲目扩张，该裁减的冗员没有裁减。于是，坏年景很快就来了，人们又变得过于悲观，这样周而复始，循环往复。当市场崩溃时，每个人都想要现金或黄金，可是，此时市场恰恰最缺乏流动性。因为没有作为最后贷款人的中央银行，人们就会失去信心，在很长的一段美国历史中，放任自流的模式占主导地位，也缺乏一个真正意义上的中央银行，历史上的华尔街和美国经济经常面临恐慌，经历了比其他国家更为迅猛的繁荣和更为深重的崩溃，美国经济周期的振幅也远远大于欧洲。

但是，有趣的是，这些市场崩溃也有对美国经济有利的一面。在历史上相当长的时间里，英国比美国富有得多，美国人修建铁路、开办工厂都需要资金，英国人则到美国市场来投资。美国人修成了铁路和工厂，英国人成为这些铁路和工厂的所有者。但是，当市场崩溃时，英国人就会把这些股票低价抛售给美国人。结果，美国人既得到了铁路和工厂，又拿回了这些铁路和工厂的所有权，变相地洗劫了英国的财富。

祁斌：在一个缺乏中央银行和证券监管机构的金融体系中，美国资本市场在很长一段时间内都处在一个自我演进、自我探索、自我修复的过程之中，也就不可避免地有很多股市甚至金融体系的崩溃，而股市或金融体系的每一次崩溃，无疑会给经济带来沉重的打击，使得全社会为之付出高昂的成本，这是不是一个资本市场发展的最优路径？我们从反思历史的角度来看这个问题，在美国资本市场发展的早期，政府是不是可以做一些更有远见的路径规划和框架设计，以降低这种震荡式发展给社会带来的高昂成本？

戈登：我觉得这是一件非常困难的事。在美国经济发展的早期，政府对市场的影响非常小。最初，美国只是一个殖民地，只有一些进出口贸易，到 19 世纪末，美国成为世界上最大的制造基地，卡内基一家公司的钢铁产量超过了英国生产的钢铁总量。而在整个 19 世纪，美国政府对经济的干预都很少。当华尔街在 1860 年第一次成为一个巨大的资本市场时，它仍然还像西部片里那样，是一个“牛仔们厮杀的地方”。你猜猜是谁首先改变了这种情况？是华尔街自己。华尔街的经纪人队伍与市场有着共同的利益，他们的生存有赖于市场的长期发展和繁荣，他们和此前那些只顾操纵市场的投机者不同，他们从自己的利益出发，开始了对市场的自律约束和规范，从而使华尔街逐步走上正轨。

所以，美国的经济发展是一个不断试错的过程，人们可以做任何事，直到政府立法来规范。最典型的例子是：洛克菲勒在石油行业蚕食竞争对手，后来他的帝国几乎完全垄断这个行业，直到 1911 年政府强行将标准石油公司拆分为 34 家公司以维持竞争格局。

祁斌：您觉得美国华尔街和金融体系发展历程中最大的教训是什么？

戈登：必须有一个强有力的中央银行。就像我们刚才讨论的那样，美国在很长一段时期内没有中央银行，其后果是灾难性的。在 19 世纪后半叶金融危机来临的时候，美国不得不依靠 J. P. 摩根个人来扮演中央银行的角色。

祁斌：1929 年股市崩溃之后，美国政府认识到，完全依靠市场自我演进式的发展，可能要支付过高的社会成本。因此，美国在 1929 年股灾后建立起了证券监管机构——美国证监会。在 1987 年股市崩溃中，美国政府介入，维护了市场的信心，减少了股灾对经济的危害。此外，政府在一个市场中还应起到制定规则和维护市场秩序的作用。

戈登：从长期来看，一个完全自由的市场是一定会崩溃的。胡佛曾说过，资本主义的最大问题是资本家本身——他们太贪婪，他们总是牺牲市场整体利益来服务于他们自己的利益。任何一个市场都需要警察和裁判，你可以想象，在一个没有警察的社会里，人们甚至会在停车场里相互残杀，一场没有裁判的橄榄球赛将会是一场灾难。一个自由的市场并不是一个没有监管的市场，市场需要有人仲裁，也需要有人来制定规则。但我们必须要保证裁判的公正性，要特别小心是谁在制定规则，规则又服务于谁的利益。

祁斌：纵观历史，华尔街在最近几十年取得了突飞猛进的发展。

戈登：的确。开始的时候，华尔街非常小，但它不断成长，它犯过错误，从中吸取教训，逐步增强自我约束。直到今天，它还在不断变化、进步和完善之中。现在，如果到纽约证券交易所大厅，你会看到上千个电子屏幕，你几乎无处立足。而在短短几十年前，同一个交易大厅空旷得人们可以跑来跑去。1971 年微处理机芯片的发明使我们的时代日新月异，这也许是从农业社会以来人类最重要的发明，比蒸汽机还要重要。现在，我用一个手机按几个键就可以打电话到上海，而在 1971 年的时候，这完全是不可想象的，那时候，你可能需要 AT&T（美国电话电报公司）的接线员的帮助才能接通，当然，当时给中国打电话在政治上也不允许。30 多年时间，人类发生了多么巨大的变化。活在这个年代，真是一种幸运。

在 1929 年的市场大崩溃中，纽约证券交易所创下了 1 600 万股的日交易量纪录，美国股市用了 39 年的时间，在 1968 年再次赶上了这个纪录。可是今天，纽约证券交易所只需一瞬间就能完成 1 600 万股的交易。每天 9 点 30 分市场开盘，9 点 30 分 01 秒时，纽约证券交易所的交易量就超过了 1 600 万股。1929 年时，全美国只有 2% 的美国人持有纽约证券交易所交易的股票，今天有超过 50% 的美国人持有股票或共同基金。这个国家过去几十年中发生的最大变化是：更多的人成了“资本家”。

祁斌：我一直想找一本书，它能将华尔街的真实历史介绍给中国读者，但又希望它不只是局限于历史事实，我希望它简洁、生动并有寓意。我觉得《伟大的博弈》是一本比较理想的书，它能唤起读者对很多问题的思考。您是什么时候开始对华尔街历史产生兴趣的？

戈登：我不是一个经济学家，我研究经济史。我喜欢讲故事，喜欢用故事来诠释历史。我从来没有想过创作，我只喜欢写真实的历史和人物，因为真实的历史和人物本身的绚丽多彩才是最吸引人的。

我的家族有写作的传统，我的曾祖父曾是《纽约先驱报》的编辑。我的祖父和外祖父都是纽约证券交易所的经纪人。我的祖父总是给我讲华尔街的故事。他第一次来到华尔街是 1898 年，当时他只有 16 岁，是个跑腿者（runner，也译作传递员，指早期华尔街递送证券和文件的人）。当我刚刚学会骑自行车时，我就从我的祖父那里知道了怎么通过“卖空”（short-selling）来赚钱——在高价时将股票卖出去，再在低价时将股票买回来。你知道，没有太多 6 岁的孩子会知道什么叫“卖空”。20 世纪 70 年代，我开始尝试写作，我记起我的祖父曾给我讲述过的关于伊利铁路股票大战的故事。但是，当我去图书馆查阅资料时，我非常吃惊地发现，最后一本关于发生在 1869 年的伊利铁路股票大战的书出版于 1871 年，此后这个话题再也无人问津了，于是我就写了一本关于伊利铁路股票大战的书，于是就有了《华尔街上的娼妓》（*The Scarlet Woman of Wall Street*）这本书。后来，我成了经济史和金融史的专栏作家。我发现自己很适合这项工作，因为没有太多人能把经济史写得通俗易懂。

祁斌：今天早上我散步到华尔街，经过摩根大楼，看到一个士兵荷枪实弹地站在门口，在人们的印象中，华尔街是自由市场经济的象征，摩根大楼前的士兵是个很有意思的景象。

戈登：没办法，我们生活在一个恐怖主义时代。有人曾说，“9 · 11”事件中，如果恐怖分子的飞机撞上纽约证券交易所而不是世贸中心，那么对世界金融体系的破坏可能还要严重得多。

祁斌：20 世纪 90 年代之后，道琼斯指数一路上升，从 1990 年的 2 000 多点到 1999 年突破 10 000 点，[1] 其间虽然也有很多起伏，但总体而言，发

1. 2017 年 1 月 25 日，道琼斯指数收盘价格历史上第一次突破 20 000 点。——译者注

展比较稳定，华尔街似乎进入了一个从此远离崩溃的繁荣时期。

戈登："9 · 11"之后，道琼斯指数曾跌到 7 500 点，但后来又回升了。美国股市会不会再发生像 1929 年那种程度的崩溃呢？如果发生了，道琼斯要缩水 89%，就会回到 1 200 点。

2001 年 9 月 11 日，两架被劫持的客机撞击了纽约曼哈顿岛的世贸中心双子楼。该事件对世界造成巨大冲击，纽交所也因此连续 4 天闭市。（译者根据公开资料整理）

谁知道呢？但我相信，人类都是不断从失败中吸取教训的。"泰坦尼克号"沉没后，英美两国都举行了听证会。于是才有了针对北大西洋海域的《国际冰山巡逻公约》[1]（International Ice Patrol），吸取"泰坦

1. 1913 年由"国际海上生命安全公约组织"[Safety of Life at Sea（SOLAS）convention]制定，时至今日，这一组织仍在发挥着重要作用。从早期由飞机、船只跟踪检测冰山，到现在利用人造卫星，人们已经搜集了很多资料，发现了一些冰山运动的规律。——译者注

尼克号”的惨痛教训，该公约中有一条严格的规定，要求每条船必须装备 24 小时有人值守的无线通信装置。从那时到现在，100 多年过去了，虽然也发生过其他海难，但再也没有因类似问题而酿成如此惨痛的悲剧。

1912 年，“泰坦尼克号”沉没时，仅仅 10 英里之外就有另一艘轮船，但不幸的是，船上的无线电报务员睡着了，没有听到正在沉没的“泰坦尼克号”的呼叫，否则就不会有 1 500 多人葬身大西洋底了。（译者根据公开资料整理）

同样，虽然我们还会在股市中遇到各种各样的挫折和灾难，但是像 1929 年那样的股市崩溃及其随之而来的大萧条却不太可能再发生了。今天，你再也不能只交 10% 的保证金[1]就买股票，也不能在股价下跌的时候卖空——而这些投机操作在 1929 年的股市中司空见惯。1929 年的美联储非常软弱，受杰斐逊主义的影响，那时美国政府和美联储几乎无所作为，结果，股市的崩溃给美国经济带来了长期的负面影响，美国经济也进入了“大萧条”。而在 1987 年美国股市崩溃时，

1. 相当于 9 倍杠杆，即投资者只需支付 10%，其余 90% 由证券公司或银行提供贷款。——译者注

美联储给所有人打电话："你需要钱吗？如果需要，我们可以提供。"而且它确实也这样做了——有了这些进步，也许我们就再也不会见到1929年那样的股市崩溃了。[1]

从帝国大厦向南俯瞰曼哈顿，远处最高的建筑为建于世贸中心原址的新大楼，早年的华尔街乃至整个城市都只是那附近一片很小的区域。（译者摄于2017年）

1. 2008年9月15日，华尔街的雷曼兄弟公司倒闭，随后一场大规模的金融危机席卷全球。与1929年美国股灾后政府的无所作为不同，这次美国和很多国家都采用了宽松的货币政策以挽救经济。——译者注

前言

本书讲述的故事涵盖了350多年的历史。在这样一段历史中，人类经济活动的主体从使用铁犁的农民变成了使用电脑的白领；人类对外层空间的观测工具，从伽利略手工制造的2英寸望远镜变成了直径10米的成对的凯克天文望远镜（Keck Telescope）[1]，观测能力也从尚不能清晰辨认土星的光环，提升到能够探测距地球120亿光年的太空；人类的信息传播速度也从马车的速度提高到了光速。因此，这是一部波澜壮阔、跨越巨大时间尺度的历史，因此，其内容必然只能涉及伟大人物、宏大主题和世界强权（great powers）。

经典政治学给世界强权所下的定义为："其利益必须被其他国家考虑的国家或主体。"这就是为什么处于经济困境中的俄罗斯依然是一个世界强国的原因，没有人胆敢不考虑一个军火库中存有千百万核武器的国家的利益。但是，如果我们进一步探究世界强权是否必须是一个国家，答案显然是否定的。中世纪的罗马教会肯定是一个世界强权，尽管它只控制相对较少的领土和人口。的确，教会的"王国"固然是宗教性质的，但其影响绝不仅限于此。同样，早在1818年，当

1. 凯克天文望远镜（建成于1996年），位于太平洋夏威夷岛上的一座天文望远镜，坐落在海拔4 200多米的莫纳克亚山上，是世界上最大的光学望远镜之一。——译者注

法国不得不向银行举债来偿还战争欠款时，[1]路易十八的首辅大臣黎塞留公爵[2]感叹道："在欧洲有六大强权：英格兰、法兰西、普鲁士、奥地利、沙皇俄国，以及巴林兄弟银行[3]。"他说的并不是一句戏言。

2016年，当今世界上最大的单口径射电望远镜（FAST）在中国贵州的层峦叠嶂间投入使用，其500米口径的镜面足有30个足球场大，可以接收137亿光年外的信号（光年是长度单位，约为9.46×10^{12}千米）。它与德国波恩100米望远镜相比灵敏度提高约10倍，更使得10米口径的凯克望远镜无法与之同日而语。（译者根据公开资料整理）

如今，金钱的威力远比其在19世纪初期时强大，而国家控制世界经济，也就是控制金钱的能力却被大大削弱，所以，不要怀疑华尔

1. 滑铁卢会战失败后，法国被迫签订了两次《巴黎和约》，向战胜国赔付7亿法郎，以发行公债的办法分15次在5年内还清。
2. 指阿尔芒·埃马努埃尔·德·维涅罗·迪·普莱西，第五代黎塞留公爵（Armand Emmanuel de Vignerot du Plessis, 5e duc de Richelieu，1766—1822年），为复辟时期的法国外交部长和法国首相。
3. 巴林兄弟银行（Baring Brothers Bank），始建于1763年，创始人为弗朗西斯·巴林爵士，是英国历史悠久、声名显赫的商人银行集团。1995年，巴林兄弟银行因投资失败而倒闭，以1英镑的象征性价格被荷兰国际集团收购。——译者注

街已成为一个可与世界强国比肩而立的金融帝国。虽然在地理上它并不占有多大的面积，仅仅是位于“一块墓地和一条河流之间”[1]的6个狭长街区，但长期以来，作为纽约金融市场的代名词，“华尔街”一直是独一无二的。当人类迈进第三个千年时，这个市场已经成为世界经济跳动的心脏。在今天的世界上，所有的国家，所有的市场，乃至我们每一个人，都必须密切关注华尔街，否则必然会遭受损失。

然而，这条其貌不扬的小街是如何成长为这样一个强大金融帝国的象征的？而纽约——这个一直默默无闻（除了18世纪末期一段短暂的时间[2]）、未能成为美国首都，甚至未能成为纽约州首府的城市，又是怎样在世界金融体系中占据了如同太阳系中太阳一般的地位的呢？回答这些问题，正是本书的目的所在。

纽约的崛起缘于它众多的天然优势。它拥有北大西洋最优良的海港，也秉承了荷兰移民一心经商与和平共存（Live and let live）的传统，但成为金融中心却并非天生注定。历史总是充满侥幸——威灵顿公爵[3]曾说，滑铁卢战役的胜负仅在“毫厘之间”，而华尔街的历史也不例外。如果在1812年詹姆斯·麦迪逊总统[4]关于续签合众国第一银行特许状[5]

1. 指华尔街的地理位置位于纽约下城三一教堂旁的墓地和东河之间。——译者注
2. 指纽约在18世纪末期即独立战争期间和此后一段时间内曾作为美国的临时首都。1789年，乔治·华盛顿在纽约宣誓就任美国第一任总统。——译者注
3. 威灵顿公爵（Duke of Wellington），英国将军和政治家，在滑铁卢战役（1815年）中打败了拿破仑，从而结束了拿破仑战争，后曾任英国首相。——译者注
4. 詹姆斯·麦迪逊（James Madison, 1751—1836年），美国第四任总统（1809—1817年）。——译者注
5. 美国建国时为解决债务问题，于1791年通过授权建立一个国民银行的法案，由此建立了合众国第一银行（Bank of the United States，BUS），但国会只批准其经营20年，20年后，即1812年必须获得国会批准才能继续存在。投票陷入僵局，时任副总统乔治·克林顿投了反对票，合众国第一银行未能续签。——译者注

的投票陷入僵局时，时任副总统乔治·克林顿[1]持赞同意见而不是反对的话，那么如今的电视主持人在播报晚间财经新闻时就可能会说："今天在切斯纳特街[2]（Chestnut Street）上……"如果他的侄子德·威特·克林顿州长没有力排众议说服立法机构通过修建伊利运河的议案，今天的纽约也可能只是美国东海岸的几个主要城市之一，而不会成为西半球最伟大的城市。[3]

华尔街之所以成为华尔街，还因为美国很幸运。它建国于亚当·斯密《国富论》出版的同一年，而《国富论》是人类历史上一部开创性的、系统性的经济学研究著作。作为一个新生国家，美国不存在那些历史悠久的社会中根深蒂固的、束缚生产力发展的特权。有人曾经估算过，在大革命爆发前的法国，如果一个人要从鲁昂横跨整个国家运货到马赛（尽管在现实中，那时绝对不会有人愿意这样做），他将不得不缴纳多达50种以上的税赋。这些征税权是由王室分别授予各地贵族和领主的。而美国立国后不久，就在1787年的立宪大会提出禁止对货物的跨州流通征收任何税赋或设置其他限制。这使得美国有机会成为一个巨大的共同市场，而后来它也确实做到了这一点。

不仅如此，正如工业革命为西方文明的进步提供了经济基础，亚

1. 乔治·克林顿（George Clinton, 1739—1812年），托马斯·杰斐逊和詹姆斯·麦迪逊时期的美国副总统（1805—1812年）。——译者注
2. 切斯纳特街位于合众国第一银行所在的费城。这里的意思是说，如果副总统乔治·克林顿同意而不是反对合众国第一银行续签的话，那么费城将有可能成为美国的金融中心，今天的电视主持人报道的就是切斯纳特街而不是华尔街的新闻了。——译者注
3. 这里指克林顿力主修建并最终建成的伊利运河大大降低了美国中西部农产品运到纽约的成本，对纽约成为美国的商业中心起了决定性作用，也对华尔街最终成为世界金融中心起到了重要的推动作用。——译者注

当·斯密的伟大著作也为政府减少对经济干预的理念提供了思想基础，从而使得美国经济和华尔街的发展受益于政客们最低程度的干扰。在现实生活中，政客和资本家差不多，都非常自私。

然而，金融业之所以成为华尔街的主业，华尔街之所以成为世界金融中心，并不只是靠运气。

在数学意义上，准确地说，一个自由市场就是一个博弈场，而每一种博弈——从扑克游戏到世界大战——都有参与者、博弈策略和计分规则。但是与扑克游戏不同的是，自由市场的博弈并不是一个零和游戏。在扑克游戏中，之所以有赢家，在某种程度上，只是因为有输家。而在自由市场的博弈中，如果参与者是完全理性的，并拥有完备的信息，那么博弈的结果有可能是所有参与者都是赢家。当然，现实生活中并不存在完全理性的人，信息完备的理想状态也只能接近，却永远无法达到。不过，这对于历史学家们来说可能是一种幸运，因为，在一个完美的世界中，一切都可以完全预测，可以想象那将会多么沉闷和令人窒息。但是，现实世界的不完美意味着，在自由市场中也总会有输家。

尽管如此，长期来看，一个自由市场中参与者获得的利益总和将远远超过损失的总和，这在资本市场上是再明显不过的事情。资本，这个曾一度被称为“罪恶之源”的东西，实际上和劳动力、资源、技术一样，是任何国民经济中不可或缺的要素。没有工人或原材料就不可能造出汽车，没有工厂同样也不可能造出汽车，而工厂、原材料、工人的薪水和一个成功的经济活动所必需的无数其他要素，都需要有资本才能获得。

但是，请注意前面这段中的第一句话里的“长期来看”这个短语。时间恰恰是一个自由市场最缺乏的。因为，如果一个自由市场完全依靠自我运行，它往往会很快趋于崩溃。原因很简单：市场是由谋求自身利益的人组成的。事实上，亚当·斯密早就认识到了这个问题。他在《国富论》中写道："同行是冤家，他们甚少相聚，即使是为了娱乐或消遣。但如果他们聚首，交谈的结果往往也是合谋损害公众利益，或者设法哄抬价格。"也就是说，自由市场的正常运作需要游戏规则，需要裁判监督，并需要这些规则被强制执行，否则，市场参与者们就会自己毁掉这个市场，正如一句广为人知的格言所说："如果社会主义的问题是机制上尚存缺陷的话，那么资本主义的问题就是资本家（的贪得无厌）。"[1]

但在华尔街发展的一个关键阶段，规则和裁判恰恰是它最缺乏的——早期的华尔街市场如此之小，小到维持游戏的公平只需要舆论监督的压力，就像左邻右舍玩扑克游戏时一样。但是，南北战争使得华尔街突然成为地球上第二大资本市场，每天有数十亿美元的资金在交易，原先陈旧的、非正式的体系迅速崩溃，但一时还没有新的体系取而代之。在19世纪60年代，人们还没有认识到，联邦政府应该在市场监管方面有所作为，而当时的纽约州政府和市政府都深陷腐败的泥潭，大部分官员都被金钱买通。

在那一段时间里，那些只关心下一次获取暴利机会的投机者可以为所欲为。人性使然，他们也是这样做的。但是，经纪人队伍的利益有赖于市场长期的稳定，随后他们开始主导市场，制定并执行抑制投机者投机的规则，[2]华尔街逐步成为一个可以长期运行的资本市场。

从结果看，我们可能很难找到一个比华尔街更能证明亚当·斯密

1. 此处原文为"If the trouble with socialism is socialism, the trouble with capitalism is capitalists"。——译者注

2. 1868年，针对以"伊利铁路"股票为代表的投机活动，华尔街的经纪商和交易所为了维持自己的长期利益，开始制定新股发行的相关制度，这构成了今天美国《证券法》的基础，详见后文。——译者注

“看不见的手”发挥作用的例证了。华尔街的经纪人只是在寻求他们自己的利益，而这有赖于资本市场的稳定和公正，他们在寻求自己利益的同时，客观上为美国经济的工业化提供了一个稳定的融资渠道，而美国也借此很快成为世界上规模最大、实力最强的经济体。在这一过程中，华尔街获得了巨大的繁荣，而美国经济收获了更大的繁荣，并使得“美国世纪”[1]成为可能。

在这个美国世纪中，经纪人的利益和投资者（请注意不要与投机者相混淆）的利益又渐渐发生冲突，因此需要进一步的改革。正如75年前投机者抵制经纪人推动的改革一样，这一次，经纪人起初也抵制这些改革，所以，这一次改革在很大程度上是依靠政府的推动才获得成功的。[2]1929年的股灾及1934年美国证监会的成立，使得华尔街第一次被纳入联邦政府的监管体系之中。在其永恒不变的追逐自身利益的过程中，华尔街将证券投资引入了美国中产阶级家庭，再一次彻底改变了美国经济的面貌，并使得千家万户走向富足。

1. 指20世纪。由于美国在20世纪中的经济繁荣和对世界的影响力，有人把20世纪称为“美国世纪”，该词由1941年《时代周刊》的共同创办人亨利·卢斯（Henry Luce）最先提出。——译者注
2. 指1929年“大萧条”后，美国政府针对华尔街所做的一系列改革。1933年，美国取消金本位制，颁布《证券法》和《格拉斯–斯蒂格尔法案》；1934年，美国颁布《证券交易法》；同年，依据该法成立了美国证监会；1940年，美国颁布《投资公司法》和《投资顾问法》。至此，美国资本市场在自我演进超过百年之后，第一次出现了关于证券发行、交易和投资基金的法律，也第一次建立了监管机构，这一系列制度建设形成了现代金融体系监管的基本框架，也为随后几十年美国金融市场的发展奠定了基础。——译者注

美国证监会（SEC）成立于1934年，是罗斯福新政的重要举措，奠定了美国证券业现代监管体系的基础。（译者根据公开资料整理）

历史上，美国的普通民众[1]几乎很难涉足华尔街，然而，计算机这一新技术的出现，使一切都不一样了。它带来的经济革命至少不亚于早年的蒸汽机。这一技术的主要成果之一就是使华尔街的影响力迅速拓展至全球各个角落。

所以，我下面要讲的是一个金融帝国、一个特殊的“世界强权”崛起的故事。正如2 500年以前的罗马帝国一样，华尔街刚出世时非常弱小，微不足道，完全不为世界列强所注意，但是地理条件、政治格局、技术进步，还有纯粹的运气——运气往往是所有伟大事物必不可少的特质——都促使其成长，使其超越了左邻右舍，成功地，当然也常常是痛苦地，应对其内部的冲突，最终成为世界舞台上的一个金融帝国，并使得所有其他世界强权无法藐视它的存在，否则只会给它们自己带来麻烦。

当然，也同罗马的故事一样，华尔街的故事是一段值得向人们讲述的传奇。因为，正如罗马人一样，在华尔街这个伟大的博弈场中的博弈者，过去是，现在还是，既伟大又渺小，既高贵又卑贱，既聪慧又愚蠢，既自私又慷慨——他们都是，也永远是普通人。

1. 这里的原文为 Main Street，译作普通民众或“主街”，泛指美国的实体经济如制造业等，也有一般社会民众的意思。在美国文化中，Wall Street 与 Main Street 往往对立使用，前者指以华尔街为代表的金融界，后者指一般社会群众或实体经济，本段的意思是指在很长的历史时期中，华尔街都是高高在上的，美国一般民众无法参与金融市场，而计算机的出现改变了这一切。——译者注

第一章

“人性堕落的大阴沟”（1653—1789年）

译者题注

作为世界金融中心的纽约，起初只是北美殖民地一个小小的贸易窗口，依靠其独一无二的地理优势，在当地荷兰裔移民商业精神的催化下，逐步成长为一个繁荣的都市。华尔街也正是从这里起步，走向世界舞台的。然而，在美国开国元勋杰斐逊的眼里，纽约却一直是“人性堕落的大阴沟”。

译者导读

· 你也许不会想到，纽约最终成为一座世界性的商业都市和金融中心，竟然与17世纪荷兰的“郁金香泡沫”有着无法分割的必然联系。

· 作为人类历史记载中最早的投机活动，荷兰的“郁金香泡沫”包含了此后人类社会一切投机活动，尤其是金融投机活动中的各种主要要素和环节：资产价格的迅速上涨引发了公众对财富的狂热追求，资产价格被进一步推高，令更多的人越发疯狂地投入，直至理性的完全丧失和泡沫的最终破灭，千百万人倾家荡产，流离失所。此后的人类历史不断上演金融危机大戏，循环往复，无休无止。可以说，一部金融史，也是一部投机史和金融危机史。

· 但是，人们往往只看到“郁金香泡沫”投机狂热的破坏性，却忽视了荷兰人可贵的商业精神。当和其他欧洲人一起漂洋过海来到北美洲这片新大陆时，荷兰人将他们的商业精神带到了纽约——那时它的名字叫作新阿姆斯特丹。在新大陆的各个殖民地中，纽约最好地继承了荷兰人的商业精神，包括他们的投机文化。除了纽约自身的地理条件外，大街小巷无处不在的商业精神，或许是成就纽约，推动其逐渐发展成为世界最大的都市和金融中心的最重要因素。

- 荷兰人在“郁金香泡沫”时练就的投机技术，很快就被运用到了北美新大陆。发生在这块处女地的第一次金融投机活动是针对当时的原始货币——贝壳串珠进行的投机。这次金融投机揭开了北美350年的金融史——同时也是350年的金融投机史的序幕。这些投机技术在以后的历史中被反复应用，投机者们沉溺其中，乐此不疲。
- 18世纪下半叶，两位历史人物开始登场，他们不同的理念和他们之间的斗争对美国这个当时还处于襁褓中的新生国家的发展路径起了决定性的作用，也影响了华尔街的未来。他们同是美国的开国元勋，一位是亚历山大·汉密尔顿，另一位是托马斯·杰斐逊，他们开启了美国随后200多年的党争。汉密尔顿推崇市场的作用，扶持和鼓励商业活动，主张政府要在建立金融体系和维护经济秩序中发挥积极作用。而杰斐逊则憎恶任何投机活动，他把充斥着各种投机行为的纽约称为“一条人性堕落的大阴沟”。在此后数百年的北美金融史中，几乎在每一个重大事件里，你都会依稀看到汉密尔顿和杰斐逊的影子，看到他们各自的追随者一直在捍卫着这两种截然不同的理念。

纽约有许多鲜明的特色，其中一个与众不同的地方是，它是美国唯一曾经被围墙包围起来的大城市。

17世纪50年代，建成尚不足30年的新阿姆斯特丹[1]的港口已经非常繁荣。它是世界上最大的也是最优良的天然海港之一，同时也是荷

1. 即后来的纽约。——译者注

兰人对外贸易的窗口，其繁荣使得在新英格兰地区[1]的英国殖民者都对它垂涎三尺，1652年爆发的首次英荷大战更是威胁着新阿姆斯特丹的未来。

荷兰人早年在纽约为防御英国人入侵而修建的"墙"。它的存在并没有实现保护纽约的初衷，但墙边的一条街道（"墙街"，Wall Street，音译为"华尔街"）却成了华尔街名字的起源。

这块殖民地的荷兰统治者彼得·斯特文森[2]市长曾经是一名军人，并习惯以军人的方式思考问题，由于担心新英格兰会从陆路进攻，斯特文森决定在城市的北部建立一道防御城墙。他从当地商人的手中借了6 000荷兰盾，并命令每一个有劳动能力的人都要帮助建造城墙。墙用圆木建成，每根圆木长约16英尺（约5米，3英尺约合1米），其

1. 指美国现在的马萨诸塞州、缅因州等地，是英国移民早期活动的地方，故称"新英格兰地区"，在现在纽约市的北方。——译者注
2. 彼得·斯特文森（Peter Stuyvesant，1592?—1672年），荷兰殖民统治者，他是新阿姆斯特丹最后一位荷兰统治者（1646—1664年），因为残酷的统治而不受人们欢迎，于1664年被迫将该殖民地拱手让给英国。——译者注

中 1/4 埋于地下，顶部被削尖。该墙东起当时临海的珍珠街，西至今天的三一教堂，全长 2 340 英尺（约 713 米）。教堂的西侧邻近哈德逊河畔[1]陡峭的悬崖，是一道天然的屏障。城墙设有两个大门，一个建在东河口，是船只卸货的地方；另一个建在与百老汇街的交会口，是向北的主要陆地通道。

当斯特文森将修筑城墙的预算单呈给刚刚成立的市政委员会（成立于 1653 年 2 月 2 日）要求其拨款时，委员会犹豫不决。那些刚被任命的自以为是的委员认为，筑墙的费用应由该殖民地的所有者荷兰西印度公司[2]（Dutch West India Company）负担，而不应由市政委员会支付。直到斯特文森同意上缴酒税作为补偿后，委员会才批准了市长筑墙的预算。

但斯特文森犯了一个常见的军事错误，他的新阿姆斯特丹防御方案忽略了海上的威胁。1664 年，一支英国舰队从南边驶向这个港口，将全城置于炮火之下，从火力上完全压倒了港口处的新阿姆斯特丹守军，斯特文森所担心和防范的陆路入侵最终也没有发生。

斯特文森丝毫不为所动，准备誓死守城。但是城里的商人，包括他自己的儿子，却不是这样想的。他们联名写了一份请愿书，恳求市长开门投降，以免城堡和他们的财富都在炮火中毁于一旦。斯特文森

1. 哈德逊河（Hudson River），发源于美国纽约东北的安迪朗达克山脉中的一条河，向南流经约 507 公里，至纽约市附近的纽约北湾入海。——译者注
2. 16、17 世纪的欧洲人将如今的印度、东南亚等国家称为“东印度”，而将现在的美洲、加勒比海一带称为“西印度”。而荷兰西印度公司是一个跨国殖民贸易公司，主要进行奴隶、贵金属、烟草、糖贸易，以及海盗、殖民活动，主要活动范围包括西非，整个美洲和大西洋北方。成立之初只是为了打破西班牙及葡萄牙对西方贸易权的垄断，以及将对西战争的压力从本土转移到泛大西洋地区。在 17 世纪初期到 18 世纪曾对整个西半球的贸易、殖民、海盗等各方面拥有巨大的影响力。——译者注

最终被迫同意了他们的请愿。第二天，他所深爱着的新阿姆斯特丹被命名为新约克郡（New York，简称纽约），作为生日礼物献给了约克公爵（英王查理二世的弟弟及继承人）。

斯特文森雕像矗立于纽约 23 街和第二大道交界处的斯特文森广场，人们以此纪念新阿姆斯特丹即后来的纽约的第一任市长。（译者摄于 2017 年）

斯特文森留在了纽约，一直生活在远离城市的北方庄园里，[1] 直到 1672 年去世。他的庄园南北贯穿今天的第 5 街到第 17 街，东西横跨公园大道到东河，这个巨大的庄园足以使他的后裔到 19 世纪依然富有。

1. 这个时期的纽约市区很小，所以斯特文森的庄园被称为“远离城市”，如今斯特文森庄园所在的地区早就成为纽约曼哈顿市区的组成部分。——译者注

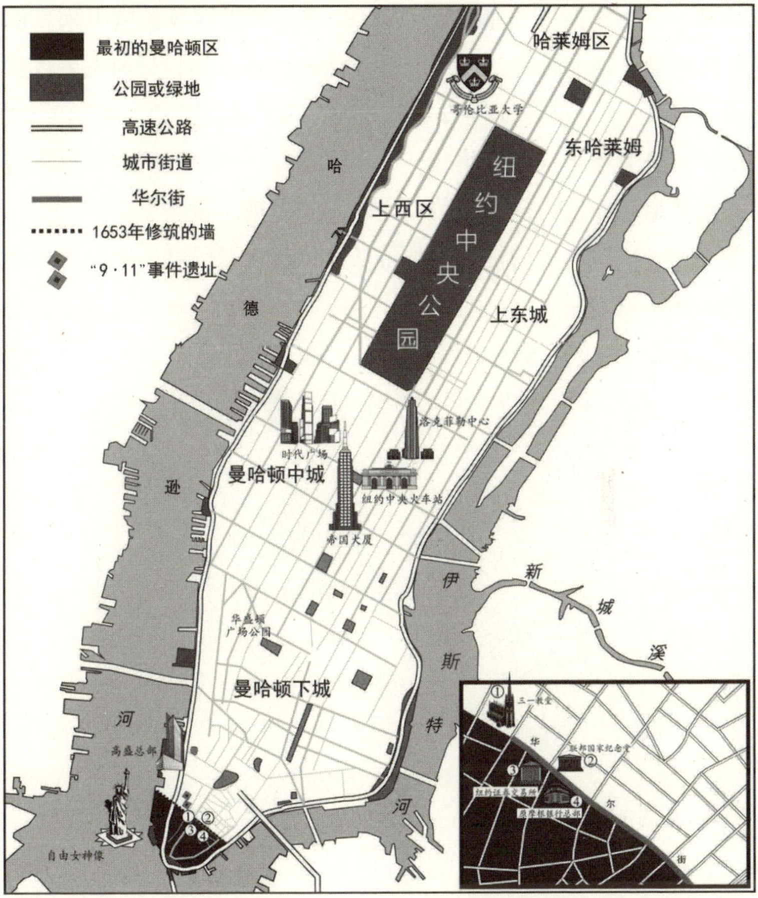

华尔街位于曼哈顿下城，图中的深灰色区域，其上方的边界线即华尔街。历经 300 多年的发展，这条只有 8 个街区长的街道已经成为美国金融业的代名词，曼哈顿的商业区也不断向北扩展，最终纽约成为世界上最大的金融中心。（译者根据公开资料整理）

那道城墙此时已毫无意义，它很快就荒废了，并于 1698 年被拆除。这一年，最早的三一教堂（Trinity Church）开始修建，它就建于该墙的西端。如果到此为止的话，那道墙也不过是历史中一个微不足道的脚注。但是紧接着墙后的一块 30 米长的空地被保留下来，以用于军队调动，因此那里当时不允许建任何建筑。随着交通发展逐步成为曼哈顿[1]的一个难题（直到今天，纽约的交通依然是个难题），这块空地不可避免地很快被改建成一个十字路口，而紧挨围墙的这条街也顺其自然地被命名为“墙街”[2]，也就是华尔街。这条小小的街道，得益于一个与荷兰有关的传统，并将从这里起步，最终发展成为世界上最著名的街道之一。

1800 年的纽约曼哈顿地图。

这个传统就是纽约继承自荷兰人的商业精神。早在 17 世纪初期，荷兰人就发明了现代资本主义制度。尽管资本主义制度的许多基本概念最早出现在意大利文艺复兴时期，但荷兰人，尤其是阿姆斯特丹市民，才是现代资本主义制度的真正创造者。他们将银行、证券交易所、

1. 曼哈顿（Manhattan）是美国纽约市 5 个行政区之中人口最稠密的一个，也是最小的一个行政区。——译者注
2. 墙街（Wall Street），Wall 在英文中是墙的意思，音译为华尔，Street 是街的意思。——译者注

信用、保险和有限责任公司有机地统一成一个相互贯通的金融和商业体系。由此带来爆炸式的财富增长，使荷兰这个小国短暂地跻身欧洲一流强国。

荷兰人发明了最早的操纵股市的技术，例如卖空（short-selling，指卖出自己并不拥有的股票，希望在股价下跌后购回以赚取差价）、空头袭击（bear raid，指内部人合谋卖空股票，直到其他股票拥有者恐慌并全部卖出自己的股票导致股价下跌，内部人得以低价购回股票以平仓来获利）、对敲（syndicate，指一群合谋者在他们之间对倒股票来操纵股价），以及操纵市场（corner，也称杀空或坐庄某一只股票，或囤积某一种商品，指个人或集团秘密买断某种股票或商品的全部流通供应量，逼迫任何需要购买这种股票或商品的其他买家不得不在被操纵的价位上购买）。

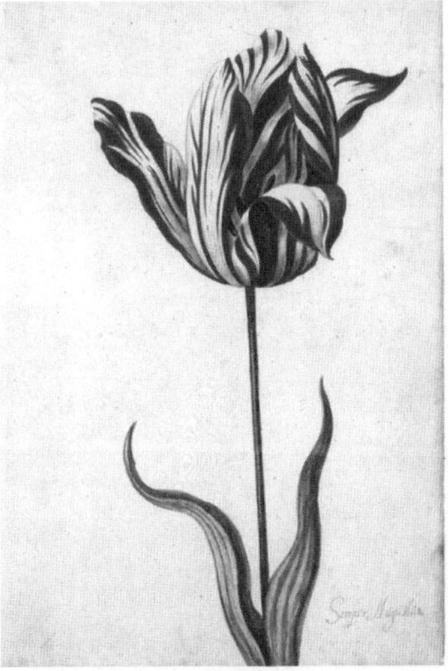

图为郁金香泡沫时期荷兰只有两株的稀有郁金香品种 Semper Augustus（意为“伟大的皇帝”），单株售价高达 4 600 弗罗林，约等于 38 头公牛的价格。（译者根据公开资料整理）

同样也是在荷兰，曾经爆发了“郁金香泡沫”（Tulip mania），这是人类历史上第一次有记载的金融泡沫。16 世纪中期，郁金香被从土耳其引入西欧，迅速引发了人们的狂热追捧。到 17 世纪初期，一些郁金香珍品被卖到了不同寻常的高价，而富人们也竞相在他们的花园中展示最新鲜和最稀有的品种。到 17 世纪 30 年代初期，这一时尚导致了一场经典的投机狂热。人们购买郁金香已经不再是为了其内在的价值或作为观赏之用，而是期望其价格能无限上涨并因此获利（这种总是期望有人愿意出价更高的想法，长期以来被称为投资的博傻理论[1])。

荷兰鲜花市场与资源配置

在荷兰的阿姆斯特丹，有一个全欧洲最大的鲜花交易市场。每天上午，欧洲各地生产的鲜花被源源不断地运到这里。下午，通过“荷兰式拍卖”，所有鲜花的价格都被确定；然后，这些鲜花被迅速地分装、打包，运往世界各地。第二天，不论是伦敦、纽约，还是东京，或是世界上其他任何一个主要城市，从阿姆斯特丹运来的鲜花，都会在这些处于不同时区的都市的清晨，不约而同地准时在街头出现。

是谁将鲜花准确无误地送到了这些城市？

是市场，是“无形的手”，是鲜花市场的参与者们在追逐自己利益的同时，将这些鲜花送到了需要它们的地方。鲜花如此，资本亦如此。怎样将一个社会的金融资源送到需要这些资源的地方？需要依靠一个高效的资本市场。

而同时，我们需要“有形的手”发挥作用，需要政府在鲜花市场和航运市场的交易中维持秩序和公平，确保鲜花不会在街上被人抢劫。在资本市场上，政府的监管同样不可或缺。

1. 博傻（Theory of Greater Fool）是指在高价位买进股票，等行情上涨到有利可图时迅速卖出，这种操作策略通常被市场称为“傻瓜赢傻瓜”，所以只能在股市处于上升行情中适用。从理论上讲，博傻也有其合理的一面，博傻策略是高价之上还有高价，其游戏规则就像接力棒，只要不是接最后一棒都有利可图，只有接到最后一棒者倒霉。——译者注

也就是说，我们应该让市场在资源配置中发挥决定性作用，同时更好地发挥政府的作用。“无形的手”配置资源，“有形的手”维护市场秩序，做社会的“守夜人”，同时不断改进监管，优化市场基础设施，提高市场效率，帮助市场更好地配置资源。（译者根据公开资料整理）

位于荷兰阿姆斯特丹附近的阿斯米尔（Aalsmeer）鲜花交易市场拍卖大厅。该鲜花交易市场几乎有 200 个足球场大，每天，有约 2 000 万株玫瑰、郁金香、菊花等花卉绿植在此交易，年交易额约为 20 亿欧元。拍卖从凌晨 5 点开始，采用“荷兰式拍卖”，拍卖钟的指针由卖家设定的初始价格开始，逐渐向更低的价格旋转，直到有买家按下按钮，指针停止的价格即成交价——也就是该花卉在全球市场的基准价。（译者根据公开资料整理）

1635 年，一种叫 Childer 的郁金香品种的单株卖到了 1 615 弗罗林（florins，荷兰货币单位）。为让读者对 17 世纪初期荷兰的物价水平有大致了解，不妨举两个例子：17 世纪早期，在荷兰 4 头公牛只要 480 弗罗林就能买到，1 000 磅（约 454 千克）奶酪也只需 120 弗罗林。可是，郁金香的价格还是继续上涨，第二年，一株稀有品种的郁金香

（当时的荷兰全境只有两株）以4 600弗罗林的价格售出，而购买者还需要额外支付一辆崭新的马车、两匹灰马和一套完整的马具。

但顾名思义，所有的金融泡沫都极为脆弱。当人们意识到这种投机并不能创造财富，而只能转移财富时，总有人会清醒过来，这个时候，郁金香泡沫就该破灭了。当某个时刻的某个无名小卒卖出郁金香——或者更有勇气一些，卖空郁金香时，如果有其他人跟从，卖出的狂热将很快与此前购买的狂热不相上下。于是，郁金香的价格崩溃了，成千上万的人在这个万劫不复的大崩溃中倾家荡产。

阿姆斯特丹金融中心与荷兰的兴衰

阿姆斯特丹作为17世纪世界金融中心的兴起与荷兰的崛起是相辅相成的。1602年，世界上第一家证券交易所——阿姆斯特丹证券交易所即成立于此。银行、证券交易所、信用、保险和有限责任公司有机地统一成一个相互贯通的金融和商业体系。发达的金融体系为荷兰在全球的贸易和殖民扩张提供了不可或缺的资本支持，使这个地域狭小且1/4国土位于海平面以下的国家得以成为当时的世界霸主。然而，1637年“郁金香泡沫”的破灭不仅沉重打击了阿姆斯特丹交易所，更使荷兰全国的经济陷入混乱，加速了荷兰由一个强盛的殖民帝国走向衰落的步伐。17世纪下半叶，荷兰的地位受到英国有力的挑战，世界金融的中心也随即由阿姆斯特丹移向英吉利海峡彼岸的伦敦。（译者根据公开资料整理）

而北美洲哈德逊河口这块小小殖民地的创建者，正是当年演绎如此空前局面的一群人。从一开始，这块殖民地就有别于那个时期在北美洲东海岸建立起来的其他殖民地。新英格兰的清教徒[1]（Puritan）、宾夕法尼亚的教友派教徒[2]（Quakers）和马里兰的天主教徒（Catholics），都是为获得宗教自由而来到这个新大陆的。对于这些殖民者来说，他们每到一地所能想到的，也是首先要做的，就是修筑金碧辉煌的教堂和城市，建立一个其虔诚和美德为别人所追随的首善之区。

可是，当荷兰人在他们全新的殖民地开始经营的时候，他们的目的只有一个——赚钱。他们如此全神贯注地追逐财富，以至于在 17 年内都没有建造一座合乎体统的教堂。当最终修建了一座教堂时，他们将它命名为圣尼古拉斯（St. Nicholas）教堂，从此圣诞老人就成了纽约不太为人所关注的守护神。[3]

1. 指要求清除英国国教中天主教残余的改革派。“清教徒”一词于 16 世纪 60 年代开始使用，源于拉丁文的 Purus，意为清洁。清教徒的先驱者出现在玛丽一世统治后期，流亡于欧洲大陆的英国新教团体中。之后，部分移居至美洲。——译者注
2. 基督教的一个教派，又称教友派或者公谊会，是基督教新教的一个派别。该派成立于 17 世纪，创始人为乔治·福克斯。教友派教徒曾受到英国政府迫害，与清教徒一起移民到美洲，但又受到清教徒的迫害，大批教友派教徒逃离马萨诸塞州而定居在罗得岛州和宾夕法尼亚州等地。该教会坚决反对奴隶制，在美国南北战争前后的废奴运动中起过重要作用。——译者注
3. 在欧洲，圣尼古拉斯和圣诞老人（Santa Claus）是一回事。此处的意思是：荷兰人一心想赚钱，并不太在意宗教信仰，以至在修建教堂时，也只是用圣诞老人作为他们的神来敷衍了事。——译者注

荷兰的东印度公司和西印度公司

1602年，极富商业头脑和冒险精神的荷兰人为了开辟前往东方的航线，成立了世界上第一家向公众发行股票融资的公司——联合东印度公司，以筹集远洋航行所需的大量资金。荷兰东印度公司募集到的资本金是一年前率先起步的英国东印度公司的10倍以上。此后，这家跨国公司存续了近200年，被荷兰国会赋予贸易垄断、建立殖民地、夺取外国船只等诸多特权，赚得盆满钵满，每年给股东派息高达约18%。1621年，荷兰政府又成立了西印度公司，旨在开拓美洲殖民地。1622年荷兰获得哈德逊河口的曼哈顿岛，建立新阿姆斯特丹，即后来的纽约。1624年，西印度公司在曼哈顿建立了第一个长期代表机构。股份制公司和金融的发展把荷兰的社会闲散资金集聚起来，使得当时风险极高的海外开拓和贸易紧密联系成为可能，这也是荷兰这么一个地理上的小国得以称霸海上的重要原因。（译者根据公开资料整理）

纽约这种独特的文化渊源和气质，使得它一开始就与其他殖民领地的关系很紧张。即使随后纽约向北的扩张止于市政公园旁的圣保罗教堂，极其憎恶纽约的托马斯·杰斐逊[1]也还是把纽约称作“人性堕落的大阴沟”。这种紧张关系即使到了今天也依稀存在。对美国的其他地方而言，纽约经常是邪恶与危险的象征。而对纽约人来说，这个国家的其他地方充斥着自命不凡的卫道士，最重要的是，他们都装模

1. 托马斯·杰斐逊（Thomas Jefferson, 1743—1826年），美国第三任总统。他曾起草《独立宣言》，并创办了弗吉尼亚大学，是美国历史上的政治理论家、教育家和建筑师。——译者注

作样，非常无聊。

刚开始，荷兰人非常成功。许多新的殖民地是由专门成立的股份有限公司（即现代企业的前身）建立的，但很快这些公司都破产了，他们建立的殖民地也被王室接管。而荷兰西印度公司却通过蔗糖和奴隶贸易大发横财，已经站稳了脚跟。公司只花了 2 万荷兰盾就建立了新阿姆斯特丹这块殖民地，而从新阿姆斯特丹运回的第一船毛皮就价值 4.5 万荷兰盾，投资回报率是 125%。

荷兰西印度公司的暴利时代并没有持续多久，这主要归功于往往表现得很无能的政府——纽约从它的荷兰祖先那里继承下来的一个不够幸运的遗产，但是殖民地的居民却比该公司的命运好得多。新阿姆斯特丹，这块由已经学会一心经商与和平共处（live and let live）的荷兰人建立起来的纯商业领地，很快就具备了一个世界性都市的特质。当彼得·斯特文森市长——一个荷兰改革教会[1]（Dutch Reform Church）的虔诚会员试图将定居在新阿姆斯特丹的犹太人和教友派信徒驱逐出境的时候，西印度公司直截了当地告诉他不要多管闲事，好让犹太人和教友派信徒好好做自己的营生。17 世纪 40 年代，一个法国牧师来到这个人口不到 1 000 人的小镇，发现街上的人说着 18 种以上的语言，他们到这里来的目的只有一个——赚钱。很快，除了毛皮，各种各样的物品，例如面粉、奴隶、木材和无数其他商品，都开始在曼哈顿进行交易。而这里的商人已经和欧洲的市场密不可分了。很快，他们又开始在地中海、西印度群岛甚至印度洋等更大的范围内寻找低买高卖的机会。

因此，当该城市被英国人接管时，纽约的市民仍旧保持着他们那

1. 这一教派是新教三大宗加尔文宗在荷兰的教派，后来成为荷兰的国教，并流传至北美、南非、亚洲、南美等地。——译者注

种一贯只对金钱感兴趣的传统，也就很快适应了英国的统治和法律。到了今天，除了一些荷兰语地名，比如布鲁克林（Brooklyn），一些荷兰语单词，比如小甜饼（cookie），以及一些荷兰语人名，如罗斯福以外，荷兰人在哈德逊河畔40年的历史似乎没有留下什么痕迹。但实际上并非如此，因为他们留下了荷兰人的商业精神。

这幅油画描绘了13世纪下半叶马可·波罗从威尼斯出发前往中国的情景，他在游记中刻画的富庶东方成为欧洲诸国海外贸易和殖民的巨大诱惑。进入14世纪，文艺复兴运动兴起，资本主义萌芽开始在威尼斯、佛罗伦萨等地首先出现。（译者根据公开资料整理）

今天，在纽约这个超级大都市的深处，那个小小的、吵吵嚷嚷的、每个人都忙着做生意的新阿姆斯特丹的影子仍无处不在，正如在每个人身上都可以依稀看到他的孩提时代一样。而赚钱本身，不论是正大光明地，还是不择手段地，依然是这个城市的至爱。

* * *

这种商业精神早在1666年就已经非常明显了。那是在英国人取得控制后的第二年，弗雷德里克·菲利普斯通过囤积贝壳串珠（北美印第安人用作货币和装饰品），策划了北美洲历史上第一起金融操纵案。

贝壳串珠（Wampum）是北美印第安部落用于以物易物、记录历史的重要媒介，往往以线绳串联或者编织到毛皮上。欧洲殖民者提高了生产贝壳串珠的效率，进而诱发通货膨胀，最终导致这种原始的“货币”停止流通。（译者根据公开资料整理）

菲利普斯1626年出生于荷兰，1647年随其父迁到新阿姆斯特丹，曾是木工学徒的他参与过建造斯特文森下令修建的城墙。但是菲利普斯从事木匠工作的时间并不长，相反，他选择了一条通向财富的捷径：和一个有钱的寡妇结婚。用妻子的财力武装自己的菲利普斯开始和当地的印第安人、西印度群岛人以及荷兰人交易各种各样的商品，他很快就表现出了敏锐的市场嗅觉。

那时印第安人生产的毛皮是当地殖民地经济中最赚钱的商品，但他们不愿意毛皮的购买者付给他们金币或银币。尽管这些金币或银币被欧洲人视为至宝，但印第安人对它们一无所知，认为它们一钱不值，因此在交易中，印第安人要求欧洲人用“真正的钱”——贝壳串珠来支付。贝壳串珠的原材料取自北美东部河流和湖泊中盛产的一种淡水蚌，制作时取出里面的小珠，用复杂的手法将其编成串状。

1650年，6颗白色珠子或者3颗黑色珠子值1个斯图弗（Stuiver，荷兰货币单位，1斯图弗等于1/20荷兰盾，大约相当于5美分）。对荷兰商人来说，不幸的是，通货膨胀开始了，到1659年16颗白色珠子才值 1 斯图弗。不仅毛皮的价格因为通货膨胀而一路飙升，而且这也搅乱了殖民者和印第安人以贝壳串珠为介质的日常交易，严重破坏了当地的经济。斯特文森试图用政府通常采用的方法——价格控制来解决这个问题，而他也得到了这种方法通常得到的结果：市场无视这种价格控制。这时候，菲利普斯开始买进贝壳串珠，并囤积起来。他把贝壳串珠装在桶里埋在地下，以减少贝壳串珠的流通量。几周之内，他就控制了串珠市场，成功地抬高了串珠的价格。1666 年，3 颗白色珠子就相当于 1 斯图弗。

中央银行的概念直到 17 世纪末期才形成［英格兰银行（Bank of England）于 1694 年建立］。可是菲利普斯早在此前 30 多年就通过囤积贝壳串珠而像中央银行那样实现了对货币供应量的控制，并借此为自己获得了不菲的利润。之后，他又和第二位有钱的寡妇结了婚，以此成为纽约最富有的人，从事贸易的范围远达东印度群岛和马达加斯加。

至于贝壳串珠，一直到美国独立战争前还被当成一种常用货币。后来，有一种可以廉价仿制贝壳串珠的机器被发明出来，将贝壳串珠的价值彻底摧毁。

这种一心经商与和平共处的生活态度并没有让纽约变得易于管理，过去如此，现在也如此。纽约的市民一向爱闹事，他们甚至曾经绞死过州长雅各布 · 雷斯勒[1]，这在北美殖民地绝无仅有。1651 年首次通过

1. 雅各布 · 雷斯勒（1640—1691 年），新阿姆斯特丹的德国殖民者，通过毛皮和烟草贸易致富。趁着英国光荣革命自顾不暇之际，1689 年纽约州爆发起义，雷斯勒成为该州的实际掌权者。1691 年，雷斯勒向英王新任命的纽约州总督投降，最终被处以绞刑。——译者注

的《航海条例》[1]（The Navigation Acts）是北美殖民地完全为英国利益服务的保证——条例禁止在北美发展大部分制造业，并要求外来商品必须经由英国控制的港口运输（因此也必须缴纳英国关税）。但是这个法案被执行的力度从一开始就强弱不一，在实际生活中，人们通过行贿，抑或通过偷偷在纽约港无数的小港湾和出海口卸货来逃避关税。于是，这块殖民地日渐繁荣起来。

到斯特文森的城墙被拆除的时候，曼哈顿人口已达 4 937 人（根据北美洲的首次人口普查结果）。大部分人居住在该岛的南端，华尔街那时还是曼哈顿的北城。[2]随着在宽街和华尔街交界处建立起三一教堂和在 1700 年建立起第二座市政大厅，曼哈顿岛的西端成了一个时尚住宅区。

那时，只有在华尔街的东端，靠近珍珠街的岸边，才是华尔街的商业区。首先在这里定期进行的大规模商业活动是奴隶贸易。纽约州是唯一一个有大量奴隶的北方殖民地（1698 年，奴隶占曼哈顿人口的 14%），同时也是一个奴隶贸易中心，奴隶从这里被运往南方的弗吉尼亚和北卡罗来纳。

1. 指 1651 年 10 月，克伦威尔领导的英吉利共和国议会通过的第一个保护英国本土航海贸易垄断的法案。那以后，该法案不断修改完善，为此还引发了与海上强国荷兰的战争。但是航海条例也限制了英国殖民地经济的发展，最后成为美国独立战争的发生背景之一。主要内容包括以下 4 个方面：1. 只有英国或其殖民地所拥有、制造的船只可以运装英国殖民地的货物；2. 政府指定某些殖民地产品只准许贩运到英国本土或其他英国殖民地，包括烟草、糖、棉花、靛青、毛皮等；3. 其他国家制造的产品，必须经由英国本土，而不能直接运销殖民地；4. 限制殖民地生产与英国本土竞争的产品，如纺织品等。——译者注
2. 曼哈顿岛（纽约市最重要的商业和居民区）早期的商业区很小，集中在岛的南端。——译者注

苏格兰人约翰·劳（John Law）。1716年，约翰·劳在法国国王路易十五以及法国政府授权下建立了带有中央银行性质的法国通用私人银行。凭借政府的支持以及银行的资本金，他建立了一系列相当成功的公司，包括密西西比公司。该公司垄断了殖民地密西西比、路易斯安那地区与法国之间的贸易及矿产开采权。通过虚假宣传，密西西比公司的股票获得了法国民众和权贵的追捧，股价疯涨。为了维持股价、支付股息，约翰·劳利用通用私人银行的货币发行权印刷了大量的纸币，酿成恶性通货膨胀，最终泡沫破灭、股价暴跌，劳不得不仓皇逃离法国。（译者根据公开资料整理）

殖民者发现小麦能在哈德逊河流域生长，于是谷物与毛皮、奴隶一样也成了纽约的经济支柱。大部分谷物被加工成面粉和饼干，出口到西印度群岛以换取糖浆和朗姆酒。纽约市的市徽上不只有一只海狸[1]，还有一个面粉桶，面粉对于这座城市的重要性可见一斑。纽约也

1. 海狸皮是早期北美毛皮贸易的主要品种。大约从16世纪开始，欧洲的消费时尚出现了变化，用海狸毛皮制作的毡帽成为欧洲上流社会追逐的新宠。在欧洲人来到北美之前，北美估计有1 000万只海狸，白人殖民者从土著那里以低廉的成本交换毛皮，运到欧洲加工后，一张海狸皮至少可以增值1 000%，有时甚至可以获得200倍以上的利润。在17—18世纪的时候，一张好的海狸皮可以在欧洲市场上卖到90先令，相当于2005年的400英镑左右。——译者注

出口鲸鱼油和烟草到英格兰，以换取在殖民地不能生产的商品。

纽约成为一个繁忙的港口一点儿都不奇怪。纽约港拥有无与伦比的自然条件，它有长达数英里的海岸线，水位很深，船只很容易通过纳罗斯海峡[1]进入广阔的外海。此外，新泽西的两条河拉里坦河和哈肯赛克河、纽约的哈德逊河和长岛海峡像漏斗一样将无数船只汇向纽约。1699年，英国驻美总督贝雷蒙特爵士将纽约称为“美洲发展最快的城市”，不过这种说法多少有一点儿夸张。在17世纪和18世纪，出海的船只仍然很小，它们可以利用纽约地区其他很多小海港，如长岛上的牡蛎湾和南安普敦港，还有哈德逊河上的小镇，如彼克斯基（Peekskill），这些小镇如今已经没有人再把它们当港口了。

此外，费城在1680年建立后没多久，就拥有了比纽约更多的人口，并且成为富庶的宾夕法尼亚领地唯一的港口。同时，波士顿是人口稠密的新英格兰地区的港口，查尔斯顿[2]港口也靠出口大量的大米和靛蓝（一种染料）而繁荣。因此到殖民时代的后期，纽约人尽管在商业上野心勃勃，但其在殖民地所有的港口中只排名第四。1770年，费城进口商品4.7万吨，波士顿进口了3.8万吨，查尔斯顿进口了2.7万吨，而纽约那一年仅仅进口了2.5万吨商品。

尽管此时纽约已经成为一个商业逐渐繁荣的活跃港口，但它还不是一个金融中心。在18世纪，北美殖民地经济呈现跨越式发展（因而英国政府极欲对其征税，随后引发了一系列事件并最终引爆了美国独立战争），其生铁出口占世界总量的1/7，并拥有世界上第二大商业船队，仅次于英国。但是，从很多方面看，它还是一个较为原始的经济体。例如，受英国政府的禁令所限，此时的殖民地还没有银行，自

1. 纳罗斯海峡（Narrows），纽约东南的一个海峡，介于布鲁克林和纽约市的斯塔滕岛之间，连接纽约湾的上端和下端。——译者注
2. 查尔斯顿（Charleston），美国南卡罗来纳州东南一城市。——译者注

然也没有真正意义上的货币供应，只有贝壳串珠在一些地区作为货币流通。

在殖民地很难见到英格兰银行发行的纸币，也很少有任何英国的铸币流通。此时殖民地所谓的货币供应实际上是一个大杂烩，包括其他国家的硬币、殖民政府发行的纸币，以及一些临时被用作货币的东西，例如烟草公司的收条——这在殖民地南部地区被广泛使用。最常见的铸币是西班牙的里亚尔银币（Spanish real），它经常被切成 2 块、4 块、8 块来找零钱。这就是为什么直到今天，美元 25 美分（a quarter）被叫作 2 个 12.5 美分（two bits[1]），纽约证券交易所还是以 1 美元的 1/8 为最小单位来报价，而不是 1/10。然而，美国独立战争摧毁了纽约作为主要港口和商业中心的地位。在战争期间，纽约是唯一被敌军占领长达 7 年之久的城市（在现代战争史上，的确还没有什么别的城市被敌军占领这么长的时间）。那些爱国商人没有别的选择，只能抛家舍业离开纽约。而那些留下来继续和英国人做生意的亲英商人，则在 1783 年 11 月 25 日（该日随后成为纽约一个主要节日）美国人重新收复纽约时被逐出了纽约。

纽约城市面貌的损毁与其商业实力上的损失同样惨重。在英军占领期间，两场大火席卷了纽约城。第一场发生在 1776 年 9 月 21 日，大火从宽街的东端烧起，毫无阻拦地燃烧到曼哈顿岛的西端，将大约 1/3 的繁华地区烧成一片废墟。无数的商业建筑被烧毁，同时被毁的还有 493 幢房子和第一座三一教堂，其在此后的 15 年内都是一片黑色的废墟。第二场大火发生于 1778 年 8 月 3 日，克鲁格斯码头（东河边繁华的商业区）烧毁的大楼比第一次还多 64 幢。总的来看，在独

1. “bit”意为西班牙小银圆，如今在美国、加拿大的口语中代表 12.5 美分。——译者注

立战争的动荡中，纽约的人口减少了一大半，国内生产总值（尽管那时还没有这个统计概念）也至少缩水了一半。但战争刚一结束，英国人离开后，纽约就以令人吃惊的速度迅速恢复。随着老居民重归家园，其宽容、重商的社会氛围也吸引了很多新居民。其中就包括来自德国莱茵兰[1]华尔道夫（Waldorf）地区、年仅21岁的约翰·雅克布·阿斯特[2]，其于1784年到达纽约。仅仅用了4年的时间，纽约的人口就恢复到了战前的水平。新英格兰地区的人们也离开他们的小镇，源源不断地迁徙到开放的纽约，而不是乏味、自满的波士顿。1790年，首次全美范围的人口普查表明，纽约的人口已经超过了费城。

这些新迁徙来的人继承了纽约作为一个移民城市的传统，这一传统延续至今。但是18世纪纽约移民中最著名的人物已于1772年先一步来到了纽约，他就是亚历山大·汉密尔顿[3]，他对纽约后来成为商业和金融的中心产生了最深远的影响。

* * *

在美国的开国元勋中，汉密尔顿在许多方面是独一无二的。他在英属西印度群岛的内维斯岛出生，是唯一一个不在美国本土出生的开国元勋。而且，除了那时已经备受世人尊敬的本杰明·富兰克林[4]

1. 莱茵兰，也称“莱茵河左岸地带”，包括今天德国的北莱茵-威斯特法伦州、莱茵兰-普法尔茨州。——译者注
2. 德裔美国皮毛业大亨及财经专家，1848年去世时的遗产有2 000万美元，是那个时代的美国首富，其家族在美国历史上最富有的家族中排名第四（排名标准是其个人财富占美国当时GDP的比例），后曾拥有纽约著名的华尔道夫酒店。——译者注
3. 亚历山大·汉密尔顿（1755—1804年），美国的开国元勋之一，《宪法》的起草人之一，美国的第一任财政部部长。——译者注
4. 本杰明·富兰克林（1706—1790年），18世纪美国最伟大的科学家，著名的政治家和文学家。——译者注

外，他是另外一个出生于平民之家的显要人物。事实上，用约翰·亚当斯[1]也许并不完全准确却令人难忘的话来说，汉密尔顿是个“苏格兰小贩的私生子”。

汉密尔顿确实是一个私生子，但他的父亲并不是一个小贩，而是一个平庸的商人，而且是凯布斯克斯[2]领主的小儿子。因此，汉密尔顿的家族比亚当斯的家族还要久远和显赫得多。但是汉密尔顿的父亲很快就遗弃了他的情妇和她的两个儿子，汉密尔顿的母亲只好在圣克罗伊（当时属于丹麦维尔京群岛的一部分）开了一个小店养家糊口。

10 美元钞票上亚历山大·汉密尔顿的头像（左图）。音乐剧《汉密尔顿》（右图）以嘻哈风格阐释了汉密尔顿充满戏剧色彩的一生，自 2015 年亮相百老汇之后，得到媒体、白宫和公众的交口称赞，被《纽约时报》称为“值得人们变卖房产、抵押孩子买票来看”的神作，接连斩获普利策、格莱美、托尼等多项大奖。该剧影响如此之大，以至于有消息称美国财政部因此暂停了将汉密尔顿头像从 10 美元钞票撤下的计划。该剧使得公众有机会重新认识汉密尔顿在开国之初对于美国财政金融体系建立以及纽约最终能够成为全美乃至全球金融中心的卓越贡献。（译者根据公开资料整理）

汉密尔顿在 9 岁的时候就开始为一个叫尼古拉斯·克鲁格的纽约商人工作，后者在圣克罗伊经营了一家商栈。汉密尔顿极高的天分和

1. 约翰·亚当斯（1744—1818 年），美国第一位副总统及第二任总统（1797—1801 年），《独立宣言》的起草者及美国宪法的设计完成者。——译者注
2. 凯布斯克斯（Cambuskeith），苏格兰一地名。——译者注

远大的理想给克鲁格留下了异常深刻的印象。当克鲁格因为健康原因返回纽约时，他让年仅 13 岁的汉密尔顿管理他的商栈。两年后，他资助汉密尔顿前往纽约，汉密尔顿的余生都将在此度过。

汉密尔顿在国王学院（现在的哥伦比亚大学）学习法律，并在独立战争期间成为乔治·华盛顿的幕僚。当华盛顿成为美国总统时，他请汉密尔顿担任财政部部长，处理新联邦政府最紧迫的问题：混乱的财政和金融状况。汉密尔顿不仅做到了，且用时之短令人惊叹。

美国第一任总统乔治·华盛顿。为了缅怀他，美国首都取名华盛顿，还建造了华盛顿纪念碑，并规定周围的建筑高度不得高于该纪念碑。碑内壁刻有当时各国及美国各州赠送的碑文，其中包括中国福建巡抚徐继畲在《瀛寰志略》里的评价——盛赞华盛顿“创古今未有之局”，为西方世界第一人。（译者根据公开资料整理）

当时大陆会议[1]能从法国和荷兰借款，并从这些国家购买武器，但它却不能在国内发行足够的国债来筹资以支援战争。他们没有办法，只有求助于硬性贷款，签发借据强制征用各种物资，并发行法币[2]，也就是所谓的“大陆币”。法币之所以成为钱仅仅是因为政府说它是钱而已，像所有的法币一样，大陆币也引发了严重的通货膨胀。在短短的几年内，国会不得不将以前发行的纸币重新定值（只有原有面值的2.5%）。在之后的100多年里，美国人都习惯用“一个大陆币都不值”[3]来形容毫无价值的事物。

即使在战争期间（那时纽约仍被英军占领），在纽约也存在对国债、借据以及大陆币的投机活动。投机商在咖啡屋（这种地方曾产生过许多金融机构，包括伦敦证券交易所[4]和劳合社[5]）拍卖各种证券，但这些活动只是零星和非正式的，并没有引起人们的注意。但是当汉密尔顿按照新的《宪法》重塑国家的金融架构时，如何监管证券投机活动就成了当时美国重大的政治问题之一。

汉密尔顿试图做三件事情：第一，他寻求建立一个完善的联邦税

1. 大陆会议（Continental Congress, 1774—1789年），指在美国独立战争前后成立的由13个北美殖民地组成的联邦立法机构。——译者注
2. 法币，不兑现纸币（fiat money），指由政府批准，但不能与金银进行兑换的法定货币。——译者注
3. 原文为“Not worth a continental”，意为毫无价值。——译者注
4. 1773年，英国的第一家证券交易所在伦敦柴思胡同的乔纳森咖啡馆成立，1802年，交易所获得英国政府正式批准。——译者注
5. 劳合社（Lloyd’s）是由一个名叫爱德华·劳埃德（Edward Lloyd）的英国商人于1688年在泰晤士河畔塔街所开设的咖啡馆演变发展而来的。其咖啡馆临近一些与航海有关的机构，如海关、海军部和港务局，因此这家咖啡馆就成为经营航运的船东、商人、经纪人、船长及银行高利贷者经常会晤交换信息的地方。后来，咖啡馆的79名商人每人出资100英镑，于1774年租赁皇家交易所的房屋，在劳埃德咖啡馆原业务的基础上成立了劳合社，从事保险业务。——译者注

收体系，以保证国家有一个稳定的财政来源（在此前的联邦体制下，联邦政府没有征税的权力，只能被迫向各个州要钱）；第二，他想用美国政府信用作为担保，以优厚的条件发行新的债券，去偿还旧的国债（包括国内的和国外的），以及战争期间几个州的债务；最后，他想按照英格兰银行的模式建立中央银行，以代表政府管理金融并监管国家的货币供应。

位于华盛顿的杰斐逊纪念堂。杰斐逊起草了《弗吉尼亚宗教自由法》和《独立宣言》，前者实现了政教分离，后者宣告了美国独立。他在出任美国第一任国务卿期间组建了美国国务院，总统任内从法国购买了路易斯安那，使美国领土扩大了近一倍。杰斐逊逝世于1826年7月4日，正好是《独立宣言》50周年纪念日，而他关于有限政府、个人自由和重农抑商等思想至今还在影响着美国。（译者摄于2017年）

但是，一批政治家追随他们著名的领袖杰斐逊，极力反对汉密尔顿，他们被称为“杰斐逊主义者”。杰斐逊主义者认为，那些以低价买进旧债券和其他票据的人都是投机者，不能允许他们兑换新券来获利，只有初始的债券拥有者才应该获得盈利。但这在实际中是不可操作的，因为确定这些债券最初的持有者会耗费大量的时间，而且通常是不可能的。

汉密尔顿这一偿债法案最终在国会得以通过，但是也经过了一番激烈的讨价还价，例如，为了让杰斐逊主义者接受偿还国债的方案，汉密尔顿不得不做出让步，从而使纽约失去了成为新联邦首都的机会（当然我们无法知道，如果纽约不仅是这个国家的商业、文化和金融中心，而且也是这个国家的政治中心的话，那么历史将如何演进。但有一点是毋庸置疑的：如果纽约成为首都，那么纽约本身乃至整个美国，都会和今天完全不同）。

汉密尔顿的计划开始实施后，便对新生美国的经济产生了非凡而迅速的影响，而其政治对手对他的敌意对美国发展格局的影响也延续至今。事实上，整个美国政治史基本上可以被看作汉密尔顿主义者和杰斐逊主义者之间一场旷日持久的斗争。由于华尔街成为美国的金融中心，在很大程度上，华尔街一直被杰斐逊主义者及其后来的追随者（从安德鲁·杰克逊[1]、威廉·詹宁斯·布赖恩[2]到拉尔夫·纳德[3]）认为是美国所有丑恶一面的标志。

1. 安德鲁·杰克逊（Andrew Jackson，1767—1845 年），美国第七任总统（1829—1837 年）。杰克逊是美国历史上第一位平民出身的总统。在第二次对英战争（1812 年）中，他成为举国闻名的英雄。1828 年，杰克逊脱离杰斐逊创立的“民主共和党”，创立了“民主党”。——译者注
2. 威廉·詹宁斯·布赖恩（William Jennings Bryan，1860—1925 年），美国律师，政治家。分别于 1896 年、1900 年和 1908 年竞选总统，均告失败。他在充满激情的演说《黄金十字架》中提倡白银自由流通。——译者注
3. 拉尔夫·纳德（Ralph Nader）（1934—　），美国工艺事务组织主席、律师、作家、公民活动家、现代消费者权益之父，曾催生汽车召回制度。曾 5 次参加美国总统竞选，其中最出名的是 2000 年作为绿党总统候选人赢得了 2.7% 的选票，事实上他帮助小布什战胜了艾伯特·戈尔。——译者注

汉密尔顿与杰斐逊之争及美国政党的演进

汉密尔顿与杰斐逊同为美国的开国元勋，在政治上是竞争对手，在理念上泾渭分明。美国建国初期，围绕是否要建立一个强大的中央政府，他们出现了意见分歧。以汉密尔顿为代表的联邦党人强调政府的作用，针对当时的混乱和无政府状态，建立起了税收和财政制度，他们推崇商业，鼓励制造业发展和美国从农业国向工业国的转变，也推动了早期纽约和华尔街的发展，并主张在金融市场发生危机时政府予以一定的救助，在外交上主张与英国和解。他们成立的党派被称为联邦党。以杰斐逊为代表的民主共和党人则崇尚人权、有限政府以及地方分权，他们是美国广大农场主和下层群众利益的代言人，主张重农抑商，对华尔街和金融市场的发展持否定的态度，在外交上亲法仇英。从长远来看，汉密尔顿对美国的经济制度影响深远，而杰斐逊则更多地影响了美国的政治理念。

汉密尔顿和杰斐逊的追随者开启了美国随后200多年旷日持久的党争。联邦党原本占据上风，但随着1800年杰斐逊当选美国第三任总统、1804年汉密尔顿在决斗中身亡和1812年爆发第二次美英战争，联邦党逐渐走向消亡。与此同时，失去对手的民主共和党也走向分裂，一派以安德鲁·杰克逊为首，于1828年创立民主党，即今天美国民主党的前身；另一派则创立了国家共和党，即当今美国共和党的前身。近代的民主党和共和党，分别成为劳工阶层和资本拥有者的利益代言人。在2016年的美国大选中，特朗普作为共和党候选人参选并赢得胜利，但他也挑战了民主党和共和党的精英阶层，自称反对既得利益集团的“反建制派”，并被英国《经济学人》称为“白宫里的叛乱者”。应该说，正如早期汉密尔顿和杰斐逊之争主要反映了当时以新兴工业和工商阶层为代表的城市群体与以种植园主为代表的乡村群体的利益矛盾，美国200多年来的历次党争和大选归根结底反映的都是当时社会的主要矛盾和主要利益群体的不同诉求。（译者根据公开资料整理）

不过那是后来的事情了。对18世纪90年代的美国来说，重要的是，汉密尔顿的计划直接带来了美国经济的繁荣。18世纪80年代的美国处于金融混乱之中，有点儿像20世纪90年代的俄罗斯，但是到了1794年，美国已经在欧洲市场获得了最高的信用等级，它的债券能够以10%的溢价出售。塔列朗（他很快就将成为法兰西的外交部部长，但此刻正在北美流亡）解释了这一现象。他说，这些新债券“安全且不会下跌。它们以非常稳健的方式在市场发行，而这个国家的经济正在以一日千里的速度发展，没有人会怀疑它的偿付能力”。

到18世纪90年代，尽管费城的发展速度远远低于纽约，但它依然是那时美国的金融中心。美国的第一家银行北美银行（Bank of North America）是在费城成立的；1790年费城证券交易所（Philadelphia Stock Exchange）成立，成为美国的第一家证券交易所。而且由于华盛顿尚在建设之中，费城按计划仍将暂代美国首都十年，汉密尔顿的中央银行合众国第一银行（Bank of the United States[1]）也于1791年花落费城。

1. 这里的美国银行并非现在的Bank of America（美国银行）。——译者注

但在汉密尔顿的计划实施之后，纽约的各种金融活动也大大活跃起来，而且，纽约成为金融中心的各种要素已经具备。纽约的商业迅速发展，人口也急剧增长。整个国家和纽约地区的经济都蒸蒸日上，商人们对信贷、保险和其他金融服务的需求日渐增长。汉密尔顿在1784年成立了纽约第一家银行——纽约银行（Bank of New York）。按照汉密尔顿的计划，美国建立起了一个信誉良好的、统一的货币供应体系，币值不再像以前那样变化无常。那些熟悉金融和风险的市场投机者及经纪人开始跃跃欲试，寻求赚钱的机会。这些人已经准备好了，他们愿意也能够为一个金融市场的繁荣提供必需的流动性。从他们的荷兰先人那里传承下来的各种投机技巧，则为那些最大胆和最狡诈的纽约人做好了大发横财的一切准备。于是，一座城市、一条街道和它们注定的命运走到了一起。

同一时代的西方和东方[1]

西方	年份	东方
郁金香泡沫经济瓦解，被认为是世界上最早的泡沫经济事件	1637	
英国资产阶级革命爆发	1640	
	1644	李自成建立大顺政权，农民军攻占北京，明亡。清军入关，中国历史上的最后一个封建王朝——清朝建立
时任新阿姆斯特丹市市长的荷兰统治者彼得·斯特文森，为防备英国殖民者的入侵，在城市北部建立了一道防御木墙（Wall），即后来华尔街（Wall Street）名字的来源	1653	
	1655	清政府施行“禁海”，下令沿海省份“无许片帆入海，违者置重典”

1. 每一章后“同一时代的西方和东方”的内容均为译者所加。——译者注

（续表）

西方	年份	东方
	1661	清政府加强“禁海”，强制江、浙、闽、粤、鲁等省沿海居民分别内迁30~50里，设界防守，严禁逾越
	1662	郑成功收复台湾。1662—1796年，清朝康乾盛世，中国是当时最强大的国家，国内生产总值约占世界的1/3
英军攻占新阿姆斯特丹，将其改名为新约克郡——简称纽约，第二次英荷战争随即爆发	1664	
弗雷德里克·菲利普斯通过囤积贝壳串珠策划了北美洲历史上第一个金融操纵案	1666	
	1667	北京出现银行和票号的行业组织——银号会馆
	1681	自1638年起，历时43年，清朝在东北边界修筑起1 300余公里长的壕沟土堤，并派八旗兵巡查驻守，施行“禁边”
	1689	中俄签订《尼布楚条约》，划定两国东段边界
英格兰银行成立	1694	
俄国彼得一世开始进行经济改革，向西欧先进国家学习，大力发展工业，整顿财政税务制度	1697	
	1712	清政府规定“滋生人丁，永不加赋”，废除了新生人口的人头税
南海泡沫事件	1720	
	1723	清政府开始普遍推行“摊丁入亩”，把固定下来的丁税平均摊入田赋中，征收统一的地丁银
	1723	清朝开始正式施行“禁教”，禁止天主教传播
英国通过巫术法案，禁止宣扬巫术，终结了女巫狩猎	1735	乾隆登基，时年25岁，清朝GDP约占全球1/3

（续表）

西方	年份	东方
	1757	清政府宣布对欧洲商人封闭闽、浙、江三海关，仅保留粤海关，通过广州一处口岸进行对外贸易来往
	1762	设伊犁将军，新疆完全置于清朝中央政府控制之下
	1771	土尔扈特部脱离沙俄统治，重返中国
	1774	清政府借由编纂《四库全书》之机，开始施行“禁书”
美国独立战争爆发	1775	
英国亚当·斯密的《国民财富的性质和原因的研究》（简称《国富论》）出版	1776	
英国人瓦特制成联动式蒸汽机。	1782	
	1784	美国商船“中国皇后”号来华通商，中美关系由此开始
立宪会议在费城召开，约定美国 13 个州之间不允许设立贸易壁垒，同一时期，从法国鲁昂运送一车货物到马赛需要缴纳 50 次以上的关税	1787	
美国联邦政府成立，乔治·华盛顿宣誓就任第一任美国总统	1789	
法国爆发大革命，废除封建制，并通过《人权宣言》	1789	乾隆五十四年，清军干涉安南（越南）内乱失败

第二章

“区分好人与恶棍的界线”（1789—1807 年）

译者题注

资本市场从其诞生的第一天起就充满争议。来到市场的人形形色色，有普通的投资者，也有恶意操纵市场的庄家。和此后数百年无数的政府精英一样，汉密尔顿绞尽脑汁，试图找到一条“区分好人与恶棍的界线”。

译者导读

- 1775年4月19日，莱克星顿的一声枪响，改变了新大陆的历史航道，并由此升级为一场历时8年（1775—1783年）的独立战争，美国赢得了独立，也为经济的发展扫除了外部障碍。
- 1783年独立战争的胜利，1787年美国《宪法》的制定，1789年美国联邦政府的成立（即美国建国），使得一个新生的美国进入了欣欣向荣的历史时期。从此以后，这个新的国家不仅有了统一的政府，也有了统一的市场、统一的货币和统一的税收。
- 美国第一任财政部部长汉密尔顿大规模发行国债，直接导致了纽约资本市场的活跃，而1791年美国历史上第一只大盘蓝筹股——合众国银行的上市，则启动了这个国家第一轮股市投机狂潮。
- 资本市场的繁荣催生了第一批专业的证券经纪人，他们需要一个专用的交易场所；为了防止在门口偷听价格“搭便车”的场外交易发生，也为了防止经纪人无休止地杀低交易佣金，他们签订了著名的《梧桐树协议》（The Buttonwood Agreement）。这份协议一向被认为是纽约交易所的源头，它本质上是一个卡特尔——价格同盟，而纽约交易所的大楼要在25年之后才真正建成。
- 在美国第一次股市投机狂热中，出现了资本市场的一类典型参与者、资本市场阴暗面的代表之一——内幕交易者。当时联邦政府财政部部长助理——威廉·杜尔，是这场投机狂热中的弄潮儿，他公然利用公权力获取内幕消息进行投机，最后只得在监狱度过余生。他是此后300多年各类内幕交易者的鼻祖。

从这个时候起，华尔街和美国政府的精英就一直竭尽全力地试图找到一条分界线，来区分像杜尔这样的无赖赌徒和受人尊敬的投资者。三个多世纪以来，他们的努力得到的“充其量不过是一个喜忧参半的结果”。

杜尔的疯狂投机和迅速溃败引发了美国历史上第一次金融恐慌，汉密尔顿下令财政部购进大量联邦证券对市场进行流动性支持，他的果断行动成功地阻止了金融恐慌的蔓延，使得这次金融危机没有对美国经济造成长期的负面影响。

在这一时期，有限责任制度——现代企业制度的基石得以奠定，美国各州通过了普通公司法，这带动了新一轮的经济增长，从1792—1817年，联邦税收在25年内增长了9倍。

这是一个破旧立新、改天换地的时代，也是一个良莠不齐、泥沙俱下的时代。后来成为美国副总统的伯尔，此时正打着为纽约市民提供生活用水的幌子，骗取了建立一家银行的特许证。

伯尔是杰斐逊的忠实同党，汉密尔顿的政治对手之一，同时也是汉密尔顿的决斗对手（汉密尔顿在1804年7月与伯尔的一场决斗中身亡）。他建立的这家银行后来叫作大通曼哈顿银行，曾是全美最大的银行之一；而汉密尔顿创办的纽约银行至今仍然屹立在华尔街上，其“华尔街1号”的地址格外引人注目。汉密尔顿死后被埋葬在华尔街的三一教堂旁，与他钟爱的纽约银行隔街相望，见证着华尔街200多年来的风云变幻。

联邦大厅国家纪念馆（Federal Hall National Memorial），位于纽约市华尔街 26 号，毗邻纽约证券交易所，建于 1842 年，曾作为海关大楼，坐落在联邦大厅（Federal Hall）原址。该纪念馆是一座古希腊风格的大理石建筑，华盛顿的全身青铜雕像位于台阶下正中央。1789 年，乔治 · 华盛顿在位于此处的当时的联邦大厅宣誓就任美国第一任总统。（译者摄于 2017 年）

华尔街最初在全美闻名并不是因为金融，而是出于政治上的原因。1789 年 4 月 30 日，在位于华尔街和宽街交界处的纽约市政大厅的二层，乔治 · 华盛顿依据新的《宪法》[1] 宣誓就任美国第一任总统。作为临时的国会大厦，纽约市政大厅被重新命名为联邦大厅。在此之前，纽约市花费了 3.2 万美元对其重新装修，在其檐口和中楣上都增加了

1. 1787 年，美国当时的 13 个州召开制宪会议并通过新的《宪法》，取代了原先的邦联条例，从此联邦体制取代了更为松散的邦联体制。——译者注

很多美国标志性的装饰，如橄榄枝包围的13颗小星星和13个箭头[1]。这栋建筑在19世纪30年代被拆除，以便建造新的海关大楼，如今这座海关大楼还在，作为联邦大厅国家纪念馆对公众开放，而当时联邦大厅的所有遗迹只剩下了华盛顿宣誓时面前的一段铁栏杆，它被保留在纽约历史博物馆里。

由华尔街望向三一教堂（左图），1846年落成，由褐色砖石构成，高84米，其规模在当时的纽约前所未有；以及坐落于三一教堂庭院内的汉密尔顿的墓碑（右图）。（译者摄于2017年）

在这个蒸蒸日上的时期，联邦大厅并不是华尔街上唯一的建设项目。从这里向西一个街区，第二座三一教堂即将竣工，此时它200英尺（约61米）高的尖塔还被包裹在脚手架中，不到一年之后，它就将开始接受教徒们的顶礼膜拜，总统也将出席它的揭幕典礼。华尔街

1. 13颗小星星和13个箭头指的是美国独立时的13个州。——译者注

西端的很多住宅也都在这时拔地而起，被提名为财政部部长的亚历山大·汉密尔顿搬了过来，其官邸就在华尔街和威廉大街交界处。

华尔街上的三一教堂

三一教堂是华尔街上著名的地标建筑。1940年和1989年，美国分别有两部关于华尔街的畅销书《客户的游艇在哪里》和《说谎者的扑克牌》，这两本书的扉页都不约而同地引用了一句俚语："华尔街一端是河流，另一端是坟墓，而位于两者之间的是一个'幼儿园'。"意为华尔街的一端是东河，另一端为三一教堂及教堂庭院里的墓地，而两者之间的华尔街上数百年不断上演的很多贪婪、投机和崩溃的游戏其实是非常幼稚和可笑的。三一教堂还与一个重要的名字联系在一起，那就是汉密尔顿。教堂的对面曾是汉密尔顿的办公地，而教堂北侧的墓地是汉密尔顿的长眠之地。早年的三一教堂已毁于火灾，今天的三一教堂已经是历史上的第三座了。（译者根据公开资料整理）

随着汉密尔顿的财政方案对经济增长的快速推动，留给这些漂亮而古典的宅邸的风光日子就屈指可数了，华尔街的商业区很快挤占了这些官邸楼阁。1791年，纽约银行迁到华尔街和威廉大街街口的麦克伊文斯大楼，正对着汉密尔顿的官邸。（汉密尔顿曾帮助创建了纽约银行，但是当他就任财政部部长时，为了避免利益冲突，他卖掉了自己在纽约银行所有的股份。）

华尔街的东段一直延伸到东河，这里向来以商业而非金融业为主。由于风向的原因，出海航行的船长们都愿意在曼哈顿东边靠港，这些船只所需要的各种服务（从仓储到杂货买卖）带动这里成为纽约商业区的中心。这里很多的建筑都是两层高的小楼房，一楼是理发店、裁缝店和蜡烛店之类的小商店，而二楼则住着这些小商店的店主，还有一些房子出租给各种经纪人（broker）。

18 世纪末期，经纪人这个概念的含义要比今天宽泛得多。这个词早在 14 世纪就从法语的“brocour”引入英语，它的法语原意是：把一桶酒按杯或按瓶分装再卖出的人。在 17 世纪之前，这个词一直特指零售商和批发商，此后，它就完全被用来特指自己不直接参与生产的中间人。到这个时期，“经纪人”的含义逐渐演变为：将买方和卖方撮合在一起，并对促成的交易收取佣金的人。

今天，经纪人通常是高度专业化的人士，只从事某一种产品或一些相关产品的经纪服务，例如保险和房地产经纪人。直到近代，“经纪人”这个词才开始特指专门从事证券买卖的专业人士。而在美国刚成立的时候，纽约的“经纪人”是一个很宽泛的概念，经纪人们可以同时在很多不同的领域里撮合交易，因此，我们可以把他们称为“一般性经纪人”。在当时，经常可以看到一个经纪人在买卖证券的同时，兼营私人彩票，并为海运货物提供保险，还卖唐提式养老保险[1]（一种寿险和赌博的混合物，很久以前就被宣布为非法），并且是一家私营银行的合伙人。

此时的美国除了造船业和生铁生产以外，鲜有能够称得上具有工匠水准的制造业，所以大部分的“生意人”其实都是经纪人，但他们仅仅是当时社会中的一小部分人。在 18 世纪的美国，大部分人以农

1. 唐提式养老保险（Tontines），即联合养老金制，是一种集资办法，所有的参与者共同使用一笔基金，每当一个参股者去世，剩下的人就会得到一份增加的份额，最后一个活着的人或过了一定时间依然活着的人获得剩下的所有金额。——译者注

业为生，而住在城里的人，大部分是小店主、用人，以及律师和牧师等专职人员。

汉密尔顿的计划使市场上突然涌现大量可交易的证券，包括国债、新发行的州政府债券、新特许设立的银行发行的股票（在 1790 年只有三家州立银行，到 1800 年已有 29 家）和保险公司的股票。这些新的可交易证券大大增加了那些“一般性经纪人”的证券业务量，但此时离真正出现专门从事证券交易的经纪人还有一代人的时间。

华尔街早期街景。图中的左侧建筑就是唐提咖啡馆（Tontine Coffee House），最右侧的建筑是商人咖啡馆——《梧桐树协议》签订的地方。早在 17 世纪，咖啡馆在英国就成了人们获取资讯和分享信息的场所。第一家咖啡馆在美国的波士顿开业之后，很快风行开来，咖啡馆成了报纸的重要发行渠道和信息来源，更孕育了包括证券交易所在内的若干金融创新。在随后的岁月里，这种对资讯的渴求促成了电报、广播、电视乃至互联网的发明和普及，对美国及其资本市场的发展起到了至关重要的作用。（译者根据公开资料整理）

尽管联邦债券和州政府债券是这些新的证券经纪业务中的主流产品，但最热门的证券还是合众国银行[1]的股票，它的市值高达1 000万美元，这在当时是一个天文数字。它的规模和它作为联邦财政独家代理的垄断地位，使它在一定程度上成为美国第一只“蓝筹股”（blue-chip stock，尽管这个词本身直到多灾多难的1929年才被发明出来）。联邦政府有义务购买该银行20%的股份［汉密尔顿通过阿姆斯特丹的霍普公司（Hope and Company）[2]在欧洲发行债券筹集资金，购进了这些股票］，其余80%的股份向公众出售，但是不允许任何个人持有超过1 000股。认购者需要用黄金支付股票价格的25%，剩下的部分可以用汉密尔顿偿债方案中所发行的年利率为6%的政府债券支付。

合众国银行股票（很快被简称为“BUS”）的发行前交易[3]在1791年春就已经开始了。这一年7月初，该股票正式发行，并在一小时之内全部卖光，随后股价一路攀升。这个新生国家的第一次大规模股票公开发行（IPO）点燃了它的第一轮牛市。

欧洲公司开始向美国输送大量的代理人和资金，漂洋过海来参与这个新生市场。卖空以及现在所谓的“看涨期权”和“看跌期权”(指在将来的时间以一个商定的价格买卖证券的权利）这两种交易技术在美国被首次应用（虽然在欧洲，这两种技术早就为人所知了），这大

1. 合众国银行（1791—1811年）及合众国第二银行（1816—1836年）都是美国早期经国会特许成立的全国性私立银行，事实上起到了央行的作用。——译者注
2. 该公司和荷兰东印度公司关系密切，和当时许多国家如法国、西班牙和美国都有商业往来。1804年,霍普公司发行股票为美国购买路易斯安那州融资。20世纪末，该公司被荷兰银行收购。——译者注
3. 发行前交易（When-Issued, 简称WI）指在股票或债券获准发行后、正式发行前即开始交易，是承销商为了吸引潜在投资者的一种方式，需等到证券正式发行并交付投资者后才算完成交易。发行前交易市场被称为灰色市场（grey market）。——译者注

大地增加了投机的可能性和市场的活跃度。随着交易量的日益增加，报纸也开始关注这个新生市场了。当然，随着市场价位的进一步攀升，各种关于股市灾难的预言也开始出现了。1791 年 8 月 31 日，《纽约公报》(*New York Gazette*) 甚至刊出了一首题为《投机》的打油诗：

什么魔力绕其间，能使花柱[1]变宝塔?
被投机的魔杖点燃，疯狂传遍了整个国家。
真理早晚会应验，万物大小终复原。
所有致命的旅途都有死亡在等待，
千万人会为 scripts 懊悔一生。

scripts 是认购股票 (subscription stock) 的缩写，它相当于我们现在所谓的证券。[2]当时，股票和债券这两个术语已经开始使用，但常常可以互相替代。直到 19 世纪晚期，股票的含义才被特指为代表所有权的证券，而债券被特指为代表债权的证券。关于这一演变过程，那个时代的经纪人和他们的客户应该都很清楚，但当时的一些作家和后来很多历史学家却经常搞不清楚。

当一些经纪人的金融业务开始增多时，他们需要一个场地进行交易。就像一个多世纪前或更早期阿姆斯特丹和伦敦的咖啡屋一样，很多当地的咖啡屋乐于为这些经纪人提供交易场所，当这些经纪人通过促成交易来谋利时，他们靠卖食物和饮料挣钱。但当时还没有足够多

1. 花柱，May Pole，指五朔节 (May Day) 的五月柱。五朔节是源于欧洲国家并随移民传入美国的节日，每年 5 月 1 日举行，人们围绕着五月柱跳舞庆祝春天的来临。此处意指牛市中股票价格飙升，仿佛五月柱突然放大成宝塔。——译者注
2. 证券，通常指股票和债券，随着现代资本市场的发展，证券的品种越来越丰富，包括期货、期权和大量资产证券化产品都是证券。——译者注

的经纪业务来占据经纪人所有的精力，他们只能靠传播流言蜚语或用扑克及骰子赌博打发时间。在这个时期，两个无聊的纽约经纪人会打赌法国的某个政治家是否会在某一特定的日期之前被送上断头台[1]，当时的投注单还留存至今。

一些更为成功的经纪人，如麦克伊文斯和巴克莱、伦纳德·布里克以及约翰·平塔德，为了适应新的业务要求，开始在他们的办公室里举行定期的证券拍卖。随后，1792年初，约翰·萨顿和他的合伙人本杰明·杰以及其他一些人决定在华尔街22号建立一个拍卖中心，并称之为证券交易所。意欲售出股票者将想卖的股票存放在交易所内，拍卖人根据交易量收取佣金。经纪人或为自己，或为自己的客户，参加拍卖，购买股票。

可是这个体系很快就崩溃了。许多外围的经纪人参加拍卖会只是为了获知最新的股票价格，他们随后在外面售出同样的股票，但收取更低的佣金。这迫使场内经纪人也不得不经常在场外进行交易。为了解决这一问题，这些场内经纪人巨头于1792年3月21日在克利斯酒店聚会，试图签订一个协议来制止场外交易。他们同意建立一个新的拍卖中心，约定该中心于同年4月21日开业，并进一步达成协议："今日我们在此签字，作为股票买卖的经纪人庄严宣誓并向彼此承诺：从今天起，我们为任何客户买卖任何股票的佣金费率将不低于0.25%，同时在任何交易的磋商中，我们将给予会员以彼此的优先权。"

21个经纪人和三家经纪公司签订了这个协议，这就是众所周知的《梧桐树协议》，因为据传协议是在华尔街68号门外的一棵梧桐树下签订的，天气好的时候，经纪人们经常会在这里碰头交易。无论协议是否真的在这棵树下签订，这棵在1792年时便已有了几百年历史

1. 当时的法国正处于大革命时期。——译者注

的巨大梧桐树，从此成为世人公认的华尔街标志，直到 1865 年 6 月 14 日，它在一次暴风雨中被刮倒。

《梧桐树协议》，陈列于华尔街的美国金融历史博物馆。它被公认为纽约证券交易所的最初起源，但本质上却是一个经纪人的卡特尔[1]，纽约证券交易所的这一本质直到 180 多年后才得以改变。该协议原件现存于纽约证券交易所内。（译者摄于 2017 年）

新交易所的首次会议是在商人咖啡屋举行的。当年冬天，会员们决定建立一个自己的聚会场所，但是他们并没有建立一个证券交易所，因为那时的股票和债券的交易量还没有大到需要建立交易所的程度。他们在华尔街和沃特街交界处开了一家唐提咖啡屋，之所以如此命名，是因为它是以唐提式保险的方式进行筹资而开设的。当时共发

1. 卡特尔（cartel），为协调生产、价格和商品市场而组成的独立的商业组织联合体或同业联盟。——译者注

行了203股，每股200美元，财产由公司持有，直到初始股东只剩下7个人时才会变卖公司财产，再由这7个人平均分配。虽然咖啡屋对所有人开放，但只有会员才能参加这里的证券拍卖，实力稍弱一些的经纪人只能继续在街上和他们自己的办公室交易股票。

《梧桐树协议》与美国资本市场的演进

1792年，21位早期的华尔街经纪人和三家经纪公司签订了著名的《梧桐树协议》，其本质是经纪人为避免相互杀价而形成的价格卡特尔，同时也以此阻止在股票拍卖中心之外进行的证券销售行为，即所谓的场外交易。《梧桐树协议》客观上成了纽约交易所的起源，尽管第一座真正的纽约证券交易所还要再等25年才得以建成。近200年后的1971年，遍布美国各地的场外交易通过电子联网形成了统一的交易平台——纳斯达克（NASDAQ），2006年，纳斯达克获美国证监会批准成为交易所。

今天，美国除了纽约和纳斯达克两大证券交易所以外，还有美国证券交易所等数个小型证交所、粉单市场、OTCBB（美国场外柜台交易系统）市场和数以百计的另类交易系统（ATS）。此外，美国还有专注于期货交易的芝加哥商品交易所（CME）和洲际交易所（ICE）等。美国交易所的发展，折射出金融市场不断满足经济社会需求的演进历程，这也是交易所市场与场外市场相互博弈共同成长的过程。（译者根据公开资料整理）

尽管纽约证券交易所[1]25 年后才正式成立，但《梧桐树协议》一向被认为是纽约证券交易所的起源。事实上，这是一个操纵市场价格的卡特尔——它是一个封闭的俱乐部，只吸纳纽约最有钱的经纪人，以保证内部人受益，而外部人被排斥在外。证券交易所这个卡特尔始终以交易所会员（即经纪人）的利益为先，并在一定程度上将这种封闭的运作方式保持了 175 年之久，即使是在纽约证券交易所成为世界上最大、最重要的交易所之后很长的时间里，这一点也没有改变过。

位于华尔街和宽街交界处的纽约证券交易所。（译者摄于 2017 年）

* * *

华尔街早期的牛市加快了纽约证券交易所的诞生。纽约交易所的创立者之一威廉·杜尔，是牛市的一个大玩家。此后的每一轮牛市都

1. New York Stock Exchange，直译为纽约股票交易所，该交易所早期主要交易股票，但随着时代发展，交易的品种逐步丰富，包括股票、债券和其他多种证券，所以现在一般称其为纽约证券交易所，简称纽交所。——译者注

会出现像他一样的人物，直至今日。

杜尔1747年出生在英国，父亲在西印度群岛[1]经营一片成功的种植园，他毕业于伊顿公学，曾随克莱夫[2]的军队在印度服役。杜尔曾在西印度群岛管理过他父亲的产业，然后定居纽约，在这里，他获得了一单利润丰厚的业务——为英国皇家海军供应船桅和船樯。他在纽约的萨拉托加附近买了一大片林木茂盛的土地来进行生产，并盖了一座大庄园。

美国独立战争爆发时，他站在了反抗英国的一边，并当选大陆议会的议员。卸任后，他靠给大陆军供应物资发了横财，并娶了凯瑟琳·亚历山大，也就是美国人所熟知的凯蒂小姐为妻。凯蒂小姐的父亲威廉·亚历山大将军不仅富可敌国，而且一生自称苏格兰的斯特灵勋爵。[3]

独立战争后，杜尔和他的妻子住在纽约的豪宅里过着王室般的生活，由穿着制服的仆人服侍，每一顿饭饮用多达15种不同的酒。他之所以能够维持这样一种奢华的生活方式，主要得益于18世纪80年代一系列涉及土地和独立战争债券的投机。1785年，他被任命为依照《联邦条例》（Articles of Federation）设立的美国国家财政委员会（Treasury Board）的秘书长，这个职位简直就是为获得内幕信息而专设的。1789年，汉密尔顿（他的妻子是杜尔妻子的表亲）任命杜尔为

1. 西印度群岛（West Indies），位于北美洲东南部与南美洲北部的群岛。——译者注
2. 罗伯特·克莱夫（Robert Clive, 1725—1774年），英国将军、政治家，在保卫大不列颠在印度的利益中起过重要作用。——译者注
3. 亚历山大在1757年曾到苏格兰，以求获得第五代斯特灵伯爵继承人身份的确认，并在1759年获苏格兰上议院确认，但被英国上议院在1762年否决。然而亚历山大一生都自称为斯特灵勋爵，北美的居民也广泛接受了这个称号。——译者注

财政部部长助理。

汉密尔顿本人很正直，从来没有想要通过他在政府的职位来谋取私利，也从来没有向他的朋友提供过内幕信息。当他的朋友亨利·李向他打听有关财政偿债计划的消息时，他拒绝透露任何消息。相比之下，杜尔就没那么洁身自好了，例如，他的密友威廉·宾厄姆，一个费城的有钱人，满怀信心地在阿姆斯特丹举债6万英镑（这在当时是一个不小的数目）用于联邦债券投机活动，虽然没有确凿的证据表明他得到过杜尔的消息，但人们可以想象，如果没有内幕信息帮助他提高胜算，他怎敢冒如此大的风险。

威廉·杜尔的画像。他历任大陆议会议员、财政部部长助理，因投机失败而破产，在狱中度过余生。（译者根据公开资料整理）

联邦法律禁止财政部官员参与任何联邦证券的投机活动，但杜尔宁可辞职也不愿遵守法律。他对在财政部建立各种关系的兴趣远比对自己本职工作的兴趣要大，也非常乐于让别人觉得他在财政部“有各种关系”。他频繁地参与各种投机，直到汉密尔顿觉得有必要提醒一下这位前部下。汉密尔顿在 1790 年初秋给杜尔的一封信中写道：“我很担心，你的这些做法会危及你的安全和公众利益。你我之间的友谊，以及我对公共事业应尽的义务也将受到威胁。”由于没有书面材料保留下来，杜尔有没有回信已无从得知，但是汉密尔顿的提醒并没有促使杜尔对他的行为做出丝毫改变。

为了他自己和他的同伙们，杜尔继续参与投机。为他提供投机本钱的债主中有亨利 · 诺克斯[1]，时任美国战争部部长。杜尔和他同伙的主要投机对象是合众国银行的股票，该股票的发行价是每股 100 美元。在 1791 年 9 月下跌之前，它的价格曾高达每股 185 美元，却从未跌破 130 美元，并且很快就又回升到 170 美元左右。

1791 年年底，杜尔开始与亚历山大 · 麦科姆合伙经营，麦科姆是纽约最富有和最出名的人之一。他们计划合作一年，对股票特别是对纽约银行的股票进行投机。麦科姆持有股票并以他的名义交易，但杜尔才是真正的幕后操作者。实际上，这一协议将麦科姆的财富和杜尔的投机天赋及他拥有的与财政部的关系网紧密地结合在了一起，他们将在年底平分利润。

当市场传说合众国银行打算收购纽约银行作为其在纽约的分行时，杜尔开始买进纽约银行的股票。如果传言属实，股价肯定会上涨，杜尔和麦科姆将大赚一笔。但杜尔似乎在玩更深的计谋，他用麦科姆的

1. 亨利 · 诺克斯（Henry Knox, 1750—1806 年），美国独立战争中的将军，他曾把在纽约提康德罗加要塞缴获的 55 门大炮运到了波士顿，乔治 · 华盛顿用这些大炮迫使英国军队撤出该城（1776 年）。——译者注

账户在市场上买进纽约银行股票的同时，又用他自己的账户做空这只股票。在他的建议下，几个利文斯顿家族（纽约最有权势的家族）的人也跟着做空。这样，杜尔公开地在赌纽约银行将被收购，但私下里，他同时在赌这不会发生。即便收购没有发生，杜尔和麦科姆合作的股票账户损失惨重，杜尔也依然能够大发其财。由于杜尔与麦科姆的合作投机只使用了麦科姆的钱，而没有用他自己的钱，因此他这样暗地里两面“下注”的做法牺牲的顶多是他自己的信誉，对杜尔来说，他是非常乐意做这种“牺牲”的[1]。

当投机狂热逐渐升温时，又有几家银行宣布合并。纽约州百万银行（The Million Bank of the State of New York）如其名字所喻，拥有 100 万美元资本，它的公司章程允许它与纽约银行合并，市场估计这将发生在纽约银行和合众国银行的兼并之前。于是，百万银行的股票一发行，投资者就蜂拥抢购，该股票的认购权证很快就卖到了 92 美元。当坦慕尼[2]银行宣布发行 4 000 股股票以筹资 20 万美元的时候，银行收到的认购单超过了 21 740 份。

在这股狂热中，杜尔成为众人关注的焦点，似乎他不会出错。他的股票操作本应是很秘密的，却很快为公众所知，并被其他的投机者模仿。同时，杜尔四处借钱购买股票也是在为股市上涨火上浇油。他向银行和私人借款，其中包括在 1792 年 3 月初向沃尔特·利文斯顿借

1. 随着华尔街的发展，近代出现的对冲基金，往往也采用这样对两种完全相反的市场趋势进行“两边下注”的做法，这也是“对冲”一词的来源。但杜尔与其不同的是，他在用麦科姆的钱（相当于客户的钱）赌纽约银行将被收购的同时，又暗中用自己的钱在赌收购不会发生，这是未能履行受托责任和没有职业道德的做法。——译者注。

2. 坦慕尼（Tammany），后来演变为美国民主党的一个政治集团，也称坦慕尼会或坦慕尼集团，在 19 世纪末，曾经一度控制了纽约的政治。——译者注

的20.3万美元。此外，他还跟很多名门望族签订了投机协议，这些人包括约翰·罗斯福和尼古拉斯·罗斯福。[1]他开始买进银行股远期合约，期待着股价上涨，这样他在到期时就会大发横财。[2]

汉密尔顿十分震惊，他在1792年3月2日写道："这时候，应该有一条界线来区分好人和恶棍，来区分受人尊敬的股票投资者和纯粹的毫无原则的赌徒。"在此后的岁月里，华尔街和政府精英一直竭尽全力地寻找着这样一条界线，但他们殚精竭虑所得到的充其量不过是个令人喜忧参半的结果。

在将银行股的远期合约卖给杜尔的人中，有好几个是利文斯顿家族的成员，他们当然希望看到股价下跌而不是继续上涨。为了达到这个目的，他们开始从银行存款中提取黄金和白银，以减少当地的货币供应，并迫使银行收回贷款。换句话说，他们启动了一轮信用收缩，利率飙升到日息1%。

这对杜尔和那些借款很多的人来说是毁灭性打击，雪上加霜的是，审计查出杜尔所负责的财政部的账户上少了23.8万美元。汉密尔顿此前曾给过杜尔时间让他收拾好他的烂摊子，现在只得下令财政部起诉杜尔追索这笔款项。

杜尔不顾一切地试图借钱来填补这个窟窿，但那些仅在几周前还恨不得把钱扔向他的人，现在连一分钱都不愿意借给他。面对这么大

1. 尼古拉斯·罗斯福是美国的发明家和商人，他和他的兄弟约翰·罗斯福也是纽约土地的主要投机家。他们和后来的富兰克林·罗斯福总统同属一个家族。——译者注

2. 远期合约是一种金融衍生工具。合约双方约定在未来某一时刻按事先约定的价格买卖约定数量的标的资产。在远期合约中，买入资产的一方被称为多头，他认为资产价格未来会上涨，当合约到期时，可以以事先约定的相对较低（比到期日市场价格低）的价格买入资产，从而获得收益。——译者注

的麻烦，杜尔仍强作镇定。3 月 22 日，他在给沃尔特·利文斯顿（他曾借给杜尔巨额的款项）的信中写道："我现在很安全，敌人无法伤害我，我的心中充满了神圣，我独自一人在对抗着整个世界"。

毋庸置疑，他此刻绝对不是安全的，不到一天，他就因欠债不还而入狱，并在狱中了结余生。杜尔入狱后，市场恐慌随之而来，股价一路狂跌。第二天，在当时纽约这个还不算大的金融圈子里，就有 25 起经纪人破产案发生。沃尔特·利文斯顿，这个曾经在纽约的上流社区挨家挨户向大家保证他有还债能力的人，现在也宣布破产，而亚历山大·麦科姆早在 4 月初就已经破产，并锒铛入狱。

当时的国务卿杰斐逊在给朋友的信中写道："最终，我们的股票泡沫破碎了，杜尔的破产传染给了纽约其他人，他们像多米诺骨牌那样一个个倒下了。"杰斐逊一向痛恨投机者，此时几乎掩饰不住自己的兴奋，他算了一下，投机者损失总值达到了 500 万美元，这相当于当时纽约的房地产总值。他的结论是：股市恐慌所带来的损失跟自然灾害摧毁纽约所带来的损失差不多。

事实上，情况并不像他想象中那么糟。虽然很多投机者的确在股灾中遭受了灭顶之灾，但他们明白自己在玩什么游戏，要怪也只能怪自己。而且，他们中的很多人还很年轻，吃一堑，长一智，他们还有机会从失败中站起来。

同时，汉密尔顿迅速采取行动，以确保恐慌不会摧毁基本上还处于健康状态的金融机构，以免无辜的投资者（而不是投机者）受到伤害。他下令财政部购买数十万美元的联邦证券以支持市场，并要求银行不要收回贷款。此外，为了缓解货币流动性短缺，他允许商人用期限为 45 天的短期票据来支付海关进口关税，而此前，这些关税只能用黄金或合众国银行的票据支付。汉密尔顿高度赞扬财政部和这些银行，他说："只要这些金融机构保持健全，就不会发生真正的公共性灾难。”

汉密尔顿的做法正是一个社会的货币和财政当局在金融恐慌中应该做的。他周密的计划有效阻止了恐慌的蔓延，也确保了不管个别投机者受到怎样毁灭性的打击，市场的恐慌也不会对美国经济整体产生长期的负面影响。

不幸的是，汉密尔顿行动中所蕴含的经验并没有被杰斐逊主义者采纳，他们无法分辨投资者、投机者和赌徒，只认为汉密尔顿是在保释一群赌徒。他们执政后便摧毁了汉密尔顿构建的体系，一次又一次地陷国家于金融灾难之中。直到1987年[1]，也就是195年以后，联邦政府才再一次果断出手介入，阻止一场投机恐慌进一步演变成全国性的灾难。

杰斐逊主义的另一个后果是：政府的不作为导致华尔街在权力真空中发展，它仅有的领导机构和监管机制只在其内部产生。在此后的年代里，华尔街将建立自己的规则，设计自己的运作程序。这使得华尔街作为一个金融市场，比世界上其他任何市场都更为自由。但是一个缺乏监管的自由市场在本质上是不稳定的，在压力面前它很容易崩溃。

* * *

事实上，那些在投机最狂热时已经宣布成立的银行，比如纽约州百万银行，从未开张过。即使没有后来的金融恐慌，它们中能开张几家也是个未知数。在18世纪末期，一个公司要公开发行股票，必须要有公司执照，而这只能由州议会批准。

公司的概念是文艺复兴时期的发明，它对资本主义体系乃至现代

1. 1987年10月19日“黑色星期一”，道琼斯指数暴跌22.6%，继而引发全球性股灾。与1929年不同，美国政府及美联储于次日对市场进行了救助。——译者注

社会的发展都至关重要。在公司制出现以前，一个人如果要投资，不管是以个人投资还是合伙的形式，他所有的个人财产都被置于风险之下。在现代公司制度下，一个公司至少在法律意义上是一个“人”(即法人)。公司可以被起诉，可以拥有财产，可以破产，甚至可以被指控刑事犯罪(尽管在现实中很难将一个公司关进监狱)。当然，公司也可以被征税。但是，公司的股东并不是公司本身，他们要对自己的行为负责，但不必对他们持股的公司的行为负责。同样，股东们所面临的风险损失也不会超过他们投在公司里的钱。

请注意，正是“有限责任”这一关键因素，使得公司制在现代经济社会的发展中获得了不可或缺的地位，投资者们得以集中资源以谋取利益，又不必将个人置于破产险境。

有限责任制

有限公司制起源于19世纪的英国，1892年德国通过的《有限责任公司法》以及随后法国、日本等国家颁行的《有限公司法》，标志着公司法人制度的发展完善。出资者以所投入的资金为限，承担对外所负的经济责任。倘若有限公司被债权人清盘，债权人不可以从股东个人财产中索偿。美国著名法学家尼古拉斯·默里·巴特勒曾高度评价有限责任制是“现代社会最伟大的发明，就连蒸汽机和电都无法与之媲美，假若没有有限责任公司，蒸汽机和电的重要性也会相应大大降低。”(译者根据相关资料整理)

虽然任何人都可以成立合伙企业，但只有政府才能批准设立法人。在英国，这是王室的特权。在整个殖民时代，英国王室只在美洲殖民地批准设立了7家公司。独立战争之后，王室批设公司的权力移交给了它的继任者——各个州议会。就像所有的立法程序一样，相比其他（包括经济）因素，政治因素在公司的批设过程中起到了更为重要的作用。

今天的人们已很难想象，在19世纪中叶以前，美国的商业和政治是如何紧密相连、互相渗透的。当时，大部分的政府职位实际上具有兼职性质，公职人员在公务之外可以自由经营个人事业，也没有人觉得利用公职谋求私利有什么道德问题。一些人，如汉密尔顿和华盛顿，即使按现在的标准衡量也无可诟病，但与他们同时代的大多数人却并非如此。直到19世纪30年代，丹尼尔·韦伯斯特[1]还可先以律师身份给他的客户寄去一张500美元的账单，然后再以参议员的身份在一项立法中加入有利于这位客户的修正条款。无论是韦伯斯特，还是他的那位客户，或是任何人，都不会认为这在法律上或在道德上有什么不妥。

与此同时，那个时代，纽约的政治几乎和今天的一样复杂。约翰·亚当斯写道："从小到大，我在纽约政坛已经混了60年，但对我来说，政治仍像魔鬼一般难以理解。"结合这两个因素，我们大概就能明白为什么当亚伦·伯尔[2]这个与公私利益纠缠尤为紧密的纽约人

1. 丹尼尔·韦伯斯特（Daniel Webster, 1782—1852年），美国政治家。曾任美国新罕布什尔州的众议员（1813—1817年），后任马萨诸塞州的众议员（1823—1827年）和参议员（1827—1836年和1845—1850年）。他曾两度出任国务卿（1841—1843年和1850—1852年）。——译者注
2. 亚伦·伯尔（Aaron Burr, 1756—1836年），美国政治家。他作为托马斯·杰斐逊的副手而成为美国副总统（1801—1805年）。1804年7月11日，亚历山大·汉密尔顿应约与伯尔决斗并殒命，伯尔也因此无法在纽约立足，卸任副总统后，他的政治生涯戛然而止，后来还遭到好友告密，卷入一起分裂国家的叛国案中，但最终因证据不足无罪释放，得以安享晚年，终年80岁。——译者注

想开一家银行时，不得不以自来水公司的名义迂回获得许可。

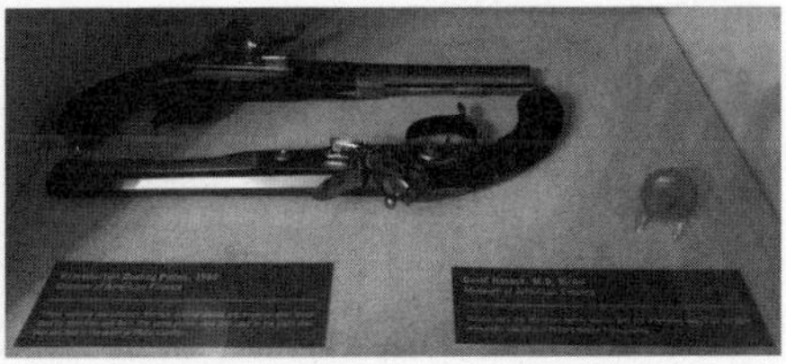

汉密尔顿与亚伦·伯尔在1804年决斗时用的滑膛枪复制品（右图），陈列于美国金融历史博物馆，及位于决斗场的汉密尔顿雕像（左图）。决斗造成汉密尔顿身亡，伯尔以谋杀罪被起诉但获无罪释放，后来还因为分裂国家罪两次被捕。200年后，双方的后人在哈德逊河畔“重演”祖先决斗的场景，一笑泯恩仇。（译者摄于2017年）

在杜尔破产案尘埃落定后，纽约只剩下两家银行继续营业——纽约银行（它并没有被合众国银行收购，相反，它至今仍保持独立）以及合众国银行纽约分行。这两家银行都是由亚历山大·汉密尔顿建立的，汉密尔顿厌恶投机高手伯尔，最终却死在了他的手里。虽然汉密尔顿并没持有两家银行的任何股份，但他依然深深地影响着这两家银行的运作，即使他在1795年卸任财政部部长后也是如此。作为纽约联邦党人的领袖，他能确保当地的杰斐逊主义派商人们难以获得贷款和其他的银行服务。

亚伦·伯尔，纽约州民主共和党的领导成员（民主共和党党员是杰斐逊主义者的新称号），决定打破这种局面。如果能够建立一家他能控制，或至少能施加重要影响的银行，将大大加强他和他政治同盟者的地位。这样一家银行还可以通过向那些动摇的联邦党人许诺提供金融援助，来引诱他们加入民主共和党阵营（当然，我们有理由推测，一向花天酒地的伯尔此时也正在考虑借此机会缓解自己混乱的财务困境），问题的关键在于怎样从联邦党人控制的州政府那里拿到开办银行的营业执照或“准生证”。

伯尔当然知道，哪怕一点点他要开办一家银行的风声泄露出去，都会引起奥尔巴尼[1]立法者们的深深猜疑。作为美国历史上最聪明的政治家之一（他最终聪明反被聪明误，没有得到好下场），伯尔想出了一个绝妙的鬼点子，他名义上是为纽约居民提供急需的饮用水而开办一家自来水公司，但实际上，他将允许这家公司开办银行的授权条款巧妙地隐藏在了公司章程的小字里。

在世界上所有的大城市当中，只有纽约和香港四面被海水包围。在最早的时候，纽约的居民从井里打水，有些井是私人挖的，有些是政府挖的。但是到了18世纪末期，这些井被废弃物和日益增多的城市废水所污染。富人能够买得起水贩们从城外运进来的饮用水，但是其他人只好听天由命了。伤寒和霍乱等流行病越来越肆虐，而这些疾病和饮用水污染的关系直到19世纪中叶之后才被人们搞清楚。

纽约市的政府官员意识到，如果不能有效地解决水的问题，纽约的进一步发展将受到严重制约。1796年，约瑟夫·布朗医生建议市政委员会向州议会申请建立一家私立自来水公司。布朗恰好是伯尔的妹夫，他这么做很可能是为了帮助伯尔。市政委员会采纳了布朗医生的想法，但向州议会建议授权纽约市政府建立并运营饮用水供给系统，而不是成立一家私立公司，这当然不是伯尔希望看到的。

1. 奥尔巴尼（Albany），纽约州政府和立法机构所在地，在纽约州的北部。——译者注

但是，伯尔巧舌如簧，他很快说服两个党派的5个主要领导人和他组成了一个委员会，负责向纽约市政府说明由私立公司而非政府来承揽这个项目的诸多好处。在这个委员会的名单里赫然可见汉密尔顿本人的名字，他甚至亲自为该委员会撰写正式的备忘录来说明私立公司的优势。

汉密尔顿当然清楚地知道纽约急需干净的水，但他可能完全没有意识到伯尔背后真正的阴谋。汉密尔顿一如既往，自始至终没有谋求过一点儿私利，但是，在这个过程中，很多联邦党人却钻了进来，而且，另一位妹夫——这回是汉密尔顿的妹夫，他将成为这家新公司的一名董事。

在确保能够得到纽约市政府的批准之后，伯尔立刻赶到奥尔巴尼，主持州议会委员会对该公司章程的起草。"为了向纽约城供应干净、卫生的水"，伯尔等到休会前的最后一刻才把他的议案提交上去，并在公司章程里悄悄地塞进了这样一个条款，"该公司的以下做法将被认定为合法，即该公司可以动用任何盈余资金购买公众股票或其他股票，或从事任何其他资金交易或业务经营……只要是为了该公司本身的利益"。将这段话从晦涩的法律术语中翻译过来，就意味着，这个新公司在建立一个供水体系的同时，实际上可以从事任何它想经营的业务，当然，也包括开办一家银行。

联邦政府的立法委员们此时正急不可耐地等着休会，似乎根本没有人注意到这个条款。只有一位法案修订委员会（按照最初的州《宪法》，这个委员会具有否决权）的委员表示反对。其他人可能有充分的理由保持沉默，例如，纽约州首席大法官罗伯特·R. 利文斯顿[1]就

1. 罗伯特·R. 利文斯顿（Robert R. Livingston, 1746—1813年），美国独立革命领导人及外交家，曾任职于大陆会议并任驻法外交使节。他帮助起草了《独立宣言》，主持了乔治·华盛顿的总统就职宣誓，并与詹姆斯·麦迪逊共同购买了路易斯安那（1803年）。——译者注

是其中一位，他持有可以购买这家新公司 2 000 股股票的期权。甚至联邦党州长约翰·杰也没有公开表示反对，他于 1799 年 4 月 7 日在该议案上签字，使其正式生效。

仅仅 5 个月后，这家公司就开设了一家银行，而供水业务系统连一根水管都还没铺设。汉密尔顿很快对自己在这样一家公司的成立过程中所起的作用感到后悔，他形容它说："从公司的设立原则上来看，这既是一个彻头彻尾的怪物，又是一个可以用来谋取利益和施加影响的方便工具。"

伯尔发现它的确非常方便。3 年后，当他辞去公司董事就任美国副总统时，他欠这家银行超过 64 903.63 美元，以当时的标准来看，这是一笔巨款。

最终，该公司经过百般折腾，还是建了一个简陋的供水系统，通过大约 25 英里（约 40 公里）的木制管道为城里近千户居民供水。这些里里外外被涂上厚厚焦油的管道，在今天纽约城的施工中还常常被挖掘出来。但这个系统供应的水从来就没有真正"纯净和卫生"过。当然，这个公司也从来没有把心思真正放在水务上，一旦有机会，它就马上抛弃了这项业务。在 19 世纪 40 年代，当市政新开凿的水渠把纽约上州[1]克罗顿河的河水引入纽约时，纽约才第一次拥有了可靠、清洁的供水系统。

而这家银行直到今天，都一直是纽约金融界的主要玩家。它现在

1. 纽约上州（Upstate New York），通常指纽约州北部，也泛指纽约州中纽约市以北的地区。——译者注

的名字是大通曼哈顿银行（Chase Manhattan）[1]，全美最大的银行。

如果不是因为后来的发展，批设公司的权力很可能会永远为各州的州议会所把持，毫无疑问，这将带来各种不利的影响。到了 18 世纪末期，开办公司的申请数目迅速增加。在 18 世纪 90 年代的最后 4 年中，美国共成立了 335 家公司，大部分公司主要从事公共工程建设，如修建运河和高速公路。进入 19 世纪，公司设立的步伐只会进一步加快。在 1800—1860 年，仅宾夕法尼亚州就有 2 000 多家新公司成立。

在这种情况下，各州不得不通过《普通公司法》（General Incorporation Laws），规定了在哪些特定的情形和规则下，公司不需要通过什么特别的法令就可以成立。纽约州在 1811 年率先通过了《普通公司法》，其他州很快纷纷仿效。但各州的立法机构在放弃批设公司的权力的时候并不是心甘情愿的，因此，公司法的发展总是不能满足随后迅猛发展的工业革命所带来的经济社会需求。

最初，各州只允许那些特许批设的公司以有限责任公司的形式成立，而根据《普通公司法》设立的公司，其股东还必须像合伙制中的合伙人那样承担无限的个人责任。直到 19 世纪中叶，有限责任这一无比重要的制度才开始普及。在 19 世纪下半叶，尽管美国国内经济越来越一体化，但许多工业公司的运营仍经常受到各州狭隘的公司法的制约，例如，许多州的公司法禁止公司在其他州拥有财产。

1. 大通银行成立于 1799 年。1955 年，大通银行和曼哈顿银行公司合并，并更名为大通曼哈顿银行，总部位于纽约。2000 年，它与 J.P 摩根合并，成为摩根大通银行（JPMorgan Chase Bank），现在它是一家跨国金融服务机构，也是美国最大的银行之一。——译者注

*　　*　　*

随着美国经济的增长，在纽约、波士顿、费城以及巴尔的摩[1]等地，资本市场也开始发展起来。经济历史学家们只能追溯计算出19世纪60年代以后的国内生产总值，当然，年代越早，误差也就越大，但政府税收也可以作为国民经济增长的粗略估算依据。1792年是有据可查的第一年，当时的联邦政府税收收入是367万美元；到1808年，收入是1 706.1万美元；到1817年，是3 309.9万美元，在短短25年的时间内增长了9倍。

由于拥有大银行，费城依然是国家的金融中心。合众国银行在1811年被关闭了，因为当时杰斐逊主义者在国会中占据绝对优势，尽管詹姆斯·麦迪逊总统坚持要求续签该银行的许可证，国会依然拒绝批准。费城船业大亨、美国顶级富豪斯蒂芬·吉拉德接管了该银行的资产，并开办了他自己的银行。

继国会拒绝续签合众国银行这一政府的主要财政代理机构和融资机构的许可证之后，美国又向当时唯一有能力与之进行军事抗衡的大英帝国宣战，这一愚蠢行为引发了财政灾难，使得财政部部长不得不向斯蒂芬·吉拉德低声下气地借钱，乞求他认购国债以维持战争。1816年，学乖了的美国国会终于批准建立了合众国第二银行（the Second Bank of the United States)，它拥有注册资本3 500万美元，是当时美国最大的银行，也是唯一能够跨州经营的银行。当然，它的总部也设在了费城。

1. 巴尔的摩（Baltimore)，马里兰州北部一城市，位于华盛顿特区东北部切萨皮克湾的一个分支处，自18世纪以来一直是繁忙的港口。——译者注

为1812年战争[1]而发行的巨额联邦债券推动了经纪业务在美国的发展，美国的国债由1811年的4 500万美元增加到1815年的1.27亿美元。大部分业务仍然集中在费城，因为这里有很多大银行和一家运营良好的证券交易所。[2]当时，纽约的主要经纪人仍按照粗糙的《梧桐树协议》运营，他们越来越觉得需要建立一个更正式的组织框架。1817年，他们派出一个叫威廉·拉姆的经纪人去费城考察费城证券交易所是如何运作的。当他回来后，纽约主要的经纪人于2月25日在塞缪尔·毕比的办公室聚会，起草了一个跟费城证券交易所章程几乎一模一样的章程。分属7家公司的28名经纪人成为经纪人委员会（Board of Brokers）的首任会员，很快它就被更名为纽约证券交易委员会（New York Stock and Exchange Board）。

章程要求由交易所总裁和秘书来主持每天的拍卖；至少具有一年经纪业务经验的经纪人才有资格成为新的会员，并且要由现有的经纪人来投票决定是否批准其加入；三张反对票就可以将一位候选人拒之门外；除特殊情形以外，委员会要求次日交割证券以防止过度投机；它也禁止"对敲"，也就是两个或更多的经纪人在他们自己之间进行交易，以给人造成价格波动的假象。最后这一条其实是难以被执行的，在之后长达一百多年的时间里，"对敲"将成为华尔街一个普遍的现象。

新的证券交易委员会租下了华尔街40号大楼的第二层，年租金为200美元，包含供暖费，这样纽约终于第一次有了真正的证券交易所。

1. 这里指美国第二次独立战争（1812—1815年），也称英美战争。美国独立后，英国一直试图夺回殖民地，同时，美国也想夺取英国在北美控制的领土。1812年6月18日，美国对英国宣战。1815年1月，战争结束。——译者注
2. 这里指费城证券交易所，其发展早于纽约证券交易所。——译者注

纽约在1790年成为美国最大的城市以后发展迅猛，而费城仍然在努力守住阵地。当时，纽约拥有137 700名居民，而费城的人口数为112 000。而1817年开始的另一项工程，伊利运河（Erie Canal）将使纽约不仅成为美国最大的城市，还将成为唯一的大都市。直到今天，伊利运河仍是美国历史上影响最为深远的公共工程。

同一时代的西方和东方

西方	年份	东方
美国第一任财政部部长汉密尔顿开始进行财政金融改革，他向国会提交了关于国债、征税、建立银行的三个法案。为了让法案顺利通过，汉密尔顿做出重大让步，放弃将纽约作为首都的要求	1790	
费城交易所成立	1790	
杜尔操纵了北美第一次股市投机案	1791	
美国中央银行——合众国银行在费城成立；美国国债在伦敦和阿姆斯特丹两地上市；合众国银行股票发行（美国第一次股票公开发行）引发了证券投机风潮	1791	
美国国会通过《造币法》，在费城建造了一家造币厂。当时，费城政治、经济与社会的重要性超过纽约与波士顿	1792	
防止场外交易的《梧桐树协议》签订，这通常被认为是华尔街起步的标志	1792	乾隆五十七年，中国的GDP占全球的1/3左右
股市投机泡沫破灭，汉密尔顿要求财政部入市干预，成功阻止了金融恐慌，稳定了市场	1792—1793	1792年，英国马戛尔尼以贺乾隆八十大寿为名出使中国，这是西欧国家政府首次向中国派出正式使节，1793年抵达中国后提出开放口岸、降低关税等要求，但无功而返
欧洲市场给予美国国债最高信用评级，欧洲资金开始不断流入美国，帮助美国实现经济的快速增长和数十年的财政盈余	1794	
	1796	湖北、四川、陕西等地爆发白莲教起义

（续表）

西方	年份	东方
拿破仑发动“雾月政变”，发动兵变，掌握军政大权，开始长达 15 年的独裁统治	1799	乾隆驾崩，嘉庆亲政并诛杀权臣和珅。面对乾隆末年危机四伏的政局，嘉庆帝打出“咸与维新”的旗号，但成效甚微
法兰西银行在巴黎成立	1800	输入中国的鸦片已达 2 000 箱
美国从法国人拿破仑手中廉价购买路易斯安那，美国领土面积增加一倍	1803	
法国民法典正式颁布，它是第一部资本主义国家的和以资本主义经济制度为基础的民法典	1804	白莲教起义失败，这是清代中期规模最大的一次农民起义

第三章

“舔食全美商业和金融蛋糕上奶油的舌头”（1808—1836 年）

译者题注

19 世纪早期，伊利运河修建成功。这条连接美国东西部的物运和交通枢纽使得纽约一举成为美国的经济中心，吸纳和汇聚越来越多的全美乃至全球的经济金融资源。美国的其他地区倍感威胁，对纽约敌意顿生，它们把纽约称为“舔食全美商业和金融蛋糕上奶油的舌头”……

译者导读

- 在19世纪初期美国西部开发的大潮中，交通运输是最大的瓶颈。修建运河提供了最初的解决方案。1825 年，伊利运河历时 8 年修建成功，于是，美国西部丰富的物产可以通过五大湖和伊利运河沿水路源源不断地运送到纽约，成本只有原先的 1/20，耗时为原先的 1/3。这不仅造就了美国经济的巨大繁荣，也使纽约成为美国最大的经济中心。而修建运河所显现的巨大经济效益，也直接引发了人们对运河股票的狂热追捧，并启动了华尔街历史上的第一轮大牛市。
- 在这轮牛市中，出现了现代华尔街投机者的原型。他的名字叫利特尔，与杜尔不同的是，他是个独立的经纪人，没有任何政府关系，因此也无从获取内幕信息。他主要借助市场的短期波动来投机获利，并靠成功囤积莫里斯运河的股票而一举扬名华尔街。像利特尔这样的人物从在华尔街登场起，就再也没有离开过。他们有过一夜暴富的辉煌，也会经历倾家荡产的劫难，不断在天堂和地狱之间轮回。他们沉溺其中，和这个市场如影随形，成为华尔街不可分割的一部分，就像投机是股票市场不可分割的一部分一样。
- 华尔街第一次大牛市的来临还源于当时杰克逊总统的金融政

策。一向厌恶欠债的杰克逊总统决心偿还所有国债，这一政策使得市场上的证券数量锐减，价格飙升——伴随而来的是不可避免的投机狂热，与之相伴的还有当时在美国西部开发中愈演愈烈的土地投机。憎恶这些投机活动的杰克逊总统决心彻底根绝投机活动，他强制推行《铸币流通令》，关闭合众国第二银行，这些政策成功地抑制了投机，同时也终结了美国历史上第一轮大牛市，将美国经济带入了萧条之中，并使得华尔街从第一轮大牛市直接进入了第一次大熊市。华尔街从此踏上了“狂热—恐慌—修正—狂热……”的成长之路，循环往复。

这次牛市终结和经济萧条沉重打击了纽约和华尔街，然而负债累累的费城——这座纽约在成为美国金融中心征程上的最有力的竞争者，遭受了更加沉重的打击，从此失去了与纽约争雄的机会。

在纽约金融中心的地位不断巩固的过程中，美国早期的中央银行经历了建立—废除—再建立—再废除的曲折历程。新政府成立不久，财政部部长汉密尔顿强烈建议国会成立类似于英格兰银行的私有中央银行。1791 年 2 月，美国第一家央行——合众国第一银行成立，有效期为 20 年。1811 年，美国第 4 任总统詹姆斯·麦迪逊上台执政的第二年，就毫无悬念地解除了合众国第一银行作为中央银行的经营权。因为当年他曾阻止央行成立，并与汉密尔顿因此绝交。

1812 年，美英战争爆发，美国财政陷入危机。由于缺乏央行筹集战争资金，美国陷入了战争的窘境。尝到苦头的麦迪逊总统深深认识到，一个强硬的中央政府，需要有中央银行作为其坚强后盾。在此背景下，美国第二家央行——合众国第二银行于 1816 年成立。1823 年被金融天才尼古拉斯·比德尔接手后，很快成为当时美国独一无二的“大腕儿”银行。遗憾的是，合众国第二银行遇到了总统安德鲁·杰克逊的反对——1832 年，杰克逊动用总统否决权，解除了与合众国第二银行的续约。次年，他把政府存款从第二银行全部取走，转存在各州银行。第二银行失宠，1841 年宣布倒闭。此后，银行回到了分散状态。70 年间，美国再也没有任何形式的中央银行。如今在杰克逊的墓碑上，人们只能看到一句话：“我杀死了银行！”[1]

无论怎么形容 19 世纪以前在美国大陆长途货运的困难及其对经济发展的制约都不为过。当时的道路很少，而且已有道路的路况也很糟糕，陆路运输货物的唯一工具就是马或牛拉的大车。在这种情况下，在美洲这块殖民地上，大多数长途货物运输都是通过河流完成的。但不幸的是，在东部海岸的河流上只有很短的距离适合大船航行。

美国独立后，这个矛盾变得更为尖锐。新生的合众国的大多数居民都住在阿巴拉契亚山脉[2]的东部，而它大部分国土却在山脉以西。[3]随着英国人限制西部居住的法令[4]被废除，以及大量土地被赠予独立战争中的老兵，独立战争刚一结束，就有越来越多的人开始跨越阿巴

1. 这里特指合众国第二银行。——译者注
2. 阿巴拉契亚山脉（Appalachian Mountains），位于美国东部，北起纽芬兰岛，南抵亚拉巴马州，长约 2 600 公里，海拔 1 000~1 500 米。——译者注
3. 美国早期只有 13 块殖民地，大都在阿巴拉契亚山脉的东部，后随着国土面积的扩大，大部分国土都位于阿巴拉契亚山脉以西了，但是东部沿海地区仍然是人口最稠密的地区。——译者注
4. 1763 年 10 月 7 日，英国打败法国，赢得七年战争，发布了《1763 年皇家宣言》。该宣言实质上禁止了美洲殖民在阿巴拉契亚山脉以西的地方购买土地或定居，但当时已经有相当数量的殖民者在这些地方拥有土地，所以此宣言的发布令这些人相当不满，这是导致美国独立战争爆发的原因之一。——译者注

拉契亚山脉向西迁移。

高昂的运输成本使得西部的农产品翻山越岭到达东部市场变得极不现实。因此，中西部的农场主们实际上只有两种选择：要么本地消费自己生产的农产品，要么通过以下两条途径将产品运到东部市场。第一条经五大湖区、圣劳伦斯河[1]以及蒙特利尔[2]到达东部，但这条路在途中需要通过水陆联运绕过尼亚加拉大瀑布。同时，这条水路在冬天是无法通航的，而且必须穿过当时被英国控制的殖民地。另一条经密西西比河和新奥尔良，穿过当时被西班牙控制的殖民地[3]抵达东部。18 世纪 90 年代，如何将西部农产品运输到东部海岸是美国这个新生国家的领导人最关心的问题之一。华盛顿本人曾评价说，美国中西部居民的忠诚“悬于一线”，因为他们的经济利益更多地受制于新奥尔良和蒙特利尔，而不是东海岸。[4]

杰斐逊买下路易斯安那州[5]，解除了外国势力通过封锁密西西比河而对美国经济造成的潜在威胁，但这并没有扫除运输上的障碍。最终一个叫作德 · 威特 · 克林顿的纽约人解决了这个难题。克林顿在解决

1. 圣劳伦斯河（St. Lawrence River），北美洲东部的大河。它的一段是美国和加拿大的界河，并流经蒙特利尔。——译者注
2. 蒙特利尔（Montreal），现在加拿大境内，时为法国人所控制。——译者注
3. 1800 年，法国从西班牙取得了路易斯安那的主权（路易斯安那自 1762 年起即成为西班牙殖民地）。——译者注
4. 指英国和西班牙而非美国控制着西部向东部的运输线，从而对西部居民的忠诚度有巨大的影响力。——译者注
5. 在杰斐逊任职期间，他派人赴法国谈判，以期购买新奥尔良和西佛罗里达。当时，拿破仑急需战争经费，便答应了条件，出售从密西西比河到洛基山山脉的一大片土地。这宗地产交易，经过讨价还价，最终以大约每英亩（1 英亩 ≈ 40.47 公亩）3 美分的价格成交。路易斯安那购地所涉土地面积是今日美国国土的 22.3%，与当时美国原有国土面积大致相当，使当时的美国版图扩大了近一倍。——译者注

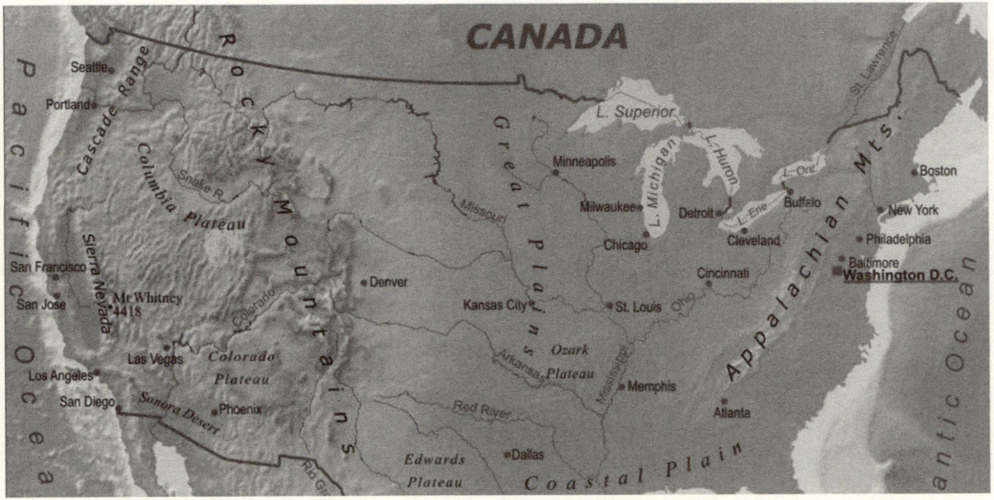

北美大陆东部的阿巴拉契亚山脉和西部的洛基山脉都是南北走向的，它们把美国本土分成了东海岸、中部大平原和西海岸三部分。美国早期建设铁路和运河都是为了打破地理障碍，促进全国性市场的形成和商品自由流通。（译者根据公开资料整理）

这一问题的同时，不仅帮助巩固了联邦政府的地位和它对西部领土的控制，更在无意中促使华尔街成为美国最重要的金融中心。

克林顿1769年出生在纽约一个显赫的政治世家，他的叔叔乔治·克林顿[1]曾是纽约州州长和美国副总统。克林顿身材魁梧，长相威严，天赋极高，年仅17岁就从哥伦比亚大学毕业，在毕业典礼上，他用拉丁语进行了毕业演讲。他很快就入选州参议院，并在1802年被任命为美国参议员。但是，第二年他就从参议院辞职，担任纽约市市长。当时纽约市市长的任期是一年，他在接下来的12年里多次连任成功。在纽约市市长任内，除了主持日常的市政管理，他还花费大量的时间关注州内民生大计，这其中就包括交通运输问题。

克林顿敏锐地看到纽约州两大得天独厚的地理条件所包含的巨大机遇。首先是纽约州境内的哈德逊河。从理论上来讲，哈德逊河流域大部分根本算不上河流，它实际上是入海口，在纽约州北边的奥尔巴尼甚至还可以看到巨大的潮汐。哈德逊河使得航海的船只可以直接驶进纽约州腹地。第二是它毗邻阿巴拉契亚山脉，这条山脉起于缅因州止于亚拉巴马州，在奥尔巴尼附近有一个缺口，莫霍克河（Mohawk River）在此从西面汇入哈德逊河。在奥尔巴尼和伊利湖之间，陆地的海拔低于600英尺（约183米），因此，修建一条运河，以较低的成本实现内陆长途货物运输是切实可行的。

克林顿下定决心要建造这样一条运河——也就是后来的伊利运河。在当时，这个设想是极其大胆的。从规模上来讲，伊利运河是南北战争之前美国最大的土建工程。1811年，当克林顿提出要修建这样一条

1. 乔治·克林顿（1739—1812年），美国独立战争的主要领导人之一，美国副总统（1805—1812年），忠实的杰斐逊的支持者。1811年，乔治·克林顿在参议院中投票反对恢复合众国第一银行的特许状，从而打破了赞成和反对票相同所形成的僵局。——译者注

运河的方案时，联邦政府拒绝提供任何帮助，因此纽约州只能以自己一己之力承担。

工程从一开始就遇到了很大的政治阻力。很自然地，在运河规划区内的居民都支持这项工程，对这些地区来说，无论这条运河从长远来看能否赢利，修建工程本身都蕴含着巨大的经济利益。但是纽约州大部分的居民都居住在纽约州的南部和纽约城，他们中许多人都短视地认为这个项目仅仅是纽约州北部一个无关紧要的装饰品，对他们毫无益处可言。于是他们激烈抵制，顽强抗争。但是，克林顿是个手腕老练的政治家，他最终设法促使州立法机构通过了提案。1817 年，就在他首次当选为纽约州州长的那一年，伊利运河工程动工了。

穿越山丘的伊利运河。伊利运河经由哈德逊河，在奥尔巴尼将五大湖与纽约连为一体，大大降低了美国东海岸与西部内陆间的运输成本（面粉等西部农产品的运输成本相当于原来的 1/20，所需时间约为原来的 1/3）。（译者根据公开资料整理）

1817 年 7 月 4 日，克林顿为伊利运河举行了破土奠基仪式。当时很多人认为，这条运河即使能够建成，也将耗时几十年，但就像 150 年之后肯尼迪总统宣称将把人类送上月球一样，克林顿宣称“我们将在 10 年内看到，伊利湖的水流进哈德逊河。”同样也如“阿波罗”登月计划那样，在真正实现之前，这听起来有点儿不可思议。

伊利运河全长 584 公里，从伊利湖到哈德逊河要经过 83 道水闸，落差为 170 米。河道有 12 米宽，1.2 米深，全部由人工挖掘而成。当时联邦政府一年的财政支出还不到 2 200 万美元，而州立法机构为修建这条运河授权的借款就高达 700 万美元。

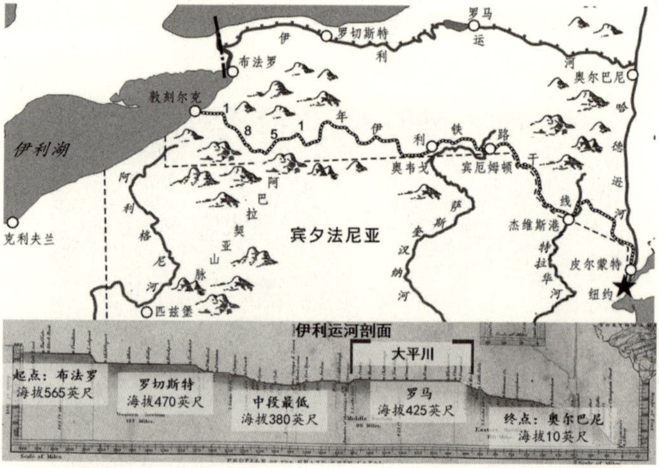

伊利运河的线路（上部）及沿线海拔高度（下部）。南北走向的阿巴拉契亚山脉在奥尔巴尼附近有一个缺口，莫霍克河在此从西面汇入哈德逊河。伊利湖的布法罗（水牛城）较奥尔巴尼高出约 560 英尺（约 170 米），存在高度差的地方可以设立多级船闸，因此修建一条运河是可行的。（译者根据公开资料整理）

为让运河工程尽快实现部分通航，克林顿将工作重点首先集中在“大平川”（long level），这一段位于锡拉丘兹（Syracuse，即雪城）和赫基默（Herkimer）之间，长 111 公里，不需要修建任何水闸。这一段运河在一年内就建好了，为该项工程赢得了坚定的政治支持。到1821年，354公里长的运河河段已经建成并投入使用，但最艰难的部分还没有开始——必须挖两条水渠连接杰尼西河（Genesee River）和莫霍克河，它们分别长244米和362米，而且其间还需要修建多个水闸。

由于受到不能直接受益于伊利运河的选区的反对，克林顿几乎失去了州长职位。但在1825年，也就是比克林顿原定的截止日期提前两年时，运河终于修建成功。10月26日，克林顿州长乘坐一艘由4匹灰马拉动的装饰豪华的大驳船从布法罗[1]出发。随船装载了两桶伊利湖的湖水。在从运河到哈德逊河沿岸800公里的地区内，纽约州举行了为期两周的庆祝活动，以庆祝这条运河的诞生。就像一位演讲家所说的："这是全美最长的运河，开凿者以最少的经验、最短的时间和最低的成本实现了最大的公共利益。"

第一批货物通过伊利运河运抵纽约。（译者根据公开资料整理）

1. 布法罗（Buffalo），也译作水牛城，美国纽约州西部城市，临近尼亚加拉大瀑布，为美国和加拿大边境城市。——译者注

11 月 7 日，克林顿带领一支由小船、驳船和大船组成的满载欢庆队伍的船队，前往桑迪胡克[1]举行一场“汇水仪式”。克林顿亲自将伊利湖的水倾注汇集了来自莱茵河、刚果河、尼罗河以及世界上其他 12 条大河之水的大西洋之中。这个典型纽约风格的仪式预示了纽约作为世界商业中心的辉煌前景，正如另一位演讲家所说的：“密西西比河谷的财宝……将通过已经建成或在建中的渠道，源源不断地汇入（纽约）这个商业中心。”

伊利运河刚刚正式开通，就取得了巨大的商业成功。仅 1825 年就有大约 13 110 艘船穿行于布法罗和奥尔巴尼之间，缴纳的通行费高达 50 万美元，足以支付纽约州为修建运河所借的债务了。这一年，有 4 万人经过尤蒂卡[2]小镇，而且旅客流量持续增加。一个早期的目击者写道：“站在运河无数大桥上的任何一个地方，你都会看到令人无法忘怀的景象，在运河上下两个方向目力所及的范围内，都可以看到长长的船队。到了夜晚，船头闪烁的灯光，就像一大群萤火虫在飞舞。”

坐船的许多乘客是想要离开新英格兰那些非常贫困的小山区的居民，他们准备到俄亥俄州或更西的地方寻找更好的落脚地，而纽约则是运河上绝大多数货船的始发地、中途站或目的地。中西部的农产品产量猛增，以前这些农产品被迫绕道密西西比河进行长途运输，现在可以通过克林顿修建的运河迅速运往东海岸。在运河开通前，在布法罗，一吨面粉的价格是 40 美元，将它运到纽约需要花三周的时间，运输成本是 120 美元，所以当面粉到达纽约的时候，价格相当于原来的 4 倍。可是运河开通之后，运送同样一吨面粉只需要 8 天的时

1. 桑迪胡克（Sandy Hook），美国新泽西州东部下纽约湾入口外一低半岛，该半岛将桑迪胡克湾与大西洋分隔开来，最早于 1609 年被发现。——译者注
2. 尤蒂卡（Utica），纽约州中部城市，在 1825 年伊利运河开航之后发展成为工业中心。——译者注

间，而且运输成本只需 6 美元，也就是说，伊利运河建成后，运输面粉等西部农产品的成本相当于原来的 1/20，所需时间约为原来的 1/3。对于其他的商品来说，也是一样。

事实上，短短几年后，正如波士顿诗人兼医生奥利弗·温德尔·霍姆斯[1]（他的儿子小奥利弗·温德尔·霍姆斯[2]曾任美国最高法院法官）所抱怨的，纽约已经成为“舔食全美商业和金融蛋糕上奶油的舌头”。

伊利运河建成后，带来的一个直接影响就是纽约市的人口开始爆炸式增长。1820 年的纽约人口数为 123 700，费城人口数接近 112 000；到 1860 年，这两个数字就变成了 1 080 330 和 565 529。同样令人吃惊的是纽约作为一个港口城市的迅猛发展：1800 年，美国的外来商品大约只有 9% 通过纽约港进入美国，到 1860 年，这个比例已经跃升到 62%。

纽约很快成了世界上有史以来最大的新兴城市，城区和未开发地区的界线在曼哈顿岛上以每年两个街区的速度向北推移。由于曼哈顿岛宽约 2 英里，这就意味着纽约每年要增加大约 10 英里的新街道。这些街道上经常堆积着大量建筑材料，阻碍了城市交通，导致纽约很快获得了“交通混乱”的恶名，从那个时代起直到现在，这一恶名始终同纽约如影相随。

纽约商业的繁华和人口的膨胀很自然地促成了经纪人业务的繁荣。但在 19 世纪 20 年代，这些“经纪人”仍然是一般意义上的“经纪人”（相对于专业化的证券经纪人而言），他们代理的品种范围包括证券、

1. 奥利弗·温德尔·霍姆斯（Oliver Wendell Holmes, 1809—1894 年），美国医生和作家，哈佛大学解剖学及生理学教授（1847—1882 年）。——译者注
2. 小奥利弗·温德尔·霍姆斯（Oliver Wendell Jr. 1841—1935 年），美国法官，曾任美国最高法院法官（1902—1932 年），他的许多观点影响了美国法的概念。——译者注

棉花和保险等。可是，伊利运河的修建在当时的美国引发了对运河概念证券的狂热，迅速增加了华尔街以及波士顿和费城等其他主要资本市场的交易量。这些增加的交易量不少来自欧洲，因为欧洲资本也想从迅速发展的美国经济中寻找获利的机会。

莫里斯运河（上图）和俄亥俄运河的股票（下图），陈列于美国金融历史博物馆。（译者摄于2017年）

那时，许多美国的运河公司实际上被伦敦的银行所控制，如巴林兄弟银行，其在纽约的代理人是精明的托马斯·沃德。到1823年年底，巴林兄弟银行所拥有的各种运河股票价值总和不低于24万美元，1824年又增加了8.2万美元。当时，英国人在美国市场的实力和影响不容小觑，并长达几十年之久，正如1833年一位美国国会议员开玩笑说：“美国金融市场的晴雨表悬挂在伦敦交易所”。今天，情况刚好相反，世界所有金融市场的晴雨表都挂在美国的华尔街上。

由于对美国运河概念的狂热，运河证券的首次发行常常获得超额认购。为修建罗得岛州[1]普罗维登斯的布莱克斯通运河而发行的股票，受到超过首发规模3倍的认购。新泽西的莫里斯运河的股票后来成为华尔街很多投机活动的对象，在首发时也获得多倍的超额认购。这些

1. 罗得岛州（Rhode Island），位于大西洋畔的美国东北部。它在1790年被接纳为最初的13个殖民地之一，在美国独立战争后开始工业化。——译者注

运河即使最终付诸实施并成功建造，获得的回报也远没有信心十足的招股说明书上所宣称的那么高，有些是因为经营不善，有些完全就是欺诈。而其余的，由于遇到了原先没有预料到的附加成本而变得无法赢利。切萨皮克[1]和俄亥俄运河公司原计划建造一个伊利运河的南方版本，由于修建运河的过程中遇到无数工程上的难题，结果该项目变成了一个无底洞。到 1827 年，该工程的最终费用估算为 2 200 万美元，是伊利运河成本的 3 倍以上。因此，该项工程一直没有竣工。

1830 年的商人交易所。纽约证券交易委员会租用了商人交易所楼上的一个房间。大楼的圆屋顶上面就是“旗语线”的第一站，通过旗语，纽约股市的开盘价格在大约半小时内可以传到费城。这种通信方式最终被电报所替代。信息的快速传递和对周边区域的覆盖客观上帮助纽约在金融中心的竞争中脱颖而出。

在随后的工业革命进程中，随着新的商业机会不断涌现，我们会看到这种现象在华尔街不断地重复上演。对未来的瑰丽幻想引发人们盲目地投资于各种新生行业的证券，由此推动股价飞涨。而当公司正式开张进入运营阶段，面对现实的困境时，股价就崩溃了。在 19

1. 切萨皮克（Chesapeake），美国弗尼吉亚州东南部城市。——译者注世纪40年代和50年代铁路业开始兴起时，历史亦惊人地相似。同样，到了20世纪20年代，投资者狂热买入航空公司的股票，而大多数航空公司最终连一条航线也没有开通过。当时投资者急迫地想从航空业的美好前景中分一杯羹，他们疯狂抢购一家名叫海岸航空公司（Seaboard Air Lines）的股票，而这家公司实际上是一家铁路公司，与航空业毫不相关。20世纪60年代，投资者蜂拥购买连锁公司股票，试图从麦当劳和肯德基所开发的连锁店市场中获利，而事实上，此类公司在股票首次发行之后，没有几家能够成功。

市场对新证券的需求不断增加，其中既有新公司发行的股票，也有州政府发行的债券，而此时，有关公司和证券的法律尚在襁褓之中。每一个经纪人，无论是经验老到的骗子还是初出茅庐的新手，都能很容易地将那些价值很令人怀疑的股票卖出去。此时（19世纪20年代），马里兰州和宾夕法尼亚州的资本市场和华尔街在规模和活跃程度上都相差无几，这两个市场允许公司甚至是州政府通过不断贷新款和发行新股票来筹集资金，以支付利息和股息。而纽约州的法律禁止这种类似庞氏骗局[1]的融资方式，这对于未来华尔街能够最终在各个资本市场的竞争中胜出并占据统治地位具有不可低估的影响。到1837年，这轮泡沫似的繁荣不可避免地落幕时，这一点就显现出来了。

* * *

在19世纪20年代末期的牛市行情中，许多经纪人发现他们可以放弃许多其他的经纪业务种类，如保险和彩票，而将精力集中在收益更高的股票和债券上。然而这场转变的重头戏并没有发生在纽约证券交易所（指纽约证券交易委员会租用的交易场地）。1821年，交易所

1. 庞氏骗局（Ponzi Scheme），指诱骗投资人向虚设的企业注资，用后来投资者的钱作为快速盈利付给最初的投资者，源自查尔斯·庞兹（Charles Ponzi, 1882？—1949年）。——译者注

的理事会开始在宽街 21 号塞缪尔 · 毕比的办公室里举行会议，毕比是当时最为成功的经纪人之一。直到 1827 年，理事会才撤到华尔街南边威廉大街和汉诺威大街之间的商人交易所（Merchants' Exchange），拥有了自己的总部。

但是，这时候华尔街的大部分交易活动还是在大街上进行的，许多不能成为交易所会员的经纪人在路灯柱下买卖股票，这些交易者被称作路边交易者，或场外交易者。场外的交易量经常超过场内的交易量（至少根据交易的股票数量而不是根据市值来算是这样），这与现在如果按交易股数计算，纳斯达克[1]的交易量经常可以超过纽约证券交易所的交易量一样。很多新证券在交易所上市交易之前，是在承销商的办公室里开始交易的。交易所的日交易量经常不足 100 股，在 1830 年 3 月 16 日，纽约证券交易所的股票交易仅有 31 股，创下了开业以来交易量的最低纪录。

在这轮牛市行情中，另一个现代华尔街经纪人的原型人物出现了。此类人物在此之前尚未登场，但在此之后他们就再也没有离开过华尔街，直到今天。

他的名字叫雅各布 · 利特尔[2]，他出生于马萨诸塞州的纽伯里波特[3]，是一个造船匠的儿子。利特尔于 1817 年来到华尔街，这一年在纽约历史上是一个很特殊的年份：伊利运河开始动工了，纽约证券

1. 事实上，纳斯达克市场的出现正是源于场外交易，场外交易也被称为纳斯达克的“精神祖先”。——译者注
2. 雅各布 · 利特尔，19 世纪早期华尔街著名投资人，股票市场史上最具影响力的投机者之一，人称“华尔街的大熊星”。——译者注
3. 纽伯里波特（Newburyport），美国马萨诸塞州东北部城市，位于劳伦斯州东北偏东的梅里马克河口，1635 年创建，早期主营造船业，是一个捕鲸港口。现在是个拥有多种轻工业的旅游胜地。——译者注

交易所也正式成立了，黑球航线公司（Black Ball Line）开始运营，这是首家横渡北大西洋的客运公司，定期往返于纽约和利物浦之间。在那个时候，定期的客运服务还是一个革命性的概念，但很快就会成为一种标准化服务，纽约也因此成为跨洋旅行最重要的起点站和终点站，它的这一地位一直延续到喷气机时代。

雅各布·利特尔的画像。他被誉为华尔街第一位伟大的投机者，他通过市场短期波动来获利，而不是长期投资于有发展潜力的企业。（译者根据公开资料调整）

利特尔起初是在雅各布·巴克[1]的综合性经纪公司工作。1822年，利特尔在一个地下办公室成立了自己的经纪公司（在寸土寸金的华尔街，地下办公室很常见）。在被几次投票否决之后，1825年他终于成了纽约证券交易所的会员。

利特尔和上一代的威廉·杜尔非常不同。杜尔的特长是获取政府内幕消息（或者更精确地说，他的特色是让别人觉得他能够获得政府的内幕消息），而且，杜尔在需要时会毫不犹豫地背叛他的合伙人，利用合伙人的钱为自己谋利。按照今天的标准来看，杜尔是个十足的骗子。

但是，利特尔是个独立经纪人，他没有任何政府关系，也没有长

1. 雅各布·巴克，美国历史上知名金融家、律师。1815年创立纽约交易银行（Exchange Bank of New York），1816年任纽约州议员。曾因涉嫌保险欺诈被起诉，后被无罪释放。曾协助解救被非法扣押的路易斯安那州黑人。——译者注

期合伙人。他有着超出旁人的市场判断力，尤其是在市场动荡、前景不明时，能准确预判市场走向，并运作自有资金低买高卖。换句话说，雅各布·利特尔是个投机者，他通过市场的短期波动来获利，而不是对有发展潜力的企业进行长期投资。

“投机”一直是一个颇受争议的名词，至少在华尔街以外的地方是这样。投机者经常被看成资本主义市场发展的寄生虫，他们并不创造财富，却能从中谋利。当然，经纪人们很乐于看到人们热衷于投机，因为他们可以借此进行频繁的交易为自己赚取大量佣金。但是，这些投机活动也大大增加了市场的流动性，提高了交易量，增加了市场的参与者，而这恰恰有助于确保市场形成最公正的价格。但是，“投机者”一向是华尔街一切不幸的“替罪羊”，他们总是会被指责为每一次市场狂热以及必然随之而来的熊市的罪魁祸首。

这些熊市的到来也不可避免地激怒了那些对市场运转不甚了解的人，他们想方设法将投机活动从国家金融体系中清除出去。可是，即使受到日益严厉的监管和诸如短期资本利得需要缴纳高额税赋等各种“歧视”，投机活动还是存活了下来，而且日渐繁荣。这足以证明，事实上，投机不仅是不可避免的，而且在适当的监管下，也是顺应市场需求的。另外，投机很像色情，给它下个定义或许很难，但明眼人一眼就能辨别出来。如20世纪初，伟大的英国金融家欧内斯特·卡塞尔爵士所说：“当我年轻的时候，人们叫我赌徒；后来我的生意规模越来越大，我被称为一名投机者；而现在我被称为银行家。但其实我一直在做同样的事情。”

作为华尔街第一位伟大的投机者，雅各布·利特尔通常在市场行情下跌的时候进行操作，他喜欢赌股价的下落。正因如此，他是华尔街第一个以“大熊星”的绰号而闻名的人（但他绝不是最后一个）。然而，最初使他名声大噪的却是因为他准确判断了19世纪30年代最热的股票之一——莫里斯运河和银行公司（Morris Canal and Banking Company，以下简称莫里斯运河）的上涨行情。1834年，市场飞速上涨，莫里斯运河是这次牛市的龙头股，但利特尔知道华尔街的许多大玩家已经卖空了这只股票，正在等待它的下跌。

利特尔看到了机会。在那个时候，卖空者承诺在将来一个特定的时间以特定的价格交付股票，如果股价在卖出日和交付日之间下跌的话，卖空者可以在交付日从市场低价买入，进行交割而获得价差。

但是，如果股价上升的话，做空者将遭受损失。更糟的是，至少在理论上，股价是可以无限上涨的，因此对一个做空者来说，潜在的损失是无限的。华尔街有条古老而神圣的规则，下面这首著名的打油诗说的正是这个道理（很多人认为这首打油诗是丹尼尔·德鲁[1]所作，但我们几乎可以肯定不是）：

如果本不是你的
让你卖了去
买不回来就得下大狱

利特尔组织了一个投机者团伙暗中买进莫里斯运河的股票。当那些卖空者为了交付股票而到市场上购买莫里斯运河的股票时，他们惊恐地发现利特尔和他的朋友们已经买断了这只股票，他们事实上控制了这只股票的所有流通股。利特尔一众以大约10美元的平均价格买进了这些股票，不用说，他们是绝对不会以这个价格将这些股票卖出的。在一个月之内，莫里斯运河的股价飞涨，达到每股185美元，利特尔和他的同伙大发了一笔横财。

1. 丹尼尔·德鲁（Daniel Drew, 1797—1879年），美国股市投机家，他靠操纵股票价格为自己谋利。——译者注

一夜之间，利特尔成为华尔街最著名的投机者，并且保持这一名声长达20多年。尽管这期间他曾三次破产，但每一次他都能努力地从失败中站起来，仿佛一只不死鸟从破产的灰烬中重生。最终，他在1857年的市场恐慌中第四次破产，从此一蹶不振、潦倒余生。此后数年，他虽仍然混迹于华尔街直到离世，但只能零星交易一些小额股票，他那辉煌时代早已一去不返。威廉·沃辛顿·福勒[1]关于华尔街的传记是19世纪60年代最畅销的书籍，他这样描述利特尔这类下场的人：

> 凡是到过交易所的人，都会注意到一些经常光顾市场的毫不起眼的人。他们曾辉煌过，但他们的钱丢失在了华尔街。他们每天都来到这里，似乎希望在同一个地方找回失去的金钱。这些人像市场上的孤魂野鬼，呆滞的目光瞪着报价牌，干枯的手指着它，似乎在说："你们好自为之！"他们挤在大门旁，出入交易所的大厅，衣衫褴褛、蓬头垢面，憔悴的脸上挂着的笑容比眼泪更令人心酸。

真正成就利特尔辉煌的是华尔街的第一次大牛市，而这次牛市的到来源于安德鲁·杰克逊政府的金融政策。

杰克逊是美国历史上第一位平民出身的总统，他家境贫寒，独立战争后成了孤儿。他曾专修法律，1788年移居田纳西州首府纳什维尔。当时，那里仅有几座小木屋。他以律师立业，很快就积累了可观的财富，社会地位也随之提高，并购置了大片地产。当大量的人迁居田纳西州中部郁郁葱葱的乡村地区时，这些地产的价格飞速上涨。但是由于一笔融资复杂的土地交易出现纰漏，杰克逊最终不得不为他人偿还

1. 威廉·沃辛顿·福勒（William Worthington Fowler, 1833—1881年），那个时代的一名作家，他自己也是一名投机商。——译者注

债务。处理这个案件花了他十多年的时间，由此，他产生了一种对投机、债务以及纸币的终身恐惧。

1829 年就任总统时，杰克逊的金融政策简单明确：尽快还清国债，关闭合众国第二银行。他非常憎恨这家银行，因为它是美国东部“金钱权力”的象征。在美国经历了 1812 年战争期间近乎灾难性的财政困境之后，合众国第二银行由国会在 1816 年授权成立。但是，像汉密尔顿的合众国第一银行一样，该银行的许可证规定期限是 20 年，到杰克逊执政时，已需要对它进行续签了。

这家银行在开始阶段经营不善，但在 1823 年费城银行家尼古拉斯·比德尔[1]接管之后，它很快就发展成为全美最大最有实力的银行。因为持有国会授权的许可证，它是唯一一家可以跨州经营的银行。作为联邦政府的财政代理机构，它在美国各主要城市都有分支机构，它发行的银行券[2]可以在全美流通使用。

比德尔是一位杰出的人物，是美国历史上最伟大的银行家之一。他在 13 岁时就修完了宾夕法尼亚大学学士学位的所有课程，但由于年纪太小，学校拒绝给他颁发学位证书。之后，他转而去了普林斯顿大学，用了两年的时间获得了学士学位。15 岁时，他作为毕业生代表做了毕业演说。

1. 尼古拉斯·比德尔（Nicholas Biddle, 1786—1844 年），美国金融家和学者，曾任美国银行行长。——译者注
2. 银行券（Banknote），指银行发行的可承兑的票据，在 18、19 世纪时，美国各家银行都发行自己的银行券，这些就是当时的纸币。——译者注

安德鲁·杰克逊，美国第7任总统，他因第二次独立战争中的英勇行为而蜚声全国，但就任总统后，他以生硬的手法阻止投机活动，最终导致了美国历史上时间最长的一次萧条。（译者根据公开资料整理）

当杰克逊成为总统时，比德尔已经是全美第二号有权势的人了。许多人都认为，总有一天比德尔自己也会竞选总统。可惜的是，他耀眼的成功反而成了他弃商从政的绊脚石。比德尔贵族式的行为方式（比德尔家族是费城最显赫的家族之一）使得杰克逊对他和他的银行非常反感。但是，在合众国第二银行的许可证到期，即1836年之前，杰克逊并不能拿他怎么样。等待机会的同时，杰克逊将主要精力放在削减国债上。此时，美国已经有了大量的财政盈余，这导致在各资本市场交易的联邦政府债券数量稳步减少。对负责联邦政府债券发行的合众国第二银行而言，联邦政府债券的减少意味着其实力的削弱。无法投资联邦政府债券的资金转而投向了州政府债券、运河公司和早期的铁路公司。但是市场上证券供给的大量减少，加剧了人们对剩余证券的需求，从而抬高了这些证券的价格。

到 1834 年，杰克逊基本上已经清偿了所有的国债，这在美国历史上是第一次（实际上也是任何现代大国历史上唯一的一次）完全清偿国债。为了做到这一点，他双管齐下，一方面提高关税，另一方面无情地削减开支，尤其是大量减少在一些道路改善等民用设施上的投入。

1835 年的纽约大火。当时，在费城都能看到纽约的熊熊火光。包括商人交易所在内的 700 多栋建筑在大火中付之一炬。在大楼坍塌前，一个勇敢的雇员抢救出了证券交易所的交易记录。

随着美国的日益繁荣，华尔街的股票交易商也越来越多。在 19 世纪 20 年代后期，纽约证券交易所的日交易量经常跌到每日 100 股以下。但到了 19 世纪 30 年代中期，每日平均拍卖的股票数目大约为 6 000 股，1835 年 6 月 26 日，交易量创下了一个历史纪录——7 825 股。但是，当时的拍卖并不是像今天这样的连续拍卖，而是会员们坐在各自桌边的座位上（现在交易所里的交易“席位”[1]正出自这里），等待交易所总裁或主持人举行每天两次的拍卖，总裁或主持人会依次叫出每一种证券的名字。1836年，在所有挂牌交易的股票中，有38家银行、32家保险公司、4家铁路公司、4家运河公司以及3家天然气公司的股票（在那时，煤气灯正迅速在全美各地普及）。

在这个阶段，大部分股票交易发生在场外，交易所理事会对会员的苛刻要求将许多人拒之门外，更多的人往往在投票时就被刷掉了。这些人都靠证券经纪过活，至少在行情好的时候是这样。股票交易的节奏和价格仍然由理事会来决定，而街头交易多在下午。那时候，交易所的拍卖已经结束，价格已经确定。非会员经纪人通常挤在交易所门口，争取在第一时间听到最新的价格。

1835年12月16日，在这一轮牛市势头正猛时，华尔街遭受了一场灾难，这一次不是金融灾难，而是一场自然灾难。那一天，纽约发生了火灾，起火的原因至今不清楚。大火肆虐蔓延，无法控制，整整烧了两天。虽然连费城的消防队员都赶来了，但也无济于事。恶劣的天气和猛烈的大风使得消防队员无计可施。大火愈加猛烈，熊熊的火焰将费城、波基普西[2]以及纽黑文[3]的天空都映红了。由于当时纽约市的市政供水依然不足，手工运作的消防车不得不离开现场到东河去取水。而且，由于当时正值严冬，消防人员还不得不砸冰取水。

等到火势最终得到控制，纽约的商业中心已经是一片废墟了。华尔街、宽街、康提斯小街和东河附近20个街区共有700多座建筑化为

1. 今天，交易所的席位仍沿用“seat”一词，即座位。——译者注
2. 波基普西（Poughkeepise），美国纽约州东南部城市，临哈德逊河，位于纽约市以北。——译者注
3. 纽黑文（New Heaven），美国康涅狄格州南部城市，位于布里奇波特东北的长岛海峡之畔，是耶鲁大学所在地。——译者注

焦土，英国殖民时代留下的痕迹也几乎全部被大火抹去。在今天的曼哈顿，美国历史最悠久的大城市的中心，独立战争前的建筑只有位于百老汇和富尔顿大街拐角处的圣保罗教堂幸存了下来。

因为这场大火，纽约城中26家火灾保险公司中有23家宣布破产，这使得许多股票持有者和投保人也跟着破产了。在毁坏的建筑中也有商人交易所，这是自1827年以来纽约证券交易委员会举行拍卖的场所。幸运的是，交易所一名英勇的员工——J. R. 芒特在建筑崩塌之前设法将交易所的交易记录抢救了出来，为此他得到了100美元的奖金。委员会很快重整旗鼓，在一个临时场所重新开业了。虽然纽约遭到大火的严重破坏，但这个时期的美国经济却蒸蒸日上，纽约的经纪人业务也很快重新步入正轨。

此时美国繁荣经济中的亮点是西部土地开发，这些项目是由政府新批准建立的银行资助的。1829年，全美仅有329家银行，8年之后就有了788家。虽然银行的数目仅增加了一倍，但这些银行发行的票据总值却翻了3倍多，从原来的4 820万美元增至1.492亿美元，发放的贷款翻了将近4倍，从1.37亿美元增至5.251亿美元。许多州的银行法案制定仓促，许多新设银行经营不善（即使没有欺诈的话），普遍资本金不足，监管不严，对未来过度乐观。

此前，合众国第二银行一直拒绝接受它认为经营不善的银行的票据，试图以此来施行规束。但随着实力的削弱，它控制形势的能力也随之减弱。而且，杰克逊从该银行撤出了政府存款，转而存放在州立银行，这也是其毁掉合众国第二银行策略的一部分。很快，这些银行被杰克逊的政治对手们冠以“被宠幸的银行”的称号。因为增加了存款基础，这些银行可以发行更多的银行券，接受房地产作为抵押发放了更多贷款，而房地产是所有投资中最缺乏流动性的一种。

从复本位到金本位

随着人类社会的发展，商业活动、资本往来日益频繁，人们对于支付商品劳务、清偿债务的需求也在不断增加。货币，作为一种交换媒介和价格度量，是历史发展的必然结果。最早的货币是实物货币，贵金属由于贮藏丰富、开采相对容易，而最早被人类广泛采用。

货币制度是国家用法律规定的货币流通的结构和组织形式，起初是单一本位制度，中国古代的货币以铜币为基础，而在西方国家，则以银本位为主导。然而，随着商业交易规模的扩大，西方国家大量开采白银，导致白银价值不断下降，影响了其作为货币的价值稳定性，于是黄金被逐渐加入货币体系中，16—18 世纪欧洲国家纷纷建立金银双本位制度。在这种制度下，金币和银币可以同时使用，两者也可以自由交换。

根据交换比例的形成方式，双本位制经历了三个阶段：平行本位制阶段，两种货币均按其所含金属的市场实际价值流通，市场实际价值取决于供需关系，因此比例动态变动，容易造成商品价格的紊乱；复本位制阶段，由国家规定金银货币的交换比例，此时就出现了规定比例与实际价值比例之间的背离，在“格雷欣法则”下，实际价值较高的货币逐渐从流通中被驱逐，即“劣币驱逐良币”；跛行本位制阶段，国家规定金币可以自由铸造而银币不可以，于是银币实际上成为金币的辅币，西方货币制度向金本位制转变，1973 年布雷顿森林体系瓦解之后，金本位制终结。（译者根据公开资料整理）

这样一来，最痛恨投机和纸币的杰克逊总统所实施的政策，却意外地引发了美国首次由于纸币而引起的巨大投机泡沫。更加讽刺的是，在这次投机泡沫中，许多土地都是联邦政府卖给居民或投机者的。1832 年，政府土地办公室（General Land Office）的土地销售总额为 250 万美元。到 1836 年，这一数字猛增至 2 500 万美元。1836 年夏季，销售额以每月将近 500 万美元的速度累积。美国俚语中“做土地办公室的生意”（do a land-office business）的说法就开始于这个狂热时期，意指“非常兴隆的生意”。

杰克逊清楚地知道市场上的动作，他后来写道：“土地的拥有证只是到银行去贷款的信用凭证，银行把银行券贷给投机者，投机者再去购买土地，很快，银行券又回到了银行，接着又被贷出去，银行券在这个过程中仅仅是充当将宝贵的土地转移到投机者手里的工具。实际上，每一次投机都酝酿着一次更大的投机”。

典型的杰克逊式做法是将投机活动拦腰截断。他向他的内阁建议：土地办公室只接受铸币支付——金币或银币。但是，因为内阁的许多会员自身都深深地卷入这场投机，所以他们坚决抵制总统的提议。同样深陷其中的国会当然也不会同意。杰克逊别无他法，只有等到国会休会后，于 1836 年 7 月 11 日，将所谓的《铸币流通令》(Specie Circular）作为行政命令[1]签署生效。它要求，除极个别情况外，8 月 15 日以后购买土地都必须用金币或银币支付。

杰克逊希望他采取的举措对土地投机活动能有所抑制，但始料未及的是，这些措施带来了投机活动的戛然而止，华尔街直接转牛为熊，

1. 在美国政治体系中，行政命令是总统单方面向政府机构下达如何行动的指令。这种政策工具的依据是《宪法》中规定总统的行政权，有法律效力，也使总统拥有自由裁量权。美国新任总统特朗普上任后即签发多条行政命令，包括叫停“奥巴马医保”、在美墨边境建墙等。——译者注

经济也步入了萧条期。由于对铸币的需求激增，银行券的持有者开始要求用银行券换取金银铸币。银行为了筹集急需的钱，不得不尽快收回贷款。西部的银行从东部的银行吸收了大量的金银铸币，但其后却尽可能地保存它们，以应对当时的另一项政府措施。

当时的联邦政府坐拥大量财政盈余、负债为零，钱要么堆放在国库里闲置，要么存放在“被宠幸的银行”里。1836年，国会决定将大部分盈余分给各个州政府使用。它下令财政部从1837年1月开始，每个季度从财政部在银行的存款中支取900万美元，并根据各州的人口按比例分配给各州。银行不得不做好准备，以应付存款基数的锐减。

那些黄金储备较少，却发行了大量银行券的银行因实力不济，纷纷宣告破产。那些需要银行贷款做生意的商人也因此寸步难行。股市开始下跌。纽约的日记作者和前市长菲利普·霍恩[1]，于1836年6月百老汇新宅完成奠基后去欧洲看望了他的女儿，而当他10月回到纽约时，发现金融界的氛围已经完全变了。他在11月12日的日记中写道：“这是一个艰难的时代。”他列举了几只股票，这些股票在他去欧洲的时候每股价格都超过100美元，但如今每股仅值60或70美元。《纽约先驱报》(*New York Herald*)在1837年1月2日［这一天，按照国会的决定，第一笔900万美元从银行（其中大部分是东部银行）转给了各个州政府］报道：利率从年利7%一下飙升到月利2%，甚至3%。

破产开始蔓延。当英格兰银行提高利率以防止黄金流出国门时，英国棉花进口量随之下降，这进一步挫伤了美国经济。而且，由于英国国内利率升高，英国投资者不愿意再将钱投放到美国证券市场，这对华尔街资本市场无疑是雪上加霜。

1. 菲利普·霍恩（Philip Hone, 1780—1851年），美国日记作家和官员。他的日记（1889年出版）对1828—1851年纽约市的生活和政治进行了很有价值的记述。——译者注

美国历史上的首次大牛市终于被首次大熊市所替代，但交易量仍然维持在很高的水平。事实上，在1837年3月，有几天的交易量多达上万股，当时马丁·范·布伦[1]刚取代杰克逊入主白宫，就立即迎来了杰克逊无意种下的种子所结出的苦果，股票价格开始复仇似的下跌。莫里斯运河股票的月初价格为每股96美元，月末跌到每股80美元（到1841年，它几乎一文不值了）。长岛铁路（Long Island Railroad）的股票从每股78美元跌到每股64美元。当几个州的州政府试图为它们的债务进行再融资时，发现市场上根本没有人愿意购买它们的债券。

4月，菲利普·霍恩自己也损失惨重，他在日记中写道："在投机狂热的日子里，我们的耳边充斥着一夜暴富的故事。现如今，那些财富像4月艳阳下的冰雪一样融化得无影无踪了。除非身无负债，否则任谁如何算计都无法在这轮毁灭中幸免。所谓幸福者，是那些债务很少或根本没有债务的人。"

到5月底，全美的所有银行（至少是那些还没有破产的银行）都终止了金币兑付。政府收入在1836年达到了5 080万美元，到1837年却仅有2 490万美元了，杰克逊试图维持联邦政府零负债的愿景一去不复返了。到1837年初秋，全美90%的工厂破产停业，美国进入了历史上的第一个萧条期（也是迄今为止美国历史上最长的萧条期）。虽然1837年的经济萧条影响深远、后果惨重，但值得庆幸的是，那时绝大多数的美国人口还居住在农村，也就是今天经济学家所称的"货币经济"[2]之外，他们感受不到经济萧条带来的苦痛。他们能够自

1. 马丁·范·布伦（Martin Van Buren, 1782—1862年），安德鲁·杰克逊任总统时（1833—1837年）的副总统，后为美国第8任总统（1837—1841年）。——译者注
2. 货币经济（Cash Economy），这里意指此时的美国人大部分还住在乡村，自给自足，物物交换，不使用货币，不参加货币经济的循环。——译者注

给自足，直到经济好转。相比之下，那些生活在“货币经济”之中的人，包括工厂的工人和老板、商人以及华尔街的经纪人，遭受的痛苦就要深重得多。

恐慌过后随之而来的经济萧条，导致华尔街的商业活动几近枯竭。为了找一个更小更便宜的活动场所，纽约证券交易所在这几年中搬迁了好几次。但是，如果说华尔街在此次萧条中损失惨重的话，那么，费城金融市场可谓全面瘫痪了。

美国金融中心的转移：从费城到纽约

费城是华盛顿建市前美国的首都，也是美国早期的金融中心。美国第一家央行（合众国第一银行）、第一家国家商业银行（宾夕法尼亚银行）和第一个证券交易所均诞生于此。然而，费城金融中心的位置还没坐稳就开始动摇。1800 年，美国首都迁往华盛顿，位于费城的中央银行合众国第一银行、合众国第二银行在政治斗争中相继被关闭。与此同时，大西洋港口经济的迅速崛起，使成为国内和国际金融中心的历史性机遇降临到纽约这片土地上。1819 年，伊利运河的开通为纽约的腾飞插上了翅膀，大大拓展了商业腹地，令其迅速成为美国的商业中心。以伊利运河为代表的证券受到投资者的追捧，全国资金纷纷涌向纽约，推动纽约金融市场快速发展。而在 1861 年爆发的南北战争中，华尔街成功地帮助北方政府进行了大规模战争融资，使其战胜了在财政上陷入困境的南方政府，进一步巩固了纽约的金融中枢地位。（译者根据公开资料整理）

今日费城。费城市政大厅与本杰明·富兰克林的雕像相对而立。本杰明·富兰克林是美国著名的发明家、政治家、外交家，参加起草《独立宣言》和《宪法》，并在独立战争中为美国争取到了法国的支持，据说，他亲自做过著名的“费城风筝实验”。法国经济学家杜尔哥评价道：“他从苍天那里取得了雷电，从暴君那里取得了民权。”（译者根据公开资料整理）

随着人口的爆炸式增长，纽约市场的发展速度已多年远超费城。到19世纪30年代中期，纽约已经成为最大、最重要的城市。另外，19世纪30年代中期发生的一系列政治和经济事件，对费城形成的直接冲击远强于其对纽约的影响。这时已经失去了国家授权的合众国第二银行不得不去寻求其所在州政府的授权，更名为冗长的费城合众国银行。[1]但是，由于没有国家授予的经营权，它只是一家州立银行，这使得它原先那种造就费城金融市场繁荣的威力不复存在。

在接下来的一年中，当萧条来临时，宾夕法尼亚州政府根本无力偿还 2 000 万美元的巨额债务，只能选择拖欠债务本金和利息。由于费城的银行大都以州政府债券作为主要的银行储备工具，州政府违约对它们而言，是继经济萧条之后的第二重巨大打击。相比之下，纽约的银行背负的州政府债券仅有区区 200 万美元，完全在其承受范围之内。虽然纽约也有很多银行倒闭了，但那些经营比较好的银行艰难地挺了过来。这样，已经屈于第二的费城，在金融业务总量上被纽约远远地抛在了后面。

因此，"华尔街" 在这个时期作为美国全国金融市场的代名词进入美国人的字典绝不是偶然。随着时间的推移，它所代表的含义就会越来越名副其实。但不无讽刺的是，华尔街似乎只有在历经了火灾、恐慌和萧条的洗礼之后，才能最终真正成为美国金融市场的代表。

同一时代的西方和东方

西方	年份	东方
罗伯特·富尔顿成功地进行了首次蒸汽机轮船航行	1807	
英国通过禁止奴隶贸易法令	1807	
	1808	英舰侵犯中国东南沿海，被中国水师击退
	1809	清政府实行《民夷交易章程》，限制外商与国人交易
第二次美英战争爆发	1812	
	1813	英使马戛尔尼第二次来华，仍无收获

1. 费城是宾夕法尼亚州的首府。——译者注

（续表）

西方	年份	东方
	1813	清政府制定严禁贩运鸦片烟律，规定吸者也有罪
“滑铁卢战役”反法联军获得了决定性胜利，结束了拿破仑帝国，维也纳体系成立	1815	
英国政府颁布法令，实行单一的金本位制	1816	清政府勒令抵京的英国阿默斯特使团离境
纽约证券交易所正式成立	1817	
英国 D. 李嘉图的《政治经济学及税赋原理》发表	1817	
西班牙把佛罗里达割让给美国，并放弃对俄勒冈地区的全部领土要求	1819	
美国联邦政府颁布《土地法》，降低出售土地的单位面积。19 世纪 20 年代，美国开始西部开发。30 年代，土地投机热升温	1821	
	1823	中国第一家票号——“日升昌记”诞生在山西平遥
英国爆发经济危机，这是资本主义社会的第一次经济危机	1825	
伊利运河修建完成，成为美国西部物产源源不断流向东部的主渠道，也一举奠定了纽约作为美国商业中心的地位	1825	
美国民主党建立	1828	
	1834	英国驻华商务监督律劳卑要求与中国两广总督磋商贸易事务被拒，令军舰炮击虎门。鸦片进口贸易已达 2 万多箱
美国第一条铁路建成通车	1830	
	1835	中国人口突破 4 亿
合众国第二银行解散。同年，杰克逊颁布《铸币流通令》，要求以金银铸币购买土地，抑制了全国的投机活动，也引发了美国经济的大萧条	1836	
英国宪章运动爆发	1836	

第四章

“除了再来一场大崩溃，这一切还能以什么收场呢？”（1837—1857 年）

译者题注

铁路的出现，带来了美国经济的飞速增长，也极大地提升了资本市场的规模和影响力；电报的产生迅速确立了华尔街作为美国资本市场中心的地位；而1848年加利福尼亚金矿的发现带来了美国经济和华尔街新一轮的快速增长，人们过着销金蚀银的挥霍生活。然而到了1857年，各种衰退的迹象开始显现，“除了再来一场大崩溃，这一切还能以什么收场呢？”……

译者导读

- 19世纪中叶，最具变革性的新生事物无疑是铁路，它对世界的影响是直接而迅速的。铁路作为一种新的交通运输方式，比此前出现的运河效率更高，所受地理条件的限制更少，它把无数小规模的地方经济连接在一起，并使越来越多的产品生产实现了规模化；同时，铁路对于钢轨、机车、车厢和煤的巨大需求也推动了人类历史上第一批重工业企业的发展，并造就了第一批工业时代的产业大军和百万富翁。
- 在铁路的发展中，资本市场和实体经济相互促进的巨大意义显露无遗。铁路的修建需要巨额资本，当时美国一个中产阶级的年收入只有1 000美元，修建1英里运河的成本是20 000美元；如果缺少资本市场的支持，修建铁路无疑困难重重。马克思曾经说过：“假如必须等待积累使个人的资本增长到足以修建铁路的程度，恐怕直到今天世界上还没有铁路，但集中通过股份公司转瞬之间就把这件事完成了。”[1]从这个意义上说，华尔街无疑是美国铁路发展的助推器，但铁路的发明也反过来对华尔

1. 人民出版社1972年版《资本论》第一卷，第690页。——译者注

街起了巨大的推动作用。铁路巨大的融资需求使得铁路证券成为华尔街投资的主要品种，而对铁路股票的疯狂投机与铁路本身所带来的巨大经济效益共同带领华尔街进入了一段非比寻常的历史时期。

· 电报的发明在彻底改变人类信息传递方式的同时，也对华尔街资本市场产生了巨大的影响。在纽约股市开盘价格传递到费城所需的时间从 30 分钟减为几秒钟的巨大变化过程中，华尔街对于其他地方性资本市场的影响力大大增加，这些地方性资本市场被迅速边缘化，而纽约一举确立了其作为美国金融中心的地位。

· 这个时代的华尔街弄潮儿以丹尼尔·德鲁为代表。出身贫寒、从贩卖牲畜起家的德鲁，来到华尔街这个刀光剑影的博弈场上，基督徒的虔诚信仰丝毫没有妨碍他成为一个惯用各种阴谋诡计的超级玩家。

· 1848 年，加利福尼亚州金矿的发现，引发了全美国的淘金狂潮，大量的黄金支撑着美国经济迅速发展，华尔街也因此再度繁荣。但到 1857 年，各种衰退的迹象开始显现，华尔街上的银行和经纪商开始破产，恐慌扩散到伦敦和巴黎，第一次真正意义上的世界金融恐慌爆发了。等到这场灾难硝烟散去的时候，纽约一半的经纪商已经破产，而华尔街的一些革命性变革即将在这短暂的消沉之后来临。

1837 年大崩溃之后，华尔街被笼罩在一片阴霾之中多年。那些除了证券之外还同时经营其他业务的经纪商在这场大崩溃后得以生存下来，但很多已经开始专营证券经纪业务的经纪商则没有那么走运。那些已经在交易所占有一席之地的交易所会员比场外经纪商（也称街边经纪商，或路边经纪商）的日子要好过得多。在19世纪30年代牛市的最高峰时期，场外经纪商因为不能进入正式的证券交易所，曾组建了一个交易所与其抗衡，它被称作新交易所（New Board）。但到了1839年，这些经纪商中有3/4都已经破产，到了1848年，新交易所也就自然而然地消失了。

此时的欧洲和美国一样，也处于一片大衰退之中，英国和欧洲大陆国家对美国证券的需求也相应大大减少了。更糟糕的是，截至1842年，美国共有超过9个州的州政府债券违约，这对美国证券在欧洲市场上的处境更是雪上加霜。当时，在欧洲市场上，就连南美洲的一些市政债券也比美国国债的售价高。罗斯柴尔德[1]银行巴黎分行的总裁曾经这样对美国人说："你们回去这样告诉你们的政府，你们在欧洲见到了欧洲金融界的巨头，他们说，美国人在欧洲借不到钱，一块钱都借不到！"

与早期相比，华尔街的面貌已经发生了巨大的变化。以前沿着华尔街西角一字排开的富丽堂皇的砖石大厦，现在大部分都让位于褐色砂石粉面的四五层高的办公大楼。曾经作为临时国会大厦的旧市政大厅在19世纪30年代被拆除，在原址上取而代之的是海关大楼。海关大楼屹立在宽街的街头，采用了19世纪三四十年代非常流行的希腊复古式风格建筑（不过内部的圆形大厅和穹顶却与希腊风格相去甚远），此后，许多华尔街历史事件都将在此上演，1862年，它成为美国国库在纽约的分部，1883年，在英国撤离美国的百年纪念日，那尊著名的乔治·华盛顿雕像在它的门前立了起来。

位于华尔街南边的商人交易所在1835年的大火中毁于一旦，取而代之的是于1842年重新开业的更大的新的商人交易所。直到现在，

1. 罗斯柴尔德（Rothschild, 亦译为洛希尔）家族，欧洲银行世家。——译者注

它依然屹立在那里（尽管 1907 年在原有的柱廊之上增加了第二条柱廊）。

但是，在这段时间内，华尔街在外观上最显著的变化还是在前两座三一教堂原址上建起的第三座三一教堂，它位于华尔街和百老汇大街的交会处。1790 年建成的第二座教堂从结构方面来说相对简单，随着纽约的发展，最重要的圣公会教区（Episcopal parish）也随之发展起来。1705 年，安妮女王[1]把位于城北名为“女王农场”的一些土地赐给当时面积很小的教区，这块土地现在是曼哈顿西南侧的地段，总面积达到 1.1 万公亩。随着纽约市在 19 世纪早期爆炸式的扩张，这份女王的馈赠也随之迅速增值。到 1840 年，三一教堂已经成了世界上最富有的教区的教堂，直到今天依然如此。由于年久失修，教区委员会决定建一座更大更富丽堂皇的教堂来替代它。

新的三一教堂是用褐色砖石建成的，在纽约市的历史上，它的规模是前所未有的。教堂的尖顶直冲云霄，高达 84 米，在布鲁克林的曼哈顿塔（Manhattan Tower）建成之前，它一直是纽约市的最高点。就像现在的帝国大厦一样，教堂在当时吸引了络绎不绝的游客，游客只有在付费之后才能爬上尖顶观赏风景，教堂管理人员也因此获得了相当可观的收入。1846 年教堂落成，同年墨西哥战争爆发，终于结束了经济萧条。这个“上帝的企业”[2]在不经意间变得极其富有，它也因此成为华尔街一个颇具讽刺意味的象征，其知名度甚至超过了纽约证券交易所和摩根银行。

1. 安妮女王（Queen Anne，1665 年 2 月 6 日—1714 年 8 月 1 日）。大不列颠王国女王、爱尔兰女王（1702—1714 年在位）。——译者注
2. 指教堂。——译者注

1846 年的三一教堂。（译者根据公开资料整理）

* * *

就在华尔街的外观发生巨大变化的时候，处于萧条之中的美国经济也悄然发生着巨大的变化，最重要的改变来自 19 世纪最有前途的发明——铁路。运河只是部分缓解了陆路长途运输的问题，而铁路则最终解决了这个难题。开挖运河一方面极其昂贵，那个时代中产阶级的年收入只有 1 000 美元，而伊利运河每英里的造价高达 20 000 美元；另一方面又受到诸多地理限制，适宜开挖运河的地段非常有限。要保证通航，运河里必须有大量的河水，因此只有在降雨量大的地区才适于修建运河。而且北方的冬天干燥少雨，因此运河在冬天基本处于断航状态。倒霉的切萨皮克和俄亥俄运河的股东们还发现，在多山的地区开挖运河需要建造许多船闸升降驳船，而船闸往往是运河工程中造价最高昂的部分，因此非常不划算。相比之下，铁路几乎在任何地区都能建造，并且四季通行。

联合太平洋铁路贯通时的照片。（译者根据公开资料整理）

早在17世纪中期，采矿工人偶然发现，如果把货车放在铁轨上，靠牲口就可以拉动比平时多得多的货物。但是这一发现没有在矿山之外的地区得到应用，直到出现了比马更强大的牵引动力。当詹姆斯·瓦特的旋转式蒸汽机技术在1784年日趋成熟时，工程师们开始思考如何在铁轨上把蒸汽机和马车车厢结合到一起工作。但是，当时瓦特设计的蒸汽机每分钟只有12转，连蒸汽机自身都推不动，更不用说拉货或者拉人了。在18世纪和19世纪之交，英国的理查德·特莱威狄[1]和美国的奥利弗·埃文斯[2]分别独立发明了高压蒸汽机，这使铁路运输成为可能。瓦特的蒸汽机用蒸汽推动活塞，然后利用真空使活塞回到原位，而特莱威狄和埃文斯的蒸汽机则完全使用蒸汽来回推动活塞，而且压强要远远高于瓦特的版本。这种蒸汽机巨大的“吐气”

1. 理查德·特莱威狄（Richard Trevithick），英国工程师，发明家。世界上第一台实用性轮轨蒸汽机车的发明者。——译者注
2. 奥利弗·埃文斯（Olive Evans），美国发明家、工程师、商人，发明了美国第一台高压蒸汽机。——译者注

声使它获得了“喷气的机器”的绰号，正是这种蒸汽机使陆路交通变得前所未有的快捷和便宜，几乎可以通达任何地方，它也因此成为推动整个19世纪经济发展的动力。为了对这一发明以及它所带来的革命性变化有一个大致的概念，我们可以对比一下，在18世纪20年代，挖一条横穿纽约州的运河已经是人类极限了，但仅仅半个世纪以后，联合太平洋铁路（Union Pacific Railroad）已经能够横跨整个美国大陆了。

奥利弗·埃文斯，发明了高压蒸汽机，被誉为“美国的瓦特”。（译者根据公开资料整理）

奥利弗·埃文斯，这个已经被人们遗忘的美国天才，早在1813年就清楚地看到了这一前景。“这样一个时代终将到来”，那一年，他写道，“人们会坐在蒸汽机牵引的车厢里，在城市之间往返旅行，就像飞鸟一样快……乘坐一列这样的火车，早晨从华盛顿出发，旅客们可以在巴尔的摩吃早餐，在费城吃午餐，当天晚上可在纽约享用晚餐……

为了做到这一点，我们需要铺设两条双向铁轨，这样，两列火车可以相向而行，夜晚也可以行车”。

不幸的是，埃文斯于1819年逝世，他没有来得及亲眼看到他的设想变成现实。铁路的发展并不仅仅依靠一项发明，相反，它需要一整套复杂的技术，因此铁路运营的真正成熟还需要几十年的时间。英国工程师乔治·斯蒂芬森第一次将铁路运营的各项要素整合在一起，1829年他在曼彻斯特和利物浦两个城市之间修建了一条铁路，曼彻斯特处于内陆地区，这条铁路使得当时正在迅速发展的曼彻斯特的制造业直接与出海口相连。

斯蒂芬森的铁路一炮打响，在商业上获得了巨大成功，并且很快被别人竞相模仿。在曼彻斯特至利物浦的铁路开通时，巴尔的摩至俄亥俄的铁路已经在建设之中了。由于工程师们认为路上的弯道太急，不适于用蒸汽机作为动力，因此最开始是考虑用马来作为牵引的。后来，纽约的工程师兼实业家彼得·库珀制造出美国第一台名为“拇指汤姆”[1]的机车，改变了他们原先的想法。当时由于缺乏适用的通气管，库珀实际上是使用枪管连接蒸汽机和锅炉的。“拇指汤姆”在巴尔的摩至俄亥俄之间的铁路上以18英里（约28公里，1英里约合1.6公里）的时速行驶，这让当时那些习惯了马儿小跑的人目瞪口呆，惊诧不已。

巴尔的摩至俄亥俄之间的铁路只是当时正在兴建的诸多铁路中的第一条，到1835年，美国已经有1 000英里的铁路线在运营了。到1840年，这一数字达到了3 000英里，到1850年，达到1万英里。南北战争爆发时，已经总共有3万英里的铁路线纵横交错在美国大陆上。

1. 拇指汤姆（Tom Thumb），英国童话故事《拇指汤姆历险记》中的主人公。——译者注

1830 年 8 月 25 日，美国第一台在商业铁路上运营的蒸汽机车“拇指汤姆”与马车比赛，最终因发动机故障败北。（译者根据公开资料整理）

铁路大大地改变了人们生活的节奏。在 1829 年，安德鲁 · 杰克逊从田纳西州首府纳什维尔到华盛顿就任总统，坐马车走了一个月。到了 1860 年，这段路程只要三天。铁路大大激发了人们对长途旅行的兴趣。在南卡罗来纳州的两个城市查尔斯顿和汉堡之间的第一条铁路通车以前，两个城市之间的主要交通工具就是马车，并且一周只能跑三次，但仅仅五年之后，这条铁路线每年运送的旅客就达到了三万人次。

尽管铁路对客运影响巨大，但受惠更多的是货运。正如伊利运河的开通使得五大湖区和纽约市之间的货物运输成本减少为原来的 1/20，铁路连接的内陆站点之间，货物运输费用也以类似的比例大大降低。因此可以这么说，历史上从来没有哪一项发明能像铁路这样对世界产生如此迅速和决定性的影响。可以说，正是铁路把无数小规模的地方经济联系在一起，创造了真正意义上的世界经济。1886 年，经济学家亚瑟·T. 哈德利在他的经典著作《铁路交通》(*Railroad Transportation*)中写道:“在我们祖父的那个时代,货物运输费用极其昂贵,小麦的消费范围仅限产地周围的 200 英里。但是今天,俄罗斯的小麦、印度的小麦和达科他州的小麦直接竞争,敖德萨[1]的小麦产出直接影响着芝加哥小麦市场的价格。”

1850—1860 年十年间美国铁路快速扩张,如图所示,到南北战争爆发前的 1860 年,已有 3 万英里的铁路线纵横交错在美国大陆上。从图中可以看出,北方的铁路网更为密集,有助于更快地调集军队和物资,这一差别对南北战争的结果产生了很大的影响。(译者根据公开资料整理)

受到铁路影响的远不只小麦这样的商品。在铁路出现以前,由于区域性市场的需求量很小,许多工业产品往往可以用手工生产。但是随着铁路时代的到来,在制造领域内实现规模经济成为可能,越来越多的工业产品生产随之实现了规模化,这样就大大削减了成本,降低

1. 敖德萨(Odessa),今乌克兰港口城市。——译者注

了价格。铁路对于钢轨、机车、车厢和煤（尽管美国早期铁路的燃料主要来自美国丰富而廉价的木材资源）的巨大需求也推动了历史上第一批重工业企业的发展，这些企业雇用的工人数量庞大，前所未有，铁路同时也创造了工业时代第一批像彼得·库珀这样的富翁。

19 世纪余下的美国政治经济史，都不可避免地涉及这个国家如何学习管理、监管以及公平分配铁路这一新兴事物所带来的巨大利益，但人们首先需要做的是开拓新的融资方式以获得修建铁路的资金。建设铁路的费用相比于运河开挖要便宜得多，但仍然是资本密集型行业，还是不可能像 19 世纪之前的大部分企业或项目那样由个人和家庭来投资。而且在发展早期，也无人能够准确地把握它的前景。

最早的铁路通常是区域性的，距离很短，通常是把一个小镇和最近的一个交通枢纽连接起来，这些枢纽通常是一条河或者一个港口。因此建设这些铁路的资金通常来自铁路沿线的居民，他们也很快成为这一新交通工具的直接受益人。但是，许多开始只在铁路沿线销售的债券很快就在华尔街和其他金融中心出现了，越来越多的经纪人开始承销这些铁路证券。

铁路证券成为华尔街的主要品种，正如一代人之前的州政府债券和联邦政府债券。1835 年，只有三只铁路证券在交易所挂牌交易，到 1840 年进行交易的铁路证券已经有 10 只，而 10 年之后，这一数目迅速膨胀到 38 只。到南北战争爆发时，铁路股票和债券相当于美国证券的 1/3。

在美国的早期铁路之中，伊利铁路最为特别。与其他地方的铁路不同，伊利铁路从一开始就计划作为铁路干线来建设，在 1851 年完工之际，它曾一度成为世界上最长的铁路，但它的这一地位也只持续了很短的一段时间。与其他出于经济需要而建的铁路不同，伊利铁路是政治产物，因此也就决定了它永远摆脱不了政治所带来的影响。为

美国早期的铁路股票，陈列于美国金融历史博物馆。19 世纪美国的铁路建设热潮需要大量资金，政府只能提供部分支持，更多还是依靠发行股票、债券向国内民众和国外募资，这反过来也促进了美国资本市场的发展。由于早期修建铁路得到了巨额的回报，带来了对于铁路的疯狂投机，以至有近 1/3 的铁路在修建后被废弃不用，还有很多铁路未能完工。（译者摄于 2017 年）

了赢得人们对于他们所热衷的伊利运河的支持，德·威特·克林顿曾对纽约州靠近宾夕法尼亚州一线（该区域被称为“南部阵线”[1]）的选民允诺，州政府要帮助他们修建一条他们自己的“通衢大道”，来连接哈德逊河和五大湖区。

这样一条通衢大道不可能以运河的形式实现，因为开凿运河无疑要穿越卡茨基尔和阿勒格尼[2]（Catskill and Allegheny Mountains）崎岖不平的岩石山区，所以最初的计划是修一条收费公路。但是，在曼彻斯特至利物浦的铁路获得巨大的商业成功后，“南部阵线”开始要求克林顿州长修建一条铁路来兑现他的诺言。而伊利运河经过的县郡当然不希望在纽约州的南部出现与之相竞争的运输干线，费了九牛二虎之力后，伊利铁路终于在 1832 年 4 月 24 日从纽约州立法机构拿到了建设许可证。即便如此，许可证上的条款仍使伊利铁路的实际建设困难重重，

1. 南部阵线（Southern Tier）指的是美国纽约州卡兹奇山以西，沿着宾夕法尼亚州北部的区域。——译者注
2. 分别位于纽约州和俄亥俄州东部，属于阿巴拉契亚山中部区域。——译者注

举步维艰。

许可证的条款要求公司筹集 1 000 万美元资金，并且只有在它的一半股票被认购之后才能正式组建公司。即使以当时的标准衡量，这次股票承销的规模也是巨大的。而且它还具体规定了整个铁路线只能在纽约州内铺设，不允许它与任何外州的铁路相连（到 1850 年，纽约州立法机构也意识到了这条禁令的愚蠢之处，于是通过了另外一条铁路法案，要求包括伊利铁路在内的本州铁路尽可能地与其他铁路相连）。

许可证还有条款要求伊利铁路的轨距为 6 英尺（约 1.8 米），这进一步妨碍了它与其他铁路线相连接。最初的铁路所采用的轨距依不同工程师的设计而不同，但 4 英尺 8.5 英寸的轨距很快就成了大部分铁路线都采用的标准轨距（选择这个奇怪尺寸的确切缘由已成铁路史上一大未解之谜）。因为许可证的限制，伊利铁路直到 19 世纪末期才得以采用标准轨距。

许可证还规定，伊利铁路最初只被允许修建 483 英里（约 777 公里），从新泽西边界北面哈德逊河西岸的偏远小镇皮尔蒙特，到位于伊利湖岸的另外一个偏远小镇敦刻尔克。在这个世界上，也许只有政客们才会想到把伊利铁路这条当时世界上最长的铁路铺设在这样两个鲜为人知的小镇之间。崎岖不平的路线给工程施工带来了很多技术上的难题，一开始预计的投资额只有 1 000 万美元，但等到完工时，伊利铁路的造价竟高达 2 350 万美元。公司被迫一次又一次向州政府借款和到华尔街筹集所需要的资金，不断地发债并支付难以负担的利息，最后形成的特殊资本结构几乎就是铁路建设融资的一个典型反面教材。一些债券以可转换债券的形式发行（这意味着债券持有者可以根据需要把它们转换成股票），有一批可转换债券甚至允许持有人随心所欲地在债券和股票之间来回转换，这在华尔街的历史上是绝无仅有的，这种特性使它成为近乎完美的投机工具。由于伊利铁路公司大量发行各种证券，这些股票和债券几乎成了为投机者从事投机活动而量身定做的平台，结果，这条铁路在后来的年代里，被称作“华尔街上的‘娼妓’”[1]，因为它让所有受到诱惑的投资者都伤透了心。

早在伊利铁路开始运送旅客和货物前，它就成了华尔街的投机工具。19 世纪 30 年代的华尔街还很难全部满足伊利公司巨大的资金需求，因此伊利公司大部分证券是在伦敦市场上售出的[2]，但它们却被大部分纽约经纪商所忽视，雅各布·利特尔抓住这个机会成就了他一生中最著名的一次金融投机。1837 年，早在股市大崩盘之前，全华尔街就都知道了利特尔在卖空伊利股票，几个经纪商决定开始买入伊利股票，并在利特尔需要交付股票时狠狠地杀他一把。他们悄悄地买进纽约市场上伊利股票的流通股，耐心地等着利特尔需要平仓的那一天。他们相信，那时候，股价会涨到天上去。

但利特尔早就在伦敦市场上购买了足够的可转换债券，等到必须履约交付股票的那一天，他从容地走进伊利公司的办公室，把他的债券转换成了股票，然后拿着这些股票去履行合约。而那些经纪商——也就是他的对手们的如意算盘彻底落空了，他们的手里积压了大量伊利股票，一旦他们忍痛斩仓出货，就必须承受巨大的损失。

* * *

这一时期第二个重大发明是电报。同铁路一样，它也对华尔街和美国其他地区的发展产生了巨大而深远的影响。

落后的远距离通信在前工业经济时代是仅次于陆上交通的制约经济发展的第二大因素。自古以来，通信速度在很大程度上受制于人类

1. 华尔街上的“娼妓”（the scarlet woman of Wall Street），喻指伊利铁路。——译者注
2. 此时伦敦市场的规模和影响力远远超过华尔街。——译者注

的行进速度。一条消息从波士顿传到纽约需要一个星期的时间，一个从波士顿出发的人甚至可以比这条消息先到达纽约。当时费城的经纪商最害怕满载着华尔街人的公共马车突然出现，因为这意味着那些独享伦敦消息的华尔街人又将在费城市场上小发一笔了。[1]

19 世纪以前，如果不使用人力通信，要么只能传递单一的信息，例如烽火台，伊丽莎白女王一世曾命令沿英国南部海岸建造一串烽火台，用于看到西班牙无敌舰队来犯时通知伦敦；要么造价极其高昂，大部分人根本承担不起，例如旗语台，18 世纪 90 年代，法国政府在巴黎和位于布列塔尼半岛的布雷斯特等重要边境军事基地建造了一连串旗语台，绵延 330 英里。每个旗语台都有一个很高的桅杆和两个扶手，桅杆的顶端是需要四五个人通过滑轮升降的大旗。好像一群巨大的童子军[2]，在巴黎和布雷斯特之间传送信息只需要几个小时，而如果由人送信的话，即使是最快的信使也需要几天的时间。当然，用这种方式传递信息的费用是惊人的，而且在夜晚或恶劣的天气条件下，这套通信装置就不管用了。此外，由于这条信息必须经过很多次传递，所以在传送过程中出错的可能性很大。

及时准确的信息对于资本市场来说至关重要，因此在 19 世纪 30 年代，费城和华尔街之间铺设了一条旗语线。每隔 6 英里或 8 英里就安排一个人在楼顶或者山丘上，手中拿着大旗和望远镜。第一个人站

1. 此处的意思是，由于那个时代信息传播需要依靠人力通信，而纽约依靠与伦敦之间客运的便利，使得华尔街人可以早于费城人了解伦敦市场的信息，而伦敦市场因其在规模和流动性等方面优于美国市场，因此具有一些信息优势，从而使得华尔街人可以在提前知晓有关某些证券的信息之后，再到美国市场买入或卖出而套利。——译者注

2. 美国童子军（Boy Scouts of America）是美国最大的青少年组织，目标在于培养青少年自立自强的品质、塑造健康人格并培养下一代负责任的公民。旗语与手语、电报等内容属于信号发送课程，是童子军训练的重要部分。——译者注

在华尔街商人交易所（即纽约证券交易所所在地）的最高处，通过旗语向哈德逊河对岸泽西市的人报告纽约证券交易所的开盘价格，大约30分钟之后，开盘价格可以传到费城。

用电来实现远距离高速传递信息的想法可以追溯到18世纪70年代。1774年，一个瑞典发明家发明了一种装置，在该装置中，每根电线代表一个字母。当电流从代表某个字母的电线流过，它会给与之相连的一个小球充电，而后者随后会敲响一个小铃，发出与这个字母相应的音符。这个装置当然很难在实践中得到真正的运用，直到70年以后，一个叫塞缪尔·芬利·摩尔斯的美国失意画家才真正创造出能够实际应用的高效的信息传递系统。

1838年位于纽约湾斯塔滕岛（Staten Island）的旗语装置，用于传递曼哈顿的商人交易所与新泽西的桑迪胡克（Sandy Hook）尖岬之间的信号。旗语是大航海时代的产物，曾用于证券价格的传递。1838年摩尔斯公开演示电报技术之后，旗语渐渐被交易所淘汰，但至今在航海和军事方面仍有应用。（译者根据公开资料整理）

像乔治·斯蒂芬森设计铁路一样，摩尔斯无非也只是把已有的所有零散发明组合了起来，从而发明了电报。摩尔斯唯一原创的就是发明了高效的代码，但是他也费了好几年时间才说服政府出资在华盛顿和巴尔的摩之间进行演示。摩尔斯在华盛顿国会大厦通过电报把“上帝创造了什么”的信息发送给了他在巴尔的摩的同伴阿尔弗雷德·威尔，威尔随即将同样的信息反馈给了他。演示大获成功后，电报立刻像蜘蛛网一样在全美国扩散开来。就在那一年，摩尔斯和他的合作伙伴成立了电磁电报公司（Magnetic Telegraph Company）来经营纽约和费城之间的电报线路。到1846年，公司已经开始赢利并分红了。在不到10年的时间里，美国境内电报总长达到23 000英里，把主要的大城市都连接了起来。1861年，电报线已经延伸到了美国西部的旧金山市。同铁路一样，早期的电报公司都是地方性质的，只经营区域性的电报业务。但是，从19世纪50年代开始，一家名为西联（West Union）的公司开始购买一些独立的小电报公司，逐渐形成了一个覆盖全美的电报体系，占据了美国通信行业的主导地位。这一主导地位直到19世纪末才因电话的出现而被贝尔公司[1]取代。

早期铁路和电报的合作也是经济协同效应的经典案例，电报线经常沿着已经建好的铁路线铺设，而铁路也很快发展了一套电报信号系统，借此引导火车用比以前快得多的速度在单轨铁路线上安全行驶。

可想而知，美国金融中心的经纪商是这种新通信媒介最早和最主要的用户。在早期的华尔街，传递信息的人也被称为“跑腿者”，因为要把经纪人、交易所、场外市场和银行连成一个真正统一的市场，在没有其他通信设施的情况下，传递员必须要跑。这也是为什么华尔街的传递员即使上了年纪或者闲庭信步，至今仍被称作“跑腿者”的缘故。

1. 贝尔系统（Bell system），贝尔电话公司（Bell Telephone Company）使用的系统，贝尔电话公司是美国电话电报公司（American Telephone & Telegraph，即AT&T）的前身。——译者注

塞缪尔·芬利·摩尔斯（Samuel F. B. Morse, 1791—1872 年）正在展示他的电报发明。（译者根据公开资料整理）

毋庸置疑，市场的大小永远也不可能超过即时通信所能覆盖的范围，因此，在 19 世纪 30 年代中期，虽然纽约市场已经是规模最大的资本市场了，但波士顿、费城和其他地方的资本市场仍然保持着其重要性和独立性。虽然纽约和费城这两个美国最大的城市之间建成旗语线路以后，其他资本市场的价格会受纽约的价格影响，但并不会完全被纽约的价格所控制和主导，因为在纽约的价格信息到达这些城市的时候，这些价格早已不是最新的了。

但是，电报则完全不同，它可以在几秒钟之内把纽约的价格传送到费城和其他任何地方，而且完全不受天气的影响，全天 24 小时都可以传送。因此，那些城市作为金融中心的时代立刻宣告结束。这一道理即使在当时也很容易理解，詹姆斯 · K. 迈德伯瑞在 1870 年写道：“金钱总有集聚效应，股票、债券、黄金很快就集中到那些金融活动盛行的地方。流动的财富总量越大，这种特性就越明显。根据这一原理，伦敦成了世界的金融中心，纽约成了美国的金融中心。在电报发明前就已经成为东海岸主要大都市的纽约，现在成了无可争议的金融中心。当这个金融中心在牛市到熊市间转变时，它会给这片土地上的每个州、每座城市和每个村庄带来巨大的混乱和冲击。”

因此，从真正的意义上来说，正是 19 世纪 50 年代电报的发明与发展，确保纽约成了美国的金融中心。假如摩尔斯早在 19 世纪 20 年代就改进和完善了电报技术的话（这种假设单纯从技术上来说是完全可能的），费城则有可能已经利用电报技术把整个国家的资金和财富都吸引和聚集过来了。[1]

在电报发明之前，快递公司已经在纽约市和其他城市之间运送证券和钞票了。1840 年，波士顿人阿尔温 · 亚当斯就开始在纽约和波士顿之间专门从事这项业务。一旦电报投入应用，快递服务对维持纽约金融中心的主导地位就显得至关重要了。有趣的是，许多这些最初为运送钞票和证券而成立的快递服务公司，后来都转行进入银行业和经纪业。美国运通公司（American Express）和富国银行（Wells Fargo）就是如此，而华尔街历史上最富有传奇色彩的人物丹尼尔 · 德鲁的经历也是如此。

*　*　*

丹尼尔 · 德鲁于 1797 年出生在一个贫瘠山区的农场，当时的达切斯县（Dutchess County）南部，距离纽约 60 英里，大约一天的路程。

1. 意指 19 世纪 20 年代，费城是比纽约发达的金融中心，如果那时候电报技术得以完善，则费城可以利用既有优势吸引全美国的资金和财富，确定全美金融中心的地位，而纽约则不可能再取代费城成为金融中心了。——译者注

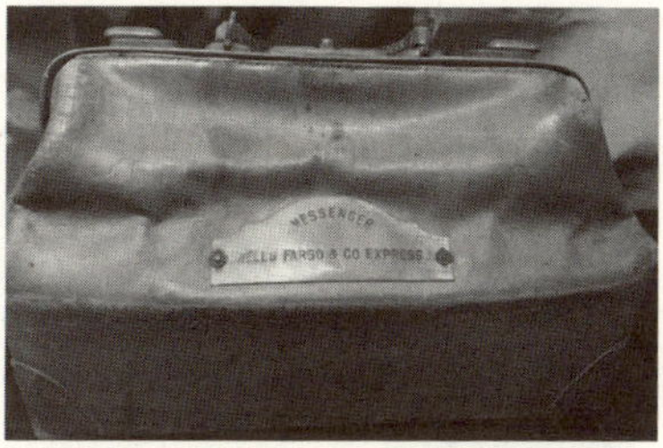

富国银行信使（messenger）的挎包，包内装有枪支以保证运送证券和钞票的安全，现存于纽约的美国金融历史博物馆。（译者摄于 2017 年）

亨利·威尔士和威廉·法戈先后于 1850 年、1852 年创建了美国运通和富国银行，这两家公司早期是为华尔街金融机构递送证券和票据的公司，近水楼台先得月，后来转型为金融机构，如今已经成长为跨国金融集团。（译者根据公开资料整理）

在穷人家庭中长大的德鲁接受的教育非常少，仅仅会读、写和一些基本的算术。由于他的母亲信奉基督教，她把儿子也教育成了宗教激进主义者[1]——那种能忍受地狱般磨难的基督教徒。虽然德鲁一生都深深信奉基督教，并极度虔诚，后来还创办了一个神学院并出资建造过几座教堂，但是他总能把他的宗教信仰同商业行为完全分开。

E. C. 斯特德曼是华尔街的一位经纪人和作家（1875 年，他创造了“维多利亚”这个词来特指他所生活的时代）。他非常了解德鲁，但也对德鲁能够轻松自如地使用双重道德标准惊叹不已。他写道：“伦理学导师一般都会对那些有着执着信仰并把他们的宗教信仰体现在日常琐事之中的人留下深刻的印象。德鲁大叔最为显著的特色之一就是，他走到哪里，他就会将他的宗教信仰带到哪里，但是，他的神

1. 宗教激进主义者（fundamentalist），是指对教义持有一种保守的信仰，即一种传统宗教信仰的信徒，而他们的信仰全部基于完全接受《圣经》里每一件事的真实性，包括接受《创世纪》中有关宇宙的来源和反对进化论的观点的信徒。——译者注

奇之处在于他的信仰似乎不会对他的生活产生任何积极正面的影响。事实上，他甚至能从他的信仰中获得帮助和力量，来实现那些昭示他最丑陋一面的阴谋。”

丹尼尔·德鲁。他是每个礼拜日都要去教堂的虔诚教徒，而在一周余下的时间里，他则在华尔街玩弄各种卑劣的诡计。他最终在穷困潦倒中死去。

早在孩提时代，德鲁就在一家在当地过冬的马戏团中打工挣钱。很可能就是在这段时期，他在马戏团学会了以后在华尔街上大展身手时招揽顾客的技巧。1812年，他父亲去世，当时德鲁只有14岁。1812年战争爆发后，应征入伍可以得到100美元奖金，于是，他报名成了一名民兵。遗憾的是，英军并没有选择攻打当时防守坚固的纽约城，因此德鲁并没有真正经历过战争。但是，他获得的100美元奖金成了他以后拥有的1 600万美元巨额财富的最初资本。如果在那个时代有《福布斯》（*Forbes*）财富榜的话，德鲁肯定是美国最富有的前20人之一。

德鲁一开始干的是贩卖牲畜的买卖，他从当地农场上买到牲畜，然后把它们赶到纽约市去卖给屠夫。有一个关于德鲁的逸事流传甚广，尽管很可能子虚乌有，却已被大家普遍认定为事实。据说，有一次，德鲁卖完牲口，突然想到了一个赚钱的好主意。头天晚上，他让牲畜吃了很多盐，但一直不给它们水喝，次日早上，在去往纽约的路上有一条小溪（这条小溪流经那时还是农村的曼哈顿北城的荒地[1]，现在则在曼哈顿第 77 街地下流淌），渴极了的牲口一头扎进小溪狂喝起来，每头牲口都喝了几加仑的水，体重也立刻增加了很多，然后德鲁迅速把它们赶到纽约市，在那里把它们按斤论两地卖给屠夫。

大宗牲畜贩卖已经有几千年的历史了，因此德鲁不太可能是第一个耍此诡计的人，况且他也不太可能因为贪图一时之利而毁了日后与屠夫的长久生意。但是德鲁已经因此事而闻名，因为这个故事显然已经成为“掺水股”（watered stock）无可争议的来源。“掺水股”这个词从它出现以来，一直让许多研究华尔街历史的作家头疼不已。他们认为，这是 19 世纪中期所特有的卑劣伎俩。事实上，掺水股从严格意义上讲，不过是指股票发行总量超过实际投入资本。在有关规则被制定出来规范这种做法之前，它的确可以成为帮助坏人作恶的工具。但是，事实上，每一次送红股和股票拆细都是“掺水股”，而投资者并不会有任何的不满。这个名词已经从今天的华尔街消失了，原因并不是这种做法不存在了，而是因为这种做法已经普遍化了。

德鲁稳步扩大着他的牲畜贩卖生意，到 19 世纪 20 年代，他一次贩卖的牲畜数量已达到了 2 000 头，而每贩卖一头牲畜可以赚取 12 美元的利润。1829 年，德鲁用他积累下来的钱购买了位于现在第 3 大道和第 26 街交叉口上的牛头旅馆。当时，那里还是纽约市区的北郊，

1. 纽约曼哈顿是自南向北发展起来的，在这个阶段，包括现在曼哈顿中城和中央公园等地段依然是当时曼哈顿城区的郊外。——译者注

一直是纽约的牲畜交易中心。

因为生意的缘故，德鲁也开始经常光顾华尔街，像快递服务公司那样，经常在纽约的郊区和市中心之间为别人递送证券和货币。华尔街立刻吸引了德鲁。像雅各布 · 利特尔一样，德鲁也热衷于这场大博弈本身，迷恋于战胜对手所带来的那份陶醉和兴奋。虽然德鲁穿着和谈吐都很土，笑声就像母鸡刚下蛋时发出的咯咯声，但很快就没有人再怀疑他的智慧和创新能力了。“我们曾经说过，他是诡秘而又难以捉摸的”，他同时代的作家兼投机商福勒写道，“用诡秘和难以捉摸还不能完全形容他，实际上，他像狐狸一样狡猾……20 年里，华尔街的猎犬一直在跟踪他的行踪（当然，他现在闭嘴了，当人们在低沉的哀乐中将他埋进墓地后，他终于闭嘴了），可总是被他无穷无尽的诡计所蒙骗”。

一天，德鲁走进纽约市最有名的绅士俱乐部——联合俱乐部（Union Club），他耍了个典型的诡计。他好像正在找人，看起来很焦虑，几次从口袋里掏出大手帕来擦汗。这时，一张纸片从他的口袋中掉了下来，而他好像并没有注意到。当他离开俱乐部后，其他在场的经纪人立刻捡起了那张纸片，上面写着：“不论在什么价位，只要在面值以下，你能买到多少奥什科什股票（Oshkosh）就买多少。”

根据亨利 · 克鲁斯的回忆录记载，奥什科什是家铁路公司，股票价格当时被认为严重高估，将会马上下跌。但是这些经纪商根据纸条推测，德鲁肯定知道一些他们所不知道的关于奥什科什公司的内幕消息，因此他们联合起来，购买了 3 万股奥什科什股票。他们非常小心地从那些德鲁未曾雇用过的经纪人手里购买这些股票——但是，他们不知道的是，此刻，这个经纪人正在为德鲁工作。于是，股票价格以“每天 12 个点”的速度狂跌。

掺水股

掺水股指公司发行的票面价值大于实际资本价值的股票。

还有一些观点认为，掺水股从严格的意义上讲，不过是指股票发行总量超过实际投入资本。在有关规则被制定出来规范这种做法之前，它的确可以成为帮助坏人作恶的工具。但事实上，每一次送红股和股票拆细都是"掺水股票"，而投资者并不会有什么不满。这个名词已经从今天的华尔街消失了，原因并不是这种做法不存在了，而是因为这种做法已经普遍化了。

19 世纪末和 20 世纪初股票掺水曾在美国盛行。目前，这种股票掺水的做法在多数西方国家已被明文禁止。"掺水股"名称的由来源于在将牛赶往集市的途中所喂的大量的盐，从而使牛在称重量前饮进大量的水以增加体重。（译者根据公开资料整理）

1836 年，德鲁成立了德鲁-罗宾逊经纪公司，3 年之后，他卖掉了牛头旅馆，从此专心致志地参与这场大游戏，并将其作为终身职业。到 19 世纪 50 年代，他已经成为华尔街最主要的玩家之一。此时，美国经济也从 1837 年大恐慌所带来的低迷中恢复了元气。

* * *

经济"大萧条"终于在 1843 年结束了，但经济复苏的进程依然缓慢。直到 1846—1848 年的墨西哥战争结束之后，由于美国在这场战争中获得了新的领土，经济才快速发展起来。1848 年的加利福尼亚淘金热则真正改变了整个国家和经济的性质。

1848 年 1 月 24 日，詹姆斯·马歇尔正在检查他建造的水渠。这条水渠从离萨克拉门托[1]不远的美洲河引水来推动磨坊水轮，水渠把河水引到了一架水车的顶部。前一天晚上，他开始用引来的水冲刷新设备里的碎片，此时，他突然发现“像豌豆一样但只有豌豆一半大小”的东西在水里闪闪发光。“我的心立刻怦怦地跳了起来，”后来他回忆道，“当时我就确信那一定是金子。”“伙计们，”他对他的工人说，“感谢上帝，我们找到金矿了。”

他确实找到了。

美国历史上一件具有重大历史意义的事件——加利福尼亚淘金热，实际上发生在美国的领土之外，而不是在美国本土，这在美国历史上是个极为奇特的事件。[2]1848 年 2 月 2 日，在签订了《瓜达卢佩—伊杜尔戈条约》(Treaty of Guadalupe Hidalgo ）之后，墨西哥战争的停战协议才真正达成。但直到 5 月 30 日，也就是在马歇尔“大发现”之后 4 个月，美国付给墨西哥 1 500 万美元并豁免了墨西哥对美国的债务，美国的星条旗才真正在美国的西南部飘扬起来。

1. 加州首府城市。——译者注
2. 指此时加利福尼亚州仍属墨西哥，尚未成为美国领土。“加利福尼亚”取自西班牙传说中一个岛的名称，在 1850 年成为美国第 31 个州。美国为扩张西南界版图，借故挑起与墨西哥之间的战争。由于双方军事实力悬殊，墨西哥不得不于 1848 年 2 月签订《瓜达卢佩—伊杜尔戈条约》，将得克萨斯州、加利福尼亚州、新墨西哥州、犹他州、内华达州、亚利桑那州和科罗拉多州以 1 500 万美元卖给美国。——译者注

在当时前往加利福尼亚的淘金者中,选择海路和陆路的各占一半。从东海岸出发的人倾向于海路,从南美洲最南端绕到太平洋,或者从陆地穿越巴拿马地峡到达太平洋海岸后再乘船北上;密西西比河、密苏里河流域的人则往往借助内河穿越大陆。但无论海路还是陆路都需要数月乃至半年以上的时间,图中的这则广告宣称可以用快速帆船尽快将淘金者送到加利福尼亚。(译者根据公开资料整理)

19 世纪中期，黄金在世界金融体系中占据着绝对的主导地位。英格兰银行在1821年采用了金本位制[1]，宣布它可以按照每盎司黄金兑3英镑17先令10.5便士的价格对黄金和英镑进行不限量的兑换(这个比率是伊萨克·牛顿爵士在主管英国皇家铸币局时制定的)。在19世纪英国主宰世界经济的背景下，英格兰银行很快成为事实上的世界中央银行，英镑也成为国际贸易的基准货币。大部分国家只得实行盯住黄金的汇率制度，即便只是出于国际贸易的原因，它们也不得不如此。

金本位制带来的好处就是，在金本位制下经济几乎不可能发生通货膨胀。假如一个国家发行了太多纸币的话，纸币就会相应贬值，随

1. 金本位制(Gold Standard),即以黄金为流通领域唯一的本位货币(或称法定货币)的货币制度。——译者注

着人们拿纸币兑换黄金，黄金就会随之从国家的国库里流出。在金本位制下，货币供应会受到在背后支持货币发行的黄金数量的限制。黄金数量减少，货币供应就会相应减少。在英格兰，只有英格兰银行有权发行纸币，因此国家很容易控制货币供应。

图为美墨战争与加利福尼亚，墨西哥战争（又称“美墨战争”）是1846—1848年美国和墨西哥之间的一场战争。在美国西进过程中，移民涌入墨西哥领土。1835年，原属墨西哥的得克萨斯奴隶主发动武装叛乱，宣布得克萨斯“独立”，并成立“得克萨斯共和国”，最终引发美墨战争，并以美国胜利告终。1848年1月，战争进入尾声之际，马歇尔在加利福尼亚发现了黄金。战后，美国获得包括加利福尼亚在内的大片领土，一跃成为横跨北美大陆的大国。（译者根据公开资料整理）

但是联邦政府并没有自己的中央银行，因此也没有发行纸币。联邦政府的货币供应仅限于各种铸币，包括按照20.66美元兑换一盎司黄金的比例而发行的金币。当时，美国的“纸币”是由数以千计的各州批准的银行发行的银行券，这些银行良莠不齐，从完全可靠、信誉卓越的银行到彻头彻尾的骗子公司，包罗万象。通常这些银行发行的银行券离它们的发行地越远就越贬值，出版商们甚至出版了《银行券识别指南》，告诉人们哪些银行券是可靠的，哪些银行券的价值值得怀疑。

在 19 世纪早期，美国并不是出产黄金的主要国家。就在淘金热的前一年，即 1847 年，美国的黄金产量只有 4.3 万盎司，而且大部分是开采其他金属时的副产品。但是第二年，由于加利福尼亚金矿的发现，美国的黄金产量达到了 48.4 万盎司，1849 年的产量为 193.5 万盎司。到 1853 年，美国的黄金产量已经超过了 314.4 万盎司，价值 6 500 万美元。

随着大量黄金突然注入经济，美国经济得以迅速发展，整个国家呈现一片大繁荣的景象（因为大量区域银行通过印发银行票据来支持房贷）。作为经济活跃程度标志之一的财政收入，在 1844 年只有 2 900 万美元，到了 1854 年已经超过 7 300 万美元。

尽管詹姆斯 · 马歇尔和他的老板想尽力保守他们发现金矿的秘密，但不用说，他们遗憾地发现，这是根本不可能的。人们抱着一夜暴富的梦想冲到山上，旧金山几乎完全被人遗弃了。由于加利福尼亚离东部很远（直到 1861 年，电报才通到加利福尼亚），这个消息数月之后才传到东部海岸。1848 年 12 月 8 日，詹姆斯 · K. 波尔克总统[1]向国会发表咨文，确认发现金矿的传闻是真实可靠的。与此同时，他提供了一个引人注目的证据——一块 20 磅重的金块。这块金块足有一个人的拳头那么大，价值 5 000 美元，这在当时足够一个大家庭过上两年多的舒适生活。

1. 詹姆斯 · K. 波尔克（James K. Polk, 1795—1849 年），美国第 11 任总统（1845—1849 年）。——译者注

结果可想而知，整个国家都处于一种歇斯底里的狂热状态。1849年有9万人浩浩荡荡奔赴加利福尼亚，第二年又增加9万人，整个国家的重心迅速向西倾斜。（1851年，约翰·索尔在《泰瑞浩特快报》中写道："去西部吧，年轻人！"这句话被《纽约论坛报》创始人霍勒斯·格里利引用并流传至今。）

西进运动与加州淘金热

西进运动是19世纪美国疆界不断向西推进，从东部的大西洋沿岸，越过阿巴拉契亚山、密西西比河，再越过落基山脉，直到太平洋的历史过程，美国的领土因此增加到建国时的3倍以上。其间，倘若没有1848—1855年的加州淘金热的刺激，美国西部的发展可能要延缓很多年。加州淘金热调动了人们内心对于财富渴求所产生的强大内在动力，无须政府动员，成千上万的人涌向当时待开发的美国西部。1849年初，加州人口约2.6万人，到年底就暴增至11.5万人。如今，加州是美国人口最多的州，大约每8个美国人中就有一个是加州人，这一定程度上是当年淘金热带来的结果。（译者根据公开资料整理）

黄金的流入扩大了货币供应并且强有力地支撑了美元，经济在黄金的带动下也迅速繁荣起来。那些19世纪40年代不愿染指美国证券的外国投资者现在一窝蜂地开始购买美国铁路债券和政府债券。1847年，美国对外负债为19 370万美元，在接下来的短短10年之内，美国的外债总额翻了一番。

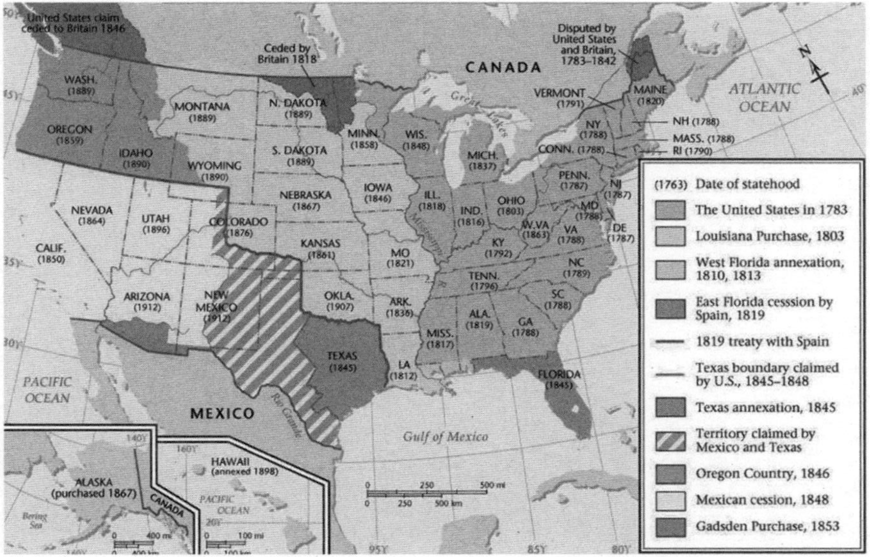

美国从建国时的 13 个州发展到现在的 50 个州，主要是在 19 世纪通过购买和发起战争等手段来实现的领土扩张，包括：1803 年从法国购买路易斯安那（872 192 平方英里），1819 年从西班牙获得佛罗里达（58 560 平方英里），1846 年与英国签约获得俄勒冈（285 580 平方英里），1848 年通过战争从墨西哥夺取加州、内华达、犹他、亚利桑那（共 529 017 平方英里），并于 1853 年购买了 29 640 平方英里土地[1]，1867 年从俄罗斯购买了阿拉斯加（1 518 800 平方英里）等。（译者根据公开资料整理）

1. 即加兹登购地（Gadsden Purchase），美国驻墨西哥公使 J. 加兹登以购买方式兼并墨西哥领土的事件。桑塔安纳政府以 1 500 万美元将科罗拉多河、希拉河和格兰德河之间的梅西亚谷地割让给美国。——译者注

随着铁路向通往加利福尼亚的马车线路起点的密西西比河流域大规模地铺设，美国的铁路总长增加了1.5倍。生铁产量从1850年的6.3万吨激增到1856年的88.3万吨。煤产量也翻了一倍多。

即使大批的移民和淘金者向西开进，纽约依然是整个国家金融和商业系统的中心。《路易斯维尔快报》（*Louisville Courier*）在1857年写道："这个巨大的金融心脏（指纽约）的每一次跳动，从美国东北角的缅因州到佛罗里达州，从大西洋到太平洋的广袤地区，都能感受得清清楚楚。"各州的银行为了方便它们的客户在纽约从事业务，都在纽约的银行存有一笔同业存款。这些资金在1840年只有800万美元，到了1857年已经高达5 000万美元。几乎所有国外对于美国证券的投资都要通过纽约，纽约的商品经纪商则帮助国外进口商购买美国南方的棉花和西部的小麦。纽约的银行家和商品经纪商都在美国南方和欧洲之间的棉花交易中获得了丰厚的利润，以至当南北战争爆发以后，纽约市市长佛南多·伍德（人们对他的评价很低，因此没有人真正在乎他）建议纽约市也从北方联邦分裂出来。

整个经济的蓬勃发展在华尔街得到了反映，即使是一些投资价值令人高度怀疑的矿业股票在场外市场的交易也非常活跃。为了使矿业股票交易更加规范，矿业交易所（Mining Exchange）很快就建立起来。虽然股票交易量大幅上涨，尤其是在场外交易市场，但股票价格并没有随着经济的整体复苏而上涨。其中主要的原因是这段时期美国证券的供应量迅速增加。发生在19世纪50年代的公司并购数量和此前整整半个世纪的一样多。从1851—1853年，纽约市新组建了27家银行，总资本是1 600万美元，这些资本大部分是从华尔街筹集到的。

到1856年，有360家铁路股票、985家银行股票、75家保险公司股票、几百种的公司债券、市政债券、州债券和联邦债券一起加入了交易。但是这些证券中的绝大部分都没有在纽约证券交易所交易，原因是交易所拒绝接受新的、未被市场检验过的证券。在每一个历史变革和经济形势乐观的时候，新股票都是投机者的至爱。因此，一方面，证券交易所的日交易量稳稳地停留在 6 000 股的水平；另一方面，场外市场的交易量却大幅增长，经常超过 7 万股的数量。

1850 年的证券交易所。股票拍卖在重修的商人交易所内举行。此时，经纪人们仍然有真正的“座位”（也就是“席位”）。

1857 年，整个华尔街一片喜气洋洋，到处洋溢着快乐的气息。19 世纪 30 年代末 40 年代初的那段黑暗日子已完全被人们抛到脑后，大批涌到华尔街来淘金的新交易商对于那段历史更是一无所知。像每一个华尔街的繁荣时期一样，就在一夜之间，有人暴富，有人沦为赤贫。那一年，乔治·弗朗西斯·崔恩用一首打油诗讲述了他在华尔街的经历：

周一白手起家买房产，
周二债台高筑数百万，
周三琼楼金碧筑雕栏，
周四劳苦半生终见欢，

周五霓裳舞会意阑珊，

周六一朝破产褴褛还。

刚到华尔街和纽约的人特别容易受到这里“来也容易去也容易”的氛围的影响，甚至一些已有一定声望的华尔街人也不例外。罗伯特·斯凯勒是菲利浦·斯凯勒将军[1]的孙子，也是亚历山大·汉密尔顿的外甥，他当时担任哈莱姆铁路和纽黑文铁路的总裁。1854年夏季，在对纽黑文铁路的会计审计时，有人发现了一些问题，但是斯凯勒向股东和记者保证，这些问题一定会有一个很好的解释。当时几乎没有人怀疑他的保证，但是进一步的检查发现，除了其他无数的不轨行径以外，斯凯勒还秘密印刷了2万股纽黑文铁路的股票，并且已经将股票脱手，并把200万美元装进了自己的腰包，这些钱在当时可以算得上是很大的一笔财富了。这2万股股票可以算得上是真正的“掺水股”。但是，等到这个消息公开的时候，斯凯勒已经携巨资踏上了前往加拿大的逃亡之路。他一走了之，至死也没有被绳之以法。在当时的华尔街，斯凯勒可以算得上是一个骗术高明的巨骗了，但绝不是唯一的一个。

到1857年年中，繁荣的经济已经显示出衰退的迹象了。“除了再来一场比1837年更大的崩溃，这一切还能以什么收场呢？”美国最大也最有影响力的报纸——《纽约先驱报》的创建者和出版人詹姆斯·戈登·贝纳特在6月27日写道：“政府横征暴敛，公共诚信缺失，各种纸面富贵。人们疯狂地抢占西部的土地、城镇和城市。数以百万计的美元，不管是赚来的还是借来的，都花在豪华的住宅和高档的家

1. 菲利浦·斯凯勒将军（General Philip Schuyler），在美国独立战争中任将军，此后担任纽约州参议员。——译者注

具上；为了愚蠢的攀比，追逐时尚的暴发户把成千上万的钱花在丝绸、蕾丝、钻石和所有昂贵却没有任何实际意义的东西上——而这些还只是当时太多罪恶中微不足道的一部分。”

这些贪婪的罪恶是一回事，现实的经济数据则是另外一回事了。到这个阶段，加利福尼亚的黄金产量已经趋于平缓，曾经大大刺激美国出口的克里米亚战争和欧洲谷物的歉收也已经结束。6 月的《纽约先驱报》写道：“我们的码头上停满了船，大部分没有活儿干，有活儿干的报酬也低得可怜。”同时一家波士顿报社也指出，新英格兰地区的纺织业同样处于痛苦挣扎的境地——因为缺乏市场需求，6 000 架棉纺机只能闲置在那里。

雪上加霜的是，在夏季和早秋，资金往往会流出纽约的银行，这是由于在这个季节，西部的农场主为了支付收割的费用和偿还贷款，会从当地的银行提走他们的存款，从而迫使这些银行将其存在纽约银行里的资金调回。所以每逢 8 月，纽约的资金供应都非常紧张。8 月中旬，《纽约先驱报》写道：“市场上有大量摇摇欲坠、急欲抛出的股票，但找不到一个买家，看不到任何需求。”

8 月 19 日，密歇根中央铁路公司（Michigan Central Railroad）的总裁埃德文 · C. 利奇菲尔德辞职，理由是“想留更多时间处理个人事务”。即使在 1857 年，这样的借口也一样会被看成“公司有了大麻烦”的另一种说法。密歇根中央铁路的股票率先下跌，受其影响，另外几家主要铁路的股票也开始下跌。8 月 7 日，密歇根中央铁路的股票价格是每股 85 美元；到 8 月 29 日，每股只有 67 美元。伊利铁路从每股 34 美元跌到了每股 21 美元，纽约中央铁路从每股 83 美元跌到了每股 74 美元。很快，密歇根中央铁路就进入了破产程序。

8 月 24 日，俄亥俄人寿保险和信托公司（Ohio Life Insurance Trust Company，从它的名字看虽然不像银行，但实际上，它的确是一家银行）纽约分公司停止营业，宣布破产。大量的欺诈行为很快被揭露出来，该公司在辛辛那提的总部也很快宣布停止营业。股价在 4 天之内下跌了 85%，它的储户在银行外面排成长队，希望能侥幸取回一点点原来的存款。当地的一家报纸引用了当时刚刚出版的《大卫·科波菲尔》（*David Copperfield*）中的话："他们现在所能做的只有'等待着奇迹出现'。"

华尔街经纪商和投机商中比较脆弱的人开始破产了。8 月 27 日，雅各布·利特尔由于不能偿还债务而第四次破产，这也是他职业生涯中最后一次破产。9 月，实力稍逊的银行开始走向破产，9 月 12 日，市场遭受了又一次沉重打击，"中美洲号"（Central America）蒸汽船在哈特拉斯角[1]外遇到飓风袭击而沉没，船上 400 名旅客全部遇难，船上装载的价值 160 万美元的加利福尼亚黄金也随之沉没，对华尔街来说，后者产生了更加直接的后果。

虽然当时大西洋底的电报电缆要到第二年才铺设完工并投入使用（实际上，第二年，它投入使用仅两周后就无法工作了），但伦敦和巴黎市场还是很快就知道了纽约市场的困境，于是，第一次真正意义上的世界金融危机随之爆发。当英格兰银行和法兰西银行开始保护自己的货币时，欧洲市场上的利率立刻飙升。因此，欧洲投资者立刻抽回投资于美国证券的资金，以购买更安全的国内证券。

到 10 月中旬，美国的大部分银行和纽约所有的大银行都停止支付黄金。这些银行宣布放假暂停营业，另一些经营状况还比较良好的银行则利用这个机会增加铸币储备，有条不紊地提前收回贷款。华尔街最糟糕的一段时期终于过去了，到 12 月时，银行已经能够重新用

1. 哈特拉斯角（Cape Hatteras），位于美国北卡罗来纳州外滩群岛（Outer Banks）哈特拉斯岛上一狭长、弯曲的沙洲形成的岬角。——译者注

铸币支付了。

但是，这场危机带给纽约金融市场的打击几乎是致命的。半数纽约经纪商以破产告终，还有 985 名纽约商人破产了，留下了 1.2 亿美元的债务，这在当时简直就是个天文数字。正如它当初迅速地出现，短命的矿业交易所也以很快的速度消失了，场外交易场所又变成了一座不见人影的“空城”。甚至许多度过了 1837 年恐慌的实力雄厚的经纪商，在这次危机中也被击垮了。这其中的一个重要原因就是，在前一次恐慌中，他们除了证券经纪业务之外，还有其他业务，但是在 1857 年，他们已经没有其他业务了。

在许多经纪商离开证券经纪业之后，多年来一直像个封闭俱乐部一样运作的纽约证券交易所，现在又有席位可供出售了，一些年轻而更有闯劲的经纪人加入了进来。像亨利·克鲁斯、伦纳德·杰罗姆、科尼利尔斯·范德比尔特、丹尼尔·德鲁、奥古斯特·斯盖尔等，他们将不再局限于华尔街那种靠家族关系和长期合作的运作方式，他们将给华尔街带来革命性的变化。当时正在进行的南北战争给这些华尔街的新生力量提供了前所未有的大好机遇，随后在这里发生的，将是“牙齿和爪子上都沾满了鲜血”的资本主义的活生生的例子，而历史正在拭目以待这一切给世界带来的影响。

同一时代的西方和东方

西方	年份	东方
美国铁路取得重大发展。大量铁路股票在华尔街上市，引发一轮铁路股的投机狂热	19 世纪 30—60 年代	
美国出现经济恐慌，引起银行业收缩。这场恐慌带来的经济萧条一直持续到 1843 年	1837	
	1839	林则徐于虎门销毁鸦片

（续表）

西方	年份	东方
	1840	第一次鸦片战争爆发，1842年中国战败，中英签订《南京条约》，英占香港岛，开放五口通商
塞缪尔·芬利·摩尔斯发出了第一份电报	1844	
1847年秋，铁路投机终告破产，英国爆发经济危机并波及整个欧洲	1847	
墨西哥战争爆发，1848年美国获胜，双方签订了《瓜达卢佩–伊达尔戈条约》，墨西哥割让了230多万平方公里的领土	1846	
加利福尼亚发现金矿，淘金热开始	1848	
芝加哥商品交易所成立	1848	
《共产党宣言》在伦敦发表	1848	
	1851	金田起义，太平天国建立
	1853	太平军攻入南京，定为国都，颁布《天朝田亩制度》
	1853	黑船事件爆发，美国用武力强迫日本打开国门。次年，签订《日美和亲条约》
美国颁布《堪萨斯–内布拉斯加法案》，允许这两个州公开畜奴。反对该法案的人于同年组成共和党。该法案导致工业化和奴隶制的矛盾进一步激化，酿成了堪萨斯内战，最后导致南北战争	1854	中国海关行政权落入外国税务司控制之下，共历时95年
	1856	第二次鸦片战争爆发，英法联军侵华
	1856	天京事变。太平天国内讧，渐趋败亡
美国、英国爆发经济危机	1857	

第五章

“浮华世界不再是个梦想”（1857—1867 年）

译者题注

南北战争在给美国带来巨大灾难的同时，也带来了战争融资的巨大需求，并因此推动了美国资本市场的发展，使之一跃成为仅次于伦敦的世界第二大资本市场。在随之而来的无比繁荣的牛市中，"浮华世界不再是个梦想"……

译者导读

- 19 世纪 60 年代，美国经历了其历史上最大的伤痛——南北战争。1787 年制宪会议上一个悬而未决的问题——奴隶制的存废问题，险些肢解了这个国家。作为第一次世界大战之前 100 年中最大的战争之一，它的规模和破坏力是巨大的，但这场战争的结局却是令人欣喜的。它以北方政府军的胜利而宣告结束，尽管这场战争的领导人林肯最终付出了生命的代价。美国的南北战争废除了黑人奴隶制，维护了国家的统一，对它的未来产生了深远的影响。内战后，美国成了统一、联合的国家，这奠定了其在 20 世纪成为世界第一强国的基础。
- 而同样影响深远的是，如何满足现代战争的巨额资金需求，南北战争为此后的战争融资提供了经典范例。华尔街帮助北方发行了大规模的战争债券，使它最终战胜了因大量印钞而引发恶性通货膨胀的南方。成功帮助北方走向胜利的华尔街，第一次从早期的私人俱乐部走向大众，同时也在战争所带来的空前活跃的经济活动和巨大的金融需求的催生下，走向了繁荣的牛市。在南北战争的 4 年中，华尔街的规模扩张了几十倍。
- 从私募走向公募：在帮助北方政府发行战争债券的过程中，华尔街年轻的银行家没有采用传统的私下向银行和经纪商出售债券的方式，即私募发行，而是革命性地通过华尔街向公众发售战争国债，即公募发行。他告诉普通美国人，购买这些战争债券不仅是一种爱国的表现，也是一笔很好的投资。到战争后期，库克出售国债的速度已经超过北方政府为战争花钱的速度。

而与此同时，严重依赖印钞票支付战争费用的南方政府，面对相对于战前高达9 000%的通货膨胀率无奈地接受了战败的结局，而依托于华尔街的融资，尽管也大量印钞支持战争，但北方的通货膨胀率相对于战前只提高了180%，远远低于南方。先进的金融手段与铁路和电报等新兴技术，共同支持北方赢得了这一决定美国命运和走向的战争。

南北战争对美国和对华尔街的影响同样深远。具有绝佳讽刺意味的是，当成千上万的战士在前线失去生命时，华尔街一夜之间跃升为世界上第二大资本市场，并使得纽约成为一个繁华都市——“浮华世界不再是个梦想”。前所未有的牛市不仅给纽约人带来了纸醉金迷、一掷千金的生活，各种交易所也如雨后春笋般出现在华尔街，场外交易所的交易量甚至一度超过了纽约证券交易所。有趣的是，因为日进斗金的经纪商们忙忙碌碌地穿梭在华尔街上，没有时间有规律地用餐，无意中造就了现代美国社会生活中最重要的文化之一——快餐文化。

在这一历史时期，华尔街出现了一位典型的自我奋斗式的英雄——范德比尔特。这位16岁就向母亲借钱购买了第一艘驳船的冒险家，在航运事业里获得了巨大的成功，他的航线远至中美洲和欧洲。巨额的财富并没有使范德比尔特裹足不前，在将近70岁的时候，他看到了他所在的时代发生的一个深刻变化——铁路出现了。他毅然决定涉足铁路事业，尽管他曾在乘坐火车时险些被这种在当时还远称不上完善的新生事物夺去生命。

范德比尔特开始在华尔街囤积铁路股票。依靠无与伦比的财力和超人的智慧，从未涉足华尔街的范德比尔特在华尔街最大的一次股票围歼战中傲视群雄，成功地击败了最老练的投机商，从而一举确立了他在华尔街至高无上的地位。然而，随着铁路控制权大战愈演愈烈，他将不得不面对同样老谋深算的德鲁和另外两位年轻的投机家：古尔德和菲斯科——他们即将在华尔街共同演绎一场最为惊心动魄的搏斗。

中国有句古话：战争是由银子堆出来的。[1] 虽然单场战役的胜败取决于战斗时使用的策略、火力、勇气，以及不可或缺的运气，但从长远看，战争的最终胜利几乎总是属于那些能够将国家的财富有效转化为军事实力的一方。

美国南北战争是人类进入工业时代后的第一次大规模战争，也是在拿破仑陷落[2]之后、第一次世界大战之前的100多年中人类最大的军事对峙，其规模空前，对社会和经济的破坏程度几乎与20世纪初的那两场全球大浩劫差不多。[3] 因此，南北双方都面临着史无前例、无

1. 此处原文为："Wars, according to an ancient Chinese saying, are fought with silver bullets." 估计指的是《孙子兵法》中的"日费千金，然后十万之师举矣"。孙子曰："凡用兵之法，驰车千驷，革车千乘，带甲十万，千里馈粮。则内外之费，宾客之用，胶漆之材，车甲之奉，日费千金，然后十万之师举矣。"——译者注
2. 拿破仑·波拿巴（1769—1821年），历任法兰西共和国第一执政、法兰西第一帝国皇帝，率军多次打败欧洲各封建国组成的"反法联盟"，在最鼎盛时期，欧洲除英国外，其余各国均向拿破仑臣服或结盟，由此形成了庞大的拿破仑帝国体系。1815年，法国军队在滑铁卢败于英国、荷兰、比利时联军，是役法军死、伤、俘3万以上，联军死、伤、俘约2万，之后拿破仑被放逐，退出历史舞台。——译者注
3. 指发生在20世纪的第一次和第二次世界大战。——译者注

法预知的财政需求，不得不寻找新的办法来应对，以免破坏国内经济。从某种意义上说，北方联邦成功地应对了这些经济挑战，而南方邦联未能做到，这对战争的最终结果产生了重大的影响。

南北战争的爆发

19世纪初，由欧洲率先引爆的资产阶级革命，席卷了整个世界，同时也影响到了美国。美国的政治、经济体系逐渐分裂成南方和北方两个集团。北方采取了资本主义经济制度，以工业为发展重心，而南方依然保留着种植园经济体系。

由于资本主义经济制度的发展离不开劳动力、市场和原料，因此随着北方大批新兴企业（如矿山、钢铁企业、冶金企业、燃料企业）的新建和机器制造、纺织等行业的出现，北方资产阶级急需保护国内市场，保障原材料供应；需要提高关税、限制外国工业品进口，扩大本国产品的出口；特别是需要大量自由的劳动力。

相反，南部种植园主为了牟取高额利润，竭力把棉花等原料大批运往英国，并从英国输入大批廉价工业品，因而主张降低关税、扩大进口。特别是，种植园经济依赖农奴作为劳动力，因而南方集团希望保留奴隶制，甚至随着西进运动的发展，将奴隶制扩展至西部新成立的州。

于是，奴隶制成为南北双方最关注的问题。随着1860年力主废除奴隶制的林肯当选美国总统，南北战争爆发。（译者根据公开资料整理）

从一开始，战争双方都面临着极度困难的财政状况。由于从1857 年开始的经济萧条，此时华盛顿的联邦政府已连续 4 年出现赤字，主要靠短期贷款来弥补。1857 年，联邦政府只有 2 870 万美元国债,1861 年，这个数字已经增加到 6 480 万美元。1860 年 12 月，当南方腹地各州开始一个一个地宣布脱离联邦的时候，国库中甚至没有足够的钱来支付国会议员的薪水。[1]

1860 年 12 月，联邦政府平均每天的费用支出只有 17.2 万美元，但是到了 1861 年的初夏，当战争打响的时候，每天的费用高达 100 万美元。到 1861 年年末，这一数字涨到 150 万美元。1861 年 12 月，北方地区的大部分银行停止用黄金支付债务，几天后，联邦政府也被迫如此。整个国家已经脱离了金本位，华尔街一片恐慌。“国家的根基已经动摇，”林肯说，“我该怎么办？”

为大规模战争进行融资基本只有三种方法。第一种方法是政府提高税收。到战争快结束的时候，联邦政府征税的范围几乎包含了任何可以征税的东西，个人所得也第一次被列为课税对象，大约 21% 的战争费用是通过税收支付的。从某种角度来讲，美国税收总署（IRS）的前身——美国税务总局（Bureau of Internal Revenue）所发挥的重要作用无疑是南北战争中最大的成果之一。

第二种方法是开动印钞机大量印钞，这也是独立战争时期所使用的主要手段。在南北战争时期，联邦政府总共发行了 4.5 亿美元所谓的“绿背纸钞”（简称绿钞）[2]，占了战争费用融资的 13%，并引发了战时通货膨胀，使价格水平上涨到战前的 180%。而南方政府拥有的融资手段远远少于北方政府，它被迫不断印钞以支付超过一半的战争费

1. 普通议员现在年薪大约是 20 万美元。——译者注
2. 绿背纸钞（Greenback），当时联邦政府发行的一种纸币，由于背面呈绿色，因此被称为“绿背纸钞”。——译者注

用，这使南方的经济完全失去控制，发生了恶性通货膨胀，到战争结束的时候，南方的通货膨胀率达到战前的 9 000%。

林肯雕像，位于华盛顿市中心的林肯纪念堂。（译者摄于 2017 年）

绿钞的发行给华尔街带来了意想不到却十分有意思的影响。当绿钞和金币同时流通时，最古老的经济规律——格雷欣法则所说的“劣币驱逐良币”就开始发挥作用了。

当时虽然法律规定了绿钞和金币可以同等使用，但消费者在实际支付中总是首先选择使用绿钞，而不使用金币。金币很自然地从流通中消失，而被藏于千家万户的床垫下。但是金币在某些流通环节中是必需的，例如缴纳关税时（联邦政府要求，所有人必须接受绿钞，却对自己网开一面）。于是，华尔街立刻出现了黄金交易和黄金投机。在开始的时候，纽约证券交易委员会允许在交易所里进行黄金交易，但是，人们发现，当北方军队取胜时，黄金的价格就下跌，当南方军队取胜时，价格就上升[1]，交易所委员会据此认为黄金的交易行为不够“爱国”，于 1862 年停止了黄金交易。为了满足对黄金交易日益增长的需求，场外经纪商很快将吉尔平新闻办公室（Gilpin's News Room）作为交易所进行黄金交易，这个交易所很可能是以其中一名组织者的名字命名的。它于 1863 年正式营业，任何人只要支付 25 美元年费就可以成为它的会员。

1862—1879 年，美国南北战争中联邦政府发行的一种不兑换纸币（不与黄金或白银挂钩），由于背面呈绿色，因此被称为“绿背纸钞”。（译者根据公开资料整理）

如同在证券交易所一样，吉尔平交易所的黄金价格也与北方军队的战绩走势相反。在葛底斯堡战役[2]前夜，287 美元的绿钞只能兑换 100

1. 这里的逻辑是：市场认为，如果北方取胜，则北方政府发行的绿钞将会升值，相对而言，黄金将贬值，而如果南方取胜，则绿钞将贬值，而具有保值功能的黄金则会升值，所以华尔街出现了这种不支持北方打胜仗的“不爱国”的行为。——译者注
2. 葛底斯堡战役（Battle of Gettysburg），美国内战后期，1863 年 7 月初，南北两军在葛底斯堡会战，北方军胜利。在该会战前，北方军节节败退，会战胜利后，北方军掌握了战争的主动权，开始进行反攻。——译者注

美元的黄金，创下了绿钞价格的新低。毋庸置疑，黄金的价格牵动着很多人的心，除了人们在一些必要的贸易环节和缴纳关税时需要用到黄金外，华尔街数以百计的黄金投机者也希望通过预测双方军队的胜败来投机黄金以牟取暴利。只要比公众早几分钟得到前线的消息，就意味着巨大的财富，因此投机商们在北方军和南方军中都安插了探子，也因此他们常比在华盛顿的政府更了解即时战况。事实上，华尔街比林肯总统更早知晓了葛底斯堡战役的结果。

劣币驱逐良币

格雷欣法则，即通常所说的“劣币驱逐良币”规律，是以英国都铎王朝期间王室商人托马斯·格雷欣的名字命名的，指消费者倾向于保留成色高的货币（贵金属含量高），而使用成色低的货币进行市场交易。但事实上，格雷欣并非最早提出这一概念的人，后人发现，提出“地心学说”的天文学家哥白尼在其著作中早已提到了这一原理。但所谓“格雷欣法则”的说法已广为流传，人们并没有纠正。而我们今日熟知的说法“bad money drives out good”（劣币驱逐良币），其实是英国新古典经济学家威廉姆·斯坦利·杰文斯在其1875年著作中的一句名言。我国古代先哲也早有人提出类似思想，西汉时期的贾谊就曾提出，国家应该垄断货币的铸造，否则会导致“奸钱日繁，正钱日亡”。（译者根据公开资料整理）

黄金投机商在投机活动中经常毫无感情地押注北方军失利，他们这一“不爱国”的举动广受抨击和谴责。媒体经常称他们为“李将军[1]在华尔街的左路军”，林肯总统则公开表示希望“所有这些罪恶的脑袋都被毙掉”。但是黄金投机商们在这些抨击面前不为所动。对于其中的幸运者和投机高手来说，有太多的钱等着他们去赚。

位于华盛顿的葛底斯堡战役纪念雕塑（左图）和林肯在葛底斯堡演讲的铭文（右图）。南北战争在给美国带来巨大灾难的同时，也带来了战争融资的巨大需求，并因此推动了美国资本市场的发展，使之一跃成为仅次于伦敦的世界第二大资本市场。雕像中的将军为米德将军，他指挥北方军在葛底斯堡战役中获胜，对整个战争走向起到了决定性作用。（译者摄于 2017 年）

当时，黄金从卖方转交给买方的过程充满了危险。在发生了几起大的黄金抢劫案之后，纽约银行开始充当黄金保管人，允许黄金移

1. 罗伯特·埃德温·李（Robert Edwin Lee, 1807—1870 年），美国南北战争时期南方军将领，曾在公牛溪战役（1862 年）、腓特烈斯堡战役（1862 年）及钱瑟勒斯维尔战役（1863 年）中大获全胜，后在阿波马托克斯向尤利西斯·S. 格兰特将军投降（1865 年）。——译者注

交在银行内部安全地进行。即便如此，风险依然存在。1865 年，曾在纽约证券交易所拥有一个席位且信誉良好的凯特汉姆父子公司（Ketchum, Son & Company）伪造了纽约银行几百万美元的黄金汇票，并且成功地提出黄金，一走了之。

1864 年 6 月 17 日，国会颁布法令，规定在经纪商办公室以外的任何地方买卖黄金都属非法。这条法令除了关闭吉尔平交易所并将交易者驱赶到大街上之外，带来的一个主要后果就是加大了黄金和绿钞之间的差价。很明显，这个结局并不是国会想要的，所以仅仅两个星期之后，这条法令就被废止了，吉尔平交易所重新营业，而投机依然和以前一样疯狂。包括 J. P. 摩根、利维 · P. 莫顿（后来当选为美国副总统）、贺瑞斯 · 克拉克（范德比尔特的女婿）在内的证券交易所会员和华尔街人士都意识到，黄金交易是无法避免的，于是在当年 10 月，他们一起创建了纽约黄金交易所（New York Gold Exchange），它很快被人们称为“黄金屋”。

据当时的人回忆说，这个黄金屋像一个“阴冷潮湿而充满怪味的大洞穴”，屋子的尽头是一个巨大的钟形标度盘，上面只有一个指针，这个指针用来显示黄金的当前价格。只要这个指针稍微动一下，就有黄金交易商发财或夭折。虽然黄金屋已和之前充满喧闹刺耳交易声的吉尔平交易所（它在黄金屋开业之后就关门了）大为不同，但对于那些心脏比较脆弱或者神经比较敏感的人来说，他们对这个地方依然望而却步。

为战争融资的第三个方法是借款。联邦政府也的确这样做了，借款规模之大，是此前从未有任何其他国家政府做过的。1861 年的美国国债总额只有 6 480 万美元，到 1865 年已经激增到 27.55 亿美元，增长了近 42 倍。战前，政府的支出总额从未超过 7 400 万美元，但到了 1865 年，仅利息支付一项就是战前政府支出总额的两倍多。

北方军队在公牛溪战役[1]遭受惨败几天之后，财政部部长萨蒙·P.切斯亲自到华尔街以7.3%的年利率发行5 000万美元的债券，他选择这个利率显然是为了使100元面值的债券每天能产生两分钱的利息。[2]虽然他筹集到了这笔钱，但切斯明白，尽管这对当时的华尔街银行来说是笔不小的数目，但相对政府的长期需求，这仅是杯水车薪。

在“石墙”杰克逊（stonewall Jackson）将军的指挥下，南方军队赢得了南北战争中的第一次公牛溪战役（First Battle of Bull Run）。（译者根据公开资料整理）

显然，原来的借款方式已经无法满足政府需要了。幸运的是，陪

1. 公牛溪（Bull Run），位于弗吉尼亚东北部的一条小溪，是南北战争期间两次重要战役的发生地，两次战役均以南方获胜而告终。——译者注
2. 利息为7.3%，面值100美元的债券将产生7.3美元的利息，一年有365天，相当于每天产生两分钱的利息。——译者注

伴财政部部长去纽约的是一个名叫杰·库克[1]的年轻银行家。库克的父亲是个律师兼国会议员，库克在俄亥俄长大，此后定居费城，就在南北战争打响时，他在费城开了一家以自己的名字命名的私人银行。于是联邦政府请库克（他的父亲和切斯是老相识）作为代理人来帮助发行一系列新的债券，被称为“5—20 年”公债，这些债券的偿还期最早不少于 5 年、最晚不超过 20 年，年利率为 6%，以黄金支付。

杰·库克，被誉为美国第一位重要投资的银行家，内战期间帮助联邦政府成功发行债券。（译者根据公开资料整理）

库克改变了以往把债券私底下配售给银行和经纪商，再由这些银行和经纪商将债券作为储备持有的传统模式。这一次，库克在报纸和

1. 杰 · 库克（Jay Cooke），美国金融家，曾在内战中为联邦筹款，并为战后美国东北部的铁路建设出资。他被普遍认为是美国第一位投资银行家，并创办了美国历史上第一家电信经纪行。——译者注

传单上广泛宣传要发行的债券，并说服财政部将债券面值降低到 50 美元。他在报纸上讲了很多故事，以告诉美国普通的工薪阶层，购买这些债券不仅是一种爱国的表现，也是一笔很好的投资。债券销售的成功远远超出了他原先最乐观的估计。

在南北战争前，美国持有证券的人数远不到总人口的 1%。除了富人以外，一般美国人还是习惯于把多余的现金藏在床垫之下，但是库克的销售方式使 5% 的北方人口购买了国债。到战争结束时，库克卖债券的速度已经比政府战争部门花钱的速度还快。

随着大量债券和债券持有者涌入金融市场，华尔街几乎在一夜之间发生了巨变。尽管股票市场在战争爆发时狂跌——股票市场几乎总是这样，但投资者随后开始意识到战争将旷日持久，不仅可交易证券的数量将大大增加，而且政府大量的支出将流向诸如铁路、钢铁厂、纺织厂和军工厂等公司，而这些公司产生的利润将流回华尔街，与此同时，这些公司也将从华尔街获得最急需的资本。

华尔街历史上最繁荣的牛市即将开始。

* * *

几乎在一夜之间，华尔街成为仅次于伦敦的世界第二大资本市场。在这疯狂的增长之中，纽约证券交易委员会依然只在上午 10 点 30 分和下午 1 点举行两次例行的竞价拍卖，这显然已经远远不能满足巨大的交易需求了。其他的交易所也随之涌现，以吸收这些过剩的交易量，就像在 19 世纪早期和中期的华尔街牛市时期一样。其中有一个名称不雅的“煤洞交易所”（Coal Hole），起先只是在地下室进行交易，但很快，它的交易额就超过了纽约证券交易所［纽约证券交易所在 1863 年以前被称作常规交易所（Regular Board），此后更名为纽约证券交易所，并沿用至今］。

煤洞交易所在 1864 年重组为公开经纪人交易所（Open Board of

Brokers)，虽然仅存在了短短5年时间，但它对华尔街的发展产生了重大而深远的影响。其中最重要的影响是：它抛弃了纽约证券交易所当时仍墨守的那种坐在各自席位上的“绅士式”拍卖方式，而开创了连续竞价的拍卖方式。经纪商可以在交易大厅指定的位置同时进行不同证券的交易，这些位置现在仍被称为交易柱（或交易台），因为它们仿照的是路边交易市场的交易方式。在路边交易市场上，一个个街灯灯柱代表着一个个交易场所，交易商们聚集在那里进行股票交易。

这种新的交易体系不仅可以让人们更加准确地知道市场价格，也使交易量大幅增加。到1865年，公开经纪人交易所（重组后的煤洞交易所）的交易量已经高达纽约证券交易所的10倍，纽约证券交易所第一次遇到了对其在华尔街至高无上的地位发起真正挑战的对手。它的管理层开始意识到，他们以前在华尔街的好日子一去不复返了，交易所要想生存下去，就必须进行改革。

据估计，到1865年，华尔街的年交易量已达到空前的60亿美元。“很多经纪人每天可以赚取800~10 000美元的佣金（在当时，1 500美元相当于一个相当不错的中产阶级家庭一年的收入），”詹姆斯·K.迈德伯瑞在1870年写道，“全民都加入了这个行业中，办公室里挤满了人……纽约从来都没有这么繁荣过。百老汇停满了车，时尚女装的经销商、服装生产商和珠宝商都赚得盆满钵满。周日的第五大道和平日的中央公园都会举行各种盛大而精彩的露天表演，之前从来没有出现过如此丰盛的晚宴、隆重的招待会和盛大的舞会。城市的大道被各种华美和奢侈的物品装点着，让人惊叹不已。终于，浮华世界不再是个梦想。”与此同时，在真正的战场上，成千上万的将士在这场内战中牺牲，阵亡人数超过了以前全部战争中美军死亡人数的总和。

受1857年经济崩溃影响而倒闭的矿业交易所在那一年进行了改组，而且很快就开始大量交易诸如乌拉乌拉古尔奇黄金开采及加工公司（Woolah Woolah Gulch Gold Mining and Stamping Company）之类的股票。这其中有些公司是合法的，有些完全是骗子公司，有些则兼而有之。当时的一个华尔街人士报道说，一个叫作加纳·希尔（Garner Hill）的公司以高价发行了100万股，首次募集资金达到160万美元，这使得只投入了3万美元现金的公司发起人，在扣除7万美元的或有费用[1]外，净赚150万美元。

1863年的纽约中央公园。19世纪上半叶，纽约迅速扩张，富起来的人们开始向往伦敦的海德公园和巴黎的布隆森林公园这样的大型城市公园，于是纽约州议会在1853年批准在曼哈顿中心区域建设纽约中央公园。该公园于1859年冬天首次开放，1865年的游客数量即超过700万人，该公园于1871年完全建成，是美国第一个城市景观公园（landscaped public park）。（译者根据公开资料整理）

1. 或有费用（contigent expenses），指承销费等费用的支付取决于股票是否发行成功。——译者注

另外一个交易所——石油交易所（Petroleum Board）也在 1865 年成立。自从埃德温·德雷克于1859年第一次在宾夕法尼亚州开采到石油后，从事该州油田开发的公司就如雨后春笋般出现，石油交易所就是为交易这类公司的股票而设立的。由于石油还是一个新生事物，其未来前景不明朗，因而有人认为石油未来的主要用途将在医药或者化妆品方面，例如可以用来制造发油等。这些不确定性越发煽动了石油交易所里的投机热情。

然而，许多经纪人并没有在正式组织机构中开展业务，有些人甚至连办公室都没有。当市场不利的时候，他们就突然人间蒸发了，只剩下那些替他们背黑锅的债主。1857 年出现的一个新词——街头流浪者（guttersnipe），常被用来指称这些场外经纪人。但是，到了 1863 年，他们在场外的交易量已多达每天 100 万股。

在这种交易的狂热中，经纪人不再像南北战争前那样，每天可以有规律地回家吃午饭。为了满足经纪人在紧张工作中吃饭的需求，快餐店第一次出现了，从此快餐店成为每个美国城市商业区必不可少的一部分。拜华尔街所赐，美国人的快餐情结得以发展起来。100 年后，伴随着 20 世纪 60 年代的连锁经营潮，在快餐业从夫妻店发展为全国性产业的过程中，华尔街也发挥了作用。

当白天的正常工作时间结束，大街上的交易由于天黑无法再进行的时候，经纪人们就转移到纽约北城的非正式交易所（其中最主要的交易所是纽约最时尚的酒店——麦迪逊广场的第五大道酒店）进行晚间交易。有一段时期，纽约可以一天 24 小时地持续交易，这种情况在此后的一个多世纪里再也没有发生过。

由于同时有很多交易所进行交易，经纪人和投资者数量也不断膨胀，所以对市场的监管几乎不存在。南北战争前，华尔街还只是一个小地方，每个人都相互认识，就像在自家后院举行橄榄球赛一样自觉遵循同一规则，并不需要很正式的市场监管。但是现在，情况完全改变了，“人人为己，买者自负”[1]成了这场新游戏的唯一规则。

这时候，另外一些新人物也被吸引到了华尔街，这些人的名字我们至今都很熟悉，因为他们创造了巨大的财富或具有影响力，例如约翰·托宾、伦纳德·杰罗姆（温斯顿·丘吉尔的外祖父）和他的兄弟阿迪森、弗兰克·沃斯（已故戴安娜王妃的曾曾祖父）、亨利·克鲁斯[2]、J. P. 摩根、杰·古尔德和詹姆斯·菲斯科。但是有一个人，即使是在这些历史巨人之中也赫然屹立，傲视群雄，他就是科尼利尔斯·范德比尔特。他既不是一个经纪人，也不是银行家，他从来不做投机活动，甚至基本不涉足华尔街。但是，在他生命的最后15年里，他成了这场大博弈中最重要的参与者。

范德比尔特于1794年出生于纽约斯坦顿岛，他的父亲在岛上拥有一块农场，站在农场上可以俯瞰纽约湾。尽管供养着一大家子人，但他的父亲并不是一个雄心勃勃的人。在范德比尔特的幼年生活中，对他影响最大的人是他母亲。他出生时就很强壮活泼，6岁的时候，在一次和隔壁家大两岁的童奴赛马中，他差一点儿把自己的马淹死。（虽然在那个时代种族歧视相当普遍，但范德比尔特绝不是一个势利的人，更不是一个种族歧视者。在晚年，他已经是美国最富有的人，但当再次遇到童年时代的玩伴时，他依然邀请这位已成为卫理公会派牧师[3]的朋友来到自己家中，并且盛情款待了他。）

虽然范德比尔特很聪明，但是他对于那些抽象的理论非常厌烦，

1. 原文为：caveat emptor，caveat venditor。——译者注
2. 亨利·克鲁斯（1834—1923年），华尔街著名经纪人，著有回忆录《我在华尔街的50年》。——译者注
3. 卫理公会（Methodist），此教会以积极关心社会福利和公众道德而著称。——译者注

尤其那些在18世纪和19世纪之交，认为老师权威、生搬硬套、死记硬背是标准的教育模式，更让他无法忍受。尽管他在学校待了6年，时间远远超过大多数同龄人，但他终身不愿掌握那些烦琐的英语语法和单词拼写，因而他的言辞是出名的粗鄙。

范德比尔特。他本对华尔街的游戏没有什么兴趣，但在被迫参与后，他在游戏中表现出来的高超手法前所未有。他将近70岁才开始涉足铁路业，并在随后的6年里控制了方兴未艾的铁路业。他后来捐赠创建了范德比尔特大学，死时是美国最富有的人。

他在16岁时就渴望开始自己的事业。一次，在里士满港口一艘待售的双桅帆船上，他看到了机会。在蒸汽机出现以前，由荷兰人引进的这种帆船是纽约港主要的运输工具，平底双桅杆的帆船最长可达18米，宽7米，有足够的空间来装载货物。由于吃水浅，它们几乎可以在纽约的任何水域自由航行。

范德比尔特向他的母亲提出借100美元来购买这艘双桅帆船，这在1810年不是一个小数目。他母亲和他做了一个很苛刻的交易，母亲告诉他，如果他能在他生日前把一块尚未开垦的 8 英亩土地清理干净，并且犁好种上作物，她就同意借钱给他。当时离他的生日只有 4 个星期了，但范德比尔特把一些邻居家的小男孩组织起来及时完成了任务。

范德比尔特晚年回忆说："60 年前，在 5 月那个明亮的早晨，当我第一次踏上自己的双桅帆船，升起自己的帆，把手放在自己的舵柄上的时候，我有一种真正的满足感，这种满足感甚至比我后来在哈莱姆逼空战役中挣到 200 万美元时还要强烈。"范德比尔特的职业生涯是从在斯坦顿岛和曼哈顿之间运送旅客开始的，很快他就成为这个港口公认的最可靠的船长。第一个运输旺季结束时，他不但还给他母亲 100 美元，还多给了她 1 000 美元。

1812 年的战争确保了范德比尔特事业的成功。军队需要他们能够完全信任和依赖的船运商向保卫纽约港的要塞运送物资，尽管范德比尔特的报价并非最低，但军队还是和他签了合同。在那个年代，大部分情况下，纽约的船运生意并不是靠合同就能保住的，更准确地说，是看谁先抢到生意，然后还要有办法保住它。范德比尔特很快就证明了他的厉害，他身高 1.83 米，远远高于同时代人的平均身高，他肩膀宽阔，直到中年还强壮无比。在 1844 年他 50 岁的时候，他率领亨利 · 克莱[1]的支持者沿着百老汇大街游行，当一个绰号是"扬基沙利文"的坦慕尼派强硬分子（他同时也是当时纽约最好的拳击手）上前抓住他的马缰绳时，愤怒的范德比尔特从马上跳下来无情地痛打了他一顿。

到 1817 年年底，范德比尔特估计他的身家已近 9 000 美元，同

1. 亨利 · 克莱（Henry Clay，1777—1852 年），美国政治家，他曾在 1824 年、1832 年和 1844 年三次竞选总统，均未成功。——译者注

时他还拥有数目可观的一支帆船运输队，但他仍时刻关注着任何新出现的变化和机会。他很快就在蒸汽船中看到了光明的前景。他卖掉帆船，开始为托马斯·吉本斯工作，成为吉本斯一艘名为“斯托廷格号”（Stoudinger）蒸汽船的船长。这艘蒸汽船船体很小，绰号“老鼠船”，在纽约和新泽西的新布朗斯维克之间航行。

1840年的美国蒸汽船。1824年，以约翰·马歇尔为首的美国最高法院宣布纽约州政府授予利文斯顿的蒸汽船航运垄断权违宪，不但吉布斯、范德比尔特等蒸汽船经营者受益于此，日益繁荣的航运贸易也为看似输家的纽约州带来远远高于垄断权收费的利益，更是确保了美国经济向着真正的共同市场方向发展。（译者根据公开资料整理）

在当时，吉本斯面临着一个巨大的问题。纽约州政府把在纽约水域经营蒸汽船航运的垄断权授予了与其有着千丝万缕联系的罗伯特·利文斯顿［他出资建造了第一艘成功进行商业化运作的蒸汽船——罗伯特·富尔顿的“克莱蒙特号”（Clermont）］。立法机构还傲慢无理地将利文斯顿的经营水域定义为从纽约水域一直延伸到新泽西海岸涨潮时的高位水线。毫无疑问，大部分人都对这项垄断立法不满。范德比尔特是一个天才的舰船设计师，他说服吉本斯根据自己的设计建造了一艘更大的蒸汽船，并且将这艘船命名为“贝娄娜号”（Bellona），“贝娄娜”是罗马女战神的名字，当时的纽约人深谙历史，马上就明白了其中之意。[1]

一方面，范德比尔特每天驾驶着“贝娄娜号”，机灵地躲避着来自利文斯顿的追捕；另一方面，吉本斯在法庭上争取他们自己的权利。利文斯顿公司曾设法贿赂范德比尔特，允诺只要范德比尔特改变立场，公司就会给他每年 5 000 美元的高额年薪，但是他拒绝了，他说，“我会一直陪伴吉本斯先生渡过难关”。尽管在被人冒犯，尤其在被人出卖时，范德比尔特总是显得冷酷无情，但也说明他是一个说话算数的人。一个同时代的人这样写道：“他是一个正直讲信义的人，同样，他的恐吓和威胁也言出必行。”

1824 年，吉本斯赢得了最终的胜利，最高法院的法官们取得一致意见，首席大法官约翰·马歇尔宣布利文斯顿的垄断违宪，因为只有联邦政府才对跨州商事有裁决权。这一案例，史称“吉本斯对决奥格登案”（Gibbons V.S.Ogden），无疑是最高法院做出的几个最重要的裁决之一，因为它确保了美国经济向着真正的共同市场方向发展。虽然在当时“华尔街”的概念还几乎不存在，但范德比尔特等人在追求他们自己的利益的过程中，已经无意识地对华尔街甚至整个国家利益的推动起了重要作用，这是亚当·斯密“看不见的手”在现实世界中的最好例证。

范德比尔特为吉本斯工作到 1829 年，之后他自己也拥有了一艘蒸汽船。他的第一艘蒸汽船叫“卡罗琳号”（Caroline），以他姐姐的名字命名，这艘船因从尼亚加拉瀑布上跌落结束航程而广为人知，不过那已经是在范德比尔特把它卖出以后很久的事情了。在那个蒸汽机

1. 意为范德比尔特下决心和利文斯顿斗争到底。——译者注

船以“做屠杀人类的批发生意”[1]而闻名的时代，范德比尔特从没有因为失火或者海难而损失过一艘船。到1840年，范德比尔特已经是美国最大的船主了，美国《商业日报》(*Journal of Commerce*）因此称他为“船长”，从此，他一直以这个绰号闻名于世。

尼亚加拉瀑布位于加拿大安大略省和美国纽约州的接壤处，水流飞驰而下产生如雷鸣般的巨响，“尼亚加拉”在印第安语中意为“雷神之水”。不少船只在此跌落，包括范德比尔特的第一艘蒸汽船“卡罗琳号”。(译者根据公开资料整理）

范德比尔特永远是一个最有力的竞争者。他自信能比任何人更好、更便宜、更快地经营船队，所以他总是单枪匹马地攻击由一小撮儿船运商组成的卡特尔，而当时，卡特尔在蒸汽船领域十分盛行。卡特尔经常发现，与其与范德比尔特竞争，不如直接给他钱让他离开，后者的代价小得多，而范德比尔特也乐于接受这种解决争端的方式，收到钱后，他就带着船队去另一个地方和新的对手竞争了。到19世纪50年代，他的商业活动领域已经扩展到了中美洲和欧洲，他甚至亲自开

1. 指蒸汽船经常发生事故。

辟了一条穿越尼加拉瓜的航线，但在欧洲，他发现，甚至连他也竞争不过享受大量政府补贴的英国卡纳德海运公司（British Cunard Line）。到美国南北战争开始的时候，范德比尔特可能已拥有了高达2 000万美元的财富。

但是这也令范德比尔特看到了他所在时代发生的另一个深刻变化。在19世纪50年代后期，他看到了铁路的前景，尽管一直以来，他都对这项新技术有一种天然的反感，但他的这种反感是完全可以理解的。1833年，当铁路刚刚登上历史舞台时，他就和这个新生事物打过交道——他遭遇了美国历史上第一起重大铁路事故，并差点儿因此而丧命。事故发生时，火车以每小时24英里（约40公里，在当时已经算是高速了）的速度运行，由于前一节车厢的车轴断裂，范德比尔特所在车厢里的其他乘客全部在这次事故中丧生，只有他幸免于难。他从车厢中被甩了出来，在被火车拖行了一段距离后，被甩到了路基上。他的几根肋骨摔断了，肺也被刺穿，几个月后才康复。

早在1854年，他就开始密切关注纽约–哈莱姆铁路（New York and Harlem Railroad）。这条铁路从纽约出发，延伸到和奥尔巴尼隔河相望的一个地方。他会带着午餐，从铁路线的这一端坐到另一端，然后再返回。有一个售票员回忆道："当我收完钱以后，船长经常会缠着我问一些关于哈莱姆铁路的问题，比如，我们每天能运多少加仑[1]牛奶，我们有多少机车，性能是否良好，农民是否爱护铁路等。"

在快到70岁的时候，范德比尔特已经成为美国当时最富有的人之一，就在这时，他决定放弃自己钟爱的蒸汽船并开始涉足铁路事业。为此，他知道必须去华尔街，因为哈德逊铁路和哈莱姆铁路的股票已成为华尔街市场的龙头股多年。

1. 1加仑（英）≈4.55升。——译者注

哈莱姆铁路向北延伸，与东西向的波士顿-阿尔巴尼铁路交于马萨诸塞州的查塔姆，因此可以选择哈莱姆铁路到达阿尔巴尼，与沿哈德逊河东岸的纽约中央铁路形成了竞争。（译者根据公开资料整理）

1895 年的哈莱姆铁路大桥。这座铁路桥连接了曼哈顿及其北面的布朗克斯区，历经数次改建翻修，从最初 1841 年的木制吊桥到如今的升降桥，它见证了这一地区日益繁忙的运载需求和商业繁荣。早在 19 世纪 80 年代，哈莱姆铁路大桥就达到了每天超过 200 列火车的通行水平。（译者根据公开资料整理）

* * *

范德比尔特无疑是19世纪最伟大的铁路经营者，但他却从来没有修建过一条铁路。相反，他购买铁路，并以无与伦比的效率来经营、扩张，尽一切可能把它们的作用发挥到极限。当时大家普遍认为，哈莱姆铁路既不重要，也没有前途，它建成于1852年，所经过的大部分地区是日趋衰落的乡村。南北战争前，这条铁路的客运收入仅有一年超过了50万美元，货运收入也只在1859年超过了这个数字。即使以19世纪中期的标准来衡量，这点儿收入也是微不足道的。1863年3月，《纽约先驱报》报道说："在所有交易的铁路股票中，哈莱姆股票的内在价值最低。"

但是，"船长"注意到了其他人所忽视的东西。纽约–哈莱姆铁路和在它西边几英里的竞争者哈德逊铁路，是仅有的两条能够直接通到曼哈顿岛的铁路，它们的铁轨直通纽约市的心脏。哈莱姆铁路沿着第四大道，即现在的公园大道，最开始时可以一直到达纽约的第26大街。但是纽约的市政委员会很快就明令规定，那些危险而又污染空气的火车只能停在第42街的北面，这也是中央车站坐落在第42街的原因。从纽约东面如纽约州或纽黑文过来的火车，必须在向哈莱姆铁路付费之后，才能通过它进入纽约市。而从纽约西边过来的火车则被哈德逊河隔断，停在特洛伊镇的南面，那时，哈德逊河上还没有建桥。

范德比尔特在亲自仔细考察了哈莱姆铁路之后，进一步认识到哈莱姆铁路在管理上的不足。怀着和开拓蒸汽船事业时同样的自信，他相信自己能以更高的效率来经营这条铁路并使之赢利。同时，他还看到另外一个赚钱的机会：州议会在授予哈莱姆铁路运营权的同时，还授权市政议会在其认为合适的情况下，可以给予哈莱姆公司纽约市内有轨电车的经营权。于是，范德比尔特开始买进哈莱姆铁路的股票。

纽约中央火车站（Grand Central Terminal），由范德比尔特出资建于 1871 年，建成时为曼哈顿的地标性建筑，后于 20 世纪初原地重建。今天，中央火车站的高度早已被旁边的大都会公司大楼（图中左侧）和克莱斯勒大楼超过。（译者摄于 2017 年）

要想从市议会获得有轨电车的经营权，就必须像贿赂州议会一样贿赂市议会的议员。但至少，市议会比州议会要小得多，因此贿赂成本也就低一些。市议会的议员们无疑是被哈莱姆公司养肥了，而哈莱姆公司也因此获得了最好的线路经营权：贯穿纽约最大最繁忙的街道——百老汇大街。那个时代的一个作家估计说，这条线路每年有多达 2 亿人次的客流量。除了向市议会议员个人大量行贿之外（议员们当然还利用内部信息，用他们自己的账户购买了大量的哈莱姆股票），哈莱姆公司还答应把运营这条路线年收入的 10% 上交纽约市政府。

范德比尔特并没有参与哈莱姆公司的管理，但他一直在持续地买进股票，尽管很多华尔街人士认为哈莱姆是一只应该做空的好股票。福勒写道："船长涉足华尔街的这趟浑水，对自己的作为毫不避讳，只是平静地把那些沾沾自喜、被冲昏头脑的空头所卖出的哈莱姆股票大口吞入自己的金融大胃中。"

卖空者等待着哈莱姆股票价格狂跌的时刻，并一度似乎获得了有利于自己的信息。1863年4月23日，授予哈莱姆公司的百老汇线路经营权的法案得以通过，此时哈莱姆股票价格只有每股50多美元。到5月19日的时候，价格已经涨到每股116.875美元，但就在那天，有一股巨大的力量在卖空哈莱姆。而在这个卖空狂潮的背后，最大的卖家就是范德比尔特的“老朋友”——丹尼尔·德鲁，他是哈莱姆公司董事会成员之一。

价格下跌到了80美元，但是范德比尔特继续买进。“每当有人卖空哈莱姆股票时，总有一只巨大的手伸出来把它们接住，它们随即便从人们的视线中消失，仿佛被锁进了一个巨大的铁箱里。”

卖空的原因在6月25日开始明了，当天下午，市议会突然取消了两个月前颁给哈莱姆公司的百老汇线路经营权。哈莱姆的股价就像“一只被射中的鹧鸪”一样直线下降到每股72美元，华尔街的卖空者满怀希望地等着范德比尔特第二天大出洋相。

但是第二天的股票价格并没有下跌，相反，它骤升到每股97美元，第三天达到了每股106美元。《纽约时报》当天解释道：“哈莱姆股票的主要持有人是范德比尔特先生和他的朋友，无论空头们准备何时卖给他们哈莱姆的股票，他们在银行里都有足够的现金来支付。此时，空头卖空的哈莱姆股票总数已经超过了哈莱姆的总股本。”

结果，这些空头在卖空合同到期的时候，只好向范德比尔特购买哈莱姆股票来进行交割。这个此前从没有涉足过华尔街的“船长”，在华尔街历史上最大的股票逼空战中，一举击败了美国最老练的投机商。6月29日，星期一，当《纽约先驱报》幸灾乐祸地报道说卖空者可能需要买回5万股股票才能履行合同时，许多卖空哈莱姆股票的市议会议员看到大事不好，急忙改变原来的立场，重新将公交线路经营权授予哈莱姆。范德比尔特也因此允许股票价格下降到94美元，以便让这些将来他可能还用得着的市议员得以从卖空合同中解脱出来。

《纽约时报》显然对此很兴奋，报纸上这样写道：“在这场较量中，公众的同情心完全站在了范德比尔特这边，今天，华尔街上人们的喜悦之情溢于言表，大家互相庆贺，市议会议员和同谋的股票投机商的那些无耻伎俩和诡计，终于得到了加倍的报复。”

范德比尔特虽然轻易放过了或有后用的市议员，但对华尔街的投机商就没打算那么仁慈了。整个夏季，在卖空阵营的一片咒骂声中，他一点点地推动股票价格上涨，直到做空投机商最后以 180 美元的价格平仓。至此，范德比尔特不仅买下了哈莱姆铁路公司的控制权，还为自己增加了一笔横财。

与此同时，“船长”也在持续买入哈德逊铁路的股票，这条铁路沿着哈德逊河东岸一直延伸到东奥尔巴尼，在那里通过一个渡船连接到纽约中央铁路，该铁路平行于伊利运河延伸到布法罗。到 1863 年，范德比尔特已经成为哈德逊铁路公司的董事会成员，并且是最大的大股东之一。

一些没有参与卖空哈莱姆股票的投机者显然认为，由于此时范德比尔特正身陷哈莱姆逼空战，因此有机会利用哈德逊铁路股票做些文章了。就在哈莱姆股票逼空战进入白热化之时，他们发起了对哈德逊铁路股票的卖空袭击。他们卖空哈德逊，希望迫使对手增加保证金，制造恐慌，以此使得股票价格进一步下降，企图最终在低位平仓以大赚差价。

范德比尔特立刻反击，他让他的经纪人买断市场上所有的“卖方选择权”（sell’s option）。在那个时候，股票买卖通常在做完这笔交易之后的一段时间内才真正交割，通常是 10 天、20 天或者 30 天，确切交割的时间如果由买方决定，则称为“买方选择权”（buyer’s option）；如果交割的时间由卖方决定，则称为“卖方选择权”（seller’s option）。当时，大部分的卖空操作并不像现在这样通过借进股票来实施，而是通过使用“卖方选择权”来进行。这些卖方和买方的“选择权”有别于现代期权。[1] 现在的看涨期权（call option）和看跌期权（put option）都只有权利而没有义务去履行合约。

通向纽约的三大铁路之一哈德逊河铁路，紧邻哈德逊河，时至今日仍然非常繁忙。（译者摄于 2017 年）

在买进了所有的卖方选择权以后，范德比尔特和他的同盟就在事实上宣告了哈德逊股票逼空战的开始，但是范德比尔特脑海里酝酿的计划比逼空更为高妙，正如金融家罗素·塞奇所说，范德比尔特将要证明“他之于金融，正如莎士比亚之于诗歌和米开朗琪罗之于艺术”。

由于有哈莱姆股票战役的牵扯，许多投机商认定此时范德比尔特肯定资金不足。对此“船长”并没有辟谣，相反，他让他的经纪人与其他经纪人进行接洽，请求他们“倒”这只股票（turn the stock），这

1. 在英文中，选择权和期权都使用“option”这个单词。——译者注

让那些投机商更加相信他们的猜测是对的。“倒股票”是股票逼空者可以以最少的现金实现买断股票的手段——当然，这种手段风险很高，要求有非常好的运气。“倒”股票时，股票的逼空者会先把股票卖掉，然后以稍高的价格从股票的买方手里买进“买方选择权”，这样，他就可以把现金保存下来。[1]但是，问题在于股票的买方并没有义务为逼空者一直持有这只股票，如果他认为逼空将要失败的话，正如事实上大部分逼空的结果一样，他就会卖掉股票，而当他必须履行“买方选择权”义务的时候，他可以再从市场上以较低的价格买进股票，并从中获利。

许多卖给范德比尔特“买方选择权”的经纪人就是看中了这一点，并信心满怀地认为范德比尔特在资金上几近穷途末路，于是立刻把哈德逊铁路的股票卖掉了。但是，他们错了，范德比尔特有足够的现金储备。当然，他们并不知道这一点。结果，他们把股票卖给了实际上在为范德比尔特工作的经纪商，而根据合同约定，他们必须在以后的某个时间将这些股票交付给范德比尔特。

1863年7月上旬，范德比尔特收网了。当卖方选择权合同到期的时候，卖空的投机商们到市场上去购买哈德逊股票，却发现市场上根本没有卖家，因为所有的哈德逊股票都在范德比尔特的手里。股票价格几乎是在一夜之间就从每股112美元飙升到了每股180美元，范德比尔特开始要求那些投机商履行买方选择权合同向他交付股票。这些可怜的倒霉蛋只得面对市场上唯一的卖主，那就是范德比尔特。范德比尔特此时表现得十分宽宏大量，他并没有坚持让那些深陷于自己所构筑的陷阱中的空头立刻履行合同。反之，他愿意借给他们此时所必需的股票，但每日的利息高达5%。

1. 即其拥有股票交割时间的选择权，因而暂时不用支付现金。——译者注

买方与卖方选择权

在早期股票交易中，买方选择权与卖方选择权，以及现代期权的看涨期权和看跌期权有很大区别。早期股票买卖通常在完成当期交易之后的一段时间内才真正交割，通常是 10 天、20 天或者 30 天。因此，交割时间的决定权非常关键：如果交割的时间由买方决定，称为“买方选择权”；如果交割的时间由卖方决定，称为“卖方选择权”。当时，大部分的卖空操作并不像现在这样通过借进股票来实施，而是通过使用“卖方选择权”来进行。具体来说，早期的卖空方可以在卖出股票之后，再利用卖方选择权拖延交割时间，并在时间窗口内在市场上购进较低价格的股票完成交割，以此通过价格差套利。这些早期的卖方和买方“选择权”与现代的看涨期权和看跌期权的区别在于，现代期权具有选择是否履行合约的权力（right），而非强制性地履约义务（obligation）。（译者根据公开资料整理）

就这样，正如格兰特[1]将军夺取维克斯堡[2]，正如西半球最伟大的战役——葛底斯堡战役决定了美国的命运，正如在美国历史上最大的

1. 格兰特于 1864 年被任命为南北战争联邦军总司令，1865 年接受李将军受降。战争结束后，1868 年，格兰特因军功赫赫当选为美国第 18 任总统，并于 1872 年击败民主党及激进共和党人成功连任。但他 8 年的任期政绩平平，政府更因贪污腐败、收受贿赂、对奴隶主的妥协而遭到批评，使南方民主党人得以在重建后重新控制南方近一个世纪。——译者注
2. 维克斯堡（Vicksburg），美国密西西比州西部的一座城市，在美国内战中，于 1863 年 7 月 4 日被格兰特领导的军队占领。——译者注

一次暴乱后纽约街道上陈尸累累，范德比尔特在华尔街的坎尼战争（Battle of Cannae）中扮演了汉尼拔[1]统帅的角色。他两次围歼做空投机商，给自己和同盟带来了300万美元的巨额财富，这次逼空战也被公认为金融操纵史上的杰作。《纽约先驱报》在7月13日称："华尔街从没见证过如此成功的逼空。"

接下来第二年，法院裁定，除了30年前的授权外，市议会无权授予任何新的有轨电车线路的经营权。而此时，百老汇线路已经开工建设了，范德比尔特只好到奥尔巴尼（州议会所在地）去寻求帮助，以获得在建中的百老汇线路的法律许可。毫无疑问，他花了大量的银子，从州议会和州长那里得到了该法案将顺利通过的承诺。丹尼尔·德鲁和其他一些人也跑到了奥尔巴尼去做了有利于这个法案通过的证词。但德鲁本性难改，像以往一样，他又耍了一次两面派的伎俩。他私下里偷偷告诉议员，如果卖空哈莱姆股票，然后把这个法案"枪毙"掉，他们可以猛赚一笔。

德鲁的计划几乎就是前一年春天使市议会官员损失惨重的投机计划的翻版。纽约州政府的官员们怎么会被这样一个计划诱惑，至今令人百思不得其解。E. C. 斯特德曼，19世纪60年代华尔街的一位老手，在19世纪末回忆道："在1864年的春天，奥尔巴尼的政客们应该已经清楚地知晓，就在不到一年以前，纽约市的政客们是如何因为卖空这只股票而将自己置于万劫不复中的。但他们还是愚蠢地、急不可耐地故伎重演，仿佛范德比尔特曾被证明是不堪一击的。或许是因为这些政客通常密谋攻击的目标——财政国库，近来被保护得太好，使他们无法下手；或许是因为在那个年代，政客敲诈私人企业的机会比今天

1. 汉尼拔（Hannibal，公元前247—公元前183年），迦太基统帅，公元前216年，在坎尼战争中战胜罗马军队。——译者注

更为受限；或许是因为他们经常在这样或那样的突袭中大获成功，并陶醉于由此带来的巨额财富之中，以致智商降到跟一只刚尝过鲜血的野兽一样。”

可以肯定的是，尽管范德比尔特富可敌国，但其资产的流动性还没有达到他想要的那种程度。他手里持有大量哈莱姆铁路和哈德逊铁路的股票，但很不情愿用这些股票作为抵押来获取贷款。德鲁曾预测哈莱姆股票价格会迅速上升，现在看来是正确的。1864年年初，哈莱姆股票价格为每股90美元，到3月26日已涨到每股140美元。就在百老汇线路法案听证委员会发布不利于法案通过的听证报告那天——这通常是一项法案将被束之高阁或否决的前兆，哈莱姆股票的价格立刻跌到每股101美元。如果议员们选择在这个价格把他们在高价卖空的股票买回来平仓的话，他们就已经可以大赚一笔了。但显然，他们或是没有听过，或是听过但没有遵从华尔街最古老的真理：看多的人——“牛”（bulls）能赚钱，看空的人——“熊”（bears）也能赚钱，就是贪婪的人——“猪”（pigs）赚不到钱[1]。他们没有选择平仓，他们期望股价会跌到每股50美元。范德比尔特悄悄地把他的同伴召集到一起，他们中比较出名的是约翰·托宾和伦纳德·杰罗姆。他们筹集了超过500万美元的资金，开始买进市场上所有卖空的哈莱姆股票，这在当时绝对是个不小的数目。3月29日，哈莱姆股票在当天纽约交易所第一次拍卖的价格是109美元，在下午的拍卖中涨到了125美元。到4月底，这个数字变成了224美元，范德比尔特和他的同伴被告知，他们此时拥有13.7万股哈莱姆股票，但哈莱姆股票总共才发行过11.1万股。差额部分是空头们多卖空的股票。

1. 华尔街这句古老谚语的原文：Bulls make money, bears make money, pigs get slaughtered. 这句谚语告诫人们，不要让贪婪左右了你的判断力。——译者注

福勒写道："500个强人，他们头脑聪明，财力雄厚。"但是他们现在在"船长"的掌控之中。当被问及下一步他会怎么做时，范德比尔特怒吼道："让股价升到每股1 000美元。"

幸运的是，伦纳德·杰罗姆劝说范德比尔特在坚持正义的同时，也施舍一点儿仁慈，这样对他自己也有利。他告诉范德比尔特，如果哈莱姆股票真的升到每股1 000美元，华尔街一半的机构将会面临倒闭，造成的恐慌将非常巨大，以至没有人能预测这会带来什么样的后果。当时很有影响力的经纪人亨利·克鲁斯在他的回忆录中高兴地写道："船长在普世人性的感召下，在杰罗姆富有远见的劝说和恳求下，像古埃及的法老王允许以色列人离开埃及一样，范德比尔特终于答应放了那些议员——允许他们以每股285美元的价格购买哈莱姆股票。"

第二场哈莱姆股票逼空战就这样结束了，而且以后永远也不会有第三次了。确实，对于当时整整一代的华尔街人来说，"卖空哈莱姆股票"也就等同于"陷入困境"。

直到1877年逝世，范德比尔特在华尔街历史上都一直享有"前无古人、后无来者"的声誉和地位。1869年英格兰的《弗雷泽杂志》（*Fraser's Magazine*）报道说："与其他所有的华尔街人相比，范德比尔特像一只具有皇家高贵气质和高尚品德的雄狮，屹立在豺狼和虎豹遍布的沙漠中。"

但是，即使在华尔街享有巨大的影响力和崇高的声望，范德比尔特却从来不属于华尔街。他的目标是建立一个铁路帝国，而不是买卖铁路股票。1867年，在应邀成为纽约中央铁路的总裁之后不久，他就把纽约中央铁路和哈德逊铁路合并了，也因此把自己推到了与伊利铁路直接竞争的位置上。伊利铁路同样起于纽约、止于布法罗，只不过其沿途的地理条件相对较差。假如伊利铁路经营良好，范德比尔特无疑也不会过多在意它的存在，因为他有足够的竞争优势，会在这个运输市场中获得“一头雄狮”[1]的份额。

但是伊利铁路很快就被掌握在丹尼尔·德鲁和两个年轻人——杰·古尔德[2]与詹姆斯·菲斯科的手中。在这“三驾马车”中，德鲁做事毫无顾忌，古尔德在金融方面是个天才，而菲斯科长袖善舞，他们的传奇至今仍在流传。他们三个的联手让范德比尔特不得安生。范德比尔特迫不得已，决定到华尔街收购伊利铁路公司的股票以控制这条铁路，于是，地狱之门打开了。

同一时代的西方和东方

西方	年份	东方
	1858	清政府分别与英、法、美、俄签订《天津条约》，又与俄订立《瑷珲条约》
	1860	英法联军火烧圆明园；攻陷北京。中英、中法、中俄分别签订《北京条约》
俄国废除农奴制	1861	中国洋务运动开始，创办军事工业、实业，编练陆海军，设西式学堂，历时30多年
美国南北战争爆发	1861	“辛酉政变”，慈禧太后开始垂帘听政，历时47年之久
华尔街爆发黄金投机热，延续至1864年	1861	
林肯签署《解放宣言》	1862	

1. 源自一则古希腊寓言：一只狮子和其他一些野兽一起猎取食物，在捕到猎物分食时，狮子提出，它要得到它的那一份儿，也就是一整只鹿。现用来指最大、最好的那份儿，甚至完全独吞，而不管这样做对其他有关的人是否公平。——译者注

2. 杰·古尔德（1836—1892年），美国著名铁路建造商和投机商，被称为美国镀金时代最著名的强盗资本家，他在1869年对黄金市场的狙击导致了被称为“黑色星期五”的大恐慌的发生。——译者注

（续表）

西方	年份	东方
华尔街爆发哈莱姆铁路股票囤积战	1863	
	1864	太平天国运动失败
	1864	中俄签署《勘分西北界约记》
南方邦联军投降，美国内战结束。不久，林肯遇刺	1865	汇丰银行在香港成立
大西洋海底光缆开始运行。同年，J. P. 摩根因牵头签订了“海盗协议”而在华尔街声名鹊起	1866	由于世界棉花市场崩盘引发世界经济危机，中国多家外商银行倒闭
英国爆发世界性的经济危机	1866	
	1860—1870	中国民族资产阶级诞生

第六章

“谁能责备他们——他们只是做了他们爱做的事而已”（1867—1869年）

译者题注

伊利铁路的股权争夺战充满了硝烟和血腥，股市操纵者们肆意囤积股票，立法官员们与他们狼狈为奸，而当时社会上屡见不鲜的政府腐败和证券法规的严重缺失，使这一切仿佛变成再正常不过的事情，“谁能责备他们——他们只是做了他们爱做的事而已”……

译者导读

- 范德比尔特和德鲁集团的遭遇战是围绕着伊利铁路的控制权展开的。在这个时期的美国，纽约中央铁路、宾夕法尼亚铁路和伊利铁路共同支撑着从美国中西部到纽约市的陆路运输，范德比尔特希望在这三条相互激烈竞争的铁路之间寻求妥协，以维持价格同盟。可是，对铁路运营毫无兴趣、一心只想靠操纵股市大发横财的德鲁控制着伊利铁路，这使得范德比尔特的如意算盘屡屡落空。被德鲁惯用的欺骗伎俩彻底激怒的范德比尔特最终下决心再次动用他那曾横扫千军的百万美元——在华尔街收购伊利铁路的股票。这揭开了伊利股票囤积战的大幕。
- 今天的人们很难想象19世纪中期美国政府的腐败有多么触目惊心。当时美国最为富裕并且人口最多的城市纽约更是如此。由于证券法律法规严重缺失，在股市中兴风作浪的投机商无一例外地都豢养和控制着忠实于自己的法官，而后者则竭尽所能利用自己手中的权力来影响股票价格的涨落，为其主子的投机活动效力。事实上，股市投机者的博弈在很大程度上变成了一场腐败的立法官员们竞相订立和随意篡改股市规则的游戏。股市博弈的结果，更多地取决于立法官员们侵害公权的无耻程度和技巧高下。

范德比尔特开始大量购进伊利股票，同时指使他所控制的法官颁布法令不得增加伊利股票的总量。而德鲁和他的盟友在范德比尔特还浑然不知的情况下，已指使他们控制的法官下达了完全相反的法令，并把大量伊利铁路的可转债券转成了股票，同时还印刷了数万张崭新的伊利股票。范德比尔特控制伊利股票的美梦彻底破碎了，在他反应过来之前，德鲁和他的盟友在市场上全数抛出了他们刚刚“制造”的“掺水股票”，成功席卷了700万美元后逃离纽约。但这场战斗并没有结束，在随后的数月里，双方都继续疯狂地贿赂立法机构以使胜利的天平倾向自己，最终，两败俱伤的范德比尔特和德鲁达成了妥协。

硝烟过后，当人们重新审视这个被疯狂的投机者和腐败的立法者搞得混乱不堪的博弈场时，终于意识到需要订立法律来健全上市公司的股票发行制度，尽管相关的法律还需要经历更多的股市阵痛才会真正来临——直到1929年股灾后，美国才于1933年颁布了《联邦证券法》，不过，这将是70多年以后的事情了。

在华尔街历史上再也不会有第二家公司能像伊利铁路一样受到投机者欢迎了。伊利铁路债台高筑，资本结构混乱不堪，路线设计政治化，内部管理毫无章法，公司诚信更是无从谈起。伊利铁路博弈中的几个主要投机天才充分利用伊利铁路的这些特点，一次又一次地把天真的投资者引诱到伊利铁路这个圈套里来。

“狂热似乎占据了每个人的头脑，”《弗雷泽杂志》在1869年这样描述当时的投机狂潮，“一贯传统的商人抛弃了他们一生遵从的原则，孤注一掷，一举买下好几百股伊利铁路的股票；专业人士厌倦了收入的缓慢增长；小职员们已无法忍受那仅够维持生计的工资；牧师也不满足于那少得可怜的津贴。他们蜂拥而至，甚至有经纪行打着男女平等的口号，吸引妇女参与伊利股票的投机。”

人们对于伊利铁路的狂热，恰巧出现在一项极其重要的新技术——股票自动报价机（stock ticker）刚被引入市场的时候。电报令股价在全美范围内快速传播成为可能，但电报发送和接收的两端都需要有熟练的报务员。1867年，埃德温·A.卡拉汉发明了第一台股票自动报价机，这台机器能够把从交易所大厅通过电报传过来的股票价格自动打在纸带上。与之前阅读定期的交易活动报告不同，如今全美的经纪人都可以直接跟踪每一笔交易的实况。伊利铁路投机战即将爆发，他们很快就会有很多“战况”要跟踪了。

1872年，投机者们正在读股票报价机上的股票价格。借助大规模的债券发行和证券投机。美国南北战争迅速扩展了华尔街的规模，而股票自动报价机的发明则大大提高了华尔街的影响力——它可以在毫秒之间将股票价格传遍整个国家。

至此，伊利铁路投机中最重要的投机商是丹尼尔·德鲁，他同时也是伊利铁路的董事。即使在那个年代，德鲁在伊利之战中的所作所为也是一个传奇。同为投机者的福勒这样描述德鲁：

1867年，第一台股票自动报价机问世，投资者能够更方便地获取股市信息。（译者根据公开资料整理）

> 伊利铁路在他手中就像中国独弦琴[1]，他在上面只弹两个音调：当伊利股票价格涨到高位时，他就会高唱："快来买我的伊利股票啊，快来买我价值连城的伊利股票啊。买吧，快买吧！"
> 当伊利股票价格走低时，他也会高唱："快卖给我伊利股票啊，快来卖给我一文不值的伊利股票啊。卖吧，快卖吧。"

1. 又称一弦琴，属于泛音演奏乐器，可以在一条弦上同时奏出两个音，正好对应德鲁"弹奏"的买、卖两种"音调"。——译者注

于是，整个华尔街都为他甜美的嗓音所着迷，他们从德鲁那里高价买进伊利股票，然后又低价卖给德鲁。每天晚上，德鲁大叔都会梦到巨大的钱袋，而第二天他总是梦想成真。随着他的独弦琴响起，财富就滚滚而来——它们都来自伊利铁路。

成为德鲁牺牲品的不仅仅是那些入市不深的投资者。1864 年秋，约翰·托宾和伦纳德·杰罗姆开始逼空伊利股票，他们从德鲁手中借钱购买股票，德鲁也向他们许诺，当股票在某一价位之上时，他不会卖出。11 月上旬，伊利铁路股票的价格达到每股 102 美元，但随后，价格就开始下跌了。到了第二年年初，它已经跌到了每股 80 美元。推动股票价格下跌的是一连串的卖空，这是谁干的？还能是谁？就是丹尼尔·德鲁，他正兴高采烈地违背对托宾和杰罗姆的承诺。随后，德鲁说服了一个与其私交甚密的法官发布禁令，不允许伊利股票发放股息。接着，他又突然要求收回他给杰罗姆和托宾的贷款，迫使他们以很低的价格卖掉股票来偿还贷款。

对于伊利股票的全面恐慌爆发了。“格兰特和谢尔曼在猛敲里士满的大门[1]，”福勒写道，“华尔街上的又一次大逃亡开始了。”“……那些当初以每股 80 美元买进伊利股票的投资者一度以为自己捡了便宜，现在却不得不以 45 美元的价格卖出，甚至觉得连 20 美元都不值。市场上随处可见 5 000 股或者 1 万股的卖盘，股价稍有抬升，巨大的卖压就又立刻把它打了下去。股价最终在每股 42 美元触底。”

范德比尔特很讨厌这种欺骗伎俩，他在 1865 年辞掉了伊利铁路的董事职务。但是，范德比尔特对纽约中央铁路的兴趣却越来越浓，1867 年年底，他成了这家公司的总裁。随着他旗下的铁路扩展至五

1. 格兰特（1822—1885 年）和谢尔曼（1820—1891 年）是南北战争时期北方联邦军队的将领，里士满是南方邦联的首都，这里借此描述华尔街上的“战斗”。——译者注

大湖区，他开始以一个更开阔的视角看待纽约州的铁路。他本能地意识到铁路本身是一个以量取胜的行业，铁路有很高的资金成本，而且不管是空载还是满载，火车都必须按照时刻表运行，经营铁路就意味着必须要每时每刻去争取生意，否则就会走向破产。在19世纪，铁路行业的价格战是一个司空见惯的现象（出于同样的原因，现在正在放开管制的航空业也是如此），而避免价格战的唯一办法是原来相互竞争的铁路形成同盟，即卡特尔。[1]

美国史上最富有的人

《福布斯》2007年公布的“美国史上15大富豪”排行榜，通过个人财富占当时GNP（国民生产总值）的比重来排列美国历史上最富有的15个人。其中，科尼利厄斯·范德比尔特名列第三位，仅次于“石油大亨”约翰·洛克菲勒（第一位）和“钢铁大王”安德鲁·卡内基（第二位）。杰·古尔德虽然略逊一筹，排在第11位，却位于亨利·福特（第12位）、比尔·盖茨（第13位）、安德鲁·梅隆（第14位）、沃伦·巴菲特（第15位）之前。（译者根据公开资料整理）

1. 卡特尔（Cartel），是一种在同领域中互相竞争的公司间达成的协议，用以控制价格或者抑制新的竞争，分为公共卡特尔和私人卡特尔。公共卡特尔是指由政府出面对一个市场的竞争价格进行调控；私人卡特尔则主要是为了结盟控制价格并获取收益。私人卡特尔是托拉斯的早期表现形式，在很多国家都被反托拉斯法所禁止。现在的石油输出国组织（OPEC）其实就是卡特尔的一种表现形式。——译者注

三条铁路（以及不堪重负的伊利运河）支撑着从美国中西部地区到纽约的商贸活动：纽约中央铁路、伊利铁路和宾夕法尼亚铁路。其中，纽约中央铁路由范德比尔特掌舵，这无疑是良好管理和高效运营的一种保证。在托马斯·斯科特领导之下的宾夕法尼亚铁路也以“把投资者利益放在首位”而著称。最变化无常的就是伊利铁路。只要德鲁依然我行我素，保持自利的管理方式，这三条铁路之间达成的任何协议就都只是一纸空文。基于这种形势，范德比尔特下定决心，要在1867年10月8日举行的伊利铁路董事会选举中占据一个董事会的重要位置。

他不费吹灰之力就可以找到盟友，因为他在波士顿集团手上有足够多的伊利股票，能够轻易地控制选举并把德鲁从董事会名单中剔除。但是，德鲁在蒸汽船时代就和范德比尔特打过交道，因此对范德比尔特非常了解。德鲁登门拜访范德比尔特，并且使范德比尔特确信，将他留在董事会是范德比尔特最好的选择。他保证将成为范德比尔特最忠实的利益代言人，并帮助监督波士顿集团的所作所为。范德比尔特信以为真，但由于范德比尔特以前在华尔街说过很多德鲁的坏话，因此他们设计了一个策略，既能反映范德比尔特立场的转变，又能为他保留面子。

德鲁在董事会选举中很自然地落选了，但第二天，新当选的董事利维·安德伍德就辞去了董事的职务，德鲁重新获选成为董事，以替代安德伍德。德鲁甚至还重新担任伊利铁路的财务主管，他上次担任此职务还要追溯到19世纪50年代中期。同时当选董事的还有华尔街默默无闻的两个人，几家报纸在报道的时候甚至拼错了他们的名字，他们是杰·古尔德与詹姆斯·菲斯科，但他们默默无闻的时间不会太长了。

古尔德比范德比尔特和德鲁年青一代，他出生于纽约州北部的一个农场。他身材瘦小，也不怎么健康，一位报道古尔德的记者在回忆录中这样写道：“我看到他一头扎进了萨拉托加[1]的土耳其温泉。他的胳膊很细，胸部瘪瘪的，脸色蜡黄，还有他的腿，那么细！我从来没有想到，这么一头出名的‘公牛’在现实中长着这么可怜的‘小腿’。我不敢肯定，你是不是能将餐巾环套在他的脚上，然后推到膝盖。”[2]但是，无论他的身体有多少缺陷，他的智力和意志力都足以弥补他身体上的不足。他唯一的愿望就是发财，他将用他短暂的一生全力以赴地实现自己的愿望。

杰·古尔德。他可能是历史上这场游戏中最聪明的玩家了。

詹姆斯·菲斯科则完全是另一番模样。他有着异乎寻常的强壮体格，即使用19世纪并不苛刻的标准来衡量，他的体重也严重超标。他的一生只追求一件事情：玩得好，过得好。“无耻！无耻！”当菲斯科还活着的时候，福勒就这样描写他，“一而再，再而三，三而四。厚颜无耻，无人可比，无人可及，无耻透顶！”

菲斯科出生于佛蒙特州南部的一个小贩家庭，同古尔德一样具有久远的新英格兰血统。在10岁的时候，他就全面接管了他父亲的生意，并把生意迅速做大，而他的父亲反而为他打工。到南北战争爆发时，他刚刚20岁出头，那一年他卖掉了自己的店铺，受雇于波士顿

1. 萨拉托加是位于美国纽约州东部的一个村落，附近有温泉疗养地。——译者注
2. 这里的意思是讽刺古尔德的腿非常细。——译者注

的乔丹–马什（Jordon Marsh）纺织品公司。凭着出色的推销能力，他成功地与联邦政府签订了许多合同，而且他擅于突破联邦政府的禁运令，把棉花走私到了北方，供他自己的公司使用。

战争结束的时候，菲斯科离开了乔丹–马什公司，公司以 6.5 万美元买断了他的股份，这在当时不是一笔小钱。尽管在股票方面毫无经验，但他还是在宽街 38 号开了一家经纪公司，这家公司正好位于新建的纽约证券交易所大楼对面。他施展出当初在华盛顿拉拢军需补给官和政客的手段，但华尔街不是华盛顿，这里的大佬们吃他的大餐，喝他的香槟，却把他带到了破产的边缘，他很快就输得精光。

但菲斯科不久就卷土重来。他出色的谈判技巧成功地让德鲁正在亏本经营的"斯托宁顿线号"（Stonington Line）蒸汽船以 230 万美元的价格卖了出去。德鲁为此非常高兴，把他雇为自己的众多经纪人之一，帮助他在华尔街重新立足。

很明显，古尔德和菲斯科是在选进伊利董事会时才第一次见面的。他们简直是天壤之别。福勒这样描写菲斯科："他总是不停地开玩笑，好的玩笑，坏的玩笑，还有一些极其无聊的玩笑。"而古尔德的侄女这样描述她叔叔："他出奇地沉默寡言，但他说的每一句话都经过慎重考虑，在任何场合，他都举止得体。"他们俩都是如此精明，以至他们一见面就立刻意识到对方身上所具有的自己缺乏的东西。他们将成为华尔街最"出色"的组合。

* * *

仅仅三个月之后，德鲁就违背了他对范德比尔特的誓言，他和其他董事使用范德比尔特最痛恨的伎俩——联合坐庄（pool），以推动伊利股票价格上涨。由于他在投机方面有着毋庸置疑的天分，他经常被当时的报纸称为"投机导演"——他在投机操作中扮演总指挥的角色。在 1868 年 1 月，伊利股票的价格刚刚上涨到每股 79 美元，但随后就立刻跌到 71 美元，这意味着背后有人在大笔沽空。新闻界人士毫不怀疑谁是幕后的操纵者，《纽约先驱报》报道说："投机导演的爪牙一整天都在竭尽全力地制造恐慌，散布比平时多得多的关于各种股票的谎言，尤其是关于伊利股票的谎言。"

联合坐庄集团里有一个成员（我们并不完全知道他具体是谁），德鲁曾资助他购买伊利股票。他心存疑虑，偷偷调查了他买的股票出自谁手，却惊恐地发现这些股票竟然来自坐庄集团同一名经纪人。[1]他和其他成员一起找到德鲁，要求德鲁按照承诺把股价拉上去。

"我已经卖掉了我们所有的伊利股票，赚了一笔，"德鲁平静地回答道，"现在正准备分钱。"

查尔斯·弗朗西斯·亚当斯和他的弟弟亨利合写的《伊利岁月》（*Chapters of Erie*）是早期新闻调查的杰作，他们这样解释德鲁的所作所为："投机集团的总指挥把钱借给了其中一位成员，让他有财力购买集团所有其他会员的出货，这样就神不知鬼不觉地把他套了进去，然后，总指挥在集团内分配利润。他也会很平静地把原本属于这个牺牲者的钱的一部分作为利润分成返还给他。"

弗兰克·沃克是范德比尔特在董事会里的耳目，他很有可能也成为德鲁阴谋的牺牲者，于是，他把发生的一切都告诉了范德比尔特。范德比尔特有点儿紧张了，他一直希望伊利铁路能够和他（哈莱姆铁路）以及宾夕法尼亚铁路合作，平分进出纽约交通运输的市场份额，这样的话，每家都可以获利。但伊利董事会很快就否决了范德比尔特的这一提案，董事会中除了弗兰克·沃克投了赞成票以外，大部分董

1. 联合坐庄意为一些人共同买入某一只股票，推动该股票的价格上涨，而在这里，德鲁却是个两面派，在买入股票推高股价后，悄悄地指挥其他成员卖出股票，而使坐庄集团的某个成员蒙在鼓里，继续买入，在客观上为其他人接盘。——译者注

事都认为这样的安排不公平，伊利铁路所占的份额应该更大。

经纪人正在抢购伊利股票。“伊利股票大战”给了华尔街最激动人心的一段时光，它的疯狂程度也说明，当时的华尔街需要制定新的规则来保证市场的平稳有序。

范德比尔特意识到董事会行为背后的真正意图：向他宣战。他下定决心，不惜一切代价控制伊利铁路。如果不能通过控制董事会来达到目的，他就会采取另一种方法：收购。“范德比尔特不习惯接受‘失败’这样一个词，”亚当斯写道，“而且，这一次，他有一种被背叛的感觉，这种在全华尔街人面前被愚弄的感觉，尤为刺痛了他。以往一连串的胜利使得原本就心高气傲的范德比尔特更加自负，他绝不是那种在尊严受损后，只会坐下来暗自垂泪而无所作为的人，更何况，现在他的如意算盘完全打错了。在被别人算计后，他一定会拿起他最钟爱的武器——能够横扫千军的百万美元。”

即使范德比尔特拥有巨额财富，要想打赢这场战争也是困难重重。伊利铁路正式流通在外的公众股有 251 050 股，但这并不是伊利所有的股票。早在 1866 年的时候，德鲁贷给伊利公司的 348 万美元，是以 2.8 万股未公开发行的股票和 300 万美元的债券作为抵押的，这部分债券可以转换成 3 万股股票，并且可以再从股票转换成债券。这就意味着，只要符合德鲁的投机目的，他随时可以使伊利股票的总量变化 10% 以上。

此外，德鲁还是伊利铁路的财务主管，他完全可以利用职务之便在必要的时候发行或“制造”更多的股票。范德比尔特如果想通过收购来垄断伊利股票，他就必须设法阻止德鲁无休止地发行更多的伊利股票。于是，他请求纽约州最高法院（New York State Supreme Court，也译作高等法院或高级法院，像现在一样，在纽约州混乱不堪的司法术语中，这里的最高法院并不是级别最高的法院，恰恰相反，它是最低一级的法院）法官乔治 · G. 巴纳德给予帮助。据斯特德曼所述，巴纳德是一个“坦慕尼奴隶”（Tammany Helot），在范德比尔特的“资产”中是有编号的。[1]

今天，我们可能早已忘记了 19 世纪中期的美国政府有多么腐败，而且没有什么地方比纽约这个美国人口最稠密也最富裕的州更腐败了。美国当时的政治报酬体制[2]注定了其官僚体系既无能又腐败。同时，政治俱乐部（其中最著名的就是坦慕尼派俱乐部）又垄断了国家的政治机器，确保那些腐败官员赢得选举。

早在 1857 年，贿赂和欺诈就已经大行其道，以至于乔治 · 坦普

1. 指巴纳德是被范德比尔特收买的。——译者注
2. 指美国一个党派竞选胜利后，任命其支持者为政府官员的做法。——译者注

顿·斯特朗律师（George Templeton Strong）在他的日记中写道：“感谢仁慈的上帝，纽约州议会已经休会。”几年以后，贺瑞斯·格里利（Horace Greeley）在《论坛报》（*Tribune*）中有这样一段话：“在未来的10年里，我不认为议会大厅将再一次充斥着一群不顾后果、毫无公德、腐败透顶、寡廉鲜耻的人。”然而，事实证明他大错特错。

图为坦慕尼大厅（Tammany Hall），已于1927年拆除。坦慕尼派俱乐部（Tammany Society）从十九世纪二十年代起就活跃于纽约社交圈和慈善圈。1828年安德鲁·杰克逊当选总统，它开始介入政坛，成为民主党在纽约的支柱。特别是在1845年爱尔兰土豆病虫害歉收引发大饥荒和逃荒潮，每年10万左右的穷人移民美国，坦慕尼派俱乐部便协助这些人安顿下来，介绍工作，寻找住所，甚至为他们加入美国籍提供帮助。在选举时，这些人自然会投坦慕尼中意的候选人，使得坦慕尼派俱乐部成为纽约市乃至纽约州的选举机器，当选的议员再任命行政官员，整个俱乐部逐渐沦为政商交易和腐败的大本营。（译者根据公开资料整理）

华尔街上商业和金融业的蓬勃发展只会让这些政客们变得更加贪婪。1868年，纽约州议会通过了一个法案，这个法案被州长及时地批准生效。这个法案实际上是把贿赂合法化了。按照这个法案，"法庭不能只根据行贿方的证词就证明受贿方有罪——除非行贿方证词中的核心部分有其他证据作为旁证"。在电子时代来临之前，这意味着只要议员们是在私下里以现金形式接受贿赂，定罪就是不可能的事情。纽约下议会的秘书哈德逊·C. 坦纳（Hudson C. Tanner）于19世纪80年代卸任后写了一本揭露当时政治黑幕的书，他说："'公平地竞选和诚实地点票'完全只是政治口号，诚实地点票已经让位于'诚实地清点礼金'。"

司法机关的状况比立法机关也好不到哪儿去，坦纳在他的日记中写道："最高法院是我们最大的阴沟，律师则是一群老鼠。我的比喻可能对老鼠有点不公平，因为老鼠是非常干净的动物。"纽约州的法官从19世纪40年代起就开始通过选举产生，这使得他们彻底依赖于政治机器。到19世纪60年代末,《弗雷泽》杂志向已经完全被弄糊涂的英国读者解释道："纽约有一个独特传统，诉讼人最好在花钱聘请律师的同时还花钱聘用法官，特别是对于马上就要开始的诉讼案（如伊利诉讼案），在发生紧急情况的时候，重要的是诉讼双方都必须拥有他们可以暗中依赖的法官。"

南北战争之后，整个政府一片腐败，而从这个腐败时代走出来的商人，如安德鲁·卡内基、约翰·戴维森·洛克菲勒[1]和J. P. 摩根，他们也总是把政府看作使市场获得有效监管所需解决的问题之一，而不是解决这些问题的手段。他们总是依靠自己的力量来阻止市场混乱，

1. 约翰·戴维森·洛克菲勒（John D. Rockefeller，1839—1937年），美国石油大亨。——译者注

而不是试图利用这个国家中最容易被收买的机构——政府来解决问题。后来的自由派历史学家[1]在谈论到“强盗资本家”时，几乎全部闭口不谈这个事实。

* * *

1868 年 1 月 26 日，范德比尔特让巴纳德法官颁布了一个法令，禁止任何伊利公司的债券转换成股票，同时也明令禁止丹尼尔·德鲁本人“卖出、转让、交付、处理和放弃”所持有的伊利股票。范德比尔特以为德鲁就完全处于他的控制之下了，并让他的经纪人进入市场悄悄买入伊利股票。范德比尔特对于他很快就会获得伊利铁路的控制权非常有信心，但是，“船长”严重低估了德鲁，据《先驱报》报道，此时德鲁“正在嘲笑这个法令”。

德鲁立刻着手把他的可转换债券转换成股票，同时发行了更多的可转换债券，并立刻将它们转换成股票。2 月 29 日，有人看到他走进位于宽街 19 号威廉奚斯公司的经纪人办公室，“过了一会儿，”福勒写道，“5 万股崭新的伊利股票在办公室里沙沙地响成一片，就像 7 月正午的蝉鸣。”当然，“船长”还蒙在鼓里，但伊利股票的流通盘却已经在刚才增加了 20%。

随后，德鲁命令忠实于他的纽约上州法官暂停弗兰克·沃克在董事会的职权，同时又让巴纳德辖区的另一名法官宣布，在弗兰克·沃克缺席的时候，伊利董事会不得做出任何决定。第三位高等法院的法官——布鲁克林区的吉尔伯特（Gilbert）决定，伊利公司根据需要可以继续将债券转换成股票。这样一来，德鲁、菲斯科、古尔德便处于近乎完美的法律环境之中。正如斯特德曼所解释的那样：“巴纳德的

1. 自由派历史学家强调个人的作用，认为历史是由政治领袖和杰出人物所推动。——译者注

法令禁止他们把债券转换成股票，而吉尔伯特的法令和巴纳德的法令正好相反，因此，除了那些鸡蛋里挑骨头的人以外，谁还能责备他们？他们只是做了他们爱做的事而已。”

整个华尔街陷入疯狂之中。“整个市场只剩下了一个词——伊利，”福勒在第二年写道，“人们听到公开交易所（Open Board）的副主席乔治·亨里克斯（George Henriques）以尖利的嗓音依次报出国债、州政府债券、太平洋邮递、纽约中央铁路，然后突然停顿了一下，当他再次以更尖利的嗓音喊出‘伊利’这个词的时候，一层阴影掠过他的脸庞，整个大厅仿佛在颤抖。接下来的十多分钟，大厅几乎变成了疯人院。每个收报员和经纪人都立刻站了起来，尖叫着、挥舞着手臂。范德比尔特的每一个经纪人都成为一群人的中心，像一根指针一样，从左转到右，挥舞着手臂，买入所有卖给他们的伊利股票。当主持人的锤子落下，他用嘶哑的嗓音大喊：‘完毕！先生们，如果谁再出价，我就要罚他款了！’伊利股价定在了每股 80 美元。此时，人们全然不顾还没有被拍卖的其他股票，他们涌向大街，大街上只听到一片‘伊利，伊利’之声。范德比尔特的经纪人对所有的伊利股票下了买单。在强大的购买力下，中午 12 点时伊利股价被推升至每股 83 美元。”

如果说在大街上只能听到“伊利”的话，那么在威廉奚斯公司（William Heath & Company）的经纪办公室里，听到的只是“新印刷的 5 万张伊利股票从菲斯科肥胖的戴满宝石戒指的指尖流过的沙沙声”。菲斯科一如既往地洋洋自得，宣称“只要印刷机不坏，我要是不能用伊利股票喂饱这头老蠢猪，我就他妈的该死。”

“新股票”出现的消息以创纪录的速度传遍了华尔街，伊利股价立刻就“像秤砣一样”掉到了每股 71 美元。范德比尔特现在遇到麻烦了，因为他是通过抵押伊利股票借钱来买更多的伊利股票。这时，他要是露出哪怕一点点软弱的迹象，伊利股价就会立刻崩溃，公众的恐慌会被立刻点燃乃至瞬间吞噬他的巨额财富。身处危境的范德比尔特丝毫没有退缩，他下令经纪人继续买入伊利股票，股价又被重新推高到每股76.125美元。当天交易结束的时候，范德比尔特和他的同伴持有了将近20万股伊利股票。但是，这些股票足够控制伊利了吗？没有人知道。甚至连范德比尔特也没有丝毫把握。

1848年，伊利铁路上一列火车正驶过铁路桥。（译者根据公开资料整理）

德鲁、菲斯科和古尔德担心交易所可能裁决新发行的股票不能“良好交割”，那么将使这些新股票一文不值，因此，他们以最快的速度将这些收入变现。他们把700万美元装进口袋，几乎吸干了整个纽约的资金供应。

3月11日，一大清早，狂怒的范德比尔特派律师把巴纳德法官从床上叫起来。巴纳德法官迅速签发了对德鲁集团的拘捕令，并指示警察立刻执行。此时，伊利股票几位董事正在位于杜南大街的公司总部欢庆胜利。由于笑个不停，德鲁大叔脸上的皱纹已经凝固；古尔德笑逐颜开，一双为钱而生的眼睛闪亮有神；金发碧眼的菲斯科不停地开着玩笑。

当听说警察正要来抓他们时，宴会热闹喜庆的气氛立刻消失得无影无踪。这几位董事知道，一旦被捕，法院会完全站在范德比尔特一边，而范德比尔特对他们是不会手软的。他们必须以最快的速度逃离纽约法律辖区。和其他报纸相同，虽然当天《先驱报》正好举办户外活动，并及时报道了这一事件。它不无讽刺地描述道："事实上，自从芬尼亚会会员在人身保护权被撤销之夜从都柏林出逃以来，还没有哪次逃跑能比这次更彻底、更迅捷。"

几分钟之内，在杜南大街巡逻的一个警察就看到了下面的一幕：一群人急匆匆地从伊利大楼涌出来，乱成一团，他们穿着体面，却面带惊恐之色，身上背着用红色带子扎起来的装满绿钞、账簿和成捆票据的沉甸甸的包裹。由于怀疑这些人是一帮在光天化日之下胆大妄为的劫犯，警察赶上了他们，但很快就发现他错了。这群人是伊利公司的董事们——他们装着在刚结束的战役里所获得的战利品，正在逃避范德比尔特对他们的复仇。

德鲁此时已是70岁高龄，他当然不想锒铛入狱，他和其他几个同伙带着钱和公司账簿乘船去了新泽西。菲斯科和古尔德落在了后面，那天晚上他们正在纽约市最奢华的饭店——代尔莫尼克共进晚餐，四周有人放哨。晚餐刚吃到一半，听说警察要来抓他们，他们立刻逃离了酒店，赶到哈德逊河码头，他们和一艘小蒸汽船的船长迅速谈好价钱，雇用了他的船和两个水手帮助他们渡河。

那时候的哈德逊河口因为繁忙的海上运输而非常拥挤。这一夜没有月光，河面被浓浓的大雾所覆盖。水手们因为要竭力躲闪来来往往的船只，很快就迷失了方向，小船几乎被一艘渡船的尾浪所吞没。他们向另外一艘渡船挥手呼喊，对方毫无反应。他们只好抓住了桨轮的护板，有一两秒钟，菲斯科和古尔德，以及华尔街的历史，几乎走到了死亡的边缘。最终两人又挣扎着爬到了船上，成功逃到了新泽西。

* * *

这场伊利之战双方陷入了僵局。伊利的董事们卷走了范德比尔特700万美元，范德比尔特拿到了10万股没有任何价值的股票，但是范德比尔特控制了纽约，伊利公司的董事们只有和范德比尔特和解之后才敢回家。各家报纸都充斥着关于这场华尔街战争的新闻报道。《哈泼斯周刊》（*Harper's Weekly*）指出，伊利之战完全把公众视线从当时的总统弹劾案中吸引了过来。

董事们在泽西市岸边的泰勒酒店设立了临时办公室，它很快被当地媒体称为泰勒堡垒（Fort Taylor）。为了加强它的守卫，一支伊利铁路警察分队也被调了过去，有人专门在附近水域巡逻，"堡垒" 甚至配备了3门12磅的大炮。此时伊利铁路东边的终点站已经从皮尔蒙特改为了泽西市，因此，伊利铁路主宰着这个小镇经济，伊利的董事们当然也很注意给当地官员诸如免费乘坐铁路之类的小恩小惠。于是，当地官员也就很自然地竭力给他们提供帮助。

在新泽西，董事会的控制权从德鲁手中转移到了菲斯科和古尔德手中。德鲁只有在自己的老地盘上才会觉得舒服，因此非常讨厌被困在这个泽西市的小酒店里，而其他董事则对德鲁的狡诈太了解了，他们很害怕德鲁故伎重演。早在3月20日，《纽约先驱报》就报道说："德鲁已经被绑架了，绑架他的人并非来自纽约，而是他董事会里的其他董事。"

当德鲁和其他人正试图在新泽西站稳脚跟的时候，大战在法院和议会中继续进行。巴纳德法官任命"船长"的一个女婿为伊利股票卖出后所得收入的接收人，尽管之前明令禁止卖出伊利股票的正是巴纳德法官。纽约上州的一名法官下令延缓此任命，巴纳德又立刻废止了他的延缓命令。之后，巴纳德接着任命了坦慕尼政客彼得·斯威尼。当然，斯威尼所要接收的 700 万美元此时正锁在新泽西银行的保险柜里，他实际上对此无能为力。而这并不妨碍巴纳德法官从伊利公司拿出 15 万美元作为斯威尼的酬劳。

与此同时，伊利铁路的董事们上书新泽西立法机构，要求在新泽西州获得对伊利铁路的特许经营权。他们担心纽约法院会授权范德比尔特控制伊利铁路在纽约州的所有财产，那样的话，他们这个董事会就只剩下一个空壳了。新泽西立法机构很高兴能有机会在哈德逊河对面实力强大而又傲慢的邻居[1]眼里撒一把沙，因此立刻通过了这个法案并把它交给州长签署。新泽西的议员们太急于通过这个法案了，甚至忘了为自己谋利。当范德比尔特的说客出现在新泽西的首府特伦顿，想通过行贿来阻止这个法案通过时，议员们才意识到已经太晚了，他们为错失了一次发财良机而懊恼不已。

与此同时，有议员在奥尔巴尼提交了一份法案，该法案将伊利公司此前的所作所为都合法化了，并且允许伊利公司以后不必考虑投资者的利益，基本上可以说是给了其为所欲为的特权。就连巴纳德法官这样一个对以权谋私习以为常的人都被法案中赤裸裸的条款震惊了，称之为“一部使假币合法化的法案”。

每个人都立刻意识到了这个法案背后的真正意图：让利益相关的双方都来行贿。《弗雷泽杂志》评论说，那帮立法者“聚集在奥尔巴尼[2]，就像牛集中在牛市上出卖一样，什么都可以出卖，价码则与自己

1. 指纽约州。——译者注

2. 奥尔巴尼为纽约州的首府，纽约的立法机关位于奥尔巴尼。——译者注

手中的权力成正比”。

杰·古尔德是最早意识到公共关系对公司利益举足轻重的商人之一（虽然因为某种原因，他从来没有通过某种方式来改善自己令人讨厌的公众形象），他强烈建议伊利铁路和纽约中央铁路不能同时控制在一个人的手中，即使像范德比尔特那样“既富有能力又诚实可靠”的人也不行。他很快就赢得了《纽约先驱报》和其他报纸的支持。

但是，他还是随身带着一个大箱子来到了奥尔巴尼，据《纽约先驱报》报道说，这个大箱子“装满了千元大钞，现在，就在议会面前，这些钞票将被用来达到何种目的，谁也搞不清，但肯定涉及议案立法”。范德比尔特一听到古尔德在奥尔巴尼出现，就立刻叫人拘捕了他，要求他缴纳50万美元的保释金，古尔德眼都不眨就立即支付了这笔保释金。和古尔德带到奥尔巴尼的钱相比，这实在是个小数目。查尔斯·弗朗西斯·亚当斯曾经报道说，一个议员接受了一方的10万美元，要求他对该法案的通过施加影响，随后他又接受了另外一方的7万美元，并应他们的要求离开了奥尔巴尼。用亚当斯的话说，他仍然是一位“优雅从容的绅士”。

范德比尔特当然也非常愿意花费大笔银子来打点这些立法官员，但是他很快就意识到，如果这么做，他得到的充其量不过是比鲁克王式的胜利。[1]公众反对他同时控制伊利铁路和纽约中央铁路的意见越来越多，一向非常务实的“船长”决定立即止损。他通知德鲁，建议两个人面谈一下。范德比尔特提出了三个要求：第一，他买的此刻分文不值的伊利股票必须以接近买入时的价格脱手；第二，他在公司董事会的两个人——理查德·谢尔和弗兰克·沃克所受的损失必须得到全

1. 比鲁克王式的胜利（a pyrrhic victory），比鲁克王在公元前280年至公元前279年打败了罗马军队，但自身牺牲极大。此处意指“杀敌一千，自损八百”。——译者注

额补偿；第三，德鲁必须答应从伊利未来的管理层中完全退出。范德比尔特想达到的目的从来就不是控制伊利，而是希望伊利铁路以有效率的方式运作。

范德比尔特与德鲁的伊利铁路股票之战

1867 年年底，范德比尔特成为纽约中央铁路公司总裁，他意识到稳定经营和改善管理才是铁路发展的正道，而不是互相倾轧和打价格战。避免价格战的唯一办法是形成价格同盟，即卡特尔，但是由于德鲁控制的伊利铁路反复无常，纽约州的铁路卡特尔长期无法形成。因此，范德比尔特决心通过股票收购夺取伊利铁路的控制权。

伊利铁路除了公开流通的 251050 股公众股以外，德鲁还持有 3 万支可以债股自由转换的股票。此外，作为伊利铁路的财务主管，德鲁还可以发行或“制造”更多的股票。因此，范德比尔特获得伊利铁路的控制权的关键在于阻止德鲁增加市面上股票流通总量。

1868 年 1 月 26 日，范德比尔特授意之下，纽约州地方法院巴纳德法官颁布法令，禁止任何伊利公司把债券转换成股票，同时禁止德鲁本人插手伊利股票操作。然而，当范德比尔特自信满满的对市面上所有的伊利股票下买单时，德鲁控制的法官居然裁定伊利公司依旧可以自由把债券转换成股票。由于两条完全相反的法令同时出现，德鲁照旧可以通过债转股变出更多的股票，甚至他还新印制了数万张崭新的“掺水股票”。而由于新股入市，伊利股价立刻下跌，但是范德比尔特为了维持公众信心，仍然在市场上照买不误。

与此同时，由于担心交易所可能禁止新发行的股票进行交割，德鲁就以最快的速度将新股抛售使得700万美元变现，并逃到了纽约法律无法管辖的新泽西。如此一来，浑然不知的范德比尔特被伊利的董事们卷走700万美元，但仅得到了10万支一文不值的股票，不过他立刻通过法庭运作控制了纽约的局面，而伊利的董事们只能在新泽西勉强栖身。

此时，伊利铁路之争的焦点已经变为司法之争：伊利铁路的董事们能否在新泽西州获得对伊利铁路的控制权？伊利公司此前发行的新股是否合法？为了争取各自的利益，范德比尔特和德鲁集团开始争相行贿，而立法官员则借机疯狂敛财。当范德比尔特意识到这不过是一场荒唐的乱斗之后，他决定从中脱身。最后，筋疲力尽的双方达成妥协：范德比尔特不再追究伊利董事们的法律责任，德鲁辞去了董事和财务主管的职务，范德比尔特在伊利董事会的利益也得到了赔偿，而当初他为了逼空伊利董事们买下的10万股新股也被市场慢慢消化，只不过，伊利股权最后被稀释了40%。伊利铁路的股票之争尘埃落定，范德比尔特在付出重大代价之后，达成了主导纽约州铁路商业模式的目标。（译者根据公开资料整理）

4月19日，星期天，双方达成了协议。这条消息很快就传到了奥尔巴尼。“突然，”亚当斯写道，“传言像灾难一样传遍了奥尔巴尼，在宾馆和走廊之间，恐慌蔓延开来。旁观者想起了南北战争中那些最黑暗的日子，那时奇克（Chickahominy）或弗雷德里克斯堡（Fredericksburg）战败的消息如同潮水一般涌来。没过一会儿，大厅里就弥漫着一种深深的绝望，议员们的脸色一下变得惨白，因为他们听说范德比尔特已经不再反对这部法案了。”

还没有与古尔德成交的议员们立刻冲进古尔德在奥尔巴尼所住的特拉文豪华酒店（Delavan House）的套间里。“据说，价格在以惊人的幅度下降，”《纽约先驱报》在 21 日报道说，“那些一直坚持要 5 000 美元的议员现在只要 100 美元就满足了。但是伊利铁路的‘金库’大门已经关上了，激战的双方再也没有贿赂这些议员的必要。”第二天，《纽约先驱报》假意关心议员们，指出他们每天法定的三美元津贴还不够给他们买雪茄烟抽的。文章接着问道：“议员老爷们的收入如此之低，那么如何才能让他们传承奥尔巴尼先贤遗留下来的信誉和名声呢？”

尘埃落定之后，德鲁辞去了董事和财务主管的职务，弗兰克·沃克和理查德·谢尔得到了伊利公司支付的 42.95 万美元，他们也撤回对伊利公司的诉讼。古尔德和菲斯科分别当选为伊利公司的总裁和财务主管。至于当初为阻止范德比尔特控制公司而发行的 10 万股股票，在随后的几个月内以很艺术的手法在市场上慢慢卖出，以免打压伊利的股价。当然，到了最后，卖出这些股票的收入都归了范德比尔特，而伊利铁路的持股人发现，他们的股权被稀释了 40%。

* * *

为了平息这场纷争，伊利公司花费了 900 万美元，比它销售“掺水股”所获的收入还多了 200 万美元。当菲斯科和古尔德搬进他们的新办公室时，“我们最先注意的，”菲斯科说，“就是积满灰尘的金库。”古尔德和菲斯科开始发行更多的可转债券，它们中的大部分被迅速转换成了股票。到年底的时候，市场上已经有 40 万股伊利股票在流通。古尔德将新发行的大部分股票在伦敦市场上售出，以免对纽约市场造成冲击。

像德鲁一样，古尔德发现，伊利铁路简直就是操纵市场的完美平台。他设计了一个做空陷阱。尽管德鲁很快就要变成一个被动合伙人[1]了，但古尔德还是邀请他参加并投入了400万美元。为了迫使利率上涨，古尔德开始一步步地设法抽干纽约的资金供应。他大开支票，让银行保证为这些支票承兑，迫使银行留存现金以便为支票兑付做好准备。然后，他又拿着这些保付过的支票作为抵押向其他银行申请贷款，进一步挤压资金供应。

到10月底，市场波动越来越大，伊利股票的周交易量达到了创纪录的64.7万股，股价也下降到了每股38.5美元，只有春天时股价的一半。这时德鲁开始有点儿慌了，他开始从坐庄集团中撤出，事实上，他悄悄地卖空了7万股伊利股票。截至11月14日星期六，伊利的价格停在了每股36.625美元，德鲁预计股价会进一步下跌。但是，在星期六早晨纽约证券交易所举行的例行拍卖会上，因为古尔德和菲斯科在大量买入，有8万股伊利股票成交，股价立刻涨到了每股52美元。此刻，他们已经成功地逼空了伊利股票，同时放开了资金供应。这时，德鲁避免灭顶之灾的唯一希望就是拖延时间，他寄希望于23日在纽约靠岸的卡纳德海运公司的"俄罗斯号"客轮，它会带来伦敦市场上新发行的伊利股票。

德鲁还想通过法院来达到拖延时间的目的，但被古尔德和菲斯科挫败了。他们控制着这个国家最大的铁路之一——伊利铁路，因此对纽约州的法官有巨大的影响力。当一切争斗平息的时候，德鲁损失了130万美元，他以往不可战胜的神话破灭了，一同消散的还有德鲁的

1. 被动合伙人（passive partner），指不参与管理的合伙人。这里是指德鲁因为和范德比尔特签订的协议而即将退出管理层的事。——译者注

华尔街大佬地位。但是，即便德鲁没有在这一“战役”中落败，他的时代也将很快逝去，因为新的力量正在成长起来，他们将改变华尔街的玩法。

虽然当时伦敦还是世界上最大的资本市场，但人们已经逐步清醒地认识到，在大西洋对岸，另外一个巨人正在崛起。当时伦敦资本市场的市值大约为 100 亿美元，华尔街的市值只有大约 30 亿美元，但其增长的速度却远远高于伦敦市场。由于 1866 年大西洋海底电缆投入使用，华尔街经纪商在伦敦资本市场越来越活跃。到 1870 年，华尔街人使用海底电缆的费用已经高达每年 100 万美元。但是，伦敦人仍然无法接受华尔街人的西部牛仔作风，伦敦的《泰晤士报》（*Times*）写道，他们“为了保护自身投资利益而不择手段操控市场的做法过于野蛮，这可能会造成彼此猜忌”。

与此同时，华尔街的经纪商也希望变革。他们从事这个行业已经很久了，但只能通过收取佣金赚一点点小钱。而很多投机商本身就是公司管理层，因而总在伺机等待下一次屠杀和暴富的机会。针对伊利股票投机战中市场表现出的失控局面，当时的《商业和金融周刊》（*Commercial and Chronical*，类似今天的《巴伦周刊》[1]）建议实施以下法律：

（1）除非有 2/3 以上的股东同意，否则董事会无权发行新股；

（2）现有股东对发行的新股具有优先认购权，新股必须公开发行，并且必须在通知后进行；

（3）所有上市公司都必须在信誉良好的金融机构保存其所有流通股总量记录，并随时接受任何股东或者以该公司股票为抵押品贷款相关方的检查；

1.《巴伦周刊》（*Barron's*），美国主要的金融周刊之一。——译者注

（4）上述要求同样适用于发放股票股息或者以其他目的发行的所有股票；

（5）任何违反上述条款的行为都构成犯罪，将受到惩罚或被处以罚款。

这些条款构成了今天美国《证券法》的基础，但在1860年不可能以法律的形式确立下来。因为那时的联邦政府还没有将金融市场的监管作为它职责的一部分，而纽约州议会也不可能主动改革这样一个能为其议员源源不断带来贿赂收入的体制。

即使州政府或联邦政府不能实施这些改革，华尔街自身也开始着手实施一系列变革。华尔街两个最大的机构——纽约证券交易所和公开交易所开始合作，因为交易所意识到交易所的会员（经纪商）和客户（投资者）都需要了解上市公司发行股票的确切数目。那时，在交易所占主导地位的经纪商们当然很乐意为他们的客户买卖那些可能有问题的股票，因为这并不影响他们赚取佣金。但是，当以这些股票为质押向客户提供贷款时，情况就完全不同了。如果一家公司的股票数量随时可以增加一倍或减少一半，那么谁能知道这些股票的真正价值呢？

1868年11月30日，两个交易所颁布了同样的规则，要求对所有在交易所拍卖的股票进行登记，且任何新股发行都必须提前30天通告。大部分公司立刻循规执行，但伊利公司予以拒绝——古尔德此时正在围歼德鲁。纽约证券交易所派了一个代表团来了解伊利公司的情况，古尔德告诉了他们伊利公司的流通股股数——当然，他说的数据可能并不真实，而且他断然拒绝透露是否会发行更多的股票。

美国《证券法》的由来

在华尔街创立的初期，证券的发行和销售乱象纷呈，这种混乱在伊利大战期间一度达到顶峰——隐瞒股票数量并肆意滥发“掺水股”，严重损害了投资者的利益并破坏市场秩序，这也促使交易所和经纪人加强行业自律。1860年，华尔街经纪人自发约定了股票发行的一些基本规则，这构成了今天美国《证券法》的基础。1911年，堪萨斯颁布了第一部蓝天法[1]，此后各州陆续颁布各自的蓝天法，实现了从州的层面约束一级市场。但是数十年后的“大萧条”使人们意识到，蓝天法对跨州的证券发行和销售执行乏力，严重打击了投资者的信心。1929年股灾后，第一部联邦证券法应运而生，即重点针对一级市场证券发行和销售的1933年的《证券法》，成为今天美国证券法律体系的第一块基石。（译者根据公开资料整理）

由于伊利铁路公司拒绝遵守11月30日发布的规则，伊利股票被两个交易所摘牌。它在矿业交易所短暂交易了一段时间，但矿业交易所和纽约证券交易所的租约合同不允许它交易铁路股票，所以伊利公司很快又无家可归了。于是，古尔德创建了美国国民证券交易所（National Stock Exchange）来交易伊利股票，但是，这个交易所只能吸引很少的经纪人，来光顾的投资人就更少了。1869年，公开交易所和纽约证券交易所合并，组建了可以主宰整个华尔街的交易所。很显然，伊利公司对新纽约证券交易所的依赖，要远远大于该交易所对伊利的需要。

1. 蓝天法不是指某一部具体法案，而是美国各州证券法律的统称。——译者注

1869 年 9 月 13 日，古尔德终于同意遵守新的监管条例，伊利又回到纽约股票交易所挂牌交易。此时，伊利公司的流通股是 70 万股，差不多是古尔德在不到一年前所说数字的两倍。

随着两个交易所的合并，对于主要的经纪商来说，能否成为交易所的会员关系到他们的生死存亡，这在历史上还是第一次。他们因此不得不遵守交易所的监管条例，这些条例不但在数目上逐渐增多，而且在执行中也越来越严格。华尔街因此发生了根本性的变化。华尔街作家詹姆斯 · K. 迈德伯瑞当时写道："证券交易所的经纪商们必须做出选择，要么继续在市场中寻求投机以谋求蝇头小利，并为此付出惨重代价；要么将眼光放得更长远一点儿，努力抛弃原先相互串谋操纵市场的陋习并接受自律监管。前者意味着把自己孤立起来，后者则会奏响华尔街在世界范围内扩张的前奏，使纽约成为帝国，而作为其中枢的华尔街也会成为全球至高无上的金融中心。"

经纪商们采纳了迈德伯瑞的建议，纽约股票市场的自律监管在接下来的几年内得到长足发展，业务也迅速繁荣起来。这部分地得益于科学技术的进步，尤其是大西洋海底电缆的投入使用和股票自动报价器的发明，交易量稳步增长。在合并后的两年里，纽约证券交易所传统的股票拍卖和公开交易所的连续拍卖继续分别进行，但是到了 1871 年，前一方式最终被取消了。至此，纽约证券交易所从 1868 年开始可供出售的席位就完全变成象征性的了。

华尔街最终慢慢地长大了，但在完全成年之前，它还有很多路要走。

同一时代的西方和东方

西方	年份	东方
美国从沙俄手中购买阿拉斯加和阿留申群岛，从而使美国边界线扩大到北冰洋	1867	
《资本论》第一卷在德国汉堡正式出版	1867	清政府任命美国人蒲安臣为首任全权使节，并于次年订立《中美续增条约》，使美国掠夺华工及在中国设立学堂合法化
伊利铁路控制权的争夺战开始	1867	明治天皇登基。日本明治维新开始。同年，日本统一货币和度量衡
第一个国际卡特尔（国际盐业卡特尔）出现	1867	
美国第 14 次修改《宪法》，黑人获得完全公民权	1868	因西北边疆动荡不安，清政府派左宗棠西征
太平洋铁路与太平洋联合铁路在犹他州的普洛蒙托莱正式接通，成为第一条横贯北美大陆的铁路	1869	同治八年，最后一支使用太平天国年号的残杀捻军被消灭
苏伊士运河竣工通航	1869	
德国移民马库斯·高曼在美国创立了一家金融公司，并于 1885 年将其改名为高盛	1869	

第七章

“面对他们的对手，多头们得意扬扬”（1869—1873 年）

译者题注

1869年9月，美国爆发了历史上著名的黄金操纵案。多头投机者古尔德和菲斯科精心组织了一个黄金囤积计划，他们一度控制了数倍于纽约黄金市场供应量的黄金合约，于是，黄金价格一路飙升，“面对他们的对手，多头们得意扬扬”……

译者导读

- 在伊利铁路投机案中一举成名的古尔德和菲斯科成为华尔街新生一代的弄潮儿，他们开始酝酿导演一场前无古人、后无来者的华尔街大戏：逼空黄金市场。
- 刚刚结束南北战争的美国还没有完全恢复金本位制[1]，金币和绿钞可以同时流通，但是由于“劣币驱除良币”，黄金几乎从流通领域彻底消失了。而在纽约的黄金交易市场，有关黄金的投机活动正在如火如荼地进行。在当时的黄金市场上，只需缴纳少量保证金就可以购买数额很大的黄金合约，这种杠杆效应使得黄金投机成为最为危险，同时也是回报最为丰厚的投机活动。古尔德的计划是买断纽约黄金市场的所有黄金供应。如果他能成功，那么，所有黄金的购买者，尤其是那些为实现套期保值而卖空黄金的国际贸易商，将在绝望中眼睁睁地看着古尔德操纵的黄金价格升至天价而无能为力。
- 为了实现这个看似“绝妙”的计划，古尔德必须要保证做到一

1. 金本位制是指各国将货币币值与一定数量和成色的黄金予以固定比价的货币制度。金本位制通过自由兑换、自由铸造和自由流通保证了黄金能够在商品和货币之间相互转换。同时，黄金平价机制使各金本位国家货币的汇率得以自动调节，从而稳定了国际经济秩序。“一战”之前，实行金本位的国家大多限于发达国家，多数国家实行银本位和纸本位。

件事情：阻止联邦政府的干预。如果联邦政府觉察到他的操纵计划而决定干预黄金市场的话，政府国库中储存的大量黄金就可能随时进入市场，黄金价格将会一落千丈，古尔德的计划也就会被彻底粉碎。于是，他煞费苦心地编织了一张关系网，设法结识了当时的总统格兰特，并使这位对金融一窍不通的南北战争英雄相信：政府应该让黄金市场自由运行而不得进行任何干预。

万事俱备之后，古尔德和菲斯科开始了他们的囤积操作，他们成功地控制了数倍于纽约黄金供应量的黄金合约，黄金的价格扶摇直上。古尔德和菲斯科与其对手的殊死搏斗吸引了从波士顿到旧金山的所有美国人的关注，因为古尔德集团正在囤积的东西不是普通的证券或其他商品，而是黄金——财富的象征、全球通行的法定货币。

如梦初醒的格兰特总统最终意识到，自己被古尔德愚弄了，他下令干涉黄金市场，但是，他的命令来得太晚了——这场金融噩梦刚刚以戏剧性的方式结束（尽管，我们将在下一章知道，格兰特个人的金融噩梦还没有开始）。在给美国经济和华尔街带来巨大混乱的同时，这场黄金恐慌也迫使美国的政策制定者意识到，在黄金和绿钞同时存在的复本位制下，黄金价格的投机具有无法阻挡的诱惑。在这场黄金囤积案发生的 10 年之后，美国最终回归到金本位制。

黄金投机战后三年，陷于一场复杂感情纠葛中的菲斯科也以一种戏剧性的方式结束了他的生命。随着华尔街这一代投机家离开历史舞台，一直是华尔街标志的西部拓荒式野蛮色彩也开始渐渐褪色。

1873 年，曾在南北战争中为联邦政府成功发行债券的银行家库克陷入严重的财务危机——美国当时最为显赫的库克银行破产了，这直接引发了一次波及欧洲市场的美国股市大崩溃，从而彻底结束了美国南北战争后的一轮经济和股市繁荣。

19 世纪时，黄金在全球金融市场的地位如同太阳系中的太阳。因而，1869 年 9 月，古尔德和菲斯科企图在纽约市场逼空黄金无疑是华尔街历史上最大胆的一幕。即使在当时，华尔街最苛刻的批评家也无不佩服他们的胆量。“在所有的金融运作中，”亨利·亚当斯在 1871 年写道，“逼空黄金是最引人注目的，但也是最危险的；也许正是这种光环和危险，使得古尔德先生对此极为着迷。”

到 19 世纪中叶，黄金已成为各主要国家的法定货币。英格兰银行自 1821 年起开始实行金本位制，大不列颠王国也在此时走向国力巅峰。当时，英国的国内生产总值约占全球的 1/4，甚至超过当前（指 1999 年）美国在全球所占的比重，英国同时还主宰着世界贸易。英国在全球金融市场中的主导地位使英镑成为国际贸易的基准货币，而英格兰银行实际上扮演了世界中央银行的角色。

因为南北战争的爆发[1]，美国暂停了金本位制。尽管 1865 年北方军队赢得战争胜利后，绿钞和黄金之间的价差已经大大减少，但还没有完全消除。而且，在美国法律中，有一条关于绿钞的条款含糊不清，它就像战场上一颗还没有引爆的炸弹，时时刻刻都有爆炸的危险。1862 年美国第一次发行绿钞时，国会通过的法案中有一项条款规定，流通中的绿钞与黄金按法定比价具有同等价值。但是，立法者很快就发现，根据“劣币驱逐良币”的格雷欣法则，这一条款导致黄金立刻

1. 南北战争爆发后，迫于迅速攀升的财政压力，南北双方都不得不暂停发行可兑换纸币和铸币支付，转而发行不兑现货币（fiat money），即法币。——译者注

从流通领域消失，它们被悄悄地藏进了千家万户的床垫下和保险箱里。

国会很快废除了《法定货币法案》中的这一条款，但它并没有废除另外一项条款，即允许使用等价绿钞来履行指定以黄金履约的合约。这项条款在实际生活中根本无法执行，所以从来都无人理睬，但它的存在却构成了古尔德操纵计划的第一个要素。

到 1869 年，黄金交易室的黄金交易量已经达到平均每日 7 000 万美元，而且大部分是投机性的。事实上，由于保证金要求很低，在黄金交易室里进行黄金投机的人可能须臾间变得腰缠万贯，也可能弹指间回到一贫如洗，这是在世界上其他任何地方都无法想象的。

黄金交易室。到 1869 年，黄金交易室的黄金交易量已经达到平均每日 7 000 万美元，而且大部分是投机性的。（译者根据公开资料整理）

1870 年，詹姆斯·亚布拉姆·加菲尔德[1]在领导一个国会委员会

1. 詹姆斯·亚布拉姆·加菲尔德（James Abram Garfield）是美国第 20 任总统，于 1881 年 3 月就职，同年 7 月遭到刺杀，9 月去世。他是美国史上唯一一名当选总统的现职众议员。——译者注

调查已经过去的黄金恐慌时，黄金交易银行[1]的查尔斯·J. 奥斯本作证说："如果愿意的话，用1 000美元就可以买到价值500万美元的黄金合约。"而古尔德相对还稍微保守一点儿，他估计10万美元就可以买到价值2 000万美元的黄金合约。身为伊利铁路总裁的古尔德，尽管手上掌管的现金远远超过10万美元，但仍认为纽约市场上的实体黄金存量从未超过2 000万美元。当他第二年在国会作证时，他推测市场上有大约价值1 400万美元的黄金券[2]（gold certificate）和300万~400万美元的金币。

市场上实体黄金供应稀缺也是古尔德敢于大胆实施他的计划的一个要素。除此之外，还有第三个要素：虽然黄金交易室里聚集着众多投机分子，但也有正经商人出于生意需要买卖黄金。当时的国际贸易以黄金为支付介质，贸易商在出口商品时以黄金结算货款。但是，在贸易合同签订和黄金交割之间有一个时间差，如果在这段时间黄金相对于绿钞的价格下跌，那么贸易商就会蒙受损失。为了防止这种事情发生，贸易商惯常的做法是在黄金交易室卖空与应收货款等值的黄金。如此，若黄金价格下跌，他们可以在黄金交易室卖空获得的利润以弥补货款损失，反之亦然。这种避险操作，也就是今天所说的"套期保值"，至今仍是所有商品市场最主要且不可或缺的交易方式之一。尽管这些声誉至上的国际贸易商人拥有的财产远远多于那些在黄金交易

1. 黄金交易银行（Gold Exchange Bank），1866年成立于纽约，主营业务是黄金交易的清算。——译者注
2. 黄金券在1863—1933年是美国对持有者实际拥有等量黄金的官方认证。根据1834年通过的《1834年铸币法案》（Coinage Act of 1834）的规定，每盎司黄金价值20.67美元，而黄金券的持有者可以向美国政府兑换相应价值的金币。虽然1863年国会就立法授权黄金券的发行，但其首次印刷发行是在1865年。1933年4月，富兰克林·罗斯福总统签发《黄金回收令》（6102号行政令），禁止"囤积金币、金条、黄金券"。此后持有黄金券成为一种非法行为。——译者注

室进行投机的乌合之众，却很容易沦为古尔德这种嗜血成性之人的攻击目标。

古尔德看准了这一机会并决定加以利用。只要用相对来说很少的钱，他就可以买到价值超过整个纽约市场上黄金总量的黄金合约。在他下手的目标中，有很多是纽约市的贸易大户，他们出于商业原因必然会在市场上卖空黄金，却可能因此被古尔德狠狠榨干。古尔德在黄金交易室里签订的黄金合约尽管指明要用黄金交割，但在法律上却没有强制力。[1]因此，即使古尔德的计划出现意外，他只要拒不履行合约即可脱身。菲斯科后来也加入了古尔德的计划，用他的投机语言来说，他们的这次行动，“除了声誉，什么也不会失去”。

位于美国华盛顿国会大厦前的詹姆斯·亚布拉姆·加菲尔德雕像。他摒弃“任人唯亲”的“政党分肥制”，而采用任人唯贤的做法，并因此遇刺。他死后，继任者继续推进改革，出台了美国公务员制度史上最重要的《彭德尔顿公务员制度改革法案》（Pendleton Civil Service Reform Act）。（译者摄于2017年）

1. 指前文提到的构成古尔德操纵计划第一个要素的条款。——译者注

当然，他们还面临另一个大问题：联邦国库控制着美国一半以上的黄金供应，仅仅在华尔街的分库中就储备着价值 100 万美元的黄金，这些黄金可供随时调配。仅凭华盛顿的一封电报就能粉碎任何图谋逼空黄金的企图。为保万无一失，古尔德必须买通美国政府，至少确保它“睁一只眼闭一只眼”。

虽然古尔德与格兰特总统[1]未曾谋面，但是他要安排一次与总统的会面还是很容易的。古尔德千方百计地与格兰特总统的妹夫，埃布尔·拉什伯恩·科尔宾成为朋友。科尔宾既是投机商也是律师，一年前刚刚迎娶了格兰特总统已近中年仍待字闺中的妹妹，于是理所当然地成为总统家族的一名准成员。为获取科尔宾的信任和忠诚，古尔德提出全资为科尔宾购买价值 150 万美元的黄金合约。黄金价格每上涨 1 美元，科尔宾就可以稳稳坐收 1.5 万美元收益（当然，这样一份合约也没有花掉古尔德多少钱，因为他可以以很少的保证金购得）。科尔宾欣然接受了古尔德的馈赠，只是要求把这笔黄金记在妻子名下。

同年夏初，总统和第一夫人途径纽约前往马萨诸塞州的福尔里弗。古尔德在科尔宾的官邸见到了总统，并护送总统夫妇到码头乘坐前往福尔里弗的蒸汽船。这艘船的主人正是在那里恭候已久的菲斯科，当然这绝非巧合。古尔德、菲斯科和纽约的其他几位商界人士一起陪同总统前往福尔里弗，旅途中，古尔德曾想方设法从总统嘴里套出他对黄金市场的看法，但总统对此却总是闪烁其词。在总统之后的夏季出行中，古尔德又多次为总统鞍前马后。有一次在一座剧院——菲斯科名下的剧院看戏，他成功地在公众面前塑造了一个自己与总统十分亲

1. 尤利西斯·辛普森·格兰特，美国第 18 任总统。作为美国重建时期的重要总统，格兰特的 8 年任期政绩平平，政府更因贪污腐败、收受贿赂、对奴隶主的妥协而遭受批评。但他也因为军事身份和爱国主义主张而被绘于 50 元美元上。——译者注

密的形象。

当财政部驻纽约的部长助理职位出现空缺的时候，古尔德和科尔宾百般进言，最终说服总统任命丹尼尔·巴特菲尔德将军担任这个职务。财政部部长助理负责管理联邦国库纽约分库，任何卖出黄金的指令都必须由他亲自执行。在这个职位上放一枚自己的棋子，是古尔德实施计划的关键一步。

巴特菲尔德家族开创了巴特菲尔德快递公司，并入股创办美国运通公司。[1]巴特菲尔德曾在南北战争中军功累累，并获得了国会荣誉奖章。他也因为谱写了美军军号曲《归营曲》[2]而留名至今，他的雕像现在依然屹立在纽约的河滨大道，与格兰特总统的墓地相隔不远。在巴特菲尔德刚上任不久，古尔德为他提供了一笔1万美元的无抵押贷款，据传还给他开设了一个无须支付保证金的黄金账户。

整个夏季，古尔德和他的坐庄集团都在购入黄金。夏末秋初，秋收农作物开始向国外出口，商人们像往常一样在黄金交易室卖空黄金来避险。在这种卖空的压力下，7月27日还高达140美元的黄金价格到8月21日就已经跌到131.625美元了。即便如此，古尔德仍继续补仓，编织他的空头陷阱。他还设法让《纽约时报》刊登了一篇科尔宾写的评论，读上去似乎是一条官方将要允许黄金价格自由上涨的声明。9月2日，格兰特总统和夫人在从纽波特前往萨拉托加的途中再次经过纽约的时候，与科尔宾共进了一次早餐。科尔宾又一次向总统游说政府不应该干预黄金价格。格兰特总统为人正直，有时甚至有点

1. 1850年，美国运通公司成立于纽约布法罗，最早由三家不同的快递公司股份合并组成，分别是亨利·威尔士（Henry Wells & Company）、威廉·法戈（William Fargo & Company）和约翰·巴特菲尔德（John Butterfield）。——译者注
2. 巴特菲尔德谱写的军号曲《归营曲》（*Taps*）被美军用作傍晚归营号，或升降旗仪式及军人葬礼中，时长约59秒。——译者注

儿天真。他答应科尔宾会指示财政部在执行任何非常规的黄金出售之前，必须征求他的意见。

而总统并不知道，古尔德躲在大厅的后面偷听了餐桌上的这次谈话。

到9月中旬，古尔德集团已经持有价值超过9 000万美元的黄金合约，只要财政部不动用其黄金储备，这个数目是纽约市场上黄金供应的数倍。与此同时，古尔德再一次施展了他左右舆论的手腕。他开始散布流言，让人们相信整个华盛顿都参与了这桩交易。第二年，黄金交易室仲裁委员会（负责仲裁黄金交易室里的各种争端）的主席在作证时说："操纵黄金市场的投机商与美国政府的所有人沆瀣一气，上至格兰特总统，下至国会山的守门人，这是一件妇孺皆知的事。"从这里我们也可以看出，在当时的美国，腐败之彻底，以致"美国政府是逼空黄金阴谋的同伙"这样的流言也能够轻易地被大众接受。

到9月15日，黄金价格已经涨到了138美元。卖空者开始感到资金压力，因为他们必须支付与其空头仓位相当的绿钞。古尔德心里明白，这些实力雄厚的商人很可能会向财政部部长乔治·S.鲍特韦尔施压，使其卖出财政部的黄金以降低黄金价格。为应对这一压力，古尔德让科尔宾给他的总统大舅子写信，再次详细阐述了让市场决定黄金的价格的种种必要性（在当时的情况下，也就是让古尔德来决定黄金的价格）。但智者千虑亦有一失，古尔德的如意算盘落空了。

古尔德让他的私人信使把信送到了当时正在宾夕法尼亚州西南方华盛顿市度假的总统的手里。在当时，从纽约到达那里需要一天的时间。毫无防备的总统甚至是乘坐古尔德为他提供的伊利火车专列前去度假的。信使把信件交给了总是随同总统出行的军务秘书贺瑞斯·波特将军，然后由他递给了总统。总统看完信后对信使说，他没有回信要寄。出于好奇，波特将军问总统这个信使是谁，总统反而愣了一下，他以为这个人是当地的一名普通邮差，只是想借送信的机会见见总统而已。

但是，波特明白无误地告诉总统，信使是专程从纽约赶来的。格兰特这才恍然大悟，他被科尔宾愚弄了。因为他知道科尔宾绝不可能雇用一个私人信使长途跋涉来递送这样一篇关于经济学的陈词滥调。总统夫人此时正在给科尔宾夫人写信，总统立刻让夫人在信中写道："告诉你的丈夫，我的丈夫对他的投机买卖非常愤怒，他必须以最快的速度终止所有投机行为。"

而此时的古尔德，刚刚收到了信使发来的电报："信已送达，一切正常。"于是，他以为一切都已经在他的掌控之中了，便说服菲斯科积极地参与到这项投机操作中来。他需要的并不是菲斯科的钱，而是他的表演天赋。从一开始，菲斯科就认为这项投机操作太危险了，所以他一直谨慎小心，未敢贸然进入。当古尔德使他确信总统也参与其中以后，"他立刻就加入了行动之中"，正如第二年加菲尔德在听证会后的报告中所述："菲斯科的巨大影响力和极具煽动性的狂热简直就是在给投机活动火上浇油。当菲斯科冲进黄金交易室公然挑衅华尔街和财政部的时候，他带给华尔街的恶毒影响可与罗马政客和阴谋家喀提林[1]带给放任的罗马青年的毒害相提并论。"

根据菲斯科事后的证词（尽管我们可以肯定这不能作为非常可靠的历史资料），到那周结束的时候，他已经持有了价值5 000万~6 000万美元的黄金合约，并且召集了他自己的经纪人团队随时为他效力。持续买进的效果已初步显露，9月20日，星期一，黄金价格为每盎司137.375美元。第二天微涨到每盎司137.5美元。但是，星期三，当

1. 喀提林（Catiline），罗马政治家和阴谋家，在西塞罗执政时期领导了颠覆罗马共和国的反叛运动，最后以失败告终。——译者注

菲斯科第一次亲临黄金交易室里的时候，黄金价格立刻暴涨到每盎司141.5 美元。

当天下午，科尔宾的妻子收到了总统夫人的来信。对于科尔宾来说，他所有的资本就是他和总统沾亲带故的关系。这一下，他被吓坏了，只想尽快从古尔德的计划中脱身。古尔德许诺给他 10 万美元，要求他缄口不言，不把这封信的内容透露出去。夹在总统和古尔德两个实力人物之间的科尔宾束手无策。但是，古尔德意识到胜算无几，他现在必须以最快的速度全身而退。

此时的菲斯科还在通过他的大肆鼓动和公开购买行动来推动黄金价格上涨，而古尔德已经开始悄悄出售他手中的黄金了。但是，一些原来比较谨慎的卖空商（包括华尔街几乎所有的经纪行）这时已经支撑不住，他们开始购买黄金准备平仓，所以黄金价格依然上涨到了每盎司 143.375 美元。黄金交易量激增。在一般情况下，黄金的日交易量只有 7 000 万美元，但在 9 月 23 日星期四这一天，黄金交易银行的黄金清算量超过了 2.39 亿美元。

第二天清晨，天气晴好，早在黄金交易室 10 点开盘之前，纽约的金融区就已经熙熙攘攘、人声鼎沸了。古尔德和菲斯科在他们的经纪行威廉奚斯公司设有一个指挥点。当市场开盘的时候，菲斯科指示他的主要经纪人买下市场上在售的所有黄金。10 点 30 分，巴特菲尔德将军电告华盛顿：黄金价格已经达到 150 美元，而且还在继续攀升。黄金交易室里挤满了狂热的人群，第二天的《先驱报》报道说："这里是两个赌博集团之间的殊死搏斗，每个人的大脑都在飞速地转动，不停策划着各种阴谋，他们冷酷无情，贪婪极度膨胀。金子，金子，金子，喊声一片。"

黄金交易室里的人越来越绝望，就像一个闹闹哄哄的疯人院。形似时钟的报价器上，指示实时黄金价格的指针疯狂地上下跳动，力图跟上黄金价格的走势。而在这个国家其他大大小小的城市里，许多黄金报价器都失灵了。加菲尔德解释说：“这些指示器受控于其背后复杂的电动装置。电流通过与黄金交易室直接相连的电报线传输，将最新的黄金价格传送到指示器上。很显然，在当时的情况下，电报员们为了跟上瞬息万变的市场情况，这些电线已经因超载而熔化或烧断了。”

即使在离纽约很远的城市，从波士顿到旧金山，所有的商人都聚集在黄金报价器前，商业活动几乎完全停止了。在最疯狂的两个小时里，黄金交易室里的交易几乎是整个美国唯一的金融活动。货币本身被挟制——古尔德和他的同伙正在试图逼空的不是猪肉，不是大麦，也不是棉花，而是黄金——财富的象征，全球通行的法定货币。一个目睹了当时景象的人几年后在他的回忆录中写道，宽街上“挤满了成千上万的人，他们有的没穿外套，有的衣服上没了领子，有的帽子不知道丢到哪里去了，他们疯狂地冲到大街上，就像疯人院里逃出来的疯子一样。但是任凭他们悲痛地大喊、尖叫、紧握双拳，黄金价格依然在稳步上升”。

11 点 30 分，巴特菲尔德给华盛顿发电，报告说黄金价格已经涨到了 158 美元，不断有卖空商奔向威廉奚斯公司的办公室，想赶在黄金价格进一步上涨之前平仓。

著名的华尔街诗人斯特德曼，在他的诗中记述了这段异乎寻常的历史，在所有关于华尔街的诗中堪称经典杰作（当然，这类诗数量不多）。

天哪！金价上涨之声传不歇
从华尔街、威廉街、宽街到新街！
全国黄金知多少
一只巨手全握牢

再掷百万又有何妨
哪怕将华尔街扼亡
在金交所地狱之上
喷泉兀自水落水涨
黄金竞价之声越来越高，越来越响
面对他们的对手，多头们得意扬扬
好似撒旦亲自出手施展魔力
推高金价——每分钟上涨百分之一……

这是华尔街有史以来最大的一次空头恐慌，一直锦衣玉食、安富尊荣的华尔街商人突然面临灭顶之灾，因为他们卖空了一种价格似乎正在无限上涨的商品。但是，此时黄金价格继续上涨的原因已经不是因为市场上还有巨大的购买需求，而是因为市场上几乎没有卖家了。虽然古尔德和他的同伙私下里正在尽力出货，但菲斯科还在虚张声势，制造他们还在全力买进黄金的假象。

11 点 40 分，巴特菲尔德再次致电华盛顿，报告财政部黄金价格已经涨到 160 美元。此时的巴特菲尔德定是得到了确凿的内部消息，知道华盛顿已经准备有所行动了。否则，在当时那种人心惶惶的情况下，他绝不会安排手下的经纪人约瑟夫·塞利格曼开始卖出黄金。

同一刻，11 点 40 分，菲斯科的一个经纪人艾伯特·斯派尔斯喊道，他愿以 160 美元的价格购买 500 万美元的黄金，但是没有人接单。他一遍又一遍地喊着他的出价，突然，詹姆斯·布朗——一个德高望重的经纪人坚定地喊了一句："成交！"

那一瞬间，就像脸上被狠狠地扇了一巴掌一样，市场立刻恢复了理智，恐慌刹那间消散。在短短几秒钟内，黄金价格就降到了 140 美元。讽刺的是，就在此刻，巴特菲尔德得到授权出售国库里价值 400

万美元的黄金来遏制这场恐慌，但一切都已经结束了。

布朗的举动在当时的市场情况下可谓孤注一掷。很显然，是愤怒迫使他如此背水一战。在第二年作证时，他说："我们从 133 美元开始参与，从那时起就一直被迫付出高价。当那帮穷凶极恶的家伙把价格推到 144 美元的时候，我们扪心自问，难道这种情况会一直持续下去吗？难道我们就这样无所作为而甘心被这群无耻之徒掠夺吗？"

在这一天剩下的时间里，整个华尔街安静得像"刚刚经过一场大火或天灾"一样。《纽约先驱报》在第二天的报道中写道："一场突如其来的平静降临整个华尔街。上午一直高声喊叫而嗓音沙哑的经纪人们，此时三五成群地聚在一起，核对自己的交易记录，低声交谈着。每几分钟，主持人就敲一下小锤让大家保持秩序，就这样，黄金交易有条不紊地进行，那些亏欠的空头或多头账户开始平仓。"

这场黄金恐慌留下的金融乱局从未得到彻底的清查整顿，其中的种种猫腻只是被掩盖了起来。甚至古尔德和菲斯科到底有没有赚到钱也没有人知道，也不可能知道。但《纽约先驱报》确信他们大赚了一笔，第二天它写道："撒旦得意扬扬地坐在肮脏的战利品上。"直到 1877 年，也就是整整 8 年之后，古尔德才了结这场黄金恐慌带给他的最后一场官司。在国会听证会上，当被问及赃款何在时，菲斯科轻松地回答说："在忍冬盘绕之处"。[1] 这句话立刻让所有美国人浮想联翩。忍冬是金银花的别称，当时多种植在厕所外，以掩盖难闻的气味。

黄金恐慌仅仅只是买方恐慌，虽然那一天也被称为"黑色星期五"，但其对华尔街的影响并没有持续多久。只有那些诸如 1837 年和 1857 年发生的卖方大恐慌才可能改变华尔街的性质。相比之下，这

1. "在忍冬盘绕之处"（where the woodbine twineth），现在已经成为英语中的一句俚语，意为不知所终。——译者注

场恐慌对美国经济的影响更为显著。加菲尔德是健全货币的坚定拥护者，他清楚地知道黄金恐慌的根源，以及如何避免重蹈覆辙。“如果法律继续认可（黄金和绿钞并存的）复本位制，”他在给国会的报告中写道，“并允许人为操纵其比价的话，那么黄金投机依然具有无法抗拒的诱惑。”换句话说，为了阻止“黑色星期五”再次发生，美国必须回到金本位制。事实上，美国用了整整10年时间才完全回归金本位制。如果不是古尔德给美国上了这么生动的一课，美国无疑需要更长的时间才能完成这一回归。

* * *

在南北战争的刺激下，各种需求猛增，美国经济在战争期间迅速扩张，战后，这一步伐也没有减缓。1865—1873年，铁路的总长度翻了一番，铁路的投资是原先的三倍多。小麦产量在这期间也翻了一番。农场主和铁路建造者是当时资金的主要需求者，资金成本的上升会对他们造成非常不利的影响。

此外，由战争和大量发行绿钞而引起的通货膨胀此时也逐步消退了，战前的通货紧缩再次出现并一直延续到19世纪末。例如，铁路建设中最重要的材料——钢轨的价格在战后的8年中下降了将近14%。随着劳动力成本和商品价格同时下降，企业被迫扩大生产规模来保持较高的现金流，这造成了美国经济虚假繁荣的表象。然而，经济发展的基础在一点一点地被侵蚀。

越来越恶劣的政治丑闻更是加快了经济腐朽的速度。人们普遍认为黄金恐慌的发生，格兰特政府难辞其咎，甚至是格兰特政府姑息养奸，乃至为虎作伥所致。而所谓的特威德[1]集团在纽约更是营造了一

1. 威廉·马西·特威德（William Marcy Tweed，1823—1878年），美国政治家。他在19世纪60年代是纽约市民主党的后台老板，侵吞了数百万美元的城市公款，后来被发现并判有罪（1873年）。——译者注

种“见钱办事”的贪墨之风。威廉·M. 特威德是坦慕尼协会，一个立足纽约已有100多年的民主党俱乐部会所的“酋长”[1]，但他本人能成为势力强大到可以只手遮天的城市大佬，尽管在20世纪上半叶，很多美国城市都出现了这种人物。不过，在天才漫画家托马斯·纳斯特的笔下，他成了纽约市政府腐败的象征。臭名昭著的“特威德法院”（Tweed Courthouse）实际上就是纽约郡[2]法院，现在依然坐落在纽约市政大厅的北面，当年它的造价竟然高达1 400万美元。与20年前建成的英国议会大厦稍做比较，我们就可以清楚地知道这其中有多少资金被贪污了。作为当时世界上最富有和最强大国家[3]的议会大厦——威斯敏斯特宫（Palace of Westminster）恢宏壮观，举世无双，占地面积达2.4公顷，造价也只有1 000万美元。

但是，当时最大的丑闻还是动产信贷公司事件。1865年，联邦政府授权联合太平洋铁路公司建造一条连接中西部地区、横跨美国大陆的铁路线。政府将铁路沿线上百万公顷的土地作为该公司修建铁路的补贴，这些土地未来将会因为铁路线的通达而大幅升值。联合太平洋公司的管理层利欲熏心，打起了鲸吞联邦拨款的主意。他们成立了一家建筑公司并给它起了一个洋气的法国名字——Crédit Mobilier[4]（动产信贷公司），使其成为该条铁路线建设的独家承包商。动产信贷公司向联合太平洋铁路公司疯狂索取天价建设费，榨干了联合太平洋铁路和它的股东，养肥了动产信贷公司的股东们，也就是联合太平洋公司

1. 本书第六章有译者对坦慕尼派俱乐部的说明，供读者参考。——译者注
2. 纽约郡（New York County），也就是纽约市曼哈顿区。——译者注
3. 指英国。——译者注
4. 动产信贷公司（Crédit Mobilier），这里“Mobilier”用的是法语，是“动产”的意思，Crédit 是“信贷”的意思。——译者注

的管理层。[1]为了确保华盛顿方面不会干涉，管理层贿赂了格兰特政府和国会的许多成员，甚至包括第一任副总统舒伊勒·科尔法克斯。行贿的方式不是直接送现金，而是在私下里给这些官员备一份厚礼：允许他们"购买"动产信贷公司的股票，并用这些股票未来的巨额股息来兑现。

特威德法院大楼是曼哈顿第二古老的地标性建筑（仅次于市政大厅），现用作纽约市教育局的办公地。（译者根据公开资料整理）

现在，在主板[2]（Big Board，我们终于可以这样称呼它了，因为到此时，它的日交易量终于使"主板"这个名字名副其实了）单只股票一天的交易量经常可以达到5万股，而市场总交易量达到10万股

1. 美国动产信贷公司在承包过程中，向太平洋铁路公司出具大大超过实际成本的各项开支发票，而太平洋铁路公司只加上少许合理的管理开支和利润，向联邦政府报销。这些表面上看起来合理合法的财务运作，往往出自同一个人之手。联邦政府的这一项目大大超过预算，两年内投入了9 465万美元，其中的5 000多万美元成了动产信贷公司的收益，而公司公布的利润远远低于实际收益，有2 300多万美元流入这一伙人的钱包。——译者注
2. 指纽约证券交易所。——译者注

已是司空见惯了。虽然此时，经纪人占主导地位的纽约证券交易所对市场的约束力越来越大，但对于一个毫无经验的人来说，华尔街还是一个充满风险、动荡不安的地方，巨大的财富会在分秒之间易手。曾有一位名叫奥尔登·斯托克韦尔的西部人控制了太平洋邮递公司（Pacific Mail Steamship Company）。他通过贿赂华盛顿的官员，拿到了利润丰厚的邮递合同，并因此大发横财。但在短短的两年之后，他就被杰·古尔德击败而一贫如洗。尽管斯托克韦尔财富尽失，心态却不失幽默。他曾向记者这样描述他的华尔街经历：

> 当我刚来到华尔街一百股一百股地购买股票时，大家叫我“斯托克韦尔”。当我买的股票越来越多时，大家称我为“斯托克韦尔先生”。到我几千股几千股地批量交易时，我被尊称为“斯托克韦尔队长”。当市场纷传我控制了太平洋邮递公司时，我被提升为“斯托克韦尔船长”。古尔德盯上我后，把我驱逐出了华尔街，他们对我的称呼只剩下“那个来自西部的红发狗崽子”了。

古尔德和菲斯科依然是伊利铁路的实际控制人，两个人在位于西23大街的大剧院（Grand Opera House）里办公。在这个大剧院里，菲斯科监制出品了多部戏剧。1868年，纽约证券交易所实行的新规给伊利管理层在华尔街市场上操纵伊利股票设置了重重阻碍，而且此时大部分伊利股票也已经被英国人买下了，但是古尔德和菲斯科仍然可以保持对伊利公司的控制权。他们的做法是，拒绝交付新股东名下的股票，从而剥夺了这些股东的投票权。当然，他们豢养的法官会确保纽约的法庭按他们的要求办事。

同时，他们继续与其他连接西部的主干线铁路公司大打价格战。1870年5月，范德比尔特把从布法罗到纽约市的运牛费用从每车皮120美元降低到100美元，接着又降到40美元。伊利铁路也不甘示弱，在6月25日把每车皮的费用降到了纯属象征意义的1美元。无疑，范德比尔特自认为可以比伊利铁路更能承受这种自杀性的降价，于是也如法炮制。

但当新价格开始实施之后，人们发现，往返于布法罗和纽约的中央铁路线上"牛"满为患，而伊利铁路上几乎完全没有。范德比尔特很快查明了原委。原来，古尔德和菲斯科已经买断了布法罗牛市上所有的牛，然后通过几乎免费的中央铁路运到纽约贩卖，大发横财。"船长"对自己如此轻易地被对手击败而感到耻辱和愤怒，他发誓"再也不跟这帮骗子打交道"。

田纳西·克拉芬，女权主义者，和她姐姐一起设立了经纪行及报纸——这对美国女性都是第一次，被当时的主流舆论视为异类，还传出她与范德比尔特的绯闻。在她们设立经纪行近一个世纪后的1967年，穆里尔成为首位获得纽交所席位的女性会员。今天，女性从事证券业务已经成为常态，自2017年以来，纳斯达克、港交所、纽交所先后迎来了首位女性首席执行官或主席。（译者根据公开资料整理）

虽然受了点儿小侮辱，范德比尔特这段时间过得还是很愉快。他结识了两位不一般的女士——维多利亚·伍德哈尔和她的妹妹田纳西·克拉芬。她们的一些举动在当时正处于维多利亚中期的美国社会激起了轩然大波，包括出版报纸和鼓吹"唯灵论"（spiritualism），伍德哈尔甚至参与过美国总统竞选。丧偶不久的范德比尔特向美丽的田纳西·克拉芬求婚，但田纳西因为有一个名存实亡的丈夫而遗憾拒绝。

当维多利亚·伍德哈尔向“船长”求助，表示想向他借钱在华尔街开办一间经纪行时，幽默诙谐的（这一点鲜为人知）范德比尔特很爽快地答应了。在今天，我们很难想象维多利亚时代的人在听到“女经纪人”这个名词时有多么震惊和难以接受。在那个时代，很少有女性从事诸如法律和医学等专业性的职业，即使有也是寥寥无几，而华尔街更被认为是一个硝烟弥漫的战场，根本不适合女性参与。

姐妹俩在宽街44号开了间经纪行，生意看起来很兴隆，这得益于“船长”，也得益于媒体的关注——它们实在无法想象女人买卖股票和债券是怎么回事。这为姐妹俩带来的游客多于顾客，以至她们不得不在办公室门口贴了一则启事，上面写道：“所有访客请说明到访目的，请勿逗留。”但克拉芬姐妹毕竟不是真正的女权先锋，她们很快就对华尔街日复一日单调不变的事务感到厌倦。她们的业务被华尔街其他的经纪商看成一场笑话，实际情况也基本如此。这个经纪行最终没能在1873年的大恐慌中生存下来。而女性首次真正在纽约证券交易所拥有席位是在近100年之后。

詹姆斯·菲斯科开始因为参与与华尔街无关的一些活动而受到公众的关注。他担任过纽约民兵第九团的陆军上尉，自掏腰包为第九团（当然也包括他自己）制作了漂亮的新军服，并组建了一支最好的军乐队。他还参与戏剧制作，出品了几部大戏。此外，1871年芝加哥大火之后，他组织了一次大规模的救灾活动，安排伊利专列火车把救灾物资运送到灾区，并下令伊利铁路上的所有其他车次为这趟专列让道。这一善举打动了全美。

但是，最让菲斯科出名的还是他的风流韵事，或许这是菲斯科唯一不情愿的出名方式。虽然菲斯科的婚姻不算完满，但也算相安无事。大部分时间，他和妻子分居两地，他住在纽约，离他的大剧院不远，而他的妻子则住在波士顿他为其建造的大房子里。在纽约，人们常常可以看到菲斯科身边美女如云。可是，他却无可救药地爱上了一个名叫乔西·曼斯菲尔德的黑发女子。她丰腴的身材在那个时代比现在要受欢迎得多。菲斯科被她迷得神魂颠倒，完全丧失了他平日的精明，以致根本没有看出这个女人和他在一起只是为了他的钱。

菲斯科在大剧院的大街上给曼斯菲尔德买了套房子，很快他就搬进去与她同居了。他的妻子一向对他的所作所为视而不见、听而不闻，依然住在波士顿。但要命的是，曼斯菲尔德却转而爱上了菲斯科的生意伙伴埃德温·斯托克斯。斯托克斯仪表堂堂、风流倜傥，但有精神障碍。斯托克斯家族在 19 世纪初包船从英国移民美国，斯托克斯的叔叔曾住在从前的上流社区麦迪逊广场，过着非常舒适体面的生活，尽管此时的麦迪逊广场已日渐衰落。虽然斯托克斯完全有经济实力自立门户，但他的家人深知他的精神缺陷，一直对他严加看管。

1870 年，曼斯菲尔德命令菲斯科搬出他为她买的房子，菲斯科只好照办。但他依然很迷恋她，继续给她支付生活费用达数月之久，希望她能回心转意。与此同时，菲斯科开始调查斯托克斯侵吞他们合办的布鲁克林炼油厂款项的情况。于是，一连串的诉讼与反诉开始了，记者们全部拥到法庭上，报道无休止的听证会。在其中的一场听证会上，曼斯菲尔德供述了她和这两个男人的关系，于是整个事件肮脏混乱的内幕在报纸上炸开了锅。

最后，1872 年 1 月，斯托克斯精神崩溃了。他跑到大剧院和菲斯科对质，但菲斯科已经离开了大剧院，去拜访一位住在中央大酒店（Grand Central Hotel）的旧友。中央大酒店位于第三街和百老汇大街的交叉口，是当时纽约购物区的中心。于是，斯托克斯又赶到了中央大酒店，而菲斯科还没到。当菲斯科来到酒店正准备上楼的时候，斯托克斯突然出现在他的面前，掏出手枪向他连射两枪。第一颗子弹击中了菲斯科的大肚子，菲斯科立刻从楼梯上栽了下去，但他马上又站了起来，紧接着斯托克斯的第二颗子弹打中了他的胳膊，菲斯科应声倒地。

1871年10月9日的芝加哥大火（Great Chicago Fire）几乎摧毁了半个城市（上图），而灾后重建工程却使得芝加哥成为率先应用钢筋水泥建造摩天大楼的城市（下图）。（译者根据公开资料整理）

菲斯科自己挣扎着爬上了楼梯，酒店工作人员把他带到了附近的会客厅，并且立刻叫来了医生。而斯托克斯根本没想逃跑，他很快就被警方逮捕，并被带到纽约市一个令人生畏的监狱，这个监狱有着一个更加令人毛骨悚然的绰号——“坟墓”。一开始，菲斯科的伤势似乎并不严重，但是他死后的尸体解剖表明，第一颗子弹把他的肠子打穿了 4 个洞，引发了腹膜炎，这在当时是无药可医的。

如果你想体会这样一次刺杀在 1872 年所引起的轰动，不妨想象一下，如果是今天唐纳德·特朗普[1]在华尔道夫–阿斯托里亚酒店[2]的大厅里被洛克菲勒家族一名年轻成员开枪打死，会在媒体激起怎样的轩然大波。不到一个小时，报童们就在大街小巷高声叫喊："菲斯科被枪击了！"大批人聚集在中央大酒店的外面。警察局长增派了 250 多名警察看护"坟墓"监狱，因为有谣言说，一群下决心要绞死凶手的暴徒正在朝监狱赶来。

与此同时，经纪商拥进了位于麦迪逊广场的第五大道酒店，很快一个非正式的伊利股票"晚间交易会"自发形成了。虽然经纪商们"对于菲斯科在盛年之时被人冷血枪杀表示了一点儿同情"，但如《纽约先驱报》报道所说，他们仍是一群利欲熏心的无情之人，报纸引用他们中的某个人的话说，"伊利股票肯定要涨"。事实确实如他们所料，星期一早晨一开市，伊利股票的价格就涨到了每股 35.25 美元。

虽然经纪商们对菲斯科的壮年早逝表现得很冷漠，但当时的普通大众却不是这样。这使得这个国家的卫道士们非常震惊，因为他们只看到了菲斯科哗众取宠的表演和混乱的感情纠葛，而大众则看到了事情的另一面。"人们会记得他虽出身贫寒，但不坠青云之志，他的成功完全是用汗水换来的。"《纽约先驱报》第二天报道说："在通向成功的道路上，虽然他也用了不少华而不实或者半野蛮的手段，但在他的灵魂深处，有着追求自由的信念和慷慨大方的精神，这使得他的那些性格缺点变得无关紧要了。"

1. 唐纳德·特朗普，美国房地产巨头，2016 年当选美国总统。这本书原著出版于 1999 年。——译者注
2. 华尔道夫–阿斯托里亚酒店（Waldorf-Astoria），纽约市的一家豪华酒店，详见第一章。——译者注

位于华尔街的特朗普大厦。特朗普从20世纪80年代开始从事房地产业，以他的名字命名的特朗普大楼几乎遍布美国各大城市。（译者摄于2017年）

事实上，现实生活中的菲斯科一向乐善好施、扶危济困。在伊利公司的办公室里，总有络绎不绝的人前来向他请求免费乘车，或者借钱购买杂货、煤块，通常他们的要求都会得到满足。而他那天之所以现身中央大酒店，也是为了去看望他的一位已故朋友的年轻遗孀和孩子，他一直在悄悄地资助他们的生活。

虽然菲斯科仅仅在吉尔伯特和沙利文小歌剧[1]的演出中穿过军服，但在纽约民兵第九团的组织下，菲斯科的葬礼是19世纪纽约市最宏大的军队葬礼，仅次于林肯和格兰特的葬礼。在葬礼队伍行进的时候，有10万人出来为他送行。当天夜里，他的遗体被运送到家乡布莱特博罗（Braffleboro）埋葬。人们三五成群，在1月凛冽的寒风中站在铁道两旁，默默致哀。几年以前，他曾慷慨地出钱把布莱特博罗的公墓用铁栏杆围起来，他当时开玩笑地说，他也不知道这些铁栏杆有什么用处："里面躺着的人出不

1. 吉尔伯特（1836—1911年），英国戏曲作家。沙利文（1842—1900年），英国作曲家。他们两个人一起创作了一系列的小歌剧，为现代歌舞剧的前身。——译者注

来，外面的人也不想进去。”

菲斯科的伙伴古尔德也在那年春天失去了对伊利铁路的控制权，主要是因为前一年夏天《纽约时报》不断曝光了特威德集团大量贪污受贿的证据，最终导致特威德集团解体。那些一直在为伊利铁路管理层服务的法官现在忙着自保，但大部分最终还是被弹劾了。古尔德被逐出了伊利铁路公司，公司股票应声上涨，戏剧性地让古尔德大赚了一笔。在此后的日子里，他继续在西联公司、南太平洋公司和其他一些公司的运作中攫取财富，直到1892年因肺结核去世，终年56岁。

詹姆斯·菲斯科。“无耻，无耻！”一个和他同时代的人写道，“一而再，再而三，三而四。厚颜无耻，无人可比，无人可及，无耻透顶！”他以无穷无尽的兴致参与华尔街的大游戏，直到在一场三角恋爱中被枪杀。

* * *

从南北战争开始到菲斯科被刺杀，这非同寻常的10年标志着华尔街作为一个主要金融市场正式登上了世界舞台。随着华尔街最显赫的大玩家突然离世，多少年来一直是华尔街标志的狂野西部色彩也开始渐渐褪色。但是，1873年的大恐慌才真正标志着这个时代的结束。杰·库克曾经因为帮助联邦政府成功发行战争债券、为南北战争筹资而成为最知名、最德高望重的银行家。战后，虽然他依然在美国享有很高的声誉，但他自己的银行——杰·库克银行却没有那么兴旺。他依然在政府债券市场中拥有较大的份额，还拥有几条铁路的股权。其中一条叫北太平洋的铁路是最让他头疼的。他为了资助这条铁路的修建发行了价值 1 亿美元的债券，但是这笔钱在铁路完工之前就用尽了。1870 年，国会通过了一项法案对这条铁路线给予额外财政补助，并授权库克全权代理。于是，库克又在欧洲市场上发行了更多债券，铁路沿线的北达科他州甚至把它的首府命名为俾斯麦[1]，以吸引德国投资者来参与这个项目。库克试图用他在推销战争债券时的手法来推销北太平洋铁路的债券，但收效甚微。铁路建设困难重重，大桥坍塌，路基被冲垮，到 1873 年年初，公司已经发不出工资了，只能给工人打白条，并且公司的银行账户也已严重透支。《费城纪事》（*Philadelphia Ledger*）把它与 18 世纪初发生在英国的“南海泡沫”相提并论，后者是一个半欺诈半空想的金融投资骗局，千家万户都遭受了巨大损失。

此时，库克正和 J. P. 摩根共同承销新发行的 3 亿美元的政府债券，这一次他们又选择了欧洲作为主要市场。虽然实际的承销费用仅仅只有 15 万美元，但是承销债券募集的资金可以全部推迟到 1873 年年底再交给政府。假如能够以较快的速度售完所有债券，他们就可以有将近一年的时间免费使用这笔资金。摩根此时正和费城的一个银行家安东尼·德雷克塞尔合伙经营德雷克塞尔–摩根公司（Drexel, Morgan and Company），他并不需要这笔钱。相反，库克已快被逼入绝境，急需这笔钱周转，但不幸的是债券销售进展十分缓慢。（常有人指责摩根蓄意“摧毁”库克，但直到今天也没有人知道，债券销售进展缓慢究竟是摩根蓄意所为，还是市场条件所致。）

1. 俾斯麦（1815—1898 年），德国政治家，德意志帝国第一任首相。——译者注

南海泡沫（South Sea Bubble）是英国在 1720 年春天到秋天之间发生的一次经济泡沫（左图），与密西西比泡沫、郁金香泡沫并称欧洲早期的三大经济泡沫，甚至曾担任英国铸币局局长的艾萨克·牛顿（右图）也在这次泡沫中损失了 2 万英镑（相当于今天的 3 000 万元人民币），牛顿感慨道："我能计算出天体运行的轨迹，却难以预料人们的疯狂。"南海公司夸大业务前景，通过贿赂政府向国会推出以南海股票换取国债的计划，其股价由 1720 年年初的约 120 英镑急升至同年 7 月的 1 000 镑以上。市场上随即出现不少"泡沫公司"浑水摸鱼，英国国会通过《泡沫法案》予以规范，连带触发南海公司股价急挫，至 9 月跌回 190 镑以下，很多投资者血本无归。（译者根据公开资料整理）

9 月，库克陷入严重的财务深渊。秋季来临，欧洲市场明显对美国证券越来越冷淡，资金供应再次触底，更多的铁路公司陷入了财务困境，政府丑闻又相继爆出，这一切迹象都表明华尔街正在一步一步接近灾难的边缘。

灾难最终降临了。9 月 13 日，星期六，凯恩–考克斯公司（Kenyon, Cox and Company，丹尼尔 · 德鲁的公司）宣布破产，停止营业。第二周的星期一和星期二，恐慌还没有发生。但是到了星期三，股市开始下跌，交易量放大，卖空行为也明显增多。知情人似乎正在趁损失不大的时候离场。翌日，9 月 18 日，星期四，上午 11 点，库克在纽约的合作伙伴范斯托克宣布库克银行纽约支行暂停营业，很快在费城的库克银行总部也被迫步其后尘。于是，美国当时最显赫的银行家破产了。

这条消息就像炸弹一样引爆了华尔街，“一匹名叫‘恐慌’的炭黑色的脱缰野马”呼啸着冲上了华尔街。当消息传到交易大厅时，“人群中爆发了一声撼天动地的咆哮，仿佛可以让整栋大楼颤抖，里面的经纪商已经完全了失去理智。”《论坛报》写道。而在交易所之外，“恐惧似乎占据了每个人的心”。

第二天，各种谣言充斥着华尔街，甚至有传言说“船长”也濒临破产。这显然是无稽之谈，因为范德比尔特从未以保证金的形式购买过股票，而且他所持有的股票是相对安全的。但是，无数与他合作的经纪商和银行却被迫停止营业，甚至很多经营良好、利润丰厚的公司股价也遭到了重创。9 月 20 日，星期六早晨，西联公司的股票价格从每股 75 美元骤跌到每股 54.5 美元。

华尔街的恐惧通过大西洋的海底电缆迅速传到了欧洲，欧洲市场也应声崩溃。这也从另一个侧面证明了华尔街对整个世界的影响力正在与日俱增。《纽约先驱报》认为这种失控的恐慌是一种完全可以摧毁强大帝国的力量。一位经纪商则称这次崩溃为“自黑死病以来最大的世界性灾难”。星期六上午 11 点，纽约证券交易所历史上第一次宣布无限期休市。格兰特总统、财政部部长和其他政府高级官员一起从华盛顿来到纽约，与纽约金融巨头一起商讨解决办法。范德比尔特告诉他们，这次崩溃的原因在于铁路盲目的过度扩张，而这种扩张所用的资金大部分来自联邦债券。他对媒体说：“用公众的钱在穷乡僻壤修建铁路，这无异于公然犯罪。”

由于此时还没有中央银行，联邦政府的宏观调控能力受到很大的限制。最终，联邦政府决定从星期一开始在市场上买入联邦债券，以此向金融市场注入新的资金。证券交易所禁止其会员在交易所之外进行证券交易，但大部分会员对于这项禁令不予理睬，继续进行场外交易。随着崩溃的恐慌日渐消退，纽约证券交易所宣布于9月30日（星期二）重新开市，股票市场慢慢得以恢复元气。但是，这次大崩溃沉重地打击了整个经济。南北战争后的繁荣景象荡然无存，美国经济艰难地挨过了 6 年的衰退后才逐渐好转。到那个时候，华尔街已经成熟了许多。

同一时代的西方和东方

西方	年份	东方
	1869	方举赞在上海开设发昌机器厂，中国民族资本主义产生
第二次工业革命开始	19 世纪 70 年代	
美国《宪法》第 15 修正案通过，给予黑人投票权	1870	
英国爆发爱尔兰自治运动	1870	
普法战争爆发	1870	
华尔街发生古尔德黄金投机案	1870	
德意志帝国建立，德国统一	1871	俄军攻占伊犁
法国巴黎公社革命爆发	1871	《中日通商章程》在天津签订
	1872	第一批清朝留学生赴美
以股市崩溃为导火索，美国开始了长达 6 年的经济低迷期	1873	李鸿章在上海创办轮船招商局
	1873	陈启源创办继昌隆缫丝厂
	1873	日本明治政府颁布地税改革法令

第八章

“你需要做的就是低买高卖”
（1873—1884年）

译者题注

华尔街的历史舞台上，先后登场了无数形形色色的人物，各自演绎了多姿多彩的人生。他们中有的人开创了华尔街的新时代，唤回了华尔街缺失已久的诚信和社会责任感，这些人中的杰出代表是摩根；有的人却以吝啬和爱财如命而闻名，如海蒂·格林，然而，这样一位彻头彻尾的守财奴同时又是一位出色的投资家，在股市的惊涛骇浪中表现得游刃有余，她说："你需要做的就是低买高卖"……

译者导读

· 在19世纪70年代发生的市场崩溃不可避免地再一次导致了美国股市的萧条。欧洲投资者一直是美国这个新兴国家主要的国际资本来源，此时他们也对投资美国望而却步。但奇妙的是，股市崩溃对美国也有有利的一面，它使得美国人能够以低价购回此前向欧洲人出售的美国证券，事实上变相地洗劫了此时还远比美国富足和强大的欧洲老牌资本主义国家。股市的周期性崩溃迫使经济繁荣时期积累下来的泡沫被挤出经济循环之外，也使得经受了考验的实体经济变得更加稳健。

· 19世纪的最后20年，由于各种因素的推动，美国完成了规模宏大的工业化进程，这是截至当时世界经济史上最为重要的历史事件之一。1878年，在纽约证券交易所上市的公司里还没有一家以"工业"制造业为主，但到了1900年，工业股票已经迅速成长为华尔街的股票主力。而与此同时，美国的钢铁产业从无到有，在短短的几十年里，钢铁产量就超过了全欧洲的总和。

· 也是在这个时期，一位对华尔街和美国产生深远影响的人物登上了历史舞台。“他在南北战争时狂放粗野的华尔街崭露头角，把华尔街打造成为美国这一全球新兴经济体的主导力量。”这个人就是J. P. 摩根。

摩根口含“金汤匙”出生，是华尔街新一代投资银行家中的翘楚。不同于早年华尔街大部分的投机家，他信奉的理念是以诚信为本。在波澜壮阔的工业化进程中，美国一举成为世界上最大的经济实体和新兴的超级大国。而美国迅速崛起所需的巨额资金，正是摩根和以他为代表的华尔街人筹集来的。不仅如此，他们还重塑了华尔街在美国公众中的形象，使得华尔街在美国经济和世界经济中的地位大大提高。摩根创立的摩根银行至今仍是全球最重要的金融机构之一。

在华尔街这个巨大的名利场上，人性的方方面面暴露无遗，形形色色的人物是华尔街传奇中无法分割的一部分。这个时代的海蒂·格林是美国历史上最为富有的女性之一。她视财富如生命，对于金钱的酷爱近乎病态，她可以为了很小一笔钱而毫不犹豫地放弃一切——时间、声誉、健康、友谊等等，堪称华尔街历史上葛朗台式的守财奴。但人格上的缺陷并没有妨碍她成为一个出色的投资者，她依靠投资铁路和地产日进斗金。而她“低买高卖”的决策的核心其实就是对上市公司进行全方位的研究、筛选和甄别，这在客观上推动了社会资金的流转。当股市中成千上万的人都这样做的时候，全社会的金融资源便得到了更高效率的配置，从而推动经济不断向前发展。

在此前的黄金操纵案中侥幸没有酿成大祸的格兰特在退休后也来到华尔街，这一次，他就没有那么幸运了。这位在金融市场中不谙世事的前总统兼退伍将军，被华尔街老奸巨猾的投机分子沃德蒙骗而深陷泥潭。他的公司最终彻底破产，并引发了一场短暂的金融恐慌。曾经在战场上所向披靡的格兰特将军，最后只剩下 200 美元而潦倒不堪。为了补偿家人，他只好撰写回忆录来挣钱，无意中成就了美国历史上最重要的文学作品之一——《格兰特将军回忆录》。

就像在华尔街经常看到的那样，在一场巨大的崩溃之后，市场往往出现一种反常的平静。1873 年的大恐慌也不例外，股价持续下跌，交易量不断萎缩。虽然铁路股票仍是华尔街市场的支柱，但其市值在 1873—1878 年惨遭腰斩。纽约证券交易所的席位价格从 1873 年最高峰时的 7 700 美元下降到 3 年之后的 4 250 美元（为让读者对这个数目有点儿概念，不妨举一个例子：19 世纪 70 年代，一个非熟练工人一年最多挣 1 000 美元——如果他足够幸运能够找到一份工作的话）。总共有 287 家从事相关经纪业务的公司在这几年关门大吉，更多经纪公司则是主动清算破产。

欧洲投资者跟之前几次一样，停止投资美国证券。难怪当时一位德国银行家说："现在就算有天使担保，美国铁路债券在欧洲市场也卖不出去了。"

虽然处于经济周期的低谷，但这对资本主义市场体系而言并非毫无益处。一方面，那些等不到美国经济复苏的欧洲投资者开始大量抛售持有的美国证券。1873—1879 年，欧洲人手中的美国证券资产价值总值缩水了近 6 亿美元，单单铁路证券一项就损失了 2.51 亿美元。这虽然严重打压了华尔街市场的证券价格，但实际上增加了美国人的财富。当欧洲人在美国出资修建铁路时，美国得以扩张其交通网络，而欧洲投资人持有这些铁路的证券，并获得这些证券的利息和其他收益。可一旦持有人发现这些证券无法兑现，甚至利息难保，就会在华尔街进行抛售，让美国人有机会以比原来低得多的价格回购这些证券。其结果不言而喻，美国既修成了铁路，又拿回了证券。

可是当美国经济的巨大发动机重新运转起来的时候，欧洲投资者会回来重新购买美国证券。这种现象并不是19世纪所特有的，往前可以追溯到殖民地时期。当时很多殖民地是由合资公司设立的，但它们大多非常短命、惨淡收场，往后一直延续到20世纪80年代末期，过度自信的日本人以市场最高价接盘诸如洛克菲勒中心这样的美国标志性地产，随后又在遭受巨大损失之后失去了它们。

位于曼哈顿第五大道的洛克菲勒中心。（译者摄于2017年）

除了牺牲海外投资者的利益造福美国，另一方面，经济萧条也促使美国公司为了生存而提高运作效率，迫使繁荣时期积累的过剩产能退出经济体系，促进资源向强者手中聚集。待外部条件改善、经济得以再次扩张后，美国经济将会更加稳健，更有实力应对坏年景。

在19世纪70年代大萧条之后，美国经济和美国政治[1]一样，开始显露一些

1. 1865年，美国南北战争结束后，美国政治制度进一步完善发展。一是美国《宪法》的地位得到巩固，真正成为国家根本大法；二是联邦主义得到长足发展，联邦权力获得扩张；三是联邦政府于1865年和1870年通过了关于废除奴隶制度和承认黑人公民权利的第13条和第15条修正案。——译者注

现代特征。直到 1878 年，除运输业和通信业的所谓“工业”公司之外，还没有一家以制造业为主的工业公司在纽约证券交易所上市交易。在当时全部 54 家上市公司中，有 36 家铁路公司、5 家煤矿公司、4 家电报公司、4 家邮递公司、3 家矿业公司、1 家蒸汽船公司和 1 家地产公司。

但是到了 1900 年,“工业股票”（industrials）迅速成长为华尔街市场的主力。在 1860 年，美国所需的钢铁还几乎全部依赖进口；短短几十年后，美国的钢铁产量已经超过了全欧洲钢铁产量的总和。仅卡内基钢铁公司（Carnegie Steel）一家的钢铁产量就超过了英国全国的产量。

1911—1913 年的工业股票。资本市场在推动波澜壮阔的工业化进程的同时,也引发了工业股票的投机热潮——这种相辅相成的关系同样出现在 19 世纪的铁路、银行领域，也为后来的航空业、互联网业所印证。（译者根据公开资料整理）

在 19 世纪帷幕将要落下的最后几年中，美国的工业化进程写下了世界经济史上最壮丽的诗篇之一。这背后有多重推动因素：南北战争刺激了对工业品的需求；战时的高关税政策保护了美国工业免受来自欧洲的竞争与冲击；南北战争摧毁了南方政治势力，推动工业化的北方利益集团在华盛顿掌握了主动权。

此外，19 世纪后半叶的移民潮，再加上农业机械化耕作使得农场对于劳动力的需求急剧下降，农村的年轻人大量涌入城市，这使得美国的城市里迅速聚集了丰富的劳动力资源。18、19 世纪之交，美国曾是世界上最大的农业国之一，但到了 1880 年，城市人口已占到全美总人口的 25%，到 1900 年的时候，这个数字增加到 40%。

美国的铁路总里程也从南北战争结束时的 3.5 万英里（约 5.6 万公里）增长到 1890 年时的 16.4 万英里（约 26.4 万公里）。铁路行业的迅猛发展为很多重工业产品如钢轨、机车、铜线等，创造了巨大的市场。纵横交织的铁路网不仅把美国联结成了一个真正意义上的统一市场，同时也是全球最大的市场，从而实现了巨大的规模经济效应。

南北战争之后的工业化规模之大，需要的不仅仅是高效的交通运输系统，它还需要资本，大量的资本，而这些资本的获得越来越依赖于华尔街。在这个时代，有一个人已经成为华尔街的化身，他就是 J. P. 摩根。以 J. P. 摩根为代表的新生代投资银行家。他们脱胎于南北战争年代狂放粗野的华尔街，并把华尔街迅速打造成了正在兴起的全球经济体中的主导力量。

活跃于 19—20 世纪之交的 J. P. 摩根，至今仍是美国家喻户晓的华尔街人物，也是代表那个年代的唯一一位。他同约翰 · 戴维森 · 洛克菲勒、安德鲁 · 卡内基[1]一样青史留名。J. P. 摩根不仅是华尔街风云人物的缩影，更是整个华尔街的化身。他极具特点的外貌让他成为很好的漫画素材，在无数政治漫画中登场。

华尔街历史上的风云人物往往出身贫寒、白手起家，J. P. 摩根却

1. 安德鲁 · 卡内基（Andrew Carnegie），美国“钢铁大王”，一手缔造供、产、销一体化的现代钢铁公司，成为美国最大钢铁制造商。而在功成名就之后，他又将几乎全部的财富捐献给社会。——译者注

是含着金汤匙出生的。他的祖父是新英格兰殖民地[1]第一代移民，1817年举家搬到康涅狄格州哈特福德市[2]，当时正值该城迅速扩张时期。在城市发展过程中，他先后投资过房地产、蒸汽船公司和铁路，还有安泰火险公司（Aetna Fire Insurance Company）的创始人之一。J. P. 摩根的父亲朱尼厄斯·斯宾塞·摩根是哈特福德一家纺织品公司的合伙人，后来搬到波士顿，成为知名棉花经纪人詹姆斯·M. 毕比公司（James M. Beebe & Co.）的合伙人。1854年，朱尼厄斯·摩根应邀成为乔治·皮博迪（George Peabody & Co.）旗下一家伦敦投行的合伙人。皮博迪是美国人，但在英国生活和工作多年，凭借良好的信誉和精明能干，在英国赢得了很高的声誉。终生未娶的皮博迪对当地的慈善

J. P. 摩根。被誉为最伟大的银行家之一。他从资助爱迪生到组建通用电气公司，促成了电的普及；他组织财团买下卡内基的钢铁公司进而创建美国钢铁公司，使钢铁产业的规模化百尺竿头更进一步；他在1907年金融危机时向美国政府伸出援手，填补了当时没有央行的空白。如今的摩根士丹利（俗称“大摩”）和摩根大通（俗称“小摩”），都与J. P. 摩根缔造的金融帝国有着深厚的血缘关系。（译者根据公开资料整理）

1. 新英格兰是位于美国大陆东北角、濒临大西洋、毗邻加拿大的区域，包括美国的6个州，由北至南分别为：缅因州、佛蒙特州、新罕布什尔州、马萨诸塞州、罗得岛州和康涅狄格州。——译者注
2. 哈特福德市（Hartford），是美国主要的大保险公司的发源地，至今仍是许多保险公司的总部所在地。——译者注

乔治·皮博迪，美国第一代投资银行家。当时的世界金融中心是伦敦，他的重要工作就是帮助新生的美国政府和企业从伦敦市场融资。这是一个艰巨的任务，美国早期的州政府债券经常违约，导致融资难度很大。皮博迪的声誉很高，他去世后英国派出最新最大的军舰护送其遗骸回到美国。（译者根据公开资料整理）

事业非常慷慨大方，以至维多利亚女王曾要授予他准男爵爵位，都被他谦逊地婉言谢绝了。他逝世后，遗体由法国和英国的战舰一同护送回到美国。

皮博迪在19世纪60年代初退休，由朱尼厄斯·摩根接管了这家公司，并把它更名为J. S.摩根（J. S. Morgan and Company）公司。于是，他的儿子J. P.摩根从幼年起就开始接触最高水平的世界银行业务，同时耳濡目染了父亲和皮博迪一生坚守的原则——诚信是在这个领域基业长青的根基。童年的经历塑造了摩根的人格，对他的一生产生了决定性的影响。

J. P.摩根晚年时曾接受国会委员会关于华尔街运作模式的问询。委员会的法律顾问问他："商业信用的决定因素是金钱还是财产？"

"都不是，先生。"摩根回答道，"最重要的是品行。"

"比金钱和财产还重要吗？"

"比金钱和其他任何东西都重要，"摩根强调，"金钱无法收买一个品行端正的人……一个我不信任的人，即使他有整个基督教世界的债券作为抵押，也不可能从我这里拿走一分钱。"

电力的对决：特斯拉与爱迪生

为了向交流电和无线电的发明者尼古拉·特斯拉致敬，埃隆·马斯克以特斯拉命名风靡全球的纯电动汽车。在此之前，人们关于电的记忆几乎只有爱迪生和白炽灯。位列全球企业500强的通用电气的百年历史映射了特斯拉、爱迪生和摩根之间的传奇与纷争。

1879年，爱迪生发明了白炽灯，于次年创建了爱迪生照明公司，力推直流电技术，并获得了摩根的支持。摩根意识到，这是挑战洛克菲勒石油帝国的绝好机会，因为当时人们还在用煤油照明。爱迪生的成功和自信，使得他无视了他的雇员特斯拉关于交流电的建议，后者只得另立山头，并帮助西屋电气公司在尼亚加拉瀑布项目中击败了被摩根财团支持的爱迪生认为“更安全”的直流电。摩根只得赶走爱迪生，于1892年将爱迪生电气公司与汤姆森·休斯敦公司并购重组为通用电气公司，改为大力发展交流电，并最终赢得了“电力大战”（War of Currents）的胜利。通用电气自此开启了电力垄断之路，也成为道琼斯工业指数自1896年设立时的12只成分股中存续时间最长的一家公司，直到2018年6月才被该指数移除。（译者根据公开资料整理）

摩根从未对他这一生想要做什么有任何怀疑。甚至早在孩童时代，他就已经表现出对商业的热爱。在他12岁那年，摩根连同表兄弟吉姆·古德温组织了一场“哥伦布登上新大陆立体展览”。摩根不仅精确记录了所有的费用和门票的收入，展览结束后还整理出了一张资产负债表，标题为“摩根和古德温，立体展览资产负债表，1849年4月

20 日”。终其一生，摩根只要看一眼就能对账簿了然于心。每有记账员战战兢兢地拿着账本请他检查时，再小的错误他都能一下子指出来。

摩根有着非常国际化的教育背景，先后在哈特福德、波士顿、瑞士的韦韦和德国的格丁根大学求学。在格丁根学习一年后（在那里，一位数学教授试图说服他从事数学研究，但没有成功），他来到纽约，在华尔街邓肯和谢尔曼开办的公司里当了一名初级会计师。

19 世纪 80 年代，东瞰华尔街的景象。1871 年，第一栋摩根银行大楼代替了原先的百货商场。据说，在那个年代，如果人们看到一个人和摩根一同走下摩根银行的台阶，就意味着这个人很快将平步青云。

在工作中，他的能力和敢于负责的精神立刻就显现出来了。公司派他到新奥尔良学习棉花经营，他很快就看到了赚钱的机会。在没有得到公司授权的情况下，他用公司的即期汇票买了一船咖啡。当公司拍来电报，强制要求他立刻把咖啡处理掉时，他电报回复称已经把咖啡处理掉了，并且还赚了一笔可观的利润。这种干脆利落、迅捷果断的行事作风伴随了摩根的一生。

1862 年 9 月，摩根创办了自己的公司——J. P. 摩根公司（J. Pierpont Morgan and Company），这家公司在南北战争后的华尔街繁荣时期迅速发展起来。1864 年，年仅 27 岁的摩根的应纳税收入达到了 53 286 美元。（南北战争时期的个人所得税法规定个人缴税单为公开信息，这对历史学家来说无疑是“天上掉馅饼”一样的好事。）

1871 年，摩根和费城的德雷克塞尔公司[1]成立了一家合伙公司，即纽约的德雷克塞尔–摩根公司，其总部设在华尔街 23 号，位于华尔街与宽街的街角处。虽然当时那座富丽堂皇的维多利亚式建筑在 1913 年为如今这座平平无奇的建筑所取代，但这个地方一直是摩根银行的总部，华尔街人称之为“街角”。

凭借与费城德雷克塞尔公司的业务合作和父亲在伦敦的关系网，摩根的事业从一开始就蒸蒸日上。即使在 19 世纪 70 年代的萧条中，他每年分得的公司利润也很少低于 50 万美元。他与伦敦的紧密关系最为关键，这对华尔街和他自己来说都非常重要——这将使他成为全世界最负盛名的银行家。

1866 年正式开通的大西洋海底电缆，使伦敦和纽约这两个全球最大市场的联系愈加紧密，纽约正在一步步地成长起来。尽管在此后的很长一段时间里，美国仍然是资本输入国，但也开始独立承接外国在美国市场的债券发行。1879 年，加拿大魁北克省就在美国成功发行了 300 万美元债券。

1. 安东尼 · 约瑟夫 · 德雷克塞尔（Anthony Joseph Drexel），是在美国内战后崛起的另一位大银行家，他在费城创立了德雷克塞尔公司。——译者注

也就是在同一年，摩根在市场上一举成名，被誉为“具有非凡竞争力的银行家”。范德比尔特在 1877 年去世时，把高达 1.05 亿美元的巨额财产（迄今为止美国最大的一笔私人财富）留给了他的大儿子威廉 · H. 范德比尔特。小范德比尔特因此拥有了纽约中央铁路超过 87% 的股份，但他希望分散自己的资产。可是，想要在市场上大量抛售像纽约中央铁路这样显赫大公司的股票，又不对其价格造成太大的冲击，并非易事。但是，摩根接下了这项任务，并成功地以每股 120 美元的高价在伦敦市场上售出了 15 万股纽约中央铁路的股票。更重要的是，这一切都是悄悄进行的，等到市场有所察觉的时候，一切都已经完成了。

摩根不仅成功地帮助小范德比尔特卖出了股票，还获得了这些英国股东[1]的代理权，代表他们在纽约中央铁路董事会上坐拥一席之地。由此，他顺理成章地成为铁路业举足轻重的人物，并且决心利用自己的新身份彻底整顿混乱不堪的美国铁路业。正如前文所述，在这之前的 50 年，美国的铁路系统（如果称得上是系统的话）一直以混乱无序的方式发展着，主干线都是由小的地方铁路拼凑而成，铁路公司的资本和公司结构也因此千奇百怪。

铁路是历史上第一批经营管理权和所有权分离的企业，即经营这些铁路的管理层中的大多数人并不拥有这些铁路的股权。从理论上来说，管理层理应完全代表股东的利益，但当时还不存在任何法律可以强制他们为股东利益最大化而工作。因此，管理层往往为了一己私利损害股东甚至客户的利益，美国动产信贷公司丑闻就是其中最臭名昭著的代表。许多铁路公司的管理层甚至会专门建造一条铁路与现有铁

1. 这里指上文的 J.P. 摩根在伦敦市场出售了中央铁路的股票，将其卖给了英国人，并成为这些英国人在该铁路公司的代言人。——译者注

路竞争，唯一的目的就是迫使后者出钱收购自己的公司。

卡特尔、辛迪加与托拉斯

卡特尔是指生产同类商品的企业联合，达成有关市场划分、产量、价格等方面的协议以垄断市场。它是资本主义垄断组织的初级形式，各个企业之间相互独立，且经营水平、经营规模、产量等没有太多的差别。

辛迪加（Syndicat）是垄断组织的一种中级形式。参与辛迪加的企业，在生产和法律上仍保持独立性，但丧失了商业独立性，销售商品和采购原料由辛迪加总办事处统一办理。各企业间争夺销售份额，一般存在一个领头大企业。

托拉斯（Trust）是垄断组织的高级形式，由许多生产同类商品的企业或产品有密切关系的企业合并组成。同卡特尔、辛迪加相比，托拉斯本身就是一个独立的企业组织，参与者在法律和业务上完全丧失其独立性，由托拉斯董事会掌握所属全部企业的生产、销售和财务活动。（译者根据公开资料整理）

到了19世纪80年代中期，虽然整个国家都呈现一片繁荣发展的景象，但由于恶性价格战、过度建设和经营不善，整个铁路行业的利润急剧下降。甚至管理良好的纽约中央铁路和宾夕法尼亚铁路也在相互残杀，在对方地盘建造与之竞争的铁路。摩根说服小范德比尔特，使其确信他能为两家铁路公司找到和解方案。他把双方管理层请上了他的“海盗号”游艇（Corsair），豪华的游艇在加里森和桑迪胡克之间的哈德逊河段上来回航行，直到双方达成协议。按照协议，纽约中央铁路买下与它隔河相望的哈德逊河西岸的铁路线，宾夕法尼亚铁路则买下正在建设中的从哈里斯堡到匹兹堡的铁路线，并立刻停止施工。（为修建该铁路而开凿的穿山隧道随即被废弃，直到几十年后修建宾夕法尼亚高速公路时才被重新启用。）

J. P. 摩根的“海盗号”游艇。纽约中央铁路和宾夕法尼亚铁路在这艘游艇上达成了“海盗协议”，使摩根在商界和华尔街声名鹊起。（译者根据公开资料整理）

这一协议被称为“海盗协议”，它的成功签订使摩根在商界和华尔街声名鹊起。回报丰厚的业务纷至沓来，摩根的公司发展一日千里。虽然他只是华尔街的一名银行家，并不经营铁路，但在 19 世纪的最后 20 年里，他是美国铁路业最有影响力的人物，主导重组了巴尔的摩铁路、俄亥俄铁路、切萨皮克铁路、伊利铁路等多家主要铁路公司，并推行了合理化的改革。

以摩根为代表的投资银行家为华尔街带来了久违的正直、诚信之风，大大提升了华尔街在美国经济和世界经济中的地位。此前，多数美国人对华尔街不屑一顾，认为它和赌场没什么差别，现在华尔街的声誉日渐好转，成了做生意的好地方。之所以能有这样的转变，摩根本人的高尚人格和以身作则带来的影响不可小觑。和老范德比尔特一样，身高约 1.83 米的他远远超出那个时代的平均身高。因为不喜欢锻炼，他的体重也比一般人重很多。但他给人印象最深的还是那双目光如炬的淡褐色眼睛。摩根最著名的一张肖像照出自摄影家爱德华·斯泰肯之手，他说，与摩根的目光对视就像正视一列向你驶来的高速列车闪亮的前灯。"如果你能逃离'铁轨'，"一个作家补充道，"你会觉得那双眼睛只是令人敬畏；但如果不能，它会让你心惊胆战。"

《谁建造了美国》系列纪录片主要介绍了范德比尔特、洛克菲勒、卡内基、摩根等传奇人物的故事，他们的托拉斯企业既为美国带来了繁荣，也造成了社会的急剧分化。（译者根据公开资料整理）

* * *

如果说摩根和他的同人给华尔街带来了前所未有的声誉，那么华尔街上一些陈腐鄙俗的行为方式和形形色色的人物则给华尔街增添了很多色彩，并成为它传奇中不可分割的一部分。

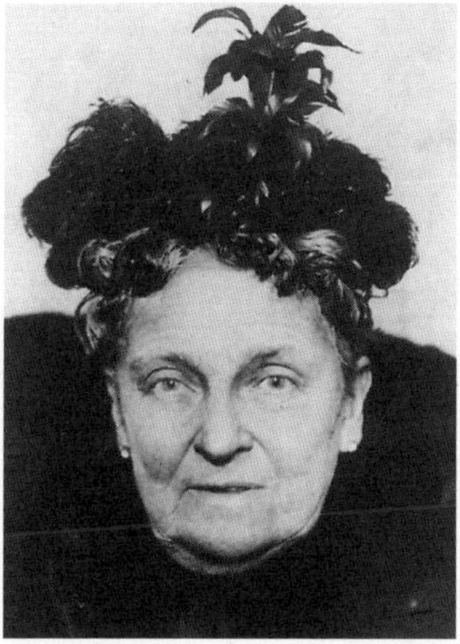

海蒂·格林。这位“世界上最富有的女人”一生都生活在对贫穷的极端恐惧之中，她是华尔街最精明的玩家之一。

海蒂·格林就是其中令人难忘的一位。如果在1916年她去世的时候美国就已经有《福布斯》财富排行榜，她轻而易举就能排进前20位。时至今日，她还是美国历史上最富有的40人之一，并且是其中唯一一位凭自己的努力而成功的女性。她与几乎同时代的J. P. 摩根一样出生于新英格兰殖民地最早的移民家庭，她的母亲是豪兰家族（Howland）的一员，家族先人当年乘坐“五月花号”踏上美洲大陆。19世纪早期，豪兰家族在马萨诸塞州的新贝德福德市经营庞大的捕鲸事业，积累了巨额财富，海蒂·格林继承了其中很大一部分。她从父亲爱德华·罗宾森那里继承到的家产规模更甚。她的父亲起初为豪兰家族工作，靠捕鲸发了家，接着又在华尔街成倍放大了自己的财富。虽然她家境极为富有，家庭温暖却少得可怜：母亲大半生活在自我幽闭之中，饱受心病折磨；而父亲只想着赚钱。在这样一个缺乏爱和关怀的家庭成长起来的海蒂·格林，心理上受到的创伤几乎是致命的。1865年，海蒂·格林在继承了她父亲的财产以后，每年的收入接近30万美元，而在当时，只需1万美元就可以让一个中等偏上的家庭过上一年的优越生活。但对于格林来说，这些钱永远无法满足她。事实上，再多的钱也不够。童年的心理创伤塑造了她孤僻的人格，让她成为一个纯粹的守财奴。海蒂迷恋的不是金钱能让她买到的东西或者带来的权力，而是金钱本身。占有金钱能给她带来极大的满足，而失去金钱则会让她痛苦万分。

因此，为了不失去金钱，不管是多么小的一笔，她可以毫不犹豫地放弃一切：时间、便利、声誉、健康、容貌、享受、友谊、她孩子的幸福，以及其他任何东西。有一次，一张2分钱的邮票从信封上脱落，掉在了马车上，她竟然找了半宿。就在她发疯似的寻找这张邮票的几个小时里，她的财富所产生的利息就已相当于一个中等家庭的平均收入。

尽管海蒂·格林不愿多花一分钱，但她却是一个赚钱的天才。“我不太相信股票，”她曾经说过，“我从来不买工业股票，我喜欢铁路和房地产。在投资之前，我会努力搜集所有相关信息。赚钱其实没有多大的窍门，你需要做的就是低买高卖，你要节俭，要精明，还要持之以恒。”当然，她的节俭无可挑剔，她曾经在胳膊下夹着价值20万美元的不记名债券（这种债券几乎相当于现金）坐公共汽车去纽约的银行办事。接待她的银行家告诫她不该冒如此大的风险。

“你应该坐马车来的。”银行家说。

“马车，好家伙！”海蒂·格林回答道，“也许你坐得起马车——我可坐不起。”

但是，一旦她的财产受到威胁，她也会毫不犹豫地飞奔上最快的车。1885年，她使用多年的约翰·J. 斯科父子银行（John J. Cisco and Son，简称斯科父子银行）濒临破产，当时她正住在丈夫的家乡——佛蒙特州的贝洛斯福尔斯。即使远在320公里之外，她也仿佛可以嗅到危险的气息，因而坐立不安。此时，经过20年的精耕细作，父母留下的财产在她手里已经增长了25倍。她在斯科父子银行存有价值超过2 500万美元证券，以及556 581.33美元存款。如果斯科父子银行破产，她的财产就有可能被长期冻结。她给斯科父子银行写信要求把她的存款转到化学银行（Chemical Bank）。

银行清楚，若在这个时候汇出这么大一笔金额自己将立即破产，因而断然拒绝了她的要求，同时通知她，她的丈夫在银行的欠款超过70万美元，而他作为贷款抵押的路易斯维尔和纳什维尔铁路（Louisville and Nashville Railroad）的股票价值已经下跌到不能够再为这笔贷款提供抵押了，并要求她补上差额。不用说，海蒂·格林一口拒绝了，她在给银行的第二封信里说，丈夫的债务与她没有任何关系，并且再次要求转移她的财产。为了能够尽快赶到纽约应对危机，她一下火车便搭乘出租车从纽约中央火车站赶到了曼哈顿下城的金融区，但为时已晚。接到她的第二封信时，斯科父子银行就已宣布破产，她的财产被托管给一个叫刘易斯·梅的受托人。海蒂·格林匆匆赶到位于华尔街59号的银行，在刘易斯的办公室找到了他，向他要求提款。

刘易斯不仅一口拒绝了她提款的要求，说她不过是银行800多个债权人之一，而且坚持只有在她还清了丈夫的欠款后，才能归还她的证券。

海蒂·格林面临着最可怕的噩梦。她靠拼命节俭和精打细算得来的巨额财富转瞬之间就要被人夺走了。在她的意识中，她与这个充满敌人的冷酷世界之间唯一的联系——她的财产，正处在危险之中。这是她人生的危急时刻，她必须全力以赴。

当时华尔街上一半的人都在等着看好戏，看这位已经被报纸称为“世上最富有的女人”如何夺回自己的财产并撇清丈夫的债务。她每天一早跑到银行，哭泣、咒骂、威胁、哀求轮番上阵，直到银行关门才离开，整整坚持了两个星期，可谓金融区一道吸引游客的新风景线。海蒂·格林顽固不化，喜欢骂人，情绪激动。另一边的刘易斯却彬彬有礼、富有耐心，但是同样执拗。刘易斯坚持，如果她不还清丈夫的债务，绝不会给她一个子儿。

海蒂·格林与美国的重工业化

海蒂·格林是一个典型的葛朗台式的吝啬鬼，曾疯狂地花几小时去找一张几分钱的邮票，然而在这段时间里，她的财富所产生的利息足够同时代的一个美国中产阶级家庭生活一年。为了财富，她可以牺牲所有的亲情和友谊。无疑，在她身上有许多人性中丑陋的东西。但是，这并不妨碍她成为资本市场中出色的投资者。她说："在投资之前，我会努力去寻找有关这项投资的任何信息。赚钱其实没有多大的窍门，你需要做的就是低买高卖。你要节俭，要精明，还要持之以恒。"她所做的实际上就是对上市公司进行研究、筛选和判断。在她的一买一卖之间，实际已经将资金向优质公司做了转移。当资本市场上有成千上万的人在做这样的事时，社会的金融资源便得到了更高效率的配置，客观上推动了当时美国的重工业化进程。

在某种意义上，海蒂·格林所做的"努力去寻找有关这项投资的任何信息"，正是半个多世纪后兴起的"上市公司基本面研究"的前身，而随着历史的演进，华尔街的投资者主体也从以她为代表的个人投资者群体逐步向信息获取和分析能力更强大的机构投资者群体转化。在20世纪的80年代后，以机构投资者为主体的华尔街推动了随后几十年波澜壮阔的高科技产业的崛起。（根据译者公开发表文章整理）

最终，海蒂·格林屈服了，她开出了一张422 143.22美元的支票来了结此事。虽然这还不到她净资产的2%，但已经是她这辈子开出的未能交换到等值或者更高价值对应物的最大数额的一张支票。这张支票上的每一分钱都让她的心滴血。支票开好后，刘易斯把她的债券、股票、租赁合同、契约、存款单，以及其他所有能够证明她财富的文件和材料都还给了她，她把它们捆起来全部塞到出租车里，满得连她自己都几乎没地方坐了。她护送着她的财产沿着华尔街来到了位于百老汇大街的化学银行，在那里，她的财产终于安全了，她的命根子终于保住了。

该漫画讽刺了海蒂·格林等富豪避税逃税的行为。漫画左侧的收费窗口上写着“美国财政部”，旁边贴着“所得税在此缴纳：严禁百万富翁逃税”的标语，排队缴税的富豪手持支票号啕大哭，兜里却揣着“已偷逃的税赋”。（译者根据公开资料整理）

丈夫的债务纠纷破坏了她的婚姻。从此，她和丈夫基本处于分居状态。但是，他们之间还存在着深厚而真挚的感情。当他生病的时候，她会立刻前去陪伴在侧（她一直自诩护理技术高明）。丈夫病逝后，她甚至为参加葬礼专门买了一条新裙子，这对海蒂·格林来说可是一笔巨额开支，如果不是因为有很深的感情的话，她是绝不可能这么做的。

海蒂·格林开始花更多时间在纽约照看自己的财产，同时为了逃避纽约的税赋，她使用化名辗转于不同的出租屋和廉价旅馆之间，以免被认定为纽约常住居民。她成了华尔街的常客，人们经常看到她穿着那件破旧过时的黑衣裙，慢吞吞地往返化学银行检查她的财产。银行曾提出给她安排一间办公室，但她怕引起税务人员的注意，只肯用大堂里的空桌子，有时甚至干脆就坐在地板上看信件、剪息票。有时，她会自带午餐，通常是燕麦粥，把它放在暖气片上加热。

* * *

华尔街从来都与天真无缘。美国第 18 任总统格兰特除了能征善战之外，在其他所有方面都不谙世事。和他同名的儿子小格兰特也不比他好多少。被视为纨绔子弟的小格兰特身边不乏阿谀奉承之人，企图通过他结识他的总统父亲。其中，有一个叫费迪南·沃德的人。

1869 年黄金大恐慌后不久，沃德来到华尔街，他起先是农产品交易所（Produce Exchange）的一名小职员，业余时间做点儿商品期货的投机生意，后来拓展到铁路股票和其他股票上。他的投资业绩不过尔尔，却添油加醋地到处吹嘘。大多数华尔街人对这种自吹自擂都嗤之以鼻，但格兰特公子可没有那么心明眼亮。他在大学主修法律，尝试过几次商业投资，但都以惨败告终。在沃德高超的恭维之下，格兰特公子觉得自己和沃德很投缘。很快，他们就合伙成立了一家公司，格兰特–沃德公司，主营经纪业务。

1881 年，已卸任的前总统格兰特和夫人搬到纽约，住在毗邻第五大道的东 66 街 3 号，是成为这家公司的有限合伙人之一。格兰特夫妇在公司投入了 20 万美元现金，这是他们夫妇的大部分资产。沃德声称自己投入了同等价值的证券，后来被爆出这些证券的实际价值远远不足 20 万美元。

为了能有机会接触前总统，再通过他和华盛顿的政治势力搭上线，无数新客户来到格兰特–沃德公司开户。与此同时，沃德打着格兰特前总统的旗号向国民航海银行（Marine National Bank）申请贷款，该银行的管理者詹姆斯 · D. 菲什写信给格兰特将军询问情况，格兰特回信道："我认为这些投资项目是安全的，我很乐意沃德先生借用我的名声和影响力来为公司谋利。"

菲什推断，沃德借这笔钱很可能是因为手握一些政府合同，因此不但同意给格兰特–沃德公司贷款，而且自己也在这家公司开设了账户和沃德一起进行投机操作。随后，沃德散布谣言说政府将与他控制的几家公司签订项目合同，但实际上，这是子虚乌有，格兰特很早就断然拒绝为沃德拉拢政府项目。当风言风语传到格兰特的耳朵里之后，他立刻要求沃德给出合理解释。沃德矢口否认，说他现在正忙于为伊利铁路几条支线的建设融资。

实际上，沃德真正在做的事情是在华尔街搞投机，而且并不成功。他借用格兰特之名吸引格兰特的朋友和仰慕者们投资，并允诺将会以非常丰厚的分红来回报他们。他们后来也的确收到了分红，但这些分红大多出自新进投资者的钱。换句话说，这完全是个庞氏骗局。像所有此前和此后的庞氏骗局一样，起初，它确实很灵验。随着包括格兰特家族成员在内的越来越多投资者的加入，格兰特父子的纸面财富日益增长。格兰特公子宣称，他身价已经超过 100 万美元，格兰特将军寻思着自己至少也有 200 万美元的资产，这个数目在 19 世纪 80 年代足够让他跻身真正的富人之列。格兰特将军开始频繁亲临格兰特–沃德公司，这位民族英雄和前总统的出现自然让新加入的投资者更加振奋。

但是，庞氏骗局迟早是要崩溃的，格兰特–沃德公司也不例外。如果沃德真的是一个出色的投机者，他或许还能够继续玩下去。但他不是。到1884年5月，他已经处在悬崖的边缘。更糟糕的是，国民航海银行和格兰特–沃德公司已经成了一根绳上的蚂蚱，一旦格兰特–沃德公司破产，这家举足轻重的银行也会破产，并引发一场严重的危机。

沃德知道，如果他跟格兰特坦白真相，格兰特绝对不会施以援手。虽然格兰特在金钱方面可能是个傻子，却是个诚实的傻子。于是，沃德跟将军谎称是国民航海银行出了问题，原因是纽约城市基金（New York City funds）突然从银行撤资。而如果国民航海银行破产，格兰特–沃德公司也会被它拖垮。他请求格兰特筹集15万美元缓解困境。格兰特担心银行的破产会引起公众恐慌，于是向当时的全球首富小范德比尔特求救，对小范德比尔特来说，15万美元只是一笔小钱。

此时，小范德比尔特已经把7年前从父亲那里继承的财富翻了一番。他虽不像他父亲那般光芒四射，但也绝顶聪明。前一年冬天摔折了腿的格兰特拄着拐杖来到小范德比尔特的办公室，向来说话直截了当的小范德比尔特告诉他，自己根本不在乎什么国民航海银行。“至于格兰特–沃德公司，”他说，“据我了解到的情况，我没有任何理由借给它一分钱。”听到这么冷冰冰的回答，格兰特目瞪口呆，以为肯定借不到钱了。然而出乎意料的是，小范德比尔特接着说，虽然他不会借给格兰特–沃德公司一个子儿，“但为您，格兰特将军，我愿意借这个钱”。

格兰特谢过小范德比尔特，蹒跚着上了马车。一回到家，他就把支票交给了已等待多时的费迪南·沃德。第二天一早，沃德就去兑现了支票，把钱装进了自己的腰包。5月6日，星期二，格兰特像往常一样来到格兰特–沃德公司，却只见到了他的儿子。格兰特公子告诉他，国民航海银行已经破产，格兰特–沃德公司也倒闭了，而沃德已经不知去向。

两家公司破产的消息很快就传遍了华尔街，越来越多的人聚集在公司外面。将军在他的办公室里待了几个小时之后，拄着拐杖以最快的速度离开了，他嘴里咬着的雪茄早已熄灭，一句话都没有说。当他经过人群的时候，每个人都摘下了帽子，向这位曾在南北战争中为联邦政府浴血奋战的英雄致敬，虽然现在他连自己也救不了。

华尔街并没有立即发生恐慌，但金融市场的神经已经到了崩溃的边缘。接下来的那个星期，年仅26岁的合众国第二银行行长约翰 · C. 伊诺携带银行的400万美元公款逃往加拿大，终于引发了一股抛售狂潮。多家极有声望的机构被迫停业——至少是暂时停业，股市狂跌。负责银行间清算的纽约清算中心筹措了一笔救援资金来帮助那些稳健的银行，特别是大都市银行（Metropolitan Bank），使后者在仅三天后就重新开业了。

恐慌很快过去了，整个国民经济几乎毫发无损。但格兰特–沃德公司和国民航海银行肯定已无药可救。清算后发现，格兰特–沃德公司资产仅为67 174美元，负债却超过了16 792 640美元。詹姆斯 · D. 菲什在逃亡出境时落网，随后被押进了拉德罗大街监狱，沃德后来也被送了进去。当菲什知道新狱友是沃德时，他大声吼叫着："别让他落在我手里，我一定要杀了这个浑蛋。"格兰特将军彻底破产了，家族的大部分成员也没能幸免。沃德被判重大盗窃罪，处以有期徒刑10年。

到了6月，前总统格兰特名下只剩下200美元了。人们开始给他寄来支票，有一张寄来的支票中附了一张便条："感谢您在战争中为国家所做的贡献，请允许我聊表心意。"他把自己的勋章和军刀交给了小范德比尔特，后者犹豫再三，最后只得接受，但将它们捐赠给了政府。对格兰特这样一个骄傲的人来说，这样的结局实在不无悲哀。

格兰特将军雕塑（左图）和南北战争将士雕塑（右图），位于美国华盛顿的国会大厦前。（译者摄于 2017 年）

但是，格兰特–沃德公司的破产也带来了一件令人意想不到的幸事。此前，不管杂志社和出版商提供多么丰厚的报酬，格兰特都拒绝写文章回忆血雨腥风的战争岁月，但现在，他已经无路可走了。他和马克·吐温出版公司签订了回忆录的出版协议，预付金高达 2.5 万美元（这对那个年代的出版社而言也是一大笔支出）。但开始写作后不久，格兰特就被确诊为咽喉癌晚期。深知来日无多的格兰特加班加点地写作，只为给家人留下些许财产。他做到了。手稿完成仅三天后，他便撒手人寰。

回忆录出版后获得了空前的成功，销量超过 30 万册，为格兰特家族带来了 50 万美元的版税收入。但是，《格兰特将军回忆录》远远不只是一本畅销书，它同时也是一部气势恢宏的战史著作，这是谁也没有预料到的，格兰特从未想过自己还会写作，但他天生的诚实、简洁和坦率的风格最终成就了这部 19 世纪最伟大的军事历史作品。时至今日，多数历史学家和文学评论家依然认为在同类作品中，只有恺撒的《高卢战记》[1]可与之媲美。

《格兰特将军回忆录》封面。时至今日，多数历史学家和文学评论家依然认为，在同类作品中，只有恺撒的《高卢战记》可与之媲美。（译者根据公开资料整理）

华尔街最悲惨的经历却造就了美国文学史上最辉煌的杰作之一，不能不说颇有讽刺意味。

1.《高卢战记》是恺撒个人作战心得的总结，发表于公元前 51 年，是研究罗马史的重要史料。《高卢战记》共 8 卷，其中前 7 卷由恺撒执笔，记述了公元前 52 年秋天之前的历史；恺撒的副将希尔提乌斯曾为此书续写了第 8 卷，将记载推进到公元前 50 年。——译者注

同一时代的西方和东方

西方	年份	东方
	1874	日本兴起自由民权运动，截至1889年，提出君主立宪、设立议会、减免地租、废除不平等条约等主张
	1874	日本入侵台湾地区。中日签订《台湾事件专约》，清政府以赔款50万两白银换取日本退兵
贝尔发明电话。同年，阿迪达斯创始人创办体育用品店	1876	日本入侵朝鲜，以武力胁迫朝鲜签订《江华条约》，朝鲜自此沦为半殖民地半封建社会
	1876	英国怡和洋行牵头建成中国第一条营运铁路——吴淞铁路，翌年被清政府赎回拆除
英国爆发经济危机	1878	
世界第一个电话交换所在美国康涅狄格州成立	1878	清政府试办邮政，发行中国的第一套邮票——大龙邮票
托马斯·爱迪生发明电灯	1879	日本武力侵占琉球，改为冲绳县
	19世纪80年代	清政府官督商办的上海机器织布局筹建并部分投产。这是中国第一家机器棉纺织工厂
	1880	中国电报总局成立
	1881	中国自建的第一条铁路——唐胥铁路建成
	1881	《中俄伊犁条约》签订，沙俄又割占了7万多平方公里的中国领土
美国通过排斥华工法案，直到该法案1943年被废除的61年中，美国政府共出台15个与之相似的排华法令	1882	胡雪岩操纵丝业市场失败，引发金融恐慌
美国第一个托拉斯（美孚石油托拉斯）出现	1882	
美国铁路建设退潮，引发世界经济危机	1882	
	1883	中法战争爆发，1885年中国战败，签订《中法会订越南条约》，从此中国承认法国吞并安南，中国西南门户大开

第九章

“您有什么建议？”（1884—1901 年）

译者题注

在美国历史上，1895 年发生了一起特别事件，黄金从国库大量外流，导致国库中黄金的数量不到法定黄金储备量的一半。在此危急时刻，作为当时已是世界强国之一的美利坚合众国的总统，格罗弗·克利夫兰不得不屈尊向“华尔街的领袖”摩根求援。他向摩根问道：“您有什么建议？”……

译者导读

- 尽管在格兰特公司破产所引发的混乱逐渐消退后，华尔街曾有过昙花一现的繁荣，但很快又陷入低迷，并在持续的萎靡不振中度过了 19 世纪 80 年代。进入 19 世纪 90 年代，股市刚刚有转暖的迹象，却突然遭遇了 1893 年的市场崩溃，这引爆了美国经济体系中一颗定时炸弹。
- 南北战争后，随着美国逐步回归金本位制，美国财政部于 1873 年开始停止铸造银币，但在 19 世纪 70 年代中期声势浩大的银矿工人罢工等政治压力下，国会于 1887 年通过法案，允许更为自由地使用白银铸币，并规定了银币和金币的价格比。当西部地区以空前的速度开采白银而使其供应量激增后，白银开始逐渐贬值。按照“劣币驱除良币”的原则，人们很自然地选择使用银币作为流通工具，并收藏黄金。于是，黄金开始流出国库，在 1893 年市场崩溃的打击下，形势迅速恶化，流出国库的黄金如滚滚洪流，并被整船运往欧洲。1895 年 1 月，国库中只剩下了价值 4 500 万美元的黄金，不到 1 亿美元法定黄金储备量的一半。
- 一筹莫展的克利夫兰总统最终决定向摩根求援。摩根和他的同伴成功地为美国在欧洲筹集了 1 亿美元的黄金储备，同时摩根使出浑身解数，利用各种金融操作遏制黄金外流。终于，到1895年6月，美国国库的黄金储备稳稳地站在了1亿美元之上。摩根凭借无人可及的影响力和非凡的智慧，独臂擎天地挽救了美国，使其免遭一场金融灾难。这一刻，华尔街靠自己的力量，成为一个真正的世界巨人。

- 19世纪90年代是华尔街的转型期。1892年，纽约建立了一个大型清算中心，为经纪商的证券交割提供方便、快捷的服务。在这一时期，《华尔街日报》的两名创始人道和琼斯将股市中主要股票的价格加权计算，得到了能够反映股市整体情况的一个绝妙而简单的方法，这就是今天广为人知的道琼斯指数。刚刚问世的道琼斯指数只有40点，1906年首度突破100点，1972年首度突破1 000点。同样是在这一时期，华尔街的银行和经纪人自发在美国上市公司中强制推行了此后被普遍接受的会计准则，有效地遏制了此前华尔街上市公司乱做假账的恶习。同时，与人类文明一样古老的会计职业也在这个时期被赋予了全新的含义。注册会计师首次出现并从此成为现代经济生活中的重要力量。
- 20世纪来临之际，华尔街爆发了历史上最后一次铁路大战。这次铁路股票囤积战的主角是摩根和一位与他同样声望显赫的犹太银行家谢弗。有趣的是，这两位塑造了华尔街全新形象的银行家，却不无讽刺地成了华尔街最后的两位“牛仔”——“打红了眼的牛仔拿着枪互相乱射，全然不顾旁人的安危”。

在格兰特-沃德公司破产之后，华尔街在痛苦中挣扎着。19世纪70年代的衰退结束了，但经济的繁荣期却还没有来临。因此，在那些年里，交易量和交易席位的价格都在日趋下降。尽管在1882年，其年交易量就超过1.16亿股，但是到1891年，年交易量却下降到了6 900万股（当然，其间偶尔也会出现日交易量井喷的现象，例如1886年5月5日，纽约交易所日交易量第一次超过了100万股）。在1880年售价为2.6万美元的交易席位，到1893年只要1.5万美元就能买到。

19世纪80年代华尔街的午餐时间。当时的经纪人们因没有时间回家吃午餐而开始吃快餐，这客观上成为美国快餐文化的起源。

1889年11月，一场可怕的恐慌席卷了伦敦，声誉最好、实力最强的英国私人银行之一——巴林兄弟银行支撑不住了，原因是阿根廷发生了一场军事政变，而巴林银行在当地有大量证券投资，人们因而对该银行失去信心。伦敦的投资者立刻开始抛售美国证券，特别是原先被巴林兄弟银行所看好的那些，如圣达菲铁路（Santa Fe Railroad）的股票，其价格跌了一半以上。那句华尔街的老话——“伦敦一感冒，纽约就要打喷嚏”，再一次得到了验证。然而对于纽约市场来说，值得庆幸的是，这一次，英格兰银行（英国的中央银行）为了维持伦敦市场的稳定而向巴林兄弟银行伸出了援助之手，使其摆脱了困境。

美国似乎又回归了繁荣，但这只是一种假象。美元受到的压力日趋加剧，黄金开始流向欧洲，交易所的交易量也极其低迷（尽管在几个做空集团坐庄达到顶峰的1893年2月20日，交易量创下了147.4万股的单日成交新纪录）。紧接着，2月25日，费城雷丁铁路公司宣告破产，其负债超过了1.25亿美元，这在当时是一个不可思议的天文数字。

美国快餐文化的标志：麦当劳

20世纪40年代，理查德·麦当劳和莫理士·麦当劳兄弟在美国小城圣贝纳迪诺开设了一家餐馆。两兄弟观察到，餐品中汉堡最受顾客欢迎，因为快餐消费者最大的需求就是便宜和快速。于是，他们将汽车组装流水线的思想应用到食品制作中，不断提高餐厅的配餐效率、减少食材消耗、降低产品成本，餐馆在当地迅速成功。

1954年，名为克洛克的推销员向麦当劳兄弟建议将该商业模式推广至全国，并从麦当劳兄弟手中取得了麦当劳连锁店的经销权。此后，在资本市场的助推下，以连锁的方式，仅过了五年，全国已有228家麦当劳餐厅。1961年，克洛克以270万美元的价格收购麦当劳餐厅及品牌；1965年，麦当劳股票上市，并开始国际化进程，而如今，麦当劳的总市值已过千亿美元。（译者根据公开资料整理）

1893年3月4日，格罗弗·克利夫兰第二次宣誓就任美国总统，市场看上去似乎恢复了稳定。虽然克利夫兰是一个民主党人，但实际上，他在金融和货币政策上一直非常稳健，连J.P.摩根也投了他的票。上任后不久，克利夫兰就说服了一批华尔街银行家用黄金购买了2 500万美元国债，从而使美国国库的黄金储备重新达到1亿美元的法定最低水平。与此同时，市场上开始纷纷传言美国的外贸收支状况开始改善，人们憧憬着华尔街迎来一个更好的时期。4月5日，《纽约时报》的报道反映了这样一种氛围："今天交易所里下单的情况发生了彻底改变，好像事先约好的一样，大家都争相将他们的空头账户平仓。现在说牛市已经到来还为时过早，但是股价有明显上涨的趋势。虽然华尔街的专业人士还是市场的主流，但在今天的下单过程中，我们看到了很多久违的华尔街投资者。"

该漫画生动描绘了克利夫兰总统在各方势力和情绪中试图驾驭黄金储备的情景（马车后备厢写有"黄金储备"，两匹马分别代表"坚定"和"常理"）。格罗弗·克利夫兰(1837—1908年)，美国第22、第24任总统，是唯一分开任两届的总统，也是美国内战后第一个当选总统的民主党人。在他的任期内，自由女神像在纽约竖立起来；他推行文官制度改革，免去了近10万共和党人的官职并换上了民主党人；他勒令铁路公司退出了近8 000英亩非法占用的土地，并力图维持和制定有利于民主党利益的低关税政策。有人认为，他是最好的无名总统。此外，他也是第一位接受当时的中国政府官员（李鸿章）访美并与之会晤的美国总统。（译者根据公开资料整理）

然而《纽约时报》的“水晶球”[1]预测恐怕从未像这次一样模糊，形势很快就开始迅速恶化了。4月，华尔街的一些小机构陆续开始违约。5月1日，星期一，市场开始大幅下滑，到星期三时，整个市场经历了自1884年以来最糟糕的一天。第二天，美国船缆公司（National Cordage Company，也称“rope trust”，意为“绳索信托”）出人意料地破产了，且负债高达1 000万美元，而就在几天之前，这家公司还刚刚向普通股股东派发了股息。交易所里一些新兴工业公司的股票开始大幅下跌，不过大多数经营较好的铁路公司还能守住它们的价位。

7月，市场终于跌穿了底线，即使是那些经营业绩最好的铁路公司股票也受到重创。纽约中央铁路年初以每股109美元开盘，到7月底已经跌到每股92美元；宾夕法尼亚铁路则从每股54美元跌到了每股46美元，跌幅近15%；一些赢利较差的铁路公司情况就更糟了，艾奇逊-托皮卡-圣达菲铁路公司的股票在年初开盘时的价格为每股34美元，到年底，就跌到了每股10美元。

美国船缆公司总裁指出了正在动摇美国经济和华尔街基础的真正问题。他在接受报纸采访时说：“美国船缆公司的破产完全是因为我们没有办法获得贷款。信用从来没有像现在这样严重地被抑制过，雪上加霜的是，白银问题和雷丁铁路公司的破产导致了普遍的信心缺失。”

什么是他所提到的白银问题？允许更为自由地将白银铸造成币的《布兰德-埃利逊法案》[2]是隐藏在19世纪80年代相对繁荣表象下的一

1. 原文为“The Times's crystal ball could hardly have been cloudier”，水晶球是西方用来占卜的一种常用工具，这里意指《纽约时报》的预测与占卜无异。——译者注

2.《布兰德-埃利逊法案》（Bland-Allision Act）：该法案规定，在停止铸造银币的同时，由美国财政部每个月按照市场价格购买200万～400万美元的白银，自此之后，美国西部地区开始在此背景下疯狂地开采白银。这导致人们热衷于开采和使用“劣币”白银，并将“良币”黄金收藏起来。——译者注

颗定时炸弹，它一直在滴滴答答地走着。1893 年的市场崩溃只不过是这枚炸弹不可避免的爆炸而已。

尽管集中于美国东北部地区的工业化给这个地区带来了就业机会和财富，也给各地的消费者带来了更加物美价廉的消费品，但同时，负面因素也随之而来，在这一点上，资本主义一贯如此。当这个国家在东北部地区的带动下缓慢地回归金本位制，并最终在 1879 年全面完成的时候，美国南北战争中“绿钞时期”标志性的通货膨胀也开始消退了，取而代之的是漫长的通货紧缩期。1879 年，1 蒲式耳[1]小麦的价格是 1.22 美元，但到 1890 年已经跌到了 0.89 美元。当时仍是美国经济基石的农业遭受巨大损失，农民将矛头对准金本位制和铁路，许多支线铁路垄断了当地的陆路交通，提高了铁路沿线农民的运输成本。

更糟的是，由于农业经营的特点，农民往往是负债者，他们一般都需要通过按揭购买农场和用于农业生产的各种生产资料。通货紧缩意味着他们在偿还贷款的时候，要使用比借款时更为值钱的美元，因此美国的农村地区一直在抗争，希望继续使用，并要求发行更多的绿钞。

随着货币体制逐步回归到金本位制，美国财政部在 1873 年开始停止铸造银币。这一政策被称为“1873 年的罪恶”（Crime of 73），并遭到了美国西部和南部地区的强烈不满和抱怨，在这些地区，农场主和采矿业者主导着当地的政治。在 19 世纪 70 年代中期，他们举行了声势浩大的银矿工人罢工，如康斯塔克[2]矿工罢工事件等，要求将白

1. 1 蒲式耳相当于约 36.238 升（美制）。——编者注
2. 1859 年，在内华达州发现了康斯塔克矿（Comstock Lode），这里盛产金和银，从而使内华达的弗吉尼亚城成为美国西部第一个真正意义上的工业城市。——译者注

银重新货币化的压力与日俱增。国会作为一个“民主机构”[1]，试图使矛盾双方都感到满意，于是要求财政部每个月按照市场价格购买 200 万 ~400 万美元的白银，然后按照 16 ∶ 1 的比例将这些白银铸造成银币。也就是说，按照国会这一法令，不管其市场价格怎样，16 盎司的白银都相当于 1 盎司的黄金。这意味着国家货币供给的增加，是“制造”通货膨胀的经典做法。

1873 年的罪恶

1873 年前后，美国立法当局全面修订与美国铸币局相关的一系列法律，其中的《1873 年铸币法案》(Coinage Act of 1873)禁止民众将银锭送至美国铸币局打造成拥有完全法定货币地位的标准银币。由此，美国的金银复本位画上句点，进入金本位时代。对于此项法案，民意分裂成相互对立的两大派系，一派坚持金本位和通货紧缩，另一派则相信自由铸造银币和通货膨胀是经济繁荣的基础。由于在通货紧缩中损失严重，农场主和采矿业者等期望通货膨胀的民众便把这项法案称为“1873 年的罪恶”。(译者根据公开资料整理)

当 1878 年《布兰德–埃利逊法案》正式生效的时候，16 ∶ 1 的比率大致相当于市场上的白银价格。但随着西部地区继续以空前的速度开采白银，银价开始下跌，到 1890 年市场价格已经跌到了 20 ∶ 1。

1. 作者意在讽刺国会两头讨好的政策。——译者注

更为糟糕的是，就在那一年，国会通过了《谢尔曼[1]白银法案》(Sherman Silver Act)，以此来取代《布兰德-埃利逊法案》。新法案要求财政部每个月购买不少于450万盎司的白银，这一数量大致相当于全美的白银产量。由于银币的面值远高于它们所含白银的市场价格，因此通货膨胀已不可避免。

1879年1月1日，政府开始采用金本位货币制度，财政部也按照法定要求一直持有至少1亿美元的黄金储备，以随时满足兑换黄金的需求。因此，一方面，国会的白银政策增加了货币供给；另一方面，其黄金政策又保持了美元的币值稳定，这样做实际上既是在确保通货膨胀的发生，又是在试图避免它的到来。

除了国会山的那帮人以外，任何一个稍有经济学常识的人都会预测到，格雷欣法则——“劣币驱逐良币”将要起作用了。白银的市场价格只有黄金的1/20，而把它铸成银币之后，国会规定的价格为黄金的1/16。因此人们便开始使用白银而将黄金收藏起来，于是黄金如涓涓细流一般从国库中不断流出。在整个19世纪80年代，由于政府有着巨额的财政盈余，因而这种分裂的货币政策的恶果还被掩盖着。但是在1893年市场崩溃的打击下，外流的黄金从涓涓细流变成了滔滔洪水。随着政府收入急剧下降，国会匆忙废除了《谢尔曼白银法案》，但是为时已晚，美国国内外的公众已经对美元失去信心，他们要的是

1. 约翰·谢尔曼（John Sherman，1823年5月10日—1900年10月22日），美国律师、财政金融家、外交家，曾任美国众议院议员（1855—1861年），众议院筹款委员会主席（1861—1877年），美国参议院议员（1881—1897年），参议员参政委员会主席、拉瑟福德·B. 海斯总统时期的美国财政部部长（1877—1881年）和威廉·麦金莱统时期的美国国务卿（1897—1898年），以其财政管理水平出名，著名的《谢尔曼反托拉斯法》就是他提出的。《谢尔曼白银法案》是作为对西部银矿业利益集团的让步，以回报其对实行贸易保护主义的《麦金莱关税法案》的支持而提出来的。——译者注

黄金。尽管政府通过发行债券来购买黄金，以维持国库的黄金储备，但是国库中的黄金存量仍然日渐干涸。

1894年，随着经济衰退进一步加重，国库的黄金储备再一次跌到了1亿美元以下。当年的1月，几家华尔街投资银行共同为财政部承销了5 000万美元的黄金债券，出售给公众以使国库的黄金储备回涨到1.07亿美元，但黄金很快又从国库中流走了。11月，由德雷克塞尔-摩根银行[1]承销，财政部再次发行了5 000万美元的黄金债券，补足了国库的黄金储备。但到1895年1月24日，黄金储备又只剩6 800万美元，一个星期之后只剩4 500万美元。整个国家在惊恐之中着魔般地关注着黄金。

克利夫兰总统试图劝说国会授权再次发行债券来补充储备，但是遭到了拒绝。欧洲各中央银行在纽约将它们持有的美元兑换回黄金，装着这些黄金的船从纽约一艘艘地起航开往欧洲，而人们只能眼睁睁地看着这一切。财政部估计，仅在1894年的第四季度，就有价值8 400万美元的黄金被运到了国外。在华尔街，人们对美国将被迫放弃金本位制度确信无疑，他们在猜测的只不过是这一天什么时候降临。

对于一个正在迅速崛起的世界强国来说，这一场金融方面的蒙羞令美国极度难堪。但美国需要承受的却比丢掉面子痛苦得多，因为联邦债务的本金和利息都需要用黄金来偿付，而一旦到期的债务不能偿付，将不可避免地导致利率飙升。这对于已经处于严重衰退的经济无疑是雪上加霜，整个国家面临着一场灾难。

然而，同时存在一个施行通货膨胀政策的国会和一个要保持币值

1. 为了保持必要的牵制引导，同时巩固摩根财团在美国本土的影响力并在世界范围内扩展银行业务，摩根的父亲需要给儿子寻找一位新的合伙人，而实力雄厚、意图在纽约拓展业务的德雷克塞尔家族是理想的合作对象，二者成立了德雷克塞尔-摩根银行，这个集团正是J.P.摩根公司的前身。——译者注

稳定的总统，使得联邦政府陷入了瘫痪。深为警醒的J.P.摩根在发给其伦敦办公室的电报中这样写道："我们愿意尽我们所能来避免这场灾难。"摩根的声誉本身就是一笔巨大的资产，事实上，当一个经纪人看到摩根和财政部部长助理威廉·爱德蒙·柯蒂斯从宽街的国库分库一同走出来时，他马上就冲进了纽约证券交易所的交易大厅大喊："财政部正在想办法贷款！"场内原本浓厚的恐慌情绪立刻平息下来，这也在事实上帮财政部截住了原本正准备装船运往国外的价值900万美元的黄金。

但是，关于白银和黄金之间的政治斗争使局势进一步恶化。2月4日，摩根收到了一封财政部部长关于中止贷款谈判的信。克利夫兰总统想迫使国会允许他向公众发行债券，但摩根知道即使国会同意这个方案，时间上也来不及了。他和洛希尔家族的代表——小奥古斯特·贝尔蒙特匆匆赶到华盛顿，试图改变总统的想法。之后，摩根给伦敦发去了这样的电报："我必须承认，希望渺茫。"

当晚，摩根登门拜访了总检察长，威胁说如果克利夫兰总统拒绝见他，他第二天一早便返回纽约。于是，第二天上午9点30分，克利夫兰总统极不情愿地和摩根见了一面，随后便让他一个人坐在总统办公室的一角，自己则去和内阁开会商量对策。此时，财政部部长接到一个电话，得知国库里面可供提取的黄金只有900万美元了。

直到此时，克利夫兰总统（他在一个主张白银自由铸币的党派中试图保持币值稳定）仍然坚持，如果国会不授权发行债券，那么他就要让国会来承担所有对这场崩溃的指责。但是，摩根最终还是参与了内阁的讨论，他告诉总统，他知道此刻就有向财政部提现的面值1 200万美元的汇票，如果这些汇票提交上来的话（事实上，这也极有可能发生），那么不管国会做出什么样的决定，财政部都将面临无力偿付的窘境，所以，此时此刻一定要采取果断措施。

克利夫兰沉默了片刻。他不是一个死脑筋的人，而是一个精明、现实的人，知道自己已经别无选择了。最终，他向摩根问道："您有什么建议？"此时此刻，华尔街已经凭自己的力量成为一个真正的世界巨人了——即使是美利坚合众国，一个拥有这个世界上最强大经济体的国家，它的总统也向华尔街伸出了求援之手。

"白银派"与"黄金派"之争

19世纪，美国政坛形成了针锋相对的"白银派"与"黄金派"。在"黄金派"推动下，美国1873年放弃金银复本位，采用欧洲广泛实行的金本位。这使得白银丧失了货币功能，全国货币供应骤减，令本就不景气的美国经济"雪上加霜"，陷入通缩。"白银派"则主张恢复白银的货币功能，认为黄金存量不足以支撑经济。1890年，国会通过购银法案，规定财政部每月收购450万盎司白银，这被视为"白银派"的胜利。但由于国家财力有限，该法案到1893年就被废止了。"黄金派"重新抬头。两派之争直到1896年的总统选举时才见分晓："白银派"候选人威廉·詹宁斯·布赖恩败选，"黄金派"威廉·麦金莱当选。从此确立金本位，直到1934年。有意思的是，美国家喻户晓的童话故事《绿野仙踪》(The Wonderful Wizard of Oz)在经济学家眼中被认为影射了作者对于当时美国废弃白银、走向金本位的不满。故事里的奥兹国(Oz)是银的单位盎司(ounce)的缩写，而坏女巫就暗指当时签署废弃购银法案的克利夫兰总统。(译者根据公开资料整理)

摩根力挽狂澜。他指出，即使国会批准财政部在国内市场发行债券，也不会管用很久，因为黄金还会轻易地“从哪里来就回到哪里去”，甚至还会使国库比以前更加吃紧。但是他和贝尔蒙特愿意到欧洲去筹集 1 亿美元的黄金储备，并以此阻止美国国库的黄金外流。此外，摩根还想出了一个办法，使得该计划无须惊扰国会就可以完成。1862 年，国会曾通过了一项法律，允许财政部在紧急情况下用债券购买铸币。当时，政府还从未用过这项政策，而在此时的紧急情况下，正好可以使用。摩根还许诺，在短期之内，黄金不会再流回欧洲。摩根完全是独自做出这项承诺的，甚至未和同处一室的贝尔蒙特商量一下，这一举动充分显示了摩根对自己市场声誉的非凡信心。市场的后续反应证明他的判断是正确的。

威廉·詹宁斯·布赖恩，著名演讲家和政治家，曾三次获得民主党总统提名，虽未竞选成功，但是他进步主义的政治主张却深刻地影响了美国社会。布赖恩崇尚“普通人的智慧”（wisdom of the common people），反对行业垄断和寡头精英统治，因此他的竞选之路常常受到托拉斯们的阻击，但他也获得了“伟大的普通人”（the great commoner）的赞誉。（译者根据公开资料整理）

果然，由摩根在华尔街以及洛希尔银行在伦敦同时承销的债券瞬间就销售一空。同样重要的是，摩根兑现了他让黄金留在美国国库里的承诺。他采取各种措施，包括套利，包括从伦敦拆借英镑然后将其在纽约市场出售来支持美元，等等。到1895年6月时，美国国库的黄金储备稳稳地站上了1.075亿美元。

美国，尤其是其西部和南部的民众，对于摩根、克利夫兰总统、华尔街，甚至是洛希尔家族的敌意非常强烈。玛丽·E. 里斯，当时一个极具煽动性的专职撰稿人（她煽动农民“少种玉米多种仇恨”的名句常被引用）这样写道，克利夫兰只不过是“犹太银行家和英国黄金的代言人”而已。约瑟夫·普利策[1]的《纽约世界报》(New York World）称，“华尔街阴谋”正在进行之中。但是《纽约时报》这样写道：“金融界对（摩根）在此次融资过程中表现出来的高超技巧给予了高度的评价。”

尽管有一些批评意见，但摩根对美元的救援行动改变了经济的氛围，新的一轮复苏开始了。第二年，年仅36岁的威廉·詹宁斯·布赖恩因承诺不会把美国人民钉死在“黄金十字架”上面而获得了民主党的提名。他的演说是美国历史上最著名的演说之一，但是口才比他逊

1. 约瑟夫·普利策（1847年4月10日—1911年10月29日），匈牙利裔美国人，父亲是犹太人与匈牙利混血，母亲为德奥混血。美国报刊的编辑、出版者。美国大众报刊的标志性人物，普利策奖和哥伦比亚大学新闻学院的创办人。——译者注

色得多的竞选对手——威廉·麦金莱[1]却高喊着“保卫美元、保护弱者、保证繁荣”的竞选口号，将他踢出了竞选。

* * *

19世纪90年代是华尔街的转型期，它在这个时代构筑的商业运作框架和模式将在接下来的80年里发挥作用。华尔街的银行早在几十年前就建立了支票清算所，但是直到1892年才最终建立起一个大型清算所，为大经纪商提供方便、快捷的证券交割服务。传递员（一般都是十几岁的孩子）一天要跑两次，将一摞摞的股票和债券送到清算所，然后带回交割后的证券。

铁路证券仍然是纽约证券交易所里的主流证券，约有130亿美元的此类证券挂牌交易，而州政府债券则有30亿美元。联邦政府通过征收高额关税获得大量的财政盈余，并缓慢而稳健地偿还了很多联邦债券，此时在市场上交易的联邦债券仅剩下约7亿美元。这个时期增长最快的是工业类证券，在1893年时其只有约5亿美元的市值，但是随着美国工业的扩张，很多公司通过合并成为庞然大物，一些大投资银行开始发行越来越多的股票为所谓的“托拉斯”融资。

19世纪90年代华尔街的另外一个进步——股票市场平均指数，具有极其重要的意义，以至今天我们几乎无法想象，缺少了它的华尔街将会怎样。今天，道琼斯工业平均指数（简称道指）是世界上最

1. 威廉·麦金莱（William Mckinley，1843年1月29日—1901年9月14日）是美国第25任（第29届）总统。他18岁从军。南北战争结束后，22岁的他以少校军衔退伍，先后当过律师、县检察官、众议员和州长，1897年当选为总统。执政后，他采取提高关税和稳定货币的政策，加上其他措施，美国的经济有了很大起色，麦金莱从而获得“繁荣总统”的美名。对外发动美西战争。在布法罗被无政府主义者刺杀，享年58岁。麦金莱是美国立国后被刺身亡的第三位总统。——译者注

19 世纪 90 年代，报纸上向公众介绍华尔街行情的文章和图解。随着美国工业化的迅猛发展，公众对华尔街的兴趣与日俱增。

著名的一个统计指标了，当人们问“今天市场行情怎样”时，他们所需要的就是这个数字。由于计算机技术的发展，人们现在能够通过有线商业网络得到道琼斯指数每一秒的涨落情况。

对于研究华尔街的历史学家而言，道琼斯指数同样是极为重要的，因为它是现存最早的股票市场的连续平均指数，从 1896 年就开始有了记录。发明这个绝妙而又简单的办法的天才是查尔斯·道，他同时也是《华尔街日报》（*Wall Street Journal*）的创办人之一。《华尔街日报》在 1889 年第一次出版，是当时几份为华尔街服务的报纸之一，另外一份报纸——《商务日报》（*Journal of Commerce*）则要比它早几十年。直到第二次世界大战结束之前，《华尔街日报》一直只是一份发行量较小、仅在当地有影响的报纸。后来，它的发行量和影响力都迅速增长，今天《华尔街日报》已成为美国发行量最大的报纸。

查尔斯·道认为：“股票市场就像温度计一样，会反映股市整体情况的涨落。”但是，怎样读懂这支“温度计”呢？那个时候的绝大多数报纸都已经开始公布股票每天的收市价格了，但是这些价格不能让人们一眼看出市场整体的表现情况。就像华氏温度计和摄氏温度计一样，查尔斯·道的温度计也需要一个标度。于是，他创造了两个平均指数，一个指数是铁路股票指数——那个时代的蓝筹股，另外一个是反映风险相对较大的工业企业股票的平均指数。

最初的工业股票平均指数包括12种股票[1]（其中的通用电气是至今唯一仍在道琼斯指数中的股票[2]），第一天收于40.94。具有讽刺意味的是，查尔斯·道刚刚开始编制市场指数，市场就开始下落，到8月的时候，道指已经跌到了28.48，狂泄30%。（如果美国商务部在这个时期就公布国内生产总值数据的话，国内生产总值也会显示这是一段艰难的时期，但美国商务部直到1929年才开始编制计算国内生产总值。）

但是，随着总统竞选中麦金莱打败布赖恩的可能性越发明朗，市场开始迅速反弹。10年之内，道琼斯指数便超过了100，真正成为一只完全如查尔斯·道所期望的华尔街的温度计。

在19世纪90年代，美国经济生活中还有另外一个巨大进步，那就是现代会计制度的出现。很少有人认为它和华尔街有什么关系，但事实上，华尔街的银行和经纪行是推动现代会计职业产生并在美国上市公司中强制实施通用会计准则[3]的主要力量。

会计和文明本身一样古老，事实上，很有可能是记账的需求推动人类发明了文字。但是会计一直没有大的发展，直到文艺复兴时期的

1. 如今，道指30只成分股已不再局限于传统定义的工业股，如今的道指取样已经覆盖了整个美国股市中最优秀的蓝筹股，并包含了金融服务、科技、零售、娱乐以及生活消费品等多种行业。作为样本，它们是各个行业的龙头或代表，拥有最广泛的个体投资者和机构投资者。——译者注
2. 2018年6月26日，因一年内下跌53%，通用电气从道琼斯指数中被移除。至此，道琼斯指数设立时的成分股均已被替换。
3. 通用会计准则（Generally Accepted Accounting Principles），为1937年美国会计程序委员会（CAP）发表的第一号会计研究公告，开创了由政府机关或行业组织颁布“一般通用会计”的先河。——译者注

15 世纪，在意大利出现了复式记账法（double-entry bookkeeping）。复式记账法能够很容易就发现错误，也能从一大堆原始数据中形象地描绘一个企业的动态财务情况。作为财务工具，复式记账法和单式记账法的区别就好比作为诊断工具的心电图和听诊器的区别一样。

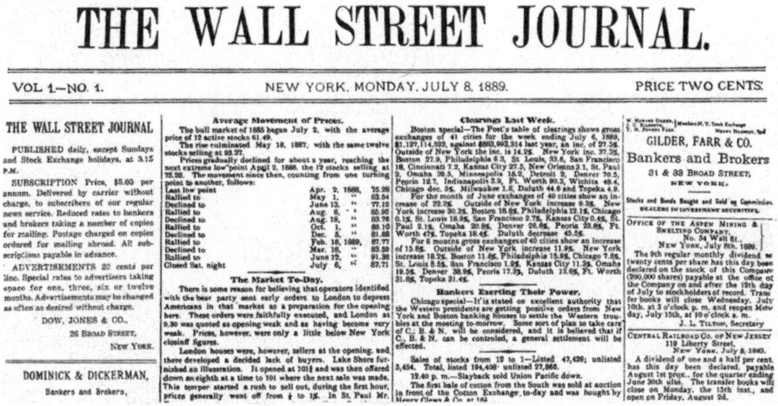

THE WALL STREET JOURNAL.

VOL 1.—NO. 1. NEW YORK, MONDAY, JULY 8, 1889. PRICE TWO CENTS.

THE WALL STREET JOURNAL

PUBLISHED daily, except Sundays and Stock Exchange holidays, at 3.15 P.M.

SUBSCRIPTION Price, $5.00 per annum. Delivered by carrier without charge, to subscribers of our regular news service. Reduced rates to bankers and brokers taking a number of copies for mailing. Postage charged on copies ordered for mailing abroad. All subscriptions payable in advance.

ADVERTISEMENTS 20 cents per line. Special rates to advertisers taking space for one, three, six or twelve months. Advertisements may be changed as often as desired without charge.

DOW, JONES & CO.,
26 BROAD STREET,
NEW YORK.

DOMINICK & DICKERMAN,
Bankers and Brokers,

Average Movement of Prices.

The bull market of 1885 began July 2, with the average price of 12 active stocks 61.49.

The rise culminated May 18, 1887, with the same twelve stocks selling at 93.27.

Prices gradually declined for about a year, reaching the next extreme low point April 2, 1888, the 12 stocks selling at 75.28. The movement since then, counting from one turning point to another, follows:

Last low point	Apr. 2, 1888,	75.28
Rallied to	May 1, "	83.54
Declined to	June 13, "	77.12
Rallied to	Aug. 8, "	85.95
Declined to	Aug. 18, "	83.76
Rallied to	Oct. 1, "	88.10
Declined to	Dec. 5, "	81.88
Rallied to	Feb. 18, 1889,	87.77
Declined to	Mar. 18, "	83.59
Rallied to	June 12, "	91.38
Closed Sat. night	July 6, "	87.71

The Market To-Day.

There is some reason for believing that operators identified with the bear party sent early orders to London to depress Americans in that market as a preparation for the opening here. These orders were faithfully executed, and London at 9.30 was quoted as opening weak and as having become very weak. Prices, however, were only a little below New York closing figures.

London houses were, however, sellers at the opening, and there developed a decided lack of buyers. Lake Shore furnished an illustration. It opened at 101⅛ and was then offered down an eighth at a time to 101 where the next sale was made. This temper started a rush to sell out, during the first hour, prices generally went off from ⅛ to 1%. In St. Paul Mr.

Clearings Last Week.

Boston special—The Post's table of clearings shows gross exchanges of 41 cities for the week ending July 6, 1889, $1,127,114,523, against $883,993,314 last year, an inc. of 27.5%. Outside of New York the inc. is 14.2%. New York inc. 37.3%, Boston 27.9, Philadelphia 6.3, St. Louis, 33.6, San Francisco 18, Cincinnati 7.2, Kansas City 27.5, New Orleans 3.1, St. Paul 2, Omaha 39.5, Minneapolis 15.2, Detroit 2, Denver 70.5, Peoria 12.7, Indianapolis 3.9, Ft. Worth 90.3, Wichita 48.4, Chicago dec. 5%, Milwaukee 1.6, Duluth 44.6 and Topeka 4.9.

For the month of June exchanges of 40 cities show an increase of 22.2%. Outside of New York increase 9.3%. New York increase 30.3%, Boston 18.8%, Philadelphia 12.1%, Chicago 0.1%, St. Louis 18.9%, San Francisco 2.7%, Kansas City 0.4%, St. Paul 2.1%, Omaha 20.8%, Denver 26.6%, Peoria 23.8%, Ft. Worth 47%, Topeka 18.4%. Duluth decrease 45.5%.

For 6 months gross exchanges of 40 cities show an increase of 15.8%. Outside of New York increase 11.9%. New York increase 18.2%, Boston 11.6%, Philadelphia 15.9%, Chicago 7.8%, St. Louis 8.5%, San Francisco 1.9%, Kansas City 11.3%, Omaha 19.5%, Denver 38.9%, Peoria 17.3%, Duluth 13.6%, Ft. Worth 31.8%, Topeka 31.4%.

Bankers Exerting Their Power.

Chicago special—It is stated on excellent authority that the Western presidents are getting positive orders from New York and Boston banking houses to settle the Western troubles at the meeting to-morrow. Some sort of plan to take care of C., B. & N. will be considered, and it is believed that if C., B. & N. can be controled, a general settlement will be effected.

Sales of stocks from 12 to 1—Listed 47,426; unlisted 5,454. Total, listed 194,408 unlisted 27,868.

12.40 p. m.—Slayback sold Union Pacific down.

The first bale of cotton from the South was sold at auction in front of the Cotton Exchange to-day and was bought by Henry Clews & Co. at 16½.

GILDER, FARR & CO.
Bankers and Brokers
31 & 33 BROAD STREET,
NEW YORK.

Stocks and Bonds Bought and Sold on Commission.
DEALERS IN INVESTMENT SECURITIES.

OFFICE OF THE ASPEN MINING & SMELTING COMPANY,
No. 54 Wall St.,
NEW YORK, July 8th, 1889.

The 9th regular monthly dividend of twenty cents per share has this day been declared on the stock of this Company (200,000 shares) payable at the office of the Company on and after the 12th day of July to stockholders of record. Transfer books will close Wednesday, July 10th, at 3 o'clock p. m. and reopen Monday, July 15th, at 10 o'clock a. m.

J. L. TILTON, Secretary

CENTRAL RAILROAD CO. OF NEW JERSEY
119 Liberty Street,
NEW YORK, July 8, 1889.

A dividend of one and a half per cent. has this day been declared, payable August 1st prox., for the quarter ending June 30th ulto. The transfer books will close on Monday, the 15th inst., and open on Friday, August 2d.

1889 年 7 月 8 日发行的第一份《华尔街日报》。直到第二次世界大战前，它还是一个小报，不为华尔街之外的人所知。但随着公众越来越多地参与到华尔街的活动中，它的影响力也越来越大。今天，它已经是全美发行量最大的日报。（译者根据公开资料整理）

会计师是美洲新大陆最早出现的职业之一，事实上，伊莎贝拉和费尔南德就在“圣玛丽亚号”（Santa Maria）船上派了一名会计师，以确保他们能够准确无误地得到他们应得的那份战利品。但美国早期的商业企业规模都比较小，通常是家庭作坊式的，一般都不需要外部会计师。

工业革命彻底改变了这一点。铁路延伸到几千公里以外，铁路公司雇用了成千上万的工人，财务管理变得非常困难。会计师们不断发明新的会计工具来追踪企业的资金流向，以使管理人员能够准确知道钱花在了哪些地方，并分析哪些钱是不该花的。可以这么说，正是这些新的会计工具，才使得华尔街有可能创造那些庞然大物般的“超级企业”。会计领域的飞速发展至今还在延续，例如，现在企业的现金流（cash flow）被普遍认为是一个反映企业状况的最为重要的指标，但这个词直到1954年才被发明出来。

这些新时代的超大型企业，除了要保证财务数据井然有序之外，还遇到了另外一个问题：当铁路公司和其他一些公司迅速扩张的时候，企业的资金需求远非一个家族所能满足，于是融资便成为一条必由之路。但是，当企业在华尔街发行了股票，筹措到企业所必需的资金后，管理层和股东之间的利益鸿沟也日益加大。后者希望获得及时的信息，以便评估手中所持有股票的价值，并将它们和同类公司进行比较，以评判管理层的表现。而管理层则很自然地希望能够随意摆布那些数字，使它们看起来要多好有多好。这样一来，公司的真实情况不为股东所知便成为常事，很多公司的管理层最终走上了欺诈之路。

更为糟糕的是，那个时代没有任何法律要求上市公司公布财务报告。当纽约证券交易所想了解特拉华–拉克万纳–西部铁路公司（Delaware Lackawanna and Western Railroad）的财务信息时，却被告知不要多管闲事。“我们不做财务报告，”铁路公司扔给了交易所这样几句话，“也不公布会计报表。”

某些铁路公司即使发布财务报告，那通常也是一堆“摸不着头脑的烂账”。由于州政府为伊利铁路的建造出了部分资金，所以铁路公司必须每年向州政府提交年度报告。1870年，霍勒斯·格里利在《纽约论坛报》（*New York Tribune*）上对伊利铁路的财务报告嗤之以鼻，他说，如果这份报告是准确的话，“那阿拉斯加就是热带气候，在那里到处可以生长草莓”。

华尔街的另外一家报纸——《商务金融报》早在1870年就一针见

血地指出了这个问题。1870 年 5 月 17 日，《商务金融报》这样写道："在这样一个充满阴谋的时代，保密成了成功的一个条件。如果公众也有机会了解那些只有公司董事才知道的关于公司价值和前景的所有信息，那么，'投机董事'的好日子就一去不复返了……公司的财务报表……它显示了公司收入的来源和数量、每一块钱的用途、财产的收益、运营、供应、建设和维修所花费的成本，公司的负债情况以及整体资金的处置情况，所有这些信息都必须精心编制，以供每个季度公布出来。"

19 世纪 90 年代的英国会计师。会计和文明本身一样古老，事实上，很有可能是记账的需求推动人类发明了文字。（译者根据公开资料整理）

在今天看来，很难想象一个没有年度和季度财务报告的市场经济体例。但是，就像所有人都会保护自己的利益一样，19 世纪后半叶的上市公司管理层也在努力维护自己的利益，强烈抵制这样一种报告制度。当时很有影响的一个经纪人亨利·克卢斯［他的回忆录《我在华尔街的 50 年》（*My fifty Years in Wall Street*）提供了很多很有价值的历史资料[1]］坚定地推行财务报告制度，很快又有许多投资银行家和经纪人也加入他的行列。当纽约证券交易所最终开始要求所有上市公司提交财务报告的时候，上市公司管理层已经别无选择，只有照办了。

但是，由谁来做这个报告呢？公司内部的财务人员毕竟是为公司管理层工作的，很难做到真正的独立。在此背景下，独立会计师的人数迅速增加，1884 年在纽约、芝加哥和费城的商业电话簿上只能找到 81 个会计师，仅过了 5 年，这个数字就达到了 322 个。1882 年，会计师及簿记师协会（Institute of Accountants and Bookkeepers）在纽约成立，并且开始向那些通过了严格考试的人员发放资格证书。1887 年，美国公共会计师协会（American Association of Public Accountants）成立，它是现在美国会计行业管理机构的前身。1896 年，纽约州通过立法奠定了这项职业的法律基础，并使用"注册会计师"这样一个称号来表示这些人是符合法律标准的会计师。纽约州的法律和"注册会计师"（Certified Public Accountant，CPA）这个名词马上也被其他州采用了。

独立会计师的出现和公认会计准则的建立并不是预先设计好的，但是它们对于自由市场经济发展至关重要，并且几乎完全是由这场大博弈中的参与者自己推动完成的，与政府毫无关系。事实上，时至今日，政府在联邦和州两个层面上都还未能采纳这些显然很有效的安全

1. 亨利 · 克卢斯 (Henry Clews，1834—1923 年)，19 世纪末，亨利 · 克卢斯成为华尔街的代名词。像其他许多成功的投资者一样，亨利 · 克卢斯也以他的标新立异闻名。比如，他大做广告宣称，他为客户经营股票和债券收取的费用只是其他公司收费的一半，在当时，这被认为是很强横的举措。当格兰特将军的第一个任期即将结束，民众普遍反对他连任的时候，克卢斯用自己的财力和人脉召集财经界人士鼎力支持格兰特将军，把他的任期延长了 4 年。格兰特总统投桃报李，想把财政部部长的职位授予克卢斯，但克卢斯坚决地推辞了。——译者注

措施来防止政府自身做假账。

* * *

在那些年里，华尔街还发生了一个变化，一个不太好的变化。

正如我们此前所看到的，从荷兰人统治时期开始，犹太人就一直居住在纽约。从一开始，犹太人就是纽约商务圈子和社会关系网中不可分割的一部分。可以肯定地说，绝大多数的华尔街公司，不是信奉基督教的，就是信奉犹太教的，当时的银行和经纪行都是合伙制，而且往往是家族企业。但是，犹太人和非犹太人又常常在相同的俱乐部和社会团体中活动。1836 年，犹太人帮助建立了一个名为联合俱乐部（Union Club）的上流社会俱乐部，以及许多其他俱乐部和团体。老奥古斯特·贝尔蒙特先生于 1837 年来到纽约，负责洛希尔家族的生意，他把自己的名字从舒恩伯格（Schoenberg，犹太人的名字）改为贝尔蒙特（Belmont，意思是俊美的山），并且皈依了基督教，但是他从来不隐瞒自己的身世。他娶了海军英雄奥利弗·哈泽德·佩里[1]的女儿为妻，自己也为纽约的上流社会所接受。

美国南北战争之后，德国在原来许多小国的基础上最终统一为一个大国，那里的犹太人曾经一度被严格限制在犹太区里面，现在这些犹太人已被赋予越来越多的自由和权利，包括投票权、土地所有权和执业权。在欧洲，这导致了反犹太人运动（Anti-Semitism）的兴起。这次反犹运动和过去中世纪的反犹运动性质不同：中世纪的运动主要是宗教性质的，而这一次主要是社会和种族性质的。

没过多久，"反犹"这个丑陋的教义便漂洋过海传到了大西洋彼岸的美国。事实上，反犹这个词正是在 1881 年才出现在英语当中的，

1. 奥利弗·哈泽德·佩里（1785 年 8 月 23 日—1819 年 8 月 23 日），美国海军少校。他因在 1812 年第二次美英战争抵御英国军队，从而促使美国军队在伊利湖战役中得到决定性胜利而赢得"伊利湖的英雄"的美誉。——译者注

它是从德语中直接借用过来的。到 19 世纪 90 年代，这种偏见在华尔街的年青一代中已经相当普遍。然而，反犹太人运动直到 1893 年才引起公众的注意，当时联合联盟俱乐部（Union League Club）拒绝接受一个名叫西奥多 · 塞利格曼的年轻人。联合联盟俱乐部是南北战争时期由联合俱乐部的一些会员组建的，因为他们不满于联合俱乐部不肯将一些来自南方的会员拒之门外（这些南方会员包括 J.P. 本杰明。本杰明后来成了南方邦联的总检察长、国防部长和国务卿，他也是一位犹太人）。

塞利格曼出生于纽约最古老也最有声望的犹太家族，是后来纽约犹太社区的创始人之一。这个家族的公司——J. & W. 塞利格曼（J. & W. Seligman）公司多年来一直是华尔街上的一个主要参与者（事实上这家公司现在还存在），除了纽约以外，这家公司在旧金山、新奥尔良、伦敦、巴黎和法兰克福都有分部。就在西奥多被俱乐部拒绝的时候，他的父亲杰西 · 塞利格曼正担任该俱乐部的副主席。

毋庸多言，这种肯定能引起轰动的事件受到了报纸的广泛关注。老资格的会员，包括俱乐部主席科尼利厄斯 · 布里斯、参议员昌西 · 迪普（纽约中央铁路前总裁）都支持这个年轻人的申请。但是年青一代的俱乐部会员，也就是西奥多那一代，却反对这样做。他们的理由今天看起来很可笑，其中一个人说："（我们的）反对不是基于讨厌某一个人，而是基于这样一个普遍观念，那就是犹太人和犹太教在社会行为方式上很难和不信仰他们宗教的人相融合。"

老塞利格曼立即宣布从联合联盟俱乐部退出——尽管俱乐部拒绝了他的退出请求，并且一直将他的名字列在俱乐部会员名单当中。俱乐部中的其他犹太会员也相继退出，而《纽约时报》对此只是冷冷地评论说："这种不幸的事，如果是在需要筹集竞选经费的竞选年就绝不可能发生。"其意在讽刺联合联盟俱乐部犹太会员们的财富在共和党内的巨大影响力。

与此同时，纽约权力阶层中那些最有影响力的基督徒，如J.P.摩根和当时最为杰出的律师伊莱胡·鲁特（后来在西奥多·罗斯福[1]政府里面担任国务卿，西奥多·罗斯福本人也是联合联盟俱乐部的会员），都在这件引人注目的情上保持了沉默。很快，纽约其他一些主要俱乐部也停止接纳犹太会员了。

差不多整整过去了两代人的时间，这个丑陋的伤痕才得以愈合。联合俱乐部直到1956年才开始重新接受犹太会员，那一年犹太人哈罗德·麦迪那法官加入了这个俱乐部。

* * *

尽管受到一些歧视，那些年，华尔街上的犹太人经纪行还是多了好几倍，实力也不断增强。尽管基督徒的公司和犹太人的公司的合伙人们从不互相走动，但生意归生意，不会受到任何影响，这是华尔街一贯的传统。世纪之交，华尔街最有实力的犹太银行家叫雅各布·谢弗[2]，他是银行家里唯一可以在实力、声望和公众形象上和J.P.摩根相提并论的人。

和摩根一样，谢弗也出身于一个古老的名门望族，而且极为富有，

1. 西奥多·罗斯福（Theodore Roosevelt，1858年10月27日—1919年1月6日）人称老罗斯福，昵称泰迪（Teddy），美国军事家、政治家、外交家，第26任美国总统。曾任美国海军部副部长，参与美西战争，并在古巴的圣迭戈战役中战功卓越，获得圣胡安山英雄的称号，1900年当选美国副总统。1901年在总统威廉·麦金莱遇刺身亡后，老罗斯福继任总统，时年42岁，是美国历史上最年轻的在任总统。他的独特个性和改革主义政策，使他成为美国历史上最伟大的总统之一。——译者注
2. 雅各布·谢弗（Jacob Schiff），德裔美国籍金融家和慈善家，库恩·勒布银行高级合伙人，创办了包括国家城市银行、富国银行和联合太平洋铁路等公司。——译者注

其家族史可以上溯到13世纪70年代，是欧洲历史上最为悠久也最为著名的犹太家族。1847年，他出生于莱茵河畔的法兰克福，同摩根一样，他对自己一生要做什么也非常清醒。1875年，他定居纽约，并很快成为库恩·勒布银行（Kuhn Leob Bank）的合伙人。他和银行资深合伙人的女儿泰蕾斯·勒布结了婚，成为勒布家族的一员。在19世纪80年代和90年代对铁路的重新整合当中，库恩·勒布银行几乎是和摩根银行同样重要的银行。1898年，谢弗帮助改组了联合太平洋公司，当时该公司被E.H.哈里曼所控制。

1862年，14岁的哈里曼以华尔街传递员的身份开始了他的职业生涯。他身材矮小，目光深邃而又敏锐，总是让人想起拿破仑，对人们这样的类比，他一点儿都不在意。1870年，他从叔叔那里借来了3 000美元，在纽约证券交易所里买下了一个交易席位。很快他又投身铁路行业，他的岳父威廉·J.埃夫里尔是奥登伯格–尚普兰湖铁路的总裁，于是哈里曼利用这一关系在1881年获得了安大略湖南部铁路的控制权。就像以前的“船长”范德比尔特一样，哈里曼知道怎样去经营一条铁路，他减少浪费，消除贪污，在效益好的机车和线路上大量投资。两年之后，他就将重新整顿过的铁路卖给宾夕法尼亚铁路公司，从中大赚了一笔。

哈里曼还改造过其他好几条铁路，但是一直遵循着最基本的原则：唯一可以让你的公司增值的办法，就是让它在最好的状态下运行。1898年，他控制了濒临破产的联合太平洋铁路。由于成立之初即与动产信贷公司丑闻相关联，联合太平洋铁路的合法性一直遭受质疑而被认为和垃圾没什么两样。但是，哈里曼仔细地考察了该公司，几乎重修了这条铁路，将赌注压在该铁路所服务的中西部农场会重新繁荣上。在他的经营下，联合太平洋铁路成了一棵摇钱树。

犹太人与美国金融

从荷兰西印度公司统治时期开始，犹太人就一直是纽约商务金融和社会关系网中不可分割的一部分。由于当时的银行和经纪行实行合伙制，而且往往是家族企业，因此绝大多数华尔街公司的基督新教或犹太教属性都泾渭分明。事实上，由于初期族群关系较为缓和，犹太人和非犹太人常常在相同的俱乐部和社会团体中活动。例如，1836 年，犹太人帮助建立的一个名为联合俱乐部的上流社会俱乐部就同时接纳犹太人和非犹太人入会。

然而，到了 19 世纪 80 年代，由于欧洲反犹太主义的兴起，美国也受到波及。然而，这次与以往强调宗教性质的反犹运动不同，强调的是社会和种族差别。随着反犹思潮愈演愈烈，到 19 世纪 90 年代，纽约的主要俱乐部都开始停止接纳犹太会员。直到 20 世纪中期，这些俱乐部才开始重新接受犹太会员。

尽管受到一些歧视和排挤，从 19 世纪中期到 20 世纪中期，华尔街上的犹太人经纪行还是多了好几倍，实力也不断增强。尽管基督徒的公司和犹太人的公司的合伙人之间缺乏社会互动，但生意归生意，不会受到任何影响，这是华尔街一贯的传统。世纪之交，华尔街最有实力的犹太银行家叫雅各布·谢弗，他是银行家里唯一可以在实力、声望和公众形象上和 J. P. 摩根相提并论的人。此外，也正是在这个时期，犹太人马库斯·高曼创立了一家金融公司，并和他同为犹太人的女婿塞缪尔·萨克斯一道将原本名不见经传的小生意做成了华尔街最具影响力的投行——高盛。同时，华尔街历史上著名的投资银行所罗门兄弟公司和雷曼兄弟公司也有很强的犹太家族印记。（译者根据本书和公开资料整理）

北太平洋铁路。北太平洋公司一役是整个华尔街历史上最后一次铁路大战，它让华尔街好像又回到了美国南北战争时期那个狂乱而又混沌的时代。（译者根据公开资料整理）

华尔街历史学家约翰·穆迪曾做出这样的估算，投资者如果花1 600美元在1896年购买100股联合太平洋公司的股票，到1906年，这些股票将值21 900美元。当然，公司最大的持股人哈里曼也顺理成章地成为华尔街巨富。

1895年的美元救助行动之后，1901年，经济繁荣已经开始回归，这时，哈里曼准备夺取联合太平洋公司的主要对手和竞争者——北太平洋公司（Northern Pacific）的控制权。北太平洋公司的主要持股人是明尼阿波利斯的詹姆斯·J. 希尔，他是大北方集团（Great Northern）的创始人和拥有者。此前，希尔用北太平洋公司获得了芝加哥–伯灵顿–昆西铁路的控制权，这是一条威胁联合太平洋铁路生存空间的小铁路。当希尔拒绝哈里曼提出的铁路收购条件后，哈里曼决定通过收购北太平洋公司来解除这条铁路带来的威胁。

与哈里曼合作的银行家是雅各布·谢弗，而希尔是摩根银行的客户，因此对希尔的进攻也就是对摩根的进攻。但谢弗毫不畏惧，很快就悄悄地将大部分北太平洋公司已发行的优先股（这种优先股和普通股有同样的投票权）收购到手。同时，他还持有了相当数量的普通股，这使得哈里曼控制了绝对多数的北太平洋股票。而此时的摩根还在欧洲，他“打了一个小盹儿”，对此一无所知。

当摩根银行最终察觉到这个偷偷酝酿的计划时，马上向摩根发出了一封紧急电报，要求他授权在5月6日（星期一）开盘后购买15万股北太平洋公司的普通股。对他们来说，剩下的一线希望是：如果希尔能够在市场上购得北太平洋公司的大多数普通股，他就可以拖延时间并回购优先股，因为公司根据其选择权（option）可以这么做，这样希尔就能获得控制权。虽然实施这个计划至少要花费1 500万美元，但是摩根立刻回电批准了这一计划，于是摩根和谢弗之间的竞赛开始了。当华尔街的巨人开战的时候，华尔街上所有的其他人也要格外小心，免得被无辜伤及。

到了星期一早晨，哈里曼和希尔两个人总共持有北太平洋公司80万股中的63万股。到星期二收盘的时候，摩根又为希尔的账户上添进了12.4万股，这样，市场上就只有4.6万股在其他人手里，而这一天北太平洋公司的股票成交了53.9万股的天量。在这巨大的交易量中，绝大多数来自一些做空投机者，他们一直期盼北太平洋公司的股价下跌，而这只股票的价格从谢弗开始购进起就一路上扬。

等空头们意识到哈里曼和希尔两个人正在竞相收购北太平洋公司股票时，一切都太晚了。他们只好在绝望中抛售手中的其他股票，并以高价买进北太平洋公司的股票来履行合约。于是其他股票和债券的价格出现了雪崩式的下跌，例如摩根刚收购的美国钢铁公司的股票，几天前还在每股 54.75 美元的高位，星期四一天内就从每股 40 美元滑落到每股 26 美元。

芝加哥商业交易所（CME）成立于 1898 年，于 2006 年与芝加哥期货交易所（CBOT）合并组成CME集团，目前是世界上最大的衍生品交易所之一。（译者根据公开资料整理）

当时市场对北太平洋公司股票的需求如此巨大，以至有一位经纪人为了将 500 股股票从奥尔巴尼带到纽约，不惜专门雇了一列火车。一家小公司——诺顿公司（Norton）以每股 1 000 美元的价格将 300 股卖给了一个空头，这个价格是一星期之前的 10 倍。一个刚从郊区返回城里的场内经纪人搭乘一辆出租车回到华尔街，当他看到显示牌上北太平洋公司的股价正在一路飙升时，冒冒失失地承认他有 1 万股。场内那些绝望的空头撕扯着他的衣服要买他的股票，最后他在交易所大厅里几乎被人扒了个精光。

1900 年元旦，纽交所的经纪人一同庆祝新年，在众人的欢呼声中，舞台上的“牛”击败了“熊”。（译者根据公开资料整理）

到星期四的中午，这场恐慌几乎要将整个华尔街吞噬，J.P. 摩根和库恩·勒布银行只好签订紧急停战协定。两家银行都宣布不再购买北太平洋公司的股票，同时允许所有的空头以每股 150 美元的价格平仓，将他们从破产边缘拉了回来。结果很明显，库恩·勒布银行成功地狙击了摩根银行，使之不得不签订停战协议，这使得哈里曼得到了他从最开始就想要得到的——不是北太平洋公司的控制权，而是伯灵顿铁路对他的权益的尊重。他很快成为伯灵顿铁路的事会成员。

《纽约时报》(此时这家报纸由阿道夫·奥克斯经营，至今他的后代还拥有这家报纸。在此后不久，这家报纸就成为时代的记录者，而且它一直以此标榜并引以为荣）对整个事件极为厌恶，将这场争战比喻成“打红了眼的牛仔拿着枪互相乱射，全然不顾旁人的安危”。

北太平洋公司一役是整个华尔街历史上最后一次铁路大战，它让华尔街好像又回到了美国南北战争时期那个狂乱而又混沌的时代。在新世纪来临之际，两个塑造了华尔街全新形象的人，却不无讽刺地成为华尔街上最后两个“牛仔”。这就是典型的华尔街，充满了戏剧性，充满了矛盾。

同一时代的西方和东方

西方	年份	东方
柏林会议	1885	
	1887	中国铁路公司成立
	1888	英军侵略西藏
	1888	北洋海军成立
华尔街取得两大进步：股票市场平均指数和现代会计制度出现	19 世纪 90 年代	
德国爆发世界性经济危机	1890	日本爆发第一次经济危机
美国国会通过《谢尔曼白银法案》	1890	
美国出现严重的黄金储备外流事件，美国政府不得不向 J.P. 摩根求救	1894	中日甲午战争爆发。1895 年中方战败，北洋水师全军覆没，中日签订《马关条约》。甲午战争战败标志着清朝历时 30 余年的洋务运动的失败
	1894	康有为等发动“公车上书”，提出救国主张
	1896	李鸿章对美国进行访问
	1897	中国人自办的第一家银行——中国通商银行在上海成立

（续表）

西方	年份	东方
美西战争爆发，美占领菲律宾、波多黎各、古巴，正式兼并夏威夷	1898	清政府发行“昭信股票”
	1898	戊戌变法，维新派人士倡导学习西方，历时 103 天失败
美菲战争爆发，并以 1906 年美国获胜和菲律宾成为美国殖民地而告终	1899	以“扶清灭洋”为口号的义和团运动爆发
	1899	张謇创办的大生纱厂建成投产，经营顺利
	1899	美国提出“门户开放”政策，使中国成为列强掠夺的开放市场
俄罗斯爆发世界性经济危机	1900	
美国钢铁公司成立，资本额高达 14 亿美元，是当年美国联邦政府预算的 2.75 倍	1900	八国联军占领北京，庚子事变爆发，慈禧太后等逃离首都
爆发北太平洋铁路股票战	1901	《辛丑条约》签订，这是中国近代史上赔款数目最庞大、主权丧失最严重的不平等条约，标志着中国已完全沦为半殖民地半封建社会
	1901	清政府进行改革，施行庚子新政

第十章

“为什么您不告诉他们该怎么做呢，摩根先生？”（1901—1914年）

译者题注

20 世纪初期，极度繁荣的美国经济险些被一次由铜矿股票投机案引发的股市危机带入深渊，股市的危机同时也引发了银行的挤兑和连环破产，华尔街岌岌可危。华尔街的巨头们齐聚摩根的书房，一筹莫展。摩根的助手问道："为什么您不告诉他们该怎么做呢，摩根先生？"

译者导读

- 1900 年，美国已取代英国成为世界第一经济强国。美国的迅速崛起引起了包括英国在内的欧洲各国的警觉，但由于受到实力超越自己的德国的威胁，英国不得不与这个大洋彼岸刚刚成长起来的巨人建立紧密的关系，而通过大西洋海底电缆联系在一起的纽约和伦敦两大金融市场的逐步一体化对这一关系的维持至关重要。
- 此时的华尔街，在规模和影响力方面已经可以与伦敦分庭抗礼。纽约证券交易所搬进了新的交易大楼，装备了各种电子显示器，交易员奔忙穿梭，报价之声不绝于耳。交易所里交易的证券为这个正在形成中的现代化工业强国提供了发展所需的资金。华尔街的银行家正是推动这个巨大工业化进程的先锋力量，然而，在美国的政治生活中，他们一直是饱受争议的群体，常常受到代表小农场主利益的政治派别的猛烈攻击。
- 摩根是他们当中的杰出代表。1901 年，他出面组织的辛迪加并购了钢铁大王卡内基的公司，创立了此后进一步垄断国际钢铁市场的美国钢铁公司，该公司的估值达到 14 亿美元，超过当年联邦预算支出的两倍多。当然，在美国经济的这一发展阶段，摩根所起的作用还远不止于此。

· 20世纪初期极度繁荣的美国正酝酿着一场危机，而这场最终在华尔街爆发的金融危机的直接起因，却是遥远的西部小镇比尤特的铜矿之争。电的发明引发了对铜的巨大需求，投机家海因兹利用他的聪明和诡计在比尤特一举击败了华尔街大老板在当地的势力。一夜暴富的海因兹来到华尔街，试图在这里重复并放大自己的成功。他控制了几家银行，开始对铜矿股票的投机操纵。可是，纽约不是比尤特，在这里，他遭到了老对手的强大阻击而一败涂地，他试图操纵的铜矿股票价格一落千丈。这引发了一家又一家银行的连环挤兑，一场金融恐慌蔓延开来。
· 再一次，依仗摩根巨大的影响力，摩根和华尔街的其他银行家阻止了这场可能将美国经济拖入深渊的金融恐慌。美国，这个当时世界上最强大的经济实体，在危机中不得不依靠摩根个人来扮演中央银行的角色，这一事实促成了1913年美联储的成立，并成为美国金融历史的分水岭。
· 1914年，第一次世界大战在欧洲爆发，对华尔街产生了深远影响，也彻底改变了世界格局。

1836年，"华尔街"一词起初仅仅代表纽约的资本市场，但到美国南北战争结束的时候，它已是美国资本市场的代名词了。19、20世纪之交，"华尔街"有了更多象征意义：在海外，它代表着美国作为一个正在崛起的巨人的经济实力；在美国，它是那些在南北战争后以异乎寻常的速度发展起来的银行、铁路和工业公司的代名词。但这些在很多人眼里，已经到了需要对华尔街加以约束的时候。"左派"这个词正是在这个时期进入美国英语，用来代表美国政治观点中的一派。从19世纪70年代以来，左派逐渐成为政坛上一股越来越强大的力量，左派和华尔街派之间的政治斗争，几乎描绘和涵盖了整个20世纪美国的基本轮廓。

在20世纪，“左派分子”通常也被称作激进分子。而在19世纪，“左派分子”几乎是完全相反的意思，他们是杰斐逊和杰克逊的传人，鼓吹小农场主的利益，反对维护“资本的利益”。因此，他们从根本上是反对华尔街的，就像他们的祖辈和父辈反对合众国第一和第二银行一样。但此时的经济结构已发生了巨大变化，农场主在人口中的比例逐年下降，新工业时代数以百万计的劳工成为迅速崛起并逐步替代他们的政治力量。这些劳工虽然生活在城市里，但工作条件极其恶劣。当然，杰斐逊早在工业经济来临前就去世了，于是左派只好将目光投向欧洲，希望通过学习欧洲模式来抵抗资本的力量。在此后的岁月里，大规模的国有经济在美国从未发展成为主流，但是政府对经济的干预却不然。从那个时候起，政府何时干预经济以及如何进行干预的问题一直是美国国内经济和政治论战的焦点。

此时的美国经济体已经相当庞大，这主要得益于迅速发展的铁路网，它使得整个国家紧密地联系在一起，成为一个统一的经济体，同时，内部竞争推动了成本的降低和创新的涌现。到1900年，美国已经取代英国成为世界上第一大经济强国。它保持着棉花、小麦、玉米等农产品主要出口国的地位，同时也是矿产品的主要出口国，其中包括两种新的矿产品——石油和铜矿。美国也成为这个时期世界上主要的工业品出口国，1865年工业品出口只占美国出口额的22.78%，但到1900年这些产品已占出口额的31.65%，出口总量也大大增加。

在所有的出口增长中，铁产品和钢产品的增长最为引人注目。它们是19世纪后期工业前沿技术中的“锋刃”。在南北战争之前，美国的钢铁制成品出口额每年只有约600万美元，到1900年，美国出口了价值12 191.4万美元的钢铁产品，包括火车头、发动机、铁轨、电力设备、电线、管道、车床、锅炉及其他钢铁产品，甚至连缝纫机和打字机等也开始大批量出口。

欧洲这个素来大量进口原材料并出口工业制成品的制造业基地开始警惕起来。19世纪90年代，一些警示性的书籍开始在欧洲出现，例如《美国入侵者》（*The American Invaders*）、《世界的美国化》（*Americanization of the World*）、《美国对欧洲的商业入侵》（*The American Commercial Invasion of Europe*）等。但此时的英国发现，它的经济霸权地位不仅受到来自美国的威胁，也受到来自德国的挑战，后者在生产能力上已经远远超过了英国。由于德国在军事上也对英国构成威胁，英国决定和这个已经在北大西洋对岸成长为巨人的后裔建立一种更紧密的关系。在即将来临的世纪中，我们将会看到这种关系演变成现代世界中所能见到的两个强国之间最紧密的关系。

1901年的证券交易所大厅。随着美国成为世界上最大的经济体，纽约证券交易所大楼，这座30年前建造并于19世纪80年代扩建过的建筑，此时已经太小，无法满足日益增长的交易需求。

1908 年宽街上的路边交易市场。钢铁构架和电梯使得摩天大楼成为可能，它们此时已经替代了宽街上原来的那些 6 层小楼，但是路边交易市场，纳斯达克市场的"精神祖先"，却一直没有移到室内，这种情况一直持续到 20 世纪 20 年代。

对这一新型关系至关重要的是伦敦和纽约这两大市场的逐步一体化。由于大西洋底的电报电缆将世界的两大金融市场紧密联系在一起，华尔街开始越来越多地参与外国债券的承销。虽然伦敦自从拿破仑战争结束后一直主宰着资本主义世界，但此时的华尔街已经开始与之分庭抗礼。华尔街股市的涨落不仅被身在华盛顿、费城和芝加哥的人密切关注，也同样为伦敦、巴黎和柏林的投资者们所关心。与此同时，纽约仍然是美国最大的港口，其吞吐量远非其他港口可比，纽约的银行和其他金融机构仍然控制着美国贸易的资金命脉。

作为新兴工业经济的基石，钢铁也彻底改变了华尔街的面貌，当时的一些变化仍保留至今。许多建于 19 世纪 50 年代的老旧的 6 层办公楼被一一推倒，让位给"摩天大楼"（skyscraper）——这个词在 1883 年才被创造出来。钢铁建材的出现和电梯的发明使摩天大楼成为可能，而纽约狭小的城市面积更使得摩天大楼的大量出现不可避免。纽约古老街区里狭窄的街道从此开始熟识摩天大楼的巨大投影和楼宇之间漏出的些许阳光。随着 40 层的"衡平保险公司大厦"（Equitable Building）在雪松大街和青松大街之间的百老汇路段拔地而起，没有预留任何建筑边际，严严实实地占据了整个城市街区后，一些市民和市府官员对这种现象产生了警觉。这直接促成了全美第一部城市规划条例的颁布。就像快餐一样，美国文化中很多与金钱无关的传统都与华尔街有关。

1903年，纽约证券交易所搬进了在宽街8号原来位置上盖起的新交易大楼。新交易大楼比原来大得多，它最有特色的是以6根科林斯式大柱子装饰的古典庭面，屋顶三角墙上装饰的是约翰·昆西·亚当斯·沃德创作的雕塑。大楼里面有一个巨大的交易大厅，宽30米，长56米，高24米，与日益增长的交易规模相匹配。这个交易大厅直到今天还是股票交易的场所（尽管现在有计划要将交易所迁到宽街对面的摩根银行后面一片更宽阔的地方去）。

帝国大厦矗立于现代高楼之间。正如历史上反复出现的那样，很多经济繁荣时开始修建的大楼，往往完工时经济已经陷入萧条。帝国大厦于20世纪20年代经济繁荣时期开工，完工于1931年，完工时是世界上最高的大楼，而此时，美国已经开始进入“大萧条”的时代。（译者摄于2017年）

纽约交易所的交易大厅曾一度是当时纽约最宏大的室内场所，如今已遍布各种电子显示器，这里每天都上演着一幕幕人间悲喜剧。交易员在大厅里面匆忙穿梭，由于纽约交易所不允许像期货交易所那样使用手势来报价，在不同交易席位的买卖双方通过公开叫价进行出价和应价，所以大厅里总有不绝于耳的报价声，如同怒吼咆哮，又如同轰轰雷鸣，无休无止。

* * *

华尔街的银行家正在创造一个现代工业国，而在纽约证券交易所里交易的证券为这个新兴工业国的发展提供了资金。尽管在常人眼里，那些银行家、经纪人和实业家看上去有点儿保守，但事实恰恰相反，就像历史学家弗雷德里克·刘易斯·艾伦在50年前所写的那样："摩根和现代化大工业的其他缔造者，还有那些设计新公司结构的律师和立法者，他们是那个时代的先锋力量，他们正在改变美国的面貌；而那些不愿看到这种改变的保守派仍在拼命维护过去的制度和他们自己的利益。你也许会质疑摩根前进的方向，但毋庸置疑的是，这种前进的速度是飞快的，而且摩根相信会使整个国家受益。"

毫不奇怪，在20世纪来临之际，这些变化还是引起了很多人的惊慌失措。此时，摩根已经组建了通用电气（General Electric）和国际收割机公司（International Harvester）等上市公司。1901年，他又组建了美国钢铁公司（U. S. Steel），这家公司来自卡内基钢铁公司总裁查尔斯·施瓦布[1]的创意。就其所任的职位来说，施瓦布年轻得令人难以置信（当安德鲁·卡内基任命他为卡内基钢铁公司总裁的时候，他才只有35岁）。1900年12月12日，在第五大道和55街交界处的大学俱乐部举办的一个晚宴上，他接受了这一任命，包括卡内基、E.H.哈里曼、雅各布·谢弗和J.P.摩根在内，共80人出席了晚宴。

1. 查尔斯·施瓦布（Charles Schwab），美国历史上出现的第一个年薪达到百万美元的职业经理人。施瓦布出生在美国乡村，只受过短期的学校教育。15岁那年，他就到一个山村做了马夫。三年后，他来到钢铁大王卡内基所属的一个建筑工地打工。不久，施瓦布就被升任为技师。后来，施瓦布一步步升到了总工程师的职位上。25岁时，施瓦布成为这家建筑公司的总经理。39岁时（1901年），施瓦布成为美国钢铁公司的总经理，年薪100万美元。——译者注

并购浪潮下崛起的美国产业巨头

1887—1904 年，美国掀起了第一次并购浪潮，8 年内共发生 2 943 起并购交易，3 000 多家中小企业被兼并，这令许多行业的集中度大幅提升，涌现了大批企业巨头，如杜邦公司、通用电气、柯达公司等。这轮并购浪潮使美国经济结构发生重要变化，减少了同行业内企业的过度竞争，使得并购后的企业获得规模经济效应，为日后美国跨国公司在全球的扩张奠定了基础。J.P. 摩根财团的美国钢铁公司对卡内基钢铁公司的收购案也发生在这一时期，成为美国历史上首例金额超 10 亿美元的并购案。并购后的美国钢铁公司资本金雄厚，继而吞并了 700 多家公司，成功控制美国钢产量的 65%，一举奠定了美国钢铁产业在全球的绝对垄断地位和谈判力。在这一过程中，以 J.P. 摩根为代表的华尔街投资银行发挥了重要作用，提供了大量融资和财务顾问服务。(译者根据公开资料整理)

施瓦布是个天才演说家，他最大限度地利用了这样一个能影响美国新的商界精英的机会。当他被邀请讲几句话时，施瓦布却讲了将近一个小时，向在场听众阐述了他眼中美国钢铁工业的前景。当时美国钢铁工业是全世界效率最高的，但施瓦布告诉那些已经被他的演说深深打动的银行家和实业家，美国的钢铁工业还可以更上一层楼。施瓦布建议，如果钢铁工业进行一次大的合并，组建一家资产规模最大、最高效的钢铁公司，规模经济和专业分工的巨大优势将使这家公司击败英国和德国的钢铁公司，称霸世界钢铁市场。

在整场演说中，坐在施瓦布旁边的摩根一直在沉思，手里一支未点燃的雪茄竟被慢慢地搓成了碎屑。晚宴后，摩根将施瓦布带到一旁，两人又悄悄地谈了几分钟。以雷厉风行著称的摩根决定将施瓦布描述的前景变为现实。然而，两个人都知道，要做成这件事，安德鲁·卡内基是关键，因为他控制着世界上最大的钢铁公司。卡内基住在曼哈顿北哈德逊河畔圣安德鲁乡村的木屋别墅里。他是苏格兰人，喜欢在那里打高尔夫球。19 世纪 80 年代之前，高尔夫球在美国还不为人所知，但此时已经在商人和其他玩得起这项昂贵运动的人群中爆炸式地流行起来（约翰·戴维森·洛克菲勒是这项运动早期的另外一个狂热爱好者），高尔夫球场很快就成为谈生意的方便场所。施瓦布找到卡内基，经过一场高尔夫球比赛（施瓦布小心翼翼地让卡内基赢了这一场），一笔历史上最大的交易就此达成：卡内基愿意以 4.8 亿美元的价格把他的钢铁公司出售给摩根出面组织的辛迪加。摩根立刻祝贺卡内基成为世界上最富有的人，而卡内基则不再埋头经营企业，在他生命余下的 20 年中（他于 1919 年去世）所做的事情只有一件：将他的巨大财富捐献给社会。

这笔交易的数额之巨使每一个人都目瞪口呆。新成立的公司叫作美国钢铁公司，市值达到 14 亿美元。与之相比，当年的联邦预算支出只有 5.25 亿美元，美国所有的制造业总资本是 90 亿美元。即使是《华尔街日报》也承认，“为这笔交易的规模感到不安”，同时也猜测这家新公司的成立是否标志着“工业资本主义的高潮”。在华尔街的圈子里流传着这样一个段子（长久以来，华尔街一直被称为段子王国的首都，尽管这一地位现在受到了互联网的严峻挑战）；老师问学生，是谁创造了世界，一个小男孩回答说：“是上帝在公元前 4004 年创造了世界，但在公元 1901 年，世界又被摩根重组了一回。”

“钢铁大王”安德鲁·卡内基（左图）与“石油巨头”约翰·戴维森·洛克菲勒（右图）。卡内基与洛克菲勒在斗争与合作中，轮流坐上了世界首富的宝座。（译者根据公开资料整理）

位于匹兹堡的卡内基钢铁公司。它在1901年时的产量就已经超过英国全国钢铁公司的总产量。（译者根据公开资料整理）

西奥多·罗斯福，又称老罗斯福，美国第 26 任总统，1901 年麦金莱总统遇刺后继任总统并于 1904 年竞选连任，发起了以拆分托拉斯为标志的“进步运动”（Progressive Movement），这项运动延续了几十年，试图在美国 19 世纪残酷的“赤裸裸的资本主义”和社会的公平福利之间寻找一些平衡，被看作“从资本家手里拯救资本主义”的运动。1912 年，老罗斯福与共和党决裂，组建了进步党（绰号“公麋党”）参加第三次总统竞选，但归于失败。老罗斯福还开创了美国的国家公园制度，建立了第一个国家公园——黄石公园。他成为总统山上与华盛顿、杰斐逊、林肯并列的第四位总统。（译者根据公开资料整理）

这种不安远不仅限于华尔街，那年秋天，西奥多·罗斯福在麦金莱死后继任总统，他坚信并提倡政府对经济的干预，以防止某些强大的经济力量变成政治上的霸权。当 1904 年美国司法部宣布按照《谢尔曼反托拉斯法案》（Sherman Antitrust Act）起诉并要求拆分北方证券公司（Northern Securities Corporation）时，J.P. 摩根被惊得目瞪口呆。北方证券公司是摩根处理 E.H. 哈里曼和詹姆斯·J. 希尔为解决北太平洋铁路公司的经济纠纷而成立的一家公司。摩根火速赶到了华盛顿，想搞明白为什么西奥多·罗斯福不能像绅士一样将决定事先告知，以便私下里达成一个双方满意的方案。

“如果我们有什么做得不妥，”摩根这样对总统说道，“请您派人接洽我的下属，他们会妥善解决问题。”

“我不会那样做。”罗斯福告诉他。

“我们不是要它做什么改进，”总检察官解释道，“我们是想让它关门。”于是他们真的让它关门了。

尽管罗斯福领导下的联邦政府不断加强对经济的干预和管制，但它一直缺乏一个最基本的调控工具——中央银行。1836年，安德鲁·杰克逊摧毁了这个国家的中央银行——合众国第二银行，在那之后，美国就成了几个主要经济强国中唯一没有中央银行的国家。中央银行的职能是监控商业银行，管理货币供应，同时在金融市场恐慌或银行危机时期担当最后贷款人（lender of last resort）的角色。银行危机通常也被称为流动性危机，从金融的角度来看，流动性指一种资产与另外一种资产互换的难易程度。例如土地资产，因为每一块都有其独特性，所以很难互换，它被认为是所有资产形式中流动性最低的。与之相反，现金的流动性最高。"货币"的准确定义就是一种在与任何其他商品的交易中都能够被普遍接受的商品。

不管是什么原因引起的恐慌，一旦它蔓延至整个经济体系，人们便开始将手中的资产转换为流动性更高的资产。他们会将股票和债券卖出，换成现金和黄金。当他们开始担心银行不够安全时，就会到银行提取存款，自己藏好——而这些存款本来只是在银行存折上的一些数字符号。

在大多数情况下，银行要随时应付存款人的提款，而其发放的贷款则只有到期时才能收回，从这个意义上来说，银行永远都处在无法清偿的状态。一旦存款人开始怀疑某家银行的安全性并开始提取存款时，他们很快就会将该银行的现金提光，迫使其关门或者至少是暂时性停业。这当然会使其他银行的存款人也紧张不安，于是恐慌通过这种情绪的相互传染而扩散开来。恐慌，即使是金融恐慌，也有充分的理由证明其本质上更应该是一个心理学术语，而不是一个经济学术语。它同时也提醒我们，"经济学"在本质上是研究市场中人的学问，而人有着与生俱来不可预测的奇怪天性。就像爱无法简单地用一堆数字来解释，经济学同样是这样。如果经济学家们能够记住这样一个无法回避的基本事实，那么经济学这门学科所取得的成就至少不会这么惨淡。

以各商业银行稳健的贷款组合作为抵押，中央银行向这些银行提供足够的现金以满足其短期的流动性需求，如有必要，它还可以印刷钞票，一旦人们觉得存款有保障，可以随时提取，恐慌也就得到了控制。正是由于缺乏一个中央银行，美国在19世纪所发生的几次周期性的恐慌，例如1857年、1873年和1893年的恐慌，远比欧洲类似的恐慌强烈，破坏性也要大得多。但是在人们真正接受这个教训之前，还要再经历一次类似的金融恐慌。

*　　*　　*

美国经济一从19世纪90年代初那段暗无天日的日子中复苏，就开始飞速成长，20世纪初达到高度繁荣。随着进出口额在1896—1907年翻了一番，由进口带来的关税增长，使政府收入也得以翻番。同一时期，道琼斯工业指数上涨了150%，而卡内基钢铁公司的利润从经济衰退最低谷时的区区每年300万美元，跃升到1901年卡内基将公司卖给摩根时的4 000多万美元。

但是，所有繁荣都孕育着自我毁灭的种子。在金本位制度下，最终决定货币供应量的黄金供应量增长终会赶不上全球经济对资本需求的增长。此外，这一时期还发生了一系列现在回过头来看似乎不大的战争，诸如南非的布尔战争[1]和日俄战争。那些卷入战争的政府需要进入世界资本市场为战争筹措资金，这又给市场平添了额外负担。利率（也就是资本的价格）持续上升，一向谨慎的华尔街人已经公开表

1. “布尔”（Boer）系荷兰语，意为“农民”，布尔人是指到南部非洲殖民的荷兰人的后裔。19世纪末，布尔人建立的德兰士瓦共和国和奥兰治自由邦分别发现储量巨大的金矿和钻石，这激化了英国人和布尔人的矛盾，双方于1899年开战，1902年以签订合约告终，并建立了南非联邦。布尔战争是英国在230多次殖民战争中出兵最多、最残酷、开销最大的一次，英国的全球殖民地体系自此开始瓦解。现代战争中的游击战、总体战等理念也源于布尔战争。——译者注

示他们的担忧。早在1906年1月，雅各布·谢弗就警告说："如果这个国家（指美国）的货币状况不能有根本改变……那么你很快就会在这个国家看到一场恐慌——与之相比，此前所有的恐慌看上去只是小儿科。"

此时的美国经济依然保持着强劲的增长，物价平稳，企业利润也在攀升。然而，作为先行指标的股市指数在1907年3月开始了并非偶然的下跌。与此同时，世界市场仍然处于极度不安之中。英国的黄金储备大量减少，引发了一次对英镑的恐慌，远在埃及亚历山大和日本东京等地的股票市场开始崩盘。在美国，许多经营良好的公司和信誉较佳的州政府及市政府的证券也开始发行不出去了。

而当真正危机到来的时候，就像华尔街历史上常见的那样，并非直接由华尔街本身引起，而是肇始于偏远的西部地区——这回的祸根是蒙大拿州比尤特的"铜矿王"（copper kings）之争。

电力的应用带来了对铜的巨大需求，蒙大拿州和亚利桑那州的铜矿被大规模开采。比尤特被称为"地球上最富有的山丘"，那里的矿井有长达600英里（约900公里）的坑道，每年能产出多达3亿磅（约13.61万吨）铜。但是，比尤特缺乏法律和秩序。为了刺激铜矿的开采，蒙大拿州立法机构通过了所谓的《矿脉顶法》（Apex Law），允许矿主可以顺着自己地产中的矿层进行开采，即便矿层延伸到别人的地盘也不受限制。围绕如何界定这些"矿脉顶"，产生了很多激烈争论，也经常引发暴力冲突。在比尤特地下昏暗的竖井和连绵不绝的坑道里面，人们对武力争斗早已司空见惯。

1889年，来自布鲁克林的F.奥古斯塔·海因兹作为波士顿–蒙大拿矿业公司（Boston and Montana Company）的雇员来到比尤特。在此后短暂离开比尤特到加拿大淘金之前，他已经对该公司的矿产资源了如指掌。在加拿大发了一笔财后，他回到了比尤特，开始购买那里的矿

位于曼哈顿的卡内基音乐大厅，它是卡内基晚年很多慈善捐助项目中的一个。（译者根据公开资料整理）

产。他是一个天生的探矿者，他的鼻子似乎对矿石有神奇的嗅觉，经常能获得意外之财。凭借着对当地地理条件的了解，他也将《矿脉顶法》运用到极致，在本属于波士顿–蒙大拿矿业公司的矿脉中继续挖宝。

但在当时，波士顿–蒙大拿矿业公司已经是一个铜矿托拉斯——统一铜矿公司（Amalgamated Copper Company）的一部分了。统一铜矿公司的老板和董事会会员包括了 J. P. 摩根、标准石油的高级主管 H.H. 罗杰斯、第一国民银行（现在是花旗银行的一部分）的老板詹姆斯·斯蒂尔曼和约翰·戴维森·洛克菲勒那个远比他神气活现的弟弟威廉·洛克菲勒。对于海因兹厚颜无耻地把他们的财产占为己有的做法，他们十分不满，却又没有什么好办法来阻止他。海因兹巧舌如簧，很快就赢得了矿主们的支持和选票。他还影响了好几个法官的选举，因此那些法官都很乐意为他效劳，丝毫不在乎损害统一铜矿公司的利益。

最后，统一铜矿公司的大老板们决定，与其让他们在比尤特的财产受到威胁，不如把这个讨厌的小暴发户买过来，这样会划算得多。他们用 1 050 万美元买下海因兹在蒙大拿的全部产权。如果在 1905 年有《福布斯》400富豪榜排名的话，这笔钱足以让他上榜。海因兹在比尤特教训了一群大家伙，于是觉得他在华尔街也能如法炮制。他错了。

海因兹铜矿操纵战

海因兹本是波士顿–蒙大拿矿业公司在比尤特的雇员，他利用《矿脉顶法》来偷偷侵占这家公司的巨额矿产财富。在比尤特，海因兹发挥了八面玲珑的才能，不仅从矿工中获得支持和选票，还使得本地政府官员和法官对其趋之若鹜，在层层保护伞之下肆无忌惮地侵占波士顿–蒙大拿矿业公司的利益。

波士顿–蒙大拿矿业公司其实是行业巨头“统一铜矿公司”的子公司，而这家公司的管理层和股东包括J.P.摩根、H. H. 罗杰斯、詹姆斯·斯蒂尔曼和威廉·洛克菲勒等华尔街金融巨子。虽然他们对于海因兹厚颜无耻的侵占行为愤怒不已，但对于地头蛇海因兹却感到无处下手。最后，统一铜矿公司董事会决定，与其让比尤特的矿产资源受到持续不断的威胁，不如把讨厌的海因兹收购了之。

最后，统一铜矿公司动用1 050万美元一次性买下海因兹在蒙大拿的全部产权，算是一劳永逸地解决了“海因兹问题”。在铜矿操纵战之后，海因兹不仅靠这笔巨款获得了进军华尔街的资本，同时“教训”了华尔街大佬的经历更使他信心暴增，这为他日后的惨败埋下了伏笔。（译者根据公开资料整理）

海因兹为他的两个兄弟开立了一家经纪行，然后又在交易所里买下一个交易席位，这样他在交易所里从事投机活动就不必支付佣金了。海因兹和另外一个行业联合公司——美国冰业公司（American Ice Company）的创始人查尔斯·W. 摩尔斯联手，获得了几家银行的控制权，并把这些银行作为进一步投机的现成资金来源。摩尔斯控制了北美洲银行（The Bank of North America），用这家银行的资金获得了商业国民银行（Mercantile National Bank）的控制权。接着，他们又用商业国民银行的资产获得了纽约市最大的一家银行——尼克博克信托公司的控制权。海因兹认为，万事俱备，所缺的只是一个合适的投机工具。

铜矿股票仍然很走俏，海因兹相信，他在比尤特的成功经验无疑能使他在投机铜矿股票时占据优势。他和摩尔斯开设了一家名头响亮的公司——联合铜业公司（United Copper Company），资本金高达 8 000 万美元，但公司除了发行股票募集的钱以外，实际上没有多少资产。

海因兹和摩尔斯并不是真正打算生产铜，他们的目的只是想通过购买自己公司的股票和看涨期权来抬高股价，诱使其他的投机者卖空。一旦他们坐庄成功，他们就会执行他们的看涨期权，而当空头发现这个陷阱时则为时已晚。然而这个计划有一个大问题：H. H. 罗杰斯既没有忘记，也不会原谅海因兹两年前在比尤特对统一铜矿公司所做的一切，而他所管理的标准石油公司是 20 世纪头十年世界上最强大的公司。当时美国经济对石油的需求看来只会不断增长，而它垄断了 80% 的石油生产。由于手握数以亿计的现金储备，标准石油此时既是一家石油公司，也是一家举足轻重的金融公司。华尔街的每一个经纪人、银行家甚至新闻记者都对它心存敬畏，不得不看它的脸色行事。

海因兹和摩尔斯在 1907 年 2 月开始了他们的坐庄操作。3 月，其他公司股票受挫的时候，联合铜业股票却一路上扬。整个春季和夏季市场都不稳定，但是海因兹和摩尔斯却使联合铜业股价稳步上升。最终，由铜业板块领跌，整个市场在 10 月开始崩溃的时候，海因兹准备将他的坐庄计划付诸实施了。

10 月 14 日，星期一，空头开始获利离场[1]，此时其他所有的铜业股票都下跌，而联合铜业却从每股 37.5 美元一下蹿升到了每股 60 美元。海因兹认定已经稳操胜券，于是向不同的经纪人发出指令，要求执行看涨期权，时间决定一切。然而这些经纪人的动作莫名其妙的慢，迟迟没有下单。接着，质疑联合铜业公司财务状况的报道开始见诸报端。尽管没有证据表明标准石油介入这两件事情当中，但是无论是当时的华尔街人，还是以后的历史学家们，很少有人怀疑这一切不是百老汇 26 号——洛克菲勒帝国总部指挥的。

不受海因兹和摩尔斯控制的银行开始要求这两个人提前偿还贷款，迫使他们在这个最糟时点卖出股票。星期二早晨，联合铜业公司的股票在这些问题的重压之下下跌。来历不明的大宗卖单涌向交易所大厅，使得股票进一步下跌。整个华尔街都传言这些卖单出自 H.H. 罗杰斯之手。当天收盘时，联合铜业前一天的涨幅已完全蒸发了，收于每股 36 美元。星期三，股价下跌到 10 美元。海因兹的坐庄计划破产了，随之东流的还有他的数百万美元。

但是，更糟糕的事情还在后面。商业国民银行的银行出现了挤兑，听命于标准石油的纽约清算中心（New York Clearing House）拒绝提供帮助，除非摩尔斯和海因兹辞职。10 月 18 日，星期五，摩尔斯和海因兹被迫辞职。然而，接下来的星期一，股市再一次下跌，银行挤兑

1. Cover the short position。当股价涨上红线，就清掉这个空头部位（cover the short position），同时可以再进入多头部位（enter long position）。如此循环往复。空头头寸可以通过买入等额的金融工具而平仓。因空头头寸而买入称“空头回补”（short covering）。——译者注

1907 年“崩盘日”，西瞰华尔街。三一教堂是华尔街最具标志性的建筑，从 1874 年起就一致矗立在据此一个街区以外的地方。

现象进一步加剧，这一次还包括了海因兹控制的尼克博克信托公司，当时纽约的第三大信托公司。

位于第五大道雄伟的尼克博克信托公司总部仿佛变成了一座疯人院，存款人拼命冲向银行柜员，想把自己的存款提出来。许多人认为，像尼克博克信托公司这么大的银行出现问题，纽约清算中心理所应当提供帮助，但是清算中心却作壁上观，丝毫不为所动。10 月 22 日，星期二，尼克博克信托公司的总裁鼓起勇气，决定在正常时间开门营业，希望以这样的姿态向人们表明银行经营状况仍然良好。但是，这一招并不管用，数小时之内，存款人提取了 800 万美元的现金。下午，尼克博克斯信托公司宣布破产。

海因兹和摩尔斯的金融王国被彻底摧毁，他们个人也和尼克博克信托公司一样破产了。标准石油的复仇成功了，但是整个国家的金融体系却因他们的成功而面临着巨大的威胁。可以肯定的是，如果星期三银行挤兑进一步恶化，危机还将殃及纽约证券交易所。

不幸的是，此时的美国缺乏一个能够印钞票来应付这场危机的中央银行，罗斯福政府束手无策，只能求助于当时唯一具有足够影响力和声望来号令整条华尔街的人——J. P. 摩根。其他主要的银行家都已经向摩根承诺尽可能提供帮助，纽约清算中心也不例外。约翰 · 戴维森·洛克菲勒愿意出资 1 000 万美元。财政部部长乔治·B. 科特柳在周末火速赶到纽约，他告诉摩根，财政部准备向纽约的那些银行注入 600 万美元，如果需要的话，还可以加码。当这个处在危机中的国家的所有人把目光投向摩根银行总部，并请求帮助的时候，J. P. 摩根和他位于华尔街 23 号的摩根银行，事实上充当了这个世界最强大经济体的中央银行。

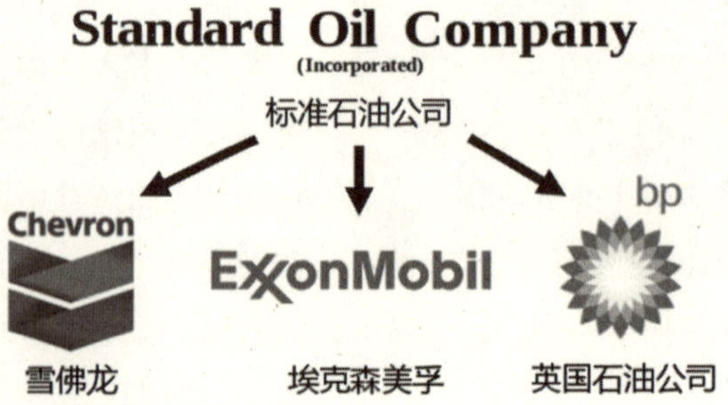

标准石油公司于 20 世纪初被拆分成 34 个公司，今天的雪佛龙、埃克森美孚、英国石油公司这三大能源巨头就是这些公司演变或者并购重组形成。这一拆分旨在打破洛克菲勒在石油界的垄断地位，但客观上洛克菲勒也因为在这些拆分后的公司中持有股份随后的增值而成为美国历史上最为富有的人，按照今天的美元计价，他的个人资产高达约 7 000 亿美元。（译者根据公开资料整理并绘图）

星期一，摩根就意识到尼克博克信托公司已经不可挽救了，这也是纽约清算中心一直没有出手相助的原因。但是，到了星期三，华尔街和宽街上挤满了人，即使在声誉最好的银行门外，焦急的存款人也排起了长龙。此时另一家银行——美国信托公司（Trust Company of America）也陷入困境：当天下午 1 点，这家银行有 120 万美元以备提现之需，但到 1 点 20 分的时候，只剩下 80 万美元，到 1 点 45 分只剩下不到 50 万美元。再过半个小时，已经只有 18 万美元了。

美国信托公司的总裁和大股东奥克·萨恩（Oakeigh Thorne）冲进摩根银行求助。摩根转过身去问他的助手们，美国信托公司的基本状况是否良好，得到了肯定的回答。“那我们就从这儿开始解决问题吧。”摩根说道。他下令将一大笔钱送到美国信托公司，以帮它渡过当天的难关。

摩根要求财政部部长科特柳将政府资金存入当时挤兑最严重的信托银行，但科特柳不能这样做，因为按规定，他只能将钱存入国民银行[1]中。摩根转而要求他在国民银行存入3 500万美元，再让国民银行把钱转手借给那些信托银行。

第二天，10月24日，星期四，纽约证券交易所的人上门来找摩根。交易所官员告诉摩根，如果几家主要的经纪行不能获得履约所需的足够现金，交易所将不得不像1873年那样被迫关门。摩根是肯定不会让交易所关门的，他马上将纽约几个主要的银行家召集到他的办公室。5分钟之内，他就募集了2 700万美元，以帮助这些经纪行渡过难关。此外，他还放出话去，任何试图在此时做空股票而赚钱的人，都会受到“该有的关注”。而空头们显然深谙其意，不需要摩根把这句含混不清的话解释得更清楚。

那天晚上，纽约所有重要的银行家齐聚在东36街富丽堂皇的摩根私人图书馆。当这些银行家们在有摆满西方文学名著的三层玻璃书柜的东厅开会时，摩根坐在西边他的办公室里，在壁炉前面不停地玩

1. 国民银行（national bank），指联邦注册的银行，和州注册的州立银行相区别。任何银行，只要愿意遵守联邦法律，愿意接受政府的监管，即可成立联邦注册的国民银行。1863—1864年的《国家货币与银行法》是美国第一部联邦银行法律。这项法律颁布以前，银行均为州立银行。该法的颁布形成了美国联邦注册和州注册的双轨监管体系。国民银行体系的建立是为了增加联邦政府对经济的影响力。——译者注

摩根财团的百年变迁

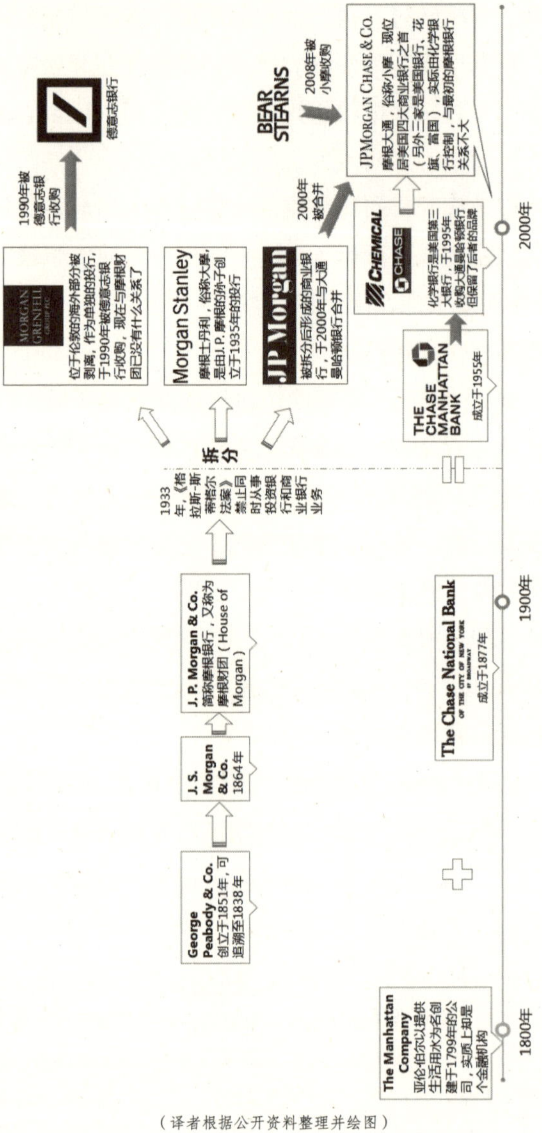

（译者根据公开资料整理并绘图）

着单人纸牌，尽管得了重感冒，却还抽着雪茄。

“为什么您不告诉他们该怎么做呢，摩根先生？”他的图书管理员，也是他最信赖的助手贝尔·格林（Belle Greene）问道。

摩根银行、摩根大通与摩根士丹利

20世纪30年代美国发生“大萧条”，政府认为超级银行（Universal bank）是造成“大萧条”的罪魁祸首，于是出台法案禁止商业银行同时从事投资银行业务，也就是禁止金融混业。在此背景下，摩根财团旗下的摩根银行一分为三，“J. P. 摩根”成为纯商业银行，“摩根士丹利”成为投资银行，还有一个摩根伦敦分部负责海外业务，于1990年被德意志银行收购。当时的J. P. 摩根，即摩根大通的前身，2000年与大通银行、弗莱明集团合并为摩根大通后即不复独立存在。摩根大通于2005年年底又与美国排名第四的美国第一银行合并，仍称为摩根大通，是迄今全球历史最长、规模最大的全能金融服务集团之一。（译者根据公开资料整理）

“我自己也不知道该怎么办，”摩根以他特有的直率回答道，“但是总会有人拿着一个可行的方案进来，然后我再告诉他们怎样去做。”

银行家们终于折腾出一个方案，他们建议动用清算中心的存款以增加流动性。方案获得了摩根的首肯。所有银行会员都在纽约清算中心有大量的存款，以方便银行之间的结算。这些银行家决定改用清算中心存款凭证并支付6%的利息，就可以进行结算，而不再需要动用现金。这样就使得那些经营还比较良好的银行能够动用它们在清算中心的存款来满足客户的提现需求。此举客观上增加了高达 8 400 万美元的货币供给，而增加货币供给从来都是结束流动性危机的关键。当人们发现银行能够满足他们任何的甚至是所有的提现要求时，他们就不再想真正去提现了。1907 年的恐慌也随即结束了。

摩根在平抑恐慌中起了决定性的作用，获得了非凡的成功，赞誉之词接踵而来。他的合伙人乔治 · W. 珀金斯这样说："在我所了解的历史中，从来没有一位将军在指挥一场战斗时，表现得比摩根先生更加机智与勇敢。"甚至在 8 月时还在严厉批判那些"拥有巨大财富的犯罪分子"的西奥多 · 罗斯福，此时也毫不吝啬地赞美："这些顽固保守的商人，在这场危机中的表现，充满了智慧和公共精神。"

当然，任何好事都免不了受到责难，许多左派，包括专门揭短的作家厄普顿 · 辛克莱，指责摩根为了自己恶毒的目的煽动了这次恐慌，在此后的很多年里，还有其他类似的谣言对摩根进行中伤，但摩根从来不屑于屈尊去回应这些极端的指控。

1907 年的恐慌在刚开始时就被果断遏止，没有像以前的恐慌那样导致经济衰退。经济很快就恢复了繁荣，而且这次恐慌还带来了一个完全正面的结果：国家在紧急情况下只能求助于华尔街的实力派这一残酷事实，使得那些中央银行最坚定的反对者们也认识到，没有中央银行，经济的正常运行将难以为继。这个国家从托马斯 · 杰斐逊那里继承的最不幸的遗产，在百年来屡次给这个国家带来深重灾难之后，最终被彻底抛弃了。

尽管如此，直到 6 年以后，被称为美联储的中央银行架构才建立起来。华尔街当然希望中央银行的总部设在纽约，毕竟资本在这里聚集。然而，出于政治原因，纽约从来就不在备选之列，因为纽约是"货币托拉斯"的心脏，是大资本的代表。最终，美国建立了 12 家储备银行，其中一家设在纽约，其余的分布在全美各主要城市，每一家都有自己的主席。这些行长定期在华盛顿开会，通过投票，以多数原则采取一致行动。

美联储是否为私人机构?

从表面上看，美联储的12家地区联储银行的股东是若干商业银行，这些商业银行作为美联储系统的成员，选举对应地区联储银行的部分董事，有人按照股权所有制的传统观点把美联储视为私人银行。但实际上，成员商业银行持有的美联储股份不能买卖，而且无论股份多少，每家银行都只有一张选票，实质上没有产生所有权，而只是作为投入资本的凭证，在必要时可获得美联储的救助。

美联储与其他国家央行的最大不同就是摒弃单一央行理念，另起炉灶建立起一套兼具公私特点的央行系统，负责制定货币政策的联邦储备委员会是联邦政府机构，而负责执行货币政策的地区联储银行及成员商业银行则更多体现了私立特点。一方面，美联储的联邦储备委员会（即理事会）包括主席和副主席在内的7名成员均由总统任命并经参议院批准，而地区联储银行的部分董事及总裁等则由联邦储备委员会任命或选举产生，所以白宫和国会对美联储具有相当的影响力。另一方面，为了保证美联储的独立性，联邦储备委员会成员的任期为14年（其中主席、副主席任期为4年），以防受总统的影响过多（美国总统任期为4年且最多连任一次），美联储的政策制定和运营调控都具有较高的独立性。

独特的架构设计使得美联储在符合美国宪法禁止政府发行法

定货币规定的前提下，成功绑定了政府、央行与地方银行之间的利益，进而避免了重蹈北美银行、合众国第一和第二银行这些“短命”前辈的覆辙，它至今已运行超过一个世纪，这也是当年 J.P. 摩根牵头制订美联储架构方案时的重要考量。

因此，美联储并不是一个私人银行，而是一个兼具公私特点的特殊金融实体。（译者根据公开资料整理）

但是，新设立的美联储覆盖的范围也是有限的。联邦政府自 1863 年以后特许成立的国民银行被要求加入联储体系，数量更多的州立银行则只有达到一定标准才被邀请加入。然而，绝大多数州立银行达不到标准，因此那些实力最弱的，也是最需要这一新体系监管和保护的银行反而被排除在外。

美联储首任联邦储备委员会成员，前排左起第一位为首任美联储主席查尔斯·哈姆林。（译者根据公开资料整理）

《摩根传》作者珍妮 · 斯特劳斯在 CNBC[1] 于 2000 年根据此书拍摄的纪录片《伟大的博弈：华尔街金融帝国的崛起》中说，20 世纪初，摩根在美国和世界金融体系中的地位和作用或多或少相当于现代的美联储主席格林斯潘、美国财政部部长鲁宾、国际货币基金组织、世界银行、巴菲特和索罗斯的总和。（译者根据公开资料整理）

美联储能采取的行动也受到相当大的限制，尤其是在对银行的贷款组合中有多大比例可以用作抵押的判断上。美联储能以各银行的短期商业贷款和农业贷款为抵押，向银行提供现金，但不能以未开发的土地或者已开发的房地产作为抵押向银行提供贷款。《联邦储备法案》中的这两条规定将在此后的 20 年里带来毁灭性的后果。

1913 年 12 月 23 日，设立美联储的法案获签署生效，这一年成为美国金融史的分水岭。

J.P. 摩根在这一年的 3 月 31 日去世。在他去世的消息公布后的 12 小时内，3 698 份电报如潮水般从全世界涌来，分别来自国王、教皇、艺术品商、银行家和实业家，只有皇室主要成员的逝世才能同时获得社会名流和平常百姓的关注和哀悼。而当人们发现他的所有财产只有 6 000 万美元（另有与这个数目相当的艺术品）的时候，所有的人都震惊了。约翰 · 戴维森 · 洛克菲勒在公开场合评论说，这点儿财产甚至还不足以让摩根称

1. CNBC 是美国全国广播公司（NBC）环球集团持有的全球性财经有线电视卫星新闻台。——编者注

得上一个“富人”。

摩根出生于富庶之家，长大以后更是随随便便就能玩得起私人游艇——一项可能是由摩根设立的衡量富人的标准，但是他对敛财从来就没有太大的兴趣。对摩根而言，让美国经济合理化更为重要，而且他在此过程中累积了远远超过单纯的金钱所能带来的影响力。在此后的几十年里，摩根银行仍是美国最大的银行，然而，再也没有一个普通美国公民能有像摩根那样大的权力和影响力。

比摩根逝世影响更大的是美国的政治新格局。由于威廉·霍华德·塔夫托[1]（西奥多·罗斯福亲自挑选的继承人）奉行谨慎的公共政策而与罗斯福发生分歧，罗斯福分裂了共和党。在1912年的共和党全国大会上，罗斯福在总统候选人提名竞逐中难敌塔夫托，便退出大会，创立了美国进步党。[2]尽管自南北战争以来，共和党一直是美国的多数党，但罗斯福此举导致伍德罗·威尔逊[3]当选美国总统（他在摩

1. 威廉·霍华德·塔夫托（William Howard Taft，1857—1930年），美国第27任总统（1909—1913年），在其任期内展开了反信贷的活动并通过了《佩恩–阿尔德里奇关税法案》（1909年）。后来，他成为美国最高法院的首席大法官（1921—1930年）。此外，其任内的工作还包括：逐步采取年度预算，建立邮政储蓄体系，鼓励保护自然资源，大力推行反托拉斯法，等等。他对法律有着浓厚的兴趣，卸任后于耶鲁大学执教，任法学教授、律师协会主席。沃伦·哈定当选总统后，塔夫托被任命为美国首席大法官。1930年从法官职位上退休，一年后因病逝世。——译者注
2. 美国进步党（Progressive Party），美国的政治派别，在1912年支持西奥多·罗斯福总统竞选，由于以公麋鹿为标志，也称公麋党。——译者注
3. 伍德罗·威尔逊（Woodrow Wilson，1856—1924年），是美国“学术地位最高”的一位总统，曾任普林斯顿大学校长长达8年。他任总统8年，对内主张节制“私人企业的垄断”，采取了一些改革措施；对外极力干涉拉美国家内政。第一次世界大战后，出席巴黎和会，缔结《凡尔赛对德和约》，是国际联盟的倡导人，获得了1919年诺贝尔国际和平奖。——译者注

根逝世前不到一个月宣誓就职），也给了这位第一个现代意义上的自由主义的总统在参众两院同时获得多数派支持的机会。

家族基金——商业巨贾的遗赠

19世纪下半叶以来，美国钢铁、电气、汽车等行业形成的托拉斯企业为实际控制人及其家族积攒了惊人的财富，其中的一些富豪用部分乃至全部财产建立了家族基金，这既有利于规避高额税费以泽被子孙，也为社会公益和慈善事业做出了巨大贡献。

安德鲁·卡内基于1911年创建了卡内基基金会（Carnegie Corporation of New York），致力于他最关注的世界和平、教育进步与知识传播领域；洛克菲勒父子于1913年创建了洛克菲勒基金会（Rockefeller Foundation）；福特父子于1936年创建了福特基金会（Ford Foundation）。这种传统一直延续至今，比尔·盖茨夫妇于1994年创立的比尔和梅琳达·盖茨基金会（Bill & Melinda Gates Foundation），据估计其基金规模达400亿美元，远超美国规模第二的霍华德·休斯医疗基金会（Howard Hughes Medical Institute）的178亿美元——后者由好莱坞和航空业传奇人物霍华德·休斯设立于1953年。（译者根据公开资料整理）

Carnegie CORPORATION OF NEW YORK　THE ROCKEFELLER FOUNDATION　FORDFOUNDATION

（卡内基基金会）　（洛克菲勒基金会）　（福特基金会）

随着美联储的成立，威尔逊和他在国会的盟友加快了制定《个人所得税法》的步伐，并由威尔逊在1913年10月23日签署通过。起初，这个法案似乎无关紧要，它仅仅影响到2%的家庭，更像是对民主党内“劫富济贫”派（soak-the-rich wing）的安抚，而不像是一项严肃的税制改革。然而，它将带来深远的影响。

如果说1913年是美国金融史的分水岭，那么，1914年也是。1914年6月28日，一名狂热分子刺杀了奥匈帝国的王位继承人——费迪南大公。[1]欧洲的政治家们都试图利用这一政治事件——这是他们的天性。但是随着局势急转直下，他们骑虎难下，全欧洲的军队都被动员起来，整个事态失去控制。乔治·凯南所说的“20世纪灾难的种子”已经播下。华尔街，以及整个世界，都完全不一样了。

同一时代的西方和东方

西方	年份	东方
“诺贝尔奖”设立	1901	
美国众议院提出法案禁止中国移民入境	1901	
蒙大拿州的比尤特“铜矿王”之争引发了美国金融体系的大危机，摩根出面解决了这次危机	1903	
俄国社会民主工党第二次代表大会召开，列宁主义诞生	1903	
爱因斯坦提出“相对论”	1903	
	1904	日俄战争在华爆发
	1905	清政府设立了户部银行，行使中央银行职能
	1905	中国同盟会成立
莱特兄弟首次成功地驾驶由发动机推进的飞机	1903	
美国银行危机爆发	1907	

1. 即著名的萨拉热窝事件，是第一次世界大战的导火索。——译者注

（续表）

西方	年份	东方
英法俄协约形成	1907	
通用汽车公司成立	1908	光绪三十四年，交通银行成立
	1910	英国人麦边的诈骗行为引发的“橡胶股票风潮”，使得中国钱庄损失惨重，由盛转衰
	1910	《日韩合并条约》签订，日本正式吞并朝鲜，朝鲜沦为日本殖民地
	1911	中国爆发黄花岗起义、保路运动、南昌起义
	1911	辛亥革命推翻了清政府。孙中山被推选为临时大总统
美总统塔夫托提出“金元外交”政策	1912	“中华民国”成立，清帝退位，中国 2 000 多年的帝制结束
美国成立美联储	1913	二次革命
萨拉热窝事件爆发，奥匈帝国对塞尔维亚宣战，第一次世界大战爆发	1914	

第十一章

“这种事情经常发生吗？”（1914—1920 年）

译者题注

1914 年，第一次世界大战爆发，对美国和华尔街来说，这是一次历史性的机遇。到 1918 年战争结束的时候，美国超越了欧洲强国，纽约超越了伦敦。刚刚成为世界金融中心的华尔街遭受了一次巨大爆炸的冲击，惊魂未定的来访者战战兢兢地问华尔街人："这种事情经常发生吗？"

译者导读

- 第一次世界大战的爆发过程在很大程度上与金融危机的爆发相似，尽管在此前的数年里，由于几个欧洲大国的钩心斗角，战争的阴云酝酿已久，但战争的直接起因却是一个出乎所有人意料的偶然事件。1914 年 6 月，一名狂热分子在萨拉热窝刺杀了奥匈帝国的王储，这一事件立刻被欧洲各国的政治家利用，短短的一个多月，欧洲主要国家就已处在战争状态了。第一次世界大战烽烟四起，"欧洲各处，明灯正在熄灭"。欧洲长久以来享有世界经济和金融霸权的时代结束了，"美国世纪"开始了。
- 在战争一触即发的 1914 年 7 月底，全球股票市场全线下跌。由于海底电缆已将世界主要的资本市场联系在了一起，当伦敦交易所宣布暂停交易时，全世界所有的卖单都集中到了纽约，华尔街别无选择，只能闭市。在纽约证券交易所的历史上，这是第二次非正常闭市。
- 1914 年 8 月，人们普遍估计，全球经济，特别是美国经济将迅速崩溃。但事实是，尽管在战争初期美国对欧洲的出口活动受到严重影响，但战争创造了对军需品和农产品的巨大需求，订单源源不断地从欧洲飞向大洋彼岸的美国，这给美国带来了自南北战争以来最大的经济繁荣，而华尔街也在经历了战争刚刚爆发时的短暂恐慌后，迎来了历史上最大的一次牛市。

· 尽管当时每10个美国人里就有1个德国后裔，但是美国的公众舆论从一开始就倒向协约国一边。1915年，客轮“路西塔尼亚号”被德国潜艇击沉，1 198人葬身海底，其中包括128名美国人，这一事件促使美国向轴心国宣战。

· 对金融资源的争夺成为第一次世界大战交战双方的一个重要制高点，华尔街的金融资源显然是倾向于协约国的。在战争初期，德国在海上无法击败英国，于是在华尔街开出天价，试图收购影响力巨大的伯利恒钢铁公司，但被拥有伯利恒公司控股权的施瓦布断然拒绝。

· 交战中的国家不仅需要物资，还需要购买物资的资金。大英帝国在战前的国防预算每年大约为5 000万英镑，进入战争后，其每天的花费就要500万英镑。摩根银行为协约国筹措了大量战争所需的款项，美国政府最终也决定向协约国提供直接贷款。4年的战争使得美国从世界上最大的债务国变成了最大的债权国，自此，美国不仅在实业上，而且在金融上，均成为世界上最强大的国家。

· 美国经济体系中受益最大的莫过于华尔街了，它一举成为世界金融体系的太阳，而包括伦敦在内的世界其他金融市场，从此成为围绕这个太阳旋转的行星。

· 1918年，战争的突然结束给美国经济带来了一次短暂而急剧的衰退，而后，华尔街最著名的10年——20世纪20年代即将开始。而这非凡的10年却是以1920年华尔街上的一次爆炸开始的，这一声爆炸的巨响仿佛是在向“华尔街成为世界金融中心颇具讽刺意味的一声道贺”。

在金融市场中，没有比不确定性更令人烦恼的东西了。而同时，金融市场之所以存在的一个重要原因就是人们希望通过它减少不确定性。金融市场可以每天（现在已经可以做到实时）告知投资者其持有证券的真实价值，而期货市场则可以帮助他们锁定利润或者减少风险。

没有什么能比战争带来更多的不确定性，因为战争是人类最不可预测的活动，而大国之间的战争则更加无法把握。因此，所有依靠金融市场谋生的人，对于战争的恐惧，甚至对战争威胁的恐惧，都远远超过其他。讽刺的是，在 20 世纪二三十年代，有一个由“左派分子”广泛传播的谣言：是“死亡商人”[1] 和“华尔街”(指大公司和它们的大股东）发动了第一次世界大战，其分别通过兜售军火和为战争融资谋利。

无论是从历史还是其他角度来看，这种说法都是极其荒谬的。当然，政治谣言的制造者可以罔顾事实，但是新闻记者和历史学者却不能如此。只要对 1914 年发生在华尔街的事情稍有记忆的人都不会相信这种荒诞的说法。

在当时的欧洲，几个大国为了政治、经济和殖民利益而钩心斗角，战争的阴云已经密布数年，真正使这种不稳定局面雪上加霜的是德国的外交和军事政策。彼时的德国拥有欧洲大陆最强大的军事力量，而这个国家又被狡诈善变、极度神经质而完全不按常理出牌的德国皇帝威廉二世所控制。在那些年里，每当有危机出现，全世界的股票市场都会急剧下滑，因为人们无法预测威廉二世会做出什么样的事来。

1912 年，塞尔维亚和保加利亚对土耳其宣战，这场冲突将奥地利和俄国卷入其中，并引发了更大范围的战火。市场的反应异常迅速，全世界所有的股票市场都直线下跌。由于欧洲中央银行提高了贴现率，

1. “死亡商人”（merchants of death），指军火商。——译者注

市场利率急剧上升，世界上最早的债券——英国的联合公债[1]甚至跌到了历史最低点。欧洲国家开始将它们在海外的投资清盘并收回，尤其是在美国的投资，同时，它们将黄金运回本国。从8月到10月的这一段时间是美国秋季农产品出口的季节，通常也是黄金大量运往美国的季节，但是，在1912年8至10月，只有价值3 700万美元的黄金流向美国。而1913年前6个月，从美国流出的黄金达到了6 300万美元。

巴尔干问题与第一次世界大战的爆发

巴尔干半岛位于欧洲的东南部，地处欧、亚、非三大洲的会合处，战略地位重要且具有丰富的自然资源。自14世纪以来，奥匈和奥斯曼土耳其帝国均试图统治该地区。伴随着奥斯曼土耳其帝国的式微，1912年就已经独立的保加利亚、塞尔维亚、希腊和门的内哥罗（黑山）结成巴尔干同盟反抗土耳其，即第一次巴尔干战争，战争以土耳其的战败而告终。战后，战胜国间利益分配出现矛盾，1913年，以保加利亚为一方，希腊、塞尔维亚、罗马尼亚、门的内哥罗（黑山）和土耳其为另一方，开始了第二次巴尔干战争，并以保加利亚的战败告终。经过两次巴尔干战争，均为胜利方的塞尔维亚迅速崛起，对奥匈帝国构成了挑战。奥匈帝国皇储弗朗茨·费迪南大公被塞尔维亚青年刺杀事件，就是在这样一个背景下发生的。（译者根据公开资料整理）

1. 联合公债（British Consols），英国的一种政府公债，最初发行于1751年，支付利息且没有到期日，永不还本。——译者注

当时人们普遍认为，这场欧洲大规模战争不仅将给欧洲经济带来毁灭性的后果，也将给美国经济带来同样的灾难。1910 年，后来获得诺贝尔和平奖的诺曼 · 安吉尔[1]出版了一本极为畅销的书——《大幻灭》(*The Grand Illusion*)，他认为战争将不可避免地导致国际信用体系瓦解，而这是任何国家都无法承受的，仅此一点就可以确保避免任何冲突，或者退一万步讲，冲突会尽快结束。英国、法国和德国在美国的投资总共有 50 亿美元，可以预见的是，一旦发生战争，这三个国家会将所有这些投资变现来购买军火，美国股市将直接崩盘。欧洲的利率将会扶摇直上，并带动美国的利率也直线上升，美国的农产品出口将大幅下降。而在 1914 年，农业仍然是美国经济的基础，农业的衰退将会把所有一切都带入黑暗的深渊。

在很大程度上，受安吉尔这一论调的影响，人们当时都认为大规模战争永远不会到来。1914 年初夏，一位经济学家在《纽约时报》周末版撰文："迄今为止，还没有一场招致全体商业界一致反对的现代战争能够爆发，因为战争离不开商业界的钱袋子。"

因此，当弗朗茨 · 费迪南大公在萨拉热窝被一个塞尔维亚极端分子刺杀的消息传到华尔街的时候，市场仍然保持着平静。在此前的几十年里，欧洲皇室不断遭到暗杀，弗朗茨 · 费迪南大公并不是其中最显赫的一位。事实上，《商业金融报》在事件发生后简短地写道，这次暗杀"之所以让政治和金融观察家印象深刻，很大程度上是因为它在国际范围内几乎没有引起波澜。在一两天的密集报道和评论之后，整个事件似乎已经被人忘却"。在过去的一年里，市场走势平稳，利率也在下降。在最近几个星期的大部分时间里，市场一直保持稳定，

1. 诺曼 · 安吉尔（Norman Angell，1872—1967 年），英国经济学家及和平主义者，1933 年诺贝尔和平奖得主。——译者注

政治家、经纪人和银行家们都在度假。这一年的7月，纽约证券交易所的日平均交易量只有30万股。

但是，到了7月底的时候，世界政治局势却风云突变。7月25日，英国提议几个国家一起召开会议解决巴尔干地区问题，而奥地利此时正想利用大公被刺的事件逼迫塞尔维亚在这个问题上让步。法国和俄罗斯很快接受了英国的提议，但是德国和奥地利断然拒绝。奥地利担心这一会议将使它的如意算盘落空，而德国——实际上就是德国皇帝，决心要支持它的奥地利盟友。

7月27日，星期一，华尔街的股价开始放量下跌，同时对黄金的需求大大增加。第二天，奥地利对塞尔维亚宣战，全球股票市场大幅下跌，而黄金价格却一路飞涨。许多市场甚至不得不暂停交易，纽约证券交易所的交易量达到102万股。次日，随着欧洲各国动员军队的呼声逐渐增高，欧洲的政治家们发现形势越来越超出他们的控制，在绝望之中，他们仍旧努力寻求一条和平解决争端的道路。与此同时，越来越多的交易所关门，包括维也纳、罗马等地的交易所，其中最具影响力的是柏林交易所。

次日，对黄金的抢购仍在继续，开市的交易所日渐减少，即使在开市的交易所里也只能看到疯狂的抛售。纽约证券交易所的交易量为130万股，达到了1907年恐慌以来的最高纪录，同时行情大跌，许多股票的跌幅达到20%~30%。当时的通用汽车还不是美国最大的汽车制造商，但也已经是行业领先者之一了，其股票价格从每股58.875美元跌到了每股39美元，跌幅将近34%。伯利恒钢铁公司（Bethlehem Steel）虽然只是美国第二大钢铁公司，却是军舰和主要船坞所需装甲钢板的最大生产商，它的价格竟然也跌了14%。

那天晚上，交易所的管理层开会讨论是否应该闭市，争论双方都有很充分的理由。那些赞成交易所继续营业的人担心闭市反而会加重恐慌气氛，他们回忆说，在1907年那些最黑暗的日子里，当数百家银行和经纪行相继破产的时候，交易所也是照常开门的。但是反对者指出，在1907年，J.P.摩根还在世，是他独有的声望和能力控制了局面。另外，还有一个不同的情况是，1907年，世界上的其他交易所都没有闭市，而现在，它们中的大部分都已经闭市了。

伯利恒钢铁公司是当时美国第二大钢铁公司，是军舰和主要船坞所需装甲钢板的最大生产商。该公司由施瓦布控股。（译者根据公开资料整理）

7月31日一大早，伦敦交易所宣布暂停交易，在其漫长的历史中，这还是第一次。华尔街此时已别无选择。如果纽约证券交易所继续开市交易，它将是世界上唯一开市的主要交易所。由于海底电缆已经将全世界的市场联系在一起，全世界所有的卖家都将集中到这里，等待着一开盘就卖出的隔夜卖单已经堆积得像小山一样高了。这一轮恐慌来势凶猛，是华尔街以前从来都不曾领教过的。在紧急会议上，交易所的绝大多数理事都投票支持暂停交易，以观事态发展。然后，交易所的总裁走过大街，来到了华尔街的“街角”，征求摩根家族当家人——小 J.P. 摩根的意见。小摩根随后和美国财政部部长威廉 · G. 麦卡杜[1]交换了意见，他们都认为闭市是唯一的选择，这是纽约证券交易所历史上的第二次闭市。[2]

然而银行照常营业，由于存款人蜂拥前来提取黄金和现金，一些美国银行受到挤兑。在7月27日（星期一）之后的两个星期内，储户从纽约的银行里面提走了8 000万美元，其中7 300万美元是以黄金的形式提走的。

1914年7月31日下午，德国对俄国宣战。到8月3日，欧洲所有的大国都已处于战争状态。这一天，英国内阁会议决定对德宣战，外交部部长爱德华 · 格雷爵士[3]在会后说道：“在欧洲各处，明灯正在熄灭；在有生之年，我们也许看不到它再次被点亮的景象了。”从经济的角度来说，它们的确再也没有被点亮过——欧洲长久以来享有的世界经济和金融霸权结束了，美国世纪开始了。

* * *

此时，华尔街面临的第一个问题就是怎样重新恢复商业活动。投资者不仅无法买卖证券，而且事实上，他们根本无从确定手中证券的价值。经纪业一片荒芜。交易所里一个交易席位要付8万美元，这还

1. 威廉 · G. 麦卡杜（William G. McAdoo，1863—1941年），美国铁路行政官员、政治家。曾任美国财政部部长（1913—1918年）、铁道指挥官（1917—1919年）以及加利福尼亚州参议员（1933—1938年）。——译者注
2. 此次闭市长达4个多月，是纽交所史上时间最长的闭市。——译者注
3. 爱德华 · 格雷爵士（Sir Edward Grey，1862—1933年），英国政府官员，在任外交大臣（1905—1916年）时，主张于1914年对德宣战。——译者注

不包括租金和其他费用。所以，经纪人们都极度渴望交易所能重新开市交易，这样他们才能赚钱来支付这些费用。地下交易市场几乎在一夜之间就活跃起来，这再次证明了“只要有买家和卖家的地方，就有市场”这个千古不变的真理。

场外交易市场。（译者根据公开资料整理）

几个场外经纪人声称有意用现金买卖纽约交易所的挂牌证券，但是受到来自纽约交易所的压力，他们的交易很快就停止了。在波士顿、芝加哥和费城，拍卖市场逐步发展起来，它们的功能有点儿类似于 120 年前梧桐树下面的老华尔街。在纽约证券交易所的强烈要求下，这些市场上的股票价格不得刊登在报纸上，这使得它们无法成为真正的证券交易所（这些信息的缺失也妨碍了历史学者们了解当时股价的波动情况以及市场的整体规模，但这些市场的规模看起来应该相当庞大）。

不久，交易所后面那条狭窄的新街（New Street）上就聚集了一些人，有报道说他们正在买卖证券。很快，纽约证券交易委员会的一名委员受命对此事进行调查。有点儿讽刺意味的是，这位交易委员会委员的主要职责是“防止”在纽约存在交易活动。在他著名的报告中，他这样写道：“新街上只有 4 个人和 1 条狗。”而实际上，那里的市场很快就飞速发展起来，每天上午 10 点到下午 3 点都有大约 100 多名证券经纪人在那里紧张地进行着交易。

华尔街逐步恢复了运转。8 月 12 日，清算所允许进行限制性交易，规定交易价格不能低于7月30日的价格。但是，这样的规定使得每天的交易量只有区区 5 000~7 000 股。几周过后，新街市场的价格稳住了，场外交易市场（Curb Market）宣布，11 月 16 日（也就是纽约联储银行准备恢复运营的那一天）将重新开市交易。芝加哥交易所也宣布将在一周后开市交易。

纽约证券交易所决定于 1914 年 11 月 28 日重开债券交易，12 月 12 日允许对股票进行限制性交易，却只允许一些特定的股票交易，必须使用现金，而且不允许卖空股票或进行期货交易。在此后的几周里，纽约证券交易所慢慢恢复正常。到 1915 年 4 月，交易所完全恢复了正常运作，此后再也没有出现过连续闭市的情况。[1] 现在的法律规定，交易所不能连续闭市超过三天，这就是为什么在感恩节过后的星期五，交易所会短暂开市交易的原因。

恢复开市之初，市场萧条，价格几乎没有什么变动，交易量也不见起色。事实上，1914 年 12 月 30 日的交易量只有区区 49 937 股，是整个 20 世纪交易量最低的一天。

1. 在 2000 年这本书首次出版后，纽交所又发生了两次连续闭市：一次是“9·11”恐怖袭击事件之后连续 4 天闭市，到 2001 年 9 月 17 日星期一才重新开市；另一次是“桑迪”飓风导致 2012 年 10 月 29 日、30 日连续 2 天闭市。——译者注

8月，人们普遍认为全球经济尤其是美国经济将迅速崩溃。这一悲观的看法事实上大错特错，这也是市场能够得以重新开市的唯一原因。9月，欧洲西线的机动战已经停止，漫漫无期的壕沟相持阶段开始了。但是，原先人们普遍预计的美国黄金外流也在此时中止了。到年底，出于避险需求，黄金又开始流入美国。从那以后，这些黄金中的大部分就一直留在了美联储地下26米的金库里，它位于华尔街三个街区以北的自由大街上。与此同时，美国证券对于欧洲银行和其他金融机构来说也变得越来越有吸引力。

到9月初，一些头脑冷静的人士开始重新审视这场战争对美国经济的真正影响。当时的全美制造业协会（National Association of Manufacturers）主席看到了美国在这场战争中的巨大商机。他大胆地预测，战争结束时，美国将成为世界第一强国，纽约将成为全球金融之都。他无疑是对的。

但可以肯定的是，在战争初期，美国的商业活动受到了严重影响。在战争开始前一个月，德国从美国进口了260万蒲式耳[1]小麦，但是1914年8月却没有进口一粒小麦。美国的棉花出口也大幅下跌。由于此时的白宫和国会都在民主党手中，而在民主党内，南方的强硬派又占据了主导地位，因而美国朝野都付出了巨大的努力以避免棉农破产。有人甚至提议每个家庭都购买一大包棉花并储藏起来直到战争结束。威尔逊总统自己就带头买了一大包。

然而，一旦英国皇家海军控制了北大西洋，对美国农产品的需求就会急剧回升，部分原因是那一年欧洲农业歉收。随着越来越多的欧洲农村劳动力应征入伍，欧洲农业在整个战争期间面临歉收已成定局。此外，由于德国控制了波罗的海，其盟国土耳其控制了通往黑海的入

1. 农产品体积计量单位，1蒲式耳约等于35.2公升。——译者注

口——达达尼尔海峡[1]，另一个世界主要农产品出口国，在沙皇统治下的俄国无法进入世界市场。1914 年 12 月—1915 年 4 月，美国至少出口了 9 800 万蒲式耳小麦，而在一年前的同一时期，小麦的出口量仅为 1 800 万蒲式耳。

长期以来一直被欧洲控制的亚洲和拉美工业品市场此时也向美国人大开门户，美国迅速抓住了这个黄金商机。战争创造了对军需品、钢铁、车辆、通信工具、铁路设施和船只的巨大需求，这也随即带来了自南北战争以来美国经济前所未有的大繁荣。

1914 年前，伯利恒钢铁公司所签过的最大一笔合同为 1 000 万美元，是为阿根廷海军提供舰船和装甲板。1914年 11 月，伯利恒钢铁公司总裁查尔斯·施瓦布（他曾领导管理过美国钢铁公司）被请到伦敦，在那里，他接下了英国皇家海军一份总额为 1.35 亿美元的订单，包括机枪、炮弹和潜水艇等武器。E.I. 杜邦公司也在战争期间从一家大军火制造商转型成化工产业巨头，爆炸式增长的杜邦公司为协约国提供了大约 40% 的军需品。它在 4 年之内完成的军火合同相当于该公司战前年平均军火业务量的 276 倍，也是该公司战前年平均业务总量的 26 倍。其他公司也经历了类似的扩张。

在经历了战争刚刚爆发时的短暂恐慌之后，华尔街迎来了历史上最大的一次牛市。通用汽车已经从闭市之前最后一天交易的暴跌中恢复过来，股价在 1914 年年底收于每股 81.5 美元，并于一年以后涨到了每股 500 美元。美国冶炼公司（American Smelting）股价从每股 56.25 美元跃升到每股 108.125 美元。而伯利恒钢铁公司在接踵而来的协约国订单的助推下，股价也从每股 46.125 美元涨到了每股 459.5 美

1. 达达尼尔海峡（Dardanelles），在土耳其欧亚两部分之间，连接马尔马拉海与爱琴海。——译者注

元，在那一年最高的时候曾涨到过每股 600 美元。

查尔斯·施瓦布曾是卡内基的副手，参与撮合了摩根对卡内基钢铁公司的收购，并成为美国钢铁公司第一任总裁，后另立门户成为伯利恒钢铁公司的总裁。他在“一战”中为欧洲盟军提供了大量武器弹药并拒绝被德国资本收购。战后，英国海军上将费雪勋爵称其为“值得英国感谢的人”，这或许是华尔街开始影响大国博弈的一个最直接的注脚。（译者根据公开资料整理）

由于英国皇家海军对海面的有效封锁，德国和其盟国无法从美国获得任何军火。德国无法在海上击败英国，于是决定转战华尔街。查尔斯·施瓦布在伯利恒钢铁公司拥有控股权，1915 年的大牛市使他手中的股票价值涨到了 5 400 万美元。德国驻华盛顿大使馆的代表向施瓦布开出了一个他们认为难以拒绝的天价：以 1 亿美元收购他持有的股票。英国破译了德国的密电，迅速得知了这一计划，准备对施瓦布出同样的价钱。但是，施瓦布已经毫不犹豫地拒绝了德国人，并对英国承诺他将履行合同。在摩根银行的帮助下，伯利恒钢铁公司的大量股票被转入信托，这样就保证了该公司不会被收购。

英国现代皇家海军之父——海军上将费雪勋爵在他战后的回忆录里这样写道：“如果说有人值得英国感谢的话，那就是施瓦布先生。”看来，华尔街并不只有贪婪和恐惧。华尔街的股票深刻地影响着战争中的大国，这一事实有力地证明了华尔街在新世界体系中的重要地位。

* * *

在战争最初的那段日子里，美国政府保持严格中立。国务卿威廉·詹宁斯·布赖恩是一个极度孤立主义者，他决心通过中立法使美国置身于战争之外，其中包括禁止美国向交战双方提供贷款。布赖恩把提供这种贷款称为“最卑劣的走私”。而一旦战争所带来的商机渐渐清晰，美国政府的立场就悄悄发生了改变。助理国务卿罗伯特·兰辛[1]说服了威尔逊总统，使他确信“贷款”（loans）和为便于各国在美国采购[2]而给予它们的“信用”（credits）是完全不一样的。在一个强权政治的世界中，布赖恩就像一条离开了水的鱼，他很快便绝望地辞职了。兰辛取而代之，成为国务卿。

由于摩根银行在英国和法国银行界广泛的社会关系，它很快就积极地投身于协约国的战争融资。1915 年 2 月 15 日，摩根与英国政府签订协议，成为英国政府在美国采购的总代理。第一笔采购就是价值 1 200 万美元的合同——向英国提供前线急需的军用马匹以运送炮火和给养。同年春天，摩根银行和法国政府也签订了类似的合同。最初，摩根银行和英国政府都没有估计到这个代理合同会有很大的数目，英国陆军大臣基奇纳勋爵[3]原本以为顶多也就是 5 000 万美元。但是，到战争结束时，摩根银行实际上一共为英国购买了价值 30 亿美元的军需品，这个数目相当于美国参战前一年——1916 年联邦政府收入的 4 倍。

1. 罗伯特·兰辛（Robert Lansing，1864—1928 年），美国政治家，于 1915—1920 年任国务卿。——译者注
2. 这里主要是指军火采购。——译者注
3. 基奇纳勋爵（Lord Kitchener，1850—1916 年），英国军事家、殖民地官员，曾指挥埃及军团夺回苏丹（1898 年），结束了布尔战争（1899—1902 年）。第一次世界大战期间，其任英国陆军大臣（1914—1916 年）。——译者注

按照 1% 的手续费，摩根家族赚取了 3 000 万美元。当爱德华·斯特蒂纽斯（摩根银行高级合伙人，他儿子后来成为罗斯福政府最后一任国务卿）带领着摩根银行 175 名员工奔走于全国，采购军需品、安排货物的运输和保险时，摩根家族在美国工业界的影响也大大增强。

作为一家银行，摩根银行还帮助美国的工业企业迅速扩张，以满足战争之需。到战争结束时，美国的军工产业已经超过英法两国的总和。时至今日，爱德华·斯特蒂纽斯还被人视为美国军工产业之父。而德国将军冯·鲁道夫[1]则认为他在战争中所起的作用不亚于协约国的一个军团。

1914 年，尽管每 10 个美国人当中就有一个德国后裔，但是美国舆论几乎从战争一开始就倒向协约国一边。德国入侵中立国比利时的事实以及在这个国家所施的暴行[2]，被老练的英国宣传机构大肆渲染之后，在美国激起了巨大反响，震动了大多数美国人。但是，真正导致美国对同盟国产生深刻敌意的却是 1915 年 5 月 7 日卡纳德海运公司的“路西塔尼亚号”轮船（Lusitania）被德国潜艇炸沉的事件。

我们这些曾经在第二次世界大战阴影下生活过的人亲历过战争对无辜平民的伤害，但是我们的曾祖父辈却没有这种经历，所以也没有预料到会有这样的事情发生。可以肯定的是，德国驻美使馆的确曾在纽约的报纸上发布过一个公告，警告所有搭乘“路西塔尼亚号”轮船的美国乘客，德国和英国正处于战争状态。德国人怀疑“路西塔尼亚

1. 威廉·冯·鲁道夫（Wilhelm von Ludendorff，1865—1937 年），德国将军和政治家。在第一次世界大战中，他是东部战场的总指挥。——译者注
2. 1914 年 8 月，德军欲取道比利时进攻法国，遭拒绝后入侵比利时。德国军队在占领比利时南部城市迪南时，借口德国军人受到狙击手攻击展开报复行动，杀害了 674 名平民，其中包括妇女和儿童，引起当时国际社会的震惊。——译者注

号”装载着走私违禁品——这一怀疑后来也被证实。但是，很少有人真正在意这个公告，因为在当时，击沉一艘没有任何武装的客船是完全不可想象的。此外，也没有人会想到，在北大西洋航线上快速往来的客轮会被当时还只能缓慢移动的潜艇击中。然而“路西塔尼亚号”太不幸了，它非常倒霉地正好出现于德国潜艇前方，潜艇发射了鱼雷。客船在 15 分钟内就沉没了，1 198 人葬身海底，其中包括 128 名美国人。

“路西塔尼亚号”于 1915 年被德国潜艇击沉，1 198 人葬身海底，其中包括 128 名美国人。德国的无限制潜艇战成为美国于 1917 年 4 月对德宣战的重要原因。（译者根据公开资料整理）

愤怒席卷了美国。在华尔街上，雅各布·谢弗也受到了极大震动，他出生在法兰克福，视德国为自己的祖国，在家中还一直说德语。毋庸置疑，他与这场悲剧的发生没有丝毫关系，但他仍然觉得很有必要亲自向小摩根表达他个人深切的哀悼。他来到“街角”的摩根银行总部，在合伙人的会议室里找到了小摩根。

但是，小摩根丝毫不为他这一特殊举动所动，他愤怒地喃喃自语，然后就径自离开了，谢弗只好独自悻悻地走出房间。摩根的合伙人被这一幕惊呆了，小摩根自己也很快意识到他这样做似乎太没有风度了。“我想，我是不是做得有点儿过分？”他问他的合伙人，“我是不是应该向他道歉？”

很显然，没有人有勇气当面回答小摩根，但是德怀·莫罗（即使以摩根银行合伙人的标准来看，他也算是一个机敏的人）在一张纸上潦草地写下了《圣经》中的一句话，将它递给小摩根，上面这样写道：“以色列神啊，行这事不是为你，乃是为了你的圣名。”[1]于是，小摩根穿过大街来到库恩·勒布银行向谢弗道歉。

谢弗和华尔街的其他犹太银行家、经纪人经常被指责有亲德情结，这在一定程度上并不冤枉他们，例如高盛公司的亨利·高曼就具有强烈的亲德思想，他公开谈论对普鲁士的景仰并赞美其井然有序的生活方式。但是，许多犹太公司反俄甚于亲德。由于沙俄对犹太人的大屠杀，谢弗公开称俄国是“人类的公敌”，并且在1904年的日俄战争中帮助日本筹集过资金。

尽管每个人的倾向有所不同，但是，因为协约国有机会进入美国市场和全世界的商业市场，所以，金融资源显然是向协约国倾斜的。为了赢得战争，协约国不仅仅需要物资，它们还需要金钱，需要筹措资金来购买所需要的物资。而到此时，华尔街和坐落于此的大银行已经是这些资金的唯一来源了。大英帝国在战前的国防预算每年大约为5 000万英镑，而现在，为了维持这场战争，每天就得花费500万英镑。

尽管已经获得威尔逊总统的默许，美国可以向协约国提供一定的

1.《圣经》原文为：“I do not this for your sakes，O house of Israel，but for mine holy name's sake”（Ezekiel，Holy Bible King，James version），而莫罗写的是：“Not for thy sake，but for thy name's sake，O House of Israel！”稍有变化，但意思相同，用在此处的意思是劝小摩根放下个人面子，去向谢弗道歉。——译者注

信用，方便其从美国采购商品，但威尔逊总统仍然反对直接提供贷款。不过他很快被说服，因为他被告知直接提供贷款对于保证美国的出口十分必要。国务卿罗伯特·兰辛劝告威尔逊，如果不直接向协约国提供贷款，“结果将是美国的产出减少，工业衰退，资金空闲，劳力剩余，破产加剧，金融衰退，并引发劳工阶层的大动荡”。威尔逊很快就言听计从了。

1915年9月，英国派代表来到摩根银行商谈一笔贷款，数目之大前所未有。在20世纪初，摩根银行曾经帮助英国政府筹措过一笔1亿美元的贷款，以帮助英国进行布尔战争，这在当时已经是一个令人惊愕的数字了，而现在这笔贷款将不少于5亿美元。

任何一家银行都无法单独承揽数额如此巨大的一笔贷款，即使摩根银行也做不到，因此需要组织一个由多家银行构成的承销团。最后，这笔贷款共有61家以上的承销商，此外还有1570家金融机构参与推介。但是，库恩·勒布银行不在其中，当英国的首席谈判代表、最高法院首席大法官雷丁勋爵（Lord Reading，他自己也是犹太人）拜访库恩·勒布银行时，谢弗坚持说，如果要他参与提供这笔贷款，那么俄国人不可能从贷款中得到一分钱，雷丁无法接受这样的条件。由于谢弗的立场，库恩·勒布银行在名誉和经济上遭受了一次巨大的损失。而其他的犹太银行则没有这样固执，在高盛公司，当合伙人们听说高盛公司很可能因为执行主席高曼的亲德立场而被伦敦列入黑名单时，他们甚至强迫高曼辞去了职务。

1915年的5亿美元贷款，只不过是协约国在以后三年战争中所获得的多笔贷款中的第一笔，而摩根银行至少筹措了这些贷款中的15亿美元，但是提供贷款和作为采购代理商并不是华尔街从战争中获利的唯一来源。虽然英国政府对英国人投资于美国股票所得的股息征收特殊的所得税，却允许英国人用美国股票来支付他们的所得税。于是，美国公司的股票开始在英格兰银行堆积如山，摩根银行帮助英格兰银行将其中价值 30 亿美元的股票全部变现。摩根的做法是巧妙地分步将这些股票运回纽约资本市场出售，以防止大量股票抛售带来价格跳水。纽约的资本市场消化了如此庞大的一笔股票，却连饱嗝都没有打一个，这是战争帮助美国经济和纽约资本市场实现巨大扩张的最直接例证。

“一战”期间道格拉斯 · 费尔班克斯在华尔街推销自由债券（即美国政府为了筹措战争经费发行的一种债券）。作为好莱坞的第一代巨星，费尔班克斯从一个“跑腿者”开始了自己的职业生涯——那时距使华尔街彻底改观的第一次世界大战还有大约 20 年。（译者根据公开资料整理）

这一切不仅给摩根银行带来了巨额的手续费收入，也使美国工业的所有权重新回到了美国人手里。在战争刚开始的时候，美国是全世界最大的债务国，4 年后，它成为全世界最大的债权国。这样，无论是从金融还是实业的角度来说，美国都成了世界上最强大的国家，而这个新兴强国的资金巨流，无疑是通过华尔街这个“大峡谷”流动的。

当1917年4月美国宣布参战时，联邦政府也不得不想办法筹措前所未有的巨额资金。美国的债务曾经在1866年达到了27.55亿美元的顶峰，自那以后就一直在减少（随着美国国内生产总值的快速增长，美国政府债务在国内生产总值中所占的比例更是大幅降低）。1916年，美国的债务为12.3亿美元，仅相当于国内生产总值的2.45%；而到1919年它再次达到了顶峰，高达255亿美元，相当于国内生产总值的30.34%。发行债券的方式仍然是50年前杰·库克为南北战争融资时就用过的，唯一增加的节目就是好莱坞的参与，在发行债券的推介会上，有道格拉斯·费尔班克斯[1]和玛丽·璧克馥[2]到场助兴。当然在这一过程中，随着这些证券的发行，华尔街的影响力和实力都日渐强大起来。

到战争结束时，美国是唯一真正的赢家。俄国国内已经一片混乱，很快共产主义就取得了胜利，奥匈帝国也被肢解。即使是英国和法国，这些名义上的胜利者也已筋疲力尽，它们的人力和物力消耗殆尽，在世界舞台上的强权地位也永远地消失了。但是，美国在人员上所付出的代价仅仅是6万人的伤亡（比美国总人口少得多的英国死亡人数将近100万），而且美国经济比战前要强大得多。欧洲国家对美国政府的欠债达到了100亿美元之巨，除此以外，很多美国人还握有欧洲国家的债券。

美国经济体系中最大的受益者莫过于华尔街了，它已成为世界金融体系中的太阳，而环绕其左右的是全球其他金融市场，包括伦敦。之所以形成这样一种格局，道理是再简单不过的了，就像若干年

1. 道格拉斯·费尔班克斯（Douglas Fairbanks，1883—1939年），美国男演员，因在无声电影《罗宾汉》（1922年）等中扮演轻率浮夸之徒而闻名。
2. 玛丽·璧克馥（Mary Pickford，1893—1979年），加拿大裔美国女演员，因主演《风骚女人》获奥斯卡奖（1929年），也是联合艺术团的建立者（1919年）。——译者注

前银行抢劫犯威利·萨顿[1]讲他为什么要抢银行时所说的："因为那里有钱。"

*　　*　　*

1918 年 11 月 11 日，战争突然结束，这突然降临的和平不可避免地带来了一些问题。由于战争订单结束以及欧洲农业生产和民用制造业开始增长，从 1920 年开始，美国经济经历了一次短暂而急剧的衰退。战争的结束也给纽约带来了一个新传统：早在 19 世纪 80 年代，当有人在华尔街的百老汇大街上游行时，两边大楼里面办公室的工作人员就将自动报价机的纸带从窗户里扔出去，被俗称为"纸带游行"（ticker-tape parade）。直到 1953 年都一直担任纽约市市长接待委员会主席的格罗夫·惠伦在 1919 年将这一习俗正式化，他向纽约商业区的公司发出通知，要求它们给予合作。这一年，潘兴将军[2]和后来成为温莎公爵[3]的年轻的威尔士王子一起，第一次享受了这种"纸带雨"的殊荣。

但是，华尔街最著名的 10 年（20 世纪 20 年代）却是以一次实实在在的爆炸开场的。1920 年 9 月 16 日，阳光明媚，正午前，一辆四轮马车来到华尔街，停在摩根银行旁边，随即发生了爆炸。爆炸时马车上满载着炸药，重达 500 磅的吊锥被炸得粉碎，这些碎片就像榴霰

1. 威利·萨顿（Willie Sutton），美国一银行惯窃，曾前后被监禁 35 年，自称盗窃赃款达 200 余万美元，外号"戏子威利"，在被法官问及为何要抢银行时，他回答说，"因为那里有钱"。——译者注
2. 潘兴将军（General Pershing，1860—1948 年），美国将军，在第一次世界大战期间，他指挥在欧洲的美国远征军，并担任陆军总参谋长（1921—1924 年）。——译者注
3. 温莎公爵（Duke of Windsor），这里指"二战"时期以"不爱江山爱美人"而著称的爱德华八世。——译者注

弹的弹片一样在空中划过，成了致命的“连枷”。[1]30 人当场死亡，十多人后来由于伤势过重而死，130 多人受伤。假如爆炸再晚一点儿的话，将正是午餐时间，华尔街和宽街的交叉路口就会人潮汹涌，那么伤亡的人数将远远不止于此。

林登伯格在独自驾驶飞机横穿大西洋后，纽约为他举行了“纸带游行”。历史上，获此殊荣的人还包括老罗斯福总统等政要名流、体育比赛冠军队、退伍老兵等。（译者根据公开资料整理）

年轻的约瑟夫 · P. 肯尼迪[2]那时在华尔街还算不上一个人物，他当时正走在离爆炸中心不远的危险地带，被爆炸的气浪掀翻在地，却没有受伤。斯维特饭店的老板——百万富翁爱德华 · 斯维特却被炸得粉身碎骨，最后找到的只有一只戴着戒指的手指。摩根控制的信孚银行总裁苏厄德 · 普罗瑟则完全是死里逃生，当时正好有一块吊锥碎片穿过他办公室的窗户，从他身旁不到 1 英寸（约 3 厘米）的地方飞过。而一个年轻的快递员却没有这么幸运，他被炸成重伤，躺在街上，但他仍央求路人帮忙，将要递送的那一捆证券送达目的地，他不愿意没有完成任务就这样死去。

那个时候还没有空调，所以到处可见窗户外的遮阳篷。这些遮阳篷燃起的火焰有近 12 层楼高。爆炸地点半英里以外的窗户都被震碎

1. 连枷，一种农具，用来拍打谷物。——译者注
2. 约瑟夫 · P. 肯尼迪（Joseph P. Kennedy），即老肯尼迪，后来的肯尼迪总统的父亲，他是肯尼迪家族的第一代人，银行家与实业家，曾任美国证监会（SEC）第一任主席及美国驻英大使。——译者注

了，浓重的墨绿色烟雾像棺盖一样笼罩着这个地区。

交易所大厅里的经纪人都被这声爆炸惊得目瞪口呆，大厅里一片死寂。交易所朝宽街一面的巨大窗户被震成无数小碎片，人们全部拥到了大厅中央。随后，他们突然意识到，头顶的玻璃穹顶有巨大的危险——此时穹顶开始剧烈颤抖，但是还勉强支撑着没有倒塌。经纪人们再次开始逃散，躲到了墙边安全的地方。交易所总裁拼命挤到主席台上，敲响了钟。这样，在爆炸后一分钟之内，他宣布暂停交易。

摩根银行窗户的玻璃也被震碎了，但如有神灵相助一般，就在不久前，银行在大楼窗户内侧装上了金属网格，这个网格避免了一场银行大楼里的惨剧。尽管如此，摩根银行仍然有一个职员死亡，另外一个由于伤势过重，第二天也死了。小摩根的儿子朱利叶斯·摩根也受了伤。另外一个年轻的银行家——威廉·尤因摔倒后失去知觉，醒来的时候发现自己的脑袋被塞在了一个废纸篓里面。

此时，小摩根正在英国。爆炸发生的时候，他的4个高级合伙人正在银行里和一个法国将军开会，厚厚的花岗岩墙使他们免于受伤，但是他们也像其他人一样被惊呆了。当雷鸣般的爆炸声平息后，玻璃的碎裂声、幸存者的尖叫声以及受伤者痛苦的呻吟声混杂在一起。这位法国将军打破沉默，礼貌地问道："这种事情经常发生吗？"

几分钟内，警察、消防员和救护人员挤满了这个地区，大规模的调查也同时展开。在1920年，现代刑侦技术尚未成形，警察们所能调查的只有那些吊锥碎片以及在两个街区外三一教堂前面发现的马蹄铁。这些吊锥看上去都没有什么特别之处，因而无法判定它们的出处。尽管调查范围远至芝加哥以东的4 000个马厩和所有的铁匠铺，马蹄铁也同样说明不了任何问题。

1920 年，华尔街大爆炸之后的景象。在这次爆炸中，有 30 多人死亡。如果再晚几分钟爆炸，可能有数百人死亡。制造这次爆炸的罪犯始终没抓到。

这次爆炸最可能是无政府主义分子干的，事实上，它是 19 世纪以来最受人注目的暴行之一。爆炸之后，一个邮递员把在百老汇大街和雪松大道街角处一个邮箱里发现的传单交给了警察，那里离宽街和华尔街只有几步之遥。那天 11 点 30 分，他已经取过一次邮件，再次取邮件的时间就在爆炸前。这些传单是在第二批邮件中发现的，因此，可以肯定投递这些传单的人知道将要发生什么。

“记住，”传单上不连贯地写道，“我们再也无法忍受了。释放政治犯，否则你们都将去死。”落款是“美洲无政府主义战士”。这些传单和 1919 年纽约无政府主义分子爆炸案后发现的传单完全一样，但没有抓到任何犯罪嫌疑人。

还有另外一个重要线索。埃德温 · P. 费歇尔是一名与华尔街有着密切交集的年轻律师，他还曾在全美网球比赛中拿过名次。他行为古怪，曾不止一次精神错乱。在爆炸前两个星期，费歇尔曾告诉他的朋友和熟人华尔街将要发生一次爆炸，他还加了很多贬损华尔街（特别是摩根银行）的话。此外，他还不止一次跟人说爆炸将会发生在 9 月

15 日，至少这一时间和实际情况完全吻合。

当然，在爆炸发生以前，没有人会真正在意他的话。当爆炸发生的时候，费歇尔正在加拿大，他的内弟马上赶到他那里，劝说他回到美国。警方对他进行了彻底审问，并把他秘密关押在医院里长达好几个月，但没有人认为他和爆炸有任何真正联系。正如他的一个朋友解释的那样："只要和费歇尔谈上 10 分钟，你就会知道没有任何密谋者会让他这样一个人参与其中。"就像人们常说的那样，费歇尔的警告很可能源于疯子身上常见的那种超自然的预见能力。

1920 年的爆炸，从某种意义上说，是对华尔街成为世界金融中心的一声颇具讽刺意味的道贺。随后，华尔街表面上又恢复了往日那种一夜暴富、销金蚀银的生活，爆炸很快就被人忘得干干净净。烧焦的遮阳篷被换了下来，窗户上也装上了新玻璃。但是，摩根银行决定不去修复大楼正面那些被吊锥砸出来的沟沟点点，其中有些痕迹有 1 英寸之深，这些作为资本主义象征的"小斑点"一直保留到了今天，成为华尔街一个小小的看点。

同一时代的西方和东方

西方	年份	东方
	1914	日本对德宣战并侵入中国山东
美里尔在纽约市华尔街7号创建了自己的公司，即后来的美林公司	1914	
	1915	新文化运动开始
	1915	上海外国银行联合会成立
	1916	袁世凯恢复帝制失败
俄国二月革命，临时政府成立	1917	
美国对德国宣战，参与第一次世界大战	1917	
俄国十月社会主义革命爆发	1917	

（续表）

西方	年份	东方
美国和日本签订《兰辛-石井协定》，美国承认日本在中国山东、东北和内蒙古的特权，以换取日本对美国“门户开放”政策的承认	1917	
	1918	印度民族解放运动高涨
爆发苏维埃国内战争，至 1920 年结束，实行“战时共产主义政策”	1918	中国自办的第一家证券交易所——北平证券交易所成立
德国十一月革命爆发	1918	
共产国际成立	1919	
巴黎和会召开	1919	
	1919	朝鲜爆发三一运动
	1919	中国爆发五四运动
资本主义世界爆发了“一战”后的首次经济危机	1920	中国第一家期货交易所——上海证券物品交易所正式成立

第十二章

“交易所想做什么就可以做什么”
（1920—1929 年）

译者题注

进入 20 世纪 20 年代，纽约证券交易所虽已成为世界上最大的股票市场，但就其制度和运行方式而言，却和 1817 年它刚建立时没太大差别。从本质上讲，它仍然是一个私人俱乐部，其宗旨仍是为交易所的会员谋取利益，而不是保护公众投资者。在大多数情况下，“交易所想做什么就可以做什么”……

译者导读

- 20 世纪 20 年代的美国股市中，汽车行业股票成为龙头股。投机家赖恩决心在斯图兹汽车股票上一展宏图。不幸的是，他的对手中有一些交易所的核心成员，而交易所成员不择手段操纵股票早已是尽人皆知的事情。赖恩成功地囤积了斯图兹股票，身为交易所成员的几位空头准备故伎重演，通过修改交易规则来击败赖恩。然而，他们没有想到的是，单枪匹马的赖恩巧妙地利用了公众对弱者的同情。在舆论的强大压力下，交易所的当权派投降了。
- 赖恩在此役中获得了巨大的财富，但也支付了高昂的成本。他的对手仍然控制着交易所，并将他逐出了交易所，最终，他的财富在随后而来的熊市和做空袭击中被洗劫一空。交易所最终报复了赖恩，但在声誉方面也付出了惨重的代价。
- 同样在 1920 年惨遭打击的还有通用汽车创始人杜兰特。这位创造了世界上最大公司的实业家，因一个微小却致命的错误判断，导致个人财富在股市中丧失殆尽，只能靠经营一个保龄球馆度过余生。
- 20 世纪 20 年代，美国经济蒸蒸日上。亨利·福特开创了汽车时代。美国财政部部长梅隆推行的低所得税政策使得居民收入大大增加，电力的运用使得生产率大大提高，并购浪潮风起云涌，此时刚刚出现的信用支付手段使得中产阶级一夜之间拥有了前所未有的购买力。

- 华尔街再次伴随着经济的繁荣而起飞。在此前的繁荣期，华尔街股市的涨幅和美国经济的增长基本同步，但这一次，华尔街的步伐明显快于美国经济本身。在这一时期，美国国内生产总值增长了不到50%，但道琼斯指数上涨了三倍。当时的投资者只需支付10%的保证金就可以购买股票，余额由经纪人垫付。
- 纽约联邦储备银行从美联储贴现窗口以5%的利率借出资金，然后倒手以12%的利率借给经纪人，而经纪人又转手以20%的利率借给投资者，而投资者希冀在牛市中获得远超于此的回报。在这个不断飙升的股市中，人们已经忘记了什么叫风险，银行、经纪人和投资者对于如此高的利率背后所隐藏的风险视而不见。20世纪20年代轰轰烈烈的牛市就像"泰坦尼克号"一样，走上了一条不归之路。
- 美联储主席本杰明·斯特朗是一位资深银行家，他洞察到了这种股市狂潮背后所酝酿的风险，并试图采取各种措施"以防止股票市场灾难性的崩溃"。不幸的是，他于1928年10月辞世，失去了斯特朗的美联储毫无作为，未能采取进一步的严厉措施，终于，历史上最大的一次股市灾难——1929年股灾拉开了帷幕。

人类社会有一条铁律：在没有外来压力时，任何组织的发展都会朝着有利于该组织精英的方向演进。这条规律既适用于薪酬丰厚的公司管理层，也适用于被领袖人物控制的工会，既适用于美国国会，也适用于好莱坞。但是，在昭示这一规律的各种组织中，20世纪20年代的纽约证券交易所无疑是最佳范例之一。

经过了19世纪30年代不正规的、以自我调节为主的“童年时代”，又经历了南北战争时期无法无天的“青春期”，到了20世纪20年代，纽约证券交易所已经逐步摸索出一整套保证市场有序稳定发展的制度和程序。随着纽交所在华尔街建立起独一无二的地位，并将这些规则付诸实施，投资者们不必再担心会在投资过程中受到欺骗，而能放心地寻找投资机会；而经纪商们，至少是那些有商业头脑的经纪商，从长远来看就有赚钱的希望。

到了20世纪20年代，得益于美国经济在此前40年的快速发展，以及在欧洲开战的“一战”期间的爆炸式增长，纽约证券交易所一举成为世界上最大、最有影响力的交易市场。但是从制度上讲，它和1817年刚刚正式成立时几乎没有什么区别，也就是说，它仍然是一个私人俱乐部，交易所的宗旨仍然是保护它的会员们的利益，也就是那些席位拥有者的利益，而不是为了公众的利益。像大多数私人俱乐部一样，纽约证券交易所在内部管理方面毫无民主可言。

也像大部分俱乐部一样，交易所由会员中的一小部分人组成的寡头集团所操控，他们想方设法维护自己的地位，占据交易所几乎所有的领导职位和委员会中的席位。在交易所中，寡头集团的权力并不是按照会员比例平均分配的。尽管大经纪公司都有合伙人在交易所拥有席位，但是有大约一半的席位由专门经纪人（specialist）和大厅交易员（floor trader，或称场内交易员）控制，而后面这两个群体也拥有交易所中地位最为显赫的交易所管理和法律委员会（Governing and Law Committees）中2/3的席位。

专门经纪人为特定的股票“做市”。[1] 他们的工作就是维持一个

1. 指为股票提供一个可供交易的市场。——译者注

“公正、有序”的市场。每一个专门经纪人手中都有某一只股票所有买单和卖单的详细记录，当股票价格符合买家或卖家的要求时，他们就执行这些买卖订单。这样他们就处在最有利的位置，能最先知道市场的走向，并能从中谋利。在20世纪20年代，没有任何规定禁止这些专门经纪人从他们做市的股票上谋取私利，也没有禁止他们将内部信息泄漏给其他人来帮他们赚钱，自己从中提成。

大厅交易员则与他们不同，他们只为自己的账户交易。与那些只能不断出没于经纪人办公室以获取一点可怜信息的普通投资者和投机商相比，他们拥有两个巨大的优势。首先，由于可以在交易所大厅交易，他们能够得到有关市场和个股走势变化的最新消息，并以闪电般的速度进行买卖。其次，他们不必支付交易佣金，因而他们可以随意买进卖出股票和债券，利用价格的轻微波动来谋利，这很像今天在因特网上买卖股票的日间交易者（day trader）所做的那样。

然而，与今天的日间交易者不同的是，为了自己的利益，他们可以彼此合谋或者和专门经纪人合谋操纵市场（至少迄今为止，互联网上的日间交易者还没有这么做）。19世纪最后30年的改革成功遏制了上市公司和管理层操纵市场、损害投资者和股东权益的行为，但交易所会员操控市场的能力却毫发未损。

联合坐庄（pools），即多位投机者合谋拉抬或打压股价的做法，在当时是司空见惯的。尽管“虚卖”（wash sales，即经纪人报告股票被售出，而事实上并没有发生）是被禁止的，但是这些人仍然可以在团伙内部精心制造出一系列虚假买卖，俗称“对敲”（matched orders）。这些对敲交易会在股票自动报价机上制造出一种虚假的股票走势，诱骗其他投机商按照团伙希望的方向进行买卖。一旦达到目标，他们就迅速离场，由此获得可观的收益，而外界的投机者还蒙在鼓里。

大厅交易员也占据着得天独厚的优势，他们可以上演“卖空袭击”（bear raids）的好戏。他们会通过一连串卖空对某一只股票进行连续打压，或者对整个市场进行打压。接着，因为他们处在整个市场的核心，能够比外界投机者更好地判断市场何时到达谷底，而一旦市场探底，他们就立刻平仓空头头寸，以此获得最大利润，而此时外围的买家刚刚开始买入。

虚卖与对敲

虚卖是指投资人在亏损状况下售出证券，不久后又买回相同或实质上相同的证券之行为，旨在将未实现资本损失转为已实现资本损失，以获得当年度税务抵免，并希望随后回购的证券未来获利，在未来年度方需报税。前通用公司总裁、杜邦公司董事皮尔·杜邦曾在1929年股灾时用该手段隐藏了200万美元盈利，从而获得相应税收减免，最终被税务部门发现，并取消减免。

对敲则是由两个对手分别在各自证券公司提交价格、数量相对应的买卖指令。通过反复对敲，股票始终在两个对手间易手，创造虚假的成交量或交易走势以从中牟利。（译者根据公开资料整理）

这多少有点儿像持有官方特许的盗窃“执照”行窃，至少对那些机敏胆大的投机商来说是这样。在大部分情况下，他们是从广大的普通投资者那里偷盗，但是有时候，他们甚至会从俱乐部中那些实力稍弱的会员那里偷盗。

托马斯·福琼·赖恩是19世纪末20世纪初最主要的金融家之一，艾伦·A.赖恩是他的儿子。老赖恩出生在西弗吉尼亚农村一个贫穷的爱尔兰后裔家庭，他于1870年来到纽约，19世纪80年代中期彻底摆脱贫困。那一年，他和威廉·C.惠特尼开始联手接管纽约市交通系统，获得了有轨电车的特许经营权，同时收购了高架铁路。20世纪头十年，IRT地铁系统刚刚建成，他就控制了这条地铁。1905年，老赖恩的财产按保守估计为5 000万美元，到1928年他去世的时候，这个数字又翻了4倍。伯纳德·巴鲁奇[1]称老赖恩是“我所认识的人中少有的那种足智多谋、雷厉风行的人”。老赖恩在1906年开始从生意场淡出，投身到艺术品收藏和向天主教教堂施惠行善中。

1915年，他将自己在纽约证券交易所的席位传给了儿子艾伦·A.赖恩。小赖恩随即组建了艾伦·A.赖恩公司，并很快成为华尔街非常有名的多头，他投资于一系列工业股票，在第一次世界大战给华尔街带来的牛市大潮中如鱼得水，大发横财。

1916年，他控股了美国斯图兹汽车公司（Stutz Motor Car Company of America）。这家公司生产著名的斯图兹Bearcat汽车，这种车是20世纪20年代汽车业的象征（有趣的是，在20世纪20年代刚开始的时候，也就是1920年，这家公司就已停止生产Bearcat汽车，所以20世纪20年代的汽车业象征实际上是此前生产的旧车）。此时赖恩还不到40岁，而他的资产，至少按他自己的说法，估计已经高达3 000万美元了。当然，这和他父亲庞大的资产相比是微不足道的。然而，这对父子却越来越疏远，虽然两人从未在公开场合解释过其中的原委，但答案却是显而易见的：小赖恩的母亲于1917年逝世，他的父亲在其后不到两周就再婚了。

1920年1月，斯图兹股票开始上涨。此前，它在纽约交易所的交

1. 伯纳德·巴鲁奇（Bernard Baruch，1870—1965年），华尔街最成功的投机商之一。他依靠在华尔街投资获得了巨大财富，后帮助民主党候选人威尔逊成功竞选总统（1912年），并被任命为美国战时工业委员会主席。——译者注

易价格一直徘徊在每股100美元左右，到1月底的时候已经达到每股120美元，在2月2日，突然又冲到每股134美元。然后，卖空投机者开始入场，准备对这只股票进行卖空袭击。空头中的一些人是交易所内部的核心会员，尽管赖恩是世家子弟，事业如日中天，却还算不上交易所的核心会员。此时的赖恩刚刚从肺炎的折磨中挣脱出来，但他毅然拖着尚未痊愈的身体亲自来到华尔街，捍卫自己的利益，一开始，他甚至还需要一名护士的陪同。

斯图兹Bearcat汽车

小赖恩控股了美国斯图兹汽车公司，并击败了卖空斯图兹汽车股票的投机者。然而，卖空者中的大部分都是纽交所的会员，他们随后借熊市之机实施报复，导致小赖恩破产。（译者根据公开资料整理）

他开始购入斯图兹股票，吃下所有的卖单。赖恩下决心杀空这只股票，直到空头们发出惨叫。尽管他很富有，但进行如此庞大的操纵

活动仍显得资金不足，于是他开始用公司的其他资产甚至是个人财产做抵押，大量借钱。

到了3月底，看起来，他的目标似乎已经唾手可得。3月24日，斯图兹股票在当天日中交易价格就达到了每股245美元，收盘的时候涨到了每股282美元。到4月1日，股价达到了每股391美元。大部分斯图兹股票的持有者早就开始兑现离场，他们把股票都卖给了赖恩，实际上此时赖恩是场内唯一的买家。这场大搏杀中，原先以每股130美元价格卖空的空头们现在面临着灭顶之灾。如果赖恩手中持有了全部斯图兹股票，他们将不得不以赖恩开出的天价从他那里购买股票来平仓。但是，空头中仍然有一些死硬派还在继续卖空，他们从赖恩那里借入股票，然后以更高的价钱卖给他。如果赖恩能够成功杀空，在一个正常的游戏规则下，他们这样的行为无异于自杀。

因为卖空者是从赖恩这里借入股票的，所以赖恩知道他们是谁——他们中的大部分都是交易所的会员，而且其中有些人是交易所一些重要的委员会的成员，位于交易所权力的核心地带。3月31日，赖恩被交易所商业行为委员会（Business Conduct Committee）召去解释斯图兹股票的异动情况。委员会成员当然已经知道这只股票一路飙升的真正原因，而赖恩也知道他们是明知故问，他礼貌地解释道，斯图兹股票的异动是因为他和他的家族拥有了所有的斯图兹股票，换句话说，他在杀空这只股票。同时他开出了他的价码，空头们可以以每股750美元的价格从他这里购买斯图兹股票来平仓。

空头们决定坚持到底。那天下午，赖恩被告知，交易所正在谋划将斯图兹摘牌，这意味着赖恩将无法把他手中的股票卖出。赖恩对交易所委员会的回应是，如果他们这样做，平仓的价位将是每股1 000美元，而不是每股750美元。但是，令人奇怪的是，在下午3点收盘前的几分钟里，场内的卖空仍然在继续，空头们还在不断地从场内斯图兹股票的唯一来源——阿伦 · A. 赖恩公司那里借入股票。

当股市刚一收盘，空头们这种似乎是为自己“掘墓”的行动的真正原因就立刻清楚了。位于宽街 8 号的交易所最高权力机构——纽约证券交易所管理委员会（Governing Committee）宣布，他们全体一致决议中止斯图兹股票的交易。一名记者指出交易所这么做缺乏法律依据，而且这种事情以前从来没有发生过。面对这样的指责，交易所发言人的回答是：“交易所想做什么就可以做什么。”

在华尔街 200 年的历史上，不论出现过什么样的阴谋诡计，仍然有两条游戏规则从来没有被亵渎过。第一条是“成交了就是成交了”（a deal is a deal），也就是说，当买家和卖家在价钱上达成一致时，交易就做成了，不论随后股价在股票交割前发生任何变化，交割时都要以原先说定的价钱结算。如果这条规则不被严格执行的话，那么我们无法想象，资本市场这样一个瞬息万变、规模巨大的自由市场如何能正常运行。

而交易所却能做任何个人永远无法做到的事，尽管它的这种特权本应用来为公共利益服务。4 月 5 日，交易所宣布赖恩的所有合同无效，并称：“纽约证券交易所将不把那些因无法得到斯图兹股票而不能按时交割该股票的行为视为毁约。”换句话说，那条古老的格言——“只要他卖空的不是他的，他就必须把它买回来，否则就进监狱”，对于交易所那些关系深的人就不灵了。

第二条同样神圣的规则是，私人契约的隐私权不受侵犯，也就是说，不论是买方还是卖方，都不能泄露买卖合同的另一方是谁。按照 J.P. 摩根的一句名言，没有哪个生意人愿意和一个“透明的口袋”（glass pocket）做生意。一份买卖合同的暴露就可能意味着一次精心组织的投资运作被彻底摧毁。

纽约证券交易所深信赖恩不会透露斯图兹杀空战役中的空头一方

是谁，因此就随意编造谎言，它的发言人厚颜无耻地说空头们大多是遵纪守法的普通人。像杜布克[1]这样一个小镇的家庭妇女竟然会是斯图兹股票的大空头，人们一听就知道完全是胡说八道，所以当交易所的这种谎言出现在报纸上时，人们甚至懒得去驳斥它。

赖恩则完全无视纽约证券交易所宣布他合同无效的声明，仍然写信给交易所，建议交易所代表空头与他谈判，以免浪费时间和带来麻烦。纽约证券交易所对此不做回应。现在，几乎所有华尔街人都在兴奋地关注这场较量。人们聚集在经纪公司的告示牌前，紧张地等待交战双方发出最新声明。

赖恩并不比一般经纪人更高尚，他不是什么改革者，但是他知道他作为一个弱者与一群当权者斗争的形象有着巨大的煽动力。4月13日，他向交易所递交辞呈，辞去交易所的会员资格，他在辞呈中写道："只要你们只对自己的利益负责，只要你们能够自己滥定规则……只要你们继续让个人利益影响你们的讨论、你们的判断、你们的决定……出于我的自尊，我羞于与你们为伍。"

赖恩的辞职也使他可以不受交易所各种规则的束缚，也就是说，他由此摆脱了华尔街行为准则的束缚，至少他自己是这样认为的。赖恩很快将一份列有9位交易所会员的名单交给了《纽约世界报》[2]，虽然他没有明说，但他暗示这些人都曾经卖给他斯图兹股票，但是还没有交割。这9位会员很快否认他们或他们的公司在卖空斯图兹股票，当然，他们同时又声称，他们也不排除曾为他们的客户做过类似的事

1. 杜布克（Dubuque），美国艾奥瓦州东部城市，位于密西西比河畔，这里意指美国任何一个小镇。——译者注
2.《纽约世界报》的创办人是世界著名的新闻奖项普利策奖的创办人约瑟夫·普利策，他致力于社会进步事业，以揭露社会弊端、发动改革运动、以煽情新闻刺激销量赢得了声誉。——译者注

情。但是，毋庸置疑，一个经纪人应该为他所有的交易负责，不论他是在为自己做还是为客户做。

立刻，各种小道消息开始传播开来，有的说政府马上要加强对纽约证券交易所的外部监管，有的说老赖恩将以他庞大的资产支持小赖恩。纽约证券交易所开始变调了，它发表了一项声明，称它的所作所为纯粹是为了保护那些无辜的投资者，而不是斯图兹股票的空头们。它也突然决定："这些卖空合同的结算将最终由当事双方协商解决。"

赖恩迅速利用了这一有利形势，他要求空头们履约。换句话说，他正式要求空头们平仓并付给他斯图兹股票。如果空头们手里没有股票，按照交易所的规则，他有权"代为买进"，也就是说，他可以以空头们的名义向他自己购买空头们欠他的股票，并随意定价。而空头们也就只好付这个价，如果付不出来，就要面临破产的悲惨结局，并在这个博弈场销声匿迹。

4 月 20 日，交易所的投资者保护委员会（Protective Committee）停止了抵抗，它承认它代表了 58 家以上的公司，这些公司一共卖空了 5 500 股斯图兹股票。当然，实际数字远不只这些，公布这个数字只是为了应付公众。随后成立了一个协调委员会，这个协调委员会的大部分成员是借钱给赖恩进行逼空操作的银行家，他们试图在赖恩和空头们之间找到一个折中方案，但是双方不能达成一致意见，于是赖恩宣布他将在 4 月 24 日上午 10 点"代为买进"这些股票。由于斯图兹股票在纽约证券交易所已经被中止交易，所以赖恩在仍然位于宽街人行道上的"路边市场""买进"[1] 这些股票。因为赖恩已经从纽约证券交易所退出他的交易席位，所以他有理由在他能找到的任何其他交易

1. 这里并不是真正意义上的买入，而是从自己手上转移这些股票，并可随意定价。——译者注

所自由地进行股票买卖。

4月24日是一个星期六，此时在华尔街，星期六仍然是半天工作日，直到“二战”后，星期六才改为休息日。这一天，宽街上挤满了人，大家都放下了手头的工作，跑来看这场好戏如何收场。此时，协调委员会仍旧在附近一家律师事务所里开会。最后，空头们终于意识到，他们除了投降别无选择。但是，在什么价位上收场呢？58位空头每人在纸上写下了一个价格，然后取其平均数。最终的结果是：他们现在要为在1月1日还只是每股100美元的斯图兹股票支付每股550美元。

他们挤过人群来到赖恩的办公室，赖恩立刻接受了这一价位。斯图兹股票杀空战役结束了，赖恩从中获取的利润大致在100万~150万美元。

但是纽约证券交易所，更确切地说，纽约证券交易所中的寡头集团，不会轻易放过赖恩。有关调查赖恩的传言一个接一个地出现，纽约证券交易所迟迟不批准赖恩出售他的席位，当时席位的价格是10万美元，并且最终也没有接受赖恩的辞职。他们指控他“违背了公正和公平的交易原则”——这是纽约证券交易所能给予其会员的最严重指控。赖恩被传讯参加一个秘密听证会，并允许他为自己辩护。赖恩拒绝了，他轻蔑地回答说：“你们邀请我去你们的华堂，帮助你们粉饰你们过去和现在的丑行，而我将成为你们的一只替罪羔羊，对不起，恕不奉陪！”毫无疑问，这场赖恩缺席的“审判”如期举行，赖恩被宣布有罪，并被逐出了纽约证券交易所。

但是，这还不是故事的结尾。赖恩持有的其他股票遭到了一波又一波做空投机的攻击。随后，1920年的熊市突然到来，到了12月，它已经吞噬了股票市场1/3的市值。赖恩的其他股票严重缩水，而他的贷款是以那些股票为抵押的，现在银行想要收回给他的贷款，赖恩只有将他手中的斯图兹股票卖掉才能偿还银行的贷款。由于他实际上是市场上唯一的斯图兹股票拥有者，他只有找到一个能卖出斯图兹股票的市场才有出路，而路边市场显然无法应付这么一笔巨大的股票交易。到11月，银行宣布他们将接管赖恩的公司。

他挣扎着坚持了一年半，但是到了1922年7月21日，他已经无法继续坚持，只得宣布破产，申请破产的声明上列明了其负债总额达到3 243万美元的天文数字，而他的资产只有64万多美元。他的斯图兹股票将被拍卖，如果拍卖价格能够达到每股50美元，那么赖恩至少可以不用破产了。但是，这完全是白日做梦，因为在路边交易市场中，它的最新报价只有每股5美元。最终，赖恩在斯图兹公司的股票被施瓦布以每股20美元的价格买走——他是曾陷于赖恩制造的陷阱中的几个主要玩家之一。

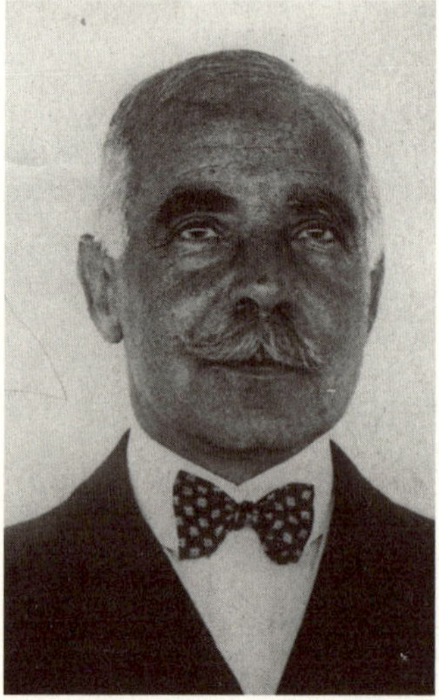

奥托·卡恩是华尔街犹太银行家的代表人物，也是棋盘游戏“大富翁”的卡通大亨原型。（译者根据公开资料整理）

这样，纽约证券交易所终于报复了赖恩，但它在公众声誉方面也付出了沉重的代价。在此后的另一个年代，在一个完全不同的经济环境下，它这种无视公众利益的傲慢依旧阴魂不散。事实上，直到20世纪80年代之前，华尔街在人们心目中的形象还是在20世纪20年代形成的。对这一形象有正面贡献的人要算是奥托·卡恩了。奥托·卡恩是库恩·勒布银行的合伙人，当雅各布·谢弗在1920年去世的时候，奥托·卡恩成为这家公司的主要合伙人，并成为华尔街上犹太银行家的代表人物，他也在很长一段时间里担任过大都会歌剧院的理事会主席。到了20世纪30年代，他英俊的椭圆形脸庞配上整洁浓密的大胡子，成了棋盘游戏“大富翁”的卡通大亨原型。

* * *

1920年，在华尔街赔钱是一件极为平常的事，即使你没有陷在那些蓄意害人的阴谋中也是如此。事实上，这一年，人们目睹了华尔街上最大的个人财产损失：威廉·C.杜兰特[1]在不到7个月的时间里损失了9 000万美元。

杜兰特是一个销售天才，他在马车生意中积累了一些财富。1904年，他意识到汽车将成为人类交通工具中的未来之星，那一年，他控股了正处于财务危机中的别克公司（Buick Company）。到1908年，杜兰特已经将它成功地改造成美国最大的汽车制造商，年销售量比它的另外两家竞争者——福特公司和凯迪拉克公司的总和还多，达到了8 820辆。

杜兰特是个天生的乐天派，他开始了他的并购狂潮，收购其他汽车公司和零部件供应商，并将它们与别克公司整合在一起，组建了一家新的公司——通用汽车公司。虽然杜兰特在销售方面是一个天才，但是他在并购业务上却是个不折不扣的笨蛋。他在购买公司的时候经常花太多的冤枉钱，或者买了一些他根本不应该买的公司。等到1910年经济衰退袭来的时候，通用汽车公司不得不靠银行家的帮助来渡过难关，公司股权被托管，杜兰特失去对公司的控制权长达5年之久。

当银行家们正忙于理顺通用汽车的内部结构时，杜兰特又组建了

1. 威廉·C.杜兰特（William C. Durant，1861—1947年），美国实业家，组建了别克汽车公司、通用汽车公司和雪佛兰汽车公司。——译者注

雪佛兰公司，它的490型汽车在1915年首次推向市场，取得了巨大成功。虽然这款车的价位比当时传奇般的福特T型汽车稍贵一些，但它给驾乘者提供了更多的舒适。490型车的销售是大众营销策略的第一个成功范例，它为消费者提供各种各样的实惠选择，包括各种不同的颜色，而福特只知道压低价格。通用汽车在接下来的10年中采用这种大众营销策略超越福特；成为汽车行业龙头。

亨利·福特，福特汽车公司的创始人，他采用大规模生产降低成本使得汽车普及，并付给工人高工资（每天5美元，相当于现在的120美元），开启了美国“福利资本主义”（Welfare Capitalism）的先河。（译者根据公开资料整理）

在通用汽车公司的股权托管即将到期的那一年，杜兰特用他在雪佛兰汽车上所赚的钱开始购买通用公司的股权，并且从他那些拥有通用汽车股票的朋友们那里争取到他们的委托投票权，他同时也劝说因为“一战”而富得流油的杜邦投资通用汽车。第二年，雪佛兰购得了通用汽车的控股权，杜兰特又完全控制了通用汽车公司（从通用汽车被雪佛兰控制，到后来雪佛兰又被通用汽车控制，是好几年后的事情了，并经过了无数次复杂的证券转手才得以完成）。

美国三大汽车巨头的百年兴衰

美国素来有“车轮上的国家”之称，底特律则被誉为“给美国装上车轮的城市”。底特律的福特、通用汽车、克莱斯勒这三大汽车生产商分别创建于1903年、1908年、1925年，一度称霸全球汽车行业：福特借助T型车一战成名，还发明了汽车行业的流水线，大大提高了生产效率，为现代汽车业奠定了基础；通用汽车通过兼并重组实现全球扩张，常年雄踞美国汽车公司榜首，于1955年成为美国历史上第一个纳税超过10亿美元的公司；克莱斯勒以道奇、JEEP等品牌在大中型家用汽车和越野车市场上享有盛誉。

“二战”之后欧洲汽车业逐渐复苏，日本汽车则在1973年石油危机之后以省油、廉价等特点迅速抢占市场，美国汽车公司节节败退，更遭到2008年金融危机的重创：福特公司一度拥有的路虎和捷豹被印度塔塔汽车公司收购、沃尔沃被中国吉利公司收购；历史上两度濒临破产的克莱斯勒公司则被意大利菲亚特集团收购；通用汽车在破产重组之后依靠美国政府的援助而延续，并通过发力海外市场等举措恢复了盈利，其在中国市场的销量于

2010 年首次超过美国市场，中国已成为通用汽车的第一大市场。

随着纯电动汽车和自动驾驶技术风靡全球，底特律也在试图跟上创新的步伐，但更多地仍然是保守和“铁锈带”的象征。2017 年 4 月，特斯拉的市值短暂超过通用汽车，成为美国市值第一的汽车公司。虽然目前断言汽车产业未来格局为时尚早，但无疑美国传统汽车巨头面临着巨大的挑战。（译者根据公开资料整理）

福特 T 型汽车（左图）于 1908 年问世，以物美价廉和可靠耐用的特点打开了中产家庭市场，使得汽车不再是少数人的奢侈品。到 1927 年停产时，该系列汽车共售出 1500 万辆，并于 1999 年被《财富》评为“世纪之车”。福特的汽车生产流水线（右图）被公认为真正意义上的工业化流水线，它细化了责任分工，使得大规模生产成为可能——后者与资本市场的发展是相辅相成的，开启了一个规模化工业生产的新时代。（译者根据公开资料整理）

在战争引发的经济繁荣中，通用汽车公司呈爆炸式增长。1918 年，它生产了 246 834 辆汽车和卡车，除此以外，它还生产了大量军需产品。此时，它已拥有 5 万名员工，当年利润为 1 500 万美元。第二年，它的利润增加了3倍，达到6 000万美元，员工数量达到8.6万人，产量上升到40万辆。

1920年初，通用汽车公司的股票按10 ：1的比例进行拆股，拆股之后每股42美元，至少拥有几百万股通用汽车股票的杜兰特成为美国最富有的人之一。但是，随后的4月，汽车股票开始领跌市场——正如那些拥有时代最新技术的股票在市场上一贯的表现那样。本来杜兰特可以耐心等待这次下跌的结束，但是，出于保护他的投资人和员工的心理，他固执地试图一个人托市。而这一幼稚的做法，正如通用汽车的另一个重要人物阿尔弗雷德·P. 斯隆[1]所说的那样："他成功的概率如此之小，就像站在尼亚加拉瀑布的最高处，试图用他的帽子阻止瀑布下泄一样。"

杜兰特开始在交易所购进通用汽车的股票，并通过支付保证金来放大他的购买力。在那个年代，你只需要支付股价的10%作为保证金就可以购买股票，不足部分由经纪公司垫支。这种做法在股票上涨的时候当然是一本万利，但是如果股价下跌的话（在1920年，几乎每一只股票都在下跌），经纪人就会要求越来越多的抵押品，如果客户没有足够价值的抵押品的话，经纪人就会把他的股票在低价抛出，客户于是不得不蒙受巨大损失。在这个伟大的博弈里，游戏规则从来如此——风险和收益相匹配。

但是，到了10月底，通用汽车的股价已经下跌到每股17美元。到了11月10日，股价仅为每股14美元，是4月的1/3，名义上曾无比富有的杜兰特现在已经走到了尽头。但是，杜兰特不是个爱抱怨

1. 阿尔弗雷德·P. 斯隆（Alfred P. Sloan），为麻省理工学院1895年班的学生，1952年其在担任通用汽车总裁时，向麻省理工学院捐赠了500万美元成立产业管理学院（School of Industrial Management），1964年此学院改名为斯隆管理学院（Sloan School of Management)。——译者注

的人，他没有告诉任何人自己正身处困境。可是华尔街一直以来就是世界上最大的谣言工厂，通用汽车的其他投资者，如杜邦公司和摩根银行，对此已经有所耳闻，它们要求杜兰特告诉它们真相。最后，在11月16日，杜兰特讲了实话。此时的杜兰特手里有一份要求增加保证金的通知单，要求杜兰特在第二天市场开市的时候补交15万美元保证金，而这仅仅能使他勉强过关。不幸的是，第二天，通用汽车的股票再次下跌到每股13.5美元，又引发了对杜兰特新一轮雪崩似的保证金要求。

摩根银行和杜邦公司知道，如果杜兰特支撑不住而将他手中的通用汽车股票在市场上抛出的话，对它们在通用汽车的利益甚至对整个通用汽车公司都将是灾难性的。于是，它们决定帮助杜兰特，将他从他善意的蠢行中解救出来，它们借给杜兰特足够的资金，使他足以支付保证金并还清他欠经纪人的债务。结果，它们成功地阻止了几乎是必然将要发生的一次大危机，但是杜兰特却失去了几乎所有的通用汽车股票，总计300万股——它们转而成为摩根银行和杜邦公司的资产。

假如杜兰特没有在1920年的熊市中为通用汽车的股价下跌做螳臂当车似的努力，他很快就会成为全世界最富有的10个人之一，到了1926年，通用汽车的股票已经涨到每股210美元。可是，当初杜兰特的确感到他对投资者们负有义不容辞的责任，并按照他认为是最好的方式做了自己应该做的。其结果是：这位创建了这个星球上最大实业公司的人——今天的通用汽车公司年销售额超过了世界上大部分国家的国内生产总值，最后只能靠经营一个保龄球馆度过自己的余生。

* * *

1920—1921年的短暂衰退期很快就被新一轮经济扩张替代。1921

年3月4日，一个重视商业的哈定[1]政府时代开始了。安德鲁·梅隆[2]（当时美国最富有的人之一）被提名为美国财政部部长，为此他辞去了至少51家公司的董事职务。在20世纪20年代，美国社会面临的主要政治问题实质上是经济问题和金融问题，因此，梅隆——这位将在整个20世纪20年代一直担任财政部部长的人具有空前的影响力，以至共和党参议员乔治·诺里斯开玩笑说："三位总统曾在梅隆手下工作过。"

梅隆的父亲托马斯·梅隆是一位苏格兰裔爱尔兰移民，5岁的时候随他的父母一起来到匹兹堡，在那里开了一家私人银行。他很快显示出伯乐相马般的卓越天赋，他投资的对象中有安德鲁·卡内基，他也贷款给一位毫无经验的年轻人——亨利·克莱·弗里克[3]，帮他扩大他的焦炭工厂。安德鲁·梅隆比弗里克小7岁，他们很快就成为终生不渝的朋友，各自的妻子也都是对方帮助介绍认识的。两人都对艺术品表现出巨大的热情，并成为美国历史上最伟大的两位艺术品收藏家。后来弗里克将他的收藏品连同他在第五大道的豪宅一起捐给了纽约市，而梅隆将他的收藏品捐给了国家，并建造了美国国家美术馆来陈列它们。

安德鲁·梅隆很快就证明他比他的父亲更会选择赢家，老梅隆在安德鲁年仅27岁的时候就将家族银行移交给他打理。小梅隆大量投

1. 沃伦·迦玛列·哈定（Warren Gamaliel Harding，1865—1923年），美国第29任总统（1921—1923年），他有许多错误的任命，以致产生了一个腐败的政府，死于任内。——译者注
2. 安德鲁·梅隆（Andrew Mellon，1855—1937年），美国金融家，曾任美国财政部部长（1921—1932年），并向华盛顿特区的国家美术馆捐赠基金。——译者注
3. 亨利·克莱·弗里克（Henry Clay Frick，1849—1919年），美国实业家，被称为美国"焦炭大王"。——译者注

资于两家在当时还默默无名的小公司——它们后来成长为海湾石油公司和美国铝业公司。

安德鲁·梅隆出生于宾夕法尼亚州名门梅隆家族。发迹于匹兹堡，安德鲁·梅隆很早就在经营家族银行业务中体现出经商才能，此后又把业务拓展到其他行业，通过贷款、参股等方式协助建立了美国铝业公司（Alcoa）、纽约造船厂、老奥弗霍尔德等著名企业。在他出任美国财政部部长（1921—1932 年）之前，他已经是全美最富有的人之一，所缴纳的个人所得税仅次于约翰·洛克菲勒和亨利·福特。然而，由于“大萧条”产生的灾难性影响，身为财政部部长的安德鲁·梅隆在 1932 年遭到弹劾，被迫转任美国驻英国大使，并在总统胡佛下台之后淡出政坛。（译者根据公开资料整理）

作为财政部部长，梅隆推行减税政策，并努力用政府的盈余偿还赤字，使政府的赤字从第一次世界大战后的高点下降了 1/3 多。同时政府支出也大大降低，从 1921 年的 50 亿美元下降到 1928 年的 30 亿美元。在 20 世纪 20 年代，随着个人所得税的降低，政府收入下降了，但是居民收入和国内生产总值却大幅度上涨，美国国内生产总值在

1921年只有594亿美元，到1928年上升到872亿美元，增加了47%，居民收入从522美元增加到716美元，增长超过1/3，而同期通货膨胀几乎为零。

美国经济的这轮繁荣是由汽车工业的快速发展带动的，在20世纪早期，正如在19世纪中叶铁路对美国经济的贡献一样，汽车工业成了美国经济的发动机。同样，像铁路工业一样，汽车工业也对华尔街的发展做出了巨大贡献。1914年，美国的道路上总共只有126万辆汽车，可是到了1929年，仅在当年美国就生产了560万辆汽车。汽车的辅助性行业，如燃油业、公路建造、维修业、玻璃制造业、钢铁业和橡胶业也急速发展。一些奢侈品如冰箱、洗衣机等也在20世纪20年代进入千家万户，电的消费量在这10年里翻了一番。

像所有大战之后经常出现的情况一样，在20世纪20年代也广泛出现了放纵现象，和美国南北战争结束后的那几年一模一样——暴饮、豪宴、寻求刺激是生活的唯一目的。华尔街从来都是美国社会最精致的缩影，尽管它算不上是美国社会完整和彻底的代表。华尔街上，人们疯狂地生活着，仿佛在以此庆祝他们在第一次世界大战这样一场人类大灾难中幸运地逃过一劫。

和现在一样，那个时代的记者也偏爱城市，所以几乎没有人注意到美国的农村并没有享受到这次大繁荣。在20世纪的前30年，汽车的普及对工业来说是天大的好事，但是对农民们来说却是一场灾难。在1900年，美国1/3的耕地是为美国数以百万计的马匹和骡子生产饲料的，但是随着汽车取代这些牲畜，越来越多的耕地用于生产粮食。在第一次世界大战期间，粮食的巨大需求造成了一种假象，但到了20世纪20年代粮食供应激增，而农村的收入却因农产品供过于求而大幅下降。

20 世纪 20 年代，随着经济繁荣，美国社会乐观情绪高涨，从路边随处可见的广告上可见一斑，上方横向大字写着“全世界最高的生活水平”。（译者根据公开资料整理）

但是，汽车的使用也大大扩大了农业家庭的活动范围，农民们以前只能光顾农村本地的银行和商店，现在，由于亨利 · 福特的贡献，这些银行和商店要面对来自更大的城镇的企业的竞争。

美国一直都比别的国家有更多的银行，这是美国政府联邦制的本质所致，也受到托马斯 · 杰斐逊的影响。到 1921 年，银行的数目达到了顶峰，当时全美有 29 788 家银行，它们中的大部分是农村小镇中微不足道的、只有一个营业点的小银行，完全依赖为当地农民提供小额农业贷款生存。进入 20 世纪 20 年代后，随着时间的推移，越来越多这种银行开始倒闭，到了 20 年代末期，全美每年平均有 500 家银行倒闭。

20 世纪 20 年代，梅西百货是最早使用信用卡交易的公司。近年来，受亚马逊等电商的冲击，梅西百货等实体店每况愈下。（译者摄于 2017 年）

但是，华尔街再一次对这些发生在农村的创痛视而不见。毕竟，华尔街只做大工业融资的买卖，影响的是国家经济生活中的大事，在它的日常事务中不会碰到这些农民和农村的小银行业主。华尔街上的大银行不会有农民客户，也不会理会农村的小银行，它们顶多会和一些小城市的银行打打交道。

华尔街再次伴随经济的繁荣起飞了。1922—1929 年（1923 年是个例外），道琼斯指数每一个季度都比前一年同期高。在此前的经济繁荣期，例如 1896—1907 年，美国经济和华尔街上的股价都大致翻了一番，也就是说，华尔街和美国经济基本上是同步增长的。但是，在 20 世纪 20 年代，华尔街的步伐明显快于美国经济：在这个时期，美国国内生产总值增长不到 50%，而道琼斯指数却上涨了 3 倍。

当然，对于美国经济增长和华尔街股价上涨之间的差异，从经济学角度来看也有其合理之处。这 10 年中，电力的广泛运用使得劳动生产率大踏步地提升了 40%；同时，一轮又一轮的并购浪潮使得美国工业更好地实现了规模效应。

信用卡的起源

信用卡起源于1915年的美国。最早发行信用卡的并非银行，而是一些百货商店、餐饮、娱乐和汽油公司。这些公司给顾客一种金属徽章样式的信用筹码，供顾客赊购商品。1950年，美国商人弗兰克·麦克纳马拉在纽约招待客人用餐，就餐后发现钱包忘带了，所幸饭店允许他记账。由此麦克纳马拉产生设计一种能够证明身份及具有支付功能的卡片的想法，于是与其商业伙伴在纽约创立了"大来俱乐部"，并发行了第一张以塑料制成的信用卡——大来卡。1952年，美国富兰克林国民银行作为金融机构首先进入信用卡发行领域。（译者根据公开资料整理）

另外，在20世纪20年代，广告业的迅速发展和信用的广泛应用在更大程度上刺激了需求的增加。到20世纪20年代中期，许多普通人开始利用信用消费购买一些大件商品，而在20世纪20年代之前，信用是富人的专利，尽管那时也有一些有先见之明的商家，如纽约最大的百货商店梅西公司（Macy's）的老板施特劳斯家族已经开始为客户提供"先付订金，暂不取货，待余款付清再交货"的服务。信用的普及大大增强了中产阶级的购买力和购买量，他们中的很多人也在"一战""自由债券"[1]的发行中第一次尝到了资本主义的味道。没过多

1. "一战"期间，美国政府决定均衡使用征税和政府负债来支持盟国的战争开销。虽然依照国际惯例，政府一般会向其他国家举债，但是在1917年世界大战中，已经没有其他国家有提供贷款的能力。所以美国公民当初必须完全承担战争融资问题：支付更高的战争税赋并购买政府发行的战争公债。1917—1919年，美国共发售了5轮"自由债券"，融资215亿美元。当年国会通过的允许发行自由债券的法案，目前仍是管辖美国所有国债发行的法案。在2001年的"9·11"恐怖袭击事件后，美国又发行了同名的债券以重建世贸大楼并修缮周边。——译者注

久，他们就发现可以运用“信用支付”手段来购买债券和股票，也就是说，他们可以用保证金的方式从经纪人那里借钱来购买证券。

高杠杆：1929年股灾催化剂

1929年之前10年间，道指上升了443%，在1927、1928年更是持续攀高。投资者看到许多一夜暴富的机会，纷纷借钱进入股市。1927年，美国证券市场上通过银行和证券公司的借债总额高达40亿美元，比前一年增加了33%。这些资金推动道指不断走高。到了1928年，美国金融机构的贷款额爆发性地增至64亿美元，增长率达56%。到了1929年10月，贷款额更高达85亿美元。投行允许融资、融券比例高达90%，有的甚至达95%。一些银行的贷款条款也十分疯狂，只要股票升值5%，就允许用升值部分再次抵押。更糟糕的是，美联储允许银行用其提供的资金注入本已狂热的投机行为：美联储成员银行从美联储贴现窗口以5%的利率借出资金，然后倒手以12%的利率借给经纪人，经纪人随后一转身又以20%的利率贷给投机者。市场参与者运用高杠杆的保证金交易进行盲目乐观的追风投机成为美国1929年股市崩盘的原因之一。（译者根据公开资料整理）

在一个股价不断飙升的股市中，天上掉馅饼的事情随处可见。只需支付10%的保证金，余额由经纪人垫支，这种投资方式也是快速致富的捷径。例如，每股100美元的股票，如果以保证金的形式购买，只需要支付10%，也就是10美元。当你以每股120美元的价格卖出，获得的利润是20美元，利润率是200%，但是如果你支付全额购买的话，利润率只有 20%。与此同时，华尔街的很多上市公司本身也是高度杠杆化的[1]，只要公司的利润不断增加，超过当前债务的利息，每股收益就会以飞快的速度增加，这会进一步刺激投资者对这只股票的热情。但是如果经济开始下滑，很多这样高度杠杆化的公司就会很快破产。

莱特兄弟制造于 1903 年的飞机，现陈列于美国航空航天博物馆。飞机的发明及随后航空技术的不断完善将人类的交通和旅行带到了一个新的时代，也助推了 20 世纪 20 年代美国经济的繁荣和股市的泡沫。（译者摄于 2017 年）

在 20 世纪 20 年代初期，这些做法助推了股市的繁荣，但当时市场也还不是完全非理性的。时尚和幻想的潮流吸引了众多无知的投资者冲进市场，购买这些新兴行业公司的股票。当林登伯格[2]成功飞越大西洋后，华尔街上航空类股票立刻暴涨，而在当时，很多航空公司还没有运送过一位乘客。

1. 即大量举债。——译者注
2. 林登伯格（Lindbergh，1902—1974 年），美国飞行员，首次单独飞越大西洋（1927 年 5 月 20—21 日）。——译者注

林登伯格（也译作林白），因成功实现从纽约到巴黎的跨洋飞行而名声大噪，他加速了航空业的商业化。后来，他的孩子被绑架撕票，舆论哗然，美国国会为此修法，加重了对绑架罪行的处罚。他也因为其德国血统和对纳粹德国的好感而在美国社会成为一个有争议的人物。（译者根据公开资料整理）

所有的经济繁荣，不管它曾如何辉煌，都会逐渐衰退并结束。到1928年，美国经济体内潜伏的经济危机开始显现。在这个时点，华尔街开始与实体经济严重脱节，尽管股市运行有自己的规律，但不管怎样，它也必须是实体经济的一个映射——1929年的股市灾难终于开场了。

* * *

华尔街历史上最具讽刺意味的事件是，如果当时美联储主席本杰明·斯特朗（一个老练的华尔街人）能够再多活几个月的话，这场著名的大灾难或许可以得以幸免。

本杰明·斯特朗生于1872年，具有新英格兰血统。18岁的时候，他加入纽约一家颇受尊重的银行——杰瑟普-帕顿银行（Jessup，Paton & Company），随后在华尔街平步青云。他于1895年结婚，有4个孩子，但家庭幸福却似乎总是与他无缘：他的妻子在1905年自杀，他的邻居摩根银行的合伙人亨利·戴维森收养了他的孩子；他的第二次婚姻也是失败的，他的妻子于 1916 年离开了他，在这一年，他得了肺结核。

在孤独和病痛之中，斯特朗将精力越来越多地投入工作，职位也越升越高，直至美国信孚银行主席，此时的信孚银行主要由摩根家族控制。如果不是被劝说去做刚刚成立的纽约联储主席的话，他可能很快就会爬到美国银行业的金字塔尖——成为摩根银行的合伙人。

美联储的建制显然不是斯特朗所愿意看到的那种，就像所有华尔街人一样，他希望美联储按照英格兰银行的模式建立，把总部设在纽约。斯特朗觉得这个由威尔逊政府和国会刚刚建立起来的美联储一定会在政治上受到各种牵制，所以一开始就拒绝出任纽约联储主席职位，但是亨利·戴维森坚持让他接受，最终斯特朗同意了。很快，他以他在华尔街一贯高昂的工作热情开始了在美联储的工作。

斯特朗是对的，总部设在华盛顿的美联储的成员几乎全部是政治性任命，他们中很多人连商业银行一些最基本的知识都没有，更不用说复杂的中央银行了。这也使得他们别无选择，只能依靠对二者都了如指掌的斯特朗。到了 20 世纪 20 年代，斯特朗已经是美联储无可争议的老板了，委员会只是他的一个橡皮图章，但是他的肺结核也越来越严重了。

美联储（即美国的央行）成立于 1913 年，早期曾受制于财政部，独立性不强，而且在大萧条中反应迟钝、无所作为。（译者根据公开资料整理）

长久以来，不同国家的银行体系都是相互影响和传染的，无论是一般的商业银行体系还是中央银行体系都是如此。此时战争造成的巨大震荡还在影响着欧洲，斯特朗深谙现代金融的全球性本质，急迫地想要向欧洲伸出援助之手。为了实现这一目标，他将美国的利率维持在较低水平，使得欧洲的资金不会大规模地横跨大西洋涌入美国——在此之前，整个20世纪20年代中期，黄金一直源源不断从欧洲流入美国。

但是，低利率环境进一步刺激了华尔街上的投机活动，这使股票融资业务成为比任何买卖都赚钱的生意。投资者满怀着在华尔街上大发横财的愿望，用保证金买入股票，对借款成本几乎不加考虑，这使得股票融资业务市场的利率不断上升，到1929年夏末，这一利率已高达20%。不仅各家银行积极参与到这个市场中来，伯利恒钢铁公司也在这个市场投资了1.5亿美元，克莱斯勒公司（Chrysler）的投资也有6 000万美元。

1929年1月《福布斯》杂志上的漫画。1929年的股市似乎只有天空才是极限，直到10月24日为止。

当斯特朗察觉到这种投机活动几乎要失控的时候，他果断地采取行动，在1928年，他3次提高贴现率[1]，使之高达5%——在那个时代，这是一个很高的利率水平，同时他开始缩减货币供应。斯特朗写道："现在我们要做的，就是制定出适宜的政策，以防止股票市场出现灾难性的崩溃。与此同时，如果有可能的话，我们还要推动欧洲的复兴。"

1. 贴现率（discount rate），即联储会员银行向美联储借款必须支付的利率，是市场的基准利率。——译者注

美联储的新政策很快就对实体经济（华尔街以外的经济体）产生了影响，在1929年初，经济开始缓慢而显著地减速，这本来应该使华尔街冷静下来，但事实上却没有。华尔街此时已经完全在自己的轨道上运行了，这个时候，本来需要美联储以更强硬的手段来刺破那个将要带来斯特朗所担心的大灾难的股市泡沫，但是，斯特朗却不在了。1928年10月，在为治疗其肺结核而进行的最后一次手术之后，斯特朗去世了。

现在，失去了舵手的美联储已经无所作为，它只是将贴现率保持在斯特朗留下的5%的水平上。更糟糕的是，它允许银行用美联储提供的资金注入本已狂热的投机行为：美联储成员银行从美联储贴现窗口以5%的利率借出资金，然后倒手以12%的利率借给经纪人，经纪人随后一转身又以20%的利率贷给投机者。这样，数以亿计的资金沿着这条渠道源源不断地涌入华尔街，而美联储所做的只是试图用“道义劝告”去阻止这股洪流。

当然，美联储发出的道义劝告是一回事，而人性却完全是另一回事，只要能够赚到7%的利润，而且还是用别人的钱，银行是一定会这么做的。因为，贷给经纪人的钱事实上是以经纪人账上的证券全额做担保，所以贷款风险很低——只要股票市场还在上涨，这个逻辑就是成立的。的确，1929年的春夏，股市在无数致富之梦的推动下节节攀升，就像一份周末晚报所描述的那样：

噢，我的宝贝，不要吵，奶奶又买了些股票，
爸爸也在牛市和熊市中把股票炒，
妈妈按照秘诀买了股票，不会亏钱，
宝贝，你很快就有漂亮的新鞋子了。

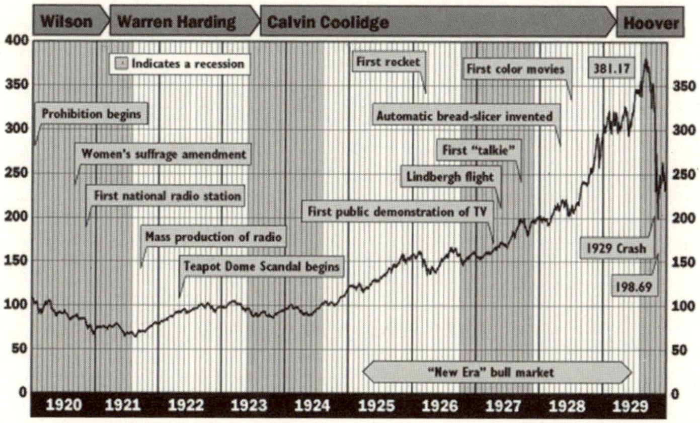

19 世纪末、20 世纪初，美国的钢铁、化工、橡胶、石油、汽车等产业依托华尔街的融资和并购活动迅速崛起，一举完成了重工业化并超越欧洲列强。20 世纪 20 年代，汽车、无线电、航空业初露曙光，信用消费进入千家万户，也开启了连续 8 年的牛市，直到 1929 年股灾转入“大萧条”，标志着美国完全自由市场的终结。（译者根据公开资料整理）

9 月 3 日，道琼斯工业平均指数达到了 381.17 点，这个高度是此后 25 年之内再也没有见到过的。

同一时代的西方和东方

西方	年份	东方
美国通过《宪法》第 18 号修正案，颁布禁酒令	1920	中国加入国际联盟
美国纽约华尔街发生炸弹爆炸事件，35 人死亡	1920	印度第一次“非暴力不合作运动”开始，至 1922 年结束
苏联开始施行“新经济政策”，至 1936 年	1921	华盛顿会议召开，帝国主义国家重新瓜分远东和太平洋地区特别是在中国的利益
	1921	中国信托公司和交易所大量涌现并随后大量倒闭，史称“信交风潮”

（续表）

西方	年份	东方
	1921	中国共产党成立
苏联成立	1922	
贝尔斯登公司创立	1923	
英国发明家贝尔德发明电视	1925	
	1926	国民革命军出师北伐。次年，北伐胜利
	1927	“四一二”反革命政变，蒋介石在南京建立国民政府。后又爆发“七一五”反革命政变
美国航行家查尔斯·林白独自驾驶单翼机“圣路易精神号”首次完成从纽约不着陆飞过大西洋到达巴黎	1927	南昌起义、秋收起义、广州起义
	1928	中央银行成立，开始大量发行公债
	1928	由于公债投机和房地产投机，引发了一波中国银行业的畸形发展
美国电影“奥斯卡”奖设立	1929	
大崩溃，爆发世界经济危机	1929	

第十三章

“不，他不可能那么干！”（1929—1938 年）

译者题注

1929 年，美国股市发生了历史上最著名的一次股灾。这次股灾及随后而来的大萧条迫使罗斯福总统实施“新政”，并开始了对华尔街的实质性改革。同时，纽约证券交易所这个已存在百余年的私人俱乐部也面临最尴尬的历史时刻，时任总裁、保守势力的代表人物理查德·惠特尼因盗用他人款项等罪行锒铛入狱，就连与他相识多年的罗斯福总统也不敢相信，惊呼：“不，他不可能那么干！”……惠特尼丑闻令华尔街抵制改革的保守派势力遭受重创，客观上为改革的推行创造了有利条件。

译者导读

- 美国历史上最著名的股灾发生在 1929 年秋天。在一片乐观的投资氛围中，持续数年的牛市突然急转直下。9 月 5 日，市场开始下挫，10 月 29 日，道琼斯指数一泻千里，创下了单日 22% 的最大跌幅。股市持续的跌势直到当年 11 月才最终止住。到 1932 年，道琼斯指数较 1929 年最高点下跌了 89%。
- 股灾之后，美国经济陷入长达 4 年的衰退，这次空前绝后的衰退造就了“大萧条”这样一个专有名词。也许是由于两个事件在时间上相隔如此之近，许多人，包括部分经济学家，都认为是 1929 年“大股灾”引发美国经济的“大萧条”。但这两者间未必有这样确定的因果关系，因为它们背后有共同的驱动因素，即美国实体经济长期高歌猛进后的回调压力，以及胡佛政府的错误政策。
- 1929 年股灾和“大萧条”虽是美国历史上的一次惨痛经历，但也给美国经济和华尔街一次重塑自我的机会。1933 年，罗斯福总统开始实施历史上以他名字命名的“罗斯福新政”，大刀阔斧地改革美国经济政策，并着手改造岌岌可危的华尔街，以重振市场信心。

· 1933 年，美国取消金本位制，颁布《证券法》和《格拉斯-斯蒂格尔法案》；1934 年，美国颁布《证券交易法》；同年，依据该法成立了美国证券交易委员会；1940 年，美国颁布《投资公司法》和《投资顾问法》。至此，美国资本市场在自我演进超过百年之后第一次出现了关于证券发行、交易和投资基金的法律，也第一次建立了证券监管机构，这一系列的制度建设形成了现代金融体系监管的基本框架，也为随后几十年美国金融市场的发展奠定了基础。

·《格拉斯-斯蒂格尔法案》又称《1933 年银行法》，根据该法案，美国成立了联邦存款保险公司，对 5 万美元以下的银行存款提供担保，以避免公众挤兑的事件再次发生。同时，该法案严格限制金融机构同时从事商业银行和投资银行业务，著名的摩根银行被一拆为二。这一分业格局直到 60 多年后才随着《格拉斯-斯蒂格尔法案》的废除得以改变。

· 美国证券交易委员会首任主席是后来著名的肯尼迪总统的父亲——老肯尼迪。老肯尼迪是闯荡华尔街多年的老牌投机家。深谙投机和操纵市场各种诀窍的老肯尼迪展露了非凡的管理才华，在他的治理下，华尔街开始逐步走上正轨。

· 惠特尼代表了华尔街（尤其是纽约证券交易所）反对改革的保守势力。他是当时纽约证券交易所的主席，曾经因为在 1929 年股灾中英雄式的救市行动而声望卓著。但他穷奢极欲的生活方式和极其低劣的个人理财能力结合在一起，使他最终走上了破产和犯罪的道路。惠特尼的覆灭，使得卫道士的势力土崩瓦解，改革的步伐大大加快。在此之前，华尔街所有改革都未触动交易所会员自身的利益，而这一次完全不同了，它彻底改变了交易所的运行方式，使其开始真正为公众投资者服务，并为即将到来的华尔街大繁荣奠定了坚实基础。

1929年劳工节假期后的第二个交易日（9月3日），股市便开始下跌，有时跌势很猛，有时稍稍缓和，但始终维持着下跌走势。此前整个夏季到处弥漫的那种“天空才是股市极限”的狂热逐渐消散，取而代之的是神经质般的紧张情绪和一些令人沮丧的论调，阴沉得一如穿过墓地呼啸的寒风。

没有什么比所谓的“巴步森崩盘”更能反映当时那种投资气氛的骤变了。罗杰·巴布森当时是一个名不见经传的投资顾问，此前股市一路高歌猛进的时候，他就一直持悲观的看法，但人们对他关于市场即将下跌的预言充耳不闻。9月5日，他在马萨诸塞州韦尔斯利的一个午餐会上讲道：“我重复一遍我去年和前年这个时候的观点，那就是，或早或晚，一场股市大崩盘将会来临。”当天下午2点，当他这番看似无害的言论出现在大显示牌上时，市场立刻掉头向下，开始暴跌，截至下午3点股市收盘，很多大股票都下跌了6%到10%。最后1小时，市场交易量达到了令人难以置信的200万股。

即便如此，罗杰·巴布森的观点仍被大多数人嗤之以鼻，但有关股市进入“技术性调整”阶段的论调已随处可闻了，《华尔街日报》，尽管仍然预测秋季将会是牛市，它写道：“不可避免地，有些股票会上涨，有些股票会下跌。”耶鲁大学著名经济学教授欧文·费雪[1]因其在1929年8月的著名论断“看来股票价格将会达到一种持久的高峰状

1. 欧文·费雪（Irving Fisher，1867—1947年），美国经济学家，设计出价格指数以考察经济趋势，1890年开始在耶鲁大学任数学教师，1898年获博士学位，同年转任经济学教授直到1935年。——译者注

态”而被钉在历史的耻辱柱上，此时的他虽然仍然认为股市的长期趋势是好的，但是语气不再像以前那么肯定了。

但是，一些天生谨慎和嗅觉灵敏的投资者已开始撤离市场。例如，德柯普特–道莫斯公司（Decoppet and Doremus，当时美国最大的两家证券零售经纪公司之一）的合伙人罗兰·斯特宾斯，此时对华尔街充满厌倦感，股市的一切对他来说已索然寡味，他在1929年8月将自己在纽约证券交易所的交易席位以64万美元高价卖出，转行去做了一名百老汇制片人。若将通货膨胀因素考虑在内，这个价格迄今仍保持着纽约证券交易所交易席位成交价的最高纪录。

阿尔伯特·威金是大通国民银行（Chase National Bank，该银行在20世纪50年代初与曼哈顿银行合并，成为后来的大通曼哈顿银行）总裁，他做得更绝，早在1929年7月，他就清醒地预见股市的崩盘即将来临，于是悄悄卖空了4.2万股他最“了解”的股票。[1] 威金每年领着大通银行27.5万美元的高薪，其职责本应是维护大通银行的股东利益，但却在这家公司股票随后的惨跌中赚得盆满钵满。当然，大部分人不如威金和斯特宾斯两人目光敏锐，但随着劳工节后股市跌势的延续，越来越多的投资者决定撤资离场，于是股市的下跌就如同滚雪球般一发不可收拾。

10月18日，星期五，股市加速放量大跌，直到星期六上午，情况也不见好转，只有那些天生的乐观主义者还对市场抱有希望：《华尔街日报》预测下周一市场将会反弹；“永远乐观”的欧文·费雪教授则认为大跌“仅仅是把一些极端分子甩出市场”的过程。到了星期一，股市交易量高达600万股，但下跌的股票数目远远超过上涨的股票；星期二，股市短暂反弹；星期三，股市再度大跌，且再次创下

1. 指他所任职的大通国民银行的股票。——译者注

CITY EDITION

London Herald

LATE PRICES

No.26457 FRIDAY 25th OCTOBER 1929 1d

WALL STREET CRASH!

Black Thursday in America

Stocks Plunge and Eleven Commit Suicide

Crisis Meeting

Riots

Panicking investors gather around the statue of George Washington on Wall Street.

What Went Wrong?

Chaos

Speculators

OTHER NEWS

COLEMAN'S "WINCARNIS"

1929 年 10 月 25 日出版的《伦敦先驱报》在头版报道美国华尔街股灾的消息。截至“黑色星期四”日末，已经有 11 个金融家自杀。（译者根据公开资料整理）

600 万股的巨额日交易量。要知道在那个年代，300 万股的日交易量就可以称作“交易异常活跃”。这一天，即使是那些最安全、最稳健的股票，包括 AT&T，都未能在大跌中幸免。

10 月 24 日，“黑色星期四”。清晨起，华尔街就笼罩着惨雾愁云，气氛异常凝重。前一天晚上，全美各地证券经纪公司里，投资者提交的股票委托卖单就已堆积如山。当星期四开盘的钟声响起，股票就以前所未有的速度易手，股价狂跌。每一轮股票的下跌都引发新一轮追加保证金的要求，投资者若不能及时补充保证金，只能被迫抛售持股，这进一步造成股市下跌，并引发更多追加保证金的要求，股市陷入了螺旋式下跌。与此同时，空头整个上午都在无情地砸盘。卖空的单子越来越多，焦急的人们和旁观者挤在大街上和位于纽约宽街联邦大厅的台阶上。纽约证券交易所的一个供游客参观、可以俯视交易大厅的走廊上也挤满了人，有人在尖叫，有人在哭泣，上午 11 点，交易所决定把这个走廊封闭，截至午间，股市市值已经蒸发掉 95 亿美元。

中午，纽约的银行巨头们聚集在 J.P. 摩根大厦（The Corner），和托马斯 · 拉蒙特（Thomas Lamont，摩根集团的高级合伙人）紧急磋商

（此时小摩根正在欧洲）。此时很多银行已深陷投机旋涡，有的还正在承销新股，如果这些股票卖不出去，这些银行将面临绝境。为了保卫市场和保全自身，他们决定拿出 2 000 万美元来托市。

1929 年 10 月 29 日，“黑色星期四”，美国股市崩盘后聚集在华尔街的人群。（译者根据公开资料整理）

下午 1 点 30 分，时任纽约证券交易所代理总裁理查德·惠特尼走进了交易大厅。虽然纽约交易所总裁经常会出现在交易大厅上面的主席台上，但是总裁——哪怕代理总裁——亲自来到交易大厅还是一件非常罕见的事。高大而威严的惠特尼快步走到美国钢铁公司的交易柜台，询问最后一次卖出的价格，他被告知是每股 205 美元。就在询问过程中，股价又下跌了几点，仍然没有买家。惠特尼大声宣布：“我按每股205美元的价钱买1万股。”接着他从一个交易柜台走到另一个交易柜台，一个接一个地下了很多类似的买单，购买那些蓝筹股中的蓝筹股，直到将 2 000 万美元全部投入股市，这个数目大约相当于今天的1.5亿美元。

他的策略成功了，至少暂时如此。在惠特尼以那种万人瞩目的方式将真金白银投入股市后，按今天的话说，股市又被银行家们拉回到“可控局面”。空头转而开始购入股票，以便将他们的卖空账户平仓。市场止跌回升，当天早些时候投资者惨痛的损失有所降低，有些股票甚至小幅收高。例如，美国钢铁公司当天的开盘价是每股205.5美元，盘中曾跌至每股193.5美元的低位，而收盘价却升至每股206美元。当天股市的交易量非常惊人，高达1 300万股，以至股票自动报价机直到傍晚7点多，也就是闭市4个多小时后，还在嘀嗒不停地吐出记录报价的纸带。

STAGE BROADWAY SCREEN

VARIETY

PRICE 25¢

VOL. XCVII. No. 3 NEW YORK, WEDNESDAY, OCTOBER 30, 1929

WALL ST. LAYS AN EGG

Going Dumb Is Deadly to Hostess In Her Serious Dance Hall Profesh

DROP IN STOCKS ROPES SHOWMEN

Many Weep and Call Off Christmas Orders—Legit Shows Hit

MERGERS HALTED

Kidding Kissers in Talkers Burns Up Fans of Screen's Best Lovers

Hank on Winchell

Talker Crashes Olympus

HOMELY WOMEN SCARCE; CAN'T EARN OVER $25

Demand for Vaude

FILTHY SHOW OF SHUBERTS GOOD FOR SCREEN

Pickpocketing Dying Out

Ads for Execs

Soft Drink Smuggling

Flirting Contest

Studio in Church

BROOKS COSTUMES

娱乐刊物《繁华》报道1929年的股灾，标题为“华尔街摔了个大跟头”。

星期五，股市进一步反弹，星期六尽管再度下跌，但这一次没有出现什么恐慌的迹象，一些人开始认为最黑暗的日子已经过去了。

到了星期一，市场上传言四起——其中绝大部分都是假的，有的说华尔街某某巨头自杀了，有的说一些孤注一掷的计划正在酝酿之中，等等。在这样的氛围中股市再度下跌，新的做空势力开始形成。接下来，星期二，也就是10月29日，股市开盘后卖单像雪崩一样不间断地倾泻下来，从洗碗女工到银行家，每个人都在拼命卖出。其中有些卖单是非自愿提交的，是投资者收到追加保证金的要求，不得不忍痛割肉。这一天，股市交易量达到了天文数字般的1 600万股，创下了此后近 40 年中的最高纪录。据说，这一天自动报价机源源不断地打出所有交易的报价纸带，总长度超过了 1.5 万英里，直到闭市后 4 个小时才结束。[1]

星期二清晨的《纽约时报》上有这么一段话：“那些一向谨慎的投资者现在可以放心大胆地买股票了。”而娱乐业行业刊物《繁华》（*Variety*）却因它当天的头条标题而在新闻史上赢得了不朽地位：华尔街摔了一个大跟头。[2]

股市在星期三反弹，资金开始涌入市场买入一些超跌股。在这些买家中，据说有约翰·戴维森·洛克菲勒和约瑟夫·肯尼迪[3]。惠特尼当天宣布，因为交易所的后台来不及处理所有的交易，星期四股市将只在下午开市半天，并随后休市，直到下一个星期一。

星期一，股市继续大跌，跌幅接近上周二的一半。这样的跌势一直延续到当年 11 月 13 日才止住，宣告此轮股市下跌的终结，此前七年股市好不容易积累的所有涨幅都在此轮熊市中灰飞烟灭了。

*　　*　　*

从时间上看，美国 30 年代的经济大萧条（the Great Depression）紧随 1929 年股市大崩盘之后，因此有一种很流行的看法，认为是股市大崩盘引发了经济大萧条。这种观点显然是错误的，因为这两个事

1. 金融史学家约翰·布鲁克斯曾这样形容 1929 年的股灾：“股灾是如此的难以捉摸：一方面，当它出现很长时间之后，人们却还没有意识到它的发生；另一方面，每当人们相信市场已然触底、股灾即将结束的时候，实际上它只不过才刚刚开始。”——译者注
2. 此处原文为“Wall Street Lays an Egg”，在美俚语中，lay an egg 指完全失败，有嘲讽的意思。——译者注
3. 约瑟夫·肯尼迪（Joseph Kennedy，1888—1969 年），美国总统约翰·肯尼迪之父，曾在 1929 年股灾前表示：“如果连擦皮鞋的都在买股票，那我需要尽快远离股市了。”——译者注

件都是由同样的两个因素引起的：一是当时的经济形势，二是联邦政府为应对这种经济形势而采取的措施和政策。

事实上，正如 1929 年夏季的牛市随着市场的巨额超买而结束一样，随后的秋季熊市也止步于市场的超卖。1929 年年末，买家开始进入市场，掀起新一轮相对温和的牛市。1930 年春季，股市保持持续上涨势头，涨幅差不多补回了前一年秋季跌掉的市值的一半。1930 年 6 月，当一群神职人员到白宫访问并提请胡佛总统关注公共事业项目时，胡佛告诉他们："你们来晚了 60 天，大萧条已经结束了。"

胡佛总统是诚挚的，但他同样也是错误的。1930 年的下半年，一场起初看似很普通的经济紧缩已逐渐演变成美国历史上最大的一场经济灾难。这场灾难的始作俑者完全可以说是华盛顿的领袖们，首当其冲的就是胡佛总统本人。首先，因为胡佛曾在竞选中许诺通过提高农产品关税来救助美国农业，所以他当选总统后于 1929 年召开了一次特别国会会议。这次会议很快演变成各个利益集团竞相为本集团争取更多利益的疯狂战场，每个与会者都心怀鬼胎，没有人考虑公共利益。几乎每一个行业（即使是很多小行业，例如墓碑制造业）都在国会游说，要求给予他们保护，以免受到"不平等国际竞争"的冲击。在保护主义者专用词典中，如果来自国外的竞争者能够并愿意为美国消费者提供比本国产品更便宜的产品，就是不平等竞争。

在股市大崩盘之后，《斯慕特–霍利关税法案》（Smoot-Hawley Tariff Bill，以它在国会中的提案人斯慕特和霍利的名字命名）获得了巨大的政治上的同情和支持，胡佛总统不顾 1 000 多名经济学家的联名反对，于 1930 年 6 月 17 日签署了这个法案，将农产品和工业品的关税同时大幅提高。

后来的事实证明经济学家们是正确的。作为报复措施，其他国家也立刻提高了对美国产品征收的关税，于是世界贸易体系崩溃了。

1929 年，美国出口贸易总额为 52.41 亿美元，而到了 1932 年，这一数字仅为 16.1 亿美元。若考虑通货膨胀因素，这个数字创下了 1896 年以来的新低。同时，在 1930 年上半年就随着《斯慕特-霍利关税法案》在国会中的表决传言而起伏跌宕的纽约股市，从此刻起正式开始了它长达两年半的下跌。相比之下，1929 年秋季的熊市也不过才持续了两个半月。

另一个为这场崩溃“雪上加霜”的是美联储，它在本杰明·斯特朗去世后基本上处于群龙无首的状态，在美国经济和股市摇摇欲坠的过程中毫无作为。早在 1928 年，斯特朗就曾经说过：“美联储存在的意义在于为美国经济提供保护，以抵御由于利率等因素导致的任何灾难……一旦有紧急情况发生，我们将有能力通过向市场大量注入货币来缓解危机。”但是这时美联储却没有这么做，而是维持着斯特朗的反通货膨胀和经济紧缩政策，将利率定在远远高于当时新的经济条件所要求的利率水平之上。所以，当美国经济几乎被历史上最严重的一次通货紧缩冻毙的时候，美联储还在为美国经济开着治疗通货膨胀和经济过热的退烧药。在这几年里，货币供应量下降了 1/3，有 9 800 家银行倒闭，带走了千百万人的存款和他们的希望。不仅如此，美联储在很多救援其成员银行的行动中也缩手缩脚，无所作为。因为按照最初关于美联储的法律规定，对美联储成员银行向美联储借款时需要提供的抵押有严格的限制条款，这些苛刻的条件使得很多本来还算健康的银行也随同那些问题银行一起走向了破产。

大萧条的最后一个罪魁祸首是胡佛政府。面对急剧下降的政府收入和不断上升的政府支出，胡佛政府还在试图推行财政紧缩以平衡政府预算（当然，按照传统的经济政策，这无疑是正确的）。1932 年，当美国经济正以自由落体的速度直线下跌的时候，胡佛竟然推动议会通过了提高税率的法案，而且幅度之大在美国历史上空前绝后。

“大萧条”时期的贸易战对全球经济的影响

“大萧条”时期，美国胡佛政府采取了货币、财政双紧缩的政策，并推行了贸易保护政策，签署《斯慕特-霍利关税法案》提高关税，由此引发全球贸易战。英国、德国、法国、意大利、西班牙等国迅速跟随美国，提高进口关税。从 1929 年到 1932 年，世界范围内关税水平几乎提高了一倍。其间，全球贸易量下滑了 25%，其中近 50% 的降幅由贸易保护所致。美国及 12 个西欧经济体名义国内生产总值增速在 1930 年、1931 年分别下滑 5%、7%。以邻为壑的贸易保护带来恶性竞争，使得全球需求进一步下滑，经济持续低迷。经济危机由美国传到欧洲，对德国的打击最为沉重；危机高峰时的 1932 年一年中，德国工业产量比 1929 年下降将近一半，而统治阶级实行征收新税、削减工资、削减救济金和养老金等政策，致使社会矛盾激化。在危机的袭击下，法西斯党充分利用了德国人民的不满情绪，其影响力迅速增长，终使希特勒上台成为可能，并将德国和世界带向战争的不归路。（译者根据公开资料整理）

当我们今天回顾历史的时候，这些错误是显而易见的，它们给当时经济带来的后果是灾难性的：失业率超过 25%，国民生产总值仅为 1929 年峰值的 50%。经济最可靠的先行指标——股市则一跌再跌，过去 20 年一直门庭若市的华尔街和宽街的交界处，现在变得冷冷清清，像一座空城。

1930年的交易大厅。大厅里原来像宽街路灯一样的席位被换成了马蹄铁形的席位，可以显示更多的信息。

1932年的秋天，当各种矛盾终于酿成一场危机时，华尔街出现了一个不同寻常的现象：短期国债的收益率竟然变成了负值。短期国债是联邦政府的短期债务工具，一般期限低于一年，因为期限很短，所以它们不用像长期债券那样付息，而是折价发行，到期再以面值赎回。1932年10月，那些手头仍然持有现金的人因为对未来高度不确定的前景充满担忧情绪，希望把钱投向最安全的投资工具，于是有国家信用保证的短期债券成为投资者争相抢购的对象。由于发行量有限，短期国债的供不应求使其发行价格高出了面值，收益率跌入负值区间。

与此同时，道琼斯工业平均指数在1932年6月8日下降到了41.22点，与1929年的最高点相比，跌幅达到89.19%，仅比该指数刚刚诞生时的点位高了约1/4点——在1896年5月道琼斯工业平均指数刚刚问世时，第一天收于40.94点；1929年股票年交易量曾高达11亿股，而4年后不足5亿股；1929年一个交易所席位的价格曾超过50万美元，而此时的席位只值7万美元。

这样巨大的灾难自然需要寻找替罪羊，胡佛总统理所当然地成了替罪羊。在1928年竞选时，胡佛获得了41个州的支持，而他的竞争对手阿尔·史密斯只获得了7个。但具有讽刺意味的是，到1932年再次竞选时，富兰克林·D.罗斯福获得了41个州的支持，而胡佛只获得了7个。当罗斯福在1933年3月4日就职时，这个绝望的国家给予罗斯福一个独裁者的权力。这里的“独裁者”，要按它在《罗马共和国宪法》中的本意来解释，是指为了帮助国家度过灾难性危机而被赋予临时性绝对权力的人。

富兰克林·D.罗斯福，也被称为“小罗斯福”，1933—1945年任美国第32任总统，也是唯一一位连任三届（1936年、1940年和1944年）的美国总统。在罗斯福的带领下，美国经过了大萧条和第二次世界大战两次大危机的洗礼。在大萧条爆发以后，罗斯福施行新政（New Deal），通过加大政府公共支出的方式复苏工业、振兴农业、增加就业，其间不仅修建起了大量高速公路、水利水电等基础设施，还建立了基本社会保障制度。他主张放弃孤立主义，支持美国参加第二次世界大战，是世界反法西斯同盟的积极推动者。（译者编译自公开资料）

如果胡佛总统是为其任期内所发生的一切承担责任的最大替罪羊，那么华尔街就是紧随其后的第二只。在罗斯福政府酝酿各种改革方案以避免另一场类似的大灾难发生时，他们绝不会忘记改革和监管所有贴有“华尔街”标签的东西。

罗斯福上任伊始，一场银行业恐慌正在迅速扩散，所以他上任后的第一项措施就是关闭所有的银行，直到判别清楚哪些银行的情况依然良好，同时也关闭了证券交易所。随着一家又一家的银行被宣布处于良好状态，并开始营业，公众对它们的信任（这是银行体系成功运转的必要条件）也就逐渐恢复了。

1933 年，美国总统罗斯福签署《格拉斯–斯蒂格尔法案》，即《1933 年银行法》。根据该法案，美国成立了联邦存款保险公司，同时也要求银行不能同时从事储蓄和投行业务，很多类似 J. P. 摩根银行的大型综合性银行不得不一分为二。（译者根据公开资料整理）

对华尔街而言，意义更为重大的是对银行体系、货币政策和证券交易体系进行的一系列改革。1933 年 3 月 9 日颁布的《银行紧急救助法令》（Emergency Banking Relief Act）赋予总统控制信用、货币和黄金的广泛权力，并允许财政部部长可以购回黄金和黄金票据——事实上他也立刻这么做了。5 月 27 日，罗斯福签署了《联邦证券法》（Federal Securities Act），这是美国历史上第一部规范证券交易的法律，它要求所有的新股发行都必须在美国联邦贸易委员会（Federal Trade Commission）

注册[1]，而且必须披露特定的信息。6月5日，国会取消了美国的金本位制，6月16日又通过了《格拉斯–斯蒂格尔法案》（Glass-Steagall Act）。

从《格拉斯–斯蒂格尔法案》到《多德–弗兰克法案》

美国金融监管的演进历程类似一个在“放松”和“收紧”之间摆动的钟摆。1933年通过的《格拉斯–斯蒂格尔法案》将商业银行业务、投资银行业务及保险业务严格地划分开，隔离了风险，提高了商业银行的安全性，却挤压了银行的利润空间。1999年11月该法案被废除，并通过了《金融服务现代化法案》，结束了美国长达66年之久的金融分业经营历史。然而，2008年源于美国并席卷全球的金融海啸再度引发人们对金融监管的反思。2010年7月，美国通过了金融监管改革法案《多德–弗兰克法案》，对1999年《金融服务现代化法案》所确立的允许商业银行混业经营的原则做了修正，其中的“沃尔克法则”明令禁止商业银行从事高风险的自营交易。禁止商业银行拥有对冲基金和私募股权基金；限制衍生品交易，从而将传统商业银行业务和其他业务分隔开来。2017年唐纳德·特朗普上任美国总统后又开始力推全面修订《多德–弗兰克法案》，以放松金融监管。这些变迁一方面是针对当时经济社会发展最新情况做出的应对；另一方面也告诉我们，应该在金融监管与市场发展之间寻找一个平衡点，这个平衡点并不是一成不变的，寻找这个平衡点的过程是一个艰难复杂，甚至是不断反复的过程。（译者根据公开资料整理）

1. 1934年，该职责移交给了新成立的美国证监会（SEC）。

《格拉斯–斯蒂格尔法案》正式的官方名称是《1933年银行法》（Banking Act of 1933）。根据该法案，美国成立了联邦存款保险公司（Federal Deposit Insurance Corporation，简称FDIC），对5万美元以下的银行存款提供保险，以避免公众挤兑的事件再次发生。事实上，成为FDIC成员的银行迄今为止再也没有发生过类似的事情，而时至今日，美国几乎所有的银行都是FDIC的成员银行。这项法案同时也要求银行必须选择或者从事储蓄业务（也就是吸收存款并发放贷款），或者从事投资银行业务（也就是承销各类证券），而不能兼而有之。因此，很多类似J. P. 摩根银行的大型综合性银行不得不一分为二。J.P. 摩根银行被拆分为从事投资银行业务的摩根士丹利，而从事储蓄业务的另一部分仍然称作J. P. 摩根银行。此时的摩根银行已经在走下坡路，这一拆分进一步削弱了它在世界银行业的影响力。

在1933年举行的参议院金融委员会（Senate Finance Committee）听证会上，摩根银行和其他华尔街银行的声誉受到了严重的损害。该委员会由费迪南·佩科拉主导，佩科拉是一位出色的律师，视雄辩而不是调查研究为自己工作的第一要务。他是一位善于不停地提出刁钻问题的大师，而小摩根和其他接受质询的华尔街人却缺乏政客们的基本功，无法做到从容地避免回答类似问题。当小摩根和其他人的回答不可避免地出现闪烁其词时，媒体立刻抓住这一点大做文章。不管怎样，佩科拉的委员会的确发现了很多华尔街无法为自己辩护的不法之举，而这极大地增强了要求华盛顿对华尔街进行监管的呼声。毫无疑问，华尔街在竭尽全力抵制这些监管措施。在这场抵制运动中，冲在最前面的人就是理查德·惠特尼，此时，他因1929年在“黑色星期四”中的英勇表现已被任命为纽约证券交易所的总裁。当调查人员来到他的办公室时，惠特尼告诉他们：“先生们，你们正在犯一个巨大的错误，交易所是一个完美的机构。”当然，在当时那样一种舆论氛围下，惠特尼这样的花言巧语对他实际上没有任何帮助。

理查德·惠特尼。这位纽约证券交易所的总裁最终因挪用财产而身败名裂。纽约证券交易所有保存历任总裁油画肖像的传统，但是惠特尼的肖像画却始终没有完成。

惠特尼和罗斯福都来自格罗顿[1]，又是哈佛大学校友，他们在白宫会谈了45分钟，探讨华尔街的未来。按照惠特尼的说法，他们就一些理念交换了看法。但是，如果惠特尼认为老校友的关系就能阻止联邦政府加强对华尔街和交易所的监管的话，那他就大错特错了。尽管惠特尼百般阻挠，罗斯福总统还是提交了一项法案，于是惠特尼和交易所决定由他们自己动手先来改革华尔街上最有问题的那些行为。1934年2月13日，交易所委员会投票通过法令，禁止联手坐庄，同时也禁止专门经纪人将内幕信息透露给他们的朋友，并禁止专门经纪人购买他们所做市股票的期权。除此以外，惠特尼和他的同伙们还发起了一场规模巨大的舆论攻势，试图使罗斯福提议的法案搁浅，但这一切都毫无用处。在某种意义上，纽约证券交易所的改革反而引火烧身，因为这么做等于承认交易所并非是惠特尼所宣称的“完美的机构”。

1. 格罗顿（Groton），是美国马萨诸塞州一所精英制寄宿学校。——译者注尽管惠特尼等人未能阻止罗斯福的提案，他们的努力还是取得了一定的效果，这在很大程度上使这项法案的立场比最初提出时松动了很多。最开始，《证券交易法》(Securities and Exchange Act) 不加区别地将很多种特殊交易方式（包括卖空）界定为非法，而最后通过时，它只是将"操纵市场"认定为非法，并把具体什么是"操纵市场"留给即将成立的美国证监会来裁定。劳苦功高的费迪南·佩科拉是这个新委员会的成员，但主席一职由罗斯福提名的约瑟夫·P. 肯尼迪担任，这是典型的罗斯福式政治手腕。

* * *

肯尼迪在 20 世纪 20 年代早期就作为一个投机者来到了华尔街，很快他就表现出是投机这门艺术的行家里手。他曾经在波士顿的海顿·斯通经纪公司（Hayden, Stone）学习业务，并在 1923 年 1 月 1 日成立了自己的公司。他的波士顿办公室的门上挂着这样一个牌子：约瑟夫·P. 肯尼迪，银行家。肯尼迪一直称自己是一个银行家，因为他喜欢"银行家"（banker）这个英语单词的发音，但实际上，他的业务范围涉及很广，远远不只银行业。时至今日，我们仍不可能完全了解肯尼迪从事过的所有生意，但是只要听听那些关于他早年职业生涯的传说，就足以知道他在同代人眼里是一个什么样的人。在人们对他的无数指责里，最出名的是他曾非法贩酒，并有黑手党背景。这里面有多少是真的，有多少是"酸葡萄心理"在作祟，有多少是恶意中伤，有多少是纯粹的反爱尔兰情结，我们都无从得知。但是，这些流言蜚语直到他死后近 50 年的今天，仍然不绝于耳。

肯尼迪在华尔街第一次大的投机操作是针对黄色出租车公司（Yellow Cab Corporation）的股票。在一次当时司空见惯的做空投机后，这只股票从每股 85 美元跌到每股 50 美元。这家公司的主要股东沃尔特·豪利［《波士顿美国人报》（*Boston American*）的执行主编］曾经对肯尼迪的岳父菲茨杰拉德（前任波士顿市长、绰号为“蜜糖菲茨”）的政治生涯给予很多支持。为了报答沃尔特·豪利的这份恩情，肯尼迪决定伸出援助之手。肯尼迪在豪华的华尔道夫阿斯特拉酒店订了一间套房，在里面装了一台股票自动报价机和几根电话线。随后，他开始通过遍布全美的经纪人买卖黄色出租车公司的股票。他日复一日地全心投入操纵市场，其他什么事都不做。空头们斗不过他，终于放弃了。

老肯尼迪，美国第 35 任总统肯尼迪的父亲。他是一位闯荡江湖多年的老牌投机家，罗斯福上台后被任命为刚刚成立的美国证监会主席。深谙投机和操纵市场各种诀窍的老肯尼迪显示出了非凡的改革艺术。在他的领导下，华尔街开始步入正轨。（译者根据公开资料整理）

“我在早上醒过来，觉得累极了，”肯尼迪回忆起这段日子时说，“这才意识到我已经七个星期没有出过旅馆的大门了。我的孩子，帕特，已经出生快一个月了，可我还没有见过她呢。”

对于那场战役的结果，肯尼迪的说法很简单：“我们有几个人成了有钱人。”我们完全有理由相信肯尼迪并没有夸大其词。一位历史学家曾经估计，到了 20 世纪 20 年代中期，肯尼迪至少拥有 200 万美元的身家，这在当时是笔极为可观的财富。

在整个 20 世纪 20 年代，肯尼迪一直在从事投机，这场博弈中的其他主要华尔街玩家很少有人能获得他那样的声誉——他可以心无旁骛地把为自己赚钱作为唯一目的。事实也的确如此，黄色出租车公司战役刚刚结束几个月，空头又发起了新一轮攻击。当时有一种普遍的看法，认为是肯尼迪在幕后操纵了这轮做空投机，虽然不久以前他还使出浑身解数来捍卫这只股票。

肯尼迪是那批预见到股市大崩盘的华尔街天才中的一个，其他人还包括罗杰·巴布森、阿尔伯特·威金、罗兰·斯特宾斯。毫无疑问，在市场跌入大萧条的深渊时，肯尼迪的大规模做空给他带来了巨额财富。但是，即使当他变得越来越富有时，他骨子里的悲观主义仍让他怀疑，自己的末日是不是就要来临了。他后来回忆，他那时候曾想过："我甚至愿意分出自己的一半财产——如果这样做就可以让我的另一半财产置于法律和秩序的保护之下。那时候，我甚至觉得，为了保护我的家庭，我应该什么都不要。"

但是，肯尼迪和绝大多数的投机商不一样，他的野心远远超越了金钱。在很早的时候，他就认定富兰克林·罗斯福将成为美国政坛的一颗新星，所以他早在 1930 年就帮助过罗斯福竞选纽约州的州长，并于 1932 年帮助他竞选总统。肯尼迪在波士顿长大并深谙波士顿政坛的规矩——在这里，给那些忠诚的赞助人以适当的回报是一项近乎庄严的义务，所以他满怀希望地等待着被罗斯福任命为新内阁的高级官员。他甚至告诉他的朋友们，他将成为财政部部长。

但是，罗斯福不仅没有让他进入内阁，甚至没有给他任何实惠。最后，还是一些更接近于中间派的政府官员建议提名肯尼迪为新成立的美国证监会的主席，而刻板的自由主义者都认为这简直是派一只狐狸去看守鸡窝。《新闻周刊》这样评论："肯尼迪先生——从前的投机者和联手坐庄的操纵者，现在的工作将是制止投机和阻止坐庄。"

然而，肯尼迪十分聪明而且野心勃勃，他绝不会干赤裸裸的以权谋私的蠢事。而且，他十分清楚地知道在华尔街的哪些地方埋藏着"地雷"，如果他选择对华尔街直接采取行动，虽然场面一定会盛大而有趣，但那绝不是一个解决问题的好办法。他认识到他的工作不仅是要恢复整个国家对华尔街的信心，而且同等重要的是，要恢复华尔街对美国经济和政府的信心。肯尼迪首要的工作就是结束当时所谓的

“资本罢工”——当时华尔街所有的大银行，还有其他不计其数的小银行，都像被炮弹震傻了一样，拒绝承销任何新发行的证券，也拒绝向任何人提供贷款，不管借贷方用多么优良的资产做抵押，也不管需要融资的项目是多么安全。

“金融‘新政’[1]将会是一套对所有人都更有利的政策体系”，肯尼迪在他作为主席的第一次演讲中这样声称。他熟练地应付着新生的美国证监会面对的各种政治压力，同时很快在人们心中建立起一个公平、有魄力、高效率的管理者形象，这使得一切关于他的怀疑论调都渐渐销声匿迹了。鉴于早期各界对他的不信任，参议院曾将他的正式任命延迟了 6 个月，以观察他的所作所为。6 个月后，这项任命毫无争议地通过了。

肯尼迪也加强了华尔街温和派的力量，这些温和派欢迎改革，只是不希望改革的步伐迈得太大而严重脱离现实，如宣布做空为非法等。以 E.A. 皮尔斯为代表的温和派经纪人，把服务“一战”后才进入华尔街的小投资者作为自己的宗旨。皮尔斯在向佩科拉的委员会作证时承认，对股票交易进行一定程度的管制实际上是大家愿意看到的。相比之下，以惠特尼为代表的纽约证券交易所最保守的力量，则继续维护着大厅交易员和专门经纪人的利益，这些人已经为所欲为几十年了。得益于肯尼迪的支持，温和派集团的力量不断壮大，惠特尼最终在 1935 年从纽约证券交易所总裁的位置上下台了，但他随即又被选入交易所管理委员会，从而保证了他的集团仍然有能力阻挠一些有意义的改革。

在罗斯福的领导下，逐渐回暖的经济环境帮助结束了这场“资本

1. 这里肯尼迪借用了罗斯福总统上台后执行的积极经济政策的代名词——“新政”。——译者注

罢工”，这其中也有肯尼迪的功劳，华尔街的各种业务又开始兴旺起来，道琼斯工业平均指数在罗斯福新政的前几年或多或少地稳步上扬，记录着华尔街一个相当引人注目的牛市——至少有一点是可以肯定的，那就是股市从20世纪的最低点开始反弹。交易量也在上升，一些公司甚至开始雇用新的员工了。

但是，随着美国证监会逐步走上正轨，肯尼迪失去了对它年复一年进行日常管理的兴趣，并于1935年9月辞职，他一共在这个位置上工作了15个月。他的继任者詹姆斯·兰迪斯，基本上无所作为。第三任主席是威廉·O. 道格拉斯，此人之后曾在美国联邦最高法院任职长达30年之久，他倾向于运用此前一直未被发掘的美国证监会的影响力去强迫华尔街改变它的运作方式。但他并不激进，非常注意对资本市场的保护。为了确保做到这一点，道格拉斯认为，交易所必须做到“使任何人无法质疑。为了满足所有投资者的需求，这个巨大的市场不仅需要提供高效的服务，而且还需要保持公平和绝对的诚信——因为，我们每个人都不应该忘记，这个巨大的市场之所以可以存在并繁荣，有赖于投资者们的厚爱”。

很自然地，在惠特尼和他的保守集团看来，道格拉斯就是一个现世恶魔。就像在所有牛市里那样，随着华尔街股价和交易量的攀升，要求改革的压力逐渐减退。到了1937年，市场经历了4年不算奇迹般的但还算平稳的增长，如果不是因为股市在这一年秋天突然回调且经济又一次衰退的话，道格拉斯对华尔街的改革可能会艰辛许多。衰退的回归令改革的呼声再次高涨，经济学家们于是用“衰退”（recession）来代表这个新的经济低迷状态，可能是因为他们很愿意看到终于有一个他们能够解决的问题了，并把它和美国此时仍然身处其中的更大的经济“萧条”（depression）相区别。从那时起，经济的低迷状态就一直用“衰退”一词表示，而“萧条”一词则特指20世纪30年代的那一场“经济大萧条”。这轮新的衰退也把惠特尼推到了悬崖边上。

* * *

在“黑色星期四”的那次股市大危机中，惠特尼因他的英勇行为成为华尔街最出名的经纪人（虽然他用的是别人的钱来力挽狂澜的）。他对自己当时的表现津津乐道，甚至买下了他当初买入1万股美国钢铁公司股票的那个交易柜台，把它安置在理查德·惠特尼公司的会客室里（现在这个交易台陈列在纽约市博物馆内）。

他的公司规模很小，即使按照当时华尔街的标准而言也是如此，但他有一个很重要的客户——摩根银行。惠特尼的哥哥乔治是摩根公司的合伙人，因此，惠特尼拿到了摩根公司的经纪业务。“摩根银行的经纪商”这个名头给他的公司带来很大声望，但实际上并没有为他带来太多的佣金收入，因为摩根公司在二级市场上只有很小的业务量。

尽管这样，惠特尼却过着一种穷奢极欲的生活。他是多个私人俱乐部的会员，在曼哈顿东73大街有一栋豪宅，在新泽西州的远山有一个大农场，他经常在那里猎狐。在20世纪20年代后期，他每个月的花销至少为5 000美元，而当时一个中产阶级家庭的年收入才2 500美元。于是，他面临着一个大问题——入不敷出。他的经纪公司的收入根本不够维持他这种奢侈的生活方式，为了补差，他恣意从他的哥哥那里借钱，从朋友和同事那里借钱。起初，他很快就还钱，但又会以同样快的速度马上再借。他也在路边交易所（Curb）投资于各种垃圾股票，但就像数目多得惊人的华尔街专业人士一样，当涉及个人理财时，他就成了一个不折不扣的笨蛋。投资中最为重要的原则是“该斩仓时要斩仓，见好就要收”，而惠特尼的投资却一亏再亏，直到最后连老本都赔光了。

在繁荣的20世纪20年代，惠特尼在华尔街的游戏中还算成功，至少没有陷入什么灾难，但是到了30年代就完全不同了。到1931年，他的公司实际净资产不足 4 万美元，这一点在当时并不为人所知，甚至可能连惠特尼本人也不了解，而他的个人债务则高达近 200 万美元。然而，这丝毫没有改变他的生活方式，于是他开始“偷”，从他的合伙人、朋友、客户、俱乐部、兄弟，甚至他的妻子那里“偷”。就像所有的贪污和盗窃最终都不可避免地要败露一样，惠特尼最终也被戳穿，1937 年 11 月 19 日，他的世界开始分崩离析了。

惠特尼是纽约证券交易所退休基金（New York Stock Exchange's Gratuity Fund）的托管人。虽然叫退休基金这个名字，这个基金实质上是交易所会员为他们的家人设立的一个人寿保险计划。在每个会员去世的时候，这笔基金向该会员的家庭支付 2 万美元。被提名为这个基金的托管人被认为是一项很高的荣誉，当惠特尼从纽约证券交易所总裁职位上离职的时候，他被授予了这项荣誉，但他随后的所作所为实际上却是逐步侵吞这笔基金的资产。

惠特尼的公司一直是这只基金的经纪公司。在 1937 年 3 月，基金理事会决定卖掉市值为 22.5 万美元的债券，并用销售债券的所得购入新证券。理事会把这些债券交给惠特尼去出售，却没有见到新证券的影子。实际上，惠特尼根本就没有买入任何新证券，因为他已经用那些债券做了他个人贷款的抵押品。到当年 11 月，惠特尼已经私自从基金中挪用了价值超过 100 万美元的证券，而他没有任何偿还能力。

基金的会计几次向惠特尼索要这些证券，但都遭到毫不客气的拒绝。最终，他只好在 11 月 19 日惠特尼缺席的一次会议上将这一情况通报给了其他理事，理事们投票要求惠特尼立即交出这些证券，但惠特尼做不到——它们已经像惠特尼所有其他投资一样化为乌有了。

实际上，惠特尼的一系列麻烦主要源于 1933 年。那年，他帮助建立了一家蒸馏酒业公司，生产一种叫作“泽西闪电”的苹果白兰地，满心希望能因《禁酒令》（Prohibition）的即将废止而获得暴利。这家公司的股票以每股 15 美元的价格上市，借助《禁酒令》即将废止的好消息，所有的酒业股票都在直线上涨。在 1933 年《禁酒令》实际废止之前，惠特尼的酒业公司股价曾经高达每股 45 美元。但是，当酒业市场完全放开后，“泽西闪电”却并不怎么成功，股价开始持续下跌。惠特尼又一次没有及时斩仓撤出，甚至还追加了投资。到了 1937 年，惠特尼和他的经纪公司已持有这家酒业公司 13.45 万股的股票。此时，这只股票的卖出报价只有每股 3.5 美元，买入报价更低，而且和卖出报价相差甚远。惠特尼此前用这些股票作抵押借了很多钱，当股票的价格下跌时，他不得不用更多的抵押品来满足追加保证金的要求。当他将自己所有的证券都抵押以后，就开始盗用那些由他保管的证券了。

惠特尼现在走投无路，不得不再次求助于他的哥哥乔治。乔治听了他的叙述后，特别是他私自挪用资金的事——那简直无异于在偷寡妇和孤儿们的钱，惊得目瞪口呆。乔治随即通知了托马斯·拉蒙特——摩根银行的执行合伙人，两人经过商议，为了避免一场使整个华尔街声誉严重受损的丑闻，他们决定帮助惠特尼。他们借给惠特尼足够多的钱，让他从市场上买回他挪用的证券，并补回到基金里去。

之后，乔治决定让他的兄弟为自己的愚蠢行为付出代价，尽管这来得有点太晚了。他要求惠特尼放弃所有的商业活动，卖掉经纪公司、酒业公司以及名下的所有资产。乔治希望用变卖这些资产所得的钱将惠特尼的债务还清，余下的钱加上惠特尼妻子的财产还能让他体面地生活。当然，乔治·惠特尼和托马斯·拉蒙特此时还不知道理查德·惠特尼还曾从他妻子的信托基金中挪用过资金。从严格意义上说，乔治和拉蒙特没有将惠特尼所供认的罪行报告给有关当局，这实际上属于“包庇”，本身也是一项重罪，但是这种情况很少有人追究，尤其是如果当事者只是为了帮助自己的亲戚，而没有从中为自己牟利的话。在这个案子里更是如此，乔治不仅没有为自己谋利，还不得不又一次拿出数百万美元——此前他已经为他弟弟支付过数百万美元，而那些钱早已全部付之东流了。实际上惠特尼的哥哥和妻子最终赔偿了他所偷的每一分钱，尽管没有任何法律要求他们这么做。

但是，无论是惠特尼的经纪公司还是酒业公司，都找不到买家，而惠特尼却依然花钱如流水，个人开支丝毫没有减少。尽管明知自己还不起，他还是不断向朋友和一些熟人借短期贷款，通常是 10 万美元。由于他特殊的地位和声望，惠特尼在借钱过程中几乎没有遇到任何麻烦。

不过，一向高效的华尔街流言市场已经开始偷偷议论起惠特尼了，到 2 月，有关惠特尼和他的公司遇到了大麻烦的传言已经沸沸扬扬。这个时候，美国证监会正好在向所有经纪公司寄送一份有关公司财务状况的调查问卷。尽管按照正常时间，惠特尼应该至少在 5 月份之后才会接到这份问卷，但纽约证券交易所的商业行为委员会（Committee on Business Conduct）主席豪兰 · S. 戴维斯决定立刻给惠特尼发一份。

当这份问卷在一个月后（比截止日期晚了一个星期）交回来的时候，交易所的督察人员立刻发现问卷上的回答缺乏真实性，于是他们向惠特尼的公司派遣了审计员。审计员们很快查出惠特尼盗用他客户账户上的资产，而他的公司实际上已经破产。现在纽约证券交易所的管理层都知道了这件事，惠特尼仍然认为交易所和它的一班保守派会帮他摆脱困境。他向他的继任者查尔斯 · 盖伊说："我是理查德 · 惠特尼，对数以百万计的人来说，我就代表交易所。交易所承担不起让我破产的名誉损失。"

如果在过去，这很有可能是对的。但现在，美国证监会正在稳步加强对华尔街的监管。盖伊意识到交易所此时承担不起不让惠特尼破产的责任。

监守自盗：从惠特尼到麦道夫

纽交所前总裁惠特尼以及时隔70年后的纳斯达克前主席伯纳德·麦道夫，都曾经是交易所头号人物，却利用在一线监管生涯中赢得的声誉和人脉行骗。

麦道夫骗局在2008年金融危机后曝光，涉案500亿美元，上当受骗的不仅是个人投资者，也有投资银行、对冲基金、慈善基金等大量机构投资者，是典型的庞氏骗局。庞氏骗局是人类历史上最常见的金融欺诈，几乎遍布五大洲，层出不穷。这种骗局得名于意大利裔美国人查尔斯·庞兹在1920年的欺诈行为，其主要特点是用新投资者的资金作为投资回报付给老客户，以维系“投资不败”的谎言。（译者根据公开资料整理）

1938年3月7日，星期一的早晨，华尔街几乎每一个人都知道理查德·惠特尼和他的公司破产了，所以这天早上10点5分，当交易所大厅里的钟声响起，盖伊总裁走上主席台宣布交易中止，向大家简单通报了惠特尼公司因无力偿还债务而被停止经营的事实时，人们并不惊讶。但是，人们万万没有想到的是停止运营的真正原因：（惠特尼的）行为完全背离了公平和公正交易的原则。换句话说，理查德·惠特尼——这个来自格罗顿的老小子，纽约证券交易所的前任总裁，摩根银行的经纪人，华尔街地位的坚定守护者，竟然是个大骗子。

盖伊的话音刚落，大厅里一片死寂，很快，经纪人们回过神来，大厅里立刻又变得一片喧嚣。当交易重新开始时，股市直线下跌，但当天下午所有交易几乎都中止了，因为经纪人们都聚集在饭店和酒吧里讨论所发生的一切。左翼的《国家》(*Nation*）杂志可能最准确地表达了对这件事的反应，它幸灾乐祸地写道："即使J.P.摩根被抓住偷拿神圣的圣约翰大教堂里的金银餐具，都不会比这件事更令华尔街感到难堪。"

甚至富兰克林·罗斯福——本质上他仍然有根深蒂固的东部贵族的心态，尽管他政治上走亲民路线——都被这个"刚刚暴露的骇人听闻的罪恶行径"惊得目瞪口呆。"不，他不可能那么干！"当他的助手告诉他这个消息的时候，他大叫一声，"迪克·惠特尼[1]——迪克·惠特尼，我不信。"

事已至此，接下来的一切进展得相当迅速。3月10日，惠特尼被指控盗用他岳父为他妻子设立的一个信托基金的资金。地方检察官托马斯·杜威[2]怀着他即便竭尽全力也无法隐藏的政治野心，亲自逮捕了理查德·惠特尼。3月15日，(被保释后的）惠特尼再次被逮捕，这次是因为他从纽约游艇俱乐部盗用了15.3万美元的款项，而他是该俱乐部的财务主管。惠特尼对两项指控都供认不讳，并承认："没有一个我的公司合伙人（因该公司的倒闭，这些人也都破产了)，没有一个我的公司同事，或任何和我有关系的人涉嫌上述罪行。事实上，无论是以前还是现在，除了我自己以外，没有任何人该对这一切承担任何责任。"3月17日，他被赶出了纽约证券交易所，3月25日，他申

1. 迪克·惠特尼（Dick Whitney），即理查德·惠特尼，在英文中迪克是理查德的昵称。——译者注
2. 托马斯·杜威（Thomas Dewey，1902—1971年），美国政治家，在1944年和1948年的总统选举中被共和党提名参加竞选，在随后的旅行竞选中出乎意料地被哈里·杜鲁门击败。此处意指他试图以逮捕惠特尼来作秀以便为今后的政治竞选铺路。——译者注

请了个人破产，4月8日，美国证监会对他的听证会开始了。

历史上曾经的庞氏骗局

· 1899年，美国纽约，100万美元，10%周回报率
· 1970—1984年，葡萄牙，8 500万欧元，10%月回报率
· 1987年，美国密歇根州，损失5 000万美元，被证交所中止
· 20世纪80年代，美国加利福尼亚州，2亿美元，损失8 000万美元
· 1991—1994年，罗马尼亚，10亿美元，32%月回报率
· 20世纪90年代，俄罗斯，15亿美元
· 1994年年末，德国 & 瑞士，71%年回报率，损失11亿美元
· 1993—1997年，美国佛罗里达，100%总回报率，损失5亿美元
· 1997年，阿尔巴尼亚，8%月回报率，损失12亿美元
· 2000年，美国好莱坞，6亿美元
· 2000年，美国俄亥俄州，2 600万美元
· 2003年，美国佛罗里达州，10亿美元
· 2003年年末，加拿大渥太华 & 美国加利福尼亚 & 俄克拉荷马州，800万美元
· 2005年末，美国洛杉矶，损失9.4亿美元
· 20世纪80年代—2002年，哥斯达黎加，4亿美元，3%月回报率
· 2001年，海地，2.4亿美元，15%回报率

· 2006 年 10 月，悉尼，4 900 万美元
· 2006 年 2 月，圣迭戈，2 400 万美元，6% 月回报率
· 2007 年 4 月，巴基斯坦，10 亿美元，100% 月回报率
· 2007 年 5 月，美国佛罗里达州，8 000 万美元
· 2007 年 6 月，美国，5 亿美元，被判 300 个月的监禁
· 2007 年 8 月，菲律宾，5 000 万美元
· 2008 年 1 月，菲律宾，2.5 亿美元
· 2008 年 12 月，美国，500 亿美元
· 2009 年 1 月，印度，10 亿美元
· 2009 年 1 月，英国，8 000 万英镑
· 2009 年 2 月，伦敦，4 000 万英镑
· 2009 年 2 月，拉丁美洲，80 亿美元

（译者根据公开资料整理）

然而，尽管发生了这一切，惠特尼似乎仍然对他将要承担的罪责没有太多概念。在听证会上，当听证官格哈德·格塞尔（他后来成了著名的联邦法官）问他："惠特尼先生，你是什么时候第一次意识到你破产了？"

"我没有破产。"惠特尼平静地回答。

"你是什么意思？"格塞尔很震惊地问——其震惊程度是可想而知的。

"我仍然可以从我的朋友那里借到钱。"惠特尼回答说。

对破产的奇特理解不过是他可悲的臆想而已。在同一个听证会上，当小摩根被问及："你认识理查德·惠特尼吗？"

"曾经认识。"他冷冷地回答。对华尔街来说，理查德·惠特尼已经是一个死人了。

4月11日，惠特尼被处以5~10年的监禁，并立刻被送进了监狱。惠特尼在"坟墓"监狱度过了一夜，第二天被转送到兴格监狱。[1]当他经过中央火车站时，那里聚集了6 000多人围观，人们看到他手腕上的手铐代替了昔日的金表链。他同两个勒索犯、一个抢劫犯和一个强奸犯一起被押上了火车。在监狱里，他被关在一个单人小房间里，脱下西装，换上囚服，被分配了一份打扫卫生的工作。那天晚上，他的晚餐是烤利马豆、煮土豆、茶、面包和玉米布丁。

与此同时，在华尔街上，惠特尼的丑闻彻底打破了原先的力量均势。道格拉斯和美国证监会迅速抓住了这个保守集团土崩瓦解的好时机。很快，纽约证券交易所就有了一部新的章程，旨在加强交易所的公共职责，使它不再仅仅是为交易所会员的利益服务。交易所的总裁成为一名拿薪水的雇员，而不再是交易所的会员。交易所将对会员公司进行更频繁和详细的审核。如果一家经纪公司开办公众业务，它就被禁止为自己开设保证金账户。从那时起，保证金的比例要求将由美国证监会决定，而不再由纽约证券交易所设定，而保证金要求是抑制投机和防止股市再次出现1929年那样的泡沫的一项有力手段。

会员公司的债务被限定在其运营资本的15倍以内，其中非抵押贷款必须报告纽约证券交易所。经纪业务与承销业务必须分离，而客户的账户也必须与公司自营账户分开。为了防止卖空投机和股市恐慌时打压市场，卖空单只有在股价上升时，也就是说卖空股票的价格高于上一个成交价时，才被认定有效。

1. 兴格监狱（Sing Correctional Facility），位于纽约，是除恶魔岛监狱之外美国最具标志性的监狱，目前仍在使用。——译者注

当然，这些改革无论如何都会到来，只是迟早的事情，但是理查德·惠特尼的丑闻使得改革提前到来。从这一点上讲，华尔街可能还要感谢这个华尔街最著名的罪犯。理查德·惠特尼的丑闻案使这些改革更容易取得成功，而这些改革的成功又为战后将要在华尔街上演的一次真正的大繁荣奠定了基础——那将是一次史无前例的繁荣，一次影响深远的繁荣，一次即使在20世纪20年代大牛市最疯狂的年代中，人们做梦也想象不到的繁荣。

同一时代的西方和东方

西方	年份	东方
	1928	《中日关税协定》在南京签订
纽约帝国大厦正式启用，作为世界最高楼直至1972年	1931	“九一八”事变爆发，日本帝国主义侵华的开端
美国受经济危机的沉重打击，农业生产指数下降50%以上，失业率达到25%	1931	
英颁布《威斯敏斯特法案》，澳大利亚独立	1931	
	1932	日本的傀儡国伪“满洲国”成立
	1932	上海银行业同业公会联合准备委员会成立
希特勒在德国上台	1933	
富兰克林·罗斯福就任美国第32任总统，开始“罗斯福新政”	1933	
美国取消金本位制，颁布《证券法》和《格拉斯–斯蒂格尔法案》	1933	
美国颁布《证券交易法》	1934	中国工农红军开始长征，至1936年结束
美国证券交易委员会（即美国证监会）成立	1934	
房利美公司由政府出资创建	1934	
	1935	遵义会议

（续表）

西方	年份	东方
	1935	中共中央发表八一宣言
	1935	上海票据承兑所成立
	1935	“一二·九”运动
查理·卓别林拍摄了影片《摩登时代》	1936	西安事变
	1937	日本制造卢沟桥事件，发动全面侵华战争
	1937	“八一三”事变，淞沪抗战
	1937	南京大屠杀
慕尼黑会议	1938	毛泽东发表《论持久战》

第十四章

“华尔街也是……主街”
（1938—1968 年）

译者题注

第二次世界大战和随后的经济繁荣巩固了华尔街作为世界金融中心的地位。美里尔开创的美林帝国使股票进入千家万户，而证券分析手段使得理性投资成为可能。这一切都为华尔街最终的起飞奠定了基础。华尔街一向被认为是美国实体经济——主街的附属品，然而，随着华尔街在美国经济生活中起到越来越重要的作用，越来越多的人开始认为："华尔街也是……主街。"

译者导读

- 陷入经济"大萧条"中的美国再一次被发生在大西洋彼岸的战争所挽救——这一次是第二次世界大战。第一次世界大战的经验证明，无论战争给欧洲和其他地区造成多大的创伤，它都会给大洋彼岸的美国带来巨大利益。因此，"二战"的爆发并没有像"一战"那样立刻将股市推向低迷，相反，道琼斯指数还略微上涨。然而，随着希特勒的节节胜利，华尔街陷入了长达三年的下跌周期。
- 但事实上，在股市下跌的同时，美国经济正经历着新一轮的高速增长，美国公司盈利从1939年的64亿美元激增到1942年的209亿美元。除了战争所创造的巨大需求以外，民用经济也持续增长。而在战争期间被严重压抑的民用需求，如住房、汽车、家电等，即将催生战后美国经济的大繁荣。
- 在这个历史时期，有两个人对华尔街的未来影响深远，一位是查尔斯·E. 美里尔，一位是本杰明·格雷厄姆。美里尔革命性地将连锁店的运营模式引入经纪业务，并创建了美林公司。而格雷厄姆让此前只知道投机和坐庄的华尔街明白了基本面研究的重要性。

- 1954 年，华尔街再一次迎来了长达 10 年的大牛市。华尔街在滞后多年之后，终于与美国实体经济在战时和战后的高速成长实现了同步。
- 在这个时代，更具重要意义的是，包括大批养老基金、共同基金在内的机构投资者开始出现在资本市场并逐步占据主导地位，在随后的半个世纪中，它们不仅推动了华尔街的发展壮大，也推动了美国社会养老体系和社会保障体系的逐步健全。同样，也是在这一时期，科技的进步使得交易所的技术装备日新月异，新的股票自动报价机和数字计算机开始使用。
- 1962—1963 年，商品投机商安吉利斯精心组织了一场豆油囤积活动，但最终以失败告终，这使得与他有关联的华尔街两大经纪公司陷入困境，加之时遇肯尼迪总统被刺，恐慌开始像瘟疫一样在华尔街上蔓延开来。
- 最终，华尔街的经纪公司团结起来，采取了果断的自救行动，交易所也出面为这两家经纪公司的破产承担了责任，这才使得这一次的金融恐慌得以平息。为了防止今后单一金融风险再次扩散为金融系统风险，纽约证券交易所于 1964 年第一次建立了风险基金。就像 19 世纪交易所和经纪人委员会采取行动抑制过度的投机行为以及投资银行一致要求上市公司出具年度报告和独立的会计报表一样，华尔街的参与者们再一次意识到，他们有着超越各自利益的共同利益，需要大家共同维护。

尽管罗斯福使出了浑身解数，他的新政也没有能够结束“大萧条”。实际上，“大萧条”是因第二次世界大战而结束的。在1940—1944 年，美国经济扩张了 125%，成为其经济史上最令人注目的一段高速发展期。在这些年里，民用经济几乎在不间断地增长。不仅如此，美国还生产了 6 500 艘海军舰艇，29.64 万架飞机，86 330 辆坦克，64 546 艘登陆艇，350 万辆军用吉普、卡车和运兵车，总吨位达 5 300 万吨的货船，1 200 万支步枪、卡宾枪、机枪和 4 700 万吨炮弹。

1944 年，美国只有 70 万人失业，是 1940 年失业人数的 10%。然而，这种经济上无与伦比的繁荣并没有在华尔街得到体现。1939 年 9 月在欧洲爆发的第二次世界大战，也没有像 1914 年爆发的第一次世界大战那样给华尔街带来恐慌。早在大战爆发前的几个月，战争的迹象就已经十分明显。而"一战"的经验证明，无论战争给人类带来什么样的悲剧，它都会使美国经济受益。的确，在战争开始的头几天里，道琼斯工业平均指数还上涨了 20 点，而这在当时不是一个小数目。不过，上涨的势头不久后便戛然而止。对希特勒的恐惧情绪开始占据上风，担心他在与斯大林签订《互不侵犯条约》从而免受第二战场的干扰后，会很快对英、法取得压倒性胜利，而此时的这两个国家比起 25 年前已衰弱了许多。1940 年，德军彻底摧毁了法军的抵抗力量，占领了法国，并把英国也推到了战败的边缘，华尔街开始了长达 3 年的下挫。标准普尔指数在 1939 年收于 12.06，1942 年年底则收于 8.67，跌幅超过 25%。1942 年 4 月，道琼斯工业平均指数在历史上最后一次收于 100 点以下。更加不同寻常的是，这种下跌发生在美国公司的盈利从 1939 年的 64 亿美元激增至 1942 年的 209 亿美元这样一个背景下。

对经纪业来说，比股市下跌更为糟糕的是，交易量也开始严重萎缩。1939 年是纽约证券交易所自 1923 年以来日均交易量跌到 100 万股以下的第一年（在此前的 10 年内，纽约证券交易所的日均交易量为 250 万股），而这仅仅是个开始。1939 年的日均交易量为 95.4 万股，1940 年为 75.1 万股，1941 年进一步下降到了 61.9 万股，而在 1942 年，其日均交易量更是降到了令人吃惊的 45.5 万股。纽约证券交易所交易大厅里的经纪人经常无所事事，有的时候在大厅里打“棒球”——他们把报纸卷起来当球棒，把询价单捏成一团当纸球。1940 年，华尔街共有 5 855 名经纪人、承销商和交易员，但到了 1947 年，这个数目已经萎缩到 4 343 名。

1941 年 12 月 7 日，日军偷袭美国太平洋舰队的基地珍珠港，随后美国对日宣战。美国凭借完善的资本市场和强大的工业体系，爆发惊人的战争动员能力，不仅顺利筹集到了天量军费，还在极短时间内生产出了规模空前的战争装备。以海军为例，1941—1945 年，日本共生产了 18 艘航母、2 艘战列舰、9 艘巡洋舰、63 艘驱逐舰、199 艘潜艇。而在同一时期美国生产了 124 艘航母（包括护航航母在内）、8 艘战列舰、48 艘巡洋舰、349 艘驱逐舰、498 艘护卫舰、245 艘潜艇。由此可见，一国的战争潜力很大程度上由其工业生产能力和资本运作能力决定。（译者根据公开资料整理）

直到 1943 年阿莱曼战役[1]和“斯大林格勒”保卫战之后，纽约交易

1. 阿莱曼（Alamein），埃及北部一村庄，“二战”中英军曾在此击败德军。——译者注

所的交易量才有所回升，当年的日交易量回到了100万股的水平。尽管盟军胜利的形势日益明朗，但市场依然顽固地陷于低迷之中，对大多数人而言，1929年股市崩盘的惨状仍历历在目，他们根本不愿意和华尔街沾边儿。虽然在1940—1945年，美国人均可支配收入翻了一番，但这些钱并没用于投资股票，相反，人们用这些钱来支付汽车和房屋的首付款，或者购买更多的人身保险，同时，更多的钱流入了银行，成为银行储蓄。1940年，美国人在银行存入了42亿美元，4年之后的1944年，他们存了359亿美元，大多数的钱进入了安全的、受存款保险保护的储蓄账户，或是用来购买战争债券，而没有进入有风险的华尔街。

1940年5月，德国绕过马奇诺防线进军西欧，40万英法联军被压缩至法国敦刻尔克。盟军在9天内横渡海峡接回了33.8万人，得以保存了有生力量，但也放弃了几乎所有重装备，付出了近3万人阵亡、4万人被俘的代价，史称“敦刻尔克大撤退”。图为2017年的电影《敦刻尔克》的海报。（译者根据公开资料整理）

此外，绝大多数经济学家都预言，随着战争刺激因素的消退，经济将面临一场新的萧条。毕竟，第一次世界大战结束后，紧随其后的就是1920—1921年的急剧衰退。美国的经济学家此时也和诸多被载入史册的将军一样，在这最后一次大战中“作战”。第一次世界大战时，美国经济除了民用生产外，几乎没有受到战争的影响，但到了第二次世界大战时，从很多方面来看，美国经济几乎完全变成了集中的计划经济。而战时美国经济的“首席执行官”是唐纳德·纳尔逊，他曾是西尔斯·罗巴克公司（Sears Roebuck）的执行副总裁，此时被罗斯福任命为战时生产委员会主席。纳尔逊和他的委员会的工作就是去决定：要打赢战争需要生产些什么？需要哪些原材料和工业生产能力？资源如何分配？哪些优先生产？到了 1945 年，这个生产委员会成为美国战时最大的非军事办公机构，总部设在华盛顿，有 2.5 万名雇员，每天消耗的纸张相当于一个大城市发行报纸所用纸张的数量。没有其批准，无人有权制造任何东西，哪怕是一个曲别针。

1945 年，美国在日本投下原子弹，结束“二战”。图为突围投掷原子弹的美国 B–29 轰炸机，现陈列于美国航空航天博物馆。（译者摄于 2017 年）

位于美国华盛顿的“二战”纪念建筑群，其中两个拱门上分别雕刻了太平洋（Pacific）和大西洋（Atlantic）的字样，表示战火延及两大洋。（译者摄于 2017 年）

这种经济模式的结果是：在战争进行的几年里，几乎看不到任何新的房子、家电、汽车、卡车、轮胎、收音机或电话等等，正是这种被严重压抑了的民用需求，和人们在储蓄账户和战争债券上积累的大量资金，共同催生了战后美国经济的大繁荣，而不是衰退。1946 年年初，当工资和物价都从战时的控制状态放开后，美国经济在持续扩张的同时，也开始了一轮恶性通货膨胀。

但是，华尔街似乎依然置身局外，没有完全融入美国经济的热潮中。到了1949年12月31日，道琼斯指数也仅为200点，只是1940年点位的两倍，而同期美国国民生产总值已经增长到了原先的三倍，公司利润的增长更是远远不止于此。诸如凡世通公司（Firestones）和肯尼科特铜业公司（Kennecott Copper）这类蓝筹股中的蓝筹股，尽管股息率高达8%~12%，远高于当时的债券息率，市盈率也只有不到4倍。

不过，在华尔街看似持续萎靡不振的表象之下，其光明未来的种子已经播下。华尔街的未来将受到两个截然不同之人的巨大影响，他们就是查尔斯·E.美里尔和本杰明·格雷厄姆。

*　　*　　*

与很多在华尔街成名和发迹的人一样，查尔斯·E.美里尔来自一个不太为人所知的小镇。1885年，他出生于杰克逊维尔城（Jacksonville）南部的绿色湾泉镇（Green Cove Springs），那里当时还是佛罗里达北部的亚热带荒地。他的父亲是一名医生兼药剂师。美里尔读过几所学校，包括在阿默斯特学院（Amherst College）就读过两年，但没有毕业。他未来的岳父是华尔街一家小控股公司的财务主管。离开学校后，美里尔在这家公司找到了一份工作。他初到华尔街时，那里正处于1907年的恐慌之中，但经济很快就开始繁荣起来。他曾经在几家公司打工，最终在1914年初建立了自己的公司——查尔斯·E.美里尔公司。

美里尔是天生的推销员，轻而易举在华尔街打开了局面，结交了很多朋友。但他的公司还没来得及开张，第一次世界大战就爆发了，纽约证券交易所休市了，他自然也就没有了生意。美里尔靠着新街这个非法但被默许的市场生存了下来，直到纽约证券交易所重新开市。

在接下来的一年里，美里尔将自己的公司与一个名叫埃德蒙·林奇的债券销售员创建的公司合并，美林公司的名字首次出现在华尔街上（按惯例，两个名字之间应有一个逗点，但这个逗点在两家公司合并时的文件中被不小心遗漏了。从那以后，在这家公司的历史上，每一次重组和重新命名时，这个形式一直被有意保留并沿用下来）。

到了 20 世纪 20 年代，这家公司已经在华尔街立住了脚，并取得了相当大的成功。没有就此满足的美里尔注意到一群新客户，并开始开发一个此前从未有人涉足的客户市场，那就是美国的中产阶级家庭。这些家庭手中有可支配收入，当然也就有可供投资的资金，但他们从来没有想到要去投资或购买股票。在这个阶段，美里尔也开始承销股票的发行，特别是连锁店股票，例如克雷斯吉（Kresge）、西部汽车设备（Western Auto Supply）和杰西潘尼（J.C. Penney）等公司。1926 年，他的公司承销了数额巨大的西夫韦（Safeway）连锁店股票，他后来成为这家公司的董事和主要股东之一。

1928 年年底，当一路飙升的股市和实体经济开始脱节时，美里尔是最早感觉到大难将至的人之一。他的直觉来得太超前了，以致他一直在怀疑自己的这种直觉，甚至担心自己是

查尔斯·E. 美里尔。他相信为传统的华尔街客户以外更广大的公众服务中孕育着无限商机。到 1950 年，美林公司成立 10 周年的时候，它已经成为世界上最大的经纪公司。

Merrill Lynch

不是心理有问题，并为此去看了心理医生（“一战”后，心理治疗已成为富人圈里非常流行的一种时尚）。但经过几次谈话后，美里尔和他的心理医生都坚信，他十分清醒。于是，心理医生中止了对美里尔的治疗，并和他的“病人”一起开始抛售手里的股票。到了 1929 年秋天[1]，美里尔和大多数经纪人一样，差不多完全撤离了股市，但美里尔与他们都不同的是，他早在这一年 3 月就开始并一直建议他的客户撤资离场。

第二年，看到“大萧条”没有任何结束的迹象，美里尔决定离开股市。他将自己在交易所的交易席位卖了，并将公司卖给了 E.A. 皮尔斯公司。他和林奇都成为该公司的有限责任合伙人。这家公司后来成为华尔街改革进程中的排头兵。在随后几年里，他为他曾经承销过股票的那些连锁公司做顾问。也就在这个阶段，一个想法在他脑海里逐步酝酿成熟，那就是将连锁店的运作模式引入经纪行业。他最终建成了分支机构遍布全美、规模空前的“美林帝国”。

20 世纪 30 年代末期，E.A. 皮尔斯公司经营不良，公司邀请美里尔回来担任公司的执行合伙人并主持日常管理。1940 年，他接受了邀请，新公司被命名为美里尔–林奇–皮尔斯–卡萨特公司，尽管这时林奇已经去世，但美里尔仍然坚持在公司的名称中保留他的名字。新奥尔良的经纪公司菲纳比恩公司很快也被合并进来，于是公司的名称变成了美里尔–林奇–皮尔斯–菲纳–比恩公司。1958 年，比恩退休，于是温思罗普 · 史密斯的名字被加了进来。

一上任，美里尔就马上着手开创了一种新的经纪业务模式。原先的经纪公司以理查德 · 惠特尼公司为代表，规模都很小，一般只有不足 50 个账户（当然，胆大妄为的惠特尼是个例外），其中大部分可能

1. 股市崩盘就发生在这个时期。——译者注

还属于他们的亲朋好友。那个时代稍大一点儿的经纪公司，有些客户经理会到公司合伙人的小圈子以外去招揽客户，但也大都只是靠朋友介绍而零零星星地进行。

由于客户经理的收入主要来自客户买卖证券所缴纳的佣金，所以他们有极强的动机去鼓动客户频繁交易，不论这些交易是不是符合客户的最大利益。尽管很多客户经理诚实守信，工作也很努力，而且具备一定的专业知识，但毕竟他们中很多人是因为是某人的姐夫或妹夫才得以在证券行业谋得差事，所以他们对于“投资研究”的理解，就是将华尔街这个永不停息的谣言工厂制造出来的最新小道消息和炒股“秘诀”二次传播给他们的客户。

美里尔彻底改变了这一切。他严格培训客户经理——这些人现在被称作注册代理人（registered representative），让他们掌握经纪业务的基本知识，并在他们刚开始工作时就给他们支付固定工资，而不是让他们完全靠佣金过活。从1948年开始，美里尔推出了大量广告，重点宣传他的这些股票推销员所接受的严格训练和他们所拥有的专业知识。他也认识到，对他的新客户来说，最大的障碍就是他们往往只知道证券的买进卖出，而对华尔街的运作方式一无所知。因此，在他的广告宣传里，美里尔还提供一些基本的知识，告诉人们如何对股票和债券进行投资，其风险和潜在的回报是什么，等等。

美里尔还通过广告大力宣传他认为华尔街应该和能够成为怎样的一个地方，以及他对华尔街的展望：华尔街应该成为一个安全的投资场所，在那里，你会见到很多诚信、专业的金融专家。几乎在一个世纪以前，福勒曾这样描写华尔街：“伦理学家和哲学家们都认为华尔街是一个赌窝——或者说是一个塞满不洁之鸟的笼子。在那里，人们的所作所为令人憎恶，他们进行着可怕的交易，靠榨取朋友和邻居的财富来养肥自己——或者你可以把华尔街看成一个现代的罗马斗兽场，角斗士在里面进行着殊死搏斗，牛啊，熊啊，还有其他一些残忍的野兽在互相撕咬，以供大众消遣。”到了20世纪40年代，福勒笔下那个无法无天的华尔街早已成为历史，但他描述的这种华尔街形象却长久地留在了美国民众的记忆里，华尔街也从来就没有试图做任何努力去改变它。现在美里尔做了，并且成功了。

哈里·杜鲁门在他1948年总统竞选活动的一次演讲中将华尔街人斥为“钱庄老板”。美里尔在一则公告里回应道：“某些竞选伎俩的确让我们感到有点儿气愤，尤其是当有人又把所谓‘吃蛾子的妖怪’——华尔街大亨抛出来……杜鲁门先生和其他所有人都知道，世界上没有什么所谓的‘华尔街’，它顶多只是一个概念。华尔街是什么呢？华尔街是旧金山的蒙哥马利大街，是丹佛的第十七大街，是亚特兰大的玛利埃塔大街，是波士顿的联邦大街，是得克萨斯州韦城的主街。它和密苏里州独立镇（杜鲁门的家乡）的任何一条街没有什么两样，在这里，节俭的人把他们的钱拿去投资，买卖证券。”[1]

美里尔的新运作模式很快取得巨大成功，到20世纪40年代末期，美林公司已经成为华尔街最大的经纪公司，总收入为4 570万美元。到了1960年，它的总收入达到1.36亿美元，几乎是华尔街第二大经纪公司——巴奇公司的4倍，相当于第三至第六大的经纪公司的总和。在这一年，美林公司拥有54万个经纪账户，成为著名的“气势汹汹的牛群”。

美里尔的成功很自然地迫使其他华尔街经纪公司也群起仿效其业务模式，那种陈旧的、小作坊式的经纪公司开始走向衰亡，全国性的经纪公司迅速崛起。在很大程度上，查尔斯·E. 美里尔可以说是现代

1. 在这里，美里尔强调华尔街实际上渗透了美国经济的每个角落，而且，华尔街人和其他劳动者一样，也在勤奋地工作并创造价值。——译者注

经纪业的鼻祖，他在华尔街经纪人中的重要地位毫不逊色于 J.P. 摩根在银行业所拥有的地位。

另一个帮助扩展经纪业务客户群的华尔街人是本杰明·格雷厄姆，他生于 1894 年，原名本杰明·格罗斯鲍姆（格罗斯鲍姆家族在 1917 年更名为格雷厄姆。当时，美国卷入第一次世界大战，这个德语发音的名字在美国很不受人欢迎）。格雷厄姆的父亲是一个瓷器和小古董的进口商人，他从被俄国占领的波兰移民到伦敦，他的祖父曾经是华沙著名的大拉比。[1] 当本杰明 1 岁的时候，他的家庭移民到纽约，继续从事瓷器进口生意。

父亲去世时，格雷厄姆年仅 9 岁，他的母亲一个人艰难地将孩子们抚养长大。格雷厄姆一直是一个特别优秀的学生，曾经就读于布鲁克林区男子高中——纽约最好的高中之一，接着他考入哥伦比亚大学。数学一直是他的强项，他同时还会不下 6 种语言，包括拉丁文和希腊语。

毕业后，他获得一份哥伦比亚大学的教职，却对华尔街上的那些数字心向神往，尤其沉迷于研究政府发布的统计数据和华尔街上市公司的年度报告。他很快认识到，这些信息对投资决策是极为有用的，简直就像一座金山。这个现在看来显而易见的事实，正是本杰明·格雷厄姆的不朽贡献。他开创了一个直到 20 世纪 30 年代才被正式命名的领域——证券分析。

当然，上市公司的年度报告从 19 世纪 90 年代就已经出现了，但由于它的出现主要是银行家的推动所致，所以这些报告并没有为投资者提供太多有用的信息。相反，这些报告的重点往往是银行家最关注的东西——贷款信用。

1. 大拉比（grand rabbi），拉比为犹太教中的教士。——译者注

格雷厄姆很快就出了名——他是能从一堆数字中看出公司价值的那种人。1916 年，古根海姆[1]家族决定将古根海姆勘探公司（Guggenheim Exploration）清盘，出售价为每股68.88美元。格雷厄姆注意到这家公司的大部分资产是其持有的其他上市公司的股份，他对该公司的固定资产做了最保守的估价，发现其每股净资产至少应为 76.23 美元，这意味着投资该公司至少有 10% 的利润保证。格雷厄姆自己没有足够的钱来投资，于是他就把这个信息告诉其他人，并收取他们投资收益的 20% 作为报酬。

与此类似，在 20 世纪 20 年代早期，格雷厄姆又发现杜邦公司的股票市值竟然低于杜邦旗下的通用汽车公司的股票市值（杜邦公司一直是通用汽车公司的大股东，一直到 20 世纪 50 年代的反托拉斯运动中，才被迫卖出它所拥有的通用汽车的股票）。由于杜邦还拥有除通用汽车以外的很多其他资产，所以这一现象说明，市场不是大大低估了杜邦公司的股

格雷厄姆的著作《证券分析》。格雷厄姆被称为“现代证券分析之父”，他倡导的基本面研究和开创的证券分析方法在一定程度上改变了华尔街此前盛行的投机风气，并为现代资产管理奠定了基础。其著作《证券分析》和《聪明的投资者》影响甚广。巴菲特早年曾向格雷厄姆学习投资。（译者根据公开资料整理）

1. 古根海姆（Guggenheim），工业及慈善家家族，该家族在纽约捐助建立了古根海姆现代艺术博物馆（1959 年）。——译者注

票价值，就是大大高估了通用汽车股票的价值，但究竟是哪一种情况呢？

格雷厄姆不需要知道，他只需要买入杜邦公司的股票，同时做空同等数量的通用汽车的股票，然后耐心等待市场认识到自己的错误。而当市场最终自我修正时，杜邦公司的股价大幅上扬，与此同时，通用汽车的股价仍然保持稳定，这使格雷厄姆得以在通用汽车上毫发未损地平仓，同时在杜邦公司上狠赚了一笔。

格雷厄姆与巴菲特

股神巴菲特是格雷厄姆最成功的弟子。他吸取了格雷厄姆的许多投资理念，并在恩师的基础上进行了改良。格雷厄姆主张低风险的投资方式，注重对公司的基本面进行分析，获得精确的估值，据此寻找“烟蒂型”（股票当前市值远低于保守的估值）的股票。巴菲特则认为，单纯追求购买廉价股票并非最佳策略，他吸收了菲利普·费雪重视股票成长性的策略。巴菲特多次在写给股东的信中提及，与其以一个非常低的价格购入一般的公司，不如用一个比较合理的价格购入有核心竞争力的好公司。他把自己的投资策略描述为：“85%的格雷厄姆和15%的费雪。”（译者根据公开资料整理）

这两次投资运作充分展示了格雷厄姆娴熟的投资技巧，那就是找到价值被低估的公司股票，并投资该股票，然后等待市场醒悟过来。他特别强调公司运营资本和现金在评估公司价值中的重要性，然后才是厂房和设备等固定资产，他还提醒大家要注重商誉等无形资产。格雷厄姆认为，在评估一家公司的价值时，最重要的是计算出其净流动资产，也就是说，公司所拥有的现金和其他可以迅速变现的资产加起来，减去公司所有的流动负债，如果得到的数字很高，那么这家公司的价值就有很好的安全保障，下跌的风险有限，而上升的空间很大。当然，要进行这种投资，另一样必不可少的东西就是耐心——这是一种在华尔街极为少见的美德。在华尔街，往往本季度末似乎就已是时间的尽头了。[1]

作为一个选股奇才，格雷厄姆的名声迅速传播开来。1926 年，他开办了一家投资公司，管理 45 万美元的资产，短短 3 年之后，这个数目增加到 250 万美元。在那些年里，格雷厄姆的业绩持续优于道琼斯指数的表现。不论是那时还是现在，对一个基金经理来说，这都是很了不起的成绩。1928 年，伯纳德·巴鲁奇想吸收他为合伙人，但遭到了拒绝。当然，在牛市里赚钱相对容易，能不能在熊市里将它们保住就是另外一回事了。1929 年的道琼斯指数虽然经历了市场崩盘，但由于年初上涨了很多，所以全年的整体跌幅只有 15%，但是格雷厄姆的基金却跌了 20%。第二年，格雷厄姆以为熊市已经结束，就实施了一项激进的投资策略，事后证明这是他职业生涯中最大的一次失败。1930 年，道琼斯指数下跌了 29%，但格雷厄姆的基金却下跌了惊人的 50%。不过，随后的一年，当道琼斯指数继续下挫 48% 的时候，格雷厄姆将他的损失控制在了 16%。

到 1932 年，股市终于触底了，市场呈现出熊市结束时典型的超卖现象，格雷厄姆发现了无数符合他投资标准且有良好投资前景的公司。到 20 世纪 30 年代结束时，格雷厄姆已将他在大股灾前后损失的

1. 这里指华尔街人往往只考虑短期的收益，一个季度似乎就是人们考虑问题的极限了。——译者注

所有钱都赚回来了。为了增加一些额外收入，格雷厄姆开始在哥伦比亚大学授课，这门课的课程介绍上这样写道："本课将讲述经得起市场检验的投资理论，它将教你分析股票价格背离其价值的原因，并帮你发现价格被低估的股票。"这门课程很快就声名远扬，前来听课的不仅有哥伦比亚大学的学生，还有很多华尔街的专业人士。

2012 年巴菲特股东大会上，巴菲特与比尔 · 盖茨打乒乓球。很多人如同到麦加朝觐的信徒一般，天不亮就赶到会场外排队，只为了一睹巴菲特的风采，并试图从巴菲特的一言一行中窥见投资的诀窍。（译者根据公开资料整理）

1934 年，格雷厄姆和大卫 · 多德合著的《证券分析》（*Security Analysis*）出版了，这是一本大学本科水平的教科书。1949 年，他又出版了《聪明的投资者》（*The Intelligent Investor*），正如书名所暗示的那样，它是一本写给那些想成为聪明的投资者的人看的书。自出版以来，这两本书再版无数次，每一版都售出数十万册，这在一个每年有几百本新书出版的领域[1]是件很了不起的事，而且大部分这类书在书店的书架上都昙花一现，其寿命比最新的侦探小说还要短。这种空前的成功并不难理解，就像沃伦·巴菲特（他是格雷厄姆的学生，并为格雷厄姆工作过）所解释的那样："读懂格雷厄姆的书的人，全部发了财。"

查尔斯·美里尔和他的追随者将格雷厄姆的证券分析手段运用到推销股票中去，建立了庞大的研究部（在20世纪40年代之前，这是前所未闻的）来"生产"大量选股建议和各种市场评论。纽约证券分析师协会于20世纪30年代成立，当时只有20多名会员，到1962年，它已经有大约2 700名会员。

* * *

战后，尽管越来越多的美国人开始投资华尔街，但此时直接持有股票的人数仍少于1929年股市泡沫达到顶点时的人数，不过由于两种新生事物的出现，间接持有股票的人数反而大大增多了。养老基金作为社会保险的一种补充形式出现在20世纪三四十年代，这一时期，越来越多的大公司开始出现工会，而工会的出现催生了养老基金。查尔斯·E.威尔逊时任通用汽车公司总裁，他后来因为一句他自己从未说过的话而闻名于世："对通用汽车有利的就是对美国有利的。"威尔逊是养老基金最早的推动者之一，管理学大师彼得·德鲁克曾对他说："如果养老金账户里的钱被投资到股票市场中，那么几年之后，这些工人将成为美国企业的拥有者。"威尔逊则回答他："正应该如此。"（顺便提一句，威尔逊的父亲曾是尤金·德布斯[2]的坚定支持者之一。）

1. 指金融和证券领域。——译者注
2. 尤金·德布斯，民主党人，5次成为总统候选人，被认为是倡导民主自由的代表。——译者注

更多的人成了“资本家”

20世纪30年代，通用汽车总裁威尔逊主张工人用养老金来购买股票，当时美国有人反对：“这样工人不就会成为资本家了吗？”威尔逊回答说：“正应该如此。”1929年，美国拥有股票的人只占2%；而今天，已经有超过50%的美国人拥有股票。《伟大的博弈》的作者戈登先生说，在过去100年里，美国社会发生的最深刻的社会变化是：更多的人成了“资本家”。

马克思曾深刻地指出，资本主义的根本矛盾是社会化大生产和极少数人占有生产资料的矛盾。进入20世纪后，很多发达资本主义国家都试图用两条途径调节其内部矛盾：一是建立社会保障制度，即通过向富人征收高额税赋，通过对社会分配的再调节来缓解贫富分化。二是通过资本市场的发展，使得工人也持有公司的股票或期权，并以此缓解了劳资双方的矛盾。

社会保障制度是美国经济“大萧条”时代罗斯福新政的重要政策，“二战”以后，美国养老金投资也与资本市场形成了良性互动。养老金依靠资本市场取得了较为理想的收益，也为美国股票市场提供了数额巨大的长期资金，推动技术创新和进步。2009年，在州及地方政府高达2.68万亿美元的养老资产中，有58%投资于股票市场。美国的401（K）账户的人均资产与道琼斯指数具有明显的协同发展关系，相关系数高达98%。（译者根据公开资料整理）

1960年，这个预言变成了现实。拥有数以十亿美元计的养老基金和工会成为华尔街的大玩家。那一年，美国中部卡车司机联合工会持有的股票价值为2 350万美元，美国矿工联合工会有1 640万美元投资在华尔街。1961 年，联邦政府预算总额只有不到 1 000 亿美元，而所有非保险类养老基金持有的股票市值就有 174 亿美元之多。在那个时期，养老基金每年都有 10 亿美元的资金进入股市，有 20 亿美元进入债市。除此以外，随着千百万美国家庭开始有能力购买原先是奢侈品的人寿保险，保险公司也越来越多地成为华尔街的主要投资者。

共同基金的地位也越来越重要。封闭式基金有固定数目的基金份额，投资者可以像买卖其他证券那样在市场上买卖封闭式基金的份额。尽管封闭式基金已经出现多年，但真正意义上的共同基金[1]（它的份额可以按照基金的净资产价值进行申购和赎回）在 1924 年才出现。第一只这样的基金是马萨诸塞投资信托（Massachusetts Investment Trust）。虽然共同基金比封闭式基金更好地经受住了 1929 年大股灾的冲击，但它们在华尔街仍不受重视，这是因为经纪人可以通过客户买卖封闭式基金来赚取佣金，很自然地，他们会向客户推介封闭式基金而不是共同基金。

但到了 1940 年，这些旨在为小投资者提供服务的共同基金（它们允许投资者以 10 美元为最小投资单位进行投资）已有 5 亿美元的规模，几乎和封闭式基金的规模相当。1950 年，共同基金的规模达到 25 亿美元，10 年之后，其资产规模达到 170 亿美元，并且还在继续猛增。

* * *

随着新的资金和新的参与者进入华尔街，1929 年留下的大阴影终于开始逐渐消退了，华尔街上最古老的格言——“锣鼓响时就买，号

1. 这里指开放式基金。——译者注

角响时就卖”[1]再一次得到了印证。第二次世界大战胜利的号角并没有带来股市的繁荣，但当1953—1954年经济衰退的鼓点声渐渐来临时，股市却意想不到地起飞了。1953年9月30日，道琼斯指数只有264.04点。在此前几天，《美国新闻与世界报道》（*U.S. News and World Report*）曾这样写道：“今天股票的平均价格比8个月前约低11%，投资者面对在一片繁荣中下跌的股市，感到困惑不已。”

但是，1954年1月，当艾森豪威尔[2]总统宣布他将平衡政府预算（实际上他并没有努力去做这一点）以后，市场终于开始了强劲的攀升。这一年的国民生产总值从3 654亿美元下降到3 631亿美元，而道琼斯指数却增长了125点，在2月13日创下了“大萧条”之后的新高——报收于294.03点，这是自1930年4月以来的最高点。6月，道琼斯指数进一步上涨到330点。12月的第一个星期，道琼斯指数终于冲破1929年的最高纪录——381.17点，此时离1929年已经过去了25年。

事后证明，这正是市场长久以来一直等待的信号，艾森豪威尔时代的牛市随着这一声咆哮开始了。股价上涨的速度远远高于股息的上涨速度。20世纪50年代，股息仅增加了35%。事实上，股价上涨的速度有时甚至超过公司盈利的增长速度。通用汽车的股价从1954年的高位每股32.875美元上升到1960年的每股55.875美元，但公司每

1. 原文为“buy on the cannons, sell on the trumpets”，出自纳坦·罗斯柴尔德（1777—1836年）。锣鼓响即战争开始，号角响即战争结束，而战争爆发通常导致市场恐慌抛售，股市下跌，股票被低估，因此应在开战时买入，结束时卖出。——译者注
2. 指德怀特·戴维·艾森豪威尔（1890—1969年），美国将领，第34任美国总统（1953—1961年）。任盟军远征军最高司令时发动了诺曼底登陆（1944年6月6日），最终打败了德国（1945年）。其就任总统期间发生突出的事件有：中止了朝鲜战争（1953年），解决了国内种族问题，开启与苏联的冷战，以及中断与古巴的外交关系（1961年）。——译者注

股盈利仅从 3.02 美元上升到 3.35 美元。

除了对 1929 年大危机所产生的恐惧逐年减弱以外，其他两个因素也推动了这轮新的牛市。首先是供求关系，大量涌入的养老基金、共同基金和保险公司的资金总是需要有地方投资，而证券的供应速度远远赶不上需求的增长速度。1953—1959 年，在纽约证券交易所挂牌交易的股票数目实际上是减少的，从 1 532 只减少到 1 507 只，而流通股票总量从 32 亿股增加到 58 亿股，同期股价上涨幅度超过了一倍。

美国从 1948 年 4 月起实施“马歇尔计划”，连续 4 年向西欧国家提供了共计 130 亿美元的援助（约等于今天的 1 320 亿美元），以遏制共产主义，也起到了转移其国内过剩产能的作用，不但帮助欧洲复苏，也巩固了美国的霸主地位。图为马歇尔计划中援欧物资使用的标签。（译者根据公开资料整理）

第二个因素是，在很大程度上，资本市场终于反映了实体经济增长的现实。除了很少的几个阶段，美国资本市场一直滞后于迅速发展的战后美国经济，就像一位经济史学家所说的那样：“艾森豪威尔牛市的基石是杜鲁门时期的繁荣。”

但这是一个不折不扣的牛市。此前与华尔街毫不相关的人也开始关注股市，电台和电视评论员开始提供选股建议。他们之中，沃尔特·温切尔[1]可能是最出名的一位。他吹捧的股票往往会大幅飙升，

1. 沃尔特·温切尔（1897—1972 年），美国新闻记者，他主持报刊专栏《百老汇评论》（1924—1963 年）和无线电新闻广播（1932—1953 年），报道娱乐和政治事件。——译者注

直到某天又跌回被他“提携”之前的水平，变回默默无闻的“平民一族”。

所有牛市来临的一个必要条件也已具备——交易量在迅速增加。1954年的总交易量为5.73亿股，是1931年以来的最高值，日均交易量自1933年“大萧条”以来首次超过200万股，到1959年，年交易量第一次超过10亿股。

从20世纪50年代剩下的时间直至60年代，道琼斯指数继续上扬。但是，那时和现在都一直被视为股票市场温度计的道琼斯指数，实际上并没有充分反映20世纪50年代和60年代牛市的盛况。事实上，人们对道琼斯指数的不满几乎从它诞生之日起就存在，早已不是一个新鲜的话题，至少对它按价格加权而不是按市值加权的编制方法就有异议。这种编制方法意味着，高价股对道琼斯平均指数的影响大于低价股，而股票市值大小对指数的影响却没有被考虑进来（股票的市值=股票价格 × 股票总流通股）。道琼斯指数之所以采用这样一种计算方式，是由于在1898年查尔斯·道创建该指数的初期，这种方式可以用纸笔就很快计算出结果。道琼斯指数备受抱怨的另一个原因是，它只将30只股票纳入其中，而在华尔街，每天有成千上万的股票在进行交易。

而且，随着时间的推移，这30只股票也发生了很大变化。通用电气是道琼斯指数早期成分股中唯一保留至今的股票，而其他的早期成分股有些因破产而从指数中消失了，有些被合并到了其他公司，有些被剔除出了指数——因为指数的编制者认为其他公司能更好地代表美国经济的发展。这些变化对道琼斯指数和股票市场的历史影响深远，尤其是在战后。

例如，在1939年，IBM（国际商业机器公司）还是一家生产办公设备和制表仪器的公司，从道琼斯指数中被剔除，让位给了AT&T

（美国电话电报公司）公司。那时的 AT&T 公司除了有一家叫作西部电子（Western Electronic）的子公司以外，并不是真正的实业公司。40 年后的 1979 年，当 IBM 被重新纳入道琼斯指数的时候，AT&T 股价仅翻了一番，涨幅并不显眼。而同期，IBM 成为华尔街的传奇之一，它的股票在这 40 年里被拆分了至少 29 次，股价的涨幅更是达到了令人瞠目的 22 000%。

百年老店通用电气的变迁

通用电气公司（General Electric，简称 GE）创立于 1892 年，由 J.P. 摩根重组爱迪生电气公司而来，从资本到技术都可谓衔着"金钥匙"出生。1956 年，通用电气在纽约州哈德逊河谷边建立克劳顿管理学院，培养了不少企业家精英，被《财富》杂志誉为"美国企业界的哈佛"。在 1981—2001 年杰克·韦尔奇出任董事长兼首席执行官期间，他一扫公司官僚化积弊，带领通用电气成为业界领袖，公司横跨能源、航空、医疗、金融、照明多个领域，其市值从 160 亿美元猛增至 4 800 亿美元。然而，近年来，通用电气陷入困境，业务收入下滑、数字化转型不利，正在通过更换高管、出售业务等方式"断臂求生"，它成为 2017 年表现最差的美股之一。2018 年 6 月 26 日，因一年内下跌 53%，通用电气从道琼斯指数中被移除，是道琼斯工业指数设立之初 12 只成分股中保留时间最长的一家公司。（译者根据公开资料整理）

也就是说，如果影响力如此巨大的道琼斯指数没有这样庸人自扰地将成分股变来变去的话，股市很可能早就回到了它在 1929 年的高位，或许也早已超过了 1 000 点，并在以比现实中更快的速度向更高点进军。而美国股市的历史也有可能被彻底改写，因为市场上的参与者将根据道琼斯指数——这个股市温度计完全不同的读数而做出截然不同的反应。

尽管华尔街在 20 世纪 30 年代进行了深入改革，尽管查尔斯 · E. 美里尔创建了经纪业务的新型模式，尽管艾森豪威尔的牛市不期而至，尽管这一切给华尔街带来了崭新的面貌，但是骗子仍然存在，事实上，他们将永远存在。在这个时期的骗子当中，人们记忆最深的是安东尼 · 安吉利斯，人们通常称他“蒂诺”（Tino），他的不法行为将引发华尔街的另一次大变革。

安吉利斯是商品市场，特别是棉花籽油、豆油和豆粕（豆油生产的一种副产品）市场的一名投机商。1962 年，他编织了一张极为复杂的投机网络，试图在色拉油（一种由多种植物油，包括豆油，混合而成的食用油）市场进行囤积活动。他在现货和期货市场上同时买入大量豆油，并储藏在自己农场的油库中，农场位于和曼哈顿下城隔纽约湾相望的新泽西巴约城。为了筹措投机所需要的资金，他将豆油的仓单售出，大部分卖给了美国运通公司的一家子公司——美国运通仓储公司。

美国运通公司又将这些仓单转手卖掉，并且暗示提供担保。在某个时点，当运通公司派一名观察员前去安吉利斯的油库检查时，发现情况很不妙：油库大部分都空空如也，因为安吉利斯不但卖掉了仓单，把豆油也卖掉了。

1963 年 11 月 19 日，星期二，安吉利斯的植物油精炼公司申请破产，但这仅仅是噩梦的开始。安吉利斯曾通过两家大经纪公司——威利斯顿-比恩公司与艾拉 · 豪普特公司在色拉油期货市场上进行投机活动，现在这两家公司都深陷绝境。第二天早晨，纽约证券交易所暂停了这两家公司的交易。

商品投机商安东尼·安吉利斯在色拉油市场的囤积投机失败，引发了市场恐慌，促使华尔街意识到应当将个别经纪商破产的风险和影响控制在有限范围内。（译者根据公开资料整理）

在 20 世纪 20 年代，一家经纪公司的破产可能只会影响到它的合伙人和为数不多的客户，但艾拉·豪普特公司有 2.1 万个客户，在公司的账号上有客户 4.5 亿美元的证券资产和 550 万美元的现金。这些证券中的很大一部分在公司名下，也就是说，尽管它们是客户拥有的证券，却是以公司名义持有的，以方便客户交易或是客户在以保证金方式购买证券时用作抵押。当经纪公司破产的时候，那些在客户名下的证券会很快还给客户，而那些在公司名下的证券就可能拖延长达数月甚至数年之久。

威利斯顿–比恩公司拥有另外 9 000 名客户，也有类似数目的资产处于这种风险中。随着这两家经纪公司被暂停交易，这些资产突然之间被冻结。此时已是一家大型银行，同时也是一家旅行公司的运通公司，也处在风雨飘摇之中。

其他经纪公司的客户也从这时开始要求取出他们在经纪公司里的证券和现金，这有点儿像传统的银行挤兑。尽管纽约证券交易所和它的会员公司都没有义务来援救这两家公司的客户，但是其他经纪公司完全了解这个事件在深层次上对自己利益的潜在冲击。如果它们的很多客户也要求提取证券和现金的话，它们也将面临破产的危险，于是它们决定采取行动。而且，如果华尔街此时毫无作为，那么美国证监会一定会采取行动，这只会进一步削弱华尔街的独立性。

1966年，新的股票电子显示屏。纽约证券交易所的总裁基思指着电子显示屏——它们取代了过去股票自动报价机的纸带。

星期五早晨，美林公司和另一家经纪公司——沃斯顿公司（Walston and Company）宣布将向威利斯顿-比恩公司提供50万美元的贷款，使其能满足纽约证券交易所对资本金的要求，使其得以重新开业。美林公司还宣布，如果有必要的话，它已经做好接管这家公司的准备。事实上，美林公司后来的确这么做了。于是，当天下午，也就是11月22日下午，威利斯顿-比恩公司重新开业。可是，另外一家经纪公司——艾拉·豪普特公司仍处于危险之中。

纽约证券交易所总裁基思·芬斯顿提议召开银行家会议，讨论如何挽救艾拉·豪普特公司。但是，这个会议还没开始，就传来肯尼迪总统在达拉斯遇刺的消息，华尔街立刻陷入一场远比色拉油危机更为深重的恐慌之中。下午2点刚过，股市就关闭了，在闭市前的半个小时里，道琼斯指数直线下挫了24点，交易量达260万股。

举国上下都在哀悼刚刚死去的总统，而基思·芬斯顿正忙于为艾拉·豪普特公司组织有序清盘。11月25日，星期一，各方达成了一份协议：纽约证券交易所要求其会员为艾拉·豪普特公司提供1 200万美元以使其客户不受损失，艾拉·豪普特公司欠各大银行的2 400万美元贷款将被延期偿还。随后，艾拉·豪普特公司将被清盘，它的资产将被变卖，用来偿还交易所和银行的债务，如果还有剩余的话，将分给公司的合伙人。

第二天早晨，星期二，纽约证券交易所开始正常营业，这是从上一个星期五以来的首次开市。纽约证券交易所史无前例地为其会员公司的破产承担责任这一消息，加上从华盛顿传来肯尼迪遇刺身亡之后政权正在有条不紊地移交的消息，推动道琼斯指数创下当时的单日升幅纪录——32.03点。在这个过程中，美国运通公司也表现出高度的责任感，它完全可以让子公司走破产程序，让购买空仓单的那些人两手空空，一无所获，但是，它最终赔付了所有这些空仓单。

一年以后，纽约证券交易所宣布建立一个1 000万美元的特殊基金（外加1 500万美元的信用贷款额度）用于应付未来可能发生的类似事件。这个基金的成立是华尔街运行方式的一大变化，标志着华尔街的参与者开始意识到他们有超越各自公司的共同利益。在这个意义上讲，它与历史上另外两次改革有着惊人的相似之处：一次是在19世纪60年代，纽约证券交易所和公开经纪人委员会采取行动抑制过度的投机行为；另一次是在19世纪90年代，投资银行一致强烈要求上市公司出具年度报告和独立的会计报表。而这一回，亚当·斯密的“看不见的手”再一次将华尔街引上了正轨。

1964年2月28日，道琼斯指数第一次收在800点之上，但这看上去还远远不是10年前已经开始的这个大牛市的顶点，在这一年年底，道琼斯指数以874.13点报收，当年的涨幅为14.6%。此时，交易所的交易席位价格超过20万美元，年交易量超过了1929年以来的任何时期。纽约证券交易所宣布，它将引进一种新的股票自动报价机——每分钟可以报出900个字节，每天可以处理1 000万股的交易量。这是技术上的巨大革新，它对华尔街扩展影响所起的作用比此前几百年中任何其他技术革新都大。而另一项新技术——计算机，此时已经在银行、保险公司和大经纪公司的后台开始投入使用。很快，就像电话取代电报一样，计算机将取代自动报价机。

20世纪60年代后半叶，道琼斯指数曾有一次奇迹般地接近了1 000点大关，但就此止步不前了：道琼斯指数曾在1966年某一天的日中交易探到1 000点高位，此后还有4次在日中交易达到这个高位，但直到整整6年后的1972年才终于第一次收在1 000点之上。尽管市场的升势停止了，但是交易量的增长并没有停止：日交易量从1965年的620万股增长到1975年的750万股。在1967年，最差一天的日交易量为590万股，这比1960年最高的日交易量还多了69.5万股。1968年，日交易量刷新了1929年10月29日创下的、保持了近40年之久的纪录，达到新高。这是值得庆祝的，毕竟，交易量对于经纪人就像母乳对于婴儿那样重要。

但是，在现实中，交易量的激增也带来了无穷的麻烦，20世纪60年代末期的华尔街被淹没在了纸堆里。因为买卖双方的记录不同，大量交易无法执行，直到双方把事情搞清楚为止。这种错误交易的数量正在以令人警觉的速度上升。仅在1968年12月，就有至少价值41亿美元的交易因无法搞清而作废。

当然，在那个时候，没有人会想到，华尔街自胡佛主政白宫以来最糟糕的一段时期即将来临。

同一时代的西方和东方

西方	年份	东方
德国对波兰不宣而战。第二次世界大战爆发	1939	
美国颁布《投资公司法》和《投资顾问法》，奠定了现代共同基金业的基本框架	1940	
日本偷袭珍珠港。随后，美国对日宣战，正式参加第二次世界大战	1941	
德国宣布投降	1945	中国共产党第七次全国代表大会召开
联合国建立	1945	日本宣布投降
世界第一台计算机问世	1946	国民党发动全面内战，人民解放战争开始
	1947	印巴分治：印度、巴基斯坦独立
	1947	以色列建国，第一次中东战争爆发
美国爆发“二战”后的第一次经济危机	1948	
美国开始实施马歇尔计划	1948	
“北大西洋公约组织”正式建立。以美国和苏联为代表的东西方格局形成	1949	中华人民共和国成立
世界上第一只对冲基金——琼斯基金成立	1949	
	1950	《中华人民共和国土地改革法》颁布，开始土地改革

（续表）

西方	年份	东方
	1950	抗美援朝开始
美国试爆第一颗氢弹	1952	
	1953	《朝鲜停战协议》签订
	1953	社会主义改造开始，至1956年基本完成
	1954	第一届全国人民代表大会召开，《中华人民共和国宪法》颁布
苏联宇航员加加林太空飞行成功	1961	
民主德国政府修筑了一道环绕西柏林的围墙	1961	
美国麻省理工学院爱恩斯教授发明了世界上第一个现代机器人	1962	
美国总统肯尼迪遇刺身亡	1963	
	1964	中国第一颗原子弹爆炸成功
	1966	中国“文化大革命”开始

第十五章

“或许是为贪婪说句好话的时候了”（1968—1987年）

译者题注

20世纪60年代和70年代初期，通货膨胀、越南战争、第一次石油危机以及随之而来的股市持续低迷，令人们对华尔街的前景再一次感到迷茫。这时，一位华尔街作家写道："如果说贪婪和恐惧是华尔街上仅有的两种心态的话，我想，或许是为贪婪说句好话的时候了……"

译者导读

- 20世纪60年代初期，在牛市结束后，华尔街进入了一个大变革的时代。以共同基金为代表的机构投资者迅速崛起，彻底改变了市场的投资者结构，市场交易量也逐年增加。个人投资者在交易量中的占比不断下降，他们转而将资金委托给专业的基金经理。一些明星基金经理在市场中声名鹊起，身家连城。
- 激增的交易量使得华尔街的后台运作系统面临前所未有的压力，突飞猛进的计算机技术有效地改善了这一情况。1965年，交易所将自动收报机与电子显示屏连接，使得在交易大厅里的所有人能够同时看到股价。
- 1971年，美林公司成为第一家上市的华尔街投资银行。随后，摩根士丹利、高盛等华尔街投行也逐步打破了不向公众出售股份的百年惯例，放弃合伙人制，成为公众公司。
- 20世纪60年代中后期到70年代初期，美国经济进入滞胀时代（即通货膨胀和经济萧条同时存在），加之越南战争、第一次石油危机的影响，股市持续低迷，"华尔街即将灭亡"的论调再次出现。然而，在哀鸿遍野中，那些将给华尔街带来巨大繁荣的变革也正悄然发生。
- 华尔街经纪人的固定佣金制和《梧桐树协议》一样古老。长久以来，它是华尔街至高无上、不可动摇的铁律。随着机构投资者力量的壮大，以及迫于其他市场的竞争压力，纽约证券交易所最终于1975年放弃了长达183年的固定佣金制，这标志着纽约证券交易所“私人俱乐部”时代的终结。

- 1971年纳斯达克的成立敲响了美国步入新经济时代的钟声。纳斯达克在随后的几十年里成就了微软、苹果、思科、英特尔、甲骨文、戴尔、雅虎、亚马逊、谷歌等一大批高科技企业，并使得硅谷成为全球高科技产业的摇篮。科技和资本的结合机制使美国经济进入了一个相对较长的扩张期，并引领了20世纪最后30年新经济的发展。
- 1975年，美国国会通过了《证券法修正案》。该法案要求将全美的证券交易所和三板市场连接起来，形成统一市场。1978年，跨市场交易系统投入运营。在这个扩大了的无形的电子交易平台上，纽约证券交易所凭借其长久积累的影响力，仍保持着巨大的竞争优势。
- 随着美国上市公司的市值越来越大，监管的力度也在逐步加强，想要在股票市场进行早期华尔街的那种股票囤积已是不可能的事情。但是，商品市场却不然。在20世纪70年代末期，石油巨子亨特兄弟主导的一起白银囤积投机活动再次唤起了人们对于久远历史的记忆。这场轰动全美的操纵案最终以亨特兄弟不可避免的失败而告终。尽管华尔街的许多机构被卷入其中，但由于银行和美联储所采取的紧急措施，成功地阻止了恐慌的蔓延。

当20世纪50年代和60年代初期的大牛市开始停滞下来的时候，华尔街发生了一些变化，其中有些变化几乎完全是象征性的。1967年，穆里尔·赛伯特成为第一位在纽约证券交易所拥有席位的女士——这离维多利亚·伍德哈尔在“船长”范德比尔特的资助下创立经纪公司已有98个年头了。三年之后，约瑟夫·L.瑟尔斯三世成为拥有纽约证券交易所席位的第一位黑人。然而，更为重要的一些变化发生在一些大机构及其经营者身上（基本都是男性），这些人是华尔街的明星。20世纪20年代的明星，如杰西·利弗莫尔和约瑟夫·肯尼迪，他们一心一意只为自己牟利，占据了有关华尔街各类报道的头条。到了20世纪60年代末，弗雷德·卡尔和杰拉尔德·蔡[1]成为华尔街上的焦点人物。1967年，道琼斯指数上涨15%，而弗雷德·卡尔管理的“企业基金”（Enterprise Fund）净值上涨了117%。杰拉尔德·蔡在富达资本公司（Fidelity Capital）负责投资，因善于选股而成名。1966年，他离开富达创办自己的共同基金——曼哈顿基金（Manhattan Fund），最初只期望能募集到2 500万美元启动资金，不料公众投资者蜂拥而入，给了他总共超过2.7亿美元的资金让他管理。

杰拉尔德·蔡是华尔街上最早的成功的华裔，生于上海，中文名为蔡至勇。他在20世纪60年代帮助富达资本成长为共同基金中的佼佼者，后来创建了自己的曼哈顿基金，在任美国制罐公司首席执行官期间，他成功地把该公司转型为金融企业Primerica。（译者根据公开资料整理）

然而，由于越来越多地将资金交给机构投资者管理，个人投资者在华尔街

1. 杰拉尔德·蔡（1929—2008年），美籍华人，1949年获美国波士顿大学经济学硕士学位；1952年进入富达基金工作；1958年，29岁的他创立富达旗下第一只成长基金，该基金的资产规模在8年内从1 200万美元增至3.4亿美元，翻了28倍，杰拉尔德·蔡因其激进灵活的投资风格和对市场变化的迅捷反应而名声远扬，被誉为华尔街的“金融魔术师”。——译者注

上变得越发不重要了。在20世纪60年代，参与股市的个人投资者数量至少翻了一番，但他们的交易量在华尔街全部交易中的占比却持续下降。1961年，个人投资者的交易量占纽约证券交易所总交易量的51.4%，机构投资者占26.2%，剩下的是交易所会员公司用它们自己的账户所进行的交易。然而，到了1969年，机构投资者交易占比已上升到42.4%，个人投资者占比则下降到了33.4%。

除了个人投资者人数不断增加，以及机构投资者的投资组合越发多样化以外，交易量稳步增加的另一个重要原因是这些机构投资者投资组合的换手率大幅上升。随着人们越来越关注明星基金经理，基金经理的“业绩”压力也越来越大，而用来评估这些业绩的时间段却越来越短。在1955年，共同基金平均年换手率大约为1/6，而到了1960年，50%的换手率已经是稀松平常的事。而机构投资者进行的往往都是大宗交易（即每笔至少买卖1万股证券），交易量自然呈螺旋式上升。在1966年售价仅为27万美元的交易所交易席位，两年之后已价值50万美元，这是自20世纪20年代后期以来从未出现过的高价（忽略通货膨胀效应）。

然而，华尔街显然还没有为如此大规模的新增交易量做好准备，由此引发的后台混乱使纽约证券交易所不得不大幅缩短交易时间，以便让其会员公司能够及时完成各种后台文书工作。1968年的春天，纽约证券交易所决定每周三闭市。这个规定直到1969年1月才被废止，其后华尔街恢复了每周5天的交易，但缩短了每天的交易时间。直到1970年5月4日，一切才恢复正常。

这个时候，经纪公司开始在计算机技术上进行大量投资，以解决后台工作速度太慢的问题。但是，20世纪60年代末期的计算机体积庞大、操作复杂且价格昂贵。在20世纪60年代早期，证券交易还几乎完全靠喊话与纸笔来完成。证券的买单和卖单指令首先通过电话传给大厅里的记录员，由他们写下来交给经纪人去执行。当买卖订单执行完毕后，经纪人再将交易记录交还给记录员。人们仍旧使用股票自动报价机将最新的报价发往全美各地的经纪公司，随着交易量的急剧上升，自动报价机几乎不断地在“吐出”没有尽头的纸带。

1965 年，自动报价机终于能够与电子显示屏连接，整个大厅的人都得以同步看到正在打印的记录单上的股价信息。但是，这次巨大的通信进步也带来了一个有趣的副作用——随着越来越多的经纪公司引进了电子显示屏，自动报价机的纸带越来越少，以至影响到了“纸带游行”的顺利进行。直到今天，这一传统仍然深深地根植于纽约文化的土壤之中，人们舍不得将这个传统抛弃。现在，在每次“纸带游行”前一天，环卫部门都会给各个办公大楼送去很多废纸片，供人们在“纸带游行”时抛撒，过后再不惜花大笔钱财将它们清理干净。

1969 年，在经过长达 40 年的讨论之后，一家中央证券存管机构终于得以成立，来解决越来越严重的华尔街文件周转问题。但是这一努力与实际中遇到的困难相比完全是杯水车薪。所以，尽管交易量在不断上升，但后台工作的混乱和为解决这类混乱而支付的高额成本严重影响了经纪公司的盈利能力，一些小经纪公司开始出现麻烦。然而，此时的纽约证券交易所还无权限制一些经营不善的公司去开展新业务，除非它们没有满足资本金要求或是违反了一些特定规则，交易所能做的只是敦促公司谨慎行事。

1968年1月，一家规模相对较小的公司——皮卡德公司（Pickard & Co.）由于无力应付庞大的交易量而被清盘。调查发现，它涉嫌大量违规操作，包括出售未注册的证券和频密交易（churning accounts，用客户的账户进行频繁交易以获得更多佣金）。这家公司 3 500 名客户的损失由 1963 年艾拉·豪普森公司倒闭案之后建立的特别信托基金全部赔偿。皮卡德公司倒闭案几乎没有引起华尔街以外的任何人的注意。

但是到了这一年的8月，纽约证券交易所已经将35家公司归于“业务限制”之下，《财富》杂志对此评论道：“这一措施是为了防止像皮卡德公司那样的业务过载现象再次发生。”

华尔街投行：从合伙制企业走向公众公司

在20世纪70年代以前，美国投资银行大多采用合伙人体制。在金融市场发展平稳、投资银行利润丰厚的情况下，合伙人制有其优越性，既可以最大限度保留利润，避免向外部股东发放股息，又可以保持“神秘感”，不用向外界透露财务状况和重要方针，在这种情况下，是没有必要以发行股票的方式从公众手中募集资金的。然而，1969—1970年，美国投行业出现危机，有些投行合伙人为了规避个人风险而退出经营，这进一步加剧了经营困难，影响公司稳定性，合伙人制的局限性开始显现。此外，监管对投行资本金要求的提高，以及取消固定交易佣金限制等政策挤压行业利润，都促使投行选择上市，以增强自身资本实力。1971年，美林率先在纽交所上市，其后所罗门兄弟、摩根士丹利等也纷纷上市。高盛曾于1986年考虑过向公众发行股票，但因合伙人意见不一而被否决。1999年，高盛在纽交所首次公开发行。（译者根据公开资料整理）

即使是一些运营稳健的公司也受到了影响。雷曼兄弟公司（Lehman Brothers）决定不再开设新的分支机构或雇用新的销售员，潘恩韦伯公司（Paine Webber，不在上文所说的35家公司之内）自愿停止其广告宣传，并且提高了其客户保证金账户的最低金额要求。

对资本金的更高需求最终打破了不允许纽约证券交易所会员公司向公众出售其股份的传统。传统理论认为，在金融公司破产的时候，其合伙人要以个人全部资产负连带责任，因此直到20世纪40年代，纽约证券交易所的会员公司都必须是合伙人制。后来，它们被允许采用公司制，但是公司的股票必须全部由私人持有。1970年的一项法规变革使得纽约证券交易所的会员公司可以对公众出售股份，也就是说，证券公司上市成为可能——而上市恰恰是18世纪90年代以来，几乎所有其他行业的公司在华尔街筹集资金的方式。1971年，美林公司成为第一家在纽约证券交易所挂牌上市的会员公司。

1968年的选举使得共和党入主白宫，但这并没使华尔街股市回升多少。面对经济困境，理查德·尼克松[1]别无选择，不得不沿用约翰逊[2]任内就开始实行的紧缩银根政策，以抑制由越南战争及社会大福利方案的“大炮加黄油”[3]政策所引起的日益恶化的通货膨胀。

联邦贴现率（discount rate，即基准利率）在1967年10月还在4%的水平，但到了1969年年初就上升到了5.5%，并在同年4月进一步上升到6%，这是自灾难性的1929年“大萧条”以后从未达到过的高水平。道琼斯指数在1968年年底报收于943.75点，但到了1969年7月末，该指数就下降到了801.96点，跌幅15%，这是近10年来的最大跌幅。

1. 理查德·尼克松（Richard Nixon，1913—1994年），美国第37任总统（1969—1974年），他竞选连任成功，但后因卷入“水门事件”丑闻而辞去了总统职务。——译者注
2. 林登·B. 约翰逊（Lyndon B. Johnson，1908—1973年），1963年肯尼迪遇刺后，他以副总统身份继任总统，并于次年连任成功。在任期间，他推行了一系列社会改革方案。——译者注
3. 意指一面发动战争，一面推行国内福利的政策。——译者注

那个年代所有的不确定因素，通货膨胀、越南战争、大学校园动乱以及城市的动荡不安，都使得此时华尔街的支柱——机构投资者变得越来越警惕，交易量与以前的狂热时期相比有些轻微的下滑。1969年8月11日，纽约证券交易所日交易量仅为668万股，为两年内最低。

随着股票价格不断下降，一些经纪公司作为资本金而持有的证券的价值也一路下跌；同时，交易量的萎缩也减少了经纪公司的收入来源。这一切使得华尔街上那些相对弱小的经纪公司面临灭顶之灾。10月22日，一家叫格雷戈里（Gregory & Co.）的小经纪公司被纽约证券交易所取消会员资格，特殊信托基金不得不为它的客户支付了400万美元。1970年，道琼斯指数继续在"尼克松熊市"中不断下跌，威胁着越来越多、越来越大的公司。

20世纪60年代的美国：核战、登月与嬉皮士

唯一在实战中使用过核弹的美国深知这种毁灭性武器的可怕，因此1962年得知苏联把核导弹部署在了自家门口的古巴之后，美国以不惜核战的强硬态度撵走了苏联的核导弹，其间，许多陷入恐慌的美国民众纷纷抢购食物并逃往山区。

古巴导弹危机虽然解除了，核战的阴霾却始终笼罩：深陷越战泥潭的美国政府致力于军备和航天竞赛，最终于1969年发射"阿波罗–11号"首次实现人类登月；美国年轻人则在这个时期发出了反战、平权、性解放的声音，开创了以奇装异服、吸毒和同性恋为标志的嬉皮士文化。（译者根据公开资料整理）

麦克唐奈公司（McDonnell）是20世纪60年代晚期在华尔街上崛

起的一颗希望之星。它的规模迅速膨胀，一度有望成为“美林第二”。但到了1969年年末，情况急转直下，麦克唐奈公司开始关闭一些分支机构，裁撤部分经纪人。《华尔街日报》报道称，麦克唐奈公司遇到了大麻烦，但该公司矢口否认。然而，《华尔街日报》说得没错。1970年3月，麦克唐奈公司正式倒闭，成为自艾拉·豪普特公司倒闭之后最大的一宗经纪公司倒闭案。美国证监会的调查表明，该公司涉嫌欺诈、交易记录严重缺失、有组织地进行频密交易等违规操作。

麦克唐奈公司的问题是由一家报社揭露出来的，而不是被美国证监会或纽约证券交易所发现的，这一事实很自然地引起了人们的疑虑。人们不禁怀疑，美国证监会和纽约证券交易所究竟有没有尽到职责。纽约证券交易所的总裁罗伯特·哈克（Robert Haack）向公众保证，纽约证券交易所会员中前25家公司全部符合资本金要求。不幸的是，事实证明并非如此，它们中有些公司当时正处在严重的财务危机之中。贝奇公司（Bache & Co.）在1969年亏损了900万美元；拥有9万个客户账户的大型经纪公司海登·斯通也因违反交易规则而被交易所处罚，而且也没有达到资本金要求。

纽约证券交易所将从1959年起就开始辛辛苦苦积攒的用以修建新大楼的3000万美元全部转给了特别信托基金，以应对大型经纪公司可能的倒闭。但是，不止一家大型经纪公司正处在危险的边缘，而纽约证券交易所和其会员资源有限。为了降低大型经纪公司倒闭从而引发恐慌的可能性，美国国会按照联邦存款保险公司的模式建立了证券投资者保护公司（Securities Investor Protection Corporation）[1]，前者建

1. 证券投资者保护公司（SIPC）是一家非营利的会员制公司，目前近4000家证券经纪公司是其会员。如果一家证券经纪公司倒闭并且是SIPC会员，SIPC会帮助投资者尽快收回在该经纪公司的现金和证券（每个投资者最多恢复50万美元，其中现金不超过25万美元）。——译者注

立于20世纪30年代，旨在解决银行挤兑问题[1]。

海登·斯通公司，陷入泥潭之中的最大的经纪公司，从偏远的俄克拉荷马州的一群投资者那里借到了1 240万美元，勉强熬过了这一年的春天。麦克唐奈公司和其他3家公司则一家接一家地被清算了。一位知名的华尔街人这样评论："如果一年前有人告诉我，我们将有4家纽约证券交易所的会员公司会被同时清算……我怎么都不会相信。"

道琼斯指数继续下跌，并在1970年5月26日跌到631.16点，比前一年年末下跌了整整1/3，甚至比9年前肯尼迪就任总统时的点位还低。这后来被证明是第一轮"尼克松熊市"的底部。事实上，在这一年余下的时间里，市场开始强势反弹，并于年底报收于838.92点。在这个过程中，如果不是机构投资者不得不维护那些市值最大的股票——其中很多是道琼斯指数的成分股，市场可能早就惨不忍睹了。

"漂亮50（nifty fifty）"是指被大型机构投资者持有、有时甚至重仓的市值最大的50只股票。例如，摩根保证信托公司[2]就曾持有过价值高达20亿美元的IBM股票。对这些大机构来说，将这些股票大量卖出变现会不可避免地给它们的股价带来灾难性的后果，也会使自己的投资组合价值大幅缩水。众多机构持有为数不多的几只股票的大量股份，因而当"漂亮50"中任何一只股票承受抛压时，机构投资者都会尽力维持它们的价格。例如，宝利来公司（Polaroid）尽管在过去的5年盈利平平，股息也不到1%，却长期维持着高达100倍的市盈率。而很多不受机构投资者青睐的股票，即使有稳定的成长和丰厚的

1. 联邦存款保险公司（Federal Deposit Insurance Corporation，简称FDIC）成立于1933年6月。——译者注
2. 指Morgan Guaranty，由J. P. 摩根公司和保证信托基金公司（Guaranty Trust Company）在1959年合并而成。——译者注

股息，也只有 6 倍的市盈率。

越来越多的经纪公司持续关门或停止交易。海登·斯通公司此时已经花完了那笔从俄克拉荷马州借来的钱，只能在市场中苦苦挣扎，试图说服其他贷款人同意它提出的新的生存计划。拥有 22.5 万个客户账户的美国第五大经纪商古德巴迪公司（Goodbody & Co.）也被美林公司接管。

当这一切尘埃落定时，纽约证券交易所已经直接干预了 200 家会员公司的运作，这个数目占全部从事公众经纪业务的公司数目的一半以上。有 129 家公司要么破产，要么与其他公司合并，要么被完全接管。随着华尔街一些公司关门，另一些公司勒紧腰带并尝到了投资于技术改造的甜头，纽约证券行业的雇员人数也开始下降。1969 年 1 月，共有 10.52 万人在华尔街工作；到了 1974 年，这个数字下降了 28%，只剩下 7.5 万人。

1970 年年末，报纸和杂志上充斥着认为被通货膨胀、经济停滞和越南战争搞得焦头烂额的尼克松将注定是"一届总统"[1] 的报道。但是，总统拥有调控经济的有力手段，而尼克松把它们全部用上了，包括实施价格管制，以及争取美联储的配合。到 1972 年，当下一届总统竞选临近的时候，经济形势看上去的确比先前好了一些。道琼斯工业指数再次探到 1 000 点大关——该指数上一次也是唯一一次触及这个点位还是在 1966 年的某个交易日。在选举中，尼克松获得了 49 个州的支持。选举结束后，道琼斯指数终于在 1973 年 1 月 11 日报收于 1 051.10 点，突破了 1 000 点大关。

然而，这一次，作为 1972 年的标志的繁荣，更确切地说是虚假

1. 美国总统一般会在首个任期结束时竞选连任，如果竞选连任失败，就被称为"一届总统"。——译者注

繁荣的标志，在1973年消失了。随着价格管制被取消，通货膨胀立刻死灰复燃，达到了"二战"后从未有过的高度。结果利率大幅攀升，引发了债券市场的大灾难。1973年4月曝光的"水门事件"使得原本就充满了不确定性的经济变得更加动荡不安。1973年夏天，全美各地都出现了肉类紧缺。10月，埃以战争爆发，石油危机从天而降，阿拉伯国家开始对美国实施禁运，油价飞涨，在美国各地的加油站前，汽车排起了长龙。

道琼斯指数很快又跌回到1 000点以下，到了年底，它已经跌至800点以下，比1月份高峰时下跌了25%。这一次，连"漂亮50"的股价也开始狂跌。1974年，尼克松被迫辞职，道琼斯指数在当年12月跌到了577.60点。实际上，1973—1974年严重的通货膨胀掩饰了这期间市场指数急剧下跌的程度。华尔街作家安德鲁·托拜厄斯在《纽约》(*New York*)杂志中的一篇文章《华尔街的牛市》中写道："如果说贪婪和恐惧是华尔街上仅有的两种心理的话，那么我想，或许是为贪婪说句好话的时候了。"

随着物价飞涨，银行开始提供华尔街投资的替代品——大额定期存款[1]，并很快为越来越多的人所青睐。在这个前所未有的高利率时代，这种定期存款所支付的利息远远高过大部分的股票与债券的收益，而且没有本金损失的风险。自第二次世界大战后迅猛发展的共同基金此刻也举步维艰，甚至止步不前，在熊市中，这些基金的净值大幅缩水。

1. 大额定期存款(Certificates of deposit，简称CD)，是指由银行业存款类金融机构面向个人、非金融企业、机关团体等发行的一种大额存款凭证。与一般存单不同的是，大额存单在到期之前可以转让，期限不低于7天，投资门槛高，金额为整数。——译者注

> **美国共同基金的崛起**
>
> 共同基金即公募基金，可以公开向大众募集资金并投资于资本市场。美国共同基金业发端于20世纪20年代，旋即因1929年的股灾而遭受重创。1940年出台的《投资公司法》《投资顾问法》等为共同基金的规范发展奠定了基础。到20世纪七八十年代，随着战后社会财富的积累和401(K)等养老计划的推出，美国共同基金迎来新的繁荣，基金管理规模从1980年的135亿美元增长至1990年的1万亿美元，到2016年超过19万亿美元，占全球共同基金规模的47%。近年来，因多种因素，主动型基金较难战胜市场，而被动型共同基金却因费率更低和表现良好，其份额从2001年的不足10%提高到现在的约25%，相较之下，主动型共同基金不断遭遇净赎回，尤其是金融危机之后，这种趋势越发明显，主推被动基金的先锋、贝莱德因此规模获得很大增长，富达、太平洋投资管理公司等主动型基金公司也增加了被动投资或者试图改良主动投资方法，一些介于主被动投资之间的，如smart beta等投资方法也获得了更多关注。(译者根据公开资料整理)
>
> Vanguard BLACKROCK Fidelity INVESTMENTS PIMCO

20世纪60年代末期的社会动荡、后台危机、大经纪公司倒闭，加上遇到自胡佛总统时期以来最糟糕的熊市，所有这些都使得华尔街在20世纪70年代早期成为一个很不受人欢迎的地方。它似乎已经过时了，仿佛是过去时代遗留下来的废墟。从20世纪30年代后无人提起的“华尔街即将灭亡”的论调再一次出现，而且不绝于耳。一个度量华尔街在人们心目中地位（华尔街是否适合投资和工作）的最好尺码是当时纽约证券交易所的席位价格。在1969年的时候，一个席位可以卖到近50万美元，而一年之后，只能卖到13万美元。在1974年熊市的谷底，一个席位价格只值6.5万美元，仅为纽约市一个出租车许可证价格的2.5倍——纽约市的出租车许可证和纽约证券交易所的席位一样，其数量也受到严格控制。

但是，就像在华尔街历史上经常发生的一样，科技（这一次得益于美国证监会的及时推动）又来挽救华尔街了。华尔街不仅没有灭亡，相反，它的最终胜利马上就要来临了。

*　　*　　*

随着机构投资者力量的壮大，他们反对固定佣金的呼声也越来越高。固定佣金的历史几乎和华尔街股票交易的历史一样长。事实上，1792年签订的《梧桐树协议》的主要内容就是要设定固定佣金：“我们，在此签字者——作为股票买卖的经纪人庄严宣誓，并向彼此承诺：从今天起，我们将以不低于面值0.25%的佣金费率为任何客户买卖任何股票。”

纽约证券交易所一直在交易大公司的股票和债券方面保持着实质上的垄断地位，这种垄断从1869年就开始了，直到第二次世界大战结束后才逐步消失。而它的客户，不论大小，都对这种固定佣金无能为力。不过，华尔街从来都不像它的名字听上去那样是一个利益的整体，事实上，银行、大保险公司、路边交易所、柜台交易市场（over-the-counter market，OTC市场），以及纽约以外的很多地区性交易所，都有自己不同的利益诉求。

甚至纽约证券交易所的会员们也不是铁板一块。那些靠佣金生存的公司（与公众进行交易的经纪公司）有其自己的利益，而那些专门经纪人（他们在交易场所内进行交易）则有不同的利益。对那些收取佣金的公司来说，只要能得到最好的价格，不管在哪个市场买卖都可以；而那些专门经纪人则当然希望交易被限制在纽约证券交易所的交易大厅内进行。

美国的场外市场与多层次资本市场结构

以美国为代表的成熟市场——股权性市场有明晰的层次，不同的企业有与其相适应的股权融资平台。市场结构呈“金字塔”形，顶端是少数大型的、优质的企业，底部为大量中小企业。纽交所、纳斯达克等交易所主要为前者服务，而场外市场为后者服务。美国的场外市场包括场外电子柜台交易市场（OTCBB）、粉单市场（Pink Sheets）和灰色市场（Grey Market），服务的企业达数万家，几乎比在交易所上市的公司多出一个数量级，为中小企业提供了高效的融资渠道。（译者根据公开资料整理）

柜台交易市场是由经纪人组成的一个非正式网络，为那些不在任何证券交易所挂牌的股票提供一个交易市场。经纪人们为客户提供买卖这些股票的机会，并通过买卖之间的差价赚取利润，而这些股票的价格每时每刻都可能变化。柜台交易市场主要依靠电话和电传——在很早以前，这两种通信网络就已经将全美的金融业紧密联系在一起了。他们中的很多人都不是纽约证券交易所的会员，事实上，他们是新的“路边交易者”，只不过他们现在通过电话做生意，而不再是站在马路边了。他们可以完全自由地交易他们想交易的任何股票。并且，因为他们的交易成本更低，也不用向交易所缴费，所以有时候可以提供比交易大厅更好的价格。

很多大经纪公司很自然地想利用柜台市场上这一价格优势，而且事实上，法律也要求它们这样做。《联邦证券法》就要求经纪人为客户寻找股票的最好报价。但是，纽约证券交易所的专门经纪人通过交易所的管理委员会在 1955 年制定了《394 条例》（Rule 394），该条例禁止会员公司买卖交易所以外的股票，"除非是在交易所特别豁免的情况下"。换句话说，联邦法律要求经纪人去寻找能给出最好价格的市场，而纽约证券交易所却禁止他们这样做。

不过，共同基金和其他机构则不必受交易所条例的限制。本来属于纽约交易所的交易量，现在流向了地区性交易所和柜台交易市场，也就是所谓的第三市场（Third Market）。1955—1962 年，柜台交易市场上纽约交易所挂牌股票的交易量比例上升了 185%，尽管其总量仍只是这些股票所有交易量的 5%。但是，一些柜台交易公司不断成长，渐渐发展得像纽约交易所的主要会员公司一样大了。以前默默无闻的威顿公司（Weeden & Co.）在 1961 年的交易额高达 9 亿美元。作为报复，纽约交易所从两家柜台交易市场公司里强行搬走了它们的自动股票报价机——如果没有来自纽约交易所的各种报价作为参照，它们的生意就无法进行。1962 年，纽约交易所的这一行为被最高法院裁定为非法。

既然交易大厅的报价被认定是公众财产，那么所有个人和机构就都可以在柜台交易市场上买卖在纽约交易所挂牌的证券了。换句话说，任何一只股票只要有人为它做市，不管这个市场在哪里，他们都可以从那里买卖股票，而不必再通过交易大厅内的专门经纪人购买。

早在一个世纪以前，辛辛那提、费城和旧金山等城市的地区性交易所就已经被华尔街和电报技术的应用压制成了一潭死水，从那时起，它们只能进行一些当地证券的买卖。现在，这些地方性的交易所也开始了对机构业务的争夺，相比之下，它们比纽约交易所更愿意修改规则以招揽生意。除了以证券交易为主营业务的经纪公司以外，纽约交易所禁止任何其他机构或个人拥有席位，但是地区性交易所为了鼓励机构在它们那里进行交易，便在20世纪60年代末期抛弃了这一规则。纽约交易所的经纪公司也开始在这些地区性交易所购买席位，它们可以在那里进行那些在纽约交易所不被允许的交易。

美国商品期货委员会（CFTC）成立于1974年，取代美国农业部承担商品期货监管职责，如今权限已扩展至包括商品和金融衍生品在内的监管领域。（译者根据公开资料整理）

到了1967年，纽约交易所的交易量占全美证券交易总量的份额下降到了78%，但实际上，交易所严格的规定此前已经开始松动了。在前一年，迫于美国证监会的压力，纽约交易所采用了《394（b）条例》，最终允许其会员在特定条件下和柜台市场的公司交易挂牌证券。交易所也允许对大额交易给予佣金上的折扣，尽管佣金费率表本身还是保持不变。然而交易量从纽约交易所流失的趋势仍在持续，到了1970年，时任交易所总裁罗伯特·哈克在一次广受媒体关注的演讲中称，所有1万股以上的大额交易中，至少有35%~45%发生在纽约证券交易所的交易大厅之外。美国的资本市场面临支离破碎的危险，除非采取有效行动，否则这种趋势还将持续。

哈克是一位由各方妥协选出的纽约交易所总裁，与其前任总裁们的相似之处不多。例如，他的大部分职业生涯都在纽约以外。他于1917年出生在密尔沃基，曾经在“二战”结束后就职于一个叫罗伯特·A. 贝尔德公司（Robert A. Baird & Co.）的中西部经纪公司。20世纪60年代，他积极投身于美国证券交易者协会（National Association of Securities Dealer，简称NASD）的工作，于1961年受提名担任协会理事。在该协会重新制定章程，要求协会付薪聘请会长后，哈克被聘请为协会会长。

与前任们的另一个不同之处是，哈克是一个自由派的民主党人，他甚至经常和当时美国证监会的主席曼纽尔·科恩一起打高尔夫球。在华尔街上，诸如美林公司这样更愿意接受变革的大经纪公司认为，哈克一定能够成为一名出色的交易所总裁。但是，小经纪公司对来自柜台市场的威胁越来越警惕，它们认为聘用哈克就如同聘用一位"敌方的将军"。最终大经纪公司的意见占了上风，哈克拿到了一份为期5年的聘书。那些害怕变革的公司对哈克的惧怕是有道理的，哈克1970年在纽约经济俱乐部（Economic Club of New York）的一次演讲（也是华尔街历史上最重要的政策宣言之一）就证明了这一点。

罗伯特·哈克提出了解决纽约证券交易所困境的方案。"尽管我个人以前强烈支持固定最低佣金制，"他说，"但是我相信，我们行业的领袖们现在应该重新做出判断了……我认为我们的行业应该考虑将浮动佣金制作为最终目标。"

哈克还说："纽约证券交易所一贯奉行的私人俱乐部作风应该被彻底摒弃。"他这么说有点儿像天主教主教建议教会应该考虑改变一下教士们信奉的圣餐变体论[1]和禁欲主义。最初，这遭到了纽约证券交易所会员们的强烈反对，但要求实施这两项改革的呼声也在不断增强。

1. 圣餐变体论（Transubstantiation），基督教神学圣事论学说之一。耶稣在最后的晚餐上祝圣饼和酒时曾说，"这是我的身体"，"这是我的血"。按照天主教的传统观点，此时饼和酒的质体转变为耶稣的血和肉，原来的饼和酒只剩下五官所能感觉到的外形。

很快，当 1972 年哈克离职的时候，他两年前的演讲被证明是富有远见的。他离开时，交易所最后一点儿私人俱乐部的印迹也已经消失了。纽约证券交易所总裁（一个交易所付薪的雇员）和交易所管理委员会主席（交易所的一名会员）这两个职位合并成了一个。原先由 33 个成员交易所的会员组成的管理委员会变成了由包括总裁在内的 21 个成员组成的董事会（Board of Directors），其中 10 人为证券业的领袖，另外 10 人是公众代表。为了强调其与以往完全不同的性质，新组建的董事会也开始非定期地在纽约以外的地方召开会议。[1]

自从 1941 年起，纽约证券交易所就一直是一个非营利性机构，此时，尽管在严格意义上仍然由其会员公司所拥有，但事实上已成为整个证券业的中心机构，其角色和美联储在银行业中的角色相当。

专门经纪人的势力被击垮了，在美国证监会和机构投资者的领导下，浮动佣金制改革的呼声逐渐壮大，很快变得势不可挡。1975 年 5 月 1 日，在《梧桐树协议》签订 183 年之后，固定佣金制在华尔街寿终正寝[2]，几年之后，它也将从伦敦交易所消失。但是，在世界上很多其他国家的证券交易所中，它仍然存在，其中最出名的是东京证券交易所。浮动佣金制降低了证券交易的成本，作为世界上最大也最有影响力的证券交易所，纽约证券交易所这种大胆变革的先行能力正是它保持并扩大领先优势的强大驱动力。

固定佣金制的终结并不是发生在 1975 年唯一的重大变革。这一年，“水门事件”过后不久选出了一届自由主义者主导的国会，通过了《证券法修正案》（Securities Act Amendments）。这是 20 世纪 30 年代后

1. 这里意指新的交易所理事会强调，它不再只为纽约的大资本服务。——译者注
2. 据美国监管部门的一项研究，1975 年 5 月 1 日至 1980 年年底，机构投资者支付的佣金下降了 57%，个人投资者支付的佣金下降了 20%。仅 1976 年一年，投资者就节省了大约 4.853 亿美元。——译者注

通过的对华尔街影响最大的法案，它强制建立一个全国性的市场体系，该体系将美国的各个证券交易所和第三市场连接起来。

而实际上，这种连接早在20世纪70年代中期前就已经开始了。最早的系统可以追溯到1969年，它被称为奥特斯（AutEx），那时它有140家用户，其中75家是机构投资者而不是经纪人。这个系统旨在处理机构投资者的大宗交易，它通过电话线将各个用户的键盘与显示屏连接起来。据称，到20世纪70年代末期，奥特斯平均每天可以处理15笔大宗交易，总价值达520万美元。

纳斯达克成为美国高科技企业的摇篮

纳斯达克交易所的上市公司中云集着诸如英特尔、微软、谷歌等科技巨头，是美国创新经济链条上最为关键的一环。纳斯达克的上市条件相对宽松，这与其脱胎于柜台交易市场有关，但更为重要的是由于纳斯达克清醒地认识到新兴企业具有与传统企业截然不同的特点。降低上市门槛、鼓励和扶植新兴技术企业上市，是纳斯达克的鲜明特点，也是其成功的根本所在。在资本市场和实体经济的良性互动下，美国在20世纪90年代后期加速进入了以信息产业为先导的新经济时代，并经历了有史以来持续时间最长的一次经济扩张。1994—1996年，高科技产业占美国国内生产总值的比例高达27%，而同期传统经济的领头产业——建筑业和汽车业仅占14%和4%。高科技产业成为美国经济持续增长的主要动力，这背后纳斯达克功不可没。（译者根据公开资料整理）

比这个系统更重要的是纳斯达克——“美国证券交易商协会自动

报价系统”（National Association of Securities Dealers Automated Quotation System）的缩写。这个系统孕育于20世纪60年代末期，由于从一开始就使用计算机，它比奥特斯和其他类似系统要复杂得多。纳斯达克系统于1971年2月5日正式投入运营，800多家交易商成为其协议用户，以获取它所提供的2 400只未挂牌证券的信息。

纳斯达克集中提供未挂牌[1]证券的信息，并且允许不同的做市商进行竞争，由此缩小了买卖价差，并使得交易者有一个更为便捷和可靠的渠道来获取信息。一年之内，纳斯达克的日均交易量就达到了800万股，超过了一向在华尔街排名第二的美国证券交易所，也超过了所有地区性证券交易所交易量的总和。而且，它也开始有选择地提供交易所挂牌证券的信息。当这些证券在纳斯达克系统的交易量迅速增加时，纽约证券交易所开始警觉了。

在20世纪70年代，第二项革命性的变化是技术上的。数字计算机大约在20世纪40年代就开始出现了，但是直到20世纪60年代，它们的大小还和电冰箱差不多，被放置在恒温的房间里，由穿着白大褂的技术人员悉心照管，这些人通常以外人无法理解的术语行话交流。1971年，英特尔公司推出了第一款微处理器，这种微处理器实际上将计算机微缩到了一块硅片上。一旦一次性的研发工作（毋庸置疑，投入金额极大）取得成功，无数的微处理器就能以极低的单件制造成本进行生产。

这种微处理器使计算机变得越来越便宜，从它问世以来，每单位计算能力的价格就不断下降。没有一个行业像证券业这样迅速而密集地应用计算机了。在微处理器问世10年后，纽约证券交易所的交易大厅就彻底改头换面了。这个大厅一直是纽约最大的室内场所之一，

1. 这里指的是未在纽交所或其他交易所挂牌的证券。——译者注

从 1903 年开始营业以来在外观上几乎没有什么变化。但是，到了 1981 年，大厅上空安装了一排排钢架和电缆支撑起了密密麻麻的电视屏幕和显示器，在随后的 18 年里[1]，这些仪器变得越来越复杂，它们与全球每一家主要的经纪公司和资本市场连接在一起。

纳斯达克交易所始于纽交所外路边马车上的交易，即场外交易市场，于 1971 年由散落于全美的电子报价系统整合而成，并于 2006 年获得交易所资格。纳斯达克的电子化交易使得交易者有一个更为便捷和可靠的渠道来获取信息，纳斯达克成立时，主要为难以在纽交所融资的美国中小企业和科技公司服务，40 多年后的今天，美国前五大市值的公司全部都是在纳斯达克挂牌，包括：苹果、Alphabet（谷歌母公司）、微软、亚马逊、Facebook（脸书）。（译者根据公开资料整理）

对一个门外汉来说，这些屏幕上涌动的数字洪流只会使他头晕眼花，不知所措。但是，对于交易员来说，它们是宝贵的信息，市场的命脉。“市场的边界不超过信息能够及时到达的范围”，这条 1792 年的古老规律至今仍然适用。而今天，信息几乎可以同时到达全球每一家经纪公司、银行和保险公司的显示屏。这些信息也被越来越多的“日

1. 这本书写于 1999 年。——译者注

间交易者"[1]看到并用来投资股票，即使是普通老百姓，在一天之内也可以买卖证券几十次，而这在20世纪20年代还只有那些大厅交易员才能做到。

而且，这些信息远不只限于纽约证券交易所里的交易信息。自从1975年，美国国会下令建立一个真正的跨市场系统后，纽约证券交易所和它的竞争者们开始筹建跨市场交易系统（Intermarket Trading System），简称"ITS"。这个系统于1978年正式投入运营，它将9个市场相互连接在一起——美国证券交易所、波士顿交易所、辛辛那提交易所、中西部证券交易所、纽约证券交易所、太平洋证券交易所、费城证券交易所、芝加哥期权交易所以及纳斯达克交易所，这个系统可以使你及时获得所有纽约证券交易所挂牌证券的交易信息，而不管这些交易发生在哪个市场。

最好的价格出自最大的市场，这一规律依然成立。19世纪40年代，遵循这条金融界的"万有引力定律"，电报的发明使纽约证券交易所不仅成为全美最大的市场，而且成为全美占主导地位的市场。20世纪70年代，ITS和计算机的出现起了同样的作用。在20世纪60年代末和70年代初，由于系统陈旧而无法进行有效的竞争，纽约证券交易所的市场份额曾不断减少，而现在，技术的进步使得那些从华尔街流失的生意又回到了华尔街。到20世纪80年代末期，美国事实上只剩下两个证券交易市场：一个是纽约证券交易所，主要交易市值较大，并被广泛持有的挂牌证券；另一个是纳斯达克市场，主要交易那些市值较小的、未在交易所挂牌的股票。当然，也有明显的例外，例如英特尔和微软这两家大公司都是在纳斯达克交易，而不是"主板"[2]。

1. 即时交易者（day trader），指有互联网以来，一些每天通过互联网交易股票的投资者，他们不再需要通过经纪人交易。——译者注
2. 指纽约证券交易所。——译者注

今天，纳斯达克市场的交易量经常超过“主板”，但是，大部分在纽约交易所交易的股票的市值仍然高于纳斯达克股票的市值。

硅谷是美国高科技产业的中心，实际名为圣克拉拉谷，该山谷从旧金山湾区开始一路向东南方延绵展开。在成为美国高科技产业枢纽之前，圣克拉拉谷主要因果园而闻名，并被冠以“心灵欢乐之谷”。硅谷归属于圣何塞市圣克拉拉县的一部分，而圣何塞市的人口超过100万，是超越旧金山的加利福尼亚州第三大城市，也是美国第十大城市。

鸟瞰硅谷的山景城（Mountain View）。这里因为拥有谷歌等著名的高科技公司而成为美国人均最富有的小镇之一。山景城与帕洛阿尔托市（Palo Alto City）和圣何塞市（San Jose）等组成了硅谷的核心区域。（译者根据公开资料整理）

不过，硅谷这个代名词并不仅仅指圣克拉拉谷地区，而是一个包含了旧金山南部湾区的大区概念。例如，戴维·帕卡德和威廉·休利特开发音响振荡器并创立惠普公司的车库（被视为硅谷的发源地）就坐落在圣克拉拉县的帕洛阿尔托，而非圣克拉拉谷。

帕卡德和休利特毕业于同样坐落在帕洛阿尔托的斯坦福大学。他们曾受到被誉为“硅谷之父”的斯坦福大学工程系主任弗里德里克·特曼的鼓励，选择开创自己的公司，而不是就职于诸如 RCA（美国无线电公司）、IBM 或 AT&T 这样的美国东部大企业。

特曼教授同样鼓励了其他的斯坦福大学的英才，这使得硅谷在 20 世纪 50 年代中期聚拢了一大批在电子领域快速发展的企业。

由于苏联 1957 年的人造卫星发射引发了美国社会对苏联将在科技领域超越美国的担忧，联邦政府开始将大量资金投向技术教育领域以及高科技企业，诸如仙童半导体公司（Fairchild Semiconductor）、肖克利半导体实验室（Shockley Semiconductor，由晶体管的发明者 William Shockley 创立）和施乐帕克研究中心（Xerox PARC），而这些公司均位于硅谷地区。斯坦福研究院则是阿帕网的四节点之一，是互联网的先行者。

仙童半导体公司的两位创始人，罗伯特·诺伊斯和戈登·摩尔随后又创立英特尔公司——全球最大的电脑芯片制造商。而戈登·摩尔的另一个著名成果则是“摩尔定律”，该定律认为计算能力每 18 个月翻一番，这推动了计算机行业此后的爆炸性增长。

基于硅谷的强大积累，微处理器终于在 20 世纪 60 年代开始投入实际应用。硅谷抓住了这一机遇并使科技创新实现了爆发式增长，这反过来也掀起了一轮前所未有的造富运动。现在的硅谷是全球亿万富翁最密集的地区。

随着越来越多的公司选择在硅谷创立，该地区的人口数量迅速增长、人口结构也发生了根本性变化。以亚裔群体为例，在从 1970—2000 年的短短 30 年里，他们的人口数量迅速由 4.3 万人增长到了 43 万人。

1976 年，史蒂夫·乔布斯和史蒂夫·沃兹尼亚克创立了全球第一家制造实用个人电脑的公司——苹果电脑公司，并由此开启了个人电脑的新时代。这家公司位于硅谷西侧的库比蒂诺，最初只有很少的几个雇员。但今天苹果公司的员工多达 12.3 万人，2017 年，苹果公司总资产为 3 450 亿美元，全年盈利高达 480 亿美元。

史蒂夫 · 乔布斯和他的 Apple II 型个人电脑，该电脑的计算能力超过了 20 世纪 60 年代整个美国阿波罗登月计划的计算能力。乔布斯创建并领导苹果公司在沉浮中走向辉煌，后相继推出了 Mac 电脑、iPod（苹果音乐播放器）、iPhone（苹果手机）等重新定义了产业的现象级产品，2019 年市值接近 1 万亿美元。（译者根据公开资料整理）

1980年，随着苹果电脑公司成功上市并公开募集资金13亿美元，风险投资机构蜂拥而至，竞相在硅谷设立办公室。目前，风投机构每个季度投向硅谷企业的资金超过50亿美元，2012年硅谷企业得到的风投资本占到全美风投资本的46%。

在发展初期，硅谷专注于包括半导体和集成电路在内的硬件研发，但目前软件研发也已成为硅谷产业的重要组成部分。20世纪90年代，eBay（易贝网）、谷歌等一批新的硅谷公司抓住了互联网兴起的重要机遇并在商业上取得了极大成功。

当前，硅谷已囊括了超过39家全球财富1 000强的企业和数以千计的初创公司，也是美国“独角兽”企业最集中的地区。“独角兽”指估值在10亿美元以上的但还未上市的创业公司，它们是美国社会财富的主要组成部分之一，也是未来美国经济发展的重要引擎。

从左到右依次是：英特尔、甲骨文、思科、微软、脸书的公司商标，它们分别是目前微处理器、数据库、计算机网络、操作系统、网络社交这五大领域的霸主。这些兴起于信息革命的高科技企业迅速成长为庞然大物，并超越了发迹于第二次工业革命的工业托拉斯。微软只用了23年就超过了百年老店通用电气的市值，而脸书仅仅用了11年。（译者根据公开资料整理）

迄今为止，硅谷孕育出的著名企业包括：苹果、奈飞、脸书、雅虎、英特尔、财捷、甲骨文、闪迪、奥多比系统公司（Adobe）和谷歌等。

* * *

如果说20世纪70年代中期的华尔街已经为迎接未来做好了准备的话，美国经济却还没有。20世纪70年代中期，通货膨胀略有减轻之后，在卡特政府时期又达到了自南北战争（当时联邦政府大量印钞以支付战争支出）以来的最高水平。利率也越来越高，严重抑制了投资。为了控制脱缰的通货膨胀，政府实行选择性物价管制，导致燃气短缺卷土重来。但是，就像所有和平时期的价格管制一样，这些价格管制再一次被证明是无效的。

在这样的困境中，道琼斯指数始终徘徊在它10年以前的水平。这一时期华尔街又发生了一起贵重金属囤积案，它最后一次唤起人们对那些久远年代[1]的回忆。19世纪屡见不鲜的囤积和逼空案在20世纪变得越来越罕见。交易所挂牌股票的市值越来越大，使得股票逼空的成本高得惊人，所以坐庄变得非常困难。最后一次股票逼空事件是在1923年发生的Piggly Wiggly股票逼空案，它是一家美国南方百货连锁店的股票。尽管自20世纪30年代开始实施的证券监管没有专门条款禁止股票逼空，但是关于股票持有者披露的监管条例已使得股票逼空在纽约和其他资本市场上彻底销声匿迹了。

然而，在大宗商品市场上，情况就完全不同。1980年，美国的两大巨富——得克萨斯州的石油大亨纳尔逊·巴克·亨特和他的兄弟威廉·赫伯特·亨特大胆地试图囤积白银，上演了近年来华尔街一段最扣人心弦的投机操作。

与黄金不同，白银有着极广泛的工业用途，特别是在摄影业和电子工业中（白银的电导性优于其他金属）。所以，除了货币用途外，对这种金属还存在着强烈的实际需求。但是，由于白银在过去被用作货币，所以美国政府长期以来一直将银价锁定在每盎司1.25美元，就像以前将黄金与它的比价锁定在16 ∶ 1一样。虽然美国在1933年就放弃了金本位制，却仍一直保持着从威廉·詹宁斯·布赖恩时代就开

1. 指囤积（逼空）盛行的19世纪。——译者注

比尔 · 盖茨（右）和大学同宿舍的室友保罗 · 艾伦（左）于 1975 年创办微软。微软的 DOS 和 Windows 操作系统促进了个人电脑普及，Office 成为办公套件代名词，IE 更在 20 世纪 90 年代著名的浏览器大战中胜出，并几乎垄断了软件行业，比尔 · 盖茨成为世界首富，保罗·艾伦也成为身家 217 亿美元的巨富。微软于 2000 年遭美国司法部反垄断调查，随后在业务扩张上逐步收敛。尽管比尔 · 盖茨撰写于 1995 年的《未来之路》（*The Road Ahead*）预见了互联网时代的到来，但微软在随后的互联网热潮中却表现平平，市值先后被谷歌、苹果、亚马逊等超越。近年，比尔 · 盖茨致力于慈善事业，其建立的比尔和梅琳达 · 盖茨基金会已成为全球最大的慈善基金之一。（译者根据公开资料整理）

始的银本位制。银币的面值和它作为一种贵金属的本身价值基本相同，财政部曾发行过面值 1 美元的白银券，人们可以用它来兑换白银。但是，到了 20 世纪 60 年代，随着对白银的需求迅猛增加，白银的产量供不应求，联邦政府发现这种政策难以为继。

美国政府最终被迫放弃了银本位制。财政部开始回收白银券，并降低银币中的白银含量，甚至有的银币中完全不含白银。结果，此前一直流通的旧银币，在这种被称为“三明治银币”[1]的新银币出炉后，几乎是一夜之间就从市场上消失了，这成为“劣币驱逐良币”法则的一个经典案例。20世纪70年代初，巴克·亨特兄弟看到了在白银上的机会。1971年，尼克松总统结束了国际金本位制，从而切断了美元与贵金属的最后联系。此前，在布雷顿森林体系下，外国政府可以按固定比例用美元兑换黄金。随着通货膨胀日益严重，作为后果之一，黄金和白银相对于美元的价值也逐渐增加。

在这个时期，对美国公民来说，以金条的形式持有黄金是非法的，于是亨特开始购买白银。他大量收购白银，作为世界上最富有的人之一，他几乎单枪匹马地使银价翻了一番。1974年，银价从每盎司3.27美元上升到了6.70美元。而且，他的做法几乎和所有现代的商品交易商都不一样，他要求实物交割，希望借此使白银从市场上消失。

到1979年，亨特兄弟已经囤积了大量的白银，总量超过2亿盎司，基本上相当于公认的白银流通总量。随着可供交易的白银日渐稀少，白银的价格在1979年全年都在节节攀升。甚至蒂凡尼公司[2]都被迫暂停白银首饰业务，以便将其所有的商品在一个更高的价位上重新标价。

这一年年末，白银市场上的卖空者开始消失了，随着他们购买白银进行平仓，白银市场上因亨特兄弟大量收购而产生的巨大买压进一步加大。1980年1月初，白银价格高达每盎司50.06美元，黄金与铂的价格也飞涨到了前所未见的高度，其中一部分原因是通货膨胀，另

1. 1965年首次发行的合金硬币里面是全铜，外面包裹着75%铜和25%镍的合金，就像三明治一样，当时美国总统为林登·约翰逊，因此这套硬币也被称作“约翰逊三明治”。而1965年之前，硬币的成分是90%银和10%铜，银是贵金属，制作成本较高。——译者注
2. 蒂凡尼公司（Tiffany），美国著名的珠宝首饰店。——译者注

一部分原因是当时正在如火如荼进行的白银囤积操作的溢出效应。此时亨特兄弟的白银储量价值（尽管只是账面价值）已高达 100 亿美元，近 60 年来华尔街的第一大囤积操作眼看就要得手了。

但是，困扰每一个囤积商的问题也使得亨特兄弟陷入了麻烦。他们用持有的白银作为抵押品，举债数亿美元购买更多白银，而在通货膨胀日益恶化的这些年里，基准利率已经高达 19%，巨额的利息支出即使对富有的亨特兄弟来讲也如同噩梦一般。此外，正如 110 年前黄金囤积投机时的情形一样，美国政府拥有大量以银块或尚未流通的银币形式存在的白银储备，那是可以将囤积者一举击溃的撒手锏。

亨特兄弟囤积白银

1971 年，美国总统尼克松结束了布雷顿森林体系下的国际金本位制，此后外国政府不再能够按固定比例用美元兑换黄金。随着 20 世纪 70 年代以来美国通货膨胀日益加剧，黄金和白银相对于美元的价值也逐渐增加。与此同时，在工业上用途丰富的白银更是需求猛增，产量供不应求。此时，来自得克萨斯州的石油巨富巴克·亨特和威廉·亨特察觉到了投机机会，便开始大胆囤积白银。

作为世界上最富有的人，亨特兄弟开始伺机大量收购白银，几乎单枪匹马地使银价从 1974 年的每盎司 3.27 美元翻了一番达到 6.70 美元。亨特兄弟希望白银从市场上彻底消失，因此他们要求实物交割，而这并非现代商品交易商的通行做法。到 1979 年，亨特兄弟已经囤积了超过 2 亿盎司的白银，相当于当时公认的白银流通总量。亨特兄弟大量收购而产生的巨大买压使得银价节节攀升，1980 年 1 月初银价已经高达每盎司 50.06 美元。

由于囤积规模日渐增大，亨特兄弟开始用现有白银作为抵押品，以支付保证金的方法继续举债购买新的白银。然而，由于通货膨胀高企，基准利率已经高达 19%，巨额的利息支出成了亨特兄弟的最大负担。

与此同时，银价 10 年之内暴涨 10 倍刺激了大量收藏、装饰用银和新产出的矿银进入市场。随着白银供应量逐步上升，白银的价格开始回落，但是由于亨特兄弟几乎是市场上唯一的买家，因此他们只能被迫借债以维持银价。此时，亨特兄弟的贷款已经高达 8 亿美元，占到前两个月内美国所有银行贷出总额的 10%。

1980 年 3 月，银价跌到了每盎司 40 美元，且还在下跌中，筋疲力尽的亨特兄弟无力应付新一轮的保证金要求。此时，他们的经纪人察觉身处危境便开始大肆抛售白银。银价在一天之内下跌了一半，报收于每盎司 10.82 美元，股市随之暴跌。当“白银星期四”（Silver Thursday）结束时，亨特兄弟的损失高达 10 亿美元。

由于美国各大银行和美联储采取紧急措施阻止了这场恐慌的蔓延，没有酿成全美金融系统的大灾难，但是对于曾经富可敌国的亨特兄弟来说已经风光不再，随着银价持续走低，他们终于在 1987 年被迫宣布破产。（译者根据本书及公开资料整理）

最后，随着白银价格上涨到 10 年前的 10 倍，许多因常年亏损而关闭的银矿变得有利可图，又重新开始运转起来了。此外，也有很多收藏在家家户户阁楼和地下室里的银器又回到了市场上，旧银币所含白银的价值比它们的面值甚至收藏价值高出许多，很多人决定在银价高涨的时候将它们及时出手。与此同时，数以万计的美国家庭认定，此刻正是将它们祖母辈留下的那些样式丑陋、长久不用的银质茶具变成现金的最好机会。没有人知道这期间有多少吨维多利亚时代的银器被熔化，然后源源不断地流入流通的白银供给之中。

随着市场上白银供应量的逐步增加，而亨特兄弟又几乎是市场上唯一的买家——白银的价格开始回落，亨特兄弟被迫去借越来越多的钱以支持银价，直至耗尽他们原先似乎是无穷无尽的财富。美国的各大银行和经纪公司也弹尽粮绝了，他们给亨特兄弟的贷款已经超过 8 亿美元，几乎相当于前两个月内美国所有银行贷出总额的 10%。

到 1980 年 3 月，银价跌破每盎司 40 美元，而且还在急速下跌。3 月 27 日，亨特兄弟无力应付新一轮的保证金催缴，囤积操作彻底溃败。他们的经纪人自己也已身处危境，于是开始出卖他们，恐慌迅速笼罩了华尔街。银价在一天之内下跌了一半，报收于每盎司 10.82 美元，股市随之跳水。当“白银星期四”（Silver Thursday）结束时，亨特兄弟已有 10 亿美元付之东流。

幸而美国主要银行和美联储迅速采取行动，阻止了这场恐慌的蔓延，避免了一场全美金融系统的大灾难。第二天，股市直线回升，华尔街迅速恢复了正常。但是，对于亨特兄弟来说，一切都难以挽回了。银行重组了他们的债务，允许他们在 10 年之内逐步还清。不过，建立在白银价格至少保持稳定的假设之上。而 20 世纪 80 年代，随着通货膨胀的逐步消退、采矿业的兴盛和对白银需求的滞缓，白银价格实际上在不断下降，亨特兄弟的经济状况也随之越发困窘，最终于 1987 年被迫宣布破产。

此时，华尔街已和过去大不相同了。

同一时代的西方和东方

西方	年份	东方
欧洲共同体成立	1967	
芯片制造商英特尔公司成立	1968	
美国民权运动领袖马丁·路德·金遇刺	1968	
美国宇航员阿姆斯特朗和奥尔德林登上月球	1969	
第一个计算机网络——阿帕网（ARPANET）连接建立	1969	
房地美（Freddie Mac）由国会批准成立	1970	
纳斯达克成立，为大量中小企业和科技型企业上市提供了一条便捷的通道	1971	中国恢复联合国合法席位
“水门事件”曝光，尼克松因此被迫辞去美国总统职务	1972	尼克松访华，在上海签署《中美联合公报》
	1972	田中角荣访华，中日建交
第一次石油危机引发全球经济危机	1973	
比尔·盖茨创立微软公司	1975	
越南战争以美军战败告终	1975	
苹果电脑公司创立，第一台苹果电脑问世	1976	
美国“海盗一号”无人宇宙飞船在火星软着陆成功	1976	
世界第一个试管婴儿在美国诞生	1978	中国共产党第十一届三中全会召开，启动经济体制改革，改革开放开始
第二次石油危机爆发	1979	中美建交
	1980	中国建立深圳、珠海、汕头、厦门等经济特区

（续表）

西方	年份	东方
美国总统里根提出“星球大战计划”	1983	
	1984	中英就中国收回香港问题签署联合声明
	1985	城市改革，国有企业改革
	1986	《义务教育法》颁布
	1986	新中国第一只股票发行
世界人口突破 50 亿	1987	中国共产党第十三次全国代表大会召开
华尔街黑色星期一，道琼斯工业平均指数暴跌 22%，美国爆发经济危机	1987	

第十六章

“这种趋势会不会继续下去呢？”（1987—1999 年）

译者题注

进入20世纪80年代的华尔街，技术的巨大进步使得人类在短短几年之内就实现了全球化，并使得世界金融市场实现了一体化。20世纪90年代的股市更是一路高歌猛进。在资本市场的推动下，微软、英特尔、谷歌、苹果等一大批高科技企业脱颖而出，成为引领美国新经济增长的引擎。在世纪之交的前夕，道琼斯指数首次突破了1万点。人们不禁要问，“这种趋势会不会继续下去呢？”

译者导读

· 1982年，道琼斯指数第三次突破1 000点，此后，它再也没有跌破过这个数字。
· 1987年8月25日，道琼斯指数达到了顶峰，随之而来的股市下跌唤起了人们对1929年股市崩盘的记忆。尽管这一次市场崩溃来势凶猛，而且金融市场的全球化使得这一次股灾波及世界其他金融市场，但这一次股灾中人们的命运却并没有那么悲惨，与60年前不同，他们已经学会了分散投资。
· 1987年的股市危机期间，美联储对市场进行了救助，以免股市危机演变成全国性恐慌，这与1792年汉密尔顿的做法一脉相承。而在这两次相隔195年的政府干预股市危机的行动之间，面对每一次金融危机，杰斐逊主义放任自流的思潮一直占据上风。
· 在挽救此次危机的行动中起到重要作用的是此时刚刚登上历史舞台的格林斯潘。他采取的措施正如60年前斯特朗所说的那样：“对付任何此类危机，你只需要开闸放水，让金钱充斥市场即可。”市场恐慌很快结束了。
· 这个时代的华尔街有两个著名人物：博斯基和米尔肯。20世纪 80 年代，杠杆收购进行得如火如荼，博斯基热衷于风险套利——对潜在的被收购公司进行投机。不幸的是，为了增加自己的胜算，他用装满现金的箱子去换取自己所需的内幕消息，最后锒铛入狱。米尔肯则开创了著名的垃圾债券市场，认定这种信用等级很低的债券的潜在回报高于其对应的风险。他对垃圾债券出神入化的操作使他一度被追捧为华尔街的金融天才。米尔肯最终被判入狱，并被处以 6 亿美元的罚款，这是美国商业史上对个人的最高罚金。

- 20 世纪的最后 10 年，美国股市进入了一个一日千里的时代，截至 1999 年夏天，道琼斯指数较 1990 年年初上涨了 400%，较 1980 年年初上涨了 1 300%。此时的纽约证券交易所每一天的日交易量比 20 世纪 40 年代任何一年的交易量都高。
- 20 世纪 90 年代后期，雅虎、亚马逊、谷歌等一大批互联网公司在资本市场的推动下发展壮大。互联网不仅成为改变经济格局和社会生活的重要推手，也给资本市场带来了巨大的影响。网络股的兴起、网上投资的出现是华尔街所能感受到的最直观的变化。同时，互联网这一新生事物的出现无疑也加速了全球金融一体化进程，一体化后的世界金融市场如何面对跨越国界的金融监管，是一个巨大的未知数。

随着罗纳德·里根在 1980 年当选美国总统，华尔街进入了一个新的经济时代。直到现在[1]，我们还看不出这个经济时代什么时候会结束，因此，过去 20 年更多的是新闻工作者的天下，而历史学家则鲜有作为。虽然华尔街和联邦政府显然已经学会从过去的经济政策失误中吸

1. 指这本书首次成稿的 1999 年。——译者注

罗纳德·里根的雕像陈列于美国国会大厦中。他是美国第 40 任总统，也被称为过去 100 年最伟大的共和党总统，普遍认为，他倡导的自由经济政策对美国经济 20 世纪 80 年代以后的繁荣起到了重要作用。在他任期的末期，柏林墙倒塌，冷战结束。（译者摄于 2017 年）

取教训，但是它们是否能从当前的经济挫折中吸取教训还不是很清楚。事实上，这种教训已经不少。

为了使华尔街更好地迎接 20 世纪 80 年代和 90 年代的经济发展，20 世纪 70 年代，纽约证券交易所开始改革，同时华尔街在通信上也投入巨资。跨市场交易系统和纳斯达克市场开始运营，债券电传系统（Telerate）也于 1969 年建立，它使得银行的债券部门能够随时跟踪债券价格，这个系统迅速成为美国国债的电子交易市场。美国国债不仅拥有大量本国投资者，也越来越多地被其他国家的政府和投资者持有。1973 年，英国路透社开发了全球外汇实时报价系统（Monitor Money Rates），该系统使得全球的外汇交易员可以 24 小时进行不间断交易。

与此同时，参与全球交易的成本也大大降低。1950 年从美国本土向其他国家一共打出 100 万个越洋电话，每一个电话都要通过接线员转接，而且还需要事先预约。到了 1970 年，随着财富的增加和电话费用的不断下降，这个数字已经攀升到了 2 500 万个。此后，随着微处理器取代接线员，通信卫星大大提升了远程通信能力，通信成本直线下降，这一数字也呈现出爆炸式增长，到 1995 年超过了 28 亿。换句话说，这个数字在45年内增长了近3 000倍。

大多数这种通信已经不再需要人工参与，只要通过计算机联网，大量的数据就可以瞬间传送。在短短的几年时间内，人类就实现了全球化和金融市场的一体化。

然而，世界上很多国家并没有为新的信息化经济时代做好准备。自从金本位制结束以来，弱势货币国家的领导人就一直在努力抵制着外汇投机商们的袭击。1956年苏伊士运河危机时，后来成为英国首相的哈罗德·威尔逊把那些对英镑进行投机的瑞士银行家们斥为“苏黎世的侏儒”（the gnomes of Zurich）。但是，到了20世纪80年代，这些“侏儒”的威力已非昔日可比，在地理上也不仅仅限于苏黎世了。

20世纪80年代的交易大厅。1981年，这里是纽约最大的室内空间，但光线非常昏暗，因为各种显示屏在这里堆积如山——它们上面的信息同时出现在世界各地经纪人办公室的显示屏上，这使得纽约证券交易所成了一体化全球资本市场的中心。

1981年，当有强烈社会主义倾向的弗朗索瓦·密特朗（Francois Mitterrand）就任法国总统后，他试图实施一个偏左倾的施政纲领，包括银行国有化和增加高收入者的税负等，但他很快发现没有足够的力量将这些纲领变成现实。纽约、东京、香港、伦敦和其他市场的外汇交易员在追逐他们各自利益的同时，通过已经一体化的全球外汇市场给法郎带来了巨大的压力，以至于密特朗不得不放弃原来的主张。从16世纪以来就一直是世界强国之一的法国，在这个全球市场面前显得力不从心。到 20 世纪 80 年代末，几乎所有的原社会主义阵营国家都做了适度的调整——它们中有些国家曾一度试图用计划体制代替自由市场，但现在又开始采用一些市场经济的模式。

苏伊士运河危机期间，埃及在位于苏伊士运河北端的塞德港沉船，以阻挠英法和以色列的进攻。英法试图抢夺运河控制权的做法遭到国际社会的反对，美联储公开抛售英镑和法郎，使得英法两国的外汇储备快速下降而且货币贬值，最终英、法在美国的货币攻势和苏联的核威胁之下从埃及撤兵。（译者根据公开资料整理）

自从密特朗政府控制本国货币的尝试失败以来，全球的主要货币已不再由金本位制决定，而是由国际外汇市场决定。因此，我们再也见不到 20 世纪 70 年代那种令人一筹莫展的通货膨胀，尽管这一转变过程也并非一帆风顺。

而在 20 世纪 70 年代末，卡特政府无力应付那场异乎寻常的通货膨胀（那是美国在和平时期经历的最糟糕的一段时光），美元的购买力每年以 12% 的速度下降。选民们的真实收入没有增加，但是由于通货膨胀，他们的名义收入增加了，所以又不得不缴纳越来越高的所得税。愤怒的选民使卡特成为自胡佛以来的第一位“一任总统”，并选择里根来接替他。里根和卡特不一样，他愿意采取措施来结束通货膨胀，但他同时也必须接受这种政策的后果：一次经济大衰退。

在里根政府的支持下，美联储主席保罗·沃尔克狠狠地踩了一下经济的“刹车”。他大幅提高贴现率，其他利率随之升高。早在 20 世纪 50 年代和 60 年代，曾以天才的融资能力闻名的纽约地产投资商威廉·泽肯多夫（William Zeckendorf）说过一句名言：“即使花 20% 的利率去举债，我也不愿因花时间等待最优利率（prime rate，即银行为信用等级最高的贷款者提供的贷款利率）而坐失商机。”但是，到了 20 世纪 80 年代初期，最优利率本身已经达到了 20%。

这一举措将失业率推到了自 20 世纪 30 年代“大萧条”以来从未有过的 10%，公司盈利锐减，道琼斯指数狂泻 20%，跌到了 800 点以下——道琼斯指数第一次达到 800 点是在 15 年前。报纸和电视晚间新闻里充斥着里根也要成为“一任总统”的论调。

但是，随着通货膨胀压力减退，1982 年夏天，美联储开始降低贴现率。股市作为经济的先行指标，在这一年 8 月的一次疯狂买入浪潮之后开始迅速攀升。1982 年，道琼斯指数再次突破 1 000 点，这是道琼斯指数第三次突破 1 000 点，此后，它就再也没有跌破过这个数字。的确，道琼斯指数从此持续上升，除了有一次短暂的较大例外。1985 年 12 月 11 日，道琼斯指数首次达到 1 500 点——在短短三年时间里上涨了 50%；而仅仅一年之后，1987 年 1 月 8 日，达到了 2 000 点；又只过了 6 个月，在 1987 年 7 月 17 日，它达到了 2 500 点——这在 10 年前几乎是难以想象的。

很多人看到如此短的时间内股市急速上升，不由想起 20 世纪 20 年代的伤痛记忆，于是，“很快将会有一次大调整甚至崩盘”的论调开始甚嚣尘上。这种悲观情绪的产生不只是由于对 1929 年市场崩盘耿耿于怀，事实上，利率也再一次开始攀升。日本电话电报公司（Nippon Telephone and Telegraph，简称 NTT，日本电信业的垄断者）准备在当年秋天首次公开发行 350 亿美元股票。受到该预期影响，日本投资者为了认购这些股票开始抛售美国证券，特别是美国国债，巨大的卖压将美国国债利率推到了 10% 以上。当最安全的投资工具的收益率都如此之高时，很多人开始怀疑是否应该购买平均市盈率高达 23 倍的股票了。

市场在 1987 年 8 月 25 日达到了顶峰，道琼斯指数为 2722.42 点，随后各种令人担忧的消息开始越来越多［例如，债券利率不断上升，美国财政部部长詹姆斯 · 贝克威胁将美元贬值，巨额的贸易逆差，一艘挂有美国国旗的油轮在波斯湾被伊朗导弹击中，等等］，市场开始整体下滑。到 10 月 16 日，市场下跌 109 点，创下历史单日下跌幅度的纪录，市场共下跌了 17.5%，降到 2246.74 点。

10 月 19 日，星期一，金融市场全球化的影响完全显现。规模较小的亚洲市场，例如中国香港和新加坡，一开市就开始狂跌，接着是伦敦。然后，最大的市场——华尔街开市了，半小时内，买单与卖单极不平衡，以至于标准普尔 500 指数的 500 只成分股中仅有 25 只可以交易，而大部分股票根本就没有买单。

芝加哥商品交易所的期货市场表现与华尔街如出一辙，对一种期货的恐慌抛售迅速导致对其他期货的抛售。当美国证监会即将关闭市场的谣言出现后，投资者们更是蜂拥而入，抛售所有的一切。到下午 4 点闭市时，道琼斯指数下跌了 22.6%，交易量为 6.08 亿股，是前一周周五所创纪录的 2 倍，正常交易量的 6 倍。两家很有声望的老牌投资银行——E.F. 休顿和 L. F. 洛希尔宣告破产，其他 60 多家小公司也未能幸免于难。

这种情形不由让人想起可怕的 1929 年。那年，市场在 9 月 3 日触顶，在随后几周内下跌了 21.6%；而 1987 年，市场在 8 月 25 日触顶，随后下跌了 17.5%。1929 年，市场曾在两天内（10 月 28 日和 10 月 29 日）下跌 23%，而 1987 年，它一天就下跌了 22.6%。在这两年中，都有很受市场推崇的分析师（虽然他们并不是市场上最德高望重的人物，1929 年的罗杰·巴布森和 1987 年雷曼公司的伊莱恩·嘉莎莉利）对大灾难做过预测。在 1929 年，是追加保证金的要求和卖空造成了市场大跌，而在 1987 年，是程序化交易和一些用资产组合保险理论[1]（portfolio insurance，滑稽的是，这一经济理论原本是用来降低风险、保护收益的）管理的基金加剧了市场的下滑。

"All the News That's Fit to Print"

The New York Times

Late Edition

NEW YORK, TUESDAY, OCTOBER 20, 1987

30 CENTS

STOCKS PLUNGE 508 POINTS, A DROP OF 22.6%;
604 MILLION VOLUME NEARLY DOUBLES RECORD

U.S. Ships Shell Iran Installation In Gulf Reprisal

Offshore Target Termed a Base for Gunboats

A Huge Blow to the Five-Year Bull Market

Dow's Record Fall

WORLDWIDE IMPACT

Frenzied Trading Raises Fears of Recession — Tape 2 Hours Late

Does 1987 Equal 1929?

1987 年 10 月 19 日，黑色星期一，道琼斯工业股票平均指数下跌 22.62%，交易大厅笼罩在愁云惨雾中。图为当时纽约时报的报道。（译者根据公开资料整理）

1. 即通过卖空股指期货，对冲持有股票组合的价格风险，起到避险的作用。但在市场快速下跌时，卖出股指期货可能加速市场下跌。——译者注

媒体和很多了解华尔街运作方式的人都预见到了这次大崩溃。詹姆斯·戈德史密斯爵士是一位传奇的英国金融家，他预见到了这次市场崩盘，并已经在不久前将其所有的股票清仓，他称他的预见是“在‘泰坦尼克号’的桥牌室里赢了一盘决胜局”。

但是，实际情况并没有那么糟，这一回，“泰坦尼克号”并没有沉没。第二天，虽然市场在上午仍然大幅下跌，但到中午的时候已经稳定下来，接着就迅速反弹了。随后，市场在两年内就回到了原先的高位，并在 1991 年 4 月 17 日攀升到 3 000 点。距 1987 年崩盘短短的 12 年后，我们就几乎把它遗忘了，为什么呢？

原因可能很多，但主要有以下三个。首先，在 1929 年，市场中大部分个人投资者的绝大部分资产都投资在资本市场，实际上面临着巨大的风险。一旦市场崩盘来临，那些原先因为虚拟资产的膨胀而感觉自己很富有，从而一向花钱大手大脚的人，突然发现自己其实一文不名，他们的消费迅速缩减——由此将整个经济直接拖入泥潭。但是，到了 1987 年，投资者已经学会分散投资，他们将更大比例的财富投资于证券以外的资产，特别是房地产，因此尽管市场崩盘令人痛心，但还不至于让他们彻底破产。

第二个原因是，两次危机爆发时，当局采取了截然不同的态度。1929 年危机发生后，胡佛总统费尽心思一再向公众保证华尔街是个投资的好地方，但结果适得其反，这只能使人们更加担心。而 1987 年的里根总统却对当时的市场崩盘极少谈论，他这种非常放松的、认为“这种事情司空见惯”的态度反而让投资者增强了信心。与此同时，白宫悄悄地借钱给几家大公司用以回购自己的股票，并且大肆宣扬回购正当其时，这些公司的实际行动比总统所能做出的任何保证都更有影响力。

但是，更重要的一个原因是美联储的态度和对策。与 1929 年不同，这次美联储采取了一个中央银行在市场恐慌中应该采取的行动。保罗·沃克尔刚刚退休，接替者是艾伦·格林斯潘。格林斯潘此时还不像他后来那么家喻户晓，但他知道该做什么。60年前，本杰明·斯特朗曾一语中的："对付任何此类危机，你只需要开闸放水，让金钱充斥市场即可。"事实上，这也正是格林斯潘所做的。10月20日星期二早晨，美联储在市场上大量购买政府债券，此举的直接效果就是新增了大约120亿美元的银行储备。随之，联邦基金利率（federal funds rate，这个利率决定短期利率）下降了0.75个点——这是一个巨大的单日下降幅度。随着资金流动性得以恢复，市场恐慌也就很快结束了。这是自1792年亚历山大·汉密尔顿成功救市以来，美国中央银行第一次采取措施成功地阻止了市场恐慌演变为一场经济灾难——几乎不可能的事情发生了，托马斯·杰斐逊的阴影终于被永远逐出了这个国家的市场。

* * *

和历史上所有的繁荣时代一样，20世纪80年代是一个各种新人和新思想不断涌入华尔街的时代。华尔街上欣欣向荣，工作机会过剩，这在很大程度上掩盖了纽约其他主要行业（如建筑业）就业机会的不足，而且使得纽约的市政税收严重依赖华尔街。纽约证券交易所一个席位的价格在1974年曾低至6.5万美元，到20世纪80年代中期，席位价格回升到100万美元以上，如果不考虑通货膨胀，这是一个新高。

就像科尼利厄斯·范德比尔特和杰·古尔德代表19世纪60年代，杰西·利弗莫尔和约瑟夫·肯尼迪代表20世纪20年代一样，在20世纪80年代，一些新人物变成了这个时代的象征，其中两个特别人物是伊凡·博斯基（Ivan Boesky）和迈克尔·米尔肯（Michael Milken）。博斯基是底特律酒吧老板的儿子，虽然1975年就来到了华尔街，但他的职业生涯到了1982年的股市回暖和杠杆收购业务（LBO，Leverage

Buy Out）兴起时才真正起飞。投资银行的传统赚钱方式是把私人公司公开上市，即以一定价格买下私人公司的股票，然后以更高的价格在股市上卖给大众投资者。而杠杆收购的做法正好相反，它通过将已公开上市的公司私有化来赚钱。在操作上，杠杆收购通过借债获得的资金买断上市公司的控股权，然后再用未来改善经营后的现金收入来偿还债务利息。杠杆收购成功的秘诀在于准确预测出目标公司未来的现金流，并由此决定它能借多大规模的债来实施杠杆收购。

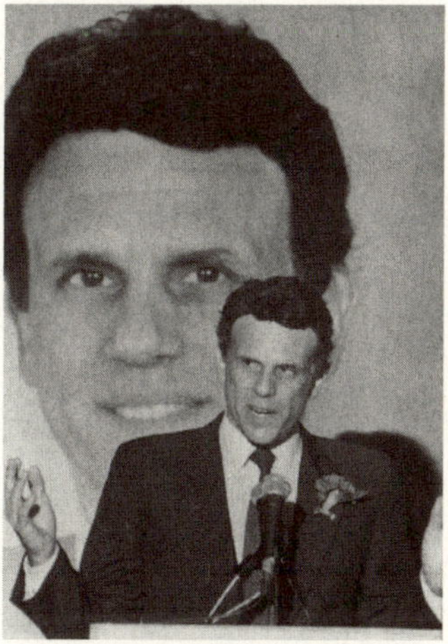

迈克尔·米尔肯。米尔肯在“垃圾债券”等领域的开创性工作对华尔街的影响毋庸置疑，入狱22个月后他被提前释放，但不久便患上了前列腺癌，于是推动攻克癌症的研究工作，投资医疗、教育等领域获得很大成功。他还创建了经济智库米尔肯研究中心，其每年的年会被称为“美国的达沃斯论坛”。（译者根据公开资料整理）

博斯基靠风险套利（risk arbitrage）来赚钱，这是华尔街上的一个新现象。他首先买入一家潜在的被收购公司的股票，一旦收购完成，一般来说，被收购公司的股票会上涨，这时他就将股票卖掉，狠赚一笔。在这种操作中，他只有一个风险，那就是：如果收购没有实现的话，他就只好自己兜着了。1982年，当海湾石油公司（Gulf Oil）收购城市服务公司（Cities Service）的企图以失败告终时，博斯基损失了2 400万美元。为了提高成功的概率，博斯基开始编织一张由那些愿意为他提供内部消息的银行家和经纪人组成的网络，其中包括基德·皮博迪公司的马丁·西格尔和德莱克塞尔–伯纳姆–兰伯特公司的丹尼斯·林文（Dennis Levine），这些公司都是受人尊敬的老牌公司。

有一种很流行的观点认为，只要是为客户尽职谋利，利用内部信息就是天经地义的。但是，事实上，从 20 世纪 30 年代起，尽管没有一个十分明确的办法界定什么是内幕交易，内幕交易一直都是非法的。而且，博斯基所做的内幕交易使人几乎无法为他辩护——他用装满现金的箱子去交换他所需要的内幕消息。1986 年 11 月 14 日，美国证监会宣布，博斯基已经承认他的很多行为触犯了《证券法》，并正在接受政府的进一步调查。最后，博斯基被判入狱 3 年。

迈克尔 · 米尔肯却是个完全不同的人。他是一位会计师的儿子，有着非凡的分析能力，像 100 年前的 J.P. 摩根一样，他只需扫一眼就能掌握一张资产负债表的内容。在洛杉矶长大后，他于 1970 年加入了德莱克塞尔–伯纳姆–兰伯特公司，事实上，这家公司在历史上曾经一度与 J.P. 摩根公司联合，成为德莱克塞尔–摩根公司（Drexel, Morgan and Co.）。作为 20 世纪 80 年代华尔街金融市场全球化的一个见证人，这个影响市场的最重要人物大部分时间都住在洛杉矶，而不是在纽约。由于时差原因，他每天凌晨 4 点（相当于纽约时间 7 点）起床去办公室开始为纽约开市做准备。

米尔肯最擅长的领域有一个不幸的名字，叫作垃圾债券[1]（junk bond）。这些债券通常有比政府和蓝筹股公司发行的债券更高的收益率，但它们的收益率高是因为它们有更高的风险。一些垃圾债券的信用等级被定得很低，原因是发行这些债券的公司已经陷入困境。但是，米尔肯认为，很多垃圾债券的实际回报率已经超过了补偿其风险所需

1. 债券按信用级别可分为垃圾债券（又名高收益债券或投机级债券）和投资级债券，其中垃圾债券是指信用级别低于标准普尔公司 BBB–级或穆迪公司 Baa3 级的债券。——译者注

的回报率[1]，所以是很好的投资。米尔肯还意识到，发行垃圾债券可以为由微处理器出现所引发的一系列新技术产业的发展提供必需的资金。新技术领域的公司当然蕴藏着风险，但是其潜在的回报足以补偿这些风险。米尔肯把这一哲学运用得淋漓尽致，扶持了诸如CNN（美国有线电视新闻网）等公司的起飞，CNN对美国电视新闻行业起了革命性的推动作用；此外，还有麦克格雷（McGraw Cellular）公司，它是一家提供移动电话服务的公司。在20世纪80年代以前，移动电话只出现在科幻小说里，在现实中根本无法想象，而在今天的城市中，移动电话几乎像手表一样随处可见。

随着20世纪80年代中期杠杆收购热潮的兴起，米尔肯和德莱克塞尔公司也开始用垃圾债券为杠杆收购提供融资。1985年，罗恩·佩尔曼就是靠着米尔肯和德莱克塞尔公司为其发行的垃圾债券的帮助，控股了露华浓公司。第二年，当杠杆收购浪潮达到顶峰时，股市也攀升到前所未有的高度。那年米尔肯从德莱克塞尔公司得到了一份高达5.5亿美元的年终奖金，这使他成为美国历史上薪水最高的雇员。即使让米尔肯在1987年1月1日彻底破产的话，仅他1986年的年终奖金就可以使他成为《福布斯》富豪榜400人名单中的前三名。

但是，就在那一年的年底，伊凡·博斯基为了能够减轻罪责，开始指控别人，他指认米尔肯也是他获得非法内部信息的一个来源。迈克尔·米尔肯在多大程度上犯有罪行？也许，他实际上只是博斯基这类为了自救而乱咬人的骗子和那些希望通过一案成名的野心勃勃的公诉人的牺牲品。直到今天，陪审团对这些问题依然意见相左。而在当时，他被控犯有不少于98条重罪，如果这些罪名都成立的话，足以

1. 米尔肯认为，出于各种因素，一个企业的倒闭是很难的，因此垃圾债券的实际风险比市场认为的要低，这也是他敢于大量购买垃圾债券的根本原因之一。——译者注

使他入狱500年，同时他被威胁说他的兄弟也将受到指控，于是他只好与法院达成了妥协——对其中少数较轻的指控认了罪。尽管当时的法官承认，她在米尔肯的账目上发现的问题不超过几十万美元（这个数目还不足米尔肯1986年年终奖金的5‰），但是她依然判处米尔肯入狱10年（是博斯基刑期的3倍有余），并且处以6亿美元的罚款，这无疑是美国商业史上对个人的最高罚金。

垃圾债券与20世纪80年代的并购浪潮

20世纪80年代是美国经济史上并购活动最频繁的时期之一，被称为第四次并购浪潮。与前三次相比，使用杠杆进行收购是其明显的特征，而垃圾债券则是重要的资金来源。在杠杆作用下，单笔收购规模大大提高，20世纪80年代初，单笔收购金额平均为5 000万美元，到了80年代末则达到了3亿美元，且10亿美元以上的超级并购频频发生。

这波并购浪潮在私募股权基金KKR对雷诺兹–纳贝斯科公司的“世纪大收购”时达到顶峰。这起收购KKR斥资250亿美元，而其中自有资金仅为20亿美元，其余大部分资金都来源于“垃圾债大王”米尔肯所在的德莱克塞尔公司和另外几家投资银行的债务融资。德莱克塞尔公司通过本次收购所获佣金高达2亿美元。此番“世纪大收购”之后，私募股权基金被《门口的野蛮人》一书打上了“野蛮人”的标签。此后，由于私募股权基金管理层的个人巨额收入被曝光，引发了对资本征税的政治激辩。（译者根据公开资料整理）

其实，米尔肯最大的罪过是狂妄自大。他确信他有能力做成任何他所染指的交易，同时也低估了他的敌人。米尔肯作为一个金融家之所以走向毁灭，是因为他没有 J. P. 摩根那种对事物极限的把握能力和对周围敌对势力的敏锐洞察力，因此，像很多 20 世纪 80 年代翻云覆雨的华尔街人一样，他认为好光景会永远继续下去，不知不觉中把自己当成了“宇宙的主人”。

谢尔曼 · 麦科伊犯了同样的错误，他可能是 20 世纪 80 年代华尔街最令人难忘的人物——尽管他只是汤姆 · 伍尔夫的小说《虚荣的篝火》（*Bonfire of the Vanities*）中一个虚构的角色。这本小说出版于 1989 年，毫无疑问，它是所有描写华尔街的小说中最伟大的一本，就像另一部伟大的美国文学巨著——《格兰特回忆录》一样，《虚荣的篝火》一经问世就成为经典。它用狄更斯般精确的语言捕捉了历史上一个特定的时间和地点——20 世纪 80 年代的纽约，打开了一个观察里面世界的窗口，就像狄更斯的《荒凉山庄》（*Bleak House*），永远是观察 19 世纪 40 年代的伦敦的窗口一样。

* * *

尽管 1987 年的股市发生了大崩溃，在 20 世纪 80 年代，道琼斯指数依然上升了 228.3%，仅次于 50 年代的 239.5%，那时的华尔街刚刚从“大萧条”的阴影中恢复过来。事实上，20 世纪 30 年代是道琼斯指数仅有的下跌的 10 年 [1]，那一时期该指数下跌了 39.5%。

华尔街的坏年景总是跟随着好年景到来，这个规律却不适用于 20 世纪 80 年代。尽管到此时，90 年代还没有过完，而华尔街也常常瞬息万变（例如，如果 20 世纪 20 年代是截止于 1929 年的 9 月 3 日而不是 12 月 31 日的话，道琼斯指数在那 10 年的涨幅就是 225.5%，而不

1. 该书首版后，道指在 21 世纪的第一个十年下跌了 9.3%。——译者注

会因为后 4 个月市场狂跌变为 131.7%）。截至 1999 年夏天，道琼斯指数较 1990 年年初已经上涨了将近 400%。如果从 1980 年算起的话，市场已经大涨了 1 300%。其间，交易量也在大幅上升，1999 年纽约证券交易所的平均日交易量已经超过了 1987 年股市崩盘时的日交易纪录，而该纪录本身已经是前一个纪录的两倍之巨了。如今纽交所的日平均交易量甚至比 20 世纪 40 年代任何一年的年交易量都高。

这种趋势会不会继续下去呢？没有人知道，历史学家们也不会知道，但是有一件事是确定的：所有的牛市都会结束。不论是 1929 年的大崩盘，还是 1966 年的市场低迷，这些主要取决于那些超过我们控制的力量的相互作用。但另一方面，就像我们看到的 1987 年的情形一样，如果监管当局密切关注事态的发展，而且及时采取强有力的行动的话，股市崩盘的后果并不一定是灾难性的。

这正是华尔街在新千年伊始所面临的困惑。就像因为“泰坦尼克号”的沉没才建立了《国际冰层巡逻制度》（International Ice Patrol）一样，监管的加强往往只有在一些痛苦的经历，尤其是灾难性的事件之后才会来临。只有在饱尝了 19 世纪 60 年代以前放任自流的市场中投机者们为所欲为的苦果后，才有了经纪人队伍对市场投机行为的有效抑制。同样，只有当理查德·惠特尼使整个证券业蒙羞之后，美国证监会才开始对经纪人队伍实施监管。

正是美国证监会的有效监管给华尔街带来了 60 年的稳定（虽然中间有熊市的间歇）和巨大的繁荣，而美国得以坐享全球最大的、最有效率的资本市场所带来的巨大经济红利。随后，情况悄悄地发生了变化，一种全新的通信工具——互联网正迅速地将这个世界联系在一起，其速度远胜于 19 世纪中叶的电报，其力量也无疑远强于电报。在 20 世纪 20 年代，只有大厅交易员（纽约证券交易所席位的拥有者）才能够在一天之内买卖几十次股票。但是，由于有了互联网，现在只要有几千美元、一台电脑和一根能上网的电话线，任何人都可以做到这一点了。这些人被称为日间交易者，他们往往会在一天结束时清仓。目前，大约有 500 万人通过互联网拥有在线的股票账户，据估计，其中有 100 万人是日间交易者，而且这一数字还在呈指数级增长。对于拥有在线股票账户的投资者，其买卖股票的速度通常是传统经纪人的 13 倍，有时甚至每天买卖上千次。在线交易方式迅速在华尔街占据了重要地位，以至于此时华尔街上受此冲击最大的公司——美林公司（它有 1.4 万名持牌经纪人，他们依靠客户佣金生存的方式直接受到在线交易的威胁），在 1999 年年中也宣布将向其客户提供互联网在线交易服务。这一举措将在此后数年间给华尔街带来巨大的变化。

同时，互联网也被证明是一块为无数快速致富的梦想提供了沃土，就像 20 世纪 20 年代大家口口相传的各种秘诀一样，互联网也提供了无数投资论坛供在线投资者讨论股票和交换投资心得。随着 20 世纪 90 年代风险投资在硅谷逐渐升温，纳斯达克指数也受一级市场热度传导，开启了一轮历史性的暴涨，造就了互联网泡沫。纳斯达克指数从 1995 年不到 1 000 点，涨至 2000 年 3 月 10 日的 5 132.52 点；但随后的一天，它便开始急剧下跌，一个月内下跌 37% 至 3 227 点——再达到 3 227 点要到 15 年之后了。

在 20 世纪 90 年代晚期，与 20 世纪 20 年代类似的“过热”开始出现，很多上市公司股票价格的变化受到与该公司的商业前景毫不相关或者关联很小的因素的影响。例如，当 Ticketmaster（一家提供网上售票服务的公司，股票代码为 TMCS）在上市第一天，股价就上涨了 300%，这时一家与它毫不相关的提供物业管理的公司 Temco Service，因其股票代码 TMCO 与 TMCS 相似，股价也不可思议地上涨了 150%。

其实，这个道理是再简单不过的了，互联网本来就是个传染跟风情绪的最好系统，那么由谁来监管这种正在出现的新交易方式呢？

答案是，还没有人。就像20年前密特朗所发现的那样，市场正在彻底地全球化和一体化[1]。华尔街已经超越国界，其影响力也超越了国界，而监管大体上却只能止步于各国的边境之内。

要改变这一点非常困难，因为，如果要建立一个有效的、世界性市场的监管体系，必然要牵涉世界大国在主权上的实质性让步，但是没有什么是比让一个国家在自由和独立问题上让步更难的事了，人类本性如此。也许只有一场像“泰坦尼克号”那样的金融灾难才能带来这样一个统一而有效的全球监管体系。

因为华尔街和政治家们尚不能建立起这样的监管框架来保证全球化市场的稳定，同时，也因为我们前面所提到的“资本主义的问题在于资本家本身的贪得无厌”，所以，华尔街再次发生如同1929年那样规模的股灾也并不是完全没有可能的[2]。

同一时代的西方和东方

西方	年份	东方
柏林墙倒塌，东西德国结束分裂	1989	
第三次石油危机爆发	1990	上海证券交易所、深圳证券交易所和郑州商品交易所成立
苏联解体	1991	

1. 这里指前文所述密特朗在保卫法郎时发现不得不面对国际市场和国际投机者。——译者注
2. 此书原著出版于1999年年底。此书出版后的第8年，即2008年，华尔街再次爆发了席卷全球的金融危机。危机过后，国际社会为了共同应对危机，推动全球经济复苏，成立了G20等国际监管协调机制。——译者注。

（续表）

西方	年份	东方
比尔·克林顿当选美国总统，推出“信息高速公路”战略，美国进入新经济时代	1992	邓小平发表南方谈话，指出“股市、证券，是不是资本主义特有的东西，社会主义能不能用，允许看，但要坚决地试”
美国、加拿大、墨西哥三国达成北美自由贸易区协定	1992	中国证监会成立
欧盟成立	1993	
	1994	中国接入国际互联网
世界上第一只克隆羊诞生	1996	
美国发射的“火星探路者”号成功登上火星	1997	亚洲金融危机爆发
	1997	香港回归中国
道琼斯指数首次突破 10 000 点大关	1999	中国第一部证券法《中华人民共和国证券法》实施
	1999	澳门回归中国

第十七章

不平静的新世纪（2000—2019 年）

译者题注

互联网泡沫的破裂远非21世纪初华尔街最重要的事件，2001年发生的“9 · 11”恐怖袭击事件使得世界意识到恐怖主义时代的来临，2007年7月开始上演的次贷危机成了华尔街最大的噩梦。这场危机不断蔓延，最终演变成波及全球的金融危机，把当今世界复杂交织在一起的金融系统带到了崩溃边缘。时至今日，很多国家和地区的经济仍然受到那场危机阴影的影响，我们甚至无法判断危机是否真的已经结束……

译者导读

- 20世纪90年代，随着网络技术的突飞猛进，互联网行业呈现爆发式增长，诞生了一批诸如亚马逊、谷歌这样的明星公司。一个又一个互联网传奇激发了人们对行业前景的无限遐想，也点燃了对互联网公司股票极大的投资热情。在这种狂热情绪的推动下，纳斯达克指数从1997年的1 442.1点暴涨至2000年的最高点5 132.52点。盛极必反，随后市场风向骤变，股价急转直下，在此后近两年里，纳斯达克指数跌去77%，互联网泡沫破裂。
- 2001年9月11日，两架被劫持的客机撞击了位于曼哈顿下城的世贸大厦，超过2 500人罹难。“9 · 11”恐怖袭击事件加深了美国经济衰退的程度，也延长了衰退的时间。2001年11月，美国最大的能源公司安然公司宣布破产，为它提供外部审计的全美最大的会计师事务所安达信因此倒下，次年美国最大的移动电话服务提供商世通公司也深陷财务丑闻。然而，得益于2001年和2003年的两次减税，美国经济在2003年开始复苏，华尔街迎来了一个很好的年景。

美国政府在20世纪30年代和70年代成立房利美和房地美的初衷是为了让人们更容易从商业银行获得住房贷款，提高美国人的房屋拥有率。历史上，这两个机构确实令数百万美国人拥有了自己的住房，却因官僚体制和缺乏有效监管，规模不断膨胀，风险高度积聚。越来越多信用状况欠佳的人也能轻松获得住房贷款，加之“9 · 11”恐怖袭击事件后美联储为了提振经济而不断下调利率，催生了美国房地产市场的非理性繁荣。

华尔街当然不会错过这场狂欢，在银行家们设计的各种住房抵押贷款产品及其衍生品的推波助澜下，房价泡沫越吹越大，而标准普尔等评级机构也纷纷给予这些金融产品很高的评级。受高回报和高评级所暗示的低风险诱惑，共同基金、保险公司等金融机构大量购买这些产品，在华尔街的一片繁华景象中，美国金融市场正变得极为脆弱，风险一触即发。

盛宴终有散席时。房价的上涨刺激了房屋建设，新增房源使得房价增长停滞，并在2006年开始回落，贷款违约的情况开始增多。随着房价下跌，基于房价的证券价值也开始下跌，多米诺骨牌效应逐步显现。2008年9月，雷曼兄弟轰然倒塌，宣告了美国历史上最大规模的破产，并引爆了华尔街自1929年以来最大的金融危机。

在全球化和电子化的时代，华尔街的危机在一瞬间传遍了全世界，远至冰岛的银行都不能幸免。2008年的次贷危机最终演变成全球金融危机，并带来了全球经济的衰退。自此，由20世纪80年代开启的一轮高速增长和自由市场模式因危机而被迫做出修正，渴望变革的美国选民将年轻的奥巴马送入了白宫，奥巴马成为美国历史上第一位非裔总统。

“只有潮水退去，才知道谁在裸泳，”金融危机的爆发也让一些严重的欺诈行为浮出水面。最令世人震惊的是由曾任纳斯达克董事会主席的麦道夫一手导演的有史以来最大的金融诈骗案。他以高额回报作为诱饵，吸引大量投资者不断注资，再用新资金支付旧资金的投资红利。令人惊奇的是，这个巨大的“庞氏骗局”竟然维持了几十年，直到次贷危机爆发，股市大跌，投资人纷纷要求赎回，麦道夫再也无法撑下去，只能承认这是个彻头彻尾的谎言。

2000 年早春时节，20 世纪 90 年代华尔街的大牛市终于落下帷幕。正如历史上所有其他的泡沫一样，由于网络股股价异乎寻常的上涨而产生的泡沫也不可避免地破灭了。这些股价的上涨完全建立在人们对网络公司未来盈利的期望之上，而没有太多现实的根据。19 世纪 20 年代和 30 年代初期的运河概念股、20 世纪 20 年代的航空概念股也经历过同样的命运。在 2000 年年初，纳斯达克指数曾经突破 5 000 点，是短短 5 年前的 5 倍，但到 2000 年年底，它下跌了一半。

美国经济也在 2000 年开始整体降温，这带动了其他股票的下跌。道琼斯指数和标准普尔 500 指数的跌幅虽然没有纳斯达克指数那么大，但是两者也都从 2000 年年初的高点开始下滑。

2001 年，美国经济继续在衰退之中挣扎，股市进一步下跌。

接着就是“9 · 11”恐怖袭击事件。在一个美丽而清爽的夏末的早晨，两架被劫持的客机撞上了纽约的世界贸易中心大厦，两座大厦随后轰然坍塌。在短短的一个多小时内，纽约的金融区罹难的人数超过 2 500 人，而毁掉的办公面积比大部分美国城市整个城市的办公面积还大。附近的许多大楼都受到波及，数月之内无法使用。曼哈顿的下城整个区域被覆盖上了厚达几英寸的水泥尘土。清理工作长达 9 个月。（位于华尔街街头的三一教堂的庭院有数英亩的面积，它由美国海岸警卫队的志愿者们负责清理，因为海岸警卫队的创始人——亚历山大·汉密尔顿就埋葬于此。）

对于纽约和美国经济而言，这都是一次毁灭性的打击。纽约股票交易所闭市达4天之久，这是自1914年以来时间最长的连续停止交易。而美国所有的民航航班也禁止运营长达数天。

“9 · 11”恐怖袭击事件加深了美国经济衰退的程度，也延长了衰退的时间，重新开盘的股市直线下落。在2002年，纳斯达克指数一度下跌到1 300点的低点，与最高点相比跌幅达74%。标准普尔指数也下跌了52%。

图为“9 · 11”恐怖袭击事件中，撞击大厦的飞机引擎的残骸，陈列于美国华盛顿的新闻博物馆（Newseum）。（译者摄于2017年）

2001年秋天，先是美国经济，随后是华尔街，再次遭到重重的一击。美国最大的一家能源公司——安然公司（Enron）陷于破产。人们发现它的财务报表完全是一套谎言。安然的股价跌到近乎为零，许多投资者和安然公司雇员的希望也随之破灭，这些雇员的大部分退休金都投资在安然股票上。安然公司的外部审计公司，全美最大的会计师事务所——安达信也因此倒下了。不久，另外一家公司——美国最大的移动电话服务提供商，世通公司（World Com），也深陷财务丑闻之中。

在美国经济和华尔街的发展历史上，类似的事情发生过很多次，如 19 世纪 60 年代和 20 世纪 30 年代发生的一切，这种时候需要制定新的规则来惩治这些弊端。以萨班尼斯和奥克斯利两位提案人命名的《萨班尼斯—奥克斯利法案》（Sarbanes-Oxley Act）为财务会计制度带来了巨大的变化，其中包括禁止会计师事务所为同一家公司同时提供审计和咨询服务。此外，股票期权必须在授予员工之际便计入公司当期费用，而不能等到期权执行时再计入公司费用，以便投资者更清楚地了解公司的价值。

得益于 2001 年和 2003 年的两次减税，美国经济在 2003 年开始复苏，华尔街也迎来了一个很好的年景。2003 年年初，道琼斯指数只有 7 500 点，但是年底却再次收于 10 000 点之上，这是自 2002 年年初以来的第一次。在 2004 年里，道指坚守住了这个点位。同样，纳斯达克也艰难地爬升到了 2 000 点，但是在相当长的一段时期内，没有人相信它能再次回到泡沫时的高位。

美国作家拉尔夫·沃尔多·爱默生曾经有过一句名言："只要你能做出一只更好的捕鼠器，人们就会纷至沓来。"当然，做出一只更好的捕鼠器可以让你变得富有，却不足以改变世界。然而，科技的进步却能做到，它使得经济运行的成本大大降低。15 世纪中期，欧洲开始采用活字印刷术，可以快速印制图书，极大地降低了书籍的价格，也降低了信息传播和学习的成本。这使得已日渐衰落的中世纪迅速地退出了历史的舞台。

18世纪末，詹姆斯·瓦特改良了蒸汽机，这是自1 000多年前风车发明以来首个可产生能量用于劳作的新技术。不仅如此，与风车或水轮车不同，蒸汽机不受地域的影响，可以在任何地方建造和使用，小到可以便携使用，大到可以为大规模的经济活动提供取之不尽的动力。在不到一个世纪的时间里，蒸汽机大大加速了工业革命的进程，并改变了世界经济的面貌，并由此改变了政治和社会的形态。

汽车的出现极大地提升了一定范围内的运输速度，同时也大大降低了运输成本，这重塑了美国的经济版图，同时也改变了世界。

微处理器，发明于20世纪60年代并于1972年面市，是一项史无前例的重大技术。在过去的40年里，世界为之焕然一新。人类历史上，信息第一次可以由人之外的其他主体处理、存储和调取。信息处理的成本也大大降低：20世纪50年代需要支付1 000美元才能获得的运算能力，今天只需要花费不到1美分；今天一般中产阶级家庭的10岁孩子在书桌上所获得的计算能力，是1970年美国国防部都负担不起的。

正如我们已经看到的，每时每刻都渴求信息与实时价格的华尔街广泛而迅速地应用了微处理器。1981年后，甚至纽交所的地板都重新改造过，纵横交错的悬梁上挂着几百台电视，它们的屏幕上不断滚动刷新着最新的时事和各种信息。

但是微处理器革命的影响不仅仅局限于华尔街，它也深刻地影响了整个世界。没有一门科学不被计算机每秒数十亿次的计算能力所改变，科学的进步也因此显著加速。同时，微处理器也改变了世界大多数人的日常生活。今天，从汽车，到电动牙刷，到手机，微处理机无所不在。

像微处理器这样的基础技术，总是带来一些非常重大的附属性技术，同样能改变世界的面貌。蒸汽机最重要的附属性技术就是铁路，在大幅度提升运输速度的同时，也极大地降低了陆路货运和客运的成本。而对于微处理器而言，其最重要的附属性技术无疑是互联网。

互联网是极为强大的沟通工具，正在迅速取代普通的邮递及其他类似业务。植根于现代社会的互联网诞生于冷战时期。19 世纪中期问世的电话和电报线路等通信网络提供的是分级服务，通常个人电话会连接到一个中枢交换站，再连接到其他的个人电话。

互联网浪潮下的成王败寇

继电报、电话之后，互联网再一次改变了信息传输方式，人类迎来信息时代。在互联网浪潮之下，谷歌、亚马逊、阿里巴巴、脸书、腾讯等互联网公司在短短数十年间崛起为新的巨头，另一方面，诸如 AT&T、雅虎这样的通信和互联网先驱却被巨浪吞没。

成立于 1877 年的 AT&T(原美国贝尔电话公司)开创了现代通信并在通信领域长期领先，历史上被政府数次反垄断分拆，其麾下的贝尔实验室更是 Unix 操作系统和 C 语言的诞生地，挺过了“大萧条”，但在 1984 年遭反垄断拆分后经历多次并购重组，早已物是人非。

成立于 1995 年的雅虎，开创了开放、内容免费的互联网商业模式，雄踞互联网上市公司榜首数年，市值一度超过 1 200 亿美元，2016 年却不得不以 48.3 亿美元“甩卖”了核心业务，并于 2017 年变更为与互联网没有直接联系的投资公司 Altaba 公司。

时至 2017 年 9 月，全球市值最高的五家公司均为科技公司，分别是苹果、Alphabet(谷歌母公司)、微软、脸书和亚马逊。(译者根据公开资料整理)

这样的模式在受到攻击时会非常脆弱。只要中枢交换机被破坏，整个网络也就瘫痪了。那时，军方希望找到一个即便发生核战争也依然能够正常运行的通信网络。用“包交换”技术[1]取代“电路交换”技术，就是问题的答案。一条信息如果通过某一条路径无法传送，那么它会自动搜索找到其他路径完成任务。

1971 年，未来的“互联网”还只是一个雏形，总共只能连接三台电脑。而到 20 世纪 80 年代，互联网已经连接了数千台电脑，但多数都在高校或军队实验室中。到 20 世纪 90 年代初，英国开发了万维网（World Wide Web），能让一个网络中的几乎所有的电脑互联，并实现任意两个电脑之间的信息传送，即便它们的操作系统并不兼容。随后，界面友好的浏览器软件被开发出来，个人电脑开始接入互联网，联网的人数开始爆炸式增长，平均每年翻一番。

对许多人，包括对华尔街的投资者而言，网络作为销售工具和信息传递工具的商业潜力是显而易见的。但就像林登伯格驾驶飞机飞越大西洋后的航空股票一样，此时互联网的商业价值还只是理论上的，并不真实。也正像 1927 年还没有正式运营的航空公司一样，20 世纪 90 年代初，除了电子邮件服务商以外，互联网上也看不到任何商品或提供服务的卖家。

尽管如此，金融史上最大的泡沫之一正开始发酵。与很多技术泡沫的案例一样，许多投资者可以看到互联网商业用途近乎无穷的潜力，但在一个全新的商业环境中，互联网公司如何赢利仍然没有人能看清楚。

1. 包交换（packet switch）和电路交换（circuit switch）是两种常见的网络交换技术。前者将用户通信的数据划分成多个更小的等长数据段（packet），再寻找路径分别传输，常用于计算机网络；后者在传输数据前必须先建立专用的通路（circuit），常用于电话网络。——译者注

看到这一潜力的年轻人之一是杰夫·贝索斯，他于 1994 年创办了亚马逊公司，在互联网上销售图书。创办亚马逊公司时贝索斯年仅 30 岁，他毕业于普林斯顿大学，并曾因成绩优异应邀加入美国优等生大学协会。[1]与许多电子商务的其他创业者一样，贝索斯的计划是先通过引入风险投资和在资本市场IPO发展业务，最初的几年公司不会赢利。亚马逊的基本逻辑是：因为不需要零售店铺，没有相应的租金和人员成本，它最终可以战胜传统书店。同时，得益于像联合包裹服务公司（UPS）和联邦快递（FEDEX）这些蓬勃发展的快递业务（如果没有微处理器，这两者的现代业务模式都将是不可能的），亚马逊得以即时寄送网购的图书。因为亚马逊是一个“虚拟”书店，不受实体商店大小的限制，它能够比任何普通书店提供更多的品种选择。事实上，亚马逊的库存只受限于一个因素：世界上已经出版和正在印刷的图书总量。

随着互联网泡沫的持续发酵，亚马逊迅速扩张，它也在许多方面成为互联网商业潜力的标志。到 1998 年，仅在亚马逊卖出第一本书后的第三年，杰夫·贝索斯就登上了《福布斯》400 富豪榜，身家达 16 亿美元。一年之后，他的身价达 78 亿美元。1999 年 12 月，当互联网泡沫达到顶峰时，贝索斯成为《时代》杂志的年度人物。直到此时，亚马逊仍未能赢利，当时互联网泡沫的夸张程度可见一斑。直到 2001 年的第四季度，也就是开始营业后的第 7 个年头，亚马逊才终于开始赢利，而利润水平只有区区 500 万美元，尽管销售额超过 10 亿美元。

但是，与其他成千上万个 20 世纪 90 年代的互联网初创企业不同的是，随着互联网行业持续爆炸式的增长和人们开始习惯网上购物，

1. 即 Phi Beta Kappa Society，“Phi Beta Kappa”是三个希腊字母 ρ、β、γ 的音读，通常译作美国优等生大学协会，是美国历史最悠久的学术荣誉机构，普林斯顿通常只有成绩前 10% 的优等生能够入选该协会。——译者注

亚马逊生存了下来，并日渐成熟，成长为一个盈利丰厚、高度多元化的零售业务公司。到 2003 年，亚马逊的净收入为 3 500 万美元。2010 年，亚马逊仅在美国的销售额就达 342 亿美元。亚马逊的市值已经超过了除了沃尔玛以外的所有美国实体连锁店，而贝索斯的身家也从 2010 年的 120 亿美元上升到 2016 年的 270 亿美元。亚马逊现在已经占到美国零售图书业务总量的 10% 以上，而近期，美国最大的传统连锁书店之一的博德斯（Borders）宣布破产，并裁员 1 万多人，已经无法继续竞争和生存。

尽管亚马逊不可能在微处理器和互联网之前就出现，但它从某种角度来说仍然是一门传统的生意。亚马逊和一百多年前的百货商店一样都出售实体货品。而谷歌，另一个互联网时代的传奇，其大部分盈利则来自广告。同样，这与 20 世纪初的报纸的盈利模式没有什么差别。但承载广告的媒介摇身一变，成了搜索引擎，而这绝对是新兴事物。

杰夫·贝索斯于 1994 年离开华尔街并创立亚马逊。他回忆他当时做决定时曾扪心自问："如果到了 80 岁，我会后悔离开华尔街吗？不会。我会遗憾错失互联网发展初期的机会吗？会。"（译者根据公开资料整理）

随着互联网上的内容越来越多，如何快速地找到你想要的内容日渐成为一个难题。1993 年，全世界一共只有 130 家网站。三年之后，网站数量变成了 10 万家。到 2008 年，这一数字已经高达 1 620 万。如今，在超过 20 亿人使用的互联网上，网站数量已达数十亿个。第一个搜索引擎，实际上就是一个网站的索引，可以追溯到 1990 年，当时网站的数量还寥寥无几。

贝索斯与他的亚马逊帝国

2017 年，在亚马逊飙升的股价帮助贝索斯问鼎世界首富之际，这家从成立之初就被诉讼和质疑缠身的公司恰好度过了 23 个年头。华尔街以前所未有的热情赞许并调高对亚马逊的预期，俨然忘记了曾对亚马逊会在实现盈利之前倒下的怀疑——这种怀疑在 2000 年互联网泡沫破灭后达到顶峰。然而，次年第四季度亚马逊开始盈利，一开始虽然只有区区 500 万美元（即每股 1 美分），但在贝索斯的运营和资本运作之下，2016 年，其盈利达到 23.7 亿美元。

贝索斯个人及亚马逊对谷歌、推特、爱彼迎（Airbnb）在内的多项投资已被证明富有远见，而其在 2017 年以 137 亿美元现金收购美国最大的有机食品连锁零售商全食超市以更好地实现线上和线下的联动的行为，更是轰动一时，零售巨头沃尔玛、克罗格和塔吉特的股价当天即闻讯重挫 7~16 个百分点不等。两个月后，美国总统特朗普再次发推特指责亚马逊对零售业造成的巨大损害及其带来的失业。但面对质疑和吹捧，贝索斯和他的亚马逊已经在毁誉参半中成长为传奇和帝国。（译者根据公开资料整理）

当然，那时很少有人知道该如何制作搜索引擎。尽管早期开发搜索引擎的公司在互联网泡沫逐步发酵时期就已经做得非常不错了，那些早期的搜索引擎仍然非常原始。但最初，一个简单的网站列表就足够应付用户的搜索需求了。随着互联网上的网站越来越多，对网站列表如何进行排序就变得越来越重要，实际上，这才是搜索引擎的核心。

1997 年，斯坦福大学的两个研究生拉里 · 佩奇和谢尔盖 · 布林开发出一个新的搜索引擎。当时人们使用的搜索引擎基本上是根据所搜词组在互联网上出现的次数为网站排序的。

谷歌是由两个年轻人——谢尔盖 · 布林与拉里 · 佩奇在 1998 年 9 月 4 日创建的互联网公司（经 2015 年重组后成为 Alphabet 的子公司），后在纳斯达克上市，并在仅仅成立后的 7 年内市值就达到了 1 000 亿美元。同样的过程，微软用了 22 年，通用电气花了 103 年。在美国高科技产业发展的背后是其强大的资本市场的推动力。图为谷歌分布在全球的数十个数据中心之一，依托这些如同机器森林的数据中心，谷歌平均每秒处理 4 000 万次搜索请求，强大的数据处理能力正是其保持搜索霸主地位的重要保障。（译者根据公开资料整理）

布林和佩奇想出来一个不同的点子。他们注意到衡量学术论文重要性的一个很有效的方法是看该论文被其他论文引用的次数。他们把同样的原则应用到新生的互联网中，并创建了一个搜索引擎，根据其他网站链接到某一网页的次数对其进行排序。1997 年 9 月，布林和佩奇注册了域名google.com，并在一年之后创办了谷歌公司。谷歌的名字源于数学词汇“古戈尔”（googol）的变体，指的是10的100次方（还有一个词是googolplex，其数学定义是10的googol次方）。

谷歌搜索引擎迅速成为网络上的主流搜索引擎，其界面也成为刊登广告的宝地。谷歌随着互联网一起实现了爆炸式的增长，并在2003年上市，成为21世纪初最为惊人的IPO之一。

该公司是如此成功，以至在成立8年后，“谷歌”作为一个动词，被收录进了《韦氏大学词典》。如今，谷歌创始人的人均财富高达400亿美元。

虽然亚马逊和谷歌是互联网早期两个非常成功的故事，但是还有成百上千个公司，其股票价格一度“冲上云霄”，最终却没能躲过华尔街最大的股市泡沫之一，不幸被砸回原点。

华尔街互联网泡沫的巨大规模和随后的崩盘从纳斯达克指数过山车般的起落中就能看得出来，这一指数主要由那些新生的、交易比较冷清的高科技公司编制而成。1971年4月1日，纳斯达克刚刚问世时的指数为107.8点。到1973—1974年经济衰退期间，该指数短暂下探至55.67点。20世纪末的大牛市来临了，与其他股票指数一样，纳斯达克指数开始了一段长时间的爬升期。20世纪90年代初，人们开始看到互联网的巨大潜力，纳斯达克指数上涨到435.5点。在随后5年里，这一指数翻了一番。1997年伊始，该指数已达1 442.1点，而一年之后更是涨到了1 835.7点。

但随后，市场就完全被疯狂的情绪控制了。一年半以后，纳斯达克指数飙升至2 686.1点，6个月后，指数攀升至令人目眩的4 572.8点，

1.《韦氏大学词典》（*Merriam-Webster Collegiate Dictionary*），是韦氏字典系列中广受赞誉的一本，其地位相当于中文里的《现代汉语词典》。——译者注

较该年年初 1 月 1 日上涨了 70%。2000 年 3 月 10 日，巅峰时刻来临，纳斯达克日间触及 5 132.52 高点，但是在当日收盘时小幅回落到 5 048 点。诡谲多变的华尔街风向又一次在瞬间陡然转换，由小幅下滑转为彻底崩盘。到 2002 年 7 月 1 日，纳斯达克指数已跌至 1 172 点，在不到两年的时间里从巅峰足足下跌了 77%。甚至在十多年后的 2011 年，纳斯达克指数也只回升至其鼎盛时期的一半多一点儿。直到 2015 年，该指数才重回 2000 年时的高点。

在成千上万家互联网公司中，有许多都只是靠一份商业计划书就上市了，随即又迅速破产。而无数投资者，昙花一现般地短暂实现了纸面富贵，却也迅速从百万富翁回到了原点。

自 400 多年前荷兰郁金香泡沫以来，类似的泡沫已经在金融市场中上演过多次。只要人性如故，只要华尔街上有贪婪和恐慌两种情绪的存在和转换，我们没有理由相信这种泡沫不会再次发生。

* * *

但是互联网泡沫的破裂远非 21 世纪初华尔街最重要的事件。

2007 年 7 月，自 1929 年股灾以来最大的一次危机开始在华尔街上演。一开始只是缓慢下滑，但 14 个月后，到 2008 年 9 月，下滑演变成一场波及世界的危机，把今天复杂交织在一起的全球金融系统带到了崩溃边缘。直至今日，我们仍然生活在那场危机结束后的阴影之中，并且还将持续一段时间。我们甚至无法判断危机是否真的已经结束。

许多股票的价格从它们在 2007 年秋季时的高点下跌了一半以上。而危机波及的范围已经不再限于美国，而是全球了。近几十年来，没有哪个行业像金融业这样完全地实现了全球化。1977 年，全球跨境借款的总额只有 6 840 亿美元，到 2005 年，这一数字上升到 19.8 万亿美元，并于 2008 年 3 月上升到了 33.7 万亿美元，相当于全球国内生产总值的 2/3，十分惊人。

* * *

要找到 2008 年全球金融危机的起源，我们需要一直回溯到罗斯福新政。1938 年，罗斯福政府成立了联邦国民抵押贷款协会（Federal National Mortgage Association）来增加抵押贷款市场的流动性。在 20 世纪 30 年代，要获得抵押贷款十分困难。抵押贷款通常会趴在放款银行的账面上数年，这极大地限制了人们可以获得抵押贷款的数量。

联邦国民抵押贷款协会，很快更名为房利美（Fannie Mae），从放款银行处购入抵押贷款，或者作为自己的资产组合持有，或者将住房抵押贷款打包作为资产证券化产品卖给投资者。这是一个非常聪明的做法。

房利美（左图）和房地美（右图）都是美国政府赞助的企业，这两家房地产抵押贷款巨头在金融危机中濒临破产，最终被美国政府接管。（译者根据公开资料整理）

由于房利美是一个政府机构，因此凭借美国政府的全力支持和信用背书，能够以比民营机构更低的成本获取贷款。

房利美获得了巨大的成功。它与 1944 年美国通过的《退伍军人权利法》（旨在为退伍军人提供抵押贷款）一起，在随后的几十年里使买房而不再租房的人数比例稳步上升。在 20 世纪 30 年代，只有 10%~15% 的非农业人口拥有自己的房屋。到 20 世纪 70 年代，这一比例已经达到 60%。而到 20 世纪 80 年代，该比例更是高达 64%。

这是美国社会的一次革命。数百万家庭拥有了自己的住房并持有大量金融资产，他们开始步入中产阶级的行列。美国也变得更加富裕，财富也更广泛地分配到社会经济的各个阶层。

可以说，房利美诞生时的美国，美国社会可以分为“有产者”和“无产者”。近几十年以来，美国社会在很大程度上变为“有产者”加上“富豪”的天下。今天，美国的穷人是全世界最富裕的穷人，这应该是美国引以为豪的成就。

但是美国社会中有一个族群从一开始就未能成为这次住房革命的受益者，他们就是美国的黑人。种族偏见使黑人不能在许多社区买房，而新政时期的政府机构在无意之中使得黑人即使在黑人社区也很难获得住房抵押贷款。

1934 年，罗斯福政府创立了联邦住房管理局（Federal Housing Authority, FHA）[1] 为住房抵押贷款提供担保，使得银行更愿意发放贷款。次年，联邦住房管理局要求房主贷款公司（也是一个为实施新政而建立的机构，以禁止房屋止赎）根据不同社区的贷款风险起草一张风险分区图。

富人区用蓝线划出边界，中产阶级区用黄线，穷人区用红线。联

1. 联邦住房管理局是罗斯福新政的产物之一，是美国政府作为国家住房法一部分所创建的管理机构，同时也是世界上最大的抵押贷款保险公司。该机构为美国房地产行业的发展起到了至关重要的历史作用，自 1934 年建立以来，已经担保超过 3 400 万的房产。——译者注

邦住房管理局根据这张分区图来决定给哪些社区担保住房贷款。结果，银行纷纷避免给红线区贷款。这样就把即便是富裕的黑人家庭也排斥在抵押贷款市场之外了。

美国的住房抵押贷款、止赎与再融资

在美国，住房抵押贷款（mortgagc）是指在住房的买卖过程中，由金融机构向买方提供购买住房的大部分资金，并以买方所购房屋作为抵押，买方需履行按期偿还贷款本息的义务。

由于房屋被贷款方用作抵押，因此房屋归提供贷款的金融机构所有。贷款方按期偿还贷款本息的过程，即“赎回”房屋的过程。

止赎（foreclosure）则是指在贷款人无力还款的情况下，金融机构有权终止贷款人的房屋“赎回”过程，通过公开拍卖等手段将抵押的房屋变现，以补偿剩余贷款数额。

再融资（refinance）是指贷款人申请新贷款以偿还原有贷款的做法，这通常是由于新贷款的利率、期限等条款相比已有贷款更优越，因而通过再融资，贷款人的债务负担得以减轻，例如更低的利率环境将直接减少贷款人按期需付的利息。（译者根据公开资料整理）

从《吉姆·克劳法》[1]时代结束到今天已经过去了近半世纪（指20世纪70年代），这种红线区效应仍然存在，但可能更多是出于习惯而非歧视。如同官僚们一样，银行家也往往依赖于随意制定且早已过时的公式或规则来行事，而不会具体情况具体分析。因此，在1977年，国会通过了《社区再投资法》。该法案要求银行向其覆盖的所有社区提供信贷服务，并根据银行执行这一法令的合规程度进行打分。这事实上相当于宣布了原来的分区制度失效，具有讽刺意味的是，那个制度也是联邦政府自己创造出来的。

但到此时，房利美的性质已经发生了改变。1968年，约翰逊政府为了让联邦政府的资产负债表好看一点儿，把房利美划到了预算外，大笔一挥，就把美国的债务在表面上降了下来。房利美也不再是政府机构，而成了一个“政府资助企业”。[2]不幸的是，政府资助企业一般都是些经济上的奇美拉[3]怪物，是由多个迥异的怪物组成的怪物。在希腊神话里，奇美拉的出现总是预示着坏消息的来临。显然，这一次也不例外。

1. 1876—1965年，美国南部各州以及边境各州对有色人种（主要针对非洲裔美国人，但同时也包含其他族群）实行种族隔离制度的法律。这些法律上的种族隔离强制公共设施必须依照种族的不同而隔离使用，例如，在公共汽车上设有白人区和黑人区，且在隔离但平等的原则下，种族隔离被解释为不违反《宪法》保障的同等保护权，因此得以持续存在。直到美国国会在1964年通过《1964年民权法案》及《1965年投票权法案》，禁止法律上有任何形式的种族隔离和歧视政策，《吉姆·克劳法》在法律层面上正式走入历史。——译者注
2. 即Government Sponsored Enterprises，政府赞助企业指由美国国会按照联邦章程设立但由私人控股的一类金融服务机构，其设立的目的在于为特定借贷市场，比如农业、家庭住房、教育等提供更加便利和较低成本的信贷支持。美国第一家政府赞助企业是农业信贷系统，设立于1916年。——译者注
3. 奇美拉（Chimera）是希腊神话中狮头、羊身、蛇尾的怪物，此处意指这种企业是非市场化的。——译者注

理论上房利美是一家独立的、以营利为宗旨的金融机构，它的股票在纽交所交易，与其他金融股票如美林证券或花旗银行没有任何差别。但是与其他的上市金融机构不同的是，房利美不必遵守那些常见的资本金要求，也不接受同样的监管。实际上，房利美有自己的监管者，即联邦住房企业监督办公室（Office of Federal Housing Enterprise Oversight），简称为 OFHEO。

更糟糕的是，尽管将房利美定性为独立企业的有关法律坚决否认，但人们心照不宣的共识是，如果有必要，联邦政府会为房利美的债务背书。这使得房利美能继续以低于市场的利率借款。

1970 年，联邦政府创立了联邦住宅贷款抵押公司（Federal Home Loan Mortgage Corporation，即 Freddie Mac），亦称房地美，理论上是为了给房利美带来竞争。和房利美一样，房地美也是一头奇美拉怪物，既缺乏政府机构的政治和官僚体制约束，也缺乏独立金融机构的监管约束和资本金要求。

到 20 世纪末，房利美和房地美（以下简称“两房”）规模巨大。两者的资产和负债加起来比美国之外任何一个国家的国内生产总值还要大。而它们的总部却坐落在华盛顿特区。

一般的金融机构总会把总部放在纽约、伦敦，哪怕是北卡罗来纳州的夏洛特，而不会把总部设在世界最大的“企业城”[1]华盛顿，其存在的所有意义就是为联邦政府提供服务。排在“两房”之后，把总部设在华盛顿特区的第三大非政府金融机构恐怕就是当地的一个信用合作社了。

1. 即 company town，又称“工厂镇”，最早出现在英国，是资本家为了就近解决工人的居住问题，从而提高工人的生产能力而由资本家出资建设、管理的小型城镇。这里意指华盛顿作为一个城市的功能完全是服务于坐落在华盛顿的联邦政府的。——译者注

换句话说，“两房”的每一个毛孔里都是政治[1]。拥有数十亿的现金流，两房确保那些监管两房的众议员和参议员能够获得慷慨的竞选捐赠。如果华盛顿的政治人物对某个方面有所暗示，“两房”的慈善基金也总是心甘情愿，立刻慷慨解囊。“两房”的高管们大都是职业政客，大多数是民主党人，而非专业的金融家。“两房”的管理层和华盛顿政治圈之间的纽带既广泛又紧密。

如前文所述，到 20 世纪 80 年代时，美国家庭拥有房屋的比例为 64%。可以说，在正常情况下，在一个社会里也就只能达到这么高的比例了。因为许多年轻人还没有条件买房，也有很多年长有条件买房的人倾向于租房。而有些家庭频繁迁徙，买房对他们来说根本就不划算。

此外，一些地区有房租控制法，如果充分利用，就能以大大低于市场的价格租得房屋，因而有些人也就没有什么动力再去买房了。众议员查理·兰赫尔是这一类人的典范，他在纽约市哈莱姆区的一幢豪华公寓楼里至少占据了 4 套房子。

而有些家庭根本就没有足够的信用让银行愿意给他们贷款，哪怕用房产担保。可能是这些家庭的信用历史飘忽不定，或者其收入和净资产达不到银行的标准，抑或其不能缴纳足够的首付。

首付在房产抵押贷款中有两大重要作用。其一是对银行起到了房地产市场的下行保护作用，确保在必要时，银行可以通过房屋止赎拿回贷款的全部价值；其二是给借款方避免触发房屋止赎提供了一个有力的激励，否则在房屋止赎下，借款者在房产中的大量已投权益存在严峻的损失风险。首付使得借贷双方风险共担。

1. 这里的原文是“Fannie and Freddie were political to their finger tips”，直译为“两房的政治化渗透到指尖”。——译者注

正如我曾说过的，政客们所做的生意的本质是争取竞选连任，而确保成功连任的方法之一就是去迎合某些特定选区的选民和他们的领袖。虽然《吉姆·克劳法》已经废除多年，今天美国的公司也极力避免有任何种族偏见的嫌疑，但是大部分美国黑人社区的领袖依然深信，包括黑人的住房拥有率低等所有黑人社区的问题都可以归咎于种族主义。

所以在 1995 年，克林顿政府修订了《社区再投资法》的相关规定。新规定实际上（就差明文规定了）为某些特定的社区、特定的收入阶层和特定的种族制定了配额，积极地迫使银行主动地寻找黑人客户并在黑人社区开展住房抵押贷款业务。

大家可能会想，银行可能会因为这样被迫向它们认为不够条件的人群发放贷款而大骂这是要了它们的命。可事实上，随后"两房"所做的事将产生巨大的道德风险。只要"两房"愿意购买这些可能有问题的抵押贷款，银行当然也就很愿意发放这些贷款并转卖给两房。

更糟糕的是，新规定甚至允许"两房"可购买或投资 40 倍于其资本金规模的抵押贷款。而商业银行只允许投资于其资本金 10 倍规模的贷款。换句话说，联邦政府为了帮助"两房"向越来越多信用存疑的人发放抵押贷款，变相地造就了房利美和房地美的严重的资本金不足。

但房屋拥有率真的就开始攀升了。从 20 世纪 80 年代以来一直稳居在 64% 的美国住房拥有率在 2004 年达到 69.2% 的历史新高。

到 2007 年，全美 12 万亿美元的未偿抵押贷款中，约一半由"两房"持有，这也意味着债务和风险前所未有地集中。

很多人士不断切中时弊地指出灾难即将来临，最出名的恐怕是《华尔街日报》的社论了。从 2003 年开始，时任总统小布什就要求国会对"两房"实施更严格的监管和监督，持同样立场的还有时任美联储主席的格林斯潘。

这些努力却只换来一场空。“两房”在政治游戏中表现得游刃有余，其高层多经过多年的政坛历练，却从未涉足金融，他们擅长的是游说而不是风险评估。只要有利可图，他们不惜藐视法律。2006年，房地美因从事不当选举活动而被罚款380万美元。

“两房”的高层不止一次做假账为自己谋取巨额奖金。克林顿任期内的前司法部部长助理杰米·戈雷利克在担任房利美副主席5年期间，其薪水和奖金总额高达2 640万美元。时任房利美主席的富兰克林·雷恩斯也是华盛顿的政治老手，他的薪酬比戈雷利克还要再多出几千万美元。

一些国会成员为“两房”逃避正常的监管提供了保护伞。这些成员包括参议员克里斯·多德、众议员巴尼·弗兰克以及参众两院银行委员会的民主党主席和高层。他们似乎认定让人们能够轻松获取抵押贷款是一件绝对的好事，完全无视经济学的基本法而一味纵容其毫无节制地发展下去。

政府对“两房”的隐性担保带来了更大的道德风险。世界上最大的保险公司之一——美国国际集团（American International Group，简称AIG）显然非常乐意为这些来自“两房”的住房抵押贷款证券提供违约保险。保险公司收取保费，而违约对它们来说就跟某一天早上太阳将从西边升起来一样不可能发生，这种买卖简直就是坐收渔利。

住房拥有率的攀升，加之经济总体显现出繁荣景象，给房价带来了上行压力。而上行的房价，结合上低利率——当时美联储正在努力消除“9·11”恐怖袭击事件给经济带来的负面影响而大幅调低利率，使得越来越多的家庭开始更换大房子或替换原先的抵押贷款。1997—2004年，美国平均房价上涨幅度达到惊人的128%，千万美国家庭的净资产也因此得以膨胀。

有人开始相信房价会永远上涨，家庭债务与收入之比也随之上升。

人群中，嗅到了疯狂的气息。

谁制造了美国经济的“冰山”

华尔街历史上曾一次又一次爆发危机，2008 年发端于此的次贷危机，看似毫无征兆，实质上源于此前美国经济和股市狂欢时已经悄然形成的海面下的三座“冰山”，并最终使得华尔街遭遇了“泰坦尼克号”式的触礁。

第一座冰山是投资银行的过度投机和高杠杆。随着监管的放松和竞争白热化，投行开始大量从事次贷市场和复杂产品的投资，悄然成为变相的对冲基金，为了追逐高利润而无视随之而来的高风险，走上了一条不归之路。

第二座冰山是美国金融市场的高度自由化及与监管的博弈。金融危机前，美国金融市场衍生品泛滥，结构化产品日益复杂，监管趋于宽松，华尔街一向被称为全世界最自由的金融市场，所谓“阳光下的任何东西都可以证券化”，带来了华尔街巨大的繁荣，同时也孕育了巨大的风险。

第三座冰山是美国信用体系的失灵和过于廉价的信用。本应代表投资者利益并保持中立的评级机构，却被利益过度驱动，客观上助推了金融危机的发生；而在美国经济和股市一片繁荣的背景下，任何人都可以轻易获取信贷，信用审批形同虚设，这也为危机埋下祸端。

事实上，与历史上所有的金融危机相似，次贷危机是在过度繁荣和投机的背景下，全社会集体参与并推动的从过度繁荣到崩溃的一个过程，有其必然性。

华尔街的历史是一部危机不断的历史，也是随之带来制度变迁和进步的历史。正如“泰坦尼克号”因撞到冰山而沉没所带来了北大西洋航海制度的改革，华尔街的危机也推动了金融监管和金融市场的变革。（根据译者2008年在中央电视台《对话》节目中的观点整理）

与此同时，华尔街开始意识到其完全可以复制“两房”将抵押贷款证券化的盈利模式。“两房”独占市场靠的是“标准类抵押贷款”（conforming mortgages），即符合“两房”规定的抵押贷款。而远低于其他金融机构的低利率借款成本使得它们在该市场所向披靡。

但“两房”不能购买所谓的次级抵押贷款[1]，以及大于一定数额的巨额抵押贷款（即珍宝按揭[2]）。众多银行意识到将这类抵押贷款打包成证券化资产即可转嫁风险，因此大举转向这块业务。这类抵押贷款的数量和种类均有所增长，出现了可调利率抵押贷款[3]、诱惑利率抵押贷款（诱惑期后利率上调）、零首付抵押贷款、无本金抵押贷款，甚

1. 为信用评级较差、无法从正常渠道借贷的人所提供的贷款。次级贷款的利率一般较正常贷款要高，而且常常是可以随时间推移而大幅上调的浮动利率，因而对借款人有较大风险。由于次级贷款的违约率较高，贷款商也有较正常贷款更高的信用风险。——译者注
2. 即Jumbo mortgage，指贷款超过一定限额的按揭贷款，这一限额主要由房利美和房地美规定。此类按揭的风险不在于其信用，而在于其数额较高，多为豪宅，一旦违约，资产较难处理。——译者注
3. 可调利率抵押贷款（Adjustable-Rate Mortgages, 简称 ARMs）也被称为可变利率抵押贷款，是指在贷款期限内，允许根据一些事先选定的参考利率指数的变化，对合同利率进行定期调整的抵押贷款。——译者注

至无须证明偿还能力的抵押贷款。

这让美国经典老片《生活多美好》(*It's a Wonderful Life*)[1] 中性情乖戾的银行家波特先生都大吃一惊!

房价上涨按理可保证抵押贷款安全，因为房屋价值只要一直高于抵押贷款，银行的利益就能得到保障。这种逻辑被越来越多的人接受，其中不乏略懂金融之士。电视上开始大量出现提供便捷房贷的广告。

这些次级抵押贷款被打包成证券出售。诸如标准普尔、穆迪之类的评级机构给它们打出了投资级的高分。现在看来，这些机构显然并不知晓这些证券背后的风险。

甚至发起的银行方有时也对风险浑然不觉。受此类证券高回报和高评级所暗示的低风险诱惑，银行在各自投资组合中包含了大量证券化的次级抵押贷款，甚至将旗下共同基金的资金也用于投资次级抵押贷款。与它们仰赖的评级机构一样，银行忽视了又一经济学铁律：现行趋势不可能永远持续，风险必定永远与回报相匹配。

高收益、低风险证券在经济学上是个自相矛盾的概念，它在现实世界中是不可能存在的，因为会由于套利而迅速消失。

次级抵押贷款在 1994 年发行的抵押贷款中占比 5%，价值 350 亿美元。这一比例在 2006 年达到了 20%，价值 6 000 亿美元。

此时，民众已彻底疯狂。

当然，盛宴终有落幕时。房价的上涨刺激了房屋建设，新增房源使得房价增长停滞并在 2006 年开始回落。持有可调利率或诱惑利率的抵押贷款人越发意识到，他们无法在利率重置前再融资。贷款违约

1.《生活多美好》(又译作《风云人物》)，是 1946 年法兰克 · 卡普拉导演的美国电影，2006 年被美国电影学会评选为百年来最伟大的励志电影。片中的反派人物，银行家波特先生是镇上的大财阀，专向穷人放高利贷，还试图以卑鄙手段掠夺主人公父亲过世后留下的公司。——译者注

的情况开始增多。

2008 年 3 月，华尔街五大投行中规模最小的贝尔斯登因深陷次贷危机而崩盘。尽管其股票交易价格早前高于 130 美元，但是美联储还是不得不承诺为其大多是抵押贷款证券的不良资产提供 300 亿美元，因为此时已经没有市场在交易抵押贷款证券了。在这之后，摩根大通才最终同意以每股 10 美元收购贝尔斯登。

金融危机大事记

2007 年 2 月 22 日，汇丰银行宣布北美住房贷款按揭业务巨亏，随后减计资产 108 亿美元，拉开危机序幕。

2007 年 4 月 2 日，全美第二大次级抵押贷款机构——新世纪金融公司申请破产保护，标志着次贷危机正式浮出水面。随后，400 多家经营次级贷款和相关住房抵押贷款业务的金融机构纷纷倒闭。

2008 年 3 月，华尔街第五大投行贝尔斯登因严重的流动性危机濒临破产，随后被摩根大通按每股 10 美元收购，远远低于其 2017 年 1 月的股价 172 美元。

2008 年 7 月 13 日，美国住房抵押贷款市场的两大巨头“房利美”和“房地美”宣布巨额亏损。9 月 7 日，美国政府向“两房”分别出资 1 000 亿美元并接管了它们，这成为美国历史上规模最大的金融救助和金融机构国有化事件。

2008 年 9 月 15 日，美国第四大投行、有着 158 年历史的雷曼兄弟集团申请破产保护，成为美国历史上最大规模的企业破产案，其投行等部门后来被巴克莱银行、野村证券收购。同日，美国第三大投行、第一大股票经纪公司——美林证券告急，6 小时内它被美国银行以 440 亿美元收购。

2008年9月16日，美国政府注资850亿美元向美国保险巨头——美国国际集团提供紧急贷款，并以控股79.9%的方式接管该集团。

2008年9月21日，美联储宣布批准仅存的两大投行——高盛和摩根士丹利转型成为银行控股公司，受美联储监管。自此，华尔街独立投行模式全面终结。

2008年9月15日至21日，全球股市创“大萧条”以来最大跌幅，多国央行罕见地宣布联手救市。

2008年12月11日，世界金融史上最大的“庞氏骗局”主犯伯纳德·麦道夫被捕。

2008年12月19日，金融危机向实体经济蔓延，美国政府宣布向汽车业提供174亿美元的紧急贷款。

2009年2月27日，全球最大商业银行美国花旗集团濒临破产，美国财政部以36%的持股比例成为第一大股东，也成为本次危机中第一家被国有化的商业银行。

2009年5月2日，美国克莱斯勒汽车公司申请破产保护，一个多月后，美国通用汽车公司宣布破产。

2009年10月，美国失业率达到10.1%，创1983年以来最高水平。同月，希腊主权信用评级被下调，随后欧洲主权债务危机蔓延至爱尔兰、葡萄牙、西班牙等国。

2010年7月21日，《多德-弗兰克华尔街改革与消费者保护法》（简称《多德-弗兰克法案》）得以通过，被视为“大萧条”之后和《格拉斯-斯蒂格尔法案》颁布以来对美国金融业影响最大的金融监管改革。（译者根据公开资料整理）

此时，10.8% 的美国家庭都持有水下的按揭贷款，即作为抵押的房屋市场价值低于贷款额。截至 2008 年 5 月，25% 的可调利率抵押贷款未能按时付款甚至违约。

与此同时，未售新房库存指标达到了 9.8 个月，创 25 年来新高。此外，400 万处二手房待售，其中 290 万处空置。

随着房价的大跌，基于房价的证券价值跳水。还算健康的银行在资产迅速缩水的情况下不得不收紧银根，不太健康的则开始崩盘。高杠杆的私募基金被迫清盘变现，投资人撤资，从而引发进一步清盘。

雷曼兄弟公司的倒闭

在 2008 年金融危机中破产的雷曼兄弟公司，曾是世界上最知名的金融服务公司之一。在它破产前，雷曼兄弟公司是美国第四大投资银行，仅仅排在高盛、摩根士丹利和美林之后。雷曼兄弟公司于 1850 年创建的时候，是一家家族企业，从事贸易活动，后转为金融活动。直到 1969 年，其最后一个家族合伙人罗伯特·雷曼去世，皮特·皮特森作为外部合伙人接手了这家公司。1975 年，雷曼兄弟公司在与库勒公司合并后，成为美国第四大投资银行，还在 1984—1994 年这 10 年中，短暂地与美国运通公司合并。2008 年 9 月 15 日，雷曼兄弟因持有大量房屋抵押贷款的金融衍生品并损失过大而宣告破产，引爆了金融危机，其剩余资产后被英国的巴克莱银行收购。（译者根据公开资料整理）

尽管“两房”与银行享有同等的美联储贷款渠道，其股价还是开始猛跌，现金流越发受到质疑。这两家政府赞助企业的债券面值高达

6 万亿美元，持有人包括货币市场基金、外国政府（中国政府持有大量此类债券）、涉及上百万人的 401（K）退休储蓄项目。若"两房"倒闭，接踵而来的全球恐慌必将是灾难性的。联邦政府通过一场大张旗鼓的公关秀力图证明"两房"基本稳健，但向来对血腥味极其敏感的市场并不买账。

随着阴云逐渐笼罩华尔街的主要银行，深知"两房"政治影响力的亨利·保尔森[1]秘而不宣地迅速采取了行动。"他们听到的第一声巨响，"保尔森在向小布什总统谈及公司管理层时指出，"会是自己一头栽地的声音。"2008 年 9 月 7 日，联邦住房金融局宣布接管"两房"。"两房"的高管和董事会被解雇，美国财政部则将收购相当于总股本 79.5% 的优先股权。股东持有的"两房"股票实际上一文不值。2010 年 6 月，"两房"从纽交所退市。美国财政部至今用于维持"两房"运营的花费达 1 500 亿美元，最终成本很有可能还会翻倍。

图中倒下的"多米诺骨牌"依次是次级贷款、房贷公司（中介机构）、放款银行、房地产商、金融市场、美国经济和世界经济，其寓意为这场由"两房"倒塌所引发的危机不断蔓延，最终演变成波及全球的金融危机。（译者根据公开资料整理）

1. 指小亨利·梅里特·"汉克"·保尔森，曾担任投资银行高盛集团的主席和首席执行官，2006—2009 年担任美国财政部部长。——译者注

“两房”的轰然倒塌也抹去了华尔街对金融系统所剩无几的信心。恐惧取代了贪婪。货币市场基金遭遇大量撤资，商业票据市场几近崩溃。因为公司常利用后者来获取短期融资以支付工资和日常运营费用，所以联邦政府被迫向货币市场账户提供等同于银行存款账户的担保。银行间甚至开始拒绝隔夜拆借这种业内通行的做法，以避免出现隔天还款逾期。随着隔夜贷款利率（简称 LIBOR，即伦敦银行同业拆借利率）的飙升，其他利率也水涨船高。信贷市场的失灵波及众多贷款依赖度高的行业，比如汽车销售量就出现了急剧下滑。

2008 年 9 月 15 日，雷曼兄弟申请破产。这是美国历史上规模最大的破产，涉及资产金额高达 6 000 亿美元。史无前例的最大的系统性金融危机爆发。第二天，美国政府即向股票从 70 美元高位缩水 95% 的美国国际集团提供了 850 亿的信用额度，以保障其正常开支。作为世界上最大的抵押贷款证券保险商，一旦美国国际集团倒下，势必引发全球各大金融机构接连崩溃的连锁反应。

有关次贷危机的讽刺漫画，画中悬崖上的单词意为“次级贷款”，而悬崖尖顶所托起的是“证券”“银行”“经纪商”“华尔街”等。图下方的句子意为“我以为我们只是在买一套房子”。（译者根据公开资料整理）

世界股市继续哀鸿遍野，政府出资救助美国国际集团后全球各大金融机构巨头仍在倒闭边缘挣扎，为此美国政府继续向市场注入流动性资金。9 月 18 日，布什政府向国会申请 7 000 亿美元以除去银行账下的“有毒资产”，即无人问津的抵押贷款证券，在当时已分文不值。纽交所应声上涨 3 个百分点，全球股市也出现反弹。

雷曼公司的牌子被摘下。（译者根据公开资料整理）

但 9 月 29 日，众议院以 205 票支持、228 票反对的结果否决了救市方案，道琼斯指数大跌 777 点，跌幅 8%，创下 20 多年来单日最大跌幅。但是参议院在 10 月 3 号通过了一项类似的方案，众议院随后通过此版本。

美国财政部没有将这些不良资产移到各银行表外，而是决定用 TARP（不良资产救助计划）资金[1]向它们注资。这一做法的问题在于主要银行若接受了这些资金（以优先股权作为交换），市场毫无疑问

1. 即 Troubled Asset Relief Program（简称 TARP），不良资产救助计划，脱胎于 2008 年 10 月美国国会通过的《紧急经济稳定法》，其主要内容是授予美国财政部 7 000 亿美元资金额度，用于购买和担保金融机构问题资产，以救助当时处于危机中的金融机构，恢复金融市场稳定。——译者注

会认定它们有问题，而这些主要银行也会出现挤兑现象。

亨利·保尔森因此决定召集全美各大主要银行的首席执行官开个会。在华盛顿财政部大楼的一个会议室内，他们被告知必须接受TARP资金以及政府对高管薪酬、分红等的限制。运营健康的银行自然反对，而身处水深火热之中的银行则双手赞成。最后，所有人都签字同意，虽然他们其实并没有选择的空间。

美国媒体上的一幅漫画。讲述了2008年9月25日下午，布什总统、两党候选人及国会领袖召开白宫会议，讨论能否接受7 000亿美元救市计划。会议以失败告终，这对时任美国财长的保尔森来说无疑是个巨大的打击。据三名与会人士透露，当时保尔森恳请民主党领袖不要将会谈内幕向外透露，但众议院议长佩洛西气愤难平，脸色不豫，为了缓和气氛，保尔森做了一个单腿跪地的动作。（译者根据公开资料整理）

在随后的一年内，多数TARP资金已被偿还，财政部最终投入不超过250亿美元，远小于初期担忧的数额。

道琼斯工业平均指数在2009年3月跌至谷底，较2007年10月高位缩水超过一半，后随美经济走出衰退迈开艰难的复苏步伐才开始上涨。但华尔街身上却留下了永远的烙痕。在2008年金融危机中，五大主要投行无一幸免：贝尔斯登被摩根大通收购；美林证券成为美国银行旗下机构；雷曼兄弟宣布破产；摩根士丹利和高盛则采用了商业银行章程，接受来自银行监管部门更为严格的监督。

* * *

在这场金融危机之后，美国政府开始着眼于重振经济，并试图防患下一轮危机。在2008年的总统大选中，民主党获胜，巴拉克·奥巴马入主白宫，且民主党取得了参众两院的多数席位。而民主党一直以来都主张“大政府”[1]，对自由市场持警惕态度，因而可以料想，经济复苏将十分乏力。

重振经济的举措之一是降息。美联储将利率维持在零附近以刺激信贷，并购买大量国债向银行系统注入资金，作为银行发放信贷的资金来源。同时，奥巴马政府提高了富人以及资本利得的税率，并出台多部联邦法规，这导致了企业经营成本的上升。根据就业数据，要做到合规，大型企业需要为每位员工支付约20 000美元；而中小型企业（推动经济增长、创造就业机会的主要引擎）由于不具备大公司的规模效应，需要为每名员工支付的成本估计超过30 000美元。

此外，民主党和奥巴马总统受到环境保护主义影响，对碳基能源持有敌意，限制了水力压裂（简称压裂）[2]这个页岩气开采手段的发展，甚至可以说是使其倒退了。这是美国地缘政治地位多年来所发生的最为巨大的逆转之一。美国的石油、天然气产量几十年来持续下降，而归功于页岩气，国内供给显著增加，进口量大大降低。截至2015年，美国已超过俄罗斯和沙特阿拉伯成为世界上最大的油气生产国。这不仅大大有助于贸易平衡，也为美国在全球油气市场上赢得了巨大的话语权；可以灵活地控制产量，从而管理全球油气价格，取代了沙特阿拉伯及其OPEC（石油输出国组织）同盟国的地位。

1. 大政府（big government），指奉行干预主义政策的政府，一般可理解为政府对经济与社会的管理和控制，源于凯恩斯的理论。——译者注
2. 水力压裂，即开采页岩气时所用的方法，用水压将岩石层压裂，释放出其中的天然气或石油。——译者注

在金融政策方面，奥巴马政府所推行的一部重要法规即所谓的《多德–弗兰克法案》，以两院的两位主要提议人——康涅狄格州的参议员克里斯·多德和马萨诸塞州的众议员巴尼·弗兰克命名。

很少有国会议员研读过这部长达 2 600 页的法案；它在很大程度上是领导层秘密开展的一项工作。民主党当时主导着参议两院，因此该法案几乎不反映任何共和党的意见。果不其然，这部暗箱操作下出台的法案非常糟糕；它并没有稳定美国的金融系统，反而造成了极大的伤害。

其中一个例子是该法案项下成立的消费者金融保护局（CFPB），这个机构旨在保护消费者免受掠夺性贷款[1]的伤害。但它成立的方式和过程是否符合《宪法》精神，则十分值得商榷。例如，所有其他联邦机构都是由国会拨款资助的，唯独 CFPB 仅需知会美联储其运营需要多少资金，美联储就开出一张支票给它。此外，不同于其他经过政治任命、总统首肯的行政部门官员，CFPB 的局长除非自身有过失，否则不能被总统解雇。法院近期废除了这项规定，但奥巴马总统所任命的那位局长已然出台了大量新条例，将触角伸向了此前不被管制的领域，造成了很大的损害。

医疗服务行业占美国经济总量的 1/6，而 2010 年出台的平价医疗法案［俗称奥巴马医保（Obamacare）］对医疗系统产生了巨大的、不利的影响。它增加了数百万美元的政府项目支出，本应通过医疗补助计划（Medicaid）帮助穷人获得医保，但实际上严重扰乱了保险市场，使得上百万人都不得不转而寻找新的医生，且本应降低的保费反而急剧上涨。在各个州，越来越多的保险公司都相继退出了奥巴马医保的

1. 掠夺性贷款，即以不了解信贷市场且信用记录较低的借款者为目标、误导性或欺诈性的贷款行为。——译者注

市场。

美国民众不满意奥巴马政府的政策，于是2010年选举后，众议院变成共和党占多数，且参议院的民主党人数大大减少。到了2014年，参议院也由共和党占主导地位了。而在2016年，美国历史上发生了一场颠覆性的选举，共和党候选人唐纳德·特朗普击败了备受青睐的民主党候选人希拉里·克林顿成为总统。各州政府和立法机构也改由共和党所主导。尽管奥巴马总统在2012年连任，但其各项政策广受诟病，导致当下联邦政府和州政府的民主党官员数量是20世纪20年代以来最少的。

脸书于2012年5月18日在纳斯达克首次公开发行上市，市值超过1 000亿美元，成为当时美国历史上规模最大的互联网公司IPO。图为脸书总部入口的路标，路标上的点赞（Like）功能已经在社交媒体中广泛应用。值得一提的是，脸书总部位于IT巨头Sun公司旧址，然而后者已在落魄之中被甲骨文公司收购。这一起一落，恰好是这个飞速发展时代的有趣注脚。

2018年3月，随着美国总统大选“通俄门”调查的深入，脸书被迫承认泄露用户数据，随即股价大跌，市值跌破5 000亿美元，一度被阿里巴巴超过。（译者根据公开资料整理）

这种情况不难解释。由于上述种种政策，本应稳健的经济复苏（因为历史上每一次严重的衰退之后，随之而来的都是强劲的复苏），最多也只能称之为“疲弱”。诚然，失业率在 2009 年 6 月达到高峰后呈缓慢下降的态势，最低达到过 4.3%；但是，失业率的下降很大程度上不是由于就业机会增加，而是因为有大量的劳动人口离开了劳动力市场。劳动参与率，即劳动人口占劳动力市场的百分比，在整个奥巴马执政时期都持续下降，并达到 1970 年经济衰退以来前所未见的低位。

不过，经济复苏缓慢挡不住华尔街的再度繁荣。道琼斯工业平均指数在 2009 年 3 月触底后，于 2012 年年中回涨 50% 至 21 000 点，重新达到经济衰退前的高点；而纳斯达克在 2016 年迎来了新一轮互联网泡沫，距上一轮已 15 年。其中部分增长应归功于进行得如火如荼的数字革命，我们看到了像脸书和亚马逊这样了不起的成功案例。（假设某人在亚马逊 1997 年上市时投资了 100 美元，这 100 美元今天的市值则为 49 000 美元。）

然而从另一个角度讲，股票价格大幅上涨也说明投资者除了股票之外没有太多资产可选。美联储将利率维持在低位，所以债券的收益率非常低。寻求回报的投资者别无选择，只能投资股票。而随着美联储终于进入加息周期并开始出售大量国债，利率可能会回升，这样一来股票外的其他资产类别会更具吸引力，这在短期内对股票价格来讲是利空。

当下的美国政局难以预测的程度真是前所未见。一方面，民主党在各个层面上受到打击，正在探索重获民心的道路；而如果民主党不改变其执政哲学，将无限期地成为少数党。另一方面，目前掌权的共和党由一位本不被预期会当选的人（指特朗普）所领导。他奇特的执政方式，比如发一些让敌友均感困惑、恼火的推特，使人难以判断他是否会成为一名有所作为的总统。

* * *

金融危机不只冲击了华尔街金融机构，还波及个人投资者，许多人的梦想因此破灭。

华尔街上有句名言："淤泥仅在退潮后才会出现。"资本不足的机构崩盘，过度依赖杠杆的投机者破产，欺诈和挪用行为也浮出水面。8、9月的灾难将之前长达25年的牛市推入暴跌旋涡，2008年的金融危机无疑揭露了大片淤泥。

位于康涅狄格州格林尼治的WG交易公司在2009年2月宣布倒闭，之前其主要负责非营利性组织的投资，诸如工会和政府养老基金。其主要负责人被控涉嫌高达5亿美元的债券和通信欺诈。其中一人对多项指控认罪并配合针对拒绝认罪的高管调查。最终前者被判有期徒刑10年，随后减为5年，后者被判20年。

2009年9月，总部位于休斯敦的斯坦福金融集团创始人艾伦因证券欺诈和操纵涉及款项高达80亿美元的庞氏骗局而遭逮捕。2012年他被定罪，获刑110年。

随着2008年12月11日伯纳德·麦道夫[1]的被捕，最大的一片淤泥才露出真容。作为伯纳德·麦道夫投资证券公司创始人，麦道夫1938年出生于一个犹太中产家庭，1960年从霍夫斯特拉大学毕业，随后很快靠着自己5 000美元的存款和来自岳父5万美元的贷款成立了自己的公司。他起初通过粉红单交易分值股票[2]，但很快就开始依靠创新的

1. 即伯纳德·L. 麦道夫（bernard L. Madoff，1938年4月29日—），美国著名金融界经纪人，前纳斯达克主席，美国历史上最大的诈骗案制造者，其操作的"庞氏骗局"诈骗金额超过600亿美元。2009年6月29日，麦道夫因诈骗案在纽约被判处150年监禁。——译者注
2. 即penny stock，指价格范围一般在0.001~0.5美元，市值相对比较小的公司的股票。——译者注

电脑技术传播报价。这项技术直接促成了纳斯达克的成立。麦道夫曾一度担任纳斯达克董事会主席兼理事会成员，其公司是华尔街近期内最大的市场做市商[1]之一。

麦道夫公司在所谓的“第三市场”交易，标的是纽交所的挂牌证券，其单日交易量有时可高达 7.4 亿美元，几乎为纽交所证券总量的10%。

麦道夫公司还发展出一些不为人知的分支，负责投资管理和咨询，主要服务于多有犹太背景的富人群体和慈善组织。这些组织包括肯塔基大学、美国妇女犹太复国组织、埃利维瑟尔基金会、史蒂夫·斯皮尔伯格的天才儿童基金会。正是其庞大经纪帝国中的这一分支滋生了麦道夫的惊天骗局。

麦道夫案件属于“亲情欺诈”，即肇事方针对最可能信任他的人群下手，受害者包括亲戚、朋友、同一种族背景的人。麦道夫联系了长岛和佛罗里达州的各犹太俱乐部，他可以如鱼得水般地穿梭于这样的环境之中。

他对宣传自己的投资管理业务也有一手。通过拒绝很多人，他营造了“天鹅绒绳”（velvet rope）效应[2]，使被接受的客户感觉受到了优待。投资者要求赎回后，总是在几天内就能收到相应金额的支票。他最大的卖点在于稳固的投资回报率，年均 10.2% 左右。这样的回报率较高，但又不至于高到引起投资者怀疑。许多庞氏骗局鼓吹惊人的回

1. 做市商（market maker），为证券交易所指定的买卖中间商，主要业务是为买方及卖方进行报价，并且为双方寻找最佳价格撮合交易，本身则从买卖差价中获利。这些做法使得市场的流通性大大增强，增加了交易的深度和广度。——译者注
2. 用于区分贵宾和普通人的绒绳往往用天鹅羽毛制成，这里意指区别化对待策略使得一部分客户感觉得到了特殊待遇。——译者注

报率，却在数月内就露馅儿。

他还慷慨地向将自己的投资人资金交给麦道夫公司打理的基金支付手续费。这些基金不亲自参与研究和投资，而是将其客户数十亿的资金投入麦道夫的公司，而许多客户对此并不知情。

麦道夫提供的回报率最不寻常的一点是其惊人的稳定性，多年以来月均回报率固定在比 1% 略低的位置上。在 14 年间，麦道夫基金仅有过 7 个亏损月，每次损失微乎其微。正是这种回报的稳定性引起了部分华尔街业内人士的质疑。早在 2001 年，为金融业界广泛传阅的《巴伦周刊》就提到了麦道夫极其难得的稳定性。一篇文章如此说道："麦道夫的投资人对其表现赞不绝口，尽管他们并不清楚他是如何做到的。"一位非常满意的投资人对《巴伦周刊》表示："懂行人士也讲不清他的投资策略。"

麦道夫的客户自然不愿意去质疑这只似乎永远只下金蛋的鹅，但其他人士注意到了一些事后看来很明显的危险信号。比方说，这家华尔街巨头的审计方并非任何一家知名会计师事务所，而是罗克兰（Rockland）[1] 郊外仅靠两人打理的一家临街小公司。

来自波士顿的期货交易员哈里·马科普洛斯不相信麦道夫用他声称的方法能够达到如此稳定的收益率。马科普洛斯尝试复制麦道夫的结果，并很快得出结论，其中必涉及非法活动。有两种可能性：一种是庞氏骗局，即新投资者的钱被作为盈利支付给之前的投资者；另一种是抢先交易，即交易商根据其客户证券交易的信息用自己的账户进行交易获取利润，抢先交易属于内幕交易。

马科普洛斯多次希望美国证监会调查麦道夫的公司，但一直未果。

1. 罗克兰县位于哈德逊河西岸，距曼哈顿岛约 24 公里，是纽约州面积最小的郡县之一，被规划为美国自然文化保护区。

2005 年，他递交了一份长达 17 页的备忘录详细阐述他的质疑，美国证监会并未采取任何行动。

2008 年秋季的股灾才最终揭开麦道夫的骗局。投资人起初不愿意从账户中撤资，但随着市场普遍下跌，赎回的要求如雪崩一般涌入麦道夫的办公室，总金额达 70 亿美元。他尝试说服老朋友投资以维持体系运转，其中就包括卡尔·夏皮罗这位波士顿金融家和慈善家。他是麦道夫几十年来的老客户，就在麦道夫骗局暴露前不到两周，还曾将 2.5 亿美元转至麦道夫账户中。

一切在 12 月 10 日水落石出，麦道夫当日向他的两个儿子承认整个基金不但已无偿还能力，而且是个彻头彻尾的谎言，是一场前所未有的庞氏骗局。所谓的投资并不存在，而只是每月发给客户的三言两语。客户的投资资金只是存放在摩根大通的多个账户内。两个儿子的律师向有关部门做了汇报，次日一位美国联邦调查局探员到麦道夫位于东 64 街 133 号的住所登门拜访，询问他能否自证清白。麦道夫回答，“无法做无罪申辩”，旋即被捕。

麦道夫一手导演的庞氏骗局令无数人倾家荡产，最后被判 150 年监禁。（译者根据公开资料整理）

媒体炸开了锅，在麦道夫被软禁家中等待保释结果的数星期内，东 64 街被摄像车堵得水泄不通。2009 年 3 月，麦道夫对所有指控认罪，被正式逮捕并判 150 年监禁。如果表现良好，那么他可于 2139 年出狱，届时将 202 岁。

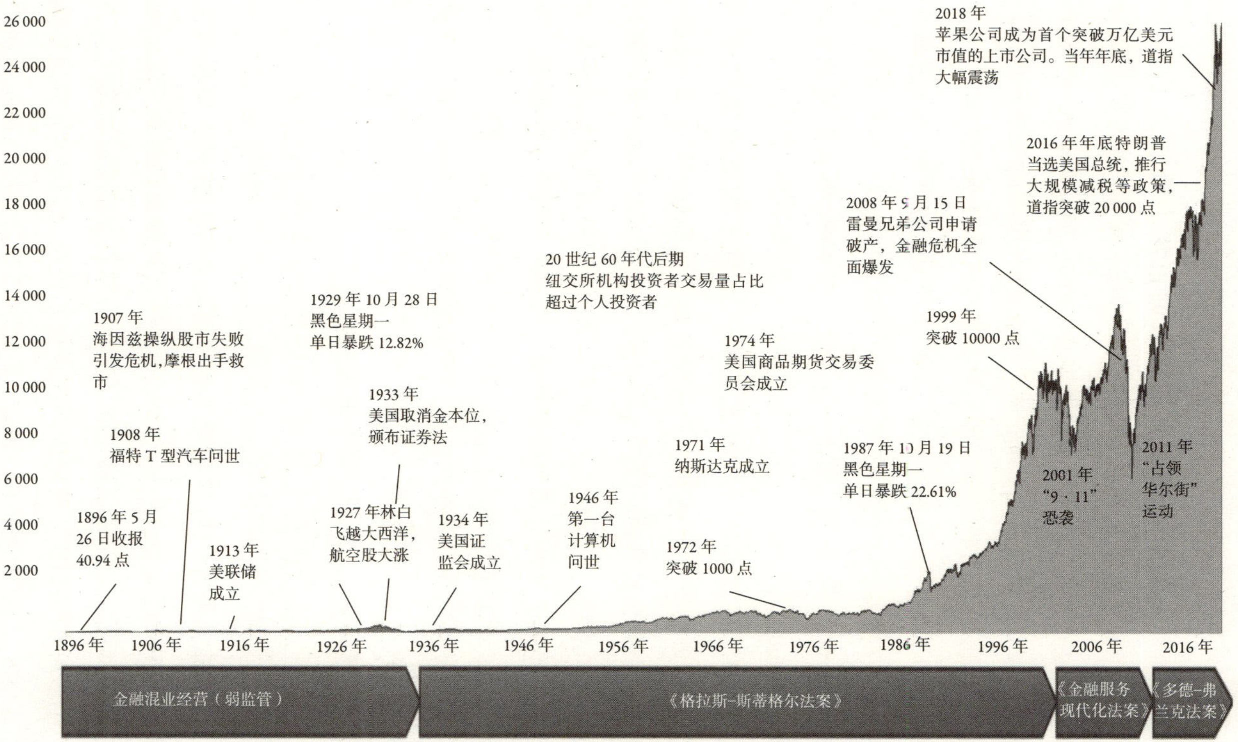

道琼斯工业指数百年走势图。（译者根据公开资料整理）

道琼斯工业平均指数的百年走势

道琼斯工业平均指数（以下简称道指）在1896年5月26日发布时为40.94点，1906年首次突破100点。1929年10月28日从接近400点高位暴跌13%、次日再跌12%，直到1932年收于43点，“大萧条”几乎“吃”掉了道指发布以来的全部涨幅。

在1972年11月首次突破1 000点之后，在1987年1月突破2 000点，但同年10月19日暴跌22.6%，被称为“黑色星期一”。进入20世纪90年代，道指加速上行，于1999年3月29日首次收于10 000点上方。

2001年“9·11”恐怖袭击后，道指在数日内累计大跌17.5%，但很快反弹并在半年后创新高。在2008年10月—2009年3月金融危机期间，道指从14 000点上方跌破6 800点，累计跌幅超过50%。2017年1月25日，唐纳德·特朗普就任美国总统后的第三天，道指首次突破两万点，甚至一度逼近27 000点，但2018年以来遭遇市场大跌，于当年年底收于23 327点。

正如查尔斯·道所设想的，道琼斯指数像温度计一样，反映了美国股市整体的涨落，也就相当于记录了美国资本市场乃至国力的发展演变。（译者根据公开资料整理）

这场惊天欺诈的后续清理工作将持续多年。首先，申报的损失总额超过500亿美元，但这包含了报告给客户的虚拟盈利。实际投资损失本金加利息可能更接近150亿美元。那些直接交给麦道夫投资的客户至多可获得SIPC（美国证券投资保护公司）56万美元的投资损失补偿。SIPC与针对银行的FDIC（美国联邦存款保险公司）性质类似，担保经纪公司投资。但大多数客户是通过支线基金[1]做的投资，因而只能控告这些基金，而它们中许多已无偿还能力。卡尔·夏皮罗应该是最大的受害者，损失金额累计达4亿美元，其中包括他在麦道夫被捕前10天投入的2.5亿美元。

麦道夫骗局使得之前的华尔街骗局显得相形见绌，其中包括20世纪30年代的理查德·惠特尼案和19世纪50年代的罗伯特·斯凯勒案。事实上，就欺诈金额占国民经济的比例而言，自18世纪早期破坏了皇家财政的法国密西西比泡沫以来，这是最高的一次金融欺诈案。

同一时代的西方和东方

西方	年份	东方
克林顿总统签署《金融服务现代化法案》，次贷产品问世	1999	
网络股泡沫破裂，美国股市出现了自1987年股灾以来最大的震荡，纳斯达克综合指数累计跌幅达34.2%	2000	“基金黑幕”事件
美国发生“9 · 11”恐怖袭击事件	2001	中国加入世界贸易组织，银行业、保险业和证券业扩大了对外开放程度
安然、世通等接连爆发财务丑闻	2001	
美国《萨班尼斯–奥克斯利法案》出台，美国上市企业监管更严	2002	
	2003	QFII（合格的境外机构投资者）制度实施。次年，瑞士银行成为中国首家获批的QFII

1. 支线基金（feeder fund），是一种联接型基金，主要投资其他基金。此处是指很多受害者没有直接投资麦道夫的基金，而是通过支线基金这个渠道把资金间接投给了麦道夫的基金。

（续表）

西方	年份	东方
	2003	中国银监会成立
	2003	《中华人民共和国证券投资基金法》实施
	2004	国务院发布《关于推进资本市场改革开放和稳定发展的若干意见》（简称“国九条”）
	2004	深交所获准设立中小企业板块
	2005	中国的利率市场化和货币市场取得突破
	2005	中国股权分置改革开启
	2006	中国金融期货交易所成立
	2007	中国投资有限责任公司成立，它是全球最大的主权财富基金之一
华尔街第五大投资银行贝尔斯登破产，开启了次贷危机的序幕，后演变成全球金融危机	2008	中国证监会发布《中国资本市场发展报告》
美国住房抵押贷款市场两大巨头“房利美”和“房地美”陷入巨额亏损，美国财政部和美联储联合救助	2008	北京成功举办第 29 届夏季奥林匹克运动会
全美第四大投资银行雷曼兄弟公司破产，第三大投资银行美林证券被美国银行收购。金融危机在华尔街全面爆发	2008	
美国相继出台三轮量化宽松政策以应对金融危机	2008	
世界上第一种数字加密货币——比特币诞生	2009	深交所创业板开市，首批 28 只股票同时发行

（续表）

西方	年份	东方
希腊债务危机爆发，席卷欧洲	2009	
	2010	中国经济总量超越日本，通用汽车在中国市场销售的汽车量超过美国
	2012	中国共产党十八大召开
	2012	国务院批准扩大“新三板”试点，次年将试点推向全国
欧洲央行开始施行负利率政策	2014	“沪港通”启动，首次实现A股和H股市场的互联互通
美国退出资产购买计划	2014	
欧洲央行启动全面量化宽松政策	2015	《亚洲基础设施投资银行协定》签署生效，共有57个意向创始成员国
人工智能AlphaGo击败韩国棋手李世石	2016	
英国全民公投结果为赞成脱离欧盟	2016	人民币被正式纳入国际货币基金组织特别提款权（SDR）货币篮子
苹果、Alphabet（谷歌母公司）、微软、亚马逊和脸书成为全球市值最高的5家公司，均为科技公司	2016	“深港通”正式启动
	2017	中国共产党十九大召开
	2017	中国A股加入MSCI（摩根士丹利资本国际公司）新兴市场指数
特朗普访华期间，中美签署价值超过2 500亿美元的商业合约	2017	

（续表）

西方	年份	东方
	2018	中兴公司遭美国司法调查后，中美贸易摩擦不断升级，同时两国也在磋商中寻求共识，并于当年年底阿根廷 G20 峰会期间发出了握手言和的积极信号
苹果公司成为美国首个市值突破一万亿美元的上市公司	2018	中国原油期货正式在上海国际能源交易中心挂牌交易
	2018	中国庆祝改革开放四十周年

尾声

译者题注

随着金融危机的可怕记忆慢慢淡去，华尔街在游说政府放松监管方面的努力似乎在特朗普当选之后开始得到回报。与此同时，在意识到数字化浪潮不可逆转之后，金融业已成为走在数字化前列的行业之一，随之带来了实体交易大厅的没落和从业人数的减少，这些正在彻底改变华尔街的形态。但是作为实体经济和投资者之间的纽带和社会资源配置的平台，华尔街的重要性并不会减弱。正如华尔街在过去两三百年推动美国崛起并成就了自身全球金融中心的地位，中国资本市场也正在以前所未有的速度发展并推动着中国经济的崛起……

译者导读

- 没有什么比全球股票、商品和期货交易所的整合、电子交易的普及以及实体交易大厅交易量的锐减更能标志华尔街在数字化时代的狂飙突进了。许多实体交易大厅，譬如纽约商品交易所的交易大厅，甚至已不复存在。
- 2016 年 11 月，让无数人大跌眼镜的特朗普当选，对华尔街产生了立竿见影的深远影响。事实上，在接下来的 4 个月里，道琼斯工业平均指数上涨了 13%。近期，道琼斯指数已经突破了 24 000 点。特朗普的胜利大大增加了企业税率大幅下降的机会，他组建的政府也被认为比奥巴马政府对商业更为友好。
- 随着人类加快进入数字时代，世界对于一个在物理上高度集中的金融中心的需求将会减弱，而且这个趋势无疑会延续下去。由于互联网和自动化的发展，美国金融行业的从业者的人数正在减少，金融业的整体薪酬已不像往日那么丰厚。
- 华尔街现在已经不仅仅是曼哈顿下城的一条短短的、弯弯曲曲的小街，今天的华尔街遍布世界，它无处不在。而且，即便华尔街再次发生危机，它也不会就此止步，至少从长远来看不会。

没有什么比全球股票、商品和期货交易所的整合、电子交易的普及以及实体交易大厅交易量的锐减更能标志华尔街在数字化时代的狂飙突进了。许多实体交易大厅，譬如纽约商品交易所的交易大厅，甚至已不复存在。

2005年，纽约证券交易所的组织架构发生了自1938年新交易所章程[1]颁布以来最彻底的一次变化。在此之前，纽交所属于非营利组织，被席位持有人所拥有，但以公共利益为出发点。交易所主席不是交易所成员，而是一名雇员。

瑞银（UBS）位于斯坦福德城的交易大厅，足有23个篮球场那么大。2008年的繁忙景象（左图）与2016年的萧条（右图）形成鲜明对比。科技的发展最终造就了实体交易大厅的没落。（译者根据公开资料整理）

1. 1938年3月，纽约证券交易所通过了一部旨在简化交易所组织架构的章程修正案。新章程规定，交易所主席应为受薪雇员、董事长须由董事会成员选出、缩小理事会的规模、减少常务委员人数并增加交易所执行人员的责任等。——译者注

但在 2005 年与 Archipelago 合并后，纽交所变成了营利性公司。1 366 名席位持有人得到了合并后新公司“NYSE Arca”的 80 177 股股票、30 万美元现金和 70 571 美元股息。这家新公司的股票就是在其拥有的交易所挂牌交易的。

Archipelago 是一家成立于 1994 年的电子证券交易所，于 1997 年开始运行。作为一种依托电子通信网络的交易平台，它使得交易商和做市商之间的交易以及交易单的匹配异常便捷，且费用非常低廉，通常每股交易不到一分钱。2005 年，Archipelago 交易所与旧金山的太平洋证券交易所合并，2006 年与纽约证券交易所合并。

2006 年发生了一件标志性的事情，自 1898 年以来一直活跃在华尔街 11 号 7 楼的“交易所午餐俱乐部”关门了。这家会员制俱乐部的墙壁上挂满了被填充的野生动物头颅，其中很多都是俱乐部会员远至非洲打猎后带回来的。俱乐部的入口处立着那尊著名的牛熊互搏的铜像，公牛的睾丸已经被摸得亮晶晶的，无数俱乐部会员在午餐后路过时都要摸摸它以求好运。这家俱乐部经营了一个多世纪，无数交易都在这里达成；但是到了 21 世纪，会员们已经很少有时间进行那种旧日悠闲的午餐了。华尔街的步伐加快了太多。

华尔街原“交易所午餐俱乐部”的牛熊互搏铜像，现陈列于美国金融历史博物馆内。（译者摄于 2017 年）

一年后，纽约证券交易所集团与泛欧交易所合并，后者在几个欧洲国家的首都运营交易所［2013 年，NYSE Euronext 与洲际交易所（ICE）合并后，泛欧交易所被再次剥离成一个独立运营公司］。洲际交易所是 2000 年才成立的，总部位于佐治亚州亚特兰大，提供能源类大宗商品如天然气、原油和精炼油以及电力的交易平台。洲际交易所迅速成长，很快收购了纽约期货交易所和国际石油交易所等多家商品交易所。2006 年其尝试与芝加哥商品交易所合并未获成功。

2008 年，NYSE Euronext 收购了美国证券交易所。美国证券交易所起源于曼哈顿宽街街头发生的那些不受监管的交易，也被称为“路边交易所”或“场外交易所”，并于 1923 年最终从街头搬到了室内，正式成为纽约场外证券交易所，又于 1953 年更名为更正式的美国证券交易所。它覆盖了那些市值不足以在主板上市的股票，NYSE Euronext 宣布计划将其与 Alternet 欧洲小盘股交易所合并，并更名为 NYSE Alternet。

洲际交易所的快速崛起

美国洲际交易所（Intercontinental Exchange，ICE）成立于 2000 年 5 月，总部位于美国佐治亚州亚特兰大。依托于网上电子交易，洲际交易所迅速崛起。2001 年，其通过收购伦敦国际石油交易所（IPE）进入期货市场，2007 年 1 月收购纽约期货交易所（NYBOT），8 月收购温尼伯商品交易所（即现在的加拿大期货交易所），2009 年收购清算公司（TCC）。2005 年登陆纽交所，完成首次公开发售，是罗素 1000 和标普 500 的成分股之一，服务范围超过全世界 50 个国家。（译者根据公开资料整理）

不过，尽管风云变幻，时代变迁，全球金融市场的格局在不断变化，加速整合，纽约证券交易所仍然是世界上最大的资本市场；截至 2016 年 6 月，在纽交所挂牌的上市公司总市值为 19.6 万亿美元。

* * *

2016 年 11 月，让无数人大跌眼镜的特朗普当选，对华尔街产生了立竿见影的深远影响。事实上，在接下来的 4 个月里，道琼斯工业平均指数上涨了 13%。

个中的原因有很多。其中一个直接的原因是因为特朗普竞选时曾承诺“让美国再次伟大”，而在美国，“伟大”一直与经济繁荣和经济增长联系在一起的。另一方面，特朗普还承诺要对美国已经僵化的，而且从根本上说已经腐化的税收制度，特别是企业所得税进行改革。希拉里的竞选纲领不愿意降低企业所得税，这一点非常引人注目，所以特朗普的胜利大大增加了企业税率大幅下降的机会，而华尔街的指数立刻反映了这个预期。

《时代周刊》与《经济学人》对特朗普当选的报道，分别将他称为“美利坚分裂国总统”和“白宫的叛乱者”，意指美国社会分裂和对立状态及特朗普的反建制特征。（译者根据公开资料整理）

美国35%的企业所得税是全世界发达国家中最高的，在许多方面对美国经济产生了不利影响。一方面，这造就了华盛顿游说活动的增加和泛滥，大家都希望获得减税并将减免的政策写入税法。另一方面，它导致许多公司“翻转”，也就是将公司总部合法地搬去他国，从而减轻税收负担。注册在境外意味着只有公司发生在美国境内的那部分业务和利润才须按35%的税率缴税。

华尔街的“新常态”

美国股市自金融危机以来走出了长达9年的牛市，屡创历史新高。2016年11月特朗普胜选后，其迅速突破20 000点并一度逼近27 000点，但在2018年以来遭遇市场大跌，最终在当年年底收于23 327点，以苹果等为代表的科技股也未能独善其身。各方对于美股后续走势的预期产生了较大分歧，并在2019年年初延续了跌宕起伏的市场行情。作为美国经济晴雨表并对世界经济格局有深刻影响的华尔街似乎进入了一个前所未有的巨幅震荡的“新常态”。特朗普反建制和反传统思维的施政宗旨，及由此带来的政治不确定因素和国际贸易纷争对股市产生了巨大扰动，高位运行的美国股市面临着美联储加息预期的不确定性，同时大量机构采用量化交易强化了投资行为的一致性等现象或许能帮助我们理解华尔街的“新常态”。（译者根据公开资料整理）

美国是世界上主要国家当中唯一对美国公司[1]在全球范围的收入

1. 即注册在美国的公司。——译者注

进行征税的国家，而不仅仅是对其在美国境内创造的利润课税。虽然外国企业[1]在母国的所得税可以抵扣，但由于这些国家的税收比例总是低于美国，因此，如果注册在境外的美国企业把利润汇回美国的话，其利润也将被征税。因此，迄今有超过2.5万亿美元的美国公司的利润滞留于境外。

如果美国的企业所得税税率能够得以降低乃至完全消除，那么会有一大笔境外美国企业的利润因免予征税而汇回美国并参与美国经济，用于投资或用于回购股票，并由此提振股市。

但影响最大的是，如果企业所得税税率降低，那么自然就会增加企业的税后利润。如果一家公司的税前利润为10亿美元，在35%的税率下，税后其利润为6.5亿美元；然而在15%的税率下，税后利润则为8.5亿美元，瞬间暴增30%。

而股票价格当然是以公司未来收益为基础进行预测的。如果这些公司的未来收益预期上涨30%，股价当然就会随之抬升。

同样重要的是，特朗普新政府被认为比奥巴马政府对商业更为友好。特朗普的内阁任命已经证明了这一点，其中很多都是职业生涯非常成功的商界人士。

奥巴马政府在其任内的8年间极大地增加了公司监管方面的负担。这对股价来说自然是利空。这些监管规定不仅大大加重了企业向监管机构报送各种文件的负担，而且限制了企业获取利益的业务来源和方法。许多联邦政府的土地和近海水域都被封锁，禁止用于商业开发、养殖、捕捞和矿物开采，而这种状况多半会被新政府扭转。

奥巴马任期内发布的最繁重的监管条例就是《多德-弗兰克法案》（以其在国会的两位主要提议者的名字命名），这项法案让联邦政府的

1. 即注册在境外的美国公司。——译者注

金融监管机构增添了很多监管权限，以防止华尔街再次遭遇 2008 年那样的危机。虽然其中一些监管条例是合理的，但很多内容只是试图将 2008 年金融危机归罪于华尔街，从而推卸政府自身应负的责任。

时代广场的繁华与中国元素。虽然特朗普当政刚刚开始，但华尔街已经对新政府的政策做出了积极的回应，道琼斯指数连创新高，失业率已降至温和水平，通胀持续处于低位，纽约时代广场的繁华尤胜于 20 世纪 90 年代末期，经济复苏的迹象已非常明显。在时代广场广告牌的最高处，清晰可见的是中国新华社的广告。（译者 2017 年 6 月摄于纽约时代广场）

此前，《多德-弗兰克法案》中的一些条例已因违背《宪法》精神而被法院废除，而特朗普已经表示他将废除更多的条例。对此当然华尔街也给予了正面的回应。

监管的负担对小企业来说总是最重的，而往往是这些企业在经济增长和创造就业方面做出了最大的贡献。即使在 2009 年 6 月经济衰退结束之后，美国的经济增长在随后的奥巴马政府任期中也没有大的改变。经济增长未曾在任何一年达到过 3% 的水平，而这是美国经济长期增长的基准水平。如果特朗普政府能够将经济增长达到这个水平并保持住，那么经济必将繁荣，而华尔街的牛市当然也会随之而来。

奥巴马政府还有一个显著的特色，就是非常亲劳工。奥巴马对劳工部和国家劳动关系委员会的任命都强烈倾向于劳工，并倾向于从有利于劳工的角度对法律进行阐释。这当然增大了企业提高利润的难度。特朗普政府在劳资关系方面则表现出更有利于商业发展的倾向。这当然也对股价是一种利好。

过去 20 年来，美国经济中最重要的变化是页岩气的出现和开采水平的提高。毋庸置疑，这对华尔街已经产生了很大的影响，而特朗普的新政府很可能会强化这种影响。美国石油产量几十年来一直在下降，而从国外进口石油的成本越来越高，这对美国的贸易平衡和地缘政治地位产生了负面影响。但是，水力压裂开采页岩气的方法已经扭转了这种局势，美国油气产量迅速增加。这使得美国再次成为世界领先的石油和天然气生产国，并一举超过了俄罗斯。

譬如北达科他州，得益于巴肯油田区[1]大量的页岩气储存量，已经从 20 年前的一个小型石油生产州转变为全国仅次于得克萨斯州的大型油气产地（而得克萨斯州也得益于大量的页岩气存储而油气产量剧增）。

深受环境保护主义的影响，奥巴马政府限制对土地的压裂开采，尤其是对联邦所属的土地。而且奥巴马政府延缓甚至否决修建石油管线，使得北部地区开采的页岩油气不能很快运送到南部的炼油厂。特朗普已经推翻了很多奥巴马政府的监管规定，美国的石油和天然气生产在未来几年很有可能会实现持续惊人的增长。我们怎么评估这对地缘政治的影响都不为过，但这也确实有助于美国国内的能源价格保持低位。

由于能源是经济运行的基础元素之一，这无疑将对美国经济产生积极的影响，因而长远来看也会推动股市上行。

虽然特朗普当政刚刚开始，但华尔街已经对新政府的政策和实施次序做出了积极的回应。这种情形看来会延续下去，至少从短期来

1. 指北达科他州的巴肯盆地区域，是美国四大页岩气产区之一。其他三个产区分别为鹰滩（EagleFord）、二叠纪（Permian）以及奈厄布拉勒（Niobrara）。——译者注

看如此。

中美贸易纷争的前身后世

2018年3月以来，中美贸易争端经历多轮起伏。三轮磋商后，在2018年12月1日的G20峰会上，习近平主席与特朗普总统达成共识，同意进行为期90天的谈判，并在谈判期内暂停新增贸易措施。

关税问题具有复杂的历史渊源。在1929年美国股灾后，胡佛政府为保护美国产业，对当时美国的主要贸易对手欧洲施加高关税，后者报复，将世界两大经济体同时带入了冰河期。美国进入了“大萧条”时代，陷入经济社会困境的德国选择希特勒来领导国家，后者带来了人类历史上最大的灾难。这一惨痛教训使得美国和国际社会认识到高关税的高昂成本，美国从此走上了逐步下调关税的百年历程。伴随这一过程的是美国产业竞争力的不断提高、美国消费者的福利大幅度增加和全球自由贸易体系初步建立。

中美贸易纷争可以分为贸易争端、科技竞争和大国博弈三个层次，涉及短期和中长期等多重因素，其出现有一定的偶然性和必然性，也说明中美关系进入了合作与竞争共存的新阶段，具有长期性和高度的复杂性。我们应该积极引导中美关系进入良性竞争状态，强化经济互动，形成“你中有我、我中有你”的交融格局，跨越修昔底德陷阱，建设人类命运共同体。（根据译者2018年7月《中美贸易战：动因、展望和策略》一文及公开资料整理）

* * *

至少从 19 世纪 50 年代起，华尔街就一直是美国的金融中心。它也雄踞世界金融中心的地位长达一个多世纪了。但这种情况能够延续多久呢？

倒不是说会有另外一个金融中心在规模或重要性上超过它。在全球范围内，仅有伦敦、上海和东京能够勉强接近纽约在世界金融体系中的核心地位。但随着人类加快进入数字时代，世界对于一个在物理上高度集中的金融中心的需求将会减弱，而且这个趋势无疑会延续下去。

重建后的世界贸易中心建筑群，共六座新的摩天大楼。中央高楼为一号楼，下方低层建筑为“9 · 11”纪念馆（即原世贸中心双塔所在位置）。（译者摄于 2017 年）

一个市场的边界受限于信息能够瞬间传达的范围，这就是为什么早期华尔街的信使现已所剩无几（即跑步者）[1]。在早年的华尔街，他们折返于经纪人办公室和交易所大厅。当时的纽约金融市场最多只有 1 平方英里的大小。但电报和电话的出现使其范围大大增加了。报价器能够将当前股价传递到全国各地，电话可将订单瞬间发送到交易所大厅。但纽约证券交易所和商品交易所大厅的撮合对价格的形成仍然至关重要。此外，

1. 这里原文为 runner，前文译为跑腿者，这里译为跑步者，意为信使是跑步送信的，以节省传递信息所需的时间。——译者注

还需要有成群的文员对各种订单进行处理，这使得华尔街在交易日总是熙熙攘攘，人声鼎沸。

而计算机和互联网已经改变了这一切。现在大部分交易根本不需要任何人工操作，许多交易所已经关闭了它们的交易大厅，而通过互联网进行一切操作。

而华尔街周围的街区也已经从根本上改变了。50 年前，华尔街从星期一到星期五都是人来人往的，而在晚上和周末则几乎无人问津。然而，20 世纪 80 年代和 90 年代在曼哈顿市中心西岸的一个垃圾填埋场上建立起来的巴特雷公园城[1]，形成了华尔街周围一个新的主要住宅公寓区。

随着许多银行和金融机构搬迁到新区或纽约中城，很多旧办公楼已经转为公寓。如今，华尔街作为商业中心的属性逐渐褪色，而以一个充满活力的新住宅公寓区的角色蓬勃发展起来。

由于互联网和自动化的发展，美国金融行业从业者的人数正在减少。2006 年有 840 万人从事金融工作，从银行职员到金融机构的首席执行官。从那时到现在，虽然美国全国人口增长了 8%，但今天全美只有 830 万人在从事金融工作。失去的这些工作有近 1/4 是纽约的职位。

2008 年金融危机之前，纽约金融从业人员有 188 900 名，今天少了 11 900 人。其中一个原因是，一部分工作机会转移到了劳动力成本和税率较低的地区，如南达科他州。同时，在印度的美国金融机构工作的人员数量也急剧增加；美国最大的四家银行目前已在印度雇用了 12 500 人，比 2008 年增加了 50%。

1. 紧邻华尔街的一个街头公园。——译者注

受电子化交易影响，纽交所大厅不再像从前那样人声鼎沸，而更多地变成了游客参观的景点。从图中可见，如今的电视屏幕和计算机终端依然围绕着当初的交易柱。（译者摄于 2017 年）

虽然金融业的整体薪酬仍然不错，但它已不像往日那么丰厚了。考虑到通货膨胀因素，华尔街的年底奖金与 15 年前相比下降了约 5%。

随着彭博终端这些技术的进步，信息事实上已经可以在全球范围内瞬间得以传播。不过即便如此，人和人之间当面互动的需求永远也不会消失，即便在全球范围内各个城市的商业中心越来越分散。

因此，这个世界上总会有一个华尔街存在，虽然大部分情况下华尔街是作为美国金融业的代名词出现的。只要人们需要寻求资本来发展经济，为世界创造更多的繁荣，他们总会到华尔街来。但是，华尔街现在已经不仅仅是曼哈顿下城的一条短短的、弯弯曲曲的小街，今天的华尔街的触角已伸向全世界，它无处不在。

人工智能与现代金融业的再造

数十年前，程序化交易和电子交易平台开始取代一部分证券交易员的工作；近年来，移动支付和区块链等金融科技快速蚕食商业银行的地盘；今天，人工智能的兴起开始影响到金融业的几乎各个方面，理财顾问、信贷审核、保险精算、清算结算等。从金融机构到金融监管部门，对人工智能的态度已经从观望逐渐转为主动拥抱。

报道称，高盛位于纽约的股票现金交易部门从600个交易员锐减到2人，纽约梅隆银行已投放了超过220名“机器人”处理业务，全球最大的资管公司贝莱德用量化投资策略代替约40名主动型基金部门员工，摩根大通新上线的合同解析软件可以在数秒内完成律师和贷款人员每年需要数十万小时的工作，Fintech（金融科技）成了一个常用词并正式成为一个产业……预计到2025年，全球金融机构将裁员10%，影响到近23万人。

除了IT业本身，金融业是应用人工智能最多的行业，或许因为金融本质上也是关于数字的行业。无疑，华尔街将再次被新技术革新和改造。（译者根据公开资料整理）

而且，即便华尔街再次发生危机，它也不会就此止步，至少从长远来看不会。

尽管有数不清的海难，人类依然扬帆出海。同样的道理，尽管有无数次金融危机，人们依然会进入这个市场，辛勤地低买高卖，怀着对美好未来的憧憬，将手里的资金投入股市，去参与这场伟大的博弈。这和人们去探险——去看看地平线以外的未知世界，是一个道理，它们都是我们人性无法分割的一部分。事实上，在资本市场上博弈和到未知世界去探险都源于我们人类的同一种冲动，因为市场的边界就是充满未知的未来。

上图为美国纽约曼哈顿，下图为中国上海浦东。

正是通过这样一个过程——通过人们参与这场伟大的博弈，并在游戏规则内不断追逐他们各自的利益，人类不停地推动着“看不见的手”，使这个世界变得更加富足，更加丰富多彩。

附录

本书译者专栏索引

图书在版编目（CIP）数据

伟大的博弈 /（美）约翰 · S. 戈登著；祁斌编译
. -- 北京：中信出版社，2021.4
（中信经典丛书 . 006）
书名原文：The Great Game
ISBN 978-7-5217-2896-5

Ⅰ . ①伟… Ⅱ . ①约… ②祁… Ⅲ . ①金融－经济史
－研究－美国 Ⅳ . ① F837.129

中国版本图书馆 CIP 数据核字（2021）第 048316 号

伟大的博弈
（中信经典丛书 · 006）

著　　者：［美］约翰 · S. 戈登
编 译 者：祁斌
责任编辑：章文
出版发行：中信出版集团股份有限公司
（北京市朝阳区惠新东街甲 4 号富盛大厦 2 座　邮编　100029）
承 印 者：北京盛通印刷股份有限公司

开　　本：880mm × 1230mm　1/32　　印　　张：130.75　　字　　数：3022 千字
版　　次：2021 年 4 月第 1 版　　印　　次：2021 年 4 月第 1 次印刷
京权图字：01-2010-4672
书　　号：ISBN 978-7-5217-2896-5
定　　价：1180.00 元（全 9 册）

扫码免费收听图书音频解读

滚雪球

巴菲特和他的财富人生（上）

THE SNOWBALL

WARREN BUFFETT AND THE BUSINESS OF LIFE

[美] 艾丽斯 · 施罗德
著

覃扬眉
丁颖颖
张万伟
张春明
张艳云
译

中信出版集团 | 北京

沃伦·巴菲特 9 岁那年的冬天，他和妹妹伯蒂在院子里玩儿雪。沃伦用手接着雪花，一开始是一次一捧。接着，他把少量的积雪铲到一块儿，捧起来揉成一个雪球。雪球变大之后，沃伦推着它在地上慢慢地滚动。每推动一次，雪球就会沾上更多的雪。他推着雪球滚过草坪，雪球越来越大。很快，沃伦把雪球滚到了院子边上。片刻犹豫之后，他继续向前滚动雪球，穿过了附近的街区。从那时开始，沃伦一直朝前行进，目光投向白雪皑皑的整个世界。

目录

第一部分

大泡泡

1

不作逢迎

奥马哈　2003 年 6 月

沃伦·巴菲特靠向椅背，跷起腿，坐在他父亲霍华德那张简陋的木桌后面。他那件价值不菲的杰尼亚上装肩膀处打着褶儿，像是批量生产出来的便宜货。每天，无论伯克希尔-哈撒韦总部的其他 15 名员工如何着装，巴菲特都是这身行头。他穿着一件普普通通的白衬衣，衬衣领子太小，将脖子勒得紧紧的，领结与领口不太贴合。看上去这衬衣是他年轻时买的，而且在过去 40 年中，他似乎都忘了量一量脖子的尺寸。

他的双手穿过几缕花白头发，交叉握于脑后。粗浓的眉毛横卧在玳瑁眼镜上方。很多时候，这眉毛展示出了他的怀疑、了然或迷惑不解。一眨眼工夫，他又会浮出一丝不易察觉的微笑，令随性的眉毛增添迷人的魅力。他那双淡蓝色的眼睛精光聚敛，似有所思。

沃伦坐在那里，周围是 50 年来收到的各种纪念品。在办公室外面的走廊上，内布拉斯加玉米剥皮者橄榄球队的照片、他参演一部肥皂剧所得的薪水支票、他购买长期资本管理公司对冲基金的报价书（对方未接受）和可口可乐纪念品四处摆放。在办公室的咖啡台上，放着一个经典的可口可乐瓶。此外，屋里还有一只用人造荧光树脂做成的棒球手套。沙发的一边，挂着沃伦 1952 年 1 月读完戴尔·卡内基公共演讲课程的证书。一个富国银行的运钞马车模型放在书架顶上，车头朝西。书架上还有沃伦的投资合伙企业旗下的《奥马哈太阳报》在 1973 年获得的普利策奖杯。书和报纸散落在房间里。书柜上、靠墙的桌子上、桌子旁边的柜子上面都放着家人和朋友的照片。在桌子后面、沃伦头顶上方的墙上，挂着一幅他父亲的肖像，正对着每一个进入房间的人。

窗外，奥马哈晚春的清晨景色宜人，但是褐色的木制百叶窗紧闭着，遮蔽了满帘春色。面对他桌子的电视被调到 CNBC（消费者新闻与商业频道）。虽然电视没有声音，但屏幕最下方滚动的文字全天都在满足巴菲特的新闻需求。有好几年，电视里播放的新闻经常与巴菲特有关，这让他很高兴。

然而实际上，只有寥寥几人非常了解巴菲特。我和他相识 6 年了，一开始，我的身份是研究伯克希尔-哈撒韦股票的金融分析师。没多久，我们建立了友谊。但如今，我依然需要更好地去认识他、了解他。我们坐在沃伦办公室里的原因是，他不打算自己动手写这本书。动来动去的眉毛配合着他说话的节奏，他反复说："你会干得比我好，艾丽斯。我很高兴由你来写这本书，而不是我。"他这么说的原因我会在之后一一道出。言谈之间，我们开始从最接近他内心的东西聊起。

"沃伦，这念头到底是怎么形成的？你对赚钱为什么会如此用心？"

他的眼睛望向远处，似乎思绪万千，在搜寻那些储存在大脑中的记忆。然后，沃伦开始讲他的故事："巴尔扎克说，每一笔财富的背后都隐藏着一桩罪恶，[1] 但伯克希尔绝非如此。"

他从椅子上起身，收起思绪，几大步跨到另一端，坐进一把芥末色的锦面扶手椅子。他身子前倾，那神情不像一位 72 岁的金融家，更像是一个少年把他的初恋娓娓道来。如何诠释这个故事，要采访哪些人，写些什么，全部由我构思。巴菲特详尽地谈论了人类天性和记忆力的脆弱，然后说：“当我的观点和他人不同的时候，艾丽斯，选择不太讨巧的那个。”

巴菲特给我上了很多课，最精彩的一些来自我对他的观察。第一堂课就是：以谦卑之态屈人之兵。

事后看，没有太多理由去选择那个不讨巧的观点，但是，当我这么做的时候，通常是因为人类的天性而非脆弱的记忆力。这类事情中有一件事发生在 1999 年的太阳谷。

2

太阳谷

爱达荷　1999年7月

沃伦·巴菲特走出轿车，从后备厢中拖出旅行箱。他穿过护栏的大门，走向机场的停机坪。那里停放着一架反射着阳光的白色湾流IV型喷气机——和区域性商业客机一般大小，是1999年最大型号的私人飞机。它正等着巴菲特和他的家人。一名飞行员从巴菲特手里接过旅行箱，放进飞机的行李舱。看到巴菲特亲自驾车并从车里拿出自己的行李，几乎每个第一次和巴菲特一起旅行的飞行员都会吃惊。然后，巴菲特走上舷梯，向乘务人员打招呼并走向靠窗的座位，尽管整个飞行途中他都不会朝窗外看一眼。巴菲特的心情很轻松，几周之前，他就期待着这次旅行。

同行的有巴菲特的儿子彼得及其妻子珍妮弗、女儿苏茜及其男友，还有两个孙子辈的孩子。45英尺长的机舱里摆放着奶咖色的皮革太空椅，一行人坐在了椅子上。当乘务人员从机上厨房——里面堆满了家人喜爱的零食和饮料——拿出饮品时，他们转动椅子，避开流线型墙面板，好让自己的空间更宽敞。沙发上放着一堆杂志：《名利场》《纽约客》《财富》《游艇工业》《罗博报告》《大西洋月刊》《经济学人》《时尚》《瑜伽》。乘务员是个女孩，她没给巴菲特送来杂志，而是抱了一堆报纸给他，外加一小篮薯片和一瓶樱桃可乐——和他那件红色的内布拉斯加毛线衫很是相衬。巴菲特向她表示感谢，并和她聊了几分钟，缓解她第一次和老板飞行的紧张情绪，然后让她告诉她的同事，他们都已准备就绪，飞机可以起飞了。之后，飞机顺着跑道滑行，腾空，然后拉升到4万英尺高。之后的两个小时，巴菲特一直埋头读报。其余6人在巴菲特周围玩闹、看电视和打电话，乘务员则在枫木餐桌上铺好桌布，摆好插满兰花的花瓶，然后回厨房准备午饭。巴菲特专心致志地阅读着报纸，仿佛是一个人在家学习。

他们乘坐的飞机价值3 000万美元，为“分权所有型”[a]喷气机。这架飞机为1/8分权，即8个所有者共享，但是共享者拥有的是每月固定时数的飞行，搭乘的飞机不固定。因此，全部的所有者想用的时候飞机均可立即起飞。飞行员、飞机维护人员、准备午餐的乘务员都是奈特捷公司的职员，提前6小时安排好。奈特捷公司属于沃伦·巴菲特的伯克希尔–哈撒韦公司。

过了一会儿，湾流IV型飞机飞越了斯内克河平原，飞向索图斯山脉——白垩纪巨变后产生的黑色古老花岗岩质的山脉，炙烤于夏日艳阳之下。飞机在明媚、澄澈的天空中飞行，进入伍德河河谷，飞行高度下降到8 000英尺。在这个高度上，飞机开始遭遇下方褐色丘陵地形对上方天空发出的地形波冲击。当飞机摇摆、机上的人随之颠簸的时候，巴菲特继续着他的阅读，稳若泰山。从窗口往下看，灌木丛点缀着山脊，成排的松树顺着风向、沿着峡谷之间的山脊一路延伸。

a. 分权所有型（fractional ownership）是指有意购买商务喷气机的买主，无须购买整架飞机，而是购买1/4、1/8或其他比例的所有权，由商务喷气机公司来进行操作，包括飞行及维修。——译者注

看到预期的景致，巴菲特一家都露出笑颜。飞机继续下降，在穿过顶上山峰之间的狭窄缝隙时，正午的阳光将飞机拉长的阴影投到古老的矿业城市——爱达荷州的黑利市。

片刻之后，飞机降落在弗里德曼纪念机场。巴菲特走下飞机，来到停机坪，在7月的阳光下眯眼望去，两辆SUV（运动型多功能车）早已停候在飞机旁边。这两辆车由赫兹公司[a]的工作人员驾驶，他们无论男女都穿着金色和黑色相配的公司T恤衫。不过，T恤衫上写的不是“赫兹”，而是“艾伦公司”（Allen & Co.）。

孩子们蹦跳着向前，飞行人员把行李、网球拍、巴菲特的红白两色高尔夫球包放进SUV。接着，巴菲特和家人与飞行员、乘务员握手道别，坐进SUV。经过太阳谷航空航运服务公司之后，他们乘着摇晃的SUV穿过机场的大门，驶上那条通往山顶的路。

8分钟后，另一架喷气机抵达机场，驶向自己的停机位。

在整个洒满金色阳光的下午，一架接一架的飞机从东南边或西面进入爱达荷，降落在黑利市：重型的赛斯纳“奖状”型飞机、迷人的里尔喷气机、高速的红鹰、豪华的猎鹰，其余大部分都是外形很威风的湾流IV型飞机。时间慢慢过去，众多在阳光下闪光的白色巨型飞机成排停在跑道上，远远望去，像是商店橱窗里摆满了玩具。

巴菲特一家循着道路标记，出机场后向前行驶了数英里，开往凯彻姆小镇——位于索图斯国家森林公园边上，就在埃克霍恩水道的拐弯处附近。行驶几英里后，他们绕过多勒山，几处褐色的斜坡之间有一片绿色地带。就在松树和微微泛光的白杨林带，坐落着太阳谷，这个山脉中神话一般的疗养地。海明威在这里写成了小说《战地钟声》，奥运会滑雪和滑冰运动员将此地视为他们的第二故乡。

a. 赫兹公司是全球著名的汽车租赁公司。——编者注

巴菲特一家在这个星期二下午所遇到的家庭出游潮全都和艾伦公司有关——这是一家精品投行，精于媒体和通信行业。艾伦公司促成了好莱坞最大的几桩合并交易，并且十多年来一直主办一系列年会，在太阳谷款待客户和合作伙伴，提供休闲娱乐。公司首席执行官赫伯特·艾伦只邀请他喜欢的人，或者是那些他认为至少可以与之共事的人。

因此，这个会议名人和富人云集，有好莱坞的制片商和明星，比如坎迪斯·伯根、汤姆·汉克斯、罗恩·霍华德、西德尼·波拉克，娱乐业巨头巴里·迪勒、鲁伯特·默多克、罗伯特·伊格尔以及迈克尔·艾斯纳，出身社交名门的新闻业人士汤姆·布罗考、黛安娜·索耶和查理·罗斯，IT（信息科技）业的比尔·盖茨、史蒂夫·乔布斯和安迪·格鲁夫。每年都会有一群记者守在太阳谷聚会地的外面。

记者会提前一天来到新泽西的纽瓦克，在机场或者是其他类似的登机点，搭乘商业航班来到盐湖城，然后跑到登机口的等候区，坐在拥挤的人群中，等着飞向诸如怀俄明州卡斯珀、艾奥瓦州苏城的航班。时间一到，他们会搭上一架螺旋桨飞机，颠簸一小时来到太阳谷。到目的地后，他们的飞机会驶向机场另一端一个网球场大小的出口。他们可以在那里看到一群皮肤晒成棕黑色的艾伦公司的年轻工作人员，这些年轻人身穿印有“SV99”[a]彩色字样的球衣和白色短裤，正在欢迎少数乘商务飞机到达的艾伦公司客人——这些客人可以立马被辨认出来：男士穿着西式靴子、Paul Stuart（保罗·斯图尔特）品牌的短袖、牛仔裤；女士穿着山羊绒上衣，戴着弹珠大小的绿松石珠子。艾伦公司的职员已经事先根据照片记下了那些新面孔。他们会拥抱过去几年已经认识的客人，仿佛是多年的老友，然后迅速接过客人的包，把东西

a. SV99，为“Sun Valley 1999”的缩写，意为“太阳谷 1999”。——编者注

放在不远处等候的 SUV 上。

记者会去租车处租辆车，开到聚会地，此时他们敏感地意识到自己身份地位的低微。之后数天，太阳谷的很多地方都会彰显“私人”特色——房门紧闭，保安设施无处不在，花篮高悬，并摆放大型盆栽植物，以阻挡那些窥探的眼光。记者会在室外潜伏，嗅着灌木的气息。[1] 自从迪士尼的迈克尔·艾斯纳和美国广播公司的汤姆·墨菲在 1995 年的太阳谷年会中构思出他们的公司合并案以来，聚集于此的新闻媒体规模一直在扩大，太阳谷呈现出戛纳电影节那种商业氛围。但是，太阳谷爆出的合并案只是冰山一角。太阳谷聚会远不是为了达成交易，虽然交易吸引了大多数的媒体。每一年，都有某家公司在爱达荷的某座山里召开秘密会议，对某笔生意进行谈判的传闻。因此，当 SUV 一辆接一辆地开过时，记者们都试图透过车的前窗看看里面坐着谁。当有新闻价值的人物到来时，记者们会追踪他们的“猎物”进入聚会地，手里摆弄着照相机和麦克风。

当沃伦·巴菲特走出他的SUV时，记者们很快就认出了他。艾伦公司的董事、巴菲特的朋友唐纳德·基奥这么说过：“会议的基因里已经植入了这个人。”[2] 大多数媒体人都喜欢巴菲特——为了不招人讨厌，他行事富有技巧，不怕麻烦，公众形象简单而率直，而且看起来很真诚。然而，巴菲特过着复杂的生活。他有 5 套房子，但只在其中两处居住。不知出于何种原因，巴菲特有过两任妻子。他说话爱引用家乡的俗语，眼中透着慈祥。他有一帮忠诚的朋友。但是，一路走来，他给人的却是强硬、冷酷的商人形象。巴菲特似乎想避开公众，但结果是，他所吸引的公众注意力几乎要多于地球上其他任何人。[3] 巴菲特乘坐湾流 IV 型飞机去全美各地，经常参加名人聚会，有众多名流友人，但是，他说他最喜欢奥马哈、汉堡和节俭的生活。他说他的成功是基于一些简单的投资理念和每天满怀热情的工作，不过，如果事情只是如此，为什么没有人能够复制呢？

在走过摄影师身边的时候，巴菲特总是会主动挥手打招呼，并露出祖父般慈祥的笑容。摄影师们用胶片捕捉下巴菲特的举止，然后开始盯下一辆车。

巴菲特驾车兜上一圈之后，就前往具有法国乡村风格的共管式私有公寓，这是一处令人向往的世外桃源，游泳池和网球场边花团锦簇，是赫伯特·艾伦安置其贵宾的地方。屋里通常准备了赠送的礼物：印有“SV99”字样的艾伦公司的上衣、棒球帽、拉链绒面衣和球衣——每年的颜色都不同，还有带拉链的笔记本。尽管巴菲特的财富超过 300 亿美元——足以购买 1 000 架湾流 IV 型飞机——但是，很少有比从朋友那里得到一件免费的高尔夫短袖衫更令巴菲特觉得高兴的事了。他花了好一会儿仔细察看今年的赠品。不过，更令他感兴趣的是赫伯特给每位客人的私人留言条，以及关于这次精心组织的聚会的日程表，上面说明了本年的太阳谷聚会为巴菲特都做了哪些准备。

时间精确的计划，详细周到的安排，如同赫伯特那一尘不染的法式回褶袖口，对巴菲特每一天、每个小时都做了安排。日程表清楚地列出了与会发言者及其演讲主题以及巴菲特将出席的午宴和晚宴——这些内容直到现在为止仍是严格保守的秘密。和其他客人不同的是，巴菲特对这些内容的大部分事先都有所了解，不过，他还是想看看日程表是怎么说的。

被称为“太阳谷之主”的赫伯特是年会的幕后导演，他让会议充满着随意自然的奢华。人们总是赞美他情操高尚、才华出众、见解不凡，而且慷慨大方。曾有客人脱口说道：“你会为了得到赫伯特的关注和重视而甘愿将生命置于脑后。”因为担心不再被邀参加太阳谷年会，那些颇有微词的人也很少赤裸裸地说赫伯特“与众不同”：坐不住，没耐心，自高自大。站在身材高瘦结实的赫伯特身影里，你得全神贯注尽力跟上那些像机关枪一样噼里啪啦的话语。赫伯特吼出问题，然后打断答话者，唯恐他们浪费了他一秒钟的时间。他语无禁忌，言论大胆。“华尔街最终会被淘汰。”有一次，他这么告诉一位记者，他自己经营着一家华尔街投资银行，把对手称为“热狗贩子”。[4]

赫伯特保持公司规模的小而精，他手下的投资银行家把自有资金投入业务当中。这种非传统的方式令公司成为客户的合伙人，而不只是客户的服务者——客户是好莱坞和传媒业的精英人物。因此，赫伯特做东设宴，他的客人会觉得这是个人殊荣，而不会觉得自己是被营销人员紧紧盯住的追猎对象。艾伦公司每年会做出详细的社交安排，而这些安排是根据每位嘉宾的私人社交网——艾伦公司所了解的嘉宾的人际关系网——以及艾伦公司认为他们应该认识哪些新朋友做出的。客人入住的度假公寓到酒店会议室的距离、受邀出席的餐会，以及他们旁边坐的人，都因身份而异。

巴菲特的朋友汤姆·墨菲把这类活动叫作“大象聚首”。巴菲特说：“你能请到一群要人前来，是因为如果他们参加了‘大象聚首’，那么就可以让他们确认自己也是头‘大象’。”[5]

太阳谷在这方面无须置疑，因为和大多数“大象聚首”不同，这里的每个人都无法用钱来打动其他人，结果就形成了某种精英伪民主。随之而来让人好奇的一点是看谁没被邀请，而让人心跳加速的地方是，看谁被取消了邀请。不过，在这个阶层内部，人们真的是在发展真诚的人际关系。艾伦公司通过慷慨丰富的娱乐活动提供一场盛大的宴会。活动从头天晚上开始，客人们一副西部装扮，坐上古老的四轮马车，跟着牛仔们驶上一条蜿蜒小道，经过一块螺旋形的天然石头，来到特里尔·克里克·凯宾牧场。太阳快落山的时候，赫伯特·艾伦，或者他两个儿子中的一个会在这里迎接来宾。一盆盆鲜红色的矮牵牛花和蓝色的鼠尾草装饰着白色的大帐篷，牛仔们在帐篷附近表演套绳技艺，给孩子们逗乐。与此同时，太阳谷的老朋友重聚在一起，比肩而立，手里拿着用来盛牛排和三文鱼的餐盘，欢迎新朋友的到来。巴菲特一家最后通常都会在西部的点点星空之下，和朋友们围坐在篝火旁边。

娱乐活动会在周三下午继续——坐在竹筏上，沿着萨蒙河，随性地在非常温柔的白色浪花中顺流而下。在出游中，人人喜笑颜开，因为艾伦公司为所有人的活动做了精心的策划。撑竹筏的人安安静静地引着竹筏穿过山谷，生怕自己打断了来宾间的谈话，打扰了合作联盟的萌芽。现场服务人员雇的是当地人，救护车排队候着，以防有人跌入冰冷的河水中。来宾们一离开竹筏，就会有热毛巾递上来，之后是一盘盘的野餐烤肉。

你会发现，那些不乘竹筏的客人在享受其他的乐趣——飞钓、射击和双向飞碟、山地自行车、桥牌、针织、自然摄影、随处可见的狗狗玩儿飞盘、在室外溜冰场溜冰、在完美的红土场打网球、在游泳池游泳，或者是在如茵的绿地上打高尔夫，他们乘坐的球车上满载着艾伦公司的防晒霜、零食和驱虫剂。[6] 所有休闲活动和谐地进行着，所需要的一切看上去都无须开口，似乎取之不尽。工作人员供应了一切，艾伦公司的员工几乎是隐形的，但又永远适时地提供服务。

不过，百余名面貌姣好的儿童看护人员才是赫伯特的秘密武器。他们大多数一头金发，皮肤晒成深色，身着同款的T恤衫，配搭着艾伦公司的背包。当孩子的父母和祖父母在娱乐的时候，看护人员得不眨眼地看着每个孩子，这些孩子当然也和自己的同伴在一起游戏——在网球中心打球、玩儿橄榄球和K球[a]、乘马车、观看马术表演、溜冰、接力赛跑、划船、钓鱼、艺术活动，或享用比萨和冰激凌。所

a. K球，英式足球与棒球的结合。——译者注

有的看护人员都是经过挑选的，为的是要保证每个孩子玩得尽兴，年年都恳求大人再来这里——同时，看护人员也要令孩子的父母放心、高兴，父母们偶尔会看一眼这些非常具有魅力的年轻看护人员，因为他们能使自己和其他的成人朋友多待上几天，而无须对孩子心怀歉意。

巴菲特一直是对艾伦公司如此款待最心存感激的人之一。他喜欢携全家到太阳谷，因为如果让他独自和孙子们待在山里的度假村，那他可能什么都干不成。除了高尔夫球之外，他对户外运动没什么兴趣。他从来不玩儿双向飞碟或山地自行车。他认为水犹如“牢狱”，让他坐竹筏犹如给他戴上手铐。与参加这些活动相反的是，他如鱼得水地进入“象群”的中心。他玩儿了一会儿高尔夫和桥牌——和全美动画片协会主席杰克·瓦伦蒂比了一场高尔夫，赌注是 1 美元；和马里蒂兹·布罗考打了一场桥牌。然后，和其他人聊天，比如《花花公子》的首席执行官克里斯蒂·海夫纳、计算机行业的迈克尔·戴尔。

有时，巴菲特会离开高尔夫球场，在自己的公寓房间待上好长一段时间。他坐在石制壁炉旁收看商业新闻。[7]窗外，鲍尔迪山被松林覆盖，鲜花盛开的河岸如同波斯地毯：色彩缤纷的羽扇豆、蓝宝石色的飞燕草高高地立着，下面是罂粟花和印第安彩笔花，佛甲草和石莲花依偎在清新的蓝色鼠尾草和婆婆纳之间。不过，巴菲特几乎注意不到这些迷人的景色，他来这里为的是享受赫伯特·艾伦所营造的温馨气氛。[8]巴菲特喜欢和他最亲密的朋友待在一起：凯瑟琳·格雷厄姆和她的儿子唐、比尔·盖茨夫妇、米基·基奥和唐纳德·基奥、巴里·迪勒和黛安娜·冯·弗斯腾伯格、安迪·格鲁夫和他的妻子伊娃。

不过，对巴菲特来说，最重要的一点是，大多数美国家庭的所有成员难得聚在一起，但他可以把自己的大家庭重聚到一起。他女儿苏茜·巴菲特说：“他喜欢我们所有人住在一栋房子里。”苏茜住在奥马哈，弟弟豪伊和妻子德文住在伊利诺伊州的迪凯特，巴菲特的小儿子彼得和妻子珍妮弗住在密尔沃基。

与巴菲特结婚47年，如今和他两地分居的妻子苏珊从旧金山的家里飞来和他们见面。巴菲特20多年的伴侣阿斯特丽德·门克斯，则一直住在奥马哈的家中。

周五晚上，沃伦·巴菲特穿上一件夏威夷短袖衫，陪妻子一起去参加在公寓旁的网球场上举行的传统泳池派对。大部分客人都认识苏珊，也很喜欢她。在灯火通明的奥林匹克泳池前，伴着火炬灯的光影，她会演唱怀旧歌曲，成为泳池派对的焦点。

今年的聚会中，鸡尾酒和朋友情谊流淌其间，人们谈论着刚刚了解到的新名词——B2B（商家对商家）、B2C（商家对客户）、网络旗帜广告、宽带——这些词儿成了阿尔·奥霍尔乐队的竞争者。整个周末，伴随着人们的握手、亲吻和拥抱，一种隐约的不安如烟雾一般在午餐、晚餐和鸡尾酒会中弥漫开来。一批新近出现的IT高管带着异乎寻常的狂傲，向一年前从未听说过他们的人介绍自己，某些人表现出的傲慢和太阳谷通常的氛围格格不入。[9]一般情况下，太阳谷会以一种决定性的非正式因素起主导作用，赫伯特·艾伦会用某种不成文的规则来对付狂妄自大的人，他们的下场就是以后再也不会被邀请参加年会。

当年会的重要嘉宾发表演说时，气氛变得凝重起来。公司的高管、政府的高官以及日程表上列示的其他演讲者，在太阳谷的发言和他们在其他地方的讲话大为迥异。但出了太阳谷会场的大门，几乎没有人私下谈论他们发言中的任何言论。记者们被禁止入内。一些著名的记者，以及拥有电台网络和报纸的传媒业大亨坐在听众席，但都尊重守口如瓶的原则。因此，演讲者们只对与他们同等身份的圈内人尽情发挥，讲述重大且往往真实的事，这些内容在媒体面前从不会被说得明明白白，因为它们太过直白、太易透出讽刺意味，或者说太有可能被误读。一般的记者会在外面设伏，希望能听到里面传出的只言片语。

今年，互联网的新晋大人物一直都趾高气扬，宣扬他们的宏伟目标，大肆夸耀自己新近出炉的公司并购案，并希望从在座的资金经理们那里筹得资金。那些管理着他们的养老金和储蓄的资本持有人控制着令人惊叹的巨额财富：超过1万亿美元。[10]1999年的1万亿美元相当于整个美国的个人所得税收入，足够为9个州的每户家庭买一辆全新的宾利轿车。[11]你可以在芝加哥、纽约、洛杉矶买下所有的房产。有些需要资金的企业会上台做企业演示，希望下面的听众能给他们提供资金支持。

这一周的早些时候，以汤姆·布罗考为首、名为“互联网和我们的生活”的团队举办了一连串的演示，主题是关于互联网将如何再造通信行业。在线旅游公司的杰伊·沃克带着听众去互联网那令人眩晕的美妙世界畅游了一番——信息高速公路被认为可与1869年铁路时代的来临相媲美。高管们一个接一个为自己的公司计划了炫目的未来，未来不再受仓储和地域的限制。会场里充满了关于未来的醉人气息。这一切如此诱人，有些人深信不疑，认为一个全新的世界正呼之欲出，还有人则想到了万金油推销员。开IT公司的家伙们将自己视为“将火种带给凡人的普罗米修斯”那样的天才。现在，那些在旧经济中开发、制造无趣乏味的生活必需品，比如汽车零件、草坪护理工具的公司则关心自己应该购买多少新技术。一些互联网公司的股票基于根本不存在的巨额盈利进行交易，而生产实物的实体企业的价值却在降低。当IT股票压倒旧经济，在之前3年半时间里才翻了一番的道琼斯工业平均指数，现在仅用了4个月就突破了一度遥不可想的1万点大关。

发言的间歇，很多新富阶层人士聚集在被隔离保护起来的露天餐厅。餐厅旁边是达克池塘，池塘里有一对天鹅在游水。在这里，任何客人——但不能是记者——都可以在身着卡其裤、开司米羊绒衫的一大群人里缓缓走动，去向比尔·盖茨或安迪·格鲁夫问上一个问题。

与此同时，新闻记者们对互联网名人紧追不放，往返于其居住的公寓和会场，这种场景放大了他们已经膨胀的自大情绪，这种情绪已经渗透到 1999 年的太阳谷年会中。

整个周五的下午，一些互联网的新兴风云人物都在游说赫伯特·艾伦，希望自己能加入知名摄影师安妮·莱博维茨在次日下午为《名利场》杂志拍摄的“传媒全明星”阵容。他们认为自己被邀请到太阳谷的原因是自己是时下的名人，并难以相信莱博维茨已经自行选定了拍摄对象，比如，为什么莱博维茨会选择巴菲特——他对传媒业的影响是间接的，是通过董事会成员资格、广泛的人际关系影响，以及或多或少的传媒业投资。此外，巴菲特还是个老派传媒人士。这些新兴人物很难相信，刊有巴菲特照片的杂志能卖得出去。

这些属于未来全明星阵容的人觉得自己被轻视了，因为他们非常清楚传媒行业的天平已经移向了互联网。他们的确不受重视，即便是赫伯特·艾伦自己都认为对 IT 和传媒业股票进行估值的“新模式”不可靠。这种新估值模式的根据是点击率、眼球数和对遥远未来的预期，而不是公司的赢利能力。“新模式，”他对此嗤之以鼻地说，“就像是新的做爱姿势，根本就是胡扯。”[12]

次日早上，代表着“旧模式”的巴菲特很早就起床了，因为他是今年年会的闭幕演讲人。巴菲特总是拒绝在其他公司举办的会议上发言的邀请，但是，只要赫伯特·艾伦请他在太阳谷年会上发言，他都会同意。[13] 星期六早上的闭幕演说是年会的一大要事，因此，几乎所有人都不再去高尔夫球场，也不去钓鱼，他们都到太阳谷会场吃自助早餐，然后找个座位坐下。今天，巴菲特会对股票市场发表看法。

鼓吹者们所推动的市场令 IT 股票急速冲到了疯狂的高点，私下里，巴菲特对此持批评态度。IT 股票的表现令伯克希尔–哈撒韦望尘莫及，而巴菲特不购买IT股票的严格纪律似乎也过时了。但外界的评论对巴菲特的投资方式丝毫没有影响，直至今天，巴菲特发表过的唯一公开声明就是他从来不做市场预测。因此，他决定站上太阳谷的发言台发表如此的演讲，这是前所未有的事情，也许是时机到了。巴菲特有着坚定的投资信念，而且有迫切的欲望想要讲出来。[14]

巴菲特花了两周时间准备这次发言。他明白，市场并不只是人们买卖股票的地方，股票似乎是赌场里的筹码，筹码则代表了公司业务。巴菲特思考的是筹码的总体价值。这些筹码值多少钱？然后，巴菲特会从源源不断的文件中评估公司以往的业绩。互联网的出现并不是新技术第一次震动股票市场。商业发展史上充满了新技术——铁路、电报、电话、汽车、飞机、电视……都是加快沟通的革命性的方式——但是，这些发明当中有多少已令投资者发财致富呢？巴菲特将要对此进行说明。

在自助早餐之后，克拉克·基奥走上演讲台。巴菲特和基奥一家相识多年，他们在奥马哈是邻居。巴菲特是通过克拉克的父亲唐纳德才加入太阳谷活动当中的。唐纳德·基奥是可口可乐的前总裁，艾伦公司的现任董事长。1982年可口可乐从艾伦公司购买哥伦比亚电影公司的时候，唐纳德认识了赫伯特·艾伦。赫伯特不着痕迹的营销方式给基奥和可口可乐的首席执行官罗伯托·戈伊苏埃塔留下了深刻的印象，于是他们说服艾伦加入了可口可乐的董事会。

唐纳德·基奥是艾奥瓦州苏城一位牧场主的儿子，做过侍应生。目前，他名义上已从可口可乐退休，但是，他的生活仍然和“真家伙”[a]紧密相连。而且他的影响力如此之强，以至于有时他被称为公司的“影子首席执行官”。[15]

a. 真家伙（Real Thing）是1969年可口可乐的著名广告语。——译者注

当基奥一家在20世纪50年代成为巴菲特的邻居时，沃伦·巴菲特曾问唐纳德如何支付孩子的大学费用，并建议他投资1万美元入股巴菲特的公司。但是唐纳德当时是奶油果仁咖啡的推销员，要供6个孩子上教区学校，一周要开销200美元。“我们没钱，”克拉克告诉听众，“这就是我们家的一些往事，我们永远也不会忘记。”

巴菲特走上讲台，穿着他最喜欢的内布拉斯加红色毛线衫，里面是一件格子衬衣。他接着克拉克的话，讲完了这个故事。[16]

基奥一家是非常好的邻居。虽然唐纳德有时的确会说，他有份工作，而我没有。但是，我们的关系非常好。有一次，我妻子苏珊去他们家，以中西部人那众所周知的方式想借一勺糖。唐纳德的妻子米基给了苏珊一整袋。我知道之后，当天晚上亲自过去拜访他们。我对唐纳德说：“你为什么不拿25 000美元入股投资呢？”基奥一家当时都愣了，我的建议被拒绝了。

我之后又找他们，提出克拉克刚才提到的1万美元投资，结果还是一样，但我并不觉得被伤了自尊。因此，我后来又去找他们，提出5 000美元的投资额，但再一次被拒绝。

后来，1962年的一个晚上，我又去基奥家。我还没想好自己要不要把投资额降低到2 500美元，但是，我到他们家的时候，整栋房子里没有光亮，一片寂静，屋里什么都看不见，但我知道这是怎么回事。我知道，唐纳德和米基躲在楼上，所以，我没有离开。我按门铃、敲门，都没人应我。但是，唐纳德和米基就在楼上，而屋子漆黑一片。

光线太暗，无法看书；时间太早，还不到睡觉时间。我记得那一天，当时的情景历历在目。那是1962年6月21日。

克拉克，你什么时候出生的？

“1963年3月21日。”（克拉克回答）

历史就取决于这类小事。因此，你应该很高兴，你父母没有给我那 1 万美元。

通过这个小小的互动，巴菲特的演讲抓住了听众的注意力，然后他将话题转到手边准备的内容上。

朋友们，我今天想谈论一下股票市场。我会讨论一下股票的定价，但是我不会对它们下个月或下一年的波动进行预测。估值不是预测。

短期内，市场是投票器；而在长期，市场是称重器。

重量最终才是有价值的，但是短期内，数量很重要。这是一种非民主的投票，也不会进行文化测试决定投票资格，这些你们都了解。

巴菲特按下一个键，在大屏幕上播放幻灯片。[17] 众所周知，巴菲特不精通电脑，此时，听众席上的比尔·盖茨屏住了呼吸，直到巴菲特展示出第一张幻灯片，他才松了一口气。[18]

道琼斯工业平均指数

1964 年 12 月 31 日　874.12

1981 年 12 月 31 日　875.00

巴菲特走到屏幕前，开始进行解说。

在这 17 年的时间里，经济规模增长了 5 倍，《财富》世界 500 强企业销售额的增长超过5倍。然而，在这17年里，股票市场完完全全落在了后面。

（他后退了一两步）当你们投资的时候，你们所做的事情是延迟消费，现在把钱投出去，在一段时间之后会获得更多的钱。关于投资，只存在两个真正的问题：一是你想得到多少回报，二是你想什么时间得到回报。

伊索称不上是一位金融家，但是他说过“一鸟在手胜过双鸟在林”。不过，他并没有提到时间。

巴菲特解释说，利率——借贷成本——是对“时间”的定价。金融领域的利率就如同物理学当中的重力。利率变化，所有金融资产，包括房子、股票、债券的价值都会发生变化，就如同鸟的价值会波动一样。“这就是为什么有时手里的鸟比林子里的鸟值钱，有时林子里的鸟比手里的鸟值钱。”

巴菲特说话音调平稳，带着鼻音，吐字快得如连珠炮，他将伊索和 20 世纪 90 年代的大牛市联系到了一起，而他认为这个牛市纯属瞎闹。利润的增长远远低于前期，但林子里的鸟却变得昂贵，因为利率处于低水平。利率水平如此低，想持有现金的人数在减少。因此，投资者正在向林中鸟支付闻所未闻的价格。有时，巴菲特会将其称为“贪婪作祟”。

听众席里坐满了 IT 业的领军人物，在从大牛市中获得大笔财富的同时，他们也改变着世界。此刻，他们坐在那里，一言不发。投资组合里充斥着各种估值过高的股票，而他们的公司股票处于资产组合的第一线。他们认为这是很了不起的事。这是新模式，互联网时代的黎明。他们的态度是，巴菲特没有资格说他们贪婪。巴菲特，这个聚敛钱财数年、几乎不往外拿的人，这个从车牌就能看出其“节约”的吝啬鬼，这个将大部分时间用于思考如何赚钱的人，这个打破 IT 泡沫、没搭乘 IT 列车的人，正在往他们的香槟里吐口水。

巴菲特继续他的发言。只有三种方式，股票可以保持一年 10% 或 10% 以上的增长。一是利率下降，保持在历史低位。二是投资者，而不是雇员、政府或其他主体，在经济中所占份额高于历史已有水平。[19] 他说，还有就是经济的增速开始快于正常情况。[20] 诸如此类的乐观假设被巴菲特斥为“痴心妄想”。

巴菲特说，有些人并不认为整个市场会繁荣，他们只是认为自己能够从中挑选出胜利者。巴菲特解释说，虽然创新可能让世界摆脱贫困，但是历史上创新的投资者后期都没有以高兴收场。他一边说，一边像乐队指挥那样挥舞着手臂，成功地换上了另一张幻灯片。

> 这张幻灯片上的内容来自一份长达70页的清单，里面包括了美国所有的汽车公司。
>
> 这清单上面有2 000家汽车公司：汽车是20世纪上半叶最重大的发明。它对人们的生活产生了巨大的影响。如果你在第一批汽车诞生的时代目睹了国家是如何因为汽车而发展起来的，那么你可能会说：“这是我必须要投资的领域。”但是，在几十年前的2 000多家汽车企业中，只有三家企业活了下来。[21] 而且，曾几何时，这三家公司的出售价格都低于其账面价值，即低于当初投入公司并留存下来的资金数额。因此，虽然汽车对美国产生了巨大的正面影响，但却对投资者产生了相反的冲击。

巴菲特放下清单，把手放进口袋。“有的时候，找出失败者要容易得多。我想，在此之后，大家能得出显而易见的结论。你应该做的事就是卖空经营不好的公司。”[a] 巴菲特点击了一下，一张相关的幻灯片跳了出来：

a. 卖空交易者认为股票价格会下跌，因此借来股票并卖出去。如果这么做，那么“卖空”的利润来自把股票以更便宜的价格买回来。如果股票价格上涨，那么卖空交易者会亏损。卖空通常都很有风险，因为预期和市场长期趋势相反。——译者注

美国经营不善的企业数量

1900 年——1 700 万

1998 年——500 万

坦白说，我很失望，因为巴菲特一家在这期间都没有进行卖空。其实，一直都有经营失败的公司。

听众中有一些人轻笑起来，虽然声音不大。他们的公司可能正在亏钱，但是他们心里都确信自己是胜利者。超新星在遥远的天空闪耀着星光。毫无疑问，某一天，他们将在史册上留下美名。

巴菲特再点击一下，又出现一张幻灯片。

现在我们再来看看 21 世纪另一项伟大的发明：飞机。从 1919 年到 1939 年，美国约有 200 多家航空公司。想象一下，当你处在小鹰号[a]时代，你是否能预见航空业的未来发展。你可能会看到一个你做梦都想不到的世界。不过，假设你有此远见，预见所有这些人要么希望坐着飞机走亲访友，要么希望离家远走高飞，或者你预见任何可以在飞机里做的事。然后，你决定这就是你要投资的领域。

历史上，对航空企业的所有股票投资都赚不到钱，和几年前的情形如出一辙。

因此，我想告诉你们：我真的宁愿这么想——当我回到小鹰号时代，我会有足够的远见和“见义勇为”的精神，把奥维尔·莱特[b]给打下来。但我没做到，我有愧于未来的资本投资人。[22]

a. 小鹰号是莱特兄弟发明的飞机名字。——译者注

b. 奥维尔·莱特，莱特兄弟中的弟弟。——译者注

下面又是一阵轻笑。有些人开始对这种毫无新意、过时的例子感到厌烦，但是出于尊敬，他们继续听巴菲特讲下去。

这时，巴菲特正在谈论他们的公司业务。“推广、宣传新行业是好事，因为新行业很容易推销出去。而要推销现存的产品则非常艰难。相比之下，推销没什么人懂的产品要容易得多，即使是亏损的产品，因为不存在量化的要求。”这番话直接针对席上听众，很有杀伤力。

> 但是，你知道，人们还是会不停地投资。这让我想起一个关于石油勘探商的故事。这人死后到了天堂。“我核对过你的情况，你符合所有条件，不过有一个问题。”上帝说，“我们这里有严格的居住区法律规定，我们让所有石油勘探商待在一个区域。你也看到了，这里已经完全满了，没地方给你了。”
>
> 这位石油勘探商说：“你不介意我说句话吧？”
>
> 上帝说：“不介意。”
>
> 于是石油勘探商把手拢在嘴边，大声喊道：“地狱里有石油。”
>
> 结果可想而知，地狱之门开了，所有的石油勘探商开始往下冲。
>
> 上帝说：“这真是一个妙计，那么，你进去吧，就跟在家一样，随意些。这片地方都归你了。”
>
> 这位石油勘探商停了一会儿，然后说：“不，我想我还是跟他们一起吧，毕竟，空穴不来风啊。”[23]
>
> 这就是人们认识、感受股票的方式。人们很容易相信“空穴不来风”这个道理。

这番话引起了一阵不大不小的笑声，然后笑声戛然而止，因为听众一下明白了巴菲特的话中之意——他们就跟石油勘探商一样没脑子，听信传言，跑到地狱去找石油。

巴菲特的话锋一转，回到林中鸟。他说，根本就不存在新模式。

股票市场的最终价格只反映经济的产出。

巴菲特换上一张新幻灯片，显示出过去几年的市场价值已经大大超过了经济增长。巴菲特说，这意味着之后 17 年时间的市场状况不会比 1964—1981 年的情况好多少，在这段时间，道琼斯指数完全没有增长。“如果我必须给出这段时间最有可能的收益率，那可能是 6%。”[24] 不过，最近盖洛普公司的调查显示，投资者们预期的股票收益率为 13%~22%。[25]

巴菲特走到投影幕前，浓密的眉头动来动去，他指着一张有一对赤身男女的漫画——摘自一个关于股票市场的传奇故事《客户的游艇在哪里》。[26] 漫画上男人对女人说：“有些事儿没法对一名处女说清楚，无论是说给她听还是拿图片给她看。”听众听明白了，意思就是买互联网股票的人被忽悠了。但大家都僵硬地坐在那儿，一声不吭。没人笑得出来，连轻笑、窃笑都没有。

巴菲特回到讲台，告诉听众们他从伯克希尔–哈撒韦给他们带来了“糖果包”。

> 我刚刚买了一家叫奈特捷的公司，它出售可分权所有的喷气机。我本想送你们一人一架湾流 IV 型飞机 1/4 的股权。不过，当我到了机场，我就意识到对你们大部分人来说，这实在是委屈你们了。

这个时候，大家笑了起来。巴菲特继续说，作为替代，他准备一人送一个珠宝商用的小型放大镜，他们应该用来看看彼此太太手上戴的戒指，尤其要注意看第三任太太的。

此话颇有点睛之效，听众席上的人大笑起来，鼓掌欢呼。然后，人们又不作声了。一股怨气在整个房间暗暗涌动。在 1999 年太阳谷年会上，关于股票市场过度膨胀的演讲就像是对一屋子名声不好的人宣扬贞洁。巴菲特的发言也许对听众产生了吸引力，让他们坐在椅子上不愿离去，但是，这并不意味着他们会示弱。

不过，有些人认为他们听到了很重要的事情。“很了不起，这是关于股票市场的基础教程，一节课就涵盖了一切。”这是盖茨的想法。[27]手握资金的投资经理则发现这次演讲令人感到安慰、身心通畅。

巴菲特举着一本书向大家示意：

> 这本书对 1929 年狂躁的股市进行了细致深入的分析，充满了智慧。埃德加·史密斯的《用普通股进行长期投资》一书证明了股票收益总是高于债券。史密斯发现了 5 个原因，其中最新颖的一个原因是，公司可以保留一部分盈利，然后以同样的回报率进行再投资。这就是收益再投资——1924 年的创新理念。但是，正如我的导师本杰明·格雷厄姆以前一直说的，“好主意带给你的麻烦多于坏主意”，因为你会忘记好主意是有限制条件的。凯恩斯在他的书的序言中写道：“用历史的眼光对未来进行预测，是非常危险的事。”[28]

巴菲特赞同这一观点：人们不能因为前几年股票价格的加速上涨就以此类推。

“现在，还有没有什么人没被我挖苦到？”[29]他反问了一句，没人举手。

“谢谢各位！”巴菲特以此结束了发言。

巴菲特的信条是“表扬单个人，批评一类人”。他并不是故意要让演讲这么具有挑衅性和令人倒胃口，因为他也非常在意别人怎么看他。他并没有对始作俑者指名道姓，他认为这些人不会把他的笑话当回事。巴菲特的观点陈述强大有力，几乎无懈可击，他认为，即使是有人不喜欢他的观点传递的信息，他们也必须承认其威力。听众们感受到的所有不适均未被明确地表达出来。之后，巴菲特一直回答提问，直到会议结束。人们起立，对他的演讲报以掌声。无论他们对巴菲特的演讲持何种态度，无论以什么标准衡量，这次演讲都堪称体现功力之作。

在投资行业，5 年的杰出业绩足够说明不凡的眼光，巴菲特在这个行业浸淫了 44 年，一直处在一流的位置。但是，随着纪录的保持，问题也在逼近：巴菲特什么时候会停止脚步？他会宣告结束其主导地位吗？或是会发生某项重大变动颠覆其位吗？有些人认为，现在是时候了，也许可以用个人电脑这样的发明，再加上互联网这样具有说服力的技术，来说服或反驳巴菲特。但是，巴菲特显然对可以免费获取的信息置之不理，而且无视新世纪正到来的现实。当人们礼貌客套地说“沃伦，演讲非常精彩”的时候，这些年轻的名流其实心不在焉，对巴菲特的观点不以为然。[30]

重点不在于巴菲特错了，而在于他最后被证明是对的，而他对未来投资的严肃预期和他传奇的过去形成了鲜明对比。在巴菲特投资早期辉煌的日子里，股票价格很便宜，巴菲特把股票一把一把地积攒到一起，几乎就他一个人注意到了地上无人问津的金苹果。而随着时间的推移，障碍越来越多，进行投资、保持优势、发现人所未见的价值，这些事情的难度都在增大。既然现在是新生力量登场的时间，何必在意那个对他们进行说教的巴菲特是何许人？何必理会那个声称他们会断送牛市、赚不到钱的人呢？

在下午剩余的慵懒时光里，赫伯特·艾伦的客人要么享受最后一场网球或高尔夫，要么去达克池塘边的草坪闲聊一会儿。巴菲特整个下午都和他的老朋友待在一起，他的朋友们都祝贺他进行了一次成功的演讲。巴菲特认为他以令人信服的方式动摇了听众的想法。他并不是发表了一次充斥着权威腔调的演讲，只不过是坚持了自己一贯的观点。

巴菲特希望得到人们的喜爱。他通常很受人们欢迎，而不是被人暗地里嘀咕。但是，他怎么没能说服那么多人呢？这些人认为，巴菲特在为他错过 IT 繁荣找理由。看到他做出了如此明确的预期判断，他们感到非常吃惊，在他们看来，那些预言肯定会被证明是错的。巴菲特背地里被称为“新好男人沃伦”。“沃伦错过了这班车。他怎么可能错过这班车呢？他可是比尔·盖茨的朋友。”[31]

那天晚上的晚些时候，在离滨河度假酒店（River Run Lodge）几英里远的地方，结束晚宴的客人聚在这里商讨计划。赫伯特·艾伦做了最后的发言，他感谢了不同的与会人员，回顾了活动情况。之后，苏珊·巴菲特坐到窗户旁边的演唱台上——从这里可以俯瞰布满卵石的比格伍德河——再一次唱起了经典老歌。然后，客人们回到太阳谷住所的露天平台，那儿正举行周六晚间冰上秀，奥运会滑冰选手正在表演花样滑冰，以及舞姿动人的冰上芭蕾。

午夜，烟花绚烂地划过天际，太阳谷 1999 年年会成为又一件令人愉悦的豪华盛事。然而，大多数人记住的不是划水或滑冰表演，而是巴菲特关于股票的演讲——确切地说，这是 30 年时间里他发出的首次预言。

3

习惯性动物

帕萨迪纳　1999 年 7 月

在太阳谷，人们并未见到巴菲特的搭档查理·芒格的踪影。艾伦公司的组织者从未邀请过他。这对芒格来说是件好事，因为太阳谷年会是那种几乎求他他也不愿参加的活动。太阳谷的礼仪需要你去取悦太多的人。[1]巴菲特就很喜欢做令他人愉快的事。即便是他对听众们大肆嘲讽，他也要确信自己保持着让人喜欢的个人魅力。但是，芒格只需要得到尊重，他可不在乎别人对他的好恶。

不过，在很多人眼里，这两个人几乎是可以互换的。巴菲特自己就称他和芒格“简直就是连体婴”。他们走路时都斜向同一个方向，步态同样笨拙，同一款灰西装僵硬地挂在同样呆板的身上——因为他们把好几十年的时间都用来看书、读报，而不是运动或在户外活动，连他们那灰白色头发的梳理方式都一模一样；他们戴款式相似的克拉克·肯特式的眼镜，透射出一样慑人的目光。

他们以相同的方式思考，对投资着迷，将之视为愿意倾其一生去解答的谜。这两人都把理性和诚实看作最高的美德。冲动和自以为是，在他们看来是造成错误的主因。他们喜欢探究失败的原因，以其作为发现成功定律的途径。芒格说：“我一直在以伟大代数学家卡尔·雅各比所建议的热情，寻找逆向洞察力。逆向，一直逆向。”他用了一个聪明农夫的故事来说明这一点，这个农夫说：“告诉我，我将死于何处，这样我就不去那儿。”[2] 芒格用比喻，而巴菲特则采用平实的方式来解读。巴菲特没有芒格那样微妙的宿命论感，尤其是在谈及自己的生死时。

不过，两个人都有布道的冲动。芒格诲人不倦，他曾经发表过几次关于“成功生活之艺术”的演讲，因为见解深刻而深深打动了听众，他的演讲录像被竞相传看，直到互联网让所有人都能获取。芒格逐渐对发表这些演讲热情澎湃，有时候他甚至变得“自我陶醉”（这是巴菲特的形容），不得不被人从讲台上给拖下来。私下里，芒格往往对着自己或朋友演讲，和他说话就像坐在一辆由脱缰的野马拉的马车上。

虽然芒格自视为业余的科学家、建筑师，会毫不含糊地解释爱因斯坦、达尔文的理论，谈论理性思考的习惯，分析圣巴巴拉地区房子之间的完美间距，但是，当冒险涉及那些离自己所学甚远的领域时，他总是非常谨慎。他害怕自己成为“鞋扣情结”的受害者——这是他在哈佛法学院的同学的说法。

“我同学的父亲每天都和同一群人共事。”芒格说，“他们中有一个人计划在鞋扣市场囤积居奇——这个市场真的很小，但是这人最终占据了整个市场。然后，他对所有东西都高谈阔论，所有能想象的东西——垄断鞋扣市场令他成为各个方面的全能专家。沃伦和我一直认为，这种行为方式大错特错。”[3]

巴菲特不存在受“鞋扣情结”折磨的危险。他担心自己看起来面目可憎，或者更糟糕的是，显得伪善。他相信自己所谓的“能力范围”，在自己周围画个圈，待在里面，做好三件事：钱、投资和自己的生活——他可以因此被视为一名绝对意义上的专家。

不过，和芒格一样，巴菲特有自己的自我陶醉方式。芒格会有选择地演讲，但是却停不下来；巴菲特则通常是结束一个演讲之后，发现很难不开始另一个演讲。

巴菲特做演讲，写文章，写评论；搞聚会，给别人上小课；为诉讼案做证；上电视纪录片，接受电视采访，让新闻记者跟着他旅行；去大学开课，邀请大学生来看望他；当家具店开张、保险电话营销中心落成的时候，或者在和奈特捷公司潜在客户的晚餐会上给人们上一课；在更衣室对着橄榄球运动员演讲；和议员们吃午餐时也说上一番；在编辑委员会上教育新闻界的人；给自己的董事会成员上课；最重要的是，在写给股东的信以及召开股东会时，他也会穿上“教师制服”。伯克希尔–哈撒韦就是巴菲特的“西斯廷礼拜堂”——不只是一件艺术品，而且还是展示其信仰和理念的“讲义”，这就是为什么芒格会把公司称为巴菲特的“传教公司”。

自从1959年通过朋友在午餐时认识后，这两人一直是彼此最忠实的听众。在把午餐东道主说得晕头转向之后，他们撇下这位共同的朋友，开始叽叽喳喳说起来。从那以后，他们之间的交谈持续了几十年，从未中断。到了最后，他俩能读懂对方脑子里的东西，无须说话，靠心灵感应就可以。但是，那个时候，他们的听众已经扩大到了他们的朋友、商业伙伴、股东——实际上是全世界。人们离开巴菲特的办公室或者芒格的演讲会之后，都会夸张地用手拍额头，嘴里叫着“我的天哪”。听这两人讲完那些似乎难以解决的问题后，人会豁然开朗，无论他们讲过多少次，对他们演讲的需求只增不减。就像他们生活中的大部分事一样，他们发现演讲人这个角色很好扮演，而且令他们感到自在舒适，早已通过长期的习惯铭刻在他们的禀性之中。

不过，当巴菲特被说成是一个“习惯性动物”的时候，他带着一种受伤的表情回应说："我不是，查理才是一个习惯性动物。"

芒格早上起床后，把 0.25 英寸厚白内障术后用的老式眼镜架上鼻梁。他每天在同一时刻准点坐进汽车，小心翼翼地把他父亲的公文包——他正使用的公文包——放到旁边的座位上，然后开车从帕萨迪纳去洛杉矶中心区。[4]他会数在反光镜里看到的车辆，看着车辆从前方开过，当感觉有空间的时候，切进左边的行车道[5]（有好几年，芒格开车时会在后备厢放上一罐汽油，以防自己忘记停车加油。不过，最终他被劝说放弃了这一特别的习惯）。一到市区，芒格经常会和某个人在沙砖建筑装饰风格的加州俱乐部一起吃早餐，这是该市古老的建筑之一。到了俱乐部，芒格会先从三楼电梯旁的桌案上拿一捆报纸，然后大步走到餐厅的第一张桌子那里。芒格就像拆圣诞节礼物包一样打开报纸，最后，报纸会成堆地摆放在他周围。

"早上好，芒格先生。"洛杉矶商业机构的人员经过芒格身边，走向其他桌子（位置不那么好）的时候会很尊敬地向他问好。如果芒格能认出他们，并和他们聊上一会儿，他们会非常高兴。

芒格用他的右眼注视这些人——因为一次白内障手术失败，他失去了左眼。[6]现在，他说话的时候，左眼皮会半耷下来。他左右转动脑袋，用右眼扫视室内，将周围情况尽收眼底。只有一侧眼球转动，让他看上去永远都是一副警惕和骄傲的样子。

吃完蓝莓之后，芒格走向那间不大不小、乱糟糟的办公室。他从芒格-托尔斯-奥尔森律师事务所那里租了这间办公室，这家律师事务所是他与友人合伙在 1962 年成立的，三年前他刚刚从事务所退休。芒格的办公室隐藏在富国银行中心上面的楼层里，这间办公室由他多年的秘书图托尼克·多萝茜·奥伯特照看着。办公室里到处都是科学和历史方面的书籍，还有本杰明·富兰克林的自传、塞缪尔·约翰逊的一幅巨幅画像、芒格最新的房地产业务计划和模型，窗户旁边放着富兰克林的半身像，芒格在这里就像在家一样。因为信奉新教徒的中产阶级价值观，而且非常喜欢其生活方式，所以芒格很崇拜富兰克林。他经常引用富兰克林的话，而且还研究富兰克林以及被富兰克林称为“杰出先辈们”的著作，比如西塞罗和迈蒙尼德的书。芒格还同时管理着伯克希尔旗下的韦斯科金融公司，以及这家金融公司所有的一家法律出版公司——《每日新闻》公司。另外，他还四处忙于房地产业务。想和芒格说话的人——家人、挚友和商业伙伴除外——都被多萝茜不动声色地巧妙拦下。

芒格把大把时间用于4项慈善事业。他做出选择后，就会全力投入。不过，对被他称为“朽木”的人，他没有什么“好心”，他的慈善都是达尔文式的，以激励最优秀的人。古德·撒马利亚医院、哈佛西湖学校、亨廷顿图书馆、斯坦福法学院都是受益机构。这些机构明白，芒格的资金和付出将伴随大量的讲座，以及按“查理风格”办事的原则要求。芒格很高兴资助斯坦福法学院的学生宿舍，只要斯坦福精确设计宿舍的大小——当然要有窗——规定卧室到厨房的距离，同时把停车场建在他认定的地方。他带有老式贵族的责任感，从接受者的利益出发，在资金的使用上附加了各种各样让人恼火的限制，而原因就在于他懂的最多。

即使要关注他人的工作行为，芒格每天还是有时间和他的老朋友们在洛杉矶乡村俱乐部玩一小会儿高尔夫。有时他会在亲自设计的帕萨迪纳的房子里和妻子南希共进晚餐；而更常见的是，和一帮亲密老友在加州俱乐部或洛杉矶乡村俱乐部度过。一天即将结束时，他会埋头看书。他一般和他的8个晚辈一起度假（他的子女、继子、孙子、孙女和外孙、外孙女），度假地通常是他在明尼苏达州星岛的别墅。在这个地方，和他父亲一样，芒格是个贪婪的渔夫。芒格在他的大船 Channel Cat 上做东招待很多朋友（他的一个朋友把这艘船称为“漂浮餐厅”，主要供娱乐之用）。总之，尽管芒格有些怪癖，但他是一位率直的爱家好男人，他也爱他的朋友、俱乐部和他的慈善事业。

巴菲特也喜欢他的朋友和俱乐部，但很少做和慈善有关的事。他的生活比芒格还要单一，虽然他的性格比芒格复杂。他绝大多数时间都在奥马哈度过，但是他的日程安排会围绕着一连串的董事会会议和拜访朋友的旅行，这些安排不疾不徐，非常有规律，就像月相的变化一样。如果待在奥马哈，他会从住了40年的房子出发，行车1.5英里，在早上8点半到达基威特广场的办公室——他在这里工作也快40年了。到了之后，他会打开电视机，调到 CNBC 频道，把声音关掉，然后一边瞄屏幕，一边阅读桌上的一堆出版物：《美国银行家》《编辑和出版人》《广播》《饮料文摘》《今日家私》，A. M. Best公司[a]的《产险评论》《纽约客》《哥伦比亚新闻评论》《纽约观察家》，以及他喜欢的作者写的股票和债券市场的最新分析。

看完这些东西之后，他又开始消化通过传真、邮递和电子邮件传给他的每日、每周以及月度报告，都是伯克希尔下属的公司给他的资料。业绩清单一年比一年长，巴菲特从清单上知道——上周 GEICO（政府雇员保险公司）又卖出了多少份汽车保险，又偿付了多少索赔；昨天卖出了几磅喜诗糖果；范奇海默公司又拿到了多少件监狱看守制服的订单；奈特捷在欧洲和美国卖出了多少架分权喷气机。除此之外，还有帆布篷、充电器、发电数（千瓦 / 时）、空气压缩机、订婚戒指、租赁卡车、百科全书、飞行员训练、家具装饰、心肺医疗仪器、

a. A. M. Best 公司是美国历史最悠久的保险公司评估机构，从 1906 年便开始对寿险公司以及医疗保险公司的经济状况进行评估。——译者注

猪圈、房地产经纪、圣代冰激凌、绞车和起锚机、天然气、污水深井泵、吸尘器、报纸广告、计卵器、刀具、家具租金、护士鞋、机电零件……所有关于成本、销售额的数据都涌进巴菲特的办公室，他记住了其中非常多的数字。[7]

在闲余时间，巴菲特会琢磨他还没卖的数百家公司的报告，一部分是缘于兴趣，一部分是为了以防万一。

如果有重要人物来奥马哈拜访巴菲特，那他会驾驶他那辆蓝色的林肯城市轿车跑上 1.5 英里，穿过市区，到机场亲自接机。人们对巴菲特这种真诚的姿态感到惊喜，虽然巴菲特很快就会刺激他们的原始神经，因为他开车几乎注意不到交通指示牌、红绿灯或其他车辆，他会一边兴致勃勃地说话，一边在路上迂回穿行。巴菲特说，他开车的速度很慢，就算发生车祸，也只是轻伤，这是他给自己一心二用找的理由。[8]

巴菲特总是会带客人去办公室逛上一圈，显摆一下他的标志性物件——代表了他职业生涯中的里程碑事件。之后，巴菲特会坐在椅子上，身子前倾，双手相握，眉头扬起，倾听来客的问题和要求。对每一位访客，巴菲特都会即席提出睿智想法，对商业困惑即时给出判断，并提供中肯的建议。当客人离开的时候，巴菲特会在送他们回机场之前，顺道带他们去麦当劳吃午餐，这可能又会令这些知名政客或大公司的首席执行官大吃一惊。

在阅读、研究和时不时的会面中间，电话铃整天都会响起。第一次给巴菲特打电话的人会很震惊地听到一声亲切的“喂”，当他们发现巴菲特是自己接电话的时候，经常会难以置信。巴菲特和蔼可亲的秘书戴比·博赞科疾步进出于巴菲特的办公室，把那些让他应接不暇的来电内容告诉他。在他的书柜上，另一部电话不停地响起。巴菲特会立即接听这些电话，因为这是他的交易员打来的。他会说，

“喂……嗯，嗯……是……多少……嗯，嗯……就这么做”，然后挂掉电话。接着，他要么转去听另一部电话，要么看资料或CNBC。一到下午5点半，他就离开办公室回家。

等候在家里的女士并不是他的妻子。他对阿斯特丽德·门克斯完全不会藏着掖着，从1978年到现在，巴菲特和阿斯特丽德一直生活在一段三角关系之中。苏珊·巴菲特同意了这段关系，而且，事实上是她安排了这段关系。不过，巴菲特和苏珊声称，他们两人的关系非常紧密，夫妻的常规循例之事都安排得井井有条，非常和谐，正如巴菲特生活中的其他事情一样。一直以来，巴菲特对外的解释是：“如果你非常了解我们三个人，那你就能理解这件事。”[9]虽然这件事情本身确实如其所言，但对那些好奇之人来说这无法满足他们的好奇心。因为几乎没有人了解苏珊和阿斯特丽德，或者是身处这种关系之中的巴菲特本人。巴菲特把这两段关系分开处理，正如他处理很多人际关系一样。不过，所有迹象显示，阿斯特丽德和苏珊是朋友。

大多数时间，巴菲特会和阿斯特丽德在家吃晚餐，晚餐是汉堡包或猪排。几小时之后，他就会把精力用到互联网的晚间桥牌游戏上，他每周会花12个小时玩儿这个游戏。巴菲特紧盯着显示屏，听着电视机的背景杂音。这时，阿斯特丽德大多数时间都不会打扰他，除非他说：“阿斯特丽德，给我一杯可乐！”玩儿了桥牌之后，巴菲特通常会和他的桥牌搭档兼红颜知己沙伦·奥斯伯格通一会儿电话。在阿斯特丽德于房子周围遛弯儿到10点的这段时间，巴菲特会和阿吉特·贾殷进行晚间电话会议——阿吉特负责巴菲特的再保险业务。与此同时，阿斯特丽德去商店买次日报纸的提早版。当巴菲特阅读这些报纸的时候，阿斯特丽德上床睡觉。看起来，这就是身家数百亿美元的巴菲特简单、普通的生活。

4

沃伦，你怎么了

奥马哈，亚特兰大　1999 年 8 月—1999 年 12 月

巴菲特的 300 亿美元财产几乎全部（99%）投资于伯克希尔–哈撒韦的股票。他在太阳谷曾谈到过，市场称重器比投票器更重要。但正是投票器决定了他演讲之后的股票价格。人们之所以关注他，是因为他富有。因此，当他预期市场可能令投资者失望上 17 年的时候，[1] 他是站在悬崖边上，他很清楚这点。如果他错了，不仅会成为太阳谷的笑柄，而且在全球富豪榜上，排名也会下降。巴菲特可是很关注这个排名的。

整个 20 世纪 90 年代末期，BRK（伯克希尔–哈撒韦的股票代码）令他名声大噪，因为 BRK 的表现远远超过市场，到 1998 年 6 月，每股已达 80 900 美元。伯克希尔–哈撒韦的一股股票就可以买一套产权独立的小型公寓，这在美国公司中是绝无仅有的。对巴菲特而言，公司股价是衡量其成功的简易标志。从巴菲特以 7.5 美元每股的价格买下 BRK 的那天起，BRK 就一路上升。即使股票市场在 20 世纪 90 年代末震荡不已，但是购买 BRK 并坚持持有的投资人获利不菲，一直到

1999 年。

股票年度涨幅

	1993 年	1994 年	1995 年	1996 年	1997 年	1998 年
BRK	39%	25%	57%	6%	35%	52%
S&P[2]	10%	1%	38%	23%	33%	29%

但是现在，巴菲特发现自己站在一类不受欢迎的股票的下沉平台上，看着 T&T 类（信息技术和电信行业）股票上涨。1999 年 8 月，BRK 跌到 65 000 美元一股。对一家成熟、每年为投资者赚 4 亿美元的大型企业而言，应该支付多少钱呢？对一家新生、亏钱的小型企业，又应该支付什么价格呢？

· 玩具反斗城公司（Toys“R”Us）每年赚 4 亿美元，年销售额 110 亿美元。

· eToys 公司每年亏 1.23 亿美元，销售额只有 1 亿美元。

市场投票器显示 eToys 公司价值 49 亿美元，而玩具反斗城价值 10 亿美元，低于前者。这其中的假设是 eToys 公司将通过互联网冲击玩具反斗城。[3]

悬于市场上空的疑云是个时间问题。专家们都预期灾难可能在 1999 年 12 月 31 日午夜发生，因为全球的计算机程序不能解决“2”开头的日期问题。害怕市场产生恐慌，美联储开始迅速增加货币供应量以解决现金短缺问题，以防全美的 ATM 机（自动柜员机）被冻结。因此，经过美联储的增压推动，太阳谷年会之后不久，市场急速上升，就像 7 月 4 日美国国庆节的烟花。如果你 1 月在纳斯达克市场投资了

1 美元，那你下的赌注现在就是 1.25 美元，而投在 BRK 上的只值 0.8 美元。到 12 月，道琼斯工业平均指数年底收盘时上涨了 25%，而纳斯达克则突破了 4 000 点大关，不可思议地上涨了 86%，BRK 下跌到每股 56 100 美元。仅仅几个月时间，BRK 过去几年的领先地位就被大大动摇了。

在一年多的时间里，金融评论嘲笑巴菲特已经是明日黄花，是过去时。如今，在新千年即将来临之时，巴菲特成为《巴伦周刊》的封面人物，配的大标题是“沃伦，你怎么了”，封面文章写道，巴菲特狠狠地摔了一个跟头。他面临着从未遭遇过的负面新闻报道。他反复重述：“我知道市场会变化，只是不知道变化的时间。”[4]巴菲特大受刺激的神经让他迫切地想要反击，不过最终，他只字未提，未做任何回应。

1999 年底，众多追随巴菲特风格的长期价值投资者要么结束了自己的公司或业务，要么放弃了“价值投资”，买了 IT 类股票。但是，巴菲特没有这么做。被他称为“内部记分卡”的东西——在进行金融投资决策时，他骨子里具有的坚韧——让他避免了摇摆不定。

> 我觉得处境不妙。西斯廷礼拜堂就在那里，我在远处画画。我喜欢人们说：“哇，那幅画真是好看极了！”不过，这是我的画，如果有人问我：“为什么你不多用点儿红色代替蓝色？”那么再见，这是我的画。我不在乎画的卖价。画本身不会受卖价影响，这是它最了不起的一点。[5]
>
> 人们行事的一大问题在于，他们是拥有“内部记分卡”还是“外部记分卡”。如果“内部记分卡”能令你感到满意，它将非常有用。我经常这么做。我想说：“听着，你想做世间最伟大的情人，却令大家认为你是世上最差劲的情人。或者，你想做世上最差劲的情人，但却让人们认为你是世间最伟大的情人。这两者之间，

你做何选择？”这是个有趣的问题。

还有另外一个有趣的事。如果全世界的人无视你的成果，那么你是想被当作世间最伟大，但实际上却是全世界最糟糕的投资者，还是愿意被认为是全世界最无能，而实际上却是最优秀的投资者？

我认为，这取决于人们年幼的时候父母的关注重点。如果父母忽视、抹杀你真实的行为，重视的是全世界怎么看待你，那么你最终将使用“外部记分卡”。而我的父亲——他是个百分之百的“内部记分卡”使用者。

他是一位真正不随大溜的独行者，但他并不是刻意为之，只是不在乎他人的评价。父亲教会我应该怎样生活，我从未见过任何人能像他一样。

第二部分

“内部记分卡”

5

“传道”冲动

内布拉斯加　1869—1928 年

约翰 · 巴菲特是一名纺织工，这位新大陆上巴菲特家族中第一个为人们所知的人，据说是法国胡格诺教徒的后裔。他在 17 世纪为了躲避宗教迫害而逃到美国亨廷顿，在长岛以种植业为生。

除了知道巴菲特家族最早的先辈是农场主之外，[1] 其他的我们几乎一无所知。不过显然，沃伦 · 巴菲特的说教冲动部分缘于家族遗传。对此早期的一个例证是，约翰 · 巴菲特的一个儿子 [2] 记得他们向北横跨长岛海峡，落脚在康涅狄格海岸边，他在那里翻山越岭，去向不信教的人传道。不过，这一说法——流浪者、罪犯以及格林尼治的异教徒在听到他的布道后进行忏悔——很受质疑，因为历史的记载是，他因被闪电击中而身亡。

几代人之后，泽布隆 · 巴菲特在家谱上留下了一笔，因为他留下了对巴菲特家族的另一特性——对自己的亲人极其吝啬的首笔记录。当时，泽布隆的孙子西德尼 · 巴菲特因为厌恶那侮辱性的低工资而离开农场。

身材瘦高的少年西德尼·巴菲特向西来到内布拉斯加的奥马哈，和外公乔治·霍曼一起经营车马出租所。[3]那是1867年，奥马哈还是一个遍地小木屋的居住地。自从在“淘金热”时期成为西行淘金者行程中的配给供应中心之后，奥马哈一直向开拓者们提供销路稳定的商品和服务——赌博、妓女和酒。[4]但是随着内战的结束，奥马哈彻底改头换面。州际铁路首次将这些刚刚重组的州县连接起来。亚伯拉罕·林肯亲自颁布法令，宣布奥马哈将成为铁路枢纽。联合太平洋公司的到来让这个小镇充满了高效快速的商业精神和忧患意识。虽然如此，但奥马哈仍然保留着作为“所多玛伪善之城”[5]以及众所周知的“无赖扎堆地”的名声。

离开车马出租所之后，西德尼在这个没有铺路的地方开了镇上第一家百货商店。在这个受人尊敬的普通行业里，他出售水果、蔬菜和体育用品，比如25美分的松鸡、10美分的长耳大野兔，晚上11点才结束营业。[6]他的祖父泽布隆·巴菲特担心他的前景，于是写满建议和教诲的信件纷至沓来，信里说的所有生意经——除了一个重大例外——一直被其后世子孙铭记于心。

> 做生意的时候，力求守时。你会发现某些人很难相处，那就尽可能少和这种人做生意……维护好你的信用，这胜过攒钱……如果你想继续做生意，就要懂得见好就收，有一定的利润就要知足。不要轻率行事，不要急躁仓促，这样无法大富大贵……我希望你在生活中能以良好的心态看待生存与死亡。[7]

在一个飞速发展的地方，通过这样的经营赚取适中的利润，西德尼逐渐将这个商店做得非常成功。[8]他娶了伊夫琳·凯彻姆，生了6个孩子，其中有几个夭折了。两个儿子欧内斯特和弗兰克活了下来。[9]

据说，“没有哪个名字比欧内斯特·巴菲特更好”。[10]欧内斯特·巴菲特生于1877年，一直读到八年级，在1893年大恐慌时期，他到父亲的店里站柜台。相比他那个商人模样的弟弟，欧内斯特要古怪得多，个子高大，小腹突出，是这个清教徒家庭的异教徒，喜欢偶尔喝上两杯。

一天，一位漂亮的年轻女子到商店来找工作。她的名字叫亨丽埃塔·杜瓦尔，为了逃避难以相处的继母而来到奥马哈。[11] 弗兰克和欧内斯特都对她动了心。长相更英俊的欧内斯特赢得了亨丽埃塔的芳心，两人于1898年结婚，婚后第一年生了第一个孩子克拉伦斯，之后又生了三个儿子和一个女儿。两兄弟不欢而散后不久，欧内斯特和父亲西德尼合伙做生意，最终还是离开，另开了一家店。弗兰克只身一人度过了人生的大部分时光，在之后的25年时间里，在亨丽埃塔活着的时候，他和欧内斯特两人之间从不说话。

欧内斯特开始成为奥马哈的强势人物。在他的新商店里，雇员“工作时间长，工资低，要服从命令，脑子得灵光”。[12] 欧内斯特总是穿着整洁的西装，在他那张摆在夹层的桌子上办公。他总是表情严肃地监督员工别偷懒，写信给供应商，要求他们“爽快地把芹菜运过来”。[13] 他对女性顾客很有吸引力，对顾客有清晰的判断，并用随身携带的黑色小笔记本记下那些惹火了他的人——民主党人和不支付账单的人。[14] 欧内斯特确信世界需要他的看法，他前往全美各地参加会议，与那些和他有同样想法的商人一起哀叹美国可怜的现状。[15]“自我怀疑可不是他的做法，他总是说出一些令人惊叹的观点，而且认为你会承认他是最了解情况的人。”沃伦·巴菲特说。

在一封给儿子和儿媳的信中，欧内斯特建议他们总得在手里备点儿现金，他将巴菲特家族描述成了中产阶级的化身：

> 我可能提到过，巴菲特家从没人留下过一大笔资产，但也没人什么都不留下。他们从未花光他们赚到的所有钱，总是留下一部分。

如今，这让所有的一切发展得相当顺利。[16]

“花的比赚的少”实际上可能是巴菲特家的座右铭，再加上这句话的必然结论，“不借债”。

同样作为法国胡格诺后裔的亨丽埃塔和丈夫一样，生活节俭、意志坚定，还是禁酒主义者。作为虔诚的基督门徒会教徒，她同样也响应传道的号召。当欧内斯特守着商店的时候，她会套好家里的那辆带流苏的马车，把孩子们叫到一块儿，驾车到乡村，去给农户分发宣传小册子。她的热情并没有点燃巴菲特家族的传道倾向，事实上，某些描述认为，在巴菲特家族所有“传道”成员中，亨丽埃塔是最热诚的一个。

巴菲特家的人都是零售店店主，但不是那种商人或者职业人士，他们只是很早就定居在奥马哈，且非常在意自己的地盘。亨丽埃塔希望她的4个子女能成为家里的第一批大学生。为了支付学费，她削减家庭预算。据说，即使按照沃伦·巴菲特的标准，亨丽埃塔制定的预算也只能满足家庭生活必需品的开销。所有男孩子都得在家里的商店里干活儿。克拉伦斯从地质学专业毕业之后，在油品贸易行业开始了自己的工作。[17]二儿子乔治是个化学博士，后来落脚在美国东海岸。老三到老五，霍华德、弗雷德和艾丽斯都毕业于内布拉斯加大学。弗雷德挑起了家里百货店的担子，艾丽斯则成了一名家政老师。

老三霍华德就是沃伦·巴菲特的父亲，生于1903年。在20世纪20年代初读高中的时候，他因为受到排斥而对这几年存有很不愉快的回忆。奥马哈由少数几个家族掌控着，他们拥有牲畜饲养场、银行、百货商店，继承祖辈从酿酒厂赚得的财富——这些酒厂因《禁酒法》现在已被关闭。“我的衣服很多都是两个哥哥穿过的，”霍华德说，“我当报童，还是杂货店老板的儿子，因此，高中的兄弟会看我不顺眼。”

他很敏锐地感受到，其他人因为与生俱来的地位和特权而对他很冷落。[18]

在内布拉斯加大学，霍华德主修新闻学，并参与校报《内布拉斯加日报》的工作。有权有势的家庭都对政治着迷，霍华德通过校报把这些家庭的一言一行和他们对政治的爱好结合起来。之后不久，他就遇到了利拉·斯塔尔，这个姑娘对报纸和政治阶层的自我意识也同样有兴趣。

利拉的父亲约翰·斯塔尔是德裔美国人的后代，矮矮胖胖、说话得体。他是好几家学校的学生管理员，曾身着野牛皮大氅，坐在马车里行走于内布拉斯加州的库名县。[19]斯塔尔的家族史上说，他非常爱妻子斯特拉，斯特拉给他生了三个女儿（伊迪丝、利拉和伯妮丝）和一个儿子马里昂。斯特拉是英国人的后裔，她不喜欢生活在内布拉斯加州的西点镇，镇上都是德裔的美国主妇，在这里，她从未感到轻松自在。据说，她弹管风琴聊以自慰。1909 年，斯特拉精神崩溃。这被认为很有可能是家族病史再现的不祥征兆，因为斯特拉的妈妈苏珊·巴伯据称“神经不正常”，进过内布拉斯加精神病医院，而且于 1899 年死在那里。根据家族的记载，斯特拉曾拿着壁炉拨火棍追打伊迪丝。这件事之后，约翰·斯塔尔就不再外出游玩，而是留在家照顾孩子。斯特拉待在黑屋子里的时间越来越长，她坐在里面，缠绕、卷曲着头发，情绪显得非常低落和抑郁。这种封闭偶尔会间断，随之而来的是对她丈夫和女儿们的粗暴言行。[20]斯塔尔意识到他不能把孩子们留给他们的母亲照看，然后他买了一家叫《库名县民主报》的公司，这样他就可以在家做事挣钱了。实际上，利拉从 5 岁起，就和姊妹们帮着养家，帮父亲送报。她通过排版学会了拼写。“我读四年级的时候，”她说，“我们不得不从学校回家排版，排好之后才出去玩。”到 11 岁的时候，她就能使用排字印刷机了。她在周四晚上得把报纸印出来，因此还患上了头痛病，每个周五，她都无法去学校。一家人以此为生，住在老鼠乱窜的房子里，全家把所有的希望都寄托于马里昂的未来，这个聪明的男孩子想通过读书成为一名律师。

在第一次世界大战期间，斯塔尔的家境每况愈下，越发艰难。在这个德裔美国人居住的镇上，《库名县民主报》倾向反德，因此，有一半的订阅者都放弃了这份报纸，转而阅读《西点共和党报》——对斯塔尔而言，这是经济灾难。斯塔尔本人是民主党政坛天才威廉·詹宁斯·布赖恩的狂热支持者。在世纪之交，布赖恩已经成为他那个时代最重要的政客之一，差一点儿就成了美国总统。在全盛时代，布赖恩代表着一种“民粹主义”，他在最著名的演讲中阐述了这一点：

> 有两种政治立场。有一些人认为，如果你通过立法令富裕阶层崛起，那他们的繁荣会向他们之下的阶层渗透。而民主党的思想是，如果你通过立法令大众阶层兴旺，那他们的繁荣会向上开枝散叶，渗透到他们之上的阶层。[21]

斯塔尔一家将自己视为大众阶层的一员，这是其他阶层所依仗的一个阶层。但他们的生活处境始终不见改善。到 1918 年，利拉 16 岁的妹妹伯妮丝——被认为是姊妹中最不聪明的一个，智商测试只有 139——明显开始放弃生活。她确信自己会患上精神病，就跟她的外祖母和母亲一样，最终会死在精神病院里面。[22] 在这段时间，利拉的学校教育受到混乱的家庭生活的影响。为了帮助父亲，她把上大学的时间延缓了两年。在内布拉斯加大学林肯分校上了一个学期之后，她又回家待了一年，再次帮助家里摆脱困境。[23] 利拉精力充沛，被认为是家中最聪明的女孩，后来她从完全不同的角度描述了这段时光，她认为自己的家庭非常完美，说她离校的三年时间是在挣学费。

在 1923 年去林肯分校时，她带着一颗众所周知的“勃勃雄心”，发誓要觅到自己的如意郎君。她径直到校报处，想找一份工作。[24]利拉身材娇小，一头柔软的短发，说话节奏很快，像春天里的知更鸟；她的迷人笑容柔和了锐利的眼神。霍华德·巴菲特进入《内布拉斯加日报》的时候是一名体育新闻记者，之后成了编辑，他立马就招收了利拉。

霍华德一头黑发，长相英俊，一副教授派头。他是所有学生中被圣洁会“挑中”的13人之一——圣洁会是校园名人们组成的社团，仿效哈佛和耶鲁的名誉社团而设立。圣洁会以罗马的13位教皇英诺森一世到十三世的名字命名，宣称自己是反对邪恶的斗士。他们同样也发起舞会和同学会。[25]面对着这样一位校园名人，利拉一下子就被吸引住了。

“嗯，我并不知道她在《内布拉斯加日报》的工作是否努力，”霍华德后来说，“但是她肯定对我很上心。这事我从未后悔过——也没有在这件事上犯任何错——这是我做得最漂亮的事。”[26]不过，利拉是个很有数学头脑的好学生，据说，当她宣布退学结婚的计划时，她的微积分教授很沮丧，啪的一声撂下了书本。[27]

毕业在即的霍华德找父亲商量职业的选择。他对钱并不真正感兴趣，但是在欧内斯特的坚持下，放弃了高脑力、低收入的新闻行业以及读法学院的想法，而去销售保险。[28]

新婚夫妇移居到奥马哈，住进了有4个房间的白色小平房，欧内斯特在房子里放满了各种乱七八糟的结婚礼物。利拉花了366美元，把房子重新装修一番。她说，所购买的物品“都是批发价”。[29]从那天开始，她运用她的精力、雄心和数学天赋——在所有这些方面，她都超过她的丈夫——用于振兴霍华德的事业。[30]

1928年初，他们的第一个孩子多丽丝·埃莉诺出生了。[31]那一年的晚些时候，利拉的妹妹伯妮丝精神崩溃，无法继续从事教师工作。

但利拉似乎远离了这些压迫她母亲和妹妹的精神方面的问题。她拥有旋风一般的能量，能滔滔不绝地说上好几个小时（虽然她是在反复讲述同一个冗长乏味的故事）。霍华德把她叫作“飓风”。

随着霍华德·巴菲特一家进入年轻夫妻的生活状态，利拉让霍华德加入她自己的“第一基督教会”，并在他成为执事的时候，骄傲地在她的日记簿里记下了这件事。[32]霍华德依然热衷于政治，并开始显露出家族所具有的布道冲动。但是，当他和欧内斯特把晚餐变成了对政治无休止的讨论会时，霍华德的弟弟感到非常无聊，宁愿躺在地板上睡大觉。

不过，利拉已经转向了丈夫的政治立场，如今已是一名热情的共和党人。巴菲特一家都支持卡尔文·柯立芝——他宣称“美国人民的第一行业是商业”，[33]并和柯立芝一样赞成进行最低限度管理的“小”政府。柯立芝降低了税率，并承认了美国的印第安人具有和白人同等的身份。但是，对大部分的事，他闭口不言。1928年，他的副总统赫伯特·胡佛被选举为他的继任者，立誓会继续商业繁荣的政策。股票市场在柯立芝时代已经繁荣，而巴菲特家族认为，胡佛能让繁荣持续。

> 还是个孩子的时候，我各方面的条件就很优越。我的家庭环境很好，因为家里人谈论的都是趣事；我的父母很有才智，我在好学校上学。我认为，我的父母是世界上最好的。这非常重要。我没有从父母那里继承财产，我真的不想要。但是我在恰当的时间出生在一个好地方，我抽中了“卵巢彩票”。

沃伦后来如是说。

沃伦·巴菲特总是将他的成功归因于好运。不过，回忆他的家庭时，他还是谈到了属于自我的部分现实生活。没有多少人会同意他的看法，即他的父母是世界上最好的。当他谈论关于在养育孩子过程中父母拥有“内部记分卡”的重要性时，他总是会以父亲的“内部记分卡”作为例证，但他从未提及他的母亲。

6

浴缸障碍赛

奥马哈　20世纪30年代

20世纪20年代，已经充满泡沫的股票市场吸引了普通民众首次进入投资领域。[1]1927年，霍华德·巴菲特决定进入这个行业，并在联合州立银行谋得一份股票经纪人的工作。

股市的繁荣在两年后结束。1929年10月29日，“黑色星期二”，股市单日市值下跌了140亿美元，[2]4倍于美国政府年度预算的财富在几个小时内蒸发。[3]1929年的市场损失达到了300亿美元，接近美国在第一次世界大战中的开支。[4]

银行破产和自杀事件接踵而至，人们开始持有现金，没人想要股票。

> 时隔4个月，我父亲才做成一笔交易。他的第一笔佣金是5美元。我母亲常常在晚上陪我父亲坐着电车出门，父亲拜访某人的时候，母亲会在外等候，为的只是我父亲回家的时候不会过于灰心。

股票市场崩溃10个月后，即1930年8月30日，霍华德·巴菲特家的第二个孩子沃伦·巴菲特出生了，比预产期早了5周。

焦虑不安的霍华德去见他的父亲，希望能在家庭杂货店里找个活儿干。巴菲特家的所有成员每周都会在杂货店干活儿，即使是那些有工作的人。但只有霍华德的弟弟弗雷德在店里全职工作，并领取微薄的薪水。所以，欧内斯特告诉霍华德，他已经没钱再雇一个儿子了。[5]

从某种意义上讲，霍华德得到了解脱。他从杂货店中“逃离”，再也不用回去。[6]但他又担心他的家人会挨饿。“别担心食物，霍华德，”父亲告诉他，“我来支付你的账单。”

“这就是我的祖父，”沃伦说，“我来支付你的账单。”欧内斯特不是不爱他的家人，“你只是希望他能更经常表达出他的爱”。

“我想你最好还是回西点镇的家去，”霍华德告诉他的妻子，“至少你能吃上一日三餐。”但是利拉没有回去。她步行到罗伯特家的奶制品商店支付账单，这样能节省电车费。她开始脱离她的教会圈子，因为轮到她提供咖啡的时候，她无力支付相应的29美分。[7]为了确保霍华德有吃的，她有时宁愿不吃饭。[8]

沃伦周岁生日前两周的一个周六，人们排着长队，在酷暑中汗流浃背，等候着拿回他们存在当地银行的钱。他们从清晨等到晚上10点，缓慢地向柜台移动脚步，把排在队列前的人数了又数，默默地不断祈祷：“求你了，上帝，轮到我的时候，让银行里剩点儿钱吧。”[9]

不是所有人的祷告都被上帝听到了。那个月有4家州立银行倒闭，储户分文未得。霍华德·巴菲特的雇主联合州立银行就是倒闭的银行之一。[10]沃伦不止一次说起这段故事：“1931年8月15日，我父亲去银行，两天前是他的生日。银行已经倒闭。他失业了，钱还在银行里，还有两个嗷嗷待哺的孩子。[11]他不知道怎么办，也找不到其他工作。”

不过，两周时间内，霍华德和两个合伙人卡尔·福克和乔治·斯克莱尼卡签下协议，开了一家股票经纪行——巴菲特–斯克莱尼卡公司。[12] 这是一个特立独行的决定——在没人想买股票的时候开一家股票经纪行。

三周之后，英国脱离了金本位制[a]。这意味着，为了防止银行倒闭，深陷债务危机的国家只会发行更多的钱来偿还债务。这是一个只有政府能实施的巧妙诡计。在那个年代，美元拥有最广泛的认可度和被接受度，而现在的情况似乎是美国在对外宣布："我们将要开出空头支票，你们要么接受，要么自己看着办。"这个"声明"立即毁掉了那些正规、信誉良好的机构，全世界的金融市场大跳水。

已经"伤风"的美国经济开始"咳嗽"，然后增长停滞，接着开始进行"自由落体运动"。一批银行被快速地吸入经济增长的真空地带，纷纷宣告破产。一个城市接一个城市，储户们拼命地挤到银行出纳窗口，却又被打发走。[13] 但是，在这场大灾难中，霍华德的公司成功了。他最初的客户大多是亲朋好友。他向他们出售安全的证券，比如公共事业股票和市政债券。在经纪行第一个月的营业中，金融恐慌弥漫全美，他却赚了400美元，经纪行赢利了。[14] 在之后的几个月，即使人们的储蓄蒸发，也不再相信银行，霍华德还是坚持进行同一类保守的投资，这使他的客户开始增多，生意也开始做大。[15]

霍华德家的收入和财富开始出现好转。在沃伦·巴菲特满两岁后不久，20个月大的小查尔斯·林德伯格被绑架，并于1932年3月被杀害。根据评论家孟肯的说法，"孤鹰"[b] 之子被绑架是"经济复苏以后最轰动的一件事"。全美突然患上了"绑架恐惧症"，所有父母都流露出对孩子会遭受绑架的恐惧，巴菲特家也不例外。[16] 就在这个时候，霍

a. 金本位制下，政府财政部所持有的黄金数量决定了流通中的美元数量。金本位制可以防止政府大量印刷钞票触发通货膨胀的行为。——译者注

b. "孤鹰"是指查尔斯·林德伯格，于1927年第一次成功地不间断飞行跨越大西洋。——译者注

华德患上了某种非常严重的疾病，利拉不得不叫来救护车，梅奥诊所最后诊断他的心脏出了问题。[17] 从那个时候起，他的生活起居就受到限制：不能举重物，不能跑步，不能游泳。利拉的生活更是围着霍华德转——这位迷人的“王子”曾解救她脱离排印报纸的悲惨命运，一想到霍华德可能出什么事，利拉就会被吓坏。

沃伦已经成长为一个谨慎早熟的孩子。他学走路的时候总是弯曲着膝盖，靠近地面。母亲带他去教堂参加定期聚会时，他很乐意静静待在母亲的旁边。母亲随手给他一个玩具——一把牙刷——就能让他高兴。沃伦很安静地盯着牙刷，一盯就是两个小时。[18] 当沃伦盯着一行一列的牙刷毛时，他都在想什么呢?

那年（1932 年）11 月，美国还处于危机之中，富兰克林·罗斯福被选为美国总统。霍华德认定，这个属于上层特权阶级的人对普通民众的生活一无所知，他会弄脏国家的货币，并把美元引向灾难。[19] 霍华德在阁楼上放了一大袋糖，以防备出现最糟糕的情况。直到这个时候，霍华德看起来还像穿着西装、孩子气的超人，带着真挚的微笑，态度亲切。但是，霍华德谈到政治的时候——在晚饭时评论当天最热点的新闻——会变得暴跳如雷。霍华德情绪激昂地说，可怕之事将降临到这个由民主党主导白宫的国家头上。这时，多丽丝和沃伦可能并不懂霍华德在说些什么。但是,“社会主义”之类的字眼开始嵌入孩子们的大脑。吃过晚饭后，他们会看着令人敬畏的父亲坐在客厅的红色皮椅上休息，椅子旁边放着收音机，霍华德会一连好几个小时都埋头看他的晚报和杂志，完全不理会其他事情。

在巴菲特家里，政治、金钱和哲学是晚餐时经常讨论的话题，但是家庭感情却不是。[20] 即使在那个父母对子女感情非常含蓄的年代，霍华德和利拉也以缺乏温情而出名。巴菲特家没人会说“我爱你”，也没有人会抱孩子到床上入睡，并亲吻他们。

不过，对外人来说，利拉的表现堪称一位完美的母亲和妻子。人们记得她的活力、乐观、母性和甜美，甚至“滔滔不绝的说话方式”。[21]利拉喜欢不停地讲她过去的事，她会把不太光彩的地方遮掩过去，将自己说成是了不起的基督徒父母养大的幸运儿。她最喜欢说的事是她和霍华德曾做出的“牺牲”——她因为大学学费而错过的三年，霍华德经纪行刚起步时颗粒无收的四个月，以及在此期间她为了省车费步行到奶制品店。利拉经常会谈到持续很长时间的“神经痛”(有时被误以为偏头痛)，她认为病痛是小时候待在发出巨响的报纸印刷机旁边的结果。[22]虽然如此，她的一举一动仿佛表示她必须做所有的事，而且她会让自己非常辛苦和忙碌——桥牌茶会、煎牛排、生日会和周年纪念日、拜访邻居，以及准备教堂晚餐。相比其他人，利拉更多地拜访邻居、烘烤饼干，记更多的笔记。在怀孕期间，她还曾自己动手给家人做饭，并试着通过闻肥皂的气味来压制清晨的孕吐。[23]她的第一原则是：一切为了霍华德。“她把自己钉在了十字架上。”她的妯娌凯蒂·巴菲特说。[24]

然而，利拉的责任感和牺牲精神对应着另一种含义：责备和羞愧。当霍华德早上乘车上班之后，多丽丝和沃伦会玩耍或者穿衣打扮，而利拉会突然间冲着他们发脾气。利拉的音调可能事先透露出会发火的迹象，但大多数情况下，一切的发生毫无征兆。

> 我们可能做了什么或者说了什么，然后有那么一瞬间她的脾气就爆发了，没有消停和减弱的迹象。你过去犯的全部错误都会被翻出来。事情就这么无休无止。我母亲有时会把这归因于神经痛，但是她在外从未发作过。

盛怒之下的利拉会不停地责骂孩子，内容千篇一律：他们的生活显然来自她做出的牺牲；他们一无是处、不知感激、自私自利，他们应该觉得羞愧；她会挑剔每个真正或想象出来的错误；她几乎总是冲着多丽丝长篇大论，而且会把同样的话说上至少一个小时，有时还长达两个小时。沃伦说，直到两个孩子“认错”、流下无助的眼泪，她才结束。多丽丝说：“她不把你说哭就不满意。”沃伦无奈地看着利拉大发脾气，没有能力保护多丽丝，并且得竭尽全力地避免自己成为目标。很显然，利拉的攻击是故意的，她在一定程度上能够控制他们，但是，作为母亲，她如何看待自己的行为外人不得而知。不过，到沃伦 3 岁、妹妹罗伯塔（昵称伯蒂）出生的时候，对沃伦和多丽丝而言，“一切都已经回不去了”。他们在心理上已经受到了伤害。

孩子们从未向父亲求助，即使他们知道父亲也了解母亲的坏脾气。霍华德可能会对他们说：“妈妈要大发雷霆了。”这是在提醒利拉要发火了，但他不会干预。不过，利拉经常会在霍华德的听力范围之外发作，而且不会冲着霍华德。因此，在某种意义上，霍华德是孩子们的保护者。虽然他没法使他们免于母亲的盛怒，但他依然意味着安全，因为他在旁边的时候，孩子们就很安全。

巴克大街的白色小平房之外，内布拉斯加已经滑向了违法乱纪的深渊，奥马哈猖獗的私酒贩卖一直持续到沃伦 3 岁时。[25] 在乡下，农田分文不值，以农田为抵押品的农民面临着抵押品赎回权的取消，他们开始不服管制，发起反抗。[26]5 000 名农民在林肯市的州议会大厦外游行，直到惊慌失措的立法者们急急忙忙地通过了抵押贷款延期偿还的法案。[27]

1933 年 11 月，寒风刮过美国西部炎热的沙丘，以雷霆万钧之势掀起表土层，形成巨大的旋风，向美国东部推进，以每小时 60 英里的速度，一直抵达纽约。这场暴风所到之处，玻璃窗户被撞碎，路上的车辆被吹翻。《纽约时报》将之比作喀拉喀托火山的爆发，将要持续好几年的沙尘天气开始了。[28]

在20世纪最严重的干旱期间，沙砾吹打着房屋的墙面漆，在汽车玻璃上留下划痕，中西部人都把家当作避难所。利拉每天早上都要打扫门廊的沙尘。沃伦4岁生日那天，一场肆虐的沙尘暴在巴菲特家的前门门廊上留下一层沙尘，吹走了餐桌上的纸盘子和餐巾纸。[29]

沙尘天气出现后，随之而来的就是酷热。1934年夏，奥马哈的温度达到了118华氏度（约47.7摄氏度）。内布拉斯加的一位农民在找了好几天之后，在一处收割后的偏远农田的裂缝里找到了他家的奶牛，土地被烤得裂开，牛被夹在里面了。[30]平原上的居民们讲述着夸张的故事，有个人被一滴水击中脸部，然后昏死过去，得用三桶沙才能救醒。人们睡在后院，在中心高中的地上以及奥马哈乔斯林艺术博物馆的草地上搭帐篷，以免被自家的"火炉"给烤熟了。沃伦想盖着被水浸过的床单睡觉，但也只是徒劳，任何东西都无法给升到他二楼房间的炽热空气降温。

因为1934年的干旱和高温创了纪录，[31]铺天盖地的蝗虫来袭，把烤干的玉米和小麦一顿狂吃，就剩下一地的短茬儿。[32]利拉的父亲斯塔尔那年中风卧床不起，沃伦到西点镇看望外祖父的时候，还能听到蝗虫吞噬庄稼的嗡嗡声。最可怕的时候，蝗虫吃栅栏桩和晾在晾衣绳上的衣物，还一团团地沾在拖拉机发动机上；厚厚的一层蝗虫，遮天蔽日，足以遮挡汽车司机的视线。[33]

事实上，20世纪30年代初，除了恐惧本身外，还发生了更多可怕的事情，那就是经济状况恶化。[34]很多人仿效当时最臭名昭著的强盗——阿尔·卡彭、约翰·迪林杰和长了一张娃娃脸的尼尔森——在中西部四处出没，掠夺勉力支撑的银行。[35]父母亲们都很担心那些经过城镇、裹沙带尘的流浪者和吉卜赛人。偶尔出现的狂犬病也令恐惧的家长把孩子们关在家里。出于对小儿麻痹症的担心，公共游泳池在夏季炎热的日子都被关闭。父母们不时警告他们的孩子，如果他们的嘴唇碰到了公共喷泉，那他们可能就会被装上人工呼吸机。[36]

不过，内布拉斯加人从出生起就受到训练，以坚定的乐观态度来应对灾难。这些年的沙尘和干旱构成了中西部生活的背景。在这个龙卷风肆虐而且风力足以把火车吹离铁轨的地方，孩子们在成长过程中习惯了恶劣古怪的天气。[37]

巴菲特家的三个孩子照常上学，和朋友一起玩耍；在附近野餐聚会的时候，和很多孩子一起在100华氏度（约37.8摄氏度）的高温下到处跑。而他们的父亲穿着西装，母亲还穿着外套和袜子。

很多邻居的日子可能不太好过，他们的生活水准在降低；但是这位杂货店老板的儿子霍华德，让他的家人过上了比大部分中产阶级都要舒适的日子。“即使是在艰难的日子里，我们的生活水平也在稳步地提高，”霍华德回忆说，“以一种非常适度的方式。”他对此很谦虚。当50个男人排队竞争一份周薪17美元的工作时——为巴菲特父子杂货店开橙色卡车运送货物——霍华德坚持每家每户上门推销，他的股票经纪公司——如今被叫作巴菲特公司——发展得很成功。[38]奥马哈在1935年电车罢工和骚乱期间曾实行过短期的戒严，不过，霍华德已经购买了一辆崭新的别克。他成为当地共和党政治活动的积极分子。多丽丝一直以来很崇拜父亲，她7岁就开始构思父亲未来的传记，她的一本笔记本封面上写着“政治家霍华德·巴菲特”。[39]一年后，美国还处于大萧条的阴影之中，而霍华德为家人在奥马哈的郊区邓迪建了一栋更大的房子——红砖砌成，两层高，都铎式风格。[40]

当全家准备搬迁的时候，利拉得知37岁的弟弟马里昂——已经是纽约一名成功的律师——患上了癌症。“我的舅舅马里昂是我母亲家的骄傲和快乐之源。”沃伦·巴菲特说。马里昂没有遗传到精神错乱，是斯塔尔家传宗接代的主要希望。[41]马里昂于11月去世，没有子女，终止了斯塔尔家族的希望。另一条坏消息是，那一年利拉的父亲约翰·斯塔尔又一次中风，身体非常虚弱。在家照顾父亲的伯妮丝似乎在沮丧消沉中越陷越深。当教师的姐姐伊迪丝——家里最漂亮、最敢作敢为的女孩——发誓要一直单身到30多岁，或是等到伯妮丝结婚。不过，精明、有心机的利拉不愿被家里的悲戚之事捆住手脚，不管发生什么事，她都要实现自己的目标——她想要一个正常家庭，过正常生活。[42] 利拉计划着迁居并购置新家具，她雇用了一位兼职管家艾塞尔·克伦普，这可是生活的一大进步。

如今，利拉成了一个更富裕家庭里更有经验的母亲。随着她发怒频率的降低，她和小女儿伯蒂的关系更加健康。伯蒂知道母亲的坏脾气，却总说自己感受到了母亲对她的爱。沃伦和多丽丝从不这样认为，利拉对伯蒂明显的母爱无助于减轻他们的不受重视感。[43]

1936年11月，罗斯福成功连任美国总统。霍华德唯一的安慰就是罗斯福4年后就没戏了。每晚，霍华德看着自己的保守派杂志，孩子们听着收音机、玩游戏或是唱赞美诗，利拉会用家里添置的最大物件为他们伴奏——一台管风琴，就像利拉母亲曾弹过的那台一样。

巴菲特家有了新房子，也有一两件诸如管风琴之类的奢侈品。虽然这表明他们的日子越过越好，但是利拉总是给孩子们买一些无趣和不起眼的礼物，大减价时出售的不能退的衣服和生活必需品——丝毫不符合孩子们的愿望。沃伦有一列小小的单轨火车，他非常想要另一套更加精致的火车——他在市区的布兰戴斯百货公司里看到的那款——转动着车轮，经过信号灯，翻越雪山，潜入隧道，飞奔过小小的村落，消失在松林。不过，买一本画有这列火车的商品目录就让沃伦很满足了。

如果你是一个小孩子，只有一列小小的椭圆轨道的火车。盯着这列令人着迷的火车，你会非常高兴用1毛钱买一本有火车模型的目录，然后就坐在那里幻想。

沃伦是个内向的小孩，他能数小时沉迷在画有火车模型的目录中。不过，作为一个快上小学的孩子，他有时不会表露出自己的情感。而他在朋友杰克·弗斯特家则会流露出对杰克善良的母亲海兹尔的依恋。日子一长，他逐渐养成习惯，在邻居和亲戚家里待上很长的时间。[44]沃伦最喜欢姑妈艾丽斯，她是一位高个子女士，一直未婚，和沃伦的祖父住在家里，教授家政课。她让沃伦感到很温暖，她对他做的一切事情都很有兴趣，想方设法鼓励他和启发他。

沃伦上学前班的时候，[45]他的爱好和兴趣都围绕着数字打转。6岁左右，他着迷于用秒来精确记录时间，非常想要得到一只秒表。艾丽斯并不是简单地无条件送给沃伦这份重要的礼物，她想得更周到。"她很爱我，"沃伦说，"但是她仍然会附加一两个条件，比如我得吃龙须菜之类的东西，礼物能激发我吃这些东西的动机。我最终得到了一只秒表。"

沃伦拿着他的秒表，叫他的姐姐妹妹和他一起到浴室，观看他发明的新游戏。[46]他在浴缸里装满水，拾起他的弹珠。每个弹珠都有自己的名字。他把它们放在浴缸一头的水平边缘上，排成一排。然后，他把弹珠扫进浴缸，同时按下秒表。它们沿着瓷制浴缸的斜面向下滚，发出碰撞声，然后击中水面，落进水中。这些弹珠相互追赶，向浴缸塞子奔去。当第一个弹珠到达目的地时，沃伦就按下秒表，宣布它是胜利者。他的姐姐妹妹看着他一遍又一遍地让弹珠赛跑，想要提高它们的成绩。弹珠不会疲倦，秒表也不会出错，还有沃伦，似乎从不会对这种重复的游戏感到厌倦——不过，他的观众可不像他。

沃伦随时随地都在思考数字，即使在教堂也这样。他喜欢听布道，但其他活动让他感到无聊。他会收集赞美诗的作曲者的出生、死亡日期来计算他们的寿命，以此消磨时间。他认为，宗教人士应该因为他们的信仰和忠诚而得到回报。他假设赞美诗作者的寿命长于平均寿命，活得比平均年龄长对他来说是个很重要的目标。但是他发现，虔诚对长寿无所裨益。因为体会不到宗教对个人的仁慈和恩惠，沃伦开始对宗教有所怀疑。

不过，浴缸障碍赛和他所收集的赞美诗作者的信息教会了他一些其他的事情，一些有价值的事。他学会了计算概率。他环视周围，到处都存在可以计算概率的事物，关键就在于收集信息，你能够找到多少是多少，尽你所能。

7

休战纪念日

奥马哈　1936—1939 年

当沃伦于 1936 年开始在罗斯希尔学校读一年级的时候，他立刻就喜欢上了上学。[1]至少，上学可以使他有一部分时间不用和母亲一起待在家里。学校为沃伦打开了一个全新的世界，而且他还很快交了两个朋友：鲍勃·拉塞尔和斯图·埃里克森。沃伦和鲍勃——沃伦叫他鲁斯——开始一起步行去学校。有时候，沃伦放学后会去鲁斯家；还有些时候，斯图——他家住在一栋普通的木房子里——会去沃伦的新家，那是一座砖房子，在欢乐谷乡村俱乐部社区。沃伦每天放学后基本上都有事做，一直做到父亲下班回家。沃伦总是和其他孩子待在一起，他们让他觉得很安全。

沃伦和鲁斯会在鲁斯家的门廊前坐好几个小时，看着军事大街的来往车辆。他们在笔记本上一栏一栏地记下穿梭车辆的车牌号。家里人觉得这个癖好很奇怪，但认为这只是男孩子对数字的喜爱。他们知道沃伦喜欢计算车牌号上的数字和字母出现的频率。沃伦和鲁斯从未解释过他们这么做的真正原因。鲁斯家房前的街道是唯一一条进出社区的道路，道格拉斯县级银行就在这里。沃伦让鲁斯确信，如果某天银行被抢了，警察可以利用车牌号抓住抢匪，而只有他和鲁斯握有警察用以捉拿罪犯的证据。

沃伦喜欢收集、计算和记忆与数字有关的所有事情。他非常热衷于集邮和收藏钱币。他会计算字母在报纸和《圣经》里出现的频率。他喜欢看书，大把的时间都用来阅读从本森图书馆借来的书。

不过，车牌号游戏的反犯罪和戏剧潜力——这是他家里人和鲁斯从不曾了解的——折射出了沃伦的其他性情。沃伦喜欢扮演警察，喜欢能让他受到关注的几乎所有事情，包括扮演不同的角色。沃伦上幼儿园时，霍华德从纽约出差回家，会给沃伦和多丽丝带回戏服。沃伦会化身为印第安酋长、牛仔或是警察。他一踏入校门，就开始提出自己在戏剧方面的构想。

不过，沃伦最喜欢的是竞争性游戏，即使他只和自己竞争。从弹珠浴缸障碍赛到悠悠球，再到波洛球游戏——用橡皮筋将球从木板上发射出去，如此反复多次。每逢周六晚上，在本森剧院，在播放不同电影之间的空隙，沃伦会和其他孩子站在台上比赛，看谁能让球滚得更远。最后，其他人都走下台，筋疲力尽，只有沃伦一个人在台上，继续玩着波洛球。

沃伦和伯蒂关系特别亲密，他喜欢逗她。沃伦喜欢叫伯蒂“小胖子”，因为这会令伯蒂生气；沃伦还会捉弄伯蒂，让她在晚餐桌上唱歌，这可是有违家规的。沃伦和伯蒂一起玩游戏，[2]但通常不让她赢，即使伯蒂比他小 3 岁。不过，沃伦也有温柔的一面。当伯蒂对母亲感到恼火的时候，她会把自己很喜欢的迪迪娃娃扔到废纸篓里。一到这个时候，巴菲特便会把娃娃“救”出来，拿回伯蒂的房间。“我在废纸篓里发现了这个，”他说，“你不想让它待在废纸篓里，是吧？”即使伯蒂只是一个孩子，她也知道哥哥行事如何老练、如何有技巧。

从另一方面来说，伯蒂非常自信，无所畏惧，多丽丝和沃伦认为，这可能是利拉很少对伯蒂发火的原因。伯蒂对此有自己的看法，她认为是因为自己能一直保持被利拉重视和喜欢的样子。

对利拉来说，最重要的是他人的尊重，这是沃伦后来慢慢称为“外部记分卡”的东西。利拉总是担心邻居们的想法，然后唠叨着女儿们要穿着合适、言行得体。“为了做事得体，我总是小心翼翼，我不喜欢这样。”对利拉的长篇絮叨，伯蒂如是说。

多丽丝性格叛逆。从小时候开始，她就表现出优雅细腻的品位，且容易进入兴奋状态。这使她不同于沃伦的稳重路线和吝啬作风。奇异、时髦和新颖的东西会吸引她，而她的母亲则显得谦虚、朴素，不重打扮。因此，多丽丝看上去被认为大大冒犯了母亲，两人经常不和。利拉偶尔发作的脾气似乎不逊于从前。多丽丝出落成了一个漂亮的姑娘，而“她越漂亮”，沃伦说，“情况就越糟糕”。

沃伦很早就懂得与人相处的诀窍，但同时，他也是一个好强和早熟的孩子，智力很不错，但体育方面欠佳。8岁的时候，他的父母送了他一套拳击手套，他上了一堂拳击课之后就再也没有戴过它们。[3]他学过溜冰，但是他的脚踝会发抖。[4]他没有加入其他男孩的街头游戏，即使他喜欢运动，协调性也不错。他唯一不厌恶的运动是打乒乓球。巴菲特家买回一张乒乓球台后，沃伦会没日没夜地在球台上打球，对手是任何和他玩球的人——父母的朋友、学校的同学——最后练到他的球极有杀伤力。如果有人看不起他，沃伦很容易大哭；他一直很努力地想要得到他人的喜爱，并和他人融洽相处。尽管沃伦总是很快乐，但他的朋友还是感到他身上有一种孤独。

1937年，巴菲特家给三个孩子拍了一张合影。伯蒂看起来很高兴，多丽丝则一副可怜兮兮的苦恼样。沃伦的样子——手里紧紧抓着他的最爱，一个外面镀镍的零钱罐，他的姑姑艾丽斯送他的礼物——

看起来远远没有过圣诞节应有的快乐。

沃伦 8 岁的时候，斯塔尔家又发生了不幸的事，这使得利拉更下定决心，要让巴菲特全家看起来就像是典型的完美家庭。利拉的母亲斯特拉的状况恶化，家里把她送到诺福克州立医院，即内布拉斯加精神病院，利拉的外祖母就是在这家医院过世的。[5]利拉的姐姐在医院里也住了三个月，阑尾穿孔之后，她差点儿死于腹膜炎。之后，伊迪丝决心结婚。她嫁给了一个让她开心但背景可疑的男人。这并没有改变利拉对姐姐的不良印象，对利拉而言，她姐姐似乎对冒险的兴趣总是大于对责任的兴趣。

与此同时，霍华德被选入校董事会，一个令家里人感到自豪的新角色。[6]巴菲特家在进步，而斯塔尔家在后退，在这种交叉混杂中，沃伦大部分时间都待在外面。他四处拜访邻里，和其他人的父母交朋友，在他们家里听政治演讲。[7]散步的时候，沃伦开始收集瓶盖。他到镇上所有的加油站，从冰柜下面收集瓶盖，因为顾客们砰的一声打开汽水后，瓶盖都会落到冰柜下面。在巴菲特家的地下室，瓶盖堆得越来越多：百事、草根啤露[a]、可口可乐和姜啤汽水等的瓶盖应有尽有。沃伦着迷地收集着瓶盖。免费的信息到处都是，无人问津——没有人想要这些东西！沃伦觉得这是一件让人吃惊的事。晚饭过后，他在客厅地板上铺满报纸，然后把收集的瓶盖摊放在上面，开始分类、计数，分类、计数……[8]数字告诉他哪种软饮料更畅销。沃伦同时也很享受分类、计数的过程，他把这当作放松的方式。当他不摆弄瓶盖的时候，他喜欢整理收集的钱币和邮票。

学校是最让他感到无聊的地方。沃伦和鲍勃·拉塞尔、斯图·埃里克森同在西克斯顿小姐的四年级班，为了打发时间，他玩数学游

a. 美国人常喝的一种用植物根部酿造的无醇饮料，有点儿像可乐。——译者注

戏，在脑子里数数。不过，他喜欢地理，并发现拼字是件让人兴奋的事，尤其是“拼字比赛”——6个一年级学生和6个二年级学生进行比赛。获胜的一方可以和三年级学生再进行比赛，以此类推。理论上来说，一年级学生可以连胜5场，最终击败六年级学生。

我想在拼字比赛中超过多丽丝，而伯蒂想超过我。

唉，巴菲特家的三个小孩都非常聪明，他们想的超越从未发生过。

还没有什么事能像这件事一样吸引我们。

沃伦喜欢拼字游戏，但是除了在黑板上演算算术题之外，没有其他东西能刺激他的学习欲望。从二年级开始，学生们都会跑到黑板前比赛，一次两人。一开始，他们在规定的时间里比赛加法，然后是减法，最后是乘法和除法，把自己计算所得的数字在黑板上写下来。沃伦、斯图和鲁斯是班里最聪明的学生。一开始，他们得分相同，但一段时间之后，沃伦略有领先；又过了一段时间，沃伦又领先了一些。[9]

终于有一天，西克斯顿小姐请沃伦和斯图放学后留下。沃伦的心怦怦直跳。“我们在想，我们到底做错了什么。”斯图说。西克斯顿小姐没有责骂他们，相反，她请他们从教室一边的4A区换到了另一边的4B区[10]——他们跳了半级。鲍勃·拉塞尔被甩到了后面，拉塞尔太太对此很生气，满嘴抱怨。

沃伦仍和斯图、鲍勃保持朋友关系，但和他们分开交往：和以前一样，虽然他们都是他的朋友，但斯图和鲍勃之间并不是真正的朋友。

沃伦准确掌握细节的爱好继续在发展。他的父母和朋友（都叫他“沃伦尼”）在他的聚会游戏上都会被踢出局——游戏是说出州首府的名字。读五年级的时候，沃伦已经完全沉浸于1939年《世界年鉴》中，这本书很快就成了他最爱的一本书。沃伦记得每个城市的人口数。

他开始和斯图比赛，看谁说出的人口超过 100 万的城市数量多。[11]

不过，在某一天晚上，可怕的肚子痛令沃伦无法看《世界年鉴》和玩瓶盖。医生上门进行了诊治，然后就回家了。但是，医生对这次上门诊断不放心，又回头把沃伦送到了医院。就在那晚，沃伦因阑尾穿孔接受了手术。

医生差一点儿就耽误了沃伦的病。沃伦在教会医院躺了几周，病情不轻。不过在修女的照顾下，他很快就发现医院是一个舒服的避难所。当身体开始恢复的时候，其他的乐趣也随之而来。《世界年鉴》被带过来供他学习。老师让班里所有的女孩给他写慰问信。[12] 非常了解自己外甥的伊迪丝姨妈给他买了一套指纹识别玩具。他很懂得怎么玩。他会骗每个顺路来到他房间的修女，让她们的手指蘸上墨水，提取指纹。回家后，沃伦把收集到的指纹仔细地整理好。家里人觉得他的这个行为非常有趣。有谁会想要修女的指纹？但是，沃伦的理论是，修女中终有人会犯罪。而如果这事发生，只有他有线索识别罪犯的身份。[13]

出院后不久，1939 年 5 月的一天，天气异常寒冷，刮着风，父母亲让沃伦穿戴整齐。然后，他的祖父出现了。身着威严的单排扣西服，欧内斯特·巴菲特就如画中那备受尊重的人物，非常符合其奥马哈扶轮社主席的身份。

欧内斯特和孩子相处很有一套。尽管他很严厉，但是喜欢哄孙子孙女们。伯蒂很崇拜他。“我们今天要去芝加哥，沃伦。”欧内斯特宣布。他们登上火车，去看芝加哥小熊队和布鲁克林道奇队的比赛。这是一场持久、难分高下的棒球赛，双方打成 9∶9，最后因为天色太黑而停止比赛。整场比赛持续了 4 小时 41 分钟。[14] 在沃伦首次观看了美国职业棒球联赛后，欧内斯特给沃伦买了一本价值 25 美分的介绍 1938 年棒球赛季的书。沃伦激动不已，至今还记得这本书。

> 对我来说，那是我最珍贵的一本书。我知道了每个队的每个球员的经历，可以清楚地告诉你书中的每一个字，在梦里都想着这本书。

沃伦的姑姑艾丽斯给了他一本关于桥牌的书——这本书可能是卡伯特森的《桥牌全攻略》。[15] 桥牌是一种社交性的心理游戏，玩游戏的时候，发现问题和解决问题一样重要。在当时，桥牌风靡全美，沃伦发现，这个游戏比国际象棋更适合他。[16]

沃伦的另一个兴趣是音乐。他学小号学了好几年，他的偶像包括小号手巴里·贝里根和哈里·詹姆斯。虽然玩音乐就意味着要和母亲待在家里——沃伦得努力取悦一个根本哄不高兴的人——不过，沃伦还是坚持了下来。在经受利拉长时间、令人讨厌的尖刻评论之后，他获得了回报：被选去参加学校的休战纪念日典礼。

每年 11 月 11 日，第一次世界大战达成停战协议的周年纪念日，罗斯希尔的全体学生都要到体育馆举行典礼，以纪念战争中牺牲的战斗英雄。在学校的这项传统中，小号手们会站在体育馆门口，一个接一个地用小号吹出旋律。

沃伦的小号吹奏技术足以令他胜任吹奏其中的一部分。典礼当天早上起床后，一想到要在全校面前演奏，沃伦就很高兴。重要的时刻来了，他也准备就绪。

沃伦拿着小号站在门口，第一名小号手开始吹响音符，但是，在吹第二个音的时候，这名小号手吹错了。

> 我傻眼了，因为我不知道要怎么接着吹。他们没让我做这种准备。这可是我的重大时刻啊。

沃伦本应重复吹奏第一名小号手的段落，可是现在沃伦是应该重复第一位小号手的错误，还是吹得和他不同，令他难堪？沃伦觉得自己完了。这一幕永远烙在了他的记忆中，但他却记不得之后的行动。数年之后，他接下来的反应和行为——假设他还是吹响了小号——已经变成了一片空白。

沃伦学到了一个教训：正如这次小号演奏一样，生活可能看起来很简单，但是当另一个家伙吹错的时候，情况就不那么简单了。

8

1 000招

奥马哈　1939—1942年

沃伦·巴菲特首次挣得的几美分来自销售口香糖。从6岁第一次卖口香糖的那刻开始，他就表现出对顾客毫不让步的态度，这大大反映了他后期的风格。

> 我有一个小小的绿色盘子，里面被分成了5个部分。我很肯定是我的姨妈伊迪丝给了我这个东西。这个东西能分装5个牌子的口香糖，黄箭、荷兰薄荷、绿箭等。我从祖父那里买上几包，然后挨家挨户地向邻居推销这些东西。我过去经常在晚上做这件事。[1]我记得有一位名叫弗吉尼娅·麦考布里的女士说："我要买1片黄箭。"我说："我们不拆着卖。"我的意思是我有自己的原则。直至今日，我依然记得麦考布里夫人说她想要1片。不行，只能一包5片一起卖。5片5美分，而她想在我这里花1美分。

做成一笔买卖是很诱人的事，但是还不足以诱惑沃伦改变心意。如果他卖1片给麦考布里夫人，那他就得把剩下的4片卖给其他人，1

片口香糖不值得这么做或冒这个险。每卖一整包，他能赚 2 美分。他可以用手拿着这些钱，沉甸甸的，实实在在的。它们就是滚动的资金雪球的最初几片雪花。

沃伦愿意拆开可口可乐的红色包装箱，在夏天的晚上挨家挨户地叫卖。他跟家人度假时也一直卖，向那些在奥科博吉湖岸边晒日光浴的人兜售。汽水比口香糖赚钱多了：每 6 瓶汽水，他能挣 5 美分。沃伦把挣来的硬币自豪地塞进挂在腰带上的一个棒球场形状的镀镍零钱罐。当沃伦一家家售卖《星期六晚邮报》和《自由》杂志的时候，他也带着这个东西。

零钱罐让他觉得自己很职业，它代表着买卖过程中沃伦最喜欢的一个环节：收藏。虽然他主要收藏瓶盖、硬币和邮票，但他也收藏现金。他把硬币放在家中的一个抽屉里，有一次里面增加了 20 美元——父亲在他 6 岁时给他的钱——所有这些都被记录在一个小小的栗色银行存折上，这是他的第一个银行账户。

到沃伦快 10 岁的时候，他和斯图 · 埃里克森开始在爱姆伍德公园的高尔夫球场卖二手高尔夫球——直到警察接到举报把他们赶出球场。不过，当警察把这事儿告诉沃伦父母的时候，他们对此并不担心。他们认为自己的儿子只是有点儿野心勃勃。据他的姐妹说，作为巴菲特家的唯一男丁，早熟的沃伦带有某种“光环”，能够躲避掉很多讨厌的惩罚。[2]

10 岁的时候，沃伦找到一份在奥马哈大学橄榄球比赛期间售卖花生和爆米花的工作。他穿行于看台，高声叫卖：“花生——爆米花，5 美分——5 美分——5 美分，买点儿花生、爆米花吧！”当时正在进行 1940 年总统大选，沃伦收集了很多不同的温德尔 · 威尔基和查尔斯 · 麦克纳里的胸章，他把这些东西别在短袖上，他最喜欢的一句话是：“华盛顿不会，克利夫兰不可能，罗斯福不应该。”这影射的是富兰克林·罗斯福触犯众怒的第三次竞选决定——至少对巴菲特家的人来说是这样。虽然美国宪法当时对任期没有限制，但美国人民抗拒“帝国总统”思想，至今依然如此。[3]霍华德认为富兰克林·罗斯福是一个通过哗众取宠而获取民意的暴君。富兰克林·罗斯福再连任4年的想法几乎让他作呕。

虽然霍华德发现就自己的偏好来说，温德尔·威尔基太过自由化，不过他仍然期盼有人把罗斯福给“干掉”。追随父亲政见的沃伦喜欢在体育馆炫耀自己的威尔基和麦克纳里胸章。之后，他的经理把他叫到办公室，告诉他：“把胸章摘下来，否则，你会激怒罗斯福的支持者。”

沃伦把胸章收回围兜里，里面的1角和5分硬币卡在了胸章的后面。当他在比赛之后向经理汇报工作的时候，经理让他把袋里的东西都拿出来，胸章以及其他所有东西。之后，经理把这些东西一股脑儿地从柜台上拿走，全部没收。

这是我经商的第一课。我难过极了。

当罗斯福前所未有地第二次连任之后，巴菲特家更难过了。

政治是霍华德的首要兴趣，赚钱次之，但对他的儿子来说，这两个兴趣的地位却是相反的。沃伦一有机会就去父亲的办公室转悠——办公室位于古老、宏伟的奥马哈国民银行大厦——读《巴伦周刊》上的《交易者》专栏文章，看父亲书架上的书。他经常待在哈里斯·厄汉公司的客户房间。这家地区性股票经纪公司所在楼层比霍华德的办公室低了两层。在这家公司，沃伦发现能够在“黑板上写东西”——在大萧条时期某个清闲的周六早晨，在黑板上写上股票价格——令他痴迷不已。市场在周末仍然会交易两个小时。客户房间里围成半圈的椅子上坐满了人，心情压抑的人们无事可做，无精打采地看着电子显示器上滚动的数字。[4]有的时候，有人会跳起来，从这部许久不动的纸带打点器里面撕扯出一些纸带。沃伦和叔公弗兰克·巴菲特以及舅公约翰·巴伯一起来这里。弗兰克不喜欢与人往来，在追求亨丽埃塔（已过世很久）时，输给了欧内斯特，为此伤透了心。[5]这两位长辈一直以来都只习惯于思考市场的单向趋势。

弗兰克叔公认为市场完全处于熊市，而约翰舅公则持彻头彻尾的牛市观点。他们争着吸引我的注意，想要证明自己是正确的。他们不喜欢对方，因此，彼此之间从不交谈。不过，我坐在他们中间，他们会和我交谈。我的弗兰克叔公认为世界上的一切都将崩溃。

每当有人走到椅子后面的柜台那里，说“23美元买进100股美国钢铁”，弗兰克总会用低沉的声音说：“美国钢铁？它会跌到一文不值。”对经纪业务来说，这可不是一件好事。经纪公司不会把他赶出去，但是他们讨厌他待在这个地方，这个办公室可不喜欢卖空者。

夹在两位长辈中间的沃伦盯着那些模糊不清的数字。他看不清楚电子显示器上的报价，家里人因此发现他成了近视眼，并给他配了眼镜。沃伦注意到，数字似乎会根据自己的某种规律变化。虽然他的叔公和舅公都很热衷于把他拉到他们极端的立场，但沃伦注意到他们的看法和显示器上出现的数字没有任何联系。他决定找出其中的规律，但并不知道该怎么做。

弗兰克叔公和约翰舅公会争着带我去吃午饭，因为这意味着在某种程度上打败了另一个家伙。我和弗兰克叔公一起去古老的帕克斯顿酒店。在那里，我们可以花25美分买到当天的新鲜食物。

沃伦喜欢和大人待在一起，喜欢被他的长辈们争来争去。实际上，他喜欢被任何人这样争抢。他渴望吸引家里亲戚和父母朋友的注意力，尤其是他父亲的关注。

霍华德在每个孩子10岁的时候都会带他们去东海岸旅行一次，这是孩子们一生中的重大事件。沃伦很明白自己想要什么。

> 我告诉父亲，我想做三件事。我想去看看斯科特邮票和钱币公司，我想去看看莱昂纳尔火车模型公司，我想去看看纽约证券交易所。斯科特邮票和钱币公司在47街；去莱昂纳尔公司要走到27街附近；去纽约证券交易所，就要一路走到市中心。

1940年，华尔街开始从崩溃中复苏，但气氛仍然很压抑。华尔街的人就像一群艰难求生的“雇佣兵”，在大部分同行倒下后，继续战斗。他们谋生的方式似乎名声不那么好，因为人们脑子里对1929年崩溃的记忆依然鲜活。虽然他们并不会四处吹嘘，但其中有些人实际上非常优秀。霍华德·巴菲特把儿子带到曼哈顿下城区，拜访了规模最大的经纪公司之一的负责人。小沃伦得以一窥这座碉堡的镀金大门里面的情形。

> 那次，我见到了西德尼·温伯格，华尔街最有声望的人。我父亲以前从未见过温伯格，他只是在奥马哈开着一家小小的经纪行。不过，温伯格让我们进去了，或许是因为跟着一个小孩子，我们大概交谈了半个小时。

在1929年的市场崩溃中，高盛将投资者误导入一场臭名昭著的“庞氏骗局”，声名扫地。作为高盛的高级合伙人，西德尼·温伯格用了10年时间艰难地恢复公司的声誉。[6] 沃伦对这些事一点儿也不知道，他更不知道西德尼·温伯格是一个移民的后代，一开始是在高盛当小杂役，倒痰盂、清扫合伙人丝绸帽子上的灰尘。[7]不过，沃伦一进入西德尼·温伯格的胡桃木墙板办公室——办公室墙上挂着亚伯拉罕·林肯写的信件、文件原件，还有林肯的画像——他就确信无疑，自己正面对着一位大人物。在拜访的最后，西德尼·温伯格做了一件事，给沃伦留下了终生难以磨灭的印象。

> 我走出去的时候，他拥抱了我，说："你最喜欢哪只股票，沃伦？"
>
> 到第二天，他也许会完全不记得这件事，但是，我会一辈子都记得。

巴菲特一直都记得，这位华尔街的大人物如此关注他，似乎很在意他的想法。[8]

离开高盛之后，霍华德带沃伦去了百老汇大街，然后穿过一片巨大的科林斯式的柱子，进入纽约证券交易所。在这个财富的殿堂，人们穿着颜色鲜艳的马甲，在钢铸的交易台周围大声叫喊着，潦草地写着。工作人员前后奔走，纸片碎屑扔得满地都是。不过，交易所餐厅的一个情景激发了沃伦的想象力。

> 我们在交易所和一个叫安特·摩尔的荷兰人一起吃午饭，他是股票交易所的职员，长得非常英俊。午饭后，一个人拿着个盘子走了过来，盘子里放着各种不同的烟草叶。安特·摩尔选出自己喜欢的烟叶，那人给他卷了一支烟。然后我想，是的，没有什么比这更好了——定制香烟。

香烟唤起了沃伦数学头脑的想象力。他对吸烟真的是毫无兴趣。不过，做个反向的逻辑推理，沃伦明白了雇用一个人做这样一件小事所隐含的意义。如果说花钱雇用这个人是合理的行为，这势必意味着，即使全国的大多数人民依然深陷大萧条不能自拔，但这个卷烟工的老板正在大笔地赚着钱。沃伦马上就领悟到这一点。纽约证券交易所里的资金流源源不断，就好像河流、喷泉、小瀑布和洪流，所以这里的交易员能够雇用一个人就干卷烟卷这么一件事，只为满足个人喜好。

就在那天，就在他看到那个卷烟工的时候，对未来的预期图景就此植根于沃伦的脑中。

当沃伦回到奥马哈的时候，他一直保留着这个预期，而如今他已足够成熟，可以设想自己的目标，并以更加系统全面的方式实现目标。沃伦还是享受着普通男孩的娱乐休闲，打篮球、乒乓球，收集钱币和邮票。全家陷入对小个子、亲切的外祖父约翰·斯塔尔的哀悼——享年 73 岁，是沃伦生命中失去的第一位亲人。尽管如此，他还是满怀激情地工作，为了前方可预期的未来。他要挣钱！

> 钱可以让我独立。然后，我就可以用我的一生去做我想做的事情。而我最想做的事情就是为自己工作，我不想让别人主导我。每天做自己想做的事，这对我来说非常重要。

助他一臂之力的工具很快落入他的掌中。一天，在本森图书馆，一本书在书架上向他招手，银色的封皮闪烁着光泽，如同一堆钱币，暗示着其内容的价值所在。被书名吸引，沃伦打开这本书，立即就被迷上了。书的名字是《赚1 000美元的1 000招》，换句话说，能赚100万美元！

封面上有一张照片，一个小个子男人凝视着一大堆钱币。

“机会在敲门。”书的正文第一页这么写着，“在美国历史上，对一个以小额资本开始创业的人来说，时机从未像现在这样有利。”

多有想法啊！“过去，我们都听到过大量关于时机的故事……和今天等待那些有胆识、有谋略的人的机会相比，昨天的机会根本不算什么。今天创造的财富会令亿万富翁奥斯塔和洛克菲勒的财富相形见绌。”这些文字描绘出一个天堂，浮现在沃伦·巴菲特的眼前，他更快地翻动书页。

“不过，”这本书警告说，“没有行动，就不可能成功。要赚钱就要开始行动……美国有成千上万想要发大财的人都无法如愿，因为他们都在等待。”行动！这本书如此劝诫，并说明了如何展开行动。《赚1 000美元的1 000招》里有大量实用的商业建议和赚钱的想法，以“金钱的故事”开篇，文字通俗易懂，文风亲切朴实，就像一个人坐在门廊上和朋友谈话。书的有些想法存在局限，如山羊奶酪业和玩具医院，但是很多都很实用。抓住沃伦的一个想法是本尼威特[a]秤。如果沃伦有一台称重器，他会一天称体重50次。他认定其他人也会付钱这么做。

> 称重器赚钱的道理很容易理解。我会买一台称重器，然后用利润买更多的称重器。无须太久，我会有20台称重器，每个人一天称50次。我想，钱就放在那儿呢。[9]钱又生钱，还有什么比这更来钱呢？

“复利”的想法深深触动了沃伦，这很关键。这本书告诉他，他可以挣1 000美元。如果以1 000美元起家，每年增长10%：5年内，1 000美元会变成1 600多美元；10年内，会变成将近2 600美元；25年内，将超过10 800美元。

当固定增长率逐年变大的时候，数字会发生爆炸性增长，这就是一小笔钱如何变成一大笔财富的途径。沃伦可以清晰地构想这些钱的复利未来，正如他把雪球滚过草坪而让雪球变大的道理一样。沃伦开

a. 本尼威特（pennyweight），是一种英美金衡单位。——译者注

始从不同的角度思考时间。复利把现在嫁给了未来，如果若干年后，1 美元成了 10 美元，那在他的脑子里，这两个数字之间没有任何区别。

坐在朋友斯图·埃里克森家的门阶上，沃伦宣布自己在35岁的时候将会是一名百万富翁。[10] 一个孩子在大萧条的 1941 年说出这种话，真是大胆放肆，而且听上去近乎是在犯傻。不过他的计算——还有那本书——表明这件事是有可能的。沃伦有 25 年的时间，他想要更多的钱。而且，他相信自己能够做到。他一开始赚到的钱越多，资金复利增长的时间越长，他实现目标的可能性就越大。

一年之后，他创造出实现梦想的关键因素。让家里人感到好玩和吃惊的是，到 1942 年的春天，沃伦已经有 120 美元了。

姐姐多丽丝被招募为合伙人，沃伦为自己和多丽丝买了城市服务公司的 3 股优先股，一共花了 114.75 美元。[11]

我买的时候并不了解那只股票。

沃伦只知道那是父亲霍华德最喜欢的一只股票，很多年来他都在向客户推荐。[12]

那年 6 月，市场走势低迷，一路下行。城市服务公司的优先股股价从 38.25 美元跳水到 27 美元。沃伦说，在上学的路上，多丽丝每天都“提醒”他，他的股票正在下跌。沃伦觉得压力大得可怕。因此，当股票最后回升的时候，他以 40 美元卖出，为他和多丽丝赚了 5 美元。“那个时候，我才了解到，沃伦知道自己在做什么。”多丽丝回忆说。不过，城市服务公司的股价很快就涨到 202 美元。沃伦学到了三个教训，并把这段时期作为他一生中最重要的时期之一。第一个教训是，不要过分关注股票的买入成本。第二个教训是，不要不动脑筋地急于抓住蝇头小利。如果他能更耐心一点儿，就能赚到 492 美元，他对此一直耿耿于怀。从 6 岁开始，他干了 5 年活儿才积攒下 120 美元买了这只股票。沃伦意识到，以那会儿从出售高尔夫二手球、在棒球场贩卖爆米花和花生中赚到的钱为基准来计算，要把“丢失”的利润赚回来，得用好多年。他将永远、永远、永远地记住这个错误。

第三个教训是关于投资他人资金的——如果他出现投资失误，那可能会有人因他而烦恼和不安。因此，他不想对其他任何人的资金负责，除非他非常确信自己会成功。

9

沾油墨的指头

奥马哈，华盛顿哥伦比亚特区　1941—1944年

沃伦已经11岁了。

1941年12月，一个星期日下午，巴菲特一家做完礼拜之后去了西点镇。在回来的路上，他们听到车上收音机里的播音员插播新闻说，日本袭击了珍珠港。事情的具体经过以及准确的伤亡人数当时尚不可知，但仅从这一事件来看，沃伦立即意识到世界将要大变。

沃伦父亲本已反战的政治观点一下子变得更为极端。霍华德和他的朋友们都认为罗斯福是一个好战分子，试图通过引诱美国人民加入又一次欧洲战争来实现独裁。他们认为，欧洲无力解决自己内部的琐碎争吵，其发展会导致严重的争端，因此必须让其在自己的火药筒里自行闷燃。

直到此时，罗斯福的引诱政策仍然无效。“国际合作”——别有用心的欺骗性借贷—租赁计划是为英国赤裸裸的战争提供礼物，既没有贷款，也没有租赁，这一计划被霍华德称为“老鼠洞计划”[1]——以及和那个身材魁梧的英国人温斯顿·丘吉尔一起发表演讲，都未能阻

止美国卷入战争。罗斯福曾告诉全美国人民——霍华德和他的朋友都认为他在说谎——“全国的父亲和母亲们，我向你们保证……你们的儿子不会被送往任何国外的战场”。[2] 沃伦说，如今，霍华德逐渐相信，在这场不顾一切、孤注一掷的战争冒险中，罗斯福和他的军事首脑乔治·马歇尔已经决定“让我们加入欧洲战争的唯一方式就是让日本人攻击我们，不要把日本人的袭击消息告诉珍珠港的人”。这一想法在当时的保守人士中甚是普遍，霍华德对此尤其深信不疑，正如他对大部分事情的态度一样。

随后的春天，内布拉斯加共和党委派霍华德去干一件吃力的工作：找一位候选人竞选国会议员，对手是民主党颇受欢迎的时任议员查尔斯·麦克劳克林。根据家里人的说法，霍华德找不到愿意和这位非常受欢迎的民主党人竞争而牺牲自己的“羔羊”，因此，在最后一分钟，他在候选人名单上填了自己的名字。

霍华德发现自己被强行推到了竞选者的位置。巴菲特一家在电线杆上贴上简单的传单，上面写着“巴菲特竞选国会议员”。他们去乡村集市等地方分发传单。

> 他是最没戏的候选人，他憎恨发表公共演说。我母亲是一个很不错的竞选者，但我父亲是个很内向的人。

利拉是个很健谈的人，天生就知道如何调动一群人，也喜欢与人接近、与人打交道。巴菲特家的孩子们则四处宣传：“请投票给我爸爸好吗？”之后，他们就去玩大观览车。

> 接着我们做了一个简单的、15分钟的电台节目。我的母亲弹管风琴，我父亲则介绍我们：“多丽丝，14岁；沃伦，11岁。”我的台词是：“等一下，爸爸，我正在看体育版。”然后，我们三个合唱《美丽的亚美利加》，我母亲用她的小管风琴伴奏。

这并不是煽动人心的政治演讲，不过因为这个 15 分钟的电台节目，大家都开始争当竞选活动志愿者。

即使赢得了志愿者的帮助，霍华德还得克服自己对政治制度缺陷的悲观和死心眼儿的诚实。霍华德·巴菲特的政治纲领充满了可怕的警告，以及在那个时代中西部地区随处可见的对某些政要盲目服从的怒火中烧。霍华德要求投票人“给所有的怪人、妄自尊大者、眼线、密探、梦游症患者和社会势利眼买一张离开华盛顿的单程票”。

这种让人喷火的言辞掩盖了霍华德的亲切、睿智和某种天真的气质。多年以来，霍华德都会在口袋里放一张手写的纸片，一张柔软的旧亚麻纤维纸，纸片上写着：“我是上帝的孩子，我在他的手中。我的身体从来就不是永生的，但我的灵魂是不朽的。那么，我还担心和惧怕什么呢？”[3]

不幸的是，去奥马哈的大街上竞选时，在他唯一的儿子看来，霍华德几乎是在一字一顿、笨拙地宣讲他的想法。

竞选时，霍华德在破晓前很早就把已经 12 岁的沃伦唤起床，带他去南奥马哈的牲畜围栏场。铁路沿线分布的是奥马哈的主要产业，雇用着近 2 000 人，其中大部分是移民。每年有超过 800 万头牲口[4]被火车运到肉制品生产大城市，并被生产成数十亿磅的包装商品。[5]南奥马哈曾经是一个城市，和市区的地理距离很近，但是文化上的距离却像是隔着一个大洲。数十年以来，那里一直是种族问题滋生的温床。

沃伦在街区的一边蹑手蹑脚地走着，手握得紧紧的，紧张不安地看着父亲。霍华德因为小时候患过小儿麻痹症，走路有点儿跛，家里人同时还很担心他的心脏状况。霍华德沿着街道下行，走近那些大块头、脸如刀削、身穿工作服的男人，他们正走向屠宰工厂，去上 5 点半的早班。看着父亲做的这一切，沃伦的心都揪成一团了。

这些工人中的很多人在家都不说英文。最贫穷的人、黑人和新来的移民挤在寄宿房屋里和院子旁边的棚屋里。那些较有头脑和财力的人则设法进入附近的教区，住在屋顶斜度很大、分布在南奥马哈山上山下的干净小房子里：捷克人住在小波希米亚，塞尔维亚人和克罗地亚人住在古斯谷，波兰人住在G镇（之前的希腊镇）；希腊人很久之前就离开了，他们的房子在1909年的反移民暴乱中全被毁了。

霍华德要接触各个工种的工人。在屠宰场最高楼层负责屠宰的专业屠宰工级别最高，而级别较低的工人则在下面的低楼层工作，清理骨头、熬制猪油和给牲畜配种。有一些妇女在切砍猪肉，灌制香肠，贴标签，给鸡拔毛，挑选鸡蛋。管理人员特别喜欢黑人女性，因为可以靠她们完成清理牲畜的头、尾、内脏的工作，而且工资比白人低。[6]她们清洗肠、膀胱、心、腺体和其他内脏器官，她们的手浸泡在水和内脏杂物里面，脚站在热得可怕、没过脚踝的血水里，分拣、盐腌并包装香肠。她们张着嘴，浅浅地喘气，以防排泄物微粒随着空气吸入肺里。[7]即使是最近刚落脚和地位最卑微的外来移民，或是男性黑人也不会走进内脏处理室，这不折不扣地成了黑人女性的“专业”。

这些男人和女人、黑人和白人，他们身上的每根汗毛都站在民主党一边。内布拉斯加的其他人可能反对新政——总统针对大萧条的解决方案——但是对镇上的这些人来说，罗斯福仍然是一位英雄。不过，霍华德·巴菲特很有礼貌地把传单强塞进他们满是老茧的手里，传单尖锐地指责罗斯福是美国有史以来对民主党最大的危害。如果有时间能和工人们说上两句，霍华德会平静地解释为什么他总是投票赞成颁布那些屠宰工人都反对的法律。

霍华德是个政治狂热分子，但他既不傻也不疯。即使他把希望交到了上帝手里，也有后备计划。沃伦并不是来这里学习知识的，也不是来帮父亲打架的，他的任务是，如果屠宰场的工人要揍他的父亲，他得狂奔着去找警察。

在这种情况下，理性的人可能会很疑惑霍华德到底要干什么。他的努力可能无法赢得一张选票。但是，显然他感到自己有责任去见本区的每个潜在选民，无论这些人是否在意他的出现。

沃伦总是想着如何能全身而退，但他也从未跑去向警察求助。这可能只是因为运气或者是因为霍华德的风度体现了基本的礼貌。不过，巴菲特一家没有理由相信，这将扭转霍华德的失败者角色。在1942年11月3日的选举日，多丽丝认定父亲已经失败，她去市区给自己买了一枚胸针，准备第二天上学时戴，这样她还有个盼头。"父亲写好了败选声明，我们9点左右就都上床睡觉了，因为我们从来不熬夜。第二天一早醒来，父亲发现自己竞选获胜了。"

霍华德对外交上的冒险主义很是怀疑，这不仅表现为其本身如贵格教徒般的怪僻人格，还表现为他严重的保守孤立主义立场。这种保守孤立主义曾经对中西部地区有过深刻和广泛的影响，这种思潮虽然最终衰落，但是"珍珠港事件"又令它复活了一阵。尽管罗斯福具有压倒性的受欢迎程度，不过工人阶层对他外交政策的支持在奥马哈暂时出现了动摇，正好让霍华德战胜了一位可能过分自信的竞选对手。

1943年1月，巴菲特一家把邓迪的房子租了出去，坐上了去弗吉尼亚的火车。欧内斯特给了他们一篮包装精美的食物，同时告诉他们不要错上其他车厢，唯恐他们被同车的大兵传染上致命的疾病。

他们来到华盛顿的联合火车站，发现这个城市拥挤而且嘈杂。城里到处是拥挤的人群，其中大部分人都在新成立的大型战时政府机构里工作。军队征用了在可及范围内的一切建筑、办公室、椅子和铅笔，为搬进新落成的五角大楼做准备。五角大楼是世界上最大的政府办公大楼，在竣工的时候因为过大而显得有些与周围格格不入。那时候，不太结实的临时办公建筑排满了这个国家广场的每一寸土地。[8]

成群结队的新来者令当地人数增加了一倍。衣衫褴褛、头发蓬乱的黑人，穿过第14街大桥不断涌入。他们来自弗吉尼亚，逃离了南方贫困的烟草农场、棉花地和纺织厂，带着被诱惑的期待，希望在这个世界最繁忙的城市中找到工作。这群人中有的令人尊敬，有的一贫如洗，有的不谙世故。而随着这一龙蛇混杂的人群到来的，还有扒手、妓女、骗子和流浪者，他们把华盛顿变成了美国的罪犯首都。

19世纪笨拙的有轨电车摇摇晃晃地在水泄不通的街道上蠕蠕前行，车上挤满了政府工作人员。在电车的任何一处站台，都可能有当地的居民在抗议示威，反对华盛顿运输公司雇用黑人。[9]不过，种族隔离的僵局开始慢慢地被打破。在黑人居住区的一家名叫“小宫廷”的自助餐厅里，霍华德大学的学生正在举行一系列的“午餐静坐”活动，抗议该餐厅不对他们提供服务的行为。他们占满了所有能占的餐桌，拒绝离开，最后成功地让这家餐厅关了门。[10]

巴菲特家的朋友雷歇尔[11]——霍华德在股票经纪行结识的熟人告诉他们，别住在华盛顿，形势很糟。他们得知，在弗吉尼亚，海军部的一个人刚好腾出一栋大房子。房子坐落在山上，山下是拉帕汉诺克河，房子旁边是查塔姆大宅，是当年弗雷德里克斯堡战役时北方联邦军队的总指挥部。山上的这栋房子有10个壁炉、规划齐整的花园，以及一间花房。虽然相对巴菲特家的风格来说这栋房子过于庄严，而且到华盛顿要一个小时的路程，但他们还是暂时租下了它。霍华德在哥伦比亚特区租了一个小公寓，每逢周末才回大房子。内布拉斯加的国会代表团分派他到金融委员会工作，他很快就事务缠身，无暇他顾。他要开始适应，并学会当一名众议院议员的规则、流程和不成文的惯例。

利拉不久就开始坐车到华盛顿去找一处可长期安身的住所。自从他们搬到这里，她就经常急躁易怒，还时不时地提起奥马哈，非常怀念。离开奥马哈来到华盛顿的时机事后证明是不利的。利拉的妹妹伯妮丝开始有意无意地暗示她要自杀，而且还说如果家里人不把她送到诺福克州立医院——她妈妈斯特拉也住过这家医院——一切后果自负。伊迪丝现在负责照顾妹妹，她咨询了医生的意见。医生认为，伯妮丝想要和母亲住在一起，可能正在通过夸张的方式达成其目的。然而，他们显然又必须把自杀的威胁当一回事，因此，家里人把伯妮丝送进了诺福克州立医院。

斯塔尔家里麻烦事的细节很少当着孩子们的面讨论。每个孩子都在以自己的方式适应着华盛顿的生活。15 岁的漂亮的多丽丝感觉自己像《绿野仙踪》里的多萝西，刚刚离开黑白两色的堪萨斯，来到了多彩的魔法国度。她的生活完全变了。她成了弗雷德里克斯堡一带的美女，爱上了这个城镇。[12] 利拉开始认为她的女儿想要跻身于上流社会，而这种企图与其身份并不相称。同时，她仍然会发表长篇大论，批评多丽丝。不过，到了这个时候，多丽丝在精神上已经开始抵触母亲的管制，并为自己的想法和个性而抗争。

12 岁的沃伦在八年级度过了 6 周时间，在学业上，这个地方远远落后于他在奥马哈的课程。自然而然，他第一个本能的反应是去找一份工作。他在一个面包店工作，在那儿，他“几乎什么都不做，不用烘烤，也不用售卖”。在家的时候，举家搬迁这事让他烦躁和难过，因此，他想回奥马哈，他说一种奇怪的“过敏症”严重影响了他的睡眠，他称自己得站着睡觉。“我给祖父写了一些让人感伤和难过的信。他的回信大意是说，你们得把沃伦送回来，你们知道吗？你们正在毁掉我的孙子。”折中的结果是，沃伦坐上火车，回内布拉斯加待了几个月。让沃伦高兴的是，他在火车上的邻座是内布拉斯加的参议员休·巴特勒。沃伦总能以他早熟的性格和年纪大的人融洽相处，他轻松地和巴特勒闲聊起来。在返回奥马哈的一路上，他的“过敏症”被抛诸脑后。

9 岁的伯蒂很依赖祖父欧内斯特，她认为自己和祖父有一种特殊的关系。她很嫉妒沃伦，并带着对自己与祖父关系的自信，给欧内斯特写信：“不要告诉爸爸妈妈，但也请人来接我吧。”

对于伯蒂写的这些类似的信件，沃伦说：“别太在意，她装装样子罢了。”[13]

欧内斯特的回信说：“女孩子应该和母亲在一块儿。”伯蒂只得待在弗雷德里克斯堡，对哥哥总能“为所欲为”感到火冒三丈。[14]

沃伦回到罗斯希尔学校，又和朋友们聚到了一块儿。每天，他会在正午去父亲以前合伙人卡尔·福克的家里，享用卡尔的太太格拉迪丝为他准备的午饭——三明治和西红柿汤——以及对他和蔼可亲的招待。正如沃伦对朋友杰克·弗斯特的母亲和自己姨妈的态度一样，他很敬慕福克太太，[15] 仿佛她是自己的母亲。

虽然沃伦和这些中年女性相处得不错，但他很害羞，害羞到了极点，同龄的女孩也让他感到紧张。即便如此，他很快就喜欢上了多萝西·休谟，八年级新班级里的一位女同学。他的朋友斯图·埃里克森喜欢玛吉·李·卡纳迪，另一个朋友拜伦·斯沃森则喜欢上了琼·福格特。经过几周的商量之后，他们鼓起勇气邀请姑娘们看电影。[16] 但是，当沃伦走到多萝西家门口邀请她的时候，她父亲的应门声让他临阵退缩了。沃伦改变初衷，想争取多萝西的父亲成为一本杂志的订阅用户。不过，最后，沃伦还是想方设法向多萝西发出了邀请，她同意了。

在约好的星期六，拜伦和沃伦共同赴约，因为他们都怕单独露面。这个下午就此拉开序幕：一行四人开始漫长的“跋涉”，经过一栋又一栋房子，在不太自在的沉默中，步行走过数个街区，来到公车站。住在反方向的玛吉·李已经和斯图来到站台。大家一起上了车。在去市区的路上，男孩们红着脸盯着自己的鞋，女孩们则彼此轻松地交谈。

到了电影院后，玛吉·李、多萝西和琼直接走到一排座位，三人坐到了一块儿。男孩们想在看两部恐怖片《木乃伊之墓》和《猫人》时和女孩亲近的计划落空了，只得坐在一起。在观看两部电影的整个过程中，女孩们或咯咯笑，或发出尖叫，男孩们只能看着女孩们浅黑色的脑袋挤作一团。看完电影，他们去沃尔格林超市吃东西，又是一段痛苦的过程。之后，大家坐上公车，男孩们手足无措，开始返程。约会的最后是走一段长长的路，把女孩子送回家。整整一个下午，男孩们几乎一句话都没说。[17] 三个人都感到很丢脸，以至于他们过了好几年才重新鼓起勇气，去和其他的女孩约会。[18]

不过，沃伦是“没了贼胆，尚存贼心”。他之后又喜欢上了班里的另一个女孩克洛-安·考尔，一个迷人的金发姑娘。但是，这个女孩对他没兴趣。沃伦似乎根本无法使自己和女孩子的关系取得任何进展。沃伦又一次选择用赚钱来转移自己的失意。

> 祖父喜欢我总是想着怎么去赚钱。我过去常常在社区四处收集废报纸、杂志去卖。艾丽斯姑妈会带我去废品收购站，在那里，100磅废纸差不多能卖到35美分。

在祖父家里，沃伦看了满满一书架的过期杂志《新杂货商》，诸如“如何管理肉铺库存”这样的标题吸引住了他。到了周末，欧内斯特会让他在自己主宰的“帝国”巴菲特父子杂货店里干活儿。杂货店有两层车库那么大，在舒适的邓迪中上层社区，杂货店那具有西班牙风格的瓷砖屋顶非常显眼。巴菲特杂货店一直是赊账买卖，并负责送货。太太小姐们或是家里的厨子会拨打胡桃大街号码为0761的电话，把他们的采购清单念给店员听，店员会把他们的订单记下来。[19] 店员在店里四处飞奔，在货架之间来回搬动木梯，爬上爬下地拿箱子、包和瓶瓶罐罐，在成堆的蔬菜水果中翻寻，把篮子装满。为了砍下一串香蕉，他们得用一把非常锋利的刀。店员还要跑到地下室去取顾客需要的泡菜和腌制品，这些东西都被冷藏在桶里，旁边放着成箱的鸡蛋和其他不易储藏的食品。所有这些货物都被装进篮子——夹层的店员用滑轮把篮子升上去——称重计价并包装好，送到楼下。接着，巴菲特父子杂货店的橙色送货卡车会把这些东西送给奥马哈那些正在等待的家庭主妇。

欧内斯特坐在夹层的桌子边上，俯看着店员的一举一动。店员们背后都管他叫“老头欧尼”。“他什么也不做，只是发号施令。”沃伦说，“我的意思是，他是一位国王，对一切了如指掌。如果有客人进店，而没有受到应有的接待，他会捻动手指，店员就会遭殃。”欧内斯特只认“工作，工作，大量的工作”。他要保证自己所辖范围内的每个人都明确世上没有免费的午餐。他对此有很强的责任感，以至于有一次他给一个在店里打包、放置货物的男孩子 2 美分，让他去缴纳自己的社保金。给钱的过程还伴随了一场关于社会主义问题的半小时演说，欧内斯特说，这个男孩子应该充分认识到，邪恶的罗斯福及其政府所聘用的那帮教授——穿花呢衣服、吸烟斗，来自常春藤联盟大学——正在毁灭这个国家。[20]

欧内斯特离开夹层的唯一时刻就是当他看到一位体面的女士由司机开车送到店里的时候。他会疾步走下楼梯，抓起一张订货单，亲自接待她。欧内斯特会向这位女士介绍刚刚从夏威夷空运过来的新鲜鳄梨，还会分发薄荷棒棒糖给她的孩子们。[21]店员习惯了这种区别对待，当看到霍华德的弟弟弗雷德不理会利拉，转去接待另一位顾客的时候，利拉愤怒地大步离开，再也不到店里购物。从此以后，买东西的事都是霍华德来做。[22]

沃伦如今感觉自己就像是店员中的一员，在老头欧内斯特的指挥下，在店里忙不迭地干活儿。在祖父的店里工作，他觉得自己很像一名奴隶。因此他下定决心，自己的一生绝不会如此。

祖父让我做很多琐碎的杂事，有时我在底层干活，有时他让我和他一起坐在夹层的桌边，计算战时的定量配额票——糖票、咖啡票。有时，我躲在他看不到的地方。

最糟糕的工作是他花钱请我和我的朋友约翰·巴斯卡铲雪。我们遇到了很大的暴风雪，地面积了足有1英尺厚、冻得非常硬的雪。我们必须铲掉几个地方的整整一层雪——顾客停车的路面、商店后巷、卸货点以及放着6辆卡车的车库周围。

我们干了大约5个小时——铲啊，铲啊，铲啊，铲啊。最后，我们甚至连指头都伸不直了。干完活儿，我们去找我祖父，他说："嗯，我该付你们多少钱，小伙子们？1角太少了，1元又太多了！"

我永远忘不了那一刻——我和约翰面面相觑。

这样算出来的结果是铲雪的最高工钱：20美分/小时。

噢，不！这还是我俩要平分的价钱，这就是我的祖父。

瞧，巴菲特家的人就是巴菲特家的人。不过，沃伦学会了一个值钱的教训：事先得搞清楚交易内容。[23]

欧内斯特具有巴菲特家族的另外两大特质：对女性的冲动性情以及对尽善尽美的迷恋。在亨丽埃塔过世后，他有过两段短暂的婚姻，其中一次是从加利福尼亚州度假回来，和他刚刚认识的一位女士结婚。而在工作的时候，他的完美主义体现得淋漓尽致。巴菲特父子杂货店是奥马哈最古老杂货店的传承，而欧内斯特的苛刻风格全都表现为追求完美的顾客服务理念。他非常确定，正在侵入社区的全国折扣连锁店只是昙花一现，因为它们从未能提供可以与杂货店匹敌的服务水平。

在这段时间的某个时候，欧内斯特自信满满地给他的一位亲戚写信："连锁店的日子完了。"[24]

假如巴菲特父子杂货店的面包卖完了，欧内斯特宁愿让沃伦一路小跑到附近的 Hinky Dinky 超市去买零售面包，也不愿让他的顾客失望而归。沃伦并不喜欢这个差事，因为他一进入超市就会被认出来。当他悄悄穿过超市的时候，超市的店员会拖长声音大声叫他："你好——巴菲特先生！"声音大到所有人都能听见。沃伦怀里都是面包，"尽量不太招眼"。欧内斯特很憎恨 Hinky Dinky，这家超市和欧内斯特在邓迪的主要竞争对手萨默斯都是由犹太人经营的。向竞争对手付这么多钱已经让他感到心痛，更何况是给犹太人。和 20 世纪中期以前美国的大部分地区一样，奥马哈实际上存在着宗教和种族歧视。犹太教徒和基督徒基本过着隔离的生活，有各自不同的社交俱乐部、市民社团，很多行业拒绝接受犹太人，或者不雇用他们。在公开场合，欧内斯特和霍华德用"爱斯基摩人"[a] 这个词对犹太人发表攻击性评论。在当时的社会，反犹似乎是理所当然的，因此，沃伦对他们的反犹立场也未多想。

实际上，对沃伦而言，欧内斯特是一位权威，只有在上学，以及每周六祖父让他在送货卡车上工作几小时的时候，他才能逃离权威的监督。从卡车上往下卸货让人筋疲力尽，沃伦开始明白自己有多讨厌体力劳动。

> 有个司机叫埃迪，我以为他有 100 岁了。当巴菲特父子杂货店开始送货业务的时候，他就开着一辆小型卡车，不过他可能只有 65 岁。

a. 爱斯基摩人这一称呼是印第安人首先叫起来的，意为"吃生肉的人"，含贬义。——编者注

他有一套疯狂的运输路线——先去本森，然后开上 5 英里，回到邓迪，放下某位顾客购买的食品杂货，然后又回到本森。所有这一切都发生在战时实行汽油配额期间。我问他这么做的原因，他露出一副恶心的表情说："如果时间足够早，我们也许可以碰上她脱衣服。"

沃伦一开始搞不懂这个暗语指的是什么。"早上，他亲自把食品杂货送到房子里，而我则去搬那 24 个被退回商店的苏打水空瓶子。埃迪借送货之际，去那里色迷迷地偷看最漂亮的顾客考尔太太，想看她脱衣服。"考尔太太是克洛–安·考尔的母亲。当沃伦在那里搬空苏打水瓶子的时候，克洛–安没注意到他。"在百货店工作过的人中，我可能是薪水最低的。除了知道自己不喜欢苦力活儿外，我什么都没学到。"

沃伦把他争取独立的家庭战斗带到了欧内斯特的周日晚餐桌上。自出生以来，他鄙视一切绿色的东西，除了钱。在意识观念之战中，花椰菜、抱子甘蓝、芦笋像步兵一样排列在他的餐盘里。沃伦在父母那里一般都能随心所欲，但是，欧内斯特可不会容忍沃伦的任性。艾丽斯试着哄劝她的侄子，欧内斯特却在餐桌的另一边怒瞪着沃伦，等啊，等啊，等沃伦把他盘子里的蔬菜吃完。"你坐在桌边用两个小时吃完芦笋，但最后总是他（祖父）胜出。"

不过，在其他大部分日子里，待在欧内斯特店里给了沃伦最大限度的自由。在仓库里，沃伦发现了多丽丝的 Schwinn 牌自行车，上面还有她的名字——这是欧内斯特送给多丽丝的礼物，当他们去华盛顿的时候，这辆自行车被留在了奥马哈。沃伦说："你知道，那个时候，一辆自行车可是一件相当珍贵的礼物。"他开始骑多丽丝的自行车。一段时间之后，沃伦把自行车卖了，用来支付男孩骑的自行车的首付款。[25]没有人对此说什么，沃伦拥有这种“光环”。

欧内斯特以他的方式宠溺着沃伦。夜里，沃伦和欧内斯特带着“虔诚和崇敬之心”，一起收听欧内斯特最喜欢的电台主持人小福尔顿·刘易斯的节目，这位主持人经常详细阐述一个主题，即美国不应该卷入国外的战争。欧内斯特对此非常认同。

在小福尔顿·刘易斯为他的保守能量充电之后，欧内斯特会整理自己对正在撰写的畅销书的最新想法。他决定把书名取作《如何经营杂货店和我从钓鱼中学到的知识》，因为他认为这两件事是“人类确实需要关心的两大主题”。[26]

> 夜里、下午晚些时候或者傍晚，我会坐在那里，我的祖父口述，由我书写。我把内容都记在旧账本的背面，因为我们从来不浪费店里的任何东西。祖父认为这是一本全国人民都在期盼的书。我的意思是，他认为写其他的书完全没有意义，比如《飘》或任何类别的书。对所有人而言，在读《如何经营杂货店和我从钓鱼中学到的知识》这本书的时候，他们为何会想去看《飘》呢？[27]

沃伦喜欢这本书的全部，或者说是几乎全部。他非常高兴能够回到奥马哈，和他的祖父、姨妈、姑姑、朋友们重聚，以至于有一段时间，他几乎完全把华盛顿抛到了脑后。

几个月后，沃伦家的其他成员开了三天车到内布拉斯加过夏天，住进了租的一栋房子。他们的手头有点儿紧了。之前，屠宰场只是霍华德一部分选民的安家之所。不过，每当风从南部吹来，那股浓烈的臭味也会穿过城镇。这时，所有的奥马哈人都知道——这是钱的味道。霍华德如今已经买下了南奥马哈饲料公司，以改善他众议员低工资的现状。沃伦去这家公司为他父亲工作。

南奥马哈饲料公司是一个巨大的仓库，看上去有几百英尺那么长，没有空调。我的工作是把50磅重的动物饲料包从货运汽车上搬进仓库。货运汽车里堆满了饲料包，你无法想象货运汽车有多大。真的是一个大家伙！有个叫弗兰基·齐克的家伙轻松地把这些东西搬来搬去，像个举重运动员。我穿着一件短袖衬衣，因为天气非常热。我吃力地用手抓住这些饲料包，拖着它们走。到中午的时候，我的胳膊都现出了血痕。这个活儿大概会持续三个小时，然后，我才步行到车站，坐车回家。体力活儿是笨蛋干的工作。

夏天结束之前，巴菲特一家去奥科博吉湖度了一次短假。当他们离开的时候，多丽丝发现沃伦卖掉了她的自行车。但是，因为家里处事不公，沃伦再一次不用承担任何后果。实际情况是，当夏天结束的时候，沃伦的父母强迫闷闷不乐、一脸严肃的沃伦坐火车回华盛顿，而他用"赃款"给自己买的那辆新车也一起带回去了。多丽丝对此怒不可遏。不过，偷卖多丽丝的自行车只是一个标志性开始，沃伦的所作所为迫使父母最终采取了强制措施。

回到华盛顿，巴菲特一家搬进了Fitchous，这是一栋很漂亮的殖民风格的两层白色建筑，位于华盛顿春谷郊区，院子里有一棵合欢树，从马萨诸塞大街右转即到。春谷是一个建于1930年的限制性社区[a]，供"社会名流和政界要人"居住。[28]建筑风格包括石制都铎式建筑，以及和巴菲特家房子一样的两层殖民风格的房屋。利拉在房子上花了17 500美元，包括添置家具的费用。沃伦住的是前卧室。邻居家里有几个男孩，都比沃伦年纪大。街对面住着基威尼一家。13岁的沃伦喜欢上了基威尼夫人——在当时沃伦的眼中，她是最具母性的中年女性。

a. 所谓限制，是指不允许犹太人购买这里的房子。——译者注

他说："我对她非常着迷。"

整个社区很有国际化的感觉，里面住满了外交家。战时海军的女性成员组织志愿紧急服役妇女队[29]的总部就在美国大学哥特式风格校园附近。巴菲特一家开始调整自己，以适应华盛顿的战时生活，这里和奥马哈天差地别。大萧条结束，这个国家最终变得繁荣起来，但是因为战时的配额制，钱越来越没用。每天的生活都用记分点和配给票来衡量：每月 48 蓝点购买罐装食品，每月 64 红点购买易腐食品，配给票用来买肉、鞋、黄油、糖和袜子。没有配给票，再多的钱也买不到肉，只有鸡肉无须配给。黄油实行配给供应，而且供应不足，因此，每个人都学会把黄色的食物色素塞到无味的白色代黄油食品中。所有人都买不到新车，因为制造汽车及零配件的所有工厂都改为生产国防用品了。要想开车出去旅行一趟，你得集中全家的汽油供给票。爆胎会是一个大麻烦，因为汽车轮胎是当时配给最紧张的商品之一。

每天早上，霍华德坐公车沿着威斯康星大道走到头儿，到达乔治敦的 M 大街，然后转弯沿着宾夕法尼亚大道走，他在行政办公大楼附近下车，再步行到办公室。政府和外交机构膨胀，大街上到处是身着各色服装的人，包括大批的文职人员以及穿制服的军人。

黑人女性一身做礼拜时的穿戴，一次又一次在美国国会大厦前举行示威活动，抗议南方地区滥用私刑。负责空袭警报事务的民防队员在社区街道巡视，检查所有房子是否都装有不透明的遮光窗帘。每个月有一两次，巴菲特家会被要求到地下室，关闭所有的灯，进行强制性的停电演习。

利拉从来到华盛顿的那天开始就不喜欢这里。她很想念奥马哈，也感到很孤独。霍华德完全埋头于他的新工作，和妻儿的距离越来越远。整个白天，他都在办公室工作，到了晚上，又看美国国会会议记录和立法材料。他的星期六都耗在办公室，还经常在星期日下午做完礼拜后，又回到办公室。

多丽丝现在就读于伍德罗·威尔逊高中，在这里，她又一次成为受欢迎的热门人物。伯蒂也在街坊四邻里找到一群和自己合得来的女孩，很轻松地和她们交上了朋友。沃伦的经历和他的姐妹们完全不同。他在艾丽斯·迪尔初级中学上学，[30]这所学校位于华盛顿的最高点，可以俯视春谷、校后山谷里的黑人学校以及城市的其他地方。

沃伦所在班级的同学很多都是外交官的子女，是一个不同于以往的集体，比沃伦和他如今失去联系的罗斯希尔的朋友都要优雅。一开始，沃伦很难交到朋友。他去参加篮球和橄榄球比赛，但是因为他戴着眼镜，在身体接触性体育活动中又缩手缩脚，结果都不成功。

> 我离开了我的朋友，又交不到新朋友。我对新班级毫不熟悉。我根本没有自信。我在运动方面并不差劲，但也不出色，因此就拿不到入场券。多丽丝和伯蒂都是漂亮女孩，引人注目，她们做得很棒。长相漂亮的女孩不存在麻烦，因为全世界都会来适应她。因此，她们适应得都比我好，而且好得多了。这也让我有点儿心烦。

他的成绩一开始是C和B，之后提高到A，除了英文。“我的大部分成绩和我对老师的态度有关。我讨厌我的英文老师奥尔文小姐。[31]音乐课的成绩一直以来就是C。”音乐老师鲍姆小姐是学校里长得最好看的老师。绝大部分男孩都喜欢她，但沃伦和鲍姆小姐相处真的很难，因为她在成绩单上写道，沃伦在合作、礼貌和自立方面还需提高。

> 我是班里年纪最小的学生。我喜欢女孩，不会躲着她们，但是我没什么自信。女孩子们在社交方面都比我成熟。当我离开奥马哈的时候，我们班里还没有人跳舞。而当我搬到华盛顿的时候，班里的人都已经跳了一两年的舞。因此，实际上，我根本赶不上。

沃伦12岁时候的举家搬迁剥夺了他一段重要的经历：艾迪·福格的舞蹈课。在奥马哈，每逢周五晚上，在美国退伍军人协会的礼堂里，一位矮个儿、胖胖的中年女士艾迪·福格，让男孩女孩们按高矮次序排好队，然后让他们结对儿。男孩打着领结，女孩穿着束腰衬架裙。他们会练习狐步舞，跳华尔兹。在公众场合与年轻女士相处时，男孩子要学习如何当一名“绅士”，并努力用文雅的寒暄打破沉默的僵局。男孩要牵起女孩的手，学会揽着她的腰，感觉她那和自己贴近的脸蛋。当两人和谐地移动舞步的时候，男孩第一次感受到想领着舞伴跳舞的愿望，并体会到其中的乐趣。通过很多次无伤大雅而彼此都感受到的窘迫和成功，男孩女孩最终唤醒了彼此的亲密感。沃伦此时感到毫无把握，自己被甩到了后面，在一群成长中的小伙子里，他还是一个孩子。

沃伦的同班同学注意到，他对人友好，但是似乎很害羞，尤其是在女孩旁边。[32]沃伦在8月出生，而且在罗斯希尔学校还跳了半级，因此，他比大部分同学都要小一岁。“我的处境一片混乱，那个时候，我和女孩相处非常笨拙，在一般的社交方面也如此。不过，和大人们打交道，我就做得很好。”

巴菲特家搬到春谷后不久，霍华德的朋友埃德·米勒——大人们中的一员——从奥马哈打来电话，他想和沃伦说话。

> “沃伦，”他说，“我这边的情况非常糟。董事会让我清理掉华盛顿哥伦比亚特区的仓库。这对我来说真是一件麻烦事。我们有好几百磅、成箱成箱的发霉玉米片和Barbecubes牌的狗粮。我现在的处境真是糟糕透了。我离华盛顿有1 200英里远，你是我在华盛顿商贸领域唯一的熟人。”
>
> 然后，他说：“我知道我能依靠你。实际上，我已经让我们仓库的人把那些玉米片和狗粮送到你的住所。无论你卖什么价，给我

一半，剩下的归你。”
就这么一下子，这些大卡车开了过来，把东西装满了我们的车库、地下室和所有可以放东西的地方，最后我父亲都没法把车停进来了，什么东西都放不下了。
现在，这些东西是我的了。
嗯，你知道，我只要试着找出谁会需要这些东西，就能把它们卖出去。显然，养狗者需要狗粮。玉米片已经不能供人食用，因此，我想有些动物也许可以吃。我把玉米片卖给了一些养家禽的人。卖这些东西，我大概赚了100美元。[33]当我把50美元寄给米勒先生时，他回信说：“你保住了我的工作。”
在奥马哈有一些特别好的人。当我还是个小孩子的时候，我总是喜欢和大人们在一起，一贯如此。我会步行到教堂或者其他什么地方，之后，我就会去四处串门。
我父亲的一些朋友也特别好。他们在教区里讲《圣经》和不同的课，下课后也会来家里打桥牌。这些人对我非常好，很喜欢我，叫我“沃伦尼”。我从图书馆里借书，学习打乒乓球。他们知道我喜欢在地下室和他们一起玩，会带上我。
在奥马哈，我想做的事情都能实现。我在那里有一个很好的定位。当我们搬到华盛顿后，乒乓球台没有了，小号不吹了，童子军的各项活动也没了，所有的一切都结束了。
然后，我就抓狂了。
不过，我并不明白该怎么引导我的生活方向。我只是明白，与父亲参选获胜以前我所享受到的生活乐趣相比，在这里我的乐趣少掉了一大部分。

父亲带沃伦参加了几场国会会议，之后，沃伦决定去国会当差[a]，不过，霍华德的职位还帮不上他。沃伦在切维-切斯俱乐部得到了一份球童的工作，不过，他再一次发现体力活儿不适合他。“母亲在我的衬衣里面缝上毛巾，因为我得背着很重的包到处走。有时候，打高尔夫球的人——主要是女士会心疼我，会自己背自己的东西。”他需要一份更适合他的技能和天赋的工作。

几乎从一出生开始，和巴菲特家的其他成员一样，新闻是沃伦的生活中不可或缺的一部分，如同空气。他喜欢听新闻，而现在他进入了新闻发行行业，并发现自己很喜欢这一行。他自己找到了《华盛顿邮报》和《时代先驱报》的送报工作，其中一条路线送《华盛顿邮报》，两条路线送《时代先驱报》。《时代先驱报》的老板是茜茜·帕特森，是《芝加哥论坛报》出版商罗伯特·麦考密克的表亲。该报迎合右翼口味，憎恶罗斯福，几乎令总统夜不能寐，担心报纸第二天的内容。茜茜·帕特森和尤金·迈耶不和，尤金·迈耶是一位金融家，《华盛顿邮报》为他所有，报纸的每行字都支持罗斯福。

沃伦开始在春谷送报纸，范围在家的附近。“第一年，房子都隔得太远，我不是特别喜欢这样。你每天都得送，包括圣诞节。在圣诞节早上，全家都必须等到我送完报纸。我生病的时候，母亲就帮我送，但钱还是归我。我房间里有很多罐子，里面都是 50 美分和 25 美分的钱币。”[34] 之后，他又增加了一条下午的送报路线。

《明星晚报》属于华盛顿一个贵族家庭，是当时镇上的主流报纸。

每当下午，他就骑着自行车在大街上跑，从大大的车前兜里抓起报纸，然后扔出去。在快送完的地方，他得给自己壮胆。“塞奇威克家

a. 1839 年开始，美国国会在全国范围内雇用高中生传送公文，做行政方面的工作，竞争很激烈。——译者注

有一条凶狗。”

> 我喜欢一个人干活儿，这样我可以把时间用来想那些我想要思考的事情。华盛顿一开始让我觉得心烦意乱，但我一直待在自己的世界里。我可以坐在房间里想事，或者可以骑着车到处走，一边送报纸一边思考。

他脑子里琢磨的想法都是惹人发火的事。当他在艾丽斯·迪尔初级中学读书的时候，他的时间都用来把这些想法付诸实施。艾丽斯·迪尔初级中学的校长伯蒂·巴克斯叫得出每个学生的名字，对此她颇为自得。很快，她因为某个特别的原因而知道了沃伦·巴菲特。

> 到艾丽斯·迪尔初级中学的时候，我已经落后了。之后，我和别人的差距更大了。我对这个环境感到不满，心里窝火。我做无数的白日梦，总在画一些图表——我会把股票走势图带到学校，对课堂上的东西从不上心。之后，我和约翰·麦克雷、罗杰·贝尔交上了朋友。然后，我就成了一个搞破坏的捣乱分子。

沃伦孩童时讨人喜欢的个性几乎消失得无影无踪。在某次课堂上，沃伦说动约翰·麦克雷和他一起下象棋，而老师正在讲话，这就够让人讨厌了。在另一堂课上，沃伦切开一个高尔夫球，把某种液体倒入半个球中，然后喷到教室的天花板上。

男孩子们都开始打高尔夫球了。约翰·麦克雷的父亲在翠加隆俱乐部管理高尔夫球场，这个球场很有名，位于华盛顿市区，属于马乔里·梅里韦瑟·波斯特和她的丈夫约瑟夫·戴维斯，戴维斯当时是美国驻苏联大使。这一家有几十个用人，但主人们几乎从不在家，因此男孩子们都会跑过去，在9洞的高尔夫球场上打球。接着，沃伦说服罗杰和约翰跟他一起跑到宾夕法尼亚州的赫希，他们想去那里的一家著名的高尔夫球场当球童。[35]

> 我们在路上搭便车。在成功地走了150英里左右之后，我们到了赫希，停在一家酒店前。而我们犯了一个错误，那就是跟侍者吹嘘自己。
>
> 第二天一早，当我们下楼的时候，有一个身材高大的高速公路巡逻警官在等着我们，他把我们带到了高速公路巡视中心。
>
> 我们只好开始撒谎，说已经得到了父母的同意。有一部电传打字机一直在发送各种警报。我坐在那里想，很快就会有来自华盛顿哥伦比亚特区的警报，这个家伙就会知道我们在撒谎。我只想离开那里。

不知为何，他们的谎话很具说服力，巡警放了他们。[36]“我们开始步行前往葛底斯堡之类的地方。我们运气不好，没有搭到便车。后来一辆卡车停下来，我们三个全被塞到了驾驶室里。”他们当时吓坏了，只想回家。“卡车司机停在巴尔的摩吃饭，把我们分到了其他的卡车上。天色变暗，我们觉得我们没法活着离开了，但是他们把我们分别带回了华盛顿。罗杰·贝尔的母亲因为这事生病住院了。这让我感到非常内疚，因为是我怂恿罗杰干这事的。我正在变成一个不折不扣的问题少年。”

那个时候，他还交了另一个朋友卢·巴蒂斯顿。不过，正像在奥马哈一样，他跟卢与罗杰、约翰分开交往。与此同时，沃伦的成绩比以往更差了，跌落到C和D，甚至D——英文、历史、美术、音乐——甚至连数学都得了C。[37]“其中还包括一些预期我会得到好成绩的课程。”沃伦的老师发现他很固执、粗鲁和懒惰。[38]有一些老师给了沃伦双黑叉，这表示特别差。这在当时真是有点儿不像话。那个年代，孩子们都会按照老师说的做。“我的情况很快变坏，我的父母绝望了。”

他只在一门课上表现优异，那就是打字。华盛顿正在打一场笔头战，打字被认为是一项很重要的技能。

在艾丽斯·迪尔初级中学的打字课上，字键上会有黑色的覆盖物，这样学生就不得不学着盲打。[39] 打字需要记忆力强、手眼协调性好。沃伦在两方面都很有天分。

> 我好像每个学期都在打字。我们每人都有手动打字机。你合上打字机，自然会听到“叮”的一声。
>
> 我是到那时为止班里打字最好的一个，班里当时有20多个人。进行打字测试的时候，我总会第一个完成。这样当我合上打字机的时候，其他所有人都会停下来，因为他们听到“叮”一声的时候，才刚刚开始。然后，他们就开始慌乱，想要更快些。就这样，我在打字课上能获得极大的乐趣。

沃伦把同样强烈的能量用到了他的三条送报线路上。他喜欢送报纸，仿佛他出生时手指就带着油墨。后来，卢说，“沃伦说服负责路线分派的经理——此人和沃伦性情相仿——把威彻斯特分给他”，威彻斯特属于高档的邓雷镇[a]地区。沃伦成功了。威彻斯特属于成年送报人通常负责的区域。

这是一个绝好的机会。上流阶层的威彻斯特为荷兰的薇赫明娜女王所有。[40] 这条路线上有6位美国参议员，还有上校和高级法院的法官，都是大人物。这里还有奥维塔·卡尔普·霍比，以及物价管理局办公室的负责人里奥·汉德森。霍比太太来自得克萨斯州一个著名的出版世家，她到华盛顿来负责指挥陆军妇女军团。

a. 邓雷镇是华盛顿西北部的一个高档居住区域，位于华盛顿海拔最高处。——译者注

“就这样，我一下就有了这笔大业务，当时可能也就是十三四岁的样子。我一开始只是在威彻斯特送《华盛顿邮报》。我在威彻斯特送报的时候，就不得不放弃早上的其他送报路线，心里感到很难过。”沃伦和《时代先驱报》的经理关系发展得不错。“当我告诉他，我有机会在威彻斯特送《华盛顿邮报》的时候，这表示我得放弃春谷路线……他对我很好，不过，那时候真的是让人觉得有点儿伤心。”

到这个时候，沃伦认为自己已经是一个熟练的送报员了，不过他还要应对一个复杂的逻辑挑战。威彻斯特包括了5幢建筑，面积达27.5英亩。5幢建筑中有4幢相邻，有1幢独立成户。送报区域包括了两栋以上公寓楼，要穿过教堂大街，还有马林大街和沃里克大街。同时，沃伦还要把报送到威斯康星大道那边的一小片独家住宅。

> 我周日开始在威彻斯特送报，他们给了我一个本子，上面写着人名和他们的门牌号。没有培训期，册子也没事先给我。

他穿上网球鞋，掏出公车通票——每天花3美分，睡眼惺忪地坐上华盛顿运输公司的公车，连早饭也来不及吃。

> 我在凌晨4点半到了那里。成包成捆的报纸放在那儿，我不知道究竟该怎么做。我不懂那些数字序列，什么都不知道。我坐在那里好几个小时，分类、捆扎报纸。
>
> 整件事就是一个灾难。我想，我究竟干了些什么？直到上午11点钟，事情才做完。
>
> 但是，我很努力，情况开始好转，我的速度加快了，活儿变得很轻松。

每天清晨，沃伦跑出门，搭上首班N2路公车，前往教堂大街3900号的威彻斯特。他的公车通票号码经常是001号——每周第一个买通票的人。[41] 如果他晚了一点点，司机都会习惯性地等等他。他会跳下车，跑过几个街区到威彻斯特。

沃伦找到了最有效率的送报路线，把本属无聊的重复性工作——每天递送几百份报纸——变成自己和自己的竞赛。

> 你看，在那段时间，报纸会比以前薄一点点，因为新闻用纸实行配给供应。36 页的报纸，版面、厚度正合适。我拿着一捆报纸站在门廊的一端，抽出一份，把它展平，然后卷成圆筒形。接着，我会在腿上拍打拍打报纸，用手腕把报纸旋个圈，让它沿着门廊滑行。我可以让报纸滑出 50 英尺，甚至是 100 英尺。这有点儿考验技术，因为公寓的门离门廊的距离不一样。我一开始会先滑距离最远的。不过，这个手法可以让报纸停在离门只有几英寸的地方。有时，门口还有牛奶瓶，这就让事情更有趣了。

他同时还向送报客户推销台历，并发展出另一项副业。他让所有的客户拿出旧杂志，[42] 然后，检查杂志上的标签，通过查询从摩尔-科特雷尔——雇用他做杂志销售代理的一家很有实力的出版社——拿到的代码书，找到杂志订阅的到期时间。沃伦把订阅用户资料整理成卡片，在杂志订阅到期后，他会上门拜访，向他们推销新的杂志。[43]

在战时，因为威彻斯特的人口流动性特别大，所以，沃伦最害怕的事就是顾客走人了，却没有付钱，这样报纸的订阅成本就得由他承担。在一些人出现这种情况之后，沃伦开始给电梯小姐小费，好让他知道订阅用户什么时候会搬走。后来，傲慢的奥维塔·卡尔普·霍比也拖欠订报费了。沃伦想，因为她自己也有一份报纸《休斯敦邮报》，所以她应该更理解送报员。但是，沃伦开始担心她也会“逃费”。

“我每个月都支付客户的订报费，一直都很准时，也一直坚持上门送报。我有责任心，还因为提供了完美的送报服务而被赠予战时公债。我不想让顾客的应付款越积越多。我对奥维塔·卡尔普·霍比用尽了各种法子——包括给她留纸条——最后只能在早上6点去敲她家的门，以在她走掉之前找到她。”沃伦在其他方面很害羞，但涉及钱的时候，他从不羞怯。当霍比太太开门的时候，“我给了她一个信封，这样她就不得不付我钱了”。

放学后，沃伦坐公车回到春谷，然后跳上自行车去送《明星晚报》。到了冬天，雨天的下午，沃伦有时会暂停送报，去朋友家。他总是穿着磨损的帆布运动鞋，鞋上全是洞洞，水会因此浸到他的脚踝。身上穿的特大号格子衬衣被浸得湿透了，皮肤因为寒冷而满是鸡皮疙瘩。不知为什么，他好像从来不穿外套。泛着母性的任何女士都会微笑着摇摇头，一脸怜惜地让沃伦穿上暖和的衣服，为他擦干雨水，让沃伦沐浴在温暖之中。[44]

1944年底，沃伦填报了他的第一笔所得税——7美元。为了把税金降到7美元，他把腕表和自行车作为业务支出费用加以扣除。他知道这么做是很有问题的，但是在当时，他没有其他省事的办法可以达到自己的目的。

14岁的时候，他已经完成了他最喜欢的书《赚1 000美元的1 000招》提出的第一步。他现在的储蓄总额大概是1 000美元。他对这个成绩感到非常自豪。到那时为止，在赚钱方面，他做得很出色。他知道，保持领先位置是通向目标的途径。

10

犯罪行为实录

华盛顿哥伦比亚特区　1943—1945 年

成绩差、逃漏税金和离家出走，这是沃伦在初中最小的麻烦事。他的父母并不知道这些，不知道自己的儿子正迈向犯罪。

嗯，当我搬到华盛顿之后，上八九年级的时候，我很抵触社会，不喜欢社交。我遇到行为不良的人，和他们一起聊天，做了我不应该做的事。我只是一味地做叛逆之事。我很不开心。

一开始是搞学校男孩子都搞的小恶作剧。

我喜欢印刷车间。我过去在打字课上计算字母和数字出现的频率，这是我一个人能做的事。你知道，我可以装配好打字机之类的东西。我喜欢打各种各样的东西。

我虚构了一个头衔：全美戒酒联盟主席，牧师保罗。我以这个头衔给人们写信，信上说我多年来在全国到处演讲关于酒的危害。在去往各处的时候，我的年轻助手哈罗德总陪着我。从哈罗德的身上，大家可以看到酒对人的危害。他会站在讲台上，拿着一品脱酒，流着口水，无法理解喝酒对自己有什么影响，非常可怜。接着，我会说，不幸的是，年轻的哈罗德上周去世了，我们都认识的一位朋友建议说你也许可以代替他的位置。[1]

沃伦相处得最舒心的朋友支持和鼓励了他的叛逆、冲动行为。他和新朋友唐·丹利、查理·特龙，喜欢在新开的西尔斯商店外转悠。这家商店在邓雷环岛附近——内布拉斯加大道和威斯康星大道交叉口——是一座令人大开眼界的现代建筑，位于邓雷镇中心，而邓雷镇是华盛顿第二大古老的生活区。在西尔斯商店起伏的金属房顶上，“西尔斯”的字母和成人一般高，它的房顶比人行道要高出好几层楼。[2]在房顶上的西尔斯招牌后面，隐蔽着一大新奇之物：一个开放的停车场。这个地方很快就成了高中生停车和约会的场所，同时也成了所有初中孩子逗留玩耍的地方。午饭时间，或者每个周六，沃伦和朋友们会坐 H2 路公交车到这里。

大部分孩子都很喜欢西尔斯安装在商店底层的黑色小型午餐台，它的传送带全天都在向外传送着炸面包圈，非常吸引人。不过，沃伦、唐和查理喜欢街对面的伍尔沃斯零售店，即便警察局就在对面的拐角处。伍尔沃斯位于西尔斯的斜对角。他们可以在那里吃午饭，并透过玻璃观看外面的热闹场景。

吃完汉堡后，几个男孩沿着楼梯走到西尔斯的地下楼层，经过午餐台，径直走到体育用品区。

我们只在隐蔽的地方偷东西，偷的都是自己用不着的东西。我们偷高尔夫球包和高尔夫球棒。我走出体育用品所在的楼层，从楼梯走上街道，手里拿着一个高尔夫球包和几根高尔夫球杆。球杆是偷的，包也是偷的。我偷了好几百个高尔夫球。

他们把自己的偷窃行为称为“顺”（“顺手牵羊”之意）。

我不知道为什么我们没有被抓住。我们不可能毫无破绽。即便成年人在做坏事的时候看起来也不是一脸无辜样。[3]

我把高尔夫球拿回家，装在抽屉的橙色袋子里。西尔斯一把球摆放出来，我就去“顺”。我并不需要这些球，真的。我当时不卖球了。很难想出在抽屉里放这么多高尔夫球的原因所在，橙色袋子变得越来越鼓。我应该已经把偷的东西分处放置了。但是，我在父母面前还是编造了一个疯狂的故事——不过，我知道他们不相信我——我告诉他们，我有个朋友，他父亲过世了，他一直想找到更多他父亲曾买过的高尔夫球。就这事来说，谁知道我父母晚上都交谈了些什么。[4]

巴菲特家的人吓坏了。沃伦是他们又聪明又有天赋的孩子，但在1944年底，他已经变成了学校的不良少年。

我的成绩让我不快。数学C，英文C、D、D，自立、勤奋、礼貌的评分都是X。我和老师的接触越少，成绩就越好。实际上，有一段时间，他们让我一个人待在一个房间里，在那里，他们有些强制性地给我上课，就像对待汉尼拔·莱克特一样。[5]

毕业典礼到来的时候，学生们都被告知要穿西装、打领带，但沃伦拒绝这么做，校长伯蒂·巴克斯对此忍无可忍。

他们不让我从艾丽斯·迪尔毕业，因为我太捣蛋，而且不愿得体着装。这种行为问题很严重，也让人讨厌。我真的很叛逆。有些老师都认为我将成为一个一无是处的祸害。我为行为不良所写的检查刷新了学校的纪录，就是到了这种程度。

但是我的父亲没有放弃我，事实上，母亲也没有。有信任你的父母真的是很棒的一件事。

不过，到了1945年春，沃伦开始上高中的时候，家里也觉得受够了。到那个时候，要如何鼓励和激发沃伦已经不再是什么秘密。霍华德威胁要断绝他的收入来源。

一贯支持我的父亲说："我知道你的能力。我不是要求你做到百分之百，但是，你要么继续我行我素，要么就做一些和自己的潜能有关的事。不过，如果你依然我行我素，就必须放弃送报的活儿。"这对我造成很大的打击。父亲话音不高，只是想让我知道他对我感到失望。你知道，相比他告诉我不能做这个或那个，这可能更让我觉得难受。

11

“胖姬”不胖

华盛顿哥伦比亚特区　1944—1945 年

沃伦给家庭生活造成的混乱无疑让他父亲本已艰难的新任众议员工作更加不轻松。在众议院议长萨姆·雷伯恩令人愉快的统领下，第78 届国会成员彼此之间关系亲密。萨姆·雷伯恩是来自得克萨斯州的民主党人，他的办公室有5幅罗伯特·李[a]的画像，而且全都面朝南方。对那些喜欢随声附和的具体代表性的众议员来说，雷伯恩管理的众议院就像一个家，这些人很会捞肥差，他们的生活就是去参加县城的集会，以及亲吻示好某些人，比如某人的老祖母、选美冠军，或是任何他能接触到的部长级人物。雷伯恩以狡猾的幕后选票操纵和强有力的辩才而为人所知。他还会在下午办一个私人沙龙，用加冰威士忌来款待他最喜欢的人。

很自然，霍华德不属于这群人，除了因为他是一个共和党人之外，

a. 罗伯特·李是美国南北战争中南方军队的将领，代表南方签署了投降条约。但他本人反对蓄奴制度，也反对美国分裂。——译者注

还因为他对愉快的理解就是每晚看国会会议档案。因此，他从来不靠近那种沙龙。不过，在其他很多方面，他倒是那个时代的典型众议员，来自小城市，毕业于州立大学，成绩中等，干社区政务出身，是中产阶级里中等家庭的扶轮社成员，不是乡村俱乐部的一分子，反对共产主义。

霍华德·巴菲特既没有加入其他同僚们的俱乐部活动，也没有顺着权力的梯子往上爬。很快，他就被认为是内布拉斯加州有史以来可能最不会吹捧人的众议员。他远离那些无聊、乏味的募捐和拉票活动，即使有那么多众议员一天到晚都在忙这些。而且，霍华德还公开声明，他那一票既不换钱，也不换物。他拒绝涨工资，因为选他出来的人就是因为他拿得少才投的他。他四处走动，对作为一名众议员的额外好处惊讶不已——有补贴的餐厅，充斥着朋友、亲戚和情人名字的工资单，免费供应植物的花房，以批发价出售商品的“文具店”,“文具店”什么都卖，从领带到珠宝——霍华德对这一切感到震惊，把这一切都公之于众。

霍华德的一位朋友，共和党领袖罗伯特·塔夫脱，和他一样一直以来都秉持孤立主义。[1]不过，孤立主义者不再进入众议院，他们或是离开，或是退休。此外，因为战争尚未结束，政府财政处于赤字，霍华德痴迷于一个堂·吉诃德式的目标，那就是让美国重返金本位。美国在1933年放弃了金本位。从那时开始，财政部一直在随心所欲地印钞票，一开始为新政，之后为第二次世界大战提供资金。霍华德担心有一天美国会像20世纪30年代初的德国一样完蛋，当时，德国人都推着一手推车的钞票到街上去买一棵白菜——直接导致德国被迫倾其黄金储备支付第一次世界大战的战争赔款，[2]由此产生的经济混乱局面是希特勒上台的主要原因之一。

霍华德确信政府会让整个国家破产，因此他在内布拉斯加买了一个农场。当其他人饿肚子的时候，家人可以把农场当作避难所。巴菲特家的人都非常不信任政府债券，甚至还开会讨论把储蓄债券作为生日礼物送人。9 岁的小伯蒂觉得自己的父母想要以此来骗某个家伙，她问："难道那个人不知道这些债券一钱不值吗？"[3]

霍华德的固执使他的立法无法开展。

> 他会在众议院的投票中失败，也许是412∶3，而我父亲就是那三个人中的一个。不过，结果影响不到霍华德，他不会因此生气，他的心态非常平和。但这会影响到我，而我失败的时候会发疯。我甚至都想不起曾看到过父亲消沉或者沮丧，他只是认为他尽全力了。他对国家未来发展的预期很悲观，但他不是一个悲观主义者。

霍华德一直高调坚守其原则的做法——而不是加入同盟，共同实现共和党的目标——阻碍了他与同事之间的关系发展，而且让家里人付出了代价。利拉很在乎自己是否合群，其他人的看法对她很重要。她同时也很要强。"为什么你行事就不能更灵活一点儿呢？"她说，"就像肯·维利那样？"肯·维利是刚刚入选参议院的内布拉斯加参议员，爬升得很快。霍华德什么也没捞到。"我们对他有信心，"多丽丝说，"但是看着他一直失败，让人很难受。"这还是有保留的说法。巴菲特家的所有人都很崇拜霍华德的坚韧和刚毅，是父亲教会他们正直。但是，每个孩子都以自己的方式理解父亲的教导，并产生了适应家族独立精神的想法，这种独立不知因为何故，在一定意义上已经被减弱或被抵消了。

霍华德在政党中的"孤狼"立场加重了利拉急躁、易怒的情绪。她仍然对华盛顿的生活感到很痛苦，她想要复制出奥马哈的生活，闲暇时间都和内布拉斯加议员的太太们待在一块儿。但是，空闲时间有限，因为她现在已经不雇用清洁女工了。她感到自己被欺骗了，说："我放弃所有，嫁给了霍华德。"[4]然后，还把自己这方面的悲痛添加进她的故事，讲述自己和霍华德如何为他们不知感恩的子女们做出牺牲。但是，利拉宁愿包揽一切家事，也不愿教会孩子们，好让孩子们能帮上手，原因是"自己做更容易"。这种牺牲自我的感觉让她在很多时候对孩子们很生气，尤其是对多丽丝——多丽丝也有自己的环境适应问题。

虽然别人都认为她非常漂亮、抢眼，但多丽丝说自己从未这么认为。她想成为华盛顿那个老练、复杂的群体中的一员，但她没有把握，不知道对这群人来说自己是否足够优秀。多丽丝受邀去法国大使馆，参加玛格丽特·杜鲁门的生日聚会，她的名字还被加入成人登记册。同时，多丽丝开始计划和毕业的同学一起回到奥马哈，首次以阿克萨本公主（Ak-Sar-Ben，倒着拼写就是 Nebraska，内布拉斯加）的身份登台亮相。沃伦对多丽丝的虚荣和做作大加嘲笑。

利拉是个顽强的奋斗者，非常在意外在的东西。她熟读每种关于温莎公爵夫人一言一行的记载——公爵夫人是一位身无分文的平民，被一位王子拯救。[5]不过，和公爵夫人（其余生积聚了全世界最叹为观止的珠宝收藏）不同的是，利拉的雄心和骄傲被伪装成了对出风头、讲排场不自然的鄙视。利拉把自己的家庭描绘为一个典型的中西部中产阶级家庭，可以上《星期六晚邮报》的封面，而且还痛斥多丽丝在社交方面野心勃勃。

沃伦 14 岁，从艾丽斯·迪尔初级中学毕业后，在 1945 年 2 月成了伍德罗·威尔逊高中的二年级学生。[6]他又想"特别"，又想"普通"。和同班同学相比，沃伦远没那么成熟，因此，他的父母对他很关注，他们已经决心让他结束之前的混乱，有所改变。沃伦的送报工作还是他自立的经济来源，就如他现在所享有的人身自由一样。他在送报的时候也一直在读报。

> 我看报纸上的连环漫画和体育新闻，在每天早上送报之前也看报纸的股票版。我每天早上看漫画《莱尔·阿布纳》。我必须得知道莱尔·阿布纳每天都在做些什么。他吸引人的地方在于他让你自我感觉良好。你会看那些内容，然后想，“如果换成我多好……这个家伙这么迟钝”。另外，因为上面还有戴茜·梅尔，这个不可思议的女人就是喜欢莱尔，总是在追他。而莱尔却一直拒绝她，注意不到她。那段日子，每个精力充沛的美国男孩都在等待，等着戴茜·梅尔来找自己。

漫画女主人公戴茜·梅尔，来自阿巴拉契亚山脉一个叫多格帕切的小村庄，是一位勇敢大胆的金发美女，穿着露肩的圆点花衬衫，胸脯丰满。头脑简单、四肢发达的莱尔·阿布纳将其毕生的大部分时间都用来躲避戴茜·梅尔对他的追求。不过，他跑得越快，对戴茜的注意和渴望越是充耳不闻，对戴茜越是轻蔑地加以拒绝，戴茜就追得他越紧。虽然不乏有钱和有权的人向戴茜求爱，但对戴茜·梅尔来说，世界上只有一个人，就是莱尔·阿布纳。[7]

除了让人觉得困惑和难以琢磨之外，莱尔·阿布纳唯一看得见的资产就是他的男性体格。迄今为止，沃伦过去和女孩交往的失败表明，如果他想要吸引像戴茜·梅尔这样的女孩，那他最好做些什么来增加自己的魅力。这下，沃伦产生了一个新的兴趣，这也顺便让他有了躲起来待在地下室的借口。在南奥马哈饲料公司的时候，弗兰奇·齐克能一次数小时不停地搬举50磅重的饲料包。沃伦设法让朋友卢·巴蒂斯顿也对此产生了兴趣，两人开始了一项举重训练计划。在当时，举重训练并不属于专业运动员的活动范畴，不过，这种训练有很多方面都让沃伦很喜欢：规律、测量、计数、重复，与自己竞争。在寻求训练技术的时候，沃伦发现了鲍勃·霍夫曼和他的杂志《力量与健康》。

霍夫曼想要通过《力量与健康》的积极宣传改变人们对举重的偏见。这本杂志的编辑、出版都由霍夫曼亲自完成，而且显而易见的是，大部分内容也是他自己撰写的。杂志的每一页几乎都有他的产品广告。“鲍勃叔叔”的专业知识、训练技巧，及其持续不断地营销自己的能力，非常引人注目。

> 他是大部分奥运选手的教练，是约克杠铃公司的头儿。而且他还出过两本书《强壮的臂膀》和《强壮的胸肌》。他一开始销售的器具是杠铃。如果你去当时的体育用品店，店里出售的都是约克杠铃。你可以买到各种不同重量级的杠铃。

沃伦买了一副哑铃、一副杠铃和一套杠铃片。杠铃片可以装在杠铃上，或从上面卸下来，沃伦用附带的小螺丝刀固定或拆卸杠铃片。他把这些东西都放在地下室，“总是在下面弄得叮叮当当的，我的父母对此感到很高兴”。

有时，沃伦会去基督教青年会，和其他年轻人一起举重。沃伦和卢对这一爱好很认真，他们非常关注“鲍勃叔叔”写的一切东西。霍夫曼懂得如何让训练与时俱进。每个人都知道凶残的日本士兵承受痛苦和折磨的能力，因此霍夫曼写明，举重训练的要点是与日本人作战。为了说明这点，他用了一张凶残的日本士兵的照片，照片上日本士兵从脚趾到头顶弯曲成弓状，在这个姿势下，胸部一挺举起水泥做的杠铃——他为了击败联军而训练。沃伦练习举重并不是为了打败日本人，或者想要战胜什么人。不过，“鲍勃叔叔”写的每句话和每个字都鼓励着他去挑战自己。

不过，当沃伦在地下室训练的时候，共和党人的日子可不好过。富兰克林·罗斯福已经打算参加第四任总统竞选，以保证民主党人在白宫再待上4年。在晚饭桌上，全家听着霍华德怒气冲冲地喋喋不休。之后，4月12日，罗斯福因脑溢血去世，他的副总统哈里·杜鲁门继任为总统。

罗斯福的去世令全国大多数人陷入深深的哀悼和悲痛中，而且还带着一丝担心和恐惧。美国加入第二次世界大战已经三年半了，如今失去了令国家感到安全的人。人们对杜鲁门的预期很低，他接手了罗斯福的内阁，但似乎没什么威望，以至于有些人认为他可能无法胜任总统的工作。不过，对巴菲特家的人来说，没有人比罗斯福更差、更糟。住在同一街区的一家人——男主人的父亲在加拿大大使馆工作——因为罗斯福过世而前来拜访他们的众议员邻居，以表示吊唁。不过，当他们来到巴菲特家的时候，多丽丝说："其实，我们正在庆祝呢。"[8]

对沃伦·巴菲特来说，罗斯福的逝世意味着又一条生财之道，报纸都出了特刊。当所有人都在悼念的时候，他在街角四处忙活，零售报纸。

一个月后，即1945年5月8日，在德国无条件投降之后，第二次世界大战欧战胜利日到来。各大报纸再一次出特刊，沃伦则照例回应、附和了父亲的政治信念。不过，这个时候，他只是顺便关注了一下大人们关心的事，因为他真正的兴趣是举重和鲍勃·霍夫曼。他大部分的空余时间都花在地下室。过了几周，学校放假了，他也坐不住了。他要去见他的偶像"鲍勃叔叔"。"我必须亲眼见见他。"

带着父母开心的祝福，沃伦和卢出发去宾夕法尼亚州的约克，中途搭了一段便车。[9]

> 鲍勃·霍夫曼在约克建起了这家制造杠铃的杠铃公司。这家公司不只是一个生产工厂，霍夫曼让整个奥运队伍都在那里训练。约翰·格里梅克是个大个儿的健美运动员。史蒂夫·斯坦科是当时

世界挺举纪录保持者：381 磅。不过，这是他进入超重量级别前的成绩。

从某种意义上讲，这次出行有些令人丧气。

在那段时间里，这些人的体格并没有以同样的方式变得强健。这里的人都是奥运冠军，但是他们很多人个头都很小，因为他们都是轻量级选手。如果是在工厂里穿着生产服，他们看起来就平淡无奇。看到这些，我的想法动摇了。

不过，从另一个角度看，这些外表普通的人激发了男孩们的志气，因为这表示自己也能获得健美的成功。男孩们想着自己成为男子汉，成为体格健壮的强人，就可以吸引女孩的目光。

当“鲍勃叔叔”说话的时候，就像是上帝在和我们对话。你看着镜子中的自己，可以看到三角肌、腹肌和背阔肌。你学习并了解到了所有的肌肉组织。

不过，《力量与健康》杂志上最具魅力的名人，除了“鲍勃叔叔”自己以外，不是约翰·格里梅克这位全世界最出色的健美运动员，而是一名女性。

《力量与健康》杂志里有很多女性。胖姬·斯托克顿（Pudgy Stockton）大概是唯一一个出名的女性。我喜欢胖姬。她非常有魅力，我们在学校的时候会谈论很多和她有关的话题。

这不是轻描淡写的一说。沃伦和卢都被胖姬·斯托克顿迷住了。虽然她叫“胖姬”（Pudgy，有胖的意思），但她是一件人体艺术品。当她肌肉线条清晰的手臂将巨大的杠铃举过微风吹拂的头发，紧致的大腿肌肉毕现，身穿比基尼，向圣莫尼卡海滩上的体格魁梧的男子和张口结舌的旁观者展现出纤细的腰部和坚挺的胸部。她身高只有1.55米，体重115磅，但她可以把一个成年男子举过头顶，而完全无损其女性气质。作为世界上“第一流的女性体育专家”，她在洛杉矶管理着一个健身沙龙，并在《力量与健康》杂志的专栏上写道：“在锻炼胸部、塑造身材曲线和减肥方面，杠铃运动有特别的效果。”[10]

“她的肌肉像蜜琪·嘉诺，胸部像索菲娅·罗兰。”卢·巴蒂斯顿说，“她非常出众。我必须承认，我们对她充满渴望和冲动。”

直到这个时候，戴茜·梅尔还是沃伦的梦中女孩。他总是在女性身上寻找戴茜·梅尔的特质。

不过，如果你有一个胖姬这样的女朋友，你并不十分清楚你要怎么办。[11] 两个男孩子看不懂“鲍勃关于成功、幸福婚姻指南”的内容，包括“婚前检查，如何对未婚妻进行婚前检查，以确定她是‘处女之身’，还有如何求爱、人们结婚的理由以及做爱的非主流姿势等”。他们很好奇，什么是做爱的非主流姿势？对他们来说，即使是主流的姿势，在很大程度上也是神秘未知的。《力量与健康》杂志背面的宣传是20世纪40年代最好的性教育。“别担心，爸爸，我们会去地下室，再研究一下我们的体格训练。”

不过最后，沃伦对数字的兴趣还是占据了上风。

> 你看，你可以一直测量你的二头肌，看它们有没有从13英寸增大到13.25英寸。你总是在担心运动绷带有没有松之类的问题。不过，我从未像查尔斯·阿特拉斯锻炼前后的照片所显示的情形那样提高自己。我认为，经过几千次屈臂练习之后，我的二头肌会从13英寸变成13.25英寸。

《强壮的臂膀》这本书对我没太大的帮助。

12

地下卖场

华盛顿哥伦比亚特区 1945—1947年

1945年8月，在巴菲特一家回到奥马哈期间，美国在日本广岛和长崎投放了两颗原子弹。9月2日，日本正式投降，战争结束了。美国人近乎疯狂地加以庆祝。不过，沃伦回忆，在投下原子弹之后，他迅速开始思考下几步棋怎么走。

> 我压根儿不懂物理。但是我知道，如果你在战争中率先使用原子弹，可以杀死几十万人。就像是我在漆黑的街道上撞到一个人，我有大炮，他握着手枪。如果他想扣动扳机，而我对使用大炮还存在道德上的内疚感，那么他会胜出。关于原子弹的爆炸，爱因斯坦说："这改变了全世界的一切，除了人类的思考方式。"原子弹如同安装了一根毁灭世界的引信。如今，它可能是一根很长的引信，也可能有很多种方式可以掐掉引信，但是，如果这个假设中的原子弹有很多条引信同时被点燃，与没有一条引信被点燃的情况相比，问题就变成了另外一回事。那时我只有14岁，不过，对我而言，将要发生和已经发生的事在很大程度上似乎完全是清

清楚楚的。

几周之后，全家又回到了华盛顿，沃伦回到伍德罗·威尔逊高中完成十年级课程，此时他15岁，依然是个孩子，但也成了一名商人。他通过送报赚了很多钱，累计超过2 000美元。霍华德让儿子投资建材供应公司，回到奥马哈之后，霍华德与卡尔·福克在饲料公司旁边开了这家五金商店。[1]与此同时，在内布拉斯加瑟斯顿县的沃尔特希尔附近，[2]沃伦自己花1 200美元买了一个40英亩的农场。一位农户租下了这个农场，利润则共享——这正好是沃伦喜欢的一种安排，由其他人来做那些会让人大汗淋漓的无聊工作。沃伦开始在高中向人介绍自己是来自内布拉斯加的沃伦·巴菲特，在中西部拥有一处租赁给他人的农场。[3]

沃伦的思考方式像个商人，但他的样子可不像。他和高中同学相处得很不好。他长年累月地穿着同一双破破烂烂的运动鞋，在松松垮垮的裤子下面可以看到往下缩的袜子，细细的脖子和窄窄的肩膀缩在衬衫里面。如果被迫要穿皮鞋，他就会穿扎眼的黄色或白色袜子，在那双被磨损的皮鞋外面露出一截。他似乎一直就坐不住。有时，他看起来很害羞，几乎是一派天真的样子。有时，他又说话尖刻、咄咄逼人。

多丽丝和沃伦如果在学校里面碰到，也会彼此视而不见。

多丽丝非常受欢迎，她觉得我特别丢人，因为我的穿着打扮实在可怕。有时，我的姐姐会帮助我参加社交活动，但是我基本都拒绝了。这不是她的错。我很痛苦地意识到，我不能在社交上适应这里的环境。我只是感到非常绝望。

沃伦面无表情和自以为是的做派掩盖了自己无能为力的内在感受，

自离开奥马哈之后，这种感受就让他非常难过。他迫不及待地想要融入大家，但仍然强烈地觉得自己是个外来者。

他说话“吞吞吐吐，犹犹豫豫”，同班同学诺尔玛·瑟斯顿（沃伦朋友唐·丹利的女朋友）说，“他仔细谨慎地遣词造句，从来不许下任何承诺。如果他认为有一天他会食言，无论多小的事都不会给出承诺”。[4]

很多同学都满怀激情地投入青春期的生活，参加各种联谊会，与异性花前月下，参加彼此在家里地下室举行的聚会——他们享受汽水、热狗和冰激凌。然后，当所有人搂着脖子亲吻的时候，把灯光调暗。沃伦没和人搂着亲吻，相反，他伸长了脖子好奇地观看。他和卢·巴蒂斯顿在周六晚上有一个固定的保留节目，那就是去吉米·雷克的戏院，一个当地的滑稽戏院。他们在那里和一名叫凯蒂·莱恩的舞蹈演员说笑调情。每当一名滑稽演员手臂着地、摔了个四脚朝天，或者是台上另一个喜剧演员开始闹场起哄的时候，沃伦都会大笑不已。[5]沃伦花 25 美元买了一件 20 世纪 20 年代风格的浣熊毛皮大衣。他穿着这件衣服去吉米·雷克的戏院，门口的保镖说：“你们两个，不准到处胡闹。要么把大衣脱下来，要么别进去。”[6]沃伦会把大衣脱下来。

沃伦到西尔斯“顺”东西的行为有所改变：程度减弱，但还没有停手不干。他和丹利偶尔仍会去西尔斯偷东西。此外，当沃伦的老师告诉他，他们大部分的退休储蓄都买了 AT&T（美国电话电报公司）的股票时，沃伦就跑去抛空了这只股票，然后把交易单给他们看，让他们心急火燎。“我就是那么让人讨厌。”[7]

沃伦出色的推理能力和自作聪明的倾向构成了一种倔强而乖张的立场。不知何故，可能因为他是一名国会议员的儿子，他后来还在 1946 年 1 月 3 日参加过一档电台节目。哥伦比亚广播公司的《美国校园之音》节目在华盛顿新闻广播电台播出——这是《华盛顿邮报》旗下的一家本地电台。在那个周六的晚上，沃伦来到这个电台，和其他4个孩子一起围坐在麦克风周围，开始如“国会会议”那样辩论。

节目主持人给沃伦分配了一个任务，那就是增加辩论的激烈度。沃伦会确凿无疑地支持一些荒唐的观点——取消所得税，或者是吞并日本。“当他们想要有人扮演疯子的时候，”沃伦说，“我会主动要求干这事儿。”不过，当他很喜欢某个观点的时候，他机智的反驳、快速的抗辩以及总体表现出的执拗，让他很难得到同龄人的喜爱。

到现在为止，沃伦与人相处的努力产生了不同的结果。除了老师之外，他很讨大人的喜欢。他和同龄人的相处不自在，但却总能设法交到几个知心朋友。他竭尽全力地想要人们喜欢他，尤其是尽力避免对他进行人身攻击。他想要获得一套系统的方法。实际上，他有一套方法，不过他没有把方法的效果最大化。由于没有其他办法，他开始更努力地运用这套方法。

沃伦是在祖父的家里发现这套系统方法的。在祖父家里，沃伦以惊人的速度阅读了所有手边的读物，就跟他在家一样。他浏览卧室后面的书架，消化了《新杂货商》里提到的每一个问题，看完了所有的《内布拉斯加日报》——经他父亲整理过的报纸——而且还像一只棉铃象鼻虫一样看完了祖父欧内斯特15年来积累下来的《读者文摘》。书架上还有一系列的小型传记，其中很多都是关于商界领袖的。从小时候开始，沃伦就学习、了解到很多人的生活，譬如杰伊·库克、丹尼尔·德鲁、吉姆·菲斯克、康内留斯·范德比尔特、杰伊·古尔德、约翰·洛克菲勒和安德鲁·卡内基。有一些书他读了又读。在这当中，有本很特别的书——不是传记，是一个以前做过销售的人——戴尔·卡内基写的一本平装书。[8]这本书有个非常诱人的名字：《人性的弱点》。沃伦在八九岁的时候就发现这本书了。

沃伦明白自己需要赢得朋友，而且他也想影响他人。他打开书，第一页就勾住了他。卷首语是："如果你想得到并增加你的财富，那就不要去捅马蜂窝。"[9]

挑剔、批评和非难无济于事，卡内基说。

原则第一条：不要批评、谴责或是抱怨。

这个观念吸引住了沃伦。对于批评这件事，他理解和体会得太清楚了。

卡内基说，批评让人们处于一种防御状态，会使他们竭力想要证明自己是对的。批评很危险，因为这会伤害到人们宝贵的自尊，以及他们觉得自己重要的情感，而且还会引起怨怼。卡内基提倡避免正面冲突。"人们不喜欢被批评。他们希望得到诚实和真诚的赞扬。"卡内基说，"我并不是在提倡阿谀奉承。奉承是不真诚的，而且带有自私心理。赞扬是真诚的，是发自内心的。人性最渴望的事就是'拥有重要性'。"[10]

卡内基一共提了 30 条原则。

每个人都想受到关注和被人欣赏，没人想要被批评。

英语中最甜美的声音就是说出一个人名字的声音。

说服人最好的方法就是避免争论。

发问，而不要直接发号施令。

让他人获得符合其预期的赞扬。

间接让他人注意到他们的错误，为他人保留脸面。

……

"我谈论的是一种全新的生活方式，"卡内基说，"我谈论的是一种全新的生活方式。"

沃伦的心被触动了，他想他找到了真理。这是一套系统方法。他在社交方面觉得自己缺陷很大，需要一套系统的规则向人们推销自己。这套方法一经学会，他就可以随意运用，而无须针对每一种变化的情形做出新的调整。

不过，他需要用数字来证明这套方法确实可行。如果他遵照戴尔·卡内基的原则，结果会发生什么，如果他不按照原则行事，又会出现什么结果？他决定对此进行统计分析。他试着关注他人，并给予赞扬，不再做招人反感的事或者发表反对意见。周围的人并不知道他正在脑子里默默地对他们进行实验。沃伦会观察人们的反应，并跟踪记录结果。结果是，他充满了喜悦，而且越来越高兴，他得到的数据证明：原则有效。

现在，他获得了一个体系，他拥有了一套原则。

卡内基还说，“不过，对你来说，仅仅看到这些原则是毫无裨益的。你得去实践它们。我谈论的是一种全新的生活方式”。

沃伦开始身体力行，从非常基本的事情做起。他发现，有一些原则他实践得很自然，但整套方法无法自动生效，而且做起来可不容易。“不要批评”听起来很简单，但是有很多方式是在批评人，你甚至都意识不到。你也很难不去炫耀，很难不表现出心烦意乱和不耐烦。承认自己有错有时很容易，但有时候非常困难。关注他人，并给予真诚的表扬也是难度最大的事情之一。有些人很多时间都沉浸在难过和痛苦当中，就像沃伦一样，发现很难把注意力放在别人身上，而不去在意自己。

不过，沃伦逐渐想明白，不听戴尔·卡内基的话行不通，初中的黑暗时光就是活生生的证据。他开始在高中找到自己的立足之地，继续在和他人的往来中实践这些原则。

大部分人看了戴尔·卡内基的书后，会惊叹卡内基说得真是有道理啊，然后，他们就把书搁置到一边，全然忘记。和这些人不同，沃伦非同一般地集中精神学习和运用这套东西。他时不时地复习这些想法，并不断加以应用。即使他遭遇失败，忘掉这事，或者长时间没有动用这套方法，他最后也会回过头重新开始练习。读高中的时候，他的朋友增加了几个，他还加入了伍德罗·威尔逊高尔夫球队。同时，如果不能做到受人欢迎，他就努力地让自己不要那么让人讨厌。戴尔·卡内基打磨了他天生的睿智头脑，而且最重要的是，强化了他的说服能力、他的推销天赋。

沃伦看起来热情认真，但也有顽皮的一面。他性情平和，可以让人感到愉快，但又有种无法言说的孤单感。毫无疑问，他赚钱的热情占据了他大部分的空闲时间，使他成为伍德罗·威尔逊高中一个独特的人。

高中里的其他同学都不是商人。仅仅是每天几小时投递报纸，沃伦每个月就能赚 175 美元，比他的老师赚得还多。在 1946 年，一名全职工作的成年人如果年薪能拿到 3 000 美元，那他会觉得很棒。[11] 沃伦把他的钱放在家里的衣柜里，除了他谁都不能碰。“有一天，我在他家，”卢·巴蒂斯顿说，“他打开抽屉，对我说‘这是我从小到大存下的钱’。他有 700 美元，都是小额纸币。我告诉你，那可是一大摞啊。”[12]

沃伦开始做几项新买卖。巴菲特高尔夫球店零售二手高尔夫球，6 美元 12 个。[13] 他从芝加哥一个叫维特克的人那里进货。“这些球质量上乘，真的是很好的高尔夫球，Titleist、Spalding Dots 和 Maxflis 牌的都有。我的进价是 12 个 3.5 美元。它们看起来像是全新的。维特克可能和我们一开始的做法一样，是从水障碍里捞出来的球，只不过，他处理得更好。”学校里没人知道维特克，即便是沃伦的家里人也没意识到，沃伦和唐·丹利卖的球是买来的二手球。伍德罗·威尔逊高尔夫球队的成员认为是沃伦从水障碍里捞的球。[14]

“巴菲特邮票公司”向内布拉斯加州以外的地区出售值得收藏的成套邮票。“巴菲特光亮公司”则从事汽车护理上光业务，沃伦和卢·巴蒂斯顿在卢的父亲的二手车停放地经营这项业务。后来，他们放弃了这项生意，因为这事都是体力劳动，而且工作量大得吓人。[15]

沃伦满 17 岁了，升到了高年级。有一天，他跑去告诉唐·丹利一个新想法。这个主意和称重器——《赚 1 000 美元的 1 000 招》里的主意一样具有指数级成长特点，买一台称重器可以赚钱，多买就多赚。“我用 25 美元买了一台旧的投币弹子机，”沃伦说，“我们可以合伙，你负责修理机器。[16] 听着，我们去告诉理发师弗兰克·埃里克，‘我们是威尔逊投币弹子机公司的代表，威尔逊先生让我们向你提个建议。你不会冒任何风险，埃里克先生，我们把这台投币弹子机放在理发店的后面，当你的顾客在等待的时候他们可以玩儿这个，利润我们平分’。”[17]

丹利对这一想法跃跃欲试。虽然在此之前，没有人在理发店放过弹子机，但他们还是把这个建议告诉了埃里克先生，而埃里克先生被说动了。两个男孩把弹子机拆卸下来，放进丹利父亲的车里，运到埃里克先生的理发店，再把它装好。他俩对这事有足够的信心。当弹子机放置好的第一个晚上，沃伦和丹利来到理发店后面查看情况，“哗！”沃伦说——总共有 4 美元的镍币被投进了机器。埃里克先生也很高兴，弹子机被留下来了。[18]

一周之后，沃伦把弹子机里的钱全都取出来，分成两堆。“埃里克先生，”他说，“我们就不要那么麻烦地你一个、我一个地分了，你拿走你想要的那堆吧。”[19] 在埃里克先生拿走桌子上靠近自己的那堆钱后，沃伦数了数另一堆，一共有 25 美元。这足够再买一台弹子机了。很快，有七八台来自“威尔逊先生”的弹子机被摆放到了镇上的理发店里。沃伦发现了资本产生的奇迹：钱为自己的主人效力，仿佛这是它的一项工作。

你必须和理发师们处好关系，这一点非常关键。我想说的是，这些人可以自己花 25 美元去买台弹子机。因此，我们一直让他们相信，一个季度得花 400 美元雇一个人修理弹子机。

那时，在弹子机这个行业，有一些投机取巧的人。他们成天都在一个叫作“地下卖场”的地方游荡。这是我们购买弹子机的地方。地下卖场在 D 大街 900 号，市区里面比较乱的地方有个滑稽戏院，地下卖场就在这个戏院附近。地下卖场的人觉得我俩有些逗。因为我和丹利会去那里看弹子机，只要是 25 美元的弹子机我们都会买下。新的弹子机大概要 300 美元。我当时订阅了《告示牌》杂志，以跟踪弹子机的发展情况。

地下卖场的这些人教会了我们一些事。到处都有非法的老虎机。他们教我们怎样把啤酒倒进老虎机，以便让一枚 50 美分的硬币卡在机械装置里，然后你就可以不停地拉动把手，直到老虎机把钱吐出来。他们还教我们怎么破坏汽水自动售卖机的电源断流器——把一枚镍币塞到自动售卖机里，然后立马把插头拔了，你就可以把售货机里的东西洗劫一空。

这些家伙把所有这一切都解释给我们听，我们只管听着。

我父亲对我们和什么人混在一起可能有所起疑。不过，他总认为我不会干坏事。

只凭借在理发店放弹子机，沃伦和丹利就赚了不少钱，不过后来，他们发现了一处“金矿”。“我们一直以来最赚钱的地方在格里菲思体育馆附近，那里有一个旧的棒球场。”在华盛顿最贫穷地区的中心，他们发现了一家能同时招待 7 个人的黑人理发店，很多纨绔子弟都去那里。

> 我们放了一台弹子机在那里，之后，我们就会去那里收钱。这些家伙在弹子机底盘上打洞，让弹子机往后倾。这真是一场智力较量。但这是我们主要的收入来源，是迄今为止我们最好的位置。这些在理发店玩弹子机的人经常恳请我们去调整倾斜度，这样就可以更用力地撞击弹子机，而不会把它给撞斜了。
>
> 听着，我们并不是容不得顾客的这些行为。

如果有可能，沃伦和丹利也试图发现更多的创新想法，就像地下卖场的人教他们的那些小把戏一样。他们想自己创造一些东西。

> 有一次，我们去丹利家的地下室玩我收集的硬币。我在送报的时候会收集硬币，为了让这事更有趣，我过去收集了不同类型的硬币。因此，我有惠特曼钱板，硬币就放在上面的小槽里。我对丹利说："我觉得，我们好像可以用这些钱板做模子，用来浇铸自动售货机的代用币。"
>
> 丹利的动手能力很强。有足够的准备之后，他就学习怎么浇铸这些模子做代用币，而我则提供钱板。我们想把这些做出来的代用币用于汽水自动售卖机之类的东西。我们的基本想法是花代用币，省下钱。
>
> 有一次，丹利的父亲来到地下室，问我们："小伙子，你们在干什么？"
>
> 我们当时正在把金属水倒进钱板。于是，我们回答说，"我们正在做学校要求的实验，"学校一直都有实验要我们完成。

不过，在学校里，沃伦大多数时候喜欢说的是他的业务，而不是玩的诡计。到了春季，高中的学业临近尾声，沃伦的健谈让他和唐成为伍德罗·威尔逊高中附近小有名气的传奇人物。

每个人都知道我们在做一项弹子机生意，而我们靠弹子机赚了钱。对这事，所有人都知道一点儿。我们在跟他们说的时候可能夸张了一点儿，结果，人人都想入伙，就像是股票。

在想加入的人中，有一个男孩叫鲍勃·科林——一个做事热情认真的孩子，和沃伦一起都在高尔夫球队打球。[20]沃伦和唐没有打算让人加入他们的弹子机生意，不过，他们确实有计划起用科林参与他们最新的冒险计划。

我们不再从西尔斯偷高尔夫球，不过，我们有了一个主意，想从华盛顿周围的高尔夫球场的湖里找到掉在里面的高尔夫球。这时，我们看到了科林的作用，因为我和唐都不想去水里找回高尔夫球。

沃伦和唐精心设计了一个方案，以便让科林完成这一切。这个方案近似于一个恶劣的恶作剧，好在学校还有几个月就要放假了，所以，管他呢。

我们去一家军用品商店，就在地下卖场附近，在那里买了一个防毒面具。接着，我们去弄了一根浇花园用的软管，把这两个东西连到一起。再接着，我们把脸浸到水下3英寸，在浴缸里试验了一下这个玩意儿。

沃伦把方案称为“汤姆·索亚[a]路线”，在实施行动的时候，他告诉科林：

a. 汤姆·索亚是著名小说家马克·吐温的代表作《汤姆·索亚历险记》中的主人公。他天真活泼，富于幻想和冒险，不堪忍受个性被束缚，幻想干一番英雄事业。——译者注

“这是你的机会，我们想让你分一杯羹。”我们告诉他，我们会在凌晨4点出发，去弗吉尼亚的某个高尔夫球场。他得戴着面罩潜入湖里，把球弄出来。钱由我们三个平分。

科林说：“我怎么下到湖底？”我说：“哦，我全都想好了。我们要做的是，你脱掉衣服，光着身子。不过，你会带着我装《华盛顿邮报》的包。我们在包里放了杠铃片，这样，你就能沉到湖底了。”

然后，我们出发去高尔夫球场，一路上，科林都在发表他的疑问。我和丹利说：“我们失败过吗？我的意思是，如果你现在想退出，没问题。不过，你知道，以后你就别想参与任何事了。”

我们在天色破晓的时候到了那里。科林脱掉衣服，我们则穿得暖暖和和的。科林什么都没穿，就带着一个《华盛顿邮报》报纸包和杠铃片。他开始进入湖里。当然，他不知道自己是否会踩到蛇、高尔夫球，或者任何东西。他整个人都进入水里后，只要拉动绳子，我们就把他往回拉。他说：“我什么都看不见。”我俩说：“不用担心看不见，到处摸摸就好了。”然后他又一次回到水里。不过，在湖水没过他的头顶之前，有辆车开了过来，有个家伙早上过来整理沙坑障碍。他看到我们，就开车过来：“你们这帮孩子在做什么？”丹利和我脑子飞转。“我们在做高中物理课布置的物理实验，先生。”科林一直在拉绳子。结果，我们不得不把他弄出来。整个事就这么吹了。[21]

可怜的科林发生了什么事？他实际上脱光到什么程度？这个下水的故事到处都传开了。这是沃伦在高中生涯中最后一次伟大的“汤姆·索亚式历险”。

到现在为止，沃伦已经发了一笔小财：5 000美元，闪闪发光的一堆钱，投递了 50 多万份报纸挣到的钱。报纸形成的雪片占了雪球的一半以上。虽然有钱了，但沃伦打算继续让雪球向前滚动。[a]

a. 考虑到通货膨胀，在 17 岁的时候，沃伦的财富相当于 2007 年的 53 000 美元。——编者注

13

赛马场规则

奥马哈，华盛顿哥伦比亚特区　20世纪40年代

沃伦的卡内基行为测试是在进行预期和预测——对人类的天性进行数学实验，他收集的数据说明了卡内基正确的概率。

这种思考方式扩展了沃伦孩童时计算赞美诗歌作者的寿命概率的兴趣爱好。不过，他对寿命的兴趣并不只是抽象的概念。沃伦极为喜爱的欧内斯特·巴菲特在1946年9月过世，终年69岁，当时霍华德一家正在奥马哈进行霍华德的第三次竞选，沃伦16岁。在沃伦的4个隔代长辈中，只有73岁的斯特拉尚在人世，不过是在诺福克州立医院里。早在欧内斯特过世前的很长一段时间里，沃伦就对自己的生命年限忧心忡忡，家里最新发生的这些事根本无法缓解他脑子里对寿命或精神病的苦思冥想。不过，沃伦对预测的热情早就萌芽了，并扩展到了很多其他方面。这种热情甚至产生于他懂得这个词的意思之前，可以追溯到当他还是一个小孩子的时候，玩弹珠、记车牌号、收集瓶盖以及用指纹器采集修女的指纹。

预测艺术要以信息为基础，关键在于比其他人拥有更多的信息，

然后正确地分析，理性地使用。还是个孩子的时候，沃伦就在阿克萨本赛马场中首次进行了预测。鲍勃·拉塞尔的母亲将他们带入了赛马的天地。

沃伦和鲁斯年纪太小，不能下注。不过，他们很快就找到了赚钱的方法。赛马场脏兮兮的地板上到处是烟屁股、啤酒沫、旧赛程单和热狗残屑，在这些东西当中还有几千张被丢掉的投注票，像森林里地上的蘑菇一样露出头。两个男孩把自己变成了寻菇犬。

> 他们把赛马叫作“弯腰屈身运动”。每个赛季开始时，你会看到那些只在电影里看过的赛马人。他们认为，如果买中的马只跑了第二名或第三名，那就赢不了钱，所以他们会扔掉第二名、第三名的下注票。然而一场有争议的赛马可能会让你有所斩获。有一盏小灯会亮，这表示“有争议”或是“抗议”。这个时候，有些人也会丢掉下注票，而我们则开始大捡特捡地上的票。我们捡票的时候甚至都不会去看其他人一眼。晚上，我们会整理捡到的票。可真恶心，因为人们在地上吐痰。不过，我们觉得特别好玩。如果我找到一张赢钱的票，我的艾丽斯姑妈——她对赛马可是一点儿兴趣都没有——会帮我们兑成现金，因为小孩子不能去换钱。

沃伦总想去赛马场，拉塞尔太太不能一直带他去。“我父亲从来不去那里，”沃伦说，“他从不相信赛马这回事。”不过，父母会请沃伦的叔公、家里的怪老头弗兰克带他去。弗兰克很久之前就和欧内斯特和好了，最后娶了一个被家里人称为“淘金女”[a]的女人。[1]弗兰克对赛马不是特别感兴趣，不过因为侄孙子沃伦想去，所以他就带沃伦去了赛马场。

a. 巴菲特家里人都认为这女人是想从弗兰克身上捞点儿好处。——译者注

在赛马场，沃伦学会了一点儿看马经，这为他开启了一个全新的世界。预测赛马结果综合了沃伦非常擅长的两件事：收集信息和数学计算。除了赢的马有4条腿、在跑道上奔跑之外，赛马和玩21点时候的计数没什么不同。很快，沃伦和鲁斯就有了足够的了解并写出了自己的马经，他们灵机一动，将其称为《稳健之选》。

> 我们侥幸成功了一阵。我们出的马经并非最畅销的，我的意思是，这是两个小孩子卖的东西，而且这东西还是我们在我家地下室里用一台老式打字机弄出来的。当时的局限是复写纸不够多，我可能只弄得到5张左右的复写纸。不过，我还有打字机，鲍勃·拉塞尔和我把赛马的名次预测出来，然后打印成稿。
>
> 我们去赛马场叫卖，"快来买《稳健之选》吧"。不过，《蓝色马经》的销量最好，而且价格比较贵，赛马场会从中抽佣金。而我们的卖25美分，属于打折商品。他们很快就不让我们卖《稳健之选》了，因为除了我们之外，他们对赛马场卖的所有东西都可以宰上一笔。

当巴菲特家搬到华盛顿哥伦比亚特区后，对沃伦来说，唯一的好处就是他有机会提高他的预测技巧了。

> 我了解到，国会议员有权使用国会图书馆——里面有所有曾经被记录成文字的东西。因此，当我们来到华盛顿，我说："爸爸，我就想要一样东西。我想让你去国会图书馆把里面所有和赛马预测有关的书都借出来。"我父亲说："一个新来的国会议员做的第一件事就是想要所有和赛马预测相关的书，他们会觉得这很奇怪。难道你不这么认为吗？"我说："爸爸，是谁去乡村集市为你的竞选奔走？是谁待在屠宰加工厂，随时候命去报警，以防不测？今后两年，你还需要再参加竞选，你还会需要我。那么，现在

是两清的时候了。”于是，父亲就给我找了几百本关于赛马预测的书。[2]

我要做的就是看这些书。我去了芝加哥克拉克北大街的一个地方，在那里你可以买到过去的赛马记录，很便宜。它们都是过去的东西，谁还会需要呢？我会查看这些记录，第一天用我的预测方法进行预测，第二天看是否有效。我每天都测试自己的预测能力，测试脑子里所有不同的系统方法。

在预测赛马结果方面，存在两种类型的方法：一类是从赛马的速度出发，即速度型；一类是以赛马赛跑的级别分析，即级别型。速度型专业赌马人会找出过去获胜次数最多的赛马。通常，速度最快的赛马会成为冠军。而在级别型专业赌马人看来，如果一匹马和一匹价值10 000美元的马赛跑过，而且表现不错，那么当它和一匹价值5 000美元的马赛跑，它一定能胜出。

在赛马比赛中，搞明白这两种类型的赌马人是很有优势的。不过，在那个时候，我基本上属于第一种类型。我一开始就是从数字分析入手的。

通过测试、思考和观察，沃伦发现了赛马的规律：第一轮赛跑结束后，没人会就此罢手；不要以为输到底还能把钱赢回来。

赛马场靠的就是人们不停地下注，直到他们输钱为止。难道一个出色的专业赌马人不能对这些规律善加利用，并赢到钱吗？

预测赛马的输赢也如同赛马本身。不过，那时我还没有形成精准和详细的理念，我还只是一个小孩。

赌马在华盛顿随处可见。

我去父亲办公室的次数相当多。实际上，那里有一幢老式国会办公楼，里面有一个赌注登记处。你可以走到电梯通道处，大叫一声“萨米”之类的名字，然后会有个男孩走过来，记下你的赌注。我以前会整理笔记，给那些想要在普利尼斯站之类的比赛上赌马的人。这是我最喜欢的赛马游戏的一部分，我可以得到15%的利润而没有任何风险。你知道，我父亲想方设法想要控制这一切。这事他也有点儿感兴趣，不过他也明白这事会怎样转到一个错误的方向。

在暑假，沃伦回到奥马哈，去阿克萨本赛马场赌马，这次是和他朋友斯图·埃里克森一起。[3]再次回到华盛顿的时候，他找到一位朋友和他一起去赛马场，而这位朋友可以提高他的赌马技术。鲍勃·德韦尔是沃伦的高中高尔夫球教练，一位有点儿啤酒肚、很有胆魄的年轻人。他在学校放假时销售人寿保险、冰柜和其他东西所挣的钱比他当老师拿的薪水还多。[4]高尔夫球队的其他成员都认为德韦尔对人粗暴、脾气暴躁，但是他对沃伦很好，因为沃伦的行事作风和他相似，而且打高尔夫球的时候非常有激情，尽管沃伦的眼镜总是会蒙上一层雾气。

一天，沃伦请德韦尔带他去赛马场。德韦尔说沃伦需要得到父母的同意。“第二天早上，”德韦尔说，“他一大早就来了，很高兴的样子，兴冲冲地过来找我，手里拿着他母亲写的一张纸条，上面说他去赛马场完全没问题。”然后，德韦尔给沃伦写了一张假的请假条，这样沃伦就不用去上课了。[5]接着，他们搭乘切萨皮克—俄亥俄铁路的火车，从马里兰州的银泉出发，前往西弗吉尼亚的查尔斯顿，去赛马场磨炼沃伦的赌马技术。德韦尔教会沃伦如何高明地阅读最重要的马经——《每日赛讯》。

我会提前拿到《每日赛讯》，找出每匹马跑赢比赛的可能性。然后，我把表示概率的百分比和独赢赔率相比较。不过，我先不看独赢赔率，以免自己先入为主产生偏见。有时，你会发现一匹马胜出的独赢赔率出现偏差，偏离实际的可能性。比如你认为一匹马有 10% 的胜利机会，但其实它成功的机会只有 1/15。[a]

投注方法越简单越好。你可以让人们根据骑师的肤色、生日投下赌注，还可以根据赛马的名字投注。当然，关键在于没有人进行实际分析，而你掌握着大量的数据。因此，当我还是个小孩的时候，就疯狂地研究《每日赛讯》。

比尔·格雷和沃伦一起在伍德罗·威尔逊高中念书，他比沃伦低一个年级，不过年纪要大一点儿，两人一起去过几次赛马场。“沃伦对数字非常敏感，非常健谈，[6] 人也非常开朗，对人友好。我们一起聊棒球、击球率等体育内容。”[7]

“沃伦一下火车，就知道自己要挑哪些马。到了赛马场，他会说，这匹马太重了，或者说，这匹马在上几次比赛中表现不够好，跑赢的次数不够多。沃伦知道如何去判断一匹马。”沃伦投的赌金在 6—10 美元，有时候买得很准。沃伦只在独赢赔率很好的时候才下大赌注，但是，他会冒风险把送报赚的辛苦钱投到看中的赛马身上。“在比赛进行中，他可能会改变主意，”格雷说，“不过，你知道吗？对于一个 16 岁的男孩来说，这并不是一件平常的事。”

有一次，沃伦自己一个人去查尔斯顿。他在第一轮比赛中输了，但他没有就此回家。他不停地下注，又不停地输，直到他输的钱超过了 175 美元——差不多输了个精光。

a. 这就是说，这匹马的赢钱概率只有 6.7%。因此，如果它胜出了，那么所得到的钱会比这匹马的赛跑记录所显示的概率高出 50%。一个专业的赌马人甚至会对赛场里最差的一匹马下这样的赌注，因为相较于独赢赔率，预期的赢钱金额非常大。这就是“赔率大于概率”。——编者注我回到家，去了Hot Shoppe便利店，给自己点了他们提供的最大份的东西——一份巨大的奶油巧克力圣代冰激凌，这花掉了我剩下的所有钱。我一边吃，一边算我得送多少份报纸才能把输掉的钱挣回来。我不得不工作一周多才能赚回这些钱，而损失掉这些钱是因为愚蠢。

我不应该每场比赛都下注。我犯了最严重的错误，输钱了，而且认为自己那天能把输的钱赢回来。之前说过的第一条规则是第一轮比赛后，没有人就此罢手。第二条规则是不要以为输到底还能把钱赢回来。你知道，这是非常基本的道理。

沃伦意识到他做出了一个情绪化的决定吗?

噢，是的。噢，我觉得很恼火。那是我最后一次做这样的事。

14

大象

费城　1947—1949 年

沃伦 · 巴菲特以 350 名学生中的第 16 名从高中毕业，在他的毕业年鉴中，他描述了“未来的证券经纪人”这一角色。[1]得闲后，他和唐 · 丹利做的第一件事就是买了一辆二手灵车。沃伦将灵车停到房前，用来和女孩外出约会。[2]霍华德回家后，问：“是谁把这车停在这里的？”利拉说有一个邻居病得非常严重，还没有准备好灵车。这就是那辆灵车最后的结局。

当他和丹利卖掉灵车后，沃伦找了一份为《时代先驱报》送报纸的活儿。他早上 4 点钟起床，开一辆从戴维 · 布朗（一个来自弗雷德里克斯堡的年轻人，他喜欢多丽丝，后来参加了美国海军）那里借来的小型福特汽车。[3]沃伦踩着汽车的油门，车门敞开，以 15 英里的时速行驶，一手握着方向盘，一手拿着报纸，并把它们扔到订户的草坪上。他对此的解释是，在这么早的时间，这种驾车方式不太可能发生太可怕的事情。[4]

在 4 点 45 分，沃伦完成工作后，会到特德快餐店买双份的辣薯饼作为早餐犒赏自己。早餐后，他会做他的第二份工作——去乔治敦大学医院分发报纸。

> 我不得不给牧师和修女们半打免费报纸，这总是让我有点儿恼火。我不认为他们会对世俗的事感兴趣，但这是工作的一部分，只能每个房间、每个病房送。
>
> 产房里的孕妇生下孩子后，一看见我就会叫："噢，沃伦，我将告诉你一些比 1 美分小费更有价值的东西。我将告诉你我的孩子是什么时候出生的，他有多重。早上 8 点 31 分，6 磅 11 盎司。"婴儿的出生时间和体重也可以用来当作博彩游戏，这是华盛顿的一种数字游戏。[5]

只要沃伦得到的是这些无用的信息而不是小费，他就会气得牙痒痒。作为一个概率预测者，他不参与这种博彩游戏，因为赔率太糟糕了。"博彩游戏的规则是 1 赔 600，你的投注对象抽取其中的 10%。这意味着你基本上是在对概率为 1000∶1 的事情以 540∶1 的比率投注。人们总是用分或角来投注。如果你在这个游戏中投入 1 美分，你就可能赢得 5.4 美元。城里所有人都玩这个游戏，我的一些报纸的订阅用户经常问我：'你玩这个游戏吗？'我从来不玩，我想我父亲不会同意我玩。"

虽然沃伦已经有足够的能力去拉斯韦加斯做一个赔率制定者，但是他没有将这事进行下去。1947 年，霍华德·巴菲特和其他 330 名国会议员击败了总统杜鲁门的否决，通过了《塔夫脱-哈特莱法案》。作为美国曾颁布过的最具争议性的法案之一，《塔夫脱-哈特莱法案》严格规定了工会的行为。该法案规定，如果工会通过一场罢工来声援另一场罢工，此行为非法；而且总统有权宣布国家进入紧急状态，强制罢工工人复工。该法案被认为是"奴隶劳工法"。[6] 虽然奥马哈是一座工会城市，但是，霍华德绝不会按照选民的偏好投票，他总是为自己的原则投票。

因此，当巴菲特一家在夏天回到奥马哈，沃伦和父亲去看家乡的棒球比赛时，他看到那些蓝领工人选民对父亲极其不满。

> 当在比赛间隙介绍到场的名人时，父亲起身，所有在场的人都嘘声一片。而父亲就站在那里，一言不发。他能够坦然面对这一切，但是，你们不能想象这对一个孩子产生的影响。

即使是温和的对抗都让沃伦感到害怕，然而他不久就能独立面对这一切了。虽然快 17 岁了，但沃伦仍然只是一个孩子，如果他早出生几年，可能会参军上战场。

沃伦没有参军，而是在秋天的时候开始上大学。巴菲特一家一直都认为沃伦会进入宾夕法尼亚大学的沃顿商学院。[7] 沃顿商学院是全美范围内供本科生就读的最有地位的商学院。本杰明·富兰克林创建了宾夕法尼亚大学，也留下了很多名言，如“借钱味难尝，使人心悲伤”“时间就是金钱”“省一分钱即挣一分钱”等。实际上，宾夕法尼亚大学和沃伦非常合拍，当其他孩子玩耍的时候，精力过人的沃伦总是四处忙着挣钱。

在沃伦看来，他并没有把这事看得太过重要。“我知道我想要干什么。我已经挣了足够的钱生活，大学只会拖我的后腿。”但是他从来不会拒绝他父亲认为重要的事，因此，他勉强同意了进入学院学习。

考虑到儿子尚不够成熟，父母安排在奥马哈的朋友的儿子查克·彼得森当他的室友。彼得森比沃伦大 5 岁，刚刚在军队服役了 18 个月。彼得森相貌英俊，是个纨绔子弟，每晚和不同的女孩约会、喝酒。彼得森一家天真地认为沃伦也许能让他定定性，而沃伦的父母则觉得年长的查克也许有助于沃伦适应大学生活。

1947 年秋，巴菲特全家送沃伦去费城。他们把沃伦和他的浣熊毛皮大衣都放进一个小小的宿舍套间。查克已经搬了进去，不过，当时他不在宿舍，而是在外面约会。

巴菲特一家驾车回到华盛顿，将沃伦留在了校园，这个地方到处都是查克这样的年轻人。第二次世界大战的老兵成群结队地走过学校的绿地，宾夕法尼亚大学校园的中心生活区全是这帮老兵。他们多年形成的世故和老到扩大了沃伦与同学之间的差异——在搬到华盛顿时，沃伦也曾有这种感受。校园生活忙碌又很社会化，在这样的校园里，在一群性格坚毅、穿着运动外套和锃亮皮鞋的人中，穿着松垮 T 恤和破旧网球鞋的沃伦很显眼。宾夕法尼亚大学的橄榄球运动非常盛行，秋季的校园社交生活都是兄弟会组织的橄榄球比赛。沃伦虽然也喜欢运动，但是在这里运动的社交需求超过了他对运动的需求。他习惯了把大量时间用来琢磨事情、计算资金、整理他的收藏，以及在自己房间里演奏音乐。在宾夕法尼亚大学，这一年的 1 600 名新生四处交友调情、玩摇滚乐、喝酒、玩橄榄球，而沃伦的独居寡处则显得格格不入。[8] 他就像蜂巢里的一只蝴蝶。

对于飞入蜂群的蝴蝶，蜜蜂出现强烈反应是预料中的事。查克保持着士兵式的整洁，第一次见到新室友时，沃伦的邋遢令他感到震惊。他很快发现，沃伦完全不知道怎么独立生活。

在他们合住后的第一个晚上，查克因参加社交活动照例回来很晚。第二天早上，他醒来发现整个浴室一团糟，而他的室友显然已经急匆匆地去上早课了。晚上看到沃伦时，查克说："洗漱完以后请把浴室打扫干净，好吗？""好的。"沃伦说。查克接着数落："我早上进来的时候发现你把剃刀丢在水槽里，把肥皂沫弄得到处都是，毛巾扔在地上，简直比地狱还糟糕。我喜欢干净。"沃伦只好不停地道歉。

第二天早上查克起床的时候，沃伦的毛巾还是在浴室的地上，水槽里都是细小的胡须，此外居然还有一把湿漉漉的电动剃须刀。晚上，查克看见沃伦时对他说：“沃伦，你自己看看。用完剃刀要拔掉插头，否则别人可能会因此而触电。我不想每天早上帮你收拾，你的不拘小节会把我逼疯的。”“好的，好的，没问题。”沃伦答道。

可是，一切还是维持原样。剃刀还是放在水槽里。查克意识到，他说的话沃伦根本就没有听进去。他很生气，决定采取行动。他把剃刀的插头拔了，然后扔进已经放满水的水槽里。

第二天，沃伦买了一个新的剃刀，插上插头，浴室照旧一片凌乱。

查克没辙了，他想他是跟一个处在青春期的叛逆的孩子住在一起。沃伦当时沉迷于阿尔·乔森的音乐，每天没日没夜地练习他的曲子，[9] 唱着“妈咪，我愿意为了你的一个微笑而跋涉千里”。[10]

查克需要学习，可是沃伦的音乐让他无法安静。沃伦有充足的时间唱歌，因为他只买了少量的课本，而且在开学前就已经读完了，就跟别人看《生活》杂志一样。之后，沃伦把书本扔到一边，再也不翻。这让他能够把整晚的时间都用来唱“妈咪”——只要他喜欢的话。查克觉得自己快要疯了，而沃伦知道自己很幼稚，但就是没有办法控制自己。

> 我那时候可能无法很好地适应一切，而且我和整个环境不同步。除了我的年纪也比其他人都小以外，在很多方面，我的表现比自己的年龄还幼稚。我真的无法适应社会。

查克的业余生活自然丰富多彩，他宣誓加入了 Alpha Tau Omega 兄弟会。沃伦对希腊人的生活不感兴趣，但是，他宣誓参加了父亲的 Alpha Sigma Phi 兄弟会。这个组织并不是特别令人讨厌，但是，其宣誓仪式却让沃伦闹了个大红脸。这个兄弟会的格言是具备热情、谦逊和勇气。沃伦有足够的热情和谦逊，但缺乏勇气是他的致命弱点。[11] 宣誓仪式是去沃纳梅克百货商店买特大号的女士内裤和内衣，沃伦在内衣柜台前徘徊了很久很久，然后才看见窃笑的售货员小姐。[12]

1947 年秋，利拉和多丽丝在华盛顿一个叫 Coffee with Congress（“和国会一起喝咖啡”）的电台节目中谈到沃伦那时理了平头、有点儿天真的外表。

主持人：沃伦长得英俊吗？

利拉：他小时候长得不错。他就是孩子气——我们不说他英俊，但他也不难看。

主持人：那他很帅。

利拉：不，不帅，只是对人友好。

主持人：那从一个女孩的角度来看，他是不是很可爱？

多丽丝（外交辞令）：我觉得他给人一种粗犷而率直的感觉。[13]

尽管沃伦的鼓声和歌声很烦人，查克还是慢慢开始喜欢沃伦，把他当成自己的弟弟看。但查克始终不能理解，他的这个室友整个冬天一直穿着一双破旧的凯德软底帆布鞋。即使要打扮，也可能一只脚穿黑色的皮鞋，另一只脚穿棕色的，而沃伦本人却毫无察觉。

就像和沃伦在一起的很多人一样，查克感到自己必须好好照顾他。他们一周会在学生食堂一起吃几次饭，沃伦每次都点同样的东西：一块牛排、一份土豆配菜和一罐百事可乐。后来沃伦又发现了一种浇着炼乳的巧克力圣代，每天都吃。有一天吃完午饭，查克把沃伦带到新安装的乒乓球台前，查克很吃惊，沃伦来华盛顿 4 年了，居然从来没有打过乒乓球。在最开始的几盘，沃伦只能勉强接住查克的球，查克显然赢得很轻松。

后来的一两天里，沃伦简直打乒乓球打疯了。他每天早上第一件事就是跑到学生活动中心，找一个路过的人，然后在乒乓球台上将他“屠杀”。他每天下午要打三四个小时的球，查克简直不能相信沃伦的变化，但至少乒乓能让沃伦在查克学习的时候离开房间，不再制造噪声。[14]

然而乒乓球还不能完全满足宾大的体育锻炼要求，在斯库尔基尔河上赛艇和双桨式划水是宾大最流行的运动。学校有许多类似的俱乐部，沃伦参加了一个150磅重量级别的新生划船俱乐部，并加入了其中一支8个人的队伍。沃伦喜欢划船，就像喜欢举重、篮球、高尔夫球、乒乓球和他自己的波洛球游戏一样，因为这些运动是重复性的，有规律、有节奏。但划船是集体运动，沃伦喜欢投篮是因为他可以自己一个人练习。他从来没有成功地参加过集体运动，甚至是和别人搭档跳舞。在他从事的工作和业务领域，他都能成为一个成功的领导者，但他没有办法和别人一起搭档工作。

“这太痛苦了。做一个船员，你不能就只是跟着或者滥竽充数。你必须和其他人同步把浆放在水里。你会累得难以置信，但是必须跟上速度，而且必须要很和谐一致。这真是一项令人难以忍受的运动。”沃伦每天下午回到寝室，都是浑身湿透，手上起泡流血，然后以最快的速度入睡。

他开始寻找另一种团队活动。他希望查克和他一起卖二手高尔夫球，但查克忙于学习和社交活动，拒绝了他。沃伦还建议查克和他一起搞弹子球生意，他不需要查克出钱出力，但查克根本搞不清自己能做什么。其实沃伦只是需要有个人听他谈他的生意。如果查克成为他的伙伴，那查克也将成为沃伦世界的一员。

他总是很擅长这种“汤姆·索亚式历险”，但是有一次，他输给了查克。他仍然希望查克不仅是他的朋友，还是他的生意伙伴。沃伦曾邀请查克到华盛顿来，查克吃掉了利拉招待他的所有东西，甚至是燕麦片，利拉对此很是吃惊。“沃伦什么都不会吃，”她说，“他不吃这个，不吃那个，总是让我弄一些很特别的东西给他吃。”查克觉得很有趣，沃伦的妈妈居然被儿子搞得服服帖帖。

对查克来说，沃伦虽是不懂事的孩子，却是一个神童。上课时，沃伦总能记住教授说的话，根本不需要看课本。[15] 他记性好到能记住页码、倒背段落，还在老师引用课文的时候纠正老师的错误。[16] 他曾对一个老师说过：“你忘了逗号。”[17]

在会计课上，老师还没有把 200 个学生的考卷发完，沃伦就已经站起来交卷了。查克就坐在教室的另一边，感到分外挫败。沃顿是一个竞争激烈、学业负担很重的地方，但沃伦不需要付出很多就可以学得很好。他把大量的时间都花在了打鼓和唱歌上。

查克非常喜欢沃伦，但最后还是受不了了。

他搬出去了。有天早上，我醒来，查克离开了。[18]

在那个暑假，沃伦虽然不情愿，但还是回到了华盛顿，回到了家。利拉在外帮助军队做招募工作，所以巴菲特家的孩子们享受了一个难得的自由的暑假。伯蒂是一个露营顾问，而多丽丝则在 Garfinkel 商店找了份工作。让多丽丝吃惊的是，在申请工作的时候，商店职员问了她的宗教信仰。还有，他们规定黑人只能在一楼买东西，而一楼不卖衣服。[19]

华盛顿是当时美国种族隔离最严重的城市。黑人不能做有轨电车的司机，不能做任何体面的职业，他们不能加入基督教青年会，不能在大多数餐馆吃饭，不能住酒店，也不能买歌剧院的票。全世界没有其他地方像华盛顿一样让深色人种感到紧张。一个外国游人说过：“我宁愿做一个印度贱民，也不愿意在华盛顿做一个黑人。”[20] 当时被一些右翼人士认为是“商业共产主义报纸”的《华盛顿邮报》已经开展了一段时间的种族主义运动。[21] 虽然杜鲁门总统已经在军队中废止了种族歧视，同时推动公民权利改革，但进展很缓慢。

沃伦并不阅读风格自由的《华盛顿邮报》，几乎不关注华盛顿的种族问题。他还不成熟，尚完全沉浸在自己的小生意里。他又回去为《时代先驱报》送报纸，继续开着借来的福特小车。他又和丹利在一起，打算买一辆消防车，但最后还是花350美元买了一辆1928年的劳斯莱斯小轿车。它是灰色的，比一辆林肯轿车还要重。引擎一开始有点儿问题，沃伦和丹利维修了一下，然后终于在开出华盛顿50英里后返回。车冒着烟，漏着油，开在路上歪歪斜斜。但当他们被警察拦下的时候，沃伦不停地说啊说，总算没有被罚。[22]

他们把车停在巴菲特家的车库里，但很快弄得家里都是烟，只好把车拖出来，停到街上。他们用了整整一个星期来维修车子。多丽丝说："基本上都是丹利在干活儿，沃伦只是负责在旁边看着，并不断鼓励他。"

当他们开始给车子刷漆时，丹利和他的女朋友诺尔玛·瑟斯顿买了一种带海绵的工具，把车刷成了深蓝色，看上去真的很棒。[23] 消息自然而然地传开，于是他们把车出租，35美元一天。

沃伦又有了一个主意，他想让大家注意到他的车。丹利穿得像一个司机，而沃伦穿上他的浣熊毛皮大衣，发动汽车，带着头发染成鲜艳颜色的诺尔玛·瑟斯顿一起去市区。丹利假装在修引擎，沃伦拿着一根手杖给予指导，而诺尔玛·瑟斯顿则像个电影明星一样站在一旁。"这些都是沃伦的主意，"诺尔玛·瑟斯顿说，"他是比较有表演天赋的，我们想看看有多少人会在街上看我们。"

诺尔玛·瑟斯顿知道沃伦从来没有和女孩真正约会过，在和女孩子交往方面需要帮助。于是，她把她的表亲鲍比·沃利介绍给沃伦。他们在那个夏天纯情地约会，一起看电影、玩桥牌，沃伦接二连三地给她出各种动脑筋的谜题。[24]

秋天来了，沃伦离开鲍比回到宾夕法尼亚大学，他已经 18 岁，是大二学生。他现在有了两个新的室友，一个是兄弟会的克莱德·赖格哈德，另一个是分配到他们宿舍的新生乔治·奥斯曼。刚进学校时，沃伦让克莱德在一次商业计划中当挂名负责人，虽然那次的生意最终没什么进展，但是经过短暂的合作，两人成了朋友。

相比当新生的第一年，沃伦并没有改变太多，但他和克莱德的共同点显然要多于和查克的共同点。当时，克莱德觉得沃伦的网球鞋、T 恤和脏兮兮的卡其布裤子很好笑，而当沃伦嘲笑克莱德的考试分数时，克莱德也不往心里去。“虽然他没有让我变得更聪明，但他确实让我更有效地利用了已经掌握的东西。”克莱德说。事实上，沃伦是一个有效利用自己的资源的行家，尤其是利用自己的时间。他每天早早起床，在寝室吃完鸡肉沙拉，然后去学校上课。[25] 在第一学年的混沌之后，他终于找到了一门他喜欢的课——霍肯贝瑞教授的“101 个行业”。这门课讨论了不同的行业，以及运营一家公司的具体细节。“纺织、钢铁、石油……我到现在还记得那本书，我从中学到很多东西。我能想起书中提到的石油开采的法律，钢铁的贝塞麦炼钢法。我对那本书非常着迷，对我来说，真的是很有意思。”不过，与沃伦住同一栋宿舍楼的哈里·贝沙是一位苦读生，和沃伦一起上霍肯贝瑞的课，学得很吃力，他很不喜欢沃伦轻松前进的学习风格。[26]

卡塔尔多教授所讲授的商务法也让沃伦很受用。“教授有非常强的记忆力，他会引用很详细的案例。我仍记得哈德利起诉巴克森格尔，以及肯伯起诉法伦的案例。所以，我在考试的时候会尽量引用他讲授的知识来回答问题，不管是不是适用。教授则全盘接收。”

在优秀的记忆能力的帮助下，沃伦很轻松地学习，能充分享受其他时间。午饭时间，他会去 Alpha Sigma 大厦。这是一栋三层楼的建筑，有旋转楼梯，工作人员是黑人克尔森。他穿着白色的外衣烹饪、打扫，让这个地方具有一种庄重之感。餐室的拐角处全天都有人玩桥牌游戏，沃伦会坐下来，玩儿上几把。[27] 沃伦一直保持着对恶作剧的爱好，有时，他会让兄弟会的莱尼·法里纳在大街上摆个引人注目的姿势照相，而他自己假装在扒莱尼的口袋，或者是擦皮鞋。[28]

沃伦曾让年纪比自己大的科林光着身子、戴着面罩潜到水里去，和这种鬼主意一样，在这段时间里，沃伦和克莱德一起告诉他们的另一个室友乔治，说他看上去“精神不振，太瘦弱，如果不锻炼肌肉，就无法吸引女孩子”。他们最后策动乔治给自己买了几个杠铃。“然后，当哈里·贝沙在楼下学习的时候，我们常常‘砰砰’上下举动杠铃。我们把这些杠铃‘砰’地放在地板上，以此作弄贝沙，觉得特别有趣。”[29]

不过，在大学里，沃伦开始放弃让自己变得很强壮的想法。“一段时间之后，我觉得自己的骨头有问题。我的锁骨不够长，锁骨决定了你的肩膀宽度，而你无法改变你的锁骨。这就是我觉得厌烦并最终放弃的原因。我想明白了，我无论如何都无法拥有女孩子所青睐的肌肉。”

自从进入宾夕法尼亚大学，沃伦还没有过任何约会。周六是兄弟会举行大型聚会的日子，有橄榄球比赛的赛前午餐会、赛后鸡尾酒会、晚餐和夜晚舞会。沃伦写信给鲍比，让她来过周末，并说他实际已经爱上了她。鲍比喜欢他，也被他的信打动，却没有回应他的感情。[30]

沃伦和安·贝克有过一次约会，她在布林茅尔学院读书。沃伦搬到华盛顿后不久，曾在安爸爸的面包店打过工。那时沃伦读八年级，而安还是一个有着长长金发的小女孩。安·贝克曾经被评为高中最害羞的女孩。他们约会的那天就像是一场害羞比赛：他们一起在费城漫步，彼此都异常缄默。[31]“我们可能是全美最害羞的人。”沃伦回忆说。

沃伦不知道要怎么挑起话头，一紧张，他就小声嘟囔。[32]

有时候，沃伦和克莱德会开着借来的福特小轿车去郊区找关于木乃伊、吸血鬼和科学怪人之类的恐怖电影。[33]那个时候很少有人有车，所以，他在兄弟会的兄弟们对此印象颇深。[34]这颇为讽刺：沃伦是唯一一个有车可以和女孩子有亲密关系的人，却找不到女孩子。他不参加常春藤联盟大学的舞会和兄弟会之间的联谊舞会。而且他也总是会跳过 Alpha Sigma Phi 兄弟会周日的下午茶舞会，也从不参加兄弟会聚会。[35]当有人讨论关于性的问题时，他会紧张得脸红，并盯着自己的鞋子看。[36]在这样一所谈情说爱风行的学校，沃伦完全不在状态。

> 我试着喝酒是因为我参加了兄弟会，我交的会费的一半都用来为这些聚会买酒精饮品。我觉得我快喝醉了，但是，我就是不喜欢这个味道。我不喜欢啤酒。即使不喝酒的时候，我也会有愚蠢的举动。我的意思是，我就坐在那里，和其他人一块儿——他们不让我喝酒，我也会犯傻。

不过，即使没有女伴，也不喝酒，沃伦有时候也会出现在周六的联谊晚会上。他能够吸引一小群人坐在角落里，听他发表股评。沃伦了解股票市场，也知道怎么讲得动人。在投资和商业领域方面，沃伦在 Alpha Sigma Phi 兄弟会的同伴们都会听从他的建议，他们很崇拜沃伦在政治方面渊博的知识，认定沃伦具有某种“政治家的天赋”，送了他一副球拍，上面写着给他起的绰号“参议员”。[37]

沃伦以新生身份加入了青年共和党，因为他爱上了其中的一个女孩。但是，沃伦没成为那个女孩的男朋友，反倒在二年级的时候成了这个组织的主席。沃伦的上任时间是一个令人激动的时刻——总统选举年的秋季。1948 年，共和党支持托马斯 · 杜威，让他和弱势的时任总统哈里 · 杜鲁门竞选。

巴菲特一家越来越痛恨杜鲁门。虽然霍华德提出了所谓的“杜鲁门主义”——目的是抑制共产主义的扩张，但是，和很多保守主义者一样，霍华德认为，杜鲁门和他的国务卿乔治·马歇尔正在假装和苏联的斯大林套近乎。[38] 此外，杜鲁门执行了马歇尔计划，在第二次世界大战后运送了 1 800 万吨食物到欧洲。霍华德则是 74 名投反对票的议员之一，他非常肯定马歇尔计划会是另一个版本的“老鼠洞计划”，也确信民主党正在破坏经济，于是，他开始买金项链给他的女儿们，以防美元变得一文不值的时候，她们无法养活自己。

那年霍华德正在为他的第四次竞选忙碌，他在投票通过《塔夫脱-哈特莱法案》之后被嘘，当时沃伦也在现场，不过，和家庭的其他成员一样，沃伦认为霍华德的议员位置还是比较稳的。尽管如此，霍华德第一次将竞选托付给了竞选活动负责人——巴菲特家的朋友威廉·汤普森博士。在奥马哈，汤普森非常有名并很受尊重，他了解这个城市的命脉。此外，他还是一位心理学家。日子一天天过去，选举不断向前推进，奥马哈的人都赶来祝贺霍华德。“恭喜，你又当选了。”看上去选举似乎已经结束了。

另一边，杜威似乎也是稳操胜券。投票显示杜鲁门被远远地甩在了后面，不过，杜鲁门毫不理会这些情况，一直在外面巡回演讲，每到一处，只短暂停留，在火车车厢里发表演说，宣传他的“公平施政”政策：全民医疗保险，广泛的公民权利立法，废除《塔夫脱-哈特莱法案》。杜鲁门在奥马哈停留，参加了一个游行，为一个公园举行了落成仪式。他看上去很高兴的样子，似乎根本没读到报纸对他的失败的预测。[39]

随着选举日的临近，沃伦很高兴地预期着父亲和杜威的胜利，并和费城动物园计划好，要在 11 月 3 日那天，骑着一头大象沿着伍德兰大街而行。沃伦想象着这将是一种凯旋的游行，就像迦太基名将汉尼拔进入撒丁尼亚岛一样。

但是，在选举日的第二天早上，沃伦不得不取消了准备好的表演。杜鲁门赢得了1948年的总统竞选。霍华德输了，选民们把霍华德·巴菲特赶出了国会。“我之前从来没有骑过大象。当杜鲁门击败杜威，大象也没戏了。我父亲在他的4次竞选中，第一次遭遇失败。这真是糟糕的一天。”

两个月以后，霍华德任期结束，巴菲特一家要离开华盛顿前几天，沃伦的叔公弗兰克去世了。当沃伦还小的时候，在哈里斯·厄汉公司，弗兰克对着所有股票大喊：“价格会跌到零。”宣读他的遗嘱时，家里人发现他只投资了政府债券。[40] 弗兰克叔公比他的“淘金女”太太活的时间长，按照他的遗嘱，所投资的政府债券被放到一家受限信托公司，并要求到期后进行政府债券的再投资。仿佛是要说服他的侄子和信托人霍华德，弗兰克为家庭成员们都订阅了《巴克斯特书信》，告诉他们政府债券是唯一安全的投资。弗兰克希望来世获得平静，而他是当时巴菲特家族中唯一一位对身后事有交代的人。

但是毫无疑问，霍华德害怕通货膨胀，并认为政府债券最后会变成废纸。他的担心战胜了对遗嘱的顾忌，设法修改了弗兰克的遗嘱，并在法律上获准了一些技术上的调整，这样一部分钱最后可以用于股票投资。[41]

这一切的发生适逢利拉所说的“多年来最寒冷的冬天”。暴风雪侵袭了中西部地区，有好几周，人们不得不在天寒地冻的天气里，从内布拉斯加周边的州县空运干草给被冰雪封锁的牲畜，不让它们在自己的眼皮底下死去。[42] 这个严冬的干草堆成为杜鲁门胜利的标志。从来没富裕过的霍华德现在有两个孩子在读大学，另一个则快要进大学了。他重新回到以前的公司，现在叫巴菲特-福克公司。但在霍华德离开期间，他的合作伙伴卡尔·福克已经完全控制了公司客户，现在也没有兴趣和霍华德一起分享。霍华德在奥马哈市区漫无目的地走着，雪花扫过他的脸，他想寻找新的客户。但是，由于他长期不在奥马哈，大多数人都只能通过他写的文章了解他，而诸如《人类自由取决于可兑换黄金的货币》之类的文章则让他获得了极端主义者的称号。[43]在1949年春天，霍华德为了寻找新主顾，敲开了乡间每家农户的大门。[44]

对沃伦来说，父亲的失败让他感到很难过，但也让他找到理由离开东海岸。他觉得学校很枯燥，非常痛恨费城，还因此给费城取了一个绰号叫“肮脏的德尔菲”（Filthy-delphia）[a]。[45]

春季的学期一旦结束，沃伦回来后就可以永远待在家里了。他的心情如此轻松，连信上都签的是“前沃顿的巴菲特”。他的理由是，内布拉斯加大学林肯分校的学费比宾夕法尼亚大学便宜，他要在内布拉斯加大学读完最后的课程。[46]他把轮胎破旧的福特小车还给了戴维·布朗，由于轮胎实行配额供应，[47]所以如何更换轮胎就是布朗的事了。沃伦只想要一个宾夕法尼亚大学的纪念品。离开的时候，沃伦和克莱德用掷硬币的方式来决定谁将拥有西蒙写的《桥牌失利原因解析》。结果沃伦赢了。

a. 费城英文名为 Philadelphia，与沃伦新起的绰号发音相近。——编者注

15

面试

林肯，芝加哥　1949—1950 年夏

沃伦在 1949 年夏季回到内布拉斯加，回去后做的第一件事就是在《林肯日报》找了一份工作，负责管理这份报纸在非城市地区的投递工作。他和他的朋友杜鲁门·伍德（多丽丝的男朋友）一人出一半的钱买了一辆车。沃伦在林肯市待得很舒服，早上去大学上课，然后下午开着车四处走，管理他的送报业务。在空闲时间，他会拜访当地报纸的编辑，和他们聊商业、政治和新闻行业的话题。监督管理报童是一件严肃认真的工作，因为沃伦现在是负责人了。来自 6 个农村县级地区的 50 个男孩向“巴菲特先生”报告工作情况。当沃伦雇用了比阿特利斯镇一名牧师的女儿后——他认为她会很负责地递送报纸，管理方面的挑战就来了。有三个比阿特利斯镇的男孩立马就不干了，因为沃伦把送报变成了一份女性化的工作。

在奥马哈的那个夏天，沃伦有部分时间在杰西潘尼（J. C. Penney）服装店销售男士服饰。他重燃对女孩子的兴趣，买了一把夏威夷四弦琴，和一个女孩的男朋友展开竞争。不过，最后的结局是，沃伦手里

只拿着夏威夷四弦琴，却没有俘获那个女孩。

不过，杰西潘尼服装店倒是一个很好的工作场所。员工们每天早上在地下室以一种非正式的方式上演一次“赛前动员会”。沃伦穿着廉价的西装，弹奏着他的新四弦琴，所有人一起唱歌，然后沃伦出发去男装区做他那份每小时 75 美分的工作。这家店会在圣诞期间请沃伦回来做事，仍然是让他销售男士服饰。看着成堆的服饰商品，沃伦问他的经理，怎么跟顾客介绍这些衣服。“就告诉他们这是一种精纺毛料制成的服饰，”兰福德先生说，“没有人知道精纺毛料是什么东西。”沃伦压根儿就不知道精纺毛料是什么，不过，在杰西潘尼服装店，他只卖过这玩意儿。

到了秋天，沃伦和杜鲁门·伍德一起租下了佩珀大街上一栋装修不错的房子，然后开始了在内布拉斯加大学的学习生活。与宾夕法尼亚大学相比，他更喜欢这里的老师，他选了很多课程，跟从他迄今为止遇到过的最出色的老师雷·戴恩学习会计课程。

那一年，沃伦的高尔夫球买卖重新开张，这次的搭档是宾夕法尼亚大学的朋友杰里·奥兰斯。沃伦会开车到奥马哈火车站，从他以前的供货商 Half-Witek 那里挑选高尔夫球。[1] 奥兰斯是沃伦在东海岸的销售人，不过实际上，沃伦确实需要一个合伙人。他同时也投资股票，并打算卖出汽车制造商西泽–弗雷泽公司的股票。这家企业在 1947 年生产出第一辆汽车，不过之后却眼睁睁地看着自己的汽车市场份额从大约 5% 减少为不到 1%。“亲爱的爸爸，”沃伦在信纸上写道，“如果说这些市场份额的变化不存在显而易见的趋势，那我的统计学就白学了。”西泽–弗雷泽公司上半年损失了 800 万美元，“因此，再考虑到做假账的因素，亏损可能更大”。[2] 他和霍华德一起卖空了这只股票。

回校上学期间，沃伦去经纪商 Cruttenden-Podesta 公司的办公室，问一个叫鲍勃·索纳的股票经纪人在哪里交易股票。索纳看着黑板说："5 美元。"沃伦解释说，他卖空了股票——借了股票卖出去。如果价格如预期那样下跌了，那他可以把股票买回来，归还股票，赚得差价。因为沃伦认为西泽–弗雷泽公司会破产，如果以 5 美元 / 股卖出这些股票，那他就可以花几分钱把股票买回来，每股可以赚将近 5 美元。

"我会让你这个傲慢的小后生好看！"索纳说，"你的年纪还不够卖空股票。""哦，是的，"沃伦说，"我是以我姐姐多丽丝的户头做的。"沃伦说明了这只股票价格会跌到零的原因，并摆出了证据。[3]"他完全把我给驳倒了，"索纳说，"我毫无还嘴之力。"

沃伦等着西泽–弗雷泽公司的卖空之计生效，一直等着。在等待期间，他开始到 Cruttenden-Podesta 公司附近转悠。他对这个策略很有信心，西泽–弗雷泽公司最终会一钱不值，这太明显了。与此同时，沃伦和索纳还成了好朋友。

1950 年春，经过三年的学习，沃伦只需要再上几节暑期班的课就可以毕业了。就在这时，沃伦做出了一个完全改变他以往生活轨迹的决定。高中毕业之后，他就认为，自己完全有资格和能力在 35 岁的时候实现成为百万富翁的目标，而无须接受进一步的教育。然而现在他却立志要去哈佛商学院，在受教育的过程中，他对正规的课程学业几乎没有什么兴趣，但对学习知识很有兴趣，并认为自己大部分是在自学。不过，哈佛给了他两大重要收获：声望威信和未来的人际关系网。他刚刚目睹自己的父亲被赶出国会，而且股票经纪职业也遭遇失败。部分原因就在于他父亲往往为了自己坚定的最终理想而孤立自己，不惜牺牲人际关系。所以，沃伦选择哈佛并不意外。

沃伦非常有信心哈佛会录取他，以至于他已经迫不及待地邀请杰里 · 奥兰斯和他一起去读哈佛。[4]此外，他也认为自己可以申请到奖学金。

有一天，我在学生报纸《内布拉斯加日报》上读到一条小新闻，上面说：“今天将颁出约翰·米勒奖学金。[5]申请者请到商学院所在大楼的300房间。”如果你得到所选择的学校的鉴定认可，那么该奖学金将会为你提供500美元。[a]

我去300房间，是唯一一个到场的人。那里的三名教授一直想再等等看。我告诉他们：“不，别等了，已经3点钟了。”因此，我没动一个指头就得到了这笔奖学金。

这笔从大学报纸上获得的钱让沃伦变得富裕，他在半夜起身搭乘前往芝加哥的火车，去参加哈佛的入学面试。沃伦19岁，比高中毕业生的平均年龄小了两岁，也比商学院学生的平均入学年龄小。他的成绩不错，但并非特别拔尖。尽管是国会议员的儿子，但他没有动用任何关系以进入哈佛。既然霍华德·巴菲特不会讨好人，也不愿受人吹捧，那么他的儿子也不会这样。

沃伦打算凭借自己对股票的了解在面试时有不俗的表现。到现在为止，无论什么时候他开口谈到股票，人们都会不由自主地听他说话。他的亲戚、老师、父母的朋友，以及同学们和所有想听他关于股票的观点的人，都是如此。

不过，他误解了哈佛的宗旨——其目标是培养领导者。他来到芝加哥，进入面试。沃伦因为自己在股票方面具有天赋而拥有自信，面试的男士通过这种对单一领域的自信一下就看到了沃伦的自我意识和他不太自信的内在。“我的样子看起来在16岁左右，而情绪的表现大概是9岁。我和进行面试的哈佛校友待了10分钟，他评估了我的能力，把我拒之门外。”

a. 500美元可不是一个小数目，这相当于2007年的4 300美元。

沃伦根本没有得到机会展示他的股票知识。哈佛的这位先生很有礼貌地告诉他，在几年后，他会有更好的机会。沃伦很天真，这番话并未令他十分消沉和低落。当哈佛来信拒绝他的申请时，他惊呆了。他说，他的第一个想法是："我要怎么跟我父亲交代呢？"

虽然霍华德很吃惊，表情也不太好看，不过他对他的孩子并不苛刻。哈佛是沃伦的梦想，并不是他父亲的梦想。真正的问题可能在于，沃伦要怎么跟他妈妈交代。

虽然他们进行过交谈，但是记忆都已经模糊。不过，后来沃伦认为哈佛遭拒是他一生中关键的一幕。

沃伦几乎立刻动手研究其他学校。一天，快速翻阅哥伦比亚大学概况手册的时候，他见到两个非常熟悉的名字：本杰明·格雷厄姆和戴维·多德。

> 对我来说，这可是两个响当当的名字。我刚好读过格雷厄姆的书，不过，我不知道他在哥伦比亚大学教书。

"格雷厄姆的书"指的是《聪明的投资者》这本书，1949年出版。[6]这本书向各类投资者，不管是谨慎型还是投机型，提供实战建议，摧毁了华尔街的投资惯例和陈规，颠覆了以前股票投资在大范围内存在的一致性思维。这本书首次用老百姓都能明白的方式阐释说明，股票市场并不是通过黑魔法在运行。通过真实案例，比如北太平洋铁路、美国夏威夷轮船公司，格雷厄姆展示了如何运用一种理性和数学的方式对股票进行估值。他说，投资应该是系统化行为。

这本书迷住了沃伦。很多年来，他去市区的图书馆，查看每一本可能与股票和投资有关的书。很多书都提出了基于模型挑选股票的系统，沃伦想要一个能够可靠运行的系统。他曾经着迷于数字化分析方式——技术分析。

"我把这方面的所有书读了又读。对我影响最大的一本可能是加菲尔德·德鲁写的关于散股交易的书，[7]这本书非常重要，我把它读了3遍。我还看过爱德华兹和麦基的书，[8]那可是技术分析的圣经。我会去图书馆，把它们一口气读完。"不过，发现《聪明的投资者》这本书后，他反复咀嚼。和他一起租房的杜鲁门·伍德说："他就好像找到了上帝。"[9]在仔细研究和思考后，沃伦有所创新和拓展，进行了自己的"价值投资"。通过他父亲的关系，他知道了一家叫 Parkersburg Rig & Reel 的公司。他根据格雷厄姆的规则进行了研究，然后买了200股。[10]

根据沃伦手里所拿的哥伦比亚大学概况手册，那位他最喜欢的作者本杰明·格雷厄姆在哥伦比亚大学讲授金融学。戴维·多德也在那儿当老师，是商学院的教学副院长、金融系系主任。1934年，格雷厄姆和多德合著了关于投资的基础教程《证券分析》。《聪明的投资者》是给外行人看的《证券分析》版本。正如哥伦比亚大学概况手册所说：这个世界上，没有其他城市能够提供如此多的机会，可以直接了解、熟悉实际的商业行为。在这里，学生可以和著名的美国商界领袖人物进行面对面的接触，他们中很多人会慷慨地把时间用于研究生课程、讲座和研讨会。这个城市的商业团体很欢迎学生来访。[11]即使是哈佛都不能提供这些。

沃伦如今决定要去哥伦比亚。但是，时间已经太晚了。

> 我在8月写的申请信，离开学只剩一个月，而其实我早应该这么做了。天知道我写了些什么。我可能写的是，我刚刚在奥马哈大学发现了这本册子。手册上面说你和本杰明·格雷厄姆在贵校任教，我认为，你们是站在奥林匹斯山山顶的某个地方，正笑着俯视我们其余的人。如果我能被录取，我会很高兴。我当然知道这不是一次常规的入学申请，这可能是一次非常私人的申请。

不过，以这种书面申请的方式，沃伦给人留下的印象比面试成功多了。这份申请最后到了戴维·多德的桌上，他当时是商学院副院长，主管招生。到1950年为止，多德已经在哥伦比亚大学当了27年的老师，而且，他实际上已经是著名的本杰明·格雷厄姆的初级合伙人。

多德身材瘦小、虚弱，还秃顶，一直照顾着待在家里、身有残疾的妻子。多德是基督教长老会牧师的儿子，比沃伦的父亲年长8岁。也许多德被这封申请信透露的个人天性触动了。在哥伦比亚大学，他和格雷厄姆更感兴趣的是学生对商业和投资的偏好，而不是他们的情感成熟度。格雷厄姆和多德并不想打造领导者，他们是在教授一种特别的专业技能。

不管是什么原因，在截止日期之后，没有经过面试，沃伦就被哥伦比亚大学录取了。

16

一记好球

纽约　1950 年秋

沃伦只身一人来到纽约。在这里他唯一认识的人就是他的舅妈多萝西·斯塔尔——受人尊敬的马里昂·斯塔尔的遗孀，除了舅妈之外，他再也不认识任何自己喜欢的慈祥女性了，他在商学院的老师和同学几乎是清一色的男性。在宾夕法尼亚大学，他和家人也就离了几小时的路程，但在这里，就他自己。沃伦的父亲再一次醉心于政治，正奔忙于重新获得国会议员的席位——这一次他是一个人操持竞选活动了。不过，即便他胜出，纽约到华盛顿也有很长一段距离。

沃伦申请哥伦比亚大学的时间太晚了，无法住进学校的学生宿舍。因此，他找了最便宜的住宿地：加入基督教青年会，一天一角钱。在青年会位于西 34 街——离宾州火车站很近的斯隆楼，则是每个房间一天一美元。[1] 沃伦可不是个穷光蛋，他身上带着米勒奖学金提供的 500 美元，以及父亲给他的 2 000 美元——既是毕业礼物，也是不许吸烟的部分协议。[2] 此外，沃伦另攒了 9 803.7 美元，其中一些投资了股票。[3] 沃伦的净资产包括 44 美元现金、买汽车的一半出资，以及投在

Half-Witek 高尔夫球业务上的 334 美元。不过，因为沃伦把每 1 美元都看成将来某一天的 10 美元，因此，除了必需的花费外，他是不会多拿出 1 美元的。每一分钱都是雪球的一片小雪花。

第一天，沃伦去上戴维·多德的课——“金融学第 111—112 章：投资管理和证券分析”。他记得多德一改平日的谨慎，对他的到来当面致以温馨的欢迎。沃伦已经多多少少记得一些教材《证券分析》的内容——格雷厄姆和多德写的关于投资的基础读物。[4] 作为《证券分析》这本书主要的起草和构思组织者，多德对书的内容当然非常熟悉。不过，要说到教材本身，沃伦·巴菲特说：“事实就是，我比多德更了解教材。我可以引述书里的任何一段内容。当时，这本书差不多有七八百页，我知道里面的每一个例子，我已经把内容全都吸收了。有人如此喜爱他的书，你可以想象一下这对多德有怎样的影响。”

《证券分析》出版于 1934 年，这本巨著详细阐述了很多新颖的理念，而之后这些理念被深入浅出地总结为《聪明的投资者》。多德对本杰明·格雷厄姆 4 年以来的讲座、讨论会一丝不苟地做了笔记，并用自己的公司财务和会计学的知识对其内容进行了组织与丰富。多德在缅因州卡斯考湾的切比克岛有一栋房子供夏日避暑。在参加高尔夫球比赛和钓鲐鱼锦标赛的间隙，他在这所房子里构思了书的结构，校对了书的排版。[5] 多德很谦虚地定义自己的角色：“格雷厄姆很有才华，而且长期以来其卓越不凡的经历增补了他的天资，他还是一名了不起的文学天才。而我最大的用处就是在很多问题上充当‘魔鬼代言人’的角色——当我认为他在这些问题的争论中显得孤立无援的时候。”[6]

多德的课程教授对违约的铁路债券进行估值。从孩提时代开始，沃伦就有点儿喜欢铁路。当然，因为联合太平洋那漫长、曲折和丰富多彩的发展历史，当铁路濒临破产时，奥马哈实际上是问题的中心。[7] 沃伦在 7 岁的时候就开始读汤森德写的《债券推销术》，这是他最喜欢的书之一，他当时曾向圣诞老人许下一个特别的愿望，希望得到这本大部头。[8]现下，他喜欢破产的铁路债券的程度就如同期盼温暖春雨的鸭子。多德注意到了沃伦，请他到家里，带他去吃晚餐。沃伦得到了多德如父亲一般的关注，同时也很同情妻子有精神疾病的多德。

在课堂上，多德会提问，而沃伦会先于他人举手。每一次，他都知道问题的答案，都想回答，生怕失去了关注，毫不介意自己看起来会显得很傻。不过，有同学回想说，他看上去也不是在卖弄，他只是年纪很小、富有热情和不太成熟。[9]

和沃伦不同，他的大部分同班同学对股票和债券几乎没什么兴趣，可能都觉得这门必修课很沉闷无趣。他们是非常同质的一群人，在毕业拿到学位之后，他们中的大多数人都去了通用汽车、IBM或美国钢铁。[10]

同学中有一个人叫鲍勃·邓恩，是班里的学术明星。沃伦很羡慕他堂堂的仪表以及他的聪明才智，经常去他的宿舍拜访他。

一个下午，邓恩的同屋弗雷德·斯坦贝克正在睡午觉，突然被很大的说话声吵醒了。半睡半醒之间，他开始意识到，有人正在谈论一些有趣的事情，以至于他都无法再打盹儿了。从床上起身后，他走进了另一个房间。在那里，他发现了一个平头、衣衫不整的小伙子在滔滔不绝地说话。这个小伙子坐在椅子上，身体向前倾，好像有人在他的脑后正端着一支发令枪。斯坦贝克坐在一张椅子上，开始听沃伦说话，沃伦正权威地大谈他发现的一些被低估的股票。

明眼人都看到，沃伦已经完全沉浸于股票市场。他谈论一系列的小公司，包括轮胎橡胶公司和制锁企业萨金特公司，以及规模更大、做五金批发的马歇尔·韦尔斯公司。[11]听着听着，斯坦贝克就成了跟随者，他立刻出门，有生以来第一次买了股票。

斯坦贝克是一位活跃的销售员的儿子，他父亲靠着坐在福特T型车后座上售卖一包包止头痛药粉和“迅速复原兴奋药粉”——里面全是可卡因——而发财致富。[12] 在卡罗来纳州的索尔兹伯里的小村子里，有一条同盟大街，他就是在这里长大的。弗雷德·斯坦贝克很有分析头脑，为人缄默含蓄，他天生就是沃伦的倾听者，两个人开始待在一块儿，他们一个是说话快速、看起来身材瘦弱的小伙子，一个是有着沙金色头发、长相英俊并且声音好听的年轻人。有一天，沃伦有了一个主意。他向多德教授请假去参加马歇尔·韦尔斯公司的年会。开始在哥伦比亚大学上学前的几个月，他和霍华德一起买了 25 股该公司的股票。

> 马歇尔·韦尔斯公司是明尼苏达州德卢斯的五金批发商。这是我参加的第一个年会。他们在新泽西州的泽西市举行这届年会，因此，可能没什么人参加。

沃伦对股东大会的看法产生于他对商业本质的理解。他最近刚刚卖掉他的农场，价钱比 5 年前翻了一倍。在他拥有农场期间，他和租用农场的农户一起分享作物产生的利润。不过，他的租户得不到出售农场的利润。作为一名出资人，沃伦提供资金并承担风险，如果有利润，再获得利润。

沃伦以这种方式来思考所有的生意。雇员管理业务，分享由他们的劳动所产生的盈利。不过，他们对自己的雇主负有责任。当公司业务增长，获得成长收益的是雇主。当然了，如果雇员也购买了股票，那他们也会成为公司的所有者和其他出资人的合伙人。但是，无论雇员买了多少股票，作为雇员，他们仍然需要向企业所有者报告工作成绩。因此，沃伦把股东大会看作管理者管理工作的会计清算时间。

不过，公司的管理层可不这么想。

沃伦和他的新朋友斯坦贝克坐火车去泽西市。他们来到法人信托公司楼上的一间土褐色的会议室，看到有6个人在等着开会，公司打算以例行公事的方式敷衍地走完法律要求的股东会议程序。让人感到荒谬的是，公司管理层的冷淡和股东的漫不经心都对沃伦非常有利，因为越少人参加股东会，他从公司获得的信息就越有价值。[13]

来的人中，有一个人叫沃尔特·施洛斯，34岁，很瘦，脾气温和，一头黑发，来自纽约犹太移民家庭，是本杰明·格雷厄姆创办的格雷厄姆–纽曼公司的4个员工之一，每周的工资只有微薄的50美元。[14]会议开始后，施洛斯开始发问并指出管理层存在问题。尽管如此，按照德卢斯的标准，他也可能被视为无礼之人，冒犯了马歇尔·韦尔斯公司的这群人。“对这些外来者在他们的股东大会上插话，”斯坦贝克说，“他们有一点儿不高兴。之前从未有任何人来参加他们的会议，他们不喜欢这样。”[15]

沃伦立刻就被施洛斯的分析吸引了，当施洛斯表明自己是在格雷厄姆–纽曼工作的时候，沃伦的反应就像是家人重聚。会议刚一结束，沃伦就找到施洛斯，两人开始聊天。沃伦发现施洛斯和自己意见相投，都相信财富很难积累，但是容易失去。施洛斯的祖父在纽约的哈莫尼俱乐部里流连忘返，浪费光阴，而把自己的服装公司丢给会计员看管——会计员就是保管资金和往来记录的人，结果会计员监守自盗，挪用公司资金。之后，施洛斯的父亲与人合伙开了一家收音机制造厂，但是在他们售出收音机之前，仓库在可疑的情形下被烧得精光。再之后，在施洛斯13岁的时候，他母亲在1929年的大萧条中失去了财产继承权。

施洛斯一家靠汗水和决心度日。施洛斯的父亲找了一份工厂经理的工作，之后还推销邮票。施洛斯一从高中毕业就在华尔街当跑腿的——经纪公司里的“小马快递”[a]中的一员，在街上跑来跑去传递信息。后来，施洛斯还在公司处理股票方面的杂事。他曾问他的上司，他可否分析股票，回答是“不行”。不过，他被告知“有个叫本杰明·格雷厄姆的人刚刚写了一本《证券分析》，看了这本书，你就能了解你所需要的一切了”。[16]

施洛斯一页页地读完格雷厄姆的书后，希望学到更多。每周两个晚上，从5点到7点，他开始去纽约金融学院听格雷厄姆的投资讲座。格雷厄姆于1927年开办这些讲座，作为他想在哥伦比亚大学讲授的大学课程的尝试。当时，公众并不了解股票，课堂上挤满了人。格雷厄姆有所保留地说：“虽然我告诫我的学生，课上所提到的股票都只是为了示例说明，无论如何不能作为推荐去购买，但是，我所讨论的几只被低估的股票中有一些之后出现了大幅上涨，这样的事确实发生了。”[17]

当格雷厄姆提到他正在购买的股票时，像高盛首席交易员古斯塔夫·莱维这样的人会飞快地跑回去实施这些想法，让自己和公司赚钱。施洛斯完全被格雷厄姆的理念征服了，他后来成了自己偶像的雇员之一，为格雷厄姆和他的合伙人杰里·纽曼工作。沃伦发现自己本能地被施洛斯吸引住了，不只是因为他那令人羡慕的工作，也因为他坚忍不拔和毫无优势的奋斗背景。在马歇尔·韦尔斯公司的股东大会上，沃伦同时结识了另一位股东，虎背熊腰、叼着雪茄的路易斯·格林，一位著名的投资人，也是一家规模虽小，但很受人尊重的证券公司史赛克·布朗的合伙人。他也是本杰明·格雷厄姆圈子里的一员。[18]格林、格雷厄姆和纽曼一起寻猎廉价的公司，他们想要购买足够多的股票，以进入董事会，进而可以对管理层施加影响。

a.“小马快递”即 Pony Express，19世纪初美国西部邮递驿站系统。——译者注

沃伦被路易斯·格林吸引住了，想要给对方留下好印象，因此找机会和格林聊了起来。沃伦、斯坦贝克和格林一起从新泽西坐火车返回。格林请这两个年轻人吃了顿午餐。

有这样的经历真不错。沃伦发现格林很吝啬，这一点很符合他的脾气。“这个家伙非常富有，而我们去的是咖啡馆一类的地方吃饭。”

吃午饭的时候，格林开始聊起被女人追求的感受，而这些女人都是为了他的钱。格林已经人过中年了，因此，他的处理技巧就是直接面对这些女人：“你喜欢这些假牙？还是我的秃头？或者是我的大肚子？”沃伦很享受和格林的聊天，直到格林突然话锋一转，问了一个让他坐立不安的问题。

他问我：“为什么你买马歇尔·韦尔斯公司的股票？”

然后我说：“因为本杰明·格雷厄姆买了。”

千真万确，格雷厄姆已经成了沃伦的英雄，即便两人从未谋面。因为购买马歇尔·韦尔斯公司股票的灵感来自《证券分析》，所以，沃伦可能认为，他必须要仔细认真地把获得的东西了解清楚。[19]不过，实际上，沃伦有很好的理由去买马歇尔·韦尔斯公司，而不只是因为《证券分析》一书提到了这只股票。

马歇尔·韦尔斯公司是北美最大的五金批发企业。公司非常赚钱，如果它把收益分给股东作为股息，股东可以每股得到 62 美元。而当时股票的成交价格是 200 美元 / 股。持有一股马歇尔·韦尔斯公司的股票就如同持有一只利率高达 31% 的债券（200 美元 / 股的股票每股收益为 62 美元）。以这个利率，在 3 年时间内，沃伦每在马歇尔·韦尔斯公司投 1 美元就可以获得差不多两美元。即使公司不把收益分给股东，股票价格最终也会上涨。

如果你拒绝这样一只股票，那你一定是个疯子。

不过，沃伦没有向路易斯·格林说明上述任何理由。相反，他说因为本杰明·格雷厄姆买了马歇尔·韦尔斯公司。

格林看着沃伦，说“好球”。沃伦说：“我永远忘不了他说这话时的表情。”

沃伦慢慢明白了他的意思：“沃伦，独立思考。”他觉得自己愚蠢极了。

沃伦不想再犯任何类似的错误，而且他的确想找到更多像马歇尔·韦尔斯公司这样的股票，因此临近格雷厄姆的讲座时，沃伦记熟了他能找到的关于格雷厄姆的一切——格雷厄姆的投资方法、他写的书、他投资的具体股票以及他自身的情况。沃伦了解到格雷厄姆是一家叫 GEICO 公司的董事长。[20]《证券分析》里面没有提到这只股票。当沃伦查看《穆迪手册》的时候，他发现格雷厄姆–纽曼公司拥有 GEICO 55% 的股份，但是最近把股票分给了股东。[21]

这个 GEICO 公司是做什么的？沃伦很好奇。因此，几周后，在一个寒冷的周六清晨，沃伦跳上了去华盛顿哥伦比亚特区的第一班火车，来到了 GEICO 公司的大门外。周围没有其他人，不过一个警卫给他开了门。这名警卫后来回忆，沃伦以最谦卑的态度问他是否有人可以向他解释一下 GEICO 的业务，他确实提到自己是本杰明·格雷厄姆的一名学生。

警卫快步走到楼上 GEICO 财务副总裁洛里默·戴维森的办公室，他正坐在那里办公。面对沃伦的请求，戴维森心想：“既然是本杰明的学生，那我给他 5 分钟，并对他的到来表示感谢，然后礼貌地把他打发走。”[22] 于是，他告诉警卫把沃伦带过来。

沃伦向戴维森做了自我介绍，带着清晰、恰到好处但又有些讨巧的真诚：

我叫沃伦·巴菲特，是哥伦比亚大学的一名学生。本杰明·格雷厄姆可能会成为我的教授。我读过他的书，认为他非常了不起。我注意到他是 GEICO 的董事长。我一点儿也不了解 GEICO，所以，我来这里希望了解这家公司。

戴维森开始向沃伦谈起鲜为人知的汽车保险业务，心里想着，出于好心对待格雷厄姆学生的考虑，他可以浪费自己宝贵的几分钟时间。不过，戴维森说："在他提问有大概 10—12 分钟之后，我意识到，我正在和一个非同一般的年轻人谈话。他问我的问题是经验老到的保险股票分析师才会问的，非常专业。他年纪不大，长相很年轻。他称自己是学生，但是他的言语却像一个阅历颇深的人。他的知识很渊博。当我对沃伦的看法改变后，我开始向他提问。然后我发现，他在 16 岁的时候就已经是一名成功的商人，在 14 岁的时候就开始上报自己的所得税，而且从此以后每年都会填报，他做着很多小生意。"

洛里默·戴维森自己已经取得很多成就，因此很难被什么打动。他的学业并不拔尖，不过，他说："几乎从 10 岁或 11 岁开始，我就知道自己想要干什么，就是想成为我父亲那样的人。我从未想过其他的职业（除了当一名债券推销员之外）。"他将华尔街视为圣地，"最后的终点"。

1924 年，戴维森推销了一周债券，就赚了 1 800 美元的佣金。过了一段时间，他开始用借来的钱投资股票市场，交易美国无线电公司（RCA）的股票。1929 年 7 月，他认为股票价格会下跌，卖空了交易价格不合理的无线电公司的股票。然而，不合理的价格变得更加不合理。当股价上涨了 150 个点的时候，戴维森赔了个精光。接着，当市场在 10 月 29 日崩盘的时候，为了控制和处理他的客户正面临的惊恐，他不得不把怀孕的妻子和自己挣来却又赔掉的每一分钱都先抛到一边。他和他的同事熬到凌晨 5 点，追缴客户的账户保证金。客户们也几乎无一例外，都是用借来的钱进行股票投资的。

一开始，客户带着现金来偿还他们的贷款。市场观察家和政府官员一直不停地表示股票市场会很快反弹。他们的反应速度不错，但是方向错了。随后每追缴一次保证金，戴维森余下的客户就有一半清仓，无法支付他们的债务，还被注销了账户。在大萧条之前，戴维森的兜里每年能装进 10 万美元佣金，[23] 但是，很快他销售债券每周只能挣 100 美元——即使这样，他还是富有的人。“真的是满目凄凉，”他回忆起大萧条的时候，“我去看望一位老朋友，已结婚生子，之前非常成功，但现在他不得不去卖 5 分钱一个的苹果。”

就是通过销售债券的工作，戴维森碰巧拜访了 GEICO。当他弄明白 GEICO 的经营方式后，立马被吸引住了。

GEICO 致力于汽车保险业务，通过邮购营销，而不通过经纪人，因此，其保险相对便宜。[24] 这在当时是很具有革命性的理念。要想赚钱，GEICO 需要建立一套规则，来回避某些家伙，比如那些在凌晨 3 点喝了半瓶龙舌兰酒，然后超速行驶 30 英里的人。[25] 借鉴了 USAA 保险公司（其销售对象只限于军队官员）的做法后，GEICO 的创建人里奥 · 古德温和克里夫斯 · 里尔决定只向政府雇员销售他们的汽车保险。因为和军队官员一样，政府雇员都是很负责任的人，习惯于遵纪守法。还有更重要的一点是，政府雇员的人数很多。GEICO 就此诞生。

后来，里尔家族雇用了戴维森销售他们的股票，因为他们的根基在得克萨斯，不想再两边来回跑。在组织联合购买者的时候，戴维森接触了纽约的格雷厄姆–纽曼公司。本杰明 · 格雷厄姆很感兴趣，但是他听从了他那位脾气暴躁的合伙人杰里 · 纽曼的意见。戴维森说：“杰里认为以发行价购买股票是非法的，他说，‘我之前从来没有以发行价购买过任何股票，现在我也不打算开这个头’。”

他们讨价还价，通过适度的让步，戴维森说服杰里投资 100 万美元购买了 GEICO 公司 55% 的股份。格雷厄姆成了 GEICO 的董事长，纽曼加入了董事会。六七个月以后，洛里默·戴维森告诉 GEICO 的首席执行官里奥·古德温，自己愿意降低工资为 GEICO 工作，去管理公司的投资。古德温咨询了本杰明·格雷厄姆的意见，格雷厄姆同意了。

戴维森的故事让沃伦听得入了迷。“我只是不停地问关于 GEICO 的问题，他那天都没有去吃午饭，就坐在那里，和我谈了 4 个小时，仿佛我是世界上最重要的人。当他打开那扇见我的大门时，他也为我打开了通往保险世界的大门。”

当时，保险领域的大门对大部分人来说都是被关死的，不过，商学院教授保险课程。沃伦在宾夕法尼亚大学就研究过保险，而这个领域的某些方面和赌博有些类似，这激发了沃伦计算赔率的兴趣。他开始对一种叫作联合养老保险的保险方案产生兴趣——人们把钱放到一块儿，形成资金池，活到最后的人得到全部的基金。不过，当时这种做法是非法的。[26]

沃伦甚至考虑把保险精算作为职业，如果是这样，他可能会数十年埋首桌面，辛苦处理统计数据，计算人的预期寿命。除了这些明显适合他个性的方式之外，计算寿命的保险精算工作可以让沃伦把时间都用来思考他最为关注的两件事之一：寿命预期。

不过，他最喜欢做的另一件事——赚钱，占了上风。

沃伦正在抓住商业的基本理念：公司如何赚钱？一家企业更像一个人，它必须找到一个可以为雇员和股东赚钱的方式。

他领会到，因为 GEICO 以最便宜的价格出售保险，那它能够挣钱的唯一法门就是拥有尽可能低的成本。他同时明白，保险公司收取客户的保险费，要早在赔偿金支付之前，用保险费进行投资。对他而言，这听起来像是拿别人的钱免费使用，正是他喜欢的那种方法。

对沃伦而言，GEICO 是一个永不赔钱的企业。

周一，离沃伦回到纽约还不到 48 小时，他抛售了正在增长的资产组合中价值 75% 的股票，用现金买了 350 股 GEICO。对一个平常做事谨慎的年轻人来说，这可是一大反常之举。

这么说毫不夸张，因为按照 GEICO 当时的价格，这是一笔本杰明 · 格雷厄姆不会同意的投资，即便格雷厄姆–纽曼就在最近成了 GEICO 的最大股东。格雷厄姆的想法是购买价格低于资产价值的股票，他并不信奉只专注于几只股票。不过，从洛里默 · 戴维森那里学到的东西让沃伦吃了一惊。GEICO 正在快速成长，他自信能够正确预期该公司今后几年的价值。就这一点而言，公司的股票现在很便宜。沃伦为父亲的经纪公司写了一份关于 GEICO 的报告，报告上说 GEICO 的交易价格是 42 美元 / 股，是其最近每股收益的 8 倍。他提醒到，其他保险公司的交易价格相对其收益的倍数要比这高得多。虽然 GEICO 是保险这个大领域的一家小公司，但它的竞争对手都是那些“增长可能性在很大程度上已经枯竭”的公司。沃伦接着对 GEICO 5 年后的价格做了一个保守的预期，他认为股票的价格到时会涨到 80—90 美元 / 股。[27]

很难想象沃伦能做出如此“不具有格雷厄姆风格”的分析。格雷厄姆所经历的 20 世纪 20 年代的经济泡沫和大萧条让他对收益预期持怀疑态度，虽然他在上课的时候会讲述估值方式，但是他自己从来不用估值方法来选择股票。不过，沃伦把他耐心积攒的资金的 75% 押注于他所计算的预期数字。

到 4 月，他给盖尔公司和布莱斯公司写信——最有名的经纪公司，擅长投资保险类股票——希望得到它们的研究分析。之后，他拜访了一些专家，和他们谈论 GEICO。听到这些人的意见之后，他解释了自己的理论。

他们告诉沃伦他疯了。

他们说，GEICO不能胜过那些规模更大、更有建树的公司，那些公司通过经纪代理人销售保险。GEICO只是一家小公司，市场份额不超过1%。拥有几千名保险经纪人的大型保险公司主导着整个行业，因此，GEICO永远是一家小公司。不过，GEICO就在眼前，它的成长像6月的蒲公英，赚钱的速度像丹佛造币厂。

沃伦不明白，为什么这些人看不到他们眼前正在发生的事。

17

珠穆朗玛峰

纽约 1951年春

随着哥伦比亚大学第二学期的开始，沃伦兴奋地忙碌起来。他父亲在第四次竞选中刚刚再次获胜进入国会，而且沃伦终于能见到他心目中的英雄了。

在回忆录中，本杰明·格雷厄姆将自己描述为一个离群索居者，一个在高中之后就再没有亲密朋友的人："我适合成为所有人的朋友，却无法成为他们的密友或老朋友。"[1]"没人能打开他的壳，人们都很敬佩他，也都很喜欢他，全都想成为他的朋友，甚于他希望旁人成为自己朋友的意愿。你接触他以后会觉得他非常了不起，但你无法成为他的知心朋友。"巴菲特后来将这种"壳"称为格雷厄姆的"保护衣"。即使是他的合伙人戴维·多德，和他的关系也从未非常亲密。格雷厄姆在理解并与他人有所共鸣方面存在非常大的困难。人们发现和他谈话是件很难受的事——他思维太理智、知识太渊博、头脑太聪明。在人前的时候，格雷厄姆很难令人感到轻松，在他的公司里，人们必须一直保持清醒的头脑。虽然他为人总是很和蔼，但他很快就厌倦了和他的朋友同事进行交谈。他一生的“真正朋友和亲密友人”是他最喜爱的作者——吉本、维吉尔、弥尔顿、莱辛，以及他们专注的领域。格雷厄姆说，对他自己而言，这些人和他们倾注的研究，比生活在他周围的人更重要，让他的记忆更深刻。

格雷厄姆出生时叫本杰明·格劳斯鲍姆。[2]从他出生到25岁这段时期，美国经历了4次金融恐慌和3次经济衰退。[3]格雷厄姆9岁的时候，他父亲过世，此后，家里的财产逐渐减少。在1907年的金融恐慌中，格雷厄姆那一心追逐名利、野心勃勃的母亲原本就微薄的家产也损失殆尽，最后不得不当掉首饰珠宝维持生活。格雷厄姆最早的记忆是，自己站在银行出纳窗口那里，想把母亲的支票兑现，而出纳员用清晰的声音问他的同事，格劳斯鲍姆太太是否能够兑现5美元。格雷厄姆回忆，在这段时期，亲戚的好心“虽然无法令家里免于羞辱，但把他们救离了悲惨的生活”。[4]

不过，格雷厄姆在纽约公立学校读书期间，表现非常优异。在学校里，他用法语读维克多·雨果，用德语读歌德，用希腊语看荷马，用拉丁文读维吉尔。毕业后，他想去读哥伦比亚大学，但需要经济资助。当奖学金核查人拜访格劳斯鲍姆家后，拒绝向本杰明提供奖学金。本杰明的母亲坚信，核查人这么做的原因是家里仍然留有几张路易十六时期的椅子，还有其他几件精美的家具。不过，本杰明却肯定是因为核查人发现了自己精神上存在的“秘密缺陷”：“很多年以来，我一直和被法国人称为‘难以改正的坏习惯’（这是对手淫的委婉说法）的这个毛病进行斗争。我天生就具有的清教徒思想以及当时令人毛骨悚然的身体疾病加在一起，将我的这个坏习惯升级成为精神和生理上的大问题。”[5]

格雷厄姆和他的坏习惯最终一起来到了免学费的纽约城市大学，无人理会他，他也身无分文，认定这所大学的文凭无法让他在自己渴望的这个势利而又有教养的世界里飞黄腾达。两本借来的书被人从格雷厄姆的柜子里偷走了，他必须出钱把书补回去，这成了压倒格雷厄姆的最后一根稻草，因为他根本没有零用钱。他退学了，找了一份装配门铃的工作。他一边工作，一边在心里吟诵《埃涅伊德》(*Aeneid*)和《鲁拜集》(*Rubaiyat*)，甚至在检查运货单的时候，他都能在脑子里自娱自乐地创作十四行诗。最后，他又申请了一次哥伦比亚大学，而这次他得到了之前被拒绝的奖学金——事后发现上次是因为一位职员搞错了。在哥伦比亚大学，格雷厄姆成了明星学生。毕业的时候，他拒绝了法学院的奖学金，也没有接受去哲学、数学或者英语院系当老师的工作，而是听从院长的建议，进入了广告业。[6]

格雷厄姆的幽默感总有一种讽刺挖苦的倾向。他第一次写韵律诗是给卡博纳公司的洗衣液写的，不过，结果是被弃而不用。因为对客户来说，这首诗太过骇人：

> 威诺娜有一位年轻的姑娘，
> 她从未听闻过卡博纳，
> 她用一罐苯洗衣，
> 她可怜的双亲现在真为她遗憾。

过了这段时期之后，哥伦比亚大学校长推荐格雷厄姆去纽伯格·汉德森·洛比经纪公司工作。关于华尔街，格雷厄姆说："我只是道听途说，或是从小说里知道华尔街，我觉得它是一个令人激动的戏剧舞台。我非常急切地想参加它那些神秘的仪式和重大的事件。"

1914年，格雷厄姆从华尔街的最底层做起，周薪12美元，跑腿送消息。之后，他当上了助理信息员，在客户室里急速来回走动，改写黑板上的股票报价。通过传统的华尔街职业路线，格雷厄姆把这些工作提升为一项事业：他在一旁进行研究，然后某一天，一个场内经纪人把格雷厄姆写的一份报告——调低密苏里太平洋铁路债券的估值，给了巴切公司的一位合伙人，这人之后聘用格雷厄姆当了统计分析员。[7] 多年后，格雷厄姆以合伙人的身份回到纽伯格·汉德森·洛比公司，一直待到1923年。接着，一群出资人，其中包括罗森瓦德家族的成员（西尔斯的早期合伙人），用25万美元的创业资本吸引他离开公司自己干，这笔钱能让格雷厄姆开创自己的事业。

格雷厄姆在1925年关闭了这家企业，因为他和出资人在他的薪金问题上无法达成一致。1926年1月1日，他以45万美元的资金创立了“本杰明·格雷厄姆联合账户”，资金来自客户和自有资产。不久之后，其中一个客户的兄弟杰里·纽曼愿意投资公司，并成为格雷厄姆的合伙人。他不拿分文工资，一直到他学会公司业务，并给公司带来了利润。不过，格雷厄姆坚持付给纽曼工资。纽曼为合伙公司带来了广博的商业常识以及管理技巧。

1932年，格雷厄姆在《福布斯》上写了一系列文章，其中有一篇是《难道美国企业更应关闭而非生存》。在这篇文章中，他批评公司管理层只知道坐拥现金、坐等投资机会，而投资者却无视这些股价无法反映的价值。格雷厄姆知道如何发现和提炼出公司的价值，但是他有资金方面的麻烦。因为股票市场的损失，联合账户的资金从250万美元下跌到了37.5万美元（已考虑了分红、赎回和亏损），格雷厄姆认为自己有责任弥补合伙人的损失，但这意味着不得不让现有资金增长两倍多。要让联合账户继续存活下去，就需要有人投入一些资金。杰里·纽曼的岳父投资了5万美元，拯救了他们。1935年12月，格雷厄姆果真令资金增长了两倍，把亏损都赚了回来。

因为税务原因，1936年，格雷厄姆和纽曼将公司重组为两家公司——格雷厄姆–纽曼公司和纽曼–格雷厄姆公司。[8] 格雷厄姆–纽曼公司收取固定费用，向公众发行在交易所交易的股票。纽曼–格雷厄姆公司则是一家对冲基金，一家私有的有限合伙公司，其合伙人个个经验老到，按照管理人业绩向格雷厄姆和纽曼支付酬劳。

虽然格雷厄姆在他的回忆录里指名道姓地说杰里·纽曼缺乏“亲和力”、要求苛刻、没有耐性、吹毛求疵，在谈判时总是过于强势，但是，这两人还是一直合作了30年。而纽曼认为格雷厄姆“非常不受人欢迎，即使是在他那数量众多的朋友圈里”，“经常和合作同伴发生争吵”，而自己最后总能修复关系。他和格雷厄姆的长期相处相容得益于格雷厄姆的保护性外衣，其他人的行为似乎从来不能干扰格雷厄姆的镇定。

一次例外是格雷厄姆和一家知名公司的管理层发生争执。在对州际贸易委员会公开发布的报告进行认真而勤勉的研究之后，他发现北方石油管道公司除了管道运输资产外，还拥有价值95美元/股的铁路债券，而这家石油运输公司的股票价格是65美元/股。不过，控制该股票的洛克菲勒基金并没有向股东透露有关该铁路债券价值的消息。股票的价格低迷，并没有反映出债券的价值，因此格雷厄姆开始悄悄买入股票，直到他的公司成为仅次于洛克菲勒基金的第二大股东。然后，他积极推动公司管理层向股东发售这些债券。北方石油管道公司是1911年破产后由标准石油公司接管的，其管理层均来自标准石油。他们和格雷厄姆兜圈子，表示公司需要留着这些债券，以便日后有能力更新老旧的石油管道。但是格雷厄姆对这些情况了解得比他们更透彻。最后，管理层干脆就这么回复：经营石油管道是一项既复杂又专业的事，你知之甚少，而我们已干了一辈子。如果你不同意我们的公司经营策略，那何不卖掉你的股份？

不过，格雷厄姆认为自己服务于公司的全体投资者，而不是他自己。所以，他没有卖掉自己的股份，而是去宾夕法尼亚州的石油城参加股东大会，在会上，他是唯一一名非公司职员。他提出了对铁路债券的建议，但是管理层拒绝认可，因为没有第二个人支持他的建议。在和格雷厄姆的交锋中，管理层的做法也让他感觉到有些反犹太气息，这令他很难放弃这场战斗。在此后的一年时间里，格雷厄姆和其他投资者一起又额外购买了一些股份，准备以法律手段和管理层作战——投票表决权之战。到下一次股东大会召开的时候，格雷厄姆已经购买、积攒了足够的投票权，让另外两人进入董事会，从而倾斜了董事会天平。公司同意了格雷厄姆的提案，最后向股东派发了相当于每股价值 110 美元的现金和股票。

此战闻名华尔街，而格雷厄姆则继续将他的格雷厄姆-纽曼公司打造成为虽非业内最大，但却最知名的投资公司。

他令公司声名鹊起，即使这对公司的业绩产生了负面影响。他的教学直接取材于格雷厄姆-纽曼公司的案例。每次他在课堂上提到某只股票，学生都会跑去购买这只股票，从而推高股价，令格雷厄姆-纽曼公司的购买成本更高。这让杰里·纽曼有点儿抓狂。为什么要让其他人参与到公司正在做的买卖当中，从而增加公司业务的难度？要在华尔街上挣钱就意味着你得严守你的理念和想法。不过，正如巴菲特所说，“本杰明并不真的在意他所拥有的财富数量。他的确想要足够多的钱，因为他经历过 1929—1933 年这段艰苦的时期。不过，如果他认为他的钱已经满足需要了，那么，对他来说，其他任何事情就完全失去了物质意义”。

在格雷厄姆-纽曼公司 20 年的经营期里，它的年收益率比股市的业绩表现高出 2.5%——在华尔街的历史上，只有少数人能打破这个纪录。2.5% 这个数字听起来也许微不足道，但是经过 20 年的复利，这就意味着，格雷厄姆-纽曼公司的投资者，最后能比那些获得市场平均收益的人多赚 65%。更重要的是，格雷厄姆获得这些超高收益的同时所面临的风险还比那些只投资股票市场的人低。

格雷厄姆主要通过他的数字分析技巧来获得高收益率。在他之前，评估证券的价值很大程度上都是靠猜。格雷厄姆首创了一套精密的系统方法来分析股票的价值，他喜欢只分析公开信息——通常是一家公司的财务报表，而即便是公司管理层的公开会议，他也很少参加。[9]虽然他的助手沃尔特·施洛斯参加过马歇尔·韦尔斯公司的股东大会，但这是施洛斯自己的想法，并不是格雷厄姆的授意。

每个周四下午收市之后，格雷厄姆的第三任太太埃斯蒂会开车带他离开华尔街55号格雷厄姆-纽曼公司的办公室去哥伦比亚大学，给"普通股估值班"上课。这门课程是哥伦比亚大学的一门顶级金融课，因此，只有声誉很高且正在从事资金管理工作的人才能教授此课。

当然，沃伦带着崇拜和敬畏仰望着格雷厄姆。他在10岁的时候——早在他了解本杰明·格雷厄姆在投资界是何许人之前——就读过北方石油管道公司的故事。如今，他希望能和他的老师互有往来。不过，在课堂之外，沃伦和格雷厄姆鲜有共同兴趣。格雷厄姆涉猎人文、社会和自然科学等领域。他写诗，是个众所周知的失败的百老汇剧作家。他还在好几本笔记本上写满了笨拙的发明想法。他还全身心地去舞厅跳舞，在亚瑟·默里的工作室里，他脚步笨重地舞动了数年，跳起舞来仍像肢体僵硬的士兵，还高声数出舞步。在晚餐宴会上，他经常中途消失，跑去演算他的数学公式、读法文版的普鲁斯特，或者独自一人去听歌剧。他宁愿做这些事也不愿和无趣的公司同事待在一块儿受罪。[10]"我记得我学过的东西，"他在回忆录里写道，"却记不住我生活里的事。"一个例外是，他把约会看得比学习要重。

一个人如果要与一流作者竞争以吸引格雷厄姆的注意，那么，唯一的途径是这人是一名女性，而且主题是性。格雷厄姆个子矮小，也没有堂堂仪表，不过人们告诉他，他那性感丰满的嘴唇和具有穿透力的蓝眼睛会让他们想起爱德华·罗宾逊。[11]他的五官有些部分使他像一只小精灵，但他长相并不英俊。不过，对喜欢挑战的女性来说，格雷厄姆似乎是珠穆朗玛峰：她们遇到他，就想登顶。

就格雷厄姆的三任太太而言，他的偏好变化极大：从充满热情、意志坚定的教师海兹尔·马左，到百老汇的歌舞女郎卡罗尔·维德——比他小18岁——再到第三任妻子，他的前任秘书，聪明智慧、无忧无虑的埃斯特尔·埃斯蒂·梅辛。复杂的三段婚姻源于他对一夫一妻制的完全漠视。格雷厄姆后来在他的回忆录[12]里这样开头：“让我以最认真、最严肃、最清醒的方式来描述我的第一段出轨。”6句话之后，他开始用尖刻的语言说明这段关系，“一点儿也不漂亮的”珍妮只有“20%的吸引力，80%的机会”。如果她的吸引力大一点儿，他在同他喜欢的女性发展性关系的时候，有失体面、恼羞成怒的机会就会少一点儿。结合格雷厄姆的两大嗜好看，他也许还为在地铁上遇到的心仪女性匆忙写过引诱性的小诗。不过，他太理性了，就算是他的爱慕者，要赢得他的目光也肯定是一大挑战。回忆录里的随后一段文字快速从婚外情转向商业，这才是真正的格雷厄姆。[13]

> 她有一艘汽船，在这艘船的船舱里，我们度过了最后一小时，记忆令人感伤（我当时几乎没有想到过，我的公司之后会控股这家老式的汽船运输公司）。

对格雷厄姆的太太们而言，他的花心简直令人发狂。不过，沃伦当时对格雷厄姆的私生活一无所知，他一心一意地想着能从才华横溢的老师那里学到东西。1951年1月，在格雷厄姆课程的第一天，沃伦走进了一间摆放了一张长方桌的狭小教室。格雷厄姆坐在中间，周围坐着十八九个人。大部分学生的年纪都比较大，还有一些是退伍老兵。有一半人不是哥伦比亚大学的学生，而是旁听这门课的生意人。沃伦又一次成了最小的一个，不过也是知识最丰富的一个。沃伦的同学杰克·亚历山大回忆说，[14] 当格雷厄姆发问的时候，沃伦必然是“第一个举手，并立马开口发言的人”。班级的其他人都变成了本杰明和沃伦的“二重奏”的听众。

1951 年，很多美国企业仍然处于极不景气的状态。格雷厄姆鼓励学生用股票市场的现实案例来解释这类低迷、无人问津的公司，比如格瑞夫兄弟桶业公司，这是一家制桶公司，沃伦有它的股票。这家公司的主营业务正在缓慢衰退，不过，如果卖掉其资产和库存，并偿付负债，相对于由此而得的现金而言，其股票的价格还是存在很大的折扣。最后，格雷厄姆得出结论，公司的内在价值会得到体现，正如随河水漂流的木桶在冬天会被冰层覆盖，而在春天解冻时，会突然露出水面一样。你只能通过解读资产负债表，解密这些证明冰层下藏着一桶财富的数字。

格雷厄姆说，企业和人没有什么不同，一个人会认为自己的净资产是 7 000 美元——价值 50 000 美元的房子，减去 45 000 美元的抵押贷款，加上其他储蓄 2 000 美元。和人一样，企业有属于自己的资产，比如它生产并销售的产品，也有要支付的债务，即负债。卖掉所有资产并支付债务，剩下的就是公司的股东权益，或者叫净资产。如果有人以某个价格购买了股票，这个价格所反映的公司价值比它的净资产还要便宜，那么格雷厄姆认为，最终——“最终”是个很狡猾的用词——股票价格会上涨以反映企业的内在价值。[15]

这听起来简单，但是证券分析的艺术在于细节，要扮演侦探，侦测出资产的真正价值，发掘被隐藏的资产和负债，思考公司能挣到什么或者不能挣到什么，要拆解细则条款，发现股东的权利。格雷厄姆的学生都知道，股票并不是抽象的几页股票凭证，它们的价值可以被分析出来——先计算整个业务的价值，然后再分成几小部分。

不过，最复杂的问题在于“最终”。股票交易价格通常在很长一段时间里都与其内在价值不一致。一名分析师可以对所有问题做出正确的计算，但从市场的角度，终其一生的投资生涯，他仍会出错。这也就是为什么要在扮演侦探的同时，你还得拥有格雷厄姆和多德所称的安全边际，也就是可供出错的足够空间。

格雷厄姆的方法或许能打动研究这种方法的人。有的人能立刻领会，将之作为一种非常巧妙的寻宝之法，而有的人则将其视为沉闷的作业而畏缩退避。沃伦的反应就如一个在山洞里度过了大半生的人，从山洞中出来第一次感知到现实时，在阳光下眨着眼睛。[16] 沃伦之前的“股票”概念来自股票凭证交易价格的波动。如今，他将这些股票凭证看作未必能反映公司真实状况的简单符号。他立即明白，这些纸质凭证并不是一只“股票”的象征，就像小时候一堆堆的瓶盖并不代表那些冒着泡、有不同口味、人们很想喝的汽水一样。他以前的想法瞬间消失，他一下子就被格雷厄姆的理念征服了，并从格雷厄姆的教学方法中获得了启示。

格雷厄姆在课堂上采用各种很巧妙、很有效果的“诡计”，他会“埋伏”两个问题，一次问一个。他的学生认为他们知道第一个问题的答案，但当第二个问题随后而来的时候，他们就意识到自己可能并不知道问题的答案。格雷厄姆会描述两家公司，一家公司状况很糟，差不多要破产了，而另一家状况良好。在请全班分析这两家公司之后，他会揭晓结果：这其实是不同时期的同一家公司。所有人都对此惊讶不已。这些都是关于独立思考的教训，令人记忆深刻，尤其是格雷厄姆的思维方式。

除了上述教学方法之外，格雷厄姆还常常讨论两类事实真相问题。事实 1 是绝对和肯定存在的，事实 2 是经证实和确认的。如果有足够多的人认为一家公司的股票值X元，那么价格就会变成X元，除非有足够多的人认为其股票值另外的价钱。然而，这并未影响股票的内在价值——事实 1。因此，格雷厄姆的投资方法并不是简单地购买便宜的股票。这一投资方法不折不扣地源于对心理学的了解，这种方式的使用者可以避免因情绪波动而影响决策。

在格雷厄姆的课堂上，沃伦学到了三大主要原则：

· 一只股票是拥有一家企业一小部分的权利，是你愿意为整个企业所支付价格的某一部分。
· 使用安全边际。投资是建立在估计和不确定性的基础之上的，大范围的安全边际保证了不会因为误差而导致失败。最重要的是，前进的方法首先是不要后退。
·“市场先生”是你的仆人，而不是你的主人。格雷厄姆假设了一个喜怒无常的角色叫“市场先生”，他每天都会提供股票买卖的机会，而这些价格经常都是不合理的。“市场先生”的情绪不应该影响你对价格的看法。不过，他真的会一次又一次地提供低买高卖的机会。

在以上观点中，安全边际的观点最重要。一股股票可能是一家公司的一部分所有权，而你可以评估股票的内在价值，但是，有了安全边际，你就可以高枕无忧。格雷厄姆用不同的方法构成他的安全边际。在购买价格远远低于他所认为的价值的股票时，他也从来不会忘记债务风险。虽然 20 世纪 50 年代成了美国历史上最繁荣的时代之一，但是格雷厄姆早期的经历让他心有余悸，并让他养成了假设最坏可能的习惯。从他在 1932 年发表于《福布斯》的文章可以看出，格雷厄姆看待企业时更多考虑的是倒闭价值而不是存活价值，并多以公司已经倒闭，即关门并被清算时的价值来思考一只股票的价值。格雷厄姆总是暗暗回顾 20 世纪 30 年代，当时有非常多的企业倒闭。他一直让公司保持小规模运作，部分原因就在于他非常厌恶风险。他很少过多地购买任何公司的股票，无论公司经营得多完美。[17] 这表示格雷厄姆的投资公司持有大批公司的股票，需要精心管理。这无数股票的售出价的确低于企业的破产清盘价值，令巴菲特成了格雷厄姆的狂热追随者。但是，他并不赞成格雷厄姆购买如此多企业的股票。巴菲特把自己的所有资金都投到一只股票上："本杰明总是告诉我，GEICO 的价格太高了。以他的标准，GEICO 并不是应该购买的股票。不过，到 1951 年底，我还是把自己 75% 左右的资产都投资到了 GEICO。"无论如何，沃伦还是很崇拜他的老师，即使他并不非常赞同格雷厄姆的某一个理念。

随着春季学期一天天过去，沃伦的同班同学逐渐接受了教室里的"二重奏"常规剧目。杰克·亚历山大说，沃伦"是个非常专心致志的人，他可以专注得像一只聚光灯，几乎是一天 24 小时、一周 7 天保持专注，我都不知道他什么时候睡觉"。[18] 沃伦能够引述格雷厄姆的投资案例，也能提出自己的投资案例。他常去哥伦比亚大学图书馆，看以前的旧报纸，一读就是好几个小时。

> 我会查找 1929 年的报纸，不过，我找不到足够的报纸。我什么都看，不只是关于商业和股票市场的。历史很有趣，而报纸上就有关于历史的东西，只需读一些段落、新闻，甚至是广告。报纸把你带进一个完全不同的世界，曾目睹历史的人会告诉你一切，而你如同真的生活在那个年代。

沃伦收集信息资料，剔除掉其他人的思维方式形成的偏见。他花很多时间阅读穆迪和标准普尔的手册，寻找股票。不过，格雷厄姆每周的课程是沃伦最为期盼的，甚于他所做的其他一切事情。他甚至说服信服自己的弗雷德·斯坦贝克加入进来，旁听一两堂课。

对班级里的其他人来说，沃伦和他老师之间的"化学效应"是显而易见的，有一个人特别留意到了沃伦。比尔·鲁安是基德尔·皮博迪公司的一位股票经纪人，在读了两本重要而难忘的书——《消费者的游艇在哪儿》和《证券分析》之后，他通过自己的母校哈佛商学院找到了格雷厄姆。鲁安喜欢讲关于他股票经纪工作的事情，虽然他总信誓旦旦地说他的第一职业选择是在广场酒店当电梯服务员，不过，一成不变的漫长等待让这一未来预期偏离了轨道。[19] 他和沃伦一拍即合。但是，无论是鲁安，还是格雷厄姆其他任何一个学生，包括沃伦在内，都不曾想过去看看格雷厄姆在课堂之外的样子。不过，沃伦总是找理由去拜访他刚刚认识的在格雷厄姆-纽曼公司的新朋友沃尔特·施洛斯。[20] 沃伦对施洛斯有了更多了解，知道他的妻子在婚后的大部分时间里都患有抑郁症，而他一直照顾着妻子。[21] 和戴维·多德一样，施洛斯非常忠诚，而且意志坚定，这都是巴菲特正在他人身上寻找的品质。他也羡慕施洛斯的工作。后者通过打扫厕所，能免费换取一件灰色的实验室风格的细棉质夹克，格雷厄姆-纽曼公司的每个人都穿着这种衣服。在他们填写表格（格雷厄姆需要用这些表格来验证股票是否符合自己的投资标准）的时候，这件衣服可以防止自己的衬衣袖子被弄脏。[22] 最重要的一点是，沃伦想要为格雷厄姆工作。

随着学期末的临近，班里的其他同学都忙着安排他们的未来。鲍勃·邓恩前往美国钢铁公司，这可能是当时美国最有声望的公司。几乎所有的年轻人都将努力在大工业公司里面向上爬作为通向成功之路。在艾森豪威尔领导的战后及大萧条后期的美国，安稳的工作非常重要，而美国人都相信，从政府到大企业，这些机构在本质上都是乐善好施的。在机构的蜂房里面找到一间巢室，并学会如何适应，这是人们通常的预期。

我觉得，班里没有一个人在思考美国钢铁公司是不是一家好公司。

我的意思是说，这是一家大公司，但是他们并没有考虑过，他们正在登上哪一类“列车”。

沃伦脑子里有一个目标。他知道，如果格雷厄姆雇用了他，他会胜过其他人。虽然沃伦在很多事情上都缺乏自信，但在股票这个专业领域，他总是很有底气。他向格雷厄姆毛遂自荐，到格雷厄姆-纽曼公司工作。即使是梦想到格雷厄姆这位大人物的公司工作，也需要胆识和勇气，不过，沃伦就是这么闯劲十足，毕竟，他是本杰明·格雷厄姆的明星学生，班里唯一一个得“A+”的人。如果沃尔特·施洛斯可以在那里工作，为什么他不可以？为了抓住这个机会，他提出可以无薪工作。他前往格雷厄姆的公司，请求得到一份工作，心里的自信远远胜过他乘车去芝加哥，接受哈佛商学院面试的时候。

格雷厄姆拒绝了他。

> 他人很好，只是说：“看，沃伦，在华尔街，‘白鞋’公司，即大型投资银行，不雇用犹太人。我们这里只有能力聘用为数不多的员工。因此，我们只用犹太人。”办公室里的两位女性雇员的确是犹太人，公司所有人都是犹太人。这有点儿像是格雷厄姆版本的“反优先雇用行动”[a]。事实是，50年代真的存在对犹太人极大的歧视，对此，我很理解。

巴菲特发现，对格雷厄姆，自己无法说出任何表示不满的话，即便在数年之后也是如此。当然，失望是难免的。格雷厄姆难道不能为他的得意门生破一次例雇用一个不花他一分钱的人吗？

将老师奉为神明的沃伦不得不接受这样一个现实，即格雷厄姆不

a. 1964年，约翰逊总统首次促使“反优先雇用行动”成为联邦法律，极大地推动了美国社会男女平等和种族平等，尤其是作为弱势和贫困主体的美国黑人、西语裔、亚裔和妇女。——译者注

认为与他存在个人交情，格雷厄姆认定了这点，因此他不会破例，即使沃伦是他的学生中最优秀的一位。沃伦并不称格雷厄姆的心意，至少暂时还没有。沃伦很灰心，直到毕业时才再一次振作精神，踏上了列车。

不过沃伦还有两件聊以自慰的事，他回到奥马哈，感觉自己属于那里。在奥马哈，他更容易追求他的爱情，因为他遇到了一位奥马哈女孩，并爱上了她。和往常一样，他所喜欢的这个女孩还没喜欢上他。不过，这一次，沃伦下定决心要扭转她的心意。

18

内布拉斯加小姐

纽约，奥马哈 1950—1952年

在和女孩交往方面，沃伦一直是个失败者。他很渴望有一位女朋友，但他与众不同的特质阻碍了他在这方面的诉求。“和女孩子们待在一起的时候，我是最害羞的一个，”他说，“不过，我对此的应对可能就是让自己变成一台说话机器。”一旦他把股票或政治话题都说完了，他就只能开始咕咕哝哝。他很害怕邀请女孩出来约会，当有女孩偶尔做了一些事，让他觉得自己不会被拒绝的时候，他就能鼓起勇气，但是一般而言，他的态度是，“她们为什么不来约我”。因此，在高中和大学期间，他并没有太多约会。而当他有约会的时候，总有些事似乎不太对劲儿。

有一次约会是和一个叫杰基·吉莉安的女孩去看棒球比赛，而高潮是在回家的路上，车撞上了一头奶牛。他带另一个女孩去高尔夫球场打球，结果也不顺利。[1] 开着灵车去接芭芭拉·威根德，用沃伦的话说，“真的有点儿令人绝望”。和像安·贝克这样害羞的女孩出去约会，他就像变哑了一样，一声不吭。他心里很没有把握，不知道该

怎么做。女孩子们也不想听什么本杰明·格雷厄姆和安全边际。如果他和鲍比·沃利的关系连一垒都到不了——她整个夏天都在和沃伦约会——那他还有什么希望呢？他想，几乎没有什么希望，也许姑娘们也这么想。

最后，1950年，在沃伦回哥伦比亚大学前的那个夏天，沃伦的妹妹伯蒂为他和她在西北大学的室友安排了一次约会。对方是一个脸形圆圆、像洋娃娃一样的女孩，一头浅黑色的头发，名字叫苏珊·汤普森。[2]她比伯蒂大18个月，通过短时间的接触，她就给伯蒂留下了深刻的印象，是一个很善解人意的、特别的女孩。[3]沃伦一见到苏珊，立刻就被吸引住了，不过，他怀疑她好得不真实："一开始，我认为她是装出来的。我被她迷住了，并打算追求她，我决心找到一个突破口。我只是不相信有人真的像她这样。"不过，苏珊对沃伦并不感兴趣，她爱着别人。

在沃伦出发去哥伦比亚大学之后，在《纽约邮报》的伊尔·威尔森的随笔专栏上，[4]他看到1949年的内布拉斯加小姐范尼塔·梅·布朗正住在韦伯斯特女性住宅区[5]，并和年轻的偶像歌手埃迪·费希尔在电视上表演。

范尼塔和沃伦同期在内布拉斯加大学读书，虽然直到现在她才引起沃伦的注意和追求。内心的一些感受战胜了沃伦的内向，魅力四射的内布拉斯加小姐在纽约生活，于是沃伦给住在韦伯斯特的范尼塔打了一通电话。

范尼塔"上钩"了，不久之后，他们就开始约会。沃伦了解到她的成长背景和自己没有任何相似之处。范尼塔长在南奥马哈的牲畜饲养场，放学后就在奥马哈冷藏库清洗鸡肉。她那可以上封面的身材，以及邻家女孩风格的脸蛋，令她离开了生长地。她在奥马哈的派拉蒙电影院找到一份引座员的工作，之后，她成功地利用喜欢展现自己的特点，在当地的选美大赛上摘得桂冠。巴菲特说："我觉得，她天生的特质和性情迷倒了评委。"在获得了"内布拉斯加小姐"的头衔之后，她以"内布拉斯加公主"的身份代表内布拉斯加州参加了华盛顿特区的樱花节。然后，她离开华盛顿来到了纽约，拼命想要在演艺事业上取得成功。

虽然沃伦并不是那种会带女孩子去斯托克俱乐部共进晚餐，或者去科帕卡巴纳看演出的人，不过，范尼塔还是很欢迎自己的老乡。很快，这两人就一起游逛纽约的大街。两人都期盼着彼此的关系升温，因此，还去了大理石教堂，去听诺尔玛·文森特·皮尔博士的演讲——在自我提升领域，此人是享有名气的作家和演说家。在哈得孙河畔，沃伦用夏威夷四弦琴为范尼塔弹奏《甜甜的乔吉亚·布朗》，并随身带着奶酪三明治作为郊游的食物。

即使范尼塔很讨厌奶酪三明治，但她似乎很愿意一直和沃伦见面。[6] 沃伦发现范尼塔是个很有趣的人，而且反应敏捷，和她交谈就像是在玩儿嘴上乒乓。[7]范尼塔浑身散发的绚丽光环令她具有磁石般的吸引力。不过，范尼塔对沃伦的兴趣并没有蒙蔽沃伦，没有令他忘记自己毫无社交技巧。时光一年年过去，他对社交能力的提高越发感到绝望。他看到一则戴尔·卡内基的公开演讲课程的广告——沃伦很认同戴尔·卡内基，因为卡内基的方法曾经帮助他与人更好地相处。于是，沃伦揣上 100 美元，去纽约听卡内基的这门课。

> 我去听戴尔·卡内基的课，因为我的社交适应能力让我痛苦万分。我到那儿，付了钱，但后来没有继续下去，因为我失去了勇气。

就沃伦对苏珊·汤普森的追求而言，他的社交缺陷不是什么好兆头，他整个秋天都在给苏珊写信。苏珊的反应并不令沃伦感到乐观，不过她也没让沃伦别去骚扰她。沃伦很快就想到一条策略，通过成为苏珊父母的朋友来接近他们的女儿。感恩节的时候，沃伦和他们一起去埃文斯顿市，看西北大学的橄榄球比赛。之后，他们三人和苏珊一起吃晚餐，不过，苏珊很早就甩下他们，出门约会去了。[8]

沃伦在假期后回到纽约，很气馁，但心里仍然迷恋苏珊。他还是继续和范尼塔见面。沃伦说："在我遇到的人中，她是最具想象力的一个。"

实际上，沃伦和范尼塔的约会开始游走于意外和风险的边缘。很多次，当霍华德在众议院讲话的时候，范尼塔都威胁沃伦说要去华盛顿，跪在霍华德面前，尖声大叫："你儿子是我未出世的孩子的父亲！"沃伦觉得她可能真的会这么干。还有一次，他们离开电影院，因为无法再看下去了，这时，她想象出这样一出场景：沃伦把她举起来，折叠好，塞进街角的铁丝网垃圾筒。她悬挂在那里，高声呼叫，而沃伦则大步离去。[9]

范尼塔漂亮又聪明，也很有趣，但同时，她也很危险。沃伦心知，和她纠缠得越来越深是一件危险的事儿。但是，与她的交往也确实令人感到激动，就像是用链条牵着一只豹子，看它能否成为一只乖巧的宠物。"范尼塔能够让自己的表现非常得体，要做到这点，她没有任何难处。唯一的问题在于，她是否想这么做。如果她不想令你难堪，那么你就无须未雨绸缪。"

有一次，沃伦邀请范尼塔去纽约运动员俱乐部参加为弗兰克·马修斯举行的宴会。弗兰克是一位知名律师，同时也是海军部部长。一位美丽的内布拉斯加小姐挽着自己是一件很加分的事。马修斯也是内布拉斯加人，参加宴会的人全都是值得结交的人，沃伦也希望自己被人结识。在鸡尾酒会的时候，范尼塔真的让沃伦成了人们的话题。当沃伦介绍范尼塔是他的女伴后，范尼塔纠正了他的说法，并坚持说自己是他的妻子。"我不知道他为何这么做，"范尼塔说，"我令他颜面无光吗？你们也以我为耻吗？每次我们外出，他都假装我只是他的女朋友，其实我们已经结婚了。”

最后，沃伦意识到，虽然范尼塔想控制自己的所作所为时能做得很得体，但“事实是，她总是想要令我尴尬，她就喜欢这么对我”。然而，范尼塔身上散发着迷人的魅力，如果沃伦没有其他的人选，之后会发生什么事，谁都说不准。[10]

每次沃伦回到内布拉斯加的家里，只要苏珊·汤普森同意，他就去见她，虽然这样的情况不是太多。在沃伦看来，苏珊非常成熟，甚至有权威感，而且博爱。“苏珊比我要成熟得多。”沃伦说。他开始深深为苏珊而倾倒，并离开范尼塔，即便对苏珊而言，他“明显不是头号选择”。[11]“我的意图和想法非常清楚，”沃伦说，“不过，我就是无法打动她。”

对巴菲特一家而言，苏珊·汤普森家并不陌生，实际上，正是苏珊的父亲汤普森博士，一手策划了霍华德唯一一次失败的再竞选活动。不过，在大多数方面，他们和沃伦要多不同就有多不同。苏珊的母亲多萝西·汤普森身材娇小，长相甜美，待人温和、真诚，洞彻这个世界，在家里是个贤妻良母。她会在每天下午6点分秒不差地将晚餐摆上饭桌，照顾她的丈夫威廉·汤普森博士和一家老小。威廉·汤普森个头矮小，有着一头很炫的银发。他总打着领结，穿着三件套的纯毛西服，通常是淡紫色、糖果粉红色或黄绿色的。他风头正劲，总是带着一种自信：自己被人崇拜。他说，他抵得上“一长队的教师和传道士”。[12]

威廉·汤普森是奥马哈大学文理学院的院长，他在管理学院的同时还教授心理学课程。而作为助理体育主任，他还负责大学里的体育课程，并以一位前橄榄球运动员和体育迷的所有热忱管理着这些课程。这一角色令他出名到“镇上每个警察都认识他，因为他的驾驶方式”，巴菲特说，“这是一件好事”。威廉·汤普森还设计智商和心理测试题，并监督市里所有上学的孩子进行这方面的测试。[13] 他并不在意在休息日打扰人们，并测试他们的小孩。每逢周日，他还会穿上圣命牧师的圣衣，在小小的艾文顿的基督教堂里用低沉而浑厚的声音非常缓慢地布道，而他的两个女儿则组成唱诗班。[14] 在其他时间，威廉会向周围的人宣讲他的政治信仰——他的政治立场和霍华德很相似。

虽然汤普森博士坚持认为他的要求应立刻得到服从，但他在表达的时候还是带着和气的笑容。当他希望女性服侍他的时候，他会谈论女性的重要性。他的工作都是围绕着内在的自我，但很显然他未能成功。他对自己所爱的人跟得很紧，当他们离开他的视线时，他就变得紧张。他是一名焦虑的慢性抑郁症患者，他经常预想着会有某种灾祸降临到他关心的人身上。他很宠溺那些满足他苛刻要求的人。

汤普森的大女儿多蒂并不讨他的欢心。根据家里人的说法，在多蒂很小的时候，他特别不喜欢她，把她锁在壁橱里。[15] 厚道的解释是，汤普森承受着要完成博士学业的压力，而女儿在旁边蹒跚学步，这种压力令他的行为有所失常。

多蒂 7 岁的时候，他们的二女儿苏珊出生了。多萝西·汤普森在看到多蒂以恶劣态度回应她父亲残酷、粗暴的养育方式之后，大概向丈夫声明说，“你养了那个女儿，我来负责另一个”。

苏珊自打出生起就体弱多病，她有过敏症，还有慢性耳炎。从出生到 18 个月大的这段时间，苏珊忍受了很多次的耳朵手术。她还深受风湿热的长期折磨。病痛曾使她在家待了四五个月，都没能去上幼儿园中班。苏珊后来回忆说，在这段时间里，她只能看着她的朋友在窗外玩耍，虽然她很想和他们一起玩。[16]

在苏珊多病期间，汤普森一家经常哄着她、抱着她，给她安慰。她的父亲很溺爱她。“他一辈子也没远离她的身边，”沃伦说，“苏珊不会犯错，而多蒂做什么都是错，他们对多蒂太挑剔了。”

在一段家庭录像带里，4 岁左右的苏珊嘴里大叫着“不”，支使着 11 岁的多蒂干这干那，她们当时正在玩一套茶具。[17]

当最后苏珊身体好转，不用再在家里当“囚犯”的时候，她并没有去运动或玩户外游戏，而是一直渴望交朋友。[18] 在她漫长的患病期间，她所错过的是与人交往。

“当你承受着痛苦的时候，”苏珊后来回忆，“解除痛苦给人自由，这真的令人向往。能解除痛苦太棒了，我在很小的时候就明白了。明白了这点，你就能够以简单的思维对待生活。然后，你就能与人相处，心里想，人可真奇妙啊。”[19]

随着苏珊逐渐长大，她还是保持着少女时期的圆脸，以及带有迷惑性的、无邪的磁性声音。在少女时期，她就读于奥马哈中心高中，这是一所包容性很强的学校，里面的学生有着不同的信仰和肤色。在 20 世纪 40 年代，这是很不一般的学校。虽然她被认为有些自命不凡，但是，她的同班同学回忆说她拥有来自各个群体的朋友。[20] 她精力充沛，很热情，再加上轻柔的说话方式，让人觉得带着一点儿“伪装”，甚至“有点儿过”。[21] 但是她的朋友说她一点儿也不虚假。苏珊的兴趣是发表演说和艺术表演，而不是学术研究。在中心高中的辩论队里，苏珊激情陈词，辩驳有力。人们由此发现，在政治立场方面，她与父亲相去甚远。苏珊在校园剧里的表演魅力四射，同时还在学校小歌剧里唱悦耳柔和的女低音，此外，她还是学校合唱团的台柱子。苏珊在《我们的心年轻而又无忧无虑》中扮演长相甜美但粗心大意的女一号，她的表演光彩照人，她的老师在数年后对此仍记忆犹新。[22] 事实上，苏珊的个性魅力和个人能力使她成为“最受欢迎”的人，让这个“守在家中的女孩”变成了校园甜心、中心高中校花，而且还促使班级同学选举她为班长。

苏珊的第一任男友是约翰·吉尔摩，一个文静、温和的男孩子，她公开表示了对他的爱慕。当约翰在中心高中成为苏珊的固定男友时，他要比她几乎高出1英尺。不过，尽管她像“小猫一样”，但还是镇得住他。[23]

在那几年，苏珊还曾和一个友好、聪明的男孩约会，她在一次新生辩论会上认识了他。男孩子名叫米尔顿·布朗，在康瑟尔布拉夫斯地区的托马斯·杰斐逊高中上学。米尔顿·布朗是一个高个子、黑头发的小伙子，总带着孩子般灿烂的笑容，笑意暖人。他们在整个高中期间每周见几次面。[24] 虽然苏珊的好朋友知道米尔顿，但继续作为她的固定男友去参加聚会和学校活动的仍然是吉尔摩。

苏珊的父亲不喜欢布朗，他父亲是俄罗斯和犹太人的混血，没受过教育的移民，是太平洋联合铁路公司的一名工人。有那么三四次，苏珊壮着胆子把米尔顿带到家里，汤普森博士对着他讲了一通罗斯福和杜鲁门，让他感到自己并不受欢迎。苏珊的父亲毫不掩饰自己插手女儿与犹太人约会的决心。[25] 和巴菲特一家人一样，汤普森博士带有典型的奥马哈人所具有的一切偏见。在奥马哈，不同种族和宗教圈子之间不会相互往来，如果一对夫妻具有不同的宗教信仰，那他们的日子可有的受了。不过，苏珊敢于打破这些世俗的界限——虽然与此同时，她得努力继续另一种生活，一个传统且颇受欢迎的高中女生的生活。

苏珊一直在这些起伏的波涛中航行，直到她上大学为止。此时，在伊利诺伊州埃文斯顿市的西北大学，她和米尔顿奔向自由，携手共进。在这里，她和伯蒂·巴菲特成为室友，两人都宣誓参加了姐妹会。伯蒂轻轻松松完成学业，而且立即被冠以“睡衣皇后”的名号。[26] 主修新闻专业的苏珊已经安排好自己的日程，以便自己差不多能天天见到米尔顿。

苏珊和米尔顿两人一起加入了“野猫会”，并在米尔顿收工之后约在图书馆见面——米尔顿为了支付自己的学费找了几份工作。[27] 苏珊选择与一个犹太男孩公开约会，这影响了她作为一名普通大学生的生活。她所在的姐妹会禁止她带米尔顿参加舞会，因为米尔顿参加了一个犹太兄弟会。苏珊虽然觉得受到了伤害，但是并没有退出姐妹会。[28] 不过，苏珊和米尔顿开始学习禅宗，希望找到一种宗教信仰，能够反映他俩共同的精神信念。[29]

沃伦对这一切毫不知情，仍然去埃文斯顿市做白费力气的“感恩节之行”，还有就是每到寒假，在奥马哈的时候去见苏珊。这个时候，沃伦已经决定要正式追求苏珊，因为苏珊具备他一直找寻的女性特质。苏珊认为自己是“少有的幸运儿之一，成长过程中，一直觉得自己在无条件享受他人的关爱”。[30] 不过，她愿意奉献无条件之爱的对象是米尔顿·布朗。

1951 年春，大学二年级的时候，米尔顿被选为班长，伯蒂是副班长。每次苏珊收到家里的来信，要求和米尔顿断绝关系，她都会哭。伯蒂知道事情的发展状况，但苏珊并没有什么都告诉她，即使她们已经成为朋友。[31] 她似乎有法子不让任何人进入她内心。临近期末的一天，苏珊和伯蒂待在宿舍里，电话响了，是汤普森博士，他命令苏珊：“马上回家。”他想要苏珊离开米尔顿，他告诉苏珊，秋天她不会再回到西北大学。苏珊彻底崩溃了，呜咽哭泣，但是她父亲的决定没有任何回旋余地。

沃伦那个春天从哥伦比亚大学毕业，也回到了奥马哈。父母远在华盛顿，因此沃伦住在父母的房子里。不过，他回来之后，不得不把第一个夏天的部分时间用来完成国民警卫队的服役。虽然他并不是特别适合国民警卫队，但是，这要比其他选择好，比如去朝鲜参加战争。然而，国民警卫队要求他每年要有几周时间，去参加在威斯康星州拉克罗斯举行的训练营。然而训练营丝毫没有提高沃伦的成熟度。

> 在国民警卫队，一开始，那些家伙对我疑虑重重，因为我的父亲在国会。他们认为我会是那种“1号人物”之类的厉害角色，但是，这种想法没持续多久。
>
> 这是一个非常民主化的组织。我的意思是，你在外面做过什么并不重要。要待在这里，你只能做一件事，就是看连环画。到了那里差不多一个小时之后，我就开始看连环画。其他所有人都在看，为什么我不看？然后，我的词汇量缩减为4个词，你能想到它们是什么吧。
>
> 我学到一点，即与比你优秀的人待在一起是一件很有收获的事，因为你会得到提高。如果你周围都是不如你的人，很快，你就会顺着竿儿往下滑。事情就是这样。

沃伦一从国民警卫队训练营回来，上述经历就让他再一次发誓要提高自己的交际能力。“我很害怕发表公开演讲。如果我必须得这么做，你无法想象我的表现和样子。我非常恐惧，以至于我就是做不好，我想放弃。实际上，我安排自己的生活，好让自己无须被迫在任何人面前起身说话。毕业后回到奥马哈，我看到了另一则广告。我知道有时候总得在人前发言。我极其苦恼，结果又报名参加了一门课程，就是为了摆脱这种痛苦。”在公开场合说话并不是他唯一的目标，要赢得苏珊·汤普森的芳心，他总得能和苏珊交谈。虽然追求到苏珊很难，但是，沃伦愿意做任何事来实现目标，这个夏天也许是他最后的机会。

参加戴尔·卡内基课程的人在罗马饭店碰头，这里是牧场主的最爱。“我带了100美元的现金，把这笔钱交给讲师沃利·基能，对他说：‘在我改变主意前，把钱拿走’。”

> 我们那里大概有 25—30 个人。我们全都带着这种恐惧，没有说自己的名字，全都站在那里，彼此之间也不交谈。这时，有一件事让我印象很深，在一次性见过我们所有人以后，沃利就能够记住并很快说出我们所有人的名字。他是一位好老师，他想教会我们记忆的技巧，但我从来没学会过。
>
> 他给了我们一本关于演讲的书——主题演讲、选举演讲、副州长演讲等，要我们每周都进行这些演说。这本书的作用是让你学会战胜自己。我是想说，为什么在 5 分钟前你能够单独和某人谈话，然后在一群人面前就僵硬无语呢？因此，他们会教你一些心理方法来战胜这一困难。其中有一些方法就是练习，我们真的是相互帮助、共同克服。方法生效了，这是我所获得的最重要的知识。

不过，沃伦还是无法把新学到的技巧用在苏珊身上——她是一个很少见的女孩。沃伦心知汤普森博士对他女儿的影响，因而每晚都带着夏威夷四弦琴去苏珊家，以打动苏珊的父亲，而不是直接取悦她。“她还是会和其他人出去，”沃伦说，“我去她家里，根本无事可做。因此，我和苏珊的父亲打交道，我们会聊一些事。”汤普森博士喜欢夏天，在炎热的 7 月的夜晚，他会穿着颜色鲜艳的毛料三件套西装，坐在遮阴的门廊上，而这个时候苏珊则悄悄出去和米尔顿约会。汤普森博士弹奏曼陀林，而沃伦边流汗边唱歌，用夏威夷四弦琴伴奏。

和汤普森博士相处，沃伦觉得很舒服，因为他的风格令沃伦想起自己父亲的观点：世界是怎么因为民主党而毁灭的？惠特克·钱伯斯的自传《目击者》刚刚出版，这本书讲述了惠特克从一名共产党国家间谍转变为冷战时期一个反共人士的故事。沃伦带着极大的兴趣看了这本书，有部分原因就是这本书写到了阿尔杰·希斯。钱伯斯指控希斯充当共产党国家的间谍，然而巴菲特一家的政治敌人、杜鲁门的支持者对这一控告不以为然，只有理查德·尼克松这位众议院非美活动调查委员会（HUAC）的年轻参议员追着希斯不放，并在 1950 年 1 月让希斯被判伪证罪。这是汤普森博士永远咀嚼不尽的政治素材。不过，和霍华德不同的是，汤普森博士也谈论体育方面的事。他没有儿子，他认为沃伦是自泡泡糖出现以来最好的事物。[32] 沃伦很聪明，是新教徒，是共和党人，最重要的一点是，不是米尔顿·布朗。

汤普森博士支持的加分效应并不像看起来那么大。在捕获苏珊芳心这方面，沃伦又迎头碰壁。她不在意他下垂的袜子和廉价的西装，而是不喜欢他的其他方面。沃伦与她交往的身份是众议员的儿子，别人眼里的“特别之人”，一个各方面都很优秀的男孩——研究生学历和一笔不少的钱，一个显然正迈向成功的小伙子。沃伦一直谈论股票，而她根本不关心这个话题。还有，沃伦让约会变有趣的方法是讲一些事先准备好的笑话、谜语和思考题。而她父亲对沃伦的喜爱则令她认为沃伦是父亲控制干预的延伸。汤普森博士“实际上是在把苏珊推给沃伦”[33]。

作为一名犹太人，就要面对这种身份带来的偏见和不公，米尔顿就承受着这份痛苦。米尔顿更有吸引力的另一个原因是，他是苏珊父亲不喜欢的人。

那个夏天，米尔顿正在康瑟尔布拉夫斯渔具店工作。然后，他收到一封来自西北大学的信，通知学费上调。米尔顿意识到自己无法再负担回西北大学读书的费用，于是，他来到巴菲特家，交给副班长伯蒂一封信，上面说自己会转到艾奥瓦大学。[34] 而苏珊在秋天已经进入奥马哈大学。到了这个时候，她和米尔顿不得不承认，因为苏珊的父亲，他们的关系已经“断断续续”。整个夏天，苏珊都以泪洗面。

与此同时，虽然苏珊一开始对沃伦不感兴趣，但是如果她不想了解这个人的全部，她从来不会在他身上花一分钟时间。苏珊很快就意识到她的第一印象错了，沃伦并不是她所认为的享有特权、傲慢而自信的人。沃伦回忆说，“我过得很糟糕”。他战战兢兢地处于神经崩溃的边缘。“我觉得自己形单影只，是个社交低能儿。但实质上，我是把不准生活的脉搏。”苏珊的朋友也注意到了沃伦自信的外表下的弱点，苏珊逐渐认识到沃伦内心的自卑。[35]谈论股票时的自信、天才的光环，以及能弹奏夏威夷四弦琴，所有这一切都包藏着脆弱和需要他人的内在：一个男孩整日笼罩在忧伤之下，踌躇困惑，不知所措。“我一片混乱，”沃伦说，“苏珊看穿了我的部分内心，她如何做到这一点令人难以置信。”沃伦后来说，苏珊需要把他变成一个理由——对苏珊而言，他足够“犹太人”，但同时对她的父亲而言，又不会太“犹太人”。因此，她的想法开始有所转变。

沃伦对其他人的穿着几乎像瞎子一样视而不见——即使对女性也如此，但他如今非常爱苏珊，因而注意到了她的衣着。沃伦从不会忘记他们约会时苏珊穿的蓝色套装，或者是他称为“报纸装”的黑白印刷风格的衣服。[36]在牡丹公园的亭子里，四周飞舞着萤火虫，两人随着格伦·米勒的曲子跌跌绊绊地跳舞，沃伦还没有学会跳舞，所以，只能尽自己最大的努力。“我做她要求的任何事，”沃伦说，“我还会同意她把蚯蚓放在我的背上。”

劳动节，沃伦带苏珊去游园会，此时他们已出双入对。苏珊在大学完成注册，成了新闻专业二年级学生，同时还报名参加了辩论队[37]，以及团队动力学研究协会，一个心理学团体。[38]

1951 年 10 月，沃伦带着他最为自作聪明的风格，给他的多萝西·斯塔尔姨妈写信：“和女孩的交往正处于火热的状态……当地一个女孩已经深深把我给迷住。只要我从（叔叔）弗雷德和你那里得到鼓励和首肯，我也许可以进一步推进我们的关系。这个女孩就一点不好，她丝毫不懂股票。而在其他方面，她真是无与伦比。不过，我想我可以不在乎她的这个缺点。”[39]

谨慎的“有所推进”是正确的做法，沃伦为此打起了十二分精神。他没有提出结婚，而“只是假定，并不停地说起这事”。对苏珊而言，她“意识到自己被选中了”，虽然“她并不确定这一切是如何发生的”。[40]

沃伦很是得意扬扬，定期去参加他的戴尔·卡内基课程班。“那一周我赢得了铅笔。如果你完成了很有难度的事，以及做了最多的训练，他们就用铅笔作为奖品。我得到铅笔奖励的那周向苏珊求婚了。”

之后，苏珊写了一封又长又伤心的信给米尔顿·布朗，告诉他自己将要结婚的消息。布朗惊呆了，他知道苏珊和沃伦出去约会过几次，但是他没把他们的约会真当成一回事。[41]

沃伦把婚讯告诉苏珊的父亲，希望得到他的同意和祝福。沃伦事先就知道，这不是什么难事。不过，汤普森博士花了一点儿时间才表示同意。他的开场白是说哈里·杜鲁门和民主党人正在葬送国家。战后，美国通过马歇尔计划和柏林空运计划[42]把钱倾入欧洲，这就是罗斯福的政策仍然阴魂不散的证据，同时也说明杜鲁门正让国家陷入破产境地。看看在杜鲁门解除部分军事武力之后，苏联是如何掌握原子弹的。参议员乔·麦卡锡所领导的众议院非美活动调查委员会就证明了汤普森博士一直以来都知道的事，政府被共产党蒙蔽了。众议院非美活动调查委员会发现共产党到处都是，在和共产党打交道方面，政府一败涂地，甚至更糟。在麦克阿瑟将军反复游说杜鲁门成功后，杜鲁门却解除了英勇的麦克阿瑟将军的职务。他的这一决定永远不能被饶恕，股票正在成为一文不值的纸片。因此，沃伦想要从事股票行业的计划正在泡汤。不过，当女儿挨饿的时候，汤普森博士不会怪罪沃伦，他是一个聪明的好小伙。如果不是民主党正在摧毁国家，沃伦可能会把一切都做得很好。等待着苏珊的悲惨未来不是沃伦的错。

沃伦很早就适应了他父亲和苏珊父亲的这类谈话，他耐心地等待着那个关键的词——“同意”。三个小时后，汤普森博士结束谈话，得出了结论，表示同意。[43]

感恩节的时候，苏珊和沃伦决定在第二年4月举行婚礼。

19

怯场

奥马哈 1951 年夏—1952 年春

虽然沃伦对自己毫不怀疑，可他能理解汤普森博士对他如何养活一个家庭的担心。因为他不能在格雷厄姆–纽曼公司工作，所以他下决心要成为一个股票经纪人，而且是在奥马哈，这个远离华尔街的地方。按照一般的常识，如果你想在股票市场赚钱，纽约才是最合适的地方，所以沃伦的决定非同寻常。但是远离华尔街的条条框框会让他觉得自由，同时他也想和他的父亲一起工作，而且苏珊也在奥马哈——沃伦从不喜欢离家很远。

差不多在 21 岁时，沃伦已经对自己的投资能力超级自信。到 1951 年底，他已经将他的资产从 9 804 美元增值到 19 738 美元，也就是说，他在一年之内赚了 75% 的投资利润。[1] 虽然他咨询过他的父亲和本杰明 · 格雷厄姆，可让他吃惊的是，两个人都表示，“也许你要等上几年”。格雷厄姆一如既往地认为这个市场上的股价太高了。而霍华德持悲观态度，他喜欢矿业类股、黄金类股或者其他可以抵御通胀的投资产品。他不认为其他任何一种投资将会是好的投资，所以他很担心儿子的将来。

这些对沃伦而言都没有意义，因为自1929年以来，商业价值得到了巨大增长。

> 当市场被高估时，这绝对是你在其他时间所见事实的反效果。我已经研究过这些公司，我就是不明白你们为什么不想去拥有它们。这是在微观的层面上，不是对经济增长或者类似的什么进行评估。我是在和微观的钱打交道。在我看来，不去拥有它们简直是疯了。可是在另外一端有格雷厄姆和我的父亲，格雷厄姆用他高达200的智商和所有经验告诉我要等待，而我的父亲，如果他叫我从窗户跳出去，我一定会照做的。

然而，他仍然做出了挑战两位权威人士的决定，于他而言，这是很重要的一步，这要求他考虑自己的判断优于他们判断的可能性，以及他最深深尊敬的两个人的思考是否合理。他依然确信自己是正确的。如果他的父亲让他从窗户跳出去，他也许真的会做——不过如果这意味着丢弃满是便宜股票的《穆迪手册》，那他可不干。

事实上，他看到的机会太多了，因此他第一次认为应该借钱投资。他愿意承担等于他资本净值1/4的债务。

> 我缺钱，如果我对一只股票很上心，那我就不得不卖掉一些其他的股票。我厌恶借钱，不过我还是从奥马哈国民银行贷了大约5 000美元。因为我还不满21岁，所以我父亲不得不为这笔贷款联合署名。银行家戴维斯先生把整个过程搞得像个成年仪式。他说了类似这样的话，“现在你是一个男人了”，然后又提到了5 000美元，“这是个神圣的责任，我们知道你已经具备了将它还回来的能力”。整个过程持续了半个小时，而我就一直坐在那张大桌子的旁边。

霍华德也许对为儿子的贷款联合署名一事感到既骄傲又有点儿愚蠢，因为沃伦成为一名生意人已经至少12年了。既然沃伦已经下定决心，霍华德愿意带他去自己的巴菲特–福克公司，同时建议他先去当地著名的柯克帕特里克·佩蒂斯公司面试，见识一下奥马哈最好的经纪公司。

我去见了斯图尔特·柯克帕特里克，面试中我说我想要聪明的客户，我将努力寻找那些有理解能力的人。而柯克帕特里克表示，事实上，不必担心客户够不够聪明，而要关心他们是不是有钱。这样很好，我不可能因此去顶撞他，而我除了父亲的公司，也不想去其他任何地方工作。

在巴菲特–福克公司，沃伦被安置在没有空调的4间私人办公室中的一间，紧挨着“笼子”——那是职员处理钱和证券的一块用玻璃围住的区域。他开始向他认识的最安全的人——姑妈和大学同学们——推销他最喜欢的股票，包括他在沃顿的第一个室友查克·彼得森，他现在在奥马哈从事房地产行业，他们又重新取得了联系。

我打的第一个电话是给我的姑妈艾丽斯，我卖给她100股GEICO。她对我很感兴趣，这让我感觉良好。接着，我让弗雷德·斯坦贝克、查克·彼得森等我能找到的人都买了。但大多数是我自己买的，因为其他人不买，我就想办法自己再买5股。我有一个野心，我想拥有这家公司1‰的股份。现在它总共有175 000股，我计算过，如果这家公司有一天能值10亿美元而我又有1‰的股份，那我也有100万美元了。所以我需要175股。[2]

同时，沃伦的工作还包括受托卖股票。但在这个狭小的圈子之外，他碰到了几乎无法克服的困难。他开始遇到他的父亲当初创立这家经纪公司时面对的障碍，尝到那些奥马哈古老家族的人——银行、牧场、啤酒厂以及大百货商店的拥有者——对这个杂货商的孙子嗤之以鼻的滋味。现在他的父母已经回到华盛顿，沃伦孤身一人留在奥马哈，感觉自己根本得不到尊重。

那时候所有的股票都靠提供全面服务的股票经纪人来卖，大多数人买个股而非基金。所有人统一支付一股6美分的固定佣金，交易都是当面成交或者是通过电话达成的。每一笔交易都是在和你的经纪人聊上几分钟后就完成的，你的经纪人既是商人，又是咨询顾问，还是朋友。他也许就住在你家附近，你能在聚会上看到他，和他在乡村俱乐部打高尔夫，或者他来参加你女儿的婚礼。

大客户们并不把沃伦当回事。内布拉斯加联合制造厂是他父亲的一个客户，曾经安排他在早上5点半就出来。[3]"我21岁了，我围着这些人卖股票。而当我把一切都安排好时，他们会问，'你父亲是怎么看的？'我总是碰到这样的人。"沃伦看起来像"傻瓜"一样，努力地去推销。[4]他不知道如何解读别人，不会交谈，当然也不是一个好的听众。他谈话的方式是宣传而不是接收，一紧张，他就会像一个消防水管一样滔滔不绝地讲出那些他喜欢的股票的信息。一些潜在客户听了他的评论，利用他的思想，通过其他渠道验证，最后却从其他经纪人那儿买股票，于是沃伦拿不到佣金。沃伦震惊于这些和他面对面说话，而且还会一次又一次在城里碰面的人的背信弃义。他感觉自己被欺骗了。另外有些时候，他只是感到困惑。一次他去拜访一个70多岁的家伙，那家伙的桌上堆满了钞票，而女秘书就坐在他的膝盖上。她亲吻他一次，他就给她1美元。

我父亲没有教过我在这种场合下应该怎么做。总的来讲，我没有得到支持。当我第一次卖GEICO的股票时，巴菲特-福克在市中心有一间小办公室，股票凭证会送到那里，凭证上面有杰里·纽曼的名字。我是从他那儿买的股票。巴菲特-福克公司里的那些家伙会说："天呀，如果你觉得你比杰里·纽曼还聪明……"

事实上，格雷厄姆-纽曼正在筹建新的合伙关系，一些投资人于是抛出 GEICO 的股票，以筹集资金加入，因此，事实上是他们在卖股票，而不是格雷厄姆-纽曼。沃伦并不了解这些，他也不关心是谁在卖 GEICO。[5] 他从未想过去问公司里的人为什么他们要出售股票，他对自己的观点毫不动摇，也从不隐瞒这一点。

在那些没上过大学的人中间，有研究生学位的我是个聪明人。有一次，一个叫拉尔夫·坎普贝尔的保险代理人过来见福克先生，说："为什么这个孩子到处推销这家公司？"GEICO 不用保险代理人，于是我像个聪明人那样回答："坎普贝尔先生，你最好买点儿这只股票当作失业保险。"

戴尔·卡内基的第一条原则——不要批评人，这条原则的全部含义还没有被沃伦充分理解。沃伦在用他后来招牌式的"巴菲特的智慧"去显示他比其他人懂得多，但是人们为什么要相信一个 21 岁的年轻人的才智呢？然而他做到了。看到他不分昼夜地查阅手册、汲取知识，巴菲特-福克公司里的人肯定很意外。

我一页一页地查阅《穆迪手册》，内容涉及工业、运输、银行以及金融，总共 10 000 页，而我查阅了两遍。我确实每个行业都看，虽然有些看得不太仔细。

即使是如此沉浸于寻找股票的游戏里，沃伦也不愿意仅仅做个投资者，或者仅仅做个推销员。他还想效仿本杰明·格雷厄姆，做一名教师。于是他和奥马哈大学签约，教授夜校课程。

一开始他和他的股票经纪人朋友鲍勃·索纳搭档。鲍勃负责这个名为“有利可图的股票投资”课程前4周的课，给学生讲解一些基本知识，比如在他讲解怎样读《华尔街日报》的时候，沃伦就站在走廊里听取好的投资想法。沃伦则负责后面的6个星期[6]，最终教完了全部课程，并且给它起了一个更谨慎的名字“稳健的股票投资”。站在教室前面，沃伦容光焕发，他在地板上踱步，语速飞快，学生们努力避免被涌向他们的洪水般的信息淹死。但是，尽管沃伦具备扎实的知识，他从不向学生保证他们会变得富有，或者听他的课就能获得特别的业绩，他也没有自我吹嘘在投资方面的成功。

他的学生范围很广，从股票市场的专业人士到对此一无所知的家庭主妇、医生、退休人士等。这标志着一个轻微的转变：自20世纪20年代经济危机以来，那些长期缺席的投资者开始回归。这也是格雷厄姆认为市场估值过高的部分原因。沃伦的教学能适应学生们不同水平的知识技能。他还套用了格雷厄姆的一些教学方式，比如使用“公司A、B”方法或者另外一些格雷厄姆用的教学小技巧。他严格而公平地给出学习等级，艾丽斯姑妈坐在教室里用崇拜的眼神凝视着他，但他最后给了她一个C。[7]

人们总是抛出股票的名字，问他该买还是该卖。他可以根据记忆就他们给出的股票讲上5分钟甚至10分钟，关于它的财务数据、市盈率、股票的交易规模等。很显然，他可以为数百只股票做出这样的分析，好像他是在引用棒球数据一样。[8]有时，前排的一位女士会问：“我过世的母亲留给我一些××公司的股票，现在价格升了一点儿，我该怎么做？”他会回答：“我想我会卖了它，也许会买进……”然后给出三四只类似GEICO的股票，或者他完全有信心的（而且已经持有的）几只股票中的一只。[9]

同时，沃伦就像4月里的啄木鸟一样忙着工作挣钱。他很快就要去照顾一个家庭了，这会将他的收入分流：一部分挣来的钱将会用于投资并且继续增长；另外一部分则用来供他和苏珊生活，这是他所处环境的重大改变。沃伦曾经为削减开支而住在哥伦比亚大学服务员的房间，吃奶酪三明治，他那时的活动就是去听讲座或为他们弹夏威夷四弦琴，而不是去时髦的俱乐部。现在他又回到了内布拉斯加，他可以住在父母的房子里进一步减少开支，即使这意味着在父母从华盛顿回来时，他会偶尔和母亲利拉碰面。

他从来都不需要什么动力去推动自己。他坐在巴菲特-福克公司的办公室里，双脚跷在办公桌上，在格雷厄姆和多德的书里仔细寻找，以得到新的启发。[10] 他找到了一只股票，费城里丁煤铁公司，一家开采无烟煤的公司，每股只卖 19 美元多一点儿，看起来很便宜，因为它还拥有相当于每股 8 美元的废渣堆。[a] 为了对这只股票做出理性的决策，沃伦会很高兴花上几个小时计算煤矿和废渣堆的价值。他自己买了，也让艾丽斯姑妈和查克·彼得森买了。当股票突然跌到 9 美元时，他买了更多。

他买过一家叫克利夫兰毛料厂的纺织公司的股票。它每股流动资产为 146 美元，而股票的售价低于这个数。他认为这个数字不能反映“一家装备良好的工厂”的价值。

沃伦为这只股票写了一个简短的报告。他很高兴这家公司正在将赚来的钱分发给股东们，这是实实在在的利益。他在报告中注明：“8 美元分红为大约 115 美元的现价提供了有充分保证的 7% 的收益。”[11] 他使用“有充分保证的”这个词，是因为他认为克利夫兰毛料厂有足够的收入支付分红，而后来证明沃伦并没有先见之明。

a. 也称为骨头堆，是去除了原煤中如岩石、灰尘等杂质后的残留物。曾被认为有价值，现在已弃之不用，因为它一旦着火就很难熄灭。

在他们取消分红后，沃伦就叫它“克利夫兰最差的厂”。沃伦气疯了，决定自己花钱搞清楚问题出在哪儿。“我一路飞奔，前往克利夫兰参加这家‘克利夫兰最差的厂’的年会。我晚到了大概5分钟，已经休会了。可是我，一个从奥马哈赶来的21岁的小伙子，自己的钱在这只股票里。会议主席说：‘对不起，已经太迟了。’后来他们的销售代理，董事会成员之一，同情我的遭遇，拉我到一边回答了几个问题。”但是，这些回答并不能改变什么。沃伦感觉糟透了，因为他也让其他人买了“克利夫兰最差的厂”。

再没有比卖给别人会让他们亏钱的投资产品更让沃伦痛恨的事情了，他无法忍受让别人失望。时光退回到沃伦上6年级时，那时也是如此，他让多丽丝投资城市服务公司的优先股，最后投资失败。她毫不犹豫地就这件事“提醒”他，而他也觉得自己有责任。为了避免再让别人失望，他愿意做任何事情。

沃伦寻找方法让自己对这个开始憎恨的工作少一些依靠，他一直都很喜欢做生意，于是和国民警卫队的朋友吉姆·谢弗合伙买了一个加油站。他们买的是一家辛克莱加油站，离一家德士古加油站很近，后者“生意总是比我们好，这简直让我们发疯”。沃伦和他的姐夫杜鲁门·伍德每个周末过来帮忙。他们“带着微笑”洗挡风玻璃（尽管沃伦厌恶体力劳动），做任何他们可以做的去吸引新顾客，然而司机们还是继续去街对面的德士古加油站。“它的主人很成功，很受人喜欢。每个月他都能击败我们。就是在那时，我知道了顾客忠诚度的威力。那个家伙可以永远经营下去，他有老主顾，而我们却无力改变那种状况。”

> 我买加油站是最愚蠢的一件事——我损失了2 000美元，那时对我而言，这是一大笔钱。我还从来没有遭受过真正的损失，这很令人痛苦。

对沃伦而言，他在奥马哈做的每一件事都增强了他认为自己幼稚和没有经验的感觉，他再也不是一个像男人一样做事的早熟男孩了，而是一个看起来像并且有时候做事也像个孩子的即将结婚的年轻男子。西泽–弗雷泽公司，他两年前在鲍勃·索纳的办公室卖空的股票，至今还顽固地在 5 美元附近晃悠，而不是如他之前期望的那样跌到零。卡尔·福克总是就此做出有趣的表情，并且质疑他的判断。沃伦对他的工作越来越觉得倒胃口，他开始认为自己是一个“开药方的人”。“我必须对那些懂得不够多的人解释他应该吃阿司匹林还是止痛片”，而人们会对“这些穿白大褂的家伙”——股票经纪人言听计从。经纪人的收入是以营业额而不是建议为基础，换言之，“他的收入是以他卖出去多少药为基础计算的。而他从有些药中得到的收入要多过其他药。你会去一个收入完全与开了多少药挂钩的医生那儿吗？”但是那时的股票经纪人就是这样工作的。

沃伦认为这个行业天生就有利益冲突。他给他的朋友和家人推荐 GEICO 的股票，并且告诉他们最好能持有 20 年。而这意味着他不能从他们那儿得到更多的佣金。“你不能以那种方式谋生，这使你的利益和客户的利益相悖。”

尽管如此，他已经通过大学校友网络开始发展一个自己的小小的老主顾群。1952 年春天，沃伦到北卡罗来纳州索尔兹伯里市和弗雷德·斯坦贝克共度复活节。他迷住了弗雷德的父母，并且令他们感到愉悦。他谈论股票，引述本杰明·格雷厄姆的话，拿百事可乐和火腿三明治当早餐，这些都让他们觉得很有意思。[12] 返回奥马哈后不久，弗雷德的父亲就给沃伦下指令出售托尔公司——一家洗衣机公司的股票。沃伦了解到，有一个客户通过另一个叫哈里斯·厄汉的经纪人在买这只股票，接着他又接到斯坦贝克的银行关于该交易的电话，于是他认为现在收到了两个指令，这只股票他卖了两次，第二次是卖了他根本就没有的股票。于是他不得不去寻找其他的股份，而最终只好自己购买，以便完成第二次交易。

尽管发生了差错，斯坦贝克先生还是很仁慈地对待沃伦。这是沃伦的错，斯坦贝克先生却自己承担了所有损失。沃伦非常感激，一直没有忘记这件事情。其实他有太多的理由去关注一下第二个买家，一个被称作“疯狗”巴克斯特的人，他是奥马哈主要的赌博中心的常客，和这个城市中的一些非法赌场有关系。巴克斯特亲自来到巴菲特–福克公司，走到出纳那儿，拿出一沓100美元的钞票，炫耀地四周挥舞。巴菲特–福克公司现在被用来洗非法的赌博资金了吗？这样的情形又增加了沃伦对这份工作的不喜欢。即使在他卖股票的时候，也感到矛盾。他已经将巴菲特–福克公司变成了一个“做市商”，扮演中间人的角色，像交易商一样买卖股票。[13] 做市商以稍稍高出它买的价格将股票卖给客户，或者以稍低于它卖这只股票的价钱从客户那儿买回股票，来获取利润，这个差价就是它的利润。而客户看不到差价。“做市商”的做法将一家经纪人公司从一个单纯的指令接收者变成华尔街游戏的玩家。当沃伦因自己有将巴菲特–福克公司变成“做市商”的诀窍而感到自豪时，他也被其中的冲突困扰了。

> 我不想蒙蔽客户，我从来不会将我不信任或者没买的股票卖给客户。另外一方面，其中有未公开的利润。如果有人就这些问我，我会告诉他们。但是我不喜欢这样的事，我想和我的客户在同一边，所有人都知道进展情况。而一个推销员出于天性是不会那样做的。

不管沃伦如何看待他的这份经纪人工作，其中总会有潜在的利益冲突，使客户亏钱和失望。他更愿意管理他们的钱而不是卖股票给他们，这样他的利益就和客户的利益一致。问题是，在奥马哈没有这样的机会。1952年的春天，他写了一篇有关GEICO股票的文章，引起了一个很有影响力的人的注意。随后，他的运气看起来就要来了。这篇题为《我最喜欢的证券》的文章出现在《商业和金融编年史》杂志上，不仅为沃伦最喜欢的股票做了广告，而且解释了他的投资思想。这篇文章吸引了比尔·罗森瓦德，他在西尔斯公司长期任董事长，是慈善家朱利叶斯·罗森瓦德的儿子。小罗森瓦德掌管着美国证券公司，这是一家以家族拥有的西尔斯公司股份而创建的货币管理公司。[14] 该公司追求风险最小化和保存资产情况下的高回报。罗森瓦德和本杰明·格雷厄姆联系，后者给了沃伦很高的评价，于是罗森瓦德给了沃伦一份工作。沃伦太想接受这份工作了，即使这意味着他要搬回纽约。但是，他必须获得国民警卫队的批准才能离开奥马哈。

我问指挥官我是否有可能转到纽约去接受这份工作。他回答："你必须去总指挥那儿问问。"我去了林肯，坐在州政府大楼里等了一会儿，然后进去见亨宁格将军，我已经事先写信向他解释了整件事情，并且请求他批准。

他立刻就回答："请求不予批准。"

事情到此就结束了。那意味着只要他不想让我走，我就必须一直待在奥马哈。

因此沃伦被困在巴菲特-福克公司，为了生活不得不继续"开药方"。他回到奥马哈的第一年里，能让他感觉舒适的主要是他的未婚妻。他开始依赖苏珊，她也一直在努力理解他。她开始体会到利拉·巴菲特的易怒情绪对她儿子的自我价值感造成的伤害，并且开始去修复它。她知道他需要的主要是被爱的感觉，以及从不被批评，而且他还需要感觉到自己在社交方面也会成功。"当我和她在一起时，人们会更多地接受我。"他说。虽然她还在奥马哈大学读书而沃伦已经工作了，但就他和未来妻子的关系而言，他就像一个初学走路的孩子，凝望着父母。他们两人都还住在各自父母的家里，久而久之，沃伦找到了避免和母亲单独相处的方法，那就是利用她有责任感的天性，在她在场的时候，用各种需求和要求“围攻”她。上大学以后，他有很长一段时间没有和母亲相处，这削弱了他对与母亲相处的忍受能力。当她和霍华德从华盛顿回来参加沃伦和苏珊的婚礼时，苏珊注意到她的未婚夫尽可能地回避他的母亲。当不得不和她待在一起时，他总是将脸扭向另一边，牙齿咬得紧紧的。

沃伦该搬出去了。他打电话给查克·彼得森：“我还没找到我们住的地方。”于是查克·彼得森帮他们在离市中心几英里的地方租了间小小的公寓。沃伦给有强烈的自我表现欲的苏珊 1 500 美元限额，去装点他们的第一套公寓。于是她和沃伦的姐姐多丽丝起程前往芝加哥购买她喜欢的现代风格的家具。[15]

随着结婚日期 1952 年 4 月 19 日的临近，仪式究竟能不能如期举行突然变成了问题。婚礼的前一周，密苏里河发洪水淹没了奥马哈的上游。大水继续南行，官方预测到周末洪水将漫过河岸并且淹没整个城市，国民警卫队很有可能要出动。

> 整个城市都是沙袋。我已经让所有的好朋友来参加婚礼，弗雷德·斯坦贝克当我的伴郎，还有各种各样的招待员和客人。因为我还是国民警卫队的成员，他们都开我的玩笑：“哦，不要担心，我们可以代替你去度蜜月。”类似这样的玩笑持续了一周。

婚礼前几天，霍华德开车带沃伦和弗雷德去了河边。成千上万的志愿者正在修建双层的沙袋墙，6 英尺高，4 英尺宽。运送沙土的巨大卡车的轮子陷在泥里，好像在橡胶上行驶一样。[16] 沃伦屏住了呼吸，希望自己不会被召集来搬沙袋，这暂时的堤防能够守住城市。

星期六到了，我们将在下午3点结婚。大约正午时，电话铃响了。我母亲说："是找你的。"我拿起电话，那一头的家伙问："是下、下、下士巴菲特吗？"我有一个上级有很明显的口吃。"我是上、上、上尉墨菲。"他接着说。

如果他没有口吃，也许我已经说了一些会令我上军事法庭的话了，因为我认为是哪个家伙在开我玩笑。但是事实上，他说："我们已经出动了。你、你、你什么时候能出现在兵工厂？"听了这话，我几乎心脏病发作。[17] 于是我说："哦，我将在3点结婚，5点之前我也许能到那儿。"他又说："要按、按、按时报到。我们将巡查东奥马哈沿河地区。"我回答："好的，长官。"

挂了电话后我整个人沮丧不已。一个小时后我又接到了一个电话，这次这个人说话很正常。他问："是下士巴菲特吗？"我回答："是的，长官。"对方又说："我是伍德将军。"[18] 他是34师的总指挥，住在西内布拉斯加。伍德将军又说："我撤回墨菲上尉的命令。祝你愉快。"

这时离他人生中最大的一件事只有两个小时。沃伦在3点前出现在邓迪长老会高耸的哥特式教堂里。在奥马哈，国会议员的儿子和汤普森博士的女儿结婚可是一件大事情，数百名宾客，包括奥马哈很多的上层人士，如期而至。[19]

"汤普森博士非常自豪，而我是如此紧张，只能靠数数放松心情，我故意没戴眼镜，那样我就可以不用去看清那些出席的人。"沃伦还让平时沉默的斯坦贝克用说话来分散他的注意力，这样他就不用集中注意力到正在发生的事情上了。[20]

伯蒂是苏珊的伴娘，而苏珊的姐姐多蒂担任首席女傧相。拍完照后，客人们去往铺了亚麻地毡的教堂地下室，那里有不含酒精的鸡尾酒和婚礼蛋糕。汤普森夫妇和巴菲特夫妇都不是俱乐部人士。苏珊笑得像一把象牙扇，而沃伦红光满面，胳膊缠绕在苏珊的腰间，似乎想要阻止他俩飞到空中去。又拍了一些照片后，他们换上了外出的衣服，然后跑过欢呼的人群，钻进了艾丽斯·巴菲特借给他们度蜜月的车。沃伦已经在后座上堆满了《穆迪手册》和账簿。[21]从奥马哈开始，这对新婚夫妇开始了他们的蜜月旅行，一个全国范围的汽车旅行。

"新婚之夜，我们在内布拉斯加瓦胡的一家威格威姆咖啡馆吃了炸春鸡。"巴菲特回忆。[22]威格威姆离奥马哈不到一个小时车程，地方很小，只有几个售货亭。沃伦和苏珊从那儿又开了30英里到林肯的康哈斯科酒店过夜。

> 第二天，我买了一份《奥马哈世界先驱报》，上面有一篇文章写道，"只有爱能够让警卫队员留步"。[23]1952年的大洪水是奥马哈现代史上发生的最糟糕的一件事，人们为了防止它泛滥付出了巨大的努力。（警卫队的）其他人都在整日搬运沙袋，在洪水里巡查，和蛇鼠为伴，而我是唯一一个没有被召集的人。

这对新婚夫妇在美国西部和西北部旅行。沃伦从没去过那儿，而苏珊很熟悉西海岸。他们拜访了她的家族，去了大峡谷，过得很开心。"我们没有像报道中说的那样停下来去考察公司和投资项目。"巴菲特坚称。回来的路上他们在拉斯韦加斯稍作停留。赌徒埃迪·巴里克和萨姆·兹格曼不久前搬去那儿，并且买了火烈鸟酒店。[24]另一个同伙杰基·高汉紧跟着也来了，他投资了包括火烈鸟酒店和巴贝里海岸在内的多家赌场。这些人都在巴菲特家的杂货店买过东西，虽然弗雷德·巴菲特不是一个赌徒，但和他们都相处得很好。对沃伦而言，在拉斯韦加斯的感觉就跟在家一样，充满了赛马场的回声以及认识他们家族的人，因此他一点儿也不害怕。"苏珊玩老虎机中了个头奖。她才只有 19 岁，因为她不够年龄，所以他们不给她钱。我就说：‘看，你们收了她的钢镚儿了’。于是他们就给了她钱。”

离开拉斯韦加斯后，他们就回到了奥马哈。沃伦忍不住地笑话他那些国民警卫队里不幸的同伴：“哦，蜜月太棒了，简直好极了，整整三个星期。而那时，这些国民警卫队的家伙正在泥泞中跋涉呢。”

第三部分

赛马场

20

格雷厄姆-纽曼公司

奥马哈，纽约 1952—1955 年

婚礼后几个月，苏珊和她的父母以及公婆去芝加哥参加 1952 年 7 月召开的共和党大会。汤普森一家和巴菲特一家去往芝加哥，不像是会议代表，倒像是一支部队的一部分。至少从政治意义上讲，现在他们是一个联合起来的家庭。在这个选举年里，他们将会为共和党夺回白宫而冲锋陷阵，此前他们已经历了长达 20 年的民主党执政的折磨。[1] 多丽丝将和她的父亲一起在幕后工作，而更年轻的伯蒂和苏珊对这些场面一无所知，她们更多的时候呆呆地看着那些为共和党露面的社会知名人士，如约翰·韦恩。[2]

当然，沃伦还是留在奥马哈埋头苦干。政治让他着迷，可还敌不过金钱的诱惑。他依然憎恨像“开药方”一样工作，一边苦干一边找出路。他年老的老师戴维·多德想帮他，推荐他到一家叫价值线投资调查的投资顾问公司兼研究报告发行商那儿工作，他们正在寻找新人。这份工作的报酬丰厚，“一年至少 7 000 美元”。[3] 可是，沃伦并不打算成为一个默默无闻的研究人员。于是他继续向那些不感兴趣的客户推

销 GEICO 股票，同时阅读报纸上以 1 英寸大的字体印刷的有关总统候选人大会的新闻头条。历史上第一次，人们可以在电视上看到大会的相关内容。沃伦如饥似渴地看着，被这样一种可以放大以及影响事件的媒体力量震撼。

一路领先的总统竞选候选人是俄亥俄州的参议员罗伯特·塔夫脱[4]，以“正直先生”之名为人所知。塔夫脱是共和党中少数派的领袖，被中西部孤立主义者包围，主张政府不要干涉个人事务，最重要的是积极追求共产主义。[5]塔夫脱让他的朋友霍华德·巴菲特担任其内布拉斯加总统竞选班子的负责人，还负责他的演讲团。霍华德非常鄙视的一个叫东部自由机构[6]的组织为了反对塔夫脱，请来了已经退休的艾森豪威尔将军，他在第二次世界大战中担任欧洲盟军的最高指挥官以及北约的第一任最高指挥官，是个温和派。艾森豪威尔是个在政治上非常灵活敏捷的外交家，有着出色的领导技能，被许多人视为战争英雄，很受欢迎。随着共和党大会的临近，艾森豪威尔开始在民意调查中赶上来了。

芝加哥发生的一系列事件证实了这是历史上最有争议的共和党总统候选人提名大会。艾森豪威尔的支持者们努力促成了对选举大会规则的修订，而且通过了一次富有争议的投票，直接推动艾森豪威尔在第一轮投票中就赢得了候选人提名。出离愤怒的塔夫脱的支持者们感觉受到了掠夺，但是不久艾森豪威尔和他们讲和，承诺将和“缓慢前行的社会主义”战斗，同时塔夫脱坚持让他的支持者们克制愤怒，并且为了共和党能重回白宫而给艾森豪威尔投票。共和党人在艾森豪威尔和他的竞选搭档理查德·尼克松身后团结起来了，“我喜欢艾森豪威尔”的标语随处可见。[7]当然，支持这一切的不包括霍华德·巴菲特，他因为拒绝支持艾森豪威尔而和共和党决裂。[8]

这是自毁政治前途的做法，共和党内对他的支持一夜之间完全蒸发了，他和他的原则被孤立了。沃伦认识到他的父亲已经深陷困境，[9]从孩提时代起，沃伦就努力避免违反承诺、过河拆桥以及冲突。现在霍华德的斗争将这三个原则更加深刻地烙在他儿子的心里：联盟是必要的；承诺应该谨慎，因为它天生神圣；哗众取宠的表演几乎都以失败告终。

11 月的大选中，艾森豪威尔击败了阿德莱·史蒂文森。次年 1 月，沃伦的父母回到华盛顿，以完成剩下的任期。沃伦已经认识到霍华德和利拉强迫症的性格在很多方面使他们自己处于不利地位，他开始吸收他岳父家的某些风格。多萝西·汤普森很好相处，她的丈夫虽然独断专行，但和严苛的、理想主义的霍华德·巴菲特相比，他更加人性化，更善于处理人际关系。沃伦和苏珊以及她的家人共处的时间越久，他就越受他们影响。

“沃伦，”汤普森博士带着耶稣训众式的威严传达自己的意见，“要一直让女人围着你转，她们会更加忠诚而且会更努力地劳作。”[10] 其实他的女婿几乎不需要被告知这个道理。事实上，只要她们不企图总是驱使他，沃伦总是渴望被女人照顾。苏珊能够看出他非常需要她扮演一个母亲的角色，于是她总是围绕在丈夫周围，努力“修理”他，似乎他是一堆残骸、一团糟。“哦，天啊，”她说，“他确实是个问题。”[11] 她回忆，他们会面的时候，“我从没见过有人这么痛苦”。

沃伦也许没有意识到自己的痛苦如此之深，但是他这样描述苏珊在自己生活中扮演的充满力量的角色。

> 苏珊像我的父亲一样对我影响很大，甚至大过我父亲的影响，用不同的方式。我身上有很多自我保护的东西，她能解释，而我却不能。她也许看到了我身上别人看不到的一些东西。她知道需要时间和肥料，它们才能萌发出来。她让我感觉自己身边有一个拎着小喷水壶的人，而这个人将保证花儿的成长。

20

格雷厄姆-纽曼公司

苏珊认识到沃伦的脆弱，认识到他多么需要有人安抚、慰藉，消除他的疑虑。她越来越多地看出他的母亲对子女们造成的影响。多丽丝受到的伤害更严重，利拉已经让沃伦和多丽丝都深深确信自己毫无价值。除了生意，苏珊发现她的丈夫在生活中的各个方面都对自己充满怀疑。他从未感觉被爱，她也看出来他觉得自己并不可爱。[12]

> 我疯狂地需要她，我工作起来很高兴，可是我对自己不高兴。她的确拯救了我的生活，她让我获得新生，[13]这是和从父母那儿得到的一样的、无条件的爱。

沃伦想从他的妻子那儿得到通常从父母那儿获得的东西。此外，他是在一个为他安排好所有事情的母亲身边长大的，现在苏珊接管过来了。虽然他们婚后生活的基本模式是那个时代比较典型的——他赚钱，而她照顾他，并且负责所有内部事务，可他们的安排比较极端。巴菲特家的一切都围绕着沃伦和他的生意转，苏珊理解她的丈夫是一个特别的人，她愿意配合他那处于胚胎期的野心生活。他白天工作，晚上查阅《穆迪手册》。他也会为自己安排一些打高尔夫和乒乓球的休闲时间，甚至申请成为奥马哈乡村俱乐部的初级会员。

苏珊刚刚 20 岁，无论怎样也算不上会做饭，不过她就和其他 20 世纪 50 年代的妻子一样，开始做最基本的膳食和家务。那时，奥马哈的妇女都想在当地的 KTMV 电视台的节目《典型家庭主妇》中露脸。而她完全忙于满足丈夫的少数但很特别的需求：冰箱里的百事可乐，台灯灯泡，以奇怪的方法烹制的当作晚餐的肉和土豆，装满盐的盐瓶，碗橱里的爆米花，冷冻柜里的冰激凌。他有时也需要有人帮着穿衣服，协助和人打交道，温存一下，摸摸头以及拥抱。她甚至给他理发，因为他声称自己不敢去理发师那儿。[14]

沃伦为苏珊着迷，而苏珊能够感受到他心里所想的事情。他形容她是一个给予者，而自己是个接受者。“她吸收我的东西，体会我的感受要比我体会她的感受多得多。”人们总是看到他们在亲吻拥抱，苏珊经常坐在沃伦的腿上，她时常说这让她想起了自己的父亲。

婚后6个月，苏珊怀孕了，不得不从奥马哈大学退学，她的姐姐多蒂也怀上了第二胎，她和苏珊一直特别亲近。多蒂是个黑发美人，和她父亲一样聪明，根据家里人的说法，她上中心高中的时候，智商是全校最高的。但是从长相和家庭生活来看，她更像她的母亲。[15]她嫁给了霍默·罗杰斯，他是一个飞行员和战斗英雄，有着男中音的大嗓门。虽然他对自己的战争功绩非常谦虚，可人们都叫他“吹牛罗杰斯”。霍默是一个快乐的精力旺盛的牧场主，他们家里经常高朋满座，多蒂弹钢琴，霍默唱歌。苏珊和沃伦没有参加罗杰斯夫妇活跃的社交生活，因为他们比较严肃而且不喝酒。但是两姐妹经常在一起，多蒂总是难以做决定，而且自从她有了第一个儿子比利以来，似乎对当母亲还比较茫然。自然地，苏珊就过来照顾和帮助她。

苏珊和她的大姑子多丽丝也开始亲近了。多丽丝在奥马哈当老师，她的丈夫杜鲁门·伍德长相英俊，性格很好，来自奥马哈一个显要的家族。但是多丽丝开始疑惑她是否像一匹奔跑的小母马突然被拉停在一匹拖车马旁边。行动快捷的多丽丝告诉杜鲁门要加速，于是他真的跑得快了点儿，不过不是快很多。

苏珊对沃伦以及他姐姐的保护在1953年1月以后提高了一个等级。那时艾森豪威尔已经宣誓就职，而霍华德在国会的任期也结束了，他和利拉返回了内布拉斯加。多丽丝和沃伦感受到了利拉重回这个城市的紧张。沃伦几乎不能忍受和他的母亲同处一室，而他母亲仍然会不时攻击多丽丝。

霍华德回到奥马哈以后无事可做。于是沃伦成立了巴菲特-巴菲特公司，这样他们可以偶尔一起买卖股票。霍华德出了一些资金，而沃伦象征性地出了些钱，他主要是贡献思想和劳动。然而霍华德很沮丧地看待自己第三次重回股票经纪的老本行。他在国会的这段时间，沃伦一直在帮他照看以前的账户，不过霍华德知道儿子很憎恨它，而且沃伦也一直没有停止努力让本杰明·格雷厄姆雇用自己，如果有机会去纽约，他会立刻离开这儿。而霍华德想念他的真爱——政治。他藏匿了想进入参议院的理想，尤其是现在还有一个共和党人在白宫，然而他的野心和极端的政治主张相互冲突。

1953 年 7 月 30 日，苏珊和沃伦的第一个孩子——苏珊·艾丽斯·巴菲特出生了。他们叫她苏茜。苏珊变成了一个热情、顽皮又很投入的母亲。

苏茜是霍华德和利拉的第一个孙女。一周以后，苏珊的姐姐多蒂的第二个儿子汤米也出生了。没几个月，多丽丝也怀上了她的第一个孩子——女儿罗宾·伍德。1954 年春天，苏珊又怀上了第二胎。现在，汤普森一家和巴菲特一家有了新的焦点——孙子辈们。

几个月以后，霍华德的机会似乎来了。1954 年 7 月 1 日的早晨，华盛顿传来消息，内布拉斯加的资深参议员休·巴特勒因中风被紧急送往医院，生还的可能性不大。申请进入预选以填补参议员席位空缺的最后期限迫在眉睫，可是霍华德出于礼仪拒绝在巴特勒过世之前递交申请文件，巴菲特一家整日都焦急地等待巴特勒的消息。他们知道霍华德在道格拉斯县有很高的知名度，如果他能参加不需要通过党内提名程序的特别选举，即使党内的权贵不再对他感兴趣，他胜出的概率也还是很大的。

巴特勒的死讯在傍晚传来，而弗兰克·马什的办公室如往常一样在下午 5 点关门。霍华德将他的候选文件扔进车里，带着利拉驱车前往林肯。因为截止时间是午夜 12 点，所以他们认为还有足够的时间。

他们本想去马什的家里递交申请文件，可即使霍华德已经在白天早些时候支付了申请费用，马什还是拒绝了他们。夫妇俩很愤怒地返回了奥马哈。

那时共和党的州候选人提名大会正在召开。巴特勒的死讯传来，就需要选出一个临时的继任者来完成他的任期[16]，而这个人很可能在11月被选上继续干巴特勒的工作。从共和党人在这个州的排名来看，霍华德是一个明显的选择。可是他已经被看作一个狂热者，是对无关紧要的道德上的小事也不屈服的人，而且不是一个忠于自己党派的人，因为他没有支持艾森豪威尔。于是大会选了罗曼·赫鲁斯卡，在霍华德任期结束时，罗曼接替了他在国会的位置。霍华德和利拉飞速返回林肯，迅速向州立最高法院提出诉讼，要求党内接受他的提名。可是24小时以后，他们放弃了这无济于事的战斗，撤回了诉讼。

沃伦听到有关提名的消息后也被激怒了，共和党怎么敢用这种方式来回报霍华德几十年来的忠诚呢？

51岁的霍华德已经看到他的未来正在消失。随着愤怒逐渐消退，他的沮丧与日俱增。像他这样引退的资深政客早就应该去扮演一个新的角色，他已经被曾经是他生活中心的舞台抛弃，那个舞台曾让他感觉在这个世界上自己还是一个有用的人。他曾经想在奥马哈大学争取一个教书的职位，家里人也觉得凭他从商和国会议员的经历，这是很合理的。尽管自己的儿子也在那儿教书，而且汤普森博士又是文理学院的院长，但学校考虑到霍华德在当地的一些古怪行为，并没有聘用他。他只能回巴菲特–福克公司工作。最终，他在离奥马哈30英里的米兰德·路瑟兰学院找到了一份兼职的教书工作。[17]

利拉似乎要被这些悲惨的事情击倒了，因为曾经给她带来荣耀的霍华德的地位，对她似乎比对霍华德自己意味着更多。她的姐姐伊迪丝现在住在巴西，伯蒂住在芝加哥，而她和多丽丝以及沃伦的关系并不稳定，她只能依靠 21 岁的苏珊。可是，苏珊又是一个忙碌的、怀孕的年轻妈妈，还要不停歇地照顾沃伦。

不久，苏珊就要永远离开奥马哈了。两年间，沃伦一直和本杰明·格雷厄姆保持通信来往。他提出对股票的看法，比如他和他的父亲为两人的合伙公司购买的格瑞夫兄弟桶业的股票。他还定期去纽约走访格雷厄姆–纽曼公司。

“我总是设法去见格雷厄姆先生。”

当然，像他这样执着于格雷厄姆–纽曼公司的学生并不多见。

“是的，我很坚持。”

在当地的共和党当着他父亲的面将参议员提名的大门砰然关上的时候，沃伦已经走在返回纽约的路上。“本杰明写信给我说，‘快点儿回来吧’。他的合伙人杰里·纽曼如此解释，‘你知道，我们又考验了你一下’。我感觉自己撞大运了。”毫无疑问他愿意接受这个工作，而这一次，国民警卫队同意了。

被格雷厄姆–纽曼公司聘用，沃伦激动万分。1954 年 8 月 1 日，他抵达纽约，第二天就出现在新的工作岗位上，比正式的开始日期提前了一个月。在那儿，他发现一周以前，一个悲剧刚发生在本杰明·格雷厄姆身上。这时离沃伦 24 岁生日还差 4 个星期，他写信告诉父亲：“本杰明·格雷厄姆的儿子牛顿上周在法国他所在的部队里自杀了，他一直有点儿心理不平衡。格雷厄姆是在《纽约时报》上看到军队发布的消息才知道儿子已经死于自杀，这真是一件让人难以接受的事情。”[18] 格雷厄姆赶往法国收拾儿子的遗物，并且和牛顿的女朋友玛丽·路易丝·安明古斯会面。玛丽比牛顿大几岁。几个星期以后本杰明从法国回来，但是和以前已经不太一样了。他开始和玛丽通信，并且定期去法国。但是在那段日子里，沃伦对自己偶像的个人生活一无所知。

沃伦不得不开始照料自己的生活，首先要找到他们一家能够生活的地方。在纽约的第一个月，苏珊和女儿苏茜继续留在奥马哈。

> 我首先想方设法住在彼得库柏村，这是第二次世界大战结束后由大都会人寿公司建造的两个大型工程之一。我在哥伦比亚大学的朋友弗雷德·库尔肯住在彼得库柏村，沃尔特·施洛斯也住在那儿。每个人都想住进去，由于一些法律上的特别条款，那儿真的很理想，一个月七八十美元，条件非常好。我去之前申请了，可在两年之后才收到上面写有“你被接受了”的字样的明信片。如果能早一点儿被接受，我早就到这座城市生活了。

于是，沃伦到处寻找便宜的公寓，不考虑客观位置以及距离远近。最后他定了一套有三间卧室的公寓。那一栋白色砖瓦建筑，坐落在中产阶级居住的怀特普莱恩斯郊区，属于离纽约大约 30 英里的威彻斯特县。几个星期以后苏珊和苏茜到达时，公寓还没有打扫好。全家不得不先住进威彻斯特县一幢房子的其中一间，那儿非常狭小，他们不得不临时把梳妆台的抽屉给女儿当小床用。巴菲特一家在那儿只住了一两天。

但是这些日后被用来说明沃伦的节俭习惯的故事被添油加醋，变成沃伦太掉价了，竟然不愿意为苏茜买小床，而让她在怀特普莱恩斯度过的大部分婴儿期里睡抽屉。[19]

怀孕的苏珊卸下行李安排新家，同时照顾他们的孩子、熟悉邻居。而另一边，沃伦每天早上起来，搭火车去纽约中央车站。第一个月里，他一直待在格雷厄姆–纽曼公司的文件室里，迫切地想知道有关这家公司运作的所有事情，不放过每一张纸片。

只有 8 个人在那儿工作：本杰明·格雷厄姆、杰里·纽曼、杰里的儿子米基·纽曼、会计伯尼·华纳、沃尔特·施洛斯、两个女秘书以及刚来的沃伦。沃伦终于穿上了他一直垂涎的实验室风格的灰色薄外套。“他们给了我那件外套，那真是一个重要的时刻。在外套下，我们都是平等的。”

当然，这些人并不是完全平等的。沃伦和沃尔特坐在一间没有窗户的房间里，里面放着自动收报机、打给经纪人的直线电话，以及一些参考书和文件。沃尔特就坐在电话旁边，并且大多数时候都是他打电话给经纪人。本杰明、米基·纽曼，通常是杰里·纽曼，会定期从他们的私人办公室过来确认一下自动收报机上的报价。“我们会查找数据，并且阅读《标准普尔手册》以及《穆迪手册》，发现那些以低于营运资本的价格出售的公司，那时有很多这样的公司。”施洛斯回忆。

这些公司就是格雷厄姆所称的“烟蒂”：便宜又不受宠的股票，就像人行道上可以找到的那种细长雪茄烟被碾碎的烟蒂一样，被弃置一边。格雷厄姆擅长找到这些其他人会忽略的令人不屑的残留物，他能点燃它们，然后再满满地吸上最后一口。

格雷厄姆知道相当数量的“烟蒂”将会是肮脏的，并且认为花时间检验每一个“烟蒂”的质量是白费力气。平均率法则认为它们中的大多数还能吸上一口，而他总是根据公司清算时的价值考虑——如果被清算，那它们的资产能值多少，以怎样的折扣购买才符合“安全边际”。作为更进一步的安全措施，他会在大量股票中只买很少的头寸，这是出于分散投资的原则。格雷厄姆的分散投资理念非常极端，有时候他的头寸小到只有 1 000 美元。

对自己的判断非常有信心的沃伦却认为没有理由以这种方式下注，并且对分散投资不以为然。他和沃尔特从《穆迪手册》收集数据，并且填写成百上千张格雷厄姆–纽曼公司用于做决定的简单表格。沃伦想要知道每一家公司的所有基本信息，一旦看完这些信息，他就会缩小范围，更认真地研究少数股票，然后将钱集中投注在他认为最好的股票上。他愿意将他的大多数鸡蛋放进一个篮子里，和购买 GEICO 股票的做法一样，虽然那时他已经出售了 GEICO 股票，因为他总是没有足够的钱去投资。每一个决定都有机会成本——他必须将每一个投资机会和下一个更好的投资机会进行比较。虽然他非常喜欢 GEICO 股票，但当他找到了另一只更希望得到的股票时，不得不做出壮士断腕般的决定。这只股票是西部保险，每股收益 29 美元，可才卖 3 美元一股。

这就像找到了一台老虎机，每次你玩的时候都会有惊喜出来。如果你放进 25 美分，一拉手柄，“西部保险机器”会保证至少支付两美元[20]，任何头脑健全的人都会一直玩下去。这是沃伦当时看到过的安全边际最大且最便宜的股票，他尽其所能地买这只股票，而且让他的朋友们也买了。[21]

沃伦像一条可以找到任何免费或便宜东西的侦探犬。他有吸收数字且加以分析的惊人能力，很快就成为格雷厄姆-纽曼公司的得力干将。对他而言这是自然而然的事，格雷厄姆的“烟蒂”和沃伦在赛马场弯腰捡别人丢弃的赢钱的彩票的旧嗜好非常相似。

沃伦密切关注合伙人（本杰明、杰里和米基）在干些什么，本杰明·格雷厄姆是费城里丁煤铁公司的董事会成员，而格雷厄姆-纽曼控制了这家公司。沃伦自己已经发现了这只股票，截至 1954 年底共投入了 35 000 美元。他的老板也许会有点儿胆战心惊，可沃伦自己很有信心。[22] 这家公司销售无烟煤并且拥有被认为有价值的废渣堆，事实上是一项不太值钱的生意。随着时间流逝，它必然会衰退。但是，它可以用多余的现金购买别的公司。

> 我只是坐在外面办公室的苦力。一个叫杰克·戈德法布的家伙来到格雷厄姆-纽曼，他和他们谈判，而他们从杰克那儿为这家煤铁公司买下了联合内衣公司，这就缔造了后来的 P&R 公司。[23] 这

是这家公司多样化转型的开端。我不属于内部圈子，不过非常感兴趣，知道一些事情正在发生。

沃伦竖着耳朵偷听的是资产配置的艺术——把钱放在能获得最高回报的地方。在这个案例中，格雷厄姆-纽曼使用从一项生意中得来的钱去购买利润更丰厚的另外一项生意。久而久之，这也意味着破产和成功之间可以转化。

这样的交易发生的时候，沃伦觉得自己好像正坐在窗台上，朝里看高明的筹资。不过，就像他不久后发现的，格雷厄姆和华尔街其他人的做法并不一样。他总是在心里朗读诗句或者引述维吉尔的话，所以很容易在地铁里丢东西，和沃伦一样，他对自己的外表漠不关心。如果有人说“这真是一双有趣的鞋子”，格雷厄姆才会低下头看看一只脚上咖啡色的牛津鞋，另一只脚上却是黑色的，然后眼睛都不眨地回答，“是的，事实上，我家里还有一双跟它们一样的鞋”。[24]但是，和沃伦不一样的是，他并不关注钱本身，也不是将交易看成比赛而感兴趣。对他而言，挑选股票就是一个智力测验。

一次，我们正在等电梯。我们准备到位于查宁大楼底层的自助餐厅吃饭。本杰明对我说：“记住一件事，沃伦，钱并不会让我和你的生活有太多不同，我们现在都将去楼下的自助餐厅吃饭，每天在一起工作，而且很开心。因此不要过于操心钱了，因为它不会使你的生活变得多么不一样。”

沃伦很敬畏本杰明·格雷厄姆，尽管如此，他还是被钱牢牢抓住。他想积聚很多钱，并把这个过程看成一个竞赛。如果要他放弃一部分钱，沃伦会像狗保护骨头一样，或者更甚，好像自己已经被攻击一样。他不愿损失一分钱，这让人觉得钱完全占有了他。

苏珊太了解这一点了。即使在他们的公寓大楼里，沃伦也很快得到了吝啬和古怪的名声。只有在他上班因衬衫而尴尬时——苏珊从来只熨衣领、前面口袋和袖口，他才允许她把衬衫送到干洗店去。[25]他和当地的一个报摊做交易，以折扣价购买报摊准备扔掉的过期一周的杂志。他没有轿车，而如果他从邻居那儿借车，他从来不会加满油箱（当他最后有了车时，也只在下雨的时候洗车，雨水可以减少冲洗的体力活儿）。[26]

对沃伦而言，从他开始卖第一袋口香糖开始，用这种方式紧紧抓住每一分钱就是使他变得比同龄人相对富有的两个途径之一。另外一个途径就是积攒更多的现金。从哥伦比亚大学开始，他就开始以加速度赚钱。现在，他的大部分时间花在沉思上面，生意数据和股票价格在他的脑海里盘旋。如果不是在学习，那他就一定在教书。为了能使他的戴尔·卡内基的技能保持灵敏，不至于在观众面前僵住，他在史卡戴尔成人学校教投资课程，该学校设在附近郊区的一所高中里。同时，巴菲特夫妇的社交圈中都是那些对股票感兴趣的人。

有时，他和苏珊会被邀请去乡村俱乐部，或者和华尔街其他年轻夫妇一同参加晚宴。比尔·鲁安把他介绍给了一些熟人，如亨利·勃兰特和他的妻子洛克萨妮。亨利是个经纪人，看起来就像是蓬头垢面的杰里·刘易斯，他以班级最优成绩从哈佛商学院毕业。在华尔街的圈子里，就像他们其中一个人评价的，沃伦是“你见过的最格格不入的人”。但是当他开始滔滔不绝地讲股票的时候，其他人会定定地坐在他的脚边，就像“耶稣和教徒”，洛克萨妮·勃兰特说。[27]

妻子们坐在一边聊她们自己的事情，苏珊和她的丈夫一样引人注目。沃伦施展了他的金融法术，而苏珊用她的单纯迷住了那些妻子。她想知道一切关于她们孩子的事情，或者她们想要孩子的计划。她知道如何让人们对她敞开心扉，她会问一些生活中的大决定，然后，带着充满感情的表情说："有遗憾吗？"于是亲密的感情油然而生。苏珊半小时前刚遇到的人就会觉得自己有了一个最好的新朋友，尽管苏珊自己从未以倾诉作为回报。人们喜爱她是因为她对他们如此感兴趣。

但是在等待第二个孩子出生的大多数时间里，苏珊都是独自一人。她的日子里充斥着洗衣服、购物、清洁、做饭，另外还要喂饭、换尿片，陪苏茜玩儿。对他们两个而言，这些都很正确而且正常。就像3年前瑞奇·里卡多在电视剧《我爱露茜》第一季中说的那样："我想要一个只是妻子的妻子。"[28] 露茜的野心和她没有成果的努力让整个剧集显得很好笑。当苏珊给沃伦喂晚餐时，她支持他工作就好像这是日常的圣礼一样。她认识到他对格雷厄姆先生的敬畏，但是她也从远距离观察，沃伦并没有和她分享工作的细节，那当然无论如何也不会吸引她。她继续耐心振作他的信心，并且以情感感染他，教他一些关于人际关系的事理来"将他完整地拼起来"。在家里，她认定的一件事就是他和他们的女儿培养感情的重要性，沃伦不是那种会和孩子躲猫猫或给孩子换尿片的父亲，不过他每个晚上都会给苏茜唱歌。

> 我一直唱《飞越彩虹》，它起到了催眠效果。我不知道是不是太令人厌烦了还是别的，不过只要我一开始，她就会入睡。我会让她靠在我的肩膀上，当然基本上，她会软软地睡在我的臂弯里。

偶然找到一个可靠的系统，沃伦从不会搞砸它。唱歌的时候，他很容易摆脱在他的精神文件夹里到处翻寻的状态，于是夜复一夜，《飞越彩虹》的歌声继续着。

在纽约荒芜的郊区，独自一人做家务、带孩子、照顾沃伦，苏珊欢迎每一个在她家门口露面的人。1954年下半年的一天，《父母》杂志的一个销售员顺道拜访了这个公寓。无论这个人和苏珊说了什么，沃伦回到家后总结出，她签的那些文件使他们获得的条件要比她先前认为的不利。他因他的妻子被误导而盛怒，给杂志的代表打了好几次电话，不过当他要求退钱时，他们明确表示“不行”。

沃伦开始了自己的征战，他不仅想要回17美元，更想纠正一件不公平的事，让《父母》杂志屈膝。他跑遍了整个公寓大楼，找到了一些愿意加入的人。接着他在曼哈顿一家小额索偿法院起诉了这家杂志，并期待着自己能代表所有被《父母》杂志欺骗的订阅者做证。一想到这家杂志聘请的律师们正启动计时器，他就高兴地踮起了脚后跟。在这件事情上他的父亲有点儿作用，但因为关系到金钱，而且有比较大的胜算，他的母亲也同意了。

但让他懊恼的是，在讯问开始之前，他就收到了支票。《父母》杂志选择了和解，征战计划泡汤。

1954年12月15日，沃伦提前下班回家，因为苏珊分娩的阵痛开始了。就在这会儿，门铃作响，苏珊开了门，原来是一位走家串户的传教士过来拜访。她礼貌地邀请他到起居室，并且听他传道。

沃伦也在听，不过他在想也就是苏珊会让这个男人进来。沃伦开始期盼谈话结束，这么多年他都是一个不可知论者，没有兴趣被别人改变信仰，而他的妻子正要分娩。他们需要去医院。

可苏珊继续听着。“再告诉我一些。”她说。这个传教士讲个不停，她不时地轻轻呻吟。[29] 她不理沃伦的信号，显然认为礼貌对待来访者并且让他感觉自己被理解要比去医院重要得多。来访者看来没有注意到她正在阵痛。沃伦坐在那儿，无助，并且越来越焦虑不安，直到这个传教士自己也精疲力竭。“我真想杀了那家伙。”他说。但他们还是有充足的时间去医院。第二天凌晨，豪伊出生了。

21

真正的玩家

纽约　1954—1956 年

豪伊是个“很难缠”的宝宝，和苏茜的安静温和相反，豪伊就像个你根本关不上的闹钟。巴菲特夫妇一直等待这噪声能够变小，可它却越来越大了。突然之间，房子里整日充斥着嘈杂声。

> 他有吮吸方面的问题，我们试过了各种各样的奶瓶。我不知道他是否吸进了空气，他总是处于饥饿状态。和苏茜相比，豪伊是个考验。

总是苏珊去照顾吵个不停的豪伊，因为沃伦是在一个高谈阔论的父亲，在愤怒和喋喋不休的母亲身边长大的，所以他对周边的事情充耳不闻也就不足为奇。即使豪伊晚上哭啼不已，也不会太分散他的注意力，在这间公寓的第三个卧室——他的小办公室里，沃伦可以几个小时完全沉浸在思考中。

他正全神贯注于工作中一个复杂的新项目，那将成为他职业生涯的一个重要事件。沃伦加入格雷厄姆-纽曼不久，可可豆的价格突然从每磅5美分飙升至超过50美分。这个情况导致布鲁克林区的巧克力制造商洛克伍德公司因“获利有限”[1]而面临进退两难的困境。该公司的王牌产品是洛克伍德巧克力片，被用来做巧克力薄片曲奇饼干。由于公司不能在产品上提太多价，因此损失惨重。可可豆的价格很高，洛克伍德有机会将它拥有的可可豆转卖获得暴利。不幸的是，税单会吞掉大部分利润。[2]

洛克伍德公司把格雷厄姆-纽曼当作可能的买主进行接洽，不过格雷厄姆-纽曼不愿意接受洛克伍德的要价。于是洛克伍德转而投向投资人杰伊·普里茨克，后者找到了躲避巨额税单的办法。[3]普里茨克认识到，1954年的美国税收法规定，如果公司缩减生意的范围，那么这部分库存的“部分清算”就不需要纳税。于是他买进了足够控制洛克伍德公司的股票，同时选择让公司继续保持巧克力制造商的身份，而甩掉了可可油生意。他把1 300万磅的可可豆归入可可油生意，这样，这部分可可豆就可以“被清算”了。

普里茨克并不是想用可可豆换现金，而是想用可可豆换其他股东手中的股票，他这么做是想增加自己在这家公司的权益。于是他提供了一个好价钱以刺激成交——用价值36美元的可可豆[4]换取成交价为34美元的股票。[5]

格雷厄姆从中找到了赚钱的办法，格雷厄姆-纽曼可以购买洛克伍德的股票用来换取普里茨克手中的可可豆，然后卖掉可可豆，这样每股就可以挣2美元。这是一种套利交易，两种几乎一样的商品以不同的价格交易，精明的交易人可以同时一边买进一种商品，而另一边卖出另外一种商品，几乎没有风险地获取差价收益。“华尔街古老的谚语被重述了，”就像巴菲特后来写的，“给一个人一条鱼，你可以让他一天不挨饿，教会一个人套利生意，你可以让他永远不挨饿。”[6]普里茨克交给格雷厄姆-纽曼一张仓库凭单，就像听起来的那样：一张用来证明持有人拥有如此之多的可可豆的纸片。它可以用于交易，只要把仓库凭单卖出去，格雷厄姆–纽曼公司就赚钱了。

34 美元（格雷厄姆–纽曼购买洛克伍德公司股票的成本——要交给普里茨克）

36 美元（普里茨克交给格雷厄姆–纽曼一张仓库凭单——以该价格出售）

2 美元（洛克伍德公司每股股票的收益）

但是，这其中仍然存在一些风险。如果可可豆的价格掉下来，或者凭单突然只值 30 美元，会怎么样？那就意味着格雷厄姆–纽曼每股会损失 4 美元。为了锁定利润、消除风险，格雷厄姆–纽曼卖出了可可豆期货。这也是一件好事，因为可可豆的价格快掉下来了。

在期货市场中，买卖双方可以协商约定，在未来的某一天以现在双方确定的价格交换如可可豆、黄金、香蕉等商品。格雷厄姆–纽曼缴纳了小额费用后，就可以安排在一个规定的时间以已知的价格出售可可豆，这样可以消除市场价格下跌的风险。而这笔交易的对手方承担了价格下跌的风险，这是在投机。[7]如果可可豆价格下跌，而投机者必须按合约中商定的价格从格雷厄姆–纽曼那儿购买现在并不值那么多钱的可可豆，这样格雷厄姆–纽曼的利益就得到了保护。[8]从格雷厄姆–纽曼的角度来说，投机者需要承担价格下跌的风险。当然，在那时，谁都还不知道可可豆的价格会往哪个方向发展。

因此，套利交易的目标就是在尽可能买入洛克伍德公司股票的同时，卖出同等数额的期货。

格雷厄姆–纽曼公司安排沃伦负责洛克伍德这笔交易。沃伦是最理想的人选：他从事股票套利已经好几年，会在购买同一家公司发行的可转换优先股的同时，卖空普通股。[9]他仔细研究了前 30 年的套利回报，发现这些“无风险”的交易一般会有 20 美分对 1 美元的回报，比股票平均七八美分的回报要高得多。有好几个星期，沃伦白天坐着地铁在布鲁克林和公司间来来回回，忙着到施罗德信托公司把股票换成仓库凭单；晚上则忙于分析形势，一边为苏茜唱着《飞越彩虹》，一边沉入思考，对苏珊努力给豪伊喂奶时豪伊发出的尖叫声充耳不闻。

表面上，洛克伍德这笔交易对格雷厄姆–纽曼公司而言是笔很简单的交易，唯一的成本就是地铁票、思考和时间。不过，沃伦意识到这笔交易有更多的“金融烟花”[a]潜力。[10]和本杰明·格雷厄姆不一样，他没有做套利交易，因此也不需要卖出可可豆期货。相反，他自己购买了 222 股洛克伍德的股票，并且只是简单地持有。

沃伦已经认真彻底地思考过普里茨克的报价。如果他按照洛克伍德股票数量来划分洛克伍德拥有的可可豆——而不是分配给可可油生意的那部分豆子，就比普里茨克报出的每股 80 磅可可豆的价格还要高。因此那些没有交出股票的人会发现自己手中的股票每一股可以值更多的可可豆，还不只这个，那些没有交出股票的人所导致的多余的可可豆，会将每股股票所值的可可豆数量推得更高。

此外，那些保留股票的人会因手中的股份，而从公司厂房、设备、客户应收款以及洛克伍德其他没有关闭的业务中按照股票数量分得一杯羹。

沃伦进行了换位思考，从普里茨克的观点来分析，他觉得疑惑，如果杰伊·普里茨克正在买入股票，那别人卖出这些股票有什么意义？用心盘算过以后，他认为那样做毫无意义。杰伊·普里茨克这一边才是真正的玩家，沃伦现在把这些股票看作整个生意的冰山一角。

a. 金融烟花（financial firework），指金融产品（股票、债券等）的价格迅速爬升。——编者注

随着发行在外的股票越来越少，他持有的头寸就越来越值钱。现在，他比仅仅做套利交易要冒更大的风险，但是他下的赌注是经过计算的，而且有对他非常有利的胜算概率。通过套利获得的2美元利润太容易赚取了，而且没有风险。如果可可豆价格下跌，期货合约还可以保护格雷厄姆-纽曼公司。他们以及很多其他股东，接受了普里茨克的要约收购，得到了一大堆可可豆。

然而，紧紧抓住股票被证实是一个聪明的选择。那些和格雷厄姆-纽曼一样做套利的人每股赚取了2美元。而洛克伍德股票从普里茨克收购之前的15美元交易价，一跃而至收购完成后的每股85美元。如果参加套利交易，沃伦的222股洛克伍德股票只能为他赚444美元，而现在，他经过计算的下注为他赢了一大笔钱——大约13 000美元。[11]

在这个过程中，他也非常重视去了解杰伊·普里茨克。他意识到任何一个聪明人都会估计到这笔交易的后面还有更多的“聪明事”发生。他参加了股东大会，问了些问题，对普里茨克而言，那就是沃伦给他的初次印象。[12]那时，沃伦25岁，普里茨克32岁。

即使只能运作相对小数额的资产——少于10万美元——沃伦也认识到通过这种思考方式，他可以为自己开启有无限可能的世界。唯一束缚他的是可供他使用的资金、精力以及时间。这是个伐木工似的体力活儿，可是他喜欢这么干。这和大多数人投资的方式截然不同，大多数人坐在办公室里阅读别人的研究报告。沃伦是个侦探，很自然地要做自己的研究，就像他以前那样。

他使用穆迪工业、银行、金融，以及公共设施手册进行他的侦探工作，经常亲自去穆迪公司或者标准普尔公司。

> 我是唯一一个会在那儿出现的人，他们甚至从来不问我是不是客户。在那里，我可以找到四五十年前的文件，他们没有复印机，所以我得坐在那儿潦草地记下所有小的注释，这个数字，那个数

字。他们有一个图书馆，可是你不能自己挑选，必须请里面的人帮忙。于是我就说那些公司的名字——泽西抵押公司、银行家商业公司，以前从来没有人这么要求过。他们把相关内容找出来，我就坐在那儿记笔记。如果想看看证券交易委员会里的文件，那你就应该像我经常做的那样，直接去证券交易委员会。这是可以得到那些文件的唯一办法。如果公司就在附近，也许我会顺便看看公司的管理。我不会事先预约，不过我能完成很多事情。

他最喜欢的线索之一是粉单：一周印一次，在一张粉红色的纸上。这张单子提供了那些小得不能在证券交易所交易的公司的信息。另外一个是《全美报价书》，每6个月出版一次，上面是一些小得都不能进粉单的公司的信息。但是再小的公司、再难懂的细节都难以逃脱他的筛子。“我会仔细筛选大量的企业，并且从中找出一两个我能投上1万美元或者1.5万美元的极其便宜的公司。”

沃伦并不骄傲，他为能从格雷厄姆、普里茨克或者其他有用的来源借用思想而感到荣幸。他称之为“搭顺风车”，而并不介意这个主意是吸引人的还是平凡的。一次，他跟从了格雷厄姆的投资，买了联合电车公司的股票[13]。这是一家位于马萨诸塞州新贝德福德的公共汽车公司，相对它的净资产，它的股票价格有很大的折扣。

它有116辆公共汽车和一个小型游乐场。我开始买这只股票的时候，是因为它有80万美元的国库券、数十万美元的现金以及价值9.6万美元的发行在外的公共汽车票。就算它值100万美元，每股应该值60美元。而我开始买的时候，股票交易价格在30—35美元。

整家公司正在以它银行现金的一半价值出售股票。买这只股票相当于在玩老虎机，你投进50美分，而它能保证最后吐出来1美元。在这种情况下，这家公司很自然也在设法买自己的股票，在当地的新贝德福德报纸上登广告邀请其他股东将股票卖给它。面临竞争的沃伦也刊登了自己的广告："如果你想出售自己的股票，请按照某某地址写信给沃伦·巴菲特。""因为这是受管制的公用事业，我从马萨诸塞州公用事业委员会弄到了最大股东的名单。我努力去找更多的股票，而且我想去见见掌管这家公司的马克·达夫。"

拜访管理层是沃伦做生意的一种方式，他利用这些会面尽可能地去了解公司。和管理层的私人接触中，他会用自己的知识和智慧迷住那些有影响力的人，给他们留下深刻的印象。而且他感觉通过和公司的管理层变得友好，他也许能够影响这家公司去做正确的事情。

相反，格雷厄姆不会拜访管理层，更不用说设法影响他们了。他把这种行为称为"自助"，并且认为这是用"欺骗"去获得内幕消息，即使那是合法的。他觉得投资者从定义上来看就意味着是一个外部人，他和管理层应该是公开询问，而不是和他们有往来。格雷厄姆希望和对手，即使是个小家伙，在平等的竞技场上比赛，使用任何人都能获得的少量信息。[14]

然而，沃伦凭着他的直觉，决定在一个周末去拜访联合电车公司。

我大约早上4点起床，然后开车去新贝德福德，马克·达夫很友善、礼貌。就在我准备离开的时候，他说："顺便提一下，我们一直在考虑给股东们一次资本回报分配。"那意味着他们将把多余的钱回馈股东，于是，我说："哦，那很好啊。"他又接着说："是的，不过你可能没有意识到马萨诸塞州关于公用事业的法令中有一条规定，如果你想这么干，必须得按照面值的倍数来支付。"这只股票的面值为25美元，那意味着公司至少要分配一股25美元。我回答："好啊，那是一个好的开端。"接着他又说：

“我们考虑用两倍。”那意味着他们将宣布一股 50 美元的分红，而它现价只有 35—40 美元。也就是说，如果你买了一股他们的股票，你立刻就能除了拿回付出的钱外，还有多的。另外，你仍然拥有手中的股票代表的这家企业的一小部分。

我一股得了 50 美元，而且我还拥有这些股票，这家公司还有价值。联合电车公司在所谓的特别储备、土地、建筑以及他们存放旧电车的仓库里还隐藏了资产。我永远也不会知道是不是我的拜访促成了这次分红。

到目前为止，对冲突很小心谨慎的巴菲特已经磨炼出不需要大声嚷嚷就能解决问题的技能。因此，虽然他认为也许他影响了达夫，但并不肯定是什么推动了达夫的决策。对他而言，重要的是他不需要冲突就能得到他想要的结果——他在这笔交易中赚了 2 万美元。谁会料到能从联合电车公司挣这么多钱呢？[15]

巴菲特家族的历史上还没有人能够一笔赚 2 万美元。1955 年，这笔钱是一般人平均年收入的好几倍。几周的工作就能将你的钱翻一倍多是惊人的，但是，对沃伦来说更重要的是，这样做几乎没冒什么大风险。

苏珊和沃伦并没有讨论可可豆套利和电车公司股票的细节。她对钱不感兴趣，只把它看成是用来买东西的。而且她知道，即使钱像大浪一样冲进怀特普莱恩斯的小公寓里，沃伦给她的也就是那一点点家用。她不是以记录每一笔微小开支的方式长大的，所以和一个为了省钱而和报摊商量买过期一周的杂志的男人结婚，对她而言意味着全新的生活方式。她竭尽全力一个人打理家里，不过沃伦赚的钱和他给妻子的钱之间的差距已经大得让人目瞪口呆。一天，她很恐慌地打电话给邻居玛德琳·奥沙利文。

“玛德琳，发生了一件糟糕的事情，”她说，“你得过来一趟！”玛德琳冲到巴菲特家，苏珊正在那儿心烦意乱呢。原来她无意中将沃伦桌子上的一批红利支票扔进了公寓的炉子槽里，那直接连着这个公寓的炉子。[16]

“也许炉子没有烧火。”玛德琳说，于是她们打电话给大楼管理人，管理人让她们进了地下室。确实，炉子是冷的。她们在垃圾里翻找支票，苏珊一直绞着自己的手说：“我无法面对沃伦。”当她们最终找到支票时，玛德琳的眼睛都睁圆了，并不是她认为的只有25美元或者10美元，这笔钱足足有数千美元之多。[17]住在怀特普莱恩斯小小寓所里的巴菲特夫妇变得真正富有了。

伴随着豪伊的哭闹声，他们的钱越来越多。沃伦也对苏珊稍稍慷慨了一些，尽管他自己很节约，但由于他完全被苏珊迷住了，所以还是一一满足了她的要求。那一年6月，他们回奥马哈参加沃伦妹妹伯蒂和查理·斯诺福的婚礼。那时，沃伦已经答应苏珊找个人帮忙做家务。于是他们急忙开始在奥马哈寻找一个可以和他们一起回怀特普莱恩斯的家政工。

通过在报纸上登广告，他们雇用了小镇上的一个年轻妇女，她“看起来是合适的类型”，事实上不是。后来沃伦打发她坐公共汽车返回奥马哈，而苏珊重新寻找替代人选，因为她需要帮手——抚养豪伊两个人都忙不过来，而且她知道他们负担得起。

沃伦在格雷厄姆-纽曼的耀眼表现让他成了公司的明星员工，本杰明·格雷厄姆私下对沃伦以及他亲切外向、让人平静的妻子很感兴趣。格雷厄姆在豪伊出生时送给他们一个电影摄影机和放映机作为孩子的礼物，他甚至为了这个小男孩，带着泰迪熊出现在他们的公寓里。[18]有一两次，他和他的妻子埃斯蒂邀请巴菲特夫妇吃晚饭，席间，他注意到沃伦经常凝视着他的妻子，而且两个人总是手牵着手。但是他也看出来沃伦并没有刻意对他的妻子献殷勤，而苏珊也许会喜欢偶尔的浪漫举动。[19] 当苏珊带着期望提到沃伦不会跳舞时，格雷厄姆就把亚瑟·默里舞蹈工作室的礼券随意放到沃伦的桌上。他本人也在那儿上课，虽然跳得很笨拙。不久格雷厄姆向工作室核实，才发现他的门徒从没使用过礼券。他和沃伦提起这件事情，并且鼓励他去，掉进陷阱的沃伦和苏珊步履蹒跚地上了三次课以后，就退出了。他从来没有学会跳舞。[20]

但是这些并没有妨碍沃伦在格雷厄姆–纽曼的地位上升，还不到18个月，本杰明·格雷厄姆和杰里·纽曼都开始把沃伦当作一个潜在的合伙人对待，那意味着会有一些家庭聚会。1955年年中，甚至坏脾气的杰里·纽曼也邀请了巴菲特夫妇到他位于纽约路易斯伯洛的豪宅参加夫妇俩认为的"野餐"，苏珊穿着适合坐大篷车的轻便衣服出席，到了那里才发现其他女士都穿着裙子，戴着珍珠项链。尽管他们看着就像是一对乡巴佬，可穿着上的失礼并没有对沃伦的地位造成影响。

沃尔特·施洛斯没有被邀请参加这样的场合，他已经被归为熟练雇员一类，永远不可能升为合伙人。一向对人不那么友好的杰里·纽曼更加怠慢、轻视施洛斯，于是，已婚且育有两个年幼孩子的施洛斯决定自己干。他过了好长一段时间，才鼓足勇气告知格雷厄姆[21]。1955年底，他自己的投资合伙公司正式开张，10万美元的出资额由一群合伙人共同承担，就像巴菲特后来评论的，这些人名"就是直接从埃利斯岛的一长串名单中得来的"。[22]

巴菲特肯定，施洛斯能够成功地运用格雷厄姆的方法。他钦佩施洛斯能有这样的勇气去建立自己的公司。虽然他担心施洛斯用这么少的资本起步是否能养活自己的家庭[23]，但是他也没有对施洛斯的合伙公司投入过一毛钱，就和没有投资格雷厄姆–纽曼公司一样。对沃伦·巴菲特而言，让别人用他的钱投资是不可想象的事情。

他找到了接替施洛斯的人，巴菲特是在华尔街布莱斯公司的正式午宴上遇到汤姆·纳普的[24]，他比沃伦大10岁，高大英俊、黑发，具有坏坏的幽默感。纳普上过一堂戴维·多德的夜校课，并且被迷住了，于是他立刻把他的研究行业从化学换成了商业。格雷厄姆雇用了纳普，他是这家公司的第二个非犹太人。

等到纳普坐在巴菲特旁边原来施洛斯的那张旧桌子旁时，沃伦已经开始注意到格雷厄姆的私人生活。当格雷厄姆邀请纳普去听他在新学校发表的有关社会研究的演讲时，纳普觉得自己开始入门了。他说，在那儿他发现自己是和6位女士一起坐在桌子旁边。"本杰明说话的时候，"纳普说，"我意识到每一位女士都很爱他，而且她们看起来并不相互妒忌，她们似乎都非常非常了解他。"[25]

事实上，到1956年初，格雷厄姆已经对投资感到厌烦了，他的其他兴趣——女人、经典著作、艺术——如此强有力地拉着他，他的一只脚已经走到了门外。一天，纳普出去时，接待员将一个身材瘦高的年轻男子引入沃伦正在填表格的那间没有窗户的房间。他叫埃德·安德森，和纳普一样，是个化学家，不是专业的投资者。他在加利福尼亚原子能委员会的利弗莫尔实验室工作，业余时间看看股票。他读过《聪明的投资者》，里面丰富的便宜股票让他印象深刻。我的天啊！他想，这不可能是真的。你怎么能用比他们放在银行的现金还少的钱买这些公司呢？[26]

兴趣被激发后，他一直在搭格雷厄姆的顺风车。买了一股格雷厄姆-纽曼公司的股份后，他利用格雷厄姆-纽曼的季报弄清楚格雷厄姆在干什么，就跟着买那些股票。格雷厄姆从不阻止这种行为，他喜欢别人学习并且效法他。

安德森来公司是因为他在考虑再买一股格雷厄姆-纽曼的股份，不过他注意到了一个奇怪的地方，所以想问问清楚。格雷厄姆买了太多AT&T的股票，这是可想象的最不像格雷厄姆风格的股票——拥有、研究，被众人追随，公平估价，潜力和风险一样小。发生什么事情了吗？他问沃伦。

沃伦思考了一秒钟，这个没有商业背景的男子令人印象深刻，一个化学家，却意识到AT&T股票不在格雷厄姆固有的投资模式之内。而太多人认为“生意”是类似经过专门培训的人才能做的工作。他对安德森说：“也许现在不是再买一股的最佳时机。”[27] 他们又聊了一会儿，然后友好地告别，都表示以后要保持联系。沃伦很高兴他的朋友施洛斯已经自立门户了。通过观察公司的交易模式，他已经清楚格雷厄姆将关闭他的合伙公司。

本杰明·格雷厄姆的职业生涯即将走到终点。他62岁，而市场已经超越了1929年的高峰。[28] 现在的价格让他感到紧张，而他的回报率已经比市场高出2.5%。[29] 他想退休，搬到加利福尼亚去享受生活。杰里·纽曼也要退休，不过他的儿子米基将继续留任。1956年春，格雷厄姆给他的合伙人发了通知，不过他首先提供给沃伦成为公司普通合伙人的机会。他能够选择像沃伦这样年轻的人，显示了在这么短的时间里，沃伦已经让自己变得多么有价值。但是“如果我继续待在那儿，只能成为类似本杰明·格雷厄姆的人，并且米基也只能成为类似杰里·纽曼的人，但是米基早就已经是高级合伙人了。这家公司的名字将会是纽曼-巴菲特”。

即使沃伦受到了赞赏，他也已经去格雷厄姆-纽曼公司工作过了，然而对他而言，留下来，甚至被看成是本杰明·格雷厄姆智慧的继承人已经不值得了。而且，当他主导联合电车和可可豆一战时，他总在想，“我不喜欢住在纽约，因为我总是在火车上来来回回”。更重要的是，他不适合和合伙人共同工作，尤其是作为某个人的下一级合伙人。于是，他拒绝了邀请。

22

隐藏的光辉

奥马哈　1956—1958 年

> 我大约有 174 000 美元，准备退休了。我在奥马哈安德伍德大街 5202 号租了一间房子，每个月付 175 美元。我们每年的生活费是 12 000 美元，而我的资产还在增长。

回想起来，沃伦在 26 岁的年纪就开始使用“退休”这个词，着实会让人觉得奇怪。也许这是降低预期的一种方式，也许他的意思是把资产看作可以使人变得富有的工具。资本的监督者不是一个受雇用者。

以数字而言，沃伦理论上可以凭借现在拥有的钱退休，而且到 35 岁就可以达到他成为百万富翁的目标（那时候的 100 万美元相当于 2007 年的 800 万美元）。自从怀揣 9 800 美元上哥伦比亚大学以来，每年他的资金增长率都超过 61%。可他还是很急，为了达到目标，他需要非常高的复合增长率。[1]因此，他决定成立一家合伙公司，类似格雷厄姆-纽曼的姐妹对冲基金纽曼-格雷厄姆。[2]这样，也许他就不用把投资看成一份工作。事实上，这是无须拥有一份“工作”的几近完美的解决方式。他不会有老板，可以在自己的家里投资，还可以让朋友和亲戚买他自己也买的股票。如果他可以在为合伙人挣的每1美元中提取1/4的费用进行再投资，那么他成为百万富翁的速度就会快很多。拥有本杰明·格雷厄姆买股票的方法和格雷厄姆式的对冲基金，他有充足的理由把自己看成一个富人。

现在，他的想法只面临一个问题：他无法忍受合伙人因股票价格下跌而发出的批评。但是，沃伦已经找到了一个解决办法。他打算只邀请自己的家庭成员和朋友——他确信会信任他的人——加入合伙公司。1956年5月1日，以纽曼-格雷厄姆模式为基础[3]，共有7位合伙人的巴菲特联合公司正式成立了。

汤普森博士投了25 000美元。“汤普森博士基本上把他所有的钱都给我了，我就是他的孩子。”沃伦的姐姐多丽丝和她的丈夫杜鲁门·伍德投了10 000美元，他的姑姑艾丽斯·巴菲特投了35 000美元。“在那之前，我已经将股票卖给了其他人，现在我成为那些对我而言非常重要的人的受托人。他们都很信任我。如果我想过我会失去这些钱，无论如何也不会要我的姑姑艾丽斯或者姐姐，还有岳父的钱。基于这一点，我认为我不会损失这笔钱。”

沃伦已经和他的父亲单独成立了一家合伙公司，而他的妹妹伯蒂及其丈夫没有钱参与。他的沃顿室友查克·彼得森成为他的第四位合伙人，投了5 000美元。因为是室友，查克非常了解沃伦以及他在金融方面的成熟运作经验。在沃伦去纽约之前，查克就从沃伦那儿买过股票，成为第一批让沃伦“开方子”的人之一。“我真的很了解他有多聪明、多诚实，而且多么有能力，”查克说，“我会一直信任他，除非有事实可以反驳。”[4]沃伦的第五个合伙人是彼得森的母亲伊丽莎白，她投了25 000美元，是上一年去世的丈夫留给她的。

第六个合伙人丹·莫奈是一个安静、健壮、黑头发的年轻人，是沃伦儿时的玩伴，他们曾一起在欧内斯特·巴菲特家的后院挖蒲公英。他现在是沃伦的律师，没有多少钱，不过也尽其所能，投了5 000美元。

沃伦是第七个合伙人，只投了100美元。他的股份的其余部分将来自通过经营基金获得的利润中收取的费用。“实际上，我是从管理合伙公司中获得杠杆作用的。我有的是主意，而不是资本。”事实上，按照这个国家大多数人的标准，沃伦已经有的是资本了。不过，他把这个合伙公司看成一台混合机器——一旦钱投进去，就不能企图撤回。他需要利用剩余的资金挣取一年12 000美元的家庭生活费用，因此这部分钱他将单独投资。

他设计了一个收费公式。

> 4%以上的收益我拿一半，4%以下的我收1/4。因此，如果不赔不赚，我就会亏钱。而且我赔偿损失的责任并不局限于我的资本，它是无限责任。[5]

那时，沃伦已经在为安妮·戈特沙尔特和凯瑟琳·埃伯菲尔德，也就是哥伦比亚大学一个叫弗雷德·库尔肯的朋友的母亲和姨妈管理资金。去年弗雷德起程前往欧洲之前就请沃伦帮忙管理他的姨妈和母亲的一部分钱。[6]从那时起，沃伦一直尽可能谨慎地将那部分钱投资于政府债券，费率不同且安排更为适度。

他本可以邀请戈特沙尔特和埃伯菲尔德加入合伙公司，不过他觉得要收取比她们目前水平更高的费用不太公平。当然，如果他对这家合伙公司很有把握，不让她们合伙也意味着他剥夺了她们的一次大好机会。然而，一旦投资出了差错，沃伦的姑姑和姐姐，以及汤普森博士永远都不会责备他；而对其他人，他没有这样的把握。

对沃伦而言，扮演一个“受托人”意味着他承担的责任是无限的。为了让他的合伙人知晓这些基本原则，他在公司成立的第一天就召开了第一次正式会议。查克在奥马哈俱乐部为大家预订了晚餐。在这个城市里，如果你想要一个私人空间，那里就是最好的去处了。沃伦想要认真地定义和限定他的责任，而一个他不愿意承担的责任就是为晚餐买单。他让查克传话给大家说各付各的。[7]接着，他不仅在这顿晚餐上讲述有关合伙人关系的基本原则，而且把它当成了一个谈论股票市场的机会。他已经将这家合伙公司看成一个教学实验了。

合伙人迅速分为两个阵营：滴酒不沾的人和开怀畅饮的人。在桌子的一端，汤普森博士以家长的方式提醒那一部分爱喝酒的人快要进地狱了。然而，沃伦才是那个夜晚的传道者，他们都在那儿听他滔滔不绝。

> 我以与投资者们的协议开始，在我们已经展开的基础上不需要改变太多。要知道，所有的好事都由此而来。这是我能想到的最不复杂的一件事。
>
> 我就基本原则向他们做了一个简短概括的发言：这些是我能做的；这些是我不能做的；这些是我不知道能不能做的；我是这么评价自己的。发言非常短。如果你不这么认为，可以不加入，因为我不希望将来我高兴的时候你不高兴，或者你高兴的时候我不高兴。[8]

沃伦发起合伙公司后，巴菲特夫妇返回纽约过了最后一个夏天。格雷厄姆–纽曼合伙公司关闭时，沃伦一直在帮助本杰明和杰里。米基·纽曼现在是P&R公司的首席执行官，这是一份全职工作。因为他和沃伦都不可能做普通合伙人，格雷厄姆决定关闭公司。[9]沃伦从他的朋友汤姆·纳普那儿租了长岛的一间乡村海边小屋给全家居住，那座房子是很多年以前建造的，是让人们能够躲避流感传染的一群建筑的一部分，坐落在西部草地海滩，接近位于长岛北部海岸的纽约州立大学石溪分校，与康涅狄格州隔长岛海峡相望。

工作日期间，沃伦在他的股票经纪人朋友亨利·勃兰特家蹭床睡。沃伦的妻子和孩子们也在长岛过夏天。周末沃伦就回到住在海边的家里，在房子中一间小小的卧室里工作。邻居们告诉纳普夫妇，他们从来没有见过沃伦。[10] 在沃伦工作的时候，怕水而且从不游泳的苏珊和两个孩子就在水边的岩石旁玩耍。因为屋子里的抽水设备不足，夫妇俩就从路对面的泉水那儿提取饮用水，苏珊给不到 3 岁的苏茜洗澡，而她自己和 18 个月大的豪伊就在户外用冷水淋浴。

这个夏天带给他们两个震惊的消息。沃伦儿时的伙伴鲍勃·拉塞尔的父亲自杀了。弗雷德·库尔肯的母亲和姨妈打电话来说，弗雷德在葡萄牙的一场车祸中丧生，当时他的汽车滑了 80 英尺远，撞上了一棵栓皮栎树。[11]

夏天结束了，巴菲特夫妇计划返回奥马哈。沃伦那不想让任何人失望而表现出的极度谨慎，与他要在纽约之外的城市单独从事投资生涯这一具有风险的决定，形成强烈对比。市场是由那些在交易所吃午饭或者每周打一次扑克的人形成的关系组成的。小道消息和流言因在投资者自助餐厅、酒吧、壁球场或者大学俱乐部的偶然一次碰面而四处游走。虽然每个小的地区城市都会有一两家小型的经纪公司，如巴菲特-福克，但那些都不是什么重要的角色。内地充斥着股票经纪人——靠曼哈顿的“钱医生”开的处方或幸存或成功。在那个年代，美国的金融家除了在纽约，不可能在其他地方工作。离开纽约的一切而单独行动，认为在其他地方也能致富，无疑是一个大胆、冒险的举动。

事实上，在20世纪50年代，一个大学研究生独自创业，在家里一个人单独工作是非同寻常的事情。这个穿着灰色法兰绒西服的男人，就是个勇往直前的家伙。[12] 商人们加入大的机构——越大越好——然后为了能沿着成功的阶梯稳步攀升，不费太大力气得到报酬最丰厚的工作或者是加入高尔夫俱乐部，在经过粉饰的表象下你争我斗。他们相互竞争的不仅是财富，还有权力，或者至少在一个好的郊区买一栋像样的房子，每年能换一款新车，为一生的保障铺平道路。

因此，沃伦对职业的选择就像巴菲特家族的人给民主党投票一样稀有。于是，相当了解丈夫不寻常品质的苏珊就安排搬运工人过来，和邻居们道别，寄通知地址改变的卡片，切断电话服务，打包行李。她带着苏茜和豪伊飞回奥马哈，住进沃伦从查克·彼得森那儿租的位于安德伍德大街的房子。查克选择了一座吸引人的灰色都铎式两层楼建筑，有漂亮的半横梁、一个大的石头烟囱和一个教堂式的屋顶。租房子的决定也是非传统的。拥有一所房子是20世纪50年代中期大多数美国年轻人的愿望。大萧条时期的无望，生活将就、沉闷的战争岁月，已经在人们的记忆中开始褪色。美国人在他们的新房子里装满了突然之间冒出来的令人激动的新玩意儿和设施：带脱水功能的洗衣机、电冰箱、洗碗机、电动搅拌机。巴菲特夫妇有足够的钱买这些。不过，沃伦对他的资产有另外的打算，于是他们采用租房的方式。因为房子是租来的，所以尽管房子很吸引人，也只不过是勉强够住而已。要不然，快两岁的豪伊就应该睡在大一点儿的房间里了。

苏珊在奥马哈安家的时候，沃伦在纽约处理自己最后的事务。他把自己的桌子和文件打包，给自己持有股票的公司发通知以确保红利支票能跟着他回到奥马哈。接着，他就开着自己的小汽车开回内布拉斯加，一路上拜访了一些公司。

“我走的路线弯弯曲曲。我只是认为现在是去那些公司的大好机会。我开车穿过宾夕法尼亚州的黑泽尔顿市，拜访了杰多-高地煤炭公司。我穿过卡拉马祖，见到了卡拉马祖熔炉公司。这个小奥德赛之旅穿过特拉华州、俄亥俄州，我拜访了格瑞夫兄弟桶业公司，那家公司的股票价格便宜得简直不可思议。”1951 年沃伦在翻阅《穆迪手册》时第一次发现了这只股票。他和他的父亲分别买了 200 股，并且放入了他俩的合伙公司。

夏天快结束时，沃伦回到了奥马哈，他发现家里需要他。苏茜安静胆怯地坐在那儿，看着弟弟无休止地吸干妈妈的精力。[13] 但是到了晚上，她就需要爸爸：现在她害怕上床睡觉。他们搬进这栋房子的时候，搬运公司一个戴眼镜的人和苏茜说过话，虽然她不记得当时他说了什么不好的话，但她很恐惧，一直认为那个戴眼镜的男人仍然潜伏在她的卧室外面，而卧室紧挨着可以环顾整个起居室的用锻铁修饰的阳台。每个晚上，沃伦都不得不检查一下阳台，向她再次确认睡觉是安全的。

处理好“戴眼镜的男人”后，沃伦走下楼到他和苏珊卧室外面的小小日光浴室，开始处理业务，要么是合伙公司的工作，要么是准备他的课程——除了建立合伙公司，他回到奥马哈做的第一件事是在奥马哈大学为秋季学期上两门课：只为男人准备的投资分析，以及智慧投资。不久，他又加上了第三门课程：女人如何投资。那个在戴尔·卡内基班上不敢搭话的害羞男孩消失了，取而代之的是一个虽然还不太熟练，但仍然让人印象深刻的年轻人。他在教室里不停地走来走去，教导着学生，并且嘴巴里会跑出一连串的事实和数字。穿着那套看起来大了两码的廉价西服，他看起来更像是某个教派的年轻传教士，而不是大学的讲师。

尽管沃伦光芒四射，但他仍然不是很成熟。对苏珊而言，他在家里的无用，意味着他就像第三个需要照顾的孩子。他的个性和爱好定型了他们的社交生活。在奥马哈这样一个中等规模的中西部城市，重要的文化机构相对比较少，周末都是婚礼、聚会、茶会以及与慈善相关的事。巴菲特夫妇与他们同阶层、同时代的大部分年轻已婚夫妇相比，生活更为平静。苏珊开始在初级联盟中往上攀升，并且他们也加入了一个美食团体——沃伦礼貌地要求每月的主办者为他做一个汉堡包。他们会和一两个朋友联谊，而不是开大型聚会。他们绝大多数的社交生活是和其他夫妇小规模地吃晚饭，或者偶尔参加晚宴，在晚宴上沃伦可以谈论股票。总会出现相同的情况：沃伦的娱乐方式要么是对着某个观众滔滔不绝地大谈股票，要么就是弹奏夏威夷四弦琴。在苏珊的指导下，虽然他可以比以前更容易地对别的主题发表评论，但他的思维还是集中在赚钱上，在家里举办餐会或者聚会时，他经常会在中途就离席上楼逃避交谈。但是和本杰明·格雷厄姆不同，他不是待在楼上读普鲁斯特的作品，而是在工作。至于苏珊，她对沃伦干什么知之甚少，也很少关心。“我过去常常说他是证券[a]分析师[14]，而人们会以为他是检查防盗报警器的。”

沃伦所有的休闲活动都是重复的、充满竞争的，最好是两者兼备。他发现无法忍受和苏珊打桥牌，因为她总是希望对手能赢，于是他很快就去寻找别的搭档了。[15]他的思维就像是一只不安分的猴子，为了放松，他需要一种能集中注意力的活动让这只猴子闲下来。乒乓球、桥牌、扑克、高尔夫都会吸引他的注意力，而使他能短暂地不用去想钱的事。但是，他从来不在院子里举办烧烤聚会。他会在游泳池边懒散地踱步，眺望星辰，或者在林子里走走。看星星的沃伦应该看到过北斗七星，而且看到过像美元的符号吧！

a.“证券”的英文 security 也有“安全保卫”的意思。——译者注

所有这些，加上不合常规的倾向，意味着沃伦不是一个“参与者”，只是在委员会或董事会议上干坐而已。可是，当他的叔叔弗雷德·巴菲特请他加入扶轮社时，对家庭的忠诚让他一口答应。他喜欢巴菲特杂货店的经营者弗雷德，他和弗雷德一起到扶轮社打保龄球（重复的、有竞争的）。另外，他的祖父以前是扶轮社的主席。

另一方面，当被邀请加入“阿克萨本骑士团”时——这是一个更为重要的公民领袖团体，融合了慈善、商业、社会活动等——沃伦却拒绝了。对一个还需要筹集资金的发展中的基金管理人而言，这无异于无视那些掌管奥马哈的人——过分的自信，甚至傲慢，让他和同一阶层的很多人相隔离。他的姐姐多丽丝已经像“阿克萨本公主”一样登场了，而他以前的室友、现在的姐夫杜鲁门·伍德的姐姐也已经是“阿克萨本王后”了。像查克·彼得森这样的朋友，也是这个社交圈的常客。作为国会议员，霍华德因为有义务也已加入。但是沃伦发现社会等级制度令他厌恶，而且鄙视香烟缭绕的密室中的社交，以及这个圈子中的人们的跟随者，就是那些看不起他那作为“杂货商儿子”的父亲的人。沃伦很高兴自己能有机会轻蔑地拒绝这个团体，并且可以不屑一顾地贬损它。

苏珊有她自己不遵从传统的更为优雅的处理方式。她开始带领沃伦进入她的不寻常、多样化的朋友圈子。从高中开始，她就为自己的开放和包容而骄傲，那时大多数人还只会选择在宗教、文化、种族，以及经济上和自己接近的人交朋友。与她自己的家庭不同，苏珊并不这么想。她的很多朋友——那时沃伦的很多朋友，都是犹太人。在种族隔离的奥马哈——更不用说巴菲特家族和汤普森家族了——超越社会边界选择朋友是一个大胆甚至挑衅的行为。苏珊明白这些，就像她在高中和大学就知道和一个犹太人约会是一件多么令人震惊的事情。虽然她来自一个显赫的家庭，但是对她而言，社会地位的价值只是增加了她的朋友们被包容的感觉。沃伦这个反精英分子，发现苏珊在这方面有高度的吸引力。在哥伦比亚大学以及格雷厄姆-纽曼工作期间，他结交的犹太人朋友已经让他对反犹太主义有了新认识。

和苏珊形成对比的是，沃伦的母亲一直热衷于融入主流。利拉研究了她的祖先，先后加入了“美国独立战争的女儿们”团体以及胡格诺学会，也许她是在过去的时光中，寻找现实中、在她的直系家族中找不到的平衡。最近，她接到了诺福克州立医院的通知，她的妹妹伯妮丝跳进了河里，有很明显的自杀企图。现在利拉对伯妮丝以及她们的母亲负有责任，在和家族问题保持距离的同时，利拉努力想做一个有责任感的女儿，帮她们处理类似生意这样的时髦事情。她和姐姐伊迪丝定期探访伯妮丝和母亲，但她没有伊迪丝热情。斯塔尔家族精神疾病的历史对巴菲特家族而言是一个危险且令人羞耻的话题，当时的社会情况整体来说也是如此。巴菲特夫妇对家庭历史的认知被斯特拉和伯妮丝不明确的诊断进一步搞乱了。医生只会对明显的严重问题给出含混不清的说明，但是很显然，精神问题有遗传性，而且在成年时期会变得明显。和伊迪丝姨妈亲近的沃伦和多丽丝知道他们的母亲正在远离伊迪丝，而伊迪丝也变得越来越冲动和喜怒无常。他们有点儿怀疑利拉的行为和个性也许和家族血统多少有点儿关系。闹钟一直在他们头顶滴答作响，所以他们会检查自己身上任何反常的迹象。

沃伦一直非常希望自己是正常的，也从来没有感觉异常，他用统计学推断出这种神秘的紊乱状况似乎只会影响家族里的女性，并以此来缓解自己的焦虑情绪。他从来不在不愉快的事情上想个没完没了。后来他偶然想到他的记忆功能有点儿像浴缸，“浴缸”里装满了他感兴趣的想法、经历和事情。一旦他不再需要这些信息，塞子一拔，记忆就消失了。如果一条关于某个主题的新信息出现了，它也许就会代替旧的版本。如果他一点儿都不想考虑某件事情，就会直接让它进下水道，某些特定的事件、事实、记忆，甚至人都好像消失了一样。痛苦的记忆是首先需要被冲洗掉的，水会流到某个地方，随之而去的还有背景、细节以及远景，但重要的是它已经消失了。浴缸式记忆的高效率为新的、产出更高的信息留出巨大的空间。但是，当他表达对某人的关心时，扰乱的思维会不时从某处冒出来。举个例子，几位照顾有精神疾病的妻子的朋友。巴菲特认为，浴缸式记忆有助于他“朝前看”，而不是和他母亲一样总是“朝后看”。这也让他仅仅 26 岁，就能一头扎在生意里沉思，而将几乎其他任何事情都排除在外，一心追求成为百万富翁的目标。

实现那个目标最快的办法是筹集更多的钱来管理。8 月，他返回纽约参加格雷厄姆–纽曼公司最后一次的股东大会。华尔街的重要人物似乎都到场了。投资人路易斯 · 格林以他 6 英尺 4 英寸的身高鹤立鸡群，脑袋被从他巨大的笨重长靴里发出的臭气环绕。[16] 路易斯责备格雷厄姆犯了大错。“为什么格雷厄姆–纽曼公司没有发掘出人才？”他问。“他们在那儿为这个生意工作了 30 年，”他对站在周围的人宣布，“他们能继续经营下去所需要的就是那个叫沃伦 · 巴菲特的孩子，他是他们所能遇到的最好的人选。谁想和他一起并驾齐驱？”[17]

沃伦很久以前犯过一个错误，他告诉路易斯 · 格林，他买马歇尔 · 韦尔斯公司的股票，是“因为本杰明 · 格雷厄姆买了”，这件事情削弱了格雷厄姆在一个重要观众面前对沃伦的支持，其后果不得而知。但是，格雷厄姆的认可已经是给他的一个大红包了。哈佛培养出来的物理学教授霍默 · 道奇是格雷厄姆–纽曼公司长期的投资者，直到 1951 年他担任佛蒙特州诺斯菲尔德城诺威奇大学的校长。他曾经前去拜访格雷厄姆并问他，既然格雷厄姆–纽曼公司就要关闭了，他该如何处理自己的钱？本杰明回答：“嗯，我有个过去和我们一起工作的家伙，也许他有办法。”

于是在中西部那个 7 月里炎热的一天，道奇在往西走的度假旅程中，在奥马哈短暂停留，一条蓝色的独木舟绑在他的福特乡村轿车车顶上。“他和我谈了一会儿就问我能否帮他管钱，于是，我为他单独设立了合伙公司。”

1956 年 9 月 1 日，道奇给了沃伦 12 万美元，放在巴菲特基金有限公司里管理。[18] 这笔钱比巴菲特联合公司的初始资金还要多，而且是使沃伦成为一个专业资金管理者的重要一步（假设沃伦为巴菲特联合公司赚了 15% 的收益，每个合伙人拿走设定的 4% 的利息后，他可以收取 5 781 美元的费用。而霍默·道奇的钱可以让他总共收取 9 081 美元的管理费用。他可以将这笔钱重新投入合伙公司。第二年，他就可以得到 9 081 美元的 100% 的收益，再加上又一轮的资金管理费用，如此循环）。从此，他不再是以前掌管自己家族和朋友的少量资金的股票经纪人了。道奇夫妇选择的交易方式有点儿不同，沃伦提取的利润只占总利润的 25%，而他损失的数量以其在该合伙公司的资产为限，开始只有 100 美元。现在，他在为本杰明·格雷厄姆介绍的这个人投资了。[19]

“这一年的晚些时候，我的一个朋友约翰·克利里，过去是我父亲在国会的秘书，看到了证明我成立合伙关系的法律文书，并问我是怎么回事。我跟他说了说情况，然后他说，‘好啊，和我也这么做怎么样’。于是我们成立了 B–C 有限公司。那是我的第三家合伙公司。他投入了 5.5 万美元。”[20] 4% 以上的收益两人分摊，而巴菲特的责任也延伸至任何的拖欠款项。1961 年，B–C 有限公司被并入安德伍德有限合伙公司。

随着 1956 年 10 月 1 日 B–C 有限公司的成立，沃伦管理的资金超过了 50 万美元，其中包括他自己的钱，而这部分钱不在任何一家合伙公司里。他在家里一个很小的房间里工作，而且这个房间穿过卧室才能进入。他工作没有固定的时间，和苏珊一样是个夜猫子。他会穿着睡衣阅读年度报告，一边喝着百事可乐，吃着 Kitty Clover 牌的薯片，享受着自由和独处的乐趣。他仔细研读《穆迪手册》，寻找好的主意，一家公司接着一家公司地吸收数据。白天，他会到图书馆看报纸和工商业杂志。和他小时候送报纸一样，他亲自认真处理有价值的事情，自得其乐。他在 IBM 打字机上亲自打信，小心地将专用信笺在托架上摆放整齐。需要复写的时候，他会在第一页纸的后面放上蓝色的复写纸和薄的像纸巾一样的半透明纸。他自己整理文件归档、记账以及报税。这些数字可以精确地衡量工作成果、记录工作，这个特点让沃伦乐在其中。

每一张股票凭证都直接投递到他这儿，凭证以合伙公司的名义开出，而不是按照通常的做法放在经纪人的户头下。一旦这些凭证到达，沃伦会亲手带着它们——光滑的奶油色的投资凭证，上面印着铁路、秃头鹰、海兽以及穿着宽大袍子的妇女，图案精美——径直来到奥马哈国民银行，把它们放进储蓄保险箱内。如果他要卖出哪只股票，就又会来银行，在一堆凭证中快速翻阅，然后将要卖的股票从 38 街的邮局寄出去。如果红利支票过来后要存起来，银行会打电话通知他，于是他会到那儿，检查支票后亲自签字认可。

沃伦用家里唯一的一根电话线给他的一系列经纪人打日常电话。他将他的开支尽可能缩减到零。他亲自在一张有条纹格的黄色纸上列出开支情况：邮费 31 美分；《穆迪手册》15.32 美元，《石油和天然气杂志》4 美元，电话费 3.08 美元。[21] 除了一些更为精确的会计核算，以及需要考虑更多的事情外，他运营这些生意就和任何通过经纪人为自己的账户交易股票的人一样。

1956 年底，沃伦给合伙人写了一封概括描述合伙公司到年底经营状况的信。他汇报说，今年的总收入超过 4 500 美元，比市场高出

4个百分点。[22]那时，他的律师丹·莫奈已经从第一家合伙公司中撤资，汤普森博士买下了他的股份。而莫奈加入了沃伦已经操作了一段时间的私人项目：购买一家总部在奥马哈的保险商——美洲国家火灾保险公司的股票。1919年，一些无耻的推销员将这家公司毫无价值的股票兜售给全内布拉斯加州的农民，用来交换在第一次世界大战中发行的自由债券[23]。而从那时起，这些凭证就躺在抽屉里，它们的主人也逐渐失去了再次看到他们的钱的希望。

还是在巴菲特–福克公司工作期间，沃伦翻阅《穆迪手册》时发现了这家公司。[24]这家公司的总部离他父亲的办公室只有一个街区的距离。奥马哈当地一位很著名的保险代理人——威廉·哈曼森一开始是在不知道的情况下被吸引进这家公司的，担任了当地的挂名负责人，后来才发现这是一个骗局。但是哈曼森家族又逐渐将这家公司变成了一家正当的公司。现在，威廉的儿子，霍华德·哈曼森正通过他在加利福尼亚州建立的美国家庭储蓄公司，把最高级的保险业务输送给美洲国家火灾保险公司，前者已经是美国最大、最成功的储蓄贷款公司之一。[25]

那些被欺骗的农民根本没有想到那些陈旧的纸张现在已经值钱了。霍华德·哈曼森通过掌管美洲国家火灾保险公司的弟弟海登，暗地里从那些农民手中以便宜的价格回购股票已经好几年了。到目前为止，哈曼森家族已经拥有这家公司70%的股份。

沃伦很钦佩霍华德·哈曼森：

> 没有人能像霍华德·哈曼森那样大胆地管理资本。他在很多方面都很精明。以前，很多人都是亲自到家庭储蓄公司偿付抵押贷款。而霍华德·哈曼森把抵押贷款业务放到离你住的地方最远的分支机构，因此你得用寄邮件的方式支付，这就不需要他的手下花费半个钟头的时间听有关你孩子的情况。其他人应该都看过《精彩

生活》这部电影，并且觉得就应该按照吉米·斯图尔特的方式做事。可是霍华德不愿意见到他的顾客，所以他的运营成本永远比别人低。

美洲国家火灾保险公司每股收益 29 美元，而霍华德·哈曼森的弟弟海登以每股 30 美元左右的价格买进了这些股票。和沃伦追寻的最珍贵、最有吸引力的便宜股票一样，哈曼森家族的人用每股的收益就能完全支付买一股股票的所有成本。这是沃伦见过的最便宜的股票——除了西部保险公司，而且它也是一家不错的小公司，不是湿乎乎的“烟蒂”。

很长一段时间，我都在努力买进这只股票。不过我一股也没得到，因为海登将股东名单交给了一个股票交易商。这个人——他把我看成朋克，可是他有名单而我没有。因此，是他以 30 美元左右的价格为海登买了这些股票。

对一些农民来说，海登·哈曼森的现金要比他们那些不值钱的凭证好得多。尽管很多年以前他们每股付出了 100 美元，而现在只能得到 30 美元。他们中的很多人已经逐渐说服自己，没有这些股票，他们的情况会更好。

沃伦很坚决。

我在一些保险书或其他书上查找。如果你回溯到 20 世纪 20 年代，你就会明白谁是指使者。他们让那些最难销售的地区的大股东做董事。内布拉斯加有一个叫埃维的镇子，那儿人烟稀少，可是有人在那里卖出了很多股票。而这也是 35 年以前，他们将当地的金融家弄进董事会的手段。

于是，沃伦的合伙人兼代理人丹·莫奈，带着沃伦的一卷钞票以及他自己的一部分钱前往乡下。他开着红白相间的雪佛兰在全国穿梭，在农村的县政府大楼或者银行露面，随意地问谁可能持有美洲国家火灾保险公司的股票。[26]他坐在前廊，和农民们一起喝冰茶，吃馅饼，然后用现金换取他们的股票凭证。[27]

我不希望霍华德知道是因为我出的价格比他高。他出价是30美元，我就必须提高一点儿。股票持有人注意到，大约10年来价格都是停留在30美元，这是价格第一次发生变动。

第一年沃伦出价每股35美元，买了5股股票。农民们的耳朵就竖起来了。现在他们意识到，有买家在为这只股票竞争。他们开始想也许没有这些股票，他们的日子也不会变得更好，价格一定还会上涨。

最后阶段，我给出了100美元的价格。这是个有魔力的数字，因为那是他们开始付出去的钱。我知道，100美元会把所有的股票都带过来。果然，当丹·莫奈这么干的时候，一个来卖股票的家伙就说："我们像羊群一样买了这些股票，现在又像羊群一样卖了它。"[28]

他们就是那样。很多人以低于每股收益29美元的3倍的价格出售了股票。莫奈最终收集了2 000股，占公司股份的10%。沃伦没有将股票凭证上的名字改成自己的，而是还保留在原持有人的名下，只是附加了律师的说明，以证明他对这些股票有控制权。

因为如果改了名字会让霍华德警觉到我在和他竞争，而这样做他就根本不知道。或者即使他知道，也没有充足的信息。我一直在收购股票。到走进海登办公室的那一天，我出其不意地把它们全放下，然后说我要把它们全改成我的名字。他说，"我的哥哥会杀了我的”。但最后，他还是帮我办了转让手续。[29]

沃伦在这只股票上出乎意料的行为的背后，所费的脑筋并不仅仅体现在股票价格上，他已经懂得了尽可能收集稀有事物的价值。从牌照到修女们的指纹，到硬币、邮票，到联合电车公司，再到美洲国家火灾保险公司，他一直以这种方式思考，他是一个天生的收集家。[30]

这种贪婪的直觉有时也会让他出点儿岔子。汤姆·纳普帮助杰里·纽曼处理完关闭格雷厄姆–纽曼的剩余事务后，去了一家小经纪商特雷迪–布朗–莱利公司，他过来拜访沃伦，并且要去威斯康星州的贝洛伊特听本杰明·格雷厄姆的演讲。开车穿越艾奥瓦州玉米地的路上，纳普提到美国政府准备从流通领域收回 4 美分的蓝鹰邮票。收银机在沃伦的脑子里开始叮当作响了！“我们停在邮局看看有没有 4 美分的邮票。”他在回来的路上说。纳普去了第一个邮局，回来说那儿有 28 张邮票。“去买下来。”巴菲特说。他们就此又讨论了一下，决定回家以后写信给邮局，要求买下它们的邮票存货。邮票开始一来就是好几千张。丹佛的邮局回复他们有 20 本，每本有 100 页，每页有 100 张邮票，那就意味着丹佛有 20 万张邮票。

“我们也许可以控制局势。”沃伦表示。他们花了 8 000 美元买了那 20 本。

“而那是我们的错误，”纳普说，“我们应该让丹佛的邮局把邮票寄回华盛顿以减少供应。”

花费了巨大努力，他们简直变成了真正的邮局——大部分工作是由纳普完成的，他们收集了 60 多万张蓝鹰邮票，总共花了大约 25 000 美元。鉴于他对钱的态度以及资本净值，对沃伦而言，这是很多钱了。他们把一堆邮票放到地下室里。那时，他们终于认识到他们干了些什么。他们辛辛苦苦地收集了一地下室的价值永远不会超过单价为 4 美分的邮票。“如果你有了这么多的邮票，”纳普解释，“就没有很多收集者了。”

于是，接下来的任务就是如何处置这些邮票。沃伦熟练地将处理价值25 000美元的4美分邮票一事委托给纳普，然后就将这件事抛到脑后，除了有时当作笑谈说一说。他重新转回到那些真正重要的事情上来：为合伙公司集资。

1957年6月，又一个最初的合伙人，伊丽莎白·彼得森请沃伦成立了第四家合伙公司，命名为安德伍德，她另外投资了85 000美元。[31]

几个月以后，1957年夏天的一天，“我接到了埃德温·戴维斯夫人的电话。他们夫妇俩以前是巴菲特杂货店的常客。她的丈夫戴维斯医生是城里有名的泌尿科医生。他们住的地方离这儿只有几个街区。她说她知道我在管理钱，请我过去解释一下”。

埃德温·戴维斯医生全美闻名。他的一个病人，纽约的阿瑟·威森伯格是那个时代最著名的资金管理人之一，他因前列腺的问题在某个时间来奥马哈治疗，于是戴维斯就变成了他的客户。

威森伯格从1941年起，每年发布《投资公司》，一本关于封闭式投资基金的“《圣经》”。封闭式投资基金除了不接受新的投资人以外，和公开交易的共同基金很相似。它们几乎总是以低于资产价值的折扣价出售，这使威森伯格成为买入封闭式投资基金的支持者。[32]总之，它们就像共同基金的“烟蒂”。上大学前的那个夏天，沃伦就坐在巴菲特–福克公司办公室的椅子上阅读威森伯格的“圣经”，而霍华德则在一旁工作。“去哥伦比亚上学之前，”他说，“我常常花几个小时阅读那本书，从头到尾，很虔诚。”他买了威森伯格的两个“烟蒂”——美国国际证券以及精选工业公司，它们在1950年占了超过他资产的2/3。[33]在格雷厄姆–纽曼工作的时候，他设法和威森伯格会面，并且给后者留下了深刻的印象，“即使那时我还不怎么令人印象深刻”。

1957年，威森伯格突然打电话给戴维斯医生解释说，虽然从他的利益出发没有必要这样做，但他还是推荐一个年轻人给他。“过去我自己也试图聘用过他，”威森伯格说，“不过他正自己成立合伙公司，所以我没能如愿。”[34]他力劝戴维斯考虑和巴菲特一起投资。

其后不久，沃伦安排了一个星期日的下午和戴维斯一家碰面。“我去他们家，坐在他家的起居室里，讲了大约一个小时。我说：‘这就是我如何管钱的和我的一些安排。’那时我大概26岁，可看起来就像20岁左右。”事实上，按照埃德温·戴维斯的说法，他看起来更像是18岁。“他的领子是敞开的，外套肥大，说话很快。”那个时候，沃伦在奥马哈四处走动时，总是穿着一件破旧毛衣——人人看起来都觉得早该捐出去了——一条旧裤子和一双磨损了的鞋子。“我表现得比我的年龄要幼稚，”沃伦回忆，“我谈的事情是你期望从更年轻的人那儿听到的。”事实上，他身上还有不少上宾夕法尼亚大学时打着手鼓、唱着《妈咪》这首歌的男孩的痕迹。“那时你必须忽略很多东西。”

但是，当他谈自己的合伙公司时可就不是那样了。沃伦不是在那儿向戴维斯夫妇推销，他是在展示自己的基本原则。他希望对资金有绝对的控制，而且不会告诉合伙人这些钱是如何投资的。那是个关键点，人们搭本杰明·格雷厄姆顺风车的不利因素对他而言不存在。他解决人们会失望的问题的办法是，打完每个球洞后，他先不给分数，而直到打完18个洞以后才给出一年一次的报告。他们会得到有关他的表现的一份年度报告，而且只能在12月31日这天可以决定投钱或者抽回资金。这一年的其余时间，钱被锁定在合伙公司。

> 埃德温一直没有注意我。多萝西·戴维斯听得很专心，问了一些不错的问题。而埃德温坐在角落里什么也没干。他看起来非常老，可他还不到70岁。当我们谈完后，多萝西转向埃德温问他怎么考虑。埃德温回答：“我们给他10万美元。”接着我以更有礼貌的方

式问："戴维斯医生，我很高兴得到这笔钱。不过我刚刚在谈的时候，你确实没有怎么注意我，为什么你现在又这么决定呢？"

他回答："嗯，你让我想起了查理·芒格。"[35]

我说："哦，我不知道谁是查理·芒格，不过我真的喜欢他。"

戴维斯夫妇如此愿意和沃伦投资的另外一个原因是，令他们惊奇的是，他"比他们还了解阿瑟·威森伯格"。[36]他们也喜欢他陈述自己合同条款的方式——清晰而且透明，因此他们明白他是站在哪一边的，他和他们一起输赢。就像多萝西·戴维斯表述的，"他精明而聪明，但我可以说他是诚实的。我喜欢这个年轻人的一切"。1957 年 8 月 5 日，戴维斯夫妇和他们的 3 个孩子用 10 万美元孕育了第五家合伙公司——戴西（Dacee）。它和巴菲特基金公司类似，4% 的保证收益之上的 25% 归巴菲特所有。[37]

有了戴西，沃伦的生意又向前跃了一步，他可以在一些大的股票上放更多的头寸。在他个人的投资组合中，他还是在玩儿"便士"铀股票。几年前当政府在买铀股票的时候，那是一种时尚，而现在它们非常便宜。国会记录里提到，当时华盛顿地区的一家家具店在华盛顿诞辰纪念日的促销中分发铀股票，只要顾客购买东西就可以得到股票。[38]沃伦买的公司股票有 Hidden Splendor、Stanrock、Northspan。"这些很有吸引力——就像在一个桶里抓鱼。它们都不是大鱼，但是你可以在一个桶里抓它们。你知道自己将要挣很多钱。这是少数，我把大头放在合伙公司里面。"

有新的合伙人就意味着更多的钱，当然，这也意味着沃伦要掌管 5 家合伙公司以及巴菲特–巴菲特公司，因此股票凭证的数量以及文件工作量大幅增加。他不得不很忙碌，不过感觉很好。短缺的总是资金——他看起来总是没有足够的钱。他研究的这类公司市场价值动辄

100 万美元到 1 000 万美元，他希望自己能在这样的股票上投资 10 万美元，这样才能在公司有重要的地位。因而得到更多的钱就成为关键。

这时，丹·莫奈已经准备重新参加合伙公司了。他和他的妻子玛丽·埃伦成为巴菲特第六家合伙公司——莫奈–巴菲特公司的核心，该合伙公司于 1958 年 5 月 5 日成立。绝大部分要感谢美洲国家火灾保险公司，莫奈夫妇俩两年以前只有 5 000 美元可供投资，现在可以投入 70 000 美元了。[39]

那时，沃伦·巴菲特也许明白了资金管理产生更多钱的潜力比华尔街任何一个人都要强，增加到合伙公司的每一美元都会为他从他给合伙人挣的钱中分一杯羹。[40] 而这些钱如果重新投资，又能产生它自己的收入。[41] 如果把收入再进行投资，它就会产生更多的收入。他的业绩表现越好，赚的钱就越多，他在合伙公司的股份就会更多，而这又会促使他去赚更多的钱。他的投资天分将会充分发掘资金管理的潜力。因此，虽然沃伦看起来有些笨拙，但毋庸置疑，他的自我经营是成功的。即使他在投资世界里几乎是隐形的，但雪球开始滚起来了。

带着他后面的动力，他意识到，是时候离开那所勉强够四口之家居住的房子了——其中一个孩子三岁半，精力旺盛超乎寻常——第三个孩子也快要来了。于是，巴菲特夫妇买了他们的第一套房子，房子位于法纳姆大街，拐角处被一些常绿树木包围，紧挨着奥马哈最繁忙的要道之一。虽然它是这个街区最大的房子，但风格朴素迷人，屋顶采光窗设置在倾斜的单坡屋顶上，还有一扇眉窗。[42] 沃伦支付了 31 500 美元给当地的一名商人和市议员萨姆·雷诺兹，并且立刻给房子命名为“巴菲特的蠢事”。[43] 在他的思维里，31 500 美元经过 12 年左右的复利增长可以达到 100 万美元，因为他有能力以如此惊人的回报率投资这笔钱，所以他觉得在这栋房子上，似乎是花了惊人的 100 万美元。

在搬家公司的货车驶离安德伍德大街之前，沃伦带着 5 岁的苏茜沿着楼梯返回锻铁修饰的阳台。"'戴眼镜的男人'就留在这儿了，"他说，"你要和他说再见。"苏茜照办了，而事实上，"戴眼镜的男人"还在后面呢。[44]

苏珊怀着8个多月的身孕，负责监督搬家，在房子里安置好，管住豪伊。根据他们老朋友们的观察，豪伊是个"惹事鬼"。他似乎有永远用不完的精力，这使他获得了"龙卷风"的绰号，和沃伦儿时的绰号"霹雳"有一拼，但是含义大不一样。巴菲特说，豪伊一开始会走路，他就到处跑。他用玩具在花园里挖，苏珊把玩具拿走，为了找到它们，他会把房子搞得一团糟。一旦他成功了，就又开始挖起来。苏珊抢走他的装载机，同样的战争又会重复。[45]

搬到法纳姆大街一周后，就在莫奈-巴菲特合伙公司成立的前一天，巴菲特夫妇的第二个儿子彼得出生了。从一开始，他就是个安静好带的宝宝。不过他出生不久，苏珊就得了肾感染。[46]从她小时候得风湿热和慢性耳炎痊愈后，她总认为自己是健康的。肾感染还不足以达到影响沃伦的地步，他有关疾病的不自在却是一件大事，以至于她教育全家不管谁得病都要注意到他的反应，就好像他也生病了需要照顾一样。她真正的焦点在于，她最终想有一个自己的家。尽管生着病而且还需要照顾一个新生儿和两个年幼的孩子，但这些都不能抑制她想装修房子的急切心情。就像万物复苏一样，她用活泼的当代风格重新装修房子，摆上镀铬和真皮的家具，在白墙上挂起巨大、明亮的现代油画。15 000美元的装修账单几乎占了房子本身价格的一半，根据一个一起打高尔夫球的同伴鲍勃·比利格回忆，这"几乎要了沃伦的命"[47]（比利格已经过世）。他没有注意到色彩，对生动的美感也没有反应，对效果漠不关心，看到的只有那张惊人的账单。

"难道我真的想为理发花上30万美元吗？"这就是他的态度。如果苏珊想花上少许钱，他会说："我不确定我想用那种方式吹走50万美元。"[48] 因为苏珊想花钱而他想保留钱，但他又想让苏珊高兴而苏珊又想取悦他，他们的个性就逐渐融合为讨价还价和交易的体系。

那张惊人的账单里包括一个令他们的朋友和邻居惊奇的设备费用——奥马哈的第一批彩色电视机之一。[49] 苏珊喜欢让她的房子成为邻居的中心，于是过了不久，星期六的早晨，这个街区的所有孩子都会在这间小电视室的黑色皮沙发上挤成一堆，一起观看卡通节目。[50]

一个大块头、能干的黑人管家威拉·约翰逊，开始为他们干家务活儿，她逐渐取代苏珊的家务工作。这让苏珊解放出来，可以去寻找发挥其创造力的地方。她和朋友泰玛·弗里德曼决定成立一个当代艺术画廊。由于每件事都牵涉钱，这个决定必须和沃伦说清楚。在支付苏珊那笔钱之前，他在会客室和她们"会谈"，问"你们希望挣钱吗"，弗里德曼回答，"不"，然后巴菲特说，"好吧，苏珊可以作为一个'投资人'加入"。[51] 根据弗里德曼的说法，他喜欢苏珊想做自己的事情的想法，并且希望她们后退一步，以类似生意的方式考虑画廊，这样爱好才会比较现实。沃伦总是根据投入的资本回报来考虑钱的问题。因为画廊不能获利，所以他希望她们能控制开支。弗里德曼说，苏珊每天都来打理画廊，她的参与真的是出于爱好。

在朋友和亲戚的眼里，苏珊是一个灵活、好相处而且体贴的母亲。既然现在巴菲特夫妇和他们的父母住得更近了，孩子们就有更多的时间和他们的祖辈相处。一个半街区外的汤普森博士家里的气氛轻松愉悦，他们不介意豪伊打碎窗户或者孩子们把家里搞得一团糟。多萝西·汤普森精通各种各样的事情，玩儿游戏，组织寻找复活节的蛋，制作精细的多层冰激凌甜筒。孩子们爱汤普森博士，除了他清醒的自大以及装模作样的说话方式。一次，他让豪伊坐在他的膝盖上。"不要喝酒，"他一遍又一遍地说，"它会杀死你的脑细胞，而且会让你一无所有。"[52]

星期日，汤普森博士有时会过来，穿着胶质软糖色的西服，在沃伦和苏珊的起居室里布道，有时豪伊和苏茜一起去爷爷、奶奶那儿，利拉会拖着他们一起去教堂。和汤普森夫妇相比，她和霍华德显得死板僵硬。霍华德还保留着维多利亚时代的风格，因此当他打电话给多丽丝和沃伦讲有关他们的妹妹伯蒂的事情时，他只会说："情况一团糟！"可是后来他们发现，到另外一个刚刚失去孩子的人（指伯蒂）那儿，他就不会说出"流产"这样的字眼。

沃伦和苏珊开始在他们新的大房子里招待整个家族。在她的第一个感恩节家庭晚宴上，苏珊自己准备火鸡，她以为做火鸡很容易，用100华氏度（37.8摄氏度）的温度烤上一整晚就行。当火鸡散架时，她打电话给从利拉那儿学习厨艺的黑格曼夫人，请她过来帮忙。除了沃伦，每个人都得来切，因为沃伦连小刀都不会用。而且，家庭聚会上只要有他母亲在场，只要他能逃避，就会到楼上去工作。

沃伦新的小办公室位于主卧外面，苏珊给这个房间铺上了美钞图案的墙纸。被钱舒服地包围着，他开始着手尽可能以翻阅《穆迪手册》的速度，快速购买便宜的股票：那些出售可以轻易评估的基本用品或者大宗商品的企业，如达文波特针织品、草地河煤公司、碳氢化合物公司以及马拉开波石油勘探公司。为了合伙公司，为了他自己，为了苏珊，或者为了所有这些，只要他一有资金，就会以带它们进家门的速度让它们快速投入工作。

通常，他需要秘密实施他的想法，他会利用聪明、心甘情愿的，如丹·莫奈这样的人做他的代理人。这些代理人中还有一个是丹尼尔·科文，他为纽约一家名字为Hettleman的小经纪公司工作，是一个价值猎手。沃伦通过哥伦比亚大学的老朋友弗雷德·库尔肯认识了科文。[53]Hettleman专门投资资产规模为数百万美元的小股票，也就是沃伦喜欢的那种没名气的特价品。

> 弗雷德写信把丹尼尔描述成华尔街的一颗新星，并且说我们是天生的一对。我立刻判定弗雷德在这两点上百分之百正确。在接下来的几年里，只要我去纽约，我俩通常都会在一起。[54]

科文比沃伦年长9岁，有着一双眼窝深陷且敏锐的眼睛。他们两人在一起时，表面上看起来就像是一个成年人在和一个大学生亲切交谈，但他们有很多共同点。在科文的父亲损失了家里所有的钱以后，科文在大萧条的贫困中长大，而且在十几岁的时候，他就不得不养家，他还将13岁生日时作为礼物收到的钱投入了股票。[55]海军服役结束后，他被投资职业吸引，甚至在一家投资公司里，他也是独立工作，坚持自己的理念。可是，和沃伦不同的是，科文对前沿艺术有很强的欣赏能力，对房子的装饰也很有创造力，还收集摄影作品和古董。吸引沃伦的是，科文交易很棒，而且他按照自己的思路工作。[56]早些时候，在沃伦为格雷厄姆-纽曼工作时，科文曾经借给他5万美元，为期一周，这样他就可以购买共同基金而省下1 000美元的税，这也让沃伦喜欢科文。[57]久而久之，他俩合作了，科文担任高级合伙人，因为他经验更丰富、投的钱也更多。不过，他们一起分享信息和想法。

每周，只要列着小股票的粉单一出来，巴菲特和科文就相互打电话比较里面的内容。“你买了那只股票吗？”“是的，我买了，那是我的！”如果挑了同样的股票，他们会感觉自己都是胜利者。“那种情形就像在选马一样。”科文的妻子乔伊斯说。[58]他们考虑过收购全国盒子公司，给它起了个代号，叫集装箱公司。“科文是个挖掘者，”巴菲特说，“我猜这样才讲得通。”

巴菲特说，有一次，他们甚至试图买下马里兰州的一个小镇，当时联邦住宅管理局正在廉价拍卖该地块：由邮局、市政厅以及以低于市场价格出租的大量物业组成。这个小镇是大萧条时期建造的，是一个以低成本住房安置1 800户家庭的实验性小镇。第二次世界大战以后，大量的政府物业被拍卖。巴菲特回忆，当时这个小镇的广告让他们垂涎三尺，梦想着可以很快把出租价格提升到市场水平。可是即使廉价出售，这个小镇也太贵了，他们无法弄到足够的现金。[59]

沃伦总是没有足够的现金，他总是在努力筹集资金。格雷厄姆的关系又要开始起作用了。伯尼·撒纳特——整形和重塑手术方面的先锋——在某一天和他妻子的嫡亲堂兄——本杰明·格雷厄姆聊天。本杰明和埃斯蒂退休回到加利福尼亚后，搬到撒纳特夫妇家的街对面。撒纳特说，他问格雷厄姆，现在应该如何处置自己的钱，“他在他的合伙公司几乎没什么钱，”撒纳特回忆，“他说，‘哦，买AT&T’。然后，他告诉我三只封闭式基金和一些股票。接着，他很随意地提到，‘我以前的一个学生在做投资，沃伦·巴菲特’。就是那样，那么随意以至于我都没能记下来。”

几乎没什么人知道沃伦·巴菲特。他就像奥马哈一块大岩石下的一小片苔藓。撒纳特的妻子罗达每天和埃斯蒂一起散步。“不久之后的某一天，”她回忆，“埃斯蒂对我说，‘听着，罗达，人们总是接近我们，让我们投资他们的合伙公司，因为他们可以告诉别人，本杰明·格雷厄姆也投资了，这样他们才能搞成。因而，我们拒绝了所有人。不过，沃伦·巴菲特——他有潜力。我们和他一起投资，你最好也这么做’。”

“我唯一的问题是，”罗达说，“‘埃斯蒂，我知道你认为沃伦很聪明，不过我更感兴趣的是他是否诚实’。埃斯蒂回答，‘绝对诚实，我百分之百信任他’。”撒纳特夫妇和埃斯蒂·格雷厄姆分别在莫奈–巴菲特合伙公司里投资了1万美元和1.5万美元。那时，莫奈夫妇的投资已经增长到10万美元了。

沃伦投资课上的一些学生也加入了合伙公司，他在戴尔·卡内基课程的指导老师沃利·基能也加入了。事实上，到1959年，沃伦在周边已经小有名气，部分可以归因于他的教学。他的品质——好和坏——不再是被隐藏的，在奥马哈已经开始为人所知。犹如青少年广播剧《美国广播学校》中的反面角色一样，他在奥马哈被认为是一个傲慢无礼、自以为无所不知的人。“我过去常常喜欢在讨论中站在相反的那一边，”他说，“不论什么，我能立刻转过来。”人们认为，沃伦让他们投钱却不说他将买什么，这是放肆的行为。“奥马哈有一些人认为，我做的事情类似庞氏骗局。”他回忆道。这引起了一些反响。当沃伦重新申请奥马哈乡村俱乐部的会员资格时，他被投票否决了。被乡村俱乐部拒之门外是一件严重的事情，说明那些不喜欢他的人可以用一种具体的让人尴尬的方式表现出来。他被认为是和他们毫无关系的旁观者，可他却想属于这个群体。另外，沃伦喜欢打高尔夫，俱乐部有一个好的球场。通过关系，他下了些功夫才从黑名单上下来。

但是，现在他的才华通过越来越多的人表现出来，也为他带来了更为重量级的合伙人。1959年2月，卡斯珀·奥福特和他的儿子小凯珀，来自奥马哈最显赫家族之一的成员，就他们自己的合伙公司和沃伦接触。当沃伦解释他们不会知道他在买什么股票的时候，卡斯珀说：“如果我不知道买了什么，就不会投一分钱，而如果你已经取得了完全的控制，我也不会有发言权。”[60]但是，小凯珀和他的兄弟约翰以及威廉·格伦（后者是查克·彼得森为其管理房地产物业的生意人）还是投资了。他们投资了5万美元，成立了格伦诺夫（Glenoff）合伙公司，这是巴菲特的第七家合伙公司。

在这些合伙公司的早期投资阶段，沃伦没有偏离本杰明·格雷厄姆的原则。他买的都是些非常便宜的股票，完全是“烟蒂”，湿湿的还可以免费吸上一大口的“烟蒂”。不过，这些都是在遇到查理·芒格之前的事情。

23

奥马哈俱乐部

奥马哈　1959 年

和银行钢制拱门一样，奥马哈俱乐部的拱形大门在银行家、保险商以及这个城市的铁路巨头的身后徐徐关上，黑人看门人乔治正在门后恭候。男人们在地下室打完壁球或者从城里的办公室赶来，在前厅的花砖壁炉旁闲逛聊天，等待着女士们从这座意大利文艺复兴风格的建筑正面的一个单独侧门进来加入他们。沿着弯曲的红木楼梯可以直到二楼，半路上有一幅真人尺寸大小的苏格兰人在小溪里抓鳟鱼的油画。奥马哈俱乐部是这里的城里人跳舞、募捐、结婚、庆祝纪念日的场所。更重要的是，这是他们谈生意的地方，因为在这儿的桌子边，你可以安静地交谈。

1959 年夏天的一个星期五，巴菲特大步穿过俱乐部的入口，准备和两个合伙人共进午餐，尼尔·戴维斯以及他的妻兄李·西门，后者曾为沃伦安排和戴维斯自小最好的朋友见面。就是尼尔的父亲埃德温·戴维斯医生，在戴维斯家加入合伙公司时，对沃伦说过，“你让我想起了查理·芒格”。现在芒格正在城里处置他父亲的房地产。[1]

芒格对这个留着平头、比他小6岁的巴菲特知之甚少。不过和他对生活的总体期望一致的是，他对这次会面的期望值并不是很高。[2]他已经养成了不对任何事物期望太高的习惯，这样永远都不会失望。而且，查理·芒格很少遇到能让他喜欢倾听对方说话的人。

芒格家开始也很贫困，不过到了19世纪后期，查理的祖父，身为联邦法官的T. C. 芒格提高了家族地位。在奥马哈，他们都是在客厅受到款待，而不像巴菲特家族的人，总是在后门送货。芒格法官是一名刚强的严守纪律的人，他曾经强迫所有家人阅读《鲁滨孙漂流记》，吸取书中描绘的在磨炼中征服自然的精神。在中西部，他因为给陪审团的指示比其他法官的长而出名。[3]他喜欢给他的亲戚们就节俭的美德以及赌博和酒吧的罪恶上课。查理的古板姨妈尤菲听了课之后，“直到80多岁还兼顾两个不同的事业——管理教堂和存钱，而且在责任的驱使下，理所当然地参加了她深爱着的丈夫的验尸”。[4]当芒格法官去世时，据传也是这个姨妈奇怪地声称，他一定是被神的恩典带走的，因为最近他在算术上犯了一个错误。她说她知道，“自那以后他就不能再留在这儿了”。

芒格法官的儿子阿尔跟随父亲进入法律界，成为一个受人尊敬但并不富裕的律师，《奥马哈世界先驱报》和当地其他重要的机构都是他的客户。虽然和他的父亲不一样，但他是快乐的。人们经常看到他抽烟、打猎或者捕鱼。他的儿子后来这样说：“他得到了他想得到的东西，不多也不少……比他的父亲和儿子都要少一点儿大惊小怪，后者在预见永远不会发生的麻烦事上花费了相当可观的时间。”[5]

阿尔的妻子，漂亮机智的弗罗伦丝·图迪·拉塞尔来自另一个以责任和诚实正直为家风的家族，那是一个具有进取精神的新英格兰地区的知识分子家庭，以查理提到的“生活朴素、情操高尚”而出名。当她宣布自己将要和阿尔·芒格结婚时，她年迈的祖母注意到他厚厚的眼镜以及 5.55 英尺的身高大吃一惊，“谁想到她会有这种感觉”。据称，她的祖母大叫了起来。

阿尔和图迪·芒格有三个孩子：查理、卡罗尔以及玛丽。查理婴儿时期的一张照片显示，他在那时就已经带有典型的任性表情了。在邓迪小学时，他最显著的外表是一双巨大的小精灵似的耳朵，如果他选择露出来，总会引起哄笑。他被公认为很聪明。根据他的妹妹卡罗尔的说法，他很“活泼”并且“思想独立到不屈服于某些老师的期望”。[6]“聪明，是个聪明人”，这是芒格家的邻居多萝西·戴维斯回忆查理童年时代给出的评价。[7]戴维斯夫人试图控制住查理对她儿子尼尔的影响，可是没有什么能让查理的嘴巴驯服，即使他看见她手上拿着细枝条追着那帮男孩子，鞭打他们裸露的小腿肚。

在学会隐藏自己的痛苦以及采用巧妙的应对策略之前，童年时代的沃伦一直承受着侮辱，而只能稍做反抗。太骄傲且不愿屈服的查理面对伤人的挖苦讽刺，只好运用他的才华来承受年轻时的痛苦。可是在每周五艾迪·福格的舞蹈课上，作为班里唯一一个比查理矮的女孩的舞伴，查理对这个强调他是班级第二矮的小孩的例行课程毫不掩饰自己的愤怒。[8]在中心高中的时候，他得到了“大脑”的绰号和极度活跃以及疏远同学的名声。[9]

成长在一个珍视学习的家庭，芒格长大后很有抱负，17 岁时被密歇根大学录取，主修数学。日军偷袭珍珠港后的一年，还在读大学二年级的芒格被征募入伍。服役期间，他修读了新墨西哥大学和加州理工学院的气象课程，但是从没有真正毕业。后来，他作为气象学者在阿拉斯加的诺母港工作。后来芒格说，他从没有见过现役军人能够驻扎在没有危险的地区，而这也强调了他的幸运。他的主要风险是财务上的：他通过打扑克牌增加了津贴。他发现他很擅长这个，这变成了他的赛马场。他说，他学会了胜算不大时下注很少，而胜算很大时狠狠下注。在以后的人生中，他也充分利用了这种优势。

第二次世界战结束后，通过良好的家族关系，他在没有完成大学本科学业的情况下，直接进入了哈佛大学法学院。[10]那时他已经和南希·哈金斯结婚，这是一次冲动的婚姻，当时他21岁，而她才19岁。芒格已经变成了一个中等身高、穿着考究的年轻人，黑色的短发和机警的目光让他的面貌焕然一新。不过他最重要的特征——除了他的耳朵，现在只是稍稍有点儿招风——是他招牌的表示怀疑的方式。即使是在哈佛，他也经常这样——没有学到什么，他说。[11]后来他告诉他的朋友们，那时，他站在地图前问自己，“哪个城市正在成长并且充满了机会，能让我挣到很多钱？而且这个城市不能太大，也不能发展得太好，否则要想进入这个城市的显要人物行列就会比较困难”。他选择了洛杉矶。[12]帕萨迪纳市让他印象深刻——在这个雍容的旧时西班牙风格的洛杉矶郊区，他曾经上过加州理工学院。也是在那儿，他遇见了未来的妻子，当地一个显赫家族的女儿。“南希任性、被宠坏了。”她的女儿莫利说，考虑到她新婚丈夫的性情，她的性格并不理想。[13]没过几年，他们的婚姻就出现了问题。尽管这样，从哈佛毕业后，他们带着儿子泰迪回到了她的家乡帕萨迪纳市定居，在那儿查理成了一个成功的律师。

1953年，有了3个孩子并经过8年的不相容、争斗和痛苦，芒格离婚了。在当时，离婚还是一件不光彩的事。尽管他们之间有问题，但考虑到他们的儿子和两个女儿，他和南希做出了文明的安排。芒格搬进了大学俱乐部的一个房间，买了一辆有凹痕的黄色庞蒂克车，车面上的油漆糟糕到“会让掘金者们气馁”，从此成为一个星期六陪孩子的父亲。[14]接着，在分开的这一年里，8岁的泰迪被诊断得了白血病。芒格和他的前妻问遍了整个医学界，很快发现这个病是无法治愈的。他们和其他的父母以及祖父母，一起坐在白血病病房里，眼睁睁地看着孩子在不同的阶段日渐衰弱。[15]

泰迪经常在医院进进出出。查理过来看他，抱着他，然后在帕萨迪纳市的大街上一边走路，一边为他的儿子哭泣。他觉得失败的婚姻和儿子的绝症几乎无法承受。而且，在50年代，一个离婚的单身父亲的孤独也让他焦躁不安。他感受到了没有一个完整家庭的失败，希望孩子们能在身边。

当情况越来越糟时，芒格决定朝着新目标进发，而不是让自己沉迷在生活的不幸中。[16]也许这样显得实际甚至无情，不过他把这看成让眼睛永远能看得见希望。"面对一些不幸时，不要因为你自己的挫败感，让一个不幸变成两个或三个。"他后来说。[17]

因此，即使芒格关心即将死去的儿子，他还是下定决心再婚。可是，他分析成功婚姻概率的方法让他十分悲观。

> 查理对于他能否再遇到某个人而感到绝望。"我怎样才能找到那个人呢？加利福尼亚2 000万人口中有一半是妇女。在这1 000万妇女中，只有200万人的年龄合适。200万人中，150万已经结婚，只剩下50万。50万人中的30万人太愚蠢，另外5万人又太聪明，剩下的15万人中，我想和她结婚的也就只能装满一个篮球场。我要从中找到一个，而且我还必须在她的那个篮球场里。"

查理设置低期望值的心理习惯已经根深蒂固。因为他觉得高期望值会导致吹毛求疵，所以在寻求幸福的路上也习惯性地没抱太大期望。低期望值会让人们失望的机会少一些。但是，自相矛盾的是，这也不一定会让他获得成功。

出于绝望，查理开始重新审视离婚和死亡通知书，并且开始寻找新的单身女性。这引起了他的朋友们的注意。考虑到他的悲惨经历，他们开始插手帮忙。他的一个律师合伙人带来了另外一个"南希”，一位有两个男孩的离婚妇女。南希·巴里·伯斯威克是个瘦小的、肤色浅黑、头发棕褐的女人，热衷于打网球、滑雪和高尔夫球。她也是斯坦福大学资优生荣誉学会的经济学毕业生。

第一次约会的时候，他就警告她：“我是那种说教式的人。”可是这并没有吓倒南希，这预示着他们的关系发展还不错。他们开始带着孩子们一起外出。开始，泰迪和他们一起行动，可他的病情迅速加重。后来，在他儿子最后几周的时间里，31岁的查理总是坐在床边陪伴他。1955年泰迪去世，年仅9岁，在这期间查理瘦了10—15磅。“我无法想象人生中还有比一天天看着孩子离去更痛苦的事情。”后来他回忆说。[18]

1956年1月，查理·芒格和南希·伯斯威克结婚。他绝望地需要某个人为他安排生活。南希很有魄力，只要查理的气球里充斥了太多的热空气，她就会毫不犹豫地刺破它。她是一个优秀的管理者，观察敏锐、镇静、理性，而且务实。当查理偶尔冲动起来时，她会抑制住他的任性。在他的两个女儿和她的两个儿子的基础上，他们及时地添了三个儿子和一个女儿。除了做家务和照顾查理之外，她还要抚养8个孩子。[19]而对他的孩子们来说，他变成了“有腿的”书本，经常阅读科学和伟人成就方面的书。同时，他继续在缪吉克-皮乐-加勒特律师事务所追寻他的财富，不过他已经认识到，法律并不能让他致富。他开始搞一些赚钱的副业。“查理，作为一个非常年轻的律师，一小时应该可以得到20美元。他心中盘算着，‘谁是我的最有价值的委托人呢’？他认为是他自己。因此，他决定每天出售自己一个小时。他每天清晨为那些建筑项目和房地产交易忙碌。每个人都应该可以这样，先是委托人，然后再为其他人工作，每天出售自己一个小时。”

“我对致富有相当大的热情，”查理说，“不是因为我想要法拉利——我想要的是独立。我拼命地想得到它。我认为给其他人寄收据是一件有损尊严的不体面的事情，我不知道我从哪儿得来的这个想法，不过我确实这样想。”[20] 他自视为一个绅士，对他而言钱不是竞争。他想加入合适的俱乐部，而并不关心其余成员是否比他富有。在他傲慢的外表之下，对真正的成就怀有深深敬意的心，让他能够真正谦虚，这对他在和即将见面的这位男子之间建立联系非常关键。

在奥马哈俱乐部的包房里，坐在查理对面并开始讲话的这位男子穿得就像一个颇年轻的推销员，来向一位绅士推销保险。那时，会处世的查理已经在洛杉矶的商界和社交界颇有建树，而且看起来很入流。但是，当戴维斯夫妇和西门夫妇做完介绍，他们就完全开始了两人私下的交谈。查理承认他在巴菲特家族的杂货店“拼命工作”了一段时间，在那儿“你只能从早上的第一个钟头一直忙到晚上”。[21] 但是，至少和其余那些忙得不可开交的雇员相比，欧内斯特会让自己喜欢的如图迪·芒格这样的顾客的儿子享片刻清闲。[22] 开了些玩笑以后，当沃伦开始谈投资和本杰明·格雷厄姆时，谈话加速，而其他人都在全神贯注地听。查理立刻能理解这些概念。“那时，他已经花了很多时间思考有关投资和生意上的事情。”巴菲特说。

他告诉查理有关美洲国家火灾保险公司的故事。查理和霍华德以及海登·哈曼森是一起上的中心高中。他对身处加利福尼亚之外的巴菲特能如此了解哈曼森家族以及他们的存款和贷款而感到吃惊。不久，这两个人的交谈就合上了拍，看起来好像非常了解对方。[23] 过了一会儿，查理问：“沃伦，你具体做些什么？”

他已经有了这些合伙公司，巴菲特解释说，而且他做这，还做那。他说，1957 年，市场下跌超过 8%，而他的合伙公司一年挣了超过 10%，次年合伙公司的投资升值超过了 40%。[24] 到目前为止，巴菲特从管理合伙公司中收取的费用通过再投资，已经达到 83 085 美元。这些管理费已经将他最初的 700 美元投资——7 家合伙公司，每家投了 100 美元[25]——迅速增至占所有合伙公司股份的9.5%。而且，1959年，他的表现一如既往，将再次击败道琼斯指数，这将会让他变得更富有，而且提高其股份份额。最后，查理问："你认为我能在加利福尼亚做同样的事情吗？"沃伦停了一会儿，看着他。这是一名成功的洛杉矶律师提出的一个不合常规的问题。"是的，"他说，"我非常确定你可以。"[26]午餐结束后，戴维斯夫妇和西门夫妇准备回去，当他们踏进电梯时，最后一眼看到的是，巴菲特和芒格还坐在桌子旁边全神贯注地交谈。[27]

过了几天，两人又带着各自的妻子来到约翰尼咖啡馆。席间，芒格自我陶醉于一个笑话，结果滑出了座位，在地板上笑着打滚儿。芒格夫妇返回洛杉矶后，巴菲特和芒格的讨论不断，两人打电话也越来越频繁，一次就是一两个小时。巴菲特曾经对乒乓球这样着迷过，现在终于找到更有趣的事情了。

"为什么你这么注意他？"南希问她的丈夫。

"你无法理解，"查理说，"他可不是一个普通人。"[28]

24

火车头

纽约，奥马哈　1958—1962 年

沃伦和苏珊看起来和普通人一样，他们保持低调，他们的房子虽然大，但并不奢华，后院有一个供孩子们玩的小木屋，后门从不上锁，邻近的孩子们可以在这儿进进出出。现在，巴菲特夫妇在他们不同的轨道上逐渐开始加速。苏珊的当地计划表上增加了一站又一站，而沃伦朝着“美元山峰”进发，这是一个永不停止的旅程。

1958 年之前，他会径直买一只股票，然后就等着这个“烟蒂”燃烧起来。接着，他通常会出售股票，去买另一只他更想得到的股票，有时不免会带有一丝遗憾，因为他的雄心受到合伙公司资本的限制。

但是，现在他管理着 7 家合伙公司，加上巴菲特-巴菲特公司以及他自己的钱，资金已经超过了 100 万美元。[1] 这使他能在完全不同的范围内操作。他在生意上的伙伴除了斯坦贝克、纳普、勃兰特、科文、施洛斯以外，又增加了芒格。他们两个人每个月的电话账单的惊人——按照他们的消费标准。芒格又把他介绍给朋友罗伊·托尔斯，瘦瘦高高的前海军战斗机飞行员。托尔斯脸上总带着温和的笑容，喜

欢自己一个人快速思考——除了偶尔会抛出一些讽刺的有力反驳，这使得人们“希望带些创可贴在身边”，一个朋友这样评论。和芒格一样，巴菲特能够机敏应对。他将托尔斯当作自己的好友。这种为他的事业征集志愿者的诀窍，已经创造了一个很大的支持网络，虽然只是松散地组织在一起。沃伦会或多或少不自觉地和他的支持者们像汤姆·索亚那样探险、钻研，因为他的兴趣增长得太快，他一个人再也不能完全实施每一个细节了。

简单地坐在书房，在《证券分析》或《穆迪手册》中挑选股票的日子，已经一去不复返。相反，他开始在那些需要时间和计划去实施的有利可图的大型项目上下功夫——比在美洲国家火灾保险公司身上花的还要多。有时，这些项目会碰上复杂甚至戏剧性的情况，他的注意力将会持续几个月，有时一连几年都得放在那上面。有时几个投资项目同时操作。对他的家人而言，对绝大部分时间他都缺席的情况已经习以为常，而现在项目规模的扩张更加重了这一趋势，但是他和朋友们的关系却越发紧密了。

第一个复杂的事件涉及一家叫作桑伯恩地图的公司，该公司发行美国所有城市的精密地图，图上标示了电力线、自来水总管道、车道、建筑工程、房顶结构、应急楼梯等，这种地图主要会被保险公司购买。[2]这门生意没有赢家，因为随着保险业的并购，顾客群正在慢慢萎缩。不过45美元一股的价格很便宜，因为单单桑伯恩公司的证券投资组合每股就值65美元。但是为了能掌握这些投资组合，沃伦需要的不仅仅是合伙公司的资金，还有其他人的帮助。

从1958年11月开始，他在桑伯恩公司上投入了合伙公司1/3的资产。他也为自己和苏珊买了这只股票，他让艾丽斯姑姑、父母、姐妹们都买了。他还将自己有关桑伯恩公司的想法告诉了科文、斯坦贝克、纳普、施洛斯。其中一些人把这看成他的好意而买了。他从中提取利润的一定比例，这是使他自己的资产产生杠杆作用的一个途径。为了控制更多的股票，他增加了从高中起就一起玩弹珠的同伴唐·丹利、他父亲最好的朋友维克·史皮特勒、多蒂的丈夫霍默·罗杰斯，以及霍华德·布朗，汤姆·纳普工作的特雷迪–布朗–莱利经纪公司的老板。同时沃伦还把他的朋友弗雷德·库尔肯的姨妈凯瑟琳·埃伯菲尔德和母亲安妮·戈特沙尔特也带了进来，因为以前他没有让她们加入合伙公司，这次强烈推荐这只股票，是因为他认为这次是一件很确定的事情。最终，他掌控了足够多的股份，进入了董事会。

1959 年 3 月，沃伦例行去纽约出差，住在安妮·戈特沙尔特位于长岛的一栋小小的殖民时期的白色房子里。现在安妮·戈特沙尔特和她的姐姐已经把他看成死去很久的儿子弗雷德的替代者。沃伦在那里放了备用的内衣和睡衣。吃早餐时，戈特沙尔特会为沃伦准备汉堡包。在这种旅行中，他总会列出 10—30 件他想完成的事情。他会去标准普尔的图书馆查些信息，参观一些公司，拜访一些经纪人，通常会和纽约的勃兰特、科文、施洛斯、纳普待在一起。

这次特别的旅行长达 10 天。他要和合伙公司的潜在客户坐下来谈谈，而且还有一个重要的约会：作为董事会成员，第一次出席桑伯恩公司的会议。

桑伯恩公司几乎全部由保险公司的代表组成——它最大的客户——因此，除了开完会以后不会打上一轮高尔夫球以外，董事会更像是个俱乐部。没有一个董事会成员拥有超过象征数量的股票。[3]会上，沃伦建议将公司的投资产品分给股东们。但是，自大萧条和第二次世界大战以来，美国企业对待钱就像是对待稀有商品一样要珍藏和保管。即使经济调整已经过去了很长一段时间，这种想法还会自动产生（关于该现象的前提人们尚未调查核实）。董事会对这个主意做出的回应是，将证券投资组合从地图主业中剥离是很荒谬的。会议快结束的时候，董事们打开雪茄盒开始分发雪茄，他们吞云吐雾，沃伦坐在一旁却气得快冒烟了。“那是用我的钱买的雪茄。”他想。在返回机场的路上，他从钱包里拿出孩子们的照片，看着他们，他的血压才降下去。

遭遇挫折的沃伦决定，他将代表其他股东，从这些不称职的董事手中夺下公司，因为他们要比那些人更应该拥有这家公司。因此，巴菲特集团，包括弗雷德·斯坦贝克、沃尔特·施洛斯、艾丽斯·巴菲特、丹尼尔·科文、亨利·勃兰特、凯瑟琳·埃伯菲尔德、安妮·戈特沙尔特和其他一些人继续购买。沃伦还动用了新注入合伙公司的资金，还让霍华德把他的一些经纪客户吸引进来。也许沃伦正在帮他父亲财务上的忙，即使在他逐渐掌握这家公司的时候。

不久，那些对沃伦比较友好的人，包括著名的基金管理人菲尔·卡罗特（他曾经在沃伦这儿听说然后买了格瑞夫兄弟桶业公司和克利夫兰毛料厂），一共拥有大约 24 000 股，掌握了有效的控制权，沃伦认为该行动了。股票市场正处于高位，他希望桑伯恩公司能在合适的时机出货。战略咨询公司博思–艾伦–汉密尔顿已经提交过计划，建议桑伯恩公司这么做[4]，但关键点是纳税。如果出售证券投资组合，公司需要支付大约 200 万美元的税款。沃伦提供了类似洛克伍德公司置换股票以避税的技巧，这是一个可以做到完全不用纳税的解决方案。

下一个董事会议召开时，除了又有一些投资人的钱随着雪茄的烟雾而消失之外，其他什么也没干成。在巴菲特返回机场的路上，他不得不再次看孩子们的照片，好让自己平静下来。三天以后，他威胁董事会，如果董事们在 10 月 31 日之前不采取行动，他将召集一个特别会议以控制公司。[5] 他已经失去耐心了！

现在董事会别无选择，只得同意分割两部分业务。可即使这样，如何处理纳税的问题依然存在。一个保险代表说：“那就让我们吞下那笔税款吧。”

于是我说："等一下，'让我们'，谁是'我们'？如果在座的每一个人都希望按人头承担，那很好。可是如果你希望按各自拥有的股份比例承担，你只用承担 10 股股票的税额，而我要承担 24 000 股的税额，那就算了吧！"他说要自己吞下这 200 万美元的税额，只是因为他不想很麻烦地操作股票回购。[6]我记得那时又分发雪茄了。我为每一根雪茄支付 30% 的钱，而我是唯一不抽雪茄的人。他们应该为我的泡泡糖支付 1/3 的钱。

董事会终于屈服了。于是，在精力、组织以及意愿的压力下，1960 年初沃伦赢得了战斗。桑伯恩公司向股东们提出了洛克伍德式的要约，用一定比例的证券投资组合交换股票。[7]

这次桑伯恩公司的交易设置了一个"高水位标志"：巴菲特可以利用他的大脑和合伙公司的钱改变一家公司的方向，即使它顽固，即使它不情愿。

在这个故事里，巴菲特不断地往返于纽约和奥马哈之间，一直在为桑伯恩公司这个项目努力，他要搞清楚到哪儿去弄到他需要的股票、如何让董事会合拍，以及怎样才能不使自己吞下那笔税金，还同时在寻找其他的投资妙计，成千上万个主意整天在他的脑子里盘旋飞舞，嘀嗒作响。在家里，他总是到楼上去看书和思考。

苏珊把他的工作理解为一项神圣的使命。可是，她仍然努力将他带离他的研究而融入家庭生活：有计划的外出，度假，在餐馆吃晚饭。她有一句名言："任何人都可以做父亲，你也必须做父亲。"[8]然而，她是在和一个从没拥有过她所说的那样的父亲的人说这番话。"我们去野马餐厅吧！"她会说，然后用车载着一帮周围的小孩狂吃一顿汉堡包。坐在桌旁，如果有什么有趣的事情发生，沃伦会大笑，也会表现得很投入，不过他很少说话。他的思维在别的地方。[9]有一次在加利福尼亚度假，一天晚上他带着一群孩子去迪士尼乐园玩，他坐在长凳上看书，而那些孩子则到处乱跑，大家都自得其乐。[10]

这时彼得接近两岁，豪伊5岁，苏茜6岁半。苏茜有自己的粉红格子花布王国，那是一张带篷的床，要沿着单独的楼梯上去。豪伊用破坏行为来测试父母，看看到什么程度会引起他们的反应。他捉弄很晚才开始说话的彼得，好像彼得是一个科学实验品一样，去刺激他，看他什么反应。[11] 苏茜管理他们两个以控制事态发展，她开始找出办法报复豪伊，有一次她教唆他用叉子在牛奶袋的底部戳洞。当豪伊正自得其乐地看牛奶喷到厨房桌子上到处都是时，苏茜跑到楼上大叫："妈妈，豪伊又在干坏事！"[12] 沃伦只是简单地求助于苏珊，让她去应付儿子充满破坏力的精力。而豪伊记得他的母亲几乎"从不生气，她总是支持我们"。[13]

苏珊巧妙地处理这一切，扮演着1960年时标准的美国中上阶层妻子的角色。每天她以标志性的装扮示人，裁剪得体的裙子或者裤装，通常是灿烂的黄色，以及光亮蓬松的头发，完美地照顾着她的丈夫和家庭，成为社区团体的领导人，优雅地招待丈夫生意上的伙伴，似乎这比把一顿"斯沃森电视晚餐"[a] 扔进烤炉要轻松得多。沃伦让她雇用帮手，很快一连串的互惠工人就住进了二楼带卫浴的空气流通、采光良好的房间。新来的女管家莱莎·克拉克承担了苏珊的一些工作。通常，苏珊的一天是从中午主持慈善午宴开始的，放学以后，接送苏茜去蓝色小鸟团。苏珊总是将自己描绘成一个简单的人，不过逐渐地，她给自己的生活增加了一层又一层复杂的元素。她正在筹建一个叫"志愿者局"的团体[14]，专门在奥马哈大学做办公室工作以及教游

a. 斯沃森电视晚餐，美国电视节目，专门教观众如何做美味佳肴。——译者注

泳。“你也可以成为保罗·李维尔”[a]是该团体的座右铭，借用了一个通过个人自我牺牲的勇敢行动拯救整个国家的个体形象。

和保罗·李维尔一样，苏珊也无意向上爬。[15]她在家庭责任和需要关注的越来越多的人之间来回碰撞，其中很多人生活穷困，或者在某些方面受到过创伤。

她最亲密的朋友贝拉·艾森伯格是奥斯威辛集中营的幸存者，在集中营被解放后，她来到奥马哈。她把苏珊看成可以在凌晨4点打电话求助的人。[16]另外一个朋友是尤妮斯·丹尼伯格，在她还是个孩子的时候，她发现了上吊自杀的父亲。在沃伦家这么一个富裕的白人家庭里，最难得的是他们还有黑人朋友，包括棒球界最有威胁性的投手鲍勃·杰布森和他的妻子沙琳。可在1960年，如果你是个黑人，即使是个明星运动员，也不代表什么。“那个时代的奥马哈，很少会看到白人和黑人在一起。”巴菲特儿时的伙伴拜伦·斯沃森说。[17]

苏珊把手伸向每一个人。事实上，麻烦越多的人，她越愿意帮助。她对几乎不认识的人的个人生活充满浓厚的兴趣。沃伦回忆了一件事情，在一次橄榄球比赛期间，他去厕所，而她在小卖部排队。几分钟以后他回来时发现，站在苏珊后面的一位妇女正在和她说话，“我之前从没对任何人讲过这件事情……”苏珊听着，露出被吸引的表情。几乎她遇到的每一个人都会在这样的关注下散发光辉，并为之感动。但是，即使是最亲密的朋友，苏珊也总是小心而不愿分享她自己的问题。

在家里，她同样扮演施救天使的角色，尤其是对她的姐妹。和苏珊一样有音乐天分的多蒂创立了歌剧协会。不过，她似乎很空虚，就像有个人评价的那样，“虽然不快乐，但内心强大”，她保持着愉快的表象，但她告诉苏珊，她从来不哭，因为她一旦哭，将永远不会停止。

a. 保罗·李维尔，一位银匠，美国独立战争中的爱国者。——译者注

她的丈夫霍默因为不明白妻子而很受挫败，可是他俩仍保持着活跃的社交安排。晚上，在喝酒和狂欢中，他们两个年幼的儿子到处闲逛。有时，霍默会粗暴地惩罚他们，或者多蒂会残酷地取笑他们——于是，苏珊像母亲一样照顾她的外甥和自己的孩子们。

她还帮助老巴菲特夫妇，霍华德的健康问题和意识形态正在成为他们的负担。

不过，霍华德的焦虑和身上18个月的神秘症状更是问题。尽管去了明尼苏达州罗切斯特的梅奥诊所，可医生们还是不能诊断他的病因。[18] 最后，1958年5月，霍华德被告知得了结肠癌，急需手术治疗。[19] 沃伦为这个诊断而心烦意乱，而且为这个他认为不可原谅的延误诊断生气。从那时起，苏珊开始有选择地告诉他有关他父亲的病情。[20] 她保持着家庭的正常安排。在霍华德手术和漫长的恢复期间，她还不遗余力地支持利拉。她很高兴地做所有这些事情。不只这些，在危急关头，她的镇静、安慰让每个人都可以依靠。她帮助大一点儿的孩子理解这种疾病，并且让包括小彼得在内的每个孩子都定期看望祖父。豪伊在下午和霍华德一起看大学橄榄球赛，霍华德坐在装有软垫的躺椅上，在比赛当中不断地倒戈，为那些就要输掉的球队加油。当豪伊问他为什么时，他说："他们现在是弱者。"[21]

在他父亲经受严峻考验期间，沃伦自始至终都是用生意来分散自己的注意力。他埋首于《美国银行家》或者《石油和天然气杂志》，只有在他走进厨房，从只有他才可以碰的木板箱里取一些爆米花和百事可乐时，才会有短暂的中断。

但是不知为什么，尽管为父亲生病而苦恼，在家人眼里安静内向的沃伦开始频频出现在公众场合，而不管家里正在发生什么事。他像一位权威，也像一个在向听众传输能量的电子充电器。"不管他去哪儿，总是透着这种气质。"查克·彼得森说。[22] 而让查理·芒格印象深刻的是，沃伦·巴菲特经常很有说服力地谈论投资以及合伙公司。他募集资金的速度和他说话的速度一样快，但是还不及他投资的速度。

在他们几乎每天都进行的通话中，芒格听沃伦讲投资和募集资金的经历，对巴菲特自然的推销术很好奇。由于亨利·勃兰特在为他探路，他去纽约出差就更为频繁。1960 年是一个分水岭，现金潮水般涌进了合伙公司的金库。年初，沃伦的叔叔弗雷德和婶婶凯蒂向巴菲特联合公司投了将近 8 000 美元。通过查克·彼得森的关系，又有 51 000 美元进了安德伍德。那时，“查克对我说，‘我想邀请你和苏珊来吃晚饭，和安琪夫妇见个面’。我不认识他们。查克说他们都是医生，是真正聪明的人”。

卡罗尔和比尔·安琪夫妇住在彼得森家的街对面，比尔·安琪是心脏病专家，也是个异想天开的古怪人。冬天他会整夜不睡，往他前院喷水，然后做一个光滑的、像玻璃一样毫无瑕疵的雪人，就像一个圆圆胖胖的他自己的复制品，站在结冰的“池塘”旁边。他的妻子专门从事儿科研究。

> 我们接上他们，这样车上就有 6 个人。我们朝奥马哈乡村俱乐部的方向进发。卡罗尔·安琪长得很美，打扮时尚。吃晚饭期间，她的眼睛就没有离开过我。我的意思是，她只是被迷住了。我疯狂地讲世界上的所有事情，拼命地想使她印象深刻，而她就在那儿听我讲的每一个字。
>
> 我们离开乡村俱乐部开车返回。在车里，一路上她的眼睛也一直盯着我。我们把安琪夫妇送回去，然后我对查克说：“今天晚上我给人留下了很深的印象。”他回答：“不，傻瓜，她是个聋子。她在读你的唇语。”因为我不停地说，所以她就不停地看着我。[23]

不过他肯定给人留下了深刻的印象，因为后来安琪夫妇在山顶房子饭店招待他们认识的十几个医生吃晚饭的时候，比尔·安琪建议他们成立一家合伙公司，每人投资 1 万美元。其中一个医生问："我们输掉所有的钱怎么办？"比尔·安琪给了他一个厌烦的表情，然后说："那我们就再成立一家。"

巴菲特的第八家合伙公司——埃姆迪（Emdee）成立于 1960 年 8 月 15 日，资金 11 万美元，那个医生因为担心自己的钱会全部亏掉而没有加入。

还有其他一些怀疑论者。在奥马哈，并不是每个人都喜欢有关沃伦·巴菲特的事情。有些人认为，这个年轻的高手一文不值，他的权威性实际是种不相称的傲慢。有些人不认同一个无名之辈能奋斗成功。奥马哈一个显赫家族的成员和五六个人在黑石酒店边吃边聊的时候，谈到了巴菲特的名字，说："一年之内他将一文不名，就给他一年，他就会消失。"[24] 柯克帕特里克·佩蒂斯公司的一个合伙人（霍华德的公司在 1957 年和该公司合并）一遍又一遍地说："陪审团还没盯上他。"[25]

那个秋天，充满泡沫的股票市场起飞。经济正在温和衰退，因为苏联看起来就要赢得军备竞赛而使整个美国心情沮丧。但是当约翰·肯尼迪赢得总统大选后，充满活力的年青一代在管理上的改变提振了整个国家的士气。在早期的演讲中，肯尼迪设定了一个目标：把人类送上月球。市场迅速飞涨，再一次需要和 1929 年做比较了。沃伦从没有经历过一个投机市场，但他保持了平静。似乎这就是他一直在等待的时刻。他没有像格雷厄姆可能做的那样撤退，反而做了一些异常的事情。他加速为合伙公司筹集资金。

他把伯蒂和她的丈夫，他在阿尔伯克基的叔叔乔治，以及他的堂兄比利带入了最初的巴菲特联合公司。他的朋友约翰·克利里的合伙人韦恩·伊夫斯也加入了。最后，他终于让弗雷德·库尔肯的姨妈凯瑟琳·埃伯菲尔德和母亲安妮·戈特沙尔特也进入了合伙公司。她们的加入说明，他认为这个时机不仅非常合适，而且安全。

另有三个人加入了安德伍德。一次在纽约听完本杰明·格雷厄姆的讲座以后，沃伦在雨中等出租车，这时他遇到了小弗兰克·马修斯，前海军部长的儿子（就是在这位海军部长面前，范尼塔·梅·布朗宣布要和沃伦结婚），马修斯也成为一个合伙人。[26] 沃伦成立了他的第九家合伙公司——安投资公司，这是为奥马哈另一个显赫家族的成员伊丽莎白·史托斯而成立的。他还让拥有城里最精美的服装店的玛蒂·托普和她的两个女儿及两个女婿，以25万美元加入了他的第十家合伙公司——巴菲特–TD。

作为投资顾问，他可以合法地拥有100个合伙人，而不需要在美国证券交易委员会登记。随着合伙公司的发展，他开始鼓励人们非正式地组成一个团队，然后再以单个投资者的身份加入进来。最终，他已经可以把人们的钱汇合起来。[27] 后来他在描述这样的战略时是持质疑的态度的，不过这确实奏效。得到更多资金、挣更多钱的强迫性驱使着他不断向前。沃伦忙忙碌碌、风风火火，往返纽约的频率堪称疯狂。他开始遭受和紧张相关的背痛之苦，当他坐飞机的时候病情就会加重，他用了各种办法和东西来减轻疼痛，除了待在家里。

至此，他的名字已经像一个秘密一样传播。“和沃伦·巴菲特一起投资会让你变得富有。”可是现在规则已经改变了：到1960年，至少有8 000美元才能跨入门槛。而且，他再也不需要请求别人和他一起投资了，他们必须自己有这样的想法才行。人们不仅对他在干什么一无所知，而且他们还必须把自己放在那个位置上（尽管丹·莫奈或者其他一些有帮助的代理人因为需要通常会知道一些）。这将他们转化为巴菲特的追随者，并且减少了他们对他做的事情抱怨的机会。以前他是请别人帮忙，而现在是他给别人帮忙。如果人们要从合伙公司拿走钱会为此觉得亏欠，让别人开口请求使他在心理上觉得被赋予了重任。在很多情况下，在以后的人生中，他开始经常使用这个技巧。他一方面得到了自己想要的东西，另一方面这似乎也抚平了他一直以来因要对别人的命运负责而产生的恐惧。

虽然不安全感和以前一样肆虐，但他的成功以及苏珊的关心和调教已经让他有了改观。他开始显得有力量，不再脆弱。很多人乐意请求他为他们投资。巴菲特于 1961 年 5 月 16 日成立了他的第十一家，也是最后一家合伙公司：巴菲特–霍兰德。这家合伙公司是为迪克·霍兰德和玛丽·霍兰德而设的。他们是沃伦通过他的律师兼合伙人丹·莫奈认识的朋友。当迪克·霍兰德决定投资合伙公司时，他的家庭成员施压让他不要这么做。但他很清楚巴菲特的能力，霍兰德说，即使是在奥马哈，还是有人“偷偷地笑”沃伦的野心。[28]1959 年，合伙公司的业绩表现高出市场 6 个百分点。1960 年资产价值一跃而至将近 190 万美元，超过市场 29 个百分点。比单个年度的利润更让人印象深刻的是复合增长率。如果在第二家合伙公司，即巴菲特基金里最初投资 1 000 美元，4 年以后，这 1 000 美元就会变成 2 407 美元。而如果投资于道琼斯工业平均指数，则只值 1 426 美元。[29] 更重要的是，当他获得较市场更高的回报时，整体承担的风险也较小。

巴菲特收取的费用经过再投资，到 1960 年底已经为他挣了 243 494 美元。现在合伙公司中超过 13% 的财产都属于他。虽然他在合伙公司的份额增加了，但他为合伙人挣的钱也已经不单单是让他们感到高兴了，很多人对他怀着敬畏之心。

在他们中间，埃姆迪合伙公司的合伙人比尔·安琪排在最前面。比尔努力让自己成为沃伦的“搭档”，在巴菲特家房子的三楼建造了带有轨道的一整套巨大的火车模型，以前这里是个舞场，而现在它是巴菲特家的阁楼。巴菲特内心深处的童心被唤醒了，儿时，每个圣诞节他都在布兰迪斯商店徘徊，对那个自己不可能拥有的巨大、神奇的火车模型充满了渴望。现在，当安琪在为创造沃伦儿时的幻想而努力工作时，他就在一旁“监工”。

沃伦还试图说服查克·彼得森共同投资。“沃伦，你一定疯了，”彼得森说，“我为什么要为你自己拥有的火车而和你平摊开支？”但是沃伦并没有听进去，他被想拥有火车和装备的热情激励着。“你可以过来使用它。”他说。[30]

火车填满了以前舞场的大部分空间。整个模型立在桩上，而过道在下面，这样就可以从里面观察这个立体模型。三辆火车头带着长长一串车厢沿着巨大的螺旋形轨道赛跑。它们经过村庄，穿过森林，消失在隧道里，又爬上大山，穿过山谷，按照标记停靠和起步，可是当巴菲特发动引擎时，火车却经常出轨，足以让人心惊胆战。[31]

火车变成了沃伦的最爱，他的孩子们被禁止接近。到现在，他对钱的痴迷以及对家庭的一无所知，还是朋友间的笑谈。“沃伦，那是你的孩子们——你认出他们了，是吗？”人们会这样说。[32] 当他不出差的时候，人们会发现他在房子里漫步，鼻子几乎要埋到年报里去了。整个家庭围绕着他和他神圣的追求旋转——空闲、安静；穿着睡衣跷起腿休息；在早餐桌旁，眼睛紧盯着《华尔街日报》。

现在，他复杂的王国拥有接近 400 万美元的资金、11 家合伙公司、超过 100 个投资者。这些所需要的簿记、财务、储蓄安全以及邮寄等工作，已经变得几乎无法抵挡。令人惊讶的是，巴菲特仍然自己处理钱和做所有职员的工作：报税，在打字机上打字，把分红或者资本支票存起来，偶尔会停下来在业余时间到咖啡馆吃一顿饭，把股票凭证塞进保险箱内。

1962 年 1 月 1 日，巴菲特把所有的合伙公司放进了一个实体——巴菲特有限责任合伙公司（BPL）。1961 年，合伙公司的投资回报率为46%，而同期道琼斯指数只有22%。1962年初，新的合伙公司的净资产为720万美元。仅仅6年，他的合伙公司的规模就超过了格雷厄姆–纽曼。可是当皮特·马威克·米切尔公司的审计师维恩·麦肯齐过来审计时，他不是在华尔街的会议室，而是在楼上巴菲特卧室外面的房间里翻阅巴菲特合伙公司的文件，他们两个在那儿肩并肩地工作。

可即使现在巴菲特已经认识到，不断增高的文件堆、电话账单以及股票，已经达到他在家庭办公室所能处理的极限，他也不喜欢另外承担日常开支，虽然他负担得起。

包括他在外面的投资在内——总量现在超过50万美元——沃伦在30岁时已经成为百万富翁。[33] 于是，他在基威特大厦租了一间办公室。这是一栋新的白色花岗岩建筑，沿着法纳姆大街一直走就能到达，离他家大约20个街区，离市中心不超过2英里。现在他和他的父亲共享一个办公室，这是他长久以来的目标，另外还雇了一个秘书。不过，霍华德显然病得很重，他像个战士一样，很努力地以僵硬的步伐顽强地走进办公室。当听到有关他父亲健康的任何不祥的消息时，沃伦的脸就会阴沉下来，于是大多数时间他都避免听到这些细节。

新秘书总是试图告诉沃伦，应该去做什么。“她认为她应该有点儿母亲式的做法，”他说，“总想着来操纵我。”

没有人能够操纵沃伦·巴菲特，他马上就把她炒了。

不过，他确实需要帮助。就在搬进基威特大厦之前，他雇用了比尔·斯科特（美国国民银行的信托管理人员）。斯科特曾经在《商业和金融编年史》上读过沃伦的一篇关于一家不是很著名的保险公司的文章。他还参加了巴菲特的投资课程。然后，他说：“我要去巴结他，直到我能在那里得到一份工作。”巴菲特开始在星期日的早晨去斯科特的家里，半路上把孩子丢在教堂，而他们两个讨论股票，最终巴菲特给了他一份工作。[34]

斯科特开始帮助巴菲特把钱快速引入合伙公司。巴菲特第一次让他的母亲加入，还有斯科特、唐·丹利、玛吉·罗林——沃伦的桥牌搭档卢斯·罗林的遗孀，甚至还有弗雷德·斯坦贝克——他有家族生意，所以迄今为止只和沃伦在特别的项目上合作过。[35]而且第一次，他把自己的钱投了进来——大约45万美元。[36]经过6年的工作，他和苏珊在合伙公司的股份上升到超过了100万美元，他们总共拥有巴菲特合伙公司14%的股份。

时间上的契合令人惊叹。1962年3月中旬，市场最终崩溃，持续下滑到6月底，股票突然比很多年来的价格都便宜。巴菲特现在只有一家合伙公司，坐拥一大笔等待投资的现金，但他的投资组合在这个低迷时期并未受损。“和通常较为常规的股票投资方法相比，显示出我们的方法风险相对较低。”他在给合伙人的信中写道。[37]1962年第二季度，道琼斯指数从723.5点下滑到561.3点，下跌了约22.42%。那一年的上半年，合伙公司支付合伙人红利之前的损失为7.5%，而同期道琼斯指数损失21.7%——合伙公司的业绩表现高出14.2个百分点。他在股票上展开了竞赛，他经常这样解释格雷厄姆的思想，这是对格雷厄姆的原始说法聪明地进行了再加工，“当他人贪婪的时候，你要恐惧，而当他人恐惧的时候，你要贪婪”。现在到了贪婪的时候了。[38]

25

风车战争

奥马哈，比阿特利斯　1960—1963 年

20 世纪 50 年代末至 60 年代初，巴菲特完成了和桑伯恩公司的角力，巩固了合伙公司，并且和他的父亲一起搬进了新办公室。接着，他又开始着手另一个项目，这次又是在和奥马哈有点儿距离的地方。而这是他第一次真正掌控一家公司，远比桑伯恩地图公司消耗了他更多的时间和精力。

丹普斯特磨坊制造公司位于内布拉斯加州比阿特利斯，是由一个家族运营的公司，专门制造风车和灌溉系统。

巴菲特职业生涯中的这个故事，起初就像是又一台投入 25 美分可以吐出 1 美元的老虎机。股票售价为 18 美元一股，而公司稳步增长的账面价值为 72 美元一股。丹普斯特的资产就是风车、灌溉设备以及它自己的制造工厂。

1958 年，沃伦开车去过比阿特利斯。那是一个暴风肆虐的草原小镇，可以依靠的就是丹普斯特这个唯一的雇主。他带了一张写有 19 个问题的清单，比如“公司有多少经销商”“在大萧条期间，坏账情况如何”。[1]参观过后他的结论是，这家公司“有钱，不过不挣钱”。[2]总裁克莱德·丹普斯特正把公司弄得一团糟。[3]

因为丹普斯特就是另外一个“烟蒂”，所以沃伦应用了他的“烟蒂”技巧，只要它以低于账面价值的价格出售，就不断买入。如果价格因某种原因上涨，他就能出售获利。如果价格不上涨，他会在拥有了足够控制这家公司的股票后停止购买，他可以通过变现，也就是清算资产而获利。[4]

和桑伯恩公司一样，巴菲特负担不起他想要的丹普斯特股票。于是，他打电话给沃尔特·施洛斯和汤姆·纳普：“我希望你们跟着我干这第三次。”[5]经过几年，这个三人组控制了公司11%的股票，仅次于丹普斯特家族，而且沃伦还进入了董事会。1960年初，董事会聘用了李·戴蒙担任公司总经理，他是明尼阿波利斯模塑公司的前采购经理。[6]巴菲特策略性地把克莱德·丹普斯特变成了一个有名无实的老板，并且继续购买股票。[7]他想要他能得到的每一股股票。他打电话给纽约的沃尔特·施洛斯：“沃尔特，我想买你的股票。”

“哦，我不想卖给你。”施洛斯说，“你知道，它是家不错的小公司。”

“你看，我为这个主意做了所有的工作。我想要你的股票。”巴菲特说。

“沃伦，你是我的朋友。如果你真想要——拿走吧。”施洛斯回答。[8]

在这个骑着多丽丝的自行车逃跑的成人版里，巴菲特拿走了施洛斯的股票。他有一个弱点：如果他觉得自己需要什么东西，他就真的需要，而且这个需要必须得到满足。但是，他做这些的时候，没有明显的恶意或者傲慢。如果有什么，反而是相反的情况，他只是非常需要。像施洛斯这样的人一般都会向他屈服，因为他们喜欢他。另外，无论他想要什么，他看起来显然觉得自己比他们更需要。

在获取更多股票的同时，巴菲特也买下了丹普斯特家族的所有股份。通过那次交易，他取得了控制权，体面地打发了克莱德·丹普斯特，并且以 30.25 美元一股的相同条件对其他所有股东提出收购要约。[9]

巴菲特做得非常狡猾巧妙。他觉得，自己在买股票的时候，不能就这样催促其他投资者去卖。甚至他会卖力地警告他们，他认为丹普斯特的股票在未来的表现会很好。虽然这样，但是金钱和人的天性会起到应该起到的作用。人们让自己相信，与其拿着交易清淡、价值可疑的股票，不如直接换成现金。很快，"烟蒂"股票占到合伙公司资产的 21%。

1961 年 7 月，沃伦写信告诉他的合伙人，合伙公司已经投资了一家匿名公司，这家公司"会妨碍合伙公司短期的业绩表现，但能强力保证几年以后的最佳结果"。[10] 在 1962 年 1 月写给股东的信中，他点出了合伙公司已经控制的丹普斯特公司的名字，并且小小地说教了一番，解释了格雷厄姆的"烟蒂"哲学。[11] 信中写道："丹普斯特过去挣了不少钱，但目前只是盈亏平衡……我们小数额持续购买这只股票已经 5 年了，大部分时间我是一个董事。可在目前的管理下，对这家公司的赢利前景，我的感觉慢慢地不再像之前那么好了。然而，我也更加熟悉这儿的资产和运作，以量化因素为依据的评估结论维持良好。"这样的看法促使他继续购买股票。事实证明，以前所写的"会妨碍合伙公司短期的业绩表现"比他期望的更有先见之明。

1962 年，巴菲特在一旁辅导李·戴蒙，并且努力向他解释该怎样管理存货。可是戴蒙好像认为，无论丹普斯特卖出多少风车，他都可以不停地购买风车的配件。当过采购经理，他知道如何去买，而且也这么做了。就在丹普斯特吞噬现金的同时，仓库里堆满了风车的配件。[12] 1962 年初，这家公司的贷款银行准备拿这些存货作为贷款抵押品，这足以给丹普斯特敲响警钟。而且，各种要关闭丹普斯特的议论纷至沓来。

在公司完全陷落之前的几个月，巴菲特还在观察。因此，现在他不得不向合伙人汇报，他投入了 100 万美元的公司就要破产了。他试图招募他在哥伦比亚的老朋友鲍勃 · 邓恩辞去美国钢铁公司的工作，搬到比阿特利斯来管理丹普斯特公司。邓恩真的过来了一趟，但是最终并不感兴趣。巴菲特很少向别人请教，不过最后，在那年 4 月，和苏珊去洛杉矶时，他和芒格讨论了这个情况。

"我和苏珊将与格雷厄姆夫妇、芒格夫妇共进晚餐，地点是洛杉矶埃尔塞贡多的船长桌子餐厅。我告诉查理，'这家公司现在一团糟，我弄了个笨蛋来管理丹普斯特，公司的存货还在不断上升、上升'。"芒格平时也帮他的法律客户分析生意，他像一个经理人一样想了想，立刻说："我知道一个人，他经常处理这种棘手的情况，哈里 · 波特尔。"他是通过一个专门从事业务扭转的熟人认识波特尔的。

6 天以后，受到 5 万美元签约奖金的诱惑，哈里 · 波特尔来到了比阿特利斯。这意味着第二次——算上那母亲般的秘书——巴菲特不得不炒掉某人。他已经从以前的经历中知道，自己憎恨解雇别人。不只这些，由于丹普斯特公司是这儿唯一一家大企业，他已经从董事会听说，戴蒙被任命为总经理后，他的妻子已经自诩为比阿特利斯的王后了。

巴菲特害怕冲突。他的第一本能是避免发生冲突，而且如果有人以他母亲那种方式威胁他，他会像一个被烫的小猫那样跑掉。不过面对可能爆发的冲突，他已经学会保持情绪不受影响了。他认为，这种做法"会在你周围制造出一个有关这个情况的壳，而不是创造出让你超越这种情况的壳"，会阻碍你成为一个有经验的人。

不管他解雇戴蒙时发生了什么，后来戴蒙的妻子写信给沃伦，信中责怪他“粗鲁且不道德”，而且由于他的冷漠，她丈夫的信心被摧毁了。32岁的巴菲特还没有学会富有同情心地解雇别人。

没过几天，他派他的新雇员比尔·斯科特去比阿特利斯协助哈里·波特尔，他们四处翻检配件部门，以决定哪些该丢掉、哪些要重新定价。[13]他们像一窝棉玲象鼻虫一样横扫而过，削减库存，廉价出清设备，关闭了5个分支机构，提高维修零部件的价格，关闭不能产生利润的生产线。他们解雇了100个人。紧接着，外来的新管理层大规模收缩业务，这激起了比阿特利斯的人用不信任的眼光看待巴菲特，怀疑他是一个无情的清算人。

到1962年底，波特尔已经将丹普斯特公司拖了回来。在1963年1月写给合伙人的信中，巴菲特称丹普斯特公司为这一年的高潮，并且命名波特尔为年度人物。[14]他估计公司价值现在为每股51美元，而上一年为每股35美元。银行非常高兴，由于出售资产、削减库存，丹普斯特公司积累了大约200万美元的现金，相当于每股15美元。同时，巴菲特还借了钱——每股20美元以筹集资金投资。这样，丹普斯特公司的证券投资组合规模就和巴菲特合伙公司一样了。

现在巴菲特面临一个类似桑伯恩公司的问题。更具讽刺意味的是，他也变成了那些喜欢贮藏现金的管理者之一。市场已经从1962年6月的低点开始反弹。为了利用丹普斯特公司额外的资金，他派波特尔和斯科特去纽约州北部地区看一家叫椭圆木碟公司的制造工厂，这个工厂生产冰棒杆、木头勺子等产品，但是最终并没有买下。[15]巴菲特试图私下出售丹普斯特公司，却发现没有人愿意接受他的价格，于是8月他通知股东准备出售公司，并且在《华尔街日报》上刊登了广告。

出售利润丰厚的制造公司

……我公司是一家领先的农具、施肥设备以及灌溉系统制造商。

作为一个赢利的企业，丹普斯特将在 1963 年 9 月 30 日公开出售，视截至 1963 年 9 月 13 日的协商交易情况而定……

联系人：哈里·波特尔先生（公司总裁）

在公开拍卖之前，他给了买家一个月的时间出价。而且，他和大多数明显的候选人都已经说了这个情况。

一想到新的拥有者可能会对这家最大，事实上也是唯一的一家企业实施裁员或者关闭分厂，比阿特利斯的人就气疯了。工厂开张于战后急速发展时期，大萧条时也没有关门。大萧条结束还不到 25 年，大规模失业的前景带来了一直萦绕于心的记忆：脸色苍白的男子、穿着补丁衣服的流浪汉、全国 1/4 的人失业、因饥饿而导致的营养不良、屈辱地干着政府提供的打发空闲的工作。

比阿特利斯的人们拔出了干草叉，[16] 巴菲特震惊了。他拯救了一家濒死的公司，难道他们不明白这一点吗？如果没有他，丹普斯特公司早就破产了。（就像巴菲特的继任者，丹普斯特公司董事长麦卡锡总结的："我们理解你，但比阿特利斯的一些人并没有认识到，你和哈里为丹普斯特公司完成了一项好的、有必要的工作。"）[17] 他从没预料到会有凶猛狂暴的行为，也没有想过人们会憎恨他。

全镇的人发起运动反对巴菲特，他们筹集了将近 300 万美元以保证公司所有权仍然留在比阿特利斯（整个 280 万美元的融资中，175 万美元将用来支付给卖方，剩余的用来扩张经营）。[18] 每一天，《比阿特利斯每日太阳报》屏住呼吸倒数截止日期，而整个镇子都在努力拯救这里唯一的工厂。截止日期这一天，当镇长走向麦克风宣布巴菲特被击败，公司创始人的孙子查尔斯·丹普斯特带领一个保证工厂继续开张的投资集团赢了时 [19]，全镇火警笛和钟声齐鸣。现在现金到手，巴菲特给他的股东分配了超过 200 万美元。[20] 但是，这段经历把他吓坏了。面对憎恨，他没有变得坚韧，反而发誓再也不会让此类事件重演。他可受不了一个镇子的人都恨他。

不久后的一天，巴菲特给沃尔特·施洛斯打电话："你知道，沃尔特，我在5家不同的公司里有一些小额头寸，我想把它们全部卖给你。"这5家公司是杰多–高地煤炭公司、商业国民财产公司、佛蒙特州大理石公司、杰纳西–怀俄明铁路公司，还有一个名字已经因时间久远而失传了。"好，你想要什么价，沃伦？"施洛斯问。"我将以现价卖给你。"巴菲特说。"好的，我买了。"施洛斯立刻回答。

"我没有说，'嗯，你知道，你需要查一下每只股票究竟值多少钱'，"施洛斯说，"我信任沃伦，如果我说，'好，我以你现价的90%来买'，沃伦也许就会说，'忘了这回事吧'。我帮了他一个忙，现在他也想帮我一个忙。如果他还获了利，那么也不错。事实上，它们最后的结果都很不错。我认为这就是他说'谢谢你'的方式，因为'你'卖给我'你'的丹普斯特股票。我不会说那就是理由，不过那确实是我想要说的意思，要做一个诚实的人。"

26

黄金堆

奥马哈，加利福尼亚　1963—1964 年

沃伦也许说过他想成为一个百万富翁，但他可从来没说过达到目标后会就此停止。后来他描述这段时期的自己是“在做我并不真正想做的事情”，他真正想做的是投资。现在，他的孩子们的年龄在 5 岁到 10 岁，一个朋友曾描述苏珊就像“一个单身母亲”。如果有要求，沃伦会在学校的重要场合露面或者在橄榄球场边徘徊，但他从不会主动提出跟孩子们做游戏。他看起来太忙了，没有注意到孩子们对关注的渴望。苏珊教导孩子们必须尊重他的特殊使命，她告诉他们：“他只能做到这样了，不要再期望从他那儿得到更多。”这也适用于她。很明显，沃伦深深地爱着妻子，并且会在公开场合表现出来，深情地抚摸着她，并且重述着她温柔、有趣的种种往事，以及这样一个温文尔雅的天使是如何下嫁于他的，而他这个会弹夏威夷四弦琴的金融神童当时只是一个身心受到伤害的人。同时，他已经习惯于她的关注，可是依然不是那么擅长做家务。有一次，苏珊觉得恶心想吐，就让他帮忙拿一个盆进来，可他拿来了一个滤锅。她指出有洞，他又到厨房

里转来转去，最后在滤锅上加了一块烤板后得意扬扬地拿了回来。从那以后，她知道要让沃伦学会干家务活儿是没有任何希望的。

可是，沃伦习惯的可预测性，给一家人的生活提供了相当的稳定性。晚上，他重现了自己父亲以前那样有规律的生活，每天晚上在同样的时间回来，“砰”地关上车库的门，在去起居室看报纸之前会大喊一声：“我回来了！”他并不是漠不关心，通常他都有空。不过在谈话的时候，他说的话总有点儿经过精心准备，甚至是预先演习过的意味。他总是超前一步。他的话语充分表达了他脑子里的想法，这些话语从沉默中爆发，是智慧的闪光，甚至是在某些特定主题的讨论中经过争论而得来的。他的感情隐藏在多重面纱的后面，以至于看起来他自己在大部分时间里也没有意识到。

这段时间苏珊也比较忙。和她父亲一样，她很忙，总是被人们包围着，她也避免一个人闲着。她是戏剧协会的副主席，并且参与了联合社区服务组织。她和一大群女性朋友一起购物、吃饭，与犹太人和黑人朋友在一起的时间远远超过了在白人社交圈的时间。

在一群热情支持人权的奥马哈妇女中，苏珊开始变得举足轻重。这时，结束就业以及公共设施领域的种族隔离、撤除在投票权上设置的障碍等斗争，在全美范围内正在加速进行。她帮助组织了美国人专题小组的奥马哈分部，这个团体派出一个犹太人、一个天主教徒、一个白人新教徒、一个黑人新教徒给人权组织、教堂以及其他组织讲他们自己的经历。专题小组是把人们团结起来的一种途径。苏珊的一个朋友讽刺地说，她在里面的角色是“为身为白种盎格鲁-撒克逊新教徒而道歉”。专题小组的成员回答人们类似这样的问题：“为什么黑人会想搬到镇子的另一处？你们中间有人对其他人存有偏见吗？犹太人会相信耶稣的存在吗？你不认为静坐会引起麻烦吗？”那时，在美国南部大多数地区，黑人还不能使用“仅供白人使用”的公共厕所，看到一个黑人女性和一个白人女性平等地在同一个舞台上，会引起观众的轰动。[1]

下午，苏珊通常会带着苏茜，来回奔波于在城市北部举行的各种会议和委员会之间，试图去解决这个城市里最糟糕的问题：犹太人社区毁坏的住房以及糟糕的生活条件。[2]警察制止了她好几次。“你来这儿干什么？”他们问。

“宝贝，”焦急不安的汤普森博士告诉苏茜，“你妈妈就要被杀了。”当苏茜和她妈妈一起去的时候，他让她带上一个警笛。“宝贝，你就要被绑架了。”他说。[3]

担当一个问题解决者以及情感清扫器的角色，意味着人们只要有麻烦，不管是什么样的麻烦，就会想着给苏珊打电话。她曾经说沃伦是她的“第一个病人”[4]，现在还有其他人。她要更多地管理她的姐姐多蒂的生活，因为后者处理问题的能力越来越弱而酒却越喝越多。她还要做多丽丝的咨询顾问，帮助多丽丝渡过和杜鲁门离婚的难关。她给了多丽丝一本维克多·弗兰克的《人类对意义的追寻》，多丽丝一遍又一遍地阅读，在痛苦中寻求希望。[5]她还帮助她的朋友苏·布朗利，把她赞助的一个埃塞俄比亚学生带到家里住了几天，因为布朗利的父亲就要来了，如果他看见一个“黑人女性睡在她的床上”，一定会吓坏的。[6]作为这个家庭的文化交流体验，苏珊曾经安排奥马哈大学的一个埃及交换生和他们一起住了一学期。[7]除了沃伦的书房，巴菲特的家再也不是一个可以躲开外界的避难所了，享受清静独处的机会也越来越少。尽管家里的气氛轻松自在，但在孩子们的成长过程中，自由和纪律——由他们的父母灌输的强烈的道德基本原则和对丰富体验的强调——是平衡的。沃伦和苏珊曾经多次长谈过，在一个富有的家庭如何抚养孩子，才能让他们可以自给自足，而不是认为理所当然地有资格享用父母给予的一切。

孩子们缺少的是关注，而他们的父亲几乎总是把心思放在工作上，母亲就像一个种了太多西红柿的园丁，任何时候只要有需要，她就会提着水壶跑过去。孩子们对这种教育方式有不同的反应。大一点儿的苏茜，较少要求妈妈的注意，而且她在两个弟弟身上有更多的权威。她还会在家门外的繁忙道路上担任十字路口的卫士，也会和她的朋友待上一段时间。[8]

豪伊这个“龙卷风”，在后院里挖隧道，从扶栏上跳下去，吊在窗帘上，几乎要把房子拆了。每天都好像是愚人节，他曾经将一桶水从屋顶倒在了保姆菲丽丝的头上，每个人都知道喝他递过来的任何东西都是不安全的。但是他也很容易受伤，和他的母亲一样是个软心肠，他需要的关注让苏珊不堪重负。当苏珊达到极限时，有时会把豪伊锁在自己的房间里。[9]

天生安静的彼得觉得躲在后面很受用，而他的哥哥姐姐则在一旁争吵着统治权，专横的苏茜努力容忍着豪伊式的旋风。[10] 一旦周围的气氛过于紧张，生性平和的彼得就会撤回到自己思考的世界。他不高兴的时候，就在钢琴上用低调弹奏《扬基歌》，而不是用语言表达自己的感受。[11]

沃伦支持妻子的各种兴趣，为她的慷慨和在奥马哈的领导角色而自豪，他感激她对孩子们的关注，让他能够解放出来专注于自己的工作。他常常也会在单子上再加上一件事情，不过和她不一样，他从不会让自己承担过多的事务。当新的事务进来时，他会让其他的出去。但是，有两个例外：钱和朋友。

正是由于这两点，到 1963 年，一些职业投资人已经搞清楚，奥马哈的这个叫巴菲特的家伙在干些什么，甚至一些从没有听说过沃伦·巴菲特这个名字的人也开始搜寻他。他再也不用去吸引，更不用

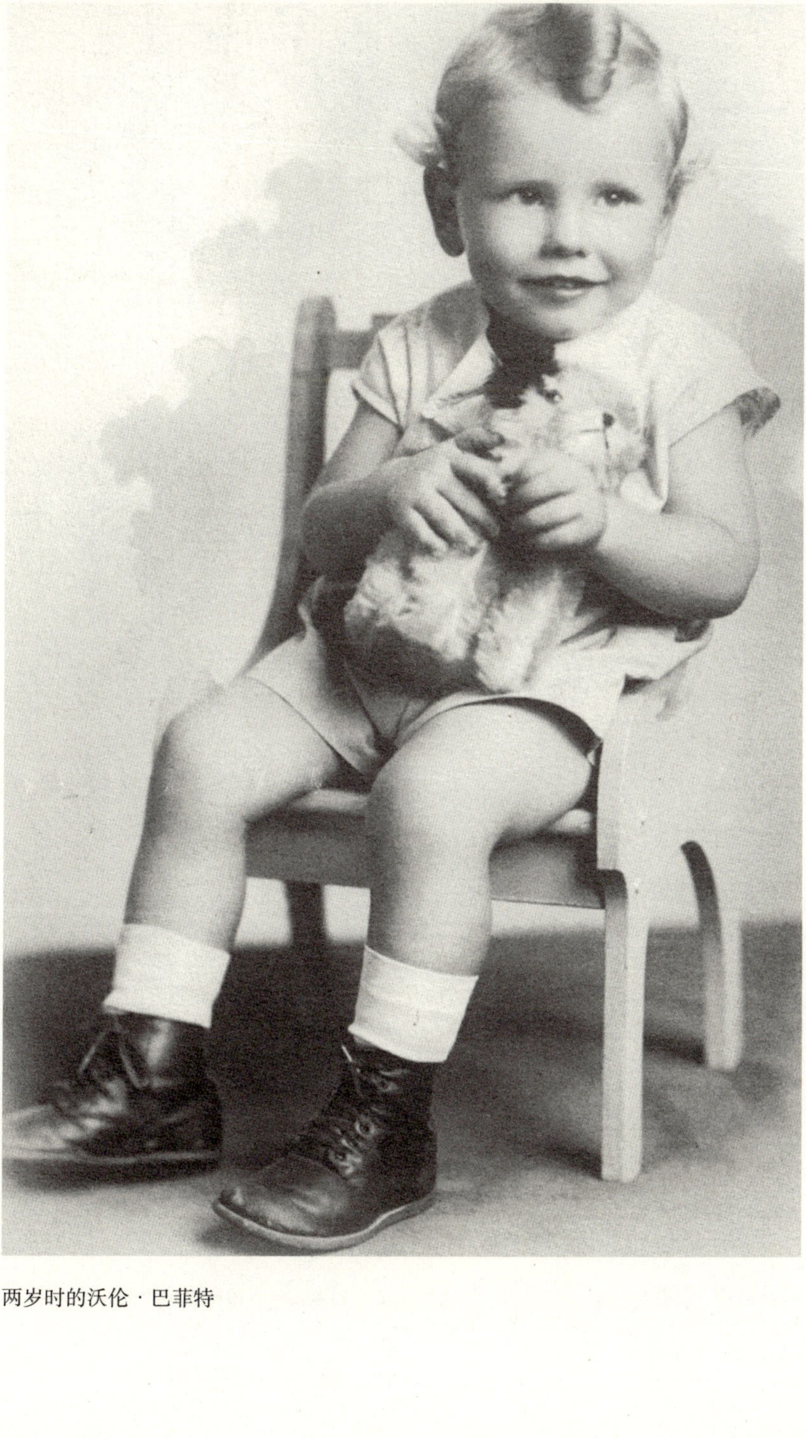

两岁时的沃伦 · 巴菲特

a

b

c

a

1933 年，沃伦坐在家里一辆二手雪佛兰车的踏板上

b

沃伦的第一套西部牛仔装，是父亲去纽约出差的时候给他买的

c

欧内斯特 · 巴菲特的孙子孙女们：左边的是沃伦和多丽丝，伯蒂靠在欧内斯特的腿上

a

b

d

c

a

西德尼 · 巴菲特和孙女艾丽斯 · 巴菲特，摄于 1930 年

b

沃伦的父亲霍华德（右后）和两个哥哥乔治、克拉伦斯，还有妹妹艾丽斯在他们家带流苏装饰的敞篷马车上玩耍。霍华德的母亲亨丽埃塔（膝上抱着弟弟弗雷德）坐在后座上

c

霍德华 · 巴菲特和利拉 · 巴菲特，摄于 1925 年婚后不久

d

斯塔尔姐妹在内布拉斯加州西点镇，大概摄于 1913 年。右上是沃伦的母亲利拉。她旁边坐的是伊迪丝，前面是伯妮丝

a

b

c

a

沃伦和伯蒂在家里的别克车前，摄于 1938 年左右

b

巴菲特家的一张合影，摄于 1937 年左右

c

摄于 1936 年底到 1937 年初的那个冬天，6 岁的沃伦和姐姐、妹妹在一起。他手里拿着自己最喜欢的玩具零钱罐。他和多丽丝后来还努力回想当时为什么一副不高兴的样子

a

b

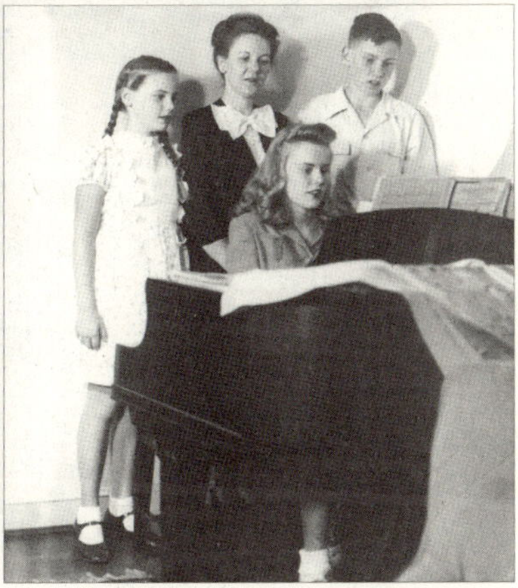

c

a

1938 年 5 月，巴菲特所在的罗斯希尔学校八年级集体照。第二排左起第二个是巴菲特

b

弗雷德和欧内斯特 · 巴菲特在巴菲特父子杂货店前

c

伯蒂、利拉和沃伦在华盛顿为多丽丝伴唱，时间大概是 1945 年

a

Congressman Howard Buffett

and His Fight for the People

To My Friends and Neighbors:

Six years ago you elected me to Congress. To that post I have devoted my best efforts—working to deserve the high trust you placed in me.

On every issue I have used a simple American yardstick . . . I have asked myself, "Does this proposal move us TOWARD OR AWAY FROM HUMAN LIBERTY?"

* *

This pamphlet shows how I have voted to promote and to protect our liberty.

To you I have reported the TRUTH about your government—regardless of political consideration.

Your task and mine is to preserve the American heritage for our children. First of all that means that we must remain at peace — with the world and among ourselves. I pledge my continued devotion to that paramount objective.

Faithfully,

HOWARD BUFFETT

THE BUFFETT FAMILY
Warren, Howard and Roberta, standing. Doris and Mrs. Buffett, seated.

b

c

a

1948 年的竞选传单，霍华德唯一落选的一次

b

霍华德 · 巴菲特，时任国会议员

c

1945 年，沃伦（左二）和父亲（左四）一起参加内布拉斯加国会议员代表团组织的一次钓鱼活动。从巴菲特父子的表情看，他们似乎不愿参加这样的活动

a

c

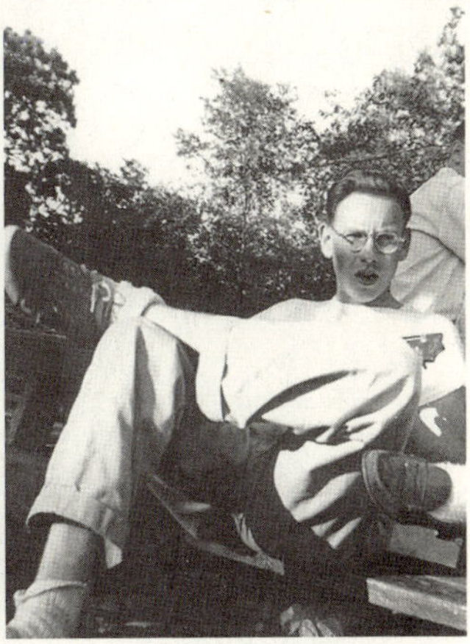

b

a

作为一个十几岁的孩子，沃伦喜欢上的第一个人是漫画女主人公戴茜·梅尔。而戴茜喜欢的则是漫画的男主角莱尔·阿布纳，无论莱尔怎么对她

b

20 世纪 40 年代末的巴菲特，穿着他标志性的平底网球鞋和宽松的长袜，在弹夏威夷四弦琴

c

1946 年 1 月，沃伦在一次有关国会问题的辩论活动中代表反方观点。这次活动通过华盛顿新闻广播电台的《美国校园之音》栏目广播

a

b

c

a

1950 年夏，巴菲特一家。“多丽丝和伯蒂到哪里都引人注目。”沃伦说。他认为自己那时候对社交活动有些无所适从

b

1948 年 1 月，沃伦宣誓加入宾夕法尼亚大学 Alpha Sigma Phi 兄弟会。霍华德 · 巴菲特也曾经是兄弟会的成员

c

沃伦、诺尔玛 · 瑟斯顿和唐 · 丹利在劳斯莱斯小轿车旁边。唐和沃伦 1948 年购买该车练习车技

a

b

d

c

a

1945 年，沃伦和卢 · 巴蒂斯顿“追求”的“胖姬”阿比 · 斯托克顿，女子举重的先驱人物

b

1949 年，沃伦在杰西潘尼公司的地下室接受工作前的培训，在那里售卖男士服装和饰品。每天早晨开始工作前，他都要拿着夏威夷四弦琴自弹自唱

c

1951 年，沃伦和范尼塔 · 梅 · 布朗约会。范尼塔是 1949 年国家樱花节的“内布拉斯加公主”，且同年荣获“内布拉斯加小姐”的美称

d

沃伦假扮小偷对兄弟会的同学莱尼 · 法里纳“下手”，摄于 1948 年

a

b

c

a

1952 年 4 月 19 日，苏珊 · 汤普森和沃伦 · 巴菲特在婚礼上的幸福微笑

b

苏珊 · 汤普森上学前的照片

c

1952 年 4 月度蜜月的时候，沃伦装成囚犯的样子

a

b

c

a
格雷厄姆－纽曼合伙公司的杰里 · 纽曼和本杰明 · 格雷厄姆，照片拍摄日期不详

b
苏珊 · 巴菲特在纽约拜访本杰明 · 格雷厄姆和埃斯蒂 · 格雷厄姆夫妇，苏珊抱着女儿苏茜 · 巴菲特。埃斯蒂抱着巴菲特夫妇襁褓中的儿子豪伊

c
20 世纪 50 年代，巴菲特在奥马哈大学授课

a

b

c

a

20 世纪 60 年代中期，苏珊、（顺时针）彼得、豪伊和苏茜

b

还是个小婴儿的查理 · 芒格在他父亲的怀里，脸上一副他那标志性的怀疑表情

c

20 世纪 80 年代，巴菲特和他的合伙人查理 · 芒格

a

b

a

1968 年格雷厄姆集团在圣迭戈的科罗拉多酒店举行第一次聚会。从左到右依次是：巴菲特、罗伯特·布尔斯廷（格雷厄姆的一位朋友）、本杰明·格雷厄姆、桑迪·戈特斯曼、汤姆·纳普、查理·芒格、杰克·亚历山大、亨利·勃兰特、沃尔特·施洛斯、马歇尔·温伯格、巴迪·福克斯（侧面）和比尔·鲁安。罗伊·托尔斯拍下了这张照片，弗雷德·斯坦贝克没有参加这次聚会

b

20 世纪 70 年代中期的巴菲特一家。从左到右依次是：豪伊（抱着狗儿汉密尔顿）、苏珊、彼得（苏珊后面）、沃伦和苏茜

a

b

d

c

a

苏珊·巴菲特穿着缀满小亮片的衣服，在奥马哈的法国咖啡屋举办演唱会，时间是在她动身到旧金山前不久

b

巴菲特和《华盛顿邮报》出版人凯瑟林·格雷厄姆从1973年起建立了深厚的友谊

c

巴菲特庆祝《奥马哈太阳报》因曝光儿童城事件荣获普利策奖

d

1983年11月苏茜·巴菲特和艾伦·格林伯格的婚礼，艾伦·格林伯格后任巴菲特基金会的执行董事

a

b

d

c

a

1974 年 28 岁的阿斯特丽德 · 门克斯。4 年后苏珊 · 巴菲特说服她去照顾沃伦，所以她搬到了沃伦家居住

b

B 夫人罗斯 · 布鲁姆金历尽艰辛创建了北美最大的家具城。直到 103 岁，她才退休。罗斯是巴菲特经常提到的值得学习的榜样

c

巴菲特在自家厨房，穿着他最喜欢的一件旧毛衣

d

1991 年，为了庆祝乔治 · 彭斯 95 岁生日，巴菲特与他切磋桥牌技艺，摄于洛杉矶的山顶乡村俱乐部

2003 年 4 月 11 日，巴菲特为奥马哈皇家棒球联赛投出第一球

去寻找客户了。他只要简单地摆出他愿意收钱的条件就可以了。

奥马哈以外的人比他的邻居们知道更多关于他的情况。苏茜的一个朋友全家开车去参加1964年的纽约世界博览会，半路上她的父母停下来加油。他们和旁边一个油泵旁的女士攀谈，后者正好是孩子母亲以前的高中老师。这位女士从纽约的艾尔麦拉城开车，带着1万美元前往奥马哈，想和沃伦·巴菲特一起投资。"你认识他吗？"她问，"我可以和他一起投资吗？""他是我们的邻居。"这家人回答，"是的，你可以这么做。"他们回到汽车里继续朝世界博览会进发，再没有就此多想。有5个孩子和一栋新房子，他们没有想到为自己投资。[12]

另一个想要成为合伙人的是劳伦斯·蒂施，打造纽约酒店帝国的两兄弟之一，他开给查理·芒格3万美元的支票。巴菲特在电话中表示，他很高兴蒂施能加入合伙公司，可是下一次，他却说："把那张支票剔除出去。"

芒格也许已经动用了那笔钱。不过，不管劳伦斯·蒂施是怎么想的，1963年他和巴菲特不再是合伙人了。而这时，芒格在聚集了相当数量的资金——大约30万美元后，已经成立了自己的合伙公司，投资于房地产。但是按照巴菲特的标准，这实在太少了，只相当于沃伦和苏珊财富的一部分。

> 查理早些时候就有很多孩子，这在很大程度上妨碍了他的独立性。没有任何累赘地早起步是很大的优势。即使从格雷厄姆-纽曼公司回来，我还有17.4万美元。我觉得自己可以做任何想做的事情。我可以去听岳父的心理学课程，也可以去大学的图书馆，一整天待在那儿看书。

事实上，从他们第一次见面起，巴菲特就鼓励芒格认真考虑把投资当作职业。他对芒格说，当个律师同时兼做房地产不错，不过如果你想真正赚钱，你应该成立像我这样的合伙公司。[13]1962年，芒格和他的扑克玩伴杰克·惠勒成立了合伙公司，惠勒是太平洋海岸交易所的交易员，这个地方是未开化的西部的缩微版本：一层楼满是尖叫的交易员和有野心的人，他们希望以最快的速度暴富。惠勒自己有一家投资合伙公司——惠勒–克鲁特顿公司，在交易所有两个“专家位置”，在那儿交易商可以从经纪人手里接受要约，而后现场交易股票。他们重新给合伙公司起名为惠勒–芒格公司，并且出售交易操作。

芒格继续着他的律师工作，不过他和几个律师一起离开以前的律师事务所，其中两个是罗伊·托尔斯和罗德·希尔斯。他们按照自己管理律师事务所的想法，成立了一家新律师事务所：芒格–托尔斯–希尔斯–伍德律师事务所。[14]一直以来，芒格抵制按照别人而不是自己管理的律师事务所的规则行事。

> 他在同一年成立合伙公司和新的律师事务所并不是巧合。以前律师事务所的合伙人觉得，他们那儿的年轻律师竟然想成为太平洋海岸交易所这样的赌窝的一员的想法令人憎恶。当查理和罗伊离开的时候，他们坐下来对高级合伙人说，希望他们理解，终有一天，每个一流的律师事务所都会在太平洋海岸交易所拥有一个成员。也许这不足为信，不过你可以很容易地描绘出查理是如何向他们做这番告别演说的。

在新律师事务所里，芒格和希尔斯用淘汰制吸引最聪明、最有雄心的精英，所有合伙人就收入相互进行循环投票，以便每个人都能了解。然而，即使在发起成立律师事务所的时候，芒格已经在太平洋海岸交易所花费了大量的时间。不到三年，当他41岁的时候，他完全放弃法律，一心进行投资。不过，他仍然在那儿保留了一间办公室，对律师事务所而言，他很重要，几乎是灵魂所在。托尔斯也将大部分注意力转移到投资上。现在，三个人当中对法律最有雄心、最专注的希尔斯负责掌管运营这家律师事务所。

作为资金管理人的新角色，芒格必须筹集资金。巴菲特以不夸张的方式极力争取投资者，这通常使别人成为他的推广人，如比尔·安琪、亨利·勃兰特，他们发现并且准备了一些潜在客户。这样，他可以用令人愉悦的谦逊态度展示令人印象深刻的战绩。但是，不管他如何优雅地忙着这些事情，他还是做了。可是，芒格觉得这样做太丢脸。“我真的不喜欢募集资金，”他说，“我总是认为一个绅士应该拥有自己的钱。”但是现在，他通过自己在洛杉矶强大的生意网募集资金，努力将自己在法律业务上的积累转化为合伙投资公司的储备资源。虽然他的合伙公司规模比巴菲特的小，不过钱已经足够了。

杰克·惠勒向他解释，作为交易所的会员，规则允许他为已经投资的每一美元再借 95 美分。[15] 因此，如果他投资了 500 美元，他可以再借 475 美元，这样投资总额就为 975 美元。如果总的投资收益为 25%，那么芒格自己的 500 美元收益就接近 25% 的两倍。[16]虽然，这样的借贷行为有潜力将回报翻倍，但同样也可能将风险翻倍。如果损失了 25%，他将失去几乎一半的投资。不过，芒格比巴菲特更加愿意承担债务，如果他觉得胜算比较大。

他和惠勒把自己安置在交易所里一间遍布散热管的“简陋、便宜”的办公室里，他们的秘书维维安挤在一间小小的私人后勤办公室里，从那儿可以俯视一条小巷。[17] 大手大脚、爱住大屋的惠勒刚刚接受了人工髋关节置换手术，但不久他为了工作，又开始在大多数早晨出现在高尔夫球场上。[18]芒格的日常安排形成惯例，每天早上 5 点到达，在开市之前核对一下报价板。[19] 巴菲特已经将埃德·安德森介绍给芒格，他是格雷厄姆-纽曼公司的投资者，曾经在原子能委员会工作过，而且显得精明能干。芒格聘用他为自己的助手。

证券交易所的大多数交易人忽视了芒格的到来，但他们中的一个，里克·格林留意到了。当惠勒和芒格合伙干时，是格林购买了惠勒合伙公司不要的交易部分。他是一个生活杂乱无章，并且疯了似的希望自己更好的家伙，他和离异的父亲一起生活。芒格说："他的母亲是个酒鬼，因此他是在街上混大的。他智商很高，叛逆而且不适应环境。"[20] 在空军服完役后，格林曾经当过 IBM 公司的销售员，后来在几家兜售三流股票的小公司里当过股票经纪人，这种股票能为公司带来最高的利润或"差价"。这是巴菲特讨厌的股票经纪人的一部分工作内容，格林同样发现当这样的"开药方者"只是逃避生活的一种解脱。

到芒格遇见他的时候，瘦削英俊的格林已经学会把他的亚麻布衬衫的袖口沿着晒黑的前臂放下来以遮住上面的文身。他看起来有非常多的朋友，同时沾染上了好莱坞的习气。一天，他带着他的朋友，演员查尔顿·赫斯顿来交易所参观。[21] 他为惠勒和芒格进行交易，很快就意识到芒格有金钱头脑，于是开始和芒格结交。他得出结论，他立刻和惠勒达成交易是错误的。他开始效仿芒格和巴菲特，目标是成立自己的投资合伙公司。

> 对有些人来说，用 40 美分买 1 美元票据的想法可以奏效，但有些人却不行。这就像接种了疫苗，对我尤其如此。如果不能立刻抓住他们，我发现，你哪怕连续几年向他们介绍情况，让他们看以往的业绩——你可以做任何事情——结果也不会有什么变化。我从没有见过任何人在 10 年期间可以用这种方法转变。这通常是顿悟或者什么都不是。不管那是什么，我从未理解过。尽管像里克·格林这样的家伙——没有相关的商业学习背景，但是他明白了，理解了那是怎么一回事，并且 5 分钟以后就开始运用。而且里克足够聪明，他知道应该要有一个伟大的老师，我很幸运能够

有本杰明·格雷厄姆这样的老师。

在太平洋海岸交易所的日子一天天过去，芒格常常坐在那儿读书，陷入沉思。“查理！查理！”埃德·安德森隔着桌子喊。芒格要么一言不发，要么是嘴里咕噜几声作为回答。[22] 最后，安德森倾身过来以便听清楚芒格的回答，简单的“哼哼哈哈”可不够。但是对大多数人来说，需要时间和经验才能搞清楚芒格的真实意思，因为他的想法和嘴巴通常碰不到一块儿，各走各的路。

格林还不知道这些。一天，他从交易所的席位来到办公室。“查理，”他说，“有人报盘，某某股票 15 美元一股，共有 5 万股。这看起来是笔好生意。”

“嗯，嗯。”芒格回答。

“查理，”格林继续说，“如果你感兴趣，我就买了。”

“是，是。”芒格回答。

过了一会儿，格林折返回来：“查理，我们买到了。”

“买到了什么？”芒格问。

“我们以 15 美元的价格买了 5 万股某某股票。”（那是一大笔钱。）

“什么?！”芒格尖叫道，“你在说些什么？我不想买它们！卖掉！立刻卖掉它们！”

格林试图解释，他叫来安德森当后援：“埃德，你听到早些时候我说过的话了吧？”

“查理，我坐在这儿听到了，正如里克所说。”安德森插话道。

“我不管！我不管！卖掉它们！卖掉它们！卖掉它们！”芒格大喊道。

格林跑出门外，立刻卖掉了股票。“那是一个很实际的教训。”安德森说。[23]

芒格买“烟蒂”做套利，甚至买一些小的企业——很多是巴菲特的方式——不过，他看起来和巴菲特的前进方向稍有差异。他会定期对埃德·安德森说：“我就喜欢大生意。”他让安德森详细地把隐形眼镜护理药水制造商爱力根公司的情况写下来。安德森误解了，写了一份格雷厄姆式的报告，着重关注该公司的资产负债表。芒格为此狠狠地批评了他，他需要的是有关这家公司无形资产方面的内容：它的经营管理水平，品牌的持久性，如果有公司想和它竞争需要些什么等。

芒格还投资了卡特彼勒公司拖拉机的代理权，并且看着它是如何大肆吞噬资金的。销售缓慢的拖拉机囤积在院子里，为了发展，这个生意需要买进更多的拖拉机，吞噬更多的钱。芒格想拥有一门不用持续投资的生意，并且能吐出比它吃下去的还要多的现金。不过，这样的生意需要什么样的特质呢？是什么给了这种生意持久的竞争优势呢？芒格经常这样问人们：“你听说过的最好的生意是什么？”不过，他是一个没有耐心的人，倾向于认为人们能够理解他的想法。[24]

他的缺乏耐心比在他脑子里出现的任何理论都要突出。他想变得真正富有，真正快速富有。他和罗伊·托尔斯打赌，看谁的证券投资组合能在一年里赚的超过100%。他愿意借钱去赚钱，而巴菲特从没有借过大数目的钱。“我需要300万美元。”芒格会在去加利福尼亚联合银行进行常规拜访时，提出这样的要求。“请在这儿签名。”银行会这样回复。[25] 利用这些巨额资金，芒格做成了不列颠哥伦比亚电力公司这样的巨额交易，当时股票售价在19美元左右，而加拿大政府正以稍高于22美元的价格收购。芒格不仅把整家合伙公司的钱，还把他自己所有的，以及他所能借到的钱，都押进了这一只股票的套利交易中[26]，因为这笔交易几乎不可能会失败。整个交易完成后，回报相当丰厚。

尽管他们的方法不同，芒格还是把巴菲特看成投资之王，而自己只是一个友好的觊觎王位者。[27]“维维安，帮我接通沃伦！”他一天内会这样喊上几次，而对方其实已经是受聘于公司，使用维维安桌子的另一个秘书了。[28] 结交沃伦的方式就好像后者是他在照顾的一个花园。巴菲特解释了他的投资哲学：“你已经搭便车了（巴菲特的朋友之间经常使用这个词，在他 1963 年 1 月 18 日写给合伙人的信中，指的是 coattail riding）。”[29]不过，巴菲特不想让他的朋友们搭他的便车，如果他们真搭了，他会觉得这是不道德的。因此，尽管芒格在和巴菲特交往的过程中，有关自己的交易都是公开的——比如，他还将巴菲特带入了不列颠哥伦比亚电力公司的交易中——而巴菲特总是对自己的交易保密，除非对方是他的合伙人。

到 20 世纪 60 年代早期，巴菲特一家已经开始到加利福尼亚度假，这样沃伦就有更多的时间和格雷厄姆、芒格待在一起。沃伦和苏珊会带孩子们去海边长途旅行，不过他们通常住在圣莫尼卡林荫大道上的汽车旅馆里，他和芒格会就股票谈上好几个钟头。他们在投资哲学上的差异造就了长时间的会谈。因为沃伦已经做过许多同样的投资，为了避免太大的风险，他也许会放过获利的机会，并且几乎把保存资产当成一个神圣的使命。而芒格的态度却是，除非你已经富有了，否则你可以承担一些风险——如果胜算不错——以使自己变得富有，他的大胆使他成为巴菲特结交的朋友中的异类。因为他的自负，所以他对巴菲特的顺从很有限。“查理有时会因为说话太激动而喘不上气来。”迪克·霍兰德表示。他是巴菲特的朋友及合伙人，在加利福尼亚这样的聚会中有时他也在场。[30]

芒格探索寻找着大生意，他并不理解巴菲特对本杰明·格雷厄姆的迷恋。“因为他擅长解释本杰明·格雷厄姆的理论”，芒格后来写道，“巴菲特有时表现得就像一个内战中的老兵，几分钟普通交谈后，他总是插一句，‘砰砰，这让我想起了葛底斯堡战役’。”[31]

芒格觉得格雷厄姆的缺点在于，他认为未来“更多的是危险，而不是充满机会”。他说：“格雷厄姆最喜欢克洛伊索斯的故事，在和波斯打仗失败后，克洛伊索斯看着自己被摧毁的帝国，回忆起梭伦说的话，‘除非结束，否则没有人的生活是幸福的’。”[32] 芒格开始努力让巴菲特撇掉格雷厄姆沉闷的悲观主义，这种悲观主义是干弯腰捡“烟蒂”而只能吸上最后一口的苦差事的精神支撑。

对美国长期的经济发展，巴菲特持积极的乐观态度，这使他能够违背他父亲和格雷厄姆的投资建议。不过，他的投资风格仍然反映了格雷厄姆的习惯，以生意终结时而不是可以继续生存的价值作为判断基础。但芒格希望巴菲特以别的而不是纯粹的数据条件定义安全边际。为了做到这些，在解决一些理论上的问题时，芒格反对巴菲特有时不经意间冒上来的灾变理论。巴菲特的父亲霍华德一直在为货币一文不值的那一天的到来做准备，似乎这一天已经近在咫尺。沃伦远比他要现实。尽管这样，他还是倾向于不时地推测数学概率，而后得出不可避免的结论（通常是正确的）：如果一件事情可能出错，它就真的会出错。这种思维方式就像谚语中说的“双刃剑”，这让巴菲特成为一个有才华的悲观、宿命的梦想家。他通常会用这把剑解决一些纠结的难题，有时会用非常公开的方式。

几年以前，巴菲特的另一个朋友，场外交易行纽约汉萨商人公会的赫布·沃尔夫帮助巴菲特克服了阻碍他金融追求的另外一种个性品质。沃尔夫是美国自来水厂的投资者，他在20世纪50年代早期，阅读了沃伦发表在《商业和金融编年史》上的有关IDS公司的文章后，找到了他。[33]

赫布·沃尔夫是我见过的最聪明的人之一。如果有人在新泽西州的哈肯萨克洗个澡，他能告诉你这对美国自来水厂的收入有什么影响。他让人难以置信。一天，赫布对我说：“沃伦，如果你在一个黄金堆里找一根黄金做的针，那么找这根针就不是最好的选择。”但我有这样的习惯，隐藏得越深的东西，我就越喜欢。我把这看成一个寻宝游戏，赫布帮我走出了这种思维方式。我喜欢那个家伙。

到1962年，巴菲特已经摆脱了这种寻宝的思维方式。但是，他还有点儿像沃尔夫说的那样热衷于细节。他的经营已经扩张到除了比尔·斯科特，还需要再雇一个人的规模。巴菲特设法不让这个人列在他的工资单里，他总是无所不用其极地控制日常开支，能省则省，或者好一点儿——如下面这种情况——以让他们两个都以自由的方式处理。

巴菲特的经纪人朋友亨利·勃兰特在伍德–史特瑟斯–温思罗普公司工作。他是一个天生的侦探，一直在为巴菲特有限责任合伙公司做兼职研究工作。巴菲特一直是以在他们公司交易、支付交易佣金的方式，支付勃兰特的工资。而由于他总是要支付佣金给某个人，所以勃兰特实际上是在免费为他工作。[34]如果巴菲特决定他不再需要勃兰特的研究，他也要通过其他经纪公司执行交易。

现在，勃兰特几乎是全天候为巴菲特工作，而巴菲特则以免除他加入合伙公司的费用和不再收取其场外交易佣金的方式支付报酬。这两个人分享着知道一家公司最细微细节的乐趣。勃兰特害怕问问题，和巴菲特不同，如果思考两遍会让自己觉得厌烦，他绝对不会去做。他喜欢做大量涉及细节的、会让人苦恼的、一丝不苟的研究工作。但是，在找到黄金针之前，他是不会停止的。因此，巴菲特设定了日程表，并且掌控进程以避免陷入寻宝游戏中去。勃兰特准备了好几堆1英尺高的笔记和报告。[35]

勃兰特为巴菲特所做的工作中，还有一部分是找到引水器[a]，这个术语是投资作家菲利普·费希尔使用的（比尔·鲁安把费希尔的思想介绍给了巴菲特），他是增长学说的传道者，认为许多定性的因素，如保持销售增长率的能力、好的经营管理以及研发能力是优秀投资项目的重要特征。[36]这就是当芒格谈到大生意时，他所需要寻找的品质。费希尔认为，这些因素可以用来衡量股票的长期潜力，这慢慢渗透进巴菲特的思想，并且最终影响到他做生意的方式。

现在巴菲特有勃兰特帮助潜心分析那些好主意，那些主意肯定会让芒格高兴，如果他知道。接下来的故事，将成为巴菲特投资生涯中最光辉的时刻之一。这个机会和当时一流的商品交易商安东尼·德·安吉里斯的阴谋有很大的关系。20世纪50年代末，他确信自己找到了通过豆油挣钱的捷径。德·安吉里斯有一段阴暗的过去，他曾经将被污染的肉卖给政府的学生午餐计划。那时，可以说他已经是世界上最重要的合法的豆油交易商了。

有一天，德·安吉里斯突然想到，没有人能精确地知道他的仓库里有多少豆油。他用这些豆油作为从银行借钱的担保物。[37]既然没有人知道油罐里究竟有多少豆油，为什么不把数字吹大一点儿？那样他就可以借到更多的钱。

油罐放在新泽西州贝昂的一个仓库里，由美国运通公司下属的一家很小的子公司管理，这家子公司在美国运通公司这样巨大的帝国里渺小得几乎看不见。该公司负责签发仓库收据——证明油罐里还有多少豆油，并且可以用来买卖的文件，与格雷厄姆–纽曼从杰伊·普里茨克那里购买用来交换洛克伍德股票的可可豆仓单类似。

a. 引水器（scuttlebutt）是一个航海术语，指装在一个有洞的桶上用来控制水手喝水量的东西。——译者注

美国运通公司确认了油罐里的豆油以后，德·安吉里斯就和他的联合植物油精炼公司出售这些收据，或者以它们为抵押物，从银行借钱——51 家银行。美国运通公司的这家子公司就变成了这些收据的担保人。

至于这些油罐，它们由管子和阀门组成的系统相互连接，德·安吉里斯发现豆油可以从一个油罐分流引到另一个油罐里去。这样，一加仑豆油的抵押功能就能被翻成两倍、三倍甚至四倍。很快，以仓库单据为担保的贷款，实际上是以越来越少的豆油作为保障的。

最后，德·安吉里斯想到实际上只需要很少的一点儿豆油，只要有能够糊弄那些检查员的量就足够了。于是油罐里装满了海水，而只在一个检查员用量尺测量的小管子里注满豆油。那些检查员没有注意到差异，也没有想过从管子外再取样检测。[38]

而到那时，仅仅在豆油上做文章已经产生不了足够的令德·安吉里斯满意的钱了，于是他到期货市场上做交易。期货合同给予一个人在稍后的某个日期购买豆油的权利，这是赌未来的豆油价格相对于今天的价格要高。这就像格雷厄姆–纽曼卖出可可豆的期货合同以锁定价格。一吨只需要一两美元，德·安吉里斯就可以买进成吨在 9 个月后的某一天交割的豆油，同时在那一天按照某一确定的价格付款。在到期之前，合同还可以出售，这就使投机比直接用 20 美元买进豆油而后再卖掉要便宜得多。如此操作，借来的钱可以走得更远，德·安吉里斯通过期货市场可以控制大量的豆油。

美国运通公司的人并没有完全睡着。1960 年有匿名消息说，新泽西有些事情不对头，他们询问了德·安吉里斯及其员工。德·安吉里斯直直地坐在调查员的面前，圆桶状的身材就和那些装满了海水的油罐一样，他设法给了显然令他们满意的答案。

1963 年 9 月，德·安吉里斯看见了又一个挣大钱的机会。苏联的向日葵这一年歉收，有谣言散布说苏联人将会改用大豆油，德·安吉里斯决定垄断大豆市场，迫使苏联从他那儿购买涨价的大豆。对他可以买多少大豆期货，当时并没有特别的限制。事实上，他可以，也确实做到了，他控制了比这个星球上实际有的还要多的豆油[39]，他从他的经纪人艾勒·豪普特公司大笔融资，并且在期货市场上买进了12亿磅的大豆油。这么大的赌注意味着，他只能承担得起大豆油的价格往一个方向上走——上涨。

局势突然发生了变化，美国政府似乎不准备批准苏联的这笔生意。豆油价格崩溃了，市场一泻千里，一下蒸发了1.2亿美元。豪普特开始敦促安吉里斯履行义务，但是安吉里斯用借口挡了回去。当豪普特的资金也开始出现短缺时，纽约证券交易所关闭了这家公司，而豪普特被迫破产。[40] 现在，德·安吉里斯的借款人手中拿着没有价值的仓库收据，他们雇用了调查员，并且转向收据的发行人——美国运通公司子公司，要求后者赔偿他们1.5亿—1.75亿美元的损失。而美国运通公司子公司也终于发现，油罐里装得满满的是毫无价值的海水，公司股价因此暴跌。这个故事一时成为报纸上的猛料。

两天以后的星期五，1963年11月22日，总统约翰·肯尼迪在达拉斯遭到暗杀。

当一个人进来说肯尼迪遇刺时，巴菲特正在办公楼下的自助餐厅和熟人阿尔·索伦森吃午饭。巴菲特返回楼上办公室发现，纽约证券交易所处于一种恐慌的状态：股票跳水，交易量很大；道琼斯指数半个小时下跌了21点，市场损失了110亿美元。[41] 接着，交易所休市，这是自大萧条以来第一次在交易时间紧急休市。[42] 不久，美联储发表信心声明，大意是，各国央行将合作打击针对美元的投机。[43]

暗杀事件举国震惊，人们悲痛、愤怒，感到耻辱。学校放假，企业也关门停业。那个周末，巴菲特回家坐着，和这个国家的所有人一起，收看一直不停播放的电视报道。他并没有显露出多少情感上的冲动，然而也是超常的严肃。历史上第一次，美国总统暗杀事件通过电视在全球播出。第一次，通过电视这个媒体，震惊和悲痛将全世界联系在一起。在这一刻，美国人除了这次暗杀，其他什么也不想。

理所当然，美国运通公司的丑闻也被放进了报纸内页，而头条新闻则是这起骇人听闻的暗杀事件。[44]不过，巴菲特继续关注该公司，公司股价没有从周五休市时的重创中恢复，反而继续下滑。对这个美国最有声望的金融机构的股票，投资者们唯恐避之不及，股价被拦腰砍掉一半。[45]事实上，美国运通公司能否幸存下来尚不清晰。

这家公司是一个刚刚崛起的金融发电所。由于现在一般人都能负担得起航空旅行，他们把这家公司价值5亿美元的旅行支票已经带到了全世界。5年前，它发行信用卡也取得了巨大的成功。这家公司的价值在于它的品牌，美国运通公司卖的是“信用”。它名誉上的污点是否会渗透到客户的意识里，以致他们以后再也不相信这个名字了？巴菲特开始走访奥马哈的饭馆，以及那些接受美国运通公司信用卡和旅行支票的地方。[46]在了解这个案子时，他带上了亨利·勃兰特。

勃兰特探访旅行支票的使用者、银行柜台出纳、银行职员、饭馆、旅馆，以及持有信用卡的人，以衡量和竞争者相比，美国运通公司做得究竟怎样，以及它的旅行支票和信用卡的使用量是否会下降。[47]他带回来有1英尺高的材料。巴菲特分类看过后做出判断，客户们仍然很高兴和美国运通公司的名字联系在一起，华尔街的污点还没有传播到大街上去。[48]

在巴菲特调查美国运通公司的那几个月里，他父亲的健康状况急剧恶化。尽管已经接受了好几次手术，但霍华德的癌症已经扩散到全身。1964年初，沃伦开始成为这个家庭的实际领导者。在剩下的时间里，他让霍华德把他从遗嘱中去掉，在信托基金里增加了留给多丽丝和伯蒂的股份。18 万美元，是留给沃伦和苏珊的那一部分。不过霍华德认为留给沃伦是没有任何意义的，因为沃伦可以很容易地挣到钱。霍华德为他的孩子们设立了另外一个信托基金，这样他就可以把农场留给他们，这个农场是巴菲特一家计划在美元一文不值时避难的地方。沃伦将是这些信托基金的受托人。霍华德之前的遗嘱中，曾具体规定了要用普通的木头棺材，以及举办一个节俭的葬礼，不过在家人的劝说下这一段被删掉了。[49] 沃伦觉得最困难的事情之一是，他要对他的父亲说实话，在沃伦的内心里，他自己再也不是一个共和党人了。[50] 他说，原因是人权问题。[51] 但令人惊奇的是，只要霍华德还活着，巴菲特就不敢更改自己投票人登记表上的身份。[52]

> 我不能当着他的面这么做。事实上，只要他还活着，我就会约束自己的生活。我不会公开在政治上反对我的父亲。我能想象他的朋友们会觉得疑惑，为什么沃伦会那样干。我不能那样做。

尽管这家人在家里从来不会谈及霍华德即将到来的死亡[53]，但苏珊从利拉手中接过了照看他的工作，还留心安排让孩子们以自己的方式参与进来。她让他们站在医院的窗外做手势，告诉霍华德，“我们爱你，爷爷”。10 岁的苏茜和 9 岁的豪伊已经明白正在发生的事情，而 5 岁的彼得对爷爷生病的概念还比较模糊。苏珊还确保沃伦——在任何情况下，他面对疾病都有困难——每天都能去医院看望他的父亲。

霍华德的情况越来越糟糕，但沃伦把他的注意力全部倾注在了美国运通公司上。那时，他拥有合伙公司成立至今最大规模的资金储备：1963 年 300 万美元的巨大股票收益，以及 1964 年 1 月 1 日新流入的 500 万美元。他自己的钱也已经膨胀了：他现在拥有 180 万美元。1964 年初，公司的资本就接近 1 750 万美元了。在霍华德生命的最后几个星期里，沃伦开始以亢奋的冲刺速度投资美国运通公司，他不知疲倦地工作，以保证在不推动股价的情况下，买到尽可能多的股票。仅仅在5年以前，他还不得不四处搜索，以买到几万股美洲国家火灾保险公司的股票。以前，他从来没有像这样投资过。在他的生命中，他还没有像现在这样，用这么多的钱，以这么快的速度去投资。

在霍华德的最后几天里，大部分时间是苏珊一个人陪着他，一次就是好几个小时。她害怕也理解痛苦，不过她不惧怕死亡，并且即使周围的人都崩溃了，她也有勇气和霍华德坐在一起。她抚慰那些无助以及身处悲惨环境中的人的天分充分发挥了出来，被击垮的利拉让她来照看霍华德。如此近距离地接近死亡，苏珊发现自己和他人之间的疆界被消解了。"很多人会逃走，可对我来说那是很自然的，"她说，"和你爱着的人有身体上或者情感上的接近是一个美妙的体验，因为我确切地知道他的需求。当他需要转动头的时候，你知道。或者当他需要一小片冰的时候，你也知道。你感觉得到。我非常爱他，是他让我能去体会、拥有这段经历，以及去认知我是如何感受的。"[54]

一天晚上，苏茜、豪伊和彼得坐在厨房里的桌子旁，他们的父亲走了进来，他的脸上是他们从未见过的沮丧。"我要去奶奶家。"他说。"为什么？"孩子们问，"你不去医院吗？""爷爷今天去世了。"沃伦回答，然后一言不发地走出了后门。

"我那时认为，我们不想谈这个。"苏茜回忆，"这件事太大了，谈论这件事情太痛苦了。"苏珊代表这个家安排葬礼，而沃伦则坐在家里，陷入沉默。利拉悲痛得几乎发狂，不过她期待着和丈夫在天堂团聚。苏珊努力想让沃伦发泄，表达出对他父亲过世的感情，可是他根本不考虑，而是用其他可能的事情挡开。他没有改变在财务上的保守，他和苏珊争吵，怪她在霍华德的棺材上花了太多的钱。

葬礼这一天，有500多人来悼念霍华德，但沃伦一直沉默地坐着。无论在霍华德的一生中，他的观点多么有争议，人们最终还是表达了对他的尊敬。葬礼过后，沃伦在家待了几天。[55]他看电视上国会就标志性的人权立法问题辩论，以分散注意力，回避令人不快的想法。回到办公室后，他继续以忙碌的节奏购买美国运通公司的股票。到1964年6月底，霍华德去世后两个月，他已经在这只股票上投了300万美元，是合伙公司的最大投资。虽然他从没有表现出任何可以看得见的悲痛的迹象[56]，可他在书桌对面的墙上挂了一张父亲的巨大肖像。葬礼过了几个星期后的某一天，他的头部两侧出现了秃秃的两块。由于这次打击，他的头发开始脱落了。

27

愚蠢行为

奥马哈，新贝德福德 1964—1966 年

霍华德去世 6 个星期以后，沃伦做出了让人出乎意料的举动。这次绝非钱那么简单。他认为既然美国运通公司做错了，就应该承认并且赔偿损失，公司总裁霍华德·克拉克已经提议给银行 6 000 万美元以解决问题，并且表示公司在道义上负有责任。可是一部分股东提起诉讼，认为美国运通公司应该保护自己而不是赔偿。在这种情况下，巴菲特提出，他代表管理层的想法去做证，以解决目前的问题，不惜牺牲自己的利益。

我们觉得，三四年后这个问题也许会提升公司的形象。因为它建立了远超过一般商业企业的金融正直和责任标准。

但是，美国运通公司并不愿意为了成为榜样而出这笔钱，它仅仅想躲避败诉的风险，因为那会给公司的股票蒙上阴影。它的客户们也毫不在意，“豆油丑闻”并没有在他们心中留下足够的印象。

在给美国运通公司总裁霍华德·克拉克的信中，巴菲特指出了公

司面临的两条路。他还在信中表示，美国运通公司应该负起责任并且赔偿银行6 000万美元，“比起否认其附属机构的行为，这样做要重要得多”。[1]他将这6 000万美元描述成就像在邮寄中弄丢的红利支票，从长期看是无关紧要的。

苏珊曾经不小心将红利支票扔进了炉子，可她一直没有勇气将这个意外告诉丈夫。现在，如果她知道丈夫竟然如此绅士地处理邮寄中搞丢的6 000万美元红利支票，一定会感到非常震惊。[2]那么，现在巴菲特为什么会对美国运通公司是否拥有“远超过一般商业企业的金融正直和责任标准”感兴趣呢？正直的名声对一个企业更重要的想法从何而来？为什么沃伦想去做证？他已经有和他父亲一样的诚实，现在看起来他还继承了霍华德对原则问题大发评论的喜好。

巴菲特一直都希望自己能够影响所投资的公司的管理。但是，在过去他并没有试图将他的投资公司转化成教堂，在募捐的时候还可以讲道。而现在，他没有事先通知就出现在霍华德·克拉克的门口，游说后者要保持坚定的立场，尽管已经有部分股东提起了诉讼。

> 我有个习惯，喜欢顺便走访别人，和不同的人谈话。有一次，霍华德对我说，如果我能再多留意一下组织结构，那就更好了……他说这些是很善意的。[3]

似乎是为了确认巴菲特的感觉——道德上的诚实、正直也有金融价值——美国运通公司在付清了和解费用，股价一度下滑到不足35美元后，又上升到超过49美元。到1964年11月，巴菲特的合伙公司拥有超过430万美元的美国运通公司股票。它还在另外两家公司押了大赌注：得克萨斯海湾制造公司460万美元，纯石油公司350万美元，这两家都是“烟蒂”。这三项投资已经占了整个投资组合的一半多。[4]而到1965年，仅对美国运通公司的投资就占了1/3。

合伙公司1962年成立的时候，只有720万美元的资金。巴菲特一点儿也不害怕集中加仓，他一直不停地买进美国运通公司的股票，到1966年已经在该股票上花了1 300万美元。他觉得合伙人应该了解一个新的“基本准则”——“我们远远没有像大多数投资机构那样，进行多样化投资。也许我们会将高达40%的资产净值投资于单一股票，而这是建立在两个条件之上，即我们的事实和推理具有极大可能的正确性，并且任何大幅改变投资潜在价值的可能性很小”。[5]

以他的导师本杰明·格雷厄姆的世界观来看，巴菲特的冒险之旅走得更远。格雷厄姆支持的讲究实际的定量分析方法是速度裁判员的世界，是那些仅做纯数据工作、弯腰捡“烟蒂”的驼背者的世界。巴菲特每天早上过来工作，浏览《穆迪手册》或者标准普尔公司的周评，以满手的数字为基础寻找便宜的股票，然后打电话给特雷迪–布朗–纳普公司的汤姆·纳普下单买入，休市了就回家，晚上睡个好觉。正如巴菲特谈起这些他喜欢的方法时所说的，“更多的有把握的钱是由明显的定量决定赚来的”。但是，这种方法也有一些缺陷，数据统计出的低价股的数字会一下收缩至零，而且因为那些“烟蒂”一般都是些小公司，如果拿一大笔钱来投资，这种方法就不奏效了。

虽然还在用那种方法继续工作，但在美国运通公司一事上，巴菲特已经拥有了后来他称之为“高度可能性的洞察力”，这打乱了本杰明·格雷厄姆的核心思想。和其他公司不一样，美国运通公司的价值并不是来自现金、设备、房地产或者其他可以计算的资产，如果有必要清算，它所拥有的不过是对客户的信誉。巴菲特把合伙人的钱——艾丽斯的遗产，汤普森博士的积蓄，安妮·戈特沙尔特和凯瑟琳·埃伯菲尔德的钱，安琪夫妇一辈子的积蓄，以及埃斯蒂·格雷厄姆的钱——全部押在这个信誉赌注上。这是当查理·芒格说起这桩“伟大的生意”时，一直不停提到的竞争优势。而这正是菲利普·费希尔提到的更弱智的分类方法，它用的是定性分析，与定量分析相对。

巴菲特在后来给合伙人的信中写道，购买“正确的公司”(有合适的前景、天生的行业条件、管理等）意味着“价格会一路走好……这也是能让收银机真正唱歌的原因。但是，这并不经常发生，就和洞察力一样。当然，定量分析不需要洞察力——数字会如一根棒球棒一样狠狠地击中你的头。因此，大钱往往是那些能够做出正确的定性决策的投资人赚到的”。[6]

对定性分析方法的新的强调是在1965年底，巴菲特向合伙人宣布取得巨大成果时获得了回报。在年度报告中，他比较了这累累硕果和早先舆论发布的他会以一年10%的优势击败道琼斯指数的预期——谈到这炫目的业绩时，巴菲特表示，“很自然，没有作者喜欢被这样的错误公开羞辱，它不太可能会被重复”。[7]尽管说了这些讽刺的话，但他已经开始了一个避免合伙人高预期的传统。随着杰出战绩的记录越来越长，巴菲特的信开始只着重关注衡量成功与失败。他频繁使用“有罪”“难堪”“失望”或者“过失”这样的字眼，包括用来形容他所谓的错误——他一直执着于不让任何人失望。[8]当阅读者开始识别出这种模式时，一些人认为他在操纵他们，而另外一些人责怪他假装谦虚。几乎没有人能真正了解，在这种不安全的奔跑中他的感觉有多深。

在霍华德去世的第二年，沃伦开始考虑用某种方式来纪念他，比如捐助一所大学，但是他似乎一直没有找到那个完美的手段。之前，他和苏珊已经成立了巴菲特基金会，对教育事业进行了小规模的捐助。但这不是他心里面想为父亲做的。沃伦并不想成为一个慈善家，是苏珊喜欢分配资金，并且也是她在掌管基金会。相反，巴菲特毫不松懈地紧张工作。在美国运通公司这件事上打出了一个令人难以置信的全垒打后，1965年4月，巴菲特从奥马哈国民银行的信贷部挖来了约翰·哈丁，让他专门负责公司的行政管理。哈丁接手工作时，巴菲特如此警告他："我不知道是否有必要永远做下去，但如果我不干了，你也将会失业。"[9]

事实上，他根本没有一点儿要不干的迹象。哈丁曾希望学会投资，不过这份野心很快就破灭了。"我曾有独立处理投资事宜的想法，但在看到沃伦是多么优秀时，这种想法就消失了。"他说。取而代之的是，哈丁直接将大部分钱投入了合伙公司。

除了将价值数百万美元的美国运通公司的股票像铲东西一样铲进合伙公司，沃伦正在寻找需要他加以协调的更大的交易。大的"烟蒂"和"定性的"分类裁判交易，与在家里通过浏览浴袍里的《穆迪手册》找到的完全不同。他的下一个目标，另一个"烟蒂"，远离奥马哈。

巴菲特网络里的每一个格雷厄姆信徒都在寻找新的主意，丹尼尔·科文带来了位于马萨诸塞州新贝德福德的一家纺织品制造公司，这家公司正以低于资产价值的折扣待售。[10]巴菲特的想法是买下这家公司，清算后分成一块一块出售，最后关闭。这家公司就是伯克希尔-哈撒韦。这时，沃伦已经从失去父亲的打击中恢复过来，他满脑子都是这个新念头。

巴菲特开始围着这家公司打转，并且观察它。而且，他开始从容地收集伯克希尔-哈撒韦的股票。这一次，不论好坏，他已经选择了这个具有马萨诸塞州个性的人管理的公司。

西伯里·斯坦顿是伯克希尔-哈撒韦的总裁，在过去的10年里，已经很不情愿地关闭了十几个工厂，一个接着一个。剩余的工厂则沿着新英格兰日渐没落的城镇的河边蔓延，就像一座座长期无人供奉的红砖寺院，空空如也。

这已经是第二个斯坦顿掌管公司了，他被一种宿命感笼罩。站在新贝德福德满是岩石的海岸边，就像克努特国王一样，命令具有毁坏能力的潮汐赶快撤退。和克努特不一样的是，他事实上想过潮汐会听命于他。美国哥特式的新英格兰版本在生活中上演，西伯里以他高大的身材冷冷地往下凝视着来访者。也就是说，如果他们能设法找到他，他会这么干。他隐蔽在一个偏僻的、远离织布机喧嚣、位于顶层阁楼的办公室里，到那儿需要走过一条又窄又长的楼梯，门口还有他秘书的秘书把守。

新贝德福德是这家公司的总部所在地，曾经像新英格兰王冠上的钻石那样闪闪发光。曾几何时，那些从它的港湾出发去捕杀抹香鲸的渔船使它成为北美洲最富裕的城市。到1854年，每年捕鲸的收入等于1 200万美元，这让新贝德福德成为在南北战争之前按照人均收入计算最富裕的城市。[11] 斯坦顿的祖父，一个捕鲸船的船长，也是当时掌管这个世界上最恃强凌弱的生意之都的几个家族之一的头领。但是，到了19世纪中叶，抹香鲸越来越稀少，捕鲸船为了寻找弓头鲸不得不一直向北冒险进发，最终抵达北冰洋。1871年的秋天，新贝德福德的很多家庭并没能等回他们的儿子和丈夫。由于当年冬天来得出奇的早，22条船不幸陷在北冰洋的冰里，再也没有回来。[12] 于是，新贝德福德再也不复从前，曾经的支柱——捕鲸生意也没能复兴。随着鲸鱼的供应萎缩，对相关产品的需求也在减少。1859年，石油从宾夕法尼亚州的土地里汩汩涌出。之后，煤油代替日益稀少的鲸鱼油，越来越受到人们的欢迎。随着维多利亚式生活中经常使用的物品，如妇女穿的紧身衣、蓬蓬裙、精致的阳伞以及马鞭等，从家里的架子上逐渐消失，用于这些物品的有弹性、像梳子一样的鲸鱼须[13]便没有了市场。

1888年，家里做茶叶生意[14]的霍雷肖·哈撒韦和他的会计约瑟夫·诺尔斯组建了一家由多人参与的合伙公司，准备跟着他们眼中的下一个生意潮流干。他们建了两个纺织品厂，艾卡什奈制造公司和哈撒韦制造公司。[15] 其中一个合伙人就是臭名昭著的“华尔街女巫”——海蒂·格林，她是家族船运生意的女继承人，在新贝德福德长大。为了办理贷款和投资，她曾驾驶渡船从霍博肯租住的公寓一直到了纽约。她昂首阔步走在曼哈顿下城，裹着旧式的黑色羊驼长袍，披肩在脖子上绕了又绕，还戴着一顶老掉牙的帽子，整个看起来就像是只苍老的蝙蝠。她的打扮如此古怪，并且吝啬得出名，因此甚至有谣言说她用报纸当内衣穿。1916 年逝世之前，她是世界上最富有的女人。[16]

有这样的投资者支持，工厂如雨后春笋般建了一个又一个，负责将那些从南方来的船只上卸到新贝德福德码头的一摞摞棉包进行梳理、卷轴拉丝、纺织、染色。国会议员威廉·麦金利，众议院筹款委员会的主席，不时会来到这个地区给新的工厂剪彩，他还赞助通过了一个可以在对外贸易中保护纺织工厂的关税条文，因为那时在其他地方，制造纺织品已经相对便宜了。[17] 因此，即使在一开始，北方的纺织厂也需要政治的帮助才得以生存。20 世纪早期，一项新技术——空调——使工厂得到了革新。空调可以精确控制空气湿度以及其他微粒物质，这样再也没有证据说明，将棉花从劳动力便宜的南方运到寒冷的新英格兰海岸是一件很经济的事情了。诺尔斯的继任者，詹姆斯·斯坦顿眼看着一半竞争者的工厂转移到了南方。[18] 留下来的工厂里的工人们不堪被反复地降低工资，进行了长达 5 个月的罢工，造成了严重的后果，给他们的老板狠狠一击。他的儿子回忆说，詹姆斯·斯坦顿“不太情愿再去花股东的钱购买新设备，因为生意非常糟糕，前景也不确定”。[19] 于是，詹姆斯用分红的方式抽出了资本。

到他的儿子、哈佛毕业生——西伯里·斯坦顿 1934 年接管公司时，这个破旧的哈撒韦工厂每天还能嘎吱嘎吱地织出几匹布，西伯里开始被一种自认为是拯救纺织工厂的英雄的想法占据。他说：“一家拥有最先进的机械、管理高明的纺织公司在新英格兰肯定会有一席之地。”他和他的兄弟奥蒂斯·斯坦顿构思了一个为期5年的现代化计划。[20]他们投资了1 000万美元用于安装空调、电梯和头顶上的传送带，改善了照明，还在公司脆弱的红砖大楼里配备了具有未来感的更衣室。工厂从生产棉布转为生产人造丝——穷人的丝绸，在战争期间还生产人造丝降落伞布，这些使他们的生意出现了短暂的兴隆。尽管如此，随着时间的流逝，廉价的国外劳动力始终能把价格压低到客户们愿意接受的水平。为了竞争，西伯里不得不在他的新工厂里挤压工人们的报酬。但是年复一年，浪潮拍打着他的海岸——更便宜的外国布料，更好的自由竞争，以及南方更廉价的劳动力成本——日益威胁着他的工厂。

1954年，卡萝尔飓风14英尺高的风暴巨浪涌入哈撒韦位于海湾街的总部。虽然公司独特的钟塔安然度过了这场风暴，可海水带来的垃圾、各种碎片淹没了大楼里的纺织机和纱布。在这种情况下，反应很明显，哈撒韦应该加入南迁的队伍，而不是重建工厂。可取而代之的是，西伯里将哈撒韦和另外一家工厂——伯克希尔精细纺织公司合并，试图筑起抵抗浪潮的堤岸。[21]

伯克希尔精细纺织公司的产品包罗万象，从最挺的斜纹布到最纯的薄纱、优质的窗帘凸花条纹布、精美的横螺纹衬衫衣料等。伯克希尔的主人马尔科姆·蔡斯坚定地拒绝为现代化投资一个子儿。他的侄子尼古拉斯·布莱迪就读哈佛商学院时，曾于1954年专门为此写了一篇论文，却得到了这么一个令人气馁的结论，失望之余，他卖掉了伯克希尔的股票。

蔡斯很自然地反对西伯里·斯坦顿对现代化的需求，但是新的伯克希尔–哈撒韦被斯坦顿的使命感掌控。他简化了公司的生产线，专注于生产人造丝，产量达到全美男装西装衬里的一半。[22]因为斯坦顿掌管下的伯克希尔-哈撒韦一年要使用将近250亿码的织物，斯坦顿继续“无情的”现代化进程，又砸入了数百万美元。

这一次，他的兄弟奥蒂斯开始怀疑继续留在新贝德福德的可行性，可西伯里认为纺织厂南迁的时代已经过去了[23]，拒绝放弃复兴工厂的梦想。[24]

1962年，当丹尼尔·科文就伯克希尔-哈撒韦的事与巴菲特接触时，巴菲特已经知道了，就像他知道美国的任何一个规模合适的生意一样。注入公司的资金意味着伯克希尔——根据会计师的核算——价值2 200万美元，或者是每股19.46美元。[25]可是，在连续9年的亏损以后，任何人都能以仅仅7.5美元的价格买入股票。巴菲特开始买入了。[26]

西伯里也一直在买伯克希尔的股票，用其他还没有投入工厂的现金每两年进行一次要约收购。巴菲特认为西伯里会继续这种操作，这样他就可以合理安排自己交易的时间，只要股票变便宜了就买入，而价格一旦上升，就又把股票卖回公司。

他和科文着手买入股票。但如果有人知道巴菲特在买哪只股票，就很有可能会推动股价上涨。为了防止这种情况发生，巴菲特通过特雷迪-布朗公司的霍华德·布朗购买股票。这家公司是巴菲特最喜欢的经纪商，因为那儿的每个人，尤其是布朗，守口如瓶。这对于巴菲特坚持保密性而言是极其重要的。特雷迪-布朗公司给巴菲特合伙公司的账户编的代码是BWX。[27]

当巴菲特来到坐落于华尔街52号的这间小小办公室——巧合的是，这和本杰明·格雷厄姆曾经工作的地方同属一幢艺术装饰大楼——时感觉就像进入了一家地板上铺着黑白相间的瓷砖的老式理发店。靠左的一个小办公室里坐着公司秘书和办公室经理，右边是交易室，再过去是一个租用的小隔间，水冷却器和衣帽架几乎占了一半的空间——作用类似于某种壁橱——沃尔特·施洛斯就坐在那张磨损的办公桌前经营着合伙公司。通过一成不变地使用格雷厄姆的方法，自离开格雷厄姆-纽曼公司以来，他每年的投资回报超过20%。他用股票交易佣金代替现金支付应该给特雷迪-布朗公司的租金。不过他的交易很少，所以在房租上他占了大便宜。他将其他开销缩减到不能再缩了：订阅《价值线投资调查》，一些纸和笔，地铁代币，就再没有其他的了。

交易室的中心放了一张20英尺长的木头桌子，这还是这家公司在它通往垃圾场的路上捡回来的。桌子表面满是几代学生用铅笔刀刻出来的记号。如果想要在纸上写数字，必须在纸下面垫一张书写板；否则，“托德爱玛丽”这样的字眼就会被嵌入文字里。

在这张被孩子们弄得伤痕累累的桌子的一边，是霍华德·布朗的领地。他和他的合伙人面对着公司的交易员——和所有的交易员一样——他坐在那儿，忐忑不安、焦虑地等待着可以让他交易的电话铃声。紧挨着布朗的桌子旁边的一块空地被用来当作“来访者的桌子”，最便宜的木制文件橱柜沿着墙壁摆放。

纽约没有哪个地方能像特雷迪-布朗“来访者的桌子”一样，让巴菲特觉得宾至如归了。这家公司还涉足套利交易、预测以及“数桩”（正在被收购或者分解的公司）——各种各样，只要他喜欢就行。它还交易如牙买加（皇后）水务公司的为期15年的股票期权——购买该公司股票的权利，一旦有预测纽约将接管这家水务公司，股价就会上涨；等预测暂时平静了，股价又会下跌。特雷迪-布朗每次在它们下跌时买入而在上涨时抛售，反复一次又一次。

这家公司还擅长搪塞那些没名气的、被低估的企业管理层，努力挤压出隐藏的价值，和桑伯恩地图公司案例中的做法如出一辙。“我们总是身处诉讼。”一个合伙人表示。[28]它的一切都沾染着过去格雷厄姆-纽曼公司的气息，和美国运通公司这样的巨大交易没有一点儿相似之处，不过巴菲特喜欢这儿的气氛。汤姆·纳普研究股票，而如果不是在精心策划交易，他会整天密谋一些恶作剧。他征用了一个巨大的储存柜，里面装满了他和巴菲特因失误买下的面值为 4 美分的蓝鹰邮票和缅因州海岸线的地形图。这堆地形图还在不断地加厚，因为纳普把从股票上赚的钱全部倾注在买缅因州海岸线地形图上去了。[29]那堆蓝色的"老鹰"在慢慢减少，被用于邮寄给巴菲特的一堆粉单上了，每周一次，每次 40 张邮票，周周如此。

其实，粉单上有关那些没在纽约证券交易所上市的股票报价，在打印时就已经过时了。巴菲特把这些粉单仅仅当作电话市集的起点，在数不清的经纪人电话里，也许会有一个要用到这个报单来达成交易。通过他的经纪人利用这个系统工作，他可是个行家里手，缺少公开发布的价格帮助减少了竞争。而如果有人愿意给每一个市场参与者打电话，并且无情地压榨他们，那么和那些缺少精力或者懦弱的人相比，他就拥有很大的优势。

布朗会给巴菲特打电话，让他知道他们已经得到了 5 美元一股的某股票的卖盘报价。

"嗯，4.75 美元买入。"巴菲特会毫不犹豫地回答。如钓鱼甩竿一样，这样做是为了测出这个卖家到底有多饥饿。

询问了顾客是否愿意接受这个更低的价格后，布朗将会告知巴菲特这样的回复："对不起，低于 5 美元，对方不接受。"

"不予考虑。"巴菲特将会回答。

几天以后，布朗又会再次致电巴菲特："4.75 美元卖出价，已经搞定，那我们就以 4.75 美元买入。"

"对不起，"巴菲特这回将立刻回答，"4.5 美元买入。"

布朗又要回致卖方，而对方肯定会表示，"怎么回事？ 4.75 美元怎么了？”

“我们仅仅是传递信息，4.5 美元买入。”

电话一个回合接着一个回合，直到一周以后，布朗又来了，“搞定，4.5 美元买入”。

“对不起，”巴菲特将会回答，同时又压了 0.125 美元，“4.375 美元买入。”

就这样，他以巴菲特特有的方式不断压价。他很少，几乎不会因为非常想得到一只股票而提高报价。[30]

巴菲特第一次下单购买伯克希尔–哈撒韦的股票是在 1962 年 12 月 12 日，2 000 股，每股 7.5 美元，另付经纪人佣金 20 美元。[31] 他告诉特雷迪–布朗要一直买。

科文从董事会成员斯坦利 · 鲁宾那儿获得关于伯克希尔的信息，他是公司顶级的销售人员，同时正好是另一位董事会成员奥蒂斯 · 斯坦顿的朋友。奥蒂斯 · 斯坦顿现在觉得他的兄弟遥不可及。躲在秘书们把守的象牙塔里，随着他崇高的愿景和现实之间的碰撞越来越剧烈，西伯里喝的酒也越来越多。[32] 现在，奥蒂斯和西伯里极其不和 [33]。他认为西伯里应该接受罢工，而不是满足工人对更高工资的需求 [34]。他也不赞成他的兄弟就继承人做出的选择，西伯里的儿子杰克，是一个非常令人愉悦的年轻人，可是不适合这个工作——根据奥蒂斯的判断。而奥蒂斯对于西伯里的继任者有自己的想法——肯 · 蔡斯，现任公司的副总裁。

似乎收购的威胁即将到来，西伯里 · 斯坦顿立刻对巴菲特的购买做出反应，进行了几次要约收购。而这正是巴菲特所希望的，因为他的购买是建立在最终西伯里会收购股票的预期之上的。他要伯克希尔的股票不是为了保留，而是为了出售。虽然如此，但每一项交易里既会有买家，也会有卖家。到目前为止，西伯里 · 斯坦顿已经抵挡住便宜的外国布料的挤压和卡萝尔飓风的袭击。除了西伯里会变成巴菲特那样，还有一种可能就是巴菲特会变成西伯里那样。

最终，沃伦决定自己驱车前往新贝德福德去看一看。这是唯一一次，他不是顺便走访。一般由非常忠于西伯里的塔波尔小姐来决定，哪些来访者可以通过一道道玻璃门，沿着狭窄的楼梯，来到位于顶楼的西伯里的办公室。当她严肃地带领沃伦走进西伯里那经过豪华装修、有舞场那么大、镶嵌了木头的藏身之处时，沃伦看见西伯里那张桌子附近根本没有可以坐下来的地方。很显然，这个男人通常让人们站在他的面前，而他就坐在那张桌子后面，指挥他们干这干那。

两个男人在角落里一张令人不舒服的长方形会议桌旁坐下。巴菲特询问斯坦顿，下一次要约收购打算怎么做。斯坦顿透过架在鼻子上的金丝边眼镜看着他。

> 他相当热诚。接着他说："我们也许会在这些天进行一次要约收购，你打算以什么价格出售呢，巴菲特先生？"或者类似这样的话。那时股票价格为 9 美元或者 10 美元。
>
> 我说如果他们要约收购，我会以 11.5 美元出售。他又说："好，那你能保证如果我们收购，你会卖给我们吗？"
>
> 我回答："如果很快，而不是 20 年以后，我会的。"
>
> 我愣住了。我感觉到不可能再买到股票了，因为我太了解他将会干些什么了。于是我回家了，没过多久，我就收到了波士顿第一国民银行下属的老殖民信托公司的来信，信中的要约收购价格为 11.375 美元。这比之前达成一致的价钱要少 12.5 美分。

巴菲特火冒三丈。"这真的把我惹火了。要知道，这个家伙正在企图骗走 1/8 个点，而事实上那时他已经和我握手表示成交了。"

巴菲特习惯于按照自己的方式去做，而斯坦顿却企图欺骗他。巴菲特派科文去新贝德福德规劝斯坦顿不要背信弃义。可两个人争得不可开交，斯坦顿否认他和巴菲特达成过什么交易。他告诉科文那是他的公司，他高兴怎么做就怎么做。这真是个错误。因为这次欺骗，西伯里·斯坦顿将自作自受。巴菲特决定——不再出售股票——相反，现在他要买这家公司。

他发誓他将得到伯克希尔，他会把它整个买过来。他要拥有它的库存、纺织机、纺锤。这是一家垂败的、没有希望的企业，实在不值得这样做。可是它很便宜，并且他很想得到它。更重要的是，他不希望斯坦顿拥有它，而巴菲特和其他的股东更值得拥有它。在巴菲特的决定中，他忽略了在丹普斯特得到的教训——只保留了一个。而这一个恰恰是他应该忽略的。

巴菲特派出侦察员去寻找更多集中持有的股票。科文手中有足够的股票进入伯克希尔的董事会。但是，其他人也开始注意到了。巴菲特在哥伦比亚大学读书时的老朋友杰克·亚历山大和同班同学巴迪·福克斯成立了一家合伙投资公司。“某一天，我们发现沃伦正在买伯克希尔–哈撒韦，”他说，“于是我们也开始买。”在一次从他们位于康涅狄格州的办公室前往纽约的旅途中，他们告诉巴菲特，他们也在跟着他买伯克希尔，“他感到十分不安，他说，‘看看，这回你们搭错地方了，但那是不正确的，砍仓吧’”。

福克斯和亚历山大吓了一跳。他们怎么就做错了？巴菲特让他们搞明白了，他正在寻求伯克希尔的控制权。但即使这样，对于这群格雷厄姆的门徒来说，搭顺风车也是一个受欢迎的消遣。实际上，巴菲特收购了他们的股票。他说，我比你们更需要它。他们同意以当时的市场价格将股票卖给他，因为很显然这对他关系重大。而且，看来他还有其他的秘密方式接近伯克希尔–哈撒韦。“这家公司对我们无关紧要，可很显然对巴菲特非常重要。”亚历山大说。

和福克斯以及亚历山大一样，还有一些人也成为巴菲特的观察者，像追踪大脚怪的足迹一样，跟踪着巴菲特的投资举动。这造成了对这只股票的竞争。巴菲特让这些格雷厄姆的追随者明白，他们最好不要染指伯克希尔。唯一的例外是亨利·勃兰特，作为对他服务的报答——他让勃兰特以低于 8 美元的价格买进这只股票。他开始看起来有点儿狂妄自大，这令一些人觉得很不愉快。可是，他一贯表现出的脚踏实地又让他们着迷，甚至他的吝啬也变成了光环的一部分。在很多年里，他可能都是那唯一的一个，虽然通常在纽约做生意，却不仅有免费寄宿的本事（在长岛，和弗雷德·库尔肯的母亲安妮·戈特沙尔特住在一起），而且得到了免费落脚的办公地点（在纽约，由特雷迪–布朗提供）。

但是，苏珊有时会陪同一起过来，在她的命令下，巴菲特会从他已故的大学朋友的母亲那儿的住处升级到在广场酒店开一间房。不仅是因为那儿很方便他做生意，而且在苏珊看来，那里离那些百货商店很近，如波道夫·古德曼、亨利·本德尔等。那时，一些谣言开始在巴菲特的朋友中传开了——这类谣言总是围着他不放，比如，他宁可让自己刚出生的女儿睡在梳妆台的抽屉里也不买张小床。说他在广场酒店找到了一间最便宜的房间，卧室很小而且没窗，和哥伦比亚大学那间旧的勤杂工房间一样，而且只要他单独一个人来纽约，他会谈到极低的价格入住。[35] 不管这些谣言的真实性，每次他登记入住酒店时，毫无疑问都会感到一阵遗憾，因为他再也不能不纳税就待在纽约了。

去波道夫购物是巴菲特已经改变的纽约常规之旅的又一个部分。白天苏珊主要是吃午饭和购物，晚上两人一起共进晚餐，接着去百老汇或者夜总会看表演。看到她能自得其乐，巴菲特很高兴，而且她已经开始习惯到高档一点儿的商店买东西。不过，虽然她现在有权放松钱包，可是他们之间还是会争论她应该花多少钱。而她调整消费的方式，有时仅仅是为了别人的利益。苏珊通常是受益者，她的衣橱里满是从波道夫买来的衣服。有一次，苏珊从纽约带了一件貂皮夹克回来。因为他们遇见了沃伦的一个朋友，他把他们带到了一个毛皮商那儿。“我觉得我应该买点儿什么，”她说，“他们对我实在是太好了。”于是，她为了感谢毛皮商的热情而买了那件夹克。

现在，所有使投资伯克希尔免成错误之选的努力都是徒劳的，除非巴菲特能够搞清楚怎样才能让它经营得好到足以让苏珊永远能穿貂皮夹克。他又去了一次新贝德福德，这次是去看看继承人杰克·斯坦顿。这个人将会从西伯里·斯坦顿手上接过伯克希尔-哈撒韦，巴菲特需要知道他是怎样的一个人。

但是这位斯坦顿先生声称自己很忙，派了肯·蔡斯陪同巴菲特在工厂里走了走（和马尔科姆·蔡斯没有什么联系。伯克希尔精细纺织公司和哈撒韦合并后，马尔科姆·蔡斯担任董事长）。

杰克·斯坦顿根本不知道他的叔叔建议让蔡斯代替他，来接过西伯里的棒。

肯·蔡斯是一位专业的化学工程师，47岁，安静、自制，而且真诚，但他并不知道自己是未来掌管这家公司的竞争者。巴菲特的问题一个接着一个，而蔡斯仔细解释，他总共花了两天的时间，告诉巴菲特有关纺织生意上的事。他的直率给巴菲特留下了深刻的印象。蔡斯很明确地表示，他认为斯坦顿家族将钱砸入这样一个日薄西山的行业实在很愚蠢[36]。当行程结束，巴菲特告诉蔡斯，他会和他“保持联系”。[37]

大约一个月以后，斯坦利·鲁宾按照巴菲特的要求，去劝说蔡斯不要接受另一家纺织工厂的工作。同时，巴菲特正积极争取更多的股票，包括蔡斯家族里不同成员所特有的股票。

巴菲特最后的目标是奥蒂斯·斯坦顿，后者很希望他的兄弟退休。

奥蒂斯对西伯里的儿子杰克很没有信心，而且他也怀疑西伯里是否真的愿意交出掌管公司的权力。

奥蒂斯和他的妻子玛丽同意在新贝德福德的沃姆苏塔俱乐部和巴菲特见面。[38]他们在这座象征新贝德福德曾经的辉煌，具有优雅意大利风格的大楼里吃午饭，席间奥蒂斯确认了他愿意出售股票，条件是巴菲特要跟西伯里出一样的报价。巴菲特答应了。接着，玛丽询问出于家族感情，他们是否可以从即将出售的2 000股中留下几股，就几股而已。

巴菲特拒绝了。要么全部，要么就一股也不要。[39]

奥蒂斯·斯坦顿的2 000股将巴菲特在伯克希尔–哈撒韦的股权提高到了49%——这足以保证他能有效控制公司。带着掌握一切的骄傲，4月的一个下午，巴菲特在纽约和肯·蔡斯会面，他们散步走到第五大道的广场和中央公园南端，巴菲特请客吃冰棍。没吃两口他就切入正题："肯，我想让你成为伯克希尔–哈撒韦的总裁，你怎么考虑？"既然他现在控制了这家公司，他说，就可以在下一次董事会上更换管理层。[40]尽管鲁宾劝过蔡斯不要接受另一份工作时给过他暗示，可他现在还是被巴菲特的选择吓住了，肯·蔡斯答应在董事会开会前保持沉默。

尚未意识到自己的命运已经被改变，杰克·斯坦顿和妻子从新贝德福德赶到广场饭店和巴菲特及苏珊会面，他们一起吃了早饭。凯蒂·斯坦顿为她的丈夫说好话，她是一个比丈夫更主动的女人。在谈到一个吸引巴菲特夫妇的话题时，她抛出了自己的想法，这才是关键：巴菲特当然不会推翻新英格兰这家世袭工厂留传下的家族管理传统，而让肯·蔡斯这样的工厂小人物来主持大局，要知道这个家族几代人一直在打理这门生意。她和杰克已经融入了沃姆苏塔俱乐部。更重要的是，和苏珊一样，凯蒂也是初级联盟的成员。[41]

她是一个非常好的人。不过，她认为杰克因为他的父亲就应该有权接管公司，这让我印象很深。她的请求中一部分内容是说肯·蔡斯真的和杰克、她、我、苏珊不是同一阶层的人。

可怜的凯蒂，她的听众恰恰是一个蔑视世袭的人，并且对奥马哈的权贵嗤之以鼻。

现在对杰克来说已经太迟了，同样对西伯里而言也太迟了，他曾经独裁统治着这家公司，而在董事会一个朋友也没有。甚至他自己的董事长马尔科姆·蔡斯也不喜欢他。因此，在巴菲特的支持者于1965年4月14日为提名巴菲特加入董事会而举行的特别会议上，他凭借多数董事会成员的支持很快被选为执行董事。[42]

几个星期后，巴菲特飞往新贝德福德，迎接他的是《新贝德福德标准日报》的头条新闻——"'外部利益'接管公司"。[43]这个编造的故事激怒了巴菲特。他从丹普斯特得到的教训就是，永远、永远不要让自己被贴上清盘人的标签——这会招致全城人的憎恨。巴菲特向媒体发誓，他会让公司的运营一切照旧。他否认收购会导致工厂关闭，并且在公开场合发表了承诺。

1965年5月10日，董事会会议在新贝德福德的总部召开。会上提出给即将离任的负责销售的副总裁一笔丰厚的退休金，批准了上一次会议通过的详细内容，并且同意给职工增加5%的工资。接着，整个会议变得怪异起来。

70岁的西伯里，近乎全秃的头上遍布着老年斑，宣布他已经计划于12月退休，而让杰克来接替他的位置。不过，他又说，他不可能"在一个他无法拥有完全权威的机构里"[44]继续担任总裁。只有像他这样傲慢的性格，才会让他接下来——尽管反叛者已经接管了这艘船——又说了一通，表彰了一下自己的功绩。接着他提出了辞呈，董事会接受了。杰克·斯坦顿跟着又添加了一小段尾声。他说，如果他在 12 月接任总裁，他很确定，这将意味着“继续成功和有利润的运营”。董事会成员耐心地听着，然后同样接受了他的辞职。

到那时，杰克·斯坦顿才放下他手中的笔，停止记录会议内容，而那两段发言已经被记录在内了。然后，两位斯坦顿昂首阔步地走出了房间。这时，董事会所有的人似乎都屏住了呼吸，然后轻松地叹了口气。

接下来的会议进程很快，董事会选举巴菲特担任主席，确认肯·蔡斯将会主管——巴菲特一时愚蠢——费尽心思争取来的这家命中注定的公司。几天以后，巴菲特在接受一家报纸采访时，如此解释他对纺织生意的看法：“我们没有什么喜欢不喜欢的，这是一个商业决定，我们尝试接触一门生意。对投资而言，价格是很大的因素，它会决定最后的想法。我们以一个好价钱买到了伯克希尔–哈撒韦。”[45]

后来他重新修正了这个观点。

> 就这样我买入了自己的“烟蒂”，而且努力抽着。你沿着街道走，也许也会碰到一个“烟蒂”，它湿漉漉的让人很恶心，你避开了。可这是不要钱的……也许只剩一口。伯克希尔–哈撒韦也没什么了，只剩下湿漉漉的“烟蒂”在嘴里。那就是 1965 年的伯克希尔–哈撒韦。我的很多钱被套在这个“烟蒂”里了。[46]
>
> 如果我从来都没听说过伯克希尔–哈撒韦，可能我的情况会更好。

28

干燥的火种

奥马哈 1965—1966 年

“父亲去世时，地球重力似乎彻底改变了，”多丽丝回忆道，“一切飘向了空中。父亲是这个家的核心，而现在这个核心消失了。”

最近几年，利拉遭受了多重打击。她的母亲斯特拉 1960 年在诺福克州立医院病逝，而妹妹伯妮丝紧接着于第二年死于骨癌。现在没有了霍华德，利拉需要找到一个新的目标，她开始变得依赖沃伦和苏珊一家。孙子们星期日会来她这边，她会给他们很多糖在做礼拜时吃，然后会带他们出去吃午饭，如果他们能够正确地计算账单数额，还可以得到钱。下午，利拉就带他们去伍尔沃斯百货商店买上一个玩具，然后祖孙几个整个下午就待在她的屋子里玩玩具。和霍华德付钱让孩子们去教堂一样，利拉也找到了解决寂寞问题的巴菲特式的方法——和孙子辈们交易，这样他们就会尽可能长时间地和她待在一起。

对多丽丝和沃伦而言，有霍华德在场才能够忍受和利拉在一起。而现在没有了他，两人都觉得去拜访他们的母亲是一件难以忍受的事情。被迫接近她会让沃伦颤抖。感恩节那天，他是端着盘子上楼一个人吃的。在偶尔愤怒时，利拉还是会继续爆发。数十年来，她怪异举止的发泄对象总是家庭成员。只有一次在停车场，她从车里跳出来，就一些鸡毛蒜皮的小事朝一个认识的人整整喊叫了一个小时，这让苏茜和豪伊十分震惊。然而，比弟弟更崇拜父亲的多丽丝才是她的主要受害者。多丽丝一直觉得自己和杜鲁门离婚拖累了整个家族。当时离婚还比较少见，相比沃伦和苏珊的成功，离婚女人的生活更让她觉得自己一无是处。霍华德去世前不久，曾经跟她说她必须再婚以使孩子们能再有一个父亲。于是她遵照执行，嫁给了乔治·里尔，第一个向她求婚的人[1]。他是一个可爱的人，不过多丽丝觉得自己是被迫再婚的，这预示着这个结合的前景并不乐观。

伯蒂受母亲行为困扰最轻，也最不依赖父亲，所以父亲的死对她的生活改变最小。然而，和沃伦一样，她和金钱的关系总使她焦虑并且产生控制欲。她记录下她花的每一美元，而当她感觉紧张的时候，会去支付账单放松一下。

巴菲特家的所有成员都和钱有"纠葛"，而且程度之深使他们中没有一个人能真正意识到，他们是一个多么不寻常的家庭。霍华德死后，沃伦和苏珊自然而然成为这个家的领导——部分是由于他们的钱，另外，这也是他们的个性使然。利拉、多丽丝和伯蒂希望从沃伦和苏珊那儿寻求支持，其他家庭成员事实上也是。沃伦的叔叔弗雷德·巴菲特和妻子凯蒂现在拥有一个杂货商店。他们和沃伦及苏珊的关系尤其紧密，并且随着他们侄子地位的提高和财富的增加而越来越紧密。利拉一直嫉妒她的这个妯娌，对很多年前的一件小事至今仍耿耿于怀。那次在扶轮社的舞会上，恩斯特是和活泼的凯蒂，而不是和她跳舞。现在，她更加嫉妒凯蒂了，以至于苏珊——所有人都信任她——不得不在拜访问题上花些心思，好分开她俩。在霍华德病重期间，苏珊就已经是一个调解专家了，现在她还要设法把沃伦和利拉分开，把凯蒂和利拉分开。因此，毫不奇怪，沃伦从孩提时期就最喜欢的亲人——姑姑艾丽斯——也开始成为整个家族中除了沃伦以外最信任苏珊的人。

1965年底的一个周一，艾丽斯到处寻找苏珊，而不是利拉。电话打进来的时候，苏珊正和多丽丝在美容院。她从吹风机下起身来到前台接电话，艾丽斯说她十分担心利拉的姐姐伊迪丝，伊迪丝星期日给她打过电话说感到极度沮丧。同为教师的艾丽斯开车去接伊迪丝并且和她聊天，她们还一起吃了冰激凌。伊迪丝视沃伦和苏珊以及艾丽斯为偶像，事实上，所有的巴菲特们都是她的偶像。她吐露心声，说她不完美的生活使这个完美的家庭蒙羞。[2]她冲动的婚姻并没有好结果，她一路追随到巴西的丈夫只不过是一个贪恋女色的贪污犯，最后他为了另外一个女人而离开了她。从巴西回来以后，伊迪丝发现自己在奥马哈很难适应带着两个女儿的单身母亲生活。

艾丽斯告诉苏珊，今天伊迪丝没有在技术高中露面，家庭经济学的课也没上。出于担心，艾丽斯已经去过伊迪丝的寓所，她按了门铃又敲门，就是没有人回答。艾丽斯对苏珊说，她害怕有什么事情发生。

于是，苏珊带着满头的发卷立即冲出门，开上她金色的凯迪拉克敞篷车，前往伊迪丝住的公寓。她又是敲门又是按门铃，就是没有人回答。苏珊设法进入房间寻找，可一个人影都没有，房间是干净的，也没有任何纸条或留言，而伊迪丝的车还在那儿。苏珊继续寻找，一直找到了地下室，在那儿她发现了伊迪丝。她割腕自杀，已经死了。[3]

苏珊叫来救护车，并将这个坏消息告诉了其他家庭成员。谁也不知道伊迪丝竟然这么抑郁，而且到目前为止，也没有人认为她是斯塔尔家族精神不稳定史的可能受害者。

伊迪丝的死让活着的人百感交集：他们内疚，因为没有意识到她会如此绝望；他们遗憾，因为她总觉得自己不如巴菲特家族的人。沃伦、多丽丝、伯蒂都被震惊了，他们为失去他们从小就非常喜欢的和蔼、可爱的姨妈而深深悲伤。

没有人提及已经62岁的利拉对她姐姐的死的感受。不过她——经常感觉被欺骗——会和其他那些自杀的幸存者或者经常生气、自暴自弃的人的感受有什么不同吗？至少，伊迪丝的死意味着利拉是她的直系家庭成员中剩下的唯一一个，伊迪丝也带走了修复她们之间紧张关系的机会。这又是一件斯塔尔家族令巴菲特家族尴尬的事情，这一次用自杀使之蒙羞。无论利拉的真实感受如何，不到一个月，她突然和大她20岁的罗伊·拉尔夫结婚了。罗伊人很好，在霍华德死后一直追求她，而她总是拒绝他的求婚。在她寡居的日子里，她总是喋喋不休地讲述过去和霍华德38年半的精彩生活，她的亲戚们都已经听得麻木了。因此，这次她把自己完全颠覆——甚至将自己的名字改为利拉·拉尔夫——吓坏了所有的人。其中，一些人认为她失去了理智。这是可以想象的，至少暂时是这样。霍华德去世两年以来，一直是这个家庭里一种看不见的存在，而现在出于礼貌，在家庭聚会上已经不再提及这个名字，他的孩子们也正在费力地适应有一个80多岁的继父。

现在苏珊不仅在家庭，而且在社会上承担了越来越多的责任。她开始要求沃伦停止他对事业的狂热。巴菲特合伙公司被美国运通公司填得就像一只感恩节的火鸡，1965年底的资产达到了3 700万美元，在这一只股票上的利润就超过了350万美元，美国运通公司的股票价格先涨到50美元，然后又到了60美元，接着到了每股70美元。沃伦挣了超过250万美元，这使他和苏珊在合伙公司的股权达到了680万美元，而他才35岁。按照1966年的标准，巴菲特夫妇已经进入富人行列了。他们需要多少钱？他还将以这样的速度前进多远？苏珊认为，他们现在已经很富有了，应该考虑为奥马哈多做些事情了。

1966 年，苏珊因为找到了她一生的事业而整个人熠熠生辉。她开始接近黑人社区的领导人，在奥马哈到处走，斡旋于各种紧张的关系中，出谋划策、协调、引导、宣传。每年夏天，这个国家的主要城市，种族骚乱和未成年人案件让警察头痛不已。在前一年，马丁·路德·金发布号召：废除工作场所和公共设施的种族隔离还不够，居住地点的种族隔离也必须废除。这个想法吓坏了很多白人，尤其是发生骚乱的洛杉矶瓦茨地区随后演变成纵火、冷枪、打劫的交战地带，在这次事件中有 35 人遇难。同样的暴动还发生在克利夫兰、芝加哥、布鲁克林、佛罗里达州的杰克逊维尔和其他一些城市。[4] 在 1966 年 7 月为期 15 天的热浪中，骚乱在奥马哈爆发了。州长出动了国民警卫队，并谴责了这些在"不适合人类居住的环境"[5] 里发生的骚乱。苏珊现在将废除奥马哈居住地的种族隔离作为事业的中心。她还努力把沃伦带进了她的社团和人权工作，他顺从了，不过对委员会而言，他的作用实在不大。在 60 年代，他一般是把脑袋缩起来不置评论。"（那时）我被卷进了一些这样的事情中去，这是很自然的。如果人们的整个生活只专注于一件事情，很快就会有点儿痴迷。苏珊总是会发现我这样——我和那些人坐在一起，而她可以从我脸上的表情看出，我已经完全不注意他们了。"

按照芒格的说法，委员会会议也让沃伦得了"偏头痛"。因此，他的办法就是让其他能够给他们出主意的人坐到委员会里去。然而，沃伦并非对社会和政治事件漠不关心。他早就开始关注潜在的核战争——在 60 年代早期，这是一个活生生的看起来即将发生的威胁，因为肯尼迪总统敦促美国所有家庭建造防空掩体，以保证在核打击下存活。在古巴导弹危机过后，美国算是躲过了一场核战争。巴菲特发现了哲学家罗素写于 1962 年的反核武器的论文《人类有前途吗》，这篇文章深深影响了他。[6] 他认同罗素的观点，钦佩他在哲学上的严肃，并且经常引用他的观点和格言。甚至，他在自己的桌子上放了一块牌子，上面引用了罗素和爱因斯坦联合发表的《反核宣言》中的一句话："记住你的人性，而忘记其他。"[7]

但是，在国会于1964年通过《北部湾决议案》后，反战运动日益占据了巴菲特的大脑。该议案授权约翰逊总统可以不需要正式宣战，而在东南亚使用军事力量，以所谓的并未证实的美国驱逐舰受袭为由攻打越南。年轻人以烧毁征兵卡、去监狱或者逃到加拿大的方式躲避征兵。全世界数十万人走上街头抗议战争升级：他们在纽约的第五大道、时代广场、纽约证券交易所前游行，还有东京、伦敦、罗马、费城、旧金山、洛杉矶等。

巴菲特不是那种参加游行的意识形态上的和平主义者，也不是像他父亲那样的极端孤立主义者，但他强烈地觉得这场战争是错误的，美国的卷入是建立在欺骗的基础上的——这对一个高度重视诚实的人而言，尤其令人烦恼。

他开始请一些演讲人来家里讲给他的朋友们听。一次，他带来了一个宾夕法尼亚州的反战演说家，[8]但他自己并不会参加反战游行。

沃伦强烈地认为，术业有专攻，他把自己的特殊技能定义为思考和赚钱。一旦被问到捐献，他的第一选择总是捐献思想，包括让别人出钱的思想。但是，他也会给政治家们和苏珊的事业捐款——不是很多，但也有一些。无论有多紧急或者多重要，他从不会自己把钱装满信封或者自愿为了那些事业花费时间，他认为不如花时间考虑新主意，或者赚更多的钱来写一张数额更大的支票更有效率。

20世纪60年代，很多人心中燃烧着摧毁国家机器的渴望——是它制造了战争，操纵着"军火工业"——避免"出卖"给"那个人"。因此，从某种程度上来说，社会意识和谋生的需求相冲突。然而，沃伦认为自己是在为合伙人工作，而不是为"那个人"。同时，他觉得自己生意上的聪明头脑和钱还能帮助人权和反战事业。因此，他可以带着双重目的专注于自己的业务，而不会因怎样花时间而在内心发生冲突。

他开始感受到的冲突是为合伙公司找到投资对象。在过去一年里，他把钱投入安全但越来越少见的“烟蒂”上，如他过去喜欢的费城里丁煤铁公司，以及联合煤业公司。他也设法在标准普尔的周报中找到一些被低估的股票：雇员再保险公司、伍尔沃斯公司、第一林肯财务公司。他和沃尔特·迪士尼见面，并且目睹了这位娱乐专家非凡的专注、对工作的热爱，以及如何将这一切转化为无价的娱乐活动的途径，之后巴菲特买了迪士尼的一些股票。但是“大生意”的概念他还没有完全吸收，巴菲特没有多买。当然，他还在将伯克希尔–哈撒韦的股票像拼图一样一片一片拼凑起来。不过，巴菲特已经在美国铝业公司、蒙哥马利–沃德公司、旅行者保险公司以及卡特彼勒拖拉机公司的股票上建立了700万美元的“空头”头寸——借来股票并且出售，以作为未来市场跳水的风险对冲。[9]一旦投资者改变心意，股票会纷纷跳水。他希望合伙人的投资组合能得到保护。

1966年1月，他的合伙人又追加了680万美元。巴菲特发现手上还有4 400万美元的现金，而“烟蒂”太少不够他买。因此，他平生第一次，做了一个特别的决定：把钱放置在一边，没有使用。[10]自从离开哥伦比亚大学的那天起，巴菲特的问题就是，要努力使手上有足够的钱来实施看似永不枯竭的投资妙法。

1966年2月9日，道琼斯指数在收盘前短暂地突破了神话般的1 000点，最终以低于1 000点几点收市。欢呼开始了。道琼斯指数1 000点！道琼斯指数1 000点！尽管那一年市场不会再次突破这个大关，可不管怎样，欢庆的气氛犹在。

一整年，巴菲特都在担心会令合伙人失望。他在写给他们的信中，以美国运通公司带来的巨大收益作为开头。“1965 年，我们在和贫穷的斗争中取得了胜利。”他写道，暗指约翰逊总统通过一系列新的社会福利计划以创造“伟大社会”。然后，他发布真正的消息，这是很多类似警告中的第一个：“我现在觉得我们已经接近规模的临界点，如果再增加规模，将会被证实是不利的。”同时，他宣布他将关上合伙关系的大门，上锁并且扔掉钥匙。

再没有新的合伙人加入了。他就此开了个玩笑。苏珊不会再生孩子了，他写道，因为孩子们不再被允许加入。这个玩笑并不是特别适合，因为他们的孩子没有一个是合伙人——将来也不会。为了确保孩子们能找到自己生活的路，巴菲特决心管理好他们对钱的预期。从很小开始，每个孩子就知道除了教育费用，不要指望从他那儿得到任何经济支持。他本来应该可以带孩子加入合伙公司，作为一个学习实践——教他们有关钱和投资方面的内容，以及他是如何管理时间的。他就是那样教合伙公司的合伙人的。巴菲特很少“教”他天天都看到的这些人。对他而言，教是一种表演，一种在观众面前的有意识的行为。他的孩子们没有上过这样的课。

取而代之，沃伦为他们买了陷入黑夜的伯克希尔-哈撒韦的股票。作为他的父亲留给孙子们的信托的受托人，沃伦卖掉了霍华德买来用作全家避难所的农场，用这笔钱买了那些股票。鉴于他不赞成不劳而获的财富——那就是他如何看待遗产的——否则他也许会留下农场。其实，内布拉斯加州的一个小小的农场怎么也不会值很多钱，孩子们也不会因为他们祖父的这点儿遗产而变得十分富有。可是，把这些收入投进他那苦苦挣扎的纺织品生意，他就可以凭借又一个 2 000 股增持在伯克希尔-哈撒韦的股权。对观察家而言，他为什么如此关注这家公司还是一个谜，但是自从他很巴菲特式地开始伯克希尔控制之旅时，好像就被它迷住了。

巴菲特的孩子们从不期望变得富有，他们甚至不知道他们家已经很有钱了。[11]他们的父母希望他们不要被宠坏，事实上也是。和其他孩子一样，他们需要打零工挣零用钱。说到钱，他们的家庭观点有奇怪的差异，也就是说，苏珊和沃伦会就她的零用钱争斗得好像他们已经分手了。然后她就拿上钱，给孩子们提供一个中上阶层的生活：去度个假，在乡村俱乐部里好好享受，穿好的衣服，并且看他们的妈妈开凯迪拉克，穿皮衣。但是，他们从来不认为这是理所当然的。他们的父亲总是对哪怕很少的钱也斤斤计较，常因拒绝小小的要求而令他们诧异不已。如果他带他们去看电影，他也许连爆米花都不会为他们买。如果其中一个孩子要求什么，他的回答会是“不行”：如果我为你这样做了，就必须为所有人都这样做。

无论他和苏珊想给孩子们传递什么样的有关钱的信息，但总有一个经久不变的主题：钱是重要的。他们成长在一个经常将钱用作控制武器的家庭里，沃伦会在苏珊生日那天带她去百货商店，给她 90 分钟的时间去买她能抓到的任何东西。这个家庭很巴菲特式的一面是：经常做交易。虽然苏珊认为沃伦对赚钱的痴迷很不值得，但她还是很乐意从他那儿拿到更多的钱。现在，她正在和她的体重做斗争，这也成了一个有关钱的交易。沃伦的孩提时代一直痴迷于称重——他一天能称体重 50 次——这个嗜好还没有成为过去时。他着迷于家庭成员的体重，并想让他们都瘦下来。

这个家庭的饮食习惯，不管对他的事业，还是对他们的健康，都没有帮助。苏珊从两年前就开始饱受一种莫名的腹腔粘连的折磨，没有热情做饭。她和沃伦都愿意每天吃同样的食物：大多数是肉类和土豆。和沃伦不一样的是，苏珊会吃蔬菜，可她除了西瓜外，什么水果都不吃。她就吃一点点健康食品，而以巧克力、蛋白椰子饼、罐头装的糖霜乳酪、饼干、蛋卷、牛奶为生。沃伦早餐吃油炸玉米片，喝百事可乐，吃几把巧克力和爆米花，选择牛排、汉堡包以及三明治作为正餐的主要食品。

最后，苏珊要求和他做个交易，如果她能减到118磅就付钱给她。因为她比丈夫不在乎钱，动机对她而言就是个问题。一整个月她吃得很少，以零食充饥，可是随着最后称体重的日子接近，她会自己先称称。如果情况不好，她就必须加快减肥，她会和一个朋友说："凯尔西，我得打电话给你妈妈要她的利尿药了。"[12]

而沃伦把钱悬挂在孩子面前，却能自律地保持自己的体重。当他们还小的时候，他开出1万美元的未签名的支票给他们，并且说如果在某年某月某日他的体重不是173磅，他将会在这张支票上签名。苏茜和豪伊为了诱惑他吃冰激凌和巧克力蛋糕而抓狂，可放弃钱的痛苦对沃伦而言远比放弃吃喝要大得多。他一次又一次地开出支票，可从来不需要签上哪怕一次名字。[13]

沃伦允许加入的最后一个合伙人不是他的孩子，而是马歇尔·温伯格，沃尔特·施洛斯的一个经纪人朋友，他曾经参加过两次格雷厄姆的讲座。那是一个有教养的、爱好艺术和哲学的人，他们是在纽约新学院格雷厄姆的一次讲座上认识的。一起吃过几次午饭，聊了聊股票后，他们就成了朋友。温伯格很快就放弃了让巴菲特对音乐、艺术、哲学以及旅游产生兴趣的念头，而巴菲特有时会通过他做交易。温伯格开始对加入合伙公司产生了兴趣。于是，在一次例行的纽约之旅时，巴菲特同意和他就此事会面讨论。

沃伦和温伯格在大堂会面。接着，苏珊翩翩而来，沃伦整个人都亮了起来。苏珊侧身朝向沃伦并拥抱了他，接着手就放在他身后似乎他是个孩子，她用她那棕色的大眼睛凝视着温伯格。"你好吗？"她笑吟吟地问道。她想知道他的一切。这让温伯格觉得自己正在被一个家庭欢迎，而且他又交了一个新朋友苏珊。同时，他凭直觉知道刚刚遇见了巴菲特最有力量的资产。[14]

温伯格及时地挤进了这扇大门。整个1966年，城市骚乱继续，越南战争升级，而且反战抗议者在纽约、波士顿、费城、芝加哥、华盛顿以及旧金山集会游行。股票市场开始衰退，比年初下跌了10%。无论攀登有多么艰难，巴菲特从来没有停止过寻找可买的东西。尽管这个市场是开放的，可是遍地都是“烟蒂”的日子已经过去了。如何保持业绩，对此他十分担心。现在，他更经常考虑买进整个生意。事实上，他已经在这个完全崭新的旅程上开始起步，这花去了他大量的时间。

29

毛料是什么

奥马哈 1966—1967年

虽然巴菲特掌管着5 000万美元规模的合伙公司，并且拥有一家从事纺织生意的公司，可是他看起来永远就像电影《神秘人》中的人物[1]。他唯一不同于那个留着连鬓胡子，顶着一头长发的男人的地方就是，他只会偶尔让一小撮细细的黑头发从平头上长出来，像小草一样伸到凸起的前额上。

世界上的其他人正在变得时髦。男人开始穿尼赫鲁式夹克，套头高领毛衣，打全部都是几何图形或者花图案的领带。而巴菲特永远不会变样，他依然打着小且有斑纹的领带，穿一件白色的衬衫，尽管衬衫的领子变得紧了点儿。他成天穿着的旧灰色西服外套肩部塌了，并且领口还有洞。他拒绝丢掉他喜欢的驼色V领毛衣，虽然肘部已经磨薄了。他的鞋底还磨了洞。在一次宴会上，当查克·彼得森想把他介绍给一个有潜力的投资者时，那个人的反应是："你简直是在开玩笑！"纯粹因为巴菲特的衣着，他甚至都不想和沃伦交谈。[2]苏珊影响不了他，因为丈夫的品位早在1949年，他在杰西潘尼公司卖西服的时候就已经形成了，那时兰福德先生告诉他："没有人知道毛料是什么。"

现在，巴菲特到索尔·派的店里买西服，店铺就在基威特大厦的楼下大厅里，在那儿索尔总是试图提高他的品位。巴菲特却把索尔看成一个"狂野的化妆师"，对他的建议不理不睬。沃伦认为，一套合适的西服是"可以让内布拉斯加西部小镇上 90 岁的银行家穿着下葬的衣服"。[3]但是，索尔为能给巴菲特提供关于股票的好建议而自豪。他曾经指引巴菲特绕开帽子制造商拜尔–罗尔尼克公司，警告说那些帽子就要过时了。他还劝巴菲特不要投资奥克斯福德服装公司，告诉他 20 世纪 60 年代西服不是一门成长型的生意。[4]可是，巴菲特忽视了索尔的警告——不要买西服衬里制造商伯克希尔–哈撒韦。[5]

既然他对衣服一无所知，那为什么他职业生涯的下一个目标是买一家百货公司呢？这仍然有些神秘。那还要从 1966 年他为合伙公司找可买的股票时遇到了点儿麻烦说起。

他的一个新朋友戴维·桑迪·戈特斯曼带给了他最新的主意。戈特斯曼就和弗雷德·斯坦贝克、比尔·鲁安、丹尼尔·科文、汤姆·纳普、亨利·勃兰特、埃德·安德森、查理·芒格一样，按照自己的思路工作，并且把想法传递给他。有一次在纽约吃午饭的时候，鲁安把他俩聚到一起，与鲁安不同年毕业的哈佛校友戈特斯曼为一家小型的投资银行工作，有时会找到一两个剩余的"烟蒂"。[6]巴菲特认为他是一个精明自律、冷静、固执己见，而且满不在乎的资本家。自然他们志趣相投。

"从那时起，"戈特斯曼说，"每次有了一个好主意，我就会给沃伦打电话。这就像一个审查。如果你能让沃伦对什么事情感兴趣，你就知道自己的想法是正确的。"作为一个典型的纽约人，戈特斯曼高度评价他和巴菲特的交往，以至于他愿意经常跑到奥马哈。"我们会谈论股票直到深夜，”他说，“然后在次日的早晨我再返回纽约工作。每个星期日的晚上大约10点，我们会就股票谈上一个半钟头左右。整个星期我都在期盼着那个会谈，并且一直在考虑我该和他谈哪只股票。但无论我和他谈哪只股票，他都和我知道的一样多，大多数时间是这样。我挂了电话以后，通常要到深夜或者更晚才去睡觉，我一两个小时都睡不着，因为我被充了电。”

1966年1月，戈特斯曼告诉巴菲特一个想法：霍克希尔德-科恩公司。这是一家令人尊敬的百货公司，它的总部设在有一个城市街区大小的大楼里，位于巴尔的摩市中心的一个十字路口。虽然它的位置是在三个竞争对手——赫兹勒公司、赫克特公司以及斯图尔特公司的斜对角上，但自从女士们开始戴上帽子和手套，乘电车前往市中心花一整天购物连同吃午饭时，这4家商店就蓬勃兴起了。备受关注的霍克希尔德-科恩公司卖服装、家居装饰品以及家用器皿。它的所有者，科恩家族开着旧汽车，过着简朴的生活——正是巴菲特喜欢的一类人。

这家公司的执行总裁马丁·科恩已经打电话告诉戈特斯曼，这个家族的好几个分支都在考虑出售公司，并且也许会接受一个折扣价。科恩家族的人“很为这家百货公司自豪，”戈特斯曼说，“不过，如果公司有好的女装部门，他们永远不会在那儿买一件衣服。对他们来说，那太贵了”。

查理·芒格在奥马哈的时候，他、巴菲特以及戈特斯曼通常会打高尔夫球，他们会坐在奥马哈乡村俱乐部的烧烤架旁边，喝上几罐冰茶，谈谈股票，开开玩笑。不过，虽然他们喜欢同一种类的股票，可他们三个从来没有在同一个交易上做过搭档。这一次，戈特斯曼打电话给巴菲特，告诉他有关折扣价的内容，以及科恩家族过度节俭的生活方式。巴菲特果然感兴趣。他除了小小的伍尔沃斯公司以外，没有其他的零售类股票。百货公司会随着时尚以及顾客的品位而起起落落，对于这些，他的了解无异于让他懂得如何去烤一个蛋奶酥。

他要芒格和他一起深入研究分析这次的业务。他们两个飞往巴尔的摩，立刻喜欢上了科恩家族的人。他们正直，值得信赖，城里到处都有他们的熟人。[7]有过和丹普斯特的李·戴蒙，以及伯克希尔的西伯里·斯坦顿打交道的经历，巴菲特知道，如果他想买一家公司，必须找到一个指望得上的经理人帮他打理。他认为路易斯·科恩就是那个合适的人选。科恩有金融背景，理解数字和边际利润。经过这些年引入 300 个合伙人，以及与数不清的企业主管会面的经历，巴菲特对自己评估人的能力很有信心。两个人看着资产负债表，当场提出用 1 200 万美元购买。

芒格负责和路易斯·科恩的亲戚、外向活泼的首席执行官马丁谈判，他认为"这个不错的老家伙是这儿的头儿"。他对马丁·科恩说："我在这儿看见很多脚踝肿胀的老年妇女站在你的香水柜台后面，她们是在靠资金不足的养老金计划生活。你一生的工作是为了这些你也许要担心他们的养老金的人吗？你难道不担心自己的养老金吗？"[8]科恩很快就认输了，速度快得让芒格都有点儿意外。[9]

1966 年 1 月 30 日，巴菲特、芒格和戈特斯曼成立了一家控股公司，名字为"多元零售公司"，意思是要"争取多样化业务，尤其是在零售业"。[10]巴菲特拥有这家公司 80% 的股份，芒格和戈特斯曼各占 10%。接着，巴菲特和芒格前往马里兰国民银行为这次收购申请贷款。信贷人员瞪大了眼睛看着他们问："为这家又小又旧的霍克希尔德–科恩公司支付 600 万美元？"[11]可即使听到这些话，很有个性的巴菲特和芒格还是毫不怀疑自己的判断，他们尖叫着冲出门外。

"我们认为，我们以三流的价格购买了二流的百货公司。"巴菲特这样描述这家又小又旧的霍克希尔德–科恩公司。

他还从没有为买一家公司借过这么多钱。但是，他们计算出安全边际将会降低风险，而且当时的利率很低。百货公司的利润很薄，不过如果这些利润经年增长，而贷款利息不变，那么增加出来的利润就会跑到他们的口袋里（如果利润能够经年增长）。

“买霍克希尔德-科恩就像一个人买游艇的故事一样，”芒格说，“有两天高兴的日子，一个是买的那天，还有一个是卖的那一天。”[12]

路易斯·科恩和桑迪·戈特斯曼飞往拉古纳海滩，在那儿巴菲特一家租了一套房子。他们在附近的汽车旅馆躲了起来，巴菲特和他俩一起制定战略计划。他已经开始喜欢上路易斯·科恩了。“他是你所能想象的优秀的人，智商高，又正派得体。我们买霍克希尔德-科恩的时候，他加入了合伙公司。我喜欢这个家伙。”科恩夫妇是他和苏珊可以交往的又一对夫妇，也就是说他和科恩谈生意的时候，苏珊可以招待科恩的妻子。现在巴菲特夫妇的社交生活，包括相当数量住在奥马哈以外的人，他们通常在沃伦的商务旅行中出现，或者就像现在，朋友们到加利福尼亚来拜访巴菲特夫妇。

不过，当科恩给他看公司规划已久的开两家新商店的计划时，巴菲特不由得开始担心起他的下一次巴尔的摩之旅。计划中的商店一个在宾夕法尼亚州的约克，另一个在马里兰州。这个想法是针对大批人口从城市迁往郊区的现象，使人们能够在郊区的大型购物中心买东西。

> 他们筹划这两个商店已经好几年了。那些经营男士装饰品部的人已经规划好了这一块，确切知道将如何装饰它。那些经营昂贵女装部的女士也完全计划好了。

巴菲特不喜欢冲突，而且也害怕让人们失望，不过他和芒格都认为这两个选址毫无意义。他取消了在约克开商店的计划，可是遭到了员工和管理层的抵制。由于实在没有去争论的欲望，巴菲特让步了。不过，他绝不允许在马里兰州的哥伦比亚开店。“我灭掉了这个计划。

每个人都失望了，他们就这样放弃了。”

接着，成堆的麻烦接踵而来：只要4家店的其中一家提出安装电梯，其他三家就会提出同样的要求；每次只要其中一家升级展示橱窗或者购买新的收银系统，其他三家就会如法炮制。巴菲特和芒格开始称之为“游行中踮着脚”。只要有个人干了什么事，每个人都不得不做同样的事。[13]

但是，这是巴菲特和芒格第一次发现他们可以合伙干的事情。通过新成立的多元零售公司，他们和戈特斯曼实际上创立了一个单独的拥有零售商的公司。霍克希尔德–科恩是这种可以在泡沫市场不断重复的模式的开端。巴菲特已经降低了投资的调整标准，因为他碰到越来越多的麻烦，发现他心目中的一项好投资和实际情况并不相符。

在这一单生意中，“我们充分受到了格雷厄姆精神的影响，”芒格说，“我们原以为只要你用自己的钱买到足够的资产，不管怎样，你总能让它有点儿产出。而在百货公司再也不能自动产生优势的时候，我们没有充分衡量当时巴尔的摩4个不同商店之间的紧张竞争局势”。

在霍克希尔德–科恩的前两年，巴菲特已经搞清楚，零售业必须具备的技能是销售规划，而不是财务。他和他的合伙人也充分学习了有关零售业的知识，知道这个行业很像酒店业：一场让人疲倦的马拉松，每一英里都有可能有新的、咄咄逼人的竞争者，往前一跃跑到你前面去。可是，当这三人有机会通过多元零售公司得到另一家零售企业——这一个非常不一样，而且由一个真正的商人掌管——他们还是冲了上去。这次是一个叫韦尔·费尔斯蒂纳的律师把机会推到他们面前的，费尔斯蒂纳曾经为霍克希尔德–科恩的交易工作过。他打电话过来说：“如果你们对零售业感兴趣，这儿有一家联合棉布商店。”这家店卖女士服装。这次，沃伦离他基本的“竞争优势圈”走得更远，尽管在下一个故事里，他会遇见他一生中遇见的最伟大的职业经理人之一和其他一些人物。

“又小又便宜”，芒格如此形容联合零售商店，它是联合棉布商店的母公司。[14] 看到一组三流的商店以四流的价格出售，他和巴菲特立刻产生了兴趣。这家公司拥有 80 家商店，销售额为 4 400 万美元，每年可以挣几百万美元。63 岁的所有人本杰明·罗斯纳主管折扣服装店，在芝加哥、布法罗、纽约以及印第安纳州的加里等城市里，以 Fashion Outlet 、Gaytime 和 York 这样的名字在生活艰苦的街区开店销售。有时，他会在同一个城市街区里，用不同的名称开几个很小的店铺，出售同样的货物。它们的规模大小不等，可以是纽约城里一套朴实的公寓，也可以是设备完善的郊区的房子。罗斯纳总是把日常管理开支缩减到最少，而且他只接受现金。管理这些批发商店需要特别的技巧。芝加哥密尔沃基大道商店的经理，一位大块头的、老练无情的女士，“如果看见她认为的在商店中行窃的小偷类型的人进来，她就会吹一声哨子，然后所有员工就会查看并且观察那个家伙。她太了解他们了，在你可以想象的条件最差的街区中任何你能找到的商店里，她这家店的‘缩水率’是最低的”。[a]

本杰明·罗斯纳于 1904 年出生在一个奥匈帝国移民家庭，四年级就辍学了。1931 年，正处于大萧条期间的经济滑坡阶段，他在芝加哥北部以 3 200 美元的资本开了一家小小的商店，他有一个合伙人里奥·西蒙，还有一批每件卖 2.88 美元的衣服。[15] 30 多年以后的 20 世纪 60 年代中期，西蒙过世了，但罗斯纳继续把他的工资支付给西蒙的遗孀阿艾·西蒙（她是通信巨子摩西·安嫩伯格的女儿），以换取为他们的 80 个商店租金支票签名。

a. “缩水率”：存货缩水的意思，就和它听起来的字面意思是一样的，存货有时会下落不明，通常是由于商店小偷行窃或员工行窃。——译者注

这样持续了大概6个月，接着她就开始抱怨、猜测，继而吹毛求疵。这些真让本杰明心烦。她实在是一个被宠坏了的女人。本杰明的原则是，就像他后来解释的，他可以欺负任何人，但他的合伙人除外。不过，现在在他的心里，她再也不是他的合伙人了。于是，他决定了结这一切。

既然有了这种想法，他就准备欺负她了。他认为，即使他只有一半的份额，他把生意卖给我也太便宜了，因为这是要给她看的。当我们和他会面的时候，他开始说话，我很快就搞清楚了整个事情。

巴菲特以前也和别人这样交谈过，一直谈到使对方认为如果没有公司，他们的生活能过得更好，巴菲特知道这时候不要去做任何干扰对方的事情。"他一直在说，他卖掉的是他花费了毕生心血打造的生意。他快要发疯了，因为他不能忍受这样做，但他也不能忍受她。他整个人一团混乱。于是，查理和我回到房间。大约过了半个小时以后，本杰明急得坐立不安。他说，'他们告诉我你是西部最快的枪手！拔枪啊！'我回答，'在我下午离开之前我会给你开出汇票'。"

巴菲特需要一个经理人，不过罗斯纳告诉他，他只能留到那年的年底，到时会把生意交给新的所有人。然而，巴菲特看得出，就像这个生意离不开罗斯纳一样，罗斯纳没有生意也不行。

他太爱这一行了，不可能放弃。他在卫生间里放了一套商店记录的副本，这样坐在马桶上的时候也可以看看。他有一个竞争对手，皮特里商店的米尔顿·皮特里。有一次，本杰明去沃德福参加一个大型宴会，米尔顿也去了。他们碰面后立刻就开始谈论生意。本杰明问："你进灯泡多少钱？你标价多少钱？"那是本杰明能谈论的全部。最后，他对米尔顿说："厕纸你进货价多少？"

米尔顿说了个数。本杰明比他的进货价要便宜不少，但是他知道你要买的不是便宜货而是合格的商品。米尔顿说："是的，那是我能弄到的最好的。"于是，本杰明说了声"对不起"后，就起身离开了黑领结慈善晚会，驱车前往他在长岛的仓库，到了那儿就开始撕开装厕纸的纸箱，数里面的纸，因为他有疑问。他明白米尔顿不应该比他多付那么多钱，因此在厕纸这个商品上他一定是被蒙蔽了。

不出所料，厂商说每卷里面应该有 500 张，而事实上没有。他真的被骗了。

巴菲特知道，自己想和这种为了去数厕纸张数而离开黑领结宴会的人共事。这样的家伙也许会蒙蔽桌子对面的人，但永远不会欺负自己的合伙人。他和罗斯纳达成了 600 万美元的交易。为了确保他买下这个生意后，罗斯纳还能继续留下来工作，他奉承罗斯纳，弄清楚他得到的可以衡量生意表现的数字，不然的话就只剩下他一个人了。[16]

巴菲特和世界上的本杰明·罗斯纳们感受一致——他在他们的执着中看到了成功。巴菲特厌恶像霍克希尔德–科恩那样的问题公司，而是寻找更多的本杰明·罗斯纳，他们能建立他愿意购买的出色公司。

30

“喷气机”杰克

奥马哈　1967年

直到1967年，苏珊似乎还认为，如果沃伦放弃工作，他就会对她和家庭更加关心一些。在她看来，他俩已经达成了共识，只要他赚够800万美元或者1 000万美元，他就会减少工作，好好过日子。1966年他收取的佣金为150万美元，再加上资本收益，巴菲特家的净资产已经超过900万美元。[1]她不懈地劝说他时间已经到了，但沃伦的步伐从未放缓，注意力不断地从一个项目转到另一个项目上：为合伙公司筹资，收购美洲国家火灾保险公司、桑伯恩地图公司、丹普斯特磨坊制造公司、伯克希尔-哈撒韦制造公司、霍克希尔德-科恩公司、美国运通公司，其间还有许多投资项目。当他坐飞机的时候，后背有时会变僵，偶尔苏珊还不得不照顾他几天，因为他由于疼痛而卧床不起。他的医生找不出任何具体的原因，只表示也许与工作或压力有关系。然而要他为了后背而停止工作，就如同要他为了健康而吃下一整盘西蓝花一样困难。

他总是坐在那儿全身心投入某件事情，看书、打电话，或者和迪克·霍兰德以及尼克·纽曼这样的朋友打桥牌或者扑克。尼克·纽曼是一个杰出的商人，拥有 Hinky Dinky 杂货连锁店，这家店就是以前沃伦还是个小男孩的时候，爷爷让他去买面包，而他很羞愧地偷偷离开的那家店。纽曼和他的妻子在社区属于活跃分子，和低调的霍兰德夫妇一样，他们是巴菲特朋友中的典型。沃伦和苏珊与奥马哈的社交圈保持了距离。他们共同的社交生活是一系列跟随沃伦的工作节奏重复出现的事件，通常发生在他们旅行去看沃伦的朋友的时候。不过，在城里苏珊随时待命，她在朋友、家庭、有需要的事情以及社区工作中来回奔波。巴菲特家没有上锁的后门上悬挂着一个招牌，上面写着："医生在里面。"经常可以看见苏珊的一两个"病人"在这所房子里闲逛。她的顾客年龄不同，生活状态各异，其中有些人要求更多。他们有要求而她就会给予，如果他们要得多，她也就给得多。

当苏珊提出要求时，沃伦会满足她；当苏珊要求更多时，沃伦也会顺从。除了对如何支配自己的时间不屈服外，沃伦几乎在其他任何事情上都对苏珊让步。这一年他们重新改造了房子，这已经是这个街区最大的一所房子了。在苏珊的指挥下，旧车库变成了房子的一翼，这样附近的孩子们可以有个房间聚在一起。沃伦也兴奋不已，因为地下室里有了一个自己的壁球场——大小类似于打乒乓球的场地所需，他可以带朋友或者生意上的伙伴一起来玩。

巴菲特在很多方面都像一个小孩，苏珊希望他是一个更关心孩子的父亲。他是忠诚而专心的：会在学校活动时露面，带孩子们去度假。1967 年，杰斐逊飞机乐队的《白兔》和甲壳虫乐队的《佩珀军士孤独心俱乐部乐队》专辑的推出，标志着摇滚、吸毒文化达到了顶点。此时苏西上八年级，豪伊上六年级，而彼得才上三年级，巴菲特夫妇幸运地逃过了很多其他家长面临的烦恼。

苏西已经从一个害羞的小孩成长为自立的少女，而且成为弟弟们无可争议的头儿。妈妈让整座房子充斥了民谣和黑人音乐，而她则唱歌、放唱片——苏茜已经变成一个摇滚女孩，还把飞鸟乐队和奇想乐队之类的组合介绍给弟弟们。她是个积极向上的孩子，在学校没被毒品污染。12 岁的豪伊还太小，他化装成大猩猩躲在苏茜房间窗外的海棠树上，若隐若现，以此来吓姐姐和她的朋友们。不过，他的恶作剧变得更复杂，也更危险了。一次他把小狗放到房顶上，自己下楼，然后喊它看它是否下来。小狗果然下来了，摔断了一条腿，得到兽医那儿接受治疗。"我只是想看看它会不会跟过来。"豪伊还不肯认错。[2]妈妈拿他实在没办法，只能时不时把他锁在他的房间里。为了反抗，他从五金商店买了一把锁，反而把她锁在门外。彼得用很多时间弹钢琴，自己一个人弹或者和他的朋友拉尔斯·埃里克森一起弹。他在才艺表演中屡屡得奖，看起来，他沉迷于音乐和他父亲沉迷于赚钱是一样的。

在这个家里，有一个人被 60 年代充满迷幻的黑暗一面引诱，就是苏珊的姐姐多蒂 17 岁的儿子比利·罗杰斯，他是一个崭露头角的爵士吉他手，而且吸毒。他的母亲做一些志愿者工作，还是个专业女裁缝，不过她也会睡到中午才起床。她似乎没有能力做决定，而且有时看起来冷淡、说话不清楚，和她进行一次连贯的谈话几乎不可能。多蒂喝酒喝得更多了，而且根本不在意她的孩子们。苏珊经常带比利去找卡尔文·凯斯，后者是当地的爵士乐吉他手——这样比利可以从他那里学到一些技巧，而且也能努力让他改邪归正。[3]

她面临的任务令人畏惧，因为在那个时代里，关于 LSD[a] 的毒品文化普遍存在。而由年轻人主导的反传统文化反抗一切形式的权威，包括过去几十年一直存在的任何东西。那年夏天，数十万嬉皮士在旧金山的海特—阿什伯里区漫无目的地乱转，有人说："这再也不是艾

a. LSD，一种迷幻药的名称。——译者注

森豪威尔时代的美国了。”这似乎解释了一切。[4]

而沃伦仍然生活在艾森豪威尔时代的美国。他从没有经历披头士的狂热。他不唱摇滚，不张贴上面写着“战争对孩子和其他生物不健康”的海报。他的意识形态保持不变。他的思想沉溺于严谨的哲学追求，在本杰明·格雷厄姆的“烟蒂”哲学和菲利普·费希尔以及查理·芒格的“大生意”之间取舍不定。

> 我正向查理·芒格的类型转变——有点儿反复。这有些像新教改革期间的情况。第一天我听从马丁·路德·金的，而第二天我又听教皇的。本杰明·格雷厄姆，理所当然是教皇。

当芒格把他的论文钉在“烟蒂”大教堂的门上时，市场本身已废弃了过去和现在的所有权威。随着20世纪60年代的推进，闲聊股票让鸡尾酒会活跃起来，家庭主妇会在美容院打电话给她们的经纪人。股票成交量上升了1/3。[5] 36岁的巴菲特在当今世界里就像一个头发花白的老人，现在的世界热切渴望着宝丽来、施乐、电子数据系统这样的公司——他根本不了解它们的技术。他告诉他的合伙人，他正在放慢速度。“我们可没有那么多好想法。”他写道。[6]

然而，巴菲特在寻找让资金保持运转的方式时并没有放低标准，他规定了两个新的限制条件，这让他的投资变得更加困难。这些个人的偏好现在变成了正式的标准：

1. 我们不会接手对我而言技术太难的生意，这是投资决策的关键。我对半导体和集成电路的了解就和对金龟子求偶习惯的了解一样少。
2. 即使预期盈利可观，而如果主要的人的问题不令人满意，那么我们将不会在投资运作中采取行动。

他所说的“主要的人的问题”是指裁员、工厂关闭，以及不会轻易罢工的工会。这也意味着他在每吸一个“烟蒂”之前，都会思考一次、两次，甚至三次。

他拥有的“烟蒂”问题够多了。伯克希尔–哈撒韦现在是“靠设备维持生命”的状态，已经病入膏肓。巴菲特近期聘用了皮特·马威克审计事务所的维恩·麦肯齐，派他到新贝德福德监督这家破烂不堪的纺织工厂。巴菲特一直为他在最近一次伯克希尔–哈撒韦董事会上犯的错误而懊悔。因为财务成功而激动不已（但是这个成功后来证实只是短暂的）——“我们卖了几个月的人造丝衬里，挣了很多钱”。[7]——巴菲特被说服答应了每股派 10 美分的分红。这家公司的律师们争辩说，伯克希尔现在做得这么好，如果不分红就有可能被指控不合理地保留收入。也许是正在做白日梦或者只是由于一时的软弱，巴菲特同意了这次分配。一股派发 10 美分红利听起来很不起眼，可巴菲特花了 24 小时才认识到他们提出来的是一个谬论。但那时已经太迟了，他这一不寻常的应允给合伙人和股东分了 101 733 美元，而他知道这笔钱总有一天会变成数百万美元。[8]他永远也不会犯这样的错了。

8 个月后，巴菲特给伯克希尔的股东提供了一种交换方式。如果有人希望得到能产生收入的证券，他可以用股票来交换利率为 7.5% 的公司债。一共有 32 000 股股票交上来了。通过这种方式，巴菲特把股东中希望得到收入的人清洗出去，这样可以确保剩下的股东更可能关心公司的成长，而不是红利。“这种做法很聪明。”维恩·麦肯齐说。[9]当然，发行在外的股票越少，巴菲特就越能加强对伯克希尔–哈撒韦的控制——即使他当初买这家公司的错误越来越清楚。肯·蔡斯不动声色地按照巴菲特的指示收缩业务。唯恐再次遇到像在丹普斯特出现的那种讨厌的结果，巴菲特听取了蔡斯的意见，好好安抚工会，忍受新贝德福德的人满意而由剩余的工厂继续运作导致的损失。

到 1967 年，蔡斯和麦肯齐已经设法将这家不幸的男士西服衬里制造商拖回了“盈亏平衡”。不过，“通货膨胀”这个词——第二次世界大战以后就没走远——又一次挂在了每个人的嘴边。工资和原材料的价格像河里的淤泥一样不断上升，劳动力更便宜的国外和南方的纺织厂正在将伯克希尔的销售抽干。

巴菲特把信息传递给了他的合伙人：

> 伯克希尔-哈撒韦在纺织业务上正面临真正的困难。目前我不能预知潜在的任何损失，同样我也看不到运用在纺织业务上的这部分资产有好回报的前景。因此，我们这部分证券投资组合将严重拖我们相对绩效的后腿……如果道琼斯指数继续上涨。[10]

他试图尽可能快地把钱从纺织业里拿出来。对厂里即使最普通的决策，他也开始直接参与。几乎每一天他都要跟蔡斯和麦肯齐通电话。[11] 因为来自进口产品的竞争，在 1966 年 10 月的最后一周，蔡斯不得不关闭了梭箱织机分部，而 6 个月之前，巴菲特刚让他永久关闭罗得岛州的菲利浦国王 D 分部。该分部制造精纺棉麻布，大约占伯克希尔总产量的 1/10。失去这 450 个工作岗位标志着罗得岛州棉布产业的终结。[12] 巴菲特的底线是，“潮流趋势远比游泳的人更重要”。[13]

这还不够。巴菲特看到财务数据后认识到，衣物纺织分部和梭箱织机分部的损失巨大，唯一的拯救办法就是对设备进行现代化改造。不过在坏情况下往里砸钱是西伯里·斯坦顿犯下的错误。巴菲特拒绝投资，因为这样做只是杯水车薪。可是，关闭工厂将会导致数百人失业。他坐在桌子后面，旋转着椅子，将这个问题想了一遍又一遍。

具有讽刺意味的是，合伙公司现在就像在金钱的海洋里游泳一样。[14] 在华尔街上，穿细条纹衣服的经纪人对钱开始变得兴奋。一些第二次世界大战后出生的、脑子里没有危机感和大萧条教训的新人已经在这条街上出现。随着他们把股票推到前所未见的高价，巴菲特开始出售美国运通公司的头寸，现在这些头寸的价值比当初买时花的1 300万美元多出1 500万美元，占合伙公司收入的2/3。不过，他不想把这些钱投回伯克希尔–哈撒韦。

相反，他这一年最重要的任务是在伯克希尔"严重拖累"他的业绩表现之前找到新办法，紧急拉住这匹垮掉的驽马。他已经关注奥马哈一家公司很久了，这家名为"国民赔偿"的公司总部离他在基威特大厦的办公室仅有几个街区。巴菲特在20世纪50年代初就见过公司的创始人杰克·林沃尔特，当时是在经纪商克鲁特顿公司的会议室里。林沃尔特是城里最聪明、最勇于进取的人之一。那时，沃伦的姑姑艾丽斯曾试图将林沃尔特带进巴菲特的合伙公司。[15] 林沃尔特后来说，巴菲特要求最少的投资额是5万美元（尽管那时巴菲特从每个人那儿拿的钱远远少于这个数字）。"如果你认为我会让像你这样一个朋克小子掌管我的5万美元，那你就比我想象的还要疯狂。"林沃尔特大概是这样回复并且拒绝投资的。林沃尔特自视为一个投资专家，而且，沃伦喜欢保密这一点也把很多人拒之门外。[16]

虽然如此，巴菲特还是关注着国民赔偿公司。作为一个永不停歇的学习机器，他希望了解所有应该了解的有关保险业务的内容。他从图书馆借了很多书，开始了解林沃尔特的策略——为那些最难投保的客户承保。巴菲特看到的林沃尔特是混合型的保险业从业者——谨慎的风险承受者，小气、富有进取心的保险商，每天晚上会到办公室转悠，关上所有的灯。[17] 他以高昂的价格为那些不寻常的人担保：马戏团的表演者、驯狮员以及滑稽明星身体的某些部分。[18]"没有糟糕的风险，"林沃尔特喜欢说，"只有糟糕的费率。"他的第一次好机会是有一个银行要求他保证一个走私犯——推测已经被谋杀了——不会再返回奥马哈，因为他的妻子想继承他账户里的钱而不想等到法律规定的7年后。林沃尔特认为涉嫌谋杀的凶手的律师对这个失踪的走私犯是否活着应该非常清楚，他已经帮助被指控的嫌犯免于刑事责任，不过这位妻子（和银行）怀疑嫌犯是否真的清白。然而，这个律师并不能透露他的客户是否已经向他承认了罪行。于是林沃尔特让这个律师也在这个担保上投了些钱，因为他认为除非这个走私犯叫得比牛蛙还要响，否则律师不会愿意冒这个险。果然如此，钱说明了一切，走私犯再也没有出现，而银行也一直没有索赔。杰克·林沃尔特富有进取精神，而且天生擅长设置赔率。

从那时开始，他把业务扩张到为出租汽车承保，接着他又为电台寻宝游戏承保，他用口红这样的东西掩藏线索，自己把宝埋起来，让线索变得模模糊糊以确保只有一个奖品被申领。他很快成为奥马哈行动最快、名声最响、最有精力的生意人。他的女儿用听起来很形象的绰号“喷气机”杰克称呼他。他自己经营国民赔偿公司，还在数百只股票上买了少量头寸，分类账页上的潦草书写几近难辨：50股国家酿酒公司，2 500股未成年人食品商业中心。他把数百张股票凭证放在健身包里。

20世纪60年代初，巴菲特给他在国民赔偿公司董事会的朋友查理·海德打过电话，问他林沃尔特是否有兴趣出售公司，海德的回答很有趣。

> 每年总有15分钟的时间，杰克想卖掉国民赔偿公司。有些事让他发疯。一些索赔或类似的事情会激怒他。于是查理·海德和我讨论了杰克每年15分钟这种现象。我还告诉他，一旦他知道杰克正处于这个时期，就要通知我。

1967年2月奥马哈阴沉的一天，海德和林沃尔特在一起吃午饭。

林沃尔特说："我不喜欢这种天气。"整个交谈围绕着他想卖掉国民赔偿公司展开。林沃尔特已经觉得如果没有这个公司他能更好。15分钟的天窗打开了。"城里有个人也许想买，"海德说，"沃伦·巴菲特。"林沃尔特又听海德说了些巴菲特是如何感兴趣之类的话。然后海德打电话告诉巴菲特，杰克·林沃尔特也许会以几百万美元价格出售公司。"这几天你想和他见个面吗？"

"今天下午怎么样？"巴菲特立刻回答。林沃尔特第二天早上将要飞往佛罗里达州，可海德还是说服他先去一下基威特大厦。[19]

巴菲特请林沃尔特解释为什么他还没有将公司卖给任何人。林沃尔特说所有的出价都不如意。他开始摆出条件。他说他希望把公司留在奥马哈。因为感觉到15分钟打开的天窗就要消失了，巴菲特同意他不会搬走公司。

林沃尔特说他希望没有员工被解雇，巴菲特也答应了。林沃尔特又提出所有其他的报价都太低了。"你想要多少？"巴菲特问。"一股50美元。"林沃尔特回答。50美元已经超过了沃伦认为它的所值。不过他还是回答："我接受。"

> 于是我们在15分钟内达成了交易。接下来，虽然已经完成了交易，可杰克真的不想这么干。不过他是个诚实的人，不会背信食言。但是，在我们握手以后他对我说："我想你会想要审计过的财务报表。"如果我说是，他一定会说："那太糟糕了，我们无法达成交易了。"于是我回应道："我根本不想看到审计过的财务报表——它们最差劲了。"接着杰克又对我说："我认为你会希望我把保险代理公司也卖给你。"
>
> 于是我们又像这样进行了三四个回合，最后杰克屈服了，把生意卖给了我，我知道他其实真的不想这么做。

巴菲特希望他这么做，因为伯克希尔–哈撒韦现在是一家他已经部分清算了的差劲公司，而这是他用这些钱来置换一个大生意的机会。他知道林沃尔特身处佛罗里达州，可能会经过重新考虑而改变主意，所以他想在林沃尔特改变主意之前快速签下合同。两人都只想要一份不超过一页纸的合同。[20] 巴菲特迅速拟定了最后的文件，这笔钱也被存进了美国国民银行。[21]

当林沃尔特一周后从佛罗里达州回来时，巴菲特已经准备就绪，就等着最后的文件签署了。可是在最后的各项程序交接、签署合同的会议上，林沃尔特迟到了 10 分钟。巴菲特和海德后来解释说，这是因为林沃尔特开车在街区转悠想找一个停车收费器。[22] 林沃尔特总是说，那次就是迟到，没别的。但是，也许他已经意识到实际上没有了公司他也不会过得更好，因而磨磨蹭蹭，为自己产生没有国民赔偿公司而能过得更好的想法而难过。

巴菲特当然充分知道有了这家公司，合伙公司会更好，国民赔偿公司是给他的财富带来巨大推动力的机会。不久之后，他以一个无趣的名字《有关保险公司资本需求的思考》为题写了一篇文章。

“资本”这个词，也就是金钱，是巴菲特在收购国民赔偿公司时考虑的重要问题，因为资本是他的合伙公司的命脉。他从伯克希尔抽出资金，而这部分资金需要被重新投入使用。国民赔偿公司承受了很多风险，需要资本去支撑。“按照大多数标准，”他写道，“国民赔偿公司现在很难动它的资本。而伯克希尔–哈撒韦的富余资源能够让我们继续进取性地使用资本，从长期看，这样做会在国民赔偿公司产生最大的收益……如果承保业务令人失望，伯克希尔–哈撒韦还可以把另外的资本投入国民赔偿公司。”[23]

巴菲特已经想出一个完全崭新的生意类型。如果国民赔偿公司挣钱，他可以用这些收益购买其他公司或者股票，而不是放在国民赔偿公司的地下室里冬眠。不过如果狮子把驯狮人吃了，国民赔偿公司也许需要钱去支付给驯狮人的家属。这些钱可以从别的业务那里回到国民赔偿公司。

把保险业务纳入伯克希尔-哈撒韦这个一团糟的纺织工厂，可以使它的资本达到体内平衡。它可以按照巴菲特的指令对环境做出内生的反应，而不是像一条蜥蜴，天气冷时冬眠，而阳光灿烂时就跑出来找块岩石晒晒太阳。

关键是要正确地给风险定价。因此，他需要杰克·林沃尔特跟着，不要走远。巴菲特付给林沃尔特丰厚的报酬，而且和他结交为朋友。就像联合零售公司有本杰明·罗斯纳一样，他买了一个由能干的经理人运营的出色企业。

这两个人经常在加利福尼亚打网球。林沃尔特的着装品位和巴菲特相似，他会穿着他女儿为他织的旧毛线衫抛头露面。他那个生动的绰号“喷气机”杰克被拉长为巨大的字母覆盖在他肚子的部位。一次他和巴菲特在海盗旗饭店吃午饭，一个小孩走过来，问他：“你能为我签名吗，‘喷气机’杰克？”林沃尔特因此而沾沾自喜，这个孩子以为他是个名人——一个宇航员或者电影明星。也许除了小孩没人会那么想，因为他看起来根本不像那类人。但在他的心里，他仍然感觉就像是“喷气机”杰克。

理当如此，因为气质从人的内在散发出来，而不是从他的外表。林沃尔特也许已经卖掉了他的公司，不过他已经拿回了一些属于自己的东西——他用卖公司的一部分钱买了伯克希尔-哈撒韦的股票。[24]

31

绞刑架决定未来

奥马哈　1967—1968 年

1967 年夏，自美国南北战争以来最严重的骚乱、抢劫、焚烧浪潮席卷美国。之后，马丁·路德·金说："我们将面临更多像这个夏天那样的骚乱事件，我们将身处右翼接管的法西斯式的危险之中！"[1] 由于运动没有取得很大进展，愤怒的金拒绝支持暴力抵抗。一些激进主义分子认为，学生非暴力协调委员会和金博士的南方基督教领袖会议应该针对那个夏天的冲突混乱和焚烧十字架的行为做出正面回应。

奥马哈的非暴力积极分子把巴菲特夫妇——他们两个现在在奥马哈都有影响力——纳入了他们的非正式网络。拉克·纽曼（沃伦在奥马哈最好的朋友尼克·纽曼之妻）和苏珊一起工作，她们向基督教青年会和其他组织施压，要求他们给穷苦地区的分支机构更公平的资金份额。通过由非洲裔美国人朋友罗德尼·韦德 [2] 管理的联合卫理公会社区中心，苏珊和拉克送黑人小孩参加夏令营，并且为当地高中的学生成立了一个跨种族的对话团体。[3] 韦德慢慢成为巴菲特家的常客。掌管巴菲特结算室的约翰·哈丁为公平居住请愿书收集了成千上万个签名。尼克·纽曼通过发动沃伦参加各种各样的当地人权组织，直接把他带入了斗争。沃伦的角色不是去出劳力，而是去发言。他、纽曼和哈丁曾经在林肯的立法机构门口为“自由售租房屋”做证。苏珊则多次购买房子，为那些想搬到白人社区的黑人挺身而出。[4]

近期，沃伦被介绍给了乔·罗森菲尔德，后者经营总部位于附近的得梅因的青年连锁百货商店。[5]罗森菲尔德和当地以及全美国的政治都有联系，他和巴菲特的政治观点相同。他也是格林奈尔学院的董事，这所学院就像一个小小的激进的孤岛，坐落在艾奥瓦州格林奈尔的一片小村落中间。[6]思想开放的学生们毕业以后倾向于参加社会服务，而学校也一直致力于提高非洲裔美国人的招生率。

格林奈尔学院于1846年成立，80多年后几乎破产。自从罗森菲尔德开始捐助以来的20多年里，他已经花了近1 000万美元。[7]他机智敏锐，同时也被悲伤笼罩，因为在一次交通事故中他失去了唯一的儿子。苏珊很快和他建立了特别的关系。鉴于他们共同的兴趣，罗森菲尔德很自然地想把巴菲特夫妇带入他最重要的事业中。

1967年10月，这所学院以“身处变化世界中的文理学院”为主题举办了一个为期三天的集资大会。会上的发言者云集了20世纪60年代文化界耀眼的名人——包括凭借小说《隐形人》获得美国国家图书奖的作家拉尔夫·埃里森，质疑种族作为生物学概念的社会生物学家阿什利·蒙塔古，普及媒体驱动的“地球村”概念的传播理论家马歇尔·麦克卢汉，当代艺术家罗伯特·劳森伯格，以及退休的哥伦比亚广播公司前任总裁弗雷德·弗兰德利。然而众人期待的演讲者是马丁·路德·金——诺贝尔和平奖获得者可不是艾奥瓦州的常客。[8]罗森菲尔德邀请了巴菲特夫妇参加大会。为了那个星期日早上的活动，他们和5 000人一起挤在达比体育馆里。

金和莫尔豪斯学院的院长一起前来，后者将为他做介绍。他们晚了好几个小时，国民警卫队员、警察以及私人安保人员从早上 10 点起就开始加强戒备。在等待的时间里，观众们饿着肚子，变得坐立不安。

最后，马丁·路德·金终于穿着他布道者的长袍走向讲台。他选择的主题是“在革命中保持清醒”。他声若洪钟，开始引用诗人詹姆斯·拉塞尔·洛韦尔的诗作《目前的危机》里的诗句，这也是人权运动的圣歌。

绞刑架上是永恒的真理，
王座上是永恒的谬误，
然而绞刑架决定了未来，
在芸芸众生背后，
上帝站在阴影里，
驻足观望。[9]

他谈到了受难的意义。受甘地鼓舞而转向非暴力抵抗的他引用了《山上宝训》里的内容：“为义受迫害的人有福了，因为天国是他们的；温柔的人有福了，因为他们将继承大地。”

苏珊被他充满力量的话语深深感动，她看到自己的丈夫也深受感动。[10] 巴菲特总是跟有气势、充满魅力的演讲者有共鸣。现在他看到马丁·路德·金就站在他面前：这个人充满道义勇气，曾经因为自己的信仰被殴打，被投入监狱，被戴上脚镣从事艰苦的劳动，被鞭抽棒打。尽管遭受反对和暴力，而取得的成功有限，但他仍然践行其主张将近 10 年。马丁·路德·金曾经这样描述非暴力的力量：“它是解除对手武装的方法。它揭穿了其道德伪装，削弱了其斗志，唤醒了其良知……甚至即使对手想杀死你，你也要坚定内心的信念。有些事物是如此珍贵，有些事物是如此值得珍视，有些事物是如此有价值，它们值得我们为之牺牲。如果一个人还没有发现他可以为之牺牲的事物，他就是苟且活着。当一个人发现了这一点，他就有了力量。”[11]

马丁·路德·金是个先知，他看到了荣耀，看到了现实中的邪恶，看到了人们因为面临恐惧而从睡梦中惊醒。他呼吁他的追随者们也置身这个现实中。他说，基督教一直坚称我们心中的十字架重于我们的王冠。他在很多次讲演中重复的一句话打动了巴菲特的心，刺穿了他的理性。[12]

“法律不会改变人的心灵，”他说，“但能阻止人的无情。”

他用洪亮的声音说出这句话，接着继续讲下去，以这句话作为演讲主题。

苏珊经常对丈夫说，生活里有很多比坐在房间里赚钱更有意义的事情。1967 年 10 月，处于人权斗争痛苦中的巴菲特给合伙人写了一封特别的信，这封信表明他的想法发生了一些改变。这封信比他每年写给股东们的年度报告要早，里面只展示了他的策略而没有披露这一年即将收获的成果。“在市场行为过度反应的模式里，我的分析方法价值有限，”他接着写道，“和我更年轻和钱更少的时候相比，现在为了得到更加出色的投资业绩，我从个人的兴趣出发，使用的方法比以前少了一些强迫性……我和目前的现实不同步。但是有一点我清楚，我不会摈弃先前的方法，因为我理解它的逻辑（尽管我发现运用起来有困难），即使它也许意味着放弃大的、显然很轻易得到的利益，我也不愿使用我根本不了解、尚未有过成功经验因而也许会导致巨大且永久的财产损失的方法。”

他提出“少一些强迫性的方法”的另外一个原因是：个人目标。他说他的个人目标已经开始闯入：“我愿意拥有一个能兼顾大量非经济活动的经济目标……我很有可能限制自己只接触相当简单、安全、有利润且令人愉悦的投资。”

接下来，巴菲特的举动让合伙人吃了一惊，他把之前设定的每年超过市场 10 个点的目标下调为 5 个点——或只挣 9%，无论哪一个指标，都变少了。如果他们能在别的地方找到更好的投资，他们可以走，他不会责备他们。

他明白这是在冒险。一些热门的新共同基金比合伙公司做得好得多，一年之内资金可以翻番。每年的 1 月，合伙人可以加钱或者抽钱。许多船长正预测阳光会更加明媚。

然而在时间安排上，他宣布降低目标最终还是对他有利。1966 年道琼斯指数的表现非比寻常的糟糕。[13]一些合伙人被市场的动荡动摇，建议他卖掉股票。而沃伦不为所动，最后合伙公司以高出 36 个点的成绩击败道琼斯指数，这是合伙公司成立 10 年以来的最好纪录。“如果你不能加入它，就打败它。”他写道。[14]因此，他给合伙人一个拿钱到别的地方的机会，现在是一个不错的时机。

这个策略的另一个附带作用是测试他们对他的信任。他们是在不知道他最新一年真正业绩的情况下做决定的。如果他们继续留下来，那是因为他们对他的信任以及他们愿意接受他更适度的目标。每年超过市场 5 个点，如果在较长的时间内滚动投资，也会产生巨大的财富（假设道琼斯指数平均每年增长 4%，合伙人投入到合伙公司的 1 000 美元经过 20 年，每年增长 9%，将会变成 5 604 美元——比投资道琼斯指数赚 2 191 美元多出 3 413 美元）。即使本杰明·格雷厄姆以每年超出市场 2.5% 的业绩打败市场，巴菲特修正后 9% 的下限还是比拥有一般债券要多赢利 2% 甚至更多。这样年复一年，而且没有亏钱，最后的结果会让人吃惊。和他在一起，投资人只要承受少量的风险，就能得到惊人的回报。不过，通过调低目标，他已经在心理上比他的合伙人更为从容，结果也反映了这一点。

1968年1月，第一次，投资人没有急着往合伙公司里加钱，反而撤出了160万美元。但这只是一小部分，每30美元中只有不到1美元去了别的地方。几个星期以后，他公布了1967年的业绩，和道琼斯指数19%的涨幅相比，合伙公司的涨幅为36%。也就是说，在两年里，巴菲特合伙公司里的1美元增长超过60美分。

他祝愿离开的合伙人一帆风顺，但言语中也许有一些微妙的讽刺意味："这对他们来讲很好，因为他们中的大多数有能力和动力超过我们的目标，而且我也从努力争取好结果的状态中解放出来，因为在目前的条件下，我也许不能达到那样的业绩。"[15]

"金融天才是一个上涨的市场。"正如肯尼思·加尔布雷思后来说的那样。[16]

现在，巴菲特有更多的时间追求他所谈到的"个人兴趣"，而压力较过往更少——至少理论上是这样。金的那次演讲以后，罗森菲尔德轻易地聘请巴菲特成为格林奈尔学院的董事。鉴于巴菲特不喜欢委员会和会议，这足以说明他被这次大会感动得有多深，他和罗森菲尔德的关系有多么亲密。自然而然，他直接进入财务委员会，在那里他发现了一群具有同样思维的人。鲍勃·诺伊斯是主席，他经营一家名叫仙童半导体的公司，专门生产电子产品电路——巴菲特对此知之甚少，而且没什么兴趣。诺伊斯是格林奈尔学院的毕业生——他曾经因为偷了一头猪到夏威夷式的晚会上烧烤而被学校开除，这一行为在这个养殖生猪的州是严重的错误——似乎前途不可限量。[17]然而"他是一个相当普通的人，看起来一点儿都不像个科学家"，巴菲特说。最重要的是，诺伊斯憎恨等级制度，而对弱者充满爱心，这和格林奈尔的精神是一致的。

巴菲特似乎也感觉到了为人权再多做一些事情的迫切性。他认为他可以利用自己的大脑和金融智慧更好地服务于这项事业。罗森菲尔德开始将巴菲特介绍给民主党人士，巴菲特开始和艾奥瓦州的民主党参议员哈罗德·休斯以及准备竞选参议员的吉恩·格伦打交道。

接着，1968年3月，美国最有争议的人物、亚拉巴马州前州长乔治·华莱士为竞选总统抵达奥马哈城市礼堂。[18]

超过5 000人挤进了设计容纳1 400人的空间，人们争相一睹这个7年前竞选州长时在讲台上喊出"现在隔离，明天隔离，永远隔离"的人。[19]他的支持者只花了不到8分钟就收集到足够的签名让他有资格在内布拉斯加州获得提名。空气中弥漫着臭气弹的气味。当华莱士开始讲话的时候，示威者们朝讲台上扔棍子、布告碎片、纸饮料杯以及石头。[20]椅子到处飞舞，木棍打裂了，鲜血飞溅，警察用钉头锤驱赶人群。打斗沿着第16街蔓延，暴徒们把司机从汽车里拖出来殴打。人们开始扔燃烧瓶，火焰在周围肆虐，人行道上满是碎玻璃，抢劫者纷纷涌入商店。几个小时以后暴乱平息了，平静最终降临。接着，一个不当班的警察射杀了一间当铺里的一个16岁的黑人男孩，他误以为男孩是抢劫者。[21]

接下来的几天里，高中学生们走出教室，砸窗户、放火。[22]几天以后，警察和装备自动武器的狙击手们出动并逮捕了几个人，其中包括"奥马哈黑豹"组织的成员。[23]

整个夏天，种族暴力持续发生，而苏珊一直没有停止活动。她信任她和社区不错的关系，而且没有考虑个人安危。沃伦并不总知道她做的事情的细节，不过确实感觉到有时她把别人的利益置于自己的利益之上太多了。他自己对暴力的恐惧和对暴民统治的害怕源于上一辈。

霍华德·巴菲特一次又一次对他的孩子们详述了他在16岁时亲眼见到的一幕——数千人集中到道格拉斯县法院大楼前，他们破门而入，企图对奥马哈市长处以私刑，并且殴打、阉割了一个被指控强奸的上了年纪的黑人。接着，他们把他的尸体拖到大街上，朝尸体射击，并且点火焚烧。法院大楼暴乱是奥马哈历史上最耻辱的事件。许多暴力行径霍华德都没看到，不过亲眼见到这些暴徒把一根街灯柱变成了一个临时绞刑架，奥马哈市长在关键时刻被营救之前，就被一个索套套住脖子悬挂在绞刑架上。[24] 后来他在医院待了很长时间才恢复过来。在霍华德的余生中，这段记忆一直萦绕在他的心里。[25] 他亲眼看到了正常人、普通人如何瞬间变成一个暴徒，把人性中隐藏最深的部分表现出来。

早在这年之前马丁·路德·金就提出警告，大众社会动荡不安可能会导致法西斯主义。这对沃伦·巴菲特而言并不需要任何解释。他对弱者的支持超出直觉，部分是依靠这种逻辑。很多人认为这种事情在美国是不可思议的，不过看起来不可能的事情一次又一次发生。法律不会改变人的心灵，马丁·路德·金说，但是可以阻止人的无情。不过，无情的人是谁？这个他并没有说。

几个星期后，马丁·路德·金飞往孟菲斯市发表演说。他回忆起在纽约刺伤他的一个妇女，以及总有谣言说有刺客在等着他。“我不知道将会发生什么事情，”他告诉听众，“前面还有困难的日子。但是这些现在对我来说都无关紧要，因为我已经想开了。”第二天，4 月 4 日，当他站在洛林汽车旅馆的阳台上准备发表演说号召支持清洁工人的罢工时，被子弹射中颈部身亡。[26]

悲痛、愤怒以及沮丧从美国的黑人社区里涌出，把市中心变成了激战区。

同时，数万名学生在大学校园内举行反对越战的示威游行。越共已经发起了新年攻势，袭击了 100 个越南南部城市。美国人被一张南越警察局长近距离射击越共游击队员头部的照片吓坏了，这是共产主义者第一次从抽象的名词变成了具体的人。美国政府拒绝了大多数推迟征兵的要求，最终将中上阶层家庭的儿子们推到了参战的风险中。公众的情绪瞬时改变，开始反对这场战争。而到了马丁·路德·金被害的时候，这个国家感受到革命似乎随时都有可能爆发。

很多人以各种各样的方式表明，他们确实受够了，已经被压制够了。巴菲特的朋友尼克·纽曼突然宣布再也不会参加不接纳犹太人为会员的俱乐部的会议了。[27]沃伦深为感动，也采取了措施。自他与格雷厄姆和纽曼交往以来，他就脱离了20世纪50年代的种族隔离文化以及他家老一辈人的反犹太主义，而和广大范围内的犹太人建立了友谊和生意联系。甚至在有些想法上，他似乎对犹太人有一种个人的认同感。犹太人被孤立的社会地位和他自己不适应环境的感觉相符合。一段时间以前，他已经悄悄地退出了扶轮社，作为会员资格委员会的成员，他厌恶它的偏见。不过他从来没有告诉任何人理由。现在他的个人计划是帮助他的一个犹太人朋友赫尔曼·戈尔斯坦加入奥马哈俱乐部。

鉴于像奥马哈俱乐部等机构捍卫自己的排外政策的理由之一是“他们有自己的俱乐部，不承认我们”，巴菲特决定请尼克·纽曼提名让他加入全为犹太人的高地乡村俱乐部[28]。其中有些会员提出反对，使用与奥马哈俱乐部同样的逻辑：因为他们的俱乐部不接受我们，所以我们不得不成立自己的俱乐部，那么现在我们为什么要吸收那些异教徒呢？[29]但是有一些犹太法师出来干预，反诽谤联盟的一位发言人也代表巴菲特出面了。[30]巴菲特一被接纳，就以自己犹太人俱乐部会员的身份不动声色地攻击奥马哈俱乐部，赫尔曼·戈尔斯坦最终被投票同意加入。这样，会员身份上长期存在的宗教壁垒被打破了。

巴菲特设计了一个聪明的解决方案，可以让俱乐部做正确的事情而不会和任何人发生冲突。这避免了他所害怕的事情，不过也反映了他也许是正确的推断——游行和示威并不会改变富商们的想法。

他现在是奥马哈的著名人士，这也起到了作用。他再也不是一个暴发户，他有影响力。那个曾经为了从奥马哈俱乐部的黑名单上被画掉而到处做工作的人，现在可以单独影响奥马哈最优秀精英机构之一的俱乐部自成立以来最重要的组织改变。

不过巴菲特还想发挥更大的作用，而不仅仅是一个当地的名人。他明白，利用他的钱，他可以在国家层面上产生影响，因为1968年是个选举年。为了让当前的总统林登·约翰逊下台，而有利于一位反战的候选人，需要花很多钱。

越战是这场竞选的中心事件，而且，来自明尼苏达州的自由主义参议员吉恩·麦卡锡一开始是唯一愿意在初选中和约翰逊竞争的民主党人。

这场竞选从新罕布什尔州开始，在那里，一支麦卡锡的反战“儿童十字军”派出了将近1万名积极分子和大学生冒着大雪敲开了这个州的几乎每一扇门。他赢得了这个州42%的选票，这是一个表明反对现任总统的强烈信号。很多学生、蓝领工人和反战选民把麦卡锡看成是一个英雄。巴菲特成为他的内布拉斯加战役的财务主管，他和苏珊参加了一次竞选集会。她笑逐颜开，穿着一件吸引眼球的衣服，戴着印有麦卡锡名字的帽子。

接着约翰逊宣布退出竞选，而约翰·肯尼迪的弟弟罗伯特·肯尼迪加入角逐，他和麦卡锡经历了痛苦的却看不出谁明显领先的竞赛，直到肯尼迪赢得了加利福尼亚州初选的胜利，作为提名候选人他才拥有决定性的领先优势。不过就在胜利的当晚，他被刺客暗杀，24小时后终告不治。接下来，约翰逊的副总统休伯特·汉弗莱宣布参加竞选，他最终赢得了在芝加哥举行的民主党大会的胜利。那是一场乱哄哄的大会，配备棍子和钉头锤的警察和闹事的反战示威者发生了冲突。巴菲特接着支持汉弗莱和共和党的理查德·尼克松竞选，后者赢得了最后的大选。在这以后，麦卡锡好几次改变党派，并且以无党派的身份竞选了几次总统，这削弱了其作为一个严肃的政治家的可靠性。

巴菲特对亲密朋友的忠诚为人所知。然而，在别人的眼里，他对一些关系疏远的人，尤其是公众人物的热情是易变的，会根据他们的境况而此消彼长。在他不安全的感觉里，经常担心和别人的联系会如何影响他。最终他为和麦卡锡的联系而遗憾，并且淡化处理这种联系。但是他对政治的参与以及承诺提供资金的行为标志着他生活里的重要变化。第一次他留了一点儿空间给投资以外的事情，那就是已经扎根于他家庭的过去，并且还将延展到未来的未知的“非经济活动”。

32

简单、安全、有利润且令人愉悦

奥马哈 1968—1969年

1968年1月，巴菲特召集追随格雷厄姆的同伴们——这是他第一次将他们聚集在一起——在股票市场变疯狂的过程中间举行一个信徒式的会议。“在过去几年里，他们的态度发生了巨大的变化，我认为正在拉霍亚集合的这帮人就是留下来的守护者。”[1]他写道。他邀请了格雷厄姆以前的学生比尔·鲁安、沃尔特·施洛斯、马歇尔·温伯格、杰克·亚历山大和汤姆·纳普。他还邀请了查理·芒格（他已经把芒格介绍给格雷厄姆）、芒格的合伙人罗伊·托尔斯以及杰克·亚历山大的合伙人巴迪·福克斯。已经离开芒格的合伙公司而成为特雷迪-布朗公司合伙人的埃德·安德森也在邀请之列，此外，还有桑迪·戈特斯曼，关于他，巴菲特告诉格雷厄姆，他是“我的一个好朋友，而且是你的仰慕者”。最后，巴菲特说：“我想你也许记得亨利·勃兰特，他和我们合作得很紧密。”[2]

巴菲特在类似桑伯恩地图等交易中的合作者，同时也是他婚礼上的伴郎弗雷德·斯坦贝克因为太忙了没能参加。沃伦结束了哥伦比亚大学的学习几年后，和 1949 年“内布拉斯加小姐”范尼塔·梅·布朗在纽约重聚，一起吃饭。他们分别带上了苏珊和弗雷德，把这次晚餐变成了两对夫妻的约会。此前，弗雷德通过沃伦至少和范尼塔见过一次面。她那时叫范尼塔·梅·布朗·纳德兰德，因为她曾和纳德兰德家族的成员有过一次短暂的婚姻。这个家族拥有剧院，是美国娱乐界的一分子。晚餐过后，沃伦最内向的朋友弗雷德，就如另外一个朋友评价的那样，“任她摆布”，这似乎也证明了古老的格言“异性相吸”。起初，他俩的结合看起来就像是沃伦在哥伦比亚学习生涯的迷人后记——从那个时期带入巴菲特夫妇圈子里的一对佳偶。他确实有安排朋友生活的倾向，要求他们和他合伙，把他们安排在自己公司的董事会，通过各种各样的纽带把他们卷进自己的生活。两个朋友的结合感觉上像是对他的赞扬，不过后来证实这是弗雷德一生中做过的最糟糕的决定。

弗雷德和范尼塔一直住在北卡罗来纳州的萨利斯伯里，那是他长大的地方，而且他的家族在那里创立了“Snap Back with Stanback”头痛药公司。现在弗雷德自己也需要头痛药，因为他正努力从这桩婚姻中抽身出来。范尼塔已经在小小的萨利斯伯里扎根，而且留在那儿用尽她的创造力来让弗雷德苦恼，他们还在法庭上唇枪舌剑。因此，和其他的格雷厄姆追随者不一样，弗雷德对股票市场的兴趣暂时被转移了。同时，市场正变得越来越没有吸引力：上亿美元被人们用来搭所谓专家的便车而涌进市场，其实那些专家自己也没有几年的赚钱经验。超过 50 只新的投资基金进入市场，还有将近 65 只正准备进场。[3] 对广大范围内的个人而言，持有股票成为一种时尚，这在美国历史上是第一次。[4]巴菲特形容这段时期和“不断扩散的连锁信[a]”甚至和“躁郁症”相似，大多数人“满怀希望、轻信和贪婪，找个理由就能相信”。[5]

在一个仍然通过纸质票据进行交易，需要运送股票凭证的业务里，交易量已经达到文书工作快把市场压垮的水平。大量的指令被重复或者从未执行，票据放错，要不就扔在垃圾堆里，文件室的股票凭证不见了，推测是被偷了，还有谣言说黑手党已经潜入市场。各种各样的改革在1967年和1968年推进，自动化和电脑化交易系统正在竭力赶上。其中最重要的措施之一是关闭旧的“私下出售”市场。全美证券商协会宣布准备上马一个叫作“纳斯达克”的新系统，为小股票进行报价服务。[6]大多数不在交易所上市的公司的价格不再出现在刚印出数据就不新鲜的粉单上，而是公布出来，并且根据变化随时进行电子更新。做市商必须站在他们张贴的报价旁，亲手更新。任何有知识、擅长杀价且意志坚定的交易者都不会喜欢这个新系统。在一个已经很困难的市场里面，这将让巴菲特的工作更加艰难。

沃伦给每一位将到拉霍亚的格雷厄姆追随者发出了指引。“除了1934年版的《证券分析》一书以外，请不要多带任何东西。”他写道。[7]不管他们年龄如何，妻子一律留在家里。

在他的信里，巴菲特提醒他们到这儿来是听格雷厄姆这个伟人，而不是另外什么人的教诲的。这个团队中的几个人——芒格、安德森、鲁安——更健谈。当然，当说到投资的时候，没有人比巴菲特更健谈。37岁的他已经有资格称呼他以前的老师“本”（本杰明的昵称）。不过有时他仍然会忘记而称呼“格雷厄姆先生”。因此他必须在一定程度

a. 连锁信，通常指在一封信里写有恶毒的诅咒，收信人必须转发给他人，否则就会如何如何。——编者注

上提醒自己不要总想着去做课堂上最好的学生。

得到这样的指示后，这 12 个格雷厄姆的崇拜者在科罗拉多酒店聚齐，海湾对面就是圣迭戈。沃伦原本希望在便宜很多的地点如假日酒店会面。他确信，这个团队的人都明白选择这个度假胜地，来奢侈享受这里的粉红和白色相间的维多利亚甜食是格雷厄姆的主意。

当这 12 个人抵达圣迭戈时，巨大的风暴已经来临，雨水如注，大海翻腾，但是没有人介意，他们来这儿是谈股票的。巴菲特非常骄傲自己能给老师设计一个表示敬意的礼物，而且能有机会给他的新朋友们炫耀本杰明 · 格雷厄姆的智慧。格雷厄姆来迟了，可毕竟曾经是老师，他一到这儿，立刻给了他们一场测验。

在任何情况下，听格雷厄姆说话都是一件痛苦的事情。每一个句子都很复杂且用了典故。他给他们的测验也一样。“虽然有些复杂，但不是特别复杂——有些是有关法国故事的，或者类似的。不过你可能知道其中一些答案。”巴菲特说。

他们却不这么认为，只有罗伊 · 托尔斯做对了超过半数的题目。除了有两道题他确切知道不正确以外，其他每道题他都回答“正确”，最后他得了 11 分，总分 20 分。最后他们才知道这个“小测验”原来是格雷厄姆教学技巧中的一个，是为了告诉人们，即使一个看起来容易的游戏也会被操纵。后来，巴菲特有句名言：知道一个聪明的家伙洗牌作弊并不是必要的保护措施。

在会议的其他时间里，格雷厄姆带着困惑忍受着讨论股票发起、制造业绩、伪造账目、机构投机和“连锁信并购综合征”[8]。不过他再也不参与了，相反，他想猜谜语，而且会饶有兴致地加入脑筋急转弯、词汇或者数字游戏。

然而，巴菲特和以往一样投入，尽管他在 1967 年 10 月给合伙人的信中写道，从现在起，他不再把自己局限在“简单、安全、有利润且令人愉悦”的活动里。他从圣迭戈返回奥马哈后，把精力都放在合伙公司的问题上。他需要让合伙人知道他们拥有的一些业务并不怎么样。他在接下来的两封信中给了一些微妙的暗示。1967 年他详细地描述了纺织业的艰辛，而 1968 年他没有进一步提及这门业务，尽管伯克希尔工厂的前景和收入并没有改善。多元零售公司的收益由于霍克希尔德–科恩公司的拖累而减少。[9] 然而，巴菲特还是没有采取符合逻辑的下一步，出售伯克希尔–哈撒韦或者霍克希尔德–科恩公司。

这里，他的商业直觉和他身上的一些其他特点有冲突：收账的迫切愿望、被人喜欢的需要、过分避免冲突。在 1968 年给合伙人的信中，他用错综复杂的解释说明了他的想法：“在生意中，当我和自己喜欢的人打交道时，我发现这对我是种激励（什么事情不这样呢？），而且能获得相宜的资本总体回报（比如 10%—20%），为了多挣那么几个百分点而仓促行事是愚蠢的。而且对我而言，在一个合理的回报率下和高品位的人建立愉悦的私人关系，比在更高的回报率下面对可能的愤怒甚至还要糟糕的情况，要明智得多。”[10]

不断增多的巴菲特观察家在读到这些话时也许会很惊讶。他用“总”回报衡量，允许其中一些生意出现比平均水平差的情况。看到巴菲特——曾经像紧紧捏住牙膏管挤牙膏一样，从 1 美元里要挤出 1 个百分点的最后 1/10 这样一个人——对“那么几个百分点”轻蔑地表示不屑是令人震惊的。

可是他的业绩表现让抱怨的人闭上了嘴，因为即使调低了预期，他仍然继续超越了自我。合伙公司自成立 12 年以来，年平均回报超过 31%，而道琼斯指数只有 9%。巴菲特一直强调的安全边际总是以对他有利的方式和机会相切。[11] 安全边际对他的平均成功率的累积效应意味着，投资道琼斯指数的 1 000 美元现在只值 2 857 美元，而他已经达到这个数字的将近 10 倍——27 106 美元。现在，巴菲特的合伙人相信他给的总是比他承诺的要多。1968年，巴菲特证明了这种业绩表现的可预测性和确定性，而在这乱哄哄的一年里，学生们差点儿接管并关闭了哥伦比亚大学，示威游行的嬉皮士变得更好战，而激进分子差点儿提名一头猪当总统。[12]

不过到了1968年的中期，巴菲特决定抛弃棘手的伯克希尔-哈撒韦——既不简单、安全、有利润，也不令人愉悦的公司——以及不幸的纺织工人。他提出把公司卖给芒格和戈特斯曼。他们来到奥马哈拜访并进行商讨。但是，经过三天的讨论，芒格和戈特斯曼谁都不想买这家巴菲特认为自己没有了它反而能生活得更好的公司。他无法摆脱伯克希尔-哈撒韦。

因为服装部和梭箱织机部不能自给自足，需要花不少钱才能继续经营下去，巴菲特被迫采取行动。对他来说，在没有任何回报希望的前提下配置资本是很大的罪过。他告诉肯·蔡斯该怎么办。蔡斯失望了，不过他还是听从指示，关闭了这两个部门。[13]巴菲特仍然不参与整个过程。

因此，他现在拥有的是一个有两项业务的合伙公司，一项成功——国民赔偿公司，一项失败——伯克希尔-哈撒韦，加上多元零售公司80%的股份，当然，还有广大范围内的其他公司的股份。随着1968年一天天过去，市场中的边缘股票开始下跌，投资者们集中追逐最大、最安全的公司股票。事实上，巴菲特自己也开始购买最平淡无奇、最受欢迎但尚属合理定价的股票：1 800万美元的AT&T公司，960万美元的古德里奇公司，840万美元的AMK集团（后来的“联合商标”），870万美元的琼斯与拉夫林钢铁公司。但最重要的是，他一直在积累更多的伯克希尔-哈撒韦股票——尽管他自己有不购买业绩糟糕股票的原则，尽管这个纺织生意已经深陷泥沼。而在不久之前，他还试图把它卖给芒格和戈特斯曼，但是既然卖不掉，他似乎又想拥有他能弄到的所有股票。

他和芒格还发现了另一个他们认为有希望的公司，并且正在尽他们所能地买进。这就是蓝筹印花，一个经营印花的公司。他们两个将分别或者一起购买，过了一段时间以后，这家公司将戏剧性地重塑这两个男人的事业。

印花是一种营销赠品，零售商们会将之连同找零一起交给客户。顾客会把这些印花放入抽屉，贴到小册子里。兑换的时候，只要有足够数量的小册子就可以买回来一个烤炉、一根钓鱼竿，或者一副绳球套装。积攒印花带来的小小激动属于一个正在消失的世界：一个节约的世界，一个害怕债务的世界，人们把这些“免费的礼物”看成是对不怕麻烦地收集、保存印花并且从不浪费的奖赏。[14]

不过印花并不是真正免费的。[15]商店支付印花的钱因而会相应提高商品的价格。如果不算加州，印花业的全美领先企业是斯佩雷与哈钦森公司。在加州，一批连锁店成立了自己的印花公司——蓝筹印花公司，并以折扣价卖给自己印花，从而把斯佩雷与哈钦森公司的绿色印花排除在外。[16]蓝筹印花公司是典型的垄断经营。

> 如果你让所有主要的石油公司和食品杂货商都派发一种印花，这就像垄断。人们会不要找零但会拿上印花。殡仪业者也派发印花，妓女们也派发印花。我一直在想，最有趣的事情莫过于妓院老鸨对一个女孩说：“从现在起，你最好发双份印花，甜心。”印花到处存在。每个人都有，人们甚至仿制它们。

1963年，司法部就贸易限制和在加利福尼亚州垄断印花业务而对蓝筹印花公司提起诉讼。[17]斯佩雷与哈钦森公司也起诉它。当时股票不景气，已经成立自己的合伙公司——太平洋合伙公司的里克·格林注意到蓝筹印花公司并且告诉了芒格。巴菲特也注意到了。“蓝筹印花公司并没有完美的理念。”查理·芒格承认，不过他们都决定下一个适当的赌注，赌蓝筹印花公司能够走出目前的困境，但斯佩雷与哈钦森公司的法律诉讼是最大的威胁。

他们看中了这家公司，因为它有“浮存金”。印花是预先付过款的，而奖品在之后兑换。在这期间，蓝筹印花公司可以使用这笔钱，有时可用好几年。巴菲特第一次接触这个诱人的概念是通过买GEICO股票，这也是他要拥有国民赔偿公司的部分原因。保险商在被索赔之前能先拿到保费，这意味着他们可以拿这笔钱进行稳定且不断增长的浮存金投资。对于像巴菲特这种对自己的投资能力非常自信的人而言，这样的生意实在诱人。

很多行业都有浮存金。银行的存款也是浮存金。顾客们通常会认为银行把他们的现金放在一个安全的地方是帮了他们的忙，然而银行会把这些存款以他们所能收的最高利率放贷，赚取利润。浮存金就是这么回事。

巴菲特、芒格和格林知道如何发现投资机会。如果有人给他们印花，他们会把这个情况倒过来想：“嗯，也许拥有印花公司会更好。”然后他们会搞清楚为什么。他们再也不会花费时间存印花来换取木炭火盆或绳球套装，就和他们不会穿着睡衣去办公室一样。甚至巴菲特——儿童时期是个印花收集者，有时还会梦到数印花，在他的地下室里还有一堆令人伤感的蓝鹰邮票——也愿意拥有该公司的股票，而不是收集蓝筹印花。

1968年，蓝筹印花公司开始解决这场由竞争者提起的诉讼。[18]它和司法部达成“和解”，拥有这家公司的食品杂货连锁店将向那些派发印花的零售商出售公司45%的股份。[19]为了从食品杂货商那里转移更多的控制权——正是他们给了这家公司不够完美的概念——司法部要求这家公司为它1/3的印花业务另外再找一个买主。然而，看起来蓝筹印花公司已经在这场法律争端中挺了过来。[20]

芒格的合伙公司已经买了两万股蓝筹印花公司股票，格林买的数量也差不多。在这个过程中，芒格表现出的对这家公司专有权的态度和巴菲特对伯克希尔-哈撒韦的态度如出一辙。他警告其他人离它远点儿。"我们不希望任何人买蓝筹印花公司，"他告诉人们，"我们不希望别人买这只股票。"[21]

随着市场的上扬，巴菲特把合伙公司的临时现金头寸增加至数千万美元，尽管他还在大量购买股票。他的合伙公司从幸运超级市场和市场篮子公司接收了蓝筹印花公司的股票，另外还有亚历山大市场拥有的股份。然而，他还在接下来的几个月里继续买进，直到合伙公司拥有超过7万股。他也为国民赔偿公司和多元零售公司买了斯里夫提马特商场所持股票的5%，它是蓝筹印花公司最大的股东之一。巴菲特算好了，他最终能让斯里夫提马特商场用蓝筹印花公司的股票换自己的股票。幸运的是，他们主要是基于斯佩雷与哈钦森公司的法律诉讼能和解而下的赌注——否则，时间上的安排和配合将是可怕的。

就在巴菲特、芒格和格林投身于蓝筹印花公司时，公司稳步增长的销售已经成了强弩之末。妇女们开始对坐在家里往小册子里贴印花失去了兴趣。快速发展的妇女解放运动意味着她们能利用时间干更好的事情，也意味着更多的钱以及如果她们想要一个电动搅拌器或一个瑞士火锅套装，就能买下它们，而不是攒印花来换。社会角色和惯例已经颠倒，传统文化被蔑视，以致年轻人断言："不要相信任何30岁以上的人。"38岁的巴菲特并没有觉得自己老了——他从不觉得自己老——但是"从哲学上说，我是在一个老年人病房里"，他写信告诉合伙人。[22]他已经和现代文化与金融活动不合拍了。

1968年在巴黎举行的越南和平谈判的前景启动了市场又一轮喧

闹欢腾的反弹。尽管巴菲特为自己骄傲，因为他用很小的风险培养、照料自己的合伙公司，将之从 7 个投资人、10.5 万美元的资金发展到超过 300 人、1.05 亿美元的资金，但他已经成为市场里的长者，在那些年轻的江湖艺人面前似乎黯然失色了。他们能用耀眼的数字让几年的价值闪光，会在几乎一夜之间让新的投资者给他们 5 亿美元。

说到那些正在形成的新科技公司，他似乎显得特别过时，而且处之泰然。他出席格林奈尔学院的会议时，发现学校的理事朋友鲍勃·诺伊斯渴望离开仙童半导体公司。诺伊斯、戈登·摩尔（公司的研发总监）和公司研发部的副总监安迪·格鲁夫基于一个把电路科技延伸至“更高的集成水平”的朦胧计划，决定在加利福尼亚州的山景城成立一家新公司。[23] 罗森菲尔德和学校的捐赠基金都各自表示要投资 10 万美元，还有几十个人帮助为新公司筹集了 250 万美元——这家公司很快被命名为英特尔（Intel），是“集成电子”（Integrated Electronics）的缩写。

巴菲特一直以来对科技股存有偏见，因为他觉得这样的投资没有安全边际。几年以前的 1957 年，他叔叔弗雷德·巴菲特的妻子凯蒂某一天带着一个问题来到沃伦家——她和弗雷德应不应该投资她的兄弟比尔的新公司？比尔·诺里斯离开了雷明顿–蓝德公司（雷明顿–蓝德公司后来和斯伯利电子公司合并，成为斯伯利–蓝德公司，接着，于 1986 年和巴勒斯合并，成为尤利西斯公司）的 UNIVAC 计算机部门，准备创建一家名为“控制数据”的公司和 IBM 竞争。

沃伦吓了一跳。“比利认为雷明顿–蓝德公司落后于 IBM。我认为他疯了。他离开雷明顿–蓝德公司时，有 6 个小孩，更不用说有钱了。我认为比利离开雷明顿–蓝德公司也不可能变得富有。我想他离开只是因为他感觉不得志。每件事情都必须去纽约得到批准而后再回来。凯蒂婶婶和弗雷德叔叔想在公司初期投资。比利没有钱。从某种意义上说，没有人真正有钱。”是的，除了巴菲特和苏珊。“如果我愿意，我应该可以为它提供一半的资金。但是我非常不看好它，我告诉他们，‘这个项目对我而言没什么价值。谁还需要另外一家计算机公司呢’？”[24]

但是因为比利是凯蒂的兄弟，这一次，她和弗雷德不听沃伦的建议投资了400美元，以16美分一股的价格买了那些股票。[25]

这家控制数据公司给投资者的回报并没有改变巴菲特对技术的观点。同时期创建的其他许多科技公司已经失败了。然而出于对罗森菲尔德的尊敬或者出于别的什么原因，巴菲特为格林奈尔学院签署了一项技术投资。[26]“我们在赌骑师，而不是在赌马”，他就是这么看待它的。[27]不过，更为重要的是，罗森菲尔德为大学的投资提供担保，这提供了安全边际。尽管巴菲特钦佩诺伊斯，他也没有为合伙公司买进英特尔的股票，从而错过了他生命中最重要的投资机会之一。虽然他在困难的环境中已经降低了投资标准——还会再这么做——而他永远都不会做的妥协就是放弃他的安全边际。正是这个特别的品质——如果他不能约束风险，那就会放弃可能的财富——才让他成为沃伦·巴菲特。

但是，现在对他而言，整个市场开始看起来都像英特尔。他在1968年底的信中清醒地评估说，目前的投资想法正处于低谷。[28]“怀旧再也不是以前那个样子了。”他总结道。

正如他后来解释的：“这是一个有好几万亿美元的市场，然而我却找不到聪明地投资1.05亿美元的办法。我知道在一个我认为自己不能做得很好，或者我不得不去做好的环境里，我是不想去管理其他人的钱的。”

他的这个态度和1962年时显著不同，当时市场也同样在飞涨。两次他都为之叹息。但那时他竭尽全力筹集资金，掩盖了他不能让钱工作的无力。

合伙人被他严厉的措辞和他为他们挣钱的方式之间的反差搞得一头雾水。一些人开始用几乎超常的信心来信任他。巴菲特这种令人沮丧的预测越准，他本人就越具有传奇性。

33

解体

奥马哈 1969年

在基威特大厦8楼外面的办公室里，格拉迪丝·凯泽坐在那儿守卫着沃伦·巴菲特的门口。格拉迪丝身材纤瘦、妆容完美，一支接一支的香烟散出的烟雾弥漫在她银色头发的周围。她轻松高效地处理着文书工作，接电话，处理账单以及其他没有意义的琐碎事。[1]她禁止任何人进来——有时包括巴菲特的家人。这让苏珊光火，不过有格拉迪丝守卫着这道门，她也毫无办法。

苏珊责怪格拉迪丝。当然，沃伦从来没有给过格拉迪丝一个真正的指令不让苏珊进来。不过，他办公室里的每一个人都知道如何去翻译他不直接说出来而用隐晦方式表达的真正意思。如果他们认为他会不同意，甚至没有人敢咳嗽。仅仅是为了在巴菲特合伙公司工作，人们必须得明白暗示以及手势的意思，它们就像规则一样。他眉心一挑伴随着“嗯……”，意味着“想都不要去想”；“真的吗？”表示“我不同意不过不想直接说”；转过头去、眯起眼睛以及后退意味着“帮帮我，我不行”。格拉迪丝在遵从这些没有明确阐明的要求和指令时，有时就会伤害到其他人的感情。不过她的工作就是保护她的老板，那意味着去做一些他自己不能做的事情。她要足够强硬才能承担这个责任。

在她头上方微黑的墙上悬挂着一些镶了镜框的报纸剪报，提醒人们 1929 年的大崩盘。办公室里放着磨损的金属家具和一部旧自动收报机。越过格拉迪丝，沿着油毡铺的短短的走廊往里走，里面坐着的是其他知道如何解读巴菲特的暗示和手势的人。左边是比尔·斯科特的小办公室，在那儿他对经纪人叫喊着“快点儿，我很忙”，敦促他们执行巴菲特的交易。走廊的右边是一个装文件的工作室，里面还有一个格拉迪丝放满了百事可乐的小冰箱，兼职记账员多娜·沃尔特斯在工作室里精确地记载合伙公司的档案和准备纳税申报单。[2]沃尔特斯旁边是约翰·哈丁，他负责合伙人以及合伙公司的事务。格拉迪丝的后面就是巴菲特的王国，有几把斜靠的扶手椅，一张桌子，还有一些报纸和杂志。房间里最显眼的就是他桌子对面墙上霍华德·巴菲特的那幅肖像。

沃伦每天早上来了后，先挂上帽子，然后消失在这个圣殿里阅读。过一会儿他会出现，对格拉迪丝说：“帮我接查理。”然后他关上门，开始打电话。接下来的这一天就是在电话和阅读之间来回切换，深入研究要买的公司和股票。偶尔他会再次出现，告诉比尔·斯科特执行某项交易。

这些日子股票市场高涨，而比尔·斯科特相对没那么忙。巴菲特的口袋里满是国民赔偿公司产生的钱，他正在研究整体收购，因为他们的价格较少受制于投资者突发的念头。他已经发现了位于伊利诺伊州罗克福德的伊利诺伊国民银行和信托公司，这是他见过的最挣钱的银行之一，由 71 岁的吉恩·阿贝格掌管。巴菲特想让顽固的阿贝格成为交易的一部分。阿贝格和数厕纸的本杰明·罗斯纳相似。巴菲特告诉阿贝格有关他想在这项交易上做的改变，然后说：“我已经把鞋全扔了，我不是只蜈蚣。如果你想朝前走，那就太好了。如果不，我们仍然是朋友。”

他已经把这家银行卖给了另外的某个人。不过买家开始吹毛求疵，他们想要审计而他从来没有审计过，所以他想解除之前的交易。他是相当有优势的，而且他做的每一件事都非常保守，令人难以置信。

他随身带着数千美元的现金，在周末为人们兑现支票。他随身携带一张还没有租出去的保险柜数目的明细表，会在鸡尾酒会上努力租给你一个。提醒你，这可是那时伊利诺伊州第二大城市里最大的银行。他决定每一笔薪水并且以现金形式支付给雇员，因此连信托部门的头儿也不知道他自己的秘书挣多少钱。我到了那儿，给出的价后来证实比另外那个家伙少了 100 万美元。拥有银行 1/4 股票的吉恩打电话给最大的股东，后者拥有超过一半的股票。他说：“这个从奥马哈来的年轻人出了这个价，我已经厌倦了某某公司的那些家伙了。如果你想把银行卖给他们，那你就来管，因为我不愿意卖给他们。”

毫无疑问，阿贝格接受了他的报价。和阿贝格的交易确认了巴菲特的直觉：意志坚强、有职业道德的企业家通常对新所有者将如何对待他们和他们的公司更为在意，而不是抓住一场交易里最后的 5 美分硬币。

不久，巴菲特开始用其通俗的名字“罗克福德银行”称呼伊利诺伊国民银行。在美国财政部确认独占铸币制造权以前，这家银行是特许经营的。当巴菲特发现它能发行自己的货币时，他着迷了。10 美元面额的纸币上印着阿贝格的肖像。现在资本净值超过 2 600 万美元的巴菲特能够买下他想买的任何东西，但是这点他却做不到。在这件事情上，吉恩·阿贝格做得比他好。他和美国财政部有发行自己的货币的特权，而巴菲特合伙公司或者伯克希尔–哈撒韦却不行。[3] 巴菲特被合法发行印有自己肖像的钞票的想法迷住了，于是他开始在钱包里放上一张罗克福德纸币。

到目前为止，巴菲特还没有想过让自己的肖像印在纸币或者别的什么地方。在他管理合伙公司的时候，他或多或少总想避开公众的注意。确实，有关他家庭的故事和照片已经出现在当地报纸上，这对那些需要隐私的人来说已经有些过分了。[4] 不过，除了写给股东们的信，整个 60 年代他的嘴巴是封住的——他不希望被别人搭便车。他不会谈论自己是如何投资的，也不会宣扬他的业绩，这和这个时代的其他资金管理人所表现出来的抢眼形成鲜明的对比，后者的自我推销能推进他们快速成名。

甚至当推销自己的机会来到门前的台阶上，他也不会利用。几年以前，证券承销商约翰·卢米斯来基威特大厦拜访巴菲特。他的妻子卡罗尔为《财富》杂志的投资专栏撰稿。她曾经采访过资金管理人比尔·鲁安，他告诉她美国最聪明的投资人住在奥马哈。过了一段时间，她的丈夫来到基威特大厦，自己上楼找到这个有 227.5 平方英尺的地方，看起来一点儿都不像是这座城里最富有的人之一的办公室。

巴菲特带他到街对面黑石酒店的饭馆。他点了草莓酒，然后告诉卢米斯他做了些什么。卢米斯说起他妻子是一个记者。巴菲特觉得很有趣，他说自己要不是已经成了一个资金管理人，他早就把新闻业当职业追求了。[5]

不久以后，沃伦和苏珊来到纽约，和卢米斯夫妇见了面。“他们带我们去了一个特别的小房间里吃午饭。”巴菲特说。这个来自奥马哈、社会关系良好、投资业绩优异的年轻的资金管理人和这个有抱负、为《财富》工作的记者发现他们有很多共同的品性：热衷于揭露有权有势的人的胡作非为、对细节的着迷、竞争的倾向。卡罗尔个子高挑，体态健美，表情严肃，有着一头棕色的短发。她是个一丝不苟的编辑，难以容忍劣质新闻的态度和巴菲特难以容忍损失金钱的态度一样。他们开始通信，她带他进入了一个一流的新闻工作者的世界。他开始就一些报道的想法给她以帮助。"除了查理，卡罗尔迅速成为我最好的朋友。"他说。[6]首先她没有公开任何有关巴菲特的事情。

然而，到20世纪60年代末，对合伙公司而言，还在上涨的市场令股票投资的可行性降低。在试图购买整个企业的时候，较高知名度带来的优势开始超过买股票的隐秘性带来的优势。也就是在60年代末，巴菲特长久以来对报纸和出版的兴趣与他重设的新投资目标以及想亲自过问的渴望，以某种方式结合起来，这将从根本上改变他的世界。

不久以后，巴菲特就沉迷于新闻业的黑白世界中。一页又一页，报纸覆盖了从报刊发行人那儿送过来的成堆的财务报告。当他睡觉的时候，更多的报纸——从一捆里抽出来折好——在他的梦里飞舞。在大多数焦躁的夜里，他梦到自己小时候当送报员时睡过了头。[7]

巴菲特的财富已经增长到足以买下一家报纸或者杂志，或者两者都买下。然而他的梦想不仅仅是一个投资者，而是一个出版商——具有影响力，并拥有为公众提供消息的手段。在1968年左右，他和一些朋友试图买下娱乐报纸《多样化》，不过最后没有成功。[8]后来另外一个熟人关系却带来了意外的收获。经常和苏珊一起去俱乐部听爵士乐的一个朋友斯坦福德·利普西有一天出现在沃伦的办公室里，他说他想出售《奥马哈太阳报》。巴菲特立刻表示出兴趣，此前他曾试图买下它。

《奥马哈太阳报》是在周边发行的系列周报。斯坦福德和珍妮·布莱克·利普西从她的父亲那里继承了这份报纸。它在奥马哈的近郊发行 7 个版本，最基本的部分是警情、当地社会新闻、周边企业状况、高中体育，以及关于谁和谁确定恋爱关系之类的八卦新闻，这让它成为父母和孩子的必读报。虽然《奥马哈太阳报》在奥马哈的新闻业中处于劣势，但它的编辑鲍尔·威廉斯专门从事调查性新闻工作，通过刊登当地领先的报纸《奥马哈世界先驱报》覆盖不到的内容与之竞争，一般是揭露城中权贵的罪恶和不端行为。这些内容会冒犯《奥马哈世界先驱报》的主要广告商，通常这些人都避开《奥马哈太阳报》。

巴菲特在奥马哈的社会地位已大幅提升，但他对《奥马哈太阳报》披露丑闻这一面有特别的兴趣。自从为抓住银行抢劫者而收集车牌号码以来，他想过当警察。而且“他总是对报纸怀着巨大的热情”，利普西说，“我凭直觉感到沃伦理解新闻在社会中扮演的角色。因为一条新公路将穿过我的办公地，所以我必须借一大笔钱买一个新的出版社。我不喜欢《奥马哈太阳报》的商业前景，不过我知道沃伦有足够的钱保证报纸不会因经济状况遭受磨难。不到 20 分钟，这事就搞定了”。

“我计算我们要为此付 125 万美元，然后每年可以拿回 10 万美元。”巴菲特说。回报是 8%，和债券的回报差不多——比他预期的从一项收购或者一只股票上挣的要少，而且少得多。此外，长期展望表明回报会下降，而不会增加。但是，合伙公司的钱处于闲置状态，而且他真的想成为一个出版商。“我的交易的一部分是这样，”利普西说，“即使合伙公司已关上了大门，他也要吸纳我进去。”巴菲特太想要《奥马哈太阳报》了，于是他同意了这个条件，而且他知道自己正在开始考虑关闭合伙公司。

1969 年 1 月 1 日，伯克希尔–哈撒韦成为《奥马哈太阳报》的所有者。但是这份小小的当地报纸只是一个开始：巴菲特想成为全国范围内的出版商。乔·罗森菲尔德把他介绍给西弗吉尼亚州的州务卿杰伊·洛克菲勒，罗森菲尔德认为后者是一颗冉冉升起的政治新星。不久，巴菲特夫妇就在奥马哈招待洛克菲勒夫妇。洛克菲勒又把巴菲特介绍给了查尔斯·彼得斯，后者是一个理想主义者，他的新创杂志《华盛顿月刊》似乎是国家的正确的声音，就重要的思想发表观点。巴菲特和掌管《机构投资者》杂志的吉尔伯特·卡普兰交流以获得对杂志出版的理解。[9]接着他又写信给洛克菲勒："你已经找到我的弱点了。关于出版业，我没有经验——当我喜欢这个产品时……我要提及的是，我对出版业冒险之旅的热情和我就它们的财务可行性做出的评估刚好成反比。"[10]

巴菲特把投资《华盛顿月刊》的想法介绍给弗雷德·斯坦贝克和罗森菲尔德，同时警告他们这不可能是一个挣钱渠道。不过它也许会揭露丑闻，推进理念，唤醒思想——披露该披露的！于是他们投了一些钱。[11]

《华盛顿月刊》很快完成了最初的资本下注。巴菲特坚持不再多投入 5 万美元。接着他和彼得斯进行了 50 分钟的电话会谈。"哦，上帝，"彼得斯说，"作为一项投资，它失败的可能性太大了。他有作为一个强硬的商人的本能，另一方面又有慈善的好市民的天性，二者明显在交战。他担心他的商业声誉受损并且差点儿退出，我慢慢地努力把他拉回来。沃伦一直在找新的似乎合理的逃跑路线，而我总是努力封住出口。令人愉快的是，最后他还是留了下来。"[12]巴菲特增加了条件，要求编辑们必须投入一些钱，同时彼得斯从外部再筹些钱，巴菲特说余下的 80% 由他来弥补。[13]

彼得斯是一个好记者，但不是一个好会计。他们筹来了资金。支票开出去了，接着好几个月没有人收到《华盛顿月刊》的信件。"他们就这样消失了，”巴菲特说，“弗雷德·斯坦贝克抱怨这样就会使国税表格晚到，而他不得不修改他的纳税申报。”[14]虽然《华盛顿月刊》的内容确实有力度——和巴菲特希望的那样——但这还不够。从一开始他就知道杂志不会挣钱，不过他认为它应该对它拥有的钱负责。他对于把斯坦贝克和罗森菲尔德拖进了这样的猎熊活动中而感到难堪。投资者觉得自己被当成了银行柜台出纳。巴菲特希望成为新闻工作的合伙人，而不只是为理想主义提供资金的人。

也许后果复杂难料，但正如巴菲特在1967年10月写给合伙人的信中表示的那样，他正在追求个人关注的事业。同时，市场继续枯竭，机会全无。可是，用部分时间当媒体大亨并没有帮助他适应这个现实。无论其他什么占据了他的时间和精力，他仍对合伙公司全心全意，事实证明“少一点儿强制性的投资方法”并不属于他的本性。于是他开始寻找关掉合伙公司最好的办法。他说他收到了几个人要求购买管理公司的提议，这意味着他可以得到一大笔收益，不过他认为这并不合适。即使是在那个年代，一个资金管理人放弃这么一大笔钱也非同寻常。但是，迄今为止，巴菲特并没有显示出不想变得更富有的倾向。他总是和他的合伙人站在一边，就像为了他自己的利益一样，为他们的利益而努力。大约在1969年的阵亡将士纪念日前后，巴菲特写信告诉合伙人，仅仅降低目标并没有减轻他思想上的紧迫感：

> “如果管理合伙公司，我会不由自主地去竞争。我知道我不想一辈子被要超越一个投资野兔的想法完全占据，能够慢下来的唯一途径就是停止。”[15]然后他扔出了他的炸弹：他宣布自己将在年底发布正式退休通知，并在1970年初关闭合伙公司。“我不适应这个市场环境，我不想因为费力去玩儿一个我不理解的游戏而破坏相当好的纪录。”[16]

他将会做什么？

“对这个问题我没有答案，”他写道，“但我知道当我60岁的时候，我应该是在努力追求和自己20岁时不一样的个人目标。”[17]

合伙人失望了，一些人还害怕。他们中的许多人像孩子一样天真，比如他的姑姑艾丽斯。他们中有牧师、犹太教士、学校老师、祖母以及岳母。他的声明等于把这些股票推向了市场。他认为这个游戏很快就不值得再玩了。他已经教甚至是没有经验的人要警惕这个过热的市场。一些人除了他谁也不信。不过“他仅仅是不想在一个他觉得机会并不让他感到舒适的环境里操作”，约翰·哈丁表示，“尤其是一件他觉得要花掉他所有时间的事情”。

苏珊很高兴沃伦将要关闭合伙公司，至少为了孩子们的利益考虑。他们非常在意父亲是如何看待他们的。苏茜总是能得到沃伦给孩子们的那么一点儿关注的绝大部分，而彼得觉得安静地待在后院就很好。但是随着一天天长大，14岁的豪伊变得更狂野不羁了。一直以来他总在寻求和他的父亲有一些情感上的联系，虽然这种联系一直没有降临。苏茜有时会发现一双沾了假血的时装模特的腿从她的衣橱里伸出来。当她约会回家后，豪伊会装扮成大猩猩爬到房顶上监视她。如果她穿着舞会上的裙子出现，他会用厨房水槽里的喷头把她淋湿。一旦他们的父母去纽约，豪伊就抓住机会进行无法无天的尝试。[18]沃伦仍然什么事都依赖苏珊，而且认为她能照顾好豪伊和其他孩子，满足他们的需要。但是到现在，苏珊自己已经不再努力控制孩子，而且早已经抛弃了那些有关婚姻的理想主义期望。就像一个朋友评价的那样，她的注意力正被不断增加的“流浪汉”们占据，他们出入这座房子，寻求她的帮助，占用她的时间。[19]

因为她几乎总是无条件地接受别人，这些“客户”中甚至有过去的重罪犯、骗子、瘾君子，还有一个据说是妓院的经营者。一次又一次，这些人从她这儿骗钱。她真的不介意。巴菲特想到自己被欺骗就会被激怒。不过最后他把这看成苏珊平时乐善好施的预算中的一部分，甚至把它看作她魅力的一部分。

她的女性朋友圈子继续扩张：贝拉·埃森伯格、尤妮斯·丹尼伯格、珍妮·布莱克·利普西、拉克·纽曼以及其他人。虽然沃伦认识她们中的人多数，不过这是苏珊的圈子，不是他的。其他的，如罗德尼和安吉·韦德来自积极分子社团，还有一帮以杜威公园网球场为中心的朋友。当然也少不了家庭成员：利拉，现在罗伊·拉尔夫已经过世，她又用回了巴菲特的姓；弗雷德和凯蒂·巴菲特以及他们的儿子弗里茨，后者娶了巴菲特和苏珊以前的临时保姆帕姆——当然，她现在也是苏珊的朋友。她的侄子汤姆·罗杰斯和比利·罗杰斯经常光顾，还有通过比利认识的当地音乐界的吉他手戴夫·斯特赖克。和他们一样，苏珊的一些朋友是年青一辈的：她和棒球手鲍勃·杰布森的两个女儿芮妮和安妮特，以及他的妻子沙琳很亲近。她提供奖学金的几个黑人学生受到她的庇护并且不时地过来：罗素·麦格雷戈、帕特·特纳，以及爵士艺人比利·泰勒的儿子德韦恩·泰勒等。

苏珊虽然慷慨大方，但她也开始需要被关注。根据她的朋友所言，她需要的其实不多，只要她丈夫一点点努力就够了。她不赞成挣钱是人生的目标。因为沃伦缺乏兴趣，所以她远离了旅行、博物馆、剧院、艺术以及其他大多数文化形式，这让她感到生活很贫乏。在公众场合，沃伦热情地赞扬她，可在家里或工作的时候，他会心无旁骛。她说，如果他能努力不时地和她一起去画廊，或者只是因为她想去，就带她去旅行，情况就会大不相同。不过，在她的强烈要求下，当他有时真的应邀露面时，那代表帮她的忙，而不是给她的礼物。

既然苏珊知道沃伦永远不会飞到意大利待上几个星期，她开始单独或者和她的女性朋友一起去旅行，有时去拜访家庭成员——比如伯蒂，她现在住在加利福尼亚州——有时去参加个人成长课程。

一次在芝加哥机场，她坐在凳子上，一个男人停在她面前。“你是苏珊·汤普森吗？”他问。她往上看，对于自己满嘴热狗的形象被人看见很是尴尬。这个男人是她高中时的恋人米尔顿·布朗，他们已经好几年没有见过面了。他坐了下来，两人重新熟稔起来。[20]

总是希望保持感情联系的苏珊后来说，她的丈夫不缺少感情，只是割断了自己的感情。而且看起来肯定的是，他最强烈的感情纽带连接的是他的朋友以及合伙人。对于他们，他有强烈的责任感，他和他们一起创造了一个实际上的家庭。其他的巴菲特们帮不上忙，但他因有那些人的陪伴而神采奕奕，相反他在参加自己的家庭活动时，会表现出尽职却心事重重。

因此，尽管他准备关闭在过去的 13 年里花掉了他大多数清醒时间的合伙公司，但还是完全保持着和合伙人的联系，而且似乎有点儿犹豫是否应让他和他们的联系就到此为止。他甚至还帮助他们把钱放在投资好手的手里，给他们再写一封信，一丝不苟地描述他们的选择。

在解释他对他们的付出时，他说：“找其他咨询者比较棘手。当我关闭了我的合伙公司时，还有这些一直依靠我的合伙人，我也将分配很多钱。我觉得有责任至少为他们提供一些备选方案。”

退一步说，对于一个资金管理人而言这是很不寻常的行为。即使本杰明·格雷厄姆在接受询问时，也只对少数人这样说过，“哦，买 AT&T 公司”，只是随意地提到巴菲特而已。而巴菲特却精心指导他的合伙人迈向他们未来的投资生涯。他们中的一些已经去了芒格合伙公司，而他又送了一两个过去。不过芒格对市场有点儿不安。“谁还会去见人，如果你正在令他们失望？”他说，“尤其当你把他们吸收进这样的关系中来时。”他还是缺乏巴菲特的推销才能。

> 我给合伙人推荐了两个我认识的格外好且诚实的人：桑迪·戈特斯曼和比尔·鲁安。到那时，我已经在投资世界里待了很长一段时间，我认识他们也好些年了。因此，我不仅知道他们的业绩，而且知道他们是怎么实现这个业绩的，这相当重要。[21]

于是有钱一点儿的合伙人去了戈特斯曼的第一曼哈顿。不过桑迪不想要小鱼，因此巴菲特把剩下的给了鲁安，后者正离开基德尔·皮博迪公司和两个合伙人里克·切尼夫以及西德尼·司特尔斯一起成立自己的投资咨询公司——鲁安–切尼夫–司特尔斯，并且创建了专门接受较小账户的红杉基金。他们雇用了巴菲特合伙公司一旦解散就要失业的约翰·哈丁为新公司管理奥马哈的办事处。卡罗尔·卢米斯的丈夫，证券承销商约翰·卢米斯和巴菲特值得信赖的研究人员亨利·勃兰特一起去了鲁安–切尼夫–司特尔斯——当然是全职。这些联系也让哈丁、卢米斯以及勃兰特保留在巴菲特延伸了的“家庭”里。

巴菲特把鲁安带到奥马哈，并且向合伙人推销红杉基金。他用典型的数学术语肯定了鲁安。按惯例，即使他已经认识鲁安好多年了，仍然觉得有必要留一条小小的退路，害怕事情并不如人们所愿而招致责备。他写道：“当判断人的时候，无论如何都不能排除犯错的可能性……（不过）无论从性格还是业绩表现上我都极为看好比尔。”[22]

然而当巴菲特为关闭合伙公司做安排时，市场火花将要冷却的第一个迹象出现了。到1969年7月美国军队从越南撤兵为止，道琼斯指数下跌了19%。虽然那个夏天成功登月给了这个国家一次振奋，但华尔街并没有感受到。备受青睐的股票如全国学生营销公司和米尼·佩尔的鸡肉系统公司开始崩溃，它们已经在这个市场积累了巨大的跟风盘，而这个市场里一半的资金管理人和经纪人在这个行业工作的年限不超过7年。[23]

蓝筹印花公司——巴菲特、芒格和格林曾苦心收购这家公司的股票——现在成为一个不同于总体趋势的引人注目的例外。他们三个就公司能否解决和斯佩里与哈钦森公司的反垄断诉讼一直在下赌注。当达成和解后，这只股票——巴菲特的合伙人不知道他们有这只股票——倾泻而出 700 万美元的利润，而他们不到一年以前的投资额仅为 200 万美元。[24] 现在蓝筹印花公司决定再次公开发行，作为那个协定的一部分，巴菲特选择出售合伙公司持有的股份。[25] 这似乎表示合伙人将在 1969 年拥有辉煌的最后一年。

这一年 10 月，巴菲特又召集了一次格雷厄姆追随者会议，与会者包括上一年在圣迭戈开会的人，但没有本杰明 · 格雷厄姆本人。这一次妻子们也被邀请了。虽然她们不参加男人们讨论股票的会议，但她们的存在让气氛更为欢乐，像度假一样。巴菲特把整个安排交给了马歇尔 · 温伯格，他住在纽约而且喜欢旅行。不过，温伯格也喜欢节俭，并且乘喷气机到处旅行的经验并不比巴菲特多。多方商量后他做了一个不幸的选择，定在殖民地俱乐部，位于度假胜地佛罗里达州的棕榈滩。在那儿他们被当作乡下人一样招待，甚至连门童都不给他们好脸色看。

第一个晚上吃晚餐时，鲁安报告说，门童把他给的 5 美元小费还了回来，还语带讥讽地说："你比我更需要它。"比尔 · 斯科特给了他的门童一把 1 角的硬币，他通常把硬币放在口袋里以备为巴菲特打电话。门童出去后把这些零钱全扔在了走廊的地板上。

接下来的 5 天，这群人忍受着这里糟糕的食物、狭小的房间、强劲的大风以及倾盆大雨。男人们像在教室里一样就座，巴菲特大多数情况下总是坐在前面他一贯的位置上。他们对各种思想反复讨论，用的是从很多年的沟通以及共有的一套概念和价值观念中衍生出的编码简称。[26] "查理讲了一些令人震惊的故事，"巴菲特后来写道，"我做了同样令人沮丧的结论，（倒是沃尔特·施洛斯）说那两个选址错误并且工厂已经废弃的钢铁公司股票价格仍然在面值以下，所以也不是所有的投资都失败了。”[27]

巴菲特发起了荒岛挑战的讨论。“如果你被迫搁浅滞留在一个荒岛上10年，”他问，“你会投资什么股票？”这个游戏是要找到最强大的特许经营企业，这样的企业受竞争和时间的影响最小。这就是芒格的大生意想法。亨利·勃兰特记录着各种各样的答案，巴菲特给出了自己的选择：道琼斯《华尔街日报》的所有者。他对报纸的兴趣与日俱增，而且变得更强烈。可奇怪的是，他实际上并没有这只股票。

聚会结束时的情形和刚开始时大致无二，酒店员工表现出更多的无礼，认为自己只是在招待一群市场下跌时三流的股票经纪人而已。[28]他们甚至把这个格雷厄姆团队从酒店中二楼的珠宝柜旁赶走。最后一天离开的时候，埃德·安德森到前台去问怎样去机场最方便。得到的回答是：我们的大多数客人坐豪华轿车去，可对你们来说，还是叫出租车吧。[29]

巴菲特继续描述殖民地俱乐部是“一个友好的家庭式的酒店——也就是说，如果你是肯尼迪家族的人员，他们会很友好”。[30]这个酒店是“一流地点、末流服务”，安德森说。后来，劳德代尔堡一位持有殖民地俱乐部抵押品的商人就融资交易征求巴菲特的意见。巴菲特告诉这个人，即使不收取费用，他也很高兴提供建议，不过“如果你有机会取消他们的抵押品赎回权，就取消吧”。[31]

应巴菲特邀请来到殖民地俱乐部的还有霍克希尔德–科恩公司的路易斯·科恩。巴菲特已经喜欢上了科恩和他的妻子，他和苏珊曾与他们夫妻俩一起去科苏梅尔度过假。但是邀请他们参加殖民地俱乐部的聚会证实是一件尴尬的事情，因为这个会议刚计划完，巴菲特和芒格就开始意识到霍克希尔德–科恩公司的运作将不会顺利。

“零售业是非常棘手的生意，”查理·芒格说，“我们意识到自己错了。实际上每一个经营很长时间的大的连锁店最终都会陷入麻烦并且很难调整。一个 20 年里占优势地位的零售商不一定在下一个 20 年里同样有优势。”他们的经历让他们对零售业小心谨慎——随着时间的流逝，这种谨慎只会增长，不会减弱。

他们想要的是那些能挣钱的生意，那些有某种持续竞争优势以及能够尽可能战胜资本创造和毁灭这一自然周期的生意。佛罗里达州的这次会议后不久，芒格和巴菲特就大概以他们当时的购买价将霍克希尔德–科恩公司卖给了综合超级市场。[32] 巴菲特想在关闭合伙公司、分配资产之前快速行动，摆脱这家公司的负担。科恩夫妇和这家公司一起从巴菲特夫妇的生活中消失了。[33]

为了购买霍克希尔德–科恩公司，当时多元零售公司发行了无担保债（“公司债”）。巴菲特对此尤其关注，因为这是他第一次公开融资。他对承销商坚持债券要有一些不平常的特点。银行拒绝了，因为新颖的结构将会使债券销售更加困难。

> 我说：“好，不过债券应该有这个特点。”那是我第一次发行债券，我在债券上加了些承销商无论如何也不会感兴趣的东西。不过这些年我对债券发行想了很多，而且我思考了债券持有人是如何被打动的。

从历史发展上看，债券持有人之所以比股票持有人赚钱少，是因为他们偏好更低的风险而放弃了股东持有人拥有的无限的潜在机会。不过，巴菲特知道在真实世界里，这未必正确。

“我加进去的东西中，有一条是，如果我们因为某种理由而不支付债券利息，债券持有人可以接管这家公司的表决控制权，因此他们不必非得通过破产或者类似这样的手段而让生意变得失控。”本杰明·格雷厄姆在《证券分析》中用和对其他主题一样的热情对此有过论述。他描述了法院是如何很少让债券持有人得到支持债券的资产的，除非这些资产已经几乎毫无价值。无担保债券的破产接收要经过一套程序，这个过程复杂得让人喘不过气，连细枝末节的问题都不放过，最后的结果就是延迟支付。因此，多元零售公司的公司债也规定，如果公司债发行在外，公司可以不分红，这意味着如果债券利息未结清，债券投资人不能得到利润。

第二个不平常的条款是公司债的利率是8%，但根据公司的收入状况，公司可以多支付1个百分点的利息。

巴菲特还加了第三个条款。因为他认为债券主要是出售给那些了解他或者了解他声誉的人，他希望如果他卖出了多元零售公司足够多的股票而导致他再也不是最大的股东，这些债券是可赎回的。[34]

"从没有人在契约上加这样的条款。我说，'你知道，他们有权利得到这些。他们也许不想赎回债券，不过如果他们想，就有这样的权利。从根本上说，是他们借钱给我'。"当银行家尼尔森·怀尔德抗议这样的条款史无前例并且没有必要时，巴菲特否决了他的意见。[35]

因为利率升高，而且银行不愿借款，公司债突然成为一种有价值的廉价融资方式。然而，因为巴菲特认为今天的1美元总有一天会变成50美元或者100美元，所以似乎他已经在霍克希尔德-科恩公司身上损失了很多钱，因为他丧失了更有效地使用这些钱的机会。他后来就此做了如下总结：

> 时间是好生意的朋友，是普通生意的敌人。你也许认为这个道理很明显，不过我却艰难地领会了这一点……结束了和霍克希尔德-科恩公司的联姻之后，我的记忆就和乡村音乐中的丈夫一样："我的妻子和我最好的朋友跑了，而我依然很想念她……"以合理的价格买一家好公司要远远胜过以一个好价格买一家合理的公

司。查理早就理解了这一点，而我是一个迟钝的学习者。不过现在，我们买公司或者普通股票的时候，寻找的是有一流管理的一流生意。那也导向了另一个相关的经验：好骑师要骑好马，而不是骑驽马，才能发挥出色。[36]

1969年秋，巴菲特和芒格还在忙着霍克希尔德–科恩公司交易的事，《福布斯》发表了一篇关于巴菲特的题为“奥马哈如何击败华尔街”的文章。这篇文章以如此醒目的方式开头，以至于在后来的几十年里，其他报道巴菲特的作者无不效仿。[37]

“1957年投入巴菲特合伙公司的1万美元，”《福布斯》说，“现在价值26万美元。”拥有1亿美元资产的合伙公司年均复合增长率为31%。在这12年里“没有哪一年是亏损的……巴菲特凭借坚守基本的投资原则而获得了这样的业绩”。

在更多有关巴菲特的深入报道中，《福布斯》一位不署名的专栏作家这样写道：“巴菲特不是一个简单的人，但他有简单的品位。”

在经营合伙公司时，这个拥有简单品位的不简单的巴菲特一直坚持股票交易的保密性，而且从来不在采访中透露消息。然而，现在保密性不再重要了，所以他才和这么一篇关于他自己的高调的文章合作。

文章没有写出，或者暗示出他的资产净值。记者不知道自从巴菲特在1966年向新的合伙人关闭合伙公司大门，他收取的费用经过再投资，在仅仅三年内已经将他的资产净值翻了4倍，达到2 650万美元。因为没有新合伙人的钱来稀释，他在合伙公司资产里的股份已经从19%升至26%。这篇文章举了他的“杂乱无章的老旧的奥马哈房子”[38]以及简陋的办公室里缺少计算机和大量员工的事实作为例证。确实，这个品位简单的男人仍然一天啜饮四五瓶百事可乐，在晚宴上会要求提供可乐而非酒，并且如果有比牛排或者汉堡包更复杂的食品供应时，他也只会吃小圆面包。家里无论是谁碰巧在洗衣服，都有可能一把把他抓过来，勒令他赶紧换衣服。他有时仍然会以比流浪汉好不了多少的形象出现在公众场合，而且很少注意到自己的着装。即使住在有两个房间的车库式公寓里他也会高兴，钱只是他的记分卡。苏珊却很在乎生活质量，认为如果没有派上某种用途，钱毫无意义。

尽管如此，巴菲特夫妇在一段时间里还是过着小康夫妇的生活——当然不是他们可以供得起的那种奢侈生活。苏珊甚至升级了沃伦的汽车，让他开和她一样的凯迪拉克，不过是那种没有任何额外性能的基本配置，而且是她给数英里之内的每一个交易商打电话争取的最便宜的价格。人们发现了他朴素的衣着和不断增长的财富之间的反差。他的和蔼、谦虚、才智和稳重让他们毫不紧张。他已经褪去了一些他以前的不知礼节和大部分的傲慢，以及较为明显的感觉不安全的迹象——虽然他对批评的容忍没有增加，但他在学习隐藏自己的不耐烦。对长期的朋友他表现出无比的忠诚，人们尤其会被他内心的诚实打动。

但是，长期和他在一起的人发现他那松了绑的能量旋风令人疲惫。“永不停歇”，他们窃窃私语，而且当他的注意力走神时，他们有时会感觉到一种带内疚感的轻松。他吸收信息而且动辄拿给朋友们大量的剪报和阅读材料——他认为他们会感兴趣，后来才猛地醒悟过来他们已经远远落后于他的步伐了。他的谈话不像表面上看起来那么随意。他似乎总要有一个目的，而不管对于接受的人来说这个目的是多么费解。人们有时意识到他在设法测试他们。在表面的随意风格下面，巴菲特有让人为之震动的内在张力。

很难想象没有了合伙公司，他将如何处理所有的精力和激情。很多合伙人也发现很难想象如果没有他，他们将怎么办。他们中的很多人已经成为他的追随者而不愿让他离开。他们的不情愿对巴菲特其他家族生意的命运简直是一种讽刺。在巴菲特家的杂货店 100 周年庆典上，弗雷德·巴菲特表示不想干了，要放弃这家店，可他的儿子们谁都不愿意接手。尽管它每年有 50 万美元的营业额，但是当弗雷德努力寻找买家的时候，却发现无人问津。

巴菲特家不是社会名流，也从来没有举办过真正的大型宴会。但是因为商店和合伙公司都将关门，他们在 1969 年 9 月最后一个周末的一个晚上举办了庆祝狂欢会。将近 200 个不同年龄、不同种族的人涌进他们的房子。商人、社会妇女、苏珊的可怜的“客户”、少男少女、因为合伙公司而有钱的朋友、苏茜的女同学们、神父、犹太教士和牧师，以及当地的政客通过一簇簇亮灯，经过一排排放在橱窗里的足有 3 英尺高的百事可乐瓶子，来到狂欢会现场。苏珊选择了一个纽约主题——Stage Door Deli 餐厅的食物和装饰——并且告诉人们要穿得“随意”。从裙裤到正式场合穿的短裙，客人们果然穿得各式各样。半截的啤酒桶里装满了菊花，颜色是她最喜欢的像阳光一样的黄色。一张桌子放在那里，犹如熟食店的手推车，上面摆满了熏牛肉三明治、奶酪，还挂着香肠和一只拔了毛的鸡，以契合当晚的主题。坐在日光浴室旁边的钢琴师鼓励客人们跟着唱。壁球场外的爆米花机散发出的香味欢迎客人们来到临时改成的地下室电影院。壁球场的天花板上跳动着巨大的气球。由费尔兹、梅蕙丝以及萝瑞尔和哈迪演的电影放了一整夜。在日光浴室里，当客人们用油彩在两个穿着比基尼的模特身上涂抹时，年迈的弗雷德·巴菲特竭力出来“保护”她们。

“我太高兴了，根本不愿意去想这一切将要结束。”苏珊后来这么说。[39]

第四部分

苏珊在歌唱

34

“糖果哈里”

奥马哈　1970—1972年春

在狂欢会之后两个月，正当巴菲特正式开始逐步解散合伙公司时，道琼斯指数暴跌至800点以下。一个月后，1970年1月，他的朋友卡罗尔·卢米斯在《财富》杂志发表了一篇关于对冲基金的文章，文中着重强调了巴菲特在合伙公司经营过程中的惊人表现，以及他对股票前景的谨慎看法。[1]在这篇文章刊载之前不久，市场正要开始像雪崩一样暴跌时，巴菲特给合伙人们写了一封信，告诉他们持有哪些股票。

· 伯克希尔-哈撒韦，在他看来，每股大约值45美元。[2]其中，大约16美元来自纺织厂，他说这个行业不太令人满意，而且在将来也没有什么前景。但是，尽管这只股票占到了总股价的1/3，他也没有将它变现来缓解资金压力。“我喜欢经营纺织厂的人们，”他写道，“他们在市场环境如此恶劣的情况下，仍然努力工作来改善企业的经营。尽管回报率不高，但是只要经营利润率能够保持现有水平，我们还是希望把纺织企业继续维持下去。”伯克希尔-哈撒韦还拥有利润丰厚的保险公司——国民赔偿公司。

- 多元零售公司，他评估每股价值11.5—12美元。多元零售公司仅仅包括破旧不堪的联合零售商店，以及来自霍克希尔德–科恩公司的现金和纸币，他计划用来“重新投资在其他经营方式上”。不过他没有详细说明可能会是哪些，只是含蓄地要求那些将要退出的合伙人相信他的判断，就像他们刚加入公司时那样信任他。
- 蓝筹印花公司，首次在他的信中被提到。巴菲特告诉他的合伙人他可能将把他们的这项投资变现，因为公司计划在年底抛售股票。
- 伊利诺伊国民银行及罗克福德信托公司也归伯克希尔–哈撒韦所有。
- 《奥马哈太阳报》，他称之为“在财务上不具重要性”。[3]

即将解散的合伙人吃惊地发现，通过持有伯克希尔–哈撒韦的股票，他们拥有了一家优惠券公司、一家银行和一家无关紧要的报纸。[4]现在，他们要做出决定是继续持有这些股票还是清仓，因为它们都可以换成现金。

“他将切开这个馅饼，你将可以首先做出选择。”约翰·哈丁说。对巴菲特而言，这是绝妙的一招。他当然希望他们选择现金，然后把伯克希尔–哈撒韦和多元零售公司的股票留给自己。不过，他对他们仍然很诚实。在1969年10月9日的一封信中，他做了一个市场预测，而在这之前他是绝不会这样做的。鉴于市场处于如此高涨的时期，“……在我的职业生涯中，这是第一次”，他写道，“我现在相信在专业的股票投资和被动的债券投资之间，对于普通的投资者而言，可供选择的余地太少了”。[5]尽管确实允许他们选择，但这就像最好的资金经理人从债券的收益中挤出几个百分点来一样困难。尽管如此，即将解散的合伙人不应该对手上现金能有多大用抱有太高的期望。

两个月后的12月5日，他就这两只股票的前景做了预测，同时也告诉这些合伙人他自己打算做什么。“我个人的看法是，多元零售公司和伯克希尔公司股票内在价值在未来的几年会有巨大的增长……如果每年不能按照大约10%的速度增长，我会感觉很失望。”这是一份重要的声明。他告诉了他们伯克希尔和多元零售公司的业绩不仅要超过债券，甚至要远远超过合伙人从最好的资金经理人那里所期望的收益，这是他在10月的信中提到的。

> 我认为两种证券都应该长期持有，我很高兴能够把我资产净值的相当一部分投资在它们上，我将长期把我的资金投入多元零售公司和伯克希尔公司，这种可能性非常大。[6]

与此同时，巴菲特也专门给合伙人写了一篇关于如何投资债券的文章，再一次展现了他同典型的资金经理人的不同之处。尽管如此，“当我收手时，就会使4个人恐慌，她们都是寡妇。她们只信任我，不相信其他任何人。她们受过男人的欺骗，如果她们的钱损失掉，就会觉得再也挣不回来。她们会在半夜给我打电话说‘你要继续帮我们赚钱’之类的话”。[7]

但是如果他不能遵守他的高标准，他就会拒绝担当他所认为的受托人的角色。“基本上，如果我是担保人，就不能那样做，因为我知道这对我曾经是多么艰难。”他说，同时回想起11岁时，当城市服务优先股让他姐姐失望时他的感受。

这个圣诞节，他继续在拉古纳海滩的住所处理解散合伙公司的事宜。他已经按照通常的高效率买好了圣诞礼物。对于多数事情，他都有一套规律：他到生产球星卡和纪念品的公司，这是奥马哈最好的服装店，给他们一张不同尺寸衣服的清单，这些衣服是为他生命中的所有女士准备的。

> 我会再去一趟，他们取出这些裙子，我要做出各种各样的决定，给我的姐妹们购买礼物，还有苏珊、格拉迪丝等。我很喜欢这件事。伯蒂有点儿保守，因此我给她选择的衣服胸口往上提一点儿，而她除了我送的衣服外，不接受其他任何人的。
>
> 你知道，衣服比珠宝更能保值。

12月26日，在互赠圣诞礼物之后，他又给合伙人写了一封长信，尽力详细地回答了他们的众多问题。[8]有些合伙人对他提出诘难，他们正在犹豫是否继续持有伯克希尔的股票。如果伯克希尔-哈撒韦纺织厂是这样一家毫无价值的公司，为什么不抛掉它呢？

他写道："我不希望为了每年额外增加几个百分点的回报而导致严重的生活紊乱。"这是为了回应他在1969年1月的信中对他们所说的话。但是，由于他的事业的全部意义是在每个年度竭力多增加几个额外百分点的收益，这种理论解释在他早期的职业生涯中是不可思议的。

"《奥马哈太阳报》是什么？"他们问道。每股值1美元，他这样回答，在一定程度上忽略了其他的经济效果。然后，他又做了个人解读。"在传媒领域，我们没有特别的扩张计划。"他写道。[9]

为什么不将伯克希尔-哈撒韦和多元零售公司的股票上市以便自由交易呢？伯克希尔被牢牢地掌控着，以至于需要"预约"才能交易——这使得其他人很难了解它股票的实际价值。多元零售的股票根本就不上市交易。

紧接着是一份长长的、复杂的解释，在这里，巴菲特认为自由交易和流动的公共市场对这些股票来说可能更无效、更不公平，“富有经验的老练的合伙人可能比初出茅庐的合伙人更有优势”。当然，这样一来，他那些天真的即将解除合伙关系的人，也更容易摆脱患躁郁症的“市场先生”的魔掌，这位先生有时可能会严重低估股票的价值。这也降低了大批经纪人说服他们卖出股票而去买 IBM 或者 AT&T 的可能性。但是，这也意味着巴菲特限制了合伙人的选择——使他们买卖股票都变得更困难——并且，如果他们真的想卖，也只能卖给他。

作为合伙公司的无限责任合伙人，他总是完全掌控着这两家公司。放弃掌控而由看不见的市场控制，这对他来说比登天还难。再者，一旦他把这些股票转给那些即将解除关系的合伙人，有史以来第一次，他自己的利益和他们的利益就可能冲突。这使得解释变得更为复杂，之所以不将股票上市，而像舞伴背对背互换位置地跳舞，是基于这样一个事实，巴菲特是所有合伙人中最为老练的。他比其他合伙人更具有重要的优势。但是不论他的意图多么真诚，这个决定都加深了他和他们之间潜在的利益冲突。巴菲特的信真挚感人，听起来就像是一个人在竭力说服自己正在做一件认为正确的事情。但是利益冲突肯定会引起愤怒和敌意。任何把股票卖给他后来又后悔的人，事后都明白了一个道理：他比我有优势。

然而，受父亲霍华德的影响，沃伦要用万分的谨慎和正直来行使他们的选择权。他回答下一个问题的方式明确告诉了那些即将解散的合伙人可以期望什么。

“我应该持有我的股票吗？”他们问道。

巴菲特像以前给公众建议一样，给出了明确而直接的答案。

“我所能说的就是我打算这么做，”他说，“并且我计划购买更多。”[10]

即将解散的合伙人也要处理第三只股票。在 12 月 26 日的同一封信中，巴菲特告诉他们蓝筹印花公司的交易额急剧下跌。[11] 这只股票在短期内从 25 美元暴跌至 13 美元，这是因为西夫韦公司抛弃了蓝筹印花公司的优惠券，它的客户基础正在消失，对于司法部强制要求出售的 1/3 的业务，没有一个买家看好。在洛杉矶的地方法院，还有两起针对它的诉讼已经立案，一个是由道格拉斯石油公司起诉的，另一个是由许多加油站联合起诉的，它们称蓝筹印花公司违反了《反垄断法》——声称它属于垄断企业——请求 3 倍赔偿并支付律师费。[12]

然而，甚至当蓝筹印花公司的问题在复杂化、其股价在下跌时，巴菲特仍然在购买其股票而不是出售。他是在为多元零售公司和国民赔偿公司购买，同时也是为伯克希尔旗下的两家小保险公司——内布拉斯加州意外伤亡保险公司和国民火灾海难公司买下的，同时也是为自己和苏珊买下的。

现在这些合伙人知道了巴菲特不打算出售，相反却计划购买更多的股票。他们将得到他们所想要的东西——股票或者现金。如果他们拿了钱，巴菲特就会得到股票。如果他们继续持有股票，在一定意义上，他们仍然是他的合伙人。

当巴菲特对人们是否接受和喜欢他而寝食不安时，他仍然把忠诚看得最重。他在周围所有人中遍寻忠诚。合伙人关系的解除就是忠诚测验的一部分，这在他以后的行动中可以清楚地看到。

当合伙关系解除时，巴菲特有了更多的钱可以购买更多的股票，甚至当他们继续持有他的股份时——他自己仍然拥有伯克希尔-哈撒韦 18% 的股份，多元零售公司 20% 的股份，蓝筹印花公司 2% 的股份[13]——截至 1969 年底，他和苏珊大概已经拿到了 1 600 万美元现金。在第二年里，伯克希尔和多元零售公司的股票开始迅速换手，就像一个巨人正在洗牌一样。正如巴菲特预测的——如果他的合伙人知道后，就规模而言也可能会使他们感觉震惊，因为他利用从合伙人那里得到的现金为自己购买了更多的伯克希尔和多元零售公司的股票。他用伯克希尔的现金来购买其公司的股票，对于多元零售公司，他提出从一些打算交换多元零售公司票据的人手中购买该公司的股票，股息为9%。[14] 同他交易的人形形色色，从他先前的连襟杜鲁门·伍德，一直到他的第一个投资人霍默·道奇及其儿子诺顿。[15] 对于那些拒绝这些出价的人，他们不得不心甘情愿继续持有，并且让巴菲特将收益再投资，同时却不用花费一分钱——这就表明了信任对他来说是多么重要。[16]

之后，他对那些继续持有股票的人产生了一种无比忠诚的感情——这种忠诚之深沉和强烈，甚至连现代那些标准的首席执行官也感觉是完全不可思议的。正如他后来所声称的，伯克希尔仍然“像一家合伙公司一样，你基本上和私营企业的股东们血肉相连，他们支持你，并且愿意来奥马哈”。在他看来，要做合伙公司就必须有一系列共同的价值观和兴趣，而不是短期的经济利益。他常说，他总是把合伙人看作家人一样。他的合伙人是一群信任他，而他又愿意为其付出的人。作为回报，他也期望着他们对他忠诚。

然而，人们做出决定的理由各不相同。有人需要钱，有人则是在听了比尔·鲁安的演说后就想投资红杉基金。许多人的经纪人都督促他们卖掉纺织厂的股票，因为它既费钱又没什么收益。有些人听从了，有些人则没有。有些专业的投资者还有其他的选择，他们认为卖掉这些业绩平平的股票，他们就会富裕起来。当沃伦亲自前往西海岸并呈上多元零售公司的票据时，埃斯蒂·格雷厄姆的姐姐贝蒂把她的股票卖了，埃斯蒂没有。本杰明·格雷厄姆的表妹罗达·撒纳特以及她的丈夫伯尼也决定不卖。他们说：“沃伦要买肯定对他有利，那就对我们也是有利的，我们干吗卖呢？”[17] 当沃伦把票据给他的姐姐多丽丝时，她也拒绝了，“如果他要买，我干吗要卖呢”？她也这样想。

有几个合伙人亲自向巴菲特提出了更为尖锐的问题，质疑他对股票走势的判断。他回答说，经过谨慎的思考，他认为股票市场将会好转，不过这需要很长时间。像杰克·亚历山大和马歇尔·温伯格之类的人，都认为自己是优秀的投资人，他们分析了那些话之后，就把他们的股票卖给了他。

芒格后来称巴菲特是一个“贪得无厌的收购者”，像约翰·洛克菲勒一样，在缔造其商业帝国之初，大刀阔斧地扫清了一切挡路的人和事。[18] 一些人常常是事后诸葛亮，感觉受到了歧视、诱惑甚至误导。有些人自言自语地说：“事实上，那就是沃伦的风格，我应该早就知道的。”

截至 1970 年底的时候，许多原来的合伙人都套了现，而沃伦却继续购买更多的股票。他和苏珊在伯克希尔的股份从原来的 18% 猛增到将近 36%，他们在多元零售公司的股份几乎翻了一番，达到了 39%。实际上，巴菲特现在已经控制了这两家公司。[19] 他也购买了大量蓝筹印花公司的股票，使其股份从 2% 增加到 13%。

苏珊对此十分清楚，沃伦打算通过迂回手段控制多元零售公司和伯克希尔–哈撒韦，这就意味着她丈夫第二次“退休”也会步第一次的后尘，原因之一就在于蓝筹印花公司也和伯克希尔–哈撒韦一样面临同样的麻烦。[20] 其业务不是仅仅在萎缩，而是濒临死亡，因此他和芒格不得不购买新的业务以促进其资金增值。

1971 年底，尼克松总统废除了金本位制，导致油价暴涨，全美近半数的石油公司突然停止发放优惠券。由于通货膨胀，日用品的价格飞涨，通过热情服务和发放赠品的方式诱使顾客的传统零售方式被颠覆了。人们都想买最便宜的东西，零售商们扎堆打折促销。[21] 家庭主妇们精打细算购物，收集大量优惠券来兑换电煎锅的一切机会全都蒸发了。

之后的一天，巴菲特接到蓝筹印花公司总裁比尔·拉姆齐的电话，告诉他一家洛杉矶的公司，喜诗糖果公司正在寻找买主。巴菲特已经对喜诗公司做过一些研究，他也追踪过芬妮·法默公司[22]的业绩，调查过新英格兰糖果糕点公司。不过，糖果公司都很昂贵，到目前为止，他还没有涉足过。“给查理打电话。”他说。[23]芒格负责蓝筹印花公司以及他们在西海岸的业务。

喜诗糖果公司成立于1921年，由一位加拿大糖果商创建。其产品采用上等黄油、奶酪、巧克力、水果和坚果为原料，经过精工细作而成，创造了上乘的“喜诗品质”。第二次世界大战期间，喜诗糖果公司没有采用偷工减料的方式应对原料不足问题，而是在商店摆放独具特色的白纸黑字的广告：“糖果售罄，请购买战争债券欢庆圣诞。”[24]这家公司成了加利福尼亚州的慈善机构。

“喜诗糖果公司在加州获得了无与伦比的声誉，”芒格告诉他，“我们能够以合理的价格得到它，如果谁要同这个品牌竞争，肯定要耗费巨资。”埃德·安德森认为这太贵了，但是芒格却极为热心。他和巴菲特考察了这家工厂，芒格说：“一个多么奇妙的企业啊，而且它的常务副总裁查克·哈金斯非常聪明，我们可以留用。”[25]

喜诗糖果公司已经公开了初步的交易方案，他们要价3 000万美元，而其资产仅价值500万美元。[26]关键在于喜诗糖果公司的品牌、声誉和商标——最为重要的是客户的忠诚。例如，苏珊·巴菲特就极为青睐加州的喜诗糖果公司。

他们认为喜诗糖果公司就像一只债券，值得额外支付2 500万美元。如果公司把其收益作为“利息”支付，那么这个利息平均达到9%。不仅如此——拥有一家公司要比拥有公债风险更大，并且“利率”还没有保证。但是这个收益还在不断增加，每年平均12%。因此喜诗糖果公司像一只债券，其支付的利息仍在不断增加。[27]再者：

我们认为它已经揭示了价格的力量。喜诗糖果公司的糖果价格，与同一时期拉塞尔·斯托弗公司的大概一致，我最为关注的问题是，如果你每一磅提高15美分，除了400万美元外，还能多收益250万美元。因此，你所买的对象，如果只是稍微加点儿价，当时就可能给你带来650万美元或者700万美元的收益。

为了收购这家公司，他们首先要同两个人谈判：第一个是查尔斯·西伊——或者叫“糖果哈里”，巴菲特、芒格和里克·格林这样称呼他，他代表刚刚故去的兄长拉里·西伊经营这家公司。兄弟二人共同拥有该公司，不过一直由拉里经营。

“糖果哈里”确实不想经营喜诗糖果公司，他只对酒和女孩感兴趣，他只想去追女孩。但是，在最后一刻，他有点儿变卦了。里克和查理去见他，查理还发表了一通空前绝后的伟大演说，谈及葡萄和女孩，以及“糖果哈里”应该如何高效地利用时间去追女孩。

另外一个人就是“数字哈里”，公司首席财务官和董事哈里·摩尔。蓝筹印花公司通过其律师，分析了这笔交易的经济收益，以便说服“数字哈里”，同时，他们也继续劝说“糖果哈里”，称这一交易可以使他获得解脱，因为作为兄长的继承人，他将不得不面临许多潜在的利益冲突。[28]

蓝筹印花公司的出价为2 500万美元，它的税前收益为400万美元，从巴菲特和芒格第一天买进它开始，这项投资就为他们带来了9%的回报——这还不考虑未来的增长因素。尽管他们认为喜诗糖果公司可能会坚持提高售价二三百万美元，不过这仍然值得，他们的资金回报率仍然可能达到14%：虽然还没有到手，但是这一投资收益率已经相当令人满意了。关键是这一收益是否会继续增长。巴菲特和芒格现在可以松口气了，到目前为止，这项收购工作还没有遇到任何麻烦，他们习惯于出低价，对他们来说，如果按照要价交易是无法接受的。

“你们这些家伙都疯了吧，”芒格的下属艾拉·马歇尔说，“有些东西也是很值钱的，如人员素质、公司品质等，你们低估了品质。”

“我和沃伦听取了这些批评，”芒格说，“我们改变了想法，最后他们得到的收益正是我们愿意支付的。”[29]

当这项交易签约时，巴菲特发现特雷迪-布朗公司早就购买了喜诗公司1 000股股票，巴菲特命令公司回购其股票。特雷迪-布朗公司的合伙人知道喜诗公司的价值，认为这个价格太低了，他们拒绝接受，并且就这一问题同巴菲特进行了简短的交涉。他们看不出来为什么要把喜诗公司的股票卖给巴菲特，但是他坚称他比特雷迪-布朗公司更需要这些股票。最后他如愿以偿，他们把股票转让给了他。[30]

从这项交易签署生效的那一刻起，巴菲特、芒格和格林组成的三驾马车开进了董事会，巴菲特以前所未有的热情投入糖果业，甚至对丹普斯特和伯克希尔-哈撒韦也没有这样过，他在这些公司都是任命代理人经营。他赠送整盒的喜诗糖果给他那些信奉素食主义的亲朋好友。他花费几天的时间，给公司的常务副总裁查克·哈金斯写了一封长信，信中写到他已经同全国各地购物中心的老板谈过了，要在各地设立新的喜诗商店，这些地方包括科罗拉多州的斯普林斯、费耶特维尔和加尔维斯敦等。他也告诉哈金斯艾奥瓦州除外，因为购物中心的经理们已经告诉过他“艾奥瓦人都不喜欢糖果”。[31]他给哈金斯授权，允许他停止每月向“糖果哈里”所谓的众多女友赠送糖果。他开始跟踪糖和可可的期货，当时达到了每磅58美分，已经接近前一年洛克伍德可可豆创造的价格。[32]

巴菲特建议尝试销售预先包装好的糖果，他想知道业绩、预算等大量的财务信息。他写信给哈金斯谈及拉斯韦加斯的一个商店：“当我们选对一个地方时，分析能从这个社区赚到多少美元，真是太有意思了。你的工作十分优秀，使我们的公司更为优异。”巴菲特建议哈金斯要“斟酌一下”广告词，绞尽脑汁构思一条，力争能同可口可乐公司“世界上最好的饮料”，或者康胜啤酒公司[33]的“源自落基山脉的纯正山泉”相媲美，就好像哈金斯早上嚼着玉米片就能构思出一条广告语，并且还能像可口可乐公司的广告一样响亮。[34]一个多年的下属这样描述巴菲特那类似戴尔·卡内基的管理方式：“当他想给你增加工作时，他总是先夸奖你。”[35]

当横杆每次稍微升高一两英寸，跳高运动员仍然成功跨越时，他就会充满信心，相信自己能够跨越更高的高度，这一效应就像一条细小的水流：它轻柔而又持续不断地给人施加压力，让人感觉十分美妙，最后却会使人疯狂。因此，当巴菲特的注意力减弱时，这是必然的，为他工作的人似乎可以舒口气了。哈金斯受到最初狂热激情的迷惑，一口气替巴菲特同几家糖业贸易杂志签了约。最后，巴菲特的注意力转移到一些新的兴趣上去，他也就终止了这项工作。“查理也许有一天会成为一名糖果生产商，”他写道，“但是我仍然只会读这些财务报表。”[36]他已经发现，自己只是喜欢拥有一家糖果公司，而不是经营打理。

在家中也差不多，巴菲特会同人开诚布公，坦诚相待，“请来我家做客吧，我真的很想见你”。然后，他又埋头看报去了。当他们真的来了，他也顾不上接待，显然他们的出现满足了他的愿望。但是有时他也会滔滔不绝、长篇大论，弄得客人精疲力竭地离去。苏珊已经见识了他那变幻莫测的热情。

沃伦仍然迷恋他的妻子，不断在公开场合称赞她，把她抱在腿上。

但是在家中，他总是躲在屋内搞自己的工作，需要被人照顾。苏珊在她的朋友面前称他为一块“冰山”。然而，他们的关系依然如初，没有什么改变——只是她的感觉除外。他很满意，他分析这是因为她喜欢给予，通过接受她的关爱，他也使她感到满足。考虑到他们的过去和她平常待人接物的方式，以及对他的关心，他没有理由有其他的想法。不过苏珊自己的愿望却改变了。她就像一台具有情感的自动售货机，现在不仅仅要照顾沃伦一个人，还要照顾更多的人。最近，她还照顾过艾丽斯·巴菲特，因为她正在痛苦地与癌症抗争。不过这一次，苏珊也渴望着被别人照顾。

因此，当苏珊的丈夫在奥马哈以外开拓新的业务或者躲在办公室中沉思时，苏珊待在家中的时间越来越少了，她出去吃午饭、晚饭，或者晚上和朋友去爵士乐俱乐部，到处旅游。她现在结交了一大批比她年轻的新朋友。他们十分钦佩她，慷慨而又亲切地公开赞美她，对她充满热情，甚至是坦率的爱慕。但是他们不太像她收养的孩子，更像真正的朋友，就像她所有的朋友一样，都很需要她的关爱。

在家中，苏珊已经开始注意她的儿子彼得了，虽然他沉默寡言、行为怪异，她仍然把他当作朋友、心腹和精神支柱，因为他已经长大，马上就要上中学了。

苏茜现在住在林肯市，上了内布拉斯加大学。豪伊现在刚上高中，苏珊正在致力于把他送进大学。她带他参加辩论会，帮他积蓄能量，在高中履历中增光添彩。沃伦像平常一样，非常高兴委托她担负所有的责任。

无论何时，任何事情只要能够用到他的专业知识和技能，苏珊都能成功地说服沃伦负起责任，投身进去——而不仅仅是开支票。她的朋友罗德尼·韦德和其他黑人社区的领导想开办一家少数族裔所有的银行，以增强该社区的荣誉，促进北部地区的经济发展。为了促进

"黑人资本主义"，他们找到了巴菲特和他的朋友尼克·纽曼，他曾经拉着沃伦一起参与到了当地的民权运动中。[37]

韦德在奥马哈是一个很受尊重的人，而且巴菲特也喜欢银行，他刚刚加入奥马哈国民银行的董事会，这是该市最大的一家银行，是他长期以来的抱负。[38]对于任何行业，只要盈利比开支多，他都有天然的、理性的偏爱。因此，他愿意倾听韦德的话，不过他更想知道少数族裔开银行是否切实可行。由于他们希望这家社区银行能够吸引各种各样的客户，因此他雇用彼得和他的一个朋友坐到另一家少数族裔所有的银行外面，计算有多少人进去，并且按种族进行分类。[39]彼得的统计让沃伦很乐观，因此，他加入了内布拉斯加州社区银行的董事会并成为一名顾问，同时也邀请了鲁安-切尼夫的约翰·哈丁加入董事会。[40]巴菲特告诉这些创办人，如果他们能以股票的形式从黑人社区筹集到25万美元，董事会的顾问们将筹集同样数额的资金。[41]银行在一辆拖车上设立了办公室。"沃伦，你真是聪明啊，"乔·罗森菲尔德说，"当我们邀请人们拿钱来投资时，你在半夜可以开车离开，把整个银行都搬走。"

多数经理和董事会成员——包括巴菲特的棒球球友鲍勃·杰布森都是黑人，大部分都是生手，为了规避风险，巴菲特采用他的教学方式，竭力去培训这些创办人，使他们掌握严格的借贷标准。他强调银行不是慈善团体或者社会服务机构。他每月都参加银行的董事会议，常常是一直持续到晚上。不过，对于他所拥有的公司，他从来不干涉日常的管理工作。[42]相反，哈丁每天都待在银行里，以确保账目收支平衡。"社区管理层的出发点往往是好的，"哈丁说，"但是没有财务技能。"当人们向巴菲特申请更多的钱来弥补不良贷款时，他严词拒绝了。韦德感觉巴菲特"不理解贫穷的周期规律"，并且"从不明白他作为一个富人在我们这个贫困社区中的角色"。[43]但是，巴菲特理解这些账目，他知道银行通过放松借贷标准和发放无法回收的贷款，对任何人都是有百害而无一利的，这只能给他们惨痛的财务教训。因此，这家银行勉强维持了几年，而没有一点儿发展。

他寻找机会采用其他的方式来提供帮助。当时，苏珊的一个朋友哈利·史密斯开始把一些黑人小孩的名单转给她，这些孩子都因缺钱而上不起大学，苏珊开始成千美元地捐助。“我要先问问沃伦。”她反复地说。“苏珊，你也有钱，为什么不自己决定呢？”史密斯吃惊地问道。“不，不行，”苏珊总是这样回答，“必须通过沃伦。”史密斯发现这有点儿不可思议，像苏珊这样富有的人在涉及钱时，还要她的丈夫来做决定。[44]

因此，尽管是苏珊负责家庭的基金，但是他们仍然一起管理基金和捐助活动。如果没有沃伦的阻止，她可能会捐赠巨额的资金。这些基金会提供小额助学金，不过它没有专业的管理机构。要做好称职的管理工作，需要超前思维：如果将来某一天这些基金全都用尽了会发生什么？不过沃伦感觉，将来的这一天遥遥无期。苏珊此时此刻怀着满腔的激情帮助别人，不过仍然需要有人为将来未雨绸缪。

一年前，沃伦像许多步入40岁的人一样，身体健康方面敲响了警钟。有一次，他正在加州的撒纳特家吃饭，突然，他的一个手指开始肿胀。原来，当天早上他因小小的感染而服用了双份的盘尼西林，希望能够应付过去。作为外科医生的伯尼·撒纳特怀疑是过敏反应，立即给他服用了抗组胺剂，同时劝说他立即去医院。[45]

巴菲特不想去医院。1971年，他饱受了疾病的折磨，前一段刚刚受到沙门氏菌的困扰。[46]此外，据苏珊说他是一个糟糕的病人，对医生和医院有股莫名的恐惧感。[47]因此，他只是让苏珊开车回到他们夏天度假租住的家中。但是，他的手指继续肿胀，同时头昏脑涨，病情恶化。她慌忙找到一个医生，请他立即给沃伦医治。不过医生坚持要把他送到急诊室。此时，沃伦已经快失去意识了，急诊室的医生们立即行动，竭尽全力挽救他的生命。

三天后，他还在医院接受治疗。医生告诉他，他很幸运。他对盘尼西林过敏十分严重，如果再次服用，可能会危及生命。由于他还在恢复中，罗伊和玛莎·托尔斯想让他振作起来，因此给他带了一本《花花公子》杂志。但是，他还是太虚弱，没法自己拿着看，只能让苏珊来帮他翻页。不过苏珊翻得很快，总是遭到沃伦的抱怨。

在经历了这次生死劫后，他回到奥马哈的家中，仍然像以前一样痴迷于他的事业。退休，在巴菲特看来，就是意味着不再充当受托人。只要还有一口气在，他就会一直投资下去。他永远也无法放弃竞争——到现在已经到了难以割舍的地步，以至于有一次，6 岁的乔纳森·勃兰特——他朋友亨利和洛克萨妮·勃兰特的儿子——同他对弈，当沃伦似乎要输时，他怎么也无法忍受了。当比赛接近尾声时，他开始猛烈反攻，直至战胜小乔纳森。[48]

看到丈夫一定要打败小乔纳森·勃兰特，苏珊对沃伦的固执也无可奈何。“无论沃伦想要什么，他都能得到。”她这样描述自己的丈夫。多年前沃伦的小妹伯蒂早就注意到了这一点，他的愿望总能实现。[49]一次，苏珊和一个朋友前往得梅因去拜访一个作家——大屠杀幸存者埃利·威塞尔。她要在当地的一个犹太人集会上演讲。苏珊在某个朋友家的甜点会上遇到了米尔顿·布朗——他现在就住在那里——他们一谈就是好几个小时。[50]有一阵子，她对他们的关系突然中断感觉很遗憾。她现在公开征询密友的建议，如果重新开始新的生活是否还来得及。尽管她很少谈论自己的问题，或者表现出自恋倾向，她仍然承认自己的婚姻陷入了危机。虽然她十分不快，但是仍然没有采取行动直接抱怨她的苦楚，或者离家出走。相反，她只是和米尔顿旧情复燃。她似乎日益被加州吸引，她已经爱上这个地方。沃伦一家租住的别墅在拉古纳海滩的翡翠湾，比海平面高 50 英尺，坐落在一群豪华别墅区中。[51]

沃伦尤其不喜欢购买房产。他认为把钱花在这上面等于浪费，不能有所增值。苏珊不断地向他唠叨钱的问题。“如果我们富有了，”她说，“你就要到那所房子去，找到主人问她愿意卖多少钱。无论她要价多少都要买下来。不过我知道我们现在还不富有。”在他们没完没了的拉锯战中，苏珊最后通常都能够从他那里要到钱。巴菲特最后派遣罗伊·托尔斯的妻子玛莎——一个精明的谈判高手去找房屋的主人洽谈。在同房主讨价还价后，她把价格砍到了 15 万美元。[52] 罗伊·托尔斯给沃伦打电话，告诉他：“真是个坏消息，你把它买到了。”

35

《奥马哈太阳报》

奥马哈　1971—1973年

苏珊开始装饰翡翠湾的别墅，她选用的是休闲藤制家具。她专门为沃伦安装了一条独立的电话线，因为他一到加州，大部分时间要么是看电视里的商业新闻，要么就是打电话。

虽然身在加州，但是在“个人兴趣”和乔·罗森菲尔德的驱使下，他的心思只放在华盛顿和政治选举上。巴菲特曾经宴请过乔治·麦戈文，后者当时是1972年民主党总统竞选人。沃伦也资助过阿拉德·洛文斯坦，后者是前国会议员，以自由主义的“花衣魔笛手”[a]而著称，

a. 花衣魔笛手，一句常用的政治宣传语，通常用来指代那些善开空头支票的领导者。它用幽默而有力的方法暗示如果你盲目地跟随、支持这样的政治人物，就会和传说中的老鼠一样，结果是自寻死路。据传，在德国普鲁士的哈梅林曾发生鼠疫，民众死伤极多，居民们束手无策。后来，来了一位法力高强的魔笛手，身穿红黄相间的及地长袍，自称能铲除老鼠。镇子里的当权者们答应给他金银财宝作为答谢，魔笛手便吹起神奇的笛子，结果全村的老鼠都在笛声的指引下跑到了河里，全部被铲除。但是那些见利忘义的当权者却没有兑现承诺，拒绝付给他酬劳。为了报复，花衣魔笛手又吹起神奇的笛子，全村的小孩都跟着他走了，从此无影无踪。——译者注

洛文斯坦和麦戈文一样，很有号召力，能够激励年轻人以极大的热情投身到民权运动中。他也支持过约翰·托尼——一个“肯尼迪式的人”，重量级拳击手吉恩·托尼的儿子，成功当选为加州的参议员；[1]电影《候选人》的创作灵感就是来自托尼的政治生涯，这部电影描述了一个具有超凡魅力的政治家，“年轻、英俊、自由、完美”，却无法取胜，因为他可能会触犯幕后集团的利益。“候选人”正是巴菲特一贯喜爱的政治家，这些人具有好莱坞明星式的不可言喻的魅力，他们出现就会激发投票人的热情。不过这次，他希望他所支持的候选人能够获胜。

他想出了一个办法，认为这可能对政治家很有帮助，这就是他所谓的“不适指数”——通货膨胀率和失业率——他曾经把这个秘诀传授给了艾奥瓦州的哈罗德·休斯，他俩是通过罗森菲尔德的介绍而认识的。[2]

> 休斯曾经是个卡车司机，也是个酒鬼。他身材高大，声音洪亮，是几十年来最为重要的雄辩家之一。他长得有点儿像约翰尼·卡什，嗓音也很像。他从一个不知名的卡车司机一跃而成为艾奥瓦州的州长，是民主党的大佬之一。乔是他的好朋友，他在参议院中具有举足轻重的影响。因此，我们应该适当给他一些资助，赞助他的总统竞选活动。这是他的一场大战，他坚决反对越南战争，口若悬河，滔滔不绝。

休斯是一个基督教救世主，改过自新的酒鬼，没有上完大学，有时被称为“艾奥瓦州的平民主义者”，会为了帮助因喝酒而导致危机的人而缺席一次例会。他还成功地阻止了好几位同事的自杀企图。不过，他还是深感内疚，因为有一次他失败了。他具有磁铁般的个人魅力，被认为是一匹黑马和一颗冉冉升起的明星。这种候选人能吸引年轻人、蓝领工人，以及那些本来要投票给麦卡锡的反党分子。换句话说，在众多毫无特色的候选人中，他肩负着平民主义者复兴的伟大希望。当时，其他的民主党候选人都无法获取广泛的支持。这帮人的领袖麦戈文，在全国民意测验中只获得了 5% 的支持率。[3]

1971 年春，休斯召集了“他最为亲密的六个顾问和助手”，包括巴菲特和乔·罗森菲尔德在内，一起仔细商讨他是否应该谋求提名。[4]

> 1971 年 5 月底，我们在华盛顿的一家酒店开的这次会议。尽管这些会议大都是预先确定好要做什么了，而且他们早已经开始大张旗鼓地准备了，但你还是要全力组织，引领民众。
>
> 大概在此次会议之前一个月，休斯出现在了《与媒体见面》[a]节目中。在节目就要结束时，拉里·史匹瓦克问道：“议员先生，有些人说你对第六感和玄学很感兴趣，你能详细解释一下吗？”当休斯正要回答这个问题时，节目突然中断了。[5]
>
> 因此，当华盛顿会议即将召开时我说：“议员先生，我一周前看过那个节目，如果别人再那样问你这个问题，我建议在你回答之前，首先向提问者明确指出第六感和玄学完全不同。不要让他们将这两个混淆在一起，以免他们在你的回答中找到破绽，抓住把柄。那样的话，从现在起的这六个月里，他们都可以宣称你是在谈论玄学，而你实际上却是在讲第六感。”
>
> 水闸打开了，休斯说：“10 年前，当我醒来发现自己躺在一家豪华酒店的浴池里时，我不知道自己在哪里。我不知道我的家人在哪里，也不知道自己是怎么到这里来的，而且我发现自己对任何

a.《与媒体见面》，美国国家广播公司制作的新闻访谈节目。该节目是全世界播映史上最长久的节目，从 1947 年 11 月 6 日首映持续播出至今。这档节目也是美国收视率最高的晨间访谈节目。该节目专注于专访国家领袖或是谈论政治、经济、外交和其他公共政策。——译者注

人都没有用。然后在这个星球上，在那一时刻，我觉醒了，那就是促使我努力为穷人工作的原因。”然后，他又说道：“那个经历来自我的一次幻觉。”

他继续说：“我相信预感，我的女儿在那些小猫还没有出生之前就知道它们的模样，她还给我描述过，它们出生后确实是那样的。有些人曾经看到过远处正在发生的火灾。”

我说：“议员先生，现在假如我是拉里·史匹瓦克，我要问你的下一个问题是，如果你的女儿告诉你她感觉到苏联正准备向美国发射洲际弹道导弹，你会对苏联采取先发制人的策略吗？”

他说：“我会认真考虑这个问题。”

我说：“议员先生，现在假如我是拉里·史匹瓦克，而你就坐在那张桌子旁，并且你面前有一杯水，我问道：‘如果有人说他站在几英尺外，仅仅凭借意念的力量就能移动这杯水，你相信吗？’”他回答说：“是的，我相信。”

屋中到处都是这样的人——有些人把整个职业生涯都献给了这个家伙，比如他的幕僚总长——他们看见自己在白宫里。他们开始拒绝接受他们听到的话，他们正在挥手，却说这没有什么含义。当我继续说时，他们已经迫不及待了。他们打断我说，“不是他说的那样”，“不要担心，有人会来处理的”，并且说亚伯拉罕·林肯也相信这些。很明显，他们已经知道了这些，整个努力付诸东流了。我从来没有见过这样的事情，这真是太蛊惑人了，因为这些家伙已经做了多年的准备工作，而且他们都梦想为一位美国总统服务。

最后，乔说：“议员先生，告诉沃伦如果他再像这样提问，你就打算让他消失。”

因此，我说：“议员先生，看看，在美国政治中有各种各样的骗子。你知道，他们假装信仰上帝，声称每周日都去教堂。你知道，其实他们一个字也不相信。但是，这确实能起作用。另外，你知道自己非常真诚地相信一些东西，并且也有自己的原因。但是我敢预言，你可能会失去大概10%的标准民主党人的选票，或者更多的选票，这是你真诚的信仰造成的，而其他人能够得到这些选票，正是因为他们没有信仰。这就是现实。同时，所有这些家伙都会说，'不要理他，他知道什么'？"但是休斯说他要出去一会儿，当他回来时，他会做出安排来结束他的竞选活动。[6]

在那之后10天这件事就发生了，当时休斯接受《得梅因纪事报》的采访，声称最近刚刚通过灵媒和他已故的哥哥交谈了一个小时。[7]至此，参议员哈罗德·休斯竞选总统的抱负消失了。[8]

哈罗德·休斯事件最后证明是巴菲特多年来希望拥立支持者愿望的最高峰，也是最低谷——部分是由于理查德·尼克松的顺利连任终结了这一愿望。但是，通过这件事，巴菲特开始认真关注媒体在政治方面的巨大影响力，他想要这种影响力。儿时投递报纸，同《财富》杂志记者卡罗尔·卢米斯多年的友谊，购买《奥马哈太阳报》，寻求购买其他报纸，以及他投资《华盛顿月刊》——巴菲特对出版的兴趣不断增加和膨胀。在20世纪60年代，从肯尼迪总统遇刺身亡到因越战而激发的民权运动，巴菲特通过电视目睹了这一系列重大事件，同时也认识到了电视的强大影响力。现在，由于电视的收益逐渐明朗，他也想去分享一块蛋糕。

因此，比尔·鲁安在纽约宴请了一位老朋友汤姆·墨菲，后者掌管着大都会传媒公司，这家公司自己拥有广播电台。

墨菲是布鲁克林地区一位法官的儿子，早年在纽约混乱不堪的政治氛围中长大，后来进入哈佛商学院学习，1949年毕业。墨菲下颏宽厚，秃顶，脾气随和，他的职业生涯从经营奥尔巴尼一家破产的电视台开始。为了节约成本，他只把大楼朝向大路的一面刷上了涂料。然后他开始购买广播电台、有线电视公司和出版社，缔造了一个媒体帝国。在他搬到纽约之前，他招募了另一个哈佛商学院的同学丹·伯克——强生公司首席执行官吉姆·伯克的兄弟。

晚饭后，墨菲同鲁安开始着手制定将巴菲特引进董事会的战略。鲁安说要想打入巴菲特的内心深处，最好的办法就是去奥马哈拜访他。墨菲立即起程前往奥马哈。巴菲特请他吃上等的牛排，然后开车带他回家去见苏珊。到现在，她肯定已经明白接下来是怎么回事了：她的丈夫又有了新的让他痴迷的目标。巴菲特喜欢向别人展现他的标志性东西：办公室，苏珊，有时则是铁路模型。之后，巴菲特和墨菲在地下室的球场打了几场壁球，墨菲穿着他的大皮鞋跑来跑去。墨菲还没有提问，巴菲特就知道他要问什么。“汤姆，你知道，”他说，“我不能成为你们公司的董事，因为那样的话，我必须先在里面有一个重要的职位，而你们的股票太贵。”[9] 即使整个市场都在急剧下跌，但投资者仍然热衷于电视股票。有线电视是新兴产业，地方专营权又增强了这些新兴的可视的上市公司的诱惑力，激发了投资者对媒体的兴趣。“你看，”他说，“你从我这里什么也得不到，你的董事会不需要我。”[10]

但是，此后当墨菲要进行交易时，他都会先给巴菲特打电话。刚刚 40 岁出头的巴菲特有些受宠若惊，在墨菲身上也花费了无数时间。甚至在巴菲特快 50 岁时，他还认为，“这个家伙是老了”，但是“他洞悉世事百态”。“我对墨菲也肃然起敬，”巴菲特说，“我认为他是最优秀的商人之一。”一天晚上，墨菲在家中给巴菲特打电话，首次向他提供商机——沃思堡电视台正在出售，[11] 不过巴菲特拒绝了。也不知道因为什么，他想不起来了。后来，他称这是他职业生涯中最大的失误之一。[12]

其实，巴菲特真正想要的是成为一个出版商。事实上，他认为自己获悉了一个热点内幕新闻，但是，当他把这个线索告诉《华盛顿月刊》的编辑时，他们嗤之以鼻，置之不理。后来，《华盛顿月刊》的出版商查尔斯·彼得斯说："我可以十分肯定地说，这些编辑十分反感投资人给他们打电话，告诉他们怎么做新闻。"他们告诉彼得斯，"对《华盛顿月刊》来说，这不是真正的新闻"，彼得斯没有强求他们。后来，巴菲特转向《奥马哈太阳报》，可能它不如全国性报纸有影响，不过总比没有报纸报道好吧。当事情水落石出后，彼得斯气急败坏地说："我应该把手下这些家伙都枪毙了。"

巴菲特所谓的内幕新闻涉及一家儿童城，这曾经是奥马哈一家很有名望的慈善机构，现在却变得十分贪婪。儿童城由一个名叫爱德华·弗拉纳根的传教士于1917年创建，它为无家可归的年轻人提供栖息之地，帮助拯救孤儿，避免青少年虚度人生、流浪、犯罪或者吸毒。巴菲特说："爱德华·弗拉纳根的事迹在该城广为传颂，他一次如果挣到5美元，就会立即花在孤儿身上。然后，当他挣到90美元时，收养的孩子已经达到25个。"[13]儿童城在成立初期常常面临经济困境，不过它还是生存了下来。到1934年，它已经在距奥马哈城10英里的地方拥有了一块160英亩的校园，包括学校、宿舍、教堂、餐厅和体育设施。在霍华德·巴菲特的帮助下，儿童城于1934年开办了自己的邮局以便筹集资金。[14]到1936年时，这里已经成了一个行政村庄。后来到1938年，儿童城因在斯宾塞·特雷西和米奇·鲁尼主演的奥斯卡获奖影片中露面而声名大噪。

当一个专业的募款人员特德·米勒看到这部电影后，立即有了一个想法，要把儿童城的募捐活动变成一个轰动全美的运动。儿童城，现在自称为"小鬼之城"，在每年的圣诞节时，都会发出数百万封信，信中写道，"当您在欢庆圣诞时，还有许多无家可归被遗弃的孩子无法享受这种欢乐……”，同时附上电影中的一幕著名场景，一个街头顽童怀抱着一个小孩，嘴里说着一句经典台词：“他一点儿也不重，爸爸……他是我弟弟。”

人们少则寄来 1 美元，但集腋成裘，这数百万封信合起来收回的捐款还是非常可观的。[15] 儿童城利用这笔钱，大肆扩张，校园扩大到了 1 300 英亩，建造了体育场、纪念品商店、农场（可以雇用孩子们工作），还建有职业培训设施。弗拉纳根神父于 1948 年去世，在他的继承人尼古拉斯·威格纳主教的经营下，资金不断增加。它现在实际上成了一个圣地，吸引着全国的游客前来参观。

> 我曾经听说在圣诞节来临前好几周，美国国民银行就要增派人手来处理捐给儿童城的汇款。当然，我也目睹它正在一步步坠入贪婪的深渊。

在弗拉纳根创建儿童城的初期，他查询过法庭的记录，接收了一些冥顽不化的少年犯，甚至还有几个杀人犯。但是到了 1971 年，儿童城开始筛选进入这里的人，将精神失常、智力迟钝和有严重违法犯罪行为的人排除在外。它基本上只接受那些“无家可归”的男孩，并且不能有其他严重的问题。[16] 儿童城可以容纳 1 000 人，却雇用了 600 多人来照顾 665 名男孩。[17] 然而，这样一个庞大的机构，却只是收容男孩，并且与世隔绝，营造了一种类似监管甚至监狱的环境，这种方式似乎已经过时了。[18] 孩子们依据钟声行动：第一声钟声响起时，他们要在巨大的餐厅祈祷；第二声时坐下；第三声时开始吃饭；到第四声响起时，无论吃完与否，都要放下刀叉；第五声时站起来祈祷；听到第六声时就要立即冲出餐厅。他们的邮件要接受审查，一个月只允许接待访客一次，并且还要由工作人员选择，不能自己挑选。他们从事着琐碎的工作，基本上没有什么创造性，也不能和女孩接触。儿童城只重视培养低等的职业技能，如采摘豆子和搭建鸟巢。

1971 年 7 月的一个傍晚，在巴菲特家中，沃伦同《奥马哈太阳报》的编辑保罗·威廉姆斯一起分析儿童城的问题，并且决定深入调查它是如何筹集资金以及如何花费的。《奥马哈太阳报》已经就该事件进行了一系列报道，并且收到了儿童城的辩解——“我们不讨论经济问题”。[19] 现在威廉姆斯派三个报社记者，韦斯·艾弗森、道格·史密斯和米克·鲁德开始了秘密调查工作“项目 B”，计划组织一次详细的调查。[20] 他们发现儿童城收到的公开宣传材料声称儿童城没有从教会、联邦或者州政府获取任何资金支持，记者米克·鲁德顺藤摸瓜，在林肯市内布拉斯加州议会大厦记录中发现这是假的。[21] 这使得他们开始怀疑儿童城的其他问题。

通过其他的基本报道，他们得到了该机构的房产税记录、教育情况记录以及公司的条例。他们发现儿童城同州福利部门的关系长期以来都很紧张。儿童城当时的负责人威格纳主教拒绝参加由外部机构组织的评审工作，只听取自己员工的建议。[22] 威廉姆斯通过国会的资源获取了关于儿童城邮局的报告，他发现每年通过该邮局发出的募捐信大概有 340 万封到 500 万封之间。这是一个惊人的数目，其他机构的募捐人告诉他们，基于这样一个数目，儿童城一年至少可以筹集 1 000 万美元。巴菲特利用自己的财务知识，分析出它的运营成本连其中的一半也不到。[23] 儿童城筹集资金的速度比花钱的速度快。它在 1948 年经历了一次巨大的扩张，假如从那以后起，每年积攒 500 万美元，巴菲特估计这么多年来它至少积累了 1 亿美元的剩余资金。但是，到目前为止还没有证据可以证明这一点。

巴菲特已经加入了当地的城市联盟。通过这一关系，他结识了当地的一名外科医生克劳德·奥甘，后者是儿童城唯一一位黑人董事。巴菲特认为这个医生是一个正派的人。

我们在街道对面的黑石酒店吃早饭。我不停地讲啊讲，想从他那里获取一些信息。他无法告诉我详细情况，但是，他也说我没有错。他甚至做得更好，尽管我无法从他那里获取任何数字，但是他让我明白这里一定有故事。

奥甘医生开始悄悄地指引调查团队，帮助他们继续跟踪事态的发展，同时又没有泄露机密情报。[24]记者们开始找城里的人谈话，但是毫无进展，儿童城的大部分员工都不敢说真话。巴菲特穿着破旧的网球鞋，被虫子蛀坏的毛衣，裤子上还沾着粉笔屑，指挥着几个记者，在奥马哈城四处游荡。[25]“这真是太不可思议了，”他说，“无论与《天使神差》中的女记者相对应的男主人公是干什么的，那就是我。”到现在沃伦已经接纳了苏珊的朋友斯坦·利普西，他当时是《奥马哈太阳报》的出版商，也是巴菲特的一个新朋友，他们开始一起慢跑，在他的地下室打壁球。

然后，沃伦突发奇想。他知道国会刚刚通过一项法律，其中有一款是要求非营利组织向美国国税局提交纳税申报单。

我正在费城的家里为巴菲特基金会填写“990 报表”，突然脑中一闪，如果我要递交纳税申报单，他们也许也要报税。[26]

记者们顺藤摸瓜，找到了费城国税局的 990 报表，焦急地等待了 20 多天，直到工作人员从成堆的文件中翻出这些档案。[27]

两天后，包裹抵达奥马哈。保罗·威廉姆斯已经雇用了一位新的总编助理兰迪·布朗，专门帮助处理儿童城事件，整个团队成了四人组合。“我第一天工作，就看见桌上的 990 报表。”布朗说。[28]巴菲特当时刚刚购买了喜诗公司，正忙着给全北美的朋友邮寄整箱的糖果。然而，儿童城萦绕在他的心头，他也亲自来帮助布朗分析这些文件。确定无疑，儿童城净值2.09亿美元，而且每年还在以1 800万美元的速度递增，这相当于它每年开支的4倍。巴菲特兴奋不已。在他的一生中，他一直在等着修女犯罪，并通过分析指纹来揭露这一罪行，现在他却利用纳税申报单突然抓住了一个双手沾满罪恶的主教。

他们把办公桌、文件柜搬到威廉姆斯的地下娱乐室中，并且扯了三条电话线。最后，“我们追踪到一切，事情水落石出了”，利普西说，“不过，我们没法查清他们在瑞士的两个银行账号”。《奥马哈太阳报》的记者们对自己的发现十分震惊，儿童城收到的捐款规模是圣母大学的3倍。保守估计，每个男孩可以分到20万美元。米克·鲁德戏称它是“小鬼之城，高额收益”，[29]这个赚钱机器每年能够带来2 500万美元的收益，可以用投资的收益轻松囊括所有的开支，根本不需要再筹集一分钱。[30]报道整合在一起后，报道小组在黑石酒店召开了一次会议，就在巴菲特办公室对面的街上。巧合的是，儿童城的董事会也同时在该酒店的一间会议室举行。记者们蹑手蹑脚地走进去，希望不会被看见。[31]这一阴谋已经十分明显，现在他们开始思考下面这些问题：儿童城打算怎么处理所有这些资金？为什么它要继续筹钱呢？调查的最后一个环节就是找出这些问题的答案。

作为儿童城的管理人员，74岁的尼古拉斯·威格纳主教现在负责筹款工作。主教此时已经获悉《奥马哈太阳报》正在调查他们，儿童城已经开始匆忙着手进行改革。但是这些记者很自信地确认这位主教还不知道他们已经得到了儿童城的纳税申报单。他们害怕在这一报道上败给《奥马哈世界先驱报》，因为一旦它意识到这是一个多么重大的新闻，就可能利用其更为丰富的资源突然出击。他们更为担心的是，儿童城可能突然会同《奥马哈世界先驱报》合作，给它提供独家新闻，预先发动攻势，发布对儿童城有利的报道。[32]

记者们密谋如何采访威格纳和他的上级，希恩大主教。米克·鲁德，三十来岁，留着齐肩卷发，八字胡，一副吊儿郎当样，前去采访威格纳。一看到威格纳，鲁德禁不住深感同情。威格纳满脸皱纹，秃顶，穿着主教的长袍，伸着脖子，就像一只老迈的海龟。这位主教看起来十分憔悴，毕竟已经历经大大小小15次手术的折磨。随着采访的进行，他喋喋不休地讲着，同时否认接受了政府的资金。当被问起筹集的资金问题时，他说："我们一直都负债累累。"鲁德明白没有一句是真话，就结束了采访，带着录音带直接回到威廉姆斯的地下室。威廉姆斯把录音带整理出来后，立即把它放到保险柜中。

当鲁德在采访威格纳时，威廉姆斯正在盯着大主教，他们想在采访威格纳的同时对他进行采访，但无法安排在同一天。希恩——在这一点上可能被暗示过——证实了威格纳的陈述，但拒绝进一步发表意见。当这些资料到手之后，报道小组的记者们带着摄像师来到儿童城的筹款办公室。它位于奥马哈一家带有"富国银行"标识的大楼里，而不在儿童城里。他们不请自入，抓拍了几张成排女士工作的照片，她们正在打印筹款信和给捐赠人的感谢信。他们也设法采访了几个资金筹集人，不过他们都说："不要在你们的文章里提到筹集资金的事宜，以免公众轻易形成错误的观念，导致他们认为我们很富有，我们想让人们认为是男孩们邮寄的这些信。"[33]

同时，其他记者突然出现在董事大会上。这些董事大都没有颠覆这一神圣机构的动机。他们包括：掌管儿童城投资收益的银行家，一个建筑师的儿子（这位建筑师建造了儿童城校园，同时其公司正在为儿童城建造其他建筑），为所有男孩提供服装的经销商，以及处理儿童城法律事务的律师。他们中的多数人除了同儿童城的经济利益相关联外，所有人都感觉很荣幸能够成为内布拉斯加最受人尊敬的机构的董事，同时还能够为它贡献微薄之力。威格纳认为他们是一群讨厌的人，并且告诉鲁德说，"他们从来没有做过太多的好事"，"他们一点儿也不了解社会福利事业……他们也根本不懂教育”。[34]据威廉姆斯讲，不论他们实际上知道多少，董事会对记者们的提问反应不一，从“吃惊到无知或者完全不懂”都有。[35]儿童城的另外一个管理人员事后才明白过来，说：“董事会没有完全尽到为威格纳主教服务的职责……他们应该早就向他建议，减缓筹集资金的速度。”[36]

这真是太具有讽刺意义了。正是儿童城贫困的背景导致威格纳开始筹集资金，正如兰迪·布朗所说，就好像“狼在门口一样”。[37]也正是这一原因麻痹了董事会成员，使他们在监管威格纳的行为时没有质疑这是否合理。但是在同样环境中出来的人，沃伦·巴菲特要替他们打破它。在巴菲特看来，这样的犯罪不仅仅在于贪婪地筹集资金，更是由于把这些资金随意堆在那里而没有合理地使用。儿童城甚至连预算都没有。[38]巴菲特认为这种罪孽是对信用责任的抛弃，没有合理地代表他人行使管理这些资金的权力。

记者们整个周末都在兴奋地写这篇新闻报道。巴菲特和利普西一点点地读着。“我们只是一家毫不起眼的小报”，巴菲特说，但是却要按照著名的全国性报纸的新闻报道标准去写。最后，他们聚集在保罗·威廉姆斯家的客厅里，把所有的资料铺在地上，绞尽脑汁构思标题。最后他们把大标题定为：“儿童城：美国最富有之城？”一篇长达8页的专题报道出现在了报纸上，同时还有一些相关的花絮新闻，报道以《圣经·路加福音》(16：2)中“把你所经管的交代明白”开篇。

在报道登载前一天，星期三的下午，威廉姆斯把稿件送到了美联社、合众国际社、《奥马哈世界先驱报》和电视台。第二天，1972年3月30日，巴菲特将来回忆起来时仍会认为这是他一生中重要的一天。该报道不仅实现了他的愿望——像教会一样去经营商业活动，而且它还以《圣经》中最受人喜爱的思想——管理工作来开篇，通过这面镜子他看到了职责、道德或者义务，以及重要职位的责任。到那一周结束的时候，新闻通讯社已经将儿童城的报道传遍了全国，成了全国性的丑闻。[39] 星期六，儿童城的董事们召开紧急会议，决定停止所有的筹资活动，包括春季已经印好并已装进信封的所有信件。[40] 借助先进的传播方式，调查报道产生了深远的影响，立即推动了全美非政府组织监管方式的改革。这一报道被《时代周刊》《新闻周刊》《编辑和出版人》和《洛杉矶时报》等其他媒体转载。[41] 在儿童城丑闻曝光之后，有人立即对 26 家类似的机构做了一个非正式调查，结果发现超过 1/3 的机构称它们的筹款活动受到了影响。[42]

与此同时，威格纳的接任者弗朗西斯·施密特主教已经开始负起责任来。他迅速给儿童城的支持者们致信，说："《奥马哈太阳报》只是'一份购物指南，里面刊登的都是黄色新闻、偏见、嫉妒'，据我所知，这篇报道充满了狭隘和偏执。"他还指出他们的动机是反天主教的偏见。事实上，这些记者早就竭尽全力避免出现这种偏见。另外，施密特还说这篇报道充斥着"卑鄙可耻的含沙射影"，之所以这样，是因为"这是一份由庸俗编辑组成的廉价报纸，而它的老板却是一个富得流油的家伙"。[43] 威格纳仍然顽固不化。"儿童城，"他说，"仍然会存在，而那堆黄色垃圾——所谓的《奥马哈太阳报》——却会被忘掉。"[44] 对写信询问儿童城丑闻的人，威格纳都发送了一封相同的信，告诉他们《奥马哈太阳报》的报道在传播"耸人听闻的地方八卦"，并且说儿童城目前不再接受捐款，因为"我们的资产和设施已经增值了好几倍……因此可以满足我们的开支"。[45] 这些信件打印在普通纸上，在最下面都写着"您的捐款符合减税的要求"，并且"我们从不雇用募捐人或者筹资机构——我们不支付佣金"。

在《奥马哈太阳报》的报道刊登几个月后，奥马哈新闻俱乐部举行年度演出活动，一组歌手为奥马哈的名人们（有几个来自其他城市）表演节目。他们用歌声来讽刺威格纳主教和儿童城：

大约在50年前，
我们建造了一座儿童城。
我们呼吁人们都来捐款，
钱财滚滚而来。
我们请求人们救济，
汇款纷至沓来。
我们这些无家可归的孤儿
全都获得了慷慨的资助。
沃伦·巴菲特刚一出现，
我们的资金就被曝光，
所有的财源全都中断。
（合唱）
谁在从中作梗，
搅乱了威格纳主教的募捐箱？
现在我们成了过街老鼠，
好像我们会传播天花一样。
你可知道，这是个阴谋诡计，
沃伦·巴菲特，
你为什么要搅乱威格纳主教的募捐箱？

从好莱坞来了一些家伙，
拍了一部电影；
米奇·鲁尼向人们展示，
他们应该把钱花到哪里。

斯宾塞·特雷西用她万分的虔诚
扮演自己的角色；
我们卖掉无数的爆米花，
只是为了购买 AT&T。
我们把锡杯传到各地，
让人们安乐富足地生活；
沃伦·巴菲特突然出现，
查清了我们的资产负债表。

我们建造了豪华的别墅，
用来给这些孩子上课。
星期五不是去钓鱼，
而是在温室中吃野鸡。
我们总是向别人诉苦哭穷，
但是我们从来没有欠过债。
最后算出来了，
每个人都能分到 20 万美元。
巴菲特吹响了笛声，
全凭满怀恶意和嫉妒的一时之兴；
他肯定在心中盘算，
我们正变得像他一样富有！[46]

巴菲特从来没有感觉看纳税申报单如此有意思，他想做个备忘录，把事件的进展记录下来，只是为了证明《奥马哈太阳报》不会像主教预计的那样被遗忘。代表新闻界最高荣誉的普利策奖，“开始使我激动不已”，他说。[47] 他让保罗·威廉姆斯开始填写申请表。威廉姆斯为巴菲特准备了一份详细的大纲，把他描述成一个有自己的战略思想、有着长期报纸管理经验的人。“在一个国家，经济因素不可避免地导致每个城市只能拥有一家日报”，巴菲特写道，《奥马哈太阳报》提交的申请中应该强调“对另一家印刷媒体的需要”。另外一家报纸，甚至只是郊区的周报，也会增加“处于困扰中的巨人歌利亚的价值”，但是主流报纸都害怕这么做，因为这样“可能看起来很傻”。[48]

米克·鲁德写了一篇关于儿童城的追踪报道，这招致威格纳主教在采访中指责这些报道含有种族歧视，同时这篇报道也揭露了湖边儿童城的孤儿们种植大麻的丑闻。保罗·威廉姆斯把这篇稿子给毙了，他说《奥马哈太阳报》还要走阳关道，在某种程度上要避免以后的报道受到影响，同时也是为了避免让人们感觉他们有反天主教的倾向。此时，普利策奖即将揭晓。“太糟糕了。”鲁德在日记中自言自语道。[49]

《奥马哈太阳报》的记者们知道普利策奖的竞争太激烈了。他们要和《华盛顿邮报》的调查性新闻记者卡尔·伯恩斯坦和鲍勃·伍德沃德竞争，后者追踪一起发生在民主党全国委员会总部的普通盗窃案，当时正值1972年尼克松与麦戈文争夺总统候选人资格，最后却发现这是一起巨大的政治间谍案和故意破坏行动。不过《奥马哈太阳报》在1972年也很有实力竞争这一新闻界最高奖项。

1973年3月，美国职业新闻工作者协会和全国新闻协会，授予《奥马哈太阳报》公共服务方面的最高奖励，《华盛顿邮报》获调查报告奖。在颁奖典礼之前的一次鸡尾酒会上，当斯坦和珍妮·利普西在人群中挤来挤去，希望能够一睹卡尔·伯恩斯坦和鲍勃·伍德沃德的风采时，珍妮用胳膊肘碰了一下她的丈夫说：“我敢和你打赌，我要赌100美元，你一定会获普利策奖。”几周后消息传来，《奥马哈太阳报》获得了普利策地方调查报道奖。整个报社沸腾了，人们欢欣鼓舞。[50]这一次，它同获得公共服务奖的《华盛顿邮报》平起平坐了。

苏珊·巴菲特举行了一次庆祝晚会，她制作了一个写有“太阳报普利策奖”字样的巨大点心，放在家中。在晚会上他们也庆祝一些其他的胜利。儿童城开始在一些项目上进行投资，并且迅速组建了一个中心，对儿童的听力和言语缺陷进行研究和治疗。还算幸运，它还是起到了一些作用。儿童城从现在开始有了预算，并且向公众公开其财务状况。

那一年他们没有像往年一样邮寄圣诞节筹款信，只是寄了一张圣诞贺卡表示感谢，同时也附上了希恩大主教的一封信，信中“十分遗憾地”宣布，威格纳主教由于“健康原因”不得不退休。尽管他确实十分憔悴和虚弱，《奥马哈太阳报》那些尖刻的记者却认为“这是因为他所读到的报道”而导致的。[51]

1974年的复活节，杰克·林沃特尔转给沃伦一封信的副本，这是威格纳神父（已经不是主教了）写的信。信中不再说那些无家可归被遗弃的孤儿没有快乐的圣诞节了，相反，信中详细地介绍了儿童城刚刚参与的一些投资巨大的新项目，以及打算雇用专家“以帮助我们计划未来”。[52] 在这封信之后，儿童城仍然收到了360万美元的捐款，但因为受到丑闻的影响，同上一年的最高值相比少了很多。

因此，这一事件的结局和其他的一样：一种复杂的胜利，为了应对公开的尴尬，一方面加以掩盖，一方面加以改革，却没有完全改变体制。虽然儿童城最后又获得了董事会和管理层的信任，但这不是一天就实现的，董事会的利益冲突并没有消失，至少没有立即消失。

甚至《奥马哈太阳报》的荣誉也是昙花一现。它的经营状况并不景气，这个爱揭丑的编辑保罗·威廉姆斯在荣获普利策奖后不久就退休了。那些调查新闻记者也一个个另谋高就，跳槽到了其他报社和通讯社。除非巴菲特甘愿它继续赔钱，《奥马哈太阳报》的经济状况无法让它像过去一样支撑未来的发展。《华盛顿月刊》已经证明了这一点——即使大报也是如此——巴菲特也不会这样做的。在一定意义上，

《奥马哈太阳报》是他的“烟蒂”之一，他已经吸进了最后一大口。

在另一种意义上，和其他事情相比，他从《奥马哈太阳报》中获得的短暂声誉只是他的副产品。最近，因为其他原因，巴菲特已经在投资者的头脑中引发了一场震荡。一个叫乔治·古德曼的作家以亚当·史密斯为笔名出版了一本题为《超级金钱》的书，猛烈抨击了20世纪60年代股票市场的泡沫。这本书十分畅销，卖出了100多万册。[53]这一泡沫突然把基金经理们送到最高点，然后几乎在一夜之间，泡沫破灭将他们抛进低谷，就好像他们的发动机突然没油了。他们被描述成了“长角魔兽”，引诱普通投资者的可恶家伙。但是当讲到本杰明·格雷厄姆和巴菲特时，古德曼知道他遇到了两个非常与众不同的人物，他花费了整整一章来写这两个人，把他们写得光彩夺目。

古德曼十分敬重精通拉丁语和法语的格雷厄姆，曾经受到他的热情款待。但是当格雷厄姆出现在《超级金钱》一书中时，形象却不佳，说起话来有些矫揉造作，话语中透露着一种自我讽刺的感觉。而巴菲特却是另一副模样：全美国一流的投资专家，极其喜爱百事可乐，独自一人经营着自己的事业，远离华尔街的那些撒旦。巴菲特同格雷厄姆一起出现在书中，就像一块两英寸厚的丁字牛排同一块鹅肝酱放在同一个盘子里。人人都想要牛排。

这本书的所有评论者都提到了巴菲特。华尔街资深作家约翰·布鲁克斯称他为“巴比伦的清教徒”，身边却围满了“贪婪、蓄短连鬓胡子的证券投资巫师”。[54]一夜之间，巴菲特成了明星。

甚至在奥马哈，《超级金钱》也引发了小小的轰动。在这本畅销书中，巴菲特被加冕为“投资之王”。他现在是人们常挂在嘴边的“那个沃伦·巴菲特”。

36

两只落汤鸡

奥马哈，华盛顿哥伦比亚特区　1971 年

长期以来，巴菲特一直渴望在出版领域占据一席之地。自从报纸出现以来，大多数都是由一些家族控制，直到最近才有要出售的企业，并且看起来还很便宜。他和查理·芒格也开始了一个接一个的收购活动。他们尝试着从斯克里普斯·霍华德那里购买《辛辛那提问讯报》，不过没有成功。[1]他们还打算为蓝筹印花公司买进斯克里普斯家族的另一家企业——新墨西哥论坛公司，该公司旗下拥有《阿尔伯克基论坛报》[2]——最后也以失败告终。

1971 年，《华盛顿月刊》的出版商查理·彼得斯接到了巴菲特打来的电话，请求他牵线，帮巴菲特和芒格结识《华盛顿邮报》的出版商凯瑟琳·格雷厄姆。巴菲特说他和芒格已经购买了《纽约客》的股票，并且想把这家杂志整个买进。他们已经同《纽约客》的董事长——该杂志的一个大股东——彼得·弗里茨曼谈过了，他也想出售自己的股份。不过他们需要一个合伙人一起购买该杂志，他们认为《华盛顿邮报》可能是最佳的选择。

接到这个电话，彼得斯并不感到吃惊。他转念一想，认为巴菲特肯定对《华盛顿邮报》的股票感兴趣，因为格雷厄姆家族正在让公司上市。他之所以继续持有《华盛顿月刊》，也许正是因为最近有些报纸正在公开发行股票。如果能够以《华盛顿月刊》为突破口打进《华盛顿邮报》，那么所有在它上面花费的投资也算物有所值了。

在 1971 年《华盛顿邮报》即将公开发行股票时，[3] 彼得斯安排了一次会面，探讨双方合作购买《纽约客》的事宜。巴菲特从来没有购买过公开发行的股票，因为他感觉这些股票都是被大肆鼓吹和宣传出来的；它们的价格被高估了，同那些不受人喜爱的“烟蒂”或者价值洼地正好相反，如他和芒格购买的美国运通公司或喜诗糖果公司的股票。因此，巴菲特并不打算购买《华盛顿邮报》的股票。但是他和芒格仍然飞到了华盛顿，在《华盛顿邮报》的总部同凯瑟琳·格雷厄姆会面。那是一座 8 层高的白色哥特式大楼，建造于 20 世纪 50 年代，正面高悬“华盛顿邮报”几个大字。

尽管凯瑟琳·格雷厄姆是《华盛顿邮报》的出版商，但是接管该报时已经不年轻了。8 年前她开始接管该报，当时她 46 岁，一个寡妇，带着 4 个孩子，从来没有经营过报纸。现在她已经全力以赴，在投资者和新闻界的不断质疑之下，仍然能够勇敢地迎接挑战，管理一家上市公司。

> 查理和我同她进行了一次短暂的接触，只有 20 分钟。我不知道她是个什么样的人。我不知道她会害怕自己的公司。那天正下着大雨，因此我们进去时就像两只落汤鸡，你能想象出来我们当时的寒酸样子。
>
> 在她的办公室落座后，她对我们十分热情，建议我们去见见董事长弗里茨·毕比，他是纽约真正起推动作用的人，我们听从了她的建议。但是，我们没有取得任何进展。

当时，格雷厄姆对购买《纽约客》不感兴趣，巴菲特的这次造访无功而返。这次会面，也没有留下任何她和巴菲特将来会成为好朋友的迹象。不管怎么说，他在她心中没有留下什么印象。对巴菲特来说，尽管她仍然是个漂亮的女士，但是他还没有发现她有什么特别吸引人的地方，这可能是因为巴菲特喜欢像戴茜·梅尔那样温柔贤惠而又体贴关爱的女人。再者，他们的背景也有天壤之别。

凯瑟琳·格雷厄姆出生于一个富有的家庭，之后不久就迎来了咆哮的20世纪20年代。父亲吉恩·梅耶是犹太人，一个投资家和《华盛顿邮报》的出版商。母亲艾格尼丝是上流社会出名的交际家，只关心自己的事情。家里人在背后都叫她"大艾格"，因为她个子高挑，随着年龄的增加，她的腰身也不断变粗。艾格尼丝之所以嫁给这个犹太人，至少在一定程度上是看中了他的钱财。不过和她的丈夫及5个孩子完全不同，她极其喜爱中国艺术、音乐、文学和其他艺术。他们在基梭山拥有一座粉中带灰的别墅，俯瞰着威彻斯特县的拜瑞湖。另外，他们在纽约第五大道还有一套公寓，在华盛顿特区另有一座巨大的维多利亚风格的房子。他们轮流在这三个住所居住。

凯瑟琳最初几年是由母亲照顾的，她们住在基梭山的别墅里。这里被人们称为"农场"，因为它包括一个巨大的果园兼花园和牛奶场，还有一个古老的农舍，这个农舍是农场工人们的单身宿舍。餐桌上的每样蔬菜、每个水果都来自周围的菜地和果园。凯瑟琳吃的肉来自农场自己养的猪和鸡，喝的牛奶来自农场的泽西种乳牛。每天每个房间的桌子上都摆满了鲜花，甚至在华盛顿的家中也有从基梭山的花园快递过去的鲜花。威彻斯特县别墅的墙上挂满了中国的名画，里面还有当时地位和身份的象征：一个室内游泳池，一条保龄球道，一个网球场以及一架巨大的管风琴。

凯瑟琳可以从一群骏马中选择自己的坐骑，这群马英俊高大，足以和灰姑娘的马队相媲美。她常常到处度假，有一次甚至跑到德国去拜访阿尔伯特·爱因斯坦。有时艾格尼丝会带着孩子们去野营，教他们独立生活的能力。他们大概要带5个农场的雇工、11匹鞍马和17匹驮马随行。

但是孩子们要见他们的母亲还必须预约。他们要狼吞虎咽地吃饭，因为当仆人在长长的餐桌上上菜时，要先给艾格尼丝盛。当仆人开始给其他人盛菜时，她已经开始吃了。而且她一吃完，就要求把其他人的盘子也迅速撤走。她自己也承认，她不爱自己的孩子。她让奶妈、家庭教师和骑师来照顾他们，她把他们打发到夏令营、寄宿学校和舞蹈班。他们唯一的玩伴是自己，以及仆人的孩子们。艾格尼丝常常醉酒，同许多名人调情和交往（不过只是柏拉图式的精神恋爱）。她瞧不起其他任何妇女，包括自己的女儿。她竟然拿凯瑟琳同美国的甜心宝贝秀兰·邓波儿相比，后者是一位集唱歌、跳舞和甜蜜微笑于一身的美国童星，长着满头金色鬈发。[4]“如果我说我喜欢《三个火枪手》，”格雷厄姆回忆道，“她会说我不可能真正读懂它，除非我能够像她一样读了法文原版。”[5]凯瑟琳接受的训练就像是杂交的兰花一样，美丽而又娇生惯养，其潜力常常受到严厉的指责，或者被忽视。然而，当她到华盛顿特区的马德拉学校上学时，却突然学会了招人喜爱的技能，并且被选为班长——在那时这是很令人吃惊的事，因为她具有一半犹太血统。

在信奉新教的基梭山家中，他们过着与世隔绝的生活。因为艾格尼丝坚决主张要把孩子们培养成新教徒——尽管这违反了当时的宗教习俗——他们甚至忽视了他们的父亲是犹太人这一事实，格雷厄姆不明白他们为什么要与世隔绝。后来她在瓦萨尔学院上学时，有一次感到非常震惊，不知所措。当时一位朋友向她道歉，因为有人在她面前发表了一通贬低犹太人的言论。她事后才醒悟过来，她在血统上的冲突“要么使你具有超强的生存能力，要么使你乱成一团”。[6]

凯瑟琳从母亲那里学会了对小事不拘一格、慷慨大方、害怕受欺骗、不愿轻易放弃以及对他人持怀疑态度，认为别人都想利用她。据她自己描述，她也形成了喜爱指挥人的倾向。[7]然而，在别人看来，她天真质朴、坦率正直、慷慨大方、心胸开阔，不过她似乎从未承认这些优点。

尽管她的父亲公务繁忙、对人冷淡，对她却很支持，因而她似乎感觉和他更亲近些。为了吉恩·梅耶，她把热情投在了经济学上。最后这些知识也用上了，从来没有任何浪费。她父亲在经济学方面很有天赋，再加上他付出了大量的时间、金钱和精力，从而拯救了奄奄一息的《华盛顿邮报》，使它能够继续生存发展下去。当时，凯瑟琳正在日渐长大成人，而这家报纸在首都华盛顿地区的五家报纸中仍然排在最后，远远落后于主流报纸《华盛顿明星晚报》。[8]但是到1942年，当梅耶开始考虑退休时，凯瑟琳当医生的哥哥比尔没有兴趣经营一家不赢利的报纸，因此责任落在了凯瑟琳和她的新婚丈夫菲利普·格雷厄姆身上。凯瑟琳迷上了菲利普，她认为自己没有什么能力，就理所当然地接受了父亲的决定，把《华盛顿邮报》近2/3有表决权的股份转给了菲利普，授予他绝对的控股权。梅耶之所以这么做，是因为他认为男人不应该为自己的妻子工作。剩下的股份由凯瑟琳持有。[9]

尽管梅耶热切希望把这份报纸继续创办下去，但是当菲利普·格雷厄姆接手后，事态立即失去了控制。编辑部和发行部的几位员工一天的大部分时间不是在赌赛马，就是在喝酒。当梅耶不在城里时，办公室勤杂工每天所做的第一件事就是给每个人送半品脱的白酒和一份《每日赛讯》。[10]

菲利普·格雷厄姆着手对此进行整顿，并且开始加大政治报道的版面，培养报纸的特性，同时用强硬自由的声音加强社论版的力度。

他收购了《新闻周刊》和几家电视台，这都表明他是一个出色的出版商。但是随着时间的推移，酗酒狂欢、脾气暴躁、情绪不稳以及冷酷的幽默感，使他变得越来越古怪，尤其是对他妻子常常毫不留情地讽刺抨击。当凯瑟琳体重增加时，他称她为“肥猪”，并且给她买了一个瓷猪。她很少为自己考虑，以至于她还认为这个玩笑很有趣，把这个瓷猪放在了显眼的地方。

“我很害羞，”她说，“我害怕被别人抛弃，因为我会惹他们厌烦。当我们一起出去时，我从不说话，我都让他说……他真的很聪明、很风趣，是个不可思议的多面手。”[11]

她的丈夫利用了她的恐惧感。当他们和朋友一起外出时，只要她一开口讲话，他就盯着她。她感觉到他似乎在告诉她，她讲话太多，正在使人生厌。她也认为自己不善于交际，永远也不能达到别人的期望，更不可能像秀兰·邓波儿一样迷人。毫无疑问，随着时间的推移，她不再公开讲话，总是让菲利普替她出面。[12]她变得非常没有安全感，甚至在聚会前会恶心呕吐。有人说，菲利普私下里对她的态度更恶劣。[13]她的4个孩子全都见证过父亲对他们母亲的伤害。他喝得酩酊大醉，回来就发酒疯，吓得她浑身发抖，不知所措。

她从来没有和菲利普对着干过，甚至当他和一群女人鬼混时也没有，这其中可能还包括杰克·肯尼迪的情妇。[14]相反，她维护他，帮他辩护，称他具有个性魅力，聪明能干，又有智慧，容易遭到别人的嫉妒。他的行为越是残暴，她越是想取悦他。[15]“我认为菲利普差不多把我给改造了，”她说，“我的兴趣提高了，也更加自信。”[16]他认为她嫁给他十分幸运，而她也这么想。他最终弃她而去，投入《新闻周刊》编辑罗宾·韦伯的怀中。当她的一个朋友知道此事后，对她说：“太好了！”她当时就目瞪口呆。她从来没有想过离开了菲利普自己的生活会更美好。但是，他随后就开始想方设法将报纸从她手中夺走，毕竟他控制了 2/3 的股份。凯瑟琳十分害怕会丢掉家族的报业。

1963 年，当她正在同菲利普争夺报纸的控制权时，他在一次公开活动中突然病倒，被诊断为躁郁症，送到了一家精神病医院治疗。六周后，他借口周末回家休养逃离医院。他回到坐落于弗吉尼亚州格伦韦尔比的家中。周六，他和凯瑟琳一起吃了午饭，然后他在楼下一间浴室中开枪自杀，时年 48 岁。当时她正在楼上的卧室睡午觉。

他一自杀，报纸就归凯瑟琳所有，威胁消失了。虽然她十分害怕掌管这份报纸，但是当有人建议她卖掉报纸时，她却下定决心自己来管理。她要接手管理工作，直到她的孩子长大成人来接替她。"我对管理一无所知，"她说，"我甚至对复杂的编辑问题一点儿都不懂，不知道秘书是干什么的，不知道哪些事情重要、哪些不重要。更糟糕的是，我根本分不清事情的轻重缓急。"

尽管格雷厄姆有时已经能够表现出坚定的信心，但是在工作中，她仍然需要依赖别人，因为她不断地重新思考和质疑自己的决定。[17] "我不断地从那些经营报纸的报业人身上学习管理，"她写道，"当然，他们都是男人。"但是她从来没有信任过他们或者其他人。当然，她身边的人没有一个用值得信赖的方式对待过她。她会试探性地把信任放在某个人身上，然后转念一想，又收了回来。时而热情，时而冷淡，对手下人不满意，导致她在公司获得了一个可怕的声誉，她却又总是在寻求建议。

"有时一天要做出好几个决策，而她根本不确定怎么进行——常常是很难做出决定——她会打电话给董事们、朋友们，她认为他们可能会有相关的经历，能够给她一些建议。这一方面是为了得到建议，来帮她处理问题，同时也是为了看看哪个朋友的建议更合理，以后好再次向他求助。"[18]

最开始，她常常依赖弗里茨·毕比律师——《华盛顿邮报》的董事长。他在凯瑟琳刚刚接管这份新工作之初，就给了她很大的支持。[19] 当时,《华盛顿邮报》依然是华盛顿地区三家仅存报纸中发行量最小的一家，年收入仅 8 500 万美元，利润仅 400 万美元。

她渐渐地适应了自己的角色。她和主编本·布拉德利都很有远见，把竞争对手《纽约时报》作为自己的标准，想办成一家全国性的报纸。布拉德利出生于波士顿的盎格鲁-撒克逊基督教新教家庭，毕业于哈佛大学，第一任妻子是美国一位参议员的千金。他曾经在情报机构工作过，然后转行当记者。风趣，聪明，有时还有点儿出人意料的尖刻，同他的个人背景很不相符。在格雷厄姆的鼎力相助下，他发挥了最佳的能力——鼓励记者在宽松的环境中自由发挥，同时参与激烈的竞争。不久之后,《华盛顿邮报》就以严谨的新闻风格而著称。她在接管报纸三年后，就力荐布拉德利为总编辑。

1970 年，凯瑟琳的母亲艾格尼丝在病床上去世，她终于从母亲的专横之中解脱出来。当时正是劳动节的那个周末，凯瑟琳前往基梭山的别墅休假。仆人告诉她艾格尼丝一直没有按铃让人送晚饭过去，凯瑟琳立即上楼到母亲的卧室看看是怎么回事，结果发现她躺在床上，“全身僵硬冰冷”，格雷厄姆在自传中这样写道。她没有哭，尽管有时一些庸俗不堪的小说和电影都能引得她泪流满面，并且有时在生气或者受伤时她也会流泪——她在自传中这样解释——然而当任何人死时，她从来不会哭泣。[20] 尽管艾格尼丝·梅耶的去世减轻了格雷厄姆的重负，但并没有消除她的不安全感。

1971 年 3 月，反对越南战争的运动正如火如荼地进行着,《纽约时报》突然刊载了一份五角大楼的秘密档案——这是份绝密档案，是前国防部部长罗伯特·麦克纳马拉撰写的越南政策报告。它揭示了政府从一开始就在欺骗公众，并将残忍地把国家引入无底深渊。[21] 该文件分 47 卷，共 7 000 余页，它最终得出的结论是政府在欺诈和愚弄美国公众。6 月 13 日，星期日，《纽约时报》开始刊登该文件。

6 月 15 日，大约是巴菲特和芒格在华盛顿格雷厄姆的办公室和她会面之后的两个星期，联邦地区法院下达了一道禁令，禁止进一步刊登该文件。这是有史以来美国法官第一次禁止报纸刊载报道，引发了公众对宪法问题的巨大争议。

《华盛顿邮报》认为这一消息很有价值，决定插手五角大楼文件。通过消息灵通人士的不懈努力和接触，一位编辑追踪到了这些文件的来源——越战问题专家丹尼尔·埃尔斯伯格。于是，这位编辑立即带着一个空箱子飞到波士顿，把这份五角大楼文件带回了华盛顿。

此时，格雷厄姆已经掌握了一些做出版商的基本原则，尽管她仍然对别人的意见言听计从，有点儿局促不安。再者，“我们正要公开上市，但是我们的股票还没有开始出售”，她回忆道，“对一家公司来说，这是一个非常敏感的时期，如果我们被告上法庭或者被禁止发行，就会受到毁灭性的打击……商人们都说要么别登，要么再等一天；律师们说不要登；另一部电话的话筒里编辑们却对你说，你必须登”。

“如果我们不刊登，那我就辞职，”本·布拉德利说，“很多人都会辞职。”

“每个人都知道我们得到了那些文件，”格雷厄姆后来写道，“在《纽约时报》被迫停止刊载后，继续保持这种冲劲十分重要，因为问题是政府是否有权事先限制媒体的新闻报道。而且我也感觉到正如本所说的，如果我们屈服，就会打击编辑们的意气与斗志，新闻的道德底线就会沦丧，我们的一举一动都会产生重要影响。”

6 月的一天，格雷厄姆正在乔治敦公寓的阳台上欣赏美丽的午后风景，突然有个电话打了进来。她走进书房，在一个小沙发上坐下，然后拿起电话。电话是《华盛顿邮报》的董事长弗里茨·毕比打来的。他告诉她说：“恐怕你要做决定了。”格雷厄姆问毕比他会怎么做，他回答说他不会刊登。

“为什么我们不能等一天呢？”格雷厄姆问道，“这个问题《纽约时报》都讨论了三个月。”接着布拉德利和其他的编辑也打来了电话。他们说：据谣传，很多人都知道我们得到了文件，社内社外的记者们都在盯着我们，我们必须行动，并且必须今晚就行动。

当时，《华盛顿邮报》的总裁保罗·伊格内修斯也在书房中，就站在格雷厄姆的身边。她说：“我只有 1 分钟的时间来决定。”

因此她要琢磨弗里茨·毕比的话。他刚才不紧不慢地说他想他不会，同时又表示如果她决定做出不同的选择，他也会支持她的。

“我说：‘好吧好吧，就这么定了，刊登。’然后，我挂断了电话。”[22]

在那一刻，这个在做出每个决定都要向别人寻求建议的女人意识到，只有她才能做出选择。当被迫深入下去形成自己的意见时，她发现自己确实知道该怎么做。

在那个下午即将结束时，政府向法院起诉《华盛顿邮报》。第二天，6 月 21 日，杰哈德·格泽尔大法官裁决支持报纸，拒绝签发禁令禁止它继续刊登五角大楼文件。不到两周时间，最高法院支持他的裁决，并且称政府不应该以“沉重负担”为由要求司法裁决，以国家安全为由禁止报纸出版。

随着在五角大楼文件事件的胜利，《华盛顿邮报》开始蜕变，从一家只刊登地方新闻的地方报纸，一跃成为一家重要的全国性大报。

“她的作用，”记者鲍勃·伍德沃德写道，“就是不断提高跳高的横杆，轻柔而又残酷。”[23]

37

新闻记者

华盛顿哥伦比亚特区　1973 年

大概两年后，《华盛顿邮报》正在深入挖掘报道“水门事件”。而在奥马哈，《奥马哈太阳报》的记者们却正惬意地沐浴在曝光儿童城丑闻的荣耀中。对“水门事件”的报道始于1972年6月，当时发生了一起普通的非法闯入案，伍德沃德和伯恩斯坦通过其中一个窃贼携带的支票，竟然追踪到了尼克松竞选连任委员会的成员。透过联邦调查局一位代号“深喉”的秘密线人透露的消息，他们对这起丑闻连续报道了好几个月。在当时除鲍勃·伍德沃德外没有人知道他是谁，直到33年后，他的名字才被公之于众。他不断地给这两位记者传送关于总统竞选连任委员会的情报，以及中央情报局和联邦调查局的多位高官给这些窃贼提供资金支持和帮助的情报。但是，其他报纸基本上都忽略了这一丑闻，公众也没有太在意。当年秋天，尼克松以极大的优势竞选成功，连任总统。同时，他坚决否认和非法闯入案有牵连。在五角大楼文件事件上，尼克松领导下的白宫政府已经同《华盛顿邮报》结下了深仇大恨，此时更是对该报大加批驳和威胁，称“水门事件”只是一件“三流的盗窃案”，根本不值一提。尼克松竞选连任委员会的主席约翰·米切尔同时也是尼克松政府的司法部长，他警告伍德沃德和伯恩斯坦，如果《华盛顿邮报》继续报道该事件，凯瑟琳会“自讨苦吃，是没有好果子吃的”。一位同当局有关联的华尔街朋友也向她建议，“不要一意孤行”。

1973 年初，理查德·尼克松的朋友，一位共和党的募捐者反对向《华盛报邮报》在佛罗里达州的两家电视台继续签发执照，这很有可能是出于政治原因，这一挑战威胁到了公司一半的盈利，是个致命的打击。[1] 公司的股票从每股 36 美元暴跌至 16 美元。

虽然荣获过普利策奖，虽然“水门事件”中的窃贼已经被判有罪并被送进了监狱，虽然有很多证据显示尼克松政府的多位高官与非法闯入案有染，格雷厄姆仍然在不断地反复掂量，是否报纸正在被利用或者误导。[2] 现在，她的大部分时间和精力都花费在应付这些使人焦头烂额的麻烦上。她的董事长弗里茨·毕比身陷癌症的困扰，身体正在迅速垮掉，[3] 而她现在急需权威人士的支持和帮助。她迅速向董事会的另一位成员安德烈·梅耶求助，他是拉扎德兄弟投资银行的高级合伙人。

梅耶是一个睚眦必报、讳莫如深、欺上瞒下而又残酷成性的人，常常“猛烈抨击诽谤他人”。他以“华尔街银行界的毕加索”和“无比贪财”而著称，被称为 20 世纪最伟大的投资银行家。据他的同事称，他是“一个天才的赚钱专家”。[4] 他也是一个有着广泛社会关系的人，曾经警告过格雷厄姆，在“水门事件”上不要一意孤行。他“有能力在危急时刻结交很多人，这样就能激发他们的忠诚，并且在将来给他提供绝好的机会”，拉扎德的一位前主管这样描述他。[5] 他很快就结识了格雷厄姆，并且开始和她一起出入饭店、聚会以及剧院。

1973 年 5 月 1 日，毕比去世了。一周后，他的律师乔治·吉莱斯皮（同时也是格雷厄姆的私人律师和顾问）开始处理他的遗产。吉莱斯皮获悉奥马哈城的一位大投资家曾经购买过《华盛顿邮报》的股票，因此，在缅因州的避暑别墅里，他给巴菲特打了个电话，告诉他毕比名下的 5 万股股票正要出售。巴菲特立即抓住这个机会，全部吃进。

如果价格合适，巴菲特几乎会为伯克希尔–哈撒韦买进所有的报纸。当联合出版社的银行家、《波士顿环球报》的出版商，正在想方设法出售公司股份时，巴菲特打破了他多年来从不购买公开发行股票的惯例，以低价吃进联合出版社 4% 的股份，这使伯克希尔一举成为它最大的股东。他又一口气购买了电话亭报纸公司、斯克里普斯·霍华德以及哈特汉克斯通信公司的股票，这是它位于圣安东尼奥的一家分公司。《奥马哈太阳报》荣获普利策奖，打通了他向新闻界进军的通路，他可以以出版商的身份与同行攀谈了。他同《韦尔明顿新闻周刊》的所有人聊天，商谈购买该报的事宜。报纸类股票实在是太便宜了，这是因为投资人没有看到它们的价值，然而报纸的主人们并不是愚昧无知的。巴菲特和芒格不得不同他们竞争，他们整体买进的努力最终成了泡影。

不过，到 1973 年晚春时节，巴菲特所持有的《华盛顿邮报》的股票已经超过了 5%。[6] 因此，他给格雷厄姆写了一封信。她总是害怕失去公司，即使毕比和吉莱斯皮将《华盛顿邮报》的股票分成两种，在市场上公开交易的股票永远都不能威胁到她的控制权，恶意的收购根本不可能发生。[7] 巴菲特在信中告诉她，他拥有《华盛顿邮报》的 23 万股股票。他的信没有墨守成规写成标准的文件格式，而是以私人信函的口气，自我吹捧他们在新闻出版上的共同兴趣，并且特别强调了《奥马哈太阳报》获普利策奖这件事。这封信这样开头：

> 这一购买活动对我来说代表着极大的责任和义务——真诚地表达了我们的极大热爱，不仅仅是对《华盛顿邮报》公司，更是对

您这位首席执行官。这里特别向您书面保证，我承认《华盛顿邮报》是由格雷厄姆控制并管理的。这对我来说也是再合适不过了。[8]

然而，格雷厄姆仍然十分恐慌，她四处寻求建议。

"有时，"她手下的一位记者吉姆·霍格兰写道，"她会被江湖骗子的伎俩欺骗，尤其是如果他们十分擅长愚弄和奉承时。"[9]她很容易附和别人，并且"很容易被别人的大话打动"，另一个记者这样说。[10]再者，她出于本能也在追寻妇女的平等——她曾经资助过格洛里亚·斯泰纳姆的《女士杂志》；她曾经大声斥责过男人，因为每当她寻求专业人员的帮助时，好像所有的社会成员都是男人一样；她也曾经对拒绝批准女孩送报的《华盛顿邮报》执行官大发雷霆。然而，在她的内心深处，她仍然认为男人精通所有的商业活动。因此，当安德烈·梅耶"生气了"，并且告诉她巴菲特对她不怀好意时，她没有忽视他的见解。[11]格雷厄姆的另外一个朋友鲍勃·阿布德，是芝加哥大学董事会成员，他也警告她小心点儿。她同样很重视他的建议。

安德烈·梅耶真的认为他控制了一切，对于像凯瑟琳这样的女人，他感觉很容易——他甚至会让她感觉到连上厕所这样的事也要事先征得他的同意，他就是这种风格。安德烈多次作为她的新老板来找我，因为我购买了这只股票。这些家伙全都不愿意我进入核心层里，因为这会削弱他们的权力。

她对任何人操纵她的想法都十分敏感，无论是政治原因还是报纸方面的，这是可以理解的。世界上每个人都想利用她，对此，她已经习以为常了。唯一能够制服凯瑟琳的办法就是利用她的恐惧。如果你想彻底改变她，就必须利用她的不安全感。尽管她知道你在利用她，但还是无法抗拒。

“她常常犹豫不决，”《华盛顿邮报》的董事会成员阿贾伊·米勒说，“她对人常常反复无常，她会受到威胁和伤害，她在生意上会被某些人压得喘不过气来。”她遇到一些人后，短时间内就会被他们搞得有点儿神魂颠倒，认为他们知道所有的答案。她认为男人知道所有关于商业的事情，而妇女对此一无所知。追根究底，这才是问题的真正所在。她的母亲、她的丈夫都这么告诉她，一次又一次地反复这么对她说。[12]

格雷厄姆竭尽所能去了解巴菲特。她几乎想不起来他们在两年前还有过短暂的接触。[13]她和同事们买来几本《超级金钱》，狼吞虎咽地读了关于他的那一章，边读边想，这个来自内布拉斯加的家伙会给他们带来什么呢？那些对巴菲特充满敌意的人，找出了《福布斯》9月1日的那一期，上面有一篇未署名的文章，是关于巴菲特购买圣何塞自来水厂股票的报道。这篇文章打破了《超级金钱》一书描述的神秘男人身上的光环，在上面投下了一丝阴影。

《福布斯》杂志刊登的这篇文章的格调完全变了，与两年前刊登的那些赞誉文章迥然不同。文中写到一位圣何塞自来水厂的股东想转让自己的股票，他去找公司的一位董事，这位董事又把他介绍给了巴菲特。这篇文章暗示巴菲特肯定知道该市正在谋划一次交易来接管自来水厂，而且比他出的价格还要高——仅仅是因为一位董事把一个卖主介绍给了他。他既然有这种关系，那么他肯定知道内情——对吧？文章结尾写道：“……美国证券交易所，以及美国证券交易委员会旧金山办公室正在对此事进行调查和询问。”[14]

但是，一位董事把一位股票卖主推荐给买主，这并没有什么违法的。[15]而且，的确还没有达成什么交易。然而，对于那些十分关注他的人来说，他们会发现，这是自从《超级金钱》以来，他的名字再次出现在公众眼中，十分显著。[16]巴菲特感觉就像猫抓柱子一样。尽管这些报道都没有事实证据，但是如果把它们放在一起组成一系列连续报道，就会毁掉他刚刚积累的一世英名。他不是那种暴跳如雷、大喊大叫的人，相反，他十分谨慎和精明。他很聪明，尽管十分生气，也没有轻率地指责杂志，谴责这位匿名记者。他想要获得补偿和清白，因此，他利用这个机会，给该杂志的出版商马尔科姆·福布斯写了一封信，希望引起他的注意。这封信的措辞恰当，探讨了新闻中的一些失误，并且对该杂志多年来在调查报道方面取得的成就大加赞扬——不过很不幸，关于圣何塞自来水厂的报道例外——同时，他也提到了《奥马哈太阳报》荣获普利策奖一事。[17]同一天，他也给编辑们写了一封措辞严厉的信，没有阿谀奉承，只是陈述事实，表明自己的无辜。

在确信无误之后，《福布斯》杂志发表了更正声明。不过，巴菲特知道几乎没有人会去读这份更正声明，它肯定无法消除当初报道产生的影响。因此，他派代理人——忠实的比尔·鲁安去见那些编辑。不是去抱怨，而是去向他们引荐作为专家的巴菲特，并转告他们巴菲特可以为杂志写一篇关于投资的文章。[18]然而，这一提议立即被拒绝了。

巴菲特现在有了新的理由——对新闻报道中的偏见义愤填膺——这是根据他的正义感和对新闻的一般兴趣而产生的。记者可以通过推断或者疏忽，没有精确核实，就发布虚假的报道，这快要把他逼疯了。他知道甚至善意的新闻出版机构，也会为了维护编辑部的士气和新闻独立而陷入极度愤怒之中，替自己记者的那些可疑行为辩护。这一姿态，他后来明白了，在《华盛顿邮报》被称为“防御性蹲伏姿态”。[19]

最终，他只好转而求助于一个非营利组织——全国新闻协会，该组织主要仲裁新闻报道中的违法行为。该协会认为，媒体已经被垄断企业支配，操控在少数人手中，缺乏竞争意味着新闻自由权利赋予出版商的是“不负责任的权力”。该协会提出要对那些受害者进行补偿，因为他们遭到了“诽谤、歪曲、污蔑以及不公正的嘲讽，或者是记者们偏听偏信忽视了他们的合理意见”。很不幸，这些垄断报纸和操控媒体的少数人没有兴趣刊登新闻协会的裁决，因为这份裁决暴露了他们记者的偏见、粗心大意和不称职。最终，新闻协会还是彻底失败、偃旗息鼓了，因为没人理会它的裁决。一次又一次，那些理应刊载这些裁决的自由而独立的媒体对此置之不理。[20]

全国新闻协会发起的是一次很有意义的改革运动，也许是有点儿超前了，就像其他许多巴菲特投入精力的事业一样。但是到 1973 年时，苏珊·巴菲特已经见证了他一次又一次全身心投入的新的改革行动或者想法有时会完全改变他身后的世界。尽管有的人会随着时间的推移而转移兴趣，但是她嫁给的这个腼腆、没有安全感的男人却抓住了一个又一个困扰他的想法。他的爱好十分广泛，从孩提时代收集汽车牌照，一直到现在对新闻媒体的欺诈行为进行改革，然而其中有三个角色一直没有改变过：第一，他是不屈不挠的收藏家，不断扩张他的财富、人脉和影响；第二，他是布道者，在讲坛上传播理念；第三，他是警察，惩治那些坏家伙。

最完美的事业就是能够使他同时集三者于一身：传道、扮演警察，同时又能像收银员一样收钱。而这个完美的事业就是报纸。这就是为什么他会把《奥马哈太阳报》看作一把银勺，而且还想拥有更多的报纸。

但是，他和芒格收购主流都市报的希望全都破灭了。现在，凯瑟琳·格雷厄姆正好是个突破口。她一谈到公司的事就不知所措，摇摆不定，被周围那些人操控着，不断受到打击，正在到处寻找可以拯救她的心腹。尽管她惊惶不安，柔弱无比，但是因为她掌控着《华盛顿邮报》，已经成为西半球最有权力的人之一，而巴菲特总是对这些人有一种强烈的兴趣。

格雷厄姆有点儿怕他，便问乔治·吉莱斯皮他是否十分狡猾。她不能再失误了。几年来，尼克松当局一直在全力打压《华盛顿邮报》。参议院“水门事件”委员会正在举行听证会。伍德沃德和伯恩斯坦已经被列入尼克松的“敌人名单”。最新发现的几盘录音带显示尼克松总统也被牵涉进来了，他之前曾经拒绝交代一些情报，并宣称自己有豁免权，而这些情报正好可以澄清该事件的来龙去脉。格雷厄姆每天都在处理“水门事件”。在一定意义上，她已经把《华盛顿邮报》的命运押在了这一赌注上。

她极其看重吉莱斯皮的意见。他已经为格雷厄姆家族服务多年，是一位值得信赖的老律师。他在卡拉瓦什·斯韦因·摩尔事务所工作长达28年之久，曾经起草过吉恩·梅耶的遗嘱，见证过那位日益衰弱的老人的签名。“他打算接管《华盛顿邮报》。”对于巴菲特她这样说。“凯瑟琳，他不可能接管《华盛顿邮报》的，”吉莱斯皮说，“想都别想，根本不可能。无论他持有多少B股都没有用。他没有权力，如果他持有了绝大多数B股，他唯一能做的就是把自己送进董事会。”

吉莱斯皮已经给圣何塞自来水厂的董事长打过电话，确认过巴菲特没有获得任何内部消息。他明确表明不同意安德烈·梅耶的观点。考虑到梅耶的地位以及他和凯瑟琳之间的关系，这样说是冒一定风险的。他告诉她，和巴菲特谈一谈，结识他对她很有好处。[21]

于是格雷厄姆给巴菲特回了封信。她在口述这封信时，浑身都在颤抖。信中提议他们在加州见一面，因为当年夏天晚些时候她要到那里出差。他热切地表示同意。最后，她出现在了《洛杉矶时报》的办公室里，这是《华盛顿邮报》在西海岸新闻业务上的合伙人。她看起来和两年前没有什么两样：衣着得体完美，毫无瑕疵，短发亮丽而富有光泽，双唇微翘，露着甜蜜的微笑。当格雷厄姆看见巴菲特时，她说，他的“奇特外表令她十分吃惊”。

“在我妈妈的一生中，她最为幸福和苦恼的，”她的儿子唐说，“就是她对品位的高标准。她习惯了上流社会的生活，认为衣着和吃饭都有恰当的方式，所有人都会对此十分注意的。然而到了沃伦这里，她所有的标准都乱了套，而他还一点儿也不在乎。”[22] 他穿得很不得体，衣服好像是从别人那里借来的；长长的头发，好像很久没有理过；走路也不稳当。“他和我见过的任何华尔街的人或者商业大亨都不一样，”她后来写道，“相反，他的举止好像是来自西部地区的农村一样，但是他那不同寻常的古怪特性吸引着我——聪明而又幽默。我从一开始就喜欢上了他。”[23]

不过在那时，这当然没有显露出来。相反，她惊恐不已，对他和她自己都没有什么信心。

> 当我第一次见凯瑟琳时，她小心翼翼，还有点儿恐慌。她被我吓坏了，但也对我充满好奇。关于凯瑟琳，有一点很值得称道，她不是那种面无表情、一本正经的人。

巴菲特明白，尽管格雷厄姆到现在已经有了近十年的经验，但是她对商业和金融仍然一窍不通；同时他也知道，她一直认为那些董事和经理在经营管理上都高她一筹。他告诉格雷厄姆，他认为华尔街没有看到《华盛顿邮报》的真正价值。她的戒备心理慢慢松弛下来，她用贵妇人惯有的语气邀请他几周后到华盛顿拜访她。

沃伦和苏珊于11月4日晚上抵达华盛顿，比约定的见面时间提前了一天。他们乘出租车抵达麦迪逊酒店，酒店正对着《华盛顿邮报》的总部。当办理入住手续时，他们却发现印刷工人工会正在组织罢工活动。由于有传言说这些印刷工人携带着武器，因此，联邦警察正在驱赶这些罢工的印刷工人。骚乱、刺眼的强光和摄像机不断出现，一直持续到拂晓。再加上政治上的打压，此时的《华盛顿邮报》已经到了最危急的时刻，面临着倒闭的危险，而这正是工会所希望的。副总统斯皮罗·阿格纽已经受到了刑事调查，20多天前，他突然对逃税的指控供认不讳，然后就辞职了。"水门事件"丑闻已经成了爆炸性的危机。在阿格纽辞职后两周，美国总检察长艾利奥特·理查森和副总检察长威廉·拉克尔肖斯同时辞职，以抗议尼克松总统，因为他下令解雇特别调查人阿奇博尔德·考克斯——他受命深入调查这一丑闻，现在却要被撤职了。不管怎么说尼克松还是下达了命令，这后来以"周六夜间屠杀"而闻名于世。[24]总统干扰政府司法部门的独立，这是"水门事件"的转折点，在接下来的两周内引发了大批公众对他的反对。国会弹劾总统的压力迅速增加。

在巴菲特抵达后的第一个早上，格雷厄姆同多数经理一起工作到早上6点，连夜赶印第二天的报纸。他们刚拖着疲惫不堪的身体出来，就遇到了巴菲特。在这种场合迎接自己的新股东，她非常尴尬、紧张，不知道接下来的会见会怎么样。不过她已经安排好了午宴，本·布拉德利、梅格·格林菲尔德、霍华德·西蒙斯以及她本人都将出席。

格雷厄姆把梅格·格林菲尔德看作最亲密的朋友，并称她是"一个孤独的堡垒……没有人真正了解梅格"。她是《华盛顿邮报》社论版的编辑，身体矮胖，有着一头短短的黑发，以及一张平淡而又严肃的脸。她十分幽默、诚实、坚强、彬彬有礼、端庄谦逊。[25]

霍华德·西蒙斯是《华盛顿邮报》的主编，他以机智地挖苦取笑格雷厄姆而著称。"霍华德·西蒙斯常常说你不要等死了再写讣告。他是个很棒的家伙，但是有点儿坏。他常常欺负凯瑟琳。"[26]

"我们一起吃午饭，谈生意，聊媒体的特性。我能看出来，即使她拥有了所有的A股，她仍然会害怕我。我是指，他们的一生都在围绕着股票思考问题，不断进行防御。因此我谈了关于无形资产的摊销如何对媒体造成更大的困难，因为他们为了信誉而付出了很多，如果他们太看重价值评估，就会产生问题。”（如果一家公司的账面价值是100万美元，一个买家支付了300万美元，其余的200万美元就是无形资产的价值。）巴菲特竭力使格雷厄姆安心，他称如果要接管媒体公司是非常困难的，因为财务状况会给意欲购买的人带来很大的负担。“接着凯瑟琳开始炫耀了，她说，‘是的，无形资产的摊销给我们也带来了问题’，或者一些类似这样的话。霍华德盯着她的眼睛看着，并且问，‘凯瑟琳，什么是无形资产的摊销’？”

那一刻，真是太好了，机会难得。她惊呆了，一动不动。霍华德非常高兴把她问倒了。然后我插话了，给霍华德解释什么是无形资产的摊销。我刚说完，凯瑟琳就说：“对极了！”

巴菲特很喜欢深谋远虑的西蒙斯，他做事简洁明了，常常婉转而又巧妙地击破格雷厄姆的防御工事。格雷厄姆的脸上开始露出一丝丝的微笑。“从那一刻起，我们成了好朋友，我是兰斯洛特[a]，那是我一生中最为重要的时刻之一，帮她反败为胜。”[27]

午饭后，巴菲特同格雷厄姆谈了大概一个小时，然后他再次向她做出书面保证。“我说，‘凯瑟琳，乔治·吉莱斯皮设计的A股给了你绝对的控制权。但是’，我接着说，‘我也知道在这个世界上，控制权对你太重要了，不论你已经得到了什么，你还是会担心的。它是你整个的生命’。然后，我又接着说，‘我要告诉你，即使这些牙齿对你来说看起来像是小红帽中的狼牙，它们真的只是婴儿的乳牙，并且我们还要把它们拔出来。在今天下午交易之前，我们书面确定一些事情，如果没有你的同意，我不会再多买进一股’。我知道这是唯一可以使她

a. 兰斯洛特，亚瑟王圆桌骑士中的第一勇士，他与王后格温娜维尔的恋情导致了他与亚瑟王之间的战争。——译者注

安心的办法。”当天下午，巴菲特用10 627 605美元购买了该公司12%的股份，同时和格雷厄姆签署了一份协议，保证没有经过她的同意不再购买《华盛顿邮报》的股票。

当天晚上，巴菲特夫妇参加了格雷厄姆的著名晚宴。这一次，有40位客人为沃伦和苏珊接风洗尘。尽管格雷厄姆常常没有安全感，但她仍被认为是华盛顿最伟大的女主人，毕竟她知道如何帮助别人放松和享受。那天晚上，尽管她十分劳累，甚至还想取消这一晚宴，“她为我举办了一场小的宴会，那是她的酬谢方式。而且，她举办晚宴时，可以请到任何她想请的人。任何人，包括美国总统”。

“她到世界各地旅行，因此她会到处找机会宴请别人，”唐·格雷厄姆说，“如果她去了马来西亚，正好总理也在那里，她就会宴请他。大使会查一查他们上次做了什么，发现总是在格雷厄姆夫人家中吃饭，那么这一次他们也会这么做。有人要出书了，有人要过生日了，她都会设宴款待，因为她喜欢宴请别人。”格雷厄姆用宴请作为结交新朋友的方式，同时也给人们彼此认识的机会。“她会容忍各个政府的人员”，唐说，[28]尤其是理查德·尼克松政府的。除国务卿亨利·基辛格外，格雷厄姆还交到了几个朋友，基辛格不得不为同她交往而辩解。

> 当我和苏珊在麦迪逊酒店时，5点左右，突然有人悄悄地通过门缝塞进来一些东西，是关于这次宴会的，我在数周前就被邀请了。最下面写着“请着正装”。不用说，我是没有的。因此这个来自内布拉斯加的可怜家伙，只能穿着商务装出席宴会了。他要参加一个为他接风的正式宴会，现在他却是唯一没有穿礼服、打黑领结的家伙。于是我慌忙给她的秘书打电话。
>
> 她的秘书是个非常善良的女孩。她说：“好吧，让我们想想办法吧。”我立即走上街去找找看哪家商店仍然营业，好租借一件礼服。但是很不幸，没有一家开门。

格雷厄姆的助理莉斯·希尔顿给当地另外一家商店打电话，终于找到了一身合适的礼服。[29]

巴菲特夫妇从麦迪逊酒店出发，出租车从大使馆路一栋栋的官邸中穿梭而过，然后驶向Q大街，从历史上著名的橡树山公墓穿过，菲利普·格雷厄姆就安息在这里。在拐角处，他们穿过一排建造于19世纪的别墅群，每座都有修剪整齐的花园。那是11月初，树叶闪耀着黄褐色和金色的光辉。出租车开进乔治敦就像穿过边境进入了一个殖民时代的城镇。汽车驶入公墓的一角，开始穿行于敦巴顿橡树园树木茂密的小山上，这是一片10英亩的联邦财产，曾经举办过成立联合国的筹备大会。[30]

出租车在拐角处向左一转，从两根石柱中间穿过，眼前立刻呈现出一片惊人的景象。出租车开始沿着一片铺满白色鹅卵石的小道颠簸前行，巴菲特夫妇抬眼看去，只见远处一座宏伟的乳白色别墅——三层高，乔治王朝时代的风格，绿色的双坡屋顶——坐落在一片广阔的草地之中，一直延伸到乔治敦的敦巴顿岩石的顶上。因此这座别墅可以俯瞰整个公墓。在右面，穿过山下一片浓密的树林，不远的地方就是巴菲特位于春谷的老房子。再远一点儿就是邓雷镇，当年巴菲特在威彻斯特县上学时曾经在那里送过报，从西尔斯商店偷过高尔夫球。

格雷厄姆在正门迎接巴菲特夫妇，并把他们带到其他的客人当中，他们正在客厅喝鸡尾酒。乳白色的墙上挂满了亚洲的艺术品，这都是她母亲的收藏品，蓝色天鹅绒的窗帘，还有雷诺阿的油画和阿尔布雷特·丢勒的版画。格雷厄姆开始向其他客人介绍巴菲特。“她把我光辉的一面告诉了他们，”巴菲特说，“她想尽一切办法使我感觉舒服，然而我却感觉非常不舒服。”

他从来没有参加过这样正式而豪华的晚宴。当鸡尾酒会结束后，他们穿过大堂来到一个巨大的餐厅，这是格雷厄姆举行那些著名宴会的地方。青铜烛台上闪耀着锥形的烛光，与镶板的墙相映生辉，这使得巴菲特感觉更不自在。这种布置比客厅的甚至更加吓人。圆圆的核桃木餐桌上摆放着水晶烛台和纹章瓷，闪闪发光，不过格雷厄姆所邀请的客人使得这些壮丽的景色全都黯然失色。任何时候，这里都能挤满一群达官显贵，包括美国总统、外国领导人、外交官、政府高官、两党的国会议员、大律师，以及她的那些多年好友——埃德·威廉姆斯、斯科蒂·赖斯顿、波莉·威斯纳，[31] 还有许多像巴菲特夫妇这样的人，因为各种各样的原因，只要适合这一场合或者她很感兴趣，就会被邀请来。

巴菲特发现紧挨着自己的是埃德蒙·马斯基的妻子简，一个再合适不过的晚宴搭档，因为巴菲特曾经在奥马哈招待过她的丈夫。在他的另一边是芭芭拉·布什[a]，其丈夫是美国驻联合国大使，很快将转任美国驻北京联络处主任，这是一个重要的职位，在新中国和美国重建外交关系中具有举足轻重的作用。格雷厄姆按了一下铃，示意厨房的仆人上菜，仆人们开始在古老的乔治时代的桌子旁不断穿梭。沃伦尽量让自己不对这些繁缛礼节感觉目瞪口呆。“苏珊坐在另一处，紧挨着某个参议员，他不断挑逗她，把手放在她的腿上。而我，却像是要死了一样，因为我不知道对这些人说点儿什么。芭芭拉·布什真是再好不过了，她能看出来我非常不自在。”

仆人开始按照美国版的俄罗斯方式上菜。第一道菜后是一道鱼，然后是主菜，全都盛在盘子里，客人自己取。一道道的菜进行着，倒酒的声音夹杂在这些华盛顿人的交谈声中。仆人们不断送上或拿走一些不常见的高档银质器具，如鱼刀等。仆人端上来的菜，他一点儿都没动，倒的酒也一口没喝，他发现这顿饭更为复杂和令人生厌。格雷

a. 芭芭拉·布什，未来的小布什总统的妈妈，老布什总统的夫人。——译者注

厄姆的其他客人都非常放松和舒服。到了上甜点时，巴菲特已经完全崩溃了。接着又是咖啡，他仍然没有喝。到了晚会的最后一刻，他的不自在已经成了恐惧，因为格雷厄姆站起来，向她的主宾发表了一番祝酒词。她肯定是事先写好的，祝酒词风趣诙谐，优美精练，专门针对主宾而定。她在说话时口齿清晰，非常富有个人魅力，只不过有点儿缺乏自信。而主宾也应该站起来回应这一祝酒词。

“我根本没有勇气站起来发表祝酒词，而我又必须这样做，我完全把它搞砸了。我感觉太不舒服了。我甚至想呕吐，真的是这样。我无法站在那里，面对着一半的客人讲话。我不擅长这种事。”他一心想着逃离。后来，他和苏珊终于可以说再见了。他们感觉在他们走后很久，乔治敦的人仍会继续嘲笑他这个来自内布拉斯加的乡巴佬。

> 当我们要离开时，那位参议员仍然在恭维苏珊，他十分专心和认真地向她介绍如何去参议院，怎么到他的办公室找他。他边走边说，太过于专心了，以至于打开一个卫生间的门并走了进去。这就是我在华盛顿的登场亮相。

尽管格雷厄姆夫人身边的上流社会使巴菲特十分不自在并备受打击，但是他从来没有掩饰过自己的热情和兴趣。因此，很快苏珊·巴菲特就发现，她的丈夫对这个世界有着更多的需要。

38

意大利美国西部片

奥马哈 1973—1974 年

到 1973 年巴菲特同凯瑟琳·格雷厄姆一起吃饭时，他已经不再只是一个购买报纸股票的投资者，在一定程度上他已经成了一个商业大亨。伯克希尔-哈撒韦和多元零售公司都归他所有，查理·芒格则是蓝筹印花公司的沙皇。

这三家公司之间盘根错节的所有关系巩固了巴菲特和芒格的商业关系，与一位伟大的投资者缔造的商业帝国的雏形十分相似。这位投资者就是巴菲特特别崇拜的戈登·华莱士。[1] 他的公司——美国制造公司就像一个俄罗斯套娃，一层一层地打开，会发现里面是一家又一家公司：梅根泰勒·莱诺铸排机公司、吊车公司、电子自动照明公司。这些公司的股票都公开交易，因为尽管华莱士控制着这些公司，但是他又没有完全拥有其中的任何一家。从巴菲特刚开始踏入投资行业之初，他就十分崇拜华莱士的这种模式。他思考如何从华莱士购买的股票中获取最大收益。他不断向朋友谈起华莱士。“唯一的办法就是站在大树底下乘凉。”他这样说。[2]

华莱士有一家封闭型的小投资公司，叫“世纪投资人公司”，它需要向美国证券交易委员会提交交易报告。当能以很低的折扣购买一家公司的股票时，他就会进行一连串收购，一家接一家，最后收购了大公司梅根泰勒·莱诺铸排机公司，而该公司 2/3 的股份又由美国制造公司持有。那个时候，你不用向美国证券交易委员会提交报告，也不用公布你购买的股票，因此没有人会知道。于是他就一直不断地买下去，直到获得控股权。他购买了电子自动照明公司的控股权，一部分就是通过梅根泰勒·莱诺铸排机公司运作的。对于吊车公司的管道供应分公司，他也是这么做的，还有一家是韦伯斯特烟草公司，从价格上看它们都很便宜。一切东西都打折出售，并且你可以不断地购买它们，每次你的购买都能让你赚更多的钱。通常我会购买它们中的一些。和华莱士一样，我也持有梅根泰勒·莱诺铸排机公司的股票，我也有电子自动照明公司，我还有美国制造。[3]那么价值从哪里产生呢？总是有人问这个问题。但是你只要感觉到你和那个聪明的家伙在一起，那么你就知道你的收购最终都会产生价值。

早些时候，他还到华莱士在波士顿的怀特-韦尔德公司的办公室去见他。[4]

我有点儿担心，因此我说：“华莱士先生，我希望能够请教您一些问题。”他说：“问吧！”我立刻开始思考问题。他对我很好。我追随他已经有 10 到 15 年。他有点儿像格雷厄姆，非常像。除了我之外，没有人注意到他。他是我喜欢的那种类型，同时也是我那一段时间的模仿对象。用这种方法赚钱很容易理解，同时也是很保险的。尽管这不一定能使你赚到大钱，但是你知道自己一定会赚钱。[5]

让沃伦感兴趣的是华莱士的购买模式：一家公司可以用合法的方式去购买另一家公司的低价股票。

> 你知道，你不用考虑每一件事，牛顿曾经说过："如果说我看得比别人更远，那是因为我站在了巨人的肩上。"站在别人的肩上无可厚非。[6]

最后，华莱士把他的帝国合并成一家大公司——埃尔特拉公司——由梅根泰勒·莱诺铸排机公司和电子自动照明公司合并而成。现在它的股票是比尔·鲁安最喜爱的，因为这家公司的收益每年以15%的速度递增。[7]

巴菲特和芒格的公司开始有点儿像合并前的埃尔特拉公司了——伯克希尔-哈撒韦是多元零售公司最大的股东，同时也持有蓝筹印花公司的股票。这几家公司又都持有一些未上市公司的股份。例如，蓝筹印花公司拥有喜诗糖果公司，它的利润十分可观，甚至可以弥补日益萎缩的印花业务的损失。芒格现在打算为蓝筹印花公司购买一家濒临停业的投资公司——原始资本基金（Source Capital）——近20%的股份。"我们以其资产价值的折扣价买入。"芒格说，"有两个卖主真是浑蛋，我们最初还定了一个'拒绝浑蛋原则'，我们最基本的原则就是——不同浑蛋交易。因此，当沃伦听说原始资本基金后说：'现在我明白了这两个浑蛋是个例外。'"[8]

20%的股份举足轻重，但是不足以掌握原始资本基金的控股权。芒格带着一个新的优秀管理团队——包括吉姆·杰布森和乔治·米凯利斯——进驻原始资本基金的董事会，他们开始清算其资本组合。

然而，原始资本基金只是一家无关紧要的公司。巴菲特和芒格一直都在继续寻找新的目标，尤其是像喜诗糖果这样的公司，能给蓝筹印花公司带来更大的利润。他们在西海岸发现了一家濒临倒闭的经营储蓄和贷款业务的公司——韦斯科金融公司。当时一位股票经纪人给巴菲特打电话，告诉他韦斯科金融公司的股票正在低价出售，在同芒格简短协商之后，他们抓住了机会——为蓝筹印花公司买进这些股票。[9]之后不久，韦斯科金融公司宣布打算同圣巴巴拉金融公司合并。圣巴巴拉公司的股票十分抢手，它的管理方式咄咄逼人，是华尔街喜欢的类型。分析师认为圣巴巴拉给韦斯科金融公司开出的价格太高了。[10]然而，巴菲特和芒格的观点正好相反。他们认为圣巴巴拉的股票价格似乎被高估了，而韦斯科金融公司的股票则似乎被低估了。[11]巴菲特极其生气，他读过这些条款后，几乎不敢相信。"难道他们脑子进水了？"他问道。[12]

韦斯科金融公司是由卡斯珀家族创建的，位于帕萨迪纳，那里是芒格的家乡。它拥有互助储蓄银行，从事储蓄和借贷业务。第二次世界大战后，在美军从亚洲战场撤回并开始大兴土木的建设热潮中，该公司生意兴隆。尽管如此，韦斯科金融公司从来没有抓住机会谋求增长。不过它的利润十分可观，因为其运营成本很低。[13]

贝蒂·卡斯珀·彼得斯——创立该公司的家族的董事会成员中唯一一位既对董事管理工作感兴趣又有执行能力的人——感觉韦斯科金融公司的高管们从来都没有重视过她，他们常常反对她的建议，总是认为他们自己能让公司获得发展。但事实上，他们利用她家的产业作为入场券，去赞助玫瑰碗剧场和玫瑰游行活动。[14]彼得斯衣着优雅，颧骨高突，曾经是一位艺术史专业的学生，有正在上学的孩子，没有商业背景，大部分时间都在纳帕打理自家的葡萄园。现在，她每周三都要开车来到帕萨迪纳参加董事会议。她发现，经营储蓄和借贷业务一点儿也不像玩儿魔术。她找到所有能够得到的相关资料，坐下来认真研究，并且想把它们弄清楚。

她越研究越沮丧，最后决定合并。她知道圣巴巴拉的出价并不合理，但是公司的所有管理人员个个都是四十来岁，年富力强，而且咄咄逼人。尽管他们常常在乡村俱乐部聚会以迎合她的口味，但他们都精力充沛，手中掌控着分公司，做着她认为他们应该做的事情。

当合并宣布时，蓝筹印花公司已经拥有了韦斯科金融公司 8% 的股份。芒格认为如果继续购买韦斯科金融公司的股票，就可以掌握足够的股份，以阻止圣巴巴拉的合并企图。不过后来他发现，这需要 50% 的股份，风险太高了。芒格对于这项工作的激情比巴菲特更高，因为蓝筹印花公司是他合股经营的公司最为重要的投资。他督促着收购继续进行，但是巴菲特认为 50% 这个门槛太高了，想退缩。[15]

此后不久，芒格去拜访韦斯科金融公司的首席执行官路易斯·文森蒂，想说服他放弃同圣巴巴拉的合并。[16] 然而文森蒂却像清理头皮屑一样把他打发走了——这不是一件容易的事情。

然而，芒格和巴菲特不想发起一场竞争性的恶意收购。再者，芒格也想象不出这样做有什么必要。他给文森蒂写信，提出了他们的解决方案。[17] 他以为他精妙的推理可以使文森蒂回心转意。他认为韦斯科金融公司以这样的低价出售是错误的，文森蒂应该能够看到这一点。因此，芒格告诉文森蒂说他喜欢韦斯科金融公司的管理方式，并且文森蒂正是巴菲特和芒格中意的总裁人选。他这样对文森蒂说："你已经和别的女孩约会了，因此我们不能再和你谈了，但是如果你是自由的，你就是我们喜爱的那种人。"[18]

芒格具有古老的、本杰明·富兰克林式的道德意识以及贵族般的高贵风范，他认为从事商业的绅士们都应该按照道义行事，这对文森蒂来说肯定是古怪至极。不过文森蒂透露说贝蒂·彼得斯是对并购起决定作用的人。

蓝筹印花公司的首席执行官芒格派唐·科普尔前去拜会彼得斯。她把他看成了一个无足轻重的小人物，把他打发走了，使他空手而归，一无所获。[19] 现在需要大人物出面了。在科普尔被打发走后不到10分钟，巴菲特给彼得斯打了个电话。彼得斯刚刚读完了乔治·古德曼《超级金钱》一书中关于巴菲特的章节，这是她丈夫送给她的圣诞礼物。“你就是《超级金钱》里的那个沃伦·巴菲特吗？”她问道。巴菲特承认那就是他，据乔治·古德曼描述，他代表了冷静和条理性思考的胜利，他容不得胡说、愚蠢和荒唐的作为。彼得斯同意24小时后在旧金山机场与巴菲特见面，她会带着三个孩子一起在环球航空公司的一个贵宾休息室里等他。

会见时，巴菲特手中端着百事可乐，充分发挥了他的聪明才智。记录显示他提问时尽量采用温和、平淡的语气。他们谈了三个小时，大部分在谈论奥马哈，因为彼得斯的母亲曾经在那里长大。他们也谈论了政治。彼得斯一直都是坚定的民主党人，对巴菲特的看法非常欣赏。最后，他说：“即使保守地估计，贝蒂，我认为我能让韦斯科金融公司的前景比合并的前景更好。既然你都打算放弃公司了，为什么不让我们试一试呢？”

彼得斯被巴菲特说服了，认为他可能有能力比圣巴巴拉那些办事不牢的年轻人做得更好。实际上，她现在的担心是如果她把赌注都押在他的身上，万一他发生了意外怎么办。他告诉她，他还有一位和自己能力相当的合伙人，如果真的发生了他被卡车撞伤之类的事故，他的合伙人可以掌管伯克希尔-哈撒韦，同时负责打理他们家族的股票事宜。

当彼得斯再次前往帕萨迪纳时，她同巴菲特和芒格在古老而又富丽堂皇的亨廷顿饭店一起吃早饭，以便认识一下巴菲特那位神秘的合伙人。巴菲特和芒格两人都要求和韦斯科金融公司的董事们见见面。彼得斯接着做了一个勇敢的举动——她宁可在董事会上让人们觉得她反复无常，也不希望公司犯严重的错误——她参加了下一次董事会，并且要求董事们改弦易辙，停止合并，同巴菲特和芒格接触。然而，董事们却对此大加反对，并且想要召开一次特别董事会议对此项提议投票表决，要“尽一切努力促成同圣巴巴拉公司的合并”。[20]

他们却犯了一个致命的错误，他们忘了谁是公司真正的主人。彼得斯带着巴菲特和芒格去见她的兄弟们，争取他们的支持。等到一周后董事们再次开会，并重申他们的立场时，彼得斯做出了一个决定，秘密地把她的全家都召集过来，一起投票反对与圣巴巴拉的合并交易。

“接下来我的工作是，”彼得斯说，“回到帕萨迪纳那间召开董事会议的秘密而封闭的会议室，告诉这些保守沉闷的绅士，包括管理人员，我们决定放弃同圣巴巴拉的合并交易。”当她回到这座西班牙风格的大楼时，她看了看大楼会议室外面的窗户以及下面的喷泉。“如果窗户开着，”她说，“他们可能会把我扔出去。我知道每个人都会在心里说，‘天哪，这就是让一个女人进董事会的后果吗’？”[21]

华尔街也这样认为。当消息传到华尔街时，韦斯科金融公司的股票从最高时的 18 美元猛跌到了 11 美元，一位分析师认为韦斯科金融公司的管理层“顽固不化，没有进取精神”。另一个人声称，圣巴巴拉给韦斯科金融公司开价太高了，一家“沉睡多年、管理保守的公司”怎么可能值这么多？还有一个人干脆称它为“垃圾”。[22]

考虑到彼得斯的勇气，巴菲特和芒格感觉欠她很大的人情。[23]他们也决定购买韦斯科金融公司，并且认为很有可能继续雇用文森蒂进行管理。然而，很明显，到那时文森蒂不会像小羊羔跟在母羊身后那样跟在他们的身后欢呼雀跃。因此，他们降低了收购的条件，告诉他们的代理人，仅此一次，在价格上可以慷慨一些。蓝筹印花公司以每股 17 美元收购了韦斯科金融公司的股票——这个价格是与圣巴巴拉合并失败之前的平均价格。

“我承认这么做十分古怪，让人费解，” 芒格说，“我们故意把价格定得稍微高些，因为我们认为是我们把合并搞砸了。如果在这种背景下，我们以低价购买其股票，未免有趁火打劫之嫌。当然，没有人理解我们的用意。他们认为我们这样做肯定是有什么不光彩的企图。如果我们把合并搞砸了然后以低价购买股票，恐怕会给文森蒂留下很不好的印象。看起来好像只有上帝知道怎么回事，我们想让路易成为我们长期的合作伙伴，为此，我们竭力表现得好些。”[24]

截至 1973 年 3 月，蓝筹印花公司已经持有了韦斯科金融公司 25% 的股份。并且，巴菲特从来没有停止购买蓝筹印花的股票，他继续持有更多的股票。一年前，他已经用多元零售公司所拥有的斯瑞福特马特电脑公司的股票来交换更多的蓝筹印花公司的股票。巴菲特现在实际上已经成为蓝筹印花公司最大的股东，他持有的股票包括公开持有的 13% 的股份，以及他通过伯克希尔和多元零售公司持有的 35% 的股份。蓝筹印花公司开始正式购买韦斯科金融公司的股票，这次是以 15 美元一股现金购入的，直到持有的股票超过半数。[25] 数周之内，芒格就为文森蒂描绘出了公司的发展蓝图，[26] 毫不奇怪，这很像巴菲特对伯克希尔-哈撒韦和多元零售公司所做的那样。韦斯科金融公司——现在由芒格担任董事长——就像一个新的俄罗斯套娃一样，同其他的组合起来 [27]——不过这次是放在了蓝筹印花公司里面。

紧接着，在蓝筹印花公司购买了韦斯科金融公司大多数的股票之后不久，整个股票市场开始崩溃。[28] 巴菲特购买的《华盛顿邮报》的股票，价值缩水 1/4。[29] 要在平时，他肯定会再多买进一些。但是，他已经向格雷厄姆保证过不再购买了。不过，他把它推荐给了他的朋友们。[30]

因此，巴菲特没有再多买进《华盛顿邮报》的股票——他总是相信专注——寻找新的机会，以更快的速度填满他的篮子，然后寻找更多其他的股票：他购买了美国普利斯托公司（压力锅和爆米花锅的制造商）的股票；[31] 他还购买了大量沃纳多房产信托公司的股票，并且一举把自己送进了董事会。[32]

巴菲特在伯克希尔-哈撒韦有一群坚定不移的股东，他们理解他的投资方式，并且从来不质疑他的判断。因此，他可以大胆地忽视市场的存在，也不用担心他的投资组合在市场萧条中不可避免地遭遇股票价值的大量缩水。而其他人就没有这么幸运了。比尔·鲁安的红杉基金经历了可怕的一年，他的主要经济资助人——鲍勃·马洛特明显很不高兴。马洛特在哈佛大学时就认识鲁安，并且当鲁安在纽约基德尔·皮博迪工作时，曾经和他合租过一套公寓。但是马洛特信任巴菲特的投资方法，他请求巴菲特帮助他处理 FMC 公司的养老基金，那是他要购买的公司。因此巴菲特去了圣迭戈，在那里待了几天，采访那些投资经理，并把他的理念解释给那些 FMC 的投资人听。在这一过程中，他把他们转变为了格雷厄姆的追随者，并最终取得了令人欣喜的效果。开始时，他拒绝亲自管理这一投资组合——不过最后他还是同意管理其中的一部分。[33] 然而，他在接受这一请求的同时，也提出了一个条件：FMC 的优先权排在最后——在伯克希尔-哈撒韦和多元零售公司，以及苏珊·巴菲特的后面。精明的马洛特迫切地想抓住这个机会，他觉得自己在这一点上不能再犯错误了：只要巴菲特愿意做，即使只有一丝希望，他也要尽力去争取。[34]

除了要对 FMC、沃纳多、蓝筹印花公司和韦斯科金融公司尽职尽责外，巴菲特现在更多的时间是到处奔波。他忙着讨好凯瑟琳·格雷厄姆，并且已经给她留下了非常好的印象，她也开始给他打电话征求建议了。苏珊开始在奥马哈到处奔走，忙着履行她在城市联盟的董事职责，她不断地授予奖学金，着手她最新的改革运动，成立了未来中央委员会，将她的母校——中心高中制定的用公共汽车（或校车）接送儿童上学的制度废除了（指美国学校为平衡黑人和白人学童的比例，用车接送外区儿童上学）。[35]

在 1973 年这一年，甚至连小狗汉密尔顿都觉察到了这个往昔疯狂、吵闹的家，现在变得寂静和空荡了。[36] 豪伊在距奥马哈 275 英里的奥古斯塔纳学院学习。苏茜不喜欢林肯分校，已经转到了加州大学欧文分校，现在主修刑事司法学。[37] 彼得从来不需要他人的关注，他现在正在读高二。苏珊考虑要搬到加州去，因此已经带彼得去奥兰治县的中学考察过了。他们现在还在奥马哈，不过彼得大部分的时间都是在地下室中度过的——苏珊培养了他对摄影的兴趣，在地下室给他建了一个暗房。[38]

许多晚上常常都是苏珊一个人待在房间里，聆听音乐，消磨时光，把思绪放飞到其他地方。[39] 她喜欢威斯·蒙哥马利的爵士吉他乐以及黑人的灵骚乐——如诱惑乐队，她认为他们的歌声表达了男人们所渴望的世界。[40] 她也读书，比如《我知道为何笼鸟歌唱》，那是玛雅·安格洛的自传体小说，描述了她与种族歧视、性骚扰斗争的故事，以及她早年在监狱中的反抗活动。"她老是觉得自己被迫禁锢在一个地方。"彼得说。这不足为奇，因为她小时候体弱多病，常常闭门不出，同时她也常常看到姐姐因犯错误而被锁进小屋里。苏珊渴望浪漫，但是现在她也知道永远不可能再和米尔顿结为夫妻了。然而，她也无法下定决心永远不再同米尔顿联系。

现在，在杜威公园的网球场上，她经常花很长的时间同那些比她年轻的人一起打球。其中一个就是教练约翰·麦凯布，他性格温和，像她一样忧郁，多少还有点儿脆弱，这一点和她大多数孤独的朋友一样，但是她似乎尤其喜欢他。[41] 既然苏珊找到了外出的理由，大部分时间都不在家里，家中的喧闹声也开始减弱了。她的那些追随者随着她到处游荡，家中也很少再出现整天狂欢的场面。彼得从来都不在意父母的生活方式，现在也只是注意到家中逐渐变得安静了。放学回家后，他抱着汉密尔顿玩一会儿，自己弄点儿晚饭吃，然后就到楼下的暗房去了。[42]

沃伦对于婚姻的认识从来没有改变过，尽管婚姻本身正在发生无情的变化。当他在家时，苏珊仍然像以前那样为他操劳。他看到她那么快乐，那么忙碌，他从心里觉得快乐，只要她继续照顾他就行，而他也认为这会让她感觉充实。据他所知，这样的平衡心态仍然在发挥作用。

1973年底，"退休"的沃伦正在全速进行投资，而市场正处于急速下跌之中。在大都会传媒公司和《华盛顿邮报》的影响下，同时由于他同凯瑟琳·格雷厄姆的友谊日益加深，他对媒体的兴趣在过去的几年中不断增强，现在他已经对媒体有了全方位的深入了解和认识。一天晚上，在拉古纳海滩，巴菲特、卡罗尔·卢米斯以及巴菲特的朋友迪克·霍兰德共进晚餐，迪克从事广告业，席间他们不断问他各种关于广告的问题。"无论他做什么，"迪克回忆道，"我总能感觉到他肯定是又在酝酿什么了。"他们四个人在谈论生意，而苏珊和玛丽·霍兰德却在里屋自娱自乐。在得到充分的解答之后，巴菲特给他的经纪人打电话，一下买进300万美元的广告业股票，其中有国际公众公司、智威汤逊公司以及奥美广告公司，作为控制媒体的另一种方式。由于这些股票的价值都被低估了，因此他只需要支付不到其收益的3倍就行了。

然而，当巴菲特在继续买进时，他所持有的大多数股票都在持续缩水。到1974年初，他花费5 000万美元买进的股票，价值已经减少了1/4。伯克希尔的股价也开始下滑，跌至每股64美元。先前一些继续持有股票的合伙人开始担心他们是否犯了错误。

巴菲特的看法却正好相反，他想买进更多伯克希尔和蓝筹印花公司的股票。但是，“我已经弹尽粮绝了，我从合伙人那里筹集到的 1 600 万美元全都用来购买伯克希尔和蓝筹印花公司的股票。因此，突然之间，我发现自己一贫如洗。我每年从伯克希尔–哈撒韦支取 5 万美元的薪水，同时也从 FMC 公司获得一些顾问费。[43] 但是，我的个人净资产又一次要从零开始积累了”。

他现在的确非常富有，却是“现金穷人”。然而，他所控制的公司，尤其是伯克希尔–哈撒韦，却有大量的现金可以购买股票。为了将伯克希尔的一些资金转移到多元零售公司，巴菲特创建了一家再保险公司——一家为其他保险公司提供担保的公司[44]——归多元零售公司所有。这就是内布拉斯加再保险公司，该公司同意接受国民赔偿公司的部分业务，收取保费，支付赔偿。因为国民赔偿公司的利润十分可观，积累了大量的浮存金——在理赔之前的保费（现金）——因此把部分业务转给多元零售公司就像把一根管道接入现金流一样。随着时间的推进，它会给多元零售公司带来数百万美元的资金。[45]

巴菲特开始为多元零售公司购买股票。他主要模仿华莱士的模式，他购买了蓝筹印花公司和伯克希尔–哈撒韦的股票。很快，多元零售公司就拥有了伯克希尔 10% 的股份。这几乎就像是伯克希尔在回购自己的股票——但这么说又不完全正确，多元零售公司和伯克希尔的主人不是同一个人。巴菲特仍然不允许他的朋友们购买伯克希尔，而他、芒格和戈特斯曼却都是多元零售公司的合伙人。[46]

当时，尽管这三个人在业务上互相支持，有时还交换股票，但是他们的兴趣并非全都一致。后来芒格在审查时被问道他是不是巴菲特的“另一个自我”，芒格说“不是”。他承认两人的行为模式和说话方式有些相似，但是“我从来不会去做次要合伙人”，他说，“我喜欢有自己的活动范围”。[47]芒格说，曾经有一次，他发现了一批蓝筹印花公司的股票，他和戈特斯曼想以多元零售公司的名义买进。巴菲特却想为伯克希尔-哈撒韦买进这批股票。不过，在弄清楚谁更需要它之后，芒格和戈特斯曼的联合力量在一定程度上压倒了巴菲特，多元零售公司得到了这批股票。[48]

然而，巴菲特拥有多元零售公司43%的股份，因此伯克希尔的购买活动几乎可以为他的股份增加5个百分点。通过多元零售公司购买的好处也很明显，因为这不会提高伯克希尔的股票价格，几乎不会有人注意到这一点。[49]

但是究竟为什么他想要买进这只股票呢？

“伯克希尔的股票价值不超过40美元。你不可能把纺织厂和保险业务卖出更高的价格。一半的钱都被投进了不赚钱的业务中：40美元中的20美元都不赚钱。我不知道该怎么做，真的不知道。我的意思是，我已经相当富有了。但是实际上，我在赌自己能够做些什么。我在赌自己。尽管这听起来傲慢自大，但是任何人只要认为它值40美元以上就是在给我钱，因为这家公司根本不值那么多。”

除了投资外，他不知道自己将要做什么。从新贝德福德归来的维恩·麦肯齐成了伯克希尔的财务主管，他认为对巴菲特来说，“这看起来像一场很有意思的游戏，他所想做的就是巩固自己的控制权”。正因如此，并且他采用的方式让人感觉他总是在投资——作为一个收藏家、一个秘密购买人，为了避免消息被泄露给其他四处寻觅购买信息的人。但是，作为伯克希尔-哈撒韦和多元零售公司的董事长，他大部分的股票也是一次又一次从他先前的那些合伙人手里购买的。尽管完全合法，这却不完全是光明正大的行为。但是在他看来，他们愿意出售，这也能结束他对他们的特别责任。

巴菲特也一直在购买蓝筹印花公司的股票，尽管到目前为止，它仍然主要是芒格的属地。不过，它拥有的所有行业中利润最大的部分是喜诗公司。现在，巴菲特开始盯上了蓝筹印花公司的股票，就像一只大白鲨在追赶一只肥胖的海豹一样。由于巴菲特有更多的资金支持，因此他可以不断地买进蓝筹印花公司的股票，很快他的股份就超过了其合伙人——芒格和里克·格林的联合股份，里克是芒格在太平洋海岸交易所的同事，现在自己也经营一家投资合伙公司。

巴菲特想尽一切办法，到处买进蓝筹印花公司的股票。他从蓝筹印花公司的管理人员以及其他董事手中购买，其中一个是韦恩·格里芬，他要价 10.25 美元一股，而巴菲特的出价为 10 美元。他们在电话中陷入了僵局，巴菲特回忆说，格里芬建议他们掷硬币做决定。格里芬的提议让巴菲特十分吃惊，因为在没有亲眼所见的情况下他居然敢这么做。仅仅从这一事件，巴菲特就认识到，格里芬不仅信任他，而且也已经把自己“巴菲特化”了。格里芬赌正面。很明显，如果他以这种方式打赌，就表明他愿意接受 10 美元的价钱，而他也确实答应了。

不过，巴菲特把所有的股票都积累了起来，这同他购买的那些低价的“烟蒂”型股票不一样。两个大问号摆在了蓝筹印花公司、多元零售公司和伯克希尔面前。由于巴菲特巩固了对三家公司的控制权，现在所有那些从保险业务中涌入伯克希尔和多元零售公司的资金，应该能够得到充分利用。对蓝筹印花公司法律问题的猜测也应该可以真相大白了。

截至 1973 年底，蓝筹印花公司已经解决了 11 起诉讼，只剩下最后一起了。[50] 司法部的裁决要求它放弃 1/3 的业务。那不是一件很容易的事情，因为“总统对食物价格的冻结对我们来说又是一个致命的打击”，唐·科普尔写道，“食品商们大声抗议，纷纷号称损失巨大，都要破产了”。[51] 通货膨胀失去控制，尼克松总统采取价格管制的政策想抑制通货膨胀，他通过冻结消费品的价格来控制其他商品价格的增加。经济活动进入了一个新的时代。

印花业务消亡了，但是巴菲特这位永不满足的受让人还有股票在手。在一系列的回旋交易后，蓝筹印花公司已经同华莱士创建的公司一样，拥有了一系列的俄罗斯套娃。“它们的原理相同。”巴菲特说，他指的是所有这些他通过间接购买股份而到手的钱袋。现在他持有伯克希尔 40% 以上的股份，蓝筹印花公司 25% 以上的股份。尽管这些股票的交易价格都很低，但是他仍然能资助更多的交易，购买更多的股票，因为所有这些套娃都有自己的充电电池——浮存金，在支付理赔之前，这些现金可以用来投资。这种创新极大地促进了交易活动。

在这些多灾多难的日子里，这些公司的业务经营也得到了改善。除喜诗公司外，伯克希尔不仅拥有庞大的发电机——国民赔偿公司，而且还拥有一串小保险公司。巴菲特希望它们最终都能够转变为小发电站，他正在努力对它们进行强制性的改革，使它们走上正轨。同时，不堪重负的霍克希尔德–科恩公司已经消失了，巴菲特不断地削减纺织厂的投资。

但是，从总体来看，伯克希尔、多元零售公司和蓝筹印花公司真正的价值在于两点：第一，自我平衡的经营模式——将浮存金转移到控股公司，以便它根据环境的变化做出相应的内部反应和调整；第二，组合的力量，因为浮存金和投资会随着时间的推移而不断翻番。

巴菲特模式的经验和优点是前无古人、后无来者的创举，怎么夸赞它都不为过。“那是教科书上所说的资本分配的黄金时代。”他说。

时机的选择十分重要。来自保险公司的资金不断注入伯克希尔和多元零售公司，同时，市场正在崩溃，这种环境正是巴菲特最喜欢的。对于在 1974 年底之前他缔造的庞大的企业帝国，尽管他还没有明确做出决定下一步怎么办，但是有两点他是肯定的：其一就是这种模式的威力，其二就是他娴熟的操控技巧。最为重要的是，他对自己充满信心。

“我一直如此，”他说，“一直。”

39

大力士

奥马哈，洛杉矶　1973—1976 年

经受了 1929 年的股市崩盘而东山再起的人凤毛麟角，而霍华德·巴菲特就跻身其中。现在，他的儿子正在从 20 世纪第二次经济大崩溃中冉冉升起。[1]不过，世界已经改变了。现在不仅是演员，甚至连商界的人士也能成为明星。在美国媒体飞速发展的同时，巴菲特已经关闭了他的合伙公司，此时有线电视开始繁荣，报业公司即将上市，广告业仍然处在黄金时期，它们把庞大的观众群作为产品在销售。每个星期二的晚上，几乎举国上下都会坐在电视机前，观看《幸福时光》节目。

出于对媒体的天然兴趣，巴菲特也进入了媒体行业，成为一名投资人。借助 1969 年《福布斯》的报道以及后来《超级金钱》一书的热销，他得以声名远扬，开始了一种全新的、“后合伙人时代”的生活。在谨慎地利用媒体提升了自己的形象后，他也开始享受这一成果了。现在，他不仅是一位媒体投资人，更是媒体关注的对象。他一点儿也不比凯瑟琳·格雷厄姆逊色，而且她现在也十分关注他，并且认真看待他，还要把他引入美国最为重要的一份报纸的经营轨道中。

格雷厄姆像对待其他那些权威人士一样，经常向巴菲特求助，而巴菲特几乎不需要激励。

> 有一次，她要到纽约证券分析师协会发表演讲，我赶到了她在纽约的寓所，帮她撰写讲稿，那是一个周日的早上。她十分紧张，几近崩溃。所有那些男人都要出席，而且她必须站在前面讲话，这使她很恐惧。在公共场合演讲对她来说一直都不是一件轻松的事情。最有意思的是，她是个极为幽默、聪明机智的人，但是一站到人群面前却会战栗不已，不知所措。尤其是，如果她知道他们要问她数字问题的时候。

正如罗伯特·雷德福所说的，格雷厄姆“出身名门，口风很紧”，不给他人一丝窥探其个人隐私的机会。他是在第一次见过她之后在一次采访中这样说的，他因拍摄关于“水门事件”的电影《惊天大阴谋》而前去拜访她。因此，雷德福自言自语道：“为什么她还要不断演讲和接受奖赏呢？”[2]

格雷厄姆在联合国广场酒店的高层有一套豪华公寓，俯瞰着纽约的东河，墙上挂满了艾格尼丝·梅耶收藏的亚洲艺术品，在这里，巴菲特和格雷厄姆开始工作。

> 她不断猜想他们会提出的问题，诸如新闻纸多少钱一吨，她认为这简直就是个测验。然后我说，这没什么关系。别人多少钱买，你也多少钱买，那又怎样呢？但这确实是个大问题，她被说服了。我尽力避免让她死记那些事实。只要有个主题就行了。

格雷厄姆想说做好新闻的同时也要取得可观的利润。巴菲特听到这一想法“扑哧”笑了，重新为她定位：

你知道，好的新闻并不一定产生可观的利润，她脑子里全都是这些没用的东西，我要竭尽全力去说服她，使她相信自己比所有那些坐在那里的愚蠢男人聪明，正是这一点从一开始把我们拉到了一起。

巴菲特成了凯瑟琳·格雷厄姆的私人戴尔·卡内基训练师，他的建议使她反败为胜，扭转局势。他和其他所有人一样，都会同情那些在人群面前不知所措、战栗不已的人。再者，由于苏珊多年来的精心指导，他已经学会了更微妙的为人处世的方式。他知道如何预见他们的反应，并且以非胁迫性的方式表达出来。他以前的信总是语言拘谨，现在用词恰当熟练，巧妙而富有感染力。他已经学会了倾听，学会了对别人表现出兴趣，还能同其他人谈论股票之外的事情。这都帮他赢得了格雷厄姆的青睐。

在一切准备就绪并且进行彩排之后，格雷厄姆说她当天晚上要去詹尼·阿涅利家参加晚会。“你会发现这很有趣，”她说，“为什么不和我一起去呢？”巴菲特一直强调说他在这些盛大的场合感觉十分不舒服，并且称他对这些活动一点儿也提不起兴趣。不过，这次他没有拒绝格雷厄姆，而是同意和她一起去。那天晚上，他离开房间，开车接上格雷厄姆，然后一同前往晚会。

我们真是很不合适的一对儿——她55岁，而我则40岁出头，我们一进入这座公寓——这不仅仅是一座公寓，更像一座三层豪宅，十分巨大——每个人都向凯瑟琳鞠躬致敬，跟她套近乎，简直就是电影《甜蜜生活》中舞会场景的再现。我是跑龙套的角色，像棵盆栽植物一样杵在那里。如果你以慢镜头的方式放映，就能看得清清楚楚。詹尼·阿涅利，菲亚特的总裁，以及他的妻子马雷拉都没有来。这几乎像一场化装舞会，事实上它不是。

在见识了一个全新的格雷厄姆之后，巴菲特回到了奥马哈。他继续从个人的角度不断地加深对她的认识，他总是看到她自相矛盾的一面——“恐惧而又任性，高贵而又民主，常常被她最为关心的人伤害”。他感觉很奇怪，在她的丈夫自杀10年之后，她还在不断谈起他。

> 当你第一次见她时，她常常会不由自主地谈起菲利普的事，就像查理一样，很快就会就一个话题说一通。而且她说起他时，所用的词语你几乎都不敢相信，要知道他的行为十分恶劣。不过，在我更深入地了解她之后，她告诉了我关于他以及他们之间的所有事情。她已经发现，她不可能与他在同一层面上对话。她感觉自己是个骗子，甚至是在假装同他住在同一屋檐下。他们常常和肯尼迪夫妇聚会，而她常常感觉自己不应该出现在那里。那时，他所说的任何话都很有趣，所做的任何事都很正确。当他要从她面前夺走孩子们时，她甚至都没法阻止他——我是说，整个事情她都没法阻止。

格雷厄姆从小受到母亲残暴、冷淡的对待，长大后又遭受躁郁症丈夫多年的折磨，这对她造成了很大的后遗症，而巴菲特的成长背景与她类似，这种同病相怜好像暗示了他们未来会有不同寻常的关系。他知道如何对待她才能使她感觉不到威胁。1974年春，她开始向他寻求建议，并且逐渐冷淡了原来的那些人。反过来，他也抓住这个机会，一举成为《华盛顿邮报》首席执行官的业务指导，好像他一生都在等待着主演《卖花女》，去调教自己的那个伊莉莎·多莉特。他比亨利·希金斯更有耐心，他慢慢地训练她，督促她和她的儿子唐读一些有益而有趣的文章。

随着巴菲特的影响逐渐增强，格雷厄姆注意到“沃伦说”这个词使董事会的一些成员感觉不舒服。[3]不过，巴菲特一直希望能够受邀加入董事会。当汤姆·墨菲提议请巴菲特加入大都会传媒公司的董事会时，他断然拒绝了，他正在等《华盛顿邮报》的邀请。[4]墨菲忠实地向格雷厄姆传达了这一信息，她"感觉自己太笨了"，竟然都没有想到这一点。[5]

苏珊认为她的丈夫不能再承担更多的商业责任了，他应该把他们的股票卖出去一部分，把钱用在更崇高的事业上。当他俩在华盛顿坐出租车时，她谈到了慈善家斯图尔德·莫特，他掌管着斯图尔德·莫特慈善信托基金会，为和平、裁军、人口和计划生育事业做出了巨大的贡献。巴菲特夫妇现在比莫特富有得多，他起家时只有2 500万美元。"你为什么不退休呢？"苏珊说，"斯图尔德·莫特现在就从事着这些事业，每天都不用去工作。"但沃伦是不可能退休的。他坚信自己的眼光——现在的5 000万美元将来有一天能够升值到5亿美元。尽管如此，他并没有完全从家庭生活中脱离出来，也没有对妻子的话置之不理。通过与苏珊的交流，他感觉到了她希望从生活中获取更多的东西。随着彼得升入高中，沃伦对她说："苏珊，想象一下你是一个工作了23年之后又丢掉饭碗的人，现在你打算做什么呢？"

她的回答是唱歌。她的侄子比利·罗杰斯已经给她准备了一些吉他录音带，可以把她的歌声录下来，然后欣赏。罗杰斯曾经在奥马哈的蛤蟆先生乐队、面条厂乐队和其他的俱乐部演奏爵士吉他。在他的引荐下，苏珊很快就常常出现在当地的音乐会上。不过，当她第一次登台表演时，"我恐惧极了，真的恐惧"，她说，"我真是糟透了"。她前一次公开登台演出是在10年前，那是中心高中的一场慈善义演。因此，她开始练习，并且学习当代的爱情歌曲和民谣。苏珊作为歌手首次登台出场是在那年的7月，当时是在翡翠湾的私人聚会上，观众都是一些老朋友。"他们似乎非常喜欢。"她说。[6]当她丈夫的朋友对她的才能大加赞扬时，她看到他十分兴奋。

虽然巴菲特夫妇那年夏天是在翡翠湾度过的，但是沃伦仍然邀请格雷厄姆来他家做客，当时她正好到洛杉矶参加分析师大会。巴菲特预感到她可能会谈到让他加入《华盛顿邮报》董事会的事宜，便提前几天回到了基威特大厦的办公室，既高兴又兴奋，就像圣诞前夜的小孩子一样。[7]

巴菲特在翡翠湾的别墅与一条陡峭的车道相连，离海滩不远，有点儿让人感觉不像是自己的家，而像是出租的房屋，缺少家庭的温馨。沃伦不知道这里会给格雷厄姆留下什么样的印象，毕竟她有好几座装修精致、无可挑剔的豪华别墅，并且在格伦韦尔比有个农场，在马撒葡萄园还有座海景豪宅。

不管怎样，很显然他向他的妻子反复强调，他们要尽最大的努力使格雷厄姆满意。在格雷厄姆抵达后的第一个早上，苏珊破天荒地起了个大早，像模像样地做起了家务：她为三人做了一顿丰盛的早餐，巴菲特夫妇二人都假装这是他们的惯常生活。接下来，她的丈夫就整天围着格雷厄姆转，同她谈论报纸、新闻、政治，提及每一个能使她邀请他进入董事会的机会。

有时，他会放下报纸，穿上一件为格雷厄姆这次拜访而特别购买的游泳衣，以及一把崭新的遮阳伞，同她一起离开屋子，沿着一条陡峭的小路，走到大概 100 码远的海边，和家人一起享受海滨之乐。对于大海，他之前一直是这样认为的："我认为住在海边确实是一个诱人的享受，晚上听着海浪的声音很有趣，诸如此类的事情吧。但是要真的在海里游泳玩乐，我感觉，还是等到年老以后再说吧。"但是现在，在岸边的沙滩坐了一会儿后，看着清澈的海水，他也勇敢地迈入了太平洋中。据说，当苏珊和巴菲特的孩子们看到这奇怪的一幕时，"全都笑得人仰马翻"。

苏珊对这位不同寻常的客人有什么想法，我们还不知道。但是沃伦对此的解释却有迹可循。“一切都是为了凯瑟琳，”他说，“都是为了她。”

在星期日的早晨，他们放弃了这种客套虚礼，苏珊在半睡半醒中给格雷厄姆做了熏肉和鸡蛋，而自己却什么也没有吃，沃伦坐在旁边，用勺子从一个瓶里挖出阿华田巧克力粉。[8]早饭后，他和格雷厄姆又开始促膝谈心。有时候，格雷厄姆会告诉他，她想让他进入董事会，不过要等待恰当的时机。她知道，有些董事会成员，如安德烈·梅耶可能不欢迎巴菲特加入董事会。接着他问：“什么时候才是恰当的时机呢？”迫使她下定决心。因此，他们很快达成决议，同意巴菲特加入《华盛顿邮报》的董事会，他喜出望外。

那天下午，巴菲特离开翡翠湾，亲自开车送格雷厄姆去洛杉矶机场。“在去机场的路上，突然间，她看着我，那眼神就像一个3岁的小孩子一样。她的声音也变了，她说，基本上就像在祈求一样，‘要对我好一点儿，不要伤害我’。我后来才明白，菲利普以及报社的有些人，为了实现自己的目的或者仅仅是出于乐趣，会不断打击她，只是为了看着她崩溃。就菲利普而言，这是残酷的习惯，而其他人则是为了操控她。这样做非常容易，因为她还是很容易上当的。”

1974年9月11日，巴菲特正式加入了《华盛顿邮报》的董事会，摇身一变，从一个奥马哈的明星投资经理人，成为世界上最重要的一家媒体公司的正式顾问。尽管刚刚加入该公司董事会，他仍然能够看见格雷厄姆习惯性地向其他的董事寻求帮助。巴菲特认为不应该这样做，作为一名首席执行官，她不能把自己放在这样的位置上。但是，他还不是非常了解她，因此，他也不好说什么。相反，他却告诫自己，《华盛顿邮报》的董事会里到处都是达官显贵和知名人士，因而他要小心翼翼地同这些人周旋。他们有权有势，还善于玩弄手段，常常习惯于控制格雷厄姆。他在董事会上一直沉默不语，不过，他却在幕后悄悄地发挥作用。

此时，巴菲特关注的远远不止凯瑟琳·格雷厄姆和《华盛顿邮报》。1974 年的市场仍然在失败的阵痛中煎熬，投资者期盼的复苏仍旧没有出现。养老基金的经理人们已经把股票的投资削减了 80%。伯克希尔的投资组合好像是被修剪过的树篱一样，在第二次大萧条中几乎被斩去 1/3。在 20 世纪已经过去的时间里，这种情况仅仅出现过几次。

在巴菲特解散合伙公司之后，芒格仍然对他的合伙人关系保持开放。同股票市场相比，他的表现在两个方面都更不稳定。在过去的几年中，尽管回报很一般，他还勉强过得去。但是到 1974 年，芒格发现自己陷入了困境之中，他的合伙人损失了将近一半的资金。[9]就像半个世纪前的本杰明·格雷厄姆一样，他感觉有责任把这些损失的钱再赚回来。

“如果你是一台装配完美的机器，就会像沃伦和我一样具有信托基因，”他说，“并且如果你已经告诉了人们，‘我认为我能给你创造非凡的业绩’，那么你就会很后悔没能实现他们的期望。”

至于他自己，“当然资金的价值也缩水了，我也不喜欢这样，但是想一想我们只能有这么多的时间——最后无论我赚了多少钱或者赔了多少钱，又有什么意义呢？唯一让我感觉不安的是，我知道这对合伙人们确实打击很大。这要把我给愁死了——毕竟我的工作就是替人们理财啊”。[10]

芒格仍然大概有 28 名有限责任合伙人，包括一些家族信托。为了赚回损失的一半资金，他必须让剩余的股份增加一倍多。能否实现这一目标，蓝筹印花公司的股票将起到至关重要的作用。

比尔·鲁安的红杉基金也陷入了困境，它由巴菲特原来合伙人的 5 000 万美元起家，大量地将资金投资到一些低价股上，如汤姆·墨菲的大都会传媒公司，这些股票同几年前那些迷人的电视和电子类股票不一样，当时资金经理们挤破头去买。他们同时迅速行动，直奔主题，投入了“漂亮50股”的怀抱，它们是由世界上少数最知名大公司的股票组合而成的。[11]

“在这一行，”鲁安说，“有创新者、模仿者，还有成群的盲从者。”现在模仿者和盲从者成了主流，鲁安和他的合伙人里克·切尼夫在1970年购买的股票价值已经拦腰减半了。更为糟糕的是，他们刚刚在纽约证券交易所买到了一个席位，而股价马上就要从悬崖上掉下去了。[12]很明显，红杉基金的上市时间太不合适了——鲁安决定的上市时间正好是巴菲特认为缺乏机会而打算偃旗息鼓的时候。红杉基金的业绩每年都跑在了大盘后面——累积起来，数量还是很惊人的。[13]红杉基金在1973年的表现更差：它的损失高达25%，而市场平均行情是15%的损失。到了1974年，它的业绩更加糟糕。鲁安最大的投资人——鲍勃·马洛特怒火冲天。他常常因一些微不足道的亏损就打电话抱怨，在鲁安和切尼夫的公司里，人们都戏称他为一只“破坏球”。现在，他痛骂鲁安，指责他在股票市场的业绩太差，并且反复不断地斥责他，导致鲁安害怕他会把资金从公司抽走。[14]不过，巴菲特对此十分镇静，因为他知道市场对股票价格的反应在任何时候都不能代表它的内在价值。他了解鲁安及其合伙人购买的股票，因此对他们的决定很有信心。

正是因为那些工作人员的高傲自大，1969年巴菲特与格雷厄姆的追随者在殖民地俱乐部的聚会，确切地说，即便不是一种推进剂，至少也为充满挑战的市场创造了相互支持的氛围。从那以后，巴菲特把它命名为“格雷厄姆集团”。埃德·安德森已经在威廉斯堡举行了第三次年会，查理·芒格在加州的卡梅尔举行了第四次年会。1971年，巴菲特把这个会议固定为两年一次。出于忠诚，他让鲁安邀请了马洛特——这种机会一般不会随便给人——和他的妻子艾比成为1973年太阳谷年会的新成员，这次是由里克·格林主办的。

马洛特可能被这个活动打动了，决定继续支持鲁安的工作，尽管他依然不断地抱怨，使得鲁安仍然害怕他突然撤资。然而，到1974年底时，市场行情下跌了25%以上，不过，红杉基金至少要比市场的损失少一些。

尽管如此，红杉基金的累计行情依然很糟糕，以至于曾经在那里工作过的亨利·勃兰特和卡罗尔的丈夫约翰·卢米斯，现在也都害怕行情继续恶化，害怕自己被从一艘即将沉没的船上抛下去。[15]

在当年11月，《福布斯》杂志刊登了一篇对巴菲特的采访，开篇就提出了一个尖锐的问题：你怎么看待当前的市场行情？“像一个性欲旺盛的男人闯进了女儿国，”巴菲特这样回答，“现在正是投资的绝佳时机。”[16]他接着说：“这是有史以来第一次你能够以本杰明·格雷厄姆所青睐的‘烟蒂’型股票的价格购买菲利普·费希尔的股票。”他认为这是他所要表达的最为重要的意见，但是《福布斯》没有刊登出来，因为普通的读者不会理解为什么要引用费希尔和格雷厄姆。[17]当《福布斯》的记者问他对特定股票的看法时，他没有提及他正在买或者已经买了哪些，相反，他开始玩儿起小把戏，想测一测这个记者是否研究过《福布斯》杂志以前刊登的关于他的文章，看看对方对他了解多少。“一家自来水公司。”他说，并补充说蓝筹印花公司持有圣何塞自来水公司5%的股份。这位记者上当了，他没有参考以前的相关报道，还以为自己得到了内幕消息，直接就用在了这篇文章中。

不过，尽管到1974年为止，他一直对市场很热心，但是在投资时还是很谨慎，一点点地买进，大部分的资金都花在了斯图德贝克·沃辛顿公司、汉迪-哈曼集团、哈特·汉克斯报业集团以及多媒体公司等，并且巩固了他在信义房产公司的地位。他把其他的一些股份也增加了 10% 或者 20%。他还从里克·格林手中购买了蓝筹印花公司的 10 万股股票。“他以 5 美元的价格卖给了我，因为他手头拮据，”巴菲特说，“那真是一个残酷无情的时期。”

巴菲特对“女儿国”的见解有双重含义：尽管这确实是最佳的投资时机，但是对巴菲特来说，在很大程度上，只能“看”而不能“摸”。国民赔偿公司的一个航空经纪人几近疯狂地赔钱贱卖航空保险保单。公司撤销了该代理机构的特权，并且竭力阻止其疯狂举动，但是几个月过去了，还是没法关闭该机构。[18]

财务记录混乱不堪，损失也不清楚。国民赔偿公司不知道全部的账单会达到多少，不过按最坏估计可能会高达数千万美元。然而他们仍然希望不会损失那么多，因为国民赔偿公司并不值数千万美元。想到这些，巴菲特浑身直冒汗。[19]

1975 年初，他的麻烦接踵而至。查克·里克肖塞尔，芒格律师事务所的合伙人——现在该事务所已经重新改名为“芒格–托尔斯–里克肖塞尔律师事务所”——给巴菲特和芒格打电话，告诉他们美国证券交易委员会正在考虑起诉他们，控告他们违反了《证券法》。一个看似正在酝酿之中的问题，现在突然爆发为全面的危机。

里克肖塞尔在收购喜诗公司时就开始为巴菲特和芒格打理法律事务。不久之前，他还在为维持现状或维护旧制度而努力战斗，就在那时候一位在美国证券交易委员会工作的律师给他打电话，说他遇到麻烦了。里克肖塞尔本以为这件事只是例行公事，因此把这个人推荐给了维恩·麦肯齐，伯克希尔的财务主管。

正在内布拉斯加工作的维恩·麦肯齐听到电话响了，接起电话，却发现电话那头是让业内人士闻风丧胆的“强悍警察”——美国证券交易委员会执法处的头头斯坦利·斯波金。斯波金的眼袋下垂，好像整个晚上都在台灯下伏案工作，秘密起草针对大公司的诉讼，许多大公司都对美国证券交易委员会的裁决——而不是上法庭感觉不寒而栗。[20] 在电话中，他质问了麦肯齐许多问题，涉及韦斯科金融公司、蓝筹印花公司以及伯克希尔等公司。虽然他的语气很不友好，但是这一次，麦肯齐还认为这仅仅是他一贯的做法。另外，麦肯齐还得到这样一种印象——斯波金认为任何富人都肯定干过坏事。[21]

当里克肖塞尔听说给麦肯齐打电话的不是一个普通的律师，而是斯波金本人，并且被他长时间拷问后，里克肖塞尔的心脏几乎快要受不了了。斯波金的成功率很高，因而这个下颏宽厚的人自然就成了美国商界最为显赫的人物之一。从某种意义上说，他甚至比他的老板——美国证券交易委员会主席的权力更大。

是什么引起了美国证券交易委员会的注意呢？似乎是因为巴菲特和芒格这两年来一直在酝酿的一个举动——他们精心策划想理顺他们所拥有的几家公司纠缠不清的关系。第一步是要把不太重要的多元零售公司合并到伯克希尔-哈撒韦。到 1973 年，多元零售公司只不过成了一个购买伯克希尔和蓝筹印花公司股票的中介。不过，他们需要美国证券交易委员会的同意，而美国证券交易委员会推迟了多元零售公司的并购申请。芒格曾经告诉巴菲特这没有什么大不了的，他指示里克肖塞尔去“邀请美国证券交易委员会中任何有疑问的人”直接把电话打给芒格本人，“如果这能够促进他完成工作，澄清我们的申请文件”。[22]

相反，在接下来的 18 个月中，美国证券交易委员会的工作人员似乎一直在调查蓝筹印花公司和其他一些投资活动。最后，他们得出结论，巴菲特和芒格故意破坏了韦斯科金融公司与圣巴巴拉的合并交易，他们采用的方式是通过为其中的 1/4 股份支付较高的价格，从而达到控制其他股份的目的。至少，圣巴巴拉方面肯定是这么认为的，因为很明显是它把蓝筹印花公司告到美国证券交易委员会的。[23]

他们第一次意识到蓝筹印花公司陷入了麻烦之中。[24]巴菲特刚刚享受了加入《华盛顿邮报》董事会的荣耀，他和芒格就需要立即去寻求法律支持，因为危险在迅速增大。里克肖塞尔已经知道同巴菲特工作是怎么回事了，现在又一次向同事解释说“太阳很美好，很温暖，但是你却不想离它太近”。[25]在接下来的几年里，他都是在验证他所谓的“热力学法则”。

在1975年2月，美国证券交易委员会签发了传票，开始对蓝筹印花公司购买韦斯科金融公司的活动进行全面调查，并撰写了调查报告《关于蓝筹印花公司和伯克希尔-哈撒韦的说明，沃伦·巴菲特，HO-784》，该委员会的工作人员认为，巴菲特和芒格有商业欺诈行为：“蓝筹印花公司和伯克希尔，以及巴菲特，独自或者伙同其他人一起……有可能直接或者间接地涉及商业欺诈行为、计划或者预谋，或是提供的陈述材料有不实或者遗漏……”

该委员会的律师盯着一点不放，他们认为蓝筹印花公司从一开始就计划接管韦斯科金融公司，却没有透露这一事实。蓝筹印花公司在圣巴巴拉公司并购失败之后购买韦斯科金融公司的股票，肯定是“股权收购”，但是这次收购从来没有在美国证券交易委员会登记过。[26]后面一点更严重，因为这暗示美国证券交易委员会可能会大张旗鼓地公开以“民事欺诈”为由提起诉讼，不仅仅针对蓝筹印花公司，更是针对巴菲特和芒格本人。

在针对一个目标采取行动时，斯波金总是有两种选择：提起公诉或者和解。和解是给对方一个道歉的机会，而不用正式承认有罪。调查对象可以不接受也不拒绝关于欺诈的控告，但是他们可以同意接受惩罚。在接受和解时，美国证券交易委员会也有两种选择，它可以指明具体牵涉到的个人，也可以只是和公司本身达成协议，而不用指明任何个人。在和解中指出某个人的名字虽然并不意味着其职业生涯的终结，但是以后恐怕也不会再有所突破了。巴菲特通过《超级金钱》和《福布斯》以及进入《华盛顿邮报》董事会获得了极高的地位和荣誉，现在又要开始小心谨慎地战斗，以拯救自己的声誉。

然而，调查继续扩大。接到传票后，巴菲特必须开放他的档案文件。很显然，这包括他收藏的大量详尽的文件，它们同他收藏的其他东西一样庞大而又完整。由于违反了他的个人隐私，来自芒格-托尔斯-里克肖塞尔律师事务所的律师们对此进行了筛选，归类为交易单据、近期购买股票的信息、给银行的备忘录、给喜诗公司的信、给维恩·麦肯齐的便条等，然后把它们运送到了华盛顿特区的检察官们那里。巴菲特感觉自己受到了迫害，他和芒格好像在做噩梦一样，正在被一个巨大的、行动笨拙的巨人穷追不舍。为了生存，他们必须比它跑得更快些。

信件在芒格-托尔斯-里克肖塞尔律师事务所和美国证券交易委员会之间飞来飞去，就像踢毽子一样。巴菲特表面上依然保持镇静，但是背上的病痛开始折磨他。而芒格却没有隐藏他的焦躁和不安。

到1975年3月，调查工作进展到了新的阶段，相关证人需要到美国证券交易委员会接受询问。贝蒂·彼得斯被传唤。“你的律师来了吗？”他们问道。“没有，我还需要律师吗？”她反问道。“哦，每个人来时都会带着律师的。”他们告诉她。“难道你们不想知道发生了什么事吗？”她问道。在没有律师陪同的情况下，他们询问了彼得斯。

接着是芒格。连续两天询问——也没有律师作陪，对于查理·芒格，难道还需要什么额外的法律顾问吗？他竭尽全力为蓝筹印花公司辩护，反驳他们关于破坏圣巴巴拉并购活动的控告，并解释蓝筹印花公司为什么要支付溢价来购买韦斯科金融公司的股票。是的，他承认蓝筹印花公司曾经考虑过取得控股权，但是那些计划都仅仅是“模糊的，不确定的”，直到圣巴巴拉的并购活动以失败告终才浮现出来。

这一辩论明确了他和巴菲特的作用——他们说服了文森蒂，并且他们承认诱导了贝蒂·彼得斯和卡斯珀家族进行投票。芒格满怀遗憾地打断了美国证券交易委员会律师拉里·塞德曼的讲话。“我们希望能够对路易斯·文森蒂和贝蒂·彼得斯保持公平。”他说。[27] 但是美国证券交易委员会的律师从来都没有见过桀骜不驯的路易斯·文森蒂，他们不可能理解这一点。“那你们蓝筹印花公司的股东该怎么办呢？”塞德曼接着问道。塞德曼不明白为什么蓝筹印花公司要对韦斯科金融公司的股东这么慷慨——那时韦斯科金融公司的股票大部分都在套利者的手中。

这些购买韦斯科金融公司股票的人知道，一旦交易结束，它的价格就会涨到圣巴巴拉公司所出的价格之上。他们为了减少风险，而采取两面下注的方式，减持了圣巴巴拉公司的股票，这同格雷厄姆和纽曼的做法一样，他们曾经购买了洛克伍德的股票来交换可可豆的仓库收据。但是，当韦斯科金融公司的交易失败后，和可可豆一样，价格迅速暴跌。[28] 为什么要提高股价，帮助这些套利者解套呢？

芒格找到了他终极武器——本杰明·富兰克林。“对于那些要求我们矫枉过正的股东们，我们并没有义务必须做到公平。我们十分赞同本杰明·富兰克林的观点——‘诚实乃上上策’。如果我们尽力压价，就会有损公司的声誉。”[29]

塞德曼似乎对这番辩论疑惑不解，甚至芒格也承认他们所做的事中有一些细节看起来是不太好。他请求塞德曼要从大的方面来看。“看看我们的整个记录，你就会发现，我们从来不做任何违法的事，总是尽力保持公平，并且严格遵循公平交易的原则；我只希望你能得出结论，认为我们这种谋求平衡的做法不应该遭到任何控告……即使真有任何不当之处，也不是故意的。”

当巴菲特被询问时，他们问为什么他和芒格不等到韦斯科金融公司的股价跌到谷底再买，那样他们就可以用更便宜的价格买进。“我觉得蓝筹印花公司在大家心目中的商业信誉从来没有像现在这么高过。”巴菲特说：“我觉得有人可能会感觉十分愤慨。”但是他为什么要关心呢？巴菲特说：“因为韦斯科金融公司的管理层对我们的印象是相当重要的。也许，你可以说，我们已经掌握了公司的控股权，别人的感受并不重要，但实际上影响很大。路易斯·文森蒂并不一定非得为我们工作……你明白，如果他觉得我们是一群寡廉鲜耻的卑鄙小人，那么这种良性的互动关系就不复存在了。”

现在，巴菲特像芒格一样单独现身，着实使执法处的律师们大吃一惊——这倒是对他很有帮助，他往返华盛顿几次，耐心地解释蓝筹印花公司是如何运转的，详细阐释他的投资哲学，甚至谈起他在华盛顿的童年时代。塞德曼不知不觉被巴菲特的魅力所吸引，但是他的上司——美国证券交易委员会负责这一调查工作的高级律师，即著名的“老虎”——对巴菲特的态度依然冷淡，他的态度是“不能让他们通过”。他认为这些辩解都毫无说服力。[30]这位高级调查员的看法是，任何打擦边球的行为都不能逃过他的火眼金睛。[31]

美国证券交易委员会的工作人员继续深入调查。他们似乎对巴菲特的企业帝国错综复杂、盘根错节的关系产生了疑惑。他们甚至开始调查他是否在圣何塞自来水公司的并购案中获得了内幕消息。[32]美国证券交易委员会的工作人员开始调查原始资本基金，这是一只封闭型投资基金，芒格把他当作一只烟蒂型股票，以20%的利率买进，并使其摆脱困境。鲁安的红杉基金在1975年反弹很大。芒格正要把他合伙人的投资赚回来，在1975年其收益达到了73%，他自己却没有收取任何佣金，这逐渐平息了合伙人的不满。要弄清楚他们这个复杂的王国是如何运作的，需要先明白随着市场逐渐复苏，他们在股市低迷时以低价购买的股票正在不断升值。调查的范围越来越广，就像一只多毛毒蜘蛛一样，触角越伸越多。

里克肖塞尔正在研究一张图表，试图借此理清巴菲特和芒格之间所有复杂的经济利益关系。巴菲特位于最中心，持有蓝筹印花公司、多元零售公司和伯克希尔，除此以外，还有像俄罗斯套娃一样互相关联的众多公司。面对这一复杂情形，里克肖塞尔惊讶不已。[33]

每个人都知道巴菲特像条大白鲨一样，几乎没有人能阻止他不断购买股票的企图。如果他得到了 10 美元，正好能够买到蓝筹印花公司、伯克希尔或者多元零售公司 1 股，他就会毫不犹豫地掏出来，买到这 1 股，然后把它扔到最近的抽屉里。在他和芒格第一批买进韦斯科金融公司 25% 的股份后，里克肖塞尔向巴菲特提出建议，只通过正规的股权收购购买股票，以免给人留下不当收购的把柄。[34]

巴菲特交叉持有各种股票的复杂模式，似乎让人感觉他在竭力隐藏什么一样。里克肖塞尔看着这张复杂的图表，心中充满了焦躁。"这应该有一份起诉书啊。"[35] 他没有想到美国证券交易委员会已经获得足够的证据可以判明他们有罪，并且很容易提起诉讼。

在更大的意义上，芒格是一个辅助人物，同巴菲特相比，他的金融股权实在微不足道。他曾经被看作不足挂齿的小帮手。但是因为蓝筹印花公司是他的领地，他在对韦斯科金融公司的传奇收购中是主要负责人，因此，他也不可避免地成了美国证券交易委员会的重点调查对象。[36] 他向塞德曼承认："我们的商业活动确实十分复杂，不过我认为，让我们感觉遗憾的是，我们已经清楚这可能不是很聪明。但是，我们竭尽所能想掌握好这些悬在空中的球，接着再恰当地捡起一些其他的球，并且从容地操纵它们。"

尽管从他们二人的声明以及事实来看，圣何塞自来水厂或者原始资本基金的交易并没有什么过错，然而美国证券交易委员会仍然继续追查。这个像老虎一样的公诉人现在向斯波金提议，美国证券交易委员会对巴菲特和芒格两人提起诉讼。他没有被巴菲特和芒格的证词所动摇，一直坚信他们通过为韦斯科金融公司支付溢价而故意破坏圣巴巴拉公司的并购活动。对于“因为支付高价而使自身受到了伤害”的解释，他无动于衷，他认为这两人在解释这一事件上有点儿刻意大事化小，转移注意力。[37]

里克肖塞尔直接给斯波金写信，请求他不要起诉巴菲特和芒格，称他们是“极其珍视自己荣誉和名声的人”，因为“许多人，很有可能大多数人都是这样认为的——任何人只要被该委员会起诉，就肯定是邪恶无比、罪大恶极的”。虽然巴菲特和芒格同意和解，而不用承认或者否认控告，然而即使仅仅对他们进行备案也会引起“可怕的、不可挽回的损害”，因为“该委员会在不知不觉中无情地破坏被告人的名声”。“在发挥巨人的威力时应该十分谨慎，”他劝告说，“在商业活动中，因疏忽所致的失察不应该负有法律责任，否则的话，就会阻止那些十分珍视自己名声的人继续参与商业活动。”[38] 为了挽救巴菲特和芒格的个人声誉，巴菲特请求只对蓝筹印花公司发出一项双方都同意的裁判书，披露它微小的技术违规行为，里面不出现任何个人的姓名。

我们只能去猜测巴菲特头脑中的恐惧。在办公室里，他尽量表现出沉着冷静，以免影响到办公室的工作人员，因为任何一个人都有可能被美国证券交易委员会询问。

为了把客户描绘成出身模范家庭的正直公民，里克肖塞尔像个装卸工人一样辛苦地工作着。他把芒格和巴菲特的简历送到美国证券交易委员会，他着重强调：两人为慈善事业做出了巨大的贡献；他们为许多董事会成员付出了艰苦的心血；巴菲特的父亲霍华德·巴菲特曾经担任国会议员；巴菲特从 14 岁就开始填写纳税申报单，多年来已经为政府缴纳了数以千万美元的税款。很明显，巴菲特一直都很用心做记录，好像他的一生都离不开这些。

芒格放弃了。“如果一个警察在路上追了你500英里，”他对巴菲特说，“你就要收到罚单了。”

接着里克肖塞尔再次向斯波金提出建议，他措辞婉转地写道：“巴菲特先生和芒格先生之间复杂的经济利益关系……很明显会给人这样一种印象，人们会认为他们很难遵守各种不同的法律规定。”他特别指明这两人竭尽全力遵守法律规定，不仅仅是从字面上，更是从精神上，“他们现在希望能够尽快精简他们所持有的股票”。[39]

在会谈中，美国证券交易委员会的律师们已经知道了“精简”将意味着什么。“在将来的某个时候，很有可能我们会把蓝筹印花公司同伯克希尔合并，”巴菲特这样回答他们的提问，“不过蓝筹印花公司有很多法律纠纷，只有等那些纠纷解决了才行，否则很难达成我们认为十分合理的公平交换比例。如果我有优先权，将来有一天它们就会合并。因此，我希望我们现在的业务还能保留下来，但是不要这么复杂了。我真的很不喜欢这种错综复杂的局面。但是别人可能以为我很喜欢这种错综复杂的局面。我手下并没有太多的工作人员。我们当时操作的时候看似很容易，而现在却并非如此。”[40]

一位美国证券交易委员会的调查人员问芒格，巴菲特的“精简计划”是否是临时想出来应付他们的。“哦，他有吗？”芒格说，“在这次调查之前很早，他就开始着手筹划一个详细的精简计划了。”[41]

在考虑这一提议时，斯波金说，这次要更多地依赖里克肖塞尔。他是“我一生所见到的屈指可数的律师之一——无论他告诉你什么，你都可以相信”。斯波金不仅仅把里克肖塞尔看作一个才华横溢的卓越律师，也认为他是一个诚实、坦率、正直、毫不虚伪的人。里克肖塞尔告诉斯波金，巴菲特将是“华尔街有史以来最伟大的人”，并且“他也是你见到的最为正派和可敬的人”。如果这些话出自其他任何人

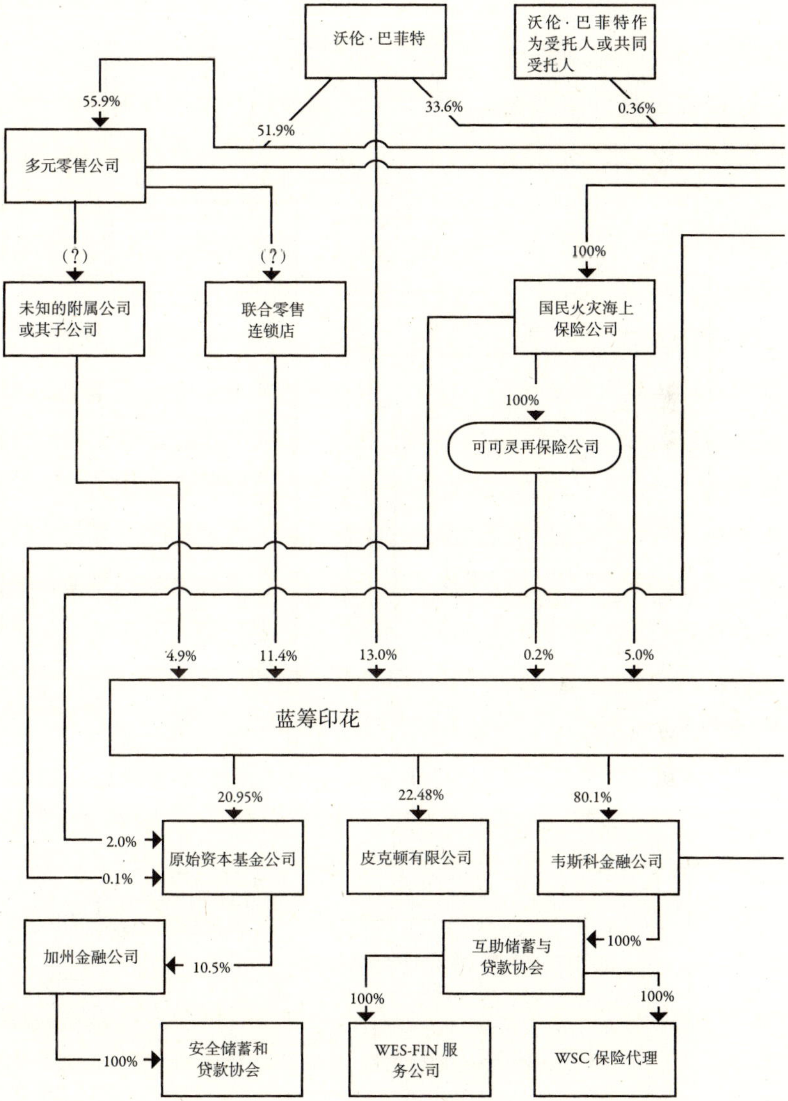
沃伦·巴菲特
沃伦·巴菲特作为受托人或共同受托人
55.9%
51.9%
33.6%
0.36%
多元零售公司
(?)
(?)
100%
未知的附属公司或其子公司
联合零售连锁店
国民火灾海上保险公司
100%
可可灵再保险公司
4.9%
11.4%
13.0%
0.2%
5.0%
蓝筹印花
20.95%
22.48%
80.1%
2.0%
0.1%
原始资本基金公司
皮克顿有限公司
韦斯科金融公司
加州金融公司
10.5%
互助储蓄与贷款协会
100%
100%
100%
100%
安全储蓄和贷款协会
WES-FIN 服务公司
WSC 保险代理

39

大力士

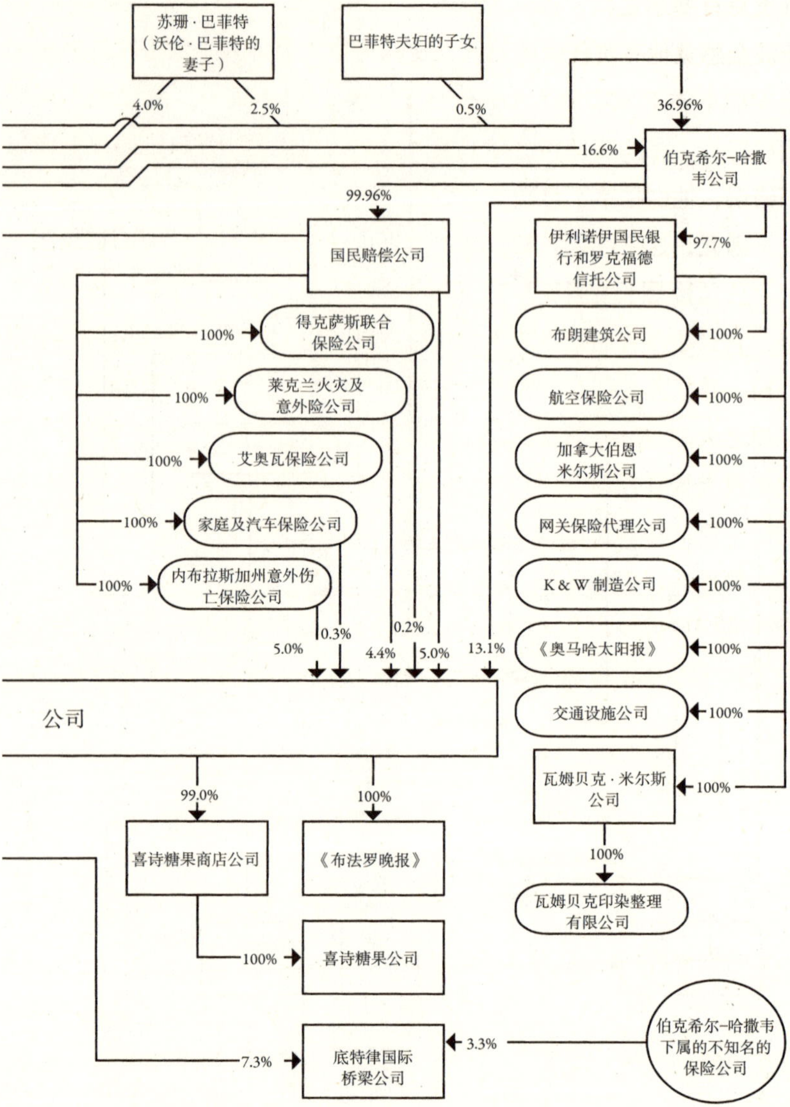
苏珊·巴菲特（沃伦·巴菲特的妻子）
巴菲特夫妇的子女
4.0%
2.5%
0.5%
36.96%
16.6%
伯克希尔-哈撒韦公司
99.96%
国民赔偿公司
伊利诺伊国民银行和罗克福德信托公司
97.7%
100%
得克萨斯联合保险公司
100%
莱克兰火灾及意外险公司
100%
艾奥瓦保险公司
100%
家庭及汽车保险公司
100%
内布拉斯加州意外伤亡保险公司
布朗建筑公司
航空保险公司
加拿大伯恩米尔斯公司
网关保险代理公司
K & W 制造公司
《奥马哈太阳报》
交通设施公司
瓦姆贝克·米尔斯公司
瓦姆贝克印染整理有限公司
5.0%
0.3%
4.4%
0.2%
5.0%
13.1%
公司
99.0%
喜诗糖果商店公司
《布法罗晚报》
喜诗糖果公司
7.3%
底特律国际桥梁公司
3.3%
伯克希尔-哈撒韦下属的不知名的保险公司

之口，斯波金都可能会认为这是花言巧语、浮夸之词，但是因为它出自里克肖塞尔之口，他认为这些评论既真诚，同时可能又很恰当。[42]斯波金感觉他有责任赦免犯人。他认为作为公诉人必须将因过失而犯错误的本质上诚实的人和骗子区别开来。对于骗子，他要毫不留情，严厉打击。在巴菲特和芒格一案上，他认为他们当然只是因过失而犯了错误，他们根本不是骗子。[43]

因此，这个巨人只是轻轻地拍打了一下蓝筹印花公司的脑袋。[44]

公司接受了美国证券交易委员会的裁决，既没有承认，也没有拒绝，它只是没有通知投资人公司正在同圣巴巴拉公司争夺韦斯科金融公司，并且蓝筹印花公司人为地提高了韦斯科金融公司股票价格长达三周之久。[45]蓝筹印花公司保证永远不会再出现类似这样的情况。[46]该裁决没有提及任何个人。公众对该事件的关注度极低，并且很快就淡忘了。巴菲特和芒格的个人记录和声誉没有受到任何玷污。

两周后，美国证券交易委员会盛情邀请巴菲特参加一个专家研讨会，专门研究上市公司的信息披露情况。他们想用这一姿态来表明对巴菲特的赦免，最为重要的是，这是一个全新的开始。[47]

40

如何避免经营一家公共图书馆

华盛顿哥伦比亚特区　1975—1976 年

1975 年初的一天，苏珊·巴菲特的朋友尤妮斯·丹尼伯格来家中拜访，她刚在客厅沾满狗毛的沙发上坐定，苏珊就转过脸去，背对着她，然后苏珊打开了录音机，开始唱起歌来。丹尼伯格听后大加赞赏。她们谈起了苏珊希望登台演唱的梦想，但是她实在太胆怯了，一直都不敢去尝试。丹尼伯格回到家后，第二天就给她打电话，说，“我做你的经纪人”。她找到了鲍勃·埃德森——米兰德学院音乐专业的副教授——请他为苏珊组建了一支伴奏乐队，并特邀苏珊在“蒸汽动力”夜总会登台演出，这是位于奥马哈城郊区的一个叫欧文顿的小镇，正是在这里，她和多蒂曾经在她父亲的教堂中组建了一个唱诗班。苏珊的心中忐忑不安，不过家里其他人都对此满怀热情，只有汤普森博士充满了疑虑，他说：“我不知道你为什么想在夜总会里唱歌。”

苏珊第一次公开登台演出的那个晚上，面前的观众全都是她的朋友，大概有 35 人。她太紧张了，因此她要求沃伦不要去看。她穿着缀满了金属片的长裙，同人们交谈和打招呼，快要登台时她呆呆地站在那里，直到丹尼伯格一把将她推上舞台。从艾瑞莎·富兰克林的《打电话给我》，到辛纳特拉的《你使我感觉如此年轻》，到血汗泪合唱团的《你使我如此快乐》，再到她最为喜欢的歌手之一——罗伯塔·弗兰克的《我第一次看见你的脸》，她选择的音乐都是充满深情、激情和浪漫的。苏珊发现观众的反响十分强烈，他们对她报以热烈的掌声。[1]这和她在私人场合为朋友唱歌时得到的反响相似，人们都对她的歌声大加赞赏。这是她的特别天赋，现在经过提炼得以发挥。从这一刻起，她想成为歌厅的一名驻唱歌手。

然而，几周后的一天，苏珊正在为下一次前往加州卡梅尔的演出进行彩排，突然她的妯娌伯蒂打来电话，请她去帮帮她的小女儿莎莉，莎莉正在遭受脑瘤的折磨，不久于人世。与此同时，伯蒂同查理·斯诺福的婚姻正在破裂。

莎莉死后，伯蒂发现这一悲剧融化了她冰冻的情感。“莎莉真是个好孩子，而且有非凡的感受力，作为一个7岁的孩子，她有超出年龄的深刻洞察力和极为丰富的感情。”伯蒂说，“有一次，她对我说，妈妈，你和爸爸都会孤独的。我想，当你最亲近的人死时，他们会给你遗嘱的。莎莉死时，她给我的遗嘱是我不应该再拒绝自己的感情了。她的话就像一根铜线直通我的心脏，从那时起，我再也不能掩饰自己的感情了。”

伯蒂同苏珊的关系一直很特别，莎莉死后，她也打开了心扉，突然之间，她们的关系更加亲密了。“苏珊是我一直喜爱的人，她对我非常重要，”伯蒂说，“她是我的家人中唯一一个可以让我敞开心扉倾诉感情的人。”

然而，她的弟弟对于侄女的死却有截然不同的反应。他给一些曾经到拉古纳拜访过巴菲特夫妇的朋友打电话，告诉他们关于莎莉的事。“我们非常震惊，因为一两周前，我们还在一起，”玛丽·霍兰德说，

"我问他发生什么了，他说，'我说不下去了'。然后就挂断了电话。"

当时，沃伦用繁忙的工作来驱赶心中的悲痛。美国证券交易委员会对他的调查刚刚结束。他被凯瑟琳·格雷厄姆强烈地吸引着，甚至到了痴迷的地步。当沃伦迷上什么，尤其是一个陌生人时，他的心中会一直惦记着他或者她。这一次是一个全新的人，他付出了全心全意的、有些阿谀奉承甚至压倒一切的关注。然而，在谈及生意时，他在一瞬间就恢复了原状，把强烈的感情埋在了心底。正如芒格所说的，巴菲特"永远不会让他所痴迷的小人物干扰了大事业"。[2]不过，凯瑟琳·格雷厄姆并不是个小人物。早先的某个时候，他决定要看看，当她偶然遇见芒格——他所认识的最聪明的家伙时——会与他擦出什么火花来。"凯瑟琳很友好，如果我给她一些事情去做时，她会尽职尽责。如果我告诉她去读一些十分复杂的财务报表，或者无论什么东西，她都会尽力按照我的指示去做。我告诉她，'你必须见见查理'。我不断地对她说。最后，她来到了洛杉矶，去见查理。"

> 她来到查理那间破旧不堪的办公室里，刚一坐下就立即取出一个黄色的便笺簿，以便他在讲话时，好做记录。查理满心欢喜——他在想他所说的一切都很重要吗，要不这个世界上最有权力的女人怎么还要把他所讲的话记下来呢。

查理无法抗拒这种鼓励，于是不自觉地炫耀了起来。他之前和格雷厄姆联系过，给她写过信："你把我带回到了30多年前，使我像汤姆·索亚对贝基·撒切尔一样，并且我猜想对于我俩来说，沃伦真是个大傻子。"[3]

然而，不论凯瑟琳会使沃伦多么眼花缭乱，晕头转向，他都在用一种严肃的方式把她送进商业学校。"凯瑟琳不断地让我私下里给她解释这些财务报表。我会带着这些年度报告到华盛顿。然后她会说，'哦，沃伦，上课’。就这样，又开始讲课了。”他认为她的儿子唐“极其聪明”，具有“几乎像照相机一样的记忆力，这一点比我遇到的任何人都要强”。为了使这个家庭感觉放心，沃伦签署了一份代理投票协议，请唐代表他行使投票权。现在，当他来华盛顿参加长达数月的董事会议时，他就住在凯瑟琳的家里。她不赞同他的穿着方式。“不过我告诉她，‘我要同唐的衣着一样’，”巴菲特说，“在这一点上他和我结成了统一战线。”

巴菲特对凯瑟琳的感觉是：“她非常非常聪明，在许多方面都很明智，只要你不去碰那些伤疤就行了。不过她很善解人意。”随着他们的关系更加密切，他感觉可以对她在董事会的发言方式进行指点了。他知道这并没有她想象的那么艰难。一天，他把她叫到一边说：“你不能向董事会任何成员乞求帮助，这与你的职位不符。”听了他的话后，她就不再向任何人请求帮助了。

格雷厄姆和巴菲特之间的关系，无论从生意角度还是私人角度都已经达到了十分亲密的程度，因此沃伦邀请凯瑟琳和唐参加本杰明·格雷厄姆集团于1975年在希尔顿海德岛举行的年会。在会议上，唐表现得十分谦逊，立即给其他人留下了很好的印象，同时也使他从中获益匪浅。许多人一眼就看到，凯瑟琳放下了自己的冷漠和高贵，表现出脆弱和谦恭，这使得沃伦无法不去喜欢她。因此尽管她好像女王一样威严庄重，但是她很快就和大部分人打成了一片，融入了这个团体。她真诚地想和每个人建立良好的关系——尽管在她内心深处一直认为男人远远比女人优秀，并且在这次会议上她依然这么认为。格雷厄姆就像男人堆里的一个标志，她衣着华丽，发型高贵，手中拿着鸡尾酒，款款地在他们中间坐下；有人发表政见，她会回应说“亨利是这样认为的”——她指的是基辛格博士。这不可能不给人留下深刻的印象。

苏珊·巴菲特在希尔顿海德岛的年会上首次为这一集团献歌。比尔·鲁安带来了一张表，上面显示着黄金价格已经连续5年超过了伯克希尔-哈撒韦的股价。他开玩笑地问其他人，是否应该购买金属了。但最终事实证明，他实际上已经买到了“金币”，并且用它赚了个盆满钵满。[4]

亨利·勃兰特把巴菲特拉到隔壁的一个房间，要他保证伯克希尔-哈撒韦的股票不会跌到40美元以下。到1975年10月，股票价格已经从两年前的93美元被拦腰折断了。“瞧，我爱你，”巴菲特回忆当时的情形，“但是我不能向你保证。”“我要崩溃了，”勃兰特说，“我把每一分钱都投到了这只股票上。”

世界继续崩溃，即使其他地方的股票市场已经开始复苏，伯克希尔还没有。勃兰特惊慌失措，立即给巴菲特打电话，而巴菲特只愿意出40美元一股。接着勃兰特又给沃尔特·施洛斯打电话说：“沃伦只愿意出40美元，而我想要50美元，我该怎么办呢？”

施洛斯是“烟蒂”型股票的坚定支持者。在格雷厄姆集团的年会上，其他人都对他的“马鞭型”投资组合大加嘲讽和非难，这种组合囊括了破产的钢铁公司和窘迫的汽车零配件制造商。“那又怎样？”施洛斯说，“我不喜欢压力，并且晚上睡得很好。”他填好简单的清单，把格雷厄姆的投资哲学运用在了这张最简单的表格中，然后在每天下午5点钟，他准时离开特威迪·布朗公司的办公室，然而他的成就却十分了得。

现在，施洛斯听勃兰特这么说感觉十分惊愕，他竟然要把伯克希尔的股票卖掉脱身，这完全同“烟蒂哲学”相左。施洛斯对他劝说了两个小时：“你把钱给了世界上最聪明的家伙，让他来给你管理，事实上，沃伦根本没有向你收任何手续费，你现在却要卖掉，真是个大错误啊。”“我想我信任他。”施洛斯说。但是，在那时，美国的经济仍然麻烦不断，纽约几乎要破产了；整个国家都沉浸在极度的悲观之中，这种局势影响了每个人的判断。“在星期一，他给经纪人打电话，”施洛斯说，“开始出售——他妻子的股份，而不是他自己的——直到卖出他们一半的股份。”[5]

之后不久，福特总统拒绝对纽约的经济实施政府救援。《纽约每日新闻报》的一篇文章记录了这一时代的情绪，它用巨幅标题“福特说：去死吧！”表达了失望之情。[6]

在1970年以大概40美元一股买进伯克希尔股票的那些合伙人，似乎在5年后并没有富裕起来。“对任何持有我们股票的人，”芒格说，“看起来好像很长时间都没有收到什么利好消息了。总的来说，这不是我们的合伙人以前经历过的。纸上的记录看起来真是糟糕，然而在未来，也许你称为“内部记分卡”的东西，也就是真正的业务势头，却一直在增加。”

巴菲特基于这些股票交易的资本净值也同他当初结束合伙公司时差不多。然而，尽管财富明显地减少了——这几乎会让其他任何人恐惧不已——然而他的心中仍然保持着镇静，没有一丝的不安和忧虑。1974年美国证券交易委员会开始调查之前，伯克希尔拥有蓝筹印花公司26%的股份。尽管在1975年的欧姆尼航空事件中，巴菲特放慢了对伯克希尔的收购活动，但是通过多元零售公司，他还是在不断购买伯克希尔的股票。到1976年时，他通过多元零售公司同时在购买伯克希尔和蓝筹印花公司的股票。归根结底，伯克希尔在蓝筹印花公司拥有的股份超过了41%——而通过伯克希尔–哈撒韦，他和苏珊直接拥有的份额也高达37%。

由于伯克希尔的股票在1976年很便宜，他想到了用另一种方式来利用这一时机，他说服他的母亲——“因为她对金钱根本不关心”——把她所拥有的伯克希尔的5 272股卖给多丽丝和伯蒂。用

5 440 美元现金，外加一张 10 万美元的支票，他们每个人得到了伯克希尔 2 636 股——相当于每股只付了 2 美元现金。[7] 尽管巴菲特几乎把债务看成罪孽深重，但是他认为伯克希尔 40 美元一股的价格真是太便宜了，因此他希望让他的姐妹们借钱，临时以 95% 的价格购买该股票。他很明显地认为股票的价格将会增长，并且按这个条件购买会让他的姐妹们变得富有，[8] 同时也可以避免缴纳大量的遗产税。

> 这是我母亲一直想做的，直到那时才是最好的时机。那恐怕也是空前绝后的最伟大的一着了，再也不会发生了，那真是一个千载难逢的好机会。

到处都在贱卖价值不菲的东西。大概与此同时，汤姆·墨菲来找沃伦，带来了一个好消息，有家电视台要出售。巴菲特认识到这是一宗极好的交易，但是他却不能买，因为这同《华盛顿邮报》公司冲突，因为该公司已经拥有了几家电视台。而由于他是《华盛顿邮报》的董事，如果他买进这家电视台的话，就会使《华盛顿邮报》违反美国联邦通信委员会的规定。[9] "怎么样我才能参与进去，同时我又不用拥有它呢？"他问自己。他实际上必须考虑这个问题，然后找到解决的方法。突然他想起来他并没有拥有格林奈尔学院。他们看的第一家电视台已经卖出去了，但是在巴菲特的推荐下，格林奈尔学院购买了俄亥俄州代顿的一家电视台，价格为 1 300 万美元，先付 200 万美元，其余的部分，桑迪·戈特斯曼采用负债融资的方式支付。把电视台卖给格林奈尔学院的经纪人称，这是他在过去 20 年中所经历的最佳交易。[10]

股票价格这么便宜，像纽约这样的城市几近破产，这是有充分的理由的。通货膨胀肆虐，人工成本失去控制，劳动关系不稳定，全都抑制了经济的发展。报业是受到影响最为严重的行业。在希尔顿海德岛年会之后不久，1975 年 10 月 1 日凌晨 4 点，《华盛顿邮报》的工会合同到期，《华盛顿邮报》的一些印刷工人砸毁灭火器，倒出油墨，弄掉齿轮，扯下电线，使机器无法印制报纸。他们扯下成卷的新闻纸，到处放火，并且打伤了一个印刷车间领班的头部，鲜血汩汩地直往外冒。[11] 格雷厄姆在一个小时内就来到了一座大楼下，她看到，在电视台摄像机的灯光下，消防车、警察以及好几百名纠察员正在忙着救火。

《华盛顿邮报》同几个工会的关系“像个醉汉一样完全失控了”，唐·格雷厄姆回忆说。[12] 这些激进的工人认为他们“无法熟练”地操纵这些机器，“然而他们却有能力找到替罪羊来解决所有的问题，这就是更为明确地反对新的管理方式”。凯瑟琳后来写道。[13] 在进行了多年的破坏活动和消极怠工之后，9 个工会的合同马上就要到期了，在紧张和沮丧的氛围中，资方的谈判人员同工人之间的僵持继续扩大。

除印刷工人外，多数的工会工人都在坚持工作，尤其是新闻记者报业工会。《华盛顿邮报》的直升机越过罢工者的纠察线，把一些主要的工作人员转运到借来的印刷厂，在被迫停刊一天后，就重新印刷出版了。但是，随着罢工的持续，格雷厄姆十分害怕报纸就此停刊，那些没有参加罢工的管理人员和工人的力量很薄弱，以至于报纸的版面只有原来的 1/4，而印量只有一半，广告客户不断流失，全都跑到了《华盛顿邮报》的主要竞争对手——《华盛顿明星晚报》那里。几天之内，《华盛顿明星晚报》就“登满了大量的广告，报纸重得都快拿不动了”。[14]

> 他们打电话叫我回去，因为他们很害怕凯瑟琳会崩溃。我们一起穿过示威者的纠察线，凯瑟琳这么做很勇敢，但是当她看到《华盛顿明星晚报》时，我看见她眼中满含泪水。《华盛顿明星晚报》正在竭尽全力把《华盛顿邮报》挤出市场，他们模仿《华盛顿邮报》的版式，雇用《华盛顿邮报》的人员。她会在半夜醒来，给

我打电话。

当她感觉受到威胁时，这个被编辑霍华德·西蒙称为“坏凯瑟琳”的女人，就会陷入癫狂状态。

凯瑟琳真的并不坏，她只是没有安全感。如果她感觉很不安全，她就会发出相当刺耳的声音。有时候，有些事情会让她放声痛哭，接着她会像动物一样做出疯狂的反应。她似乎感觉没有人和她一心，她被逼到了角落里，她不知道接下来该怎么做。到了这时候他们就会打电话叫我来。菲利普不和她一心，她的母亲也不和她一心，公司的管理人员有时也不和她一心。并且，在她内心深处总有一种感觉，认为她的周围是一个不友好的环境，任何小事都可能激发混乱。

但是，她一直都知道我和她是一心的，当然这并不意味着我在任何事情上都认同她，或者她想让我吃什么我就吃什么。但是我是支持她的，并且永远会支持她。

这位“坏凯瑟琳”在有些地方同利拉·巴菲特很像。能够成为凯瑟琳唯一信任的人，并且能够不让“坏凯瑟琳”现身，沃伦的自豪之情油然而生。

现在巴菲特已经具有明确洞察人们动机的能力，因此他知道是什么原因驱使人们围在格雷厄姆的身边，除此以外，他能帮她培养洞察力。这是苏珊教会他的，现在他也可以把这些洞察力传授给其他人。他对人们的反应洞察得很敏锐，可以帮助那些感觉受到威胁的人，让他们分清哪些人真的具有威胁性，而哪些人的行为只是出于恐惧。

“她认为沃伦是在水上行走——而他也确实是这样，”董事会的成员阿贾伊·米勒说，“沃伦很坦率，并且她很信任他。”对于合适的人，巴菲特会逐渐向其灌输一种能力，就是从各方面客观公正地看待问题的能力，这也是苏珊教给他的。这种令人不可思议的自信和安全的天赋可以内化到人的心灵深处，因而在学会之后人们不用依赖他仍然可以使用这种能力。但是凯瑟琳太没有安全感了。“我认为他不可能真的让她做到那一步，”米勒说，“但如果有人能做到，那就只有他了。”她需要他亲自到场。

在接下来的6个月里，《华盛顿邮报》继续出版，而毫无结果的谈判仍然在进行着，威胁、暴力、一系列的心理战、不断的斗争，他们要博取已经分裂的报业协会的同情而使其不参加罢工。人们采用各种各样的手段来保证报纸的印刷出版。唐·格雷厄姆现在成了一个给机器装纸的工人，他把巨大而又沉重的纸卷一卷一卷推到印刷机上。

> 有些人包括一些她最为尊敬的人，都对她说：“你必须放弃，否则你会输得一干二净。”他们很害怕，他们不希望没有报纸可出版，不愿意看到《华盛顿明星晚报》把《华盛顿邮报》给挤垮了。因此，我就是与他们对抗的力量。我对她说：“我会告诉你怎么做，我会努力使事态不发生转折。”这个转折指的是某个人夺取了控制权，并且在你回去之后，他仍然能够控制局面。这包括5个变量：当你回去后员工的态度、你给这群人所留下的印象、那些转向其他报纸的广告、其效果的好坏、你要评估人们改变阅读习惯的可能性。他们并没有把我们的专栏作家或者漫画家挖走，因此，问题就是，在什么地方出了问题，导致他们改变习惯而去购买其他的报纸？
>
> 那恐怕是对她最为重要的了。她相信我，并且她一直相信我。我把她的全部利益都放在了心中，并且她相信我非常精通报业。

但是，“尽管沃伦在鼓励她，但是是她自己的毅力和志气——而不是他的——一直在支撑着她”。乔治·吉莱斯皮强调道。[15]

她的毅力和志气要足够强大以支撑整家公司。除了印刷工人外，《华盛顿邮报》其他的雇员几乎都在坚持工作，他们要冒着被袭击的威胁，不断穿过罢工工人的纠察线前来工作。他们的汽车轮胎常常被扎破，他们的家人常常在家中接到恐吓电话。一位罢工的工人举着一张标语，上面写着“菲利普射死了邪恶的格雷厄姆”。为了鼓舞士气，格雷厄姆、巴菲特和梅格·格林菲尔德在邮件收发室包装报纸。巴菲特很喜欢这份工作，他再一次重温了分发报纸的乐趣。

罢工持续两个月后，《华盛顿邮报》向印刷工人做出了最后的让步，但是遭到了他们的拒绝。[16] 罢工继续进行，双方没有达成任何解决方案。格雷厄姆开始雇用新工人来替代他们，以瓦解罢工。印刷工人们继续在工厂门口示威，他们认为还有谈判的机会。但是在接下来的几个月里，报纸逐渐赢得了其余工会、读者和广告商的支持，不过示威活动一直持续到了春天，而广告收入也一直没有恢复到原来的水平。

正当格雷厄姆在慢慢拯救她的公司时，[17] 巴菲特和芒格也最终同美国证券交易委员会达成了和解。此刻，巴菲特邀请芒格到畜牧场附近的约翰尼餐馆吃牛排，同时商讨他们的“精简”计划。他已经决定停止为FMC公司管理资金。接着，蓝筹印花公司要把它在原始资本基金的股权卖掉，[18] 并且伯克希尔和多元零售公司要重启合并计划，之前的计划在1975年初由于美国证券交易委员会的调查而中断。在贝蒂·彼得斯的请求下，蓝筹印花公司只购买了韦斯科金融公司80%的股份，现在仍将作为上市公司而存在，芒格仍然是它的董事长。芒格和巴菲特推迟了把蓝筹印花公司并入伯克希尔–哈撒韦的时间，决定等到他们能够很容易对这些公司的相对价值达成一致时再合并。

伴随着伯克希尔和曾经占用了他长时间注意力的、正在从动乱中复兴的《华盛顿邮报》的发展，巴菲特的日常业务开始正规化。《华盛顿邮报》的董事会不用再处理一些紧急业务了，而格雷厄姆也开始思考如何扩张她的报业帝国了。

那正是报纸迅速发展的高潮时期。“凯瑟琳真的想买进一些报纸，但是首先，她不想让其他人抢在她前面。”巴菲特说。“告诉我怎么做。”她请求道。巴菲特已经改变了她向董事会其他成员请求帮助的习惯，但是她仍然请求他的帮助。“我只会让她自己去做那些该死的决定。”他说。他帮她认识到，对自己想要的东西付钱太多总是错误的，焦躁是最大的敌人。在很长一段时间里，《华盛顿邮报》几乎没有任何大的商业运作，增长的速度也很慢。巴菲特使格雷厄姆明白在股价较低时回购公司股票，从而减少其公开发行量的价值，这种做法能增加每一份蛋糕的分量。同时《华盛顿邮报》也避免了一些代价高昂的错误，这样一来，它也就成为赢利最多的公司之一。[19]

巴菲特过去常常扮演接受的角色，而在格雷厄姆身上，他第一次体会到了给予的滋味，并且也发现了自己在这方面的才能，他很喜欢这样做。“她会和我谈一些关于商业策略的话题，然后她会同家里的其他人谈这个问题，而他们只知道怎么样去吓唬她。她知道他们会这样做，她一点儿也不喜欢，但是她没法克服这一点。”

> 最后，我告诉她我的职责是让她从一面正常的镜子中看到自己，而不是通过一面哈哈镜去看。我真的想让她对自己所做的事情感觉更好，我很喜欢看到她的进步。并且我也取得了一定的成功，虽然我直到那时才碰到了她。

然而，芒格在给格雷厄姆的信中谈到了巴菲特的一些事，他说：“我看得很清楚，他的一些做法实际上已经发生了显著的改变。”[20]巴菲特同格雷厄姆待在一起的时间越来越多，她已经把尽力打造他当作她的工作。

“凯瑟琳尽力让我得到提升。不过她也是渐渐才明白这一点的，而不是一下子就注意到了。这很有意思，她十分努力地想改造我，但是没有任何成效。她可真比我老练多了，真是这样的。”巴菲特知道格雷厄姆认为在餐厅吃饭很不文明，并且令人讨厌。“在整个华盛顿，你的厨师都是值得骄傲的。在晚会上，你对某人的最高赞誉就是说‘我要把你的厨师聘请过去’或者‘你肯定是从法国聘请的厨师吧’。凯瑟琳对此十分在意，像华盛顿的每个人一样。因此，她的晚宴都显得十分高贵，不过她对我则例外。”

格雷厄姆的厨师发现要严格根据沃伦的习惯去做饭还真是个挑战。“花椰菜、芦笋和抱子甘蓝，这些东西在我看来都像是把一大堆食物堆在盘子里一样。花椰菜让我感觉恶心。我勉强吃了点儿胡萝卜。我不喜欢红薯。我甚至都不想动大黄，它使我恶心。我头脑中的蔬菜应该是青豆、玉米和豌豆。我喜欢意大利面条和烤奶酪三明治。我可以吃肉馅糕，不过我从来不吃饭店里做的。”

他认为的盛宴应该是半加仑的巧克力冰激凌。他会一次只吃一种东西，而不喜欢面前堆一大堆食物。如果一块花椰菜碰到了他的牛排，他就会恐惧万分，不再吃了。“我喜欢反复吃同样的食物。我可以每天都吃火腿汉堡，连续当早饭吃50天。在她位于格伦韦尔比农场的别墅里吃饭时，凯瑟琳会让厨师做龙虾。我不会吃，老出错，总也夹不到，倒霉得很，怎么也吃不到嘴里。她会告诉我把它翻过来夹。”在遇到9道菜的正餐时——每一道菜都搭配有相应的酒，并且放在固定的餐桌上，而桌旁则坐满了达官显贵和名流人士，以及新闻界的明星记者——“这常常让他十分尴尬。”格拉迪丝·凯泽说。他从来都没有适应这种奢华的生活。

然而，巴菲特仍然经常出现在格雷厄姆的这些著名宴会上，他称它为“凯瑟琳的盛宴”。他喜欢自己乡巴佬的身份，并且很高兴自己被龙虾搞得狼狈不堪。他的天真表现为一种纯真和无辜的神态。不过他在社交方面的纯真无邪也是真的——主要是因为他对周围的世界完全不了解。在“欣赏”格雷厄姆时，他就像一束激光一样盯着她看，而不会看她用哪把叉子。他没有兴趣增加这方面的知识。格雷厄姆想逐渐改变他像大象一样单调的饮食习惯，然而她却很吃惊地发现，巴菲特仍然只吃汉堡和冰激凌。[21]

> 她和厨师说话时总是用法语，总是那样，全都是法语。因此，我能听到法语单词中的 hamburger（汉堡），并且戏弄她说：“不，不，是 hambur-zhay。”然后我会说：“给我来个 hambur-zhay。”接着一个特制的汉堡就会从厨房里端出来。凯瑟琳家的厨师十分想把汉堡和薯条做得很好，因为我只吃这些东西，不过同麦当劳或者温迪快餐厅的相比还是差远了。薯条总是有点儿焦，不过他还是尽力让我满意了。
>
> 但是，在她的那些盛大的晚会上，她就不对我这么特殊照顾了。

不过，在凯瑟琳的宴会上，巴菲特的角色并不是吃饭，当然，他是来讲话的。作为一个明星投资人，他就像一只秃鹰来到了城里，而这里任何鸟儿都没有。甚至乔治敦最为守旧和思想偏狭的“穴居人”——他们具有贵族血统，很少同与自己出身不同的人交往，其中许多又是格雷厄姆的朋友，如专栏作家乔和斯图尔特·艾尔索普，以及埃莉诺·罗斯福的表兄弟姐妹们——都很喜欢这个魅力四射的巴菲特。参加宴会的客人们会问他各种各样关于投资的问题，而他也不知不觉地进入了这个他最为惬意的角色——教师。

现在，他在华盛顿待的时间更长了，因此他也在格雷厄姆家的客房里留下一套备用的衣服，就像他以前曾经在长岛的安妮·戈特沙尔特家一样。通常他穿着一件破旧不堪的蓝色麂皮夹克，一条灰色的法兰绒长裤，它就像被揉得乱七八糟的床罩一样。[22]格雷厄姆尽力去提升他的着装品位。“她看到沃伦的穿着吓了一跳，”据她的儿子唐说，“虽然我的母亲对我的穿衣方式也很讨厌。有一次她说起她手下的员工，‘为什么我周围这些经理全都是整个美国衣着最差劲的呢’？她对人们衣着的批评不是仅仅针对沃伦的，而是普遍的。”[23]她带着他去见哈尔斯顿，这是她所钟爱的时装设计师，同时也让他培养了自己的衣着风格。巴菲特对哈尔斯顿的反应是：“你知道，他来自得梅因。”

到1976年6月，巴菲特也有机会邀请格雷厄姆参加他的活动：苏茜的婚礼。婚礼的每一方面都和凯瑟琳的宴会背道而驰——在加州纽波特海滩举行，这是一个介于正式和非正式之间的地方，一群像巴菲特一样的嘉宾来庆祝一个人人都知道从一开始就是个错误的婚姻。

大学最后一年的春季学期，苏茜从加州大学欧文分校退学了，当时她的室友获悉，21世纪公司——一家房地产公司在高薪招聘秘书人员，但是不要求必须具备打字技术。[24]尽管她的父母很明智地没有干涉，但是他们知道苏茜和丹尼斯·韦斯特高的婚姻不会有好结果。他是一位英俊潇洒、金发蓝眼的冲浪运动员。在某种程度上，苏茜自己也知道这一点，但是她陷入了幻想之中而不能自拔。[25]尽管父母对他们的婚姻心存疑虑，但他们仍然认为她的婚礼十分重要。沃伦已经要求邀请凯瑟琳参加；苏珊专门在圣约翰·路德教堂为她预留了一个特别座位，就在他们的后面。在迪克和玛丽·霍兰德的陪同下，她在那个座位上只坐了几分钟。接着，毫不奇怪，凯瑟琳对他们说：“我感觉不舒服，不知道为什么，但是如果让我坐后面就会好点儿。”她自己跑到教堂后面去坐着，一直到整个婚礼结束。[26]

巴菲特的婚礼已经过去很多年了，但是那时，他太紧张了，不得不摘掉眼镜，不想再看周围的景象了。在教堂后面等着走过通道时，他对焦虑不安的女儿说："别看我，但是我的拉链开了。"摄影师正站在圣坛的前面，等着抓拍照片。苏茜强忍着笑，尽量不去看她父亲的裤子拉链，以免摄影师拍到这个镜头，最后她也忘记了紧张。[27]

接下来的程序没有再出现什么意外，然后纽波特海滩的万豪酒店就陷入了一片疯狂之中。巴菲特允许这个痴迷音乐的女儿请任何她喜爱的乐队。苏茜选择了她最喜欢的"水银信使"乐队，这是一个迷幻摇滚乐队，创建于20世纪60年代旧金山的费尔摩演奏厅。其成员看起来同其他任何普通乐队的成员没有什么不同，乐队由20人组成，全都是一些留着非洲发型的白人男孩，头发又短又卷，他们在舞台上跳来跳去，拨弄着乐器。巴菲特看到这些时，内心十分恐惧。在"水银信使"乐队的鼓声、电吉他声的伴奏下，苏茜穿着婚纱，欣喜若狂地跳着摇滚舞，而她的父亲还不得不保持着镇静，尽管在内心深处，他觉得很不是滋味。"我对音乐还没有疯狂到这种地步，"他轻描淡写地说，"他们的声音太大了。"他喜欢的是他妻子所钟爱的多丽丝·戴类型的音乐，或者弗罗伦斯·汉德森以及小萨姆·戴维斯之类的音乐。在演出了90分钟后，这些乐手结束了演奏，并且收拾好了乐器，这时出现了更令他目瞪口呆的一幕。乐队的经理给巴菲特出示了一张高达4 000美元的账单，而且要现金，这可把巴菲特吓了一跳。[28]苏珊曾经告诉过女儿："你知道，苏茜，你不能在婚礼的当晚把乐队带回家来。""真扫兴！"苏茜说，"但是我的一些朋友都这么做了。"

现在苏茜要长期在旧金山定居，并开始到21世纪公司工作了。豪伊已经从奥古斯塔纳学院退学，因为他无法同室友和睦相处。他换了几所学校，但是没有人支持他，他也就无法毕业。"我和妈妈太亲密了，"他说，"我生活中的每一件事都是以我的家人和家庭为中心的。在大学里，我得不到这种关注。"[29]他俩都没有父亲的志向，不过却都是第一次有了钱。霍华德留给其孙辈的资产全都投在了伯克希尔-哈撒韦的股票上，大概是600多股。沃伦没有告诉他们该如何做。他自己从来就没有卖过一股，他们为什么要卖出去呢？然而，苏茜还是把自己大部分的股票卖了出去，买了一辆保时捷和一套公寓。豪伊也把自己的股票卖掉了一部分，创建了巴菲特挖掘公司，在他的童年时代，他就十分喜爱铁皮玩具，现在，他要自己挖地基，建造房屋了。

彼得刚刚从高中毕业，他被斯坦福大学录取了，秋天就要去加州上学了。1976年夏，奥马哈的家显得越来越空空荡荡了。大部分时候，彼得放学后，就直接去阿比汉堡餐厅，自己买点儿晚饭吃，然后回到家里，一头扎进暗房中摆弄他的照片去了，甚至小狗也常常从家中溜出去，彼得的朋友开始不断打电话说“汉密尔顿在我家里”。[30]

苏珊这些天也很少待在家里，她承认自己对婚姻有些担心。她似乎感觉到凯瑟琳好像是个第三者，要把她的丈夫抢走；[31]不过凯瑟琳的身边有那么多的男人，如果她知道苏珊这样想，肯定会吃惊不已。然而，也许是因为十分忧伤，所以苏珊“像个少女一样到处跑来跑去”，正如有人所说的，她处在中年的浪漫高峰期。她对沃伦很生气，也不再关心他了，只顾和她的网球教练约翰·麦凯布在奥马哈城到处游逛。她有时也会给米尔顿打电话，当他同意和她见面时，人们也能在公共场合见到他们一起出入。她似乎生活在一个不同的世界里，没有计划，也没有方向，不知道路在何方。她也没法放弃沃伦，她称他是一个“不同寻常的人”。[32]很明显，她很尊敬他；不论她怎么嘲笑和唠叨他的顽固和对金钱的痴迷，他还是给了她所想要的一切：安全、稳定和力量。“他很诚实，并且有很好的价值体系，这对她来说很重要。”多丽丝说。“如果我辜负了需要我的人，”苏珊说，“那将是我能想象的最大的失败。”[33]苏珊不是一个思想家，她相信自己的能力，相信用她的情感作为向导，她可以应付与不同人之间的复杂关系。但是，有些人最终是不得不被辜负的。

尽管苏珊常常因各种未知的追求而离家出走，她的三个孩子仍然在朝着各自的方向前进——彼得开着他那辆黄色的凯旋牌小敞篷车，前往帕洛阿尔托度假去了；豪伊驾着一辆推土机，穿着脏兮兮的衣服在挖土；苏茜正在和她英俊的冲浪运动员丈夫享受着新婚之乐——沃伦也在进行着自己的旅行。这个饮食简单的人认为自己的生活就像《反斗小宝贝》中描述的一样，把时间消磨在了使馆街的晚会上。凯瑟琳·格雷厄姆正在用尽可能快的速度吃力地把他拖出大象的饮食习惯。

> 她不能像改变我所知道和看见的东西一样改变我的行为，无论她到哪里，都会受到女王般的接待。我见到了世界上许多我之前没有看到的有意思的事情，也听到了关于许多事情的解释。跟着她我见识了很多东西。凯瑟琳对政治舞台上的每个人都非常了解，她会把她的见解告诉我。
>
> 她认为我教会了她所有的商业秘诀，而她却没有为我做任何事情，这种想法一直困扰着她。因此，她不断思考在哪些方面能够帮助我，要么请我去参加那些高档的宴会，要么是其他事情。所有这些活动，你都可以说是非常迷人或者异乎寻常的。我发现它们也很有意思，我不会对此吹毛求疵。可能有很多人比我更渴望和她一起出席这些活动，不过，你知道，这些活动也让我过得很快乐。

毫无疑问，的确有很多人渴望去参加这些活动。然而，巴菲特去了，一次又一次地，不论这些活动最终让他看起来多么可笑或者尴尬。

一天晚上，格雷厄姆带他到伊朗大使馆参加正式的国宴。她穿着一件金色的礼服，来搭配使馆的风格。伊朗国王礼萨·巴列维，美国重要的战略同盟，也是一位迷人的主人。他的使馆在华盛顿使馆街的社交活动圈里独领风骚，里面的一切都闪耀着19世纪末期富丽堂皇的帝王风范。

在鸡尾酒会后，巴菲特坐在了他的座位上，发现一边是法拉赫·巴列维皇后的侍女，另一边是伊利诺伊州参议员查尔斯·珀西的妻子。他转过头看了看洛伦·珀西，发现她正在和她旁边的客人保罗·纽曼促膝交谈。巴菲特明白可能要等很长时间她才会转过头来同他交谈，于是他转向右边，对皇后的侍女说了几句。她礼貌地笑了笑，他又说了点儿别的，她又笑了笑，然后就没话了。坐在她另一边的特德·肯尼迪靠了过来，用法语说了几句好话。她面露喜色，于是他们开始兴高采烈地用法语交流起来了，巴菲特被晾在了一边。他再次转向洛伦·珀西，却发现她仍然在全神贯注地同保罗·纽曼交谈。他郁闷地意识到，有保罗·纽曼坐在她身边，这可能是个非常漫长的夜晚。

凯瑟琳在另一桌，紧挨着国王而坐。在这些人中，她是最为重要的客人，而沃伦则是一个无足轻重的客人。凯瑟琳是女王，而他则是来自内布拉斯加州的乡巴佬投资者，在凯瑟琳的带领下才得以参加这个国宴。忘掉《超级金钱》吧，这是老掉牙的事了。过了一会儿，特德·肯尼迪注意到了他的窘迫，问道："难道你不会讲法语吗？"巴菲特感觉自己像是个小丑，他只穿着一件防雪服，却降落到了波拉波拉岛。这顿饭一直持续到第二天凌晨 1 点，然后乐队开始演奏，人们开始跳舞，其中一位男士邀请皇后在舞池跳了支华尔兹，而巴菲特则抓住格雷厄姆的手逃走了。

然而，如果她再次邀请他，他还会去，因为他肯定没有抱怨过。这样的开眼机会太好了。

现在他也十分清楚，除了《超级金钱》和《福布斯》的文章让他小有名气外，许多著名的人物从来都没有听说过他。在 1976 年的 5 月，巴菲特正在华盛顿看望凯瑟琳·格雷厄姆，突然她说："我让你见个人，这个人就是杰克·拜恩。"然而，当格雷厄姆给他打电话安排会见时，拜恩很不情愿地说："谁是巴菲特？"

"哦，他是我的一个朋友，"格雷厄姆说，"他刚刚买进了《华盛顿邮报》的部分股份。"拜恩对此既不知道，也不关心，因此他拒绝见面。之后不久，巴菲特的老朋友洛里默·戴维森——1970年刚刚从GEICO退休——听说此事后，他立即给拜恩打电话。"天哪，你可真是个大傻瓜啊，竟然错过了同沃伦·巴菲特的会见？"他问道。[34]

拜恩在1976年被聘任到GEICO公司时，它已经濒临破产的边缘，他想尽力把它拯救过来。作为一家曾经只针对政府雇员的保险公司，GEICO开始到处开拓市场，客户对象扩展到了普通人。"搜寻百万投保人"是他们的口号。"增长，增长，增长，重点是全面增长。"一位多年的高级经理说。[35]被"增长、增长、增长"激发，GEICO的股票价格曾高达61美元——这对巴菲特来说太高了，不过他一直关注着这只股票。实际上，过去20年来，他一直在追踪着它，从来没有停止过。在1975年，"我又看了看GEICO的股价，仅凭感觉简单计算了一下它的赔款准备金，我大吃一惊。"作为一家汽车保险公司，其业务在不断"增长、增长、增长"，而其客户的事故数量也在不断"增长、增长、增长"。如果一家公司低估了这些索赔的支出，它就会同样过分高估其利润。"在经过多次分析之后，我已经很清楚，该公司的储备太低，而且形势还在进一步恶化。一次我到《华盛顿邮报》参加董事会时，顺路去见诺姆·吉登（首席执行官）。我已经认识他有20多年了，而且一直挺喜欢他。他很友好，但是他根本没有兴趣聆听我的见解，他断然拒绝了。他有点儿匆忙地把我赶出了办公室，并且没有对这一问题做出回应。"[36]

巴菲特并没有拥有GEICO的股票，然而他却尽力去帮助它的管理层，这说明了他仍然对这家公司十分依恋，这是因为洛里默·戴维森刚刚从这里退休，这只股票也曾经是他第一个真正的大创意，并且这项投资也为他的朋友和家人挣到了许多钱。

1976年初，GEICO宣布1975年是它有史以来最糟糕的一年，支付保费使它的损失高达1.9亿美元。[37] 该公司停止支付红利，这一举措向股东们表明其钱柜里已经空了。吉登开始疯狂地寻找资金支持，GEICO急需2 500万美元的资金支持。[38] 当年的4月，在华盛顿的希尔顿酒店，400名怒气冲冲的股东在股东大会上大发雷霆，提出质问和指责。之后不久，一支保险事务专员队伍来到了GEICO的办公室。董事会意识到，他们必须解雇管理人员。[39] 董事会本身也是一塌糊涂，十分混乱，在这场大灾难中，几位董事会成员已经失去了他们的个人财产。由于没有一个有能力的首席执行官来管理公司，萨姆·巴特勒，一位来自柯史莫律师事务所沉着稳当的律师，临时担任了董事会的主席。实际上，也就是临时的首席执行官。

巴特勒知道拜恩已经一时冲动从旅行者保险公司辞职了，因为他没有被选为该公司的首席执行官。拜恩曾经做过精算师，在29岁就创建了一家保险公司，并成了百万富翁，两年前，旅行者保险公司在家庭和汽车保险之间摇摆不定的转型期间，他发挥了巨大的作用。巴特勒在哈特福德给拜恩打电话，他知道这个人有点儿自负，因此他解释说，如果他接管了GEICO，就会避免一场全国性的危机，否则整个美国经济都可能陷入危险之中。失业在家的拜恩很快就接受了首席执行官职位的面试。[40] 他在5月初来到了华盛顿，在董事会面前反复面试了几次，不断翻着白色的记录表，并且用记号笔一边画着，一边不停地讲着。“我一进来，就随口说了起来，完全没有准备，说了一些有几点需要注意的，什么是我们应该做的，不断地讲。”[41] 他说。绝望的董事会很快就达成一致，认为这个面色红润、脸蛋圆圆的家伙就是最佳人选。

拜恩接任首席执行官后所做的第一件事，就是直奔唐人街哥伦比亚地区保险监理官马克斯·瓦拉赫那间积满了灰尘的办公室。瓦拉赫是一个守旧的德裔美国人，说话带着浓重的口音。“他极其顽固，对公众服务有着十分浓厚的兴趣。”拜恩回忆道。他十分讨厌 GEICO 的前管理层，并且拒绝同他们打交道。拜恩感觉瓦拉赫不会对他也那么讨厌。事实上，他们的关系的确还算不错，两个人开始每天都进行交谈，有时会长达数小时。[42] 瓦拉赫坚持公司在 6 月下旬之前必须按照规定筹钱，同时要让其他的保险公司为它的一些保单做担保。也就是说，为 GEICO 进行“再保险”。[43] 这一想法是为了增加 GEICO 的财力支持，确保能够支付索赔金额，降低风险，保持收支更加平衡。因此，拜恩必须说服其他的保险公司经营者，让他们掏钱挽救 GEICO。

拜恩以前的经历已经表明他不可能成功。不过一开始他还是信心百倍。

“我的法宝是告诉他们，保险公司不但要自己照顾自己，更要互相帮助，”拜恩说，“我们不想让监管人员牵涉进来。”如果 GEICO 破产了，监管人员就会把 GEICO 无法支付的索赔账单转给它的竞争对手。因此，他们最终还是不得不出钱救助。“但是，经营州立农业保险公司的参议员埃德·鲁斯特，”拜恩说，“是一个爱尔兰老浑蛋，他得出结论——他也可能相当聪明——‘如果 GEICO 破产了，我就拿出 1 亿美元来支付其所有没有理赔的索赔要求，因为从长远来看，消灭了 GEICO，会为我们省钱。’”因此，州立农业保险公司收回了再保险协议。

“最后，”拜恩说，“几个真正的好朋友也背信弃义了，旅行者保险公司的人说，‘我们不会提供帮助的’。他们背后没有任何原则性的想法，他们只是有点儿懦弱和胆怯。”

在他加入 GEICO 三周后，“我被搞得焦头烂额，我开始思考自己是不是犯了一生中最大的错误。我的妻子多萝西仍然在哈特福德，她不停地哭。我们刚刚搬了第19次家”。而市场也显示GEICO恐怕难以幸存；之前不久其股票价格还是61美元一股，现在已经暴跌至2美元一股了。有些人——比如说持有2.5万股——已经目睹了他们几乎97%的财富都蒸发了——从原来的150多万美元缩水为5万美元——从足够快乐富足地过一生到只够买一辆像样的跑车。

公司投资人和股东对这场灾难的反应几乎能决定他们的命运，而这不仅仅只是个别人的事情。

许多长期的股东已经十分恐慌，都在吵着卖掉股票，这也是股价会跌到2美元的原因之一。任何接手他们股票的人，都是在拿GEICO的命运作赌注。

本杰明·格雷厄姆现在已经82岁了，他什么也不管，继续持有该股票。他的表妹罗达及其丈夫伯尼·撒纳特，同芝加哥大学商学院的院长谈及此事，院长告诉他们卖掉股票，因为股票已经这么便宜，几乎不可能再涨回来了。他们的决定却正相反，一只股票如果跌到太低，就太便宜了，说什么也不能卖。如果他们卖出去能有什么收获呢？只要还在手中，他们就几乎没有什么损失。因此他们没有卖出股票。[44]同样，洛里默·戴维森也没有卖出一股。[45]

GEICO创始人的儿子小里奥·古德温把自己的股份卖掉了，最后成了一无所有的穷光蛋。不久之后，他的儿子——里奥·古德温三世，死于用药过量，可能是自杀吧。[46]

巴菲特并没有持有GEICO的股票，而它的股票现在市价为2美元一股，他又嗅到了类似美国运通公司那样的好机会。不过，这次公司没有获得足够的免赔资金来把它从深沟里拉上来。GEICO需要一辆拖车。巴菲特感觉到只有一位才华横溢、精力充沛的经理是不足以扭转乾坤的。他想见一见拜恩，对他先评估一下，然后再做出决定是否需要投资该股票。他让凯瑟琳·格雷厄姆给拜恩打电话；虽然拜恩上一次拒绝了她的好意，她还是不计前嫌地安排了这次会见。

在参加了《华盛顿邮报》董事会的一次晚宴后，巴菲特在格雷厄姆位于乔治敦的别墅里等待拜恩的到来。“这是很冒险的，”他告诉唐·格雷厄姆，“它可能会彻底破产。但是，在保险业，你很难保持优势，而它却有一个优势。如果有合适的人来经营它，我想它能够扭转乾坤。”[47]

43岁的拜恩进来了，他面色红润、兴奋异常，像一串正在燃放的鞭炮。两个人在格雷厄姆高大的图书馆的壁炉旁坐定。连续几个小时，巴菲特一直在不停地向拜恩提问。在巴菲特接触过的所有爱尔兰裔美国人中，拜恩是最能说会道的人，并且“讲话很有分寸”，巴菲特评价道。“我很兴奋，一直不停地讲，”拜恩说，“沃伦问了我很多问题，他问我要如何避免破产，之后有什么计划等。”

对巴菲特来说，“关键是要做出判断，弄清楚拜恩是真的很镇定、临危不惧并且很专业，还是他根本就不知道怎么办”。[48]他最后认定拜恩“十分理解保险业，并且具有分析能力，他是个领导者，也是个推销商。GEICO需要一位分析型的领导者，从而可以弄清楚如何解决它的问题，同时它也需要一个推销商，从而向所有相关的资助者推销其产品”。[49]

第二天早上，巴菲特见到了乔治·吉莱斯皮，曾经帮他买进《华盛顿邮报》股份的那位律师，他们都是皮克顿私家侦探公司的董事，而当天该公司正好召开董事会议。[50]“乔治，”他说，“我觉得自己今天有点儿反常啊，今天我买进了一些股票，明天它可能就真的一文不值了。”他刚刚给办公室的比尔·斯科特打过电话，命令他为伯克希尔买进50万美元GEICO公司的股票，同时指示他只要市场上有该公司的股票出售就立即再买进。斯科特为他买进了大量的股票，总共价值400万美元。[51]

巴菲特为了以合适的价格购买GEICO的股票已经等待多年。现在拖车终于来了，而GEICO仍然没有得到再保险，它需要资金，同时也需要那位监理官马克斯·瓦拉赫大发慈悲。[52]但是现在，一个新的救“市”主降临了——巴菲特以投资人的身份出现了。巴菲特成了GEICO的后台，他给了拜恩一张很厉害的牌，让他陪监理官继续玩。[53]此外，拜恩说，“美国汽车协会（USAA）的总裁麦克德莫特将军给其他保险公司写了一封信”。美国汽车协会只向军队官员销售保险，并从事相应的经营活动。在保险业界，人人都在谈论着这个协会，罗伯特·麦克德莫特将军也十分受人尊敬。他的信中可能写道：“在军队里我们从来不抛弃任何人，现在这里有一只落伍的老鹰[a]。”[54]

巴菲特去见瓦拉赫，竭尽全力说服这位顽固的老公务员，希望他能够放宽6月份的最后期限。但是寻找再保险交易就像要劝说20多个胆战心惊的小孩拉着手，一起跳进湖中一样难。[55]为了胜利完成这一工作，拜恩这次有三个理由：GEICO原先那些无能的管理人员都已经被扫地出门，遗留下来的满目疮痍的房子现在欢迎新主人来重建；经验丰富的杰克·拜恩，旅行者保险公司的救世主，已经空降到这里来挽救损失；从未失算的沃伦·巴菲特对杰克·拜恩充满了信心，他已经在该公司的股票上投入了高达400万美元的巨款。

然而，当拜恩开始在华尔街寻求银行资助时，“人们都推辞说正在吃午饭”，他说，“我像皮球一样被踢得跑来跑去”。接着，萨姆·巴特勒把他带到了所罗门兄弟公司。作为一家历史悠久、值得尊敬的专业的投资银行，所罗门兄弟公司从来没有从事过股权收购，不过它一直

a. 此处“老鹰”指的是陆军上校军官肩章上的银鹰标志，显然是指GEICO公司。——译者注

渴望进入赚钱的保险承销业务。约翰·古特弗罗因德，所罗门兄弟公司一位很有影响力的经理，派一位初级调查分析员迈克尔·福瑞盖里和他的同事乔·巴罗尼一起到华盛顿去调查GEICO公司。“我让他们等了一个半小时，因此他们很不高兴，”拜恩说，“但是我一直谈到第二天清晨，他们却始终阴沉着脸，没有一丝反应，不过在去机场的路上，公司的司机听到了他们的谈话，他告诉我他们在回去的路上确实满心欢喜。”[56]

“保险业承担不起这些家伙的失败，”福瑞盖里告诉古特弗罗因德，“这会给整个行业带来可怕的耻辱，这些浑蛋绝不会袖手旁观的。”[57]拜恩和巴特勒来到了所罗门公司的办公室，这是筹钱的最后一丝希望了，然而，古特弗罗因德却挖苦道：“我不知道谁会购买你们那些垃圾再保险合同。”

“你根本不知道你在说什么。”拜恩针锋相对地回击。[58]

在荷尔蒙的强烈作用下，拜恩激情洋溢，滔滔不绝地罗列着所罗门公司应该出钱的理由，还说到了“上帝和国家的利益”，最后也提到了巴菲特的投资。在拜恩天花乱坠地描述GEICO的光辉前景时，古特弗罗因德摆弄着一根长长的、价值不菲的雪茄。最后，拜恩说得口干舌燥、垂头丧气，于是只好住口。接着轮到巴特勒上阵了。拜恩认为，从古特弗罗因德的举动就能看出来，他们已经失败。然而古特弗罗因德却指着拜恩对巴特勒说：“我会承保的，我感觉这个家伙你们找对了，不过你要让他立即闭嘴。”[59]

所罗门公司同意承担7 600万美元的可兑换股票保险，但是没有其他投资银行愿意提供支持并分担风险。GEICO不得不接受美国证券交易委员会的裁决——该裁决指出它没有向股东披露损失，而只在公开发行股票的招股说明书中表示这些信息可能会破坏交易。[60]为了筹集资金，所罗门必须使投资人相信GEICO能存活下去，然而只有筹集到资金才能使它存活下去。这一交易散发着绝望的气息，投资人们也闻到了。报纸上充斥着有关 GEICO 的负面报道，拜恩说，如果他徒步穿过了波托马克河，报纸头条可能就会夸张地写道："拜恩不会游泳。"[61]

巴菲特胜券在握，对这些事全都泰然处之。当股票看起来似乎没有人要时，他只身来到纽约，会见古特弗罗因德，并且说他随时准备以比市价高的价格整个买进这些股票。备选买家的出现增强了所罗门兄弟公司的力量，但是古特弗罗因德也得到了一种印象，他认为无论交易是否成功，巴菲特最终都会买进所有的股票。[62]对于巴菲特来说，这是一个最终没有风险的交易。很自然，他所坚持的备选价格很低。所罗门兄弟公司含混地告诉拜恩，考虑到巴菲特的最高限额，可兑换股票将以每股不高于 9.20 美元的价格成交，而不是拜恩所想要的 10.50 美元。

巴菲特想持有尽可能多的股票。他给所罗门兄弟公司下令，一旦市场上的股票开始交易，就尽可能为他购买所有的股票。巴菲特愿意购买股票的消息增强了所罗门兄弟公司促成这一交易的能力，否则所罗门兄弟公司就不得不把这些股票硬塞进投资者的喉咙里。

确实，一旦这位奥马哈的"先知"做出了必胜的预测时，股票就会十分抢手。[63]但是，巴菲特只做成了 1/4 的交易。在几周内，总计 27 家再保险公司自告奋勇地承担了监管机构要求的再保险保单，普通股的股价增长了 3 倍，现在市价大概 8 美元一股。GEICO 的救世主——约翰 · 古特弗罗因德——成了现代华尔街中巴菲特真心钦佩的屈指可数的几人之一。

但是 GEICO 仍然没有摆脱困境，拜恩要在纽约增加 35% 的保险费率——并且需要迅速得到批准。[64]拜恩在口袋里装上一份公司的营业执照，然后来到了新泽西州特伦顿破败不堪的旧议会大楼，恳求保险委员会主席詹姆斯·希让批准这一请求，这是一位英俊的前海军士兵，以严厉著称，拜恩告诉希让 GEICO 必须提高保费。

“他旁边坐着一个脾气乖戾、满脸皱纹的保险精算师，曾经在某家保险公司工作过，好像在等着挑刺儿。”拜恩说。希让说他的数据显示，没有正当理由提高 GEICO 的保险费率。“我竭尽全力，说尽好话，但是希让先生就是无动于衷。”拜恩从口袋中掏出营业执照扔在了希让的桌子上，并且嚷着“我别无选择，还你营业执照”之类的话，并破口大骂。[65]然后，他迅速驱车赶往办公室，一路上轮胎不时发出尖叫声。到了办公室，他立即给 3 万名被投保人发电报，通知他们去另寻新的承保人，并且在一个下午解雇了新泽西州 2 000 名雇员，希让根本来不及到法院起诉，让法院颁布禁令来阻止他。[66]

“这一举动向所有的人表明，我是严肃认真的，”拜恩回忆说，“并且我要为公司的生存而战斗，不管要付出什么代价，包括撤销一个州的业务。”拜恩在新泽西的破釜沉舟之举正好取得了这一效果，自此每个人都知道他是严肃认真的。

> 好像他的前半生都在为了那个职位接受培训，好像他天生就是为那个特殊时期而生的。如果你在整个国家里搜寻，恐怕也找不到比他更合适的战地指挥官了。他要集合一群人，赶走好几千人，并且还要对留下来的那些人洗脑。这是一件十分费力的工作，没有人能比杰克更胜任。他很坚强，是个训练有素的思想家，对于价格和浮存金有深刻的认识，他恪守理性的商业准则和行动。每个人都很清楚 GEICO 的情况，他会专注于一个目标，付出巨大的努力。他总是对有意义的事情感兴趣，而不是故步自封。

每天早上拜恩穿过 GEICO 的大门时，都要把帽子扔向大厅高 50 英尺的屋顶，并向秘书们大声问好。[67]“如果我不从墓地吹着口哨走过，谁会这样做呢？”他问道，“如果我不去跳舞，谁会去跳舞呢？”他有办法让人们每天早上一来到办公室就感觉很快乐，而不是愁眉苦脸，尽管他们的公司已经岌岌可危，他们随时都可能失业。他砍掉了公司40%的客户，卖掉了利润丰厚的人寿保险的一半业务，仅仅保留了7个州和华盛顿特区的业务，并将其他州的业务全部取消。拜恩的身体里似乎流动着火箭燃料，他永远都不知疲倦。他给管理人员打电话要求他们到杜勒斯附近的喜来登和威斯汀酒店开会，他可以一口气问他们15个小时的问题，有时会议会持续好几天。[68]他会用“你滚吧”打断正在讲台上发言的人力资源经理，然后立即从在场的人中指定一个新的经理。他的观点是：“你来这里不是要经营一家公共图书馆，你是要拯救一家公司。”[69]

“杰克对我一点儿也不怜悯，”托尼·奈斯利说，他从18岁起就一直在GEICO工作，“他喜欢提拔那些年轻、有闯劲的人，但是他教会了我许多东西，我会一直都感激他。他教我用整体的眼光去认识商业活动，而不是把它们割裂开来，从单一的承销或者投资看问题。同时，我也认识到了保持收支平衡的重要性。”

拜恩告诉他的员工，如果他们不能达到某个销售指标，他们就要抬着轿子，把重240磅的他抬到公司，并且要抬一年。[70]他们制定了销售指标。拜恩戴着一顶巨大的厨师帽和一株巨型三叶草。“我为他们烹制爱尔兰食物，”他说，“爱尔兰式土豆炖萝卜泥，里面有萝卜、土豆和酸牛奶。尝起来很糟糕。我会拿来大锅，把萝卜捣碎，然后说，‘哦，这肯定是棒极了’！”

巴菲特带着拜恩和他的妻子多萝西加入了自己的朋友圈子。现在，他要忙着应付GEICO，参加《华盛顿邮报》和皮克顿公司的董事会——还要到西海岸处理蓝筹印花公司和韦斯科金融公司的事宜，去纽约出差，参加万星威的董事会，这是他1974年才加入的；同时还要参加凯瑟琳的聚会，他大部分的时间都在东奔西走。巴菲特认为他的办公室需要人来帮忙。在苏珊的推荐下，沃伦把她的一位网球球友安排到了公司做实习生。他就是丹·格罗斯曼，一位聪明的耶鲁大学毕业生，具有斯坦福商学院学位，他甚至提出不要薪水。但是巴菲特没有那样对他，而是对他大加栽培。有些人认为，因为他的两个儿子都不愿意从事商业活动，他在考察格罗斯曼，看他是否能够代替他的儿子，他很有可能让这个人接替他。

巴菲特将办公室改造了一下，把格罗斯曼安排在了他的隔壁。格拉迪丝经常看到巴菲特和他待几个小时，给他解释汇率的浮动，评判保险公司的财务模式，制定监管条例，讲述他的故事，或者翻阅过期的《穆迪手册》。他还会带着他打几个小时的网球和手球，并且把他加到了格雷厄姆集团中，在那里格罗斯曼很快就同许多人打成了一片。[71] 沃伦又找到了一个喜爱的目标。

41

然后呢

奥马哈　1977 年

苏珊的朋友们会说，她自己选择了分居生活，她用这种方式来回应沃伦的执迷。正如一个朋友所说，“沃伦的真正结婚对象是伯克希尔-哈撒韦”。这个事实是无法回避的。然而，不论出现了多少问题，他们的婚姻一直没有破裂。也就是说，至少，在巴菲特所执迷的又一个目标——凯瑟琳·格雷厄姆出现之前一直是这样的。她的出现导致他们的关系降到了冰点，并且把苏珊推到了后台。正是此时，她才最终采取了行动。

现在，沃伦更多的时候是到纽约和华盛顿同格雷厄姆一起参加那些盛大的晚会，或者是她家里的聚会。尽管他有时感到尴尬，遭人讥笑，但是他仍然去见那些达官显贵，以及凯瑟琳的著名朋友和熟人，这使他大开眼界。“我见过杜鲁门·卡波特，”他说的是《蒂芙尼的早餐》和《冷血》的作者，他曾经以格雷厄姆的名义在纽约的广场饭店举办过黑白舞会；这一舞会后来被称为著名的“世纪派对”，卡波特深受国际上许多富家千金及社交名媛的青睐。

> 他来到她家，全身蜷缩在沙发上，用一种难以置信的腔调说话，但是他知道他们所有人的秘密。他真的很了解他们，因为他们都喜欢和他谈话，他十分精明，他真正喜欢的人就是凯瑟琳。和其他人不一样，我想他只是感觉她不像个骗子。

巴菲特甚至被前驻英大使沃尔特·安嫩伯格召见过，他拥有不少效益丰厚的公司，如三角出版社、《费城问讯者报》以及巴菲特小时候最喜欢的报纸《每日赛讯》。

“沃尔特在1977年的《华尔街日报》上读到过关于我的文章，然后他给我写了封信，信中叫我‘亲爱的巴菲特先生’，并且他邀请我到桑尼兰地区。”这是他在加州的庄园。从汤姆·墨菲和凯瑟琳·格雷厄姆口中巴菲特已经听说过这位大使，因此，他知道这个人十分敏感，很容易生气，不过这也激发了他的兴趣。安嫩伯格的父亲摩西·安嫩伯格有许多故事。除了把出版的兴趣遗传给儿子外，他也留给他臭名和耻辱——他曾经进过监狱，因为他经营的一家赛马电报公司涉嫌非法避税，该公司主要通过电报向全国各地的记者通报赛马结果。该公司可能和犯罪集团有牵连，因而他还背着串通匪徒的罪名。据报道，为了拯救儿子，使他免受起诉，摩西·安嫩伯格避重就轻地认了罪，他戴着卷边男毡帽和镣铐，自己一个人进了监狱。沃尔特称自己的父亲后来因脑瘤在圣玛丽医院去世，去世时形容枯槁，备受折磨，还留下了几句遗嘱：“我所遭受的一切都是为了让你成为一个真正的男子汉。”[1] 无论这是真的还是编造的，沃尔特后来的行为表明他好像相信这是真的。

现在，沃尔特肩负着重振家族威望以及养活他母亲和姐妹的重担。他通过艰苦的努力学会了经营出版业，并且证明了自己是一个天才的企业家。他创办了《17岁》杂志，后来又创办了《电视指南》杂志，这是个十分聪明的创意，它满足了公众急于查看电视节目表、了解电视节目和明星的欲望。在他见到巴菲特时，他已经不仅仅在商业上取得了巨大的成功，而且由于理查德·尼克松任命他为驻英大使，他的社会地位和威望得到了极大的提高。然而，即使他后来恢复了自己的姓氏，他心中的伤痕一直都没有消失过。

巴菲特满怀好奇地来到桑尼兰地区去拜见安嫩伯格，两个人之前已经有过联系；沃尔特是埃·西蒙的哥哥，埃·西蒙是本·罗斯纳前合伙人里奥·西蒙的妻子，西蒙已经去世，她“被人宠坏了，完全被宠坏了”——罗斯纳欺骗的就是埃·西蒙，那时他已经把联合零售公司以低价卖给了巴菲特，因为她不再是他的合伙人了。巴菲特曾经见过她，并且在纽约她那所挂满了艺术品的公寓里受到了她的款待。女仆轻手轻脚地来来往往，托着银盘，盘上盛着黄瓜三明治；埃·西蒙向巴菲特谈起他的“爸爸”——摩西·安嫩伯格：有一次，他让手下那些打手，也就是那些臭名昭著的“男孩”对着里奥开了几枪，为了改变他对自己的态度。她告诉巴菲特，在芝加哥密歇根大道的一个角落里的一面墙上仍能看到子弹打的坑。埃·西蒙接着请求让她的儿子加入巴菲特的合伙公司。沃伦“想到了那些子弹”，他认为如果他一年内没有什么好的收益的话，恐怕也会遭遇这种“待遇”。

她的哥哥沃尔特多年来一直致力于重塑家族的声誉，以消除人们脑海中密歇根大道子弹横飞的印象。桑尼兰地区是一片广阔富饶的绿洲，位于加州兰乔米拉奇的沙漠之中。在他的花园中，立着玛雅人太阳神的塑像和罗丹的青铜雕塑《夏娃》——她用手遮着娇羞的脸，矗立在水池中。在桑尼兰地区，安嫩伯格招待过查尔斯王子，举办过弗兰克·辛纳特拉的第四次婚礼，也曾经是理查德·尼克松的避风港，给了他和平和安宁，让他平静地写完了最后一篇国情咨文。

他彬彬有礼，十分庄重。我们走出去，来到后面的湖边，沃尔特坐下来。他衣着光鲜，好像所穿的衣服全都是那天早上刚买的一样。他那时大概70岁，而我大概是47岁。他说起话来语气和蔼，就像同一个他要帮助的年轻人谈话一样，“巴菲特先生，你首先要理解，没有人喜欢被批评”。那是他同人相处的基本原则。

对巴菲特来说，这再容易不过了。“我说，‘是的，大使先生，我知道了，你不用担心这一点’。”

接着他开始谈论所谓的“珍品”。

“在世界上有三件东西，”他说，“可以称得上珍品，他们是《每日赛讯》《电视指南》和《华尔街日报》，而我已经拥有了其中的两件。”

他所谓的“珍品”就是，即使是在大萧条期间，《每日赛讯》在古巴也可以卖2.5美元。

《每日赛讯》之所以可以这样，是因为人们没有办法从其他地方获得更好或者更完整的赛马信息。

它每天的发行量高达15万份，而它已经创刊大约50年了。它不只是价值2美元的商品，更是必需品。如果你十分关注赛马或者你是赛马的裁判员，那么你就需要《每日赛讯》。他想卖多少钱都可以，人们都会买的。从本质上来看，这就像把毒品卖给吸毒成瘾的人一样。

因此，每年沃尔特就会对着镜子说：“镜子，镜子，墙上的镜子，今年秋天《每日赛讯》要涨多少钱？”

而镜子总会说：“沃尔特，涨两毛五吧！”

那时候你用两毛五就可以买到整份的《纽约时报》或者《华盛顿

邮报》。并且，巴菲特认为，《纽约时报》和《华盛顿邮报》都是很棒的公司，那就是说《每日赛讯》更是一家不可思议的公司。

安嫩伯格很喜欢拥有这两家“珍品”公司，不过他很想把三家全部都据为己有。到桑尼兰地区的旅行是一段里尔舞[a]的开始，他和巴菲特不时一起跳一跳：他们谈论着是否可能以及如何共同买进《华尔街日报》。

但是他让我去那里的真正目的是，他想通过我给凯瑟琳传递一个信息。

安嫩伯格家族和格雷厄姆家族曾经是朋友。[2]1969年，在任命安嫩伯格为驻英大使的听证会期间，《华盛顿邮报》专门揭发丑闻的专栏作家德鲁·皮尔逊撰写了一篇文章，说安嫩伯格的财富是“通过不正当手段获得的”，并且反复引用未经证实的谣言，称他的父亲每年给黑帮老大阿尔·卡彭支付100万美元的保护费。[3]安嫩伯格看到这篇报道后暴跳如雷，到法院控告格雷厄姆把自己的报纸当作政治武器，恶意攻击尼克松总统。尼克松总统顶着风险提名安嫩伯格为大使，就是为了重新树立安嫩伯格家族的威望。“尼克松总统在某些事情上犯了错误，”安嫩伯格后来说，“但是他给了我，以及这个家族有史以来最高的荣誉。”[4]

在听证会的那天早上，他读到了皮尔逊的另一篇专栏文章，文中充分而详尽地批判了《费城问讯者报》。他紧紧按着胸口，脸色发青。他的妻子还以为他得了心脏病。[5]

听证会上，沃尔特必须针对皮尔逊文章所提出的问题为自己辩护，听证会持续了一整天，把他搞得十分紧张，筋疲力尽。而当天

a. 里尔舞，一种源于英国的双人舞。——译者注

晚上格雷厄姆正好在乔治敦的别墅举行晚会，共有50名客人，在几周前他们都已经接受了邀请，而他也是其中之一，他勉强来参加晚会。刚一走进格雷厄姆那金碧辉煌的客厅，安嫩伯格——他对礼仪十分在意，并且在那个晚上情绪也很容易失控——就被激怒了，因为格雷厄姆没有让他坐在她身边，而在他身边安排了她的两个朋友——伊万杰琳·布鲁斯，即将离任的英国大使戴维·布鲁斯的妻子，以及洛伦·库珀，一位著名参议员的妻子。

安嫩伯格对任何事情都很敏感，他感觉受到了忽视，这在许多方面都有点儿像他的朋友尼克松。他和尼克松都很不幸，也都没有魅力，而且还不会控制情绪。[6]安嫩伯格夫人和伊万杰琳·布鲁斯就大使官邸装修问题的宿怨仍在发酵，并且迅速升级，给宴会蒙上了一层阴影。[7]除此之外，库珀夫人指桑骂槐地说安嫩伯格还没有富到可以担当大使。[8]安嫩伯格感觉这一切都是故意的，因此立即中断同凯瑟琳·格雷厄姆的谈话，怒气冲冲冲地提前离开了宴会。

> 凯瑟琳被搞得心烦意乱，她十分想和沃尔特搞好关系。凯瑟琳不想和任何人发生冲突，那是她的风格。她喜欢高高在上的感觉，但是她不喜欢炫耀。她喜欢大人物，尤其喜欢那些重要人物。因此同他发生矛盾使她感觉很不舒服。但是，她想让沃尔特明白，她不会授意本·布拉德利在报上刊登那种文章的。
>
> 因此当我去看他时，他正在考虑写一本关于菲利普·格雷厄姆的书，还要写菲利普的牙齿为何长得很可笑。
>
> 沃尔特认为如果一个人牙齿之间的缝隙过大，那就表明他的精神不稳定。即使沃尔特这样认为，你最好不要同他争论。我知道这一点，因此，沃尔特很喜欢我，但是他喜欢我还有个原因，就是我从来没有反驳他。如果沃尔特在我面前指鹿为马，我也会一言不发地听着。

“因此，我就成了他和凯瑟琳的中间人。”安嫩伯格希望巴菲特所传递的信息是，如果他出版了关于菲利普·格雷厄姆牙齿的书，那就有好戏看了。

> 同时，他对我真是再好不过了。他把我安排到最好的客房里，并且带我到他的办公室参观，里面有一个玻璃柜，放着他的收藏品——一些波斯金币、一把折叠刀和一些其他的东西。这是他祖父从波斯来到这个国度时口袋中所仅有的物品。他说：“你在这里看到的一切都是由这些东西创造的。”几年前，沃尔特重新恢复了家族的实力。他的作为足以让他的父亲感到自豪，而这也是他生活的首要目标。

巴菲特理解安嫩伯格的心情，然而他似乎从来没有注意到他们之间的某点相似之处，也许是因为他们在其他方面差异很大。安嫩伯格一本正经，毫无幽默感，视财如命，循规蹈矩，同格雷厄姆家族又有矛盾，这都和巴菲特显得格格不入，并且他们的政治观点也正相反。然而，在他们不同的肤色下面，这两个精明的商人却有个共同之处，就是极力证明自己——不仅仅在商业上，同时也在社交上——这都是为了表示对各自父亲的尊敬，他们认为父辈们都没有受到公正的对待。

他们开始通信。安嫩伯格认为自己就像一个长辈一样，在慈善事业上对巴菲特进行教导。他认为富人在临死之前要把所有的财富都捐赠出去，以免他们指定的托管人没有遵照他们的遗愿——安嫩伯格已经仔细研究了许多失败的基金会和那些背信弃义的基金托管人。[9]他想提醒巴菲特注意一些意想不到的潜在危险。他天性多疑，总是在考验别人——在这一点上，他和巴菲特很像。他给巴菲特举了一些例子，证明在捐助人死后，基金会全都变了味。同时，他在信中也谈了一些关于股票的看法。巴菲特——一个初露头角的慈善家，以及因揭露一个大慈善团体管理人员的丑闻而获普利策奖的出版家——津津有味地读着这些东西。安嫩伯格告诉巴菲特，他很害怕死后会由一个专横的管理人员来掌管他的资产，那样的话这个人就可以为所欲为，从事他命名为"大肆掠夺基金会"的活动。

他给巴菲特写信，感谢他送给他一篇关于麦克乔治·邦迪的文章，这个人掌管着福特基金会，他采用的方式正是安嫩伯格所深恶痛绝的。[10]"亨利·福特二世曾经说过麦克乔治·邦迪是'全国最为浑蛋的一个人'，他拿着福特基金会的钱，过着阿拉伯王子的奢侈生活。"[11]

安嫩伯格花费了大量的时间考虑谋划，就是为了避免自己死后被欺骗。他告诉巴菲特多纳基金会的故事，该基金会的执行董事改变了基金会的名字，将其变成了"独立基金会"，完全抹掉了最初捐助人的名字。[12]"我建议您一定要确保在您去世后没有人能擅自更改基金会的名字，"他写道，"我们要记住多纳先生。"[13]

巴菲特和苏珊也创建了一个基金会，对此他的看法完全不同。"它不应该叫巴菲特基金会，"他后来说，"把它命名为'巴菲特基金会'很傻，但是现在再改名也很傻，因为它已经很有知名度了。"[14]

他和安嫩伯格都对媒体和出版十分痴迷。《电视指南》是安嫩伯格最重要的财产。它同《每日赛讯》一样都是"珍品"，但是它的受众更广泛。巴菲特一听说安嫩伯格可能打算出售《电视指南》，就和汤姆·墨菲立即飞到了洛杉矶，去看看这位傲慢的大使是否会把它卖给他们，两人对半平分。

但是安嫩伯格想让他们用股票支付，而不是现金。"我们从来不卖股票的，"墨菲说，"沃伦从来不卖他的股票；只要有可能我也避免这样做，因为卖掉股票你是不会变富的。"用股票来交换《电视指南》，它将来可能会比伯克希尔-哈撒韦所支付的股票赚到的钱更多。同你所购买的任何公司相比，用股票支付显得你对自己的业务有点儿轻视——除非你用来支付的股票定价过高。[15]一般来说，他们经营公司以及应对股东的方式决定了这是不可能发生的，因此他们没有买到《电视指南》。

不过，巴菲特继续替安嫩伯格和格雷厄姆传递消息，同时格雷厄姆也带着巴菲特上礼仪学校，让他为这些上流社会的活动做准备。她不断因为生活中的琐碎小事给他打电话。他到马撒葡萄园那座铺满鹅卵石、能俯瞰兰伯特湾的别墅去看望她，他们一起出差去参加商务会议，有时还去度假，到尼亚加拉大瀑布旅游。他带她去看他的标志企业之一——伯克希尔纺织厂。人们常常在慈善活动上看到已经 59 岁仍然风情万种的凯瑟琳把她家的钥匙扔给 46 岁的沃伦，而且在公共场合也更加频繁地看到他们俩一起的身影。因此到 1977 年初，他们的事已经出现在《名人逸事》专栏，格雷厄姆说这是“多管闲事”。[16]

朋友们认为他们俩之间没有什么见不得人的事，正如其中一个人所说，“很清白”。并且，格雷厄姆很坦率地和她的朋友们讨论这个问题。[17]很明显作为一名女性，她似乎很不安全，但是她却尽力朝相反的方向努力，正如她在自传里讲述的一样。[18]她的母亲曾经以到处卖弄风情而著名，但是她只同有权势的聪明人保持精神上的密切关系。巴菲特自己也喜欢和女人们发展浪漫的友谊，无论同凯瑟琳的关系在开始时是否真有什么浪漫的因素，然而，在他们的内心深处，彼此之间一直都是友谊。

但是这些报道却打乱了苏珊和沃伦之间微妙的平衡。无论她的生活怎么变化，她仍然十分关心她的丈夫。再者，苏珊喜欢过被别人所需要甚至是依赖的生活。现在她感觉不再受到重视了。然而，她永远也不可能像遭人唾弃的戴茜 · 梅尔一样出现在公众面前。她到华盛顿旅行时还会住在凯瑟琳的家中，并且仍然面带微笑，尽管她的丈夫依然频繁地和凯瑟琳公开出现。苏珊的一些朋友认为，她实际上对此漠不关心。其他人感觉她需要依赖别人，或者沃伦同凯瑟琳的关系给她提供了借口，使她可以独自地过着平静的生活。不过，她还是明确地同几个朋友说过她很生气，并且感觉很难堪。她处理这一问题的方式是给格雷厄姆写了一封信，许可了她同沃伦之间的关系——就好像凯瑟琳正在等着这样的许可一样。[19]凯瑟琳把信拿给人们看，就好像这封信可以帮她开脱。[20]

苏珊现在完全致力于她的歌唱生涯。1976年，她同奥马哈一家法国咖啡屋的老板接洽，这是一家由仓库改装的正式餐厅，位于古色古香的铺满鹅卵石的老市场区，她请求在他们的大厅里唱歌。他们十分惊讶，不过还是高兴地同意了。苏珊曾在这里举办过一场赈济非洲灾民的义演——她赤着脚，穿着带褶皱的印花棉布上衣，系着花色丝巾。[21]广告证实了谣言——“苏珊·巴菲特将要成为一个歌女了”。“这真的让人很震惊，不过我总是希望能够彻底地过自己的生活。”她第一次登台演出之前对一个记者说。[22]

她“缺乏自信”，一位评论家说，但是她有“安·玛格丽特的朝气”、“独特的爵士风范”，以及想在法国咖啡屋的舞台上赢得观众赞誉的愿望。观众包括各色人等，有“来捧场的朋友”，也有只是出于好奇来看富婆的看客。[23]几周之后，比尔·鲁安就对她说，“我是百老汇的比尔，我已经给你安排好在纽约的试音了。”她在黄砖路、跷跷板、流浪者和大舞厅等场所首次举行了三周的短期公开巡演。之后她说：“他们请我再回去演唱，但是我想往后推迟一下，也许明年可以吧。首先我想找一个音乐总监制作一整套完整的节目。现在我明白这是多么的艰难，但是我已经欲罢不能。当我回来时，我想连续不停地工作6个月。”[24]最后她同威廉·莫里斯经纪公司签了约。

那年夏天，巴菲特夫妇来到纽约。沃伦有时在凯瑟琳的公寓里打桥牌，晚上苏珊登台时，他会在观众中兴高采烈地欣赏她的歌声。她的音乐生涯把他俩又联系在了一起——他为她的成功激动不已。他们考虑在第五大道旁边买一套地标性的建筑，作为他们在纽约的长期根据地，但最后还是没有决定下来。[25]

苏珊确实想往后推迟，到 1976 年秋天时，她还没有打算回到纽约。她在拉古纳待的时间仍然比沃伦多。再者，她在奥马哈的追随者也分散了她的注意力。那里有利拉，她长时间围在苏珊身边讲述她在 38 年半时间中同霍华德发生的那些故事；有豪伊，他正在奥马哈城外开着挖土机；还有她的姐姐多蒂，她似乎一生都是在梦游中度过，对什么事都不紧不慢，漠不关心——有一天，她打来电话说家里着火了，苏珊刚一挂断电话，就在想多蒂是否给消防部门打了电话，苏珊立即打了过去，多蒂说没有，她只是想着给苏珊打电话。[26]这些都是来自家庭的责任，还有更多来自其他的牵挂——苏珊关注的流浪儿、孤独寂寞的人和当地的好友故交。

她没有在纽约签约登台演唱，相反，她却决定 1977 年的春天在奥马哈的法国咖啡屋再进行一轮演出。为此，《奥马哈世界先驱报》决定把这位百万富翁的妻子登载到一期杂志的封面上，她人到中年却决定登台演出，成为一名歌手，这很令人费解。记者阿尔·巴德·佩格尔按照常规的做法进行报道，他先采访了苏珊的朋友，就她的生活问了一些简单的问题。他想知道是什么促使苏珊唱歌的。当然，像奥马哈的许多人一样，他也听过关于苏珊的一些流言蜚语。[27]苏珊的朋友们都很有“警惕性”和“保护性”。

尤妮斯·丹尼伯格“愤慨”地声称，“苏珊是如今已不多见的大好人之一，今天有许多家伙都认为这种人根本就没有了。因此他们对她做出一些卑鄙的举动，因为这使他们感到不安了”。[28]崇拜者们团结起来共同保护他们的“圣母”。佩格尔承认，面对着这样一群坚定的保卫者，他产生了一种潜意识的冲动，想在苏珊最洁白的晚礼服上抹一把污泥。[29]

巴菲特家的休息室，苏珊和佩格尔一起坐在壁炉旁的长沙发上，苏珊开始接受他的采访。屋里放着一张乒乓球桌，墙上贴着几张海报，上面写着“真爱相伴”和“尽享快乐时光”之类的话。她突然给他一种十分脆弱的感觉。

“做演员和做母亲完全不同，”她在采访中告诉他，“我不习惯做一个只会关心人、给人做饭的苏珊·巴菲特。也许我只是往前走了一步，可能已经有人正在考虑着这么做了，我想尝试一些事情，但是我却很害怕去做。”她停了一下又接着说，“我的故事就这些。”[30]

记者提示说他想要了解更多的故事。她那些坚定的保卫者更加激发了他的好奇心。苏珊敞开心扉，一直谈了5个小时，不过没有谈到她自己的私人生活。然而，在采访结束时，她说她对自己所做的也感到十分吃惊。她一向口风很紧，有人曾在宴会上试图打探她的消息，总是很难有收获，但这次，她在佩格尔面前却完全打开了封闭的心。在采访中，她设法说服他，把他变成一个朋友。

当这篇报道发表后，杂志的封面写道：“是什么使苏珊·巴菲特歌唱？”还配了一张她的照片，上面写着：“谁知道呢？”她勉强露着微笑，眼睛向上看着，并没有看镜头。在内页的照片上，苏珊的脸远离镜头，眼睛盯着小狗汉密尔顿，而它正微笑着盯着她放在琴键上的手。这幅照片更像心灵深处一个未知的梦，而不是她的典型形象——露齿微笑的脸。

报道发表的那天早上，苏珊抱着一大箱喜诗公司的糖果出现在了佩格尔家的门口。她兴奋得像个孩子一样，对他所描绘的形象十分满意。她把他也列在了客人名单中，邀请他出席在法国咖啡屋的首场演出，并给他发了份邀请。[31]那天晚上，他和其他客人一起目睹了年轻、漂亮、容光焕发、婀娜多姿的苏珊，她戴着一头深褐色的假发，浑身缀满的金属片闪烁着迷人的光彩，一双水汪汪的大眼睛摄人心魄，乌黑的眼睫毛更是引人注目。她脸上的表情表明她已经明白那个关心照顾他人的苏珊·巴菲特还不错。现在她已经知道如何优雅地登台演出，并且在歌唱间隙观众尖叫大喊时，仍然保持着妩媚的微笑。[32] 她的客人们看到了一个妻子和母亲从生活的困扰中解脱出来，走上舞台，实现了自己梦寐以求的生活。观众发现她的说话声音略显单薄，不过很流畅。她唱起歌来富有磁性，甜蜜优美，又略带一丝伤感。她的主打歌曲——“爸爸系列”如《我的心属于爸爸》、卡巴莱经典音乐《你的余生在做什么？》，以及她最喜欢的桑德汉姆的《让小丑进来》[33]——全都感动了观众，湿润了他们的眼睛。当苏珊唱歌时，她感伤的一面闪现出来，她脆弱的感情暴露在了观众面前。沃伦双臂环抱地站在后面，注视着台上的妻子，如痴如醉。看到她的歌声吸引了观众，他也是满心欢喜，他幽默地说道：“我能让她这样做可真是了不起啊。”

然而，到了 1977 年的夏天，苏珊还没有去纽约追寻自己的机会。沃伦认为这是因为他天真率直的妻子不愿意被职业歌手的演出时间束缚。巴菲特夫妇的一些朋友也在想，苏珊婉转的歌声以及台上引人注目的表演是否能够同那些已经成名的职业歌手一争高下。不过让妻子成为一名歌手，并且灌制自己的唱片也是沃伦的梦想。她的雄心总是被冠以其他人的意愿，而不是她自己的。同时，喜欢关心照顾他人的苏珊·巴菲特也是一个独立的人、有着自己私密生活的人。

问题就在这里。作为一个富翁的妻子，这个身份可以帮她追寻严肃的歌唱事业，同时也开启了一扇大门，方便他人窥视她的私人生活，而她希望这扇门是关着的。沃伦可以住在凯瑟琳·格雷厄姆的家中，并且同她一起自由地出入公共场合，大众小报可以对此熟视无睹。但是，作为一名已婚妇女，苏珊却没有这样的自由。虽然妇女解放运动已经改变了许多事情，但是还没有到这一地步。随着她的隐私不断曝光，如何处理她日益加深的感情裂缝快要把她给压垮了。

他们在《奥马哈太阳报》的朋友斯坦·利普西的婚姻也出现了一些问题。他和苏珊常常早上一起坐在公园的长椅上，互诉衷肠。他俩都对东正教的思想和发挥人类潜能的运动很感兴趣，这是起源于加州大苏尔埃塞伦研究所的运动方式。[34] 不管怎样，他们还是说服了沃伦，以及斯坦的妻子珍妮和苏珊的妹妹多蒂，邀请他们一起参加林肯酒店的周末讨论会，初衷是为了探讨自己的内心世界。研讨会一开始就让人们互相公平地敞开心扉，这是苏珊的拿手好戏。沃伦对于这样倾诉感情的兴趣一点儿也不像他的妻子。

> 500 多人从千里之外赶到这里，他们开始做这些疯狂的事情。首先，我们要先找一个伙伴。然后其中一个人开始说话，另一人不管听到了什么，都要不停地说："然后呢？"
>
> 因此，我找到了一个来自俄克拉何马的漂亮女士。她先说话，然后，她停下来，我接着说："然后呢？"10 分钟后，她就控制不住自己，开始哽咽了。仅仅通过说"然后呢？"就把她给击垮了，就好像我在故意伤害她一样。我简直感觉到自己是在酷刑室或者其他类似的地方拷打她一样。

在完全曲解了这一活动的用意之后，巴菲特离开了泪流满面的伙伴，他迫切希望找另一个人再继续下去。指挥者告诉参与的人再找一个伙伴。"现在，当我听到指挥者说'我想让你们选择一个异性伙伴'时，"利普西说，"我希望寻找一个有魅力的人。"巴菲特站在那里，四处张望着，好像不知道该做什么一样。"紧接着我就看到，"利普西说，"他找了个非常胖的女士。"

> 她穿着一件华丽而宽松的长衣，大概有 400 磅重。我的任务是趴

在地上，然后指挥者说这位女士要给我一件礼物，就是“她的重量”，这就是说她要“噗”的一下压在我的身上。这个庞然大物准确地朝我扑来，我大喊一声“啊”，结果这个礼物就重重地压在了我的身上。

同时，在另一个房间，他们让人们学狗叫。我能听见多蒂的声音——她平时很保守，连跟别人打招呼都难——她正在拼命地乱叫。

紧接着是要被蒙上眼睛，让别人牵着走过林肯市的大街，去体验盲人的生活，苏珊和斯坦放弃了，他们跑到电影院去看《安妮·霍尔》了——那是“一部让人紧张的浪漫片”——并且“整个周末的剩余时间我们都在狼吞虎咽油炸食物和冰激凌圣代”，利普西说。

1977年夏，沃伦又一次在凯瑟琳·格雷厄姆位于纽约的公寓里没日没夜地打桥牌，而苏珊也是整天整夜地不在家里。

8月，豪伊同玛西娅·苏·邓肯结婚了，尽管她的父亲警告她跟这样一个家伙结婚不会幸福的，因为他靠为别人挖地下室谋生，开着一辆小货车，车斗里装着几只大卷毛狗，到处瞎跑。凯瑟琳·格雷厄姆为这对新婚夫妇送了一份礼物，之后她就给巴菲特打电话，说她感觉很难受，因为豪伊短短的感谢信中竟然拼错了三个单词。

劳动节的周末，苏珊在奥马哈进行了最后的表演，地点在奥芬大剧院，这次是为歌手和作曲家保罗·威廉姆斯做开场演唱。她身穿一件粉色薄绸长袍，面带微笑。她以流畅的女低音唱着略微带些浪漫的爵士歌谣，就像热情奔放的爱人一样，“使人想入非非，浮想联翩”。一曲《让我们感觉在相爱，好吗？》触动了听众的神经。[35]但是，在一个像奥马哈这样流言蜚语满天飞的小城，恐怕也没有必要再去澄清什么了。

那年秋天，苏珊明显开始意识到她的生活是多么糟糕了。她会在凌晨 4 点出门，一路驱车来到瓦胡——她欢度新婚之夜的地方——将保时捷上的收音机开到最大声，听着音乐，一直到拂晓才一个人孤独地回到家中。[36]

在状态最佳的时候，苏珊关心着他人。现在，在恐慌之中，她又找到了他们，把自己的苦恼说给他们听。在公园里、在散步时、在长途驾驶时，朋友们聆听着她诉说自己的苦闷。她积攒了一点儿钱，并且让朋友们掌管着，就好像在计划着逃跑一样。她来到伯克希尔-哈撒韦的办公地点，找到网球球友丹·格罗斯曼的办公室，哽咽着向他寻求建议，而她的丈夫就在隔壁的办公室里工作。

在一定程度上，苏珊似乎认识到她正在拖累无数的人，因为她告诉了他们她的许多婚姻问题以及她生活幻想的破灭，而她的丈夫对此却还一无所知。她对每一个人说："你不能告诉沃伦。如果你爱他，你就不会那样伤害他。如果他发现了的话，他会自杀的。"[37]

苏珊很有影响力，很受人爱戴，并且沃伦对他妻子的挚爱也很明显，除此以外，苏珊使每个人都认为没有了她沃伦会变得无依无靠，因此人们都接受了这个保密的责任。有些人是出于自发，有些人是出于忠诚，还有些很不自在，感觉她的逻辑多少有些不合理。但是他们感觉到有责任替她保守秘密，以免脆弱的沃伦受到伤害。

当年的秋天，格雷厄姆集团在亚利桑那州加德纳网球牧场举行了一次年会，不过没有出现什么问题。这一集团——现在通常也被称为"巴菲特集团"——多数人很早就接受了这一想法，即沃伦和苏珊是一对充满柔情的夫妻，不过却过着分离的生活。那年的日程同以前一样，苏珊和其他人的妻子也都参加了。比尔·鲁安陈述了沃伦刊登在《财富》上的一篇文章《通货膨胀如何诈骗股权投资商》。[38] 巴菲特解释解决通货膨胀的最好办法就是提高一些股票的价格，尤其是那些成本增加的公司的股票——但是它们的价值也正在被严重的通货膨胀所侵害，他称通货膨胀就像一条“巨大的公司绦虫”。[39] 在休息时，马歇尔·温伯格给沃伦和苏珊讲了一下他侄女的事，她现在正在美洲印第安人的保留地生活和工作。“哦！”苏珊立即说，“我也想去那里，过着简单的生活，帮助保留地那些可怜的人，那真是棒极了。”沃伦看着她，不动声色地说：“苏珊，我也给你买一块地吧。”[40]

47 岁时，沃伦已经实现了他的一切梦想，他的身家高达 7 200 万美元，而他所经营的公司市价已经达到了 1.35 亿美元。[41] 他的报纸已经两次荣获新闻界的最高奖。他是奥马哈最为重要的人物之一，在全国范围内他的知名度也在不断上升。他是最大的地方银行的董事会成员，同时也是《华盛顿邮报》和其他许多公司的董事；他是三家公司的首席执行官，并且成功地买进和卖出了许多公司的股票，而多数人可能一生也说不出这些公司的名字来。他最初的合伙人大多成了超级富翁。

他的生活依然和以前一样，挣钱是他最为激动和兴奋的事，他唯一想做的就是继续挣钱。他知道苏珊认为他痴迷钱财，而且她一直就这么认为，但是他们仍然能够互相尊重彼此的差异，继续生活在一起，共同度过了 25 个春秋，或者说他似乎是这样认为的。

在巴菲特集团的年会后不久，深秋的一天，苏珊去旧金山看望一位高中时的朋友，她在那里待了四五周。一个又一个亲朋故交似乎把她吸引到了加州。她的侄子比利·罗杰斯已经搬到了西海岸，并加入了一个乐队。苏珊告诉他说愿意尽全力去帮助他戒掉海洛因瘾，但是把他一个人留在加州她很不放心。伯蒂·巴菲特，现在已经嫁给了希尔顿·巴雷克，也住在旧金山和卡梅尔。珍妮和斯坦·利普西也在考虑着搬到旧金山去。苏珊寡居的朋友拉克·纽曼现在也住在那里。苏茜和她的丈夫就住在近旁。彼得，她十分操心的小儿子，现在已经是斯坦福大学的二年级学生。并且她和沃伦已经在加州有了自己的根据地——他们在翡翠湾的度假别墅，正好在旧金山的南部。内布拉斯加对她的吸引力越来越小了。奥马哈的家空荡荡的，让人感觉十分怪异：彼得一上大学，小狗汉密尔顿也离开了家，跟彼得的一个朋友走了。[42]

在旧金山住了一段时间之后，苏珊发现这是一个漂亮、能够激发想象、生气勃勃的城市。站在小山坡上，从每一个角度都可以俯瞰到海湾、大海、大桥和日落，一排排维多利亚时代风格的建筑呈波浪形散布在海滩上。各色人等熙来攘往，邻里社区，以及建筑、文化、艺术、音乐等汇集成了一个奇异的万花筒。在旧金山，你永远也不会感到厌烦。这里气候温和，清新的空气沁人心脾。在 20 世纪 70 年代各种运动风起云涌和此起彼伏的社会潮流之中，旧金山也冲在风口浪尖，到处弥漫着一股享乐主义和宽容的精神，没有人会对他人品头论足。

苏珊看了一些公寓，然后她回到奥马哈，来到法国咖啡屋，这是她曾经登台歌唱的地方。她找到了阿斯特丽德·门克斯，她是那里周一晚上的领班，也是调酒师，有时还客串一下主厨。苏珊和阿斯特丽德关系很亲密；她在法国咖啡屋为她服务，那年早些时候，新任英国驻美大使彼得·杰伊到奥马哈访问时，到巴菲特家赴宴，就是她置办的晚宴。阿斯特丽德做的是高糖类的食物：炸鸡、土豆泥、肉汁、煮玉米和热的奶油巧克力圣代，她也不知道这些东西是否合大使的口味，但这些都是巴菲特的最爱。

现在，苏珊请阿斯特丽德顺便去看看沃伦，并且给他做做饭。接着，她和沃伦谈了谈，她说她想在贵族山的格拉姆西塔租一座时尚的小屋子，这样她就可以在旧金山有个落脚点了。

沃伦基本上没有怎么听进去，他只听他想听的东西，不过他同意了苏珊的想法，因为她解释说她并不是要离开他。他们不是“分居”，他们的婚姻仍然存在。即使她有了自己的小天地，也不会真有什么改变，在旧金山这个地方，她可以找到自我。她只是想让自己体验一下一个充满艺术、音乐和剧院的城市的生活，她一再向他这样保证。他们的生活早就已经走上了不同的轨道，并且他俩一年到头都在四处旅行，他几乎都没有注意到他们的生活有什么不同。随着孩子们一个个长大，她也该考虑自己的需要了。她一遍遍地告诉他："我们都有自己的需要。"现在她用的是很肯定的语气。

"苏珊并没有完全离开，事情就是这样的，她只是想改变一下。"巴菲特说。

在苏珊所有的旅行中，她都不断地说着要买这个地方或者那个地方，但是沃伦从来没有想过她会离开他，因为他从来都不会想到她会离开他。"想改变一下"和"并没有完全离开"，这就是巴菲特式的含糊其词，他们两个人都在避免捅破那层窗户纸，避免让对方失望。

接着她就离开了。

苏珊先和朋友贝拉·艾森伯格到欧洲待了几周，然后，她回到翡翠湾同家人一起度过了圣诞节，随后她又去了欧洲，在巴黎她遇到了汤姆·纽曼，就是她朋友拉克的儿子。汤姆很快就要到旧金山的新家同他妈妈会合，因此他们很快就成为朋友。[43]对苏珊来说，她想在旧金山拥有一片属于自己的小天地，这并不意味着这里只是一个临时的落脚点——她时不时过来躲避一周的地方。沃伦要自己照顾自己，他感到手足无措，不知道该怎么办，苏茜会回奥马哈住几周帮着他收拾一下。自从婚礼之后，她就不断地哭着给妈妈打电话诉说婚姻的苦恼。苏珊一方面慢慢地帮着她走出婚姻的误区，同时她也在摆脱束缚自己婚姻的那些陈规陋俗。苏茜竭力向她的父亲解释，如果他和她的母亲没有过多地分离，他的生活就不会这样了。但是沃伦以前从来没有想过他和苏珊几乎一直是在过分居的生活。在他的头脑里，苏珊是为了他而生活的。当他们在一起时，她当然会表现成这样。因此，他很难理解苏珊想要过自己的生活，并且不再来照顾他了。

苏珊和沃伦在电话里可以一直说几个小时。现在沃伦明白，只要她愿意回来，他可以为她做任何事情，答应她的任何条件、任何要求——甚至可以搬到加州去，或者学习跳舞。但是很显然，已经太晚了。他无法给予她所想要的东西，无论是什么都不行了。她解释说自己需要自由，她需要过独立的生活，满足自己的需要，找到自我，她不可能一边照顾他的生活又一边做这些事情。因此，他漫无目的地在房子里转来转去，吃饭穿衣都成了问题。他整天头昏脑涨来到办公室。在员工面前，他还要控制自己——不过别人还是能看出来他晚上根本没有睡好。他每天都哭泣着给苏珊打电话。“他们好像无法在一起生活，但是离开了对方，他们还是无法生活。”他们的一个朋友说道。

看到丈夫这么无助，甚至被击垮，苏珊有点儿动摇。她对一个朋友说：“我可能必须回去了。”但是，她没有这样做。他们都有自己的需要。她的一个需要就是让她的网球教练搬到旧金山来。她在离自己公寓不远的地方给他安置了一套单独的小公寓。他认为这只是暂时的，等苏珊离婚后，他们就会结婚。[44]

苏珊却摇摆不定，她没有离婚的打算。“沃伦和我都不想失去任何东西。”一个朋友问她的打算时，她这样回答。她说的不是钱的问题，她自己也有伯克希尔大量的股份。苏珊是那种不希望生活中减少什么，而是希望能不断增加的人，并且她也从来没有想过要表现得与众不同。

同时，她一遍又一遍地给法国咖啡屋的阿斯特丽德·门克斯打电话：“你还没有去看望他吗？你还没有去看望他吗？”[45]

苏珊对她十分了解。阿斯特丽德·贝亚特·门克斯出生于1946年的联邦德国，当时她的父母刚刚“从加入苏联的拉脱维亚到了那里”。5岁时，门克斯和5个兄弟姐妹乘坐一艘破旧不堪的经过改装的军舰，随着父母一起移民到了美国。当他们乘坐的军舰驶入港口时，她看到雾蒙蒙的岸边闪现着一个庞然大物——自由女神像，这就是她对美国的第一印象。

门克斯一家被安置到了内布拉斯加州的弗德尔，他们住在一个农场，烧着大炉膛的炉子，屋里既没有电，也没有自来水。当阿斯特丽德 6 岁时，全家人搬到了奥马哈。之后不久，她的母亲被诊断为乳腺癌，阿斯特丽德和两个弟弟被送到了奥马哈以马内利慈善妇女会，这是马丁·路德教的女信徒开办的一个多功能机构，包括养老院、孤儿院、医院、教会和活动室。她的父亲只会说一点儿英语，他在这里做维护员，而孩子们都住在孤儿院里。阿斯特丽德的母亲死于 1954 年，当时阿斯特丽德 13 岁，她连续在三个寄养家庭生活过。“在寄养的家庭里过得很不愉快，”她说，“在孤儿院我感觉更安全些。”

中学毕业后，门克斯上了内布拉斯加大学，一直到把钱花完为止。她在奥马哈互惠银行工作了一段后，又到一家女士服装店做采购员和经理，不过她自己穿的却都是从旧货店淘的衣服。最后，她成了一家餐厅冷餐部的厨师长，每天要切 50 磅的西葫芦，准备凉菜。她住在离工作地点不远的老市场区的一个小公寓里，十分方便，因为她那辆雪佛兰织女星汽车的底盘已经锈得不成样子，透过窟窿都能看见地面。[46]

她经常穷困潦倒，不过她却认识破败不堪的简易房社区的每个人，并且帮着组织该地区那些自闭的艺术家、漂泊在外的单身汉以及同性恋，为他们做饭或者举办节日盛宴。阿斯特丽德身材小巧，皮肤白皙，一头金发，楚楚动人，是个典型的北欧美女。她棱角分明，让人一眼就能看出祖籍来。当时，她看起来比 31 岁的实际年龄还要年轻。阿斯特丽德总是对生活的艰难满不在乎，不过，苏珊结识她的时候，正是她情绪低落、一无所有、一事无成的时候。但是，在照顾他人方面，她比苏珊可要强得多。[47]

面对苏珊提出让她去看望沃伦的要求，阿斯特丽德不知道苏珊究竟是什么意思，因此她感到困惑和害怕。不过，她最终还是去了。[48]到那里后，她做了一顿家常饭。她发现这个家到处都是书、报纸和年报。离开女人的照顾，沃伦几乎不能生活下去，他急需别人的关爱；空闲时间，他不知道如何打发，只好带着多蒂去看电影，或者同已经离异的朋友鲁丝·马奇莫尔一起消磨时光。很明显，他仍然十分孤独、可怜，在感情上好像退化成了一个11岁的小男孩。他需要别人来给他做饭、帮他穿衣。阿斯特丽德是最没有事业心的女人，但是——正如苏珊知道会发生什么一样——当面对问题时，她知道做什么。

沃伦最后解释为什么苏珊要这样离开：

这是可以避免的，这本来就不应该发生，这是我犯过的最大的过错。从根本上来说，无论我做了什么，只要是和苏珊的离开有关的，都是我一生中犯的最大过错。

其中部分原因就是缺乏理解，我确定，95%都是我的过错——这一点是毫无疑问的，甚至可以说99%都是我的过错。我对她太不关心了，而她总是对我十分关心，几乎是关心我所有的方面。你知道，我的工作变得越来越有意思。当苏珊离开时，她对我的需要比我应该给予的要少。我的配偶成了第二位的。她和我生活了这么多年，在照顾孩子上她的功劳占90%。不过，却很奇怪，虽然我的付出很少，但是我对孩子们的影响却很大，这和付出的时间不成比例。然后，她失业了，实际上是因为孩子们长大成人，她也就没事干了。

在一定意义上，也到了她做自己喜欢做的事情的时候了。她一直都在从事大量的志愿工作，但是最后，却没有真正起到什么作用。她不想学城里许多女人一样，成为一个大人物的太太。她不希望因为自己是一个著名人士的妻子，就自然成了一个著名的女士。她喜欢和人们接触，而每个人也都喜欢同她来往。

她爱我，并且依然爱我，我们的关系却很不可思议。但是……这不应该发生，这完全是我的错。

无论伤害多么深，随着时间一天天过去，沃伦发现自己仍然活着。因此，他最终又回到了自己最适合的角色：教师和布道者。只要他的聪明才智和声誉仍然存在，人们依然会听他讲话。

1978 年冬，巴菲特重新开始集中精力，构思写作他的年度报告。上一封信中，他简要陈述了商业活动是如何运作的，这一次他要讲一讲如何评估管理绩效，解释一下为何短期收益是投资决策的最差标准，同时对他朋友汤姆·墨菲管理的技巧进行赞扬。他当时的毛病就是把文章写得深不可测，因此，他找到了卡罗尔·卢米斯来陪他写作，借口就是要让她做这封信的编辑。因此，她陪着他到纽约旅行，并且一起讨论如何把他想要传达的思想表现出来，献给那些一直追随和相信他的人：伯克希尔-哈撒韦的股东。[49]

42

最高荣誉

奥马哈，布法罗　1977—1983 年

1978 年初，在苏珊的鼓励下，阿斯特丽德·门克斯不时来法纳姆大街做饭、收拾屋子。苏珊给阿斯特丽德打电话为她鼓气，她说：“非常感谢你照顾他。”然而，渐渐地，随着沃伦开始接受苏珊不会再回到他身边这一事实，他和阿斯特丽德的关系也开始变得有些特别了。

开始，他和阿斯特丽德在她旧简易房社区的那个小地方幽会，到 5 月，她搬到了他家里，并且放弃了她业余时间扮演奥马哈“波希米亚人”女主人公的公寓。那年夏天彼得从斯坦福大学回到家时，她在法纳姆的院子里种西红柿，并且到处搜寻 30 美分一加仑的百事可乐。“在过了那么多年之后，我从来没有想过这件事，”阿斯特丽德说，“但是它自然而然就发生了。”[1]

阿斯特丽德体面地从闹市区“消失了”，一个熟人这样说。[2] 知道他们的关系后，巴菲特的朋友都大吃一惊。她比他小 16 岁，是一个蓝领妇女。然而，她却知道巴菲特所不知道的一切东西——高级烹饪术、美酒、吃贝类食物的刀叉以及厨师的刀具。和苏珊的消费习惯以

及对时髦东西的偏爱完全不同，阿斯特丽德经常出没于旧货店淘一些便宜的旧东西。她很自豪能够以最少的钱买到一个二手的衣柜；她十分节俭，以至于使巴菲特看起来像一个败家子。和苏珊相比，她的家庭至上思想更重，她的兴趣——烹饪、园艺、淘便宜货——同苏珊不断膨胀和发展的品位相比，真是太微乎其微了。尽管阿斯特丽德很谦逊，但是她口才不好，也不是很聪明，这点同苏珊的风趣幽默和对他人的热切关心不同；阿斯特丽德十分务实的态度也同凯瑟琳·格雷厄姆无与伦比的贵族的高尚优雅相去甚远。

阿斯特丽德的出现在巴菲特的亲朋好友中引起了不小的骚动，这种不同寻常的三角关系违背了利拉的宗教信条和她的公共道德意识——当然她和儿子接触很少，对他几乎没有什么影响。彼得却认为他父亲只是要找一个伴侣，对此他已经学会了从容应对，因而他很少考虑这件事。豪伊则对此困惑不已，不知所措。对苏茜来说，这意味着要面对传统的继母问题：一个她和父亲之间的障碍，以及是否能够接受除了她母亲之外还有人能够对他更好的问题。对于格拉迪丝·凯泽来说——沃伦的首席保护者，帮他守卫办公室的大门，帮他接电话，以及处理他和苏珊的钱财——阿斯特丽德的到来意味着又增加了压力，这是她不愿看到的。[3]

苏珊自己也很震惊，她从来没有想到事情会变成这样，她只是向她的丈夫强调他们都有自己的需要。在她的头脑里，沃伦对她的依赖是绝对的；他怎么还能和别人发生关系呢？但是这可能也是预料之中的事。沃伦一生都在寻找完美的戴茜·梅尔，并且无论他需要什么，阿斯特丽德都可以做到：购买百事可乐、清洗衣服、收拾屋子、帮他按摩头部、做饭、接电话、陪伴他做所有的事情。而阿斯特丽德从来都不告诉他去做什么，并且除了要和他在一起外，也不要他的任何回报。之前的戴茜·梅尔和苏珊之所以要逃离奥马哈，部分原因就是为了躲避生活中无穷的琐碎之事。随着苏珊不断调整自己，她开始接受这种关系，这也使她的新生活更为容易了。然而，苏珊天生就有一种占有欲。无论她怎么分散自己的注意力，她真的不希望失去沃伦对她的关注。因此，要根据苏珊的期望，而不是沃伦的期望来界定他们之间的角色。

巴菲特的生活在一定程度上又开始恢复了原样。但是他十分吃惊地发现了一个真理，这就是苏珊一直所坚持的：坐在屋子里挣钱不是生活的全部意义。他开始发现自己已经错过了哪些东西。尽管他对孩子们十分和蔼可亲，但是他真的不了解他们。有一个笑话讲得十分真切——“你是谁啊？”“是你的儿子。”[4]这就意味着在接下来的几十年中，他要尽力去修复他们之间的关系。但是很多伤害已经是无法弥补了。在47岁时，他才开始反思自己的损失。[5]

沃伦十分看重诚实，对于与阿斯特丽德同居一事他完全公开，一点儿也不遮遮掩掩。每个人都知道这件事（汤普森博士除外）。并且，苏珊和阿斯特丽德对此事也不做任何表态，只是说她们互相喜欢对方。沃伦对此事只公开评价过一次：“如果你对我们三个人都很了解，你就会看到这对我们都很好。”确实如此，至少没有什么比这更好的办法了。在这个意义上，这种情况同沃伦的偶像本杰明·格雷厄姆的生活有异曲同工之处。

在20世纪60年代中期，本杰明·格雷厄姆曾向妻子埃斯蒂提出了一个奇怪的协议，称他要同已故儿子牛顿的女朋友玛丽·路易丝一起生活半年，亲朋好友一般都叫她“马卢”，另外半年和埃斯蒂生活在一起。在本杰明看来，婚姻实际上是一个要不断被打破的概念，但埃斯蒂却不这样认为。自从她拒绝之后，格雷厄姆夫妇就开始分居，但是却从来没有离婚。本杰明和玛丽住在拉霍亚，有时会到法国普罗旺斯地区的艾克斯度假。埃斯蒂住在比弗利山庄，本杰明感觉这种生活对她而言不错，而玛丽对没有婚姻的同居生活也很满意。[6]

本杰明·格雷厄姆仅仅在名义上成功地维持了两种关系，然而，巴菲特却不想效仿他。巴菲特不想要两个妻子；对他来说，要解释这种关系还真是不容易。很久以后他这样分析："苏珊把我组成了一个整体，而阿斯特丽德则使我保存了这个整体。她们都需要给予，而我是一个伟大的接受者，因此，对她们都不错。"[7]但是，问题没有结束，因为像这样的解释，以及称这种安排对他们都很合适的说法，忽略了三角恋中最根本的问题：如果用天平来称量她们两人的重量时，肯定不会平衡。

这个三角关系的不平衡被扩大了，因为实际上这要涉及两个三角关系——不过只有一个人明白这一点。沃伦，出于无知，认为苏珊受到了亏待。因此他竭尽全力去弥补她——在私下里安抚，在公开场合尽心尽责地关爱，然而这却把阿斯特丽德推到了尴尬之中，使她陷入了受人斥责的地步。同样出于无知，阿斯特丽德——十分钦佩，甚至是崇拜苏珊——也接受了沃伦不会和她结婚的现实，把奥马哈之外所有的社会和商业活动全都让给了苏珊，十分不高兴地接受了巴菲特的女管家和情人的角色，这样他和苏珊的婚姻就好像没有什么裂痕。巴菲特这样解释："阿斯特丽德知道她在哪些方面很适合我，她知道我很需要她，因此，这样也还不错。"阿斯特丽德的角色尽管不是十分明确，不过这种生活也确实给了她所一直缺乏的安全感。

对苏珊来说，这样做既维持了自己作为沃伦·巴菲特夫人的荣耀，同时又可以完全跳出这个角色，去寻求自己所追寻的生活，生活似乎只是表面上发生了改变。然而，在沃伦看来，他好像是从这两个世界中都得到了最好的部分，尽管这种新的关系并没有弥补他的损失。有些人会得到这种印象，苏珊之所以要搬出去，是因为他同凯瑟琳·格雷厄姆的关系暧昧或者——有些人搞错了对象和时间——他同阿斯特丽德的关系，对此，他不能为自己辩护。

他拼命想使剩下的部分保持完整无缺，并且竭力要在苏珊的余生去弥补他曾经给她造成的失望。但是，这当然不能改变“他是谁”这一事实，并且很明显，这也不是说他就不会再和凯瑟琳见面。巴菲特邀请格雷厄姆来奥马哈参观战略空军司令部，可能也是为了借机把阿斯特丽德介绍给她。格雷厄姆带着她最好的朋友梅格·格林菲尔德一块儿来了，她是《华盛顿邮报》社论版编辑。格雷厄姆在人际交往方面极少见的一个弱点——当四周挤满了男人时，她通常没法和其他女人处得很好。[8]对此，格雷厄姆并不否认。但她对梅格是个例外。同引人注目的女人见面时，巴菲特说：“凯瑟琳的第一想法是如何把她从屋子里轰出去。”

巴菲特带他们和斯坦·利普西到奥马哈俱乐部吃饭。凯瑟琳兴高采烈地同沃伦交谈着，梅格和斯坦偶尔插上一两句话，而阿斯特丽德被晾在了一边，独自吃饭，因为她不是那种喜欢主动出击的人，除了点菜之外，她整顿饭都没有再说一句话。巴菲特总是被格雷厄姆迷住，因此也没有帮她解围。旁边还有几十个人，围着一张大桌子，在乱哄哄地庆祝生日。最后，那些人站起来，围成一圈，开始大声欢呼，并伸出双手当作翅膀，随着音乐的节奏摇摇摆摆，像小鸡一样跳舞。作为一直都是一个讲究礼仪的女士，格雷厄姆坐在那里，眼睛发直，脸上露出难得一见的表情。[9]

从那以后，巴菲特几乎总是在奥马哈以外见格雷厄姆。当她给沃伦家打电话时，如果是阿斯特丽德接了电话，凯瑟琳就会一言不发[10]，好像阿斯特丽德不存在一样，只有一次例外，那是为了问如何用她的摄像机。[11]

苏珊和阿斯特丽德地位完全不同；她们彼此都感觉十分满意，阿斯特丽德甚至还去过旧金山看望苏珊。苏珊在贵族山的简陋小公寓现在看起来像一个小姑娘的闺房一样，里面堆满了布娃娃和枕头，贴满了海豹的照片，甚至还有一部米老鼠造型的电话。她把厨房的壁柜当作衣柜来存放衣服。[12]

现在苏珊十分感激阿斯特丽德，因为后者让苏珊的生活更为轻松，只要阿斯特丽德接受苏珊为她界定的“有限的公开露面角色”就行。搬到旧金山对苏珊而言曾经是一件十分困难的事情，因为她必须把许多朋友和她所关心的事业抛诸脑后。她的离去引起了剧烈的骚动。未来中央委员会、计划生育协会、城市联盟以及其他的民权机构都要重新改编，并且都感觉他们的核心缺了一大块。她的朋友和追随者也要在心态上做出不同的调整，他们有些感觉被遗弃了，有些只是很怀念她，有些还不断到旧金山去看望她，在某种程度上把那里当作了第二个家。有几个人甚至跟着她到了旧金山，并在那里定居下来。[13]

苏珊对巴菲特父母的许多朋友解释说她之所以要搬到旧金山去，是因为那里为她提供了更为多姿多彩的生活，在那里她可以徜徉于美术馆里，徘徊在爵士乐俱乐部内，沉浸在交响乐中。但是到 20 世纪 70 年代末期，旧金山不再是美国的巴黎了。大量退伍的老兵涌入旧金山湾区的海滨，许多人在身体、精神和心理上都有问题。人行道成了藏污纳垢的地方，在海特，在吸食迷幻药和大麻以及裸泳的嬉皮士们之后，酒鬼、吸毒犯们接踵而至。那些人之所以被吸引到旧金山，是因为这里盛行享乐主义，性自由和性解放观念日益在街上无家可归的人中间蔓延。在过去的 10 年里，同性恋从最初的地下状态开始逐渐走向公开化，并且在 1976 年达到了高潮。这一年为了庆祝获得自由，他们在金门公园举行了“同志光荣游行”。但是一个佛罗里达州的歌手安尼塔 · 布莱恩特开始了一场全国性的打压同性恋的运动，1978 年 11 月，旧金山的市长乔治 · 莫斯科尼和市督察员哈维 · 米尔克被一名被市政府辞退的同性恋公务员刺杀，刺杀行为标志着该项运动的高潮。[14]陪审团接受了刺客的精神失常辩护，并且裁定为“过失杀人罪”，之后旧金山爆发了有史以来最严重的骚动。

在苏珊新结交的第一批朋友中，就有一对同性恋，其中一个人以前是个麻醉医师，后来由于一次医疗事故而离开了奥马哈。她还结交了其他的新朋友——音乐家、画家，以及在商店、教堂、美容店、剧院及大苏尔的伊沙兰学院认识的各种各样的人。很快她的身边就又聚集了一大群人，有许多都是同性恋。苏珊的叛逆性格在旧金山振奋人心的氛围中活跃起来，并且她的新生活也把她解放了出来。原来乐善好施的女主人现在投身到了各种各样的聚会中，感觉就像是在爵士音乐会的后台一样；她打开了自己的大门，被邀请参加各种嘉年华活动。但是，同以往一样，她也找到了一个事业——她又一次违反了惯例——当她在施舍处工作时，她成了许多同性恋朋友默认的母亲，因为好多人从来都没有享受过母爱。

沃伦只能通过金钱来控制她的生活。她还持有许多伯克希尔的股票，但是按照他们的约定，她一股都不能卖掉。她喜欢上了马克·夏卡尔的一幅画，想买回来挂到自己的小公寓里，但是她告诉一个朋友说她不能这样做。“这会毁了一切的。”她说。沃伦十分清楚地告诉她：“我不想让你卖掉伯克希尔的股份。”他仍然负担着她所有的开支。格拉迪丝监控着她的花销，并且替她支付所有的账单。

同样，苏珊也是通过沃伦才借给了朋友查尔斯·华盛顿 24 900 美元。他是奥马哈的一位活动家，是她的一位忠实的捍卫者，也曾经是苏珊的坚定支持者之一，记者阿尔·佩格尔在撰写《是什么使苏珊·巴菲特歌唱？》一文时采访过他。巴菲特认为借钱是最为糟糕的想法，如果他不是十分渴望取悦他的妻子，他可能不会同意。果然，在几个月后，华盛顿没有按时支付几笔还款。很少有什么事情会让巴菲特暴跳如雷，但是如果他感觉有人在骗他的钱，他的双眼会闪现出痛苦和愤怒，并且会立即报复的。转瞬之间，最多也就几秒后，他的情绪平静下来，同时他也开始考虑有条不紊地做出反应。这一次，他立即到法院起诉华盛顿，并且赢得了 24 450 美元的判决。

“华盛顿事件”象征了沃伦和苏珊的新关系：如果苏珊保留着她所有的股票，他对支票簿的控制就会松一些。除了替她支付账单外，沃伦还给她额外的零用钱：这是她捐赠的预算。当孩子们需要时，她会给他们补贴一些，而沃伦是不会这么做的。为了给自己和玛西娅建造一座树屋居住，豪伊已经把他持有的伯克希尔的股份卖掉了一些。他们一边在努力维持自己的婚姻，一边在为生计奋斗。“这真是太可怕了，沃伦不出钱帮他们买房，”苏珊抱怨道，“他是打算让屋顶塌下来，他想让他们失去房子。”但是这是游戏的一部分。沃伦知道苏珊会为他们想办法的，因为当苏茜的婚姻出现问题时，她也照顾过她，她总是会照顾一切的。

除了钱以外，赚钱是沃伦的工作。当家里的财富正在减少时，所有这些变化和错综复杂的事情，以及成堆的账单全都同时挤在一起出现了。当苏珊要搬到旧金山时，沃伦又被拖到了纽约州布法罗的法庭，来应对两家报纸之间耗资巨大的斗争。通常遇到这种情况，他都会卷起衣袖，大干一场，并且很喜欢这样的斗争。但是现在，由于他面临着个人的危机，这就变成了一个昂贵而且非常有趣的小插曲，帮他排除了其他的烦扰，并缓解了痛苦。《布法罗晚报》事件将是一场旷日持久的战斗，它曾经威胁到蓝筹印花公司的价值，是他职业生涯中最不愉快的经历。这和他许多年前所应付的比阿特利斯的冲突十分相似，他曾经发誓永远不要再重复这样的事情。

1977 年的春天，在经过多年的搜寻之后，他和芒格最终买下了这份日报。3 550 万美元的开价是他们有史以来最大的并购交易。[15] 布法罗这座钢铁城市陈旧阴冷，满是铁锈，而且不是他们所梦想的只有一家报纸的城市，不过，在这里能够拥有一份报纸仍然不失为一个不错的选择。布法罗的工人清晨很早就到工厂上班，要到晚上下班后才有时间看报。《布法罗晚报》实际上已经占有了整个市场，把它的竞争对手《信使快报》远远地甩在了后面，该报的经营十分惨淡。巴菲特在新闻报纸行业已经形成了一套十分有说服力的竞争理论。

> 凯瑟琳总是说竞争使它们办得更好之类的话。我说："看，经济形势不可避免地导致每个城市只能有一家报纸。我把这称为'胖者生存法则'，并且你会获胜。没有第二的位置，也没有仁慈的救援团。最后，不会有任何竞争，因为它不是这么运作的。"

《信使快报》的员工和发行人也清楚在新闻报业没有仁慈的竞争者。1920 年，全美国有 700 座城市拥有两家报纸；到 1977 年，剩下不到 50 座了。在平时，《布法罗晚报》的销量是《信使快报》的两倍，《信使快报》只能通过周末版勉强生存下去，这构成了它收入的 60%。

《布法罗晚报》最初是打算卖给《华盛顿邮报》的，但是被拒绝了。凯瑟琳·格雷厄姆不愿意再接受一家工会力量强大的报纸。巴菲特倒不害怕这一点。"在我们买进之前，我们同那些工会领导者坐下来谈了谈：'听着，我们可能犯各种各样的错误，但是在这个有两份报纸的城市，只有一件事情能够毁掉报纸，那就是无期限的罢工。你们完全有能力对我们这样做，但是如果你们做了，要知道，我们会两败俱伤的。这是一个不值得去尝试的冒险，并且我们希望你们能够理解，我们也在进行冒险。尽管你们握着牌，但是如果你们打出来了，我们都会失败的。'"那些工会的人似乎理解了他所说的话。

巴菲特和芒格的企业帝国现在的价值已经超过了 5 亿美元，[16] 他们控制着伯克希尔一半以上的股份，以及蓝筹印花公司 65% 的股份。这两个公司还拥有国民赔偿公司、罗克福德银行、喜诗糖果、韦斯科金融公司、《华盛顿邮报》10% 的股份、皮克顿侦探公司 25% 的股份、GEICO 15% 的股份以及许多其他公司的股票——最后，还包括他们长时间搜寻后获得的都市报。[17]

《布法罗晚报》的执行主编默里·莱特迅速同巴菲特讨论了创办周末版的计划，该报先前的主人，傲慢的贵妇人凯特·罗宾逊·巴特勒一点儿也不喜欢这个计划。已故的巴特勒夫人是一个娇小可爱但十分专横的人，她顶着一头蓬松的白发，常常对雇员发火。她握着拳头敲打着从法国进口的皮革面的桌子，因为她看不出来为什么需要增加版面。[18] 她住在布法罗一座主要的标志性建筑里，这是一座富丽堂皇的大厦，每天她开着那辆黑色的劳斯莱斯豪华汽车，穿过几个街区来上班。据说，她对新闻从来都不感兴趣，她更喜欢到欧洲去旅行，寻找能够配得上她女儿的王公贵族们。[19]

《布法罗晚报》的发行人亨利·恩本同巴特勒夫人的关系很好，他主要的工作是让她镇定下来，因为在许多时候她会对报纸的社论持反对意见。巴特勒夫人关注的焦点不是赢利，而恩本也是如此。“你找不到比亨利·恩本更好的人了，但是他的头脑里从来没有想过和新闻纸的生产商谈判。我一到那里，新闻纸的生产商就问道，巴菲特先生喜欢钓鱼吗？我告诉他们，哦，查理喜欢钓鱼，不过是我来买新闻纸。”仅仅因为穿过加拿大的一座桥，《布法罗晚报》要比其他报纸多付 10% 的费用，在佛罗里达州、加利福尼亚州和达拉斯市也是如此。巴菲特想把每吨运输费用降低 30 美元。“我们每年要买 4 万多吨，因此每吨降低 30 美元，总计就是 120 万美元，而整个公司还挣不到这么多钱呢。”他把新闻纸的生产商巴菲特化了。“我告诉了所有 7 个商家，我们以不合适的价格和你们签订了不同期限的合同。你们必须对我们和其他美国的客户一样，收取最低的运输费用，你们要给我们同样的报价。我们会遵守那些合同的，但是如果你们不和他们谈判的话，你们就再也别想和我们签新闻纸合同了。”最后，他赢了。

但是仅仅通过降低运输费用并不能扭转《布法罗晚报》的亏损局面。布法罗的两份报纸是一种奇怪的平衡态势。一份控制着工作日市场，另一份却控制着周末市场。[20]巴菲特和芒格同意了默里·莱特的计划,《布法罗晚报》别无选择，只能把工作日的优势扩大到周末。[21]“如果我们要进行有效竞争的话，我们就必须按以前的办法来，”芒格说，“拼个你死我活。”

在《布法罗晚报》即将出版周日版的两周之前,《信使快报》发起了一场出其不意的攻击，控告《布法罗晚报》违反了《反托拉斯法》。他们声称《布法罗晚报》计划免费发放5周的周日版，然后以折扣价出售，这就相当于非法垄断，目的是为了让他们破产停刊。[22]《信使快报》的律师弗雷德里克·福斯向巴菲特发起了巧妙的进攻，给他设置了种种圈套，想让人们把他看成一个毫无仁慈之心的垄断者，说他要把当地所有的竞争对手都赶出城去。

福斯提出了大量的问题，表明巴菲特和芒格都很清楚，激烈的竞争会削弱《信使快报》的实力。《信使快报》发起了一场全面的公关战，在头版连续报道，详细而充分地刊登内幕消息，连续几周每天追踪报道，把自己描述成为捍卫自己的生存权而与残暴的歌利亚英勇斗争的小邻居大卫。这种报道在布法罗很受欢迎，因为这个城市曾经拥有令人引以为豪的就业率，而现在到处都是失业的工人，工作机会就像铁锈一样不断剥落。

巴菲特刚刚从韦斯科金融公司事件的困扰中解脱出来，现在又被卷进了另一场痛苦的法律纠纷之中，这次还需要他亲自到布法罗去，到现场接受冷酷、充满敌意的询问。

《布法罗晚报》开始吸干蓝筹印花公司的保险柜了。巴菲特的律师查克·里克肖塞尔现在已经离开了芒格-托尔斯律师事务所，成了太平洋海岸交易所的总裁。他的继任者罗恩·奥尔森来到了布法罗，为巴菲特作为公司清算人垄断者的控诉做辩护，同时芒格也从洛杉矶召集了一群人来协助处理该案。奥尔森提交了一份正式的陈述，声称他的代理人从小就十分钟爱报业，并且强调了他在《奥马哈太阳报》荣获普利策奖中所做的贡献。同时，《信使快报》刊登了一系列的人物报道，竭尽全力去讨好那些可能会参与审判的每一位法官。[23] 审判结果表明他们还是失败了，虽然如此，纽约南部地区联邦法庭的查尔斯·布里安特法官的判决还是对《信使快报》有利。巴菲特总是十分自豪，因为他仅仅凭借资产负债表就能迅速评估一个公司。巴菲特第一次在布法罗的法庭出庭时，《信使快报》的律师福斯把他描述成了一个对《布法罗晚报》知之甚少的人，认为他没有到工厂实地考察过，也没有找专业的分析师研究该报，就贸然买下。福斯指控巴菲特事先考虑过《布法罗晚报》出版周日版是否能将《信使快报》挤垮的问题，但是巴菲特否认了这一点。福斯走向法官席，手中挥舞着一份《华尔街日报》，上面有一篇关于巴菲特的文章——这是第一次，他尝到因出名而带来的恶果，他的声誉成了反对他的武器。[24] 巴菲特曾经告诉记者，如果可以从财务管理中解脱出来他会十分高兴，但是，实际上，随着他的新形象的增大，他的自我意识比以前更危险了。这篇报道中引用了他的朋友桑迪·戈特斯曼的一句话："沃伦喜欢拥有一家具有垄断地位或者在市场占据主导的报纸，就像拥有一座不受约束的桥梁收费站一样，你可以随心所欲地抬高收费，想抬多高就定多高。"[25]

"你这样说过吗？"福斯在法庭上问他。

"没有，"巴菲特回答道，"我记不清是否讲过像桥梁收费站之类的比喻，只是说这是笔好生意。也许在内布拉斯加州的弗里蒙特比桥梁收费站还要好。我认识许多诚实的人，但是当他们开始引用别人的话时，他们就不一定了……"

福斯继续追问："你相信还是不相信呢？"

我不想和你争辩……我倒是想拥有一家……我只是说过在通货膨胀十分严重的情况下，如果没有什么约束，能有一座桥梁收费站也是很不错的。

"为什么？"福斯问道。

巴菲特看看法官，他在尽力给他讲经济学。"因为你已经投入了资金，你用过去已经不太值钱的钱来建桥，而且再加上通货膨胀，你也不用担心要更换桥梁——你只用建造一次。"

"你说'没有什么约束'，意思是你可以随心所欲地提高收费，对吗？"

"没错。"[26]

巴菲特现在要用自己编织的网来左右陪审团的意见。一座收费桥梁，横跨密西西比河的道格拉斯大街的桥梁，实际上这是他少年时的一个着迷的问题。[27]在巴菲特小的时候，奥马哈花了十多年的时间同一位收费者斗争，要把唯一通往艾奥瓦的大路解放出来。他和芒格后来试图购买底特律国际桥梁公司，该公司拥有连接底特律与温莎横跨安大略湖的一座大桥，最终他们只买到了该公司 24% 的股份。[28]

"这是一座天使之桥，有 1 000 平方英尺，并且能挣到很多的钱……当我们无法得到它时我十分失望。不过查理不断告诉我，我们没有得到它是多么的幸运，因为，他说，想象一下，一个家伙站在收费大桥上不断涨价，还有什么比这更糟糕的？"

确实如此。

"法官不喜欢我，由于种种原因，他就是不喜欢我。他也不喜欢我们的律师。许多人都喜欢罗恩·奥尔森，但是法官却不喜欢他。"

1977 年 11 月，法官布里安特公布了初步的裁决，裁定《布法罗晚报》完全有权出版周日版，这样做符合公众的利益。但是很明显，布里安特受到了福斯关于收费大桥证词的影响，在裁决时，他也考虑到了这个比喻，惋惜地说："布法罗城的读者和广告商们可能会得出这样的结论：他们知道如何应付唯一的一家报纸，作为他们通往外部世界不受约束的收费大桥。"[29] 他认为《布法罗晚报》的计划具有掠夺性，并严格限制了它周日版的促销、营销和发行活动。法官禁止《布法罗晚报》发放免费报纸，打折销售，对广告商也做出了严格的限制。他的裁定中有一条十分棘手，要求每个订户每周都要填一张表格来订阅《布法罗晚报》的周日版。《信使快报》刊登了大篇预先准备好的报道，吹嘘自己的胜利，炫耀着自己战胜了一个外来的恶霸，这个恶霸想把当地的小本经营者赶尽杀绝。《布法罗晚报》对此没有做任何回应。

> 现在我们到了生死攸关的地步了，我们碰上了一个不喜欢我们的法官，只能在困境中携手应战。

《信使快报》的雇员开始监督执行命令，并且发现《布法罗晚报》在发行周日版时有些订户没有填表。布里安特法官判定《布法罗晚报》蔑视法庭。

广告商都跑去支持《信使快报》，5 周后，《布法罗晚报》周日版的广告只有《信使快报》的 1/4。[30] 突然间，《布法罗晚报》从微薄赢利到亏损 140 万美元。[31] 获悉此事后巴菲特不由自主地打了个冷战，他从商以来还从来没有以这种速度损失过这么多钱。

1977 年圣诞节前一周的某一天，天空阴沉着，好像要下雨一样，布里安特法官宣布开庭，拉开了审判的序幕，以决定最终的判决条款。当年的深秋，巴菲特在彻夜难眠和泪流满面中思考着苏珊离去的变故，虽然她并没有完全离开他。为了分散注意力，从个人痛苦中解脱出来，他像一个金甲虫一样围绕着卡罗尔·卢米斯、阿斯特丽德和凯瑟琳·格雷厄姆，在纽约、奥马哈和华盛顿之间飞来飞去，当然，他并不希望这样来散心。当法庭休庭时，他像往常一样飞回翡翠湾度假，不过今年是在和苏珊达成新协议后全家第一次一起过节，在这期间，苏珊再一次向他保证他们的生活和以前没什么两样。巴菲特家的新年聚会一结束，沃伦和苏珊又各奔东西了。布里安特法官也重新召集诉讼当事人开庭审判，奥尔森和芒格不断给巴菲特打电话，给他通报审判工作的最新进展，因为他回到奥马哈工作去了。

1978 年 7 月，他正和卡罗尔、乔治·吉莱斯皮在一起。“我们正在纽约凯瑟琳的家中同查理打桥牌，正在那时布里安特法官的审判结果传来了。我把它给了查理，让他读一读，他说，‘嘿，文笔不错啊’。我快要疯了，我才不管它文笔是好是坏，我要接受并忍受所有这些限制，根本没有心情去欣赏什么文笔。”

布里安特法官的最终判决就文笔而言是一篇毫无陈腐之气的杰作，副标题是这样的——“巴菲特先生来到了布法罗”，布里安特对《布法罗晚报》规定了严格的限制条款，芒格和奥尔森计划上诉。而巴菲特却不想再同法官斗争下去。芒格总是开巴菲特的玩笑，称他的管理方式是从一个公司取出所有的现金，然后提高价格。如果失败了，巴菲特的箭筒里就没有一支箭了。这种方式无法解决《布法罗晚报》的问题。巴菲特被击垮了，他根本不想再和法官对峙了，他宁愿让 3 550 万美元打水漂。他上次面临的最大的法律纠纷刚刚才算结束：美国证券交易委员会经过漫长的考虑，终于同意了伯克希尔和多元零售公司的合并交易。巴菲特迫切希望和律师了结一切，不再宣誓做证、接受传讯以及跟法官斗法。“我不想上诉，我只是感觉到这会是一场旷日持久的战斗，并且还会激怒法官，一旦激怒了他，他就会强制我们执行禁令，我们的损失就会更大，而《信使快报》就会立即发起猛烈的攻击，那样只会不断地扩大它的影响。我声称，我们不去上诉，因为过个一年半载我们无论如何都会失败停刊的。而罗恩和查理告诉我，我错了，而我也确实错了。”

最后，他决定同他们一起上诉。“我们必须上诉，不能屈服于这些条件，这会让我们失去竞争优势。因此，从根本上来说，我别无选择。我们没有虚张声势，不管怎么说，那不是我的风格。在一个人的一生中，你可以通过虚张声势获得声誉，相反你不虚张声势也能获得声誉。因此，我想让别人明白我不会等着被宰割。”

《布法罗晚报》是巴菲特单独做出的最大的投资，他留出了充足的回旋余地。它占用了蓝筹印花公司近 1/3 的资金，在布里安特法官的限制下，它一直在亏损，并且很容易受到罢工的打击，这会进一步削弱它的实力，因为当时的股票市场行情正在下跌，巴菲特急需大量的现金来购买他所一直钟爱的价值低位股。并且《布法罗晚报》潜在的失败不仅仅威胁到了他和芒格 3 500 多万美元的投资；他是个连花费 31 500 美元买一套房子居住都舍不得的人，因为他认为这些钱最终会变成 100 万，因此，他们在报纸行业投资的损失会使局势比表面上看起来更加严峻。因此，巴菲特不仅做出了上诉的决定，同时他也打算让斯坦·利普西助他一臂之力，当时利普西正在考虑着搬到旧金山去，而巴菲特却想让他来解救这份报纸。“你去布法罗怎么样？”巴菲特问道。“我的心一沉，”利普西说，“但是在任何事情上我都不想让沃伦失望。”

利普西最后去了布法罗，临时先帮帮忙，他是在布法罗多年不遇的暴风雪之后去那里的，路边堆的积雪都快要和屋顶一样高了。他在巴菲特推荐的一家酒店住下，在巴菲特最喜欢的牛排店吃饭——他一直十分疑惑巴菲特怎么能忍受得了这里呢。第二天早上，当他一到《布法罗晚报》的办公室，就立即明白巴菲特为什么要派他来了。他们的新闻做得很好，但是管理很混乱。他在一张秘书的办公桌旁坐下，开始在人工打字机上工作。一位经理来到了他的身边，问道："您想要什么酒？" 利普西问他是什么意思。那个人说："哦，作为一个经理，您有资格得到两箱酒。"[32]

利普西开始每个月在布法罗工作一周。有一次在奥马哈时，他同沃伦和阿斯特丽德一起去感受了一下沃伦现在的生活氛围。沃伦对这一新关系感到十分轻松，他让阿斯特丽德带他们所有人去看男扮女装的表演。[33]

到 1979 年时，利普西已经把报纸的管理工作扭转过来，他们同《信使快报》法律诉讼的战斗也快要接近胜利了。1979 年 4 月，在布里安特初审裁决近一年半后，联邦第二巡回上诉法庭一致同意推翻他的裁决，称他的观点"受到了法律和事实错误的影响"。"没有明确的证据表明巴菲特先生购买《布法罗晚报》就是为了挤垮《信使快报》……《布法罗晚报》并没有采取不正当的竞争手段来挤占《信使快报》独占的周日报业市场，而是给市场带来了更多的竞争。所有的证据只能表明巴菲特先生只是想尽可能地办好《布法罗晚报》，而并没有想过他的竞争会给《信使快报》带来什么严重的后果……法官们必须警惕原告利用《反托拉斯法》来保护自己，免受竞争的影响。"[34]

虽然《布法罗晚报》获得了胜利，布里安特法官的禁令被撤销，但是这有些太晚了。《信使快报》立即对此提出上诉，寻求维持原判。《布法罗晚报》的律师疲倦地举起他们的利剑，继续这场荒谬的战斗。同时，尽管利普西加强了对报纸的管理，这场官司已经给他们造成了巨大的损害，不仅仅是诉讼费的开支，还包括因为法官的禁令而导致《布法罗晚报》损失的大量广告费。据保守估计，两年里它损失了好几百万——1979 年的税前损失高达 500 万美元，这是巴菲特和芒格所经历过的任何经营活动中损失的几倍。他们要付出艰苦的努力才能把这些钱赚回来。

“搬到布法罗去怎么样？”巴菲特问利普西。“我不想那么做。”利普西回答道。巴菲特什么也不说了，利普西继续在两头奔波。

到1979年底，股票市场沉浸在一片黑暗之中，巴菲特说，股票订单“就像挤眼药水”。[35]道琼斯指数萎靡不振已经近10年了，它好像一辆破车，冒着黑烟，喘着粗气，吃力地颠簸前行，最近刚刚跌回到了800多点。杰拉尔德·福特入主华盛顿，接着又是吉米·卡特，他穿着罗杰斯先生牌的毛衣，通过了节约能源的议案，最后却事与愿违，并且他对伊朗的外交似乎也无能为力，导致美国的彻底失败，伊朗国王也被阿亚图拉·霍梅尼赶下台，王后再也不能在伊朗使馆的舞厅跳华尔兹了。三哩岛核电站反应堆核心部分熔毁导致放射性物质泄漏；通货膨胀率达到两位数；加油站前排起长队。《商业周刊》宣称这是“股市之死”，好像没有人再会购买股票了。极度悲观的情绪笼罩着整个国家。

投资者们蜂拥着积蓄黄金、钻石、铂金、艺术品、房产、稀有金币、矿业股票、饲养场的家畜和石油；“现金是垃圾”是当时的流行口号。高中女生戴着由南非克鲁格金币制成的项链。在格林奈尔学院，一个自以为是的新受托人史蒂夫·乔布斯——备受尊敬的鲍勃·诺伊斯的门徒——竭力劝说投资委员会卖掉所有的股票，买进黄金。[36]二十五六岁的乔布斯是位精明的工程师，很显然也是一位聪明的家伙，但是投资委员会犹豫不决，最后，格林奈尔没有购买黄金。

巴菲特的观点正好相反，他在《福布斯》发表文章：这是投资者购买股票的最佳时机。“未来的事永远没有人知道，”他写道，“但是当大家都看好股市的时候你再入市，就不得不出高价了。那些着眼于长远的投资者一直要学着如何与不确定性周旋。”[37]他也是一位着眼于长远价值的投资者——不过，他没有现金。从10年前以来，巴菲特不断地获得大批现金——先是从分配合伙公司的资产中获得了1 600万美元，接着从一家私人投资的数据文件公司的股票买卖中获利数百万美元，但是这些全都投入到了伯克希尔–哈撒韦的股票上。巴菲特想要资金来投资，他的年薪只有5万美元，现在也只是增加到了区区10万美元，他又一次开始从银行借钱投资。

最后，斯坦·利普西终于答应搬家了，这是沃伦一直希望的。1980年的一天，利普西从没有上锁的后门进入了沃伦的办公室，他告诉沃伦他的妻子珍妮想和他离婚，并且斯坦认为她的律师要来闹事。巴菲特用汤姆·墨菲曾经传授给他的经验来提醒利普西。“你明天就可以让他们滚蛋，斯坦。”他说。他邀请对方的律师来到他的办公室，帮着调停朋友们间的离婚案——这是他第二次这么做了。不久之前，巴菲特还成功地促成埃德·安德森和他妻子雪莉·史密斯·安德森的和解，她也是沃伦和苏珊的老朋友。在帮助朋友缓解矛盾、渡过难关方面，他很有经验。他开始告诉利普西他的生活需要改变。斯坦认为，是该改变的时候了。随着谈话的深入，巴菲特引导着利普西自己提出搬到布法罗去。“这是典型的沃伦方式，他十分想让我自己提出来。”但是最后，就像人们投资合伙公司一样，这也成了利普西自己的想法。

利普西搬到了布法罗，在那里定居下来。每周五的晚上，他就给巴菲特打电话，告诉他最新的“可怕的数字”，但是每一次，无论消息多么令人失望，巴菲特都很乐观，还感谢利普西给他打电话。“这有点儿令人鼓舞。”利普西说。[38]到1980年时，损失已经增加到了1 000万美元。芒格在蓝筹印花公司的年度报告中警告了这种危险状况，同时也生气地抱怨了工会要求“大幅度提高福利待遇的要求”。芒格在1978年的报告中已经提到，这是他第二次提及：“如果《布法罗晚报》再发生罢工导致停刊，那就很有可能会被迫停业并进行破产清算。”[39]

芒格所写的这些话，以及他通过主导《布法罗晚报》的法律诉讼来掌控蓝筹印花公司的努力，都无法挽救他恶劣的健康状况。多年来，他一直在坚强地忍受着日益恶化的白内障的折磨，最后他的视力受到严重损伤，不得不进行手术。他的左眼在接受白内障手术时，引发了一种极其罕见的并发症——上眼皮内缩。一种生长在眼球外面的特殊的初生体组织（可能是角膜细胞）进入了他的眼球中，并且开始像癌细胞一样生长。对视神经产生的压力和破坏引发了严重的疼痛，他几近失明。[40] 当他无法忍受眼睛缓慢而猛烈发作的痛苦时，芒格安排医生给自己做了眼球切除手术，然后安了一只玻璃义眼。但是后来，"我就像一只受伤多日的动物一样"。[41] 即使在护士的辅助下，他都无法站着洗澡，因为剧烈的疼痛会导致他眩晕。他告诉巴菲特他不想活了。他十分害怕再经受一次这样的折磨，同时也可能面临失明的威胁，他决定不再对右眼的白内障做切除手术了，只采取保守治疗，不再切除晶状体了。因此，他只好戴着一副老式、像水母一样厚的白内障眼镜，把它挂在他的"好"眼上。

在芒格忍受痛苦之时，《布法罗晚报》的汽车工人工会打算试试深浅——管理方在胁迫之下管理该报已经三年了，也许他们是受到了鼓励——他们要求在不工作时也要拿加班费。《布法罗晚报》曾经在一份临时的协议中同意支付这份钱；现在工会想让它成为一个永久的合同。芒格和巴菲特断然拒绝了。接着在 1980 年 12 月，卡车司机们认为巴菲特不敢在与《信使快报》斗争的紧要关头铤而走险。谈判持续了一夜，最后还是失败了，早上 6 点钟，司机们开始罢工。在其他工会的帮助下，利普西、亨利·恩本和默里·莱特穿过罢工者的纠察线，勉强印出了报纸。然而，在最后一刻，印刷工人们停止了工作，拿走了印版，工作只好停顿下来。

巴菲特急得像热锅上的蚂蚁一样。他有着十多年的报业发行经历，他知道即使没有印刷工人参与罢工，仅仅汽车工人工会——总共才只有 38 名成员——也有能力让报纸停刊。其他的工会和志愿者可以操纵印刷机，但是如果没有了司机来运送报纸，那报社很快就会垮台。考虑到安全问题，巴菲特不能使用非工会的人员来替代他们。“我不打算在寒冷的 12 月派我们的人摸黑到一些乡村地区送报，有些家伙可能会在那里用铁棒袭击他们。我坐在奥马哈的办公室里，想派一群人去把这些家伙给痛打一顿，当然这并不是个好办法。”他说。

《布法罗晚报》差点儿关门大吉。

巴菲特告诉这些工会，报纸“已经只剩有限的‘几滴血’了，如果它失血过多的话，就没法再生存了……只有看到切实可行的前景，我们才会起死回生。”[42] 这一转折点很快就会来临。[43]

这一次，工会都害怕了。在 48 小时之内，《布法罗晚报》又出现在了大街小巷。到那时为止，《布法罗晚报》的周日版尽管已经取得了一些进展，但是仍然同《信使快报》存在差距，不过它正在慢慢地朝着主导地位前进，同时还保持着自己工作日版的优势。[44] 到 1981 年底的时候，利普西和巴菲特已经把当年的损失减少到了 150 万美元，是《信使快报》的一半。[45] 在一场“胖者生存”的战斗中，它几乎已经获胜了——尽管付出了巨大的代价。《信使快报》一直都没有放弃法律诉讼，它仍然想维护布里安特法官的裁决，但是它的主人，看到了另一位法官——市场的裁决，市场正在授予《布法罗晚报》最高的荣誉。《信使快报》现在意欲售给传媒大亨鲁伯特·默多克，但是工会不同意他减薪的要求。紧接着，在 1982 年 9 月，《信使快报》只得停刊。

《布法罗晚报》立即更名为《布法罗新闻报》，并且开始发行《晨报》。胜利在望了，巴菲特和芒格在希尔顿举行了一次报社中层领导的会议。会上有人提出分享胜利的果实，但是巴菲特却说“三层——编辑和记者们工作的地方——的员工都无法为公司增加利润做出什么贡献”。资金承担了风险，因而才能收获回报。他和芒格在一系列的决定中投下了 3 500 万美元的赌注，那时他们可能输得一干二净，因此所有的利润都应该归他们所有。他认为，员工付出的时间和辛劳已经得到了恰当的回报——不多也不少，正合适。员工在经历了风风雨雨后，却受到了他无情的对待，这出乎人们意料。

当巴菲特和芒格离开办公室时，他们要从出版人亨利·恩本的身边经过，而亨利“还以为他起码会受到小小的嘉奖”，罗恩·奥尔森说。但是芒格常常在别人还在说话时就自顾自地钻进汽车里，好像根本就没有听见他们说话一样，并且常常一讲完就径直从门口出去，根本不等别人反应过来。这一次，亨利张着嘴刚要说话，芒格就走了，把他晾在了那里。没有人说感谢的话。奥尔森只好跟着他们，在屋子里到处跟人握手，竭力去打圆场。[46]

一年后，随着广告的增多以及发行量的激增，《布法罗新闻报》的税前利润高达 1 900 万美元，超过了前几年所有的损失。其中有一半归巴菲特所有。随着报社日趋走上正轨，他的注意力也逐渐减弱了。不过他在每年的年报中仍然会大加称赞《布法罗新闻报》，他的兴趣已经转移到另一个新目标上去了。

图书在版编目（CIP）数据

滚雪球：巴菲特和他的财富人生．上 /（美）艾丽斯·施罗德著；覃扬眉 等译．-- 北京：中信出版社，2021.4

（中信经典丛书．006）

书名原文：The Snowball

ISBN 978-7-5217-2896-5

Ⅰ．①滚… Ⅱ．①艾… ②覃… Ⅲ．①巴菲特（Buffett，Warren 1930-）—生平事迹②巴菲特（Buffett，Warren 1930-）—股票投资—经验 Ⅳ．① K837.125.34 ② F837.125

中国版本图书馆 CIP 数据核字（2021）第 048332 号

滚雪球——巴菲特和他的财富人生 · 上
（中信经典丛书 · 006）

著　　者：[美] 艾丽斯·施罗德
译　　者：覃扬眉　丁颖颖　张万伟　张春明　张艳云
责任编辑：王金强
出版发行：中信出版集团股份有限公司
（北京市朝阳区惠新东街甲 4 号富盛大厦 2 座　邮编　100029）
承 印 者：北京盛通印刷股份有限公司

开　　本：880mm × 1230mm　1/32　　印　　张：130.75　　字　　数：3022 千字
版　　次：2021 年 4 月第 1 版　　印　　次：2021 年 4 月第 1 次印刷
京权图字：01-2007-2998
书　　号：ISBN 978-7-5217-2896-5
定　　价：1180.00 元（全 9 册）

扫码免费收听图书音频解读

滚雪球（下）

巴菲特和他的财富人生

THE SNOWBALL

WARREN BUFFETT AND THE BUSINESS OF LIFE

[美] 艾丽斯·施罗德
著

覃扬眉
丁颖颖
张万伟
张春明
张艳云
译

中信出版集团 | 北京

目录

第五部分

华尔街之王

43

法老王

奥马哈　1980—1986年

500名心情愉悦的富翁穿着礼服，系着领带，走过红地毯，来到纽约豪华的大都会俱乐部，为巴菲特庆祝50岁生日。此时，伯克希尔-哈撒韦每股价值375美元，巴菲特夫妇的资产净值比一年半前翻了一番还要多。[1] 因此他们可以轻松地租到这个地方。在来宾中，还有些不太知名的人士，比如演员加里·库珀的女儿。苏珊订购了一个大蛋糕，有六大箱沃伦钟爱的百事可乐那么大。他还让他的老伙计唐·丹利把威尔逊投币弹子机公司当年的资产负债表带来了。[2] 巴菲特开始收集他早年商业活动的资料，并把这些东西当作圣物一样，带着一丝崇敬展示给人们看。它们的存在，重新向人们证明了他取得的成就。

苏珊从旧金山带来了她的乐队，他们站在舞台中央，深情地为她的丈夫献上了一首改编的《舞到布法罗》：

沃伦受够了糖果
手中拿着优惠券
……

歌词描述了巴菲特最近的商业活动：他收拾好行李，放下所有一切来到布法罗就是为了买下价格被低估的股票。

苏珊的主要节目，平淡无奇却甜蜜悦耳，拉开了一个话题讨论的序幕。巴菲特的家人和朋友开始当着他的面一一列举他掌控的公司和投资，就像数念珠上的小珠子一样。巴菲特戴着一副黑边眼镜，杂乱的眉毛像常春藤的卷须。他穿着礼服，系着领带，已经不像以前那么尴尬了。现在他打造的全新的伯克希尔-哈撒韦，像上紧了发条的钟表一样，在不知疲倦地工作着，不断地给念珠增添新的珠子。巴菲特更加雄心勃勃地搜寻并买进股票，并且已经摆脱了多年前"烟蒂"型股票和法律诉讼的困扰。"复利"这一伟大的发动机像奴仆一样正在为他的财富辛勤劳作着，他的财富正在以几何级数飞速增长，公众眼睁睁地看着他的身家飞涨。巴菲特的方法仍然没变：评估投资价值，规避风险，保留安全边际，专注，做自己能够胜任的事，让复利发挥实际功效。任何人都可以理解这些简单的方法，但是很少有人能够去实施。尽管巴菲特使这一过程看起来毫不费力，但是实际上，在这些背后隐含着大量的工作，需要他和他的员工一起去努力。尽管他的商业帝国逐渐扩展到整个美国，从伊利湖边到洛杉矶的市郊，但基威特大厦一直都是中心——这座外表安静、实则充斥着忙碌不停的人的商业圣殿，其地面却铺着亚麻油布地板，摆满了已经褪色的破旧的钢架结构家具。每进行一项新的投资，人们的工作就会增加不少，但是在总部工作的员工人数几乎没有什么变化。巴菲特仍然关着门办公，而格拉迪丝则守在门口。十分富有的比尔·斯科特现在只工作半天，其他时间他要去波尔卡乐队排练。新来的经理迈克·戈德伯格加强了总部的力量。维恩·麦肯齐负责财务工作。员工们很少离开他们的小办公室，除非是到会议室秘密开会，而小会议室只能容纳 4 个人。茶水间里也没有人聊天。经过对《布法罗晚报》的投资一战，这里出现了短暂的安逸，麦肯齐这样说道："从来没有像这样过。"[3] 那些想测试一下里克肖塞尔的热力学定律的人发现，"太阳"（巴菲特）虽温暖，但他过于专注了，并且他的头脑反应很快，同他谈话会被"晒黑"的。"我的大脑太累了，"一个朋友说，"我必须等恢复了脑力以后才能去见他。"一位曾经的员工说："和巴菲特一起工作，会感觉大脑好像整天都被敲打着一样。"

巴菲特精力充沛，激情洋溢，就像一个不知疲倦的青年。他似乎记得每一个读过的事实和数据。他能激发人们自愿接受困难的工作，并坚信他们能够创造奇迹。而且巴菲特极能容忍别人的嘲讽和缺点，却不能容忍别人浪费他的钱财。他热切渴望结果，对其他人的能力十分信任，并且没有意识到他们在很大程度上同他是不一样的，因此他长期以来都低估了人们的工作负荷。巴菲特就像太阳一样，每个人都在围着他转，他自己却感觉不到里克肖塞尔的热力学定律。

> 人们说我对他们施加了压力，我从来都没想这么做。有些人喜欢使用压力，我从来不这样，这是我最不愿意做的事情。我认为自己从来没有这么做过，却有许多人说我这样做了，于是就肯定我是这样的了。

在这个腹地之外管理伯克希尔和蓝筹印花公司子公司的那些经理可就太幸运了，因为巴菲特基本上让他们独立经营，他的管理技巧就是找到一些像他一样不知疲倦地工作的完美主义者，然后就放任自流了，不过要对他们"卡内基化"——关注、赞扬，以及运用戴尔·卡内基的其他方法时不时地敲打他们一下。对多数人来说，其他方法就不必再用了。

20 世纪 70 年代，巴菲特做出的股票交易决定是在漫长的熊市中公然蔑视悲观的情绪，大胆地冒险投注。当时失业大军不断壮大，物价以每年15%的速度飞涨。这一赌注之所以突然取得成功，多亏了孤注一掷的卡特总统，他在1979年任命了一位新的联邦储备委员会主席保罗 · 沃尔克。沃尔克把中央银行的贴现率提高到14%，从而控制了通货膨胀。1981年，新总统罗纳德 · 里根开始大幅减税，并撤销对商业活动的管制，同时大力支持沃尔克的举措，尽管他的政策引发了许多争议。但之后经济和市场经历了两年半的阵痛，在1982年底的时候，80年代的牛市开始突起，股票的价格终于赶上了企业利润的增长。[4]

20世纪70年代末期，巴菲特大部分的投资资金都来源于一个流动的金库，即保险和赠品券（印花）的浮存金。尽管国民赔偿公司的业务仍然繁荣兴旺，但蓝筹印花公司的销量却继续萎缩。虽然预付费的赠品券提供的浮存金在逐渐减少，但是这些资金投资的项目却正在收获丰厚的回报。[5]

《布法罗晚报》业绩的彻底扭转意味着巴菲特和芒格不用再讨论蓝筹印花公司这笔最大的投资是否即将失败。《布法罗晚报》开始稳步实现赢利。1983年，他们最终同蓝筹印花公司商议好了价格，伯克希尔将其全部收购——这是他们从麻烦中摆脱出来的最后一步。[6]巴菲特和芒格现在是共同合伙人了，这也是他们第一次成为合伙人——尽管芒格最多也只能算个次要合伙人。

巴菲特把芒格选为公司的副董事长，他现在持有伯克希尔2%的股份。芒格也是韦斯科金融公司的总裁和董事长，同庞大的伯克希尔相比，韦斯科金融公司只是一个微不足道的小兄弟，但却是芒格自己的。它就像伯克希尔-哈撒韦大嘴中的一根意大利面条，只剩一点悬在外面，巴菲特没有吞进去。韦斯科金融公司的股东明白他将来一定会把它吃进去，因此不可避免地全都开始哄抬韦斯科金融公司的股价。

芒格对巴菲特思想的影响远远超过了对他金融方面的影响。他们的想法十分相似，他们在商业活动上的主要区别在于，巴菲特很容易为一些交易陶醉，并且立即敲定协议，而芒格有时则会否决这些交易。他们对股东的态度是一致的。随着并购工作尘埃落定，在1983年的年度报告中，这两人向伯克希尔的股东们阐释了他们的一套操作原则。他们把这些原则称为“所有者导向原则”，而其他任何公司的管理层，都不会告诉股东这些东西。

“尽管我们形式上是公司，但实际上却将股东视为合伙人，”他们写道，“我们不把公司看作企业资产的最终所有者，相反，把它看作股东拥有这些资产的纽带。”[7]

这一陈述看起来很简单，却意味着要推翻以前的公司管理原则。现代的公司主管一般都把股东看作一群很讨厌的人，或者很吵闹，或者很安静，可以去取悦，也可以忽视，他们当然不是管理者的合伙人或者老板。

“我们不搞财务游戏，”巴菲特和芒格说，“我们不喜欢大量举债。我们经营的目的是取得长期的最佳收益。”所有这些听起来都很简单，也许被认为是陈词滥调，但很少有管理者能够这样坦诚地陈述。

同时，巴菲特在那年的年报中也写道：“不管购买的价格多么高，我们也没有兴趣出售伯克希尔旗下任何赚钱的业务，也不愿意出售次一等的业务。”即使这会影响他们的绩效。“我们只是期盼着他们能够多少赚点儿钱，只是希望他们的管理方和员工之间的关系能融洽些。”[8]这对加里·莫里森是一个暗示，他刚刚接替伯克希尔的肯·蔡斯的工作，蔡斯在勤勉地工作了数十年后于1982年退休。此时，巴菲特已经关闭了曼彻斯特的工厂，并且削减了新贝德福德1/3的生产线。

纺织行业每年大概只有10分钟的时间是赚钱的，全美一半男西装的衬布是由我们生产的，但是没有人会走进裁缝店说："我要一件灰色条纹西装，请用伯克希尔的衬布。"我们工厂生产的布成本要比其他工厂高，而资本主义是靠节俭发展起来的。我们从当年的供应商西尔斯公司那里获得奖励，在第二次世界大战期间为他们供货。我还是西尔斯公司董事长的私人朋友，他们说："你们的产品很不错。"而我们会说："那一码加半分钱怎么样？"他们回答："你们开玩笑吧。"因此，这一行很不好做。

莫里森没有去"生钱"，相反，他请求巴菲特给他现金以便升级纺织厂的硬件设施，但被巴菲特断然拒绝了。

然而，巴菲特仍然坚持保留这些处于困境的纺织厂。因此，让他卖掉其中一家利润丰厚的公司——罗克福德银行——就更不可能了，对他来说，那就像没有打麻醉药就实施牙齿根管手术一样。但是，他又必须这么做。《银行控股公司法案》规定他必须这么做，只有这样伯克希尔才能继续持有非银行业的股权（尤其是保险业的）。[9]

当本·罗斯纳最终从联合零售公司退休时，巴菲特很不情愿让他走。罗斯纳的下属曾经取笑他的管理方式，但十分肯定的是，当他们接管公司后，联合零售公司的业绩迅速下滑。好几个月的时间，维恩·麦肯齐都辛苦地在纽约的服装区来回奔波，想把该公司兜售出去。[10]最后，他发现一个买主愿意出50万美元，而该公司每年最多也只能为伯克希尔创造200万美元的利润。

伯克希尔一些子公司的运作十分独立，因此，你很难判断它们是管理得法的公司还是随波逐流的公司。在韦斯科金融公司，路易斯·文森蒂拒绝被别人掌控，并且成功地向巴菲特和芒格隐瞒了他的阿尔茨海默病，长达数年之久。

"我们并不经常看见他，"巴菲特说，"并且他在尽力使自己振作起来，克服疾病带来的影响。再者，我们也不想看到他患病。查理和我都十分喜欢他，我们不想听到这个噩耗。”

“路易斯·文森蒂十分果断、聪明，并且很诚实和精干，”芒格说，“他所经营的储蓄和借贷公司是加利福尼亚州最后一家采取计算机系统管理存款账户的公司，因为雇用社区大学的学生做兼职以手工操作，成本仍然很低。你能了解我们看到后十分吃惊。他是个思想古怪、独立自主的人，为人很好。我们都很喜欢他，发现他的病情后，我们仍然让他继续工作，直到他疾病发作被迫入院治疗。他喜欢工作，并且从来没有给我们带来什么伤害。”[11]

巴菲特和芒格把这个故事变成了一个诙谐的寓言，这表明他们想让更多公司即使在患阿尔茨海默病的经理的管理下，也能取得成功。

巴菲特对阿尔茨海默病很在意，他对自己拥有过人的记忆力感到十分自豪，而他的母亲已变得十分健忘。利拉似乎总是生活在过去，她的状态好像很不稳定，并且总是生活在幻想中。她经常回忆巴菲特小时候在浴室洗澡的事——他嘴里发出奇怪的响声，手脚不停地在水中扑腾。健忘症正在侵蚀着她的记忆，现在她已经七八十岁了，儿子是她最主要的快乐之源，但是和她待在一起时，沃伦仍然很紧张。这一点儿也不足为奇，因为她偶尔还会大发雷霆。现在，家中的每个成员几乎都有过这样的经历，拿起电话，听到电话那头她愤怒的骂声。所有的受害者都会跑到苏珊那里寻求安慰，她会说：“你要理解这只是偶尔发生而已，并且她对其他人也一样，不仅是你，沃伦和多丽丝已经忍受多年了。所以不要在意她说了什么，她并不是针对你的。”[12]

彼得是孙辈中唯一一个没有受到利拉斥责的人。她有时说他很像霍华德，尤其是走路的样子，因此，这也很可能是她不斥责他的原因。但这种相似只是表面的，彼得在即将从斯坦福大学毕业时辍学了，同玛丽·卢洛结了婚。她是一个离过婚的单身母亲，比他大 6 岁，还有一对 4 岁大的双胞胎女儿——妮科尔和埃丽卡。彼得对她们像对亲生女儿一样，她们把姓也改成了巴菲特，成了苏珊的最爱。沃伦正在想办法培养彼得对伯克希尔的兴趣，最后派他的门徒、苏珊先前的网球教练丹·格罗斯曼去同他谈工作的事，但是彼得对此毫无兴趣。他的兴趣在音乐方面。[13] 他把自己持有的伯克希尔的股票换成了 3 万美元现金，创办了一家唱片和音乐制作公司——独立声音（Independent Sound），在旧金山他的公寓中开始创作乐曲，玛丽则是他的经纪人和推广人。[14]

苏珊和彼得的关系很亲密，因为他们都喜爱音乐。她继续心不在焉地开创自己的音乐事业，同一对制作人马文·莱尔德和乔尔·佩利一起努力。她把他们带到奥马哈，到旧市场的爵士乐俱乐部参观。为苏珊工作，让他们感觉好像是在为“他们最喜欢的英语教师”创作短剧。苏珊没有炫耀自己的富有，但是因为他们已经听说伯克希尔收购了一家报纸和喜诗糖果公司的事情，所以他们认为，“也许她会用糖果来支付我们的薪水”。

最后，他们要为苏珊创作一个节目，她要在纽约的戴尔莫尼克饭店登台表演，参加纽约大学的义演。她希望他们能够创作一个反映她个性的节目——一个波西米亚的吉卜赛人，淘气、狡黠而又幽默风趣。然而，到了最后，她却唱了传统的大杂烩，仍然是 1977 年那些充满深情和激情的经典歌曲：《一串珍珠》《重相逢》《你今夜的样子》《人偶娃娃》《搭乘 A 号列车》和《好似旧日时光》等。

在义演时，当巴菲特看到观众对他的妻子欢呼雀跃时，他两眼放光，面露喜色。莱尔德和佩利意识到，炫耀巴菲特那才华横溢、漂亮的妻子会让他十分自豪和快乐。似乎对他们来说，同许多商业人士不同，苏珊的表演不是为了她自己，而是同观众联系的一种方式，并且满足了她丈夫的某种需要。[15]

莱尔德和佩利戏称自己是“音乐小白脸”，成了苏珊歌唱生涯的一部分，在接下来的几年中，他们随着苏珊一起去见彼得，并且到位于拉古纳的家中创作歌曲，因为她一直在考虑自己是否能够从音乐方面开创职业生涯。他们从来没有见过苏珊的女儿苏茜，因为她已经搬到了华盛顿，在那里，凯瑟琳·格雷厄姆对她很关心，安排她做助理编辑，开始是在《新共和》杂志社，后来到了《美国新闻与世界报道》杂志社。1983 年 11 月，她再婚，在纽约的大都会俱乐部举行了一场盛大的婚礼，这次是嫁给艾伦·格林伯格，拉尔夫·纳德的公益律师。格林伯格具有和巴菲特一样冷静的分析思维，看起来就像是一个专注于研究工作的人。巴菲特夫妇立即就接受了他们的新女婿，并且人们都注意到格林伯格是多么像苏茜的父亲——理智、冷静，善于拒绝。这对新婚夫妇搬到了华盛顿的一座别墅里，却把大部分的房间都租了出去，他们自己只住了一套很小的房间。当苏茜出售她所持有的伯克希尔的股票时，市价已经达到了每股将近 1 000 美元。

豪伊的第一次婚姻和他的姐姐一样，也没有持续多久。他垂头丧气地对父亲说起此事，而他父亲曾经告诉他换个城市可能会对他有益，并建议他到伯克希尔的一家子公司工作。受到加利福尼亚州的吸引，豪伊在旧金山的喜诗糖果公司得到了一份工作。苏珊安排他和丹·格罗斯曼住在一起，巴菲特已经把丹安排到了伯克希尔在旧金山的一家小保险公司，当时是因为这家公司遇到了问题。豪伊从拖地打扫卫生、维修保养工作开始做起，之后获得晋升。同时，他也风流成性，到处招惹是非。巴菲特告诉他至少要在喜诗糖果公司干上两年，豪伊准备接受现实，但是他没有继续住在格罗斯曼家，而是搬到了拉古纳的别墅里，在那里他感觉更温馨。[16]

一次，豪伊同德文·莫尔斯在埃默拉尔德湾打了一场网球。德文是一位温柔忧郁的已婚女士，金发碧眼，有4个女儿。为了吸引她的注意力，豪伊爬到网球场旁边的一根柱子上去调整钟表的时间，结果从上面摔了下来，把脚扭伤了。她送他回家，并出去给他买了点食物送回来。他们从此开始交往，而他也得知她正想离开富有的丈夫。在豪伊采取了一系列冒险举动之后，德文的婚姻最终走到了尽头，她与豪伊的关系日益升温。最后他们把孩子们从德文的前夫家接了过来。她的前夫是一个枪支收藏家，家中摆了好几百支枪。1982年，豪伊成功说服德文，一同搬到了内布拉斯加州，那里的一位法官为他们主持了婚礼，巴菲特和格拉迪丝·凯泽作为见证人也出席了他们的婚礼。[17]

现在，巴菲特有6个继孙了，很快，又增加了一个孙子，因为豪伊和德文生了一个儿子，小霍华德·格雷厄姆·巴菲特，就是后来著名的豪伊·B。巴菲特十分喜欢孩子，但是和他们在一起时，他常常感觉很尴尬和拘谨，不知道如何逗孩子们玩。因此，他仍然像以前对自己的孩子们那样——把他们都交给了苏珊，全家聚会时，苏珊就会热情地担当起祖母的角色。她也立即在她已经丰富的旅行线路中增加了一条：到内布拉斯加州看望孙子们。

巴菲特更为关心的是豪伊的工作问题。起初，豪伊在房地产公司找到了一份工作，但他真正的兴趣是做个农场主。由于他没有资金，巴菲特同意买下一个农场，然后租给他的儿子——这种安排很像他高中时曾经做的那样，雇用工人在他的农场工作。豪伊在内布拉斯加州四处奔波，代表他的父亲勘察了100个农场，并同卖主讨价还价，巴菲特坚决认为农场就像“烟蒂”一样，他不会多出一分钱。最后，豪伊选中了特凯马的一个农场，巴菲特支付了30万美元。[18]

尽管拿了豪伊支付的租金，但是巴菲特从来没有去过那个农场。就像对待苏珊喜欢的画廊一样，他也没有任何兴趣，只是出钱。他认为农场是一个过度竞争的生意，就像男士西装的衬布一样。“没有人会到超市去购买豪伊种的玉米。”他说。[19]

虽然巴菲特竭力通过金钱来控制自己的孩子，但他却从来没有花时间教他们如何理财，这看起来似乎很奇怪，他对手下人也是这样做的：他感觉聪明的人自然会弄明白这件事。他给了孩子们伯克希尔的股份，却没有强调这在将来会对他们多么重要，也没有解释复利，更没有对他们说可以借钱但不能出售股票。现在，他那些致股东的信，经过卡罗尔·卢米斯的编辑加工，已经涉及了很多金融问题，毫无疑问，他认为这些信，再加上他的榜样示范，已是十分充分的教育。但是，他可能从来都没有想过，他自己的孩子恐怕比那些合伙人更需要教导。

巴菲特不太在乎孩子们怎么处理自己的股份，毕竟，他和伯克希尔–哈撒韦是一体的，出售股票也就是卖给了他。即使这样，他也不希望孩子们依靠伯克希尔过上安乐富足的生活。相反，他认为孩子们的未来以及伯克希尔的未来，最终不是通过所有权的关系实现的，而是通过慈善事业联系在一起的——他们管理着巴菲特基金会的股份。

巴菲特在《奥马哈世界先驱报》上就彼得·基威特的去世写了一篇纪念文章，这是奥马哈一位近似神话的人物。在这篇文章里，他谈到了自己对遗产和慈善事业的看法。彼得·基威特父子公司（Peter Kiewit Sons' Inc.）据说是世界上最赚钱的建筑公司，曾经被称为“道路巨人”。[20]巴菲特和基威特从来没有做过交易，但是基威特拥有《奥马哈世界先驱报》的股份，巴菲特则是该报的董事。

基威特没有儿子，是一个十足的工作狂，住在基威特大厦顶层的一套公寓里，伯克希尔的总部也在这座大楼里。基威特乘电梯上下班。巴菲特十分羡慕这种安排。[21]基威特也是巴菲特类型的人，他是一个严厉的老板，工作中十分节俭，经常给他的员工们灌输一些简明扼要的小语录。

这家公司是他愿意为之付出心力的事业，他精益求精，虽然会满意，但从不满足。“声誉就像是精致的瓷器，”他说，“价值昂贵，不易获取，但是却很容易破碎。”因此，在做出道德决策时，“如果你不确定是对还是错，就考虑一下你是否愿意把它登在晨报上”。[22] 和巴菲特很像，基威特也喜欢给其他人施加重压。

他们之间的不同主要有三个方面：基威特是个亲身实践的经理，不愿吸引公众的注意，并且他似乎只是看起来十分节俭。在奥马哈时，他开着一辆有四年车龄的旧福特车，生活十分简朴，为的是给员工树立榜样。但是他在棕榈泉度假时，却开着一辆凯迪拉克，过着豪华奢侈的生活。[23] 尽管如此，在许多方面，基威特都实践着沃伦·巴菲特对生活的想法。当基威特去世时，巴菲特的悼词不仅对他大加赞赏，同时也表达了他会永远记着他——这是巴菲特有史以来写得最动情的一篇文章。[24]

“从零开始，”他写道，“（基威特）缔造了世界上最伟大的建筑公司之一……尽管并不是最大的，但可能是全美建筑业最为赚钱的公司。之所以能够取得这么辉煌的成就，是因为基威特能够带领成千上万的员工不懈努力，坚持追求卓越和高效。”

“基威特绝对是一个生产者，而不是消费者，”他继续写道，“公司的利润全都用来扩大生产力，而不是为其主人积累财富。

“在本质上，如果一个人花的比挣的少，那就是在为未来积累‘财富提取单’。日后，他就可以兑现早期的积蓄，少挣但是还能多花。他也可以将财富传给其他人——在活着时以礼物的形式，或者在他死后作为遗产。”

巴菲特写道，威廉·伦道夫·赫斯特把他全部的“财富提取单”

都用来建造和维护他在圣西米恩的城堡。他每天都派人往他的私人动物园里运冰块，供北极熊使用，就好像埃及法老劳民伤财地建造金字塔一样。巴菲特曾经深入思考过金字塔的经济学问题。他说：

> 这全都是经济问题，许多形式的给予和花费都是经济问题。那真是疯狂，恐怕在道德上也是错误的。但是，有些人却认为这很棒，因为这给许多建造“金字塔”的建筑工人提供了就业机会。但他们错了，他们只考虑了投入，没有考虑产出。
>
> 为自己建造金字塔，必然会消耗大量的社会资源，你当然应该付钱，应该纳税。我要强迫你为社会做出巨大的回报，这样，就可以建造许多医院，同时也能令更多的孩子接受教育。

在这篇文章中，巴菲特特别提到，有些人赚钱是为了传给子孙后代，使得好几百名后裔“可以花费的远远超过他们个人所创造的，他们整个一生所花费的都是从社会资源的银行提取来的”。巴菲特发现结果十分具有讽刺意义。

他说：“在乡村俱乐部时，我听到人们在谈论福利循环的弊端，比如某个女孩在17岁时生了一个孩子，她得到了一些食物券，而且我们还在不断地提供这种依赖。同样，有些人也为孩子们提供了一生的食物，甚至一生都吃不完。但是他们不是找了一位福利官员，而是找到了一个信托基金管理人，他们不是得到了食物券，而是一些能够分红的股票和债券。”

巴菲特写道：“彼得·基威特在社会这个银行里存储了大量的资产……但是支取的却很少。”基威特只把自己5%的财富留给了家人，其他的全都捐给了慈善基金会，用来造福他曾经生活过的地区的人们，这也是他活着时的人生目标。公司的大部分股份继续由他的员工们持有，基威特已经确保他们只能内部互相买卖。“彼得·基威特对社区和同胞们做出了无与伦比的贡献和服务。”巴菲特最后得出这样的结论。

在许多慈善家中，巴菲特也很尊敬安德鲁·卡内基和约翰·洛克菲勒。洛克菲勒也是观点很独特的思想家。卡内基在美国许多贫穷的社区建造了公共图书馆。卡内基基金会曾经选派亚伯拉罕·弗莱克斯纳到美国接受医学教育。[25]1910年，弗莱克斯纳的论文揭露了医学院丑闻，震惊全美，弗莱克斯纳说服了洛克菲勒基金会捐赠巨资以改革医学教育。洛克菲勒也想解决一些因缺乏正常资金支持而无法运作的难题。他发现贫穷的黑人大学缺少富裕的校友，没有办法改善办学条件。“实际上，约翰·洛克菲勒成了这些大学的‘友人’，”巴菲特说，“他解决这些难题，根本不考虑这些大学是否受人关注，他对它们的支持也总是慷慨的。”

此时，巴菲特基金会共有72.5万美元的资金，每年捐赠出的不足4万美元，几乎全都花在了教育上。[26]苏珊管理着巴菲特基金会，这也反映了他们共同的人生观——应该用钱回报社会。如果苏珊有权支配这些钱，她很有可能迅速捐出大量的钱，但是巴菲特不急于这样做。他认为让金钱随着时间而增加，通过复利会生出更多的钱用来捐款。当然，到1983年时，他已经有充分的证据来证明自己的观点了。从1978年到1983年底，巴菲特夫妇的资产净值取得了惊人的增长，从8 900万美元猛增至6.8亿美元。

随着巴菲特变得更加富有，朋友们、陌生人、慈善团体全都蜂拥到基威特大厦向他要钱。有些人确实急需救助，向他真诚地请求，而有些人则感觉用他的钱理所当然。慈善组织联合之路、大学、癌症患者、教会、心脏病人、无家可归者、环保运动、当地的动物园、交响乐团、童子军、红十字会等都值得扶持，但他们得到的答复都一样：如果给了你钱，我就应该每个人都给。巴菲特的一些朋友同意他的做法，但有些人还是很困惑：一个这么慷慨的人，可以花费大量时间帮助他人，给他们提建议，出谋划策，却在钱财上那么小气。

巴菲特仍然在滚雪球般积累财富，并承诺在死后会把所有的钱都捐出去，这就有点像《爱丽斯漫游奇境记》中白皇后的“明日果酱”。“在他死后”就相当于永远不会兑现，也是一种让他不会过早死去的预防手段，这是巴菲特非常关注的事。用白皇后的方式来拒绝别人是一种奇怪的进行自我强化的方式。到现在为止，巴菲特夫妇的朋友、亲人，或者家庭成员中至少有9人曾经企图自杀或已经自杀。不久之前，他朋友的儿子在圣诞节前夜开车掉下了悬崖。接着，里克·格林的妻子安，在他们的儿子8岁生日前几天开枪自杀。所以，巴菲特对自杀不由自主地耿耿于怀，在这种背景下，他这样想也是完全合情合理的。不过，他自己想要尽可能长寿—— 一直挣钱到生命的最后一刻。

随着财富的不断增加，巴菲特常常明确表明自己的坚定决心，要快速赚钱，同时不让家人和基金会接触这些钱，这最终激起了朋友们的反对。里克·格林曾经给乔·罗森菲尔德写信探讨巴菲特成为世界首富的可能性：“如果沃伦成为世界第一的雪橇犬，并且看见这个世界除了毛发和小目标还有更多的东西，他会做些什么呢？”[27]

巴菲特集团在巴哈马群岛的莱福德岛集会，在戴呼吸管潜泳和深海钓鱼的间隙，乔治·吉莱斯皮发起了一场激烈的讨论，主题是“孩子们（和慈善机构）都要等待”。几年前，巴菲特曾经说过，他每年只会给孩子们几千美元，并且告诉他们等他死后可能只会分到50万美元的遗产。[28]他认为，“这些钱已经足够让他们做一些事情了，却不足以让他们什么也不干，只是享受”。[29]这句话成了他的箴言之一，多年来他不断重复着。“沃伦，那是不对的，”巴菲特之前的一个合伙人拉里·蒂施说，“如果在12岁之前没有被惯坏，他们就不会再被惯坏了。”[30]

在卡罗尔·卢米斯的强烈要求下，《财富》杂志刊登了一篇封面文章，题目就是“你会把财富都留给孩子们吗”，许多人回答“家人第一”。

“我的孩子们要在世界上开创自己的事业，他们知道，不论他们想做什么我都会支持的。”巴菲特说。但巴菲特认为，“只因为他们出生在富人之家”，就为他们创建信托基金，是给他们“提供了一生所需的食物券”——可能会“伤害很大”，并且是“反社会的行为”。[31]这是头脑清醒的巴菲特，也正像他曾经在给朋友的一封信中写道的，当他的孩子们开始蹒跚学步时，他就想等看到“这棵树能成为什么样的材料”时，再决定要怎么给他们钱。[32]

然而，巴菲特也做出了决定，他会做一些捐赠——尽管微不足道，却机动灵活。1981年，他制订了一项独特的慈善计划，由股东们选择一个慈善团体，然后伯克希尔-哈撒韦从每股股票中提出两美元捐出。伯克希尔不派发股息，但是这一计划允许股东们直接指导公司的慈善捐款活动，而不是由高管或者董事根据自己的好恶选择慈善团体，接受赞誉。该计划不需要太多的钱，但是巴菲特这么做，正是在逐渐松开拳头。股东们也喜欢这样做，该计划的参与度几乎总是接近100%。

对作为信息采集者的巴菲特来说，捐助计划最终也被证明是个十分有价值的工作。这让他洞悉了每一位股东对慈善事业的态度，他用别的方法永远也不可能得到这些信息。巴菲特总是不知疲倦地充满好奇心，十分想了解每一个股东的情况，就好像他们也是他的大家庭成员一样，他其实正是这样看待他们的。

53岁的巴菲特已经“退休”两次了，他正在思考慈善和遗产问题。很显然，让他心力交瘁的正是退休问题。他开玩笑说要工作到死，他十分推崇年迈的经理如吉恩·阿贝格和本·罗斯纳。但是，现在他们都退休了，路易斯·文森蒂已经患上了阿尔茨海默病。因此，这也许就不足为奇了——巴菲特下一步会同一位89岁高龄的老妇人达成一项协议，这是他所遇到的最长寿的人。

44

B 夫人

奥马哈　1983 年

1893 年，罗斯 · 格列利克 · 布鲁姆金出生于俄国明斯克地区谢德林附近的一个小村庄，她共有 7 个兄弟，全家挤在一个有两个房间的小木屋里，父亲是个贫穷的犹太教拉比[a]，买不起床垫，全家人只好睡在稻草上。

“从 6 岁起，我就开始梦想自己的生活，”她说，“我的第一个梦想是去美国。”[1]

13 岁时，因为爱惜她崭新的皮鞋，罗斯赤脚步行 18 英里，来到离家最近的火车站。她口袋里有 4 美分，为了省钱，她把这 4 美分藏在火车的座位下，一直藏了 300 英里，直到抵达最近的城镇戈梅利。在那里，她一连去了 26 家店铺找活儿干，最后，一家干货店的老板收留了她。“我不是乞丐，”这个 4 英尺 10 英寸（约 1.47 米）高的小女孩说，“我的口袋里有 4 美分。让我在你家过一夜吧，我很能干的。”

a. 拉比，意为犹太教教士，主持犹太教集会的主要神职人员。——编者注

第二天早上，她开始工作，“我为客户服务，把货物摆出来，在其他人还没拿笔计算时我就算出账来了。快到12点时，老板问我是否愿意留在那里工作”。[2]

16岁时，她已经成了经理，手下管理着6个大男人。“不要担心男人们，妈妈！”她在给妈妈的信中这样写道，“他们都很服从我！”[3]4年后，她嫁给了伊萨多·布鲁姆金，戈梅利一位卖鞋的小贩。[4]同年，第一次世界大战爆发，沙皇的军队在俄国胡作非为，滥杀无辜，这促使罗斯下定决心移居美国。但他们的钱只够一个人的路费，罗斯让丈夫先去美国，自己继续攒钱。两年后的1916年12月，罗斯开始了她的美国之旅，她登上了横跨西伯利亚的火车，朝着中国进发。

火车一直行驶了7天，最后她来到了后贝加尔斯克的边境。正要进入中国时，罗斯被一位俄国士兵扣下，她告诉这个士兵，她正在为军队采购皮毛，并且保证回来时给他带一瓶梅子白兰地酒。也许是出于天真或者仁慈，士兵放她通过了边境。她立即乘火车经过中国的东三省，最后抵达天津。此时，罗斯的行程已经达9 000多英里，几乎穿越了整个亚洲。[5]在天津，她低价购买了一张船票，乘船前往日本，一路经过广岛和神户，抵达横滨。在那里，她等候了两个星期，然后设法搭乘上一艘名叫“阿瓦·玛露号”的运花生的货船前往美国。“阿瓦·玛露号”在太平洋上从容不迫地行驶了6个星期，终于到了西雅图。“我从来没有见过那么多的花生，”她后来回忆道，“我还以为自己永远也到不了这里。”[6]她带着硬邦邦的黑面包上船，但是一路上身体太虚弱，吃得很少。[7]

经过近三个月的长途跋涉之后，她终于在犹太人的普林节那天抵达西雅图，一路上饱受疾病的折磨，脸浮肿得不成样子。一上岸，就有希伯来移民援助社的工作人员上前迎接她，为她提供了一些符合犹太教要求的清洁食物，并且安顿她在旅馆住下。“当我抵达这个国家时，”她说，“我认为我是世界上最走运的人。”[8] 希伯来移民援助社的工作人员在她脖子上挂了一个牌子，上面写着她的名字以及“艾奥瓦道奇堡”，这是她丈夫生活和工作的地方，他在那里靠收垃圾谋生。他们把她送上火车，一路穿越明尼阿波利斯抵达道奇堡。抵达后，美国红十字会的工作人员想办法帮她找到了丈夫伊萨多，夫妻终于重新团聚。不久之后，罗斯就生下一个女儿，叫弗朗西斯。

两年后，罗斯仍然说不了几句英语。夫妇俩感觉十分孤单，于是决定搬到一个讲俄语和依地语的地区，因此他们到了奥马哈，这里吸引了 32 000 名移民，他们到这里修铁路，建食品加工厂。[9]

伊萨多租了一个当铺。“你恐怕从来没有听说过当铺会破产。”他说。[10] 很快他们又添了三个孩子，路易斯、辛西娅和西尔维亚。她每次往俄国寄 50 美元，最后把 10 个亲戚也带到了美国。同她的丈夫不一样，她仍然不太会说英语。“我真是太笨了，”她说，“在这方面我就是不开窍，孩子们也教我英语。当弗朗西斯开始上幼儿园时，她说：‘我要教你怎么说苹果，怎么说桌布，怎么说小刀。’”[11] 当铺的生意十分冷清，在大萧条期间，他们几乎破产。接着，罗斯接管了当铺。“我知道该做什么，”她告诉她的丈夫，“大件物品要廉价出售。”“你用 3 美元进了一件货，然后以 3.3 美元卖出去，只加 10% 的利润！”当他们进的过时衣服滞销时，罗斯在全奥马哈城散发了 1 万份广告，上面写着他们的商店可以为人们供应从头到脚、从里到外的全套行头——内衣、西装、领带、鞋、草帽，并且只需花费 5 美元。仅一天时间他们就赚了 800 美元，比他们前一年的全年利润都多。[12] 商店的经营范围不断扩大，开始销售珠宝、旧皮大衣和家具。接着罗斯开始以寄售的方式低价销售崭新的皮大衣，使得生意取得了飞速发展。[13] 她的人生哲学是：“与其使自己遗憾，不如让他人恨你。”

很快，客户就开始从罗斯这里购买更多的家具。开始时，她陪着他们到批发商那里购买，她自己加10%的利润卖给客户。后来她发现，这和当铺的生意不同，销售家具是一个“快乐的生意”。因此，1937年，她从一个兄弟那里借了500美元，在她丈夫当铺的地下室里开办了一个家具店，叫布鲁姆金家具店。但是家具批发商不想把家具批发给她，因为他们的经销商抱怨她以低价出售产品。因此，罗斯只好跑到芝加哥，找到了一个支持她的人，从他那里订购了价值2 000美元的商品，付款期限为30天。时间很快就到了，但她却没钱支付，于是她把自己家里的家具以低价卖掉，还清欠款。“孩子们回到家时，看到这一切放声大哭，”她回忆道，“我只好向他们解释为什么卖掉床和冰箱，整个房子空空荡荡的，他们很理解，他们对我实在是太好了，我感觉很对不起他们。”[14] 当天晚上，她从商店取回几张垫子，全家人就睡在地上。“第二天，我带回来一台冰箱和一个炉子，”她说，“孩子们全都破涕为笑。”[15]

在学校里，别人家的孩子们常常找她儿子路易斯的麻烦，嘲笑他有个开当铺的爸爸。儿子很痛苦，但是对他们的嘲弄置之不理，放学后继续在店里帮忙，并且学习成绩仍然很好。在上高中时他就学会了开车，常常四处运送沙发，一直忙到半夜。他的母亲，现在已经创办了内布拉斯加家具店，并且搬到一个更大的地方。除了卖家具外，罗斯也兼营其他副业，在狩猎季节，她出售和租赁勃朗宁自动猎枪。路易斯最喜欢的工作就是在地下室里测试这些枪，他用渣煤砖当靶子，练习射击。[16]

1941年，美国卷入第二次世界大战，路易斯当时还是十几岁的青年，是内布拉斯加大学的学生，但是他只上了几个学期就退学参军了。在战争期间，他和母亲每隔一天就写一封信。他的母亲那个时期陷于失望的情绪中，因此他鼓励她不要放弃。[17] 由于那些大批发商拒绝给内布拉斯加家具店供货，罗斯成了家具“走私者”，坐着火车在整个中西部地区四处奔走，以高于批发价 5% 的价格从梅西百货公司和马歇尔-菲尔德公司大量购买家具。路易斯说：“他们能看出她很清楚自己在做什么，也很喜欢她，而且愿意向她介绍新产品，比如推荐一套刚刚上市的餐厅组合家具——这套家具很难做，价格不菲，但是她仍然买下了它。”罗斯说：“那些批发商越是抵制我，我越是努力工作。”[18] 你不可能拥有整个国家，这个国家属于每一个人，这是她的观点。[19] 慢慢地她开始憎恨那些大亨。“你落魄时，他们对你不屑一顾，”她说，“当你开始挣钱时，他们就会巴结你。呸，谁需要他们啊？”她的口号是：“薄利多销，诚实守信，童叟无欺，不拿回扣。”[20] 当她做成一桩买卖时，她会告诉手下人：“在他们还没有改变主意之前，赶紧给他们送货。”[21]

在突出部之役（又称阿登战役）中，路易斯荣获了紫心勋章。战后，他在 1946 年回到了奥马哈的家中，继续工作。他学会了做生意的一切技巧：进货、讨价还价、盘点、记账、运送和摆放商品等。对罗斯来说，没有人能比得上路易斯。她对雇员很苛刻，常常会大声呵斥他们：“你这个浑蛋！懒鬼！”但是，在她把这些人解雇后，路易斯会重新把他们找回来。

4 年后，商店的生意十分兴旺，但随后朝鲜战争的爆发，让销量急剧下滑。罗斯决定扩大业务范围，开始销售地毯以增加效益。她到芝加哥的马歇尔-菲尔德公司，告诉他们自己要为一栋大楼购买地毯。他们以 3 美元一码的价格卖给她 3 000 码莫霍克地毯，然后她以 3.95 美元零售给客户，是标准售价的一半，不过，她曾经对马歇尔-菲尔德公司撒谎这一事实似乎在多年后给她带来了麻烦。[22]

罗斯以比其他经销商低价的销售方式，成功地在地毯零售业占据了一席之地。但是，莫霍克地毯厂把她告上了法庭，控告她违反了最低价格政策——根据这一政策要求，生产商有权要求其零售商按照规定的最低价格销售产品。罗斯只身应诉。“我对法官说：‘我没钱请律师，因为没有人愿意为我辩护。法官大人，我在成本价的基础上加10% 的利润出售商品，这有什么错呢？我没有强迫客户购买啊！’”[23]审判只持续了一个小时，法官就驳回了对方的起诉。第二天，这位法官径直来到内布拉斯加家具店，购买了价值 1 400 美元的地毯。

尽管家具店销售地毯取得了成功，但出于战争的原因家具仍然滞销，罗斯仍然没法给供货商支付货款。最后，奥马哈一位友善的银行家韦德·马丁问她是否需要帮助。“我不知道该怎么办，”她说，“我不能拿这些商品当饭吃啊。”[24]于是，他借给她 5 万美元，借期 90 天，但是罗斯整夜睡不着觉，一直在担心怎么还钱的问题。她想到了一个主意，租借奥马哈市政礼堂，然后在礼堂里摆满沙发、餐桌和餐椅、咖啡桌、电视机等。她是一个精明的商人，她和路易斯在报纸上刊登了一则广告，极其真诚，却又利用了战时物资奇缺的特点。

> 这正是你所需要的！减价销售！紧缺商品？空话！我们不能拿它们当饭吃！我们必须卖掉它们。过去的 60 天里，我们采购了大量的商品，都没地方存放了。是的，我们进的货太多了，怎么办呢？我们不能吃了它们，通常我们在 6 个月里也卖不了这么多。因此我们要开展该地区有史以来最大规模的降价促销活动……45 000 平方英尺的地方，摆满了价格低廉的名牌产品，等着你来挑选。

这则广告吸引了许多人，就好像马戏团来城里表演一样。[25]仅三天时间，家具店就卖出了价值 25 万美元的家具。奥马哈的人们现在都知道罗斯·布鲁姆金和她的家具店就是打折家具的代名词。“从那天起，我就再也没有欠过一分钱。”她说。[26]

同年，伊萨多死于心脏病。罗斯和路易斯继续经营着家具店。渐渐地，“B夫人”成了奥马哈家喻户晓的名字。人们在生活中的每一个阶段都要光顾她的商场：结婚、购买第一套房子、孩子出生或者得到升职。布鲁姆金大量进货，降低开支，并且只赚取10%的利润。1975年，一次龙卷风把他们位于西区的商店的屋顶掀掉了，但是她和路易斯毫不犹豫地把所有商品全搬到城里的商店，继续营业。“如果你的价格最低，即使你在河底，他们也会找到你的。”她说。他们确实会这样的。有一次，商店起火，她就给消防员送了几台电视。[27]

“B夫人”知道如何做一件事情后会立即去做，不会犹豫不决、反复琢磨。她会买下标价5 000美元的桌子或者签30年的租约，购买房产或者解雇员工。她不会停滞不前，只是不断发展。她做事十分专注，如果你做的事达不到她的标准，即使只差一点儿，她都不想和你谈论它。她十分清楚自己擅长什么，在那些事情上，她不愿意欺骗自己。

到1980年初，罗斯和路易斯·布鲁姆金已经打造了北美最大的家具城。在这块3英亩的地方，他们每年可以销售1亿美元的家具，是同等规模商场的10倍。[28]从那时起，每年的销售额都会增加，无论经济形势是好是坏，无论奥马哈繁荣还是萧条。[29]当她开始创建家具城时，奥马哈那些在她之前曾经兴旺发达的竞争对手，全都销声匿迹了。其他的经销商来到这个城市，想同她竞争。罗斯仔细调查了他们的展销厅，然后和路易斯发起打折大战，导致他们最终破产，不得不落荒而逃。“B夫人”的家具商场垄断了该地区一半的市场——比西尔斯百货公司、蒙哥马利·沃德百货公司、塔吉特公司以及其他所有的家具和用品零售商加在一起还要多，甚至艾奥瓦州、堪萨斯州和达科他州的客户也开始驱车到她的商场采购。

她全都是靠自己发展起来的，她的客户越来越广泛，停车场上停满了从 100 英里以外赶来采购的人开来的汽车。[30]

罗斯现在成了著名的“B 夫人”，甚至她的家人也这样称呼她。她每天早上 5 点起床，早饭只吃水果和蔬菜，从来不喝酒。但几丝白发已悄然出现在她打着发蜡的黑色发髻中，随着她以年轻女人的活力在商场里健步如飞地四处走动，时不时地她还要通过大喊或挥动手臂来强调某事。随着她在谈判中越来越强势，她对那些供货商也越来越狠。“7 美元？如果这样，我们明天就会破产。”她对一个报价嗤之以鼻。[31] 以前那些对她不屑一顾的批发商现在都拜倒在了她的脚下，祈求她的原谅。她很喜欢这种感觉。

如果你想卖给她 2 300 张茶几，她在一分钟内就能决定她可以付多少钱，多长时间能卖出去……然后她就会从你那里进货。她会拖到最后一刻，这时暴风雪即将来临，你要离开该死的奥马哈，不能误了航班。她可是个十分不好对付的人。[32]

她一周工作 6 天半。“这是我的习惯。”她说。在她的头脑里，商品展销厅就是她的家。她的二女儿辛西娅 · 施奈德在装修母亲的房子时，摆放家具的方式都“和商场里的陈列方式一样”，因为“这是唯一可以使她感觉舒服的方式”。[33] 灯罩仍然用塑料盖着，有些家具还挂着价签。“我只用厨房和卧室，”B 夫人说，“我迫不及待地等着天亮，这样我就又可以去工作了。”

在周日的下午——一周里她唯一不在商场的时候，她开车带着路易斯在城里四处转悠。“我看着其他商店的橱窗，”她说，“计划着对零售店主展开攻势，思考着‘我们给他们多少钱’之类的问题。”[34] 她说，自己之所以这么努力工作，都是受到她母亲的激励。她的母亲曾在苏联经营一家杂货铺。以前罗斯每天醒来都能看见母亲在洗衣服，或者凌晨3点在烤面包。“为了赚3分钱，她会背着100磅的面粉走过20个街区，”她说，“这让我伤心不已。”[35] 因此，她对难民和移民有一种亲切感。有时她会安排他们在财务部工作，并且告诉他们：“算账不需要英语也能干。”[36]

1982年，《奥马哈世界先驱报》对她进行了一次采访。她说这么多年来好几次有人想收购她的公司，都被她拒绝了。“谁能买得起这么大的一个商场呢？”她告诉路易斯，伯克希尔提过一次。巴菲特在几年前就同她谈过，但她却告诉他说：“你得想法把它偷走才行啊！”[37]

一年后，巴菲特听说布鲁姆金家正在同德国汉堡的一家公司洽谈，该公司经营着世界上最大的家具城，同他们的运营方式一样。布鲁姆金家族要出售了！“你不用想就知道这真是太好了，能够同B夫人合伙可真是求之不得啊。”巴菲特说。[38]

也许这次他们是认真的。在20多年前，罗斯曾经把巴菲特叫到她的商场，对他说她正在考虑出售商场。巴菲特真的想为伯克希尔买下这个家具城。他走进商场，看到一个矮矮胖胖的妇女正在训斥一群男人，他们靠着墙站着：那些都是她的孙子、女婿和侄子们。她转过脸来对巴菲特说：“看我身边这些家伙，如果我把商场卖给了你，你可以把他们赶走。一群没用的懒蛋，他们都是我的亲戚，我不能赶他们走，但你可以赶他们走，一群懒蛋、懒蛋、懒蛋。”

“她就这样训斥着他们，将近一个小时。‘懒蛋’这个词重复出现了好多次。”这些人早已经见怪不怪了，无动于衷地站在那里。“然后，她就打发我走了。我已经表达了我的目的。”巴菲特曾一直渴望着买下这个商场。[39]

“她认为只有路易斯最能干，并且十分完美。”当她表扬路易斯时，通常会这样说：“哦，太棒了，你做得真是太棒了。”[40]

如果布鲁姆金家族打算出售其商场，现在正是时候。B夫人的两个膝关节都已经做过置换手术，她把大部分日常工作交给了路易斯打理，但她自己仍然掌管着地毯部。“地毯业务吸引着她，令她着迷。”路易斯说。[41] 如果有人要为一个 9 英尺 ×12 英尺的房间购置地毯，她会报出加了税、给优质客户打完折的价格，而这只需要几秒钟。她仍然会突然视察家具部门，甚至家人都经常不敢肯定他们自己的家具什么时候就会被她卖了。有一次，罗斯给女儿打电话，告诉她赶紧把“放玩具的柜子清理出来”，因为来了个顾客。“当我下定决心时，”她说，“我不想一无所获。这是我的习惯。”[42] 巴菲特先去找路易斯谈了谈。路易斯说：“你应该去见见我的儿子罗恩和艾文，将来他们要接管商场。”

巴菲特把罗恩和艾文请到他的办公室，同他们建立了联系。他给路易斯写了一封信，陈述了他们把商场卖给伯克希尔的利与弊。他写道，布鲁姆金家族不应该草率出手——他在用极其真诚的态度和他们打交道。“如果你们决定现在不出售，那么不久以后你们就很有可能赚到更多的钱。明白这一点，积蓄力量，然后从容不迫地寻找让你们称心如意的买主。”

接着，他写出了自己的真实想法。他们可以卖给任何的家具公司，或者同一行业的其他人。但是“这样的买主，无论他们做出什么许诺，通常都会违背诺言，有些经理认为自己知道怎么管理你们的商场，因而迟早会插手实际的运作……他们有自己做事的方式，即使你们的业绩毫无疑问比他们的还要好，但从某种意义上来说，人类的天性仍然会使他们相信自己的方法更好”。

随后，“他们就会在财务方面做出重大的举措，通常贷大量的资金来运作，并计划将商场再次出售，要么卖给公众，要么卖给另一家公司，只要时机有利，他们就会出手，”他写道，“如果卖主的唯一动机是套取现金，或者放弃他们的业务，那么任何一种买主都能令人满意……但是，如果卖主的产业是其一生创造的结晶，已经融入了他们的个性，和他们的生活密不可分，那么这些类型的买主都有严重的不足”。

“任何买主都会告诉你，他需要你做合伙人，并且如果他很有头脑，他当然需要你。但是许多时候，出于上面讲到的原因，他们不会按照这种方式来行事。而我们会严格遵守我们的承诺，因为我们承诺过了，并且我们也需要这样做。”

巴菲特解释说，如果他买下了商场，他想让布鲁姆金家族继续做他的合伙人。如果他们回过头后感觉很遗憾，那这次的交易对每个人来说都是很失望的，包括他自己。他告诉路易斯他只插手两件事：资金分配，以及选择“最高管理层”并为其支付薪酬。

巴菲特还有其他的优势，他不是德国人。虽然德国公司的报价高达 9 000 万美元，但是 B 夫人横跨亚洲，穿越 9 000 英里，就是为了躲避对犹太人的大屠杀，因此卖给德国公司是会受到诅咒并被逐出教门的。最后，布鲁姆金家族同意将公司卖给伯克希尔，巴菲特立即驱车前往那个 20 万平方英尺的大卖场签署协议。到那里后，他发现 89 岁高龄的罗斯正开着三轮高尔夫球车，满商场转悠，对她的雇员咆哮道：“你们这些废物！我一个子儿也不会给你们的。”而路易斯和她的三个女婿就站在旁边看着。[43]

“我甚至不想进行评估，”巴菲特说，“B 夫人，你说什么，就是什么，我相信你的话。”

B 夫人看着她的女婿们，他们正靠着墙站着，有一个至少比她高一英尺。“诺曼同弗朗西斯已经结婚 41 年了，”她说，“杰里同西尔维亚结婚也有 36 个年头了。查尔斯同辛西娅是 39 年前结婚的。我告诉这些孩子：‘我不收退货。’”

她的女儿们拥有 20% 的股份，并且已经在这项协议上签了字。这些女婿都不傻，他们知道从德国人那里可以得到更多的钱。她对他们咆哮着：“告诉我你们打算要多少钱，我会给你们的。”她想把钱一分，然后把他们赶走，这样公司就成了路易斯的了。女婿们靠墙站着，浑身发抖，甚至想溜走。接着，她说公司 90% 的股份价值 5 500 万美元。“我不懂股票。”B 夫人说。她想要现金。女婿们一声不吭地站在那里，但是他们可能也在想，只要签完销售协议，一得到钱，就会从这里滚出去的。

“她真的很喜欢我，并且相信我。她只要对某个人的看法确定了，就不会改变。”巴菲特知道她会在眨眼之间做出决定，并且永不反悔，因此他没有什么风险了，但是，“在签约后，我告诉 B 夫人：‘如果你改变了主意，也没关系。’我永远也不会告诉其他任何人，我只是感觉到，这个产业是她生命的一部分，如果在签约后她有理由不想这样做，可以反悔——我不想让她感觉受到了约束。不过她说：‘我不会改变主意的’”。

“离开时，我告诉路易斯：‘你妈妈的口音太重了，有时我都没有完全听懂她在说什么，我最不希望的就是误解了她的话。’而路易斯说：‘别担心，她能听懂你的话。’”

“交易完成后，我说：‘B 夫人，我有句话要告诉你，今天是我的生日。’”巴菲特时年 53 岁。“而她却说：‘你可是在生日这天买到了一个油井啊。’”

布鲁姆金家族从来没有查过账，而巴菲特也没有要求他们这样做，他没有盘点货物或者查看详细的账本。交易结束后他们握了握手。“我给了 B 夫人一张 5 500 万美元的支票，而她给了我她的保证。”他说。[44] 她的保证几乎就和英格兰银行一样可靠。不过，巴菲特仍然希望罗斯保证自己不会后悔。

合同只是一页卡内基式的文件。开头这样写道：“你拥有内布拉斯加家具城100%的股份，这是一家十分成功的家具和日用品零售商场……伯克希尔-哈撒韦长期以来十分尊敬你们所做出的成就，因此提议从你们手中购买这一优质股票90%的股份。”[45]为了宣布这一交易，巴菲特举行了一次新闻发布会，播放了公司成长历史的录像。在看录像时，B夫人的眼睛湿润了。[46]

巴菲特找到了一件不同寻常的收藏品，把它加入他感兴趣的收藏之中，而B夫人不屈不挠的意志、艰苦奋斗的创业史以及独具特色的个性力量则使他产生了敬畏之情。[47]“亲爱的B夫人，”他这样称呼她，“我已经向路易斯和他的孩子们许诺过，这项交易会让所有的家庭成员都感到高兴，从现在起5年、10年、20年之内，甚至更长远，我向你做出同样的承诺。”[48]

巴菲特许诺给B夫人更多的自由，她已经习惯了全面控制和秘密运作，不希望巴菲特把她的财务状况公之于众。他向她保证，当伯克希尔-哈撒韦根据法律要求向美国证券交易委员会陈述财务状况时，不会将家具商场的账目单独上报。

巴菲特丝毫不担心他本人或者他的下属不会从美国证券交易委员会那里得到豁免。巴菲特是一个和蔼可亲的老板，从来不发脾气，从来不反复无常地改变主意，从来不对任何人说一句脏话，从来不责骂或者批评他的员工，对他们的工作也从来不猜疑，总是充分放权，从不干涉。在他看来，如果一个人很聪明，他会做好一切。查理·芒格说：“沃伦不给人压力，他只是激发别人。”戴尔·卡内基说要给人们一个良好的声誉，这样他们就会朝着这个目标要求自己，巴菲特对这一经验十分理解。他知道怎样激发手下人实现卡内基式的伟大成就。

他对员工讲的话大意是这样的：

你太出色了，这份工作一点儿也不会花费你太多的时间，并且也不会太费精力。当然，你在下一封信中要把它提交给我。因为这项工作正好是你的强项，再找三个人也比不上你。[49]

维恩·麦肯齐刚刚把蓝筹印花公司一团乱麻的复杂关系整理清楚，就被委派了一件费力不讨好的工作——说服美国证券交易委员会发布一项豁免，准许B夫人免于审计的烦扰，这样就不用将她的财务秘密暴露在伯克希尔-哈撒韦的股东面前。麦肯齐开始费尽心机地研究那些烦琐刻板的政府条例，而巴菲特却信誓旦旦地鼓励他，说这对他简直就是小菜一碟。[50]

同时，巴菲特很喜欢创新的工作，笼络新人。他很快就喜欢上了路易斯和他的那些“男孩儿”，他开始在晚上8点30分开车到72号大街等着商场关门，然后，他会同路易斯、罗恩和艾文一起吃晚饭，连续几个小时谈论家具和营销。他开始带着那些“男孩儿”以及他们的妻子一起休年假。

当年秋天，巴菲特集团成员乘坐“伊丽莎白二号”游轮在北大西洋度假，波涛汹涌的海浪差点儿把船掀翻。当巴菲特的一些朋友被告知要为这次旅行提前支付125美元，并且要带上小礼服参加几次正式的宴会时，他们很是震惊。乔伊·鲁安被这一架势给吓住了，带着17个箱子来参加。[51]船上的食物只能算是“二流的”，其中一个成员说，日程既安排了惯例的活动，又有新加的活动：《财富》杂志的记者温德姆·罗伯逊，也是该集团的成员，谈了谈通货膨胀期间的投资；针对股票期权进行了讨论；乔治·吉莱斯皮和罗伊·托尔斯离婚分割财产的协议成了一个热点话题；汤姆·墨菲谈了谈大都会传媒公司同哥伦比亚广播公司的有线电视部门的激烈竞争；查理·芒格谈了谈本杰明·富兰克林的思想；巴菲特谈了谈用“博弈论”解决经济问题的方法，这一理论基于一位先驱型的经济学家亚当·斯密“看不见的手”的理论[52]——该理论认为人们在致力于增加自己的收益时，相应地也会为大家带来收益。

一直以来，巴菲特很喜欢给朋友们讲述B夫人的传奇故事和她惊人的家具城，这也是他刚刚为自己买进的赚钱机器。然而，他几乎被埃德·安德森的演讲抢了风头，安德森的讲话使这些假装正经的成员——大多数的人——差点儿从椅子上掉下来。当时他解释了为什么要资助人类的性研究，还一本正经地讲述了一个变性人的故事：那人在做完变性手术后，把自己切掉的器官放到一个瓶子里收藏起来。

然而巴菲特集团的成员还是从椅子上掉了下来。除了那些因晕船而在包厢休息的人以外，其他人都被困在了大厅里，盘子从桌子上滑下来，烟灰缸滑落一地，在暴雨和强风的摧残下，游轮在海面上随着波浪摇摇晃晃，而他们却听了无数遍“永不沉没”的B夫人的故事。巴菲特集团本来计划抵达英格兰后上岸悠闲地待几天，但是他们一抵达南安普敦，里克·格林就搭乘飞机回了纽约。

虽然经历了大风的怒号，讨论了本杰明·富兰克林的训诫、离婚协议以及瓶子里的阳具，一条信息却清晰地闪现出来：巴菲特对罗斯·布鲁姆金的爱戴和尊敬。[53]巴菲特为她做了个计划——他要把白发苍苍的罗斯变成灰姑娘，并且让巴菲特集团成员拉里·蒂施作为幕后策划人。

在纽约大学董事会成员蒂施的帮助下，克莱顿大学和纽约大学为罗斯授予荣誉学位。[54]在克莱顿大学，B夫人激动不已，用手掩面，在台上大哭不止，并且连连说着：“哦……哦……我做梦都没有想到过。”[55]然后，她说起了美国，这个使她梦想成真的国度。她给毕业生的建议是：“第一，要诚实；第二，努力工作；第三，如果你不能立即找到想要做的工作，那就告诉他们你什么都愿意干。如果你很优秀，他们会雇用你的。”[56]

在到纽约大学参加典礼时，罗斯的家人们都很小心，以避免让她看到酒店的价格，因为她以前曾经来过纽约，并一直认为如果价格超过 75 美元就太可恶了。[57] 她让路易斯带她去看看埃利斯岛[a]和地兰西街，但是参观城市也是很麻烦的事，因为她觉得出租车的价格有些欺人。[58] 在授予学位的那天早上，B 夫人身穿长袍参加了盛况空前的毕业典礼，她同参议员丹尼尔 · 帕特里克 · 莫伊尼汉和诗人奥克塔维奥 · 帕斯一同被授予荣誉学位。

尽管纽约大学的典礼庄严神圣，但是在被问到更喜欢哪个荣誉学位时，罗斯毫不犹豫地回答是克莱顿大学的，也许是因为他们从她那里购买了地毯吧。

不久之后，伯克希尔的审计员做出了内布拉斯加家具城的第一本财产目录——商场价值 8 500 万美元。B 夫人在以 6 000 万美元的总价（包括他们仍然保留的股份）把商场卖出去之后，一直悔恨不已，但是在接受 *Regardie's* 杂志采访时，她说："我不会反悔的，不过我很吃惊……他（指巴菲特）一分钟都没有考虑（在接受报价之前），但他肯定研究过，我敢打赌他知道。"[59] 当然，巴菲特不可能准确"知道"内布拉斯加家具商场值多少钱，但他的确知道这个价格有很大的安全边际。

不管怎样，他现在几乎把自己当作这个家族的一员了。当 B 夫人即将 90 岁时，家具商场搞了一次大促销，在当地的报纸上连续几天整版刊登广告，每年她的生日时都会这样做。而巴菲特会拿她生日促销的日期开玩笑。

> 她按照犹太教的日历计算生日，因此每年日期都不相同。我曾经还拿这开过玩笑，它确实每年都不在同一天。但是，我说她确定

a. 埃利斯岛（Ellis Island），原美国移民局的驻址，也是美国移民历史的象征。——译者注

生日的原则是根据她什么时候最需要扩大销售，她的生日相当灵活。她顽皮地一笑，然后看着我说：“哎呀，你不懂犹太教的日历嘛。”

然而，不到两年的时间，这个童话故事就变了味儿。不屈不挠的B夫人当着顾客的面向罗恩和艾文怒吼，骂他们是懒蛋。由于她过过艰苦的日子，不得不努力地工作，因此，没有谁比她更了解生意。但是渐渐地——并且也是可以理解的——那些“男孩儿”开始拒绝同她说话。

最后，在她95岁高龄时，孙子们把她的地毯经营权也剥夺了，她勃然大怒。这是她最后的一根稻草啊。“我是老板，但是他们从来都不告诉我什么。”[60] 虽然这样说，但她最终还是放弃了。她把一直没有支付的96 000美元假期工资拿到手，然后离开了商场。[61]

但是当她一个人坐在家里时，她感觉“极其孤独，无所事事，快要疯了”。[62] 在报纸的采访中，她把孙子们斥责为“笨蛋”，甚至骂他们是“纳粹分子”。[63] 她暗示要到北加利福尼亚州的高点家具卖场去，那是家具业最大的展销会。她突然决定再开一家商场，就在刚刚翻修过的家具城的对面。在这里，她举行了一场“车库销售”，仅一天的销售额就高达18 000美元，她甚至“把一些自己的东西也拿去卖了”。[64] 几个月后，“B夫人的大商场”还没有正式开业，但是每天的收入就已经达到3 000美元。

当地一家报纸在采访时问她如何应对迫在眉睫的争夺顾客大战，她咆哮着说：“我要让他们走着瞧！”当有人说她的新商场没有足够的停车位时，她指着对面商场的停车场说：“停到那里去，他们不会注意的。”很快，她就和孙子们展开了停车场大战。她竖起一个广告牌，上面写着：“他们标价104美元，我们只要80美元。”[65] 当美国广播公司《20/20》节目的主持人鲍勃·布朗向她提及内布拉斯加家具城时，她说："我倒是希望它被烧成灰烬，我希望他们都下地狱去……"[66]

早先的某个时候，巴菲特曾经说过："我宁愿和灰熊摔跤，也不愿意同B夫人和她的子孙们有冲突。"[67]同以往一样，面对朋友之间的关系破裂，他拒绝支持任何一方。B夫人认为他不忠诚。"沃伦·巴菲特不是我的朋友，"她告诉一个记者，"我每年给他赚1 500万美元，但是当我同孙子们意见不合时，他却不支持我。"[68]痛苦折磨着巴菲特，他不能容忍任何冲突，不希望同任何人关系破裂。

在路易斯的母亲罗斯看来，路易斯不会做任何错事，但是他也没办法说服她。"她认为在这里她失去了控制权，她快要气疯了。"他说。

"他总是对他妈妈很好，"巴菲特说，"她无法接受自己失去控制权这一事实，这对她来说是世界上最艰难的事情。并且她不得不放弃她钟爱的事业，这也让她十分生气。"

两年后，B夫人的商场尽管规模仍然很小，却在一点点地发展，已经威胁到了家具商场的生意。最后，路易斯再次出面调解。"妈妈，"他说，"你最好把这个商场卖给我们，我们之间互相竞争没有一点儿意义。"[69]因此，罗斯打电话给巴菲特。她十分怀念家具商场，也很怀念家人。与家人分开独自居住，让她感觉很孤独。她说："我错了，家庭意味着更多，我不仅仅需要自尊和生意。"B夫人告诉巴菲特她想回来。于是巴菲特提着一箱喜诗糖果，抱着一束粉色的玫瑰花去看望她。他提出支付给她500万美元，仅仅为了使用她的名字和她的租约。

他加了一个条件：这一次她必须签署一份禁止竞争协议，这样她就永远不能再和他竞争了。他觉得自己以前要是这么做就好了。他同99岁高龄的老太太签署一份这样的协议真是荒谬至极。然而，巴菲特十分现实，这份协议巧妙地把B夫人限制住了。如果她退休了或者出于其他原因生气而退出，不论她当时多大岁数，从那以后 5 年之内她不能同巴菲特以及她的家人竞争。即使她活到了 120 岁，巴菲特也不用担心。“我认为她可能会活得很长久，”他说，“不过我有 5 年时间就行了。”

B 夫人仍然不会读写英语，不过，别人向她解释了这份禁止竞争协议，她用自己独具特色的标记在上面签了字。这一和解协议轰动一时，成了报纸的头条新闻。“接着，我要确保她永远不会发脾气。”巴菲特说。他开始假惺惺地讨好这位新雇员，使她高兴，这样她就永远都不会退出，从而保证禁止竞争协议能够一直实施下去。

1993 年 4 月 7 日，大奥马哈商会的商业名人堂建成开幕，罗斯被列入其中。和她一起入选的还有巴菲特、彼得 · 基威特和其他几位商业大亨。之后不久，巴菲特双膝微颤，战战兢兢地登上高地俱乐部的舞台，为庆祝 B 夫人的百岁生日而献歌，这是他有生以来第一次公开表演。他还给当地一家剧院捐了 100 万美元，因为 B 夫人正在翻修这家剧院。

没有人敢相信，沃伦 · 巴菲特竟然捐了 100 万美元！

所有人都对罗斯 · 布鲁姆金大唱赞歌，但是没有一句能让她飘飘然，甚至沃伦 · 巴菲特给她捐助的 100 万美元也没有冲昏她的头脑。她感觉自己的一切，所有的财富、好运，全都应该归功于这个国家，是它为她提供了所有的机遇，造就了她的成功。在家族的活动上，她一直坚持唱那首她最喜欢的歌曲《天佑美国》，每次都会唱，有时还不止唱一次。

“我觉得承受不起这一荣耀。”对这些赞誉，她反复谦虚地说。[70] 可是人们却认为这一荣耀，她当之无愧。

45

拖车政策

奥马哈　1982—1989 年

从“伊丽莎白二号”上下来，巴菲特开始给妻子苏珊讲故事，主题可能是B夫人的逸事，也可能是巴菲特自己杜撰的发生在很久之前的故事。从这一点上来看，股神和其他人没有什么区别。尽管那时苏珊已经和巴菲特分居，但两人的关系没有发生太大的变化，他们几乎每天都要通电话，苏珊更是把这部被称作“热线”的电话安在了自己的公寓里。每次电话响起，苏珊都禁不住要跳起来：“那是沃伦的电话！”即便是与朋友在聊天，不管对方是谁，苏珊都会把巴菲特放在第一位，当然在巴菲特不需要苏珊的前提下，苏珊的所有时间还是属于自己的。

与巴菲特分居后，苏珊曾在纽约的格拉姆西塔附近找了一间不大的公寓作为住所，后来她又搬到了位于华盛顿大街的有轨电车沿线，新住所可以看到附近海湾迷人的风景，更重要的是，这里离小儿子彼得的住所很近，彼得和他的妻子以及两个女儿就住在这里。那时的彼得依然在为自己的音乐梦想而奋斗，为了支付房租，他对外出租了音乐工作室，同时也开始为别人创作音乐——只要对方肯付钱，这些客户中有学生电影社团，还有一家叫“西部影音”的唱片公司。[1]

20 世纪 80 年代初期对于苏珊来说是一段痛苦的日子，她先后失去了自己的双亲。1981 年 7 月，父亲汤普森博士离世，仅仅过了 13 个月，苏珊再次面临亲人离开的悲痛，母亲多萝西·汤普森也告别了这个世界。苏珊沉湎于失去父母的悲痛中不能自拔，她的心灵和生活都受到了巨大的打击。过了很长一段时间，这种情况依然没有丝毫改善的迹象，反而变得更加严重。意识到这些变化，巴菲特不再对苏珊的某些做法感到不理解了，他把苏珊的要求全都看作理所应当的，这个他希望去保护、去呵护的女人已经把一部分注意力转移到了奢侈品消费上，而这些钱都出自巴菲特的钱包。苏珊年轻的时候，最喜欢购买的是各种各样的祝福卡片，但是现在，苏珊更喜欢把钱花在那些知名品牌上，比如著名的皮鞋品牌波道夫。[2] 波道夫每年推出的新款皮鞋成了苏珊的最爱，一向吝啬的巴菲特在这个问题上似乎开明了很多，因为一个近似于无情却又不争的事实是，巴菲特之所以能够掌管这么一大笔财富完全是因为苏珊的鼎力支持——无论什么时候，只要苏珊想用钱，不需要任何理由，她完全可以按照自己的意愿去花钱。面对两件皮草外套，苏珊不禁问道：“为什么我要选择买哪一件，非要给出一个答案呢？”而这个问题的答案很清楚，她根本不需要选择！

物质消费对于苏珊来说只是一方面，苏珊的资金更多的还是流向了她的朋友那里，她更多的时候还是为朋友们花钱。虽然苏珊的这些朋友肤色不同，都不富裕，但是朋友的数量却在不断增加，而且没有人愿意离开这位巴菲特夫人。彼得大学时代的女朋友也一度在苏珊身边工作，担任她的秘书，而且一做就是几年的时间，直到彼得与女友即将订婚，苏珊与她的合作才趋于结束。随着朋友数量的不断增加，家族规模的不断壮大，越来越多的朋友、家人，包括苏珊在旧金山的随行人员总是伴随在她的左右，要是换作一般人，早就被这样几乎没有个人空间的生活击垮了，但是苏珊并不是我们眼中的一般人。离开奥马哈后，拥有巨额财富的苏珊开始了自己的“魔幻”之旅，手中的金钱就像是魔法学徒手中的扫帚一样无所不能。圣诞节前，巴菲特问苏珊：“今年的圣诞节你需要多少钱？”苏珊的回答是7.5万美元。[3]听到这样一个答案，巴菲特很快就在支票簿上签了字。

在苏珊的若干朋友中，最能受到她贵宾礼遇的就是那些艺术家了，尤其是那些创作型的人才，那些苏珊认为潜能尚待开发以及天赋没有得到足够认可的人，艾德华·莫尔达克就是其中之一。擅长当代油画的莫尔达克最喜欢运用明快的色彩进行创作，而这正是苏珊欣赏的。在这些人中，还有一个人得到了苏珊的特别关照，他就是比利·罗杰斯，他既是苏珊的外甥，也是最能给苏珊制造麻烦的人。罗杰斯是一位爵士乐吉他手，才华横溢的他曾先后与不同的乐队、组合合作，也曾担任过美国蓝调传奇歌手B. B. 金的伴奏，他的音乐生涯中最大的成就就是作为美国爵士乐团“十字军战士”的一分子，但是罗杰斯的音乐之路却毁于毒品。结婚后，罗杰斯育有一子，他把家安在了洛杉矶，之后几年他在美国西海岸着实找回了昔日的风光，但是在这个过程中，罗杰斯从来没有完全戒掉毒瘾，戒毒一段时间后的复吸只能使情况更加糟糕。但苏珊从来没有放弃他，在对待罗杰斯的问题上，她总是持乐观的态度，即便罗杰斯因为吸毒把自己搞得混乱不堪，苏珊对他的态度依然很坚定，因为在她眼中，罗杰斯就是自己的孩子。

1984年，艾滋病在美国已呈蔓延的趋势。在2 000多名患者因此丧命、2 000多人感染的情况下，苏珊决定投身到这场抗击艾滋病的战争中，她的工作重点就是那些旧金山的同性恋者，在当时艾滋病被称为“同性恋癌症”[4]。那时，人们对于艾滋病的认知还远没有达到现在的程度，对于艾滋病的传播方式也有很多误解，这样的大背景让人们对艾滋病的抵触情绪完全转移到了那些同性恋者身上。而这种抵触情绪不断上升，最后演变成了近乎歇斯底里的反对，人们认为那些性取向有别于常人的同性恋者应该受到上帝的惩罚。[5]就在这个时候，苏珊出现了，那些之前被家庭和朋友遗弃的同性恋者从苏珊那里得到了母亲般的温暖，巴菲特夫人再一次跨越了社会伦理的界限，在艾滋病成为一场灾难、行将暴发的初期，人们总是能看到这样一种景象，一个富家已婚女性频频出现在身患艾滋病的同性恋者身旁，俨然是他们的庇护者，而这个人就是苏珊·巴菲特。[6]

正因为如此，苏珊在旧金山的生活才变得非常紧张，这更需要一种平衡：在她与巴菲特分居的6年里（1977—1983年），在公开场合，苏珊依然是沃伦·巴菲特的妻子，但是现在，苏珊却徘徊在离婚和再婚的门口踌躇不前。知道苏珊处境的人也许会认为苏珊为了取悦周围的人而继续选择待在这个犹如牢笼的婚姻城堡中。在他们看来，苏珊这样做就是为了麻痹自己，让自己不去想真正希望得到的是什么，他们认为苏珊是那种永远都不会把自己真正的心理需求说出来的人。但是当人们亲自看看苏珊过去的生活经历时，他们才知道这种臆想的猜测是错误的，苏珊是那种从来不会向任何人屈服的人，她可以把自己的精力分成几份，同时处理几种不同的人际关系。苏珊完全有理由让人们相信她有能力处理好身边的人际关系，但她有时又把这种自信转化成了自负。在苏珊的生命中不仅仅有沃伦·巴菲特，还有另外一个男人。当越来越多的人知道苏珊这个秘密时，苏珊自己也很难说清楚，与身边的这两个男人到底是什么关系，事情似乎变得越来越难以控制，而且超出了她的控制范围。

1983年底到1984年初，苏珊和她的网球教练约翰·麦凯布一同前往欧洲旅行，旅行的过程中苏珊不仅结识了很多欧洲的朋友，也认识了很多来自奥马哈的同胞。一时间，苏珊的两种不同生活方式在美国产生了巨大的反响。1984年3月，苏珊返回奥马哈参加巴菲特母亲利拉80岁寿辰的庆祝活动，其间，苏珊并没有向巴菲特隐瞒自己的情史，告诉沃伦自己离开奥马哈搬到旧金山居住和另外一个男人有关，但同时她也承认这不是离开的全部原因。听到这个消息，巴菲特意识到这段类似于婚外恋的故事似乎已经成为过去，巴菲特还感觉到苏珊所说的这个男人是在她离开奥马哈后认识的。[7]

即便苏珊向巴菲特坦承了自己的情感遭遇，她也是有所保留的，她没有把自己的秘密完全告诉这位股票巨人，苏珊的心里已经很清楚，在巴菲特和网球教练之间，她选择了前者。她永远不会离开巴菲特，两人的婚姻也将继续下去，她没有离婚的打算。

当巴菲特得知这一切的时候，他并没有难过得选择自杀，尽管看上去似乎他有些放弃人生的念头。这件事情对他的打击是巨大的，几乎在一夜之间，巴菲特就瘦了10磅。那段时间里，他需要承受太多的打击，其中就包括他知道苏珊把自己辛辛苦苦挣来的钱放心地交给另外一个人使用，要知道如果巴菲特预先清楚这件事，他是打死也不会同意的。也就是从这一天开始，巴菲特对位于加州拉古纳海滩的住所感到厌倦了，其实从一开始，他对这里就不是很有好感。

在母亲利拉的生日宴会上，巴菲特看起来很憔悴，但他给人的感觉还是与之前那些家庭聚会里的巴菲特别无二致。在家里，他与同居女友阿斯特丽德·门克斯的关系没有任何变化，后者并不知道巴菲特究竟出了什么事，而到了伯克希尔总部，巴菲特就把自己关在办公室里，用工作来麻痹自己。尽管自己对婚姻的全部幻想在这一刻成为泡影，但是巴菲特从来没有把这种想法告诉任何人，他选择了把这一切埋在心里。

家事如此，巴菲特此时的事业同样麻烦不断，伯克希尔工厂维持下去的希望变得越来越渺茫。尽管工厂里的细纱机并没有停止转动，但这仍然无法掩盖工厂败落的事实。老式织布机像是一堆废铜烂铁拼凑起来的古董，缝纫机工作时发出的声音更像是一辆在纺纱间行驶缓慢的火车。当时工厂里只剩下 400 多名工人，他们中的相当一部分人是葡萄牙人的后裔，尽管专业技术优秀，但是他们年纪偏大，很多人都已经五六十岁，而且他们的英语也讲得很差，再加上长期在嘈杂的纺织车间工作，很多人的听力受到了不同程度的影响。当时的情况是，如果巴菲特不去购买新的细纱机和纺织机等设备，工厂连一锭纱也生产不出来，其结果也就可想而知了。1985 年巴菲特关闭了伯克希尔工厂。[8] 如果更换新设备，工厂大约要出 5 000 万美元的资金，而巴菲特最终还是选择拍卖那些老设备，不过拍卖款总额只有 163 122 美元。[9]

工人们对巴菲特做出这样的决定也感到十分不解，他们希望在合同解除后得到相应的赔偿金，但是工人们得到的补偿只是几个月的工资。他们希望面对面地与巴菲特做个了断，但是却被后者拒绝了，工人们认为老板这样的做法很无情，但又能怎么样呢？也许巴菲特根本没有见这些员工的勇气。

当然，这不是工人们的错，当新机器出现的时候，工人们只能是任人宰割的羔羊，是自由市场改变了他们的身份。如果你已经 55 岁了，而且不会讲英文，只会讲葡萄牙语，你又能怎么样？在纺纱车间工作了 30 年，你的听力已经不能和常人相比了，所以你只能接受被淘汰的命运。也许有人说可以把这些工人送去培训，让他们接受培训后再回来就业，但是别忘了他们的背景，有些人学学初中的课程就能成为一名电脑维修师，但我们的工人不是这样！

我们的工厂放弃他们，并不意味着他们将因此失业，自由市场可以帮助他们重新找到就业机会，他们也给这个社会带来了很多积极的东西，只是我们需要一个完整的保障体系。归根结底，还是社会得到的利益最多，但同时社会也应该为出现的问题负责！

尽管当时的社会保障体系还不健全，但巴菲特并没有为这样的社会现实收拾烂摊子的意思。不管工人们得到的补偿金有多少，巴菲特认为那些都是工人们应得的。“市场并不完善，你绝不能指望这个社会能给你一份很体面的工作！”

由于巴菲特最终选择关闭工厂，纺织业也成了伯克希尔–哈撒韦成立初期资本积累过程中不堪回首的往事。根据巴菲特的规划，他认为保险业可以推动伯克希尔–哈撒韦未来的发展。在 20 世纪 70 年代，巴菲特把若干家小保险公司整合起来，新公司也因此成为国民赔偿公司的一个重要支柱。这个决定在当时曾被人称道，但若干年后，公司的发展方向却被认为远远偏离了正轨，这样的发展策略也被认为是错误的。

之后，巴菲特身边发生了很多事情：最开始，巴菲特的好友杰克·林沃尔特选择退休，之后国民赔偿公司发生了诈骗事件，特别是后者带给公司的影响是巨大的，经济损失超过了 1 000 万美元。尽管公司也在诈骗案发生后追回了部分损失，但这些只是保险公司所有问题的开始。20 世纪 70 年代初期，巴菲特购买了不少的家庭保险公司和自主保险公司，但是这些收购并不成功，最后，这些公司不得不由其他人接手。尽管如此，这也几乎成了巴菲特所有保险公司的发展模式，也就是我们在这章标题中提到的“拖车政策”，先让这些公司陷入困境，然后求助于拖车，也就是让第三方来帮助它们脱离困境。这就像利用绞车从泥沼中拖出笨重的物体一样。除此之外，伯克希尔还和加州的工伤保险扯上了关系，这是一个涉及工人在出现工伤后有关工资和医疗、健康状况的赔付险种。而截至 1977 年，伯克希尔旗下的两家公司有一个已经陷入了巨大的“灾难”之中，公司的经理人总是从代理商那里捞回扣。[10] 为了解决这个问题，巴菲特派出了丹·格罗斯曼赶往洛杉矶处理相关事宜。到了洛杉矶后不久，格罗斯曼发现自己对于保险行业简直就是一窍不通，他终于明白这是一个非常复杂的行业，远远超出了所有的字面含义（在这里我们举一个例子，维恩·麦肯齐就曾亲自出差去保险经纪人那里收回了一处住宅和一部轿车[11]）。也许在一般的行业中，让公司的管理人员去处理这些事并不符合传统首席执行官们的逻辑，但是对于巴菲特和他的伯克希尔来说，没有什么是不可能的，毕竟对于一个精明的人来说，没有不可能完成的任务。这时，格罗斯曼面对的是一家支离破碎的公司，为了解决出现的种种问题，格罗斯曼采取了“拖车政策”，他找来了极富经验的经理人弗兰克·德纳罗。事实证明，德纳罗把问题处理得很好，在伯克希尔的年度报告中，巴菲特还点名对德纳罗提出了表扬。

随后，巴菲特为了增加再保险行业中的经验值，还涉足了再保险险种，这是一家保险公司为其他保险公司提供保险服务的业务。在这项新业务中，巴菲特聘请了乔治·扬作为主管。扬非常绅士，而且业务素养很高，对于新工作，他上手非常快，公司因此取得了良好的效益，但同样也不可避免地出现了损失。巴菲特曾试图与扬一起解决出现的问题，格罗斯曼也因此被派到了纽约。事后，格罗斯曼回忆当时的情况时说道：“真的太乱了，当时一切都是一个非常模糊的概念，巴菲特让我去和伦敦劳合社谈，让我尽可能发掘再保险业务。”不过格罗斯曼也意识到再保险是一项专业人员才能完成的任务，于是他找来了鲁安和切尼夫帮忙，自己则把更多的精力放在了投资管理的学习上。

巴菲特的一生是充满冒险精神的，除了再保险这个行业，他开发的另外一个实验性产业就是 Homestate 保险公司。Homestate 保险公司的性质与其他公司的性质不同，它的子公司分布在美国境内的各个州。在通常情况下，被保险人更愿意和挂着“公司总裁”头衔的人直接接触。与那些“保险经理”相比，“总裁”往往更能提高客户的满意度。但是在 1978 年，以此为特色的 Homestate 保险公司的业绩并不十分出色，巴菲特用了“令人失望”这样的字眼来描述这一切。他发现尽管人们愿意同公司总裁直接沟通，但是那些国有保险公司却在经营管理等方面占据优势，这意味着 Homestate 保险公司需要一种全新的管理体系来改变这一切。巴菲特自己也没有找到解决问题的方法，他那种“孤注一掷，抬高价格”的标准投资技巧没有为保险方面带来巨额利润。最终，还是巴菲特的好友汤姆 · 墨菲的建议为巴菲特打开了局面，他告诉巴菲特要起用那些“有头脑、有社会经验的人员”。[12] 这样，维恩 · 麦肯齐再次出现在巴菲特的视线里。这一次，巴菲特委派麦肯齐出任 Homestate 保险公司分公司的经理，不过麦肯齐对保险业也不精通，最终不得不离开。[13] 就在这时，德纳罗因心脏病突发去世，这对巴菲特更是一个致命打击。当时，德纳罗只有 37 岁，在这种情况下，加州的工伤保险业务再次陷入混乱之中，巴菲特不得不把格罗斯曼从纽约重召回来继续管理这边的事务。

这样，26 岁的格罗斯曼成了 Homestate 保险公司的主管。在保险行业中，防止出现欺诈保险比保险销售更为重要。格罗斯曼发现那些已经投保几十年的老顾客在骗取保险金，而且他们这么做已有数十年了。为此，格罗斯曼向巴菲特发出了求救信号，他希望得到巴菲特的帮助，但巴菲特并没有给出任何有效的解决方案，年轻的格罗斯曼只能靠自己来处理这些棘手的事情。尽管格罗斯曼在自己的这份事业上付出了很多的时间和精力，但是他依然感觉力不从心，甚至觉得以他当时的经验和阅历根本不能处理保险行业中产生的种种问题。“这项业务本身已经超出了我的能力。”格罗斯曼这样解释道。再看看巴菲特方面，虽然他一再表示对格罗斯曼有信心，认为他能处理好出现的所有问题，但恰恰就是这种压力让格罗斯曼透不过气来，他的婚姻也因此亮起了红灯。最终，格罗斯曼选择离开，他告诉巴菲特自己根本无法应付出现的问题。之后，格罗斯曼举家搬到了旧金山湾附近，在那里开始了自己的投资经营。[14]

以巴菲特的性格，他最不希望看到的就是员工的离开，因此他多次挽留格罗斯曼，希望格罗斯曼能继续在伯克希尔任职，但都被谢绝了。辞职前，格罗斯曼的人缘很不错，他与同事之间的感情很好，所以公司里有很多人希望格罗斯曼留下，但这种奢望最终还是落了空。在格罗斯曼看来，自己并不能轻松地承受伯克希尔内部的种种压力，他认为在公司纵横交错的关系网中，一方面，苏珊的崇拜者大多都是出于对巴菲特的尊重，而另一方面，巴菲特在公司内部有属于自己的坚定支持者，格罗斯曼很难找到属于自己的自由。离开伯克希尔，离开巴菲特，格罗斯曼已经充分认识到自己将失去什么，所以在走的时候，格罗斯曼切断了与伯克希尔所有可能的联系。这一切，用巴菲特某位老朋友的话说，就是“格罗斯曼抛弃了巴菲特和他的公司，选择与巴菲特分离”。作为巴菲特的老友，他不能说什么，尽管他明白事情的来龙去脉，但是表面上他只能表现出对格罗斯曼离开伯克希尔的遗憾。

随着格罗斯曼的退出，伯克希尔内部支持发展保险业的派系又少了一个同盟者，麦肯齐也因此变得更加忙碌，他绝大多数的时间都在想如何把内布拉斯加家具城整合到巴菲特的公司里。在格罗斯曼离开的这段时间里，巴菲特邀请了麦肯锡的前顾问官、曾和里克肖塞尔一起在太平洋海岸股票交易所工作的专业人员迈克·戈德伯格，暂时代理格罗斯曼的工作。出生在布鲁克林区的戈德伯格是一个很严谨的人，但又不失幽默的本色，而且这个人似乎就是为保险而生的，血液里充满了保险业的DNA。戈德伯格对于保险业完全是自学成才，他的业绩也相当不错——这多少和巴菲特有些关系，这位股市大亨是绝对不会花钱请人来教戈德伯格的（其实对谁都是一样），一位老师都不会请，更不要说两位了。

随着戈德伯格的到来，伯克希尔内部原来的那种谦和、中规中矩的美国中西部行事作风几乎彻底被改变了。凡是他认定不合格的经理人迅速被扫地出门。随着大量经理被辞退的消息不胫而走，戈德伯格赢得了令人生畏的名声。在工伤保险业务和再保险业务两大部门中，戈德伯格招了些新人，有人顶住压力留了下来，有人受不了这里的高压环境而选择离开，还有的人没合格被淘汰了。

戈德伯格在短期内迅速取得成绩，使得人们对他的工作方法感到好奇，但是其实他的工作方法很简单，就是不断地给公司经理人打电话，然后和他们充分地深入交谈，以了解经理人对工作的态度并指出他们应如何正确地思考业务。在一片混沌中，他事必躬亲的做法非常难得，一位曾经在戈德伯格手下担任公司经理人的雇员表示，在这种环境中工作，能承受得了这种压力的人可以从戈德伯格身上学到很多。其实戈德伯格就是这样一个人，他的雇员表示，戈德伯格“就连叫到一部出租车都会兴奋得叫起来”！

20世纪80年代早期，戈德伯格逆流而上，使公司朝正确的航向前进。不同于令人失望的霍克希尔德–科恩公司与伯克希尔——从一开始，巴菲特也许就不应该收购这些公司，对于戈德伯格，巴菲特一向都是非常信任的，他相信戈德伯格所做的一切对于公司来说都是非常必要的。但是，待人友善、心无城府的乔治·扬在负责再保险部门工作时，却被一些不择手段的经纪人利用。坦率地说，这种现象在当时的保险业是非常普遍的。[15]不过这也让巴菲特认清了现实，他也改变了自己的行事作风：尽量避免裁员带来的冲突，对公司经理人的批评采用迂回间接的方式，针对他们的褒奖有所保留。随着资产数量和规模的不断扩大，巴菲特也能更加娴熟地掌控这一切了。要解析股东的信件以获得有关保险公司的信息，你要像神探福尔摩斯一样细致入微，要像夜晚的猎犬一样注意不寻常的事件——而这样的犬是不叫的。[16] 此前近 10 年时间里，人们总是能听到巴菲特对身边经理人的赞美声，而现在人们从巴菲特嘴里听到这种赞美的机会越来越少，为数不多的几次是他对 GEICO 以及国民赔偿公司的赞美，这两家公司之所以能得到巴菲特的认同，很大程度上是因为自身的业绩非常突出。

尽管巴菲特非常吝惜自己的赞美之词，但是他从来没有中断通过书信表达对保险业的关注，特别是在 1984 年，在这一年他写给股东们的信件中，有关保险业的话题所占的篇幅比以往任何时候都要多。巴菲特将伯克希尔保险公司合并成了一个庞大的体系，面对伯克希尔业绩不景气的局面，巴菲特没有将责任推给某一位经理人或者某一家分公司，而是把责任统统揽到了自己身上。即便那些经理人及公司是应该为伯克希尔糟糕的业绩负责的，巴菲特也没有选择那么做。他用了长达 7 页的篇幅来描述当时保险业的状况，提到那些僵化的竞争和由此造成的亏损，就像向死人要账一样，时时困扰着他。尽管对于巴菲特这位伯克希尔的首席执行官来说，勇于为公司出现的状况承担批评与指责是一件再正常不过的事，但是在很多人看来，他是在通过自责来堵住外界对他的抨击。

虽然巴菲特知道，在那些可怕数据的背后，实质性的改善已经发生，但他还是在信中披露了种种问题。到 1985 年，从事保险行业的人员开始沿着巴菲特构建的轨道前进，这促进了现金流的增加，这笔资金也可以说是巴菲特今后事业成功的经济动力源。

巴菲特描述的保险业的发展模式在 1985 年开始爆发出它的潜力，

这种发展模式与之前任何产业的发展模式都不相同，但就是这种独一无二的前进路线为巴菲特保险公司的发展注入了巨大的前进动力，抑或是前进的合力，从而使公司的股东们得到了良好的投资回报。

接下来，巴菲特将表演时间交给了戈德伯格，后者的推动将伯克希尔-哈撒韦旗下的保险产业发展到了最高峰，从此，伯克希尔的收益呈几何级数上升，甚至超过了井喷的速度。

有一天，巴菲特说了这样一句话："我在某一个周六来到这里，迈克·戈德伯格和阿吉特·贾殷正在散步。"

阿吉特·贾殷的身份是巴菲特的高级助理，出生于1951年，在位于印度克勒格布尔的著名学府——印度理工学院修完了工程学位，之后在IBM驻印度分部任职三年。这之后阿吉特继续自己的学业，并拿到了哈佛大学的经济学学位。与巴菲特和芒格一样，阿吉特天生就是一个怀疑论者、一个精明的人，没有什么人能够说服他，这一点恰恰是巴菲特很欣赏的地方。很快，阿吉特就进入了巴菲特完成收购B夫人家具城后重组的管理层。巴菲特认为他俩有着太多的相似之处。

> 他（阿吉特）在保险业没有任何背景，但我就是喜欢这个人，我想我和他之间有着太多的共性，你可以对那个和我一起讨论工作的阿吉特表示质疑，但是我们之间摩擦出的那种电光火石般的力量是巨大的，和我们在伯克希尔做的任何一件事相比，没有哪种力量能超过我和阿吉特共事的力量！

提到阿吉特在伯克希尔所做的决策，巴菲特表示自己并没有在阿吉特做决策的过程中给出任何自己的意见或者建议，但巴菲特在电话会议中并不是单纯地扮演倾听者这一被动角色，如果在电话会议中出现了巴菲特热衷的活动或是工作，那么将这份工作接下来的那个人肯定是阿吉特。巴菲特喜欢需要绞尽脑汁的工作和那些艰难的谈判——谈判的过程就是这样，成功与否常常取决于当事人的性格，一个人的智慧与能力很可能决定一桩买卖能否达成。在这个高度强调理性与智慧的行业里，只要参与谈判的人选正确，只要他能在适当的时候发挥正常，那么他爆发出的能量将是惊人的。巴菲特在工作中通过阿吉特"暗度陈仓"的方法表明，前者是很倾向于"暗中交易"的方式的，事实证明的确如此。

随着巴菲特与阿吉特的关系越来越近，以及伯克希尔里出现的种种问题逐渐得到解决，戈德伯格也算完成了自己的任务，此后不久，他就将工作重心转移到为伯克希尔创建信贷和地产业务上去了。

身为巴菲特高级助理的阿吉特是一个什么样的人物呢？他平时的睡眠时间很少，每天早晨大概在五六点醒来，醒来的第一件事就是问："这个时间谁睡醒了？我能和谁打电话聊一聊公司的发展？"所以阿吉特的同事必须在周末清晨做好随时被电话吵醒的准备，而且电话总是会很长，内容无外乎再保险业务。阿吉特与巴菲特的通话时间则定在了每天晚上 10 点，不管阿吉特在哪里，晚间 10 点的电话他们从来没有中断过。

事实上，阿吉特加盟伯克希尔选在了一个无比恰当的时间，当时保险价格正处在顶峰，巴菲特在 1985 年的《行业保险》杂志上刊登了一条惊人的广告——"我们在寻找保费超过百万的客户"。这则广告融合了巴菲特的两大特点：张扬的表现力与深邃的思考力。尽管如巴菲特自己所说："我们没有名气，也没有人给我们分配客户！"但广告的力量是巨大的，在这则极具巴菲特个人特点的广告刊登后，保险单一张接着一张，阿吉特的生意也是一个接着一个。[17]

46

两难抉择

奥马哈　1982—1987 年

交易！交易！交易！ 20 世纪 80 年代的美国的确是一个充斥着交易的国度，不过这些交易全都是负债经营的。道琼斯工业指数在 1964 年 9 月是 875 点，到 1982 年新年那一天，它再次回到了 875 这个数字上，这也就意味着在过去 17 年的时间里，它没有任何变化！[1] 不断增长的通货膨胀率让公司的利润增长化为泡影，但是似乎没有公司受到影响，它们早就准备好了支票，除了普通工人不能“享受”外，一般的白领们早已在安逸的房间里享福了。管理者们拿着公司的钱邀请下属去打高尔夫球或者去星级宾馆消遣。草率的公司运营、松散的流程管理，还有愚蠢到没有任何头脑可言的官僚作风，让人们辛辛苦苦挣来的钱在别人的消遣中被挥霍掉了。[2] 20 世纪 80 年代初那几年，股票就好像涤纶西装那样不值钱，但之后，一切发生了巨大的变化，随着美联储主席保罗 · 沃克尔上台，通货膨胀率得到了控制，原本高达 15% 的利率开始平稳降下来。精明的投资家们也开始注意到当时美国国内商业出现的膨胀趋势。面对当时借贷利率相对较低的局面，一些公司的潜在买家找到了生财之道：利用公司自有资产作为另一笔交易贷方的担保——这种做法有些像在房产按揭中拿到了100%的贷款比例——但这就是那些公司潜在买家的经营方式，他们不需要支付一分钱。对于这些人来说，投资组建一家公司的付出和为一家柠檬汽水厂选厂址没有金钱上的区别。[3] 于是华尔街兴起了一股风潮，投资者们疯狂地重返华尔街，期望能在混乱的投资市场中分一杯羹，但他们手中没有资本，有的只是从别人手中借到的那些资金，于是这也见证了企业兼并的开始。

在第一批收购金融家中有一个人叫杰罗姆·科尔伯格，他这样描述当时投资市场的局面："我们只是拿回了本应属于股东们的财富和价值！在这个问题上，美国公司（Corporate America）应负很大的责任，人们应该问一问，为什么他们不选择降低成本呢？"[4]

1984年，当成为垃圾债券的低档债券开始升堂入室般走上投资市场的舞台时，资金市场又开始呈现出另外一幅景象。对于这种垃圾债券，更体面的说法是"坠落的天使"，大多是类似于宾州中央铁路公司（1968年，宾州铁路公司和纽约中央铁路公司合并，成为宾州中央铁路公司）这样的企业发行的。为了尽快摆脱破产的尴尬局面，这些境况不佳的公司才选择发行垃圾债券来拯救自己。[5] 不过那时只有为数不多的几家公司才是有针对性、有目的地发行垃圾债券，由于垃圾债券被普遍认为是高风险的，所以发行垃圾债券的公司的借贷利率通常会很高。从这个角度来说，垃圾债券大多带有灰色的成分，是人们不得已而采取的一种方式。

那些在华尔街从事垃圾债券工作的人往往被认为是回收废品的。这些人要么是寻找垃圾债券发行方的银行家，要么是受困于债务纠纷的分析师。银行家每天为商业噩梦所惊扰，而分析师的生活更加悲惨，不是在计算文书上的数字，就是在计算资产负债表，再有就是发掘那些破产的银行家、律师、气急败坏的投资者，还有那些穷凶极恶的管理人员的生活逸事……

但一切在迈克尔·米尔肯内部交易丑闻爆发后德崇证券破产的那一刻开始发生了变化。在米尔肯东窗事发前，他非常轻松地成为华尔街最具影响力的人，当时尽管进行垃圾债券交易的风险极高，但是购买一小部分还是利大于弊的，因为从当时的大环境来看，风险相较于高企的债券利率已不值一提。换句话说，在当时的大环境下，垃圾债券在总体上还是有一定的安全边际存在的，这种情况就像香烟对人的危害在一定范围内是可以接受的。

不久后，人们对投资经理的态度发生了变化，他们用投资者的钱来投资高回报的垃圾债券的做法不再被认为是轮盘赌那样的冒险行为。事实上，发行垃圾债券已经逐渐成了一种风潮，而且光明正大，这一点和之前人们对其的态度俨然就是 180 度大转弯。一家资金雄厚、实力不凡的大公司很可能是被持有垃圾债券的公司收购来的，而以前的资产负债表也将因此转化成负债累累的瑞士奶酪，企业掠夺者就是这样拿着垃圾债券大摇大摆地进入公司的，而他们的目的就是实现对公司的“恶意收购”，将自满于现状的公司杀个措手不及。恶意收购的买家通常会以一副非常友善的面孔接触目标公司，但是最终完成这项收购的往往并不是最初这个所谓友善的买家，而是另外一个人，而且后者在经济上的能力肯定要强于企业掠夺者。在这个过程中，银行方面的费用高昂得令人难以置信，因此，银行家们为了节省开支，不得不放弃等待生意找上门的机会，而选择自己出去寻找合适的商机，他们的渠道就是巴菲特所使用的标准普尔指数 1000，事实上，巴菲特本人就是通过《穆迪手册》来寻找到“烟蒂”型股票的，《穆迪手册》对于巴菲特的作用就像标准普尔指数对于那些商家的作用一样。这股并购浪潮通常只征得了一方的许可，引发了公众的广泛关注，每天都会有针锋相对的意见见诸报端。而迈克尔·米尔肯年度垃圾债券会议的主题“掠夺者的盛宴”[6]则成了当时那个时代的真实写照，也成了那个时代的代名词！

不过巴菲特自己是不赞成这种垃圾债券交易的，对于交易把富人从股东变成经理人和公司掠夺者的做法他十分不屑，因为这个过程无论给银行家、经纪人还是律师等人带来的都是无尽的伤害。[7]正如巴菲特自己所说：“我们决不会进行垃圾债券的交易！”但这并不是20世纪80年代的通用做法，在那个时代，没有一笔交易不是在负债经营的大前提下完成的，因此巴菲特的理念就显得有些格格不入。而对于那些在经济萧条期出生的人来说，债务关系是可以利用的，只要你小心一些对待它，那么债务关系在很大程度上就是一个可以依赖的帮手。到了80年代，债务关系更成为一个“杠杆”，人们通过借贷来实现自己的利润。而这个“杠杆”来得似乎有些不是时候，当时美国政府正处于里根的统治下，属于“里根经济学”推行之际，面对急剧扩大的财政赤字，美国政府当时实行减税政策，这样做的目的是希望最终可以提高税收收入，从而刺激经济增长。但是减税的问题在当时引发了社会上激烈的争论：一方面，经济学家们为减税是否可以带来理想的答案而争执不休；另一方面，减税的做法究竟可以在多大程度上改善赤字的负面影响也是经济学家们关心的焦点问题。随着美国本土对消费的热衷，再加上借贷的影响，美国经济被不断扩大的内需拉动了，人们也开始习惯了用信用卡来支付账单。一种全新的“平衡观念”逐渐在人们的心中建立起来，消费激增下的账单出现了严重的失衡现象，即便消费者到死亡的那一刻，账面上的透支金额依然不可能偿付，这也就形成了我们所说的坏账。在经济萧条时期人们形成的囤积财富的观念荡然无存，一种全新的经济观念应运而生：花明天的钱买今天的东西！

但和大多数人不一样，巴菲特依然选择用现金付账，依然在公司收购的过程中扮演救星的角色。在1985年2月的某个清晨，巴菲特被好友汤姆·墨菲的电话吵醒了，当时巴菲特正巧在华盛顿小住，墨菲这通电话的目的就是告诉巴菲特他刚刚收购了美国广播公司。

"你一定要过来，你要告诉我如果要完成对美国广播公司的收购，我需要怎么做，具体来说，我需要如何支付这笔收购资金？"[8]两人的关系很好，所以在巴菲特面前，墨菲在言语上不需要避讳什么。而在当时，美国广播公司并不是只有巴菲特和墨菲这两个买家，很多公司掠夺者都在觊觎这块肥肉，从公司到业内外的人士都在等着看墨菲的好戏，看看他能不能以巴菲特风格，出于与对方公司的交情来完成这笔收购。[9]

让我们看看巴菲特是如何回答墨菲的吧："不要想别的，想想这将如何改变你的命运和你的一切！"作为一个虔诚的天主教徒，墨菲是不应该在任何事情上浪费一分钱的——这又不是好莱坞！也许在巴菲特的心中他早已经想过在谦逊的墨菲与充满诱惑色彩的电视传媒市场之间的矛盾，毕竟墨菲是一个即将退休的人，而且墨菲本人也相信自己和花花绿绿的电视传媒市场存在不可调和的矛盾。[10]但是巴菲特接下来的动作表明他自己并不害怕所谓的改变，至少他接下来的行动让人们认为是这样的，他建议墨菲给大都会/美国广播公司（Cap Cities/ABC）聘请一位投资者，一旦公司感觉到了企业掠夺者那些恶意的眼光，那么这位投资者就能对公司实施保护。但谁又能充当大都会/美国广播公司的保护神呢？几乎没有任何悬念，墨菲选择了巴菲特。对于好友的信任，巴菲特没有拒绝，很快，他就以伯克希尔的名义斥资5.17亿美元购买了大都会广播公司15%的股份。[11]

巴菲特以救市的方式从众多企业掠夺者手里抢回了大都会广播公司，他也在不知不觉中卷入了美国历史上耗资最大的媒体交易，成了这笔交易中不可忽视的一方。也许下面这个数字就能说明一切：伯克希尔在大都会广播公司的份额是内布拉斯加家具城在大都会广播公司的6倍之多！对于当时经营并不景气的美国广播公司，巴菲特和墨菲也投入了35亿美元的巨资，要知道当时大都会广播公司在网络传播业的排名已经跌到了第三位，35亿这个数字还是相当可观的。[12] 也许在很长时间以后，巴菲特对于网络传媒的热情会有所降低，"网络媒体并不是无所不能的"，类似的评论也许在以后的某个时间会从巴菲特的嘴里冒出来，但是他已经亲眼见证了电视这个产物从无到有、从弱到强的崛起过程。[13] 巴菲特知道无论是树立公众价值取向，还是挖掘自身的潜力，媒体的作用都是无比巨大的，而这两方面产生的合力更是令人难以置信！如果将美国广播公司和大都会广播公司整合在一起，那么这个全新的产业将拥有100家发行商、若干全天24小时不间断播放的电台、24个主流电视频道，还有超过50个有线电视网络。[14] 对于这一切，巴菲特是如此希望可以早日进入大都会/美国广播公司这个体系，以至于在面对大都会/美国广播公司与《华盛顿邮报》的董事职位的抉择时（根据美国联邦通信委员会的相关规定，大都会/美国广播公司与《华盛顿邮报》存在可能的电视网络利益上的冲突），巴菲特毫不迟疑地选择了前者。[15] 他这样做的一个原因是《华盛顿邮报》的首席执行官凯瑟琳·格雷厄姆和儿子唐·格雷厄姆（后者于1991年顶替母亲出任首席执行官）都不会阻拦。《华盛顿邮报》以及格雷厄姆家族已经不再需要巴菲特的鼓励，现在他们需要的只是巴菲特的同意而已，巴菲特已经起不到任何实际的作用。考虑到这些因素，巴菲特在做出决定的那个晚上睡得很安详，脸上挂着愉快的笑容。

1985年对于巴菲特是一个值得纪念的年头。当巴菲特把通用食品公司出售给菲利普·莫里斯时，仅仅这一只股票就为伯克希尔–哈撒韦赚回了3.32亿美元的收入。在不到一周的时间里,《福布斯》也开始了对巴菲特的关注，在《福布斯》列出的400位世界富豪中，就有巴菲特。当时，想要进入《福布斯》的富豪名单，意味着你的身家必须要在1.5亿美元以上，巴菲特做到了，那时的他只有55岁。能在55岁就成为亿万富翁，这的确不简单，而且要知道并不是所有的亿万富翁都有进入富豪榜的实力——14个富豪中只有一个有这样的幸运。从这个角度来讲，巴菲特的经济头脑绝对不一般！究竟是什么让巴菲特有如此神奇的魔力？也许把他小时候最喜欢读的书改名为《赚到100万美元的1 000招》更能解释这个现象，但是在童年的幻想中，巴菲特从未想过能积累如此巨大的财富。

在伯克希尔-哈撒韦刚刚上市的时候，股票的价值只有7.5美元，但现在，在巴菲特的领导下，伯克希尔的股票发生了质的飞跃，每股飙升到了2 000美元！[a]尽管如此，巴菲特并没有选择拆股，因为随着股票的增多，公司需要额外支付一笔没有意义的经纪人费用。当然，这是毋庸置疑的，但是这样的伯克希尔更像是一个合伙企业，或者说是俱乐部，过高的股价也让人们把全部的注意力都集中在了伯克希尔上。

随着伯克希尔-哈撒韦在金融界受到的关注日益剧增，巴菲特也开始在业界声名鹊起。现在当他走进一个投资者聚集的大厅时，人们的注意力将瞬间集中在这位55岁的富豪身上。对大都会/美国广播公司的收购的确改变了巴菲特的生活，大屏幕也不再是巴菲特遥不可及的事物，在著名的美国肥皂剧编剧阿格尼丝·尼克松的劝说下，巴菲特在尼克松导演的电视剧中过了一把演员瘾。巴菲特和尼克松在有一天与墨菲共进晚餐时相识了，席间，他接到了尼克松的邀请，在《爱

a. 到2013年5月，伯克希尔-哈撒韦的股价突破每股16万美元。——编者注

情》一片中出演角色。一般情况下，那些身为首席执行官的大人物对于这种客串唯恐避之不及，但是巴菲特并没有那样做，他很喜欢自己在银幕上的处子秀。最后在剧组为他结账后，巴菲特并没有兑现那张支票，而是把支票和剧照装裱起来放在办公室里留作纪念。对于化妆和演出的兴趣也许就是巴菲特性格中的一部分，后来有一次在朋友的宴会上，巴菲特还扮成了美国摇滚乐灵魂人物“猫王”的模样。在出席时任美国总统里根组织的一个晚宴时，巴菲特系上了钟情的黑色领结，带着女儿苏茜一同出席，当时出席这个晚宴的还包括著名影星史泰龙、世界知名时装设计师唐娜·凯伦等人，而且这两个人还与巴菲特同桌就餐。在出席奥斯卡颁奖礼时，巴菲特带上了很少在公开场合露面的同居女友阿斯特丽德·门克斯，当时阿斯特丽德穿了一件看上去是从旧货店里淘来的礼服，但她并不认为这样做有什么寒酸，依然露出了自信的微笑。在颁奖礼结束后，巴菲特和著名的乡村音乐女歌手多莉·帕顿共进晚餐。帕顿给巴菲特留下了很深的印象，巴菲特认为帕顿既可爱又讨人喜欢，但是他却没有让自己在帕顿心中留下浓重的一笔。要知道之前面对很多女性，巴菲特都能轻松地在异性面前给对方留下很好的印象。

在凯瑟琳·格雷厄姆举办的宴会上，巴菲特的位置总是会被安排在当晚两位最重要或者是最有意思的女性中间。这样，他可以充分发挥自己在语言上的天赋，但是巴菲特从来没有发掘出对于诸如天气、体育这些闲谈话题的驾驭能力，为了引入正题而做一下铺垫对于巴菲特来说，往往是一件浪费时间的无聊之事。

> 事实就是这样，难道不是吗？吃饭的时候，你身边坐了两个从来没有碰过面的人，而且以后也不会再碰面，这种感觉肯定会很奇怪，很压抑！不管这个人叫什么，什么贝比·佩利、马雷拉·阿涅利，还是戴安娜王妃，凯瑟琳总是能从对方的身上找到她欣赏

的地方，但是面对她们我从来找不到可以聊天的话题，和戴安娜王妃沟通可没有和多莉·帕顿交流那样有趣，面对她，我说些什么呢？“查克（查尔斯）怎么样？城堡又有什么新消息？”

生活在1987年那个时候的亿万富翁总需要性格中有点儿冷酷的味道，巴菲特就是这样，前进的时候他不再依赖凯瑟琳·格雷厄姆的鼓励，她在出席活动的时候也不再需要巴菲特的“护送”，两人之间的感情也慢慢淡了下来。但美国权贵们对凯瑟琳的热衷度并没有降温，这很大程度上要牵扯到另外一个人——罗伯特·麦克纳马拉。麦克纳马拉曾在肯尼迪和约翰逊两任美国总统执政期间（越南战争期间）担任美国国防部长，1987年他不幸丧偶，但是在凯瑟琳身上，这位睿智的、有着钢铁般意志的美国高官找到了久违的友情，而且和凯瑟琳的友情维持了很长时间。作为越战时期的国防部长，麦克纳马拉是美国军方提出所谓“消耗战略”的发起者，以至于很多人在提到越战时都认为这是一场“麦克纳马拉式的战争”。除了越战外，另外一个让麦克纳马拉进入史册的就是“五角大楼文件案”，是他发动了针对美国政府在东南亚问题上的调查，而正是由于这件事，凯瑟琳和她的《华盛顿邮报》才得以进入美国的历史教科书。不久后，麦克纳马拉和凯瑟琳的关系愈加密切，《华盛顿邮报》董事会更是用“凯瑟琳的第三任丈夫”来称呼麦克纳马拉。也许就是为了印证这一点，或者是为了证明两人之间的关系，凯瑟琳任命麦克纳马拉为《华盛顿邮报》的董事，但这已经是巴菲特离开之后的事情了，从一开始，巴菲特和麦克纳马拉之间的关系就很难用“朋友”形容，随着时间的推移，两人更像是陌路好友。

巴菲特和麦克纳马拉之间究竟有没有共同点？事实上是有的，在处理人际关系时，巴菲特也能像麦克纳马拉一样利用社交手腕搞定周围的人，但是这位奥马哈先知面对的问题并不仅仅限于人际层面，更麻烦的是，由于巴菲特蜚声海外，他的人身安全甚至都受到了威胁。仅举一事为例，两名来路不明的男子出现在伯克希尔位于内布拉斯加州奥马哈市的基威特大厦，其中一人手持仿制 0.45 口径的手枪挟持了巴菲特，要求 10 万美元的赎金。不过好在安保人员和警方立即介入此事，巴菲特毫发无伤地走了出来。事后，挟持者表示自己不过是为了买一处农场而想从股神那里借点钱。[16] 对于这一切，巴菲特也采用了低调处理的手段，在对秘书格拉迪丝·凯泽描述这一遭遇时，巴菲特语气中带了很多调侃的味道。即便发生了类似的恐怖事件，他也没有像人们建议的那样雇用贴身保镖，因为在巴菲特看来，属于自己的个人时间和自由太少了，保镖只能让原本不多的自由成为泡影，不雇用贴身保镖并不代表巴菲特对个人安全问题很大意，他的办公室里安装了摄像头，办公室的大门则是重达 300 磅的安全门，一般人要想破门而入并不容易。[17]

名气带给巴菲特的除了人身安全上的隐忧外，更多的是私人空间的减少，总是会有陌生人打电话到巴菲特的办公室，希望能与这位亿万富翁直接对话。这些陌生人认为没有人可以帮他们，他们请求巴菲特给他们的时间也不长，而且他们相信巴菲特对于他们要说的一切肯定会感兴趣。后来，格拉迪丝·凯泽给巴菲特想出了一个办法，让这些陌生人给巴菲特写信。[18] 从那时起，巴菲特总是能收到有关询问伯克希尔-哈撒韦股票的信件，刚开始，信件的内容还是很和善的，比如向巴菲特咨询有关山楂疗法的事宜，或者是希望巴菲特能够为一种全新的冰激凌配方提供启动资金，但是后来，信件内容的尺度开始放宽。“巴菲特先生，我已经厌倦了平淡的人生，被富人的生活吸引，对于财富的向往已经灼热了我身体的每一寸肌肤，你很有钱，能给我点吗？”[19] 这些只是若干信件中的一封，更多的信件还是人们抱怨自己的命运和生活。“现在我的脑海里除了信用卡和账单之外没有别的！”[20]

虽然被这些信件包围着，但巴菲特并没有把这些来信当作垃圾扔掉，相反，他把这些信件收藏了起来，并分门别类加以保存。其中有很多信证实了他对自己的定位，比如行为榜样或老师。当然，这些信件中也不乏能够打动巴菲特的东西。如果有时间，而且认为这样做值得，他会亲自给对方回信，用坚定而且毫不迟疑的口气告诉来信者，出现的问题都应该是写信人自己负责！就像写信的人是自己的孩子一样，巴菲特会在信中教对方如何应付出现的麻烦——告诉他们的债务人自己目前的情况是多么潦倒，尽可能地争取较低的偿还利率，好为自己偿还债务争取更多的时间。这些话更像是巴菲特的独白，他深知陷入债务危机是一件多么麻烦的事情，特别是如果债权方是信用卡部门或者垃圾债券部门，麻烦将会接踵而至。

尽管巴菲特是众人眼中的股神，但是他自己的孩子们并没有在投资方面受到父亲的熏陶。甚至有关如何处理大宗金钱的技巧，巴菲特也没有传授给子女们，但是他们却从父亲身上学到了价值连城的一课，就是对待债务的态度。巴菲特对于欠债深恶痛绝的观点也遗传到了孩子们身上，这其实已经是非常幸运了。对于债务，甚至是任何有关钱的话题，巴菲特的态度向来是非常一致的，他从来不会乱花一分钱。从这一点来看，巴菲特对待子女的态度和对待陌生人没有什么区别，但是在面对孩子们体重的问题上，巴菲特又非常愿意拿钱作为交易的筹码，让孩子们控制自己的体重。

女儿苏茜就是一个很好的例子。齐肩的短发、精心雕琢的脸庞，30 多岁的苏茜看上去和 25 岁的妙龄女孩没有什么区别，但唯一令她不满的就是身上多出来的几磅体重。于是，巴菲特给女儿送上了一笔划算的买卖：如果苏茜能够减肥成功，她将获得一个月内购物免单的机会，支出全部由巴菲特负担，而且一个月内购物不设上限，但如果苏茜的体重出现反弹，那么她必须要把消费的全部金额还给巴菲特。看上去这样的计划比双赢政策更容易俘获人心：在这个交易中，没有人的利益会受到伤害，也没有任何风险存在，特别是对于巴菲特，无论结果怎么样，他都算是赢了。如果女儿能像自己预料的那样减轻体重并保持不反弹，那么巴菲特也算是心愿达成，而且只有在这种情况下，他才会掏出钱包里的支票，而苏茜也能买到漂亮的衣服。正是在这个双赢结果的驱动下，苏茜开始了节食减肥，当她“得偿所愿”，体重达到一个理想的数值时，母亲苏珊给她快递过来一张信用卡，卡片上这样写道：“玩得开心点！”

刚拿到“减肥奖品”的时候，苏茜的态度还是小心翼翼的，她不敢去花卡里的一分钱，她怕父亲赖账不给钱还需要她自己为衣服付款，但是慢慢地，苏茜意识到这并不是父亲的玩笑，一切是真的！她正式进入了自己的疯狂消费月，频频出现在令人眼花缭乱的商场里，这也是她人生中第一次这样肆无忌惮地消费。不过每次回到家里，经过餐桌时，苏茜都把消费单据卷起来，自己也不敢面对近乎疯狂的购物结果。换来的结局是，每天当苏茜的丈夫艾伦回家时，看到妻子大包小包的衣服，都会惊讶得大叫上帝。30 天后，苏茜得到了这一个月疯狂购物的结果，这一个月她总共花掉了 4.7 万美元！

看到这个数字，苏茜也有点儿紧张了。“也许爸爸看到这一切后会郁闷得要死！”深知父亲个性的女儿这样说，所以苏茜也不得不去搬救兵。在巴菲特面前，妻子苏珊的确很有说服力，但是苏茜知道当面对金钱话题时，哪位救兵对她来说更有帮助——这个人就是凯瑟琳·格雷厄姆。在巴菲特的三个子女中，凯瑟琳并不认识彼得，更谈不上了解。而霍华德总是认为凯瑟琳，这个《华盛顿邮报》的首席执行官是一个很难相处的对象，他在她家里的时候，要么害怕自己坐在了不该坐的位置上，要么害怕打破她家的东西。只有苏茜向凯瑟琳伸出了友谊的双手，两个人也建立了很好的关系。[21] 正因为如此，当苏茜给凯瑟琳打电话，讲述这个由减肥引发的故事时，凯瑟琳答应如果需要，她肯定会帮忙。

不过也许苏茜有些杞人忧天了，毕竟她和父亲是有言在先的，巴菲特最终还是付了这份 4.7 万美元的账单。虽然表现得很客气也很和善，不过之后巴菲特把自己的朋友们叫到一起，抒发心中的不满："如果你们的太太花掉这么多钱，你们会怎么想？"男人们的回答当然都向着巴菲特，认为这样一笔大单有点儿过火，但是女士们的答案却出乎巴菲特的意料，这些贤内助认为巴菲特不应该从自己的朋友身上找安慰，其实巴菲特应该庆幸，要知道 4.7 万美元并不是一个很夸张的数字，言外之意是苏茜还可能玩得更疯！[22]

也许是从苏茜事件上得到了教训，当巴菲特与儿子豪伊打赌时，他选择了以豪伊缴纳农场收入比例的高低作为赌注。这个赌约依然和体重有关，体重的高低直接影响到豪伊向巴菲特缴纳的农场收入比例。巴菲特认为儿子最适合的体重应该不超过 182.5 磅，如果高于这个数字，豪伊要向巴菲特缴纳的比例是 26%，而低于 182.5 磅这个体重，份额也相应减少到 22%。用豪伊自己的话说："这就是典型的巴菲特式的体重检测手段，我自己并不介意他这么做，事实上这代表了他对我的关心，我并不在意缴纳份额的多少，但我知道，就算是交 22% 的租金，父亲也是赢家，他从我这里拿到的支票也比任何人都多！"[23] 的确，不管最后怎样，巴菲特都不是输家，要么得到一个减肥成功的儿子，要么得到更多的利润分成。[24] 这就是典型的巴菲特式作风，就像他的一个朋友所说的那样："巴菲特是双赢策略的大师，如果这笔买卖不会给他带来好处，他是肯定不会插手的！"

在巴菲特的三个孩子中，彼得是在经济方面对家里依赖最少的一个。当母亲苏珊搬到华盛顿后，彼得夫妇就把自己在华盛顿大街的公寓让给了苏珊，自己则搬到了位于斯科特大街的公寓居住。那时，彼得依然没有放弃自己的音乐梦想，在为一个刚刚创办的有线电视台MTV创作一段长15秒的背景音乐，而他也把在音乐事业上的这种成功带到了商业上。尽管在巴菲特的三个孩子中，彼得的经济头脑是最差的，但是彼得成功地把伯克希尔的股份和音乐天赋结合起来形成了自己的事业，并最终过上了富庶的生活，完全超脱了金钱游戏的范畴。但到20世纪80年代中期，彼得开始思考父亲所说的话。“你认为人们真的欣赏你的才能？没有人特意到超市里买你哥哥豪伊种出的玉米！”从父亲的这番话里，彼得意识到如果不是因为自己是股神巴菲特的儿子，他的音乐才华不会被人赏识，没有人会单纯因为自己的音乐才华去雇用广告经纪，彼得一下子意识到自己的成功完全来自父亲的庇佑，所以如果他希望自己的才华真正被人们认可，就要彻底和巴菲特这个名字断绝关系。为了达到这个目标，彼得不惜牺牲任何代价。于是之后大家看到了这样一个彼得，一方面他继续从事商业性的工作，另一方面，彼得并没有放弃在音乐上的追求，与新世纪公司签约后做了自己的音乐小样，并在1991年推出了名为《纳拉达》的专辑。[25]

母亲苏珊也没有放弃自己的音乐梦想，人们经常看到她出入彼得的音乐工作室，在洛杉矶的时候她很喜欢和外甥比利·罗杰斯一起唱歌。这时的比利正在尽自己最大的努力让生活重回正轨，为此他特地给巴菲特写了一份悔过书，称自己在过去的生命中“浪费了太多的机会”，而现在自己已经准备好了，不再让任何机会从身边溜走。[26]为了让自己能重新开始，比利打算购买一处公寓作为生活全新开始的标志。在这封信中，比利希望巴菲特能够不计前嫌，帮自己支付房屋的首付款。对于比利这个瘾君子和爵士吉他手来说，这封写给巴菲特的信他的确是动了一番心思的，因为它显露出非同寻常的金融素养。在对待比利的问题上，苏珊的态度一直是非常支持的，不过没有得到巴菲特的同意，苏珊也断然不敢轻易帮助比利缴纳房屋的首付款，因为这毕竟不是一个小数目。

在巴菲特的回信中，他并没有简单地拒绝，而是用了很大的篇幅来阐述这个问题，语重心长的态度完全是一个长辈的口吻。在信中，他引用了好友芒格的一番话，“酒精、毒品和债务是让人沉沦的三大杀手”，巴菲特认为比利向自己借钱支付房屋首付款的做法完全没有给自己留任何退路，而是把自己推向了悬崖的边缘。

> 打个比方，如果你要驾驶一辆负重 10 000 磅的卡车多次通过一座桥，那么建造一座负重达到 15 000 磅的桥，比建造一座负重为 10 001 磅的桥要好得多。我用这个比喻是想说明，如果你身上有太多的负债，甚至这个数额超过了手里的现金，那么这样的做法肯定是错误的！从我个人的角度来说，就算我向别人借钱，总数也不会超过存款的 25%。当初我只有 1 万美元时是这样，有希望能挣百万美元时也是这样！[27]

不过比利并没有放弃，之后又给巴菲特写了一封信，而这封信的字迹潦草了很多，在第二封信中，比利希望能从巴菲特手里拿到一些贷款。“要知道我正在把生活一点一点整合起来，正在申请夺回儿子的监护权。”[28] 但这次巴菲特的回答依然没有让比利得偿所愿，这不仅是因为在一切涉及钱财的问题上，巴菲特的态度总是非常坚定，而且他也深知，不能轻易相信一个瘾君子的话！作为比利姨妈的苏珊也是爱莫能助，虽然她一直相信人性中善良的一面，不到万不得已她绝对不会放弃任何一个人，但是她又不能违背巴菲特的意愿对比利进行资助，所以苏珊只能从精神上鼓励自己的外甥，在比利遇到麻烦的时候，她总是尽最大可能全身心照顾比利。

苏珊对待自己的外甥是如此，对待所有人的态度也是一样，一个亲戚这样形容她："苏珊就是一个移动的红十字会！"1984年，当苏珊向巴菲特坦承了自己在婚姻上接近出轨的行为后，两人对婚姻的看法又有了新的理解。从那以后，苏珊对于公益事业的热情也更加高涨。但同样是在1984年，苏珊的身体出现了异常反应——脾脏和胰腺之间长了一个脓肿，苏珊不得不住院接受治疗，医生对她实施了探测手术，但并没有找到苏珊患病的症结。就在人们为此而担心时，苏珊的病却不治而愈了，她再次成了人们熟悉的那个健康而博爱的人。苏珊也将自己的大部分精力都放在公益事业上，对那些需要帮助的人伸出援手。此外，她还在位于华盛顿大街的住所里举办化装舞会，尽管这里面积不大，但苏珊还是尽自己最大的能力帮助那些人。当然，她也没有因此疏忽自己的生活，闲暇时，她开始学起了骑自行车，把家人叫在一起举行家庭晚宴和节日庆典。在这些场合中，苏珊的着装都很随便，要么是牛仔，要么是运动服，而且她还摘掉了一直戴着的假发套，淡棕色的头发映衬着她愉快的面庞，整个人也格外美丽。

在苏珊病愈的这段时间里，巴菲特对她的所有要求无不有求必应，还同意苏珊对拉古纳海滩的住所进行装修，这里此前一直是刚租下时的样子。装修的这段时间里，苏珊经厨师拉克·纽曼的儿子汤姆介绍认识了室内装潢设计师凯瑟琳·科尔。科尔除了是一名室内设计师外，还是一名塑身教练，此前她也从事过护士工作。在科尔的帮助下，苏珊把拉古纳海滩的居所装饰成极富现代气息的风格，室内明快的颜色搭配也是苏珊非常欣赏的。之后，科尔与苏珊的友情进一步发展，科尔接下了替苏珊购买礼物的工作。[29] 而在金钱问题上，苏珊与巴菲特的矛盾并没有因为她生病而有所缓和。一直以来，巴菲特的吝啬和苏珊的豪爽性格之间的矛盾总能引发双方的纠纷，这些争论也多次成为媒体曝光的焦点，但巴菲特向苏珊支付的补贴并没有受到什么影响，而且还出现了增长，虽然增长的速度没有苏珊预想的那么快，也还是非常可观的。现在，苏珊完全可以支付科尔的工资，而科尔也成为苏珊的左右手，除了帮助苏珊购买小礼物外，她还出任了苏珊的秘书一职，帮助她打理日常行程。这样，苏珊可以腾出更多的时间来照顾家人。在三个孩子中，豪伊总是兄妹三人的焦点，苏珊对他的关心也最多，为了照顾豪伊的子女以及自己收养的孩子，苏珊不得不经常往返于内布拉斯加州与加州的拉古纳海滩住所之间。在女儿苏茜怀孕后，苏珊的目的地又多了一个，更多的时候她要远赴东海岸到苏茜位于华盛顿的家，照顾这个即将第一次生产的女儿。

怀孕期间，苏茜和丈夫艾伦决定对华盛顿的住所进行装修，理由很简单，室内楼梯太多，不利于孕妇活动，而且厨房很小，距离后花园又太远。苏茜的设想是修建一个大厨房，至少可以容纳一张双人餐桌，而且要在厨房后面增加一个可以直通花园的小门。不过这样的设想很快就被否定了，苏茜大致算了一下，装修的全部费用在 3 万美元左右，而苏茜夫妇没有这样的经济实力。再加上由于体重反弹，苏茜还要退回父亲预先支付的 4.7 万美元，好在“适时”的怀孕帮了她。大家还记得之前苏茜和父亲有关体重的那个赌约吗？虽然苏茜在赌约履行期中体重增加，但是怀孕能帮她免除一切义务。但 3 万美元的房屋装修费用还没有着落，虽然巴菲特也认为衣服比珠宝的性价比更高，但是苏茜和艾伦都知道衣服是不能典当成现金的，唯一的办法就是苏茜向父亲请求借款。

但听听巴菲特是怎么说的吧：“你们为什么不去银行呢？”这位亿万富翁用一句话就拒绝了自己的女儿。当然，巴菲特也给出了自己的理由：某位效力于内布拉斯加州橄榄球队的著名四分卫球员退役了，但球队绝对不承诺给球员的儿子首发四分卫的位置，这种类似于传承、世袭的做法让巴菲特很头疼，更触动了巴菲特心中对于“公平”的理解的神经，甚至打乱了他在学生时代树立起来的社会信仰模式。尽管巴菲特坚持自己的底线，但是这样的回复对于子女来说肯定是难以接受的，苏茜并不认同父亲的世界观。“即便是涉及我们的问题，他也不会放弃自己的原则！”这就是苏茜给父亲的评语，“从出生到现在，我从父亲身上学到了很多。是啊，我已经从这件事上学乖了，在特殊的时间和环境下，你必须要学会放弃！”[30]

这件事情过去不久，医生告诉苏茜要安胎静养 6 个月，这 6 个月的时间对于苏茜来说是漫长而难熬的，每天陪在她身边的就是一台很小的黑白电视机。当凯瑟琳·格雷厄姆看到这一切时她有点吓坏了，格雷厄姆本来是带着自家厨师做好的饭菜过来看望苏茜的，但是眼前的景象却令她有些惊讶，她不禁抱怨巴菲特竟然没有给女儿准备一台彩色电视机！所以当苏珊得知女儿的情况时，她二话不说就赶了过来，在华盛顿陪女儿住了几个月的时间，并在第一时间对女儿的房子进行了装修。“沃伦居然就这样听之任之，太过分了！”苏珊抱怨道。但是装修的所有费用都是出自巴菲特的钱包，纠结在两个人之间的金钱游戏从来没有停止。通过这件事，人们对巴菲特的节俭和苏珊的慷慨又有了更深的认识。不过既然两个人已经在金钱上达成了这样的协议，事情的本质也不会有什么改变。

1986 年 9 月，苏茜的女儿埃米莉出生，那时巴菲特家族已经是三世同堂，算上埃米莉以及领养的孩子，巴菲特夫妇的第三代已经有了 8 位成员，8 个孩子分别居住在旧金山、奥马哈和华盛顿特区。翡翠湾居所的装修接近尾声时苏珊放慢了装修的速度，她把这里改成了一个朋友们特别是家人和孩子们进行娱乐的场所。回到位于旧金山的家后，苏珊搬到了太平洋高地的百老汇街住，因为那里离小儿子彼得的新家所在地斯科特大街很近。这次，苏珊选择的居所面积很大，是一幢四层的复式结构的公寓，从这里可以直接看到整个金门大桥，视野可以一直延伸到旧金山湾的阿尔卡特拉兹岛。

那时，科尔已经正式出任了苏珊的私人助理，她的主要工作就是帮助苏珊打理行程。“你完全可以兼职！”苏珊这样告诉科尔，“这样你就有足够的时间来照顾你的两个孩子了。”随后，科尔知道了自己并不是单纯地为苏珊工作，而是在为巴菲特基金会服务：她每天为苏珊打理行程计划，安排她的日常活动，监管基金会的工作人员队伍——这些工作人员大多由家庭主妇、跟班人员和苏珊的朋友组成，而且苏珊的朋友们很多都是无偿服务的。此外，科尔还负责派发苏珊送给别人的礼物：将这些人分类、选礼物、包装、运输，还要随时监控派送流程，并对这些进行记录，而且所有的礼物还不能重复。[31]那时苏珊的两套房屋都交给科尔找人装修，一处位于拉古纳海滩，另一处就是位于旧金山百老汇街的这处。拉古纳海滩居所的装修工程已经开始，而旧金山居所的装修还要两年才能完工。科尔的丈夫、从事消防员工作的吉姆有时也会过来帮忙。帮忙的人中还有苏珊在欧洲旅行时认识的朋友罗恩·帕克斯，一位注册会计师。在基金会，他主要负责资金支出和缴纳各种税费。不过这份工作是无偿的，帕克斯不会得到一分钱的工资。尽管如此，他对这份工作依然十分热衷。“这就是我们的苏珊集团！”帕克斯打趣道。苏珊另外一位朋友的描述更加写实：“没有人能从这里拿走工资。”[32]之后，帕克斯和汤姆·纽曼住在了一起，苏珊也成了这两个人的好朋友。汤姆的母亲拉克就是前文中我们提到的凯瑟琳·格雷厄姆的主厨，不过她始终没有机会在基金会里展示自己高超的烹饪技巧。随着基金会工作人员队伍的不断壮大，现在在基金会工作的人员的数量已经远远超过了伯克希尔–哈撒韦高管层的人员规模。

在苏珊位于旧金山百老汇街的住所装修期间，苏珊的外甥罗杰斯把家从洛杉矶搬到了这里，摆脱了毒品的罗杰斯与苏珊一起筹划专辑的创作。一天中午，罗杰斯来到了彼得的音乐工作室，他向彼得借了20美元后离开。此后几天，罗杰斯便音信全无。焦急的苏珊、彼得还有他的妻子玛丽开始四处寻找罗杰斯的下落，他们来到了罗杰斯在旧金山的公寓，门从里面反锁着，敲门也没有人应答，发生的这一切令三个人很着急，慌忙去找房东拿钥匙。就在三个人等房东找钥匙开门的这段时间，从某间公寓的唱片机里传出了一段旋律，歌中这样唱道："告诉我你不会骗我，答应我你永远不会让我难过。"而另一间公寓里也传出了一首歌，西班牙歌曲《世事难料》……

似乎是等了一个世纪的时间，房东先生才拿来了钥匙，门被打开的一瞬间，苏珊他们三个都惊呆了：罗杰斯盘腿坐在地上，背靠在房门上，手臂上插着一支注射毒品的针管。他身边的唱机还在空转着，唱片应该在两天前就已经放完了，罗杰斯的身体冰冷，他死了！苏珊慢慢合上了外甥的眼皮，眼泪早已流了下来，彼得默默地走出了公寓，打电话去找救护车。[33]之后医院送来了尸检报告，罗杰斯是由于注射毒品过量而死。[34]

"他是一个那么可爱的孩子！"巴菲特这样描述罗杰斯，"不过他最后还是让毒品夺走了性命！"失去家人的痛苦一直弥漫在巴菲特的家里久久不能消散，听听巴菲特姐姐多丽丝所说的，也许人们就能知道其中的原因了，她说："失去比利是苏珊这一生中经历的最大打击！"的确，罗杰斯的死，使苏珊不仅失去了一个外甥，更像是失去了一个儿子。这么多年，她对他的关心从来不亚于对豪伊和彼得的关心，而且苏珊一直希望能把罗杰斯从毒品里拉回来，外甥的死让她多年的努力付诸东流，苏珊感到了前所未有的挫败感。

苏珊对于那些需要帮助的人的热情，让巴菲特很感动，也很敬佩，他很欣赏苏珊在帮助别人时的那种勇气和能力。但是在这么多年所帮助过的人中，除了罗杰斯，苏珊并没有和其他人建立如此深厚的感情，别人也没有给苏珊留下深刻的印象。在那些需要帮助的人中间，有些是因为自己做出了错误的选择而受到了相应的惩罚，有些则是因为命运不济，但没有人像罗杰斯用那样的方式结束了自己的生命。那些需要帮助的人，常把苏珊叫作“圣母苏珊”。只要那些需要帮助的人求助于苏珊，她肯定会伸出援助之手，不过一次只能是一个，所以巴菲特总用“零售商”来形容苏珊的行为和受益人的范围。而在巴菲特本人看来，他自己就是一个“批发商”，用智慧和金钱尽可能地帮助需要帮助的人。在这个过程中，巴菲特把自己看成一个老师，尽管职责不像是奥马哈的教师那样在三尺讲台上传道解惑。凯瑟琳·格雷厄姆和她的儿子唐·格雷厄姆是巴菲特最忠实的追随者，在和巴菲特交往的这么多年里，他们的思维也逐渐被巴菲特同化了。巴菲特最热衷进行的研讨会就是伯克希尔–哈撒韦的股东大会，最开始会议只在单数年进行。巴菲特很喜欢这种教导性质的交流方式，以至于他总是希望更多的观众可以过来倾听他的演讲。

1980 年，巴菲特的这个梦想得以实现。在当时震动业界的一桩针对 IBM 公司反垄断的诉讼案中，巴菲特决定担当证人。出庭做证的还有一位来自《华盛顿邮报》的董事阿贾伊·米勒。但是两位证人在法庭上的态度有很大的不同，米勒认为这本身就是一场令人痛苦的游戏：律师提出的种种问题根本就是在拷问，法官一直在诱使自己憎恨 IBM 公司。但巴菲特并不这么看，在法庭上，他显示了自己的专业素质，对于律师提出的种种问题都给出了自己的解释，他很享受扮演证人角色的这个过程。事后，米勒在接受采访时表达了对巴菲特的敬佩：“他是一位非常尽职的证人！”[35] 令巴菲特对自己满意的地方还不止于此，鉴于这桩案件本身的轰动性，巴菲特的证词也作为案件审理的一部分被载入了美国的商业史册。

巴菲特早期的商业理念主要是在20世纪60年代他写给合伙人的信中体现出来的，原版手稿早已被珍藏起来，复印件则一直在华尔街流传，那些模糊不清的复印件就是他在华尔街被追捧的又一凭证。从1977年开始，在《财富》主编卡罗尔·卢米斯的帮助下，巴菲特每年写给股东们的信都会被装订成册进行出版。每年，巴菲特都会在伯克希尔年会上进行点评和展望，这些内容在1977年之前从未公布，但在卢米斯的运作下，巴菲特的商业理念开始出现在大众的视线里，而且几乎达到了人手一册的程度。这些文字也被认为是进入商业的快速教程。巴菲特的文字朴实鲜明，又能引经据典，从《圣经》故事到《爱丽斯漫游奇境记》《青蛙王子》等内容都可能出现在巴菲特的文字中。文章中大量的篇幅并不是描述伯克希尔–哈撒韦的经营成果，而是集中分析具体的商业实例——如何投资，在经济低迷的大环境下如何经营，怎样用经营来评估最后的商业结果。这些内容让人们看到了一个真实的巴菲特，一个拥有极大的人格魅力、闪耀思想光芒的巴菲特，投资伯克希尔–哈撒韦的人们希望尽可能多地听到巴菲特的分析，这也是他召开股东大会的原因。

早期的股东大会在伯克希尔–哈撒韦总裁西伯里·斯坦顿位于新贝德福德工厂的阁楼中进行。刚开始和巴菲特的大学老师本杰明·格雷厄姆一起前来的只有两三个人，其中一个是格雷厄姆的学生康拉德·塔夫。巴菲特希望股东大会做到公开民主，于是会场上就听到了塔夫接二连三的提问，巴菲特并没有感到尴尬，相反，他很兴奋。这种陶醉的感觉仿佛在派对上悠闲地坐在摇椅上一般，他在回答问题的同时也在享受人们分享他智慧的那种喜悦。

股东大会刚刚开始的那几年，前来听巴菲特布道的人并不多，提问者更是少之又少，即便后来股东大会迁到了内布拉斯加州国民赔偿公司的咖啡厅进行，情况也没有什么好转。但巴菲特并不介意，依然陶醉其中。1981 年的股东大会上，前来参加的只有 22 人，林沃尔特不得不临时调集公司员工来为巴菲特捧场，他这样做只是不希望看到老板因为人少而难堪。股东大会一开始是例行程序——宣读法律文件，而在之后进行的提问环节中，在股东提出了几个启发性的问题后，会场便陷入了沉寂，大会不得不提前结束。这一年的股东大会总共只进行了 15 分钟，速记员手里的小册子一个字也没有记，当她用眼神向会议组织者之一的麦肯齐寻求帮助时，也只能看到对方无奈地耸了耸肩。[36]

1983 年的股东大会却发生了根本性的变化。也许是因为收购了蓝筹印花公司，这一年的股东大会吸引了很多人的目光，咖啡厅被挤得满满的。面对人们的提问，巴菲特用坦诚的态度、平实的语言给出了答案，他像一位老师一样没有任何修饰，彰显了对于民主的追求。人们感受到了巴菲特那种标志性的美国中西部风格和令人耳目一新的人格魅力，就像他在致股东的信中所展示的那样。

巴菲特的语言一向是生动而有趣的，他所使用的那些比喻——“皇帝的新装”“一鸟在手胜过双鸟在林”都是非常浅显易懂的。和其他商人相比，巴菲特的观点很直白也很清晰，这与那些说话言之无物的人形成了鲜明的反差。在巴菲特的表述中，B 夫人成了他口中的灰姑娘，自己的助理阿吉特则成了可以点石成金的小精灵。他用童话故事来描述生活，但又能从其中发掘出人生的哲学。他的语言如此引人入胜，逐渐成了人们竞相传诵的内容。同样的问题，巴菲特总能用一种全新的观点进行解读，总能给出令人满意的答案，因此他的影响力也像雪球一样开始越滚越大。

1986 年，巴菲特把股东大会的地点从国民赔偿公司的咖啡厅移到了乔斯林艺术博物馆的威瑟斯庞礼堂，那一年有 400 人到现场聆听了巴菲特的演讲，一年后达到了500人。这些人都是巴菲特的崇拜者，因为是他让他们体验到了有钱人的感觉。在他们眼中，巴菲特就是他们的神，所以在会场现场，人们在提问间隙听到有人在唱巴菲特的赞美诗。[37]

人们很难用常理来分析巴菲特的成功，盛名之下的他已经不再是一个平凡的人，而成了一个品牌，一个类似于“美国顶好牌花生酱”的商业品牌。不可避免地，他也因此成了经济学家研究的对象。这些学者希望向人们证实巴菲特的成功不过是一个非常偶然的现象，没有必要为这样一个人而花时间和精力去琢磨，更不值得人们去崇拜。

这些学者试图证明那些费尽心力想比一般人出色的“成功者”不过是若干一般人中的一个，但是他们只找到了一部分证据。套用数学中命题成立的充分必要条件来说，他们只找到了充分条件，没有阐述命题成立的必要条件。一位来自麻省理工学院的经济学家保罗·萨缪尔森搬出了法国著名数学家路易斯·巴切利亚在1900年提出的市场随机漫步理论[38]。巴切利亚认为市场就是由社会投机者构成的一个整体，市场的规则就是“随机漫步”，市场价格的变动也呈现出随机漫步的特点。来自芝加哥大学的尤金·法玛将巴切利亚的理论进一步推广，并在当代社会中进行实证分析，他的结论也认可了随机漫步理论的有效性。他认为，大量投资者都期待“打败市场”，获得高于平均水平的收益，但正是这种行为反而导致其努力归于失败。然而市场上却涌现出一批专业投资人士，他们负责管理投资者的资金，并预测股价动态，他们的一切服务都是收费的，起初费用适中，后来出现了传奇的对冲基金佣金模式，即“2–20”佣金模式（佣金包括客户总资产的2%以及投资盈利的20%）。至于股票经纪人，则从散户头上搜刮佣金，这些散户在电视节目和杂志的鼓动下挑选下一只热门股票，同专业投资者进行竞争。每年，这些人劳动成果的总额就构成了整个股市的价值（减去各种交易费用）。

查理·埃利斯，这位曾在多位专业资金管理人员身边担任顾问的业内人士在《拿下失败者的游戏》一文中分析了1975年的市场形势，提出了“小偷理论”。文章指出，那些所谓的资金管理人员预测到市场走势的准确性只有一成。[39]他的这种说法对于那些个人投资行为和那些从刊物或研讨会等形式来选择投资的人是一个致命的打击。埃利斯认为在股票市场中最有效的赚钱方式并不是听取哪些人的观点，而是购买股指基金，而且不用支付高昂的佣金，就这么简单。在他看来，从长远利益出发，股票市场的走向肯定要好于债券的发展，只要经济增长，投资者就能得到回报，这个观点一直到现在还是适用的。

那些提出有效市场假说理论（EMH）的学者一直很排斥电脑等高科技产品的应用，但是一旦他们要提高这个理论的准确性与严密性，就不得不需要精密的数学论证和物理理论的解释，这一点毋庸置疑。最后，这些学者也得出了一个结论：没有人能获得高于市场平均水平的收益，市场的作用决定了无论在什么时候，股票都是股票发行公司的所有公众信息集合的体现。所以，人们那些研究资产负债表、四处打探公司消息、去图书馆查证资料、分析报刊数据以及关注竞争对手的做法，都是没有用的！不论在什么时候，股票价格都是合理的，不管是谁，获得超过市场平均收益的人，不是因为运气好，就是因为他能得到内幕消息。

事实上，很多在华尔街股市工作的人都能找到驳斥市场假说理论的案例，股票交易的确存在违反市场规则的特例[40]，但一个不争的事实就是，这些案例的数量正在呈现减少的趋势，所以如果要对这些日益减少的案例进行研究，这些分析师必须要有强大的内心来面对任何可能出现的局面，还要考虑研究的长期性，毕竟这是一项长期的工作，需要大量的专业知识做后盾。即便如此，有效市场假说理论的支持者们也不允许任何特例和个案的出现，但对于他们来说，巴菲特就是一个最大的难题！随着他的名气与日俱增，这位来自美国中西部的商人已经成了有效市场假说理论发展最大的障碍。在这些学者眼中，巴菲特就是一个蒙着眼睛在深藏冰山的大海里航行的水手，要想成功穿越这片冰山，理论上是不可能的，所以巴菲特肯定会触礁，注定会失败！于是那些随机漫步理论的推崇者——包括麻省理工学院的萨缪尔森、芝加哥大学的法玛、罗切斯特大学的迈克尔·詹森、斯坦福大学的威廉·夏普等人——开始把巴菲特当作一个难题来进行研究。他究竟是千载难逢的天才，还是昙花一现的偶然事件？在研究过程中，人们发现巴菲特的很多做法都是反常规的，就像一个发育迟缓的少年一样根本不需要人们对此进行研究，于是嘲笑巴菲特的声音也开始蔓延，其中就包括来自普林斯顿大学的经济学家伯顿·马尔基尔，他在经过了细致的研究后得出了一个结论，并在《华尔街日报》上公开发表了对巴菲特的不屑："无论是谁打破市场的运作规则，充其量都不过是一只幸运的猴子。"猴子能将飞镖投在靶上完全是因为它的运气，而在马尔基尔眼中，巴菲特也同样如此。[41]

尽管《华尔街日报》刊登了对巴菲特的抨击，但是他对《华尔街日报》从来都不是排斥的，事实上他相当喜欢这份报纸，所以他与奥马哈地区的报纸派送人员达成了一致。每天晚上当《华尔街日报》送抵奥马哈时，都要有专人在巴菲特回家的路上等着，这样他就能在第一时间，也就是午夜时分看到最新的《华尔街日报》，而当第二天早上报纸开始发售的时候，巴菲特已经把当天报纸里面的内容全部吸收了。这就是这位超级投资者是如何利用《华尔街日报》里面的资源的，这也能解释为什么他能成为金融界的巨头。如果马尔基尔眼里的猴子也能做到这一点，在午夜甚至凌晨的时候看第二天的报纸，那么它是不是也能成为商业领袖呢？答案一定是否定的，因为它不是巴菲特！

猴子扔飞镖的比喻没有让巴菲特难堪，他反而在办公室里放了一个用《华尔街日报》报纸做成的镖靶当作娱乐。有效市场假说理论没有打垮巴菲特，同样没有对他的老师本杰明·格雷厄姆产生任何负面影响。[42] 无论巴菲特还是他的好朋友芒格，那些学者在他们的眼中都不过是他们各自专业的带头人，拿到了“巫师专业”的学位证书，而他们所教授的内容更是让巴菲特觉得可笑，全都是些根本无法被证实的东西。从这一点来说，学者们的做法冒犯了巴菲特缜密的理性思维，也质疑了巴菲特在投资领域的专业性。

1984 年，哥伦比亚大学商学院为了庆祝本杰明·格雷厄姆与戴维·多德合著的《证券分析》一书出版 50 周年召开了一个大型研讨会。格雷厄姆希望巴菲特能对自己已经出版的《聪明的投资者》一书进行修订后再版发行，以当时巴菲特的名气，经他修订的图书必然能有一个很好的销量。但是巴菲特和自己的导师在很多问题上都难以达成共识，特别是在资产组合方面，巴菲特信奉的集中投资和格雷厄姆主张的分散投资形成了强烈对比，所以巴菲特并没有完成这本书的修订，只是给这本书写了序言。但哥伦比亚大学商学院并没有放弃这个机会，他们邀请巴菲特在这次研讨会上进行演讲，虽然商学院希望股神能侧重讨论格雷厄姆的投资理念，但这次演讲却成了针对有效市场假说理论的大讨论。来自罗切斯特大学的迈克尔·詹森成了这次讨论的另外一个主角，于是人们看到了两人在哥伦比亚大学商学院的尤尼斯教学大楼里进行的辩论。詹森认为“即将被射杀的火鸡肯定一开始就能感受到这种恐怖的气氛”。[43] 詹森这么做就是要唤起格雷厄姆和巴菲特的追随者们对于已经过时的随机漫步理论的印象。他认为现实生活中并不能排除某些人在股票市场运作方面非常成功的可能，只是成功的比例很小。就拿掷硬币这个游戏来说，的确存在某些人每次都能让硬币有人头的一面在上，不过鉴于能够保证这一点的人并不是很多，所以随机漫步理论还是能够成立的。

就在詹森慷慨陈词之时，坐在下面的戴维·多德脸色有些难看了，上了年纪的多德就坐在巴菲特的旁边，他倚着座位轻轻地对巴菲特说："沃伦，去，让他看看我们的厉害！"

事实上，为了这次演讲，巴菲特已经准备了好几周的时间，他也知道会有人拿投掷硬币作为反驳的例子，所以在自己陈述的时候，巴菲特显得成竹在胸：如果那些投掷硬币的人完全来自同一个地方，非常擅长这个游戏，那么得到全是"人头"而不是"字"的结果就变得不再随意，而是可以操控的了。举个例子，如果这些人都是格雷厄姆—多德理论的追随者，那么当他们在投掷硬币或者从事某一项活动的时候，思想肯定会有相通的地方，因为指引他们考虑问题的思路是一致的，所以要想得到全是人头的结果也不是什么难事。

随后，巴菲特给出了 9 份资金经理人的投资业绩图——这 9 份投资业绩分别属于比尔·鲁安、查理·芒格、沃尔特·施洛斯、里克·格林、汤姆·纳普和埃德·安德森、FMC 公司退休基金、巴菲特本人以及其他两名资金经理人。[44] 这些图表显示他们的投资内容并不相同，虽然早期几个人的发展方向还有彼此交融的地方，但是随着时间的推移，他们的投资产业逐渐延伸到了不同的方面。巴菲特对于包括自己在内的 9 名资金经理人是这样描述的："我们全都是格雷厄姆—多德理论的追随者，如果要玩投掷硬币的游戏，我们在过去 20 年的时间里都能让硬币的人头一面朝上，这一点我们很确信。"此外，他还表示包括自己在内的这几位资金经理绝大多数都不会退休，会继续在投资行业里打拼下去。巴菲特这样一番有理有据的陈词让现场的所有人相信，他们能够取得今天的成就，完全是靠自身的努力，而不是凭借所谓的运气。

巴菲特结束自己的演讲后，现场爆发出震耳欲聋的掌声，人们完全为巴菲特精彩的演讲所折服。之后，人们开始向他提问，巴菲特的脸上始终带着微笑，很绅士地回答着每一个问题，而且尽可能做到详尽有理。随机漫步理论存在的基础就是数据分析，而现在，巴菲特就是利用数据分析反驳了有效市场假说理论和随机漫步理论，这一点足以让格雷厄姆和他的追随者们感到宽慰了。

那年秋天，巴菲特在哥伦比亚大学商学院《赫尔墨斯》杂志上发表了一篇题为“格雷厄姆—多德都市的超级投资者们”的文章，将火力完全对准了有效市场假说理论。无形中，这篇文章也进一步巩固了巴菲特在支持者中的地位。随着时间的推移，那些随机漫步理论的追随者也对这一理论进行了修正，他们将理论分为“半强势”和“弱势”两种，修正的理论允许特例的出现。[45] 而有效市场假说理论最大的贡献就在于，告诫人们不要相信有谁可以凌驾于市场规则之上。对于这种观点，除了资金管理者外几乎没有人可以反驳。这种理论从某种意义上来说是走到了尽头，但人们并没有完全否定它的存在。在商学院的课堂中有关有效市场假说理论的课程依然存在，但只不过是为了课程本身的需要，不再具有任何的实际意义。然而，一个不能回避的事实是，那些认为自己比一般人聪明、完全可以超越市场规则的个人投资者和职业基金经理依然存在，市场并没有因此受到任何影响。综上，巴菲特的《格雷厄姆—多德都市的超级投资者们》这篇文章让他在人们心中成了一个传奇，甚至产生了一种狂热，一个属于“沃伦·巴菲特”的体系正在形成。

当然，有效市场假说理论及其理论基础“资本资产定价模型”的相关研究也没有停滞，理论把触角伸向了投资市场，并在进一步挖掘的基础上提出了新观点——股票市场就是一个有效运营的数据机器。在现实的股票市场中，人们之所以认为投资股票是一种有风险的行为，并不在于投资本质和股票本身的价值相悖，而是在于股价本身存在波动。股价波动率，顾名思义就是指股票价格在多大程度上背离了市场的平均水平和规则。依托这种理论，再加上计算机技术带来的巨大便利，经济学家和数学家们开始了在华尔街的掘金之旅，其经济收益远比著书立说要高得多！

投资经理们了解了股价波动率，就能对手里的投资组合重新洗牌，他们的方法是选出股票市场中的核心股票，利用它们或高或低的股价波动率来复制一个类似于市场指数的模型。而投资组合经理了解了股价波动率，就能根据贝塔系数将股票配对并进行套利。[46]股票套利是对冲基金中的一个术语，最简单的描述可以是这样：如果股票市场出现低迷的情况，股票经纪人可以抛售手中的股票以最大限度地减少股市带来的冲击。[47]同购买股票和债券相比，显然股票套利的风险指数要小很多。

套利交易是指在两个合约的买卖过程中利用价差谋利的行为。要通过套利交易挣大钱，需要不断地在做空一种合约的同时做多另一种合约。这样一来，容易引发错综复杂的债务问题。对冲基金与套利行为引发的杠杆率攀升，与垃圾债券和收购行为同时增多有关。支持杠杆收购的模式与套利者采用的模式一样，都是有效市场假说的变体。而杠杆与市场、股票的关系越来越像汽油与汽车的关系：如果市场蓬勃发展，给市场一个驱动，市场的发展速度将进一步加快，否则，杠杆就成了负面催化剂，让股票市场陷入崩溃的边缘。[48]

正是出于这种考虑，巴菲特和芒格才没有把股价波动率看作风险的一部分，正如后来芒格所说，那根本就是“废话连篇”的说法。巴菲特和芒格认为风险不是指股票套牢亏了钱，而是指“为了保住一份资产而把自己完全陷入其中，而且没有一点解决的方法”。[49]那些可以数十年持有一只股票的人根本不在乎所谓的股价波动率，而利用杠杆收购来积累个人资本的人是无法体会到其中的乐趣的，他们必须要考虑杠杆成本的因素。此外，借债过程中包括时间长短等因素，必须由借出方决定，而不是借入方，这样后者也不存在任何选择的权利。所以投资者很可能等不到市场变化自己得利的那一天就已经坚持不下去了，杠杆成本已经使他们不堪重负。作为借入方，自己将受到什么样的惩罚，也完全取决于借出方的态度和意愿。

不过一旦市场沿着之前人们预测的那样发展，股价波动率的作用就能立刻明显起来。随着时间推移，如果市场没有发生大的波动，投资者们很可能因为赚了点钱就沾沾自喜，“我们还是很聪明的，至少已经超出了市场对我们的控制”，但是他们肯定忘了在此之前还有很大的风险存在，而风险在评估成败的这一刻已经被他们抛到脑后了。[50]

巴菲特摸爬滚打这么多年，始终保持着自己的一贯风格，尽管金融市场发生了很多变化，有些变化甚至是颠覆性的。[51] 在费切海默公司收购案中，人们再一次看到了那个熟悉的巴菲特。费切海默公司是一家制作狱警服装的公司，在收购案进行的过程中，包括汤姆·墨菲在内的人都不看好这桩收购，他们担心伯克希尔–哈撒韦随时可能被那些居心叵测的企业掠夺者抢走，因为他们手里握有很多垃圾债券。但是墨菲他们的担心纯粹是多余的，伯克希尔–哈撒韦的绝大部分股票就在巴菲特和他的朋友们手里，足够保证公司的稳定性，再加上“巴菲特”这块金字招牌，伯克希尔–哈撒韦就是一个坚不可摧的堡垒，是人们的庇护所。在完成大都会对美国广播公司收购的第一年里，伯克希尔–哈撒韦的净收益达到了 1.2 亿美元。人们津津乐道的是，只要巴菲特出手进行收购，新公司的股票价格就能节节攀升，公司将财源滚滚。

接下来的几笔收购让人们看到了巴菲特的真正实力。一家位于俄亥俄州的大型企业斯科特·费策尔公司的总裁拉尔夫·沙伊在一桩杠杆收购的交易中试图把公司变成自己的私有财产，却使公司陷入困境。考虑到当时的股市非常稳定，而且出售公司能给新老板带来巨大的利益，斯科特·费策尔公司开始向外界寻求帮助。这时，一个叫伊万·博斯基的企业掠夺者站了出来，表示将通过收购的方式把公司变成自己的财产。

巴菲特自然清楚这一切，他在写给拉尔夫·沙伊的信中表示并不愿意蹚恶意收购的浑水。"我们不做不道德的买卖，但如果你希望两家公司合并，不妨给我打电话。"沙伊采纳了巴菲特的这个建议，不久后，伯克希尔–哈撒韦用4.1亿美元完成了对斯科特·费策尔公司的收购。[52] 两年前，巴菲特收购了内布拉斯加家具城，而两年后收购的新公司的规模足足比其大了7倍！这桩交易也开了一个先河，巴菲特第一次邀请上市公司的原首席执行官为自己做事，之前巴菲特收购的从来都是私人企业。而对于沙伊来说，这也是值得庆幸的，他的老板不是别人，而是大名鼎鼎的巴菲特！

另外一个见证巴菲特魔法的就是杰米·戴蒙，他是美国大型证券公司希尔森–雷曼公司首席执行官桑迪·韦尔的助理。当时，希尔森–雷曼公司的母公司是美国运通公司。[53] 它希望能以管理层收购的方式将其旗下的保险公司消防员基金公司卖给韦尔。此前，韦尔已经从巴菲特的GEICO公司挖来了杰克·贝恩，并要求贝恩管理消防员基金公司。面对这种情况，戴蒙求助于巴菲特，希望巴菲特能用有形的资金和无形的威望来介入这笔交易，一起管理消防员基金公司。

尽管巴菲特和贝恩有着深厚的感情，但他对于贝恩的离开并不感到特别惋惜。不过由于贝恩在GEICO公司工作多年，很多工作还都留有他的影子，巴菲特不得不花时间和精力把贝恩离职带来的负面影响降到最低。当公司逐渐恢复元气后，巴菲特告诉GEICO公司里的每一个人，要把精力放在公司的核心项目上，也就是那些确实进行的项目。为了填补贝恩离开的空缺，巴菲特任命卢·辛普森作为公司新的投资主管。这位土生土长的芝加哥人最大的特点，就是对那些速成的交易还有那些需要大规模投资的股票并没有兴趣。也许就是这个缘故，巴菲特很快就把辛普森纳入了巴菲特集团之中，而他也颇受巴菲特的赏识，全权掌管投资业务，成为巴菲特唯一信任的可以独立投资其他股票的高管。在工作中，巴菲特惊奇地发现辛普森和贝恩其实很相似，有的时候，辛普森也会生出叛逃之心，但是巴菲特总有方法把他留在自己身边，好在辛普森和贝恩并不是同事关系，否则巴菲特要想留下辛普森，难度很大！

尽管现在巴菲特和贝恩并不共事，但他知道贝恩具有点石成金的能力，几乎任何一个他参与的项目和行业都能得到回报，所以当被问到是否要投资于消防员基金公司时，巴菲特的答案是这样的："绝对不能给贝恩留下什么，哪怕只是一张餐券！"后来，美国运通公司决定剔除韦尔在这桩交易中的份额，选择把消防员基金公司的股票直接进行公开发售，任命贝恩出任公司的首席执行官。美国运通公司自然清楚巴菲特的名气，也知道如果他能加盟董事会，必将吸引更多的投资者，于是他们为巴菲特提供了一份回报丰厚的再保险业务合同。巴菲特欣然接受，也开始扮演贝恩和他的董事会私人顾问的角色。看到这一切，韦尔感觉自己被公司出卖了，而把怒火转嫁到了巴菲特身上。尽管之后韦尔收购了旅行家保险公司，并开始建立属于自己的王国，但这依然不能消除他对巴菲特的仇恨。从那时开始，巴菲特就成了韦尔的敌人。

从美国运通公司到桑迪·韦尔，发生的一切让世界再一次体会到了"巴菲特"这个姓氏能产生的巨大影响力。到现在为止，巴菲特已经和很多重大交易联系在一起，他要么亲身参与了投资项目，要么在很多笔交易中扮演了顾问的角色。在包括大都会广播公司、消防员基金公司、《华盛顿邮报》、GEICO和奥马哈国民公司等在内的集团中，巴菲特的身份不是公司的董事会成员，就是公司的幕后老板。随着公司规模的扩大和投资范围的扩张，巴菲特必须做出选择，究竟是以合伙人的身份继续在公司做事，还是担任公司的首席执行官……

在这之前，巴菲特的身份并不明确。在伯克希尔-哈撒韦，他更像是一个基金管理者，负责为合伙人管理财产却不收取任何费用。在写给股东们的信中，巴菲特表示自己做出的任何有关投资的决定都是以个人的行为准则作为评判的依据，是他自己建立了公司的分配制度，这也是巴菲特为了避免公司将钱进行集体捐赠而想出来的一个办法。他拒绝分割公司股份，同时也从来不让伯克希尔在纽约证券交易所上市。在他看来，股东的合作团体更像是一个俱乐部。“尽管公司是法人性质的，但是我们内部的关系非常平等，我们就是合伙关系！”巴菲特是这么说的，而且也是这么做的。

但另一方面，巴菲特很迷恋作为公司首席执行官的一切，仿佛他是高高在上的神，是公司中一切的决策者。各行各业的人，包括那些政客、记者还有自己的同行——其他公司的首席执行官都来向巴菲特讨教，寻求他的帮助，这让巴菲特充满自豪感。而随着巴菲特名气的增长，他对华尔街股市的影响越来越大，甚至出现了一种风潮，人们衡量一笔交易是否具有重量级的标准，就是看巴菲特是不是也投身其中。但巴菲特对于伯克希尔的情感没有变，毫不夸张地说，伯克希尔就是巴菲特个人生命的延伸！

一直以来，巴菲特的双重身份还是得到他个人、公司还有股东们的认可的，两种身份之间的界限并不明显。但是现在，却到了抉择的时候，巴菲特必须要在公司的合伙人和管理者职位之间做出选择，两者只能择其一。

为什么巴菲特要面临这样的选择？原因就是税费问题的出现。一直以来，伯克希尔就在企业所得税问题上颇受困扰，如果公司改成了合伙性质，伯克希尔就不用再面对企业所得税的问题。而另一方面，巴菲特一直在免费为伯克希尔的股东们进行投资，这是一笔非常合适的买卖（除了巴菲特，所有人的利益都不会受到损害）。从股东忠诚度这个角度来说，人们也希望巴菲特能够这么做。但是在 1986 年，美国国会通过了一项关于税收制度改革的法令，废除了之前一直存在的“一般实用原则”（General Utilities Doctrine）。在此之前，一家公司在卖掉自身财产的时候只需要完成清算并将资产所得分配给股东即可。而现在，股东们在接受公司财产的时候还必须为这些资产缴纳一定比例的税额，好在这些资产不用被二次征税。

一般实用原则的废除，意味着以后对公司清算将征收双重税收，不仅公司赢利要交税，股东的资产分配也要交税。因为双重税收的数额非常惊人，一时间国内的封闭型控股公司和家族企业争先恐后地在这项法令正式实施之前开始进行清算。巴菲特在致股东的信中经常说伯克希尔的规模太大了，其资金已经成为投资获利的一大障碍，可以将其资产重新分配，然后组成一个更加容易管理的资金规模（仍然多达数十亿美元），建立新的合作关系，用不了几个星期就能重新开始投资（当然，费用也得重新收）。由于当时伯克希尔的资产负债表上仍然有 12 亿美元的未实现利润，如果巴菲特真的对伯克希尔进行资产清算，那么他给股东的分红就能避掉 4 亿多美元的税，且有机会避免双重征税，公司也可以在一种新型的合作关系下重新开始经营，[54] 但他没有这么做。

在巴菲特的年度报告中，他用大量的篇幅来讨论有关清算、避税的话题，并否决了预先清算的想法。“举个例子，伯克希尔可以选择进行清算，当然我们并不需要这么做，根据政府推出的新法令，我们的股东们就要缴纳一定的税款，这样他们手里最后剩下的资产肯定会比在新法令推行前完成清算分到的资产要少。”[55]

做事老派的巴菲特自然不会对银行账户里无缘无故增加1.85亿美元满不在乎，而且他还能获得不用缴纳企业所得税而重新开始的机会，要知道就是企业所得税才让巴菲特决定不对伯克希尔-哈撒韦进行清算的，而这除了给巴菲特个人带来一定损失外，其他什么负面影响都没有。但这种原始的贪婪欲望已经不能影响巴菲特的任何决定了，正因为贪婪，巴菲特比任何人、公司任何一位股东交的学费都多！不过考虑到伯克希尔-哈撒韦的发展，巴菲特决定放弃公司合伙人的身份，专职扮演公司首席执行官的角色，这一切都是因为巴菲特对伯克希尔-哈撒韦的感情，要不是这个特殊因素的存在，公司的资产清算早就已经可以进行了。

至此，巴菲特完成了自己的选择。这样，伯克希尔-哈撒韦也就像宝洁、高露洁-棕榄一样拥有了一位自己的首席执行官。这也意味着，就算有一天巴菲特走到了生命的尽头，公司也不会因为他的离开而消亡。

不过现在的伯克希尔-哈撒韦依然是难以管理的，由于公司旗下的分支太多，很多都属于不同的领域和部门，为这样一个组织进行经济价值评估本来就是一件不轻松的事。也难怪后来芒格戏称伯克希尔-哈撒韦就是一家“冷若冰山的公司”，公司的规模在无限制扩大，但是它的所有者却得不到任何好处。不过从另一个方面来考虑，如果公司的所有者和经营者可以轻轻松松地在公司予取予求，这样的公司还能有什么价值呢？恐怕什么也没有。

在为伯克希尔-哈撒韦积累财富的问题上，巴菲特的贡献已经超出了公司里任何一位股东的想象，而且他有事实为证。巴菲特有一张属于自己的记分卡，这张记分卡记述了多年来巴菲特的经营轨迹，和每年面对股票市场上的种种压力相比，这张记分卡带给巴菲特更多的则是享受和一份舒适、轻松的心情。从之前的双重身份转变到现在只担任公司的首席执行官，巴菲特再也不用作为一个绝对权威人来行事，而且他也不用再去面对那些令人头疼的数字，因为从巴菲特进入股票市场以来，就有一些人在评论他的投资行为。[56]除了这些已经免去的灾难，担任这家“冷若冰山的公司”的首席执行官也能让巴菲特体验到久违的乐趣。他在布法罗地区拥有一家报社，他写给股东们的那些信也在报纸上的一个专栏里发表。除此之外，他和其他那些首席执行官似乎没有太多的交集。从巴菲特成为公司首席执行官的那一天起，他就算正式走进了企业首席执行官俱乐部，但是和其他首席执行官不同，巴菲特没有任何恶习——他不会去住所谓的五星级酒店，不以收藏名酒、名家作品为乐，也没有见他购买豪华游艇，抑或是另觅爱人，找一位漂亮的花瓶小姐做自己的太太。“花瓶？我从来不认为花瓶太太是对自己的奖励，在我看来，那样的奖品是给失败者准备的！”巴菲特说。

但 1986 年的某一天，巴菲特的态度似乎发生了改变。一天，他给好朋友小沃尔特 · 斯科特打电话。斯科特是地地道道的奥马哈人，他和巴菲特是同乡，和自己的父亲一样，斯科特一直在为彼得 · 基威特父子公司工作，他的血液里充满了商人的 DNA，但又不失风趣和幽默。在彼得 · 基威特父子公司，小沃尔特 · 斯科特接替基威特成为这家公司的老板。在之后发生的美国联邦高速公路的投标串通丑闻案中，他登上了美国各大新闻报刊的头版，这使得彼得 · 基威特父子公司在任何涉及政府基金的合同中投标的资质受到质疑，严重威胁了公司的生存。不过最终斯科特还是凭借着自己的坦率与平稳的做法以及一系列的改革措施（他选择与政府部门进行交易，而这样的风险是很大的，动不动就可能让公司陷入生死边缘），帮助公司回到了之前的轨道。[57]对于巴菲特来说，斯科特是值得信任的，所以凯瑟琳 · 格雷厄姆偶尔几次来奥马哈看望巴菲特时，都选择住在斯科特家。

巴菲特在打给斯科特的电话中这样说道：“沃尔特，你觉得我买一架私人飞机怎么样？”巴菲特之所以给斯科特打电话，是因为他知道彼得·基威特父子公司内部有若干架飞机，主要负责接送来自偏远地区的合作伙伴。

斯科特的回答是：“你不用问我，我想你自己能找到合适的理由！”

两天后，已经找到答案的巴菲特再次打电话给斯科特：“沃尔特，我已经找到答案了，现在我想问你的是，怎么找到飞行员帮你开飞机，还有你是怎么对飞机进行保养的？”

为了让巴菲特解开心中的疑惑，斯科特邀请巴菲特小试了一下彼得·基威特父子公司刚刚购进的新款飞机。飞了一圈后，巴菲特小心翼翼地走了出来，随后立即购买了一架“猎鹰20”，型号和斯科特邀请他试乘的飞机一模一样，而这架飞机也成了伯克希尔的专机。[58] 这样，巴菲特的个人空间更多了，他也可以更好地掌握自己的旅行时间表了。一直以来，隐私和自由支配时间都是巴菲特最在意的事情之一，一架飞机帮他解决了很多问题。

不过购买私人飞机也让巴菲特违背了自己的一贯原则，那就是不浪费一分钱。杜绝浪费是巴菲特人生的首要信条。他永远也不会忘记与凯瑟琳·格雷厄姆在机场打电话的那件事。有一次在机场，格雷厄姆要打个电话，需要 10 美分，由于没有零钱，她向巴菲特借钱。当巴菲特掏出口袋里仅有的一枚硬币时，发现是 25 美分。他毫不犹豫地转身去换零钱，格雷厄姆知道巴菲特是不想浪费，她连忙叫住了巴菲特，用半开玩笑的口气说就让她浪费掉这 15 美分吧。对于巴菲特拥有的财富来说，这浪费掉的 15 美分就像是乘坐飞机在飞越乞力马扎罗山时丢掉一磅的货物一样不值一提，而此时巴菲特正在给自己找借口，找一个能解释自己买了一架飞机又雇用了两名飞行员这种行为的借口。在巴菲特自己看来，这无异于古埃及法老那样奢华的生活，但是如果真的要为浪费找借口，巴菲特无视清算而损失的1.85亿美元更需要他的解释。

是啊，巴菲特一向吝啬的性格和昂贵的飞机之间形成了鲜明的对照，他宾夕法尼亚大学的舍友克莱德·赖格哈德给出了其中的答案，不过这样的说法听上去有点令人尴尬。“他购买这架飞机的目的无非是希望给自己省钱，当然也能省些时间。”[59]听到这种说法，巴菲特在股东大会上也拿自己开玩笑：“我啊，就是工作的时候太吝啬，而出去玩的时候舍得花钱！”

这架“猎鹰20”，作为唯一一件属于巴菲特的奢侈品，也让他步入了一个全新的阶段。即便如此，巴菲特“吝啬”的性格也没有改变多少。即便打着代表绅士身份的领结，巴菲特也并没有真正融入所谓的名流社会，他依然是芒格口中那家“冷若冰山公司”的首席执行官。1987年，大使沃尔特·安嫩伯格夫妇邀请时任美国总统的里根及夫人、巴菲特和苏珊到著名的棕榈泉国际公寓度周末。其实在此之前，巴菲特就已经和里根夫妇见过面了，那是在凯瑟琳·格雷厄姆位于马撒葡萄园的别墅里，而且巴菲特还与里根总统在白宫一起用过餐，但是与总统先生度过一个周末，对于巴菲特来说还是第一次。

“一切都是精心安排好的，这里的一切都是为沃尔特这样的人设计的，偌大的一个房子里，除了你和你的太太就是50多个服侍你的人。墙壁上挂着动不动就是价值亿万美元的名画，而我在那里就像是一个看客，只有我对这些艺术作品一窍不通。要是我，倒是希望墙上挂着的都是《花花公子》的封面。”相比之下，苏珊对这些高雅生活的适应要比巴菲特好很多。

我们住的是一间叫作忧郁蓝色的房间，床单是蓝色的，牛仔裤也是蓝色的，连屋子里的书的书皮都是蓝色的，一切都是蓝色的。

在那里，每一个客房都有两名女仆，她们负责我们的早餐，每天早晨她们都在规定的时间给我们送上食物，就连托盘每次也都是在同样的时间放在同样的位置上，到了规定的时间她们又会把东西收走。

每天晚上我们都要穿晚礼服出席晚宴活动，每个门口早已经站好了两名女仆，她们会非常训练有素地告诉你："夫人，您今天真是太漂亮了。"而为我服务的那位女仆则看着我咯咯笑，也许她已经为我的到来准备了几周的时间，在想面对我的时候应该说些什么，但是真到了我面前，却不知道说什么了。

在这里，沃尔特为自己准备了专门的9洞高尔夫球场。球座排列得非常整齐，而那些高尔夫球码放成一个金字塔的形状。如果他一天被安排了4轮四人赛，他会说球场安排不开这么多比赛，留下一场回阳光之乡乡村俱乐部去打吧。我自然愿意去那个俱乐部挥上几杆，阳光之乡乡村俱乐部的服务很好，在球被拿走后，会有专人把球码放整齐，依然像之前金字塔的形状，这样的生活对于我来说，如同梦幻一般。

对于金字塔和法老的奢华生活，巴菲特有自己的见解，但他并不排斥和安嫩伯格这位大使先生一起打球，因为他很喜欢安嫩伯格，也喜欢和他打球。巴菲特并不认为自己要过和安嫩伯格一样的生活，因为每个人都有选择自己生活方式的权利。当然，巴菲特不会抨击安嫩伯格选择的这种方式。那个周末，安嫩伯格成了巴菲特身边最好的朋友，一直陪伴在他左右，而总统里根则成了他们在高尔夫球场上的玩伴。巴菲特知道这个周末有很多特工人员一直在保护着总统，但是他们的隐蔽工作做得很好，即便巴菲特把高尔夫球打到了水里，这些特工人员也没有现身捡球，这让巴菲特一睹特工人员的希望落了空。

对于里根，巴菲特有一种很复杂的情感：一方面他很欣赏里根提出的关于“地缘政治学说”的思想；但是另一方面，在里根执政期间，美国从世界上最大的债权国变成了最大的债务国，这一点让美国经济受到了严重的冲击。随着垃圾债券和杠杆交易在华尔街的兴起，美国政府和美国经济都陷入了巨大的债务麻烦中，这在巴菲特眼中就是经济疲软的突出表现。处于疲软市场中的人可能会这样说：“我很荣幸能在周二请您吃汉堡！”[60]而要是巴菲特，他邀请别人去品尝的就是牛排了，股市中的巴菲特从来都不是无能的，这一点可以从公司的资产负债表中得到证实。

伯克希尔–哈撒韦的业绩让人想入非非，而公司首席执行官巴菲特更是与美国总统共进晚宴、切磋球技，这样的经历和背景让巴菲特成为人们心目中财富的代名词，人们认为他就是一切经济智慧的源泉所在。再加上斯科特·费策尔公司收购事件，巴菲特更是成了伟大的保护者的化身。每一个试图对巴菲特还有他的公司进行分析研究的人最终都得到一个令人赞叹的数字，认为巴菲特本身就是一个奇迹。在过去23年的时间里，伯克希尔–哈撒韦股票的票面价值每年都能以23%的速度高速而稳定地增长。那些最初和巴菲特合作的商人每投入1 000美元就能得到110万美元的回报。伯克希尔的股价达到了每股2 950美元。巴菲特的个人身价高达21亿美元。这样的数字怎么能不令人眼花缭乱！巴菲特作为一个商人，一个基金投资者，他的财富已经能在美国排到第九位。这在美国历史上是前所未有的，说得直白一点，巴菲特不过就是一个拿着别人的资金进行投资的人，但就是依靠这种方式，他成功地跻身名流，成了众多投资者仰望的对象。别人投入了金钱，而巴菲特投入了自己的眼光和智慧，这样就成就了他数以亿计的财富，而他的手段不过就是买卖股票，进行投资。随着名气的增长，越来越多的人来到巴菲特的面前向他寻求帮助。

这一次给巴菲特打电话的是时任所罗门兄弟公司首席执行官的约翰·古特弗罗因德，在 1976 年巴菲特的 GEICO 出现危机险些破产的时候，古特弗罗因德伸出了援助之手，帮助 GEICO 渡过了难关，两人也因此结下了深厚的友谊。

在当时古特弗罗因德帮助巴菲特渡过难关的过程中，他既显示了所罗门兄弟公司的优势，同样也暴露了公司的不足。当时 GEICO 股票的承销完全取决于一名普通股票研究分析师的观点。在那个年代，在股票发行市场有一定地位的公司，一般会承接那种规模小，即使失败也无须承担什么法律义务的交易。但所罗门兄弟公司不是这样的企业，这是一家做事果敢、坚决的公司，而且没有那么多的官僚作风，他们之所以敢拿下与伯克希尔的这份合同，还有一个很重要的因素就是他们需要这份合同。对于那些能帮助自己的人，特别是那些能帮助自己赚钱的人，巴菲特一向是充满好感的，古特弗罗因德身上那种略带保守、充满智慧，但是又有点喜欢凌驾于别人之上的性格深深地吸引了巴菲特，增加了巴菲特对这个自由的、本色突出的银行家的信赖。

古特弗罗因德出生于纽约市的斯卡斯代尔镇。小镇距离纽约市不远，因被高尔夫球场环绕而闻名。他的专业并不是经济管理，而是在欧伯林学院主修文学，并打算将来成为一名英语教师，但是父亲的一个高尔夫球友却把他带入了商业领域，这个人就是比利·所罗门，所罗门兄弟公司创建者的后人。

1910 年，阿瑟·所罗门、赫伯特·所罗门、珀西·所罗门创建了所罗门兄弟公司。最开始他们的启动资金只有 5 000 美元，公司的发展方向是短期借贷。而就在不到 10 年的时间里，所罗门兄弟公司这家规模不大的小公司居然通过把自己注册为政府的证券交易商之一挖到了一个大客户——美国政府部门。有了政府部门的认可，所罗门兄弟公司通过集中力量于自己的核心业务——债券交易，奋力打拼、审慎经营，再加上对客户忠诚，使公司在之后的30年里规模迅速扩大。[61]反观其他经纪公司，不是由于经营不善过早地关门大吉，就是走上了被吞并的不归路。

古特弗罗因德进入所罗门兄弟公司后，比利·所罗门给他安排的职务是交易助理。每天，古特弗罗因德看到的都是一个个忙碌的身影，人们手里拿着电话，脑子里想的全都是如何通过债券买卖帮助客户实现利益最大化。在这样一个大环境的影响下，和大多数人一样，古特弗罗因德在为所罗门兄弟公司服务的过程中也学到了很多东西。到1963年，也就是古特弗罗因德34岁那一年，他的业务已经相当熟练，并顺利成为公司的股东。一直以来，比利对公司的管理都采用铁腕政策，他说的每一句话对股东们来说都是他们的行事指南，就算股东们得到了公司的分红，比利也不允许他们以利润或者奖金的方式分年拿走，而是必须要留在公司里，以防公司遇到不测。

比利·所罗门在1978年退休前把公司大权交到了古特弗罗因德的手上。三年后，古特弗罗因德在他的朋友兼顾问位于东开普敦的海滨别墅，说要把所罗门兄弟公司出售给一家名叫菲普诺（Phibro）的大型日用品交易公司，两家公司在重组后将更名为"菲普诺-所罗门公司"。在整个重组过程中，古特弗罗因德和新公司的股东们平均每人拿到了大约800万美元的利润，而包括比利·所罗门在内的公司老臣们则一分钱也没有捞到。[62]为什么？理由很简单，因为这些所谓的元老早已退休了。难怪当时某位曾经出任所罗门兄弟公司董事的商人认为发生的这一切是一个悲剧：是现代版的俄狄浦斯，儿子最终杀死了自己的父亲。

公司完成重组后，古特弗罗因德和菲普诺公司的总裁戴维·滕德勒一起出任新公司的联席首席执行官，这也注定了两人站在了跷跷板的两端，当古特弗罗因德主管的部门业绩蒸蒸日上时，滕德勒负责的部门则面临前所未有的难题，古特弗罗因德抓住这个时机，把自己的合作伙伴踢出了局，之后古特弗罗因德成了新公司绝对的主人。

得偿所愿成为公司的老板后，古特弗罗因德开始对公司进行大刀阔斧的改革，先后增加外汇交易、股票交易及承销三项，并将原有的债券市场扩大到了日本、瑞典、德国等国。此外，古特弗罗因德并没有放弃引进人才，华尔街股市里出现了很多学院派的研究员，那些曾在学校教课的教授也开始出现在股票市场。有了这样的大背景，所罗门兄弟公司[a]里拥有博士学位的人不断增加，他们利用所学的知识解开资产剥离、拆分、运输、抵押以及债券问题中的数学之谜。但这些只是所罗门公司腾飞前的铺垫，直到进入了一个全新的行业——债券市场，菲普诺–所罗门公司才一举从一家中等规模的公司发展到华尔街股市的龙头企业，而这一切不过用了几年的时间。

鼎盛时期的所罗门公司规模很大，单是公司的交易大厅，占地面积就能达到一个飞机库面积的 1/3。大厅里人山人海，烟雾弥漫。大厅的中间摆了两排桌子，桌子旁边挤满了交易人员、销售人员还有交易助理，大多都是弯着腰对着电脑屏幕计算股票盈亏，即便吃饭，他们也是一只手拿着比萨，一只手拿着电话听筒，可见工作十分紧张。这里每天都像打仗一样，人们的抱怨声、诅咒声夹杂在交易过程中，而所有这一切都围绕着股票买卖这个永恒不变的话题。每天早晨，古特弗罗因德都像从炮膛里飞出来的炮弹一样从办公桌冲到大厅通道口，瞪着眼睛，透过角框眼镜观察大厅里的情况，而他的手里总会拿着一根香烟。

那些在交易大厅工作的人有一个最大的特点，他们都对竞争有着

a. 即便两家公司完成了并购并更名为“菲普诺–所罗门公司”，也没有彻底消除所罗门公司在人们心中留下的印象，人们还是喜欢把这家公司叫作索利——所罗门的昵称，直到 1986 年这个名字被停止使用。

特别的感情，以把对手置于死地为自己最高的目标，这也从客观上促进了古特弗罗因德和他的公司的发展。所罗门公司成了债券承销市场的佼佼者，古特弗罗因德也因此出名，美国《商业周刊》称他为“华尔街之王”。[63] 此外《商业周刊》还披露了古特弗罗因德在所罗门公司实行的高压政策——这一点古特弗罗因德和他的导师、一手将自己提拔起来的比利·所罗门没有什么区别。一旦公司出现问题，古特弗罗因德绝不轻易放过任何一个人。换句话说，为了平息出现的争端，古特弗罗因德很可能把每一个人都列为怀疑对象一一排查。[64]

1985 年，所罗门公司发展到顶峰，这一年，公司的税后纯利润达到 5.57 亿美元，但是包括股票部门在内的一些公司新近扶持的部门并没有给公司带来预期的利润，因而公司内部的竞争出现了近乎失控的局面。面对这个千载难逢的机会，所罗门公司的竞争对手开始了挖角行动，一批帮助公司创造了巨额财富的主力干将面对高薪的利诱相继离开，古特弗罗因德意识到了公司面临的危机，希望通过提高员工待遇的方式来挽留人才，但他并没有对股票交易和投资银行两个部门的员工流失采取任何动作，因为这两个部门就是上文中提到的令古特弗罗因德大为光火的两个部门。不过古特弗罗因德还是给这两个部门提出了一份 5 年规划，希望他们能在 5 年的时间里弥补自己给公司带来的损失。他希望能用这种强硬的方式来掩盖自己性格中的弱点，其实古特弗罗因德是一个很不愿意用非常强硬的态度和正面冲突的方式来解决问题的人。随着时间的推移，古特弗罗因德在交易大厅里待的时间越来越少，但公司里依然处处弥漫着一种紧张的气氛。“我的问题在于，在处理人际关系时总是考虑太多。”[65] 事后，古特弗罗因德曾在采访中道出了当时自己的苦衷，不过虽然当时是古特弗罗因德在主持所罗门公司的业务，但当公司出现问题的时候，外界舆论的批评不是冲着古特弗罗因德，而是指向了他的妻子苏珊·古特弗罗因德。

几乎整个20世纪80年代，苏珊·古特弗罗因德一直以各种各样的理由“征得了”丈夫的同意留在纽约曼哈顿中心区，在这里她可以经常见到丈夫的前任老板比利·所罗门，苏珊经常要求已经退休的所罗门带她出席各种社交活动。刚开始，古特弗罗因德并不赞成妻子的这种做法，但后来，他的态度发生了改变，甚至很欣赏妻子的做法。用古特弗罗因德的话说，这样可以拓宽他的人脉。苏珊在纽约打开局面后，古特弗罗因德正式进入了纽约名人圈，在这个过程中，要想从他身上找到谦虚、节俭的优点，也变得越来越困难了。

“要想成为一个富人，付出的代价还不小呢！”一次，古特弗罗因德和美国出版业巨子，也是《福布斯》财富榜单创始人马尔科姆·福布斯聊天时抱怨道。[66]虽然他这样的说法非常有讽刺意味，但的确还是非常坦率的。其实这也是古特弗罗因德夫妇生活的真实写照。古氏夫妇每次宴请宾客的时候豪华至极，邀请函都是由司机登门送上，上面还别着黄玫瑰。苏珊宴会前要沐浴，她喜欢在沐浴后喷上冰冻的香水，为此她特意在浴缸旁边放了冰柜。为了追求时尚的法国气息，苏珊连说话的时候都非常刻意，要是有电话打到公寓，她必然让管家用法语来接听。第一次与总统夫人南希·里根会面时，爱表现的苏珊也用法语向第一夫人致敬：“夫人，早上好！”在古氏夫妇位于纽约海怡大厦的家里，更是弥漫着浓郁的法兰西情调：客厅里铺着价值百万美元的地毯，放着一个价值百万美元的法国古董。除了家里这样，苏珊也没有放过古特弗罗因德的办公室。他的办公室里摆满了各种各样的装饰，不知道的人还以为来到了“法国的风月场所”。[67]古氏夫妇在法国还购买了一处18世纪的古堡作为寓所，而他们的邻居就是世界著名时装设计师纪梵希。有了这种便利，苏珊邀请纪梵希为她量身设计服饰。圣诞节将至，苏珊希望能在纽约的家里放上一棵圣诞树，但当一台起重机未经许可出现在顶楼的露台，用来在她家客厅安放一棵高 22 英尺、重 500 磅的圣诞树时，她却遭到了邻居们愤怒的投诉。[68] 古特弗罗因德夫妇也多次登上杂志封面，而苏珊因此赢得了登上大银幕的机会，在由汤姆·沃尔夫的纪实小说改编的电影《虚荣的篝火》中得到了一个角色。[69] 面对外界的抨击，苏珊的朋友们都为她辩解。但是无论指责苏珊的声音有多么刺耳，也没有人站出来指责这样奢华的生活分散了古特弗罗因德的注意力，即便是古特弗罗因德本人也一点儿都没有。[70]

那个时期出版的一些公司发展史的内容可以让我们从一个侧面了解古特弗罗因德这个人。里面描写的古特弗罗因德并不是那种独断专行、喜欢把自己的意志强加给别人的人，其实他是一个“很能体谅别人，愿意尽自己最大能力让别人感到舒服的人”。但是作者也表示古特弗罗因德是“最后的决策者”，“某一话题，只要他在咨询相关人员后给出决断，那么这肯定就是最后的答复，不可能有任何更改”。[71] 事实上，一些之前和古特弗罗因德共事的人——他们现在的职务至少应该是“主管”级别——正在酝酿一场挑战古特弗罗因德权威的战争。这么长时间以来，他们对古特弗罗因德和所罗门兄弟公司的忠诚走到了终点，他们抨击古特弗罗因德奢华的生活作风，并开始了相互之间的权力争夺战。

到 1986 年底，随着员工工资支出的不断攀升——那一年，所罗门公司的员工数量增加了 40%——公司的利润出现缩水，部门主管们差一点儿就把古特弗罗因德赶下台来。没有钱赚，所罗门公司的股东们开始坐不住了，公司最大的股东、来自南非的米诺卡（Minorco）公司率先发难，越来越对所罗门公司失去耐心的它们正告古特弗罗因德要出售公司的股份。不过之后，所罗门公司内部的部门主管们也没有什么动作，一切似乎又恢复了平静。但这并不能缓解南非公司的态度，当时道琼斯工业指数增长了 44%，所罗门公司的股票却持续走低。

但在很长一段时间的寻找后，米诺卡公司终于找到了接管自己麻烦的买家，一个叫罗恩·佩雷尔曼的企业掠夺者，正是他之前完成了对美国著名化妆品品牌露华浓公司的收购。

所罗门公司的管理层自然不希望为佩雷尔曼或者是他任命的任何一个人卖命。[72] 思考再三，古特弗罗因德不得不向巴菲特发出了求救信号，希望他能像之前帮助斯科特·费策尔公司那样扮演“救星”的角色，对所罗门公司进行投资以避免佩雷尔曼可能发起的收购挑战。[73]

客观地说，所罗门公司在销售市场上的实力还是有目共睹的，这一点令巴菲特很欣赏。令巴菲特头疼的是，这家之前曾在投资银行业呼风唤雨的公司现在由于受到市场压力的影响只能去开发新的商业银行业务，但所罗门公司通过垃圾债券来融资完成公司收购的做法却为巴菲特所不齿。对于竞争激烈的并购业务，所罗门公司还是一个新手。[74] 想从这一潭浑水中把所罗门公司解救出来，古特弗罗因德深知并不轻松，短短一年的时间里，他明显苍老了很多。[75]

但所罗门公司还有一个不得不提的优势，就是它重新构建债券市场的能力。这一点足以吸引巴菲特，毕竟在当时很难找到能够带来巨额回报的收购买卖。[76] 尽管巴菲特对垃圾债券深恶痛绝，但他也不能回避公司收购将不可避免地使用这个他并不喜欢的方式。所以，巴菲特开始投机取巧地对交易实施套利：逐渐减少收购者手中的股票持有额，并不断增加被收购者手中的股票份额。由于所罗门公司绝大部分的利润来自套利债券部门，公司其实就是一部套利机器。不过鉴于这也是华尔街的普遍现象，巴菲特也只能接受现实，并慢慢习惯这样的运作模式。

随着古特弗罗因德希望巴菲特完成收购的心情日益迫切，股神也嗅到了金钱的味道。为了尽快完成收购事宜，古特弗罗因德表示将向巴菲特提供一笔 7 亿美元的优先股股票，可以分配到 15% 的公司利润。[77] 在所罗门公司内部，古特弗罗因德用非常强硬的态度向员工们通报了这个消息。公司内部早已因为即将到来的收购而人心惶惶，这个时候古特弗罗因德用非常强硬的态度让下属设计一种股票，能够让巴菲特实现通常只有在垃圾债券上才能获得的收益。最终，在 1987 年 9 月 28 日，也就是犹太新年那一天，巴菲特正式与所罗门公司签订了交易合同，巴菲特买进了所罗门公司的优先股。之所以选择这一天是因为在犹太人的观念里这一天是不能工作的，即便佩雷尔曼知道了巴菲特买进所罗门股份的消息也无可奈何了。那一天，巴菲特一个人飞到了所罗门公司在纽约的总部，在律师的见证下签下了这份合同。巴菲特的表情看上去很轻松，他没有带助理，没有带公文包，甚至连文件夹都没有带。与古特弗罗因德握手后，巴菲特签了约，在这份合同中还有一个条件就是附带了 9% 的息票，当股票价格达到每股 38 美元时，优先股可以转成普通股票，这个条款对于巴菲特具有非常重要的意义。[78]

根据双方协议，在所罗门公司的股票达到每股 38 美元前，所罗门公司要向巴菲特支付 9% 的股息，一旦公司股价达到每股 38 美元或之上的任何价格，那么巴菲特有权将优先股转化为普通股。但如果股价走低，巴菲特可以选择撤资，放弃手中持有的所罗门公司的股票。[79] 不过巴菲特并没有这样做，他在所罗门公司得到了 15% 的分红，远远超出了之前的预期，这也证明这桩交易本身一点儿风险也不存在。[80]

进入所罗门公司的第一年，巴菲特得到了 6 300 万美元的红利，比蓝筹印花公司和伯克希尔在《布法罗晚报》和喜诗糖果公司上投入的总和要高得多。但是所罗门公司内部却对古特弗罗因德与巴菲特的这笔交易严加斥责，员工们都很愤怒。[81] 他们认为古特弗罗因德在面对米诺卡公司收购时的态度太过犹豫，这才让公司陷入了极度危急的局面，所以只能找巴菲特过来救火，最终的结果也只能是付给巴菲特超出原有价值的回报。但从巴菲特的角度来讲，这是一笔划算的买卖，就像作家迈克尔·刘易斯之后描写的那样，巴菲特“再一次娴熟地证明了自己的安全边际和收益理论，在保证所罗门公司不破产的前提下，自己的利益实现了最大化”。[82]

除了巴菲特这笔巨资的注入，在交易过程中，所罗门公司还得到了什么？没错，就是股神的声望。不过古特弗罗因德在所罗门公司的权力也有所削减：巴菲特和芒格都成为所罗门公司的董事会成员。其实两个人早就对所罗门公司加以关注了，在签订注资协议前，巴菲特特意从国外飞回纽约，与芒格一起视察所罗门公司的运营情况。

站在古特弗罗因德办公室门外——他的办公室旁边就是所罗门公司的交易大厅——巴菲特第一次如此近距离地接触这家公司：几百名交易员坐在电脑前面，几乎每个人都在打电话谈业务，屋子里还夹杂着人们的谩骂声和诅咒声，大厅的气氛有点儿纷乱，这里的空气并不是很流通，弥漫着一层雾气。从他们的表情看上去，这些交易员的工作很紧张，香烟成了他们排解压力最好的方式。

看到这些，芒格环抱着双臂对巴菲特说道：“沃伦，你确定要投资这家公司吗？”

巴菲特没有说话，他注视着交易大厅熙熙攘攘的人群，注视着里面嘈杂的环境，等了好一会儿，他才慢慢给出了一个答案：“嗯，是的。”[83]

47

不眠之夜

纽约　1987—1991 年

用“点石成金”来形容巴菲特对所罗门公司的收购并不为过，至少在外人眼中是这样的。这位来自奥马哈小镇的先知以令人惊叹的手笔完成了这次收购，但是你会惊讶地发现，这位世界首富和你身边的人并没有太多区别，他的“豪宅”只是一栋价值 31 500 美元的房子，而他开的车还是 8 年前购买的那部凯迪拉克。巴菲特与那些富豪唯一的相同点恐怕就是他对华尔街银行的投资了。

事实上，巴菲特起先并不赞同华尔街的那些做法，而现在他却成了这里的一部分。在写给伯克希尔股东的信中，他抨击了华尔街利用垃圾债券来完成收购的做法，其中也包括所罗门公司。他在信中这样写道：“这些交易是在那些没有头脑的人之间进行的，他们从不在乎别人的想法！”[1]“我从来不和那些股票经纪人或者分析师说话！”他还写道：“考虑问题的时候你要有自己独立的想法。华尔街是世界上唯一一处能够看到开着劳斯莱斯的富人向那些挤地铁的人讨教成功秘籍的地方。”[2] 而在之后发行的《华盛顿邮报》中，人们又能看到巴菲特类似的言论，他用“赌场”来形容当今的这个社会。就是这种赌博的心态让那些企业掠夺者变得富有起来，但是为什么政府不对这些人全额征税？[3]他们要是纳税，税额肯定不会少。从1982年到1987年的5年间，道琼斯工业平均指数从777点激增到2 722点，所以巴菲特这样告诫商学院的学生：“想要赚钱吗？那么到华尔街去吧！”不过说这话的时候，巴菲特已经身在华尔街了。

华尔街究竟是什么样子呢？对这位来自美国中西部的平民来说，它有着巨大的诱惑力，使人很难轻易离开。当有记者问巴菲特，为什么在所罗门公司这般混乱的时候，他却选择进入，而且还持有相当大的一笔股份时，巴菲特没有任何迟疑地告诉来访者：“因为我信任一个人——约翰·古特弗罗因德，这位所罗门公司前首席执行官非常出色，无论在哪个方面都是如此，这是一个值得尊敬的人。”[4]

的确，巴菲特对于身边人的感情总是很深，但人们发现他对古特弗罗因德的感情不是用言语可以表达的，甚至从一开始就是这样。曾经，巴菲特因为不想看到客户间的利益纷争选择辞职，但是他并没有向古特弗罗因德隐瞒自己拥有部分投资银行股份的事情，不过那时巴菲特的公司已经被客户间的利益纷争弄得苦不堪言。但是，是什么让巴菲特在最糟糕的时候成了这家公司董事会的成员？[5]在那段经济不景气的日子，巴菲特赚钱的欲望似乎战胜了个人的希望、追求和原则。正如他一生经历的那样，只要贪婪的欲望主导了自己，厄运似乎也就悄然而至。

1987年，就在巴菲特投资所罗门公司那一年，股市接近了崩溃的边缘。他在当年3月写给股东的信中提到了对投资经理的看法：“这些人都是伪善家，他们能让纷乱的场景变得异常平静。”不过巴菲特并没有解除与任何投资经理的合约，人们看到的只是在之后的几个月里，巴菲特开始抛售股票。他知道随着股票市场不断上涨，其中必定有某种推动因素，那就是标准普尔500指数期货这一新发明。包括所罗门公司在内的绝大多数银行都开始接受这一衍生工具合约。它是一种全新的事物，类似于赌博性质，赌的就是标准普尔500指数在未来某个时间是否上涨。[6]举个例子，在洛克伍德巧克力（Rockwood Chocolate）的交易中，这一衍生工具合约的意义和价值取决于未来某个时间点上原材料可可豆的市场价格：如果未来可可豆的市场价格低于期货合约所确定的基础价格，那么期货合约的买方就算是买到了保险，也就意味着他赚了；反之，如果可可豆的市场价格上扬，那么期货的卖方就会赢利，这份合约也就意味着这个人能以低于目前，而不是未来价格的价钱买到这些原材料。

让我们再看看巴菲特与豪伊就“减肥”问题以农场租金下赌的例子。巴菲特当时并不希望儿子真的能减肥，因为那样的话会降低租金。不过是否减肥完全取决于豪伊的态度，所以沃伦想买个第三者保险，他也许会对妻子苏珊说：“我们打个赌吧，我给你100美元，看看豪伊能不能减肥，如果豪伊瘦了20磅，并在之后6个月没有反弹，你要给我2 000美元，补偿我损失的2 000美元租金，否则的话，我那100美元就是你的了，你不用给我一分钱。”这次打赌的输赢取决于豪伊的减肥结果，而巴菲特能不能从中获利则取决于当事人能否减肥并保证减轻后的体重不反弹。

究竟什么是衍生工具合约？让我们看看另外一个例子，假设巴菲特和女友阿斯特丽德·门克斯打赌，看巴菲特能不能在一年内不再吃薯片。如果巴菲特没有做到，那么根据赌约，他就要给阿斯特丽德1 000美元，这就算不上衍生工具合约，因为它不牵扯第三方的利益，巴菲特是不是吃薯片与第三方没有任何关系，完全取决于他个人的意愿。

但是如果巴菲特换一个打赌的方式，在双方都同意的前提下，让巴菲特的妹妹伯蒂也介入其中：最开始阿斯特丽德先支付给伯蒂 100 美元作为“保险费”，如果阿斯特丽德输了，这 100 美元就是伯蒂的了，否则伯蒂要给阿斯特丽德 1 000 美元，衍生工具合约就这样产生了。合约是由“巴菲特是否能按照赌约一年内坚持不吃薯片”衍生出来的，这一点完全不受阿斯特丽德或伯蒂控制。如果巴菲特不能遵守赌约吃了薯片，那么阿斯特丽德就要给伯蒂 100 美元，否则伯蒂就要给阿斯特丽德 1 000 美元。所谓的衍生，从这个意义上来讲就是一种保险方式，在我们的这个假设里，就是阿斯特丽德寻找的一种保险方式，而对于伯蒂则是一场赌博。[7]

很多人在选择进行衍生工具合约交易时并不是基于对对方的信任，也许合同双方根本没有见过面，而是选择了一个冷冰冰的数字——标准普尔股指期货。1987 年前后股票市场是这么规定的，投资经理纷纷选择股指期货进行投资。他们认为这种投资存在某种可以为客户提供“衍生工具合约中的保险份额”的东西，如果股市下跌到某个水平线下，那么股指期货就能为客户避免损失。那些认为股市一直将处于牛市状态的投资者其实是在赌博，他们不断地与客户签订衍生工具合约，期待股票的回报率能给自己带来收益。

有关衍生工具合约中存在的风险，巴菲特看得很清楚，这也是他给美国国会写信的原因。早在 1982 年，巴菲特就呼吁联邦政府介入此事，他在信中陈述了有关衍生工具合约中存在的风险，并表示希望联邦政府能够给出相关的市场监管措施，但市场还是那样，并没有出现任何改变。[8] 从那时开始，股指期货中存在的问题就慢慢被人们忽视，如果股市下跌，投资经理会在第一时间得到相应的账单，接下来他们要做的就是抛售手里的股票兑换成现金以支付客户的索赔费用。而作为期货的买方，他们通常把期货当作自己手里项目交易的担保，在市场下跌的情况下，他们手里所持有的期货将会自动卖出，这样也就在无形中促进了大量的交易。

不过这种局面并没有维持多久，一切在1987年秋天画上了句点。刚刚进入秋天，股市就出现了一些反常的现象，股指增长时断时续。到10月19日这一天，问题全面爆发，道琼斯工业指数狂跌508点，创下了道琼斯工业指数日跌幅之最，这一天也被称作“黑色星期五”。[9]所有人都希望能够尽快逃出这个牢笼，股市差点儿就重蹈1929年股灾的覆辙，交易所几近选择停盘。

巴菲特集团的股东大会刚好在股灾的第三天举行，会议地点选在了位于弗吉尼亚州的威廉斯堡。整个会场由凯瑟琳·格雷厄姆负责统筹布置。她利用威廉斯堡烘托出了一种全新的氛围。前来参加股东大会的人来自世界各地，有的甚至来自并不富裕的地区。他们早晨醒来时发现自己的早餐“足够1 000人享用”，早餐种类非常丰富——鸡肉、牛肉、汉堡、鹅肝、鸡蛋应有尽有，这和他们之前的生活形成了鲜明的对比。某一天晚上，凯瑟琳租下了卡特的格鲁夫种植园作为晚宴地点。格鲁夫种植园位于詹姆斯河沿岸，它的历史可以追溯到18世纪。此外，凯瑟琳还租用了一个剧场来播放里克·格林的电影。巴菲特的股东大会每年都会举行，每年的水准都有一个很大的提高，与会者纷纷为大会的规模感到震惊，当然令他们感到惊讶的还有每次股东大会的巨额支出。“有幸成为凯瑟琳的客人简直太棒了！”股东之一的查克·里克肖塞尔说道，他的这种说法也得到了周围人的赞同。在股东大会即将结束的那个晚上，凯瑟琳请来了一些音乐家在德威特·华莱士博物馆演奏助兴，穿着考究的音乐家们现场演奏了海顿的作品，演奏结束后，现场的观众报以阵阵热烈的掌声。[10]

股东大会原定的议题是“巴菲特集团是不是将随着股市而终结”，在股灾发生后，人们不断听到股市崩盘的消息，不断被累加的损失轰炸着，但是巴菲特、蒂施、戈特斯曼、鲁安、芒格等人正在关注股票价格，不断打着电话。股灾之后，他们没有选择抛售股票，而是在不断买进。对，他们在不断买进。[11]

当股市崩盘的幸存者刚刚摆脱灾难，巴菲特的姐姐多丽丝却陷入了麻烦。当时，多丽丝正居住在弗吉尼亚州的弗雷德里克斯堡，那还是巴菲特的父亲老霍华德当选为国会议员后，他们全家搬到那儿去的，从此多丽丝就深深地爱上了那里。眼下，多丽丝和很多弗吉尼亚州的人一样，都在兜售所谓的“裸卖看空期权”，一种由弗吉尼亚州福尔斯彻奇市的一个经纪人兜售的产品。这种期权其实就是一种承诺，承诺在市场下跌时为他人的损失买单，之所以说是“裸卖”，是因为它们没有附属任何抵押品，因此出现损失时得不到保护[12]。经纪人对多丽丝说这会给她带来稳定的收入，这正是她所需要的，但这位经纪人丝毫没有如实地描述其中的风险，尤其是用了“裸卖看空期权”这个玄乎的词语，更让人看不清其中的风险。多丽丝在投资方面经验不足，但非常聪明，而且对任何事情都充满了怀疑态度，这一点和弟弟巴菲特很相似。在与弟弟的聊天中，多丽丝并没有提及有关自己投资的话题，因为她知道弟弟是肯定不会同意的。一直以来，巴菲特就以“保守”著称，通常情况下他只向人们推荐极其安全和低回报的投资，国库券或者市政债券就是巴菲特给出的最好选择，特别是面对多丽丝这样的离异女士时更是如此。当然，巴菲特自己不会选择这些低回报的债券来投资。出于对弟弟的信任，从很早的时候，多丽丝就成了巴菲特的第一批客户，特别是在投资伯克希尔-哈撒韦时，多丽丝更是给予了弟弟完全的信任。但可能是多年前的投资阴影依然在多丽丝的脑海里盘旋（巴菲特 12 岁时与姐姐合伙购买了 3 股“城市服务公司”的优先股，但数月后股市大跌，两人也因此被套牢），所以在本应该向巴菲特征求投资意见的时候，多丽丝没有开口。

这样，多丽丝完全按照自己的想法行事，最终的结果就是她手里持有的所有伯克希尔的股份不复存在，经纪人更是以破产对其加以威胁。绝望之中的多丽丝给经纪人写出了几个朋友的名字，希望朋友们能帮她渡过难关，为此，多丽丝也深感自责。

在多丽丝的心中，巴菲特一直扮演着保护者的角色，她甚至给弟弟做了一个微缩型的神龛，里面放着弟弟喜欢的高尔夫俱乐部模型、百事可乐罐等。不过在出现问题时，多丽丝并没有直接寻求弟弟的帮助，而是找苏珊作为中间人穿针引线，因为她觉得所有的家庭都是这样来解决问题的。其实多丽丝的前半生并不幸福，到 1987 年，她已经经历了三次不幸的婚姻：她感到自己在第一次结婚的时候就失去了安全感，第二次婚姻让她觉得深陷于婚姻的牢笼之中但又无力挣脱，而与一位丹佛的大学教授的第三次婚姻对于多丽丝来说本身就是一个错误。现在的多丽丝已经经历了很多，面对问题的时候她不会选择沉默，而是会尽力争取自己的权利，但是这一次，她却不知道该怎么做了。

“你不用担心！”苏珊安慰多丽丝说，“沃伦说会永远保护你！”

在多丽丝把自己投资上的不幸遭遇告诉苏珊后，她在某个周六的早晨接到了弟弟的电话。在电话里，巴菲特明确表达了自己的态度，不会向姐姐提供帮助。巴菲特告诉多丽丝，如果帮她还钱，肯定是帮了那些有钱人。在巴菲特看来，这些人都是投机商人，所以他肯定不会向投机商人提供任何帮助。当多丽丝认识到这一点后，出了一身冷汗，双腿也开始发抖，觉得弟弟的决定是对她的一种蔑视，而在巴菲特看来，做出这样的决定绝对是非常理智的。

> 如果我愿意，可以拿出几百万美元还给她的债权人，但是你知道的，让他们做梦去吧。我是说那个把这些破烂儿卖给多丽丝的女人，她让买了那些产品的人都破产了。

既然弟弟不能帮忙，多丽丝不得不把期望寄托在苏珊身上，苏珊本来就很有钱，再加上巴菲特还给了她很多，解决问题肯定够了，但是正如苏珊没有给外甥比利·罗杰斯支付购房首付一样，在金钱问题上，苏珊没有出手。

《华盛顿邮报》对此进行了报道，文章里写道“一位极其成功的投资者”的姐姐做了一件非常愚蠢的事。这对于巴菲特的声誉无疑是一个巨大的打击，多丽丝也因此度过了一段非常难熬的时间。巴菲特家族还没有完全从7个月前比利·罗杰斯注射毒品致死的阴影中走出来，现在又出现了多丽丝这样的麻烦事，而巴菲特家族的这一内部矛盾再一次成为人们关注的焦点，这个外表看似和谐的家族实则隐藏着不少问题。在这件事情的处理上，巴菲特也觉得自己太过理智了，他也害怕多丽丝会爆发，这和凯瑟琳·格雷厄姆很相似，如果格雷厄姆感到自己受到了威胁，她肯定也会爆发。巴菲特非常了解自己的姐姐，他不希望任何极端的事情发生，所以巴菲特退缩了，他不再给多丽丝打电话，也告诉家里其他的人不要再骚扰她。多丽丝吓坏了，她觉得自己被家人抛弃了，陷入这种深深的恐惧之中，再加上心头的创伤，多丽丝开始对她的母亲利拉发难，恐吓并向其索要钱财，并依靠贷款来避免房屋被抵押的可能。[13]不过具有讽刺意味的是，美联储宣布下调利率，各大公司也纷纷以回购自家股票的方式救市，股票市场很快从灾难的阴影中恢复过来，整个股灾之后只剩下像多丽丝这样的牺牲品。经历了一段时间的痛苦，多丽丝和一个名叫阿尔·布赖恩特的人结婚了，一个帮助她摆脱困境的律师。

表面上巴菲特对姐姐很无情，但是私底下他正在安排从父亲的信托银行每月预支给她1万美元，这也是霍华德的遗嘱里写明了的。“这笔钱比我这一辈子花的钱都多！”多丽丝兴奋地说道，这样她和巴菲特之间紧张的关系开始有所缓和，两个人也开始说话了，多丽丝对巴菲特也怀有深深的感激之情——直到某一天她发现这些都是自己的钱，只不过是提前预支而已。而这时，多丽丝的信托股份正在慢慢增长，她手里持有超过 2 000 股伯克希尔-哈撒韦的股票，1964 年时这些股票只值 3 万美元，而到 1987 年股灾结束后，2 000 股伯克希尔的股票累计达到了 1 000 万美元。不过根据霍华德的遗嘱，这笔信托款要在利拉去世后才能有效，届时多丽丝和妹妹伯蒂可以分 4 次拿到这笔钱。当多丽丝把这笔钱当作未来的救命稻草时，巴菲特又进一步伸出了橄榄枝，成立了舍伍德基金会，该基金会每年支付 50 万美元“仁慈”的礼物，多丽丝、巴菲特的三个子女和女友阿斯特丽德每人可以得到 10 万美元，而且可以随意支配。这就像巴菲特为他们 5 个人设立了 700 万美元的信托财产一样。因此，多丽丝的股份很像是巴菲特付给她钱，只不过是换了种形式。

当然，多丽丝不能用这笔钱偿还债务或者房贷，巴菲特不会把钱直接放在姐姐的手上，而是要随时监控这笔专款的流向。这场风暴平息之后，多丽丝又恢复了信心。她很感激巴菲特能用他的方式把自己从困窘中解救出来。她清醒地认识到，如果没有巴菲特，她什么也不会得到。在偿还了所有的债务后，多丽丝和巴菲特的关系也渐渐恢复正常，那个神龛又安放在她家的墙上了。

股灾之后，另一个需要巴菲特帮助的就是所罗门公司。在伯克希尔-哈撒韦注资三个月后，巴菲特和芒格一起第一次参加所罗门公司的董事会议。当天的主题是交易量锐减与所罗门公司合并案，以及在“黑色星期五”那天公司产生的 7 500 万美元损失。[14] 所罗门公司不得不面对“黑色星期五”后一片狼藉的现实。而就在股灾前一天，古特弗罗因德那张白净的脸上毫无表情，他刚刚裁掉了 800 名员工，其中不乏一些有经验的老员工。他还关闭了赢利空间较小的业务，例如商业票据交易（债券业务的死水区），但由于太仓促，结果伤害了同一些重要客户的关系，几乎到了无法弥补的地步。[15]再加上股灾的影响，所罗门公司的股东眼前似乎出现了一个永远也填不满的无底洞，就这样，所罗门的股票开始接近悬崖的边缘。

就在股东为损失而痛苦时，所罗门公司薪酬委员会——巴菲特在该委员会主席鲍勃·泽勒的要求下也成为其成员之一——开始商讨有关降低股票价格的事宜，希望能通过这种方法让公司员工在他们可以接受的范围内行使自己的股票期权。

公司员工的股票期权是指他们可以在未来某个时间以某一特定价格购买公司股票的权利。以巴菲特名下的喜诗糖果公司为例，行使股票期权就好比是巴菲特预先付给员工一些股票，使他们今后可以以某个特定的价格来购买公司生产的糖果。如果糖果的价格持续每年走高，那么股票的价值也会随着时间而增长。

不过喜诗糖果公司在1987年“股灾年”也是流年不利，公司正面临亏损，员工很可能要面临降薪的危险。薪酬委员会提议通过让员工以低价购买糖果的方式来弥补工资损失。但是巴菲特并不同意这个议案，他认为喜诗糖果应属于各位股东而非员工。[16]巴菲特主张公司盈利减少多少，员工持有的糖果份额就相应减少多少。[17]但薪酬委员会的其他成员并不这么看，他们认为数月前古特弗罗因德在宣布公司的糖果货存时，就已经承诺员工这批糖果所能带来的收益。而当糖果大幅促销时，公司也有责任弥补这个差价。也许他们试图阻止传统的华尔街分红日人群蜂拥的场面——拿了钱就跑，但这种举动往往发生在人们对于结果并不满意的时候。

巴菲特认为，从道德上来讲，这是不对的，既然股东得不到分红，为什么员工能得到糖果？不过投票的结果还是说明了一切：人们以2∶1的投票结果否定了巴菲特的提议。他愤怒了，[18]但这又能代表什么呢？巴菲特在所罗门公司的董事一职几乎是有名无实的，人们很少去征求他的意见，更不要说采纳他的建议了。所以即使时下正值所罗门公司的股票复兴期，巴菲特也从投票结果中立即感觉到自己在所罗门公司投资的经济利益“比之前要少了很多”。

> 我可以反抗得更激烈、更有声势，如果那样，我的感觉会更好一些，但历史的进程始终是无法改变的。除非你是一个争强好胜的人，否则那样做毫无意义。
>
> 我不喜欢战争，但如果需要也不会退缩，只是从个人的角度出发，我对战争毫无兴趣。组建董事会的时候，我和查理都没有反对，我们都投了赞成票。我们没有抵制，因为抵制就意味着要去攻击他人。毕竟所罗门公司还存在其他一些问题。公司里总是是非不断，我都怀疑这是不是疯了，但是人们不想看到我发表意见。那么留给我的问题是，我要发表意见吗？我不会单纯地为了挑起战争而挑起战争。

古特弗罗因德最初被巴菲特吸引是因为后者的性格，冷静、善于思考，同时热衷于自己的事业。每天早上7点，巴菲特都会准时出现在办公室，点上一支牙买加雪茄，然后游走在那些穿西装打领带的交易员当中，告诉他们“你每天早上都要打起十二万分的精神”。[19] 事实上，对于公司员工来说，巴菲特并不是一个积极、爱表现的股东。[20] 他看上去对企业经营的细节似乎知之甚少，但是完全适应一项产业并不像运作传统的实体企业或者一条流水线那样轻松，这对巴菲特来说并不那么容易。[21] 最开始，巴菲特在所罗门进行投资只是因为古特弗罗因德，而现在巴菲特并不喜欢所罗门公司的运营方式。他完全可以做出新的选择，那就是卖掉手中持有的所罗门股票，并辞掉公司董事一职。[22] 这种可能到了华尔街就演变成了巴菲特与古特弗罗因德激烈的冲突，要么巴菲特卖掉所罗门公司的股份，要么他把古特弗罗因德炒鱿鱼，并引入一位新人来接管公司，[23]但事实并非如此。一旦巴菲特卖掉股份并撤出董事会，直接影响到的就是所罗门公司的股价，那么作为公司主要投资者的巴菲特会面临惨重的经济损失，同时他也会显得变化无常、报复心理极重而且非常不可靠。要知道，现在“巴菲特”这个姓氏已经成为伯克希尔-哈撒韦价值的一部分，这种损失巴菲特承担不起，伯克希尔也承担不起。而另一方面，巴菲特之所以投资所罗门公司，就是因为古特弗罗因德，如果巴菲特伸出臂膀拥抱一个人，那么他就很难和这个人分开。所以当假期来临的时候，巴菲特和古特弗罗因德两人必须要解决出现的问题。

同时，1987 年的股灾造成的影响并不是轻轻松松就能消除的。就在新年到来前两周，巴菲特集团的成员接到了凯瑟琳·格雷厄姆发过来的一个通知，有些人脸上露出了惊讶的表情，凯瑟琳给他们每个人都寄了一张账单，这也宣告着“他们都不再是她的客户了”。巴菲特集团的人们要为威廉斯堡奢华的股东大会付账，而总额是“有点儿令人吃惊”的。“很遗憾我这么晚才通知大家，我的确很遗憾，但我依然希望各位能有一个愉快的圣诞节，我依然是你们的朋友。”[24]

巴菲特确实过了一个愉快的圣诞节，但并不是因为凯瑟琳的祝愿，而是因为可口可乐公司，后者带给巴菲特的快乐足以安抚他在所罗门公司受到的种种伤害。早些时候，巴菲特参加了在白宫举行的一场宴会，席间，巴菲特和老朋友基奥碰面了，后者当时是可口可乐公司的总裁兼首席运营官。基奥让巴菲特放弃百事可乐，并向其推销可口可乐公司新近推出的樱桃可乐。巴菲特尝了一下，感觉不错，从此就喜欢上了可口可乐。巴菲特的这种做法令他的家人和朋友目瞪口呆，他们都知道一直以来巴菲特都是百事可乐的忠实粉丝，而现在他却发生了如此巨大的改变。不过，基奥要说服巴菲特把投资重点从百事可乐转移到可口可乐却并不容易。巴菲特曾经认为可口可乐公司的股票太贵了，但是现在可口可乐却陷入了困境，主要竞争对手百事可乐挑起了灌装商之间的矛盾，可口可乐公司的股价降到了每股 38 美元。更是有人传闻，露华浓老板罗恩 · 佩雷尔曼将对可口可乐进行收购。所以可口可乐方面一直在回购自己的股票以稳定股价。巴菲特知道这个收购价格并不划算，但可口可乐毕竟是一个大品牌，这样的收购巴菲特之前也做过，就是收购美国运通公司，因此收购可口可乐算是一笔划得来的买卖。

但在巴菲特看来，可口可乐并不是“烟蒂”型公司，而且它的现金正大量地流出，只将少部分的钱用于公司运作。巴菲特提倡的现金流开始发挥作用了，他知道现金能创造多少价值，心中也在盘算这笔交易。过去几年里，巴菲特始终没有放弃对可口可乐公司的研究，他知道可口可乐公司在过去挣了多少钱，也可以判断出在未来的几年里可口可乐公司将有多大的发展空间。[25] 再考虑到可口可乐公司年复一年的资金流动，巴菲特能给出一个最终的价值。

你很难精确预测一家公司在今后几年的发展，而巴菲特在他的预测中使用了安全边际理论。在推算的整个过程中，他既没有使用复杂的模型和公式，也没有用电脑或者电子表格来计算，他的判断只建立在一些简单的推理基础上。如果最终结果不能使他感觉像发现远古人一样兴奋，那么在他看来就没有投资的必要。

最后的结果，让巴菲特不得不把可口可乐这个品牌和自己的伯克希尔进行比较。巴菲特依然沿用了“林中鸟”的故事，在他看来，可口可乐公司是林子里的鸟，随时都可能飞走，而伯克希尔的现金则是巴菲特手里的那只鸟。如果把钱投资在政府债券上，肯定不会有风险，但是投资于可口可乐公司能让巴菲特在相同的时间内赚上一笔。经过一番比较，巴菲特觉得在某种程度上，可口可乐是个完美的选择，他甚至想不出哪笔投资能比投资可口可乐公司有更丰厚的回报，这就是巴菲特注资可口可乐的开始。

在 1988 年的伯克希尔–哈撒韦股东大会上，可口可乐公司的产品首次亮相。当公司股东开始学着巴菲特的样子暴饮可乐时，他们并不知道自己通过伯克希尔也都拥有了可口可乐公司的股份。当年的股东大会在乔斯林艺术博物馆举行，有近 1 000 人参加。同样是在这一年，伯克希尔–哈撒韦在纽约证券交易所挂牌上市，并成为美国规模最大的企业集团之一。由于当年参加股东大会的人数过多，有些股东根本找不到停车位，会议不得不推迟进行。这种场面让巴菲特灵机一动，他租用了两辆校车并说服几百位股东在会议结束之后跟随他去内布拉斯加家具城。一方面他要把自己仰慕已久的 B 夫人介绍给大家认识，在过去 5 年的时间里，巴菲特一直提到这个名字，但人们始终没有见过 B 夫人。来到家具城后，股东们被 B 夫人在地毯部驾驶的像微型坦克一样的电动车深深吸引，也被 B 夫人的定价震撼了，这些地毯的售价是 57 000 美元。[26]

截至 1988 年底，巴菲特已经斥资 6 亿美元购买了可口可乐公司超过 1 400 万的股份，但公司的股东们并不知情。[27] 因为巴菲特的每个举动都会对股市产生不小的影响，因此，巴菲特得到证券交易委员会一项特别恩准——他可以一年内不披露自己的某项交易。这样，巴菲特手中的可口可乐公司股份达到了一个空前的额度，而且可口可乐公司也回购了很多。在竞争过程中，巴菲特和可口可乐公司并不是哄抬股价，而是正如沃尔特 · 施洛斯描述的那样："可口可乐公司购买一半，而巴菲特购买剩下的那一部分。"[28] 很快，伯克希尔对可口可乐公司的股票持有率达到 6%——市值为 12 亿美元。[29] 终于在 1989 年 3 月，巴菲特的把戏被揭穿了，人们纷纷到纽约证券交易所购买可口可乐公司的股票，最终，纽约证券交易所不得不给可口可乐公司挂上了当日涨停的牌子。

时任可口可乐公司首席执行官的是美籍古巴人罗伯托·戈伊苏埃塔，他为可口可乐的价值被巴菲特这位著名投资人认可而感到欣喜。戈伊苏埃塔邀请巴菲特进入公司的董事会，巴菲特答应了下来，并且很快就完全融入了可口可乐的一切日常工作。这期间，他认识了一些可口可乐董事会的朋友，其中就包括艾伦公司的总裁赫伯特·艾伦。艾伦是个说话直率而且个性耿直的人，两人很快就成了好朋友。艾伦邀请巴菲特参加他于7月在太阳谷举行的名人聚会，一个汇集了投资者、各大公司首席执行官、好莱坞明星的名人聚会。

参加太阳谷的聚会意味着巴菲特每年的行程里要再加上一件事，但他知道太阳谷聚会对自己来说非常重要，所以愿意参加。他要用不断提升身份的方法来保证作为一个首席执行官俱乐部成员的优势，而且巴菲特有足够炫耀的资本，他用700万美元买回了一架挑战者喷气飞机，之前的那架“猎鹰”则退出了历史舞台。巴菲特在写给股东的信中也提到了这个问题，他在信里引用了一段奥古斯丁在祈祷时候所说的话：“神啊，救救我吧，请洗刷我的心灵，但能晚一些吗？我不希望是现在。”巴菲特更是表示自己希望成为空中飞人，“就算死，也要死在机舱里”。

在赶往机场的路上，巴菲特去医院探望了苏珊的姐姐多蒂。年老体弱加上长期嗜酒，多蒂的身体状况并不好，而且她刚刚被诊断患上了格林–巴利综合征。这是一种病因不详的自身免疫疾病，如果突发很可能导致神经系统瘫痪。当时多蒂正处于昏迷之中，糟糕的身体状况就连她的主治医生都建议放弃药物治疗而采取自然疗法。

担心姐姐的苏珊并没有接受这个建议，多蒂经历了漫长的治疗过程，苏珊则从夏天到秋天一直留在奥马哈照顾她。她在多蒂家旁边买了一套公寓，从那里到多蒂的住所只需要穿过一个大厅。这段时间，苏珊还帮助大儿子豪伊竞选道格拉斯县的县长。这个岗位主要负责掌管奥马哈及其周边地区，豪伊是以共和党拥护者的身份参加选举的，不过显然共和党人身份在竞选中更为有利，但拥护者的身份倒也没什么妨碍。面对儿子的竞选行为，巴菲特一直以来的观点就是不对其进行经济支持，他认为富家子弟不一定要有大笔财产。所以豪伊的竞选经费只能自己掏腰包，而在母亲苏珊的帮助下，豪伊的竞选难度降低了很多，每次出现在公众面前，苏珊都尽可能地展现自己迷人的一面，帮助儿子争取更多的选票。[30] 最终豪伊如愿以偿当选，巴菲特也显得非常高兴。对于儿子经营的农场事业，巴菲特从来都没有与之产生过共鸣，但是豪伊的这次参政却让巴菲特对其另眼相看。他看到儿子正在一点点变得成熟，也知道了儿子心中的抱负，所以他开始劝说儿子竞选众议院议员，这也是巴菲特的父亲老霍华德曾经达到的政坛高度。

那段时间，除了小儿子彼得住在旧金山外，大儿子豪伊和女儿苏茜都在巴菲特身边，和彼得相比，豪伊和苏茜更希望得到父亲的关心和爱。苏茜回到奥马哈是因为第二个孩子迈克尔的出生，在没有与丈夫艾伦商量的前提下，苏茜告诉巴菲特，艾伦希望能管理巴菲特基金会的事务。之前基金会在其主管，也是巴菲特家族好友雪莉·史密斯的领导下，经历了一场战略性的方向调整，基金会急需有人出面统筹管理。而在巴菲特眼中，这是一个绝佳的机会，既能把女儿留在身边，也能让苏珊离自己更近一些。

让女儿留在身边和让苏珊留在身边，显然对于巴菲特来说是不一样的。和母亲一样，苏茜非常会照顾人，不过她的态度和苏珊相比还是有些强硬。但是现在，至少有两位女性同时在照顾巴菲特了，这一点让他很满意。在他看来，被更多的女人照顾永远都是顺理成章的。“我认为女人懂男人比男人懂女人要多些。要我戒掉被女性照顾的习惯？下辈子吧！”巴菲特总是希望被照顾，否则他的生活将会混乱得一塌糊涂，那样他将无法工作，也不能解决任何问题。对他来说，在身边照顾他的人能够各司其职才是他最大的乐趣，就这样，苏茜和阿斯特丽德开始在巴菲特生命中扮演着不同的角色。

如何取悦身边的女性朋友？巴菲特想出了一个非常不错的方案，那就是利用波仙珠宝店（Borsheim's）。波仙珠宝店位于奥马哈市，是一家专营中高档珠宝的折扣店，它的老板是路易斯·弗里德曼，也就是B夫人的姐夫。巴菲特深知女人对珠宝的热衷远远超过服装，无论衣服能展现出什么样的价值。在众人中，最具有这种购物癖好的就是苏珊了，巴菲特曾送给她一套精美的珠宝收藏品，被苏珊细心地珍藏了起来。苏茜、凯瑟琳·格雷厄姆以及巴菲特的姐姐和妹妹也都很喜欢珠宝，唯一对珠宝没有感觉的就是阿斯特丽德了，她对一切价格昂贵的东西都敬而远之，不过似乎只有在巴菲特送珠宝给她时，她才不会拒绝。

所以从1989年开始，巴菲特不会再为给身边的女性朋友购买礼物而头疼了，他制定了一个方案，礼物包括耳环、珍珠、手表三件，每个人每年都会得到不同主题的礼物，他却没有收到任何礼物，这与带给他无限风光的可口可乐巨头的身份不太相符。更糟的是，巴菲特再次遭受了冲击，《说谎者的扑克牌》[a]一书成了他的噩梦，这本书的作者就是所罗门公司的经纪人迈克尔·刘易斯。这本书不但描写了所罗门公司的企业文化——傲慢、富有创新精神，而且精力充沛，还详细描写了1986—1987年公司的衰落史。此书一经问世，就登上了销售榜的头名位置。该书对所罗门公司内部的一些古怪行为的描述给读者带来了极大震撼，使所罗门公司被视为一个聚集着华尔街最好斗、最粗俗之人的类似于动物园的地方，这使所罗门公司的声誉从此很难

a.《说谎者的扑克牌》中文版已由中信出版社出版。——编者注

恢复。[31] 而 20 世纪 80 年代末期盛行的公司兼并热潮也渐渐冷却下来，巴菲特熟悉的交易领域变得冷冷清清，几乎没有公司可以让他投资或者收购，不得已，巴菲特降低了选择标准，于是霍克希尔德–科恩这样的百货公司才进入了巴菲特的视线。

事实上，巴菲特的投资之路并没有因此被阻断，不乏首席执行官出于对公司命运和自己的未来感到担心，而给巴菲特开出了非常诱人的条件吸引他加盟。巴菲特为伯克希尔–哈撒韦买了三只最合算的“可转换优先股”股票，条件和所罗门公司开出的类似，巴菲特将获得平均 9% 的利息，他也可以撤回资金，或在公司经营良好的情况下将优先股转化为普通股，但巴菲特注资或关注的这些公司的情况相差很大。冠军公司，一家经营业绩很差的纸业公司，也被兼并者盯上了。吉列公司，和巴菲特名下的喜诗糖果公司一样，对它的品牌有很强的保护，令公司在竞争中不致受到伤害，曾经一度使投机者对其望而却步。[32] 而总部位于美国匹兹堡空军基地的美国航空公司，在不受政府管制的新行业，还是一个竞争力很弱的地方上的竞争者，同样被卷入收购中。

就像所罗门优先股一样，这些特殊的交易条款让巴菲特成了批评家眼中各大公司首席执行官的保护神。不容争辩的是，伯克希尔–哈撒韦的股东得到了最大限度的利益回报，同时巴菲特又能保证他们远离风险，所以现在的巴菲特看上去更像是一个交易所的内部人员，想依靠特殊交易获得成功。

在这个充满收购交易和企业掠夺者的年代，这种贪婪是微不足道的。巴菲特本可以轻而易举地变成一个收购霸主，但是他并没有这样做，他保持了对人的一贯友善，并牢牢地坚守着自己对于收购的理解。他敬爱的导师本杰明 · 格雷厄姆一向认为，一个人在股市中进行交易，必然会使其成为一个局外人，因为他有时不得不表露对公司管理的不满。在这一点上，巴菲特并没有遵循导师的教诲，他一直都希望能让所有人满意，一直在试图弥合与周围人的各种鸿沟，这一切从他在早期投资时期与GEICO公司的洛里默·戴维森成为好友后就开始了。正如某篇有关巴菲特的报道描写的那样："现在许多华尔街上的投资者都会说巴菲特先生参与的那些特殊交易是一个带有绅士色彩的保护性游戏。"[33]

到最后，那些看起来很诱人的交易只不过成了精美却无用的赌注。只有吉列公司笑到了最后，它为伯克希尔赚回了55亿美元的利润。美国航空公司是输得最惨的。所以巴菲特也得到了一个真理，投资任何有翅膀的东西对他来说都注定会失败，类似的言论他不止一次地表达过。之后美国航空公司中止了红利的发放，就像克利夫兰面粉厂那样，于是美国航空公司的股票出现暴跌。"这个交易是我经历的最痛苦的一笔。"巴菲特的一位朋友暴怒地说，"你们这群人到底在做什么？你们亵渎了自己拟定的原则。"[34] 对此，巴菲特稍后表示了赞同。"债务被清偿后，该公司立即陷入了赤字，此后一直没有摆脱掉。我知道一个以800开头的电话号码，就拨了过去，说：'我是美国航空公司的粉丝，我叫沃伦·巴菲特。'"[35] 查理·芒格直截了当地评价说："沃伦在那件事上没有请教过我。"

虽然所罗门兄弟公司是巴菲特这些交易中的一个典范，但情况也不妙。股市崩盘后，佩雷尔曼停止了对吉列的收购进攻，几乎是仓皇而逃，此后，并购业务恢复元气的速度非常慢，有才华的银行家也另谋高就了。古特弗罗因德通过新一轮裁员，再次完成了公司重组，但那些执行董事再也不怕他了。一位副总裁说："人们一直威胁约翰，他却要买进。"起初，公司有3个副总裁，后来多达7个。一时间，"如果你是副总裁，就呕吐去吧"成了办公室里的笑话。

如今的所罗门已经从之前几个不同派系的分支发展成了几股不同

的势力，或者说发展为一系列的巨头，他们各司其职：公司债券巨头、政府债券巨头、抵押债券巨头和股票巨头。[36]

但在这些巨头中间，有一个人的名字是永远凌驾于他们之上的，这个人就是约翰·梅里韦瑟，一个害羞的、不爱出风头的人。面对哈佛、麻省理工等名校的薪水诱惑，梅里韦瑟没有动心，因为他在华尔街有着更大的野心。在这里，他成了众多套利交易者中的一分子，他们通过电脑寻求保护，建造用于描述债券走势的数学模型，他们相互鼓舞，从各自的勇气中得到安慰。就像《每日赛讯》经济版的主管分析的那样，这些聪明人正在对债券行业发动一场革命，他们用电脑做出内部报告，帮助他们为所罗门创造更多的利润。而正是梅里韦瑟，为人们制造了一个小小的泡沫，并让他们感受着自己从中获得的自尊与傲慢。他可以极大程度地原谅一个人的错误，但是对那些他认为愚蠢至极的人却又极其冷漠无情。这些套利交易人员就是他精心挑选出来的精英。他跟他的团队有着极其复杂的人际关系，他几乎所有的时间都跟他们在一起。梅里韦瑟有三大爱好：工作、赌博和高尔夫。在很多个工作结束的晚上，这些年轻人坐在一起，玩“说谎者的扑克牌”，他们似乎太久没有玩这个游戏了。[37]不过最后，那个看起来像男孩子一样的、脸有点黑的梅里韦瑟通常都会获胜。

尽管作为董事会的成员，巴菲特在所罗门公司的影响有限，但是他非常了解套利交易。只是董事会对所罗门公司交易细节的了解也仅限于此。巴菲特不懂电脑，但是在新环境下，电脑已经成为华尔街的重要工具。他知道作为一家公司的董事是绝对需要电脑的，但他还是明确地指出使用电脑会增加风险。有一次他拜访了在所罗门公司从事外汇期权工作的马克·贝恩，他的父亲正是曾和巴菲特搭档的杰克·贝恩。

马克很聪明而且年轻，他家里就有一台电脑，这样他就能随时随地开展业务。他有一个专用系统，一旦日元浮动超过了某一限度，那个系统就会发出类似警报的声音，这样即便是在午夜，他也不会放过任何一个消息。

我对马克说："现在让我坦率地说吧，你把电脑放在这里，凌晨3点时，在你忙完你那堆事——谁知道是什么，我们也不问——凌晨2点上床睡觉后，那个警报响了。你马上就得起床，跑到电脑前，去看日元兑美元汇率诸如此类的东西。"

告诉我，当你专注于用电脑工作的时候，这个电脑会对交易的规模有什么条件限制吗？当你做出错误判断的时候，它会提出异议吗？

接着他说："哦，那倒不会，我会把我想要的敲出来的——无论什么。"

"所以，"我说，"嗯，如果你有点儿喝多的时候，或者你无意中多打了3个0，你的公司是不是就会牵扯上官司？难道你必须得用电脑来进行交易吗？"

然后他说："嗯，是如你所说的。所以这个小东西已经成了我的噩梦，凌晨3点的时候，也许我正和一个女人同床共枕，我迷迷糊糊地过来仔细检查电脑有没有出现状况，然后再回去继续睡觉。等第二天早上醒来的时候，你会忽然发现，昨天你输入电脑的货币单位不是万亿，而可能是千万亿。"

在巴菲特看来，一个容易出错的人和一台不会判断的电脑将组成一个完全无监控的、无人看管的环境。很显然那就意味着，会发生无法挽救的失控。但是作为董事会的成员，他没有改变这种现状的权力，他所能做的只有试图说服每个人。现在他和芒格常常为了所罗门公司的管理问题争吵，但始终没有得到令人满意的答案。芒格开始接管审计委员会，在此之前该委员会并未充分履行职责进行严格监督。芒格带领审计委员会对公司进行了六七个小时的审查并查看了账目。芒格发现，所罗门金融衍生业务崛起得非常快，主要在那些交易量不大的市场进行交易。这些交易持续的时间不长，一般只有几年。金融衍生品交易中转手的现金量非常小。所罗门公司的账面上利用数理模型评估这些衍生品的价值。[38] 因为这个模型的发明者能获得多少奖金，是由这些模型决定的，所以，这些模型往往显示这些交易的利润非常高。通过这种错误的会计手段，盈利被高估了 2 000 万美元。[39] 然而，审计委员会的审计对象只是那些已经得到批准的，往往也是已经完成的交易。所以，这种只存在于交易前的监管无法阻止交易过程中高估盈利的行为。

巴菲特和芒格只在一个领域比其他人更精明，那就是投资。人们一向追捧的就是他们的投资能力，但他们的这种能力也容易被忽视。两人的主张仅仅是同员工达成一个统一的联盟。举一个例子，所罗门旗下的菲普诺与英瑞联合公司形成了一家合资公司（英瑞联合公司位于休斯敦，已经成立了 7 年），在西西伯利亚和北极圈的南面共同建造石油基地，这将给俄罗斯的石油生产带来巨大的变革。这个“不眠之夜计划”给俄罗斯带来了很多实惠，在这个基地中将建造一个娱乐中心、食品中心和服装中心，所有这些都将由美国方面出资。

“英瑞联合公司？”听到这个消息之后芒格说道，“这是一个愚蠢的主意，我们公司里没有英国人和瑞士人，单看这个名字就知道动机不纯了。”

但是不管怎样，巴菲特还是在这个项目上投了 1.16 亿美元，他认为石油将和俄罗斯的未来息息相关，西方的一些国家也需要石油产品。就像巴菲特说的只要“国家不灭”,“石油计划就不会停止”。如果没有绝对的盈余来支撑，俄罗斯的政治体系就会崩溃。[40]

果然，不眠之夜计划一运行起来，俄罗斯政府就开始调整石油出口税。需缴纳的税金几乎与“不眠之夜计划”的收益相当。紧接着，石油生产量也不容乐观。但俄罗斯的富豪却马上蜂拥至美国去享受纸醉金迷的日子。俄罗斯政府是很难琢磨的，并且表现出不合作的态度，结果这个计划自始至终都充满了种种问题。一些人在俄罗斯从石油中获得了大笔财富，但其中并不包括所罗门公司。

那段时间，在俄罗斯发生的一切仅仅是一个附带事件。1989 年，正在崛起的日本使美国一度担心其快速增长可能掩盖自己的光辉。所罗门在日本投了一大笔资金，所投的产业刚刚兴起，发展得很好，公司拥有几百名员工，已经呈现出迅速成长的势头，同时也开始赢利。时任所罗门公司首席执行官的德里克 · 莫恩是一个具备管理能力的天才。巴菲特一直都没有购买外国股票，他相信日本的股票会变得令人咋舌的昂贵，他对任何与日本有关的东西都漠不关心。然而，凯瑟琳 · 格雷厄姆对索尼公司董事长盛田昭夫——这个世界上最富有的亿万富翁之一——显得越来越迷恋。盛田昭夫是世界上最成功的经理人之一。凯瑟琳邀请他和巴菲特一起出席自己的晚宴，但是两个人都没有回复。

之后有一次巴菲特去纽约出差，盛田昭夫为凯瑟琳、巴菲特和梅格 · 格林菲尔德在其位于第五大道的公寓举行了一个小型宴会，在那里可以远眺纽约博物馆。席间，凯瑟琳再次流露出对盛田昭夫的热情，巴菲特却对她的这种行为感到迷惑。

巴菲特从来不吃日本菜，但是他知道那样看起来会有点儿怪，所以他接受了盛田昭夫的邀请，只是除了菜单他什么也没碰过，这对于巴菲特不是什么难事，他可以连续七八个小时不吃饭。人们看出巴菲特并不想冒犯盛田昭夫，但是对于巴菲特来说，他是不可能把东西拿到面前然后用刀切开假装吃掉的。

在盛田昭夫的公寓里，你可以一边俯瞰纽约中央公园的全貌，一边透过日式厨房的玻璃墙，观看四位厨师精心准备食物的过程，这是房子在设计上的独特之处。

当他们就座等待丰盛的晚餐时，巴菲特却在关注厨师。食物会变成什么样子？他思索着。作为主人邀请的贵宾，巴菲特的位置是面对厨房的。筷子放在一个小筷子托上，旁边有个小调味瓶，一小碗大豆酱油。他并不喜欢大豆酱油。第一道菜上来了。每个人都津津有味地吃了起来。巴菲特嘟囔着说了个借口。他示意服务员把依然满满的盘子拿走。第二道菜紧接着上来了。巴菲特不知道那是什么，但是他觉得一切看起来很恐怖。巴菲特看着跟他有一样饮食习惯的梅格·格林菲尔德，后者看起来也很为难。盛田昭夫的夫人面带微笑地坐在他旁边，很少说话。巴菲特又找了一个借口，他再一次点头示意服务生把他的盘子拿走。当他那丝毫未动的盘子拿回厨房的时候，他确信厨师会注意的。

服务生又端上一盘无法辨认的菜肴，看起来像生的。凯瑟琳和盛田昭夫大吃起来。当巴菲特提出第三个借口推脱的时候，盛田昭夫的夫人仍然一副笑容可掬的样子。巴菲特由于羞愧而感到了不舒服。厨师仍然在专心于他们的作品，巴菲特开始出虚汗了。他的借口已经用完了。厨师看起来很忙碌，但是他确信他们一定透过玻璃在旁边偷看，观察他到底要干什么。菜一道接一道地上来，而巴菲特的盘子都是一点儿未动地被拿了回去。他觉得自己仿佛听见了从厨房里传来的轻微的嗡嗡声。还有多少菜要上来？他还没有意识到这里有太多的东西要生吃。盛田昭夫的夫人看上去有点儿局促不安，但是他不敢保证，因为她始终面带微笑，少言寡语。每道菜上的时间都似乎那么漫长。他开始数数了，已经超过 10 道菜了。他试图用他同盛田昭夫关于工作的幽默、谦虚的对话来弥补他在饭桌上的失礼，但是他知道不能让自己有失体面。饭吃到一半的时候，巴菲特不由自主地开始想念汉堡包了。他敢保证厨房里的人正在为他拿回去的盘子气愤不已。到第15道菜快结束的时候，他还是一口都没吃。盛田昭夫一直盛情款待，这让巴菲特更觉得愧疚。他极度渴望逃回凯瑟琳的公寓，那里有爆米花、花生、草莓冰激凌在等着他。

与此同时，数以百计的所罗门员工则在昂贵的日本餐厅用餐，不过对他们来说，能在第五大道与盛田昭夫享用同样丰盛的美食是他们梦寐以求的。虽然奖金支票的数额巨大，他们还是提出了异议。支票数额是否巨大并不是重点，重点是与其他人比较时，自己的支票数额是否更大。不过，巴菲特和芒格对于公司正在出现的问题一无所知。梅里韦瑟的那些套利交易者开始为争取更多的收入而骚动。这些之前在大学任教的教授，辞去29 000美元年薪的工作转投金融行业，此刻也觉得他们同证券投资银行业一样在补贴亏损部门。[41] 这些交易员可以为自己争取更多的利益。他们想要回他们为公司赚取的几十亿美元财产中属于自己的那一部分。[42] 虽然以梅里韦瑟的性格，他并不善于眼神交流，但是他现在已经成为世界上最有进取心的、最成功的股票天才。古特弗罗因德妥协了，把梅里韦瑟等人创造的财富的15%付给了他们。[43] 这样就意味着后者具有比那些分取他们利益的交易员拿走更多钱的潜力——这是古特弗罗因德和所罗门高层汤姆·斯特劳斯之间秘密达成的一个协定，董事会不知道，所罗门的其他员工也不知道。

1991年，巴菲特和芒格在所罗门公司经历了一系列的失望和挫折。事实表明他们得到的消息并不都是最新的。员工们要求加薪的呼声一直不绝于耳。他们对公司在股市中进行的交易的很多方面都不赞同。公司股票的价格8年来又回到了原点。公司收入一直低于1.67亿美元，因为有相当数量的资金用于给员工发工资。

巴菲特一直让芒格扮演反面角色，现在他也觉醒了，向执行委员会建议，让他们削减奖金。但最终的奖金总数计算出来，已经达到700万美元，比以往任何时候都高。在梅里韦瑟为他的交易员设立的新规则下，其副手拉里·希里布兰德的工资从300万美元涨到2 300万美元。[44]当希里布兰德加薪的消息被媒体披露时，他的一些同事因为嫉妒而失去了理智，觉得自己被骗了，他们为公司赚取的几百万美元被忽略了。

巴菲特对这些交易员的奖金本身并没有疑问。“我愿意奖赏人才，”他说，“但是，就像查理所说的，那不能作为特权。”这种安排就像对冲基金的费用结构，和他之前采取的合伙形式有些类似。[45]这对公司其他业务的开展带来了无形的压力。而他没有透露他反对的事，他讨厌的东西甚至包括一个人不剪头发而影响自己的外表这种小事。对此，古特弗罗因德表现出了比其他管理者更好的分寸感，决定采取减薪35%的政策，因为这正好与下降的收益相符。[46]这让古特弗罗因德与巴菲特就奖金发放一事更容易达成共识。但是巴菲特的宽容气度被员工们的贪婪磨掉了，他不得不克服自己的惰性，反对提高交易员的奖金。当巴菲特在所罗门公司里说“不”的时候，人们义愤填膺。一个爱钱的亿万富翁却在骂他们贪婪。

巴菲特称所罗门就是一个赌场。[47]这个娱乐场为了招揽顾客而赔本做买卖。那些交易员，尤其是梅里韦瑟的朋友，就是赌场的客人：他们在进行没有利益冲突的纯冒险行为，但那才是巴菲特喜欢的部分。新近设计的薪酬系统是为了阻止交易员流失。[48]但是用两个不同的薪酬系统来运作公司是不可行的，即使这真是一个赌场，古特弗罗因德也会把所罗门搞得分崩离析。

现在梅里韦瑟和希里布兰德要求古特弗罗因德承诺与巴菲特协商，并买回他之前购进的可转换优先股。那笔交易代价太昂贵，它让所罗门损失了很多。他们再也不会生活在被收购的阴影之下了。为什么要为巴菲特的保护而付出代价？古特弗罗因德说他们要和巴菲特谈谈，试图说服他没有那些优先股他可能会过得更好。当他们会面时，巴菲特说他会接纳这个提议。但是巴菲特作为投资者可以让古特弗罗因德更有安全感，所以他临阵退缩了。[49]

因此，巴菲特还是坚持原来的决定。在约翰·古特弗罗因德身上，巴菲特投入了伯克希尔-哈撒韦 7 亿美元的资金和自己的名声，所以在 1991 年要他退出协定？一切已经太晚了！

48

吮拇指及其严重后果

纽约 1991 年

1991 年 8 月 8 日星期四下午，巴菲特从塔霍湖驱车来到内华达的里诺，打算同阿斯特丽德和布鲁姆金兄弟一起度过他们一年才共度一次的周末。他盼望这次旅行已经很久了，一想起来心情就无比轻松愉快。当天早晨，约翰·古特弗罗因德的办公室人员给巴菲特打来电话，询问他在晚上 9 点到午夜的这段时间会在哪里，有没有时间和他们谈谈。

考虑到这件事有点儿不寻常，巴菲特回答说他要去看一个演出。之后他们告诉巴菲特，希望他在晚上 7 点半的时候能主动联系所罗门公司的律师事务所——沃切尔-利普顿-罗森-卡茨律师事务所。他略做思考，以为他们打算出售公司。这似乎是一个好消息。股票出手价接近 38 美元。这个价位意味着他看重的那只股票可以脱手了，并且从此以后可以与所罗门脱离关系了。古特弗罗因德向来事事咨询巴菲特的意见，也许此刻他正需要一些谈判方面的帮助。

巴菲特和他的同伴在里诺打发掉了一个下午。其间他回忆起一件往事：1980 年，有人建议他收藏雷诺的老爷车——来自美国国家汽车博物馆的老式汽车。这些汽车共有 1 400 辆，其中包括一辆 1932 年的劳斯莱斯、一辆 1922 年的梅赛德斯跑车、一辆 1932 年的布加迪跑车、一辆 1955 年的法拉利和一辆 1913 年的皮尔斯银箭。所有汽车要价不到 100 万美元。他心动了一下，但最终还是放弃了。几年之后，其中的部分汽车——大约几百辆陆续被拍卖，总额高达 6 900 万美元。最近，其中的一辆皇家布加迪被一个休斯敦的房地产开发商以 650 万美元收入囊中。

晚上 7 点半之前，他们返回了塔霍湖。“我们回到旅馆后，其他人去了牛排餐厅。我告诉他们‘等我一会儿’，然后我在外面找了一个公用电话拨了他们给我的号码。”巴菲特期望能连线到古特弗罗因德，但是古特弗罗因德这会儿正在从伦敦飞回纽约的飞机上。他到伦敦是为了英国电信公司的一个投资项目。不巧的是，他那班飞机晚点了。巴菲特拿着电话等了很长时间，而电话的那一头正在讨论是否要等到古特弗罗因德抵达后再详谈。最后，汤姆 · 斯特劳斯和唐 · 福伊尔施泰因接过电话，告诉巴菲特是怎么回事，或者说是给了巴菲特一个说法。

49 岁的汤姆 · 斯特劳斯是古特弗罗因德的左右手。早在 5 年前，也就是 1987 年股市不景气期间，他被任命为所罗门公司的总裁。[1] 在管理公司国际业务的同时，他还要负责理顺公司的证券部，而后者无疑是一块烫手的山芋。但正如后来报道揭示的那样，在所罗门内部，管理完全是混乱的。各部门负责人直接向古特弗罗因德汇报，而且汇报范围与他们向其他上司汇报的范围毫无二致。在所罗门，谁能创造收益，谁就有发言权。严格地说，斯特劳斯是所罗门的总裁，但是因为他的职位太高，他看起来就像是高悬在交易厅上空的一个氢气球，各部门负责人不动声色地把他排除在外了。

唐·福伊尔施泰因是所罗门法律部经理。他曾经是美国证券交易委员会的一名重要成员，并被公认为是一个深谙此道的律师。[2]他是古特弗罗因德的盟友，被称为“黑暗王子”，[3]因为他总是在幕后做一些不光彩的工作。所罗门的经理人做起事来向来毫无忌惮，而且总是与福伊尔施泰因的手下，包括交易部助理律师扎卡里·斯诺一起行事。这种体制使法律部看起来很强大，但又很软弱——很大程度上，他们需要负责所罗门内部的几乎所有事务：从处理内部的小摩擦到对外部事件做出回应。所罗门这套习惯已经根深蒂固，就连福伊尔施泰因本人都是一个交易员：他还负责管理一个由几个董事联合创办的酒类企业。他的传真机不断地向这些董事发送文件，告诉他们酒类产业的利润十分丰厚，以及红酒大多数是被买者收藏而不是被喝掉等信息。[4]

然而这个晚上，没有人喝酒庆祝。福伊尔施泰因知道巴菲特和古特弗罗因德是好朋友。古特弗罗因德本应该亲自接电话说明情况，但此时不得不由福伊尔施泰因代劳，他为此感到很尴尬。他和斯特劳斯用了大量的事实告诉巴菲特，所罗门出了什么问题。沃切尔-利普顿事务所的一项调查表明，保罗·莫泽尔——所罗门公司国债部门负责人，在1990—1991年多次违反美国财政部的竞拍规则，暗箱操作。莫泽尔和他的同谋，即他的副手，已经被停职，并且公司正逐级上报此事。

保罗·莫泽尔到底是什么人？巴菲特想。

36岁的保罗·莫泽尔因为在芝加哥销售证券的优秀业绩被纽约方面相中并提拔上来。他对工作的专注比得上激光灯。每天太阳还没升起，他就已经开始了一天的工作。他会在卧室一边浏览交易屏幕一边与伦敦方面通电话，然后从他位于炮台公园地区的小公寓飙车绕过几个街区，来到世界贸易中心的7层。那里有所罗门新的豪华交易大厅。他会同时盯着几个大屏幕，监督20个操盘手交易，直到太阳落山。这些操盘手大多比瘦而结实的他高很多。莫泽尔很聪明，而且极富闯劲，但同时他给人的印象又是若有所失、缺乏安全感——他是个有些古怪的人。尽管他在长岛长大，但是同圆滑的纽约人比起来，他更像是来自中西部地区的一个涉世不深的人。他曾经在梅里韦瑟手下担任交易员，后来在证券发行部主管克雷格·科茨辞职后接手了主管这一职位。现在他仍然效力于梅里韦瑟，却处于昔日同事圈的外围。另外，鉴于巴菲特和董事会要求增加收益的强大压力，古特弗罗因德把外汇交易部也交给了莫泽尔打理。[5]莫泽尔在短短的几个月内就将这个黑洞填满，并使它开始赢利。这让古特弗罗因德对其大为赞赏。

莫泽尔既粗鲁又高高在上。他觉得跟自己比起来，别人都是傻瓜。可是他周围的同事大都很喜欢他，因为他不像所罗门臭名远扬的抵押部门经理人那样往雇员身上扔食物，或者命令他们一次买回12个比萨。有时候他甚至会和员工们亲切交谈。

由于工作卖力，莫泽尔那年拿到了475万美元的报酬。这是一笔大数目，但他并不满足。他的目标是世界首富，这点儿财富显然不能满足他。当得知自己的前任拉里·希里布兰德从一项秘密交易中获得了2 300万美元的回扣时，他忽然开窍了。过去他比别的交易员挣得多[6]，现在他更要远远超过他们。[7]他要求对自己管辖的部门免予审计，言外之意就是在账目方面他永远不会疏忽。[8]

在所罗门内部，莫泽尔是少数几个有机会经常同达官贵人商谈经济问题的负责人，他几乎每天都要同美联储通电话，并且定期与财政部官员在麦迪逊酒店聚餐。作为美国“主要交易商”所罗门的代表，他为政府提供各种市场方面的信息和建议，同时，无论政府何时决定出售国债，他永远站在第一线充当最大买家，其忠实度堪比坐在教皇右手边的红衣主教团的成员。

只有主要交易商才有资格直接从政府那里购买国债，别人只有通过他们才能竞标，他们扮演着中间人的角色。如此一来，这些大型交易商垄断了国债销售，并占据了大多数市场。他们了解政府和客户的需求，从供求的差价中牟利。但是，要想走到这一步，需要获得政府相当的信任。而政府方面则希望这些交易商能像教徒做弥撒那样虔诚——既要喝圣餐酒，又不能喝醉，让教会难堪。

拍卖会临近的时候，主要交易商会通过电话统计客户的购买量。莫泽尔会根据市场的需求量对外提出竞标额度。在拍卖会当天下午1点钟之前的几秒钟，交易商会打电话通知那些站在美联储大楼电话亭里的交易员，后者快速记下指令，然后直奔位于美联储被人围得水泄不通的竞标箱。1点整的时候，工作人员将封住箱口，这标志着竞拍结束。几十年来，政府一直沿用这套古老的竞标程序。

竞价市场的紧张与生俱来，它是财政部与交易商在价格、数量方面反复博弈的结果。财政部希望以尽可能高的价格拍卖尽可能少的国债，而交易商则会尽可能控制交易价格和交易数量，在最大限度扩大自己市场份额的同时保持转手利润。交易商在出价时会精确到千分之一美元——这听起来似乎微不足道，但是吃掉足够多的千分之一就会发大财。如果是1亿美元，千分之一就是10万美元。如果是10亿美元，那就是100万美元。同时，由于国债没有抵押债券或公司债券那样大的利润空间，所以为了有利可图，必须进行大宗交易。

要把这桩大买卖做成，政府就必须和主要交易商合作，因为他们更了解市场，并且能发行自己的证券。而截至那时，所罗门是最大的交易商。20世纪80年代早期，财政部允许独立的大公司最多购买每次发行量一半的国债。这就为所罗门公司独霸拍卖会提供了方便。所罗门将买下的国债囤积起来，并借此“压榨”那些手头国债“短缺”的公司——它们之前预计国债价格会下降，因此卖出了手头的债券，从而导致自身所需的债券数额不足。这样一来，国债价格就会迅速提升，短期出售者后悔不迭，而交易大厅里却呼声一片——所罗门从中获得了巨额利润。在华尔街，它就像一位挥舞着权杖的国王。通过囤积居奇，本来利润微薄的国债变得利润丰厚起来，原先坐冷板凳的国债交易员精神也为之一振。

为了平息怨言，财政部降低了上限，规定单个交易商最多只能购买35%的国债，这就增加了囤积居奇的难度。尽管小型的价格操纵时有发生，但所罗门再也难以独霸市场。所罗门自然不欢迎新政策的实施。在竞购数额超过计划销售额度的时候，财政部会按竞标者每人申请的比例销售，这意味着想要买到35%的国债，竞标人的竞标额要超过35%——这个规定实在诡异至极。

政策的严格执行增加了所罗门国债部门的创收难度。然而，上有政策，下有对策。1990年，莫泽尔先后两次考验了财政部的耐心。他的竞标数额超过了拟发行国债的100%。竞拍负责人迈克尔·巴沙姆警告他不要再犯这样的错误。莫泽尔为此盛情邀请副财长鲍勃·格劳贝尔共进早餐，并美其名曰“赔罪”。他找了一堆借口，但没有一句是承认自己有错的。他声称他所做的超标竞拍对政府有利，因为它增加了国债的需求量。[9] 巴沙姆并没有因此息怒，相反他制定了更严格的规定——要求任何公司的竞标数额绝对不能超过发行数额的35%。根据这项规定，所罗门连35%的国债都买不上了。

这时，福伊尔施泰因为巴菲特念了所罗门打算在第二天早上将要发布的一篇新闻稿。相关内容也会通知当晚所有参加董事会会议的成员。它记录了莫泽尔挑衅巴沙姆的全过程：他在1990年12月和1991年2月的两次竞拍中，继续超过规定底线竞标。

福伊尔施泰因给了巴菲特一份影印稿，并且告诉巴菲特，他已经同在明尼苏达州度假的芒格详细谈过了。[10] 芒格提到了所谓的“吮拇指”，并补充道“人类惯于那样”。[11] 巴菲特知道，在芒格的字典中，“吮拇指”表示浪费时间，但是他没有特别在意。福伊尔施泰因没有提及他和芒格谈话的其他内容，而巴菲特也并不在乎到底谁在“吮拇指”。七八分钟后，他挂断了电话，这时他意识到事情好像有些不对，不过他并不认为有必要立刻跟芒格谈谈。他决定过完周末再去找芒格。此刻他要做的是在塔霍湖好好放松。他走回餐厅，和阿斯特丽德、布鲁姆金兄弟一起吃牛排，随后他们去看了琼·里弗斯和尼尔·萨达卡的演出。

在巴菲特看演出的时候，古特弗罗因德的飞机终于着陆了。当天晚些时候，古特弗罗因德、斯特劳斯、福伊尔施泰因与美国证券交易委员会的高级官员理查德·布里登、比尔·麦克卢卡斯进行了会谈。此外，他们三人还给纽约储备银行行长——身高 6 英尺 4 英寸（约 1.93 米）、健壮的杰拉德·科里根打了电话。

古特弗罗因德和斯特劳斯分别用证据向布里登、麦克卢卡斯以及科里根汇报，其内容比所罗门董事们所知的更为详尽。莫泽尔的问题远非超标竞拍。在 1991 年 2 月财政部的竞拍上，为了达到 35% 的数量，他假借客户的名义购买国债，然后将这笔国债隐藏在所罗门的账目中。事实上，他在这次竞购中并不只有一个伪造行为。至于为什么所罗门没有及早上报，他们的解释是监管疏忽。不过，美国证券交易委员会和财政部还在对莫泽尔事件进行调查，因为莫泽尔在 5 月的两年期国债市场上掀起了更大的波澜。莫泽尔的行为处于监管人员的严查之下，所罗门公司同样未能幸免。监管疏忽显然不能说明问题，监管人员怀疑所罗门内部存在系统性问题。

不管实情怎样，这些坦白令财政部和美联储的官员异常尴尬。所罗门居然没有开除莫泽尔，并且尚未制定任何补救措施，科里根对此感到非常震惊。他希望公司在一两天内做出决定，这样他还能“力保判处缓刑，并且让事情到此为止”。他后来回忆说，他曾经告诫古特弗罗因德和斯特劳斯“保持耐心和冷静”，并且有义务立刻向公众公布这些信息。以他的经验，他觉得这件事很可能会演变成“非常非常严重的问题”。[12] 然而在他看来，古特弗罗因德和斯特劳斯好像根本没有意识到事情的严重性。否则古特弗罗因德为什么那个时候还飞赴伦敦，没有想到要与巴菲特、芒格联系，公司其他董事也都分散在各地。

第二天是 8 月 9 日，星期五，巴菲特、阿斯特丽德、布鲁姆金兄弟一道在当年的西部淘金镇——弗吉尼亚城广阔的街道上散步。巴菲特给他的办公室打了个电话，被告知没有紧急情况，所罗门公司也没有打电话找他。所罗门在新闻稿中尽量轻描淡写，但是新闻稿发布之后，股票还是下跌了 5%，跌至 34.75 美元。

星期六，巴菲特在明尼苏达星岛的小木屋里与芒格通了电话。芒格向他揭示了更详细的、令人警觉的内幕。福伊尔施泰因从众多材料中选取了一些案例，指出“部分问题在去年 4 月就暴露了”。当同样的话说给包括巴菲特在内的其他董事听时，他们并没有觉察到其中的特别之处，因此没有显露出特别的情绪。[13] 芒格却从那些陈词滥调和消极的语调中听出了一些东西，“应当知道”是什么意思？到底应当知道什么？谁应当知道？芒格大为光火。[14] 福伊尔施泰因因此被迫将更完整的细节告诉芒格，具体内容与科里根知道的版本相差无几。[15]

正如福伊尔施泰因提到的那样，莫泽尔在 4 月就收到了财政部关于调查其竞拍案的信函。[16] 由于意识到游戏升级超出了他的掌控范围，他在 4 月 25 日向老板梅里韦瑟坦白了整个过程：在 2 月的竞标中，为了保持 35% 的底限，他不仅以所罗门的名义进行了投标，还以其他客户的名义投了标。[17] 莫泽尔向梅里韦瑟发誓说这是唯一一次，并保证不会再犯。

梅里韦瑟很快意识到，事情肯定到了无法收场的地步，要不然莫泽尔不会忽然来坦白。于是他随即把情况汇报给福伊尔施泰因和斯特劳斯。4月29日，他们三人一道向古特弗罗因德转述了莫泽尔的交代。根据他们后来的回忆，古特弗罗因德听完后满脸怒气地离开了现场。

也就是说，截至4月，古特弗罗因德、斯特劳斯、梅里韦瑟、福伊尔施泰因以及公司的法律顾问都知道了莫泽尔的所作所为。

当时福伊尔施泰因已经提醒过古特弗罗因德，莫泽尔的行为可能已经构成犯罪。他认为公司这样做可能涉嫌违法，同时他确信，如果公司不采取任何行动，无异于和政府硬拼，因此，必须上报给美联储。古特弗罗因德表示会严肃处理这件事。但奇怪的是，他并没有拿出任何确切的方案——他没有造访美联储富丽堂皇的意式府邸，告知科里根事情的来龙去脉。更要命的是，得出冒名竞标是“唯一一次越轨行为”的结论后，他们居然将莫泽尔继续留在管理层。听完这些，芒格说：“这就是在‘吮拇指’，人类一直惯于这么做。”他后来解释说：“所谓的‘吮拇指’，是说本来必须采取行动的时候，你却只是干坐在那儿苦思冥想，这就是浪费时间。”[18]

芒格将自己对那篇新闻稿的疑问告诉巴菲特：难道不应该告知公众，管理层早就知道了事情的真相吗？福伊尔施泰因的回答是：“的确应当告知公众。之所以没有那么做，是担心会影响到公司的资金运转。”所罗门借有数百亿美元的短期商业贷款，并且一天比一天多，如果消息公布出去，贷款方也许会拒绝续借。芒格认为，“资金困难”将引发“财务恐慌”。[19]缺乏坚持底气的芒格最终退让了。与此同时，他与巴菲特达成共识，一定要揭露更多的真相。对即将到来的困难，他们已经从心理上做好了准备。

两天之后的8月12日，星期一早晨，《华尔街日报》登出了已经证实的一些细节，标题相当醒目："所罗门违规操作中期国债，导致市场混乱；公司一次竞标获得的额度可能达到85%；调查正在进行——老板是否对此一无所知"。这篇报道还指出了此事可能招致的诉讼："操纵市场""违反《证券法》中的反欺诈条款""向联邦当局虚假陈述""账簿记录违法"等民事指控以及电汇和邮件欺诈等刑事指控。[20]

古特弗罗因德给巴菲特打了一个电话，语调相当平静。巴菲特猜测，他大概以为整件事情的后果不过是股票下跌几个百分点罢了。联想到期刊上暗藏杀机的报道，巴菲特觉得事情不可能这么简单，古特弗罗因德的态度说明他仍然认为此事可以轻松摆平。[21] 这与他上个星期的表现颇为一致。在巴菲特施压要求知道更多真相后，他被告知所罗门的财务状况已经遇到了麻烦——这意味着公司的贷款方已经开始躁动不安了。[22]

同时，芒格试图和沃切尔-利普顿律师事务所的马蒂·利普顿——古特弗罗因德的好友、所罗门公司的外部法律顾问取得联系。利普顿正在为所罗门的麻烦四处奔走，芒格用福伊尔施泰因的电话拨通的是利普顿交由佳士得-苏富比拍卖的房子里的电话，利普顿的妻子在那里，利普顿不在。[23] 芒格知道利普顿离不开电话，就像巴菲特离不开他的《华尔街日报》一样。那时候手机还很罕见，连公司的合伙人都没有配备。最后，芒格把电话打到利普顿的办公室。事情过后，他向美国证券交易委员会汇报说："利普顿的办公室拥有我所知道的历史上最好的电话系统，无论是白天还是晚上都能联络到他，就算他正忙于谈情说爱，你也能找到他。"[24]

至于利普顿被芒格找到时心情是否平静，这一点我们不得而知。芒格要求利普顿再发一份新闻稿给他，因为第一份材料不够充分。利普顿同意在周三召开董事电话会议时讨论此事。

毋庸置疑，美联储的科里根对所罗门保持沉默的态度相当不满。当天，他决定让他的执行副主席彼得·斯藤莱特给所罗门起草一份公函，通知他们，由于没有及时披露内幕，所罗门给美联储带来了很大的麻烦，因此，美联储对于能否与所罗门继续保持合作关系深表怀疑。美联储希望所罗门在 10 天内将所有内情和盘托出。

结合科里根之前与斯特劳斯、古特弗罗因德的谈话，这份公函无异于最后通牒。如果美联储中断所罗门与政府的商业往来，客户、贷款方将纷纷上门提款。这样做的严重后果会迅速显现出来。

所罗门的资产负债规模在全美众多公司当中排名第二——它比美林证券、美国银行及美国运通公司的规模更大。它的所有贷款当中几乎都有短期借款，而这些短期借款的出借方在几日或者至多数周内就能抽回投资。公司只有价值 40 亿美元的股票，而贷款却有 1 460 亿美元。每天，资产负债表内都会有几百亿美元，甚至有多达 500 亿美元的应付账款（交易已经完成但尚未结算）。稍有不慎，就会引起地动山摇的后果。同时，所罗门还有高达数千亿美元的账外衍生债务——包括利率掉期交易、外汇掉期交易以及期货合同——这个巨大而复杂的交易链牵涉全球各地众多的合作伙伴，并且这些合作伙伴同样还有数不清的其他交易业务，这正是纠缠不清的全球金融网络的一部分。一旦这些资金消失，所罗门的一切资产将被变卖。然而，资金可以一下子撤走，资产却得花上一段时间才能清算完毕。同时，政府缺乏全国性的政策来向这些摇摇欲坠的投资银行提供贷款，因为它们的规模“太大而不能倒闭”。这家公司也许会在一夜之间变成无底深渊。[25]

科里根坐在椅子上，他相信斯藤莱特的公函会让所罗门的管理层清楚地意识到，枪已经上膛并对准了他们。识相的话，他们必须在第一时间做出回应。

同时，在新闻稿发布和《华尔街日报》做出报道后，所罗门内部谣言四起。星期一下午晚些时候，所罗门在一层大厅召开了全体员工会议。近500人参加会议，同时所罗门在全球各地的员工也都观看了现场直播。古特弗罗因德和斯特劳斯向员工们披露了所罗门平静的外表之下隐藏的巨大危机。之后，证券发行部经理比尔·麦金托什被叫到楼上古特弗罗因德的办公室。当他到达那里的时候，发现古特弗罗因德、斯特劳斯和利普顿三个人表情严肃地坐在里面。之前，他已经来过一次，意想不到的是，他们征询了他对局势的看法。麦金托什认为公司有必要对外做出更多的解释，在他看来，员工会议和新闻发布会会给人一种误导。[26]这一次，他和助理律师扎卡里·斯诺一起被委派执行一项重要任务——负责撰写新的新闻稿。

第二天一早他们就动笔了。中午时分，麦金托什向刚从公司亚洲分部回来的投资银行部的副董事长德里克·莫恩汇报。莫恩得知，他们正在经历“暴风雨之前的平静”。他找到了斯诺，拍了拍他的肩，让他最好向自己坦陈一切。

就算他不开口，斯诺也会主动对他和盘托出。既然莫恩已经提出来，斯诺就更无异议，将幕后经过原原本本地告诉了他：莫泽尔4月首次坦白了他在2月竞拍会上的所作所为后，尽管福伊尔施泰因一再强调莫泽尔的行为已经构成犯罪，梅里韦瑟还是力保莫泽尔——这个内幕斯诺也是通过秘密途径才知道的——一个月后，莫泽尔仍然在管理层留任。福伊尔施泰因不断建议古特弗罗因德将此事上报监管当局，古特弗罗因德虽然答应，却一直没有采取任何实质行动。现在梅里韦瑟因为隐瞒莫泽尔的罪行被起诉，据估计他很可能因此辞职。

在此之后，莫泽尔还申请过一笔资金，希望参加5月底的两年期国债竞拍，他的竞标额又一次超过了规定的销售总额。尽管根据申请，这笔资金的一部分要用来为客户竞标，但所罗门的财务主管约翰·迈克法兰并没有轻易点头。他觉得这是一个危险的信号，并且立即同斯诺、梅里韦瑟召开了一次会议。斯诺还向上司福伊尔施泰因汇报了此事，福伊尔施泰因也认为这是一个无理的要求。最终，他们拒绝拨款给莫泽尔。[27]

但是，莫泽尔还是设法达成了他的心愿。[28]他成功地躲开了监督者，非法申请参加了竞标并因此囤积了大批国债。事实上，所罗门公司获得了这批国债中的 87%，它和一些客户共同控制了这笔两年期国债的发行并且推动其价格暴涨。[29]这一轮“操纵”给其他公司带来的损失高达 1 亿美元，一些小企业因为遭受重创不得不宣布破产。[30]

在所罗门内部，“操纵”引发了广泛的担忧。同行也开始在新闻媒体上将所罗门称为“华尔街的海盗”。董事会成员（包括巴菲特在内）在一次会议上对公司操纵两年期国债市场的行为进行严厉指责。福伊尔施泰因要求斯诺对 6 月的“操纵”事件开展内部调查。调查发现，竞拍之前，莫泽尔与两位对冲基金客户共进了晚餐，而这两位客户参与了这次的竞标活动。这次聚餐被指责存在勾结和操纵市场的嫌疑，但由于缺少证据，莫泽尔成功地躲过了一劫。[31]为了弥补同财政部和美联储因“操纵”事件而受损的关系，古特弗罗因德做了一系列安排。6 月中旬，古特弗罗因德拜见了副财长格劳贝尔。他在沙发上一边大口抽着雪茄，一边对格劳贝尔表示遗憾，提出愿意配合财政部尽量避免事态恶化。但同时他仍在为莫泽尔辩护，认为后者没有蓄意操纵 5 月的竞拍。而且他还隐瞒了他所了解到的其他情况，包括莫泽尔此前操纵竞拍的劣迹。然而，鉴于 5 月以及先前“操纵”行为引起的严重后果，美国证券交易委员会和司法部反垄断局在没有知会的情况下启动了对所罗门公司的调查。

与格劳贝尔会谈大约一周后，古特弗罗因德、斯特劳斯和梅里韦瑟开会商量是否要向财政部坦白 2 月的竞拍事件。考虑到 5 月“操纵”事件引发的风波还未平息，他们认为时机还不成熟，因而决定保持沉默。不久之后，他们就收到了证券交易委员会的来信，要求他们对5月竞拍案做出更详细的解释。这封信第一次正面提示他们，这次两年期国债违法交易引发的后果不会因为时间的推移而消逝，反而可能会愈演愈烈。任何收到这封询证函的人都会因为美国证券交易委员会忽然对国债交易部的运作产生兴趣感到紧张。

两天后，古特弗罗因德飞往拉斯维加斯查看所罗门拥有的几处房产，顺便到奥马哈拜访了巴菲特。由于事先对这次行程并不知情，斯诺没有告知莫恩此事。不过，巴菲特补充了其中的细节。

> 我到机场接他。约翰在办公室待了差不多一个半小时。有将近一个小时他在打电话，剩下的时间我们聊了聊。他语焉不详，结果到后来我们什么都没谈出来。奥马哈会面毫无意义，但是他的确没什么好说的。

由于不太了解他的来意，巴菲特请古特弗罗因德吃了个便饭，然后一同造访了内布拉斯加家具城附近巴菲特刚刚买下的波仙珠宝店。珠宝店的老板现在是艾克·弗里德曼，B夫人的侄子，他俩就像是一个模子刻出来的，只不过他的块头更大。

弗里德曼把古特弗罗因德领到被称为“中心岛”的奢侈品区。古特弗罗因德为妻子挑了一件价值6万美元的珠宝。古特弗罗因德后来说，他买下这么贵的商品让巴菲特大为震惊。[32] 随后，他又注意到刻意摆放在“中心岛”正后方的高档手表，走过去看了看。比起手表来，弗里德曼更乐意多卖几件贵重首饰，他对古特弗罗因德说：“手表容易弄丢或者摔坏，所以没必要花大价钱去买。”他看了一眼古特弗罗因德手腕上做工精致的手表，问他花了多少钱，古特弗罗因德说了一个价。

"1 995 美元，"[33] 弗里德曼又重复了一下，"嗯，你被骗了，约翰。"

你真应该看看当时约翰脸上的表情。

戴着他新买的手表，古特弗罗因德在6月底的时候回到了纽约，并把用深紫色丝带系着盒子的珠宝送给了妻子苏珊。

不久后，也就是7月初，司法部反垄断局正式通知所罗门公司，对前述美国证券交易委员会信函中提到的其两年期国债竞拍事件进行调查。古特弗罗因德终于紧张起来，斯诺说，他聘请马蒂·利普顿所在的沃切尔-利普顿律师事务所——所罗门的外部法律顾问——对5月"操纵"事件的来龙去脉进行调查。[34] 所罗门内部员工对"操纵"事件众说纷纭。一些人认为债券市场本来就很容易发生合谋。交易商的任务就是同客户合作，向市场注入大量资金。这就难免会发生"操纵"事件。只不过这次的影响更大罢了。这分明就是财政部想要给所罗门点儿颜色瞧瞧：谁让它这么多年来为所欲为呢？就像《说谎者的扑克牌》一书中描述的，招摇撞骗者最终将难逃厄运。[35]

但也有人认为是莫泽尔玩过了头。他一再藐视财政部，这才招来了"杀身之祸"。他们不明白的是，既然他与巴沙姆的不和已经众所周知，莫泽尔为什么还要让事态恶化下去？后来的疑问就更多了。既然莫泽尔（已经被判处缓刑）早就被告知自己的行为"可能触犯了法律"，他为什么还敢如此胆大妄为地嘲弄财政部——他闹出的这档子事登上了各大财经报纸的头条，难道只是想吸引更多的注意吗？[36]

负责向福伊尔施泰因报告交易情况的斯诺现在受命对5月"操纵"事件进行内部调查。斯诺6月曾因膝盖手术请了一段时间病假，他和福伊尔施泰因都没有参加格劳贝尔的会议，因此不知道他们在会上做出的推迟上报莫泽尔罪行的决议。[37] 当他7月回到工作岗位上的时候，立刻发现公司出了事，而之前却一无所知。人们开始忙于各种各样的会议，他对此惴惴不安。一天晚上，他做了个梦。第二天一大早他就到福伊尔施泰因的办公室，告诉后者他梦到他们一起给巴菲特打了电话，向他揭露操纵竞拍的事，因为他俩对古特弗罗因德和斯特劳斯的无动于衷都相当不满。

福伊尔施泰因斜着眼睛看了看斯诺，“不，不能这样做”。因为他仍在试图说服古特弗罗因德，而向巴菲特坦白意味着所有的努力都将白费。[38] 斯诺并不打算用这个梦来威胁福伊尔施泰因——如果福伊尔施泰因还不行动，他将越级直接上报巴菲特。可是梦一说出口，他就发现福伊尔施泰因已经误会了。[39]

开始调查工作后不久，利普顿律师事务所的调查人员就带着 5 月“操纵”的初步调查结果回来了。但直到此时，调查人员才了解到，高层管理人员早在 4 月就已经掌握了莫泽尔 2 月非法竞拍的事实。

回过头来看这件事，所罗门当时的情况已经极其糟糕了。在获悉福伊尔施泰因称之为“实质犯罪”的莫泽尔非法竞拍的情况后，高层管理人员仍然同意了梅里韦瑟的求情，并且没有经过调查就轻信了莫泽尔所说的“没有前科”，也没有给予莫泽尔任何形式的惩罚。他们留任了莫泽尔——为他 5 月再犯创造了机会。而在 5 月事件之后，所罗门公司的处境变得更加不妙。既然他们已经知道了莫泽尔先前的问题，为什么拖延至今才向政府说明情况呢？这让人们不得不怀疑所有高管人员沆瀣一气。更成问题的是，古特弗罗因德和格劳贝尔虽然在 6 月的会谈中谈到 5 月的“操纵”事件，但是对之前的问题只字不提。现在，正如斯诺对莫恩所说的那样，一旦事件升级，所有相关人员都会这样为最初的拖延开脱：当时看来，事件只是一个单独的小事件，并没有给客户和政府带来不良影响和伤害。站在生意人的立场上看，上报没有任何意义。[40] 古特弗罗因德说，考虑到生意场上的压力，他没有把事情想得太严重。[41]

不幸的是，他错了。调查人员不仅发现莫泽尔策划了 2 月的非法竞拍案，又查出了另外 5 宗造假案。[42] 其中两次违规投标是最近发现的。斯诺告诉莫恩，在前一天晚上内外部律师都参加的会议上，公司对员工也只做出了部分解释。斯诺一再强调要披露高层早就知情的事实，但是被无情地拒绝了。古特弗罗因德说："我会认真斟酌的，你做好自己的本职工作就行了。"[43]

甚至在从斯诺那里得知整个事件之前，莫恩就已经甚为担忧了。自第一篇新闻稿发布已经过了 7 天。在这 7 天时间里，各种有关所罗门的麻烦事成为媒体津津乐道的话题，一件件竞标造假案被纷纷揭开，公司股价不断下跌，古特弗罗因德和斯特劳斯也终于疲于应付。当斯诺对莫恩讲完莫泽尔的违规行为以及其他人的无动于衷后，莫恩站起来捶了斯诺一拳，确定没有其他隐情后下楼来到交易厅，找到梅里韦瑟——莫泽尔的顶头上司，问道："约翰，你们到底在搞什么鬼？"

梅里韦瑟耷拉着脑袋回答说："一切都太迟了。"他拒绝进一步解释。[44]

不管迟或不迟，斯诺和麦金托什都不得不连夜赶着起草第二份解释事件的新闻稿。那天晚上，斯特劳斯和古特弗罗因德给科里根打了一个电话，作为对早上收到斯藤莱特的信件的一个回应。意识到自己是在通过麦克讲话，科里根猜测电话那头有一屋子的律师正在倾听他的谈话内容。通话一开始，他们告知科里根，所罗门已经进行了内部调查。同时他们认为，夸大竞标数额以获取更大数量的债券是这个行业的"行规"。科里根认为这个开场白根本就是在转移话题，它与这次"操纵"事件无关，与更严重的违规竞拍案也毫无关系，而且事实上与债券竞价市场也没有关联。他的爱尔兰牛脾气发作了，通过电话对古特弗罗因德和斯特劳斯吼道："我知道你们请了一屋子的律师。这是你们最后一次机会，你们到底还有没有什么要坦白的？"他们这才开始汇报其他的违规操作行为。

科里根意识到，继续这么毫无章法地谈下去完全没有必要，于是他说道："你们应该明白，最好尽早把你们了解的情况告知公众。我不想再听你们狡辩了，赶快让媒体把它们通通抖出来好了。"[45]

当天夜里，律师和高层开始商议新闻稿的内容。古特弗罗因德和斯特劳斯也到场了。麦金托什觉得有必要抓出一些替罪羊来。这个想法很快被否决，但一部分人，包括董事会成员格戴尔·霍罗威茨和华盛顿分公司的负责人史蒂夫·贝尔，都强调应该更完整地说明整件事情。与会者无法与巴菲特取得联系，但是他们通过电话联系到了芒格。芒格认为，第二份新闻稿上肯定得出现知情领导者的名字。古特弗罗因德自然逃不过。另外，虽然大家都知道斯特劳斯不是负责人，并且没有参与任何决策，他只是在场而已，不过他得和他的老板一起上报。福伊尔施泰因一直在试图说服古特弗罗因德上报此事，所以不应该出现他的名字。

众所周知，梅里韦瑟是一个极富才干并且作风严谨的经理人。他一天到晚都和自己的团队泡在一起，几乎从不离开办公桌。他按规定报告了自己了解的所有情况。[46]但是，他为莫泽尔求情保住了其饭碗。"当芒格提到也应该写上梅里韦瑟的名字时，"麦金托什说，"一旁的梅里韦瑟亲眼看着律师写上了自己的名字，说了一句'噢，天哪，我死定了'。"[47]

第二天，8 月 14 日，星期三，公司召开了一次电话会议，在这次会议中，董事会听取了相关情况（与前一个晚上科里根了解到的内容相同）。两个董事会成员分别从欧洲和阿拉斯加打来电话。巴菲特和芒格也分别从奥马哈和明尼苏达打来电话听取了关于莫泽尔事件的"有序但尚不完整的"陈述。在所罗门内部，一场政变正在上演，高层管理人员纷纷猜测古特弗罗因德和斯特劳斯会不会辞职。[48]交易员们希望梅里韦瑟能当上首席执行官，但是很显然，考虑到他是莫泽尔的顶头上司，估计大多数人都不会接受这个提议。还有一个提议就是让莫恩和梅里韦瑟一同出任首席执行官。不过，在董事会电话会议上，没有人提出重组管理层的建议，他们只是就新闻稿的措辞争论了一番。新闻稿有三页，增加了新近发现的两次违规操作的内容。

新闻稿承认，早在4月的时候，高层管理人员就知道了2月的违法竞拍案，但是迫于经营上的巨大压力，所罗门没有上报监管当局。巴菲特认为这完全是无稽之谈，董事之间争论不休，芒格为此大发脾气。最后新闻稿再次被重写，对没有上报给出的理由是“缺乏足够的注意力”。这个说法让人不由得认为新闻稿中出现的名字正是“欠缺注意力”的人。新闻稿预计当晚就会发布出去。

会议结束的时候，董事会觉得他们已经公示了所有问题。但事实上，在这次会议上还有很多事情未被提及：一个是由斯藤莱特执笔的那份最后通牒，另一个是古特弗罗因德与格劳贝尔在6月的会谈内容（古特弗罗因德在这次会谈中隐瞒了莫泽尔的早期违法行为）。

当天下午，所罗门再次召开了全体员工大会。负责主持日常业绩报告会的麦金托什主持了本场会议。他像往常一样站在前面，但这次他的任务一点也不让人羡慕——他要向员工宣读新闻稿。古特弗罗因德和斯特劳斯坐在前排，正对着他。麦金托什最后说道：“这就是事情的全部经过。如果客户打进电话想要知道进展，你们尽管说好了。不需要为高层管理人员找任何借口，也不需要替他们道歉，他们已经尽职了。”

之后，销售人员蜂拥至麦金托什的办公室，请教如何向客户解释此事。麦金托什重复道：“不要为高层管理人员找任何借口。我想这件事持续不了多久，一切会过去的，一切已经过去了。我们要团结一心，这样我们才能继续工作。我们应该把重点放在这个上面。”[49]

当晚，国债管理部门的工作人员出现在麦金托什在西村的两层楼房里。这栋房子本来是为计划中的野餐准备的，在里面能俯瞰整个哈得孙河。不幸的是，斯特劳斯碰巧也来了，气氛马上变僵了许多。[50]人们不像以前那样端着酒杯荡来荡去直到10点或11点，那晚8点左右，人就走光了。

8月15日，星期四，即新闻稿发布的第二天早晨，有谣言说公司高层要动真格的了，麦金托什将在劫难逃。他整天都待在交易所内，相信古特弗罗因德和斯特劳斯不会当着所有交易员的面解雇他。同时，市场对所罗门的信心崩溃了。上周四高达37美元的股票这周直线下跌到27美元，公司股票被抛售的情况毫无转机，因为股民开始怀疑所罗门内部是不是有比莫泽尔的罪行更严重的问题——挤兑。事实上，挤兑已经出现了。

投资者对投资银行金字塔式的资产负债表了然于胸。所罗门的资产负债规模相当大，比全美最大的人寿保险公司还大，仅次于花旗集团。像所有的大公司一样，所罗门的借贷部扮演着买卖公司中期债券的中介角色。星期四，要卖债券的人已经排成了长队，买家却一个都没有。为了承兑债券，交易员不得不拿出所罗门自己的现金。没有人想再买进这些债券，这就意味着所罗门必须从自己的保险库里拿钱购买自己的债券。但是，如果保险库出现亏空，这些债券就将成为废纸，除非有人能起死回生。为了保住现金，交易员试图通过压低出价来阻止人们抛出。[51]不过人们很快就看穿了他们的伎俩，出售债券的人越来越多。

当天收盘时，所罗门的交易员已经被迫买下了本公司7亿美元的债券。之后他们打出了暂停营业的招牌，就像入不敷出的银行突然关上了出纳部的窗口一样。[52]没有哪家公司愿意购买所罗门的债券。如果形势持续下去，所罗门将濒临破产。

第二天，8 月 16 日，星期五，《纽约时报》头版刊登了古特弗罗因德的照片和一篇文章，标题是“华尔街见证了所罗门兄弟公司的大灾难——违法竞标暴露，高层辞职，客户流失，股票下跌”。[53] 文章配着古特弗罗因德和斯特劳斯的大幅照片。看到报纸后，他俩和利普顿一道给科里根在纽约的办公室打了电话，电话很快被转到美联储主席艾伦·格林斯潘在华盛顿的办公室。科里根与格林斯潘以及财政部长尼克·布雷迪一早就在通电话，商谈“到底出了什么问题、如何处理这家公司”。[54] 斯特劳斯和科里根本来是老朋友，但当科里根客气地称呼他为“斯特劳斯先生”的时候，斯特劳斯立马意识到：他们这次的确有大麻烦了。[55] 这位愤怒的科里根认为，董事会在收到斯藤莱特的最后通牒后居然还发出这样一份新闻稿，实在过分。他将所罗门的无动于衷——比如没有解雇任何高层管理人员——视为向政府叫板。[56]

古特弗罗因德说他将引咎辞职，科里根紧跟着问道：“那斯特劳斯呢？”美联储的意思再明显不过：高层负责人必须辞职，没有任何商量的余地。[57]

奥马哈时间早上 6 点 45 分，古特弗罗因德拨通了巴菲特的电话。这时巴菲特还在睡觉。古特弗罗因德、利普顿和斯特劳斯在电话里向他道明了原委，他很快清醒过来。古特弗罗因德说：“我刚刚读了我的讣告。”（他指的是《纽约时报》对他的报道）这个头条新闻将造成严重的后果，尽管暂时还没有显现出来。当巴菲特明白他们想要说什么时，电话里沉默了很长一段时间。随后，他表示愿意暂时接管董事长的工作，但现在他必须亲自看看报纸上都写了什么。他需要时间来做决定，不过他答应来一趟纽约。他告诉他们，他会尽快在下午赶到。利普顿补充道：“如果不立即解雇梅里韦瑟，后果将不堪设想。”而巴菲特则坚持认为，在他和梅里韦瑟谈过之前不要轻举妄动。

挂掉电话后，巴菲特给格拉迪丝·凯泽打了个电话，嘱咐她取消与格林奈尔总裁的午餐会，然后又给马撒葡萄园的乔治·吉莱斯皮打电话取消了周末的旅行，并且让飞行员随时待命飞往纽约。

接下来的一个小时，他赶到空空如也的办公室（员工还没有上班），通过传真阅读了那篇“讣告”，然后做了决定。

与此同时，古特弗罗因德和斯特劳斯告诉科里根，巴菲特正在考虑接任临时董事长一职。“据我所知，他俩对我都不够坦诚。”科里根盘算着。“我要和巴菲特亲自谈谈，”科里根说道，[58]“虽然我们私下里没有什么交情，但是他名声在外，我相信他。”

巴菲特的当务之急是要弄清科里根对他接任董事长的看法。他花了一些时间才在华盛顿打电话找到了科里根。不过，科里根直到8点半（中部标准时间）股市开盘时才回复巴菲特的电话。所罗门的股票当天暂停交易，投资者被告知等候通知。

科里根在同巴菲特的谈话中表示，如果巴菲特接手，他愿意将“10天大限”宽限一些。尽管巴菲特没有完全明白科里根的意思，不过他还是猜到，美联储希望了解更多的情况。科里根听上去相当恼火，他说即便巴菲特接手，他也不能保证什么，并且希望当天晚上能够在纽约与巴菲特面谈有关事宜。

在所罗门内部，交易员所知道的就是巴菲特也许会来拯救公司，而且所罗门的股票没有开盘。人们纷纷猜测巴菲特会不会正在考虑用梅里韦瑟把古特弗罗因德换下来。梅里韦瑟的幕僚们宣称，他们不能失去约翰·梅里韦瑟。梅里韦瑟本人则没有露面。因为股票没有开盘，交易厅里一团糟。巴菲特叮嘱，在他到达之前，不能发布有关古特弗罗因德辞职和他接任董事长的新闻。尽管股票暂时被撇到了一边，电视上有关所罗门的报道却不绝于耳，人们对所罗门的下一步行动充满疑问。

下午，巴菲特终于出现了。一踏进45层豪华的经理办公室，他就按下了发行部的按钮，所罗门的股票终于开盘了。[59]这天下午交易行情相当红火，收盘价格接近28美元。

收盘后，巴菲特来到了圆形会场同主管们开会。古特弗罗因德和斯特劳斯站在前面，古特弗罗因德宣布他将辞职。[60]他的脸上依然毫无表情。斯特劳斯和巴菲特打了个招呼，他看上去颇为震惊。随后，高层管理人员离开了豪华的会议室。埃里克·罗森菲尔德与拉里·希里布兰德——梅里韦瑟团队的核心人员进入了会场。[61]紧挨着会议室玻璃墙的正是像足球场那样大的两层交易大厅——也就是麻烦的发源地。所罗门的高层们终于开始摊牌，着手商量对策了。

梅里韦瑟被人们当作麻烦踢来踢去。他上报莫泽尔行为的做法显然没有什么不对，引发争论的是：他是不是本来可以做更多的事情来阻止莫泽尔。就像麦金托什坦率地形容的那样，“梅里韦瑟离火太近了”。[62]梅里韦瑟一直是一个公认的办事严谨的经理，在他的地盘上，就连一只麻雀落下都逃不过他的眼睛。他没有参与伪造竞标，但是所罗门也不可能仁慈地让他留任。很明显，如果他继续待在公司，政府可能会更加严厉地惩罚公司。尽管斯特劳斯和古特弗罗因德不在现场，他们还是明确地告诉巴菲特，他们认为梅里韦瑟必须与他们一道辞职。[63]

在这个异乎寻常的时刻，梅里韦瑟到场了。他斜靠着墙，一言不发地注视着那些想置他于死地的同僚。那天早些时候，巴菲特已经和利普顿谈过，梅里韦瑟的情况与斯特劳斯和古特弗罗因德不同，不能强迫其辞职，除非他自愿。巴菲特需要时间来好好想一想。他不赞同辞退梅里韦瑟，因为他并没有延误时间，而是第一时间把莫泽尔的情况上报给了古特弗罗因德和斯特劳斯。他并没有像董事们认为的那样做错什么。可是董事们很害怕，他们打心眼里觉得，如果梅里韦瑟也辞职，他们下一步会好过很多。将梅里韦瑟的名字写入新闻稿的后果着实让巴菲特头疼不已。

会议结束后，他与古特弗罗因德、斯特劳斯一起走进停在外面的林肯汽车，在繁忙的交通中闯出一条路，奔向科里根的办公室。

科里根认为很有必要坚持原定的日程表。他刚刚从美联储一年一度的“员工对官员”垒球赛现场赶回来。他身材高大，穿着T恤衫和牛仔裤，脚上是一双胶底运动鞋。[64]天气很冷，斯特劳斯说：“当时他好像还打了一条黑色领带，不过我那时可没有心情注意这些。”巴菲特很坦诚地说：“众所周知，我个人唯一的债务就是加利福尼亚的一套价值7万美元的二手房。因为利息很低，所以我一直没有付款。”他承诺完全配合政府部门的监管工作。但是科里根看起来不为所动，他说，临时董事长的工作并不好做，他告诫巴菲特，最好不要因为所罗门的事情向他“华盛顿的朋友们”求助。

科里根要求必须即刻彻底整顿所罗门公司。巴菲特同意进行一切有利于所罗门发展的改革。科里根说：“他说得很诚恳，我相信他。”

虽然如此，科里根没有做出任何承诺。他只是冷冰冰地对巴菲特说：“你得为一切后果做好准备。”

> 这是一种荷兰大叔式的说话方式，很诚恳，也很严肃。我们几乎比这个国家的任何人负债都多，并且都是短期贷款。我两次三番地暗示他，我很担心资金问题，希望他会象征性地支持我一下，但是他没有。为一切后果做好准备——这正是我不太有把握做好的。这令我想起了士的宁（兴奋剂）或者类似的东西。

之后，科里根把巴菲特请出办公室，以便与古特弗罗因德和斯特劳斯单独谈话。“你们公司有个员工出了问题，”他指出，“这是他自己的责任，但你们没有对他采取任何行动，这就是你们的问题了。”[65]科里根眼中闪着泪花，很遗憾地告诉他俩，他们必须辞职。

出来的时候，斯特劳斯相当震惊，而古特弗罗因德仍然是一副"沉着"的表情。[66] 他对科里根强令他辞职耿耿于怀。"我决不会让他心里好过。"古特弗罗因德说。[67] 他们开车穿过市区回到所罗门，之后到 49 街的 Joe & Rose's 牛排店吃牛排。他们讨论了一下首席执行官的可能人选，并且一再坚持梅里韦瑟必须辞职。[68] 接近午夜的时候，巴菲特回到凯瑟琳·格雷厄姆位于联合国广场大楼的公寓休息。

稍后，很多人对巴菲特接任董事长的原因做出了各种猜测。一些人认为是因为他的 7 亿美元投资，还有人说是因为他必须对其他股东负责。他自己的解释是：必须有人来接手，而他恰好符合条件。除了那些要辞职的人，再没有人比他更愿意冒险了。他这样做不仅仅是因为他的钱在里面，更重要的是因为他很在乎他的名声。当他投资所罗门公司并同意让古特弗罗因德来经营这些资金的时候，他就已经把自己的名声和所罗门紧紧地捆在一起了。

巴菲特曾经这样教导他的子女：维护一个好名声要花上一辈子的时间，但毁掉它只需要几分钟。根据他的行事风格来看，这无疑是一次冒险。然而正是他信任的那个人使他好不容易建立起来的名声变得岌岌可危。如果说他犯了什么错，那就是他自己没有亲自参与投资，而是交给他人负责——他对古特弗罗因德掌管所罗门的能力在判断上出了错。

那时，巴菲特已经是美国第二大富豪。[69] 伯克希尔-哈撒韦的账面利润持续 26 年以超过 23% 的速度增长。他的首批合伙人每 1 000 美元的投资就能获利 300 万美元——这完全让人难以相信。伯克希尔-哈撒韦每一股的交易价格高达 8 000 美元。巴菲特的净财富达到 38 亿美元，他可以称得上是国际生意场上的泰山北斗。

正是在这个漫长而难受的星期五，他不无痛苦地意识到，从一开始，投资所罗门（它所存在的问题是他难以掌控的）的决定就将他卷入了这场危机。

事实上，他一点儿也不想做所罗门的临时董事长，因为这是一条危险重重的路。如果随后所罗门持续走下坡路，他会因此名声扫地。但是，如果说世界上还有一个人能拯救巴菲特和其他所罗门股东，毫无疑问，这个人就是巴菲特自己。

要接任董事长、拯救这家公司，巴菲特必须让自己的名声冒更大的风险，但他别无选择。莫恩和梅里韦瑟做不来，他也找不到合适的人来代替自己。无论是芒格-托尔斯律师事务所、查理·芒格，还是汤姆·墨菲，抑或是比尔·鲁安，都没有办法。或者，让卡罗尔·卢米斯在《财富》杂志撰写一篇言辞犀利的文章，恐怕也解决不了任何问题。这次甚至连总是无所不能的妻子苏珊也无能为力。这一次，谁也帮不了他，只有他自己才能挽救所罗门，如果他撒手不管，所罗门可能会从此一蹶不振。

军队里有这样一句谚语：队伍要想前进，将军总会选择暴露他的侧翼。巴菲特知道，不成功，便成仁。他不能逃避，也无法逃避。

8 月 17 日，星期六，上午 8 点，巴菲特来到沃切尔-利普顿超现实主义风格的办公室。古特弗罗因德不在，尽管天气不太好，他还是决定飞到他在楠塔基特的家，因为他的妻子在那里。所有经理人——同时也是首席执行官的候选人，聚集在面试房间外。尽管只有少数人真心希望得到这份工作，巴菲特还是必须面试所有的人。同时，两位来自芒格-托尔斯律师事务所的“精明且负责的”律师——拉里·佩德维兹和艾伦·马丁也亲自飞过来帮助巴菲特和芒格。让他们气愤的是，他们这时才第一次了解到，财政部已经对莫泽尔早期的行为进行调查了。[70]

接下来，巴菲特必须做出生命中最重要的决定——由谁来领导公司。如果他在任命问题上犯了错，就再也没有机会改过了。在开始长达15分钟的面试之前，他告诉参加面试的人群："梅里韦瑟不会回来了。"[71]

随后，他一个接一个地面试了所有候选人。他只有一个问题：谁应当成为所罗门的下一位首席执行官？

> 问题是，到底谁具备领导公司的所有品质，让我丝毫不用担心公司会出状况、会让我和公司陷入困境。当和这些人谈话的时候，我脑海中的问题与人们挑选朋友或女婿时候的问题没有什么两样。我需要一个这样的人：他能决定应该告诉我什么、不应该告诉我什么，知道如何在法律允许的范围内解决问题；他会通知我所有的坏消息，因为生意场上的好消息根本就不用处理。无论出现了什么坏消息，我都必须知道，因为只有这样才能采取应对行动。我需要道德高尚的首席执行官，他不会因为我打算开除他而置我于死地。[72]

巴菲特发现，候选人中除了一人之外，都认为三周前刚从所罗门亚洲分部回来的莫恩最合适。[73]43岁的德里克·莫恩现在主管投资银行部门。他不是一个交易员，并且不是美国人，而是英国人。他一点都不像莫泽尔，在所罗门上上下下都找不到任何一个和他有相似之处的人。大家都觉得他品行良好，并且很有才识。在《说谎者的扑克牌》一书当中，所罗门的员工形象常常是把洋葱、奶酪、汉堡当早点，穿着紧身裤在交易厅里晃来晃去。[74]正如刘易斯所写的那样，"在所罗门工作，副董事长更像是专门负责收拾烂摊子的董事长助理"。[75]相比之下，莫恩是一位有着贵族气质、无可挑剔的英国绅士。而且，由于他过去的7年时间都待在东京，所以不可能染指财政部的竞拍丑闻。

在莫恩所有的品质中，最可贵的一点也许就是他不可能犯罪。在所罗门这块是非之地，其他候选人都有自己的派系和敌人。莫恩就像一个问号，如同电影《帕特尼·斯沃普》(*Putney Swope*) 中颇具象征意义的黑人男孩那样——在一群老执行官争论不休的情况下，他被意外地推举为一家陷入泥潭的广告公司的首席执行官：为了阻止其他人得到这份工作，经理人纷纷把选票投给了帕特尼·斯沃普。[76] 莫恩受人敬重，却没有人了解他。正如那些经理人所说，他们之所以投票给莫恩，只是因为这总比投给他们所熟知的不太正直的人要好。

电影中的帕特尼·斯沃普自己投了自己一票。当莫恩被问到谁最适合掌管公司的时候，他相当机敏地答道："恐怕你最终会发现非我莫属。"接下来，他也表示自己会效力于巴菲特选定的首席执行官。[77]

还有两件事引起了巴菲特的注意：一件是，莫恩没有要求巴菲特为他提供保护，以免于起诉；另外一件是，巴菲特（尽管他非常不愿意承认）不喜欢谈钱的事，而莫恩没有向他提起工资的事情。

第二天，莫恩与其他两名经理人被邀请参加董事会会议。下午，巴菲特打车回到了位于联合国广场大厦的公寓。梅里韦瑟的幕僚等候在那里，"热情而又合乎逻辑地"请求巴菲特保留梅里韦瑟的工作。如果梅里韦瑟辞职，巴菲特知道，他的亲信可能会追随他离去。[78] 失去梅里韦瑟，所罗门主要的利润来源将流失殆尽。巴菲特对所罗门的投资也将无利可图。随后，梅里韦瑟也到了那里，浑身颤抖。他不愿意辞职，并且与巴菲特进行了一番深入的会谈。巴菲特开始犹豫不决，因为他意识到，梅里韦瑟在发现问题后立即就向上汇报了。

> 听了他的陈述后，我决定不能强迫他辞职。当时我确信，并且如今仍然坚信，他在知道下属的罪行后，就毫不迟疑地将此事反映给了上司和法律顾问。在我看来，应当采取行动的是他的上司和法律顾问。可是，为什么没有人要求法律顾问辞职呢？

之后古特弗罗因德打来电话，告知“鲍勃”飓风使他飞往楠塔基特的航班取消了，他正准备回纽约。他情绪很不稳定地说：“我再也没办法东山再起了。”[79] 他们说好一起聚餐，不过古特弗罗因德坚持在此之前就他的离职金问题与他新雇的律师菲利普·霍华德谈一谈。

巴菲特和芒格给菲利普打了电话，主要是芒格在说话。古特弗罗因德认为公司应该付给他 3 500 万美元。

> 他把所有问题都提了出来，我只好拿出日本人的处事方法，“是的，我明白你的苦衷”，而不是说“对，我同意你的说法”。不过在了解案件的全部事实之前，我们不能就有关涉案人员的离职金问题做出安排。

巴菲特后来表示，他们不可能在总金额上达成一致，因为无论数目多少，“所罗门以 ×× 美元打发古特弗罗因德”都将会成为头条新闻，这显然比管理层变动更引人注目。[80] 然而，他们对古特弗罗因德表示赞赏，并且告诉菲利普，古特弗罗因德将会得到公平的待遇。他们有能力实现并且之前从未食言过。巴菲特说：“除非我和查理都死掉，要不然肯定会说话算话。”后来他解释说，他是为了避免正面冲突，希望和平地改变菲利普的想法，让他不要插手。“如果直接告诉他，我们不愿意达成一致是因为还不了解全部的事实，就显得很唐突了。”

谈话结束后，他们三人到一家名为 Christ Cella 的餐厅吃牛排。古特弗罗因德主动提出事情结束之前将继续待在公司，无偿提供各种咨询。“只要是帮助，我都会需要。”巴菲特坚定地说。他们分析了公司目前的状况，古特弗罗因德表示，他也认为莫恩是管理所罗门的理想人选。

然而，比巴菲特更了解内幕的古特弗罗因德的一句话破坏了之前亲切友好的气氛，他说：“你们都比我聪明，你们会把我一脚踢开的。”[81]

回到格雷厄姆的公寓后，巴菲特和芒格才缓了一口气。这间套房挂满了亚洲的艺术品，这让巴菲特联想到不少愉快的事。格雷厄姆的厨房里总有许多他爱吃的食物。他、卡罗尔·卢米斯以及乔治·吉莱斯皮经常聚在这里，一边玩桥牌，一边打电话给附近的熟食店叫外卖。但这天晚上他的兴致不高。

几乎在他们到达的同一时间，菲利普也到了。他带来很多有关古特弗罗因德离职事宜的文件，这些都需要芒格签字。[82]他们两人同菲利普谈了一会儿，之后巴菲特起身要打几个电话，让芒格与他继续商谈。芒格开始变得有些急躁，他们又谈了一个多小时。

芒格已经打定主意对这件事说不。他之后回忆说："我故意不去听，礼貌地坐在那儿，不管他说的是什么内容……我的思绪飞到了别处……我已经完全不在意了。"

当菲利普结束他的长篇大论时，芒格拒绝签字，但是强调古特弗罗因德最终将得到公平的待遇。[83]离开的时候，菲利普犹豫了一下，因为他没有得到任何签字。芒格安慰他说："你应该向我父亲学习，那就是相信别人的承诺。"[84]

芒格同菲利普谈话的时候，梅里韦瑟和他的律师特德·莱文也来了。梅里韦瑟改变了他的想法，他说自己现在的情形使他不可能再留在所罗门。

> 他至少已经部分了解了公司面临的严峻形势。他一边踱来踱去，一边以点烟的速度抽着烟。最后他认为，辞职是最好的选择。

芒格后来可能会感到内疚，因为他在众人的压力之下被迫同意将梅里韦瑟的名字写在新闻稿上。[85]他和巴菲特都觉得，梅里韦瑟可以留下来共渡难关，但他们还是同意了他的辞职。

我们聊了很久，他们一直待到半夜。

后来，终于只剩巴菲特和芒格了。巴菲特认为，即便现在还不能完全控制局势，至少已经有些眉目了。他带着这个想法睡下了。

第二天，8 月 18 日，星期日，大家照常上班。

早上，在正式批准巴菲特担任临时董事长的董事会召开之前，巴菲特、古特弗罗因德、斯特劳斯在所罗门位于市中心的办公楼 45 层的会议室碰了一下头。董事们聚集在外，其中一位董事——格戴尔·霍罗威茨把马蒂·利普顿叫到一旁，告诉利普顿他和其他几位董事已经商议两天了，他们认为梅里韦瑟没有管理好自己的下属（莫泽尔），为了公司的利益，梅里韦瑟必须辞职，否则他和其他董事也将辞职。而在巴菲特面前，他的说法则要委婉一些，表示如果梅里韦瑟留任，他将不会出席董事会会议。巴菲特回答说，局势有了转机，因为梅里韦瑟自己将主动提出辞职。[86]

就在巴菲特、古特弗罗因德、斯特劳斯商议的时候，一位律师突然闯进了会议室，告诉他们财政部马上要宣布禁止所罗门参加财政部的竞拍，包括为客户和为公司自己竞拍。他们立即明白了财政部的意思——所罗门将被置于死地。“我们很快意识到，这条消息会让我们丢掉饭碗——不是因为它所造成的直接经济损失，而是因为它的轰动效应：周一，财政部封杀所罗门的消息将占据全球各大报纸的头版。事实上，在新旧管理层交接的特殊时期，财政部这样做，就是想在新管理层采取行动之前率先发难。”[87]

巴菲特起身去了另一间会议室，希望说服财政部推迟发布这条消息。电话占线，他把电话打到电话公司要求切进财政部的电话。电话公司回复说电话断线。在经过一段时间的困惑和焦虑后，巴菲特终于与财政部的某位人士通上电话。对方告诉他，一切都来不及了，公告已经发布。现在，全世界都知道所罗门被财政部掐住了喉咙。

许多董事呆坐在那里，看着自己的财富从眼前消失而束手无策。接下来，大量诉讼将接踵而至。巴菲特看起来很平静，事实上他已经暗暗下定决心。他回到现实中来：古特弗罗因德因为制造了一起骇人听闻的事件而被迫离开；现在，巴菲特单枪匹马地站在悬崖边上——他不是来监督别人拯救公司，而是要亲自动手让公司起死回生。他有些犹豫不决。

他告诉董事会，他会向财政部长布雷迪说明他将拒绝临时董事长一职，因为他是来拯救公司的，而不是像现在这样看着公司垮掉的。不管怎样，他的名声已经受损。不过，辞职至少比继续留任要好得多。董事们了解他的心情，并且赞成他这样做。这是巴菲特对付布雷迪的唯一底牌。董事会决定同时推进两个方案。巴菲特转向利普顿："你认识破产业务方面的律师吗？"一时间大家都呆住了。之后，福伊尔施泰因和利普顿马上明白过来，开始着手准备提交破产申请材料。在万不得已的情况下，公司会选择体面地破产，而不是陷入麻烦不断的一团糟状况。

所罗门原先预定当天下午两点半召开新闻发布会，宣布巴菲特将正式出任临时董事长一职，在此之前，还有4个半小时来说服财政部改变决定。而且，这时离日本股市开盘已经不到7个小时。伦敦股市会在日本股市开盘7个小时后开盘。一旦东京股市开盘，公司股票就会直线下跌，借款者则会立即抽回他们对所罗门的贷款。乞求财政部对所罗门网开一面，的确十分艰难。他们不仅要改变财政部的决定，还要改变公众的看法。

所罗门的财务主管约翰·迈克法兰穿着鲜亮的衣服从一场三项全能运动会赛场上直接赶到公司，他向董事会解释了财政部这一决定的后果。[88]银行已经告知所罗门，要降低其商业票据的额度。所罗门可能引发历史上规模最大的金融企业倒闭案。如果政府撤资，所罗门失去财政支持，公司将不得不以低价变卖资产。这将给全球市场带来极其严重的后果，一些所罗门的债权人和合伙人也将面临破产，一起走向衰亡。巴菲特相信，即使是监管当局，日后也会因为现在的不妥协态度而后悔。

> 如果我拥有足够的行动权限，我将在接下来的工作中尽自己最大的努力。我会尽量做空当天下午东京和当天晚上伦敦市场上的所罗门的证券，我还会做空世界范围内的所罗门的普通股。
>
> 我们也许会在下午两点从曼哈顿请来一名法官——可能正撞见他在一边看棒球一边吃爆米花。我们会把一切都交给他，由他全权处理。顺便问一下，你对日本法律懂多少？因为我们在日本有100亿美元左右的借款，在欧洲也是。伦敦将在深夜两点的时候开盘，在这个危急时刻，你是负责人，你看着办吧。

由于一直联系不到科里根，巴菲特随后要求与财政部长尼克·布雷迪通电话，但同样无法与他通上电话。

布雷迪是德威公司的前任首席执行官、马尔科姆·蔡斯二世的侄子，因此也是将伯克希尔纺织厂卖给哈撒韦制造厂的家族成员之一。他在大学毕业论文中分析了伯克希尔的前景，并因为其惨淡的结论而出售了自己的股份。经马尔科姆·蔡斯二世的介绍，巴菲特曾经到德威拜访过布雷迪。他们算不上好朋友，但“彼此都有好感”，巴菲特这样认为。可是，没有什么特别的理由让出身名门的布雷迪对古特弗罗因德这样的暴发户或者像所罗门这样自以为是的暴发企业抱有好感。

不过，布雷迪回了电话，他向巴菲特表达了同情，同时清楚地说明撤回决议几乎不可能。

他们疯了，事实上我也觉得他们疯了。但如果由此引起的“财政

> 屠杀”真正出现，他们一定比现在还要发狂。[89]

布雷迪认为巴菲特的反应有些过激，但是同意再打电话过来。他需要和美国证券交易委员会主席布里登、科里根以及美联储主席艾伦·格林斯潘商谈。

巴菲特只能坐等布雷迪的电话，不能主动打电话过去。他不知道，布雷迪此时此刻正坐在萨拉托加斯普林斯市奥格登·菲普斯赛马场的长椅上观看赛马，给不给巴菲特打电话完全属于他的个人意愿。

会议室的电话系统星期日不会提示有电话。为避免错过来电，必须有人持续盯着电话的绿灯，巴菲特“带着前所未有的失落感”盯着电话看了半天，最后还是决定叫一个秘书进来守候。

与此同时，监管当局正在进行会谈。科里根已经与前任美联储主席、目前在一家颇具声望的投资公司担任董事长的保罗·沃尔克取得了联系。像布里登一样，沃尔克对所罗门公司的行为相当气愤。没有一个监管人员相信巴菲特真的会撒手不管。他们认为他是在拿钱和名誉冒险，赌注实在太大了。他们深知这个决议会给所罗门带来负面影响，但是他们并不认为这样有什么不妥。市场对巴菲特有足够的信心，他们以为，只要巴菲特向所罗门伸出保护之伞，公司就会得救。但是他们不应该这么确信。他们应当考虑，一旦这家国际性大公司破产，整个金融市场是否还能幸存下来。一旦所罗门丧失偿付能力，美联储将不得不向市场注入大量资金，以帮助其他银行渡过难关。要知道，历史上还没有发生过如此巨大的拯救行动。他们都很清楚可能引发的后果：全球金融市场可能因此崩溃。他们以为美联储能控制得住吗？“我是一个乐观的人，”科里根说，“我常常对自己说，‘你只需要做好分内的事’。”[90]

巴菲特等了几个小时的电话。中间艾伦·格林斯潘打进过一次电话，希望他无论如何能留下来。“听起来像是请求：无论发生什么，请你一定要留在那儿。”

交易厅里渐渐聚满了人，仿佛是被某种听不见的神秘鼓点召唤而来的。他们点燃香烟，坐在那里等候消息。梅里韦瑟手下的交易员坐在一起，为梅里韦瑟的辞职哀痛不已。没有人知道楼上的进展。东京市场开盘的时间就要到了，似乎将要敲响公司的丧钟。

楼上，董事会上人们毫无意义地谈论着，等候监管当局的商议结果。布雷迪不时给巴菲特回个电话，但一直没有实质性进展。巴菲特几次用低沉而沙哑的声音重复着他的麻烦，他面临的巨大压力从他的声音当中可以听出来。他告诉布雷迪，所罗门的律师正在准备提交破产申请。他反复强调所罗门在市场上的重要地位，以及一旦破产会产生的多米诺效应。

> 我告诉尼克，我和科里根谈过，事情已经十万火急了。东京马上要开盘，我们不会买回我们的票据。一切都将结束。我从 10 点开始不断地重复这些内容，但对他们来说似乎毫无意义。

布雷迪回去约见了他的同事。他们中的大多数都认为这是一个特殊请求，巴菲特希望他们对所罗门网开一面，但这家公司并不值得他们那样做。[91]

所罗门的董事们不明白，为什么那些监管人员不答应巴菲特的请求。因为他们掌控了整个金融系统。所罗门正濒临破产的边缘，这还不够明显吗？

随着时间的慢慢流逝，巴菲特终于按捺不住了。他必须在这个关键时刻争取过来一个重要同盟。

他只剩下一个选择。在所有为他敞开的道路、所有他能获取到的资源当中，这一个是弥足珍贵的。它就像是一个用水晶做的巨大游泳池，他甚至都不愿意打开水龙头放水进去。比起维护自己的名声来，所有让他厌恶的事情——发脾气、与别人针锋相对、开除员工、终止长期细心培育的合作关系、吃日本料理、拿出一大笔钱来等——都变得无足轻重。这么多年来，他小心翼翼地为自己赢得了无价的名声。他从未因为自己或者任何人毁坏过名声，除非回报十分巨大。

现在，所罗门的困局使他不得不孤注一掷。仅存的希望就是请求，或者说乞求别人看在他的面子上，给点儿私人帮助。

他也许会因此欠布雷迪一个人情。他是在拿他的名声——需要一辈子来建立却只需要5分钟就能毁灭的名声——冒险，来赌一赌他开口后的转机。[92] 他必须聚集全部的勇气。

巴菲特非常痛苦，以至于他的声音都有些失控了，他说："尼克，这是我生命中最关键的一天。"

布雷迪也有自己的难题，他不认为巴菲特的请求会起到什么作用。但他听出了巴菲特话里的情绪。他能从巴菲特的声音中听出，巴菲特感到自己像是被所罗门塞进一个木桶然后从尼亚加拉瀑布上抛了下去。

布雷迪最后说："沃伦，不要担心，让我们再商量商量。"他挂掉电话，离开办公室去为巴菲特争取。

但是，当指针渐渐指向下午两点半的时候，也就是到了预定召开新闻发布会的时候，布雷迪还没有回电话。

巴菲特决定向科里根亮一张牌。他拨通电话："杰里，我还没有接受临时董事长的职务。因为财政部的所作所为，我们今天早上取消了会议，所以现在我还不是所罗门的董事长。在30秒内我也许会成为董事长，但是我不会把我的余生浪费在带领人们走出历史上最大的金融灾难上。不过，话说回来，我不介意花点儿时间来拯救这个倒霉的企业。"

查理·芒格告诉他无论如何都不要这样做。他说："别这样做，第一天可能会有一些惊喜，但以后也许你一辈子都摆脱不了这些麻烦，未来 20 年时间里都要同法庭打交道。”

然而，科里根比其他的监管人员对巴菲特的离职威胁更加重视。他说：“我会回电话给你的。”

巴菲特坐下来，一手拿着电话，同时考虑自己的下一步行动。他想象着自己走进电梯，下了 6 层，独自走上新闻发布会的台前，以“我们刚刚宣布破产”来开场的场景。

楼下，100 多名记者和摄像师冒着 8 月的酷暑赶来参加所罗门的新闻发布会，他们也许刚刚还在棒球赛场上、在游泳池里或者在参加家庭聚餐。唯一能够弥补他们这个星期日下午被打乱的日程的，莫过于目睹热血沸腾的所罗门斗牛士如何在这个竞技场上掏出野兽的内脏。

> 他们坐在那儿，希望听到爆炸性新闻。我想起了一个老故事，讲的是一个记者被派去报道一场婚礼，但他回来告诉编辑说：“什么也没发生，因为新娘根本没有出现。”我想这些记者的心情现在也差不多是这样。

几分钟之后，脸色苍白的梅里韦瑟微微颤抖着走进会议室。他被派去向美国证券交易委员会主席布里登寻求帮助。梅里韦瑟说，布里登直截了当地拒绝了他们的请求，并且两次提到，所罗门的“核心已经腐烂了”。

梅里韦瑟很震惊地重复着“核心腐烂”这几个字。他们所有的人都突然意识到，财政部的行动其实是美联储、财政部和证券交易委员会的联合决议。他们的发难在瞬息之间改变了全世界对所罗门公司的看法，这是对所罗门公司多年来傲慢不羁的戏剧性回应。

新闻发布会的时间已经过去，楼下的记者开始变得焦躁不安。布雷迪仍然没有打来电话，电话的指示灯一直没有亮。

最后，财政部长助理杰尔姆·鲍威尔打来电话说，财政部不能完全撤回决议。所罗门不能代表客户参加竞标，不过他们同意保留所罗门自己参加竞标的权利。

“这样够了吗？”鲍威尔问道。

“我想够了。”巴菲特回答说。

他大步返回董事会会议室，告诉了董事们这一喜讯。会议室里立刻充满了喜庆轻松的笑声。巴菲特很快宣布出任临时董事长，莫恩任首席执行官，主管所罗门公司的全面经营。3 点差一刻，他走出去找人给楼下的交易厅打电话。

莫恩正在和交易员一起盯着时钟。约翰·迈克法兰的团队在制订应变计划，一旦接通电话就立即抛出公司在日本的资产。有人从楼上打来电话，叫莫恩到电梯旁与巴菲特谈话。莫恩不确定自己会不会成为老板。他走向了电梯，门开了，巴菲特在里面。“你被选中了。”巴菲特说着示意他进来。他们没有去董事会会议室，相反，他们下了两层来到新闻发布会现场。[93]

> 记者的情绪接近失控，他们就像一群野兽，每个问题都有陷阱。这是件大事，但他们巴不得事情闹得更大一些。他们出风头的时候到了。电视台记者尤其招人讨厌，他们希望我们能赶上 5 点或 6 点的直播，我偏偏不配合他们。我能感觉到，也知道，自己居然栽了这么大一个跟头，别人肯定会说我就是个骗子。可记者就想要事态像这样发展。他们心里盘算着各种各样有关所罗门的出书计划，只要所罗门一破产，它们就能成为现实。

巴菲特坐在讲台上，双手环抱。他看起来很疲惫。莫恩淡棕色的头发梳理得很有型。他两眼瞪着人群，仿佛谚语中描述的被灯照见的小鹿。他们两人都身着深蓝色外套、白色衬衫，打着深色领带。莫恩说：“我完全没有准备。‘你被选中了’是我得到的唯一指示。”他一点儿都不知道，其实楼上已经传开了。就这样，他们开始了新闻发布会。

记者想知道发生了什么。

巴菲特把夹克套装的衣领立了起来，然后解释道：“在我看来，没有及时上报监管当局，是无法解释和不可原谅的。在我任职的其他公司里，我也看到过类似的蠢事发生，但是都没有这次的后果严重。”

是企业文化导致了这桩丑闻吗？巴菲特回答说：“我认为同样的事情不会发生在修道院里。”

有人问他的工资是多少，他回答说：“1 美元。”坐在观众席上的董事们听得目瞪口呆。这是他们第一次听说。

记者们不愿安静下来。记录被修改了吗？是谁修改的？会不会文过饰非？谁参与了掩盖实情？

“是的，一些记录被修改了，这里存在类似于掩盖的事情。”听到这里，记者又变得激动起来，一个接一个的尖锐问题直指巴菲特。就像他们找到了一直在寻找的脚步蹒跚的猎物一样，他们拉开弓箭，并且已经做好了用尖锐的牙齿撕裂它的准备。不过，当得知整个补救计划除了已经辞职的人外并没有其他的重要高层被解雇时，他们的情绪冷静了下来。

这时，有人来到台上告诉巴菲特财政部打来了电话，他匆忙地离开讲台，将尚处在震惊中的莫恩一个人留在记者的狂轰滥炸之下。尽管如此，莫恩还是成功地应付了局面，用类似于 BBC（英国广播公司）野生动物纪录片中的播音员那样独白般的语气回答了一些问题。

回来的时候，巴菲特带着一份财政部发布的新闻稿，宣布所罗门已经挽回了部分信誉，但记者依然咬住不放。

前任高管真的辞职了吗？他们是被迫辞职的吗？巴菲特不得不一遍又一遍地重复，古特弗罗因德、斯特劳斯、梅里韦瑟都是自愿辞职的。前任高管是否获得了特殊补偿？所罗门是否会支付他们的法律费用？公司从违规操作中获得了多少利润？

一个小时之后，坐在莫恩旁边的一个董事用胳膊肘碰了碰他，问道："沃伦打算什么时候终止这场发布会？"

莫恩回答道："也许他不想终止发布会，沃伦知道他在做什么。"[94]

这些虚假交易给政府造成了多大损失？有多少客户已经告知所罗门不再与其有生意往来？公司高管会给前任高管多少离职费？为什么利普顿的事务所未能负责任地处理此事？对于这桩在新闻稿中被称为"10 亿美元的恶作剧"的虚假交易，调查人员已经查明了哪些细节？

记者们的问题一个接一个。巴菲特回答说："这不是一个玩笑。如果你非得那样理解，我认为……"

"那是你们在新闻稿中承认的。"一个记者尖锐地反驳道。

"那不是我说的，是新闻稿上这样写的，我的名字不在新闻稿上。你可以把它定性为一次古怪的事故。我对恶作剧的定义是，当你听完之后，还能笑出来。可是对于这件事，我没有看到任何可笑之处。"

大多数记者都读过那本《说谎者的扑克牌》，他们要求给一个解释。他们知道所罗门一向以"恶搞"著称，常常会有交易员从别人的手提箱里偷出衣服，然后放进湿纸巾或者系带的粉色紧身裤之类的事情。据传，与《说谎者的扑克牌》有关的最著名的蠢事是古特弗罗因德与梅里韦瑟之间的一场豪赌：古特弗罗因德提出一场 100 万美元，两人连眼睛都没眨一下；为了报复，梅里韦瑟用 1 000 万美元做赌注，目的只是要让古特弗罗因德辞职。尽管这些"恶搞"的故事不无讹传之嫌，不过它们至少说明，目前人们想象得到的所罗门式"恶搞"的最高金额是 1 000 万美元。

说到 10 亿美元，要是用来买橡皮鸭子放到纽约港，能堆到自由女神像的大腿那么高。那么，这个“10亿美元的恶作剧”是什么呢？

“有位女士在该部门干了很多年后将要离去——我猜是要退休，”巴菲特说道，“有人编造出一个数额巨大（10亿美元）的交易指令，交给她执行，即购入10亿美元新发行的30年期美国国债。然后——大概就是这样——我猜那些人的计划可能是使她相信：不知何故这一指令没有提交，并让客户对指令没有提交提出质疑。这个恶作剧原本是为了吓她一大跳，或是出于其他什么原因。我不清楚。”

“但实际上，这一出价真的被提交了。”

在场的150名记者静静地坐在那里。所罗门公司在一次弄砸了的恶作剧中，买入了价值10亿美元的国债。巴菲特说所罗门需要改变自己的文化，这的确不是在开玩笑。

“它本来是应该被注销的。我推想干这件事的人也的确想把它注销。毫无疑问，这是人们开过的一个最愚蠢的玩笑。”

没有人说话。

莫恩问道：“还有没有问题？”

会议室热烈的气氛已经全然消失了。吐了真言后，还有什么好发问的呢？接下来就只有一些温和的问题。

发布会结束后，巴菲特走下讲台看了看表，然后说道：“我得回一趟奥马哈。”

莫恩问道：“那么，沃伦，这里该怎么办？”他从来没有接触过那些愤怒的监管官员，也没有出席过所罗门的董事会，并且此刻局势仍然不甚明朗。“你觉得谁应该负责对管理层进行改组？你有没有什么策略教给我？”

“如果你必须问我这样一些问题，那就说明我挑错人了。”巴菲特撂下这句话就走了，把他的7亿美元和名声都交到这个30个小时之前才遇到的人手中。[95]

> 发布会结束后，记者围着我们不停地拍照。场面糟糕透了。我出去叫了一辆出租车，有一两个记者注意到了这个问题，他们由此认为所罗门发生了变化：现在，老板是坐出租车离开公司的，不像过去有一长队黑色汽车等在外面。

星期一早晨，莫恩来到会议室鼓舞士气受挫的员工。他脱掉夹克，挽起袖子说道，公司面临着三个考验。

第一，信誉。通过开除莫泽尔和他的伙伴汤姆·墨菲以及接受其他人的辞职，这个已经做到了。

第二，信任。因为已经重新获得财政部的部分信心，这个也做到了。

第三，信念。莫恩说："现在的所罗门将不再是原来的所罗门。但我们在养成新习惯的同时，也要保留过去的好习惯。"[96]

一些交易员坐立不安：新的风气、新的习惯，这到底是什么意思呢？

所罗门很幸运，它很快就有了喘息的机会。几乎是一夜之间，媒体把目光转向了苏联，其总统戈尔巴乔夫在一场政变中被罢免。股市应声跌落 107 点，星期五还在通篇报道所罗门事件的商业报纸，现在把焦点对准了戈尔巴乔夫——他被 8 名军人和政府官员软禁起来了。当坦克开进莫斯科，苏联人民在红场和列宁格勒（现圣彼得堡）进行抗议的时候，所罗门那天早晨的生意格外兴隆。

"要想不被媒体关注，有很多种方式，"一个推销员说，"但能沾上苏联红军的光绝对是最有创意的一个。"[97]

49

愤怒的众神

纽约 1991—1994年

仅依靠巴菲特的名声，所罗门就能存活下来——监管人员的这种想法显然错了。一些大客户甚至对公司产生了厌恶感，首先是最大、最具影响力的加利福尼亚公共雇员退休体系从所罗门退出，接着是世界银行。每天夜里，所罗门数千亿美元债券几周后快到期的景象就像只羸弱的病羊一样颤颤巍巍地走入巴菲特的梦中。巴菲特第一次感觉到事情不在他的控制之下。“这一切都要把我击垮了，我下不了车，不知道这趟车要开往哪里。”

> 对于公司上下每天所做的事我无能为力，对于我后来发现的，我在接手以前并不知道。对于科里根对这一切的想法，或是纽约南部地区的检察院或司法局的反托拉斯部门将要采取的行动，我都毫无办法。我知道让一切恢复正常极为重要，我也知道不管我有多努力，有些事情都是无法控制的。我可以整夜不睡，苦苦思索这一切，但无法保证一切都有个好的结果。很多人都会因此有不同的结果，这将改变我的整个人生。

巴菲特第二周返回纽约。丹尼尔·帕特里克·莫伊尼汉议员就所罗门一事要求见他一面，而且其他很多事也需要巴菲特出面。巴菲特和芒格将莫伊尼汉带到了所罗门 47 层的私人餐厅。厨师为莫伊尼汉准备了标准的华尔街商务餐，甚至还有红酒，而巴菲特和芒格自己则点了三明治。莫伊尼汉厌恶地看了看套餐。此时，飓风“鲍勃”的余势继续冲击着整个东海岸。突然之间，大雨像瀑布一样顺着窗户倾泻下来。“众神都对所罗门愤怒了。”巴菲特说道。[1]

这周之后的几天，巴菲特和芒格前往华盛顿的美国证券交易委员会见麦克卢卡斯和布里登。麦克卢卡斯后来回忆说：“他们两个就像是在汽车站常见的普通小子一样。”后来他们开始讨论，并制订出计划拯救所罗门，这时麦克卢卡斯才明白，为什么这两人中一个被誉为传奇，而一个被誉为结束传奇的人物。[2]

之后，巴菲特亲自上门拜访财政部的布雷迪。布雷迪曾认为巴菲特所做的一切只不过是在虚张声势罢了。“沃伦，”他说，“我知道不管我们做什么都无法阻止你。”[3] 最终，巴菲特诚挚的请求打动了布雷迪。“尽快结束一切。”布雷迪说。

巴菲特下定决心，不管所罗门犯了什么错误都要及时改正过来。“改正过来，迅速改正过来！”他说。当巴菲特说“迅速”的时候，他的确是指“迅速”。他和他的新秘书，曾为古特弗罗因德工作，并对所有人都很熟悉的保拉谈了话。巴菲特建议她说，为什么不和董事会的成员谈谈，问他们了解些什么、什么时候知道的。[4] 鲍勃·登纳姆，这个言行谨慎，芒格–托尔斯律师事务所的首席律师，从洛杉矶亲自飞来调查此事，他介入巴菲特的计划当中，并且迅速叫停该调查计划。这些调查本该由律师来完成。

登纳姆所做的第一件事就是接见唐·福伊尔施泰因。随后，福伊尔施泰因迅速被解雇了。福伊尔施泰因要求面见巴菲特，巴菲特只简单地和他说："你本该做更多的事情。"从一开始巴菲特就知道，福伊尔施泰因并不完全清楚事情的来龙去脉。[5]然而，巴菲特后来得出结论：出于对古特弗罗因德的忠诚，福伊尔施泰因将上司的利益放在了所罗门集团的利益之上。于是，登纳姆成了总顾问。在逐步控制大局的过程中，巴菲特发现董事会受到了所谓的所罗门管理层的巧妙"信息定额"的控制。他和芒格发现，在4月莫泽尔第一次承认提交未经授权的竞标申请时，整家公司早已发现莫泽尔试图掩盖一切，并且还在误导他所利用的客户，声称公司提交的长期国债认购单出现了文书错误。

> 一切就好比是莫泽尔点燃了一根火柴，在4月29日的时候，古特弗罗因德本应该吹灭这根火柴，然而他却撒手不管。
>
> 结果是莫泽尔似乎有纵火的嫌疑，随后他点燃的火柴远远超出了我们的想象。古特弗罗因德的职责本该是及时制止这一切，然而他先是撒手不管，随后也许是出于恐慌，又开始火上浇油了。
>
> 最后的结果就是所罗门的股东们损失了上亿美元，8 000多名员工和他们的家人面临失业的困境。
>
> 我认为这是世界上最简单的事情。你有位同事——莫泽尔——承认将错误的竞标申请交给了世界上最重要的客户和监管人员——美国政府。然后，你又发现他拉了一名客户下水，试图和他一起掩盖一切，好让美国政府无法发现真相。
>
> 这一切都不关古特弗罗因德的事。
>
> 但当你听说这样一件事时，很明显你的第一反应应该是在10秒钟内拿起电话，说："莫泽尔，你被解雇了。"然后，你就该马上去找科里根，告诉他："杰里，你看，这是涉及8 000名员工的事情，那个家伙已取消预订，我一了解事情真相后就解雇了他，你看我下一步该怎么做？"[6]

当然，对很多人来说，10秒钟认清楚这一切并不简单，他们会考虑很多其他事情。莫泽尔对公司太重要了，他曾对外汇交易部门做出了重要贡献，开除他并不是件好事。有没有可能将他贬回原职呢？要向监管人员坦白这一切并不容易，他们的反应也许会非常激烈。不止一个法律公司说过，从技术上来说，并不一定要将事情全盘报告上去。然而巴菲特却完全没有考虑这些，他在计算概率。他立刻开始推算是否会产生任何灾难性的后果，然后又迅速开始思考该如何将这种灾难的概率降至最低。结果就是解雇莫泽尔，立刻坦白一切。在这件事上，巴菲特还考虑了诚信的问题，他无法容忍撒谎者和骗子，因此事情只能是这样了。

现在，他却不幸地发现，除了他之前被告知的一切，事实上还有更多的谎言和欺骗。调查报告说，福伊尔施泰因当时曾宣称莫泽尔的行为“本质上就已经构成了犯罪”，这与公司后来所了解的完全不一样。并且也从没有人将莫泽尔的行为报告给监管部门——监管规范行为的部门。的确，所罗门在监管上的态度只能称得上松懈。后来，人们甚至对谁应该成为监管会成员产生了争论。[7]无论如何，美国证券交易委员会主管发现自己被蒙在鼓里时备受困扰，并对现有的程序遭到忽视大为愤怒。

巴菲特和芒格还了解到，在6月中旬，古特弗罗因德会见了财政部长助理鲍勃·格劳贝尔，为公司5月“操纵”事件的指控而辩护。他们发现在这次会面以后，所罗门公司上层一直在考虑是否该立刻将2月的错误竞标申请事件报告给格劳贝尔，几经考虑后认为时机还不够成熟。后来，格劳贝尔说他认为自己被骗了，因为古特弗罗因德对他隐瞒了一切。这次和格劳贝尔的会面僵化了所罗门与政府的关系，也损害了所罗门的信誉。

第二次新闻发布会召开后，所罗门宣称之所以没及时将真相公之于众，是因为“对事情没有予以足够的重视”。这种托词使整个董事会都好像是这场阴谋的策划者一样，特别是在古特弗罗因德和格劳贝尔见过面，有机会坦白真相的情况下。当然，整个董事会是根本不在乎这次与格劳贝尔的会面的。

在危机发生后的那整个周末里，就在巴菲特和政府协商的时候，他却对此事一无所知，对此，巴菲特感到非常愤怒。员工的首要任务本该是保护公司的权益，现在他们不但没有保护好这种权益，反而还拿这种权益冒险。这一切都让巴菲特万分愤怒，但还有一件事情巴菲特压根儿都不知道：由斯藤莱特执笔的那份最后通牒发给所罗门后，根本没有引起其管理层的警觉。

几天后，所罗门召开董事会，巴菲特就所了解的一切谈了谈自己的想法。董事会取消了前高管订阅的杂志，撤销了他们的秘书、司机和专用轿车，取消了他们的长途电话和短信服务，甚至禁止这些高管进入所罗门的办公楼。此外，董事会还试图取消他们的健康保险。利普顿不再担任法律顾问。起初，巴菲特对此还持有异议，后来也同意了。因为大家一致认为利普顿的法律建议根本没有保护所罗门的声誉。[8]

现在，登纳姆监管着所罗门。为了使法律团队避嫌，巴菲特又将罗恩·奥尔森引进团队。奥尔森是芒格-托尔斯-奥尔森律师事务所（简称 MTO）的最新合伙人，他曾经参与过《布法罗晚报》案，现在是伯克希尔-哈撒韦的法律代表。[9]MTO 微调了其关注范围，以帮助客户从法律体系中获得最好的结果——巴菲特认为，在此方面 MTO 经验丰富。

巴菲特告诉奥尔森，他想要采取一种全新的措施。[10]现在所罗门的名声几乎遭到了致命的打击，已经摇摇欲坠。在巴菲特看来，所罗门已经无法承受任何指控了。[11]现在的所罗门公司犹如癌症晚期患者。

要想拯救所罗门，他认为必须采取极端措施，哪怕这种措施会让病人更加虚弱。巴菲特认为帮助所罗门规避指控的最好疗法就是表现出极大的忏悔之意。他将挖出最后一个癌细胞，用激光彻底销毁，加强整顿，绝不允许任何病症复发。

奥尔森上任第一天，就被纽约南部地区的检察官奥托·奥伯迈克召见。是否指控所罗门就是由奥伯迈克决定的。

> 我们向奥伯迈克提出的建议是要树立一个榜样。这将是非凡合作的一个榜样。我们树立了一个目标，这个目标将对未来被诉方的行为以及法律体系产生影响。

奥尔森做出了一个非同寻常的承诺。他当场放弃了所罗门公司的“律师—当事人保密特权”，而这一特权可以保护公司与律师之间的交流免受检察官调查。他说不管 MTO 在调查中发现什么，奥伯迈克都会知道。[12] 说得直白一些，这就意味着 MTO 已经代表所罗门公司成了政府的左膀右臂。

“奥伯迈克很多疑，”奥尔森说，“他认为我们是中西部的江湖骗子，是来向他兜售货品的。”[13] 他无法相信会有哪家公司自愿做违背自身利益的事情。毕竟，所罗门面临着被指控的危险。这一切用不了多长时间就可以得到证实。显然，这种“改革”并不是嘴上说说就完了的。

奥尔森很快飞到华盛顿，将一切汇报给了美国证券交易委员会的布里登。布里登也对这一切持有相同的怀疑。[14]

最初，大家还不清楚放弃特权意味着什么。所罗门一家名为克拉瓦西–斯温–摩尔律师事务所的律师弗兰克·巴伦，负责解释这份非凡的礼物对司法部门的意义。由于已经做出了承诺，整个谈判的过程变得非常困难。所罗门没有任何砝码，而司法部门一个劲儿地施压，让所罗门履行承诺，并且也基本达到了其目的。[15] 最后的协议将公司置于一个非常奇怪而又矛盾的局面中：让公司起诉自己的员工。MTO 找到的关于员工有罪的证据越多，所罗门就越能表现出其愿意合作、洗清一切的决心。员工要么与公司合作，要么就会被解雇，正常的律师—当事人保密特权根本无法保护他们向调查人员提供的证词。[16]

为了帮助巴菲特应对即将到来的国会质询，古特弗罗因德和他的律师几天后与奥尔森见了面。古特弗罗因德很愿意合作，但当他的律师试图对谈话做出一些规定时，奥尔森拒绝接受。最后，古特弗罗因德和他的律师离开了。[17] 奥尔森回来向巴菲特汇报说他受到了“阻碍”。[18]

随着新的企业文化开始形成，整个所罗门上下变得混乱起来。在和奥伯迈克见面的几天后，奥尔森和巴菲特走进了世贸中心 7 楼的会议室。有人自动雇用了一家新的公关公司，20 多人都围在一张巨型会议桌边等待奥尔森和巴菲特的到来。他们中有些人的确是为所罗门工作的，但大多数都是花钱雇来的说客。巴菲特听他们就如何挽救这场危机谈论了 15 分钟，然后他站了起来说：“抱歉，我得走了。”他弯下腰来，和奥尔森耳语了几句：“告诉他们，我们不需要他们。”然后他就走出了会议室。[19]

“天知道，这并不是我们被误解了。”巴菲特事后说，“我们没有公关问题，真正出问题的是我们自己的所作所为。”

8 月 30 日是巴菲特的生日，这天他来到华盛顿，准备即将来临的国会质询。他安排所罗门华盛顿办事处的负责人史蒂夫 · 贝尔召集了一班人，一起预测国会可能会提出的问题。

巴菲特下榻在华盛顿使馆区的一家酒店。随着突发事件不断出现，他连续两天都待在酒店房间里。在酒店，巴菲特遇到了一个电话接线生卡罗琳 · 史密斯——后来成了他的秘书，帮他处理电话，送午餐、点心等。巴菲特私下里从不和卡罗琳·史密斯见面，但当财政部的布雷迪打来电话时，卡罗琳·史密斯还是想方设法和巴菲特说上了话，即使那时巴菲特将他房间里唯一一根电话线也切断了。[20]

几天后，巴菲特抽时间去了趟所罗门公司豪华的办事处，那时贝尔正和一群人集思广益。贝尔提前给纽约打了电话，询问该给巴菲特准备什么样的午餐。"简单一点儿就行，"纽约那边告诉他，"汉堡包就可以了。"和过去几十年中的许多人一样，贝尔认为不能从字面上理解这个"简单一点儿"。所以，到了午餐时间时，厨师为巴菲特端来了一盘鱼，巴菲特碰都没碰。然后厨师又端上来一份配有进口奶酪的沙拉，巴菲特也没有吃。第三道菜是类似小牛肉之类的东西，巴菲特尝了一两口就把盘子推开了。"巴菲特先生，"贝尔忧心忡忡地说道，"我发现你什么都没吃。怎么了？有什么我们能为您效劳的吗？"

"谈到食物，我总是遵循一条很简单的原则。"巴菲特说道，"三岁小孩不吃的东西，我也不吃。"[21]

第二天，巴菲特、德里克·莫恩和登纳姆一起来到雷伯恩众议院办公大楼，在国会面前做证。为给他们精神支持，格雷厄姆也出席了，并和莫恩以及登纳姆坐在第一排。巴菲特给人留下了十分深刻的印象。他独自坐在小组委员会桌旁，宣誓将与国会以及监管人员合作。[22]"我想知道过去到底发生了什么，这个污点只是少数几个人造成的，"他说，"和其他无辜的人无关。"

议员们以投资者救世主的姿态严厉谴责了所罗门公司的人，要求他们与过去划清界限。据莫恩所言，尽管如此，当巴菲特说"红海分开了，神谕出现了"时，[23]他们还是对巴菲特感到非常敬畏。巴菲特认为问题出在华尔街身上。"这个巨大的市场吸引了那些仅用金钱来衡量自己的人，"他说，"如果一个人的一生仅靠他有多少钱来衡量，或是用去年赚了多少钱来衡量，那么他迟早都要惹上麻烦。"巴菲特说，从现在开始，所罗门的重心将转移。

> 如果让公司亏钱了，我还能理解，但是如果让公司名誉受损，那我将毫不留情。

这句话后来成为公司诚信案例研究的对象。巴菲特这种毫不畏缩的原则性正是他本人的一种写照。这句话反映了他的诚实、正直、干脆和行事简单。巴菲特希望他本人所代表的品质——坦诚、正直、诚实等——也能成为所罗门公司的品质。

巴菲特回到世贸中心 7 楼的办公室后，给全体员工写了一封信，要求员工将所有违背法律和道德的事情都上报给他。他赦免了一些诸如违规报销这样轻微的道德错误，但他还是告诉员工："要是有疑问，请给我打电话。"巴菲特将自己的家庭电话附在了信上。我们要以"最好"的方式做"最好"的事情，他在信中写道。[24]

巴菲特想以他所谓的"重要测试"方式来管理事务。"不要只按规矩办事。"他说。

> 我想要员工都扪心自问一下，你们是否愿意那些见多识广、极具批判意识的记者在第二天的当地报纸的头版登出你们的违法行为？是否愿意自己的妻儿、朋友都看到这条新闻？[25]

那时，员工们都在极力挽救公司。他们给客户打电话，请求他们不要抛弃所罗门，并且还在尽快地销售资产，以应付投资者的不停挤兑。迈克法兰和申购部门——出售和购买债券的部门——一边管理着复杂的资产，一边紧密地和贷方协商。有些贷方已不愿意将钱借给公司了。[26]

公司的资金每天以 10 亿美元的速度在减少。迈克法兰和其他交易员与贷方又见了几次面，以确保他们了解情况，集中力量稳定所罗门的资金和客户关系，逐渐提升公司的业务。[27]他们还清了公司所有的商业债务，重建了中期票据和长期票据还款计划。依靠期货市场和掉期交易（衍生交易），公司的交易员们掩盖了销售面临的巨大困难，艰难地在市场中前行。如果其他经纪人看到他们这种销售模式，一定会再次引起骚动。[28]

在受法院指控的压力下，所罗门似乎很难生存下来。员工们明白巴菲特写信的含义。现在监管人员和国会都在全力追查此事，在这种情况下不能再有什么差错了。“我希望每个员工都是自己的监督员。”巴菲特说道。这就意味着，要想拯救公司，员工之间就需要互相监督。同时，大家都清楚 MTO 像扫雷艇一样对公司进行审查，就是希望找出任何有问题的地方来。现在，客户纷纷离开，交易大幅减少，恐惧感在公司里蔓延开来，公司长期以来建立的虚张声势的冒险文化也开始慢慢消退。

几天后，巴菲特又被召见，这次他是在参议院面前做证。科里根、布里登以及联邦法官对所罗门的印象仍然十分糟糕。当巴菲特坐在参议院大厅科里根身后几排的位置等待被传讯时，他听到参议员克里斯·多德质问科里根是否在保管美联储资金时玩忽职守了。[29]科里根回答说没有。那封 8 月 13 日发出的由斯藤莱特执笔的信本是用来对管理进行调整的，然而却被人们忽视了。巴菲特认为科里根的回答就好比所罗门公司朝他脸上吐了一口痰。

巴菲特的脑筋立刻动了起来。他知道这里面肯定有大问题，但他不明白科里根说的是什么。[30]

轮到他做证时，巴菲特说：“一个国家有权要求人们遵循其法律法规，所罗门公司没有尽到自己的义务。”国会议员们就所罗门所支付的超高薪水表示了质疑，一个债券交易员怎么可能挣到 2 300 万美元呢？他们质问道。“这也让我很困扰。”巴菲特回答说。议员们想要知道这是哪种债券套利，这种套利是否对经济有利。巴菲特解释了一下，然后说："如果你们问我这里的交易员是否能和一个公立学校的好老师比，我真希望你们不要在这件事上给我施加压力了。"

"为什么聪明人一大堆的董事会没有提高警觉呢？"一个议员问道。巴菲特没有显示出他正在因斯藤莱特的那封信而生气——不管这封信写的是什么，他只是说管理层隐瞒了一些信息。[31]他承认当第一个电话打来时，芒格是唯一头脑机智、能正确回答相关问题的人。

巴菲特并不是要为所罗门开脱：

> 所罗门的确是一家拥有卓越企业文化的公司，但是其员工的所作所为实在太糟糕了，而管理层对这种糟糕的情形也处理不当。为这家"谎话大王"公司寻找托词并不能帮它赢得朋友。是的，所罗门的确是一个经济上的罪恶之城。我们需要对其进行彻底的调查，清查出那些造假的票据、被骗的资金以及各种各样的欺骗手段。

这种大胆的、引人瞩目的立场阻止了诈骗行为继续酝酿并蔓延下去。员工们对此举都很赞赏。"这个决策简直是太棒了，"埃里克·罗森菲尔德说，"这就是我们的军令，我们按照这个指示来行动。"

巴菲特一回到所罗门，就立刻开始对那封斯藤莱特的信的细节进行调查。"他气得脸色铁青，"董事会成员格戴尔·霍罗威茨说，"这封信让所罗门的罪行更重了。巴菲特非常生气，因为他完全不知道此事，并且也没有见过这封信。"除了格劳贝尔会议外，这封信就是最严重的"信息封锁"行为了。将这封信扣留下来，实际上就表明了他们完全不顾科里根的要求，自行做出了一系列决定。巴菲特和芒格对优先管理的态度更加坚定了。几周后，芒格说："我们要注意统治者（财政部和美联储），随着我们的认知发生改变，观念也应该改变。"

由于古特弗罗因德也卷入了其中，巴菲特说“我们没有被宽恕的选择”。[32]

巴菲特以异常的镇定和冷静处理着所罗门的麻烦事，而莫恩和其他一些员工则穿着“防护服”做着善后清理工作。但在这种看似平静的外表下，巴菲特内心却蕴藏着巨大的愤怒。为避免自己时刻想着所罗门，巴菲特开始一连几个小时玩一种名为 *Monty* 的电子游戏。他讨厌离开奥马哈。秘书格拉迪丝·凯泽注意到巴菲特回到奥马哈时精神还好，而不得不离开时就显得异常沉重。她本想今年退休，但还是留了下来，因为想到公司现在的这种状况她实在是不忍心。[33] 像她这个年纪，纽约已不再适合她了。巴菲特现在变得非常孤僻，甚至都不愿出现在大厅里。一名高级经理说，很少看到巴菲特出现在所罗门大厅里。苏珊从旧金山赶来看他，凯瑟琳·格雷厄姆也过来陪他打桥牌。不久后，就连卡罗尔·卢米斯、乔治·吉莱斯皮和贝尔斯登的首席执行官格林伯格都经常过来陪他打桥牌。桥牌让巴菲特彻底放松下来，因为他只有在打桥牌的时候，才不会去想其他事情。而就在几英里外的住宅区，在其摆满各种艺术品的豪华公寓内，巴菲特的老朋友丹·考因刚死于癌症。

巴菲特夜不能寐。在纽约的时候，他每天午夜 12 点半打电话回家，因为他在奥马哈有特权，可以早一点儿拿到《华尔街日报》，这样他就可以让人通过电话将第二天才会刊登的新闻报道读给他听。[34] 他坐立不安地听着新闻，担心有什么对所罗门不利的报道。通常来说都会有些负面报道，但巴菲特至少能在员工了解之前就知道这些报道。实际上，比起巴菲特大老远从奥马哈弄到报道来说，有些员工并不关注周围的事情，他们对自己家庭的关注程度还不如巴菲特对奥马哈市的关注程度。员工们一天连续工作 14~15 个小时，就是为了在当前出现困难的情况下和公司共渡难关。所罗门的股票和债券销售员不断地给客户打电话，让他们相信公司不会垮掉。但是投资银行的客户依然取消了他们原本达成的交易。英国电信也将所罗门从大客户名单上删除，古特弗罗因德不得不亲自去伦敦解决问题。正是这次去伦敦，让古特弗罗因德错过了和巴菲特通电话，从而导致了丑闻的泄露。处理其他业务的银行家们也都面临着一个难题——其他竞争者将所罗门公司危险的状况当作把柄来和他们竞争。[35]

与此同时，公司内部也开始了大刀阔斧的人员调整。莫恩先是将罗森菲尔德提拔为交易主管，让他和销售部的主管麦金托什合作。罗森菲尔德原本是大学教授，以前从没有在一个超过 5 个人的团队里工作过，现在却发现自己突然要管理 600 名员工。调查人员也声称要开除一些交易员。在管理这 600 名员工的同时，罗森菲尔德还配合律师重新调查了数千笔交易，以重建交易制度。[36]

罗森菲尔德并不想升职，他和其他员工都希望梅里韦瑟能回来。梅里韦瑟的办公室还和他走时一模一样。高尔夫球具（他的权力象征）还待在墙角，清洁工也将神龛打扫得一尘不染。员工们都聚集在此祈求公司生意好转，同时他们还祈求梅里韦瑟能早点儿回来。所罗门的股票已暴跌到 20 美元。

随着调查有条不紊地进行着，员工们感觉自己就像是做苦工一样。这时巴菲特脑子里只有两件事情：伯克希尔–哈撒韦和所罗门的调查。巴菲特刚刚收购了一家制鞋公司——布朗鞋业，之后就立刻让他的秘书保拉去图书馆查找莫尔斯鞋业的相关资料。莫尔斯鞋业是一家刚刚登记破产的制鞋公司。[37]

尽管如此，所罗门事件还是占用了巴菲特的大部分注意力。所罗门的丑闻早已超越了早期的其他一些丑闻——比如德崇证券的伊万 · 博斯基和迈克尔 · 米尔肯丑闻——让人们觉得华尔街已经腐败透顶。巴菲特在国会做证后不久，其他一些经纪人公司也纷纷效仿其做法，前往国会做证。[38] 到目前为止，所罗门案件的调查人员发现，莫泽尔有 8 次申购债券的比例超过了财政部规定的 35% 上限，提交假的客户名单申报，故意抬高客户的报价，并且在客户不知情的情况下将多余的债券转入所罗门自己的账户。还有 4 次，他甚至申购了所发行债券中的 75%。[39] 随着情况越来越严重，巴菲特也采取了更严厉的措施。在第二次董事会会议上，巴菲特组织了一次讨论。"为什么所罗门要付费给古特弗罗因德的律师让其来妨碍我们的工作"成了这次会议的主要讨论内容。[40] 几乎所有董事一致同意采取两个惊人的措施：不付古特弗罗因德解雇费，并且公司不再支付这位前任首席执行官的法律费用。[41]

现在主要有两件事情：美联储是否还将所罗门当作主要的交易商，以及如何处理所罗门违法交易这宗案子。对是否暂停所罗门的业务，美联储目前还没有权宜之计。"这就好比是对一个人在技术上执行了死刑，然后又想办法让他复活一样。"美联储主席格林斯潘说。10 月，美联储的确认真考虑过将所罗门停牌，之所以还让它继续运营完全是因为政客们施加压力的结果。[42]

美国律师协会认为它有足够的证据对所罗门的违法行为进行指控。依照现行的法律，公司不能为自己的员工行为进行辩护。所罗门的律师加里·纳夫达利斯认为，如果真被指控，公司很有可能被定罪。显然，公司上上下下都希望早点儿了结这场官司。只要官司一天不结束，所罗门就将一直受到死亡威胁。客户也明白这一点，但是纳夫达利斯一点儿也不着急。他说草率做出决定也许会让所罗门受到更多的指控，多点儿时间也许能让他说服人们相信所罗门不应该受到指控，能让所罗门展示出其合作意愿，并且还很有可能让起诉者不再指控所罗门。[43]

在经过对公司长达三个月的改革后，一天，登纳姆将巴菲特、奥尔森、纳夫达利斯和弗兰克·巴伦领到了一个秘密地点。这个地方是在奥伯迈克的坚持下选出来的，离检察官在圣安德鲁斯广场市政大厅的办公室仅半英里远。这是他们最后一次试图说服奥伯迈克和他的律师不要起诉所罗门。[44]

奥伯迈克是个老派的日耳曼人，他尊重法律，对美国检察院的历史和传统相当敬重。这次他想弄明白该如何处理这次违法案件。他看清了这件事情的独特性质。“这不是纽约地铁上的一起袭击案。”他说。实际上，他曾多次致电科里根了解美国证券市场的详情，了解两年期票据和30年期债券之间的不同，了解拍卖的频率以及操作流程。[45]

在一个小会议室面对奥伯迈克时，巴菲特占据了谈话的主动权。他尽力表述自己曾多次强调的观点：如果受到指控，公司肯定将倒闭。奥伯迈克将克莱斯勒的案例拿出来做了比较。尽管受到起诉，克莱斯勒还是幸存下来了。[46]一家出售硬件资产的公司和一家仅仅买卖纸面承诺的公司之间的不同最初并不明显。巴菲特想要摆脱所罗门员工在《说谎者的扑克牌》中扔洋葱汉堡的懒虫形象，并想方设法让员工相信如果所罗门倒闭，他们也将失业。他还保证不会卖掉所罗门的股票，而他的员工也将继续留任工作。此外，巴菲特还阐述了公司正在经历的全面的文化变革的本质。这一切都给奥伯迈克留下了深刻的印象，但表面上他还装作若无其事，毕竟他还要考虑很多其他因素。[47]所罗门团队只好打道回府，对自己是否能够成功压根儿没底。

隆冬时节，所罗门作为主要交易商的地位问题仍旧没有解决。公司还是没有和客户交易的权利，财政部那时也无法采取任何措施。虽然面临着公司将被控罪的威胁，巴菲特和莫恩还是在努力证明他们是可以拯救公司的。巴菲特在《华尔街日报》上登了整版广告，向人们解释公司的新规则。[48]

我说过，要让员工的行为符合我们的规则，而不是降低标准去迁就员工，但我发现一切并不容易。

巴菲特日复一日地继续努力着，但对华尔街认为理所当然的奢侈生活方式大为震惊。那些高管的专用厨房简直和纽约的餐馆一样大。厨房中不仅有毕业于美国烹饪学院的厨师担当主厨，还有专门的糕点师、副主厨以及众多厨师。高管们可以点“地球上任何他们想要的东西”当作午餐。[49] 巴菲特刚到纽约的前几天，曾收到另一家银行董事长的信，邀请他共进午餐，这样的话他们的厨师就可以一较高下了。但其实在检测厨师技能方面，巴菲特的想法十分简单：每天点个汉堡包当午餐就够了。

沮丧的厨师做了一批又一批的薯条。他们精心地削着土豆皮，然后又将土豆切得很细，紧接着迅速放入油锅搅拌，直到松脆程度刚刚合适。出锅后，厨师又将薯条精细地码放成金字塔的形状，放在巴菲特每日必吃的汉堡包旁边。然而，巴菲特一边心不在焉地吃着，一边却还想着麦当劳的薯条。

在巴菲特看来，餐厅就是华尔街文化的象征，他觉得华尔街的这种文化相当可恶。巴菲特出生于一个物质匮乏、生活节奏缓慢的时代，而他也一直按照这种方式来安排自己的生活。但华尔街拥有大量金钱，生活也是按照最快的节奏进行的。人们每天早上 5 点就离开家，夜里 9 点或 10 点才回到家。雇主们以金钱来诱惑他们不停地工作，却要求他们时刻保持清醒，像跑步机一样不停运转。股票交易市场的交易员抽着特制雪茄的情景，在巴菲特的童年记忆中留下了十分深刻的印象，但如今这一切太让人吃惊了。

他们在楼下还有个美发店，但从来没有告诉过我，担心我发现后会出现不良后果。他们甚至还派了个人来帮我擦鞋，而我根本不用付钱。

一个员工曾说，所罗门的高管以前觉得“除了叉子以外，上帝禁止他们举起任何东西”。巴菲特这位新来的亿万富翁老板的行为在他本人看来十分平常，却让所罗门的员工大为震惊。一天晚上，在去打桥牌的路上，巴菲特让司机停车。他下了车，走到附近的一个商店，几分钟后又回来了。司机目瞪口呆：巴菲特居然拿着满满一兜子三明治和可口可乐。[50]这就是新的所罗门。

在薪水上的争论却泾渭分明。初秋的时候，巴菲特告诉员工，年底的奖金将减少 1.1 亿美元。“那些贡献平庸的员工将被减薪。”他说道。[51]巴菲特认为一切都简单明了。贡献越多的人得到的也越多，没有贡献的人什么也得不到。莫恩很赞同巴菲特的这种分配思想。毕竟他们不能仅仅以一个人拥有三栋房子，要赡养两个前妻就让其成为百万富翁。[52]但巴菲特却高估了人们的忍耐力。那些以前享受着高薪的富有员工，如今却发现自己要被人剥削了。

巴菲特认为员工们不可能在股东有损失的情况下还拿着高薪。实际上，员工们和他的想法恰恰相反，因为多年来他们一直是被这么对待的。自从去年以来员工收入开始锐减，他们认为巴菲特是想通过减薪把莫泽尔犯下的错误转移到他们身上，但公司的困境并不是员工造成的。实际上，员工对公司仍旧忠心耿耿，并且还忍受着公司带给他们的耻辱和困境，他们在背后默默无闻地承担着一切，因此他们觉得自己应该得到有竞争力的薪酬。公司业务不好并不是他们的过错，在公司受到指控压力的情况下，怎么能指望他们和客户进行投资交易呢？巴菲特难道不明白这一点吗？员工们面临这样一个事实：华尔街每个人都知道，在巴菲特看来，投资银行家只不过是一群衣着光鲜的窝囊废罢了。尽管所罗门问题不小，但这一年所罗门的经济状况并不差。员工们讨厌那些自己是贪婪的亿万富翁，却认为员工很贪心的老板。

沮丧的交易员、销售人员以及银行家都希望混到年底拿到奖金后再辞职。那时也是传统的辞职期，虽然奖金少了，但还是有好几百万美元的奖金将在年底发放。

减少节日奖金的同时，关于减少薪水的问题也引起了公司前所未有的震动。公司 13 位重要的高管发现自己的薪水减少了一半。公布薪水的时候，所罗门的走廊和交易大厅立刻出现骚动。由于预算和奖金都遭到大幅削减，交易员和银行家纷纷走人。证券部门在这个投资银行家的老巢，一半的人离开了。交易大厅剩下的人也在临时罢工。

一天，巴菲特走过几个街区来到美国运通，和其首席执行官吉姆·罗宾逊吃午餐。“吉姆，”他说，“虽然我想这不可能，但我刚刚的确发了 9 亿美元的奖金。”尽管如此，他还是认为除了莫恩和另外一两个他带进公司来的人以外，其他人都对他很生气。[53]

> 他们拿了钱就走了。大家都跑了。
>
> 很明显，公司一切都依靠员工。[54] 投资银行家没有赚到什么钱，但他们仍然觉得自己是贵族。他们憎恨交易员，其中一部分原因是交易员们赚钱了，因此其分量更重。

巴菲特刚刚拯救了所罗门，他认为这件事对员工来说意义重大，但事实上并非如此。“我们感激了大约 5 分钟吧。”一个曾在所罗门工作过的员工说道。在领到不尽如人意的奖金这天，员工们甚至都忘记了要不是巴菲特，他们早就失业了。“沃伦根本不知道如何管理人事。”这句话成了前任员工广为流传的话。所罗门并不是一个你可以随便提高价格，削减开支，将生意上赚取的资金直接上报给总公司的地方（尽管巴菲特已经竭尽全力了）。正如奥尔森指出的，在你“可能一天之内被人用刀捅成筛子”的时期，如果人们有其他选择，你就必须激发这些聪明人的积极性。巴菲特将这次的薪水事件看作一次文化测试：那些离开的人，是公司完全不需要的唯利是图的人，而那些留下来的人，才是公司真正需要的人。

华尔街是个唯利是图的地方。很多高层员工陆陆续续离开，走的时候还将大宗业务带给了原公司的竞争对手。巴菲特无法入睡。“我没有办法不去想这件事。”他说道。巴菲特一生都在避免为那些没有安全退路的事情做出承诺，然而他最终却无法控制。“我一直都小心翼翼，不想牵扯进去。在所罗门，我发现自己在维护一些根本不想维护的事情，之后，还发现被自己的公司指责。”

几个月过去了，奥伯迈克还在思考所罗门的行为是否坏到了该指控的地步。他知道，一旦所罗门被指控，“就好比敲响了丧钟”。[55] 在申购债券作假方面，他认为与其说莫泽尔的行为让所罗门变得更富裕，还不如说他的行为是受财政部规章的漏洞所诱导，但这种造假行为并没有带来什么严重的财务损失。[56] 另一方面，奥伯迈克也考虑了巴菲特的承诺和所罗门变革后的新文化。

在布里登的协助下，奥伯迈克开始和所罗门进行最终谈判，目的是让公司逃过此次指控。来自克拉瓦西的弗兰克·巴伦也来到美国证券交易委员会和比尔·麦克卢卡斯一起讨论。麦克卢卡斯是布里登的代表，他告诉巴伦，司法部和财政部对所罗门的罚款是 1.9 亿美元，另加上 1 亿美元的赔偿金。巴伦十分震惊——对于一个仅仅违反了财政部规定，却并没有给市场客户造成任何重大损失的交易商来说，这种处罚实在是太重了。“为什么？”他问道。“弗兰克，”麦克卢卡斯说，“你要明白之所以罚 1.9 亿美元，是因为理查德·布里登就是这么决定的。”[57]

周日早上，约翰·梅里韦瑟脸色苍白，浑身发抖地冲进会议室，引用布里登的话说“所罗门的核心已经腐烂”。无人能左右这个决定，所罗门同意支付这笔巨额赔偿。

巴菲特想要尽快扭转所罗门这种“核心已经腐烂”的形象。尽管所罗门内部出现了不少反对意见，巴菲特还是拒绝了一个又一个他认为打擦边球的做法。后来，又出现了一件事，几乎让整个解决方案作废。

莫泽尔突然向政府认罪。他承认，他和其他公司员工所卷入的以避税为目的的秘密交易实际上是为了保护其他公司。这种税务交易使得起诉者更有理由对所罗门进行指控。除了明显的自救动机以外，莫泽尔还有充足的理由来隐藏自己的苦涩情绪。就算公司的前任领导适当处理了此事，他肯定还是会被解雇，并且还很有可能被控诈骗罪，同时惹来牢狱之灾——但至少不会让他的名字登上各大报纸头版，并成为史上制造最大金融案的人。

在一次紧急董事会会议上，奥伯迈克让奥尔森尽快把税务交易的事情搞定。他说他已经决定不再深究莫泽尔最新的供词。不管新的情况如何，所罗门都将与美国国税局合作。他还认为，公司其他的一些不当行为也十分严重，“就算不会让公司整个形象大大倒退，至少也会对公司产生一定影响”。[58] 尽管如此，公司还不至于被判死刑。

5 月 20 日，奥伯迈克从办公室打电话给奥尔森，说政府将撤销所有控诉，不会对所罗门进行指控。美国检察院与美国证券交易委员会判定所罗门犯有诈骗罪以及违规记账罪，同时还判定所罗门支付 1 亿美元的罚款。这成了美国历史上第二大罚金案件。除了所罗门自己查处的莫泽尔的非法行为以外，政府再没有查出其他的犯罪行为。莫泽尔将入狱 4 个月，并支付 110 万美元的罚款，同时，他还被判罚终身禁止从事金融业。[59] 古特弗罗因德、梅里韦瑟以及斯特劳斯，由于对莫泽尔监管不严，也被处以适当罚款，并禁止从事金融业几个月。[60]

有人认为，比起因操控股票和囤积股票而罚款 6.5 亿美元的德崇证券公司来说，对所罗门的处罚太轻了。但大多数人认为，仅仅因为一个员工犯了技术上的错误，就处以这么巨额的罚款太让人震惊了。实际上，有些人认为，所罗门这么轻易就向政府认罪，等于是放弃了它的协商影响力。但不管怎么说，这么大一笔罚款实际表明所罗门在向上级汇报上失职了，并且也说明众多监管人员玩忽职守。换句话说，“吮拇指”和模糊处理几乎让所罗门倾家荡产。因此，正如政府巧妙的说法：这只是一起包庇罪，并不是真正意义上的犯罪。

在结果宣判后三天，考因死于癌症。巴菲特写了一篇情真意切的悼词，想要亲自朗读。他让秘书保拉路过他下榻的酒店时把悼文取走，以便把悼词打印出来。但当保拉到达酒店时，巴菲特在房门口痛苦地看了保拉一眼，说他不能亲自在考因的葬礼上念悼词了，苏珊将代替他念。[61] 巴菲特最后还是去了葬礼。“整个葬礼上，我都在浑身颤抖。”他说。

而后，巴菲特回到了工作中。据所罗门估计，莫泽尔从交易中挣的 400 万美元利润，使得公司在业务、罚款、违约金和法律费用上一共损失了 8 亿美元。而且，公司作为主要交易商的地位问题还没有得以解决。但现在可以得出结论，一切都可以朝着对所罗门有利的方向来解决。[62] 员工的辞职现象开始有所缓解，评级机构开始提升所罗门的债务等级，客户们也慢慢回来了。随着所罗门的股价慢慢攀升至 33 美元，巴菲特再也等不及要回到奥马哈了。他宣布自己将辞职。莫恩接过了首席执行官的位置，巴菲特又任命 MTO 的律师登纳姆为公司董事长。当一切结束时，凯泽说：“我几乎看到人们长长地舒了一口气，就好比一夜之间，沃伦又回来了一样。”

在 1992 年那个忧伤的春天，就在所罗门颤颤巍巍地走过这一切时，如何处置其他违法的人又成了一个问题。除了莫泽尔以外，第二个有重大责任的人就是古特弗罗因德。尽管从法律上讲古特弗罗因德够不上判刑，但毕竟负总责的还是他。

在得到多少补偿费的问题上，古特弗罗因德认为他应该得到当初所承诺的——只要巴菲特和芒格还活着，他就将得到“公平的待遇”。现在，双方对这种“公平的待遇”的看法大不相同了。

古特弗罗因德的律师认为，在上一年8月那个重要的周末，他和芒格达成了协议。在就一系列解雇条款达成共识的情况下，芒格收到了辞职信。古特弗罗因德认为他的牺牲是为了拯救公司，而薪水、股票以及遣散费加起来，公司还欠他3 500万美元。而所罗门则认为芒格根本没有和他达成此项协议。董事会同意严格执行公司对古特弗罗因德的福利计划，但要撤回他的认股权，尽管认股权计划并不包含在任何情况下没收认股权的条款。这样，公司仅同意给他860万美元。

古特弗罗因德恼羞成怒，他拒绝了所罗门给他的赔偿。“完全不是这样！”他说，“作为原则性问题，我要上诉！”[63]他的律师认为公司给出的赔偿并不是要和古特弗罗因德好好谈判，而是故意羞辱，想要就此解雇古特弗罗因德。1993年，古特弗罗因德将所罗门告上了仲裁法庭。

在整个仲裁过程中，持中立态度的仲裁人员听取了双方的陈词，然后做出了有约束力的裁决。仲裁本身就是一次赌博，因为仲裁委员会一旦做出决定，双方就必须按照决定来做，永不协商了。

古特弗罗因德被迫搬到只有三个房间的办公室，当兼职秘书不在的时候，他还要亲自接电话。他十分懊悔地想起妻子苏珊——如今被媒体冠名为“玛丽·安托瓦内特”——曾告诉过他不要辞职（好像他当时还能有别的选择一样），说如果他辞职，就会失业。他们已经被纽约社交圈抛弃。媒体以一种他从未想象过的、无比粗暴的方式对待他，将他和博斯基、米尔肯这样的罪犯相提并论。[64]他的很多朋友已经离他而去。没有所罗门的支持，古特弗罗因德只能自己花大笔金钱来为自己辩护。

古特弗罗因德想通过仲裁来摆脱自己的罪名。但公众对所罗门官司的深入挖掘——这本可以安抚古特弗罗因德受伤的自尊——却使得巴菲特不愿意就此妥协。巴菲特非常看重所罗门的形象，但古特弗罗因德的表现让他大失所望。古特弗罗因德在仲裁委员会面前重述整件事情，让不依不饶的媒体一再大肆报道，这一切都让巴菲特无法以慷慨的态度来对待他的所作所为。现在，巴菲特和古特弗罗因德不再是合作伙伴了，在巴菲特看来，他曾经原谅的违规行为变得越来越严重。即使没有这种“后见之明”，这种违规行为也是不可原谅的。

- 1987 年重新定价的认股权使巴菲特损失了大笔金钱。
- 来自美联储的由斯藤莱特执笔的讨伐信件，在巴菲特知道时，要做出反应已经太迟了。
- 在和财政部的格劳贝尔见面时，古特弗罗因德保持沉默，对此，巴菲特和其他董事会成员都不知道。
- 股本计划让员工就算在被解雇的情况下也能保留股票。该计划是古特弗罗因德在 1991 年那个至关重要的春天向董事会和股东提出来的。

巴菲特认为这一切都是一场悲剧，绝不应该再次发生。而古特弗罗因德的行为是一种奇怪的越轨行为。尽管古特弗罗因德向来是避免冲突的，但一旦面临战争，他的代理人就会像被逼入困境的鬣狗一样为他而战。芒格曾有意说过诸如“古特弗罗因德使拿破仑都黯然失色”这样的话，如今他在仲裁中也被认为是一个不光彩的角色。[65] 芒格的证词变得非常重要，因为他是唯一一个和古特弗罗因德的律师菲利普 · 霍华德协商过的人。

纽约证券交易所的年轻主席迪克·格拉索指派了三名头发灰白的仲裁官，在交易中心一间昏暗的房间里决定古特弗罗因德的命运。[66]来自克拉瓦西的律师团有所罗门董事会成员、现任员工、前任员工、巴菲特和芒格的证词支持，开始对古特弗罗因德进行轮番轰炸。在每次仲裁人员都在场的情况下，轰炸整整持续了几个月时间，60多个来回。

仲裁人员一次又一次地听着芒格和菲利普·霍华德之间的对话。菲利普总是一再检查古特弗罗因德所要求的赔偿清单，而芒格却以各种方式来看待这个清单。对于菲利普没有在古特弗罗因德的辞职文件上签字这一点，所有人都表示认可。但对于那晚发生的其他事情，人们的看法却各不相同。菲利普坚持认为芒格和他达成了共识。

古特弗罗因德的律师将芒格称为见证人。克拉瓦西–斯温–摩尔公司的弗兰克·巴伦则试图让芒格好好准备一下，但芒格已经对整个仲裁过程感到极其厌烦了。尽管巴伦让芒格自己好好准备，但作为一个不喜欢支付法律费用的律师，芒格总爱在仲裁者面前即兴陈词。为了准备他的证词，克拉瓦西雇用了大批专职律师助手。[67]当芒格开始做证时，从他口里说出的每一句话“都和我们所准备的毫不相关”，巴伦说，“将芒格置于见证人的位置，是我作为律师所经历过的最让人紧张、最容易让人头皮发麻的事情”。[68]

芒格作为见证人的自信无可匹敌。很多次，首席仲裁员都几乎恼羞成怒了，他命令芒格说：“芒格先生，你能在回答问题前，先听我把问题问完吗？”

芒格坚持认为，在见菲利普·霍华德的那天晚上，“他故意没有听……虽然为了表示礼貌……但我并没有注意他说什么……我有些心不在焉……我只是礼貌地坐在那里”。

古特弗罗因德的律师问他，他是否做了一个有意识的决定：不听也不说话。

“不是，”芒格说，“当要说话的时候，我还是说了。我的缺点就是直言不讳。我也许会不带感情地讨论几件事情。这是我最让人讨厌的谈话习惯之一，这个习惯跟了我一辈子。”

“因此，每当有事情快要结束时，我总能找到辩驳之词。”他说，然后就会将辩驳之词说出来。菲利普要求为古特弗罗因德申请赔偿金。作为一起法律案件，芒格又不带感情地说起了这件事。

“我想我跟菲利普说过，‘你甚至不知道你要什么。天知道诉讼的时候会怎么样。谁知道事情会怎么发展呢？如果你认为这次应该插手这件事情，那么你就错误地代表了你的客户’。”

“这就是你试图逃避的对话吗？”古特弗罗因德的律师问。

“不是。当我说话的时候，我试图加入到谈话中去。”芒格发誓说，“我试图记住我所说的一切。”

“这是你几次故意不去听的对话吗？”

“你说什么？”芒格说，“我只是走神儿了，不是故意这么做的。”

“这是你几次故意不去听的对话吗？”

“不好意思，我不得不说我又走神儿了。你能再重复一次吗？这次我将全神贯注。”

古特弗罗因德的律师将问题问了三遍。

“的确，”芒格说，“我脑子不停地在动。”

可以想象仲裁者、律师和古特弗罗因德听到这句话时，心里是怎么想的。可惜，菲利普多半不能理解问题主要源于他对芒格思考模式的特征不够了解。他不知道，芒格偶尔思想跳跃性的回答，主要是由极少情况下穿透他冷漠思想的刺激造成的。只要芒格拒绝了，菲利普就自以为他们是在协商，而不是在简单地听芒格说。而当芒格什么话也不说，或者对谈话嗤之以鼻时，菲利普就认为芒格在表示赞同，或至少没对他刚才说的话表示反对。没有人跟他解释，芒格早已经走神儿了。

古特弗罗因德的律师用巴菲特以前曾做出的证词来提醒芒格，在这份证词中，巴菲特认可古特弗罗因德有权利这么做。“芒格先生，你是否还记得巴菲特先生这么说过呢？”

“我不记得巴菲特先生说过的话，我也不记得自己说过的。”芒格说，“当然，这件事的重点在于你指望我们公平处理此事。”[69]

问题在于如何界定这个“公平”。在古特弗罗因德该拿的和已经拿的钱的问题上，所罗门从来没有争议。争论在于古特弗罗因德被解雇后是否应将事实公之于众。因此，整个案子变成了证明古特弗罗因德案是否应该终止的讨论。就连福伊尔施泰因都认同，在隐瞒从格劳贝尔那里所知道的情况的问题上，古特弗罗因德对政府撒了谎。尽管大家都认为这是非常奇怪的、与他的个人作风不相符的行为，但事实就是这样。

为了对所罗门公平合理，古特弗罗因德终于明白为什么公司费尽心思来证明他应该被解雇。他知道，对他进行诽谤符合每个人的利益，但是这种反差让他感觉十分困扰。从某些方面来说，一切都该结束，他就是这么认为的。

尽管如此，每个人——包括巴菲特在内——都认为古特弗罗因德还是有权领到一些补偿费的。巴菲特让巴特勒——巴菲特 GEICO 董事会的伙伴和私人朋友——两次召见古特弗罗因德，给了他 1 400 万美元。巴特勒悄悄对古特弗罗因德说：“我还可以帮你多争取一些。”巴菲特本打算给 1 800 万美元。[70] 但是古特弗罗因德觉得整个过程对他来说是一种羞辱。他认为芒格非常吝啬，又自以为是。因此，古特弗罗因德生气地拒绝了。仲裁官于是做出了决定。

双方一直持续对质到 1994 年春天，仲裁人员已经厌烦了这种没有止境、转来转去，又互相矛盾的争论。一方总是试图证明自己是清白的，而另一方又将古特弗罗因德描绘成一个恶魔。因此，在最终裁决时，古特弗罗因德的律师拿出一张表，要求连同利息、罚款、股票升值以及其他一些款项在内，一共赔偿古特弗罗因德 5 630 万美元。

在仲裁人员痛苦地做出最后判决前，所罗门的律师和员工都开始就此事打赌。仲裁法庭会判给古特弗罗因德多少钱呢？人们打赌最低会判给他 1 200 万美元，最高将判给他 2 200 万美元。[71]

没有人知道仲裁官在最后裁决时会考虑哪个因素，但当裁决最后宣布时，法庭判定不用给古特弗罗因德任何赔偿，因此一分钱也没有判给他。

50

卵巢彩票

环游世界　1991—1995年

巴菲特在国会上的证词和他解救所罗门的行为让他从一个富有的投资人变为国家英雄。发生在所罗门的事情并不只是一个好人还是坏人的故事这么简单，巴菲特用一种反传统的方法解决了问题：对于那些法律条文的制定者和推行者，巴菲特并没有卑躬屈膝，而是以一种平等的方式化解了危机。这样的做法触动了人们心中最善良的一块领地：诚实最终可以得到回报，罪恶可以通过善良来化解。当一切丑闻平息的时候，巴菲特的名气也随之飙升，随之飙升的还有公司的股价，伯克希尔-哈撒韦的股票突破了每股10 000美元，公司的资产总值达到了44亿美元。苏珊手里持有的股票总值达到了5亿美元。那些从1957年开始对伯克希尔进行投资的人，只要他们没有中途退出，那么他们当初每投入1 000美元就能得到350万美元的回报。

现在巴菲特身边总是围绕着各种各样的人，只要他走进某个房间，便立刻令其熠熠生辉。巴菲特所到之处，人们都用无比虔诚的眼神看着他，希望能和巴菲特握一下手，哪怕是碰他一下也好。在股神面前，人们紧张得说不出话来，或者干脆就是胡言乱语，不管巴菲特说什么，人们都用一种仰视的眼神望着眼前的英雄。

> 我 21 岁的时候就能给人们提供投资意见了，那时的我非常擅长告诉别人怎么做，不过当时没有人听我的。也许那时我说的话是充满智慧的，即便如此，我也不会像现在这样引来这么多关注的目光。现在即使我说出一些最愚蠢的话，也有些人会认为我说这话或许有什么隐含的意思。

忽然间，巴菲特开始生活在光环之下，总是有记者不断地给他打电话，有人跟踪他，而目标只是为了要一张巴菲特的签名照片，巴菲特也因此成了摄影师们的最爱。美国好莱坞老牌影星嘉宝写信向巴菲特要一张签名照。作家们开始着手写关于巴菲特的书，那些天天和巴菲特一起工作的人更是见证了这种狂热的气氛。一天一位女士出现在了巴菲特的办公室，她不断地向巴菲特鞠躬，最后连格拉迪丝·凯泽都生气了："你不要再给他鞠躬了。"

人们把巴菲特捧上了天，但是所罗门的雇员还有之前被该公司解雇的雇员并不这么看，他们自然不会对巴菲特心存任何感激之情。在他们看来，是巴菲特抑制了公司的发展，剥夺了他们原本自由的公司文化，破坏了公司原来发奖金日的喜庆气氛（之前巴菲特曾下令削减员工奖金）。他们更是知道巴菲特从一开始就对进行套期交易的所罗门公司十分鄙视，这一点他们比谁都清楚。几乎所有在所罗门工作的人都有一肚子的苦水要倒，而且都是有关巴菲特的。不久，有关巴菲特在工作时极度理性甚至偏向冷血的态度与他平凡的外表之间形成巨大反差的报道开始见诸报端。人们对巴菲特的理解出现了分歧，他究竟是那个坐在走廊里，手里拿着一杯柠檬汁讲故事的和蔼老头，还是那个深谙投资理念的传奇富豪？作为一家投资银行董事长的巴菲特，现在却大肆宣扬华尔街不过是一个金融骗子聚集的是非之地，巴菲特到底在干什么？人们对这一切充满了好奇。

巴菲特希望能把所罗门的员工获得薪酬的方式与股东的利益联系起来，但是他的重点在相关的赔偿问题上。巴菲特深知几乎所有行业都存在自身利益与客户利益之间不可调和的矛盾，解决好赔偿问题有利于他更宏观地把握大局，但是解决这个问题的关键所在就是全盘抛弃所罗门公司原来的经营战略，这几乎是对所罗门公司的颠覆。1991年，《华尔街日报》和《新共和报》[1]都在抨击巴菲特两种截然不同的生活方式——一方面，巴菲特总说自己是美国中西部的代表，出生于一个中产阶级家庭，每天都要很早起床为工作而奔波，但另一方面，巴菲特也会经常宴请那些社会名流。两种完全不同的生活方式让媒体咋舌，它们希望能在巴菲特身上挖出一些大新闻。《华尔街日报》在侧栏版面里刊登了一条这样的新闻，“巴菲特只和有钱有势的人交朋友”，并在文中指出巴菲特通过结交像美国大使沃尔特·安嫩伯格夫妇这样的高官来抬高自己的身价。[2]不过文章中被点名的几位也在事后做出了回应，否认了报纸上的说法，其中就包括汤姆·墨菲和比尔·盖茨，而后者只是巴菲特新近结交的朋友。其实墨菲是先于巴菲特认识盖茨的，两人就墨菲在电视广告的制作上所费不赀一事在巴菲特集团会议上聊了很久。而在《华尔街日报》笔下，这段对话被歪曲报道为表明巴菲特集团在思考广告价格的走势以及正常的广告费用应该是什么水平，而这可能成为反垄断的“灰色地带”。[3]对这一不实报道，巴菲特和朋友们曾多次找报社进行交涉，但始终没有什么结果。之前，盖茨曾因微软与IBM公司涉嫌垄断个人电脑软件市场而遭到了联邦政府的调查，所以人们普遍认为盖茨不想再次搅入有关反垄断的事件，甚至不希望把自己放大在公众面前。事后，巴菲特收到了一封盖茨亲笔所写的致歉信，后者对这一令人难堪的报道困扰到巴菲特表示了歉意。[4]而那时他们两个人认识还不到5个月。

1991年美国独立日（7月4日）那个周末，巴菲特和盖茨见面了。这次会面是在凯瑟琳·格雷厄姆和她所拥有的《华盛顿邮报》的主编梅格·格林菲尔德的倡议下进行的，地点选在了华盛顿州的班布里奇岛。他们希望巴菲特和盖茨两位巨人能在这里过一个周末，放松一下他们的神经。不过对于巴菲特来说，他并不愿意去：从西雅图到班布里奇岛坐轮渡大约需要半个小时，但要离开这里，只有乘船、水上飞机或者搭便车三种方法，只是这次聚会凯瑟琳等人什么交通方式也没有提供，要想离开，对于巴菲特来说很困难。此外，格林菲尔德建议巴菲特参观胡德运河附近的一处四居室的建筑，这是盖茨为家人修建的小别墅。对于盖茨，巴菲特还是非常欣赏的。巴菲特比他年长25岁，他知道盖茨是一个非常聪明的人，更重要的是，一直以来，两人就是《福布斯》财富榜上不断被人们比较的对象。不过，以巴菲特对于IT业人士并不感冒的性格，他自己是肯定不会加入凯瑟琳的周末之旅的，但是在格林菲尔德的劝说下，巴菲特动摇了。格林菲尔德告诉他："你肯定会喜欢上盖茨的父母的，而且还有很多有意思的人也会去。"最终，巴菲特还是同意了。

凯瑟琳和巴菲特驱车赶往格林菲尔德的"度假胜地"，虽然沿途有些泥泞，但眼前的风景还是令巴菲特眼前一亮：房屋墙壁全部用玻璃打造，非常具有现代气息，屋旁粉红色和紫色的豌豆花在风中轻轻晃动。但是巴菲特的好心情被主人的第一句话破坏了，虽然这里的风景很好，可以直接看到普吉特海湾，却只有两间客房，凯瑟琳和另外一名记者罗利·埃文斯及夫人住在这里，而巴菲特则被安排在了远处另一套房子的一间小客房休息。当巴菲特赶到自己房间的时候，看到工人们正在为他搭建临时床位，唯一的解释就是这套房子的客房都住满了。

事实上，巴菲特并不介意住在哪里，他并不挑剔居住环境，而且在他入住之前，格林菲尔德已经在房间里放满了樱桃可乐、喜诗糖果，还有其他的小零食，把一切布置得非常舒适。但是当巴菲特想上洗手间的时候却发现了问题，洗手间的门上挂了一个 NO TP 的牌子，巴菲特一时间没有搞懂，所以他叫来了凯瑟琳和格林菲尔德，但是两个人也都没有明白是什么意思，最后他们猜测可能是洗手间里的管道出了什么问题所以不能使用。如果巴菲特要去洗手间，白天的话还好一些，如果他正巧在格林菲尔德的住所那边自然没有问题，但由于那里和巴菲特住的地方相隔较远，所以他只能借用附近加油站的公共洗手间了，格林菲尔德给出了这样的建议。

当晚，巴菲特坐在自己的房间里，吃着格林菲尔德为他准备的零食，喝着可乐，一直在想洗手间牌子上 NO TP 的意思，为什么门是锁着的。[5] 第二天，包括格林菲尔德那边的所有客人也没有弄明白这究竟是什么意思。

早饭后，格林菲尔德陪客人们一起去附近的小镇观看庆祝独立日的民众游行。大街上很热闹，男人们穿着蓝色的燕尾服，头上戴着象征美国国旗的星条旗帽子，帽子上还有铜制的标牌。救火车、救护车、老爷车慵懒地等在路旁，偶尔有谁家的小狗跑过来，还穿着主人家里自制的节日盛装。人群中，在啦啦队队长的带领下，美国国旗在人群中传递着。接着又过去了一辆老爷车，基瓦尼斯俱乐部（美国工商业人士的一个俱乐部）的成员们结队走了过来。从镇上回来，格林菲尔德在自己家里开起了一年一度的户外派对，客人们都穿着夏天的衣服，有几人还在一旁打起了门球，不听话的小球不经意间碰落了几株小花。

第二天，巴菲特穿了一件非常休闲的开襟毛衣，还把灰色的头发梳理得很光洁，这一天，格林菲尔德载着包括巴菲特在内的 5 个人去了盖茨的家。天哪！一辆普通汽车里坐了 6 个人，可以想象这会是多么拥挤。汽车足足开了95分钟。巴菲特不禁开始抱怨了："我们究竟去那儿干什么？难道要我们守着这些人待一天吗？我们究竟要保持高雅客气的待人接物方式到什么时候？"

想到要见到巴菲特等人，盖茨的心理何尝不是一样呢？"我和母亲谈了谈，而结论就是母亲质问我，问我为什么不来参加家里的聚餐，我告诉她我太忙了，走不开，可她却搬出了凯瑟琳·格雷厄姆和巴菲特两个人，说他们都参加了！"其实，盖茨是更希望见到凯瑟琳的，这位已经74岁的老人现在成了传媒界的传奇，不过她的脾气并没有因为时间而改变，依然充满贵族气质、非常自我，这样的性格很容易让人把她和伊丽莎白女王联系在一起，但是，"我又告诉母亲说，我对那个只会拿钱选股票投资的人一点儿都不了解，我没有什么可以和他交流的，我们不是一个世界的人！不过在母亲的坚持下，我还是答应了"。

就这样，盖茨选择乘坐直升机回到了班布里奇岛，以使他能在第一时间脱身。当一辆小型车停在车道上时，盖茨十分惊讶地看到了那些名人，那些格林菲尔德请来的客人，只是他们的装束有点儿可笑，看起来有些像杂技团的小丑。[6]

在格林菲尔德众多的客人中，他最先认识了凯瑟琳。这位74岁的老人被介绍给盖茨时，她看到了一个"刚刚毕业的小伙子"——盖茨给人的第一印象就是这样，他穿得很随意，一件红色的外套里面是一件高尔夫T恤，衣服的领子稍稍翻着，之后盖茨还邀请凯瑟琳乘坐水上飞机。而那一边，巴菲特已经和盖茨的父母老比尔和玛丽夫妇聊了起来。[7]接下来自然而然，巴菲特和盖茨就认识了。

对于两位商业巨人的第一次会面，很多人都在仔细观察。至少在一点上，巴菲特和盖茨是相似的，如果遇到不热衷的话题，他们会尽量选择结束。人们对于盖茨不善隐藏自己的耐心早有耳闻，而巴菲特，虽然在遇到感觉无聊的话题时不会再提前走开转而找本书看，但是他依然有自己的方法，他会在第一时间把自己从不感兴趣的话题中解脱出来。

在与盖茨的交流中，巴菲特还是和平常一样，没有过渡语言，直奔正题，他问盖茨有关IBM公司未来走势的问题，他还向盖茨询问IBM是否已经成了微软公司不可小视的竞争对手，以及信息产业公司更迭如此之快的原因。盖茨一一做出了回答。他告诉巴菲特去买两只科技类股票：英特尔和微软。轮到盖茨提问了，他向对方提出了有关报业经济的问题，巴菲特直言不讳地表示报业经济正在一步一步走向毁灭的深渊，这和其他媒体的蓬勃发展有着直接的关系。只是几分钟的时间，两个人就完全进入了深入交流的状态。

> 我们一直在聊天，没完没了，根本没有注意到其他人。我问了他很多关于IT行业的问题，但我从来没有想过要理解属于他的那个行业。盖茨是一个很不错的老师，我们谁都没有结束这次交谈的念头。

随着时间的推移，巴菲特和盖茨的对话吸引的人越来越多，其中就包括西雅图那些知名的权贵：众议院议长汤姆·福利，伯灵顿北方公司董事长兼首席执行官杰里·格林斯泰因，美国环境保护署前署长比尔·拉克尔肖斯，三任州长的公子阿瑟·兰利及其太太简、儿子阿特，格林菲尔德的好友乔·格林兰德，另外还有一些当地的医生、律师、报业总裁、艺术家，他们都成了两人谈话的看客。[8]巴菲特和盖茨边走边谈，从花园来到了海滩，人们也竞相尾随。“我们根本没有注意到这些人的存在，没有发觉周围还有很多举足轻重的人，最后还是盖茨的父亲看不过去了，他非常绅士地对我们说，他希望我们能融入大家的这场派对，不要总是两个人说话。”

之后比尔开始试图说服我购买一台电脑，但我告诉他我不知电脑能为我做些什么，我不在意我所投项目的具体变化曲线，我不想每5分钟就看一下结果，我告诉他我对这一切把握得很清楚。但比尔还是不死心，他说要派微软最漂亮的销售小姐向我推销微软的产品，让她教会我如何使用电脑。他说话的方式很有趣，我告诉他："你开出了一个让人无法拒绝的条件，但我还是会拒绝。"

一直到太阳落山，鸡尾酒会开始，两人的谈话还没有结束。盖茨之前过来时乘坐的飞机将在傍晚离开，只是飞机走了，盖茨没有走，他依然在享受与巴菲特聊天的乐趣。[9]

晚饭的时候，盖茨的父亲问了大家一个问题，人一生中最重要的特质是什么？我的答案是"专注"，而比尔的答案和我的一样！

当巴菲特说出"专注"这个词的时候，不知道在座的人中有多少能够体会这个词的含义，但一直以来，专注就是巴菲特前行的重要指南。专注是什么？是对于完美的追求，而且这种禀性是特有的，不是谁说模仿就能模仿得了的。专注是对于专业精益求精的追求。正是由于专注，才成就了托马斯·爱迪生这个美国历史上最伟大的发明家；正是由于专注，才诞生了沃尔特·迪士尼这位享誉世界的动画片之父；正是由于专注，才让大家认识了美国灵魂乐教父詹姆斯·布朗。同样，专注还是完成伟大事业的决心，否则，人们就不会看到首位女性国会议员珍妮特·兰金力排众议反对美国参加两次世界大战，而这两场战争带给世界的除了灾难就是痛苦。专注还包括对于理想的追求，即便是这位身家过亿的人，也会因为一件小事，一个写着 NO TP 字样的牌子而想要探个究竟并迫切需要找到一个答案。

不过在那个周末，NO TP 这个牌子的含义并没有被哪个专注的人揭开谜底，他们后来才终于知道，它的意思是洗手间里可以处理厕纸的管道坏了。谜底大白天下，巴菲特也解脱了，他再也不用去加油站的公共洗手间了。不过，还是有人对这件小事津津乐道，凯瑟琳、格林菲尔德就是其中两位，以至于后来他们在向盖茨一家介绍巴菲特时，还免不了把这件事情再抖出来。

一天后，巴菲特离开班布里奇岛回到了奥马哈。在与盖茨的接触中，他了解到这位微软总裁非常聪明，而且他对自己所在行业的发展非常了解。不过巴菲特在投资过程中始终不曾对科技股抱以信心，其实从一开始他告诉婶婶凯蒂不要投资控制数据公司的时候，巴菲特就已经错过了从英特尔公司身上赚钱的机会。当时英特尔公司还处于起步阶段，如果投资肯定会有不错的回报，但是巴菲特从来没有这么做。在他看来，信息产业公司更迭的速度太快，产品即便生产出来也都早已过时，这的确是他当初的想法。但现在，巴菲特的观念似乎发生了变化，对于科技股的好奇让他购买了微软公司 100 股的股份，用他的话说就是通过购买股票能够更好地了解这家公司的发展方向。早在巴菲特之前，格林奈尔学院也曾在英特尔公司身上投资，不过在赚钱后很快就把手里的股票卖掉了。[10] 而即便买了微软的股份，科技股依然是巴菲特不敢深入触碰的领域，“像英特尔这样的公司的产品对未来依赖得太过严重，其产品未来的价值走向直接影响产品本身，而这样的行业是我不熟悉的”。这就是巴菲特不去选择科技股的原因。但是在之后的巴菲特集团会议上，巴菲特却邀请了盖茨参加。此后不久，巴菲特接到了来自所罗门法律部经理唐 · 福伊尔施泰因、公司高管汤姆 · 斯特劳斯的电话，而之后两个月，除了所罗门，巴菲特什么也无暇顾及了。

所罗门公司出现的情况着实令巴菲特忙了一段时间，在与国会议员、立法人员召开了数天的会议后，巴菲特终于走出了会议厅——位于世贸大厦7层会议室的房间，那时已经是10月了，而巴菲特的下一站就是温哥华，巴菲特集团大会正在此地召开。这次会议是由FMC董事长鲍勃·马洛特夫妇组织的，马洛特夫妇是北美文化的爱好者，会议期间，他们安排了宴会，并在席间穿插了北美土著舞蹈——一场舞长达数个小时。据相关人士介绍，北美土著舞蹈本来是要跳三天的，而当晚的演出是浓缩版。即便如此，这几个小时的演出仍然让这些金融高手备受煎熬，坐在硬硬的木质板凳上哈欠连天，但没有一个人提前离开。同样感觉不到土著舞蹈魅力的还有巴菲特，当坐在身边的罗克珊·布兰特问他舞蹈和所罗门公司哪个更让人难以忍受时，巴菲特毫不迟疑地说："这个舞蹈！"[11]

也来参加会议的盖茨并没有去看这场土著舞蹈演出，因为观看舞蹈不是他此行的目的，这次来到温哥华，盖茨只想弄明白一件事，巴菲特集团即将从20世纪50—90年代中分别评选出每个年代最有价值的10家公司，盖茨想知道这个榜单会不会有所变化。是什么能让一个行业有如此高的竞争力？这些公司得以经久不衰的优势是什么？为什么其他公司没能维持住自己的优势？从行业竞争的大环境来看，并不是所有公司都能保住自己的优势地位。

会议那天，盖茨乘坐的飞机由于大雾延迟了一些，在他和女友梅琳达到达会议大厅后，他们悄悄地溜进去坐在了后排。起先，梅琳达以为盖茨只想听一听就走，但是当幻灯片播放到第四张的时候，她就知道提前离开会场是不可能的了。[12]与会的汤姆·墨菲和丹·伯克——同时也是IBM公司的两位董事会成员，开始讨论为什么作为硬件之王的IBM公司不能在软件市场上大展拳脚。就在两人发表完自己的观点后，巴菲特说话了："我想我们中间还有人能对这个问题做些补充。"这时人们回过头来才注意到盖茨的存在。[13]讨论随后继续：假如你是60年代红极一时的美国西尔斯公司的老板，你为什么不能把“发掘”最聪明、最能干的员工以实现最大利益作为一种策略来实行？这会不会成为你继续领导公司的潜在障碍？在讨论者们给出的答案中，如果不考虑从公司角度出发的那部分，都充满着一种骄傲、自满的情绪，这也就是巴菲特一直以来所说的“制度性强制力”（institutional imperative）。制度性强制力是指公司或企业会为了自身利益而推行一系列的改革或者举措，而在策略上，它们并不希望走在同行的前面，而是站在大部队里。有些公司从不鼓励年轻人开拓创新，有些公司则很少对行业进行调整，因为公司的管理层并不适应这种变革。人们都知道要想真正解决这些顽疾并不容易。过了一会儿，巴菲特出了一个题目来缓解会议室的气氛——每人挑选一只自己最喜欢的股票。

“柯达怎么样？”比尔·鲁安在向盖茨征求意见，他想看看微软老板会怎么说。

“柯达？柯达就是烤面包！”盖茨给出了答案。[14]

在座的没人会想到盖茨能给出这样的比喻，在1991年那个时候，即便是美国柯达公司本身，也难以用“烤面包”来形容自己。[15]

为什么盖茨会有这样的论断，时任洛斯保险公司老板的拉里·蒂施给出了解释，当时洛斯公司拥有哥伦比亚广播公司一定数量的股份：“可能是因为比尔知道电视网络媒体注定难逃消亡的命运！”

盖茨说：“不，不只是这么简单。电视媒体和胶卷业有很大的不同，从本质上，电视媒体不会受到太大的生存威胁。当人们的选择多元化时，收视率会有所下降，但电视媒体是内容提供商，它可以通过再加工来应对这个问题。当电视与互联网相结合时，电视媒体面临着一种有意思的挑战。然而，胶卷业就完全不同了，当摄影不再需要依靠胶卷的时候，胶卷生产技术就再也没有什么用武之地了！”[16]

盖茨发表完自己的见解后，会场的所有人都期待能和他聊上几句，盖茨能解释新数字化时代会为人们带来什么。“之后，我们知道会场将搬到一艘游艇上去。”盖茨说道，这艘名为“冰熊”的游艇是巴菲特的好朋友沃尔特·斯科特夫妇特意准备的。“凯瑟琳非常细致，她尽量调整好提问的方向，避免这成为我和沃伦两个人的对话。”还好有凯瑟琳·格雷厄姆在，以巴菲特“黏人”的性格，他肯定不会拒绝与盖茨深入了解的机会，所以会场上经常能看到的就是两个人形影不离。之后，大家登上了“冰熊”游艇，在凯瑟琳的引荐下，盖茨认识了蒂施、墨菲和基奥等人，他和梅琳达就这样成了巴菲特集团的一员。[17] 向盖茨提问的人总是络绎不绝，中间休息的时候，盖茨还向墨菲抱怨日益高涨的电视广告费用。一个月后，《华尔街日报》上披露了盖茨和墨菲交谈的内容，还把巴菲特描写成了地地道道的伪君子，而不是说他具有多重性格。盖茨和墨菲对此很抱歉，这并不是因为他们有关广告价格的那段对话，而是因为他们回答了一个记者的提问，这名记者当时看上去并没有携带任何录音设备，想必就是他报道了这些。

1993 年，所罗门公司的收购案终于宣告结束，巴菲特在解决所罗门公司丑闻这一过程中居功至伟，这也让伯克希尔–哈撒韦的股票价格翻了一番。就在巴菲特以自己的方式处理古特弗罗因德仲裁案时，伯克希尔–哈撒韦的股价达到每股 18 000 美元。巴菲特的身家达到了 85 亿，苏珊手中持有的伯克希尔–哈撒韦的股份累计达到 7 亿美元。那些在 1957 年从一开始就在伯克希尔–哈撒韦投资的人也都成了富翁，当初投资 1 000 美元现在就能有 600 万美元的回报！巴菲特正式成为美国财富第一人！

假期过后，巴菲特和卡罗尔·卢米斯开始了每年必修的功课，撰写并出版给股东们的信，而现在能看到这封信的并不只是伯克希尔的股东，或者只是美国本土的读者，这封信已经传播到全世界，几乎全世界的股民现在都成了巴菲特忠实的读者。1994 年 5 月，就在法庭裁决古特弗罗因德得不到一分钱赔偿的同一个月，伯克希尔–哈撒韦在奥芬剧院召开了一年一度的股东大会，约有 2 700 人到场参加。早在会议召开前，巴菲特就告诉自己名下的喜诗糖果公司、鞋业公司和《世界图书百科全书》出版公司在股东大会会场外布置展位以便于销售。巴菲特的这个想法果然奏效，喜诗糖果累计销售达到 800 磅，鞋业公司共卖出超过 500 双鞋，[18] 图书的销量也很好，只是那时巴菲特并没有想到《世界图书百科全书》出版公司会和柯达公司一样最终也成为互联网发展过程中的牺牲品。在股东大会会场外的成功让巴菲特非常兴奋，他先后来到了波仙珠宝店和内布拉斯加家具城。"他（巴菲特）来到家具城后直奔床垫区，"家具城总裁路易斯 · 布鲁姆金说，"他竟在那里帮我们推销产品！"[19] 巴菲特开始仔细推敲在股东大会会场外兜售产品的促销方案，所以他才坚决地把会址从剧院搬到了假日酒店，因为假日酒店的面积更大，可以容纳更多的摊位。巴菲特甚至制订了明年的计划，让金厨刀具也加入股东大会促销行列。[20]

随着巴菲特成为众人敬仰的对象，身边人的生活也因此受到了影响。巴菲特的身家已超过 80 亿，巴菲特基金会也跻身全世界规模最大的 5 家基金会之列。巴菲特和苏珊还决定死后把遗产悉数捐献出来，这样在巴菲特去世后，以他的名字命名的基金会将成为伯克希尔–哈撒韦最大的股东！为了这个目标，巴菲特将苏珊，也就是巴菲特基金会的主席吸纳到了伯克希尔–哈撒韦的董事会里，虽然苏珊对于金融、投资并不热衷，但这代表了巴菲特的诚意。1994 年以前，基金会每年大约捐出 350 万美元，而在 1994 年巴菲特把这个数字翻了一番，700 万美元对于像他和伯克希尔–哈撒韦这样规模的公司来说并不算多，这样，巴菲特基金会和主席苏珊也逐渐走进了人们的视线。

当苏珊决定和巴菲特分居的时候，她就已经决定要过一种平淡、安静的生活。尽管苏珊把家搬到了旧金山，但她依然保持着与巴菲特的婚姻关系。苏珊算不上是一个睿智的思考者，当她发现自己的丈夫一夜之间成了金融界的巨人，成了投资界人人敬仰的偶像时，她惊呆了，因为自己的生活已经牢牢地和巴菲特连在了一起。一方面，苏珊希望最大可能地保护自己的私人空间不受侵犯，她是一个向往自由的人。另一方面，苏珊也希望能取悦巴菲特，她很积极地运作基金会。然而她感觉自己被这样的生活困住了。为了避免公众的注意，她在旧金山的生活尽量低调，并一再解释自己在巴菲特的投资过程中算不上重要因素，只不过是巴菲特盛名之下的附属品，这样就没有人会对她的生活感兴趣，也没有人愿意费时间撰写有关她生活的点点滴滴。为了保护自己的隐私，苏珊甚至开始了颠覆性的生活，尽量避免与“巴菲特”这三个字联系在一起，她还多次在不同的人面前表达对巴菲特的怨恨，让人产生一种错觉，以为是巴菲特毁掉了她原本平静的生活。

尽量避免与巴菲特联系在一起，并不代表苏珊不再与之见面。每年 7 月，两人会一起出现在太阳谷的名人派对上，会一同参加每两年举办一次的巴菲特集团会议。圣诞节、新年，他们和三个孩子也都会在加州拉古纳海滩的住所一起度过，每年 5 月有两周时间，一家人还会在纽约小聚。苏珊也会经常看望自己的孙辈，或者把他们接到翡翠湾住上一段时间。虽然苏珊把打理巴菲特基金会的工作都交给了女婿艾伦 · 格林伯格，但她也会和艾伦一起处理，两人还曾一起远赴越南。而苏珊其他时间的安排是非常丰富多彩的，派对、音乐会、艺术展、水疗、足部按摩，以及逛街消费是她生活中不可缺少的一部分。苏珊还有一大嗜好，就是不停地对拉古纳海滩住所进行装修。她会向朋友寄送各种各样的卡片和礼物，当然和朋友一同旅游也是她非常热衷的活动。但对于苏珊来说，没有哪件事能比公益活动更重要，没有哪件事能把在病床旁照顾病人的苏珊拉开。

但苏珊平静的生活还是被打乱了，这次打扰她的是疾病。1987年和1993年，苏珊两次经历了脓肿切除手术，她还在1993年切除了子宫。私人助理凯瑟琳·科尔不得不一次次面对自己的好朋友同时也是老板的苏珊走入手术室，而且越来越频繁。术后，科尔曾试图说服苏珊戒掉她喜欢吃的土特希卷、曲奇和低脂零食，并加强锻炼，但是并没有收到成效。苏珊家里的普拉提健身器械上布满灰尘，她却陷在照顾别人的乐趣中。[21] 每次，科尔在苏珊生病住院后给她的子女们打电话时，所有人都表现得非常镇定，似乎对苏珊住院已经习以为常[22]。"感谢上帝我还活着！"苏珊每次都这样说，然后继续投身于她热爱的慈善事业。

为了能更好地照顾病人，苏珊把自己的公寓改成了疗养院，亲自照顾那些需要帮助的人。第一位被苏珊护理的对象是她的一位艺术家朋友，由于感染了艾滋病将不久于人世，正是苏珊陪他走完了生命的最后几周。这段时间里，科尔也帮了苏珊很大的忙——当基金会的其他人员忙来忙去时，科尔只能在病床旁边陪伴着苏珊的朋友，似乎人在离开人世前总是十分脆弱的，这位艺术家不停地向科尔询问有关基金会运作、有关拉古纳海滩住所装修的问题，科尔也只能一一作答。[23] 此后，但凡有苏珊的朋友患上艾滋病，苏珊都会在他们生命的最后时间把他们接到自己的家里，或者帮助他们完成最后的心愿，即便是去日本、去印度的达兰莎拉，苏珊也帮朋友达成了心愿。在某位朋友去世后，苏珊应朋友的要求将葬礼改成了放映法国电影《假凤虚凰》[a]，这些都在说明苏珊是一个值得信赖的好朋友。

在苏珊的三个子女中，受到母亲影响最大的恐怕要数大儿子豪伊

a.《假凤虚凰》，一部讲述同性恋者生活的喜剧电影。——译者注

了。继承了母亲精力旺盛的优点，豪伊也亲身感受到父亲的名气对于自己的影响。1989年，他成为内布拉斯加州酒业发展委员会的主席。在这期间，豪伊结识了ADM公司的行政主管马蒂·安德烈亚斯，两人也成了好朋友。ADM公司是美国著名的农业公司，总部设在伊利诺伊州，公司首席执行官德韦恩·安德烈亚斯，即马蒂的叔叔，和巴菲特同为所罗门兄弟公司的董事。两年后的1991年，ADM公司正式邀请36岁的豪伊出任公司董事，他也成了该公司董事会里最年轻的成员。

在1974年曝光的"水门事件"中，德韦恩·安德烈亚斯因非法发起政治斗争而被指控，后被判无罪免去了牢狱之灾，但他并没有因此收敛，先后向民主党、共和党进行捐助以期国会方面能通过削减酒业赋税的法令（这对ADM公司能产生直接影响），由于捐助数量巨大而颇受争议。不过巴菲特很看不惯德韦恩的这种做法，他认为金钱和地位不应该也不能和政治混为一谈，这恰恰和德韦恩的理念背道而驰。

豪伊成为ADM公司董事6个月后，德韦恩建议其出任公司公共事务发言人。对于这个涉及公共事务的职位，豪伊没有任何经验，也没有人脉可以寻求帮助，但是在面对金钱和政治问题的时候，豪伊处处流露出来的都是巴菲特风格的处世方式。在为中学生募集资金的现场，人们就见识了巴菲特家族的风采。这次募集采用销售蛋糕的方式，这些蛋糕全都是学生们自制的，售价为每块50美分。当有人掏出一张5美元的钞票还要找零时，站在募集箱前的豪伊直视着人群说道："我们没有零钱！"随后他又质问校长："难道你们就是这么进行募集的吗?!"这之后整整一个下午，前来进行募集的人没有一个能要走零钱，因为豪伊根本不同意，所以只能是人们口袋里有什么面值的钞票，就投进去多大面值的钞票。[24]同样，在豪伊给父亲巴菲特打电话讨论工作时，他的口气也透露着精明。豪伊知道在父亲面前根本没有任何"想当然"的说法。"如果我接受ADM公司的工作，那么我在舍伍德基金会募集到的善款怎么办？"豪伊问父亲。巴菲特的建议则是不让豪伊把善款带走，豪伊听从了父亲的意见，没有反驳。"那么农场的租借费用又要怎么算呢？"巴菲特最终决定让豪伊缴纳农场支出的7%作为租借款。[25] 在讨论了其他几个问题后，豪伊决定把家搬到伊利诺伊州的迪凯特市，也就是ADM公司总部所在地，他决定接受ADM的工作邀请，出任公司发言人，并主管分析部门的工作。[26]

从表面上来看，豪伊在ADM公司的工作和"巴菲特"这个响当当的姓氏没有什么关系，否则豪伊也不会接受ADM的工作邀请，而且ADM公司涉及乙醇的使用和豪伊之前的工作经历相关，这更让人觉得ADM公司吸纳豪伊没有什么特别的念头。况且在巴菲特的调教下，豪伊也对使用特权非常反感，一切似乎都是顺理成章的。但事实证明豪伊还是太天真了！尽管他知道周围有很多人都在觊觎父亲的财富，并一直使自己远离做棋子的角色，但豪伊对于大公司的理解还是不够全面，在成为公司公共事务发言人的时候，他还没有意识到自己正在一步步被ADM公司利用。

其实从巴菲特的角度出发，他肯定是不会与ADM这样的公司或者是德韦恩·安德烈亚斯这样的人合作的，因为巴菲特非常反感把金钱和政治联系在一起，但他并没有阻止儿子豪伊进入ADM公司，为什么巴菲特会这样做？他希望儿子能在ADM公司学到一些有关商业运作的知识，以备今后为自己、为伯克希尔–哈撒韦服务。

据豪伊回忆，安德烈亚斯是一个难缠的人，而且对任何事的要求都很高。他会让豪伊从墨西哥购买磨粉机，还会让其仔细研究《北美自由贸易协定》里面的条款。但豪伊并没有因为安德烈亚斯的诸多要求就改变自己，他依然是一个积极向上的人，依然充满朝气和精力，保持着自己坦率而简朴的风格。在家庭聚会上，豪伊还会穿着奇怪的衣服从橱柜里钻出来博大家一笑。[27] 在写给母亲苏珊的信中，豪伊的文风依然是朴实中带有真情。而他的办公室看上去也极具特色——看上去就像是十几岁小孩子的房间，ADM 公司的玩具卡车、可口可乐公司的商标、饮料瓶子堆满了整个屋子。[28] 现在的生活对于豪伊来说，就像是在最短的时间里学会商学院几年的课程，时间对他异常宝贵。

1992 年，巴菲特邀请豪伊进入伯克希尔-哈撒韦的董事会，并表示在自己去世后，豪伊将出任公司非执行董事长一职。那时的豪伊资历尚浅，事实上他连大学都没有读完，与金融行业相比，豪伊更喜欢和自己的农场打交道，在进入 ADM 公司后他才算真正开始了自己的商业之旅。但巴菲特都表态了，别人还能说什么呢？在伯克希尔-哈撒韦，巴菲特是最大的股东，他完全有权任命自己的接班人，而且伯克希尔更像是一个家族企业，巴菲特认为由豪伊出任非执行董事长能更好地保持公司的企业文化。而且经过了 ADM 公司的锻炼，巴菲特相信儿子正在逐渐成熟，迟早有一天能得到大家的信任。

不过从现在开始，巴菲特要好好反思一下了。一直以来他都不赞成“君权神授”和世袭制度，但是现在在伯克希尔-哈撒韦，当巴菲特宣布儿子豪伊将在自己死后出任公司的非执行董事长的时候，一切开始改变了。人们关心的是豪伊能不能在成为公司非执行董事长后依然让伯克希尔-哈撒韦保持良好的发展状态，但这不是现在需要考虑的问题，只要巴菲特还健在，这就不需要过早考虑。但巴菲特目前的用意很清楚，不能让公司的权力集中在某一个人身上，种种迹象都表明巴菲特在尽全力避免这种可能，因为他深知权力的集中很可能在日后成为公司发展的绊脚石，但权力的集中至少能带来一个好处，能将制度性强制力带来的危害减到最低。如果在公司内部实行子承父业的制度，这最多就是压缩公司发展的潜力，但制度性强制力的作用将是伯克希尔–哈撒韦面对的最大难题。所以在两者中间，巴菲特选择了前者，任命豪伊出任公司非执行董事长只是他计划的第一步，他要在自己离开人世前把一切都规划好。

接下来，巴菲特先后把女儿苏茜和小儿子彼得安排进了巴菲特基金会董事会。人们心中都知道苏茜将在母亲苏珊去世后接任巴菲特基金会主席一职。巴菲特一直都认为，包括基金会在内的很多事务都是由“苏珊在统揽全局”，苏茜要想接过母亲的大权，肯定会在苏珊离开人世后，那将是很多年之后的事情，而现在巴菲特在其他一些事务上还需要女儿帮助，苏茜现在的职责是负责有关巴菲特在奥马哈的所有事务。她曾应父亲的要求，在奥马哈寻找一部适合巴菲特的“便宜”轿车，为此苏茜走了很长的路，也花了很多时间。苏茜还帮助巴菲特筹办奥马哈高尔夫精英赛，并为比赛培训志愿者。奥马哈高尔夫精英赛是由巴菲特所倡导的，由一些公司的首席执行官和名人参加的一项慈善活动。[29] 而随着时间的推移，巴菲特在出席各种场合时的女伴不再是凯瑟琳 · 格雷厄姆，后者已过七旬的高龄并不适合出现在巴菲特身边，股神的女伴换成了苏茜。巴菲特的女友阿斯特丽德出现在这种场合的机会并不多，通常她都是在动物园做志愿者，而且她也不喜欢这种宾客满堂的场合。尽管身为巴菲特的女友，但阿斯特丽德的生活并没有多少改变，和巴菲特身边其他人相比，名气与金钱带给她的变化的确要少得多。

小儿子彼得也没有因为父亲蜚声海外而为所欲为，这一点他和豪伊、苏茜没有区别，不过他的重点则一直在音乐上面。搬到了东部城市密尔沃基后，彼得和妻子玛丽购买了一处公寓，由于公寓的另外一个用途是彼得的工作室，所以室内装潢难免有些奢华，这和巴菲特家族一贯的作风并不相符，媒体也争相对此事进行报道。1991 年 5 月，也就是在所罗门公司丑闻爆发前，彼得决定离婚，他和妻子玛丽的婚姻走到了尽头，整个离婚的过程拖了很长时间。对于儿子的这个举动，巴菲特表示理解，他身边的朋友、家人离异的不在少数，巴菲特已经见怪不怪了。离婚后，彼得正式收养了一对双胞胎女儿埃丽卡和妮科尔。对于这次收养，苏珊的态度比巴菲特要积极很多，一直以来，苏珊就很疼爱这对双胞胎孙女，而巴菲特却有点冷淡。不过后来巴菲特也意识到收养能使彼得和前妻玛丽的关系进入一个崭新的阶段，只是由于巴菲特没有这种经历，他一时之间也没有察觉。

其实彼得是一个很内向的人，离婚事件对他的影响很大。一直以来，彼得在同行中并不是佼佼者，离婚让他开始重新审视自己的人生。经历了内心的沉淀，他的事业得到了进一步的发展。之前，彼得已经发行了多张“新世纪”风格的单曲专辑。在阅读了一本关于小巨角河战役的小说《晨星之子》后，他对北美文化产生了极大的兴趣，并在创作中将其融入其中。之后，彼得参与制作了电影《与狼共舞》的配乐，并在电影首映礼上奉献了一场精彩的演出。在参与了电影《红字》和哥伦比亚广播公司一系列短片的音乐制作后，彼得开始筹办多媒体纪录片的相关事宜，该片再次引入了彼得喜欢的北美主题，主要描述了北美文化遗失和重塑的过程。

在音乐的道路上，彼得是受人尊敬的，但他绝对算不上成功。在人们眼中，他是一位勤奋的音乐人，但难以和巨星画等号。“巴菲特”这个姓氏在音乐圈里没有任何意义，但彼得还是坚持走了下去，父亲也为儿子的成绩感到欣慰。外人很难把巴菲特和彼得的世界联系在一起，试想一下，没有激烈的商业竞争、没有世人追捧的艺术，又怎么能和巴菲特联系在一起？同样，彼得也缺乏投资的热情和对商业的敏感，但不可否认的是，在三个孩子中，彼得和父亲巴菲特最为相似，他们都保持着童年时就形成的对某项事业的投入与热爱，都对自己的工作充满热情，也都希望妻子成为自己与社会联系的纽带和桥梁。

现在，巴菲特还有了第三个儿子——比尔·盖茨。

其实最开始是盖茨先说的，“我和沃伦在一起，他就是大人，我就是孩子”。久而久之，这就发展成了“嘿，我们两个人都在学习如何适应角色”。[30] 巴菲特之所以能取得目前的成就，用芒格的话说是因为巴菲特就是一部“学习的机器”。在他们两人的相处过程中，巴菲特并不需要学习编写软件，盖茨也不需要理解金融市场里那些晦涩难懂的术语、掌握近 70 年的股票数据，但是两人的性格里有太多相似的东西，共同的爱好和相似的思考方式拉近了他们之间的距离。巴菲特教盖茨如何投资，并努力把盖茨培养成自己董事会智囊团的一分子。他从不吝惜与盖茨分享自己的成功经验，而盖茨也非常乐于倾听巴菲特的教诲。

如果能发掘到可以进行的投资，巴菲特肯定不会浪费机会，他也从来没有放弃寻找投资机会。然而随着信奉“格雷厄姆-多德理论”的人越来越多，前来华尔街寻找投资机会的人也越来越多，而能够投资的机会却越来越少，不过这对于巴菲特来说可能是件好事，他能腾出更多的休闲时间，生命里也不只是金融与投资。现在的巴菲特对于社交越来越有兴趣了，之前出席类似的活动时，他要是觉得无聊，肯定会拿出类似《美国银行家》之类的书自己翻阅，现在巴菲特不会了，但这并不代表他对于投资的热情有所减弱，事实上这种事情从来不会在巴菲特身上发生。进入 90 年代，巴菲特进行的投资虽然次数不多，但每次都肯定是大手笔。此外，另外一个事物——桥牌——也让巴菲特的生活有了新的变化，虽然它并没有削弱巴菲特对伯克希尔-哈撒韦的兴趣，但给巴菲特的生活带来了影响，改变了他的社交圈，成为其确定行程安排的主要依据，甚至成为其结交朋友的一大标准。

闲暇时间，巴菲特最大的爱好就是打桥牌，一项在巴菲特的生命里已经存在 50 年的运动。当巴菲特在纽约处理所罗门公司丑闻时，他迷上了国际桥牌，相对于巴菲特之前打的桥牌，国际桥牌更具挑战性。1993 年的一天，巴菲特正在和乔治·吉莱斯皮打牌时，遇到了卡罗尔·卢米斯，和她在一起的正是两届桥牌世界冠军沙伦·奥斯伯格。

奥斯伯格几乎就是为桥牌而生的，她从大学时代就开始玩儿桥牌，在成为桥牌选手前，她的职业是电脑程序员。现在她在美国富国银行工作，主管公司新近开发的互联网业务。作为两届桥牌世界冠军的她 40 多岁，是一位身材娇小的金发女郎。

“下次她过来时，让她在奥马哈停留一下，并给我打电话。”巴菲特对卢米斯说道。

“奥马哈？奥马哈在哪儿？”当时奥斯伯格还不知道自己面前站着的就是大名鼎鼎的巴菲特。在知道后，她整整花了三天的时间才鼓足勇气给巴菲特打电话，“我都要吓死了，从来没有和依然健在的传奇人物说过话”。[31]

差不多一周的样子，奥斯伯格从旧金山的家里乘飞机来到了奥马哈。“我从来没有这么紧张过！”到了巴菲特的办公室门外，股神的新秘书戴比·博赞科把她领了进去。巴菲特的见面方式很特别，他把奥斯伯格带到了一个盒子面前，从里面拿出了个色子给她，色子上面刻着的不是平时常见的 1、2、3 等，而是一组奇怪的数字，好像是 17、21、6 和 0。“现在，你可以先看一看，想看多久就看多久，然后你先选，我再选，我们两个开始掷色子，看看谁能赢。”巴菲特说出了游戏规则。奥斯伯格很吃惊，几分钟都没有任何反应，然后，巴菲特说：“好了，我们开始吧。”三分钟后，奥斯伯格就跪在地板上掷起色子来了。巴菲特就这样打破了初次见面的陌生感。

巴菲特的这个法宝叫作“非递移色子”，秘密就在于每个色子都可能被其他色子打败。这有点像“石头、剪刀、布”的游戏，除非所有玩家同时出手。[32] 谁第一个做出选择，谁自然就会输，因为其他玩家可以选择掷出什么样的色子来打败第一个色子。比尔 · 盖茨想明白了其中的奥秘，身为哲学家的索尔 · 克里普克也看透了这一点，别人，恐怕就没有谁能想明白了。[33]

游戏结束后，巴菲特邀请奥斯伯格在 Gorat's 牛排店共进晚餐，现在这里已经成了巴菲特最喜欢的餐馆。驱车穿过了一片住宅区后，巴菲特在一家药房和汽车地带的一家连锁店旁停了下来，周围的环境看上去和 50 年代的风格很像。"这里的牛排是世界上最好吃的！"走进 Gorat's 牛排店后，巴菲特说道。不知道对方究竟想说什么，奥斯伯格很小心地应对着："今天晚上您吃什么，我就吃什么。"几分钟后，奥斯伯格的牛排到了———一块巨大的五分熟牛排，看上去足足有棒球手套那么大。由于不想因为牛排冒犯了这位股神，奥斯伯格还是硬着头皮吃了下去。晚饭结束后，巴菲特带奥斯伯格到奥马哈当地的一家桥牌俱乐部消遣，10 点钟左右，两人从俱乐部里走了出来，终于到了巴菲特展示自己的机会了——内布拉斯加家具城、巴菲特的家、巴菲特小时候住过的地方、波仙珠宝店，奥斯伯格感觉每个地方都充满了巴菲特的特色。最后，汽车停在了巴菲特事先为奥斯伯格预订的酒店门前。

第二天早上，当奥斯伯格退房时，酒店前台小姐告诉她"有人过来找您，并给您留下了一个包裹"。奥斯伯格打开一看，是巴菲特撰写的伯克希尔–哈撒韦的年度报告，巴菲特是在早晨 4 点半亲自给奥斯伯格送过来的，不过和平时伯克希尔股东们看到的不一样，巴菲特已经把报告装订成册，看上去非常正式。[34] 就这样，奥斯伯格也成了巴菲特朋友圈里的一员。

不久之后，在巴菲特的介绍下，奥斯伯格和凯瑟琳 · 格雷厄姆相识，这样奥斯伯格也成了凯瑟琳的牌友之一。两个人的友情就这样建立了起来，奥斯伯格也开始在凯瑟琳的家里小住，她还经常和桑德拉·戴·奥康纳这位美国著名的大法官等名人一起切磋桥牌技艺。一次，奥斯伯格在凯瑟琳的客房里看到了一幅毕加索的油画，正好巴菲特当时也在，就听见奥斯伯格大叫起来："天哪，浴室里居然有一张毕加索的真迹！"

"我在那里住了30年，从来都没有注意那儿有一幅毕加索的画。"巴菲特说道，"我只知道那儿有免费的洗发水。"[35]

为了能和奥斯伯格打上几局桥牌，巴菲特甚至调整了自己的行程时间，每次都安排在奥斯伯格到纽约公干的时候赶往纽约与她见面。经常是在凯瑟琳的家里，巴菲特、奥斯伯格、卡罗尔·卢米斯、乔治·吉莱斯皮几个牌友凑在一起。"我们都挺喜欢对方，"巴菲特评价奥斯伯格时说道，"尽管她从没有说过，但我能看出她被我们这么烂的桥牌技术给吓到了。"奥斯伯格是一个很有亲和力的人，如果巴菲特在打牌的时候出现错误，她会不留痕迹地予以纠正，她知道如果触犯了巴菲特的威严，也就意味着与他的友情很难再继续下去。所以通常是在几手牌后，奥斯伯格才会很客气地问巴菲特为什么刚才那样出牌，"现在，我们先学学桥牌吧"，奥斯伯格总会这样说，然后她会教他一种更合理的出牌方法。

不久之后，巴菲特和奥斯伯格就成了要好的朋友。正是奥斯伯格让巴菲特改变了对电脑的看法。她认为股神需要添置一台电脑，就这件事，两个人争论了几个月的时间。"我确实觉得你应该有一台电脑了！"奥斯伯格说。"不！我真的不需要。""其实，你可以在电脑上玩儿桥牌。""嗯，不一定吧。"最后，奥斯伯格说："沃伦，你至少应该去试一下，即使只是抱着尝试的态度。""好吧，好吧。"巴菲特妥协了，"你来奥马哈吧，把电脑装好，然后你就待在房间里。"

就这样，桥牌和奥斯伯格完成了甚至连比尔·盖茨都不可能完成的事情，巴菲特终于走进了电脑与互联网时代。他让内布拉斯加家具城布鲁姆金家族的员工为他安好了电脑，然后乘私人飞机亲自去接奥斯伯格。那时，奥斯伯格正在美国中西部的一座城市参加桥牌巡回赛，就这样，巴菲特把她带回了奥马哈。很快，奥斯伯格就和巴菲特的女友阿斯特丽德熟悉了，而奥斯伯格在奥马哈的主要任务就是教巴菲特如何上网及使用鼠标。“他很无畏，真的！”奥斯伯格说，“他要用电脑打桥牌。”当然，只有桥牌才能把巴菲特拉到电脑旁边。“帮我把在桥牌游戏中需要知道的东西写下来，”巴菲特对奥斯伯格说，“别的我什么都不想知道了，而且不要试图向我解释电脑的工作模式。”[36] 巴菲特还给自己在桥牌游戏中取了一个网名叫“T 型骨”，奥斯伯格在网上则使用“莎洛诺”的名字，一周中有四五个晚上，巴菲特会同奥斯伯格还有其他的桥牌爱好者通过互联网来切磋牌技。为此，阿斯特丽德特意把晚饭的时间提前了，一切活动都要以桥牌为主！

就这样，桥牌游戏成了巴菲特生活的全部，其他任何事情都无法吸引他的注意力。一天，一只蝙蝠飞进房间，在屋子里飞来飞去，后来又撞到了墙上，阿斯特丽德发出一声尖叫：“沃伦，这里飞进来一只蝙蝠！”巴菲特坐在屋子里，穿着那件磨破了的厚绒布浴袍，紧盯着他的桥牌，根本舍不得将注意力从电脑显示器上移开：“没有关系，它不会打扰我的桥牌游戏的。”[37] 最终，阿斯特丽德叫来别人才把这位不速之客请了出去，而这也丝毫没有影响到巴菲特和他的桥牌游戏。

在奥斯伯格的指导下，巴菲特感觉到自己的桥牌技巧有了很大的进步，于是他想要向更高水平的竞赛冲刺。“为什么不从顶级赛事开始呢？”奥斯伯格说道。就这样，两人报名参加了世界桥牌锦标赛的男女混合双打项目。阿布奎基赛事中心聚集了成百上千的参赛选手，他们围坐在桥牌桌旁。外面还围了一圈旁观者，他们关注着场上的每一个变化，有时也会小声议论几句。当美国首富沃伦·巴菲特和两届世界冠军沙伦·奥斯伯格出现时，整个赛事中心震动了，早已有人认出了股神其人，瘦长的脸庞和灰白头发是他的标志，巴菲特的参赛引发了全场的轰动，之前还没有哪位桥牌爱好者能出现在世界锦标赛的舞台上，历史的改变本身就非常引人注目，再加上事件的主人公是巴菲特，轰动自然是正常的。

奥斯伯格并没有想到和巴菲特的组合能取得好成绩，在她看来，他们这对组合能取得一些积分、获得一些比赛经验就足够了，但是巴菲特并不这样以为。赛场上的他坐在桌边，一副若有所思的样子，似乎屋子里根本没有其他人存在。他的水平自然不能和专业选手相比，但是巴菲特表现得异常专注，他可以沉着冷静地面对对手，就好像是在自己家里打牌一样。“和沙伦一起搭档，我的防守非常好！我似乎能感觉到她在做什么，相信我，沙伦每一次出牌都能影响比赛的进程！”最终，巴菲特的专注弥补了他在技术上的不足，两人顺利地打进了决赛，这样的结果让奥斯伯格也感到很吃惊。“我们真的太棒了！”她说道。

但是得到这样的成绩时，巴菲特和奥斯伯格已经打了一天半的比赛，巴菲特处于一种极度疲倦和痛苦的状态中。唯一的休息时间只有一个小时，还要跑出去到处寻找汉堡包吃。他看起来像是刚跑完一场马拉松。决赛之前，巴菲特决定放弃，他对奥斯伯格说：“我不想比赛了，我要退出！”

“什么？！”奥斯伯格非常震惊。

“我不想继续比赛了，我要退出！告诉组委会我们不参加决赛了，告诉他们我要急着去谈一笔生意。”于是，奥斯伯格被巴菲特委派了一项艰巨的任务，向世界桥牌联合会提出退赛申请。

在这之前还没有人愿意放弃进入决赛的比赛资格。世界桥牌联合会的代表们感到很愤怒，巴菲特不能退出比赛！组委会当然不会不知道巴菲特的威望以及他背后的财富，正因为如此，他取得了决赛资格却要求退赛的要求才让官员们感到震惊。“你们不能这么做！”官员们众口一词，甚至威胁剥夺奥斯伯格的世界排名及其参赛资格。“我不是要退赛的那个人，你们不能这么做！”奥斯伯格说，一再解释巴菲特退赛是因为生意的缘故。最终组委会同意两人退赛，而且他们知道奥斯伯格并不是事件的策划人，所以也没有给她任何处罚。

巴菲特对桥牌的热情也影响了比尔·盖茨，并使后者从一个对桥牌略知一二的人成为桥牌的超级爱好者，水平甚至还在巴菲特之上。盖茨还把奥斯伯格接到了西雅图，让其在自己父亲的电脑里安装桥牌游戏程序，这样，奥斯伯格也逐渐和盖茨一家熟络了起来。

之前，巴菲特和盖茨见面的地点仅限于足球赛场、高尔夫球场，内容有时还涉及微软集团的一些事务。但是在桥牌的带动下，两人的关系越来越近。1993 年复活节的那个周末，盖茨和女友梅琳达订婚了。在两人从圣迭戈回来的路上，盖茨让飞行员给梅琳达通报了西雅图的天气信息，让她以为他们正在向回家的方向飞行。飞机着陆后，在舱门打开的瞬间，梅琳达惊呆了，看到巴菲特和阿斯特丽德正在舷梯底端的红地毯上等着他们。巴菲特开车把盖茨、梅琳达两人送到波仙珠宝店，该店的首席执行官苏珊·雅克亲自帮他们挑选了订婚戒指。

9 个月后，盖茨的婚礼在夏威夷群岛拉奈岛上的四季曼尼里湾高尔夫球场举行，这一天正好是 1994 年元旦，巴菲特亲自前往表示祝贺。尽管妹妹伯蒂在夏威夷群岛上有房子，可巴菲特以前从来没有到过这里。在盖茨的婚礼上，巴菲特非常高兴，好像举行婚礼的是他自己的孩子。他认为盖茨能够娶梅琳达为妻是盖茨这辈子最明智的决定之一。不过盖茨举办婚礼这天正好赶上巴菲特好朋友芒格 70 岁的生日。非常看重友情的巴菲特从来没有缺席过老友的生日会，但是这一次，他必须要做出抉择。在冲突发生时，巴菲特总能很巧妙地解决问题，他往往倾向于向更可能动怒的那一方妥协，所以这也就意味着他很可能轻视对他最忠诚和信任的朋友，因为他知道即便如此，自己的好朋友也不会指责他。这也许就是巴菲特矛盾的一面，他相信爱他的人理解他，所以他们能够容忍自己的种种做法。

作为巴菲特事业上最坚定的支持者，芒格能体谅巴菲特，也能接受巴菲特没来参加自己 70 岁的生日宴会。和自己相比，芒格知道盖茨是巴菲特的新朋友，而且盖茨的妻子梅琳达也是巴菲特的朋友。最终，巴菲特还是出现在了盖茨的婚礼上，并带来了凯瑟琳 · 格雷厄姆作为自己的女伴。那时凯瑟琳已经 76 岁了，老人虽然近来很少出门，但仍会出席这样的场合。在 1993 年底公布的财富榜单中，盖茨刚刚超过巴菲特成为美国最富有的人，两人的出现使拉奈岛成为 1994 新年那天最富有的胜地。另一方面，为了安抚芒格，巴菲特让苏珊在老朋友生日那天献唱一曲以示庆祝。[38]

作为巴菲特生命中最重要的女性之一，苏珊早已习惯巴菲特委派的种种事务。对于巴菲特需要从身边的女人身上得到什么，苏珊有着自己明确的定义，并且把她们划分为不同的种类。

一天晚上，当她正在和巴菲特、阿斯特丽德，还有刚刚认识的奥斯伯格在 Gorat's 牛排店共进晚餐时，苏珊不时地环顾四周打量着身边的同伴，发现只有凯瑟琳和卡罗尔 · 卢米斯还是单身。她笑着摇摇头，说道："你们应该找个伴了。"对于奥斯伯格，苏珊认为她在巴菲特的生命中只扮演和桥牌有关的角色，其他人似乎得不到苏珊如此的评价，不过所有在巴菲特生命中出现的女人都有一个特点，那就是对巴菲特百分之百的忠诚。

不久，巴菲特与奥斯伯格的关系密切了起来，两个人一天要打好几通电话，巴菲特旅游的时候也带着她，与朋友聊天时，巴菲特也给予奥斯伯格很高的评价。不过和阿斯特丽德一样，奥斯伯格并不是一个喜欢出风头的人，她总是默默地站在巴菲特身后，绝对不干扰他和其他女人的关系，这正是巴菲特希望看到的。90年代中期，人们对于巴菲特的私生活产生了很大的好奇心，对于巴菲特如何打发时间的说法也出现了很多分歧。面对这些，巴菲特依然选择了自己的方式，尽量避免伤害到任何人，但是很多时候，冲突都是获得利益的最好方法，引发冲突的一方往往能得到更多的关心和爱。

在这一点上，奥斯伯格和阿斯特丽德很相似，她不会用制造麻烦的方法吸引巴菲特或者任何人的注意。1994年感恩节这天，苏珊邀请奥斯伯格参加她的感恩节晚宴，她还和盖茨打了一通桥牌。盖茨和梅琳达结婚一年后，也就是1995年1月1日这天，夫妇俩邀请好友来两人位于圣迭戈的家中进行庆祝。之后巴菲特也邀请了盖茨、芒格和奥斯伯格来自己的翡翠湾住所，加入“新年桥牌会”。苏珊并没有出席，她知道巴菲特有自己的嗜好和追求，所以整个新年假期她都和家人、朋友在一起。盖茨、奥斯伯格和巴菲特围着桌子等待芒格的到来。巴菲特是一个非常守时的人，时间到了，他提醒大家可以开始了，不过并没有提及芒格的迟到，因为这并没有打扰到大家的兴致。

盖茨心情非常好，但是聊天过程中人们发现巴菲特的情绪出现了恶化的迹象。过了一会儿，芒格仍然没出现，在奥斯伯格的提议下，他们玩儿起了三人桥牌。

刚开始，巴菲特还一直和大家开着玩笑、聊着天，一切看上去都很平静，但是在打了45分钟的三人桥牌后，他变得焦躁不安，突然他从自己的椅子上跳起来说道：“我知道他在哪儿！”说着，他拿起电话拨通了洛杉矶乡村俱乐部的号码。

接线员放下电话去找人。几分钟后，他在高尔夫球场里找到了芒格，他正和他的朋友们坐在一起，只要没在办公室，芒格肯定会在这里，高尔夫是他每天的必修课。接线员出现在他面前的时候，芒格正要咬他手里的三明治。

“查理，你在干什么呢？”巴菲特问道，“这个时间你不是应该和我们一起在玩儿桥牌吗？”

“我几分钟后就到。”芒格回答说。

芒格连一句道歉的话也没说就挂断了电话，放下他的三明治后钻进了汽车。

等了至少半个小时，芒格终于出现在巴菲特位于翡翠湾的家中。他好像什么事都没有发生过一样坐在桌子旁的椅子上，似乎他并没有意识到自己让比尔·盖茨在他的结婚一周年纪念日等了一个半小时。

“新年快乐！我们开始打牌吧。”

三个人目瞪口呆地坐着。

随后比尔·盖茨说道：“好，我们开始吧。”

终于他们开始打牌了。

1995年9月，巴菲特集团会议在都柏林的基尔代尔俱乐部召开，巴菲特的老朋友们都参加了这次大会。比尔·盖茨也作为巴菲特集团的一员参加了这次会议（巴菲特与盖茨结下了深厚的友谊，很多时候都能看到两人同时出现的身影）。由于盖茨的到来，爱尔兰政府将其奉为上宾，迎接他们的是爱尔兰官方的豪华轿车，并由安全特工在直升机上对他们实行监视保护。到达爱尔兰后的首场晚宴，健力士啤酒总裁、爱尔兰政府总理及夫人、美国驻爱尔兰大使等人悉数出席。巴菲特等人还游览了都柏林著名的三一学院、观看位于基尔代尔郡爱尔兰国家马场的比赛。即使几年前凯瑟琳·格雷厄姆在威廉斯堡筹办的那次集团大会也没有如此隆重、奢侈，都柏林到处都是令人赞叹的古玩和艺术品，基尔代尔俱乐部还为巴菲特等人准备了当地所有的特色食物，并由欧洲厨师精心烹调。

尽管被身边的光泽和美丽包围着，尽管他们都是百万富翁，但巴菲特集团的成员们并没有因此改变。他们中的很多人，一年也只能与巴菲特碰面一两次，但是他们却得到了巴菲特完全的信任：比尔·鲁安还是喜欢和很多人住在一起，给人们带来一个个有意思的故事；沃尔特·施洛斯还是住在自己的小公寓里，并像往常一样炒着股票；在众人中间，斯坦贝克夫妇算是有钱人了，但他们最热衷的交通方式还是长途汽车；桑迪·戈特斯曼依然对所有事物都持怀疑态度，并企图推翻每一桩成功的交易；结束了在缅因州海岸线大量购买地皮的行为后，汤姆·纳普把重点转向了夏威夷群岛；杰克·贝恩仍是精力充沛；罗伊·托尔斯固执己见的作风没有变，不过现在他已经学会说笑话了；埃德·安德森和琼·帕森斯开始致力于投资人类性行为的研究，不过安德森还是会在街上捡起一个便士的零钱；马歇尔·温伯格还是那个调情高手；卢·辛普森在挑选股票上的天赋有增无减，事实上，他是格雷厄姆和多德学派最好的投资者之一；卡罗尔·卢米斯已经赚了不少钱，足够让她去乘坐飞机，但是她在买东西，哪怕只是一罐咸菜前，也会回忆自己在经济萧条期的遭遇；[39]沃尔特·斯科特从兴修巨型水坝和桥梁建筑岗位上退休之后，开始建筑大型房屋；乔伊斯·考因在观看完歌剧后，宁愿在暴风雪的夜里沿着百老汇的方向走到市中心，也不会选择出租车代步；现在已经成为巴菲特俱乐部会员的阿吉特·贾殷，在会议期间还是会待在房间里分析种种数据，因为他知道巴菲特喜欢自己这样的作风；那个人人都喜欢的罗恩·奥尔森（至少在巴菲特认识的人里面，奥尔森能得到所有人的认同，当然大法官布里亚特除外）现在的社交圈更大了，几乎整个大洛杉矶的人都喜欢他；比尔·斯科特、迈克·戈尔德伯格、查克·里克肖塞尔这些人曾围绕着温暖的太阳（巴菲特）工作了多年，现在都退了下来，不再受里克肖塞尔的热力学定律的影响；[40]比尔·盖茨与其他人都不同，他还享受着由巴菲特集团的智慧所带来的利益和坦诚的交往方式；凯瑟琳·格雷厄姆则保留了自己的社交圈，她也成了巴菲特集团与社会联系的纽带。

在众人都沉醉于基尔代尔俱乐部奢华的享受时，巴菲特却看起了随身携带的《财富的福音》，这本书的作者是20世纪著名的实业家、慈善家安德鲁·卡内基。在自己65岁生日的时候，巴菲特评估了自己的一生，所以他开始重读卡内基。在集团内部，巴菲特就卡内基所说的"富有着死去的人死得可耻"发起了讨论。作为慈善家，卡内基把自己毕生的财富都放在了慈善事业上，要知道他的财富在当时可谓独一无二，他立志在美国所有城市都修建一座图书馆，[41]他的这种做法得到了社会的高度评价。但巴菲特并不这么看，他宁愿"富有着、可耻地死去"，因为他知道如果像卡内基那样，就意味着自己要放弃很多。巴菲特坚持认为，最好的利用自己投资天赋的方法就是不断赚钱——一直到死！而且他对那些例如图书馆的基础设施建设也没有兴趣，在他看来，那应该是苏珊的工作。不过巴菲特还是想听听身边人的看法，也许这会给他带来一些改变。

众人围坐在桌子旁边。比尔·鲁安——这个从来都不在乎钱，甚至和周围的人相比有些寒酸的人率先发言，他表示自己正策划一个项目，对纽约公立学校中年代久远的校舍进行翻修，之后他将与哥伦比亚大学合作拍摄一部反映纽约学生存在心理问题和自杀隐患的纪录片。[42]之后，巴菲特还发现了一些自己从来都不知道的事情：斯坦贝克夫妇是美国治理环境问题的捐款名单上最重要的捐助人；墨菲是拯救儿童组织的主席；罗恩·奥尔森的妻子简则是国际组织"人权观察"的主席；考因夫妇曾给美国民间艺术博物馆捐赠了一批十分重要的艺术收藏品；芒格也向撒玛利亚医院和教育机构进行了捐赠；斯科特夫妇把捐赠地选在了奥马哈；戈特斯曼则在爱因斯坦学院的医药委员会任职；温伯格的捐赠行为更像是仗义疏财，教育基金、世界卫生组织、中东问题、教育研究，几乎没有他未涉及的捐赠领域。这些都只是代表，还有很多人都在为慈善和公益事业做出自己的贡献。

轮到盖茨发言的时候，他这样说道："我们不应该通过一个人捐出了多少钱来衡量他的成就，而是应该用这些钱挽救了多少人的生命来作为判断尺度。"盖茨认同巴菲特的观点——你必须先赚钱，然后才能保证有钱可以捐出去——但只要是一个人赚到了一定数量的钱，他就应该用这些钱来拯救更多的生命，一个很重要的办法就是把绝大部分资产捐出去。[43]

如果用巴菲特的财富来进行衡量，那么巴菲特基金会能支配的金钱是相当有限的，根本就是九牛一毛。其实巴菲特也早已选定了两个主要的慈善事业方向——人口过剩问题和核扩散问题，它们的共同点就是解决起来非常困难，甚至超出了你的想象。也许金钱并不能解决核扩散问题，但是巴菲特已经在尽自己最大的努力避免核战争爆发。在这个问题上，巴菲特提出了非常具有代表性而且论据十足的观点。

> 核战争似乎是不可避免的。人类最终都要面临这个问题。任何一件事情，如果它在一年内发生的概率是10%，那么在未来50年内它发生的概率将高达99.5%，接近100%。但如果我们把这个数字调低，也就是说把一年内出现核战争的概率降到3%，那么在未来50年，这个概率将下降到78%。如果我们将概率降到1%，未来50年，发生核战争的可能性只有40%。从数字上看，这是一件值得尝试的事情，毫不夸张地说，它可能会使这个世界变得完全不同！

在巴菲特眼中，另外一个重要的问题就是人口过剩。人口的不断增长给地球造成了巨大的压力，人们生活的这个星球已经严重超载。

由于核问题解决乏术，巴菲特基金会的资金的主要流向就是人口控制，从20世纪80年代中期开始，这就成了巴菲特基金会的主要议题。在分析人口问题时，巴菲特也给出了足够说明事态的数字：在1950年，世界人口大约是25亿，短短20年后，世界人口已经接近37亿！[44] 当时保罗·埃利希的“人口爆炸理论”刚提出不久。他在文章中大胆预言20世纪七八十年代将出现全球性的大规模饥荒，数以百万计的人口将由于缺乏食物而死去。截至1990年，世界人口突破50亿大关，但是埃利希描述的饥荒并没有出现，所以他的这种观点也开始被人们，特别是人口专家忽略。不过，世界人口仍然在继续快速增长却是不争的事实。现在，专家们更多地关注这样几个焦点问题：技术增长的速度能否超过人口增长、物种灭绝以及全球变暖的速度。不过巴菲特依然对人口问题很关注，他从“安全边际”的角度出发分析人口增长和资源减少的问题。

> 地球的承载能力是有一定限度的，当然这已经超出了托马斯·马尔萨斯的想象。但另一方面，这固定的承载能力会让你找到打破这种平衡的临界点，没有人愿意为失误买单。比方说你有一艘可飞往月球的宇宙飞船，飞船的容量很大，可以容纳200人，但如果你不知道路程有多长，那么你不会安排超过150人登上飞船。宇宙飞船有许多种，并且我们不知道应该准备多少食物。而且，如果只从幸福指数和生存环境来说，很难说究竟是生活在容纳20亿人口的地球更好，还是生活在月球更好。[45] 这里存在一个限度，如果你不清楚这个限度是什么，那么最好停留在安全地带。对于地球也是一样，如果想要我们生存的这个空间维持下去，就必须处在我们的“安全边际”里。

自20世纪70年代，为解决失控的人口增长问题，巴菲特开始将注意力集中在为妇女争取避孕和堕胎的权利上，这与苏珊的观点很贴近。这也是当时很多人权机构普遍接受的观点。[46] 由于芒格–托尔斯律师事务所的介入，巴菲特也卷入了加州贝洛斯案件，该案在加州历史上具有非常重要的作用，该案的裁决对于争取堕胎合法性具有里程碑式的意义。[47] 芒格在法庭上据理力争，他的激情感染了现场的很多人。他接这个案件是出于对年轻妇女在非法堕胎行为中致残或死亡的担心。随后，巴菲特和芒格赞助了一家名为“基督教联合会”的“教堂”，这里主要用于帮助年轻妇女进行堕胎。[48]

在阅读了加勒特·哈丁《平民的悲剧》一文后，巴菲特被其阐述的思想深深打动。在这篇发表于 1968 年的文章里，哈丁认为对于那些人类共有的东西，例如空气、海洋等，现代人的行为就是在过度使用或者进行毁坏。[49] 作为“人口控制”运动的倡议人，哈丁的很多想法都对巴菲特产生了重要影响，但是他并没有接受哈丁倡导的解决方案，后者拥护专制思想并采取优生学家的办法来解决问题。哈丁曾写道，人类不仅应该继承谦恭温顺的性格，更应该继承地球留给我们的资源。他的“遗传性自杀”观点认为：“看看你的周围，你的邻居里有几个是英雄？你的同事里有几个？我们之前看到的那些英雄在哪里？斯巴达现在在哪里？”[50]

巴菲特认为将斯巴达带回来的想法不是没有被尝试过，这个人就是阿道夫·希特勒。斯巴达人通过遗弃羸弱的子女来改善人口质量。现代优生学奠基人弗朗西斯·加尔滕借鉴了他的表兄达尔文的理论，并得出“选择性的人类育种可以提高人口质量”的结论。这种观点在 20 世纪早期得到极其广泛的支持，纳粹分子更是用实验性的手段对此加以验证。[51] 尽管他的设想可以非常合理地对人类进行分工以帮助其进入竞争群体，但是没有一条绝对安全的线路可以说明哈丁想法的正确性。[52] 对此，巴菲特曾经给予否定，他赞成以公民权利为基础的方法可以解决地球与人口之间的问题。

于是在1994年的时候，巴菲特思想的天平从“人口控制”向人类繁衍的权利倾斜，[53]这种改变也符合世界范围内关于人口控制运动的发展思想，妇女不再被视为通向人口控制“终点”的便利途径。[54]他认为通过政治手段来解决人口问题的方法都是不可控的，[55]“即便是人口过剩，我也不会剥夺女性生产的权利，即便这个星球只剩下两个人，繁衍后代也是最重要的。我认为世界人口总数和新生儿数量没有必然联系。即使每个人都有7个孩子，我也不会按照哈丁说的做，不会把孩子的数量和人口过剩的问题扯在一起”。这样，巴菲特基金会的观点已经显而易见，它支持人类繁衍的权利。

繁衍权利、公民权利还有人口控制在对堕胎的争议中迷失了方向，错综复杂的关系越来越多，最终巴菲特把生育的过程定义为“卵巢彩票”。[56]他向一个叫作“责任财富”的组织分享了自己的这个想法，对于巴菲特来说，“卵巢彩票”给他带来了巨大的反响。[57]

> 我是1930年出生的，当时我能出生在美国的概率只有2%，我在母亲子宫里孕育的那一刻，就像中了彩票，如果不是出生在美国而是其他国家，我的生命将完全不同！试想一下，母亲的子宫里有两个完全一样的受精卵，一样的聪明和精力旺盛，但是基因精灵却告诉他们，“你们其中的一个将会出生在美国，而另外一个会出生在孟加拉国”。如果你在孟加拉国出生，你不需要缴纳个人所得税。那么你想成为美国人的愿望有多强烈？你会用收入的百分之多少来成为那个出生在美国的孩子？这就说明社会会对你的命运有一定的影响，而不仅仅影响你与生俱来的能力。相信我，和孟加拉国相比，人们更希望在美国出生！这就是“卵巢彩票”。

“卵巢彩票”成了巴菲特的政治、慈善事业观点的向导。他的理想是创造这样一个世界：胜者可以自由地去奋斗，而他与失败者之间的鸿沟也会有某种方式去弥合。巴菲特出生在公民权利受到压抑的年代，他见到过极端的不平等，也听说过法院骚乱、当局者被绞索勒着推到断头台。在某一时期或某个地方总会有人觉得自己应比别人得到的更多。很多年前，巴菲特放弃了父亲的自由派倾向，[58]但是现在他开始从精神上回归到内布拉斯加州的民主理想上了，这不得不说是一个循环。

巴菲特，一个无论在思想还是在现实生活中都很少做出改变的人，有时也可能做出小调整，当然前提是有人不停地说服他这样做。在他和苏珊从爱尔兰的集团大会回来后，他们做出了“17 天穿越中国”的决定。

巴菲特这次中国之行的起因是因为盖茨，而且为了能使巴菲特的中国之行愉快，盖茨夫妇为他解决了相当多的麻烦，他们给巴菲特和其他客人送去了一份调查问卷，调查他们喜欢吃什么。巴菲特可不想重复日式料理的经历。“我不吃中国菜，”他回答说，“如果可能，把米饭放在盘子里随便摆弄两下，然后我就可以回房间吃花生了。对了，我还要一份《华尔街日报》，如果哪天看不到《华尔街日报》，我会觉得很难熬！”[59]

于是，巴菲特开始了自己的首次中国之行。

到达中国后，巴菲特住进了北京著名的王府井饭店，并与自己这次中国行的向导、亚洲协会会长安熙龙会面。[60]在两人就中国发展问题交换了看法后，宴会开始了，客人们来到了饭店里的翡翠宫，品尝着饭店准备的地地道道的川菜：樟茶熏鸭、回锅肉、口水鸡、四川火锅，但是盖茨早已为巴菲特安排了他自己的美食：汉堡包和炸薯条，负责巴菲特这次中国行的 A&K 旅游集团特意派人教王府井饭店的厨师制作汉堡包和薯条，这令巴菲特很高兴，晚饭结束后，巴菲特钟爱的薯条和甜点也出现在了他的面前。

第二天早上，巴菲特一行人参观了北京大学、故宫博物院等地。中午他们在仿膳饭庄享用午餐，紧接着下午就前往钓鱼台国宾馆。每次吃饭，当其他人都在尽情享用中国美食的时候，巴菲特却只吃汉堡包和薯条。

在北京期间，时任中国国务院总理的李鹏先生会见了他们，盖茨还特意安排了巴菲特和一名12岁的中国乒乓球比赛冠军进行了一场比赛。第三天，巴菲特到长城游览，安熙龙教授向他们讲解了关于长城的历史和民俗，人们登上顶峰的时候发现庆祝用的香槟等已经准备好了，还有专门为巴菲特准备的樱桃可乐。眺望着长城——这个世界上最壮观的文化遗产，这个凝聚着中国劳动人民的汗水、智慧和悠久历史文化的伟大工程，每个人都期待巴菲特能说点什么，确实，巴菲特也被眼前的一切深深打动了。

“朋友们，我真希望是我的公司拿下了为修建长城提供砖瓦的协议。”他开玩笑地说。

接下来的那个早上，巴菲特没有去观看武术表演，而是到当地的可口可乐工厂参观了一番。第二天，他们就乘坐中国军用运输机飞往乌鲁木齐，一座位于中国西北的城市，是中国历史上的丝绸之路最重要的一站。在那里，他们将坐上一列火车，这列火车并不普通，在盖茨的安排下，巴菲特等人乘坐的是毛泽东主席当年的私人专列，这也是这列专列第一次租借给西方人使用。火车按照古丝绸之路的路线行进，穿越西北地区，沿途还设置了停靠站。人们可以在沙漠中骑骆驼，访问古老的城市和窑洞，在西安看大熊猫、参观秦始皇兵马俑——这是世界公认的最大墓葬遗址。旅行途中，巴菲特和盖茨还时不时地进行交流，为什么一些银行会比另外一些银行要更好些？为什么零售业不好经营？两人还谈到了微软的股票价值等问题。[61]

到达中国的第十天，他们参观了三峡大坝工程现场，随后登上了“东方皇后号”，这是一艘有五层甲板的游轮，里面设有舞厅、理发店、按摩院等，还有一名乐手，他穿着正式，正在演奏《稻草里的火鸡》。

进入三峡的第一站是神农溪，很多人都穿上了橘红色的救生衣上了竹筏。竹筏随水流不停地晃动，岸上 10 个小伙子一组，用绳子拖曳着每条竹筏前行。旁边，还有一些年轻美丽的女孩子用歌声给小伙子们鼓劲。

巴菲特与那些女孩子开着玩笑，但是在那天晚上的粤式宴会上，他的注意力显然都放在“卵巢彩票”上了，“在那些纤夫当中本会产生另外一位比尔 · 盖茨，但是因为他们出生在这里，命中注定要一辈子牵着船过日子。他们没有像我们一样的机遇。我们能过上现在的生活真是太幸运了”。

从神农溪出来，他们一路来到了峡谷，经过一些小村落的时候，有小学生跑出来向那些陌生的美国人鞠躬致意。两岸都是薄雾笼罩的山峰，沿着铺着鹅卵石的小路上去是一个古色古香的小村落，小船缓慢地沿着蜿蜒的水路进入长江。最后，他们到达了桂林。他们改乘一艘私人游船游览了漓江，这个世界上风景最优美的景点。漓江是一条极具原始特色的河流，那里的钟乳石被罩着一层绿色的覆盖物。唐朝诗人韩愈曾这样赞美漓江的景色：“江作青罗带，山如碧玉簪。”巴菲特一行沿着河岸前进，他们身旁是 300 英尺高的史前石群。巴菲特、盖茨父子在船上进行了一次长时间的桥牌狂欢——这次狂欢是得到他们各自妻子的许可的，此时游船正行驶在风景秀丽的江面，岸边是壮观的松树林。

这次旅行的最后一站是香港，午夜时分巴菲特拖着盖茨径直来到麦当劳买汉堡吃。“从香港回旧金山，再加上到奥马哈的路上，我都只要看报纸就好了。”

但是那次中国行之后的很长时间里，事实上是很多年之后，巴菲特的思绪总是一次又一次被拉回到那段记忆中。无论秀丽的风景，还是骑行骆驼的场面，他都已经不在意了，那些不过是留在照片中的纪念，让他念念不忘的是三峡大坝工程和神农溪上的那条竹筏，是那些把一生都用来拖曳竹筏的小伙子的命运。这些一直留在巴菲特的心里，困扰着他关于一个人的命运和天数的思考。

51

该死的熊

奥马哈，康涅狄格州格林尼治　1994—1998年

1994年那段时间，巴菲特对于《华尔街日报》的钟爱简直到了疯狂的程度，每天他都在仔细研究报纸上的每一条新闻，试图为伯克希尔–哈撒韦找到合适的买卖。但巴菲特发现这并不容易，他甚至动用了自己的桥牌牌友，动用了自己的高尔夫球友，动用了自己在中国、爱尔兰的人脉资源，也没有挖掘到新的投资目标，所以只能继续把投资重点放在可口可乐公司上。随着时间的推移，巴菲特的伯克希尔–哈撒韦已经用13亿美元购买了可口可乐公司的1亿股份。之后，他还收购了一家名叫“德克斯特”的鞋厂，但事实证明，巴菲特的这笔买卖是不成功的，这笔买卖似乎超出了巴菲特的判断能力。他曾预计美国国内对于进口鞋业的需求会有所下降，但最终他的愿望落空了，他也曾承认这次收购是自己犯下的最严重的错误。[1] 之后，巴菲特又收购了小巴内特 · 赫尔兹伯格的珠宝连锁店。说来也巧，在这次收购前，两人从来没有见过面。一天，赫尔兹伯格在纽约第五大道街头走过时听到一位女士对她身边的人喊道“巴菲特先生”，他抓住了这个

机会，向素未谋面的巴菲特介绍起自己的公司来，两人当下便敲定了收购意向。此外，巴菲特仍继续购买美国运通公司的股票。

巴菲特还想把 GEICO 完全划归到自己名下。

从 1993 年 10 月开始，GEICO 启用了联席首席执行官的管理模式，两位首席执行官分别是负责投资部门的卢 · 辛普森和负责保险部门的托尼 · 奈斯利。满头银发的奈斯利有点儿胖，与人交流时语气总是非常和善。从 18 岁起，奈斯利就在 GEICO 工作，这里也算是他事业的全部。成为公司联席首席执行官后，奈斯利非常强调公司的发展，GEICO 也在沉寂了一段时间后，迎来了吸纳客户的高峰期，短短一年的时间，公司新增客户就达到了 50 万。1994 年 8 月，巴菲特向该公司的两位联席首席执行官还有公司董事执行委员会主席萨姆 · 巴特勒表达了自己收购的意愿，当年正是巴特勒找到杰克 · 拜恩挽救了公司。奈斯利在这个问题上并没有反对。成为联席首席执行官后，他一直希望能将 GEICO 私有化。[2] 其实奈斯利很不喜欢和华尔街那帮人共事，所以在巴菲特提出收购意向时，他表示了同意，和那些资产分析师还有资金经理相比，与巴菲特合作显然要好很多。

在这次收购谈判中，以巴特勒开出的条件最高，他开出了每股不低于 70 美元的价格，而且还提出要以伯克希尔-哈撒韦的股票作为支付手段。但这在巴菲特看来是难以接受的，他表示只接受现金交易的方式，而且每股的收购价格不会高于 50 美元。[3] 收购谈判持续了一年的时间，尽管巴菲特非常希望得到 GEICO 的全部股份，但他并没有立即答应对方开出的条件，而是采用了欲擒故纵的战术，这种战术随着巴菲特买卖交易的不断进行，也被他使用得更加娴熟。巴菲特不断地告诉巴特勒，保险行业正面临前所未有的冲击——随着互联网技术的出现，保险市场将变得越发难以控制，他这样做的目的就是让巴特勒相信，GEICO 并不像看起来那么牢不可破，而是非常脆弱——脆弱得不堪一击。“市场正在一点点超出我们的可控制范围，随着互联网这种高科技交流手段的出现，保险业将受到前所未有的影响。公司之前通过电话的方式的确拉到了不少保单，但是互联网的高速发展必然会让靠电话拉保险的优势大幅缩水……”巴菲特并不是信口开河。1994年计算机业和互联网蓬勃发展，而在这一年之前，电子邮箱都还没有达到非常普及的程度。尽管巴菲特对于计算机、互联网并不热衷，甚至可以说一窍不通，但是他关于互联网对汽车保险行业影响的预测和见解还是非常深刻的，甚至比汽车保险行业自身的预测还要准确到位。

即便巴菲特如此“威逼利诱”，巴特勒也不为所动，这是一个不好对付的家伙，多年律师行业的工作经验使他不会轻易被巴菲特唬住。在过去两年的时间里，伯克希尔-哈撒韦的股票价格翻了一番，1994年4月的股价达到了每股2.2万美元。美国《金钱》杂志援引《超价股票服务》上的评论说道：“伯克希尔-哈撒韦的股票为什么能够节节攀升？唯一的原因就是这家公司是由上帝来经营的！”看到这些，巴特勒自然不会降低之前提出的价码，他要尽可能争取伯克希尔-哈撒韦的股份。由于双方都没有松口，谈判也因此陷入了僵局。最终，巴菲特使出了自己的“秘密武器”，让好朋友芒格介入谈判进行调停。但巴菲特想错了，这次谈判和之前收购所罗门公司的谈判不同，巴特勒并没有因为芒格的介入而改变态度。

这样，谈判断断续续拖了一年的时间，巴菲特也看清了局面：如果自己想拿到GEICO，就必须答应巴特勒的要求，最终他还是妥协了。1995年8月，巴菲特用23亿美元的价格买下了GEICO 52%的股份，此前他持有的该公司股份已达48%（这48%的股份巴菲特只花了4 600万美元），而且巴菲特并没有如自己之前设想的那样向巴特勒支付现金，而是选择以伯克希尔-哈撒韦的股票作为支付手段。也许有人认为巴菲特最终并没有实现自己的目的，但股神自己并不这么看。买下整个 GEICO，巴菲特总共才花了 23.46 亿美元，这样的价码在巴菲特看来是可以接受而且也算得上是比较合理的。

在巴菲特买下 GEICO 的同时，整个股市也出现了转折点。股市一直在涨，继 1993 年的大牛市之后，1994 年新发行的热门股票也出乎意料地受到了热捧。[4] 到 1995 年 2 月，微软公司发布了 Windows 95 系统，并在销售的第一天就实现了 7 亿美元的销售额，道琼斯工业指数也在这个月史无前例地攀升到了 4 000 点。忽然间，计算机成了人们生活的必需品：办公室里几乎人手一台；家长们给自己的孩子买电脑，好让他们更好地完成课后作业；家庭主妇也都有属于自己的电子邮箱，以便能在第一时间获得有关拼车的信息。互联网产业出现了空前的发展，网络开发人员已经不能满足社会对于信息产业服务的需求，电脑黑客也应运而生。

1995 年 8 月，一家叫作网景的网络浏览器开发商以公司扩张为名开始在社会上募集资金。由于已经熟悉了该公司推出的互联网浏览器，人们对网景公司并不陌生，但是没有人知道这家公司从来没有一分钱的盈利。而当人们得知了有关网景公司公开募集资金的消息后，希望购买该公司股票的人慕名而来，以至于全权代理网景公司资金募集的摩根士丹利不得不开辟出一个免费的咨询热线来解决出现的问题。最终事情的发展远远超出了网景公司的预想：原本打算只发行 350 万股，但最后市场的需求却达到了 1 亿股。[5]

互联网的发展对于巴菲特来说又是一个什么概念呢？尽管巴菲特也接触网络，但是只限于打桥牌——他喜欢打网络桥牌。在收购 GEICO 的时候，他也提到了有关互联网对于保险业的冲击，但他对于互联网并不了解，甚至可以用知之甚少来形容。对于计算机和互联网，巴菲特始终提不起兴趣来，他认为这个世界也需要时间来适应。

巴菲特的这种想法激发了微软公司总裁比尔·盖茨的兴趣，他把股神对计算机和互联网的态度看成自己事业的一大挑战。为了让巴菲特能够接纳计算机和互联网，盖茨邀请他和芒格来到了微软总部，打算与两位金融业巨头讨论有关互联网发展的问题。在那之前一天，盖茨已经与妻子梅琳达一起与芒格共进了晚餐，在座的还有微软公司研发部门的负责人内森·迈沃尔德。令盖茨夫妇没有想到的是，芒格与迈沃尔德交谈甚欢，而他们的主题并不是互联网或者金融业的发展，而是无毛鼹鼠——这是一种啮齿类哺乳动物，外形很像法国的白香肠。与其他动物不同的是，无毛鼹鼠对由于灼烧、酸痛引发的痛感没有反应[a]。作为科学发烧友，芒格对无毛鼹鼠还是有一定了解的。巴菲特的朋友桑迪·戈特斯曼曾有过投资鼹鼠的经历，他认为社会上对于实验用鼠的饲养需求会很大。但是戈特斯曼的这次投资并不成功，而且弄得他在纽约的办公室到处都是鼹鼠。在与迈沃尔德的交流中，芒格知道了无毛鼹鼠其实是一种进化得很好的哺乳动物，它们不仅对疼痛没有感觉，而且还是单性生殖生物，母鼠繁殖的时候不需要与公鼠进行交配。芒格与迈沃尔德的谈话围绕着无毛鼹鼠的话题展开，完全不顾盖茨夫妇的感受，盖茨和妻子只能表情麻木地看着他们。[6]

第二天早晨，比尔·盖茨把巴菲特和芒格邀请到了自己的公司总部，希望以微软技术总监史蒂夫·鲍尔默为首的计算机工程师们能让巴菲特对这个高科技产业的认识有所改观，但他们发现自己和巴菲特、芒格完全是来自不同世界的人——微软的精英们惊奇地发现这两位金融界的大家对计算机、互联网几乎是一窍不通。在微软精英的眼中，巴菲特和芒格就像是在灌木丛中发现了飞机的土著居民一样，虽

a. 这是因为无毛鼹鼠体内不存在可以导致哺乳动物痛感的 P 物质，所以它们普遍被应用到科学实验中。——译者注

然知道这是一个新生事物，但完全不知道怎样操作。而对于巴菲特来说，尽管他知道互联网的重要性，但他并没有表达出希望自己的GEICO加大对互联网技术的研发从而推进保险产业发展的念头。在他看来，计算机和互联网不过是帮助自己找到更多桥牌爱好者的工具而已——互联网唯一能做的就是帮助巴菲特找到能和他一起打桥牌的人。

> 我的这种想法让比尔很好奇，为什么？因为他终于看到了一个对计算机没有一点儿兴趣的人，他认为随着计算机在全社会的推广，人们都应该对这项技术产生巨大的兴趣。这一点似乎没有错，至少在比尔周围这种想法是没有错的，但是对我来说，我感兴趣的只是这个技术的推广本身。什么样的人会买计算机？肯定是那些对计算机感兴趣的人，要是像我这种人，肯定不会把钱花在购买计算机上，一分钱也不会。

也许是认为对于计算机和互联网的认知不在自己的能力范围内，巴菲特从来没有在微软或者是英特尔公司投资，否则世界首富早已记在他的名下了。在财富排行榜中，排在首位的是微软董事长比尔·盖茨，巴菲特排在第二位，但巴菲特从来不在意这些。或者说，也许巴菲特是关心的，他也非常在意世界首富的头衔，但让他更加关心的是如何才能避免可能出现的风险。哪家公司将成为下一个微软、下一个英特尔、下一家声名鹊起的公司？巴菲特不知道，哪家公司有倒闭、破产的危险？巴菲特也不知道。他所描述的“安全边际”是：任何技术行业都是存在生命周期的，一旦这个行业没落，马上就会有新的行业顶上来。也许这一点能解释巴菲特为什么不在微软、英特尔公司投资。

退一步说，即便巴菲特对于科技股票有兴趣，他也不会让自己陷入风险之中，这也许是因为过去的经历依然敲打着巴菲特的心。1992年阿吉特·贾殷刚刚加盟伯克希尔–哈撒韦的时候就见证了这一切。1992年美国遭遇了“安德鲁”飓风的侵袭，南佛罗伦萨地区损失惨重，之后，巴菲特决定开设一个全新的险种——巨灾再保险业务，旨在当不可抗拒的灾难发生时，对保险人进行赔付，不过这需要保险人事先缴纳一定的费用。两年后，加州北岭发生7.1级地震。在灾难面前，几乎没有哪家保险公司有足够的资金应付这一切，但巴菲特和他的伯克希尔–哈撒韦有这个能力，支付了大笔的保险补偿。

在布鲁姆金家族（也就是B夫人）的帮助下，巴菲特完成了对威利连锁家具店的收购，这是一家位于盐湖城的家具公司。对于巴菲特来说，曾经依靠《穆迪手册》来搜寻潜在收购对象的日子已经一去不复返，如今巴菲特更多地扮演着“救世主”的角色，例如从某位企业掠夺者手中夺下了飞安国际公司——这是一家培训飞行员和制造培训模拟器材的公司，这家公司的赢利状况很好。当然，在巴菲特的身边也总是有人给他提各种各样的建议——买下事达家具、买下Dairy Queen公司……但是这些建议都没有得到巴菲特的赞同，他认为这些并不是自己期待完成的交易。在回绝人们“好心的”建议时，巴菲特调侃道：“如果没先打电话人就来了，你们知道这个人一定是我！”巴菲特的言外之意是自己很可能不按牌理出牌。

为什么会有人给巴菲特提出那样的建议？也许在股神投资了德克斯特鞋厂后，人们认为巴菲特不会对任何交易说不，但是就连巴菲特自己也开始对这桩鞋厂交易感到后悔了：人们对国外进口鞋业的热情并没有任何消退的迹象，德克斯特鞋厂在众多国外竞争者中面临巨大的冲击，最后只能以倒闭收场。但对巴菲特来说，失误虽然在所难免，但还是很小的，更多的是他成功的案例，是他投资的本土企业占据上风。伯克希尔–哈撒韦与迪士尼公司协商后同意以190亿美元的价格出售前者在大都会 / 美国广播公司的股份，伯克希尔-哈撒韦得到了 20 亿美元的回报，这个数字几乎相当于最初投资数额的 4 倍！汤姆 · 墨菲进入了迪士尼董事会，在墨菲的引介下，巴菲特认识了迪士尼公司总裁迈克尔 · 艾斯纳先生。于是人们看到了出现在太阳谷的巴菲特——一个夹杂在商业名流和影视明星之间的巴菲特。此外，巴菲特再次在《华盛顿邮报》上投资，当时该报的老板是唐 · 格雷厄姆，他也是巴菲特最欣赏的人之一。在格雷厄姆的劝说下，巴菲特再次回到了自己的老行当——报业营销上，再次为报业进行投资。

1996 年初，伯克希尔-哈撒韦的股票价格飙升到每股 3.4 万美元，总资产达到了 410 亿美元！这也就意味着那些 1957 年在伯克希尔投资的"老人"（只要他们没有选择撤资），当初每投入 1 000 美元，现在就能有 1 200 万美元的回报！短短几十年内，投资的回报额就不停地翻番！巴菲特现在的身家达到了 160 亿美元，妻子苏珊凭借手里握有的 15 亿美元伯克希尔的股份（苏珊曾承诺在任何情况下都不会出售伯克希尔的股份[7]），和芒格一起进入了《福布斯》富人榜的前 400 位，他们和巴菲特一样都跻身亿万富翁之列！那个曾经默默无闻的伯克希尔-哈撒韦现在成了金融界最耀眼的明星，以至于在 1996 年巴菲特召开的股东大会上，有来自美国 50 个州的近 5 000 人聆听了巴菲特宣讲的投资圣经！

对于资产膨胀，巴菲特很自豪，当然令他更满意甚至引以为傲的是自己从来没有考虑抛售手里所持有的伯克希尔的股票，巴菲特表示自己永远都不会与伯克希尔-哈撒韦分开。"我与伯克希尔-哈撒韦注定是不能分开的！"巴菲特说道，"为了公司的利益，我会不惜牺牲自己的一切！"[8] 蒸蒸日上的伯克希尔-哈撒韦的股票已经很贵了，于是不免有人对它打起了主意。一些投资信托公司瞄上了巴菲特的投资组合，希望靠复制巴菲特投资组合的做法小赚一笔，它们的这种做法让外界看起来很像是与伯克希尔–哈撒韦形成了“共同基金”，但事实上并不是。伯克希尔–哈撒韦发迹的主要原因就在于通过投资吸纳资金后把资金投入到其他行业和股票上，这本身就是一个永不停止的循环过程，根本无法复制。也就是说，那些投资信托公司不可能依靠这种投机的方法成为下一个巴菲特。

此外，这些信托公司购买那些股票时的价格远远超出伯克希尔–哈撒韦在投资该股票时的价格，而且它们还要让客户交纳一定的费用，这其实是一种欺骗行为。看到这些，巴菲特心中的正义之火燃烧起来。

> 我不想让那些买了伯克希尔–哈撒韦所投股票的人误以为他们能很快赚到大钱，最重要的是他们的这种想法根本不现实！出现了这种结果，可能有人会自责，也可能有人把枪炮对准我。赚不到钱，他们肯定会失望，我不想看到他们失望！从我卖股票的第一天开始，我就知道让人们陷入一种对赚钱的疯狂期待是一件非常痛苦的事，这让我很担心！

为了遏制投资信托公司的这种行为，巴菲特决定发售一种全新的股票——伯克希尔–哈撒韦 B 股，B 股的票面价值相当于 A 股的 1/30。

对于发行 B 股，巴菲特似乎有着特别的热情，他曾这样写道：“无论是巴菲特先生还是芒格先生，都不能以 B 股首次发行时的价格来购买该股票，也不能鼓动自己的家人和朋友进行买卖投资。”“……公司原有的股东也不用担心，不管 B 股发行多少，他们手里所持有的股票都不会贬值！”[9]

伯克希尔–哈撒韦的 B 股发行未设数额上限，这样就能保证股票价格在发售期间不会出现暴涨的现象。“你知道，我们不想让人们觉得买到新发行的股票就能有双倍的回报，但在短期内我们有自己的市场行为方式。在过去一年间，如果我把资金完全放在一只股票上，那么我早就成为人们眼中的英雄了。而现在，只要市场需要，我们愿意一直发行B股股票，只有这样才能避免股票因为太抢手而导致价格攀升。”巴菲特解释道。

巴菲特说到做到，推行着公司发行股票但自己却不购买的策略，这种有悖于常规的态度也为他进一步赢得了大众的支持。值得一提的是，这种做法也让购买伯克希尔-哈撒韦B股的人成了巴菲特的“合伙人”，公司也从中获得了令人意想不到的利益——通过发行B股募集到的资金数目庞大！

在巴菲特之前，还没有哪家公司的首席执行官会自信到使用这种方法，但巴菲特可以！铺天盖地的媒体报道也让他成了公众的焦点，外界称赞他的坦诚。而当我们把目光转移到B股发行上来时，却发现不少投资者开始大量购买巴菲特的股票，这一点和股神之前的预期是有一定差距的，事实上他并不希望出现这种局面。他认为投资者们这样的做法并不明智，并多次在私下里表达了自己的这种想法，而这又从另一个方面证明了巴菲特在人们心中的地位。投资者之所以购买伯克希尔-哈撒韦B股，完全是出于对巴菲特的信任，这让巴菲特心中充满骄傲，否则如果B股发行不利，那将是令巴菲特非常难过的事情！不过从发行的情况来看，发行B股的做法是非常明智的，这本身就是一个双赢的交易：股东是赢家，巴菲特也是赢家。无论B股发行的结果如何，都不能改变这个双赢的局面。

随着B股的发行，巴菲特的追随者也越来越多。截至1996年5月底，伯克希尔-哈撒韦新增股东达到了4万人，这直接导致1997年的股东大会不得不改在奥马哈市的阿克萨本体育场举行，单是会议需要的设备就花掉了500万美元，不过由于是在内布拉斯加家具城购买的设备，这500万美元等于是从巴菲特的一个口袋进入了另一个口袋。

当时共有 7 500 人参加了这次股东大会，最终这也成了巴菲特组织的“资本家的欢乐盛事”，成了伯克希尔–哈撒韦的聚会。而在 1998 年的股东大会上，股东数量更是史无前例。随着时间的推移，巴菲特的名气越来越大，公司的资金规模不断扩大，他的追随者的数量也在不断上升。金融界似乎出现了一个不成文的规定：只要有巴菲特投资的行业，就能给他和他身边的所有人带来巨大的变化。

但是类似于“资本家的欢乐盛事”这样的场景在华尔街已不多见了。随着互联网技术的发展，股票市场现在也被计算机包围着，特别是在彭博机（迈克尔 · 布隆伯格发明的股票终端机）出现后，计算机已经逐渐成了股市的一部分。20 世纪 80 年代曾在所罗门公司工作的布隆伯格当时默默无闻，但是彭博机的出现却给了股市发展一个全新的起点。彭博机集股票走势图报表、曲线于一身，可以进行计算，发布股市最新消息，并可以提供股价的时间比对，模拟不同公司、债券、货币、商品之间的竞争情况。一时间，任何人手里能有一部彭博机都被认为是一件非常幸运的事。

到 20 世纪 90 年代早期，彭博机已经在股市中无所不在，但巴菲特的态度很坚决——彭博机销售小姐连续三年向伯克希尔–哈撒韦进行推销都没有成功，每次都只能得到对方拒绝的答复。在巴菲特看来，每分钟都跟进股市的最新消息的做法不是投资，依赖电脑也不是投资，不过最后巴菲特也妥协了。由于进行债券交易有赖于彭博机才能完成，一向对彭博机甚至计算机持抵制态度的巴菲特也在伯克希尔–哈撒韦总部安装了一台彭博机，不过这个股票终端距离巴菲特的办公室很远，而每次去彭博机读取数据也不是巴菲特的工作，涉及彭博机的事务由公司债券部主管马克 · 米拉德全权处理。[10]

彭博终端机的出现，标志着股票交易进入了一个计算机化的时代，这也从一个层面凸显了所罗门公司当时的被动局面。所罗门公司落后的经营模式已经无法跟上公司前进的脚步。1994年，时任所罗门公司首席执行官的德里克·摩根决定重新评估员工们的工资收入情况。摩根认为员工应该和股东一样分担公司在经营中出现的风险：经营景气的时候，员工可以和股东一样得到分红；如果经营不景气，员工应该和股东承担同样的风险。摩根的这种想法获得了公司一部分员工和股东的支持，[11]但这毕竟是华尔街，除了所罗门公司外，没有哪家公司会有这样的想法，于是不久公司就有35名高层人员离职。对于员工这种拒绝承担风险的态度，巴菲特也感到很无奈。

35名离职的高层中有一个人叫约翰·梅里韦瑟，他在所罗门公司的主要工作是为从事套利交易的股东寻找适合的交易。随着梅里韦瑟的离开，这些进行套利交易的股东不得不为争取自己在所罗门公司的股份而斗争。对于这些人，巴菲特还是很愿意为他们做些什么的，毕竟套利交易在所罗门公司的收入中占有很大的份额。不过由于市场竞争残酷性的不断增加，即便是套利交易的利润也出现了下滑的趋势。

套利交易者存在这样的想法，他们认为类似或者相关产品的价格差距会越来越小，这就是他们进行交易的理论依据。举个例子，他们的交易可能会建立在两种类似的债券能否以相近的价格来完成交易上。[12]可当时的大环境是竞争异常激烈，那些不需要动脑就能完成的生意越来越少，所以套利交易者只能将目光投向那些高风险的交易。一旦亏本，他们会拿出更多的钱，期望能以扩大规模的方式来挽回出现的损失。不管是上述哪种情况，由于交易本身的利润正在缩水，套利交易者认为只有通过大手笔的买卖，才能弥补交易中出现的损失，然而他们进行的很多交易都是在负债的前提下进行的。

市场法则并不鼓励套利交易者这样做，因为市场并不需要套利交易者把自己的损失通过与之前一样的方式填补回来。为什么？这个

a

b

c

a
律师查克·里克肖塞尔

b
巴菲特穿着浴袍吹小号的样子。自从小时候在罗斯希尔小学的那次表演失败后，巴菲特就再也没有在公开场合吹过小号

c
查理·芒格和他的孙子们一起看书

a

b

c

a

巴菲特和沙伦 · 奥斯伯格。1994 年，在新墨西哥州阿布奎基的世界桥牌比赛中，巴菲特第一次参加桥牌比赛。他们本来已经进入决赛，但还是退出了，因为巴菲特当时精疲力竭，不能继续比赛。世界桥牌联合会为此非常震惊

b

1991 年 7 月，巴菲特和比尔 · 盖茨在盖茨家位于华盛顿胡德运河的小别墅第一次见面

c

1993 年，巴菲特第一次接触计算机鼠标。一副“大胆无畏”的样子，沙伦 · 奥斯伯格如是说

a

b

c

d

a

巴菲特和可口可乐总裁唐纳德 · 基奥

b

与儿子豪伊和儿媳德文在一起。豪伊与德文于 1982 年结婚

c

1993 年复活节，比尔 · 盖茨和女友梅琳达去巴菲特的波仙珠宝店挑选订婚戒指

d

巴菲特一生的好友比尔 · 鲁安，2005 年去世

a

c

b

a

1996 年 5 月，沃伦和阿斯特丽德一道参加彼得 · 巴菲特和珍妮弗 · 海尔的婚礼

b

巴菲特在太阳谷开高尔夫球车，苏珊和凯瑟琳 · 格雷厄姆坐在上面，把性命交给了沃伦

c

芒格和巴菲特在伯克希尔 – 哈撒韦股东大会上回答问题

a

b

c

a

巴菲特和朋友黛安娜 · 冯 · 弗斯腾伯格、赫伯特 · 艾伦、巴里 · 迪勒在太阳谷

b

从右到左依次是：可口可乐首席执行官罗伯托 · 戈伊苏埃塔、比尔 · 盖茨和沃伦 · 巴菲特。1997 年他们在唐纳德 · 基奥主持的一次座谈会上，席间盖茨说巴菲特认为可口可乐比科技公司容易经营，这冒犯了戈伊苏埃塔

c

苏茜指着父亲背上的棒球服编号 1/16，因为股票曾一度使用“极小”的单位定价—1/16 美元

a

b

c

a

沃伦和他的姐姐多丽丝及妹妹伯蒂（左）

b

沃伦全神贯注于桥牌比赛。1989 年，他代表美国社团桥牌组决战美国国会桥牌组

c

巴菲特和好朋友凯瑟琳 · 格雷厄姆

a

b

c

a
1994 年，巴菲特在比尔 · 盖茨夫妇的婚礼上致辞

b
在 1998 年同比尔 · 盖茨一起度假时，巴菲特试图接通卫星电话

c
1995 年原格雷厄姆集团再相聚。左起：巴菲特、汤姆 · 纳普、芒格、罗伊 · 托尔斯、桑迪 · 戈特斯曼、比尔 · 斯科特、马歇尔 · 温伯格、沃尔特 · 施洛斯、埃德 · 安德森、比尔 · 鲁安

a

b

a

1997 年沃伦和苏珊穿着米奇与米妮服装出现在大都会 / 美国广播公司的活动中

b

1995 年，巴菲特正在进行他的第一次中国之旅

a

b

c

a

2004 年 2 月 20 日，巴菲特和美联储主席艾伦 · 格林斯潘出席奥马哈地区商会

b

巴菲特在 Jean Naté 慈善活动中说明橄榄球运动的优势

c

2004 年 7 月沃伦和苏珊紧紧相依，在苏珊的口腔癌手术恢复后参加的一次公开活动中

a

c

b

a

巴菲特于 2005 年 1 月在 GEICO 位于纽约州阿姆赫斯特的新办公室表达自己对 GEICO 的感情

b

2006 年 12 月于奥马哈，巴菲特和美国前总统比尔·克林顿在女子公司的资金筹集活动中

c

查理·芒格在一边走路一边看书

a

b

c

a

巴菲特和朋友沙伦·奥斯伯格

b

1998 年，巴菲特和盖茨父子

c

被猎豹咬过，被北极熊追过……摄影师兼自然资源保护主义者豪伊·巴菲特致力于野生动物保护工作

a

b

c

a

巴菲特 75 岁的生日聚会，在沙伦 · 奥斯伯格和大卫 · 史密斯的家中。巴菲特和盖茨努力学习山水画。下面一张是巴菲特站在自己完成的作品前面拍照

b

沃伦、多丽丝和伯蒂再现儿时的照片，努力模仿当时的表情

c

2000 年手术后，巴菲特生平第一次留起了胡子

a

b

a

2002 年 9 月，巴菲特和阿诺德 · 施瓦辛格在英国参加商业领袖奈特捷会议

b

巴菲特在奈特捷公司的一次活动中采访旧金山啦啦队

a

b

c

a

2005 年 8 月 30 日，巴菲特在生日庆祝会上，败给要求和他一比高下的 9 岁乒乓球手邢延华

b

2004 年 5 月，博诺送给苏珊一幅他自己创作的以苏珊为背景的 U2 歌词画作。后来，他说他俩是“心心相印的朋友”

c

2006 年，巴菲特的朋友沃尔特 · 施洛斯在他 90 岁生日宴会上唱摇滚

a

b

a
苏珊过世两年后，在 2006 年 8 月 30 日巴菲特生日的时候，沃伦和阿斯特丽德在苏茜家低调结婚，阿斯特丽德当时激动得泪流满面

b
彼得 · 巴菲特的《魂—七度火苗》中的一个舞台镜头。这是一部关于寻找迷失身份的剧作

2006 年 6 月 26 日，比尔和梅琳达 · 盖茨与巴菲特度过了快乐的一天，这一天巴菲特宣布他将大部分资产捐给比尔和梅琳达 · 盖茨基金会

游戏最终就是没有人会从中赢利：如果一个人有 1 美元，他在生意中赔掉了 50 美分，还剩下 50 美分，为了填补损失，他肯定会加大投资，但想要补回之前的损失又怎么会是一件容易的事？所以最好的方法就是向别人借 50 美分凑够 1 美元后进行下一笔交易，这也就意味着他只付出了一半的资金就能得到两倍的利益（当然还要算上借款期间的利息）。相比于自己付出 1 美元，显然第二种方式要轻松很多。但不可否认的是，借钱做生意也将加大风险指数，如果投资者再输掉 50 美分，那他就什么都没有了。所以巴菲特也从中给出了三条法则：第一，做生意要避免赔钱；第二，参照第一条法则；第三，不要从别人手里借钱！

然而那些套利交易者的想法并不是这样，他们总以为自己对债券价值的估计是正确的，因此即便债券市场的走势背离了他们之前的预测，他们也认为只要时机成熟，损失的钱就会自动回到自己的口袋。从股价波动率的角度来讲，投资风险就这样出现了，因为上述命题成立的条件是投资者必须有足够的时间和耐心，而这恰恰是那些借款经营者最大的弱点——时间对于借款投资的人来说几乎就是奢侈品。还有一个重要的因素，在已经亏损的项目上进行投资，投资人必须拿出足够的资金，而且任何资金都是存在机会成本的，这笔追加的额外资金也不例外。

在众多的套利交易人员中，有一位叫拉里 · 希里布兰德，他原本希望利用抵押债券的利息套利从中赢利，没想到却赔了 4 亿美元，这在当时是一个不小的数目。不过希里布兰德深信如果公司能够给予一定数量的资金援助，自己肯定能把之前的损失补回来。巴菲特也相信希里布兰德有这种实力，于是同意给他拨款，最终的结果令两人都很满意——希里布兰德不但补回了之前的损失，还着实赚了一笔。

这些从事套利交易的人似乎对自己的能力有一种天生的直觉和判

断，他们总是对自己深信不疑。随着套利交易的手段在股票、债券的经营过程中越来越普及，套利交易者逐渐希望能摆脱之前受限制的局面，他们希望扩大交易范畴，希望在交易中引进更多的变量和不确定因素。套利交易者对于计算机的依赖性很强，通过种种复杂的数学公式计算出来的数字，是他们决定是否交易以及进行哪个交易的基础，但他们又否认自己是数字的奴隶，坚持说数字不过是决策过程中的指示路标而已，并不具备任何实际的意义。在巴菲特和芒格眼里，这种依靠数学公式来指导投资的方法算不上真正的投资，这种感觉和用自动驾驶模式开车很类似，开车人认为自己在高度专注地驾驶汽车，路况平稳的地区还好，而一旦遇到了道路颠簸、雨天还有交通拥堵的情况，自动驾驶就完全失去了作用。换句话说，一旦股市出现问题，依靠冷冰冰的数学公式给出的答案肯定不能解决出现的问题。

所罗门公司那些从事套利交易的人究竟希望得到什么呢？很明显，投资资本不是他们的终极目标，他们希望约翰 · 梅里韦瑟重新回到所罗门公司的舞台上。在所罗门改革后期的恢复阶段，套利交易者一致支持赋闲在家的梅里韦瑟重返所罗门，但是时任公司首席执行官的德里克 · 摩根并不支持，在他几次礼貌地表达反对后，公司的套利交易者明白他不希望梅里韦瑟回来。这时，巴菲特和芒格起了至关重要的作用，两人对梅里韦瑟的回归投了赞成票，这当然是以一定条件为前提的——梅里韦瑟在回到所罗门公司后必须定期向摩根汇报工作情况，这样也就限制了梅里韦瑟在工作中的自由度。梅里韦瑟并不愿意在他人控制之下工作，于是终止了谈判，并于 1994 年开办了属于自己的对冲基金公司长期资本管理公司。长期资本管理公司的运营模式和所罗门公司的套利交易运作模式类似，最大的区别在于梅里韦瑟和他的合作伙伴可以保有交易后赚取的利润。

随着梅里韦瑟的离开，他原来在所罗门公司的老臣和同事相继离去，大家纷纷选择美国康涅狄格州的格林尼治作为自己工作的新起点——这里也是长期资本管理公司总部的所在地。由于公司最大的财富制造者离开了，所罗门公司的首席执行官摩根预感到巴菲特也将要离开，他似乎已经洞察到巴菲特给手中所罗门公司的股份贴上了“出售”的标签，所以摩根不得不开始未雨绸缪，着手部署后巴菲特时代的公司运营计划。[13]

巴菲特在1996年致股东的信中这样说道：“事实上，所有的股票价格现在都被高估了！”巴菲特认为股票市场之所以红火，是因为华尔街的存在以及它在世界范围的影响。同样是在1996年，摩根决定把公司旗下的酒店卖给桑迪·韦尔，这位旅行者保险公司的首席执行官正是十几年前从保险公司消防员基金被排挤走的那位，而多年前的排挤事件刚好牵扯到巴菲特，韦尔对巴菲特可谓恨之入骨。摩根不是没有考虑到两人之间的摩擦，但是当面对世界范围内在大型“金融购物中心”方面唯一能与美林证券抗衡的旅行者保险公司时，摩根还是选择对巴菲特与韦尔之间的矛盾视而不见。而韦尔方面，虽然他本人不喜欢套利交易，但是他深知世界范围的连锁酒店将产生巨大的利益，所以毫不迟疑地与所罗门公司签订了交易合约，而他这种行为则被外界认为是针对巴菲特的。韦尔以自己的方式打败了巴菲特——既然所罗门公司在巴菲特时期经营不善，韦尔自然不会放过这个机会证明自己。对于自己的对手韦尔的收购，巴菲特丝毫没有吝惜自己的溢美之词，他把韦尔比喻成实现股票价值的天才。[14]最终，韦尔的旅行者保险公司以90亿美元的价格买下了所罗门公司，巴菲特终于甩掉了自己身上的这个大麻烦。[15]

甩掉了所罗门公司，巴菲特依然是投资者追捧的对象，梅里韦瑟就是其中之一。这位长期资本管理公司的首席执行官深知巴菲特非常希望能拥有属于自己的赌场和娱乐场，因此在自己的长期资本管理公司挂牌营业的某一天，也就是1994年2月前的某一天，梅里韦瑟和一位合伙人亲自飞往奥马哈，希望能说服巴菲特往自己的公司注资。他们邀请巴菲特在奥马哈著名的Gorat's牛排店吃饭。席间，梅里韦瑟向巴菲特展示了对于新公司的规划，并对投资赌场可能出现的种种情况做了分析，还给出了公司的资金预算，准备充分可见一斑。梅里韦瑟的理念就是通过数量庞大的小规模经营来赚取利益，而这些小规模经营的启动资金至少需要长期资本管理公司资本的25倍！梅里韦瑟认为，一旦经营出现失误，最大损失额不会超过公司资产的1/5，而公司出现这种情况的可能性不到1%。[16]相信没有人会把自己公司出现风险的概率说到1%以上（要真是那样的话，没有人会对这样的企业投资，不过这些数字是不能说明问题的。任何公司在规划的时候都会预先假设公司出现致命打击的可能性是零，抑或微乎其微。公司这样做的原因很简单，即便公司有数额庞大的回报，也不足以补偿可能出现的风险带来的损失）。

梅里韦瑟之所以选择“长期”作为自己公司名字的一部分，很大程度上是因为当时投资者的钱都被套牢了。他深知如果自己开始赔钱，在损失得以填补前，他身边就必须要有其他投资者的支持！但是梅里韦瑟的这种想法被巴菲特和芒格看穿了，他们很不屑于成为梅里韦瑟利用的工具——自己投入巨大的资金，填补根本不可能填平的损失，扮演这样的角色让巴菲特和芒格很难接受。

“我们知道他们（长期资本管理公司的人）是非常精明的。”芒格说道，“但我们依然对这份投资的复杂性和需要的启动资金持一种怀疑态度，我们不想成为替罪羊，不想成为把别人带进投资坟墓的坏人。如果我们选择了这个项目，相信会有很多人去模仿。”芒格在言谈中丝毫没有避讳伯克希尔-哈撒韦很可能成为长期资本管理公司替罪羊的猜测。“况且我们也不赞同长期资本管理公司那些人的处事方法！”[17]

长期资本管理公司的赢利模式是这样的：每年从投资者手里收取2% 的手续费，并从投资者的投资利润中分得 25% 的利润。即便如此，委托长期资本管理公司进行投资的客户依然络绎不绝，他们看重的是这家公司的名气，以及提出的“和投资天才一起赚钱”的口号。的确，在长期资本管理公司成立初期，公司的运营是非常出色的。从创下对冲基金募集史上最高的 12.5 亿美元开始，长期资本管理公司有了一个很不错的起步。长期资本管理公司挖到了之前在所罗门公司工作的老臣和经营团队。在新公司，这些套利交易的专家能够把自己的全部精力投到交易开发上，不会受到外界干扰，自己辛辛苦苦赚回来的利润也不会被公司其他部门瓜分——之前在所罗门公司时，套利交易部门创造的财富往往成为诸多部门觊觎的对象，不过在长期资本管理公司，这样的局面再也不会发生了。在长期资本管理公司成立的前三年，业绩非常好，投资者的投资总额翻了两番。到 1997 年底，公司累计资本达到了 70 亿美元。但好景不长，之后出现的对冲基金竞争激烈的局面开始制约公司回报的增长，而梅里韦瑟不得不向投资者返回 23 亿美元的资产以填补投资者的损失，剩下的则完全投入了市场。那时长期资本管理公司的套利交易依然维持在 1 290 亿美元的水平线上，但是这个数字看起来更像是公司的债务总额。事实上，当时长期资本管理公司只有 47 亿美元的流动资产。公司原本的策略是通过募集投资者的资金，以巴菲特选择的投资组合作为自己的蓝本积累财富，但是现在梅里韦瑟发现公司的资产中几乎有一半是记在自己合作者名下的。[18] 尽管如此，梅里韦瑟依然很自信，他和他的公司在金融界依然拥有显赫的地位，公司的那些合作者依然可以对自己的客户要派头。那时与长期资本管理公司进行合作的企业向超过 50 家银行进行贷款，虽然是债务人，但这些企业依然对银行、对自己的经纪人指手画脚、发号施令（这样的场景在类似的案例中很常见）。

也许是因为巴菲特在金融界创造的财富是前无古人的，所以很多人都把复制巴菲特神话甚至超越他作为自己最大的目标，不过目前来看还没有人实现这个目标。在很多人看来，梅里韦瑟已经离这个目标越来越近了。梅里韦瑟对巴菲特也许有一种潜意识的怨恨心理，在所罗门公司，巴菲特就没有向他伸出援手，既没有充当他的保护者，也没有帮助他重返所罗门，这就让梅里韦瑟有了超越巴菲特的动力。[19]但人们也许忽略的一点是，长期资本管理公司永远是落后于巴菲特的伯克希尔–哈撒韦的。简单来看，伯克希尔–哈撒韦的股价要比长期资本管理公司的股价高[20]，但梅里韦瑟不是轻言放弃的人。他在百慕大地区开设了一家名为“鹗莱”的再保险公司。选择“鹗莱”这个名字，是因为在长期资本管理公司总部大楼前面的喷泉中间有一尊雄鹗的铜像，铜鹗的爪子深深地插进了猎物的身体里，鹗莱也因此得名。长期资本管理公司旗下的这家再保险公司主要的业务范围涉及地震、飓风等自然灾害保险，这个险种和巴菲特高级助理阿吉特·贾殷在伯克希尔–哈撒韦负责的险种十分相似。换句话说，鹗莱公司闯入了阿吉特的领地。但众所周知，任何保险险种都不是一个轻松的话题，很多人在涉足保险行业的时候都没有获得成功，即便是经验老到的巴菲特，在他年轻的时候也出现过这样那样的失误。所以作为一个新手，要想在再保险行业中做出成绩，长期资本管理公司必须要有进门的金钥匙，事实证明，它做到了。

随着时间的推移，长期资本管理公司在保险业务上越来越成功，其业务范围也在不断扩大，甚至有人开始效仿它的保险经营策略。到1998年夏，一切似乎又到了一个转折点，几乎在一瞬间，所有债权人都意识到了一个问题——他们对于债务人是否还款的预想有些盲目乐观。究竟债务人会不会按时偿还自己的债务？每隔一段时间这种想法总会爆发一次。面对这种情况，再加上银行利率的提高，长期资本管理公司的竞争对手纷纷对自己目前的状况重新进行评估，具体办法就是通过降低债券价格的方式带动一个销售狂潮，但长期资本管理公司并没有这么做。它选择了与大众方法背道而驰：卖出了手中最保险的债券，转而投资那些高风险的债券，认为高风险能带来高回报，同样也在价格上具有相当的优势。长期资本管理公司的理念就是随着市场趋向更加有效的运作方式，高风险债券的价格将会上扬，趋向低风险的债券价格。做出这样的判断源于它通过市场分析做出来的精密测算。在进行了一系列的数据分析后，长期资本管理公司认为金融市场的大方向将趋于平稳，也就是说市场将出现反弹，而之后市场即便有变动，也是在一个很小的范围内波动。这种说法从历史的角度来看是成立的，但是历史告诉人们的另外一个原则就是普遍发生并不代表永恒。长期资本管理公司也知道这一点，所以公司把投资者的钱“冻结”了起来，希望当问题出现的时候能对公司有所帮助，至于期限，公司没有明确，但肯定是越长越好，至少公司会选出一个它认为合适的足够安全同时又能保证自己利益不受侵害的时间。

1998 年的俄罗斯金融风暴最终摧毁了长期资本管理公司的所有设想。1998 年 8 月 17 日，俄罗斯政府宣布卢布贬值，这场金融风暴引发了全球性的金融动荡，长期资本管理公司受到重创。投资者能做出的唯一选择就是抛售手里的所有股票和债券。早些时候已经有投资经理预感到了长期资本管理公司几近崩盘的局面，他们认为公司在金额巨大的套利交易中谋利的做法无异于“在重型推土机前去捡 5 美分的硬币，危机随时都有可能发生”。[21] 这一幕现在已经发生，而且捡钱的人面对的还是一部安装了法拉利引擎的推土机，它正以每小时 80 英里的速度开过来，捡钱的人大难临头了。

回忆起当时的一幕，巴菲特也陷入了沉思。1998 年 8 月 23 日，星期日，他接到了长期资本管理公司的埃里克·罗森菲尔德的电话。“当时我正在打桥牌，电话响了，是罗森菲尔德。”巴菲特说道。对于罗森菲尔德，巴菲特是非常欣赏的。45岁的罗森菲尔德是梅里韦瑟精英团队的一分子，之前他曾在所罗门公司就职，在那里他主要负责的就是审核每笔交易，找出存在问题的环节。到了长期资本管理公司，他成为梅里韦瑟的副手，工作的主要方向就是以销售合并套利债券的方式来重新规划公司的投资组合，尽可能地优化投资组合。“我已经很多年没有和罗森菲尔德通电话了，但我能听出来他的声音带有一种很害怕的情绪。他向我通报了长期资本管理公司的情况，并表示希望我能帮助公司的套利债券部门走出困境，把套利债券转移到我的名下，这大概需要60亿美元的投入。直到那时他们依然认为套利交易是一个纯数学的问题。”[22] 巴菲特并没有直接拒绝罗森菲尔德的请求，而是选择了非常礼节性的方式，“我很明白地告诉他，我可以帮他，但不是买下其公司的全部套利债券，而只能是其中的一部分。”

就在这场金融动荡发生短短几天的时间里，长期资本管理公司的资产严重缩水，不到一周，公司的资产净值减少了50%。一周里，公司的合伙人一直在给自己关系网里的所有人打电话，希望在8月31日，也就是公司宣布破产前能够尽可能多地募集到资金，随着公司逐渐接近死亡的边缘，他们也开始认同了拉里·希里布兰德的话——现在是到了向“奥马哈先知”巴菲特求助的时候了，只有他才能帮助长期资本管理公司渡过难关。

第二天，道琼斯工业指数下跌了4%，《华尔街日报》把这称为“追加保证金的全球性预警通知”，恐慌的投资者开始纷纷抛售手中的股票和债券。而就在这一天，希里布兰德来到奥马哈拜访巴菲特，巴菲特亲自到机场迎接这位老朋友，之后两人来到了伯克希尔-哈撒韦在基威特广场的总部。令希里布兰德感到惊讶的是，伯克希尔-哈撒韦的装修和自己所在的长期资本管理公司有着很大的不同：后者极尽奢华，办公大楼里有两张撞球台，一个面积达到3 000平方英尺的健身房，还配有专业的健身教练，而伯克希尔-哈撒韦秉承了巴菲特节俭的美德，办公室并不大，而且已经被工作人员和可口可乐公司的投资备忘录填满了。

此前，希里布兰德的情况并不好，他早已陷入债务麻烦之中，个人投资血本无归，想要利用杠杆投资来填补损失也不是良机。到达奥马哈的第一天，希里布兰德走访了伯克希尔-哈撒韦的各个层面，并向巴菲特陈述了在这个时间对长期资本管理公司投资的种种好处。[23]提到这件事，巴菲特回忆道："当时希里布兰德希望我能向长期资本管理公司注资，他向我描述了七八个可以投资的部门，但是我知道这些都是相互牵连的，我知道我伸出援手的时间越迟（不要太迟），我能够得到的利益份额就会越大。为什么？因为以长期资本管理公司目前的状态，它非常需要能有人施以援手。而希里布兰德提出的建议似乎都不在点儿上，没有什么实际的意义，也许长期资本管理公司的人认为自己还有时间要要手段，但我不想这样，这就是我的答案。"正如巴菲特所说，最后他这样告诉希里布兰德："我不会拿着别人的钱进行投资，我不希望扮演投资人的角色。"[24]那么巴菲特想要的是什么呢？他只对担任公司老板这个职位感兴趣。

长期资本管理公司不需要老板，只需要一个投资者，能够注入资金帮助公司渡过难关的人。所以公司不得不寻求其他力量的帮助，就在即将选择寻找其他人帮助的时候，公司的局面似乎又出现了转机。[25]到8月的最后一天，也就是公司管理层需要向股东通报公司亏损情况的那一天，公司的基金损失已达19亿美元，接近资产总额的一半。出现这种局面，不仅是由于股票市场连续几个月下跌，另外一个不容忽视的原因就是人们对于债券投资市场存在的风险的抵触。[26]

相关部门表示1998年出现的这次股市震动可以说是非常罕见、"百年一遇"的，而其所带来的影响不亚于在纽约市刮起了4级飓风，整个金融界的损失达到了20%。但长期资本管理公司好像看到了些许有利因素，梅里韦瑟在写给股东的信里表示了自己的信心。尽管公司的损失已经达到了50%，但他并没有用"损失"这个词，而是选择了"震动"这个词，他还在信里积极鼓动股东投资："现在出现的情况的确不是很好，但这不过就是一个震动、一场风波而已。而从另外一个角度来讲，这是各位选择进行投资的最佳机会，至少在我们看来，现在是公司所能想象到的最好的投资机会。如果能对我们公司进行投资，那么你所投资的这笔资金将为你赢得一个超值的回报率，我们的手续费也会更加合理。"[27] 梅里韦瑟似乎在给人制造一种错觉——长期资本管理公司有这个能力募集到资金东山再起，它可以等到金融风暴平息后把失去的损失夺回来。事实上，如果公司希望弥补失去的损失，就需要大量的资金作为后盾，以公司目前的情况只能通过杆杠交易的方式，而过高的杠杆率又让这种想法变得不太现实。在这种局面下，"投资风险"的唯一解释就是赔钱了。很显然，长期资本管理公司没有做好赔钱的准备。公司长期以来保守的企业文化和蒙蔽合作伙伴的专制作风现在开始起作用了，没有人愿意把钱投资到摇摇欲坠的长期资本管理公司，不过也许有一种可能——只有那些真正成为公司老板的人现在才会把自己的钱放在这家以套利交易为主的投资公司里。

当巴菲特看到梅里韦瑟写给股东的这封信时，他也给自己的下属和梅里韦瑟写了一封信，信里写道：

> 他（梅里韦瑟）描述的情况是可能发生的，但必须要具备以下几个前提：第一，你的工作人员必须非常优秀，智商全部都在160分以上；第二，他们所在的行业必须要有悠久的历史，至少要有250年的发展史；第三，行业的纯利润要高；第四，这个行业要

有很高的杠杆比率作为后盾。[28]

巴菲特经常说，无论基数多大，它与零相乘的结果依然是零。对于巴菲特来说，零的概念就是没有任何结余的损失。在任何一项投资中，只要存在完全亏损的可能，那么不管这种可能变为现实的概率有多小，如果无视这种可能继续投资，资金归零的可能性就会不断攀升，早晚有一天，风险无限扩大，再巨大的资金也可能化为泡影，没有人能够逃得了这一切。[29] 但巴菲特的这种理论显然在长期资本管理公司是不存在的，他们一直认为所谓灾难性的情况出现的概率不到 20%。巴菲特描述的“零”的概念，在他们眼中基本上是不存在的。

只是全球性的金融动荡并没有因为长期资本管理公司的乐观有所改善。到了 1998 年 9 月，股市依然呈低迷态势。长期资本管理公司的损失已经超过了 60%，但依然没有人进行投资，公司还在为资金发愁。其他交易商的态度更是令长期资本管理公司的情况雪上加霜，他们开始抛售手中持有的长期资本管理公司的基金和股份，所有人都知道长期资本管理公司即将破产，公司易主不过是时间问题，因此长期资本管理公司的价格必将走低——投资者向来就是这样，总希望从危险的地域跳到安全的地域。现在的长期资本管理公司对于他们来说已经不再属于安全的范畴，长期资本管理公司在他们眼中已经没有了任何意义。这时，高盛进入了长期资本管理公司的视线，包括高盛在内的几家企业决定联合购买长期资本管理公司 50% 的股份，并注资 40 亿美元，不过这笔钱对于处于困境中的套利基金公司来说还是杯水车薪。

对于收购长期资本管理公司，高盛方面曾与巴菲特联系过，询问其是否有意向对该公司实行紧急救援，得到的却是否定的答案。不过巴菲特也不是完全否定收购的可能，他表示可以考虑与高盛联合完成收购，不仅买下长期资本管理公司的全部资产、投资组合，还要对公司的债务负责。如果两家公司联手，那么它们绝对有资本等到金融危机结束后帮助该公司东山再起，但是巴菲特提出了一个让人觉得非常棘手的条件：收购可以，梅里韦瑟必须走人。

长期资本管理公司和伯克希尔–哈撒韦是有牵连的，而且还是巴菲特最讨厌的债务关系：长期资本管理公司欠伯克希尔–哈撒韦的钱，不仅如此，长期资本管理公司还牵扯到三角债务和四角债务的纠纷中，而债务纠纷的最终债权方都是伯克希尔–哈撒韦。“债务问题就如同做爱，”巴菲特说道，“问题的关键不在于我们睡了谁，而是他们睡了谁！”（也就是说谁欠我钱不重要，关键要看谁欠我的债务人。）不过之后巴菲特并没有把注意力转移到收购上，而是在周五飞到了西雅图，参加比尔·盖茨组织的从阿拉斯加到加州的“淘金之旅 13 日游”。临行前，他打电话给自己的职员：“不管是谁，只要对方不提供担保，或者没有给我们发保证金通知，都不要相信他们的借口。”[30]

第二天，巴菲特和苏珊以及包括盖茨夫妇在内的四对夫妻出现在阿拉斯加州首府朱诺市，他们要乘飞机飞越阿拉斯加的冰原地带。在那里他们看到了巨大的蓝色冰山，看到了 3 000 英尺悬崖边上壮美的瀑布。晚上，巴菲特和众人一起观看了有关冰川学的介绍，但他的心思早已经飞到了长期资本管理公司的收购案上，他在想高盛能不能在这么短的时间里募集到足够的资金完成收购。贪婪的交易商已经把长期资本管理公司的价格压得很低了，这个时候介入显然是最合适的。在巴菲特的职业生涯中，还没有哪一次收购是在这么短的时间里完成的，而且这次面对的还是一家规模很大的企业——至少曾经的规模还是很大的，所以巴菲特把这次收购长期资本管理公司看成一个非常难得的机会。

第三天，盖茨旅行团来到了海滩附近，他们选择的地点常有灰熊出没，而他们当天的主要目的就是观察灰熊。不过巴菲特并没有这个闲情逸致，高盛的总裁乔恩·科奇一直在给巴菲特打电话，不过由于卫星信号不好，电话总是打不通。“算了，今天我们算是与外界隔绝了。”巴菲特说道，“游船两侧都是800多米高的山峰，船长还指给我们看了，瞧，前面出现了一只熊，该死的熊！不过现在我还是应该找一部电话，而不是和熊在一起！”

看过了灰熊，盖茨、巴菲特一行人按计划要穿越弗雷德里克海峡去看驼背鲸，在长达两三个小时的时间里，巴菲特几乎与外界断绝了一切联系。由于信号不好，谁也找不到他，可想而知远在纽约的科奇是多么着急，不过最终科奇还是联系上了巴菲特。当巴菲特还在阿拉斯加听取有关海洋野生动物的介绍时，科奇在纽约这边的收购准备已经进行得差不多了。他告诉巴菲特可以完成收购，尽管当时还只是停留在对收购提出报价的层面上（因为不知道有多少公司会与之竞争收购），而且科奇还表示将完全按照巴菲特的想法，约翰·梅里韦瑟与收购无关，收购完成后，梅里韦瑟不会进入公司新的管理层。

如果照这样走下去，一切都会非常顺利。但是到了周一，巴菲特再次玩起了“消失”，这大大考验了科奇的耐心，他对向长期资本管理公司提出报价以及后面的收购变得越来越没有耐心。于是他开始联系美联储交易部门主管彼得·费舍尔，与之商讨有关联合长期资本管理公司债权人发起拯救行动的问题。而在早些时候美联储已经对长期资本管理公司表示了相当的关注，主席艾伦·格林斯潘也参加了相关的电话会议。美联储一致认为目前的股票市场陷入了一场“国际性的金融风暴”中，所以肯定会有部门或者企业受到影响，“甚至可能是巨大的影响”。[31] 在这种情况下，不乏声音宣称美联储将通过减息的方式来救市。

在科奇还有美联储积极筹划的同时，长期资本管理公司并没有止住亏损的脚步，短短几天的时间，长期资本管理公司的损失就达到了5亿美元，银行也开始通过销账的方式削弱对长期资本管理公司的支持。[32]具有讽刺意味的是，长期资本管理公司在8月底时资本减少到了23亿美元，而到9月已经大幅低于这个数字。一年前，公司为了提高合作伙伴的股份向投资者支付了23亿美元，而如果现在长期资本管理公司的资本还能有23亿美元，它完全可以依靠自己的力量再站起来。但是它没有，不仅资本没有到位，长期资本管理公司的负债率还达到了100∶1。也就是说，公司每有1美元的资本，就存在100美元的负债。如此高的负债率让投资者敬而远之，没有人会把钱借给这样的公司，投入到这样有去无回的生意上。

长期资本管理公司这边已经到了破产的悬崖边，而巴菲特还在游山玩水。就在巴菲特打算和盖茨夫妇前往蒙大拿州博兹曼市的那天早晨，他又接到了科奇的电话，后者向其咨询是否同意增加一个新的合作伙伴，即美国知名的保险商美国国际集团（AIG）介入收购事宜。美国国际集团愿意把自己的金融衍生部门的股份作为支付方式参与到这桩收购案中，它的老板汉克·格林伯格和巴菲特的关系很好，而且该集团有类似的收购经验，并能提供替代梅里韦瑟的管理团队，不过格林伯格强大的经济实力对巴菲特来说是一个牵制，这也让梅里韦瑟更接受巴菲特参与这桩收购案。

第二天，美联储召集45位银行代表开会，主要议题就是商讨有关联合拯救长期资本管理公司的内容。对于这个会议，在座的银行代表其实都很头疼。在过去4年的时间里，长期资本管理公司就是银行的噩梦，而现在它依然没有停止对银行业的纠缠。当时的情况是，如果他们任凭长期资本管理公司混乱的情况继续下去，那么一旦这家公司破产，其他套利基金公司也将陷入类似的混乱之中。现在的长期资本管理公司就好比多米诺骨牌最前面的一块，如果它倒了下去，那么将引发灾难性的多米诺效应，甚至全球的金融体系都将受到巨大的冲击——长期资本管理公司很可能成为下一家所罗门公司。这种情况巴菲特和芒格不是没有预料到，早在 1993 年他们就开始向伯克希尔-哈撒韦的股东灌输这种观点。这也正是诸多银行担心的问题，如果不对长期资本管理公司施以援手，很可能下一个破产的就是它们自己。所以当它们一次又一次地被迫追加资金数额的时候，态度总是很勉强，即便追加这些钱也将全部用来支付长期资本管理公司的债务。不过当科奇告诉人们股神巴菲特也参与了这项救助活动时，人们悬着的心顿时放了下来。在人们眼中，巴菲特就是投资成功的代名词，他几乎从来不会失手。如果巴菲特介入这家岌岌可危的公司，即便最终他的财富足以把所有人都踢出局，巴菲特的出现还是会增强人们心中的底气，让他们有足够的理由签下救助长期资本管理公司的协议——这毫无疑问。唯一对巴菲特不放心的就是纽约联邦储备银行总裁威廉·麦克唐纳。巴菲特在即将登上去往黄石国家公园的汽车时接到了麦克唐纳的电话，被质问是不是真的决定对长期资本管理公司实施救助。“这还有假吗？”巴菲特给出了肯定的答案，表示自己已经做好了一切准备，也能在短期内联手救市。虽然告诉了对方明确的答案，但是巴菲特心中仍有疑惑：为什么在伯克希尔-哈撒韦、美国国际集团和高盛三家规模巨大的私人公司联手对长期资本管理公司实施救助的时候，不能再加上联邦政府的帮忙？最终巴菲特在纽约当地时间上午 11 点左右给纽约联邦储备银行打了电话，尽管卫星通信的效果并不好，但他们还是见证了巴菲特对收购的坚定态度：“我希望你们能知道，我肯定会完成对长期资本管理公司的救助收购，接下来我会派人全权处理这些事。我希望你们能知道，他所说所做的一切都是我的意思，我希望你们能很认真地处理这件事。”

“当时我并不想让汽车等我，所以我继续旅行，不过这的确是一件痛苦的事。那时查理（芒格）在夏威夷群岛，好在我清楚事态的发展情况，知道形势发展得越来越严峻。到了周三早晨，几乎每个小时局面都有非常不同的变化。”巴菲特说。

就在巴菲特打完电话一个小时后，高盛代表伯克希尔–哈撒韦、美国国际集团向梅里韦瑟传真了救助方案。救助方案只有一页纸，大体是说三家公司愿意以2.5亿美元收购长期资本管理公司，但条件是梅里韦瑟和他的合伙人必须要从长期资本管理公司退出。如果梅里韦瑟同意，三家公司还将追加注资37.5亿美元，其中伯克希尔–哈撒韦将负担绝大部分。为了避免节外生枝，巴菲特只给了梅里韦瑟一个小时的考虑时间。

接受还是不接受？

当时长期资本管理公司的资产只剩下5亿美元，而巴菲特等人提出的收购价码不过是公司总资产的一半。一旦巴菲特偿还了公司的所有债务，不仅是梅里韦瑟要走人，他和他的合伙人在公司近20亿美元的资产也会打水漂。不过高盛传真的收购草案中存在一个漏洞——三家公司最终收购的只是长期资本管理公司本身，而不包括它的资产。梅里韦瑟知道这是巴菲特故意留下的缺口，但这却给梅里韦瑟出了难题，他的代表律师表示如果只收购公司而不接管公司的资产，必须要得到公司所有合伙人的同意。[33] 为此，长期资本管理公司表示希望伯克希尔–哈撒韦、高盛以及美国国际集团通融一下，要先征求内部的意见，可是收购的关头却没有人可以联系到巴菲特，这样收购很可能被迫终止。事后巴菲特也表示，如果当时能够联系到自己，他肯定会同意对方的这个请求，但是说什么都晚了。当盖茨夫妇和其他人兴趣盎然地欣赏美景时，巴菲特却忙着给高盛的科奇和美国国际集团的格林伯格打电话，但由于信号不好，巴菲特的努力只是徒劳，他也不知道纽约方面究竟发生了什么事情。

而在纽约，纽约联邦储备银行总裁麦克唐纳和45位银行代表在屋子里等待收购的最新进展，屋子外面的长期资本管理公司员工的心情更是焦急，他们不知道屋子里面到底发生了什么。之前的私人收购由于联邦政府的介入而多了很多不确定因素。最终，在没有联系到巴菲特的情况下，麦克唐纳不得不终止了伯克希尔-哈撒韦与美国国际集团及高盛的联合收购。"由于体制方面存在的问题，这次收购不得不终止。"麦克唐纳说道。没有在场的巴菲特自然不能辩解什么。在美联储的倡议下，在场的15家银行中的14家联合募集到36亿美元对长期资本管理公司实行收购，唯一没有参与这次行动的银行是贝尔斯登投资银行，这也导致其他14家银行对其旷日持久的抵制。而梅里韦瑟方面，他和他的合伙人意识到，让银行联手收购要比巴菲特介入的情况好一些，至少他们不会因和巴菲特之间的契约而沦为劳役！[34] 终于，晚上巴菲特得到了收购失败的消息，他隐约感觉到失败在很大程度上是因为梅里韦瑟不希望把公司卖给他，否则长期资本管理公司肯定会尽自己的最大努力来促成这次收购。还有一点，也是让梅里韦瑟感觉压力很大的一点，就是（正如一位长期资本管理公司的合伙人说的）"巴菲特唯一在乎的就是自己的声誉。经历了所罗门公司丑闻后，他害怕再与约翰·梅里韦瑟扯上任何关系"。[35] 而且政府促成的这桩收购给梅里韦瑟带来的好处远比巴菲特介入带来的好处多。

第二天，盖茨一行来到了老忠实喷泉，但巴菲特的心思还在收购案上，他在想是不是自己可以做些什么来挽救这桩交易，而盖茨盛情难却的桥牌宴却一点一点地"腐蚀"着巴菲特的斗志。盖茨和巴菲特等人来到蒙大拿州的利文斯顿，他们进了一列小火车，火车是盖茨之前预订好的，车上坐着两个人——沙伦·奥斯伯格和弗莱德·吉特尔曼。奥斯伯格曾两次获得桥牌世界冠军，而吉特尔曼虽然只是微软公司的一个小职员，却是桥牌的狂热爱好者。于是4个人开始了他们的桥牌之旅。当“旅行团”的其他人在欣赏温德河峡谷沿途美丽的瀑布和令人惊叹的峭壁时，盖茨、巴菲特没有加入，而是聚在一起打桥牌。他们所在的车厢有一个透明的蓝色车顶，四人的桥牌大战延续了12个小时。巴菲特的电话在这12个小时里没有停止过，其他三人总是能听到他与电话那头的人讨论有关长期资本管理公司的话题。从某种意义上讲，长期资本管理公司收购案对于巴菲特来说已经是过去时了，也许在一开始，巴菲特还有再次介入收购的可能，他们可以提出一个全新的收购协议，但随着时间一个小时一个小时地过去，这种可能性变得越来越小了。[36]桥牌让巴菲特没有把全部精力都集中在生意上。

当巴菲特等人打完最后一圈桥牌的时候已经是第二天了，火车到达丹佛后，奥斯伯格和吉特尔曼两个人下了车，盖茨一行人则继续旅行。接下来几天，人们依然沉浸在旅行的兴奋中，漂流、山地自行车成了他们消遣的方式，巴菲特也从报纸上看到了长期资本管理公司被收购的消息，渐渐地，他对收购案完全死心了。

长期资本管理公司收购案距离所罗门公司丑闻结束已经整整7年时间了，而且同样发生在私有公司的身上。为了避免类似事件再次发生，美联储方面开始出面干涉公司的收购行为，这在之前是从来没有过的。长期资本管理公司收购案结束后7周的时间里，美联储连续3次降低储蓄利率，这是为了救市，尽可能地将金融市场的损失最小化，并尽量避免由于一家公司的失误导致整个金融市场陷入瘫痪的局面。尽管没有绝对可靠的办法保证市场不会陷入瘫痪的状态，但是股市受到了严重的打击确是不争的事实。[37]在收购案之后近一年的时间里，长期资本管理公司的合伙人和公司雇员每人的年薪不过25万美元，相对于他们之前在长期资本管理公司动辄百万美元的薪水，25万美元只能说是九牛一毛，而且他们还肩负着更艰巨的使命：让人们重新认识、接纳套利基金，以及支付之前欠下的债务。[38]之前提到的希里布兰德现在的负债达到了 2 400 万美元，所以当他找到工作签下劳动合同时，感慨之情油然而生，甚至泪流满面。[39] 埃里克·罗森菲尔德在不得已的情况下拍卖了长期资本管理公司的藏酒，虽然如此，但这些人中没有人因为贫困而露宿街头，他们中的不少人之后也找到了不错的工作。梅里韦瑟重拾老本行，和之前的团队一起开了一家规模不大的基金公司，涉及的杠杆比率也没有之前在长期资本管理公司那么高。在人们眼中，这些之前在长期资本管理公司工作的人几乎让整个金融界陷入一片混乱，所以他们应该在金融界消失。而在巴菲特眼中，没有实现收购长期资本管理公司是他一生最大的遗憾之一。

其实埃里克·罗森菲尔德的理念还是非常不错的，这是一个很有远见的人，不过在当时那种混乱的局面下，他的想法很难实现，因为这需要大笔的资金来支持——像伯克希尔-哈撒韦那样的公司才能提供的资金。毕竟，如果你投入了 1 000 亿美元甚至更多的资金在一个充满风险的项目上，你总是需要一个合作伙伴，哪怕是自己父母的支持，这样在面临困境的时候，会有人出来给你撑伞，出来扶持你。[40] 所以，长期资本管理公司需要和伯克希尔-哈撒韦这样的公司合作，但这又意味着公司的领导者必须放弃自己的所有权——鱼与熊掌不可兼得。如果想让伯克希尔-哈撒韦出来投入资金、承担风险，你就要让它获利。

其他的解决方法呢？任何其他的解决方法都是不切实际的。长期资本管理公司在把麻烦甩给别人的同时依然可以保有自己的分红？这显然不可能。但不可否认的是，这种想法却是 20 世纪 90 年代后期的主流，而且对日后产生了深远影响。

拯救长期资本管理公司这件事，其实是央行发起的挽救一家私人性质的基金公司的活动，但不能因此贸然高估央行在这件事上的意义。对于任何一家套利基金公司来说，只要它的规模足够大，就不会关门大吉。人们不禁要问，究竟整家套利基金公司的规模要做到多大，才能保证其在金融市场永远都不会垮台？政府的介入现在来看就是安全边际线。[41]一旦政府介入，就算整家公司到了崩溃的边缘，肯定也不会对整个金融市场造成致命的威胁。而之后，市场将依然沿着自己的既定路线前进，就好像中间出现的风波根本没有发生过。金融市场中的"道德风险"带来的威胁其实就是市场中的顽疾——市场监管人员永远都需要面对的顽疾，却没有解决的方法。在这个世界上，永远都会有这样那样的冒险家。不过对于巴菲特来说，他肯定不是冒险家的性格，只要提到工作，他就像血管注入冰块一样异常冷静。但其他人就没有巴菲特这么好的修养了，身体里分泌的肾上腺素在刺激着他们的大脑，有些甚至带有一些遗传的色彩。他们会义无反顾地冲向金融市场，不计任何后果。

52

饲料事件

伊利诺伊州迪凯特，亚特兰大 1995—1999 年

1995 年，美国司法部发起了一场针对 ADM 公司操纵玉米糖精和赖氨酸市场、欺骗消费者并垄断价格的调查，ADM 公司的豪伊 · 巴菲特成了怀疑对象。豪伊和妻子德文想要逃离这个是非之地。当豪伊周五从 ADM 公司离开的时候，他知道自己已经不能再回头，再也不会回到 ADM 公司了。公司大门外有很多记者等着他，回家的路上也不乏记者跟踪。回到家里，豪伊夫妇收拾起了行李。周日早晨，两个人悄悄地离开了居住地伊利诺伊州的迪凯特市，乘坐租来的飞机到芝加哥与世交唐纳德 · 基奥碰面，后者将用自己的私人飞机把豪伊夫妇送到太阳谷，由于那里并不对记者开放，所以他们一致认为太阳谷是安全的。

到了太阳谷之后，豪伊的心情非常烦乱。一天，他在 ADM 公司认识的一个叫马克 · 怀塔克雷的经理告诉豪伊，自己是美国联邦调查局派来的卧底，主要调查 ADM 公司涉嫌的价格垄断案件。怀塔克雷还告诉豪伊，联邦调查局会在星期二晚上 6 点派人过来见豪伊。豪伊

终于知道为什么有一段时间怀塔克雷总是穿着一身绿色的西装了，因为衣服里藏着窃听器。从那一天开始，豪伊经常不停地在大厅里来回踱步，他在想如何应对联邦调查局的探员。也就是从那一天开始，豪伊天天都能接到怀塔克雷的电话，他在向豪伊表示自己的担心。当然，豪伊的确也很担心，不过他也在尽量使自己保持一种平静的心态。对于怀塔克雷，豪伊并没有说什么，但是从对方的声音里，豪伊听得出来他面临的压力也很大。

终于到了周二。准备晚饭的时候，德文尽量让自己的情绪稳定下来，但是她的手一直在抖。门铃响了，豪伊站了起来。进门的是一位穿着西装的探员，他告诉豪伊："你并不是唯一被调查的对象。"当时大概有 300 位探员在美国境内调查这桩价格垄断案。

尽管豪伊心里很害怕，但他还是表示会全力支持联邦调查局的工作。他对来访的联邦探员说自己并不信任 ADM 公司董事长德韦恩·安德烈亚斯。安德烈亚斯让豪伊负责竞选捐款的有关问题，而这是一个让人非常头疼的工作。[1] 前一年秋天，安德烈亚斯因为豪伊提出为国会议员提供娱乐有道德问题而大为不满。对于价格垄断案件，豪伊表示自己毫不知情。

刚刚送走了联邦探员，豪伊就给父亲打了电话，他在电话里这样说道："我不知道现在应该做些什么，我手里什么证据都没有。我怎么能知道他们对我的指控是不是真的？我的名字现在几乎登上了所有报纸的头条，这样我还怎么能做这家跨国大公司的发言人？我该怎么做？我是不是要选择辞职？"

巴菲特并没有表态，他在努力控制自己的反应——在自己的三个孩子中，只有豪伊与联邦调查局有这样的"亲密"接触，而在 ADM 公司的工作是豪伊进入世界级大公司后的第一份工作。在儿子诉说完自己的问题后，巴菲特对儿子说，怎样决定、要不要辞职完全是他一个人的事，不需要听别人的意见。巴菲特还给出了一条建议：不管豪伊的决定如何，他必须在24小时内做决定。“超过24小时，你就真成了人们眼中的罪犯了，不管发生了什么，如果太晚，想抽身就来不及了。”

父亲的一席话让豪伊恍然大悟，他终于明白把问题拖下去不是解决的方法，也不会给他任何帮助。自己现在要做的就是看看眼下还有几种选择，看看从法律的角度自己究竟将面临些什么。

如果辞职而公司是清白的，那么豪伊将失去很多朋友，也将成为别人眼里的笑柄。如果选择继续留在公司，而公司的确制造了这桩价格垄断案，豪伊知道自己将成为别人眼中的“同案犯”。

最终，豪伊还是选择了辞职。第二天，他来到ADM公司递交了辞呈，并正告公司的首席法律顾问：“如果我的名字还会被媒体提到，或者还被牵扯到案件中，我将诉诸法律。”从董事会辞职不是一件小事。一家公司的管理者忽然选择辞职意味着什么？这无疑是告诉所有人ADM公司在垄断案里不是清白的。公司方面自然不会轻易答应豪伊的要求，希望豪伊能够再好好考虑一下，同样也表示如果豪伊闹到法庭上，肯定免不了又要出现在媒体面前，成为众人议论的焦点。不过豪伊的态度非常坚决，毅然决定与ADM公司脱离关系。

两天后，豪伊辞职的消息对外宣布，外界立刻一片哗然。不计其数的记者等在豪伊家门口，希望能抢到第一手新闻，毕竟“巴菲特”这个姓氏和丑闻联系在了一起，媒体自然把这看成了难得的炒作机会。在这种情况下，最明智的选择就是尽快逃离这个是非之地，豪伊夫妇决定离开。

可是他们能去哪儿呢？即便在太阳谷，豪伊也发现那里并不安全，虽然记者不会出现在太阳谷，但是那里也并非与世隔绝。豪伊在那里看到的第一个人竟然是ADM公司的一位董事会成员，后者戳着豪伊的胸口说："知道吗，你真是做了一个你这辈子最不明智的决定！"[2]

这其实是豪伊最正确的决定了，就是这个决定让他和一场灾难擦肩而过。ADM 公司价格垄断案成了美国历史上最骇人听闻的案件，[3] 公司三位高管，包括副董事长迈克·安德烈亚斯被判入狱，ADM 公司还被判支付 1 亿美元的罚款，随之而来的是公司的声誉遭到重创，只能依靠时间来慢慢修复自己的形象。

随着豪伊的辞职，ADM 丑闻带给他的不过是丢掉了一份工作。看到刚刚辞了工作的儿子和不久前离婚的女儿，身为母亲的苏珊决定说服丈夫巴菲特每 5 年给儿女们一份生日礼物——一张 100 万美元的支票，一向吝啬的巴菲特这次居然同意了，不仅如此，他还主动把这个习惯延续了下去。在苏珊的要求下，巴菲特为她在加州拉古纳海滩住所的旁边添置了一处公寓，人们把这里叫作"集体宿舍"，因为这里主要用于家人、朋友过来小住。[4] 苏珊在太平洋高地的公寓没有电梯，但可以俯瞰整个金门桥和阿尔卡特拉兹岛的风景，公寓已经被苏珊改成了仓库。装修后的公寓墙体呈白色，地毯则是极具苏珊特点的明黄色，"仓库"里装满了苏珊从各处收集来的宝贝，有些是她买的，还有一些则是朋友送的。这里有苏珊结识的艺术家们精心创作的作品，有来自中国的麻质服饰，还有来自巴厘群岛的挂毯，蒂芙尼的玻璃器皿和纪念品等。这些藏品中有的的确价格不菲，有的看上去很便宜却非常有特色。在苏珊的这套公寓里，墙上、壁橱里、抽屉里每一处都填满了礼物和藏品，人们甚至怀疑这里迟早不够苏珊放置她的那些宝贝。

在外人的眼里，苏珊的生活是丰富的，她的生活就如同她的性格一样，充满了迷人的色彩。不过苏珊的家，或者她的仓库，更像堆满了杂物的窝。随着宝贝不断增多，她不得不再次要求巴菲特为她添置一处公寓，她希望巴菲特能把自己公寓楼上的那处也买下来。现在苏珊旧金山的住所也成了她放置藏品的“公寓仓库”。

收藏并没有降低苏珊对公益事业的热情，相反，她的这种热情更高涨了。整个20世纪90年代，苏珊工作的注意力几乎都放在了艾滋病患者的救治康复上。不过随着姐姐多蒂被确认为癌症晚期，苏珊把更多的注意力放在了姐姐身上。姐姐多蒂的一生并不幸福，酗酒、疾病、婚姻问题把她搞得痛苦不堪，儿子比利也由于注射毒品过量而死，这就是她的生活。多蒂生命的最后一段时间，苏珊一直待在奥马哈，陪在姐姐左右。最终苏珊没能阻止死神的降临，多蒂离开了人世，苏珊再一次受到亲人离开的沉重打击，这也是继外甥比利·罗杰斯后苏珊失去的又一位亲人。现在，苏珊除了自己的丈夫和子女外，再也没有其他亲人了。

1996年夏，巴菲特92岁的母亲利拉病逝，苏珊筹办了婆婆的葬礼。利拉是一个很严厉的人，即使到了生命的最后几天，她的脾气也没有和善多少。女儿多丽丝成了利拉“最牵挂”的人，她经常给女儿打电话或者干脆直接到多丽丝的家里，目的就是教训女儿——长达一个小时的教训，利拉甚至能做到不休息、不喝水，最后总是多丽丝声泪俱下，教训才结束。利拉最常用的结束语就是“很高兴我们能有这次心与心的交流”。为了避免母亲善意的教导，巴菲特总是尽可能不与母亲碰面，他把所有照看母亲的任务都推到了女儿苏茜的身上。有些不了解巴菲特的人甚至认为B夫人是巴菲特的母亲，因为股神谈论B夫人的时间比谈论自己母亲的时间还要多。巴菲特如果不幸被阿斯特丽德和沙伦·奥斯伯格“绑”去见母亲利拉，陪母亲聊天的也只是阿斯特丽德和沙伦，而巴菲特就像是死掉了一般几乎不说话，唯一证明他活着的就是他的表情——总是左顾右盼，显得非常着急，随时都希望能逃离这里。利拉的记忆随着时间的流逝已出现了衰退的迹象，更多的时候她的时间还停留在与丈夫霍华德一起度过的38年的婚姻生活中，巴菲特小时候的趣事是利拉回忆的主要内容，还有就是林德伯格家里的小孩。“发生在林德伯格那家小孩身上的事情难道不令人遗憾吗？这简直太令人遗憾了！”利拉说道。

在巴菲特66岁这一年，利拉去世了，全家人给利拉办了一场隆重的葬礼，而人们这时的心情是非常复杂的：一方面，再也没有人在家里唠叨了；另一方面，利拉生前的希望也随着她的离开而永远无法实现了。

“母亲去世的时候我哭了很长时间。”巴菲特说，“不过我哭的原因不是因为母亲的离开，不是因为我很怀念她，而是因为我浪费了太多的时间。母亲生前得到很多，但她留给我的全都是不好的回忆。我和她的关系不是很好，虽然我和父亲从来都没有谈过这个话题。我为我们浪费掉的时间和感情感到遗憾。”

利拉去世了，巴菲特现在成了家族里辈分最高的人，他说他在母亲的葬礼上痛苦不已。利拉的死改变了巴菲特的姐姐多丽丝和妹妹伯蒂的生活，她们惊奇地发现自己从母亲那里继承了不少伯克希尔-哈撒韦的股份，股份数额远比她们自己手里持有的多，再加上巴菲特的父亲霍华德去世后从巴菲特的信托公司分得的财产，巴菲特两个姐妹的财富“暴涨”。妹妹伯蒂是一个节俭的人，她一直没有动用手里持有的伯克希尔-哈撒韦的股份，而且她还非常热衷慈善事业，总是默默地把自己的精力和金钱投入慈善、公益事业。凭借从母亲那里分得的股份，多丽丝彻底摆脱了1987年股灾的阴影，她现在终于又有现金在手了。之后，多丽丝开设了一家叫“阳光女人”的基金会，并为“伊迪丝-斯塔尔-克拉夫特”杰出教师奖进行捐助。这个奖项是巴菲特为了纪念姨妈伊迪丝在早些时候创立的，这个奖项的设置也是为了鼓励奥马哈地区的教育事业蓬勃发展。

现在巴菲特的两个姐妹也是富人了。巴菲特的两个儿子也有了自己的积蓄——很大程度上这要感谢苏珊所倡导的5年100万美元的生日礼物。巴菲特非常希望了解苏珊在公益活动中的资金流向，虽然他从来没有问过她。不过当苏珊决定给孩子们分发礼物涉及费用问题时，她需要向巴菲特“报告”自己派发礼物的细节。一直以来，苏珊在公益事业上的热心、慷慨都是令巴菲特引以为傲的，但他并不是对所有收到苏珊礼物的人都满意，而且对某些收到苏珊大礼物的人越来越不满意了。虽然现在巴菲特的生活和苏珊的生活如同两条平行线，但是巴菲特依然感到不痛快。

由于在礼物派送的问题上产生分歧，巴菲特和苏珊再次陷入战争。苏珊的礼物究竟可以派送给谁，不能派送给谁？最终，还是苏珊接受了巴菲特的意见，从此以后两个人基本上没有再因为礼物派送的问题吵过架。这一幕也退出了巴菲特的记忆，苏珊再次成了巴菲特熟悉的那个苏珊。为什么巴菲特能够如此“健忘”？因为巴菲特需要她。

在苏珊对待朋友的问题上，巴菲特很坚持，而对待自己的儿女，他的态度好了很多，至少比之前好了很多。在苏珊的劝说下，巴菲特同意给儿女一定数量的财富（每5年以100万美元作为生日礼物），他也同意在自己有生之年将这种做法一直坚持下去。此外，巴菲特还决定在自己死后给儿女留些遗产。[5]至于这笔遗产的数量，巴菲特表示虽然不会让他们飞黄腾达，但是对于一般的家庭，这肯定是足够的。

豪伊用父亲给他的第一个100万美元买了一处900英亩的农场，农场位于伊利诺伊州的迪凯特市。算上这里，豪伊已经拥有两处农场了，其中一处完全划在他的名下。在ADM公司丑闻平息后，巴菲特家族的老朋友唐纳德·基奥曾建议豪伊到可口可乐企业集团闯荡一下，豪伊完全可以在那里谋到一个董事的席位。虽然豪伊有担任公司管理者的经历，但他更希望在农场过无忧无虑的日子。不过，不去可口可乐企业集团也可能是好事。虽然可口可乐企业集团比豪伊之前所在的

ADM公司的声望高，但是在这家公司任职要承担的风险和面对的麻烦都很多！

可口可乐企业集团是可口可乐公司的灌装商，它的前身是由众多可口可乐公司的灌装商合并而成的。它从可口可乐公司购买浓缩配方，制作成饮料后进行销售，这种方式很像中间商，所以它与可口可乐公司的关系也很微妙，两者之间可以说是共生的。

那时基奥在可口可乐公司担任董事长，而他的老板就是公司的首席执行官、美籍古巴贵族罗伯托·戈伊苏埃塔。戈伊苏埃塔上任后改变了可口可乐公司的营销理念，特别是“我想请全世界喝瓶可口可乐”“这就是可口可乐”等广告词的提出，使可口可乐逐渐成为饮料行业中最著名的品牌。公司在戈伊苏埃塔的带动下成为业内首屈一指的企业，他因此获得了同行的普遍尊重。看到了可口可乐公司的发展，巴菲特知道这家公司已经形成了良性循环，他也很钦佩戈伊苏埃塔的经营，他知道要不是这个美籍古巴人，可口可乐公司恐怕很难达到现有的高度。

1997年，在基奥的安排下，巴菲特和戈伊苏埃塔在太阳谷见面了，他们召开了一个小型会议，同时出席的还有比尔·盖茨。

> 我曾一度试图说服比尔，我说经营可口可乐公司并不是一件非常困难的事，我常用的理论是“汉堡理论”——“就算是一个汉堡也能经营可口可乐”。刚开始的时候他还不相信，所以我们召开了这个会议讨论这个问题，不过最后比尔的发言很有意思，他也表达了和我类似的观点，说经营可口可乐公司并不困难。

让我们听听盖茨是怎么说的吧：

> 我想表达的是可口可乐公司是一家做得非常好的公司。我说过自己会在60岁以前离开微软，要知道微软公司所在的行业——IT

面临的压力很大。这个行业对于年龄的要求很高，特别需要年轻人加盟。我想微软公司同样是一家很不错的公司，所以我知道我的开场白应该说些什么，“和可口可乐公司不同的是……”[6]

不过在戈伊苏埃塔看来，我是一个自负、骄傲的家伙，每天的工作就是做做表面文章而已。要是在可口可乐公司，不说别的，他们连吃午饭、打高尔夫球的时间都没有。

从那次碰面开始，巴菲特说盖茨和戈伊苏埃塔的关系很难用友谊来形容，“那之后戈伊苏埃塔就很讨厌盖茨”。

在投资过程中，巴菲特从不染指科技股，其中一部分原因是，信息科技是一个高速发展的行业，而他的“汉堡理论”在科技股里肯定是不适用的：汉堡可以经营可口可乐公司，但肯定不能成为科技企业的老板。对于巴菲特来说，经营一家完全可以套用“汉堡理论”的公司没什么不好，他的伯克希尔-哈撒韦也能用“汉堡理论”的经营模式，巴菲特也打算把自己的公司改造成那样，但肯定不是在他担任公司首席执行官的时候，而是在他离任之后。

不过巴菲特对可口可乐公司套用“汉堡理论”的论断应该在1997年告一段落了，从这一年开始，可口可乐公司改变了销售计划，确定了销售目标，这种方式极度彰显了公司发展的雄心。它表现出来的这种架势，不仅巴菲特的“汉堡理论”无法做到，就连戈伊苏埃塔自己恐怕也很难完成。可口可乐公司的目标可以说是很多经济工程专业人士期待实现的目标。

1997年，可口可乐公司拥有可口可乐企业集团40%的股份，但这并不是可口可乐公司的目标，它希望能尽可能地扩大直至占有可口可乐企业集团的所有份额。前面我们曾提到，可口可乐企业集团是若干个小型灌装商合并组成的企业，它购买可口可乐公司的浓缩配方，调配好成品后进行销售。在相当长的一段时间里，这都是可口可乐公司主要使用的经营战略，它认为这样做可以节省时间、提高公司的市场份额，并最大可能地赚取利润。理论上说，这种经营策略不违法，也不算是技术上的欺骗，却给人造成了一个违法或者欺骗的印象。作为可口可乐公司董事的巴菲特意识到了这一点，他开始担心这种经营策略迟早有一天会给公司带来负面影响。

> 罗伯托的很多经营策略都是非常出色的，我很欣赏他，但是他制定的一些销售数字却很难实现。他说要提高青少年，主要是16至20岁这个年龄群体购买可口可乐饮料的份额，他说要提高到18%，但是任何大公司都不会把提高销量寄托在这个年龄层次的购买群体上。短期内也许你能见到一定的效果，但是长远来看，这一点儿都不现实，这种策略不能一直持续下去。
>
> 我清楚地记得那天发生的一切。罗伯托走进门，告诉大家他要为可口可乐饮料的销售扩充第三种渠道，他想从灌装商那里扩大利益分成。他不厌其烦地和财务部门沟通，说这是公司未来的发展方向所在。
>
> 当时可口可乐公司卖给灌装商公司的浓缩配方价格是非常不合理的，我也和公司财务部门的主管细致地探讨了这个问题。但罗伯托并没有考虑这些，他根本就不想考虑这些。董事会在10点钟召开，中午就结束了，人们根本没有时间对他的计划提出质疑。到了中午，你肯定会不好意思继续提问，或者继续就方案的某一点喋喋不休——难道你要让所有人陪你一起熬到下午1点吗？没有人会不知趣地这样做。罗伯托就是这么一个人，他根本不给你时间让你对他质疑。我们身边的确有这样的人，不过一旦这些人有良好的口碑，这两者结合起来所爆发的合力将是非常巨大的。

巴菲特并非普通的质疑者。经过了若干年时间的洗礼，他知道在任何董事会这个社会缩影的环境里，顺从和礼貌的界线在哪里。这就是 1998 年美国盛行的董事会文化：董事会的决定就代表一切，公司主管根本没有任何改变的余地。

> 作为公司董事，你根本不需要远程操控公司运作的具体环节。每天你在报刊、媒体上看到的那些有关公司董事会运作策略的报道全都是胡说八道。其实公司董事根本不需要真的去做些什么，因为在他面前只有两种可能——如果你足够聪明，而且能得到大老板的信任，那他们可能会听听你的意见；但 98% 以上的情况是，他们绝对会按照自己的意愿处理出现的所有问题。听好了，这就是我经营伯克希尔–哈撒韦的方式，我想罗伯托肯定也是很欣赏我的，但是他不想从我这里听取太多意见。

的确，尽管是可口可乐公司的董事，但是巴菲特对可口可乐公司的内部运作并不了解，可口可乐公司也没有打算让他知道什么。当然，他们不想让股神退出董事会，但是股神的儿子豪伊就没有这么幸运了，他必须要面对来自可口可乐公司的压力。

"在可口可乐公司的董事会里，我还是比较独立的，因为我代表的是伯克希尔–哈撒韦的利益。"豪伊说，"可口可乐公司没有人能把我怎么样，所以当我代表可口可乐企业集团向可口可乐公司争取利益的时候，我也没有后顾之忧。"不过最终豪伊还是离开了可口可乐企业集团，因为两家公司董事会里的潜在矛盾实在太多了。从实战的角度看，豪伊在可口可乐企业集团的收获远比在商学院进修的收获多。如果基奥当时没有让豪伊来公司，豪伊也就体会不到公司内部那些不为人知的方面。从这以后，豪伊对于风险的预判也更加准确了。之后他依然出入大企业的董事管理层，但是也深知如果想寻找刺激，肯定不能在任何公司的董事会管理层实现自己近乎疯狂的想法。

20世纪90年代中期，戈伊苏埃塔和可口可乐公司财务总监艾华士依然把灌装商政策作为公司发展的主要手段，并在市场上制造了一个份额最大、效益增长最快的假象。但到1997年，戈伊苏埃塔被确诊为肺癌晚期，并在几个月后辞世，可口可乐公司一下子陷入灾难之中，从董事会到投资方无不对公司首席执行官的离世感到恐慌。在可口可乐公司，人们都把戈伊苏埃塔看成一个颇具政治家风范的领导者，是他把可口可乐打造成了一个国际性的品牌，再加上他的个人魅力，人们都很好奇谁有能力成为他的继任者，带领可口可乐公司开创一个新局面。在大多数人的心目中，戈伊苏埃塔是难以被取代的，所以董事会不得不将公布公司新首席执行官人选的时间一拖再拖，因为他们根本没有找到合适的人选。[7] 作为公司财务总监的艾华士在人们心中的口碑倒是不错——可口可乐公司最近几年的发展和成功都有他的努力，在争取公司份额，特别是在与灌装商讨论利益分成的时候，他总是尽自己的最大可能为公司争取利益。不过和戈伊苏埃塔极具贵族气质的风格不同，艾华士更像一位实干家，他很喜欢技术研发，可以长时间泡在硅谷，和众多技术人员一起讨论细节。

巴菲特也很希望艾华士能够出任可口可乐公司的首席执行官，他很欣赏这位实干家。艾华士出生于一个纺织工人家庭，可以说没有任何背景，但凭借自己的决心和毅力，他赢得了可口可乐公司财务总监的职位。[8] 艾华士是典型的分析型人才，在戈伊苏埃塔手下，他帮助巴菲特在内的股东赚到了大笔分红。他所表现出来的身处劣势中的勇气和毅力是巴菲特所欣赏的。而至于以种种行业伎俩谋取利益，在巴菲特看来从来都是戈伊苏埃塔的作风，和艾华士无关。

显然可口可乐公司之前实施的灌装商政策奏效了。可口可乐公司的股票价格达到了每股70美元，伯克希尔-哈撒韦的股票也水涨船高。

1997 年 6 月，伯克希尔–哈撒韦的股票价格还是每股 4.8 万美元，而在 9 个月以后，这个数字飙升到了 6.7 万美元。不过随着股票市场一路走高，伯克希尔–哈撒韦股票飙升，巴菲特想要投资也变得更加不容易了，他找不到合适的机会下手。除了伯克希尔–哈撒韦的股票随着股市上涨而价格不断上升外，其他公司的股票却没有这么幸运。从理论上来讲，这可能就有点儿说不通了。1998 年，道琼斯工业指数突破 9 000 点，正一步步向着 10 000 点大关逼近。伯克希尔–哈撒韦的股票价格也史无前例地突破每股 7 万美元。在公司股东大会上，巴菲特向投资者们表达了自己的心声——“投资不易”，“现在我们正处在之前提到过的投资困难期里”。[9]

不断走高的股市带给伯克希尔–哈撒韦和巴菲特的是越来越多的金钱与越来越难挖掘的投资机会，最终巴菲特在 1998 年以 7.25 亿美元的价格买下了奈特捷公司。[10] 奈特捷公司是一家经营飞机分时业务的公司，可以为不同的人群和需要制订不同的飞行业务和计划。巴菲特卖掉了之前为公司购买的企业专机，并成为奈特捷公司的客户。每架属于奈特捷公司的飞机都有属于自己的编号，而且统一以 QS（Quebec Sierra）开头。早在 1995 年，巴菲特就在苏珊的要求下为其购买了一小部分奈特捷公司的股份，而苏珊每年也能从这里获得 200 小时的飞行时间，这在苏珊看来完全是自己应得的。[11] 而提到飞机尾部的 QS 字样，苏珊更是开玩笑地说那是“苏珊女王号”（Queen Susie）的缩写。巴菲特在奈特捷公司上投入的精力很多。在为奈特捷打出的一条广告上，巴菲特极为罕见地现身了，可见他在公司运营环节中的投资也超出了购买公司股份时的投资。而在外人看来，这一举动有违巴菲特的传统作风。

但巴菲特为什么还执着地对奈特捷公司进行投资呢？当时，奈特捷公司在市场上占有绝对的统治地位，公司的发展遥遥领先于竞争者。通过对奈特捷公司的研究，巴菲特知道这个行业和之前自己熟悉的新闻传媒业有很大不同，而最终竞争者们会跟不上奈特捷前进的脚步。[12] 事实正如巴菲特想象的那样，奈特捷公司在竞争中一枝独秀，这也让巴菲特对于奈特捷公司的首席执行官理查德·圣图利产生了浓厚的兴趣。圣图利是一位善于将数学理论应用于企业中的管理者，早些时候在高盛工作时，他试图用数学中的混沌理论解释交易模式。成为奈特捷公司的首席执行官后，他同样采用了混沌理论，面向名人乘客推出了 6 小时的飞行通知服务，这些乘客都是出现在圣图利私人宴会上的名人。巴菲特自然也是圣图利的座上宾，在这里他认识了包括阿诺德·施瓦辛格、泰格·伍兹在内的各行各业的焦点人物。

投资者对于巴菲特购买奈特捷公司的举动评价很高，但是当他决定收购通用再保险公司时，人们倍感惊讶，因为这次收购与收购奈特捷几乎是在同时完成的，根本没有多少考虑的时间。通用再保险公司的规模很大，以经营再保险业务为主。最终，这笔交易以 220 亿美元的价格成交，足足是同步完成的奈特捷公司收购规模的 30 倍，手笔之大甚至超过了巴菲特在 GEICO 收购案中的投入。收购通用再保险公司成了巴菲特投资最大的一笔交易。[13]

在第一次与通用再保险公司的管理人员见面的时候，巴菲特这样说道："我肯定会放权给你们，有关公司管理的东西，你们全权做主，我保证不会干预！"紧接着巴菲特把话题转移到了 GEICO 上："你们知道吗？GEICO 最近的交易额下降了不少，上周它的交易数字是……"听到这里，通用再保险公司的主管塔德·蒙特罗斯已经听不下去了——这就是巴菲特所说的不干预吗？他对 GEICO 的了解远比自己对通用再保险公司的了解还要多。[14]

事实上，巴菲特对于通用再保险公司的内部运作并不了解。这次收购行为建立在他对这家公司业绩图表研究的基础上，还有一点就是巴菲特很信赖通用再保险公司的名誉。通用再保险公司有点儿像格蕾丝·凯利式的人物：每天都戴着白手套，行为举止非常女性化，但这并不妨碍它得到大多数同行的信任。不过巴菲特在再保险业很少有成功的业绩。回顾历史，在巴菲特收购之初，保险公司的业绩总是不错，不过随着时间的推移，公司的业绩很难保持在同一水平上，最后只能以惨淡的结局收场。

不过由于通用再保险公司的收购创下了巴菲特投资的新高，公司也吸引了大多数人的注意力。这次巴菲特在收购中选择了股票支付方式——巴菲特宣布用伯克希尔-哈撒韦 20% 的股份支付通用再保险公司的收购，而就在这一天，伯克希尔-哈撒韦的股票达到了每股 80 900 美元，创下了当时的最高价格——这足以吸引人们的好奇心——通用再保险公司有什么魔力能让巴菲特放弃他的股份，而且还是以人们从没有听过的价位？不少人都认为伯克希尔-哈撒韦的股价被高估了！[15] 要知道一直以来巴菲特都是非常在乎手中伯克希尔-哈撒韦股票的持有率的，用 20% 的股份完成通用再保险公司的收购，意味着巴菲特对伯克希尔-哈撒韦的股票持有率从之前的 43% 下降到了不到 38%，而巴菲特上一次用股票完成收购还要追溯到 GEICO。巴菲特这样的举动究竟在传达一个什么样的信息？难道伯克希尔-哈撒韦的股票价格被高估了？这些都是投资者们心中的疑问。

决定伯克希尔-哈撒韦股票涨落的一个很重要的因素就是公司所持有的股票。例如在持有可口可乐公司股票达到 2 亿股的时候，伯克希尔-哈撒韦股票的价格几乎达到顶峰。可是如果巴菲特在通过出售手中伯克希尔-哈撒韦的股份传达一个信息——伯克希尔-哈撒韦的股价被高估了——那么人们会不会以为伯克希尔-哈撒韦的主要投资，即包括可口可乐公司在内的股票价格都被高估了？如果真是这样，这可能会波及整个股票市场！难道股票市场的股票价格真的全都被高估了吗？

作为全球首屈一指的软饮料生产商，可口可乐在市场上占有绝对的统治地位！这也使巴菲特的可口可乐公司股票在10年的时间里增长了14倍，股份累计达到了130亿美元。所以巴菲特相信可口可乐公司永远都不会让股东失望，他永远都不会卖出可口可乐公司的股票。[16]巴菲特认为可口可乐公司应该每10年就进行一些活动，这样才能保证品牌经久不衰。当时伯克希尔-哈撒韦拥有可口可乐8%的股份，而可口可乐公司的股票价格比刚上市时至少增长了40倍。看到这些数字，投资者们坚信可口可乐公司还能有更好的业绩——他们相信公司股价每年的增长幅度至少能维持在20%！不过真要实现这个目标，必须以可口可乐公司的销售增长为前提：饮料的销售需要在未来5年时间里每年增长25%，这看上去是不可能完成的任务——意味着可口可乐的销售额要提高3倍，也就是说它在1999年很可能覆盖全球的软饮料市场。这怎么可能呢？[17]巴菲特知道投资者们的期待恐怕要落空了，即便是成功地进行灌装商策略运作，即便是在统计过程中要些手段，也不能实现这个目标。尽管如此，他依然保留了可口可乐公司的股票。

巴菲特这样做的原因是什么？商业惯性是其中一部分原因。巴菲特总是说他绝大多数的投资都是坐在椅子上完成的。他所拥有的GEICO曾一度跌到每股2美元，但是和众多的投资者一样，巴菲特没有抛售这只股票，而股票本身的惯性也让巴菲特没有做出任何错误的决定——既没有减少股票的持有比例，也没有把股票委托给他人进行管理。回到可口可乐公司股票的话题上，巴菲特手里持有的可口可乐公司的股票不在少数，如果他抛售，不可能不引起大规模的恐慌。试想一下，巴菲特这个“全世界最伟大的投资者”和可口可乐董事会多位董事开始抛售公司的股票，这会是一个什么样的概念？可口可乐股票的价格必然会暴跌！而且，综合产品、利润、经营与公司的历史还有种种人情因素在里面，巴菲特对可口可乐这只股票的感情很特别，这也是他本人最喜欢的一只股票。可口可乐提出的“真实的感觉”并不是巴菲特选择这只股票的原因，他选择这只股票是因为它是一个取之不竭的金库，钞票会像泉涌一样地流出来，童话故事中描述的金山、银山在可口可乐公司身上成为现实。

当巴菲特用手里持有的伯克希尔-哈撒韦股票来购买通用再保险公司的时候，不免被问到了有关股市和可口可乐股票的问题，股神很巧妙地回避了这些：“没有所谓的稳定的股票市场！”[18]巴菲特表示在进行通用再保险公司的收购前，他已经对伯克希尔-哈撒韦的股票进行了评估，他相信这次收购完成后形成的几家公司将产生巨大的合力。不过当芒格被问到这些问题时，他却给出了一个令巴菲特有些尴尬的答案，他表示巴菲特曾征求过他的意见，但是那时距离收购已经没有多少时间了——这显然就是不给芒格任何否定收购的机会。事实上，芒格并不赞成这次收购。[19]这些消息一经曝光，投资者们开始审慎地评估起伯克希尔-哈撒韦的股票来——这样的结果也早在巴菲特等人的预料之中。伯克希尔-哈撒韦的股票价格和所持有的可口可乐公司的股票价格难道真的被高估了？或者伯克希尔-哈撒韦收购通用再保险公司后产生的种种合力不过是一种假象？[20]难道两种猜测都是事实，迟早都要面对？人们开始彷徨了。

之后，巴菲特在太阳谷给出了对收购通用再保险公司的进一步解释：“我们希望买下通用再保险公司，因为我们在它身上看到了220亿美元的资产！”这220亿美元的资产绝大部分以股票的形式出现，巴菲特在很短的时间里就把这些股票抛售了出去，转而以220亿美元债券取代。“我要改变伯克希尔-哈撒韦持有的债券与股票比例，这也是为什么我重新调整投资组合的原因。”

由于通用再保险公司债券投资相对较多，巴菲特希望自己的伯克希尔-哈撒韦股票还有可口可乐的股票和通用再保险公司的债券相互平衡。以这样的大背景为前提，巴菲特之前的说法也能让人接受了。在之前给股东们的信中，巴菲特表示股票并没有被高估，但这都是有条件的——“如果利率一直在正常水平上下徘徊，如果所有产业都能有很高的投资回报率。换句话说，如果人们的期望值可以实现，那么我们的股票就没有被高估！”还有什么比这样的说法更明确的呢？巴菲特并没有在预言什么，事实上，巴菲特很不喜欢那些搞股市预测的人，他们出错的概率能达到500%！所以巴菲特很少就股市走向发表评论，就算他不得不说些什么，也会很聪明地搪塞过去。在涉及自己的股票是否被高估的问题上，巴菲特很注意措辞：“不是我们的股票被高估了，被高估的是整个股票市场。”这句话可以有很多不同的理解方式，但如果解读人足够聪明，他就能体会到巴菲特这句话的深层含义。[21]

在太阳谷的这次演讲中，巴菲特还表达了不希望看到自己的投资组合出现价值下滑的现象。说这番话的时候，巴菲特面对着众多IT公司的首席执行官，而那时科技股正在急剧增长。巴菲特的这番话同样在他写给股东们的信中得到了印证——利率必须保持在一个平稳的水平，最好一直处于平均利率之下，而经济则要保持高速增长，这样才能达到投资者的期望。同时巴菲特还指出了投资的本质，无非就是今天把钱放出去，明天再把钱收回来。他的这种说法借鉴了“一鸟在手胜过双鸟在林”的故事：利率就是为了等待丛林中的两只鸟所缴纳的学费，在投资过程中可能出现股市大盘几乎没有变动的情况，例如从1964年到1982年股市在17年的时间里没有什么变化；投资过程中可能出现的另外一种情况就是股票的增长远远超出了经济的增长。这些都是可能发生的。最后，巴菲特用一个比喻作为结尾：投资者的行为，就像那些深入矿井中采矿的工人一样，并不知道前面会出现什么。

所以，巴菲特把投资重心从股票转移到债券上的做法只能说明，他认为当前进行债券投资比进行股票投资更容易，而且他相信这种态势会一直继续下去。[22]

在接下来的10月，巴菲特再次做出了一个几乎让所有人大跌眼镜的举动：他买下了中美洲能源控股公司。在当时人们普遍进行保守投资的前提下，巴菲特这次的购买行为显然是与主流背道而驰的。总部位于艾奥瓦州的中美洲能源控股公司，主要负责一些国际能源项目，以及替代能源品的开发。巴菲特在这次收购中买下了中美洲能源控股公司75%的股份，其中包括20亿美元的资产以及70亿美元左右的保付外债。该公司余下的25%的股份为三个人所有——公司首席执行官同时也是巴菲特的好朋友沃尔特·斯科特、斯科特的接班人戴维·索科尔以及索科尔的副手格里高利·阿贝尔。

巴菲特的这次收购让投资者们感到疑惑——股神为什么选了一家电力公司进行投资？必须承认的是，电力、能源行业的发展只能说是中规中矩，虽然有一定程度的回报，但回报率不是很高，投资在这上面并没有多大的优势，所以人们想象不到巴菲特这样做的原因究竟是什么。

然而在巴菲特看来，有了之前开拓的保险市场，能源市场将是他事业的又一块基石。他知道与自己合作的这些管理者将带给自己巨大的回报，虽然能源产业短期内的增长比较小，但是巨额回报足以弥补短期增长的不足。对于科技股并不动心的他现在却钟情于能源产业，以至于有人认为巴菲特的想法很无聊。

但巴菲特并不这么认为，巴菲特这次不是在刻意寻找投资的快感，而是在挖掘投资带来的巨大利润。

从通用再保险公司到中美洲能源控股公司，两次购买行为冲击了可口可乐公司股份在伯克希尔–哈撒韦的地位，但伯克希尔–哈撒韦依然拥有 2 亿股的可口可乐股份。其实巴菲特从来没有停止对可口可乐公司股票的思考，特别是在后者出现状况的时候，巴菲特对它的担心就更多了。1999 年底，可口可乐公司的股票降到了每股 9.5 美元，伯克希尔–哈撒韦的股票也因此受到了影响。如果只是短期的股票价格浮动也就罢了，巴菲特从来不会为这种事情担心。但是可口可乐公司的股票大幅下跌后，伯克希尔–哈撒韦的股票也随之下滑，当每股伯克希尔–哈撒韦的股价跌到不足以购买一部名牌跑车时，巴菲特开始担心了。究竟是什么让可口可乐公司的股票出现了如此大的波动？最后他找到了原因，早些时候，曾有媒体报道可口可乐公司的产品出现了不明物质，导致法国和比利时的多名儿童中毒。解决这种问题并不麻烦，如果是在戈伊苏埃塔时代，他肯定会派“可口可乐大使”处理善后：基奥会在第一时间出现在事故现场，慰问中毒儿童，向孩子的父母表示歉意，并送上大批的可口可乐饮料作为赔偿，之后基奥会借媒体之口表明自己的态度，这样问题也就解决了。但是时任公司董事会主席兼首席执行官的艾华士并没有这样做。事发当时艾华士正身处法国，但是他一句话也没有说就直接飞回了美国，扔下了当地的灌装商来解决问题。

一直与巴菲特站在可口可乐董事会同一阵营的投资银行家赫伯特 · 艾伦有些坐不住了，其实他从来就不是一个有耐心的人。在中毒事件发生后，艾伦打电话给艾华士询问具体的情况：“你到底做了什么？当时为什么不去慰问中毒的儿童？”而艾华士也是振振有词：“我已经派了一组人过去了，而且那些孩子不是真的中毒！他们的身体一点儿问题都没有！”听到这话，艾伦露出了沮丧的表情：“听着，现在那些孩子不再叫嚷‘我要喝可口可乐’了，而是在说‘我因为喝了可口可乐生病了’。他们认为自己生病与喝可口可乐有关。不管孩子们的说法是真是假，他们的父母会怎么想？发生了这样的事件，难道你认为他们会让自己的孩子再去喝我们的可乐吗？”[23]

不过艾华士似乎并没有明白艾伦在说些什么，他看到的是公司这边并没有错，当然这也是事实。

接下来的几周，法国和比利时的灌装商通过种种方式试图说服公众可口可乐公司的产品没有问题，但是没有收到任何成效。孩子们中毒的原因也基本查清：比利时的中毒事件是在安特卫普的工厂发现包装瓶内有二氧化碳，法国的中毒事件是因为敦刻尔克工厂的杀菌剂洒在了储藏室的木托盘上而造成了污染。但可口可乐方面依然表示这些并不会引起中毒，也拒绝收回公司的全部产品。公众对可口可乐公司这种傲慢的做法感到非常生气，认为可口可乐缺乏对公众的基本坦诚。已经被来自欧盟的压力弄得痛苦不堪的艾华士，不得不面对公司信誉大幅下降的现实：可口可乐泛美的作风和公司独家销售的市场经营策略成为人们诟病的焦点，之后更是发生了欧盟官员在公开场合掌掴可口可乐公司人员的恶性事件。一时间，可口可乐公司成了人们街头巷尾热议的话题，可口可乐品牌在人们心中的地位一落千丈。[24]

在中毒事件发生几周后，艾华士终于现身欧洲向公众道歉，所有人都知道他的致歉信是精心准备的，艾华士始终没有说“我们错了”这样的话！此后，媒体对可口可乐的批评逐渐减少，公司也在努力夺回被竞争对手抢走的市场份额。但是巨大的损失却是不争的事实，据悉这次事件使公司的总损失达到 1.3 亿美元，而公司形象受到的影响更是难以用金钱衡量。巴菲特开始着急了！

同样对公司表示担心的还有赫伯特·艾伦。作为投资银行家，他总是可以接触到可口可乐公司的运营，但是这种日复一日、年复一年根本没有变化的运营方式让艾伦感到担心——是不是公司的运营方式已经过时了？而可口可乐公司方面，尽管销售量下降，但公司并没有采取裁员的措施，相反在过去两年的时间里至少吸纳了 3 500 名员工。不断增长的员工名单让艾伦担心公司正在陷入一个怪圈。癌细胞正在可口可乐公司内部扩散，[25] 一直以来可口可乐推行的“人海战术”，即扩大市场占有率、增加员工数量的方法，现在已经行不通了。艾华士总说会提高公司的销售水平，但事实是可口可乐的销售额正在逐年降低。因此，某一天艾伦出现在了艾华士的办公室，质问这位公司的首席执行官如何处理问题。哪知道艾华士这样说道：“我不知道该怎么做，我根本想不到任何办法！”[26] 对此，艾伦事后评价道：“公司的局面把艾华士困住了，所有的问题综合在一起难倒了他，他真的不知道能做些什么。”

为了迎接 2000 年也就是千禧年的到来，可口可乐公司推出了一项名为“无限计划”的新年规划，其中一个组成部分就是一个测试——将每名测试者的计算机与卫生间里的皂液器连通，以计算每次洗手时人们使用了多少皂液。从这个活动的名字本身“无限计划”就不难发现，这个活动为了测算日益减少的回报率而不惜付出不计成本的投资。[27] 这个计划让艾伦非常不能接受，不过他依然想知道可口可乐公司在付出了 10 亿美元后究竟能得到什么，他还想知道这项“无限计划”能不能帮助公司从根本上解决出现的问题。

巴菲特同样也注意到了这个问题，他当然会不高兴，但是他也知道这几乎是所有公司都会采用的方法，至少他出任董事的这几家公司都会这么做，只是投入的资金规模有大有小罢了。所以巴菲特也只能接受现实，他叹了一口气说道：

“它们都是这么做的，所有公司的技术部门都会告诉你最新发生的和最令人震惊的消息，计算机、互联网就是它们的优势。不管你多聪明，不管你知道的东西如何多，但你肯定不能和它们比，谁能挑战它们的资讯呢？

“我们肯定不能因为引进计算机技术就提高可口可乐的销售额。公司不会裁员，相反我们会再引进一批员工。在卖方市场的操纵下，我们必须要保持公司时刻与世界接轨，无论公司的软件还是硬件都要每隔几年进行一次更新，否则公司的整个系统就无法工作了，所以在这方面的投资肯定不是一劳永逸的事！

“在公司管理的过程中，最棘手的就要算公司的技术部门了，特别是对于可口可乐这样的公司来说更是如此。可口可乐是一家全球性的知名企业，它就像一个富裕的大家庭一样。什么事都是这样，一旦出名，你很难再引进新的管理性的规定。”

巴菲特话虽这样说，但是对于他的伯克希尔–哈撒韦，对于他自己那个富足的家庭来说，他从来不用自己说的方式来进行“管理”。

这一切还没有结束，从唐纳德·基奥那里，巴菲特又得到了一些对公司发展更为不利的消息。尽管基奥已经退休，但他依然是可口可乐公司灌装商们最信赖的朋友。1993年，基奥从可口可乐公司退休，并在之后担任艾伦公司的董事长，不过他依然出任可口可乐公司董事会的顾问，这是公司前首席执行官戈伊苏埃塔之前决定的。所以尽管已经离开了可口可乐公司，基奥仍像以前一样是可口可乐公司不可分割的一部分。从基奥那里，巴菲特得知艾华士向灌装商下达了一些自己从来没有听说过的指令，导致双方出现摩擦。这一点让巴菲特觉得很麻烦，公司的销售额之所以能够有些起色，完全是因为与灌装商的关系得以改善，而艾华士这样的做法无疑是在拆公司的台。与灌装商维持了近百年的合作关系难道要因为艾华士而破裂？[28] 一直以来，基奥在灌装商那里就扮演着“教父”的角色，悉心听他们的倾诉，而现在灌装商开始公开地反对公司。[29] 艾华士除了逐渐公开与灌装商的矛盾外，也开始削弱基奥的权力，也许这一幕从艾华士需要基奥帮助的时候就已经开始谋划了。如果艾华士是可口可乐公司的亚瑟王，那么基奥就是艾华士身边的梅林，是他的谋士，基奥应该得到艾华士更多的尊重。

可口可乐公司与灌装商问题的焦点之一在于艾华士是否知道如何改善可口可乐公司的销售业绩。可口可乐公司一直以来的运营理念就建立在其与客户的关系基础上。艾华士希望利用一个持续的统计手段来解决问题，在可口可乐的品牌上大做文章。这一点正如基奥、艾伦和巴菲特看到的那样，任何一位可口可乐公司的首席执行官都应该把公司的品牌打得越响越好。

可口可乐公司之所以能够取得现在的地位，很大程度上要归功于戈伊苏埃塔，是他一手建立起了公司现代的运营体制，艾华士不过是将前任勾勒的蓝图加以实施。但在艾华士成为公司最高领导后，人们惊奇地发现他的做法和之前可谓天壤之别。是什么让他做出了如此的举动？一位没有透露姓名的可口可乐公司董事做出了解释："因为在艾华士时期，他认为财务部门是一切工作的重心！"对于一家以市场销售额为最终目标的企业来说，这样的想法难道不奇怪吗？不过这也不是艾华士一个人的错。在戈伊苏埃塔去世后，公司上下依然在遵循这位前公司首席执行官的设想。戈伊苏埃塔希望艾华士成为自己的接班人，公司自然而然也就按照戈伊苏埃塔的遗愿运行下去，艾华士成为可口可乐公司的最高领导者也就顺理成章了。

不过巴菲特看问题远比可口可乐公司的其他董事会成员看得更清楚。当人们依然认为艾华士是一位称职的公司领导时，巴菲特对他的信任度已经在一点一点降低。接下来的整个秋天，巴菲特一直在考虑有关可口可乐公司发展的问题，所以人们看到的他总是一脸愁云。终于，一切在感恩节到来之前有了头绪，巴菲特——这位可口可乐公司董事开始行动了。[30]

当时美国《财富》杂志刊出了一篇抨击艾华士的文章，要知道两年前《财富》还把他称作“21世纪最出色的首席执行官”。短短两年的时间，媒体的态度就发生了如此巨大的变化。该杂志在文中指出艾华士应该为可口可乐公司出现的所有问题负责。[31]文章的出现是一个可怕的信号。《财富》杂志的一个不成文的规定是，如果某位公司高管经历了被该杂志“捧上天再打入地狱”，他基本就不可能再有在该杂志翻身的机会，他的名字旁边将永远刻着失败者的字眼。媒体这样的态度也影响着大众，那个之前几乎是商界最受宠的艾华士现在成了面对指责最多的人，一场战争即将开始。

感恩节之后，巴菲特接到了艾伦的电话。“我想我们对艾华士可能有些看法。”艾伦说道，“我们选了一个不合适的人出任公司的首席执行官。”在得到了巴菲特赞同的回应后，两个人开始了秘密计划。[32]

巴菲特和艾伦都知道，如果要以全部董事会成员同意作为前提来迫使艾华士下台，至少要持续一年的时间。“那样对公司造成的伤害就太大了！”艾伦说道，“所以我们决定由我们两人出面，告诉艾华士我们的想法！”

制订好了计划，艾伦给艾华士打了电话，称自己和巴菲特希望能和他碰个面。最终，三人会面的地点定在了芝加哥，当时正好艾华士和麦当劳公司有一个会议，会议结束后，他可以取道赶往芝加哥。

1999年12月1日，艾伦和巴菲特坐上了飞往芝加哥的飞机。那是一个阴沉的日子，天气有点儿冷。一路上，巴菲特还担心艾华士的暴脾气会成为当天会面的障碍，甚至可能发生冲突，所以他决定要冷静地面对任何出现的问题。事后的报道描述说，当时的巴菲特非常沉着。三人碰面后没有寒暄就直接进入了正题。[33]巴菲特和艾伦对艾华士这些年来对可口可乐公司付出的一切表达了感谢，然后说道：“但是现在我们已经不再信任你了！”

不过巴菲特和艾伦所说的一切并不代表艾华士被可口可乐公司炒

了鱿鱼，因为两位董事是不具备这个权力的。“他知道自己可能还保有一个董事会席位。”巴菲特说道。

艾华士也知道发生了什么，他没有反驳，匆匆赶回亚特兰大后，他决定在4天后召开紧急股东会议。而在这4天的时间里，所有人都不知道发生了什么，只能等待会议召开的那一天揭晓谜底。

紧急股东大会在周日举行。就像巴菲特和艾伦期望的那样，艾华士郑重地告诉所有股东，自己并不适合继续担任可口可乐公司的首席执行官，并表示自己将立刻离开，不会给公司留出任何寻找自己继任者的过渡时间。会议室一片安静。艾华士表示自己离职完全是“自愿的”——这种说法没有错，尽管这样的做法充满疑点，但至少可以让他避免被“炒”的危险！[34]

随后，会议室里传来了窃窃私语的声音，那是董事们在议论究竟发生了什么事：是艾华士的身体出现了问题？是可口可乐公司出现了什么状况？为什么之前没有人知道呢？艾华士一定要在现在离开吗？但艾华士什么也没有说，在整个会议的过程中他什么都没有说。[35]

谁将成为公司的下一任首席执行官？这时人们想到了一个信封。之前艾华士曾经写过一个名单，如果自己不幸遭遇意外，名单上的这个人可以成为公司的下一任首席执行官。现在这个信封被打开了，这个人的名字就是道格·达夫特，可口可乐公司亚洲和中东地区总裁兼首席运营官。不过当时达夫特已经接近退休的年龄，但包括巴菲特和艾伦在内的董事会成员都没有对此提出任何异议，在没有慎重考虑也没有提出其他可能人选的情况下，董事会任命达夫特为公司新一任首席执行官。

突发事件让可口可乐公司的股票受到了严重的影响。[36]投资者们也都知道了艾华士离职的消息。在与小范围董事会成员的私人对话中，艾华士道出了自己离开的真正原因。直到这时，董事会成员才明白权力就这样被巴菲特和艾伦剥夺了，而自己却丝毫没有察觉，他们觉得自己受到了欺骗。

此后，媒体开始大肆报道艾华士离职的种种内幕，而在当时可口可乐公司最明智的策略就是尽量保持与媒体的和谐关系。《财富》杂志适时地披露了有关“芝加哥会议”的内幕消息[37]，而艾华士则在与可口可乐公司分手后得到了1.15亿美元的赔偿，这个数字在可口可乐内部是完全可以接受的，这样看上去艾华士的离开更像是由于自己做错事或是因钱走路的人。不过观察家们还是看到了事情的本质，他们有理由相信可口可乐公司的决定权完全掌握在少数人手里。

巴菲特的说法也印证了这一切。“当时的情况真的是太糟了，几乎已经没有比这更糟的了，所以我们选择了这个方式，选择了可能引发灾难的方式——但如果我们不这样做，公司必将面临一场巨大的灾难。经过董事会全体同意后再让艾华士离开？我们根本没有想过这种解决问题的方法。我和艾伦选择的这种方式可以说是最明智的，而且这是我们两个共同完成的一件事，如果单凭个人，无论是谁，都不可能实现让艾华士走人的目的。”

可口可乐公司完成了过渡，但巴菲特的声誉却在年底的时候出现了重大滑坡，而且这种滑坡是显而易见的。可口可乐公司的股票——巴菲特投资的最大手笔、最能帮助巴菲特赚钱的股票——在艾华士离开后下跌了近1/3。人们认为巴菲特是在不得已的情况下出面对可口可乐公司的窘况进行干预的，但这先是给公司带来了影响，后又给巴菲特自己造成了不必要的伤害——有人认为巴菲特和艾伦逼走艾华士并不是出于可口可乐公司的利益，而是为了他们自己。

所谓福无双至、祸不单行，巴菲特的通用再保险公司也在这个时候出了麻烦。在伯克希尔-哈撒韦正式完成对通用再保险公司收购后没过几天，巴菲特就接到了通用再保险公司首席执行官罗恩·弗格森的电话，称公司被一家叫尤尼卡文的公司骗走了2.75亿美元的保费，由于对方布局精心，公司方面根本没有察觉。投资者们震惊了。一开始，他们从巴菲特这里得到的消息只是提到通用再保险公司为自己愚蠢的行为道歉，而且巴菲特还表示了对弗格森的信任，并坚称一切问题都能得到解决。所以，当投资者知道真相的时候才会如此生气。从此，人们对巴菲特投资准确度的信任开始动摇了，他们认为巴菲特购买通用再保险公司的行为是为了稀释其在可口可乐公司的股份。

不仅是投资者，就连巴菲特最虔诚的支持者们也开始对他提出了质疑。巴菲特1999年在太阳谷做的有关股市的分析被股市彻底颠覆了。到了12月，尽管科技股增长良好，巴菲特却熟视无睹，依然坚持对科技股的抵制。年底的统计数据显示，道琼斯工业指数在一年的时间里增长了25%，纳斯达克综合指数突破4 000点大关，涨幅高达86%——这是一个令人难以置信的数字。而伯克希尔–哈撒韦的股价则跌到了每股56 100美元，公司总市值为850亿美元。而巴菲特从不看好的科技股在这一年得到了突飞猛进的发展，雅虎公司在短短一年的时间里规模增长了3倍，公司资产累计达到1 150亿美元，相比之下，伯克希尔–哈撒韦的业绩就差了很多。雅虎公司正在以一种前所未有的速度发展着。

在即将步入千禧年的时候，各大媒体纷纷推出了千禧年最有影响力的人物排名，答案几乎是没有悬念的。美国《时代》杂志授予亚马逊网站创始人杰夫·贝佐斯“年度风云人物”的称号，将他的影响力与英国伊丽莎白女王、世界著名飞行家查尔斯·林德伯格、美国民权运动领袖马丁·路德·金并列。而巴菲特的个人排名则出现了明显的下滑，同时在全球富人榜的排名上，他也从世界第二的位置下滑到了世界第四位。这让人们更加关注巴菲特。有人嘲弄巴菲特现在处于“自身难保”的状态，“如果巴菲特开始进军共同基金市场，那肯定是他在开拓第二产业了”。[38]华尔街股市必读刊物《巴伦周刊》的某一期选择以巴菲特作为封面人物，但旁边配上了这样的字眼——“沃伦，你究竟怎么了？”周刊的正文中评论道，巴菲特的伯克希尔-哈撒韦股票陷入了前所未有的低迷状态，他们认为这时的巴菲特肯定早已眉头紧锁了。[39]

但是在接受采访时，巴菲特总是保持一贯的口吻——安全边际、能力范围、市场的作用，这些让巴菲特成名的词语被他多次提及。巴菲特依然坚信股市是一个庞大的体系，不是依靠某些人在计算机面前监控、测算就能轻松搞定的事物。尽管股票市场出现小幅上扬，但巴菲特并没有因此感到紧张。除了在太阳谷的那次演讲外，他并没有公开抨击股市走高的现实。从巴菲特嘴里出来的每个字似乎都经过精雕细琢，从字面上根本找不到指责他的理由。有人问巴菲特，当自己被人们称为“过去时”的时候，他的心里会不会感到压抑和郁闷，巴菲特说：“绝对没有！不过从来没有什么能像人们的抨击对我产生这样的影响，如果你在股票市场上不能有独立的想法，那你的投资注定不会成功。股市就是这样，只要人们相信你，无论你做什么都是可以的，既没有对，也没有错。只有一种情况能说明你的想法是正确的，那就是事实和理论都站在你这边，这才是唯一重要的。”[40]

不过这却是两个不同的话题。虽然巴菲特在进行投资的时候并不需要别人帮忙，他有自己的想法，但是这并不能避免人们称其为“过去时”。有人问巴菲特是不是伯克希尔-哈撒韦在公众心中树立起来的形象从某种意义上能帮助他渡过这一难关时，他思考了很长时间。“没有，我没有感到任何轻松。”巴菲特冷静地说道，“你第一次面临抨击的时候总是非常难受的。”这也是巴菲特的必经之路，面对眼前的困难，他无能为力。

巴菲特知道股市永远是一个人力无法战胜的地方。不管投资人赚了多少钱，就算是“常胜将军”，迟早有一天，也会有失手的可能，或者是出现投资拐点，这正如他现在面临的困难一样。对此，巴菲特很清楚，所以他是这么告诫投资者的：树荫再大也不能遮蔽整个天空。但巴菲特从来都没有停止前进的脚步，他总是在不断挑战，这个过程就像是爬山一样，巴菲特一直在冲击极限，因为他很喜欢这种不断挑战的感觉。但有些令人遗憾的是，山顶并没有蓝色的冠军绶带等着他。

巴菲特的投资、巴菲特的一生都是充满奇妙色彩的。他的主要投资成果、投资过程中使用的理念，值得人们进行深入研究，所有熟悉他的人都会为他的人格魅力所倾倒。在这个竞争激烈的环境中经历了这么多年，人们看到了一个性格丰富多彩的巴菲特，但是他性格中最本质的东西没有变，巴菲特依然是大家熟悉的那个来自奥马哈的投资人。

每年巴菲特都会在翡翠湾的住所和苏珊、三个子女一起度过圣诞假期。房子里的圣诞树上挂满了苏珊的收藏。[41] 其实 1999 年底的这段时间，巴菲特面临的问题不少，事业正处于巨大的挑战之中，但圣诞节却给他提供了一个很好的休息、调整的机会，对于巴菲特的孩子们也是一样，巴菲特对孩子们感到很满意。人到中年的大儿子豪伊很喜欢自己的农场主生活，当然他还有另一个身份：商人。在母亲苏珊的影响下，豪伊逐渐对摄影产生了兴趣，现在的他有一半的时间都在飞机上度过——就是为了拍摄各地的野生动物，而他在拍摄过程中也曾有过被猎豹咬伤、被北极熊追逐的经历。

女儿苏茜现在已经是两个孩子的母亲（不过她已经离婚了），有时她还会去帮父亲的忙，也算是父亲的兼职助理。其他时间，苏茜遵循了母亲的轨迹，致力于奥马哈的慈善事业，担任奥马哈儿童剧院、奥马哈儿童博物馆和奥马哈女孩公司等团体的董事。她的前夫艾伦主管巴菲特基金会，尽管已经离异，但两个人的公寓相隔很近，孩子们也依然能感受到父母的温暖。[42]

小儿子彼得再婚了，他的第二任妻子叫珍妮弗·海尔，夫妇俩目前居住在美国东部的密尔沃基，彼得依然在走音乐这条路。20世纪90年代初那几年，彼得获得了在娱乐圈发展的机会，他说："我意识到如果搬到洛杉矶，我会成为求职大军中的一员。父亲总是给我讲《海底两万里》这部电影，电影里的主人公一直在寻找属于自己的一片天地，父亲也希望我能找到属于自己的天地。"所以在洛杉矶和密尔沃基之间，彼得选择了后者，他深信父亲能够理解他，就像之前父亲在纽约和奥马哈之间选择后者一样，彼得更像是在重复父亲走过的路。此后，彼得获得了为美国公共广播公司创作的机会，为该台制作的一个大手笔的纪录片《500个国家》进行编曲。彼得还借姐姐苏茜担任公共广播公司嘉宾的便利，编写并制作了一场多媒体演出，而且成绩不错，连续11周登上了排行榜榜首。[43]

现在的豪伊已经在母亲苏珊身边工作了，他的待人接物方式也让苏珊意识到儿子真的长大了。"给我一个机会，我就能给大家带来经济回报，所以希望大家能给我这个机会！"[44]豪伊的宣言非常具有感染力和说服力。圣诞节那天，豪伊、苏茜和彼得得到了一份意外的礼物，巴菲特给了他们每人500股伯克希尔-哈撒韦的股份，并表示三人可以随意支配。三个孩子都兴奋极了。"这太棒了。"苏珊说道。[45]

巴菲特一家五口一起见证了千禧年的到来，他们在电视里看到了全球欢庆千禧年的壮观场面，从最早迎来新年钟声的基里巴斯群岛到悉尼、北京再到伦敦，大街小巷挤满了欢乐的人群。埃菲尔铁塔下面的时钟敲过，到处可见人们兴奋的表情，全世界都淹没在笑声的海洋里。这一刻没有任何灾难事件发生，即便是之前令巴菲特头疼的通用再保险公司和可口可乐公司也平平安安地走进了千禧年的大门。随着一个又一个时区迈入 21 世纪，巴菲特的心开始平静了。从 1999 年秋天开始，他身边一直都是非不断，人们迎接千禧年的那种兴奋没有感染巴菲特。对他来说，这个假期是一个放松的过程，经历了那么多，他现在太需要好好休息一下了。

第六部分

财富提取单

53

精灵的故事

奥马哈　1998 年

巴菲特一直非常谨慎，担心自己陷入芒格所讲的鞋扣情结，因为自己是商业领域的专家就对任何事情都表现得无所不知。但是，从 20 世纪 90 年代中期开始，他和芒格就连续不断地被问到关于投资生涯的诸多问题，而且也做了回答。他经常接触运动员和大学生，经常向他们讲述一个关于精灵的寓言。

> 我 16 岁时，心里只有两件事情——女孩子和车子，我不是非常善于和女孩子交往，所以就想拥有一辆汽车已经很不错了，当然也会想女孩子的事情。幸运之神满足了我对汽车的向往。
>
> 在我 16 岁生日那天，出现了这样一位精灵。精灵说："沃伦，我送你一辆你喜欢的车，你明天早晨就可以看到，一辆崭新的、上面系着个大大的蝴蝶结的车子，那就是给你的。"
>
> 听完精灵的话，我接着就问："有什么条件呢？"精灵回答："只有一个条件，这辆车是你此生拥有的唯一一辆车。所以，必须用一辈子。"

如果事情真的发生，我就会得到自己心爱的汽车。但是，大家可以想象，在知道这辆车必须用一辈子的情况下，我会怎么做呢？我会把用户手册仔细阅读五六遍，长期坚持在车库存放车辆。哪怕有一点点凹痕或擦伤，我都会立即修复，因为我不希望这辆车有一点点锈蚀。我会精心呵护这辆车，因为这是我要使用一辈子的一辆车。

人们的大脑和身体正是如此。每个人只有一个大脑和一个身体，是一生不能改变的。现在，人们总会在不经意间长期忽视自己的大脑和身体。但是，如果不去呵护自己的大脑和身体，我们50年后面临的就是健康极度受损的状况，就像汽车一样。

此时此刻你的所作所为将决定10年、20年和30年后你的大脑及身体的健康状况。

54

一个分号

奥马哈　2000年1月—2008年8月

巴菲特在自己的办公室开始了千禧年第一周的工作。伦敦《星期日泰晤士报》在千禧年第一期中这样写道："巴菲特一直不关注科技行业的作风似乎让自己陷入了一种尴尬的局面。"[1]这一天巴菲特读到的第一封邮件是通用再保险公司的首席执行官罗恩·弗格森发来的。

巴菲特现在精神抖擞。到目前为止，通用再保险公司给他带来的没有别的，只是一些糟糕的负面消息。一年前，就在伯克希尔收购通用再保险公司短短几周的时候，通用再保险公司就承认在尤尼卡文公司诈骗案中受害，弗格森做了坦白交代。电影制片方和出资方说服通用再保险公司担保好莱坞电影的票房，通用再保险公司承诺如果票房未达到预期目标就进行补偿，而公司却不知道上映什么影片，更不知道有哪位明星出演。发现这一切后，巴菲特简直不敢相信自己的眼睛。几周之内，在票房失败的电影的片尾致谢名单还没有出现在观众眼前时，电影经济惨败引起的诉讼就已经纷至沓来。巴菲特很想说他最看重的经理、聪明的阿吉特·贾殷，一定不会对那些索然无味的影片做担保，但这一切却已经发生了。

接着，关于如何承保阿吉特推出的再保险 Grab.com 在线大奖项目的问题，弗格森又给了巴菲特很大的打击。巴菲特发现弗格森与自己有着截然不同的哲学观。巴菲特一直坚持这样的观点：宁愿轻松跨过眼前 1 英尺高的跨栏，也不愿伺机等待出现 7 英尺高的跨栏才大步攀越障碍。Grab.com 大奖活动可以轻松带来利润——是可以轻松跨越的 1 英尺高的跨栏。[2] 弗格森却对此不屑一顾，因为这项业务要经过一点点的积累取得利润。他说通用再保险公司只接有承保利益的业务。

巴菲特很快结束了弗格森安排的这场是非角逐，继而决心进行一次管理变革。然而，他没有付诸行动——没有什么理由促使他这么做。通用再保险公司以往的记录一直很好。公司需要的只是完善，而不是彻底整顿。在收购通用再保险公司之后短短的时间内解雇弗格森会引起不小的骚动，况且他讨厌解雇员工。

Grab.com 大奖活动结束两个月后，千禧年随之到来，弗格森承认不良保险定价导致通用再保险公司亏损 2.73 亿美元。巴菲特对此无比惊讶，再不能认为这一切只是个别错误了——这显然是不小的麻烦。从他宣布收购通用再保险公司的那一刻起，这家该死的公司就像中了邪一样。加入伯克希尔-哈撒韦的头 12 个月，一度堪称制度典范的通用再保险公司就一落千丈，保险业务、定价机制和风险选择带来的损失近 15 亿美元。巴菲特旗下还没有哪家公司曾经有过这样的损失，连这一巨额数字的零头那么大的损失都不曾有过。巴菲特没有多说什么，但他清楚自己必须尽快采取行动了。

消息传出，投资者们很快开始重新审视自己的观点。难道出资 220 亿美元收购通用再保险公司是伯克希尔-哈撒韦的一个错误？巴菲特的名声再度遭受打击。

与此同时，可口可乐公司尽管在管理方面做了调整，但情况依然不容乐观。[3]可口可乐新上任的首席执行官道格·达夫特首先在1月裁员6 000人，投资者对此惊叹不已。华尔街只有少数人一直声称可口可乐的利润已经开始上升，而投资者却不相信这些说法。所以，可口可乐的股票依然萎靡不振，而1月1日已经跌到56 100美元的伯克希尔-哈撒韦的股价也随之下跌。

两周后的2月9日一早，巴菲特坐在办公室浏览手头的报纸，不时看两眼CNBC的电视节目。这时办公桌后面书柜上的专用热线电话响了——只有巴菲特本人能接听该电话。他很快拿起话筒。电话是吉姆·马圭尔打来的，他在纽约证券交易所负责伯克希尔-哈撒韦股票的交易。谈话非常简短：

"嗯……嗯……好的，嗯……现在不。好，嗯……嗯……好，谢谢。"

马圭尔打电话告诉巴菲特伯克希尔-哈撒韦股票的卖单纷至沓来。就在前一天晚上，巴菲特在线玩儿桥牌的时候，雅虎网站的网络BBS写手以"zx1675"为代码发帖称"沃伦住院——病情危急"。接下来的短短几小时内，谣言像病毒一样通过论坛迅速扩散。"巴菲特年老体衰，抛售。""抛售、抛售、抛售、抛售、抛售。"谣言传遍了华尔街，所有人都认为巴菲特确实住院了，而且病情危急。于是人们看到伯克希尔-哈撒韦股票的成交量巨大，股价急剧下跌。[4]

巴菲特的个人电话响个不停，那是一个电话频繁响起的早晨。巴菲特像往常一样亲自接听，面带笑容拿起话筒："嗯，嗨……"对方可以感受到他愉快的心情。

"你怎么样啊？"电话那头开始询问，语气有些急促。

"很好啊……好极了！"

如果龙卷风直袭基威特大厦，巴菲特也会在提到这场灾难的时候说情况"好极了"。人们知道去领会他的言外之意，不过这次似乎有些沉重。整个上午，打电话进来的人都想知道他到底怎么样。

巴菲特向人们解释说一切都很好——真的很好。但是从伯克希尔-哈撒韦股票的交易情况判断，人们还是听信了谣言。这就是新媒体的力量。随着巴菲特即将辞世的谣言广为散布，伯克希尔-哈撒韦的股价一路下滑，股东们纷纷致电经纪人，要求明确巴菲特是否活着。认识巴菲特的人纷纷接到朋友们的考问："你确定？你见到他了？你凭什么这么确定？"

CNBC报道了巴菲特可能辞世的谣言，巴菲特出面辟谣，结果导致了新的谣言。怀疑论者开始发言——如果他说自己很好，那一定是不好。还有人说巴菲特在借机低价买进伯克希尔-哈撒韦的股票，而这一谣言触痛了巴菲特的软肋：正直的名声和贪婪的作风直接碰撞。

两天来攻击不断，伯克希尔-哈撒韦的股价下滑突破5%。这些谣言认为巴菲特不可或缺，其实正是从反面称赞了巴菲特，而让巴菲特盛怒的是人们都认为他在欺骗股东，编造谎言让股东低价购买股票。他讨厌一些人通过互联网操纵股票价格、进行敲诈勒索的行径，更不能容忍自己成为众矢之的。想到自己做出回应会引出更多谣言（并因此创下回应谣言的先例），他就非常沮丧。

巴菲特选择了理性面对：谣言终究是谣言，最后一定会不攻自破。然而，"最后"可能要在很长时间之后才能发生。与此同时，出现了一个新的现实问题：在互联网统治的时代，他越来越无法控制自己的公众认知度。后来，他让步了，发布了惊人的新闻。

> 近来，互联网上出现了关于股票回购和巴菲特先生健康状况的谣言。尽管伯克希尔-哈撒韦一贯奉行不对谣言进行评论的作风，但是对于近日流传的谣言我们还是决定破例。所有关于股票回购和巴菲特先生健康状况的谣言"百分之百都是假的"。[5]

这样的声明毫无用处。伯克希尔–哈撒韦的股价在那一周猛跌11%，根本没有恢复。

3月9日，《纽约日报》引用了《科技投资人杂志》发行人哈里·牛顿的话："我告诉大家沃伦·巴菲特在写给股东的信中应该怎么讲，'我很抱歉'！这就是他必须讲的。"次日，伯克希尔–哈撒韦的股价跌至每股41 300美元，这一交易价格几乎比该公司上市以来的最低价格没高多少。传奇般的"巴菲特保险"——人们认为仅仅因巴菲特本人的影响而高价交易的股票——已成历史。在此前一天，纳斯达克指数上扬至5 000点，与1999年1月以来相比翻了一番，其成分股股票增长超过3万亿美元。

这样的鲜明对比不会不吸引人们的注意。一位资金经理写道，像巴菲特这样的投资者就是"堕落天使，落后的排名让他们感到耻辱……1999年，一些标新立异者声称旧的投资理念已被推翻，他们以令人咋舌的数字来证实他们的理论，'堕落天使'在这些标新立异者眼里早已落伍"。[6]

巴菲特对这样的恶意攻击深恶痛绝，尽管他从来没有想过要改变自己的投资策略。伯克希尔–哈撒韦的股东们显然在5年前选择市场指标股会得到更好的投资回报——过去5年是伯克希尔–哈撒韦历史上持续"干旱"的艰苦岁月。巴菲特在可口可乐公司的投资现在只能卖得87.5亿美元，而此前曾一度上涨到175亿美元。他决心不偏离安全边际，这意味着伯克希尔–哈撒韦的闲置资本已高达几十亿美元，而这些闲置资本就是回报很低的债券。巴菲特对电脑的基本操作非常熟悉，但是他没有考虑买进任何价位的科技股票。"提到微软和英特尔，"他说，"我不知道它们在10年后会是什么样子，也不希望参与别人占优势的领域……软件行业不在我的能力范围之内……我了解的是Dilly棒棒糖，而不是软件。"[7]

54

一个分号

2000年2月，美国证券交易委员会拒绝了伯克希尔-哈撒韦提出的对其部分持有股份保密的要求。美国证券交易委员会权衡了稳定市场中投资者的各种利益和知情权，最后决定支持其享有知情权。在人们通过巴菲特的股票获利之前，巴菲特不能进行大量囤积，他只能像美国运通公司或可口可乐公司那样，聚集少量股票。尽管巴菲特一再坚持股份保密，美国证券交易委员会还是将其视为本杰明·格雷厄姆式的人物，要其向全世界公开股票记录。从此，整体收购——巴菲特一直最喜欢的投资方式——成为伯克希尔-哈撒韦主要的投资方向。此后将大量资金投入股市运作将越来越难。媒体称巴菲特为“全球曾经最伟大的投资人”，令人痛心。[8]

3月10日，在哈里·牛顿提出巴菲特应该道歉的第二天，《华尔街日报》这样写道：“人人都通过科技股票赚钱，只有顽固而吝啬的巴菲特不在其中，他的股票已经下跌48%。”[9]《华尔街日报》引用了一位投资组合上涨35%的AT&T退休员工的话，他说这只科技股票的投资人“确实不是沃伦·巴菲特——谢天谢地”。[10]

巴菲特在职业生涯中从来没有像这三年那样认真思考自己经受的考验。市场的一切迹象都表明他错了。由于他固执地坚持一套陈旧的观点，公众、媒体甚至公司的一些股东都认为他思想僵化了。只有他内心清楚自己的方向和强烈的渴望。多年来他已习惯一直享有诸多荣誉，就像每天都要喝樱桃可乐一般；他对公众的批评非常敏感，所以他避开一切抛头露面的机会；他在生活中努力捍卫自己的名誉，对抗玷污自己名誉的任何事情。

然而，这一次面对针对名誉的攻击，巴菲特一直没有做出反抗。他既没有写评论，也没有在国会面前论证市场风险，更没有通过报纸斗争抑或通过电视采访节目、请代理人保护自己。他和芒格照旧与伯克希尔-哈撒韦的股东定期沟通，对股东们说在人们过度高估市场的情况下，谁也无法预料这种局面会持续多久。最后，不是作为正式发言，而是出于警示和告诫，巴菲特在太阳谷年会中对各界精英进行的精辟演讲中做了唯一一次解释——他预测未来 20 年中市场低落的程度远远不是投资者可以想象的。不久他的这番演讲刊登在《财富》上，在街头巷尾传播。

消除恐惧心理，请求尼克 · 布雷迪帮助拯救所罗门公司需要极大的勇气，而面对多年的批评和奚落表现出如此的克制力、提出这样的预言，更需要一种非同寻常的勇气。网络泡沫成为巴菲特职业生涯中最大的个人挑战。

3 月 11 日，就在《华尔街日报》发表 AT&T 退休员工在投资方面都胜过沃伦 · 巴菲特的文章 24 小时之后，伯克希尔–哈撒韦公布了年度报告，因伯克希尔–哈撒韦投资失败，巴菲特给自己的工作打分只是一个 D。但是，他没有说避开科技股票是一个错误，只是重新调整了投资者的期望——由于伯克希尔–哈撒韦规模庞大，目前在股价方面的增长可能只是“略”高于市场。他知道这样会引起关于“略”的意义的争论，但是他认为必须这么讲。

另外，巴菲特宣布由于伯克希尔–哈撒韦当时股价低廉，伯克希尔–哈撒韦愿意按照投资者的出价买进公司的股票。这样一来，就可以把资金返还给几十年都没有得到分红的股东们。提到这一点，似乎向来贪财如命的巴菲特突然变得清心寡欲了。

这是巴菲特第二次公开宣布他愿意在市场上买进股票。1970 年他第一次宣布“我愿意购买伯克希尔–哈撒韦的股票”，大力扭转了该公司的局面。投资者必须再次决定支持哪一方。这一次，许多人理解了巴菲特传达的信息。巴菲特愿意购买伯克希尔–哈撒韦的股票这样的发言本身就促使伯克希尔–哈撒韦的股价上涨了 24%，而他还没有来得及购买一股股票。

接下来的一周，纳斯达克股票的技术股出现了崩盘的迹象。[11] 到4月末，技术股的市值蒸发了31%，从历史的角度看，这次可以说是最严重的崩盘之一了。

复活节那天巴菲特没有一点儿心情，就在这一天他备受病痛折磨。他简直不能相信，就在非常重要的股东大会这一对他来讲最关键的时刻之前，关于他健康状况的谣言居然应验了。女儿苏茜在凌晨3点匆忙把他送到医院，接下来的几天他在医院一直接受排除肾结石的治疗。护士们进进出出都叫他比尔。尽管忍受着不堪言状的痛苦，他还是想知道股票市场的情况。他在病痛中不断给苏珊打电话。当时苏珊远在科罗拉多州的格兰德莱克，和一群中学时的女同学在一起，一点儿都帮不上巴菲特。[12] 后来，巴菲特感觉好一些的时候，医生就安排他回家了。女儿来接他的时候，他说护士们一直叫他"比尔"是因为他挂号入院的时候用了汤普森博士的名字。

巴菲特还没迈进家门，就又不得不立即返回医院——还是因为可恶的排除肾结石治疗。又一次，他一晚上坐着一杯接一杯地喝水，然后忍受痛苦的折磨。此后，过去不曾困扰他的手术问题开始让他担忧了，因为肾结石会复发。"浑身插满管子——我讨厌那样。那是人们衰老的时候才会遇到的问题。"他说。

他盘点了自己面临的问题。股票声誉扫地，直到他决定自己出价回购才挽回了局面。最大的业务——通用再保险公司似乎中了邪。可口可乐的麻烦也挥之不去。可口可乐——一个如此强大的品牌怎么会在短时间内遭受这样的破坏呢？难道真的是那个可怜的艾华士的错误？而现在巴菲特的健康问题也开始成为不容忽视的事实。

人固有一死的事实深深地藏在巴菲特"浴缸"记忆的深处，不时悄悄浮出水面。[13] 他依然不能面对父亲的去世，而且一直没有找到合适的方式来纪念父亲霍华德。他把霍华德的大幅肖像挂在自己办公桌后面的墙上，让父亲出现在自己的头顶上方。霍华德生前的手稿都堆放在家里的地下室，丝毫未动。沃伦一直没有勇气亲自翻阅这些手稿。就是想到这些事情都会让他备受折磨，显然他害怕自己抑制了35年的情感会爆发。

他告诫人们参天大树只是一个比喻，某一时刻一切都会终结。然而他自己却不能面对在事业巅峰坦然地说："就这样了，我的工作完成了。西斯廷礼拜堂完工了，不再需要任何勾勒，再努力也只是平庸之作了。"

他现在69岁，但是他不相信这个事实，依然认为自己是年轻人。他一直用自己离母亲去世的年龄还有几十年来安慰自己。通用再保险公司的局势一定会好转，而且他知道火腿三明治一定会推动可口可乐的销售。肾结石……唉！"浴缸"记忆发挥了作用，他开始准备股东大会，而这是他一年中最幸福的一周。

4月末的最后几天，奥马哈城开始热闹起来，机场异常繁忙，人们三三两两、成群结队地在酒店大堂登记入住，城区餐厅所设的室外咖啡座挤满了顾客。租车公司的车辆全部出动。万豪酒店的酒吧——这段时间会见"内部人士"的非正式总部——座无虚席。戴着伯克希尔-哈撒韦大会证件的人在奥马哈城各处散步，仿佛在证明自己是股东大会的成员。巴菲特的办公室里，电话急促地响起，人们都在利用最后的机会争取采访证件、大会通行证或者要求带他们自己的客人参加奥马哈城一年一度的独家盛会——巴菲特的独家星期日早午餐会。对这些大胆而轻率的要求，巴菲特的秘书戴比·博赞科表面上耐心应答，心里却烦透了，她想直截了当地告诉人们不行。

星期五晚上，巴菲特忙于应付各种公共活动和私人聚会。一些巴菲特的信徒头戴巨大的黄色宽檐牛仔帽和公司的长期股东及顶级资金经理们一起出现在波仙珠宝店的鸡尾酒会中，许多奥马哈人夹杂在外地来的股东们中间，大口吃着免费的食物。波仙珠宝店的苏珊·雅克负责筹划此次活动，因此波仙珠宝店的营业额有了新的突破。巴菲特对活动非常支持，尽管他怀疑有许多前来揩油吃白食的人到场。

即将在市政礼堂召开的股东大会规模盛大，包括几千名员工、供应商和志愿者，到处是大片大片的陈列、鲜花及展示，大会要准备几卡车火鸡三明治、热狗、可乐。这也是安保、媒体、音效、视频、灯光和供应商及志愿者的聚会。所有这一切完全由员工凯莉·马奇莫尔一手策划、编排和监督，巴菲特称凯莉·马奇莫尔是伯克希尔-哈撒韦的“弗洛伦兹·齐格菲尔德”[a]。凯莉连秘书都没有，准确地讲，她本人就是一位秘书。巴菲特自豪地说凯莉一个人可以完成四个人的工作（这样的称赞带来的负面影响就是有时候会让人觉得自己是不是只拿到了应得报酬的1/4）。[14] 不过，巴菲特在用人方面更善于言语奖励，而不是薪资鼓励。工作中与巴菲特接触最多的员工马奇莫尔、博赞科和接待员德布·雷是公司最有代表性的卡内基式的人物，所有的股东都通过巴菲特了解到他们是何等优秀的员工。这些卡内基式的人物就像防晒霜一般，保护公司不受里克肖塞尔的热力学定律的影响。他们自己处理紧张棘手的问题，负责保护老板在走廊尽头安静的办公室里工作，免受外界的各类干扰。在股东大会的前一周，他们都承担着双倍的工作量。在大会当天，德布和戴比应付最重要的VIP客户和新闻中心的相关工作，马奇莫尔带着无线电话各处奔忙，像陆军元帅一般实地指挥。

星期六凌晨4点，几百名兴致勃勃的参会人员脖子上挂着大会通行证纷纷来到市政礼堂外面排队等候入场。3个小时后，保安开始检

a. 弗洛伦兹·齐格菲尔德，百老汇最大的歌舞团齐格菲歌舞团的创办人。——译者注

查入场证件，他们蜂拥而入抢占位置极好的座位。把外套和毛衣挂在椅背上占好座位后，他们会去餐饮区享受免费的早餐，那里有甜甜卷、果汁和咖啡。到 8 点钟的时候，人们发现根本没有必要在黎明前赶来抢占座位，因为有一多半座位空着。30 分钟后，市政礼堂内共有 9 000 人入座。[15] 许多首席执行官对此颇感吃惊（抑或恐惧），去年一共有 15 000 人到场，差别如此之大（参会人员减少了 40%）。

按照大会安排，会堂灯光暗了下来，开始放映会前短片（短片一年比一年长）。今年的短片开始出现的卡通人物是扮演成巴菲特的超级英雄，芒格做配角，他们在销售伯克希尔–哈撒韦的产品。接下来，法官朱迪裁定巴菲特和比尔 · 盖茨之间因为两美元的打赌引起的一场争端——当然只是一个节目而已。随后放映的是伯克希尔–哈撒韦的喜剧录像和广告节目。最后，苏珊 · 巴菲特演唱了一支由可口可乐主题歌改编的伯克希尔–哈撒韦之歌，“世界现在需要什么……伯克希尔–哈撒韦”。

9 点半左右，巴菲特和芒格着正装出现在台上，环顾着台下明显少于往年的忠实参会人员：他们穿着各异，有的穿着商务正装，有的穿着短裤，会堂内黄色宽檐帽到处移动。5 分钟的商业会议之后，像往常一样进入提问阶段，股东们在安放于礼堂各个位置的麦克风前面排起队来，开始询问如何评估股票。有人提到了科技股。“我不希望参与科技股的投机。”巴菲特说，“任何时候爆发投机都会得到纠正。”他将科技市场比作连锁邮件和庞氏骗局一般华而不实的表面富足。“投资者认为自己很富有，其实不然。”他停了一下，接着转身问，“查理？”

芒格开始发言，观众变得活跃起来。芒格通常会说“没有什么补充的”，但是只要巴菲特把麦克风给他，全场氛围就会变得异常紧张起来，就像看着一位老练的驯狮员带着一鞭一椅出现在狮群中一样。

“我们说‘卑劣的放肆’是因为，这样会产生卑劣的结果，是荒谬的。”芒格说，“如果把葡萄干和狗屎混合在一起，那还是狗屎。”

观众开始表现出惊讶。他在说狗屎？芒格居然可以抛开媒体不管，而且面对与父母一同前来的孩子们把网络股票说成是狗屎？他说了狗屎！大会骚动许久才平静下来。

接着有人提到了白银问题。随后人们开始纷纷走向地下商场选购心仪的鞋子、金厨刀具和喜诗糖果。关于巴菲特如何看待白银地位的年度提问已经非常乏味。1997 年，巴菲特宣布购买全球 1/3 的白银。这位“传神谕者”突然倾情白银、放弃收集蓝鹰邮票，激起了贵金属爱好者的狂热情绪。[16] 在伯克希尔–哈撒韦的历史上，这一投资引起了前所未有的关注。巴菲特不是贵金属迷，他只是把贵金属当作自己的生意，根据供求变化进行投资——不是为了投机，也没有将其作为防止通货膨胀的措施。他认为公司的股票价格上涨才是防止通货膨胀的明智措施，尽管通货膨胀会损害公司的利益。他购买白银是很好的投资，但是这样做其实是因为欣赏白银。他这样描述自己：“在隐秘的伦敦地下宫殿中，我面带笑容细数熠熠发光的白银栏杆。”[17] 白银问题一提出，巴菲特和芒格两人就表现得非常不耐烦，但巴菲特还是出于礼貌回答说拥有白银已经成为一件无趣的事情。他没有提到欣赏白银是非常振奋人心的。

提问单调乏味，巴菲特和芒格一边听，一边剥开 Dilly 棒棒糖塞进嘴里，打开糖果时发出沙沙的声音。股东们开始抱怨，他们对股票价格表示不满。[18] 一位女士说她接下来要转入函授学校学习了，因为伯克希尔–哈撒韦的股票回报都不够支付大学开支。[19] 来自加利福尼亚州圣巴巴拉的盖洛德 · 汉森站在麦克风前面大声说，他在 1998 年伯克希尔–哈撒韦的股票接近最高点时选择买进，就是因为看好巴菲特以往的纪录，结果却回报平平，他损失的资金完全可以通过 4 只科技股挽回。[20] 他力劝巴菲特至少将伯克希尔–哈撒韦资产的 10% 投资到科技领域。“这是‘人间游戏’，难道您依然不觉得或许应该选择几只科技股吗？”

提问还是关于投资科技股的事情。像选择购买索罗斯科技股的著名资金经理斯坦利·德鲁肯米勒那样开始投资科技股票怎么样？针对伯克希尔–哈撒韦当前让人失望的业绩，巴菲特难道不能找到新的办法吗？如果不选择科技股，他会不会进行一些国际投资呢？

股东大会现场的情景着实令人难堪。面对股东，巴菲特第一次发现他们中间的一些人对他失望了：近50年的努力付诸东流、毁于一旦，股东们都开始反对他了。他的年龄骤然成为老朽落后的象征，而不再是炫耀经验阅历的资本。现在媒体称他是一位老人。似乎世界已经不再需要伯克希尔–哈撒韦。

随后，巴菲特一边签名，一边痛饮樱桃可乐。接着他穿上棒球服来到奥马哈皇家棒球小联盟队，为这里即将举行的棒球比赛开球。他还和阿斯特丽德一道参加了别的一些聚会，依然穿着那套棒球服，一路都在向人们散发Dilly棒棒糖。星期日晚上他和家人在Gorat's牛排店共进晚餐，而后参加星期一早上召开的董事会会议——又一次身体力行的教学实践。随后，他、苏珊、孩子们及其他家庭成员一道飞往纽约。和许多朋友见面之前，他首先和家人一起外出吃饭、观看各类演出，例行公事般地在波道夫精品百货店选购服装。选购服装是他最不喜欢的年度活动，在这样的时候“浴缸”记忆就会发挥作用。在纽约的时候，他还前往哥伦比亚大学讲授本杰明·格雷厄姆课程的当代版本，会见参加财经新闻课程学习的几位记者。[21]

星期六一早，他召集通用再保险公司的三位经理到他在广场酒店的套房。罗恩·弗格森带来许多PPT资料，开始历数通用再保险公司的糟糕状况。巴菲特皱着眉头、焦虑不安地听了几分钟，终于开口说道：“我们为什么不直接面对结果呢？结果必须有所改善，必须强化交流网络。目前是客户对通用再保险公司发号施令，而不是公司处于主动地位。这种情况必须终结，必须有人承担责任。”[22]

他差一点儿就说出让弗格森退休，似乎不再对年岁已高的经理人怀有恻隐之心。弗格森在1999年底曾患有蛛网膜下腔出血，巴菲特非常同情他。后来，弗格森偶尔出现身体不适，无法正常工作，曾提出辞职，但是巴菲特拒绝了他的辞职要求。巴菲特认为不应该让员工因身体不适而被迫退休，他最欣赏的一些经理人都坚持工作到很大年纪，其中B夫人就一直工作到103岁，退休一年后去世。他非常怀念矮小的B夫人性格刁钻的样子，但是也感到一种强烈的解脱，B夫人终究还是没有战胜自己的年龄。他曾经一度担心自己会先于B夫人离开人世，他自己的目标是比B夫人更长寿，不仅仅是多活几年，而是要多活5年以上甚至直到永远。他一直都夸张地讲伯克希尔–哈撒韦的老年员工和董事会准备筹建高龄美国最高法院。

因此，想象一下几周后巴菲特晚饭后在比尔·盖茨的家中打桥牌，他的精灵一直矗立在他的肩头保护着他。他说话的时候声音嘶哑，好像前一天晚上根本没有睡觉。他不停地说自己“很好”，但显然有些不适。沙伦·奥斯伯格从巴菲特当时的样子判断他肯定是身体不舒服，就和盖茨夫妇讲了自己注意到的问题，盖茨夫妇不顾巴菲特的反对很快叫来了医生。[23]

巴菲特说自己从来没有做过结肠镜检查，这让那位医生非常吃惊。他让巴菲特服用了一粒止痛片，以让他顺利到家，还说巴菲特回到奥马哈后真的应该去医院做一次全面的体检，而且要做结肠镜检查。

精灵可能不够智慧。霍华德·巴菲特就患有结肠癌，因结肠癌的并发症去世。巴菲特现在怎么想呢？69岁了，从来没有做过结肠镜检查？这显然不是把自己的身体当作一生拥有的唯一一辆汽车一般呵护。

一个月后，伯克希尔–哈撒韦的股票每股上涨近 5 000 美元，达 6 万美元。《财富》杂志写道，尽管巴菲特“没有取得 1999 年的骄人业绩”，但是伯克希尔–哈撒韦从 3 月的低谷走出，股价近期上涨 47%，这充分表明巴菲特是一位“优秀的复兴者”。[24] 然而，巴菲特还需要完成一些身体康复工作。

巴菲特终于还是安排了令人担忧的体检。[25] 他很少在短期内如此频繁地光顾医院——肾结石排除治疗刚刚在一个月前进行，不过结肠镜检查可以视作“常规”检查。巴菲特通过电话聊天、打桥牌和玩电脑直升机游戏分散自己对体检的担忧。当人们问及这次体检时，他会说：“我根本就不担心会有什么问题。”

但是做完结肠镜检查他傻眼了，他肚子里有一块巨大的良性息肉。息肉过于庞大，要切除就得影响周围大量的其他组织器官。当时有几位朋友在场。这种息肉不是可以任其发展的，巴菲特决定在 7 月末太阳谷年会过后进行手术。“哦，我一点都不担心。”他一边开玩笑，一边强调自己的心脏检查结果良好，“我从来不担心自己的健康状况。要不是你们提出来，我连想都想不到。”

但是巴菲特必须就自己的健康问题做新闻发布，这次宣布了一些令人尴尬的细节：

> 沃伦·E. 巴菲特，伯克希尔–哈撒韦（NYSE：BRK.A，BRK.B）董事长，将于下月住进奥马哈医院接受手术，切除结肠中的几块良性息肉。巴菲特先生在周一接受常规体检的时候发现了结肠息肉，这次体检表明他的其他健康状况良好。预计手术需要巴菲特先生住院几天，随后他将尽快返回工作岗位。伯克希尔–哈撒韦宣布相关事实是为了防止出现关于巴菲特先生健康状况的虚假谣言，像今年初那样影响公司股票的市值。[26]

手术进行了几个小时，切除了长达15英寸的息肉，在巴菲特肚子上留下了长达7英寸的疤痕。他在家休养一周，生平第一次留了胡子。不去伯克希尔-哈撒韦工作的日子，他喜欢电话聊天，声音有些虚弱。

“哦，没有，我一点儿都不累，现在身体非常好。”他说，“体重减少了几磅，也是需要减掉的。阿斯特丽德非常精心地照顾我。医生说我想吃什么都可以。还有，我有没有告诉你我入院的时候有一根结肠，但是出院的时候却带着一个分号。[a]”问及他是否担心复发时，他说：“哦，不担心，一点儿都不担心。我从来不担心什么事情，这你们都知道。顺便提一句，我有没有告诉你这次手术的麻醉师小时候是我在高尔夫球乡村俱乐部的球童？进行麻醉前，我对他说真的希望当年没有少给他小费。”

伯克希尔-哈撒韦的新闻中只是确认了息肉确实是良性的，不需要进一步治疗。尽管如此，谣言还是又一次通过互联网和华尔街蔓延。一些人坚持称巴菲特肯定是得了癌症，息肉不需要做手术。但是沃伦的病已经好了，而且他不觉得自己已经老了，他依然像“火球”一般充满活力。

一生傲慢的他，终究还是不能摆脱健康问题的困扰。在某一天，他一直坚持的摔跤比赛还是要落幕，一直回避的问题还是必须面对。在巴菲特心里，伯克希尔-哈撒韦是可以替代自己永远生存在这个世界上的，所以一切都没有自己对公司的责任重要。许多问题都将由苏珊来决定，她会比他长寿。他告诉人们苏珊会照顾好一切的。

a.“分号”在英语中是“semicolon”，而结肠的拼写是“colon”，“semi”有“一半”之意，故巴菲特以此幽默地讲述自己经历了这次手术后只剩下半段结肠。——译者注

55

凯瑟琳的最后一次聚会

奥马哈 2000 年 9 月—2001 年 7 月

巴菲特在医院进行结肠手术的时候，网络泡沫已经平息。网络风暴之下兴起的公司日渐消退：Arzoo.com、Boo.com、Dash.com、eToys.com、Flooz.com、FooDoo.com、Hookt.com、Lipstream.com、PaperFly.com、Pets.com、Wwwwrrrr.com、Xuma.com、Zing.com。[1]纳斯达克交易量跌破峰值的一半，不过旧经济股依然没有复苏。美联储又一次开始降低利率。然而，巴菲特的名声开始恢复了。

伯克希尔-哈撒韦在资本市场大桶淘金，巴菲特开始并购一系列私营公司、破产公司和侥幸生存的公司，又一次大开投资之窗。他并购了意外风险保险公司——美国债务公司，珠宝商本 · 布里奇珠宝公司[2]，Acme砖业公司，托尼 · 拉马皮靴公司，以及Nocona靴业公司的母公司贾斯汀工业[3]，全球最大的地毯制造商 Shaw 实业集团[4]，本杰明 · 摩尔油漆工业公司[5]，家居建材产品制造商杰斯曼公司[6]，高科技复合钢制造商 Mitek 公司[7]。尽管如此，2000 年底，伯克希尔-哈撒韦依然拥有数十亿美元的闲置资本：地下室堆满了钱，椽子上挂满了钱，墙上贴满了钱，烟囱里塞满了钱，屋项上铺满了钱——大量金钱源源不断地从这台永不生锈的“现金机”中吐出。[8]

巴菲特在1999年太阳谷年会的演讲中对市场进行的预言目前已经得到证实。2000年他在致股东的信中宣称互联网的诞生对玩世不恭的金融家是一次机会，让他们有机会向容易上当的人们“出售希望”——巴菲特一年一度致股东的信已经演变为全球媒体盛事，通过互联网发布，成千上万的网民急切期待，所以每逢那个星期六早上，伯克希尔-哈撒韦的网站都会因流量过大而濒临崩溃。他又一次委婉地提到他在太阳谷演讲中引用的伊索寓言：投资互联网就是放飞到手的鸟儿（眼前的钱）去捉林子里的鸟儿。“财富大规模转手”的结果就是只有少数人获利。

“通过无耻地宣传空洞的利润，组织者近年来将数十亿美元从公众的腰包里抢走，肥了自己的腰包（以及他们的亲戚、朋友的腰包）……投机变得非常容易的时候就是最危险的时候。”[9]观众都在听巴菲特的发言，这是2001年的股东大会，参会人数又多了起来。

伯克希尔-哈撒韦的部分好运源自吉列公司的经营状况好转，巴菲特曾帮助吉列完成从迈克·霍利任首席执行官到吉姆·基尔兹上任的过渡。[10]在此之前不久的2000年底，巴菲特一改以往事不关己高高挂起的作风，在可口可乐新上任的首席执行官道格·达夫特准备并购桂格燕麦的时候，作为董事会成员出面阻止了那次并购。巴菲特是董事会成员中少数几位有决议权的董事。可口可乐新上任的首席执行官是否可以创造一番成绩还有待时间去见证，当然，换汤不换药不会对股价带来什么正面影响。

巴菲特2001年参加太阳谷年会是又一次重磅出击。但是，湾流豪华公务机沿山形滑翔降落到黑利机场后，纷纷奔向太阳谷酒店的公司高管都心事重重。谣言正在四处蔓延，多数谣言是关于AT&T还击康卡斯特电信公司对电缆产品的恶意出价的。

太阳谷酒店前面的草坪上第一次支起了密密麻麻的电视新闻采访棚，似乎那里在拍电影：闪光灯、反射板、制片人、摄影师、助理、化妆师和记者全部到位，全副武装准备采访各位首席执行官。就是这些记者助长了谣言的四处传播。达克庞德的摄像机从来没有停止工作，发言过后记者们不顾发言人的情绪疯狂拍照。他们追着采访自己认为与相关事件有关的公司人员。

星期五下午，84 岁的凯瑟琳 · 格雷厄姆玩儿了一会儿桥牌后想安静一下，就开着那辆小型高尔夫球车回到她的公寓——她一直喜欢开着高尔夫球车在太阳谷各处兜风。凯瑟琳个头很高，身材苗条，两臀都做过手术，走起路来有点儿不协调。人们注意到她有些疲劳，精神欠佳，但是她一直说今年的年会是自己最开心的时候。她和儿子唐共同经营的公司得到巴菲特的指点，在报业利润急剧下滑的时候，该报因在财务方面和新闻报道方面的成功居然成为公认的行业偶像。凯瑟琳总是非常高兴看到许多她喜欢的人齐聚到艾伦会议中心。人们事先为她安排了一位随行助理，但是她性格刚毅坚决反对，所以大部分时间不是唐就是巴里 · 迪勒（美国网络公司董事长巴里 · 迪勒是她的好朋友）搀扶着她。然而，此时此刻她却是一个人。

苏茜和母亲在车里看到了凯瑟琳，就把车开到了员工停车场。凯瑟琳没看到她们，但是她们可以看着凯瑟琳走上通向公寓的四个台阶。那段时间凯瑟琳在服用抗凝血药物，如果摔倒极有可能引起出血。她们看到她靠着栏杆，有点儿发抖，所幸站在栏杆内侧才没有摔倒。[11]

在“野花公寓”的露天平台，就是面朝高尔夫球场和山脉的凯瑟琳 · 格雷厄姆下午时分经常坐在那里浏览《华盛顿邮报》的平台上，时装设计师黛安娜 · 冯 · 弗斯腾伯格为凯瑟琳特别举办的年度女士鸡尾酒会照例进行，这场鸡尾酒会已经成为太阳谷的一大传统。苏茜带来了喜诗棒棒糖，大家都围着凯瑟琳拍照，嘴里含着棒棒糖。[12] 过了一会儿，唐纳德·基奥以及黛安娜的丈夫巴里·迪勒、新闻集团的首席执行官鲁伯特·默多克和其他几位男士猛然走进聚会，唐·格雷厄姆也在其中。

星期六破晓时分，大家纷纷坐在椅子上等待英特尔的总裁安迪·格鲁夫首先发表关于“网络稳定性”的主题演讲。随后，黛安娜·索耶主持召开座谈会，依次邀请 eBay 的梅格·惠特曼、索尼的首席执行官霍华德·斯特林格先生和美国在线–时代华纳的史蒂夫·凯斯谈一谈关于“美国的脉搏：我们如何去寻找”这一问题。太阳谷此时的情景仿佛中学里的自助餐厅，记者用摄像机记录了这一刻，他们一致传出谣言声称美国网络公司或美国在线–时代华纳、迪士尼、有线电视服务公司或者所有这些公司将与 AT&T 有线电视及宽带部门联手。[13] 在座的许多人都希望那些电视棚消失。

黛安娜·索耶主持的座谈会结束后，接下来发言的照例是巴菲特。2000 年 3 月的市场高峰过后，股票市场损失逾 4 万亿美元。[14] 网络公司的失业人数至少达 112 000 人。[15] 同时，幸存的互联网公司也进入青春期。有人非常肯定地推测，巴菲特不会再认为网络股依然被高估。人们希望巴菲特别像以前那样悲观，可以变得宽容一点儿。

然而，巴菲特向在座的人展示了一幅曲线图，说明市场价值依然高于实际经济水平的 1/3。这显然远远高出巴菲特认为可以买进股票的标准，而且也是现代历史上的市场巅峰时期——胜过 1929 年那场严重的市场泡沫。实际上，巴菲特的曲线图表明目前的经济水平虚高几近一倍，或者可以理解为市场价值依然会下跌一半。[16] 他告诉人们尽管市场经历了两年严冬，尽管纳斯达克交易量跌了超过一半，他还是不会买进。他预期的股票市场（包括红利在内）的年均增长只能达到不足 7% 的水平，而且可能在未来 20 年持续如此。[17]7% 的预期数字只比他在两年前的预期高出一个百分点。这是令人沮丧的消息，尤其是对巴菲特本人——71 岁生日庆祝在即，而且对他希望保持的以往的纪录也没有什么积极作用。

“这不应该是市场的情况。”他说，“但是，这就是市场目前的情况，而且还是人们应该牢记于心的。”他接着通过幻灯片打出这样一句话：

不能持久的事物终将灭亡。

——赫布·斯坦[18]

在座的许多人一脸严肃、深感震惊，但是都记住了他的一席话。“人们还是得听巴菲特的。”亚马逊的首席执行官杰夫·贝佐斯说。亚马逊公司的股价从巅峰时的每股 113 美元下跌到每股 17 美元。“他讲的一些事情确实让人痛心，但上帝做证，他就是一个精灵，从来都是正确的。”[19]

巴菲特的一席演讲引来众多恭维，午餐时分，就在赫伯特·艾伦公寓后面的帐篷下面人们纷纷对他表示祝贺。大概有 100 人参加了这次午餐聚会，格雷厄姆母子也在其中。巴菲特和墨西哥总统比森特·福克斯坐在一起——他认为福克斯是一位“资深的可口可乐人”，而且对经济有着深刻的见解。[20]后来，巴菲特又去打高尔夫球。

凯瑟琳·格雷厄姆开着她的高尔夫球车到桥牌室玩牌。过了一会儿，她说有点儿不舒服，要回自己的房间去。她打电话告诉助理她要回去了，她的助理就留在赫伯特·艾伦的公寓等她，而她的公寓就在隔壁。然后，她一个人走向高尔夫球车，独自开着车返回公寓。

她的助理隔几分钟就向窗外望一次。终于，助理看到凯瑟琳的高尔夫球车到了，她下了车，于是助理飞快地跑出去，结果看到凯瑟琳倒在了公寓门前靠近走廊的台阶上。助理冲过去，弯下腰和凯瑟琳说话，但是她没有任何反应，于是助理开始大声叫赫伯特·艾伦出来。[21]几分钟后，急救人员赶到的时候，唐·格雷厄姆也急匆匆从高尔夫球场返回。他需要有人帮忙一起面对母亲的突发病情，就要求巴菲特同去医院，但是巴菲特承受不了这种悲伤的情绪。[22]于是格里菲思·哈什，一位优秀的神经外科医生——eBay 首席执行官梅格·惠特曼的丈夫，和唐一起去了距离只有 10 分钟车程的、位于凯彻姆的圣路克斯医院，以帮助诊断 CAT 检查结果。[23]

苏茜开着车去医院陪唐和赫伯特·艾伦，她非常清楚谁也指望不上她的父亲来帮助面对什么危急病情。1997 年，医生诊断说苏珊需要做心导管插入手术，巴菲特就坐飞机到旧金山陪她。而中途凯瑟琳·科尔打电话说苏珊没事了，巴菲特就直接返回了奥马哈。后来，苏珊因剧痛难忍的腹腔粘连和肠梗阻多次进入急救室，1999 年还接受了胆囊摘除手术，然而那些年苏珊每一次入院，巴菲特都不能克制自己的悲伤情绪到医院好好陪一陪她。[24]

哈什医生和唐到圣路克斯医院不多一会儿，放射科医生就拿来了 CAT 扫描报告，哈什医生看后说："凯瑟琳需要到创伤科治疗。"圣路克斯医院很快通过直升机把凯瑟琳送到博伊斯的圣艾尔奉萨斯地区医院。赫伯特·艾伦安排了一架私人飞机——空间只比割草机稍大一点，由两位穿着牛仔裤和 T 恤的年轻人驾驶——把唐和苏茜送到了博伊斯。

这一切发生的时候，巴菲特悄悄回到了自己的公寓。那天苏珊早早就离开了，去希腊参加一个婚礼，对这儿发生的一切一无所知。彼得和珍妮弗、豪伊和德文还在太阳谷，彼得和豪伊只是路过。然而每次在这样的时候，巴菲特都不会自然调整自己的悲伤情绪，和儿子们直率地沟通。沙伦·奥斯伯格不在太阳谷，当然阿斯特丽德也不在。妻子和女儿此时同样不在身边，于是盖茨夫妇、罗恩和简·奥尔森还有苏茜的男朋友陪着巴菲特等待凯瑟琳的治疗情况的消息。大家的任务就是和巴菲特随便闲聊，帮助他分散注意力，而且闲聊的时候都避免提到凯瑟琳。苏茜从博伊斯打来电话告诉巴菲特，凯瑟琳马上要进行手术了，但是没有别的消息。[25]

凯瑟琳进了手术室，不久手术结束。大概午夜时分，哈什医生告诉唐和苏茜情况不太好，凯瑟琳需要再进行一次 CAT 扫描检查。他们把病床推进了手术室，把凯瑟琳的手表交给了苏茜，苏茜觉得心里猛地震动了一下。[26]

大约凌晨两点，由于一直没有更多的消息从博伊斯传来，巴菲特决定去休息。其他人也都离开了房间。

大概 90 分钟后，医生们把凯瑟琳推到重症监护病房。“我们真的无能为力了。”他们说。苏茜打电话叫醒了父亲，她告诉父亲召集大家坐飞机到医院去。巴菲特于是叫醒了大家，组织大伙儿出发。

几小时后，飞机在博伊斯落地，巴菲特打电话给苏茜说他觉得自己去不了医院。苏茜对父亲说必须到医院去，唐非常难过，需要他到医院去，即使凯瑟琳没有意识，看不到他，也会感觉到他的到来。巴菲特勉强同意前去。

到医院后，女儿在楼下的走廊里等巴菲特。她知道此时的父亲非常难受，必须有人耐心地帮助他面对眼前的一切。“您必须上去，”她坚持说，“您必须去。”她带着父亲来到了重症监护病房，病房里唐·格雷厄姆孤独地坐在那里陪着母亲，通红的脸上挂满泪水。凯瑟琳面色苍白，没有一点儿意识，身体连着许多监视仪器，监视仪器不时闪着点点亮光，发出轻微的响声。凯瑟琳的嘴上戴着氧气罩。巴菲特和唐紧紧拥抱，两人都呜咽着。随后拉利·韦茅斯——凯瑟琳的长女也是唯一的女儿来了。最后，苏茜陪着父亲来到楼下。凯瑟琳的病房此时不需要他们。凯瑟琳的孩子们陆续来到博伊斯后，巴菲特父女就坐着飞机，带着悲伤的情绪回到了奥马哈。[27]

两天后，他们接到电话得知凯瑟琳去世了。巴菲特事先就和拉利说过他不能在凯瑟琳的葬礼上发言，他愿意和比尔·盖茨一起做迎宾人员。在家里，阿斯特丽德照顾他的生活起居；在办公室，他就不停地工作。不工作的时候，沙伦和他一起打桥牌，或者玩电脑直升机游戏，再或者做一些其他事情，以减轻凯瑟琳的去世带给他的震惊和恐惧：那么突然、在那么一个欢乐的场合；事发的时候他不在场；救护车、直升机、苏茜打电话讲述手术的事情；坐在公寓里等候，午夜电话响起，一路紧张地飞往博伊斯；在病房看到凯瑟琳静静地躺着，面色苍白，呼吸微弱；控制力很强的唐·格雷厄姆当时那么无助；离开从此永别的凯瑟琳飞回家时的一路痛苦；电话得知她去世了；苏珊一直不在他身边。再也见不到凯瑟琳了，再也没有凯瑟琳参加的聚会了，永远没有了。

然而，凯瑟琳·格雷厄姆去世后的第二天，巴菲特还是按照计划来到佐治亚大学特里商学院进行了一次演讲。他穿着笔挺的灰西装走上台，看起来有些不太自然，声音略带嘶哑。“现在试音，100万、200万、300万。”他对着麦克风说。这样的开场往往会引起台下一片笑声，今天也不例外。而不同以往的是，他又讲了几个内布拉斯加的足球笑话，引得观众咯咯直笑。

随后，他转入正题。“人们总会问我应该选择什么样的工作，我就说要为自己最崇拜的人工作。”他奉劝大家不要浪费时间和生命，“只是因为有人看好你的简历就频繁跳槽是不理智的做法，就像老了才去考虑两性生活一样。做自己喜欢的工作，为自己最崇拜的人工作，就是为自己创造了最佳机会。”

大家问他曾经犯过哪些错误。他说第一是伯克希尔-哈撒韦花了20年时间努力复兴一个破败的纺织工厂。第二是美国航空，巴菲特提到他拨打航空公司热线没有接通的事情。第三是年轻的时候一直在想办法买进辛克莱尔加油站。他算了算，那次错误带来的损失有60亿美元，就是说，他投入的那些钱完全可以用来赚到60亿美元。

但最折磨人的错误还是那些本该去做而没有做的事情，他告诉大家，而且只提了一件这样的事情——没有买FNMA的股票，FNMA即联邦国家房贷协会。他说到目前为止这项投资失误引起的损失达50亿美元。其实还有其他的：错过了汤姆·墨菲曾竭力要卖给他的电视台，没有投资沃尔玛。他解释说，没有抓住机会，错过了本该去做的事情就是因为自己向来谨慎从事。

巴菲特此前也多次提到过自己的错误，但是，在提到那些本该去做而没有做的事情之时，从不涉及工作之外的事情。个人生活中这样的错误——疏忽遗漏、坐失良机——同样时有发生，也是压力带来的副作用，但只有非常了解他的人才会知道这些，他只是偶尔与他们提及自己的这些错误。

他向学生们解释了投资的“20个孔眼”法。他说：“假设你的一生有这样一张卡，上面可以打20次孔，一次财务决策打一个孔，这样你就会努力抗拒各种诱惑，不草率行事，并能做出一个个明智的重大决策，从而变得非常富有。”

他自己的生活就是这样的，变数极少。一栋房子，与妻子相伴50年（后来一直与法纳姆大街的阿斯特丽德相伴），对买卖房地产、艺术品、车辆和其他财富都没有兴趣，没有频繁辗转于各地，也没有在职业生涯中变幻无常。这部分是个性使然，还有就是习惯使然，也是诸多事情自然发展的结果和一种惯性形成的智慧。有幸成为他的朋友便是他一生中永远的朋友，任何破坏这种永恒的事情都让他无法面对。

几天后，警察一早就开始对华盛顿国家大教堂附近的街道实施戒严，因为教堂要举办重要的活动，这一天大教堂在蓝天的映衬下格外壮观。[28]电台工作人员开始忙着拍摄这次乐队参与的重大活动，乐队的服饰是参加国家元首葬礼的着装。上午时分，接送《华盛顿邮报》员工的几辆客车先后到了，接送参议员的蓝白条相间的客车也到了，从小汽车和高级轿车上下来的人纷纷涌入大教堂。教堂的前排坐满了显要人物，有比尔·克林顿和希拉里·克林顿、琳恩·切尼和迪克·切尼。教堂里无处不是知名人物：最高法院法官鲁思·巴德·金斯伯格和斯蒂芬·布雷耶，知名记者查理·罗斯、汤姆·布罗考、迈克·华莱士和特德·科佩尔,《今日美国》的阿尔·纽哈思，美联储主席艾伦·格林斯潘和他的妻子，编辑蒂娜·布朗，参议员特德·肯尼迪，国会代表伊兰诺·霍姆斯·诺顿。[29]成百上千人随着国家交响乐团和肯尼迪艺术中心歌剧厅乐团的铜管重奏列队穿过巨大的铜门进入教堂，这次聚会是该教堂有史以来接待人员最多的一次。[30]

从教堂中殿那边起，站着几千名穿着黑色西装和白色衬衫的男士，形成了蒙德里安式的背景幕，他们的前面是身着黑白方格衣服的女士们。有的女士穿着犬牙花纹的衣服和卷曲的泡泡纱；有的身着一袭精致黑色套装，配着白色棉衬衣；有的穿着无袖紧身连衣裙，或者穿着小外套，或者索性裸露着手臂；有的穿着白色的裙子和黑色的毛衣；有的穿着黑色的夹克衫和点缀着瑞士风格的黑白斑点的裙子。她们戴着黑色的小帽子，编织得非常精心，黑色的草帽上配着一层向下倾斜的面纱，非常符合阿斯科特城女士日的气氛。大教堂成了珍珠的海洋，有的小如芝麻，有的大如瓶塞。女宾们的手腕上、脖颈上、耳垂上镶嵌着大小各异的黑白珍珠，有的佩戴着长串珍珠。每一个细节都是为了表示对一位女士的悼念，她让世界敬畏多年，对她一生的总结和悼念已然成为一次最为盛大的、全国性的、最后的黑白舞会。

追思仪式开始后，巴菲特和盖茨悄悄在梅琳达旁边的长凳上坐下。音乐响起，历史学家阿瑟·施莱辛格首先发言，而后发言的是亨利·基辛格、本·布拉德利和凯瑟琳·格雷厄姆的孩子们。最后，前议员约翰·丹福斯布道，他认为尽管凯瑟琳·格雷厄姆从来没有对宗教进行过多少评价，但是她的生活方式犹如一位信徒。“她是全球公认的最强势的女性，但是她自己没有这样认为。”他说，“特别是在华盛顿，许多人趾高气扬，但是凯瑟琳没有……自私不能战胜生活，成功属于献身于事业的人们。‘满招损，谦受益’，现实确实如此。这是我们每个人都应该学习的一课，而凯瑟琳·格雷厄姆给我们上了生动的一课。”

巴菲特带着一脸悲伤挨着盖茨坐下后，梅琳达伸手擦去了眼泪。穿着黑白长袍的两支教堂唱诗班唱着莫扎特的曲子。抬棺的人小心地抬起棺材，沿着走廊走去，大家一起唱着《美丽的亚美利加》。家人跟着走出大教堂，来到与凯瑟琳·格雷厄姆的住房隔街相望的橡树丘墓园，她将与已故的丈夫一同埋葬在这里。

下午早些时候，400多人坐车绕环形公路来到了凯瑟琳·格雷厄姆的住处，纷纷走进后花园，她的孩子们和孙子们都站在那里接待客人。在帐篷里的自助餐会中有三明治、切片火腿和里脊肉。人们绕过游泳池来到房子里追忆这里曾经发生过的点点滴滴。人们在里根总统曾弯腰捡起自己散落的冰块的客厅里驻足，最后一次凝视图书室的书籍和饰物，格雷厄姆曾坐在这间图书室里斟酌是否报道五角大楼文件。人们在金色餐厅圆桌旁边的墙上摆放的拿破仑时代的瓷器前驻足，这间餐厅曾经接待过从肯尼迪时代到克林顿时代的历任美国总统。从杰奎琳·奥纳西斯到戴安娜王妃，只要是凯瑟琳·格雷厄姆发出邀请，他们一定赴约。[31] 这座房子本身就代表着一段历史。

巴菲特最后一次环视凯瑟琳的房子，记住了这里的一切，但是他没有久留，早早地就离开了凯瑟琳的房子，而且永远不会再回来了。[32]

下午的时间慢慢过去，凯瑟琳·格雷厄姆的朋友们和仰慕她的人们开始慢慢散去。人们依依不舍地走过长廊，走过她生前经常宴请朋友的房间，走过花园……缓缓地，极不情愿地告别最后一次凯瑟琳的聚会，最后一次踏上通向停车场的铺满石子的小路。

56

富人统治，富人享受

奥马哈　2001年7月—2002年7月

巴菲特独自飞回内布拉斯加。除了睡觉之外，他每一分钟都忙于各种各样的事情，读财务报告、《金融时报》、《纽约时报》、《华尔街日报》，看CNBC的电视节目，接电话。晚上不工作的时候他就打桥牌，有时也在线浏览新闻，再有就是玩电脑直升机游戏。

一周后，有一次他在电话里痛哭流涕，泣不成声，哽咽得上气不接下气，悲伤的情感如洪水决堤般喷涌而出。

发泄过后，他努力调整自己的情绪，继续接电话。他后悔自己没有在凯瑟琳的葬礼上发言。工作努力、台上讲话自如洒脱的巴菲特认为自己应该在凯瑟琳的葬礼上为她送上一份祝福，所以更多的是遗憾，这种想法反复缠绕着他。

“如果那天我一直和她打桥牌，她可能不会摔倒。”后来巴菲特伤心地自责，“我就会开着她的高尔夫球车亲自送她回去，她可能不会死。”

但是，凯瑟琳可能还是会要求自己走上台阶，没有人知道她的死是因为摔倒中风，还是因为中风摔倒。

然而，巴菲特还是觉得自己错失了机会，因此备受折磨。有时候他甚至觉得如果他一直陪着凯瑟琳，无论如何也会让她安全的。

几周过后，只要提到凯瑟琳的去世，巴菲特还是不由自主地伤心落泪，必须停下来调整情绪。然后，就像摩托车转了个弯重新启动一样，他又开始继续谈论别的话题。

8 月，许多事情帮助他从悲伤中解脱出来。他开始规划 9 月将进行的第十届（最后一届）奥马哈慈善高尔夫球锦标赛，并盼望着 10 月去法国比里亚茨举办巴菲特集团会议。这段时间，他还飞到怀俄明州的科迪，和苏珊在赫伯特 · 艾伦的 J9 农场过了一个长长的周末，农场位于北福克。

巴菲特宁愿看一部西部电影，也不愿意在东部风格的农场闲逛。在太阳谷年会的时候，他就和自己能够谈得来的朋友在一起打发时间。这次在科迪，他和苏珊过了一个悠闲自在的周末，和他们一起过周末的还有媒体大亨巴里 · 迪勒和妻子黛安娜 · 冯 · 弗斯腾伯格，唐纳德和米基 · 基奥，电影导演迈克 · 尼科尔斯和妻子，新闻播音员黛安娜 · 索耶，制片人悉尼 · 波拉克，影星坎迪丝 · 伯根，英特尔的首席执行官安迪 · 格鲁夫和妻子伊娃等人。

巴菲特夫妇那天晚上到达的时候已经很晚了，就在中心酒店旁边的雪松小木屋住下了。第二天早餐的时候他们向已经到来的客人问好（巴菲特的早餐通常就是前一天晚上没有吃完的点心）。这一天还有很多客人到达，而巴菲特这一天的其他时间则在酒店或者小木屋看书、玩儿电脑桥牌、看艾伦特意从网上给他打印的新闻。一些客人骑着艾伦农场的马沿着峡谷去看大角鹿和小鹿，一些客人骑着山地自行车去探险，还有的在流经农场的河里钓鱼。巴菲特没有参加所有这些活动。晚饭的时候他出现在酒店大长方形餐桌旁边，客人们也都坐在那里，周围是黑色的皮质家具和带有浪漫色彩的乡村风格油画，油画都是著名画家托马斯·哈特·本顿和弗雷德里克·雷明顿的作品。巴菲特主持了一次餐桌沙龙，话题涉及政治、金融和全球时事。当客人们享用鱼肉、鸡肉、野味和沙拉的时候，科迪的厨师也在大口吃肉。[1]

晚餐后，艾伦的朋友阿尔·奥霍乐弹起了钢琴，客人们一起看着坎迪丝·伯根的歌曲集唱歌，格什文、欧文·伯林和科尔·波特轮流领唱。苏珊照例进行独唱。巴菲特弹奏夏威夷四弦琴，和往年一样唱“The Hut-Sut Song”[a]，电影制片人悉尼·波拉克和巴菲特一起唱——这首歌总是让大家产生一种害怕心理，这反而让人更期待表演这首歌。

> Hut-Sut Rawlson on the rillerah and a brawla，brawla sooit. Hut-Sut Rawlson on the rillerah and a brawla sooit.[2]

从科迪回来，巴菲特的假期就结束了。距离他的生日还有几周，表面上看他并不关注生日，其实内心非常担心生日的到来。每年生日之前的一大亮点就是提前几周就有大量来自朋友（或者说，更多的是来自陌生人）的贺卡、礼物和信件纷纷飞到基威特大厦。巴菲特对此并不厌倦，但是要通过生日礼物让一位亿万富翁（不希望自己又老一岁，不在乎任何财产的人）高兴却不是一件容易的事情。然而他感谢所有的贺卡和来信，回忆起过去生活中点点滴滴的所有祝福都让他感动。另外，他现在有太多的可口可乐纪念品、内布拉斯加足球招贴、旗帜、被子、拼贴画和其他礼物以及他和一些知名人士的合影，所有这些东西足以摆满基威特大厦的一层走廊。他的生日确实非常低调，通常只是和家人以及几个朋友在橄榄园这样的餐厅一起吃顿晚餐。

巴菲特71岁了，他不相信自己已经71岁了。在40岁、50岁、

a.“The Hut-Sut Song”，1941年流行歌曲排行榜上居高不下的一首歌。——译者注

60 岁和 70 岁生日到来的时候，他同样不相信自己当时的年龄。但是今年尤其不愿意提到自己的生日，因为凯瑟琳去世后，他不愿意面对任何让自己意识到时间飞逝的事物。

所幸，奥马哈高尔夫球锦标赛——由巴菲特赞助、各类当地机构受益的年度赛事就在他生日过后不久进行，让他有机会调整一下情绪。公司首席执行官、各界名人、朋友、亲戚以及所有巴菲特认识和欣赏的人，都来到奥马哈乡村俱乐部参加高尔夫球和网球比赛。[3] 前来参加这次活动的客人是巴菲特用心挑选的，就像挑选股东、挑选有资格参加奥马哈股东大会的成员、挑选巴菲特集团的成员一样。随着比赛日期一天天临近，员工们忙着修订客人名单、安排接机以及俱乐部高尔夫球手的餐饮娱乐。巴菲特愿意了解每一个细节：邀请了哪些客人，某位客人此前曾经来过几次，谁第一次前来参加比赛，这次比赛可以筹集多少钱。

许多客人都参加了星期一晚上在奥马哈乡村俱乐部举办的晚餐聚会，奥斯卡奖得主、词曲作家马文·哈姆利施出席了晚餐聚会。[4] 每年他都坐在钢琴旁边，应人们的要求即兴编写个性歌曲。

> 马文没有打高尔夫球，几年前来参加锦标赛，他喜欢苏茜，苏茜也喜欢他。他说："你为什么不让我在前一天晚上为提前到来的客人进行一次小小的表演呢？"这一定会是高尔夫球锦标赛最精彩的部分。你说："我希望选择三号木杆不会再打出该死的左曲球。"这就可以是一首歌。人们认为这是胡编乱造，其实不是。如果你说"我不相信自己的岳母会偷餐厅的糖包"，30 秒后，他就会奏出一段小调，和着这句词儿。

第二天碧空万里。大约 8 点的时候巴菲特的电话响了，是德文·斯珀吉翁打来的，她是《华尔街日报》的记者，负责报道伯克希尔-哈撒韦。“哦，天哪，沃伦，快看电视。”她说。巴菲特打开新闻频道。电话两头，他们都看到了一场可怕的“飞机失事”。镜头转向了世贸中心的北楼，大厦顶层在巨大的火焰吞噬下倾倒。镜头又转向一架飞机，环绕大厦顶部，随即撞向南楼的一侧，爆炸后升起一团蘑菇云火焰，犹如原子弹爆炸一般。新闻频道开始重复播放这些镜头的时候，他们都静静地看着：飞机转向，撞向大楼。“德文，”巴菲特说，“世界变了。”巴菲特开始询问德文办公室的情况，她的办公室距离芝加哥的西尔斯大厦两个街区。“听着，”他说，“那不是一个安全的地方。《华尔街日报》在纽约的总部位于世贸中心对面。那里的员工必须立即疏散，同时跟踪报道该事件。”通过这番对话，斯珀吉翁可以感受到巴菲特思维活跃，他进入了一种最理智的处理问题的状态。[5]

他挂上电话的同时，美国联邦航空局已经发出通知，暂停美国所有航空公司的航班起飞。几分钟后，美国航空 77 号航班撞向五角大楼。之后大约 15 分钟，也就是白宫开始疏散工作人员的时候，巴菲特已经根据来自各方的信息，对自己的工作做出安排。他给通用再保险公司打了一个电话（他应该在第二天去通用再保险公司），他说如果机场开放，航班恢复正常，就计划飞到康涅狄格州亲自到通用再保险公司。[6] 在康涅狄格州相邻而居的通用再保险公司和阿吉特 · 贾殷管理下的伯克希尔再保险公司都是承保恐怖主义损失的国际门户。巴菲特此时与他们会面是为了在紧要关头和几位经理一起商讨如何面对这次突发的重大事件。

就在巴菲特考虑通用再保险公司的赔付计划之时，世贸中心南楼内部起火倒塌，五角大楼的一角倒塌。几分钟内，美国联合航空公司 93 号航班在宾夕法尼亚州尚克斯维尔附近坠毁。接下来的半个小时，政府大楼的人员纷纷疏散，世贸中心北楼倒塌。纽约证券交易所关闭，曼哈顿区的市民冒着呛鼻的烟雾，踩着满地的碎片纷纷撤离。

在奥马哈高尔夫球场的每一个人都因此受到了影响，幸好影响不是很大。许多人的朋友、亲戚、邻居或工作上认识的熟人在世贸中心工作。高尔夫球场的工作人员耐心满足大家此时的需求，帮助人们做一些具体的工作。安·塔特洛克、诚信信托公司首席执行官那一天后来就一直待在酒店客房不停地打电话，丰信信托公司总部就在世贸中心。[7]大约100名丰信信托公司员工失踪。当然，伯克希尔–哈撒韦的员工同样遍布全美各地，巴菲特经过一番询问得知伯克希尔–哈撒韦没有人员损失——损失的只是钱。

一些人决定马上离开，但是所有机场都关闭了，大家要离开也不是一件容易的事情。有几位租车走了，更多的人留了下来，一些人是因为不愿意让巴菲特觉得没面子，更多的人是因为别无选择。[8]事发后，电台评论员拉什·林博正在前往那次锦标赛的路上，中途他就掉转飞机，回到纽约。[9]

这一系列重大事件发生的时候，巴菲特的工作依然按计划进行，即使在极端恶劣的工作环境下他也能顶住压力。他完成了对一家小公司的并购，此前已经开始进行相关的工作。而后，按计划参加了与家得宝公司总裁鲍勃·纳德利的会议。[10]接着，他来到奥马哈高尔夫球乡村俱乐部，100多人在那里徘徊，饿了就吃汉堡和冰激凌。巴菲特告诉大家比赛还是按计划进行，但是大家可以根据自己的实际需要自由安排。客人们在俱乐部进进出出，有的去打电话，有的去看电视新闻。当地的高尔夫球专家托尼·佩萨文托和加里·维伦在午餐后为大家教授高尔夫球课程，这次锦标赛离奇地进行着。巴菲特开着自己的高尔夫球车，按照规划好的路线在各个开球区停车，下来和大家合影。[11]比赛进行得异常平静，就像珍珠港袭击当天的名人高尔夫球锦标赛一般。其实，包括巴菲特在内，只有少数几个人对珍珠港事件及其影响有些印象。前来参加这次高尔夫球赛的人不是非常容易激动，其中许多人都是叱咤风云的商人，对压力习以为常，他们是面对灾难镇定自若的一代，压力对他们来说就像每天上班要穿西装、系领带一样平常。

巴菲特扮演起政治家的角色，泰然自若地处理着一切。即便如此，他的大脑还在分秒不停地考虑恐怖主义的威胁和大规模杀伤性武器的巨大破坏力，以及这一切可能对经济带来的影响。

因为一直都在考虑恐怖主义的风险，所以他对突然发生的一切早有心理准备。早在5月，他就告诉通用再保险公司和伯克希尔再保险公司在业务方面缩减恐怖主义风险集中的大厦和客户，他的思维同往常一样精明地预见了这次灾难的降临。他确实曾经以世贸中心为例说明一个客户大量集中的大厦可能产生过多的风险。[12]20世纪90年代末恐怖主义的威胁不断上演，千禧年之初的恐怖袭击根本没有悬念可言。然而，巴菲特保护伯克希尔再保险公司躲过危险的努力完全是有先见之明的，它可能是保险行业唯一一家对恐怖袭击有所防备的公司。[13]

巴菲特一整天都在考虑那天晚餐后的演讲该说什么。他知道目前已经关闭的股市在重新开盘后一定面临大跌，也意识到美国的安全就此破坏，政府日后一定得面对暗中使坏的敌人。他认为自己有责任告诉人们这一切意味着什么。

那天晚上参加晚餐聚会的人通过大型电视屏幕收看布什总统的讲话，接着听巴菲特讲述恐怖主义、恐怖主义和传统战争的比较。“恐怖主义者占有很大的优势。他们可以选择时间、地点和方式，而我们很难对付狂热分子……这一次只是一个开端。我们不知道敌人是谁。现在，我们面临的是一个影子，可能还有许多影子没有现身。”[14]

从第二天一早开始，机场逐渐恢复运营，航班开始限时飞行，巴菲特一家依然忙于照顾没有离开的客人，为他们组织晚餐活动、网球和高尔夫球活动，一直忙到所有客人都离开奥马哈回到自己家中。[15]曼哈顿的清理工作在即，纽约市到处都是“寻人启事”。巴菲特在考虑如何通过自己在全美范围内广受认可的声誉为国家做点事情。股市即将恢复，这一次休市是大萧条之后股市经历的最漫长的一次休市。他同意和前财政部长罗伯特·鲁宾和杰克·韦尔奇共同参加《60分钟时事杂志》节目。杰克·韦尔奇当时刚从通用电气的首席执行官职位退休。在美国人看来，巴菲特是最权威的投资专家和股市专家。星期日晚上的节目中，巴菲特说他不会抛售股票——如果股票持续下跌，他会考虑买进，而且做了这样的解释：他相信美国经济会平息恐怖袭击带来的波澜。那时候，沃伦·巴菲特多年来沉淀的诚实守信的声誉在股市中尽人皆知，人们知道他说什么就是什么。在太阳谷，巴菲特就说过股票价格在真正复苏之前还得下跌一半。所以，他说如果股票下跌到一定程度自己就会考虑买进，而机智的人们知道他确实会这样做，但是他们也知道“一定程度”指的是“非常非常低的时候”。

第二天，道琼斯指数下跌684点，即7%，创下了单日下跌纪录。股市重新开市遭遇重创后，美联储开始干预，将利率降低了50个基点（一半）。重新开市一周后，道琼斯指数跌破14%，创下了单周下跌纪录。然而，投资者的资产下跌幅度不到1987年下跌幅度的一半——1987年下跌1/3。交易开始后，卖方就集中关注保险公司和航空公司，这些公司的经济损失最为惨重。人们现在不是在黑暗中摸索，少了许多恐慌，大家都努力对未知的情况做出理智的预测。

几天之内，经历爆炸恐慌的曼哈顿区各处都设立了安检通道，巴菲特集团到比里亚茨的行程也取消了，巴菲特和伯克希尔–哈撒韦旗下的保险公司开始评估伯克希尔–哈撒韦遭遇的损失。初步估计，伯克希尔–哈撒韦损失23亿美元，这一数据后来略有上调。[16]迄今为止，这次损失远远高于任何一次地震、飓风、龙卷风或其他自然灾害给公司带来的损失。其中，17 亿美元的损失来自通用再保险公司。

巴菲特忍无可忍，他专门在自己的网站发帖严厉批评通用再保险公司违反“保险业的基本规则”。在伯克希尔–哈撒韦，他从来没有对自己旗下的任何一家公司的管理进行过如此公开的批评，因此，发在网站上供所有人浏览的内容对通用再保险公司的品牌简直就是致命的打击。现在通用再保险公司危在旦夕，以如此戏剧化的方式让巴菲特当众难堪，通用再保险公司可能将步所罗门公司的后尘，从此与巴菲特毫无干系，成就又一个警世故事。

1987 年股市崩盘及后来的长期资本管理公司破产后，美联储曾在 7 周内进行过 3 次大规模的利率削减，通过低息贷款促使市场复苏。现在，为了制止恐慌，美联储又一次把利率调整到历史最低水平。美联储的作用就是确保银行体系保有流动资金。然而，这一次美联储将连续 3 年人为地保持低利率。[17] 在低息贷款的推动下，恐怖袭击后一个月，股市就完全恢复，市场价值恢复到 1.38 万亿美元。但是剧变并没有结束，市场依然趋于紧张，部分原因是“9 · 11”事件之后短短几周美英入侵阿富汗引起的动荡。再后来就是 11 月，一家名为安然的能源贸易公司在 20 世纪 90 年代末的股市泡沫中遗留的问题，以及一些在股市泡沫中被掩盖却没有根除的遗留问题开始显露。美国司法部介入后，安然公司因严重的财务欺诈而破产。

安然事件非常极端，但并不是罕见的事件。股市泡沫和高级管理人员大肆洗劫公司引发了一系列的财务欺诈和债券违规案件：世界通信公司、阿德尔菲亚传播公司、泰克国际公司、ImClone 生物医药公司都涉及违规。2002 年初，纽约总检察长埃利奥特 · 斯皮策对华尔街的各大银行进行了一次闪电式的突击检查，这些银行在网络泡沫时代通过片面的股票调查进行高价股票交易。[18] 当投资者对各大公司提供的报表数据丧失信心后，股票和债券价值全面下滑。

伯克希尔–哈撒韦的最佳机会往往在全局动荡的时候到来，在其他公司没有远见、资源短缺和意志动摇的时候，伯克希尔–哈撒韦却独具慧眼、借机行动。“危机中大胆出手，机会无限。”巴菲特如是说。现在他的机会又来了。任何一个普通人在这样的时候都会力不从心，但是巴菲特多年前就开始期待这样的机会降临到基威特大厦，所以员工们早已蓄势待发。他为伯克希尔–哈撒韦买进了大量垃圾债券，进行了一系列“烟蒂”式投资。在并购内衣制造商鲜果布衣公司的时候，有员工戏称：“我们开始服务于民众的屁股了。”[19] 被并购的还有制造相框的拉森–尤尔公司。伯克希尔–哈撒韦旗下的子公司中美洲能源对处于混乱中的威廉姆斯公司进行投资，而且并购了该公司的克恩河管材业务。[20] 此外，伯克希尔–哈撒韦并购了加朗公司、Garanimals 童装生产商，还接手了戴纳基公司的北方天然气公司（也是一家一片混乱的能源公司）。[21] 几天之内，中美洲能源借给威廉姆斯公司一大笔钱。[22] 伯克希尔又并购了放纵大厨公司（该公司通过 7 万名独立的“厨房顾问”以聚会的形式推销厨具），还并购了农用机械制造商 CTB 工业公司，并与投资银行雷曼兄弟公司联手借款 13 亿美元给当时岌岌可危的可信能源公司。

阿吉特·贾殷很快开始了恐怖主义险的业务拓展，通过对航空公司、洛克菲勒中心、克莱斯勒大厦、南美炼油产业、北海石油平台和芝加哥的西尔斯大厦进行保险，填补了突然出现的保险空白。伯克希尔再保险公司还对奥林匹克的不确定风险（奥运会被取消，或 2012 年前美国可能再举办至少两届奥运会）进行保险。公司还对盐湖城举办的冬奥会进行恐怖主义袭击保险，对 FIFA 世界杯足球锦标赛进行同样的保险。[23] 巴菲特此时进行的是“障碍赛跑”。

伯克希尔–哈撒韦的一些业务并不景气。巴菲特一直声称自己宁愿选择15%的随机回报也不选择10%的固定回报。业务萧条不会让他烦恼，随着时间的推移，大多数公司的业务会自然好起来。然而，奈特捷公司一直没有起色，不仅仅是因为经济环境，还因为并购时该公司的独家特色已日渐淡去。从来不记得拨打航空公司热线的一些人成立公司与奈特捷竞争，尽管小型航空公司没有多大利润。巴菲特当时意识到是雄性激素促生了飞行爱好主义。“如果由女士出任航空公司的首席执行官，”他说，“我认为无序竞争的情况就会好许多。就像体育用品连锁经营行业一样，如果女士经营，体育用品的销售可能会下降到目前的1/10。”他告诉股东们奈特捷很快就会开始赢利，占领市场，但是，没有指出盈利可能不会达到预期水平，至少在近期不会。这让人失望，但还是比烧钱的纺织工业强许多。而且，奈特捷的业务非常有意思，巴菲特可以了解关于购买飞机、航班运营、航线规划、飞机保养、保险、飞行、服务乃至如何培训飞行员在内的大量细节。奈特捷是了不起的。通过奈特捷的活动，巴菲特有机会和志趣相投的人们聚会。他永远不会卖掉奈特捷，就是全球另一位超级亿万富翁动手相夺他都不会放弃。

更严重的问题就是规模不大的德克斯特鞋业公司，它简直就是问题不断的纺织工厂的再现。巴菲特后来说并购德克斯特鞋业公司是他进行的最糟糕的一次并购，而且引用了博比·贝尔的乡村歌曲“我向来只与美女共寝，但睁开眼睛却没有美女的踪影”来描述这次糟糕的并购。[24] 巴菲特开始变革该公司的管理。曾成功经营布朗鞋业的弗兰克·鲁尼和吉姆·艾斯勒最终选择关闭德克斯特美国工厂，转到国外进行生产。[25] 他们在美国需要付1美元雇用工人干的活儿，在其他地方只需付10美分就可以了。

“我错误估计了那个行业的经济发展趋势。在缅因州德克斯特镇工作的人们确实技艺精湛，但就算他们干的活儿比中国工人干的强两倍，在工资上也毫无竞争力——中国工人的工资只有他们的1/10。”

然而，尽管有赚钱的机会，巴菲特还是认为“9·11”事件给他带来的最重要的机遇和赚钱无关，而是他现在有优势也有责任通过自己的舞台影响各类事件和各种理念。过去几年中金融领域滋生的傲慢情绪消失后，美国人开始清醒，不再像20世纪90年代末期那样贪婪而盲目地投机。巴菲特认为现在正是他可以提出这一观点的时候：富人非常贪婪，而且财政政策恰好满足了富人的贪婪本性。

他的正义感在布什总统的一项提案推出后被完全激发。该提案指出，新预算的核心计划就是逐步废除存在了几十年的联邦财产税，而联邦财产税是政府占有量最大的一块遗产税。支持这项提案的人把财产税叫作“死亡税”——名字不太吉利，认为死亡不应该成为需要征税的事情。他们声称财产税会挫伤努力工作的企业家的雄心壮志，并讲述了一个知名的家庭在长辈去世后，为了支付财产税卖掉了农场的故事。无疑，现实生活中确实有这样的事情，但巴菲特指出，少数家庭的不幸完全不及对所有人的影响重要。

专业地讲，财产税不是死亡税，而是赠予税。任何人在任何时候赠予大量金钱都应该缴纳赠予税。[26]赠予税妨碍了强盗资本家的利益获取。强盗资本家在19世纪通过赠予和继承遗产控制了大量的国家财富，形成了一个类似政府的集团——财阀，以财富为基础的统治阶级。然而，财产税的比例完全低于其他赠予税，大量的死后赠予其实是不收税的。巴菲特通过自己的影响力指出每年大概有230万美国人去世，只有不到5万人——2%的人——需要支付财产税，而财产税的一半是这5万人中的3 000多人支付的——占去世人数的2‰。[27]这些人都是非常富有的一族，买得起湾流IV、新款迈巴赫轿车，在法国拥有葡萄园，戴得起像棒棒糖和柠檬酸橙水果糖一般大小的珍珠。

至于说那些钱都是人家自己的，为什么不应该做自己想做的事情？为什么应该“资助”他人？巴菲特的答案是，他们应该向社会尽绵薄之力，因为是这个社会让他们走向富裕的。如果他们认为完全是自己努力让自己变得富裕的，那么如果他们出生在马里经受恐慌、食不果腹的家庭，家中有5个孩子，从小在科特迪瓦的可可园做苦工，他们还如何致富并取得成功？

如果取消财产税，必将有其他一些税收来填补由此产生的空白，因为政府需要同样数量的资金才能正常运转。

多年来，供应方理论一直假设减少税额可以促使政府削减开支，这样的理论源于一种直觉思维——如果说民众应该量入为出，政府为什么不呢？（当然，到2002年，民众也忙于根据当时人为降低的利率建立自己的房屋净值信贷额度，不再量入为出。）20年后供应方理论的争论同样如火如荼——政府收取的税款通常不够支付各类开支，因而通过借款弥补资金短缺。目前来看，这一理论似乎更不可靠。取消财产税意味着政府必须增加其他税收甚或借钱保证各类开销，而借款的利息和总还款终归还是以更高的税收转嫁于民。巴菲特认为在联邦预算保持赤字的情况下提出削减财产税，实质就是伪善的最高境界。[28]

如果废除财产税，普通人需要支付更多的税款，而财产税向来与他们无关。废除财产税的推动力量不是在俄克拉何马城拥有一小块农场的人们——不是他们，巴菲特说真正的推动力量来自占全美人口比例很小的一小部分人，他确实认识的一些人，一些非常富有（往往是暴富）的人——在曼哈顿区拥有三层顶楼公寓的人、在迪尔谷拥有带9间卧室的木屋的人、在楠塔基特购置避暑小屋的人和在哥斯达黎加购置公寓的人。巴菲特认为政治已经落入这样的一些人手中，他们可以在K街（游说街）拉拢说客，在议员耳边扇风，在对自己有利的时候进行政治性捐赠。巴菲特没有责怪为自己的利益不择手段的人们，他甚至非常同情不得已而无休止地筹集资金的政府工作人员。他把这一切归罪于金钱万能的管理体制。

2001 年布什总统上任后不久，巴菲特到国会大厦讲述政治竞选经费问题，共有 38 名参议员听讲，他们都是民主党政策委员会人员。随后，巴菲特通过 ABC 的《本周》节目和 CNN 的《政治内幕》节目对同一话题发表了自己的看法。巴菲特指出，竞选经费体制已经腐化，当前选举参政人员的方式等同于 19 世纪的塔马尼派的作风，选票和权力都是完全可以销售的产品。法律的发展方向就是让富人变得更富有，可以大量持有自己的财富，可以将财富大量留给自己的后代。巴菲特称其为“富人统治、富人享受的政府”。

巴菲特指出，为了富人的利益而推动立法的说客和专业税务人员越来越多，然而没有人为占美国人口 98% 的民众说话。没有自己的说客，对于 98% 的民众来说，最好的补救办法就是明白事情的真相，放弃投票，让那些制定立法、向普通大众征税、减少富人纳税比例的人失去民心。

保罗 · 纽曼、比尔 · 盖茨、乔治 · 索罗斯以及为数不多的洛克菲勒家族的人、近 200 名其他富人和有影响的人士，联合签署了一份请愿书（刊登于《纽约时报》），反对布什政府取消财产税的计划。[29] 巴菲特本人没有在请愿书上签名，因为他认为还有许多工作要做。他认为富人非常幸运，完全应该纳税。“我不信任统治阶层。”他说。废除财产税就像从历届奥运会冠军中间挑人组建国家奥运会参赛队一样，他做了这样的补充：[30]

> 对于后人，财富只是别人留下的一把票根。人们可以按自己的意愿处置财富，可以去兑现，也可以随手丢掉。但是财富代代相传、让后人仅仅因为出身富贵而支配他人资源的观点，已经在精英阶

层中荡然消失。

富有就应该多纳税，我不介意一定的收入水平不必纳税，也不介意高于 150 万美元的财产要百分之百纳税。

最重要的是问一问："结果怎么样呢？"如果政府放弃通过财产税所得的约 20 亿美元，就一定会通过向普通大众征税弥补这一资金空缺。全美范围内大多数民众掏自己的口袋弥补少数人应该支付的大额财产税，美国民众为此而付出的艰辛一定让人吃惊。

我不喜欢任何实质上体现人性丑陋的事物。我不喜欢那样的纳税体系，也不喜欢那样的教育体制。我不愿意看到 20% 的社会底层民众越来越穷。

但是关于财产税的争论越来越激烈。人们把巴菲特形象化为体恤民情的贵族党员、富足的老鳄鱼，他全力鼓励下一代靠自己的努力成功，勇敢实践典型的美国企业家精神。[31]

"世代财富彻底改变了精英阶层，"他在给参议员肯·萨拉查的信中这样写道，"其实，分配国家资源的人是很久以前聚集了大量财富之人的后代。"[32]

姑且不论这个问题有多敏感，首先是巴菲特个人的资金问题激起了关于财产税的争论。一些人声称像巴菲特这样的富人都偷税漏税，因为他们通过纳税很少的投资聚集大量资金。但是如果说巴菲特投资是为了偷税漏税，那和说婴儿喝水是为了用尿布一样荒谬。其实，是巴菲特第一个提出投资税率太低，有失公平。而且，巴菲特将争取税收公平视为自己的第二事业。他总是把自己的税率和自己秘书的收入税率进行比较，指出秘书所付的收入税率高出他的水平，这是不公平的，导致这一现象的原因就是他的大部分收入是投资所得。

巴菲特激怒了所有的富豪和准富豪，但是他的诚信在其他人心目中达到了最高境界。巴菲特发誓继续反对废除财产税，而且会坚持多年。在2003年伊拉克战争第一次交火的前几天，他在面向民主党政策委员会的一次发言中再次提出了这一问题。他说布什总统计划降低利息税的做法就是“向富人提供更多的阶级福利”。他通过《华盛顿邮报》再一次指出他的税率低于他的秘书戴比·博赞科的税率。保守派对巴菲特的人民党员作风的反应更是简单粗暴。“百万富翁们对沃伦·巴菲特背叛他们的做法非常恼火。”有人这样说。[33]

当然，那是别人的观点。巴菲特认为美国从来就不是这样一个国家：有钱人永远是不断为自己积蓄大量财富和权力的“阶层”。

然而，“9·11”事件之后股市继续上涨已经使有钱人更有钱。每天都会出现大量的新型对冲基金。人们借助美联储规定的低利率大肆从事杠杆操作。许多人利用股票期权，通过向私募股权基金、对冲基金和组合型基金的投资人收取高达22%的管理费和佣金来迅速敛财，亿万富翁就像扔在垃圾桶旁边的浣熊一样随处可见。新经济环境下催生的大量神来之“钱”让巴菲特觉得不安，因为资金只是大量从投资者转向经纪人，没有产生任何效益。普通投资者依然——当然——只是得到普通的收益，但是一切费用都没有少。

巴菲特最不赞同的让富人更加富有的方式就是授予股票期权——自从他对所罗门公司的综合工资提案投票否决以来，再没有其他董事会邀请他参与薪酬委员会的工作了。可口可乐公司2001年给道格·达夫特的股票期权共65万股，达夫特最先要求的股票期权只有在收入增加15%~20%的情况下才能兑现。股东们起初同意了达夫特的要求，巴菲特当时没有发言。不过，这一切也不会发生。一个月后薪酬委员会才意识到预定的收入增幅永远不会实现。他们收回了先前的承诺，把收入增加比例降低到11%~16%。[34]就像在马拉松比赛中将终点提前到19英里处一样。巴菲特完全不能相信——股东们一直在支持26英里的比赛，到颁奖的时候才知道居然是19英里的比赛！这是又一次支持富人的投票行动。迄今为止，达夫特没有什么卓著的成就，可口可乐公司的股票也没有什么长进。看着大量的股票期权无序增长，巴菲特认为必须抓住自己期待已久的机会彻底终结虚假的股票期权会计方式。

经理人认同股票期权，因为会计历史形成了一个奇怪的规则，就是如果公司通过股票期权支付员工薪资，而不采用现金，就不计入公司成本，仿佛股票期权根本不存在一般。在“现实”中，私营公司很快就意识到这种观点的荒唐无稽。就连小贩、面包师和蜡烛制造商在让与股票期权（比如20%）时，也知道自己让与的是大量的利润。

但是会计规则把股票期权作为闲钱。这样，20世纪90年代末开始出现了大量的红利收益。1980年，非常普遍的就是公司首席执行官的所得是普通蓝领工人的42倍。20年后，这一比例增加到超过400倍。[35] 收入最高的首席执行官可以得到10亿美元年薪。2000年，花旗集团的桑迪·韦尔的收入达1.51亿美元，通用电气公司的杰克·韦尔奇的收入达1.25亿美元，甲骨文的拉里·埃利森的收入达9 200万美元。尽管苹果公司的史蒂夫·乔布斯从1997年到1999年只拿1美元的薪水，但是他在2000年持有8.72亿美元的股票期权，还有价值9 000万美元的湾流豪华飞机。[36]

当会计行业努力在20世纪90年代初开始改变这些规则的时候，以硅谷为代表的美国公司纷纷斥责议会、拉拢说客、赞助竞选活动，恳求代表们让他们免受糟糕的新会计规则的困扰。直到2002年经济泡沫破裂之前，他们一直成功地阻止了那些规则对自己的影响，而且险些取消制定会计规则的财务会计准则委员会。

巴菲特从1993年开始对股票期权进行评论，现在进行变革的时机终于成熟。他在《华盛顿邮报》发表了重要评论《股票期权和常识》。[37]

“首席执行官知道他们的股票期权值多少钱，所以才为得到股票期权而抗争。”他写道，而且再次提出了此前已经提到的问题。

“如果股票期权不是一种薪酬，那么是什么呢？”

“如果薪酬不是一种开支，那么是什么呢？”

“如果在计算收益时不把开支考虑进去，那么要把它们计算到哪里去呢？”

在 2002 年 7 月的太阳谷年会中，关于股票期权话题的讨论非常热烈。巴菲特凭借自己的影响力，努力推行自己的观点，大大打击了支持股票期权的游说团。当时气温比往年高很多，汗流浃背的各界名人和公司高管纷纷坐车去水上漂流，躲避酷热下的煎熬。

巴菲特抵达太阳谷不久就只身去了一些地方，但没有去他需要别人帮助才能面对的那个地方。凯瑟琳 · 格雷厄姆的公寓就在赫伯特 · 艾伦的公寓隔壁，那里是人们参加各类活动频繁经过之地。可口可乐公司马上要在艾伦的公寓召开董事会会议，会议目的是讨论股票期权，公司的大多数董事都到了，巴菲特也不会错过。

巴菲特说：“我和比尔、梅琳达一起先来到了凯瑟琳摔倒的地方。我不能自已地浑身颤抖，就像发冷一样。这样的时候人们可能会觉得难堪，但是我一点儿都不觉得难堪，只是努力控制自己。”

随后，巴菲特通过“浴缸”记忆发挥的奇特作用让自己恢复了平静。可口可乐公司的董事会做出了重大决定，在新闻发布会上宣布公司把员工的股票期权计入开支，而此前是可以不计入开支的。其他公司都没有这样做，它们给出的理由就像孩子和父母争辩一样：没有的事儿，如果有那事我也不在那里；如果我在那里，我也不会那么做；即使我做了，也是朋友让我做的。那些公司说股票期权不是开支，如果是也没有人知道怎么计算，如果可以计算也不能从收入中扣除。对于公司的股票期权应该通过脚注表明，因为投资者可能不清楚高管人员的股票期权值多少钱。因此，可口可乐的这一声明对美国公司犹如炸弹，其威力随着新政策的宣布进一步扩张——太阳谷集会时媒体就像露营一样在花盆屏障外面等待新闻。可口可乐公司的声明显然有巴菲特在背后指点。太阳谷年会之后,《华盛顿邮报》集团模仿可口可乐公司，同样宣布将股票期权计入开支。[38] 巴菲特在这一系列成功之后再次通过《纽约时报》发表评论《真正造假账的是谁》。[39]

> 我有一个建议：伯克希尔-哈撒韦卖给人们保险、地毯或我们的其他产品时收取股票期权，不收现金。但是，这样你能说你的公司为了换地毯支付的股票期权不是公司的成本吗？

很奇怪，没有人再继续提出质疑。而硅谷开始了与国会的又一场战争，但是其他公司开始纷纷效仿可口可乐公司和《华盛顿邮报》集团，宣布它们也将在自己的账目中把股票期权算作开支。

一年后，在2003年太阳谷年会的最后一个星期六上午，比尔·盖茨宣布微软不再推出股票期权。这让人们刮目相看，从此微软推出限制性股票——在一定时期内不得售出的股票，这一变革需要极大的勇气。

“宣布取消股票期权给微软带来许多压力——许多许多压力，硅谷称其为叛徒。有太多的公关人员时刻关注微软公司变化的报道。有人告诉盖茨，那么做犹如在一间满是汽油的屋子里划着一根火柴。”

“对此我要说的是，正是这些人在屋子里倒满了汽油。”盖茨说道。

关于股票期权的战争又持续了两年之久，直到财务会计准则委员会最终将其纳入条款。但是可口可乐公司的决定是突破之举，而微软的反应戳穿了硅谷人在华盛顿口径一致的技术行业集体游说。

这段时间巴菲特迅速成为有影响的政治人物。尽管财产税还是排在废除之列，但是他发现了新的目标，瞄准了过去几年中进行财务诈骗的会计从业人员。如果审计人员没有迎合首席执行官，没有对他们唯命是从，他认为管理层不会有机会掠夺股东的利益，将大量的资金收入囊中。巴菲特出席了关于财务披露和监督的美国证券交易委员会的圆桌会议，说股东需要的不是宠物狗，而是看家狗，审计委员会的主管和监督审计工作的主管必须是“审计人员甘心听命”的“狗王”。[40]

他说他对伯克希尔–哈撒韦的审计委员会有这样一些问题：

- 如果审计自己完成财务报告（不是由公司的管理层完成），财务报告会是一样的吗？
- 如果审计是一位投资者，他可以理解公司出具的财务报告吗？可以理解其中的说法吗？
- 如果审计负责，公司还会采用相同的内部审计程序吗？
- 审计是否知道公司针对投资者进行的销售或成本变更的一切细节？

“如果审计人员有权负责，”巴菲特说，“他们会做自己职责之内的工作。如果他们没有权力……嗯，我们已经知道是什么结果了。”[41]

这些简单的问题答案如此明显、如此清晰，完全可以做到去伪存真，至少有点儿常识、担心陷入债务困境的公司，确实已经开始接受巴菲特的观点，开始应用他的理论。

当巴菲特无情地举起宝刀对准目标时，会计人员退缩了，薪酬委员会沉寂了，只是私下抱怨他为什么公开他们的红利分配制度，为什么不能保持沉默。希望减税的人使出浑身解数恶语攻击巴菲特，“平民主义者”这样的轻蔑称呼完全不能让他们解恨。然而，巴菲特却在一种被新确立的权威的鼓舞下开始超越自己。2002 年春，他热心地为奥马哈床上用品公司销售的“伯克希尔珍藏”的一款“沃伦”床垫做广告模特，惬意地躺在床垫上，照片出现在“巴菲特和他的床”的海报中。股东大会的那个周末，他来到内布拉斯加家具城的时候，一边销售自己的床垫一边舒服地躺在上面。“我终于找到了自己一生向往的工作——床垫测试员。”他说。[42]

富豪们对这位奥马哈先知抱怨不休，期待减税的人挥拳怒视，会计人员在他面前退缩，期待取得股票期权的人对他敬而远之。他是镜头和聚光灯下的焦点，然而，在他的内心深处，他不过是一个渴望出名的孩子，有时对于自己这一英雄人物的角色有些不知所措，有时候让人觉得木讷而可爱。

信徒们的来信总是让巴菲特激动不已。每一次有人写信来说他是他们的偶像，对他来讲，都像是第一次听到时那么兴奋。当色情明星阿西娅·卡雷拉在自己的网站上发帖称巴菲特是她的偶像时，他非常高兴。他乐于成为任何人的偶像，而身为门撒会员的色情明星都将他作为偶像更显示出一种真正的社会声望。

他最喜欢接到大学生的来信。当监狱的犯人来信说他是他们的偶像时，他也一样为自己的名声影响着努力转变自己人生的囚犯而骄傲。相比之下，他更愿意成为大学生、色情明星和囚犯崇拜的对象，他根本不在乎自己在富有的商人的心目中是什么地位。

在人们热情关注巴菲特的同时，他的秘书戴比·博赞科和德布·雷必须保持高度警惕，应付所有的电话和来访。有一次，一位异常兴奋的女士从日本飞来，闯进巴菲特的办公室想让他签名。看到巴菲特后，那位女士不能自已，拜倒在地上，一副歇斯底里的样子，秘书们赶紧把她“请”了出去。

那位女士后来来信说医生给她开了镇定药，她希望可以再见见巴菲特。她还发来自己的照片，写了好几封信。

“我愿意被人们崇拜。”巴菲特说。不过秘书们还是自己做了决定，没有再邀请那位女士前来。[43]

57

传神谕者

奥马哈　2003 年 4 月—2003 年 8 月

巴菲特在人们心目中的形象日渐高大，仿佛繁茂旺盛的凌霄花。他的生活依然井井有条，在各种安排日益增多的情况下，责任优先的观点和量力而行的性格让他做到了合理安排时间。他只做有意义的工作和自己喜欢的事情，从来不浪费时间。如果日程安排增加了一些事情，他就会放弃另外一些，向来不手忙脚乱。他总有时间处理工作上的事情，也有时间和自己关心的人一起分享生活。朋友们可以随时打电话给他，而他在繁忙中处理这些来电的办法就是友好亲切地简短交谈几句。当他没有时间多聊的时候，便很自然地结束谈话。他的朋友们都不会借他的声望为所欲为。尽管有许多熟人是他喜欢的类型，但是要通过几年的相处他们才会成为真正的朋友。

而苏珊的新“朋友”每隔几天或几周就增加一些。凯瑟琳 · 科尔需要处理的礼物单确实已经上千。苏珊称自己为“空中吉卜赛老人”。科尔可以合理地为她安排连续几个月的行程——和孙子们在一起、照顾临终者或病患、短途旅行、到各地处理基金会的工作、定期与沃伦和家人见面，而且帮助她收拾行李、料理三处住房的日常工作安排、考虑奈特捷的航班是否合适、预订酒店、安排足部治疗、接听电话以及整理她每次购物淘来的宝贝。

苏珊不但是位不会说“不”的女士，更是一位朋友们难得一见的大忙人。她一直都飞来飞去，根本无法控制自己对别人的关心，需要她关注的人越来越多，数目大得惊人，那时候就连最要好的朋友要和她联系也只能通过凯瑟琳。

一些关心她的人开始担心，尽管他们难得见她一面，难得有机会对她讲讲他们的担忧。“没有人可以拥有三四百号真正的朋友。”一位朋友劝她。她似乎一直在拼命地跑。“你这么跑就像追赶自己的尾巴，”另一位朋友说，“你总是不和大家见面，你就快没有朋友了。”但是苏珊却回答说：“如果你们有谁生病了，我会有大把时间陪你们的。”一些朋友认为她强迫自己忙于各种工作，一副乐此不疲的样子，而事实上她已经完全失去了自己的正常生活。“她从来不提自己的身体状况。”一位朋友说。细心的朋友认为她的喉咙和内脏一定存在健康问题，他们甚至认为她大量收藏和购物、无休止地翻新装修是在拼命坚持。“她的生活越来越沉重。”“停下来吧！”“头脑清醒清醒，关心一下自己吧。”她的周围不乏这类声音，然而人们也发现，“她好像无法慢下来，因为慢下来就会出现问题”。

不过，更多的人都称她为圣人、天使，甚至把她比作特蕾莎修女。她投入了太多的精力关心别人，结果自己却越来越虚弱，这把致力于对抗全球苦难的温暖的庇护伞日渐沧桑。但是，那不正是圣人之举吗？不断地奉献自己直到生命枯竭，一位朋友若有所思地说：那不正是特蕾莎修女的所为吗？[1]

2003 年春，苏珊做了足部手术，不得不舍弃自己心爱的马诺罗·布拉尼克皮鞋。[2]手术后躺在病床上的她居然列出了一份多达

900 条的日常事务清单要凯瑟琳 · 科尔去处理。医生一告知她可以出院，她立即就从床上蹦起来忙自己的事情去了。苏珊出差的时候偏爱五星级酒店，尽管在许多人的印象中她通常只是睡在普通宾馆的地板上——这也是部分事实，当许多人都对住宿环境叫苦不迭的时候，她从来没有一点怨言。尽管她患有反胃酸的毛病，有时候还会因为食管溃疡疼痛难忍，睡觉的时候身体必须蜷曲成 45 度躺着，她有时确实还会选择睡在普通宾馆的地板上。

沃伦非常希望和她在一起，同意去非洲庆祝她的 70 岁生日。苏珊的 70 岁生日在 2003 年春末，豪伊提前 18 个月就开始安排这次旅行。"在非洲见到我父亲算得上世界第八大奇迹了。" 他说。巴菲特一家打算去隆多洛兹和菲达，南非两个七星级的探险度假村。在母亲的影响下，豪伊热衷于拍摄非洲大陆深受苦难的人们，就像热爱他喜欢的野生动物摄影一样。他为父亲准备了每天通过航班送达的《华尔街日报》和《纽约时报》。"那些报纸都是三天前的，" 豪伊说，"但是，度假村还是给他送来。尽管每天的开销要多 500 美元，度假村还是在他的房间装了宽带，这样他就可以浏览新闻。度假村还在我的要求下准备了汉堡和炸薯条。" [3] 巴菲特一家准备从纽约回来后就动身到非洲去，纽约之行一向是他们在年度股东大会之后安排的一次出行。

2003 年 4 月 1 日，股东大会到来之际，伯克希尔宣布并购活动房屋制造商克雷顿房屋公司。这次并购同样是公司抓住机遇进行的一次并购——安然公司败落后并购打折资产的自然延续。

导致克雷顿并购的原因是，多年来的低利率水平促使贷方的小猪存钱罐中全是低息贷款，他们自己也成了蠢笨的猪。[4] 银行当时给消费者灌输这样的观点：低利率意味着他们目前可以拿较少的现金买到更多的产品。持有内部权益的人们意识到支票账户同样是低利率的。

但是，无论信用卡、房产还是活动房屋，贷方为了追求增长，都将业务转向没有能力还款而又想实现美国梦的人们。[5]关于活动房屋的情况是，银行借钱给制造商，制造商再把从银行贷款得到的钱借给买方。历史上，这个做法是行得通的，因为如果活动房屋制造商持有不良贷款，就会面临处罚。

但是后来，活动房屋制造商开始转嫁贷款，消除了不良贷款带来的风险。现在不良贷款都是别人的问题，有问题的“别人”就是指投资者。多年来，在人们熟知的“证券化”过程中，华尔街一直这样打包贷款，通过CDO（担保债务凭证），即由抵押贷款担保的债务，将贷款卖给投资者。他们把全美范围内的几千笔抵押贷款综合起来，划分“级别”。最高级别优先取得抵押贷款的全部现金流保留权，低一级别的取得次级保留权，依此类推。

这些抵押贷款的级别由评级机构加以确定，顶级即AAA级享有顶级保留权，AA级享有次级保留权，依此类推。银行把它们低价售给投资者，采用历史还款模型分析不良贷款的可能性。然而借贷系统一直在变，因此现实与历史数据表现出来的相关性越来越低。

随着借贷标准的降低，投资CDO的对冲基金的杠杆率越来越高，甚至1美元的资本对应高达100美元的债务，CDO的品质（甚至AAA级CDO）都开始下降。一些投资者对市场运行中日渐暴露的华而不实表示担忧，希望采取对冲的手法来保证获利。[6]他们选择参与可能发生贷款拖欠的市场：CDS（信用违约互换）。如果因为贷款拖欠导致相关证券化产品贬值，CDS发行方必须进行补偿。

CDS保护之下，投资CDO似乎没有什么风险。“在钱不值钱的时候，”查尔斯·莫里斯后来写道，“放贷就没有什么实际成本，也没有风险可言，明智的贷方就会继续放贷，直到人人手里都有贷款。”[7]

如果有人指出风险依然存在，参与其中的人就会长叹一声，做出这样的解释：证券化和互换衍生产品都将风险“转移”到遥远的国度了，在那里许多人都可以轻松面对这些风险。

得到这样的解释，活动房屋行业富有理智的经营者开始降低首付，让人们可以更轻松地取得贷款。随着房地产市场的繁荣，风险性住房贷款和商业贷款、公司贷款、学生贷款和其他贷款，像幼儿园里的感冒病毒一样快速传播。而活动房屋之类的贷款已经通过 CDS 进行过多次拆分、保险、“证券化”和投机。在此过程中，产生了更多异样的衍生产品。

在 2002 年致股东的信中，巴菲特把金融衍生产品称为“异类”，说它们是未经检查、正在扩散的“定时炸弹”，可能引起一系列金融灾难。那一年的股东大会上，查理 · 芒格指出会计激励夸大了衍生产品的利润，并评论说：“在美国，说衍生品会计，如同说‘阴沟人’是对下水道排污工作的污辱一般。”在 2003 年致股东的信中，巴菲特把衍生产品叫作“大规模杀伤性金融武器”。[8] 他写道，现在有太多的衍生产品存在，已经在全球范围内形成一种“菊花链”。尽管相关的数学模型建议人们在危机时选择买进，而不是卖出，但是在危机真正到来的时候，投资者还是像正在饮水的鹿群遭遇狮子突袭时纷纷逃窜一般选择仓皇出手。尽管表面上看许多人都参与市场，事实上只是许多大型金融机构通过杠杆作用主导市场。他们还有其他看似与衍生产品无关的资产，但是这些资产的命运在崩溃的市场中和衍生产品并无二致。

通用再保险公司就有衍生产品：通用再保险证券，巴菲特已于 2002 年停止持有该产品，部分售出、部分作为最后一笔交易终止。他已经将通用再保险证券作为衍生产品的警世故事——在致股东的信中详细地列出了停止这一衍生产品引发的高昂费用和问题成本。通用再保险公司的保险业务目前损失达 80 亿美元，公司承接的业务都是巴菲特极少选择的业务，他对此非常生气。伯克希尔–哈撒韦网站上的“红字”依然没有删除，尽管罗恩 · 弗格森已经退休，乔 · 布兰登和他的助手塔德 · 蒙特罗斯接任。通用再保险公司的竞争对手乐此不疲地在客户中间宣称，巴菲特将卖掉或终止交易通用再保险公司的产品。从所罗门公司的教训判断，这些预言不是无中生有。“9 · 11”事件之后，巴菲特已经将通用再保险公司的部分新业务转到阿吉特 · 贾殷管理下的伯克希尔再保险公司，没有向通用再保险公司投入更多的资金。[9]他还通过贾殷和伦敦劳合社资助通用再保险公司的竞争对手，而且从多个方面提出这种做法的合理性。可能连他自己都没有意识到一个经常出现的情况——当他焦虑的时候，他总是寻找避险手段。他没有“处罚”通用再保险公司，而是本能地规避风险：通用再保险公司的保险风险、他的220亿美元投资的风险和令他名声扫地的风险。

通用再保险公司要恢复巴菲特理想中的经营状态需要实现几十亿美元的盈利。无论如何，其衍生产品都与公司的业绩没有多大关系。然而，衍生产品对全球经济的影响还是巨大的。巴菲特说，早晚——他不知道具体时间——“衍生产品一定会出现严重的问题，或许可能不是很大的问题，但一定不是无关紧要的问题”。芒格则更为直白，说“如果未来5到10年中没有出现严重的崩溃，我会非常吃惊”。尽管股票和债券市场中出现了许多保护投资者的安全措施，衍生产品还是很少受到管制，很少进行公开披露。从20世纪80年代初开始，“撤销管制”促使市场进入一种英式橄榄球争球一般的经济局面。其理论就是市场力量具有自律性（然而，出现问题的时候，联邦政府还会不时干涉）。

巴菲特和芒格所讲的“问题”和“崩溃”是指当时正在形成一种泡沫，银行和相关机构都会通过这个大熔炉放松信贷、放松监管、领取高额工资。他们说，来自衍生产品的大量无法计数的债权问题可能导致金融机构失效。金融机构的大额损失可能导致信贷紧缩——全球性的“银行挤兑”。出现信贷紧缩的时候，贷方甚至担心最合理的贷款都有问题，不敢轻易放贷，结果就是融资短缺、导致经济急速下滑。过去出现信贷紧缩的时候，经济就会陷入萧条。但是，“那不是预言，而是警告”。巴菲特说，他们在发出“温和的叫醒铃声”。

2003 年，巴菲特说：“许多人认为衍生产品减少了系统化问题，因为承担不起一定风险的参与者可以将风险转移到有能力的人身上。这些人相信衍生产品可以稳定经济、促进贸易、为个人参与消除障碍。”从微观上讲确实是这样的，巴菲特说，但是从宏观上讲，衍生产品总有一天会导致曼哈顿、伦敦、法兰克福、中国香港或世界其他地方的“空中相撞”。他和芒格认为应该对衍生产品进行管制，要求进行多方披露，应该通过一个结算所进行交易，美联储应该成为大型投资银行的中央银行，而不仅仅是一家商业银行。然而，美联储主席艾伦·格林斯潘极力维护不受管制的市场，嘲笑巴菲特的小心谨慎。[10] 巴菲特到处引述他的“大规模杀伤性金融武器”，经常让人怀疑他是不是反应过度。[11]

早在 2002 年初的时候，大规模杀伤就开始在活动房屋行业显露。在不良贷款的影响下，贷方或者中止发行长期债券，或者将利率提高到吓人的水平。克雷顿房屋公司并不是巴菲特首先选中并购的活动房屋公司。2002 年底，橡木住房公司（活动房屋制造商）和 Conseco 公司（针对没有良好的信用等级、不能取得较低利率贷款的人提供贷款的“次级”贷方）破产。巴菲特知道，信贷泡沫开始破裂的征兆就是较弱的企业开始破产——出现狼吃羊现象的时候。他借给橡木住房公司一些资金，并且出价并购 Conseco 金融（Conseco 公司的贷款分支机构）。[12] 一直参与地产竞标的 Cerberus 资本管理公司和其他两家私人股本公司的出价超过巴菲特，以 13.7 亿美元并购了走向破产的

Conseco 金融。这些公司必须高价竞标以超过巴菲特的出价，结果他的参与让 Cerberus 付出巨额并购资金，据称 Cerberus 为此多付了 2 亿美元才争取到最终并购权，Cerberus 资本管理公司永远不会忘记这个残酷的事实。

巴菲特后来支出两笔资金帮助橡木住房公司处理破产，一旦公司走出困境，那些资金足以让他成为公司最大的股东，而且那些资金自然可以帮助橡木住房公司偿还贷款。[13]

此后不久，田纳西大学的一群大学生来到位于基威特大厦 15 层的云厅参加巴菲特举办的讲座。那天，他接受提问的时间长达几小时，活动最后他讲述了最近非常热衷的住宅建造行业。安排这次学生活动的阿尔·奥克西尔教授派一位学生送上了一份礼物——一本《追梦》，克雷顿房屋公司的创始人吉姆·克雷顿的回忆录。[14] 后来，巴菲特打电话给克雷顿时，克雷顿把电话转给儿子凯文——凯文于 1999 年继承了父亲的首席执行官职位。[15]

克雷顿房屋公司是当时处于混乱状态的住宅建造行业中比较出色的公司。尽管基本情况良好，但是，正如巴菲特所言，贷方当时的反应仿佛马克·吐温笔下的猫：一朝被炽热的火炉烫伤，永生不再接近火炉。巴菲特认为克雷顿公司的主要问题就是融资渠道枯竭，有足够的钱，公司就可以进入一个不错的经营状态，公司的股价随着整个行业的下滑下降至 9 美元，类似于危机时期的所罗门公司，克雷顿公司的资金来源开始枯竭，因此所有者准备卖掉公司。

凯文·克雷顿："我们愿意以 20 美元左右一股的价格出售。"

巴菲特："嗯，可能我们出的价格完全不能等同于你和你父亲创造这家优秀的公司所付出的汗水、时间和精力。"

克雷顿："我们现在只是融资困难，你可以选择借些钱给我们吗？"

巴菲特："伯克希尔-哈撒韦不接受这样的做法。你为什么不通过支持贵公司的朋友抓紧拼凑资金呢？等日后有机会再把公司送给我不好吗？"

这是典型的巴菲特风格：抛鱼线，结果就是随即收到大批联邦快递送来的包裹——鱼儿很快就上钩了。克雷顿父子就像韦恩·格里芬一样，他当时一边打电话，一边抛硬币决定了蓝筹印花公司的售价。巴菲特知道克雷顿父子是准备卖掉公司的。

华尔街认为克雷顿公司的市价理应高于所有竞争对手各自价格的总和：大多数活动房屋制造商都关闭了零售店，而且都在赔钱。就像许多人气股一样，克雷顿公司的创始人极具人格魅力。公司的董事长吉姆·克雷顿——一位小佃农的儿子，创业之初只是翻修和出售简单的活动房屋——把股东大会当作一次"小节日"，曾经唱着《乡村路带我回家》，从自家的房间里一路溜达着走到股东大会的演讲台上。他派凯文代表他处理公司并购的谈判事宜，凯文像父亲一样具有商人气质，但是不善于当众表演。当然，凯文从来没有听说过巴菲特，也不了解他的风格。

巴菲特："12.5 美元一股成交。"

克雷顿："你看，沃伦，董事会还是希望再高一点，不超过 20 美元就行，17 或 18 美元一股吧。"

巴菲特："12.5 美元成交。"

凯文·克雷顿放下电话去和董事会商量。尽管公司股票最近的交易价格在 9 美元上下，仅仅 12.5 美元卖给别人还是让人难以接受。

克雷顿："董事会愿意接受 15 美元的价格。"

巴菲特："12.5 美元成交。"尽管没有正式记录，但是在这样的时候他显然表现出自己的又一典型风格：圆锯风格，以同情的方式强调融资渠道一点点枯竭的公司会变得弱不禁风、不堪一击，以此争取自己对克雷顿公司的主动权。

克雷顿父子和董事会又进行了一些深入的商讨。

克雷顿："我们希望 13.5 美元成交。"

巴菲特："12.5 美元成交。"

继续开会讨论。

克雷顿："好吧，我们接受 12.5 美元，条件是可以取得伯克希尔–哈撒韦的股票。"

巴菲特："对不起，那不可能。顺便提一下，我们不是参加拍卖。如果贵方要卖给我，就不能选择其他买家，贵方必须签署排他协议，不接受其他出价。"

或许克雷顿父子深知，唯有他们选择的这家并购方可以把公司带向一个良性发展的方向，最后他们还是做出让步，决定接受巴菲特的出价。[16]

在克雷顿父子接受巴菲特式的出价后，巴菲特亲自飞到田纳西州去见他们，参观了工厂，拜见了诺克斯维尔当地的显要人物。他还要求和吉姆 · 克雷顿一起登台进行"弹唱"表演，他们提前通过电话练习过几首歌，但是在真正登台演唱的时候，"他完全不记得还有我在一边弹吉他伴奏"，克雷顿后来写道，"只要把麦克风递给我们的新朋友沃伦，他就开始滔滔不绝"。[17] 不习惯抛头露面的克雷顿至少还有些许安慰，那就是他把知名的沃伦 · 巴菲特带到了诺克斯维尔。

在诺克斯维尔的许多人为此次并购兴高采烈的时候，投资克雷顿公司的人们却高兴不起来。巴菲特的影响第一次让人们感到不快。许多投资者了解巴菲特式的并购，尽管克雷顿父子知之不多，但投资者都不愿意成为巴菲特的并购对象。

宣布并购之后，股东们开始纠缠克雷顿父子，恳求道："你们创造了一家伟大的公司，全行业中的佼佼者。如果让我选择这个行业的公司，那一定是你们。求你们不要卖掉，你们可以渡过这次难关，全行业的春天就要到了。”抑或开始威胁：“你们怎么敢以每股 12.5 美元的价格把公司卖掉呢？要知道每股曾经高达 16 美元，而且是我们共同协力你们才得以乘风破浪走到今天的啊！全行业正在复苏，你们怎么能以如此低价贱卖自己呢？”克雷顿公司的大投资者认为巴菲特在“周期低谷”时期买进活动房屋，抓住了行业回转的时机。在 1998 年发展高峰时期，房屋建造行业通过大举放贷的策略，一年售出房屋 373 000 套。2001 年底，在“9 · 11”事件之后经济遭受重创之下，销售量减少到 193 000 套，预计 2003 年可以销售 130 000 套。但是行业回转是一定的。巴菲特向来只做理性交易，人们坚信他肯定以最低的价格并购了克雷顿公司，如果投资者现在卖掉持有的股票，那么他们就是傻瓜。

然而，巴菲特并不这样看待。他认为活动房屋市场通过宽松的贷款条件将大量的销售对象定位为买不起住房的人，导致自身发展僵化。因此，活动房屋的销售量不会回升。

但是持不同观点的人认为情况一定会好转，他们了解克雷顿过去的业绩。他们急于看到事实，在远离奥马哈的地方频频通过电话交换意见。

巴菲特没有受到股东情绪的干扰，一想到自己将来就是活动房屋行业的总管，他就觉得非常得意。他喜欢了解与活动房屋有关的事。从一位小佃农的儿子手里并购一家公司，对于喜欢在 Dairy Queen 嚼着 Dilly 棒棒糖、喜欢收集火车模型、拥有生产监狱制服的公司、喜欢和鲜果布衣公司员工一起拍照的家伙来说是一件非常有趣的事情。他在大脑中形象地勾画出这样一幅场景——2004 年的股东大会召开之际，奥马哈新落成的奎斯特会议中心地下室的展示区安放着一座巨型的活动房屋，就在喜诗糖果店铺旁边，或者在贾斯汀公司卖靴子的场地附近。展示空间越来越大，越来越引人注目，每年都会增加新的供应商和产品。一想到一座完整的房子成为股东大会的中心，甚至还带一片草坪，股东们排着队走进这座房子，无不惊叹，他就乐不可支。股东大会上可以售出多少座活动房屋呢？他在想这个问题。参加太阳谷年会的那帮家伙还没有哪位在自己的股东大会上出售过活动房屋。

不仅如此，克雷顿还是又一家在他吹捧之下接受他经营理念的公司。他将把活动房屋行业的不规范经营者一一罚下地狱，让他们接受应得的惩罚。他将引领活动房屋行业的一场融资救世运动。

> 巴菲特致电新项目负责人伊恩·雅各布斯，进行了简短的沟通：
> 伊恩，这儿有一些克雷顿公司的文件，里面有关于破产和先期付款的具体内容。我希望你现在亲自去了解一下相关的零售状况，通过一些小道消息了解一下这个行业的运作模式。对实际销售情况了解越多，我可以借鉴的东西就越多。如果过去的经营方式和经营理念需要进行彻底变革，我就根据你所了解的情况决定经营这个行业的合理方案。

伊恩和财务总监马克·汉堡以及其他同事一样，完全可以理解巴菲特的意思，按照巴菲特的意思完成工作，不需要任何多余的指导和监督，这是在伯克希尔-哈撒韦工作的重要能力。对于有能力的人，这就是人生中学习的机会。伊恩立即开始搜集小道消息。

月末，奥马哈机场降落的所有航班都载着前来参加2003年股东大会的公司股东，所有酒店都住满了公司股东，人们纷纷前来会见被流行杂志一直喻为“传神谕者”的这位大名鼎鼎的人物。有一个惊人的新闻传出：香港证券交易所披露伯克希尔-哈撒韦购买了中石油的股票，中石油是中国大型国有石油公司。这是多年来巴菲特首次公开承认的一笔国外投资。[18]他对美国之外的投资向来极其小心，1993年投资吉尼斯公司之后还没有在国外股票市场上大额投资。[19]

媒体都急于报道这次完全不同于过去的投资的缘起。巴菲特说他对中国没有一点儿了解，只是买了以中国货币“元”为计价单位的石油股。他不看好美元，但是看好石油。巴菲特曾在《财富》杂志发表文章《我为什么不看好美元》。[20]文章做了这样的阐述：“我认为美元一定会贬值，所以要进行一些大规模的外币投资。美元贬值的原因就是贸易逆差：美国从国外买进的东西多于卖到国外的东西，而且这种趋势有增无减。美国国内通过借款弥补差额：外国人可以购买美国国债，一种美国政府出具的借条。”很快，美国的“净资产”就会“以惊人的速度转移到国外”，他说。他打了这样一个比方，假如有两个国度分别叫作勤俭国和浪费国。早晚有一天，长期购买浪费国国债的勤俭国人民会开始质疑浪费国的钱是不是值钱。到那时候，他们还会选择与浪费国进行交易，但不是购买债券，而是选择购买风险相对较低的硬资产：土地、企业、写字楼。“而且最后就是，”巴菲特写道，“勤俭国会拥有浪费国的一切。”

要避免美国一步步陷入浪费国的困境就要把一些国内的产品卖给其他国家，巴菲特提出这样一个系统构想：向出口商品的美国公司发放“进口凭单”——每月共计800亿美元。这些凭单可以用作交易（就像洛克伍德巧克力公司发放的可以进行交易的老式仓库凭单一样）。任何人想进口东西到美国都需要一张进口凭单，都必须向出口商购买该凭单。很快，这些公司贸易的产品就会以高于国内销售价格的出口价格交易，自然就增加了出口。当然，这样会增加进口商（外国公司）的成本。尽管这一系统可能被视为怀有敌意的——关税或进口税，在过去会引起导致经济下滑的贸易战——但巴菲特认为随着美元的不断贬值，进口商进口的产品会越来越贵，无论如何它们都会遭遇重创。推出进口凭单的观点至少是利用市场来决定哪一方受益、哪一方遭殃。随着时间的推移，要求进口凭单的做法可以一步步增加国内出口，再次实现平衡贸易，恢复勤俭国和浪费国平等。

这一计划有许多细节，但是说到底都从许多方面体现了巴菲特的特色。这篇文章彰显出巴菲特的思想，是有关经济学的一篇训诫类文章，是对潜在灾难的警示类文章。这一计划自身是有安全限度的（尽管可能不会像他期待的那样改善贸易平衡状况，但是，市场机制表明它不会引发更糟糕的情况），是市场和政府解决方案的综合，是一个复杂、精巧而又综合的系统。当然，这一计划也是没有风险的，通过这一系统多方都可以得到一定程度的改善，胜过坐以待毙。

执行这一系统也需要彻底的思维转换，要求相关的政客掌握经济学知识，非常小心地处理大量的政治风险以推行巴菲特的观点。而且，这一计划在危机出现之前就可能遇到问题——不可能在华盛顿执行。其他地方类似关税的一些条例要列入布什总统的法律条文、自由贸易者左右白宫的可能性是零。这样，进口凭单方案就只是无用武之地的一流解决方案。然而，巴菲特的父亲一定会为儿子感到非常自豪。

而且，至少巴菲特是第一个警示——大声警示——美元贬值风险的著名人物。为保证伯克希尔-哈撒韦避开这一风险，他研究了中国股票，中国是一个经济飞速发展的大国。他发现了中石油，经过一番研究，觉得可以放心买进。他只能购买 4.88 亿美元，而他说自己其实希望可以买进更多。他购买中石油之举让投资者欣喜若狂。沃伦 · 巴菲特购买外国股票了！中石油开始飞涨，伯克希尔股东大会的参加人数也同样猛增。

那一年，15 000 人参加了奥马哈的资本家盛会。巴菲特拥有 360 亿美元资产，除比尔 · 盖茨外，世界上无出其右，他很快就成就了自己世界第二的财富地位。

“理想的企业是什么样的？”在提问开始的时候，一位股东问道。巴菲特说：

> 理想的企业是有很高的资本收益的企业，可以利用大量资本实现高额收益，是可以成为复利机器的企业。因此，如果可以选择，就把1亿美元投资到可以实现20%的投资收益的企业中——实现2 000万美元的回报——是非常理想的。第二年这1.2亿美元投资继续产生20%的收益，第三年的投资就是1.44亿美元，依此类推。随着时间的推移，你可以按照同样的收益重新配置资产。但是，这样的企业非常非常少……我们可以通过这些企业实现资金周转，并购更多的企业。[21]

这就是他在企业模式和投资理论方面进行的清楚讲述：说明了伯克希尔-哈撒韦的架构理论，尽管受挫的投资者在股票市场的长期历史中一直非常冷静；说明了他为什么一直都在寻找新的并购对象，以及他对克雷顿房屋公司的发展计划。他打算投资伯克希尔-哈撒韦的部分多余资本到克雷顿公司，保证克雷顿公司可以从破产的竞争对手那里争取市场份额，购置并维系其贷款组合。[22]

从全球各地飞来报道伯克希尔盛会的50多位记者纷纷希望获知巴菲特此次投资中石油是否表明他开始关注外国股票的事宜。在星期日的记者招待会上，他们抓住机会向他和芒格提问。许多人都希望问这样一个问题，可以让自己国家的观众共鸣的问题：您会选择购买澳大利亚/中国/德国/巴西/俄罗斯的什么股票呢？巴菲特强调说他的投资依然集中在美国本土，许多外国股票不在他的能力范围之内。投资中石油的股票并没有改变他的基本准则。

星期一早晨在伯克希尔-哈撒韦的董事会上，巴菲特进行了简短的发言，向董事会成员说明了这一年来他最希望大家学到什么，包括美元对其他外币的汇率降低带来的风险和与活动房屋融资相关的一些问题。

汤姆·墨菲和唐纳德·基奥刚刚通过选举加入董事会成员之列，董事会成员包括查理·芒格、罗恩·奥尔森、小沃尔特·斯科特、豪伊、苏珊和肯·蔡斯——原哈撒韦纺织家族的唯一代表。一直有人抱怨董事会的成员结构，股东们都表示董事会任人唯亲、有失平衡、缺乏多样性。但是想通过董事会来监督沃伦·巴菲特的工作是有些滑稽的观点，哪怕芭比娃娃形成的董事会也一样能运转良好。伯克希尔-哈撒韦的董事会议就是听巴菲特讲课，每次都是这样——不管是晚会、午餐会，还是和吉姆·克雷顿一起唱歌——巴菲特都要象征性地登台授课，手上沾满粉笔灰。

股东们关注伯克希尔-哈撒韦管理结构的原因不是希望董事会监督巴菲特的工作，而是想知道谁会继承他的职位，他已经73岁了。他总是说继承人的名字早已“封好在信封里”。但是，他没有表示要公开那个人的名字，因为那样的话他的选择就没有了，而情况一直在变。交接工作还是必须真正开始，然而他确实没有做好准备。

当然，人们也在猜测巴菲特的继承人可能是谁。巴菲特并购的不同公司的大多数经理似乎都不可能成为候选者。巴菲特喜欢像B夫人那样的经理人——不喜欢出头露面、工作起来不知疲倦，但是，他们都没有管理资本的经验。可以胜任这一职位的资本分配者在哪里呢？合适的人选必须愿意整天坐在那里阅读财务报告，而且具备强大的人格魅力，可以继续留住期待一直为沃伦·巴菲特工作的许多经理人。

“我每天早晨都会想到这件重大的事情，”巴菲特说，“对着镜子决定自己该去做什么，我认为大家都有发言权。”[23] 下一任首席执行官必须是一位超级领导者，然而，妄自尊大者不适合这个职位。

星期一早晨的董事会议结束后，股东们纷纷离开，巴菲特一家也开始准备全家一年一度的纽约之行。作为一项传统，每年他们都和巴菲特集团在东海岸的员工一起参加晚餐聚会，地点在桑迪和鲁思·戈特斯曼的家中，聚会中苏珊总是坐在巴菲特的腿上，用十指梳理他的头发，沃伦则陶醉地看着妻子。但是今年明显可以看到苏珊气色不太好。一天午餐的时候，她披着大披肩，穿着浅色羊毛裙，打扮得非常漂亮，只吃了一小块鸡肉、几片胡萝卜，喝了一杯牛奶。她说自己没事，但明显可以看出她不舒服。

两周后，就在他们的非洲之行开始之前，苏珊对非洲之行激动不已，结果却因肠梗阻住进了医院。医生还诊断出她患有贫血和食管溃疡。非洲之行因此推迟一年，要到明年春天，全家非常失望——有几个人为此深感失落。就连沃伦都非常沮丧，因为他知道这次旅行对苏珊有多重要。但是，人们问他是否有所担心时，他说："哦，没有，如果苏珊知道我为她担心就会觉得不安，她希望为我担心，而不是反过来让我为她担心。这一点上她和阿斯特丽德非常像。而且我也不是一个会担心的人，这大家都知道。"

尽管取消非洲之行让人遗憾，但事实证明那年 6 月巴菲特没有远赴非洲是完全正确的。在克雷顿公司的股东们即将对公司并购进行表决的时候，由于股东们对并购价格不满，反对并购的声音越来越大，甚至就是反对卖给伯克希尔–哈撒韦。谣言传说还有另外一家并购方愿意出价。[24] 投资者认为巴菲特将赚到很多很多钱，因为伯克希尔–哈撒韦有大量的资本，还有良好的信用等级，他可以向克雷顿父子提供资金，而且可以永远做到这一点，他提出的条件胜过任何人提出的并购条件，除非政府出面干预。这完全没有公平可言，一些股东认为克雷顿父子低价将克雷顿公司卖给巴菲特是为了保全自己的工作，为了自己受益或取得一笔专用基金。一家上市公司的管理层要将公司卖给伯克希尔–哈撒韦，其中潜在的利益冲突即将引发一场战争。

举例来说，奥维斯投资管理公司的威廉·格雷就认为克雷顿父子在代表巴菲特巧取豪夺。他向美国证券交易委员会提出申请，向特拉华州的衡平法院提出诉讼，克雷顿公司归该衡平法院管辖。他的论点是克雷顿父子没有为股东们争取最高并购价格，因为他们签署了排他协议，拒绝其他公司参与竞争出价。他断定他们没有进行并购投票，只是想通过一个特别的股东会议取代克雷顿的董事会。[25] 一位投资者说，毕竟“但凡巴菲特出价的并购，就一定是低价并购”。[26]

多年来巴菲特的名声一直代表着一种财富，然而现在却以一种特别的方式对他产生了不利影响。他有很强的公众吸引力，任何人希望宣传自己或他们的事业都可以在他的股东大会上揩油，或者盗用他的名声实现自己的目标。因此，就在股东大会之前、大概是伯克希尔–哈撒韦宣布并购克雷顿公司的时候，放纵大厨公司的首席执行官多丽丝·克里斯托弗就打电话提出了这样的问题。

放纵大厨通过独立的销售人员（多数是女性）在家庭聚会中销售厨房用品。在伯克希尔并购该公司后，反对堕胎组织的成员开始联合抵制放纵大厨的聚会。伯克希尔的立场就是不针对赞成堕胎派或保护生育权派进行捐赠，只是股东有权通过公司向他们中意的慈善机构捐赠每股价值的 18 美元。共计 1.97 亿美元，公司选择捐给各类非营利组织，最大的受益方是学校和教堂，而且多数都是天主教堂，许多钱都转向其他与堕胎无关的事业，但很大一笔还是转到了保护生育权组织。[27] 当时，沃伦和苏珊的个人捐赠——2002 年约 900 万美元——都选择了巴菲特基金会，主要资助保护生育权的基金会。伯克希尔的捐赠选择让反对堕胎组织不满。巴菲特没有理会关于那些捐赠不是伯克希尔捐赠的争论。[28]2002 年巴菲特曾努力与其中的一个组织的管理者进行理论，告诉他们有多少钱其实是用于其他项目而非家庭生育计划。他得到生命决策国际组织总裁的回答：“即使从此只有 1 美元捐给计划生育联合会，而10亿美元捐给反对堕胎组织，后者还是会让我们把伯克希尔-哈撒韦列入抵制清单的。”[29] 如果塞到停车计时器中的钱都足以引发联合抵制，很显然伯克希尔-哈撒韦就找不到什么调和的余地了。

多丽丝·克里斯托弗曾努力保持中立，告诉人们她个人不认同巴菲特的做法，但是“我没有权力要求或评判他怎么进行捐赠”。7万名放纵大厨的销售顾问中有不到1 000人开始就此事向克里斯托弗请愿。[30] 而且，联合抵制影响了公司的经营，也伤害了相关人员。销售聚会上出现在主办人家中的反对堕胎纠察员开始让人们觉得害怕。克里斯托弗打电话告诉巴菲特她的业务因此受到的影响越来越大。

> 她没有直接向我提出要求，但是我可以判断她希望我取消那个项目，而且也知道，我会那么做的。我本来以为我们可以走出困境的，但还是没有。太多的人因此受到伤害，而我并不希望如此。多丽丝受到了伤害，她的员工受到了伤害，而他们都是无辜的。有人居然在她的办公室里哭诉。

6月末，巴菲特打电话叫艾伦·格林伯格到他的办公室去。艾伦·格林伯格是他的前女婿，任巴菲特基金会的执行理事，巴菲特对他说他已经和查理·芒格商量过了。与其卖掉放纵大厨——他们的选择之一——不如决定终止慈善捐赠项目。格林伯格非常吃惊。去年，97%的股东协力战胜了反对堕胎的股东们取消项目的决定。他走来走去，不断用手梳理着乌黑的鬈发，指出捐款都是来自个人的，而不是公司。人们可能还会自愿捐赠，终止项目没有任何好处，但是巴菲特已经下定决心。

格林伯格回到自己的办公室，开始起草在太阳谷年会前、7月的最后一个周末要通过新闻网发布的新闻。几天来电话响个不停，秘书们来来回回传递信息，疲惫不堪。生命决策国际组织几乎就在同时宣布放弃抵制伯克希尔。

但是，巴菲特的朋友们，无论他们对堕胎持有什么观点，许多人的反应都是一致的：他们惊呆了。有些人非常生气。"他就那么让步使我目瞪口呆。"一位朋友说。"这么轻易就放弃不是他的风格。沃伦是个很有原则的人。难道真的必须那么做吗？"另一位朋友问道。[31]

尽管别人在他的处境下可能会选择坚持下去，但是巴菲特说他担心这样的立场会导致放纵大厨的销售顾问面临风险。他没有直接说明，但是无疑表示出他担心他们的生计和利益。巴菲特本人也是一个重大目标，他不是街道拐角处无人知晓的干洗店锡德，此时坚持自己的立场可能导致伯克希尔–哈撒韦和他本人成为蔑视赞成堕胎派的象征，那是非常危险的。[32] 他选择了回避，这是他确实不能去做的事情。

后来，他没有对曾经持批评态度的人或反对堕胎组织的获胜表示出任何敌意。"你明天就可以让他们滚蛋，"墨菲这样说，"但是从来没有必要在今天那么做。"多年来，这条建议帮助巴菲特摆脱了许多困境。

然而，这并不能解决身为沃伦·巴菲特，而不是干洗店锡德所带来的其他问题。随着 7 月 16 日克雷顿房屋公司的股东就并购一事投票日期的临近，他们纷纷开始反对伯克希尔–哈撒韦的出价。同类公司的并购价格开始上浮。贷方突然变得以慈悲为怀。"周期低谷"的论点开始广泛传播。大约 13% 的投资者，包括布兰迪全球投资管理公司、施奈德资本公司和加利福尼亚州公共雇员养老基金受人尊敬的资金经理们都公开声称他们反对此次并购。凯文·克雷顿奔走于全美各地，会见投资者、努力与并购方协商，同时奥比斯和其他反对者却在通过电话和媒体积极活动。那时候，伯克希尔–哈撒韦已经借款 3.6 亿美元作为克雷顿公司的应急之需。巴菲特发布新闻说他不会抬高并购价格,“现在或将来”都不会。如果并购失败，他宁愿就此罢休。他还发布新闻预测整个行业的经济形势，说不会有什么突然好转的。[33]

在巴菲特提出并购之前，没有哪家公司希望并购克雷顿公司。尽管有许多忠实拥护公司的股东，克雷顿公司仍像舞会上找不到舞伴的漂亮姑娘。现在，这位姑娘出现在沃伦·巴菲特身边，别人开始跳英格兰舞步的时候，他们一起来到舞池中央。之前坐在墙边没有舞伴的姑娘突然之间就成了万人迷。距离股东大会还有两天的时候，出价超过巴菲特、并购了 Conseco 贷款业务的 Cerberus 资本管理公司在半夜给克雷顿发来一封传真，提出愿意高价并购。提到钱，巴菲特目中无人。“好，让他们并购。”他说。他非常肯定的是没有伯克希尔，克雷顿公司的股价不会超过 12.5 美元。

而且，事实上在股东投票大会的当天，确实没有在克雷顿房屋公司出现其他叫牌人。然而，克雷顿父子能否取得多数股东的赞同票同意将公司卖出依然是未知的。吉姆·克雷顿那天接受了长达一个小时的连珠炮似的提问，愤怒的股东们挤在会堂不停地提出这样那样的问题。在并购消息传出之后，活动房屋的股票一直在涨，现在 12.5 美元的并购价格相形之下更显寒碜。一些股东希望 Cerberus 资本管理公司有机会出价参与并购，尽管招标工作需要两个月的时间，而且 Cerberus 资本管理公司是否确实有意并购克雷顿公司还不可知——是否愿意在最后时刻插手巴菲特并购的公司做破坏者。

克雷顿父子此时焦头烂额。如果投票没有通过，而且很有可能是这样的——因为大股东，美国富达投资集团，宣称改投反对票——并购可能会失败，克雷顿公司可能因为签署了排他并购协议而被控告。如果投票通过，克雷顿公司卖给伯克希尔-哈撒韦，克雷顿公司则可能因为无视其他并购方、无视可能出高价的并购方而被控告。

凯文·克雷顿离开股东大会现场，打电话给巴菲特要求延迟投票，让 Cerberus 资本管理公司有时间进行出价。巴菲特答应了——前提是他们愿意因为延迟投票赔付伯克希尔–哈撒韦 500 万美元。克雷顿接受了巴菲特的要求，重新回到股东大会现场，宣布休会，日后再进行投票。[34]

到目前为止，商业报道将这次并购比作尽人皆知的大卫与歌利亚的故事，故事中弱小的大卫——反对并购的对冲基金——努力对抗贪婪的克雷顿父子和巨人巴菲特。记者们自然会怀疑当权派，对冲基金经理们大都天生反对当权派，他们早就学会了像大师把玩弦乐器那样与媒体合作，实现双赢。媒体把注意力转向了巴菲特，如果他买了什么，那一定是超低价购买。

巴菲特有没有恶意盗取克雷顿公司可以通过其他公司的叫牌出价而明了。一周后，在 Cerberus 主席，前副总裁丹 · 奎尔带领下，来自 Cerberus 资本管理公司和其他三家公司（黑石集团、瑞信银行和得克萨斯太平洋集团）的 70 名会计、律师和金融专家突然来到田纳西州诺克斯维尔，事实即将大白于天下。克雷顿带他们来到了与总部相连的最迷人的活动房屋。许多人都在克雷顿公司的工厂到处参观，在堆满文件的房间里仔细阅读，更多地开始关注抵押贷款这个巨大的无底洞，以及其吞噬资本的方式。[35] 奎尔走来走去和大家握手，不断声称 Cerberus 是一家“家庭式公司”。[36]

在 Cerberus 和其他公司一起讨论的时候，丹佛区切肉机厂和员工退休金计划联合对克雷顿公司提起诉讼，控告其“自作主张、管理腐败以及不开诚布公”。[37] 巴菲特认为自己被敲诈了。切肉机厂工会的诉讼得到米尔伯格 · 韦斯律师事务所的达恩 · 罗宾斯的支持，米尔伯格 · 韦斯律师事务所是一家专门代表投资人进行集体诉讼的律师事务所。“大家都知道他们在进行欺诈。”罗宾斯说。[38]22 位原告律师、助理和研究人员来到诺克斯维尔。原告的律师都没有住在活动房屋，有报道称他们住在市区带9间卧室的豪华公寓，准备进行6个月的战斗。[39]

Cerberus经过一周的深入调查，返回纽约，传真了一篇标记为“仅供讨论之用”的文章《克雷顿公司资本结构之调整——资源与使用》。这篇文章不进行报价，却提出了一个价格：每股14美元。克雷顿的第一印象是Cerberus以稳定的优势战胜了巴菲特，然而，仔细一看才发现Cerberus计划付给股东的现金只有7.55亿美元，而巴菲特则以17亿美元现金并购。按照Cerberus的出价，外部股东可以得到每股总价14美元中的9美元，其余的以资产重组的股票进行支付。

然而，每股9美元完全可以由克雷顿公司自己支付给股东，Cerberus其实没有投入一分钱。克雷顿公司必须借款5亿美元，廉价卖掉6.5亿美元的资产。[40]

这是典型的负债收购案例，公司的资产全部卖出，为了融资而举债。名义上价值5美元的重组股票由财务公司组成，而财务公司已经在缩水的资本基础上堆积了更多的债务。债务就是流入活动房屋制造工人血管的血液，没有这些债务他们就无法生存。而贷方早已避开了这些业务。为什么他们要借钱给一家没有偿还能力的公司呢？Cerberus显然清楚这一点，他们提出的建议是财务专家可以给出的最佳建议。克雷顿父子打电话给Cerberus说明了情况，表示他们不愿意接受这次并购，当然他们没有任何敌意。

但是，CNBC和财经新闻这样描述巴菲特：与克雷顿父子串通进行低价并购的无情的金融家。克雷顿并购案在媒体中产生了极大的反响，巴菲特的声誉也开始对其产生不利影响，这表明巴菲特在公众心中的形象出现了重大改变。之前，他的形象是睿智而慈祥的，总是能够吸引一大批做着发财梦的投资者。此刻，批评浪潮不断，反对克雷顿并购案的人表明，大投资者不再是那些等待着巴菲特的声誉能够拉高价格的绅士，现在这些人想利用巴菲特的声誉来反对他、阻止他。

然而，巴菲特从来没有真正专门购买别人希望低价购买的东西。其实，他购买的是别人不想要的东西，别人认为没有这个东西会更好。事实是人们总是做出错误的判断。更甚的是，自从并购《布法罗晚报》后，伯克希尔-哈撒韦一直在并购许多人确实不希望要的公司。没有多少公司有足够的资金实力承担克雷顿公司的债务，可以在一小时内而不是利用一周时间做出长期资本交易的决定。伯克希尔-哈撒韦可以做到这一切，甚或更多。伯克希尔-哈撒韦现在并购的许多公司都是像奈特捷那样的公司，创建公司的企业家希望可以找到这样的买家——能够悉心照料他们创办的事业，而且他们都相信伯克希尔-哈撒韦会诚实守信。[41]巴菲特的真正智慧不仅仅是进行低价交易（尽管他确实完成了许多低价交易），而是经过多年努力创建了一家可以进行合理交易的公司。

结果碰巧就在苏茜50岁生日那天，一度中断的克雷顿股东会议终于再次召开。经过4个月的推迟，没有其他公司竞价并购，Cerberus公司也放弃了。最后，52.3%的股东投票支持伯克希尔-哈撒韦并购，只是勉强通过。除克雷顿父子外，其他股东投否决票的人数占到2/3。巴菲特一直坐在电话旁边等待投票结果。而后，他约女儿出来，把生日礼物送给她。礼物是苏珊·雅克帮他在波仙珠宝店挑选的——一枚镶着一块很大的粉红色心形钻石的钻戒，这是苏茜在这个生日里最后收到的一份价值100万美元的生日礼物。人们眼中冷酷无情的金融家对女儿却是疼爱有加、情感细腻，他和女儿的关系非常亲密，甚至有些依赖女儿。生日前几周他一直随身带着那枚钻戒，不时拿出来看一看，想到女儿看到钻戒时激动的样子他的眼睛就充满泪水。苏茜看到戒指后，搂着父亲的脖子，激动得哭了起来。

就在他们拥抱的时候，米尔伯格·韦斯和奥维斯公司的威廉·格雷却开始破坏投票。格雷对投票结果提出质疑，得到批准重新统计投票。特拉华州衡平法院支持投票结果。因此，奥维斯公司和米尔伯格·韦斯联手要求田纳西州布朗特县巡回法庭的法官戴尔·扬阻止并购工作。然而，法官扬却说并购应该顺利进行。尽管米尔伯格·韦斯依然没有放弃，但是克雷顿父子没有再浪费时间。8 月 7 日，并购工作完成的日子，克雷顿公司在特拉华州的律师破晓就守在州务卿办公室的门口，准备递交相关文件完成并购认证。早上 7 点 30 分，并购工作圆满结束。[42]

并购生效的同时，米尔伯格·韦斯和奥维斯公司决定向田纳西州上诉法院提起上诉，驳回法官扬在前一天做出的决定。第二天，田纳西州上诉法院一致决定暂时中止并购，其实并购已经完成。法院中止并购就是阻止伯克希尔–哈撒韦开始支付并购款项。上诉法院分配下属法院在两周内做出裁决。克雷顿公司开始完成米尔伯格·韦斯要求的长达 18 页的文件。律师和公司员工为此昼夜不停地工作。

当时凯文·克雷顿的妻子生产在即，因蛋白质过敏而绞痛难忍。“我们试了 27 个药方才从伦敦找到一个有疗效的，”克雷顿说，“而且，我还得了疱疹，就是因为压力太大了。我打电话和父亲说，‘爸爸，太苦了’。结果他说，‘嗯，儿子，我像你那么大的时候，因为压力太大整个左脸都麻痹了’。后来我打电话和沃伦讲自己压力太大，结果他还是说，‘嗯，凯文，我年轻的时候，因为压力大掉了许多头发’。我没有得到他们的一点儿同情。”

8 月 18 日，法官扬发起陪审团庭审。克雷顿立即提出上诉。

克雷顿公司的股票几周前就停盘了，但是伯克希尔–哈撒韦无法支付并购款项，因为并购结果还在高等法院手里攥着。4 万名股东都在等着用伯克希尔–哈撒韦支付的现金。而伯克希尔–哈撒韦有 17 亿美元在银行存着，正在为其生息。

巴菲特收到一对夫妻发来的传真，他们被迫从自己的住房中搬了出来，急需卖出克雷顿公司的股票取得现金，支付抵押贷款。能付多少付多少吧，他告诉那对夫妻，而且说明了当时的情况。可能那笔钱就足以让他们摆脱住房无法赎回的困境。

“称得上一次宝林历险记。”他说。

僵局持续了近两周之久，最后，在9月即将到来之时，法院没有发现“一丁点儿证据”说明克雷顿父子操纵股东投票工作。6天后，米尔伯格·韦斯通过田纳西州最高法院提出上诉。巴菲特难以置信——或者不如说他一直难以置信会有米尔伯格·韦斯这样的律师事务所。他们依然在想办法阻止并购。这并不会让律师事务所有大量好处可赚。他们怎么会期待有什么收入呢？克雷顿公司的律师事务所一直工作到深夜，复印机一直不停地复印大量文件和与法律相关的草案。巴菲特推测认为米尔伯格·韦斯一直坚持如此让人讨厌的做法，可能是接受了克雷顿公司提供的好处。他和凯文·克雷顿谈了这一点。克雷顿发誓，从来没有。[43]

巴菲特又认真考虑了田纳西州最高法院的历史地位，该法院有可能成为美国历史上第一个这样的法院：拆散已经并购了的两家公司。法院显然意识到自己在做什么，于是驳回上诉。

克雷顿公司的保险公司圣保罗公司希望以500万美元了结米尔伯格·韦斯带领其他股东进行的诉讼。然而这笔钱可以让股东受益的部分微乎其微——可能每股只有5分镍币属于股东受益部分，克雷顿父子和巴菲特极其厌恶这些他们眼里的强盗资本家和争取渔翁之利的人。律师们将得到大部分钱，但是保险方坚持说事情不解决，法律费用可能就会让公司损失更多。就这样带着被讹诈的情绪，他们接受了这样的做法，付了那笔本不愿意支付的款项，从此结束了并购克雷顿房屋公司的战斗。

但是不久人们就清楚地看到，活动房屋的销售状况没有好转。[44]巴菲特的并购没有在行业回转的时刻完成。事实上，就在伊恩·雅各布斯准备飞回奥马哈汇报工作之时，活动房屋行业就开始急速下滑。曾经一度看似低廉的股价现在只是勉强维持。为了缓解并购带来的经济困难，巴菲特安排凯文·克雷顿购买减值贷款。克雷顿并购要走出困境需要大量琐碎的实质性工作。

58

超越自我

奥马哈 2003年夏秋

9月，巴菲特情绪高涨。《财富》杂志将他评为商界最有能力的人。在一片惊叹声中，他通过拍卖自己的旧钱包和一条股票信息获得21万美元，用来资助女子公司（Girls Inc.），苏茜的非营利事业。接着，他在eBay网站拍卖自己——或者说是拍卖8个人和他共进午餐的一次机会——用来资助旧金山的格莱德纪念教堂，苏珊的主要事业。格莱德教堂在礼拜期间免费进行HIV测试，为遭遇家人和其他教堂拒绝的男同性恋者举办葬礼和悼念活动。牧师塞西尔·威廉姆斯的口号是“大爱无疆”，苏珊把这个词作为自己的口头禅，现在沃伦也不时用这个词。在格莱德教堂，人人都受欢迎：娼妓、吸毒者、酒鬼、流浪者。[1] 这次与巴菲特共度的两小时以及8个人在迈克尔餐厅的一次午餐拍卖，共有50人在eBay网站竞标出价，最终出价高达250 100美元——高于他钱包里的股票信息的价值。几天内，艺术家笔下穿着长袍、仿佛来自奥林匹斯山的巴菲特出现在《福布斯》杂志的“最佳着装亿万富翁”栏目。然而，要不是巴菲特的名声和人气可以促进杂志的销售，在如此激烈的竞争中（亿万富翁如今越来越普遍），他是不会被列入什么最佳着装方面的竞争者的。除此之外，还有一件事就是苏茜和苏珊都将应邀参加《财富》杂志的商界女强人峰会，谈论慈善事业，时间就在10月初，参加峰会的人都是美国社会非常重要的女性人物，包括首席执行官、企业家和不同领域的杰出女性。巴菲特为妻子和女儿有这样的机会而无比高兴，特别是她们此次将一起出席如此重要的峰会。

就在那次峰会前的星期五下午，苏珊打电话告诉沃伦她会晚一天到，因为周一要进行一次活组织检查。她在6月去检查了牙周，那次检查本来应该在5月，当时因为肠梗阻、食管溃疡和贫血而被推迟了。牙科医生发现她的口腔底部有针尖波点状斑点，建议她去看专家。两个月过去了，她还一直没有安排出时间去检查，总是忙于她自己的各类差旅行程。就在最后终于约好医生的时候，还险些取消检查去参加盖茨基金会的活动。

“不，不，不，不，不，不。不能取消。”凯瑟琳·科尔说。科尔一般不会很不客气地反驳自己的朋友和上司，但是这一次她坚持说：“你必须去。”[2]

德博拉·格林斯潘医生通过触诊发现苏珊脖子一侧的淋巴结肿胀，就强烈建议她在周一尽快去看另一位专家布赖恩·施米特医生，进行一次活组织检查。苏珊似乎并不担心活组织检查会有什么不良结果。她想推迟检查，为的是不错过这次《财富》杂志峰会的任何一个细节。“我必须去。”她这样对凯瑟琳说，就是指必须按时参加这次峰会。然而，那位专家施米特医生拒绝延迟检查。[3]

巴菲特悄悄地承受着这一切，内心非常震惊。苏珊打完电话后的几小时，他一直和别人在电话上不着边际地聊天，艰难地度过自己从办公室回到家中后的每一分钟。在每天的桥牌时间就要开始之前，他在电话里随便说了一句，但是声音低沉而严肃："哦，顺便说一句，苏珊星期一要做活组织检查。"

"为什么？！"电话那边吃惊地问。

"她的嘴里有点问题，"他说，"就这样吧，我以后再和你说。"而后他挂断电话。

苏珊做了活组织检查。她照例参加峰会，照例发言，而后飞到东边的迪凯特去豪伊的农场，看望孙子们，开着联合收割机收割庄稼，随后返回旧金山。豪伊事后才明白，自思自忖，唉，她一直说要在收获的季节来农场，但是以前一直没有实现。[4]然而，那时候他没有发现一点儿异样，因为她还是像往常一样。[5]

沃伦一直盯着电脑屏幕，要么浏览新闻，要么打桥牌，要么玩直升机游戏。他内心的焦灼还是像平常那样表现出来：不断地问同样的问题，一次又一次地说同样的事情，但是在问及他是否担心时，他还是拒不承认。

星期五，苏珊和凯瑟琳·科尔一道去南加州大学医疗中心取活组织检查结果。苏珊对病情可能会有多么严重似乎浑然不知。她们到了施米特医生的办公室后，苏珊对科尔说："你怎么那么紧张，为什么那么紧张啊？"科尔心想："哦，我的天哪，难道她不知道可能会有不好的检查结果吗？"她们见到医生后，医生对苏珊说她患有三期口腔癌。诊断结果让她震惊。"她当时就像遭遇晴天霹雳一般。"科尔说。她显然想都没有想过会有这种可能。[6]

苏珊一时间眼泪纵横。然而，她还是坚强的她，回到车里的时候，就已经打起精神开始安慰别人。她打电话给沃伦，他没有说什么。她打电话给苏茜，告诉她："给爸爸打电话，他一定不知所措。"而后她回到家，再次和沃伦讲自己的病情，又和苏茜、豪伊和彼得讲了。[7]那时候，苏茜已经在浏览相关网站了。[8]她打电话告诉父亲："不要去浏览口腔癌的网站。”

每年患口腔癌的有 34 000 人，其中 8 000 多人会因此去世，是一种无痛但可以快速扩散的癌症，比黑色素瘤、脑瘤、肝癌、宫颈癌或霍奇金病的致死率都高。[9] 口腔癌的高致命性是因为其通常在扩散到淋巴结后才被发现，到这一程度原发肿瘤就可能侵入周围组织，而且可能转移到其他器官。口腔癌患者极其容易罹患第二种原发性肿瘤，第一次发病治愈后复发的风险会增加 20 倍。

至少 90% 的口腔癌确诊患者是长期吸烟或使用无烟烟草的人。既吸烟又喝酒的人患病比例更高。苏珊·巴菲特向来不吸烟、不喝酒，她没有明显的发病因素。三期癌症的检查结果表示癌细胞可能至少已经扩散到一侧淋巴结，但是可能没有扩散到其他部位。

苏珊回到了面朝金门大桥的公寓，三面墙壁上分别摆着旅游纪念品、朋友送的礼物、一件对她而言意义非凡的艺术品。这位素来广交朋友、兴趣广泛的女士开始告诉人们：“我的生活非常美满。孩子们都长大成人，我也有幸抱上孙子了。我热爱生活，而且有自己的工作，真的不需要再多了。”

“如果按照我的意思，”她对科尔说，“我就一个人去意大利的村庄，静静地离开人世。”她更害怕经受痛苦的折磨慢慢离开人间，而不是顺其自然地悄悄离开。但是如果她确实放弃治疗，就是放弃了自己生活中非常重要的人们，几十年来成为她生命一部分的人们。其实就是为了沃伦她才愿意接受手术治疗。然而，她告诉科尔和一位朋友罗恩·帕克斯，说她没有决定是不是要继续手术后的放疗，而放疗是为降低复发必须进行的，况且该病的复发率非常高。由于某些原因，可能是过分受惊，她似乎没有明白术后放疗有多么重要。[10]

第二天早晨，苏珊和科尔开始计划接下来的安排，苏珊莫名其妙地拒绝让科尔购买她手术后在公寓里生活所必需的一些设备。科尔需要购买升降椅帮助她在手术后回到位于顶层的公寓。苏珊完全不听这些。科尔认定苏珊一定是因为受惊或者在努力克制自己才表现出这样的情绪，后来她决定打电话给苏茜，苏茜说不用理会母亲的反对，该买什么就去买吧。

其间，备受惊吓的沃伦还是匆匆安排自己的事情，他在情况危急的时候总是这样。他亲自送闷闷不乐的阿斯特丽德到林肯观看内布拉斯加足球比赛。第二天一早他飞到旧金山，就是在那里他得知苏珊需要进行大手术。她再活 5 年的可能性只有 50%。手术可能去除苏珊的大部分颌骨和所有牙齿。手术后一个多月的时间，她只能通过插在鼻子里直接通到胃部的管子进食，而且那段时间她都不能说话。手术还可能引起面部变形。苏珊还和沃伦讲了许多，她说她担心自己的样子会吓坏几个孙子。他们决定下周到纽约纪念斯隆–凯特琳癌症中心再进行一次检查，尽管这很大程度上只是重复一次检查而已。

回到奥马哈，沃伦就一刻不停地打电话、在线玩儿桥牌、工作、处理即将到来的一次会议——和《华尔街日报》发行人卡伦·埃利奥特·豪斯的会议。到目前为止，巴菲特与《华尔街日报》发生过几次分歧，原因就是该报对他的报道，其从 1992 年开始，就将他称为戴着友好贤明"面具"的"顽固而优雅之人"。豪斯此次造访可能是为了当面请罪，以示愧疚，也可能是想探探他有没有意向并购当时陷入财务困境的报社。但是他的注意力从来没有真正离开过苏珊，他谈到她的时候滔滔不绝。接下来的几个月，他决定每个周末都到旧金山陪她。尽管他确实不知道自己该怎么做，但是他希望自己可以按照一种自己理解的方式来关心她，就像如果他病了，她会怎么关心他那样。他说他清楚地感觉到她需要他陪着。确切地说，他也需要她在身边。

和豪斯的那次会议太平无事，双方都没有感到为难，巴菲特也没有并购报社。那一周他每天早晨都一脸倦容——显然是没有休息好——然而，他还是打起精神处理每天的工作。除了秘书戴比·博赞科和少数几人以外，伯克希尔-哈撒韦总部没有人知道原因。

那一周他几乎没有离开自己的座位，办公室就在复印室和两个档案室之间，大部分时间他都通过电话和苏珊聊天。尽管他们一聊就是几小时，但是她从不明确提到自己要面临的折磨。开始，她自己还没有完全明白究竟是多大的手术，可能还需要从她的腿上取一块骨头进行移植。外科医生也不确定手术会对她的面部造成多大的影响，尽管他们认为可以保住她的舌头。对她来讲最要命的就是她从此也许再也不能唱歌了。她和前女婿艾伦·格林伯格谈到过手术，艾伦对她的健康状况比较了解，多年来他曾经带这位朋友、上司和前岳母多次进出急诊室。而且格林伯格注意到巴菲特面对疾病时表现出的退缩无助的情绪，所以在去巴菲特的办公室汇报基金会项目工作的时候，从来不提苏珊。

然而，尽管沃伦不想知道太多，他说着说着还是说了他所知道的情况。“有 5 个医生参与手术，手术时间至少需要 10 个小时。她可以得到全世界最好的护理。她收到了豪伊的来信——没有哪位母亲收到过孩子写来的那么感人的信。她具备许多有利条件，但是手术还是非常折磨人的。医生们告诉她许多许多，她知道我不想了解细节，就告诉我她认为我能面对的事情。我可以肯定医生们一定认为我疯了，因为我没有直接和他们谈。但是我做不到，所以是她告诉我手术的这些关键问题的。”

几天后，苏珊飞到奥马哈去接苏茜，按照她的第二套计划，苏茜将陪她到纽约纪念斯隆—凯特琳癌症中心。在癌症中心的检查带来一些好消息，那就是没有癌细胞扩散的迹象，她们又回到奥马哈，苏珊在那儿度过周末。但是，在奥马哈她又发作了因腹腔粘连引起的剧痛。距离上次肠梗阻剧痛发作还不到 5 个月的时间，就是去年 5 月他们全家因此取消非洲之行的那一次，这样的发作非常痛苦。她晚上只好住在苏西家里，第一次吞下大量的止痛片而没有去医院，而此前每一次发作她都必须去医院。

巴菲特形容枯槁，拖着疲惫的身躯坚持去办公室，星期三参加了可口可乐在亚特兰大召开的董事会议。他回来后，苏珊开始从剧痛中恢复，去看了阿斯特丽德。阿斯特丽德见到苏珊后，不能自已地哭了起来，这一次又是苏珊来安慰别人。

周末结束后，苏珊飞回旧金山，巴菲特又开始情绪低落，他说话时声音嘶哑，显然睡眠不好。两年一度的巴菲特集团会议再过几天就要召开了，这对他也是一种压力。苏珊的医生不希望她参加集团会议，因为要去圣迭戈。因此，1969 年以来沃伦第一次独自参加会议。不但苏珊没能出席，他的朋友、早期的合作伙伴、洛斯保险公司总裁拉里·蒂施这次也缺席了，他同样也是因为生病了，而且是晚期胃癌。

巴菲特显然一直在想这次苏珊不能一道参加会议将是什么情景。她生病的消息一定会引起轰动，很多参加会议的人之前就有所耳闻。5 天中他将一直回答关于她的各种问题，接受络绎不绝的问候，还要努力克制自己的情绪。他必须亲自主持会议，保持会议气氛，但也不能过分兴奋而让人觉得做作。巴菲特很好地把握了自我调整的艺术，仿佛这是他与生俱来的本领，然而，现在他还是需要刻意调整自己的情绪。会议结束回到酒店后，他孤独地在黑暗中思索幻想。

“我的幻想很多，”动身到圣迭戈的前一天他这样说，幻想有时候也让人不安，“在那里我扮演多个角色，没有一刻闲着。”那天晚上他晚餐就要了一个三明治，在办公室一边吃一边和一位客人聊天，在沙伦来打桥牌之前他一刻也不愿闲着，一直都在聊天。开始他只是谈一些无关紧要的政治和经济方面的话题，后来，谈话还是转到了这些天来一直让他揪心的事情：手术在这次会议之后很快进行。

瞬间，他的脸上闪过一丝异样，表情开始扭曲，后来双手掩面，双肩不停地抖动，整个身体一下子向前瘫在椅子上，仿佛地震中倒下的高塔。他无助地抽泣着，几乎喘不过气来。此时没有什么可以安慰他。

渐渐地，他克制住无比的悲伤，开始讲他的苏珊。在长达两小时的时间里，他依然不时地痛哭流涕。他为她必须经历的巨大痛苦而担心，她比他坚强。他更担心的是她会把死亡当作一件很自然的事情来接受，而不像他一样去和死神抗争。他害怕失去她。他一直认为自己的中心是她，而现在却要反过来了。他一直认为自己不会孤单，因为她会比他长寿。他一直认为自己可以凭借她的智慧和判断来面对人生必须面对的生死抉择。他一直认为在他离开后，她会打理好基金会。没有他，她一样可以保持家庭和睦，她会保证阿斯特丽德得到很好的照顾，她会解决任何矛盾，缓解别人的痛苦。她会打理好他的葬礼，以一种独特的方式让人们永远铭记他。最重要的是，他一直希望在自己生命的最后时刻苏珊可以陪在他身边，在死神降临的时候，她坐在床头，握着他的手，告诉他不要害怕，帮助他减轻痛苦，就像她一直安慰别人那样。多年来这是第一次，他必须考虑事情可能完全不是自己一直设想的那样。但是这些想法太残酷了，他只能强迫自己立即停止思考。他相信医生们会照顾好她，她可以活下来。离开办公室去打桥牌的时候，他还是非常忧郁，但是平静了许多，也镇定了许多。

第二天一早，巴菲特飞到圣迭戈。在巴菲特集团的会议上，他略显沉默，但没有垂头丧气。他主持了三天的会议，包括在盖茨家的一次晚餐聚会，比尔·鲁安发言讲了改善哈勒姆学校的条件一事，杰克·拜恩讲了管理接任的问题，查理·芒格讲了伟大的实业家安德鲁·卡内基的生活，安德鲁·卡内基主张死而富有是一种耻辱。豪伊·巴菲特只是碰巧参加了聚会，他讲述了自己的摄影画册《人生织锦画》中的照片背后的拍摄动机，画册展示了生活在贫困的非洲深受苦难的人们。杰弗里·考恩，南加州大学安纳堡传播学院的院长，发表了题为“从年轻的理想主义到年迈的官僚主义”的演讲，内容涉及美国社会称为“静默的一代”的人们，他们生于20世纪30年代末到40年代初，当时在座的宾客大多都是那个年代出生的。[11]

沃伦在圣迭戈的时候，阿斯特丽德在图森的峡谷大农场水疗中心，是沃伦送她去那里的，因为苏珊的健康状况让她非常不安，他希望她能到那里放松一下。她之前从来没有到过水疗中心，起初坚决反对。在奢华的庄园里尽情享乐，对她来讲就像一个从来没有修过脚的女士想尝试勾手三周跳一般。阿斯特丽德没有什么豪华的装束，她只带了几件T恤衫到那个知名的度假村准备度过一周的时间。到那里后的第一顿午餐只要了一个火鸡金巴利汁卷，出于习惯，她开始不厌其烦地向工作人员讲述废物回收利用和泡沫包装方面的环保观念。在接待区，一位护理人员带她来到了一间办公室，为她特别制订水疗和保健养生方案。在问及她当时的感受和有什么担忧的时候，她居然回答说她担心她的朋友苏珊。护理员显然明白自己眼前的这位女士向来都是关心别人、照顾别人的类型。她温和地对阿斯特丽德进行了一些放松治疗，如接触疗法。阿斯特丽德参加了几次瑜伽课程、练习走鸟步、学习烹饪、做美容、按摩、学打高尔夫。她不习惯自己得到别人的照顾，但令她感叹的是，自己可以一点点习惯别人的照顾，而且居然发现这样也蛮不错的。

苏珊手术的前一天，巴菲特从圣迭戈结束会议飞到旧金山。他本来安排那天一定要去参加一个奈特捷的市场活动，但是苏茜知道他是在克制自己对苏珊的担心，就打电话对他说必须到旧金山。因此，他勉强来到了旧金山，晚上就和家人一起在苏珊的公寓度过。大家都像平常一样。苏珊这一次不需要照顾别人（因为她自己需要照顾），她就一直回避和家人谈起自己对第二天将进行的手术有什么想法，始终都在一边打电话。沃伦一晚上都在电脑上玩直升机游戏，眼睛都没有离开过屏幕。

第二天一早，全家就陪着苏珊来到加州大学旧金山医疗中心，在那里，专家们给她进行了静脉注射，在她的左腿膝部到脚踝处用魔幻变色笔画了一个巨大的椭圆。他们说这是为了标明从哪里切开她的腿，取出进行移植所需的骨头。艾斯利医生，苏珊的外科医生，告诉他们他会在手术开始后 90 分钟左右离开手术室，来告知他们癌细胞是否已经扩散。

而后，苏珊带着女儿来到卫生间，把门关上。她不想让沃伦听到她必须说的一些话。"听着，"她说，"爸爸现在一定吓坏了。你要明白如果手术发现癌细胞数量很多，就别让他们进行手术了。我很担心他会在得知癌细胞确实扩散的情况下，依然告诉医生们继续手术，他不希望我离开。"

8 点钟，苏珊开始手术，家人都来到手术等候室，在那里等候手术消息。许多人都在那里盯着电视里播放的杰里 · 斯宾格的节目打发时间，此时他们关心的人在手术室里接受手术治疗。沃伦手里拿着一份报纸，不时合上报纸，挡在脸上，抬起一只手揩去眼泪，而后又打开报纸。

艾斯利医生在 45 分钟后就从手术室出来。尽管在两侧淋巴结都发现了癌细胞，但是没有扩散到其他部位，还算是好消息。手术只需要摘掉口底、两颊内侧和大约 1/3 的舌部，不需要植骨。艾斯利医生离开后，沃伦开始问："哦，苏茜，他刚才是说要过一个半小时，他还要来告诉我们吗？你可以肯定吗？他们真的知道吗？"每一次，苏茜都耐心地和他说他们已经知道结果了，然后，过几分钟，他就又开始问同样的问题。"哦，他们怎么这么快就知道了？"他不停地说，"我觉得不对，可能他一会儿还要出来。”

16个小时后，苏珊进了重症监护病房，通过气管套管呼吸，左臂从手腕到肘部都缠着绷带，医生从那里取了一块皮在她嘴里进行了皮肤移植。她的舌头都肿得从嘴里伸出来了，鼻孔插着直接通到胃里的鼻饲管。她不停地咳嗽，气管套管总被堵塞，必须不时地进行清理，保证她可以正常呼吸。[12]

第二天早晨，在医院里，苏西对父亲说：“您必须做好心理准备，看到妈妈您会非常震惊。”沃伦硬着头皮走进苏珊的病房。他知道不能让她看出自己脸上惊异的表情，那样会让苏珊察觉到自己看起来有多么吓人。他努力让自己坚强起来，无所畏惧地在她身边坐了一小会儿。之后，苏西告诉父亲和两个弟弟先回家去，他们待在医院也没有什么事情可做。坐在苏珊身边的时候，他把自己的感情都藏在了潘多拉盒子里面，离开后他说自己“一直哭了两天”。

接下来的两个周末他都在旧金山和苏珊度过。后来，就在苏珊准备出院回家的时候，他飞到佐治亚州，为佐治亚理工学院的大学生做了一次演讲。他没有更多地谈到创业经营，而是讲了一些常见的主题。他给学生们讲了精灵的寓言，还讲到了慈善事业。他说一个人一生中最好的投资就是投资自己。他讲了他的偶像本杰明·格雷厄姆，还说选择自己的偶像一定要慎重，偶像是影响我们一生的人物。他告诉大家要为自己崇拜的人工作。

学生们问到他最大的成功和失败的时候，他没有讲事业方面的疏忽和错误，而是说：

> 其实，当你们到了我这个年纪的时候，衡量自己成功的标准就是有多少人真正关心你，你也希望得到他们的关心。
>
> 我认识一些非常有钱的人，他们举办庆功宴会，修建以他们的名字命名的医院辅楼，但事实上世界上根本没有人关心他们。如果

你们到了我现在的年纪，却发现没有人对自己有好感，不管你的银行账户上有多大数目的存款，你的生活依然是不幸的。

这是对生活的极限测验。关爱是用钱买不来的，钱可以买来性、庆功宴会或者宣传自己活得精彩的小册子，但得到关爱的唯一方法就是做一个讨人喜欢的人。如果你只有钱，你可能对此非常愤怒，你可能会想自己可以写一张支票：我要买价值百万美元的关爱，但是关爱是买不来的。你付出的爱越多，得到的爱才会越多。[13]

苏珊回到面朝旧金山湾区阳光充足的公寓后，沃伦每个周末都来看望她。因为担心灰尘堵塞气管套管，房间里原本铺着的鹅黄色的地毯已经不用了。她通过升降椅回到公寓，护士们也启用了租来的气管抽吸系统。医生们开始为苏珊准备为期 6 周的放疗，放疗是为了杀死残存的癌细胞。她一直没有完全同意接受放疗，而且放疗可能灼伤她的咽喉。手术前医生们就告诉她吃胖一些，因为手术和放疗期间她的体重估计要减少 50 磅。50 磅不是一个小数目，但是手术前让她欣慰的就是当时自己的体重情况完全需要好好减肥。现在，鼻饲管不用后，护士们一天喂她 6 次流食，因为疼痛难忍，她需要大半天才能吃完。

压力之下，沃伦的体重增加不少。他觉得自己得减掉 20 磅，就决定和苏珊一起选择流食养生。“那不是什么有趣的事情，”他说，“所以我也没有得到一点乐趣。”

巴菲特的节食方式和他的饮食习惯一样偏执古怪，而且不利于健康。他决定坚持自己的一贯策略，那就是每天只摄入 1 000 卡路里的食物，想吃什么就吃什么。就是说他可以吃甘草什锦糖、花生糖、汉堡或者其他任何他想吃的东西，只要不超过他自己限定的 1 000 卡路里。最轻松的一步便是不喝樱桃可乐，也不喝别的什么取代樱桃可乐，就是直接减少水分摄入。每天 1 000 卡路里的节食养生之道的理念就是，结束节食带来的痛苦。他没有耐心，不理会这样的节食方案有什么健康问题。“就我的身高和年龄，”他说，“我觉得自己可以一年摄入 100 万卡路里，照样保持这个体重。我可以随心所欲地消耗那些卡路里。如果我想在 1 月吃大量的热软糖圣代，接着这一年就饿着，我也能做到。”

这真是个表面看来完全合理却彻底荒唐的方案。但是，他一直以来既没有体重严重超标，也没有什么重大疾病，所以没有必要就此和他争执（每年股东大会之前他都采取这种节食速成方案。然而，一直脱水节食的做法与前几年的肾结石可能确实没有什么关系）。无论如何，巴菲特都在出现问题之前，振振有词地坚持自己的理论。然而，一个罕见的例外就是他在面对媒体评价的时候。他从来没有与《金融时报》或《纽约时报》有过什么争端，他是这两份报纸的忠实读者。他的麻烦一直是《华尔街日报》。

多年来，他总是让一些乡巴佬了解一个事实：华尔街向来都是一帮好敲诈的人出没的一个非正式场所，因此与《华尔街日报》有所积怨，《华尔街日报》是华尔街带有危险性的正式报纸。他曾经出于友善地组织过一次《华尔街日报》的“编辑部”午餐会，结果适得其反。在编辑部的会议中巴菲特站在台上，向编辑们讲述当今的一些经济问题——他喜欢这样做——但是，这一次报纸居然引用了不得公开的内容。凯瑟琳·格雷厄姆违背了自己的新闻业准则——格雷厄姆的座右铭是不公开的内容就是通过引用也不得刊登——除非确实可以产生正面效应。[14] 巴菲特勃然大怒，而且报纸还找借口推卸责任，表示不会因此向他道歉。此外，《华尔街日报》的社论版定期对他进行恶语攻击，因为他主张减轻穷人和中产阶级的税负，增加富人的税负。

然而，他却不能想象一天不读《华尔街日报》的日子，即便在每个星期五，他要开车到奥马哈艾普里机场坐上三个小时的奈特捷航班到旧金山去也不能例外。通常是沙伦·奥斯伯格到机场接他，直接带他来到位于太平洋高地的苏珊的公寓。他不想打搅她的休息，也担心光线穿过苏珊房间没有窗帘的大窗户会弄醒她，所以那段时间他就睡在楼下用来存放东西的房间。苏珊打盹儿或睡觉的时候，他经常去沙伦家看电视里的橄榄球赛，有时候靠在沙伦肩上痛哭，有时候他们去看午夜电影。

沃伦在旧金山的时候，苏珊不见其他客人，只有女儿、护士们和每天照顾她的科尔等人陪在身边。她几乎不见什么人，即使住在同一座公寓的珍妮·利普西·罗森布拉姆和沃伦的妹妹伯蒂也不例外——而且不仅是周末——即使分散一点儿精力都会让苏珊筋疲力尽。珍妮每天写一张卡片，放在苏珊公寓的门口。和许多苏珊一直以来关爱的人一样，伯蒂因为不能见到嫂子而难过。她一直仰慕苏珊为人处世的智慧，最近她的丈夫刚刚过世，她觉得自己也获得了一种同样的智慧。“希尔特是心理学家，”她说，“想都不用想，他就能知道人们大脑中的元信息是什么。希尔特去世后，他指引我以一种从未有过的方式处理事情。突然间，我明白了过去自己一直不明白的事情。”伯蒂认为她现在和苏珊的关系也不同了，是一种平等的关系了，所以她不会再凡事都依赖苏珊。她还认为自己终于开始理解苏珊了。

沃伦每周都要往返于奥马哈和旧金山之间，他也学到了许多自己从来都不了解的东西——药物治疗、放疗、医生和护士所讲的每一个细节以及医院的设备。同样，他的情感也进入一个新的阶段——可以正视自己和苏珊对疾病的恐惧。在谈到最近发生的一系列事情时，他很有分寸地讲了讲妻子的情况，不让自己的情感外露，和不同的人以不同的方式谈及目前的情况。有时候他会和自己全力支持的阿诺德·施瓦辛格讲一下妻子的情况，阿诺德·施瓦辛格是他最近认识的一位性情相投的朋友，他被提名为共和党候选人，参加加州州长格雷·戴维斯被免职后的罢免竞选。“我妻子6周前在旧金山做了一次手术，我每周都到那里陪她（停顿）。嗯，人们都知道，阿诺德，有时候我们不能辨别谁是谁，什么时候互相依偎，什么时候分离，没有人知道。”

熟人打电话的时候，他开始刻意去谈之前自己总是拼命回避的问题。

> 哦，嗨，查克，嗯，她恢复得很好，比预期的情况要好许多。她没有一点精神头——她以前从来没有这样。但是相比之下，她的嘴恢复得很好，肿胀也好多了——一切都还可以。人们都吓坏了，现在她不那么疼了。我觉得可能更多的是心理作用——我是说她现在依然没有失去对生活的信心。
>
> 年会啊？哦，我正要说呢，现在苏珊的情况，我觉得需要跳过音乐节目——今年5月的年会上她是不能唱了，所以我们期待明年吧。

他还是会时不时地提到苏珊可以再唱歌，尽管事实上苏珊再也没能唱歌。只有在和非常亲近的人，比如和女儿在一起时，他才会偶尔表现出无助的样子。

> 喂？嗨。我很好。我每晚就睡两小时。嗯，很好。怎么不到这儿来呢，我们换着开车出去玩吧？嗯，好，路上会碰到三流演员搭车的，当然是偶尔。就来这儿……我们一起。明天或什么时间都行。好。可以吧？好。

他每晚睡两小时。

我想事情的时候就睡不着。昨晚我就只睡了两小时，感觉挺好的，不睡觉都没有问题。苏珊又开始犹豫要不要接受放疗。

我们说服她了。我离开旧金山的时候她完全不想接受放疗，但是我又回到那儿后，她就表示可以接受……

苏珊做手术唯一的好处就是30多年来我将第一次不去翡翠湾过圣诞节。我甚至会想我的房子还在不在那儿。

59

冬天

奥马哈，旧金山　2003 年 12 月—2004 年 1 月

苏珊还是不愿意接受放疗，由于对放疗的焦虑不安而开始大量服用安定文。“艾斯利医生告诉我一些安定文的知识，”苏茜说，“告诉我不能再让母亲大量服用，但是一提到放疗她就紧张不安。”

沃伦认为不接受放疗就是自暴自弃：如果放疗治愈效果更好，为什么不呢？他告诉她，手术是最痛苦的，而放疗没有那么痛苦。但是放疗科医生对苏珊说，如果有人和你谈到自己的放疗经验，说不是非常痛苦，千万别相信他们。在嘴里进行放疗不同于其他部位。治疗后口腔会彻底被灼伤，什么东西吃起来都像铁块一样。唾液腺可能受损或者彻底被毁坏，而且会失去全部味蕾。疼痛自然是不能免的，苏珊已经经历了巨大的痛苦，她认为自己有权拒绝更大的痛苦。

她看到过许多人辞世，看到他们经受了不堪忍受的痛苦。我们都希望可以延续她的生命。她不惧怕死亡，但是莫名其妙地认为接受放疗就完全失去了自我，放疗的结果可能就是在生命的最后经受更大的痛苦。我们就此谈了很长时间，一次又一次地劝她接受放疗，最终还是需要她自己做出决定。但是另一方面，现在的情况有些让人摸不着头脑。她一直都说："我知道自己的想法不对。"她让两位医生以最好的方式做最坏的打算，却只是因为他们更愿意那么做。

为了减轻焦虑，每天晚上睡前她都听歌手博诺的歌。博诺在一次奈特捷的活动中认识了沃伦，后来和苏茜成为好朋友。现在苏珊睡觉的时候就听着 U2 乐队的《神采飞扬》，伴着《我只要你》的歌声入睡。

我们不要承诺
今生今世
我只要你……

在奈特捷的活动中，博诺第一次和沃伦说话，只是问他可不可以和自己聊一刻钟。

我不知道博诺要说什么。他问了我几个问题，不知为什么我们非常投缘。我给他提出一条建议，他非常喜欢，说："真是动人的旋律！""简直难以置信，一刻钟就创造出四首旋律。"……我喜欢音乐，但是 U2 的音乐确实没有让我着迷。我感兴趣的是博诺在 U2 的四个成员中公平分配收入的本领。

赚钱多能让一个人显得魅力十足、风趣幽默而又智慧超群，巴菲特很多时候对此能保持足够的理性。然而，他还是不断感受到惊喜，因为不管什么类型的名人都认识自己。无论他如何努力想冷静对待，当博诺把他当作一位智者时，他都比一般人把他当名人时更感到荣幸。博诺在美国腹地巡演期间来到奥马哈，和巴菲特取得联系，认识了苏茜。苏茜从内心深处还是一个热爱摇滚的女孩子，同样也着迷于这位歌手对她的吹捧和热情。这位全世界最大的摇滚乐队的热心领袖，以一种浪漫而新潮的高贵气质吸引了苏茜和她的母亲，U2的音乐表现出一种对爱与和平的精神向往。他们的使命——“索取越多、感动越少、付出才有回报”——完全与苏茜和苏珊的观点吻合。他邀请苏茜加入他的慈善组织DATA（非洲的债务、艾滋病和贸易改革）的董事会。他也给苏茜的孩子们留下了深刻的印象。

他和我的外孙们——苏茜的孩子，埃米莉和迈克尔——都非常投缘。他和埃米莉一起聊天，对她产生了巨大的影响。

第二年夏天，博诺安排埃米莉到DATA实习。但是，苏珊却一直没有见外孙女的这位摇滚明星老板。她似乎觉得自己已经完成了在这个世界上的个人使命。“我为什么不能余生就躺在床上呢，”她说，“外孙们可以出去打拼，那样很不错。”开玩笑呢吧？苏茜心想。不能这样。“您必须起来！”她告诉母亲，“您不能这样一直躺在床上！您应该接受放疗，一定会好起来的，您还可以继续到各国旅游。”苏珊一脸吃惊地问道：“你真的这么想吗？”[1]

后来苏珊终于决定接受放疗，定做了一个特制的面具，放疗科医生用来罩在她的脸上，保证放疗的安全。巴菲特也开始了解妻子进行放射治疗的一些相关细节。

我对放疗科医生的工作非常着迷，医生设计面具，确定攻角大小。她在电脑上给我说明每个角的受力状况、舌头和声带的位置。

苏珊的一些朋友认为她可能是为了照顾别人的情绪才同意接受放疗，完全不是自己的意愿。无论如何，她同意接受33次放疗，一周5次，周末休息，从12月中旬开始治疗。医生们强调连续放疗的重要性，却依然选择在周末不进行治疗，巴菲特对此百思不得其解，他认为这是医生们为了自己方便而选择的做法，非常担心这样的治疗方案会影响妻子的康复。

苏珊第一次放疗一周后，巴菲特飞到布法罗宣布公司将在布法罗附近投资4 000万美元成立GEICO维修中心，以适应业务快速发展之需，并且与纽约州州长乔治·帕塔基共同召开记者招待会。新成立的维修中心可以为纽约州增加2 000多个工作岗位，部分挽回过去三年中布法罗-尼亚加拉地区减少的17 700个职位。[2]巴菲特是布法罗城卡内基式的人物，布法罗城被称为“智慧而友好之城”。

之后，他返回旧金山过圣诞节，圣诞节在苏珊放疗开始的第二周。20世纪70年代以来，苏珊第一次没有与儿女们和孙子们一起过圣诞节。但是，她还是希望全家人聚在一起，因此其他人都在奥马哈苏茜的家里度过圣诞节，沃伦和苏珊两人在旧金山度过。

作为圣诞节的礼物，沃伦和苏珊送给每个孩子600股伯克希尔-哈撒韦的股票，用来资助他们的基金会——一个惊喜，大家都非常高兴。[3]目前，豪伊把自己的大部分资金用于野生动物保护和环保事业。苏茜资助奥马哈当地的教育和地方事业，彼得资助环保事业、土著人和威斯康星州的地方事业。[4]考虑到将来，知道孩子们有一天可以捐出更多资金，为人父母的他们就决定通过这样一份厚礼来教育孩子们更加热爱慈善事业。在沃伦或苏珊去世后两年之内，会有300亿美元、400亿美元、500亿美元或者更多资金——根据届时伯克希尔-哈撒韦的股票价格确定——流向基金会。随后不久，根据法律要求，基金会需要每年捐出5%。巴菲特不信任永久基金会将资金委托给未来一代代理事会任其处理的做法。但是，巴菲特基金会只有寥寥几名员工，每年捐出10亿美元都忙不过来。[5]沃伦就这一问题考虑了很多，他认为苏珊可以选择的一个办法就是将巴菲特基金会的部分资金转到盖茨基金会。比尔和梅琳达·盖茨基金会自2000年成立以来已经发展为拥有数十亿美元资金的慈善机构。盖茨说全球有42亿人每天的收入不到两美元，占全球人口的极大比例。而他们的生命价值和美国人一样平等，这些人就生活在现在，而不是遥远的将来。

比尔·盖茨是最适合处理基金会工作的人选。他和梅琳达挽救了许多人的生命，他们用钱挽救的生命比别人都多。他们在基金会的工作非常辛苦。他的创意极其出色，他每年要读大量的慈善信息和医疗保健信息。再没有比他俩更出色的基金会管理人员了。他们完成了惊人的工作，他们考虑问题全面而周到，他们的价值观无可挑剔，他们的逻辑完全合理。

沃伦现在还是认为可以由苏珊来决定这一切。

苏珊掌握所有的钱。她全面负责一切。我的遗嘱将交给她处理，她的遗嘱将交给我处理。

完全没有必要留下复杂的文件说明，不需要那么做。现在，如果她愿意，可以将巴菲特基金会的全部资金都交给孩子们的基金会，她是自由的。苏珊不在乎她持有伯克希尔-哈撒韦的一股股票还是10万股，[6]她可能会全部投入基金会，一股都不卖出。在最初的一两年中，在其他方面做一些提升工作的同时，如果基金会的运作和盖茨基金会相符，那么每年捐出20亿美元，而不是10亿美元，也完全可以。我不必独占基金会，完全愿意让别人做伯克希尔-哈撒韦的所有工作。但是巴菲特基金会可能并不认同这样的做法，这样似乎缺乏创意和想象力，尽管理论上是完全合理的。现在，移交基金会的做法是人们不愿看到的，他们通常都会反对那样做，但是那并非疯狂偏执的做法。

盖茨已经有了恰当的做法，如果我们把钱交给他，后投入的钱可以和先投入的钱一样得到合理的应用，最后一分钱和第一分钱一样不会被乱花。把钱交给其他基金会的做法不是基金会愿意做的事情，但是模仿正确的做法不是什么错误。

在巴菲特基金会发展的同时，将一部分资金转到盖茨基金会是完全合理的。在当前，完全不合理的是在没有备选计划的情况下，沃伦依然认为可以由苏珊来决定和打理这一切，而不是他自己或者女儿，尽管备选计划可能已经在酝酿中了。

圣诞期间，苏珊又开始表示不想继续接受放疗。她发话表示要中断治疗。巴菲特又开始苦口婆心地劝她，既然已经开始治疗了，停下来就前功尽弃了。然而，不论苏珊做出怎样的决定，放疗还是中断了两次——圣诞节和新年。沃伦非常愤怒："他们在周末和假期照常休息，让我觉得不安。她已经接受了8次放疗，好像时间都安排得不太合理。医生们都和我说过，一周最多只能有4天中断治疗。"

苏珊还是没有精力与前来探望的朋友见面。手术后，两个儿子都一直没有见到母亲，只是豪伊和妻子德文、儿子豪伊·B到旧金山住了几天。他只与苏珊"见了一面"。但是，其他人还是不能来看望苏珊。

和其他来探望的朋友见面对她的精力是一种损耗。坦白地讲，有许多人非常渴望前来看望她。对一些人而言，她就是他们的精神支柱，但见到他们只会让苏珊筋疲力尽，因为她会不由自主地担当别人的心理医生、专家或者别的什么。我在那儿的时候她有一种安全感，但是她知道如果开始和其他人见面，他们一定会分散她的精力。我和苏茜在身边的时候她不会有那样的感觉。但是就连我妹妹或她最好的朋友贝拉来看她，她都会不由自主地进入一种习惯角色：她付出，别人得到。

苏茜特意告诉陪在母亲身边的几个人，一定要在母亲面前保持乐观的情绪。有一些事情母亲并不知道，而且不能让她知道。苏茜一直监视着通过传真机进来的信息，不让母亲靠近传真机。苏珊不知道拉里·蒂施因癌症去世，也不知道比尔·鲁安打电话告诉沃伦他已确诊患有肺癌一事。

鲁安在纪念斯隆–凯特琳癌症中心进行化疗，苏珊曾经在那里做复查。一提到鲁安的名字，沃伦就满眼泪花。鲁安和苏珊的病情给他带来极大的压力，前一段时间他就放弃了每天摄入 1 000 卡路里的节食方案。

> 两周来，苏珊的体重一直非常稳定。我们坚持记录她的体重变化。我吃巧克力圣代的时候，她也吃一点儿。这样的饮食容易让我发胖，然而却对她有好处。我胖了许多，而她保持稳定的体重。让我放心的是她不会患有厌食症。

新年前夜，南希·芒格准备为查理举办大型生日晚会。巴菲特飞到洛杉矶庆祝。他确实需要放松一下，尽管独自一人参加聚会让他觉得不自在，就像只身一人去参加巴菲特集团的会议一样。

他定做了一个超大型的本杰明·富兰克林纸板像，准备在聚会的小品节目中使用，嘲笑芒格对富兰克林的迷恋。巴菲特只能提前把纸板像托运到加州。尽管他不清楚可否按时到达洛杉矶（事实上确实按时到了），还是决定登台表演一番，包括演唱《查理是我的超级朋友》这首歌。

生日庆祝的最后是芒格发言。他首先送给来宾几条人生忠告，重复讲述了最近在各种典礼和其他讲座中面对不同的听众提出的忠告。查理的朋友、亲戚和巴菲特集团的成员都有这些演讲的内容实录，而且这些内容都已收录到《穷查理宝典》。[7] 芒格最喜欢的一种演讲方式可以借用卡尔·雅各比的“反过来，一直反过来”这句话概括。把一个事情或一个问题完全倒过来看，往回看。换了别人会怎么样？如果我们的计划全部失误会是什么情况？我们不希望去哪里？你怎么到的那里？不是历数成功，而是历数失败的情形——懒惰、妒忌、抱怨、自怜、权力欲、自甘落后的心理状态。避开这些缺点就可以成功。让我知道自己会在哪里死去，那么，我就不去那里。

芒格津津乐道的又一观点就是鄙视所有学科——生物学、物理学、经济学、心理学等——长期形成的一种特定模式，不分青红皂白地进行应用，仿佛戴着眼罩一般。他提倡“多学科模式分析”，避免落入人们常说的“拿锤综合征”——以不变应万变，把所有事情都看作钉子。芒格综合各种模式，将其发展为生活中的得力工具。忠实的崇拜者都非常喜欢他将难解的问题分开处理的风格——逐一解开戈尔迪之结，通常以一种无以言表的方式。崇拜他的人认为他的方法具有启发性，有人甚至认为芒格的才华不为人知是因为巴菲特总是站在台前。然而近年来芒格开始大力宣传自己的观点，他总是提出大量不为人知的事例。现在，他着迷于英格兰的非专业管理系统，认为可以恰当规范道德行为，在生日演讲中他从各方面广泛分析了那套系统。芒格在生日聚会的发言中偏离主题的部分只是对妻子的几句夸赞，夸赞她拥有诸多美德，而后就是向人们讲述成功和幸福的生活模式，提出各种不同的建议。他似乎认为他（和巴菲特）现在只是站在高处而已。他强调他们的成功是因为各自具有独立的人格，而且还说别人——包括他的和巴菲特的孩子们——模仿他们两个都不是明智之举。

站在巴菲特一旁的南希·芒格悄声说：“我怎么才能让他停下来啊？”

查理开始收尾。“最后，”他说，“我要说自己就是《天路历程》中年迈的真理剑客，‘我的剑留给有资格持有之人’。”好家伙，巴菲特集团的一些人心里这么念叨着。

最后南希走到台上，搀扶着查理慢慢离开。

巴菲特参加完查理的生日聚会就直接回到旧金山陪苏珊，那时候放疗已经进行了12次。放疗安排激发了他保护苏珊的本能。

> 还有四周半的治疗时间。马丁·路德·金纪念日在1月。那帮放疗科医生——我说的是真的，他们每一个假期都照例休息。但是，无论如何，我还是可以说目前来讲一切都好。医生们说这一周开始她会更加痛苦，但是目前还没有出现这种状态。她喝一种自己称为"机油"的东西，是用来保护嗓子的。

但是，苏珊大部分时间都在床上躺着。"她几乎都不起来，或者睡觉，或者想着要入睡，或者睡醒躺在床上，一天24小时中我有17个小时左右不停地说话。我们约定，无论如何——要坚持每天散步走六七个街区的距离。其余的时间我就一直轻轻地搂着她。"

过去一直习惯于接受别人照顾的巴菲特开始学习照顾别人了。现在不是妻子照顾他，而是他照顾妻子。当然，巴菲特没有完全变成另外一个人，但是在价值体现方面——忠诚、影响力——他似乎以一种自己的方式，学习了苏珊的许多优点。

60

冰可乐

奥马哈，特拉华州韦尔明顿　2004 年春

放疗结束的时候，苏珊嘴里火烧火燎，连续几天不能进食。医生又开始采用鼻饲管，她的嗓子堵着一块干厚的黏液。大部分时间她都在睡觉，但是每天都和女儿或科尔在萨克拉门托街散步，走几个街区的距离。旧金山的春天悄然而至，苏珊却依然裹着外套，戴着手套、围巾和耳罩保暖。

她不喜欢孤独。“我醒着的时候，你就不能坐在旁边的睡椅上翻翻杂志吗？”她和苏茜讲。接着她在纸上潦草地写下“WHT”，这是她父亲姓名的缩写，似乎暗指在孤独时就会焦虑的家族特点。

护士、科尔、女儿和约翰 · 麦凯布轮流照顾苏珊。约翰 · 麦凯布以前是苏珊的网球教练，搬到旧金山以来一直照顾苏珊，所以能够做到百分之百对她“付出”，而不会让她不由自主地“付出”。然而，其他人还是可能让她不由自主地“付出”，令她筋疲力尽。[1]周末，沃伦在的时候，就和苏珊一起坐在电视间看老片《欢乐一家亲》，有时候他穿着睡衣在房间走来走去，看看报纸。苏珊喜欢让他待在自己身

边，他让她感到安全——但是几十年来，她“付出”、他“得到”的习惯不会一时间荡然无存。有时候，苏珊因放疗极度痛苦，就连沃伦都不能接近她。但是，他一直都在努力以一种前所未有的方式关心着全家人的日常生活。为了让女儿从日复一日的照顾母亲的操劳中休息一下，从公寓走出去透透气，沃伦就带女儿到约翰尼·罗基餐厅吃汉堡。其他时间他和沙伦在一起。

他完全了解苏珊放射治疗的细节。“她的味蕾没有完全消失。我和放疗科医生谈了这一点，他们说可能舌头的局部没有因放疗而损伤，因而保全了大量味蕾。”

沃伦·巴菲特向来不愿提及“感冒”一词，总是用“不舒服”来表达生病之意；一提到健康问题就不自然地转移话题，承认自己不懂许多基本的解剖学常识——现在居然开始用“放疗科医生”这样的专业词汇，并为了妻子的健康开始了解一些医学知识了。

但是，在他对苏珊的身体恢复越来越乐观的时候，自己却变得烦躁而空虚。2004年的商业活动开始让他奔走于各地，繁忙中还要每个周末到旧金山看望苏珊。不同于2003年带着荣耀的频繁差旅，这一年似乎是完全不同的一年。而且，就在2004年初，他又失去了长期以来的支柱力量。沙伦·奥斯伯格和他的妹妹伯蒂一起去南极洲了，他们要很久之后才会回来。在南极洲穿越冰河的船上，沙伦只能偶尔发封电子邮件和沃伦保持联系。巴菲特的大部分时间都在起草致股东的信，不时通过邮件和卡罗尔·卢米斯沟通，同时在美国公司做培训，是义务的资深咨询人士，已然是一位商界元老。巴菲特一直坚持这样的观点：贪婪是长期战略，并非权宜之计。人们拥护他是因为人们喜欢他凡事直击要害的作风，相信他所做的判断。尽管拥有巨额财富，超越了自己最狂野的梦想，他还是不错过可以赚更多钱、可以更快地赚钱的每一个机会。这让他拥有各种权威力量，也赢得人们的广泛尊敬。他不像许多商人一样让人敬畏，而是让人崇拜。

著名人物都到奥马哈朝拜这位商界元老，或者在各种活动中找到他，要求通过他的影响力得到帮助。体育明星迈克尔·乔丹、勒布罗恩·詹姆斯、小卡尔·里平肯和亚历克斯·罗德里格斯都向他征求意见。比尔·克林顿都利用午餐时间就自己新设立的慈善组织募集资金的问题向沃伦咨询。巴菲特和迈克·布隆伯格也是好朋友，与约翰·麦凯恩关系融洽，与老布什一家和其他共和党人，如克里斯·谢伊思的关系都很好。他支持参议员约翰·克里参加总统竞选，而克里却不是候选人，不同于支持施瓦辛格出任加州州长的竞选——施瓦辛格确实是候选人，巴菲特发现自己在支持一位没有吸引力的受人尊敬的参议员。

克里平淡无奇的竞选活动表明，巴菲特在2004年的工作完全没有局限于商业活动。许多首席执行官，如通用电气的杰弗里·伊梅尔特、富士施乐的安妮·马尔卡希和J. P. 摩根的杰米·戴蒙都来到奥马哈向巴菲特请教。[2]网络搜索公司谷歌同年夏天上市，两位合伙人谢尔盖·布林和拉里·佩奇也亲自拜访，他们非常佩服他为股东写信的做法。去年秋天，玛莎·斯图尔特因涉嫌欺骗政府、内线交易被起诉——但没有遭到指控，之后她和公司的首席执行官沙伦·帕特里克一起到奥马哈拜访巴菲特。巴菲特请斯图尔特和帕特里克一起吃了午餐，但是没能解决斯图尔特面临的法律问题。

白领诈骗案的起诉条件快速完善，部分原因是白领诈骗案越来越多。纽约总检察长埃利奥特·斯皮策一直无情地治理商业腐败和华尔街存在的腐败现象，现在他带领美国证券交易委员会和司法部开展两人三足赛跑，看看哪一方的起诉更加狂热激情。其他人都拼命地与斯皮策的步调保持一致，他们的控告最后都整合为一个综合案件受理。事实证明，斯皮策的超级创新能力表现在应用互联网新型电子工具——尤其是电子邮件、将媒体作为超级武器和掌握神秘的纽约法令方面，通过《马丁法案》，他得到了无限的权力，只按照他个人的（其实并不存在的）观点进行起诉判决。

斯皮策利用这些工具迫使两位著名的首席执行官辞职——巴菲特的商业合作伙伴汉克·格林伯格（AIG的前任首席执行官）和他的儿子杰弗里·格林伯格（马什麦克里安保险公司的前任首席执行官）。美国公司笼罩在一片恐惧之中。斯皮策非常成功地操纵着媒体，当时流行的一个讽刺笑话就是他为政府节省了大笔起诉和审判费用。过去十分尊敬白领犯人的审判团现在像对待其他犯人一样天天送他们进监狱；在新的强制判刑程序出台后，法官开始对他们进行严肃判决。一些蓄意的破坏确实应该严肃处理。贪婪、傲慢、缺乏执行力这些行为过去从未被列入法律制裁的范围。就在股票期权和互联网泡沫以极快的速度充实高级经理人的钱包之时，人们提出了强烈的反抗。和其他美国公司的人一样，巴菲特还没有完全适应这种新环境，他的观念还是原始的：按照前美国证券交易委员会执法主管斯坦利·斯波金和美国律师办公室的奥托·奥伯迈克的谨慎检举标准来定义的。在所罗门公司的案例中，保罗·莫泽尔只在监狱度过了4个月，因古特弗罗因德没有及时汇报他的罪状，结果险些导致整个金融体系的下滑。伯克希尔–哈撒韦自身发生的一系列问题最终让他改变了观点。

巴菲特总是亲自到机场迎接前来拜访的客人，直接到他的办公室，一路上会让客人坐立不安（如果他们根本没有引起他的注意）。他会花几个小时听客人讲述自己的问题，提出一些建议，接着请他们在Gorat's牛排店吃牛排和土豆饼。他告诉人们在年度报告中要言辞直率，付给员工的薪资要和股东的分红看齐，不要根据华尔街分析师的建议经营公司，处理问题要及时，不要有财务欺诈的行为，选择优秀的员工退休金计划规划人员。有时候人们会问如何管理他们自己的资金，他就提出一些基本观点，但从不涉及股票投资方面的技巧。

对那些坚持认为审查首席执行官的生活毫无意义的人，巴菲特就以一种作为首席执行官可以理解的方式讲述“98层”的道理。站在高处必须客观地审视别人。那么，如果他们不慎职位降低或者损失钱财该怎么办呢？他们还有亲人，还有健康的身体，还有机会为人类做一些有意义的事情，所以应该努力珍惜自己拥有的幸福，而不是从此带着诅咒生活。

> 很显然，如果我们从一座大厦的1层走到100层，再返回98层，此时看到风景就没有开始的时候从1层走到2层可以看到更多风景那样让人高兴。但是我们也必须摆脱那种想法，毕竟还是在高高的98层。

很多时候他认为自己在高高的100层。然而，2004年春显然是退回98层的一段时光。苏珊接受放疗的那段日子让他在等待中失去耐心，春天结束的时候她终于可以进行核磁共振检查，确认放疗是否杀死了所有的癌细胞。生意也存在诸多问题：巴菲特认为在给公司带来更多活力方面、进行新一轮并购以及股票投资方面，他已经“黔驴技穷”。伯克希尔-哈撒韦当时有大约400亿美元现金或约当现金，这不是“乐观的情形”。[3]

伯克希尔-哈撒韦旗下的大多数公司都运作良好——就连一直问题频出的通用再保险公司也彻底扭转败局，从2003年开始赢利。但是GEICO又卷入了一场艰难的价格战，与头号对手进取公司争抢客户。GEICO在1999年推出一段广告，塑造了颇受欢迎的新形象：GEICO壁虎。但是GEICO的网页设计落后于进取公司，在进取公司的网站上，客户可以边比较边购买。10年来巴菲特一直在考虑互联网和汽车保险的事情，他在华盛顿GEICO总部参加会议的时候，一次又一次地提到这样一句话："制胜的关键是互联网。"他迫不及待地期待互联网发展的高潮。伯克希尔董事会新增加了一位成员——前微软公司高管夏洛特·盖曼，她是董事会的第一位女性，她的加入使董事会的平均年龄实现了年轻化。然而，巴菲特说他不是为了平衡年龄结构而选择董事会成员。他希望董事会成员"有主人翁精神，有商业头脑，关心公司发展而又真正具有独立精神"。[4] 目前，巴菲特派沙伦·奥斯伯格和盖曼一起到华盛顿，帮助 GEICO 公司加速网站改良。"我对 GEICO 有信心。"他说，同时不忘强调：制胜的关键是互联网——最近习惯使用的口头禅。

巴菲特对 GEICO 投入的精力最多，仅仅是因为热爱 GEICO。他非常赞赏托尼·奈斯利和联合首席执行官卢·辛普森，在致股东的信中第一次夸耀他们的投资纪录。过去 25 年中，辛普森实现了年复利回报率 20.3% 的水平，每年都高于市场平均水平 6.8 个百分点。他选择购买的股票不同于巴菲特，但方法是相同的，他的投资业绩几乎与巴菲特本人的业绩相当。显然正因如此，巴菲特才授予他更多自主权、支付丰厚的薪水。辛普森完全有资格成为"格雷厄姆—多德都市的超级投资者"。然而，竞争越来越激烈，我们必须承认超级投资者的工作也越来越难做。

尽管如此，寻找新的投资完全不及伯克希尔寻找新人的工作辛苦。可口可乐又一次陷入梦魇。戈伊苏埃塔去世后，可口可乐公司的业绩逐季逐月不断下滑。会计操纵如影随形地出现在可口可乐的收入报表中，股价已经从 80 美元下跌到 50 美元。按比例来讲，可口可乐目前在 60 层上下徘徊。

道格·达夫特反复无常、诡计多端的特点尽人皆知，他上任后一些资深的管理人员选择了辞职离开。[5] 他不断模仿笨拙的广告，为 4 款主要的可乐产品精心设计所谓的推广妙计，结果却收效平平。[6]2000年，可口可乐并购桂格燕麦未果，而百事可乐并购佳得乐取得巨大成功。后来，有内部人士举报可口可乐为了吸引长期客户汉堡王，对一种名为冰可乐的饮料的营销测试结果进行了舞弊操纵。举报人还透露可口可乐财务欺诈，美国证券交易委员会、联邦调查局和美国律师办公室纷纷开始调查。公司的股价下跌到43美元。巴菲特对这些问题背后隐藏的"控制收入"的做法忍无可忍，华尔街的分析师对某家公司收入的预测诱使经理人为了"实现数字目标"而进行暗中操纵，以此达到或超过"舆论"期望、取悦投资者。大多数公司都努力达到甚或超越华尔街的预期，不会单纯地如实报告收入状况，就连每股一分钱的下跌都仿佛会使这些公司出问题，继而就是股票价格急转直下。因此，公司管理者声称他们"必须"控制收入，尽管他们知道这种做法是错误的，就像自己往火坑里跳那样。但是"控制收入"其实是一种庞氏骗局，长期下去，欺诈的雪球越滚越大，结果就会酿成盗窃罪。

> 考虑到控制收入给人们带来的不良影响，我就恨之入骨。控制收入的做法其实就是小不改酿大错。就像从收银机里偷走5美元，对自己说我一定会还回去的。但你肯定不会还回去，而且下一次就会偷10美元。一旦开始这么做，就会吸引更多人，形成一个熟悉此道的团伙，人们偷窃的手段越来越高明，越来越娴熟，越偷越多。在控制收入的做法暴露后，我就开始讲这样的道理，我告诉人们："现在就除去我们心头的不快吧，不必配合分析师做什么预言。我们就坦率报告每年的收入，管它是多是少。"[7]

巴菲特希望退出。在人们问及最严重的错误选择之时，他不再历数自己的"疏忽罪"，而是说"参与董事会的工作"。他厌倦了这种束缚手脚的生活。可口可乐改变了公司政策，以前要求董事会成员在

74 岁退出，现在都不要求到那个年纪的董事会成员递交辞呈。离开可口可乐公司的董事会，意味着一生热衷于董事会工作的他光荣卸任了。但是所罗门公司的救星此刻对一家陷于困境的公司故意怠慢犹如在股市中亮出利刃。“我不愿意继续留在董事会了，只是不忍扔下其他几个董事会的同事处理可口可乐的棘手问题。”巴菲特说。当然他递交的辞呈还是被拒绝了。外界将此看作朋党成员为了继续安逸的日子而进行的一场权力较量。巴菲特不知道还有多少痛苦在等待着他。

股东签署的委托书将巴菲特的名字列入候选董事名单后，机构股东服务公司就告诉客户不要投票选举巴菲特。机构股东服务公司是一个强有力的机构，代表机构投资者决定股东投票、进行投票代理工作。机构股东服务公司声称巴菲特作为审计委员会成员所拥有的自主权可能会受到这样的一个事实影响——那就是 Dairy Queen 和麦莱恩公司等伯克希尔-哈撒韦旗下的公司购买的可口可乐产品达 1.02 亿美元。一旦利益冲突的丑闻动摇了各类机构（包括从教堂到军队、政府、商业领域和非营利组织）的信心，利益冲突方面的控告和管理方面的问题就会升级。可口可乐董事会的朋党成员就会受到其他方面的攻击，但是机构股东服务公司在处理利益冲突方面缺乏轻重缓急之分。而且当时处理业务也没有轻重缓急之分（公平地讲，业内许多人士都拿着高于自己能力的工资）——无论如何都是失衡。伯克希尔-哈撒韦购买的可口可乐产品相对于公司拥有的可口可乐股票来讲只是小巫见大巫。伯克希尔-哈撒韦拥有的可口可乐股票数额巨大，作为可口可乐审计委员会成员和董事会成员，他如何进行折中呢？[8]

然而，机构股东服务公司的规则建立在许多条款基础之上，不会根据实际情况进行回旋。强大的加利福尼亚州公共雇员养老基金 CalPERS，也决定不支持一半数量的可口可乐董事会成员，其中包括巴菲特，因为巴菲特任职的审计委员会同意审计做一些非审计工作。[9] CalPERS 在审计委员会占有重要位置，这么做就是高射炮打蚊子。

巴菲特当众讲了自己高射炮打蚊子的笑话，说他买通 CalPERS 和机构股东服务公司集体投票反对他，希望借此退出可口可乐的董事会。但实际上他这么说简直就是疯了，特别是对机构股东服务公司。他明显表示伯克希尔–哈撒韦拥有的几十亿美元可口可乐股票完全胜过伯克希尔–哈撒韦购买的可口可乐产品。

> 如果我是街上的醉汉，他们提及的这些数目确实巨大，但是我拥有可口可乐 8% 的股份，我们有更多钱投在可口可乐。我怎么可能在持有这么多可口可乐股票的时候不支持可口可乐而支持 Dairy Queen 呢？

赫伯特 · 艾伦在《华尔街日报》发表了一段感人的文字，引用了萨勒姆女巫受审案中的话，说当时的情况就是“愚笨的人们指控富有智慧和天赋的人们，说他们就是施魔法的女巫，并处死他们……现在机构股东服务公司的妖怪也那么讲，没有人知道沃伦才是真正的‘女巫’”。[10]

在问及董事会成员的时候，他们一致认为巴菲特是他们理想的董事。“我们愿意给巴菲特洗车，只要他留在董事会……世界上没有人不愿意让他留在董事会……CalPERS 管理者的行动表明他们在治理公司方面的极端愚笨……就像 NFL（国家橄榄球联盟）的教练非要选择乙级队员中不知名的四分卫，而放弃选择超级杯队员中的四分卫那样……如果作为股东你面临着选择沃伦 · 巴菲特是否留在董事会，你一定希望他留下来。”[11]《金融时报》将机构股东服务公司比作治理公司的达斯·维德[a]，举例说明机构股东服务公司采用“限定的教条”。[12]CalPERS 和机构股东服务公司溅了自己一身污水，狼狈不堪。“一帮丑恶而喜欢自我推销的平民主义者，”一位退休的首席执行官在调查中这样说，“你们怎么会认为自己可以投票反对他参加董事会呢？怎么会认为那样做是讨好股东的做法呢？多么荒唐！”[13]

为了改革审计委员会而将巴菲特逐出董事会的做法犹如病人避医一般。可口可乐董事会需要的是更多的巴菲特，而不是相反。机构股东服务公司的人做出的反应居然是他们没有让人们投票反对巴菲特，而是“不同意”投票支持他，只是因为他在审计委员会任职。[14]但是，不管怎么变换说法，不管可以摆出什么理由，不同意投票就是不投票支持巴菲特。即便机构股东服务公司浑身是嘴，也无法再让人信服。

重要的问题是机构股东服务公司不仅仅是提出建议，因为许多投资者委托其进行投票，所以机构股东服务公司更像一个权力非凡的股东，控制着美国各大公司董事会20%的投票权。证券法都没有预料到不受管制的权威“股东”可以在美国公司中拥有如此强大的权力。然而事实确实如此。

巴菲特对公司董事会的职责有着明确的认识，源自他在董事会的任职经验，以利益一致为基础。

> 我认为公司的主人就要有主人的姿态，而且应该保持独立。这样就可以保证三局两胜。只是人们对于独立的认识或董事会的实际运作没有一点儿概念。列表法是完全不切实际的做法。如果我们在失业名单中随便找一个人，付给他 125 000 美元让他出任可口可乐的董事，那么这个人一定是“独立的”。而且 CalPERS 和机

a. 达斯·维德，电影《星球大战》中的天行者阿纳金，带有悲剧与矛盾色彩的人物，他的两次改变决定了光明与黑暗两股势力的消长。——编者注

构股东服务公司也愿意投票支持他，尽管他的收入完全来自可口可乐。

研究表明董事会的独立性和公司的业绩要么没有关系，要么就是负相关。[15] 但是可口可乐董事会要归罪于机构股东服务公司，既没有证据，也没有道理。"朋党董事"的指控不是没有道理。尽管内部分成几个党派，但是有的混乱，有的有条理；巴菲特承认他本来应该接手更多的工作，努力扭转可口可乐的局面。其实，如果可口可乐一直由他管理，每天只要多开支 6 听樱桃可乐就可能避免一系列灾难。

而现在，一群重量级的人物——还有一些超级名人，都习惯了自己身为管理者的角色——完全不能坐待一位软弱的首席执行官牵着鼻子到处走，他们组成了自己的中心。达夫特接任以来增加了公司的利润、销售和现金流量，还扭转了公司与饮料行业的不良关系，但这一切都不足以完全改变他在公司的形象。2 月，达夫特突然向董事会宣布辞职。

达夫特一直都不受人欢迎，但是他的辞职还是导致可口可乐公司当时已经受损的公众形象进一步恶化。这一次不能再草率安排下一位首席执行官了。一些董事会成员将此看作扭转公司局面的最后机会。与达夫特宣布辞职一样引起争论的就是 77 岁的唐纳德 · 基奥居然加入了董事会。基奥曾一度被人们当作"影子"首席执行官，现在居然出任遴选委员会主席。为了找到一位可口可乐的领导者，他和巴菲特长时间进行电话沟通。

原本打算利用 8 年时间寻找第四任首席执行官的计划突然之间成为迫在眉睫的现实问题。可口可乐总裁史蒂夫 · 海尔一直被认为是十拿九稳的新任首席执行官，但是董事会成员并不支持他，在提出从公司以外选择新任首席执行官后，他出任的可能性就完全没有了。新任首席执行官的挑选工作一遇挫就引起媒体幸灾乐祸的报道。侮辱性的谣言此起彼伏。或许可口可乐会并购另一家公司，或许会转嫁到雀巢旗下。

4月20日，可口可乐股东大会的前一天晚上，巴菲特飞到特拉华州威尔明顿参加董事会议，为接下来为期两天的紧张工作做一些准备。他并不期待看到董事选举的结果，显然他得到支持选票的可能性并不大。

在古老的杜邦大饭店举办的会议落幕后，巴菲特参加了审计委员会的会议，审计委员会依然在接受美国证券交易委员会开展的收入控制调查，一边接受调查，一边自我悔过。[16]

> 如果第一次发现问题没有澄清，接下来就会进退维谷。在放弃一份工作的时候也是如此。我目睹了事情发生的过程。罗伯托是一位优秀的员工，他带领公司做出了卓越的成绩，公司的其他员工也都是体面之人，一点儿都不假。

审计委员会表示这一切一直瞒着他们。巴菲特尽管可以在可口可乐董事会继任一年，但是一样没有什么切实的解决方案，除非可以彻底肃清混乱局面，从此坚决杜绝。他分别和财务委员会、执行委员会的同事碰面，发现董事会存在各种棘手的问题，艰难地熬过了那一晚。

第二天早晨，他一边整理衣服，准备前往董事会，一边考虑这几天的各种会议。运输工人可能早已聚集在酒店前面的路上，蓝色的拖车上挤满学生，他们手里挥着各种标语，“可口可乐扼杀生命、破坏生活、摧毁社区”“杀手可乐、毒药可乐、种族歧视的可口可乐”。但是，透过窗户他没能看到运输工人是否带来了12英尺高的充气老鼠。可口可乐的股东大会演变成一次在激进分子中树立品牌形象的宣传活动。

接着酒店客房的电话响了。他拿起话筒，电话那边居然是他完全不曾想到的人——杰西·杰克逊。杰克逊只是说自己希望表达他对巴菲特的崇拜。他们谈了一两分钟就挂了电话，没有谈什么实质内容。真奇怪，巴菲特心想。其实，这是可口可乐股东大会压倒所有股东大会的第一征兆。

楼下，大堂聚集的抗议人群的人数超过了股东。制瓶工人组成的工会在到处散发保险杠贴纸，抗议公司从墨西哥采购瓶子。[17]抗议人群散发传单，指责可口可乐勾结哥伦比亚的准军事集团刺杀劳工领袖。大学生在校园里抵制可口可乐。巴菲特大步穿过大堂来到会议厅门口，经过身份确认，和其他董事一道走进会议厅，在前排就座。其他参会人员一一领取资料，接受安检，他们把手机、照相机、摄像机都按要求放在一边，所有的行李都经过金属探测器检查。在装修豪华并配有水晶吊灯的大厅接受安检让人觉得这儿就像前殖民时代经历了太多独裁统治的前哨基地，政府大楼严肃而拥挤。人们此行似乎来到了一个沉寂而危险的地方。可口可乐在大堂周围摆放着几类小册子，宣传公司的社区项目；在会议厅入口处摆放着供人们免费拿取的冰镇可乐和Dasani瓶装水。大家肩并肩、挺直腰背纷纷就座，股东们准备经历这次长达两小时的、现代年会式的卡夫卡小说之旅。

道格·达夫特在台上做了简单的开场白，讲台位于两张长方形的、铺着白色桌布的桌子中间，那两张桌子后面坐着公司的各位经理。他问大家是否需要就董事选举一事进行讨论。此时雷·罗杰斯站起来，冲着在过道工作的临时工作人员大喊，要求把麦克风递给他，巴菲特和在座的各位都转身盯着这位激动的总裁。雷·罗杰斯是形象广告公司的总裁，公司主要由从事工会工作、倡导就业的人员组成。罗杰斯大声说他不支持投票，"除非董事会纠正目前存在的大量严重错误"。他说，可口可乐"普遍存在践踏人权、道德败坏、腐败堕落、阴谋勾结，包括谋杀和虐待的情况"。"达夫特是个撒谎精，"他声嘶力竭地喊叫，公司的领导层“无节制地贪婪”，通过“大量破坏社区”赚钱，最终要成为美国社会“遭人唾弃的贱民”。在达夫特站出来以“代课教师”[a] 的身份控制会议的时候，罗杰斯继续大喊，匆匆翻阅着厚厚的一沓纸。达夫特告诉他发言时间到了，要他终止演讲，但他还是继续不停地说着。最后6位保安一起上阵才把他制止住，带到台下。大家无比惊讶，达夫特在一旁无助地站着，竭力恢复秩序，请求保安“小心，小心，轻一点啊”。后来他在一位同事耳边小声说：“我们不应该那么做。”[18]

在强行带走罗杰斯后，会场陷入极度安静之中。薇姬·伯坎普修女接着发言。她的演讲内容非常简短，涉及艾滋病问题，要求可口可乐公司的管理层告知股东，艾滋病在全国流行对可口可乐业务产生的影响。艾滋病与可口可乐公司的业务没有什么关系，所以管理层同意支持她的提议。而后，股东们提出管理方面需要进行大量调整，建议投票确定下一届董事会成员。

最后，董事选举结果公布。这是让巴菲特忐忑不安的时刻。“其他被提名的董事都得到96%的支持票，”首席法律顾问说，“而巴菲特先生只得到84%的支持票。”[19]

在公开选举中成为可口可乐董事会最不受欢迎的董事是一种耻辱。此前还没有哪个股东大会拒绝过他。虽然CalPERS和机构股东服务公司有16%的投票反对他，而机构投资者通过多数投票压倒CalPERS和机构股东服务公司来拥护他，但这也不是什么胜利。巴菲特从来没有像现在这样后悔自己参加了董事会的工作。然而，几乎没有时间让他考虑这些不快，达夫特拿起麦克风宣布股东提问开始，牧师杰西·杰

a. 达夫特此时已提出辞去首席执行官一职，故此处戏称为“代课教师”。——译者注

克逊很快站起来发言。

“达夫特先生，各位董事，”他开始滔滔不绝，“虽然说开始的时候……有许多人不同意第一个人做出评论……他被强制离开……但这也是对公司尊严……的一种……损害。这是……反应过度……是……滥用权力……我……希望知道”，杰克逊委婉地问，首席执行官“候选名单中是否有黑人”。而此时，大学生在校园里抵制可口可乐、指控公司在哥伦比亚杀害工会领袖的运动似乎也沉寂了。达夫特迫不及待地想要结束这次可口可乐公司历史上最糟糕的股东大会，董事会发誓股东大会再也不能出现像这次一样的首席执行官无法控制局面的情形。

股东大会狼狈结束后，寻找新任首席执行官的工作迫在眉睫。内部候选人史蒂夫·海尔在上一次董事会议中被取消接任资格，现在他开始阻止公司在喜达屋酒店取得其他商业利益，而且要求一笔无中生有的巨额解雇费，这一切再度让可口可乐窘迫难堪。最后，董事会推举他们一直考虑的另一位候选人——60岁的内维尔·伊斯戴尔，几年前艾华士把他晾在一边后他选择了退休。伊斯戴尔是在南非长大的一位身材高大、魅力十足的爱尔兰人，在董事会非常受人欢迎。然而，目前为止，可口可乐还是没有什么让人欣慰的成就。“又选择了年纪大的人任职，”人们这样反应，“他们又聘请了一位达夫特。”[20]人们认为伊斯戴尔就是董事会下一个要驱逐出局的人物，董事会因嫌恶欺诈、反复无常而臭名昭著。

然而，董事会依然是谨慎从事的董事会，仿佛还是戈伊苏埃塔在位的时代。就是戈伊苏埃塔的早逝引起了董事会局面的混乱，而董事会成员大多数还是戈伊苏埃塔领导时期已经就任的成员，现在董事会成员分裂为两派。经过6年过渡，几位董事掌控了公司的发展大权。同时，公司错过了消费趋势，做出了一些错误的战略性决策。要加速发展、解决公司存在的问题，可口可乐需要一位果断而强硬的首席执行官，可以理顺内部纠纷，在缺乏强有力的领导统一管理公司的时候可以压服员工。伊斯戴尔可以在董事会任职多久取决于他的领导力是否强大。[21]

巴菲特发言讲述了控制收入方面的问题。基奥开始帮助伊斯戴尔，就像帮助每一位新上任的首席执行官一样。伊斯戴尔诚恳地接受帮助，但事实证明，他完全不需要那么多帮助。

61

七度火苗

纽约，太阳谷，科迪　2004 年 3 月—2004 年 7 月

巴菲特在旧金山度过了 26 个周末。他和苏珊一起看了近 100 集的《欢乐一家亲》。全家人对苏珊呵护备至，她依然没有精力见前来探望的朋友。

苏珊开始吃一点儿新鲜食物。一位承办宴席的厨师朋友汤姆 · 纽曼想尽各种办法让她吃一点儿比较健康的食物，不再只吃冰激凌和巧克力麦芽，而是吃一些胡萝卜泥、菠菜奶油沙司、土豆泥、鸡蛋沙拉和“其他可以保证合理营养的食物”。[1]

3 月，她接受了手术后的第一次核磁共振检查。巴菲特清楚这次检查意味着什么。苏珊已经说她不用再做手术了。

“她不用再到医院去，不用再去。我认为这应该是好兆头，但是……”

核磁共振检查结果显示没有阴影。巴菲特异常高兴，他说苏珊的医生告诉他，检查结果说明她复发的概率和从来没有患过癌症的人一样。然而，是苏珊让医生这么对他讲的，因为她认为这才是他需要的结果，而施米特医生对苏珊讲的实际情况是可能在一年内不复发，之后就不太好说了。[2]

就像小时候的那次生病一样，这次一连数月的生病休养给苏珊带来的影响可想而知。尽管身体依然虚弱，但她却迫不及待地想要重新开始自己以往忙碌的生活。“我要去看孩子们，”她说，“我要去看所有的朋友，做我想做的所有事情，直到施米特医生对我说得收敛一下了。”[3]

她想做的第一件事情就是去拉古纳海滩的住所，叫孙子和外孙们都到那里和她一起生活一段时间。为了沃伦，她愿意参加伯克希尔的股东大会。她还希望可以有精力参加彼得在奥马哈举办的多媒体音乐大展《魂——七度火苗》的首次公演，时间在7月。[a]她列出了许多许多自己想做的事。

苏珊的头发近几年一直是淡色的，现在留着短发；脸庞还是很年轻的样子，只是略显消瘦。她说话的时候有点儿轻微的咬舌，但不会让人一下就联想到曾经发生的一切，也看不出她精力不济的样子。

巴菲特最关心的就是她能否参加5月举办的股东大会。股东大会对他来说就是显示自己受欢迎程度的时候，通过自愿飞到奥马哈参加这次盛会的人数多寡可以对此做出判断。她不是观众，而是不可或缺的角色。如果她不能参加，就好像他的女主角没有上台一样。

巴菲特夫妇合理地安排了股东大会的周末活动，阿斯特丽德（在她看来股东大会和前后的一切准备收尾工作都非常烦人，乐得推辞）只是陪沃伦参加一些幕后社交活动，就像平常一样，而苏珊以“妻子”的身份参加“正式”的公共社交活动。股东大会上她的座位在董

a. 彼得是电影《魂——七度火苗》的原创音乐作者。——译者注

事区，星期日下午在波仙珠宝店的大厅里，她和阿尔·奥霍乐一起登台演唱。随着时间的推移，忠实的戴茜·梅尔带领的助演阵容越来越大，巴菲特同样非常希望他们可以参加股东大会。整个周末都可以不时听到卡罗尔·卢米斯来来去去叮叮当当的声音——她的手镯上配着27件纯金和珐琅饰物，她手里拿着伯克希尔-哈撒韦年度报告的副本上上下下地奔忙——每年都是她来校订巴菲特致股东的信。沙伦·奥斯伯格也在其中忙碌，负责登记愿意在星期日下午参加桥牌锦标赛的股东名单，地点在波仙珠宝店的大厅外面巨大的白色帐篷里。巴菲特还没有确定新近加入公司的戴茜·梅尔和德文·斯珀吉翁的具体工作。斯珀吉翁，之前是负责报道伯克希尔-哈撒韦的《华尔街日报》记者，秋天就要开始在法学院学习了。巴菲特把她当作一位新朋友，这是极其幸运的，巴菲特现在好几年才增加一位新朋友。他还建议她在股东大会期间举办婚礼，他愿意在婚礼上带着她走过长长的过道，把她交到新郎手上。“想想你可以得到多少波仙珠宝店的礼物啊。”他说。如此真诚的建议让斯珀吉翁非常感动，但是她细心地想到媒体会把她的婚礼描述为伯克希尔式的婚礼，于是还是和未婚夫凯文·赫利科尔决定在意大利举办婚礼。巴菲特安排她在预留区域和经理们坐在一起，奥斯伯格和卢米斯其实就是巴菲特家族的成员，他们坐在家人和董事预留区域。[4]

其他人要想不坐在角落处就必须积极争抢座位。今年，许多人都要求取得参会资格，估计将有近2万人参加。

eBay网站出现了“黄牛”，4人参加的参会证件卖到250美元。巴菲特有些吃惊，有谁听说过倒卖股东大会入场券的？eBay这样描述：“可能亲眼见到沃伦·巴菲特，也可能在大会上向他提出一个问题……中标人还可以得到一份客人指南。持有通行证还可以享受内布拉斯加家具城和波仙珠宝店的员工优惠价……参加烧烤聚会……波仙珠宝店的鸡尾酒会……一睹在巴菲特最喜欢的牛排馆进行的股东聚会……看到伯克希尔旗下的许多公司的各类展品。”

尽管巴菲特觉得“黄牛”的做法没有什么大不了，但是这位老霍华德·巴菲特的儿子还是希望这样的倒卖活动不再继续上演。他不能容忍人们为了参加股东大会而任“黄牛”诈骗。这位仅仅在一两年前还（摆出充分理由）声称自己对技术一无所知的先生，开设了自己的eBay网上零售店，开始叫卖5美元两人的参会证件。人们争先恐后地发来电子邮件，要么问这些证件是不是“真的”，要么问这些证件是不是外观不同，标记说明持有人不是“真正的股东”。这样的问题说明，如果有明显的标签指明他们不是“俱乐部”成员会让人难堪。

但是，答案是否定的，只要持有证件就是真的。这样一来，伯克希尔-哈撒韦——过去只是富有的合伙人、巴菲特眼里的朋友们组成的会员俱乐部——突然之间演变为一个粉丝俱乐部，欢迎所有人加入。

奥马哈城新落成的奎斯特中心就像一座巨大的银色马戏场，矗立在密苏里河畔。正面犹如一块巨大的镜子，辉映着陈旧的市政会堂，过去4年中股东大会就在那里举行。凯莉·马奇莫尔在股东大会的前几天就带着无线电话到处忙碌，指挥叉式升降机根据设计要求在各处停放，叉式升降机满载着大包大包的干草、一箱一箱的鲜花、路灯柱和重达几吨的植被，这些材料都是用来装饰花园和展厅座位区的。建筑工人忙着搭建一排排摊位，摊位将展示帐篷、空气压缩机、各类刀具、百科全书、真空吸尘器和相框。工人们在家具展厅、厨房用品店、牛仔靴展厅、书虫书店、蜡烛商店、保险销售柜台和女装专卖区之间蜿蜒的街道和小路上竖起“伯克村”的标牌。奎斯特中心楼上，舞台工作人员已经摆好了铺着白色桌布的桌子，安放好麦克风，背景是巨大的屏幕，巴菲特和芒格将坐在那儿，负责灯光的人员打出表示节目马上开始的交叉灯光进行信号板测试。后台特意配备了“明星”专用化妆间，是让苏珊在那里休息的。一辆装甲车载着价值25万美元、镶着珠宝的牛仔靴直奔贾斯汀展厅。电影放映机、银幕、大型靠垫都摆放在卡斯巴聚会大厅，大会期间几百名伯克希尔-哈撒韦的员工自愿在那里超负荷地工作，会后他们个个都精疲力竭。

巴菲特像个十几岁的小伙子一般精力旺盛，在办公室忙得团团转。包括大学生在内的来宾都纷纷前来见他。一周来他的声音越来越嘶哑，来宾也越来越多。人们都不停地劝他保护好自己的嗓子，后面还有发言呢，但是他还是无所顾忌地该怎么说就怎么说。得克萨斯州要求增加1 000个参会名额，加州2 000个，美国以外1.5万个。77人从澳大利亚包机飞来。

到星期五，巴菲特的声音就像得了重感冒没有恢复那样，但他依然不愿停止讲话。巴菲特从来就没有停止讲话，一生都没有。从他还是一个小男孩，早熟的个性让父母的朋友们都非常吃惊之时；从他给高中老师提出股票方面的建议之时；从在男生聚会中，大家都聚在一起听他发言之时；从他和本杰明·格雷厄姆在哥伦比亚大学的会议桌上双剑合璧之时；从他决定卖出GEICO之时；从他在夜校第一次拿起粉笔教授投资之时；从他在奥马哈的鸡尾酒会和纽约的餐会中成为焦点之时；从第一次接触合作伙伴到最后一次；从他参加西伯里·斯坦顿家在破阁楼举办的最初的伯克希尔股东大会、回答康拉德·塔夫提出的问题，到最近回答登门拜访的学生们的问题——只要巴菲特能教给别人一点什么，他就从来不会停止讲话。

星期五晚上彩排的时候，他面对为数不多的几个人进行了一番演讲，随后参加了查理·芒格举办的私人晚餐聚会。[5]第二天黎明时分，餐饮工作人员送来了记者们和后台工作人员的早餐，还有供应商的蜂巢咖啡。人们有的穿着运动服，有的穿着有领T恤，有的穿着短裤、戴着泡沫塑料帽子。大家早早地排起了长队，就像感恩节翌日清晨梅西百货公司门前排着的长队一般。早上7点，奎斯特中心准时开门，大家纷纷跑去抢占最好的座位。8点半，座无虚席。灯光变暗后，会场立刻安静下来。没有人互相耳语，没有人慌忙赶到。观众专心地等待着。音乐响起，短片开始。

今年股东大会开场短片的录制在春天的时候让巴菲特费尽心机，那时候他周末又要到旧金山，又要通过电话长时间讨论可口可乐公司的问题。短片第一次采用了好莱坞的真实剧本，第一次动用专业演播室摄影技术，而且令巴菲特激动不已的是，第一次选择替身演员—— 一个与他极其相像的人！他在办公室里一次又一次地重复播放短片，想象着观众会有怎样的反应。

银幕上出现了新上任的加州州长的面孔。在一间健身房里，阿诺德·施瓦辛格穿着军官服装，坐在一张精致的桌子后面。短片模仿了《军官与绅士》中的一段诙谐剧情，阿诺德扮演小卢·戈塞特，对巴菲特的替身吹胡子瞪眼，惩罚他做折磨人的运动，原因是他在州长选举期间胡乱对《华尔街日报》讲到加州极其不公正的财产税法。巴菲特与《华尔街日报》有些积怨，因为报纸对他的话断章取义，他写信给编辑阐明自己的观点，并且把信的内容公布在伯克希尔-哈撒韦的网站，在读者中间引起了强烈共鸣。此后，他就惹出了麻烦，现在只能努力通过行动改过。

“你就是不想干了！说！说你不想干了！”阿诺德咆哮着。

“不，先生！您不能让我那么说！不，先生！我没有什么地方可去！”巴菲特大声说。但是他接着开始在健身房来回踱步，就像坐在家里的椅子上读《华尔街日报》一般轻松。

场景切换到州长办公室，阿诺德趴在桌子上，睡得正香。

助理：“州长先生。”

阿诺德："我没有什么地方可去！……嗯？"

助理："打盹儿的时间过了，先生。该工作了，我们还得想办法处理这个混乱的局面呢。"

阿诺德："什么？哦，好。哇，我刚才做了一个很奇怪的梦……"

他拿起桌子上的杂志，表情开始扭曲。这本《健美先生》的封面图画是肌肉突起、一副《举重》中施瓦辛格先生模样的图片，上面叠加着巴菲特一脸得意的表情。阿诺德在椅子上直起身子，面部表情再度因恐惧而极度扭曲。[6]

这就是让巴菲特欣喜若狂的梦想。为了完成拍摄，他很是花了些时间与这位全球最佳健美运动员合作，再加上点儿特效制作，终于如愿。他推出了现代版的《发达肌肉》，"胖姬"斯托克顿一定会被深深打动。

观众开始喧闹。接着放映以沃伦和查理为主角的短片，但是几乎所有的表演都将沃伦塑造为超级英雄形象。大多数滑稽短剧和卡通短片都强调巴菲特和芒格的守财奴形象。

随后，大厅灯光暗了片刻。接着舞台灯光亮起，苏珊一身粉红色套衫和裙子亮相，看上去瘦了一些，精神抖擞地从董事坐区走向台上，在前面坐下。接下来，巴菲特和芒格像头发灰白的脱口秀节目主持人那样坐在铺着白色桌布的桌子后面。大厅四周的几个巨型屏幕中出现了他们的特写镜头，所有观众都可以清楚地看到。巴菲特盯着台下黑压压的人群，人群中间相机的闪光灯不停地闪烁着，现场阵势就像内布拉斯加滚石乐队的演出现场一般。

在开始提问之前，巴菲特首先进行开场白，按照惯例利用 5 分钟时间就董事选举、认可审计等问题做了简单概括。今年，几乎就在他发言的同时，一位股东就站在麦克风前提出他不支持投票，声音有些紧张；他是代表参会人员提出这一建议的。他要求巴菲特考虑从旗下的公司中选择几位首席执行官加入董事会，因为这些首席执行官要比苏珊和豪伊·巴菲特更胜任董事会的工作。

整个大厅掀起了涟漪。尽管这一建议以非常尊敬的语气提出，但还是像一声巨大的异响一般破坏了股东大会的顺利进行，干扰了这次股东大会的日程。许多人感到震惊。伯克希尔–哈撒韦现在是美国第十四大公司，员工数量超过 172 000 人，年收入 640 亿美元，利润 80 亿美元。但是公司从根本上讲还是一个家族企业，最大的股东巴菲特可以按照自己的意愿从家族成员中挑选董事。他认为他的家族在伯克希尔–哈撒韦的角色相当于沃尔顿家族在沃尔玛的角色，是连接巴菲特基金会和公司的纽带。无疑，他选择董事完全是按照自己的意愿，尽管有几位董事确实是成功的企业家。

"谢谢，"巴菲特说，"查理，对此你有什么想法呢？"

直接把问题踢给芒格——没有提出任何敏锐或简练的评述——说明巴菲特因此完全陷入窘迫。然而，这同样让芒格无言以对，他的任何发言都可能表示他对巴菲特如何选择董事会成员有一定的影响。但他确实选择了回避，只是简单地说："我认为我们可以开始下一个问题了。"

现场又提出一个建议。代表人类生命国际组织的汤姆·斯特罗哈就堕胎问题发表演讲，他后来写道，当时"显然"就是为了以"堕胎问题"的发言为幌子要求伯克希尔公布其进行政治性捐赠的清单。生命决策国际组织曾联合抵制伯克希尔–哈撒韦，成功迫使公司终止慈善捐赠项目。[7]

对此，巴菲特只是说伯克希尔–哈撒韦没有进行任何政治捐赠，回绝了这一问题。

到这时为止，此次股东大会的商业会议已经占去半个小时，远远超过平常的 5 分钟，第一次让人觉得颇似令人不快的可口可乐股东大会。此时，股东们手里攥着写好的问题，耐心地在大厅各处装着麦克风、带有编号的讲台前排队等候提问。巴菲特开始接受提问，点名“一号麦克风”首先提问。许多提问都是一些非常敏感、让他厌烦的问题。他借一个问题开始解释为什么选择家庭成员参加董事会。他说他的妻子和儿子在董事会的角色是“文化守护人，他们没有为自己谋取私利”。

这是一个非同寻常的时刻。他第一次在公众面前为自己选择的公司经营方式辩护。后来就再没有人问及相关问题了。伯克希尔-哈撒韦的股东们都乐于接受这一现状。在他们看来，巴菲特完全有资格按照自己喜欢的方式经营公司，而他们都是受命运眷顾的人。“投资环境怎么样呢？”有人问。“目前我们的资本利用不足，”他说，“这种情况让人痛苦，但不至于因此做出蠢事。”

有人问到巴菲特在可口可乐董事会机构股东服务公司提出投票反对他的事情。这件事情依然没有终结。他说：“伯特兰·罗素曾经说过，大多数人宁死也不愿思考。许多情况确实如此。”

芒格尖刻地补充道：“当激进分子提出类似某个人留在可口可乐公司的董事会就会影响公司的利益这样愚蠢的建议之时，变革就是伤人的，不会有什么成绩。疯狂的激进分子不会对我们的事业有什么帮助。”[8]

和往年一样，有人开始问巴菲特他在几年前购买的大量白银后来是怎么处理的。他顿了一下，接着说不对此进行评论。此时芒格在后台弄出莫名其妙的噪声，那位股东悻悻地径自坐下了。其实，那些白银早就卖掉了。

巴菲特和芒格开始吃松脆花生薄片糖，人们纷纷走向地下室的展厅，那里有37家伯克希尔-哈撒韦的子公司在销售产品，喜诗糖果店的松脆花生薄片糖瞬间就售完了。巴菲特和芒格吃Dairy Queen的

Dilly 棒棒糖，Dilly 棒棒糖就销售一空。许多人买上成盒的糖果带到会场，坐在楼梯上边嚼边听巴菲特接下来的发言。

许多提问还是老调重弹，巴菲特认真回答了一些创新而有见解的问题，同时巧妙地引入了他愿意提及的话题。今年他借股东大会详细说明的主题是“我为什么不看好美元”。他说美国就像一个过度开支的家庭。美国人从其他国家购买大量的产品，而没有足够的收入支付这些产品，原因就是我们没有像其他国家卖给我们产品那样卖给他们大量的产品。要弥补差额，就要借钱。而把钱借给我们的国家可能会越来越不愿意这样做。

他说，目前我们支付的国债利息就超过全部收入的 2%，这说明要扭转目前的局势不是一件容易的事情。他认为极其可能的情况就是到一定程度后，外国投资者就会不接受我们的纸质债券，开始把目标指向更有优势的地产、企业及其他“地产”。我们就开始一点点卖出美国，如写字楼和公司。

“我们认为随着时间的推移，美元对其他主要币种的汇率可能会降低。”他说。因此，美国经济过去 20 年中一直保持良好的势头，实现了低利率和低通货膨胀，而现在可能在一定程度上开始倒退。利率可能会提高，通货膨胀也会上升，情况不容乐观。同样，在进行预测的时候，他无法说出具体时间。然而，为了保证伯克希尔–哈撒韦避开美元风险，他已经买了 120 亿美元的外币。

巴菲特和芒格开始谈论债务风险，人们有的走下斜坡，有的去坐电梯，纷纷在卖鞋的专柜前排起长队等着刷信用卡。托尼 · 拉马皮靴和贾斯汀鞋业平均一分钟卖出一双靴子：从上班穿的普通靴子到新潮的蜥蜴型靴应有尽有。西边的波仙珠宝店卖出 1 000 多块手表和 187 枚订婚戒指。家具广场的业务订单创下 1 700 万美元的纪录。

会议中心有许多疯狂的场面：NASCAR 赛车旁边的 GEICO 壁虎

向过往的人们挥手。扮演成 Acme 泡沫砖形象的人物与戴着泡沫冰激凌圆顶帽的人物手拉手。骑术小丑踩着高跷穿梭于空气压缩机和船只起锚绞车之间。展厅南端较高处是标准尺寸的克雷顿活动房屋，正如巴菲特此前所想象的一般，整洁的前廊是刷成米黄色的过道，房间配有红黄色的百叶窗，房屋前后是真草装饰的草坪，砖块铺成的地面上装饰着灌木丛。如他所料，人们排着长龙进去参观，犹如在迪士尼公园排队坐云霄飞车的场景。[9]

但是，最体现伯克希尔风格的是鲜果布衣展厅。鲜果布衣展厅向来都不发送免费的钥匙链或扑克牌。人们排着长队等着购买 5 美元一条的男士短裤，接着与穿着苹果和葡萄衣服的模特合影。一天下来，几乎所有的短裤都销售一空。

黑白两色搭配的喜诗糖果店位置极其优越，就在展厅中间，过道同样挤满了人——不到三个小时就售完所有的棒棒糖、咸味坚果和松脆花生薄片糖。许多顾客都懒得花钱去买，这些偷窃的家伙直接伸手拿走大量的糖果，还偷走鞋店的许多鞋子，就在巴菲特和芒格眼皮底下干这些勾当，他们两人此时正在大厅上层谈论诚实和道德准则。

此时他们还不知道有人就在自己眼皮底下偷窃，否则可能会考虑在明年的股东大会时，在书店旁边设一个伯克村监狱，他们不慌不忙，一边回答各种问题，一边大口嚼着甜食，6 个小时都在一直不停地讲话。

任何人连续 6 个小时不拿稿子不停地讲话都会精疲力竭，但是大会结束后，巴菲特和芒格却来到楼上的一个大厅，坐在一张桌子后面，开始了签名活动，为的是让国外来的股东有机会近距离接触他们。这是巴菲特最近提出的点子，芒格一直耐心地坚持到底，但是他确实累了，有时会说他不明白沃伦怎么想出这么个点子。他同样愿意让别人崇拜，但是从来没有像他的伙伴那样费心去想这些问题。

股东大会进行了几小时后，苏珊就去休息了。她没有参加星期日的早午餐会，但是星期一还是与沃伦一起飞到纽约，一直在酒店客房床上待到下午 1 点，将药片融入客房提供的免费冰激凌里服用。苏茜一直照顾着她，不让她太累。她想让母亲一天只做一件事情——见一位客人、购物一次、在酒店大堂待 15 分钟。[10]

苏珊参加了桑迪和鲁思 · 戈特斯曼每年特意为他们举办的传统晚餐聚会。从 20 世纪 90 年代中期开始，桑迪家的晚餐聚会就成为巴菲特集团的许多人在年度纽约之行中会见老朋友的一次机会。苏茜对鲁思 · 戈特斯曼说，“我母亲还是在努力做许多自己不应该去做的事情，她总是说自己很好，在这方面总喜欢撒谎”，并请鲁思帮忙照顾她母亲。来到戈特斯曼家参加聚会的许多人去年一年都没有见到苏珊，有的可能在股东大会上见过她，但也只是匆匆一面。她和沃伦没有坐在一起，人们纷纷前来向他们问好，坐下来聊天。许多人后来回忆说那次聚会非常感人。苏珊也高兴地说自己幸好去参加聚会了，但是参加聚会确实让她精疲力竭。

沃伦还希望她可以参加查理 · 罗斯主持的公共电视脱口秀节目。在节目中，苏珊谈了丈夫许多感情脆弱和讨人喜欢的事情，而且说她对沃伦的爱是“无条件的爱”。她还提到了自己搬到旧金山的事情，正如她对沃伦讲的，说她离开只是“想有一个自己的空间，那样很好”。罗斯提及阿斯特丽德：“她为您照顾您的男人？”“是的，她照顾得非常好，而且沃伦感激她，我也非常感激……她帮了我大忙。”苏珊说。或许是节目现场环境使然，谈话清楚地表示苏珊将阿斯特丽德当作自己控制沃伦的工具——这一点苏珊可能不愿意如此直白地表示出来。节目之后，她对苏茜说：“我们去波道夫时尚精品店吧。”[11] 在那儿，她只是坐在椅子上看着周围的东西，过了一会儿就说累了，和苏茜一起返回酒店。

几天后母亲节到来，她的精力又恢复了许多，就应邀参加翠贝卡电影节，和女儿的朋友博诺见面。在她恢复期间，博诺一直发传真鼓励她，那时候苏茜将传真内容读给她听。据苏茜说那些信“对她极其重要”。到5月，每天晚上都听博诺的歌入睡的她热切地期待见见这位救世主歌手。两人短暂见了一面。“我都不知道怎么形容她当时兴奋的样子。”苏茜说。

苏珊在床上休息了两天后，博诺和妻子阿里、女儿以及和博诺共同创建援助非洲慈善组织DATA的博比·施赖弗（阿诺德·施瓦辛格的妻子玛丽亚·施赖弗的兄弟）来到广场酒店，在餐厅和苏珊一起吃午餐。博诺和苏珊聊了三个小时，还送给她一幅他临摹她的一张照片创作的肖像画，上面写着U2的歌曲“One”的歌词。苏珊高兴极了。博诺还邀请她和苏茜一道去他在法国的家，苏茜当时正准备去法国参加基金会的董事会议。

苏珊回到旧金山后，立即将那幅画作放在显眼的位置，重新摆放了墙上的其他艺术品、面具和装饰物品的位置，而且决心去法国。由于距离遥远，再加上她身体虚弱，全家的非洲度假计划再度取消。但是她认为自己当时的身体状况去法国没有问题。她和苏茜首先在巴黎的丽兹酒店住了4天，其间她把“下午1点起床”药片融入冰激凌按时服用，克服了跨越6个时区引起的时差反应，每天出去做一些简单的事情。随后乘坐TGV子弹头列车前往尼斯，参观博诺在艾日海滨区的灰泥建筑的橙红色房子。

据说甘地曾经在这座房子祈祷，通过房子可以俯瞰地中海。博诺安排苏珊住在一间天花板很高的卧室，屋内有火炉取暖，光线充足，窗户宽大，配着薄纱一般的白色窗帘，窗外就是大海。大部分时间她都在睡觉休息，有一天下午苏茜带她到楼顶的露台看海，听博诺演奏U2未发行的专辑《如何拆除原子弹》。博诺还唱了一首自己为父亲的葬礼创作的歌曲：《有时候，你不能独自承担一切》。那天晚上，他们晚餐后聊了 4 个小时，博诺站起来给她敬酒，说："我遇到了知己！"

通过这次面对面的接触，苏珊对这位有着超凡魅力的摇滚明星崇拜有加，甚至在隔天的返程航班上都睡意全无，一路戴着 iPod 播放器，听着他的音乐。"我在那里感到舒服极了。"后来提到博诺家时，她这样描述。[12]

大约在苏珊母女从法国回来一周的时候，巴菲特一家又去了太阳谷，只有彼得和珍妮弗留在奥马哈，为彼得首次公演《魂——七度火苗》做准备。苏珊去年在痛苦中度过一年漫长的隔离生活，为了弥补失去的时光，她期待一刻不停地去每一个地方、见每一个人。在太阳谷的时候，她和大家一起度过了许多时间，见到了巴里·迪勒和黛安娜·冯·弗斯腾伯格，弗斯腾伯格患过口腔癌，过去几个月就是她的传真和建议给了苏珊极大的鼓舞。然而，她还是精力不济，错过了第一天早上的活动。那天午餐的时候，她自己慢慢走着去餐厅取一杯脱脂牛奶，结果一到那儿，一群人就围上来问候。苏茜让豪伊赶紧过去陪在母亲身边，说："妈妈不能这样待在那儿，她一直都是在努力撑着，那是不行的，快去让她坐下。"

第二天，苏茜准备开着高尔夫球车带母亲在各处转转。然而，当她走进母亲的公寓时，却看到她抱着一个小抱枕，蜷缩在沙发上痛哭，说"我坚持不住了"。[13] 尽管休息的时间很长，但她还是体力不支。

全家返回奥马哈后，都积极准备参加彼得即将举办的首次公演，苏珊抽时间去了女儿新开的编织店。苏茜和一位朋友合伙在郊区购物中心开了编织创意店。巴菲特对女儿的创业精神激动不已。他对编织店兴趣浓厚，分析了经营前景，认为年度总收入可以达到 100 万美元。巴菲特父女的关系也因编织店的开张而加深了许多。他对编织经营的兴趣一点都不亚于其他事情：每周专心阅读 GEICO 报表和分析在线销售业绩；节日期间每天关注喜诗糖果各零售店的销售业绩；每天阅读 Shaw 牌地毯传真过来的销售报表；圣诞节前每天审查波仙珠宝的日常报表；默记美国住房服务公司（中美洲能源旗下的房地产公司）的房产统计数值；列数奈特捷公司的喷气燃料成本和所有权统计数据；了解《布法罗新闻报》的广告起源……编织经营同这一切一样深深地吸引着他。

然而，对巴菲特来说，彼得的多媒体公演就不及编织店魅力强大。彼得基于之前推出的 PBS 特辑，并花了 4 年时间专心研究现场演出的技巧和经验，推敲音乐和故事情境。然而所有的辛苦都有可能付诸东流，除非现场演出非常成功。

巴菲特参加过彼得以前举办的现场演出，就是彼得和一支乐队，在一个帐篷模样的特殊剧院里一起弹奏，表演阵容就是几名土著人歌手和舞者，一切都简简单单的。沃伦一直建议学生们要充满激情地生活，但是他所谓的激情，如争取成为双陆棋世界冠军，都是竞技性极强的活动。而热衷于艺术，不考虑取得什么世界大奖，完全不是他的生活。那是苏珊的生活，在自己的空间寂寞地追求精神、心灵和内在的王国，是画家埋头在画布上表现自己，多年来都得不到公众认可的一种生活。不管怎么说，他自己对于投资的热情、耐心和艺术想象力就是彼得对于音乐的热情、耐心和艺术想象力。这样，巴菲特找到了唯一的最佳表达方式——艺术和商业的联姻——来表达自己期待彼得成功的真实愿望。这次演出潜在的商业成功吸引着他。“我目睹了多次这样的演出，几乎每一次都是大举成功。现场总是热情激昂，但是我不知道市场到底能有多大。在市场深度方面，彼得的音乐不及百老汇的音乐，我们期待看到结果。”

彼得在为演出募集资金的时候，巴菲特家族成员的身份使得募集工作异常艰难，在人们看来他可以轻松得到大笔基金。直到彼得把自己的房子抵押出去人们才信以为真。沃伦只答应支付 10%，而其余资金由彼得自己筹集。在他筹集到 200 万美元的时候，父亲给了他答应给他的 30 万美元中的 20 万美元。然后，彼得自己筹集剩余资金，一大笔是通过鲁道夫 · 斯塔纳基金会获得的。自始至终，他都是一边排除各类障碍筹集资金，一边登台演出。而就在彼得为了筹钱各处奔波的几个月中，父亲居然不再坚持自己的“不捐赠”原则，友情支持汤姆 · 墨菲的救助儿童会 1 000 万美元。

看起来好像有点儿冷漠——即便是为了培养儿子的自立能力——支持儿子的事业所花的钱只有 1 000 万美元的 2%，也是太不近人情了。然而，事后回忆起来，彼得还是非常庆幸自己的演出没有成为依靠父亲资助的浮华演出——那样将无人问津。他认为父亲当时的做法就是处理复杂问题的明智之举。既让彼得得到了家庭的支持（彼得对此非常感激），又让他自己努力筹集大部分资金以证明自己的能力，所需资金共 300 万美元——尽管筹集资金本身就可能用去几十万美元。

沃伦不能完全理解儿子对土著人的迷恋，他（和家里的大部分人）认为那就是“印第安人表演”。他从来没有想过那次演出就是一种对迷失身份的象征性的追寻求索，是人类找回一些迷失或遗忘的东西的精神胜利。

《魂——七度火苗》是一个光彩夺目的故事，讲述一位土著人穿梭时空，探索自己祖先和种族根源的故事。封闭的舞台仿佛一个巨型帐篷，宽广而又隐秘、现代而又古朴。土著人穿着原始的粘满羽毛的衣服在史诗电影背景下边唱边跳，彼得的音乐让观众觉得异乎寻常而又似曾相识，流畅而又奔放。

整个春天，彼得都着魔于自己的演出工作，这曾让苏珊对他非常生气。尽管彼得和父亲性格截然不同，但是苏珊认为他完全陷入了自己的音乐中，就像沃伦完全着迷于投资那样，对他和珍妮弗的婚姻是一种威胁。然而，她完全理解彼得的演出要表达的意义和情感，而且音乐令她有了共鸣。她欣赏彼得的艺术成就。沃伦也喜欢音乐，为儿子感到骄傲，但是坐在现场的他，领略着变化多端的视觉效果，心里却感到极为不安，不知道演出结果如何。他环顾四周，看到其他观众有的拍手、有的欢呼，说明演出还是很不错的。当《奥马哈世界先驱报》用这样的语言——“深刻、忧伤、振奋、激动和强大”——描述儿子的演出时，他非常高兴。一年多来他内心一直紧张地期待着这一刻的出现，彼得取得如此巨大的成功显然让他松了一口气。但是他依然担心，不是没有道理的担心，这次的成功只是因为在家乡举办的缘故，他期待着在其他地方的演出能取得同样的成功。

《魂——七度火苗》在奥马哈继续上演的时候，苏珊就和孙子、外孙们一起去了拉古纳的房子。孩子们都习惯了苏珊宠着他们，想要什么都可以得到，带着他们到处玩，堪称“模范”奶奶（姥姥）。现在她更是不让孩子们有一点儿失望。她带着他们去商场买东西，和以前一样，坐在那里指着周围的东西说，“我要一个那个、两个这个、一个那个”。[14] 尽管拉古纳之行让她精疲力竭，但她还是准备前去参加每年太阳谷聚会之后赫伯特 · 艾伦召集的聚会。

太阳谷年会之后不久就去怀俄明州科迪高原，和许多人一起过周末，这似乎还是有些问题。家里人也不是完全支持这次旅行，但是苏珊一心想去，而且沃伦也希望一切都回到从前的样子。因此，7 月的最后一周，沃伦和苏珊一起去赫伯特 · 艾伦的 J9 农场，准备过一个长长的周末。

苏珊当时看上去精力充沛，见到大家非常高兴。[15] 晚餐时大家聚在一个大房间，房间有一个超大的火炉，驱走了高原的寒气，苏珊当时讲了很多话，还建议客人们就即将到来的选举进行一次民意投票。[16] 后来，当晚餐桌子都收拾完毕，人们准备吃点心、喝咖啡的时候，她站起来向大家讲述生病期间女儿悉心照料她，她们的母女关系更加亲近了。[17] 突然，她眨了眨眼睛说想起了一些有趣的事情。[18] 刹那间，赫伯特·艾伦以为她在做一个滑稽的舞蹈动作，转而意识到她要摔倒了。她的腿开始弯曲的时候，他和芭芭拉·奥霍乐很快过去搀扶她，没有让她倒在地上。[19]

他们扶着她坐到旁边的沙发椅上，椅子是身为瑜伽教练的赫伯特·艾伦特意搬到那里供苏珊休息用的。他们叫沃伦到房间去拿药。苏珊的健康状况一直都是时好时坏，度过了许多危急关头，没有人认为这次会有多么严重。然而，他们还是打电话叫了护理人员。沃伦也打电话告诉苏茜，苏茜当时在波士顿与博比·施赖弗和比尔·克林顿一起参加民主党大会，正在听约翰·爱德华兹演讲。沃伦告诉女儿苏珊有些头疼，而且要了艾斯利医生的电话。苏茜把医生的电话号码告诉父亲后就挂断电话。她马上知道是出了什么问题，接着又想可能是妈妈伤了脚趾，父亲才打电话要艾斯利医生的电话。[20]

苏珊躺在沙发上，连胳膊都抬不起。她吐了几次，说有些冷，头疼得厉害。人们就拿来毛毯给她盖上。她一阵一阵地失去意识，有时候努力想说什么。沃伦忙着找苏珊的用药处方，以便护理人员即时参考。他看到苏珊当时的情况后越来越悲伤，显然她可能是中风了。其他客人都无助地等着救护车的到来。时间在漫长的等待中消磨。过了一会儿，苏珊说头疼好些了，也可以按照人们的要求动动胳膊和脚了，大家都松了一口气。护理人员到来后做了一些简单检查就把她移到担架上，推着走向救护车，沃伦跟在后面。护理人员把苏珊抬上救护车后，他们也进去把车门关上。沃伦坐在前排座位，救护车开始在前往科迪西帕克医院的蜿蜒山路上盘旋，到医院有 34 英里的距离。[21]

他们进了救护车，沃伦就给苏茜打电话。“你得过来，”他说，“妈妈又生病了，我觉得可能是中风。”几分钟后他再次打电话说：“你得把两个弟弟也带上，一起到这儿来。”

苏茜打电话告诉了当时在奥马哈的彼得，他正在酒店客房准备演出。她又打电话给德文，她当时正在印第安纳的沃尔玛超市。“豪伊在哪里？”她问。“在非洲，”德文说，“他的飞机大概一小时后落地。”苏茜赶紧安排奈特捷航班首先到波士顿接她，而后再到奥马哈接彼得一起去科迪。[22]豪伊刚在非洲落地，就被告知马上打电话给姐姐。他首先想到的是父亲可能有什么事，后来又想可能是彼得出什么事了。“我完全没有想到是母亲。”他说。在得知第二天才有返程航班后，他心急如焚。[23]

苏茜安排这一切的同时，赫伯特·艾伦和一位朋友，雕刻家凯尔西一起开着他的车跟在救护车后面前往医院。救护车开得极慢，他们非常郁闷，一想到沃伦无助地坐在车里，忍受这样的漫漫行程，他们就格外不安。在一段路上，他们开到救护车一侧，艾伦大声问司机究竟是怎么搞的，但是没有人理会他的问题。

最后总算抵达医院，CAT 扫描显示苏珊出现了大面积脑溢血。沃伦在急诊室外来回踱步。医生终于走了出来，对他说苏珊可能挨不过今晚。沃伦精神恍惚，哭着走到医院大楼外，把情况告诉凯尔西和艾伦。[24]之后，他回到病房，坐在床头陪苏珊。他静静地等待着那一刻的到来，显得非常无助。

大约在凌晨 4 点 30 分，苏茜和彼得乘坐的航班降落。他们坐车抵达医院停车场后匆匆走进一楼大厅，首先看到了赫伯特·艾伦。当时夜幕下群山的背景颇似太阳谷，苏茜忽然想道：“哦，天哪，现在的情景和格雷厄姆太太去世的时候太像了。”

来到楼上，他们看到父亲坐在母亲身边，握着她的手。旁边桌上的樱桃可乐根本没有动过。“我在这儿 5 个小时了。”他说。苏珊非常安静，他们几乎看不出她的呼吸，她戴着小型的氧气面罩。沃伦去了旁边的房间躺下，彼得就在母亲病房的地板上躺下，他们很快就睡着了。苏茜坐在母亲床边的椅子上，轻轻地抚摸着母亲。

过了一小会儿，她发现苏珊没有呼吸了，随即叫来护士，而后打起精神，叫醒父亲，告诉他这个不幸的消息。[25]

接下来的几个小时，巴菲特一直在哭，孩子们忙着安排一些必须做的事情。他们和赫伯特·艾伦匆匆准备好新闻发布的内容，在确认去世和器官捐赠的文件上签字，安排返回奥马哈后的事项，打电话告诉阿斯特丽德、凯瑟琳·科尔和其他几位沃伦和苏珊要好的朋友，这样他们不至于通过 CNN 的新闻才得知苏珊去世的消息。中午时分，他们坐上了湾流 IV 型飞机开始了此生最艰难的一次旅程。

在飞机上坐了一会儿后，沃伦深深地叹了口气，问："前面有卫生间吗？""没有，在机舱后部。"苏茜对他说。他一步步挪到飞机尾部，目光避开了飞机沙发上装着苏珊遗体的拉链袋。[26]

飞机在奥马哈着陆后，他们全家同样得到了特别关照，飞机没有在停机坪停靠，而是直接滑翔到飞机棚，灵车就等候在那里，这样避开了狗仔队跟踪拍摄他们一家悲伤的场面。沃伦径直回到家中，走进楼上的卧室，关门闭灯，一头钻进被窝。

阿斯特丽德知道该做什么，就是什么都不必做。她知道安眠药就在他手头，就没有去打扰他。她过一会儿就去苏茜家一次，在苏茜面前伤心地痛哭一阵，其他时间就待在家里照顾沃伦。

第二天是星期五，他依然躲在被窝里。罗恩·奥尔森和妻子简从洛杉矶赶来，罗恩要做一些法律方面的安排，需要处理苏珊的遗嘱，而且他是巴菲特一家非常要好的朋友，对孩子们有着深刻的影响。沃伦来到楼下，奥尔森陪他坐了一会儿。不到一个小时，电话响了，是唐·格雷厄姆打来的。"你在哪里？"苏茜问道，"就在市区的希尔顿酒店。”他说。他知道消息后就赶来了，尽管巴菲特家的人还没有来得及通知他。后来，苏茜找了几个朋友来他们家，在接下来的几天中，大家都坐在客厅帮助沃伦分散悲伤的情绪，不让他感到孤独。每天晚上 9 点半，他服安眠药上床睡觉。

过了一两天，沃伦开始给几个朋友打电话。电话接起后，没有声音；他说不出话来，也就不说什么，只是拿着话筒痛苦地喘息着。接着，泪流满面，哽咽着说声“抱歉”，就把电话挂上。对方不知道打电话的是谁，其实只要沃伦可以清楚地说出 SOS 就足以让对方明白。

苏茜已经通知了所有需要通知的人。第二周，比尔 · 鲁安和卡罗尔 · 卢米斯短暂停留了几小时。沙伦 · 奥斯伯格、比尔 · 盖茨和凯瑟琳 · 科尔都赶来了。豪伊也经历了“最漫长的回家之路”，终于从非洲赶回来。这是他再也不愿回忆的痛苦旅程。[27]

那一周，比尔和沙伦特意安排了桥牌比赛——和沃伦一起比赛。有一天晚上，他和大家一起在举办桥牌比赛的酒店吃晚餐，饭后看他们玩了一会儿，这样可以分散一下他的注意力。还有一天晚上，他们都聚在沃伦家，沃伦想让他们陪他一起看查理 · 罗斯采访苏珊的录像。阿斯特丽德不忍陪他一起看，而他又害怕自己一个人看。他们把节目录像放入 DVD 开始播放。过了一会儿，沃伦就开始哭。比尔离开了房间，沙伦蹲在他身边轻轻地安慰他。[28]

只要一提到苏珊的名字，沃伦就满眼泪花。随着葬礼的临近，一直忙着安排葬礼的苏茜发现父亲还是顾虑重重。她渐渐明白是为什么。“您不必参加葬礼的。”她对他说。沃伦痛苦不堪。“我去不了。”他说。坐在那里心里一直想着苏珊，却要面对所有在场的人是他无法做到的。“我去不了。”[29]

不同于沃伦，许多人都希望自己可以亲自参加追悼会，表达对苏珊 · 巴菲特的悼念。然而追悼会没有举办。只有家人、苏珊最要好的几位朋友、博诺和妻子阿里、博比·施赖弗参加了葬礼。苏珊的音乐家朋友戴夫·斯特赖克弹吉他，格莱德纪念教堂的牧师塞西尔·威廉姆斯主持葬礼。博诺唱了《有时候，你不能独自承担一切》。孙子和外孙们都痛哭流涕。

几周过后，似乎一切都恢复了正常。沃伦的世界空了。许多人——包括苏珊本人在生前——都觉得没有她，沃伦的生活就艰难无比。他一直就没有真正面对父亲的去世，依然无法面对地下室里堆放的霍华德先生生前未完成的手稿。就像沙伦说的，他过去总是站在第三者的角度看待父亲的去世。但是这一次他让自己亲历了苏珊的离去，一下子陷入了极度痛苦之中，尽管现实让他觉得害怕。

苏珊的去世让他刻骨铭心地意识到自己同样必须面对死亡的命运。74 岁生日一天天近了。他希望自己打起精神，就和几个朋友说希望他们在他生日的时候到奥马哈庆祝。几天后，苏茜打电话告诉父亲的朋友们，还是别来了。[30] 沃伦完全没有准备好。其实，分散痛苦对他来说不是最好的办法。痛苦不可能缩短，必须一点点经历。

他无法摆脱悲伤，即便在梦中也是如此。每晚都做相同的噩梦。和苏珊永远分开，他们两地生活的这些年他从来没有想到过会有这样的别离，却突然成为眼前的现实。他总是梦到在科迪去往医院的漫漫路途中，困在救护车里，一点都帮不上她，不能让车停下来。7 月星星点缀的寒冷夜空衬托出沉寂的大山的轮廓。救护车沉默地在蜿蜒的山路上盘旋。路在他们眼前无尽地延伸，一英里接着一英里，一排排树木仿佛从山脚向上的朝圣者。车厢后部，苏珊躺在担架上，面色苍白，极其安静。救护车的声音渐渐远去，一排排杜松就像山坡上生长的淡淡的苔藓，前方的路越来越窄，无尽地延伸。流星划过头顶漆黑的夜空，时间一点点凝固。

他曾经要求她不要离开他，而且她答应不离开他。不管她关心照顾过的人有多少，不管她内心有过怎样的挣扎，在她的人生中，不管她选择了多少不同的生活方向，她总会回到他身边。她不会让他失望。现在却得不到她的回应。他那么需要她，怎么可能是她离开了他。他要时间停止，他不让她走，她必须陪着他。

救护车在漆黑的大山里缓缓而行。氧气罐在寂静中发出点点声音，伴着他的眼泪。车厢后部只有安静，听不到她的呼吸，甚至看不出她的痛苦。

沃伦心急如焚，内心随着车轮的滚滚向前而翻江倒海。你不能离开我，你不能离开我，求求你不要离开我。

但是苏珊已经永远离开了他，去了另一个世界。她离开他去了另一个世界，让他痛苦得撕心裂肺。

62

票根

奥马哈，纽约　2004—2008 年

苏珊去世后首先让全家感到意外的就是她留下的遗嘱，尽管其中的大部分内容并没有出乎意料。她几乎将自己持有的全部伯克希尔–哈撒韦的股票（价值 30 亿美元）都留给了新近命名的苏珊 · 汤普森 · 巴菲特基金会，并由她的女儿管理该基金会。另外 600 股，当时价值 5 000 万美元，留给了孩子们各自的基金会。

她一直对自己关心的人们非常慷慨，尽管在丈夫的影响下，她的慷慨无疑也有所节制。孩子们各自得到 1 000 万美元。许多家庭成员以外的人也得到一定数目的资金，包括凯瑟琳 · 科尔和她的丈夫。去世前一年，她修改过一次遗嘱，增加了附录，由一位新任律师确认生效，附录中提出留给约翰 · 麦凯布 800 万美元，留给罗恩 · 帕克斯 100 万美元，罗恩 · 帕克斯事实上是多年来一直担任“STB 公司”财务总监的一位朋友。[1]

她私下增加的遗嘱附录几乎让所有人感到吃惊。苏珊生前就一直没有把握好自己生活中的轻重缓急，最后还是让人不得其解。处处为

别人着想的生活就是她留下的宝贵财富，她的真实内心世界将永远不为人知，留给人们更多诠释的空间。

沃伦一直深爱着妻子，将她视为自己理想中的爱人。她一直是“他和外界联系的纽带”，也是“凝聚全家的强力胶”。[2] 苏珊去世后，沃伦每次看到她的照片都要痛哭一场。但是他没有陷入长期抑郁之中，也没有寻死觅活，苏茜曾一度认为他会陷入绝望不能自拔。他确实非常忧伤，有两个月的时间，陷入深深的绝望之中。后来，和大多数人一样，他逐渐恢复了正常的生活。“浴缸”记忆发挥了作用，他对苏珊的爱战胜了一切。

“父母的结合让彼此成为自己生命中最重要的一部分，”豪伊说，“毫无疑问，父亲离不开母亲，但是爸爸没有因此倒下。如果有人认为父亲会因母亲的去世而倒下，那么，在我看来他们还是不了解他。他不会被任何事情打倒。他有着自己刚强的一面，或许只是不为人知而已。他不会因自己脆弱的一面而甘拜下风。”[3]

刚强的一面不但让巴菲特走出痛苦，而且让他学会适应和超越。“苏珊会照顾好一切的”——这个梦幻般的设想如肥皂泡一般破灭后，沃伦开始展示出崭新的自我。时间一个月一个月地过去，他越来越坦然地接受了生命终结和人生必死的现实，以一种新的方式开始和孩子们沟通。正如他的妹妹伯蒂所言，苏珊似乎把她的力量、情感和慷慨都留给了他。沃伦的内心世界似乎在突然间开阔了许多。他开始处理过去一直由妻子负责的一些情感方面的问题，开始更多地了解孩子们的内心世界，关心他们的生活，关心他们生活中重要的事情。

苏茜很快承担起母亲生前担任的领导工作，特别是在慈善工作方面，多年来她一直潜心于慈善事业。她开始招聘人员，扩大基金会的办公室，计划从现在起增加捐赠。管理着两个基金会对她来讲是极好的机会，根本不是什么负担。

彼得在华盛顿国家广场演出《魂——七度火苗》，庆祝美国印第安人国家博物馆盛大开幕。一天，他打电话对父亲说：“爸爸，我们搭好演出帐篷了！”之后他意识到以前这样的电话总是打给母亲的，母亲再告诉父亲儿子的活动。直接和父亲联系感觉棒极了。[4]沃伦召集了一帮朋友，飞到华盛顿参加鸡尾酒会、庆祝开幕之夜。《魂——七度火苗》此次演出之前，彼得已经发行了13张专辑和唱片，但是，这一次演出让沃伦意识到自己和儿子之间有一种特别的父子关系——不仅仅是因为彼得的成功，还有就是他们各自努力融入对方生活的力量使然。

《魂——七度火苗》在费城演出的时候，取得了巴菲特可以理解的赞誉，媒体这样报道——“吉他演奏让U2的主吉他手埃奇相形见绌”，演出可以“与菲利普·葛拉斯的舞蹈表演/歌剧《屋顶上的一千架飞机》相提并论”。[5]然而，《魂——七度火苗》的演出成本高昂，即便票价很高，这样的巡演也是赔钱的。彼得中断了演出，开始录制新的CD《金星》，首次担任歌手，同时开始考虑《魂——七度火苗》的长期发展方向。

豪伊出版了摄影画册《边缘》和《人生织锦画》，还在第三世界国家举办摄影展和讲座。他的基金会办公室依然像十几岁男生的卧室，摆放着玩具吉普车、挖土机和十几岁时自己心爱的CB收音机，充满怀旧的风格。但是他在工作方面成熟了许多，现在分别担任林赛制造工厂和康尼格拉食品厂的董事，解雇了两位首席执行官。在投资方面，持有CCE股票和伯克希尔–哈撒韦的股票。投资伯克希尔–哈撒韦把他和父亲紧密联系在一起。10年来沃伦看着儿子一点点稳定下来，变得成熟。豪伊一直和母亲非常亲密，而且强烈渴望自己和父亲的关系也一样亲密，现在终于有机会与父亲建立他们之间特别的父子关系。为了和家人密切联系，他和德文在奥马哈买了一处房子。

苏珊去世后发生的一系列事情，深深地打动了阿斯特丽德。她失去了自己心中最亲密的朋友，还发现苏珊的生活完全是另一番景象——她从来都没有真正了解。多年来生活在幕后，遵从苏珊的意愿，遵从这段不合传统的“婚姻”，看起来也还理想，却突然发现其实都是建立在虚假基础之上的。她知道苏珊对沃伦有多么重要，也目睹了沃伦的“浴缸”记忆多次发挥作用，但是她恼火的是沃伦居然接受了这一切，她认为沃伦背叛了她、利用了她。后来，沃伦意识到她为他和苏珊的生活付出了无比巨大的代价，这也是他们这些年一直避而不谈的一个现实。他愿意承担责任，努力弥补阿斯特丽德为他们而失去的一切。渐渐地，在他从妻子去世的忧伤中一步步走出来的时候，他开始频繁带着阿斯特丽德参与自己的公众生活。

12 月，作为圣诞礼物，沃伦送给所有的孙子和外孙一大笔钱。他一直支付每个孩子的大学学费，但是以前从来没有不附加任何条件就给他们钱。他给每个人写了一封信，提出花这笔钱的建议。他要求孩子们做一些有趣的事情，而且要按时支付贷款。“即使你们乱花这些钱，我也不会加以评判。你们明年还会得到一笔钱。”[6]

巴菲特的圣诞礼物支票没有送给两个孩子——妮科尔和埃丽卡·巴菲特，彼得收养的两个女儿。苏珊喜欢妮科尔和埃丽卡。两个孩子在她的葬礼上穿着长长的套装，哭得伤心极了，仿佛两个褐色头发的小幽灵。苏珊在遗嘱中留给每一个“收养的孙女”，即妮科尔和埃丽卡，10 万美元，表示“关爱”。但是，就在苏珊的葬礼结束 10 天之后，沃伦就对彼得讲：“我要说，我认为这两个女孩不是我的孙女。我不希望她们在我死后得到什么。”彼得觉得很是费解。“您真的要这么做吗？”他问道。父亲就是这个意思，非常坚定。苏珊在遗嘱中留给那两个孙女钱，而且表明她们和其他孙子的地位是平等的，这似乎激起了沃伦对钱的忠实守护之情。彼得没有再说什么，但是他这样推断：如果父亲的遗嘱中真的没有留给这两个孩子什么，她们永远也不会明白为什么。确实，在圣诞节，她们没有收到他送的支票，她们不知道为什么。[7]

沃伦和阿斯特丽德在加州马林县沙伦·奥斯伯格和大卫·史密斯夫妇家中度过新年。当他、奥斯伯格、盖茨和其他几位客人尽情玩桥牌的时候，阿斯特丽德就去乔氏超市采购食品。11月初，巴菲特终于打消了之前的顾虑——盖茨强大的个性可能令其在伯克希尔董事会支配一切，转而开始邀请盖茨加入董事会。沙伦和比尔就巴菲特基金会面临的问题谈了许多。要在沃伦去世后每年捐赠几十亿美元，就必须对基金会进行大量调整。历史上还没有哪个基金会经历过规模浩大的成功转型，甚至从来都没有进行过这样的尝试。只有一个例外——盖茨基金会，再没有其他慈善机构拥有如此巨额的资金。

沃伦也一直在考虑这个问题。秋天，他和基金会的理事录制了问答讨论的音像材料，确保他们明白他的心愿，保证这些记录他的心愿的音像材料代代流传，就像沃尔特·安嫩伯格一样，他希望自己死后被捉弄的可能性小一点。毕竟，"男儿之城"还是捉弄了佛拉纳根神父。如果连佛拉纳根神父都得不到敬重，那沃伦·巴菲特如何保证自己不被捉弄呢？

早在2005年，奥斯伯格就"提出一些假想"，而且特意到奥马哈对巴菲特讲了。她说，既然他对盖茨非常欣赏，为什么不考虑一下在他去世后将他的资金留给盖茨基金会呢？尽管巴菲特当时没有表示什么，[8]其实早在苏珊去世之前，他就开始考虑至少可以留部分钱到盖茨基金会。

查理·芒格也支持这一做法。"如果最终由盖茨基金会管理那些资金，我不会感到吃惊。"苏珊去世后不久他这样说，"我一点都不会吃惊。沃伦不喜欢那种爱摆架子的人，而盖茨在他看来就不是那种类型的人，况且盖茨只有50岁，而不是74岁。”[9]

有很长一段时间，巴菲特认为钱留在他手里实现复利增长，要比直接捐赠出去对社会更加有益，因为这样他就有更多的钱可以回报社会。但是直到他死后才进行捐赠也意味着白皇后的“明日果酱”——他一直努力避开终结、损失、死亡、放弃，所以捐赠一直在延期。多年来，他从一个偷姐姐自行车的小男孩、一个向别人兜售杠铃的小男孩、一个孩子们伸手要钱的时候永远说“不”的父亲，逐渐蜕变为一位每5年就在孩子们生日的时候送出百万美元的父亲，一个细心为女儿挑选粉红色心形钻戒的父亲。但是钱的问题对他来说还是有一些棘手，例如苏珊的遗嘱就让他有些不满。无论如何，一个巨大的思想转变就是他已经开始考虑是否要在今天兑现“明日果酱”。

然而，这并不代表他可以轻松面对时间的流逝。苏珊去世一年后，巴菲特发现自己还是对即将到来的又一个生日倍感吃惊。他真的走过大半个世纪的漫长岁月，进入75岁了吗？他还是表示难以置信，而且喜欢举一些事例说明自己身体健康，一定会长寿：他的母亲92岁去世，凯蒂婶婶97岁去世，沃尔特·施洛斯90岁了还在打网球，当然还有他的偶像B夫人。

他的75岁生日聚会在沙伦和大卫夫妇家里举办，阿斯特丽德、比尔·盖茨、妹妹伯蒂参加了生日聚会。生日蛋糕是用白色巧克力做成的100美元钞票的样式。星期六早上，史密斯安排巴菲特和9岁的美籍华裔乒乓球选手邢延华对战，摄像机记录了小女孩打败他的情景。第二天早上激烈的桥牌锦标赛后，奥斯伯格和史密斯请来的一位艺术家教巴菲特和盖茨画山水画，为的是让他们娱乐一下。巴菲特大胆尝试，在颜料盒中用力挥动着毛刷笔，油画不同于乒乓球，没有节奏性和重复性，所以游戏进行得非常轻松。他完成了一幅风景油画作品，上面画着像棒棒糖一样的树木。就在此时，前一天的乒乓球比赛让他们想到一个主意：为什么不在股东大会的短片中增加邢延华痛战巴菲特的录像呢？短片内容可是一直在不断被丰富啊。

2003 年之前，巴菲特期待被关注的愿望通过每年接受几次采访和股东大会实现。他和媒体的合作一直都非常小心、讲究战略（他并不是随时配合媒体的采访报道）。但是大概从苏珊生病开始，不知什么原因，他总是希望被媒体关注，特别是喜欢参加电视节目的录制，仿佛有瘾一般。采访越来越频繁，他还参加了纪录片的制作，和查理·罗斯一起录制了很长时间的谈话，成为 CNBC 的常客，一些朋友开始不解地问他为什么这么做。

渴望自身得到关注的巴菲特和照旧密切关注伯克希尔–哈撒韦的巴菲特形成了鲜明对比。看着他瞬间从一个状态转入另一个状态，让人眼花缭乱。邀请比尔·盖茨加入董事会后，他开通了“检举热线”，保证每一位员工都可以汇报公司的错误决策。考虑到总有一天，董事会必须在他缺席的情况下做出决策，他迈出了重要的一步——主张召开董事会的时候他不出席。但是他依然像年轻的时候那样关注着投资。“9·11”事件之后美联储大力调低利率，在市场出现泡沫之前稳步挽回损失。巴菲特在 2004 年致股东的信中写道：“我希望完成几宗万亿美元的并购，在我们目前的收入基础上再增加大笔新的收入来源，但我还是决定放弃。还有就是我发现可以选择的优良证券寥寥无几。因此，伯克希尔去年只有 430 亿美元约当现金，情况不容乐观。”第二年，伯克希尔出资收购了以下 4 家小型公司——医疗保护保险和应用承保两家保险公司；娱乐休闲汽车制造商森林之河以及一家针对企业发布公关资源的公司美国商业资讯——还有一宗大型并购，即中美洲能源对一家大型发电厂 PacifiCorp 的并购。中美洲能源并没有按照巴菲特的期望进行大量并购，然而并购 PacifiCorp 发电厂显然是明智之举。油价持续上涨，中美洲能源在替代能源方面拥有不小的优势。其首席执行官大卫·索科尔是人们公认的巴菲特的继承人之一，尽管巴菲特本人一直在继承人确定方面守口如瓶。

巴菲特还借此再次提到他依然不看好美元，认为美元一定会走低。他的第一篇相关文章发表后，美元就开始走高，财经新闻现在大力批判他的观点。他通过购买美国以外的股票降低自己的投资风险，没有什么可以改变他的观点。而且他又一次谴责公司高管薪酬过高。关于金融衍生产品——巴菲特现在每年都要提到的一个话题，在致股东的信中他这样描述：

> 很久以前马克·吐温就说过："拖着猫尾巴走的人会得到无比深刻的教训。"……考虑到两方面的原因，我每年都要提到我们在金融衍生产品方面的经验教训。一方面是我们自己的一些不愉快的经历。我和查理都知道通用再保险公司当时推出衍生产品是一个错误，而且告诉管理人员我们希望终止这些产品的相关业务。我有责任确保监督他们终止衍生产品，然而，我当时没有直接处理这一问题，导致后来用了几年的时间才将那项业务脱手。那是一段痛苦的挣扎，没有什么现实的解决方案可以让我们摆脱关系到几十年的迷宫般错综复杂的债务。我们的债务尤其让人担心，因为无法预测债务猛然暴涨的风险。再者，如果发生严重的问题，我们知道可能会连带引起金融市场的其他问题。

"我没有在事情恶化之前选择退出，同时还增加了金融衍生产品的交易量。"巴菲特指的是他聘用了一位经理，暂时允许金融衍生业务扩展的时期。后来证明，其中的一些交易耗费许多成本才最终了结。

> 都是我优柔寡断惹的祸（查理说那就是"吮拇指"）。当问题出现的时候，不管是个人生活中的问题，还是经营公司中的问题，都要当机立断。

我之所以经常提及我们在这方面遇到的问题，另一个原因就是希望我们的经验教训可以为经理、审计和监管机构的工作提供借鉴。在某种意义上，我们就是商业煤矿中的金丝雀，自己气绝身亡的代价是给别人提醒……通用再保险公司在金融衍生产品领域只有很小的份额，本来准备在良性市场环境下清算流动资金，始终因为没有财务压力和其他方面的压力而导致清算工作未及时有效地进行。我们过去一直采用传统会计标准，非常保守。此外，我们没有出现不良会计行为。

对于其他公司来讲，以后的情况就不仅如此了。我们可以想象一下，在混乱的市场环境下，压力无处不在，一家公司或更多公司（问题总会扩散）面临着高于我们数倍的流动资金，进行清算是一种怎样的情形。考虑新奥尔良的防洪大坝是否结实，进行加固工作的时机是在“卡特里娜”飓风袭来之前。[10]

然而，人们还是认为金融衍生产品可以降低风险。在低息贷款和金融衍生产品日渐增多的市场环境下，低利率和抵押贷款“证券化”演变而来的金融衍生产品将在2006年导致房市高峰。据估计，在不到10年的时间中，全球总杠杆（债务）将翻两番。[11] 巴菲特偶尔会担心的问题就是，可能再也不会出现像20世纪70年代那样可以胜券在握的投资环境。但是他从来都没有停止探索，从来都没有停止钻研。

2004年的一天，他从经纪人手里接过一本厚厚的书，有几本电话号码簿订起来那么厚，内容是韩国股票的详细列表。他一直在研究全球经济，寻找一个被忽略、被低估的国家和市场。最后，他锁定了韩国，开始一宿接一宿地翻阅那本大部头的书，研究一列一列的数字，一页一页耐心地钻研。但是那些数字和术语让人迷惑不解，他发现还是需要学习一套不同商业文化中的商业语言，所以又开始阅读另一本书，了解关于韩国会计领域的一切重要知识，这样就不会轻易被那些数字迷惑。

掌握了基本内容后，他开始了筛选工作。仿佛回到了过去在格雷厄姆–纽曼合伙企业工作时的情景，穿着自己心爱的灰色夹克坐在自动收录机后面。他从几百页的数字中挑出了一些重要的数字，研究其中的关联性，很快就从几千只股票中精选出一些可用作比对选择的股票；经过进一步在黄线拍纸簿上标记研究，最终确定出为数不多的几只可选股票——筛选工作就像翻阅《穆迪手册》那样，从废物中搜索宝石。

精简出来的列表非常简练，一页标准打印纸就可以全部列出。和一位客人坐下后，他拿出了那张最多列着二三十家公司的纸，上面只有少数几家大公司——属于全球大公司——但多数都是很小的公司。

> 看，这就是我列出来的股票，报价都是韩元。打开韩国证券交易所的网站，可以看到这些股票的交易数字，而不是订单符号，除优先股外，这些股票交易结算都是零，这是在点击5的情况下，如果持有次级优先股，不要点击6，点击7。每天晚上特定时间打开那个网站都可以查询一些问题，而且分别显示当日交易买进最多和卖出最多的5家经纪公司。还需要在韩国开通一个特殊的银行账号。这对我来说不是一件轻而易举的事情，我在一点点学习。
>
> 对我来说这就像认识一个女孩子。
>
> 这些公司都非常不错，而股票价格依然很低。股票比5年前低，但是业务却更有价值了。这些公司中的一半都有一个听起来像色情电影一样诱惑人的名字。它们生产基础产品，如钢铁、水泥、面粉和电力，都是人们10年后依然要购买的东西。这些公司在

韩国占有很大的市场份额，这一点是不会变的，其中的一些公司向中国和日本出口产品。然而，出于一些原因，这些公司没有得到足够的重视。看，这家面粉公司拥有的现金超过其市场份额，销售额是收益的3倍。我不会买许多，只是持有少数股票。还有一家，是乳制品行业。我个人的投资组合中可能会全部是韩国证券。

其实我不是外币方面的专家，但是我觉得现在持有以韩元为单位的证券是不错的选择。

主要风险，也是股票之所以便宜的原因就是朝鲜。朝鲜是一个真正的威胁。如果朝鲜入侵韩国，全世界就会陷入灾难。中国、日本、整个亚洲都将陷入战争，结果简直不堪设想。朝鲜很有可能拥有核武器。我认为朝鲜就是全世界最危险的国家。但是我可以保证世界其他国家，包括中国和日本在内，都不会在短期内让局势恶化到朝鲜利用核武器攻击韩国的地步。

他找到了新的游戏、新的钻研对象。他希望了解更多，坚持继续寻找机会，就像小时候弯腰在赛马场捡中奖的票根一样满腔热情。

2005年12月，在哈佛商学院的一次座谈中，有人问他希望巴菲特基金会对社会有怎样的影响，该基金会将是全球资金实力最为雄厚的基金会。巴菲特回答说，他觉得自己继续保持基金会的复利增长不是在对社会做贡献，所以他现在考虑更多的是要把这些钱捐赠出去。

没有人对此做出评价，没有人发现巴菲特的目标出现了大转变。

就在那次讲座中，他后来谈到了盖茨基金会。他说比尔和梅琳达·盖茨是他最佩服的两位慈善家。他们的基金会是他见过的运作最合理、基金会政策落实得最有效的基金会。他喜欢他们不希望以慈善宣传自己、不希望以自己的名字命名什么大厦的风格。

2006年初，他的想法开始具体化。他对孩子们各自的基金会工作非常满意，苏珊曾经带给他的安全感不会再有了。这样的情感力量超越了意识水平。他曾经决定让她负责管理他留下的资金，却从来没有理智或客观地考虑过她是否适合做一位慈善家。随着他们的夫妻关系在几十年的岁月长河中不断强化，他确实非常信任妻子的判断力和智慧，也习惯了对她无比信任。现在她离开了，一切都不同了。在汤姆·墨菲女儿的婚礼上，他对墨菲提到了自己内心的变化，而且突如其来地告诉沙伦·奥斯伯格自己的新想法。他准备早些把钱捐赠出去，但依然只是一个想法，还没有形成具体的计划。

计划是复杂的，细节方面需要几个月的时间来完善。第二年春天，他开始直接与基金会相关的工作人员谈起自己的想法。“振作起来。”他和卡罗尔·卢米斯坐下来谈的时候这样说。卡罗尔·卢米斯是巴菲特基金会的一位理事。“那个消息确实让人震惊。”她写道。[12]

“我遇到了很多问题，”在提到他开始通过谈话告诉人们这个决定的时候他这样说，“而且有些人一听到这个计划就觉得疑惑不安，这是一个巨大的转变，和人们一直以来所期待的基金会模式完全不同。”[13]另一方面，他的姐姐和妹妹知道这个决定后随即投以极大的热情。“这是你那次假装患了哮喘，让人们从弗雷德里克斯堡把你送回家以来想出的又一个好主意。”后来伯蒂这样写道。[14]多丽丝认为这是一个明智的决定；通过自己的阳光女士基金会，她知道即使合理捐赠几百万美元都需要投入大量的工作。[15]

2006年6月26日，巴菲特宣布在未来几年中逐步向其他基金会捐赠伯克希尔-哈撒韦股票的85%——当时共计370亿美元。慈善事业首次出现如此规模的捐赠。其中5/6将捐赠给全球最大的基金会比尔和梅琳达·盖茨基金会，为了世界更加美好，两位财富巨头将进行历史性的联手。[16]他要求自己捐赠的资金必须通过各基金会造福于人类，而不是供各基金会维系自身的长期生存之需。全家一直都在期待他们的家庭基金会有朝一日成为全世界最大的基金会，而父亲突然之间决定的大笔捐赠让孩子们颇为吃惊，为了安慰孩子们，巴菲特决定将余下的资金，共计价值约 60 亿美元，送给孩子们各自的基金会，每个基金会分别得到 10 亿美元，苏珊 · 汤普森 · 巴菲特基金会得到 30 亿美元。孩子们都没有想到各自的基金会可以达到这样的规模，特别是在父亲依然健在的时候。捐赠当日，盖茨基金会得到的第一年的捐赠是 15 亿美元，孩子们各自的基金会得到 5 000 万美元，苏珊 · 汤普森 · 巴菲特基金会得到 1.5 亿美元。根据伯克希尔–哈撒韦的股票价格，每年的捐赠数额会有所不同。实际情况是，每年的捐赠数额都会增加，增加许多。[17]

这位当时的全球第二富翁在进行捐赠的同时没有考虑为自己留下任何名利。他一生都在孜孜不倦地"滚雪球"，似乎是对自己人生的一种丰富；然而却没有建立什么沃伦 · 巴菲特基金会、巴菲特医院辅楼，没有一项大学奖学金或一座大楼冠以他的名字。进行捐赠的同时没有用自己的名字命名任何项目，没有对资金去向辅以个人意向——而是将资金放到了另一家基金会的金库中，而另一家基金会正是他权衡竞争实力和工作效率精心挑选的一家基金会；没有选择创造自己的慈善王国——彻底颠覆了传统的捐赠模式。此前没有哪位巨款捐赠人做出这样的壮举。"这是全球慈善史上历史性的一刻，"洛克菲勒慈善顾问机构的道格 · 鲍尔如是说，"他为别人进行慈善捐赠树立了榜样，推出了新的标准。"[18]

沃伦 · 巴菲特此举既令人惊讶，又在预料之中。一位不俗的思想者、一位解决问题的能手，勇敢挑战慈善领域的浪费和夸大现象。盖茨基金会得到了资金，但是必须一笔一笔地花出去，而且速度要快。

他的决定非同寻常、出于自愿，有言传身教之功，自然引来极大关注。然而，在另一方面，这是典型的巴菲特式的万无一失之举。他把自己的大部分资金用作捐赠让世界震惊，而在他实际支付之前自己依然持有这些资金。无论如何，这一次他选择了放手，改变了自己一生对钱的坚守——开始数十亿数十亿地大笔捐赠。这位自己存硬币的衣橱连家人都不准碰一下的小男孩，历经蜕变，现在终于可以自如地将数百亿美元交给别人打理了。

在宣布捐赠的发言中，巴菲特这样说：

在 50 年前，我与几位家人和朋友坐在一起，他们把 10.5 万美元以合伙的方式交到我的手里。他们断定我会比他们自己在积累财富方面做得更好。

50 年后的今天，我坐下来考虑谁在分散财富方面可以比我自己做得更好。这确实非常合理。人们总是没有时间坐下来想这个问题，总是说谁可以经手我的钱，而且总是愿意把钱交给某位专家。但是，他们似乎想都没想要在慈善方面做点什么。他们选择自己生意上的亲密朋友或其他人在自己离开后管理他们的财富，而他们本人甚至不知道这些钱用在哪里。

所以，我是幸运的，慈善工作要比经营管理复杂得多。你们负责处理的将是过去智慧而富有的人们绞尽脑汁而难得其解的重大问题。因此，寻找慈善方面的人才要比寻找投资方面的人才更加重要，相比之下投资没有那么费力。

我非常幸运，生于 20 世纪 30 年代的美国，出生的那天就中了彩票，有优秀的父母，得到了良好的教育，在这个特别的社会中得到了特别的恩赐。如果我出生得更早，或者出生在其他国家，就不会得到这样的恩赐。但是在市场体系下，资本分配至关重要，不同于其他体系下的资本分配。

> 我一直认为钱就是一把票根，应该投放到社会中去。我不支持把财富代代相传，特别在我们的资金可以有助于60亿比我们贫穷的人之时。而且我的妻子支持这样的观点。
>
> 显然比尔·盖茨就有着明确的目标，他全身心地投入改善全人类生活的伟大工作中，不分性别、宗教、种族或地域。他为人类做出了杰出的贡献。所以我在决定资金去向的时候就容易多了。

盖茨基金会和巴菲特有着同样的信念："相信每个生命都有平等的价值"，致力于在全球健康和教育领域"减少不平等，改善人类生活"。盖茨夫妇将自己当作"号召人"，号召人们群策群力，彻底解决整个社会存在的重大问题。[19]

尽管苏珊去世后，巴菲特改变了许多、完善了许多，但是在某些方面他依然如故。管理着巴菲特基金会的艾伦·格林伯格发现自己将接管只有60亿美元的基金会，而不是他一直期待的450亿美元规模的基金会，而且不再是巴菲特管理下的基金会，而是他的新任老板、前妻苏茜代管的基金会。沃伦没有勇气亲自告诉格林伯格他的计划，没有勇气告诉他需要考虑未来如何运作一个比预期规模小很多的基金会。苏茜必须让艾伦相信这绝不是因为他的工作表现而做的决定。开始艾伦非常生气，说自己不相信这是事实，但后来他还是接受了这个变化，愿意继续接管依然位列全球十大慈善组织的基金会，最终坦然地接受了变化。

所有相关的工作人员都有充分的理由认真工作。尽管巴菲特计划捐赠大笔资金，但是这些资金是逐年捐赠的。没有用作捐赠的股票价值估计在当时就已经超过60亿美元，他还有许多资本可在未来用作捐赠。

巴菲特的捐赠计划一时间带来了声势浩大的影响。中国香港演员成龙宣布捐赠自己的一半财产。亚洲首富李嘉诚承诺将190亿美元资产的1/3留给自己的基金会。墨西哥通信垄断巨头卡洛斯·斯利姆曾嘲笑巴菲特和盖茨的慈善之举，但是，几个月后还是宣布他自己也将开始慈善捐赠。盖茨夫妇在他们的基金会设立了一个新的部门，专门接待有意向基金会捐赠的人们，比如一个7岁的小女孩要向盖茨基金会捐赠自己攒下的35美元。

经过资金充实的盖茨基金会对整个慈善事业产生了结构性的影响。其“全部资产捐赠法”，与巴菲特的集中理念非常相似——还有他的投资风格——集中处理仔细挑选出来的几个重大问题。完全不同于其他许多大型基金会和社区基金，那些基金会总部管事的经理人身边围着许多前来请求帮助的人，他们一边悠闲地掰着手指头念叨“掐掐算算，鸡毛乱转……”，一边一点一点地进行少量资金发放。2006年底，包括洛克菲勒基金会在内的一些慈善组织开始修订相关政策，开始逐步接受盖茨夫妇的做法。[20]

在宣布将大量资金投放到盖茨基金会后，巴菲特办公室一下子收到了3 000封需要帮助的人们发来的邮件，每天都有大量的邮件寄来。他们没有保险、背负着沉重的医疗负担、工伤没有得到救治、住房被收回。他们的孩子患有严重的疾病，需要特别救治，导致他们失去了偿还抵押贷款的能力。或者是男朋友让她们怀孕后，骗走了钱，她们不得不代之偿还债务。他们没有赢得“卵巢彩票”。沃伦把这些信转交给姐姐多丽丝。10年来，多丽丝的阳光女士基金会得益于父亲霍华德·巴菲特的信托收益，帮助了几千名家庭暴力的受害者、生活贫困的人和面临危机的家庭。他把那些信件转交给姐姐多丽丝的时候，还拿出了500万美元资助她的工作。

她请了几位50岁以上的女士帮助筛选来信，他们选择的救助对象是“非常不幸的人，而不是做出错误选择的人”，而且选择那些要求少量资金帮助走过不幸的人。他们经常为那些嗜赌、深陷信用卡债务和不愿工作的人提供咨询建议，但是只要人们有其他办法解决困难，他们就不选择资金救助。多丽丝从来都不是给钱了事的类型。“我不希望自己只是付钱给人们。”她说。她要求得到资助的人们写感谢信。她的慈善之举同时教给人们感恩和自尊。[21]

巴菲特继续坚持大额捐赠。他每年都给泰德·特纳的核威胁倡议（NTI）组织捐赠500万美元，在他看来NTI组织是美国致力于全球核威胁事业的最重要的组织，他愿意增加捐赠。前参议员萨姆·纳恩负责管理NTI，曾提出一项核燃料库建议，允许各国转化核浓缩项目，但不进行项目开发，以降低核扩散的可能性。巴菲特认为这一观点有极大的优势，只要该组织可以筹集一定资金，他就愿意捐赠5 000万美元。他愿意大额资助任何反对使用核武器的项目，在他看来似乎这样做可以解决核威胁的现实问题。

巴菲特还资助前总统吉米·卡特成立的卡特中心。卡特不是一位受人爱戴的总统，但是在卸任、退回98层的时候他继续努力向前看，为人们树立了榜样，在全球健康、民主和人权方面做出了杰出工作，获得诺贝尔和平奖。“欢迎您参加我们于2007年2月6日至8日在加纳开展的麦地那龙线虫病防治工作。”卡特接到捐赠后热心回信邀请。[22]巴菲特把卡特当作朋友，但是没有任何人——包括豪伊、苏茜乃至比尔——能让他坐飞机到遥远的非洲看什么麦地那龙线虫。[23]

这样一来，巴菲特的非洲之行第三次未果。许多事情依然没有改变，但是随着时间的推移，其他方面还是有一些改变的。

阿斯特丽德现在是沃伦在奥马哈之外参加各类活动的正式伴侣。她还是原来的样子——同样言辞直率、谦逊质朴——但是她的世界以惊人的速度扩展。她现在经常接触比尔·盖茨夫妇。2005年秋，她和沃伦飞到大溪地参加比尔·盖茨的50岁生日聚会，聚会在保罗·艾伦豪华的“章鱼”号游艇上举办。“章鱼”号是当时全球最大的游艇，是全球富翁榜排行第六的亿万富翁儿时的梦想，游艇上配备一个影院、一个音像录制室、两架直升机、一只63英尺的补给船和一艘小型潜艇，潜艇可容纳8个人在海底生活两周。聚会期间，她和沃伦住在保罗·艾伦母亲的特等舱里，是客厅带大壁橱和图书室的大套房。“哦，我的天哪，”阿斯特丽德说，“真不敢相信。这可能是我此生第一次也是最后一次体验如此豪华的生活了。”

“这儿比家里强。”沃伦这样对她说。回家的飞机上他一直在谈游艇上的桥牌比赛。[24]

苏珊去世两年后，在巴菲特76岁生日的时候，他和阿斯特丽德在苏茜家举办了简单的婚礼，没有邀请客人，只有家人出席。阿斯特丽德身穿天蓝色的上衣和白色裤子，沃伦穿着西装。当他把一枚大大的白金婚戒戴到她的无名指上时，她激动得泪流满面。接着，他们去波仙珠宝店旁边的北梭鱼烧烤店吃晚餐。随后两人飞到旧金山参加婚礼聚会，在沙伦·奥斯伯格和大卫·史密斯夫妇家中享用传统结婚蛋糕。盖茨夫妇也参加了他们的婚礼庆祝。

品味非凡、成就不俗的沃伦·巴菲特过着简单的生活，他向来喜欢简单朴实的生活——一个妻子、一辆车子、一座多年没有翻新装修的房子，经营一家公司，和家人在一起的时间越来越多。[25]

巴菲特一直都说参天大树只是一个比喻，但小树苗在茁壮成长。

谁来接替他的工作一直是股东们关心的问题。

他有时候开玩笑说伯克希尔将由一位每周工作5天的人来接管，或者由集中了本杰明·富兰克林智慧的查理的半身像，或一个纸板像接管。他还喜欢开玩笑说自己死后也要控制公司：“嗯，我的备选计划就是想办法看看如何通过幽灵管理公司。”没有人相信他的玩笑。

还有些时候，他会这样告诉人们："我的灵魂已完全融入了伯克希尔。"在伯克希尔工作的人们和投资伯克希尔的人们都领会了巴菲特的精神。他是不可替代的，那么那些资金会怎么样呢？他去世后随即面临的一个问题就是，那些资金是分红还是大量进行股份再购入。他的继任者必须做出一些改变——伯克希尔的模式部分需要保留，部分应该变革。总部员工——少得出名——可能会随着外包工作的回归而增加。同时，人们还是认为所有的继任候选人都是在伯克希尔-哈撒韦工作的，但也未必如此。其实，董事会也会考虑在时机成熟的时候选择外部候选人接任。

巴菲特曾经说过，如果他去世30年后伯克希尔-哈撒韦依然吸引着现在的股东，将是他最高兴的事情。他正是这样安排的。他创建的一流机构可以永远运转，在他身后代代相传、生生不息。然而，做到这一切本身就是一项不俗的成就；他是这个机构的灵魂，无论如何，没有他就是一个空白。只有巴菲特可以把一切安排得完美无瑕，就像他自己的人生那样。

历史上还没有哪家公司的股东对公司首席执行官的眷恋之情胜过伯克希尔-哈撒韦的股东对巴菲特的眷恋之情。没有人像伯克希尔-哈撒韦的股东那样认为公司首席执行官就是自己的良师益友。富可敌国的他感动了无数人，许多人都觉得他是自己的故交，尽管彼此不曾谋面。但是，让人十分奇怪的就是不管巴菲特收到多少粉丝来信，不管曾经多少次亲笔签名，他从来不真正了解自己有多么受人崇拜。阅读每一封来信、每一次亲笔签名都让他兴奋不已，仿佛还是第一次。

2007年7月，道琼斯指数创下14 000点的新高，接着开始下跌。早已达到高峰的房价开始持续走低，和每一次泡沫高峰时期一样，部分原因是美联储开始提高利率所致。重新贷款困难，房主无法偿还抵押贷款，形势愈演愈烈，越来越多的人还不起贷款，出现了史无前例的贷款拖欠。

8月，出现了全球追加保证金通知现象。8个月之后，金融界爆发历史性的信用危机。大萧条以来首次出现如此严重的信用扣押。1907年的金融恐慌过后，年迈的J. P. 摩根本人出面干预缓解恐慌以来，再没有出现像2008年这样的金融市场非正式干预。

危机间歇性地不断深化，往往是几周乃至几个月的平静之后再次大规模爆发，受害者犹如海滩上散落的贝壳一样无处不在。事实证明，金融衍生产品确实导致风险扩散——银行报告损失数十亿美元；澳大利亚一家医院管理公司的投资组合损失1/4；8个挪威商业中心区推测认为安全的住房抵押证券都损失了百万美元；估计各行各业的综合损失都达几百亿美元，有的甚至达到一万亿美元。像长期资本管理公司那样的优先投注全部选错了方向。人们假想出一个理性而“有效”的市场，认为头脑冷静、精于计算的买方可以阻止降价。

> 他们声称所有这些衍生产品都可以促进世界安全，分散风险，但是不会分散人们对特定的刺激做出的反应引发的风险。现在，你完全可以认为只持有5个运转良好的银行的信用就非常不错，完全胜过持有全球范围内数千个银行的信用，这些银行可能同时出现问题。

美联储再次降低利率，与其他中央银行合作激活其他金融应急资源。[26]然而，信用卡危机还在扩散。

借贷现象出现蔓延。道琼斯指数下跌17%，从10月的水平下降到11 740点。每次公告有公司减价出售、破产或倒闭，谣言和恐慌就开始扩散。越来越多的人开始悄悄出售房产，却找不到买方，越来越多的贷方拼命收回贷款。

2008年3月13日星期四，又一轮危机爆发，这一次是投资银行中最弱的贝尔斯登，贷方开始拒绝续贷。仿佛重新上演17年前所罗门公司的一幕，第二天星期五，贝尔斯登险些因为融资短缺而倒闭。但是这一次美联储迈出了史无前例的一步，居然拿出300亿美元担保贝尔斯登的债务——美联储第一次花钱帮助一家投资银行走出困境。星期五下午，贝尔斯登收盘价为30美元。那天晚上巴菲特仔细分析了形势。长期资本管理公司此次花钱保释贝尔斯登只是一个开头彩排，规模还很小。

随之出现的是恐慌迅速扩散——没有人必须持有贝尔斯登的账户，没有人必须贷款给它。这正是我在所罗门公司所做的事情，这其实与电子银行挤兑的做法相差无几。银行不能容忍挤兑。美联储此前没有花钱帮助投资银行走出困境，那正是我1991年在所罗门公司所做的事情。如果所罗门公司的情况继续，谁知道会有怎样的多米诺骨牌效应。至于美联储该怎么做，我没有什么正确的答案。市场的某些方面几近瘫痪。人们不希望灾难蔓延到本应该很好的机构；如果贝尔斯登倒闭，两分钟后人们就开始担心雷曼倒闭，再过两分钟就开始担心美林倒闭，人们的担忧会这样无限扩散。

巴菲特非常理智地分析了美联储做出风险选择的原因。确实没有别的办法，要么就是眼睁睁地看着金融灾难爆发，要么就是促进美元贬值，提高通货膨胀。

如果整个系统充斥着大量的流动资金，一切就会立即结束，但后患无穷。如果流动资金过量，就会立即引发严重的通货膨胀，发生许多意料之外的情况，导致经济惨败。那不是我的选择，但是如果必须做出抉择——其他人都会说倒退可能只是短期的，不会多么严重，但我要说，这是长期而严重的。

人们一定不愿意面临这样的情况：第二天一觉醒来你的钱袋子居然跑到了陌生人手中。我花了很长时间考虑这个问题，确实不希望自己翌日清晨必须付10亿美元。嗯，10亿美元我可以接受，但是可能会是更大数目，一切都是不确定的。人们必须考虑到过去从来都没有发生过的一些情况，而且总是希望手头可以有大量资金。

整个周末监管机构和银行的工作人员都在不停地辛苦工作着，就像他们早些年处理所罗门公司的情况那样。然而，这一次显然是银行的失败会引起全球金融体系的全面瘫痪。贝尔斯登是否咎由自取已不是问题所在。就在东京股市周一开盘之前，美联储宣布其出于大局考虑，支持摩根大通以很低的价格收购投资银行贝尔斯登。巴菲特曾经考虑收购贝尔斯登，但是他认为其中有太多不设限的风险因素存在。

就在宣布贝尔斯登得到保释的当天，美联储为了平息恐慌，防止雷曼兄弟发生同样的情况，确实开始大量发放流动资金：允许最大的投资银行通过“贴现窗口”借款2 000亿美元，将抵押贷款证券作为担保证券。使用贴现窗口过去只是商业银行的一种特权，从来没有在投资银行实施，通过贴现窗口可以避免在申报和资本监管方面被认为是一种借款补偿。然而，恐慌没有平息，政府这样的做法没有终了。政府开始将不良贷款认作抵押品；开始推出各种史无前例的做法努力取消对抵押贷款市场的管制，帮助陷入困境的贷方。市场权威人士称美联储救助贝尔斯登、对商业银行的投资是防止危机蔓延的唯一办法，但是也对这些做法是否可以加速经济恢复提出质疑，或许只是延缓阵痛，诱发下一次泡沫。经历7个月的时间考验，事实证明金融灾难日渐显露，美元价值——一段时间以来持续贬值——依然一路下滑。

同时，油价开始上扬：到2008年7月，现货原油交易价格达到每桶144美元。

“不可思议的年代。世界完全不同了，没有人知道会发生什么，但是我和查理不看好未来趋势，没有人乐观预期。”减债是一个痛苦的过程，银行、对冲基金、金融服务机构、市政当局、建筑和旅游行业、消费者，确切说是整个经济开始倒退，它快速而痛苦，抑或慢速而痛苦，低息贷款之毒浸入不浅。资产回报可能长期低于标准水平——查理·芒格称之为“4%回报的环境”。芒格说要当心各类骗子，他们可能风行于市，因为将4%的回报提高到16%，最轻松的办法就是谎言。

2008年的春天一片混乱，巴菲特坐下来认真考虑了自己近60年的职业生涯中未曾改变的价值和风险。总有人说规则变了，但是他说只是短期来看如此而已。

巴菲特仿佛回到了童年，又开始弯腰捡“烟蒂”。他不会幸灾乐祸，但是在投资生涯中，每个人都有自己侧重的一面。这样的时候就是他最能施展才华的时候，做着自己喜欢的事情，展示一个真实的自我。

> 我们开始售出一些信用违约互换（针对存在破产风险的公司推出的保险），当时的情况是这些存在破产风险的公司的股票价格非常之低。我坐在那里，膝上放着当天的日报《债券买家》。有谁会认为我每天都读《债券买家》吗？不，订阅一年的《债券买家》高达2 400美元，我愿意选择按日订阅。我们把这些出价归入免税货币市场基金的失败拍卖和其他拍卖利率债券，一直都在想办法处理。同样的基金同一天同一时间在同一家交易商的利率分别是5.4%和8.2%，简直不可思议，但事实就是这样，而且优

先贷款有极大优势。没有什么理由说明为何以820点交易，但是我们出价820就可能取得一笔基金，然而就在同时别人却以540点进行同样一笔基金的交易。如果有人告诉我10周前事情就是这样，我会说这和我成为男性脱衣舞者一样荒唐。我们投入了40亿美元，这可能是我一生中做得最荒唐的事情。如果说这就是有效的市场，那么字典必须重新定义“有效”一词。

是谁说免税货币市场基金可以成为“烟蒂”呢?

但是信用市场中即刻出现的所谓可行的机会更让人不可思议。最大的机会居然是抵押贷款。但是我不明白，尽管我一直在努力了解这一切。如果我认为取得了足够的安全边际，我可以去做。

不，股票是应该长期持有的东西。生产率提高，股价随之上涨。只有少数事情可以容忍错误。在错误的时间买进或卖出或者付高价，都无异于自寻短见。避开这两方面的最好办法就是购买低廉的指数基金，而且要长期购买。别人恐慌的时候你要贪婪，别人贪婪的时候你要恐慌，但切勿企图智取市场。

如果长期来讲，美国社会各行各业都会好转，那又为何费力挑选投资对象，还认为自己干得好呢？只有少数人应该成为积极的投资者。

如果说沃伦·巴菲特的人生向我们展示了什么教训，这就是其中的事实。

尽管参天大树只是一个比喻，但巴菲特认为自己可以帮助小树苗生根发芽。他从来没有不关注商业，但是在考虑如何有意义地度过自己的余生时，他又一次急切地希望给人们以谆谆告诫。一段时间以来，他一直在美国大学生中间发表演讲，亲自到各学校，或者欢迎大学生到奥马哈来。他喜欢对学生们提出忠告，因为他们没有形成顽固不化的习惯思维，依然年轻，有机会实践他的忠告。

> 我很早就开始滚雪球了，如果起步晚了10年，就完全没有现在这样站在山顶看风景的优势。所以，我建议学生们要蓄势待发——这样做其实非常简单，但结果完全胜过起步晚拼命追赶的情形，而且信用卡确实会导致他们落在后面。

早在2002年，强烈的紧迫感驱使之下，他就开始频繁地为大学生演讲。所到大学包括麻省理工学院、艾奥瓦大学、内布拉斯加大学威斯里安分校、芝加哥大学、韦恩州立大学、达特茅斯学院、印第安纳大学、密歇根大学、圣母大学、哥伦比亚大学、耶鲁大学、休斯敦大学、哈佛大学、拉德克利夫学院、密苏里大学、田纳西大学、加州大学伯克利分校、莱斯大学、斯坦福大学、艾奥瓦州立大学、犹他大学、得州农工大学。他的多数发言表示，致富不是人生的终极目标。然而有意思的是，正是他的财富和名声吸引着人们关注他的发言。到奥马哈拜访的大学生越来越多。

2008年，他首次荣膺全球首富。那时候，来自亚洲、拉丁美洲的学生，两三个学校一组纷纷前往奥马哈，有时候一次到达人数超过200人，有时候一个月有好几天他都要接待学生们。

前来朝圣这位奥马哈圣人的学生都得到了盛情款待（只是巴菲特现在不必凌晨4点30分亲自到他们所在的酒店，把供学生们翻阅的厚厚的年度报告送到前台了。互联网结束了他的这项使命）。大家在B夫人的内布拉斯加家具城参观，在波仙珠宝店的柜台前流连忘返。巴菲特在办公室和学生们见面。他已经有一段时间不再穿那套灰西装配高领衬衣的正装了，穿着休闲装看起来非常轻松。学生们的问题往往不限于商业领域。人生的目标是什么？一些人希望他回答这样的问题。他回答这个问题的时候和回答商业领域的问题一样——以精密的数学方式描述。

正如苏珊手术后住院康复期间，他对佐治亚理工学院的学生们所讲的："人生的目标就是，在你期望得到关爱的人中间最大限度地争取自己受人爱戴。"

理想的社会应该是什么样子呢？他讲述了"卵巢彩票"理论。我如何找到合适的另一半呢？他说结婚（他不谈金钱）。我如何判断正误呢？按照"内部记分卡"。我的职业应该怎么规划呢？找与自己性情相投的人。我只与我喜欢的人一起工作。如果你每天早晨上班都觉得反胃，就没有找对自己的职业方向。

他给大家讲述精灵的故事。对待自己的身体要像对待自己此生拥有的唯一一部车子那样：小心呵护，每天晚上都开到车库，修复每一点凹痕，每周都要换油。他还带学生们在Gorat's牛排店吃午餐或晚餐，大家都坐在磨砂漆布桌子前大口吃着咸味排骨和双份儿的土豆饼，仿佛精灵赦免他们暂时不拘礼节一样。席间，大家非常活跃，抢着站在沃伦·巴菲特身边合影留念。某一天，或许40年后，他们的孙子辈就会相信他们讲述的自己和这位奥马哈传神谕者曾经一起聊天、一起用餐的故事。

他教给学生们的正是自己用一生的时间演绎的经验教训。

在他的人生中，他承认自己有过狂野的追求，但否认自己精心规划出现在的一切成就。他觉得很难说就是自己的妙笔创作出了这幅徐徐展开的油画巨作。在他讲述的故事中，许多幸运的事情成就了伯克希尔-哈撒韦，这样一个生钱机器只是在不经意间锋芒毕露的。公司有着一流的组织架构，志趣相投的股东们组成了芒格所称的"值得信赖的完美网络"，投资组合融合了各类相关行业，资本可以随意转移，彻底弥补了浮存金的不足——他说这一切都真实反映了他的个性。最终产品是一个人们可以分析理解的模型，然而没有几个人确实理解，更多的情况是根本没有人可以仿效。人们关注的是他的富有。实际情况是，尽管巴菲特希望人们研究他的模式，但有时候还是在不经意间让人泄气，觉得研究也是毫无意义的；他同样希望人们认为自己只是每天抱着愉快的心情工作而已。

但那不是什么故意吹嘘。

事实如此。

沃伦小时候在纸上列出大量数字、在地上捡瓶盖的时候，完全不知道自己将来会有怎样的成就。他骑着自行车穿过春谷，日复一日地送报纸，在威彻斯特县的大楼里跑上跑下，努力将报纸准时送到人们手中，如果你问他想不想成为世界上最富有的人——他会非常认真地回答："想！"

期待致富的热情驱使之下，他研究了大量的股票，一头钻进图书室和地下室认真研究别人动都不想再动的陈旧的股票记录。他一宿一宿地研究别人看来只觉得眼花缭乱的成千上万个数字。他每天早晨要认真阅读几份报纸，就像痛饮百事可乐、可口可乐那样贪婪地品读《华尔街日报》。他亲自拜访各大公司，花几小时与经营格赖夫兄弟桶业公司的女士详谈桶类业务，或者和洛里默·戴维森谈论汽车保险业务。他阅读《新杂货商》杂志，了解如何开一家肉店。度蜜月时，他在车子后座塞满了《穆迪手册》和会计分类账。他花几个月的时间阅读一个世纪以来的报纸，了解商业循环模式、华尔街的历史、资本主义的历史和现代公司的历史。他密切关注全球政局，分析其对商业的影响。他分析经济策略，顽强地让自己彻底搞明白那些经济策略的意义所在。从小时候开始，他就不错过自己崇拜之人的每一部传记，从他们的人生中吸取经验教训。他依赖可以帮助自己的每一个人，追随自己发现的每一位聪明人士。他几乎不关注商业以外的任何事情——艺术、文学、科技、旅游、建筑，因此可以完全专注于自己的所爱。他明白竞争的范围所在，努力避免错误。为了控制风险，他从不大额举债。他从来没有停止思考商业领域的事情：什么可以促成好的商业模式，什么可以导致不良的商业模式，如何参与竞争，什么可以保证客户忠于自己而不选择其他竞争对手。他处理问题的解决方案非同寻常，他的洞察力无人能及。他拥有这样的人际关系网——出于对他的友谊和他本人的睿智，大家不仅愿意伸手相助，而且在必要的时候自觉保持距离。无论生活艰难还是轻松，他从来没有停止思考赚钱之道。他的全部精力和热情都推动着自身智慧、性情和技能的不断完善。

沃伦·巴菲特热爱金钱，赚钱的游戏就是他生命中活力的源泉。对金钱的热爱让他不知疲倦：购买美国国民银行的少量股票，卖掉 GEICO 来买一些较便宜的股票，参加桑伯恩地图等公司的董事会，为股东的利益做出正确的决定。对金钱的热爱也让他变得独立而竞争力十足，拥有了自己的合伙企业，拒绝成为本杰明·格雷厄姆的老牌公司中一个身份卑微的合伙人。对金钱的热爱同样让他果断而强硬，适时关闭丹普斯特的物流中心，解雇李·戴蒙；决心解散西伯里·斯坦顿的董事会；同样也磨炼了他的耐心，尽管听从别人有违他的本性，但在查理·芒格坚持并购一些大型企业的时候他还是选择了听从；也磨炼了他的意志，坚强地挺过了美国证券交易委员会开展的关于蓝筹印花公司的调查，果敢镇压《布法罗新闻报》的罢工；促使他成为毫不留情的并购巨头；令他在自己的优势不占上风的时候一次次地降低标准；同样让他坚守自己的安全边际，避免了重大损失。

沃伦·巴菲特性格内向，不喜欢抛头露面，生活中需要别人帮助来走出困境。他的恐惧只是个人情感方面的，不是经济方面的；涉及钱的时候他从来没有羞怯退缩。渴望致富的热情让他在春谷勇敢地骑着自行车经过恶狗狂吠的人家，送出最后几份报纸；让他在遭遇哈佛拒绝后，勇敢地前往哥伦比亚大学拜在本杰明·格雷厄姆门下；让他迈开双脚到处说服人们订阅报纸，尽管一次一次地被拒绝；让他在第一次丧失勇气后找到力量去求助于戴尔·卡内基；让他在所罗门危机中顶住压力做出让步；让他优雅地面对了网络泡沫时代长达几年的苛刻批评，没有选择任何回击。他一生都在权衡、限制和规避风险，但最后他勇敢无比，连自己都不曾意识到。

沃伦·巴菲特从来不说自己勇敢，只是说自己精力充足、做事专一、善于推理。首先，他愿意将自己称作一位教师。长大后，他一直按照父亲给自己灌输的价值观要求自己：他说父亲教给他生活中事情"如何"要比"多少"重要得多。不断地检讨自己，毫不留情，并不是一件容易的事情。这让他非常诚实，而且急切地希望对人们提出自己的谆谆告诫。"他故意不去赚更多的钱，"芒格说，"沃伦如果不选择让公司拥有大量股东，不去维持长期合伙关系，而是选择代销佣金，他就可以赚到更多的钱。"33 年利滚利多赚的钱可以让他再拥有几十亿美元，甚至几百亿美元。[27] 他完全可以不顾及人们的感受，冷静分析投资回报，买进和卖出伯克希尔-哈撒韦旗下的各类业务。他完全可以在各种商业投机中宣传自己或以自己的名义牟取利益。"终究，"芒格说，"他还是不希望那么做。他有实力参与竞争，但是从来不去没有准则地参与残酷的竞争。他有自己的生活方式，拥有良好的名声和展示自己的公共舞台。而且我可以肯定的一点就是沃伦的生活因此而更加精彩。"[28]

正是他期待与大家共享知识的愿望让他不惜每年花几个月时间完成致股东的信；正是他喜欢引起公众注意的性格促使他在股东大会的时候展出活动房屋；正是他顽童一般的性格让他接手了床垫生意。他的"内部记分卡"保证他不偏离安全边际。是单纯的热爱促使他成为芒格所讲的“学习机器”。是他克服困难的本领让他做到了用自己掌握的知识推断未来。是他急于向人们提出告诫的愿望让他向世界警示危险即将发生。

沃伦 77 岁生日的时候，思忖着自己走过的岁月已经长达美国建国时日的 1/3。毕竟年龄不饶人，像过去那样整天阅读已经越来越困难，一只眼睛视力有些下降，所以他开始保持高效阅读。他终究还是选择了助听器。他的声音比过去更加沙哑，而且身体容易疲劳，但是他的商业判断力依然敏锐。

他希望自己在未来 10 年依然可以像现在这样阅读每天送来的报纸。未来的时日已然不多，但或许可以有幸多活几年。尽管他常说参天大树只是一个比喻，但自己还是在努力向上生长。他依然期待认识新朋友、完成更多的投资、继续多方出谋划策。未知的世界是无限的，他的学识依然远远不够。

> 只有找对了雪地才可以滚雪球，我就是这样做的。我所指的不仅仅是赚钱方面，在认识世界、结交朋友的时候同样如此。我们一生中要面临诸多选择，要争取做一个受欢迎的人，其实就是让自己的雪球在雪地上越滚越大，最好是一边前进一边选择积雪皑皑的地方，因为我们不会回到山顶重新开始滚雪球，生活正是如此。

他精心滚起来的雪球现在已经非常之大，然而他对待滚雪球的态度依旧。不管度过多少个生日，日历每翻到那一天他都感叹不已，永远都会如此，他一直认为自己就是早晨八九点钟的太阳。他从不回望山顶。

世界无限宽广，他才刚刚启程。

后记

2006年10月23日，伯克希尔-哈撒韦成为美国股票市场首家股价高达10万美元的公司。到2007年底，伯克希尔的股票以每股14万美元交易，以此计算，伯克希尔-哈撒韦价值超过2 000亿美元。《巴伦周刊》杂志调查显示，伯克希尔-哈撒韦是全球最受尊敬的公司。[1]巴菲特的个人资产超过600亿美元。

10年来，伯克希尔-哈撒韦股票的增长率略高于12%——远远不及巴菲特早些年实现的投资增长率，那时候他的年均回报率高达27%。参天大树只是一个比喻，他总是这样讲，伯克希尔-哈撒韦的资本增长也越来越难。但伯克希尔的投资者们对“较低”的回报也非常感激。选择购买市场指数股的投资者们经历了《华尔街日报》所谓的“失落的10年”，标准普尔500指数没有什么增长，回落到1999年4月的水平。[2]巴菲特在太阳谷年会上的发言一点点得到证实，1999年股市泡沫过后，目前的状况是几百年来罕有的第三次长期市场衰落。巴菲特依然声称股票是最好的长期投资选择——前提是以合理的价格低成本买进。到2008年初，他依然在买进股票，但是热情有所减退。不论早晚，市场称量器都要赶上市场表决器。与此同时，他继续进行大量并购。

继比尔·盖茨和夏洛特·盖曼加入董事会之后，巴菲特又增加了几位新的董事会成员。在2002年致股东的信中，他欢迎股东们拟定自己在董事会的职位。随后收到大量来信，巴菲特当然会一一阅读；他觉得非常有趣，有几个人对自己的提名给他留下了深刻印象。但最终他还是选择了唐纳德·基奥和汤姆·墨菲在那一年加入董事会，而没有从自己提名的股东中选择董事会的新成员。显然，说得好听一些，这样的选择完全是出于个人情感，也是伯克希尔-哈撒韦的管理方式。响应美国证券交易委员会的号召，伯克希尔同意顾及股东的利益，任命董事会成员的时候采取正式程序。2007年，伯克希尔-哈撒韦的董事会又增加了一位女性，雅虎的财务总监苏珊·德克尔，又一次自然降低了董事会的平均年龄。

与此同时，巴菲特发现他喜欢这个主意：让人们自己选择在董事会的角色。他一直喜欢人们主动向他提出问题，而不愿意自己占据主动角色。2006年致股东的信中，在比尔·盖茨的推动下，他指出如果卢·辛普森和自己发生什么意外，就会危及辛普森的“一流”纪录，因而提出公开选拔辛普森的继任者。“欢迎各位发送简历。”巴菲特说。他和芒格最看重的能力就是深谙风险。全球范围内共有700人应聘接任辛普森的职位，其中的一位这样说明：“大家都说我自私无情”；许多人只是详细、非常详细地讲述自己与巴菲特的共同之处——没有对自己胜任这项工作的能力做出任何说明；还有许多人来信说他们没有相关工作经历，但是愿意师从巴菲特学习、到他的公司实习或者做他的门徒。人们的来信被放在会议室的一个大盒子里面，他都要亲自阅读，而后归类存放。最后，他选择了四位业已非常成功、从事资金管理的人士，他们已经做好接任准备。

伯克希尔–哈撒韦完成了许多新的并购。最大的一宗是2006年并购伊斯卡公司，一家以色列高度自动化的金属切削刀具公司，也是伯克希尔并购的首家美国之外的公司。他还为鲜果布衣公司并购了罗素体育用品，而且以70亿美元的保险浮存金收购了承接伦敦劳合社保险业务的Equitas保险。伯克希尔还并购了电子元件分销商TTI。2007年，巴菲特投资BNSF铁路公司，引起了铁路股的小幅火爆。巴菲特没有选择的一项投资就是《华尔街日报》。他决意不购买自己最喜欢的报纸的股票，即使2007年媒体大亨鲁伯特·默多克本人表示希望他可以持有该报的股票。一些《华尔街日报》的编辑和员工都希望他能够以挽救一份优秀刊物的名义帮助该报走出困境。但是他不会选择为富人的奖杯支付溢价，即便可以成为优秀刊物的救星。很久以前，面对《华盛顿月刊》的时候，巴菲特就毫不留情地决定，不会从自己的钱包里拿出钱来支持各类刊物。没有什么可以改变他的观点。

2008年，糖果生产商玛氏公司宣布以230亿美元并购箭牌糖类有限公司。巴菲特通过伯克希尔–哈撒韦借款65亿美元资助玛氏公司的并购，是在他认可的高盛投资银行家拜伦·特洛特的推动下进行的资助。特洛特曾经负责伯克希尔–哈撒韦的几宗并购。他明白巴菲特的想法，巴菲特说他内心铭记着伯克希尔–哈撒韦的利益。“我做了70年的品评试验。”巴菲特这样评价自己和箭牌的关系。在他小时候拒绝向弗吉尼娅·麦考布里销售单片口香糖的时候就开始维护箭牌品牌了。

决定借款给玛氏公司后，他首先想到的是打电话告诉凯莉·马奇莫尔·布洛兹，在伯克希尔的股东大会上留出一小块地方，为玛氏和箭牌向股东们销售糖果提供方便。股东大会演变为一次糖果和口香糖的迷你盛会。参加人数创下新的纪录：31 000 人到会。

同样在 2008 年，伯克希尔还并购了 Marmon 集团，一家生产电子元件、铁路罐车、平台卡车、工业设备和原材料等的小型集团公司，耗资 70 亿美元。卖掉集团的是普里茨克家族，他们之所以决定解散是为了平息杰伊 · 普里茨克 1999 年辞世后引发的家族纠纷，杰伊 · 普里茨克是巴菲特的偶像。

巴菲特目睹了许多家族企业在创始人去世后爆发纠纷。他自己所做的安排已然避开了这一点，为此他感到非常欣慰。在处理完苏珊的遗嘱和对盖茨基金会进行捐赠后，巴菲特家族还是出现了小小的问题。豪伊和苏茜做着自己喜欢的事情：经营农场、负责捐赠工作。彼得在和罗伯特 · 雷德福协商，准备将《魂——七度火苗》作为雷德福的圣丹斯度假村的夏季年度盛会。他还与德国和中国的赞助商协商海外演出事项，而且在忙着发行最新的 CD 专辑《幻想王国》。

打破和谐的只有彼得收养的女儿妮科尔 · 巴菲特。2006 年，妮科尔参加了杰米 · 约翰逊和尼克 · 库佐的纪录片《百分之一》的拍摄，该纪录片讲述富裕家庭的孩子们的故事。在纪录片中，她极不明智地将自己定位成巴菲特家族中没有被宠坏的孩子。纪录片就在巴菲特向盖茨基金会捐赠之后上演，美国有线电视新闻网和美国国家公共电台进行了后续采访，妮科尔还出现在反映美国社会阶级差别的一期奥普拉访谈节目中。巴菲特对此反应强烈，他直接告诉妮科尔他不承认她是自己的孙女，就是有人直接问到，回答也是否定的。妮科尔对奥普拉说："我来自美国最富裕的家庭之一，在一个非常富有的家庭中生活是不可思议的。"她说自己"非常坦然地"接受了没有继承财富的事实——显然是指苏珊留给孙子们的那一小笔资金中她没有拿到自己的一份——但又补充道："我觉得自己如果可以用那笔钱为他人做点什么是非常有意义的，可是我完全被排除在外了。”采访中表现出一副“卑微的自我”是她的又一个错误。

随后，她写信给巴菲特直接问他为什么不承认她。2006年8月，他回信对她表示祝福，告诉她应该为自己的成就感到自豪，而且给她提出一些宝贵的建议。[3] 把自己定位成巴菲特家族的成员是一个错误，他写道：

> 如果你那么做，那就是你给别人的第一印象。人们在认识你的时候就会以那个“事实”为基础，而不去考虑你是谁，抑或你取得了怎样的成就。我既没有从法律上，也没有从情感上把你作为孙女，我们家里的其他人也没有把你当作他们的侄女或是堂表姊妹……一个简单的事实就是你的母亲不是我的儿媳妇，所以她的孩子不是我的孙女。

尽管回信采用非常客气的话语，但妮科尔毕竟还是触痛了他的软肋——他的身份和全家的身份。或许他愿意重新考虑一下信的内容，那封信着实给他带来了不利的影响。妮科尔或许做得不对，但她似乎是无辜的。拒绝承认妮科尔的信没有让她有所收敛，相反她又开始接受一些采访，仿佛巴菲特就是埃比尼泽·斯克罗吉[a]；而且《纽约邮报》的花边专栏也就此事进行了报道（《巴菲特的亲戚：你被解雇了！》），称巴菲特因妮科尔参加纪录片的录制而对她采取报复。[4] 对于一位一生辛苦、从不排挤他人的人来说，这是一种带着伤痛的讽刺——但是，或许某一天故事还是会有一个皆大欢喜的结局。巴菲特可以与B夫人重归于好；或许随着时间的推移，他可以和所有他愿意

a. 埃比尼泽·斯克罗吉是《圣诞欢歌》中一位脾气暴躁、可怜、吝啬的老头儿。——译者注

和好的人不计前嫌，握手言欢。

2008年，可口可乐的股票走出低谷，上涨45%，达到每股58美元。在首席执行官内维尔·伊斯戴尔管理下公司利润稳步增长。他解除了美国司法部的调查，耗资两亿美元结束了一场种族偏见引起的歧视诉讼。巴菲特于2006年2月退出可口可乐董事会，他参加的最后一次股东大会是激进分子的又一次狂欢大会，但没有发生针对性的搏斗。2007年的股东大会在平淡中结束，伊斯戴尔宣布自己将选择退休。新任首席执行官穆赫塔尔·肯特负责公司成功转入非可乐饮料的生产，可口可乐在非可乐饮料推出方面一直滞后，而且是选择了战略性的推迟。

> 我一直和盖茨讲火腿三明治一定会推动可口可乐的销售，事实证明非常成功。如果不是因为这一策略的成功，多年前我们可能都不会走出困境，获得新生。

通用再保险公司是伯克希尔的另一个爱惹是生非的孩子，“9·11”事件之后得益于保险市场的火爆，2007年的年度报告显示利润创下新的纪录，税前营业利润达22亿美元，[5]而且挽回了过去的损失，相比巴菲特并购时的情况，资产负债表已经明显优化。1998年末拥有140亿美元浮存金，10年后拥有230亿美元浮存金和125亿美元资本；员工减少了近1/3，公司得到了彻底扭转。[6]从2001年起，通用再保险公司的年均资本回报率达13.4%。“如果没有一系列影响名声的遗留问题，这一数字可能还会更高。”首席执行官乔·布兰登在给巴菲特的信中这样描述。[7]那些“遗留问题”包括前些年高达23亿美元的保险和再保险损失，以及处理公司的金融衍生产品、通用再保险证券所损耗的4.12亿美元。无论如何，通用再保险公司没有重蹈所罗门公司的覆辙，恢复了形象。巴菲特终于在2007年致股东的信中表示了自己对通用再保险公司和高层经理们的赞赏，他做了这样的描述："他们以一流的工作态度取得了一流的业绩，终于恢复了公司过去的荣誉。"[8]

然而，通用再保险公司依然存在一个大的遗留问题。2001年管理改组之前干的最后一件蠢事，类似于所罗门公司的丑闻，违背了巴菲特绝不"损失公司名声"的原则。事实证明，这一事件让巴菲特全面认识了全新的执法环境，要求被告完全悔改和积极配合，原告可以随意对待被告公司。完全悔改和积极配合现在是最低标准——部分原因是所罗门公司所致。任何没有完全悔改和积极配合的行为——例如公司为自己或员工辩护——都可以算作起诉的理由。

2004年，纽约总检察长埃利奥特·斯皮策开始调查保险行业的"有限"再保险业务之时，通用再保险公司就卷入了法律和监管问题。"有限"再保险的概念存在已有多年，简单说就是一种客户的融资或会计再保险——或者支撑资本，或者提高收入总额/延长赢利期限。有限再保险尽管合法，某种意义上讲也合理，但其普遍存在的弊端还是导致会计准则制定者花几十年的时间对其进行控制。

到华尔街工作之前，我就是参与控制有限再保险的人员之一，在进行会计准则制定的财务会计准则委员会（FASB）担任项目经理一职。我参与起草了如何进行有限再保险定义的规则。离开财务会计准则委员会后，我做了财务分析师。在普惠公司[a]工作期间，我负责报道了伯克希尔-哈撒韦并购通用再保险公司之时通用再保险的股票，第一次与沃伦见面是谈论并购事宜，后来一直负责报道伯克希尔-哈

a. 普惠公司，PaineWebber，美国的一家投资银行，2001年被瑞士联合银行集团收购。——译者注

撤韦。沃伦此前从来没有接待过华尔街的分析师，但对我破例。他对《纽约时报》说他喜欢我的思维方式和我写的报道。

2003 年，我开始创作本书之时，通用再保险公司和阿吉特 · 贾殷领导下的伯克希尔再保险公司都因销售有限再保险而要求接受特别调查，有限再保险业务涉嫌导致澳大利亚 HIH 保险公司破产。[9]两年后，通用再保险公司被控与弗吉尼亚州的一家医疗事故保险公司——美国互惠保险公司的破产关联，参与诈骗保险监管机构和保险客户。尽管美国司法部进行了广泛的指控调查，但没有发现关于通用再保险公司或其员工的任何指控。[10]同年，埃利奥特 · 斯皮策进行的保险行业调查推进了伯克希尔的法律调查工作，芒格、托尔斯和奥尔森通过调查发现，6 位员工包括通用再保险公司前任首席执行官罗恩 · 弗格森和前财务总监伊丽莎白 · 蒙拉德，与客户美国国际集团共谋唆使会计诈骗。涉嫌诈骗的办法就是通过再保险交易欺骗投资者和华尔街的分析师（包括我本人），将 5 亿美元储备金转入美国国际集团，以粉饰美国国际集团的资产负债表。2005 年 6 月，其中的两位同谋理查德 · 内皮尔和约翰 · 霍兹沃斯进行了辩诉和起诉做证，其他 5 人—— 4 位通用再保险公司的高管、1 位美国国际集团的高管——被控共谋和诈骗勒索。

审判于 2008 年 1 月和 2 月在康涅狄格州哈特福德联邦法院进行，原告利用电话录音资料证明被告采用华丽的词语反复商谈交易，引起广泛关注。被告声称“巴菲特参与”，说巴菲特同意那些交易模式，而且参与确定了交易价格。巴菲特没有被控有任何错误行为，原告声明与他无关。通用再保险公司的首席执行官约瑟夫 · 布兰登，在此案中被列入未起诉之共谋共犯，被告律师频繁提到他了解交易内幕。他没有申请豁免权就与联邦检察官协作工作。被告还称通用再保险公司的首席运营官塔德 · 蒙特罗斯也是未起诉之共谋共犯。他们三人都没有就此案做证。

我本人也受传讯，以事实见证人和专家的身份证实2000年初，我了解公司的实际财务状况之时，“确确实实”没有对美国国际集团做手脚以进行“强势买进”。在法院再三盘问之下，我证实自己与所有被告熟识。他们中的几位是我比较了解的人，但我一直认为他们都是值得尊敬的人。我还证实自己和沃伦的关系，说明我正在创作本书，还有从1992年开始和乔·布兰登就是很熟的朋友。传讯中没有提到塔德，但我和他也非常熟悉。

2008年2月，5位被告全部被宣判有罪。本书即将印刷的时候，他们就要面临审判；审判结果最重的可能要被判终身监禁，但事情也许不会那么严重。宣判有罪的被告称他们将继续上诉。

目前，我依然在受传讯，涉及纽约总检察长办公室对美国国际集团的前首席执行官汉克·格林伯格提起的控诉一案。此时，伯克希尔–哈撒韦与美国证券交易委员会和美国司法部的纠葛都没有终结。2008年4月，通用再保险公司的乔·布兰登辞职帮助解决公司与政府部门之间的纠葛。

至此，我已不便对此案进行更多评论。然而，沃伦·巴菲特的个性已了然于本书。希望读者可以通过阅读本书，对他是否会参与此案，是否会与伯克希尔–哈撒韦的客户共谋唆使诈骗有自己的看法。

最后要说的是，发起此次调查的纽约州州长埃利奥特·斯皮策，在美国国际集团的审判宣布被告有罪仅仅一个月后也辞去了州长职务。后来披露他曾经庇护一个名为皇家俱乐部的三陪服务组织。

资料搜集说明

为了准备撰写《滚雪球》的资料，我花了5年多的时间采访沃伦·巴菲特，有当面采访，也有电话采访。那时候我一连几周坐在他的办公室实地采集资料，或者跟随他到各地出差，观察他在工作中的一举一动。许多重要的观点源自我本人对沃伦的了解。我还采访了他的家人、朋友、同学、商业伙伴等——采访对象总计250人。其中一些采访持续数天，而且许多人都多次接受了采访。

沃伦确实给我很长时间着手本书的创作，让我随便翻阅他多年积累的许多细致的资料，包括档案资料和来往信件，非常幸运的一点就是他本人与许多朋友和家人一直保持着信件往来的习惯。伯克希尔–哈撒韦的大量资料帮助我确定了本书的时间轴，得以准确再现许多细节。我本人对沃伦的理解也在一点点加深，一些内容源自我的亲身经历。资料中一些存在争议的内容在本书的尾注中进行了说明。

全书所引用的内容是为了生动描述细节。许多引用内容由录音资料整理而成，考虑到行文流畅和篇幅长短做了些许编辑。引用都注明了出处，只有采访人要求匿名的部分没有注明出处。

在采访过程中，许多人努力回忆过去的一些谈话内容，有些是发生在几十年前的事情，所以引用的内容不可能一字不差地记录当时的谈话。不管怎样，对一些事件或谈话的再现对我创作本书非常有益。采访资料来源在尾注中进行了说明。

最后，是我本人和沃伦的广泛接触以及许多人提供的大量点点滴滴的资料促成了本书的完成，向读者呈现了这位魅力十足、睿智深邃的时代巨人。

致谢

没有许多人的热心帮助就没有本书，它的面世主要依靠许多人的慷慨相助。他们当中我首先要感谢的当然是沃伦·巴菲特。他非常慷慨地给了我大量时间，让我接触他的朋友、家人以及档案资料，他的勇气值得一提——在长达5年多的创作过程中都没有干涉本书的创作风格，一直到最后印刷都没有插手。他坚信一个理智的人可以完成这一切，而且是他温和而又固执的卡内基式的风格给了我写作的勇气和做人的勇气，改变了我的人生。他对我的影响不是一段话或几页纸可以表达的——但这一切的一切，我都要说："沃伦，谢谢你！"

我的出版经纪人，出类拔萃的大卫·布莱克，对本书做了无懈可击的指导。我非常信任他——是他提出了我不愿意面对的一些问题——站在朋友的角度提出了最宝贵的建议。他的谈判技巧也曾经让沃伦沉默而一时无语，堪称不小的成就。

非常幸运的是，此书由睿智精明的欧文·阿普勒鲍姆负责出版，他是 Bantam Dell 出版社的总裁兼发行人，本书完成过程中是他的支持和智慧鼓舞了我。提供大力帮助的还有我的编辑安·哈里斯，是她鼓励我以完整再现主人公一生的方式创作《滚雪球》，对本书基调、前后关系和细节之处做了精细入微的编辑。后来，贝丝·拉什鲍姆进行了修订，客观地删除了第一手作者不忍自己删除的一些内容，对本书进行了无以量化的改善。《滚雪球》离不开他们两位的辛苦，我非常感激自己碰到了两位如此资深的编辑。当然，任何错误疏漏都是我个人的责任。

我还要感谢：Bantam 出版社的洛伦·诺弗克负责这本巨作推出的许多具体事项，弗吉尼亚·诺雷负责设计工作，安的助理安吉拉·波利多罗。还有其他人齐心协力推出了《滚雪球》：副发行人妮塔·陶布利比，发行总监吉纳·瓦赫特尔，律师马修·马丁，发行专家汤姆·莱迪、玛吉·哈特和玛格丽特·本顿，创意市场总监贝齐·赫尔斯博施和她带领的团队，销售市场总监辛西娅·拉斯基和发行总监巴布·伯格。

我创作本书的时候还担任摩根士丹利公司的顾问总监，非常感谢各位朋友和同事以及公司的支持。自始至终，我的朋友兼助理莉萨·爱德华兹都负责进行资料整理、采访安排，为我策划年度伯克希尔–哈撒韦的晚餐聚会，处理大量的其他事务，保证我的生活井然有序。劳伦·埃斯波西托帮助我进行资料研究，她也是摩根士丹利的员工，总是非常娴熟地研究重要的资料，她的财务知识大大促进了本书的完成。艺术家马里昂·埃特林格在本书创作的最后阶段给了我极大的帮助，在此我非常感谢。

多丽丝·巴菲特，罗伯塔·巴菲特·巴雷克（伯蒂），沃伦·巴菲特的孩子苏茜、豪伊和彼得，查理·芒格，比尔·盖茨和唐·格雷厄姆都提出了宝贵的意见，不惜为此花费时间，我非常感谢他们的帮助。

创作过程中，沃伦和我非常信任的人——沙伦·奥斯伯格、维纳亚·萨齐和德文·斯珀吉翁——都提供了各方面的大量帮助，包括撰写财经评论、消除我的紧张情绪。我的姐妹伊丽莎白·戴维和我父亲肯·戴维的关爱和支持促进了本书的完成。大卫·莫耶总是在我需要的时候及时出现，深深体会了与一个抓紧时间写作的人在一起生活的滋味，开玩笑说自己是“流放中的未婚夫”，我累了的时候可以在他的肩膀上靠一靠，他的建议、笑声、爱和浪漫无处不在。他和沙伦·奥斯伯格、贾斯廷·贝内特是本书最早的读者，没有他们的评论和建议，《滚雪球》就会拙劣许多。

许许多多的个人和组织为本书搜集资料提供帮助、授权使用照片和复印资料，以各种不同的方式为本书的推出提供了直接或间接的帮助。非常感谢卡罗尔·艾伦、赫伯特·艾伦、埃德·安德森和琼·帕森斯、简和布赖恩·巴比亚克、布鲁姆金一家、哈尔·博思威克、戴比·博赞科、贝齐·鲍恩、乔·布兰登、菲尔·布鲁克斯、凯莉·布洛兹、简和约翰·克利里、卡洛·科尔克、罗伯特·康特、杰拉德·科里根、迈克尔·达利、利·安·伊莱赛、斯图尔特·埃里克森、保罗·菲什曼、辛西娅·乔治、乔治·吉莱斯皮、里克·格林、马克·汉堡、卡罗尔·海耶斯、利兹·希尔顿、马克·扬科夫斯基、豪伊·杰森夫妇、格拉迪丝·凯泽、唐纳德·基奥、汤姆和弗吉尼娅·纳普、玛格丽特·兰登、阿瑟·兰利、大卫·拉勒贝尔、斯坦福·利普西、杰克·梅菲尔德、约翰·迈克法兰、迈克尔·麦吉夫尼、维恩·麦肯齐、小查尔斯·芒格、莫利·芒格、温迪·芒格、托尼·奈斯利、多萝茜·奥伯特、罗恩·奥尔森、查克·彼得森、苏珊·雷恩弗、罗德·拉思本、德布·雷、埃里克·罗森菲尔德、奈尔·罗西妮、弗雷德·莱因哈特、迈克·鲁德、加里·罗森伯格、埃迪丝·鲁宾斯坦恩、迈克尔·拉戴尔、理查德·斯坦图利、沃尔特·施洛斯、卢·辛普森、卡罗尔·斯克莱卡、斯坦利·斯波金法官、玛丽·斯坦顿·普洛登·沃德劳、克里斯·斯塔罗、鲍勃·沙利文、杰弗里·瓦伊塔尔、马歇尔·温伯格、希拉·韦策尔、布鲁斯·惠特曼、杰基·威尔逊、阿尔·扎内，以及许多要求匿名的人。

我还要感谢以下公司和组织：道格拉斯县历史学会、GEICO、格林尼治急诊医疗服务中心、Greif公司、哈佛商学院、哈佛法学院、梅里克图书馆、小马丁·路德·金的华盛顿公共图书馆、摩根士丹利、美国国家档案馆、美国国家赔偿公司、内布拉斯加家具城、新贝德福德免费公共图书馆、新贝德福德捕鲸博物馆、纽约公共图书馆、奈特捷、奥马哈媒体俱乐部、《奥马哈世界先驱报》、《杰出投资人文摘》、劳斯莱斯基金会、罗斯希尔学校、鲁安·坎尼夫-戈德法布公司、美国证券交易委员会、威彻斯特县各部门。

注释

Chapter 1

1

This quote, or its variation, "Behind every great fortune there is a great crime," is cited endlessly without a specific source: for example, in Mario Puzo's *The Godfather* and in commentary on The Sopranos and on the Internet bubble. This pithier version condenses what Honoré de Balzac actually wrote in *Father Goriot*: "The secret of a great success for which you are at a loss to account is a crime that has never been found out, because it was properly executed."

Chapter 2

1

Herbert Allen made an exception for Ken Auletta, the first and only time a writer was allowed to attend and write about Sun Valley. "What I Did at Summer Camp" appeared in the *New Yorker*, July 26, 1999.

2

Interview with Don Keough. Other guests commented on Buffett's role at Sun Valley as well.

3

Except Donald Trump, of course.

4

Dyan Machan, "Herbert Allen and His Merry Dealsters," Forbes, July 1, 1996.

5

Elephant herds are matriarchal, and the females eject the males from the herd as soon as they are old enough to become dominant and aggressive. Then the solitary males approach herds of females, trying to mate. However, this isn't exactly the way human elephant-bumping works.

6

Allen & Co. does not release the numbers, but the conference was said to cost around $10 million, more than $36, 000 per invited family. Whether $5 or $15 million, that pays for a lot of flyfishing and golf over the course of a long weekend. Much of the money pays for the conference's exhaustive security and logistics.

7

Buffett likes to tell a joke about having worked his way up to this exalted state: starting from a trailer, then the lodge, then a lesser condo, and so forth.

8

Herbert Allen's son Herbert Jr. is usually referred to as "Herb." However, Buffett refers to Herbert Sr. as "Herb" as a mark of their friendship, as do a few other people.

9

This portrait of Sun Valley and the impact of the dotcom billionaires is drawn from interviews with a number of people, including investment managers with no ax to grind. Most asked not to be named.

10

Allen & Co. and author estimate. This is the total assets under management of money managers who attend the conference, added to the personal fortunes of the guests. It represents their total economic power, not their consumption of wealth. By comparison, the capitalized value of the U.S. stock market at the time was about ten trillion dollars.

11

$340, 000 per car in Alaska, Delaware, Hawaii, Montana, New Hampshire, both Dakotas, Vermont, Wyoming, and throw in Washington, D.C., to boot (since the District of Columbia is not a state).

12

Interview with Herbert Allen.

13

Buffett had spoken twice before at the Allen conference, in 1992 and 1995.

14

Buffett and Munger preached plenty to their shareholders at Berkshire Hathaway annual meetings, but this preaching to the choir doesn't count.

15

Al Pagel, "Coca-Cola Turns to the Midlands for Leadership;" *Omaha World-Herald*, March 14, 1982.

16

Buffett's remarks have been condensed for readability and length.

17

PowerPoint is the Microsoft program most often used to make the slide presentations so ubiquitous in corporate America.

18

Interview with Bill Gates.

19

Corporate profits at the time were more than 6% of GDP， compared to a long-term average of 4.88%. They have since risen to over 9%， far above historic standards.

20

Over long periods the U.S. economy has grown at a real rate of 3% and a nominal rate (after inflation) of 5%. Other than a postwar boom or recovery from severe recession， this level is rarely exceeded.

21

American Motors， smallest of the "Big Four" automakers， sold out to Chrysler in 1987.

22

Buffett is speaking metaphorically here. He admits to investing in things with wings a time or two， and not with good results.

23

Buffett first used this story in his 1985 chairman's letter， citing Ben Graham， who told the story at his tenth lecture in the series Current Problems in Security Analysis at the New York Institute of Finance. The transcripts of these lectures， given between September 1946 and February 1947， can be found at http://www.wiley.com//legacy/products/subject/finance/bgraham/ or in Benjamin Graham and Janet Lowe， The Rediscovered Benjamin Graham: Selected Writings of the Wall Street Legend. New York: Wiley， 1999.

24

A condensed and edited version of this speech was published as "Mr. Buffett on the Stock Market" Fortune， November 22， 1999.

25

PaineWebber-Gallup poll， July 1999.

26

Fred Schwed Jr.， *Where Are the Customers' Yachts*? or， A Good Hard Look at Wall Street. New York， Simon & Schuster， 1940.

27

Interview with Bill Gates.

28

Keynes wrote: "It is dangerous...to apply to the future inductive arguments based on past experience， unless one can distinguish the broad reasons why past experience was what it was，" in a book review for Smith's Common Stocks as Long-Term Investments in Nation and Athenaeum in 1925 that later became the preface for Keynes， The Collected Writings of John Maynard Keynes. Vol. 12， Economic Articles and Correspondence; Investment and Editorial. Cambridge: Cambridge University Press， 1983.

29

The comedian Mort Sahl used to end his routine by asking， "Is there anyone I haven't offended?"

30

According to a source who overheard them and would rather remain nameless.

31

Interview with Don Keough.

Chapter 3

1

Interview with Charlie Munger.

2

Parts of Munger's explanation are taken from three lectures on the psychology of human misjudgment, and his commencement address to the Harvard School on June 13, 1986, both as found in Poor Charlie's Almanac, The Wit and Wisdom of Charles T. Munger, edited by Peter D. Kaufman. Virginia Beach, Va.: Donning Company Publishers, 2005. The rest is from interviews with the author. Remarks have been edited for brevity and clarity.

3

Interview with Charlie Munger.

4

Munger's driving habits are described in Janet Lowe, Damn Right.t Behind the Scenes with Berkshire Hathaway Billionaire Charlie Munger. New York: John Wiley & Sons, 2000.

5

Required to produce a doctor's note to prove he was blind in one eye and qualified for a special license at the California Department of Motor Vehicles, Munger refused and offered to take out his glass eye instead.

6

Munger's doctor used an older type of surgery that had a higher complication rate. Rather than blame the doctor, Munger claims he should have done more research on doctors and types of surgery himself.

7

Buffett's interest in such products as pig stalls and egg counters is limited; he reviews some of these statistics in a summarized form.

8

Despite the complaints of passengers, Buffett has never, to the author's knowledge, been responsible for an accident, only near heart attacks.

9

Beth Botts, Elizabeth Edwardsen, Bob Jensen, Stephen Kofe, and Richard T. Stout, "The Cornfed Capitalist" Regardie's, February 1986.

Chapter 4

1

Buffett predicted up to 6% growth in the market per year, but gave historical ranges of no growth, and the underlying math suggested that figure could be high. The 6% was a hedged bet.

2

S&P is Standard & Poor's Industrial Average, the most widely used measure of the overall stock market's performance. S&P includes reinvested dividends. Berkshire does not pay a dividend. All numbers are rounded.

3

"Toys 'R' Us. vs. eToys, Value vs. Euphoria," Century Management, http://www.centman.com/Library/Articles/Aug99/ToysRUsvsEtoys.html. In March 2005, Toys"R" Us agreed to a takeover offer from private equity firms Kohlberg Kravis Roberts & Co., Bain Capital, and real estate group Vornado Realty Trust in a deal valued at $6.6 billion.

4

Interview with Sharon Osberg.

5

Buffett, speaking to the Oquirrh Club, "An Evening with Warren Buffett" October 2003.

Chapter 5

1

Warren's sister Doris Buffett, the family genealogist, has done extensive research on the Buffett family tree. This abbreviated account of the early ancestors is drawn from her research.

2

Either Nathaniel or Joseph.

3

This was the largest and finest of the livery stables in town, with seventy horses at its peak, boasting sleighs, buggies, a circus bateau, and even a hearse. It prospered for a number of years but disappeared sometime around the early days of the automobile. "Six Generations Prove That Buffett Family Is Really Here to Remain," Omaha World-Herald, June 16, 1950.

4

Orville D. Menard, "Tom Dennison... The Rogue Who Ruled Omaha" Omaha, March 1978.John Kyle Davis, "The Gray Wolf: Tom Dennison of Omaha," Nebraska History, Vol. 58, No. 1, Spring 1977.

5

"Dry Law Introduced as Legislators Sing" Omaha World-Herald, February 1, 1917.

6

"Omaha's Most Historic Grocery Store Still at 50th and Underwood," Dundee and West Omaha Sun, April 25, 1963.

7

Zebulon Buffett, letter to Sidney Buffett, December 21, 1869.

8

Sidney's store was originally named Sidney H. Buffett and Sons, where both brothers, Ernest and Frank, worked. The store originally sat at 315 South 14th Street downtown, where it stayed until its closing in 1935.

Frank took over as sole proprietor after Sidney's death in 1927. In 1915, Ernest opened a branch store, which moved west to 5015 Underwood Avenue in Dundee in 1918. (At the time Dundee was a separate town, eventually annexed by Omaha.)

9

A third child, named Grace, died in 1926. Three more, George, Nellie, and Nettie, died at young ages in the nineteenth century.

10

Warren Buffett quoting Charlie Munger.

11

According to Doris Buffett, she was born Daisy Henrietta Duvall and began to call herself Henrietta (after her mother) rather than Daisy by the time she arrived in Omaha.

12

Charles T. Munger letter to Katharine Graham, November 13, 1974.

13

Ernest Buffett letter to Barnhart & Son, February 12, 1924.

14

Interview with Charlie Munger. His mother told him this story, although, he notes, "she may have been garnishing it just a bit." But others recall the notebook.

15

In letters like one to his son Clarence in January 1931, he analyzed the effect of railroad automation on unemployment and suggested that the best solution for the Great Depression was a great public-works project. It seems ironic that he and his son Howard became such foes of Roosevelt when he initiated the Works Progress Administration after the next election.

16

Ernest Buffett letter to Fred and Katherine Buffett, undated, "ten years after you were married," circa June 1939.

17

He died young, in 1937, in an auto accident in Texas.

18

Coffee with Congress, radio interview with Howard, Leila, Doris, and Roberta Buffett, WRC Radio, October 18, 1947, Bill Herson, moderator. (Note: This description is based on a tape of the broadcast.)

19

Interview with Doris Buffett.

20

Based primarily on family files.

21

Bryan's "Cross of Gold" speech, delivered on July 9, 1896, has been called the most famous political speech in American history. Bryan is best remembered for opposing the gold standard and for getting involved in the Scopes case, where the famous lawyer Clarence Darrow made him look foolish for testifying against teaching evolution in schools. In fact his interests were broader and less extreme and his contemporary influence greater than he is generally remembered for today.

22

Family files. Bernice blamed her father for marrying into a family with genetic mental defects, begetting children who would suffer the result.

23

Leila was a freshman at Nebraska during the 1923~1924 academic year, according to the Cornhusker yearbook, when Howard was a junior. On Coffee with Congress, Howard noted that they met in the fall of 1923, when Leila was 19. Because students usually entered college at 17, this suggests she worked for about two years before starting. She pledged Alpha Chi Omega as a freshman in the 1923~24 school year, but was still classified as a freshman in 1925, suggesting she went home to work on the newspaper and returned in the spring of 1925.

24

Probably in fall 1923.

25

Howard was secretary of the Innocents (Daily Nebraskan, September 27, 1923). This group persisted for many more years, until, as Buffett puts it, "the day came when they couldn't find thirteen who were innocent.

26

Coffee with Congress.

27

Interview with Roberta Buffett Bialek.

28

At Harry A. Koch Co., whose motto was "Pays the Claim First." He made $125 a month.

29

Receipt from Beebe & Runyan, December 21, 1926, annotated by Leila.

30

They were married December 26, 1925.

31

February 12, 1928.

32

Howard became a deacon in 1928 at the age of 25.

33

Address to the American Society of Newspaper Editors, Washington, D.C., January 25, 1925.

Chapter 6

1

Even so, only three in a hundred Americans owned stocks. Many had borrowed heavily to play the market, entranced by John J. Raskob's article, "Everybody Ought to Be Rich" in the August 1929 Ladies' Home Journal and Edgar Lawrence Smith's proof that stocks outperform bonds (Common Stocks as Long-Term Investments. New York: The MacMillan Company, 1925).

2

"Stock Prices Slump $14, 000, 000, 000 in Nation-Wide Stampede to Unload; Bankers to Support Market Today," New York Times, October 29, 1929; David M. Kennedy, Freedom from Fear, The American People in Depression and War, 1929~1945. New York: Oxford University Press, 1999; John Brooks, Once in Golconda, A True Drama of Wall Street; 1920~1938. New York: Harper &Row, 1969. Roger Babson's famous warning, "I repeat what I said at this time last year and the year before, that sooner or later a crash is coming," was useless.

3

Kennedy, Freedom from Fear. Kennedy notes that interest payment on the national debt rose from $25 million annually in 1914 to $1 billion annually in the 1920s due to World War I, accounting for one-third of the federal budget. The actual budget in 1929 was $3.127 billion a year (Budget of the U.S. Government, Fiscal Year 1999—Historical Tables, Table 1.1—Summary of Receipts, Outlays, and Surpluses or Deficits: 1789~2003. Washington, D.C.: Government Printing Office).

4

By the bottom tick on November 13, the market had lost $26 to $30 billion of its roughly $80 billion precrash value (Kennedy, op. cit., Brooks, op. cit.). World War I cost approximately $32 billion (Robert McElvaine, The Great Depression: America, 1929~1941. New York: Three Rivers Press, 1993; also Hugh Rockoff, It's Over, Over There: The U.S. Economy in World War I, National Bureau of Economic Research Working Paper No. 10580).

5

Charlie Munger reported that all the Buffetts, including those employed elsewhere, worked at the store, in a letter to Katharine Graham dated November 13, 1974.

6

Coffee with Congress.

7

Roger Lowenstein, Buffett: The Making of an American Capitalist. New York: Doubleday, 1996.

8

Roger Lowenstein, in Buffett, cites Leila Buffett's memoirs for this fact.

9

Ernest Buffett letter to Mr. and Mrs. Clarence Buffett and Marjorie Bailey, August 17, 1931.

10

"Union State Bank Closes Doors Today: Reports Assets in Good Condition; Reopening Planned," Omaha World-Herald, August 15, 1931. Characteristically, the story understated the bank's dire situation. It went into reorganization under regulatory supervision and filed for bankruptcy.

11

Howard had borrowed $9, 000 to buy $10, 000 of stock in the bank. The stock was now worthless. The house and mortgage were in Leila's name. Standard Accident Insurance Company, Howard Homan Buffett application for fidelity bond.

12

"Buffett, Sklenicka and Falk Form New Firm," Omaha Bee News, September 8, 1931. Statement of Buffett, Sklenicka & Co. for the month ending September 30, 1931.

13

The wave crested in December 1931 with the failure of the Bank of the United States, an officialsounding institution that had nothing to do with the government. The $286 million collapse broke a record, took down 400, 000 depositors, and was understood by everyone—in one sense or another—as a failure of public trust (Kennedy, Freedom from Fear). It kicked the quivering legs out from under the banking system and sent the already battered economy into collapse.

14

Although its return on revenues was low, the firm by then was consistently profitable and would remain so, with the exception of a couple of months.

15

By the end of 1932, Howard Buffett was averaging 40%~50% more in commissions than in 1931, based on financial statements of Buffett, Sklenicka & Co.

16

Charles Lindbergh Jr., "The Little Eaglet," was kidnapped on March 1, 1932. His body was found on May 12, 1932. Many parents in the 1920s and 1930s were preoccupied with kidnapping, a fear that actually began with the Leopold and Loeb case in 1924 but peaked with the Lindbergh baby. An Omaha country-club groundskeeper claimed he was kidnapped and robbed of $7. In Dallas a minister faked his own kidnapping, trussing himself to his church's electric fan (Omaha World-Herald, August 4, 1931, and June 20, 1931).

17

According to Roberta Buffett Bialek, Howard once had rheumatic fever, which may have weakened his heart.

18

Interview with Doris Buffett.

19

Interview with Doris Buffett. Warren also remembers this.

20

Interview with Roberta Buffett Bialek.

21

Interviews with Jack Frost, Norma Thurston-Perna, Stu Erikson, Lou Battistone.

22

The correct clinical term for Leila's condition is unknown, but it may have boiled down to a literal pain in the neck: occipital neuralgia, a chronic pain disorder caused by irritation or injury to the occipital nerve, which is located in the back of the scalp. This disorder causes throbbing, migrainelike pain, which originates at the nape of the neck and spreads up and around the forehead and scalp. Occipital neuralgia can result from physical stress, trauma, or repeated contraction of the neck muscles.

23

Interview with Katie Buffett. This may have been while pregnant with either Warren or Bertie.

24

Interview with Katie Buffett.

25

"Beer Is Back! Omaha to Have Belated Party," Omaha World-Herald, August 9, 1933; "Nebraska Would Have Voted Down Ten Commandments, Dry Head Says," Omaha World-Herald, November 15, 1944; "Roosevelt Issues Plea for Repeal of Prohibition," Associated Press, July 8, 1933, as printed in Omaha World-Herald.

26

U.S. and Nebraska Division of Agricultural Statistics, Nebraska Agricultural Statistics, Historical Record 1866~1954. Lincoln: Government Printing Office, 1957; Almanac for Nebraskans 1939, The Federal Writers' Project Works Progress Administration, State of Nebraska; Clinton Warne, "Some Effects of the Introduction of the Automobile on Highways and Land Values in Nebraska," Nebraska History quarterly, The Nebraska State Historical Society, Vol. 38, Number 1, March 1957, page 4.

27

In Kansas, a banker sent to foreclose on a farm turned up dead, shot full of. 22–and. 38–caliber bullets and dragged by his own car."Forecloser on Farm Found Fatally Shot," Omaha World-Herald, January 31, 1933. See also "'Nickel Bidders' Halted by Use of Injunctions," Omaha World-Herald, January 27, 1933; "Tax Sales Blocked by 300 Farmers in Council Bluffs," Omaha World-Herald, February 27, 1933; "Penny Sale Turned into Real Auction," Omaha World-Herald, March 12, 1933; "Neighbors Bid $8.05 at Sale When Man with Son, Ill, Asks Note Money," Omaha World-Herald, January 28, 1933, for examples of the mortgage crisis.

28

"The Dust Storm of November 12 and 13, 1933," Bulletin of the American Meteorological Society, February 1934; "60 Miles an Hour in Iowa," special to the New York Times, November 13, 1933; Waudemar Kaempffert, "The Week in Science: Storms of Dust," New York Times, November 19, 1933.

29

Also cited from Leila's memoirs in Roger Lowenstein's Buffett.

30

From the Almanac for Nebraskans 1939. Sponsored by the Nebraska State Historical Society, which also contained some tall tales such as the idea of scouring pots by holding them up to a keyhole.

31

"Hot Weather and the Drought of 1934," Bulletin of the American Meteorological Society, June-July 1934.

32

Grasshoppers are the informal state mascot; Nebraska terms itself the "Bugeater State." Long before the Cornhuskers name, the University of Nebraska football team called itself the "Bugeaters" in 1892 in honor of its flying guests. Nebraska football fans still informally call themselves Bugeaters. Grasshoppers love drought conditions and contribute to soil erosion by devouring every living plant down to the black earth. From 1934–1938 the estimated national cost of grasshopper destruction was $315.8 million (about $4.7 billion in 2007 dollars). The region encompassing Nebraska, the Dakotas, Kansas, and Iowa was the epicenter of grasshopper infestation. See Almanac for Nebraskans 1939; also Ivan Ray Tannehill, Drought: Its Causes and Effects. Princeton: University Press, 1947.

33

"Farmers Harvest Hoppers for Fish Bait," Omaha World-Herald, August 1, 1931.

34

As asserted in Franklin Delano Roosevelt's inaugural address (March 4, 1933)—he was speaking, however, of economic paralysis.

35

Lacking electronic security and thoughtful cash controls, banks were more vulnerable to robbery in those days, and an epidemic of bank robberies took place in the 1930s.

36

Several Buffetts, including Howard and Bertie, contracted polio. Another epidemic took place in the mid–1940s. People born after the vaccine became available in the 1950s and '60s may find the chronic anxiety this disease engendered difficult to comprehend, but it was very real at the time.

37

In 1912, twenty-five people were injured when a howling wind derailed a train near North Loup, Nebraska, according to the Almanac for Nebraskans 1939.

38

Ted Keitch letter to Warren Buffett, May 29, 2003. Keitch's father worked at the Buffett store.

39

Interview with Doris Buffett.

40

Howard wanted his children to attend Dundee's Benson High School instead of Central, where he had suffered from snobbery.

41

Marion Barber Stahl was a partner in his own firm, Stahl and Updike, and had become counsel to the New York Daily News, among other clients. He and his wife, Dorothy, lived on Park Avenue and had no children. Obituary of Marion Stahl, New York Times, November 11, 1936.

42

Interview with Roberta Buffett Bialek.

43

Interviews with Roberta Buffett Bialek, Warren Buffett, Doris Buffett.

44

Interview with Doris Buffett.

45

September 9, 1935, at the Columbian School.

46

Interview with Roberta Buffett Bialek as well as Warren Buffett.

Chapter 7

1

Adults interviewed by the author who attended Rosehill as children recall it as idyllic, yet the year before Warren started first grade, Rosehill parents pleaded for relief from overcrowded rooms and a "mud hole" playground. They were told not to expect help "until the sheriff collects back taxes"."School Plea Proves Vain," Omaha World-Herald, January 22, 1935.

2

Interview with Roberta Buffett Bialek.

3

Walt Loomis, the teacher of the boxing lesson, was a big kid, about Doris's age.

4

Interview with Roberta Buffett Bialek.

5

Stella's doctors referred to her as schizophrenic, while noting she suffered annually from predictable periods of agitation and confusion, and indicated that her personality did not deteriorate as expected in schizophrenia. Based on family history and Bernice's statement that other older relatives in addition to Stella's mother, Susan Barber, were "maniacal" and mentally unstable, bipolar disorder may be suspected as the real condition. This disease was barely understood, to say the least, in the 1930s and '40s.

6

From an entry in Leila's "day book."

7

In an interview, one of his classmates, Joan Fugate Martin, recalled Warren showing up on his rounds periodically to "shoot the breeze" in her driveway.

8

Interview with Roberta Buffett Bialek.

9

Interviews with Stu Erickson, Warren Buffett.

10

According to his Rosehill transcript, Warren was promoted to 4B in 1939.

11

Interview with Stu Erickson.

12

My appendectomy was the high point of my social life," Buffett says.

13

"I wish one of those nuns had gone bad," he says today.

14

Rosco McGowen, "Dodgers Battle Cubs to 19–Inning Tie," New York Times, May 18, 1939.(Warren and Ernest did not stay for the entire game.)

15

Ely Culbertson, Contract Bridge Complete: The New Gold Book of Bidding and Play.Philadelphia: The John C. Winston Co., 1936.

16

This explanation of bridge was provided by Bob Hamman, eleven-time world champion and #1-ranked bridge player in the world between 1985 and 2004. Hamman appears at the Berkshire shareholders' meeting.

Chapter 8

1

Warren bought the gum for three cents a pack from his grandfather.

2

Interviews with Doris Buffett, Roberta Buffett Bialek.

3

Two presidents, Ulysses S. Grant and Theodore Roosevelt, had previously sought election to a third term. Both were defeated.

4

The Trans-Lux Corporation placed the first ticker-tape projection system at the New York Stock Exchange in 1923. The system worked something like a fax machine. Trans-Lux knew a good thing when it saw one: The company's own stock was listed on the American Stock Exchange in 1925, and Trans-Lux remains the oldest listed company on the Amex today.

5

Frank Buffett had reconciled with Ernest on Henrietta's death in 1921 and ran the other Buffett store. John Barber was a real estate agent.

6

Pyramid schemes are frauds that promise investors impossible returns, using cash from later investors to pay off earlier investors and create the appearance of success. To keep going, the scheme has to grow like a pyramid, but their geometrically compounding structure guarantees eventual failure and discovery.

7

Alden Whitman, "Sidney J. Weinberg Dies at 77; 'Mr. Wall Street' of Finance" New York Times, July 24, 1969; Lisa Endlich, Goldman Sachs:The Culture of Success. New York: Knopf, 1999.

8

That Weinberg cared about his opinion mattered more than the opinion itself; Buffett has no recollection of which stock he recommended to Weinberg.

9

Buffett later said, in an interview, that these were the words that ran through his head— "that'swhere the money is" —although at the time he was not familiar with the famous quote attributed to bank robber Willie Sutton.

10

Almost a decade later, he would lower the age to 30 while talking to his sister Bertie, who was 14 or 15 at the time. Interview with Roberta Buffett Bialek.

11

Buffett believes he overheard his father talking about the stock, which traded on the "Curb Exchange," where brokers gathered in the street (later organized into the American Stock Exchange).

12

From the records of Buffett, Sklenicka & Co.

Chapter 9

1

"All these handouts in Europe are being used by the politicians to retain and expand their own power." "U.S. Moving to Socialism," citing Howard Buffett, Omaha World-Herald, September 30, 1948.

2

Roosevelt said this in Boston on October 30, 1940, while campaigning for his third term, fourteen months before Pearl Harbor.

3

Leila Buffett letter to Clyde and Edna Buffett, undated but approximately 1964.

4

United States Department of Agriculture and Nebraska Department of Agriculture, Nebraska Agricultural Statistics (preliminary report) 1930. Lincoln, Government Printing Office, 1930, p. 3.

5

Buffett's impression of 1940s South Omaha was vivid: "If you walked around down there in those days, believe me, it was not conducive to eating hot dogs."

6

John R. Commons, "Labor Conditions in Meat Packing and Recent Strike," The Quarterly Journal of Economics, November 1904; Roger Horowitz, "'Where Men Will Not Work': Gender, Power, Space and the Sexual Division of Labor in America's Meatpacking Industry, 1890–1990," Technology and Culture, 1997; Lawrence H. Larsen and Barbara J. Cottrell, The Gate City: A History of Omaha. Lincoln: The University of Nebraska Press, 1997; Harry B. Otis, with Donald H. Erickson, E. Pluribus Omaha: Immigrants All. Omaha: Lamplighter Press (Douglas County Historical Society), 2000. Horowitz, commenting specifically on Omaha, points out that slaughterhouses in 1930 were still organized much the same way as portrayed in Upton Sinclair's 1906 novel The Jungle.

7

In 2005, the GAO cited "respiratory irritation or even asphyxiation from exposure to chemicals, pathogens, and gases" as a current occupational risk for industry workers in GAO 05-95 Health and Safety of Meat and Poultry Workers. See also Nebraska Meatpacking Industry Workers Bill of Rights (2000), a "voluntary instrument" whose "reach has been modest" according to Joe Santos of the state labor department, as cited by Human Rights Watch in its report Blood, Sweat and Fear: Workers' Rights in the U.S. Meat and Poultry Industry, December 2004.

8

This description of Washington in wartime owes much to David Brinkley's Washington Goes to War (New York: Alfred A. Knopf, 1988).

9

With so many men off to war, 15% of the city's buses and trolleys sat idle. The Capital Transit company refused to hire blacks as conductors and motormen after it hired one black conductor in 1943 and the white conductors walked off the job. (Over the course of 1944 and 1945, J. Edgar Hoover, Director of the FBI, reported to the Attorney General that "If the company employs Negroes as operators there will be an immediate 'wildcat' strike.. and the inevitable result would be the complete paralysis of the transportation system in the District of Columbia." (Office memorandums re: racial conditions in Washington, D.C., September 5, 1944, and December 9, 1944, from Georgia State Special Collections.)

10

Howard University students used "stool-sitting" on two occasions: In April 1943, at Little Palace cafeteria, until the proprietor changed his policy, and a year later, with fifty-six students at Thompson's Restaurant, where some whites joined the cause, a crowd gathered, and the police got Thompson's to serve everyone, temporarily. (Flora Bryant Brown, "NAACP Sponsored SitIns by Howard University Students in Washington, D.C., 1943~1944," The Journal of Negro History, 85.4, Fall 2000).

11

Dr. Frank Reichel headed American Viscose.

12

Interviews with Doris Buffett, Roberta Buffett Bialek, Warren Buffett.

13

Buffett is probably embellishing a little here with hindsight.

14

Interview with Roberta Buffer Bialek.

15

Gladys, formerly known as Gussie, changed her name to Mary sometime during this period.Warren vainly pursued a romance with her daughter Carolyn, who later married Buffett's friend Walter Scott.

16

Warren claims it was Byron's idea. Byron claims it was Warren's idea. Stu says he can't remember.

17

Joan Fugate Martin, who remembers the date, in an interview corroborated the story. She called the boys perfect gentlemen, but had nothing to add about their self-confessed awkwardness.

18

Interviews with Stu Erickson and Byron Swanson, who supplied various details of the story.

19

The phone number is from a letter from Mrs. Anna Mae Junno, whose grandfather used to work as a meat cutter.

20

The lowly stock boy was Charlie Munger.

21

Interview with Katie Buffett.

22

Ibid. Leila had a striver's fascination with social hierarchies and upward mobility.

23

"You might argue that it was working in my grandfather's grocery store that fostered a tot of desire for independence in me," Buffett says.

24

This letter, which was at one time one of Buffett's treasured heirlooms, resided in his desk drawer for many years, written on a piece of yellow paper. He can no longer locate it. Through a trade association, Ernest lobbied against chain stores and worked for legislation that would levy special taxes on them—in vain.

25

Interview with Doris Buffett.

26

Warren Buffett letter to Meg Greenfield, June 19, 1984.

27

Sadly, no one in the family can locate a copy of this manuscript today.

28

Spring Valley marketing brochure. The place had its own coat of arms.

29

"Women Accepted for Volunteer Emergency Service." Before the WAVES, the Navy accepted women only as nurses.

30

Alice Deal Junior High School was named after the first junior high principal in Washington, D.C.

31

Buffett is reasonably sure Ms. Allwine was his English teacher and that "she had good reason" for her low opinion of him. "I deserved it," he says.

32

Interview with Casper Heindel.

33

"I'm not sure I paid tax on that either," Warren adds.

34

In her memoir, Leila wrote that Warren would not let her touch the money.

35

Roger Bell, who confirms the story in an interview, was saving war-bond stamps until he had enough to buy an actual bond, and cashed them in to fund the trip."I told my mother we were going, but she didn't believe me," he says.

36

Interview with Roger Bell.

37

From Buffett's 1944 report cards.

38

Based on comments in his report cards.

39

Interview with Norma Thurston-Perna.

40

Queen Wilhelmina owned stock in the Dutch holding company that had bought The Westchester.

41

He collected the bus passes from various routes."They were colorful. I collected anything." Asked if anyone else in his family ever collected anything: "No. They were more popular."

42

Customers also discarded old magazines in the stairwells, and Warren would pick them up.

43

While Warren recalls the story, it was Lou Battistone who remembered its fascinating details.

44

Interview with Lou Battistone.

Chapter 10

1

This particular prank letter circulated widely in the mid-twentieth century. Where the idea originated and from whom Warren might have gotten a copy is unknown. What makes this fondly recalled prank funny (putting aside whether or how often he actually perpetrated it and upon whom) is how it plays to the commonplace interest in hidden lives and feet of clay. Its essence is a tribute to the power of shame.

2

The impact of Sears, the first department store in Tenleytown, and its unusual rooftop parking lot are described in Judith Beck Helm's Tenleytown, D.C.: Country Village into City Neighborhood.Washington, D.C.: Tennally Press, 1981.

3

In an interview, Norma Thurston-Perna substantiates the essential elements of this story, recalls her boyfriend Don Danly "hooking" from Sears with Warren, adds that to some extent this behavior continued into high school, and mentions how annoyed she was to discover that an impressive honeysuckle fragrance and bath powder set given to her by Don as a birthday gift turned out to have been stolen from Sears.

4

A letter from Suzanne M. Armstrong to Warren Buffett, December 20, 2007, recalls a friend of her father's cousin, Jimmy Parsons, stealing golf balls with Buffett while at Woo&ow Wilson High School.

5

Hannibal was the antihero of the book and movie The Silence of the Lambs.

Chapter 11

1

See John F. Kennedy, Profiles in Courage (NewYork: HarperCollins, 1955) for an admiring portrait of Taft written from the perspective of the other side of the aisle.

2

From 1933, when the U.S. went off the gold standard, through 1947, the Consumer Price Index fluctuated wildly, spiking over 18%. The history of the Federal Reserve under inflationary conditions was short and provided little evidence to support an opinion either way.

3

Interview with Roberta Buffett Bialek. The others remember this story.

4

Coffee with Congress.

5

Interview with Katie Buffett. Leila apparently became obsessed with Wallis Warfield Simpson around 1936 during the abdication crisis in England.

6

Woodrow Wilson's terms ran through February and June. Because Warren had skipped half a grade, he started his sophomore year in February.

7

Cartoonist Al Capp Created Li' l Abner, who inherited his strength from his mother, the domineering Mammy Yokum, whose knockout "Good night Irene" punch maintained discipline among the Yokum clan.

8

Interview with Doris Buffett.

9

Battistone recalls Howard giving them a lift at least part of the way.

10

Although most of this information is from Strength and Health, Elizabeth McCracken wrote "The Belle of the Barbell," a tribute to Pudgy Stockton, in the New York Times Magazine, December 31, 2006.

11

Pudgy was married to Les Stockton, a bodybuilder who had introduced her to weight lifting.

Chapter 12

1

“It was never any big success at all... it did not do well. It did not do terribly either. And it didn’t last very long,” says Buffett.

2

In interviews, Roger Bell and Casper Heindel, as well as Warren Buffett, helped remember details about the farm. Buffett believes he bought this from or through his uncle John Barber, a real estate broker.

3

Interview with Casper Heindel. More than half of all Nebraska land was farmed by tenant farmers. Real property ownership with mortgages was unpopular because unstable crop prices left farmers vulnerable to foreclosure.

4

Interview with Norma Thurston-Perna.

5

In an interview, Lou Battistone observes that he noticed the “two sides” of Buffett’s brain in high school—the cool mathematical businessman and the burlesque-watching one—while at the burlesque.

6

Interview with Lou Battistone.

7

Buffett told this story at Harvard Business School in 2005.

8

Carnegie was a salesman for Armour & Co., covering the Omaha territory; the compatibility of his views with Buffett’s temperament probably owes something to a shared Midwestern ethos.

9

All text, Dale Carnegie, How to Win Friends and Influence People. New York: Simon & Schuster, 1938. Copyright Dale Carnegie & Associates. Courtesy of Dale Carnegie & Associates.

10

Dale Carnegie quoting John Dewey.

11

The average man earned $2, 473 a year in 1946, according to the U.S. Department of Commerce, Bureau of the Census, Historical Statistics of the United States: Colonial Times to 1970, Bicentennial Edition. Washington, D.C.: Government Printing Office, 1975, Series D–722–727, p. 164.

12

According to Lou Battistone in an interview.

13

According to a newspaper advertisement on July 24, 1931, at early Depression-era prices a dozen years earlier, quality refurbished golf balls cost three for $1.05.

14

Interview with Don Dedrick, a golf teammate from high school.

15

Interview with Lou Battistone.

16

"We were the only guys that paid the fifty-dollar stamp tax on pinball machines," Warren says. "I'm not sure we would have done it if my dad hadn't been insisting."

17

Interview with Lou Battistone. The name "Wilson" came from Woodrow Wilson High School.

18

An essay into barbershop food concession ended quickly after the peanut dispenser, filled with five pounds of Spanish nuts, broke and got customers a handful of peanuts mixed with ground glass.

19

Dialogue and expressions used by Buffett in this story came from Lou Battistone, although the facts align with Buffett's recollection.

20

Interview with Don Dedrick.

21

In one version of this story, told by a high school friend of Buffett's who was not present, Kerlin was too smart to fall for it and never made it to the golf course. Whatever happened, Buffett's version is, not surprisingly, funnier.

Chapter 13

1

Interview with Katie Buffett.

2

While this story sounds buffed and polished over the years, the tone of it rings true. Letters from Warren at college to his father a couple of years later have the same breeziness.

3

Interview with Stu Erickson.

4

Interview with Don Dedrick.

5

Interview with Bob Dwyer.

6

According to Gray, Buffett also jokingly dreamed up an idea for a magazine called Sex Crimes Illustrated while they were on the train to the Havre de Grace racetrack.

7

Interview with Bill Gray, now Emeritus Professor of Atmospheric Science at Colorado State University and head of the Tropical Meteorology Project.

Chapter 14

1

The class size is approximate because Woodrow Wilson had, in effect, two classes graduating in parallel (February and June graduates); students like Warren could shift from February to the previous June by taking a few extra credits. The school described Buffett's top 50 ranking as falling in the top "one-seventh" of his class.

2

Barbara "Bobby" Weigand, who remembers only the hearse. Doris Buffett recalled the family debate about the hearse.

3

Interviews with Bob Feitler, Ann Beck MacFarlane, Waldo Beck. David Brown became brotherin-law of Waldo Beck, Ann Beck's brother.

4

Interviews with Bob Feitler, Warren Buffett. Note that, because he was using the car for commercial purposes, Buffett would probably have been able to get extra gas coupons at a time when gas was tightly rationed.

5

The term "policy" probably came from the Gaelic pá lae sámh (pronounced paah lay seeh), which means "easy payday," a nineteenth-century Irish-American gambling term.

6

The bill generated fierce anti-Taft labor reprisals in the Midwest.

7

Interview with Doris Buffett.

8

Estimate based on data supplied by Nancy R. Miller, Public Services Archivist, The University Archives and Record Center, University of Pennsylvania.

9

Jolson, a vaudeville singer, was the most popular stage entertainer of the early twentieth century. He made famous such songs as "You Made Me Love You" "Rock-a-Bye Your Baby with a Dixie Melody," "Swanee," "April Showers," "Toot, Toot, Tootsie, Goodbye," and "California, Here I Come." He performed "My Mammy" in blackface in the 1927 movie The Jazz Singer, the first feature film to enjoy widespread commercial success. Jolson was voted "Most Popular Male Vocalist" in a 1948 Variety poll on the back of a film about his life, The Al Jolson Story, which repopularized him to a younger generation. Performing in blackface would be considered racist today but was ubiquitous and unremarkable at the time.

10

"My Mammy," words by Sam Lewis and Joe Young; music by Walter Donaldson, copyright 1920.

11

Rich Cohen, "Pledge Allegiance." From Killed: Great Journalism Too Hot to Print, ed. David Wallace. New York: Nation Books, 2004.

12

Interview with Clyde Reighard.

13

Coffee with Congress.

14

Interview with Chuck Peterson.

15

Interview with Clyde Reighard.

16

Interviews with Chuck Peterson, Sharon and Gertrude Martin.

17

Interview with Anthony Vecchione, as quoted in Roger Lowenstein, Buffett: The Making of an American Capitalist. New York: Doubleday, 1996.

18

Peterson recalls that he stuck it out all year—or, well, almost.

19

Interview with Doris Buffett.

20

Kenesaw Mountain Landis, Segregation in Washington: A Report, November 1948. Chicago: National Committee on Segregation in the Nation's Capital, 1948.

21

Interview with Bob Dwyer.

22

Don Danly, as quoted in Lowenstein, Buffett. Danly is deceased.

23

Interview with Norma Thurston-Perna.

24

Interview with Barbara Worley Potter.

25

Interview with Clyde Reighard.

26

Beja, as quoted in Lowenstein, Buffett. Beja is deceased.

27

Interview with Don Sparks.

28

Shoe-shining was a big thing at Penn; a typical pledge haze was to shine the actives' shoes.

29

In an interview, Reighard recalled the outlines of the story. Buffett became a close friend of the victim Beja's roommate, Jerry Oransky (renamed Orans), who is deceased.

30

Interview with Barbara Worley Potter.

31

Interview with Ann Beck MacFarlane, who thinks the date was engineered by her parents and Leila Buffett.

32

Susan Thompson Buffett described her husband circa 1950 this way.

33

Interview with Clyde Reighard.

34

Interview with Bob Feitler.

35

Interview with Clyde Reighard.

36

Interview with Anthony Vecchione, as quoted in Lowenstein, Buffett.

37

Interview with Martin Wiegand.

38

"Buffett Lashes Marshall Plant," Omaha World-Herald, January 28, 1948. Buffett campaign literature also describes foreign aid as money down the rat hole.

39

June 5, 1948, dedication of Memorial Park.

40

Last will and testament of Frank D. Buffett, filed February 19, 1949.

41

Approved application to the county court of Douglas County, Nebraska, April 14, 1958. The bonds were allowed to mature, since the will said proceeds of any property "sold" could only be invested in U.S. bonds. Given the opportunity cost and interest rates, Howard's move was wise.

42

Leila Buffett's day books. "It's Cold—But Remember that Bitter Winter of ' 48–' 49?" Omaha World-Herald, January 6, 1959.

43

Commercial & Financial Chronicle, May 6, 1948.

44

Interview with Doris Buffett.

45

Interview with Lou Battistone.

46

Interview with Sharon Martin.

47

Interviews with Waldo Beck and Ann Beck MacFarlane, to whom Brown repeated the story.

Chapter 15

1.

They would sell 220 dozen balls for a total of $1, 200.

2

Warren Buffett letter to Howard Buffett, February 16, 1950.

3

He asked Howard to advance him $1, 426 that the broker required him to keep on deposit, signing off, "Yours, for lower auto profits, Warren." Warren Buffett letter to Howard Buffett, February 16, 1950.

4

Warren Buffett letter to Jerry Orans, May 1, 1950, cited in Roger Lowenstein, Buffett: The Making of an American Capitalist. New York: Doubleday, 1996.

5

"Bizad Students Win Scholarships," Daily Nebraskan, May 19, 1950.

6

Benjamin Graham, The Intelligent Investor: A Book of Practical Counsel. New York: Harper & Brothers, 1949.

7

Garfield A. Drew, New Methods for Profit in the Stock Market. Boston: The Metcalf Press, 1941.

8

Robert D. Edwards and John McGee, Technical Analysis of Stock Market Trends. Springfield, Mass.: Stock Trend Service, 1948.

9

Wood, as cited in Lowenstein, Buffett. Wood is deceased. He told Lowenstein he was not sure when this conversation took place—before Buffett was rejected by Harvard or as late as after when he had started at Columbia, but it was apparently before he met Graham himself.

10

According to Buffett, Howard Buffett was acquainted with one of the board members.

11

Columbia University in the City of New York, announcement of the Graduate School of Business for the winter and spring sessions 1950~1951, Columbia University Press.

Chapter 16

1

In his memoir, Man of the House (New York: Random House, 1987), the late Congressman Tip O'Neill recalled that his pastor, Monsignor Blunt, said it was a sin for Catholics to go to the Protestant-managed YMCA. O'Neill and a Jewish friend stayed at the Sloane House anyway. The regular rate in the 1930s was sixty-five cents a night, but, O'Neill said, "If you signed up for the Episcopal service, it was only thirty-five cents, with breakfast included. We were nobody's fool, so we signed up for the thirty-five-cent deal and figured to duck out after breakfast and before the service. But apparently we weren't the first to think of this brilliant plan, because they locked the doors during breakfast, which meant that we were stuck." By the 1950s, there was no longer a "pray or pay" deal at the Sloane House. "If there had been" Buffett says, "I would have experienced a revelation and embraced whatever denomination offered the greatest discount."

2

Buffettis not certain if the smoking deal applied to all three of the Buffett kids or only his sisters, but they all got the $2, 000 on graduation on roughly the same terms.

3

Most of the money was invested in U.S International Securities and Parkersburg Rig & Reel, which he replaced with Tri-Continental Corporation on January 1, 1951. Howard contributed most of the money and Warren contributed the ideas and work, or "sweat equity," to an informal partnership.

4

Benjamin Graham and David L. Dodd, Security Analysis, Principles and Technique. New York: Mc-Graw-Hill, 1934.

5

Barbara Dodd Anderson letter to Warren Buffett, April 19, 1989.

6

David Dodd letter to Warren Buffett, April 2, 1986.

7

The Union Pacific Railroad in the nineteenth century was the most scandal-plagued and bankruptcy-riddled of the nation's railroads.

8

William W. Townsend, Bond Salesmanship. New York: Henry Holt, 1924. Buffett read this book three or four times.

9

Interview with Jack Alexander.

10

And, according to Buffett, one woman, Maggie Shanks.

11

Interview with Fred Stanback.

12

Anyone of a certain age from the Mid-Atlantic region would still recognize the slogan, "Snap back with Stanback," and "neuralgia" as an old-fashioned term for a bad headache.

13

The SEC's Regulation FD now bars selective disclosure of material nonpublic information and requires that it be disseminated simultaneously by companies to the market on a timely basis.

14

At $2, 600 a year, Schloss as an investor was making less than the average secretary in 1951, who took home $3, 060, according to a survey of the National Secretaries Association.

15

Interview with Fred Stanback.

16

Interview with Walter Schloss. Some material is from The Memoirs of Walter J. Schloss. New York: September Press, 2003.

17

Benjamin Graham, The Memoirs of the Dean of Wall Street. New York: McGraw-Hill, 1996.

18

Stryker & Brown was the "market maker," or principal dealer, in Marshall-Wells stock.

19

Marshall-Wells was the second Graham and Dodd stock he had bought, after Parkersburg Rig & Reel. Stanback confirms the lunch with Green, but can't recall the date.

20

Not, as has been written, from Who's Who in America. However, he may have learned it from reading Moody's, hearing it from David Dodd or Walter Schloss, or from a newspaper or magazine source.

21

Due to a legal technicality, this divestiture of GEICO stock was required in a consent order with the SEC in 1948. Graham-Newman violated Section 12(d)(2) of the Investment Company Act of 1940, although "in the bona fide, though mistaken, belief that the acquisition might lawfully be consummated." A registered investment company (Graham-Newman was "a diversified management investment company of the open-end type") cannot acquire more than 10% of the total outstanding voting stock of an insurance company if it does not already have 25% ownership.

22

GEICO oral history interview of Lorimer Davidson by Walter Smith, June 19, 1998, and also see William K. Klingaman, GEICO, The First Forty Years. Washington, D.C.: GEICO Corporation, 1994, for a condensed version of this story.

23

Making $100, 000 in 1929 was equivalent to making $1, 212, 530 in 2007.

24

By 1951, GEICO was deemphasizing mailings in favor of platoons of friendly telephone operators who answered the phone at regional offices and were trained to quickly screen bad risks.

25

A type of auto insurer called "nonstandard" specializes in these customers, surcharging them, say, 80%. USAA and GEICO at the time were "ultra-preferred" companies, specializing in the best risks.

26

The main problem with tontines was that people were gambling with their life insurance policies instead of using them as protection. Originally a "survivor bet" expulsion from a tontine pool was later based on failure to pay premiums for any reason. "It is a tempting game; but how cruel!" Papers Relating to Tontine Insurance, The Connecticut Mutual Life Insurance Company, Hartford, Conn.: 1887.

27

Office Memorandum, Government Employees Insurance Corporation, Buffett-Falk & Co., October 9, 1951.

Chapter 17

1

Benjamin Graham, The Memoirs of the Dean of Wall Street. New York: McGraw-Hill, 1996. Anecdotal material from this source has been verified with Warren Buffett.

2

In 1915, members of the Grossbaum family, like many American Jews, began to anglicize their name to Graham in response to the anti-Semitism that flourished during and after World War I. Ben's family made the change in April 1917. Source: November 15, 2007, speech by Jim Grant to the Center for Jewish History on "My Hero, Benjamin Grossbaum."

3

Graham was born in 1894, the year of one of the biggest financial panics in American history, which was followed by the depression of 1896~1897, the panic of 1901, the panic of 1903~1904 ("Rich Man's Panic"), the panic of 1907, the war depression of 1913~1914, and the postwar depression of 1920~1922.

4

Benjamin Graham, Memoirs.

5

Ibid.

6

Ibid.

7

Traditionally, people came to Wall Street in one of two ways. Either they entered the family business by following a relative into the job, or, having no such connection, they "came up through the hawsehole," to use a nautical expression common on Wall Street at the time, starting young as a runner or board boy and working their way up, like Sidney Weinberg, Ben Graham, and Walter Schloss. Attending business school with the conscious intention of working on Wall Street was essentially unheard of until the early 1950s because most areas of finance, and especially the art of security analysis, had not developed as academic disciplines.

8

Details of Graham's early career are from Janet Lowe's Benjamin Graham on Value Investing: Lessons from the Dean of Wall Street. Chicago: Dearborn Financial Publishing, 1994.

9

Graham believed that one could be swayed by personality and salesmanship by going to meetings with a company's management, so this was partly a way of remaining dispassionate. But Graham was also not particularly interested in human beings.

10

Interview with Rhoda and Bernie Sarnat.

11

As cited by Lowe.

12

Benjamin Graham, Memoirs.

13

Ibid.

14

Interview with Jack Alexander.

15

In Security Analysis, Principles, and Technique (New York: McGraw-Hill, 1934), Benjamin Graham and Dodd stressed that there is no single definition of "intrinsic value," which depends on earnings, dividends, assets, capital structure, terms of the security, and "other" factors. Since estimates are always subjective, the main consideration, they wrote—always—is the margin of safety.

16

The apt analogy to Plato's cave was originally made by Patrick Byrne.

17

Often this was because the kind of undervalued stocks he liked were illiquid and could not be purchased in large positions. But Buffett felt that Graham could have followed a bolder strategy.

18

Interview with Jack Alexander.

19

Interview with Bill Ruane.

20

Interviews with Jack Alexander, Bill Ruane.

21

Schloss, in his memoir, wrote with warm affection of his wife, Louise, who "battled depression throughout her entire adult life." They remained married for fifty-three years, until she died in 2000.

22

Interview with Walter Schloss.

Chapter 18

1

Mary Monen, sister of Dan Monen, who would later become his lawyer.

2

Susie's parents were friends of Howard and Leila Buffett, but their children attended different schools, so they did not socialize.

3

Interview with Roberta Buffett Bialek. Susie was born June 15, 1932. Bertie was born November 15, 1933.

4

Earl Wilson was the saloon writer for the New York Post. In describing Newsday scribe Jimmy Breslin, Media Life Magazine defined a saloon writer as the purveyor of "a certain style of journalism that's peculiar to New York, and a bit peculiar in itself, where the writer journeys about the places where ordinary people can be found and writes of their visions of the human condition."

5

A well-known women-only residence still in operation today (at 419 W. 34th Street in New York City).

6

Vanita, in a Valentine letter to Warren, February 1991, poses the possibility that she "never liked cheese sandwiches and that I just ate them to please." (In this letter, as at some other times, she spells her middle name "May" instead of "Mae" as in her youth.)

7

This description came from various letters from Vanita, reminiscing about her dates with Warren—January 1, 1991, February 19, 1991, January 1, 1994, many undated; Buffett agrees.

8

Susan Thompson Buffett, as told to Warren Buffett in 2004. He does not remember this but adds that, of course, he wouldn't.

9

Buffett says that, despite her antics, he was never intimidated by Vanita. "I wouldn't have had the guts to stick Pudgy in a wastebasket," he says. "I mean, she'd have beaten the hell out of me." For her part, Vanita later claimed to Fred Stanback that the incident never happened—although she did have some incentive to downplay the histrionic side of her personality to Fred.

10

As Charlie Munger puts it, Buffett narrowly missed a disastrous marriage when he "escaped the clutches of Vanita."

11

"A Star Is Born?" Associated Press, Town & Country magazine, September 24, 1977.

12

Information on William Thompson comes from a variety of sources, including interviews with Warren,

Roberta, and Doris Buffett and other family members, and "Presbyterian Minister Reviews Thompson Book," Omaha World-Herald, January 5, 1967; "Old 'Prof' Still Feels Optimistic About Younger Generation," Omaha World-Herald, March 28, 1970; "W. H. Thompson, Educator, Is Dead," Omaha World-Herald, April 7, 1981; "O.U. Alumni Honor Dean," Omaha World-Herald, May 15, 1960.

13

As supervisor of the school system's IQ testing, Doc Thompson had access to and, according to Buffett, knew Warren's IQ. Indeed, the IQ test results for the three little Buffetts may have intrigued him, given their remarkably high—and remarkably similar scores.

14

In an interview, Marge Backhus Turtscher, who attended these services, wondered what on earth motivated Thompson to make the long trip each Sunday to preach at this tiny church. Thompson also once published a book, The Fool Has Said God Is Dead. Boston: Christopher Publishing House, 1966.

15

Susan Thompson Buffett told this story to various family members.

16

In many patients, rheumatic fever causes mild to serious heart complications (in Howard Buffett's case, at least moderate complications), but based on her subsequent health history, Susan Thompson appears to have been among the 20%~60% who escape significant carditis, or long-term damage to the heart.

17

Warren, Doris Buffett, Roberta Buffett Bialek, Susie Buffett Jr., and other Buffetts talk of this striking film.

18

Interview with Raquel "Rackie" Newman.

19

Al Pagel, "Susie Sings for More Than Her Supper," Omaha World-Herald, April 17, 1977.

20

Interviews with Charlene Moscrey, Sue James Stewart, Marilyn Kaplan Weisberg.

21

According to some high school classmates who asked not to be identified.

22

Interviews with Donna Miller, Inga Swenson. Swenson, who went on to become a professional actress, played Cornelia Otis Skinner opposite Thompson's Emily Kimbrough.

23

A composite taken from interviews with Inga Swenson, Donna Miller, Roberta Buffett Bialek, and John Smith, whose brother Dick Smith took Susie dancing.

24

Interviews with Sue James Stewart, Marilyn Kaplan Weisberg. Stewart, who was Sue Brownlee in high school, had access to a car and drove her best friend Susie to Council Bluffs for dates with Brown.

25

Interviews with Roberta Buffett Bialek，Warren Buffett，Doris Buffett，Marilyn Kaplan Weisberg.

26

“I don’t think anything as exciting has ever happened to me，” Bertie told the college newspaper. “This is what we sent her to Northwestern for?” wondered Howard.

27

The Wildcat Council acted as guides for campus visitors and leaders during New Student Week. Members joined by petitioning the council for membership (Northwestern University Student Handbook，1950~1951).

28

Interview with Milton Brown，who says he would have depledged had the roles been reversed.

29

Interview with Sue James Stewart. Susie，a self-described “personal theist，” flirted with Buddhism，a nontheistic religion，all her life and often referred to Zen or to herself as a “Zen person.” It is fair to say she used the terms “Zen” and “theist” loosely.

30

Al Pagel，“Susie Sings...”

31

Interview with Roberta Buffett Bialek.

32

Interviews with Chuck Peterson，Doris Buffett.

33

Interview with Charlie Munger.

34

Interview with Milton Brown. In a minor footnote to the story，this was the only time Brown ever entered the Buffetts’ house.

35

Interview with Sue James Stewart.

36

“I can see her in those dresses now，” Buffett says，a poignant statement from a man who does not know the color of his own bedroom walls.

37

“Debaters Win at Southwest Meet，” Gateway，December 14，1951.

38

“ASGD Plans Meet for New Members，” Gateway，October 19，1951.

39

Warren Buffett letter to Dorothy Stahl，October 6，1951.

40

Susan Thompson Buffett，as conveyed to Warren Buffett.

41

Interview with Milton Brown.

42

The United States airlifted food and supplies into West Berlin during 1948 and 1949 during a Soviet blockade in which the Soviet Union attempted to seize the entire city, which had been partitioned after World War II.

43

Buffett recalls a literal three-hour lecture. A conversation of such length was almost certainly the result of him working himself up to ask the question while Doc Thompson carried on.

Chapter 19

1

The net gain on investments was $7, 434. He also put $2, 500 into the account that he'd saved from his pay working at Buffett-Falk.

2

Delving a little further into Buffett's reasoning about the valuation of an insurance business: "The stock was trading around forty dollars and therefore the whole company was selling for about seven million. I figured the company would be worth as much as the premium volume, roughly, because they would get the investment income on 'float' that was pretty close to dollar-for-dollar, maybe with the premium income. Plus, they'd have the book value. So I figured it would always be worth at least as much as the premium. Now, all I had to do was get to a billion dollars of premium income and I was going to be a millionaire."

3

This company later became ConAgra. Buffett-Falk had apparently managed a $100, 000 preferred-stock offering for it as an investment banker—at the time not a trivial transaction.

4

Interview with Margaret Landon, the secretary at Buffett-Falk.

5

According to Walter Schloss in an interview, the Norman family, who were heirs of Julius Rosenwald of Sears, Roebuck, "received GEICO stock because they were big investors in Graham-Newman. When the Normans wanted to put more money with Graham-Newman, they gave Ben Graham the GEICO stock he had distributed to them instead of putting cash in. Warren is out in Omaha, and he's buying GEICO. But Graham didn't know he was selling to Warren, and Warren couldn't figure out why Graham-Newman was selling it." The distribution of GEICO stock by Graham-Newman is also described in Janet Lowe's Benjamin Graham on Value Investing: Lessons from the Dean of Wall Street. Chicago: Dearborn Financial Publishing, 1994.

6

Interview with Bob Soener, who called him "Buffie" in those days.

7

As seen in a photograph taken in the classroom.

8

Interview with Lee Seeman.

9

People attended the class partly to get stock ideas. This was the only time he resembled Ben Graham in giving out ideas. He did so mainly because he had more ideas than money.

10

Interview with Margaret Landon. Her memory of him is in this posture, reading.

11

Office Memorandum, Cleveland Worsted Mills Company, Buffett-Falk Company, September 19, 1952.

12

Interview with Fred Stanback.

13

Buffett traded two stocks personally, Carpenter Paper and Fairmont Foods. While astute enough to set the firm up as a market maker and trade the stocks, he was immature (albeit witty) enough to refer to the CEO of Fairmont Foods, D. K. Howe, as "Don't Know Howe."

14

Bill Rosenwald later founded the United Jewish Appeal of New York.

15

Interviews with Doris Buffett, Roberta Buffett Bialek.

16

Interview with Fred Stanback.

17

Interview with Chuck Peterson.

18

Brig. Gen. Warren Wood of the 34th National Guard Division.

19

Interview with Byron Swanson.

20

Interview with Fred Stanback.

21

Susie told Sue Brownlee (Sue James Stewart) this the week after she returned from her honeymoon. Interview with Sue James Stewart.

22

Wahoo is best known as the birthplace of movie mogul Darryl E Zanuck.

23

"Love Only Thing That Stops Guard," Omaha World-Herald, April 20, 1952.

24

Interview with Buffett. Also, Brian James Beerman, "Where in the Hell Is Omaha?" Americanmafia.com,

March 21, 2004.

Chapter 20

1

General Douglas MacArthur made a halfhearted run for the nomination but was eclipsed by Taft. He and his former aide Eisenhower were bitter enemies.

2

Interview with Roberta Buffett Bialek.

3

David L.Dodd, Associate Dean, Columbia University, letter to Warren Buffett, May 20, 1952.

4

This was the same Robert Taft who had cosponsored the Taft-Hartley Act, much favored among businessmen but despised by broad swaths of Americans. In short, Taft represented the extreme end of the party, which made him less likely to capture moderate voters.

5

Ironically, many in this faction promoted tariffs, government farm supports, and tough labor laws desired by their small-business and farm constituents, even though this may have seemed inconsistent with their other views on government. Another famous member of this group was popular Nebraska Senator Ken Wherry, the "merry mortician," famous for malapropisms such as calling Indochina "Indigo China," addressing the chairman as "Mr. Paragraph," and offering his "unanimous opinion." Time, June 25, 1951. Wherry died shortly before the election.

6

The leaders of this wing of the party were Henry Cabot Lodge and Nelson Rockefeller, despised by Howard Buffett and like-minded Republicans as rich East Coast Ivy League elitists who abandoned core Republican principles to join forces with Democrats whenever it furthered their own pragmatic interests and those of "big business."

7

"Top GOP Riff Closed But Not the Democrats'," New York Times, September 14, 1952; Elie Abel, "Taft Rallies Aid for GOP Ticket," New York Times, October 5, 1952.

8

Howard Buffett wrote to former president Hoover, October 23, 1952: "I have no enthusiasm for Eisenhower, but your decision to support his election is good enough for me." He apparently changed his mind after this letter was written.

9

Interview with Roberta Buffett Bialek.

10

Interview with Katie Buffett, who recalled this conversation and found it amusing. "Warren's probably forgotten he told me that one," she said.

11

Susan Goodwillie Stedman, recalling personal interview with Susan Thompson Buffett conducted November 2001, courtesy of Susan Goodwillie Stedman and Elizabeth Wheeler.

12

Interview with Susan T. Buffett.

13

Interviews with Mary and Dick Holland, Warren Buffett.

14

Interviews with Racquel Newman, Astrid Buffett.

15

The IQ story is a family tale, but since Dr. Thompson was in charge of IQ testing for the whole school system, it has at least some credence. Within the family, Dr. Thompson often tested his daughters and grandchildren while he was creating new psychology and intelligence tests.Whatever her IQ, Dottie was considered no dummy.

16

This story is related in Leila Buffett's diary. Also, Gabe Parks, "Court Has Nomination Vote Vacancy," Omaha World-Herald, July 4, 1954.

17

"Buffett May Join Faculty at UNO," Omaha World-Herald, April 30, 1952; Buffett-Falk and Company announcement, Omaha-World Herald, January 9, 1953; "Talks on Government Scheduled at Midland," Omaha World-Herald, February 6, 1955; "Buffett Midland Lecturer in 1956," Omaha World-Herald, February 15, 1955.

18

Warren Buffett letter to "Pop" Howard Buffett, dated "Wednesday," presumed August 4, 1954. "Scarsdale G.I. Suicide, Army Reports the Death of Pvt. Newton Graham in France," New York Times, August 3, 1954. The entire text of the item read: "Frankfurt, Germany, Aug. 2 (Reuters)—Pvt. Newton Graham of Scarsdale, N.Y., committed suicide at La Rochelle, France, the United States Army announced today." Newton—named after Sir Isaac Newton—was the second of Graham's sons to be named Isaac Newton; the first had died of meningitis at age nine. Noting Newton's increasing mental instability, which he labeled "highly neurotic, even probably schizophrenic," Graham had written letters trying to get him discharged from the army, but failed. (Benjamin Graham, The Memoirs of the Dean of Wall Street. New York: McGraw-Hill, 1996.)

19

Susie Buffett Jr. says she had a crib.

20

Using the term "pay" loosely, since all of the earnings are not actually paid out as a dividend. This distinction was once the subject of heavy academic debate as to the discount that should be imputed to a stock's valuation for earnings that were not paid out. The premium assigned to companies that pay dividends has waned for a number of reasons. See also the reference to "The Frozen Corporation" in Chapter 46, "Rubicon."

21

Interview with Fred Stanback.

22

His personal investment return that year was 144.8%, compared to 50.1% for the DJIA.

23

Union Underwear was the predecessor to Fruit of the Loom.

24

Buffett recalled this classic story in an interview.

25

Interview with Sue James Stewart.

26

Interview with Elizabeth Trumble.

27

Interview with Roxanne Brandt.

28

I Love Lucy, Season 1, Episode 6, November 11, 1951.

29

Buffett's exact quote was "I can see her pulsing and moaning as she said, 'Tell me more...'"

Chapter 21

1

Berkshire Hathaway chairman's letter, 1988.

2

The tax code exemption applied to LIFO inventory liquidations. For tax purposes Rockwood used LIFO accounting, which let it calculate profits using the most recent cocoa-bean prices, which minimized taxes. Correspondingly, cocoa beans were carried in inventory at old prices. A large taxable profit would therefore occur if it sold the inventory.

3

Pritzker created a business conglomerate through his investing activities, but is best known as founder of the Hyatt hotel chain.

4

At the onset of the exchange period, Accra cocoa beans, which made up half of Rockwood's 13million-pound pile, were trading at $0.52 a pound. The price dropped to $0.44 per pound by the conclusion of the exchange period. The price of these beans had hit a high of $0.73 per pound in August 1954, causing candy companies to shrink the size of their 5 candy bars. George Auerbach, "Nickel Candy Bar Wins a Reprieve," New York Times, March 26, 1955; "Commodity Cash Prices," New York Times, October 4 and 20, 1954.

5

Letter to Stockholders of Rockwood & Co., September 28, 1954.

6

From the 1988 chairman's letter in the Berkshire annual report to shareholders, which contains a brief description of the Rockwood transaction.

7

The speculator's return on the contract also reflects his funding cost. For example, if the speculator broke even on a three-month contract—net of his fee—the contract would actually be unprofitable, considering the speculator's funding cost.

8

In the futures market, the difference between a speculator and a hedger (or "insured") is essentially whether an underlying position in the commodity exists to be hedged.

9

Interviews with Tom Knapp and Walter Schloss, as well as Buffett.

10

Warren Buffett letter to David Elliott, February 5, 1955.

11

Based on its profile in Moody's Industrial Manual, Rockwood traded between $14.75 and $85 in 1954 and between $76 and $105 in 1955. Buffett held on to the shares through 1956. Profit on the trade is estimated. Rockwood traded above $80 a share during early 1956, based on the Graham-Newman annual report.

12

In the letter to David Elliott noted above (February 5, 1955), Buffett explains that Rockwood is his second-largest position (after Philadelphia & Reading, which he did not disclose) and writes that Pritzker "has operated quite fast in the past. He bought the Colson Corp. a couple years ago and after selling the bicycle division to Evans Products sold the balance to E L. Jacobs. He bought Hiller & Hart about a year ago and immediately discontinued the pork-slaughtering business and changed it into a more or less real estate company." Pritzker, he writes, "has about half the stock of Rockwood, which represents about $3 million in cocoa value. I am quite sure he is not happy about sitting with this kind of money in inventory of this type and will be looking for a merger of some sort promptly." He had studied not just the numbers but Jay Pritzker.

13

Initially he had bought the stock from Graham-Newman when he was a stockbroker, after a minor mistake on an order from them caused them to DK ("don't know," or repudiate) the order. Warren kept the stock.

14

Before 2000, investors and analysts routinely sought and received nonpublic information that would be an advantage to them in trading stocks. This gradual flow of information, which benefited some investors at the expense of others, was considered part of the efficient workings of the capital markets and a reward for diligent research. Warren Buffett and his network of investor friends profited significantly from the old state of affairs. Ben Graham was questioned extensively about this practice before Congress in 1955. He commented that "a good deal of information from day to day and month to month naturally comes to the attention of directors and officers. It is not at all feasible to publish every day a report on the progress of the company... on the other hand, as a practical matter, there is no oath of secrecy imposed upon the officers or directors so that they cannot say anything about information that may come to their attention from week to week. The basic point involved is that where there is a matter of major importance it is generally felt that prompt disclosure should be made to all the stockholders so that nobody would get a substantial advantage in knowing that. But there are all degrees of importance, and it is very difficult to determine exactly what kind of information should or must be published and what kind should just go the usual grapevine route." He added that all investors may not be aware of the grapevine, but, "I think that the average experienced person would assume that some people are bound to know more about the company [whose stock they are trading] than he would, and possibly trade on the additional knowledge." Until 2000 that was, in effect, the state of the law.

While a full discussion of insider trading is beyond the scope of this book, the theory of insider trading was promulgated with SEC Rule 10b-5 in 1942, but "so firmly entrenched was the Wall Street tradition of taking advantage of the investing public," as John Brooks puts it in The Go-Go Years, that the rule was not enforced until 1959, and it was not until the 1980s that anyone seriously questioned the duties of people other than insiders under insider-trading laws. Even then, the Supreme Court affirmed, in Dirks v. SEC, 463 U.S. 646 (1983), analysts could legitimately tell their clients this type of information, and the Supreme Court also noted in Chiarella v. United States, 445 U.S. 222 (1980), that "informational disparity is inevitable in the securities markets." To some extent, there was understood to be some benefit to the market of a gradual leakage of inside information; in fact, how else was the information to get out? The practice of business public relations and conference calls had not developed.

In these 1980s cases, however, the Supreme Court defined a new "misappropriation" theory of insider trading, in which inside information that was misappropriated by a fiduciary could lead to liability if acted upon. Then, largely in response to the Bubble-era proliferation of "meeting and beating consensus" earnings and the "whisper numbers" that companies began to suggest to favored analysts that they were going to earn, in 2000, through Regulation FD (Fair Disclosure), the SEC broadened the misappropriation theory to include analysts who selectively receive and disseminate material nonpublic information from a company's management. With the advent of Reg. FD, the "grapevine" largely ended, and a new era of carefully orchestrated disclosure practices began.

15

At the end of 1956, after the dividend was paid, Warren owned 576 shares trading at $20, worth $11,520.

16

He registered the securities in his own name, rather than his brokers', so the checks came straight to his home.

17

Interviews with George Gillespie, Elizabeth Trumble, who heard this story from Madeline. Warren heard it for the first time at his fiftieth birthday party, from Gillespie. Apparently Susie had never mentioned it to him.

18

More than five decades later, Howie recalls this as his first memory. While that may seem improbable, in "Origins of Autobiographical Memory," Harley and Reese (University of Chicago, Developmental Psychology, Vol. 35, No. 5, 1999) study theories of how childhood memories are recalled from the earliest months of life and conclude that this phenomenon does occur. One of the explanations is parents who repeat stories to their children. A gift from Ben Graham—probably significant to Warren–might plausibly be recalled by Howie from infancy because at least one parent helped him imprint it solidly in memory by discussing it so much.

19

Interview with Bernie and Rhoda Sarnat.

20

This story also is cited in Janet Lowe's Benjamin Graham on Value Investing: Lessons from the Dean of Wall Street. Chicago: Dearborn Financial Publishing, 1994.

21

Interview with Walter Schloss.

22

Warren Buffett letter to the Hilton Head Group, February 3, 1976.

23

Schloss was starting the partnership with $5, 000 of his own capital, a risky arrangement that left him nothing on which to live. Buffett got him help with housing from Dan Cowin. Ben Graham put in $10, 000 and had some of his friends do so too; eight of Schloss's friends put in $5, 000 each. Schloss charged 25% of profits, "but that's it. If the market went down, we would have to make up the loss until my partners were whole."

24

Knapp was a security analyst at Van Cleef, Jordan & Wood, an investment adviser.

25

Interview with Tom Knapp.

26

Interview with Ed Anderson.

27

Ibid.

28

Graham was born May 9, 1894. He decided to shut down Graham-Newman when he was sixty-one, but the last Graham-Newman shareholder meeting was held on August 20, 1956.

29

Jason Zweig says in a July 2003 Money article, "Lessons from the Greatest Investor Ever," that "From 1936 to 1956, at his Graham-Newman mutual fund, he produced an average annual gain of more than 14.7% vs. 12.2% for the overall market—one of the longest and widest margins of outperformance in Wall Street history."This record does not reflect the impressive performance of GEICO, which was distributed to the shareholders in 1948.

Chapter 22

1

At times he had said he wanted to be a millionaire by age thirty.

2

Interview with Ed Anderson.

3

"Newman and Graham predated A. W. Jones, which everybody thinks is the first hedge fund," Buffett says. A. W. Jones is best known as the first promoter of the concept of hedging the risk in stocks with short sales. However, its fee structure, partnership arrangement, and flexible investing approach—that is, the classic hedge fund as the term is technically defined—were pioneered much earlier, by Graham if not others as well.

4

Interview with Chuck Peterson.

5

The first partnership agreement provided: "Each limited partner shall be paid interest at the rate of 4% per annum on the balance of his capital account as of December 31 of the immediately preceding year as shown by the Federal Income Tax Return filed by the partnership applicable to said year's business, said interest payments to be charged as expenses of the partnership business. In lieu of a separate computation of interest for the period ending December 31, 1956, each limited partner shall be paid 2% of his original capital contribution, said payments to be charged as expense of the partnership business for said period. In addition each of the limited partners shall share in the overall net profits of the partnership, that is, the net profits of the partnership from the date of its formation to any given point of time in the proportions set opposite their respective names."The total interest of the partners added up to 23/42 or 50% of the total interest in the earnings (Certificate of Limited Partnership, Buffett Associates, Ltd., May 1, 1956). The agreement to share in the losses was an amendment to the partnership agreement on April 1, 1958.

6

According to Joyce Cowin, both Buffett and her own husband, Dan Cowin, who had been introduced to Buffett by Fred Kuhlken, ran money separately for Gottschaldt and Elberfeld.

7

Interview with Chuck Peterson.

8

Some of these remarks were made at the 2003 speech to Georgia Tech students, the rest in interviews with the author.

9

Hartman L. Butler Jr., "An Hour with Mr. Graham, "March 6, 1976, interview included in Irving Kahn and Robert Milne, Benjamin Graham: The Father of Financial Analysis. Occasional Paper No. 5, The Financial Analysts Research Foundation, 1977.

10

Interview with Tom Knapp.

11

"Tourist Killed Abroad, Portugal-Spain Highway Crash Fatal to Long Island Man" New York Times, June 23, 1956. Kuhlken had been on a yearlong trip. The other passenger, Paul Kelting, was listed in critical condition.

12

Sloan Wilson, The Man in the Gray Flannel Suit. New York: Simon & Schuster, 1955.

13

Interview with Susie Buffett Jr.

14

From Headliners & Legends, MSNBC, February 10, 2001.

15

Interview with Charlie Munger.

16

Or thereabouts.

17

Interview with Ed Anderson.

18

According to Tom Knapp, one thing Dodge and Buffett had in common was their tightfistedness. Even when he later became one of Buffett's richest partners, Homer Dodge would angle for a free canoe from a canoe maker. He knew every route into New York City from both La Guardia and JFK airports, and took convoluted trips by bus and subway and on foot rather than hire a cab.

19

The Dodges chose a slightly different deal. Buffett's share of the profits would be only 25%, but the amount he could lose was limited to his capital, initially only $100. Certificate of Limited Partnership, Buffett Fund, Ltd., September 1, 1956.

20

Cleary split profits over 4%, while Buffett was exposed to the extent of any arrears. Certificate of Limited Partnership, B-C Ltd., October 1, 1956. In 1961, B-C Ltd. was folded into Underwood Partnership, Ltd.

21

Buffett Partnership files, "Miscellaneous Expense" and "Postage and Insurance Expense," 1956 and 1957.

22

Warren Buffett's first letter to partners, December 27, 1956.

23

During the war, people bought Liberty Bonds, which paid low interest rates, as a patriotic duty. When rates subsequently rose, the bonds traded "below par" —face value. Stock promoters offered shares to Liberty Bond owners in exchange for the par value of the bonds. Thus bondholders thought they were getting $100 worth of stock for a bond selling in the market for, say, $85, when in fact the stock was worth little if anything. Salesmen also promised some buyers board seats, according to Hayden Ahmanson, who told Buffett this.

24

From 1928 to 1954, the manual was published in five volumes annually as Moody5 Manual of Investments, one volume each for government securities; banks, insurance companies, investment trusts, real estate，finance and credit companies; industrial securities; railroad securities; and public-utility securities. In 1955，Moody's began publishing Moody's Bank and Finance Manual separately.

25

Buffett says Hayden Ahmanson gave him this version of events.

26

Buffett: "He was my partner in National American insurance. Dan didn't have a lot of money，so he was using his money that he had originally planned to put in the partnership，and borrowed some money too."

27

Under the Williams Act，passed in 1968，you could not do this today，nor could Howard Ahmanson buy back the stock piecemeal. The act requires buyers to make a "tender offer" that puts all sellers on a level playing field under the same price and terms.

28

According to Fred Stanback，when Buffett had "bought all he could pay for，" he also let Stanback start buying.

29

A year later，Buffett sold the National American stock for around $125 (to the best of his memory) to J. M. Kaplan，a New York businessman who had reorganized and headed Welch's Grape Juice in the 1940s and ' 50s and was later known for his philanthropy. Kaplan eventually sold the stock back to Howard Ahmanson.

30

See，for example，Bill Brown，"The Collecting Mania，" University of Chicago Magazine，Vol. 94，No. 1.，October 2001.

31

Interview with Chuck Peterson. This was insurance proceeds from her husband's estate. By then，Buffett had decided to offer his partners several choices of risk versus reward. Mrs. Peterson chose a fee structure that shifted more of both to Warren. He had to beat the market by 6%，not 4%，before earning anything. But he got one third of everything he made above that. Under this structure，only Warren's capital was at risk for the 25% payback-of-losses provision. Certificate of Limited Partnership，Underwood Partnership，Ltd.，June 12，1957.

32

Arthur Wiesenberger，Investment Companies. New York: Arthur W. Wiesenberger & Co.，released annually from 1941.

33

United States & International Securities Corp. was formed amid much fanfare in October 1928 by Dillon，Read & Co. and promptly sank into ignominy，becoming a cigar butt by 1950. Clarence Dillon，the founder of Dillon，Read，was called before the Pecora hearings in 1933 to explain how Dillon，Read obtained control of US&FS and US&FS，which were capitalized at $90 million，for $5 million.

34

Quote is from Lee Seeman. Buffett confirms the substance of the statement. The intriguing question is who or what prompted Wiesenberger to make the phone call.

35

Lee Seeman's recollection in an interview is that Dorothy Davis made the comparison.

36

Buffett, recalling a conversation with Eddie Davis.

37

Dacee resembled the Buffett Fund. Buffett was credited 25% of any profits over a 4% hurdle rate. Certificate of Limited Partnership, Dacee Ltd., August 9, 1957.

38

Congressional records note a Washington, D.C., furniture store was giving away shares of uranium stock with any purchase for a Washington's Birthday sale. (Stock Market Study, Hearings before the Committee on Banking and Currency of the United States Senate, March 1955.)

39

Monen had also invested in a small real estate partnership with Warren and Chuck Peterson. The money from this, a profit from National American, and likely some personal savings had, in short order, made him one of Buffett's largest partners.

40

Above a 4% to 6% "bogey." He benchmarked himself against the rate of long-term government bonds, telling his partners that if he could not do better than that, he should not get paid. The wide range of profit-sharing reflected the varying level of risk Warren was taking. In the partnerships that paid him the most, he also had unlimited liability to pay back losses.

41

Buffett was charging 25% of the partnership's appreciation in excess of 6%.

42

Meg Mueller, in an interview, recalls its size relative to other houses on the street at the time.

43

Reynolds was a city councilman. "Sam Reynolds Home Sold to Warren Buffett," Omaha World-Herald, February 9, 1958. "Buffett's Folly" was referred to in a letter to Jerry Orans, March 12, 1958, cited in Roger Lowenstein, Buffett: The Making of an American Capitalist. New York: Doubleday, 1996.

44

Interview with Susie Buffett Jr.

45

Interview with Howie Buffett.

46

Pyelonephritis, sometimes associated with pregnancy.

47

As quoted in Lowenstein, Buffett. Billig is now deceased.

48

Interview with Charlie Munger.

49

In interviews, Dr. Marcia Angle recalls the TV being acquired in the late 1950s and how much it impressed her father. Kelsey Flower and Meg Mueller recall its impact on the neighborhood.

50

Interviews with Howie Buffett, Peter Buffett, Susie Buffett Jr.

51

Interview with Thama Friedman. Laurette Eves was the third partner.

52

Interview with Howie Buffett.

53

Kuhlken had introduced Cowin to Buffett in 1951 on one of Buffett's trips back to New York after his graduation from Columbia.

54

From Buffett's eulogy for Cowin.

55

From Joyce Cowin's eulogy for Cowin.

56

Marshall Weinberg, Tom Knapp, Ed Anderson, Sandy Gottesman, Buffett, and others contributed to this portrait of Cowin.

57

"He lent me unsecured. A dollar of short-term loss offset two dollars of long-term gain for tax purposes, and you could buy a mutual fund that was going to pay a long-term capital-gains dividend and redeem it immediately thereafter to offset a long-term gain going into the end of the year. I bought a combination of long-term gain and short-term loss, which, though equal in amount, had different effects on your tax return. It was all legit then; you can't do it anymore. It probably saved me a thousand dollars. Boy, it was huge," says Buffett.

58

Interview with Joyce Cowin.

59

This was an experimental town built to house 1, 800 families in low-cost units. Numerous government properties were auctioned off after World War II. "House Passes Bill to Speed Greenbelt Sale" Washington Post, April 14, 1949; "U.S. Sells Ohio Town It Built in Depression,"New York Times, December 7, 1949; "Greenbelt, Md., Sale Extended for 30 Days," Washington Post, May 31, 1952.

60

Chuck Peterson paraphrased this quote from the version of the story he heard. It is probably correct in substance, but, as with all quotes recalled from memory, the exact wording is in doubt.

Chapter 23

1

“A. C. Munger，Lawyer，Dies” Omaha World-Herald，July 1，1959.

2

The obituary of Henry A. Homan，son of George W. Homan，in the Omaha World-Herald，March 22，1907，mentions that Homan，who was twelve years older than Judge Munger，was a close friend of the judge. The Homan and Buffett sides of the families，however，were not close.

3

“33 Years a Federal Judge，” Omaha World-Herald，March 12，1939.

4

Charles Munger letter to Katharine Graham，November 13，1974. When Judge Munger died，this same aunt Ufie (Ruth) reportedly made the bizarre claim that he must have been taken by God's grace because of a mistake he'd made recently in arithmetic. She said she knew “he couldn't stay on after that.”

5

Lowe，Damn Right!: Behind the Scenes with Berkshire Hathaway Billionaire Charlie Munger. New York: John Wiley & Sons，2000. Lowe's biography，which is based on extensive family interviews，was the author's principal source for the Munger family history.

6

Said approvingly in Lowe，Damn Right!

7

Interview with Lee Seeman.

8

Interview with Mary McArthur Holland.

9

Interview with Howard Jessen，a friend of the Buffetts’.

10

His grandfather，a prominent Omaha lawyer，was a friend of Dean Roscoe Pound，the dean of Harvard Law School.

11

Munger made no effort to burnish a résumé by，for example，joining the Law Review. In an interview，he described himself as relatively aloof.

12

His father also gave him this advice.

13

Lowe，Damn Right!

14

As quoted in Lowe，Damn Right!

15

Munger, as told to Janet Lowe in Damn Right!

16

In Damn Right!, Munger compared getting married to investing. Nancy said he was "uptight" about showing emotions. His son Charles Jr. said, "There are some things my dad could deal with better if he faced them more" but "he just walks away."

17

Munger, as quoted in Lowe, Damn Right!

18

Ibid.

19

In Damn Right!, Nancy says that Charlie "was not much of a helpmate around the house." For her seventieth birthday, Buffett says he went to a pawn shop and got her a Purple Heart.

20

Roger Lowenstein, Buffett: The Making of an American Capitalist. New York: Doubleday, 1996.

21

Lowe, Damn Right!

22

Interview with Charlie Munger.

23

Interview with Lee Seeman.

24

In a year when the Dow was up 38.5%, Warren had managed to beat it, taking minimal risk.

25

In addition to his $100 stake in Buffett Associates, Buffett had later put $100 into each of his other partnerships: Buffett Fund, B-C, Underwood, Dacee, Mo-Buff, and Glenoff.

26

Interview with Lee Seeman.

27

This version differs from some others that have been published. For example, Susie Buffett has said that she was present. Several writers have set the meeting at a dinner at Johnny's Café. Roger Lowenstein, however, also set the meeting at the Omaha Club. Most likely, other versions are confiations of later events. To the author, Seeman's version is the most detailed yet has the least embellished air.

28

Interview with Charlie Munger. The dinner is reconstructed from interviews with Buffett and Munger, whose memories are hazy. Nancy Munger doesn't remember. The wives were introduced soon after the first meeting, and Johnny's is the most likely location. Buffett recalls Munger's self-intoxication clearly.

Chapter 24

1

Estimated. Buffett was managing $878, 211 at the end of 1958 in six partnerships. The $50, 000 Glenoff Partnership was formed in February 1959. By the end of 1959, the partnerships' market value had grown to $1, 311, 884. His personal funds and Buffett & Buffett increased this total.

2

Sanborn sent its customers paste-over revisions each year showing new construction, changed occupancy, new fire-protection facilities, and changed structural materials. A new map was published every few decades. Buffett took note of the company, as far as he recalls, when a large block of stock came up for sale. The widow of the deceased president was reportedly selling 15, 000 shares because her son was leaving the company. Phil Carret owned 12, 000 shares.

3

Five or ten shares apiece, forty-six shares in total.

4

Buffett had become friendly with the company's CEO, Parker Herbell, whom he said the rest of the board treated as an "errand boy." Herbell supported the plan to separate the investments from the map business, and had facilitated some of its underpinnings, such as this study.

5

"It does not make sense to have management, consultants, and major stockholders in complete agreement regarding a course of action but unable to proceed because of directors owning an insignificant amount of stock." Warren Buffett letter to C. P. Herbell, September 25, 1959.

6

In those days, appreciated shares could be exchanged for a company's own shares. So a company could get rid of the capital-gains tax that was inherent in an operation if it just sold stock from time to time.

7

As part of the deal, the Buffett partnerships agreed to tender their stock.

8

Interview with Doris Buffett.

9

Interview with Kelsey Flower, a childhood friend of Susie Jr.'s.

10

Interview with Dick and Mary Holland.

11

Interview with Peter Buffett.

12

Interview with Howie Buffett.

13

Ibid.

14

Gateway, May 26, 1961.

15

"Paul Revere's Ride," Henry Wadsworth Longfellow. Listen my children, and you shall hear of the multitudes rescued by Susan Buffett.

16

From remarks made by Eisenberg at Susie's funeral.

17

According to his autobiography, Stranger to the Game (written with Lonnie Wheeler, New York: Penguin, 1994), Bob Gibson lived in Omaha in the off season. He talks about playing basketball in Omaha with a white team in 1964, traveling to Iowa for games, and hanging out at a bar on North 30th Street. The bartender wouldn't serve him.

18

Howard Buffett quoted in Paul Williams, "Buffett Tells Why He Joined Birch Society," Benson Sun, April 6, 1961.

19

The Christian Anti-Communist Crusade was founded in 1953 by "a crisp, energetic, selfconfident Austrian,"Fred Schwarz, who was a physician, psychiatrist, and lay preacher. It used media to spread its anti-Communist philosophy. Cabell Phillips, "Physician Leads Anti-Red Drive with 'Poor Man's Birch Society,'" New York Times, April 30, 1961. See the CACC website, http://www. schwarzreport. org/.

18

Leila Buffett letter to Dr. Hills, December 10, 1958.

19

Leila Buffett to Mrs. Kray, May 23, 1960.

20

Interview with Susie Buffett Jr. and Howie Buffett. They recall their father's behavior during this period as routine and, with hindsight, as a form of denial.

21

Interview with Howie Buffett.

22

Interview with Chuck Peterson.

23

According to Chuck Peterson, Carol Angle "did not hear well."This is a example of Buffett's raconteuring. She says she had progressive hearing loss.

24

Interview with Lee Seeman.

25

Interview with Dick Holland.

26

Interviews with Frank Matthews Jr. and Walter Schloss, who agree that Schloss introduced them on the street corner.

27

This is how hedge funds are commonly managed to stay within the legal investor limit today.

28

George Payne was also a founding member of this partnership. By then, B-C had been folded into Underwood. Along with the ten partnerships, Warren and his father were still operating Buffett & Buffett.

29

The Dow's results include dividends received. Note that this was the performance for the partnership before Warren's fees.

30

Interview with Chuck Peterson.

31

Interviews with Kelsey Flower, Meg Mueller.

32

Interview with Stan Lipsey.

33

Buffett was 31 on January 1, 1962, but his personal investments and gains in the partnership had taken him past the million-dollar mark months earlier, when he was still 30.

34

Interview with Bill Scott.

35

Buffett waived his fee for Scott, one of the two most lucrative arrangements he ever made with an employee. (See Henry Brandt in "Haystacks of Gold" and "Folly" for the other.)

36

He put in everything except his investment in Data Documents, a personal investment in a private company.

37

Letter to partners, July 6, 1962. In the second quarter of 1962, the Dow fell from 723.5 to 561.3, or 23%. In the first half of that year, the partnership saw a loss before payments to partners of 7.5%, compared with a loss of 21.7% including dividends for the Dow— the partners had a 14.2% outperformance.

38

Buffett's phrase is a clever reworking of Graham's original. In The Intelligent Investor: "The sovereign virtue of all formula plans lies in the compulsion they bring upon the investor to sell when the crowd is buying and to buy when the crowd lacks confidence" (Intelligent Investor, Part I: General Approaches to Investment VI: Portfolio Policy for the Enterprising Investor: The Positive Side, 1949 edition). And in Security Analysis: "It would require bond investors to act with especial caution when things are booming and with greater confidence when times are hard” (Security Analysis, Part II: Fixed-Value Investments, XI: Specific Standards for Bond Investment, 1940 edition).

Chapter 25

1

Warren Buffett typewritten file memo, undated.

2

Warren Buffett letter to Bob Dunn, June 27, 1958.

3

Note from Jack Thomsen to Warren Buffett, March 8, 1958: “I think we have to be realistic and reorganize on a basis that has a reasonable chance of working... the only thing that Clyde is concerned about is prestige....Hale received a letter from Clyde yesterday to notify him that he was being removed as trustee of his estate. I am certain the same rancor is and will be held for all of us who have dared to oppose him....I do feel sorry for him in his present predicament but I do not think we can correct our problems with sympathy.”

4

Interview with Verne McKenzie, who says Buffett explained this to him when he hired him. Without a public exit strategy, this is one of only two ways to realize the value of the assets.Buffett had not yet figured out the other one, as the reader will see.

5

Interview with Walter Schloss.

6

Warren Buffett letter to Clyde Dempster, April 11, 1960.

7

Warren Buffett note to Bob Dunn, June 27, 1958: “...has become increasingly less active in the business and it appeared the company was just drifting with him not interested and no one else having the authority to do anything....We finally got the job accomplished by letting Clyde stay as president.” He gave Jack Thomsen, executive vice president, temporary operating authority.

8

Interview with Walter Schloss.

9

At $30.25 per share. Warren Buffett letter to Dempster shareholders, September 7, 1961.

10

Warren Buffett letter to partners, July 22, 1961.

11

“Dempster had earned good money in the past, but was currently only breaking even.

“We continued to buy the stock in small quantities for five years. During most of this period I was a director and was becoming consistently less impressed with the earnings prospects under existing management. However, I also became more familiar with the assets and operations and my evaluation of the quantitative factors remained very favorable" thus leading him to continue buying stock. Letter to partners, January 24, 1962.

12

And water-system parts—as the demand for windmills was waning.

13

"We had parts for windmills and certain farm equipment" says Scott, "where we had a lock on the business and by repricing it could stop losing money down there. And we were successful to some degree."

14

January 18, 1963.

15

Interview with Bill Scott.

16

"Still a Chance City Can Keep Dempster," Beatrice Daily Sun, September 1, 1963; "Drive to Keep Dempster Rolls," Omaha World-Herald, September 30, 1963.

17

As Buffett's successor, Dempster's chairman W. B. McCarthy, put it, "We understand, as I am sure you do, that a number of the people in Beatrice do not recognize the fine, necessary job that you and Harry accomplished with Dempster." W. B. McCarthy letter to Warren Buffett, November 19, 1963.

18

Of the $2.8 million total financing, $1.75 million went to pay the sellers and the remainder to expand the operation. "Launch 1 1th Hour Effort to Keep Dempster Plant Here," Beatrice Daily Sun, August 29, 1963.

19

"Beatrice Raises $500, 000," Lincoln Evening Journal, September 3, 1963; "Fire Sirens Hail Victory, Beatrice Gets Funds to Keep Dempster," Omaha World-Herald, September 4, 1963; "Contracts for Dempster Sale Get Signatures," Beatrice Daily Sun, September 12, 1963.

20

The partnership made $2.3 million, almost three times its investment. Buffett changed the name of the holding company to First Beatrice Corp. and moved its headquarters to Kiewit Plaza.

Chapter 26

1

The speakers appeared as individuals who happened to belong to different groups rather than "representatives" of their races and faiths. All went well, except once, says Doris Buffett, when a Protestant panelist started telling the Catholic and the Jew that they were going to hell.

2

The black workers were squeezed out of jobs as Omaha's packinghouse industry shrank. Marginalized into a ghetto north of downtown called the Near North Side, they lived in dilapidated, aging tenements for which unscrupulous landlords charged high rents. In 1957, the Omaha Plan, a communitywide study, proposed redevelopment of the Near North Side, but bond issues were defeated. A budding civil-rights movement led by college students at Creighton University, the Urban League, and other civic groups had worked to improve black employment and end segregation of teachers in the public schools since 1959.

3

Interview with Susie Buffett Jr., who wondered what good the police whistle was going to do.

4

Interview with Peter Buffett.

5

Interview with Doris Buffett. Viktor E. Frankl, Man's Search for Meaning. Boston: Beacon Press, 1962.

6

Interview with Sue James Stewart.

7

Alton Eltiste, "Miss Khafagy Gives Views on Homeland," Gateway, October 5, 1962.

8

This image of the crossing guard may surprise modern readers, but in the United States until the latter part of the twentieth century, children were traditionally given significant freedom and responsibility.

9

Interview with Howie Buffett.

10

Howie and Susie Jr. describe themselves and their relationship this way in interviews.

11

This composite picture of the Buffett household is based on interviews with Susie Buffett Jr., Howie Buffett, and Peter Buffett.

12

Interview with Meg Mueller. "My mom has commented on that several times over the years," she says.

13

Interview with Bill Ruane.

14

Interview with Dick Espenshade. One of the founding lawyers, Jamie Wood, joined from another firm.

15

Interview with Ed Anderson.

16

The example has been simplified for ease of understanding the concept of leverage. Obviously the exact return on capital depends on how long it took to make the profit, and on the funding rate.

17

Interview with Rick Guerin in Janet Lowe, Damn Right!: Behind the Scenes with Berkshire Hathaway Billionaire Charlie Munger. New York: John Wiley & Sons, 2000.

18

This description is from Ed Anderson.

19

Interview with Ed Anderson.

20

Interview with Charlie Munger. Guerin's seamstress mother died when he was a teenager.

21

Interviews with Rick Guerin， Ed Anderson.

22

Janet Lowe， Damn Right!

23

Interview with Ed Anderson. Guerin doesn't remember this specific incident but says it sounds likely.

24

Anderson takes the blame for being too obtuse to read Munger's mind， rather than blaming Munger for not explaining things to him.

25

Interview with Ed Anderson.

26

Along with Munger， Ed Anderson recalls this extraordinary trade. Munger says the story is true in substance. Buffett also recalled the reasoning.

27

Interview with Ed Anderson， who suggested the word "pretender" because， as he put it，"Charlie would never feel like he was an 'apprentice.'"

28

Ira Marshall relates Munger's confusion with names in Damn Right!

29

Interview with Ed Anderson. This term was commonly used among Buffett's friends. He referred to "coat-tail riding" in his partnership letter of January 18， 1963.

30

Buffett also recalls Munger hyperventilating at his own jokes.

31

Charles T. Munger letter to Katharine Graham， December 9， 1974.

32

Ibid.

33

In 1953， Buffett sold copies of this report for $5.

34

Buffett had also let Brandt in on one lucrative private investment， the Mid-Continental Tab Card Company. While Buffett gave up his override on Brandt's money， the deal was a win/win.

35

"There's got to be a warehouse full of these somewhere," said Bill Ruane in an interview, but the author never saw it.

36

Bill Ruane introduced Buffett to Fisher's ideas. Philip A. Fisher, Common Stocks and Uncommon Profits. New York, Evanston, and London: Harper & Row, 1958. ("Scuttlebutt" is a nautical term for a barrel with a hole in it used to hold the sailors' drinking water.)

37

The market for soybean oil was not large, a key element in the scheme. It would be impossible for a single individual to amass enough capital to corner the market for, say, oil or treasury bills.

38

Most accounts published about the scandal incorrectly refer to oil floating on top of water in the tanks.

39

Mark I. Weinstein, "Don't Leave Home Without It: Limited Liability and American Express," Working paper, American Law & Economics Association Annual Meetings, Paper 17, Berkeley Electronic Press, 2005, p. 14–15, is the source that American Express was certifying more warehouse receipts than the Department of Agriculture said existed in salad oil.

40

Haupt was a securities dealer who traded both stocks and commodities and was a member of the NYSE; thus, he was required to meet the exchange's net capital rules (which state that capital must be 1/20 of its total liabilities). SEC Rule 15c3–1 regulates broker-dealer net capital. Under the Aggregate Indebtedness Standard, 2% of net capital is required today, compared to 5% in the 1960s. The New York Stock Exchange paid $10 million to cover its customers' losses. H. J. Maidenberg, "Lost Soybean Oil Puzzles Wall St.," Wall Street Journal, November 20, 1963.

41

Equivalent to 2.9% of its value.

42

The Stock Exchange had closed mid-session on August 4, 1933, due to a tear-gas prank. Some consider the Kennedy assassination closing to be the first "real" closing of the market.

43

John M. Lee, "Financial and Commodities Markets Shaken; Federal Reserve Acts to Avert Panic" New York Times, November 23, 1963.

44

H. J. Maidenberg, "Big Board Ends Ban on Williston, Walston and Merrill Lynch Are Instrumental in the Broker's Reinstatement, Haupt Remains Shut, Effect of Move Is Swept Aside by Assassination of President Kennedy," November 24, 1963. The soybean-oil drama, including the American Express role, peaked during a period of about a week following the assassination.

45

American Express at the time was the only major U.S. public company to be capitalized as a joint stock company rather than a limited liability corporation. This meant its shareholders could be assessed for deficiencies in capital. "So every trust department in the United States panicked," recalls Buffett. "I remember the Continental Bank held over 5 percent of the company, and all of a sudden not only do they see that the trust accounts were going to have stock worth zero, but they could get assessed. The stock just poured out, of course, and the market got slightly inefficient for a short period of time."

46

The Travelers Cheque was American Express's main product. The company introduced the card defensively when banks developed credit cards as a countermeasure to the Travelers Cheque.

47

Warren Buffett letter to Howard L. Clark, American Express Company, June 16, 1964. Brandt sent Buffett a foot-high stack of material, according to Jim Robinson, former CEO of American Express, who saw it. "I remember seeing Henry's stuff on American Express, just reams of it," said Bill Ruane in an interview.

48

At the end of it all, De Angelis pleaded guilty to four federal counts of fraud and conspiracy, and was sentenced to ten years in prison. "The Man Who Fooled Everybody" Time, June 4, 1965.

49

Howard Buffett, August 6, 1953, last will and testament.

50

Interviews with Patricia Dunn, Susie Buffett Jr., Warren Buffett.

51

In Grand Old Party (New York: Random House, 2003), Lewis L. Gould describes the way being a Republican became identified with racism in the minds of many people who changed parties during the civil-rights era.

52

Buffett cannot recall whether he initially registered as an independent or a Democrat. His preference would have been to register as an independent, but that would have precluded him from voting in primaries. Either immediately or within a few years, he did register as a Democrat.

53

Interview with Susie Buffett Jr.

54

Susan Goodwillie Stedman, recalling personal interview with Susan T. Buffett conducted November 2001, courtesy of Susan Goodwillie Stedman and Elizabeth Wheeler.

55

Dan Monen as quoted in Roger Lowenstein, Buffett: The Making of an American Capitalist. New York: Doubleday, 1996. Monen is now deceased.

56

Warren's inability to deal with Howard's death is the incident most widely cited by family members as indicative of his inner state during this period.

Chapter 27

1

Warren Buffett letter to Howard L. Clark, American Express Company, June 16, 1964.

2

L.J. Davis, "Buffett Takes Stock," New York Times, April 1, 1990.

3

"I'm not a hundred percent sure of that. I've been told that by other people, so it's hard to remember. But I'm pretty sure it was Howard Clark."

4

In July 1964, Buffett's letter to partners said, "...our General category now includes three companies where B.P.L. is the largest single stockholder." Readers could infer from this a fairly concentrated portfolio.

5

Letter from Warren Buffett to partners, November 1, 1965.

6

Letter from Warren Buffett to partners, October 9, 1967.

7

Letter from Warren Buffett to partners, January 20, 1966.

8

The author studied Buffett's written work and interview material in reaching this conclusion. Charlie Munger, on the other hand, often uses the terms "dishonor" and "disgrace" (referring to others and not himself).

9

Interview with John Harding.

10

In 1962, according to an interview with Joyce Cowin.

11

Per capita. According to Everett Allen in Children of the Light: The Rise and Fall of New Bedford Whaling and the Death of the Arctic Fleet (Boston: Little, Brown, 1983), yearly ificome from whaling amounted to $12 million by 1854, making New Bedford probably the richest city per capita in the world before the Civil War.

12

More than thirty ships were lost in the disaster of 1871, most from New Bedford. The devastating cost of 1871 in financial and human terms laid waste to the industry. Whalers began building metal boats that could break through the ice in a futile quest to save what remained of the whaling industry.

13

Baleen is the "teeth" through which whales sieve plankton. The use of spring steel also reduced baleen demand.

14

Horatio Hathaway, A New Bedford Merchant. Boston: D.B.Updike, the Merrymount Press, 1930.

15

Partnership agreement, Hathaway Manufacturing Company, 1888. Among the other partners was William W. Crapo, a longtime New Bedford associate of Hetty Green's, who also invested $25, 000. The total initial capital was $400, 000.

16

With a fortune estimated at $100 million.

17

Eric Rauchway, Murdering McKinley: The Making of Theodore Roosevelt's America. New York: Hill and Wang, 2003.

18

The North was no workers' paradise, but in the South there were virtually no laws against child labor, excessive work hours, or unsafe work conditions. The mills owned the workers' houses and the stores where they shopped, controlled their water supply, owned their churches, and effectively controlled the state governments and the courts. Machine-gun-bearing state militia prevented strikes. The workers were more like sharecroppers. Nearly ten thousand Northern workers had lost their jobs when the textile industry marched southward to the Carolinas in search of cheaper labor when air-conditioned plants were constructed after World War II.

19

Seabury Stanton, Berkshire Hathaway Inc., A Saga of Courage. New York: Newcomen Society of North America, 1962. Stanton made this address to the Newcomen Society in Boston on November 29, 1961.

20

Ibid.

21

In A Saga of Courage, Seabury says he conceived of the Stantons as forming part of an "unbroken thread of ownership" that stretched back to Oliver Chace, who had founded New England's textile industry and created Berkshire Fine Spinning's oldest predecessor company in 1806. Chace was a former apprentice of Samuel Slater, who first brought Sir Richard Arkwright's innovative spinning-frame technology to the United States at the end of the eighteenth century.

22

Hathaway Manufacturing Corporation Open House tour brochure, September 1953. Courtesy of Mary Stanton Plowden-Wardlaw.

23

If the goal had been to save jobs, the money to modernize need not have been spent. Roger Lowenstein, in Buffett: The Making of an American Capitalist (New York: Doubleday, 1996), quotes Ken Chace (now deceased) as saying that Seabury hadn't the slightest idea of return on investment.

24

Stanton (now deceased) is stated as having these opinions in "Berkshire Hathaway's Brave New World," by Jerome Campbell, Modern Textiles, December 1957.

25

Berkshire Hathaway 1994 chairman's letter.

26

Interviews with David S. Gottesman, Marshall Weinberg.

27

Letter to Warren Buffett on May 4, 1990, from James M. Clark Jr. at Tweedy, Browne Co., noting that "Howard Browne gave various accounts code initials."

28

Interview with Ed Anderson.

29

Interviews with Chris Browne, Ed Anderson.

30

According to Ed Anderson, this is how Buffett traded. The author is well acquainted with BuffeRing in other contexts.

31

The commission sounds tiny, but at ten cents a share, Buffett later said, it was by far the highest commission he ever paid on a stock.

32

Interviews with Mary Stanton Plowden-Wardlaw, Verne McKenzie.

33

He also felt that Seabury's strategy of trying to bypass the New York "converters"—who turned the company's "gray goods" into finished dyed goods and sold them to customers—was a serious misjudgment.

34

"If you're in a business that can't take a long strike, you're basically playing a game of chicken with your labor unions because they're going to lose their jobs, too, if you close down....And there's a lot of game theory involved. To some extent, the weaker you are, the better your bargaining position is—because if you're extremely weak, even a very short strike will put you out of business; and the people on the other side of the negotiating table understand that. On the other hand, if you have a fair amount of strength, they can push you harder. But it is no fun being in a business where you can't take a strike." Berkshire Hathaway's Warren Buffer and Charlie Munger, "The Incentives in Hedge Funds Are Awesome, But Don't Expect the Returns to Be Too Swift," Outstanding Investor Digest, Vol. XVI, No. 4 & 5, Year End 2001 Edition.

35

Several of the Grahamites swear they saw the room. Buffett swears this story is not true. A former Plaza Hotel employee confirms that the seventeenth floor did have a few exceptionally small rooms, with bad views, and that it was possible to haggle the room prices down, especially later in the evening.

36

Interview with Ken Chace Jr.

37

According to Roger Lowenstein's Buffett, Ken Chace was the source. Warren does not recall any of the details, including talking to Jack Stanton, but he says Ken Chace's account is most likely correct.

38

Mary Stanton Plowden-Wardlaw, letter to Warren Buffett, June 3, 1991. Stanley Rubin set it up.

39

Interview with Mary Stanton Plowden-Wardlaw.

40

The detailed version of this story was related in Roger Lowenstein's Buffett, with Ken Chace as the source. Buffett recalls sitting on a bench near the Plaza with Chace, eating ice cream.

41

"The Junior League is an organization of women committed to promoting voluntarism, developing the potential of women and improving the community through the effective action and leadership of trained volunteers. Its purpose is exclusively educational and charitable," according to its mission statement. (The author is a member.)

42

He replaced the elderly Abram Berkowitz, who worked for the company's law firm, Ropes & Gray, and had cooperatively decided to step down.

43

Stanton said he "hastened [his] retirement due to a disagreement with regard to policy with certain outside interests which have purchased sufficient stock to control the company." "Seabury Stanton Resigns at Berkshire," New Bedford Standard-Times, May 10, 1965.

44

Berkshire Hathaway Board of Directors' minutes, May 10, 1965.

45

"Buffett Means Business," Daily News Record, May 20, 1965.

46

Adapted in part from the documentary Vintage Buffett: Warren Buffett Shares His Wealth (June 2004) and in part from interviews.

Chapter 28

1

Interview with Doris Buffett.

2

Ibid.

3

November 10, 1965.

4

Report of the National Advisory Commission on Civil Disorders. New York: Bantam Books, 1968.

5

"Riot Duty Troops Gather in Omaha," New York Times, July 5, 1966. The governor said the problem was unemployment, which ran triple that of whites. 30% of blacks were unemployed in Omaha.

6

Bertrand Russell, Has Man a Future? New York: Simon & Schuster, 1962. This powerful, absolutist book argued that unless something "radical" happened, mankind was eventually doomed by weapons of mass destruction, and predicted the development of mass chemical and biological weapons in the not-distant future.

7

The 1955 Russell-Einstein Manifesto. Russell was president of the Campaign for Nuclear Disarmament in 1958, and was cofounder with Einstein of the Pugwash Conference, a group of scientists concerned about nuclear proliferation.

8

Interview with Dick Holland.

9

Buffett and his chief administrative officer John Harding chose a set of representative large-cap stocks, in effect creating a market index. Buffett did not want to execute the trade through a brokerage firm because the broker kept the proceeds from the sale and paid no interest to him. Harding contacted university endowment funds. Buffett went personally to Chicago to get shares. The idea of lending directly to a short-seller was so novel at the time that most universities passed. However, Harding was able to borrow about $4.6 million of stock.

10

Buffett put $500, 000 into treasury bills in the first quarter of 1966.

11

Interview with Susie Buffett Jr., Meg Mueller, Mayrean McDonough.

12

Interview with Kelsey Flower.

13

Interview with Susie Buffett Jr.

14

Interview with Marshall Weinberg.

Chapter 29

1

"The Raggedy Man," by James Whitcomb Riley, a children's poem about a handyman.

2

Interview with Chuck Peterson.

3

Buffett tells the story, which Charlie Heider recalls and found unforgettable. Parsow doesn't recall it.

4

Both Byer-Rolnick and Oxxford were acquired by Koret in 1967.

5

Interview with Sol Parsow.

6

Gottesman worked for Corvine and Company, which, he says, was going out of business. He founded his own firm, First Manhattan Co., in 1964.

7

Interview with Sandy Gottesman.

8

"That's not negotiating," claims Munger. "It's just using pithy examples to steer people to what they should be doing. Sure, it's persuasion, but it's legitimate persuasion."

9

The Kohns were planning to sell for a quarter less than the tangible net assets of the business. Gottesman had done a private placement of debentures for Hochschild-Kohn with Equitable Life that year and was familiar with its financial statements. His mother-in-law, her brother Martin Kohn, and another sister were equal stockholders who owned a class of preferred stock in the company. The preferred stock was in arrears, not having paid a dividend in some time. In effect, therefore, they could have controlled the business. They had not exercised this privilege, however. The common stock was owned largely by their relative Louis Kohn, from another branch of the family and second in command after Martin Kohn.

10

DRC Offering documents for 8% debentures, December 18, 1967.

11

He gave them the money anyway, partnered with National City to provide $9 million in shortterm financing for the deal. Diversified Retailing Company, Inc., Prospectus, December 18, 1967. According to Gottesman and Moody's Bank & Finance Manual, Martin Kohn was on the board of Maryland National Bank.

12

Charles T. Munger testimony, In the Matter of Blue Chip Stamps, Berkshire Hathaway Incorporated, HQ-784. Thursday, March 20, 1975, page 187.

13

Buffett mentioned the problem to the partners in his mid–1966 letter but stressed the more important question of buying a company rather than a stock. Another factor was the banks, which had also started issuing credit cards, cutting further into Hochschild-Kohn's edge.

14

Interview with Charlie Munger. The company was purchased in April 1967.

15

Diversified Retailing Company, Inc., Prospectus, December 18, 1967.

16

Buffett says Rosner told him he got Aye Simon's consent to sell the business by saying something along the following lines: "And to hell with you. If you're going to second-guess it, you come down and run the store." The relationship was irretrievably broken.

Chapter 30

1

Including Buffett's stock in Data Documents, a separate investment, the Buffetts' net worth was somewhere between $9.5 and $10 million.

2

Buffett's description, in Patricia E. Bauer's "The Convictions of a Long-Distance Investor," Channels, November 1986, was, "One time we had a dog on the roof, and my son called to him and he jumped. It was so awful—the dog that loves you so much that he jumps off the roof..." —leaving the reader to wonder how the dog got on the roof.

3

Interview with Hallie Smith.

4

"Haight-Ashbury: The Birth of Hip," CBC Television, March 24, 1968.

5

In 1967, over 2.5 billion shares traded, topping the previous 1966 record by one third. Thomas Mullaney, "Week in Finance: Washington Bullish" New York Times, December 31, 1967.

6

But insurers looked undervalued and he thought they would get taken over. He bought Home Insurance and Employers Group Associates.

7

Sun Valley Conference, 2001.

8

At high rates of return, and paying no tax. If a shareholder had taken $0.06 a share—after paying a tax on the $0.10 dividend—and put it in the market earning 5% on average, he would have about $0.42. If Buffett had kept that $0.10, and compounded it at the 21% he earned over the past forty years, a shareholder, who would have been slightly diluted over the years, would be $135 richer. Looking at it on a larger scale, the tiny dividend "cost" Berkshire shareholders over $200 million as of 2007.

9

Interview with Verne McKenzie.

10

Letter to partners, July 12, 1967.

11

Interview with Verne McKenzie.

12

"Requiem for an Industry: Industry Comes Full Circle," Providence Sunday Journal, March 3, 1968.

13

Letter to partners, January 25, 1967.

14

By September 30, 1967, the partnership had $14.2 million in treasuries and short-term debt out of a total $83.7 million invested.

15

Alice was a friend of Ringwalt's; the family believed she may have once had some sort of "under-standing" that might have led to marriage until Ernest put a stop to it. Ringwalt had a reputation as a ladies' man, but Alice also kept house for her father, and "no one was good enough for her," Buffett says.

16

Interview with Bill Scott.

17

Interview with Charlie Heider.

18

Robert Dorr, "'Unusual Risk' Ringwalt Specialty," Omaha World-Herald, March 12, 1967, and Ringwalt's Tales of National Indemnity and Its Founder (Omaha: National Indemnity Co., 1990) recount stories of lion tamers, circus performers, and hole-in-one contests. Buffett heard of the burlesque stars from Ringwalt.

19

Berkshire paid Heider a $140, 000 fee for the transaction.

20

Interview with Bill Scott.

21

With the company closely held, it took only a week to round up the necessary 80% shareholder approvals.

22

In his book, Ringwalt says he was only driving around looking for a metered place on the street because he refused to pay a parking garage.

23

This was a reason why National Indemnity would not need reinsurance, or protection from other insurers, which was both expensive and would make it a dependent.

24

Ringwalt also was included in the shareholder register of Diversified Retailing in 1976 (he actually sold 3, 032 shares back to the company in its tender offer).

Chapter 31

1

As quoted in an interview with Jose Yglesias as Dr. King prepared for the Poor People's Campaign. Jose Yglesias, "Dr. King's March on Washington, Part II," New York Times, March 31, 1968.

2

Wead, who declined to be interviewed, was the director of Wesley House, a community improvement organization of the Methodist Church.

3

Interview with Racquel Newman and her son, Tom Newman. A number of other people recalled Susie and Rackie's activities.

4

Interview with Chuck Peterson.

5

Buffett had met Rosenfield through a connection to Hochschild-Kohn.

6

Grinnell's founder, Congregational minister Josiah Grinnell, pastor of the First Congregational church in Washington, D.C., bolted from its doors in 1852 when his Southern congregation took exception to his abolitionist views. It was Grinnell who sought advice from the famous New York Herald editor Horace Greeley and who heard the words that every schoolchild in America would subsequently learn without knowing their source: "Go West, young man, go West!"The phrase was originally written by John Soule in the Terre Haute Express in 1851.

7

Interview with Waldo "Wally" Walker, Dean of Administration at the time.

8

The luckless George Champion, chairman of the board of Chase Manhattan Bank, followed King on the program, speaking on "Our Obsolete Welfare State."

9

This common paraphrase of Lowell was more eloquent than Lowell's actual words: "Though her portion be the scaffold, And upon the throne be wrong." James Russell Lowell (1819~1891), "The Present Crisis" 1844.

10

Interview with Hallie Smith.

11

From King's 1963 speech at Western Michigan University. King may have said something like this at the October 1967 Grinnell Convocation, but no transcript exists.

12

King first said this in Cleveland in 1963 and used variations of it in most major speeches thereafter. He called the idea that you can't legislate morality a "half-truth.""It may be true that the law cannot make a man love me,"he said, "but it can keep him from lynching me, and I think that is pretty important."

13

Despite flirting briefly with the magic 1,000, it had ended down more than 15%.

14

Letter to partners, January 25, 1967.

15

Letter to partners, January 24, 1968.

16

Galbraith in an interview by Israel Shenker, "Galbraith: '29 Repeats Itself Today," published in the New York Times on May 3, 1970. "The explosion in the mutual funds is the counterpart of the old investment trusts. The public has shown extraordinary willingness to believe there are financial geniuses in the hundreds. Financial genius is a rising stock market. Financial chicanery is a falling stock market."Galbraith reiterates this in "The Commitment to Innocent Fraud" Challenge, Sept.~Oct. 1999: "In the world of finance, genius is a rising market."

17

Grinnell forgave Noyce after intervention from his physics professor Grant Gale and, according to Buffett, from Rosenfield.

18

Wallace sought signatures in order to be placed on the Nebraska ballot as a candidate for the American Party.

19

Wallace hired an ex-Klansman as a speechwriter and made a number of inflammatory statements at different times, such as "I reject President Kennedy's statement [that] the people of Birmingham have inflicted abuses on the Negroes...the President wants us to surrender this state to Martin Luther King and his group of Communists." Yet his famous stand, blocking the University of Alabama's Foster Auditorium to prevent the enrollment of two black students until forced by federal marshals and the National Guard to step aside, was a compromise apparently engineered with the White House to appease white supremacists and avoid violence while allowing the blacks to enroll. Wallace later apologized to the black community for his role.

20

Associated Press, "Disorder, Shooting Trail Wallace Visit," Hartford Courant, March 6, 1968; Homer Bigart, "Omaha Negro Leader Asks U.S. Inquiry," New York Times, March 7, 1968.

21

"Race Violence Flares in Omaha After Negro Teen-Ager Is Slain," New York Times, March 6, 1968; Bigart, "Omaha Negro Leader Asks U.S. Inquiry."

22

Associated Press, "Disorder, Shooting Trail Wallace Visit."

23

UPI, "1 Wounded, 16 Held in Omaha Strike," July 8, 1968.

24

He recovered after a lengthy hospital stay. Part of this account is from The Gate City: A History of Omaha (Lincoln: The University of Nebraska Press, 1997).

25

In a December 1981 Playboy interview, Henry Fonda, an Omaha native, recounts witnessing the same event: "It was an experience I will never forget...My dad's office looked down on the courthouse square and we went up and watched from the window...It was so horrifying. When it was all over, we went home. My dad never talked about it, never lectured. He just knew the impression it would have on me."

26

April 4, 1968.

27

Interview with Racquel Newman.

28

The club was renamed Ironwood in 1999.

29

By coincidence， at the time， Chuck Peterson had also been put up for the Highland. Peterson was eating there a lot with fellow flying enthusiast Bob Levine and thought he ought to join instead of freeloading.

30

Stan Lipsey， another friend of Buffett's， weighed in on behalf of Chuck Peterson. "I got so highprofile because of that，" says Lipsey， "that they made me serve on the board next year. No good deed goes unpunished. A golf buddy named Buck Friedman was the chairman. He was very serious， and I'd be trying to crack them up. He didn't like that I'd call him Buckets."

Chapter 32

1

Warren Buffett letter to Ben Graham， January 16， 1968.

2

Ibid.

3

Armon Flenn， "Run for Your Money，" New York Times， June 3， 1968; "Mutual Interest" Time， January 19， 1968; Robert D. Hershey Jr.， "Mutual Funds Reaching Further for Investment;" New York Times， September 29， 1968.

4

In 1929， only about 3% of the population owned stock. In 1968， about 12.5% of the population owned stock or equity mutual funds.

5

Letter to partners， July 11， 1968.

6

The SEC prepared a study stating that the new system， NASDAQ， was "on the horizon" in 1963. NASDAQ went live on February 8， 1971， and traded as much volume as the American Stock Exchange in its first year. Eric J. Weiner， What Goes Up: The Uncensored History of Modern Wall Street， New York: Little， Brown， 2005.

7

Warren Buffett letter to the Graham Group， January 16， 1968.

8

Warren Buffett letter to the Graham Group， September 21， 1971.

9

DRC earnings were down overall $400, 000， or 17%， in 1968. Associated Cotton Shops earned about 20% on the money employed in the business—an outstanding performance in any year but especially in difficult 1968.

10

Letter to partners, January 24, 1968.

11

Buffett lost money in stocks at times and was quick to cut his losses. The margin of safety didn't prevent losses but shifted the odds away from large losses.

12

The Youth International Party (Yippees), a prankster group of anarchist activists, nominated Pigasus the Pig as their party candidate. Leader Jerry Rubin said, "Why vote for half-pigs like Nixon, Wallace, and Humphrey, when you can have the whole hog?" at a speech to the University of British Columbia Faculty Club (October 24, 1968).

13

Interview with Verne McKenzie, who says that Chace was upset but did not show it. He did what he had to do.

14

The impact of credit cards and a radical change in consumer thinking about consumption is hard to overstate. Savings and layaway—once commonplace in purchasing even items such as clothing—were replaced by debt. Although economists debate measures of household wealth over time, the result has been a world of renters who tithe to financial institutions. The "earthquake risk" is a catastrophic mass deleveraging. (See 2008 credit crisis.)

15

Retailers paid, on average, 2 for every dollar of sales for the stamps they gave out and tacked this onto the price of their goods.

16

They priced Blue Chip cheaper, at 1.5.

17

Blue Chip had 71% of the trading-stamp business in California at the time. "Safe on Its Own Turf," Forbes, July 15, 1968.

18

Sperry & Hutchinson sued Blue Chip when the Alpha Beta and Arden-Mayfair food chains dropped S&H stamps in favor of Blue Chip stamps. Blue Chip paid $6 million to settle this case.

19

Each "package" priced at $101, consisted of $100 face amount of 6.5% ten-year debt plus three shares of $0.333 par common stock. A total of 621, 600 Blue Chip shares were included in the offering. Nine retailers who were big Blue Chip customers split another 45%, which went into trusts for ten years. The remaining 10% went to company management (as reported in the Wall Street Journal, September 23, 1968).

20

A couple of gas-station chains were still suing, as were a group of small trading-stamp companies in Northern California. Blue Chip Stamps annual report to shareholders, 1969.

21

One of the Graham Group members recalls this.

22

Letter to partners, January 24, 1968.

23

Leslie Berlin, The Man Behind the Microchip. New York: Oxford University Press, 2005.

24

Buffett shorted 10, 000 shares of Control Data in the third quarter of 1965 in the low $30s—at this point he had over $7 million of his portfolio in shorts. He eventually bought some Control Data for the partnership in 1968, as a "workout," meaning an arbitrage.

25

Interview with Katie Buffett, who said Fred wanted to put in $300 and she "snitched a little" to add another hundred. She thought she would have been better off putting more money in the partnership.

26

In the form of a convertible debenture.

27

Leslie Berlin, The Man Behind the Microchip.

28

Buffett told his partners about the "particularly outstanding performances" of Associated Cotton Shops and National Indemnity Company. But the controlled companies had only a "decent" performance overall; Berkshire and Hochschild-Kohn were dragging down the results.

Chapter 33

1

A former Kelly girl temporary office worker, Kaiser came to work in January 1967 and stayed until her retirement in 1993.

2

Interview with Donna Walters. Buffett shared Walters with Sol Parsow, the men's haberdasher in the building's lobby.

3

Blue Chip stamps were the closest equivalent.

4

Beginning with "Love Only Thing That Stops Guard," Omaha World-Herald, April 20, 1952, continuing to a cute feature picture of Susie and the kids packing a picnic Thermos, and a story about him buying Sam Reynolds's house.

5

Loomis's recollections are from her memoir in Fortune, "My 51 Years (and Counting) at Fortune," Fortune, September 19, 2005.

6

Loomis wrote an admiring profile of hedge-fund manager A. W. Jones, "The Jones Nobody Keeps Up With," Fortune, April 1966, around the time or shortly before she met Buffett. In this article she mentions Buffett in passing. She did not begin to profile him in her writing until "Hard Times Come to the Hedge Funds," Fortune, January 1970.

7

Buffett says that he never actually overslept his paper route. This seems to be his version of the common "test-anxiety dream."

8

Interview with Geoffrey Cowan.

9

Interview with Tom Murphy.

10

Warren Buffett letter to Jay Rockefeller, October 3, 1969. Buffett added, "It tends to be a very poor business unless you have a life-size fold-out of a girl in the middle. I have frequently told my partners that I would rather lose money logically than make money for the wrong reasons. Hopefully, I will come up with some similar aphorism to rationalize this deal."

11

Buffett put in $32, 000 to start.

12

Interview with Charles Peters, with additional condensed comments adapted from Peters's memoir, Tilting at Windmills. New York: Addison-Wesley, 1988.

13

Buffett put in another $50, 000.

14

After being told that he couldn't donate his investment in the Washington Monthly to charity, "I finally let them give the stock to one of the people who worked there, just to get rid of it," says Stanback. "It was worthless."

15

Letter to partners, May 29, 1969.

16

Ibid.

17

Ibid.

18

The Buffetts hired teachers as babysitters, but Howie co-opted the teachers' husbands into becoming his confederates, doubling the degree of lawlessness.

19

Al Pagel, "Susie Sings for More Than Her Supper," Omaha World-Herald, April 17, 1977.

20

Interview with Milton Brown.

21

Berkshire Hathaway annual meeting, 2004.

22

Letter to partners, October 9, 1969.

23

John Brooks, The Go-Go Years. New York: Ballantine Books, 1973.

24

The stock had "split" so that each share became five, then promptly rose to $25 per share.

25

Blue Chip had called a shareholders' meeting to vote on a secondary offering in which shareholders could offer blocks of existing stock to the public.

26

Interview with Wyndham Robertson, who says she could barely understand the code when she first joined the Graham Group two years later in Carmel.

27

Letter to Graham Group, September 21, 1971.

28

Interviews with Marshall Weinberg, Tom Knapp, Fred Stanback, Ruth Scott.

29

Interview with Ed Anderson.

30

Letter from Warren Buffett to Graham Group, September 21, 1971.

31

Interview with Fred Stanback.

32

Interview with Sandy Gottesman, who notes that they basically broke even on the deal; he says that a bit of mythology has arisen around the Hochschild-Kohn deal. "It goes down in history as an enormous mistake," he says. "And I don't think it was as big a mistake as represented... it's grown way out of proportion."

33

Supermarkets General bought Hochschild-Kohn in 1969 for $5.05 million cash plus $6.54 million in non-interest-bearing notes with a present value of about $6 million. Effectively, DRC received about $11 million.

34

From the 1969 Diversified Retailing annual report. But if Buffett had been hit by the proverbial bus, under the terms of the debenture, the obligation for mandatory redemption would have ceased. So he was taking the element of random chance out of it.

35

Wilder was not the only doubter. "Danny [Cowin] thought I was crazy to do it," says Buffett.

36

Cited in the 1989 letter to shareholders.

37

"How Omaha Beats Wall Street," Forbes, November 1, 1969.

38

The article stated that Buffett had lived in the house since his marriage in 1952, an error later repeated by other writers. The Farnam house was far from the "starter home" that is implied. Articles often refer to the house as "modest" or some similar term and rarely mention its extensive remodeling. Buffett bought the house in 1958.

39

Evelyn Simpson, "Looking Back: Swivel Neck Needed for Focus Change Today," Omaha World-Herald, October 5, 1969.

Chapter 34

1

Carol Loomis, "Hard Times Come to the Hedge Funds," Fortune, January 1970, the first of a series of Loomis articles that showcase Buffett's opinions.

2

Book value. Tangible book value was $43. Warren Buffett letter to partners, October 9, 1969.

3

Ibid.

4

The more inquisitive partners may have discovered that Berkshire Hathaway owned Sun Newspapers by reading its 1968 annual report.

5

Letter to partners, October 9, 1969. Buffett explained that he expected stocks to yield about 6.5% after tax for the next ten years, roughly the same as a "purely passive investment in tax-free bonds." Even the best managers, he said, were unlikely to do better than 9.5% after tax. Compare this to the 17% return he had projected to partners in the early years of the partnership and the 30% average he had actually achieved.

6

Letter to partners, December 5, 1969.

7

According to Buffett, a couple of them never were able to find anyone they trusted to manage their money, and one ended up working as a fortune-teller in San Diego.

8

Letter to partners, December 26, 1969.

9

This statement is intriguing since Buffett had just named Dow Jones as the stock he would like to own on a desert island. However, the Sun was not a good investment.

10

Emphasis added by author. By then, a small cult of Buffett-stalkers monitored his holdings, and curiosity about Buffett's intentions was rife among many partners. The importance of a clear statement of his intentions—after more than a decade of obsessive secrecy—should have been unmistakable (at least with hindsight).

11

Buffett indulged in a bit of score-settling with the underwriters in his letter to partners of December 26, 1969, saying that the deal was pitched "with a heavy weight" placed on a comparison to Sperry & Hutchinson, the nearest competitor, but shortly "before the stock was to be offered, with the Dow Jones Industrials much lower but S&H virtually unchanged, they indicated a price far below their former range." (Blue Chip at the time had declined significantly.) "We reluctantly agreed and felt we had a deal but, on the next business day, they stated that our agreed price was not feasible."

12

It was a little unclear what the filling stations' actual beef was. They had given out Blue Chip stamps and made money doing it. If there were five stamp companies in California, they might have given out stamps that cost more, and it isn't clear that they would have made more money—they might have made less.

13

This takes into account the approximately 90, 000 shares of Blue Chip Stamps that were still tied up in BPL because of the delay in the sale.

14

DRC's 1971 annual report discloses $841, 042 of notes issued "in exchange for common stock of an affiliated company" due on varying dates, or within twelve months of the death of Warren E. Buffett. DRC continued to issue these notes until 1978, for a total of $1.527 million. During the first year the notes were also payable at the payee's demand. Apparently the notes were reissued with this term eliminated in 1972 (according to the 1972 DRC financial statements).

15

1970 Annual Statement for Reinsurance Corporation of Nebraska, Berkshire Hathaway, Diversified, and Blue Chip, Forms 10-K and annual reports to shareholders.

16

Interview with Verne McKenzie.

17

Interview with Rhoda and Bernie Sarnat.

18

Interview with Charlie Munger.

19

Through chunks of stock large enough to almost certainly block an unfriendly takeover.

20

Blue Chip sales peaked in 1970 at $132 million.

21

A&P's discounting program, Where Economy Originates, prompted other supermarket chains to adopt discounting in 1972. "The Green Stamp Sings the Blues," Forbes, September 1, 1973.

22

From the files of Berkshire Hathaway.

23

Interview with Bill Ramsey. The sale occurred because Laurence A. See, son of Mary See and a founder of the firm, had died, and Charles See, his brother and executor of his estate, mentioned to an attorney acquaintance while on vacation in Hawaii that he might want to sell. The attorney told Bob Flaherty, who worked for Scudder, Stevens, and Clark, and Flaherty talked to Ramsey, who was also a client of the firm.

24

From Margaret Moos Pick, See's Famous Old Time Candies, A Sweet Story. San Francisco: Chronicle Books, 2005.

25

Interview with Ed Anderson.

26

Buffett and Munger paid 11.4x trailing twelve months earnings for See's (i.e., a price equal to over eleven years' worth of the company's earnings—at the past twelve months' earnings rate). This was a remarkably high price/earnings ratio for Buffett, who rarely paid more than ten times earnings. Paying more than book value was also unprecedented. Susie told at least one friend that he "bought it for her," because of her chocolate obsession, which sounds like something he might have said as an endearment.

27

Since 1960.

28

Letter from John W. Watling to Harry W. Moore, December 3, 1971. Buffett was particularly involved in tax aspects of the deal. He wrote a detailed memorandum outlining a proposed structure for the company's trademarks in order to obtain a tax basis equal to the effective purchase price without incurring the tax costs that a sale would entail under tax law at the time, such as depreciation recapture and investment tax-credit recapture. Price Waterhouse, the accountants for See's, apparently were pleased that Buffett had done their job and wrote a memo concurring with his proposal and explaining how it would be executed (letter from Price Waterhouse & Co. to William F. Ramsey, January 18, 1972).

29

This account is an amalgamation of interviews with Munger and remarks at the Berkshire Hathaway 2003 annual meeting. Warren Buffett and Charlie Munger, "What Makes the Investment Game Great Is You Don't Have to Be Right on Everything," Outstanding Investor Digest, Vol. XVIII, Nos. 3 and 4, Year End 2003 Edition.

30

Interviews with Ed Anderson and Chris Browne. Buffett's reasoning in situations like this and Berkshire was that he needed the stock to get control. However, his allies could have kept their stock and voted with him. Indeed, in his younger days when he had less capital, Buffett had arranged such voting blocks.

31

Warren Buffett letter to Chuck Huggins, December 28, 1971.

32

During the early 1970s, the price of sugar increased sixfold. Although most news stories focused on the price of meat, sugar and cocoa were the commodities that experienced the most wrenching price increases.

33

At the time a cult product that people carried home on airplanes after encounters on vacation in Colorado.

34

Narrative is based on correspondence among Warren Buffett, Stanley Krum, and Chuck Huggins, 1972. In a letter dated later in 1972, Buffett the teetotaler also says, "Maybe grapes from one little eighty-acre vineyard in France are really the best in the whole world, but I have always had a suspicion that about 99% of it is in the telling and about 1% is in the drinking."

35

This is the lament of a number of the managers.

36

Warren Buffett letter to Chuck Huggins, September 25, 1972.

37

Interviews with Tom Newman, Raquel Newman.

38

Buffett also would have gone on the board of his favorite company, GEICO, had the SEC not concluded that it would be a conflict because Berkshire Hathaway already owned an insurance company, National Indemnity.

39

Interview with Peter Buffett.

40

Each of the advisory-board members invested about $7, 000. Control of the bank was retained within the African-American community. Some blacks did not want white investors."They just thought we were trying to put something over on them, I guess," Buffett says.

41

Interview with John Harding.

42

Interview with Larry Myers. According to Myers, Buffett continued this level of involvement for seventeen years. An advisory board is different from a regular board position and normally requires less time commitment.

43

Roger Lowenstein, Buffett: The Making of an American Capitalist. NewYork: Doubleday, 1996.

44

Interview with Hallie Smith.

45

Interview with Rhoda and Bernie Sarnat. Buffett recalls the story as well.

46

At an anniversary party for the Thompsons a few weeks earlier, the Buffetts' cook served what came to be known throughout Omaha as the "poisoned chicken." Except for a rabbi and his wife, who ate tuna, everyone present came down with salmonella. By then, Buffett was so wellknown that the episode made the Omaha World-Herald. Interview with Rabbi Meyer Kripke.

47

Interview with Ron Parks.

48

As Buffett tells this story he lost the game, but according to Roxanne and Jon Brandt, he was determined not to lose to a six-year-old—and won.

49

According to a friend, Susie began to verbalize this attitude around the late 1960s. She later said these words, as quoted, to Charlie Rose in an interview.

50

Interview with Milton Brown. Several sources confirm that Susie was frequently in contact with Brown during this period.

51

Interviews with Racquel Newman, Tom Newman.

52

His mortgage was $109, 000 in 1973.

Chapter 35

1

"Warming Up for the Big Time: Can John Tunney Make It as a Heavyweight?" Charles T.Powers, West magazine (Los Angeles Times), December 12, 1971.

2

A letter from Senator Ed Muskie to Buffett, September 23, 1971, said that Muskie was "especially intrigued by this concept," which Hughes and Rosenfield had passed along to him. Later, the same notion, with the more memorable and attention-grabbing name "misery index," played a role in President Jimmy Carter's failure to win a second term.

3

James Doyle, "A Secret Meeting: Hughes Rejects Presidential Bid," Washington Evening Star, July 15, 1971.

4

John H. Averill, "Hughes Drops Out as Democratic Contender," Los Angeles Times, July 16, 1971.

5

Without naming the interviewer, this incident is cited by James Risser in "'Personal' Religion of Senator Hughes," Des Moines Sunday Register, July 11, 1971. Hughes appeared on Meet the Press on April 4, 1971.

6

James Risser and George Anthan, "'Personal' Religion of Senator Hughes." Hughes said he "believes in the ability of certain people to foretell the future."

7

The way Hughes told this story (with Dick Schneider) in his autobiography, The Man from Ida Grove (Lincoln, Va.: Chosen Books, 1979), differed slightly from the press account. Hughes freely discusses his reputation as a "mystic" and mentions Rosenfield's backing. He does not mention Buffett but recalls the meeting as taking place in a California motel room instead of Washington, as reported. On the plane on the way home, he saw "a vision of a red button" that would launch "an awesome nuclear attack" and says he realized that, as President, he could not press the button. After asking God's guidance, he decided not to run for President.

8

John H. Averill, "Hughes Drops Out as Democratic Contender." Most likely, the media would have unearthed the story at some point anyway, and Hughes was saved from greater embarrassment later. Hughes's advisers subsequently denied in the Los Angeles Times that disclosing his beliefs in spiritualism and his communication with his dead brother through a medium had influenced his decision not to run.

9

Interview with Tom Murphy.

10

This version of the story is an amalgamation of Murphy's and Buffett's versions. The stories are identical except for trivial differences in their recollection of the dialogue.

11

The announcement of the sale of the Fort Worth Star-Telegram and the area's AM and FM radio stations to Cap Cities for $80 million was on January 6, 1973. However, the closing of the deal was delayed until November 1974.

12

"I Should have done it," Buffett says. "That was really dumb. We would have made a lot of money with that."

13

According to Boys Town (now renamed Girls and Boys Town), the home opened on December 12, 1917, with about six boys and grew to twenty-five within three weeks. The approximate date and number ("between twenty and thirty") are cited in Omaha's Own Magazine and Trade Review, December 1928.

14

Howard Buffett "helped us greatly in securing our own post office for which we were deeply grateful, because he came to us to assist us when we were badly in need of a friend." Patrick J. Norton letter to Warren Buffett, April 24, 1972. The post office was established in 1934 and the village became incorporated in 1936, according to the Irish Independent, August 25, 1971. The post office was a key element in the charm of Boys Town's fund-raising appeals.

15

The average contribution at the time of the Sun's story was $1.62. Transcript, Mick Rood interview with Msgr. Nicholas Wegner.

16

Ibid. Robert Dorr, "Hard-Core Delinquent Rarity at Boys Town," Omaha World-Herald, April 16, 1972.

17

Paul Williams, Investigative Reporting and Editing, Englewood Cliffs, N.J.: Prentice-Hall, 1978. Williams was the editor during the Boys Town investigation.

18

Michael Casey, new director of special projects brought in after the Sun story, described the atmosphere as a "minimum-security prison," based on his experience working in prisons and mental hospitals, in "Midlands News" of the Omaha World-Herald, March 10, 1974. According to Casey's account, he was forced to resign from Boys Town six months later and stated that reforms were window dressing. Father Hupp says Casey left because his job was done—but Casey was an outspoken ex-convict, which may have made him "too hot."

19

Paul N. Williams, "Boys Town, An Exposé Without Bad Guys," Columbia Journalism Review, January/February 1975.

20

The Sun had a "four-way" staff that reported stories that would appear in seven editions of the paper. These were the reporters working on the Boys Town story.

21

According to Paul Williams, in Investigative Reporting and Editing, Boys Town got school-aid funds and state welfare and gasoline tax funds. While these were "relatively small change" in the context of the overall budget, about $200, 000 a year, the discrepancy was real and pointed to other possible problems.

22

Transcript, Mick Rood interview with Msgr. Nicholas Wegner. Wegner speaks of "this gal down there in the Lincoln welfare department [who] tried to make a big thing, a big blow out of this..." which, he thought, was personal rather than institutional. Nevertheless, he implied that Boys Town might move out of state if the regulators pestered it too much because "our bylaws say WE'RE NOT OBLIGED TO STAY HERE."

23

Paul Williams, Investigative Reporting and Editing.

24

Interview with Mick Rood. According to several sources, the "Deep Throat" of Boys Town, a role that required courage in insular Omaha, was Dr. Claude Organ.

25

Jeannie Lipsey Rosenblum described his appearance at that time in an interview.

26

As a religiously affiliated organization, Boys Town was entitled to an exemption for the first two years and could have filed with the archdiocese of Omaha. But it had filed separately anyway.

27

According to Paul Williams, the footwork in Philadelphia was done by Melinda Upp, a Washington reporter whom he previously had tried to hire. Finally, the call came: Are you sure you want this? she asked. The IRS charged a dollar a page and it was 94 pages long. The answer was, Hell, yes.

28

Interview with Randy Brown.

29

In his follow-up columns in the Sun.

30

The $25 million is combined fund-raising and investment income.

31

Interviews with Mick Rood, Warren Buffett.

32

The Sun published on Thursdays and worked around its own production schedule while trying to cut off the opportunity for a preemptive response through the Omaha World-Herald.

33

Paul Williams, Investigative Reporting and Editing, and Craig Tomkinson, "The Weekly Editor: Boys Town Finances Revealed" Editor & Publisher, April 15, 1972.

34

Transcript, Mick Rood interview with Msgr. Nicholas Wegner.

35

The reporters interviewed thirteen of the seventeen board members. Two were too old or ill to be interviewed.

36

Monsignor Schmitt, speaking at a press conference on May 22, 1972. Press conference transcript.

37

Interview with Randy Brown.

38

Paul N. Williams, "Boys Town, An Exposé Without Bad Guys."

39

Michael D. LaMontia, director of the State Department of Public Institutions, which oversaw Boys Town, called the Sun's criticisms those of a "vocal minority" that should be ignored in a letter to Wegner, May 25, 1972. The Sun, he said, speaks "from a very low profile and is really not heard by many people. The person being attacked can let it die a natural death...." He referred to the reporters as "scavengers" and "professional losers." Possibly Mr. LaMontia was merely being empathetic, but his tone seemed a little more charged-up than that.

40

Paul N. Williams, "Boys Town, An Exposé Without Bad Guys."

41

"Boys Town Bonanza," Time, April 10, 1972; "Boys Town's Worth Put at $209 Million," Los Angeles Times, March 31, 1972; "Money Machine," Newsweek, April 10, 1972; Tomkinson, "The Weekly Editor."

42

"Other Boys Homes Affected by Boys Town Story," Omaha Sun, December 14, 1972.

43

Undated two-page letter from Francis P. Schmitt to Boys Town supporters printed on Boys Town stationery; "Boys Town May Take Legal Steps to Initiate New Programs, Policies," Omaha Sun, December 14, 1972; correspondence between Paul Williams and the "Irreverent Reverend" Lester Kinsolving of the National Newspaper Syndicate Inc. of America, a muckraking religious columnist widely syndicated through the San Francisco Chronicle. Schmitt was angry because, among other things, Boys Town's marketing domicile had backfired: Kinsolving wrote a followup story in the Washington Evening Star, "Boys Town Money Machine" (November 4, 1972), and datelined it Boys Town, Nebraska. Schmitt (incorrectly) felt that he had no right to do so.

44

Paul Critchlow, "Boys Town Money Isn't Buying Happiness," Philadelphia Inquirer, July 20, 1973.

45

The Reverend Monsignor Wegner, letter to a man who said he was an employee of the San Francisco Examiner and worked in the composing room, June 1, 1973. The man wrote Lester Kinsolving at the San Francisco Chronicle and asked that his name not be used in a story, probably because he was offering it to a competing paper. Kinsolving apparently forwarded this material to Buffett.

46

Used with permission of the Omaha Press Club Foundation.

47

Warren Buffett letter to Edward Morrow, April 21, 1972.

48

Memo from Paul Williams to Buffett, October 13, 1972, including Buffett's comments.

49

Mick Rood note to personal files, January 19, 1973. Transcript, Mick Rood interview with Msgr. Nicholas Wegner.

50

The award was to "The Sun Newspapers of Omaha, of The Sun Newspapers of Omaha: For uncovering the large financial resources of Boys Town, Nebraska, leading to reforms in this charitable organization's solicitation and use of funds contributed by the public." It was the first time a weekly paper won for Local Investigative Specialized Reporting (although according to Pulitzer Center staff, weeklies had won before in categories other than investigative reporting).

51

However, Monsignor Wegner was described as "frail" and had had several recent surgeries. See Paul Critchlow, "Boys Town Money Isn't Buying Happiness."

52

Among the consultants' findings was that the Boys Town staff morale was now low, with many long-tenured employees having worked for years on church-mouse wages on the impression that Boys Town was barely getting by. In 1973, Boys Town actually raised more money than in 1972 (over $6 million), according to the Omaha World-Herald (March 21, 1973). The main result of the exposé and reforms was increased transparency and accountability over how the money was spent.

53

George Jerome Goodman (writing as "Adam Smith"), Supermoney. New York: Random House, 1972. Goodman (known as Jerry) chose his pen name after Adam Smith, the father of market economics.

54

John Brooks, "A Wealth of Notions," Washington Post, October 22, 1972.

Chapter 36

1

Interview with Stan Lipsey. Scripps Howard owned 60% of the paper but had been ordered by the Department of Justice in 1968 to divest it on antitrust grounds because it also owned the Cincinnati Post &. Times-Star, a competing paper. Blue Chip bought 10% of the Enquirer's stock and tried to get the rest for $29.2 million in February 1971.

2

Scripps would have been interested in selling because it was looking at buying Journal Publishing and Albuquerque Publishing and could not own all three.

3

Graham thought that the only alternative to going public was to sell one of the company's TV stations, which she did not want to do. To protect the business from an unfriendly bidder, Beebe and family lawyer George Gillespie structured the stock sale in two tiers, with class A shares in the family's hands and class B stock, which carried diluted voting privileges, sold to the public. Katharine Graham, Personal History. New York: Alfred A. Knopf, 1997.

4

Graham told this story to Buffett.

5

Katharine Graham, Personal History.

6

Katharine Graham letter to Charlie Munger, December 23, 1974.

7

Katharine Graham, Personal History.

8

Katharine Graham interview with Charlie Rose, February 5, 1997.

9

Some of the nonvoting B shares went to Kay's brother, Bill, in exchange for an investment in the company. Kay's sisters were not investors in the Post. At the time, the unprofitable newspaper was less a financial asset than a public responsibility and a source of prestige.

10

Buffett's former golf coach Bob Dwyer was the office boy who performed this task， in between running copy for the Post's editorial department.

11

Katharine Graham， Personal History.

12

These anecdotes are from Personal History.

13

C. David Heymann's The Georgetown Ladies' Social Club (New York: Atria Books， 2003)a well-researched account of the most influential Washington hostesses and the private power they wielded—gave examples， such as a black eye， that indicated that on at least some occasions Phil Graham physically abused her.

14

Stories of the women with whom Phil Graham was involved and the allegation that he swapped girlfriends with Kennedy， including the actress-model Noel-Noel， are contained in The Georgetown Ladies' Social Club.

15

In her memoir， Graham attributed this partly to the subservience of women in her time and partly to her emotionally abusive upbringing. She seems to have had at least a partial grasp of her own role in enabling Phil's behavior.

16

Katharine Graham interview with Charlie Rose， February 5， 1997.

17

Ibid.

18

Interview with Don Graham.

19

Beebe had been a partner at Cravath， Swaine & Moore in New York and， under the direction of Don Swatland， in 1948 was instrumental in designing the structure that protected the Post from a sale outside the family.

20

Katharine Graham， Personal History.

21

McNamara later said he commissioned the "History of the United States Decision-Making Process on Vietnam Policy" to "bequeath to scholars the raw material from which they could reexamine the events of the time."Sanford J. Ungar， The Papers and the Papers: An Account of the Legal and Political Battle over the Pentagon Papers 23~27. New York: E. P. Dutton， 1972.

22

Dialogue between Graham and Bradlee has been condensed and edited for clarity from Personal History and her interview with Charlie Rose. Description of the scene is from Personal History.

23

Bob Woodward, "Hands Off, Mind On," Washington Post, July 23, 2001.

Chapter 37

1

Nixon made explicit threats about the licenses, but a paper trail did not surface to document this until May 1974 (Katharine Graham, Personal History. New York: Alfred A. Knopf, 1997). Graham filed an affidavit with the FCC on June 21, 1974, saying the challenge was "part of a White House-inspired effort to injure...the company in retaliation for its Watergate coverage." Morton Mintz, "Mrs. Graham Links White House, TV Fights," Washington Post, June 27, 1974; David E. Rosenbaum, "Threats by Nixon Reported on Tape Heard by Inquiry," New York Times, May 16, 1974.

2

Katharine Graham, Personal History.

3

Ibid.

4

All quotes on Meyer are from Cary Reich, Financier: The Biography of André Meyer: A Story of Money, Power, and the Reshaping of American Business. New York: William Morrow, 1983.

5

Cary Reich, Financier.

6

"The whole company at one point got down to where it was seltingfor eighty million," Buffett says. "We spent a little less than ten million bucks when all was said and done and paid a price that valued the company on average at a hundred million."

7

Graham's memoir, which downplays her relationship with Meyer, credits Gillespie and Beebe for the idea of the two-class stock. Meyer's biographer, Cary Reich, credits Meyer for the idea. Given Meyer's talents as a banker, it seems unlikely he had no involvement.

8

Warren Buffett letter to Katharine Graham, May 1973.

9

Jim Hoagland, "A Journalist First," Washington Post, July 18, 2001.

10

Robert Kaiser, "The Storied Mrs. Graham," Washington Post, July 18, 2001.

11

Cary Reich used the term "irate" in Financier.

12

Interview with Arjay Miller.

13

Katharine Graham, Personal History.

14

"A Sure Thing? What Is Inside Information? Forget the black-and-white definitions. The real world often comes in gray, like at the San Jose Water Works," Forbes, September 1, 1973.

15

The company had disclosed in 1971 that the city was interested in buying it.

16

Interview with Bill Ruane.

17

Warren Buffett letter to Malcolm Forbes, August 31, 1973.

18

Interview with Bill Ruane.

19

Katharine Graham, Personal History.

20

Patrick Brogan, The Short Life and Death of the National News Council: A Twentieth Century Fund Paper. New York: Priority Press Publications, 1985. The Council survived for eleven years before giving up—a decade before the Internet became available—for lack of a viable outlet through which its findings could reach the public.

21

Interview with George Gillespie.

22

Interview with Don Graham.

23

Katharine Graham, Personal History.

24

October 20, 1973.

25

Graham's foreword to Meg Greenfield's Washington. New York: Public Affairs, 2001.

26

Graham more tactfully called him a "delightful and mischievous goad" in Personal History.

27

In her book, Graham recalls that "someone" mentioned the amortization of intangibles and that Howard Simons, unprompted, then challenged her to define it. Possibly Graham did not perceive herself as "showing off" when writing what was, after all, her own memoir.

28

Interview with Don Graham.

29

Interview with Liz Hylton.

30

The Dumbarton Oaks Conference; the Dumbarton Oaks Research Library and Collection.

31

Wisner was the widow of Frank Wisner, and married columnist Clayton Fritchey in 1975, becoming Polly Fritchey.

Chapter 38

1

Wattles, confusingly, bore the same name as Gurdon W. Wattles, the "streetcar king" of Omaha, who was no relation.

2

Interviews with Ed Anderson, Marshall Weinberg.

3

Buffett bought American Manufacturing at 40% of what he thought it was worth. "How Omaha Beats Wall Street," Forbes, November 1, 1969.

4

A couple of other people did what Wattles did—Thomas Mellon Evans and Jean Paul Getty. Buffett followed Evans, too, while another Columbia friend, Jack Alexander, and his partner, Buddy Fox, followed Getty, who pyramided oil companies and wrote a book, How to Be Rich (not how to get rich). Evans, a Pittsburgh businessman, discussed in "Heirloom Collector," Time, May 11, 1959, operated through H. K. Porter and Crane Co. Wattles, who is virtually unknown today, was a director of Crane.

5

It didn't make you huge money unless you picked the shareholders' pockets, as some had done. An unscrupulous operator could milk the subsidiaries for money while saddling the shareholders of the parent company with an unsustainable amount of debt. John S. Tompkins, "Pyramid Devices of 20's Revived," New York Times, November 16, 1958.

6

"If I have seen further it is by standing on ye shoulders of giants." Letter from Isaac Newton to Robert Hooke, February 5, 1676.

7

"Fighting the Tape," Forbes, April 1, 1973. "I trust this man [Wattles] to do intelligent things," Ruane said. Shareholders had sued over the values in the merger, however, illustrating the conflicts created by the Wattles model.

8

Interview with Charlie Munger.

9

Blue Chip made two purchases totaling 137, 700 shares, or 6%, of Wesco on July 11 and July 14, 1972. Between July 1972 and January 1973, Blue Chip bought another 51, 300 shares, or 2% of the stock, through open market purchases on twenty different days.

10

"Not Disappointed, Says Analyst As Wesco, FSB Call Off Merger," California Business, March 15, 1973.

11

Wesco's equivalent book value per share at the exchange ratio offered was $23, compared to Santa Barbara's $8. Santa Barbara had zero unrestricted capital, whereas Wesco had $7 per equivalent share free net worth. Santa Barbara's earnings per equivalent share after bad debt accruals and deferred taxes were 28.7% lower than Wesco's.

12

This is Betty Casper Peters's recollection of how Buffett related the story to her.

13

A letter from Charlie Munger to Louis Vincenti, February 8, 1973, makes the case that Home Savings' (a California banking giant) cost structure was so low "because it is run like Wesco."

14

Interview with Betty Casper Peters.

15

Charles T. Munger testimony, In the Matter of Blue Chip Stamps, Berkshire Hathaway Incorporated, HO-784, Wednesday, March 19, 1975, p. 53. Warren E. Buffett testimony, March 21, 1975, pp. 61~63.

16

Interview with Charlie Munger.

17

"It is awkward," he wrote, "when we want to talk to you about alternatives to be provided by us for Wesco shareholders, to have you sort of prevented from considering anything unless and until released by FSB [Santa Barbara] or actions of ours....I guess all we can do is have everyone act as best he can as the matter unfolds to an outcome now not entirely clear to us." Charles T. Munger letter to Louis R. Vincenti, February 8, 1973.

18

Charles T. Munger testimony, In the Matter of Blue Chip Stamps, Berkshire Hathaway Incorporated, HO-784, Wednesday, March 19, 1975, page 84.

19

Interview with Betty Casper Peters.

20

Minutes of the Special Meeting of Board of Directors of Wesco Financial Corporation, February 13, 1973.

21

Interview with Betty Casper Peters.

22

All analyst commentary from "Not Disappointed, Says Analyst As Wesco, FSB Call Off Merger," California Business.

23

Peters was grateful to them, writing to Don Koeppel two months later that the decision to kill the deal looked "heroic" because Santa Barbara's stock price had fallen from over $33 to $15.50.

24

Interview with Charlie Munger.

25

Blue Chip applied to the Federal Savings and Loan Insurance Corporation to buy 50% of Wesco, thereby turning Blue Chip, and potentially its affiliates Berkshire, Diversified, and others, into a savings-and-loan holding company. In the application, the companies said that Diversified had never considered Blue Chip a subsidiary but Diversified and its affiliates might be deemed to control Blue Chip by view of Buffett's ownership of the stocks of both as well as of Berkshire, which owned 17.1% of Blue Chip at the time.

26

Munger started looking at other California bank stocks and suggested that Wesco might buy a large block of Crocker National Bank.

27

"I have a personal, pronounced prejudice in favor of buying at a material discount from book value stock in extremely entrenched institutions which have earned between 11% and 13% on book value for a decade or more with a history of substantial and ever-increasing dividends.Moreover, I like the idea of diversifying the economic base at Wesco with something like a zero increase in overhead. I also like becoming the largest shareholder in substantial enterprises—on the theory that this adds a possible plus factor to investment performance." Charles T. Munger letter to Lou Vincenti, April 3, 1973.

28

Buffett's trading style that year suggested he might be pessimistic about the economy and was preparing for a downturn. He wrote straight covered-call options on Kennecott Copper and down-and-out options, a more sophisticated type of covered call that limits the downside and upside within a specified range, on several stocks such as Ford Motors, General Motors, and Black & Decker. Selling calls on the latter three economically sensitive stocks was not a market call, but does suggest that he was more pessimistic than optimistic about the economy. Letter from Warren Buffett to Jack Ringwalt, March 9, 1972.

29

At December 31, 1973, his Post stock was worth $7.9 million.

30

Catherine Elberfeld letter to Warren Buffett, May 1974.

31

Ben Graham wrote about this Eau Claire, Wisconsin, company in The Intelligent Investor.

32

"I'd have made a hell of a lot more money if I hadn't sold it. I would have made a fortune out of the stock,"

Buffett says. He says he got off quickly when he learned the CEO had different deals with every director about pay. Vornado was under different management and owned discount stores.Today it is a real estate investment trust managed by Steven Roth.

33

Interview with Bob Malott.

34

Buffett says he immediately told Malott that FMC should buy back its own stock, which was cheap. Although FMC considered the idea, it didn't follow through.

35

Black enrollment had risen to one third and was projected to rise to nearly half in the fall. A desegregation suit was pending and the building did not conform to fire codes. Some white students had already transferred out of fears that Central and Tech High, the city's toughest school, would be merged. Dana Parsons, "Central Parents Express Fears, Seek Changes," Omaha World-Herald, May 9, 1974. The committee proposed changes that in effect created a magnet school oriented to college prep.

36

Mark Trustin, a neighbor, gave Hamilton to the Buffetts.

37

Interview with Susie Buffett Jr., who says she wasn't planning to become a police officer.

38

Interview with Peter Buffett.

39

Interview with Dave Stryker.

40

In the Temptations' world, men are the Daisy Maes: "Since I Lost My Baby," "The Way You Do the Things You Do," "(I Know) I'm Losing You," "I Can't Get Next to You," "Just My Imagination," "Treat Her like a Lady," and, of course, "Ain't Too Proud to Beg."

41

From several sources both close to Susie at the time and who knew her later.

42

Interview with Peter Buffett.

43

His dividends from Blue Chip were also about $160, 000 per year before taxes.

44

By having Diversified buy insurance from ("reinsure") National Indemnity through its new subsidiary. The cash was transferred by paying a premium to Diversified. Charles T. Munger testimony, In the Matter of Blue Chip Stamps, Berkshire Hathaway Incorporated, HO–784, Thursday, March 20, 1975, pp. 188~194.

45

Byyear-end 1973, Reinsurance Corp. of Nebraska (renamed Columbia Insurance) had amassed investments of $9 million， which is indicative of its cash flows.

46

Charles T. Munger testimony，In the Matter of Blue Chip Stamps，Berkshire Hathaway Incorporated，HO-784，Wednesday，March 19，1975. Both had previously owned some stock.Munger had bought a block and Gottesman bought stock his partners sold.

47

Charles T. Munger testimony，In the Matter of Blue Chip Stamps，Berkshire Hathaway Incorporated，HO-784，Thursday，March 20，1975，p.193.

48

Charles T. Munger testimony，In the Matter of Blue Chip Stamps，Berkshire Hathaway Incorporated，HO-784，Thursday，March 20，1975，p.190.

49

They were reported at the end of the year in DRC's annual report， but few people read it， and it took legwork and initiative to get more timely information from SEC Form 3s and 4s. DRC's 11.2% position was disclosed in BRK's 1973 annual report， as well as the fact that Warren and Susie owned 43% of DRC at the time too.

50

For $1.9 million.

51

Don Koeppel letter to Warren Buffett，June 15，1973.

Chapter 39

1

From peak to trough in the Depression (September 3，1929，to July 8，1932)，the Dow fell 89%. From peak to trough in the early 1970s (January 11，1974，to December 6，1974)，the Dow fell 45%—the two worst bear markets of the century.

2

Robert Redford interview， cited by Graham in Personal History. New York: Alfred A. Knopf，1997.

3

Katharine Graham，Personal History.

4

The television stations owned by both would have created a conflict.

5

Katharine Graham，PersonalHistory.

6

Al Pagel，"What Makes Susie Sing?" Omaha WorM-Herald，April 17，1977.

7

Interview with Gladys Kaiser.

8

From a letter that Graham wrote Buffett, reprinted in Personal History. Don Graham recalls his mother telling him that Susie cooked eggs for her, and Susie and Warren watched Kay eat them and did not eat any themselves.

9

Measured from its peak.

10

Interview with Chafiie Munger.

11

"Fighting the Tape;" Forbes, April 1, 1973.

12

The seat would have sold for a quarter of what Ruane, Cunniff had paid for it.

13

The record was 1970: Sequoia 12.11% vs. S&P 20.6%; 1971: Sequoia 13.64% vs. S&P 14.29%; 1972: Sequoia 3.61% vs. S&P 18.98%; 1973: Sequoia (24.8%) vs. S&P (14.72%).

14

Marshall Weinberg as well as Buffett confirmed this in interviews. Malott says he does not recall it.

15

Loomis joined Sandy Gottesman at First Manhattan; Brandt went to work at Abraham & Co.

16

"Look at All Those Beautiful, Scantily Clad Girls Out There!" Forbes, November 1, 1974.

17

"Forbes didn't use what I considered to be the most significant line," said Buffett in a letter to Pat Ellebracht on October 24, 1974, repeating this quote.

18

Interview with Rod Rathbun; Omni arbitration files of the National Indemnity Company.

19

Compounded over thirty years at 20%, this was perhaps a $2.4 billion investment return forgone. Buffett and Munger have referred to it as the greatest missed opportunity in the history of Berkshire Hathaway. The details are arcane but the essence of the story is as portrayed here.

20

"Why the SEC's Enforcer Is in Over His Head," BusinessWeek, October 11, 1976.

21

Interview with Verne McKenzie.

22

Letter from Charlie Munger to Chuck Rickershauser "re: Diversified Retailing—Berkshire Hathaway Proposed Merger," October 22, 1974.

23

Interview with Betty Casper Peters.

24

Interview with Verne McKenzie.

25

Robin Rickershauser, who has often heard this clever trope from her husband, did not realize he originated it until contacted by the author.

26

If true, investors would have been selling without required information about the buyer and his reasons.

27

Charles T. Munger testimony, In the Matter of Blue Chip Stamps, Berkshire Hathaway Incorporated, HO-784, Thursday, March 20, 1975, p.112.

28

The increase in Santa Barbara's price if the deal collapsed would only partially hedge this risk.

29

Charles T. Munger testimony, In the Matter of Blue Chip Stamps, Berkshire Hathaway Incorporated, HO-784, Thursday, March 20, 1975, pp.112~113.

30

Interview with Judge Stanley Sporkin.

31

Ibid. This lawyer was so particularly ferocious that the author was asked not to mention his name.

32

A thick file of documents produced in response to the SEC's February 1975 subpoena illustrates several points: 1) it contained no evidence that Buffett bought on inside information or expecting a takeover; 2) Buffett had become expert on water company regulation and ratemaking, and his interest and expertise in this narrow subject was prodigious; 3) this aspect of the investigation must have been intrusive and an embarrassing form of déjvù, as it included production of his correspondence with Forbes that attempted to dear his name.

33

Partly because of state restrictions on how much stock any one insurance company could hold, the diagram was more complicated than it would have been otherwise. The version shown on pages 412~413 was created by Verne McKenzie and updated through 1977 (i.e., includes the Buffalo News). Berkshire was still negotiating with the SEC as late as 1978.

34

During Buffett's testimony, In the Matter of Blue Chip Stamps, Berkshire Hathaway Incorporated, HO-784, Friday, March 21, 1975, p.125, he acknowledged that he and Munger had been buying shares of Wesco in the open market during a tender offer and Rickershauser had advised him to stop, saying that they should use only tender offers to accumulate further shares (which they did). Rickershauser interjected, "I want the record to be clear that I did not tell them it was illegal to do what was done. I told them it would be hard to convince somebody that in hindsight they may not have intended to do what they did. You can swear me in if you want to on that one. I didn't want to be right."

35

Said to a colleague.

36

The SEC apparently considered Buffett, Munger, and Guerin's interests and the companies a controlled group for purposes of tender offers. The combination of Warren (11%), Susie (2%), Munger and his partners (10%), Berkshire Hathaway (26%), and Diversified (16%) controlled 65% of Blue Chip's stock. Warren and Susie owned 36% of Berkshire and 44% of DRC. Munger owned 10% of DRC. DRC owned 15% of BRK and 16% of BC. BC owned 64% of Wesco.

37

The "harm principle" was articulated by scholars such as John Locke, Wilhelm von Humboldt, and John Stuart Mill, who argued that the sole purpose of law was to prevent harm, and the individual's liberty should not be encroached otherwise. The harm principle is the basis for certain portions of the U.S. Constitution.

38

Chuck Rickershauser Jr. letter to Stanley Sporkin, November 19, 1975.

39

Chuck Rickershauser Jr. letter to Stanley Sporkin, December 1, 1975.

40

Warren E. Buffett testimony, In the Matter of Blue Chip Stamps, Berkshire Hathaway Incorporated, HO-784, Friday, March 21, 1975, p. 157.

41

Charles T. Munger testimony, In the Matter of Blue Chip Stamps, Berkshire Hathaway Incorporated, HO-784, Thursday, March 20, 1975, p. 197.

42

Interview with Judge Stanley Sporkin. Sporkin served as general counsel to the CIA after leaving the SEC in 1981. He became Judge of the U.S. District Court for the District of Columbia in 1985 and served till his retirement in 2000.

43

Ibid. For more on Sporkin see Jack Willoughby, "Strictly Accountable," Barron's, April 7, 2003; Peter Brimelow, "Judge Stanley Sporkin? The Former SEC Activist Is Unfit for the Federal Branch," Barron's, November 4, 1985; Robert M. Bleiberg, "Sporkin's Swan Song?" Barron's, February 2, 1981; "Why the SEC's Enforcer Is in Over His Head," BusinessWeek, October 11, 1976.

44

"I bet on a good horse," says Sporkin, "and the horse came in."

45

After the deregulation of the S&L industry, Santa Barbara lost $80.9 million during fifteen straight quarters in the early 1980s. In June of 1984, Ivan Boesky was close to buying it and infusing it with a desperately needed $34 million, but that fell through. In 1990 it was seized by federal regulators, placed in conservatorship, and operated by the Resolution Trust Corp. until Bank of America bought it in 1991 for $41 million.

46

The company also paid a $115，000 fine. “Consent to Judgment for Permanent Injunction and Other Relief” “Final Judgment for Permanent Injunction and for Other Relief and Mandatory Order and Consent with Respect Thereto” and “Complaint for a Permanent Injunction and Other Relief,” In the Matter of Securities and Exchange Commission vs. Blue Chip Stamps，June 9，1976.

47

The SEC Advisory Committee on Corporate Disclosure，July 30，1976.

Chapter 40

1

Doug Smith，“Solid Buffer Voice Melts Debut Jitters,” Omaha World-Herald，May 9，1975.

2

Interview with Charlie Munger.

3

Charles Munger letter to Katharine Graham，December 9，1974. Munger wrote “dilly” when he apparently meant “silly.” For clarity，“silly” has been used in the text.

4

Interview with Fred Stanback.

5

Interviews with Roxanne Brandt，Walter Schloss. Brandt later jokingly admitted this was grounds for divorce.

6

New York Daily News，October 30，1975.

7

As of December 2007，these shares would be worth $747 million.

8

That Buffett，who had never borrowed a significant amount of money in his life，thought it made sense for his sisters to buy Berkshire stock using borrowed money，with only 5% down，speaks volumes about how cheap he thought the stock was and how good its prospects were at the time.

9

Berkshire owned so much Washington Post stock and Buffett's position on the board was such that，if it bought a TV station，its ownership would be attributed to the Washington Post，pushing it over the limit of five stations that it could own.

10

Howard E. Stark letter to Warren Buffett，June 18，1975. Also see Lee Smith，“A Small College Scores Big in the Investment Game” Fortune，December 18，1978.

11

Katharine Graham，Personal History. New York: Alfred A. Knopf，1997.

12

The new printing-press technology that owners had installed made management hostage to the skilled employees who knew how to run the complex equipment.

13

Katharine Graham，Personal History.

14

Ibid.

15

Interview with George Gillespie.

16

According to Personal History，this contract would have given the pressmen the highest wages in the nation and security from layoffs. Negotiations broke down in part because the Post refused to hire back the workers who had damaged the presses.

17

According to Personal History，fifteen former Post pressmen pleaded guilty to various misde- meanor charges. Six who had damaged presses and committed more serious crimes were jailed.

18

They sold their interest in Source Capital to its managers.

19

With the press strikes and Watergate affair behind her，Katharine Graham began to focus on growth at the Washington Post in the mid-1970s. Up until then，the company didn't have sufficient profits and there was "little more than a hit-or-miss strategy" for growth (Personal History). Sales and earnings started to take off in 1976，around the time that they started buying back company stock. Earnings per share were $1.36 in 1976 vs. $0.36 in 1970. Return on equity was 20% compared to 13%. Profit margin grew to 6.5% from 3.2%. And it kept improving from there (Value Line report，March 23，1979).

20

Charles Munger letter to Katharine Graham，November 13，1974.

21

Interview with Don Graham.

22

C. David Heymann，The Georgetown Ladies' Social Club. New York: Atria Books，2003.

23

Interview with Don Graham.

24

Interview with Susie Buffett Jr.，who credits her parents for not interfering.

25

Interview with Susie Buffett Jr.

26

Interview with Dick and Mary Holland.

27

Interview with Susie Buffett Jr.

28

Ibid.

29

Interview with Howie Buffett.

30

In an interview Peter Buffett described his routine at this time.

31

According to friends of Susie's who say she blamed Graham for the relationship.

32

Al Pagel, "What Makes Susie Sing?" Omaha World-Herald, April 17, 1977.

33

Ibid.

34

This is Jack Byrne's recollection of Davidson's remonstration in an interview. Jack being a colorful guy, it is possible that his recollection is a bit more colorful than what Davidson actually said.

35

Interview with Tony Nicely.

36

Warren Buffett memo to Carol Loomis, July 6, 1988.

37

By 1974, the whole insurance industry was producing what rating agency A. M. Best called "unbearable" losses of $2.5 billion from a vicious price war and inflation of everything from car repairs to lawsuits. (A.M. Best Company Comment on the State of and Prospects for the Property/Liability Insurance Industry, June 1975.) The states were also passing "no-fault" insurance legislation, which meant that insurers had to pay for an accident regardless of who caused it. The federal government also slapped price controls on the industry during the Middle East war. Meanwhile, the devastating stock market of 1973~1974 had wiped so much value from GEICO's stock portfolio that for every share of stock, investments that had once been worth $3.90 were now worth a dime a share (Leonard Curry, "Policy Renewed: How GEICO Came Back from the Dead;" Regardie's, October/November 1982).

38

GEICO had $500 million in premiums and would have needed capital of $125 million to meet regulatory and rating agency standards for leverage.

39

Interview with Sam Butler.

40

Interview with Jack Byrne. "The bastards at Travelers had passed me over for president for Ed Budd," recalls Byrne (who likes to tell this story and tells it often). "A million dollars invested with me is now worth a billion, and a million dollars invested with Ed Budd is now worth $750, 000. And I used to be pissed, but obviously I'm more mature about it now. Well, I'm still pissed" This story is also recounted in William K. Klingaman, GEICO, The First Forty Years. Washington, D.C.: GEICO Corporation, 1994.

41

Interview with Jack Byrne.

42

"GEICO's Plans to Stay in the Black," BusinessWeek, June 20, 1977. It is Byrne's impression that Wallach did not like him.

43

GEICO had too little capital under regulatory standards to ensure its ability to pay claims on all its policies. By transferring some of its business to competitors, the company would relieve the strain on capital.

44

Interview with Rhoda and Bernie Sarnat.

45

Interview with Lou Simpson.

46

"Leo Goodwin Jr. Is Dead at 63; Headed GEICO Insurance Concern," New York Times, January 18, 1978; "Leo Goodwin, Financier, Son of Founder of GEICO," Washington Post, January 18, 1978.

47

Interview with Don Graham.

48

Leonard Curry, "Policy Renewed."

49

Warren Buffett memo to Carol Loomis, July 6, 1988.

50

Blue Chip bought 14% of Pinkerton's in March 1976 and Buffett went on the board, a thrill to the erstwhile boy detective who had also busted open Boys Town's hidden war chest.

51

Interview with Bill Scott.

52

Wallach had invited big insurers to buy up 40% of GEICO's reinsurance treaties, giving them until June 22 to make their decision to participate. Not enough insurers signed up. Wallach was supposed to decide by Friday, June 25, whether to shut GEICO down. He extended the deadline and, in mid-July, revised his rescue plan—requiring only 25% of GEICO's premiums to be taken up by the insurance pool and lowering the amount of capital they needed to raise by yearend to $50 million. Reginald Stuart, "Bankruptcy Threat Fails to Change Status of GEICO," New York Times, June 26, 1976; Reginald Stuart, "The GEICO Case Has Landed in His Lap," New York Times, July 4, 1976; Matthew L. Wald, "GEICO Plan Is Revised by Wallach;" New York Times, July 16, 1976.

53

National Indemnity was a specialty company， not yet so large or well-known that it would cause too much push-back on the grounds of helping a competitor. Buffett's other insurers， as will be seen， were struggling.

54

Who knows what General McDermott actually wrote， but any endorsement at all from him would have carried weight among insurers.

55

Some of the people instrumental in making it happen were former GEICO employees， according to Byrne.

56

Interview with Jack Byrne.

57

John Gutfreund quoting Frinquelli in an interview. Frinquelli did not return calls requesting an interview.

58

Interview with Sam Butler.

59

Leonard Curry，"Policy Renewed" According to some sources， Butler also had an instrumental role in convincing Gutfreund to underwrite the deal.

60

Without a doubt it had not. Among other things， GEICO had failed to disclose a change in method of calculating loss reserves， which had enabled it to boost profits by $25 million during the second and third quarters of 1975. "In the Matter of GEICO et. al.，" October 27， 1976.

61

Leonard Curry，"Policy Renewed."

62

Interview with John Gutfreund.

63

An indication of "aftermarket support" was a principal component in underwriters' assessments of how a stock might trade once it was listed. The presence of aftermarket support helped prevent a "busted deal" in which the underwriter had to buy back the offering with the firm's own capital.

64

Byrne's recollection is that Tom Harnett， the New York superintendent， helped rally the industry to get behind the reinsurance. Harnett， he believes， had an incentive because the New York guaranty fund was pre-funded and had invested in Big Mac New York City bonds， which were selling at a fraction of their par value. The insolvency funds in effect had evaporated in the wake of New York City's financial crisis.

65

Byrne has told this story more vividly in times past. In Roger Lowenstein's Buffett: The Making of a American Capitalist (New York: Doubleday， 1996)， he supposedly said to Sheeran，"Here's your fucking license. We are no longer a citizen of the state of New Jersey." He calls Sheeran "the worst insurance commissioner ever."

66

Disgruntled employees, hearing the news about their jobs, started throwing policies out the top-story window."Files were floating all around North Jersey in the air," says Byrne. Nobody knew this until GEICO moved the claims office to Philadelphia, "when we went to move the files and they weren't there." Byrne estimates the lost data cost the company as much as $30million~40 million in excess claims. GEICO also gave up its license in Massachusetts. It stopped writing business in many other states without surrendering the right to do so in the future. In total, the company nonrenewed 400, 000 out of its 2.2 million policyholders.

67

Interview with Jack Byrne. The author first heard this story from a secretary who formerly worked for Byrne.

68

Interview with Tony Nicely. The length of these meetings sounds incredible, but Byrne seemed to have an almost superhuman energy.

69

Interview with Jack Byrne.

70

James L. Rowe Jr., "Fireman's Fund Picks Byrne" Washington Post, July 24, 1985; Sarah Oates, "Byrne Pulled GEICO Back from Edge of Bankruptcy" Washington Post, July 24, 1985.

71

Graham Group members, Buffett friends, and Berkshire employees such as Marshall Weinberg, Wyndham Robertson, Verne McKenzie, Gladys Kaiser, Bob Goldfarb, Tom Bolt, Hallie Smith, Howie Buffett, and Peter Buffett all remember Grossman fondly.

Chapter 41

1

Christopher Ogden, Legacy, A Biography of Moses and Walter Annenberg. Boston: Little, Brown, 1999; John Cooney, The Annenbergs: The Salvaging of a Tainted Dynasty. New York: Simon & Schuster, 1982.

2

Ogden, in Legacy, cites Annenberg as saying he &dined to buy the Washington Times-Herald from Colonel McCormick and convinced McCormick to sell to the Grahams despite their reservations about Phil Graham's drinking and mental stability. Thus, he felt responsible for putting together the newspaper marriage that made the Washington Post what it had become. He felt slighted because the Grahams had never credited him. Buffett says that Annenberg was exaggerating his role and that Graham viewed this notion as ridiculous.

3

Drew Pearson, "Washington Merry-Go-Round: Annenberg Lifts Some British Brows;" Washington Post, February 24, 1969.

4

Buffett's recollection of Annenberg's perspective on Nixon.

5

Description of the Annenbergs' reactions is from Legacy. Drew Pearson, "Senators Wary on Choice of Annenberg" Washington Post, March 5, 1969.

6

The comparison with Nixon was made byAnnenberg's biographers.

7

In fact, the Annenbergs' investment of time, personal funds, and good judgment in a thoughtful restoration of Winfield House, the ambassadorial residence, played a key role in their acceptance in Britain.

8

C. David Heymann, The Georgetown Ladies' Social Club (New York: Atria Books, 2003) and Legacy. This is Walter Annenberg's account, and there is no telling what was really said. But, by all accounts, he was offended.

9

In the end, he gave most of his money to the Annenberg Foundation and his art collection to the Metropolitan Museum of Art.

10

Lally Weymouth, "Foundation Woes: The Saga of Henry Ford II, Part 1I;" New York Times Magazine, March 12, 1978.

11

Walter Annenberg letter to Warren Buffett, October 1, 1992.

12

Donner was not entirely obliterated. In 1960, seven years after he died at age eighty-nine, the $44 million in assets in his foundation was divided equally—between a newly formed Donner Foundation and the original foundation, which changed its name to the Independence Foundation (www. independencefoundation.org).

13

Walter Annenberg letter to Warren Buffett, October 1, 1992.

14

Said to the author in an interview in 2003—an indicator of the direction of his thoughts at the time.

15

While most mergers are done for stock (if only for tax reasons), this subtle underlying psychology gives the seller a slight advantage. The willingness to issue stock implies, by its nature, that the buyer prefers the seller's business to his own. The exception is using an overpriced stock to buy an underpriced company from a naive seller, which aggressive buyers sometimes do, although not nearly as often as they think.

16

Graham's term, from her autobiography. Liz Smith called Graham Buffett's "frequent hostess" and Diana McLellan said, "All the way up in New York, they're talking about Kay Graham and Warren Buffet [sic]... but oh, so discreetly." Diana McLellan, "The Ear," Washington Star, March 12, 1977; Liz Smith, "Mystery Entwined in Cassidy Tragedy," Chicago Tribune, March 6, 1977.

17

Heymann, The Georgetown Ladies' Social Club.

18

See, for example, her relationships with Jean Monnet, Adlai Stevenson.

19

The letter was described this way in Lowenstein, Buffett.

20

Graham showed Dan Grossman a copy of this letter. Susan Buffett also showed Doris Buffett a copy of this letter. Graham's papers currently are under seal.

21

Roger Lowenstein, Buffett.

22

"Interview with Susan Buffett;" Gateway, March 5, 1976.

23

Peter Citron, "Seasoning Susie;" Omaha World-Herald, April 7, 1976.

24

"Buffett Serious," Omaha World-Herald, September 14, 1976.

25

Buffett considered buying Alfred Knopf's apartment at 24 West 55th Street, later one of two landmarked Rockefeller apartments.

26

Interview with Susie Buffett Jr.

27

Interview with Al "Bud" Pagel.

28

Denenberg declined to be interviewed.

29

Al Pagel, "What Makes Susie Sing?" Omaha World-Herald, April 17, 1977.

30

Ibid.

31

Interview with A1 "Bud" Pagel.

32

Ibid.

33

Peter Citron, "Seasoning Susie."

34

Interview with Stan Lipsey. See Leo Litwak, "Joy Is the Prize: A Trip to Esalen Institute," New York Times

Magazine，December 31，1967.

35

Steve Millburg，“Williams’ Songs Outshine Voice;” Omaha World-Herald，September 5，1977.

36

Interview with Astrid Menks Buffett. The sleeping Warren famously did not notice whether Susie was there. In one story related by Racquel Newman，she decided to drive to Dottie's to play music at around ten or eleven at night，ran out of gas in a snowstorm at midnight on her way home，and instead of waking Warren，called a friend and went on an all-night obstacle-filled expedition to a gas station on the interstate，delayed by a tractor-trailer jackknifed on the free- way. She finally got home shortly before dawn. Warren never knew she was gone.

37

Said to a friend of the couple's who believes that Susie was probably sincere，both because she believed Warren really was that dependent on her and because of his preoccupation with suicide，linked to the many suicides among the Stahl family and the Buffetts’ friends.

38

Warren Buffett，“How Inflation Swindles the Equity Investor，” Fortune，May 1977. In a letter to the Graham Group，September 27，1977，Bill Ruane describes how “This article can well serve as a basis for a discussion of so many things which are central to our economic concerns today. The article not only deals with the central theme of inflation but also with the effects of taxes，rate of return，dividend paying capacity and other elements which are crucial to the appraisal of aggregate values in our economic system.”

39

The Buffett Group would take this problem up again and again. Its members were pessimistic about whether the problem could be solved，for they doubted，with good reason，that Congress had the necessary resolve to control the federal budget over the long term.

40

Interview with MarshallWeinberg.

41

The $72 million includes his holdings in BRK，DRC，and Blue Chip Stamps at year-end 1977. Susie added another $6.5 million to this total. This does not include his indirect holdings through the three companies’ cross-holdings of each other.

42

Interview with Peter Buffett.

43

Interview with Tom Newman.

44

Two sources have confirmed this.

45

Interview with Astrid Buffett.

46

Ibid.

47

Interview with Michael Adams.

48

Interview with Astrid Buffett.

49

The 1977 letter contains significantly more "teaching" content than its predecessor. Although Buffett had control of Berkshire for twelve years previously, the 1977 letter was the first to be collected in a bound collection of letters he used to hand out to friends and is the first year featured on Berkshire's website.

Chapter 42

1

Interview with Astrid Buffett.

2

Interview with Michael Adams.

3

Interview with Kelly Muchemore.

4

From a close friend of the family.

5

Buffett explained in conversation and a letter to the author how he felt, separating his life into two stages with age forty-seven as the turning point.

6

To the end of her life, Estey wrote letters with "Mrs. Benjamin Graham" embossed on her stationery.

7

Interview with the author, 2003.

8

Katharine Graham, Personal History. New York: Alfred A. Knopf, 1997.

9

Interview with Stan Lipsey.

10

Interview with Sharon Osberg.

11

Astrid Buffett recalled the VCR conversation in an interview.

12

Jeannie Lipsey Rosenblum and others recall the details in interviews.

13

Interview with Peter Buffett.

14

Bryant campaigned to make it illegal for gays to teach in public schools in Dade County, Florida, and succeeded in passing a civil-rights ordinance against gays.

15

The price included $1.5 million in pension liabilities. Blue Chip Stamps Annual Report, 1977. Blue Chip borrowed $30 million from a bank in April 1977 to finance the purchase.

16

Berkshire had assets of $379 million, Blue Chip had $200 million, DRC had $67.5 million at year-end 1977.

17

Warren and Susie personally owned 46% of Berkshire (both directly and indirectly, through their ownership of Blue Chip and Diversified, which owned Berkshire stock), and 35% of Blue Chip (both directly and indirectly).

18

Murray Light, From Butler to Buffett: The Story Behind the Buffalo News (Amherst, NY: Prometheus Books, 2004), who notes that only in the face of an inquiry from the Human Rights Commission in the early 1970s did Butler begin publishing wedding photos of African Americans.

19

Interview with Stan Lipsey.

20

The Evening News put out a Saturday edition, but its weak ad lineage demonstrated the power of the Sunday edition of the Courier-Express.

21

If the trend had continued without the Evening News starting a Sunday paper, the logical outcome would have been either a joint operating agreement or outright acquisition of the Courier-Express to combine the papers—both expensive alternatives.

22

Buffalo Courier-Express, Inc., v. Buffalo Evening News, Inc., Complaint for Damages and Injunctive Relief for Violation of the Federal Antitrust Laws (October 28, 1977).

23

Former Courier-Express reporter Michael A. Hiltzik posted on June 20, 2000, on Jim Romenesko's "Media News Extra," a recollection of the staff writing puff pieces on every local state judge in order to flatter whichever one was chosen. It was a "misguided strategy," he said, as the trial took place in federal court under Brieant. One of the profiles supposedly was titled "Judge Loses Firmness When He Doffs His Robe."

24

Interview with Ron Olson.

25

Jonathan R. Laing, "The Collector: Investor Who Piled Up $100 Million in the '60s Piles Up Firms Today"

Wall Street Journal, March 31, 1977.

26

Testimony of Buffett, Buffalo Courier-Express, Inc., v. Buffalo Evening News, Inc., November 4, 1977.

27

In Roger Lowenstein's Buffett: The Making of an American Capitalist, Bob Russell cited Warren as a boy wanting to charge money to people driving by the Russells' house. Buffett does not remember the incident, but if it occurred, most likely he was influenced by the city's efforts to convert the Douglas Street toll bridge—the only passageway over the Missouri River—to a free bridge, one of the most widely reported local news stories during his early youth.

28

The bridge was sold to Marty Maroun in 1979 for $30 million, 30% less than the inflation adjusted cost of building it thirty years earlier. Maroun parlayed the bridge into an enormous fortune.

29

Findings and Conclusions, Motion for Preliminary Injunction, Buffalo Courier-Express, Inc., v. Buffalo Evening News, Inc., November 9, 1977.

30

Dick Hirsch, "Read All About It," "Bflo Tales" in Business First, Winter 1978.

31

In its first full year under Buffett. Murray Light, From Butler to Buffett.

32

Interview with Stan Lipsey.

33

Ibid.

34

Buffalo-Courier Express, Inc., v. Buffalo Evening News, Inc., United States Court of Appeals, Second Circuit, 601 E2d 48, April 16, 1979.

35

Warren Buffett, "You Pay a Very High Price in the Stock Market for a Cheery Consensus," Forbes, August 6, 1979.

36

Interview with Wally Walker. Jobs did not respond to repeated requests for comment.

37

Warren Buffett, "You Pay a Very High Price in the Stock Market..."

38

Interview with Stan Lipsey.

39

Blue Chip Stamps 1980 annual report to shareholders.

40

Janet Lowe, Damn Right.t: Behind the Scenes with Berkshire Hathaway's Charlie Munger, New York: John, Wiley & Sons, 2000.

41

Ibid.

42

Warren Buffett menlo to employees, December 2, 1980.

43

At first, management and the unions tried to publish without the drivers (Buuffalo Evening News, December 2, 1980). The striking union walked out over a pay difference of $41 a week.

44

It was selling 195, 000 papers on Sundays, about 2/3 of its rivals. From Lowenstein, Buffett, Audit Bureau of Circulations figures as of March 1982.

45

The Blue Chip Stamps 1980 annual report to shareholders notes the litigation became "less active and cosily" that year.

46

Interview with Ron Olson.

Chapter 43

1

From $89 million at the end of 1978 to $197 million in August 1980.

2

Interview with Charlotte Danly Jackson.

3

Interview with Verne McKenzie.

4

Affiliated Publications—bought for $3.5 million, jumped to $17 million after nine years. The *Washington Post*—bought for $10.6 million, now worth $103 million. GEICO—bought for $47.1 million, now worth almost seven times that, $310 million. Berkshire's total common stock portfolio was worth double its cost.

5

Buffett and Munger took out a loan of $40 million from Bank of America National Trust and Savings Association for Blue Chip to protect against a rush of redemptions, according to Munger's testimony in the Blue Chip case.

6

In 1976, the U.S. District Court in Los Angeles had said that Blue Chip no longer had to dispose of one third of its business, recognizing that it was impractical after management contacted more than eighty potential buyers and had no serious bids. Sales shrank from $124 million to $9.2 million. The woes of the *Buffialo News*, which Blue Chip owned, made valuing Blue Chip problematic until 1983, given Buffett's proportional interests in the different companies versus other shareholders, principally Munger.

7

Berkshire Hathaway 1983 annual report.

8

In 1984, during a period of relatively high inflation, the union agreed to a wage freeze.

9

The Bank Holding Company Act of 1956 placed restrictions on bank holding companies (those owning more than 25% of two or more banks, i.e., the J. P. Morgans) owning nonbanking interests, in order to avoid monopolistic control in the banking industry. It was amended in 1966 and again in 1970 to further restrict the nonbanking activities of one-bank holding companies (such as Berkshire). In 1982, it was amended to further forbid banks from engaging in insurance underwriting or agency activities. In 1999, the Gramm-Leach-Bliley Act repealed parts of these acts.

10

Interview with Verne McKenzie. According to him and Buffett, associated was never able to recover from the disintegration of urban centers after the 1960s and adapt to the new culture required to sell discount dresses in shopping malls.

11

Interview with Charlie Munger.

12

Interview with Howie Buffett.

13

Interviews with Dan Grossman, Peter Buffett.

14

Interview with Peter Buffett.

15

Interviews with Marvin Laird, Joel Paley.

16

Interview with Howie Buffett.

17

Ibid. As Susie Jr.says, "When Howie dies, it will be no ordinary death. It will probably be by falling out of a helicopter into a polar bear's mouth."

18

For a four-hundred-acre farm.

19

Interviews with Howie Buffett, Peter Buffett.

20

Peter Kiewit Sons' Inc. was founded by the original Peter Kiewit, a bricklayer of Dutch descent, in 1884.

Dave Mack, "Colossus of Roads," *Omaha* magazine, July 1977; Harold B. Meyers, "The Biggest Invisible Builder in the World," *Fortune*, April 1966.

21

When Kiewit died, Buffett got the chance to take an apartment in Kiewit Plaza. He would have loved to do it, but Astrid didn't want to leave her garden. So they stayed on Farnam Street.

22

"Peter Kiewit: 'Time Is Common Denominator'" *Omaha World-Herald*, undated, approximately November 2, 1979; Robert Dorr, "Kiewit Legacy Remains Significant," *Omaha World Herald*, November 1, 1999; Harold B. Meyers, "The Biggest Invisible Builder in the World" ; interview with Walter Scott Jr., Peter Kiewit's successor, who also had an apartment at Kiewit Plaza.

23

Interview with Walter Scott Jr.

24

Peter Kiewit died on November 3, 1979. Warren Buffett, "Kiewit Legacy as Unusual as His Life," *Omaha World-Herald*, January 20, 1980.

25

Buffett read Flexner's autobiography three or four times and gave copies to his friends.

26

$38, 453 for the year ended June 1980, of which $33, 000 went toward colleges, the rest toward local organizations. Five years earlier, in June 1975, the foundation had assets of $400, 000, with gifts of $28, 498 to similar organizations.

27

Rick Guerin letter to Joe Rosenfield, October 1, 1985.

28

Warren Buffett letter to Shirley Anderson, Bill Ruane, and Katherine (Katie) Buffett, trustees of the Buffett Foundation, May 14, 1969.

29

Richard I. Kirkland Jr., "Should You Leave It All to the Children?" *Fortune*, September 29, 1986.

30

Larry Tisch as quoted by Roger Lowenstein, *Buffett.: The Making of an American Capitalist.* New York Doubleday, 1996. Tisch is deceased.

31

Kirkland, "Should You Leave It All to the Children?"

32

Warren Buffett letter to Jerry Orans, cited in Lowenstein, *Buffett.*

Chapter 44

1

The Dream that Mrs. B Built, May 21, 1980, Channel 7 KETV. Mrs. Blumkin's quotes have been rearranged and slightly edited for length.

2

Ibid.

3

"The Life and Times of Rose Blumkin, an American Original," *Omaha World-Herald*, December 12, 1993.

4

Ibid.

5

Minsk, near Moscow, is relatively close to the Eastern European border of Russia, which would have been a difficult passage during the war. Her route created a longer trip than traveling between San Francisco and New York by train three times, then winding back to Omaha.

6

"The Life and Times of Rose Blumkin, an American Original."

7

This and most of the other details of Mrs. B's journey are from a Blumkin family history.

8

The Dream that Mrs. B Built.

9

Around 1915, roughly 6, 000 Russian Jews lived in Omaha and South Omaha, part of a general migration beginning in the 1880s to escape the pogroms (anti-Jewish riots) that began after the assassination of Czar Alexander II. Most started out as peddlers and small-shop owners, serving the large immigrant working class drawn by the railroads and stockyards. Until 1930, Omaha had the largest percentage of foreign-born residents of any U.S. city. Lawrence H. Larsen and Barbara J. Cottrell, *The Gate City*. Lincoln: University of Nebraska Press, 1997.

10

Interview with Louis Blumkin. His father was comparing the pawnshop to the many banks that failed during this period.

11

The Dream that Mrs. B Built.

12

Ibid.

13

Louis Blumkin, who says she sold for $120 coats that cost her $100 and retailed for $200 else -where in town.

14

The Dream that Mrs. B Built.

15

"The Life and Times of Rose Blumkin, an American Original."

16

Interview with Louis Blumkin.

17

Ibid. They were carving out a piece of their allotments for her.

18

"The Life and Times of Rose Blumkin, an American Original."

19

Interview with Louis Blumkin.

20

James A. Fussell, "Nebraska Furniture Legend;" *Omaha World-Herald*, August 11, 1988.

21

Interview with Louis Blumkin.

22

"The Life and Times of Rose Blumkin, an American Original."

23

Joyce Wadler, "Furnishing a Life," *Washington Post*, May 24, 1984.

24

"The Life and Times of Rose Blumkin, an American Original."

25

The Dream that Mrs. B Built.

26

"The Life and Times of Rose Blumkin, an American Original."

27

Joyce Wadler, "Blumkin: Sofa, So Good: The First Lady of Furniture, Flourishing at 90," *Washington Post*, May 24, 1984.

28

Buffett, in a letter to Jack Byrne in 1983, noted that Levitz stores averaged about 75% the size of NFM and did 10% the volume of NFM.

29

Buffett noted in the 1984 annual report that NFM operated with exceptional efficiency. Its operating expenses were 16.5% of sales, compared to 35.6% at Levitz, its largest competitor.

30

Warren Buffett letter to Jack Byrne, December 12, 1983.

31

Frank E. James, "Furniture Czarina," *Wall Street Journal*, May 23, 1984.

32

Speech given at Stanford Law School on March 23, 1990."Berkshire Hathaway's Warren E. Buffett, Lessons From the Master," *Outstanding Investor Digest*, Vol. V, No. 3., April 18, 1990.

33

Chris Olson, "Mrs. B Uses Home to Eat and Sleep; 'That's About It,'" *Omaha World-Herald*, October, 28, 1984.

34

Joyce Wadler, "Furnishing a Life."

35

"Mrs. B Means Business;" *USA Today*, April 1, 1986.

36

Bella Eisenberg letter to Warren Buffett, June 8, 1984.

37

"I can hear my mother [saying it] now;" said Louis Blumkin in an interview.

38

The Dream that Mrs. B Built.

39

In the documentary *The Dream that Mrs. B Built*, Blumkin refers to this incident and said Buffett didn't want to give her the price she wanted and she told him he was too cheap.

40

Interview with Louis Blumkin.

41

Possibly it might have had something to do with her early years of sleeping on straw on a bare wood floor.

42

Joyce Wadler, "Blumkin: Sofa, So Good: The First Lady of Furniture, Flourishing at 90."

43

James A. Fussell, "Nebraska Furniture Legend."

44

Berkshire Hathaway 1983 chairman's letter. Initially, Berkshire bought 90% of the business, leaving 10% with the family, and optioning 10% back to certain key young family managers.

45

Contract for sale of Nebraska Furniture Mart, August 30, 1983.

46

Robert Dorr, "Furniture Mart Handshake Deal," *Omaha World-Herald*, September 15, 1983.

47

Buffett's sentimental fondness for Mrs. B is notable in light of her similarity to his mother in the sense of her outbursts of abuse toward her family and employees. Only rarely did he take the risk of associating with anyone who could blow up on him.

48

Warren Buffett letter to Rose Blumkin, September 30, 1983.

49

From a retired Berkshire employee (not Verne McKenzie, the star of this anecdote).

50

Interview with Verne McKenzie.

51

Several Buffett Group members swear to the exact number.

52

Adam Smith, *An Inquiry into the Nature and Causes of the Wealth of Nations*, Book IV, 1776.

53

Interview with Stan Lipsey.

54

"A Tribute to Mrs. B," *Omaha World-Herald*, May 20, 1984; John Brademas, President, New York University, letter to Rose Blumkin, April 12, 1984.

55

Interview with Louis Blumkin.

56

Joyce Wadler, "Blumkin: Sofa, So Good: The First Lady of Furniture, Flourishing at 90."

57

Interview with Louis Blumkin.

58

Warren Buffett letter to Larry Tisch, May 29, 1984.

59

Beth Botts, Elizabeth Edwardsen, Bob Jensen, Stephen Kofe, and Richard T. Stout, "The Corn-Fed Capitalist," *Regardie's*, February 1986.

60

Robert Dorr, "Son Says No One Wanted Mrs. B to Leave," *Omaha World-Herald*, May 13, 1989.

61

Andrew Kilpatrick, *Of Permanent Value: The Story of Warren Buffett/More in '04* (California edition). Alabama: AKPE, 2004.

62

Robert Dorr, "Son Says No One Wanted Mrs. B to Leave,"

63

Sonja Schwarer, "From Wheelchair, Mrs. B Plans Leasing Expansion;" *Omaha Metro Update*, February 11, 1990; James Cox, "Furniture Queen Batfies Grandsons for Throne," *USA Today*, November 27, 1989.

64

Robert Dorr, "Garage Sale Is Big Success for Mrs. B," *Omaha World-Herald*, July 17, 1989.

65

Andrew Kilpatrick, Of *Permanent Value*.

66

Bob Brown, Joe Pfifferling, "Mrs. B Rides Again: An ABC *20/20* Television News Story," 1990.

67

"A Businessman Speaks His Piece on Mrs. Blumkin," *Furniture Today*. June 4, 1984, Berkshire Hathaway 1984 annual report. Buffett used a line like this with great frequency as a tag to label a person or situation so that other parts of the bathtub could drain.

68

Linda Grant, "The $4-Billion Regular Guy: Junk Bonds, No. Greenmail, Never. Warren Buffett hwests Money the Old-Fashioned Way," *Los Angeles Times*, April 7, 1991.

69

Interview with Louis Blumkin.

70

Harold W. Andersen, "Mrs. B Deserves Our Admiration" *Omaha World-Herald*, September 20, 1987; Robert Dorr, "This Time, Mrs. B Gets Sweet Deal," *Omaha World-Herald*, September 18, 1987.

Chapter 45

1

Interview with Peter Buffett.

2

Interview with Doris Buffett.

3

Witnessed by a source close to the family who described it in an interview.

4

AIDS had first been discovered among homosexual men in the summer of 1981, but it was reported as pneumonia and as a rare, fatal form of cancer. President Reagan made his first mention of AIDS in September 1985 after his friend, the actor Rock Hudson, announced that he had been diagnosed with the disease.

5

Interagency Coalition on AIDS and Development. Also see *And the Band Played On* (New York: St. Martin's Press, 1987) by journalist Randy Shilts, who covered AIDS full-time in the early '80s for the *San Francisco Chronicle*.

6

Interview with Marvin Laird and Joel Paley.

7

This story was pieced together from conversations with a number of sources.

8

Alan Levin, "Berkshire Hathaway to Close," *New Bedford Standard-Times*, August 12, 1985.

9

A four-year-old loom that had cost $5, 000 went for $26 as scrap. Some of the equipment went to a textile museum.

10

Buffett used the term "disaster" in the 1978 chairman's letter， discussing NICO workers' comp businesses' bad performance， which he laid largely at the door of industry problems.

11

Interviews with Verne McKenzie， Dan Grossman. The man was an agent who allegedly embezzled from Berkshire.

12

Interview with Tom Murphy.

13

Interview with Verne McKenzie.

14

Interview with Dan Grossman.

15

Several reinsurance managers presided during a short-lived interregnum: Brunhilda Hufnagle， Steven Gluckstern， and Michael Palm. For various reasons， none of them stuck.

16

Sir Arthur Conan Doyle， *The Memoirs of Sherlock Holmes: The Adventure of Silver Blaze*. London: George Newnes， 1894. (The story in Mark Haddon's prize-winning novel *The Curious Incident of the Dog in the Night-time* [New York: Doubleday， 2003] kicks off with a dead poodle speared with a garden fork.)

17

Rob Urban， "Jain， Buffett Pupil， Boosts Berkshire Cash as Succession Looms，" *Bloomberg News*， July 11， 2006. While the author has been acquainted with Jain for years， he declined repeated requests to be interviewed.

Chapter 46

1

The Dow was sitting at 875 on the first day of 1982. It had hit that level for the first time back in September 1964.

2

Corporate profits reached what would become the second-lowest point in a fifty-five-year period in 1983 (the lowest was 1992)， according to Corporate Reports， Empirical Research Analysis Partners. Data 1952 through 2007.

3

Banks lost their fear of bad credit through the combination of an emerging asset bubble， simple greed， the advent of securitization， and an eagerness to find toehold ways to fund equity transactions， a signal that the wall between commercial and investment banks erected by the Depression-era Glass-Steagall Act was beginning to break down.

4

Eric J. Weiner, *What Goes Up: The Uncensored History of Modern Wall Street as Told by the Bankers, Brokers, CEOs, and Scoundrels Who Made It Happen*. New York: Little, Brown, 2005.

5

They started out as investment-grade bonds, but when their issuers cratered, the bonds became so cheap that they paid a higher rate; e.g., a bond that yielded 7% would yield 10% if the price of the bond dropped to 70% of par.

6

See Connie Bruck, *The Predators' Ball:The Inside Story of Drexel Burnham and the Rise of the Junk Bond Raiders.* New York: The American Lawyer: Simon & Schuster, 1988.

7

Typically the deals worked either by giving shareholders who sold a higher price but leaving a much weakened company for those who didn't, or by offering a premium that was only a fraction of the value the buyer would create through actions the former management should have taken themselves. Or both.

8

Leonard Goldenson with Marvin J. Wolf, *Beating the Odds*. New York: Charles Scribner's Sons, 1991.

9

Everyone from Saul Steinberg to Larry Tisch had taken a stake in the company. Meanwhile, management's first-choice buyer was IBM. In the end, Cap Cities proved a strong fit because of the complementary TV license and the minimum divestiture required.

10

Interview with Tom Murphy.

11

Ibid. Details are also recounted in Leonard Goldenson with Marvin J. Wolf, *Beating the Odds.*

12

Buffett paid sixteen times earnings for Cap Cities, a 60% premium to its recent price, and, on banker Bruce Wasserstein's insistence, threw in warrants that gave the seller a continuing equity stake in ABC. These terms, arguably, are the most lenient Buffett ever struck and suggest how badly he and Murphy wanted to buy ABC. Charlie Munger wrote to the Buffett Group on January 11, 1983, that Tom Murphy at Cap Cities had "compounded the value of his original 1958 investment at 23% per annum for 25 years." Donaldson, Lufkin & Jenrette report February 26, 1980: "Earnings per share growth has compounded at 20% annually over the past decade and this rate has accelerated to 27% over the last five years."

13

Geraldine Fabrikant, "Not Ready for Prime Time?" *New York Times*, April 12, 1987.

14

Murphy and his #2, Dan Burke, picked and chose to make divestitures required by the FCC. They kept eight TV, five AM radio, and five FM radio stations. Geraldine Fabrikant, Marc Frons, Mark N. Vamos,

Elizabeth Ehrlich, John Wilke, Dave Griffiths, and Christopher S. Eklund, "A Star Is Born—the ABC/Cap Cities Merger Opens the Door to More Media Takeovers," *BusinessWeek*, April 1, 1985; Richard Stevenson, "Merger Forcing Station Sales," *New York Times*, April 1, 1985.

15

With 1984 sales of $3.7 billion, ABC earned $195 million, whereas Cap Cities, one third its size, earned $135 million on sales of $940 million. The disparity in profitability was mainly due to the different economics of network affiliate stations versus the network itself but also to Murphy and Burke's management skills.

16

According to "Extortion Charge Thrown Out; Judge Cancels $75,000 Bond," *Omaha World- Herald*, March 19, 1987, charges against Robert J. Cohen were dismissed after the case was referred to the Douglas County Board of Mental Health and Cohen was moved to the Douglas County Hospital from the Douglas County Corrections Center. Terry Hyland, in "Bail Set at $25,000 for Man in Omaha Extortion Case," *Omaha World-Herald*, February 5, 1987, refers to the kidnapping plan.

17

Interview with Gladys Kaiser.

18

Ibid.

19

Based on examples of actual letters received.

20

Interview with Gladys Kaiser.

21

Interviews with Howie Buffett, Peter Buffett, Susie Buffett Jr.

22

Interview with Susie Buffett Jr.

23

Alan Farnham, "The Children of the Rich and Famous," *Fortune*, September 10, 1990.

24

Interview with Howie Buffett.

25

Interview with Peter Buffett.

26

Billy Rogers letter to Warren Buffett, August 17, 1986.

27

Warren Buffett letter to Billy Rogers, August 22, 1986.

28

Billy Rogers letter to Warren Buffett, undated.

29

Interviews with Tom Newman, Kathleen Cole.

30

Richard I. Kirkland Jr., "Should You Leave It All to the Children?" *Fortune*, September 29, 1986.

31

Interview with Kathleen Cole.

32

Interview with Ron Parks.

33

Interview with Peter Buffett. He was so shaken that he dialed "0" instead of "911," as if taken back to childhood.

34

"Billy Rogers Died of Drug Overdose," *Omaha World-Herald*, April 2, 1987; "Cause Is Sought in Death of Jazz Guitarist Rogers," *Omaha World-Herald*, February 21, 1987.

35

Interview with Arjay Miller.

36

Interviews with Verne McKenzie, Malcolm "Kim" Chace III, Don Wurster, Dick and Mary Holland.

37

Interview with GeorgeBrumley.

38

Louis Jean-Baptiste Alphonse Bachelier, *Theory of Speculation*, 1900. Bachelier applied the scientific theory of "Brownian motion" to the market, probably the first of many attempts to bring the rigor and prestige of hard science to the soft science of economics.

39

Charles Ellis, *Investment Policy: How to Win the Loser's Game*. Illinois: Dow-Jones-Irwin, 1985, which is based on his article "Winning the Loser's Game" in the July/August 1975 issue of the *Financial Analysts Journal*.

40

The modern-day equivalents of Tweedy Browne's Jamaica Water warrants still exist, for example.

41

Burton Malkiel, *A Random Walk Down Wall Street*. New York: W. W. Norton, 1973.

42

Aside from the *Superinvestors* article, Buffett did not write about EMH directly until the Berkshire 1987 shareholders letter, but he had led up to it with related subjects such as excessive trading turnover since 1979.

43

Transcript of Graham and Dodd 50th Anniversary Seminar. Jensen at the time was professor and director of the Managerial Economics Research Center of the University of Rochester Graduate School of Management. Within a year, he would be at Harvard, where he remains as professor of business administration emeritus.

44

Stanley Perimeter and the *Washington Post* pension fund. Although, as this book illustrates, Buffett shared ideas with some of these investors in the early days—for example, when he was short on capital—more often the use of similar rules led them to similar veins of ore.

45

One subtle underpinning of EMH was a free-market, quasilibertarian philosophy that aligned with the spirit of deregulation and Reaganomics, under which investors could fend for themselves as free agents in an unfettered self-regulating market. Thus one side effect of EMH was to subtly build support for other types of market deregulation and for government and Federal Reserve actions that arguably contributed to later asset bubbles.

46

Beta can be a godsend in helping manage an unmanageably large portfolio. Criticism of beta could also, therefore, be directed at the investors who put money into unmanageably large funds that are diversified this way, and then expect them to outperform the market every year, if not every quarter.

47

Hedge funds in this form, pioneered by A. W. Jones, preceded popularization of the randomwalk academic theory.

48

In a worst-case scenario, both sides of an arbitrage go the wrong way—the short rises, the long falls. This is the "earthquake risk" of the arbitrageur.

49

Buffett, speaking at the 1994 Berkshire annual shareholder meeting. Munger made the "twaddle and bullshit" comment at the 2001 shareholder meeting.

50

The model with junk bonds was based on average credit history, not the behavior of the stock or bond market. The two models are not only related, but have the same basic flaw, which is that "earthquake events" are never factored in correctly—because if they were, the model would reveal a prohibitively high cost of capital.

51

With the introduction of equity index futures in 1982, Buffett started trading these instruments as a hedge. Nevertheless, he wrote Congressman John Dingell, chairman of the House Energy and Commerce Committee, warning about their risk, and likewise wrote to Don Graham, "So much for the many claims as to hedge and investment type utilization; in actual practice, virtually all contracts involve short-term highly leveraged gambling—with the brokers taking a bite out of every dollar of public participation." Letter from Warren Buffett to Mr. and Mrs. Don Graham, January 18, 1983.

52

Berkshire Hathaway annual letter, 1985. The deal was $320 million in cash and the rest in assumed debt and other costs. "Scott Fetzer Holders Clear Sale of Company," *Wall Street Journal*, December 30, 1985. In Berkshire's 2000 annual report, Buffett points out that BRK netted $1.03 billion from its net purchase price of $230 million.

53

Interview with Jamie Dimon.

54

Berkshire had $4.44 billion of assets on its books at the end of 1986, including $1.2 billion of unrealized gains on equities. Liquidating before the reform, Berkshire itself could have avoided paying any taxes, with the shareholders paying their 20% tax on the gain, or $244 million. If BRK liquidated after the Tax Reform Act took effect, Berkshire would be paying $414 million in corporate taxes (more than $185 million of which would have accrued to Buffett), before handing over the net proceeds to investors to pay a double tax, adding up to a maximum of a 52.5% tax on the $1.2 billion unrealized appreciation, or $640 million. Thus the total effect was $400 million. See also James D. Gwartney and Randall G. Holcombe, "Optimal Capital Gains Tax Policy: Lessons from the 1970s, 1980s, and 1990s," A Joint Economic Committee Study, United States Congress, June 1997.

55

Berkshire Hathaway annual report, 1986. Notably, Buffett phrases the statement in terms of the costly consequences if Berkshire liquidated after the act, not the huge benefits that wood have resulted from liquidating before the act went into effect.

56

This measuring stick has pros and cons, which are covered in investing books. Bottom line, it is a reasonable, conservative measure that can be distorted by acquisitions (something Buffett had discussed; see General Re).

57

Interviews with Walter Scott Jr., Suzanne Scott; also Jonathan R. Laing, "The Other Man From Omaha," *Barron's*, June 17, 1995.

58

Interview with Walter Scott Jr.

59

Interview with Clyde Reighard.

60

Jerry Bower, in *National Review*, August 11, 2006, wrote that Reagan's "supply-side policies have helped Warren Buffet [sic] amass the world's second-largest pile of wealth, which he routinely uses as a stage on which to stand and denounce the very supply-side measures that helped lift him to incredible prosperity." It is true that like any investor, Buffett has benefited from the supply-side policies that reduce his personal taxes on investment income and capital gains. Notably, much of that benefit is effectively offset by Berkshire Hathaway's taxes. Since the Reagan years, Citizens for Tax Justice and the Institute on Taxation and Economic Policy have been studying the annual reports of the top 250+ companies in the U.S., always coming to the conclusion that they are severely underpaying. See Robert S. McIntyre and T. D. Coo Nguyen, *Corporate Taxes & Corporate Freeloaders* (August 1985), *Corporate Income Taxes in the 1990s* (October 2000), *Corporate Income Taxes in the Bush Years* (September 2004). The top 250 companies in the U.S., while growing profits substantially, have consistently been shown to pay a fraction of the actual corporate tax rate throughout the 1980s, '90s, and today, due to breaks for depreciation, stock options, research, etc. Berkshire, however, has averaged a 30% effective tax rate (net earnings before taxes, divided by the taxes paid currently) since 1986—offsetting Buffett's personal tax benefits. Regardless, Buffett's taxes are irrelevant to whether he is entitled to criticize supply-side policies.

61

Robert Sobel, *Salomon Brothers 1910~1985, Advancing to Leadership*, Salomon Brothers, Inc., 1986.

62

In other words, current partners were paid a premium above their invested capital by Phibro, in which retired partners who had already withdrawn their capital did not share.

63

Anthony Bianco, "The King of Wall Street—How Salomon Brothers Rose to the Top—And How It Wields Its Power," *BusinessWeek*, December 5, 1985.

64

In the "Night of the Long Knives," June 30~July 2, 1934, Hitler executed at least eighty-five perceived enemies of his regime and arrested a thousand others.

65

James Sterngold, "Too Far, Too Fast: Salomon Brothers' John Gutfreund," *New York Times*, January 10, 1988.

66

Paul Keers, "The Last Waltz: He had the power, she craved the position. Life was a ball until he had to resign in disgrace and an era ended," *Toronto Star*, September 1, 1991.

67

Roger Lowenstein, *Buffett: The Making of an American Capitalist*. New York: Doubleday, 1996, who did not identify the executive giving this description.

68

Paul Keers, "The Last Waltz"; Carol Vogel, "Susan Gutfreund: High Finances, High Living," *New York Times*, January 10, 1988; David Michaels, "The Nutcracker Suit," *Manhattan, Inc.*, December 1984; John Taylor, "Hard to Be Rich: The Rise and Wobble of the Gutfreunds," *New York*, January 11, 1988.

69

As Mrs. Bavardage.

70

Paul Keers, "The Last Waltz"; Cathy Horyn, "The Rise and Fall of John Gutfreund; For the Salomon Bros. Ex-Head, a High Profile at Work & Play," *Washington Post*, August 19, 1991.

71

Robert Sobel, *Salomon Brothers 1910-1985*, Advancing to Leadership.

72

The combative, powerful banker Bruce Wasserstein, a merger specialist, was supposedly going to run the firm. Gutfreund and his key lieutenants knew they would be instantly replaced by Wasserstein. And Perelman as the largest shareholder might scare clients away.

73

Salomon bought the Minorco block itself at $38, a 19% premium to the stock's $32 market price. It then offered Buffett the stock at the same price. The premium was typical for similar deals at the time (which were also criticized). The stock conveyed 12% voting power in the firm. Perelman offered $42 and said he might raise his stake to 25%.

74

Salomon made a number of missteps. It took on a buyout of TVX Broadcast Group that ultimately failed, muffed a leveraged buyout of Southland Corporation, and wound up holding the bag on a problematic Grand Union buyout. After five unsuccessful years, Salomon exited the merchant-banking business in 1992.

75

Sarah Bartlett, "Salomon's Risky New Frontier," *New York Times*, March 7, 1989.

76

Buffett viewed his investment in Salomon as being like a bond. If he had wonderful stock ideas like GEICO or American Express, he would not be looking at bond equivalents and would not have done this deal.

77

Interview with John Gutfreund.

78

Interviews with John Gutfreund, Donald Feuerstein. Fenerstein's son went to school with one of Perelman's children. He knew Perehnan was observant and parlayed for a critical delay past the holiday.

79

According to Graham and Dodd, preferred stocks marry the least attractive features of equity and debt. "As a class," they wrote, "preferred shares are distinctly more vulnerable to adverse developments than are bonds." Benjamin Graham and David L. Dodd, *Security Analysis*, *Principles and Teaching*. New York: McGraw-Hill, 1934, Chapter 26. Preferreds are often described as "bonds with a kicker," combining the safety of a bond with the upside of a stock. However, as Graham and Dodd note, this is not really correct. If a company gets in trouble, preferreds lack an enforceable claim to the interest and principal. When things go well, unlike a common stock, the investor has no right to the company' s profits. Speaking at the University of Florida in 1998, Buffett said, "*The test of a senior security is whether you are getting an above-average return, after tax, and feel certain of getting your principal back.*" Here, the preference to the common was meaningless.

80

Beginning October 31, 1995, in five installments over four years, it was mandatory to either convert into Salomon stock or "put" it back to the company for cash. Perelman offered to beat Buffett's deal—and Gutfreund and several other managers told the board they would quit. He offered a conversion price of $42, much more attractive from Salomon's point of view. He would have owned only 10.9% of Salomon, compared to Buffett's 12%.

81

If a potential buyer for his block of convertible preferred appeared, Buffett was obliged to offer Salomon first refusal. Even if it did not buy back the shares, he was prohibited from selling his entire block to any one purchaser. Berkshire also agreed to limit its investment in Salomon to no more than 20% for seven years.

82

Michael Lewis, *Liar's Poker: Rising Through the Wreckage on Wall Street*. New York: W. W. Norton, 1989.

83

Interview with Paula Orlowski Blair.

Chapter 47

1

Berkshire Hathaway letter to shareholders, 1990; Michael Lewis, "The Temptation of St. Warren," *New Republic*, February 17, 1992.

2

At the University of Notre Dame, spring 1991. Cited in Linda Grant, "The $4-Billion Regular Guy: Junk Bonds, No. Greenmail, Never. Warren Buffett Invests Money the Old-Fashioned Way," *Los Angeles Times*, April 7, 1991.

3

In "How to Tame the Casino Economy," *Washington Post*, December 7, 1986. Buffett advocated a 100% confiscatory tax on profits from the sale of stocks or derivative instruments that the holder has owned for less than a year.

4

Linda Grant, "The $4-Billion Regular Guy." Buffett hosannaed Gutfreund in his shareholder letters as well.

5

The principal conflicts inherent in Salomon's business were the undisclosed bid-ask spread that Buffett had objected to while working for his father's firm in Omaha, the conflict between proprietary trades for the firm's account alongside customer trades, the investment banking business built off equity research stock ratings, and the arbitrage department, which could trade on the firm's merger deals. As a board member who made Berkshire's investment decisions, Buffett says he either recused himself from discussions involving deals or did not invest on information he had, yet his board membership did create the appearance of a conflict of interest.

6

The Standard & Poor's 500 index was used as a proxy for the market.

7

Berrie would never make this bet. Since childhood, Warren had beaten her at every game they ever played; never once had he let her win. She would have known that he would eat a potato chip just so she would have had to pay up.

8

Letter from Warren E. Buffett to the Honorable John Dingell, U.S. House of Representatives, March 5, 1982.

9

In the interest of brevity, the history of portfolio insurance has been shortened considerably. The rout began as the Federal Reserve raised the discount rate over Labor Day weekend 1987. Over the next month, the market wavered and showed signs that investors were nervous. On October 6, the Dow broke a one-day record when it fell 91.55 points. Interest rates continued to climb. The Dow dropped another 108 points on Friday, October 16. Professional money managers spent the weekend pondering. On Black Monday, October 19, many stocks failed to open at all in the early hours of trading and the Dow fell a record-breaking 508 points. The exact cause of the crash remains in dispute. Program trading and equity index futures accelerated the decline, but economic factors, military tensions, comments by Federal Reserve Chairman Alan Greenspan about the dollar, a slowing economy, and other factors have been blamed.

10

Interviews with Ed Anderson, Bill and Ruth Scott, Marshall Weinberg, Fred Stanback, Tom Knapp.

11

Interview with Walter Scott Jr.

12

In this case, the way to be hedged would be to short a broad group or index of stocks.

13

This account is based on both Doris's and Warren's versions of the story.

14

James Sterngold, "Too Far, Too Fast: Salomon Brothers' John Gutfreund," *New York Times*, January 10, 1988.

15

Salomon supplied its clients' debt needs along all points of the maturity ladder. For a bond shop to eliminate its commercial paper department was a baffling decision.

16

Four past option grants to Gutfreund were about to expire worthless and a fifth would have yielded only a trivial gain. The revised exercise price reaped Gutfreund an estimated $3 million. The impact of swapping all stock options for new options affected 2.9% of outstanding shares. Salomon's 1987 proxy did not disclose the repricing and instead contained an additional $4.5 million or 3.4% stock-option grant (Graef Crystal, "The Bad Seed," *Financial World*, October 15, 1991).

17

Interview with Bob Zeller.

18

Ibid. Zeller says that Buffett represented the shareholders' interests on the compensation committee with integrity, while trying to determine which employees genuinely deserved reward.

19

lohn Taylor, "Hard to Be Rich: The Rise and Wobble of the Gutfreunds," *New York*, January 11, 1988.

20

Interviews with John Gutfreund, Gedale Horowitz.

21

Interview with Tom Strauss.

22

While technically the terms of the preferred stock didn't work that way, if Buffett wanted to, he could have found a way to get out.

23

Carol Loomis, "The Inside Story of Warren Buffett," *Fortune*, April 11, 1988. Buffett stated these rumors were false in the article.

24

Katharine Graham letter to the members of the Buffett Group, December 14, 1987. She added a personal note to Warren's copy: "Here is what I sent out. Hope it is ok and I don't get lynched."

25

Investors use different periods to estimate cash flows—from ten years to forever ("perpetuity")—as well as different interest rates. Buffett's margin of safety, however, was big enough to essentially eliminate the differences in methods; his view was that debating such precision mattered less than applying a big haircut. The key assumption is what growth rate the business is assumed to have—and for how long.

26

Robert L. Rose, "We Should All Have an Audience This Receptive Once in Our Lives," *Wall Street Journal*, May 25, 1988.

27

Or 14, 172, 500 KO shares costing $593 million at an average price of $41.81 (or $5.23 split adjusted for the three 2-for-1 stock splits that occurred between 1988 and 2007). All shares and prices are adjusted for subsequent stock splits.

28

Interview with Walter Schloss.

29

At that point, KO's market value represented 21% of the total market capitalization of Berkshire Hathaway—by far the biggest bet, in dollar terms, that Buffett had ever made on a single stock. Yet in percentage terms, this fit his past pattern.

30

Interview with Howie Buffett.

31

Michael Lewis, *Liar's Poker: Rising Through the Wreckage on Wall Street*. New York: W. W. Norton, 1989.

32

BRK received a 9.25% coupon from the Champion preferred, above the going rate of 7%, and raised debt at 5.5% to fund this $300 million purchase. Champion called the preferred early, but Berkshire was able to convert its shares prior to the call and sell them back to the company at a small discount. Berkshire booked a 19% after-tax capital gain over the six years it held Champion.

33

Linda Sandier, "Heard on the Street: Buffett's Special Role Lands Him Deals Other Holders Can't Get," *Wall Street Journal*, August 14, 1989.

34

From an interview with a friend who said this to Munger.

35

Speech at Terry College of Business, the University of Georgia, July 2001.

36

Interview with John Macfarlane.

37

Interview with Paula Orlowski Blair; Michael Lewis, *Liar's Poker.*

38

Many contracts required posting of collateral or margin, but this did not compensate for the risk of mismarking in the model.

39

Buffett and Munger, 1999 Berkshire Hathaway annual shareholder meeting.

40

Salomon held on for eight years. Phibro sold its share in the JV in 1998. Alan A. Block, "Reflections on resource expropriation and capital flight in the Confederation," *Crime*, *Law and Social Change*, October 2003.

41

Roger Lowenstein, *When Genius Failed: The Rise and Fall of Long-Term Capital Management.* New York: Random House, 2000.

42

Interview with Eric Rosenfeld.

43

Meriwether characteristically exempted himself from this lucrative deal.

44

Report to the Salomon Inc. Compensation & Employee Benefits Committee, "Securities Segment Proposed 1990, Compensation for Current Managing Directors."

45

This pay deal was still one-sided; the arbs could only break even or win. Buffett's partnership had exposed him to unlimited liability to share in losses if he performed poorly—i.e., his incentives were *truly* aligned with his partners.

46

Michael Siconolfi, "These Days, Biggest Paychecks on Wall Street Don't Go to Chiefs," *Wall Street Journal*, March 26, 1991.

47

Interview with Deryck Maughan.

48

Using different terms. The casino/restaurant analogy was Buffett's. Even if the customer businesses had become profitable, they would have demanded even larger amounts of capital in later years, despite bigger scale and market share, and it is questionable whether their returns would ever have satisfied Buffett.

49

Interview with Eric Rosenfeld.

Chapter 48

1

Michael Lewis, *Liar's Poker: Rising Through the Wreckage on Wall Street*. New York: W. W. Norton, 1989.

2

Feuerstein had worked in several senior roles at the SEC, including acting as counsel on Texas Gulf Sulfur, a landmark insider-trading case.

3

Interview with Donald Feuerstein and many others, who confirmed his role and the POD nickname.

4

Interviews with Donald Feuerstein, Tom Strauss, Deryck Maughan, Bill McIntosh, John Macfarlane, Zach Snow, Eric Rosenfeld.

5

Interview with Bill McIntosh.

6

Interview with John Macfarlane.

7

Roger Lowenstein, *Buffett: The Making of an American Capitalist*. New York: Doubleday, 1996, quoting Eric Rosenfeld.

8

Lowenstein, *Buffett*, quoting John McDonough.

9

Interview with Eric Rosenfeld.

10

Interview with Donald Feuerstein.

11

Feuerstein went back into the conference room after talking to Munger and repeated the "thumb-sucking" comment to another lawyer, Zach Snow, without further context. He did not seem to have grasped its significance, according to Snow in an interview. Feuerstein says Munger said, "Warren and I do that all the time." Whatever the wording, neither Feuerstein nor Buffett took alarm at Munger's remark.

12

Interview with Gerald Corrigan.

13

Feuerstein had had breakfast with one director, Gedale Horowitz, and told him much the same story, slightly more informatively, on the morning of August 8. But Horowitz says he also felt misled.

14

Carol Loomis, "Warren Buffett's Wild Ride at Salomon," *Fortune*, October 27, 1997.

15

Munger's later statement that he dragged this out of Feuerstein differs from Feuerstein's recollection. Both agree that Munger was given a clear description. There is no question that Buffett and Munger's overall interpretation of the actions of both Feuerstein and Gutfreund grew harsher as more information came to light.

16

Statement of Salomon Inc., submitted in conjunction with the Testimony of Warren E. Buffett, Chairman and CEO of Salomon, before the Securities Subcommittee, Committee of Banking, Housing and Urban Affairs, U.S. Senate, September 10, 1991.

17

Mercury Asset Management (an affiliate of S.G. Warburg) and the Quantum Fund. When the Federal Reserve contacted Salomon, it was initially because S.G. Warburg had bid in its own name as a primary dealer (Statement of Salomon Inc., September 10, 1991).

18

Charles T. Munger testimony before U.S. Securities & Exchange Commission, "In the Matter of Certain Treasury Notes and Other Government Securities," File No. HO-2513, February 6, 1992.

19

Ibid.

20

Michael Siconoffi, Constance Mitchell, Tom Herman, Michael R. Sesit, David Wessel, "The Big Squeeze: Salomon's Admission of T-Note Infractions Gives Market a Jolt—Firm's Share of One Auction May Have Reached 85%; Investigations Under Way—How Much Did Bosses Know?" *Wall Street Journal*, August 12, 1991.

21

Buffett later said Wachtell, Lipton shared some blame, noting that Wachtell declared effective on August 8 a shelf registration for $5 billion of medium-term notes using a prospectus that was "purporting to state all material facts about Salomon" as of that date but contained no reference to Mozer's activities or management's inaction."*If this relaxed position was one that Wachtelt, Lipton was conveying to the government and the public through official filings, it is not unlikely that they were conveying something similar to John, although I don't know what,*" Buffer said.

22

Interview with John Macfarlane.

23

Interview with Bob Denham, who discovered this when he moved into Feuerstein's old office.

24

Charles T. Munger testimony before U.S. Securities & Exchange Commission, "In the Matter of Certain Treasury Notes and Other Government Securities," File No. HO-2513, February 6, 1992.

25

If its lenders failed to renew the firm's loans, Salomon would be forced to liquidate its assets almost overnight. In such a fire sale, assets would sell for a fraction of their carrying value. The apparently invincible balance sheet of Salomon would melt into bankruptcy's black hole immediately.

26

Interview with Bill McIntosh.

27

Interviews with Donald Feuerstein, John Macfarlane.

28

Mozer didn't report an existing net "long," "when-issued" position in Treasury bonds that put it over the limit, and he also submitted another false bid in the name of Tiger Management Company.

29

Mozer denied intentionally manipulating the market. He was suspected of "repo-ing out" the bonds by borrowing cash from customers with the bonds as collateral and making verbal side agreements with these customers that they would not relend the bonds to anyone. That froze the supply of bonds, squeezing the short-sellers. Suspicions of price-fixing dogged Salomon long afterward. There was little doubt that Mozer and his customers had cornered the bonds and created a squeeze. According to Eric Rosenfeld, Salomon's own arb desk was short Treasuries and got burned.

30

Constance Mitchell, "Market Mayhem: Salomon's 'Squeeze' in May Auction Left Many Players Reeling—In St. Louis, One Bond Arb Saw $400, 000 Vanish and His Job Go with It—From Confidence to Panic," *Wall Street Journal*, October 31, 1991.

31

Feuerstein didn't find this out right away, even though it was known internally. He blames this omission for his failure to press for a more thorough investigation of the squeeze. Several people, including Meriwether, apparently knew about the "Tiger dinner" (named after one of the hedge-fund customers). However, the "Tiger dinner" did not prove collusion.

32

Interview with John Guffreund.

33

Or whatever the price was; this is Buffett's general recollection.

34

While this was taking place, Salomon filed a shelf registration statement in connection with a $5 billion senior debt offering, which the directors signed. The filing of a registration statement under these circumstances potentially put the firm in violation of securities laws.

35

Some thought the squeeze may have been simply a matter of timing to make a bet that the Fed was about to ease interest rates, according to Eric Rosenfeld, rather than defiance of the Treasury.

36

Various viewpoints within the firm are drawn from interviews with a number of the principals.

37

Interviews with Donald Feuerstein, Zachary Snow. Feuerstein says he happened to be taking his son on a college visit at Cornell University that day and was "furious" when he found out later what happened.

38

Interview with Donald Feuerstein. Feuerstein referred to his failure to influence Gutfreund as the result of Gutfreund's yessing him to death, saying, "It is difficult to have an argument with someone who purports to agree with you" (Donald M. Feuerstein letter to William F. May, Charles T. Munger, Robert G. Zeller, and Simon M. Lorne, Munger, Toiles & Olson, January 31, 1993).

39

Interview with Zach Snow. Snow says that the dream haunted him long afterward. Feuerstein does not recall this incident but says that if something like this happened it did not come across this way to him.

40

Philip Howard, Gutfreund's lawyer, speaking to Ron Insana on CNBC *Inside Opinion*, April 20, 1995.

41

John Gutfrennd speaking to Ron Insana, CNBC *Inside Opinion*, April 20, 1995.

42

The auctions of December 27, 1990 (4-year notes), February 7, 1991 (the so-called "billiondollar practical joke"), and February 21, 1991 (5-year notes) contained false bids. The April 25, 1991, auction included a bid in excess of the amount authorized by a customer. In the May 22, 1991 (2-year-notes) auction, Salomon (Mozer) failed to report a net "long" position to the government, as required, which fueled suspicions of a cover-up of market manipulation, but proof of market manipulation was never found.

43

Interview with Zach Snow, who also testified to this under oath in 1994.

44

Interview with Deryck Maughan.

45

Interview with Jerry Corrigan.

46

Even though he was Mozer's boss, Meriwether did not have the authority to fire him; one managing director could not fire another. Only Gutfreund could do that.

47

Interview with Bill McIntosh.

48

Interviews with John Macfarlane, Deryck Maughan.

49

McIntosh, by his own admission, had been no fan of Gutfreund's prior to this event.

50

Interview with Bill McIntosh.

51

Spread-widening of ten to twenty basis points only attracted more sellers. As the afternoon wore on, the traders widened the spread until finally they were offering only ninety cents on the dollar for the notes. The price implied a reasonably high probability of default.

52

The firm would still do business as an "agent," which meant it would buy only if it had another buyer in hand to which it could resell the notes.

53

Kurt Eichenwald, "Wall Street Sees a Serious Threat to Salomon Bros.—ILLEGAL BIDDING FALL-OUT—High-Level Resignations and Client Defections Feared—Firm's Stock Drops," *New York Times*, August 16, 1991.

54

Interview with Jerry Corrigan.

55

Strauss later related this to Buffett.

56

Interview with Jerry Corrigan.

57

Interview with Jerry Corrigan.

58

Interview with Jerry Corrigan. He says that Strauss and Guffreund had had more than one routine conversation with him between April and June without mentioning anything, and he no longer trusted them.

59

Buffett arrived in New York between 2：30 and 3：00 p.m., during which time the press release would have been drafted and ready to go.

60

From Salomon press release dated August 16, 1991: "In order to give the Salomon Inc., board of directors maximum flexibility, they are prepared to submit their resignations at a special meeting of the board."

61

Interview with Eric Rosenfeld.

62

Interview with Bill McIntosh, Tom Strauss, Deryck Maughan.

63

Interview with Tom Strauss.

64

Interview with Jerry Corrigan.

65

Interview with Ron Olson.

66

Warren Buffett testimony, "In the Matter of Arbitration Between John H. Guffreund against Salomon Inc., and Salomon Brothers Inc.," Sessions 13 & 14, November 29, 1993.

67

This is Buffett's recollection of Gutfreund's remarks. (From Warren Buffett testimony, "In the Matter of Arbitration Between John H. Gutfreund against Salomon Inc., and Salomon Brothers Inc." Sessions 13 & 14, November 29, 1993.

68

Interview with Tom Strauss.

69

On October 8, 1991, he was displaced when the Walton family, owners of Wal-Mart stock, took over spots 3–7; Buffett became number 8. Entertainment mogul John Kluge and Bill Gates occupied the top two spots.

70

Through a routine letter to Mercury Asset Management when the Treasury Department discovered that Mercury, together with its affiliate S. G. Warburg & Co., had submitted bids for greater than the 35% limit rule for the auction. Mozer had submitted one of these bids without Mercury's authority. Mozer was copied on this letter and covered it up by telling Mercury that Salomon had mistakenly submitted this bid in its name—and was going to correct it, so no need to bother responding to the Treasury. (Statement of Salomon Inc., submitted in conjunction with the Testimony of Warren E. Buffett, Chairman and CEO of Salomon. Before the Securities Subcommittee, Committee of Banking, Housing and Urban Affairs, U.S. Senate, September 10, 1991.)

71

Interview with Deryck Maughan.

72

Speech to students in 1994 at University of North Carolina Kenan-Flagler Business School.

73

The one exception was Stanley Shopkorn, who ran the equities division and, by others' recollections, thought he should get the job.

74

Michael Lewis, *Liar's Poker*.

75

Ibid.

76

Swope fired them all and turned the firm into a radical Black Power, "Truth & Soul" agency.

77

Interview with Deryck Maughan.

78

Interview with Eric Rosenfeld, who says no threats were made. But because Meriwether was not bound by a noncompete, it was obvious that the whole arb team would leave sooner or later.

79

Gutfreund told Buffett that Susan was telling him he was unemployable.

80

Interview with Philip Howard. Warren Buffett testimony, "In the Matter of Arbitration Between John H.

Gutfreund against Salomon Inc., and Salomon Brothers Inc.," Sessions 13 & 14, November 29, 1993.

81

Interview with Warren Buffett; Warren Buffett testimony, "In the Matter of Arbitration Between John H. Gutfreund against Salomon Inc., and Salomon Brothers Inc.," Sessions 13 & 14, November 29, 1993, cited this remark as evidence that Gutfreund knew he did not have a deal. (Munger's version of the quote was "I won't let you guys screw me.")

82

Interview with Philip Howard.

83

Warren Buffett testimony, "In the Matter of Arbitration Between John H. Gutfreund against Salomon Inc., and Salomon Brothers Inc.," Sessions 13 & 14.

84

Warren Buffett, Charles T. Munger, testimonies, "In the Matter of Arbitration Between John H. Gutfreund against Salomon Inc., and Salomon Brothers Inc." Sessions 13 & 14, 33 & 34.

85

Charles T. Munger testimony, "In the Matter of Arbitration Between John H. Gutfreund against Salomon Inc., and Salomon Brothers Inc.," Sessions 33 & 34, December 22, 1993.

86

Interview with Gedale Horowitz.

87

The Japanese bond market would not open until 7:30 P.M. EST, but Japanese over-the-counter trading would begin as early as 5 P.M., at which point lenders would start selling Salomon's paper, effectively calling its loans.

88

Interview with John Macfarlane.

89

Warren Buffett testimony, "In the Matter of Arbitration Between John H. Gutfreund against Salomon Inc., and Salomon Brothers Inc.," Sessions 13 & 14, November 29, 1993.

90

Interview with Jerry Corrigan.

91

Jerry Corrigan and Paul Volcker contributed insight to this topic.

92

At the time, it was well understood that Buffett had "parlayed his considerable reputation into a partial rescission of the order," although what that meant to him was not obvious. (Saul Hansell, Beth Selby, Henny Sender, "Who Should Run Salomon Brothers?" *Institutional Investor*, Vol. 25, No. 10, September 1, 1991.)

93

Interview with Deryck Maughan.

94

Interview with Charlie Munger.

95

Interview with Deryck Maughan.

96

Hansell, Selby, and Sender, "Who Should Run Salomon?"

97

Ibid.

Chapter 49

1

Interview with Paula Orlowski Blair.

2

Interview with Bill McLucas.

3

This is Buffett's recollection of the quote, but Brady's view that Buffett would not leave was corroborated by other regulators.

4

Interview with Paula Orliowski Blair. She thought it funny that her new boss wanted to turn her into a private eye.

5

Interviews with Donald Feuerstein, Bob Denham. Denham says only that they agreed a change was needed.

6

Warren Buffett testified to this in "In the Matter of Arbitration Between John H. Gutfreund against Salomon Inc., and Salomon Brothers Inc.," Sessions 13 & 14, November 29, 1993.

7

During John Gutfreund's arbitration hearing.

8

A number of sources said this to the author but were afraid to be quoted.

9

The firm became Munger, Tolles & Olson in 1986.

10

Law-firm sources and former employees give Buffett all of the credit for this idea, despite the law firm's putative role.

11

Drexel Burnham Lambert had failed after its indictment. Kidder, Peabody was sold to PaineWebber. Salomon's highly leveraged balance sheet put the firm in even greater jeopardy.

12

Interview with Ron Olson.

13

Ibid.

14

Ibid.

15

interview with Frank Barron. Rudolph Giuliani, U.S. Attorney for the Southern District of New York, had pressed for Drexel Burnham Lambert to waive the privilege, but the firm did not.

16

Charlie Munger later acknowledged the morally fraught—at best, ambiguous—situation, saying he and Buffett had no choice but to assist in criminal investigation and prosecution of potentially innocent employees. "When the final Chapter is written, the behavior evinced by Salomon will be followed in other, similar cases," be said. "People will be smart enough to realize this is the response we want—super-prompt—even if it means cashiering some people who may not deserve it." Lawrie P. Cohen, "Buffett Shows Tough Side to Salomon and Gutfreund," *Wall Street Journal*, November 8, 1991.

17

Warren Buffett letter to Norman Pearlstine, November 18, 1991.

18

Buffett testified to this in "In the Matter of Arbitration Between John H. Gutfreund against Salomon Inc., and Salomon Brothers Inc.," Sessions 13 and 14, November 29, 1993.

19

"I didn't fire them on the spot," said Olson in an interview. "I was a little more subtle than that."

20

Interviews with Carolyn Smith, Warren Buffett. He added Smith to his collection of people, writing to the head of the hotel about her, corresponding with her, and putting her on his Christmas list.

21

Interviews with Gladys Kaiser and Bob Denham.

22

House Committee on Energy and Commerce—Telecommunications & Finance Subcommittee, September 4, 1991, regarding securities trading violations by Salomon Brothers and implications for government securities market reform legislation.

23

Maughan had to go back to Washington a few weeks later to testify by himself. "The sea did not part," he says, "and I got thoroughly wet."

24

"Our goal is going to be that stated many decades ago by J. P. Morgan, who wished to see his bank transact 'first-class business in a first-class way.'" Warren Buffett, "SALOMON INC—A report by the Chairman on the Company's Position and Outlook." (This wording was also used in a letter to Salomon Inc., shareholders as reprinted in the *Wall Street Journal*, November 1, 1991.)

25

Senate Subcommittee on Securities Committee on Banking, Housing, and Urban Affairs— Hearing on the Activities of Salomon Brothers Inc., in Treasury Bond Activities, Wednesday, September 11, 1991.

26

At the time, sixty-five lenders had stopped entering into repurchase agreements with Salomon, and the firm's commercial-paper balance was falling toward zero. One major counterparty, Security Pacific, was refusing to do daylight foreign-exchange trades without posting of collateral. Buffett says this was his absolute low point. The news media never picked up this story, which, if reported, could have kicked off a panic.

27

Interview with John Macfarlane. The cost of funds motivated traders to run off uneconomic trades. Ultimately the rate went to 400 basis points over Fed Funds rate. The short-term capital-intensive trades like the "carry-trade" (interest arbitrage) ran off.

28

Interview with John Macfarlane.

29

Senate Subcommittee on Securities Committee on Banking, Housing, and Urban Affairs— Hearing on the Activities of Salomon Brothers, Inc., in Treasury Bond Activities, Wednesday, September 11, 1991.

30

By then, many other people, including Denham and Munger, had found out about the Sternlight letter, but they say everybody thought somebody else bad told Buffett or that he somehow knew. Buffett and Munger were also incensed to learn that at the June audit committee meeting, with Feuerstein present, Arthur Andersen represented that no events had taken place that were required to be reported to the SEC or the New York Stock Exchange. While Wachtell, Lipton had indeed taken that position, this statement, with hindsight, was manifestly untrue.

31

Employees asked how much Buffett and Munger understood about the workings of Salomon before August 1991, while serving on the board, uniformly said "not much," or words to that effect, and that information was skillfully meted out to the board so that much of the firm's messiness never surfaced.

32

Lawrie P. Cohen, "Buffett Shows Tough Side to Salomon."

33

Interview with Gladys Kaiser.

34

Buffett cannot remember who did this—although it was neither Astrid, who retires early, nor someone from the office. He thinks it must have been some other local friend or neighbor.

35

Although securities underwriters sell service, price, and expertise, ultimately they are financial guarantors. Salomon's financial-strength ratings had been downgraded. With a criminal indictment and its primary dealership threatened, that the firm managed to retain any banking clients remains one of Wall Street's great survival stories. It did so by giving up lead positions and switching to co-lead, in effect taking on a supporting-cast-member role. Nevertheless, its market share fell from 8% to 2%.

36

Interview with Eric Rosenfeld.

37

Interview with Paula Orlowski Blair. Morse Shoe filed for bankruptcy in July 1991 just weeks after Berkshire agreed to buy H. H. Brown Shoes. Berkshire acquired Lowell Shoe, a subsidiary of Morse Shoe, at the end of 1992, and also bought Dexter Shoe in 1993.

38

Smith Barney, Shearson Lehman, and UBS Securities. The ensuing witch-hunt atmosphere also caused Morgan Stanley to put out a statement denying it was the subject of a government investigation.

39

The Treasury Department/Fed study also revealed that, over a period beginning in early 1986, Salomon had bought more than half the bonds issued in 30 out of 230 auctions (Louis Uchitelle, Stephen Labaton, "When the Regulators Stood Still," *New York Times*, September 22, 1991).

40

Warren Buffett testimony, "In the Matter of Arbitration Between John H. Gutfreund against Salomon Inc., and Salomon Brothers Inc." Session 13 & 14, November 29, 1993.

41

Contracts differ by employee, by company, and by state, and the indemnification provisions use broad wording that is subject to interpretation, but in general, corporate officers accept the legal risk that goes with their position on the condition that their employers pay legal fees unless they are convicted of fraud or other criminal wrongdoing or have engaged in willful misconduct. Salomon's action was highly unusual at the time and remains unusual. In 2005, KPMG's refusal to pay its partners' legal fees became the subject of lawsuits. In July 2007, a U.S. federal judge dismissed a case against thirteen KPMG employees for promoting aggressive tax shelters, because he determined that the government had strong-armed KPMG into denying them legal payments.

42

Transcript of Federal Open Market Committee meeting, October 1, 1991.

43

Interview with Gary Naftalis.

44

Interview with Otto Obermaier.

45

Ibid.

46

Interview with Gary Naftalis.

47

Interview with Otto Obermaier.

48

Letter to Salomon Inc., shareholders as reprinted in the *Wall Street Journal*, November 1, 1991.

49

Interview with Paula Orlowski Blair.

50

Ibid.

51

Salomon advertisement in the *Wall Street Journal*, November 1, 1991. All of Salomon's growth in earnings for several years had been given back to employees. Salomon performed in the bottom third of stocks in its market-cap class. The third-quarter-income statement would have been drenched with red ink had not the lower bonus pool reversed it. The previous "share the wealth" approach subsidized money-losers so that everyone was richly paid. Buffett's biggest change was to link bonuses to individual and division performance. For the five years ending December 31, 1991, Salomon Inc.'s stock ranked 437th in performance among S&P's top 500 stocks. (1991 Salomon Inc., 10K)

52

Interview with Deryck Maughan.

53

Interview with Jim Robinson.

54

For decades, as a partnership, it had—literally—been run for the employees. It was the inherent separation of capital and labor at a publicly owned investment bank that was the problem.

55

Otto Obermaier. He later wrote "Do the Right Thing: But if a Company Doesn't It Can Limit the Damage," *Barron's*, December 14, 1992.

56

The same was not true of the May two-year note squeeze, in which several small firms were bankrupted. Had it ever been proven that Mozer colluded with the hedge funds to corner the market or submitted false bids in that auction, Salomon's and the individuals' penalties doubtless would have been more severe; the whole story might have ended differently.

57

Interviews with Frank Barron and Bill McLucas. McLucas confirms the gist but can't recall the exact words.

58

Interview with Otto Obermaier.

59

Mozer served his four months after pleading guilty to lying to the Federal Reserve Bank of New York. The

SEC and prosecutors took no action against Feuerstein.

60

Gutfreund was also barred from heading a firm without SEC approval.

61

Interview with Paula Orlowski Blair.

62

In fact, Jerry Corrigan did not lift the full ban on Salomon until August 1992.

63

CNBC *Inside Opinion*, Ron Insana interview with Gutfreund, April 20, 1995.

64

Interview with John Gutfreund.

65

Interview with Charlie Munger.

66

The arbitrators were John J. Curran, Harry Aronsohn, and Matthew J. Tolan.

67

Interview with Frank Barton.

68

Those who have spent any significant amount of time with Munger will instantly recognize the sensation of talking to him when his head is turned off, while something occasionally pierces his band of indifference. "*It's hard to pierce Charlie's band of indifference*," says Buffett. "I can tell you that."

69

Charles T. Munger testimony, "In the Matter of Arbitration Between John H. Gutfreund against Salomon, Inc., and Salomon Brothers, Inc.," Sessions 33 & 34, December 22, 1993.

70

Interview with Sam Butler, Frank Baron.

71

Interview with Frank Barron.

Chapter 50

1

Michael Lewis, "The Temptation of St. Warren," *New Republic*, February 17, 1992.

2

Ron Suskind, "Legend Revisited: Warren Buffett's Aura as Folksy Sage Masks Tough, Polished Man," *Wall Street Journal*, November 8, 1991.

3

Patricia Matson letter to Peter Kann, Norman Pearlstine, Paul Steiger, James Stewart, and Lawrence Ingrassia of the *Journal*, November 18, 1991, and attached chronology of events, in which Tom Murphy recalls explaining to Suskind before publication that he was misquoting and misportraying the conversation; Bill Gates letter to Warren Buffett, November 13, 1991, which says, "The quote is wrong. I never suggested anything of the kind to the reporter." Gates said he called the *Journal* before publication to ensure the incorrect quote would not be published and was "shocked" to see the quote in the article. Memo from Patty Matson, official spokesperson of CapCities/ABC, to "Those possibly interested," November 19, 1991, cc: Buffett, Murphy, Gates, Tisch, which says Steiger of the *Journal* called and acknowledged a "puzzlement" in which someone might have been "gilding the lily."

4

Bill Gates letter to Warren Buffett, November 13, 1991.

5

Interviews with Warren Buffett, Bill Gates. The latter may have heard a version from someone else, which got exaggerated in the retelling. On the other hand, Buffett had to use the facilities somehow.

6

Interview with Bill Gates.

7

For four generations the Gateses named their sons William Henry Gates. Bill Jr.'s father, William Henry III, changed his name to Bill Jr. and his son, the new Bill III—who was actually Bill IV— became known as Trey. Bill Jr. then stepped up to become Bill Sr. as the oldest living William Henry Gates, and his son is now known variously as Trey, Bill III, Bill, and *The* Bill Gates.

8

Interview with Arthur K. Langlie.

9

Interview with Bill Gates.

10

Noyce died June 3, 1990.

11

Interview with Roxanne Brandt.

12

Interview with Bill Gates.

13

Interview with Bill Ruane.

14

Interview with Don Graham.

15

Gates was right; Kodak *was* toast. From January 1990 to December 2007, Kodak stock rose a measly 20%, barely more than 1% a year. The S&P over the same period rose 315%. Berkshire Hathaway rose 1, 627%. Microsoft rose 6, 853%.

16

Interview with Bill Gates.

17

Ibid.

18

Statistics courtesy of Berkshire Hathaway.

19

Interview with Louis Blumkin.

20

A Scott Fetzer product.

21

Based on various comments from Kelly Broz, Roberta Buffett Bialek, Peter Buffett, Doris Buffett, Susan Clampitt, Jeannie Lipsey, Stan Lipsey, Ron Parks, Marilyn Weisberg, and Racquel Newman.

22

Interviews with Kathleen Cole, Susie Buffett Jr.

23

Interview with Kathleen Cole.

24

Interviews with Susie Buffett Jr., Howie Buffett. This took place at McMillan Junior High.

25

Which works out to $21, 000 per year.

26

Interview with Howie Buffett.

27

Interview with Susie Buffett Jr.

28

Kurt Eichenwald, *The Informant*. New York: Broadway Books, 2000.

29

Interview with Susie Buffett Jr.

30

Interview with Bill Gates.

31

Interview with Sharon Osberg.

32

Each die bas an advantage over one other and a disadvantage to the third.

33

When Buffett pulled out the dice with the author, he kept insisting that she had to go first. She had no idea what the numbers meant. She figured that if Buffett wanted her to go first, there must be some disadvantage to going first. (Experience as an insurance analyst was helpful here.) She said that the dice must somehow work like rock, paper, scissors, and refused to play. Buffett counted this as "figuring out" the dice, but it wasn't really.

34

The first week the author started working on this book, she came downstairs to the hotel lobby to find the same package.

35

Interviews with Sharon Osberg and Astrid Buffett, who recalls "Sharon was just beside herself."

36

Interview with Sharon Osberg.

37

Interviews with Astrid Buffett, Dick and Mary Holland.

38

Interview with DodyWaugh-Booth.

39

Carol J. Loomis, "My 51 Years (and Counting) at *Fortune*" *Fortune*, September 19, 2005.

40

Depending on how rich they had gotten and how long ago they had been sunburned. Bill Scott, whom Buffett had made breathtakingly rich, had acquired a deep tan and had begun to resemble Buffett himself.

41

Carnegie built 2, 509 libraries (costing $56 million) and established other public works using over 90% of his $480 million steel-made wealth.

42

Ruane's first wife, Elizabeth, suffered from a mood disorder and committed suicide in 1988.

43

Bill Ruane and others recalled this speech.

44

Paul Ehrlich, *The Population Bomb*. NewYork: Ballantine Books, 1968; Thomas Malthus, *An Essay on the Principles of Population. The Population Bomb* was based on the work of the nineteenthcentury demographer and statistician Thomas Malthus, who said that humans procreate in a geometric rather than arithmetic progression; thus the earth's population would inevitably expand beyond the point at which its resources could support it. At some point, Malthus postulated, misery and vice (e.g., war, pandemic, famine, infant mortality, political unrest) would reduce the population to a sustainable level. Malthus's theory had enormous influence on many scientists, induding Charles Darwin. Because Malthus failed to take into account a number of factors for example, simplistically assuming that economic development stimulated population growth—his ideas were and continued to be ridiculed as predicted catastrophes failed to materialize within a decade or two after 1970. The basic concepts of Malthus and the idea of the Malthusian catastrophe are being taken more seriously in some quarters today, however.

45

Buffett, characteristically, uses both low and high numbers higher than the current population number (a margin of safety against looking like are alarmist) even though some experts argue that the "carrying capacity" has already been exceeded.

46

Organizations such as the International Humanist and Ethical Union and Planned Parenthood routinely took this position before 1974. See Paige Whaley Eager, *Global Population Policy: From Population Control to Reproductive Rights*. Burlington, Vt.: Ashgate Publishing Ltd., 2004.

47

This was the Belous case (*People v. Belous*, 71 Cal.2d 954, 458 P.2d 194, 80 Cal. Rptr. 354 [1969]), which declared laws against abortion unconstitutional in California. Munger helped write the opinion. Buffer says he has never seen Munger "so fired up," the most unconventional thing he has ever seen Munger do.

48

Buffett said Munger tempted him into running a church by offering him the job of sexton, until he found out the job description was not what he thought. "We held mock debates over who got to be the preacher."

49

Garrett Hardin, "The Tragedy of the Commons," *Science*, Vol. 162, No. 3859, December 13, 1968. Hardin's theory was essentially a restatement of the "prisoner's dilemma," which also addresses cooperation and "cheating" as covered in references on that subject. In the 1970s it was assumed that economic progress would accelerate population growth, that population growth would prevent economic growth. The earth's "carrying capacity" was assumed to be essentially fixed, rather than at least somewhat flexible through the use of technology and market forces, incorrect assumptions that caused such forecasts to peg the dates of critical population levels too early.

50

Garrett Hardin, "A Second Sermon on the Mount," from *Perspectives in Biology and Medicine*, 1963.

51

Nevertheless, some remnants of the eugenics movement remained alive, and by the millennial era, developments in genetic, genomic, and reproductive science had raised complicated questions about the idea.

52

The historic linkage between "population control," the eugenics movement, and racism is detailed by Allan Chase in *The Legacy of Malthus: The Social Costs of the New Scientific Racism* (New York: Alfred A. Knopf, 1977). While a full treatment of these issues is beyond the scope of this book, what seems clear, from his change in terminology, steering of the Buffett Foundation, and gradual distancing from the Hardin camp, was Buffett's disenchantment with the Malthusian views of Hardin because of their eugenics implications. (Hardin's personal stationery featured a small U.S. map around the words "Quality of the Population.")

53

In a highly controversial move, the Buffett Foundation had paid half the first-year costs to bring the RU-486 abortion pill to the United States.

54

From Eager's *Global Population Policy: From Population Control to Reproductive Rights*, which chronides the gradual rejection of neo-Malthusianism and coercive population control methods in favor of voluntary, evolutionary changes in birth rates through economic development, reproductive rights, and an emphasis on women's health.

55

In "Foundation Grows: Buffetts Fund Efforts for Population Control" (*Omaha World-Herald*, January 10, 1988), Bob Dorr quotes Susie as saying, "Warren likes numbers...he likes to see concrete results, and you can see them [numbers] change" to explain her husband's interest in groups such as Planned Parenthood and the Population Institute.

56

A similar term, "Ovarian Roulette," was apparently first used by Dr. Reginald Lourie of Children's Hospital, Washington, D.C., at a hearing of the Committee on Government Operations, United States, "Effect of Population Growth on Natural Resources and the Environment," September 15-16, 1969, in a discussion with Garrett Hardin, to describe a mother who takes the risk of an unwanted pregnancy by not using birth control (and the term has since been used by Responsible Wealth). However, it is the second word— "lottery" versus "roulette" —that changes a bad choice to bad luck: from a child who is born unwanted to a woman who trusts to random chance, to a child who is born in cruel circumstances because of random chance.

57

"I Didn't Do It Alone," a report by Chuck Collins's organization, Responsible Wealth.

58

See John Rawls, *A Theory of Justice*, Cambridge: The Belknap Press of Harvard University Press, 1971. The Ovarian Lottery resembles Rawls's view, which is a form of determinism—and assumes that much, though not necessarily all, of what happens to people is *determined* by the present and past, for example, through their genes, or the luck of where they are born and when. The opposite of determinism is free will. From the days of the earliest philosophers, mankind has been debating whether free will exists. Philosophers also debate whether it exists on a scale or is irreconcilable with determinism. Critic Robert Nozick, in *Anarchy, State, and Utopia*, gives the case for irreconcilability in a critique of Rawls that more or less says that economist Adam Smith's invisible hand gives people what they have earned and deserved (*Anarchy, State and Utopia*. New York: Basic Books, 1974). All true libertarians believe in free will and deny absolutely that determinism exists. Since economic policy is so influenced by these ideas, the topic is worth understanding; for example, it sheds light on the debate over how Alan Greenspan's libertarian leanings influenced Federal Reserve policy that led to recent debt-fueled asset bubbles. Likewise, the debate over eugenics in genomism and reprogenetics resounds with issues of determinism and free will.

59

Interview with Bill Gates.

60

In 2005 Oxnam published *A Fractured Mind*, his memoir of living with multiple personality disorder (New York: Hyperion).

61

Interview with Bill Gates.

Chapter 51

1

Anthony Bianco, "The Warren Buffett You Don't Know," *BusinessWeek*, July 5, 1999.

2

Interview with Tony Nicely.

3

This was a 40% premium to where GEICO was trading.

4

In 1993, 707 new issues raised $41.4 billion. In 1994, 608 IPOs raised $28.5 billion, the second-most-productive year in the past quarter century. The third-best year for IPOs had been 1992, when 517 issues raised $24.1 billion. (Securities Data Co. of Newark, N.J.)

5

Molly Baker, Joan Rigdon, "Netscape's IPO Gets an Explosive Welcome," *Wall Street Journal*, August 9, 1995.

6

Interview with Sharon Osberg.

7

The Buffetts made other philanthropic gifts using Susie's stock, as well as funding the Buffett Foundation.

8

Carol Loomis, "The Inside Story of Warren Buffett," *Fortune*, April 11, 1988.

9

Berkshire Hathaway press release, February 13, 1996.

10

Interviews with Dana Neuman, Mark Millard.

11

The employees' pay could not really be fully aligned with shareholders. Unlike at the *Buffalo News*, for example, the employees' base pay at a bank is too low to compensate for the labor value of their time that is owed by the shareholders. In effect, much of the bonus is really salary. The reason that a plan that requires employees to work almost for free in a bad year to compensate for "excessive" bonuses in other years cannot succeed is that it transfers some of the risk assumed by capital onto the backs of labor. The bonus structure of Wall Street—without the glue of partnership—is inherently problematic.

12

To be considered an arbitrage, two trades must take place simultaneously to eliminate market risk. Buying a stock and selling it later is not an arbitrage. Buying cocoa beans in Ecuador and selling them in San Diego is not an arbitrage.

13

Interview with Deryck Maughan.

14

Roger Lowenstein, *When Genius Failed: The Rise and Fall of Long-Term Capital Management*. New York: Random House, 2000.

15

In July 1998, Weill shut down Salomon's bond arbitrage unit. One could argue that it was Travelers' subsequent merger with Citicorp—which provided cheap capital—that made the firm a serious competitor in those businesses. Looked at another way, Travelers paid a high price to enter a business with high barriers to entry, and subsequently exploited its capital and scale advantage. Citigroup dropped the Salomon name in 2001.

16

Carol Loomis, "A House Built on Sand," *Fortune*, October 26, 1998.

17

Interview with Charlie Munger.

18

Lowenstein, in *When Genius Failed*, estimated that these returns were achieved through leverage; Long-Term's cash-on-cash return was only about 1%. This low return, multiplied fifty to a hundred times through borrowing, appeared extraordinarily profitable.

19

In *When Genius Failed*, Lowenstein drew this conclusion after extensive interviews with Meriwether's former team.

20

Roger Lowenstein, *When Genius Failed*. Shorting it as a collection of stocks would not work because of a basis mismatch between Berkshire and the offsetting hedgeable positions. Berkshire was a collection of wholly owned businesses fueled by an insurance company that also owned some stocks, not a quasi-mutual fund.

21

Roger Lowenstein, *When Genius Failed*.

22

Stock or merger arbitrage is a bet on whether a merger will close. Merger-arb specialists talk to lawyers and investment bankers and specialize in scuttlebutt. Their bets are based partly on knowledge about a deal, not just statistics about how typical deals have done.

23

Interview with Eric Rosenfeld; Lowenstein, *When Genius Failed*.

24

Michael Siconolfi, Anita Raghavan, and Mitchell Pacelle, "All Bets Are Off: How Salesmanship and Brainpower Failed at Long-Term Capital," *Wall Street Journal*, November 16, 1998.

25

Interview with Eric Rosenfeld.

26

The Standard & Poor's index was down 19% since July and the NASDAQ down by more than 25%.

27

John Meriwether letter to investors, September 2, 1998.

28

Warren Buffett letter to Ron Ferguson, September 2, 1998.

29

Hence, don't try to make it back the way you lost it.

30

Interview with Joe Brandon.

31

Craig Torres and Katherine Burton, "Fed Battled 'Financial Maelstrom,' 1998 Records Show," *Bloomberg News*, April 22, 2004.

32

Roger Lowenstein, in *When Genius Failed*, includes, as do other accounts, an interesting sidebar about the role of Goldman Sachs, which, as capital-raiser for the firm, also sent in a mysterious "trader" who spent days downloading Long-Term's positions into a laptop and making mysterious cell-phone calls. Afterward, Long-Term's partners bitterly blamed their demise on predatory behavior by competitors.

33

According to one partner, the lawyer was dubious about the rushed process, saying maybe there was some trickery involved, and wanting to slow things down and take more time to look over the details.

34

Roger Lowenstein, *When Genius Failed.*

35

Michael Lewis, "How the Eggheads Cracked," *New York Times Magazine*, January 24, 1999.

36

Interview with Fred Gitelman, Sharon Osberg.

37

After three 0.25% interest-rate cuts—September 29, October 15, and October 17—the market leapt 24% from its low on August 31 of 7,539 to an all-time high of 9,374 on October 23.

38

Michael Lewis, "How the Eggheads Cracked."

39

Roger Lowenstein, *When Genius Failed.*

40

Interview with Eric Rosenfeld.

41

The Federal Reserve's instant and dramatic cut of interest rates gave rise to a concept called the "Greenspan Put," the idea that the Federal Reserve would swamp the market with liquidity to bail out investors in a crisis. The Greenspan Put theoretically encourages people to worry less about risk. Greenspan denied there was a Greenspan Put. "It takes a good deal longer for the cycle to expand than for it to contract," he said. "Therefore we are innocent." (Reuters, October 1,2007, quoting Greenspan speaking in London.)

Chapter 52

1

Kurt Eichenwald, *The Informant*. New York: Broadway, 2000. Unbeknownst to Howie, Andreas reportedly made an illegal donation in response to at least one request that Howie had passed along, shrugging off the fine as the cost of doing business.

2

Interview with Howie Buffett.

3

Ibid.; Scott Kilman, Thomas M. Burton, and Richard Gibson, "Seeds of Doubt: An Executive Becomes Informant for the FBI, Stunning Giant ADM—Price Fixing in Agribusiness Is Focus of Major Probe; Other Firms Subpoenaed—A Microphone in the Briefcase," *Wall Street Journal*, July 11, 1995; Sharon Walsh, "Tapes Aid U.S. in Archer Daniels Midland Probe; Recordings Made by Executive Acting as FBI Informant Lead to Seizure of Company Files," *Washington Post*, July 11, 1995; Ronald Henkoff and Richard Behar, "Andreas's Mole Problem Is Becoming a Mountain," *Fortune*, August 21, 1995; Mark Whitacre, "My Life as a Corporate Mole for the FBI," *Fortune*, September 4, 1995.

4

Interview with Kathleen Cole.

5

Astrid was going to be well taken care of by Warren, too, although, as he says about the apparent willingness of his fans to buy any article belonging to him—his wallet, his car; "*She's got one of my wisdom teeth. It's the ugliest thing you've ever seen. That's her ace in the hole.*"

6

Interview with Bill Gates.

7

Every board member interviewed reached some variation of this conclusion, no matter where they stood on later events.

8

Mark Pendergast, *For God, Country, and Coca-Cola*. New York: Charles Scribner's Sons, 1993.

9

Speaking at the 1998 Berkshire Hathaway shareholder meeting.

10

At the time, NetJets marketed itself both as NetJets and by its legal name, Executive Jet, Inc. It was renamed NetJets in 2002.

11

Interviews with sources; Anthony Bianco, "The Warren Buffett You Don't Know," *BusinessWeek*, July 5,

1999.

12

The business requires a"core fleet" of redundant aircraft, so expensive that running a fractional jet company is by definition unprofitable unless done on a huge scale (or used as a loss-leader by an aircraft manufacturer or other company with a tie-in product).

13

It cost Berkshire over nine times what it paid for the remaining half of GEICO almost three years earlier. The GEICO purchase doubled Berkshire's existing float (to $7.6 billion), while Get Re tripled that (to $22.7 billion).

14

Interview with Tad Montross.

15

BRK paid approximately three times book value, a premium to prevailing prices at the time. The reinsurance business became more competitive after this acquisition, and multiples have since declined.

16

Berkshire Hathaway 1997 annual shareholders' meeting, May 5, 1997.

17

Shawn Tully, "Stock May Be Surging Toward an Earnings Chasm," *Fortune*, February 1, 1999.

18

At the companies' June 19, 1998, press conference, as quoted in "Is There a Bear on Mr. Buffett's Farm?" *New York Times*, August 9, 1998.

19

Buffett's comments in Anthony Bianco's July 5, 1999, *BusinessWeek* cover story, "The Warren Buffett You Don't Know", "'Charlie and I don't talk a lot anymore,' acknowledges Buffett, who says he did not even bother to consult his vice-chairman before making the epochal Gen Re acquisition."

20

BRK dropped 4.2% on news of the deal. Over a month later, it was down 15% versus a flat market. Setting an exchange ratio implicitly required a view on equities and interest rates, as well as the underlying businesses' prospects. What investors could not know was the relative weighting of these factors.

21

James P. Miller, in "Buffett Again Declines to Flinch at Market's High-Wire Act," *Wall Street Journal*, May 5, 1998, got it. He attended the shareholder meeting at which Buffett reiterated his views and commented that maintaining return on equity was a particularly vexing issue. On the other hand, Justin Martin and Amy Kover, in "How Scary is this Market, Really?" (*Fortune*, April 27, 1998), wrote that "no less an authority than Warren Buffett" had endorsed the market bulls through his "not overvalued" statement.

22

On August 22, 1997, Wells Fargo stock nosedived after Berkshire Hathaway reclassified it from the publicly filed form 13-F to the confidential disclosure to the SEC, creating the appearance that Buffett had sold his position in Wells Fargo. The SEC announced that it would consider tightening the confidentiality rules. In June 1998, the SEC announced it was tightening its "13F" rule that had allowed Buffett to file confidentially for a year while building large stock positions. Although the SEC did not absolutely rule out confidential filings, Buffett heard the footsteps. Berkshire Hathaway fought an aggressive battle with the SEC over this issue as its confidential filings were denied, and lost. In 1999, Berkshire filed confidentiality requests each quarter along with its regular 13-F forms containing positions that were not confidential. The SEC made a single announcement relating to these three filings that certain of the positions they contained must be publicly disclosed. Buffett's right to make a profit presumably was not part of the SEC's deliberations. The SEC's interest is to protect investors. While the SEC staff had long held that it is desirable to prevent extraordinary fluctuations in stock prices unrelated to fundamental factors so that investors do not profit or suffer as a result, investors' right to know the identity of a company's largest shareholders outweighed that.

23

Interview with Herbert Allen.

24

Nikhil Deogun, James R. Hagerty, Steve Secldow, and Laura Johannes, "Coke Stains, Anatomy of a Recall: How Coke's Controls Fizzled Out in Europe," *Wall Street Journal*, June 29, 1999.

25

Interview with Herbert Allen.

26

Ibid.

27

Through Project Infinity, partly cloaked in Y2K spending, Coca-Cola turned the soft-drink business into a technology-fed numbers game. In 1999, the company hired 150 experts for worldwide implementation of SAP's programs. SAP, an acronym for Systems, Applications, and Products in Data Processing, provided business software solutions for process redesign in supply-chain management, customer-relationship management, and resource planning.

28

Ivester did not respond to repeated requests for interviews.

29

Betsy Morris and Patricia Sellers, "What Really Happened at Coke," *Fortune*, January 10, 2000.

30

Interview with Sharon Osberg.

31

Betsy Morris, "Doug is It," *Fortune*, May 25, 1998, and Patricia Sellers, "Crunch Time for Coke," *Fortune*, July 19, 1999.

32

This is Herbert Allen's version of the conversation. Buffett doesn't recall the exact details.

33

"They never sat down, never even removed their overcoats. In tones frostier than the air outside, they told him they had lost confdence in him." Constance L. Hays, *The Real Thing: Truth and Power at the Coca-Cola*

Company. New York: Random House，2004. Buffett and Allen dispute this version and say they sat down and removed their coats. But，they say，it was indeed a very short meeting，with no chitchat.

34

Had the board supported him，it would have left Nester a weakened CEO. He would also have been gambling that Allen and Buffett would not resign from the board，an instantly fatal blow. Allen and Buffett were also gambling that if Ivester threw himself on the board's mercy and survived，it would not be for long.

35

Interview with James Robinson，former CEO of American Express and Coca-Cola board member.

36

KO stock dropped 14% in two days.

37

Betsy Morris and Patricia Sellers，"What Really Happened at Coke."

38

Martin Sosnoff，"Buffett: What Went Wrong?" *Forbes*，December 31，1999.

39

Andrew Barry，"What's Wrong，Warren?" *Barron's*，December 27，1999.

40

Andy Serwer，"The Oracle of Everything，" *Fortune*，November 11，2002.

41

Interview with Kathleen Cole.

42

Interview with Susie Buffett Jr.

43

Interview with Peter Buffett.

44

Interview with Howie Buffett.

45

Interviews with Howie Buffett，Peter Buffett，Susie Buffett Jr.

Chapter 54

1

Joe Lauria，"Buffett Bombs as High-Tech Funds Boom，" *Sunday Times* (London)，January 2，2000.

2

The expected profit on the deal was 90%; i.e.，the premium covered odds that the lottery would hit 1 out of 10 times whereas in fact it was expected to hit less than 1 out of 100 times.

3

Every 10% change in KO was equivalent to 2.5% of BRK (a percentage that is representative over time)，but the stocks often traded almost in tandem—especially when there was bad news at Coca-Cola—as if BRK and

KO were one and the same.

4

Beth Kwon, "Buffett Health Scrape Illustrates Power—or Myth—of Message Boards," TheStreet.com, February 11, 2000. The story made the *Financial Times* say, "Warren Buffett may not be sick, but his share price is," in the "Lex" column, February 12, 2000. *Financial Times* described the rap on Buffett not buying tech stocks as a "serious charge."

5

Berkshire Hathaway press release; also see "Berkshire Hathaway Denies Buffett Is Seriously Ill;" *New York Times*, February 11, 2000. The way that Buffett uses probabilities to describe things is one of his intriguing qualities; what if he had said that the rumors were 90% false?

6

Ed Anderson, "Thesis vs. Antithesis: Hegel, Bagels, and Market Theories," *Computer Reseller News*, March 13, 2000.

7

Warren Buffett and Charlie Munger, "We Don't Get Paid for *Activity*, Just for Being *Right*. As to How *Long* We'll Wait, We'll Wait *Indefinitel*," *Outstanding Investor Digest*, Vol. XIII, Nos. 3 & 4, September 24, 1998, and "We Should All Have Lower Expectations—In Fact, Make That Dramatically Lower...," *Outstanding Investor Digest*, Vol. XIV, Nos. 2 & 3, December 10, 1999.

8

"Focus: Warren Buffett," *Guardian*, March 15, 2000 (emphasis added).

9

Some commentators understood that the bubble was bursting but since the averages continued to move higher, the general perception was slower to change. Federal Reserve Chairman Alan Greenspan's comments were seized on as reason for concern or relief, depending on the listener's perspective. See Matt Kranz and James Kim, "Bear Stages Sneak Attack on Net Stocks," *USA Today*, February 16, 2000; Greg Ip, "Stalking a Bear Market," *Wall Street Journal*, February 28, 2000; "Technology Stocks Continue to Dominate," *USA Today*, March 2, 2000.

10

E.S. Browning and Aaron Lucchetti, "The New Chips: Conservative Investors Finally Are Saying: Maybe Tech Isn't a Fad," *Wall Street Journal*, March 10, 2000. The *Journal* cited another investor as saying, "It's like when the railroads started up and were changing the whole face of the nation." Yes, it was much like that. Speculation in railroad stocks led directly to the financial panics of 1869, 1873, and 1901. The Erie railroad and Northern Pacific stock corners were only two episodes in the long history of colorful financial chicanery surrounding railroad stocks.

11

Gretchen Morgenson, "If You Think Last Week Was Wild," *New York Times*, March 19, 2000. Another sign that the game was up: On March 20, *Fortune* ran a cover story by Jeremy Garcia and Feliciano Kahn, "Presto Chango: Sales Are HUGE!" accusing many dotcoms of using accounting legerdemain to inflate sales—counting marketing expenses as sales, treating barter revenues as sales, and booking revenues before contracts were signed.

12

Interview with Sue James Stewart.

13

Buffett, who usually dealt with uncomfortable issues by joking about them, ended the 1999 Berkshire annual report (written winter 2000) by saying that he loved running Berkshire, and "*if enjoying life promotes longevity, Methuselah's record is in jeopardy*."

14

This is sort of an inside joke at Berkshire Hathaway.

15

David Henry, "Buffett Still Wary of Tech Stocks—Berkshire Hathaway Chief Happy to Skip 'Manias,'" *USA Today*, May 1, 2000.

16

Buffett owned 14 million barrels of oil at the end of 1997, bought 111 million ounces of silver, and owned $4.6 billion of zero-coupon bonds as well as U.S. Treasuries. The silver represented 20% of the world's annual mine output and 30% of the above-ground vault inventory (Andrew Kilpatrick, Of *Permanent Value: The Story of Warren Buffett: More in '04, California Edition.* Alabama: AKPE, 2004), purchased on terms to avoid disrupting world supply.

17

Interview with Sharon Osberg. The silver was at JP Morgan in London.

18

Buffett measures his performance not by the company's stock price, which he didn't control, but by increase in net worth per share, which he did. There is a link between these two measures over long periods of time. In 1999, book value per share had grown only 1/2 of 1%. But for the acquisition of General Re, book value per share would have shrunk. Meanwhile, the stock market as a whole was up 21%. Buffett called it a fluke that book value had increased at all, pointing out that in some years it will inevitably decrease. Yet only 4 times in 35 years under Buffett, and not once since 1980, had Berkshire done worse than the market by this measure.

19

James P. MiHer, "Buffett Scoffs at Tech Sector's High Valuation," *Wall Street Journal*, May 1, 2000.

20

David Henry, "Buffett Still Wary of Tech Stocks."

21

The Knight-Bagehot Fellows.

22

Interviews with Joseph Brandon, Tad Montross.

23

Interviews with Bill Gates, Sharon Osberg.

24

Amy Kover, "Warren Buffett: Revivalist," *Fortune*, May 29, 2000.

25

Interview with Bill Gates.

26

Berkshire Hathaway press release， June 21， 2000.

Chapter 55

1

Philip J. Kaplan， *F'd Companies: Spectacular Dot-com Flameouts*. New York: Simon & Schuster， 2002.

2

Purchase price not disclosed for these two acquisitions—but both were paid half in cash， half in BRK stock.

3

For $570 million.

4

For $2 billion; it became Berkshire's largest business outside the insurance operations (2000 BRK annual report).

5

For $1 billion.

6

For $1.8 billion cash and $300 million in assumed debt.

7

For $378 million.

8

At the end of 2000， Berkshire had spent more than $8 billion buying companies and still had $5.2 billion in cash and cash equivalents， along with $33 billion in fixed maturity securities and $38 billion in stocks.

9

Berkshire Hathaway letter to shareholders， 2000.

10

Kilts joined Gillette after successfully turning around Nabisco， as only the second outsider in 100 years to run the company.

11

Interview with Susie Buffett Jr.

12

Interviews with Barry Diller， Don Graham， Susie Buffett Jr.

13

"Disney Scrambling to Play Spoiler Role，" *New York Post*， July 14， 2001.

14

Marcia Vickers， Geoffrey Smith， Peter Coy， Mara Der Hovanseian， "When Wealth Is Blown Away，"

BusinessWeek, March 26, 2001; Allan Sloan, "The Downside of Momentum," Newsweek, March 19, 2001.

15

As of June 2001. From the *Industry Standard's* Layoff Tracker, along with the Dot-Com Flop Tracker and the Ex-Exec Tracker.

16

Buffett was not the only one concerned about the implication of this relationship. John Bogle, retired chairman of Vanguard, wrote of it in April 2001. However, he concluded that "some version of reality" had returned to the stock market. What made Buffett's speech noteworthy was not use of this particular metric but rather his pessimistic projection of what it meant.

17

One of Buffett's main points was that companies—many of which had been taking gains from surpluses out of their pension plans—were irresponsibly using unrealistic rates of return assumptions and would have to adjust these to reality, which would show the plans to be less well funded or even underfunded.

18

Herbert Stein was an American Enterprise Institute fellow and former chairman of the Council of Economic Advisors under Richard Nixon, a member of the board of contributors of the *Wall Street Journal*, and an economics professor at University of Virginia. He is known for the quote "If something cannot go on forever, it will stop," and was father to financial writer and actor Ben Stein.

19

As quoted in "Buffett Warns Sun Valley Against Internet Stocks," *Bloomberg*, July l3, 2001.

20

Vicente Fox worked for Coca-Cola for fifteen years, starting as a route supervisor in 1964, then being promoted ten years later to president of its Mexican, and ultimately its Latin American, operations.

21

Interview with Midge Patzer.

22

Interview with Don Graham.

23

Dr. Griffith R. Harsh, IV, Director, Surgical Neuro-Oncology Program at Stanford University Medical School.

24

Interview with Kathleen Cole.

25

Interviews with Bill Gates, Peter Buffett, Howie Buffett.

26

Interview with Susie Buffett Jr.

27

Interviews with Susie Buffett Jr., Don Graham.

28

Karlyn Barker, "Capacity Crowd Expected at Funeral; Schlesinger, Bradlee, Kissinger, Relatives Among Eulogists," *Washington Post*, July 22, 2001.

29

Paul Farhi, "Close Enough to See: TV Coverage Captures Small, Telling Moments," *Washington Post*, July 24, 2001; Steve Twomey, "A Celebrated Life: Thousands Honor Katharine Graham at the Cathedral," *Washington Post*, July 24, 2001; Mary Leonard, "Thousands Pay Tribute to *Washington Post's* Katharine Graham," *Boston Globe*, July 24, 2001.

30

Karlyn Barker, "Capacity Crowd Expected at Funeral; Schlesinger, Bradlee, Kissinger, Relatives Among Eulogists."

31

Libby Copeland, "Kay Graham's Last Party: At Her Georgetown Home, A Diverse Group Gathers," *Washington Post*, July 24, 2001.

32

The family sold the house shortly after Graham's death.

Chapter 56

1

Interview with Herbert Allen.

2

"The Hut-Sut Song" by Horace Heidt. Words and music by Leo V. Killion, Ted McMichael, and Jack Owens.

3

The event benefited the Boys & Girls Clubs of Omaha, Omaha Children's Museum, Girls Inc., and the Omaha Theater Company for Young People. Over ten years it raised approximately $10 million.

4

Hamlisch was the first person to win three Academy Awards at once, in all three music categories, for the song "The Way We Were" (with co-writers Alan Bergman and Marilyn Bergman), the score to the movie *The Way We Were* (1973), and the adaptation of Scott Joplin's ragtime music for *The Sting* (1973).

5

Interview with Devon Spurgeon.

6

Buffett does not recall the specifics of this call but thinks it probably occurred. The source is Joe Brandon at General Re.

7

Grace Shim, "Warren Buffett, Others Speak About Terrorism at Omaha, Neb., Event," *Omaha World-Herald*, September 12, 2001.

8

Buffett recalled this, and said, "*I think somebody even may have bought a car just because they ran out of rental cars.*"

9

According to "Killtown's: Where Was Warren Buffett on 9/11？ " (www. killtown.911review. org/ buffett. html), referencing rushlimbaugh.com from July 5, 2005.

10

Interview with Bob Nardelli.

11

Interview with Tony Pesavento.

12

Buffett told the author this in 2001, shortly after the terrorist attack.

13

The term "unforeseeable" as an explanation for large losses was virtually universal after 9/11 in the insurance industry.

14

Grace Shim, "Warren Buffett, Others Speak About Terrorism at Omaha, Neb., Event."

15

Interview with Susie Buffett Jr.

16

This initial estimate was revised to $2.4 billion in the December 31 annual report.

17

Charles R. Morris, *The Trillion Dollar Meltdown.* New York: Public Affairs, 2008.

18

Leading to reforms such as not allowing analysts to be compensated based on investment-banking work, and setting up "firewalls" between analysts and investment bankers.

19

For $835 million.

20

For just under $1 billion. Kern moved 850 million cubic feet of gas a day from the Rocky Mountains to Las Vegas and California.

21

This pipeline moved 4.3 billion cubic feet of gas per day. Berkshire bought it for $928 million, after Dynegy had gotten it for $1.5 billion when Enron went bankrupt and NNG was being held as collateral (both had assumed $950 million of NNG's debt). After MidAmerican's two pipeline deals in 2002, it transported 8% of the gas in the U.S.

22

Berkshire joined with Lehman and Citigroup to lend $2 billion to Williams at a 20% interest rate.

23

Pre-9/11, Munich Re and AXA struck a derivatives deal valued at $50 million with Berkshire Hathaway Group to reinsure against an earthquake canceling 2002's FIFA World Cup in South Korea and Japan. BRK would pay regardless of the actual cost of the loss, if the tournament was postponed or canceled because of an earthquake of a certain magnitude. Separately, after 9/11, AXA pulled out of insuring the tournament, and on October 30 National Indemnity stepped in to insure it, allowing the World Cup to proceed.

24

Berkshire Hathaway letter to shareholders, 2007.

25

Interview with Frank Rooney.

26

Gifts of more than $12, 000 are subject to this tax.

27

Source: IRS, Statistics of Income Division, March 2007; Joint Committee on Taxation, *Description and Analysis of Present Law and Proposals Relating to Federal Estate and Girl Taxation*, Public Hearing Before the Subcommittee on Taxation and IRS Oversight of the Senate Committee on Finance, March 15, 2001.

28

In 2007, over 8% of the federal budget, or $244 billion, was interest on federal debt. That is almost exactly ten times the amount collected through the estate tax.

29

"I Didn't Do It Alone," a report by Responsible Wealth, describes the role of public investment, family, colleagues, luck, and grace in creating wealth. Organizations like United for a Fair Economy publish research on tax fairness, as do organizations such as the libertarian Cato Institute.

30

"Defending the Estate Tax," *New York Times*, February 16, 2001. In this article, Mr. Bush's own director of Faith-Based and Community Initiatives, John DiIulio, told the *Times* that charitable contributions would likely decrease if the estate tax were repealed. "I don't want to be the skunk at the picnic," he said. "But no, I don't think the estate tax should be eliminated—modified, maybe, but not eliminated."

31

See, for example, Melik Kaylan, "In Warren Buffett's America..." *Wall Street Journal*, March 6, 2001; John Conlin, "Only Individual Freedom Can Transform the World," *Wall Street Journal*, July 26, 2001; Steve Hornig, "The Super-Wealthy Typically Do Not Pay Estate Taxes," *Financial Times*, June 15, 2006; Holman W. lenkins Jr., "Let's Have More Heirs and Heiresses," *Wall Street Journal*, February 21, 2001.

32

Warren Buffett letter to Senator Ken Salazar, June 8, 2001.

33

William S. Broeksmit, "Begging to Differ with the Billionaire," *Washington Post*, May 24, 2003.

34

Daft had options to buy 650,000 shares, initially estimated as worth $38.1 million to $112.3 million in 2015, depending on how much the stock appreciated. He also got $87.3 million in restricted stock awards, totaling 1.5 million shares. Henry Unger, "If Coca-Cola Chief Daft Fizzles, He'll Lose Millions," *Atlanta Journal-Constitution*, March 3, 2001.

35

The CEO-worker pay gap of 411-to-1 in 2001 was nearly ten times as high as the 1982 ratio of 42-to-1. "If the average annual pay for production workers had grown at the same rate since 1990 as it has for CEOs, their 2001 average annual earnings would have been $101, 156 instead of $25,467. If the minimum wage, which stood at $3.80 an hour in 1990, had grown at the same rate as CEO pay, it would have been $21.41 an hour in 2001, rather than the current $5.15 an hour." Scott Klinger, Chris Hartman, Sarah Anderson, and John Cavanagh, "Executive Excess 2002, CEOs Cook the Books, Skewer the Rest of Us, Ninth Annual CEO Compensation Survey." Institute for Policy Studies, United for a Fair Economy, August 26, 2002.

36

Geoffrey Colvin, "The Great CEO Pay Heist," *Fortune*, June 25, 2001. A 2001 option grant later became the subject of controversy in the 2007 stock-option backdating scandal.

37

Warren Buffett, "Stock Options and Common Sense," *Washington Post*, April 9, 2002.

38

Two other companies, Winn-Dixie and Boeing, had earlier started treating stock options as an expense. But they had nothing like Coca-Cola's clout.

39

Warren Buffett, "Who Really Cooks the Books?" *New York Times*, July 24, 2002.

40

Warren Buffett, Securities and Exchange Commission's Roundtable on Financial Disclosure and Auditor Oversight, New York, March 4, 2002.

41

Berkshire Hathaway letter to shareholders, 2002.

42

David Perry, "Buffett Rests Easy With Latest Investment," *Furniture Today* May 6, 2002.

43

He didn't really want her to come back either, although he looked tempted a few times.

Chapter 57

1

This portrait of Susie in the late 1990s and early millennial era is based on comments from more than two dozen sources who knew her well but cannot be identifed by name.

2

Interview with Susan Thompson Buffett.

3

Interview with Howie Buffett.

4

Interest rates, which had been falling since 9/11, hit a low of 1% in June 2003 and remained there until June 2004.

5

This is a shorthand description for investors' limited risk aversion during this period.

6

In "Mortgage Market Needs $1 Trillion, FBR Estimates," Alistair Bart (*MarketWatch*, March 7, 2008) recaps a Friedman, Billings Ramsey research report that estimates that of the total $11 trillion U.S. mortgage market, only $587 billion was backed with equity—meaning that the average U.S. home had scarcely more than 5% equity. Before long, half of all CDOs would be backed by subprime mortgages (David Evans, "Subprime Infects $300 Billion of Money Market Funds," Bloomberg, August 20, 2007).

7

In *The Trillion Dollar Meltdown* (New York: Public Affairs, 2008), Charles Morris explains that because the typical credit hedge fund was leveraged 5:1, the 5% equity was reduced to 1%—a 100:1 leverage ratio, or $1 of capital supporting $100 of debt.

8

He used derivatives himself, but as a borrower, not a lender. Therefore, if things went wrong, he did not have to collect from anyone else.

9

Part of Berkshire Re's reported profits since 2002 are derived from General Re.

10

Alan Greenspan gave a speech on May 8 at the 2003 Conference on Bank Structure and Competition where he voiced his opinion on derivatives. Ari Weinberg, "The Great Derivatives Smackdown," *Forbes*, May 9, 2003.

11

For example, he was called "The Alarmist of Omaha" by Rana Foroohar in *Newsweek* on May 12, 2003.

12

Buffett lent $215 million to Oakwood in debtor-in-possession financing. Through Berkadia (see note 13), he bid $960 million for Conseco Finance. Berkadia representatives left before the auction was over, and were outbid by a consortium that offered $1.01 billion. Berkadia objected to these proceedings and raised its offer to $1.15 billion after it was over, but this effort was rejected by the bankruptcy court judge.The credit bubble for manufactured housing and subprime lenders like Conseco deflated by 2004, more than a year before the broader housing bubble peaked.

13

This deal resembled in some ways another deal he had done two years earlier, partnering with Leucadia National to form Berkadia LLC, which provided a $6 billion secured five-year loan to the bankrupt FINOVA so it could pay down its debt.

14

In *First* a Dream, Jim Clayton recounts that Michael Daniels, an intern who had "tolerated" him through the six-month final edit of the book, got him to autograph a copy to give to Buffett. When he graduated and went to work for UBS, Daniels handed the book over to the next intern, Richard Wright, for delivery. "The Ballad of Clayton Homes" (*Fast Company*, January 2004) claims that the Claytons used Wright to send a message to Buffett.

15

In his memoir, Jim Clayton says people find it hard to believe that he did not return Buffett's call himself. He says it never occurred to him to do so, and he and Buffett have never called each other about business. During the months that the deal was in negotiation and litigation, the author observed that Buffett dealt only with Kevin Clayton.

16

Interview with Kevin Clayton.

17

Jim Clayton, Bill Retherford, First a Dream. (Tennessee: FSB Press, 2002). The 2004 revised edition gives an account of Berkshire Hathaway's fight for Clayton Homes.

18

Buffett had spent only $50 million in April to purchase PetroChina stock, but that brought Berkshire's ownership to $488 million and over the limit that required disclosure to the Hong Kong Stock Exchange.

19

Buffett said he would buy foreign stocks under the right circumstances; e.g., in the United Kingdom or a newspaper in Hong Kong. However, he did not spend time seriously studying foreign stocks until opportunities in the U.S. began to thin.

20

Warren Buffett, "Why I'm Down on the Dollar," *Fortune*, November 10, 2003.

21

From unpublished coverage of the 2003 Berkshire Hathaway annual meeting, courtesy of Outstanding Investor Digest.

22

A major advantage of the deal was Berkshire's access to and low cost of funds. With its AAA credit rating, it could borrow at a far lower rate than any other manufactured-home maker and thus not only survive credit droughts but make money under conditions where Clayton's competitors could not survive.

23

Speaking at the New York Public Library, June 25, 2006.

24

Andrew Ross Sorkin, "Buffett May Face a Competing Bid for Clayton Homes," *New York Times*, July 11, 2003.

25

"Suit Over Sale of Clayton Homes to Buffett," *New York Times*, June 10, 2003. Gray alleged that previous shareholder meetings electing directors had taken place without proper notice. In June the Delaware Chancery Court ruled that Clayton had technically not met the notice requirement, but since the meeting was so well attended by shareholders, the mistake was only technical and results of the meeting would not be overturned.

26

Jennifer Reingold, "The Ballad of Clayton Homes."

27

At its peak before the death of Susan T. Buffett, the foundation spent $15 million-$30 million per year in total, mostly on reproductive rights.

28

If Buffett had paid dividends and used them for the donations, the whole point would have been moot.

29

Douglas R. Scott Jr., president, Life Decisions International, letter to Warren Buffett, September 26, 2002.

30

The number came from Cindy Coughlon, a Pampered Chef consultant who organized the boycott. Nicholas Varchaver, "Berkshire Gives Up On Giving: How a Pro-Life Housewife Took On Warren Buffett," *Fortune*, August 11, 2003.

31

Compiled from various interviews.

32

Pro-life activists, according to the U.S. National Abortion Federation, have committed 7 murders, attempted 17 other murders, made 388 death threats, kidnapped 4 people, committed 41 bombings, 174 instances of arson, and 128 burglaries, attempted 94 bombings or arsons, made 623 bomb threats, committed 1,306 instances of vandalism, made 656 bioterror threats, and committed 162 instances of assault and battery. These numbers exclude stalking, hoax device/suspect packages, hate mail, harassing phone calls, trespassing, invasion, Internet harassment, and other less serious incidents. The pro-life movement's activities have resulted in 37,715 arrests as of 2007. Most mainstream pro-life organizations reject the terrorist wing of the movement, some vocally.

33

Berkshire Hathaway press release, July 15,2003.

34

Under Delaware law, only shareholders in attendance were eligible to vote on a recess.

35

Jim Clayton, Bill Retherford, *First a Dream.*

36

Interviews with Kevin Clayton and John Kalec, executive vice president and CFO of Clayton Homes.

37

The suit, filed on July 25 by Milberg Weiss Bershad Hynes & Lerach, LLP, initially claimed that Kevin

Clayton had asked Janus Capital to continue to support the deal even though it had sold the stock. In court， no evidence of this was found and the case was dismissed.

38

Jennifer Reingold， “The Ballad of Clayton Homes.”

39

Jim Clayton cites these figures in *First a Dream*， indicating he could not confirm them.

40

Cerberus memorandum， “For Discussion Purposes，” reprinted in Jim Clayton， *First a Dream.*

41

In a few instances， such as NetJets， private-company owners sold to him at lower prices than they could have obtained elsewhere because they wanted Berkshire as an owner.

42

Jim Clayton， Bill Retherford， *First a Dream.*

43

Interview with Kevin Clayton.

44

By 2006， manufactured-home shipments had fallen to 117,510 units and were still declining at an average rate of 32% in 2007 despite a temporary bump in 2005 from Hurricane Katrina. (Source: Manufactured Housing Institute.)

Chapter 58

1

Interview with the Reverend Cecil Williams. Buffett participated in two live auctions for Glide before the first eBay auction.

2

Interview with Kathleen Cole.

3

Interviews with Kathleen Cole， Susie Buffett Jr.

4

Interview with Howie Buffett.

5

Interviews with Howie Buffett， Susie Buffett Jr.

6

Interview with Kathleen Cole.

7

Ibid.

8

www. oralcancerfoundation.org.

9

Oral Cancer Foundation.

10

Interviews with Kathleen Cole, Ron Parks.

11

Interviews with Marshall Weinberg, Walter and Ruth Scott, Lou Simpson, George Gillespie.

12

Interview with Susie Buffett Jr.

13

Adapted from John Dunn, "Georgia Tech Students Quiz Warren Buffett," *Georgia Tech*, Winter 2003.

14

Bob Woodward, "Hands Off, Mind On," *Washington Post*, July 23, 2001.

Chapter 59

1

Interview with Susie Buffett Jr.

2

Interview with Stan Lipsey; Jonathan D. Epstein, "GEICO Begins Hiring in Buffalo," *Buffalo News*, February 11, 2004.

3

Interviews with Peter Buffett, Howie Buffett, Susie Buffett Jr.

4

Peter and Susie also gave substantial amounts to the Buffett Foundation in their first two years.

5

Generally speaking, federal law governing foundations requires that foundations distribute or use a minimum amount of their assets regularly for their charitable purposes (approximately 5% of the fair market value of the private foundation's investment assets).

6

At the time, Susie had about 35,000 shares in her own name, worth about $2.8 billion, apart from what she might receive as part of Warren's estate should he predecease her.

7

Chafies T. Munger, edited by Peter Kaufmann, *Poor Charlie's Almanack: The Wit and Wisdom of Charles T. Munger.* New York: Donning Company Publishers, 2005.

Chapter 60

1

Interview with Kathleen Cole.

2

Interviews with Jamie Dimon, Jeffrey Immelt.

3

Berkshire Hathaway 2004 chairman's letter, annual report.

4

Berkshire Hathaway letter to shareholders, 2006. Buffett had stated these criteria in private earlier.

5

Betsy Morris, "The Real Story," *Fortune*, May 31, 2004.

6

Investors felt that Coke should move aggressively into noncarbonated drinks, but the company insisted that international growth in carbonated beverages—the highest-margin product—was the only way to go. At $50, the stock was also still expensive at 24x earnings and 8.6x book value.

7

Coca-Cola Enterprises took a $103 million charge for the European recall during Ivester's reign. In 1999, Daft had to report the first loss in a decade and take a total of $1.6 billion of charges. Then, in lQ2000, Daft reported Coke's second quarterly loss in a row—charges for massive restructuring/layoffs and a write-down of excess bottling capacity in India. In 2000, Coke took more charges and cut its projection for annual worldwide unit case volume growth to 5% to 6%, from 7% to 8%. Coke revised its targets again after 9/11.

8

Suppose Berkshire demanded a special deal. On $120 million of purchases, this might be worth, say, a dime a share, estimating liberally. Berkshire earned $5,309 per A equivalent share in 2003. (The company doesn't present cents per share in its financial statements.) To a B shareholder, it would be 3/10 of a penny per share. It's very hard to make a case that an amount so small would incent Buffett to do something so contrary to Coca-Cola's interests as to force it to turn down a big contract with Burger King in order to keep selling Coca-Cola at Dairy Queen. That would be so even if Berkshire owned zero Coca-Cola stock. The problem with the ISS approach was its absolutist checklist approach that applies no reasoning and proportionality.

9

CalPERS also opposed the election of Herbert Allen, former U.S. Senator Sam Nunn, and Don Keough because of their business relationships with the company.

10

Herbert Allen, "Conflict-Cola," *Wall Street Journal*, April 15, 2004.

11

Excerpts from a survey of corporate board members conducted by PricewaterhouseCoopers, as reported in *Corporate Board Member*, November/December 2004. PWC identified no comments or sentiment against Buffett.

12

Deborah Brewster, Simon London, "CalPERS Chief Relaxes in the Eye of the Storm," *Financial Times*, June 2, 2004.

13

Interview with Don Graham.

14

"Coke Shareholders Urged to Withhold Votes for Buffett," *Atlanta Business Chronicle*, April 9, 2004.

15

In "The Rise of Independent Directors in the U.S., 1950-2005: Of Shareholder Value and Stock Market Prices" (*Stanford Law Review*, April 2007), Jeffrey N. Gordon condudes, "One of the apparent puzzles in the empirical corporate governance literature is the lack of correlation between the presence of independent directors and the firm's economic performance. Various studies have searched in vain for an economically significant effect on the overall performance of the firm."

16

This issue was resolved through a consent decree on April 18, 2005, in which the company did not pay a fine or admit wrongdoing but promised to clean up its internal audit, compliance, and disclosure systems.

17

The GMP International Union, which also spoke at the meeting.

18

Transcript, Coca-Cola shareholder meeting 2004, courtesy of the Coca-Cola Company; Adam Levy and Steve Matthews, "Coke's World of Woes," *Bloomberg Markets*, July 2004; interviews with several directors and company employees.

19

Transcript, Coca-Cola shareholder meeting 2004, courtesy of the Coca-Cola Company.

20

Adam Levy and Steve Matthews, "Coke's World of Woes." The *New York Times* blasted Coke over severance payments to Heyer and other executives in "Another Coke Classic," June 16, 2004. The criticism was not universal; the *Economist* said Isdell was "welcomed by investors and analysts as a safe pair of hands" ("From Old Bottles," May 8, 2004).

21

For example, Constance L. Hays, in *The Real Thing: Truth and Power at the Coca-Cola Company* (New York: Random House, 2004), makes this inference.

Chapter 61

1

Interview with Tom Newman.

2

Interview with Kathleen Cole.

3

Ibid.

4

The author, too, has for some years sat in the managers' section, although she is not a shareholder.

5

This dinner, which was hosted by Morgan Stanley at the time, subsequently became a private event hosted by the author.

6

Courtesy Paul Wachter, producer, Oak Productions.

7

Tom Strobhar, "Report on B-H Shareholder Meeting," Human Life International, May 2004; "Special Report, HLI Embarrasses Warren Buffett in Front of 14, 000 Stockholders," July 2004. Mr. Strobhar has a curious history. After serving as a leader in the boycott against Berkshire that resulted in canceling the shareholder-contributions program, he wrote an editorial in the Wall Street Journal, "Giving Until It Hurts" (August 1, 2003), criticizing the shareholder-contributions program for being a clandestine way of"paying" Buffett (Notwithstanding that Berkshire made no corporate charitable contributions nor paid a dividend). Strobhar identified himself only as the president of an investment firm in Dayton, Ohio, omitting his role in the boycott and the fact that he was chairman of Life Decisions International. Strobhar went on in 2005 to found Citizen Action Now, an organization designed to fight "the homosexual agenda" and for "an America free from the manipulation of homosexual groups." On the website of his investment firm, he borrows Buffett' s reputation by advertising himself (as of November 2007) as "trained in the tradition of Ben Graham, the 'father of security analysis,' whose students include Warren Buffet [sic], 'the world' s greatest investor.' ... Like Graham and Buffett, Thomas Strobhar' s focus is on 'value investing.'"

8

Excerpts from 2004 Berkshire Hathaway annual meeting are from notes of the author.

9

The Omaha Housing Authority bought the house for $89,900.

10

Interview with Susie Buffett Jr.

11

Ibid.

12

Ibid.

13

Ibid.

14

Howard Buffett Jr. (Howie B.), speaking at Susie's funeral.

15

Interview with T. D. Kelsey.

16

Ibid.

17

Interviews with Al Oehrle, Barbara Oehrle.

18

Interview with T. D. Kelsey.

19

Interviews with Herbert Allen, Barbara Oehrle, T. D. Kelsey.

20

Interview with Susie Buffett Jr.

21

Interviews with Herbert Allen, T. D. Kelsey. According to the Oehrles, Herbert Allen, and Barry Diller, the rest of the guests remained in Cody for the weekend and turned the weekend, as best they could, into a sort of tribute to Susie.

22

Interview with Susie Buffett Jr.

23

Interview with Howie Buffett.

24

Interviews with T. D. Kelsey, Herbert Allen.

25

Interviews with Susie Buffett Jr., Peter Buffett.

26

Interviews with Susie Buffett Jr. and Peter Buffett, who both said they found it comforting to have their mother with them in the plane.

27

Interview with Howie Buffett.

28

Interview with Sharon Osberg.

29

Interview with Susie Buffett Jr.

30

Interview with Devon Spurgeon, whom Susie Jr. called on her honeymoon in Italy. The author was also supposed to make this trip; Buffett's wish for emotional support from women was probably at an all-time high during this period.

Chapter 62

1

She left significant amounts of money to Kathleen Cole and Ron Parks, her longtime trusted caretakers and friends. She left her grandchildren and other people modest amounts, from $10, 000 to $100, 000.

2

Interview with Tom Newman.

3

Interview with Howie Buffett.

4

Interview with Peter Buffett.

5

A. D.Amorosi, "In 'Spirit,' tadition Is Besieged by Modern Life," *Philadelphia Inquirer*, May 23, 2005.

6

Interview with Susie Buffett Jr.

7

Interview with Peter Buffett.

8

Interview with Sharon Osberg.

9

Interview with Charlie Munger.

10

Berkshire Hathaway annual letter to shareholders, 2005.

11

Charles R. Morris, *The Trillion Dollar Meltdown*. New York: Public Affairs, 2008.

12

Carol Loomis, "Warren Buffett Gives It Away," *Fortune*, July 10, 2006.

13

Ibid.

14

Buffett could not resist: The note that accompanied Bertie's letter containing this comment said, "*She's still smarting about that a little bit.*"

15

Interview with Doris Buffett.

16

In installments beginning in 2006, as long as either Bill or Melinda Gates is active in the foundation.

17

The first installment of 602,500 shares declined 5% a year in terms of shares thereafter. Buffett expected, as was reasonable, that the price of Berkshire's stock would increase by at least 5% a year (through modest growth and inflation). Thus, the dollar value of the gifts was likely to remain level or even increase from year to year. During the year between the first gift and the second, Berkshire's stock price went up 17%. The first 602,500-B-share distribution was worth $1.8 billion, compared to the second 572, 375-B-share distribution worth $2 billion. In June 2006, BRK was trading at $91,500 (B shares at $3, 043).

18

As quoted in "The Life Well Spent: An Evening with Warren Buffett," November 2007.

19

Bill Gates used the term "convenors." This approach differs, for example, from annually funding a vaccine program, which requires a continuing investment without a permanent cure.

20

"The New Powers of Giving," *Economist*, July 6, 2006; Karen DeYoung, "Gates, Rockefeller Charities Join to Fight African Hunger," *Washington Post*, September 13, 2006; Han Wilhelm, "Big Changes at the Rockefeller Foundation," *Chronicle of Philanthropy*, September 8, 2006; Andrew Jack, "Manna from Omaha: A Year of 'Giving While Living' Transforms Philanthropy," *Financial Times*, December 27, 2006.

21

Interview with Doris Buffett. See Sally Beaty, "The Wealth Report: The Other Buffett," *Wall Street lournal*, August 3, 2007.

22

Former President Jimmy Carter letter to Warren Buffett, October 18, 2006.

23

The guinea worm enters the body through the drinking of tainted water, then grows up to three feet long and the width of a paper clip. The worm burns its way out through the skin by emitting an excruciatingly painful acid, emerging a few inches a day as sufferers wind it around a twig. They often seek relief by plunging into water, where the erupting worm releases a cloud of larvae to begin the cycle anew. The Carter Center and other nongovernmental organizations are tantalizingly close to wiping out the guinea worm.

24

Interview with Astrid Buffett.

25

After Susie's death, both of her apartments in San Francisco's Pacific Heights were sold, as was the Buffetts' second house, "the dormitory," in Emerald Bay. Buffett kept the original house in Emerald Bay, which continues to be used by his children and grandchildren. He never goes there.

26

On December 12, 2007, major central banks began to provide funding at terms longer than overnight, and began to auction funding against a broader range of collateral and with a broader set of counterparties. The Federal Reserve activated swap lines to help the other central banks provide liquidity in dollars to their markets.

27

Using the return on capital figure he achieved for shareholders through 2007 as a proxy, the author estimates that Buffett (not including Susie's shares) would have been worth between $71 and $111 billion by the end of 2007 had he continued to charge his "partners" fees. Susie's stake would have been worth another $3 million-$745 billion. The difference between the high and low range is the fee structure (Buffett's former 25% plus 6% interest on capital to all partners—the high number—vs. the 2%/20% structure of most hedge funds today—the low number). The calculation assumes that Buffett took out the equivalent of his 6% a year for living expenses, as he typically did while running the partnership. That amounts to $1 million per year by 2007. His and Susie's (really Susie's) living expenses exceeded this by a wide margin; however, Buffett's personal investments—not part of Berkshire—also compounded at an astonishing rate and could (and did) fund Susie's lifestyle without further withdrawals from Berkshire.

28

Interview with Chafiie Munger.

Afterword

1

Michael Santoli, "They've Got Class," *Barron's*, September 10, 2007.

2

E.S. Browning, "Stocks Tarnished by 'Lost Decade,'" *Wall Street Journal*, March 26, 2008.

3

Warren Buffett letter to Nicole Buffett, August 10, 2006.

4

Richard Johnson with Paula Froelich, Chris Wilson, and Bill Hoffmann, "Buffett to Kin: You're Fired!," *New York Post*, September 7, 2006.

5

This excludes approximately $180 million of imputed investment income on the $5.5 billion of General Re's cash that Buffett had transferred to National Indemnity and Columbia Insurance through intercompany reinsurance agreements. General Re estimated the effect on its return on equity at 150 basis points in each of 2005, 2006, and 2007.

6

The combination of underwriting profits and higher float produced a 20% return on average equity in 2006 compared to losses in earlier years. Gen Re grew its book value at an average of 12.8% since 2001, bringing its capital to more than $11 billion, compared to $8.6 billion when it was acquired. General Re made a $526 million profit from underwriting on premiums of about $6 billion—compared to earlier losses of between $1 and $3 billion (depending on the year) on premiums of just under $9 billion. Float had risen from about $15 billion to $23 billion on a 32% decline in premiums.

7

Joseph P. Brandon letter to Warren Buffett, January 25, 2008.

8

Berkshire Hathway 2007 letter to shareholders.

9

HIH Royal Commission, *The Failure of HIH Insurance.* Australia: National Capital Printing, Canberra Publishing and Printing, April 2003.

10

Doug Simpson, "Search for Deep Pockets Widens in Reciprocal of America Case," Unintended Consequences blog (dougsimpson.com/blog), March 3, 2005; Timothy L. O'Brien, "Investigation of Insurance

Puts Buffett in Spotlight," *New York Times*, March 28, 2005; Timothy L. O' Brien and Joseph B. Treaster, "The Insurance Scandal Shakes Main Street," *New York Times*, April 17, 2005; Marisa Taylor, "U.S. Dropped Enron-Like Fraud Probe," McClatchy Newspapers, July 23, 2007; Scott Horton, "Corporate Corruption and the Bush Justice Department," *Harper's Magazine*, July 24, 2007.

图片使用说明

Alpha Sigma Phi Fraternity National Archives: insert page 8，center

Bryson Photo: insert page 22，bottom left:@2007，Bryson Photo

Buffalo News: pages 175 and 337; insert page 12，bottom; page 26，top

Doris Buffett: insert page 3，top left，top right; page 28，bottom right

Howard Buffett: insert page 27，bottom

Susie BuffettJr.: insert page 1; page 3，bottom left; page 2，top right; page 4，top left; page 5，bottom left; page 6，top left and bottom; page 8，bottom; page 10，top and bottom left;page 11，bottom; page 12，top left; page 13，bottom; page 14，top left and bottom left; page 22，top; page 30，center

Warren Buffett: insert page 3，bottom right; page 2，top left and bottom; page 4，top right and bottom; page 5，bottom right; page 6，top right; page 7，center; page 9，top right and bottom left; page 10，bottom right; page 14，top right; page 15，top left，center left，and bottom; page 17，top right; page 19，center left; page 20，top; page 21，bottom; page 31，top

Capp Enterprises，*Inc.*: insert page 7，top: @ Capp Enterprises，Inc. Used by permission

C. Taylor Crothers: insert page 31，bottom

Lauren Esposito: insert page 32

Katharine Graham Collection: insert page 14，bottom right

Greater Omaha Chamber of Commerce: insert page 25，top: Greater Omaha Chamber of Commerce and A Better Exposure; the Chamber Annual Meeting on Feb. 20，2004

Lynette Huffman Johnson: insert page 23，top

Arthur K. Langlie: insert page 18，center left

Magic Photography，*Sun Valley*: page 475; insert page 20，center; page 21，center

Jack L. Mayfield: insert page 26，bottom right: Photo by Jack L. Mayfield

Mungerfamily: insert page 12，top right; page 26，bottom left: courtesy of the Munger family

Charles Munger Jr.: insert page 17，bottom

Museum of American Finance/Graham-Newman Collection: insert page 11，top

The Nebraska Society of Washington，*D. C.*: insert page 9，bottom right

Omaha World–Herald: page 1; insert page 15，top right; page 16; page 20，bottom: Reprinted with permission from The Omaha World-Herald

Sharon Osberg: page 685; insert page 18，top and bottom right; page 28，top right，top left，bottom left; page 30，top

REUTERS/Peter MacDiarmid: insert page 29，top

Ruane，*Lili*:insert page 19，center right

图书在版编目（CIP）数据

滚雪球：巴菲特和他的财富人生．下 /（美）艾丽斯·施罗德著；覃扬眉 等译．-- 北京：中信出版社，2021.4

（中信经典丛书．006）

书名原文：The Snowball

ISBN 978-7-5217-2896-5

Ⅰ.①滚… Ⅱ.①艾… ②覃… Ⅲ.①巴菲特（Buffett，Warren 1930- ）—生平事迹②巴菲特（Buffett，Warren 1930- ）—股票投资—经验 Ⅳ.① K837.125.34 ② F837.125

中国版本图书馆 CIP 数据核字（2021）第 048330 号

滚雪球——巴菲特和他的财富人生·下

（中信经典丛书 · 006）

著　　者：［美］艾丽斯·施罗德

译　　者：覃扬眉　丁颖颖　张万伟　张春明　张艳云

责任编辑：李若彬

出版发行：中信出版集团股份有限公司

（北京市朝阳区惠新东街甲 4 号富盛大厦 2 座　邮编　100029）

承 印 者：北京盛通印刷股份有限公司

开　　本：880mm × 1230mm　1/32　　印　　张：130.75　　字　　数：3022 千字

版　　次：2021 年 4 月第 1 版　　印　　次：2021 年 4 月第 1 次印刷

京权图字：01-2007-2998

书　　号：ISBN 978-7-5217-2896-5

定　　价：1180.00 元（全 9 册）

扫码免费收听图书音频解读